Codes Dalloz Droit public

	Parution
Code administratif	septembre
Code Dalloz Expert – Code administratif	septembre
Code de l'action sociale et des familles, *commenté*	mai
Code des associations et fondations, *commenté*	septembre
Code constitutionnel et des droits fondamentaux, *commenté*	novembre
Code de la construction et de l'habitation, *commenté*	mars
Code de l'éducation, *commenté*	septembre
Code électoral	novembre
Code de l'entrée et du séjour des étrangers et du droit d'asile, *commenté*	octobre
Code de l'environnement, *commenté*	mars
Code de la fonction publique, *commenté*	février
Code général des collectivités territoriales	octobre
Code général des impôts	avril
Code de procédure fiscale, *commenté*	avril
Code général de la propriété des personnes publiques, *commenté*	juin
Code des marchés publics et autres contrats, *commenté*	avril
Code rural et de la pêche maritime, *commenté*	mai
Code de la santé publique	avril
Code de la sécurité sociale	avril
Code du sport, *commenté*	mai
Code du tourisme, *commenté*	novembre
Code de l'urbanisme, *commenté*	février
Code Dalloz Expert – Code de l'urbanisme	février

ÉDITION 2013

CODE DE LA CONSTRUCTION ET DE L'HABITATION

COMMENTÉ

VINGTIÈME ÉDITION

DALLOZ

ÉDITION 2013

CODE DE LA CONSTRUCTION ET DE L'HABITATION

Annotations et commentaires par

JEAN-PHILIPPE BROUANT
Maître de conférences
à l'École de droit de la Sorbonne (Paris I)
Codirecteur du SERDEAUT

Et, dans le cadre des
Centres de recherches en droit immobilier des ICH

SABINE BERTOLASO
Maître de conférences à l'Université de La Rochelle
Directrice de l'ICH Aquitaine

CAMILLE DREVEAU
Docteur en droit
Avocat au barreau de Nantes
Chargé d'enseignement à l'ICH Ouest

FANNY GARCIA
Maître de conférences à l'Université de Bretagne Sud

Coordination éditoriale par

RÉMI GRAND
Rédacteur aux Éditions Dalloz

DALLOZ

ÉDITIONS DALLOZ

31-35, rue Froidevaux, 75685 Paris Cedex 14

ISBN 978-2-247-12291-2

AVERTISSEMENT

Depuis sa codification officielle de 1978 et sa première édition dans la collection des Codes Dalloz en 1982, le **Code de la construction et de l'habitation** *a fait l'objet de modifications profondes.*

Les grandes réformes législatives se sont succédé – on retiendra, en dernier lieu, la loi du 13 juillet 2006 portant engagement national pour le logement, la loi du 5 mars 2007 instituant le droit au logement opposable, la loi du 25 mars 2009 de mobilisation pour le logement et la lutte contre l'exclusion et la loi du 12 juillet 2010 portant engagement national pour l'environnement –, et la matière, devenue éminemment technique, a généré un nombre de textes en constante augmentation et d'une complexité croissante.

Parallèlement, plusieurs décennies d'une jurisprudence foisonnante sont venues consolider les strates, quelquefois contradictoires, des réglementations successives.

Aussi est-ce dans un souci de qualité de mise à jour et de clarification de la matière que la 20e édition présente un ouvrage comprenant :

– comme à l'accoutumée, des **résumés de jurisprudence** *et des* **références de bibliographie ;**

– et, dans une zone de lecture distincte, un **commentaire pratique,** *véritable clé d'accès au code, qui aidera le lecteur, juriste ou non juriste, à* **comprendre le sens** *des textes et à* **mesurer la portée de la jurisprudence** *qui les applique.*

Comme pour les éditions précédentes, le présent code comporte quatre parties :

– la **partie législative (L) ;**

– la **partie réglementaire (R) ;**

– un **appendice,** *regroupant les principaux textes non codifiés dans le Code de la construction et de l'habitation, en trente-sept rubriques classées par ordre alphabétique ;*

– et des **annexes.**

On retiendra enfin que ce code s'ouvre sur une **table analytique des matières** *et se clôt par une* **table chronologique** *et une* **table alphabétique.**

Les pictogrammes ⚖ (jurisprudence) et ✎ (doctrine des revues Dalloz) signalent que les textes intégraux correspondants sont accessibles en liens contextuels sur Dalloz.fr

Code civil

Art. 2489 *(Ord. nº 2002-1476 du 19 déc. 2002, art. 1er)* Le présent code est applicable à Mayotte dans les conditions définies au présent livre. – *[Ancien art. 2284].*

Les dispositions de l'Ord. nº 2002-1476 du 19 déc. 2002 découlant de l'extension des modifications des articles issus de la loi nº 78-12 du 4 janv. 1978 relative à la responsabilité et à l'assurance dans le domaine de la construction [art. 1646-1, 1792 à 1792-6, 1831-1 et 2270] seront applicables aux contrats relatifs aux chantiers dont la déclaration réglementaire d'ouverture aura été établie postérieurement au 1er juin 2004 (Ord. nº 2002-1476 du 19 déc. 2002, art. 10-II).

Loi nº 83-440 du 2 juin 1983,

Donnant force de loi à la première partie (législative) du code de la construction et de l'habitation et modifiant certaines dispositions de ce code.

Art. 6 Dans le code de la construction et de l'habitation, tout renvoi à un règlement d'administration publique ou à un décret en forme de règlement d'administration publique est remplacé par un renvoi à un décret en Conseil d'État et le mot : "préfet" est remplacé par les mots : "représentant de l'État dans le département".

Décret nº 88-199 du 29 février 1988,

Relatif aux titres de préfet et de sous-préfet.

Art. 1er Dans tous les textes réglementaires, les termes "commissaire de la République" et "commissaire adjoint de la République" sont remplacés par les termes "préfet" et "sous-préfet".

Décret no 97-34 du 15 janvier 1997,

Relatif à la déconcentration des décisions administratives individuelles.

Art. 1er Les décisions administratives individuelles entrant dans le champ des compétences des administrations civiles de l'État, à l'exception de celles concernant les agents publics, sont prises par le préfet.

Toutefois, restent applicables les dispositions en vigueur à la date de publication du présent décret qui attribuent compétence pour prendre de telles décisions *(Décr. no 97-463 du 9 mai 1997)* « aux chefs des services à compétence nationale », au préfet de zone, au préfet de région, *(Décr. no 97-1205 du 19 déc. 1997)* « au préfet de police, au préfet maritime, aux autres autorités déconcentrées de l'État ou à leurs agents », aux magistrats de l'ordre administratif ou judiciaire et aux maires.

2 *(Décr. no 2007-139 du 1er févr. 2007)* Par dérogation aux dispositions de l'article 1er, des décrets en Conseil d'État fixent la liste des décisions qui sont prises par les ministres ou par décret.
En outre, des décrets en Conseil d'État déterminent les décisions qui sont prises par les chefs des services à compétence nationale, le préfet de zone, le préfet de région, le préfet de police, le préfet maritime, les autres autorités déconcentrées de l'État, ou leurs agents, pour l'exercice des missions mentionnées aux articles 32 et 33 du décret du 29 avril 2004 relatif aux pouvoirs des préfets, à l'organisation et à l'action des services de l'État dans les régions et départements, les magistrats de l'ordre administratif ou judiciaire et les maires.

2-1 *(Décr. no 2007-139 du 1er févr. 2007)* Les décrets pris en application du 1o de l'article 2 du présent décret dans sa rédaction antérieure à l'intervention du décret no 2007-139 du 1er février 2007 peuvent être modifiés par décret en Conseil d'État.

3 Les dispositions de l'article 1er du présent décret entrent en vigueur le 1er janvier 1998.
Les dispositions réglementaires contraires au présent décret sont abrogées à compter de la même date.

Loi no 99-209 du 19 mars 1999,

Organique relative à la Nouvelle-Calédonie.

Art. 222-IV Dans toutes les dispositions législatives et réglementaires en vigueur :
1o La référence au territoire de la Nouvelle-Calédonie est remplacée par la référence à la Nouvelle-Calédonie ;
2o La référence à l'assemblée territoriale de la Nouvelle-Calédonie est remplacée par la référence au congrès de la Nouvelle-Calédonie ;
3o La référence à l'exécutif de la Nouvelle-Calédonie est remplacée par la référence au gouvernement de la Nouvelle-Calédonie.

Loi nº 99-210 du 19 mars 1999,

Relative à la Nouvelle-Calédonie.

Art. 29 Dans toutes les dispositions législatives en vigueur qui ne sont pas de nature organique :

1º La référence au territoire de la Nouvelle-Calédonie est remplacée par la référence à la Nouvelle-Calédonie ;

2º La référence à l'assemblée territoriale de la Nouvelle-Calédonie est remplacée par la référence au congrès de la Nouvelle-Calédonie ;

3º La référence à l'exécutif de la Nouvelle-Calédonie est remplacée par la référence au gouvernement de la Nouvelle-Calédonie.

(Ord. nº 2009-536 du 14 mai 2009, art. 18) « Dans toutes les dispositions législatives en vigueur et dans les intitulés des lois, des ordonnances et des décrets, les mots : "Nouvelle-Calédonie et dépendances" sont remplacés par les mots : "Nouvelle-Calédonie". »

Loi nº 99-533 du 25 juin 1999,

D'orientation pour l'aménagement et le développement durable du territoire et portant modification de la loi nº 95-115 du 4 févr. 1995 d'orientation pour l'aménagement et le développement du territoire.

Art. 3 Dans toutes les dispositions législatives, les références au schéma national d'aménagement et de développement du territoire sont remplacées par des références aux schémas de services collectifs.

Loi nº 2001-616 du 11 juillet 2001,

Relative à Mayotte.

....

Art. 75. Dans toutes les dispositions législatives et réglementaires en vigueur à Mayotte :

1º La référence à la colonie de Madagascar, au territoire des Comores ou à la collectivité territoriale de Mayotte est remplacée par la référence à Mayotte, lorsque ces dispositions ont vocation à s'appliquer sur le territoire défini au premier alinéa de l'article 1er ;

2º La référence à la colonie, au territoire ou à la collectivité territoriale est remplacée par la référence à la collectivité départementale, lorsque ces dispositions ont vocation à s'appliquer à la collectivité instituée par le troisième alinéa du même article ;

3º La référence au gouverneur général, à l'administrateur supérieur ou au représentant du Gouvernement est remplacée par la référence au représentant de l'État.

Loi nº 2003-660 du 21 juillet 2003,

De programme pour l'outre-mer.

Art. 61 I. Dans toutes les dispositions législatives et réglementaires antérieures *(L. nº 2007-224 du 21 févr. 2007, art. 21-VIII)* « au 1er octobre 1977 », la référence aux territoires d'outre-mer est remplacée par la référence à la Polynésie française, à Saint-Pierre-et-Miquelon, aux îles Wallis-et-Futuna et aux Terres australes et antarctiques françaises.

II. Dans toutes les dispositions législatives et réglementaires postérieures *(L. nº 2007-224 du 21 févr. 2007, art. 21-VIII)* « au 1er octobre 1977 », la référence aux territoires d'outre-mer est remplacée par la référence à la Polynésie française, aux îles Wallis-et-Futuna et aux Terres australes et antarctiques françaises.

Loi nº 2003-706 du 1er août 2003,

De sécurité financière.

Art. 46 ....

V. Dans toutes les dispositions législatives et réglementaires : ....

3º Les références au Conseil national du crédit et du titre et au comité consultatif mentionnés au chapitre IV du titre Ier du livre VI du code monétaire et financier sont remplacées par la référence au comité consultatif du secteur financier.

....

Loi organique nº 2004-192 du 27 février 2004,

Portant statut d'autonomie de la Polynésie française.

Art. 51 Les programmes de logements sociaux construits, acquis ou améliorés avec le concours financier de l'État font l'objet de conventions passées entre l'État et la Polynésie française. Ces conventions prévoient également l'information du maire de la commune intéressée sur les principes régissant les attributions de ces logements et les décisions d'attribution.

En contrepartie d'un apport de terrain, d'un financement ou d'une garantie financière des communes à la réalisation des programmes de logements sociaux, les communes signent des conventions particulières avec l'État et la Polynésie française. Ces conventions prévoient notamment les modalités de réservation de ces logements.

Loi nº 2004-193 du 27 février 2004,

Complétant le statut d'autonomie de la Polynésie française.

Art. 28 Dans toutes les dispositions législatives en vigueur qui ne sont pas de nature organique :

1º La référence à la colonie ou au territoire des Établissements français de l'Océanie ou au territoire de la Polynésie française est remplacée par la référence à la Polynésie française lorsque ces dispositions ont vocation à s'appliquer sur le territoire défini au premier alinéa de l'article 1er de la loi organique nº 2004-192 du 27 février 2004 précitée ;

2º La référence à la colonie ou au territoire des Établissements français de l'Océanie ou au territoire de la Polynésie française est remplacée par la référence à la collectivité d'outre-mer de la Polynésie française lorsque ces dispositions ont vocation à s'appliquer à la collectivité territoriale instituée par le deuxième alinéa de l'article 1er de ladite loi organique ;

3º La référence à l'assemblée territoriale de la Polynésie française est remplacée par la référence à l'assemblée de la Polynésie française et la référence aux conseillers territoriaux est remplacée par la référence aux représentants à l'assemblée de la Polynésie française ;

4º Les références au gouvernement et au président du gouvernement du territoire de la Polynésie française sont remplacées, respectivement, par les références au gouvernement de la Polynésie française et au président de la Polynésie française ;

5º La référence au gouverneur est remplacée, lorsque sont en cause les attributions de l'État, par la référence au haut-commissaire de la République.

Loi nº 2004-809 du 13 août 2004,

Relative aux libertés et responsabilités locales.

Art. 61-XI Dans tous les textes de nature législative prévoyant son intervention dans les départements de la métropole, la mention du conseil départemental de l'habitat est remplacée par celle du comité régional de l'habitat.

Sous réserve de l'entrée en vigueur des dispositions relevant de la loi de finances, les dispositions issues de la L. nº 2004-809 du 13 août 2004 sont applicables à compter du 1er janv. 2005 (L. préc., art. 199).

Loi nº 2006-872 du 13 juillet 2006,

Portant engagement national pour le logement.

Art. 37-II Les mots : “Agence nationale pour l'amélioration de l'habitat” sont remplacés par les mots : “Agence nationale de l'habitat” dans toutes les dispositions législatives et réglementaires.

LISTE DES ABRÉVIATIONS

🏛 Lien contextuel vers la décision intégrale accessible sur Dalloz.fr

---

🏛 Lien contextuel vers un article de doctrine dans une revue Dalloz accessible sur Dalloz.fr

---

Act. HLM	Actualités HLM
Administrer	Revue Administrer
AFDUH	Annuaire français du droit de l'urbanisme et de l'habitat Dalloz (devenu DAUH depuis mai 2001)
AJDA	Actualité juridique, Droit administratif (Dalloz)
AJDI	Actualité juridique, Droit immobilier (Dalloz, à partir de 1998)
AJPI	Actualité juridique, Propriété immobilière *(jusqu'à décembre 1997)*
Al.	Alinéa
ALD	Actualité législative Dalloz (années 1983 - 1995)
Ann. loyers	Annales des loyers
App.	Appendice
Arr.	Arrêté
Art.	Article
Ass.	Assemblée du contentieux du Conseil d'État
Ass. nat.	Assemblée nationale
Ass. plén.	Assemblée plénière de la Cour de cassation

BCT	Bureau central de tarification
BIBL.	Bibliographie
BIBL. GÉN.	Bibliographie générale
BICC	Bulletin d'information de la Cour de cassation
BLD	Bulletin législatif Dalloz *(jusqu'en 1982)*
BOCC	Bulletin officiel de la concurrence, de la consommation et de la répression des fraudes
BODGI	Bulletin officiel de la direction générale des impôts
BOI	Bulletin officiel des impôts
BOMEDDTL	Bulletin officiel du ministère de l'écologie, du développement durable, des transports et du logement
BOMEEDDAT	Bulletin officiel du ministère de l'écologie, de l'énergie, du développement durable et de l'aménagement du territoire

BOMEEDDM	Bulletin officiel du ministère de l'écologie, de l'énergie, du développement durable et de la mer
BOMELT	Bulletin officiel du ministère de l'équipement, du logement et des transports
BOMSS	Bulletin officiel du ministère de la solidarité, de la santé et de la protection sociale
BOMULTE	Bulletin officiel du ministère de l'urbanisme, du logement, des transports et de l'environnement
BOSP	Bulletin officiel du service des prix
Bull. Aix-en-Provence	Bulletin des cours et tribunaux d'Aix-en-Provence
Bull. civ.	Bulletin des arrêts des chambres civiles de la Cour de cassation
Bull. CNC	Bulletin du Conseil National de la Comptabilité
Bull. CNEIL	Bulletin du Centre national d'études et d'initiatives en faveur du logement
Bull. crim.	Bulletin des arrêts de la chambre criminelle de la Cour de cassation

---

C.	Code
c/	Contre
CAA	Cour administrative d'appel
CASF	Code de l'action sociale et des familles Dalloz
C. adm.	Code administratif Dalloz
Cah. jur. Aquitaine	Cahiers de jurisprudence d'Aquitaine
C. assur.	Code des assurances Dalloz
C. baux	Code des baux Dalloz
C. civ.	Code civil Dalloz
C. com.	Code de commerce Dalloz
C. consom.	Code de la consommation Dalloz
C. copr.	Code de la copropriété Dalloz
CCH	Code de la construction et de l'habitation Dalloz
C. énergie	Code de l'énergie
CE	Conseil d'État
C. envir.	Code de l'environnement Dalloz
C. expr.	Code de l'expropriation pour cause d'utilité publique
CGCT	Code général des collectivités territoriales Dalloz
CGI	Code général des impôts Dalloz
C. loyers	Code des loyers et de la copropriété Dalloz *(dernière édition en 1989)*
C. patr.	Code du patrimoine
C. pén.	Code pénal Dalloz
C. pr. civ.	Code de procédure civile Dalloz
C. pr. pén.	Code de procédure pénale Dalloz
CSP	Code de la santé publique Dalloz
CSS	Code de la sécurité sociale Dalloz
C. sociétés	Code des sociétés Dalloz
C. transp.	Code des transports
C. trav.	Code du travail Dalloz

C. trib. adm. Code des tribunaux administratifs et des cours administratives d'appel
C. urb. Code de l'urbanisme Dalloz
C. voirie rout. Code de la voirie routière
Ch. mixte Chambre mixte de la Cour de cassation
Ch. réun. Chambres réunies de la Cour de cassation
Chap. Chapitre
Chron. Chronique
Circ. Circulaire
Civ. Chambre civile de la Cour de cassation
CJA Code de justice administrative
CJCE Cour de justice des Communautés européennes
CJEG Cahiers juridiques de l'électricité et du gaz
Com. Chambre commerciale de la Cour de cassation
Comp. Comparer
concl. Conclusions
conf. Solution conforme
Cons. const. Conseil constitutionnel
Constr.-Urb. Construction-Urbanisme
Contra Solution contraire
Conv. EDH Convention européenne de sauvegarde des droits de l'homme et des libertés fondamentales
Crim. Chambre criminelle de la Cour de cassation

D. Recueil Dalloz
DA 1941. J. 54 Dalloz, Recueil analytique de jurisprudence et de législation (hebdomadaire), année 1941, Jurisprudence, page 54 *(années 1941-1944)*
DA 1941. L. 82 Dalloz, Recueil analytique de jurisprudence et de législation (hebdomadaire), année 1941, Législation, page 82 *(années 1941-1944)*
DAUH Droit de l'aménagement, de l'urbanisme, de l'habitat (depuis mai 2001, *ex AFDUH*)
DC 1941. J. 110 Dalloz, recueil critique de jurisprudence et de législation (mensuel), année 1941, Jurisprudence, page 110 *(années 1941-1944)*
DC 1941. L. 53 Dalloz, recueil critique de jurisprudence et de législation (mensuel), année 1941, Législation, page 53 *(années 1941-1944)*
DH Recueil hebdomadaire de jurisprudence Dalloz *(années antérieures à 1941)*
DP Recueil périodique et critique mensuel Dalloz *(années antérieures à 1941)*
Décr. Décret
Décr.-L. Décret-Loi
Defrénois Répertoire du notariat Defrénois
Délib. Délibération
Doctr. Doctrine
Dr. adm. Droit administratif

Dr. fiscal	Droit fiscal
Dr. et patr.	Droit et patrimoine
Dr. pénal	Droit pénal
Dr. soc.	Droit social
Droit et ville	Droit et ville

EDCE	Études et documents du Conseil d'État
eod. v^o, eisd. v^is	Même(s) mot(s) que celui (ceux) qui vient (viennent) d'être cité(s)
EPERS	Éléments pouvant entraîner la responsabilité solidaire du fabricant
Err.	Erratum
esp.	Espèce

Gaz. cnes	La Gazette des Communes
Gaz. Pal.	Gazette du Palais

ibid.	Au même endroit
Instr.	Instruction
IR	Informations rapides (du Recueil Dalloz)
IRC	Informations rapides de la copropriété

JCP	Juris-Classeur périodique (Semaine juridique), édition générale
JCP E	Juris-Classeur périodique, édition Entreprise
JCP N	Juris-Classeur périodique, édition Notariale
JO	Journal officiel
JONC	Journal officiel, numéro complémentaire
Jur. imm.	Jurisprudence immobilière
Journ. not. et av.	Journal des notaires et des avocats
J.-Cl. Adm.	Jurisclasseur Administratif

L.	Loi
Lebon	Recueil des arrêts du Conseil d'État (Dalloz)
Lebon T.	Recueil des arrêts du Conseil d'État (Dalloz), Tables
Liv.	Livre
Loyers et copr.	Loyers et copropriétés
LPA	Les Petites Affiches
LPF	Livre des procédures fiscales

Mod.	Modifié
Mon. TP	Le Moniteur des Travaux publics et du Bâtiment

n°	Numéro
NCPC	Nouveau code de procédure civile Dalloz (devenu code de procédure civile – L. n° 2007-1787 du 20 déc. 2007, art. 26-III)

obs.	Observations
Ord.	Ordonnance

p.	Page
Pan.	Panorama
préc.	Précité

QPC	Question prioritaire de constitutionnalité
Quot. jur.	Quotidien juridique

rapp.	Rapport
Rappr.	Rapprocher
RDC	Revue des contrats
RDI	Revue de droit immobilier (Dalloz)
RD publ.	Revue du droit public et de la science politique en France et à l'étranger
RDSS	Revue de droit sanitaire et social (Dalloz)
REDI	Revue d'économie et de droit immobilier
Rect.	Rectificatif
réf.	Référé
Règl.	Règlement
RÉP. ADM.	Répertoire de droit public et administratif Dalloz
RÉP. CIV.	Répertoire de droit civil Dalloz
RÉP. COM.	Répertoire de droit commercial Dalloz
RÉP. COLLECTIVITÉS LOCALES	Répertoire des collectivités locales Dalloz
RÉP. CONT. ADM.	Répertoire de contentieux administratif Dalloz
Rép. min.	Réponse ministérielle
RÉP. PÉN.	Répertoire de droit pénal et de procédure pénale Dalloz
RÉP. PR. CIV.	Répertoire de procédure civile Dalloz
RÉP. RESP. PUBL.	Répertoire de la responsabilité de la puissance publique Dalloz
RÉP. SOCIÉTÉS	Répertoire des sociétés Dalloz
RÉP. TRAV.	Répertoire de droit du travail Dalloz
Req.	Chambre des requêtes de la Cour de cassation
RCA	Responsabilité civile et assurances
Rev. adm.	Revue administrative
Rev. jur. Centre-Ouest	Revue juridique du Centre-Ouest
Rev. jur. Ouest	Revue juridique de l'Ouest

Rev. jur. envir.	Revue juridique de l'environnement
Rev. loyers	Revue des loyers et des fermages
RSC	Revue de science criminelle et de droit pénal comparé (Dalloz)
RJEP	Revue juridique de l'économie publique anciennement « Cahiers juridiques de l'électricité et du gaz » (CJEG)
RJF	Revue de jurisprudence fiscale
RFDA	Revue française de droit administratif
RGAT	Revue générale des assurances terrestres *(de 1930 à 1995)* ; devenue RGDA en 1996
RGCT	Revue générale des collectivités territoriales
RGDA	Revue générale du droit des assurances *(depuis 1996)*
RPDA	Revue pratique de droit administratif
RTD civ.	Revue trimestrielle de droit civil (Dalloz)
RTD com.	Revue trimestrielle de droit commercial (Dalloz)

S.	Recueil Sirey
s.	Et suivants
Soc.	Chambre sociale de la Cour de cassation
sol. impl.	Solution implicite
Somm.	Sommaires
ss.	Sous

T.	Tables
t.	Tome
TA	Tribunal administratif
T. civ.	Tribunal, chambre civile
T. com.	Tribunal de commerce
T. confl.	Tribunal des conflits
T. corr.	Tribunal, chambre correctionnelle
TGI	Tribunal de grande instance
TI	Tribunal d'instance
Tit.	Titre

V.	Voir
v[o] ou v[is]	Mot ou mots
VRD	Voies et réseaux divers

TABLE DES MATIÈRES

CODE DE LA CONSTRUCTION ET DE L'HABITATION

LIVRE PREMIER

DISPOSITIONS GÉNÉRALES

LIVRE DEUXIÈME

STATUT DES CONSTRUCTEURS

LIVRE TROISIÈME

AIDES DIVERSES À LA CONSTRUCTION D'HABITATIONS ET À L'AMÉLIORATION DE L'HABITAT. AIDE PERSONNALISÉE AU LOGEMENT

LIVRE QUATRIÈME

HABITATIONS À LOYER MODÉRÉ

LIVRE CINQUIÈME

BÂTIMENTS MENAÇANT RUINE OU INSALUBRES

LIVRE SIXIÈME

MESURES TENDANT À REMÉDIER À DES DIFFICULTÉS EXCEPTIONNELLES DE LOGEMENT

APPENDICE

ANNEXES

CODE DE LA CONSTRUCTION ET DE L'HABITATION

PREMIÈRE PARTIE : LÉGISLATIVE

(Décr. nº 78-621 du 31 mai 1978 ; JO 8 juin ; Rect. 31 janv. 197)

La L. nº 83-440 du 2 juin 1983 (JO 3 juin ; Rect. JO 14 juill.) a donné force de loi à la partie législative du code.

A propos de la L. nº 2006-872 du 13 juill. 2006 portant engagement national pour le logement, V. Circ. nº 2006-68 du 11 sept. 2006 (BOMELT nº 2006/18, p. 290).

LIVRE PREMIER DISPOSITIONS GÉNÉRALES

COMMENTAIRE

Sous son intitulé très vague, le livre premier du code de la construction et de l'habitation comporte les dispositions qui ont vocation à s'appliquer à la construction, à la maintenance et à l'entretien des bâtiments, si l'on excepte le titre IV, qui se réduit à deux articles d'origine ancienne et au contenu fortement daté. Il constitue l'ossature du droit « de base » régissant la construction de bâtiments.

Au-delà de l'édiction des règles dont il est la source, le livre premier assure également l'accueil d'un certain nombre de dispositions qui concernent directement le droit de la construction et qui sont empruntées notamment au code civil, au code de l'urbanisme ou encore au code des assurances, mais dont la reproduction n'est que fragmentaire et parfois partielle. Ainsi, par exemple, est reproduit l'essentiel du régime légal de la responsabilité contractuelle des constructeurs, mais c'est en vain que l'on y chercherait le régime des marchés de travaux privés de construction. Sa lisibilité et sa cohérence s'en ressentent, et nul doute que ce livre gagnerait à être réorganisé.

TITRE PRÉLIMINAIRE INFORMATION DU PARLEMENT EN MATIÈRE DE LOGEMENT

(L. nº 2009-526 du 12 mai 2009, art. 80-II)

Art. L. 101-1 Tous les deux ans, un rapport est présenté par le Gouvernement au Parlement sur la situation du logement en France. Ce rapport comprend notamment :

1º Une évaluation territorialisée de l'offre et des besoins en matière de logements ;

2º Des données sur l'évolution des loyers ;

3º Des données sur les révisions annuelles ou les modifications du barème visé à l'article L. 351-3, ainsi que sur leurs conséquences sur les bénéficiaires de l'aide personnalisée au logement ;

4º Un bilan d'application du supplément de loyer de solidarité prévu à l'article L. 441-3 ;

5o Des informations sur l'occupation des logements d'habitations à loyer modéré visés au livre IV et sur son évolution.

BIBL. ▸ PÉRINET-MARQUET, Simplification, *Constr.-Urb. 2009. Repère 6.* – VINCENT, Présentation de la loi du 12 mai 2009 de simplification du droit, spéc. « Urbanisme et construction », *D. 2009. 1332*. – ZITOUNI, Information du parlement en matière de logement (art. 80 de la loi no 2009-526 du 12 mai 2009), *JCP Adm. 2009. 2143.*

▸ **Sur le rapport de 2012 :** ROUQUET, Lancement de l'enquête 2012 sur l'occupation des logements locatifs sociaux, *Dalloz actualité, 9 févr. 2012.*

TITRE PREMIER CONSTRUCTION DES BÂTIMENTS

COMMENTAIRE

Le titre Ier porte toujours l'empreinte de l'ancien code de la construction et de l'habitation de 1954, antérieur à la scission entre les règles de construction et les règles d'urbanisme opérée par la loi d'orientation foncière du 30 décembre 1967, dans la mesure où il reprend des normes aujourd'hui incluses dans le code de l'urbanisme. Tel est le cas par exemple du champ d'application du permis de construire ou du rôle de l'architecte.

Paradoxalement, la partie du code dédiée à la construction des bâtiments ne donne aucune définition de la notion de bâtiment : force est de reconnaître que, d'une façon générale, dans les textes règne une fâcheuse imprécision autour des notions de construction d'immeuble et de bâtiment. C'est donc à la jurisprudence qu'il est revenu d'arrêter la définition du bâtiment, le contentieux de l'assurance construction lui ayant fourni à cet égard un matériau de choix.

CHAPITRE PREMIER RÈGLES GÉNÉRALES

SECTION PREMIÈRE DISPOSITIONS APPLICABLES À TOUS BÂTIMENTS

Art. L. 111-1 *(Ord. no 2005-1527 du 8 déc. 2005, art. 30-I, en vigueur le 1er oct. 2007)* **Ainsi qu'il est dit à l'article L. 421-1 du code de l'urbanisme : "Les constructions, même ne comportant pas de fondations, doivent être précédées de la délivrance d'un permis de construire.**

"Un décret en Conseil d'État arrête la liste des travaux exécutés sur des constructions existantes ainsi que des changements de destination qui, en raison de leur nature ou de leur localisation, doivent également être précédés de la délivrance d'un tel permis". – *V. C. urb., art. R. 421-13 à R. 421-16.* – ***C. urb.***

Cet art., entré en vigueur le 1er oct. 2007 (Décr. no 2007-18 du 5 janv. 2007, art. 26, mod. par Décr. no 2007-817 du 11 mai 2007, art. 4), n'est pas applicable à Mayotte (Ord. no 2005-1527 du 8 déc. 2005, art. 40).

BIBL. ▸ AUBY, NOGUELLOU, PÉRINET-MARQUET, Droit de l'urbanisme et de la construction, *Montchrestien, 8e éd., 2008.* – JACQUOT et PRIET, Droit de l'urbanisme, *Dalloz, 6e éd., 2008.* – LABETOULLE, Le permis de construire, *Que sais-je ?, PUF 1982.* – LIET-VEAUX, *RDI 1991. 297* (changement de destination des immeubles nécessitant un permis de construire) ; *RDI 1995. 465* (destination et changement de destination). – MAILLOT, *LPA 17 juill. 1996* (le clair-obscur des formalités préalables à l'acte de construire). – MORAND-DEVILLER, *RDI 1983. 293* (permis de construire et règles de droit privé). – RICARD, La pratique du permis de construire et des autorisations spéciales, *Éd. du Moniteur 4e éd., 2002.* – SOLER-COUTEAUX, *RDI 2003. 125* (le permis de construire d'opérations complexes) ; Droit de l'urbanisme, *Dalloz, 4e éd., 2008.*

▸ **Sur la réforme issue de l'ordonnance du 8 décembre 2005 :** Dossier La réforme des autorisations d'urbanisme, *AJDA 2007. 230 s.* : PHÉMOLANT, Présentation générale. – PRIET, Une réelle clarification des règles applicables à l'instruction des autorisations d'urbanisme. – JÉGOUZO, Les opérations soumises à une autorisation prévue par une législation étrangère à l'urbanisme. – BENOÎT-CATTIN, La réforme des autorisations d'urbanisme, *Constr.-Urb. 2006, Chron. n*o *1*. – CORNILLE et ROUSSEAU, Quelques réflexions sur le champ d'application et la procédure de délivrance des nouvelles autorisations d'occuper le sol, *Constr.-Urb., n*o *spécial mars 2007*. – BOUYSSOU, Le décret réformant le droit de l'urbanisme, *JCP N 2007. 1049*. – HOCREITÈRE, L'entrée en vigueur de la réforme des autorisations d'urbanisme et ses dispositions transitoires, *RDI 2008. 8* . – HUET, DINOCRATE et DAMOCLÈS, Architecture et architectes au regard de la réforme des autorisations de construire, *RDI 2007. 217* . – PHÉMOLANT, La réforme des autorisations d'urbanisme, *AJDA 2007. 230* . – PLANCHET, La réforme des autorisations d'urbanisme, Droit de l'aménagement, *éd. Dalloz Le Moniteur, Bull. d'actualité n*o *2007-1* ; Un an de réforme, *DAUH 2009. 15*. – PRIET, Une réelle clarification des règles applicables à l'instruction des autorisations d'urbanisme, *AJDA 2007. 237* . – SOLER-COUTEAUX, Le nouveau régime des autorisations d'utilisation du sol : lisibilité ; sécurité ; conformité, *RDI 2006. 23* .

COMMENTAIRE

LE PERMIS DE CONSTRUIRE

1. ORIGINE DU PERMIS DE CONSTRUIRE

Les antécédents de l'actuel permis de construire doivent être recherchés dans des textes épars et parfois anciens, qui ont soumis l'acte de construire à un contrôle administratif préalable afin d'assurer le respect d'intérêts ponctuels. Tel est le cas de l'Édit de 1607, dit de Sully, relatif à l'alignement (V. art. L. 112-1 CCH), du décret impérial du 26 mars 1852 relatif aux rues de Paris (V. art. L. 112-3 CCH) instituant un permis de bâtir tacite, de la loi du 15 février 1902 relative à l'hygiène publique instaurant un permis d'habiter, des lois du 14 mars 1919 et 19 juillet 1924 créant un permis de construire au titre des projets d'aménagement et d'embellissement de certaines villes sans préjudicier des autorisations spéciales instituées par la loi du 31 décembre 1913 sur les monuments historiques et celle du 2 mai 1930 relative aux sites et aux monuments naturels. Il faudra attendre une époque relativement récente, avec la loi du 15 juin 1943 puis l'ordonnance du 19 octobre 1945, pour que soit généralisée l'institution, sur l'ensemble du territoire, d'un permis de construire ayant vocation à se substituer « aux autorisations exigées par les lois, règlements et usages antérieurs ».

Hormis quelques aménagements de procédure avec, notamment, la mise en place d'un système de déclaration préalable et l'atténuation de son caractère d'autorisation de synthèse en raison de la multiplication des polices administratives intéressant le droit de construire, le permis de construire a fait preuve d'une grande stabilité et n'a connu que deux évolutions importantes.

La première est datée de la loi d'orientation foncière du 30 décembre 1967 qui a dissocié permis de construire et règles de construction : sauf exception, le permis de construire ne contrôle plus les règles de construction reportées dans l'actuel code de la construction et de l'habitation.

La seconde résulte du mouvement de décentralisation de l'urbanisme lancé par la loi du 7 janvier 1983. Désormais, dans les communes dotées d'un POS ou d'un PLU approuvé ou, depuis la loi SRU du 13 décembre 2000, d'une carte communale, le maire détient compétence pour délivrer, au nom et sous la responsabilité juridique de la commune, le permis de construire.

2. NATURE DU PERMIS DE CONSTRUIRE

Au visa de l'article 544 du code civil, le droit de construire constitue un attribut d'un droit constitutionnellement protégé, le droit de propriété. L'article L. 112-1 du code de l'urbanisme rappelle cet ancrage mais ajoute aussitôt « qu'il s'exerce dans le respect des dispositions législatives et réglementaires relatives à l'utilisation du sol ». Le droit de construire constitue le principe, les restrictions à l'exercice de ce droit, l'exception, qui doit être fondée sur des considérations d'intérêt général exprimées, notamment par les normes d'urbanisme.

Le permis de construire ne s'analyse donc pas comme l'octroi d'un droit, encore moins d'un privilège ou d'une faveur, et ne fait inversement peser sur son bénéficiaire aucune obligation d'exécution, mais comme une mesure autorisant la mise en œuvre d'un attribut du droit de propriété, celui de disposer matériellement du terrain.

Dans ces conditions, dès lors qu'il subordonne l'exercice d'un droit à la délivrance d'une autorisation, le permis de construire se rattache à la notion de police administrative. Cette autorisation, qui libère la mise en œuvre du droit de construire, est elle-même créatrice de droits au sens du droit administratif, puisqu'elle constitue une mesure au maintien de laquelle son destinataire a intérêt.

Droit de construire et réglementation en limitant l'exercice sont attachés au sol, de sorte que l'autorisation de construire est délivrée au propriétaire du terrain (ou à toute personne à qui il aura transféré le droit de construire) indépendamment de toute considération personnelle : ainsi se dessine le caractère singulier du permis de construire qui s'analyse comme un acte créateur de droits à caractère réel.

3. CHAMP D'APPLICATION DU PERMIS DE CONSTRUIRE

Depuis la réforme issue de l'ordonnance n° 2005-1527 du 8 décembre 2005 et de son décret d'application n° 2007-18 du 5 janvier 2007, qui est entrée en vigueur le 1er octobre 2007 (décret n° 2007-817 du 11 mai 2007), la liste des travaux, constructions et ouvrages entrant dans le champ d'application du permis de construire s'est singulièrement étendue.

En premier lieu, l'article R. 421-1 nouveau du code de l'urbanisme assujettit à permis de construire toutes les constructions nouvelles, hormis celles, limitativement énumérées, qui sont soumises à déclaration préalable en vertu des dispositions des articles R. 421-9 à R. 421-12 nouveaux ou qui sont explicitement exemptées de toute formalité au titre du code de l'urbanisme en application des nouveaux articles R. 421-2 à R. 421-8 du même code, auquel il convient de se reporter. Pas plus que sous le régime antérieur, le code ne donne de définition de la notion de construction, qui devrait continuer de recevoir une acception très large dépassant celle d'immeuble par nature ou celle de bâtiment (au sens de l'art. 518 C. civ.). L'exemple le plus remarquable en est le « mobile home » qui, lorsqu'il est simplement posé sur le sol, constitue un bien meuble corporel mais dont l'installation n'en demeure pas moins soumise à permis de construire ou déclaration préalable. Cette autonomie de la notion s'explique par la finalité du droit de l'urbanisme qui gouverne l'affectation et l'utilisation du sol sans se préoccuper de la nature de l'ouvrage ni des matériaux avec lesquels il est façonné. Le principe de l'indépendance des législations trouvant ici sa pleine expression, il serait hasardeux de vouloir juridiquement ou fiscalement qualifier un ouvrage à partir de son seul assujettissement au permis de construire.

En second lieu, sont également soumis à permis de construire, ou à déclaration préalable, les travaux et/ou changements de destination d'une construction existante dont la liste est limitativement arrêtée par les nouveaux articles R. 421-13 à R. 421-17 du code de l'urbanisme. Les changements de destination sont désormais mesurés à partir des différentes destinations d'un immeuble telles qu'elles sont fixées par l'article R. 123-9 du code de l'urbanisme, c'est-à-dire : habitation, hébergement hôtelier, bureaux, commerce, artisanat, industrie, exploitation agricole ou forestière, entrepôt, service public ou intérêt collectif. L'innovation réside ici en ce qu'un changement de destination, même effectué sans travaux, est désormais soumis à une déclaration préalable. Cette évolution tend à rapprocher le changement de destination au sens du code de l'urbanisme du changement d'usage au sens de l'article L. 631-7 du présent code, bien que leurs champs d'application respectifs soient très différents et qu'ils relèvent de procédures distinctes.

L'une des singularités de cette réforme tient au fait que le champ d'application matériel du permis de construire n'est pas uniforme sur l'ensemble du territoire mais peut varier en fonction de la localisation des travaux ou de la construction. C'est ainsi que la situation du terrain ou de l'immeuble sur lequel sont projetés des travaux dans un secteur sauvegardé ou un site classé peut avoir une influence sur la nécessité d'obtenir ou non une autorisation administrative préalable.

4. PERMIS DE CONSTRUIRE ET DROIT DE LA CONSTRUCTION

La loi d'orientation foncière du 30 décembre 1967 a séparé les règles d'urbanisme et les règles générales de construction. La délivrance du permis de construire ne sanctionne plus que les premières, le respect des secondes faisant l'objet d'un engagement unilatéral du constructeur prévu par l'article L. 421-6 du code de l'urbanisme. Dans certaines hypothèses toutefois la délivrance du permis de construire est subordonnée au respect de règles de construction issues du présent code : il en va ainsi des règles de sécurité applicables aux immeubles de grande hauteur et aux établissements recevant du public, des règles d'accessibilité aux personnes handicapées pour les établissements recevant du public et, pour toutes constructions, des règles relatives à l'assainissement. ❑

[La jurisprudence rappelée ci-dessous est relative aux dispositions en vigueur jusqu'au 1er oct. 2007]

1. Notion de construction. Sont des constructions entrant dans le champ du permis de construire : des « mobil-homes ». • CE 15 avr. 1983, *Cne de Menet : Lebon 154* • CAA Nantes, 23 avr. 1997, *SARL Madex : LPA 28 août 1998. 12, concl. D. Devillers ; Defrénois 1998. 609, obs. S. Pérignon.* ♦ ... Une yourte. • TGI Digne-les-Bains, 7 avr. 2011 : *Constr.-Urb. 2011. Alerte 56, obs. Gillig.* ♦ ... Une structure gonflable. • CE 28 janv. 1987, *Min. de l'urbanisme c/ Billaud : Lebon T. 1019 ; Rev. jur. envir. 1988. 173.* ♦ ... Un ouvrage démontable. • Crim. 6 déc. 1988 : *Bull. crim. nº 410.* ♦ ... Une centrale à béton mobile. • Crim. 19 août 1997 : *Bull. crim. nº 286.* ♦ ... L'installation de tentes démontables abritant une crêperie. • CE 9 janv. 1991, *Selier : Lebon T. 1258 ; D. 1991. 265, obs. Charles ; Dr. adm. 1991, nº 105.* ♦ ... Des caravanes dont les roues et l'attelage ont été retirés. • CE 12 févr. 1990, *Puggioni : Dr. adm. 1990, nº 96.* ♦ ... L'implantation de deux structures légères constituant des stands de vente pour la saison touristique. • CE 27 mars 1996, *Mauny : Lebon T. 1218 ; Dr. adm. 1996, nº 402.* ♦ ... Des installations temporaires sur les plages en vue de permettre la restauration et l'agrément des touristes. • CE 13 juill. 2011, *Sarl Love Beach : Lebon T. à paraître ; Constr.-Urb. 2011, nº 124, note Couton.* ♦ ... Le déplacement, sur le même terrain, d'une construction existante. • CE 10 janv. 1992, *Cne de Saint-Aubin-sur-mer : Lebon T. 1378.* ♦ ... Une œuvre d'art d'une hauteur supérieure à 12 mètres. • Crim. 3 juin 1986 : *Bull. crim. nº 194.* ♦ ... La reconstruction, à l'identique ou non, quelle que soit la cause de la destruction. • Crim. 11 oct. 1995 : *Bull. crim. nº 303* • CE 20 juin 1969, *Pogorzalek : Lebon 123* • CE 23 sept. 1988, *Gastineau : Lebon 1073.* ♦ ... Ou encore un ouvrage souterrain. • CE 26 oct. 1992, *Giovanolla : Lebon T. 1394 ; Dr. adm. nº 55* • Crim. 20 déc. 1982 : *Gaz. Pal. 1983. 1. Somm. 94.* ♦ En revanche, n'ont pas été regardés comme des constructions : l'habitat flottant. • Versailles, 21 mai 1980 : *JCP 1980. II. 259, note Liet-Veaux.* ♦ ... Les ouvrages répondant aux critères posés par l'art. R. 421-1 C. urb. • Crim. 26 mai 1993 : *Bull. crim. nº 195.* ♦ ... Imposant une lecture cumulative des critères de dimension de l'ouvrage, V. • CE 10 févr. 1997, *Renollet : BJDU 1997. 47, concl. Touvet.*

2. Changement de destination d'une construction existante. Le changement de destination occasionné par des travaux sur l'existant s'apprécie : parfois en mesurant son incidence sur la règle d'urbanisme. • CE 25 avr. 1986, *Garry : LPA 11 févr. 1987. 25, note Bouyssou.* ♦ ... Mais, le plus souvent, il s'apprécie à partir d'un critère fonctionnel très empirique. • CE 4 nov. 1996, *Cne de Nantes : Lebon 439 ; BJDU 1996. 413, concl. contraires C. Maugüé* (qualifiant de changement de destination la transformation d'un bâtiment commercial en atelier de mécanique) • CE 23 juill. 1993, *Jaraud-Darnault : Lebon T. 1104 ; Dr. adm. 1993, nº 475* (à propos de la transformation d'un blockhaus en habitation). ♦ D'une façon générale, la transformation en habitation d'une construction auparavant affectée à un autre usage constitue un changement de destination. • CE 29 juin 1990, *SCI de gestion : D. 1991. IR 266, obs. H. Charles* • Crim. 11 févr. 1992 : *Dr. adm. 1992, nº 306.* ♦ *Contra*, jugeant qu'une usine désaffectée ne se rattache à aucune destination particulière et peut être librement transformée en habitation : • CE 20 mai 1996, *Auclerc : Lebon T. 1210 ; BJDU 1996. 298.* ♦ Voyant un changement de destination dans la transformation d'une maison en studios, V. • TA Lille, 16 janv. 1992 : *LPA 24 déc. 1993, obs. V. Le Cocq* (décision isolée).

Pour le juge administratif la destination à prendre en compte est celle du bâtiment (dans un ensemble immobilier) ou de la fraction de bâtiment qui fait l'objet de la transformation. Ainsi, nécessitent un permis, les travaux de transformation d'un logement de gardien en salle de gymnastique alors même que la destination générale de l'ensemble immobilier demeure inchangée. • CE 5 avr. 1996, *Caisse générale de retraite des cadres par répartition : Lebon 123.* ♦ Le juge judiciaire est parfois enclin à se référer à la destination générale de la construction, notamment en cas de transformation de greniers en logements. • Crim. 19 déc. 1989 : *Bull. crim. no 494* • Crim. 9 nov. 1994 : *Bull. crim. no 361.* ♦ Comp., jugeant que la transformation de garages en remises ou studios était soumise à permis de construire : • Civ. 3e, 26 mars 1997 : *Bull. civ. III, no 74 ; D. 1997. Somm. 331 ; BJDU 1997. 377 ; Rev. loyers 1998. 568.* ♦ ... De même que la transformation d'un espace de loisirs en discothèque dans le sous-sol d'un immeuble : • Crim. 25 janv. 1995 : *Bull. crim. no 36 ; Dr. adm. 1995, no 154.* ♦ La procédure est toujours celle du permis de construire et non celle de la déclaration préalable. • CE 25 mars 1998, *Mme Raufie : Lebon T. 1227 ; Constr.-Urb. 1998, no 281.* ♦ L'échelonnement dans le temps du changement de destination et des travaux s'y rapportant ne fait pas entrave à la nécessité d'obtenir un permis de construire, y compris si le changement de destination a précédé de plusieurs mois les travaux en cause. • CAA Lyon, 17 juin 2008, *SARL Sur La Montagne*, req. no 06LY01472 : *Constr.-Urb. 2008, no 149, note Chambord.* ♦ Dans ce prolongement, sur la dispense d'autorisation d'urbanisme en cas de changement de destination sans réalisation de travaux, V. Rép. min. no 174, *JO Sénat Q, 31 mars 2008, p. 1521, Constr.-Urb. 2008, no 53, note Godfrin.*

3. Modification de l'aspect extérieur ou du volume de l'existant. Relèvent de cette catégorie de travaux : le percement de fenêtres. • CE 21 mars 1986, *Sté Immo Sud : Lebon 761.* ♦ ... Le remaniement de la toiture et de la façade. • CE 18 juin 1982, *Jegou : Lebon 784.* ♦ La procédure applicable est celle de la déclaration préalable. • CE 4 févr. 1994, *Min. Équipement c/ Mme Casta : Lebon 53 ; RFDA 1995. 773, concl. Fratacci ; AJDA 1994. 566, obs. H. Jacquot ; Dr. adm. 1994, nos 245 et 299.*

4. Création de niveaux supplémentaires. Sont soumis à permis de construire : la couverture d'une terrasse entraînant la création d'une surface hors œuvre (SHON) supplémentaire. • CAA Paris, 23 mai 1995, *SA Michel Ange Erlanger : Gaz. Pal. 3 sept. 1996. Pan. 106.* ♦ ... La création d'une mezzanine. • CE 3 juin 1994, *Sté Le Hameau de Thorenc : Lebon 291.* ♦ En revanche, le remplacement d'un plancher existant n'entre pas dans le champ du permis de construire. • Crim. 25 mai 1994 : *Bull. crim. no 204.*

5. Droit de reconstruire. Le droit de reconstruire à l'identique un bâtiment détruit par un sinistre (V. C. urb., art. L. 111-3) ne dispense pas de la nécessité d'obtenir un permis de construire préalable. • CAA Marseille, 7 févr. 2008, *Mme C. X.*, req. no 05MA00811 : *Constr.-Urb. 2008, no 135, note Cornille.*

6. Conséquences de l'annulation d'un permis de construire sur les travaux en cours. L'annulation d'un permis de construire emporte avec elle l'interdiction de poursuivre la réalisation de travaux en cours, même s'il s'agit d'aménagements intérieurs. • Bordeaux, 21 févr. 2008, *Sté Hatexim*, req. no 07/0004980 : *Constr.-Urb. 2008, no 100, note Durand.*

7. Installations temporaires. Pour des installations temporaires estivales il n'est pas nécessaire de solliciter un permis chaque année. En revanche, si les installations n'ont pas été démontées à la date fixée dans le permis, il devient caduque. • CE 13 juill. 2011 : *Sarl Love Beach : préc. note 1.*

Art. L. 111-2 Ainsi qu'il est dit à l'article 3, alinéas 1er et 2, de la loi no 77-2 du 3 janvier 1977 sur l'architecture et sous réserve de l'article 4 de cette loi :

"Quiconque désire entreprendre des travaux soumis à une autorisation de construire doit faire appel à un architecte pour établir le projet architectural faisant l'objet de la demande de permis de construire, sans préjudice du recours à d'autres personnes participant, soit individuellement, soit en équipe, à la conception. Cette obligation n'exclut pas le recours à un architecte pour des missions plus étendues.

Le projet architectural mentionné ci-dessus définit par des plans et documents écrits l'implantation des bâtiments, leur composition, leur organisation et l'expression de leur volume ainsi que le choix des matériaux et des couleurs."

V. Circ. no 77-79 du 23 mai 1977, Mon. TP 27 juin 1977. 191.

V. Décr. no 77-190 du 3 mars 1977, art. 1er, JO 4 mars.

V. les dispositions applicables au plus tard le 1er oct. 2007 (Ord. no 2005-1527 du 8 déc. 2005, art. 41, mod. par L. no 2007-209 du 19 févr. 2007, art. 72 et Circ. no 2007-1 du 6 janv. 2007, BOMELT no 2007/1, p. 89) : C. urb., art. L. 431-1 à L. 431-3 et R. 431-1 à R. 431-3. — ***C. urb.***

BIBL. ▶ GOURIO, *JCP 1980. I. 2989* (monopole des architectes). – LARIBEAU et TERNEYRE, *Mon. TP 24 oct. 1997. 52* (même thème). – HUET, *RDI 1984. 137* (droit de l'architecture) ; Le droit de l'architecture, *Economica, 2e éd. 1990.* – RODRIGUEZ, *Droit et Ville, no 14, 1982. 139* (protection administrative de l'esthétique). – Barthélemy, De l'esthétique urbaine à la protection montagnarde, *AJDA 1977. 175.* – Huet, L'architecte, maître d'œuvre, *Le Moniteur 2004.*

► **Sur la réforme des surfaces de plancher** (Ord. nº 2011-1539 du 16 nov. 2011 relative à la définition des surfaces de plancher prises en compte dans le droit de l'urbanisme) : Priet, La réforme de la définition de la surface de plancher, *AJDA 2012. 630*. – Santoni, Réforme de la définition des surfaces de plancher prises en compte dans le code de l'urbanisme, *Constr.-Urb. 2012. 1.*

Loi nº 2000-1208 du 13 décembre 2000,

Relative à la solidarité et au renouvellement urbains.

Art. 38 *(L. nº 2004-809 du 13 août 2004, art. 100)* Les architectes des Bâtiments de France ne peuvent exercer aucune mission de conception ou de maîtrise d'œuvre à titre libéral.

Les dispositions de l'alinéa précédent entreront en vigueur le 1er janvier 2005. Toutefois, les missions de conception ou de maîtrise d'œuvre libérale engagées avant cette date pourront être poursuivies jusqu'au 31 décembre 2007.

Sous réserve de l'entrée en vigueur des dispositions relevant de la loi de finances, les dispositions issues de la L. nº 2004-809 du 13 août 2004 sont applicables à compter du 1er janvier 2005 (L. préc., art. 199).

COMMENTAIRE

La loi du 3 janvier 1977 a conféré aux architectes, en raison de leurs compétences et afin d'améliorer la qualité des constructions, le monopole de l'établissement du projet architectural, objet de la demande de permis de construire. Ce monopole s'impose à toute personne, physique ou morale, privée ou publique à peine d'irrecevabilité de sa demande de permis de construire (V. C. urb., art. L. 431-1) mais ne porte que sur une mission réduite à la conception du projet. Celui-ci doit, aux termes du même article, définir « par des plans et des documents écrits, l'implantation des bâtiments, leur composition, leur organisation et l'expression de leur volume, ainsi que le choix des matériaux et des couleurs » et préciser « par des documents graphiques et photographiques l'insertion dans l'environnement et l'impact visuel des bâtiments ainsi que le traitement de leurs accès et de leurs abords ».

La loi SRU du 13 décembre 2000 (art. 38) avait autorisé les architectes des bâtiments de France à effectuer des missions de conception pour le compte de personnes privées en dehors de leur aire de compétence et pour le compte de personnes publiques autres que celles qui les emploient. L'article 100 de la loi nº 2004-809 du 13 août 2004, relative aux libertés et responsabilités locales reproduit ci-dessus, qui doit entrer en vigueur sur ce point le 1er janvier 2005, leur interdit désormais d'exercer toute mission de conception ou de maîtrise d'œuvre à titre libéral.

Le champ d'application du monopole est toutefois circonscrit aux travaux de bâtiment et, au sein de ceux-ci aux travaux soumis à la procédure du permis de construire : échappent donc à l'obligation de recourir à un architecte les travaux soumis au régime de la déclaration préalable ainsi que les travaux autres que de bâtiment.

Cette obligation connaît cependant deux séries d'exceptions prévues par l'article 4 de la loi de 1977 (reproduit à l'art. L. 431-1, C. urb.) tirées de la qualité du maître de l'ouvrage ou de la nature des travaux.

La première concerne les ouvrages de faible importance édifiés ou modifiés par des personnes physiques pour elles-mêmes. La seconde porte sur les travaux d'aménagement et d'équipement des espaces intérieurs des constructions existantes ne prévoyant pas de modifications visibles de l'extérieur ainsi que les travaux concernant l'aménagement et l'équipement des vitrines commerciales.

L'ensemble du régime, détaillé et précisé sous les anciens articles L. 421-2 et R. 421-1-2 du code de l'urbanisme, applicables au plus tard jusqu'au 30 septembre 2007, est désormais repris sous les nouveaux articles L. 431-1 à L. 431-3 et R. 431-1 à R. 431-3 du même code, dont l'entrée en vigueur a été repoussée au 1er octobre 2007 par l'article 4 du décret no 2007-817 du 11 mai 2007.

1. Le recours à un architecte ne s'imposant que pour les travaux de bâtiment, la construction de lignes électriques en est donc dispensée. • CE 26 juill. 1982, *Min. Équipement c/ Épx Codol : Lebon 288 ; CJEG 1982. 362, note Pilate ; JCP 1983. II. 19983, note Lorthe.* ◆ Il s'impose pour la construction d'un silo à grains. • CE 18 mars 1983, *Bettinger : Lebon 110 ; Gaz. Pal. 1984. 1. 143, note Moderne ; Dr. adm. 1983, no 151.* ◆ ... Mais non pour celle d'une fosse à lisier. • TA Amiens, 13 mai 1986 : *Gaz. Pal. 1987. 1. Somm. 67.*

2. Cette obligation s'impose aux collectivités publiques. • TA Besançon, 22 juill. 1999, *Monnot : Gaz. Pal. 11 oct. 1999. 64, concl. Garde.* ◆ ... Mais une commune peut faire appel à l'architecte salarié d'une autre commune. • CE 28 sept. 1984, *Conseil régional de l'ordre des architectes du Limousin : Lebon 311 .* ◆ En revanche, une chambre d'agriculture ne peut assurer la maîtrise d'œuvre d'un foyer communal. • CE 28 sept. 1984, *Conseil régional de l'ordre des architectes de Bourgogne : Lebon 310 ; RFDA 1985. 219, concl. Laroque.* ◆ ... Ou d'un ensemble de foyers socio-éducatifs. • CE 3 avr. 1987, *Conseil régional de l'ordre des architectes du Languedoc-Roussillon : req. no 50001.* ◆ Une chambre d'agriculture ne peut, en raison de sa spécialisation, assurer la maîtrise d'œuvre d'un foyer communal. • CE 28 sept. 1984, *Conseil régional de l'ordre des architectes de Bourgogne : préc.* ◆ Les services techniques de l'État ne peuvent se substituer à un architecte. • CE 18 mars 1983, *Bettinger : préc. note 1.*

3. Le calcul des superficies caractérisant une construction de faible importance fait intervenir une règle cumulative. • CE 19 janv. 1994, *Cne de Lormont : LPA 24 oct. 1994* (à propos de travaux d'aménagement et d'agrandissement d'un bâtiment d'habitation). ◆ Concernant un modificatif emportant extension d'un immeuble en construction, V. • CE 4 juill. 1984, *Favre-Lorraine : Lebon 778 .* ◆ Mais le recours à un architecte n'est pas obligatoire lorsque la démolition d'une partie du bâtiment destiné à être aménagé ramène sa surface à moins de 170 m2. • CAA Nancy, 4 mars 2004 : *req. no 98NC01929.* ◆ Il y a lieu à réintégrer dans le calcul de la SHON les surfaces qui ont été déduites à tort pour apprécier le seuil de 170 m2. • CAA Bordeaux, 30 déc. 2004, *Sauzier,* req. no 00BX02940 : *AJDA 2005. 623 .* ◆ Il en est ainsi, par exemple, dans l'hypothèse où un garage ne peut pas être regardé comme affecté au stationnement : la réintégration de la SHON irrégulièrement déduite doit être réintégrée dans le calcul. • CAA Nantes, 26 juin 1996 : *req. no 94NT00555.*

4. L'exonération du recours obligatoire à un architecte ne concerne pas les personnes morales. • TA Châlons-en-Champagne, 7 mars 2000, *M. Gatinois : BJDU 2000. 206.* ◆ S'agissant des personnes physiques qui déclarent vouloir édifier ou modifier, pour elles-mêmes, une construction, l'exonération ne se limite pas à celles de ces personnes qui entendent affecter la construction à un usage personnel pour y habiter ou pour y exercer leur profession, mais s'étend à l'ensemble des personnes qui construisent en vue de conserver pour elles-mêmes la propriété de l'immeuble, que celui-ci soit destiné à un usage personnel ou à être donné en location. • CAA Bordeaux, 17 mai 1994, *Cne de Bignoux,* req. no 93BX00084 : *Lebon T. 1251 ; JCP 1994. 22315, obs. Debouy.*

5. Le défaut de mention du choix des couleurs dans un projet architectural constitue un vice de forme substantiel. • CAA Paris, 23 nov. 1993, *Cne de Viroflay : Lebon T. 1104 .*

6. L'architecte détient sur les œuvres dont le monopole lui a été confié par la loi un droit moral. • Paris, 20 nov. 1996 : *JCP 1997. 22937, note F. Pollaud-Dulian* (à propos de la réplique d'une œuvre originale). ◆ Mais ce droit ne lui donne pas qualité pour agir contre un permis de construire modificatif de la construction dont il a assuré la conception. • CAA Marseille, 8 févr. 2001, *M. Scarpocchi : Constr.-Urb. 2001, no 266.*

7. Sur le paiement des honoraires par le maître de l'ouvrage à un bureau d'études qui a été chargé de déposer une demande de permis de construire, et qui n'a pas attendu pour ce faire l'obtention des dérogations qu'il était également chargé de demander, V. • Civ. 3e, 10 mars 1982 : *Bull. civ. III, no 67.*

8. Sur la condamnation pour faux en écriture et usage de faux du maître de l'ouvrage qui, obligé de déposer une demande de permis de construire en application de l'art. L. 111-2 CCH a effectué sa demande de permis de construire au nom d'un architecte mais à l'insu de ce dernier, V. • Crim. 13 oct. 1999 : *Bull. crim. no 218 ; RDI 2000. 103, obs. Roujou de Boubée ; ibid. 175, obs. Boubli ; Constr.-Urb. 2000, no 117, obs. Sizaire.*

9. Un conseil régional de l'ordre des architectes n'a pas intérêt à attaquer un permis de construire délivré en méconnaissance du recours obligatoire à l'architecte. • CE 8 juin 1990, *Conseil régional de l'ordre des architectes de Picardie : Lebon 153 ; RFDA 1991. 647, concl. de La Verpillière*.

10. Engage sa responsabilité vis-à-vis du maître de l'ouvrage l'architecte qui présente un projet non conforme aux dispositions d'urbanisme en vigueur. • Civ. 3e, 9 juin 1999 : *Constr.-Urb. 1999, no 266* • 15 déc. 1999 : *ibid 2000, no 93.* ♦ L'architecte est tenu, au minimum, à un devoir de conseil vis-à-vis de son client. Sa responsabilité peut être recherchée en cas de non-conformité d'un permis de construire avec les règles d'urbanisme dès lors qu'il n'a pas averti son client de cette situation. • Civ. 3e, 14 déc. 2004 : *Constr.-Urb. 2005, no 30, obs. Rousseau.* ♦ L'architecte est réputé avoir rempli son devoir de conseil malgré un refus de permis de construire alors que le maître d'ouvrage professionnel avait connaissance du risque : • Civ. 3e, 3 mars 2004 : *Bull. civ. III, no 43 ; RDI 2004. 288, note Boubli ; Constr.-Urb. 2005, no 76, obs. Cornille ; Defrénois 2005. 57, obs. Périnet-Marquet.* ♦ Il en est de même lorsque le maître d'ouvrage ne l'a pas informé de l'inclusion du terrain d'assiette de la demande dans un lotissement et des restrictions contenues dans le cahier des charges. • Douai, 13 sept. 2004 : *Constr.-Urb. 2005, no 28, obs. Cornille.*

Art. L. 111-3 Conformément à l'article L. 111-6 du code de l'urbanisme, les bâtiments, locaux et installations soumis aux dispositions des articles L. 111-1, L. 421-1 *(Ord. no 2005-1527 du 8 déc. 2005, art. 30-II, en vigueur le 1er oct. 2007)* **« à L. 421-3 » ou L. 510-1 dudit code ne peuvent, nonobstant toutes clauses contraires du cahier des charges de concession, d'affermage ou de régie intéressée, être raccordés définitivement aux réseaux d'électricité, d'eau, de gaz ou de téléphone, si leur construction ou leur transformation n'a pas été, selon le cas, autorisée ou agréée en vertu des articles précités.**

La modification issue de l'Ord. no 2005-1527 du 8 déc. 2005 entrée en vigueur le 1er oct. 2007 (Décr. no 2007-18 du 5 janv. 2007, art. 26, mod. par Décr. no 2007-817 du 11 mai 2007, art. 4) n'est pas applicable à Mayotte (Ord. no 2005-1527 du 8 déc. 2005, art. 40).

BIBL. ▶ LE CORNEC, *Ét. fonc. 1996, no 72. 14* (constructions illicites). – PEIRONET, *RFDA 1995. 766* (insuffisances de l'article L. 111-6 et apports de la jurisprudence administrative). – RAKOBOVANSKY, *LPA 3 août 2000* (construction illégale, état des lieux). – RENARD, Qui doit faire la police de l'urbanisme, l'article L. 111-6 du code de l'urbanisme ?, *Ét. fonc. 1986, p. 37.* – SCHWING, Le refus de raccordement aux réseaux : la marge de manœuvre des maires, *Ét. fonc. 2004, no 112, p. 31.*

COMMENTAIRE

Ce dispositif en vigueur depuis le 1er juillet 1977 a pour objet d'interdire, en cas de construction édifiée sans autorisation, l'accès aux réseaux d'électricité, d'eau, de gaz ou de téléphone et pour effet de condamner l'occupant à l'usage de bougie, du seau et du bois de chauffe. Il est à noter que la liste des réseaux auxquels le raccordement est interdit est limitative et ne concerne pas le réseau d'assainissement.

La réécriture de cet article par l'ordonnance no 2005-1527 du 8 décembre 2005, entrée en vigueur le 1er octobre 2007, inclut dans son champ d'application les bâtiments, locaux et installations soumis aux dispositions suivantes du code de l'urbanisme : articles L. 111-1 (règles générales d'urbanisme), L. 421-1 (constructions et travaux sur existant soumis à permis de construire), L. 421-2 (travaux, installations et aménagements soumis à permis d'aménager), L. 421-3 (travaux soumis à permis de démolir) et L. 510-1 (agrément administratif). On notera que l'article de renvoi vise les articles L. 421-1 à L. 421-3 du code de l'urbanisme, alors que les dispositions de l'article L. 111-6 du code de l'urbanisme (code pilote) visent également l'article L. 421-4, ce qui permet d'inclure dans la liste des ouvrages dont le raccordement ne doit pas être effectué ceux qui sont soumis à déclaration préalable. ❑

1. Le champ d'application est circonscrit aux réseaux visés par le texte pour lesquels une demande de raccordement doit être accompagnée de la production de l'autorisation administrative. • TGI Grenoble, 1er juill. 1988 : *CJEG 1989. 259.* ♦ Le refus de raccordement est licite en cas de construction édifiée sans permis de construire. • CE 23 juill. 1993, *Schafer : Lebon T. 1077*. ♦ Mais les dispositions de cet art. ne permettent pas de refuser le raccordement d'une caravane au réseau électrique, qu'il s'agisse d'un raccordement provisoire. • CE 12 déc. 2003, *M. Cancy : BJDU 2004. 9, concl. Séners.* ◆ ... Ou d'un raccordement définitif, • CE 5 avr. 2004, *Cne de Pertuis : AJDA 2004. 1492, note Sablières.* ◆ V. ci-dessous note 5 en ce qui concerne les pouvoirs du maire de s'opposer à un branchement définitif d'une caravane stationnant irrégulièrement.

2. En revanche, l'annulation du permis de construire ne permet pas l'interruption de l'alimentation par les réseaux concernés. • CAA Lyon, 18 févr. 1997, *Min. de l'équipement c/ SCI Paese di mare,* req. nº 94LY00243 : *Lebon T. 1136 ; CJEG 1997. 154, concl. D. Gailleton* (jugeant que l'art. L. 111-6 C. urb. ne donne pas à l'autorité administrative chargée de la police spéciale de l'urbanisme le pouvoir d'enjoindre à Électricité de France d'interrompre l'alimentation électrique d'une construction régulièrement raccordée en cas d'annulation ultérieure du permis de construire délivré – infirmant l'opinion émise par une partie de la doctrine).

3. De même, est illégale la délibération du conseil municipal interdisant le raccordement des terrains non constructibles. • CE 27 juin 1994, *Charpentier,* req. nº 85436 : *Lebon 334 ; CJEG 1995. 72, concl. Schwartz.*

4. L'interdiction de raccordement est une mesure de police administrative indépendante de l'action pénale et de son éventuelle prescription. • CE 7 oct. 1998, *L'Hermite,* req. nº 140759 : *Lebon T. 1232 ; Constr.-Urb. 1999, nº 15.*

5. Le maire peut user de la faculté qui lui est donnée par l'art. L. 111-6 C. urb. pour s'opposer au raccordement définitif au réseau d'une caravane stationnant irrégulièrement. • CE, avis, 7 juill. 2004, avis nº 266478 : *Lebon 322 ; AJDA 2005. 105, note Sablière ; BJDU 2004. 278, concl. Séners, obs. J.-C. B.*

6. Le contentieux est partagé entre le juge administratif compétent pour se prononcer sur la légalité de la décision administrative (V. jurisprudence ci-dessus) et le juge judiciaire qui accueille sa saisine pour apprécier l'existence d'une éventuelle voie de fait. • TGI Blois, 26 nov. 1996 : *CJEG 1997. 285* • TGI Vannes, 26 nov. 1996 : *ibid.*

7. Le délégataire de service public (concessionnaire, fermier ou régisseur) qui refuse un raccordement à la suite d'une injonction du maire ne commet aucune faute et ne peut voir sa responsabilité engagée en raison de ce refus. • TA Nice, 2 janv. 2002, *M. et Mme Julian : req. nº 98-583.*

8. Il n'appartient pas au juge qui a annulé une autorisation de construire de prononcer une interdiction ou une injonction de branchement. Il a été admis à ce sujet que l'annulation d'un permis de construire et la question relevant de l'art. L. 111-6 C. urb. étaient régies par des dispositions indépendantes. • CAA Nancy, 8 août 2002, *M. Broxer : req. nº 97NC02392.*

9. L'installation d'une caravane sans autorisation par le propriétaire du terrain d'assiette, situé en zone non-constructible, constitue un trouble manifestement illicite et l'enlèvement des caravanes ne viole pas l'article 8 de la Convention européenne de sauvegarde des droits de l'homme et des libertés fondamentales. • Civ. 3e, 3 mars 2010 : *Bull. civ. III, nº 54 ; AJDA 2010. 473.* ◆ Le refus de raccordement d'une construction irrégulière aux réseaux est une ingérence d'une autorité publique dans le droit au respect de la vie privée et familiale garanti par l'article 8 de la Convention européenne des droits de l'homme. • CE 15 déc. 2010, *Mme Bayer c/ Cne de Gouvernes,* req. nº 323250 : *Lebon T. 1020 ; AJDA 2010. 2456 ; AJCT 2011. 148, obs. Vincent ; RDI 2011. 183, obs. P. S.-C. ; Constr.-Urb. 2011, nº 20, obs. Santoni ; RJEP 2011, nº 36, obs. Sablière.* ◆ Si une telle ingérence peut être justifiée par le but légitime que constituent le respect des règles d'urbanisme et de sécurité ainsi que la protection de l'environnement, il appartient, dans chaque cas, à l'administration de s'assurer et au juge de vérifier que l'ingérence qui découle d'un refus de raccordement est, compte tenu de l'ensemble des données de l'espèce, proportionnée au but légitime poursuivi. • Même arrêt.

Art. L. 111-3-1 *(L. nº 2012-387 du 22 mars 2012, art. 121-IV)* **Les délais de paiement convenus pour le règlement des acomptes mensuels et du solde des marchés de travaux privés mentionnés au 3º de l'article 1779 du code civil ne peuvent dépasser le délai prévu au neuvième alinéa du I de l'article L. 441-6 du code de commerce. Ce délai ne s'applique pas à l'acompte à la commande, qui est payé selon les modalités prévues au marché.**

En cas de dépassement du délai de paiement mentionné au premier alinéa du présent article, l'entrepreneur peut suspendre l'exécution des travaux après mise en demeure de son créancier restée infructueuse à l'issue d'un délai de quinze jours.

Le présent article est applicable aux marchés de travaux privés conclus entre professionnels soumis au code de commerce.

BIBL. ▶ ABBATUCCI, Le respect des délais de paiement dans les marchés de travaux, *RDI 2012. 317.*

SECTION II DISPOSITIONS GÉNÉRALES APPLICABLES AUX BÂTIMENTS D'HABITATION

BIBL. ▶ DROPSY, *Administrer juin 2001. 11* (habitation-surface des pièces isolées habitables). – GALAN, *Droit et Ville, nº 44, 1997. 25* (aspect administratif de la sécurité des lieux bâtis). – GUIHARD, *Defrénois 2004. 774* (mise en œuvre des normes techniques – actes du colloque 2003 de l'ICH Nantes). – ROUQUET, *Dalloz actualité, 1er sept. 2011* (recharge des véhicules électriques et stationnement sécurisé des vélos).

COMMENTAIRE

Les dispositions qui suivent obligent à tenir compte d'un certain nombre de contraintes en matière de construction. La principale difficulté d'application de ces normes concerne les bâtiments anciens, pour lesquels la mise en conformité est le plus souvent impossible à réaliser sur le plan simplement technique. C'est la raison pour laquelle, lorsque de nouvelles normes sont édictées, il n'y a lieu de les prendre en considération que si les travaux que leur mise en œuvre suppose sont techniquement possibles (V. Rép. min. nº 10511 : *JOAN 2 mai 1994, p. 2223*). ❑

SOUS-SECTION 1 RÈGLES GÉNÉRALES DE CONSTRUCTION *(L. nº 2000-1208 du 13 déc. 2000, art. 74-I).*

BIBL. ▶ Principales modifications opérées par la loi Grenelle 2 : *JCP Adm. 2012. 2073.*

Art. L. 111-4 Les règles générales de construction applicables aux bâtiments d'habitation, les mesures d'entretien destinées à assurer le respect des règles de sécurité jusqu'à destruction desdits bâtiments ainsi que les modalités de justification de l'exécution de cette obligation d'entretien sont fixées par décret en Conseil d'État. Les dispositions de ce texte se substituent de plein droit aux dispositions contraires ou divergentes des règlements départementaux et communaux. *– V. art. R. 111-1 s.*

Sur les mesures techniques nationales de prévention de la pollution atmosphérique et d'utilisation rationnelle de l'énergie, V. App., vº Énergie (Pollution), C. envir., art. L. 224-1 et L. 224-2.

COMMENTAIRE

Le principe d'une substitution de plein droit consacre la primauté des règles issues du présent code sur celles édictées par des règlements locaux, sans qu'il y ait lieu de s'interroger sur le caractère plus favorable ou non de ces dernières. ❑

Art. L. 111-5 Conformément aux articles L. 1111-2 à L. 1111-4, L. 1311-1 et L. 1311-2 du code de la santé publique, dans chaque département un règlement sanitaire établi par le *(L. nº 83-440 du 2 juin 1983, art. 6)* **« représentant de l'État dans le département » détermine les prescriptions relatives à la salubrité des maisons et de leurs dépendances.**

Conformément aux articles L. 1331-1 à L. 1331-7 dudit code, les immeubles d'habitation doivent être obligatoirement raccordés aux égouts destinés à recevoir les eaux usées domestiques.

BIBL. ▶ CAYLA, *RDSS 1990. 35* (réglementation sanitaire). – DROPSY, *Administrer, oct.-nov. 1988. 45* (requiem pour les règlements sanitaires départementaux). – LOUDET, L'assainissement en milieu urbain ou rural, *Éd. du Moniteur, 2e éd. 1987.* – TOURNAFOND et LAY, *Administrer, juill. 1989. 49* (les règlements sanitaires départementaux sont-ils encore de vigueur ?).

COMMENTAIRE

La loi no 86-17 du 6 janvier 1986 a remplacé les articles L. 1 s. du code de la santé publique par les articles L. 1311-1 s. Les anciens textes prévoyaient l'existence, dans chaque département, d'un règlement sanitaire départemental, applicable à l'ensemble des communes du département. Les nouveaux textes, désormais en vigueur depuis le 24 juin 2000, proviennent de la réforme de la numérotation du code de la santé publique par l'ordonnance no 2000-548 du 15 juin 2000. Le contenu de ces dispositions, pour l'essentiel, demeure identique. Elles visent certes les précautions que les maires doivent prendre pour éviter les risques d'épidémie ou de contagion, mais surtout les prescriptions relatives à l'alimentation en eau potable ou à l'évacuation des eaux usées, et celles relatives aux mesures à prendre pour assurer la salubrité des maisons. Ces règles générales d'hygiène sont maintenant fixées par des décrets en Conseil d'État, auxquels renvoie d'ailleurs l'article L. 111-4 ci-dessus.

Le raccordement des immeubles existants à la date de l'installation du réseau d'égout ou des immeubles construits après son installation est obligatoire, sauf exceptions. Pour ces derniers, le constructeur peut se voir imposer une participation dont le montant est plafonné à 80 % du coût d'une installation individuelle d'assainissement. Dans tous les cas, les travaux de branchement au réseau sont supportés par le propriétaire de la construction.

1. Une commune responsable d'inondations de sous-sols de locaux abritant une chambre des métiers, imputables à l'insuffisante capacité d'évacuation des eaux pluviales de son réseau public, ne peut opposer à la chambre des métiers les dispositions du règlement sanitaire départemental qui fixent les conditions d'aménagement et d'équipement des constructions existantes en vue d'éviter les reflux dans les sous-sols, ces dispositions n'étant applicables qu'aux immeubles d'habitation. • CAA Nantes, 2 nov. 2000, *Ville de Caen : req. no 98NT01373.*

2. Un règlement sanitaire ne peut édicter des conditions de procédure relatives au permis de construire. • CE 31 juill. 1996, *Cne de Saint-Mathurin-sur-Loire et Oudin,* req. no 126120 : *Lebon 340 ; RDI 1997. 427 ; ibid. 404 ; Dr. adm. 1996, no 592.*

Art. L. 111-5-1 *(L. no 2007-309 du 5 mars 2007, art. 7)* **Toute personne qui construit un ensemble d'habitations l'équipe au moins des gaines techniques nécessaires à la réception, par tous réseaux de communications électroniques, des services en clair de télévision par voie hertzienne en mode numérique.**

(L. no 2008-776 du 4 août 2008, art. 109-VII) **« Les immeubles neufs groupant plusieurs logements ou locaux à usage professionnel doivent être pourvus des lignes de communications électroniques à très haut débit en fibre optique nécessaires à la desserte de chacun des logements ou locaux à usage professionnel par un réseau de communications électroniques à très haut débit en fibre optique ouvert au public.**

« L'obligation prévue à l'alinéa précédent s'applique aux immeubles dont le permis de construire est délivré après le 1er janvier 2010 ou, s'ils groupent au plus vingt-cinq locaux, après le 1er janvier 2011.

« Un décret en Conseil d'État fixe les modalités d'application du présent article. »
– V. Décr. no 2009-52 du 15 janv. 2009 (JO 16 janv.).

COMMENTAIRE

Le droit à l'antenne est reconnu comme étant un droit fondamental corollaire de la liberté d'expression et de communication (V. not. L. no 66-457 du 2 juill. 1966, JO 3 juill. ; L. no 86-1067 du 30 sept. 1986, mod. par L. no 2004-575 du 21 juin 2004, *JO 1er oct.* ; Dir. Conseil no 89/552 du 3 oct. 1989, *JOCE no L. 298, 17 oct., p. 23*).

Ces textes et une jurisprudence bien établie en ont précisé les modalités de mise en œuvre pour les occupants de maisons ou d'immeubles collectifs, en fixant notamment les conditions d'installation d'antennes individuelles.

L'article L. 111-5-1, issu de l'article 7 de la loi relative à la modernisation de la diffusion audiovisuelle et à la télévision du futur, participe à garantir l'exercice de ce droit en imposant aux constructeurs d'équiper les immeubles de gaines permettant la réception de l'ensemble des réseaux de communication. En effet, certains immeubles récents ne sont équipés que de réseaux câblés, or le droit à l'antenne implique la possibilité pour toute personne de choisir librement les modes de réception auxquels elle souhaite recourir.

S'agissant de la gestion de l'immeuble, il est à noter que les articles 8 et 9 de la loi du 5 mars 2007 organisent les modalités d'information des copropriétaires et précisent les règles liées à l'acceptation d'une offre commerciale quant à la distribution des services de télévision en mode numérique (L. nº 65-557 du 10 juill. 1965, art. 18, al. 9 et 24-1). L'article 12 de la loi du 5 mars 2007 met à la charge du bailleur l'obligation d'informer le locataire des conditions de réception de services de télévision existant dans l'immeuble. ❑

Art. L. 111-5-2 *(L. nº 2010-788 du 12 juill. 2010, art. 57-IV)* **I. – Toute personne qui construit un ensemble d'habitations équipé de places de stationnement individuelles couvertes ou d'accès sécurisé le dote des gaines techniques, câblages et dispositifs de sécurité nécessaires à l'alimentation d'une prise de recharge pour véhicule électrique ou hybride rechargeable et permettant un comptage individuel, ainsi que des infrastructures permettant le stationnement sécurisé des vélos.**

II. – Toute personne qui construit un bâtiment à usage tertiaire constituant principalement un lieu de travail et équipé de places de stationnement destinées aux salariés dote une partie de ces places des gaines techniques, câblages et dispositifs de sécurité nécessaires à l'alimentation d'une prise de recharge pour véhicule électrique ou hybride rechargeable ainsi que des infrastructures permettant le stationnement sécurisé des vélos.

III. – L'obligation prévue aux I et II s'applique aux bâtiments dont la date de dépôt de la demande de permis de construire est postérieure au 1er janvier 2012.

Un décret en Conseil d'État fixe les modalités d'application du présent article, notamment le nombre minimal de places visées au II selon la catégorie de bâtiments.

BIBL. ▸ Décret nº 2011-873 du 25 juillet 2011 : ROUQUET, *Dalloz actualité, 1er sept. 2011* (recharge des véhicules électriques et stationnement sécurisé des vélos). – TALAU, *Loyers et copr. 2011. Alerte 73* (Propriétés, bureaux et loi Grenelle 2 : parution du décret relatif aux installations dédiées à la recharge des véhicules électriques ou hybrides rechargeables dans les bâtiments et aux infrastructures pour le stationnement sécurisé des vélos).

Art. L. 111-5-3 *(L. nº 2010-788 du 12 juill. 2010, art. 57-IV)* **Des équipements permettant la recharge de véhicules électriques ou hybrides ainsi que des infrastructures permettant le stationnement sécurisé des vélos doivent être installés dans les bâtiments existants à usage tertiaire et constituant principalement un lieu de travail, lorsqu'ils sont équipés de places de stationnement destinées aux salariés, avant le 1er janvier 2015.**

Un décret en Conseil d'État précise les conditions et les modalités d'application du présent article. Il fixe notamment les catégories de bâtiments soumis à cette obligation, le nombre minimal de places de stationnement qui font l'objet de l'installation selon la catégorie de bâtiments et les conditions de dérogation en cas d'impossibilité technique ou de contraintes liées à l'environnement naturel du bâtiment. *– V. art. R. 136-1 à R. 136-4.*

BIBL. ▸ Décret nº 2011-873 du 25 juillet 2011 : ROUQUET, *Dalloz actualité, 1er sept 2011* (recharge des véhicules électriques et stationnement sécurisé des vélos). – TALAU, *Loyers et copr. 2011. Alerte 73* (Propriétés, bureaux et loi Grenelle 2 : parution du décret relatif aux installations dédiées à la recharge des véhicules électriques ou hybrides rechargeables dans les bâtiments et aux infrastructures pour le stationnement sécurisé des vélos).

Art. L. 111-6 **Conformément à l'article L. 361-4 du code des communes** *[devenu art. L. 2223-5 CGCT]*, **nul ne peut, sans autorisation** *[du représentant de l'État dans le*

département], élever aucune habitation, ni creuser aucun puits, à moins de 100 mètres des nouveaux cimetières transférés hors des communes et les bâtiments existants ne peuvent être ni restaurés, ni augmentés sans autorisation.

1. La servitude ne s'applique pas à un hangar destiné à abriter les automobiles et ne comportant pas la présence habituelle de l'homme. • CE 11 mai 1938, *Suc : Lebon 410.*

2. Ces dispositions n'ont pas pour effet de rendre les terrains inconstructibles mais de soumettre la construction à autorisation. • CE 20 mai 1994, *Butin : req. no 115804.*

SOUS-SECTION 2 RÈGLES GÉNÉRALES DE DIVISION

(L. no 2000-1208 du 13 déc. 2000, art. 74-I)

Art. L. 111-6-1 **Sont interdites :**

– *(L. no 2009-323 du 25 mars 2009, art. 86)* **« qu'elle soit en propriété ou en jouissance, qu'elle résulte de mutations à titre gratuit ou onéreux, de partage ou de locations, » toute division par appartements d'immeubles qui sont frappés d'une interdiction d'habiter, ou d'un arrêté de péril, ou sont déclarés insalubres, ou comportent pour le quart au moins de leur superficie totale des logements loués ou occupés classés dans la catégorie IV visée par la loi no 48-1360 du 1er septembre 1948 précitée** *[.] (Ord. no 2005-1566 du 15 déc. 2005, art. 11)* **« La division d'un immeuble bâti ou d'un groupe d'immeubles bâtis, entre plusieurs personnes, par lots comprenant chacun une partie privative et une quote-part de parties communes est néanmoins autorisée lorsqu'il s'agit d'y réaliser des travaux de restauration immobilière déclarés d'utilité publique en application de l'article L. 313-4 du code de l'urbanisme » ;**

– *(L. no 2009-323 du 25 mars 2009, art. 86)* **« qu'elle soit en propriété ou en jouissance, qu'elle résulte de mutations à titre gratuit ou onéreux, de partage ou de locations, toute division d'immeuble en vue de mettre à disposition des locaux » à usage d'habitation d'une superficie et d'un volume habitables inférieurs respectivement à 14 m² et à 33 m³ ou qui ne sont pas pourvus d'une installation d'alimentation en eau potable, d'une installation d'évacuation des eaux usées ou d'un accès à la fourniture de courant électrique, ou qui n'ont pas fait l'objet de diagnostics amiante en application de l'article L. 1311-1 du code de la santé publique et risque de saturnisme lorsque l'immeuble est soumis aux dispositions de l'article L. 1334-5 du même code ;**

– toute division par appartements d'immeuble de grande hauteur à usage d'habitation ou à usage professionnel ou commercial et d'habitation dont le contrôle exercé par la commission de sécurité a donné lieu à un avis défavorable de l'autorité compétente ou à des prescriptions qui n'ont pas été exécutées.

Sont punies d'un emprisonnement de deux ans et d'une amende de 75 000 € les personnes qui mettent en vente, en location ou à la disposition d'autrui des locaux destinés à l'habitation et provenant d'une division réalisée en méconnaissance des interdictions définies au présent article.

(L. no 2006-872 du 13 juill. 2006, art. 44-III-1o) **« Les personnes physiques encourent également la peine complémentaire suivante : l'interdiction, pour une durée de cinq ans au plus, d'exercer une activité professionnelle ou sociale dès lors que les facilités que procure cette activité ont été sciemment utilisées pour préparer ou commettre l'infraction. Cette interdiction n'est toutefois pas applicable à l'exercice d'un mandat électif ou de responsabilités syndicales.**

« Les peines encourues par les personnes morales sont :

« – l'amende, selon les modalités prévues par l'article 131-38 du code pénal ;

« – les peines complémentaires prévues aux 2o, 4o, 8o et 9o de l'article 131-39 du même code. Pour l'application du 8o, la confiscation porte sur le fonds de commerce

ou sur l'immeuble destiné à l'hébergement des personnes et ayant servi à commettre l'infraction. »

BIBL. GÉN. ► CORNILLE, Il ne faut pas découper la longère, *Constr.-Urb. 2010, Repère 6.* – LAFOND, L'interdiction de diviser certains immeubles en lots de copropriété, *JCP N 2010. 1010.* – ZALEWSKI, Interdictions de diviser : pour une autre interprétation de l'article L. 111-6-1 du CCH, *AJDI 2010. 868*.

► **Loi du 25 mars 2009 :** LAFOND, *JCP N 2009. 1136.* – PÉRINET-MARQUET, *Constr.-Urb. 2009. Étude 6.*

COMMENTAIRE

Cet article, introduit dans le présent code par la loi « SRU » n° 2000-1208 du 13 décembre 2000, a pour objet d'interdire la division d'immeubles bâtis aboutissant à la création de locaux insalubres et impropres à l'habitation.

Les premiers immeubles concernés sont ceux frappés d'une interdiction d'habiter, d'un arrêté de péril ou déclarés insalubres. La loi SRU introduit d'ailleurs, de nouvelles dispositions en matière d'immeubles insalubres (art. 168 s.) et d'immeubles menaçant ruine (art. 178 s.) qui modifient et complètent le présent code. Il est également interdit de diviser les immeubles dont un quart au moins de la superficie des logements loués et occupés est classé sous la catégorie IV de la loi n° 48-1360 du 1er septembre 1948.

Il s'agira également des divisions d'immeuble en vue de créer des locaux à usage d'habitation d'une superficie et d'un volume habitables inférieurs à 14 m^2 et 33 m^3 ou qui ne sont pas pourvus d'une installation d'alimentation d'évacuation des eaux usées ou d'un accès à la fourniture de courant électrique.

Ces mesures sont à rapprocher de celles réglementant... « la construction des bâtiments d'habitation nouveaux... » et « la surélévation de bâtiments anciens... » et ... « les additions à de tels bâtiments... », reportées sous les articles R. 111-1-1 et suivants du présent code.

De même, il sera interdit de diviser les immeubles n'ayant pas fait l'objet d'un diagnostic amiante (art. L. 1311-1 CSP) et risque de saturnisme (art. L. 1334-5 CSP).

Enfin, il est interdit de diviser par appartements les immeubles de grande hauteur (art. R. 122-1 s. du présent code) pour lesquels le contrôle de la commission de sécurité a donné lieu à un avis défavorable ou à des prescriptions qui n'ont pas été exécutées. Le non-respect de l'ensemble des dispositions est pénalement sanctionné. ❑

Art. L. 111-6-2 **Toute mise en copropriété d'un immeuble construit depuis plus de quinze ans est précédée d'un diagnostic technique portant constat de l'état apparent de la solidité du clos et du couvert et de celui de l'état des conduites et canalisations collectives ainsi que des équipements communs et de sécurité.**

COMMENTAIRE

La division d'un immeuble construit depuis plus de quinze ans et conduisant à sa soumission au statut de la loi n° 65-557 du 10 juillet 1965 relative à la copropriété, doit être précédée d'un **diagnostic technique**.

L'article 80 de la loi n° 2000-1208 du 13 décembre 2000 introduit un nouvel article 46-1 dans la loi n° 65-557 du 10 juillet 1965 et fait obligation à tout notaire de porter ce diagnostic à la connaissance du premier acquéreur et lors de toute nouvelle mutation réalisée dans un délai de trois ans à compter de la date du diagnostic.

Contrairement à l'article précédent, l'**inobservation de ces dispositions n'est pas pénalement sanctionnée**. Toutefois, l'acquéreur sera toujours fondé à saisir le juge aux fins de faire sanctionner la carence du vendeur et du notaire. ❑

SOUS-SECTION 2 *BIS* RÈGLES GÉNÉRALES DE RÉNOVATION D'IMMEUBLES

(L. nº 2006-872 du 13 juill. 2006, art. 80-I)

Art. L. 111-6-2-1 Le vendeur professionnel d'un immeuble bâti ou d'une partie d'immeuble bâti, à usage d'habitation ou à usage professionnel et d'habitation, devant être rénové, doit justifier d'une assurance de responsabilité civile professionnelle.

BIBL. ▶ PÉRINET-MARQUET, Le nouveau statut de la vente d'immeubles à rénover, *RDI 2006. 335*. – Journée d'actualité de l'ICH de Montpellier le 26 janv. 2007 : exposé de M. SANTACREU.

COMMENTAIRE

La loi du 13 juillet 2006, dite loi « ENL », a créé une nouvelle forme de vente : la vente d'immeubles à rénover (V. art. L. 262-1 s.).

Le législateur a prévu pour le vendeur professionnel d'un immeuble à rénover un certain nombre d'obligations déjà connues en matière de vente, notamment, à construire et consistant en la fourniture de diverses assurances et garanties. Le fait que cet article L. 116-6-2-1 vise la seule assurance responsabilité civile professionnelle n'exclut pas évidemment, au titre d'autres dispositions législatives, la fourniture d'une assurance dommages : cf. article L. 262-4. ❑

Art. L. 111-6-2-2 Les sanctions prévues à l'article L. 111-34 sont applicables en cas de violation des dispositions de l'article L. 111-6-2-1.

Art. L. 111-6-2-3 Lorsque tout ou partie d'un immeuble est occupé par des locataires ou des occupants de bonne foi et que des travaux effectués présentent un caractère abusif et vexatoire, le juge saisi en référé peut prescrire l'interdiction ou l'interruption des travaux. Il peut ordonner leur interdiction ou leur interruption, sous astreinte le cas échéant.

Quiconque exécute ou fait exécuter les travaux visés au premier alinéa, malgré une décision d'interdiction ou d'interruption des travaux prononcée par le juge, est puni d'un emprisonnement de deux ans et d'une amende de 4 500 €.

Le juge peut en outre ordonner la remise en état des lieux aux frais du condamné.

BIBL. ▶ ROUJOU DE BOUBÉE, Délits en matière de rénovation d'immeuble, *RDI 2006. 377*.

COMMENTAIRE

Cette disposition tend certainement à exclure la possibilité dont usent parfois les vendeurs d'immeubles rénovés ou à rénover en vue d'écarter, à l'occasion de la réalisation de travaux, certains occupants. La mise en œuvre de cette protection sera délicate, les critères de son application étant difficiles à fixer compte tenu de la formulation adoptée par le législateur qui a retenu comme seules nuisances des travaux qui seraient cumulativement abusifs et vexatoires. ❑

SOUS-SECTION 3 ACCÈS DES OPÉRATEURS DE SERVICES POSTAUX ET DES PORTEURS DE PRESSE AUX BOÎTES AUX LETTRES PARTICULIÈRES

(L. nº 2005-516 du 20 mai 2005, art. 5-III)

Art. L. 111-6-3 Pour l'application de l'article L. 5-10 du code des postes et des communications électroniques, les propriétaires ou, en cas de copropriété, le syndicat représenté par le syndic permettent au prestataire du service universel postal et aux opérateurs titulaires de l'autorisation prévue à l'article L. 3 du même code d'accéder, selon des modalités identiques, aux boîtes aux lettres particulières.

Les porteurs et les vendeurs colporteurs de presse inscrits auprès du Conseil supérieur des messageries de presse, agissant pour le compte d'une entreprise de presse ou d'une société de portage de presse, titulaire de l'autorisation prévue à l'article L. 3 du code des postes et des communications électroniques, ont accès aux boîtes aux lettres particulières selon les mêmes modalités que les agents chargés de la distribution au domicile agissant pour le compte des opérateurs visés à l'alinéa précédent.

L'art. L. 111-6-3 est entré en vigueur le 1er nov. 2005 (L. no 2005-516 du 20 mai 2005, art. 18).

Code des postes et des communications électroniques

Art. L. 3 *(L. no 2010-123 du 9 févr. 2010, art. 22, en vigueur le 1er janv. 2011)* Les services postaux portant sur les envois de correspondance intérieure et transfrontière sont offerts par tout prestataire de services postaux, sous réserve de l'obtention d'une autorisation délivrée par l'Autorité de régulation des communications électroniques et des postes dans les conditions prévues à l'article L. 5-1. Cette autorisation n'est toutefois pas requise si ces services se limitent à la correspondance intérieure et n'incluent pas la distribution.

. . . .

Art. L. 5-10 *(L. no 2005-516 du 20 mai 2005, art. 5-II, en vigueur le 1er nov. 2005)* Afin d'être en mesure d'assurer la distribution d'envois postaux, le prestataire du service universel et les titulaires de l'autorisation prévue à l'article L. 3 ont accès, selon des modalités identiques et définies par décret en Conseil d'État, pris après avis de l'Autorité de régulation des communications électroniques et des postes, aux boîtes aux lettres particulières.

● SOUS-SECTION 4 DROIT D'ÉQUIPER UNE PLACE DE STATIONNEMENT D'UNE INSTALLATION DÉDIÉE À LA RECHARGE ÉLECTRIQUE D'UN VÉHICULE ÉLECTRIQUE OU HYBRIDE RECHARGEABLE

(L. no 2010-788 du 12 juill. 2010, art. 57-VII)

BIBL. ▶ **Décret no 2011-873 du 25 juillet 2011 :** ROUQUET, *Dalloz actualité, 1er sept. 2011* (recharge des véhicules électriques et stationnement sécurisé des vélos). – TALAU, *Loyers et copr. 2011. Alerte 73* (Propriétés, bureaux et loi Grenelle 2 : parution du décret relatif aux installations dédiées à la recharge des véhicules électriques ou hybrides rechargeables dans les bâtiments et aux infrastructures pour le stationnement sécurisé des vélos).

Art. L. 111-6-4 **Le propriétaire d'un immeuble doté de places de stationnement d'accès sécurisé à usage privatif ou, en cas de copropriété, le syndicat représenté par le syndic ne peut s'opposer sans motif sérieux et légitime à l'équipement des places de stationnement d'installations dédiées à la recharge électrique pour véhicule électrique ou hybride rechargeable et permettant un comptage individuel, à la demande d'un locataire ou occupant de bonne foi et aux frais de ce dernier.**

Constitue notamment un motif sérieux et légitime au sens du premier alinéa la préexistence de telles installations ou la décision prise par le propriétaire de réaliser de telles installations en vue d'assurer dans un délai raisonnable l'équipement nécessaire.

Art. L. 111-6-5 **Les conditions d'installation, de gestion et d'entretien des équipements de recharge électrique pour les véhicules électriques et hybrides rechargeables à l'intérieur d'un immeuble collectif et desservant un ou plusieurs utilisateurs finals font l'objet d'une convention entre le prestataire et le propriétaire ou, en cas de copropriété, le syndicat représenté par le syndic.**

Un décret en Conseil d'État fixe les modalités d'application de la présente sous-section. – *V. art. R. 111-14-2 à R. 111-14-5 et R. 136-3.*

SOUS-SECTION 5 ACCÈS DES HUISSIERS DE JUSTICE AUX PARTIES COMMUNES DES IMMEUBLES

(L. no 2010-1609 du 22 déc. 2010, art. 3)

Art. L. 111-6-6 Le propriétaire ou, en cas de copropriété, le syndicat des copropriétaires représenté par le syndic permet aux huissiers de justice d'accéder, pour l'accomplissement de leurs missions de signification ou d'exécution, aux parties communes des immeubles d'habitation.

Les modalités d'application du présent article sont définies par décret en Conseil d'État.

BIBL. ► ROUQUET, Loi « exécution des décisions de justice » et rapports locatifs, *Dalloz actualité, 5 janv. 2011*. – DAMAS, Baux d'habitation : les modifications législatives de fin d'année 2010. Lois no 2010-1249 du 22 octobre 2010, no 2010-1488 du 7 décembre 2010 et no 2010-1609 du 22 décembre 2010, *AJDI 2011. 99*.

SECTION III PERSONNES HANDICAPÉES OU À MOBILITÉ RÉDUITE

(L. no 2006-872 du 13 juill. 2006, art. 79-IV, 4o).

V. Recommandation no 97-02 de la Commission des clauses abusives (BOCCRF 12 déc. 1997 relative au contrat de maintenance de certains équipements d'immeuble : Mon. TP 26 déc. 1997, Suppl. textes 255).

V. aussi Circ. DRT no 96-3 du 25 mars 1996 (Travail) relative aux prescriptions de sécurité applicables aux travaux effectués sur les ascenseurs, ascenseurs de charge, escaliers mécaniques, trottoirs roulants et installations de parcage de véhicules, Circ. intermin. no 2007-53 du 30 nov. 2007 relative à l'accessibilité des établissements recevant du public, des installations ouvertes au public et des bâtiments d'habitation (BOMELT no 2007/23, p. 53), mod. par Circ. 20 avr. 2009 relative à l'accessibilité des bâtiments d'habitation collectifs existants, et des établissements recevant du public et installations ouvertes au public existants (BOMEEDDAT no 2009/8, p. 144).

BIBL. ► HUGOT, *JCP N 1991. 327* (aménagement par la loi no 91-663 du 13 juillet 1991 de l'accessibilité des locaux aux personnes handicapées). – GALAN, *ALD 1995. 5* (règles de construction et droits des handicapés). – SOCOTEC, Les matériaux classés au feu, *Éd. du Moniteur, 1998 ; Mon. TP 29 nov. 1996, Suppl. textes 270* (lettre circulaire du 1er août 1996 sur la participation des directions départementales de l'équipement aux commissions consultatives départementales de sécurité et d'accessibilité) ; *Mon. TP 14 mars 1997. 53* (les règles de l'accessibilité). – PÉRICAUD, *Gaz. Pal. 24 févr. 2007, no 55, p. 26* (l'accessibilité des personnes handicapées aux bâtiments et ses sanctions pénales en droit commun et en droit spécifique de la responsabilité du constructeur). – GODFRIN, *Constr.-Urb. 2008, no 180* (PLU et handicap). – GROSBOIS, Handicap et construction, *Éd. du Moniteur, 8e éd., 2008*. – HOCREITÈRE, *Mon. TP 5 févr. 2010, p. 86* (Accessibilité : conséquences des dérogations sur les permis de construire). – MENDUINA GORDON, *RDSS 2011. 533* (Copropriété, accessibilité et non-discrimination des personnes handicapées : vers une obligation d'aménagement raisonnable ?).

COMMENTAIRE

Une première réglementation visant à faciliter l'accessibilité des personnes handicapées aux bâtiments a été introduite par la loi no 75-534 du 30 juin 1975 d'orientation en faveur des personnes handicapées *(JO 1er juill.)* modifiée par la loi no 91-663 du 13 juill. 1991 *(JO 19 juill.)*. La loi no 2005-102 du 11 février 2005 pour l'égalité des droits et des chances, la participation à la citoyenneté renforce ce dispositif.

Cette réglementation est plus complète en ce qu'elle prend en compte toutes les formes de handicap, notamment les déficiences sensorielles et mentales. De manière générale, le législateur entend rendre plus accessibles aux personnes concernées les locaux d'habitation comme les locaux destinés à recevoir du public, mais également développer le nombre de logements dont la configuration est susceptible de répondre à leurs attentes en matière d'accès et d'autonomie.

Les modalités d'application de ces dispositions sont fixées par le décret n° 2006-555 du 17 mai 2006. Sont concernées les nouvelles constructions dont le permis a été déposé depuis le 1er janvier 2007. Les ERP existants ont jusqu'au 1er janvier 2015 pour se mettre en conformité avec les nouvelles règles, les préfectures et établissements d'enseignement supérieur jusqu'au 31 décembre 2010 (V. art. 13 et 14).

Un contrôle relatif au respect de ces normes de construction est organisé *a priori* et *a posteriori*. La **délivrance du permis de construire** ou de l'autorisation d'ouverture est en effet subordonnée à un contrôle préalable de l'accessibilité des locaux aux personnes handicapées, lequel est exercé par la Commission consultative départementale de sécurité et d'accessibilité (V. Décr. n° 95-260 du 8 mars 1995 mod. par Décr. n° 2006-1089 du 30 août 2006 et Circ. 22 juin 1995, *JO 25 oct., p. 15575 ; Rép. adm. 1995, n° 12, p. 3 ; Mon. TP 11 oct. 1996, p. 63*).

Aux termes du décret du 8 mars 1995, « le dossier de la demande de permis de construire est complété par l'engagement du demandeur et, le cas échéant, de l'architecte de respecter » les règles d'accessibilité. « Cet engagement est assorti d'une notice décrivant les caractéristiques générales des locaux, installations et aménagements extérieurs au regard de ces règles d'accessibilité » (C. urb., art. R. 421-5-2 ancien ; Rép. min. n° 48126 : *JOAN Q, 2 avr. 2001, p. 2009 ; BJDU 2001. 141*).

Une **attestation** de respect des règles applicables en matière d'accessibilité doit être délivrée en fin de chantier par un tiers indépendant.

La violation de ces obligations est passible des sanctions pénales prévues aux articles L. 152-1 et suivants du code de la construction et de l'habitation.

Plusieurs mesures visent à favoriser la mise en œuvre de la réglementation.

Des **commissions communales pour l'accessibilité aux personnes handicapées** sont instituées dans les villes de plus de 5 000 habitants. Elles ont notamment pour mission de constater la mise en œuvre de la réglementation, de proposer des solutions aux fins d'améliorer l'accessibilité des bâtiments, de recenser les logements accessibles. Elles rendent un rapport annuel présenté en conseil municipal (V. L. n° 2005-102 du 11 févr. 2005, art. 46 ; CGCT, art. L. 2143-3).

En matière de **copropriété**, la loi n° 2003-590 du 2 juillet 2003 Urbanisme et habitat a entendu faciliter l'adoption de travaux d'accessibilité à l'immeuble aux personnes handicapées ou à mobilité réduite, en permettant leur adoption à la majorité de l'article 24 de la loi n° 65-557 du 10 juillet 1965, sous réserve qu'ils n'affectent pas la structure de l'immeuble ou ses éléments d'équipement essentiels (**C. copr.**).

Une extension du **crédit d'impôt** est prévue pour faciliter le financement de ce type de travaux (CGI, art. 200 *quater*). Les travaux doivent être réalisés entre le 1er janvier 2005 et le 31 décembre 2009, pour donner droit à ce crédit d'impôt de 25 % (au lieu des 15 % habituels) de leur coût, main-d'œuvre comprise (sur le plan fiscal, on sait que les dépenses de pose d'ascenseur, de tapis roulant, de rampes d'accès destinées à faciliter l'accès à leur logement aux personnes handicapées physiquement sont des dépenses d'amélioration, V. Rép. min. : *JOAN 24 mai 1975, p. 3226*).

Un arrêté du 9 février 2005 a fixé la liste des travaux éligibles. Il s'agit des équipements sanitaires attachés à perpétuelle demeure, tels le lavabo et l'évier à hauteur réglable, et des équipements de sécurité et d'accessibilité, mains courantes, barres de maintien ou encore de mobiliers à hauteur réglable (V. Arr. 9 févr. 2005, *JO 15 févr. ; Instr. 23 déc. 2005 : BOI B-30-05*).

Les **aides de l'État** en faveur de l'habitat sont subordonnées au respect des dispositions de l'article L. 111-7, une circulaire n° 4316/SG du 29 janvier 1996 (*BO Prem. min. n° 96/1)* fixant les modalités d'instruction des dossiers relatifs aux travaux susceptibles de profiter du concours du Fonds interministériel pour l'accessibilité aux personnes handicapées des bâtiments ouverts au public qui appartiennent à l'État (V. pour les travaux subventionnables, Instr. ANAH, nº I. 2003-04, 24 oct. 2003, § II, ann. 3 et 4 ; sur l'application du taux réduit de TVA, Rép. min. : *JO Sénat, 18 déc. 2003, p. 3644* ; Instr. nº I, 2004-01 du 9 avr. 2004, NOR EQUU0410113J, relative à la réalisation de travaux d'accessibilité et d'adaptation des immeubles ou des logements existants aux personnes en situation de handicap et subventionnés par l'ANAH ; Instr. nº I, 2006-01 du 20 janv. 2006, NOR : *SOCU0610426J*, relative aux aides de l'ANAH en cas de travaux réalisés par des propriétaires occupants dans le cadre d'une autoréhabilitation encadrée).

Enfin, la formation initiale des professionnels de la construction devra comprendre une sensibilisation aux règles d'accessibilité des personnes présentant un handicap (V. Décr. nº 2007-436 du 25 mars 2007. – C. éduc., art. R. 335-48 à R. 335-50). ❑

Art. L. 111-7 *(L. nº 2005-102 du 11 févr. 2005, art. 41-I)* **Les dispositions architecturales, les aménagements et équipements intérieurs et extérieurs des locaux d'habitation, qu'ils soient la propriété de personnes privées ou publiques, des établissements recevant du public, des installations ouvertes au public et des lieux de travail doivent être tels que ces locaux et installations soient accessibles à tous, et notamment aux personnes handicapées, quel que soit le type de handicap, notamment physique, sensoriel, cognitif, mental ou psychique, dans les cas et selon les conditions déterminés aux articles L. 111-7-1 à L. 111-7-3. Ces dispositions ne sont pas obligatoires pour les propriétaires construisant ou améliorant un logement pour leur propre usage.**

V. Arr. 17 mai 2006 (JO 18 mai) et Arr. 1er août 2006 (JO 24 août), mod. par Arr. 30 nov. 2007 (JO 19 déc.).

V. C. patr., art. L. 521-1 s. – ***C. patr.***

BIBL. ▶ BRESSON, *Mon. TP 30 août 1991. 38* (l'accessibilité est-elle une réalité ?). – GALLONI D'ISTRIA, *Mon. TP 23 nov. 1990. 54* (handicapés : des villes plus accessibles). – HOCREITÈRE, *Mon. TP 5 févr. 2010, p. 86* (accessibilité : conséquences des dérogations sur les permis de construire). – HUGOT, *JCP N 1991. 327* (l'aménagement par la loi nº 91-663 du 13 juillet 1991 de l'accessibilité des locaux aux personnes handicapées). – KESSLER et S. MÉHIER DE MATHUISIEUX, *RDSS 1992. 179* (l'accessibilité : la prise en compte du handicap dans le cadre de la construction et de l'habitation). – LAFOND, *Administrer, oct. 1992. 9* (ascenseurs à parois lisses : mesures en faveur des handicapés). – QUIGNARD, *AJPI 1995. 885* (la sécurité lors des travaux effectués sur les ascenseurs) ; *AJPI 1997. 841* (réglementation concernant les ascenseurs). – VESCOVALI, *Mon. TP 25 févr. 1994, p. 38* (des lieux publics plus accessibles aux handicapés).

COMMENTAIRE

Récolement obligatoire à l'issue de travaux relatifs notamment à des établissements recevant du public : le décret du 5 janvier 2007 prévoit qu'à compter de la date de réception de la déclaration d'achèvement, prévue à l'article R. 462-1 nouveau du code de l'urbanisme, un récolement des travaux est obligatoire et doit être effectué dans le délai de cinq mois suivant ladite déclaration. V. aussi articles R. 462-6 s. nouveaux du code de l'urbanisme (s'agissant de la déclaration, V. art. L. 111-7-4). Ce récolement est effectué par l'autorité compétente (celle qui a délivré l'autorisation de construire) en liaison avec le directeur départemental des services d'incendie et de secours (art. R. 462-7 nouveau C. urb.).

Ces textes du code de l'urbanisme sont entrés en vigueur le 1er octobre 2007 (cf. Décr. nº 2007-18 du 5 janv. 2007, art. 26, mod. par Décr. nº 2007-817 du 11 mai 2007, art. 4). ❑

1. Sur la notion d'établissement recevant du public, V. ss. L. 123-1. ♦ Lorsque les travaux projetés concernent des locaux autres que les établissements recevant du public et sont soumis aux règles d'accessibilité aux personnes handicapées, l'art. R. 421-5-2 C. urb. impose au demandeur du permis de construire de s'engager à respecter les règles d'accessibilité et de décrire dans une notice les caractéristiques générales des locaux au regard de ces règles.

Doit être annulé le permis de construire autorisant l'édification d'une résidence alors que le demandeur n'avait pas joint à sa demande de permis l'engagement et la notice visés par l'art. R. 421-5-2 C. urb. • CAA Nantes, 9 févr. 2000, *SCI du Konguel* : *req. nº 98NT00917.*

2. L'architecte qui néglige d'appeler l'attention du maître d'ouvrage délégué sur la non-conformité d'un complexe sportif à la réglementation relative à l'accès des personnes à mobilité réduite commet une faute susceptible d'engager sa responsabilité. • CAA Lyon, 2 mai 1995, *Cne de Tignes : req. nº 93LY00982.*

3. V. Rép. min. : *JOAN CR 10 déc. 1991* (accessibilité aux cabines d'ascenseur) ; Rép. min. : *JOAN CR 16 déc. 1991* (accès des handicapés aux locaux scolaires et universitaires) ; Rép. min. : *JOAN CR 3 févr. 1992* (accessibilité dans les villes et les locaux d'habitation) ; Rép. min. : *JOAN CR 13 avr. 1992* (accessibilité des ascenseurs) ; Rép. min. : *JOAN CR 19 oct. 1992* (accès de locaux aux handicapés) ; Rép. min. : *JOAN CR 1er févr. 1993* (accessibilité aux lieux de travail et aux établissements recevant du public).

4. Le législateur n'a pas entendu permettre au pouvoir réglementaire d'ouvrir des possibilités de dérogation à ces règles en ce qui concerne les constructions neuves, hormis le cas des propriétaires construisant ou améliorant un logement pour leur propre usage ; en conséquence, le Décr. nº 2006-555 du 17 mai 2006 est entaché d'illégalité en ce qu'il permet, pour l'habitat collectif et pour les maisons individuelles, d'autres dérogations que celles dont la loi a admis la possibilité. • CE 21 juill. 2009, *Ass. nat. pour l'intégration des personnes handicapées moteur*, req. nº 295382 : *Lebon T. 824* ; *AJDA 2009. 1466* ; *JCP N 2009. Actu. 592.* ◆ Doit également être annulé un décret relatif à l'accessibilité des lieux de travail aux travailleurs handicapés en tant qu'il permet des dérogations à l'obligation d'accessibilité des bâtiments neufs. • CE 1er juin 2011, *ADEP*, req. nº 334892 : *AJDA 2011. 1118* ; *JCP 2011. 996, obs. Dagorne-Labbe.* ◆ Le Conseil constitutionnel a censuré une disposition législative autorisant le pouvoir réglementaire à prévoir des dérogations à l'accessibilité au motif que les dispositions en cause ne répondaient pas « à l'objectif d'intelligibilité et d'accessibilité de la loi ». • Cons. const., 28 juill. 2011, *Loi nº 2011-901*, nº 2011-639 DC : *AJDA 2011 1598.* ◆ En revanche, le législateur ne méconnaît ni l'étendue de sa compétence, ni les exigences découlant des dixième et onzième alinéas du Préambule de 1946 en prévoyant, s'agissant des logements destinés à l'occupation temporaire ou saisonnière dont la gestion et l'entretien sont organisés et assurés de façon permanente, qu'un décret fixera les exigences relatives à l'accessibilité et aux prestations que ces logements doivent fournir aux personnes handicapées. • Même décision.

5. Pour une application à des aires de stationnement : • TA Versailles, 16 déc. 2008, *Épx Edeline*, req. nº 0610640 : *AJDA 2009. 1215* .

Loi nº 2001-1247 du 21 décembre 2001,

Visant à accorder une priorité dans l'attribution des logements sociaux aux personnes en situation de handicap ou aux familles ayant à leur charge une personne en situation de handicap.

Art. 2 I. — Les dépenses engagées par les organismes d'habitations à loyer modéré pour l'accessibilité et l'adaptation des logements aux personnes en situation de handicap sont déductibles de la taxe foncière sur les propriétés bâties versée aux collectivités territoriales.

Art. L. 111-7-1 *(L. nº 2005-102 du 11 févr. 2005, art. 41-I)* **Des décrets en Conseil d'État fixent les modalités relatives à l'accessibilité aux personnes handicapées prévue à l'article L. 111-7 que doivent respecter les bâtiments ou parties de bâtiments nouveaux. Ils précisent les modalités particulières applicables à la construction de maisons individuelles.**

(L. nº 2011-901 du 28 juill. 2011, art. 20) **« Pour les logements destinés à l'occupation temporaire ou saisonnière dont la gestion et l'entretien sont organisés et assurés de façon permanente, un décret en Conseil d'État, pris après avis du Conseil national consultatif des personnes handicapées, fixe les exigences relatives à l'accessibilité prévues à l'article L. 111-7 et aux prestations que ceux-ci doivent fournir aux personnes handicapées.**

« Ces mesures sont soumises à l'accord du représentant de l'État dans le département après avis de la commission consultative départementale de sécurité et d'accessibilité. »

Les mesures de mise en accessibilité des logements sont évaluées dans un délai de trois ans à compter de la publication de la loi nº 2005-102 du 11 février 2005 pour l'égalité des droits et des chances, la participation et la citoyenneté des personnes handicapées et une estimation de leur impact financier sur le montant des loyers est réalisée afin d'envisager, si nécessaire, les réponses à apporter à ce phénomène.

Dans les trois ans suivant l'entrée en vigueur de la loi nº 2011-901 du 28 juill. 2011, le Gouvernement remet au Parlement un rapport sur l'application du dispositif visé à l'art. 20-I de la loi précitée (L. préc., art. 20-II).

COMMENTAIRE

1. Les textes d'application

La loi nº 2005-102 du 11 février 2005 devait, en vertu de son article 101, être assortie de textes réglementaires d'application avant le 12 août 2005 (soit 6 mois après la publication de la loi).

Quatre textes ont été publiés à cet effet. Il convient donc de se reporter :
Au décret nº 2006-555 du 17 mai 2006 : art. 13 et 14.
Aux arrêtés du 17 mai 2006 (*JO 18 mai, p. 7315 et 7316*).
A l'arrêté du 1er août 2006 (*JO 24 août*).

On se réfèrera également aux nouveaux articles R. 111-5 et R. 111-8 à R. 111-19-24 du code de la construction et de l'habitation créés par le décret du 17 mai 2006, articles 1er à 9.

2. Les délais d'application

Les dispositions relevant de l'article L. 111-7-1 sont rendues obligatoires pour les constructions neuves et les immeubles existants mais elles seront mises en œuvre selon un calendrier qui s'échelonnera du 1er janvier 2007 au 1er janvier 2015.

3. L'accessibilité des handicapés

Elle est réputée réunie lorsque les conditions d'accès sont sinon identiques à celles des autres personnes, et en tout cas présentant des équivalences d'usage des locaux et des équipements. Les prestations dont doivent bénéficier les handicapés doivent être équivalentes à celles retenues dans les ERP (établissements recevant du public).

L'accessibilité porte sur les circulations intérieures et extérieures, le stationnement des véhicules, les accès aux parties communes, les locaux collectifs, locaux secondaires (caves, etc.).

Il en est de même des équipements éventuels tels que l'éclairage...

V., pour les portes de garages, articles L. 125-3 et suivants et pour les ascenseurs, articles L. 125-1 et suivants

4. Les immeubles soumis à cette obligation

Sont soumis au respect des règles d'accessibilité les biens immobiliers suivants :
– immeubles collectifs à usage d'habitation. Cette destination à usage d'habitation s'apprécie dès la construction et aussi à la suite de la réalisation de certains travaux ayant transformé à destination d'habitation des locaux qui étaient de nature différente.
– les habitations individuelles destinées à être vendues, ou mises à disposition sous quelque forme que ce soit, notamment, par location. Ne sont pas tenues à l'obligation d'accessibilité les personnes qui sont propriétaires de la maison individuelle et qui la construisent, la rénovent ou la réhabilitent pour leur propre usage.
– les établissements recevant du public (ERP) et les installations ouvertes au public (V. art. R. 111-19-13 à R. 111-19-18).

5. Dérogations préfectorales

Face à des situations précises (notamment certaines raisons techniques, logements d'occupation saisonnière ou temporaire, rapport révélant avantages et inconvénients de l'application des règles d'accessibilité, préservation du patrimoine architectural, répercussion sur l'activité des ERP), le préfet pourra déroger à l'obligation d'accessibilité aux personnes handicapées.

6. Censure du Conseil constitutionnel

La loi de finances rectificative pour 2009 est censurée en son article 53, instituant de nouvelles dérogations aux règles visant à assurer l'accessibilité des bâtiments et des logements aux personnes handicapées. En effet, les dispositions de cet article sont étrangères au domaine des lois de finance tel qu'il résulte de la loi organique du 1er août 2001 (Cons. const., 29 déc. 2009, Décis. no 2009-600 : *AJDA 2010. 7, obs. Brondel* ; *Mon. TP 5 févr. 2010, p. 86, étude Hocreitère*).

Art. L. 111-7-2 *(L. no 2005-102 du 11 févr. 2005, art. 41-I)* **Des décrets en Conseil d'État fixent les modalités relatives à l'accessibilité aux personnes handicapées prévue à l'article L. 111-7 que doivent respecter les bâtiments ou parties de bâtiments d'habitation existants lorsqu'ils font l'objet de travaux, notamment en fonction de la nature des bâtiments et parties de bâtiments concernés, du type de travaux entrepris ainsi que du rapport entre le coût de ces travaux et la valeur des bâtiments au-delà duquel ces modalités s'appliquent. Ils prévoient dans quelles conditions des dérogations motivées peuvent être autorisées en cas d'impossibilité technique ou de contraintes liées à la préservation du patrimoine architectural, ou lorsqu'il y a disproportion manifeste entre les améliorations apportées et leurs conséquences. Ces décrets sont pris après avis du Conseil national consultatif des personnes handicapées.**

En cas de dérogation portant sur un bâtiment appartenant à un propriétaire possédant un parc de logements dont le nombre est supérieur à un seuil fixé par décret en Conseil d'État, les personnes handicapées affectées par cette dérogation bénéficient d'un droit à être relogées dans un bâtiment accessible au sens de l'article L. 111-7, dans des conditions fixées par le décret en Conseil d'État susmentionné. – *V. note ss. art. L. 111-7-1.*

Le présent art. n'est pas applicable à Saint-Pierre-et-Miquelon (L. no 2005-102 du 11 févr. 2005, art. 93).

Art. L. 111-7-3 *(L. no 2005-102 du 11 févr. 2005, art. 41-I)* **Les établissements existants recevant du public doivent être tels que toute personne handicapée puisse y accéder, y circuler et y recevoir les informations qui y sont diffusées, dans les parties ouvertes au public. L'information destinée au public doit être diffusée par des moyens adaptés aux différents handicaps.**

Des décrets en Conseil d'État fixent pour ces établissements, par type et par catégorie, les exigences relatives à l'accessibilité prévues à l'article L. 111-7 et aux prestations que ceux-ci doivent fournir aux personnes handicapées. Pour faciliter l'accessibilité, il peut être fait recours aux nouvelles technologies de la communication et à une signalétique adaptée.

Les établissements recevant du public existants devront répondre à ces exigences dans un délai, fixé par décret en Conseil d'État, qui pourra varier par type et catégorie d'établissement, sans excéder dix ans à compter de la publication de la loi no 2005-102 du 11 février 2005 pour l'égalité des droits et des chances, la participation et la citoyenneté des personnes handicapées.

Ces décrets, pris après avis du Conseil national consultatif des personnes handicapées, précisent les dérogations exceptionnelles qui peuvent être accordées aux établissements recevant du public après démonstration de l'impossibilité technique de procéder à la mise en accessibilité ou en raison de contraintes liées à la conservation

du patrimoine architectural ou lorsqu'il y a disproportion manifeste entre les améliorations apportées et leurs conséquences.

Ces dérogations sont accordées après avis conforme de la commission départementale consultative de la protection civile, de la sécurité et de l'accessibilité, et elles s'accompagnent obligatoirement de mesures de substitution pour les établissements recevant du public et remplissant une mission de service public. – *V. note ss. art. L. 111-7-1.*

Les propriétaires d'ERP ont jusqu'en 2015 pour mettre leurs locaux en conformité avec les règles d'accessibilité aux personnes handicapées, leur responsabilité ne pouvant être engagée avant cette échéance. • CAA Douai, 12 déc. 2006, *Mme Bleitrach*, req. nº 05DA00663 : *AJDA 2007. 436, concl. Lepers*. ♦ Eu égard à l'importance du patrimoine immobilier judiciaire, au grand nombre et à la diversité des édifices répartis sur l'ensemble du territoire national, aux contraintes spécifiques découlant de ce qu'une partie des bâtiments est ancienne et de ce que certains sont soumis à la réglementation des monuments historiques, le délai maximal de dix ans fixé par les dispositions de l'art. L. 111-7-3 ne sont pas incompatibles avec les objectifs de la directive européenne du 27 nov. 2000 qui prescrivent de réaliser des aménagements raisonnables. • CE 22 oct. 2010, *Mme Bleitrach*, req. nº 301572 : *Lebon à paraître ; AJDA 2010. 2207, chron. Botteghi et Lallet ; Dr. adm. 2010, nº 162, note Busson ; RFDA 2011. 141, concl. Roger-Lacan ; JCP Adm. 2011. 2186, note Baudoin.* ♦ Il n'est pas démontré que l'État a pris un retard anormal dans la mise en œuvre de cette disposition et, par conséquent, sa responsabilité ne peut être engagée pour faute sur ce point. En revanche, et sur le terrain de la responsabilité sans faute pour rupture de l'égalité devant les charges publiques, doit être indemnisé le préjudice anormal et spécial subi par une avocate handicapée ayant des difficultés d'accès aux palais de justice du fait d'aménagement inappropriés. • Même arrêt.

Art. L. 111-7-4 *(L. nº 2005-102 du 11 févr. 2005, art. 41-I)* **Un décret en Conseil d'État définit les conditions dans lesquelles, à l'issue de l'achèvement des travaux prévus aux articles L. 111-7-1, L. 111-7-2 et L. 111-7-3 et soumis à permis de construire, le maître d'ouvrage doit fournir à l'autorité qui a délivré ce permis un document attestant de la prise en compte des règles concernant l'accessibilité. Cette attestation est établie par un contrôleur technique visé à l'article L. 111-23 ou par une personne physique ou morale satisfaisant à des critères de compétence et d'indépendance déterminés par ce même décret. Ces dispositions ne s'appliquent pas pour les propriétaires construisant ou améliorant leur logement pour leur propre usage.** – *V. note ss. art. L. 111-7-1.*

Textes d'application : note 1 ss. C. urb., art. L. 111-7-1, R. 111-19-21 à R. 111-19-24 et R. 462-1. – ***C. urb.***

COMMENTAIRE

Attestation du maître de l'ouvrage

Le maître de l'ouvrage adresse à l'autorité qui lui a délivré l'autorisation de construire une attestation constatant que les travaux effectués l'ont été en conformité avec les règles d'accessibilité. Cette attestation est dressée soit par un contrôleur technique habilité « bâtiment », soit par un architecte qui ne peut être celui qui a signé le dossier de demande de permis de construire.

L'attestation est à produire dans un délai de 30 jours à compter de la date d'achèvement.

Cette formalité formelle n'exclut pas que le contrôle du respect des règles d'accessibilité fasse l'objet d'un contrôle préalable à l'ouverture des ERP et, après, une visite de réception des travaux par la commission de sécurité compétente. V. commentaire ss. art. L. 111-7.

Sanction

L'établissement de l'attestation par une personne non habilitée entraîne une condamnation à une amende prévue pour les contraventions de 5e classe, soit 1 500 € et 3 000 € en cas de récidive (V. art. R. 111-19-23).

Il n'incombe pas au maire, lorsqu'il délivre un permis de construire, de vérifier le respect des règles relatives à l'accessibilité aux personnes handicapées des constructions bénéficiant d'une majoration de COS. • TA Versailles, 3 janv. 2011, req. nº 0911873 : *Constr.-Urb. 2011. 107, obs. Sorin.*

Loi nº 2005-102 du 11 février 2005,

Pour l'égalité des droits et des chances, la participation et la citoyenneté des personnes handicapées (JO 12 févr.).

Art. 41-IV Une collectivité publique ne peut accorder une subvention pour la construction, l'extension ou la transformation du gros œuvre d'un bâtiment soumis aux dispositions des articles L. 111-7-1, L. 111-7-2 et L. 111-7-3 du code de la construction et de l'habitation que si le maître d'ouvrage a produit un dossier relatif à l'accessibilité. L'autorité ayant accordé une subvention en exige le remboursement si le maître d'ouvrage n'est pas en mesure de lui fournir l'attestation prévue à l'article L. 111-7-4 dudit code. – *L'art. 41 de la L. nº 2005-102 du 11 févr. 2005 n'est pas applicable à Saint-Pierre-et-Miquelon (L. préc., art. 93).*

Art. L. 111-8 *(Ord. nº 2005-1527 du 8 déc. 2005, art. 23, applicable le 1er oct. 2007)* **Les travaux qui conduisent à la création, l'aménagement ou la modification d'un établissement recevant du public ne peuvent être exécutés qu'après autorisation délivrée par l'autorité administrative qui vérifie leur conformité aux règles prévues aux articles L. 111-7, L. 123-1 et L. 123-2.**

Lorsque ces travaux sont soumis à permis de construire, celui-ci tient lieu de cette autorisation dès lors que sa délivrance a fait l'objet d'un accord de l'autorité administrative compétente mentionnée à l'alinéa précédent. *(Ord. nº 2011-1916 du 22 déc. 2011, art. 4)* **« Toutefois, lorsque l'aménagement intérieur d'un établissement recevant du public ou d'une partie de celui-ci n'est pas connu lors du dépôt d'une demande de permis de construire, le permis de construire indique qu'une autorisation complémentaire au titre de l'article L. 111-8 du code de la construction et de l'habitation devra être demandée et obtenue en ce qui concerne l'aménagement intérieur du bâtiment ou de la partie de bâtiment concernée avant son ouverture au public. »**

V. art. R. 111-19 s.

Cet art., entré en vigueur le 1er oct. 2007 (Décr. nº 2007-18 du 5 janv. 2007, art. 26, mod. par Décr. nº 2007-817 du 11 mai 2007, art. 4), n'est pas applicable à Mayotte (Ord. nº 2005-1527 du 8 déc. 2005, art. 40).

Les dispositions issues de l'Ord. nº 2011-1916 du 22 déc. 2011 entrent en vigueur à une date fixée par décret en Conseil d'État et au plus tard le 1er juill. 2012. Elles s'appliquent aux déclarations préalables et aux demandes de permis de construire déposées à compter de cette entrée en vigueur (Ord. préc., art. 5).

COMMENTAIRE

Le nouvel article R. 425-15 du code de l'urbanisme dispose : « Lorsque le projet porte sur un établissement recevant du public, le permis de construire tient lieu de l'autorisation prévue par l'article L. 111-8 du code de la construction et de l'habitation dès lors que cette décision a fait l'objet d'un accord de l'autorité compétente ». □

Art. L. 111-8-1 *(Abrogé par Ord. nº 2005-1527 du 8 déc. 2005, art. 24, à compter du 1er oct. 2007)* (L. nº 91-663 du 13 juill. 1991, art. 5) ***Les travaux qui conduisent à la création, l'aménagement ou la modification d'un établissement recevant du public ne peuvent être exécutés qu'après autorisation délivrée par l'autorité administrative qui vérifie leur conformité avec les dispositions de l'article L. 111-7.***

Un décret en Conseil d'État définit les modalités d'application du présent article.

V. C. urb., ancien art. L. 421-3. – **C. urb.**

V. aussi art. R. 111-19 s.

V. également Arr. intermin. du 27 juin 1994, JO 16 juill.

Cet abrogation, entrée en vigueur le 1er oct. 2007 (Décr. no 2007-18 du 5 janv. 2007, art. 26, mod. par Décr. no 2007-817 du 11 mai 2007, art. 4), n'est pas applicable à Mayotte (Ord. no 2005-1527 du 8 déc. 2005, art. 40).

Cette obligation, eu égard à l'objet de cette réglementation, qui est de permettre l'accès des personnes handicapées au plus grand nombre possible de lieux ouverts au public, est applicable à l'ensemble des établissements recevant du public, y compris à ceux dits de 5e catégorie, dans lesquels l'effectif du public n'atteint pas le chiffre fixé par le règlement de sécurité. • CAA Douai, 5 oct. 2006, *SCI Les Époux : req. no 05DA00420.*

Art. L. 111-8-2 *(Abrogé par Ord. no 2005-1527 du 8 déc. 2005, art. 24, à compter du 1er oct. 2007)* (L. no 91-663 du 13 juill. 1991, art. 5) ***Ainsi qu'il est dit à l'article L. 421-1 du code de l'urbanisme, le permis de construire tient lieu de l'autorisation exigée au titre de la réglementation relative à l'accessibilité des établissements recevant du public et sa délivrance est précédée de l'accord de l'autorité compétente pour délivrer ladite autorisation.***

V. C. urb., ancien art. L. 421-3. — ***C. urb.***

Cet abrogation, entrée en vigueur le 1er oct. 2007 (Décr. no 2007-18 du 5 janv. 2007, art. 26, mod. par Décr. no 2007-817 du 11 mai 2007, art. 4), n'est pas applicable à Mayotte (Ord. no 2005-1527 du 8 déc. 2005, art. 40).

Art. L. 111-8-3 *(L. no 91-663 du 13 juill. 1991, art. 5)* **L'ouverture d'un établissement recevant du public est subordonnée à une autorisation délivrée par l'autorité administrative après contrôle du respect des dispositions de l'article L. 111-7.**

Un décret en Conseil d'État définit les modalités d'application du présent article.

V. art. R. 111-19 s. — V. textes et commentaires ss. art. L. 111-7 et L. 111-7-4.

COMMENTAIRE

Sur les nouvelles dispositions concernant l'achèvement des travaux : V. art. R. 462-1 nouveau du code de l'urbanisme. Plus particulièrement, il sera noté que l'article R. 462-3 nouveau du code de l'urbanisme impose au pétitionnaire, lorsque l'ouvrage est déclaré achevé, de joindre à la déclaration « l'attestation que les travaux réalisés respectent les règles d'accessibilité applicables mentionnées à cet article ».

Une association qui a pour but de permettre par tous les moyens appropriés l'insertion sociale professionnelle et culturelle des personnes handicapées a un intérêt à agir contre un arrêté municipal autorisant l'ouverture d'un complexe cinématographique dans la mesure où cette décision a une incidence sur l'accessibilité des personnes handicapées à un établissement recevant du public. • CAA Bordeaux, 18 nov. 1999, *Groupement pour l'insertion des personnes handicapées physiques : req. no 96BX01834.* ◆ Doit être annulée l'autorisation d'ouverture d'un complexe cinématographique alors même que certaines salles n'ont pu être rendues accessibles aux personnes handicapées à mobilité réduite. • Même arrêt. ◆ Juge souverainement les faits, le juge des référés qui estime qu'il n'y a pas urgence, au sens de l'art. L. 521-2 CJA, à ordonner au maire de délivrer sous astreinte à une société l'autorisation d'ouverture prévue à l'art. L. 111-8-3. • CE 6 mars 2002, *Sté des pétroles Shell : req. no 241534.* ◆ Le maire est en droit d'ordonner la fermeture de locaux à usage artisanal et industriel utilisés comme lieu de culte par une association et recevant en tant que tel un grand nombre de personnes sans avoir au préalable sollicité l'autorisation de recevoir du public. • CAA Versailles, 7 avr. 2005, *Cne de Draveil : req. no 02VE03512.*

Art. L. 111-8-3-1 *(L. no 2005-102 du 11 févr. 2005, art. 41-II)* **L'autorité administrative peut décider la fermeture d'un établissement recevant du public qui ne répond pas aux prescriptions de l'article L. 111-7-3.**

V. textes d'application ss. art. L. 111-7-1.

Art. L. 111-8-4 *(L. nº 91-663 du 13 juill. 1991, art. 5)* **Un décret en Conseil d'État détermine, en tant que de besoin, les adaptations nécessaires à la mise en œuvre de la présente section** *(Ord. nº 2012-576 du 26 avr. 2012, art. 2-I)* **« en Guadeloupe, en Guyane, à la Martinique, à La Réunion, à Mayotte et à Saint-Martin ».**

SECTION IV PERFORMANCE ÉNERGÉTIQUE ET ENVIRONNEMENTALE ET CARACTÉRISTIQUES ÉNERGÉTIQUES ET ENVIRONNEMENTALES

(L. nº 2010-788 du 12 juill. 2010, art. 190).

BIBL. ► ABBATUCCI, *RDI 2010. 31* (influence de la crise sur les garanties des constructeurs et des sous-traitants). – BARTHÉLEMY, *JCP Adm. 2005. 1310* (la loi du 13 juillet 2005 de programme fixant les orientations de la politique énergétique et les collectivités locales). – BILLET, *JCP Adm. 2009. 2243* (premières impressions sur la loi de programmation relative à la mise en œuvre du Grenelle de l'environnement) ; *JCP Adm. 2010. 2237* (Grenelle II de l'environnement : les principales mesures). – DURAND-PASQUIER, *JCP N 2010. 1113* (performance énergétique des bâtiments - des règles de droit entre incitation et contrainte) ; *Constr.-Urb. 2010. Alerte 61* (bilan d'étape sur les propositions du projet de loi Grenelle II) ; *RDI 2011. 15* (certifications, attestations et diagnostics au service des objectifs du Grenelle). – MERCIER, *Constr.-Urb. 2010. Étude 12* (apports de la « loi Grenelle II » au droit de la construction). – MULLER, *JCP N 2010. Actu. 576* (adoption de la loi Grenelle II. Incidences sur les opérations de construction et les transactions immobilières). – ROUSSEAU, *RFN 2008. Étude 7* (le crédit d'impôt en faveur du développement durable). – TRÉBULLE, *RDI 2006. 71* (développement durable et construction) ; *RDI 2008. 176* (accroissement de la prise en compte du développement durable dans le secteur de la construction) ; *RDI 2010. 15* (influence de la crise sur le Grenelle de l'environnement). – ZALEWSKI, L'évolution récente des diagnostics techniques et des règles de construction, *Defrénois 2010. 2282.*

COMMENTAIRE

Les engagements internationaux et communautaires en matière d'environnement imposent aux pouvoirs publics d'agir dans le domaine de la construction, secteur particulièrement énergivore. Depuis 1974, date de la première réglementation relative aux caractéristiques thermiques des immeubles, les normes ont été régulièrement étoffées et valorisées. Elles résultent en dernier lieu des lois dites « Grenelle I » et « Grenelle II » (L. nº 2009-967 du 3 août 2009 de programmation relative à la mise en œuvre du Grenelle de l'environnement [V. App., vº *Grenelle de l'environnement*] et de la loi nº 2010-788 du 12 juillet 2010 portant engagement national pour l'environnement). Globalement, la politique mise en œuvre vise à favoriser les économies d'énergie et à encourager l'utilisation d'énergies renouvelables. De plus en plus ambitieuse, la réglementation étend son champ d'application à tous les immeubles, neufs et existants, et appréhende l'ensemble du cycle du bâtiment, de sa construction à sa démolition. Elle n'est plus élaborée au regard des seules performances énergétiques, mais intègre l'impact environnemental global des bâtiments, comme en témoigne l'intitulé de la section IV. Cette réglementation est contraignante, sa méconnaissance est sanctionnée pénalement (V. art. L. 152-1 s.)

Cette section fixe les principes et orientations **des normes de construction**. Leur mise en œuvre est subordonnée à l'adoption de décrets. L'entrée en vigueur des nouvelles règles est échelonnée pour permettre aux professionnels d'adapter leurs pratiques et offrir aux propriétaires des délais pour la mise en conformité des bâtiments et projets.

Les questions liées à la gestion des immeubles sont abordées dans d'autres chapitres (V. notamment le diagnostic de performance énergétique visant à évaluer la consommation d'énergie du bâtiment et à informer sur les moyens de la réduire, art. L. 134-1 et suivants et R. 134 et suivants ; les dispositions relatives au chauffage et à la climatisation des locaux, à l'entretien et au remplacement des équipements de chauffage, art. L. 131-1 s.).

I. CARACTÉRISTIQUES THERMIQUES ET PERFORMANCE ÉNERGÉTIQUE DES BÂTIMENTS EN CONSTRUCTION OU EN RÉHABILITATION

Les articles L. 111-9 et L. 111-10 fixent les normes thermiques applicables aux constructions neuves et au bâti existant. Les nouvelles réglementations intègrent des paramètres supplémentaires comme les émissions de gaz à effet de serre, la consommation d'eau, ainsi que la production de déchets.

La réglementation dite « RT 2012 » est détaillée aux articles R. 111-20 et suivants. Elle se substituera à la RT 2005 pour les permis de construire des bâtiments tertiaires déposés à compter du 28 octobre 2011, puis sera généralisée à tous les immeubles résidentiels dès le 1er janvier 2013.

Les pouvoirs publics encouragent les maîtres d'ouvrage à réaliser des immeubles dont la performance énergétique est supérieure aux normes réglementaires minimales, notamment au travers des labels « haute performance énergétique » (V. art. R. 111-20) et « haute performance énergétique rénovation » (V. art. R. 131-28-1).

II. IMPLICATION DU MAÎTRE DE L'OUVRAGE DANS LE RESPECT DES NORMES THERMIQUES

Préalablement à la réalisation de certains travaux de construction (V. art. L. 111-9 et R. 111-22 s.) ou de rénovation soumis à autorisation d'urbanisme, le maître de l'ouvrage doit réaliser une étude de faisabilité technique et économique des solutions d'approvisionnement en énergie (V. art. L. 111-10 et R. 131-25).

Aux différentes étapes de la construction du bâtiment, il devra **attester de la conformité à la réglementation thermique**. Une attestation devra ainsi être produite lors du dépôt du dossier de demande de permis de construire (V. art. L. 111-9), puis lors de l'achèvement des travaux de construction (V. art. L. 119-1-1) ou de réhabilitation (V. art. L. 111-10-2).

Cette attestation est établie par un contrôleur technique, un diagnostiqueur certifié, un organisme délivrant les labels « haute performance énergétique », ou encore un architecte.

Le refus de communication de ces pièces au préfet, au maire ou au président de l'EPCI qui en ferait la demande est **sanctionné pénalement** (V. art. L. 111-10-1).

Un des objectifs du législateur est d'améliorer les performances énergétiques des **bâtiments édifiés**. Jusqu'alors incitative, la loi prévoit désormais des mesures contraignantes. Avant 2020, les bâtiments tertiaires dans lesquels s'exerce une activité de service public devront faire l'objet de travaux d'amélioration de la performance énergétique (V. art. L. 111-10-3).

De même, avant fin 2016, des diagnostics de performance énergétique ou des audits devront être réalisés dans les immeubles équipés d'appareils de chauffage collectif (V. art. L. 134-4-1) et suivis d'un plan de travaux.

D'autres dispositifs visent à anticiper les évolutions futures. A titre d'illustration, lors de leur construction, l'aménagement des immeubles doit permettre la conversion du mode de chauffage. Notamment les maisons individuelles chauffées à l'électricité doivent être équipées d'un système d'évacuation des fumées permettant l'utilisation d'un chauffage au gaz ou au bois (V. Arr. 31 oct. 2005, *JO* 15 nov. et 19 nov.).

III. URBANISME VERT

Parmi les aménagements « verts » du code de l'urbanisme facilitant l'amélioration des performances énergétiques des bâtiments, il faut noter que pour les constructions neuves, le maître de l'ouvrage peut être autorisé à dépasser le COS de 30 % si l'immeuble est éligible aux labels BBC 2005 et TPHE EnR 2005 (V. C. urb., art. L. 128-1 s.). A cette même fin, dans le cadre de la délivrance d'une autorisation d'urbanisme, sauf dans certains cas spécifiques, l'autorité compétente ne pourra plus s'opposer à l'utilisation de matériaux renouvelables, de matériaux ou de procédés de construction favorisant l'émission de gaz à effet de serre, à l'installation de dispositifs favorisant la production d'énergie renouvelable correspondant aux besoins de consommation des occupants de l'immeuble (V. C. urb., art. L. 111-6-2).

IV. INCITATIONS FINANCIÈRES

Cette politique est soutenue par des mesures financières sous la forme de subventions ou d'avantages fiscaux (amortissement pour certains biens, crédit d'impôt exonération de taxe foncière pour certains logements). Pour les ménages modestes, l'ANAH accorde des subventions prélevées dans le fonds d'aide à la rénovation thermique des logements privés (V. Décr. nº 2012-447 du 2 avr. 2012 relatif au règlement des aides du fonds d'aide à la rénovation thermique des logements privés [FART], *JO* 4 avr.). Il faut noter que s'agissant des logements neufs, certaines aides sont conditionnées par le respect des critères de performance énergétique. Le montant du prêt à taux zéro renforcé, dit PTZ +, est réduit lorsque le logement n'obtient pas le label « BBC 2005 » (V. art. R. 31-10-9). Un prêt à taux zéro spécifiquement destiné à financer des travaux de rénovation permettant d'améliorer la performance des logements anciens a été instauré (V. art. R. 319-1). Enfin, depuis le 1er septembre 2007, le CODEVI a été remplacé par le livret de développement durable. Celui-ci permet aux établissements bancaires de consentir des prêts pour le financement de travaux destinés à réaliser des économies d'énergie dans les logements de plus de deux ans (V. notamment : art. 30 de la loi de finances rectificative pour 2006, nº 2006-1771 du 30 déc. 2006 ; Décr. nº 2007-161 du 6 févr. 2007 et Arr. 6 févr. 2007 relatifs au livret de développement durable, *JO* 8 févr.). ☐

Art. L. 111-9 *(L. nº 2005-781 du 13 juill. 2005, art. 27-I)* **Un décret en Conseil d'État détermine :**

(L. nº 2010-788 du 12 juill. 2010, art. 1er-I-1º) **« – pour les constructions nouvelles, en fonction des différentes catégories de bâtiments, leurs caractéristiques et leur performance énergétiques et environnementales, notamment au regard des émissions de gaz à effet de serre, de la consommation d'eau ainsi que de la production de déchets liées à leur édification, leur entretien, leur réhabilitation et leur démolition ;**

« – à partir de 2020, pour les constructions nouvelles, le niveau d'émissions de gaz à effet de serre pris en considération dans la définition de leur performance énergétique et une méthode de calcul de ces émissions adaptée à ces constructions nouvelles ;

« – les conditions dans lesquelles le maître d'ouvrage atteste de la réalisation de l'étude de faisabilité relative aux approvisionnements en énergie ainsi que de la prise en compte de la réglementation thermique au moment du dépôt du dossier de demande de permis de construire ; »

– les catégories de bâtiments qui font l'objet, avant leur construction, d'une étude de faisabilité technique et économique. Cette étude évalue ou envisage obligatoirement pour certaines catégories de bâtiments les diverses solutions d'approvisionnement en énergie de la nouvelle construction, dont celles qui font appel aux énergies renouvelables, aux productions combinées de chaleur et d'énergie, aux systèmes de chauffage ou de refroidissement urbain ou collectif s'ils existent, aux pompes à chaleur performantes en termes d'efficacité énergétique ou aux chaudières à condensation gaz, sans préjudice des décisions des autorités compétentes pour les services publics de distribution d'énergie ;

– le contenu et les modalités de réalisation de cette étude.

V. les dispositions relatives au « diagnostic de performances énergétiques » (DPE) ss. l'art. L. 134-1.

V. art. R. 111-20 s., R. 134-1 à R. 134-5 (art. créés par l'art. 1er du Décr. nº 2006-1147 du 14 sept. 2006 (JO 15 sept.).

Le diagnostic de performance énergétique qui doit être communiqué à l'acquéreur à l'occasion des ventes effectuées en métropole à compter du 1er nov. 2006 doit être établi depuis moins de 10 ans. Sur la durée de validité des documents constituant le dossier de diagnostic technique, V. Décr. nº 2006-1653 du 21 déc. 2006 (JO 23 déc.).

En cas de vente, sur les obligations du vendeur : art. R. 271-4.

V. Décr. n° 69-596 du 14 juin 1969, mod. par Décr. n° 74-306 du 10 avr. 1974 fixant les règles générales de construction des bâtiments d'habitation ; Arr. du 20 juin 1975 (JO 31 juill.), relatif à l'équipement et à l'exploitation des installations thermiques en vue de réduire la pollution atmosphérique et d'économiser l'énergie, mod. par Arr. du 7 déc. 1983 (JONC 17 déc.), Arr. du 10 déc. 1991 (JO 14 janv. 1992) ; Arr. du 11 mars 1988 (JO 15 avr.) : équipements et caractéristiques thermiques dans les bâtiments sanitaires et sociaux ; Décr. n° 88-319 du 5 avr. 1988 (JO 8 avr.) : caractéristiques thermiques des bâtiments d'habitation ; Arr. du 5 avr. 1988 (JO 8 avr.) : caractéristiques thermiques des bâtiments d'habitation ; Décr. n° 88-355 du 12 avr. 1988 (JO 15 avr.) : caractéristiques thermiques des bâtiments et de leurs équipements ; Arr. du 13 avr. 1988 (JO 15 avr.) : équipements et caractéristiques thermiques dans les bâtiments à usage de bureaux ou de commerce ; Arr. du 13 avr. 1988 (JO 15 avr.) : équipements et caractéristiques thermiques dans les bâtiments à usage d'hôtellerie ; Arr. du 6 mai 1988 (JO 8 mai) : équipements et caractéristiques thermiques des bâtiments à usage d'enseignement ; Arr. du 6 mai 1988 (JO 8 mai) : équipements et caractéristiques thermiques des bâtiments à usage sportif à l'exclusion des piscines et des patinoires ; Arr. du 13 avr. 1988 (JO 15 avr.) : équipements et caractéristiques thermiques dans les bâtiments à usage industriel ; Arr. du 13 avr. 1988 (JO 15 avr.) : équipements et caractéristiques thermiques dans les bâtiments de type particulier ; Arr. du 22 nov. 1989 : solutions techniques applicables aux immeubles collectifs ne comportant pas plus de 50 logements (JO 28 févr. 1990) ; Arr. du 17 avr. 1990 : réduction d'impôt au titre des dépenses d'isolation thermique (JO 25 avr. 1990) ; Arr. du 20 févr. 1991 (JO 9 mars 1991) : attribution pour les bâtiments d'habitation d'un label haute performance énergétique et d'un label solaire ; Circ. n° 3649/SG du 24 janv. 1991, Mon. TP 15 mars 1991, Suppl. textes, p. 346 : mesures d'économie d'énergie dans les habitations ; Arr. du 2 avr. 1991 (JO 9 avr.) : réduction d'impôt au titre des dépenses de régulation du chauffage ; Instr. DGI du 25 avr. 1991, Mon. TP 31 mai 1991, Suppl. textes, p. 367 (même objet) ; Décr. du 30 sept. 1991 et Arr. du 30 sept. 1991 (JO 1er oct. 1991) : répartition des frais de chauffage dans les immeubles collectifs (App., v° Énergie, [Chauffage] ; Arr. du 18 sept. 1995 (JO 3 oct.) : règles techniques et de sécurité applicables aux installations de gaz combustible et d'hydrocarbures liquéfiés situés à l'intérieur des bâtiments d'habitation ou de leurs dépendances ; Recommandation n° 97-02 de la Commission des clauses abusives du 12 déc. 1997, Mon. TP, Suppl. textes, p. 255 (contrats de maintenance de certains équipements d'immeubles).

V. aussi Arr. du 29 nov. 2000 relatif aux caractéristiques thermiques des bâtiments nouveaux et des parties nouvelles des bâtiments (JO 30 nov.), complété par Arr. du 9 nov. 2001 (JO 17 nov.) et mod. par Arr. du 22 déc. 2003 (JO 7 févr. 2004), Arr. du 15 sept. 2006 relatif au diagnostic de performance énergétique pour les bâtiments existants proposés à la vente en France métropolitaine (JO 28 sept.) et relatif aux méthodes et procédures applicables au diagnostic de performance énergétique pour les bâtiments existants proposés à la vente en France métropolitaine (JO 28 sept.), mod. par Arr. du 18 déc. 2007 (JO 23 déc.), Arr. du 11 oct. 2010 (JO 31 oct.), Arr. du 21 mars 2011 (JO 23 mars), Arr. du 27 mars 2012 (JO 10 févr.) et Arr. du 8 févr. 2012 (JO 15 mars), lui-même mod. par Arr. du 24 déc. 2012 (JO 29 déc.).

V. encore Arr. du 1er juin 2001 : solutions techniques pour la mise en œuvre de la réglementation thermique (JO 20 juin) ; Décr. du 30 janv. 2002 : caractéristiques du logement décent art. 2 et 3 (JO 31 janv.) ; Décr. n° 2002-636 du 23 avr. 2002 définissant les catégories d'installations et de matériels mentionnées à l'art. 30 de la loi n° 80-531 du 15 juill. 1980 relative aux économies d'énergie et à l'utilisation de la chaleur (JO 30 avr.) ; Décr. n° 2007-161 du 6 févr. 2007 relatif au développement durable ; Arr. du 6 févr. 2007 relatif au livret de développement durable (JO 8 févr.) ; Instr. fiscale, BOI 3 C-1-07, n° 32 du 8 mars 2007. — Équipements ouvrant droit au crédit d'impôt en faveur du développement durable ; art. 90 loi de finances 2004-1484 du 30 déc. 2004 ; art. 83 loi finances 2005-1719 du 30 déc. 2005 ; Instr. Fisc. 5B-26-05 et 5B-17-06 ; Instr. ANAH n° I-2002-01, 26 juill. 2002 (BOMELT n° 2002/24) instruction explicative sur la mise en œuvre des nouvelles mesures en faveur de la maîtrise d'énergie ; Instr. ANAH n° I-2003-04, 24 oct. 2003 relative à l'adaptation du dispositif des aides de l'agence (BOMELT 2003/24) ; Instr. I-2003-05, 30 déc. 2003 relative à diverses mesures applicables à compter du 1er janv. 2004 (BOMELT 2004/2).

V. Arr. du 31 oct. 2005 relatif aux dispositions techniques pour le choix et le remplacement de l'énergie des maisons individuelles (JO 15 nov., rect. 19 nov.) et Circ. du 24 juin 2008 relative à l'application de l'Arr. préc. (BOMELT n° 2008/13, p. 121).

Art. L. 111-9-1 *(L. n° 2010-788 du 12 juill. 2010, art. 1er-I-2°)* **Un décret en Conseil d'État** *[V. art. R. 111-20-1 s.]* **définit les conditions dans lesquelles, à l'issue de l'achèvement des travaux portant sur des bâtiments neufs ou sur des parties nouvelles de bâtiment existant soumis à permis de construire, le maître d'ouvrage fournit à l'autorité qui a délivré le permis de construire un document attestant que la**

réglementation thermique a été prise en compte par le maître d'œuvre ou, en son absence, par le maître d'ouvrage. Cette attestation doit être établie, selon les catégories de bâtiments neufs ou de parties nouvelles de bâtiment existant soumis à permis de construire, par un contrôleur technique mentionné à l'article L. 111-23, une personne répondant aux conditions prévues par l'article L. 271-6, un organisme ayant certifié, au sens des articles L. 115-27 à L. 115-32 du code de la consommation, la performance énergétique du bâtiment neuf ou de la partie nouvelle du bâtiment dans le cadre de la délivrance d'un label de "haute performance énergétique" ou un architecte au sens de l'article 2 de la loi no 77-2 du 3 janvier 1977 sur l'architecture.

BIBL. ▸ DURAND-PASQUIER, *Constr.-Urb. 2012. Alerte 12* (de la précision des attestations après travaux à la question de la responsabilité des constructeurs).

Art. L. 111-10 *(L. no 2005-781 du 13 juill. 2005, art. 27-I)* **Un décret en Conseil d'État détermine :**

(L. no 2010-788 du 12 juill. 2010, art. 1er-I-3o) **« — les caractéristiques énergétiques et environnementales et la performance énergétique et environnementale, notamment au regard des émissions de gaz à effet de serre, de la maîtrise de l'énergie, de la production d'énergie renouvelable, de la consommation d'eau et de la production de déchets, des bâtiments ou parties de bâtiment existants qui font l'objet de travaux, en fonction des catégories de bâtiments, du type de travaux envisagés ainsi que du rapport entre le coût de ces travaux et la valeur du bâtiment au-delà de laquelle le présent alinéa s'applique ; »**

— les catégories de bâtiments ou parties de bâtiments existants qui font l'objet, avant le début des travaux, d'une étude de faisabilité technique et économique. Cette étude évalue les diverses solutions d'approvisionnement en énergie, dont celles qui font appel aux énergies renouvelables ;

— le contenu et les modalités de réalisation de cette étude ;

— les caractéristiques thermiques que doivent respecter les nouveaux équipements, ouvrages ou installations mis en place dans des bâtiments existants, en fonction des catégories de bâtiments considérées ;

— les catégories d'équipements, d'ouvrages ou d'installations visés par le précédent alinéa.

Les mesures visant à améliorer les caractéristiques thermiques et la performance énergétique des bâtiments existants ainsi que leur impact sur les loyers, les charges locatives et le coût de la construction sont évalués dans un délai de cinq ans à compter de la publication de la loi no 2005-781 du 13 juillet 2005 de programme fixant les orientations de la politique énergétique *[JO 14 juill.]*.

V. art. R. 111-20 s.

BIBL. ▸ FABERON, *LPA 1er mars 1990. 3 ; ibid. 3 mars 1990. 5 ; ibid. 6 mars 1990. 2 ; ibid. 10 mars 1990. 4 ; ibid. 9 août 1990. 4 ; ibid. 11 août 1990. 4 ; ibid. 13 sept. 1990. 4 ; ibid. 13 déc. 1990. 2* (où en est la réglementation de la maîtrise de l'énergie en 1990 ?) ; *Mon. TP 14 sept. 1990. 84* (économies d'énergie : des avantages à utiliser) ; *LPA 5 avr. 2001. 9* (nouvelle réglementation thermique 2000).

1. La demande d'expertise mettant en cause la légalité de la tarification du chauffage urbain relève de la compétence du juge judiciaire. • T. confl. 7 oct. 1996, *Préfet de l'Essonne : Lebon 546 ; Gaz. Pal. 1997. 1. 161, obs. Petit.*

2. Pour des vices d'installations de chauffage, rendant l'immeuble impropre à sa destination, notamment en raison d'une insuffisance du chauffage, V. • Civ. 3e, 5 févr. 1992 : *Bull. civ. III, no 37 ; RDI 1992. 217*. ♦ *Contra*, pour un immeuble surchauffé : • Civ. 3e, 14 juin 1978 : *Bull. civ. III, no 243.*

3. Le défaut ou l'insuffisance de l'isolation thermique peut engager, le cas échéant, la responsabilité décennale des constructeurs. • CE 11 déc. 1991, *Ville de Bobigny : req. no 31309.* ♦ Les travaux extérieurs d'isolation thermique ne relèvent de la garantie décennale que s'ils remplissent les critères de l'article 1792 ou de l'article 1792-2 du code civil. • Civ. 3e, 22 oct. 2008 : *Bull. civ. III no 157 ; D. 2008.*

2864 ; RDI 2008. 556, obs. P. Malinvaud ; Constr.-Urb. 2008, n° 189, note Pagès-de Varenne ; Defrénois 2010. 220, obs. Périnet-Marquet.

4. La non-obtention des économies d'énergie promises peut engager la responsabilité décennale du constructeur. • Civ. 3e, 27 sept. 2000 : *RDI 2001. 82* .

5. Un syndicat de copropriétaires doit être débouté de sa demande en réparation de son préjudice au titre de la non-obtention du label Promotelec dès lors que le dommage subi du fait du manque de confort consécutif aux désordres affectant l'immeuble a été réparé par des sommes allouées pour l'exécution de nouveaux travaux. • Paris, 28 sept. 2007 : *Constr-Urb. 2007, n° 227, obs. Pagès-de Varenne.*

Art. L. 111-10-1 *(L. n° 2005-781 du 13 juill. 2005, art. 27-II ; L. n° 2010-788 du 12 juill. 2010, art. 190)* **Le préfet, le maire de la commune d'implantation des bâtiments et le président de l'établissement public de coopération intercommunale compétent en matière de logement peuvent demander communication des études et diagnostics visés aux articles L. 111-9, L. 111-10 et L. 111-10-4. Ces études et diagnostics doivent être communiqués dans le mois qui suit la demande. Leur refus de communication est passible des poursuites et sanctions prévues par les articles L. 152-1 à L. 152-10.**

Art. L. 111-10-2 *(L. n° 2010-788 du 12 juill. 2010, art. 1er-I-4°)* **Un décret en Conseil d'État** *[V. art. R. 111-20-3]* **définit les conditions dans lesquelles, à l'issue de l'achèvement des travaux de réhabilitation thermique de bâtiments existants visés à l'article L. 111-10 et soumis à autorisation de construire, le maître d'ouvrage fournit à l'autorité qui a délivré l'autorisation de construire un document attestant que la réglementation thermique a été prise en compte par le maître d'œuvre ou, en son absence, par le maître d'ouvrage. Cette attestation doit être établie, selon les catégories de bâtiments, parties de bâtiment et catégories de travaux, par un contrôleur technique mentionné à l'article L. 111-23, une personne répondant aux conditions prévues par l'article L. 271-6, un organisme ayant certifié, au sens des articles L. 115-27 à L. 115-32 du code de la consommation, la performance énergétique du bâtiment ou de la partie du bâtiment réhabilitée dans le cadre de la délivrance d'un label de "haute performance énergétique" ou un architecte au sens de l'article 2 de la loi n° 77-2 du 3 janvier 1977 sur l'architecture.**

Art. L. 111-10-3 *(L. n° 2010-788 du 12 juill. 2010, art. 3)* **Des travaux d'amélioration de la performance énergétique sont réalisés dans les bâtiments existants à usage tertiaire ou dans lesquels s'exerce une activité de service public dans un délai de huit ans à compter du 1er janvier 2012.**

Un décret en Conseil d'État détermine la nature et les modalités de cette obligation de travaux, notamment les caractéristiques thermiques ou la performance énergétique à respecter, en tenant compte de l'état initial et de la destination du bâtiment, de contraintes techniques exceptionnelles, de l'accessibilité des personnes handicapées ou à mobilité réduite ou de nécessités liées à la conservation du patrimoine historique. Il précise également les conditions et les modalités selon lesquelles le constat du respect de l'obligation de travaux est établi et publié en annexe aux contrats de vente et de location.

Art. L. 111-10-4 *(L. n° 2010-788 du 12 juill. 2010, art. 190)* **Des décrets en Conseil d'État déterminent les catégories de bâtiments qui, en raison de la quantité ou de la nature des déchets que leur démolition ou réhabilitation lourde est susceptible de produire, font l'objet, avant leur démolition ou réhabilitation lourde, d'un diagnostic relatif à la gestion des déchets issus de la démolition ou réhabilitation lourde, ainsi que le contenu et les modalités de réalisation de ce diagnostic.** – *V. art. R. 111-43 s.*

COMMENTAIRE

Pour certains bâtiments, toute opération de démolition ou de réhabilitation devra être précédée d'un diagnostic relatif à la gestion des déchets. Les modalités de ce diagnostic et les immeubles concernés sont définis par décret (V. art. R. 111-43 s.). Ces dispositions s'appliquent aux démolitions de bâtiments pour lesquelles la date de dépôt de la demande de permis de démolir, ou, à défaut, la date d'acceptation des devis ou de passation des marchés relatifs aux travaux de démolition, est postérieure au 1er mars 2012. Le traitement des déchets de construction n'est pas une innovation de la loi du 12 juillet 2010. Des obligations particulières existent déjà s'agissant de la récupération de certains matériaux comme l'amiante.

Le non-respect de cette disposition est sanctionné pénalement (V. art. L. 152-4). ❑

SECTION V **CARACTÉRISTIQUES ACOUSTIQUES**

(L. no 92-1444 du 31 déc. 1992, art. 14-I)

BIBL. ▶ ARTZ, *Administrer mars 2003. 20* (la responsabilité des constructeurs pour défaut d'isolation phonique). – ATIAS, *IRC avr. 2004. 27* (moquette exigée, carrelage s'abstenir). – BOURCET, *Mon. TP 1er févr. 1982. 53* (mesure des isolations acoustiques dans les bâtiments). – CAPOULADE, *IRC mai 2001. 14* (le bruit dans la copropriété). – DERROUCH et BOUBLI, *RDI 1979. 432* (l'isolation acoustique des constructions d'habitation : responsabilités et garantie). – FRANK, *Administrer, févr. 1984. 9* (panorama de la réglementation et de la jurisprudence en matière d'isolation acoustique des immeubles d'habitation). – GRUNDELER et MIGNOT, *Administrer mars 2003. 9* (protection juridique contre le bruit dans l'habitat : présentation générale, réglementation applicable). – HAMAYON et MICHEL, Guide d'acoustique pour la construction des bâtiments d'habitation, *Éd. du Moniteur 1982.* – MAES, *IRC, avr. 2001. 27* (renforcer l'acoustique des baies vitrées). – MAGNIN, *LPA 17 janv. 1994* (garantie des défauts d'isolation phonique appliquée aux ventes d'immeubles à construire). – MEISSER, L'acoustique du bâtiment par l'exemple, *Éd. du Moniteur 1993* ; Des réglementations soutenues par une véritable prise de conscience, *Mon. TP no spéc. mai 1996. 7.* – PUJOLLE, *Droit et Ville 1980, no 10. 151* (protection acoustique des constructions neuves) ; La pratique de l'isolation acoustique des bâtiments, *Éd. du Moniteur 1978.* – QUIGNARD, *IRC avr. 2001. 19* (limiter les nuisances acoustiques : les précautions à prendre). – TOMASIN, *Droit et Ville 1982, no 12. 35* (responsabilité des constructeurs en matière d'isolation phonique). – VALDÈS, *IRC avr. 2001. 10* (le bruit affectant l'habitat). – VICHROVA, *IRC avr. 2001. 23* (confort acoustique : solutions pour circonscrire le bruit).

COMMENTAIRE

Les textes de cette section témoignent de la volonté du législateur de garantir le calme aux occupants des bâtiments d'habitation. Ils soumettent les constructeurs à l'obligation d'assurer l'insonorisation des immeubles qu'ils construisent, renvoyant, quant aux modalités pratiques, à des décrets. Le dernier texte en date, la loi no 92-1444 du 31 décembre 1992 relative à la lutte contre le bruit a mis en place un dispositif global de protection contre les nuisances sonores, en introduisant au surplus la notion d'atteinte à l'environnement.

Cette partie législative a surtout pour objet d'indiquer les garants de l'obligation et la nature de la responsabilité qu'ils encourent. Pour l'essentiel, depuis la loi no 78-12 du 4 janvier 1978, la garantie phonique ressortit à la garantie de parfait achèvement. Ainsi, dès que la technique d'isolation adoptée ne correspond pas aux prévisions contractuelles, il convient de retenir la qualification de défaut de conformité. Toutefois, depuis la loi du 3 janvier 1967 et sans que la réforme de 1978 n'en dispose autrement, la jurisprudence admet le jeu de la garantie décennale à partir du moment où les désordres phoniques rendent l'immeuble impropre à sa destination. ❑

Art. L. 111-11 Les contrats de louage d'ouvrage ayant pour objet la construction de bâtiments d'habitation sont réputés contenir les prescriptions légales ou réglementaires relatives aux exigences minimales requises en matière d'isolation phonique.

Les travaux de nature à satisfaire à ces exigences relèvent de la garantie de parfait achèvement visée à l'article 1792-6 du code civil reproduit à l'article *(L. no 2009-526 du 12 mai 2009, art. 11-II)* **« L. 111-20-2 ».**

(L. nº 92-1444 du 31 déc. 1992, art. 14-II) **« Le vendeur ou le promoteur immobilier est garant, à l'égard du premier occupant de chaque logement, de la conformité à ces exigences pendant un an à compter de la prise de possession. »**

(L. nº 2010-788 du 12 juill. 2010, art. 1er-I-5º) **« Un décret en Conseil d'État définit les conditions dans lesquelles, à l'issue de l'achèvement des travaux portant sur des bâtiments neufs ou sur des parties nouvelles de bâtiment existant soumis à permis de construire, le maître d'ouvrage fournit à l'autorité qui a délivré l'autorisation de construire un document attestant que la réglementation acoustique a été prise en compte par le maître d'œuvre ou, en son absence, par le maître d'ouvrage. »** – *V. art. R. 111-4-2 s.*

Sur le Conseil national du Bruit, V. C. envir., art. D. 571-98 à D. 571-104. – ***C. envir.*** *– Sur le label « haute isolation », V. Arr. du 4 nov. 1980 (JONC 14 nov.). – Sur le label « confort acoustique », V. Arr. du 23 mars 1978 (JO 5 avr.) et Circ. nº 82-04 du 7 janv. 1982 (JCP 1982. I. 8252). – Sur l'isolement acoustique des bâtiments d'habitation, V. Arr. du 6 oct. 1978 (JONC 11 nov. 1978), mod. par Arr. du 23 févr. 1983 (JONC 5 mars) ; Circ. nº 80-138 du 15 sept. 1980, BOE 1980/46, nº 1048 ; Circ. nº 83-19 du 30 mars 1983 (Mon. TP 6 mai 1983, Suppl. textes, p. 23) ; Arr. du 28 oct. 1994 (JO 25 nov.) : caractéristiques acoustiques des bâtiments d'habitation, abrogé et remplacé par Arr. du 30 juin 1999 (JO 17 juill.) pour tout bâtiment d'habitation ayant fait l'objet d'une demande de permis de construire ou d'une déclaration de travaux relative aux surélévations de bâtiments d'habitation anciens et aux additions à de tels bâtiments, déposée à compter du 1er janv. 2000.*

Sur le document attestant que la réglementation acoustique a été prise en compte par le maître d'œuvre ou, en son absence, par le maître d'ouvrage, V. Arr. du 27 nov. 2012 (JO 18 déc.).

V. aussi Arr. du 28 oct. 1994 (JO 25 nov.) : modalités d'application de la réglementation acoustique, abrogé et remplacé par Arr. du 30 juin 1999 (JO 17 juill.) pour tout bâtiment d'habitation ayant fait l'objet d'une demande de permis de construire ou d'une déclaration de travaux relative aux surélévations de bâtiments d'habitation anciens et aux additions à de tels bâtiments, déposée à compter du 1er janv. 2000.

V. encore Arr. du 15 mai 1997 (JO 3 juin) : montant forfaitaire des travaux d'insonorisation des logements admis au bénéfice de l'aide aux riverains des aérodromes.

V. également Circ. nº 2000-5 du 28 janv. 2000 relative à l'application de la réglementation acoustique dans les bâtiments d'habitation neufs (BOMELT nº 2000/3).

Sur les aides financières V. Instr. ANAH nº I. 2003-04 du 24 oct. 2003 relative à l'adaptation du dispositif des aides de l'agence (BOMELT nº 2003/24).

COMMENTAIRE

L'insonorisation d'un bâtiment d'habitation relève de la garantie de parfait achèvement visée à l'article 1792-6 du code civil. Le délai de mise en œuvre de la garantie, de six mois sous l'empire de la loi du 4 janvier 1978, a été porté à un an par la loi nº 92-1444 du 31 décembre 1992. Le vendeur, comme le promoteur immobilier, est garant des exigences légales à l'égard du premier occupant. Si l'insuffisance de l'isolation phonique est constatée, il doit effectuer les travaux de mise en conformité de l'immeuble avec les normes applicables en ce domaine. Un locataire, qui n'est pas bénéficiaire des garanties légales, ne saurait être assimilé au premier occupant.

La loi nº 2010-788 du 12 juillet 2010 a davantage impliqué le maître de l'ouvrage dans le respect de la réglementation acoustique. A l'achèvement des travaux, il doit produire une attestation de sa prise en compte. Cela signifie également que la conformité de la construction est contrôlée en amont, lorsque le permis de construire est déposé, mais également lorsque l'immeuble est édifié. ❑

1. Garantie de parfait achèvement. Commet une faute contractuelle la société venderesse d'un appartement qui, en l'absence de toute réglementation relative à l'insonorisation, s'est engagée à isoler convenablement les locaux vendus, en énumérant de nombreux facteurs d'insonorisation, sans prendre les moyens de respecter ses engagements. • Civ. 3e, 20 déc. 1977 : *Bull. civ. III, nº 459 ; JCP N 1978. Prat. 342* • 12 juin 1979 : *Bull. civ. III, nº 127 ; AJPI*

1980. 80. ♦ Le délai d'un an à compter de la réception est de rigueur. • Civ. 3e, 19 avr. 1989 : *Bull. civ. III, no 80 ; RDI 1989. 359.*

2. Il y a lieu d'écarter la forclusion prévue par l'art. L. 111-11 lorsque les troubles acoustiques trouvent leur origine dans un défaut de conformité aux stipulations contractuelles plus contraignantes que les normes légales et réglementaires, et imputable au promoteur. • Civ. 3e, 21 févr. 1990 : *Bull. civ. III, no 59 ; D. 1990. 277, note Dubois ; RDI 1990. 372.*

3. L'isolation phonique doit non seulement respecter les normes réglementaires mais aussi être de meilleure qualité lorsqu' un document publicitaire remis aux acquéreurs insiste sur les qualités acoustiques de l'immeuble. • Civ. 3e, 8 juin 2004 : *Constr.-Urb. 2004, no 153, obs. Cornille.*

4. Sur la question de l'application de l'art. L. 111-11, lequel ne concerne en principe que les constructions, aux opérations de rénovation d'une certaine importance qui devraient donc respecter les exigences légales et réglementaires minimales, V. • Civ. 3e, 12 févr. 1997 : *RDI 1997. 239, obs. Malinvaud et Boubli.*

5. Des nuisances sonores, qui ne constituent pas un désordre de nature décennale, et bien que la construction soit conforme aux exigences minimales en matière d'isolation phonique, permettent d'engager la responsabilité contractuelle du vendeur d'un immeuble vendu en l'état futur d'achèvement sur le fondement d'une non-conformité à un cahier des charges. • Civ. 3e, 10 nov. 1998 : *Constr.-Urb. 1999, no 1, obs. Sizaire.*

6. *Garantie décennale.* Le manque d'isolation phonique, malfaçon des gros ouvrages rendant l'immeuble impropre à sa destination, est un vice caché couvert par la garantie décennale. • Civ. 3e, 11 déc. 1974 : *Ann. loyers 1976. 523* • 23 nov. 1976 : *Bull. civ. III, no 415* • 12 févr. 1997 : *préc. note 4.*

7. Cette jurisprudence, dégagée sous l'empire de la loi du 3 janv. 1967, s'est perpétuée depuis la loi du 4 janv. 1978. • Civ. 3e, 20 févr. 1991 : *Bull. civ. III, no 61 ; D. 1991. 556, note Martin* • 24 mars 1992 : *JCP 1992. IV. 1556 ; RDI 1992. 331* • 1er avr. 1992 : *Bull. civ. III, no 107 ; D. 1993. IR 359 ; AJPI 1993. 90* • Paris, 14 mai 1993 : *RDI 1993. 382* • 6 sept. 2000 : *AJDI 2000. 957.*

8. Mais la garantie décennale ne joue pas si l'insuffisance d'isolation phonique n'est pas de nature à rendre l'immeuble impropre à sa destination. • Civ. 3e, 5 mai 1975 : *Bull. civ. III, no 149* • 19 janv. 1977 : *Bull. civ. III, no 29 ; Ann. loyers 1977. 205* • 18 juill. 1977 : *Bull. civ. III, no 315.*

9. Les désordres d'isolation phonique peuvent relever de la garantie décennale même lorsque les exigences légales et réglementaires ont été respectées, pourvu que l'impropriété à destination soit démontrée. C'est le cas en présence de bruits résultant du passage d'avions, que ne suffisait pas à empêcher le respect par le constructeur des normes légales et réglementaires. • Civ. 3e, 16 sept. 2003 : *RDI 2003. 581, obs. Malinvaud* • Cass., ass. plén., 27 oct. 2006 : *Bull. civ., no 12 ; BICC, 15 janv. 2007, p. 43, rapp. Lardet et avis Guérir ; RDI 2006. 502, note Malinvaud ; RCA 2007, no 22 ; RDC 2007. 410, note Puig ; D. 2007, Pan. 1909, note Vasseur ; Defrénois 2008. 69, note Périnet-Marquet ; Administrer août 2009. 44, obs. Artz* • Civ. 3e, 21 sept. 2011 : *Bull. civ. III, à paraître ; Constr-Urb. 2011, no 162, obs. Pagès-de Varenne.*

10. La garantie décennale ne joue pas plus si le vice tenant au défaut d'isolation phonique était apparent à la réception. • Civ. 3e, 12 janv. 1988 : *JCP 1988. IV. 104 ; RDI 1988. 212* • 8 juin 1977 : *Bull. civ. III, no 254.* ♦ Toutefois, il faut considérer que c'est à l'usage et non à la réception que le désordre affectant l'isolation phonique peut se révéler. • Civ. 3e, 24 févr. 1993 : *RGAT 1993. 618.*

11. Les désordres acoustiques sont pris en considération au titre de la garantie décennale. • CE 18 févr. 1983, *OPHLM du dpt de Meurthe-et-Moselle : req. no 25020.*

12. Retient la responsabilité de la société venderesse pour des troubles de jouissance occasionnés par un ascenseur, alors que les nuisances sonores n'étaient pas causées par un défaut de conformité aux exigences réglementaires. • Civ. 3e, 25 sept. 2002 : *pourvoi no 01-00.818.*

13. Est retenue la responsabilité contractuelle du constructeur professionnel qui n'a pas informé le maître de l'ouvrage que le seul respect des normes acoustiques serait insuffisant, compte tenu du site, pour masquer les bruits. • Civ. 3e, 26 oct. 2005 : *Bull. civ. III, no 204 ; RDI 2006. 191, note Trébulle.*

14. S'il incombe au constructeur, qui s'y engage dans sa demande de permis de construire, de respecter les règles générales de construction prescrites par les textes, pris pour l'application de l'art. R. 111-14 CCH, ces règles ne sont pas au nombre de celles dont il appartient à l'administration d'assurer le respect lors de la délivrance d'un permis de construire, quand bien même s'agirait-il des prescriptions acoustiques. • CAA Bordeaux, 3 déc. 2007, *Sté MAc Donald's France SA,* req. no 05BX00424 : *Envir. 2008, no 58, note Gillig.*

Art. L. 111-11-1 *(L. no 92-1444 du 31 déc. 1992, art. 14-III)* **Les règles de construction et d'aménagement applicables aux ouvrages et locaux, autres que d'habitation, quant à leurs caractéristiques acoustiques et les catégories d'ouvrages et locaux qui sont soumis en tout ou partie aux dispositions du présent article sont fixées par décret en Conseil d'État.** – *V. art. R. 111-23-1 à R. 111-23-3.*

COMMENTAIRE

Ce texte, résultant de la loi no 92-1444 du 31 décembre 1992 relative à la lutte contre le bruit, envisage pour la première fois les ouvrages et locaux autres que d'habitation, lesquels ne supposaient auparavant le respect d'aucune norme acoustique particulière. Il faut relever que, contrairement à ce qui est prévu en matière de locaux d'habitation, la présente disposition ne renvoie pas à la garantie de parfait achèvement. ☐

Art. L. 111-11-2 *(L. no 92-1444 du 31 déc. 1992, art. 14-III)* **Des prescriptions relatives aux caractéristiques acoustiques peuvent être imposées aux travaux soumis à autorisation ou à déclaration préalable, ou réalisés avec l'aide de l'État, d'une collectivité publique ou d'un organisme assurant une mission de service public, exécutés dans des ouvrages ou locaux existants autres que d'habitation.**

Des décrets en Conseil d'État fixent, notamment pour ce qui concerne le niveau d'exigences acoustiques, les conditions d'application du présent article.

SECTION VI RESPONSABILITÉ DES CONSTRUCTEURS D'OUVRAGE

RÉP. CIV. vo *Contrat d'entreprise,* par B. BOUBLI.

RÉP. RESP. PUISS. PUBL. vo *Responsabilité décennale,* par F. LINDITCH.

BIBL. ► LIET-VEAUX, Aggravation des désordres et responsabilité décennale des constructeurs, *JCP G 2004. I. no 110.* – BIGOT, KARILA et PÉRINET-MARQUET, A propos de l'ordonnance du 8 juin 2005, *Mon. TP 16-23 sept. 2005.* – MALINVAUD, Commentaire de l'ordonnance du 8 juin 2005, *RDI 2005. 237*. – LEGUAY, Commentaire de l'ordonnance du 8 juin 2005, *RDI 2005. 250* ; La question des dommages aux existants dans le cadre de la convention du 8 septembre 2005, *RDI 2005. 418*. – LE TOURNEAU et JULIEN, L'immeuble et la responsabilité civile, *Mélanges Saint-Alary, Éd. Législatives 2006.* – GAVIN-MILAN-OOSTERLYNCK, Pour une durée décennale de la responsabilité du constructeur, *RDI 2006. 259*. – BIGOT, Le rapport Mercadal : un pavé dans la mare !, *RGDA 2006. 849.* – KARILA, Domaines respectifs des garanties responsabilité légale et des responsabilités de droit commun des locateurs d'ouvrage immobiliers, *Mélanges Malinvaud, p. 317, Litec 2007.* – MODERNE, Dommages aux tiers et action en garantie du maître de l'ouvrage contre les constructeurs : divergences droit public-droit privé, *Études Malinvaud, Litec 2007, p. 451 ;* Responsabilité contractuelle et responsabilité décennale des constructeurs : un remaniement des cartes, *RDI 2007. 525*. – MALINVAUD, Les nouvelles règles de responsabilité du rénovateur, *RDI 2007. 39*. – DE LESCURE, Garantie décennale et impropriété à la destination de l'ouvrage, *RDI 2007. 111* ; Responsabilité des constructeurs : quelle responsabilité de droit commun en cas de dommage à l'ouvrage ?, *RDI 2007. 307*. – COURTIEU, Les travaux de la commission interministérielle : décevants, *RCA 2007. Focus 19.* – PONCE, L'élément d'équipement : attention, faux ami, *Constr.-Urb. 2009. Étude 21.* – TOMASIN, L'influence de la crise sur les garanties des acquéreurs, *RDI 2010. 41*. – MALINVAUD, Photovoltaïque et responsabilité, *RDI 2010. 360* ; Bâtiment, solidité et impropriété à destination (définitions du COPAL), *ibid. 465.* – BOUTY, Le dommage évolutif, naissance et disparition d'une espèce, *RDI 2010. 486*. – CHARBONNEAU, Une année de jurisprudence en construction, *Constr.-Urb. 2010. Étude 5.* – BERQUÉ-ICKOWICZ, L'impact du Grenelle sur les contrats de construction et la responsabilité des constructeurs, *RDI 2011. 25*. – CHARBONNEAU, La responsabilité des maîtres d'ouvrage délégués, *RDI 2011. 208* ; Le principe d'unicité de réception peut-il être remis en cause par la volonté des parties ?, *Constr.-Urb. 2011. Étude 4.* – PAGÈS-DE VARENNE, La garantie des dommages intermédiaires : une notion toujours d'actualité, *Constr.-Urb. 2011. Étude 6.* – COUDOING, La garantie de parfait achèvement : une garantie insolite, *RDI 2011. 318*. – FRICERO, La prescription après la loi du 17 juin 2008 en droit de la construction, *RDI 2011. 435*. – BERTOLASO, Quelle réparation en cas d'aggravation des désordres de construction ?, *RDI 2011.*

541. – SABLON, Le contentieux des dommages de construction à l'épreuve de la procédure civile, *RDI 2011. 606*. – BERTOLASO, Le contentieux des désordres de construction à l'épreuve de l'article 2239 du code civil, *Constr.-Urb. 2012. Étude 4*. – MEL, Fonctions et responsabilités des BET, *RDI 2012. 79*. – DESSUET, Travaux sur existants : la responsabilité, *RDI 2012. 128*. – DURAND-PASQUIER, Réflexions sur le régime de la responsabilité des constructeurs en cas de violation d'une norme, *RDI 2012. 192*. – CHARBONNEAU, Le reflet du contrat ou le renouveau de la théorie de la victime par ricochet, *RDI 2012. 424*.

COMMENTAIRE

Dès 1804, les rédacteurs du code civil instauraient un régime spécial de responsabilité décennale des architectes et entrepreneurs.

La loi nº 67-3 du 3 janvier 1967 a étendu cette responsabilité aux « techniciens » (art. 1779 C. civ.) et « aux autres personnes liées au maître de l'ouvrage par un contrat de louage d'ouvrage ». Outre cette extension, la loi du 3 janvier 1967 apportait deux éléments nouveaux en matière de responsabilité des constructeurs : la responsabilité du vendeur d'immeuble à construire était assimilée à celle du constructeur et certains ouvrages, qualifiés de « menus ouvrages » faisaient dorénavant l'objet d'une garantie particulière qualifiée de « biennale ». Ce système ne permettant pas de mettre fin de manière satisfaisante aux nombreux conflits survenant en matière de garantie et de responsabilité des constructeurs, les pouvoirs publics mirent en place une commission présidée par Mr. Spinetta.

C'est sur le fondement du rapport remis par cette commission qu'a été élaborée la loi nº 78-12 du 4 janvier 1978 « relative à la responsabilité et à l'assurance dans le domaine de la construction ». Ce texte a été très largement introduit dans le code civil et fait l'objet de la reproduction visée à l'article L. 111-12 du présent code.

L'évolution des techniques de construction et l'interprétation que les juges ont été amenés à faire de ces textes ont conduit à une réforme par une ordonnance nº 2005-658 du 8 juin 2005 qui a redéfini le domaine des garanties légales (art. L. 111-15 et L. 111-16 du présent code), adopté des dispositions spécifiques aux sous-traitants (art. 2270-2 C. civ.), et modifié le régime applicable aux contrôleurs techniques (art. L. 111-23 et L. 111-24 du présent code).

Le régime de responsabilité spécifique des constructeurs s'applique quelle que soit la qualité du maître de l'ouvrage. En effet, le maître de l'ouvrage privé et le maître de l'ouvrage public peuvent, sur les mêmes fondements, mettre en cause la responsabilité des constructeurs avec lesquels ils ont contracté. Toutefois, certaines particularités tenant à la fonction et à l'exécution des marchés publics conduisent à distinguer les solutions dégagées par la jurisprudence judiciaire et la jurisprudence administrative. □

Art. L. 111-12 *(L. nº 2009-526 du 12 mai 2009, art. 11-I)* **Les articles 1792, 1792-1, 1792-2, 1792-3, 1792-4, 1792-4-1, 1792-4-2, 1792-4-3, 1792-5, 1792-6 et 1792-7 du code civil sont respectivement reproduits ci-après sous les articles L. 111-13, L. 111-14, L. 111-15, L. 111-16, L. 111-17, L. 111-18, L. 111-19, L. 111-20, L. 111-20-1, L. 111-20-2 et L. 111-20-3.**

COMMENTAIRE

Le régime de responsabilité instauré par la loi du 4 janvier 1978, s'applique à tous les chantiers ouverts à compter du 1er janvier 1979 : c'est la date de déclaration d'ouverture de chantier qui doit être prise en compte. □

Le Conseil d'État avait, avant même le vote de la loi du 4 janv. 1978, posé le principe de la présomption de responsabilité sauf force majeure ou faute du maître de l'ouvrage. Depuis lors, il s'appuie sur les principes dont s'inspirent les art. 1792 et 2270 C. civ. • CE, ass., 2 févr. 1973, *Trannoy : Lebon 95, concl. Rougevin-Baville ; AJDA 1973. 159, note Moderne ; Gaz. Pal. 1973. 2. 550, note Rougeaux ; CJEG 1973, p. 256, note Le Galcher-Baron.*

Art. L. 111-13 Tout constructeur d'un ouvrage est responsable de plein droit, envers le maître ou l'acquéreur de l'ouvrage, des dommages, même résultant d'un vice du sol, qui compromettent la solidité de l'ouvrage ou qui, l'affectant dans l'un de ses éléments constitutifs ou l'un de ses éléments d'équipement, le rendent impropre à sa destination.

Une telle responsabilité n'a point lieu si le constructeur prouve que les dommages proviennent d'une cause étrangère. – *C. civ. 1792.*

RÉP. CIV. v° *Contrat d'entreprise* par B. BOUBLI.

COMMENTAIRE

Ce texte fait peser sur tout constructeur une présomption de responsabilité dont la durée est de dix ans à compter de la réception de l'ouvrage ainsi que le rappelle l'article L. 111-20. ☐

JURISPRUDENCE JUDICIAIRE

I. DOMAINE

A. OUVRAGE

1. Illustrations. Sont considérés comme constituant des ouvrages au sens de ce texte, les travaux immobiliers supposant des fondations ou des travaux d'implantation au sol. • Civ. 3e, 28 avr. 1993 : *Bull. civ. III, n° 56 ; JCP 1993. II. 22103, note Périnet-Marquet* • Civ. 1re, 20 déc. 1993 : *Bull. civ. I, n° 374.* ◆ Ainsi en est-il : d'une serre dont toute la structure porteuse est immobilisée par incorporation au sol. • Civ. 3e, 2 mars 1999 : *Bull. civ. I, n° 72 ; RDI 1999. 258, obs. Malinvaud.* ◆ ... D'un aquarium intransportable. • Civ. 3e, 9 févr. 2000 : *AJDI 2000. 435.* ◆ ... De bungalows fixés de telle sorte qu'ils ne peuvent être déplacés ou transportés. • Civ. 3e, 28 janv. 2003 : *RDI 2003. 184, obs. Malinvaud.* ◆ ... D'une piscine en kit comprenant une fosse et le dallage de béton en pourtour. • Civ. 3e, 23 juin 1999 : *RCA 1999, n° 296.* ◆ ... D'un cours de tennis. • Paris, 23e ch. B, 5 juill. 1991 : *JCP 1991. IV. 444.* ◆ ... De panneaux de clôture. • Civ. 3e, 17 févr. 1999 : *Bull. civ. III, n° 38.* ◆ ... D'un monument funéraire. • Civ. 3e, 17 déc. 2003 : *Bull. civ. III, n° 231.* ◆ ... D'un enrochement, dès lors qu'il n'est pas constitué par le simple empilement de blocs de pierre, que des techniques de construction ont été utilisées pour sa réalisation et qu'il a une fonction de soutènement. • Civ. 3e, 24 mai 2011 : *RDI 2011. 459, note Malinvaud.* ◆ En revanche, ne constitue pas un ouvrage un barbecue accolé à une maison, réalisé en parpaings de ciment sur une paillasse du même matériau et n'ayant pas donné lieu à la réalisation de travaux en sous-œuvre. • Civ. 3e, 7 oct. 2008 : *RDI 2009. 120, obs. Malinvaud.* ◆ De même, un abri de piscine qui n'est rattaché définitivement ni à la piscine ni au sol de la terrasse, n'est pas un ouvrage soumis aux dispositions des art. 1792 s. C. Civ. • Civ. 3e, 30 mars 2011 : *RCA 2011, n° 263.*

2. Travaux sur existants. Des travaux d'entretien ne sont généralement pas qualifiés d'ouvrages. Ainsi, la seule application de peintures de façade, sans fonction d'étanchéité n'est pas assimilée à la construction d'un ouvrage et ne relève pas de la garantie décennale. • Civ. 3e, 16 mai 2001 : *Bull civ. III, n° 62 ; RDI 2001. 387, note Tomasin ; ibid. 392, note Tomasin ; D. 2002. 833, note Karila ; Defrénois 2002. 58, note Périnet-Marquet ; Loyers et copr. 2001, n° 211 ; Constr.-Urb. 2001, n° 140* • Civ. 3e, 11 mars 2003 : *RDI 2003. 279, obs. Malinvaud.* ◆ Des travaux modestes portant sur la pose et le raccordement de canalisations de plomberie ne sont pas des travaux de construction d'un ouvrage. • Civ. 3e, 18 janv. 2006 : *RDI 2006. 230, obs. Malinvaud.* ◆ Des travaux de rejointement d'un mur ne constituent pas des ouvrages. • Civ. 3e, 23 févr. 2000 : *RDI 2000. 344.* ◆ Mais des travaux de rénovation lourde peuvent être assimilés à la construction d'un ouvrage. • Civ. 3e, 9 déc. 1992 : *Bull. civ. III, n° 321* • Civ. 3e, 29 janv. 2003 : *Bull. civ. III, n° 18 ; RDI 2003. 185 ; Défrénois 2003. 1275 ; JCP 2003. II. 10077, concl. Guérin.* ◆ Il en est de même pour des travaux d'extension ou de surélévation. • Nîmes, 7 nov. 1996 : *inédit.* ◆ Ou d'adjonction. • Civ. 3e, 25 févr. 1998 : *Bull. civ. III, n° 46* • Paris, 19 févr. 2003 : *Constr.-Urb. 2003. n° 150.* ◆ Des travaux de révision d'une toiture avec apport d'éléments nouveaux sont considérés comme concourant à la construction d'un ouvrage. • Civ. 3e, 9 nov. 1994 : *Bull. civ. III, n° 184.* ◆ Des travaux de ravalement qui assurent l'étanchéité de l'immeuble ou le confortent, sont assimilés à des travaux de construction d'un ouvrage. • Civ. 3e, 3 mai 1990 : *Bull. civ. III, n° 105* • Paris, 16 juin 2000 : *inédit.* ◆ La pose d'un complexe d'isolation et d'étanchéité sur des bâtiments existants est assimilable à la construction d'un ouvrage. • Civ. 3e, 18 juin 2008 : *Bull. civ. III, no 106 ; RDI 2008. 448, note Malinvaud ; Constr.-Urb. 2008, no 143, obs. Pagès-de Varenne.* ♦ Une installation de climatisation, comprenant une centrale d'énergie destinée à assurer la production de l'énergie calorifique et frigorifique nécessaire à la climatisation des bâtiments, constitue un ouvrage en raison de sa conception, de son ampleur, et de l'emprunt de ses éléments constitutifs à la construction immobilière. • Civ. 3e, 28 janv. 2009 : *Bull. civ. III, no 22 ; RDI 2009. 254, obs. Malinvaud ; D. 2009. AJ 562 ; JCP 2009, no 1351 ; JCP E 2009, no 1242 ; RTD civ. 2009. 317, obs. Fages ; Defrénois 2010. 219, chron. Périnet-Marquet.* ♦ Est censurée la décision d'une cour d'appel qui n'a pas recherché si les travaux réalisés en toiture de l'immeuble litigieux étaient assimilables, par leur importance, à des travaux de construction d'un ouvrage. • Civ. 3e, 4 oct. 2011 : *Constr.-Urb. 2011, no 184, obs. Pagès-de Varenne.* ♦ Des travaux confortatifs de reprise peuvent constituer un ouvrage. • Civ. 3e, 13 déc. 2011 : *RDI 2012. 229, obs. Malinvaud.* ♦ L'habillage d'une cheminée à foyer fermé et la réalisation d'une hotte, dissociable du mur et du plafond sans enlèvement de matière et n'ayant qu'un rôle esthétique, sont des travaux non constitutifs de la réalisation d'un ouvrage. • Civ. 3e, 28 mars 2012 : *RDI 2012. 353, obs. Malinvaud.* ♦ Mais relève de la garantie décennale la construction d'une cheminée à foyer fermé consistant dans la création du support de l'insert, du conduit maçonné et de la sortie en toiture. • Paris 1er déc. 2011 : *Constr.-Urb. 2012, no 53, obs. Pagès-de Varenne.*

3. Travaux de génie civil. Les travaux de génie civil peuvent donner lieu à la mise en jeu de la garantie décennale, alors même qu'ils sont désormais exclus du domaine de l'assurance obligatoire. Ainsi en est-il des travaux confortatifs d'un terrain à la suite d'un glissement. • Civ. 3e, 12 juin 1991 : *Bull. civ. III, no 168 ; RDI 1991. 348.* ♦ ... D'un talus. • Civ. 3e, 3 juill. 1996 : *RDI 1997. 575* • 31 oct. 2001 : *RGDA 2002. 129.* ♦ ... D'un enrochement, en raison de sa fonction de soutènement et de l'ampleur des travaux réalisés • Civ. 3e, 24 mai 2011 : *RDI 2011. 459, note Malinvaud.* ♦ ... Des travaux de construction d'un réseau d'assainissement. • Civ. 3e, 17 déc. 1997 : *Bull. civ. III, no 224.* ♦ ... Des travaux de VRD d'un lotissement. • Civ. 3e, 29 mars 2000 : *inédit,* et ceci même si la voirie n'est pas attachée au bâtiment • Civ. 3e, 17 déc. 1997 : *Bull. civ. III, no 224.* ♦ ... Des travaux de création d'un chemin d'accès à une villa. • Grenoble, 13 juin 2000 : *JCP 2001. IV. 1710.* ♦ ... Des travaux concernant une canalisation. • Civ. 3e, 19 juill. 2000 : *Le Moniteur no spécial, 19 oct. 2001. 38.* ♦ ... Ceci même si les voies et réseaux ne sont pas rattachés à un bâtiment. • Civ. 3e, 6 nov. 2002 : *Bull. civ. III, no 214 ; RDI 2003. 86, note Malinvaud ; Defrénois 2003. 325, note Périnet-Marquet.*

B. ÉLÉMENT D'ÉQUIPEMENT

4. Éléments d'équipement industriels. Les éléments d'équipement industriels n'entrent dans le champ d'application de la garantie décennale que s'ils relèvent des travaux de construction d'un ouvrage. Cassation de l'arrêt retenant la responsabilité décennale d'un constructeur pour des désordres affectant la machine à soupe automatisée d'une porcherie industrielle sans rechercher si ce matériel relève des travaux de construction. • Civ. 3e, 22 juill. 1998 : *Bull. civ. III, no 170 ; D. 1999. 201, note Sabirau-Perez ; JCP 1998. II. 10183, note Périnet-Marquet ; RDI 1998. 644, obs. Malinvaud ; RCA 1998, no 352, obs. Groutel.* ♦ Dans le même sens, V., à propos d'un équipement destiné à automatiser la fabrication du champagne. • Civ. 3e, 4 nov. 1999 : *Bull. civ. III, no 209 ; D. 2001. 650, note Karila ; RDI 2000. 57, note Malinvaud ; ibid. 73, note Legay ; Defrénois 2000. 486, note Périnet-Marquet.* ♦ ... D'un dispositif de traitement des jus installé dans un local de vinification. • Civ. 3e, 11 mai 2006 : *Bull. civ. III, no 115 ; RDI 2006. 309, note Malinvaud ; Administrer août-sept. 2009, p 40, obs. Artz ; RCA 2006, no 308.*

5. Indifférence du critère de l'indissociabilité. Les désordres affectant un élément d'équipement relèvent nécessairement de la garantie décennale dès lors qu'ils rendent l'ouvrage impropre à sa destination. En pareilles circonstances, il importe peu que l'élément d'équipement soit ou non dissociable de l'ouvrage. • Civ. 3e, 22 juill. 1998 : *Bull. civ. III, no 170 ; D. 1999. 201, note Sabirau-Perez ; RDI 1998. 644, note Malinvaud ; JCP 1999. I. 137* • Civ. 3e, 5 juill. 2011 : *pourvoi no 10-19.274.*

C. DOMMAGES

6. Désordres de construction. Les désordres subis par un poulailler à la suite d'un incendie ne peuvent donner lieu à la mise en jeu de la garantie décennale du constructeur, au motif que l'application de l'art. L. 111-13 CCH est réservée aux désordres de construction. • Civ. 3e, 4 juill. 2007 : *Bull. civ III, no 120 ; RDI 2007. 440, obs. Malinvaud ; RCA 2007, no 322 ; D. 2007. AJ 2103.* ♦ L'incendie d'un élément d'équipement ne suffit pas à caractériser l'existence d'un dommage l'affectant. Faute de preuve d'un désordre de construction, la mise en jeu de la garantie décennale n'est pas envisageable. • Civ. 3e, 12 mai 2010 : *RDI 2010. 397, obs. Leguay*.

7. Exigence d'une atteinte à la solidité de l'ouvrage ou d'une impropriété à destination. Ne donne pas de base légale à sa décision une cour d'appel qui admet la garantie décennale d'un constructeur sans constater que les désordres portaient atteinte à la solidité de l'immeuble ou le rendaient impropre à sa destination. • Civ. 3e, 23 oct. 2002 : *Bull. civ. III, no 208 ; RDI 2003. 87, note Malinvaud ; Defrénois 2003. 326, chron. Périnet-Marquet ; RCA 2003, no 12.* ◆ Une cour d'appel ne peut prononcer une condamnation sur le fondement de l'art. L. 111-13 sans constater que des infiltrations dans une cave portaient atteinte à la solidité de l'ouvrage ou le rendaient impropre à sa destination. • Civ. 3e, 21 oct. 2008 : *RCA 2008, no 366.* ◆ Une cour d'appel ne peut mettre en jeu la garantie décennale d'un vendeur en l'état futur d'achèvement tout en relevant qu'aucun des désordres et non-conformités (présence d'eau dans le vide sanitaire et contre-pente) ne portaient atteinte à la solidité ou à la destination de l'ouvrage. • Civ. 3e, 6 oct. 2010 : *Bull. civ. III, no 578 ; RDI 2010. 609, obs. Tricoire ; RCA 2011, no 22.*

8. Atteinte à la solidité de l'immeuble. Une fissure suffisamment large pour être traversante relève de la responsabilité décennale. • Civ. 3e, 4 févr. 1986 : *Gaz. Pal. 1986. 2. Somm. 506, obs. Piedelièvre ; RDI 1986. 234.* ◆ L'affaissement d'une terrasse est un désordre de nature décennale. • Civ. 3e, 5 juill. 2000 : *pourvoi no 98-21.820.* ◆ De même pour la présence d'insectes xylophages. • Civ. 3e, 25 sept. 2002 : *RDI 2002. 544, note Malinvaud ; RGDA 2002. 1000, note d'Hauteville.*

9. Impropriété à destination. La destination de l'immeuble dont il convient de tenir compte est celle qui est définie au moment de la conception de l'ouvrage. Ainsi en est-il de l'affaissement du dallage des allées de circulation d'un local conçu pour servir de stockage de meubles. • Civ. 3e, 11 févr. 1998 : *RDI 1998. 262 ; Constr.-Urb. 1998, no 226.* ◆ Rend également l'immeuble impropre à sa destination, l'absence de pose d'un drain provoquant l'inondation d'une cuisine par forte pluie. • Paris, 19e ch., 25 juin 2003 : *Constr.-Urb. 2003, no 249, obs. Pagès-de Varenne.* ◆ L'exiguïté d'une rampe d'accès aux garages les rendant inaccessibles à des voitures de dimension courante ou de grande taille, constitue une impropriété à la destination. • Civ. 3e, 9 juin 1999 : *Bull. civ. III, no 130 ; RDI 2000. 355* • 19 juill. 2000 : *pourvoi no 98-22.130.* ◆ Il en est de même, s'agissant d'un laboratoire pharmaceutique, de désordres de cloquage et de décollement affectant le revêtement du sol, dès lors que l'étanchéité n'est plus assurée et que le sol risque d'être agressé par des produits chimiques. • Paris, 19e ch., 21 mai 2003 : *Constr.-Urb. 2003, no 222, obs. Pagès-de Varenne.* ◆ Relèvent de la garantie décennale les désordres affectant des panneaux d'une toiture sujette à court terme à des pénétrations d'eau et qui ont d'ores et déjà perdu leur caractéristique mécanique, au point qu'ils ne peuvent plus supporter la charge créée par le déplacement d'un homme ou un par manteau neigeux. • Grenoble, 15 mars 2011 : *Constr.-Urb. 2011, no 73, obs. Pagès-de Varenne.*

10. Défaut d'isolation phonique. Le défaut d'isolation phonique fait l'objet d'une garantie spéciale visée à l'art. L. 111-11. Toutefois et ceci même si les normes légales ou réglementaires ont été respectées, l'importance des bruits perçus à l'intérieur d'un appartement peut le rendre impropre à sa destination et relever de la garantie décennale. • Civ. 3e, 9 déc. 2003 : *RDI 2004. 196, note Malinvaud ; RCA 2004, no 96.* ◆ Les désordres d'isolation phonique pouvant relever de la garantie décennale même en cas de respect des exigences minimales légales ou réglementaires, il ne peut être déduit de la seule conformité aux normes applicables en la matière l'absence de désordres relevant de cette garantie : • Cass., ass. plén., 27 oct. 2006 : *Bull. civ. no 12 ; BICC 15 janv. 2007, p. 43, rapp. Lardet, avis Guérin ; D. 2007. 2810, note Vasseur ; RDI 2006. 502, note Malinvaud ; Constr.-Urb. 2006, no 235, note Pagès-de Varenne ; Administrer août 2009, p. 44, obs. Artz ; Defrénois 2008. 69, note Périnet-Marquet ; RCA 2007, no 22* • Civ. 3e, 21 sept. 2011 : *Bull. civ. III, à paraître ; Constr.-Urb. 2011, no 162, obs. Pagès-de Varenne.*

11. Désordres esthétiques. La garantie décennale n'est pas applicable aux désordres esthétiques dès lors que généralement, ces désordres ne compromettent pas la solidité de l'ouvrage ni ne le rendent impropre à sa destination. Il en est ainsi en cas d'oxydation des armatures d'acier de pergolas de terrasses. • Civ. 3e, 13 févr. 1991 : *Bull. civ. III, no 52.* ◆ Il en va de même en présence de fissurations superficielles d'un carrelage. • Civ. 3e, 9 déc. 1998 : *RCA 1999, no 41.* ◆ La garantie décennale est encore exclue en cas de dommages affectant des peintures de façade sans fonction d'étanchéité. • Civ. 3e, 11 mars 2003 : *RDI 2003. 279, obs. Malinvaud.* ◆ La responsabilité d'un constructeur peut cependant être engagée en présence de désordres esthétiques rendant l'ouvrage impropre à sa destination. Ainsi en est-il en cas d'altération de la couleur blanche d'un revêtement de sol, dès lors qu'il est démontré que la couleur blanche était nécessaire à l'exercice de l'activité des employés dans les locaux concernés. • Civ. 3e, 28 févr. 2006 : *RDI 2006. 231, obs. Malinvaud*. ♦ Des désordres de cloquage généralisé relèvent de la responsabilité décennale des constructeurs. • Paris, 2 mars 2011 : *Constr.-Urb. 2011, no 74, obs. Pagès-de Varenne.*

12. Désordres futurs. En présence de désordres ne revêtant pas le caractère de gravité nécessaire à la mise en jeu de la garantie décennale au moment où ils sont dénoncés, la responsabilité décennale du constructeur est subordonnée à la certitude de la survenance d'une atteinte à la solidité de l'ouvrage ou d'une impropriété à destination dans le délai décennal. • Civ. 3e, 31 mars 2005 : *Bull. civ. III, no 77 ; RDI 2005. 296, obs. Malinvaud ; Administrer août-sept. 2007, p. 68, note Artz.* ♦ La condition d'apparition d'un désordre suffisamment grave dans le délai décennal cède dans certains contextes sous le poids du risque d'atteinte à la sécurité des personnes. Ainsi en est-il en cas de défaut de conformité aux règlements parasismiques, qui constitue un facteur d'ores et déjà avéré et certain de perte de l'ouvrage par séisme, le rendant impropre à sa destination. • Civ. 3e, 25 mai 2005 : *Bull. civ. III no 113 ; RDI 2005. 249, obs. Malinvaud ; Defrénois 2006. 66, obs. Périnet-Marquet ; JCP E, 2005. 1185 ; Administrer août-sept. 2007, p. 67, note Artz* • 7 oct. 2009 : *Bull. civ. III, no 212 ; RDI 2009. 650, obs. Malinvaud ; Constr.-Urb. 2009, no 143, obs. Pagès-de Varenne ; RCA 2009, no 366* • 11 mai 2011 : *Bull. civ. III, à paraître ; RDI 2011. 405, note Malinvaud ; Constr.-Urb. 2011, no 114, obs. Pagès-de Varenne.* ♦ Encore faut-il cependant que la norme parasismique soit obligatoire au jour de la délivrance du permis de construire. • Civ. 3e, 11 déc. 2010 : *Bull. civ. III, no 209 ; RDI 2011. 169, obs. Malinvaud ; Constr.-Urb. 2011, no 27, obs. Pagès-de Varenne.* ♦ La même solution est adoptée à propos de désordres affectant les voies de roulement d'un funiculaire, bien qu'ils ne perturbent pas le bon fonctionnement de l'installation à la date des constatations. • Civ. 3e, 23 mai 2006 : *RDI 2006. 378*. ♦ L'impropriété à destination est encore caractérisée lorsque la largeur insuffisante du passage piétonnier le long de la porte basculante d'un garage s'avère dangereuse pour les utilisateurs. • Civ. 3e, 3 mars 2010 : *Bull. civ. III, no 50 ; RDI 2010. 321, obs. Malinvaud ; Constr.-Urb. 2010, no 72, note Pagès-de Varenne.* ♦ La qualification de désordre futur est envisageable en l'absence de manifestation physique d'un désordre grave dans le délai décennal, dès lors que les constatations opérées attestent d'un processus de dégradation de l'ouvrage largement entamé, qui suffit à caractériser l'impropriété à destination. Ainsi en va-t-il en présence de désordres inesthétiques affectant un complexe d'isolation et d'étanchéité d'un bâtiment, malgré l'absence d'infiltration dans le délai de dix ans. • Civ. 3e, 18 juin 2008 : *Bull. civ. III no 106 ; RDI 2008. 448, note Malinvaud ; Constr.-Urb. 2008, no 143, obs. Pagès-de Varenne.* ♦ La mise en cause certaine de la pérennité de la structure d'un ouvrage impose à la cour d'appel saisie d'une demande de réparation, sur le fondement de l'art. 1792 C. civ., de rechercher s'il n'existe pas un dommage certain portant atteinte à la solidité de l'ouvrage. • Civ. 3e, 19 nov. 2008 : *Constr.-Urb. 2009, no 13, note Pagès-de Varenne.* ♦ Des fissurations et décollements d'enduit affectant un silo ne constituent pas des dommages de nature decennale dès lors qu'au jour où le juge statue, il n'existe aucune certitude d'impropriété à destination ou d'atteinte à la solidité de l'ouvrage dans le délai décennal. • Civ. 3e, 21 oct. 2009 : *Bull. civ. III, no 225 ; Constr.-Urb. 2009, no 163, obs. Pagès-de Varenne ; RDI 2010. 110, note Malinvaud*. ♦ Des défauts d'étanchéité de dalles en béton, balcons et loggias ne peuvent donner lieu à mise en jeu de la garantie décennale faute de certitude relative à la survenance d'une atteinte à la solidité de l'ouvrage ou d'une impropriété à destination avant expiration de la garantie décennale. • Civ. 3e, 4 nov. 2010 : *Bull. civ. III. no 198 ; Constr.-Urb. 2011, no 13, obs. Pagès-de Varenne.* ♦ Mais est censurée la décision d'une cour d'appel qui a débouté un maître d'ouvrage de son action relative à l'usure de chaussées en béton au motif que les dommages actuellement observables présentent un caractère purement esthétique, sans rechercher si, dans le délai de dix ans suivant la réception de l'ouvrage, le désordre ne rendrait pas l'ouvrage impropre à sa destination. • Civ. 3e, 16 mars 2010 : *Constr-Urb. 2010, no 90, obs. Pagès-de Varenne.*

13. Désordres évolutifs. Quoique survenus après l'expiration du délai décennal, les désordres évolutifs peuvent être réparés au titre de la garantie décennale, lorsqu'ils trouvent leur siège dans l'ouvrage où un désordre de même nature a été constaté et dont la réparation a été demandée avant expiration du délai décennal. • Civ. 3e, 18 janv. 2006 : *Bull. civ. III, no 17 ; RDI 2006. 133, note Malinvaud ; D. 2006 322 ; Administrer nov. 2007, p. 43, note Valdès ; ibid. août 2009, p. 45, note Artz ; RGDA 2006. 465.* ♦ Des fissures en façade, carrelage et plafond qui ne rendent pas l'ouvrage impropre à sa destination avant expiration du délai décennal, ne peuvent donner lieu à la mise en œuvre de l'article 1792 du code civil quand bien même une aggravation a été constatée postérieurement à l'expiration du délai de dix ans. • Civ 3e, 12 févr. 2008 : *Constr.-Urb. 2008, no 64, note Pagès-de Varenne.* ♦ Il en va de même de fissures dont la gravité décennale a été démontrée après expiration du délai d'épreuve, alors même qu'elles ont fait l'objet de déclarations de sinistre à l'assureur dommages-ouvrage avant la forclusion décennale. • Civ. 3e, 6 juill. 2011 : *Bull. civ. III, à paraître ; RDI 2011. 576, note Tricoire ; Constr.-Urb. 2011, no 132, obs. Pagès-de Varenne.* L'application de la théorie des désordres évolutifs n'est pas concevable en l'absence d'action en responsabilité exercée contre le constructeur dans le délai décennal. En particulier, une déclaration de sinistre à l'assureur dommages-ouvrage ne saurait se substituer à l'action en garantie décennale contre le constructeur. • Civ. 3e, 11 mars 2009 : *Bull. civ. III, no 71 ; RDI 2009. 371 ; Constr.-Urb. 2009, no 72, note Pagès-de Varenne.* ♦ L'effet interruptif de la prescription décennale attachée à l'assignation en référé pour des désordres d'infiltration et de fléchissement des plafonds doit s'étendre aux désordres affectant la charpente, constatés postérieurement, qui constituent la cause de ce fléchissement. • Civ. 3e, 10 oct. 2007 : *Constr.-Urb. 2007, no 228, note Pagès-de Varenne.* ♦ De même, une déclaration de sinistre à l'assureur RC décennale d'un constructeur est insuffisante à légitimer l'application de la théorie des désordres évolutifs. • Civ. 3e, 30 juin 2011 : *Constr.-Urb. 2011, no 147, obs. Pagès-de Varenne.*

14. Désordres apparents. Les désordres apparents au jour de la réception sont exclus du champ d'application de la garantie décennale. • Civ. 3e, 20 oct. 1993 : *Bull. civ. III, no 122.* ♦ Ainsi, un défaut de conformité aux normes parasismiques ne relève pas de la garantie décennale lorsqu'il est apparent à la réception. • Civ. 3e, 27 janv. 2010 : *Bull. civ. III, no 21 ; Constr.-Urb. 2010, no 43, obs. Pagès-de Varenne ; RDI 2010. 270, obs. Malinvaud.* ♦ Lorsque le maître d'ouvrage omet d'émettre des réserves, le vice est purgé et il n'y a pas d'action possible contre les constructeurs, y compris celle intentée par le syndicat des copropriétaires acquéreurs qui faisaient valoir le caractère clandestin des dommages à leur égard, au motif qu'ils n'étaient pas présents aux opérations de réception. • Civ. 3e, 8 nov. 2005 : *RDI 2006. 52, obs. Malinvaud.* ♦ Toutefois, un désordre constaté au moment de la réception peut relever de la garantie décennale s'il se révèle dans son ampleur et ses conséquences postérieurement à la réception. • Civ. 3e, 22 oct. 2002 : *RCA 2003, no 43* • Civ. 3e, 24 févr. 2009 : *Constr.-Urb. 2009, no 65, obs. Pagès-de Varenne* • Civ. 3e, 21 sept. 2011 : *RDI 2011. 568, note Tournafond ; Constr.-Urb. 2011, no 165, note C. Sizaire.* ♦ La charge de la preuve du caractère caché des désordres incombe au demandeur, acquéreur professionnel de l'ouvrage. • Civ. 3e, 7 juill. 2004 : *Bull. civ. III, no 142 ; RDI 2004. 450, obs. Malinvaud.* ♦ L'apparence du désordre à la réception suppose que le maître d'ouvrage ait été informé, avant réception et par le maître d'œuvre, de réserves émises par le contrôleur technique. • Civ. 3e, 11 mai 2010 : *RDI 2010. 398, obs. Dessuet.*

15. Vices du sol. Les vices du sol ne sont pas, aux termes mêmes de l'art. L. 111-13 (art. 1792 C. civ.), une cause d'exonération de la responsabilité des constructeurs. • Civ. 3e, 11 mars 1998 : *Constr.-Urb. 1998, no 256.* ♦ Une cour d'appel ne peut pas débouter un maître d'ouvrage de sa demande fondée sur l'art. 1792 C. civ. au motif qu'il a refusé de faire réaliser une étude géologique, sans relever qu'il a été parfaitement informé des conséquences du défaut de celle-ci eu égard au caractère alluvionnaire du sol. • Civ. 3e, 11 déc. 2007 : *RDI 2008. 104, note Malinvaud ; RCA 2008, no 105.*

II. RÉGIME

A. CONDITIONS DE LA GARANTIE

16. Imputabilité. La présomption de responsabilité de l'art. L. 111-13 CCH n'emporte pas présomption d'imputabilité des désordres aux travaux réalisés. Dès lors, l'assureur dommages-ouvrage qui exerce un recours subrogatoire ne peut se contenter de constater l'existence d'un contrat de louage d'ouvrage conclu entre le constructeur et son assuré, mais doit rapporter la preuve que les désordres constatés sont imputables aux travaux entrepris par le défendeur. • Civ. 3e, 14 janv. 2009 : *RDI 2009. 186, obs. Karila.*

B. BÉNÉFICIAIRE DE LA GARANTIE

17. Maître d'ouvrage. Le premier bénéficiaire de la garantie est le maître d'ouvrage. Il conserve un intérêt à agir en responsabilité décennale lorsqu'il a fait démolir l'ouvrage atteint d'un désordre décennal. • Civ. 3e, 21 janv. 2004 : *Bull. civ. III, no 10 ; RDI 2004. 199, note Malinvaud ; Constr.-Urb. 2004, no 53, note Pagès-de Varenne.* ♦ Le maître d'ouvrage condamné sur le fondement de l'art. 1641 C. civ. en qualité de vendeur, dispose d'un recours contre le constructeur pour les chefs de préjudice directement liés aux malfaçons affectant l'ouvrage. • Civ. 3e, 2 oct. 2002 : *Bull. civ. III, no 187 ; RDI 2002. 541, obs. Tomasin ;*

ibid. 543, obs. Malinvaud ; Defrénois 2003. 329, chron. Périnet-Marquet. ♦ Le maître d'ouvrage qui a supporté des frais de remise en état avant la vente conserve un intérêt à agir en responsabilité décennale après aliénation de l'ouvrage. • Civ. 3e, 31 mai 1995 : *Bull. civ. III, no 133 ; RDI 1995. 159 ; D. 1995. IR 159.*

18. *Acquéreur et sous-acquéreurs.* En cas de vente de l'ouvrage pendant la période de garantie, l'action en responsabilité décennale est transmise à l'acquéreur. • Civ. 3e, 26 mai 1994 : *Bull. civ. III, no 110 ; D. 1995. 277, note Magnin ; JCP 1994. IV. 1873* • 31 mai 1995 : *Bull. civ. III, no 133 ; RDI 1995. 753* • 8 févr. 1995 : *Bull. civ. III, no 40 ; RDI 1995. 567 ; D. 1995. IR 282.* ♦ Les acquéreurs successifs d'un immeuble sont recevables à agir contre les constructeurs alors même qu'ils connaissaient l'existence des désordres au moment de la signature de l'acte et que ce dernier ne contient aucune clause leur réservant un tel recours, à moins que le vendeur puisse se prévaloir d'un préjudice personnel lui conférant un intérêt direct et certain à agir. • Civ. 3e, 23 sept. 2009 : *Bull. civ. III, no 202 ; D. 2009 AJ 2352 ; Constr.-Urb. 2009, no 142, obs. Pagès-de Varenne ; RCA 2009, no 367 ; Defrénois 2010. 221, chron. Périnet-Marquet ; RDI 2010. 107, note Nési et Chauchis.* ♦ L'action du maître de l'ouvrage sera transmise au syndicat des copropriétaires. • Civ. 3e, 27 mars 1996 : *RDI 1996. 382.* ♦ L'action en garantie de dommages affectant les parties privatives sera transmise à chaque copropriétaire. • Civ. 3e, 27 nov. 1991 : *Bull. civ. III, no 292.* ♦ Mais, en cas de généralisation des désordres affectant les parties privatives, le syndicat pourrait agir, après autorisation, pour assurer la conservation de l'immeuble. • Civ. 3e, 10 oct. 1990 : *Bull. civ. III, no 182.* ♦ L'action du syndicat des copropriétaires est recevable lorsque les désordres affectant les parties privatives causent les mêmes troubles de jouissance à l'ensemble des copropriétaires. • Civ. 3e, 7 sept. 2011 : *Bull. civ. III, à paraître ; Constr.-Urb. 2011, no 163, obs. Pagès-de Varenne.* ♦ Le syndic est recevable à agir, quand bien même son habilitation ne fait référence à aucun document technique énumérant précisément les désordres affectant la façade d'un immeuble. • Civ. 3e, 9 mai 2012, no 11-10.293 : *Constr.-Urb. 2012, no 117, obs. Pagès-de Varenne.*

19. *Ayants droit du maître d'ouvrage.* L'action n'est pas transmise aux ayants droit du maître de l'ouvrage tant qu'ils ne disposent que d'un droit personnel sur l'immeuble. Ainsi, en est-il de l'associé d'une société d'attribution. • Civ. 3e, 13 déc. 1989 : *Bull. civ. III, no 235 ; D. 1990. IR 11 ; GAJC, 12e éd. 2008. no 173-176 ; RTD civ. 1990. 287, obs. Jourdain* • 19 juill. 1995 : *Bull. civ. III, no 200 ; Defrénois 1995. 1464, Dr. sociétés 1995, no 235, note Bonneau.* ♦ ... Qui ne pourrait agir contre le promoteur qu'en établissant une faute quasi délictuelle. • Civ. 3e, 14 mars 2001 : *Mon. TP 13 avr. 2001. 95.* ♦ ... Dans le même sens à propos : du crédit-preneur avant la levée de l'option. • Civ. 3e, 11 mars 1992 : *RGAT 1992. 333.* ♦ ... Du locataire-attributaire dans une société d'HLM, • Civ. 3e, 25 janv. 1989 : *Bull. civ. III, no 21.*

20. *Locataire.* Le locataire d'un immeuble affecté de désordres de nature décennale ne peut utilement se prévaloir de l'action en garantie décennale, que la loi attache à la propriété de l'ouvrage et non à sa jouissance. • Civ. 3e, 1er juill. 2009 : *Bull. civ. III, no 162 ; Constr.-Urb. 2009, no 114, obs. Pagès-de Varenne ; RDI 2009. 539, obs. Tranchant ; ibid. 547, obs. Malinvaud et Leguay ; Defrénois 2010. 221, chron. Périnet-Marquet.*

21. *Lotisseur.* Un lotisseur n'a d'intérêt direct et certain à agir en responsabilité décennale que s'il s'est engagé à réparer des désordres de nature décennale, a été assigné en justice par des victimes de ces désordres, ou s'est trouvé subrogé dans les droits de ces dernières. • Civ. 3e, 29 janv. 2008 : *RCA 2008, no 106.*

C. EXONÉRATION DE GARANTIE

22. *Vices du sol.* Les vices du sol ne sont pas, aux termes mêmes de l'art. L. 111-13, une cause d'exonération de la responsabilité des constructeurs. • Civ. 3e, 11 mars 1998 : *Constr.-Urb. 1998, no 256.*

23. *Force majeure.* Le constructeur pourra s'exonérer en démontrant l'existence d'un cas de force majeure, laquelle devra être caractérisée par l'extériorité, l'imprévisibilité et l'irrésistibilité. • Civ. 3e, 17 juill. 1997 : *Juris-Data no 003325.* ♦ Ainsi un phénomène de dessiccation des sols n'est pas imprévisible et irrésistible et ne constitue pas une cause d'exonération de garantie. • Civ. 3e, 9 déc. 1998 : *Constr.-Urb. 1999, no 147.* ♦ Et ceci même si la sécheresse est exceptionnelle. • Civ. 3e 13 mai 1986 : *Gaz. Pal. 1986. 2. Pan. 167* • Versailles, 4 nov. 1994 : *RDI 1995. 553* • Toulouse, 13 sept. 1993 : *RDI 1994. 459.* ♦ Toutefois, en sens contraire, V. • Civ. 1re, 7 juill. 1998 : *Constr.-Urb. 1998, no 336.* ♦ Une chute de neige imprévisible et irrésistible constitue un cas de force majeure. • Civ. 3e, 28 oct. 1992 : *Bull. civ. III, no 281.* ♦ Mais la variation du niveau d'une nappe phréatique n'est pas un cas de force majeure dès lors que l'entrepreneur ne démontre pas s'être suffisamment renseigné auprès des services compétents. • Civ. 3e, 15 juin 1988 : *Gaz. Pal. 1988. 2. Somm. 184.* ♦ Le locateur d'ouvrage pourra cependant trouver une cause d'exonération dans le caractère de force majeure d'un ouragan ou d'une forte tempête. • Civ. 3e, 11 mai 1994 : *Bull. civ. III, no 94 ; JCP 1994. II. 361.* ♦ En revanche, la force majeure n'est pas caractérisée dans l'hypothèse où l'expert conclut que l'échauffement de la boîte de connexion électrique ayant entraîné l'incendie avait pour cause probable un choc ou un rongeur. • Civ. 3e, 13 févr. 2007 : *RDI 2007. 283, obs. Malinvaud*.

24. Fait d'un tiers. Seul le fait d'un tiers peut exonérer le constructeur de sa responsabilité : Les constructeurs étant garants des matériaux employés ne peuvent se décharger de leur responsabilité sur les fournisseurs de matériaux. • Civ. 3e, 1er déc. 1999 : *AJDI 2000. 257 ; RDI 2000. 182, obs. Boubli ; Constr.-Urb. 2000, no 62.* ♦ Le défendeur ne peut utilement se prévaloir du fait d'un autre constructeur pour échapper aux conséquences de sa responsabilité, dès lors qu'il a directement participé à la réalisation de l'ouvrage litigieux. • Civ. 3e, 3 déc. 2008 : *Constr.-Urb. 2009, no 12, obs. Pagès-de Varenne.* ♦ En revanche, une utilisation défectueuse de l'ouvrage par un tiers sera une cause exonératoire : ainsi en est-il de la pose, par un occupant, d'un adoucisseur d'eau qui a aggravé les désordres. • Civ. 3e, 14 juin 1995 : *Bull. civ. III, no 143.* ♦ Un dépassement des charges maximales autorisées entraîne des désordres dont les conséquences pourront être réparties entre le constructeur et l'utilisateur. • Civ. 3e, 26 mars 1997 : *Bull. civ. III, no 69.* ♦ De même, pour la mauvaise utilisation d'un garage, V. • Civ. 3e, 8 juill. 1998 : *Bull. civ. III, no 157.*

25. Immixtion fautive. L'immixtion du maître de l'ouvrage notoirement compétent est susceptible d'exonérer les constructeurs de leur responsabilité. • Civ. 3e, 9 janv. 1980 : *Bull. civ. III, no 11* • 9 mars 1982 : *Gaz. Pal. 1982. 2. 567* • 21 févr. 1984 : *D. 1985. 122, note Calais.* ♦ Cette immixtion doit résulter d'actes positifs. • Civ. 3e, 7 mai 1996 : *inédit,* (entraînant les dommages constatés). ♦ Il ne peut s'agir d'une simple abstention. • Civ. 3e, 1er févr. 1989 : *Gaz. Pal. 1989. 2. 502, note Vallery-Radot.* ♦ Tel sera le cas de l'architecte DPLG, qui impose la réalisation de travaux de terrassement sans drainage. • Civ. 3e, 24 avr. 2007 : *pourvoi no 06-13.875.*

26. Acceptation délibérée des risques. L'acceptation délibérée des risques par le maître d'ouvrage est exonératoire. • Civ. 3e, 9 juin 1999 : *Bull. civ. III, no 132.* ♦ L'exonération est admise en cas d'acceptation délibérée de risques liés à la nature du sol. • Civ. 3e, 19 janv. 1994 : *Bull. civ. III, no 6* • Civ. 1re, 21 janv. 1994 : *Bull. civ. III, no 6.* ♦ La prise de risques du maître d'ouvrage peut également résulter de sa volonté de réaliser des économies. • Versailles, 22 juin 1995 : *Juris-Data no 047252* • Paris, 6 sept. 2000 : *Juris-Data no 121049.* ♦ Mais le maître d'ouvrage doit être clairement informé des risques inhérents à l'absence de réalisation de certains travaux. • Civ. 3e, 3 mars 2004 : *Bull. civ. III, no 44 ; RDI 2004. 304, note Malinvaud ; Constr.-Urb. 2004, no 77, obs. Pagès-de Varenne.* ♦ Une cour d'appel ne peut débouter un maître d'ouvrage de sa demande fondée sur l'art. 1792 C. civ. au motif qu'il a refusé de faire réaliser une étude géologique, sans relever qu'il a été parfaitement informé des conséquences du défaut de celle-ci eu égard au caractère alluvionnaire du sol. • Civ. 3e, 11 déc. 2007 : *RDI 2008. 104, note Malinvaud ; RCA 2008, no 105.* ♦ L'acceptation délibérée des risques n'est pas caractérisée par le seul fait, pour le maître de l'ouvrage, de ne pas avoir fait appel à un maître d'œuvre ou un bureau de contrôle, faute d'information donnée par l'entrepreneur sur la prise de risques engendrée par leur absence. • Civ. 3e, 3 déc. 2008 : *Constr.-Urb. 2009, no 12, obs. Pagès-de Varenne.* ♦ Un constructeur peut opposer l'acceptation délibérée des risques au maître d'ouvrage qui a été informé des risques par un autre que lui. • Civ. 3e, 9 juin 1999 : *Bull. civ. III, no 132 ; RDI 1999. 410, obs. Malinvaud* • Civ. 3e, 29 oct. 2003 : *Bull. civ. III, no 183 ; RDI 2004. 123, note Malinvaud ; RCA 2004, no 10 ; Defrénois 2004. 450, obs. Périnet-Marquet ; Administrer juill. 2004, p. 43, note Artz* • 15 déc. 2004 : *Bull. civ. III, no 235 ; RDI 2005. 95, note Leguay ; RCA 2005, no 96 ; Administrer août-sept. 2005, p. 60 obs. J.-F. Artz.*

D. ÉTENDUE DE LA RÉPARATION

27. Distinction dommages matériels et dommages immatériels. Une entreprise dont les travaux de VRD sont à l'origine d'une fuite doit indemniser le maître d'ouvrage de la surconsommation d'eau (dommage matériel) provoquée par cette fuite. • Bordeaux, 25 nov. 2008 : *Constr.-Urb. 2009, no 30, obs. Pagès-de Varenne.*

III. ARTICULATION DE LA RESPONSABILITÉ DÉCENNALE ET DE LA RESPONSABILITÉ DE DROIT COMMUN

28. Application exclusive de la garantie décennale ou cumul d'actions ? Lorsqu'un dommage relève de la garantie décennale, il ne peut donner lieu, contre les personnes tenues de cette garantie, à une action en responsabilité de droit commun. La solution vaut même si ces dommages trouvent leur origine dans une non-conformité contractuelle. • Civ. 3e, 13 avr. 1988 : *Bull. civ. III, no 67 ; JCP G 1989, II, 21315, note Martin* • 28 févr. 2001 : *RDI 2001. 170, obs. Malinvaud* • 1er oct. 2007 : *Bull. civ. III, no 80 ; BICC 1er oct. 2007, no 1902 ; D. 2007. AJ 1659 ; RDI 2007. 355, note Malinvaud ; Administrer déc. 2008. 71, obs. Valdès ; ibid. août 2009. 48, obs. Artz ; RGDA 2007. 666.* ♦ *Contra* : l'exécution forcée du contrat peut être prononcée sur le fondement de l'article 1184 du code civil en présence d'une non-conformité contractuelle consistant dans une erreur d'implantation de trente cinq centimètres, quand bien même cette dernière provoque un dysfonctionnement du réseau d'évacuation des eaux constitutif d'une impropriété à destination. • Civ. 3e, 6 mai 2009 : *Bull. civ. III, no 99 ; D. 2009. AJ 1418 ; RDI 2009. 426, note Malinvaud ; Constr.-Urb. 2009, no 87, obs. Pagès-de Varenne.* ♦ Lorsqu'une personne vend, après achèvement, un immeuble qu'elle a construit ou fait construire, l'action en garantie décennale n'est pas exclusive de l'action en garantie des vices cachés de droit commun de l'article 1641 du code civil. • Civ. 3e, 17 juin 2009 : *Bull. civ. III, no 143 ; D. 2009. 1760 ; RDI 2009. 475, note Tournafond ; Defrénois 2010. 222, chron. Périnet-Marquet* • 11 mai 2010 : *RDI 2010. 450, obs. Tricoire ; RCA 2010, no 224.* ♦ Mais lorsque le vice caché trouve son origine dans des travaux de construction réalisés sur le bien vendu, le vendeur est frappé de la responsabilité de plein droit de l'article 1792 du code civil, dont il ne peut s'exonérer en se prévalant d'une clause de non-garantie des vices cachés insérée dans l'acte de vente. • Civ. 3e, 3 mars 2010 : *Bull. civ. III, no 55 ; Constr.-Urb. 2010, no 71, obs. Pagès-de Varenne ; RDI 2010. 322, obs. Tricoire.*

29. Application résiduelle de la responsabilité de droit commun. Malgré l'absence de dommage de nature décennale, il est possible de rechercher la responsabilité contractuelle d'un architecte pour manquement à sa mission de surveillance et de coordination des travaux. • Civ. 3e, 1er mars 2011 : *RDI 2011. 336, obs. Tricoire.* ♦ Le recours de l'entreprise qui a indemnisé le maître d'ouvrage au titre de la garantie décennale contre le fabricant de l'EPERS affecté de désordre, ne peut qu'être exercé sur le fondement de la responsabilité de droit commun. • Civ. 3e, 8 juin 2011 : *Bull. civ. III, à paraître ; RDI 2011. 574, note Malinvaud ; Constr.-Urb. 2011, no 131, obs. Pagès-de Varenne.* ♦ Le recours d'un constructeur contre un autre constructeur ou son assureur n'est pas fondé sur la garantie décennale, mais est de nature contractuelle si ces constructeurs sont contractuellement liés, et de nature délictuelle s'ils ne le sont pas, de sorte que le point de départ du délai de cette action n'est pas la date de réception des ouvrages (arrêt rendu sous l'empire des dispositions antérieures à la réforme de la prescription civile du 17 juin 2008). • Civ. 3e, 8 févr. 2012 : *RDI 2012. 229, obs. Malinvaud ; Constr.-Urb. 2012, no 59, obs. Pagès-de Varenne ; RCA 2012, no 171.*

30. Faute dolosive. Le constructeur qui, de propos délibéré même sans intention de nuire, viole par dissimulation ou par fraude ses obligations contractuelles, commet une faute dolosive de nature à engager sa responsabilité contractuelle de droit commun, nonobstant la forclusion décennale. • Civ. 3e, 27 juin 2001 : *Bull. civ. III, no 83 ; D. 2001. 2995, concl. Weber ; ibid. 2998, note Karila ; JCP G 2001, II, 10626, note Malinvaud ; Defrénois 2002. 64, obs. Périnet-Marquet ; RDI 2001. 525, obs. Malinvaud.* • Civ. 3e, 29 mars 2011 : *RDI 2011. 460, obs. Malinvaud ; Constr.-Urb. 2011, no 93, obs. Pagès-de Varenne.* ♦ Le constructeur qui ne pouvait ignorer qu'il prenait un risque de nature à entraîner presqu'inéluctablement un désordre a commis une faute dolosive de nature à engager sa responsabilité contractuelle de droit commun, nonobstant la forclusion décennale. • Civ. 3e, 8 sept. 2009 : *Bull. civ. III, no 179 ; D. 2009. 2221 ; RDI 2009. 599, note Malinvaud ; Constr.-Urb. 2009, no 130, obs. Pagès-de Varenne ; RCA 2009, no 364 ; Defrénois 2010. 225, chron. Périnet-Marquet.*

31. Dommages intermédiaires. Un dommage qui n'affecte pas la solidité de l'ouvrage ni ne le rend impropre à sa destination ne peut être réparé au titre de la garantie décennale. Il relève de la responsabilité contractuelle de droit commun pour faute prouvée du constructeur. • Civ. 3e, 22 mars 1995 : *Bull. civ. III, no 80 ; RDI 1995. 333, note Malinvaud ; JCP G 1995, II, 22416, note Fossereau ; JCP N 1995. 1089, note Fossereau ; Gaz. Pal. 1996, p. 13, note Boubli* • Civ. 3e, 4 juin 2009 : *Bull. civ. III, no 130 ; D. 2009 AJ 1611 ; RDI 2009. 474, obs. Tournafond ; Defrénois 2010. 229, chron. Périnet-Marquet.* ♦ Des fissures ponctuelles relèvent de la garantie des dommages intermédiaires. • Paris, 2 mars 2011 : *Constr.-Urb. 2011, no 74, obs. Pagès-de Varenne.*

32. Désordres avant réception. Quelle que soit la qualification du contrat, tout professionnel de la construction est tenu, avant réception, d'une obligation de conseil et de résultat. Il en résulte qu'un maître d'œuvre a l'obligation de livrer un ouvrage conforme aux prévisions contractuelles. • Civ. 3e, 27 janv. 2010 : *Bull. civ. III, no 22 ; RDI 2010. 215, obs. Noblot.* ♦ Une entreprise chargée de l'installation d'un ascenseur, qui n'a pas refusé d'exécuter des travaux non-conformes et n'a pas mis en garde le maître d'ouvrage au titre de ces travaux, a manqué à son obligation de conseil. • Civ. 3e, 6 juill. 2010 : *Constr.-Urb. 2010, no 130, obs. Pagès-de Varenne.*

33. Troubles de voisinage. La mise en jeu de la responsabilité des constructeurs en cas de troubles de voisinage est subordonnée à l'existence d'une relation de cause directe entre les troubles subis et les missions respectivement confiées aux défendeurs. • Civ. 3e, 9 févr. 2011 : *Bull. civ. III, à paraître ; RDI 2011. 227, note Malinvaud ; RCA 2011, no 179, obs. Groutel* • Civ. 3e, 28 avr. 2011 : *Bull. civ. III, à paraître ; RDI 2011. 402, note Malinvaud ; Constr.-Urb. 2011, no 90, obs. Pagès-de Varenne ; RCA 2011, no 255* • Civ. 3e, 19 oct. 2011 : *RDI 2011. 631, note Malinvaud ; Constr.-Urb. 2011, no 181, obs. Pagès-de Varenne.*

JURISPRUDENCE ADMINISTRATIVE

1o COMPÉTENCE D'ATTRIBUTION

34. Compétence du juge administratif. Le juge administratif est compétent pour statuer sur un litige relatif à la responsabilité décennale du constructeur d'un immeuble bâti à la demande d'une commune. • T. confl. 18 juin 2007, *Synd. des copropriétaires de l'ensemble immobilier sis place de la gare à La Varenne-Saint-Hilaire,* req. no 3515 : *Lebon 598 ; AJDA 2007. 2125, chron. Boucher et Bourgeois-Machureau ; Contrats Marchés publ. 2008. Repère 1.*

2o NOTION D'OUVRAGE

35. Ouvrages de bâtiment ou de génie civil. La responsabilité peut être retenue à propos de dommages affectant des ponts et viaducs. • CE 11 juill. 1986, *Ville de Castres : Lebon T. 617.* ♦ ... Les réseaux d'assainissement et stations d'épuration. • CE 9 juin 1989, *Synd. intercommunal à vocations multiples et définies de la région havraise : Lebon 139 ; RFDA 1989. 349, note Moderne.* ♦ ... Les parkings souterrains. • CE 30 janv. 1995, *SARL Epojet et a.,* req. no 94426 : *Lebon T. 904 ; D. 1996. 143, obs. Terneyre.* ♦ ... Des ouvrages portuaires. • CAA Marseille, 4 nov. 2003, *Min. de l'équipement : req. no 01MA02583.* ♦ ... La chaussée d'une voie publique. • TA Grenoble, 14 nov. 2003, *Sté AREA,* req. no 00-1665 : *RDI 2005. 67, note Moderne.*

3o BÉNÉFICIAIRES DE LA GARANTIE

36. L'action en garantie décennale est susceptible d'être cédée par le maître de l'ouvrage à l'exploitant des installations de cet ouvrage. • CE 3 oct. 1986, *Sté Tunzini-Nessi Entreprises,* req. no 58084 : *Lebon T. 616 ; AJDA 1987. 271, note Subra de Bieusses ; CJEG 1987. 639, note Moderne ; LPA 28 nov. 1986, p. 10, concl. Guillaume.* ♦ Des sociétés concessionnaires peuvent être subrogées, en cours d'instance, dans ses droits par le maître de l'ouvrage. • CE 18 déc. 1987, *Binoux,* req. no 58201 : *Lebon T. 827 ; RD publ. 1987. 827.* ♦ Si l'action en garantie se transmet aux acquéreurs avec la propriété de l'immeuble, le maître de l'ouvrage ne perd cependant pas la faculté d'exercer cette action dans la mesure où elle présente pour lui un intérêt direct et certain. • CE 7 oct. 1998, *Sté OTH Méditerranée,* req. no 156653 : *Lebon T. 1026* • CE 19 déc. 2007, *Sté Campenom-Bernard et a.,* req. no 268918 : *Lebon 507 ; RFDA 2008. 109, note Moderne ; AJDA 2008. 814, note Dreyfus ; CCC 2008, no 3, obs. Camus et Glatt ; RDC 2008. 671, note Rochfeld* • CE 23 mai 2011, *Cté d'agglomération de Lens-Liévin,* req. no 341414 : *Lebon à paraître ; RDI 2011. 633, note Delaunay ; AJCT 2011. 565, obs. Hul ; JCP Adm. 2011. 2325, note Pacteau.* ♦ En cas de copropriété, le maître d'ouvrage conserve un intérêt à agir en qualité de copropriétaire pour les désordres affectant les parties privatives dont il dispose. • CAA Lyon, 29 juin 1993, *Sté OTH Méditerranée,* req. no 91LY00380 : *Lebon T. 881.* ♦ La mise en cause de la responsabilité par l'acquéreur subrogé ne saurait faire obstacle à ce que les constructeurs puissent en être exonérés en tout ou en partie à raison d'une faute du maître de l'ouvrage. • CE 22 juin 2001, *SARL Constructions mécaniques du Bas-Poitou,* req. no 203340 : *Lebon T. 1045 ; RDI 2002. 99, obs. F. M. ; BJCP 2001. 402, concl. Bergeal.* ♦ La circonstance que le maître d'ouvrage ait obtenu réparation par son assureur dommages ouvrage des dommages matériels n'a pas pour effet de le priver de la possibilité de poursuivre la réparation des autres préjudices immatériels de toute nature. • CAA Marseille, 2 juin 2004, *Cne de Lunel : req. no 01MA01561.*

4o NATURE DES DOMMAGES

a. Dommages de nature à compromettre la solidité de l'ouvrage

37. Il peut s'agir de vices affectant les fondations ou l'ossature de l'ouvrage. • CE 9 nov. 1966, *Leduc et Moreaux : Lebon 603.* ♦ A propos de décollement de peintures ayant un rôle de protection contre la corrosion de l'ouvrage et étant de nature à compromettre sa solidité. • CAA Bordeaux, 4 déc. 2000, *Cne de Saint-Clémentin : req. no 98BX01367.* ♦ Le juge administratif sanctionne la simple probabilité du dommage si elle est étayée par les preuves apportées par le maître de l'ouvrage ou par des expertises. • CE 25 mai 1966, *Sté de constructions industrielles publiques et privées : Lebon 364.*

b. Dommages de nature à rendre l'ouvrage impropre à sa destination

38. Des désordres qui, isolés, seraient regardés comme mineurs et insusceptibles de faire jouer la garantie décennale, sont de nature à rendre l'immeuble impropre à sa destination en raison de leur extension ou de leur généralisation. • CE 21 juill. 1970, *Lachaud et Aubineau : Lebon 520* • CAA Nantes, 8 nov. 2000, *Cne de Trédaniel*, req. n° 98NT00994 : *RDI 2001. 261, obs. F. M.* ◆ Si des désordres n'affectent qu'une partie des façades, leur généralisation à terme était prévisible et la Cour a pu en déduire que la réfection complète des façades entrait dans le champ de la garantie décennale sans avoir, s'agissant de désordres évolutifs, à vérifier si cette aggravation se produirait dans le délai de la garantie décennale. • CE 22 févr. 2006, *Sté Dussably*, req. n° 266681 : *RDI 2007. 178, obs. F. M.* ◆ Des désordres entraînant un risque de chute de plaques de faux plafonds dans une salle des fêtes même si l'expert estime, qu'eu égard à leur légèreté, la chute éventuelle de ces plaques n'est pas susceptible de porter atteinte à la sécurité des utilisateurs, rendent l'ouvrage impropre à sa destination. • CAA Nantes, 8 nov. 2000, *Cne de Trédaniel : req. n° 98NT00994.* ◆ A propos d'une surface de tennis non plane et dont certains pavés comportaient des éclats provoquant des faux rebonds pour les balles. • CAA Nancy, 22 févr. 2001, *Cne de Neuilly-l'Évêque : req. n° 97NC02303.* ◆ Des désordres qui pourraient être regardés comme mineurs s'ils étaient localisés sur une faible superficie sont susceptibles de rendre l'immeuble impropre à sa destination en raison de leur extension prévisible. A propos du défaut d'étanchéité de 8 terrasses sur 52 immeubles dont l'extension à l'ensemble des terrasses était prévisible. • CE 30 déc. 1998, *Andrault, Parat et Carré*, req. n° 165042 : *Lebon 521 ; RFDA 1999. 240.* ◆ Un défaut de conformité d'un établissement recevant du public aux normes de sécurité applicables à la date de sa construction est susceptible de constituer un désordre de nature à le rendre impropre à sa destination. • CE 23 juill. 2010, *Institut médico-éducatif de Saint-Junien*, req. n° 315034 : *Lebon T. 854 ; AJDA 2010. 1508 ; Dr. adm. 2011, n° 11, obs. Gilbert ; Contrats Marchés publ. 2010, n° 323, note Pietri.* ◆ Des dommages apparus dans le délai d'épreuve de dix ans, de nature à compromettre la solidité de l'ouvrage ou à le rendre impropre à sa destination dans un délai prévisible, engagent la responsabilité des constructeurs sur le fondement de la garantie décennale, même s'ils ne se sont pas révélés dans toute leur étendue avant l'expiration du délai de dix ans. • CE 31 mai 2010, *Cne de Parnes*, req. n° 317006 : *Lebon T. 854 ; AJDA 2010. 1118 ; RDI 2010. 454, obs. Delaunay ; Contrats Marchés publ. 2010, n° 276, note Pietri.* ◆ La responsabilité décennale ne saurait être engagée au motif que l'ouvrage réalisé aurait été non conforme à la réglementation relative à l'accessibilité des handicapés, et par suite impropre à sa destination, dès lors que les constructeurs ont conçu le projet et réalisé les travaux antérieurement à l'entrée en vigueur de cette réglementation nouvelle. • CE 19 janv. 2011, *Cne de Gueugnon*, req. n° 322638 : *Lebon T. à paraître ; Contrats Marchés publ. 2011, n° 67, note Devillers.* ◆ La responsabilité peut être engagée même si les désordres constatés ne sont ni généraux, ni permanents. Commet une erreur de droit la cour qui a jugé que la surchauffe constatée dans des salles de classe n'était pas de nature à rendre l'immeuble impropre à sa destination en se fondant sur le fait que cette élévation anormale de température était limitée à certaines des salles et ne se produisait que l'été, lorsque les températures extérieures étaient très élevées. • CE 9 déc. 2011, *Cne de Mouans-Sartoux*, req. n° 346189 : *Lebon T. à paraître ; AJDA 2011. 2451 ; Contrats Marchés publ. 2012, n° 84.* ◆ En cas d'appel en garantie du maître d'ouvrage condamné à indemniser un tiers, la garantie décennale d'un constructeur peut être mise en jeu même en présence de dommages subis par un tiers, dès lors que ces dommages trouvent leur origine dans des désordres affectant l'ouvrage et le rendant impropre à sa destination. • CAA Douai, 23 déc. 2011, *Sté Véolia Eau et Cie gén. Eaux*, req. n° 11DA00002 : *Contrats Marchés publ. 2012, n° 54, obs. Ubaud-Bergeron.* ◆ Des nuisances sonores causées à des riverains par le fonctionnement d'une salle des fêtes constituent un désordre de nature décennale et justifient l'action exercée par une commune contre les constructeurs, dans la mesure où l'impropriété à destination, qui trouve son origine dans des défauts de conception et d'exécution des travaux, est avérée et que des travaux de reprise sont nécessaires pour insonoriser l'immeuble. • CE 9 mai 2012, *Cne de Prouvy*, req. n° 346757 : *Lebon à paraître ; AJDA 2012 978 ; Contrats Marchés publ. 2012, n° 213.*

c. Caractère caché du dommage

39. L'action en responsabilité décennale ne peut être introduite qu'en raison de faits relevés postérieurement à la réception. ♦ Ainsi la responsabilité des constructeurs ne peut être recherchée ni pour des désordres ayant fait l'objet de réserves formulées lors de la réception et qui n'ont pas été levées, ni pour des désordres qui étaient connus lors de cette même réception. • CAA Lyon, 21 déc. 2000, *Sté Beteralp :* *req. nº 95LY00984.* ♦ Dans la mesure où les désordres constatés étaient apparents lors de la réception, et que la relation contractuelle n'a pas pris fin du fait du maintien des réserves, seule la responsabilité contractuelle de l'entreprise peut être recherchée sur le fondement de la garantie de parfait achèvement. • CAA Bordeaux, 10 avr. 2012, *SARL 3 AS,* req. nº 11BX00651 : *Contrats Marchés publ. 2012, nº 194.* ♦ Il appartient à la CAA de rechercher si les réserves émises initialement portaient sur les parties d'ouvrages affectées par les désordres. Si tel n'est pas le cas, la garantie décennale est susceptible d'être mise en jeu en cas d'impropriété à destination. • CE 16 janv. 2012, *Cne du Château d'Oléron,* req. nº 352122 : *AJDA 2012. 72 ; RDI 2012. 231, obs. Delaunay.*

d. Désordres futurs ou évolutifs

40. Des dommages apparus dans le délai d'épreuve de dix ans, de nature à compromettre la solidité de l'ouvrage ou à le rendre impropre à sa destination dans un délai prévisible, engagent la responsabilité des constructeurs sur le fondement de la garantie décennale, même s'ils ne se sont pas révélés dans toute leur étendue avant l'expiration du délai de dix ans.• CE 31 mai 2010, *Cne de Parnes,* req. nº 317006 : *préc. note 36.* ♦ *Contra* : la garantie décennale est écartée en présence de désordres légers qui ne menacent pas la sécurité des usagers ou du personnel de la commune, ni ne sont de nature à compromettre la solidité de l'ouvrage ou à le rendre impropre à sa destination dans un délai prévisible. • CAA Bordeaux, 27 oct. 2011, *Cne Faget-Abbatial,* req. nº 10BX01977 : *Contrats Marchés publ. 2012, nº 19, obs. Ubaud-Bergeron.* ♦ Si des désordres n'affectent qu'une partie des façades, leur généralisation à terme était prévisible et la Cour a pu en déduire que la réfection complète des façades entrait dans le champ de la garantie décennale sans avoir, s'agissant de désordres évolutifs, à vérifier si cette aggravation se produirait dans le délai de la garantie décennale. • CE 22 févr. 2006, *Sté Dussably,* req. nº 266681 : *RDI 2007. 178, obs. F. M.*

5º CAUSES D'EXONÉRATION

a. Cas de force majeure

41. Un phénomène de corrosion de canalisations provoqué par la présence conjuguée d'eau fortement minéralisée chargée en oxygène et des résidus de carbone ne peut constituer un cas de force majeure faisant obstacle à la responsabilité décennale des constructeurs faute de présenter le caractère extérieur insurmontable et imprévisible caractérisant la force majeure. • CAA Lyon, 7 févr. 1990, *Dosse :* *req. nº 89LY00247.* ♦ En dépit d'une expertise indiquant que des périodes de sécheresse ont pu favoriser l'aggravation de fissures qui affectent un dallage en béton, cette sécheresse ne saurait, eu égard à son importance et à sa durée, constituer un cas de force majeure. • CAA Nantes, 9 févr. 2000, *Buisson :* *req. nº 96NT01563.* ♦ Le phénomène de gonflement de la couche de marnes argileuses, quoiqu'exceptionnel, ne présente pas le caractère imprévisible et irrésistible de la force majeure. • CAA Versailles, 27 juin 2006, *Sté Bureau Veritas :* *req. nº 04VE00689.* ♦ L'état déclaré de catastrophe naturelle ne saurait permettre en lui-même de qualifier une situation de force majeure. • CAA Paris, 16 déc. 2011, *Sté Trace architecture,* req. nº 09PA03261 : *Contrats Marchés publ. 2012, nº 90.*

b. Fautes du maître de l'ouvrage

42. Champ d'application. Les fautes commises par un conducteur d'opération sont opposables au maître d'ouvrage. • CE 19 mars 1993, *GIE Centre technique national APAVE,* req. nº 62724 : *RDI 1993. 372, obs. Llorens et Terneyre.* ♦ Le juge administratif peut tenir compte des fautes commises par les exploitants des ouvrages affermés ou concédés après réfection de l'ouvrage. • CE 26 févr. 1982, *Sté Hygea-Simplex :* *Lebon T. 675.*

43. Immixtions fautives du maître de l'ouvrage. Elles peuvent se traduire : par des erreurs commises dans le choix de matériaux inappropriés ou insuffisamment éprouvés. • CE 7 mars 1986, *Synd. d'électricité et d'équipement collectif du Jura : Lebon 64 ; AJDA 1986. 397, obs. Richer.* ♦ ... Une hâte excessive manifestée par le maître de l'ouvrage. • CE 10 févr. 1993, *Sté SPIE Batignolles :* *req. nº 84881.* ♦ ... Un souci abusif d'économies. • CE 15 janv. 1982, *S.A. Missenard-Quint :* *Lebon T. 678.* ♦ ... Une insuffisance des mesures de surveillance d'un chantier. • CE 19 juin 1981, *Sté Dumez-Travaux publics :* *Lebon 280.* ♦ ... Une erreur dans le choix du terrain d'assiette. • CE 22 mars 1991, *Synd. mixte du parc naturel des volcans d'Auvergne :* *Lebon 104 ; RDI 1991. 338, note Llorens et Terneyre.* ♦ ... Des études techniques insuffisantes. • CE 23 sept. 1988, *Sté Sometra :*

req. n° 73335. ♦ ... Ou les conditions particulièrement contraignantes dans lesquelles un concours a été organisé. • CE 10 févr. 1995, *OPHLM de la Communauté urbaine de Bordeaux,* req. n° 80255 : *Lebon T. 905 ; RDI 1995. 323, obs. Llorens et Terneyre.*

44. Fautes commises après la réception de l'ouvrage. Il peut s'agir d'un défaut d'entretien imputable au maître de l'ouvrage. A propos de désordres affectant l'étanchéité de toitures-terrasses, de caractère ponctuel et limité, qui relèvent d'un manque d'entretien, V. • CE 17 févr. 1992, *Ville d'Houplines,* req. n° 58402 : *RDI 1992. 207, obs. Llorens et Terneyre.* ♦ ... De transformations apportées à l'ouvrage après réception, V. • CE 24 juin 1987, *Ville de Brive-la-Gaillarde : req. n° 50624.* ♦ ... D'une utilisation de l'ouvrage non conforme aux prévisions, V. • CE 6 mai 1988, *Sté Morel : req. n° 74335.* ♦ ... De l'aggravation des dégâts par la non-occupation prolongée et non justifiée des locaux, V. • CE 6 mai 1988, *Entr. Thénet : req. n° 73340.* ♦ ... D'erreurs commises lors de la mise en fonctionnement de l'ouvrage, V. • CE 14 déc. 1988, *Régie municipale d'électricité de Metz : req. n° 36537.* ♦ ... De dégradations qui résultent du vandalisme ou de la mauvaise utilisation des locaux par les locataires. • CAA Douai, 23 mars 2004, *Cie AGF : req. n° 02DA00368.* ♦ L'inertie du maître d'ouvrage peut être constitutive d'une faute de nature à exonérer totalement de leur responsabilité tant le maître d'œuvre que l'entrepreneur. • CAA Douai, 29 juin 2000, *Synd. Intercommunal d'assainissement de la région de Douai,* req. n° 96DA01487 : *RDI 2001. 91, obs. F. M.*

6° ABSENCE DE CAUSES EXONÉRATOIRES

45. Procédés ou matériaux agréés. Le fait qu'une norme ou un procédé aient été agréés ou qu'ils aient été couramment admis dans les milieux professionnels ne constitue pas une cause exonératoire. • CE 3 oct. 1986, *Sté Tunzini-Nessi Entreprises : préc. note 34.*

46. Fait du tiers. Dans ses rapports avec le maître d'ouvrage, l'entrepreneur ne peut se prévaloir de la faute de l'architecte. • CE 27 févr. 1974, *Cne de Gouaux : Lebon 153.* ♦ Le constructeur dont la responsabilité est recherchée n'est fondé à se prévaloir vis-à-vis du maître de l'ouvrage de l'imputabilité à un autre constructeur, contractant du maître de l'ouvrage, de tout ou partie des désordres litigieux et à demander en conséquence que sa responsabilité soit écartée ou limitée que dans la mesure où ces désordres ou cette partie des désordres ne lui sont pas également imputables. • CE 10 juill. 1974, *Descottes-Genon : Lebon 423.*

7° ARTICULATION DE LA RESPONSABILITÉ DÉCENNALE ET DE LA RESPONSABILITÉ DE DROIT COMMUN

47. Application exclusive de la garantie décennale. La garantie des vices cachés s'applique aux contrats administratifs mais seulement dans l'hypothèse où les conditions d'application de l'article 1792 C. civ. ne sont pas réunies. • CE 29 janv. 1993, *Synd. intercommunal des eaux de la Dhuy,* req. n° 122491 : *Lebon 19 ; RDI 1993. 221 ; D. 1994, somm. p. 84, obs. Terneyre* • CE 24 nov. 2008, *CH de la région d'Annecy,* req. n° 291539 : *Lebon T. 811 ; AJDA 2008. 2255 ; D. 2009 AJ 104 ; RDI 2009. 363, obs. Delaunay ; RJEP 2009, n° 13, note Brenet ; Dr. adm. 2009, n° 23, note Melleray.*

48. Faute dolosive. L'expiration du délai de l'action en responsabilité décennale ne décharge pas les constructeurs de la responsabilité contractuelle de droit commun qu'ils peuvent encourir en cas de fraude ou de dol dans l'exécution de leur contrat : commet une faute dolosive le constructeur qui ne pouvait ignorer les conséquences prévisibles de ses manquements volontaires et répétés aux prescriptions du marché et aux règles de l'art, alors même qu'il n'avait pas l'intention de nuire au maître de l'ouvrage. • CE 26 nov. 2007, *Sté Les travaux du Midi,* req. n° 266423 : *Lebon 450 ; AJDA 2007. 2285 ; RDI 2009. 347, obs. Moderne ; RJEP 2008, n° 9, note Casas.*

Art. L. 111-14 Est réputé constructeur de l'ouvrage :

1° Tout architecte, entrepreneur, technicien ou autre personne liée au maître de l'ouvrage par un contrat de louage d'ouvrage ;

2° Toute personne qui vend après achèvement un ouvrage qu'elle a construit ou fait construire ;

3° Toute personne qui, bien qu'agissant en qualité de mandataire du propriétaire de l'ouvrage, accomplit une mission assimilable à celle d'un locateur d'ouvrage. – *C. civ., art. 1792-1.*

COMMENTAIRE

Ce texte énumère les personnes que la loi répute « constructeurs ». Ces intervenants sont, soit des locateurs d'ouvrage, soit des vendeurs, soit des mandataires réputés constructeurs. Se trouvent donc inclus dans cette définition, le constructeur d'une maison individuelle avec fourniture de plan (art. L. 231-1 CCH), le vendeur d'immeuble à construire (art. L. 261-6 CCH), le titulaire d'un contrat de promotion immobilière (art. L. 221-1 CCH) et le contrôleur technique (art. L. 111-24 CCH). ❑

JURISPRUDENCE JUDICIAIRE

1. Locateurs d'ouvrage. Ces locateurs, expressément visés (architecte, entrepreneur, technicien) ne sont tenus de la garantie que s'ils ont conclu un contrat d'entreprise avec le maître d'ouvrage. Ainsi, le coordinateur de travaux est-il un constructeur au sens de l'article L. 111-14. • Civ. 3e, 26 mai 2010 : *RDI 2010. 494, obs. Béchillon-Boraud*. ♦ Toutefois le coordinateur en matière de sécurité et de protection de la santé, dont la mission consiste à prévenir les accidents du travail en matière de construction, bien que lié contractuellement avec le maître d'ouvrage, n'est pas véritablement un constructeur et sa responsabilité ne devrait donc relever que du droit commun. • BCT 10 déc. 1997 : *RDI 1998. 116*. ♦ De même, dans le cadre d'un contrat de construction de maison individuelle, le garant de livraison n'a pas la qualité de constructeur tenu de la garantie décennale, si bien que la réception sans réserve le libère de son obligation d'achèvement. • Dijon, 4 mai 2010 : *Constr.-Urb. 2010, no 135, obs. Pagès-de Varenne.* ♦ En l'absence de stipulations contractuelles spécifiques, la responsabilité décennale de l'architecte, qui n'avait pas tenu compte des normes parasismiques non obligatoires à la date de délivrance du permis de construire, ne saurait être engagée. • Civ. 3e, 1er déc. 2010 : *Bull. civ. III, no 209 ; RDI 2011. 169, note Malinvaud ; Constr.-Urb. 2011, no 27, obs. Pagès-de Varenne ; RCA 2011, no 106.* ♦ Le sous-traitant qui n'est pas lié contractuellement au maître d'ouvrage, ne pourra voir sa responsabilité recherchée par celui-ci que sur un fondement délictuel. • Cass., ass. plén., 12 juill. 1991 : *D. 1991. 549, note J. Ghestin ; JCP 1991. II. 21743, note G. Viney* • Civ. 3e, 10 janv. 2001 (2 arrêts) : *Bull. civ. III, no 3 ; RDI 2001. 136, note Durry ; ibid. 178, note Malinvaud ; RCA 2001, no 85* (1re espèce) • Civ. 3e, 10 janv. 2001 : *Bull. civ. III, no 1 ; RDI 2001. 166, note Périnet-Marquet ; ibid. 178, note Malinvaud ; RCA 2001, no 85* (2e esp.). ♦ Mais l'entrepreneur peut exercer une action récursoire contre son sous-traitant. Ce dernier, tenu d'une obligation de résultat emportant présomption de faute et de causalité sur le fondement de l'article 1147 du code civil, doit démontrer que le vice affectant l'ouvrage provient d'une cause étrangère s'il veut échapper aux conséquences de sa responsabilité. • Civ. 3e, 22 juin 2010 : *RDI 2010. 550, obs. Périnet-Marquet ; Constr.-Urb. 2010, no 131, obs. Pagès-de Varenne.*

2. Vendeurs réputés constructeurs. Le vendeur d'immeubles à construire est tenu des mêmes obligations que celles des personnes visées au présent art. (art. L. 261-6 CCH) et ceci, non pas à compter de la vente, mais à compter de la réception de l'immeuble. Un vendeur en l'état futur d'achèvement est ainsi débiteur de la garantie décennale pour les travaux de reprise de dommages antérieurs. • Civ. 3e, 8 sept. 2010 : *Bull. civ. III, à paraître ; RDI 2010. 559, note Tournafond ; Constr.-Urb. 2010, no 145, obs. Sizaire.* ♦ Le particulier qui exécute sur un immeuble des travaux de construction et le revend, est réputé constructeur. • Civ. 3e, 14 janv. 1998 : *Bull. civ. III, no 11* • Civ. 3e, 2 oct. 2002 : *Bull. civ. III, no 187 ; RDI 2002. 541, note Tomasin ; ibid. 543, note Malinvaud ; Defrénois 2003. 329, note Périnet-Marquet.* ♦ Qu'il soit simple particulier ou professionnel, celui qui vend après achèvement l'immeuble qu'il a construit, fait construire ou agrandir est réputé constructeur au sens de l'art. L. 111-14. • Civ. 3e, 12 mars 1997 : *JCP 1997. II. 1045 ; AJPI 1997. 864, obs. J.-P. Karila ; LPA 5 mai 1997, obs. Ph. Casson.* ♦ Il n'est pas nécessaire pour que le vendeur soit qualifié de constructeur, qu'il ait eu l'intention de vendre au moment de la réalisation de l'ouvrage. • Civ. 3e, 2 déc. 1998 : *Constr.-Urb. 1999, no 88.* ♦ L'application de la garantie décennale n'est pas limitée aux ventes intervenant immédiatement après achèvement. • Civ. 3e, 2 oct. 2002 : *Bull. civ. III, no 204 ; RDI 2002. 517, obs. Bénatar et Paineau ; ibid. 546, note Malinvaud ; Defrénois 2003. 329, chron. Périnet-Marquet ; RCA 2002, no 365.* ♦ Ces garanties sont d'ordre public et les vendeurs ne pourraient donc stipuler valablement à leur profit une clause d'exonération de garantie, V. M.-A. Rakotovahiny, Les conséquences résultant de la qualité de constructeur du vendeur particulier d'un ouvrage achevé, *JCP 2000. I. 226.*

L'art. L. 111-14 (1792-1 C. civ.) ne s'applique pas à celui qui vend une maison avant achèvement. • Civ. 3e, 9 juin 1999 : *Bull. civ. III, no 133 ; RDI 1999. 408 ; JCP 2000. 232, note D. Sizaire.* ♦ Il en sera de même pour celui qui vend sa maison en cours de rénovation. • Civ. 3e, 14 mars 2001 : *Bull. civ. III, no 34 ; D. 2001. IR 1362 ; RDI 2001. 255, obs. P. Malinvaud ; JCP N 2002. 1001, note Rakotovahny.* ♦ La possibilité de mettre en œuvre la garantie décennale du vendeur d'un immeuble achevé ne fait pas obstacle à l'application des règles relatives à la résolution de la vente. • Civ. 3e, 2 mars 2005 : *Bull. civ. III, no 49 ; BICC 15 juin 2005, no 1124 ; RDI 2005. 224, obs. Malinvaud ; LPA 19 déc. 2006, note Zavaro ; Administrer août-sept. 2007, p. 64, note Artz.*

3. Garant de livraison. Le garant de livraison, qui a désigné un entrepreneur chargé de l'achèvement des travaux accomplis dans le cadre d'un contrat de construction de maison individuelle, n'a pas la qualité de constructeur tenu de garantir les désordres de nature décennale. • Civ. 3e, 7 sept. 2011 : *Bull. civ. III, à paraître ; RDI 2011. 572, note Malinvaud ; Constr.-Urb. 2011, no 166, obs. Sizaire.*

JURISPRUDENCE ADMINISTRATIVE

4. Groupement d'entreprises. Un groupement d'entreprises n'ayant pas la personnalité morale ne peut être assigné en garantie décennale par le maître d'ouvrage. • CE 24 févr. 1988, *GERPIAM c/ Maillard : RD publ. 1988. 1444.* ♦ Les constructeurs membres d'un groupement d'entreprises conjointes et solidaires ne peuvent opposer au maître d'ouvrage un protocole auquel il n'est pas partie en vertu duquel chacune des entreprises reste responsable des travaux qu'elle a exécutés. • CE 10 févr. 1995, *OPHLM de la Communauté urbaine de Bordeaux*, req. no 80255 : *Lebon T. 905 ; D. 1996. 144, obs. Ph. Terneyre.* ♦ Il ne peut être fait échec à la solidarité des membres du groupement que si une répartition des tâches entre les entreprises a été signée par le maître d'ouvrage auquel elle est alors opposable. • CAA Lyon, 28 juin 2012, *BET Bissery : req. no 11LY00962.* ♦ Une société membre d'un groupement ayant saisi le juge du contrat d'une demande d'abattement à raison de l'imprudence fautive du maître d'ouvrage, portant sur les indemnités auxquelles les maîtres d'œuvre ont été condamnés, agit au nom et pour le compte du groupement. • CE 24 nov. 2008, *Dulongcourty et Andrieux*, req. no 289778 : *Lebon T. 816 ; AJDA 2008. 2256 ; Contrats Marchés publ. 2009, no 27, obs. Pietri.* ♦ Une convention par laquelle un groupement s'engage à faire quelque chose pour un établissement, moyennant un prix convenu entre les parties, sans subordonner l'une à l'autre, constitue un contrat de louage d'ouvrage alors même que ladite convention écarte cette qualification. • CE 21 févr. 2011, *Sté ICADE*, req. no 330515 : *Lebon T. à paraître ; Contrats Marchés publ. 2011, no 109, note Devillers.*

5. Autres locateurs d'ouvrage. L'État peut assumer la responsabilité d'un constructeur dans le cadre d'une collaboration contractuelle avec les collectivités locales. • CE 28 nov. 1986, *Min. de l'équipement c/ Richelme : req. no 69291* • CAA Nancy, 23 mars 2006, *Cté urbaine de Strasbourg*, req. no 03NC00493 : *RDI 2006. 387, obs. Moderne.* ♦ Il en va ainsi pour des conventions qui engagent la responsabilité du conducteur d'opération dans les conditions habituelles des contrats de louage d'ouvrage nonobstant le fait qu'elles sont exécutées « sous l'autorité du maître d'ouvrage ». • CE 14 mars 1997, *Hôpital dpt des Petits-Prés*, req. no 132560 : *Lebon 85 ; AJDA 1997. 899, note Rolin.* ♦ Sur la responsabilité décennale dans le cadre d'un contrat d'assistance à maîtrise d'ouvrage, V. • CAA Douai, 21 mai 2002, *Sté Serete*, req. no 98DA01009 : *RDI 2005. 65, note Moderne.* ♦ La qualité de constructeur d'un bureau d'études techniques est subordonnée à la preuve que les études réalisées portent sur la conception et/ou l'exécution de l'ouvrage. • CAA Lyon, 7 oct. 2010, *Sté Fondasol : RDI 2011. 233, note Mel ; Contrats Marchés publ. 2010, no 409, note Devillers.* ♦ Les conventions de mise à disposition des départements des services déconcentrés du ministère de l'Équipement, adoptées en application de la loi du 2 décembre 1982, étant conclues librement par ces collectivités et à titre onéreux, constituent des contrats de louage d'ouvrage dont la mauvaise exécution est susceptible d'engager la responsabilité de l'État. • CE 13 févr. 2012, *Min. Écologie*, req. no 330122 : *Lebon T., à paraître ; AJDA 2012. 353 ; AJCT 2012. 268, obs. Bonnefont ; Contrats Marchés publ. 2012, no 111.*

6. Personne publique vendant après achèvement. Une commune ayant fait construire un bâtiment industriel pour le compte d'une entreprise privée et ayant vendu ce bâtiment à l'entreprise peut avoir la qualité de constructeur. En l'espèce défaut de qualité liée à l'application de la loi du 4 janv. 1978 dans le temps. • CE 22 juin 2001, *SARL Constructions mécaniques du Bas-Poitou*, req. no 203340 : *Lebon T. 1045 ; RDI 2002. 100, obs. F. M.* ♦ La responsabilité d'une commune en tant que constructeur ne peut être engagée dès lors que les désordres sont apparus quelques années après la vente. • CAA Paris, 19 juin 2012, *Sté EIFFAGE construction : req. no 09PA02052.*

7. Conducteur d'opération. Un conducteur d'opération concluant avec un maître d'ouvrage un contrat de louage d'ouvrage doit être regardé, pour la mise en œuvre de la garantie décennale, comme un constructeur, et ce alors même que la convention en cause en l'espèce stipulait qu'elle n'était pas un contrat de louage d'ouvrage. • CE 21 févr. 2011, *Sté Icade G3A*, req. nº 330515 : *Lebon T. à paraître ; RDI 2011. 339, obs. Delaunay ; ibid. 340, obs. Leguay ; Contrats Marchés publ. 2011, nº 109, obs. Devillers.* ♦ Un conducteur d'opération et un mandataire peuvent être tenus de la responsabilité décennale, et sont donc obligés de souscrire un contrat d'assurance de responsabilité décennale. • CAA Nancy, 22 mars 2007, *Cne Mont-Saint-Martin*, req. nº 05NC00234 : *Lebon 949 ; RDI 2007. 385, obs. Dessuet.* ♦ Un conducteur d'opération chargé du contrôle des travaux est un constructeur soumis à la garantie décennale. • CE 21 févr. 2011, *Sté Icade G3A*, req. nº 330515 : *Lebon T. à paraître ; RDI 2011. 339, obs. Delaunay ; ibid. 340, obs. Leguay ; Contrats marchés publ. 2011, nº 109, obs. Devillers.*

Art. L. 111-15 La présomption de responsabilité établie par l'article 1792 du code civil reproduit à l'article L. 111-13 du présent code s'étend également aux dommages qui affectent la solidité des éléments d'équipement d'un *(Ord. nº 2005-658 du 8 juin 2005, art. 4-I)* **« ouvrage », mais seulement lorsque ceux-ci font indissociablement corps avec les ouvrages de viabilité, de fondation, d'ossature, de clos ou de couvert.**

Un élément d'équipement est considéré comme formant indissociablement corps avec l'un des ouvrages *(Ord. nº 2005-658 du 8 juin 2005, art. 4-II)* **« de viabilité, de fondation, d'ossature, de clos ou de couvert » lorsque sa dépose, son démontage ou son remplacement ne peut s'effectuer sans détérioration ou enlèvement de matière de cet ouvrage.** – *C. civ. 1792-2.*

V. note ss. art. L. 111-16.

COMMENTAIRE

La loi du 4 janvier 1978 limitait l'application de la garantie décennale aux désordres affectant les éléments d'équipement d'un bâtiment, c'est-à-dire aux constructions élevées sur le sol à l'intérieur desquelles l'homme est appelé à se mouvoir et qui offrent une protection au moins partielle contre les agressions des éléments naturels extérieurs (anc. art. A. 241-2 C. assur.).

La jurisprudence avait cependant étendu le domaine de la responsabilité spécifique des constructeurs aux éléments d'équipement d'un ouvrage au sens de l'article L. 111-13.

C'est cette évolution jurisprudentielle que consacre l'ordonnance du 8 juin 2005 en substituant le terme « ouvrage » au terme « bâtiment » dans l'article L. 111-15.

Encore faut-il, pour que la garantie décennale soit mise en œuvre, que les éléments d'équipement litigieux soient indissociables de l'ouvrage, c'est-à-dire que leur dépose, leur démontage, ou leur remplacement puisse s'effectuer sans détérioration ou enlèvement de matière de leur support.

JURISPRUDENCE JUDICIAIRE

1. Élément d'équipement d'un ouvrage. Avant la modification des dispositions de l'art. L. 111-15 par l'ordonnance du 8 juin 2005, les tribunaux étendaient parfois l'application du texte à des éléments d'équipement indissociables d'ouvrages autres que des bâtiments. A propos de l'installation électrique défectueuse d'un court de tennis extérieur. • Versailles, 23 sept. 1987 : *inédit.*

2. Indissociabilité. Un carrelage qui adhère, non par une colle mais par une barbotine de ciment, à l'ouvrage d'ossature du rez-de-chaussée d'une maison, de sorte que sa dépose impliquait une détérioration ou un enlèvement de chape en maçonnerie, est un élément d'équipement indissociable. • Paris, 16 mars 2001 : *Constr.-Urb. 2001, nº 174, obs. Sizaire.* ♦ En revanche, un carrelage dissocié d'une dalle en béton par un film plastique de désolidarisation ne constitue pas un élément d'équipement formant indissociablement corps avec l'ouvrage. • Civ. 3e, 20 juin 2001 : *Constr.-Urb. 2001, nº 174.* ♦ Ne donne pas de base légale à sa décision une cour d'appel qui applique la qualification d'élément d'équipement à des plaques placées sur des rails fixes aux façades d'un ouvrage sans rechercher si la dépose, le démontage ou le remplacement des dalles ne peut s'effectuer sans détérioration ou enlèvement de matière des ouvrages de viabilité, de fondations, d'ouverture, de clos ou de couvert. • Civ. 3e, 22 oct. 2008 : *Bull. civ. III, no 157 ; D. 2008. AJ 2864, obs. Vincent ; RDI 2008. 556, obs. Malinvaud ; Constr.-Urb. 2008, no 189, obs. Pagès-de Varenne ; Defrénois 2010. 220, chron. Périnet-Marquet.*

JURISPRUDENCE ADMINISTRATIVE

3. Un système de climatisation relève de la garantie décennale. • CE 10 juin 1988, *CNES c/ Sté Omnium technique de l'habitation : req. no 49843.* ♦ Il en va ainsi également pour des canalisations de chauffage. • CE 24 juin 1988, *Cne d'Échirolles : req. no 67090.* ♦ Il ne résulte d'aucune règle de droit que la responsabilité des constructeurs se prescrive par deux ans pour la partie mobile des fenêtres et par dix ans pour la partie fixe. • CE 1er févr. 1989, *Office public dpt d'HLM de la Meuse : req. no 76407.*

4. Le Conseil d'État estime que la responsabilité décennale peut être recherchée pour des éléments d'équipements dissociables de l'ouvrage s'ils rendent celui-ci impropre à sa destination. A propos des désordres ayant affecté un équipement de pompage utilisé dans des installations de chauffage géothermique. • CE 8 déc. 1999, *Sté Borg Warner,* rec. no 138651 : *Lebon T. 887 ; RDI 2000. 45 ; CJEG 2000. 87, concl. C. Bergeal.* ♦ Les dégradations d'un revêtement de sol d'une salle de sports, eu égard à la gêne importante qu'ils peuvent engendrer pour les usagers, entraînent la responsabilité décennale à supposer même qu'elles auraient affecté un élément dissociable du gros œuvre. • CAA Nantes, 9 nov. 1994, *AGF : req. no 93NT00051.*

Art. L. 111-16 *(Ord. no 2005-658 du 8 juin 2005, art. 4-III)* **Les autres éléments d'équipement de l'ouvrage font l'objet d'une garantie de bon fonctionnement d'une durée minimale de deux ans à compter de sa réception.** — *C. civ. 1792-3.*

BIBL. ▶ Liet-Veaux, *Gaz. Pal. 1979. 1. Doctr. 301* (loi du 4 janvier 1978. Éléments dissociables et responsabilité biennale). - Grimaud, *Gaz. Pal. 1986. 2. Doctr. 752* (prescriptions en droit de la construction).

Les dispositions issues de l'art. 4 de l'Ord. no 2005-658 du 8 juin 2005 ne s'appliquent qu'aux marchés, contrats ou conventions conclus après la publication de ce texte [JO 9 juin] (Ord. préc. art. 5).

COMMENTAIRE

La garantie de bon fonctionnement concerne les désordres qui affectent les éléments d'équipement dissociables d'un ouvrage en l'absence d'atteinte à la solidité de l'ouvrage ou d'impropriété à destination au sens de l'article L. 111-13.

JURISPRUDENCE JUDICIAIRE

1. Notion d'élément d'équipement dissociable. Une chaudière est un élément d'équipement dissociable. Son dysfonctionnement donne lieu à la mise en œuvre de la garantie de bon fonctionnement. • Civ. 3e, 11 mars 1992 : *Bull. civ. III, no 78 ; RDI 1992. 218, obs. Malinvaud.* ♦ Dans le même sens, V. à propos d'un carrelage dissocié d'une dalle en béton grâce à un film de désolidarisation. • Civ. 3e, 20 juin 2001 : *préc. note 2 ss. art. L. 111-15.* ♦ V. également, à propos de l'installation domotique d'un immeuble. • Civ. 3e, 26 févr. 2003 : *Bull. civ. III, no 47 ; RDI 2003. 279, note Malinvaud ; ibid. 439, note Leguay ; Defrénois 2003. 1277, obs. Périnet-Marquet ; Administrer juill. 2004. 45, obs. Artz ; RCA 2003, no 135.* ♦ En revanche, des peintures qui n'ont qu'un rôle esthétique ne constituent pas un élément d'équipement et ne relèvent pas des dispositions de l'art. L. 111-16. Les désordres qui les affectent relèvent de la responsabilité contractuelle de droit commun. • Civ. 3e, 27 avr. 2000 : *Bull. civ. III, no 88 ; RDI 2000. 346, note Malinvaud ; ibid. 364, note Leguay ; Defrénois 2000. 1249, obs. Périnet-Marquet ; RCA 2000, no 236.* ♦ Des moquettes et des tissus tendus ne sont pas des éléments d'équipement soumis à la garantie de bon fonctionnement. • Civ. 3e, 30 nov. 2011 : *RDI 2012. 100, obs. Malinvaud ; Constr.-Urb. 2012, no 31, obs. Pagès-de Varenne.*

2. Élément d'équipement dissociable installé sur des existants. La garantie de bon fonctionnement ne concerne que les éléments d'équipement installés dans le cadre de la réalisation d'un ouvrage. Les éléments d'équipement dissociables ajoutés *a posteriori* sur des existants n'entrent pas dans le champ d'application de la garantie biennale. • Civ. 3e, 10 déc. 2003 : *Bull. civ. III, no 224 ; RDI 2004. 193, obs. Malinvaud* • 18 janv. 2006 : *Bull. civ. III, no 17 ; RDI 2006. 134, obs. Malinvaud* • 19 déc. 2006 : *ibid. 2007. 163, obs. Malinvaud*. • Toulouse, 14 juin 2011 : *Constr.-Urb. 2012, no 13, obs. Pagès-de Varenne.*

3. Durée de la garantie. Lorsque la responsabilité de l'entrepreneur à raison de la faute de son sous-traitant est fondée sur la garantie de bon fonctionnement d'éléments d'équipement dissociables de l'ouvrage, le maître d'ouvrage doit exercer son action dans les deux ans suivant la réception. • Civ. 3e, 21 oct. 2009 : *Bull. civ. III, no 226 ; RDI 2010. 110, obs. Malinvaud ; Constr.-Urb. 2009, no 164, note Pagès-de Varenne ; RCA 2010, no 18.*

JURISPRUDENCE ADMINISTRATIVE

4. La garantie biennale s'applique en raison de défectuosités présentées par des panneaux de revêtement plastique des murs à l'intérieur d'un hôpital. • CE 21 févr. 1986, *Sté peinture et reconstruction : Lebon 44*. ♦ ... Ou des désordres affectant le revêtement de peinture d'un bâtiment. • CAA Nantes, 6 déc. 1995, *Office d'HLM d'Ille-et-Vilaine,* req. no 93NT00674 : *Lebon T. 905*. ♦ ... Ou les désordres constatés dans le fonctionnement d'un jeu d'orgues installé dans un « Palais des congrès ». • CAA Nantes, 15 nov. 1990, *Sté Simephone,* req. no 89NT00266 : *Lebon 483*. ♦ Toutefois s'il se trouve que les désordres affectant les « menus ouvrages » sont de nature à rendre l'immeuble impropre à sa destination, le maître d'ouvrage est en droit de faire jouer la garantie décennale. • CE 21 févr. 1986, *Le Chevallier : Lebon T. 617*.

Art. L. 111-17 Le fabricant d'un ouvrage, d'une partie d'ouvrage ou d'un élément d'équipement conçu et produit pour satisfaire, en état de service, à des exigences précises et déterminées à l'avance, est solidairement responsable des obligations mises par les articles 1792, 1792-2 et 1792-3 du code civil, reproduits aux articles L. 111-13, L. 111-15 et L. 111-16 à la charge du locateur d'ouvrage qui a mis en œuvre, sans modification et conformément aux règles édictées par le fabricant, l'ouvrage, la partie d'ouvrage ou l'élément d'équipement considéré.

Sont assimilés à des fabricants pour l'application du présent article :

Celui qui a importé un ouvrage, une partie d'ouvrage ou un élément d'équipement fabriqué à l'étranger ;

Celui qui l'a présenté comme son œuvre en faisant figurer sur lui son nom, sa marque de fabrique ou tout autre signe distinctif. – *C. civ. 1792-4.*

BIBL. ► Carcenac, Condition juridique du fabricant d'éléments préfabriqués, *RGDA 1997. 635.* – Courtieu, EPERS : questions d'espèces, *RCA 2007. Chron. 7* ; Travaux de la commission interministérielle, *RCA 2007. Focus 17.* – De Lescure, La catégorie des éléments pouvant entraîner la responsabilité solidaire (EPERS), *RDI 2006. 347*. – Leguay, A propos du rapport 2008 de la Cour de cassation, *RDI 2009. 308*. – Malinvaud, Requiem pour l'article 1792-4 du code civil, *RDI 2008. 285*. – Mathias, La mise en jeu devant le juge administratif de la responsabilité solidaire de l'architecte, de l'entrepreneur et du fabricant, *AJDA 1978. 383.* – Ponce, « L'élément d'équipement » : attention faux ami !, *Constr.-Urb. 2009. Étude 21.*

COMMENTAIRE

Avant la loi de 1978, la responsabilité des fabricants de matériaux relevait du droit commun (vices cachés ou défauts de conformité). Les dispositions actuelles permettent de rechercher la responsabilité solidaire des fabricants qui ont fourni des EPERS (Éléments Pouvant Entraîner la Responsabilité Solidaire). La notion d'EPERS reste floue, et suscite un contentieux foisonnant.

JURISPRUDENCE JUDICIAIRE

1. Qualification d'EPERS. La qualification d'EPERS est retenue pour : une pompe à chaleur conçue pour être mise en service sans subir de transformation. • Civ. 3e, 20 janv. 1993 : *Bull. civ. III, no 4 ; RDI 1993. 231*. ♦ ... Un plancher chauffant formant un ensemble élaboré et mis en place sans modification. • Civ. 3e, 25 juin 1997 : *Bull. civ. III, no 150 ; RDI 1997. 603*. ♦ ... Une coque de piscine en polyester. • Civ. 3e, 17 juin

1997 : *Bull. civ. III, n° 126.* ♦ ... Des panneaux d'isolation fabriqués en série, dès lors qu'ils ont été conçus pour satisfaire à des exigences précises et déterminées à l'avance. • Civ. 3e, 12 juin 2002 : *Bull. civ. III, n° 133 ; RDI 2002. 421, obs. Malinvaud ; RCA 2002, n° 295 ; Defrénois 2003. 326, chron. Périnet-Marquet ; Administrer mars 2004, p. 42, obs. Artz.* ♦ ... Un plancher d'étage composé de matériaux spécifiques qui ont fait l'objet de préconisations particulières quant au montage. • Civ. 3e, 29 mars 2006 : *Bull. civ. III, n° 82 ; RDI 2006. 233, obs. Malinvaud ; Constr.-Urb. 2006, n° 109, obs. Pagès-de Varenne ; RCA 2006, n° 194.* ♦ ... Des panneaux d'isolation dont les dimensions ont été calculées pour répondre aux exigences spécifiques du chantier, alors même qu'ils sont fabriqués par d'autres sociétés que celle dont la responsabilité est recherchée. • Cass., ass. plén., 26 janv. 2007 : *Bull. civ., n° 2, p. 2 ; BICC 15 avr. 2007, p. 23, rapp. Chollet, avis Guérin ; RDI 2007. 166, obs. Malinvaud ; D. 2007. 981, note Malinvaud ; Constr.-Urb. 2007, n° 54, note Pagès-de Varenne ; RCA 2007, Chron. 7, Courtieu ; CCC 2007, n° 147 ; Defrénois 2008. 71, note Périnet-Marquet ; Administrer avr. 2008, p. 37, note Valdès ; ibid. août-sept. 2009, p. 51, obs. Artz* • Civ. 3e, 25 avr. 2007 (3 arrêts) : *Bull. civ. III, n° 58 ; RDI 2007. 284, obs. Malinvaud.*

2. *Rejet de la qualification d'EPERS.* La qualification d'EPERS n'a pas été admise pour : des crochets destinés à retenir la neige sur les toits. • Civ. 3e, 11 janv. 1995 : *Bull. civ. III, n° 9 ; RDI 1995. 335, obs. Malinvaud et Boubli.* ♦ ... Des dalles de court de tennis qui n'ont pas été conçues pour satisfaire à des exigences précises et déterminées à l'avance. • Civ. 3e, 27 janv. 1993 : *Bull. civ. III, n° 10 ; RDI 1993. 231.* ♦ ... Un enduit de façade. • Versailles, 21 avr. 1989 : *RDI 1989. 376.* ♦ ... Ou un produit d'étanchéité. • Paris, 7e ch. A, 30 mai 1990 : *D. 1990. IR 159* • Civ. 3e, 26 mai 1992 : *Bull. civ. III, n° 167 ; RDI 1992. 552.* ♦ ... Des tuiles. • Civ. 3e, 4 déc. 1984 : *RDI 1985. 272.* ♦ ... Une piscine constituée de matériaux composites, à base de polyester armé et réalisée en usine, à l'aide d'un moulage et couverte d'un « gel-coat ». • Toulouse, 19 mai 2003 : *Constr.-Urb. 2003, n° 223, obs. Pagès-de Varenne.* ♦ ... Des verrières destinées à de multiples usages, vendues sur catalogue, et constituant des matériaux indifférenciés. • Civ. 3e, 20 nov. 2002 : *Bull. civ. III, n° 228 ; RDI 2003. 97, obs. Malinvaud ; RCA 2003, n° 75 ; Administrer mars 2004, p. 42, obs. Artz.* ♦ ... Des panneaux isothermes constituant des éléments indifférenciés. • Civ. 3e, 22 sept. 2004 : *Bull. civ. III, n° 151 ; RDI 2004. 571, obs. Malinvaud ; Constr.-Urb. 2004, n° 204, obs. Pagès-de Varenne ; RCA 2004, n° 341 ; Defrénois 2006. 67, obs. Périnet-Marquet ; Administrer août-sept. 2005, p. 55, obs. Beddeleem.* ♦ ... Des plaques isolantes proposées sur catalogue, quand bien même elles ont été adaptées au caractéristiques particulières de l'isolation de l'ouvrage. • Civ. 3e, 15 mars 2006 : *Bull. civ. III, n° 63 ; RDI 2006. 234, obs. Malinvaud ; Constr.-Urb. 2006, n° 108, obs. Pagès-de Varenne ; RCA 2006, n° 194.* ♦ ... Des matériaux de synthèse destinés à constituer les parois d'une piscine dont il n'est pas établi qu'ils ont été spécialement conçus et produits pour être intégrés dans la piscine construite pour le maître d'ouvrage. • Civ. 3e, 19 déc. 2007 : *RDI 2008. 105, obs. Malinvaud ; Constr.-Urb. 2008, n° 24, obs. Pagès-de Varenne.* ♦ ... Des panneaux isothermes qui n'ont pas été l'objet d'une fabrication spécifique pour les besoins précis des locaux auxquels ils sont affectés. • Civ. 3e, 27 févr. 2008 : *Bull. civ. III, n° 33 ; RCA 2008, n° 142, obs. Groutel ; D. 2008. AJ 780 ; RDI 2008. 222, obs. Malinvaud ; ibid. 225, obs. Leguay ; Constr.-Urb. 2008, n° 63, obs. Pagès-de Varenne ; Defrénois 2009. 84, note Périnet-Marquet.* ♦ ... Des plaques de couverture en fibrociment, faute de constat d'une fabrication spécifique pour répondre aux besoins précis du bâtiment litigieux. • Civ. 3e, 11 janv. 2012 : *RCA 2012, n° 114.* ♦ L'imputabilité des dommages aux compresseurs et aux condensats fournis par le fabricant dans le cadre de l'installation d'un système de climatisation réversible ne suffit pas à justifier la qualification d'EPERS. • Civ. 3e, 5 juill. 2011 : *Constr.-Urb. 2011, n° 146, obs. Pagès-de Varenne.*

3. *Fabricant.* Outre le fabricant, l'art. L. 111-17 vise également l'importateur et le distributeur. Le fabricant (ou assimilé) pourra s'exonérer de sa responsabilité si l'entrepreneur n'a pas respecté les indications de mise en œuvre. • Versailles, 16 juin 1995 : *RDI 1996. 74.* ♦ Sa responsabilité est mise en cause dès lors que le maître de l'ouvrage démontre que l'entrepreneur a bien respecté les règles édictées. • Civ. 3e, 17 juin 1998 : *Bull. civ. III, n° 126 ; RDI 1998. 379, obs. Malinvaud.*

4. *Prescription.* L'action en garantie décennale exercée contre un locateur d'ouvrage interrompt la prescription décennale à l'égard du fabricant d'EPERS. • Civ. 3e, 13 janv. 2010 : *Bull. civ. III, n° 7 ; RDI 2010. 218, obs. Malinvaud ; Constr.-Urb. 2010, n° 44. obs. Pagès-de Varenne.*

JURISPRUDENCE ADMINISTRATIVE

5. Le fournisseur d'éléments préfabriqués destinés à la construction a la qualité de constructeur. • CE 20 déc. 1989, *Cne de la Bresse*, req.

nº 50815 : *Lebon 789* ; *RFDA 1990. 421, concl. Faugère, note Moderne* . ♦ Une société qui, outre la fourniture et la livraison du matériel prêt au montage, était chargée d'apporter une assistance technique au montage incluant la présence permanente d'au moins un responsable pendant toute la durée de celui-ci ainsi que la formation du personnel a la qualité de constructeur. • CAA Bordeaux, 19 févr. 2002, *SA SICAME*, req. nº 98BX02138 : *RDI 2003. 100, obs. F. M.* . ♦ Des tuiles ne constituent pas un élément d'équipement conçu et produit pour satisfaire, en état de service, à des exigences précises et déterminées à l'avance au sens des dispositions de l'art. 1792-4 C. civ. • CE 20 mars 1992, *Sté Tuileries de Perrignier*, req. nº 97819 : *Lebon 126* . ♦ Une armoire électrique mise en œuvre sans modification constitue un EPERS. • CAA Paris, 9 juill. 2009, *Sté INEO El-IDF*, req. nº 08PA02756 : *RDI 2009. 601, note Delaunay* ; *AJDA 2009. 2116, note Rousset* .

6. La responsabilité solidaire s'applique aux fabricants indépendamment de l'existence d'un lien contractuel avec le maître d'ouvrage. • CAA Paris, 9 juill. 2009 : *préc. note 5.*

Art. L. 111-18 *(L. nº 78-12 du 4 janv. 1978)* **Toute personne physique ou morale dont la responsabilité peut être engagée en vertu des articles 1792 à 1792-4 du code civil** *[reproduits aux art. L. 111-13 à L. 111-17]* **est déchargée des responsabilités et garanties pesant sur elle, en application des articles 1792 à 1792-2 du même code** *[reproduits aux art. L. 111-13 à L. 111-15]*, **après dix ans à compter de la réception des travaux ou, en application de l'article 1792-3** *[reproduit à l'art. L. 111-16]*, **à l'expiration du délai visé à cet article.** — *C. civ., art. 1792-4-1.*

La L. nº 78-12 du 4 janv. 1978, dont l'entrée en vigueur a été fixée au 1er janv. 1979, s'applique aux contrats relatifs aux chantiers dont la déclaration réglementaire d'ouverture a été établie postérieurement à cette date (L. préc., art. 14).

BIBL. ► KARILA, *Gaz. Pal. 1978. 2. Doctr. 347* (la reconnaissance de responsabilité des constructeurs : conditions d'existence et effets). – GRIMAUD, *Gaz. Pal. 1986. 2. Doctr. 752* (les prescriptions en droit de la construction vers une cohérence ?). – FARGEON, *Mon. TP, 6 mars 1987. 56* (et si la décennale n'était pas ce que l'on croit ?). – LEGUAY, *RDI 1987. 258* (la responsabilité décennale a-t-elle une durée de dix ans ?). – DESDEVISES, *RDI 1989. 327* (référé interruptif et la responsabilité des constructeurs). – BOUYEURE, *Administrer, mars 1991. 9* (interruption de la garantie décennale). – ATIAS, *D. 1995. Chron. 329* (interruption du délai de la garantie décennale, par l'action au fond du syndic de copropriété). – GAVIN-MILLAN-OOSTERLYNCK, *RDI 2006. 259* (pour une durée décennale de la responsabilité du constructeur). – ZALEWSKI, *Defrénois 2008. 2461* (réforme de la prescription civile : impact sur le droit immobilier). – MALINVAUD, *RDI 2008. 368* (prescription et responsabilité des constructeurs après la réforme du 17 juin 2008). – BOUTY, *RDI 2009. 150* (la prescription en droit de la construction après la loi du 17 juin 2008). – MARAIS, *RDI 2009. 361* (application dans le temps de l'article 1792-4-2 du code civil). – DE LESCURE, *RDI 2009. 458* (responsabilité contractuelle de droit commun des constructeurs en cas de dommages à l'ouvrage depuis la loi du 17 juin 2008). – NOBLOT, *RDI 2009. 462* (plaidoyer pour l'application de l'article 2226 du code civil à la réparation du dommage corporel imputable à un constructeur). – MALINVAUD, *RDI. 2010. 105* (les difficultés d'application des règles nouvelles relatives à la suspension et à l'interruption des délais). – FRICERO, *RDI 2011. 435* (la prescription après la loi du 17 juin 2008 en droit de la construction). – SABLON, *RDI 2011. 606* (le contentieux des dommages de construction à l'épreuve de la procédure civile).

COMMENTAIRE

L'article L. 111-18 du code de la construction, issu de la réforme des délais de prescription en matière civile, constitue l'exacte reproduction des dispositions de l'ancien article 2270 du code civil. Il fixe à dix ans à compter de la réception de l'ouvrage le délai de la garantie décennale et à une durée minimale de deux ans celui de la garantie de bon fonctionnement. Les délais des garanties légales ne sont pas des délais de prescription, mais des délais d'épreuve, ce qui exclut toute possibilité d'action après leur expiration. Les actions en responsabilité contractuelle ou délictuelle exercées contre les sous-traitants se prescrivent par des délais d'une durée identique à celle des délais de garantie décennale (en cas de dommage susceptible de mettre en jeu la garantie décennale du sous-traitant) ou de bon fonctionnement (en cas de dommage susceptible de mettre en jeu la garantie de bon fonctionnement du sous-traitant) (V. art. L. 111-19). La volonté du législateur d'harmoniser les délais de prescription en matière de responsabilité des constructeurs l'a conduit à étendre l'application du délai décennal aux actions en responsabilité de droit commun (V. art. L. 111-20).

JURISPRUDENCE JUDICIAIRE

1. Nature et calcul du délai. Le délai de garantie décennale est un délai d'épreuve. Par conséquent, une action fondée sur l'art. L. 111-13 ne peut être exercée au-delà du délai de dix ans suivant la réception de l'ouvrage. • Civ. 3e, 15 févr. 1989 : *Bull. civ. III, no 36 ; D. 1989. IR 86.* ♦ Notamment, de nouveaux désordres constatés après expiration du délai de dix ans, ne peuvent être réparés au titre de la garantie décennale, que s'ils trouvent leur siège dans l'ouvrage où un désordre de même nature a été constaté et dont la réparation a été demandée en justice avant l'expiration de ce délai (désordre évolutif). • Civ. 3e, 18 janv. 2006 : *Bull. civ. III, no 17 ; RDI 2006. 133, obs. Malinvaud ; Constr.-Urb. 2006, no 65, obs. Pagès-de Varenne ; Administrer nov. 2007, p. 43, obs. Valdès ; ibid. août 2009, p. 45, obs. Artz.* ♦ En cas de vente après achèvement de travaux de rénovation lourde réalisés par le propriétaire de l'ouvrage, le point de départ du délai décennal est fixé au jour de l'achèvement des travaux. Il convient de se placer, non pas au jour de la vente, mais au jour de l'assignation, pour répondre à la question de savoir si l'action est prescrite. • Civ. 3e, 7 sept. 2011 : *Bull. civ. III, à paraître ; RDI 2011. 573, note Malinvaud ; RTD civ. 2011. 778, obs. Gautier ; Constr.-Urb. 2011, no 161, note Pagès-de Varenne.*

2. Interruption du délai : reconnaissance de responsabilité. Le délai décennal peut être interrompu par la reconnaissance de sa responsabilité par le constructeur. • Civ. 3e, 24 nov. 1987 : *D. 1988. IR 116* • Toulouse, 26 oct. 1994 : *RDI 1995. 754*. ♦ L'exécution des travaux par un des débiteurs, en cours d'expertise, ne peut avoir d'effet à l'égard des autres débiteurs. • Civ. 3e, 23 oct. 2002 : *Bull. civ. III, no 207 ; AJDI 2003. 24, obs. Rougon-Andrey*. ♦ La reconnaissance de garantie de l'assureur dommages-ouvrage, dans le cadre d'une assurance de chose, ne peut valoir reconnaissance de responsabilité d'un constructeur interruptive du délai décennal, quand bien même l'assureur dommages-ouvrage est le même que l'assureur de responsabilité décennale dudit constructeur. • Civ. 3e, 11 mars 2009 : *Bull. civ. III, no 61 ; D. 2009. 949, note Karila ; RDI 2009. 371, note Karila ; Constr.-Urb. 2009, no 72, obs. Pagès-de Varenne ; RCA 2009, no 150* • 4 juin 2009 : *Bull. civ. III, no 128 ; Constr.-Urb. 2009, no 105, obs. Pagès-de Varenne ; D. 2009. 1695 ; RCA 2009, no 263, obs. Groutel ; Defrénois 2010. 228, chron. Périnet-Marquet*

3. Interruption du délai : citation en justice. Une citation en justice n'interrompt le délai décennal que si elle est adressée à celui que l'on veut empêcher de prescrire. • Civ. 3e, 23 févr. 2000 : *Bull. civ. III, no 39 ; RDI 2000. 182 ; Rev. loyers 2000. 329 ; RCA 2000, no 158* • Civ. 3e, 21 mai 2008 : *Bull. civ. III, no 91 ; BICC 15 oct. 2008, no 1513 ; RDI 2008. 392, note Malinvaud ; Constr-Urb. 2008, no 125, obs. Pagès-de Varenne ; D. 2008. 1630, note Gallmeister*. ♦ Notamment, l'assignation en référé de l'assureur dommages-ouvrage aux fins de désignation d'un expert par le maître d'ouvrage assuré n'est pas interruptive du délai décennal de prescription de l'action en responsabilité de ce même maître d'ouvrage contre le contructeur. • Civ. 3e, 18 nov. 2009 : *Bull. civ. III, no 250 ; Constr.-Urb. 2010, no 7, obs. Pagès-de Varenne ; RDI 2010. 111, obs. Malinvaud ; RCA 2010, no 49.* ♦ Les assignations en justice ne sont interruptives de prescription que pour les désordres qui s'y trouvent dénoncés. • Civ. 3e, 31 mai 1989 : *Bull. civ. III, no 122* • 4 juill. 1990 : *Bull. civ. III, no 164 ; D. 1990. IR 184* • 7 juill. 1999 : *Bull. civ. III, no 162 ; RCA 2000, no 14.* ♦ Peu importe que les causes soient révélées après expiration du délai. • Civ. 3e, 25 janv. 1995 : *JCP 1996. IV. 735.* ♦ Le délai de l'action fondée sur la garantie décennale n'est pas interrompu par une assignation annulée. • Civ. 2e, 8 avr. 2004 : *Bull. civ. II, no 180 ; RDI 2004. 382, note Malinvaud ; Constr.-Urb. 2004, no 122, obs. Pagès-de Varenne.* ♦ Une assignation en référé interrompt la prescription et fait courir un nouveau délai, identique à celui interrompu. • Civ. 3e, 18 juin 2003 : *RDI 2003. 467, obs. Malinvaud*.

4. Interruption du délai : recours subrogatoire. Le bénéfice de l'interruption de la prescription décennale n'est pas subordonné, au stade des référés, au paiement de l'indemnité d'assurance dommages-ouvrage. La recevabilité du recours subrogatoire est en effet soumise au seul constat du paiement de l'indemnité à l'assuré au jour où le juge statue au fond. • Civ. 3e, 4 juin 2009 : *Bull. civ. III, no 116 ; RDI 2009. 493, obs. Karila ; Constr.-Urb. 2009, no 106, obs. Pagès-de Varenne ; RCA 2009, no 264, obs. Groutel* • Civ. 3e, 28 avr. 2011 : *Bull. civ. III, à paraître ; Constr.-Urb. 2011, no 94, obs. Pagès-de Varenne.*

5. Domaine du délai : faute dolosive. La réparation du dommage causé par une faute dolosive du constructeur échappe au délai de l'art. 2270 C. civ. (art. L. 111-20). Le constructeur est contractuellement tenu à l'égard du maître d'ouvrage. • Civ. 3e, 27 juin 2001 : *D. 2001. 2295, concl. Weber, note Karila ; JCP 2001. II. 10626, note Malinvaud ; ibid. 2002. I. 124, no 18, obs. Viney ; ibid. E 2001. 2056, note Rakotovahiny ; Defrénois 2002. 64, obs. Périnet-Marquet ; RCA 2001, no 299, obs. Groutel ; RDI 2001. 525, obs. Malinvaud* • 8 sept. 2009 : *Bull. civ. III, no 179 ; D. 2009. 2221, obs. Vincent ; RDI 2009. 599, note Malinvaud ; Constr.-Urb. 2009, no 130, obs. Pagès-de Varenne ; RCA 2009, no 364 ; Defrénois 2010. 225, chron. Périnet-Marquet.* ◆ Il y a faute dolosive du constructeur lorsque, de propos délibéré, même sans intention de nuire, il viole par dissimulation ou par fraude ses obligations contractuelles. • Civ. 3e, 27 juin 2001 : *préc.* ◆ Ainsi, le silence gardé par un contrôleur technique sur la non-conformité d'une installation aux normes techniques constitue une faute dolosive. • Civ. 3e, 22 juin 2005 : *Bull. civ. III, no 135 ; BICC 15 oct. 2005, no 1924 ; RDI 2005. 338, obs. Malinvaud ; RDC 2006. 833, obs. Carval ; Administrer août-sept. 2007. 76, note Artz.* ◆ *Contra* : le constructeur qui ne pouvait ignorer qu'il prenait un risque de nature à entraîner presque inéluctablement un désordre a commis une faute dolosive. • Civ. 3e, 8 sept. 2009 : *préc.*

6. Domaine du délai : responsabilité de droit commun. L'action en responsabilité contractuelle contre les constructeurs se prescrit par dix ans à compter de la réception de l'ouvrage avec ou sans réserve. • Civ. 3e, 16 oct. 2002 : *Bull. civ. III, no 205 ; D. 2003. 300, note Malinvaud ; Defrénois 2003. 330, obs. Périnet-Marquet ; RDI 2003. 92, obs. Malinvaud ; RCA 2003, no 10, obs. Groutel ; RTD civ. 2003. 308, obs. Jourdain ; Administrer mars 2004. 47, obs. J.-F. Artz* • 26 oct. 2005 : *Bull. civ. III, no 202 ; RDI 2006. 53, obs. Malinvaud ; Administrer août-sept. 2007, p. 78, note Artz.* ◆ La responsabilité d'un constructeur pour manquement à son devoir de conseil ne peut être invoquée, quant aux désordres affectant l'ouvrage, au-delà d'un délai de dix ans à compter de la réception. • Civ. 3e, 16 oct. 2002 : *Bull. civ. III, no 205 ; D. 2003. 300, note Malinvaud ; Administrer mars 2004, p. 47, obs. Artz ; Defrénois 2003. 330, obs. Périnet-Marquet ; RDI 2003. 92, obs. Malinvaud ; RCA 2003, no 10, obs. Groutel ; RTD civ. 2003. 308, obs. Jourdain ; Administrer mars 2004. 47, obs. J.-F. Artz.* ◆ La prescription décennale est également applicable à l'action en responsabilité engagée contre un constructeur en réparation de dommages survenus avant réception. Le délai court à compter de la manifestation du dommage. • Civ. 3e, 24 mai 2006 : *Bull. civ. III, no 132 ; RDI 2006. 311, obs. Malinvaud ; Constr.-Urb. 2006, no 189, obs. Pagès-de Varenne ; Administrer avr. 2007, p. 45, note Valdès ; ibid. août-sept. 2009, p. 53, obs. Artz.*

JURISPRUDENCE ADMINISTRATIVE

7. Nature du délai. Le délai décennal n'étant pas d'ordre public, le juge administratif n'est pas tenu de soulever d'office le moyen tiré de l'expiration du délai si le constructeur poursuivi néglige de le faire. • CE 15 mai 1953, *Cne de Nogent-sur-Marne : Lebon 235.* ◆ Le délai décennal n'est pas un délai franc. • CE 10 avr. 1970, *Ville de Bordeaux : Lebon 244.* ◆ N'étant pas un « délai de procédure », si le dernier jour du délai n'est pas ouvrable, il n'y a pas de prolongation jusqu'au premier jour ouvrable suivant. • CE 17 juin 1983, *Ville de Beauvais : Lebon 266 ; CJEG 1983. 391, obs. Moderne.*

8. Déclenchement du délai. Le délai court à compter de la réception. • CE 3 janv. 1881, *Ville de la Fère : Lebon 28.* ◆ Dans le silence du contrat, le point de départ du délai doit être fixé à la date de la prise de possession de l'ouvrage achevé lorsque cette date est antérieure à la réception des travaux. • CAA Nancy, 22 févr. 2001, *Cne de Neuilly-l'Évêque : req. no 97NC02303.* ◆ Dans l'hypothèse d'une double réception, la responsabilité décennale commence à courir à compter de la réception définitive. • CE 4 oct. 1966, *Ville de Montdidier : Lebon 539.* ◆ Les parties peuvent toutefois convenir de fixer le point de départ de la garantie à la date de la réception provisoire. • CE 21 juin 1967, *Huot : Lebon T. 857* • CE 27 oct. 2000, *Office public d'aménagement Espace-Opale de Grenoble*, req. no 192131 : *RDI 2001. 92, obs. F.M.* ◆ Dans l'hypothèse où la réception est tacite, le délai court à compter de la prise de possession de l'ouvrage achevé, V. • CE 4 janv. 1995, *Willerval et Spinder : req. no 134754.* ◆ En cas de réserves, le délai court à compter de la levée formelle des réserves, V. • CE 21 févr. 1986, *Sté Peinture et Reconstruction : Lebon 44.* ◆ Le point de départ du délai décennal doit être le même pour tous les constructeurs. • CE 25 avr. 1969, *Derobert : Lebon 230 ; D. 1969. 498, note Moderne.* ◆ Mais il peut y avoir des réceptions définitives distinctes par tranches de travaux. • CE 14 janv. 1987, *Sté Joubert et Cie : req. no 59466.*

A. CAUSES D'INTERRUPTION DU DÉLAI

9. Reconnaissance de responsabilité par le constructeur. L'engagement de remédier aux désordres signalés peut prendre la forme d'une lettre signée par l'intéressé. • CE 28 mai 1954, *Ville de Bois-Colombes : Lebon 310.* ♦ ... Ou d'une convention. • CE 21 mai 1969, *Min. de l'équipement c/ Deyrolle : Lebon 260.* ♦ ... Ou d'un engagement unilatéral de faire les travaux nécessaires. • CE 17 mars 1982, *Sté générale d'entreprises : Lebon T. 675.* ♦ ... Ou du versement des sommes correspondantes. • CE 28 mai 1984, *OPHLM de la ville de Caen : req. nº 17234.* ♦ Il appartient au juge de déterminer si les travaux de remise en état effectués par le constructeur valent reconnaissance implicite de responsabilité. • CE 19 janv. 1966, *Entr. Larbanet : Lebon 42.*

10. Si elle est formée dans le délai de garantie, la citation des constructeurs interrompt le délai. • CE 10 juin 1983, *OPAC de l'Oise : Lebon 254.* ♦ Peu importe que la requête soit portée devant une juridiction incompétente. • CE 12 mai 1965, *Michel : Lebon 275* • CE 29 juin 2001, *Muradian et Schem*, req. nº 212454 : *RDI 2002. 98, obs. F.M.* ♦ ... Ou qu'elle soit entachée d'irrecevabilité. • CE 7 juill. 1982, *Office d'HLM de Béziers : Lebon 675.* ♦ Le référé est considéré comme interruptif du délai. • CE, avis, 22 juill. 1992, *Cne de Marcilly-sur-Eure*, req. nº 136332 : *Lebon 305 ; AJDA 1992. 772, note X. Prétot ; CJEG 1993, p. 174, note Moderne.* ♦ Le délai ne peut être interrompu par une demande introduite devant le juge qui ne contenait pas d'indications sur la consistance des désordres allégués ni de précisions sur le fondement de l'action engagée. • CE 29 nov. 2000, *Office public d'aménagement espace opale de Grenoble : req. nº 192131.* ♦ Des conclusions reconventionnelles mettant en cause le constructeur ont le caractère d'une citation de justice ayant pour effet d'interrompre le délai. • CE 1er juill. 2005, *Cne de Saint-Denis-en-Val*, req. nº 267691 : *Lebon T. 971 ; RDI 2006. 391, obs. Moderne.* ♦ Il résulte des dispositions applicables à la responsabilité décennale des architectes et des entrepreneurs à l'égard des maîtres d'ouvrages publics, qu'une citation n'interrompt la prescription qu'à la double condition d'émaner de celui qui a qualité pour exercer le droit menacé par la prescription et de viser celui-là même qui en bénéficierait. • CE 7 oct. 2009, *Sté Atelier des maîtres d'œuvre ATMO*, req. nº 308163 : *Lebon T. 837 ; AJDA 2009. 1866, obs. Pastor ; RDI 2010. 113, note Delaunay ; RJEP 2010, nº 20, obs. Périnet-Marquet.*

11. L'émission d'un *titre exécutoire* auprès du constructeur en vue de recouvrer le remboursement des sommes destinées à rembourser le maître d'ouvrage des frais de remise en état a pour effet d'interrompre le délai. • CE 24 janv. 1986, *Lépine c/ Ville de Nantes : Lebon 617 ; D. 1986. IR 429, obs. Terneyre.* ♦ Le maître d'ouvrage qui demande à être associé aux opérations d'expertise initiées par l'un des constructeurs interrompt à son profit la prescription décennale même s'il ne précise pas le fondement juridique de son action dès lors que l'action en responsabilité décennale ensuite engagée porte sur les mêmes désordres et concerne les mêmes personnes. • CE 2 août 2011, *Région Centre*, req. nº 330982 : *Lebon T. à paraître ; AJDA 2011. 1599 ; Contrats marchés publ. 2011, nº 317, obs. Devillers ; Procédures 2011, nº 353, obs. Deygas.*

B. EFFET DE L'INTERRUPTION

12. Le délai décennal court de nouveau pour sa durée complète de dix ans à compter de la reconnaissance de responsabilité. • CE, sect., 21 févr. 1969, *Anibali : Lebon 114 ; AJDA 1969. 284, Chron. J.-L. Dewost et R. Denoix de Saint-Marc.* ♦ En cas de reconnaissance de responsabilité, le point de départ du délai sera la date de l'acte écrit valant aveu de responsabilité. • CE 21 mai 1969, *Min. de l'équipement c/ Deyrolle : Lebon 260.* ♦ ... Ou la date d'achèvement des travaux de remise en état. • CE 19 janv. 1966, *Entreprise de travaux publics Larbanet : Lebon 42.* ♦ En cas de citation en justice, le nouveau délai court à compter de la date d'introduction de la demande. • CE 13 janv. 1984, *OPHLM de la ville de Firminy : Lebon T. 672.*

C. EXPIRATION DU DÉLAI

13. Une fois le délai expiré, l'action du maître d'ouvrage doit être jugée irrecevable quelle que soit la gravité des dommages. • CE 29 janv. 1969, *Entreprise Herbet et a. : Lebon 46.* ♦ La tardiveté de l'action en garantie décennale peut être invoquée pour la première fois en appel. • CE 15 mai 1953, *Cne de Nogent-sur-Marne : Lebon 235.* ♦ La responsabilité trentenaire des constructeurs peut être recherchée pour dol ou fraude. • CE, sect., 24 mai 1974, *Sté Paul Millet et Cie : Lebon 310, concl. G. Vught ; RD publ. 1975. 478, note M. Waline.* ♦ Même sans intention de nuire, la responsabilité trentenaire des constructeurs peut également être engagée en cas de faute assimilable à une fraude ou à un dol, caractérisée par la violation grave, par sa nature ou ses conséquences, de leurs obligations contractuelles, commise volontairement et sans qu'ils puissent en ignorer les conséquences. • CE 26 nov. 2007, *Sté Les Travaux du Midi*, req. nº 266423 : *Lebon 450 ; AJDA 2007. 2285 ; RDI 2008. 347, note Moderne.*

Art. L. 111-19 *(Ord. no 2005-658 du 8 juin 2005, art. 2)* **Les actions en responsabilité dirigées contre un sous-traitant en raison de dommages affectant un ouvrage ou des éléments d'équipement d'un ouvrage mentionnés aux articles 1792 et 1792-2** *[du code civil]* **se prescrivent par dix ans à compter de la réception des travaux et, pour les dommages affectant ceux des éléments d'équipement de l'ouvrage mentionnés à l'article 1792-3, par deux ans à compter de cette même réception.** – *C. civ., art. 1792-4-2.*

Le présent art. a été renuméroté par la L. no 2009-526 du 12 mai 2009, art. 11-I.

BIBL. ▶ KARILA, *D. 2005. Chron. 2236*. – MALINVAUD, *RDI 2005. 237*.

Art. L. 111-20 *(L. no 2008-561 du 17 juin 2008)* **En dehors des actions régies par les articles 1792-3, 1792-4-1 et 1792-4-2** *[du code civil]*, **les actions en responsabilité dirigées contre les constructeurs désignés aux articles 1792 et 1792-1 et leurs sous-traitants se prescrivent par dix ans à compter de la réception des travaux.** – *C. civ., art. 1792-4-3.*

Le présent art. a été renuméroté par la L. no 2009-526 du 12 mai 2009, art. 11-I.

Art. L. 111-20-1 **Toute clause d'un contrat qui a pour objet, soit d'exclure ou de limiter la responsabilité prévue aux articles 1792, 1792-1 et 1792-2 du code civil** *[reproduits aux art. L. 111-13, L. 111-14 et L. 111-15] (L. no 90-1129 du 19 déc. 1990, art. 2)* **« soit d'exclure les garanties prévues aux articles 1792-3 et 1792-6 » de ce code** *[reproduits aux art. L. 111-16 et L. 111-19]* **ou d'en limiter la portée, soit d'écarter ou de limiter la solidarité prévue à l'article 1792-4 du même code, reproduit à l'article L. 111-17, est réputée non écrite.** – *C. civ. art. 1792-5.*

Le présent art. a été renuméroté par la L. no 2009-526 du 12 mai 2009, art. 11-I.

BIBL. ▶ G. VINEY, *RDI 1982. 317* (les clauses aménageant la responsabilité des constructeurs).

COMMENTAIRE

Les dispositions relatives à la responsabilité des constructeurs ont un caractère d'ordre public, ce qui exclut notamment toute possibilité d'aménager conventionnellement les délais de garantie.

JURISPRUDENCE JUDICIAIRE

1. Clauses valables. Les clauses de transfert de responsabilité entre constructeurs ne peuvent être qualifiées de clauses de non-garantie et sont donc valables. • Civ. 3e, 23 janv. 1991 : *Bull. civ. III, no 27 ; RDI 1991. 352*.

2. Clauses prohibées. Une clause limitant le délai de garantie à six mois à compter de la livraison de l'ouvrage, s'analyse comme une clause exonératoire et doit être réputée non écrite. • Civ. 3e, 11 janv. 1984 : *D. 1984. IR 241, obs. P. Julien.* ♦ La clause d'un contrat d'architecte excluant la solidarité n'empêche pas la condamnation à réparer la totalité du préjudice. • Civ. 3e, 25 nov. 1987 : *Bull. civ. III, no 196 ; RDI 1988. 215.* ♦ Le caractère impératif des dispositions de l'art. 1792 C. civ. s'oppose à la prolongation conventionnelle des effets de la garantie dans le temps. • Toulouse, 17 déc. 1990 : *RDI 1991. 351, obs. Malinvaud*.

JURISPRUDENCE ADMINISTRATIVE

3. Une clause exonératoire de responsabilité doit être réputée non écrite et ne saurait produire d'effet. • T. confl. 11 oct. 1993, *Préfet de la Moselle c/ TGI de Thionville*, req. no 2870 : *Lebon 405*. ♦ Les dispositions de l'art. L. 2131-10 CGCT, qui dérogent au principe de la liberté contractuelle, ne visent expressément que les clauses par lesquelles une collectivité locale renonce à exercer une action en responsabilité et ne s'appliquent pas aux clauses qui se bornent à prévoir un aménagement ou une limitation de la responsabilité du contractant. • CE, sect. B, 28 janv. 1998, *Sté Borg Warner : req. no 138650 ; Lebon 20 ; AJDA 1998. 287 ; D. 1998. 56 ; RDI 1998. 246, obs. Llorens et Terneyre ; CJEG 1998. 269, note Moderne.* ♦ Une stipulation limitant le délai de garantie à une durée de douze mois doit être regardée comme ayant entendu viser seulement la garantie de bon fonctionnement et ne trouve pas à s'appliquer en matière de garantie décennale. • CE 8 déc. 1999, *Sté Borg Warner : req. no 138651.* ♦ Les clauses limitatives de responsabilité contractuelle ne jouent pas à propos de la responsabilité décennale. • CE 23 mars 1994, *Sté méridionale d'études techniques,* req. no 57272 : *RDI 1994. 449, obs. Llorens et Terneyre.* ♦ Est valide la clause limitant, par le jeu de la franchise et du plafonnement, la responsabilité du constructeur à raison des préjudices causés par le mauvais fonctionnement des installations géothermiques. • CAA Paris, 30 janv. 2003, *BRGM : RDI 2004. 386, note Moderne ; BJCP 2003. 360, concl. – contraires – Haïm.*

4. Protocole transactionnel. La signature d'un protocole transactionnel par lequel les parties ont convenu de régler à l'amiable leur différend prive le maître d'ouvrage de la possibilité de poursuivre le constructeur sur le terrain de la responsabilité décennale ; l'inexécution des travaux prévus par le protocole permet d'engager devant la juridiction administrative une action fondée sur le respect de l'engagement contractuel mais reste sans incidence sur la portée du protocole à l'égard de la responsabilité décennale. • CAA Marseille, 7 mai 2008 : *req. no 05MA02003.*

Art. L. 111-20-2 La réception est l'acte par lequel le maître de l'ouvrage déclare accepter l'ouvrage avec ou sans réserves. Elle intervient à la demande de la partie la plus diligente soit à l'amiable, soit, à défaut, judiciairement. Elle est, en tout état de cause, prononcée contradictoirement.

La garantie de parfait achèvement, à laquelle l'entrepreneur est tenu pendant un délai d'un an à compter de la réception s'étend à la réparation de tous les désordres signalés par le maître de l'ouvrage, soit au moyen de réserves mentionnées au procès-verbal de réception, soit par voie de notification écrite pour ceux révélés postérieurement à la réception.

Les délais nécessaires à l'exécution des travaux de réparation sont fixés d'un commun accord par le maître de l'ouvrage et l'entrepreneur concerné.

En l'absence d'un tel accord ou en cas d'inexécution dans le délai fixé, les travaux peuvent, après mise en demeure restée infructueuse, être exécutés aux frais et risques de l'entrepreneur défaillant.

L'exécution des travaux exigés au titre de la garantie de parfait achèvement est constatée d'un commun accord, ou, à défaut, judiciairement.

La garantie ne s'étend pas aux travaux nécessaires pour remédier aux effets de l'usure normale ou de l'usage. – *C. civ. 1792-6.*

Le présent art. a été renuméroté par la L. no 2009-526 du 12 mai 2009, art. 11-I.

BIBL. ▶ MAGNIN, Mise en œuvre de la garantie de parfait achèvement, *LPA 23 janv. 1995.* – SABIANI, Effets de la réception dans les marchés publics. La prétendue fin des rapports contractuels, *Dr. adm. 1997. Chron. 21.* – DE LESCURE, Réception des travaux et achèvements de l'ouvrage, *RDI 2009. 578.* – COUDOING, La garantie de parfait achèvement : une garantie insolite, *RDI 2011. 318.*

COMMENTAIRE

Ce texte définit la réception qui constitue le point de départ du délai des garanties légales, comme un acte unilatéral qui émane du maître de l'ouvrage. Les tribunaux ont ajouté aux formes de réception prévues par le législateur (réception amiable et réception judiciaire) une réception tacite, constatée dès lors que le maître de l'ouvrage manifeste de façon non équivoque sa volonté d'accepter l'ouvrage.

Ce texte fixe aussi le régime de la garantie de parfait achèvement en cas de désordres réservés à la réception ou notifiés dans l'année suivant la réception.

I. JURISPRUDENCE JUDICIAIRE

A. RÉCEPTION

1o FORMES DE LA RÉCEPTION

1. Réception amiable. La définition de la réception, telle qu'elle résulte de la loi du 4 janv. 1978, est un acte qui doit traduire la volonté des parties de mettre fin au contrat de louage d'ouvrage et sera donc en principe contradictoire. • Civ. 3e, 16 févr. 1994 : *Bull. civ. III, no 22 ; JCP N 1994. 258.* ♦ La réception n'est pas contradictoire si le procès-verbal de réception, signé par le maître d'ouvrage, ne l'a pas été par l'entrepreneur. • Civ. 3e, 18 juin 1997 : *Bull. civ. III, no 142 ; RDI 1997. 588, obs. Boubli* • Civ. 3e, 13 mars 2007 : *Constr.-Urb. 2007, no 99, note Pagès-de Varenne* • Civ. 3e, 4 nov. 2008 : *Constr.-Urb. 2009, no 11, note Pagès-de Varenne.* ♦ *Contra* : • Civ. 3e, 4 janv. 2006 : *Bull. civ. III, no 1 ; RDI 2006. 109, note Corre ; ibid. 137, note Malinvaud ; Constr.-Urb. 2006, no 39, note Pagès-de Varenne.* ♦ Le respect du contradictoire ne nécessite pas la signature du procès-verbal de réception, dès lors que la participation aux opérations de réception du constructeur qui n'a pas signé ne fait pas de doute. • Civ. 3e, 12 janv. 2011 : *Bull. civ. III, no 3 ; RDI 2011. 220, note Boubli ; Constr.Urb. 2011, no 43, obs. Pagès-de Varenne.* ♦ Le procès-verbal vaut réception à l'égard du sous-traitant, même s'il n'a pas été présent ni convoqué aux opérations de réception. • Civ. 3e, 20 oct. 2009 : *Bull. civ. III, no 224 ; RDI 2009. 657, obs. Leguay ; Constr.-Urb. 2009, no 165, obs. Pagès-De Varenne.* ♦ La date de la réception sera celle figurant sur le procès-verbal. • Civ. 3e, 12 juin 1991 : *JCP 1991. IV. 317.* ♦ La réception amiable n'est pas subordonnée à l'achèvement de l'ouvrage. • Civ. 3e, 15 janv. 1997 : *Bull. civ. III, no 10 ; RDI 1997. 237, obs. Malinvaud* • 11 févr. 1998 : *Bull. civ. III, no 28 ; RDI 1998. 257* • 9 déc. 1998 : *Bull. civ. III, no 10 ; RDI 1999. 103, obs. Malinvaud.* ♦ La réception partielle, par lots, n'est pas prohibée par la loi. • Civ. 3e, 10 nov. 2010 : *RDI 2011. 285, note Malinvaud* • Civ. 3e, 21 juin 2011 : *RDI 2011. 573, note Malinvaud.* ♦ Si la réparation des désordres a été réalisée suivant trois paliers successifs ayant fait l'objet de trois réceptions distinctes, le caractère indissociable des travaux de reprise ne saurait être utilement invoqué à l'appui de la fixation du point de départ du délai décennal à la date de la réception de la troisième tranche au motif qu'elle constituerait l'achèvement des travaux. • Civ. 3e, 2 mars 2011 : *Bull. civ. III, à paraître ; RDI 2011. 287, obs. Malinvaud ; Constr.-Urb. 2011, no 75, obs. Pagès-de Varenne ; RCA 2011, no 224.*

2. Réception judiciaire. La réception judiciaire sera prononcée à la demande de l'une ou l'autre des parties dès lors que l'une d'elles refuse de réceptionner. • Civ. 3e, 2 févr. 1995 : *Bull. civ. III, no 55* • Versailles, 12 sept. 1997 : *RDI 1998. 94, obs. Boubli.* ♦ L'assureur dommages-ouvrage, étranger au contrat liant le maître d'ouvrage et l'entrepreneur ne peut demander la réception judiciaire. • Civ. 3e, 23 avr. 1997 : *Bull. civ. III, no 84 ; RDI 1997. 603, obs. Leguay.* ♦ La date de la réception judiciaire sera celle à laquelle l'ouvrage était en état d'être reçu parce qu'habitable. • Civ. 3e, 29 mars 2011 : *RDI 2011. 334, obs. Boubli.* ♦ Elle peut ainsi être antérieure au jour où le maître d'ouvrage a manifesté sans équivoque son intention d'occuper les lieux. • Civ. 3e, 22 mai 1997 : *Bull. civ. III, no 107 ; RGDA 1997. 774, note d'Hauteville* • 14 janv. 1998 : *Bull. civ. III, no 5 ; RDI 1998. 257.* ♦ Le juge ne peut fixer la réception judiciaire dès lors qu'au jour où il statue, le constructeur, placé en liquidation judiciaire, ne peut continuer les travaux. • Civ. 3e, 21 mai 2003 : *Bull. civ. III, no 105 ; RDI 2003. 344* • 9 nov. 2005 : *ibid., no 214.* ♦ De même, un ouvrage qui doit être démoli n'est pas susceptible de faire l'objet d'une réception judiciaire. • Civ. 3e, 16 févr. 2005 : *Bull. civ. III, no 37 ; Defrénois 2006. 68, note Périnet-Marquet ; Administrer août-sept. 2007, p. 76, note Artz.* ♦ L'existence de désordres affectant la solidité de l'immeuble et compromettant, non seulement sa destination, mais également sa pérennité, exclut la réception judiciaire, dans la mesure où l'ouvrage ne peut être mis en service et n'est pas en état d'être reçu. • Civ. 3e, 11 janv. 2012 : *RDI 2012. 163, obs. Tricoire ; Constr.-Urb. 2012, no 52, obs. Pagès-de Varenne ; RCA 2012, no 115.*

3. Réception tacite. La réception tacite, bien que non prévue par le législateur de 1978, constitue une pratique approuvée par la jurisprudence. • Civ. 3e, 16 juill. 1987 : *Bull. civ. III, no 143 ; RDI 1987. 454, obs. Malinvaud et Boubli* • 12 oct. 1988 : *Bull. civ. III, no 137* • 19 juin 1991 : *RCA 1991, no 383.* ♦ La Cour de cassation exerce un contrôle sur l'existence des conditions de la réception tacite. • Civ. 3e, 14 janv. 1998 : *RCA 1998, no 123.* ♦ La seule prise de possession des lieux par le maître d'ouvrage est insuffisante, même si elle est un élément déterminant de la réception tacite. • Civ. 3e, 8 févr. 1995 : *Mon. TP 21 avr. 1995. 53.* ♦ La prise de possession des appartements par les acquéreurs en l'état futur d'achèvement ne constitue pas une réception tacite. • Civ. 3e, 22 oct. 2002 : *Constr.-Urb. 2003, no 3, obs. Sizaire.* ♦ Le paiement intégral du prix ne suffit pas à caractériser la volonté non équivoque du maître d'ouvrage. • Civ. 3e, 30 sept. 1998 : *Bull. civ. III, no 175 ; Defrénois 1999. 547, obs. Périnet-Marquet.* ♦ La volonté non équivoque du maître de l'ouvrage sera démontrée, par l'entrée dans les lieux, et par la réunion de deux éléments : le paiement du prix et l'absence de réserves nombreuses ou importantes. • Civ. 3e, 3 mai 1990 : *D. 1990. IR 125* • 24 juin 1992 : *Bull. civ. III, no 217* • 18 juin 1997 : *Bull. civ. III, no 142* • 6 oct. 1999 : *Constr.-Urb. 2000, no 4.* ♦ La volonté non équivoque du maître d'ouvrage d'accepter un ouvrage inachevé n'est pas établie en l'absence de tout relevé des parties d'ouvrage exécutées. • Civ. 3e, 16 févr. 2005 : *Bull. civ. III, no 36 ; Defrénois 2006. 68, obs. Périnet-Marquet ;*

Administrer août-sept. 2007, p. 69, note Artz. ◆ L'absence de règlement du solde des travaux et l'absence de visite contradictoire préalable à la prise de possession font obstacle à l'établissement d'une volonté non équivoque du maître d'ouvrage de réceptionner l'ouvrage. • Paris, 3 mars 2010 : *Constr-Urb. 2010, nº 73, obs. Pagès-de Varenne.* ◆ La réception tacite d'un immeuble d'habitation n'est pas soumise à la constatation que l'ouvrage est habitable ou en état d'être reçu (abandon de chantier). • Civ. 3e, 25 janv. 2011 : *RDI 2011. 221, note Boubli* • Civ. 3e, 6 juill. 2011 : *RDI 2011. 557, note Boubli*. ◆ Une cour d'appel ne saurait condamner un assureur de responsabilité décennale au motif de l'existence d'une réception tacite, sans préciser la date à laquelle celle-ci serait intervenue. • Civ. 3e, 30 mars 2011 : *Bull. civ. III, à paraître ; RDI 2011. 333, obs. Boubli ; Constr.-Urb. 2011, nº 92, obs. Pagès-de-Varenne ; RCA 2011, nº 258.* ◆ Cela étant, le point de départ de la garantie peut être apprécié par rapport à une période, lorsqu'il apparaît indubitable que la réception est nécessairement intervenue moins de dix ans avant l'introduction de la première demande. • Civ. 3e, 23 mai 2012, nº 11-10.502 : *RDI 2012. 449, note Boubli ; Constr.-Urb. 2012, nº 116, obs. Pagès-de Varenne ; RCA 2012, nº 240.* ◆ Lorsque les parties ont contractuellement opté pour une réception expresse, la réception tacite ne peut être caractérisée. • Civ. 3e, 31 janv. 2007 : *Bull. civ. III, nº 10 ; RDI 2007. 280, note Boubli ; D. 2007. AJ 657 ; Defrénois 2008. 70, obs. Périnet-Marquet ; Constr.-Urb. 2007, nº 55, obs. Pagès-de Varenne ; Administrer août 2009, p. 46, obs. Artz.* ◆ L'existence d'un procès-verbal, excluant des opérations de réception les travaux objets du litige, ne fait pas obstacle à la réception tacite, en cas de prise de possession des lieux, de paiement du solde du prix et de réitération de la part du maître d'ouvrage de sa volonté non équivoque d'accepter les travaux. • Civ. 3e, 19 juin 2012, nº 10-27.605 : *RDI 2012. 449, note Boubli*.

4. Réception avec réserves. Une réception avec réserves n'en est pas moins une réception. • Civ. 3e, 27 juin 2001 : *Constr.-Urb. 2001, nº 167, obs. Sizaire.* ◆ Même s'il émet des réserves, le maître d'ouvrage qui entre en possession des lieux et s'acquitte du paiement complet du prix des travaux et des honoraires de l'architecte accepte tacitement l'ouvrage litigieux. • Civ. 3e, 19 oct. 2010 : *RCA 2011, nº 20.*

2º EFFETS DE LA RÉCEPTION

5. Point de départ du délai des garanties légales. La date de la réception marque le moment à partir duquel peut être engagée la responsabilité des entrepreneurs. • Civ. 3e, 20 juin 2001 : *Constr.-Urb. 2001, nº 169, obs. Sizaire.* ◆ Le recours d'un constructeur contre un autre constructeur ou son assureur n'est pas fondé sur la garantie décennale, mais est de nature contractuelle si ces constructeurs sont contractuellement liés, et de nature délictuelle s'ils ne le sont pas, de sorte que le point de départ du délai de cette action n'est pas la date de réception des ouvrages (arrêt rendu sous l'empire des dispositions antérieures à la réforme de la prescription civile du 17 juin 2008). • Civ. 3e, 8 févr. 2012 : *RDI 2012. 229, obs. Malinvaud ; Constr.-Urb. 2012, nº 69, obs. Pagès-de Varenne ; RCA 2012, nº 171.*

6. Réception sans réserve. Une réception sans réserve purge l'ouvrage de tous les vices et défauts de conformité apparents au jour de la réception. • Civ. 3e, 1er févr. 1984 : *RDI 1984. 314* • 16 déc. 1987 : *D. 1988. IR 11* • 17 févr. 1988 : *Ann. loyers 1988. 122* • 9 oct. 1991 : *D. 1991. IR 240*. ◆ En l'absence de réserve à la réception, le maître d'ouvrage ne peut utilement rechercher la responsabilité contractuelle pour faute prouvée du constructeur. • Civ. 3e, 4 nov. 1999 : *Bull. civ. III, nº 210 ; AJDI 1999. 1165, note Porcheron ; Defrénois 2000. 487, note Périnet-Marquet ; RDI 2000. 60, obs. Malinvaud* • Civ. 3e, 28 févr. 2012 : *RDI 2012. 275*. ◆ Il conviendra d'apprécier le caractère apparent du désordre au regard de la compétence du signataire du procès-verbal de réception. • Civ. 3e, 27 sept. 2000 : *Le Moniteur, nº spécial, 19 oct. 2001. 46.*

7. Réception avec réserves. Les réserves émises par le maître d'ouvrage au moment de la réception ne pourront être ultérieurement écartées sans que soit relevée sa manifestation non équivoque d'y renoncer. • Civ. 3e, 13 avr. 2005 : *Bull. civ. III, nº 88 ; Defrénois 2006. 68, obs. Périnet-Marquet.*

B. GARANTIE DE PARFAIT ACHÈVEMENT

8. Vendeur d'immeuble à construire. Le vendeur d'immeuble à construire n'est pas tenu de la garantie de parfait achèvement. • Civ. 3e, 30 mars 1994 : *Bull. civ. III, nº 69 ; Defrénois 1994. 1524, obs. Dubois.* ◆ Mais il peut se prévaloir de cette garantie à l'égard des entreprises, dès lors qu'il résulte des articles R. 261-7 et R. 111-24 qu'il conserve les prérogatives du maître d'ouvrage jusqu'au jour de l'exécution des travaux de levée des réserves. • Aix-en-Provence, 25 févr. 2010 : *Constr.-Urb. 2010, nº 134, obs. Pagès-de Varenne.*

9. Constructeur de maison individuelle. Le constructeur de maison individuelle avec fourniture de plan est tenu de la garantie de parfait achèvement, alors même que des sous-traitants ont participé à l'édification de l'ouvrage. • Saint-Denis de la Réunion, 26 févr. 2010 : *Constr-Urb. 2010, n° 136, obs. Pagès-de Varenne.*

9 bis. Mise en œuvre. La garantie de parfait achèvement doit être mise en œuvre dans un délai d'un an à compter de la réception. • Civ. 3e, 15 janv. 1997 : *Bull. civ. III, n° 12 ; JCP N 1997. II. 772* • 6 mai 1998 : *Bull. civ. III, n° 90 ; Defrénois 1999. 548, obs. Périnet-Marquet ; Constr.-Urb. 1998, n° 294.* ♦ Est inopérante une mise en demeure adressée à l'entrepreneur avant la réception. En pareille occurrence, le maître d'ouvrage ne saurait obtenir le remboursement, par l'entrepreneur, des travaux de remise en état auquel il a fait procéder. • Civ. 3e, 4 avr. 2001 : *Bull. civ. III, n° 41 ; RDI 2001. 250, obs. Malinvaud.*

10. Concours avec les autres garanties légales. Les désordres notifiés par le maître d'ouvrage dans l'année suivant réception relèvent aussi bien de la garantie de parfait achèvement que des garanties biennale et décennale. • Civ. 3e, 4 févr. 1987 : *Bull. civ. III, n° 16* • Civ. 3e, 31 mars 1993 : *RGAT 1993. 611.* ♦ Il en va de même pour les désordres réservés à la réception, dès lors qu'ils se sont révélés dans leur ampleur et leurs conséquences postérieurement à la réception. • Civ. 3e, 12 oct. 1994 : *Bull. civ. III, n° 172.*

11. Concours avec la responsabilité de droit commun. Avant la levée des réserves, la responsabilité de droit commun de l'entrepreneur et de l'architecte subsiste concurremment avec la garantie de parfait achèvement qui pèse sur l'entrepreneur. • Civ. 3e, 13 déc. 1995 : *Bull. civ. III, n° 255 ; RDI 1996. 233* • 28 janv. 1998 : *Bull. civ. III, n° 19 ; RDI 1998. 257 ; JCP 1998. I. 187, n° 30, obs. Viney.* ♦ L'expiration du délai d'un an ne décharge pas les constructeurs de la responsabilité de droit commun avant la levée des réserves. • Civ. 3e, 2 oct. 2001 : *RDI 2002. 89, obs. Malinvaud* • 27 janv. 2010 : *Bull. civ. III, n° 20 ; Constr-Urb. 2010, n° 42, obs. Pagès-de Varenne ; RCA 2010, n° 78.* ♦ Le maître d'ouvrage qui ne souhaite pas faire réaliser les travaux de reprise par l'entrepreneur au titre de sa garantie de parfait achèvement peut exercer contre ce dernier une action en réparation sur le fondement de l'article 1147 du code civil. • Civ. 3e, 30 juin 2009 : *Constr.-Urb. 2009, n° 116, obs. Pagès-de Varenne ; RDI 2009. 551, obs. Malinvaud.*

II. JURISPRUDENCE ADMINISTRATIVE

12. Double réception. Rien n'interdit aux parties de maintenir le principe de la double réception. • CE 28 févr. 1986, *Entr. Blondet : Lebon 55 ; RFDA 1986. 604, concl. Denoix de Saint Marc* • CE 27 oct. 2000, *Office public d'aménagement Espace-Opale de Grenoble*, req. n° 192131 : *RDI 2001. 92, obs. F. M.*

13. Caractère contradictoire. La circonstance que l'entreprise n'ait pas été invitée à participer aux dernières constatations qui ont précédé la levée des réserves, qu'elle n'ait pas reçu notification de cette décision ni été invitée à la contresigner ne saurait avoir privé la procédure de réception de son caractère contradictoire alors qu'il est constant que le constructeur a été associé aux opérations préalables à cette réception. • CAA Nantes, 26 sept. 1991, *Min. de l'équipement c/ SA Joseph Paris*, req. n° 90NT00165 : *Lebon T. 1050 ; Contrats Marchés publ. 2011, n° 175, obs. Llorens.*

14. Réception judiciaire. En cas de réception judiciaire, il appartient au juge saisi de fixer la date de la réception en fonction des circonstances de l'affaire. • CE 17 oct. 1986, *Cne de Mareuil-sur-Arnon : Lebon T. 614.*

15. Réception tacite. La réception tacite peut résulter de la prise de possession de l'ouvrage si les termes du contrat ne s'y opposent pas. • CE 11 févr. 1991, *Dpt des Ardennes*, req. n° 82896 : *Lebon T. 1051.* ♦ Mais la réception tacite ne joue que si les ouvrages sont en état d'être reçus. • CE 1er mars 1939, *Cne de Regny : Lebon 132.* ♦ ... Et en l'absence de réserves. • CE 27 avr. 1976, *Ville de Champigny-sur-Marne : RD publ. 1976. 1543.* ♦ La prise de possession de l'ensemble de l'ouvrage n'entraîne par elle-même aucune conséquence sur la réception. • CE 8 nov. 2000, *Régie immobilière de la ville de Paris*, req. n° 193355 : *Lebon T. 1105 ; RDI 2001. 89, obs. F. M. ; Dr. adm. 2001, n° 40.* ♦ L'inauguration d'un ouvrage par un ministre ne suffit pas, compte tenu notamment de l'importance des travaux de finition ou de reprise de malfaçons qui demeuraient à exécuter, à considérer que les parties aient eu la commune intention de procéder, lors de la prise de possession, à une réception tacite. • CAA Bordeaux, 9 juill. 2001, *Dpt de la Creuse*, req. n° 97BX01678 : *RDI 2002. 154, obs. F. M.* ♦ Il n'y a pas de réception tacite lorsque le maître de l'ouvrage a clairement et publiquement manifesté son refus de réceptionner lors d'une réunion organisée avec l'ensemble des intervenants alors même qu'aucune décision n'a été notifiée à l'entrepreneur. • CE 6 févr. 2009, *Sté Jacques Rougerie*, req. n° 294214 : *Lebon T. 836 ; AJDA 2009. 229.*

16. Réserves. Elles doivent être formulées clairement. • CE 5 oct. 1977, *OPHLM de la Ville de Paris : Lebon T. 896.* ♦ ... Et ne peuvent porter que sur des malfaçons significatives. • CE

3 déc. 1986, *Synd. intercommunal d'études et de programmation pour l'aménagement de la région grenobloise : Lebon T. 616.* ♦ Les réserves maintiennent les obligations contractuelles des constructeurs jusqu'à leur levée. • CE 10 janv. 1931, *Chabat et Cie : Lebon 38* • CE 26 janv. 2007, *Sté MAS,* req. n° 264306 : *Lebon T. 948 ; RDI 2007. 152, obs. J.-D. D. ; ibid. 533, note Moderne ; AJDA 2007. 224 ; Contrats Marchés publ. 2007, n° 70, obs. Pietri.* ♦ La levée des réserves peut avoir un effet rétroactif. • CE 17 mars 2004, *Cne de Beaulieu-sur-Loire,* req. n° 247367 : *Lebon T. 769 ; RDI 2004. 388, obs. F. M. ; JCP Adm. 2004. 1395, obs. Linditch ; Contrats Marchés publ. 2004, n° 89, obs. Eckert.*

17. Effets. La responsabilité contractuelle des constructeurs ne peut plus être recherchée après la réception. • CE 31 mai 1989, *Cne du Chesnay : Lebon T. 796 .* ♦ C'est à la date de signature du procès-verbal que doivent être prises en considération les malfaçons apparentes, et non à la date convenue de prise d'effet de ce document. • CE 23 juin 1986, *Levert c/ Ville de Nogent-le-Rotrou : Lebon 175* • CAA Lyon, 21 déc. 2000, *Cie Allianz Via IARDT,* req. n° 95LY01531 : *RDI 2001. 261, obs. F. M.* ♦ La fin des rapports contractuels consécutive à la réception fait obstacle à ce que, sauf clause contractuelle contraire, l'entrepreneur soit ultérieurement appelé en garantie par le maître d'ouvrage pour des dommages dont un tiers demande réparation à ce dernier, alors même que ces dommages n'étaient ni apparents ni connus à la date de la réception ; qu'il n'en irait autrement, réserve faite de l'hypothèse où le dommage subi par le tiers trouverait directement son origine dans des désordres affectant l'ouvrage, que dans le cas où la réception n'aurait été acquise à l'entrepreneur qu'à la suite de manœuvres frauduleuses ou dolosives de sa part. • CE 15 juill. 2004, *Synd. intercom. d'alimentation en eau des cnes de la Seyne,* req. n° 235053 : *Lebon 345 ; RDI 2004. 409, obs. Flamand-Lévy ; AJDA 2004. 1698, note Landais et Lenica .* ♦ Cette solution, applicable à l'entrepreneur principal, ne l'est pas en revanche à son sous-traitant. • CAA Marseille, 28 avr. 2011, *ASA Couloir Saint-Gilles,* req. n° 09MA02888 : *Contrats Marchés publ. 2011, n° 215, obs. Llorens.* ♦ L'architecte de la BNF doit répondre d'un manquement à son obligation de conseil jusqu'à la levée des réserves. • CE 20 mai 2009, *Établissement public de la Bibliothèque nationale de France,* req. n° 296628 : *RDI 2009. 429, note Delaunay .* ♦ Malgré l'extinction du contrat consécutive à la réception sans réserve, si le dommage subi par un tiers trouve directement son origine dans des désordres affectant l'ouvrage objet du marché, la responsabilité de l'entrepreneur envers le maître d'ouvrage peut être recherchée sur le fondement de la garantie décennale des constructeurs. • CE 13 nov. 2009, *Sté SCREG Est,* req. n° 306061 : *Lebon T. 837 ; AJDA 2009. 2144, obs. Pastor ; Contrats Marchés publ. 2010, n° 20, note Pietri.* ♦ En l'absence de stipulation contraire de la convention de mandat, si la réception de l'ouvrage vaut quitus pour le maître d'ouvrage délégué en ce qui concerne ses attributions se rattachant à la réalisation de l'ouvrage, elle demeure en revanche sans effet en ce qui concerne ses attributions relatives aux droits et obligations financiers nés de l'exécution du marché. • CE 8 févr. 2010, *Région Île-de-France :* req. n° 304812 : *Lebon T. 855 ; RJEP 2010, n° 57, note D. Moreau ; Contrats Marchés publ. 2010, n° 170, note Llorens.* ♦ A propos de dommages relatifs non pas à l'etat de l'ouvrage achevé mais résultant de l'incendie survenu pendant l'exécution des travaux, le juge estime que la réception ne met pas fin à l'obligation des constructeurs. • CAA Bordeaux, 2 sept. 2010, *Cie GAN assurances,* req. n° 08BX00196 : *AJDA 2010 2388 ; Contrats Marchés publ. 2010, n° 381, note Llorens.* ♦ La responsabilité contractuelle du maître d'œuvre est susceptible d'être engagée pour manquement à son devoir de conseil lors des opérations de réception s'il s'abstient d'appeler l'attention du maître d'ouvrage sur des désordres affectant l'ouvrage, même non apparents lors de la réception des travaux, dès lors qu'il en a eu connaissance en cours de chantier. • CE 28 janv. 2011, *Sté Cabinet d'études Marc Merlin,* req. n° 330693 : *Lebon T. 1015 ; Contrats Marchés publ. 2011, n° 68, note Devillers.*

18. Garantie de parfait achèvement. Les parties sont en droit d'aménager la garantie de parfait achèvement. • CE, sect., 28 févr. 1986, *Entr. Blondet : Lebon 55 .* ♦ L'entreprise est tenue par une véritable obligation de résultat. Peu importe que cette dernière fasse valoir que le solde du marché avait été payé par la commune maître de l'ouvrage. • CAA Nancy, 30 mars 2006, *SA Soprema,* req. n° 00NC01174 : *RDI 2006. 385, obs. Moderne .* ♦ Cette garantie s'applique à tous les désordres y compris ceux qui pourraient relever de la garantie décennale. En conséquence le maître d'ouvrage dispose d'une option entre l'action en garantie décennale et l'action en garantie de parfait achèvement. • CE, sect., 9 juin 1989, *Synd. intercommunal à vocations multiples et définies de la région havraise : Lebon 139 ; RFDA 1989. 611, concl. Fougère ; CJEG 1989. 349, note Moderne.* ♦ Si les rapports contractuels subsistent pendant une durée d'un an au titre de la garantie de parfait achèvement, cette circonstance n'est pas de nature à permettre au maître d'ouvrage de rechercher, après l'expiration de ce délai de garantie, la responsabilité contractuelle du constructeur. • CAA Nantes, 29 déc. 2000, *Cne de Villiers-sur-Mer : req. nº 95NT01561.* ♦ Toutefois, les obligations des constructeurs sont prolongées, à compter de la réception de l'ouvrage, pendant le délai de la garantie de parfait achèvement prévue au contrat lui-même, en ce qui concerne les réserves faites à l'occasion de cette réception. Les désordres qui apparaissent pendant cette période sont également couverts par la garantie de parfait achèvement qui, prévue par les stipulations contractuelles, repose ainsi sur le même fondement juridique que la responsabilité contractuelle. • CE 9 juill. 2010, *Cne de Lorry-lès-Metz,* req. nº 310032 : *Lebon T. 854 ; AJDA 2010. 1399 ; RDI 2011, p. 172, obs. Delaunay ; RJEP 2011, nº 5, concl. Dacosta.* ♦ Le maître d'ouvrage ne peut rechercher la responsabilité de l'entrepreneur sur le terrain de la garantie de parfait achèvement dès lors que l'effet rétroactif de la levée des réserves a nécessairement pour conséquence de faire regarder la réception comme ayant été donnée sans réserves. • CE 17 mars 2004, *Cne de Beaulieu-sur-Loire : préc. note 16.* ♦ Les relations contractuelles entre le responsable du marché et l'entrepreneur se prolongent, non seulement pendant le délai de garantie de parfait achèvement, mais également jusqu'à ce qu'aient été expressément levées les réserves exprimées lors de la réception. • CE 26 janv. 2007, *Sté MAS, entreprise générale,* req. nº 264306 : *préc. note 16.* ♦ Aucune obligation de parfait achèvement ne pesant sur les constructeurs autres que les entrepreneurs, la mise en cause à ce titre de la responsabilité de l'architecte, en raison d'un défaut de conception, ne peut être engagée. • CE 20 mai 2009, *Établissement public de la Bibliothèque nationale de France,* req. nº 296628 : *préc. note 17.* ♦ En l'absence de levée des réserves, la responsabilité contractuelle du constructeur peut être recherchée sur le fondement de la garantie de parfait achèvement. En revanche, la garantie décennale doit être écartée. • CAA Bordeaux, 10 avr. 2012, *SARL 3AS,* req. nº 11BX00651 : *Contrats Marchés publ. 2012, nº 194, obs. Ubaud-Bergeron.*

Art. L. 111-20-3 *(Ord. nº 2005-658 du 8 juin 2005, art. 4-IV)* **Ne sont pas considérés comme des éléments d'équipement d'un ouvrage au sens des articles 1792, 1792-2, 1792-3 et 1792-4 du code civil** *[reproduits aux art. L. 111-13, L. 111-15, L. 111-16 et L. 111-17]* **les éléments d'équipement, y compris leurs accessoires, dont la fonction exclusive est de permettre l'exercice d'une activité professionnelle dans l'ouvrage.** *— C. civ., art. 1792-7.*

Les dispositions issues de l'art. 4 de l'Ord. nº 2005-658 du 8 juin 2005 ne s'appliquent qu'aux marchés, contrats ou conventions conclus après la publication de ce texte [JO 9 juin] (Ord. préc., art. 5).

Le présent art. a été renuméroté par la L. nº 2009-526 du 12 mai 2009, art. 11-I.

BIBL. ► BIGOT, KARILA et PÉRINET-MARQUET, *Mon. TP, 16-23 oct. 2005* (commentaires de l'ordonnance du 8 juin 2005). – MALINVAUD, *RDI 2005. 237*.

COMMENTAIRE

La question s'était depuis longtemps posée de savoir si les désordres affectant les éléments d'équipement industriels et commerciaux relevaient de la garantie décennale. Sur le fondement de l'article 1792 du code civil (art. L. 111-13 CCH), la Cour de cassation n'admettait l'application de la garantie décennale que dans les seules hypothèses où l'élément d'équipement participait à la fonction construction de l'ouvrage.

L'ordonnance du 8 juin 2005 consacre cette solution jurisprudentielle en excluant du domaine des garanties légales les éléments d'équipement dont la fonction exclusive est de permettre l'exercice d'une activité professionnelle dans l'ouvrage. Les éléments d'équipement ayant une fonction mixte (habitabilité des locaux et exploitation professionnelle) resteraient donc dans le champ d'application de la garantie. L'exclusion est étendue aux accessoires des éléments d'équipement professionnels, c'est-à-dire aux supports (socle en béton, petit ouvrage de maçonnerie…) réalisés pour recevoir l'installation litigieuse. ❑

Éléments d'équipements industriels. Les éléments d'équipements industriels n'entrent dans le champ d'application de la garantie décennale que s'ils relèvent des travaux de construction d'un ouvrage, V. note 4 ss. art. L. 111-13.

Art. L. 111-21 Les règles générales prévues aux articles L. 111-4, L. 111-9 et L. 131-4 s'imposent aux personnes qui construisent ou font construire des habitations ainsi qu'aux architectes, techniciens, entrepreneurs et autres personnes responsables de l'exécution de ces constructions.

COMMENTAIRE

Les règles de construction visées à cet article intègrent celles relatives aux normes, aux caractéristiques thermiques et de performance énergétique : observations ss. art. L. 111-9. ❑

Art. L. 111-22 Les architectes, techniciens, entrepreneurs ou autres personnes responsables de l'exécution de constructions ayant donné lieu postérieurement au 30 décembre 1967 à une condamnation réprimant les infractions aux règles applicables en matière d'urbanisme et de construction ne sont plus admis, temporairement ou définitivement, à prêter leurs services à l'État, aux départements et aux communes, ainsi qu'aux établissements publics et organismes relevant de ces collectivités. L'exclusion temporaire ou définitive est prononcée après avis d'une commission, dans des conditions fixées par décret en Conseil d'État.

V. art. R. 111-24 s.

COMMENTAIRE

Ce texte n'est pas applicable, faute de publication du décret visé. ❑

SECTION VII CONTRÔLE TECHNIQUE

(Décr. nº 78-1146 du 7 déc. 1978)

COMMENTAIRE

Le contrôle technique est issu de la loi nº 78-12 du 4 janvier 1978 sur la responsabilité et l'assurance dans le domaine de la construction et du décret nº 78-1146 du 7 décembre 1978. Ces textes ont mis en place un contrôle technique obligatoire s'agissant de certaines constructions, et organisé l'agrément des contrôleurs techniques, l'ensemble du dispositif étant visé aux articles L. 111-23 à 26 et R. 111-29 à 42.

Le domaine du contrôle technique obligatoire est prévu par l'article R. 111-38, auquel renvoie l'article L. 111-26.

A noter que l'article R. 111-42 sanctionne pénalement le fait pour le maître de l'ouvrage ou son mandataire d'entreprendre ou de poursuivre des travaux sans avoir fait procéder aux contrôles techniques obligatoires. Il importe, à cet effet, que le contrôleur technique soit désigné dès le début de l'opération, que le maître de l'ouvrage soit privé ou public.

Les textes garantissent **l'indépendance du contrôleur technique**.

Son rôle est de donner des avis, à la demande du maître de l'ouvrage, tant sur les risques liés à la construction, en matière de sécurité ou de solidité, que sur le respect de la réglementation. Son intervention débute lors de la phase de conception, moment où il lui faut vérifier les caractéristiques techniques de l'opération, et se poursuit lors de la phase de réalisation des travaux, où il lui faut s'assurer que les vérifications d'ordre technique relevant de la mission du constructeur, au sens de l'article 1792-1 du code civil sont bien effectuées.

Les parties peuvent librement convenir de confier au contrôleur technique d'autres tâches, comme de certifier l'achèvement des travaux ou de vérifier qu'un ouvrage déjà existant ne présente pas de risque. La jurisprudence insiste alors sur la nécessité de préciser, dans la convention, les missions par définition non obligatoires, que le contrôleur accepte de prendre en charge.

L'objet de la loi de 1978 a été, très clairement, de responsabiliser les contrôleurs techniques, en brisant leurs liens avec les assureurs dont ils se prévalaient pour dénier ceux qu'ils avaient tissés avec leurs clients. Aussi, et depuis le 1er janvier 1979, les contrôleurs techniques sont tenus, dans le cadre de leur mission, et à l'instar des autres constructeurs, de la responsabilité décennale.

Ils ne sont cependant pas des constructeurs au sens de l'article 1792-1 du code civil, non plus que des mandataires des maîtres d'ouvrage ou que des locateurs d'ouvrages. Par ailleurs, ils ne sont pas tenus de la garantie de parfait achèvement, ni à celle de bon fonctionnement.

L'ordonnance no 2005-658 du 8 juin 2005 a modifié les dispositions des articles L. 111-23 et L. 111-24 pour différencier plus nettement encore les contrôleurs techniques des autres acteurs de la construction. ❑

Art. L. 111-23 Le contrôleur technique a pour mission de contribuer à la prévention des différents aléas techniques susceptibles d'être rencontrés dans la réalisation des ouvrages.

Il intervient à la demande du maître de l'ouvrage et donne son avis à ce dernier sur les problèmes d'ordre technique *(Ord. no 2005-658 du 8 juin 2005, art. 4-V)* **« , dans le cadre du contrat qui le lie à celui-ci ». Cet avis porte notamment sur les problèmes qui concernent la solidité de l'ouvrage et la sécurité des personnes.**

V. art. R. 111-29 à R. 111-42.

BIBL. ▶ BRUCHER, *Marchés publics 1984, no 201. 27* (les marchés publics de contrôle technique). – DELMAS, *RDI 1979. 129* (le contrôle technique, analyse de la loi du 4 janv. 1978 et de ses textes d'application). – FEUCHER, Les contrôleurs techniques : le mythe et la raison, *RDI 1999. 343*. – KARILA, *Delmas, 2e éd. 1991, Chap. E* (les responsabilités des constructeurs). – ROMANET, Contrôle technique, quel avenir ?, *L'assurance française, 16-31 janv. 1986.* – ROULET et M. PEISSE, *Gaz. Pal. 1979. 1. Doctr. 25* (loi Spinetta : le décret d'application sur le contrôle technique est paru). – NIAZARA, Le contrôle technique de la construction, *thèse Nice, 1999.*

V. note ss. art. L. 111-24.

V. art. R. 111-19 s. — Le contrôleur technique titulaire d'un agrément l'habilitant à intervenir sur les bâtiments peut délivrer l'attestation prévue à l'art. R. 111-19-21, constatant que les travaux réalisés respectent les règles d'accessibilité applicables avec ou sans dérogation.

COMMENTAIRE

L'article L. 111-23 régit la mission de base du contrôleur technique, laquelle s'inscrit dans la normalisation des risques. Il lui faut vérifier que l'immeuble est érigé conformément aux règles de l'article. En d'autres termes, son premier rôle est de dire si l'opération présente un risque assurable.

Le contrôleur technique doit établir une attestation qui accompagnera la déclaration d'achèvement des travaux prévue aux articles R. 462-1 s. nouveaux du code de l'urbanisme lorsque l'ouvrage réalisé au titre d'un permis de construire ou d'aménager est soumis aux prescriptions des 4o et 5o de l'article R. 111-38 code de la construction et de l'habitation.

Il s'agit de vérifier si les règles de construction parasismiques et paracycloniques ont été respectées (V. C. envir., art. L. 563-1).

La **solidité de l'ouvrage**, visée par le texte, suppose une vérification du gros œuvre tel que compris par l'article 1792-2 du code civil (fondation, ossature, clos et couvert : art. R. 111-39 CCH). Il revient au contrôleur technique de s'assurer de l'adaptation des fondations à l'ouvrage et de la stabilité de celui-ci, sans que sa mission ne s'étende, sauf convention contraire, à une appréciation de sa destination.

La **sécurité des personnes** est étroitement liée à la solidité (art. R. 111-39 CCH), et il faut admettre que le contrôle doit porter sur tout ce qui est susceptible de présenter un danger pour les personnes dans les constructions, comme les éléments d'équipement faisant indissociablement corps avec les ouvrages et susceptibles d'avoir des répercussions en terme de nuisances ou d'hygiène.

Soucieux d'éviter que la responsabilité des contrôleurs techniques soit engagée sur la base de la seule constatation d'un désordre de nature décennale, sans se préoccuper de l'étendue de la mission stipulée dans le contrat conclu avec le maître de l'ouvrage, les pouvoirs publics ont ajouté à l'alinéa 2 de l'article L. 111-23 des dispositions qui ont vocation à limiter l'obligation contractuelle des contrôleurs techniques à leur mission telle qu'elle est définie au contrat. ❑

1. Domaine du contrôle technique. Le bureau de contrôle doit vérifier les ouvrages avoisinants et s'assurer, par exemple, que la démolition d'un mur de soutènement, partie ancienne, n'est pas rendue nécessaire par les travaux nouveaux. Détermination de la mission. • Civ. 3e, 8 mars 2000 : *pourvoi no 98-13.261.* ♦ Il ne ressort pas de l'article L. 111-23 qu'une obligation de conseil et d'assistance du maître d'ouvrage pèse sur le contrôleur technique lors du récolement des travaux et de leur réception. • CAA Lyon, 2 févr. 2012, *Sté Socotec : req. no 10LY00613.*

2. La mission du bureau de contrôle ne se limite pas à la vérification du respect des normes DTU ; elle comporte ainsi l'obligation de vérifier les éléments constitutifs du projet au regard, notamment, des conditions climatiques. • Civ. 3e, 15 juin 1988 : *pourvoi no 87-13.074.* ♦ V. également, note 9 ss. art. L. 111-24.

3. Mais, lorsque le contrôle technique n'est pas obligatoire, les parties peuvent restreindre la mission du bureau de contrôle à la seule vérification de la conformité de l'opération aux normes. • Civ. 3e, 30 mars 1989 : *Bull. civ. III, no 75 ; RDI 1989. 359, obs. Malinvaud et Boubli.*

4. Le contrôleur technique, dont la vérification doit être opérée au regard des normes techniques, n'est pas tenu de s'assurer du respect des règles juridiques. • Civ. 3e, 30 mars 1989 : *préc. note 3.*

5. Par ailleurs, lorsque le bureau de contrôle n'a été chargé que d'une mission de normalisation des risques, son rôle préventif ne s'étend pas à la vérification du travail des locateurs d'ouvrage. • Civ. 3e, 4 janv. 1996 : *pourvoi no 93-21.048.*

6. Détermination de la mission dans le contrat. Sur les conséquences de l'absence de prévision dans le contrat dont le contrôleur avait accepté de certifier l'achèvement des fondations, alors même qu'il avait émis un document intitulé « compte rendu de visite – état d'avancement des travaux », dans le cadre d'une vente d'immeuble à construire portant sur une maison individuelle, V. • Civ. 3e, 23 juin 2004 : *JCP 2004, p. 1553.*

Art. L. 111-24 Le contrôleur technique est soumis, dans les limites de la mission à lui confiée par le maître de l'ouvrage, à la présomption de responsabilité édictée par les articles 1792, 1792-1 et 1792-2 du code civil, reproduits aux articles L. 111-13 à L. 111-15, qui se prescrit dans les conditions prévues à l'article *(L. no 2008-561 du 17 juin 2008, art. 19)* **« 1792-4-1 » du même code reproduit à l'article** *(L. no 2009-526 du 12 mai 2009, art. 11-II)* **« L. 111-18 ».**

(Ord. no 2005-658 du 8 juin 2005, art. 4-VI) **« Le contrôleur technique n'est tenu vis-à-vis des constructeurs à supporter la réparation de dommages qu'à concurrence de la part de responsabilité susceptible d'être mise à sa charge dans les limites des missions définies par le contrat le liant au maître d'ouvrage. »**

BIBL. ▸ GERBAY, *LPA 27 févr. 1995* (maître de l'ouvrage, constructeur et chausse-trappes de procédure). – LARROUMET, *RDI 1981. 311* (la responsabilité des organismes de contrôle technique). – MODERNE, *Dalloz, 1993, nos 425 s.* (la responsabilité décennale des constructeurs).

Les dispositions issues de l'art. 4 de l'Ord. no 2005-658 du 8 juin 2005 ne s'appliquent qu'aux marchés, contrats ou conventions conclus après la publication de ce texte [JO 9 juin] (Ord. préc., art. 5).

COMMENTAIRE

Le nouvel alinéa 2 de l'article L. 111-24 intègre la question des recours en contribution des constructeurs contre les contrôleurs techniques au dispositif légal. Ces dispositions constituent le prolongement naturel, au stade des actions récursoires, de celles visant à limiter la responsabilité des contrôleurs techniques envers le maître de l'ouvrage. ❑

1. Domaine de la responsabilité du contrôleur. La responsabilité du contrôleur technique est en principe contenue dans les limites de la mission que lui a fixée la loi. • Civ. 3e, 28 avr. 1993 : *RDI 1993. 376, obs. Malinvaud et Boubli.* ♦ La responsabilité est alors de plein droit. • Civ. 3e, 23 avr. 1997 : *RDI 1997. 444, obs. Malinvaud et Boubli.*

2. Les contrôleurs sont néanmoins tenus d'une obligation d'information et de conseil, accessoire à la prestation principale, et dont la méconnaissance peut donner naissance à la responsabilité civile de droit commun. • Civ. 3e, 15 janv. 1997 : *RGDA 1997 517, obs. d'Hauteville.*

3. Bien que n'étant lié par contrat qu'avec le maître de l'ouvrage, le contrôleur est responsable des dommages causés à un immeuble voisin. • Civ. 3e, 5 avr. 1995 : *RDI 1995. 553* • 25 mars 1998 : *Bull. civ. III, no 72 ; RDI 1998. 379.* ♦ Faute quasi délictuelle d'une société de contrôle technique qui n'avait pas attiré l'attention des constructeurs sur les risques que comportait la liaison des fondations de la construction neuve avec l'immeuble voisin alors qu'elle était en mesure de découvrir cette anomalie. • Civ. 3e, 15 janv. 1985 : *Bull. civ. III, no 11.*

4. Portée de la responsabilité du contrôleur. L'art. L. 111-24, d'ordre public, ne distingue pas selon le caractère obligatoire ou facultatif du contrôle pour soumettre le contrôleur à la présomption de responsabilité visée aux art. 1792 s. C. civ. Si la mission s'étendait aux aléas techniques de la solidité des éléments constitutifs et de leurs éléments d'équipement indissociables, elle concernait nécessairement la résistance des toitures à un vent violent. Le contrôleur est donc responsable des dommages, même s'il s'est strictement conformé aux normes et DTU applicables, lesquelles n'édictent que des précautions minimales. • Paris, 29 janv. 1987 : *RGAT 1987. 232 ; RDI 1987. 455, obs. Malinvaud et Boubli.* ♦ Le contrôleur technique dont la responsabilité contractuelle est mise en cause est fondé à se prévaloir du bénéfice d'une clause limitative de responsabilité stipulée dans son contrat, qui ne peut être regardée comme constituant une clause illégale de renonciation par la collectivité requérante à toute action en responsabilité. • CE 28 sept. 2011, *Cté de cnes du Canton de Segre,* req. no 337692 : *Contrats et Marchés publics 2011. 318, obs. Devillers.*

5. Le contrôleur technique ne peut se réfugier derrière le fait que le maître de l'ouvrage disposait des conseils d'un maître d'œuvre au moment de la réception, le caractère apparent ou non d'un vice de construction ou d'un défaut de conformité ne s'appréciant qu'à l'égard de la compétence du seul maître d'ouvrage. • Paris, 17 oct. 2000 : *AJDI 2000. 1064.* ♦ Un contrôleur technique ne saurait utilement se prévaloir de l'erreur de conception commise par un architecte, pour échapper à sa responsabilité décennale en présence de dommages corporels résultant de l'explosion d'une cuve de décantation ne comportant pas de ventilation mécanique destinée à éviter l'accumulation de gaz méthane. • Civ. 3e, 18 janv. 2006 : *Bull. civ. III, no 15 ; RDI 2006. 236, obs. Malinvaud ; Constr.-Urb. 2006, no 64, obs. Pagès-de Varenne.* ♦ La circonstance que le contrôleur technique a une activité distincte de celle du concepteur de l'ouvrage ne peut avoir pour effet de décharger ledit contrôleur, vis-à-vis du maître de l'ouvrage, de l'obligation de résultat qui lui incombe au regard de sa propre mission. • CAA Paris, 13 févr. 2007, *Sté Bureau Veritas : req. no 04PA00734.*

6. L'action du maître de l'ouvrage contre le bureau de contrôle se transmet aux acquéreurs de cet ouvrage. • Civ. 3e, 28 févr. 1996 : *RDI 1996. 226.*

7. Condamnation *in solidum* du contrôleur technique qui n'avait pas signalé au maître de l'ouvrage les risques liés à des défauts d'étanchéité. • Civ. 3e, 5 nov. 1997 : *Gaz. Pal. 24 déc. 1997. 39.* ♦ Le contrôleur technique ne peut s'exonérer de sa responsabilité en se prévalant d'une faute commise par le maître d'ouvrage dès lors que ce dernier n'a pas été averti du risque de soulèvement des revêtements mais seulement informé de l'importance de la teneur en eau du sous-sol. • CAA Bordeaux, 7 avr. 2005, *Sté Bureau Veritas : req. no 01BX00863.*

8. Sur la possibilité pour les contrôleurs techniques de s'exonérer de leur responsabilité décennale. • Paris, 14 mai 1993 : *RDI 1993. 379, obs. Malinvaud et Boubli.*

9. Le contrôleur peut également se désengager de la présomption de responsabilité instituée par la loi en démontrant que le maître de l'ouvrage n'a pas pris en considération la mise en garde qui lui était adressée, alors que sa mission se limitait à mettre en garde son client. • Civ. 3e, 30 mars 1989 : *V. note 3 ss. art. L. 111-23.* ♦ Comp. pour une mission ne se limitant pas au respect des normes et DTU : • Civ. 3e, 15 juin 1988 : *RGAT 1988. 505, obs. Bigot.*

10. Il résulte de l'art. L. 111-24 que l'obligation de garantie décennale s'impose non seulement aux architectes et aux entrepreneurs, mais également au contrôleur technique lié par contrat au maître d'ouvrage. • CAA Nantes, 9 févr. 2000, *SA Bureau Véritas* : *req. no 97NT00085* • CAA Paris, 23 mai 2001, *GIE CETEN-APAVE*, req. no 97PA03097 : *RDI 2002. 154, obs. F.M*. ◆ Sur la responsabilité d'un organisme de contrôle technique ayant donné son agrément à un procédé de construction défectueux, V. • CE 18 mars 1983, *Ville de Grand-Quévilly* : *Lebon T. 785.* ◆ La responsabilité peut être engagée bien que les appareils contrôlés aient été agréés par EDF. • CE 27 janv. 1988, *Mondon et Cne de Langoiran c/ Mayoux* : *req. no 45413.* ◆ La responsabilité du contrôleur technique peut être engagée s'il n'émet pas de réserves sur les travaux de réfection ordonnés à la suite de ses observations dès lors que ces travaux ont été insuffisants. • Même arrêt. ◆ Conformément aux principes de la présomption de responsabilité, l'absence de faute ne suffit pas à exonérer l'organe de contrôle. • CE 10 févr. 1995, *OPHLM de la Communauté urbaine de Bordeaux*, req. no 80255 : *Lebon T. 905* ; *D. 1996. 144, obs. Ph. Terneyre* ; *RDI 1995. 322* ; *ibid. 323*. ◆ Le contrôleur technique n'étant chargé ni de la surveillance ni du contrôle des travaux, sa responsabilite ne peut être recherchée à raison de dommages subis par des tiers que s'il existe un lien direct entre l'exécution de la mission qui lui a été confiée et le dommage subi. • CAA versailles, 23 févr. 2012, *Sté Bureau Veritas*, req. no 08VE01556 : *AJDA 2012. 846*.

Art. L. 111-25 *(Ord. no 2008-507 du 30 mai 2008, art. 12)* **L'activité de contrôle technique est soumise à agrément. Elle est incompatible avec l'exercice de toute activité de conception, d'exécution ou d'expertise d'un ouvrage. La décision d'agrément tient compte de la compétence technique et de la moralité professionnelle.**

Par dérogation à l'alinéa précédent, un ressortissant d'un État de la Communauté européenne ou d'un autre État partie à l'accord sur l'Espace économique européen légalement établi dans un de ces États pour y exercer cette activité peut, après vérification de ses qualifications professionnelles, exercer en France une activité de contrôle technique à titre temporaire ou occasionnel.

Lorsqu'il effectue pour la première fois une prestation en France, le ressortissant mentionné au second alinéa doit en informer au préalable l'autorité administrative par une déclaration permettant d'apporter la preuve de ses qualifications professionnelles. Si, dans l'État où il est légalement établi, ni l'activité de contrôle technique ni la formation y conduisant ne sont réglementées, il doit avoir exercé cette activité pendant au moins deux ans, dans cet État au cours des dix années qui précèdent la prestation.

Les modalités d'application du présent article sont fixées par décret en Conseil d'État.
— V. art. R. 111-29-1 et R.* 111-32-1 s.*

BIBL. ▶ BLACHÈRE, *Mon. TP 9 févr. 1981. 47* (le règlement intérieur de la commission d'agrément des contrôleurs techniques). - HINFRAY, *AJPI 1999. 778* (diagnostic). - WERTENSCHLAG, *JCP N 1999, no 7. 340* (diagnostic et travaux).

COMMENTAIRE

Le contrôleur technique, agréé en application de l'alinéa 2 de l'article L. 111-25, a reçu compétence par le décret no 99-484 du 9 juin 1999 relatif aux mesures d'urgence contre le saturnisme (art. L. 1334-1 CSP) pour déterminer les risques liés au plomb, et établir l'état exigé à cet effet par l'article L. 1334-5 du code de la santé publique (V. ces textes App., vo *Saturnisme).*

1. Un contrôleur technique qui, au vu des études de sol effectuées, a refusé le type de fondations superficielles prévu par l'architecte, et a préconisé des fondations sur pieux qui ont effectivement été construites, s'est immiscé dans des fonctions de conception et est sorti de son rôle de conseil, pour donner à l'entreprise et à l'architecte de véritables directives qui, si elles n'étaient pas respectées, pouvaient entraîner la non-assurance des travaux entrepris. Ceux-ci s'étant avérés inutiles, et leur coût ayant été réclamé par le maître de l'ouvrage à l'entrepreneur, le recours en garantie de ce dernier contre le contrôleur technique, reconnu coupable de faute, a été admis. • Civ. 3e, 11 juin 1981 : *Gaz. Pal. 1982. 1. Pan. 29.*

2. Le pouvoir réglementaire peut, sans commettre d'erreur manifeste d'appréciation, confier à des contrôleurs techniques le contrôle du montage d'installations provisoires. • CE 20 mars

2000, *Assoc. syndicale des propriétaires exploitants de chapiteaux,* req. nº 195633 : *Lebon T. 883*. ♦ Le fait d'obliger les organisateurs de manifestations à s'adresser à un contrôleur technique agréé n'a pas pour effet de déterminer le régime de la responsabilité du constructeur et notamment de le soumettre à la responsabilité décennale. • Civ. 3e, 11 juin 1981 : *préc. note 1.* ♦ Le contrôleur défaillant ne peut utilement invoquer les incompatibilités figurant dans l'art. L. 111-25 qui n'ont pas trait aux conditions de responsabilité des contrôleurs techniques. • CAA Bordeaux, 1er juin 2006, *Sté Bureau Veritas : req. nº 03BX00590.*

3. Le législateur a entendu prohiber toute participation à des activités de conception, d'exécution ou d'expertise d'ouvrage des personnes physiques ou morales agréées au titre du contrôle technique d'un ouvrage. L'administration était dès lors en droit de rejeter la candidature d'une société, bénéficiaire d'un agrément au titre du contrôle technique, à un marché portant sur une expertise en matière de sécurité incendie dans les établissements pénitentiaires. • CE 18 juin 2010, *Min. de la Justice,* req. nº 336418 : *Lebon T. 847 ; AJDA 2010. 1237 ; Contrats Marchés publ. 2010, nº 270, note Rees ; RDI 2011. 102, note Vandermeeren*. ♦ Un marché portant l'élaboration de préconisations techniques relatives à des équipements de production ou de fourniture d'énergie n'a pas pour seul objet le pré-diagnostic énergétique des ouvrages existants et peut conduire à la formulation de solutions techniques susceptibles de faire naître, à terme, un éventuel conflit d'intérêts prohibé par les dispositions de l'article L. 111-25. • CAA Bordeaux, 10 avr. 2012, *Région Aquitaine : req. nº 11BX01482.*

Art. L. 111-26 **Le contrôle technique peut, par décret en Conseil d'État, être rendu obligatoire pour certaines constructions qui, en raison** *(L. nº 2003-590 du 2 juill. 2003, art. 78)* **« de leur nature, de leur importance ou de leur localisation dans des zones d'exposition à des risques naturels ou technologiques », présentent des risques particuliers pour la sécurité des personnes** *(L. nº 2006-872 du 13 juill. 2006, art. 79-IV-3º)* **« ou dont le fonctionnement est primordial pour la sécurité civile, la défense ou le maintien de l'ordre public ».**

(L. nº 2005-102 du 11 févr. 2005, art. 41-III) **« Dans les cas prévus au premier alinéa, le contrôle technique porte également sur le respect des règles relatives à l'accessibilité aux personnes handicapées. »**

V. art. R. 111-29 s., R. 111-38 s.

Concernant la présentation de la loi nº 2003-590 du 2 juill. 2003 urbanisme et habitat, V. Circ. nº 2003-48 du 31 juill. 2003 (BOMELT nº 2003/15, p. 78) et Circ. nº 2003-52 du 12 août 2003 (BOMELT nº 2003/16, p. 161).

SECTION VIII ASSURANCE DES TRAVAUX DE CONSTRUCTION
(Ord. nº 2005-658 du 8 juin 2005, art. 4-VII).

V. Arr. du 13 mai 1997 instituant une commission technique de l'assurance construction (JO 3 juin), mod. par Arr. du 21 mars 2006 (JO 5 avr.).

BIBL. ▶ BOUBLI, Sur quelques difficultés de convergence entre l'assurance et la responsabilité dans la construction, *RDI 1997. 371*. – VICTOR-BELIN, Les arcanes de l'assurance construction, *Mon. TP 22 sept. 2000, p. 58.* – BERTOLASO et MÉNARD, Droc ou ouverture de chantier : le débat n'est pas clos, *Constr.-Urb. 2005. Étude 12.* – BIGOT, KARILA et PÉRINET-MARQUET, A propos de l'ordonnance du 8 juin 2005, *Mon. TP 16-23 sept. 2005.* – MALINVAUD, Commentaire de l'ordonnance du 8 juin 2005, *RDI 2005. 237*. – BIGOT, Le rapport Mercadal : un pavé dans la mare !, *RGDA 2006. 849.* – LESAGE, La nouvelle assurance de responsabilité décennale n'est toujours pas une assurance totale, *RGDA 2006. 605.* – COURTIEU, Les travaux de la commission interministérielle : décevants, *RCA 2007. Focus 19* ; Commentaire de l'article L. 243-9 du code des assurances, *RCA 2007, nº 69.* – FRANCES-LAGARRIGUE, Le rapport sur l'assurance construction d'octobre 2006 de l'Inspection générale des finances et du Conseil général des Ponts et Chaussées : mission impossible ?, *RDI 2007. 231*. – CHARBONNEAU, La responsabilité des assureurs de construction, *RDI 2008. 535*. – COULON, Les conséquences du plafonnement de l'assurance construction sur le dispositif Spinetta, *Constr.-Urb. 2009. Étude 20.* – LEGUAY, Commentaire de l'ordonnance du 8 juin 2005, *RDI 2005. 250* ; La question des dommages aux existants dans le cadre de la convention du 8 septembre

2005, *RDI 2006. 605* ; Les nouvelles règles d'assurance du rénovateur, *RDI 2007. 47* ; Système français d'assurance construction et droit européen : préserver le présent et construire l'avenir, *RDI 2009. 412* ; Plus de plafond de garantie en assurance dommages-ouvrage pour les ouvrages à usage d'habitation, *RDI 2009. 552* ; Les rapports d'activité du bureau central de tarification : *RDI 2011. 235*. – Dessuet, Actualité de l'assurance des opérations complexes, *RDI 2009. 61* ; Le décret sur le plafonnement des polices en assurance construction, *RDI 2009. 90* ; Influence de la crise sur l'assurance construction : crise économique et environnementale, *RDI 2010. 48* ; L'arrêté du 19 novembre 2009 : de nouvelles clauses types en matière d'assurance construction obligatoire, *RDI 2010. 72* ; Le garant d'achèvement ou de livraison dispose d'un recours contre l'assureur dommages-ouvrage, *RDI 2010. 456* ; Bâtir un plan d'assurance pour couvrir les risques en matière photovoltaïque, *RDI 2010. 472* ; La FFSA publie des modèles types d'attestation d'assurance RC décennale, *RDI 2010. 501* ; L'impact du Grenelle sur l'assurance construction : *RDI 2011. 34*. – Roussel, Assurance décennale et construction européenne, *RDI 2010. 190*. – Sénéchal, Directive "services" et avenir de l'assurance construction française, *RDI 2010. 431*. – Pagès-de Varenne, Clauses types : l'arrêté du 19 novembre 2009, un débat sans fin !, *Constr.-Urb. 2010. Repère 2*. – Bertolaso, L'actualisation des clauses types en assurance construction : un chantier inachevé, *Constr.-Urb. 2010. Étude 2*. – Dessuet, La mise à jour 2011 des textes de police DO, CNR et RC décennale : attention danger !, *RDI 2011. 482*. – Bertolaso, Le contentieux des désordres de construction à l'épreuve de l'article 2239 du code civil, *Constr.-Urb. 2012. Étude 4*. – Dessuet, Travaux sur existants : les assurances, *RDI 2012. 204*. – Leguay, L'assurance en matière de travaux sur existants, *RDI 2012. 288*. – Lesage, La garantie automatique de l'assureur dommages-ouvrage, *RGDA 2012. 305*.

COMMENTAIRE

La loi du 4 janvier 1978 a institué une **obligation générale d'assurance** dans le domaine de la construction. Il s'agit d'une branche de l'assurance terrestre destinée à couvrir les dommages qui peuvent résulter de l'acte de construire, que ceux-ci surviennent pendant ou après la période de construction. Cette assurance construction se décompose en deux parties. L'une, l'assurance-dommages, joue un rôle de préfinancement et sera mise en œuvre indépendamment de toute recherche de responsabilité, laquelle sera couverte par l'assurance de responsabilité.

La loi du 4 janvier 1978 a subi plusieurs modifications.

Une loi no 89-104 du 31 décembre 1989 interdit toute franchise dans le domaine de l'assurance-dommages et exonère de l'obligation d'assurance certaines personnes publiques ou privées (art. L. 111-32).

L'ordonnance no 2005-658 du 8 juin 2005 substitue la notion de « travaux de construction » à celle de « travaux de bâtiment » dans toutes les dispositions légales relatives à l'assurance obligatoire. L'objectif poursuivi est d'appliquer l'assurance obligatoire quand bien même l'ouvrage affecté de désordres n'est pas un bâtiment au sens strict du terme.

En outre, l'ordonnance du 8 juin 2005 réduit le champ d'application de l'assurance obligatoire en excluant de son domaine, les ouvrages de génie civil (C. assur., art. L. 243-1-1 I) et les ouvrages existants à l'exception de ceux qui, totalement incorporés dans l'ouvrage neuf, en deviennent techniquement indivisibles (C. assur., art. L. 243-1-1 II).

La loi de finances rectificative no 2006-1771 du 30 décembre 2006 a créé un nouvel article L. 243-9 du code des assurances qui légalise les plafonds de garantie dans les polices d'assurance de responsabilité décennale, pour des constructions autres que d'habitation. Le législateur s'en remet au pouvoir réglementaire pour déterminer les modalités du plafonnement tout en donnant à cet égard quelques indications. ❑

Art. L. 111-27 L'assurance obligatoire des travaux de bâtiment est régie par le titre IV du livre II du code des assurances ci-après reproduit aux articles L. 111-28 à L. 111-39.

Les textes réglementaires du code des assurances relatifs à l'assurance des travaux de bâtiment sont reproduits en App., vo Assurance.

Sur la notion de « bâtiment » et de « travaux de bâtiment », V. note 1 ss. art. L. 111-15 ; adde les avis du COPAL, Mon. TP 1er juin 1984 et 21 févr. 1986.

1. Imposant le critère des « techniques de travaux de bâtiment » à propos d'un mur de soutènement. • Civ. 1re, 26 févr. 1991 : *RCA 1991, no 229.* ♦ Dans le même sens, à propos de VRD, V. • Civ. 1re, 14 janv. 1992 : *Bull. civ. I, no 14 ; RDI 1992. 351 ; RDI 1993. 246.* ♦ ... A propos d'une station souterraine de métro, V. • Civ. 1re, 9 avr. 1991 : *D. 1991. IR 153 ; Bull. civ. III, no 133.* ♦ Sur le cas d'un « silo », V. • Civ. 1re, 20 déc. 1993 : *JCP 1994. IV. 524.* ♦ ... Pour un court de tennis, V. • Civ. 1re, 9 mai 1994 : *D. 1994. IR 135 ; Bull. civ. I, no 167.* ♦ ... Et pour une piscine, V. • Dijon, 9 sept. 1993 : *RDI 1994. 471.*

2. Sur la distinction entre « ouvrage » et « bâtiment », V. • Paris, 3 mars 1995 : *RDI 1995. 570* • Civ. 3e, 4 nov. 1999 : *Bull. civ. III, no 209 ; RDI 2000. 57, note Malinvaud ; ibid. 73, note Leguay ; Defrénois 2000. 486, obs. Périnet-Marquet ; Constr.-Urb. 2000, no 32.*

3. Assurance construction et assurance contre les catastrophes naturelles : V. • TGI Périgueux, 5 juill. 1994 : *RDI 1994. 672.*

SOUS-SECTION 1 ASSURANCE DE RESPONSABILITÉ OBLIGATOIRE

Art. L. 111-28 Toute personne physique ou morale dont la responsabilité *(Ord. no 2005-658 du 8 juin 2005, art. 4-VIII)* **« décennale » peut être engagée sur le fondement de la présomption établie par les articles 1792 et suivants du code civil, reproduits aux articles L. 111-13 à** *(L. no 2009-526 du 12 mai 2009, art. 11-II)* **« L. 111-20-2 » doit être couverte par une assurance.**

A l'ouverture de tout chantier, elle doit être en mesure de justifier qu'elle a souscrit un contrat d'assurance la couvrant pour cette responsabilité.

Tout contrat d'assurance souscrit en vertu du présent article est, nonobstant toute stipulation contraire, réputé comporter une clause assurant le maintien de la garantie pour la durée de la responsabilité *(Ord. no 2005-658 du 8 juin 2005, art. 4-IX)* **« décennale » pesant sur la personne assujettie à l'obligation d'assurance.** – *V. C. assur., art. L. 241-1.* – ***C. assur.***

Concernant l'attestation d'assurance des architectes, V. Arr. du 12 févr. 1981 (JO 3 mars).

V. note ss. art. L. 111-30.

Sur la déclaration d'ouverture de chantiers antérieure au 1er janv. 1979, V. art. R. 111-24.

V. en cas de vente d'immeubles à rénover, les art. L. 262-2 et L. 262-4 afférents à l'obligation d'assurances responsabilité pour les vendeurs professionnels et dommages-ouvrages pour tous les vendeurs. Il sera notamment retenu que les assurances doivent être souscrites au plus tard à la date de signature de l'acte de vente.

V. aussi notes ss. art. A. 243-1 C. assur.

1. Durée de la garantie. La stipulation du paiement d'une prime subséquente pour la garantie des sinistres postérieurs à la résiliation du contrat s'applique à toute prime, qu'elle soit provisionnelle ou définitive. • Civ. 3e, 8 oct. 1997 : *RCA 1998, no 36, obs. Groutel ; RGDA 1997. 1048, note D'Hauteville.*

2. Activités garanties. Seules sont couvertes au titre de l'assurance obligatoire de responsabilité décennale, les activités déclarées par le constructeur assuré. Est en conséquence censurée la décision d'une cour d'appel qui n'a pas recherché si l'assurance RC décennale applicable à la date de réalisation des travaux d'installation d'une climatisation couvrait l'activité « climatisation ». • Civ. 3e, 5 juill. 2011 : *Constr.-Urb. 2011, no 146, obs. Pagès-de Varenne.* Les activités de maçonnerie, charpente et bois n'emportent pas celles de couvreur. • Civ. 3e, 26 févr. 2008 : *RCA 2008, no 150.* ♦ Pour apprécier la conformité de l'activité exercée à celle déclarée, les tribunaux doivent s'attacher à l'objet même de l'activité, sans se préoccuper de ses modalités d'exécution. Une société qui réalise des travaux de réfection d'un dispositif d'étanchéité en procédant à l'application de résine synthétique est garantie au titre de l'assurance obligatoire qu'elle a souscrite en déclarant une activité de travaux d'étanchéité. • Civ. 3e, 10 sept. 2008 : *Bull. civ. III, no 126 ; D. 2008. AJ 2348 ; RDI 2008. 508, note Dessuet ; JCP 2009, no 133, obs. Karila ; Constr.-Urb. 2008,* *n*o *160, obs. Pagès-de Varenne.* ◆ L'activité déclarée de constructeur de maisons individuelles intègre nécessairement la réalisation de fondations. La reprise de fondations, ne constituant pas un secteur particulier du bâtiment devant faire l'objet d'une garantie spécifique, est également intégrée dans l'activité couverte de constructeur de maisons individuelles. • Civ. 3e, 14 avr. 2010 : *Bull. civ. III, n*o *83 ; RDI 2010. 327, obs. Noguero.*

3. Travaux couverts. Les travaux de génie civil destinés à assurer l'étanchéité d'un bassin de rétention relèvent de l'assurance RC décennale car ils font appel à des techniques de travaux de bâtiment (arrêt rendu sous l'empire des dispositions antérieures à l'Ord. du 8 juin 2005). • Civ. 3e, 9 juin 2010 : *Constr.-Urb. 2010. 121, obs. Pagès-de Varenne.*

4. Dommages garantis. Les dommages immatériels qui sont la conséquence des travaux soumis à l'obligation d'assurance, ne sont pas garantis par l'assurance obligatoire. • Civ. 3e, 25 févr. 1992 : *Bull. civ. I, n*o *63 ; RDI 1992. 349.* ◆ Il en va de même des dommages apparents lors de la réception. • Civ. 3e, 17 juill. 1992 : *Bull. civ. III, n*o *251 ; RDI 1993. 105.* ◆ Les dommages mobiliers, même directement consécutifs à un dommage immobilier, sont exclus de la garantie d'assurance. • Civ. 3e, 7 oct. 2009 : *RDI 2009. 660, obs. Dessuet.* ◆ La construction de bâtiments provisoires ne peut être assimilée à des travaux de réparation réalisés sur l'ouvrage lui-même affecté de désordres. Il en résulte que l'assureur peut se prévaloir des plafonds de garantie applicables à l'assurance facultative des dommages immatériels. • Civ. 3e, 13 janv. 2010 : *Bull. civ. III, n*o *8 ; RDI 2010. 167, note Leguay ; Constr-Urb. 2010, n*o *45, obs. Pagès-de Varenne ; RCA 2010, n*o *93* • 14 avr. 2010 : *Bull. civ. III, n*o *82 ; RDI 2010. 332, obs. Leguay.* ◆ En revanche, sont couverts les postes annexes indispensables à la reprise matérielle des ouvrages, consistant notamment dans le coût des déménagements des matériels existants, lorsque ces déménagements sont nécessaires à la réalisation des travaux de réfection. • Civ. 3e, 20 oct. 2010 : *Bull. civ. III, à paraître ; Constr.-Urb. 2010, n*o *157, obs. Pagès-de Varenne.*

5. Exclusions de garantie. La communication du rapport définitif du contrôleur technique au maître d'ouvrage ne permet pas à l'assureur RC décennale de se prévaloir d'une clause d'exclusion relative aux désordres trouvant leur origine dans une réserve non levée du contrôleur technique, si elle intervient après réception. • Civ. 3e, 11 mai 2010 : *RDI 2010. 398, obs. Dessuet RDI 2011. 119, note Legay.*

6. Réduction proportionnelle. La réduction proportionnelle de l'indemnité d'assurance pour les dommages immatériels exclus de l'assurance obligatoire est opposable aux tiers lésés et à leurs ayants-droit. • Civ. 3e, 23 avr. 1997 : *Bull. civ. III, n*o *85 ; RDI 1997. 600 ; RCA 1997, n*o *210.*

7. Recours de l'assureur de responsabilité décennale. L'assureur RC décennale ne saurait utilement se prévaloir de fautes commises par l'assureur dommages-ouvrage qui ont produit une aggravation des désordres pour obtenir la mise en jeu de la responsabilité délictuelle de l'assureur dommages-ouvrage, au motif qu'il incombait à l'assureur RC décennale de prendre toute mesure pour éviter une telle aggravation. • Civ. 3e, 1er mars 2006 (1re esp.) : *Bull. civ. III, n*o *49 ; RDI 2006. 178, obs. Dessuet ; Constr.-Urb. 2006, n*o *83, obs. Pagès-de Varenne ; RTD. civ. 2006. 559, note Jourdain ; RCA 2006, n*o *171 ; RGDA 2006. 457 ; Gaz. Pal. 22 sept. 2006, p. 28, note Périer ; Defrénois 2006. 1510, obs. Périnet-Marquet.* ◆ De même, l'assureur RC décennale n'est pas fondé à se prévaloir de l'inertie du maître d'ouvrage qui n'a pas sollicité son assureur dommages-ouvrage, au motif que la non-utilisation de l'assurance dommages-ouvrage n'a pas pour effet d'exonérer les constructeurs de leur responsabilité légale. • Civ. 3e, 1er mars 2006 (2e esp.) : *préc.*

8. Attestation d'assurance. Les attestations d'assurance étant délivrées dans le seul intérêt du maître de l'ouvrage, les colocateurs d'ouvrage ne peuvent se prévaloir de leur imprécision pour rechercher utilement la responsabilité de l'assureur de responsabilité décennale en raison d'un manquement à son obligation d'information. • Civ. 3e, 25 févr. 2009 : *Bull. civ. III, n*o *48 ; RDI 2009. 311, obs. Dessuet ; Constr.-Urb. 2009, n*o *66, obs. Pagès-de Varenne ; RCA 2009, n*o *149, obs. Groutel.*

9. Compétence d'attribution. Le juge judiciaire saisi d'une action directe de la victime contre l'assureur RC décennale n'est pas compétent pour statuer sur la responsabilité de l'assuré, titulaire d'un marché de travaux publics.• Civ. 1re, 9 juin 2010 : *Bull. civ. I, n*o *134 ; RCA 2010. 228, obs. Groutel ; RDI 2010. 500, obs. Delaunay.*

10. Intervention de l'assureur aux litiges de plein contentieux. L'assureur d'un constructeur, dont la responsabilité décennale est recherchée, ne peut être regardé comme se prévalant d'un droit auquel la décision à rendre est susceptible de préjudicier. En effet, les droits et les obligations de l'assureur trouvent leur source dans le contrat d'assurance, qui n'est pas l'objet du litige. L'intervention de l'assureur est donc irrecevable. • CE 18 nov. 2011, *Cie assurances Axa-France-*

lard, req. nº 346257 : *Lebon à paraître ; AJDA 2011. 2267 ; Contrats Marchés publ. 2012, nº 13, obs. Devillers.*

11. Prescription. L'action exercée contre l'entreprise d'assurance, en qualité d'assureur dommages-ouvrage, n'interrompt pas la prescription de l'action engagée, pour le même ouvrage, contre la même entreprise d'assurance prise en qualité d'assureur en police CNR. • Civ. 3e, 4 nov. 2010 : *Bull. civ. III, nº 195 ; Constr.-Urb. 2011, nº 14, obs. Pagès-de Varenne ; RCA 2011, nº 77, note Groutel.* ♦ L'assureur qui se contente de renvoyer à l'art. L. 114-2 C. assur., sans rappeler les causes d'interruption de la prescription biennale dans la police, ne peut valablement opposer la prescription biennale à son assuré. • Civ. 3e, 16 nov. 2011 : *Constr.-Urb. 2012, nº 14, obs. Pagès-de Varenne.* ♦ Ne donne pas de base légale à sa décision, une cour d'appel qui admet que l'assuré a valablement interrompu le délai de prescription biennale en envoyant par lettre recommandée avec accusé de réception sa déclaration de sinistre, sans analyser les termes de cette lettre. • Civ. 3e, 14 mars 2012 : *Constr.-Urb. 2012, nº 86, obs. Pagès-de Varenne.*

Art. L. 111-29 **Celui qui fait réaliser pour le compte d'autrui des** *(Ord. nº 2005-658 du 8 juin 2005, art. 4-X)* **« travaux de construction » doit être couvert par une assurance de responsabilité garantissant les dommages visés aux articles 1792 et 1792-2 du code civil, reproduits aux articles L. 111-13 et L. 111-15, et résultant de son fait.**

Il en est de même lorsque *(Ord. nº 2005-658 du 8 juin 2005, art. 4-XI)* **« les travaux de construction sont réalisés » en vue de la vente.** – *V. C. assur., art. L. 241-2.* – **C. *assur.***

V. note ss. art. L. 111-30.

Sur l'absence d'obligation de souscription d'une assurance responsabilité d'un vendeur non professionnel d'un immeuble à rénover, V. art. L. 262-2.

COMMENTAIRE

Seuls les débiteurs de la garantie décennale sont assujettis à une obligation de souscrire une police d'assurance RC décennale. Les sous-traitants sont donc exclus de la liste des assujettis. La question se pose de savoir si les coordinateurs en matière de sécurité et de protection de la santé sont soumis à l'obligation d'assurance. ☐

1. Sanction du manquement à l'obligation d'assurance. Un entrepreneur qui n'a pas souscrit une assurance RC décennale est responsable envers le maître d'ouvrage, victime d'un préjudice certain dès lors qu'il est privé, dès l'ouverture de chantier, de la sécurité procurée par l'assurance en prévision des sinistres. • Civ. 3e, 23 nov. 2005 : *Bull. civ. III, nº 225 ; RDI 2006. 33, note Dessuet ; ibid. 54, note Malinvaud ; RCA 2006, nº 70.* ♦ Le montant des dommages-intérêts est cependant réduit lorsque le maître d'ouvrage lui-même n'est pas assuré en dommages-ouvrage. • Civ. 3e, 8 nov. 2005 : *RDI 2005. 55.*

2. Absence de désignation dans le cahier des charges. A défaut de désignation par le cahier des charges d'une personne précise, il appartient à l'entreprise de gros œuvre de souscrire une assurance "tous risques chantier" au profit des entreprises parties au marché. • CE 21 janv. 1994, *SA entreprise générale Léon Grosse : req. nº 119172.* ♦ Une assurance excluant les dommages ayant motivé des réserves du maître d'œuvre ou du maître d'ouvrage n'a pas le caractère d'une assurance tous risques. • Même arrêt. ♦ L'entreprise chargée du gros œuvre qui a souscrit un contrat d'assurance collective non conforme au cahier des charges engage sa responsabilité à l'égard des autres constructeurs. • Même arrêt.

SOUS-SECTION 2 ASSURANCE DE DOMMAGES OBLIGATOIRE

BIBL. ▸ CHÉTIVAUX, *RDI 1997. 365* (de nouvelles clauses types en assurance de dommages). – DAVIN, *RDI 1997. 377* (assurance dommages-ouvrage, le rôle de l'avocat dans la procédure d'indemnisation). – LEGUAY, *RDI 2009. 552* (plus de plafond de garantie en assurance dommages-ouvrage pour les ouvrages à usage d'habitation) ; Les nouvelles clauses types en dommages-ouvrage : une occasion manquée : *RDI 2010. 240*. – ZAVARO, *RDI 2006. 83* (l'objet de l'assurance dommages-ouvrage).

Art. L. 111-30 *(Ord. n° 2005-658 du 8 juin 2005, art. 4-XII)* **Les règles relatives à l'assurance dommage obligatoire sont fixées par l'article L. 242-1 du code des assurances reproduit ci-après :**

Art. L. 242-1 Toute personne physique ou morale qui, agissant en qualité de propriétaire de l'ouvrage, de vendeur ou de mandataire du propriétaire de l'ouvrage, fait réaliser des travaux de construction, doit souscrire avant l'ouverture du chantier, pour son compte ou pour celui des propriétaires successifs, une assurance garantissant, en dehors de toute recherche des responsabilités, le paiement de la totalité des travaux de réparation des dommages de la nature de ceux dont sont responsables les constructeurs au sens de l'article 1792-1 du code civil, les fabricants et importateurs ou le contrôleur technique sur le fondement de l'article 1792 du même code.

Toutefois, l'obligation prévue au premier alinéa ne s'applique ni aux personnes morales de droit public, ni aux personnes morales assurant la maîtrise d'ouvrage dans le cadre d'un contrat de partenariat conclu en application de l'article 1er de l'ordonnance n° 2004-559 du 17 juin 2004 sur les contrats de partenariat, ni aux personnes morales exerçant une activité dont l'importance dépasse les seuils prévus au dernier alinéa de l'article L. 111-6, lorsque ces personnes font réaliser pour leur compte des travaux de construction pour un usage autre que l'habitation.

L'assureur a un délai maximal de soixante jours, courant à compter de la réception de la déclaration du sinistre, pour notifier à l'assuré sa décision quant au principe de la mise en jeu des garanties prévues au contrat.

Lorsqu'il accepte la mise en jeu des garanties prévues au contrat, l'assureur présente, dans un délai maximal de quatre-vingt-dix jours, courant à compter de la réception de la déclaration du sinistre, une offre d'indemnité, revêtant le cas échéant un caractère provisionnel et destinée au paiement des travaux de réparation des dommages. En cas d'acceptation, par l'assuré, de l'offre qui lui a été faite, le règlement de l'indemnité par l'assureur intervient dans un délai de quinze jours.

Lorsque l'assureur ne respecte pas l'un des délais prévus aux deux alinéas ci-dessus ou propose une offre d'indemnité manifestement insuffisante, l'assuré peut, après l'avoir notifié à l'assureur, engager les dépenses nécessaires à la réparation des dommages. L'indemnité versée par l'assureur est alors majorée de plein droit d'un intérêt égal au double du taux de l'intérêt légal.

Dans les cas de difficultés exceptionnelles dues à la nature ou à l'importance du sinistre, l'assureur peut, en même temps qu'il notifie son accord sur le principe de la mise en jeu de la garantie, proposer à l'assuré la fixation d'un délai supplémentaire pour l'établissement de son offre d'indemnité. La proposition doit se fonder exclusivement sur des considérations d'ordre technique et être motivée.

Le délai supplémentaire prévu à l'alinéa qui précède est subordonné à l'acceptation expresse de l'assuré et ne peut excéder cent trente-cinq jours.

L'assurance mentionnée au premier alinéa du présent article prend effet après l'expiration du délai de garantie de parfait achèvement visé à l'article 1792-6 du code civil. Toutefois, elle garantit le paiement de réparations nécessaires lorsque :

— avant la réception, après mise en demeure restée infructueuse, le contrat de louage d'ouvrage conclu avec l'entrepreneur est résilié pour inexécution, par celui-ci, de ses obligations ;

— après la réception, après mise en demeure restée infructueuse, l'entrepreneur n'a pas exécuté ses obligations.

Toute entreprise d'assurance agréée dans les conditions fixées par l'article L. 321-1, même si elle ne gère pas les risques régis par les articles L. 241-1 et L. 241-2, est habilitée à prendre en charge les risques prévus au présent article.

V. Circ. 11 juill. 1990 (Mon. TP 5 oct. 1990, Suppl. textes, p. 319) : suppression de l'obligation d'assurance de dommages pour les personnes morales de droit public.

Les dispositions issues de l'art. 4 de l'Ord. n° 2005-658 du 8 juin 2005 ne s'appliquent qu'aux marchés, contrats ou conventions conclus après la publication de ce texte [JO 9 juin] (Ord préc., art. 5).

V. aussi jurisprudence ss. art. A. 243-1 C. assur.

1. Nature de l'assurance dommages-ouvrage. L'assurance dommages-ouvrage diffère de la garantie de livraison à prix convenu. • Versailles, 20 mai 1994 : *RDI 1995. 132*.

◆ L'assurance de dommages ne vaut pas assurance de responsabilité au profit du souscripteur constructeur de maison individuelle. • Civ. 1re, 12 janv. 1999 : *Bull. civ. I, no 12 ; RDI 1999. 279 ; RCA 1999, no 12, obs. Courtieu* • Civ. 3e, 20 oct. 2004 : *Bull. civ. III, no 173 ; Constr.-Urb. 2004, no 228, obs. Pagès-de Varenne ; RCA 2004, no 381, obs. Groutel ; Administrer mai 2006, p. 34, obs. Fouret.* ◆ Quand le demandeur assigne un assureur pris en qualité d'assureur dommages-ouvrage, l'appel formé contre le même assureur est irrecevable dès lors que les demandes formées démontrent qu'il est sollicité en qualité d'assureur de responsabilité du constructeur non réalisateur et qu'elles sont donc nouvelles. • Civ. 3e, 20 oct. 2010 : *Bull. civ. III, no 184 ; Constr.-Urb. 2010, no 155, obs. Pagès-de Varenne ; RDI 2010. 617, obs. Leguay*.

2. *Domaine de l'assurance dommages-ouvrage : non-façons.* L'assurance dommages-ouvrage ne s'applique pas à la réalisation d'ouvrages ou d'éléments d'équipement qui, indépendamment de tout sinistre, n'ont pas été exécutés par l'entrepreneur défaillant. • Civ. 1re, 2 févr. 1994 : *Bull. civ. I, no 40 ; RCA 1995, no 22, note Courtieu.* ◆ Ce principe reçoit exception lorsque l'exécution des travaux non réalisés s'impose pour la réparation des désordres. Ainsi en est-il d'un revêtement d'étanchéité nécessaire pour faire cesser l'humidité sur un mur. • Civ. 3e, 17 juill. 1996 : *RCA 1996, no 392.*

3. *Domaine de l'assurance dommages-ouvrage : dommages apparus avant la réception.* Les dommages apparus avant la réception peuvent donner lieu à la mise en jeu de la garantie proposée par l'assureur dommages-ouvrage en cas de résiliation du marché conclu avec le constructeur. La liquidation judiciaire du constructeur équivaut à la résiliation. • Civ. 1re, 14 févr. 1989 : *RDI 1989. 377.* ◆ En cas de liquidation judiciaire, la présence du garant de livraison ne diminue pas les obligations de l'assureur dommages-ouvrage. • Civ. 3e, 26 nov. 2003 : *Bull. civ. III, no 206 ; Constr.-Urb. 2004, no 29, obs. Pagès-de Varenne ; Defrénois 2004. 459, obs. Périnet-Marquet.* ◆ Le montant de la garantie est égal au coût des travaux de remise en état des ouvrages, dans la limite du coût total prévisionnel de la construction (arrêt rendu sous l'empire des dispositions antérieures à l'Arr. du 19 nov. 2009 réactualisant les nouvelles clauses-types). • Civ. 3e, 14 déc. 2011 : *RDI 2012. 232, obs. Dessuet ; Constr.-Urb. 2012, no 33, obs. Pagès-de Varenne ; RCA 2012, no 79.*

4. *Domaine de l'assurance dommages-ouvrage : désordres réservés.* En cas de mise en demeure de l'entrepreneur restée infructueuse au titre de la garantie de parfait achèvement, la garantie de l'assureur dommages-ouvrage est due, même en l'absence de résiliation du marché. • Civ. 3e, 18 déc. 2002 : *RCA 2003, no 80* • Civ. 3e, 1er déc. 2009 : *RDI 2010. 171, obs. Dessuet*. ◆ *Contra* : l'assureur dommages-ouvrage n'est pas tenu à garantie en présence de désordres réservés à la réception de l'ouvrage. • Civ. 3e, 4 nov. 2008 : *RDI 2009. 190, obs. Dessuet ; JCP 2009, no 133, obs. Karila.*

5. *Domaine de l'assurance dommages-ouvrage : dommages immatériels.* L'assureur dommages-ouvrage n'est pas tenu, au titre de la garantie légale, de couvrir les dommages immatériels. • Civ. 1re, 18 févr. 2003 : *RCA 2003, no 147* • Civ. 3e, 12 janv. 2005 : *Bull. civ. III, no 3 ; D. 2006. 1789, note Groutel ; RCA 2005, no 111 ; Defrénois 2006. 77, obs. Périnet-Marquet.* ◆ En revanche, la responsabilité contractuelle de l'assureur dommages-ouvrage peut être utilement recherchée pour des dommages immatériels consécutifs à des travaux qui se sont révélés insuffisants par suite d'un rapport d'expertise défectueux. • Civ. 3e, 24 mai 2006 : *Bull. civ. III, no 133 ; RDI 2006. 266, note Dessuet ; Constr.-Urb. 2006, no 190, obs. Pagès-de Varenne ; RCA 2006, no 314, obs. Groutel.*

6. *Domaine de l'assurance dommages-ouvrage : aggravation postérieure à l'expiration de délai décennal.* L'assuré ne peut se prévaloir de son ignorance de la gravité du dommage au stade des premières déclarations de sinistre pour obtenir mise en jeu de la garantie dommages-ouvrage au-delà du délai décennal. • Civ. 3e, 6 juill. 2011 : *Bull. civ. III, à paraître ; RDI 2011. 576, obs. Tricoire ; Constr.-Urb. 2011, no 132, obs. Pagès-de Varenne.*

7. *Aléa.* L'aléa est préservé malgré la manifestation de désordres en cours de chantier et antérieure à la souscription, dès lors que le souscripteur n'a pas été informé de leur origine et de leur ampleur, si bien qu'il n'a pas pu apprécier leur gravité. • Civ. 3e, 16 mars 2011 : *RDI 2011. 342, obs. Dessuet*.

8. *Étendue de garantie.* L'étendue du sinistre est déterminée, non sur la base du devis que l'assuré a transmis à l'expert amiable et qui ne permet qu'une réparation partielle des désordres, mais sur la base de la déclaration de sinistre. • Civ. 3e, 20 oct. 2010 : *Bull. civ. III, no 186 ; RDI 2010. 618, obs. G. Leguay ; Constr.-Urb. 2010, no 154, obs. Pagès-de Varenne.* ◆ La responsabilité d'un assureur dommages-ouvrage qui n'a pas préfinancé des travaux efficaces de nature à mettre fin aux désordres peut être recherchée sur le fondement de l'art. 1147 C. civ. • Civ. 3e, 11 févr. 2009 : *Bull. civ. III, no 33 ; RDI 2009. 258, obs. Leguay ; D. 2009. AJ 629 ; ibid. 1237, obs. Nési ; Constr.-Urb.*

2009, nº 63, obs. Pagès-de Varenne. ♦ Si l'assureur est tenu de préfinancer des travaux de réparation efficaces de nature à mettre fin aux désordres, cette obligation ne le prive pas de la faculté de se prévaloir d'un plafond contractuel de garantie épuisable, égal au coût total de la construction revalorisée. • Civ. 3e, 3 nov. 2011 : *RDI 2012. 295, obs. Roussel ; Constr.-Urb. 2012, nº 15, obs. Pagès-de Varenne ; RCA 2012, nº 46.*

9. Affectation de l'indemnité d'assurance. L'indemnité versée par l'assureur dommages-ouvrage doit être affectée au paiement des travaux de réparation des dommages. • Civ. 3e, 12 avr. 2005 : *pourvoi nº 04-12.097.* ♦ L'assureur dommages-ouvrage est tenu de garantir l'efficacité des travaux de reprise. • Civ. 3e, 7 déc. 2005 : *Bull. civ. III, nº 235 ; BICC 1er avr. 2006, nº 610 ; D. 2006. 1789, note Groutel ; RDI 2006. 32, note Dessuet ; RCA 2006, nº 101, obs. Groutel.* ♦ L'assureur qui a versé une indemnité d'un montant supérieur au coût des travaux de réparation est fondé à agir en répétition. • Civ. 3e, 17 déc. 2003 : *Bull. civ. III, nº 234 ; RDI 2004. 158, note Dessuet ; Constr.-Urb. 2004, nº 52, obs. Pagès-de Varenne ; Defrénois 2005. 72, obs. Périnet-Marquet.* ♦ L'action en répétition n'est pas soumise à la prescription biennale. • Civ. 3e, 3 mars 2004 : *Bull. civ. III, nº 45 ; RDI 2004. 164, note Dessuet ; AJDI 2004. 275 ; D. 2005. 1319, Groutel .*

10. Bénéficiaire de la garantie. Le maître d'ouvrage, resté propriétaire de plusieurs lots dans l'immeuble placé en copropriété, a qualité pour agir à l'encontre de l'assureur dommages-ouvrage dès lors qu'il établit que les désordres affectant les parties communes lui causent un préjudice personnel. • Civ. 3e, 3 mars 2010 : *Bull. civ. III, nº 50 ; RDI 2010. 321, note Malinvaud ; Constr.-Urb. 2010, nº 72, obs. Pagès-de Varenne.*

11. Déclaration de sinistre. L'assuré dispose, pour réclamer l'exécution des garanties souscrites, d'un délai de deux ans à compter de la connaissance qu'il a des désordres survenus dans les dix ans qui ont suivi la réception des travaux. • Civ. 1re, 4 mai 1999 : *RCA 1999, nº 236, obs. Groutel* • 29 avr. 2003 : *RDI 2003. 316* • Civ. 3e, 31 mars 2005 : *Bull. civ. III, nº 78 ; D. 2006. 1788, note Groutel ; RDI 2005. 183, note Dessuet ; RCA 2005, nº 195, obs. Groutel.* ♦ La déclaration de sinistre n'est cependant pas recevable au-delà d'un délai de douze ans suivant la réception de l'ouvrage. • Civ. 3e, 31 mars 2005 : *Bull. civ. III, nº 78 ; RDI 2005. 183, note Dessuet ; RGDA 2005. 653, obs. Perrier ; Defrénois 2006. 72, obs. Périnet-Marquet.* ♦ La déclaration de sinistre par lettre recommandée avec accusé de réception interrompt la prescription biennale. • Civ. 1re, 9 mars 1999 : *RDI 1999. 282 .* ♦ L'assuré ne peut assigner l'assureur en référé aux fins de désignation d'un expert sans avoir au préalable procédé à la déclaration de sinistre. • Civ. 3e, 22 sept. 2009 : *RDI 2009. 659, obs. Dessuet ; Constr.-Urb. 2009, nº 145, obs. Pagès-de Varenne ; RCA 2009, nº 369, obs. Groutel.* ♦ La mise en jeu de la garantie est subordonnée à la seule déclaration du sinistre comportant notamment la description et la localisation du dommage. • Civ. 3e, 20 oct. 2010 : *Bull. civ. III, nº 186 ; RDI 2010. 618, obs. Leguay ; RCA 2011, nº 29.*

12. Refus de garantie. La décision de refus de garantie qui n'est pas motivée ne répond pas aux exigences légales. • Civ. 1re, 10 janv. 1995 : *Bull. civ. I, nº 22 ; RCA 1995, nº 115 ; ibid., chron. Groutel ; RGAT 1995. 109, note Karila.*

13. Sanction du non-respect du délai de quinze jours. L'assureur qui informe l'assuré de son refus de garantie dans un délai de soixante jours, sans lui avoir préalablement notifié son intention de ne pas recourir à l'expertise amiable dans les quinze jours suivant la réception de la déclaration de sinistre, s'expose à l'application de l'alinéa 5 de l'article L. 242-1 C. assur. autorisant l'assuré à engager les dépenses nécessaires à la réparation des dommages. • Civ. 3e, 16 déc. 2009 : *Bull. civ. III, nº 278 ; RDI 2010. 167, note Dessuet ; Constr.-Urb. 2010, nº 21, obs. Pagès-de Varenne ; RCA 2010, nº 91, obs. Courtieu.*

14. Effets de la reconnaissance de garantie. Lorsque l'assureur dommages-ouvrage est également assureur de la responsabilité décennale du constructeur, sa reconnaissance de garantie en qualité d'assureur de chose ne vaut pas reconnaissance de responsabilité du constructeur. Le délai décennal n'est donc pas interrompu par l'effet de la reconnaissance de garantie de l'assureur dommages-ouvrage. • Civ. 3e, 11 mars 2009 : *Bull. civ. III, nº 61 ; RDI 2009. 371, obs. Karila .*

15. Sanction du non-respect du délai de soixante jours. Le délai de 60 jours est calculé à compter de la réception de la déclaration du sinistre, sauf prorogation tenant à l'application de l'art. 642 NCPC. • Civ. 3e, 18 févr. 2004 : *Bull. civ. III, nº 29 ; D. 2004. IR 603 ; ibid. 2004. 1206, obs. Julien ; ibid. 2005. 1320, note Groutel ; RDI 2004. 151, note Leguay ; Defrénois 2005. 70, obs. Périnet-Marquet ; Constr.-Urb. 2004, nº 79, note Pagès-de Varenne.* ♦ L'art. L. 242-1 C. assur., qui oblige l'assureur dommages-ouvrage à prendre position sur la demande de garantie qui lui est adressée par son assuré dans des délais déterminés, fixe limitativement les sanctions applicables aux manquements de l'assureur à ces obligations. • Civ. 1re, 17 juill. 2001 : *Bull. civ. I, no 232 ; RDI 2001. 490, obs. Durry ; RCA 2001, no 333 ; RGDA 2001. 982, note Karila.* ◆ La sanction du non-respect du délai de soixante jours imposé à l'assureur pour notifier sa décision ne relevant pas de l'application des clauses du contrat relatives à l'étendue de la garantie, mais d'une sanction légale, l'assureur ne peut se prévaloir de la limitation contractuelle de garantie. • Civ. 1re, 18 juin 1996 : *Bull. civ. I, no 258 ; RDI 1996. 593, note Leguay ; RCA 1996, no 330 ; RGDA 1996. 657, note Karila ; Gaz. Pal. 1996. 2. Somm. 456, note Cerveau.* ◆ En exigeant de l'assuré qu'il notifie préalablement à l'assureur, pour que celui-ci soit tenu à garantie, les dépenses qu'il entendait engager pour mettre fin aux désordres en cause, alors que l'art. L. 242-1 C. assur., dans sa rédaction résultant de la loi du 31 déc. 1989, et l'annexe II à l'art. A. 243-1 du même code, dans sa rédaction issue de l'arrêté du 13 juill. 1990, imposent seulement à l'assuré de notifier à l'assureur son intention d'engager les dépenses nécessaires à la réparation des dommages, une cour d'appel a violé ces textes. • Civ. 1re, 1er déc. 1998 : *RDI 1999. 121, note Leguay ; RCA 1999, no 47 ; RGDA 1999. 150, note D'Hauteville.* ◆ L'assureur, sous réserve que les désordres affectent la construction garantie, ne peut contester les dépenses nécessaires à leur réparation. • Civ. 1re, 18 déc. 2002 : *Bull. civ. I, no 311 ; RCA 2003, no 81.* ◆ Le retard fautif de l'assureur dans l'indemnisation ne peut entraîner d'autres sanctions que celles prévues par l'art. L. 242-1 C. assur. • Civ. 3e, 7 mars 2007 : *Bull. civ. III, no 32 ; RDI 2007. 117, obs. Dessuet ; D. 2007. 1300, obs. Monge et Nési ; Constr.-Urb. 2007, no 101, obs. Pagès-de Varenne ; RCA 2007, no 224, obs. Groutel* • Civ. 3e, 9 mai 2012, no 11-11.749 : *RCA 2012, no 252, obs. Groutel.* ◆ L'assureur qui n'a pas pris position sur le principe de la mise en jeu de la garantie dans le délai légal est déchu du droit de contester celle-ci, notamment en contestant la nature des désordres déclarés. • Civ. 3e, 3 déc. 2003 : *Bull. civ. III, no 214 ; RDI 2004. 56, note Dessuet ; Constr.-Urb. 2004, no 49, obs. Pagès-de Varenne ; Defrénois 2005. 70, obs. Périnet-Marquet ; RGDA 2004. 112, note D'Hauteville.* ◆ L'assureur qui ne respecte pas le délai légal de soixante jours ne peut utilement soulever l'exception de nullité pour fausse déclaration intentionnelle de risque fondée sur l'article L. 113-8 du code des assurances. • Civ. 3e, 28 janv. 2009 : *Bull. civ. III, no 23 ; Constr-Urb. 2009, no 50, obs. Pagès-de Varenne ; RCA 2009, no 83, obs. Courtieu ; RDI 2009. 191, obs. Noblot ; D. 2009. 429 ; JCP N 2009, Actu. no 193, note Astegiano-La Rizza ; Defrénois 2010. 228, chron. Périnet-Marquet* • Civ. 3e, 22 juin 2011 : *RDI 2011. 577, note Leguay.* ◆ L'assureur n'est pas autorisé à substituer un motif valable de refus de garantie à un autre après expiration du délai de soixante jours. • Civ. 3e, 22 sept. 2009 : *RDI 2009. 658, obs. Dessuet ; Constr.-Urb. 2009, no 145, obs. Pagès-de Varenne.* ◆ Mais la sanction du non-respect du délai de soixante jours est inapplicable en l'absence pure et simple de désordre. • Civ. 3e, 7 sept. 2011 : *RDI 2011. 578, note Dessuet.* ◆ Mais l'assureur dommages-ouvrage qui n'a pas respecté le délai de soixante jours peut opposer un refus de garantie à l'assuré qui a déclaré un sinistre plus de deux ans suivant l'expiration de la garantie décennale. • Civ. 3e, 20 juin 2012, no 11-15.199 : *Constr.-Urb. 2012, no 140, obs. Pagès-de Varenne.* ◆ L'assureur qui notifie son refus de garantie, non pas à l'assuré mais au mandataire de ce dernier dans le délai de soixante jours, ne supporte pas pour autant la sanction prévue en cas de non-respect du délai. • Versailles, 25 mai 2011 : *Constr.-Urb. 2011, no 134, obs. Pagès-de Varenne.*

16. Majoration de l'indemnité d'assurance. En cas de dépassement des délais de 60 et 90 jours, l'indemnité d'assurance est majorée de plein droit d'un intérêt égal au double du taux de l'intérêt légal. Les intérêts moratoires courent à compter de la sommation de payer faite à l'assureur ou de tout acte équivalent. • Civ. 3e, 25 mai 2011 : *RDI 2011. 406, obs. Noguéro ; Constr.-Urb. 2011, no 114, obs. Pagès-de Varenne* • Civ. 3e, 23 mai 2012, no 11-14.091 : *Constr.-Urb. 2012, no 118, obs. Pagès-de Varenne ; RCA 2012, no 253, obs. Groutel.*

17. Prescription biennale. Les dispositions de l'art. L. 242-1, al. 3, C. assur. ne privent pas l'assureur du droit d'invoquer la prescription biennale qui a commencé à courir à compter de l'expiration du délai de soixante jours suivant la réception de la déclaration de sinistre. • Civ. 1re, 16 juill. 1998 : *Bull. civ. I, no 248 ; Gaz. Pal. 1999. 1. 51, note Cattan ; ibid. 1999. 1. 98, note Courtieu ; RCA 1998, no 282, et Chron. 18, par Groutel ; RGDA 1998. 728, note Périnet-Marquet* • 1er févr. 2000 : *Bull. civ. I, no 32 ; RCA 2000, no 167, et Chron. 9, par Durry* • 27 mars 2001 : *RCA 2001, no 234, obs. Groutel* • 10 déc. 2002 : *RCA 2003, no 119, obs. Groutel.* ◆ Comp. : • Civ. 1re, 4 mai 1999 : *Bull. civ. I, no 141 ; RDI 1999. 437, note Leguay ; D. 2000. 354, note Fadeuilhe ; Defrénois 1999. 1139, chron. Périnet-Marquet ; RCA 1999, no 236, obs. Groutel* • 4 mars 1997 : *Bull. civ. I, no 78 ; Gaz. Pal. 1998. 1. 256 ; RCA 1997, no 239 et Chron. no 17, par Groutel ; Gaz. Pal. 1997. 1. 291 ; RDI 1997. 253, obs. Leguay* • Civ. 3e, 17 mars

1999 : *RDI 1999. 426, note Durry* ; *RCA 1999, n° 193, obs. Groutel* • 26 nov. 2003 : *Bull. civ. III, n° 207 ; D. 2004. Somm. 911, obs. Groutel* ; *RDI 2004. 59, note Dessuet* ; *RCA 2004, n° 49, obs. Durry ; Defrénois 2004. 451, obs. Périnet-Marquet ; Constr.-Urb. 2004, n° 50, obs. Pagès-de Varenne.* • Civ. 3e, 20 juin 2012, n° 11-14.969 : *Constr.-Urb. 2012, n° 139, obs. Pagès-de Varenne.* – Peisse et Dessuet, *Gaz. Pal. 1997. 1. Doctr. 743.* ♦ Mais l'assureur ne peut opposer à son assuré la prescription biennale dans l'hypothèse où le contrat ne rappelle pas que, lorsque l'action de l'assuré contre l'assureur a pour cause le recours d'un tiers, le délai de la prescription court du jour où ce tiers a exercé une action en justice contre l'assuré ou a été indemnisé par ce dernier. • Civ. 3e, 18 oct. 2011 : *Constr.-Urb. 2011, n° 185, obs. Pagès-de Varenne.* ♦ La prescription biennale de l'art. L. 114-2 C. assur. est interrompue à l'égard de toutes les parties par une décision judiciaire apportant une modification quelconque à une mission d'expertise ordonnée par une précédente décision. • Civ. 1re, 27 mai 2004 : *Constr.-Urb. 2004, n° 102, obs. Pagès-de Varenne.* ♦ ... Ou par une ordonnance de référé. • Civ. 3e, 28 oct. 2003 : *AJDI 2004. 385, obs. Giverdon* . ♦ Le fait, pour l'assureur, de participer à une mesure d'instruction ordonnée en référé et d'assigner d'autres constructeurs à la seule fin de leur rendre opposables les opérations d'expertise n'implique pas, à lui seul, la volonté non équivoque de renoncer à une forclusion, invoquée ensuite, dès le début de la procédure devant une juridiction du fond. • Civ. 3e, 1er déc. 2009 : *RDI 2010. 164, obs. Noguéro* . ♦ Si une assignation en référé de l'assuré par un tiers, aux fins de la nomination d'un expert, est bien une action en justice au sens de l'art. L. 114-1 C. assur., les parties peuvent conventionnellement définir la notion de recours d'un tiers, susceptible de faire courir vis-à-vis de l'assureur le délai de prescription biennale de l'art. L. 114-2 C. assur. • Civ. 2e, 8 avr. 2004 : *Bull. civ. II, n° 164 ; Constr.-Urb. 2004, n° 123, obs. Pagès-de Varenne.* ♦ La prescription biennale n'est pas suspendue par l'introduction d'une procédure pénale contre X susceptible de rendre contestable la créance de l'assuré à l'égard de l'assureur. • Civ. 2e, 19 févr. 2004 : *Bull. civ. II, n° 67.* ♦ L'action en référé-expertise dirigée par un syndicat des copropriétaires contre son assureur doit être exercée dans le délai de deux ans suivant le point de départ ou la dernière cause d'interruption de la prescription biennale, quand bien même les opérations d'expertise amiable se poursuivent. • TGI Nanterre, 21 juill. 2011 : *Constr.-Urb. 2011, n° 149, obs. Pagès-de Varenne.* ♦ En application de l'article 2239 du code civil, la désignation d'un expert judiciaire est suspensive de la prescription biennale et fait courir un nouveau délai de deux ans à compter du dépôt du rapport d'expertise. • Amiens, 14 juin 2011 : *Constr.-Urb. 2011, n° 148, obs. Pagès-de Varenne.* ♦ L'assureur absent aux opérations d'expertise ordonnées en référé, qui se contente de dénier sa garantie et intervient à l'instance au fond sous toutes réserves, ne manifeste pas sa volonté non équivoque de renoncer à se prévaloir de la prescription biennale. • Civ. 3e, 12 avr. 2012 : *Constr.-Urb. 2012, n° 106, obs. Pagès-de Varenne.*

18. Recours subrogatoire de l'assureur dommages-ouvrage. L'assureur dommages-ouvrage qui a indemnisé son assuré est légalement subrogé dans les droits de ce dernier contre les tiers, auteurs du dommage, quel que soit le fondement juridique du recours. • Civ. 3e, 26 févr. 2003 : *Bull. civ. III, n° 48 ; RDI 2003. 222, note Leguay* . ♦ Comp., subordonnant la possibilité d'exercer un recours subrogatoire à la nature décennale du dommage indemnisé : • Aix-en-Provence, 25 févr. 2004 : *Juris-Data n° 2004-239057* • 15 janv. 2004 : *Constr.-Urb. 2004, n° 139, obs. Pagès-de Varenne.* ♦ L'action peut être engagée avant l'expiration du délai de forclusion décennale dès lors que l'indemnité a été versée à l'assuré. • Civ. 3e, 10 déc. 2003 : *Bull. civ. III, n° 225 ; RDI 2004. 53, note Grynbaum* ; *Constr.-Urb. 2004, n° 30, obs. Pagès-de Varenne.* ♦ Le succès de l'action subrogatoire est subordonné à l'indemnisation effective de l'assuré au jour où la juridiction saisie du litige statue sur la responsabilité du constructeur. • Civ. 3e, 9 juill. 2003 : *Bull. civ. III, n° 144 ; RDI 2003. 543, note Dessuet* ; *RCA 2003, n° 272* • 30 janv. 2008 : *JCP G 2009, I, 133, obs. Karila.* ♦ Sur ce thème, V. Chétivaux, *RCA 2003. Chron. 31* (la subrogation rétroactive). ♦ L'assureur dommages-ouvrage qui reçoit une déclaration de sinistre ou qui est assigné par son assuré à proximité de l'expiration du délai d'épreuve décennal, peut interrompre ledit délai à l'égard des constructeurs avant paiement de l'indemnité d'assurance, par la délivrance d'une assignation en référé-expertise. • Civ. 3e, 4 juin 2009 : *Bull. civ. III, n° 129 ; RDI 2009. 493, note Karila* • 22 juin 2010 : *Constr.-Urb. 2010, n° 133, obs. Pagès-de Varenne* • 28 avr. 2011 : *Constr.-Urb. 2011, n° 94.* ♦ L'action de l'assureur dommages-ouvrage contre l'assureur du responsable est recevable alors même que cette action est prescrite à l'encontre de l'assuré lui-même, dès lors que le maître d'ouvrage peut assigner directement l'assureur de responsabilité des constructeurs, cette action n'étant pas subordonnée à la mise en cause de l'assuré. • Civ. 3e, 24 oct. 2007 : *Bull. civ. III, n° 181 ;*

D. 2009. 257, obs. Groutel ; Constr.-Urb. 2007, n° 225, obs. Pagès-de Varenne. ◆ L'assureur dommages-ouvrage est fondé à exercer l'action subrogatoire, alors même qu'il aurait été condamné à titre de sanction pour non-respect du délai de soixante jours. • Angers, 27 mai 2008 : *Constr.-Urb. 2009, n° 14, obs. Pagès-de Varenne* • Civ. 3e, 9 mai 2012, n° 11-11.749 : *Constr.-Urb. 2012, n° 119, obs. Pagès-de Varenne.* ◆ Les constructeurs et leurs assureurs de responsabilité ne peuvent opposer à l'assureur dommages-ouvrage son retard dans le préfinancement pour s'exonérer de leur responsabilité ou échapper à leur garantie. • Paris, 8 août 2008 : *Constr.-Urb. 2008, n° 192, obs. Pagès-de Varenne.* ◆ La recevabilité du recours subrogatoire n'est pas limitée au montant effectivement affecté par le maître d'ouvrage à la réparation des désordres. • Civ. 3e, 27 mai 2010 : *Bull. civ. III, n° 106 ; Constr.-Urb. 2010, n° 104, obs. Pagès-de Varenne ; RCA 2010. 227, obs. Groutel ; RDI 2010. 393, obs. Noguéro.* ◆ Le recours subrogatoire ne peut porter que sur l'indemnité d'assurance. Il n'a pas vocation à permettre à l'assureur dommages-ouvrage de recouvrer le montant des sommes qu'il a versées à un assureur multirisques habitation en réparation du préjudice personnel que cet assureur a subi en finançant les travaux de réparation en ses lieu et place. • Paris, 20 juin 2008 : *Constr.-Urb. 2008, n° 161, obs. Pagès-de Varenne.*

19. Recours subrogatoire contre l'assureur dommages-ouvrage. Le garant de livraison qui a pris en charge la réparation de désordres de nature décennale à la suite de la résiliation du contrat de construction de maison individuelle pour inexécution par le constructeur de ses obligations bénéficie d'un recours subrogatoire contre l'assureur dommages-ouvrage. • Civ. 1re, 3 juill. 2001 : *Bull. civ. I, n° 200 ; RDI 2001. 345, note Leguay ; ibid. 2002. 79, note Tomasin ; Constr.-Urb. 2001, n° 243, obs. Sizaire* • Civ. 3e, 2 mars 2005 : *Bull. civ. III, n° 47.* ◆ Le garant de livraison qui exerce un recours contre l'assureur dommages-ouvrage, n'a pas davantage de droits que le maître d'ouvrage dans les droits duquel il se trouve subrogé. • Civ. 3e, 27 janv. 2010 : *pourvoi n° 08-21.291* et • 10 févr. 2010 : *Bull. civ. III, n° 36 ; Constr-Urb. 2010, n° 59, obs. Pagès-de Varenne ; RCA 2010, n° 92, obs. Courtieu ; RDI 2010. 273, note Noguéro.*

20. Compétence d'attribution. Les polices d'assurance dommages-ouvrage souscrites par une personne publique relèvent du droit public. Leur champ d'application se trouve limité aux désordres qui n'entrent plus dans le champ des obligations contractuelles des constructeurs, soit que n'étant pas apparents à la fin des travaux, ils n'ont pu donner lieu à réserve et sont survenus après la réception qui met fin aux obligations nées du contrat de louage d'ouvrage, soit qu'apparus avant la réception, le maître d'ouvrage a dû résilier le contrat de louage d'ouvrage après avoir constaté la défaillance du constructeur mis en demeure d'y remédier. • CAA Lyon, 13 déc. 2007, *Cie Axa assurances*, req. n° 01LY00351 : *AJDA 2008. 587, concl. Besle ; RDI 2008. 162, obs. Delaunay.*

21. Responsabilité de l'assureur. L'assureur qui s'est contenté de préfinancer des travaux permettant d'éviter la réapparition des désordres déclarés dans le délai décennal voit sa responsabilité engagée envers son assuré, dans la mesure où il n'a pas pris de mesure de nature à empêcher les extensions prévisibles du sinistre. • Civ. 3e, 22 juin 2011 : *Bull. civ. III, à paraître ; RDI 2011. 509, note Roussel ; Constr.-Urb. 2011, n° 133, obs. Pagès-de Varenne.*

Art. L. 111-31 **Dans les cas prévus par les articles 1831-1 à 1831-5 du code civil relatifs au contrat de promotion immobilière repris aux articles L. 221-1 à L. 221-5 du présent code ainsi que par les articles L. 222-1, L. 222-2, L. 222-3 *d*, avant-dernier et dernier alinéas, L. 222-4 et L. 222-5, les obligations définies aux articles L. 241-2 et L. 242-1 du code des assurances, reproduits aux articles L. 111-28 et L. 111-30, incombent au promoteur immobilier.** – *V. C. assur., art. L. 242-2.* – **C. assur.**

SOUS-SECTION 3 DISPOSITIONS COMMUNES AUX ASSURANCES DE CONSTRUCTION

(Ord. n° 2005-658 du 8 juin 2005, art. 4-VII).

Art. L. 111-32 **Les obligations d'assurance ne s'appliquent pas à l'État lorsqu'il construit pour son compte. Des dérogations totales ou partielles peuvent être accordées par l'autorité administrative aux collectivités locales et à leurs groupements, ainsi qu'aux établissements publics, justifiant de moyens permettant la réparation rapide et complète des dommages.**

Sur l'hypothèse des collectivités publiques agissant comme « constructeurs », V. Circ. n° 79-38 du 5 avr. 1979 (Ann. Voirie 1979, p. 261). – Circ. n° 79-33 du 24 janv. 1979, min. intérieur (Mon. TP 5 févr. 1979, Suppl. textes, p. 159) ; Circ. 6 juill. 1979, min. santé et sécur. soc. (Mon. TP 19 nov. 1979, Suppl. textes, p. XIV s.).

BIBL. ▶ G. DURRY, *RDI 1986. 224* (l'autorité compétente pour accorder une dérogation à l'obligation d'assurance de dommages de construction). – G. LEGUAY, *RDI 1988. 487.*

1. La preuve contraire de la présomption d'assurance de responsabilité peut être rapportée. • Paris, 15 oct. 1986, *Cie La Contingency : RGAT 1986. 579, obs. J. Bigot.*

2. Sur l'obligation qu'a le notaire de vérifier l'exactitude des déclarations du vendeur qui fait état de la souscription effective d'un contrat d'assurance, V. • Civ. 1re, 7 févr. 1989 : *RDI 1989. 235* • 8 juill. 1994 : *RDI 1994. 475* • 7 mars 1995 : *D. 1995. IR 94 ; RDI 1995. 353.* ◆ Sur l'obligation de souscrire une assurance de dommages à l'ouvrage pesant sur le promettant dans le cadre d'une promesse unilatérale de vente, V. • Civ. 3e, 23 avr. 1992 : *Bull. civ. III, n° 134 ; RDI 1992. 352.*

Art. L. 111-32-1 *(Ord. n° 2005-658 du 8 juin 2005, art. 4-XIII)* **Les obligations d'assurance prévues aux articles L. 241-1, L. 241-2 et L. 242-1 du code des assurances, reproduits aux articles L. 111-28, L. 111-29 et L. 111-30 du présent code, sont limitées dans des conditions définies par l'article L. 243-1-1 du code des assurances reproduit ci-après :**

Art. L. 243-1-1 I. — Ne sont pas soumis aux obligations d'assurance édictées par les articles L. 241-1, L. 241-2 et L. 242-1 les ouvrages maritimes, lacustres, fluviaux, les ouvrages d'infrastructures routières, portuaires, aéroportuaires, héliportuaires, ferroviaires, les ouvrages de traitement de résidus urbains, de déchets industriels et d'effluents, ainsi que les éléments d'équipement de l'un ou l'autre de ces ouvrages.

Les voiries, les ouvrages piétonniers, les parcs de stationnement, les réseaux divers, les canalisations, les lignes ou câbles et leurs supports, les ouvrages de transport, de production, de stockage et de distribution d'énergie, les ouvrages de stockage et de traitement de solides en vrac, de fluides et liquides, les ouvrages de télécommunications, les ouvrages sportifs non couverts, ainsi que leurs éléments d'équipement, sont également exclus des obligations d'assurance mentionnées au premier alinéa, sauf si l'ouvrage ou l'élément d'équipement est accessoire à un ouvrage soumis à ces obligations d'assurance.

II. — Ces obligations d'assurance ne sont pas applicables aux ouvrages existants avant l'ouverture du chantier, à l'exception de ceux qui, totalement incorporés dans l'ouvrage neuf, en deviennent techniquement indivisibles.

Les dispositions issues de l'art. 4 de l'Ord. n° 2005-658 du 8 juin 2005 ne s'appliquent qu'aux marchés, contrats ou conventions conclus après la publication de ce texte [JO 9 juin] (Ord. préc., art. 5).

COMMENTAIRE

L'ordonnance du 8 juin 2005 réduit le domaine de l'assurance obligatoire, en proposant une liste limitative des ouvrages de génie civil exclus de l'obligation d'assurance et en écartant les existants du champ d'application de l'obligation d'assurance.

Une limite est cependant apportée au principe de l'exclusion des existants. Ils relèvent de l'assurance obligatoire lorsqu'ils sont totalement incorporés dans l'ouvrage neuf, ce qui laisse supposer une prédominance de l'ouvrage neuf sur l'existant, et en deviennent techniquement indivisibles, c'est-à-dire indissociables de l'ouvrage neuf. Il est à noter qu'une convention du 8 septembre 2005, élaborée par l'État, des représentants des assureurs, et des représentants des maîtres d'ouvrage, a formalisé l'engagement de la profession des assureurs à apporter aux maîtres d'ouvrage qui font exécuter des travaux, une garantie dommage aux existants hors du champ de l'assurance obligatoire. ❑

L'indissociabilité des ouvrages neufs et des ouvrages existants est la condition unique de l'application de l'assurance obligatoire aux ouvrages existants. • Civ. 3e, 5 juill. 2006 : *Bull. civ. III, n° 167 ; RDI 2006. 429, obs. Leguay.*

Art. L. 111-33 Les personnes soumises aux obligations prévues par les articles L. 241-1 à L. 242-1 du code des assurances, reproduits aux articles L. 111-28 à L. 111-30, doivent être en mesure de justifier qu'elles ont satisfait auxdites obligations.

Lorsqu'un acte intervenant avant l'expiration du délai de dix ans prévu à l'article *(L. nº 2008-561 du 17 juin 2008, art. 19)* « 1792-4-1 » du code civil, reproduit à l'article *(L. nº 2009-526 du 12 mai 2009, art. 11-II)* « L. 111-18 », a pour effet de transférer la propriété ou la jouissance du bien, quelle que soit la nature du contrat destiné à conférer ces droits, à l'exception toutefois des baux à loyer, mention doit être faite dans le corps de l'acte ou en annexe de l'existence ou de l'absence d'assurance. – *V. C. assur., art. L. 243-2.* – ***C. assur.***

1. Date de la justification. La justification de l'assurance doit être faite dans le corps de l'acte ou en annexe. Elle ne peut donc être tenue pour suffisante si elle n'est apportée qu'à la date de l'acte translatif. • Civ. 3e, 18 févr. 2004 : *Bull. civ. III, nº 34 ; RDI 2004. 158, note Leguay ; Constr.-Urb. 2004, nº 78, obs. Pagès-de Varenne.*

2. Responsabilité du notaire. Le notaire a l'obligation de vérifier l'exactitude des déclarations du vendeur qui font état de la souscription effective de l'assurance dommages-ouvrage. A cet égard, il ne peut se contenter d'une attestation d'assurance dommages-ouvrage émanant d'un courtier et remise par le vendeur. • Com. 12 oct. 2004 : *RCA 2004, nº 374 ; RDI 2004. 519, note Leguay.* ♦ Le notaire instrumentaire a l'obligation de vérifier si les vendeurs, qui avaient construit l'immeuble, avaient souscrit l'assurance de dommages obligatoire et, dans le cas où ceux-ci n'auraient pas satisfait à cette obligation, de faire mention de l'absence de cette assurance. • Civ. 1re, 18 janv. 2005 : *RCA 2005, nº 98.* ♦ Ne satisfait pas aux obligations qui lui incombent le notaire qui se contente de mentionner l'attestation d'assurance dans l'acte de vente, sans vérifier l'exactitude de la déclaration du vendeur faisant état de la souscription effective d'une police dommages-ouvrage. • Civ. 3e, 28 mai 2009 : *Constr.-Urb. 2009, Repère 10, note Pagès-de Varenne ; RDI 2009. 433, obs. Dessuet ; RCA 2009, nº 220.* ♦ La responsabilité du notaire peut être recherchée pour faute prouvée sur le fondement de l'article 1382 du code civil, au-delà de l'obligation qui lui est impartie par l'article L. 111-33. • Civ. 1re, 9 déc. 2010 : *Bull. civ. I, nº 255 ; RDI 2011. 119, note Dessuet ; Constr.-Urb. 2011, nº 29, obs. Pagès-de Varenne.* ♦ Si l'acte de vente se borne à informer les acquéreurs des risques encourus en cas de défaut d'assurance mais ne leur permet pas de savoir si l'assurance de dommages obligatoire a été souscrite, la responsabilité du notaire est engagée sur le double fondement des art. 1382 C. civ. et L. 243-2 C. assur. • Civ. 3e, 12 juin 2012, nº 11-18.277 : *RDI 2012. 459, note Noguéro.*

Art. L. 111-34 Quiconque contrevient aux dispositions des articles L. 241-1 à L. 242-1 du code des assurances, reproduits aux articles L. 111-28 à L. 111-30, sera puni d'un emprisonnement de six mois et d'une amende de 75 000 € ou de l'une de ces deux peines seulement.

Les dispositions de l'alinéa précédent ne s'appliquent pas à la personne physique construisant un logement pour l'occuper elle-même ou le faire occuper par son conjoint, ses ascendants, ses descendants ou ceux de son conjoint. – *V. C. assur., art. L. 243-3.* – ***C. assur.***

Art. L. 111-35 Toute personne assujettie à l'obligation de s'assurer qui, ayant sollicité la souscription d'un contrat auprès d'une entreprise d'assurance dont les statuts n'interdisent pas la prise en charge du risque en cause en raison de sa nature, se voit opposer un refus, peut saisir un bureau central de tarification dont les conditions de constitution et les règles de fonctionnement sont fixées par décret en Conseil d'État.

Le bureau central de tarification a pour rôle exclusif de fixer le montant de la prime moyennant laquelle l'entreprise d'assurance intéressée est tenue de garantir le risque qui lui a été proposé. Il peut déterminer le montant d'une franchise qui reste à la charge de l'assuré. – *V. C. assur., art. L. 243-4.* – ***C. assur.***

BIBL. ▶ J.-J. De Bresson, *RDI 1989. 317* (un organe méconnu, le Bureau central de tarification de l'assurance construction). – J. Moreau, *RGAT 1990. 11* (les autorités administratives indépendantes dans le domaine des assurances).

JURISPRUDENCE JUDICIAIRE

1. Syndic de copropriété auquel est reproché un défaut d'assurance de dommages obligatoire. • Paris, 25 mars 1988 : *RGAT 1989. 603.*

2. Pour la relaxe du mandataire d'un groupement de constructeurs. • Paris, 5 nov. 1991 : *JCP 1992. IV. 667 ; RDI 1992. 230.*

3. Le délit de défaut de souscription de l'assurance de dommages à l'ouvrage est instantané et commence à se prescrire à l'ouverture du chantier. • Crim. 9 déc. 1992 : *Bull. crim. nº 412 ; RDI 1993. 243.*

JURISPRUDENCE ADMINISTRATIVE

4. Le bureau central de tarification n'est pas une juridiction mais un organe administratif dont les décisions sont simplement soumises à recours pour excès de pouvoir. • CE 7 nov. 1984, *Coteba : Lebon 351 ; RDI 1985. 79, obs. Durry.*

5. Il ne résulte d'aucune disposition législative ou réglementaire ni d'aucun principe général du droit que le bureau central de tarification de l'assurance construction, lorsqu'il est saisi par une personne assujettie à l'obligation d'assurance soit dans l'obligation de convoquer la personne qui l'a saisi ou son représentant et d'établir le montant de la prime considérée selon une procédure contradictoire. • CE 29 janv. 1988, *SARL Comptoir du bâtiment de Montamise : Lebon 42 ; D. 1988. Somm. 262, obs. Llorens.*

6. Il ne résulte ni des dispositions du code de l'assurance ni d'aucune autre disposition législative que, dans le cas où elles n'auraient formulé leur demande qu'après l'engagement des travaux, celles des personnes auxquelles l'entreprise d'assurance sollicitée a opposé un refus, seraient privées de la possibilité d'obtenir du bureau central de tarification qu'il fixe le montant de la prime afférente au risque proposé, dès lors que le seul fait de l'engagement des travaux ne rend pas certaine la survenance d'un dommage, ni impossible l'évaluation de l'aléa. Commet dès lors une erreur de droit, le bureau central de tarification qui écarte la demande d'une société pour l'unique motif que les travaux faisant l'objet de la demande avaient déjà commencé. • CE 19 janv. 1998, *SNC Grand Littoral,* req. nº 182447 : *Lebon 16 ; RDI 1998. 118, note Leguay ; ibid. 248, note Llorens et Terneyre.*

Art. L. 111-36 **Est nulle toute clause des traités de réassurance tendant à exclure certains risques de la garantie de réassurance en raison de la tarification adoptée par le bureau central de tarification.** – *V. C. assur., art. L. 243-5.* – ***C. assur.***

Art. L. 111-37 **Toute entreprise d'assurance qui maintient son refus de garantir un risque dont la prime a été fixée par le bureau central de tarification est considérée comme ne fonctionnant plus conformément à la réglementation en vigueur et encourt le retrait de l'agrément administratif prévu par l'article L. 321-1 du code des assurances.** – *V. C. assur., art. L. 243-6.* – ***C. assur.***

Art. L. 111-38 **Les dispositions de l'article L. 113-16 et du deuxième alinéa de l'article L. 121-10 du code des assurances ne sont pas applicables aux assurances obligatoires prévues par le titre IV du livre II du code des assurances repris aux articles L. 111-28 à L. 111-39.**

Les victimes des dommages prévus par les sections V, VI, VII et VIII ont la possibilité d'agir directement contre l'assureur du responsable desdits dommages si ce dernier est en règlement judiciaire ou en liquidation de biens. – *V. C. assur., art. L. 243-7.* – ***C. assur.***

1. Sous le régime antérieur à celui de la loi du 4 janv. 1978 : action directe de la victime en application de l'art. 53 de la loi du 16 juill. 1930, repris par art. L. 124-3 C. assur. • Civ. 1re, 18 janv. 1977 : *Bull. civ. I, nº 31* • Civ. 3e, 10 janv. 1979 : *Bull. civ. III, nº 12.*

2. Toujours en matière d'action directe, dans le cas où la victime est en état de faillite ou de règlement judiciaire. • Cass., Ch. mixte, 15 juin 1979 : *Bull. civ., nºs 1 et 2 ; D. 1979. 561, note Derrida (2 arrêts).* ♦ L'assureur ne peut donc opposer les règles de la procédure collective pour échapper à l'action directe de la victime. • Com. 25 mars 1997 : *Bull. civ. IV, nº 78 ; JCP 1997. IV. 1067* • Civ. 3e, 12 mai 2004 : *Bull. civ. III, nº 92 ; Constr.-Urb. 2004, nº 138, obs. Pagès-de Varenne.*

Art. L. 111-39 **Tout contrat d'assurance souscrit par une personne assujettie à l'obligation d'assurance en vertu de la présente section est, nonobstant toute clause contraire, réputé comporter des garanties au moins équivalentes à celles figurant dans**

les clauses types prévues par l'article L. 310-7 du code des assurances *[devenu l'art. L. 111-4]. – V. C. assur., art. L. 243-8.* – **C. *assur.***

Sur la notion d'altération du contenu ou de la portée des clauses types au sens de l'art. A. 243-1 C. assur., V. • Civ. 3e, 17 juin 1992 : *RDI 1992. 355*. ♦ Mais, l'entre-preneur ne peut être assuré que pour le secteur d'activités qu'il a déclaré, V. • Civ. 1re, 29 avr. 1997 : *RJDA 1997. 710* • 28 oct. 1997 : *D. 1997. IR 245*.

SECTION IX DISPOSITIONS COMMUNES

Art. L. 111-40 **Des décrets en Conseil d'État fixent les modalités d'application des sections V, VI, VII et VIII, hormis les articles L. 111-21 et L. 111-22.**

– V. art. R. 111-1 à R. 111-42.

Art. L. 111-41 **Les dispositions des articles L. 111-11 à** *(L. no 2009-526 du 12 mai 2009, art. 11-II)* **« L. 111-18 » et L. 111-23 à L. 111-39, telles qu'elles résultent de la loi no 78-12 du 4 janvier 1978, entrent en vigueur au 1er janvier 1979 et s'appliquent aux contrats relatifs aux chantiers dont la déclaration réglementaire d'ouverture est établie après cette date.**

CHAPITRE II DISPOSITIONS SPÉCIALES

COMMENTAIRE

Sous cet intitulé, le chapitre II comporte le rappel de dispositions issues de législations diverses, parfois fort anciennes, qui viennent limiter le droit de construire un bâtiment ou d'effectuer des travaux sur un bâtiment existant ou, parfois, viennent garantir les droits des occupants des constructions existantes. Outre son caractère disparate puisqu'il rappelle aussi bien des servitudes de droit privé que des servitudes administratives, le contenu de ce chapitre est surtout très incomplet ; il est en effet loin d'énumérer l'ensemble des dispositions spéciales qui, en dehors des règles d'urbanisme, sont à prendre en considération pour la construction de bâtiments.

SECTION PREMIÈRE CONSTRUCTION EN BORDURE DE VOIE

COMMENTAIRE

La lutte pour la préservation de l'emprise des voies publiques contre l'empiétement des constructions semble s'être déclenchée dès l'apparition des villes. Déjà au VIe siècle avant notre ère, Hippias « fit démolir tous les éléments des maisons formant saillie au-dessus des rues d'Athènes » et la Rome impériale devait instituer « une servitude d'alignement destinée à obtenir une rectification du tracé des rues au moyen du reculement » (J.-L. HAROUEL, Histoire de l'urbanisme, *Que sais-je ?, PUF, 5e éd.*). Les dispositions des articles L. 112-1 à L. 112-4 répondent aux mêmes préoccupations.

Art. L. 112-1 **Conformément à l'article L. 112-5 du code de la voirie routière** *[V.* ***CGPPP****, vo Voirie]* **et à l'article 52 de la loi du 16 septembre 1807, aucune construction ne peut être élevée en bordure d'une voie publique sans être conforme à l'alignement.**

BIBL. ► BIJOU, *Ét. fonc. 1990, n° 47, p. 8* (POS et alignement) ; *AJPI 1997. 550* (à propos de l'alignement). – M.-O. AVRIL, Le droit et la route, *Annales de la voirie*. – DEFOUG, *Vie cnale et dptale, oct. 1987. 241* (l'alignement des voies communales). – FOULQUIER, La procédure d'alignement à l'épreuve de la Convention européenne des droits de l'homme, *JCP N 2007. 1063*. – LIET-VEAUX, *Revue Géomètres, juin 1997. 38* (les procédures d'alignement). – PÉRIGNON, *Droit et Ville 1982, n° 14, p. 63* (les emplacements réservés à la voirie publique). – RICARD, Le permis de construire, *Éd. du Moniteur, 5e éd. 2007*.

COMMENTAIRE

L'alignement détermine la limite entre le domaine public routier de l'État ou des collectivités territoriales et les propriétés riveraines et résulte, en principe, d'un plan d'alignement approuvé par la personne publique propriétaire de la voie. Ce plan général emporte des effets juridiques sévères sur le droit de propriété des riverains, variables selon que ce droit porte sur un terrain nu ou sur un immeuble bâti ou clos de murs.

Dans le premier cas, la publication du plan prévoyant un redressement ou un élargissement de la voie a un effet translatif de propriété immédiat des terrains concernés, l'ancien propriétaire ne détenant qu'un droit de créance correspondant à une indemnité dont le montant est fixé à l'amiable, ou comme en matière d'expropriation (V. art. L. 112-2 C. voirie, *in* **C. adm.**).

Dans le second cas, immeuble bâti ou clos de mur, le plan institue une servitude de reculement qui a pour objet d'interdire toute nouvelle construction ou tout travail confortatif et pour effet, en provoquant la ruine du bâtiment, d'opérer à terme le transfert de propriété du bien moyennant une indemnité égale à la valeur du terrain nu. Bien entendu, que le transfert de propriété soit immédiat ou non, la prise de possession par la collectivité de l'immeuble frappé d'alignement est subordonnée au paiement de l'indemnité.

L'alignement individuel, dont la délivrance est de droit, constate les limites du domaine public routier au droit de la propriété du demandeur, en application des dispositions du plan s'il en existe un, à partir de la situation de fait dans l'hypothèse inverse. Dans tous les cas, la fixation des limites du domaine public procède toujours d'une décision administrative unilatérale et non du bornage amiable ou judiciaire prévu par l'article 646 du code civil.

Le régime juridique de l'alignement a retrouvé son unité avec la disparition, depuis la loi SRU du 13 décembre 2000, du régime concurrent des alignements fixés par le POS (ancien art. R. 123-32-1 C. urb.). Si le décret n° 2001-260 du 27 mars 2001 a rétabli la solution antérieure soumettant l'alignement aux seuls plans généraux, ceci n'exclut pas que les POS et le PLU comportent des clauses prévoyant des distances à respecter pour tout constructeur et aménageur par rapport aux voies publiques (et d'ailleurs également privées). Ainsi subsistent deux régimes différents : l'un attributif dépendant du plan d'alignement et l'autre seulement opposable aux autorisations relevant du droit de l'urbanisme.

L'alignement doit être soigneusement distingué de la marge de recul : le premier trace la limite du domaine public routier, tandis que la seconde fixe le retrait des constructions par rapport à cette limite (ou, parfois, l'axe de la voie) et constitue non une règle de protection domaniale mais une règle d'urbanisme.

Permis de construire et alignement entretiennent des relations qui peuvent paraître complexes. En vertu du principe de l'indépendance des législations, la délivrance de l'alignement ne tient pas lieu de permis de construire et, inversement, la délivrance du permis de construire ne vaut pas arrêté d'alignement. De plus, aucune disposition législative ou réglementaire ne subordonne l'instruction et la délivrance du permis de construire à la production d'un arrêté d'alignement, même si l'obtention de ce dernier constitue une sécurité pour le constructeur. L'adjonction de l'imprimé de demande d'alignement dans le formulaire de demande de permis de construire ne vise qu'à simplifier les formalités pour le demandeur.

Sur le fond du droit, le permis de construire ne peut être délivré que si le projet est conforme à l'alignement : il en résulte qu'une emprise sur l'alignement doit conduire à un refus du permis de construire et que la délivrance de ce dernier laisse présumer la conformité de la construction avec l'alignement (V. également, commentaire ss. art. L. 112-4 et les observations sur les règles de distance prévues dans les documents d'urbanisme ci-dessus alinéa 5). ❑

1. Domaine de l'alignement. Le régime de l'alignement ne s'applique qu'aux voies publiques, à l'exclusion des voies privées. • CE 4 mai 1877, *Cne de Rouez : Lebon 413.* ♦ ... Au nombre desquelles figurent les chemins ruraux. • Civ. 11 avr. 1902 : *DP 1904. 1. 234.* ♦ Il s'applique à une zone de stationnement et à un trottoir qui sont la dépendance d'une voie publique. • CAA Douai, 29 janv. 2004 : *req. nº 01DA00923.*

2. Effets des plans d'alignement. La jurisprudence limite les effets du plan d'alignement à l'effacement « des plis et des coudes », c'est-à-dire à des rectifications de tracé. Le plan d'alignement ne peut être ainsi utilisé pour la création de voies nouvelles. • CE 12 déc. 1913, *Escande : Lebon 1238.* ♦ Il ne peut être utilisé pour procéder à un élargissement excessif de la voie existante. • CE 12 févr. 1956, *Montarnel : Lebon 780* • 24 juill. 1987, *Cne de Sannat : Lebon 1030.* ♦ Ni pour déplacer sensiblement l'axe de la voie. • CE 18 juin 1975, *Koenig : Lebon 1215* • 26 févr. 1975, *Moaty : Lebon 1340.* ♦ Ni lorsqu'il affecte l'immeuble sur une trop grande profondeur. • CE 2 juin 1905, *Ville de Vannes : Lebon 498.* ♦ Ni s'il devait avoir pour effet d'en bouleverser l'aménagement intérieur. • CE 16 nov. 1983, *Tribier : Lebon 458.* ♦ N'a pas le caractère d'un plan d'alignement, un plan de classement des voies. • CAA Lyon, 21 oct. 2003 : *req. nº 99LY02410.*

3. Transfert de propriété. Lors du transfert de propriété, l'indemnité due est, à défaut d'accord amiable, fixée et payée comme en matière d'expropriation et peut inclure une indemnité de remploi. • Civ. 3e, 23 oct. 1991 : *Dr. adm. 1991, nº 484.* ♦ Le transfert de propriété précipité par une destruction de l'immeuble bâti imputable à un tiers ne fait pas obstacle à l'obtention d'une indemnité réparatrice du préjudice subi, sur le fondement général des art. 1382 s. C. civ. • Civ. 2e, 1er avr. 1963 : *D. 1963. 453* • 8 avr. 1970 : *D. 1971. Somm. 30.*

4. Alignement et POS. Les nouvelles caractéristiques de la voie qui se substituent à l'alignement en application de l'art. R. 123-32-1 C. urb. ancien, doivent résulter du POS publié ou approuvé. • CE 25 mai 1990, *Rodriguez : Lebon 1358* • 8 juin 1990, *Assoc. pour la sauvegarde du patrimoine martiniquais : RFDA 1991. 676.* ♦ Mais il a été jugé que la délimitation d'un emplacement réservé ne pouvait être regardée comme un alignement nouveau au sens de ce texte. • CE 12 avr. 1995, *Laflorentie : Lebon 1102 ; RD publ. 1996. 305.* ♦ Également jugé que les dispositions du plan d'alignement priment les alignements nouveaux résultant du POS tant que ne s'est pas écoulé le délai d'un an prévu par l'art. L. 126-1 C. urb., à l'issue duquel les servitudes cessent d'être opposables au demandeur d'un permis de construire. • CAA Paris, 19 mai 1998, *METL : Lebon T. 1220 ; Constr.-Urb. 1998. nº 426, obs. Larralde.* ♦ V. également commentaire ss. art. L. 112-1.

5. Alignement individuel. La délivrance de l'alignement individuel est de droit et l'administration engage sa responsabilité en s'y refusant. • CE 15 févr. 1939, *Corniquet : Lebon 95* • 20 févr. 1935, *Vve Dejoie : Lebon 232* • 7 nov. 1934, *Pelado : Lebon 1030.* ♦ L'arrêté d'alignement est un acte déclaratif et recognitif, non créateur de droits. • CE 19 nov. 1980, *Giraud : Lebon 941 ; AJDA 1981. 90.* ♦ ... Et ne préjudicie pas de la propriété du sol. • CAA Bordeaux, 31 juill. 2003 : *req. nº 99BX02868.* ♦ Ce caractère justifie qu'en l'absence de tout fait nouveau le maire puisse refuser de délivrer un nouvel arrêté portant sur un objet identique. • CE 16 nov. 1977, *Tronchon : Lebon 1012.* ♦ Il est délivré conformément aux dispositions du plan d'alignement. • CE 18 févr. 1931, *Pinot : Lebon 196.* ♦ Ou, à défaut, en s'appuyant sur les limites de fait de la voie publique. • CE 28 avr. 1989, *Jouvenel : Dr. adm. 1989, nº 372.* ♦ L'alignement doit être fixé dans le respect des limites réelles dans la mesure où un plan d'alignement n'a pas été régulièrement établi. • CE 22 avr. 1992, *Mathey : req. nº 67132.* ♦ L'alignement individuel n'emporte aucun effet sur le droit de propriété. • CE 18 mars 1998, *Basset : req. nº 171751.* ♦ Est donc illégal l'arrêté d'alignement qui impose un retrait de la propriété du riverain. • CE 26 mai 2004, *Joubert,* req. nº 249157 : *Lebon T. 915 ; JCP Adm. 2004. 1446, obs. Moreau.* ♦ A défaut de plan d'alignement, l'arrêté individuel ne peut constater que les limites de fait de la voie publique. Il appartient ainsi de tenir compte d'une clôture récemment implantée qui constituait une limite matériellement identifiée. • CE 28 juill. 2004, *M. Yves X. : req. nº 260608.*

6. Alignement et permis de construire. Ces dispositions n'ont ni pour objet ni pour effet d'obliger le pétitionnaire à joindre un arrêté individuel d'alignement à sa demande de permis de construire ni d'imposer à l'autorité compétente de prescrire au pétitionnaire de demander un tel arrêté. • CAA Bordeaux, 6 févr. 2007, *Henri Z. : req. no 04BX00167.* ◆ La méconnaissance de l'alignement est une cause de refus ou d'illégalité du permis de construire. • CE 28 mai 1971 : *Lebon 422* • 27 oct. 1965 : *Lebon 559.* ◆ Un permis de construire délivré « sous réserve d'alignement » contraint à solliciter un alignement susceptible de paralyser la mise en œuvre du permis. • CE 27 févr. 1981, *Pras : Lebon 971.* ◆ L'empiétement d'une construction sur le domaine public routier est constitutif d'une contravention de petite voirie. • Crim. 15 oct. 1958 : *Bull. crim. no 628.* ◆ La démolition d'une telle construction peut être ordonnée par l'administration en cas d'urgence. • CE 24 févr. 1945, *Renard : Lebon 362.* ◆ La démolition peut également être ordonnée par le juge judiciaire si la construction fait obstacle à l'exécution du plan d'alignement. • Civ. 24 juin 1955 : *D. 1956. 1. 57, note Mousarrat.*

Art. L. 112-2 Conformément à l'article *(Ord. no 2010-1307 du 28 oct. 2010, en vigueur le 1er déc. 2010)* **« L. 2231-3 du code des transports », la même obligation s'impose aux riverains des chemins de fer.**

COMMENTAIRE

L'article 3 de la loi du 15 juillet 1845 institue plusieurs servitudes destinées à assurer la préservation et la sécurité des installations ferroviaires dont la méconnaissance est constitutive d'une contravention de grande voirie. D'une façon générale, est interdite toute construction, autre qu'un mur de clôture, à moins de deux mètres de l'emprise de la voie lorsque celle-ci est matérialisée ou, à défaut, à moins d'un mètre cinquante « des rails extérieurs de la voie de fer ». Ce texte ancien a été récemment codifié à l'article L. 2231-3 du code des transports. ❑

Pour une application de la marge de recul à partir de la ligne fictive située à 1,50 m du rail extérieur. • CE 10 déc. 1990, *Cne de Montigny-sur-Loing : req. no 101783.* ◆ Lorsque la construction a été édifiée en deçà de la bande de deux mètres prévue par l'art. 5 de la loi du 15 juill. 1845 avant sa promulgation elle peut être l'objet de travaux confortatifs, mais non d'une reconstruction partielle ou totale. • CE 30 déc. 1996, *Goudeau*, req. no 148174 *Lebon 521*.

Art. L. 112-3 Conformément à l'article 3 du décret du 26 mars 1852 sur les rues de Paris, à Paris et dans les villes où cette obligation a été étendue par décret ou décision administrative, tout constructeur d'immeuble est tenu de se conformer à l'alignement et au nivellement de la voie publique au-devant de son terrain.

V., pour la voirie communale en général, Décr. no 64-262 du 14 mars 1964. — Pour la voirie départementale, V. Arr. du 30 mars 1967, 2e partie, art. 2-7o, mod. par Arr. du 25 août 1974 (JO 4 sept.). — Circ. 29 déc. 1964 (JO 10 mars 1965, p. 1926). — La technique du nivellement avait été instituée par l'article 3 d'un décret du 26 mars 1852, article abrogé par l'article 5 de la loi no 89-413 du 22 juin 1989, relative au code de la voirie routière.

COMMENTAIRE

Le décret impérial du 26 mars 1852 relatif aux rues de Paris a institué un permis (implicite) de bâtir en prévoyant, outre l'obligation rappelée par l'article L. 112-3, celle « d'adresser à l'administration un plan et des coupes cotées des constructions (projetées) et de se soumettre aux prescriptions qui seront faites dans l'intérêt de la sécurité publique et de la salubrité ». La doctrine y voit l'un des ancêtres de l'actuel permis de construire. ❑

Art. L. 112-4 Conformément à l'article L. 112-5 du code de la voirie routière *[V.* ***CGPPP****, vo Voirie]*, **il est interdit de faire aucune construction en saillie empiétant sur la voie publique sans délivrance d'une permission de voirie, les bâtiments neufs devant, sans cela, en bordure de la voie publique être construits droit de la base au sommet et ceux édifiés en infraction de cette disposition pouvant être démolis.** *— Comp. : C. voirie, art. L. 112-5,* ***CGPPP****, vo Voirie.*

COMMENTAIRE

Des dérogations au principe interdisant de construire en méconnaissance de l'alignement peuvent être accordées pour des motifs esthétiques ou utilitaires et pour permettre la création de saillies sur le domaine public. Il en va ainsi, par exemple, des balcons, des auvents et marquises, des appuis de croisées, bandeaux publicitaires, enseignes lumineuses, descentes d'eau, etc. Ces dérogations sont fixées par un « arrêté portant règlement de voirie » (art. R. 112-3, C. voirie) pris par l'organe compétent de la collectivité propriétaire de la voirie.

1. Une construction est conforme à l'alignement si elle est implantée en retrait des limites de la voie publique, sauf interdiction d'un tel retrait. • CE 27 oct. 1965, *Blagny : Lebon 559*.

2. L'installation d'un ouvrage en saillie sans autorisation constitue une contravention de petite voirie. • Crim. 13 juin 1974 : *Bull. crim. n° 221 ; D. 1974. IR 184.*

3. Un riverain ne peut contester le refus qui lui est opposé, sauf s'il remplit les conditions d'une dérogation prévue par le règlement de voirie. • CE 23 nov. 1973, *Cazaux : Lebon 666*.

4. La jurisprudence qui autorisait la perception de droits de voirie à l'occasion de l'implantation d'un ouvrage en saillie paraît avoir été abandonnée. • CE 5 mai 1993, *Cne de Montrouge : LPA 30 sept. 1994, p. 7.* ♦ Sur la validation des droits par la loi du 12 avr. 1996, V. • CAA Bordeaux, 10 avr. 2001, *Cne de Bordeaux,* req. n° 98BX00332 : *AJDI 2001. 909, obs. Maublanc*.

5. Le moyen tiré de la violation des dispositions de l'art. L. 112-4 prohibant, en l'absence d'une permission de voirie, toute construction en saillie empiétant sur la voie publique doit être écarté dès lors que la voie en cause est une voie privée. • CE 6 juin 1997, *Sté gén. imm. Pascal Pessiot international : req. n° 133809.*

SECTION II SONDAGES ET TRAVAUX SOUTERRAINS

Art. L. 112-5 *(Ord. n° 2011-91 du 20 janv. 2011, art. 5, en vigueur le 1er mars 2011)* **Les dispositions relatives à la déclaration obligatoire préalable à tout sondage, ouvrage souterrain ou travail de fouille figurent à l'article L. 411-1 du code minier** *[V.* ***C. adm.****].*

BIBL. ► B. et F.-X. BOUSSAGEON, L'exploitation des carrières. Nouveaux régimes juridique, réglementaire et fiscal, *éd. Eska, 2004*. – LÉVY, *RD publ. 1982. 5 s.* (évolution et problèmes actuels du droit minier). – PERSONNAZ, Droit des mines, *Litec, 1958*. – PERSONNAZ et VERRIER, *J.-Cl. adm., fasc. 370 s.* (droit des mines). – POLLET, *J.-Cl. adm., fasc. 390* (servitudes administratives). – PRIEUR, Droit de l'environnement, *Dalloz, 5e éd. 2003*. – PRIEUR et HENRIOT, *éd. Moniteur, 1979, p. 306* (servitudes de droit public et de droit privé). – SACHS, Le contrôle de l'utilité publique des servitudes administratives, *Economica 1984*. – DE BIEUSSES, Les servitudes administratives, *Berger-Levrault 1976*.

Art. L. 112-6 *(Ord. n° 2011-91 du 20 janv. 2011, art. 5, en vigueur le 1er mars 2011)* **Les dispositions relatives aux modalités de la surveillance administrative des sondages, ouvrages souterrains ou travaux de fouille mentionnés l'article L. 112-5 ainsi que les pouvoirs des autorités administratives habilitées à effectuer cette surveillance figurent à l'article L. 412-1 du code minier***[V.* ***C. adm.****].*

Art. L. 112-6-1 *(Ord. n° 2011-91 du 20 janv. 2011, art. 5, en vigueur le 1er mars 2011)* **Le régime applicable en matière de publicité aux renseignements recueillis au moyen des sondages, des ouvrages souterrains ou des travaux de fouille mentionnés l'article L. 112-5 ainsi qu'aux documents qui en font état figure à l'article L. 413-1 du code minier** *[V.* ***C. adm.****].*

Art. L. 112-7 **Conformément à l'article L. 531-14 du code du patrimoine, lorsque, par suite de travaux ou d'un fait quelconque, des monuments, des ruines, substructions, mosaïques, éléments de canalisation antique, vestiges d'habitation ou de sépulture anciennes, des inscriptions ou généralement des objets pouvant intéresser la préhistoire, l'histoire, l'art, l'archéologie ou la numismatique sont mis à jour, l'inventeur de ces**

vestiges ou objets et le propriétaire de l'immeuble où ils ont été découverts sont tenus d'en faire la déclaration immédiate au maire de la commune qui doit la transmettre sans délai au représentant de l'État dans le département. Celui-ci avise le ministre chargé des recherches archéologiques ou son représentant. Le propriétaire de l'immeuble est responsable de la conservation provisoire des monuments, substructions ou vestiges de caractère immobilier découverts sur ses terrains. Le dépositaire des objets assume à leur égard la même responsabilité. – *V. C. patr. in* ***C. adm.***

BIBL. ► BOUYSSOU, *LPA 22 mars 2001* (les redevances d'archéologie préventive). – ETCHEGARAY, L'archéologie préventive : quelle réforme ?, *Constr.-Urb. 2000, Chron. n° 3.* – GALAN, Les redevances d'archéologie préventive : une nouvelle stratification de la fiscalité de l'urbanisme, *JCP N, 26 oct. 2001, p. 1582.* – SOLER-COUTEAUX, L'indemnisation du préjudice du fait des fouilles archéologiques, *Constr.-Urb. 2003, nos 7 et 8.*

COMMENTAIRE

Le présent article est la reproduction partielle de l'article 14 de la loi du 27 septembre 1941. Celle-ci a été profondément remaniée et complétée par la loi 2001-44 du 17 janvier 2001 *(JO 18 janv.)* qui, outre l'institution d'une redevance, a posé le statut de l'archéologie préventive : elle a, notamment, introduit un article 18-1 écartant, pour les vestiges archéologiques immobiliers, la présomption de l'article 552 du code civil selon lequel la propriété du dessus emporte celle du dessous. Ce texte a lui-même été retouché par la loi 2003-707 du 1er août 2003 qui fait peser sur l'aménageur l'obligation de réaliser les opérations de fouilles et supprime le monopole de l'institut national de recherches archéologiques préventives (INRAP) pour leur exécution. Celle-ci peut désormais être assurée par un service archéologique territorial ou par toute personne publique ou privée agréée par l'État. En outre, la redevance, dont le mode de calcul est simplifié, est due même en l'absence de toute prescription d'archéologie préventive, la délivrance de l'autorisation de travaux ou l'absence d'opposition en constituant le fait générateur. ❑

1. La loi du 27 sept. 1941 réglemente les fouilles archéologiques et permet, notamment, aux autorités administratives de prendre les mesures nécessaires à l'organisation de ces fouilles. Néanmoins, ce pouvoir entraîne, pour le propriétaire du terrain concerné, un droit à réparation fondé sur la responsabilité sans faute de l'État lorsque le droit de visite entraîne un préjudice spécial et anormal. • CE, sect., 8 déc. 1981, *Min. de la Culture et de la Communication c/ Compagnie d'aménagement et de promotion immobilière : Lebon 478 ; AJDA 1982, n° 32, p. 261, concl. Stirn ; D. 1983. IR 134, obs. Moderne et Bon* • 20 janv. 1989, *Min. de la Culture c/ SCI Villa Jacob : Lebon 23 ; D. 1990. Somm. 303, obs. Bon et Ph. Teyneyre ; Dr. adm. n° 145.* ♦ La privation momentanée de la jouissance du terrain ouvre droit à indemnisation. • CAA Douai, 6 juin 2002 : *req. n° 99DA00150.*

2. Sur l'indemnité due par l'État en raison du décalage des travaux dans le temps, V. • CE 25 mars 1991, *Min. de la Culture c/ SCI La Cardinale : Lebon T. 1061 ; LPA 17 janv. 1992, concl. Abraham.*

3. Les sondages d'évaluation archéologique sont subordonnés à une autorisation délivrée par le préfet de région. En l'absence de cette autorisation, l'arrêté préfectoral autorisant l'occupation temporaire de terrains en vue d'y effectuer des sondages est illégal. • CE 11 juin 1999, *Gaschignard : req. n° 177970.*

4. Sur la nature juridique des prescriptions d'archéologie préventive imposées par le préfet, V. • CE 30 avr. 2003, *UNICEM*, req. n° 244139 : *Lebon 191 ; BJDU 2003. 344, concl. Mitjavile ; AJDA 2003. 1508, note Frier.*

SECTION III SERVITUDES DE MITOYENNETÉ

COMMENTAIRE

La densification de la ville voulue par la loi SRU, et la proximité qu'elle sous-tend, pourrait raviver les conflits de voisinage nés de la mitoyenneté et de l'existence de vues. ❑

Art. L. 112-8 **Ainsi qu'il est dit à l'article 657 du code civil :**

"Tout propriétaire peut faire bâtir contre un mur mitoyen, et y faire placer des poutres ou solives dans toute l'épaisseur du mur, à cinquante-quatre millimètres [deux pouces] près, sans préjudice du droit qu'a le voisin de faire réduire à l'ébauchoir la poutre jusqu'à la moitié du mur, dans le cas où il voudrait lui-même asseoir des poutres dans le même lieu, ou y adosser une cheminée." – *C. civ. 657.*

BIBL. ▶ BOUBLI, La mitoyenneté des murs et des clôtures autres que les murs, *1986.* - DEVONEC, Le guide de la clôture, *éd. du Moniteur, 1984.* - LE COURT, Les relations entre voisins, *Delmas, 2006, 10e éd.* - ROBERT, Les relations de voisinage, *éd. Sirey, 1991.*

1. Le droit du voisin de faire valoir des réductions n'est pas discrétionnaire. Il doit avoir un intérêt et cet intérêt fait défaut s'il n'a pas l'intention de bâtir. • Riom, 14 juin 1858 : *DP 1858. 2. 192.*

2. Le propriétaire qui a utilisé le mur séparatif pour y appuyer des terres de remblai et y bâtir des clôtures est tenu d'en acquérir la mitoyenneté. • Civ. 3e, 9 juin 1982 : *D. 1982. IR 421 ; Gaz. Pal. 1982. 2. Pan. 358, obs. A.P.* ◆ Cependant le propriétaire qui n'a pas pris appui sur des murs du fonds voisin mais a fait procéder à leur ravalement ne saurait être contraint d'en acquérir la mitoyenneté, il doit seulement supprimer l'enduit. • Paris, 14 oct. 1972 : *JCP 1973. II. 17422, note Liet-Veaux.*

3. L'empiétement fait obstacle à l'acquisition de la mitoyenneté. • Civ. 3e, 19 sept. 2007 : *Bull. civ. III, n° 147 ; RDI 2008. 204, note Tranchant.* ◆ Le fait de juxtaposer un immeuble au mur du voisin et de profiter de ce mur pour assurer la protection du bâtiment sans qu'il y ait appui, ne constitue ni une manifestation de la volonté d'acquérir la mitoyenneté, ni une atteinte au droit de propriété du voisin. • Civ. 3e, 8 mars 1972 : *JCP 1972. II. 17248, note Goubeaux.*

4. Le fait d'appuyer une construction contre un mur ne constitue pas un acte de possession caractérisé car ladite construction se comporte comme si le mur était sa propriété exclusive ou s'il était mitoyen ; le maintien de cette situation pendant trente ans peut donner lieu à acquisition de la mitoyenneté par prescription. • Civ. 1re, 10 mai 1965 : *JCP 1965. II. 14367, note Bulté ; RTD civ. 1966. 110, obs. Bredin* • Civ. 3e, 8 déc. 1971 : *Gaz. Pal. 1972. 2. 492 ; RTD civ. 1972. 618, obs. Bredin.* ◆ Lorsqu'un immeuble d'habitation et une cuisine sont accolés au mur séparatif depuis plus de trente ans, il y a lieu de reconnaître la prescription acquisitive de mitoyenneté du mur. • Civ. 3e, 23 mars 2010 : *RDI 2010. 316, obs. Tranchant.* ◆ Mais l'acquisition est limitée à la partie du mur sur laquelle a lieu l'appui. • Civ. 3e, 7 oct. 1980 : *Bull. civ. III, n° 150 ; D. 1981. IR 234, obs. Robert.*

5. Contre-mur adossé. C'est dans l'exercice de son pouvoir souverain qu'une cour d'appel constate qu'un contre-mur et ses fondations sont indépendants du mur mitoyen auquel ils avaient été adossés, qu'ils ne la surchargent pas et le consolident même, retient qu'il n'y a pas lieu d'ordonner la destruction de ce contre-mur et de construire un mur mitoyen neuf. • Civ. 3e, 28 janv. 1987 : *Bull. civ. III, n° 14.*

6. Surélévation du mur mitoyen. La Cour de cassation a jugé que tout copropriétaire d'un mur mitoyen pouvait bâtir contre ce mur et y placer des poutres dans toute l'épaisseur, à 54 millimètres près. • Civ. 3e, 7 oct. 1998 : *pourvoi n° 96-20.927.*

SECTION IV SERVITUDES DE VUE

BIBL. GÉN. ▶ GODFRIN, *JCP N 2010. 1011* (Vues et jours. - L'espoir d'y voir plus clair).

Art. L. 112-9 **Ainsi qu'il est dit à l'article 675 du code civil :**

"L'un des voisins ne peut sans le consentement de l'autre pratiquer dans le mur mitoyen aucune fenêtre ou ouverture en quelque manière que ce soit, même à verre dormant." – *C. civ. 675.*

BIBL. ▶ BERGEL, BRUSCHI, CIMAMONTI, Traité de droit civil. Les biens, *LGDJ, 2e éd., 2010, nos 372 à 375.* - TERRÉ et SIMLER, Droit civil, Les biens, *Dalloz, 8e éd., 2010, nos 280 s.* - LIET-VEAUX, *Administrer avr. 1997. 23* (le point sur les « jours de souffrance »). - GALLET, *JCP 2000. 399* (l'éclairage d'une maison par l'utilisation d'une paroi translucide mitoyenne ou non).

1. Cet article s'applique : aux portes et aux fenêtres. • Bordeaux, 13 déc. 1894 : *DP 1895. 2. 216.* ♦ ... A une ouverture fermée par cloison translucide en verre teinté • Chambéry, 19 oct. 1910 : *DP 1913. 2. 200.* ♦ Une autorisation de justice ne peut remplacer le consentement du voisin pour le maintien ou l'aménagement d'une ouverture. • TGI Paris, 8 juill. 1980 : *RDI 1981. 192, obs. Bergel.*

2. Les constructions en verre non translucide sont assimilées à des murs et non à des ouvertures. Ces constructions constituent une paroi scellée dont la caractéristique est de permettre un parfait isolement matériel et optique. • Civ. 6 déc. 1955 : *JCP 1956. II. 9042, note Blin* • Rennes, 30 oct. 1951 : *Gaz. Pal. 1951. 2. 386* • T. civ. Riom, 10 juin 1955 : *D. 1955. 708* • Civ. 3e, 22 juill. 1964 : *D. 1964. 710* • 26 nov. 1964 : *JCP 1965. II. 14185, note Bulté* (briques translucides). ♦ *Contra*, • T. civ. Béthune, 28 mai 1958 : *Gaz. rég. Nord, 31 mars 1959* • Civ. 1re, 26 nov. 1964 : *JCP 1965. II. 14185.* ♦ Les pavés ou briques en verre n'ont pas à être nécessairement opaques, ils peuvent être translucides afin de laisser passer la lumière dans le local. • Caen, 23 nov. 1999, *Louis c/ Bortuzzo : Constr.-Urb. 2000, no 149, p. 10, obs. D. Sizaire.*

3. Constitue une aggravation d'une servitude de vue l'installation de fenêtres normales. • Civ. 3e, 16 juill. 1998 : *Bull. civ. III, no 168 ; RDI 1998. 677, note Capoulade et Giverdon ; Constr.-Urb. 1998, no 381.* ♦ En revanche, la création de fenêtres non ouvrantes et constituées de pavés de verre de type Nevada ne permet aucune vue, par conséquent, leur réalisation ne peut s'analyser en une aggravation d'une servitude de vue préexistante. • Toulouse, 10 janv. 2000, *Ferrasse c/ Roger : Constr.-Urb. 2000, no 149, obs. D. Sizaire.*

4. L'aggravation d'une servitude de vue entraîne, pour celui qui en est l'auteur, l'obligation de réparer le dommage qu'elle crée. • Civ. 3e, 16 juill. 1998 : *Bull. civ. III, no 168 ; RDI 1998. 677, note Capoulade et Giverdon ; D. 1998. IR 192 ; JCP 1999. 111 ; Constr.-Urb. 1998, no 381.*

5. L'interdiction de l'art. 675 tombe si le mur cesse d'être mitoyen, par renonciation du voisin ou expropriation de ce dernier. • Req. 31 janv. 1849 : *DP 1949. 1. 96* • Civ. 2 juill. 1862 : *DP 1862. 1. 373* • Req. 31 janv. 1866 : *DP 1866. 1. 256* • Civ. 1er juill. 1879 : *DP 1879. 1. 478* • Req. 20 nov. 1882 : *DP 1883. 1. 471* • 17 mars 1891 : *DP 1892. 12. 25* • 20 févr. 1900 : *DP 1900. 1. 313.*

6. Sur l'exigence de la contiguïté des propriétés, V. • Civ. 3e, 21 déc. 1987 : *Defrénois, 1988. 382, obs. H. Souleau.*

7. Il peut y avoir consentement du voisin ou prescription trentenaire. • Req. 19 avr. 1849 : *DP 1849. 5. 364* • 15 juin 1881 : *DP 1883. 1. 259* • Civ. 19 oct. 1886 : *DP 1887. 1. 116* • Req. 17 nov. 1902 : *DP 1903. 1. 88* • Pau, 12 janv. 1954 : *Gaz. Pal. 1954. 1. 190.* ♦ Sur la prescription, V. • Civ. 3e, 10 avr. 1975 : *Bull. civ. III, no 117.* ♦ La prescription ne peut s'opérer que si l'ouverture a le caractère certain d'une vue. • Civ. 3e, 29 avr. 1986 : *Bull. civ. III, no 58.* ♦ L'ouverture de deux fenêtres en vertu d'une convention passée avec le voisin ne permet pas l'acquisition d'une servitude de vue. • Aix-en-Provence, 18 nov. 1997 : *Constr.-Urb. 1998, no 197.*

8. Constitue un simple jour de souffrance l'ouverture aménagée au milieu de la volée d'un escalier à une hauteur de 1,98 m à partir de la marche la plus basse et de 1,66 m à partir de la marche la plus haute. • Versailles, 12 nov. 1980 : *JCP 1982. II. 19709, note Goubeaux.* ♦ Une ouverture, qui échappe à la réglementation des vues, relève nécessairement de celle relative aux jours. • Civ. 3e, 10 juil. 1996 : *Bull. civ. III, no 182 ; AJPI 1996. 905, note Talon ; JCP N 1996. I. 908, no 20, obs. Périnet-Marquet.* ♦ Ces ouvertures sont inconciliables avec l'action possessoire. Pour une application à l'éclairage d'une cour d'immeuble. • Civ. 3e, 1er avr. 2009 : *Bull. civ. III, no 70 ; AJDI 2010. 160, obs. Prigent ; Constr.-Urb. 2009, no 70, note Pagès-de Varenne.*

9. L'existence d'un jour formé par des briques en verre dormant ne donne pas naissance à un droit de servitude susceptible d'être acquis pas prescription ; en conséquence, le propriétaire voisin est en droit d'élever sa construction qui a pour conséquence d'obstruer ces jours. • Caen, 23 nov. 1999, *Louis c/ Bortuzzo : Constr.-Urb. 2000, no 149, obs. D. Sizaire.* ♦ L'ouverture pratiquée dans un mur mitoyen, contrairement à la prohibition de l'art. 675, est susceptible d'être acquise par prescription, lorsqu'elle ne constitue pas un simple jour, mais une servitude de vue. • Civ. 3e, 10 avr. 1975 : *Bull. civ. III, no 117 ; JCP N 1976. 6290.* ♦ Une cour d'appel relève souverainement que les fenêtres sont des vues, et non de simples jours de souffrance, aménagées depuis plus de trente ans. Elle en déduit exactement l'acquisition par prescription d'une servitude sur le fonds du voisin. • Civ. 3e, 21 juill. 1981 : *Gaz. Pal. 1982. 1. Pan. 72, note A. P.* ♦ Sur la constitution d'une servitude de vue par destination du père de famille, V. • Civ. 3e, 25 sept. 2002 : *pourvoi no 00-11.818.*

10. Il faut que les jours soient susceptibles de possession utile pour prescrire et, par conséquent, de telle nature qu'ils puissent éveiller l'attention et provoquer la contradiction du voisin. • Req. 15 juin 1881 : *préc. note 7*

• Civ. 3 mars 1982 : *Bull. civ. III, n° 59* • 28 sept. 1982 : *Gaz. Pal. 1983. 1. Pan. 48.*

11. Le consentement du voisin ne peut être suppléé par une autorisation judiciaire. • Chambéry, 19 oct. 1910 : *DP 1913. 2. 200.*

12. Commet une faute le voisin qui fait unilatéralement réduire une vue acquise par son voisin par prescription. • Civ. 3e, 10 avr. 1975 : *préc. note 9.* – V. aussi • Civ. 3e, 22 mars 1983 : *D. 1983. IR 373, obs. A. Robert* (construction d'un garage obstruant une vue acquise par prescription).

13. Les art. 675 s. C. civ. ne sont pas applicables entre les propriétés privées et le domaine public. • Civ. 27 avr. 1849 : *DP 1849. 1. 227* • 18 janv. 1859 : *DP 1859. 1. 65* • 1er juill. 1862 : *DP 1862. 1. 138.*

14. Sur les effets de la servitude de vue sur la constructibilité du fonds servant, V. • Civ. 3e, 3 déc. 2003 : *Bull. civ. III, n° 222.*

15. Injonction d'obstruer une vue (véranda d'un mur pignon), même en l'absence de clause stipulée dans l'acte de vente. • Paris, 11 mai 2007 : *AJDI 2008. 51, note Porcheron.*

Art. L. 112-10 Ainsi qu'il est dit à l'article 676 du code civil :

"Le propriétaire d'un mur non mitoyen joignant immédiatement l'héritage d'autrui peut pratiquer dans ce mur des jours ou fenêtres à fer maillé et verre dormant.

Ces fenêtres doivent être garnies d'un treillis de fer dont les mailles auront un décimètre [environ trois pouces huit lignes] d'ouverture au plus et d'un châssis à verre dormant."

BIBL. ► ROBERT, Les jours et les vues, *RDI 1992. 467.* – LIET-VEAUX, Le point sur les jours de souffrance, *Administrer avr. 1997. 23.*

1. En cas d'installation de briques en verre translucide, les juges du fond, qui usent de leur pouvoir souverain en se prononçant sur le caractère de travaux au regard des art. 675 et 676, peuvent décider qu'il ne s'agit ni d'une fenêtre ni de jours mais d'une paroi translucide. • Civ. 1re, 26 nov. 1964 : *JCP 1965. II. 14185, note Bulté.* ♦ Même sens. • Civ. 1re, 22 juill. 1964 : *D. 1964. 710.* – V. aussi : *Béraud, JCP 1960. I. 1538* • Civ. 1re, 6 déc. 1955 : *JCP 1956. II. 9042, note Blin.*

2. Un panneau de plastique non transparent fixé au mur de façon permanente échappe aux dispositions de l'art. 675. • Orléans, 4 nov. 1963 : *D. 1964. 133.*

3. L'installation d'un jour de souffrance ne fait naître aucune servitude à la charge du fonds riverain et n'entraîne pour son propriétaire aucune restriction à son droit de propriété. • Civ. 3e, 7 avr. 2004 : *RDI 2004. 373 ; Constr.-Urb. 2004, n° 126, obs. Cornille.* ♦ Ces dispositions législatives n'ont ni pour objet ni pour effet de priver le propriétaire du mur de son droit de propriété, mais seulement d'en restreindre l'exercice, et tendent à assurer des relations de bon voisinage par l'édiction de règles de construction proportionnées à cet objectif d'intérêt général. • Civ. 3e, 2 nov. 2011 : *Bull. civ. III à paraître ; RDI 2012. 88, obs. Bergel.*

Art. L. 112-11 Ainsi qu'il est dit à l'article 677 du code civil :

"Ces fenêtres ou jours ne peuvent être établis qu'à vingt-six décimètres [huit pieds] au-dessus du plancher ou sol de la chambre qu'on veut éclairer, si c'est à rez-de-chaussée, et à dix-neuf décimètres [six pieds] au-dessus du plancher pour les étages supérieurs."

RÉP. CIV., v° *Servitudes*, par ROBERT.

BIBL. ► PRIEUR et HENRIOT, Servitudes de droit public et de droit privé, *Éd. du Moniteur, 4e éd. 1979.*

1. Les juges du fond déterminent souverainement le caractère des ouvertures, alors même que ces ouvertures ont été pratiquées en dehors de certaines conditions prévues par les art. 676 et 677 C. civ. • Civ. 3e, 17 déc. 1973 : *JCP 1974. IV. 47* • Civ. 3e, 31 janv. 1984 : *Bull. civ. III, n° 24.* – V. aussi : • Versailles, 12 nov. 1980 : *JCP 1982. II. 19707, note Goubeaux* • Paris, 8 mars 2007 : *AJDI 2007. 593* (caractérisant une vue et une acquisition de la servitude par presciption). ♦ Ainsi, des ouvertures munies de verres dormants constitués de pavés de terre dont l'allège est située à 11 et 16 décimètres du plancher entrent dans les prévisions de l'art. 677 C. civ. • Civ. 3e, 10 avr. 2002 : *pourvoi n° 99-18.805.* ♦ ... De même pour des ouvertures exiguës pratiquées sur un bâtiment agricole et ne permettant aucune vue. • Civ. 3e, 28 sept. 2005 : *Bull. civ. III, n° 187.*

2. Un verre qui laisse passer la lumière mais ne permet pas la vue constitue une ouverture conforme aux dispositions de l'art. 676 C. civ. • TI Saint-Girons, 28 janv. 1999 : *BICC 1999, n° 502, p. 26.* ♦ Lorsque les jours offrent des conditions de discrétion suffisante, il n'est pas nécessaire de vérifier leur hauteur par rapport au plancher. • Civ. 3e, 27 mai 2009 : *Bull. civ. III, no 127, Dalloz actualité, 10 juin 2009, obs. Chenu.*

3. Le permis de construire étant délivré sous réserve des droits des tiers un requérant ne peut utilement se prévaloir à l'appui d'un recours en annulation d'un permis de construire d'une atteinte à une servitude de vue en contradiction avec l'art. L. 112-11 CCH. • CE 25 mai 1992, *David : req. no 90623.* ♦ ... Sauf si le respect des vues est imposé par une règle du POS, • CAA Marseille, 8 févr. 2007, *M. Moyaln,* req. no 04MA02390 : *Constr.-Urb. 2007, no 131, obs. Cornille.*

4. Ces dispositions législatives n'ont ni pour objet ni pour effet de priver le propriétaire du mur de son droit de propriété mais seulement d'en restreindre l'exercice, et tendent à assurer des relations de bon voisinage par l'édiction de règles de construction proportionnées à cet objectif d'intérêt général. • Civ. 3e, 2 nov. 2011 : *Bull. civ. III à paraître ; RDI 2012. 88, obs. Bergel.*

SECTION V ANTENNES RÉÉMETTRICES

Art. L. 112-12 **Ainsi qu'il est dit à l'article 23 de la loi no 74-696 du 7 août 1974, modifié par l'article 72-I de la loi no 76-1285 du 31 décembre 1976 :**

"Lorsque la présence d'une construction, qu'elle soit ou non à usage d'habitation, apporte une gêne à la réception de la radiodiffusion ou de la télévision par les occupants des bâtiments voisins, son propriétaire ou les locataires, preneurs ou occupants de bonne foi ne peuvent s'opposer, sous le contrôle *(L. no 89-25 du 17 janv. 1989, art. 29)* **« du Conseil supérieur de l'audiovisuel », à l'installation de dispositifs de réception ou de réémission propres à établir des conditions de réception satisfaisantes. L'exécution de cette obligation n'exclut pas la mise en jeu de la responsabilité du propriétaire résultant de l'article 1384 du code civil.**

Lorsque l'édification d'une construction qui a fait l'objet d'un permis de construire délivré postérieurement au 10 août 1974 est susceptible, en raison de sa situation, de sa structure ou de ses dimensions, d'apporter une gêne à la réception de la radiodiffusion ou de la télévision par les occupants des bâtiments situés dans le voisinage, le constructeur est tenu de faire réaliser à ses frais, sous le contrôle *(L. no 89-25 du 17 janv. 1989, art. 29)* **« du Conseil supérieur de l'audiovisuel », une installation de réception ou de réémission propre à assurer des conditions de réception satisfaisantes dans le voisinage de la construction projetée. Le propriétaire de ladite construction est tenu d'assurer, dans les mêmes conditions, le fonctionnement, l'entretien et le renouvellement de cette installation.**

En cas de carence du constructeur ou du propriétaire, *(L. no 89-25 du 17 janv. 1989, art. 29)* **« le Conseil supérieur de l'audiovisuel » peut, après mise en demeure non suivie d'effet dans un délai de trois mois, saisir le président du tribunal de grande instance pour obtenir l'exécution des obligations susvisées."**

COMMENTAIRE

Le droit à l'antenne et l'accès à l'information sont garantis par la loi no 66-457 du 2 juillet 1966 en ce qui concerne les locataires et occupants de bonne foi d'un immeuble bâti.

1. Contentieux des mises en demeure. Compétence du juge judiciaire. La mise en demeure adressée par le Conseil supérieur de l'audiovisuel n'est pas détachable de la procédure susceptible d'être engagée par ce dernier, à la suite, auprès de la juridiction judiciaire. En conséquence le juge administratif est incompétent pour connaître d'une demande tendant à l'annulation d'une mise en demeure prononcée par le CSA d'effectuer des travaux permettant de mettre fin à la gêne à la réception de la radiodiffusion et de la télévision adressée à une société. • CE 18 févr. 1998, *Sté des carrières de la vallée heureuse*, req. nº 181342 : *Dr. adm. 1998, nº 126.* ♦ Sur l'application en cas d'un IGH, V. • Civ. 3e, 14 nov. 1990 : *RCA 1991, nº 16.*

2. Responsabilité sans faute au titre des ouvrages publics. Ces dispositions n'ont ni pour objet ni pour effet de faire obstacle à ce que les victimes des perturbations recherchent, dans les conditions de droit commun, la responsabilité sans faute de la collectivité publique propriétaire des ouvrages publics dont la présence est à l'origine directe du dommage. • CAA Bordeaux, 5 avr. 1994, *OPHLM de la communauté urbaine de Bordeaux : req. nº 92BX00689.*

3. Sur la notion de trouble de voisinage à propos des difficultés dans la réception des émissions de radio et de télévision, V. • Agen, 2 févr. 1971 : *Gaz. Pal. 1971. 1. 328.*

4. Les constructeurs ne peuvent se dégager de leurs obligations en invoquant l'achèvement de l'immeuble. • Civ. 3e, 2 mars 1983 : *Bull. civ. III, nº 66.*

SECTION VI CONSTRUCTIONS AUTOUR D'UNE PLACE DE GUERRE OU D'UNE POUDRERIE

BIBL. ► BILLET, Le report de la réforme des servitudes d'isolement autour des établissements de poudres et explosifs, *JCP Adm. 2008. Actu. 538.*

Art. L. 112-13 Conformément aux lois des 8-10 juillet 1791 sur la construction et le classement des places de guerre et des 17-25 juillet 1819 sur les servitudes imposées aux propriétés pour la défense de l'État modifiées, les constructions de bâtiments dans la limite des zones de protection existant à l'entour des places de guerre doivent respecter les servitudes imposées par ces textes.

V. art. R. 124-1 pour les règles d'adaptation des constructions par temps de guerre.

1. Sur les tolérances à l'égard des maisons, bâtisses et clôtures existantes dans la limite intérieure de la rue militaire, V. • Civ. 23 avr. 1845 : *S. 1845. 1. 669* • 6 avr. 1852 : *S. 1852. 1. 448.*

2. L'indemnisation ne couvre pas le préjudice résultant de la dépréciation des propriétés, • CE 12 févr. 1982, *Heim de Balsac : Lebon T. 724 ; D. 1983. IR 138, obs. Moderne et Bon* • Civ. 3e, 2 mars 1983 : *Bull. civ. III, nº 66* (obligation de faire).

3. Les servitudes militaires instituées autour des enceintes fortifiées des places de Paris et celles en application du décret des 8-10 juill. 1791 concernant la conservation et le classement des places de guerre et des postes militaires, la police des fortifications et d'autres objets qui y sont relatifs, de la loi du 10 juill. 1851 relative au classement des places de guerre et aux servitudes militaires et du décret des 18 août-23 sept. 1853 pris pour son application sont ou demeurent abrogées (art. 42 de la loi nº 85-729 du 18 juill. 1958 relative à la définition et à la mise en œuvre des principes d'aménagement).

4. Ces servitudes doivent être annexées au POS ou au PLU pour être opposables au demandeur d'un permis de construire (art. L. 126-1 et R. 126-1 C. urb.).

Art. L. 112-14 Conformément à la loi du 8 août 1929, les constructions faites autour des magasins à poudre de l'armée et de la marine doivent respecter les servitudes imposées par ce texte.

BIBL. ► G. LIET-VEAUX et M.-O. AVRIL, *J.-Cl. adm., fasc. 392, nos 359 s.* (servitudes administratives).

V. art. R. 425-8 C. urb. qui conditionne une demande de permis de construire un immeuble à l'intérieur d'un polygone d'isolement à l'autorisation préalable du ministre de la défense.

1. Les dispositions de la loi du 8 août 1929 ne sont pas contraires aux stipulations de l'art. 1er du premier protocole additionnel à la Conv. EDH, eu égard au double objectif de défense des intérêts vitaux de la Nation et de protection de la sécurité des usagers. • CE 28 mai

2003, *Ehry*, req. nº 242431 : *Lebon T. 1030* ; *AJDA 2003. 1519* .

2. Dans l'hypothèse de la création d'un polygone d'isolement autour des établissements servant à la fabrication, la conservation ou la manipulation des poudres, une autorisation du ministre est nécessaire pour toutes les constructions à l'intérieur du polygone. • CE 22 déc. 1972, *Min. d'État chargé de la défense nationale : Lebon 822* ; *JCP 1973. II. 17342, note G. Liet-Veaux.* ♦ La servitude doit avoir été annexée au POS ou au PLU dans les conditions prévues par l'art. L. 126-1 C. urb. pour être opposable au demandeur du permis de construire. Un permis de construire tacite peut être légalement retiré lorsque la construction est implantée dans un polygone d'isolement. • CE 15 avr. 1988, *Min. de l'urbanisme, du logement et des transports c/ Gonnod : req. nº 64138.* ♦ Les travaux d'aménagement d'une grange en maison d'habitation à l'intérieur de la zone ne sont pas soumis à autorisation de l'autorité militaire s'ils n'ont pas pour effet d'agrandir ou de surélever les bâtiments existants. • CE 22 déc. 1972, *Min. d'État chargé de la défense nationale : préc.* ♦ L'édification de constructions non autorisées peut être constitutive d'une contravention de grande voirie. • CE 18 janv. 1985, *Simon Jack : req. nº 58580.*

SECTION VII CONSTRUCTIONS À PROXIMITÉ DES FORÊTS

Art. L. 112-15 Conformément aux articles 98 à 103 du code forestier *[C. for., art. L. 311-1 à L. 312-2]*, **certaines constructions ou installations dans des maisons d'habitation ne peuvent être faites à proximité des forêts sans une autorisation préfectorale.**

V. C. urb., art. R. 431-19. – ***C. urb.***

SECTION VIII NUISANCES DUES À CERTAINES ACTIVITÉS

(L. nº 80-502 du 4 juill. 1980, art. 75)

Art. L. 112-16 Les dommages causés aux occupants d'un bâtiment par des nuisances dues à des activités agricoles, industrielles, artisanales *(L. nº 2003-590 du 2 juill. 2003, art. 72)* **« , commerciales ou aéronautiques », n'entraînent pas droit à réparation lorsque le permis de construire afférent au bâtiment exposé à ces nuisances a été demandé ou l'acte authentique constatant l'aliénation ou la prise de bail établi postérieurement à l'existence des activités les occasionnant dès lors que ces activités s'exercent en conformité avec les dispositions législatives ou réglementaires en vigueur et qu'elles se sont poursuivies dans les mêmes conditions.**

Concernant la présentation de la L. nº 2003-590 du 2 juill. 2003 urbanisme et habitat, V. Circ. nº 2003-48 du 31 juill. 2003 (BOMELT nº 2003/15, p. 78) et Circ. nº 2003-52 du 12 août 2003 (BOMELT nº 2003/16, p. 161).

BIBL. ▸ ATIAS, *Journ. des finances, 6 nov. 1980, p. 4 s.* (une dangereuse intervention législative). – BOREL, *RDI 2007. 313* (la responsabilité pour troubles anormaux de voisinage : de la réparation à la prévention). – Code de l'environnement, *Dalloz 2001. 1060 s., obs. J. Lamarque.* – Doc. Sénat 1992, nº 50, commentaire Lamarque (V. Rapport LAURENT sur la proposition de loi – 1992-1993 – de M. Cartigny tendant à modifier l'article L. 112-16 CCH). – ENDRÉO, *RDI 1981. 460* (la théorie des troubles de voisinages après les lois du 31 décembre 1976 et du 4 juillet 1980 (art. L. 122-16 [L. 111-16] CCH). – FLAUSS, *LPA 8 févr. 1989* (la convention européenne des droits de l'homme au secours des voisins des installations classées). – FOREST, *AJDI 2008. 320 s.* (compagnies aériennes et troubles de voisinage : vers une irresponsabilité civile ?). – GODFRIN, *Constr.-Urb. 2010. Étude 16* (trouble de voisinage et responsabilité environnementale). – PRIEUR, *RJ envir. 1977. 134 s.* (le Parlement contre l'environnement) ; *RJ envir. 1981. 289* ; Droit de l'environnement, *Dalloz 2003, 5e éd.* (requiem pour la réserve des droits des tiers). – LAPORTE-LECONTE, *AJDI 2010. 273* (l'ouverture de l'immeuble aux activités commerciales). – LÉOST, *AJPI 1996. 287 s.* (la légitimité des nuisances résultant d'activités économiques. L'inconstitutionnalité de l'article L. 112-16 CCH).

– POUMARÈDE, L'immeuble dans son environnement, *Dr. et patr. 2010, n° 193. 48*. – PRIGENT, Le trouble anormal de voisinage appartient au droit de la responsabilité. A propos de l'article 1361 de l'avant-projet de réforme du droit des obligations, *AJDI 2009. 13*. – RAVANAS, La réserve des droits des tiers en matière foncière, *Defrénois 1989, nos 9 et 10*. – TRÉMORIN, Le bénéfice de la pré-occupation et la réparation des troubles de voisinage, *JCP N 2004. 1327 et 1340*.

▸ **Sur le cas particulier des antennes-relais :** STOFFEL-MUNCK, La théorie des troubles du voisinage à l'épreuve du principe de précaution : observations sur le cas des antennes relais, *D. 2009. 2817*.

▸ **Sur la position du Conseil constitutionnel :** FOUCHER, La première application de la Charte de l'environnement par le Conseil constitutionnel dans le cadre de la QPC : de l'inédit, de l'inutile et du flou, *AJDA 2011. 1158*. – GARCIA, Troubles anormaux de voisinage : l'immunité légale de la pré-occupation n'est pas inconstitutionnelle, *Dalloz actualité, 27 avr. 2011*. – NÉSI, QPC et Charte de l'environnement : l'article L. 116-12 du CCH, qui institue une exception à la responsabilité pour trouble anormal de voisinage, est conforme aux articles 1 à 4 de la Charte de l'environnement, *Constitutions 2011. 411* ; Trouble anormal de voisinage et nuisances industrielles, *RJEP 2012. 3*. – REBEYROL, L'environnement devant le Conseil constitutionnel : l'occasion manquée, *D. 2011. 1258*. – TRÉBULLE, Le Conseil constitutionnel, l'environnement et la responsabilité : entre vigilance environnementale et pré-occupation, *RDI 2011. 369*.

COMMENTAIRE

Article qui doit être rapproché de l'article L. 111-3 du code rural et de la pêche maritime, dans sa rédaction issue de la loi SRU du 13 décembre 2000, qui pose un principe de réciprocité des règles d'implantation des constructions agricoles. ❑

1. L'art. L. 112-16 est entré en vigueur dès la publication de la loi du 4 juill. 1980, et la condition formulée par ce texte se trouvait déjà implicitement incluse dans l'art. L. 421-9 C. urb. (ancienne rédaction). • Civ. 2e, 5 janv. 1983 : *Bull. civ. II, n° 3 ; D. 1983. IR 371, obs. A. R. ; Gaz. Pal. 1983. 1. 140.* ♦ Le Conseil constitutionnel a déclaré l'immunité légale de la pré-occupation de l'article L. 112-16 conforme à la Constitution. • Cons. const., QPC, 8 avr. 2011 : *AJDA 2011. 1158, note Foucher ; Constitutions 2011. 411, obs. Nési ; Dalloz actualité, 27 avr. 2011, obs. Garcia ; D. 2008. 1258, note Rebeyrol ; RDI 2011. 369, obs. Trébulle ; Envir. 2011. Repère 6, obs. Huglo.*

2. L'éleveur de volailles qui n'exerce pas son métier conformément aux règlements ne remplit pas les conditions pour bénéficier du droit d'antériorité. • Civ. 2e, 12 janv. 1983 : *Gaz. Pal. 1983. 1. Pan. 153, note A. P.*

3. L'activité économique doit s'exercer en conformité avec les dispositions législatives ou réglementaires en vigueur. • Civ. 2e, 5 janv. 1983 : *préc. note 1* • Besançon, 18 avr. 2007 : *RDI 2008. 144, obs. Trébulle* (à propos d'une installation de séchage à fourrage, dépassement de l'émergence tolérée). ♦ Pour une illustration du respect de la réglementation et de la tolérance des nuisances ne dépassant pas les inconvénients normaux du voisinage (à propos d'un silo de stockage) • Grenoble, 27 nov. 2007 : *RDI 2008. 255, obs. Trébulle* • Agen, 1er juill. 2009 : *Envir. 2010, n° 19, obs. Krajeski* (à propos d'un élevage de canards installé à la suite d'un élevage de porcs – nuisances inhérentes à la vie rurale).

4. La transformation d'une exploitation agricole, en vue d'y associer un élevage bien qu'elle n'ait pas nécessité une autorisation administrative, entraîne une modification de l'activité. Il en résulte que cette activité qui crée des nuisances olfactives n'est pas poursuivie dans les mêmes conditions. • Civ. 2e, 15 juin 2000 : *AJDI 2001. 169, note Léost ; Constr.-Urb. 2000, n° 270.* ♦ V. également, • Civ. 2e, 3 févr. 1993 : *Bull. civ. II, n° 44.* ♦ En revanche, lorsque le changement d'activité agricole est source de nuisances de même nature que l'activité précédemment autorisée, sur le même site et dans les mêmes bâtiments, il n'existe aucun préjudice nouveau. • Agen, 1er juill. 2009 : *préc. note 3.*

5. Les nuisances dues à l'exploitation d'une scierie ne donnent pas droit à réparation dès lors que son activité s'exerçait antérieurement à la date de délivrance du permis de construire du bâtiment exposé et qu'au jour de l'appréciation du dommage la réglementation en vigueur s'avère toujours respectée. • Civ. 3e, 27 avr. 2000 : *Bull. civ. III, n° 92 ; Constr.-Urb. 2000, n° 186.* ♦ Toutefois l'aggravation des nuisances postérieurement à la demande du permis de construire fonde le droit à réparation. • Civ. 2e, 17 juill. 1991 : *Bull. civ. II, n° 234 ; JCP 1991. IV. 367.* ♦ Dans le même sens : à propos de l'exploitation d'entrepôts frigorifiques de produits alimentaires dont les nuisances sonores persistaient. • Civ. 3e, 18 juin 2008 : *AJDI 2008. 702*. ♦ ... Et à propos d'une société de triage et de conditionnement de céréales qui a poursuivi la même activité, mais dans des conditions différentes (volume traité beaucoup plus important), art. L. 112-16 CCH inopposable au requérant. • Agen, 20 janv. 2009 : *Envir. 2009, Pan. no 1.* ♦ V. toutefois le fait que l'extension de l'exploitation est insuffisante à caractériser la modification des conditions d'exercice. • Paris, 18 juin 2008 : *D. 2008. 2458, obs. Reboul-Maupin*.

6. Constitue un trouble anormal de voisinage et une atteinte à l'esthétique et à l'environnement l'exploitation d'une carrière à proximité d'une habitation ayant vocation de résidence secondaire. L'exploitant, qui ne justifie pas de l'antériorité de son activité à l'occupation par les victimes de leur maison, ne saurait invoquer l'exclusion de responsabilité. • Civ. 2e, 29 nov. 1995 : *Bull. civ. II, no 298 ; RJ envir. 1995. 229, note Giraudel ; AJDI 1996. 1037, note Léost*. ♦ L'antériorité de l'activité dommageable s'apprécie en se référant non pas à la date de l'arrêté préfectoral d'autorisation mais à celle du début effectif de l'exploitation. • Même arrêt.

7. L'exception de l'art. L. 112-16 ne saurait recevoir application lorsqu'il est constaté que l'activité occasionnant les nuisances s'est exercée ou poursuivie en méconnaissance des dispositions réglementaires en vigueur. • Crim. 26 oct. 1987 : *Bull. crim. no 368.* ♦ ... « Fumière » implantée en bordure de la voie publique à moins de 5 m de celle-ci, V. • Civ. 2e, 17 juill. 1991 : *Bull. civ. II, no 234.*

8. L'art. L. 112-16 est inapplicable aux rapports entre les copropriétaires, V. • Civ. 3e, 23 janv. 1991 : *Bull. civ. III, no 31, RCA 1991, no 141 ; RDI 1991. 453, obs. Bergel* • Civ. 2e, 7 févr. 2008 : *RDI 2008. 254, obs. Trébulle*.

9. Sur l'inapplication quant aux nuisances s'aggravant postérieurement à un dommage de travaux publics, V. • Civ. 2e, 17 juill. 1991 : *Bull. civ. II, no 234 ; JCP 1991. IV. 367.* ♦ Et quant aux désordres causés par des travaux (terrassement d'un canal) affaiblissant la stabilité d'un ouvrage de travaux publics (chaussée). • Civ. 3e, 10 juin 2009 : *AJDI 2009. 654*.

10. Sur l'impossibilité pour l'État français de se prévaloir de ce texte pour l'évolution d'aéronefs militaires, V. • Civ. 3e, 8 juill. 1992 : *Bull. civ. III, no 245.* ♦ Dans le même sens (mais pour des aéronefs civils), à l'égard d'un particulier dont l'acquisition de sa parcelle était postérieure à la publication de l'enquête préalable à la déclaration d'utilité publique de réalisation de l'aéroport. • Civ. 2e, 14 juin 2007 : *Bull. civ. II, no 164 ; AJDI 2008. 320, note Forest*.

11. Ces dispositions, relatives à la responsabilité et à l'indemnisation en cas de troubles de voisinage, ne font pas partie des dispositions à prendre en compte pour la délivrance d'un permis de construire. • CAA Nantes, 13 mars 1996, *Sté SITUB : req. no 93NT00731.* ♦ Elles s'appliquent indépendamment des prescriptions contenues dans un plan d'occupation des sols et ne peuvent donc être utilement invoquées à l'encontre de ce dernier. • CE 4 déc. 1995, *Chambre d'agriculture de la Mayenne*, req. no 128057 : *Lebon T. 1078 ; RDI 1996, 201*. ♦ Ces dispositions ne peuvent être utilement invoquées dans un litige relatif à un dommage de travaux publics. • CE 25 nov. 1988, *Sté Citroën*, req. no 74009 : *Lebon T. 1064 ; Dr. adm. 1988, no 66.* ♦ Elles n'ont pas vocation à s'appliquer à un litige relatif à la responsabilité d'une commune en raison de la carence de son maire à faire cesser un trouble à la tranquillité publique. • CAA Versailles, 15 mai 2012, *M. A. : req. no 11VE03516.*

12. Ne fait pas obstacle à la mise en jeu de la responsabilité de l'exploitant devant le juge judiciaire le fait que l'installation classée (triage et conditionnement de céréales) à l'origine d'un trouble anormal de voisinage relève de la compétence exclusive du préfet. • Agen, 20 janv. 2009 : *préc. note 5.*

13. Constitue un trouble visuel anormal une antenne de téléphonie mobile [critères retenus : taille, proximité de l'antenne, apparence – la société de téléphonie n'ayant en l'espèce pas pris le soin de tenter de camoufler le pylône par un feuillage artificiel ou de fausses épines de pin, de sorte qu'il rappelle sans cesse aux voisins sa finalité technologique (émission-réception d'ondes)]. • TGI Nanterre, 27 mai 2010 : *AJDI 2010. 574*. ♦ Les nuisances sonores et olfactives et la chaleur produites par des armoires électriques permettant l'exploitation d'antennes de téléphonie mobile constituent un trouble anormal de voisinage. • Paris, 17 mars 2011 : *Envir. 2011. Pratique 2.*

SECTION IX PROTECTION CONTRE LES INSECTES XYLOPHAGES

(L. no 99-471 du 8 juin 1999, art. 7-1)

Art. L. 112-17 **Les règles de construction et d'aménagement applicables aux ouvrages et locaux de toute nature quant à leur résistance aux termites et aux autres insectes**

xylophages sont fixées par décret en Conseil d'État. Ces règles peuvent être adaptées à la situation particulière *(Ord. nº 2012-576 du 26 avr. 2012, art. 2-II)* **« de la Guadeloupe, de la Guyane, de la Martinique, de La Réunion, de Mayotte et de Saint-Martin ».** – *V. art. R. 112-2 s.*

V. art. L. 133-1 sur les obligations incombant à certains propriétaires d'immeubles situés dans des zones contaminées.

BIBL. ▶ BLOND, *Dr. et patr., oct. 1999. 36* (le renforcement de la protection de l'acheteur contre les termites). – DESTAMME, *JCP 1999, nº 24, p. 957* (la lutte contre les termites : une nouvelle obligation pour les propriétaires et occupants d'immeubles). – FABERON, *LPA 8 sept. 1999* (les termites devant la loi). – LEBATTEUX, *Administrer, 1999, nº 317. p. 17* (la loi du 8 juin 1999 tendant à protéger les acquéreurs et propriétaires d'immeubles contre les termites et autres insectes xylophages). – LAPORTE, *Procédures, 2000, nºs 8-9, p. 13* (termites et saisie immobilière). – MEYER, *AJDI 1999. 784 s.* (propriétaires ou occupants d'immeubles, attention aux termites !). – GAUTIER, *RTD civ. 2011. 776* (à quoi servent les diagnostics techniques ? Le leurre de l'obligation légale d'information).

COMMENTAIRE

L'objet du présent article, qui concerne les termites et autres insectes xylophages, est plus étendu que celui des articles L. 133-1 à L. 133-3 issus de la même loi nº 99-471 du 8 juin 1999 tendant à protéger les acquéreurs et propriétaires d'immeubles contre les termites. ❑

SECTION X PRÉVENTION DES RISQUES NATURELS

(L. nº 2006-872 du 13 juill. 2006, art. 79-IV-1º)

BIBL. ▶ LIÈVRE et MULLER, Droit de l'environnement et pratique notariale, *JCP N 2010. 1254.*

Art. L. 112-18 Dans les zones particulièrement exposées à un risque sismique ou cyclonique, des règles particulières de construction parasismiques ou paracycloniques peuvent être imposées aux équipements, aux bâtiments et aux installations dans les cas et selon la procédure prévus à l'article L. 563-1 du code de l'environnement.

V. plan de prévention des risques naturels et miniers : art. R. 126-1 et L. 562-1 à L. 562-6 C. envir., et sur la prévention des risques sismiques, V. art. R. 412-1.

COMMENTAIRE

Dans des zones particulièrement exposées à un risque sismique ou cyclonique, des règles particulières de construction peuvent être imposées et, éventuellement, « adaptées » par un éventuel plan de prévention des risques (PPR) approuvé : articles L. 563-1 et L. 562-1 du code de l'environnement. ❑

Art. L. 112-19 Un décret en Conseil d'État définit les conditions dans lesquelles, à l'issue de l'achèvement des travaux de bâtiments soumis à autorisation de construire, le maître d'ouvrage doit fournir à l'autorité qui a délivré ce permis un document établi par un contrôleur technique visé à l'article L. 111-23, attestant que le maître d'ouvrage a tenu compte de ses avis sur le respect des règles de construction parasismiques et paracycloniques prévues par la présente section. Ce même décret définit les bâtiments, parties de bâtiments et catégories de travaux soumis à cette obligation.

V. C. urb., art. R. 462-4. – ***C. urb.***

TITRE DEUXIÈME SÉCURITÉ ET PROTECTION DES IMMEUBLES

(L. no 89-421 du 23 juin 1989, art. 8-V)

COMMENTAIRE

Le titre II vise la sécurité et la protection des immeubles mais porte bien évidemment sur celles de leurs occupants.

1. Les chapitres II et III, relatifs respectivement à la sécurité dans les immeubles de grande hauteur et à la protection contre les risques d'incendie et de panique dans les immeubles recevant du public, font référence au permis de construire qui est aussi amené à sanctionner les règles relatives aux immeubles de grande hauteur (art. R. 421-47 C. urb. ancien) et aux immeubles recevant du public (art. R. 421-53 C. urb. ancien).

S'agissant de travaux ne relevant pas du permis de construire, mais du régime de déclaration préalable, il semble bien qu'ils se trouvent soumis aux règles de sécurité des établissements recevant du public.

En effet, l'article R. 123-23 du présent code subordonne l'exécution de ces travaux à une autorisation du maire donnée après avis de la commission de sécurité compétente.

Un des traits essentiels de cette réglementation est en effet le rôle joué par les commissions de sécurité dont l'avis doit être sollicité avant l'autorisation d'ouverture d'un établissement recevant du public. Une réponse ministérielle du 29 mars 1999 *(JOAN Q, p. 1922)* rappelle qu'il s'agit d'un avis consultatif et que le maire ... « peut donc autoriser ou non l'ouverture de l'établissement sauf dans le cas où des dispositions réglementaires prévoient un avis conforme ».

L'exécution et le contrôle des mesures de sécurité sont placés sous le contrôle et la responsabilité du maire (art. R. 123-27 s., CCH) qui pourra ordonner la fermeture d'un établissement recevant du public jusqu'à l'exécution de travaux de mise en conformité des installations avec la réglementation en vigueur.

Toutefois, le principe de l'indépendance des législations s'oppose à ce que le maire prenne en compte, pour autoriser ou refuser l'ouverture d'un établissement recevant du public, la réglementation des débits de boissons ou celle de la lutte contre le bruit dès lors que la décision du maire, fondée sur l'article R. 123-46 du code de la construction « a pour objet de constater que l'établissement satisfait à toutes les prescriptions édictées aux articles R. 123-1 s. dudit code en vue de la protection contre les risques d'incendie et de panique dans les immeubles concernés ».

Le principe selon lequel une nouvelle réglementation n'est opposable qu'aux situations qui lui seront postérieures trouve ici deux atténuations :
– pour les immeubles de grande hauteur, les règles de sécurité seront susceptibles d'application aux immeubles préexistants ;
– pour les immeubles recevant du public, l'article R. 123-54 du code de la construction dispose que ceux qui avaient été régulièrement autorisés conformément aux dispositions applicables antérieurement au décret no 73-1007 du 31 octobre 1973 sont réputés satisfaire aux nouvelles prescriptions réglementaires. En revanche, les autres immeubles non assujettis à cette réglementation doivent être mis en conformité avec les dispositions des articles R. 123-1 et suivants du code de la construction.

Toutefois (art. R. 123-55 CCH) si la mise en conformité nécessite des travaux importants, ceux-ci ne seront exigés qu'en fonction de la gravité du danger pour la sécurité du public.

2. La loi no 89-421 du 23 juin 1989 a renforcé les règles de sécurité propres aux ascenseurs et aux portes automatiques de garage. Ce texte a été repris et codifié au chapitre V du présent titre. La loi no 2003-590 du 2 juillet 2003 Urbanisme et habitat, a modifié l'article L. 125-1 et inséré les articles L. 125-2-1 à L. 125-2-4. Ces textes exigent que les ascenseurs soient équipés de dispositifs de sécurité. Ils doivent, en outre, faire l'objet d'un entretien spécifique dont les modalités sont définies par l'article L. 125-2-4, lequel renvoie au décret d'application intervenu le 9 septembre 2004 (V. art. R. 125-1 s., R. 152-1 et R. 152-2).

3. Les chapitres VI et VII sont issus de la loi nº 95-73 du 21 janvier 1995 d'orientation et de programmation relative à la sécurité.

Le chapitre VI, qui ne comporte que le seul article L. 126-1, prévoit la possibilité pour les propriétaires ou exploitants d'immeubles à usage d'habitation d'autoriser de manière permanente la police et la gendarmerie nationale à pénétrer dans les parties communes des immeubles.

Ce texte est à rapprocher du « k » de l'article 25 de la loi nº 65-557 du 10 juillet 1965 relative à la copropriété : il y est prévu qu'une telle mesure peut être décidée par le syndicat des copropriétaires.

Il faut souligner que cette disposition ne vise que la police et la gendarmerie nationale ce qui exclut les polices municipales ou les organismes privés de gardiennage.

Toutefois, il n'est pas précisé selon quelles modalités police et gendarmerie nationale seront averties de cette décision et comment elle pourrait être remise en cause.

4. Le chapitre VIII est relatif au gardiennage ou à la surveillance des immeubles d'habitation, administratifs, professionnels ou commerciaux dont l'importance et la situation nécessitent ces mesures.

Deux décrets, non codifiés, en date du 15 janvier 1997 ont, conformément à l'alinéa 2 de l'article L. 127-1, déterminé le champ d'application territorial et la date d'entrée en vigueur de ces règles.

A la différence des dispositions visées au chapitre précédent, il s'agit de mesures qui s'imposent obligatoirement dès lors que sont réunies les conditions tenant au zonage et à l'exploitation de certaines activités.

En outre, ce ne sont plus la police ou la gendarmerie nationale qui assureront cette surveillance mais des services de gardiennage privés.

Ces mesures sont entrées en application le 22 janvier 1998. ❑

CHAPITRE PREMIER PROTECTION CONTRE LE FEU – CLASSIFICATION DES MATÉRIAUX

Néant.

CHAPITRE II DISPOSITIONS DE SÉCURITÉ RELATIVES AUX IMMEUBLES DE GRANDE HAUTEUR

Art. L. 122-1 *(Ord. nº 2005-1527 du 8 déc. 2005, art. 25, en vigueur le 1er oct. 2007)* **Les travaux qui conduisent à la création, l'aménagement, la modification ou le changement de destination d'un immeuble de grande hauteur ne peuvent être exécutés qu'après autorisation de l'autorité chargée de la police de la sécurité qui vérifie leur conformité aux règles prévues à l'article L. 122-2.**

Lorsque ces travaux sont soumis à permis de construire, celui-ci tient lieu de cette autorisation dès lors que sa délivrance a fait l'objet d'un accord de l'autorité chargée de la police de la sécurité.

Cet art., entré en vigueur le 1er oct. 2007 (Décr. no 2007-18 du 5 janv. 2007, art. 26, mod. par Décr. no 2007-817 du 11 mai 2007, art. 4), n'est pas applicable à Mayotte (Ord. no 2005-1527 du 8 déc. 2005, art. 40).

V. C. urb., art. R. 462-4. — ***C. urb.***

Sur les immeubles de grande hauteur, V. C. urb., art. R. 423-71. — ***C. urb.***

V. L. no 86-13 du 6 janv. 1986 (JO 7 janv., p. 330) relative à diverses simplifications administratives en matière d'urbanisme et à diverses dispositions concernant le bâtiment. — Décr. no 95-260 du 8 mars 1995 relatif à la commission consultative départementale de sécurité et d'accessibilité (JO 10 mars), mod. par Décr. no 2006-1089 du 30 août 2006 (JO 31 août).
V. « Immeubles de grande hauteur - Sécurité contre l'incendie » (JO juin 1999).

Le Conseil d'État contrôle que les immeubles rentrent bien dans le champ d'application des dispositions. • CE 26 oct. 1984, *SCI du Chemin vert : Lebon 342 ; JCP 1985. II. 20424, concl. O. Dutheillet de Lamothe.* ♦ Un barrage ne constitue pas un immeuble de grande hauteur. • TA Nancy, 7 juin 1984, *Assoc. de Sauvegarde de la Vallée de Pierre-Percée : CJEG 1985. 286.* ♦ Il en va de même pour une centrale nucléaire. • CE 20 juin 1984, *Assoc. Les amis de la Terre,* req. no 35552 : *Lebon 233.*

Art. L. 122-2 *(Ord. no 2005-1527 du 8 déc. 2005, art. 25, en vigueur le 1er oct. 2007)* **Les travaux qui conduisent à la création, l'aménagement ou la modification d'un immeuble de grande hauteur doivent être conformes aux règles de sécurité fixées par décret en Conseil d'État.** *— V. art. R. 122-1 s.*

Cet art., entré en vigueur le 1er oct. 2007 (Décr. no 2007-18 du 5 janv. 2007, art. 26, mod. par Décr. no 2007-817 du 11 mai 2007, art. 4), n'est pas applicable à Mayotte (Ord. no 2005-1527 du 8 déc. 2005, art. 40).

V. C. urb., art. R. 462-7, imposant un récolement dans le cas de travaux relatifs aux immeubles de grande hauteur. — ***C. urb.***

1. C'est au requérant qu'il revient de prouver en quoi la construction ne respecte pas les dispositions relatives à la sécurité. • CE 8 nov. 1989, *Assoc. Le VIIIe aujourd'hui et demain : req. no 24651*

2. Le premier ministre peut, dans l'exercice des pouvoirs de police qui lui appartiennent en vue d'assurer la sécurité des personnes, prévoir l'extension de certaines prescriptions à édicter par le règlement de sécurité, notamment aux immeubles déjà construits dans des limites n'excédant pas les charges nécessitées par la sécurité, lesdites prescriptions étant applicables même en dehors des cas de transformations, aménagements et changements de destination des locaux prévus à l'art. R. 122-1 CCH. • CE 26 oct. 1984, *SCI du Chemin vert : Lebon 342 ; JCP 1985. II. 20424, concl. O. Dutheillet de Lamothe.*

CHAPITRE III PROTECTION CONTRE LES RISQUES D'INCENDIE ET DE PANIQUE DANS LES IMMEUBLES RECEVANT DU PUBLIC

Art. L. 123-1 *(Ord. no 2005-1527 du 8 déc. 2005, art. 26, en vigueur le 1er oct. 2007)* **Les travaux qui conduisent à la création, l'aménagement ou la modification d'un établissement recevant du public doivent être conformes aux règles de sécurité fixées par décret en Conseil d'État.**

Cet art., entré en vigueur le 1er oct. 2007 (Décr. no 2007-18 du 5 janv. 2007, art. 26, mod. par Décr. no 2007-817 du 11 mai 2007, art. 4), n'est pas applicable à Mayotte (Ord. no 2005-1527 du 8 déc. 2005, art. 40).

V. C. urb., art. R. 462-7, s'agissant de l'obligation de récolement. — ***C. urb.***

COLLECTIVITÉS LOCALES *Police des établissements recevant du public et prévention des risques d'incendie et de panique,* par MOREAU.

BIBL. ▶ BON, *Cahiers CFPC 1985, n° 97, p. 4* (la police de la sécurité dans les établissements recevant du public). – CORNILLE, *JCP N 1998. 1456* (permis de construire et règle de construction). – DELVOLVÉ, *Droit et Ville, n° 2, p. 119* (la responsabilité des communes en matière de sécurité dans les lieux recevant du public). – DIRMER, *Mon. TP 17 août 1983, p. 26* (nouveau règlement de sécurité contre l'incendie dans les établissements recevant du public). – DUPE, *AJPI 1982. 946* (établissements recevant du public : prescriptions contre les risques d'incendie et de panique). – GALAN, *Droit et Ville, 1997, n° 44, p. 25* (aspect administratif de la sécurité des lieux publics bâtis). – GRANDJEAN, La sécurité incendie, *Éd. du Moniteur, 1993*. – LEFEVBRE, *Mon. TP 27 janv. 1995, p. 47* (des modifications au règlement de sécurité incendie). – LION, *Mon. TP 9 août 1991, p. 31* (sécurité-incendie : adaptations au règlement) ; *Mon. TP 28 sept. 1990, p. 82* (sécurité-incendie : du nouveau pour les petits établissements). – SINGER, *Rev. adm. 1977. 508* (protection contre les risques d'incendie dans les établissements recevant du public) ; *Administrer mars-avr. 1982, p. 193* (règlement de sécurité dans les établissements recevant du public).

I. NOTION D'ÉTABLISSEMENT RECEVANT DU PUBLIC

1. Contrôle du juge. Un litige portant sur les mesures de sécurité à mettre en œuvre relève de la compétence du juge administratif indépendamment des relations contractuelles de droit privé qui existent entre le propriétaire et le locataire. • CAA Paris, 27 sept. 2001, *Sté D'HLM d'habitation confortable : req. n° 00PA02145.* ♦ Le juge contrôle si l'établissement, eu égard tant à sa destination qu'à ses dimensions, entre dans le champ d'application de la réglementation. • CE 3 mai 1974, *Boirot : Lebon 267.* ♦ Le juge n'est pas lié par l'appréciation d'un expert quant au classement d'un établissement dans une des catégories de l'art. R. 123-19. • CE 11 oct. 1989, *Sté méricagnaise de distribution : req. n° 75310.*

2. Constituent un établissement recevant du public : un centre commercial. • CE 20 nov. 1995, *SA du Salamandrier : req. n° 138660.* ♦ ... Une station-service de distribution de produits pétroliers. • CE 13 avr. 1983, *Synd. des copropriétaires de l'immeuble « Presqu'île-II » : Lebon 149.* ♦ ... Un immeuble hébergeant des personnes âgées, même si les occupants ont tous signé un contrat de location avec les propriétaires. • CE 4 mars 1991, *Ville de Tourcoing : Lebon 74.* ♦ ... Un hôtel particulier recevant les membres d'une association cultuelle. • CE 14 mai 1982, *Assoc. internationale pour la conscience de Krisna : Lebon 179 ; D. 1982. 516, note C. Debouy et P. Boinot.* ♦ ... Un immeuble hébergeant plus d'une vingtaine de personnes âgées, dont certaines étaient tout à fait invalides ou peu valides, même si les personnes admises dans l'immeuble ont toutes signé un contrat de location avec le propriétaire. • CAA Douai, 15 févr. 2001, *SCI Les Orchidées : req. n° 97DA02284.* ♦ ... Un immeuble en raison de la présence au premier étage d'une salle de réunion d'une association. • CAA Nancy, 29 mars 2001, *Assoc. centre culturel turc : req. n° 97NC01910.* ♦ ... Une résidence de tourisme, comptant 379 lits, caractérisée par des modalités d'occupation diverses et affectée d'équipements et de services communs. • CAA Douai, 20 déc. 2001, *Assoc. de défense du site d'Étretat : req. n° 00DA00611.* ♦ ... Un centre de tri et de valorisation des déchets. • CE 16 juin 2004, *Sté Laboratoire de biologie végétale Yves Rocher,* req. n° 254172 : *Lebon T. 913.* ♦ ... Un local destiné à accueillir des personnes en vue de leur prodiguer des soins de kinésithérapie moyennant rétribution. • CAA Bordeaux, 8 nov. 2004, *M. X. : req. n° 00BX02205.* ♦ ... Une « maison témoin » qui est un bâtiment devant être ouvert à la clientèle. • CAA Douai, 5 oct. 2006, *SCI Les époux : req. n° 05DA00420.* ♦ ... Une galerie d'art. • CAA Bordeaux, 10 nov. 2009, *Cne de Saint-Lanne : req. n° 08BX02720.* ♦ ... Un local affecté à l'usage de chauffeurs de poids lourds assurant la desserte d'une usine afin de leur permettre d'attendre que l'accès au site industriel leur soit autorisé. • CAA Nancy, 19 janv. 2012, *Ass. de sauvegarde du patrimoine et de l'environnement des villages de Marnay-sur-Seine, Saint-Aubin, Pont-sur-Seine, Courtavent et Barbuise (ASPE),* req. n° 11NC00101 : *AJDA 2012. 728.*

3. Ne constituent pas un établissement recevant du public. Une chapelle destinée à n'être ouverte au public qu'une fois par an, à l'occasion de la fête locale. • CE 8 avr. 1994, *Benferhat : Lebon 188 ; BJDU 1994. 47, concl. S. Daël ; Dr. adm. 1994. 376.* ♦ ... La cour d'honneur du Palais Royal. • CE 28 déc. 1992, *Cusenier : req. n° 85551.* ♦ ... Un bâtiment à usage de poulailler. • CE 23 mars 1990, *Montagne : req. n° 62643.* ♦ ... Un garage. • CE 10 févr. 1992, *Brion : Lebon T. 1386.* ♦ ... Le sous-sol d'une maison d'habitation dans lequel le propriétaire a organisé un concert moyennant un droit d'entrée. • CAA Nantes, 4 nov. 1999, *Fournel,* req. n° 97NT01968 : *Constr.-Urb. 2000, n° 158, obs. Cornille.* ♦ ... Une aire d'accueil et d'habitat des gens du voyage comportant vingt-quatre emplacements ouverts. • CAA Bordeaux, 8 juill. 2008, *Cne d'Isle : req.*

nº 07BX00172. ♦ ... Une construction destinée à accueillir le personnel d'un hôtel-restaurant et les propriétaires de ce dernier. • CAA Lyon, 2 mai 2012, *M. A. : req. nº 11LY00854.*

II. AUTORISATION DE CONSTRUIRE

A. FORMALITÉS PRÉALABLES À LA DÉLIVRANCE DE L'AUTORISATION

4. La délivrance du permis de construire doit être précédée de la consultation de la commission de sécurité. Il s'agit là d'une formalité substantielle à laquelle ne peut se substituer l'avis émis par l'inspecteur des services de défense et de secours contre l'incendie. • CE 20 nov. 1995, *SA du Salamandrier : req. nº 138660.* ♦ Le maire est tenu de faire droit à la demande d'une société tendant à ce qu'il convoque la commission de sécurité en vue de prendre sa décision autorisant ou refusant l'ouverture au public du magasin. • CAA Douai, 23 oct. 2003, *LIDL : req. nº 00DA01292.* ♦ La consultation doit être préalable à la délivrance du permis. Le fait que l'avis de la commission ait été ultérieurement émis n'est pas de nature à rendre régulier le permis de construire. • Même arrêt. ♦ L'avis de la commission ne lie pas l'autorité qui délivre le permis de construire. • CAA Bordeaux, 18 mars 1999, *Sté Docks de France Ouest : req. nº 96BX01138.* ♦ En cas d'annulation du permis, pour des motifs étrangers à la sécurité, l'avis favorable de la commission reste acquis. • CAA Lyon, 19 avr. 1994, *Préfet de la Haute-Corse : req. nº 93LY001230.*

5. Les établissements de 5e catégorie ne sont pas astreints à cette formalité. • CE 11 mars 1988, *Min. de l'urbanisme et du logement c/ Lamouroux : Lebon T. 1085.*

6. L'arrêté par lequel le maire met en demeure des particuliers de produire un dossier technique en vue de recueillir l'avis de la commission de sécurité est un acte préparatoire insusceptible de faire l'objet d'un recours pour excès de pouvoir. • CE 4 oct. 1996, *SARL Karisa'Chris : req. nº 139230.*

7. Les dispositions de l'art. R. 123-22 CCH ne font pas obligation au maire d'inclure, dans tout permis de construire concernant un établissement recevant du public, des prescriptions particulières relatives à la protection contre les risques d'incendie et de panique, mais le contraignent seulement à s'assurer, avant de délivrer le permis, du respect par le projet qui lui est soumis de la réglementation en cette matière. Ainsi l'absence de prescriptions particulières relatives à la protection contre les risques d'incendie et de panique ne révèle pas, par elle-même, la méconnaissance par le maire de l'étendue de sa propre compétence. • CAA Nancy, 30 sept. 1993, *Nowaczyk : req. nº 92NC00689.*

B. COMMISSIONS DE SÉCURITÉ

8. Le préfet peut, sauf dans les cas concernant les établissements classés en première catégorie recevant plus de 1 500 personnes, déléguer les attributions de la commission à des commissions communales. • CE 3 avr. 1987, *Monmarson : Lebon T. 623 ; JCP 1987. IV. 205.* ♦ Les commissions de sécurité ne sauraient se prononcer si elles n'obtiennent pas les informations qu'elles réclament. • CE 14 avr. 1995, *Synd. des copropriétaires de l'immeuble sis 3, rue Petibon à Boulogne-Billancourt,* req. nº 137255 : *LPA 25 déc. 1995.* ♦ Les procès-verbaux des commissions de sécurité sont des documents administratifs accessibles au public. • CAA Nantes, 28 mai 1999, *Cne de Senonches : req. nº 98NT02629.* ♦ Le maire a non l'obligation mais seulement la possibilité de faire procéder à des visites de contrôle de ce type d'établissement sans avoir à respecter une périodicité déterminée par des dispositions législatives ou réglementaires. • CAA Nantes, 13 mars 2003, *Sté Lloyd Continental : req. nº 99NT02920.*

III. AUTORISATION D'OUVERTURE

9. L'autorisation a pour objet de constater que l'établissement satisfait aux prescriptions des art. R. 123-1 s. ; les moyens tirés de la méconnaissance du code des débits de boissons ou de la réglementation relative à la lutte contre le bruit sont inopérants. • CE 10 mai 1995, *Duquesne : Lebon T. 946.* ♦ ... De même les moyens tirés de la méconnaissance du code de l'urbanisme. • CE 3 avr. 1987, *Monmarson : Lebon T. 623.* ♦ L'impossibilité de vérifier les systèmes de sécurité peut fonder un avis défavorable de la commission de sécurité et, partant, un refus d'autorisation d'ouverture prononcé par le maire. • CE 12 déc. 1994, *Sté Sodirennes : Lebon 548 ; JCP 1995. IV. 57.*

IV. OBLIGATIONS DES CONSTRUCTEURS, INSTALLATEURS ET EXPLOITANTS

10. Les dispositions de l'art. R. 123-43 CCH imposent à l'exploitant d'un établissement recevant du public de s'assurer que les installations ou équipements sont établis, maintenus et entretenus en conformité avec la réglementation en vigueur et de procéder, en cours d'exploitation, aux vérifications nécessaires. Commet une faute l'établissement qui omet de s'assurer que la vanne de branchement d'un poteau d'incendie était ouverte et que le poteau pouvait être normalement alimenté en cas de nécessité. • CAA Nancy, 28 déc. 1995, *Cne de Saint-Martin-au-Laert :* *req. nº 93NC00983.* ♦ La commission de sécurité peut imposer à l'exploitant la fourniture de rapports d'audit établis par un organisme agréé. • CAA Nantes, 30 mai 1997, *Cne d'Authon-du-Perche :* *req. nº 96NT00512.* ♦ Le contrôle exercé par l'administration ou par les commissions de sécurité ne dégage pas les exploitants des responsabilités qui leur incombent personnellement. • CAA Paris, 15 déc. 1998, *Mutuelle Saint-Christophe :* *req. nº 96PA02546.*

V. SANCTION DES VIOLATIONS DES RÈGLES DE SÉCURITÉ

A. FERMETURE DE L'ÉTABLISSEMENT

1º COMPÉTENCE

11. Les présidents de conseils généraux ne sont pas compétents pour prononcer la fermeture, même à l'encontre d'un collège départemental. • CE 6 févr. 1998, *Vadant :* *req. nº 163421.* ♦ Les dispositions de l'art. L. 123-1 ont une portée générale et s'appliquent à tous les établissements recevant du public, y compris les établissements privés d'enseignement : la circonstance que la législation régissant ces derniers prévoie des procédures spécifiques ayant pour objet ou pour effet d'en refuser l'ouverture ou d'en prescrire la fermeture ne fait pas obstacle à ce que l'autorité administrative en décide seule la fermeture. • CE 23 mars 2009, *Thierry A. :* *req. nº 292554.*

2º CHAMP D'APPLICATION

12. Établissements de 5e catégorie. Une sanction de fermeture peut être prise à l'encontre d'un établissement de 5e catégorie. • CE 24 oct. 1986, *Cali :* *Dr. adm. 1986. 609.* ♦ La circonstance qu'un établissement relève d'une catégorie dispensée d'autorisation d'ouverture au public ne fait pas obstacle à ce que le maire ordonne la fermeture de l'établissement en vue d'assurer la protection du public. • CAA Bordeaux, 9 oct. 2007, *Sté coop. agricole d'approvisionnement des avirons :* *req. nº 05BX01089.*

3º MISE EN DEMEURE PRÉALABLE

13. En l'absence d'urgence, une décision de fermeture immédiate est irrégulière si, préalablement à cette décision, le gérant de l'établissement n'a pas été invité à présenter ses observations sur les constatations effectuées et la mesure proposée. • CE 28 févr. 1996, *SARL « Le Chardon » :* *req. nº 126968.* ♦ Le maire ne peut, sans porter une atteinte excessive à la liberté du commerce et de l'industrie, ordonner la fermeture d'une discothèque, en l'absence d'urgence, sans avoir au préalable invité l'exploitant à réaliser les travaux nécessaires. • CAA Nancy, 15 déc. 2003, *Cne de Besançon :* *req. nº 00NC00465.* ♦ De même, en admettant qu'un établissement ait été ouvert dans des conditions irrégulières, cette circonstance, qui exposait les contrevenants à des poursuites pénales, n'autorisait pas l'autorité administrative à en prononcer la fermeture sans avoir, au préalable, invité le propriétaire à procéder aux travaux nécessaires pour assurer la sécurité du public, dès lors que la fermeture de l'établissement ne présentait pas un caractère d'urgence. • CE 28 avr. 1976, *Dewitch :* *Lebon T. 1039.* ♦ Une mesure de fermeture d'un établissement recevant du public ne peut légalement intervenir sans que l'avis de la commission de sécurité ait été préalablement recueilli. L'avis doit être rendu sur le fondement de l'art. R. 123-52 CCH et non dans le cadre de la procédure d'instruction de la demande d'autorisation d'ouverture, sous peine de rendre la procédure irrégulière. • CAA Paris, 26 juin 1997, *Sté Loft 77 :* *req. nº 96PA01865.* ♦ Aucune disposition du CCH n'oblige l'ensemble des membres de la commission de sécurité à procéder à une visite des lieux avant d'émettre un avis. • CE 5 avr. 1996, *SARL Le club olympique :* *req. nº 140180.* ♦ Aucune disposition n'impose à la commission de sécurité de motiver l'avis qu'elle émet sur l'opportunité de procéder à la fermeture d'un établissement. • CAA Bordeaux, 9 oct. 2007, *Sté coop. agricole d'approvisionnement des avirons :* *préc. note 12.* ♦ Il appartient au maire de s'assurer, avant de prendre une décision de fermeture, qu'à la date de la décision l'établissement est toujours en infraction. En l'espèce le maire s'est fondé sur des faits matériellement inexacts, les travaux préconisés par la commission de sécurité ayant été réalisés. • CE 21 janv. 1994, *SARL La Nuit Bleue :* *req. nº 128869.* ♦ Constitue une illégalité le fait pour le maire d'ordonner le jour même de la visite de la commission communale la fermeture de l'établissement alors même que les constatations opérées par ladite commission appelaient normalement une mise en demeure de réaliser les différents travaux et contrôles nécessaires dans un délai déterminé sans révéler une situation d'urgence particulière. • CE 14 mars 2003, *Cne d'Évry,* req. nº 254827 : *Lebon T. 931.* ♦ Aucune disposition du code n'interdit de soumettre la réouverture d'un établissement à une nouvelle visite de la commission de sécurité. • CAA Bordeaux, 1er mars 2011, *Cne de Labenne :* *req. nº 09BX01935.*

14. Le maire peut ordonner la fermeture des locaux sans avoir à mettre au préalable l'exploitant en demeure de régulariser sa situation lorsque les locaux ont fait l'objet d'une transformation sans permis de construire préalable et lorsque l'obtention d'un tel permis n'était pas régulièrement possible compte tenu des dispositions du plan d'occupation des sols. • CAA Marseille, 23 sept. 2003, *SCI Bompas Salanque : req. n° 99MA00131.*

4° NOTIFICATION

15. Le fait que l'arrêté de fermeture soit notifié à l'exploitant de l'établissement et non au gérant est sans influence sur sa légalité. • CE 23 avr. 1997, *SARL Le Neuilly : req. n° 169633.* ♦ Il en va de même, s'agissant d'une société en liquidation judiciaire, pour l'absence de notification au mandataire judiciaire. • CAA Paris, 3 mars 1998, *SARL Le Niglo : req. n° 96PA02892.*

5° MOTIVATION

16. L'arrêté de fermeture doit être motivé. En l'espèce, le visa de l'avis défavorable de la commission de sécurité constitue une motivation suffisante. • CAA Paris, 3 mars 1998, *SARL Le Niglo : req. n° 96PA02892.* ♦ L'arrêté n'a pas à mentionner la durée de la fermeture ordonnée. • CE 23 avr. 1997, *SARL Le Neuilly : req. n° 169633.*

6° CONTESTATION DE L'ARRÊTÉ

17. A l'encontre d'un arrêté ordonnant par mesure de sécurité la fermeture d'un établissement recevant du public, les énonciations du permis de construire relatif au bâtiment dans lequel est installé cet établissement ne peuvent pas être utilement invoquées. • CE 27 sept. 1989, *Sté Afer Rond-point : Lebon T. 820 ; Gaz. Pal. 1990. 1. Somm. 263.* ♦ Le fait qu'une erreur ait été commise dans le classement de l'établissement en application des dispositions de l'art. R. 123-19 est sans influence sur la légalité de l'arrêté de fermeture. • CE 8 avr. 1994, *SA « Supermarché aux Puces » : req. n° 140585.* ♦ Une décision de fermeture justifiée ne saurait être regardée comme constituant une atteinte illégale au principe de la liberté du commerce et de l'industrie. • CAA Bordeaux, 21 juin 1999, *EURL Carps : req. n° 96BX02321.* ♦ La fermeture d'un établissement commercial peut constituer une atteinte grave à la liberté fondamentale d'entreprendre et en cas d'illégalité manifeste faire l'objet d'une mesure de suspension ordonnée par le juge des référés au titre de l'art. L. 521-2 CJA. • CE 14 mars 2003, *Cne d'Évry : préc. note 13.* ♦ Le code de la construction et de l'habitation ne comporte aucune disposition limitant à l'urgence une mesure de fermeture d'établissement. • CAA Nancy, 29 mars 2001, *Assoc. centre culturel turc : req. n° 97NC01910.* ♦ Un « certificat de conformité » délivré par un inspecteur avant que la commission de sécurité ne se prononce ne peut faire échec aux pouvoirs de fermeture du maire. • CE 9 mars 1979, *Pinçon : Lebon 104.* ♦ Le maire peut ordonner la fermeture d'un établissement jusqu'à l'obtention du certificat des travaux autorisés par un permis de construire. • CE 17 oct. 1997, *Cne de Solers : req. n° 162023.* ♦ Est légalement justifiée la fermeture d'un site n'ayant fait l'objet d'aucune autorisation d'urbanisme, ni d'aucune autorisation d'ouverture au public. • CAA Bordeaux, 28 juin 2007, *Sté Friedland Amazonia : req. n° 06BX00047.*

18. Ne peut être considéré comme ayant commis une voie de fait le préfet qui, après avoir ordonné la fermeture administrative d'une résidence en application de l'art. R. 123-52 CCH et faute d'exécution de cette mesure, fait apposer des scellés à titre de mesure conservatoire pour assurer la sécurité du public. • T. confl. 21 juin 1993, *Préfet de la Corse : Lebon 402.*

B. POUVOIRS DE POLICE GÉNÉRALE

19. Les dispositions du CCH ne font pas obstacle à ce que le maire use des pouvoirs généraux que lui confère l'art. L. 131-2 C. communes pour réglementer le stationnement des véhicules dans la cour intérieure d'un immeuble afin d'assurer, le cas échéant, l'évacuation d'un établissement commercial dont l'escalier de secours aboutit dans cette cour. • CE 21 juill. 1995, *Baverez,* req. n° 141617 *Lebon T. 946.* ♦ En vertu de ses pouvoirs de police générale le maire peut prescrire l'installation d'une ligne téléphonique entre la conciergerie d'un bâtiment et le poste central de sécurité d'un ensemble immobilier et imposer un droit d'accès pour les services de sécurité aux parties communes et aux locaux techniques du bâtiment. • CE 24 juill. 1987, *Damman : Lebon T. 892.* ♦ L'usage des pouvoirs de police générale est légal sauf si cet usage, hors des cas d'urgence, a eu pour objet ou pour effet de ne pas respecter la procédure prévue par la police spéciale. • CE 5 avr. 1996, *SARL Le club olympique,* req. n° 147903 : *Lebon T. 1054.*

C. RESPONSABILITÉ DE L'ADMINISTRATION

1° DROIT À RÉPARATION

20. En prenant une décision de fermeture sans recueillir l'avis de la commission de sécurité, la commune commet une faute de nature à engager sa responsabilité. Toutefois cette faute ne peut donner lieu à réparation au profit de l'établissement que si la mesure de fermeture n'était pas justifiée au fond. En l'espèce, l'établissement fonctionnait sans autorisation alors que l'accès du bâtiment aux véhicules de secours et de lutte contre l'incendie n'était pas assuré dans des conditions satisfaisantes. Le maire pouvait légalement ordonner, au fond et sur ce seul motif, la fermeture de cet établissement. • CAA Paris, 26 juin 1997, *Sté Loft 77 : req. no 96PA01865.* ♦ Si l'illégalité externe qui entache une décision de police prononcée à l'encontre de l'exploitant d'un établissement accueillant du public constitue une faute de nature à engager la responsabilité de la collectivité, une telle faute ne peut donner lieu à réparation du préjudice subi par l'exploitant lorsque, les circonstances de l'espèce étant de nature à justifier légalement la décision de police, le préjudice allégué ne peut être regardé comme la conséquence directe du vice dont cette décision est entachée. • CAA Nancy, 11 mai 2009, *SARL MGM : req. no 07NC01292.* ♦ Dans la mesure où les services de l'État sont appelés à intervenir et notamment à travers le fonctionnement des commissions de sécurité, ils agissent non pour le compte de l'État mais pour celui de la commune dont la responsabilité peut seule être engagée du fait de cette intervention. • CAA Nancy, 17 mars 2005, *Cie Allianz Assurances : req. no 99NC00066.* ♦ La commission de sécurité est l'organe technique d'étude, de contrôle et d'information du maire et du représentant de l'État dans le département, sous l'autorité duquel elle est placée. Elle conseille ainsi le maire dans l'exercice de ses pouvoirs de police dans les établissements recevant du public et le préfet en cas de substitution. A l'égard des victimes, les fautes commises par la commission ne peuvent engager que la responsabilité de la commune alors même que cette commission est placée sous l'autorité du représentant de l'État. • CAA Marseille, 12 juill. 2006, *CRPCEN : req. no 03MA01272.*

2o CAUSES D'EXONÉRATION

21. Faute de la victime. Ne peut prétendre à une quelconque réparation la victime qui avait accepté en connaissance de cause les risques d'instabilité auxquels était exposé son établissement. • CE 10 juill. 1996, *Meunier,* req. no 143487 : *Lebon 289.* ♦ Les exploitants d'un établissement recevant du public ne peuvent se retourner contre l'administration pour défaut de surveillance. • CE, sect., 7 mars 1980, *SARL Cinq-Sept : Lebon 129, concl. J. Massot ; D. 1980. 320, note L. Richer ; AJDA 1980. 423, note P. Albertini ; JCP 1981. II. 19622, note Y. Brard.*

Art. L. 123-2 **Des mesures complémentaires de sauvegarde et de sécurité et des moyens d'évacuation et de défense contre l'incendie peuvent être imposés par décrets aux propriétaires, aux constructeurs et aux exploitants de bâtiments et établissements ouverts au public.** *(L. no 2005-102 du 11 févr. 2005, art. 42)* **« Ces mesures complémentaires doivent tenir compte des besoins particuliers des personnes handicapées ou à mobilité réduite. »**

V. art. R. 123-1 s.

COMMENTAIRE

Les permis de construire doivent prendre en compte cette disposition et un récolement s'impose notamment en application du nouvel article R. 462-7 du code de l'urbanisme.

Art. L. 123-3 *(L. no 2009-323 du 25 mars 2009, art. 90-I)* **« I. – Dans le cas où un établissement recevant du public est à usage total ou partiel d'hébergement et que le maire a prescrit, par arrêté, à l'exploitant et au propriétaire les mesures nécessaires pour faire cesser la situation d'insécurité constatée par la commission de sécurité et, le cas échéant, pour réaliser des aménagements et travaux dans un délai fixé, le maire peut, »** *(L. no 2000-1208 du 13 déc. 2000, art. 178)* **« à défaut d'exécution volontaire, et après mise en demeure demeurée infructueuse, procéder d'office aux travaux nécessaires pour mettre fin à la situation d'insécurité manifeste, et voir condamner l'exploitant à lui verser une provision à valoir sur le coût des travaux. En cas de litige sur les conditions d'entrée dans l'immeuble, le juge des référés statue. »**

(Ord. nº 2005-1566 du 15 déc. 2005, art. 12) **« Lorsque la commune procède d'office aux travaux, elle agit en lieu et place des propriétaires, pour leur compte et à leurs frais. Sa créance est recouvrée comme en matière de contributions directes.**

« Le maire peut également prononcer une interdiction temporaire d'habiter ou d'utiliser les lieux applicable jusqu'à la réalisation des mesures prescrites.

« Si une interdiction temporaire d'habiter ou d'utiliser les lieux est décidée ou si l'état des locaux impose une fermeture définitive de l'établissement, l'hébergement ou le relogement des occupants est assuré dans les conditions fixées aux articles L. 521-1 et suivants du présent code. »

(L. nº 2009-323 du 25 mars 2009, art. 90-I) **« Les pouvoirs dévolus au maire par le présent article sont exercés à Paris par le préfet de police.**

« II. – Est puni d'un emprisonnement d'un an et d'une amende de 50 000 € le refus délibéré et sans motif légitime, constaté après mise en demeure, d'exécuter les travaux prescrits en application du I.

« III. – Est puni d'un emprisonnement de deux ans et d'une amende de 75 000 € le fait de louer des chambres ou locaux dans des conditions qui conduisent manifestement à leur suroccupation.

« IV. – Est puni d'un emprisonnement de trois ans et d'une amende de 100 000 € :

« – le fait de dégrader, détériorer, détruire des locaux ou de les rendre impropres à l'hébergement de quelque façon que ce soit, dans le but d'en faire partir les occupants, lorsque ces locaux sont visés par un arrêté fondé sur le I ;

« – le fait, de mauvaise foi, de ne pas respecter une interdiction d'habiter et d'utiliser les lieux prononcée en application du troisième alinéa du I.

« V. – Les personnes physiques encourent également les peines complémentaires suivantes :

« 1º La confiscation du fonds de commerce ou de l'immeuble destiné à l'hébergement des personnes et ayant servi à commettre l'infraction ;

« 2º L'interdiction pour une durée de cinq ans au plus d'exercer une activité professionnelle ou sociale dès lors que les facilités que procure cette activité ont été sciemment utilisées pour préparer ou commettre l'infraction. Cette interdiction n'est toutefois pas applicable à l'exercice d'un mandat électif ou de responsabilités syndicales.

« VI. – Les personnes morales encourent, outre l'amende prévue à l'article 131-38 du code pénal, les peines complémentaires prévues aux 2º, 4º, 8º et 9º de l'article 131-39 du même code. La confiscation mentionnée au 8º du même article porte sur le fonds de commerce ou l'immeuble destiné à l'hébergement des personnes et ayant servi à commettre l'infraction.

« VII. – Lorsque les poursuites sont effectuées à l'encontre d'exploitants de fonds de commerce aux fins d'hébergement, il est fait application de l'article L. 651-10 du présent code. »

V. Circ. du 28 mai 2009 relative à la L. nº 2009-323 du 25 mars 2009 - Parc privé (BOMEEDDM nº 2009/12, p. 62).

COMMENTAIRE

Il s'agit d'une disposition entrant dans les pouvoirs de police du maire mais dont l'exercice est limité à tout ou partie aux ERP à usage d'hébergement : hôtels, résidences (hôtelières ou de tourisme, meublés...). Ce texte renforce les pouvoirs du maire en matière d'exécution d'office des travaux prescrits par la Commission de sécurité pour faire cesser une situation d'urgence.

Art. L. 123-4 *(L. nº 2003-239 du 18 mars 2003, art. 70)* **Sans préjudice de l'exercice par les autorités de police de leurs pouvoirs généraux et dans le cadre de leurs compétences respectives, le maire ou le représentant de l'État dans le département peuvent par arrêté, pris après avis de la commission de sécurité compétente, ordonner la fermeture des établissements recevant du public en infraction avec les règles de**

sécurité propres à ce type d'établissement, jusqu'à la réalisation des travaux de mise en conformité.

Le fait pour le propriétaire ou l'exploitant, malgré une mise en demeure du maire ou du représentant de l'État dans le département d'avoir à se conformer à l'arrêté pris en application de l'alinéa précédent, de ne pas procéder à la fermeture de l'établissement est puni de 3 750 € d'amende.

Les pouvoirs dévolus au maire ou au représentant de l'État dans le département par le présent article sont exercés à Paris par le préfet de police.

CHAPITRE IV ADAPTATION DES CONSTRUCTIONS AU TEMPS DE GUERRE

Art. L. 124-1 Conformément à l'article 10, modifié, de la loi du 11 juillet 1938 sur l'organisation générale de la nation en temps de guerre, le ministre de l'intérieur est chargé, de concert avec les ministres intéressés et dans la limite des crédits prévus, de provoquer et de coordonner les mesures générales ou spéciales à imposer aux communes, aux administrations et services publics, aux établissements et organismes privés pour préparer dès le temps de paix la diminution de la vulnérabilité des édifices publics et des installations diverses, commerciales, industrielles ou à usage d'habitation par l'adaptation appropriée des textes qui réglementent les projets d'urbanisme ainsi que le mode de construction des bâtiments et par l'adoption de toutes mesures susceptibles de diminuer, à l'occasion de constructions neuves ou de grosses transformations, les dangers résultant d'attaques aériennes.

Un décret en Conseil d'État détermine les règles à adopter dans cet esprit pour les agglomérations importantes. – *V. art. R. 124-1.*

V. Décr. nº 79-804 du 17 sept. 1979 (JO 29 sept.) modifiant le titre III du Décr. du 24 févr. 1939 portant RAP sur les règles à adopter en la matière. – Décr. nº 85-988 du 16 sept. 1985 (JO 20 sept.) : création d'une commission départementale consultative de la protection civile, de la sécurité et de l'accessibilité ; Circ. nº 85-252 du 16 oct. 1985, Mon. TP 24 janv. 1986, Suppl. textes, p. 37.

CHAPITRE V SÉCURITÉ DE CERTAINS ÉQUIPEMENTS D'IMMEUBLES PAR DESTINATION

(L. nº 89-421 du 23 juin 1989)

SECTION I SÉCURITÉ DES ASCENSEURS

BIBL. ► DECHELETTE-TOLOT, *Rev. loyers 2003. 474* (sécurité des ascenseurs et copropriété – les dispositions de la loi urbanisme et habitat). – DURAND-PASQUIER, *Constr.-Urb. 2008, Focus 22* (la prorogation des délais de mise en conformité et de contrôle technique des ascenseurs). – HUGOT, *JCP N 1991. 327* (l'aménagement par la loi nº 91-663 du 13 juillet 1991, de l'accessibilité des locaux aux personnes handicapées). – MICHON, *Mon. TP 30 juill. 1999. 33* (interrogations sur les effets de la directive « ascenseurs »). – MOMAL, *AJDI 2003. 736* (la sécurité des ascenseurs dans le parc existant) ; *Mon. TP 26 déc. 1997, Suppl. textes, p. 255 ; RDI 1998. 183* (recommandation nº 97-02 de la Commission des clauses abusives *(BOCCRF 12 déc. 1997)* relative aux contrats de maintenance de certains équipements d'immeuble). – QUIGNARD, *AJPI 1995. 885* (la sécurité lors des travaux effectués sur les ascenseurs) ; *ibid. 1997. 841* (la réglementation concernant les ascenseurs) ; *Administrer mai 2001. 34* (les directives européennes obligatoires en matière d'ascenseur) ; *ibid., oct. 2003. 18* (analyse de la loi du 2 juillet 2003 relative aux ascenseurs).

Concernant la présentation de la L. nº 2003-590 du 2 juill. 2003, urbanisme et habitat, V. Circ.

nos 2003-48 du 31 juill. 2003 (BOMELT no 2003/15, p. 78) et 2003-52 du 12 août 2003 (BOMELT no 2003/16, p. 161).

*Sur le financement de la mise aux normes de sécurité des ascenseurs, V. Rép. min. no 107128, JOAN Q, 2 janv. 2007, p. 148 ; Rép. min. Jno 113562, JOAN Q, 10 avr. 2007, p. 3572. * Rép. min. no 07882 : JO Sénat 4 avr. 2009, p. 829.*

COMMENTAIRE

L'installation de dispositifs de sécurité sur **les ascenseurs neufs** a, sur **le plan européen**, fait l'objet d'une directive no 95/16 CE du Parlement et du Conseil du 29 juin 1995, portant prescriptions communes aux États membres de la Communauté européenne (*Mon. TP 22 sept. 1995, Suppl. textes, p. 304*). Ce texte a été adopté pour faciliter le rapprochement des législations des États membres dans le domaine de la sécurité des ascenseurs. La norme européenne de sécurité s'est substituée à la réglementation spécifique de chaque État membre (*V. Mon. TP 18 juin 1999, p. 56*).

On a pu douter de la réalité de sa mise en œuvre, faute de transposition par la France de cette directive (V. N. Taillandier, *Mon. TP 30 juill. 1999, p. 33*) même si une circulaire no 99-36 du 28 mai 1999 (Équipement – *Mon. TP 2 juill. 1999, p. 386*) a rendu son application obligatoire à compter du 1er juillet 1999.

Le décret no 2000-810 du 24 août 2000 (*JO 27 août*) est finalement intervenu pour mettre la réglementation française en accord avec la directive du 29 juin 1995. Ce texte fixe les exigences de sécurité que doivent respecter les ascenseurs, leurs composants de sécurité et leur installation, sous peine de sanctions pénales.

Conformément à l'article 7 de ce décret, les ascenseurs ou leurs composants doivent, pour bénéficier du marquage CE, être soumis à une procédure d'évaluation de leur conformité (Avis 5 janv. 2003, avec la liste des organismes habilités à mettre en place cette procédure, *JO 5 janv. 2003*).

S'agissant des **ascenseurs anciens**, et en **droit interne**, un décret no 92-535 du 16 juin 1992 (*JO 18 juin, p. 7958*) et une circulaire du 16 juin 1992 (*JO 18 juin, p. 7959*) avaient en leur temps précisé les règles de mise en conformité des ascenseurs dépourvus de portes de cabine. – V. également, Circ. 22 janvier 1993, relative à la mise en conformité des monte-charges (*Mon. TP 2 juill. 1993, Suppl. textes, p. 281*), et Rép. min. no 3152 : *JOAN Q 6 déc. 1993*, sur l'accessibilité des ascenseurs anciens.

Un décret no 95-826 du 30 juin 1995 (*JO 1er juill.*) a par la suite imposé de procéder à une étude de sécurité pour les travaux sur les ascenseurs.

Le système a, dans le dernier état des textes, été remanié et enrichi par la loi no 2003-590 du 2 juillet 2003 (*JO 3 juill., p. 11176*), notamment pour ce qui intéresse les ascenseurs destinés à desservir de manière permanente les bâtiments et les constructions, en modifiant l'article L. 125-1 et en insérant les articles L. 125-2-1 à L. 125-2-4 ci-dessous.

Le nouveau dispositif met maintenant autant l'accent sur le contrôle technique auquel les ascenseurs doivent être soumis que sur la mise en place de mécanisme de protection. Il prévoit que si les ascenseurs doivent être équipés de dispositifs de sécurité, ils doivent également faire l'objet d'un contrôle et d'un entretien spécifiques dont les modalités sont définies par le décret no 2004-964 du 9 septembre 2004 (V. art. R. 125-1 s., R. 152-1 et R. 152-2). ❑

Art. L. 125-1 *(L. no 2003-590 du 2 juill. 2003, art. 79)* **Les dispositions de la présente section s'appliquent aux ascenseurs qui sont destinés à desservir de manière permanente les bâtiments et les constructions.**

Ne sont pas concernés par les dispositions de la présente section les installations à câbles, y compris les funiculaires pour le transport public ou non des personnes, les ascenseurs spécialement conçus et construits à des fins militaires ou de maintien de l'ordre, les ascenseurs équipant les puits de mine, les élévateurs de machinerie de théâtre, les ascenseurs installés dans des moyens de transport, les ascenseurs liés à une

machine et exclusivement destinés à l'accès au poste de travail de celle-ci et les ascenseurs de chantier.

COMMENTAIRE

La loi n° 2003-590 du 2 juillet 2003 est le premier texte législatif intéressant globalement la sécurité des ascenseurs. L'article L. 125-1 délimite le domaine d'application du nouveau dispositif lequel, pour l'essentiel, est identique à celui du décret n° 2000-810 du 24 août 2000 relatif à la mise sur le marché des ascenseurs neufs. La loi n'ajoute d'ailleurs pas à ce dernier texte qui, s'inspirant de la directive n° 95/16 du 29 juin 1995, définit l'ascenseur comme étant « un appareil qui dessert des niveaux définis à l'aide d'une cabine qui se déplace le long de guides rigides dont l'inclinaison sur l'horizontale est supérieure à quinze degrés », la loi de 2003, pas plus que le décret n° 2004-964 du 9 septembre 2004 (V. art. R. 125-1 s.), ne proposant de modification terminologique significative. ❑

Engage sa responsabilité contractuelle le maître d'œuvre qui n'a pas émis de réserve à la réception sur la non-conformité aux normes de sécurité de l'installation d'ascenseurs. Sa mission portant sur l'ensemble des travaux et ouvrages, il ne pouvait se prévaloir de sa compétence insuffisante en cette matière. • Paris, 12 mars 2008 : *JCP N 2008. 1851.*

Art. L. 125-2 *(L. n° 89-421 du 23 juin 1989, art. 8-I)* **Les cabines d'ascenseurs non pourvues de grille de sécurité extensible ou de porte doivent être munies au plus tard le 31 décembre 1992 :**

— soit de porte de cabine ;

— soit d'un dispositif de protection susceptible d'assurer un niveau de protection équivalent à celui résultant de la mise en place des portes.

Ces dispositifs doivent être agréés par le ministre chargé de la construction et de l'habitation et par le ministre chargé de l'industrie.

A compter de cette date, tout propriétaire, locataire ou occupant de l'immeuble peut saisir le juge des référés afin qu'il ordonne, éventuellement sous astreintes, la mise en conformité des ascenseurs avec les dispositions prévues à l'alinéa précédent.

(L. n° 91-663 du 13 juill. 1991, art. 6) **« Les modifications apportées doivent préserver l'accessibilité de la cabine à une personne circulant en fauteuil roulant.**

« Un décret en Conseil d'État détermine les conditions dans lesquelles, en cas de difficultés techniques graves pour le maintien de l'accessibilité aux handicapés, l'autorité administrative peut accorder une dérogation aux exigences soit de la sécurité, soit de l'accessibilité, ou accorder un délai supplémentaire pour y satisfaire. »

Le décret du 16 juin 1992 relatif à la mise en conformité des ascenseurs dépourvus de porte de cabine a été jugé conforme aux dispositions législatives. • CE 6 juill. 1994, *Rabaud :* ♁ *req. n° 140188.*

Art. L. 125-2-1 *(L. n° 2003-590 du 2 juill. 2003, art. 79)* **Les ascenseurs doivent être équipés de dispositifs de sécurité dans les conditions prévues à l'article L. 125-2-4.**

Art. L. 125-2-2 *(L. n° 2003-590 du 2 juill. 2003, art. 79)* **Les ascenseurs font l'objet d'un entretien propre à les maintenir en état de bon fonctionnement et à assurer la sécurité des personnes.**

Cette obligation incombe au propriétaire de l'ascenseur. Celui-ci confie ou délègue l'entretien de l'ascenseur à un prestataire de services dans le cadre d'un contrat écrit. Toutefois, s'il dispose des capacités techniques nécessaires, il peut y pourvoir par ses propres moyens.

COMMENTAIRE

Le nouveau système mis en place par la loi no 2003-590 du 2 juillet 2003 entend mieux répondre aux exigences de maintenance et d'entretien des ascenseurs. Les deux types de contrat d'abonnement, le « normal » et le « complet », tels que prévus par l'arrêté interministériel du 11 mars 1977 (*JO 8 avr.*) et susceptibles d'être proposés par les entreprises d'entretien à leurs clients, ne sont pas remis en cause (V. Rép. min. : *JOAN 3 nov. 2003, p. 8463 ; JO Sénat Q, 11 déc. 2003, p. 3592*). Toutefois, le décret no 2004-964 du 9 septembre 2004 (V. art. R. 125-1 s.) fixe désormais les clauses minimales que doit impérativement contenir tout contrat d'entretien. Les nouvelles obligations vont nécessairement entraîner une augmentation du coût de ces contrats. Mais, l'État semble s'en remettre au marché pour réguler les hausses, et ne pas vouloir intervenir sur ce point (Rép. min. : *JOAN 14 juill. 2003, p. 5633*).

A noter que, sous réserve d'une appréciation contraire des tribunaux, la « délégation » de l'entretien de l'ascenseur visée au texte ne renvoie pas à la notion du code civil. Dans l'esprit du texte, « confier l'entretien », c'est conclure un contrat normal et le « déléguer », c'est choisir le contrat complet « avec, par exemple, le remplacement des poulies » (*JO Sénat, 28 févr. 2003, p. 1154*). Pour le législateur, cette nouvelle distinction vise à clarifier les responsabilités contractuelles, même si, sur le principe, la responsabilité générale de l'entretien et de la sécurité repose sur le seul propriétaire de l'ascenseur (*Rapport AN, no 717, 28 mars 2003, p. 5*). ❑

1. Sur la responsabilité d'un syndicat de copropriétaires en cas d'accident survenu dans un ascenseur, V. • Civ. 2e, 18 mars 2004 : *Bull. civ. II, no 139 ; D. 2005. 125, note Corpart*.

2. La ligne de téléalarme d'un ascenseur constitue un système de sécurité dont l'objet est de prévenir la centrale de veille en cas de panne et, à ce titre, les dépenses afférentes à cet élément d'équipement sont exclues des charges récupérables par le bailleur qui, en s'en acquittant ne fait que répondre à son obligation d'assurer la sécurité des locataires. • Civ. 3e, 24 mars 2004 : *Bull. civ. III, no 60 ; D. 2004. IR 1208, avec obs. ; AJDI 2004. 380, note Rouquet ; Rev. loyers 2004. 404, obs. Canu ; JCP 2004, p. 1543, note Bouzol.*

3. Le professionnel chargé de la maintenance et de l'entretien complet d'un ascenseur est tenu d'une obligation de résultat en ce qui concerne la sécurité. • Civ. 3e, 1er avr. 2009 : *Bull. civ. III, no 71 ; D. 2009. 1083, obs. Chenu*.

Art. L. 125-2-3 *(L. no 2003-590 du 2 juill. 2003, art. 79)* **Les ascenseurs sont soumis à un contrôle technique périodique portant sur leur état de fonctionnement et sur la sécurité des personnes.**

(L. no 2006-872 du 13 juill. 2006, art. 79-IV-5o) **« Le contrôle technique est confié à une personne qualifiée ou compétente dans ce domaine. Les activités de cette personne doivent être couvertes par une assurance contre les conséquences de sa responsabilité professionnelle attachée au contrôle des ascenseurs. Elle ne doit avoir aucun lien de nature à porter atteinte à son impartialité et à son indépendance, ni avec le propriétaire qui fait appel à elle, ni avec une entreprise susceptible d'effectuer des travaux sur un ascenseur ou son entretien. Lorsqu'il s'agit d'une personne morale, son capital ne doit pas être détenu, même à titre partiel, par une telle entreprise. »**

Toute personne disposant d'un titre d'occupation dans l'immeuble peut obtenir, à ses frais, du propriétaire de l'ascenseur, communication du rapport du contrôle technique ou de ses conclusions.

Le rapport du contrôle technique est un document auquel s'appliquent, dans les établissements mentionnés à l'article L. 231-1 du code du travail *[V. désormais C. trav., art. L. 4111-1]*, **les dispositions de l'article L. 620-6 du même code.**

COMMENTAIRE

Ce texte, qui vise en partie à assurer l'indépendance du contrôleur technique, n'interdit pas à ce dernier de conseiller le propriétaire, notamment quant à une prescription de travaux. V. Rép. min. no 16241 : *JOAN Q 30 juin 2003, p. 5190.* ❑

Art. L. 125-2-4 *(L. nº 2003-590 du 2 juill. 2003, art. 79)* **Les conditions d'application de la présente section sont fixées par décret en Conseil d'État.** – *V. art. R. 125-1 à R. 125-2-8 et les art. R. 152-1 et R. 152-2 (sanctions pénales).*

Le décret définit les exigences de sécurité à respecter, y compris par les entreprises chargées de l'entretien. Il établit la liste des dispositifs de sécurité à installer ou les mesures équivalentes, en fonction notamment des risques liés à l'installation de l'ascenseur, à son mode d'utilisation et à son environnement. Il détermine les délais impartis aux propriétaires et aux entreprises concernées pour répondre aux exigences de sécurité et ceux impartis aux propriétaires pour installer ces dispositifs. Les délais mentionnés au présent alinéa ne peuvent excéder *(L. nº 2009-323 du 25 mars 2009, art. 15)* **« dix-huit** *[ancienne rédaction : quinze]* **» ans à compter de la publication de la loi nº 2003-590 du 2 juillet 2003** *[JO 3 juill.]*. **Le décret fixe également les conditions dans lesquelles il peut être dérogé à l'obligation d'installer des dispositifs de sécurité, afin de tenir compte de contraintes techniques exceptionnelles, de l'accessibilité des personnes handicapées ou à mobilité réduite ou de nécessités liées à la conservation du patrimoine historique.**

Le décret détermine les dispositions minimales à prendre pour assurer l'entretien de l'ascenseur ainsi que les modalités de leur exécution et de justification de leur mise en œuvre. Il précise la nature et le contenu des clauses devant obligatoirement figurer dans les contrats d'entretien, ainsi que les obligations des parties au début et au terme du contrat. Il fixe également les conditions dans lesquelles le propriétaire de l'ascenseur peut pourvoir par ses propres moyens à l'obligation d'entretien.

Le décret détermine le contenu du contrôle technique, notamment la liste des dispositifs et exigences de sécurité sur lesquels il porte, sa périodicité et les modalités d'information auxquelles il donne lieu. Le décret fixe les critères de qualification ou de compétence auxquels la personne en charge du contrôle technique doit satisfaire.

Un bilan d'application de ces dispositions est réalisé tous les cinq ans. Ce bilan donne lieu à une évaluation dont il est rendu compte au Parlement.

V. art. R. 125-1 à R. 125-2-8.

● SECTION II **SÉCURITÉ DES PORTES AUTOMATIQUES DE GARAGE**

BIBL. ▶ *Mon. TP, 26 déc. 1997, Suppl. textes, p. 255 ; RDI 1998. 183* (recommandation nº 97-02 de la Commission des clauses abusives *(BOCCRF 12 déc. 1997)* relative aux contrats de maintenance de certains équipements d'immeuble).

Art. L. 125-3 *(L. nº 89-421 du 23 juin 1989, art. 8-I)* **L'installation des portes automatiques de garage non conformes aux règles de sécurité en vigueur est interdite. Les infractions à ces dispositions sont constatées, poursuivies et sanctionnées selon les règles fixées par les articles L. 152-1 à L. 152-10.**

V. art. R. 125-3-1, R. 125-3-2 et R. 125-4.
V. Arr. 9 août 2006 (JO 23 août).

La dangerosité d'une porte de garage due à la largeur insuffisante du passage piéton et au défaut de report de l'alarme vers la loge du gardien constitue un désordre rendant l'ouvrage impropre à sa destination au sens de l'article 1792 C. civ. • Civ. 3e, 3 mars 2010 : *Bull. civ. III, nº 50 ; RDI 2010. 321, obs. Malinvaud ; Constr.-Urb. 2010, nº 72, obs. Pagès-de Varenne.*

Art. L. 125-4 *(L. nº 89-421 du 23 juin 1989, art. 8-I)* **Les portes automatiques de garage non conformes aux règles de sécurité doivent être mises en conformité au plus tard le 31 décembre 1991.**

A compter de cette date, tout propriétaire, locataire ou occupant de l'immeuble peut saisir le juge des référés pour qu'il ordonne, éventuellement sous astreintes, la mise en conformité des portes.

Les portes automatiques qui doivent être mises en conformité sont celles qui ont été installées avant le 7 janv. 1992, V. art. R. 125-4.

Art. L. 125-5 *(L. no 89-421 du 23 juin 1989, art. 8-I)* **Les règles de sécurité applicables aux portes automatiques de garage, les mesures d'entretien destinées à assurer le respect de ces règles, ainsi que les modalités de justification de l'exécution de cette obligation d'entretien sont fixées par décret en Conseil d'État.** – *V. art. R. 125-3-1 s.*

V. Arr. 12 nov. 1990 (JO 17 nov.) : entretien des portes automatiques de garage des bâtiments d'habitation.

Précisant que les exigences posées par ces textes concernent les dispositifs automatiques de fermeture ou d'ouverture des parcs de stationnement des bâtiments à usage d'habitation, à l'exclusion des portails extérieurs, V. Rép. min. : *JOAN Q 17 août 1992, p. 3840.*

CHAPITRE VI INTERVENTION DE LA POLICE ET DE LA GENDARMERIE DANS LES IMMEUBLES À USAGE D'HABITATION

(L. no 95-73 du 21 janv. 1995)

BIBL. ► GAREAU, *AJDI 2002. 663* (renouveau de la police locative dans les immeubles d'habitation). – GELINET, *Rev. loyers 2007. 318* (les modalités de fermeture des portes d'entrée des immeubles en copropriété après la loi du 5 mars 2007). – GIVERDON, Gare aux passe-murailles (l'art. 13 de la loi no 95-72 du 21 janv. 1995 d'orientation et de programmation relative à la sécurité), *Administrer, avr. 1995. 3.* – LATOUR et MOREAU, *JCP Adm. 2012. 2187* (de quelques précisions sur l'encadrement de la vidéoprotection). – LE RUDULIER, *AJDI 2012. 9* (vidéosurveillance et copropriété).

COMMENTAIRE

Le chapitre VI a pour objet de réprimer les rassemblements de personnes dans les espaces communs lorsque ceux-ci gênent la circulation ou la tranquillité des occupants ou qu'ils empêchent le fonctionnement des dispositifs de sécurité.

A cette fin, le législateur a créé une nouvelle incrimination et a favorisé l'intervention des services de police, de la gendarmerie ou de la police municipale dans les parties communes des immeubles d'habitation.

Le délit d'occupation abusive a été introduit par la loi no 2002-239 du 18 mars 2003 sur la sécurité intérieure. Afin de renforcer la répression, l'article L. 126-3 du code de la construction et de l'habitation a été réécrit une première fois par la loi no 2007-297 du 5 mars 2007 sur la prévention de la délinquance. Cependant, les éléments constitutifs de l'infraction n'étaient que rarement établis. Pour faciliter les poursuites, le législateur a donc de nouveau modifié l'article L. 126-3 en substituant au terme « entravant » celui de « empêchant » (V. art. 52 de la loi no 2010-201 du 2 mars 2010 renforçant la lutte contre les violences de groupes et la protection des personnes chargées d'une mission de service public). Désormais, le seul fait d'empêcher, même passivement, la circulation dans les espaces communs et les toits constitue le délit d'occupation abusive des halls d'immeuble. Ce délit est puni de deux mois d'emprisonnement et de 3 750 euros d'amende. Lorsque ces faits s'accompagnent de voies de fait et de menaces, la peine est portée à 6 mois d'emprisonnement et à 7 000 euros d'amende. Un travail d'intérêt général pourra également est prononcé à titre de peine complémentaire.

Par ailleurs, la police municipale est autorisée, comme l'étaient déjà la police et la gendarmerie nationales, à intervenir en vue de disperser de tels rassemblements dans les immeubles soumis à l'obligation de gardiennage en application de l'article L. 127-1 du présent code. Il semble donc possible de requérir les forces de l'ordre à seule fin de mettre un terme aux rassemblements sans pour autant que ceux-ci soient répréhensibles, l'article L. 126-3 sanctionnant pénalement les agissements condamnables.

L'article L. 126-1-1, issu de la loi du 14 mars 2011 dite LOPPSI 2, permet la transmission aux services de police ou de gendarmerie des images captées par les systèmes de vidéosurveillance installés dans les parties communes. Cette mesure n'est pas originale puisqu'elle figurait déjà dans la loi du 2 mars 2010. Elle avait été censurée par le Conseil constitutionnel en raison de risques d'atteinte à la vie privée des résidants des immeubles concernés (V. Cons. const., 25 févr. 2010, nº 2010-604 DC). Le législateur a assorti le dispositif de garanties présentées comme suffisantes pour assurer le respect de ce droit.

En premier lieu, une convention, précisant les conditions et les modalités de la communication des données, doit avoir été préalablement conclue entre le gestionnaire de l'immeuble et le préfet. Elle est également ratifiée par le maire si les images sont susceptibles d'être transmises aux services de la police municipale. Cette convention est ensuite communiquée à la commission départementale de vidéo-protection chargée d'apprécier la pertinence des garanties prévues. Le public doit être informé par un affichage.

En second lieu, la transmission des images suppose « des circonstances faisant redouter la commission imminente d'une atteinte grave aux biens ou aux personnes ». En principe, seule la préparation des infractions présentant un certain critère de gravité pourra donner lieu à transmission. Cependant, l'expression « atteinte grave aux biens ou aux personnes » n'a pas été définie. La lettre de l'article L. 126-1-1 du CCH s'apparente à celle de l'article 78-2-4 du code de procédure pénale qui prévoit une procédure dérogatoire pour les fouilles de véhicule en cas d'« atteinte grave à la sécurité des personnes et des biens ». Le législateur visait alors principalement la criminalité organisée. Les circonstances requises sont également très imprécises. La mise en œuvre du dispositif est subordonnée à une appréciation subjective de la personne en charge du visionnage.

En troisième lieu, les images communiquées ne doivent concerner ni les parties privatives ni la voie publique. La transmission doit se faire en temps réel et être limitée au temps nécessaire à l'intervention des forces de l'ordre. Par conséquent, ces images ne pourront être ni diffusées de manière continue ni enregistrées. En pratique, le dispositif suppose que l'immeuble dispose d'un gardien ou fasse appel à une société de gardiennage visionnant en permanence les vidéos.

Enfin, la loi reconnaît à des associations de défense, à condition d'avoir été déclarées depuis au moins cinq ans, la possibilité de se substituer aux occupants d'immeubles victimes des agissements visés par ses dispositions, quelle que soit leur qualité, pour se porter partie civile. ❑

Art. L. 126-1 *(L. nº 95-73 du 21 janv. 1995, art. 12)* **Les propriétaires ou exploitants d'immeubles à usage d'habitation ou leurs représentants peuvent accorder à la police et à la gendarmerie nationales** *(L. nº 2001-1062 du 15 nov. 2001, art. 51)* **« ainsi, le cas échéant, qu'à la police municipale » une autorisation permanente de pénétrer dans les parties communes de ces immeubles.**

Insistant sur l'utilité d'un tel texte pour lutter contre la délinquance dans les parties communes des immeubles soumis au statut de la copropriété, V. Rép. min. : *JO Sénat Q, 2 oct. 1997, p. 2652 ; ibid., 20 mai 1999, p. 1698.* ♦ *Contra*, V. C. Giverdon, *Administrer, avr. 1995. 3*, très sceptique sur la pertinence de la mesure.

Art. L. 126-1-1 *(L. nº 2011-267 du 14 mars 2011, art. 23-I)* **La transmission aux services chargés du maintien de l'ordre des images réalisées en vue de la protection des parties communes des immeubles collectifs à usage d'habitation lors de circonstances faisant redouter la commission imminente d'une atteinte grave aux biens ou aux personnes est autorisée sur décision de la majorité des copropriétaires dans les conditions fixées à l'article 25 de la loi nº 65-557 du 10 juillet 1965 fixant le statut de la copropriété des immeubles bâtis** *[V.* ***C. copr.****]* **et, dans les immeubles sociaux, du**

gestionnaire. Les images susceptibles d'être transmises ne doivent concerner ni l'entrée des habitations privées, ni la voie publique.

Cette transmission s'effectue en temps réel et est strictement limitée au temps nécessaire à l'intervention des services de la police ou de la gendarmerie nationales ou, le cas échéant, des agents de la police municipale.

Une convention préalablement conclue entre le gestionnaire de l'immeuble et le représentant de l'État dans le département précise les conditions et modalités de ce transfert. Cette convention prévoit l'information par affichage sur place de l'existence du système de prise d'images et de la possibilité de leur transmission aux forces de l'ordre.

Lorsque la convention a pour objet de permettre la transmission des images aux services de police municipale, elle est en outre signée par le maire.

Cette convention est transmise à la commission départementale de vidéoprotection mentionnée à l'article 10 de la loi n° 95-73 du 21 janvier 1995 d'orientation et de programmation relative à la sécurité *[V. désormais CSI, art. L. 251-4 s.]* **qui apprécie la pertinence des garanties prévues et en demande, le cas échéant, le renforcement au représentant de l'État dans le département.** – *V. sur cette convention, art. R.* 127-8.*

Ne sont pas soumis au présent article les systèmes utilisés dans des traitements automatisés ou contenus dans des fichiers structurés selon des critères permettant d'identifier, directement ou indirectement, des personnes physiques, qui sont soumis à la loi n° 78-17 du 6 janvier 1978 relative à l'informatique, aux fichiers et aux libertés *[V.* ***C. adm.****]*.

Le présent art. n'est pas applicable à Mayotte, Saint-Barthélémy, Saint-Martin, Saint-Pierre-et-Miquelon, aux îles Wallis-et-Futuna, à la Polynésie française, à la Nouvelle-Calédonie et aux Terres australes et antarctiques françaises (L. n° 2011-267 du 14 mars 2011, art. 125).

V. Circ. 28 mars 2011 relative à la présentation générale de la loi d'orientation et de programmation pour la performance de la sécurité intérieure, NOR IOCD1108860C, p. 3.

V. Circ. 28 mars 2011 présentant la LOPPSI en ce qui concerne la prévention de la délinquance, NOR IOCD1108861C, p. 3.

Art. L. 126-2 *(L. n° 2001-1062 du 15 nov. 2001, art. 52)* **Les propriétaires ou exploitants d'immeubles à usage d'habitation ou leurs représentants, qui satisfont à l'obligation mentionnée par l'article L. 271-1 du code de la sécurité intérieure, peuvent également, en cas d'occupation des espaces communs du bâti par des personnes qui entravent l'accès et la libre circulation des locataires ou empêchent le bon fonctionnement des dispositifs de sécurité et de sûreté ou nuisent à la tranquillité des lieux, faire appel à la police ou à la gendarmerie nationales** *(L. n° 2003-239 du 18 mars 2003, art. 61-I)* **« ou à la police municipale » pour rétablir la jouissance paisible de ces lieux.**

L'art. L. 126-2 est applicable aux bailleurs visés à l'art. R. 127-1 dès lors qu'ils satisfont aux obligations prévues aux art. R. 127-1, R. 127-2 et R. 127-5 (Décr. n° 2002-824 du 3 mai 2002, art. 5).

Art. L. 126-3 *(L. n° 2010-201 du 2 mars 2010, art. 6)* **« Le fait d'occuper en réunion les espaces communs ou les toits des immeubles collectifs d'habitation en empêchant délibérément l'accès ou la libre circulation des personnes ou le bon fonctionnement des dispositifs de sécurité et de sûreté est puni de deux mois d'emprisonnement et de 3 750 € d'amende. »**

(L. n° 2007-297 du 5 mars 2007, art. 20-I) **« Lorsque cette infraction est accompagnée de voies de fait ou de menaces, de quelque nature que ce soit, elle est punie de six mois d'emprisonnement et de 7 500 € d'amende. »**

(L. n° 2010-201 du 2 mars 2010, art. 7) **« Les personnes coupables des infractions prévues aux deux premiers alinéas encourent également, à titre de peine complémentaire, une peine de travail d'intérêt général. »**

Les dispositions issues de la L. n° 2010-21 du 2 mars 2010 sont applicables dans les îles Wallis-et-Futuna, en Polynésie française et en Nouvelle-Calédonie (L. n° 2010-21, art. 15).

CHAPITRE VII GARDIENNAGE OU SURVEILLANCE DES IMMEUBLES

(L. nº 95-73 du 21 janv. 1995)

BIBL. ▶ DESTAME, *JCP N 1997. 3958. 287* (commerces et activités : de nouvelles obligations en matière de sécurité) ; *JCP N 1997. 3989. 289* (garages et parcs de stationnement ouverts au public : de nouvelles obligations pour les propriétaires et exploitants). – MEYER, *AJPI 1997. 932* (gardiennage et surveillance des locaux commerciaux et des parcs de stationnement). – VICHROVA, *IRC sept. 1997. 24* (améliorer la sécurité des parcs de stationnement couverts).

Art. L. 127-1 (Abrogé par Ord. nº 2012-351 du 12 mars 2012, art. 19-3º) (L. nº 95-73 du 21 janv. 1995, art. 12) ***Les propriétaires, exploitants ou affectataires, selon le cas, d'immeubles à usage d'habitation et de locaux administratifs, professionnels ou commerciaux doivent, lorsque l'importance de ces immeubles ou de ces locaux ou leur situation le justifient, assurer le gardiennage ou la surveillance de ceux-ci*** (L. nº 2001-1062 du 15 nov. 2001, art. 52) ***« et prendre les mesures permettant d'éviter les risques manifestes pour la sécurité et la tranquillité des locaux ».***

Un décret en Conseil d'État précise les zones dans lesquelles cette obligation s'applique, les caractéristiques des immeubles ou locaux qui y sont assujettis, les mesures de gardiennage ou de surveillance à prendre en fonction de l'usage, de la localisation et de la taille des immeubles ou locaux et les dates auxquelles ces mesures devront au plus tard intervenir.

(L. nº 2007-297 du 5 mars 2007, art. 16) ***« Les communes ou les établissements publics de coopération intercommunale exerçant la compétence relative aux dispositifs locaux de prévention de la délinquance peuvent contribuer à l'obligation prévue par le présent article lorsque les immeubles ou groupes d'immeubles collectifs à usage d'habitation qui y sont assujettis sont particulièrement exposés à des risques de délinquance et font l'objet de dispositions des contrats locaux de sécurité. »*** — Le présent art. a été codifié au CSI, art. L. 271-1, par l'Ord. nº 2012-351 du 12 mars 2012, V. App., vº Sécurité.

Concernant : les locaux professionnels ou commerciaux, V. Décr. nº 97-46 du 15 janv. 1997 (JO 22 janv.) ; les garages ou parcs de stationnement, V. Décr. nº 97-47 du 15 janv. 1997 (JO 22 janv.) ; les immeubles d'habitation, V. art. R. 127-1 à R. 127-7, R. 152-9 et R. 152-10 ; les conditions de création d'une personne morale ayant pour objet de fournir des services de surveillance humaine ou de surveillance par des systèmes électroniques de sécurité ou de gardiennage de biens meubles ou immeubles ainsi que la sécurité des personnes se trouvant dans ces immeubles, V. CSI, art. L. 614-1 à L. 614-3 (V. App., vº Sécurité).

BIBL. ▶ MAYER, Gardiennage et surveillance des locaux et des parcs de stationnement, *AJPI 1997. 932.*

COMMENTAIRE

Cet article est issu de la loi nº 95-73 du 21 janvier 1995 d'orientation et de programmation relative à la sécurité. Deux décrets sont venus en préciser les modalités d'application. Le décret nº 97-46 du 15 janvier 1997 *(JO 22 janv.)* concerne certains locaux professionnels et commerciaux ; le décret nº 97-47 du 15 janvier 1997 *(JO 22 janv.)* s'intéresse aux parcs de stationnement. Les obligations qu'ils fixent sont entrées en vigueur le 22 janvier 1998.

Il résulte de ces textes que les magasins de commerce de détail, les pharmacies, les banques, les bijouteries, et les garages ou parcs de stationnement, dès lors qu'ils s'inscrivent dans certains critères de surface, de valeur ou de stock, et qu'ils sont situés dans une commune de plus de 25 000 habitants ou dans un grand ensemble ou quartier d'habitat dégradé (pour la liste de ces grands ensembles et quartiers dégradés, V. Décr. nº 96-1156 du 26 déc. 1996, *JO 28 déc.*), doivent faire l'objet d'une surveillance, variable en fonction de la destination des locaux (sur la nécessité d'une autorisation préfectorale avant toute installation d'un système de vidéo-surveillance, V. Décr. nº 96-926 du 17 oct. 1996, *JO 20 oct.*). Faute de respecter cette obligation, l'exploitant encourt une peine d'amende de

1 500 euros au plus, à 7 500 euros au plus s'il s'agit d'une personne morale déclarée pénalement responsable.

La loi n° 2007-297 du 5 mars 2007 relative à la prévention de la délinquance permet désormais aux communes ou aux EPCI concernés de participer aux dépenses liées à l'obligation de gardiennage ou de surveillance prévue au présent article. Ce texte résulte d'un amendement destiné à alléger le coût des dépenses de gardiennage pour les bailleurs sociaux sans que cela n'ait de répercussions sur l'effectivité des dispositifs de sécurité.

La loi n° 2010-201 du 2 mars 2010 renforçant la lutte contre les violences de groupes et la protection des personnes chargées d'une mission de service public, modifiant la loi n° 83-629 du 12 juillet 1983 réglementant les activités privées de sécurité, permet aux propriétaires ou exploitants d'immeubles collectifs à usage d'habitation de constituer une personne morale afin d'exercer la surveillance de leur parc immobilier. La finalité de cette réforme est d'autoriser leurs agents à porter des armes de 6e catégorie et des bâtons de défense lorsque les immeubles dont ils assurent le gardiennage sont particulièrement exposés à des risques d'agression sur les personnes. Ce dispositif est entré en application le 24 décembre 2011 par la publication du décret n° 2011-1918 du 21 décembre 2011 relatif à l'armement des personnes chargées du gardiennage et de la surveillance de certains immeubles collectifs d'habitation. Ce décret précise notamment les conditions de détention des armes ainsi que l'obligation de formation à laquelle sont soumis les agents (V. ce texte ss. l'art. 11-7 de la loi du 12 juill. 1983, App., v° *Sécurité*). ❑

Les règles édictées par le décret n° 97-46 du 15 janv. 1997 relatif aux obligations de surveillance ou de gardiennage incombant à certains propriétaires exploitants ou affectataires de locaux professionnels ou commerciaux ne méconnaissent pas le principe d'égalité. • CE 28 juill. 1999, *Féd. des synd. pharmaceutiques de France : req. n° 193317.* ♦ La circonstance que le code de la santé publique soumet à des prescriptions spécifiques la détention des « substances et préparations classées comme stupéfiants » ne faisait pas obstacle à ce que le gouvernement prenne des mesures soumettant les officines pharmaceutiques situées dans certaines zones à une obligation particulière de surveillance pendant les heures d'ouverture au public. • Même arrêt. ♦ L'installation d'un système de vidéo-surveillance par un copropriétaire, en dehors de tout consentement des autres copropriétaires, compromet de manière intolérable les droits détenus par chacun d'eux dans le libre exercice de leurs droits sur les parties communes et constitue un trouble manifestement illicite justifiant que soit ordonnée sa dépose. • Civ. 3e, 11 mai 2011 : *Bull. civ. III, à paraître ; D. 2011. 1416, obs. Rouquet ; Loyers et copr. 2011. 227, obs. Vigneron.*

CHAPITRE VIII SÉCURITÉ DES PISCINES

(L. n° 2003-9 du 3 janv. 2003, art. 1er)

BIBL. ▶ CORPART, *AJDI 2004. 361* (normes de sécurité imposées aux propriétaires de piscines privées revues et corrigées). – LE MARCHAND, *Constr.-Urb. 2004, repère n° 7* (le point sur l'exigence de sécurité des piscines privées) ; *ibid., sept. 2004, p. 4* (difficultés de mise en œuvre de la loi sur les piscines).

COMMENTAIRE

La loi n° 2003-9 du 3 janvier 2003 relative à la sécurité des piscines fait obligation aux propriétaires de piscines familiales ou à usage collectif, enterrées et non closes, de les doter d'un dispositif de sécurité destiné à éviter le risque de noyade, principalement des jeunes enfants.

Les piscines situées dans un bâtiment, celles qui sont posées sur le sol, gonflables et démontables, ne sont pas concernées par les nouvelles obligations, pas plus que les établissements de natation qui font l'objet de surveillance par un maître sauveteur.

Toutes les autres piscines doivent être sécurisées qu'elles soient neuves ou existantes.

La mise en œuvre de ces dispositions ne va pas sans poser de multiples problèmes, notamment lorsque des piscines sont présentes dans des locations saisonnières. Les agences immobilières se montrent réticentes à prendre en portefeuille des propriétés qui ne sont pas pourvues des systèmes requis par la loi, ce qui n'est naturellement pas sans incidences sur le marché. D'autre part, les équipements conformes aux normes ne sont pas disponibles en nombre suffisant. Pour tenter de remédier à cette situation, la loi nº 2004-1 du 2 janvier 2004 a reporté la mise en conformité au 1er mai 2004 en cas de location saisonnière de l'habitation, et le décret nº 2004-499 du 7 juin 2004 (V. art. R. 128-2 et R. 128-4) a finalement autorisé l'installation d'un dispositif non normalisé.

Les propriétaires sont invités à se montrer particulièrement vigilants face aux diverses combinaisons possibles entre la date de construction de la piscine et celle de l'installation de son dispositif de sécurité, leur articulation pouvant s'avérer délicate. En outre, et puisque les copropriétés sont concernées, les syndics doivent faire voter l'assemblée générale sur ce point, en temps utile. Il n'est pas inutile de rappeler que le non-respect des dispositions légales est sanctionné d'une amende de 45 000 euros (CCH, art. L. 152-12).

Ces dispositifs devraient être réévalués suite à la transmission, au cours du premier semestre 2008, au bureau des assemblées parlementaires d'un rapport portant sur l'évolution de l'accidentologie liée à l'utilisation des piscines. Le principe de l'établissement d'un bilan de l'application de la loi avait été ajouté en 2003 pour s'assurer de la pertinence du système mis en place. ❑

Art. L. 128-1 A compter du 1er janvier 2004, les piscines enterrées non closes privatives à usage individuel ou collectif doivent être pourvues d'un dispositif de sécurité normalisé visant à prévenir le risque de noyade.

A compter de cette date, le constructeur ou l'installateur d'une telle piscine doit fournir au maître d'ouvrage une note technique indiquant le dispositif de sécurité normalisé retenu.

La forme de cette note technique est définie par voie réglementaire dans les trois mois suivant la promulgation de la loi nº 2003-9 du 3 janvier 2003 relative à la sécurité des piscines.

V. art. R. 128-1 à R. 128-4.

COMMENTAIRE

Sont exclues de ce dispositif les piscines collectives qui font l'objet d'une surveillance par un maître nageur, les piscines posées sur le sol, les piscines démontables ou gonflables ainsi que celles qui sont situées à l'intérieur des bâtiments.

Les éléments de protection ont fait l'objet de quatre normes :
- barrières de protection et accès au bassin : NF P 90-306 ;
- systèmes d'alarme : NF P 90-307 ;
- couvertures de sécurité et dispositif d'accrochage : NF P 90-308 ;
- abris : NF P 90-309.

Ces normes sont complétées par un projet de référentiel de bonnes pratiques lors de l'installation des équipements de protection BP P 90-315.

La protection résultant de ce texte est réputée exister dès lors que le propriétaire a fait procéder à un diagnostic par un contrôleur technique.

V. Commision de la sécurité des consommateurs, avis relatif à la sécurité des alarmes à détection d'immersion (06/08) www.securiteconso.org ; Communiqué de presse DGCCRF 16 oct. 2008, www.dgccrf.bercy.gouv.fr. ❑

Ce dispositif s'applique également aux piscines situées aux abords de monuments historiques. Les alarmes et les couvertures sont dans ce cas préconisées au regard de la réglementation sur les monuments historiques. Rép. min. : *JOAN 12 juin 2007, p. 4535.*

Art. L. 128-2 Les propriétaires de piscines enterrées non closes privatives à usage individuel ou collectif installées avant le 1er janvier 2004 doivent avoir équipé au 1er janvier 2006 leur piscine d'un dispositif de sécurité normalisé, sous réserve qu'existe à cette date un tel dispositif adaptable à leur équipement.

En cas de location saisonnière de l'habitation, un dispositif de sécurité doit être installé *(L. no 2004-1 du 2 janv. 2004, art. 19)* **« avant le 1er mai 2004 ».**

V. commentaire ss. art. L. 128-1.

Art. L. 128-3 Les conditions de la normalisation des dispositifs mentionnés aux articles L. 128-1 et L. 128-2 sont déterminées par voie réglementaire. — *V. art. R. 128-1 à R. 128-4.*

A propos des mesures techniques et de sécurité dans les piscines privatives à usage collectif, V. Arr. 14 sept. 2004 (JO 13 oct.).

V. commentaire ss. art. L. 128-1.

V. rapport d'information no 1779 du 24 juin 2009 sur l'application de la loi no 2003-9 du 3 janv. 2003 relative à la sécurité des piscines de MM. les députés Luca et Deguilhem.

Concernant les sanctions encourues en cas de non-respect des dispositions des art. L. 128-1 et L. 128-2, V. art. L. 152-12.

CHAPITRE IX SÉCURITÉ DES IMMEUBLES À USAGE D'HABITATION *(L. no 2010-238 du 9 mars 2010).*

(L. no 2003-710 du 1er août 2003, art. 18)

BIBL. ▶ CAPOULADE, *IRC avr. 2004, p. 7* (chronique de l'état législatif).

COMMENTAIRE

La loi no 2003-710 du 1er août 2003 d'orientation et de programmation pour la ville et la rénovation urbaine, dite « loi Borloo », a mis en place une procédure permettant au maire de prescrire des travaux sur les équipements communs d'un immeuble collectif d'habitation menaçant la sécurité de ses occupants.

Suite au constat de l'état de dangerosité d'éléments d'équipement communs, et alors même que cette situation est de nature à présenter un risque grave pour les occupants ou à compromettre leurs conditions de logement, le maire peut ordonner la remise en état ou le remplacement desdits équipements, en précisant le délai d'exécution des travaux.

Diverses modalités sont prévues, de la procédure d'urgence à la contestation de l'arrêté. Il est d'ailleurs à craindre que le contentieux ne soit abondant, tant la loi est imprécise : l'article L. 129-1 évoque une pluralité d'équipements communs, ce qui semble signifier que les pouvoirs publics ne peuvent pas intervenir pour remédier à la défectuosité d'un unique élément d'équipement ; la notion de risque « sérieux » est d'une totale imprécision ; au surplus, il convient maintenant de distinguer entre le régime du bâtiment menaçant ruine et celui des équipements menaçant ses occupants...

Mais, sur le principe, si les propriétaires ne satisfont pas aux obligations mises à leur charge, les pouvoirs publics peuvent se substituer à eux. Il faut donc comprendre que le législateur s'est donné les moyens de participer activement à la rénovation des quartiers dégradés. En effet, le principal empêchement à la rénovation, d'ordre financier, trouve son remède avec l'article L. 129-4 selon lequel, en cas d'exécution d'office, les frais générés par les travaux sont avancés par la commune avant d'être recouvrés comme en matière d'impôts directs. Par ailleurs, si le maire ne se montre pas plus actif que les propriétaires, il est prévu que le préfet puisse prendre les décisions nécessaires. ❑

SECTION PREMIÈRE DISPOSITIONS GÉNÉRALES POUR LA SÉCURITÉ DES OCCUPANTS D'IMMEUBLES COLLECTIFS À USAGE D'HABITATION

(L. nº 2010-238 du 9 mars 2010)

Les dispositions de la L. nº 2010-238 du 9 mars 2010 entrent en vigueur dans les conditions prévues par un décret en Conseil d'État et au plus tard le 10 mars 2015 (L. nº 2010-238 du 9 mars 2010, art. 5).

Art. L. 129-1 Lorsque, du fait de la carence du ou des propriétaires, des équipements communs d'un immeuble collectif à usage principal d'habitation présentent un fonctionnement défectueux ou un défaut d'entretien de nature à créer des risques sérieux pour la sécurité des occupants ou à compromettre gravement leurs conditions d'habitation, le maire peut, par arrêté, prescrire leur remise en état de fonctionnement ou leur remplacement, en fixant le délai imparti pour l'exécution de ces mesures.

L'arrêté est notifié aux propriétaires et aux titulaires de droits réels immobiliers sur les locaux tels qu'ils figurent au fichier immobilier *(Abrogé par Ord. nº 2010-638 du 10 juin 2010, art. 13-IV, à compter du 1er janv. 2013)* *« de la conservation des hypothèques »*. Lorsque l'immeuble est la propriété d'une société civile dont les parts donnent droit ou non à l'attribution ou à la jouissance en propriété des locaux, la notification est faite au gérant tel qu'il figure au registre du commerce où la société est immatriculée. Lorsque les mesures prescrites ne portent que sur les parties communes d'un immeuble soumis aux dispositions de la loi nº 65-557 du 10 juillet 1965 fixant le statut de la copropriété des immeubles bâtis, la notification aux copropriétaires est valablement faite au syndicat des copropriétaires.

A défaut de connaître l'adresse actuelle des personnes mentionnées à l'alinéa précédent ou de pouvoir les identifier, la notification les concernant est valablement effectuée par affichage à la mairie de la commune ou, à Paris, Marseille et Lyon, de l'arrondissement où est situé l'immeuble ainsi que par affichage sur la façade de l'immeuble.

(L. nº 2006-872 du 13 juill. 2006, art. 44-III-2º) « En cas d'urgence ou de menace grave et imminente, le maire ordonne préalablement les mesures provisoires indispensables pour écarter ce danger, dans les conditions prévues à l'article L. 129-3. »

Sur les équipements communs visés par ce texte, V. art. R. 129-1. — Sur l'état des équipements communs, V. art. R. 129-2. — Sur l'arrêté prescrivant la remise en état, V. art. R. 129-3. — Lorsque l'immeuble est soumis au régime de la copropriété des immeubles bâtis, V. art. R. 129-5 s.

Art. L. 129-2 *(L. nº 2006-872 du 13 juill. 2006, art. 44-III-3º)* L'arrêté du maire visé à l'article L. 129-1 est pris à l'issue d'une procédure contradictoire dont les modalités sont définies par décret en Conseil d'État.

Lorsque les mesures prescrites n'ont pas été exécutées dans le délai fixé, le maire met en demeure le propriétaire ou le syndicat des copropriétaires d'y procéder dans un délai qu'il fixe et qui ne peut être inférieur à un mois.

A défaut de réalisation des travaux dans le délai imparti, le maire, par décision motivée, fait procéder d'office à leur exécution.

Si l'inexécution de travaux prescrits portant sur les parties communes d'un immeuble en copropriété résulte de la défaillance de certains copropriétaires *(L. nº 2009-323 du 25 mars 2009, art. 92)* « , sur décision motivée du maire », la commune peut se substituer à ceux-ci pour les sommes exigibles à la date votée par l'assemblée générale des copropriétaires. Elle est alors subrogée dans les droits et actions du syndicat à concurrence des sommes par elle versées.

Sur la créance de la commune en cas de réalisation de travaux d'office, V. art. R. 129-4. — En cas d'immeuble soumis au statut de la copropriété des immeubles bâtis, V. art. R. 129-5 à R. 129-9.

Art. L. 129-3 En cas d'urgence ou de menace grave et imminente, le maire, après en avoir informé les personnes visées au deuxième alinéa de l'article L. 129-1, selon les modalités prévues à cet article, demande *(L. nº 2006-872 du 13 juill. 2006, art. 44-III-4º)* « à la juridiction administrative » de désigner un expert chargé d'examiner l'état des équipements communs dans un délai de vingt-quatre heures suivant sa désignation *(L. nº 2009-323 du 25 mars 2009, art. 92)* « et de proposer des mesures de nature à mettre fin à l'imminence du danger s'il la constate ».

Si le rapport de l'expert constate l'urgence ou la menace grave et imminente, le maire ordonne les mesures provisoires permettant de garantir la sécurité des occupants et, si nécessaire, l'évacuation de l'immeuble.

Dans le cas où ces mesures provisoires ne sont pas exécutées dans le délai imparti par l'arrêté, le maire peut les faire exécuter d'office et aux frais des propriétaires et des titulaires de droits réels immobiliers concernés.

(L. nº 2006-872 du 13 juill. 2006, art. 44-III, 4º) « Si les mesures exécutées n'ont pas permis de mettre fin aux risques sérieux pour la sécurité des occupants ou de rétablir leurs conditions d'habitation, le maire poursuit la procédure dans les conditions prévues à l'article L. 129-2. »

Sur la créance de la commune sur les propriétaires ou exploitants née de l'exécution d'office des travaux, V. art. R. 129-4.

Art. L. 129-4 *(L. nº 2006-872 du 13 juill. 2006, art. 44-III-5º)* « Lorsque la commune se substitue aux propriétaires défaillants et fait usage des pouvoirs d'exécution d'office qui lui sont reconnus, elle agit en lieu et place des propriétaires, pour leur compte et à leurs frais. »

(Ord. nº 2007-42 du 11 janv. 2007, art. 3-II) « Les frais de toute nature, résultant de l'exécution d'office ou de la substitution d'office aux propriétaires ou copropriétaires défaillants, sont avancés par la commune et recouvrés comme en matière de contributions directes. Si l'immeuble relève du statut de la copropriété, le titre de recouvrement est adressé à chaque copropriétaire pour la fraction de créance dont il est redevable. »

(L. nº 2009-323 du 25 mars 2009, art. 91-I) « Lorsque la commune s'est substituée à certains copropriétaires défaillants, le montant de la créance due par ceux-ci est majoré de celui des intérêts moratoires calculés au taux d'intérêt légal, à compter de la date de notification par le maire de la décision de substitution aux copropriétaires défaillants. »

(L. nº 2007-290 du 5 mars 2007, art. 50) « Les créances qui n'ont pu être recouvrées par la commune sont mises à la charge de l'État ou, par subrogation de celui-ci dans ses droits et obligations, d'une personne publique s'y substituant. »

V. Circ. nº 2007-33 du 4 mai 2007 relative à l'application des dispositions de la loi nº 2007-290 du 5 mars 2007 instituant le droit opposable au logement et portant diverses mesures relatives à la cohésion sociale (BOMELT nº 2007/10, p. 111) ; Circ. 28 mai 2009 relative à la L. nº 2009-323 du 25 mars 2009. – Parc privé (BOMEEDDM nº 2009/12, p. 62).

Art. L. 129-4-1 *(L. nº 2007-297 du 5 mars 2007, art. 17-I)* Lorsque, dans un local attenant ou compris dans un immeuble collectif à usage principal d'habitation, sont entreposées des matières explosives ou inflammables, soit en infraction avec les règles de sécurité qui lui sont applicables, soit dans des conditions de nature à créer des risques sérieux pour la sécurité des occupants, le maire peut mettre en demeure, par arrêté motivé, la personne responsable de la gestion ou de la jouissance du local de prendre toutes les mesures nécessaires pour se conformer aux règles de sécurité applicables ou pour mettre fin au danger dans un délai qu'il fixe. Faute d'exécution par la personne qui y est tenue, le maire y procède d'office aux frais de celle-ci ; il peut, si nécessaire, interdire l'accès du local jusqu'à la réalisation des mesures.

Le fait de ne pas se conformer à l'arrêté pris en application du premier alinéa est puni de 3 750 € d'amende.

Art. L. 129-5 **A Paris, les compétences du maire prévues aux articles L. 129-1 à** *(L. nº 2007-297 du 5 mars 2007, art. 17-II)* **« L. 129-4-1 » sont exercées par le préfet de police.**

Art. L. 129-6 **Le maire exerce les compétences visées au présent chapitre au nom de l'État. En cas de carence du maire, le représentant de l'État peut se substituer dans les conditions visées** *(L. nº 2009-323 du 25 mars 2009, art. 92)* **« à l'article L. 2122-34 » du code général des collectivités territoriales.**

Art. L. 129-7 **Un décret en Conseil d'État détermine les conditions d'application du présent chapitre et établit la liste des équipements communs visés à l'article L. 129-1.** – *V. art. R. 129-1 à R. 129-3.*

SECTION II DÉTECTEURS DE FUMÉE NORMALISÉS

(L. nº 2010-238 du 9 mars 2010)

La présente section entre en vigueur dans les conditions prévues par un décret en Conseil d'État et au plus tard le 10 mars 2015 (L. nº 2010-238 du 9 mars 2010, art. 5-I).

BIBL. ▶ DURAND-PASQUIER, *Constr.-Urb. 2010. Focus 39* (l'obligation d'installer des détecteurs de fumée dans les lieux d'habitation : fin de la valse-hésitation et édiction d'une nouvelle norme obligatoire). – GALLET, *Rev. loyers 2010. 156* (l'installation obligatoire de détecteurs de fumée normalisés dans les lieux d'habitation). – RAJOT, *RCA 2010. Alerte 7* (des détecteurs de fumée dans les habitations : une nouvelle obligation à la charge de tout occupant de logement).

COMMENTAIRE

L'installation obligatoire de détecteurs de fumée dans les lieux d'habitation a fait l'objet d'une première proposition de loi en 2005. Elle a été de nouveau débattue sans résultat deux ans plus tard. Puis énoncée à l'article 115 de la loi nº 2009-323 du 25 mars 2009, cette disposition a été censurée par le Conseil constitutionnel. Finalement issu de la loi nº 2010-238 du 9 mars 2010, le dispositif des articles L. 129-8 et L. 129-9 du code de la construction et de l'habitation était donc attendu. Les détecteurs de fumée doivent être installés au plus tard le 8 mars 2015.

Un arrêté doit préciser les aspects techniques liés au choix du système de détection, qui en tout état de cause devra être normalisé, à son installation et à son entretien (V. art. R. 129-12). L'efficacité de la loi dépendra en effet de la fiabilité des détecteurs de fumée. Les contrôles effectués par la DGCCRF en 2009 ont révélé que 60 % des systèmes proposés étaient non conformes.

La désignation du débiteur de l'obligation d'installation a été le sujet d'une controverse entre députés et sénateurs. En dernier lieu, il a été adopté que, sauf cas particuliers, il revient à l'occupant du logement, que ce dernier en soit propriétaire ou locataire, de veiller à la mise en place et à la maintenance du détecteur.

Ces obligations incombent donc au locataire lorsque le logement est loué, y compris lorsque le bailleur est institutionnel ou professionnel. Le législateur déroge ici à la répartition classique des travaux entre le bailleur et le locataire, logique qu'il avait pourtant suivie jusqu'à présent pour l'installation et l'entretien d'autres dispositifs de sécurité.

Il faut également déduire de l'article L. 129-8 que ces obligations sont à la charge de l'occupant à titre gratuit.

Le même principe devrait également s'appliquer s'agissant des logements neufs. La mise en place de détecteurs de fumée n'étant pas prévue dans les normes de construction, l'installation de tels systèmes échoit aux premiers occupants.

Le texte mentionne néanmoins certaines hypothèses dans lesquelles l'obligation incombera au propriétaire non-occupant. Sont visés les locations saisonnières, les logements-foyers, les résidences hôtelières à vocation sociale, les logements de fonction et les locations meublées (V. art. R. 129-13).

Lorsqu'un immeuble comprend plusieurs logements, un détecteur doit être installé dans chacun d'entre eux. La portée de l'alarme est limitée à chaque appartement. Dans les parties communes, les propriétaires doivent mettre en œuvre des mesures de sécurité contre l'incendie. Ces mesures consistent à indiquer les consignes à respecter en cas d'incendie et à limiter la propagation du feu (V. art. R. 129-14).

Il convient de noter que contrairement à d'autres normes, l'obligation prévue à l'article L. 129-8 ne fait l'objet d'aucune sanction pénale, le législateur préférant développer les actions pédagogiques. La présence ou non d'un détecteur de fumée dans le logement ne fait pas non plus l'objet d'une obligation d'information à la charge du vendeur ou du bailleur.

Enfin, le dernier alinéa prévoit que l'occupant doit notifier à sa compagnie d'assurance l'installation du détecteur. En conséquence, l'assureur peut minorer la prime garantissant les risques d'incendie lorsqu'il est établi que le détecteur est correctement installé et entretenu (V. art. 122-9 C. assur.). A l'inverse, le non-respect des dispositions des articles L. 129-8 et L. 129-9 du code de la construction et de l'habitation ne peut être sanctionné par la déchéance de l'assuré de la garantie qui lui est due, toute clause contraire serait nulle (V. art. L. 113-11 C. assur.).

Art. L. 129-8 L'occupant d'un logement, qu'il soit locataire ou propriétaire, installe dans celui-ci au moins un détecteur de fumée normalisé. Il veille à l'entretien et au bon fonctionnement de ce dispositif.

Cette obligation incombe au propriétaire non occupant dans des conditions définies par décret en Conseil d'État, notamment pour les locations saisonnières, les foyers, les logements de fonction et les locations meublées. Ce décret fixe également les mesures de sécurité à mettre en œuvre par les propriétaires dans les parties communes des immeubles pour prévenir le risque d'incendie.

L'occupant du logement notifie cette installation à l'assureur avec lequel il a conclu un contrat garantissant les dommages d'incendie. – *V. art. R. 129-13 et R. 129-14.*

La mise en place de détecteur de fumée dans les parties communes des immeubles collectifs n'est pas prévue. * Rép. min. nº 94566 : *JOAN Q 31 mai 2011 p. 5849.*

Art. L. 129-9 Un décret en Conseil d'État définit les modalités d'application de l'article L. 129-8, notamment les caractéristiques techniques du détecteur de fumée normalisé et les conditions de son installation, de son entretien et de son fonctionnement. – *V. art. R. 129-12 s.*

Code des assurances

Art. L. 113-11 Sont nulles :

1º Toutes clauses générales frappant de déchéance l'assuré en cas de violation des lois ou des règlements, à moins que cette violation ne constitue un crime ou un délit intentionnel ;

2º Toutes clauses frappant de déchéance l'assuré à raison de simple retard apporté par lui à la déclaration du sinistre aux autorités ou à des productions de pièces, sans préjudice du droit pour l'assureur de réclamer une indemnité proportionnée au dommage que ce retard lui a causé*[;]*

(L. nº 2010-238 du 9 mars 2010) « 3º Toutes clauses frappant de déchéance l'assuré en cas de non-respect des dispositions prévues aux articles L. 129-8 et L. 129-9 du code de la construction et de l'habitation. »

....

Art. L. 122-9 *(L. nº 2010-238 du 9 mars 2010)* L'assureur peut prévoir une minoration de la prime ou de la cotisation prévue par la police d'assurance garantissant les dommages incendie lorsqu'il est établi que l'assuré s'est conformé aux obligations prévues aux articles L. 129-8 et L. 129-9 du code de la construction et de l'habitation.

Les dispositions de la L. nº 2010-238 du 9 mars 2010 entrent en vigueur dans les conditions prévues par un Décr. en Conseil d'État et au plus tard le 10 mars 2015 (L. préc., art. 5-I).

TITRE TROISIÈME CHAUFFAGE, FOURNITURE D'EAU ET RAVALEMENT DES IMMEUBLES – LUTTE CONTRE LES TERMITES *(L. nº 2006-1772 du 30 déc. 2006, art. 59).*

COMMENTAIRE

Ce titre comporte désormais cinq chapitres.

Le chapitre premier vise un double objectif : favoriser les économies d'énergies tout en assurant le bien-être et la sécurité des occupants.

Le chapitre II fixe la réglementation relative à l'entretien des façades.

Le chapitre III est introduit par la loi nº 99-471 du 8 juin 1999 tendant à protéger les acquéreurs et propriétaires contre les termites et autres insectes xylophages. Il prévoit les conditions dans lesquelles les propriétaires sont tenus de réaliser des travaux préventifs ou d'éradications des termites.

Leur a été adjoints deux autres chapitres : **le chapitre IV** prévoit la constitution de diagnostics techniques, **le chapitre V** a pour finalité de favoriser la réalisation d'économies d'eau.

Les sanctions pénales qui accompagnent ces dispositions sont inscrites au titre V du présent livre. ❑

CHAPITRE PREMIER CHAUFFAGE DES IMMEUBLES

COMMENTAIRE

Les dispositions de ce chapitre s'inscrivent dans le contexte de la politique de contrôle des dépenses d'énergie initiée dans le milieu des années 1970. Elles sont désormais détaillées aux articles L. 241-1 et suivants du code de l'énergie auxquels il est renvoyé.

Cette recodification ne modifie pas le contenu des textes, qui n'ont fait l'objet que d'un toilettage. Les articles du code de l'énergie reprennent pour l'essentiel la lettre des anciens articles L. 131-1 à L. 131-6 du code de la construction et de l'habitation. Ils fixent les règles permettant d'assurer un confort thermique aux occupants des immeubles tout en maîtrisant la consommation d'énergie. Pour réaliser cet objectif, la législation prévoit de limiter la température de chauffage, encadre les contrats relatifs à l'exploitation des installations de chauffage et préconise l'individualisation des frais de chauffage et de fourniture d'eau.

Toute la réglementation relative au chauffage des immeubles n'a pas été regroupée au sein du code de l'énergie. D'autres mesures sont énoncées par le code de l'environnement. Ce code prévoit notamment qu'il puisse être imposé par décret soit une obligation d'entretien, soit un contrôle périodique, soit une inspection des chaudières et des systèmes de climatisation dépassant une certaine puissance (art. L. 224-1-II C. envir.).

Par ailleurs, dans un souci d'assurer la sécurité des occupants, l'article L. 131-7 fixe le cadre de la lutte contre les intoxications par le monoxyde de carbone. ❑

Art. L. 131-1 *(Ord. nº 2011-504 du 9 mai 2011, art. 10, en vigueur le 1er juin 2011)* **Les dispositions relatives à la mise en œuvre des installations de chauffage et de climatisation sont énoncées à l'article L. 241-1 du code de l'énergie.**

Code de l'énergie

(Ord. nº 2011-504 du 9 mai 2011, en vigueur le 1er juin 2011)

Art. L. 241-1 La mise en œuvre des installations de chauffage et de climatisation par tous exploitants ou utilisateurs doit être assurée de façon à limiter la température de chauffage et de climatisation des locaux et la température de chauffage de l'eau sanitaire et de l'eau des piscines à des valeurs fixées par voie réglementaire.

Les dispositions de l'alinéa précédent s'appliquent aux contrats en cours à la date d'entrée en vigueur des textes pris pour son application. A défaut d'accord amiable, toute partie peut demander en justice la révision du contrat.

Art. L. 131-2 *(Ord. nº 2011-504 du 9 mai 2011, art. 10, en vigueur le 1er juin 2011)* **Les dispositions relatives aux stipulations contractuelles relatives à l'exploitation des installations de chauffage et de climatisation sont énoncées à l'article L. 241-2 du code de l'énergie.**

Code de l'énergie

(Ord. nº 2011-504 du 9 mai 2011, en vigueur le 1er juin 2011)

Art. L. 241-2 Sont nulles et de nul effet toutes stipulations contractuelles relatives à l'exploitation des installations de chauffage et de climatisation ou se référant à cette exploitation notamment pour la gestion des immeubles lorsqu'elles comportent des modalités de rémunération des services favorisant l'accroissement de la quantité d'énergie consommée.

Art. L. 131-3 *(Ord. nº 2011-504 du 9 mai 2011, art. 10, en vigueur le 1er juin 2011)* **Les dispositions relatives aux immeubles collectifs pourvus d'un chauffage commun sont énoncées à l'article L. 241-9 du code de l'énergie.**

Code de l'énergie

(Ord. nº 2011-504 du 9 mai 2011, en vigueur le 1er juin 2011)

Art. L. 241-9 Tout immeuble collectif pourvu d'un chauffage commun doit comporter, quand la technique le permet, une installation permettant de déterminer la quantité de chaleur et d'eau chaude fournie à chaque local occupé à titre privatif.

Nonobstant toute disposition, convention ou usage contraires, les frais de chauffage et de fourniture d'eau chaude mis à la charge des occupants comprennent, en plus des frais fixes, le coût des quantités de chaleur calculées comme il est dit ci-dessus.

Un décret pris en Conseil d'État fixe les conditions d'application du présent article, et notamment la part des frais fixes visés au précédent alinéa, les délais d'exécution des travaux prescrits ainsi que les cas et conditions dans lesquels il peut être dérogé à l'obligation prévue au premier alinéa, en raison d'une impossibilité technique ou d'un coût excessif.

Art. L. 131-4 *(Abrogé par Ord. nº 2011-504 du 9 mai 2011, art. 4-1º, à compter du 1er juin 2011)* ***Les caractères définissant les normes d'équipement, de fonctionnement et de contrôle des installations consommant de l'énergie et les catégories d'ouvrages et locaux soumises en tout ou partie aux dispositions du présent article sont fixés par décret en Conseil d'État.*** — V. art. L. 152-1 et R. 131-1 s.

Art. L. 131-5 Les décrets prévus à l'article L. 111-10 déterminent également les caractères définissant les normes d'équipement, de fonctionnement et de contrôle des installations destinées à assurer le chauffage ou le conditionnement d'air des locaux existants et les catégories d'installations soumises en tout ou partie aux dispositions du présent alinéa.

Ces mêmes décrets déterminent enfin les conditions d'application du présent article et, notamment, les délais d'exécution des travaux prescrits, ainsi que les cas et conditions dans lesquels il peut être dérogé à l'obligation d'exécuter ces travaux, en raison d'une impossibilité technique ou d'un coût excessif. – *V. art. R. 111-20 s.*

Art. L. 131-6 *(Abrogé par Ord. nº 2011-504 du 9 mai 2011, art. 4-1º, à compter du 1er juin 2011)* ***Conformément à l'article 9 de la loi nº 74-908 du 29 octobre 1974, le droit de visite institué par l'article 3 de la loi nº 48-400 du 10 mars 1948 sur l'utilisation de l'énergie ainsi que les dispositions de l'article 5 de la même loi sont étendus :***

— pour les installations collectives de chauffage et de conditionnement, au contrôle des dispositions prévues à l'article L. 131-4 ;

— pour les établissements industriels et commerciaux et pour les établissements recevant du public, au contrôle des dispositions prévues aux articles L. 131-1 et L. 131-4.

Pour effectuer ces contrôles, les agents visés à l'article L. 152-1 sont également habilités à exercer les pouvoirs respectivement prévus aux articles 3, d'une part, et 5, d'autre part, de la loi nº 48-400 du 10 mars 1948.

Art. L. 131-7 *(L. nº 2003-590 du 2 juill. 2003, art. 81)* Un décret détermine les exigences à respecter et les dispositifs à installer ou les mesures à mettre en œuvre pour prévenir les intoxications par le monoxyde de carbone dans les locaux existants et les constructions nouvelles, les catégories de locaux et de constructions soumises aux dispositions du présent article et les délais impartis aux propriétaires et aux occupants des locaux existants pour installer ces dispositifs et mettre en œuvre ces mesures. – *V. art. R. 131-31 à R. 131-37.*

Concernant la présentation de la L. nº 2003-590 du 2 juill. 2003 urbanisme et habitat, V. Circ. nº 2003-48 du 31 juill. 2003 (BOMELT nº 2003/15, p. 78) et Circ. nº 2003-52 du 12 août 2003 (BOMELT nº 2003/16, p. 161).

Sur l'Observatoire de la qualité de l'air intérieur, V. www.air-interieur.org.

Sur l'enregistrement des cas d'intoxication par le monoxyde de carbone, V. Circ. DGS/PGE/1.B nº 274 du 19 mars 1985 ; Circ. DGS/SD 7 C nº 2002-615 du 19 déc. 2002 relative aux résultats de l'enquête nationale sur les intoxications par le monoxyde de carbone en France pour l'année 2001 (BOMSS nº 2003/3, p. 167).

Sur la mise en place d'un dispositif de surveillance, V. Avis du Conseil supérieur d'hygiène publique de France, section des milieux de vie relatif à la surveillance des intoxications par le monoxyde de carbone, séance du 12 déc. 2002 (BOMSS nº 2003/12) ; Arr. du 26 déc. 2003 relatif à la mise en place expérimentale d'une application de gestion et d'analyse pour la surveillance des intoxications oxycarbonées (JO 17 févr. 2004, p. 3178).

COMMENTAIRE

Chaque année le monoxyde de carbone est responsable de plus de 6 000 hospitalisations et 300 décès, dont les principales causes sont la vétusté des appareils de production de chauffage et d'eau chaude non entretenus ainsi que la mauvaise aération des logements. C'est pourquoi les pouvoirs publics ont lancé plusieurs campagnes de prévention et de lutte contre les intoxications oxycarbonées. Le 8 septembre 1999, un programme ayant pour objet la santé et l'habitat, élaboré conjointement par les secrétariats d'État au logement et à la santé a été présenté au Conseil des ministres. Plusieurs actions ont été menées dans ce cadre. Le 10 juillet 2001, a été créé un Observatoire de la qualité de l'air intérieur ayant pour objet d'évaluer l'exposition de la population aux substances affectant la qualité de l'air et ses conséquences sur la santé. L'Observatoire a mis en place un outil de collecte de données sur les polluants de l'air intérieur. Des enquêtes ont ainsi été menées pour recenser et analyser les cas d'intoxications au monoxyde de carbone. Par ailleurs l'arrêté du 26 décembre 2003 *(JO 17 févr. 2004, p. 3178)* a mis en place un système de surveillance des intoxications. Ce dispositif a pour objet « de repérer les situations à risque afin de les corriger, de décrire la répartition des intoxications pour orienter la prévention primaire et d'évaluer les interventions correctrices, la prévention et les prises en charge ».

L'article L. 131-7, inséré dans le code de la construction et de l'habitation par la loi urbanisme et habitat nº 2003-590 du 2 juillet 2003 est la première réglementation, sur le plan national, permettant de lutter contre les intoxications au monoxyde de carbone. Il vient compléter et renforcer la réglementation relative aux installations de gaz combustible et d'hydrocarbures situées à l'intérieur des locaux (Arr. du 2 août 1977, ainsi que celle relative aux conduits de cheminées (Arr. du 22 oct. 1969) lesquelles sont toujours en vigueur. Les articles R. 131-31 à R. 131-37 détaillent les dispositifs à mettre en œuvre. Ils s'appliquent aux logements neufs et existants, individuels et collectifs en fonction des appareils de production de chauffage et d'eau chaude installés. Ils sont applicables depuis le 1er janvier 2009 aux projets de construction ayant fait l'objet d'une demande de permis de construire et le seront à compter du 1er juillet 2010 s'agissant des constructions existantes. L'article R. 152-11 du code de la construction et de l'habitation prévoit que le propriétaire qui ne met pas en œuvre ces dispositifs de sécurité encourt une amende. Il est également rappelé à l'occupant qu'il ne doit pas obstruer les systèmes d'aération. ❑

● CHAPITRE II **RAVALEMENT DES IMMEUBLES**

BIBL. ▶ VIROLLEAUD, Le ravalement, guide technique, réglementaire et juridique, *éd. du Moniteur, 1990*. – VIROLLEAUD et LAURENT, *AJPI 1990. 829* (formalités administratives préalables aux travaux) ; *AJPI 1991. 390* (assurances et responsabilité) ; *AJPI 1991. 390* (le ravalement des immeubles). – PAYS, *Ann. loyers 2002, nº 7-8* (guide des travaux immobiliers).

COMMENTAIRE

Les règles applicables au ravalement des immeubles trouvent leur origine dans le décret du 26 mars 1852, relatif aux rues de Paris. Ce texte institue l'obligation d'entretien des façades d'immeubles de la ville de Paris, (art. 5 du décr. du 26 mars 1852). C'est la circulaire du 26 mars 1959 *(JO 15 avr.)* qui étendit, à plusieurs localités et communes (figurant sur une liste entérinée par arrêté préfectoral), l'obligation pour les propriétaires d'effectuer, une fois tous les dix ans, le ravalement de leur immeuble. Mais la mise en œuvre de textes généraux fut élaborée par la loi nº 76-1285 du 31 décembre 1976, emportant réforme de l'urbanisme.

L'obligation de ravalement s'applique à l'ensemble des façades (principale et arrière). La circulaire du 26 mars 1959 *(JO 15 avr.)* précise que le ravalement des façades, outre qu'il est une opération de propreté, consiste en une opération d'entretien par les travaux de réfection des enduits, boiseries, descentes d'eau et ferronneries, lorsque celles-ci sont nécessaires. Il suppose également la réparation des gouttières ou chêneaux des toitures et souches de cheminées.

Les articles L. 132-1 et suivants précisent que l'autorité municipale doit enjoindre le propriétaire de procéder au ravalement. S'il n'est pas entrepris dans les six mois, le maire prend un arrêté, notifié au propriétaire, le sommant d'effectuer les travaux dans un certain délai. Lorsque l'immeuble est en copropriété, par souci de simplification de la procédure, l'injonction et la notification sont adressées au syndic qui est chargé d'en informer les copropriétaires par lettre recommandée avec accusé de réception.

Le ravalement obéit à une procédure de contrôle par les autorités administratives (art. L. 151-1). En premier lieu, il faut souligner que la loi nº 86-16 du 6 janvier 1986 soumet les travaux de ravalement au régime de la déclaration. Aucun projet de construction ne peut intervenir sans l'autorisation préalable de l'autorité administrative (l'absence d'opposition dans un délai d'un mois valant autorisation). En second lieu, des sanctions pénales, prévues à l'article L. 152-11, ont vocation à s'appliquer en cas d'infraction aux règles concernant le ravalement. ❑

Art. L. 132-1 Les façades des immeubles doivent être constamment tenues en bon état de propreté.

Les travaux nécessaires doivent être effectués au moins une fois tous les dix ans, sur l'injonction qui est faite au propriétaire par l'autorité municipale.

BIBL. ► LIET-VEAUX, *J. Cl. adm., fasc. 447-20, nos 87 s.* (principales règles nationales d'urbanisme et de construction). – VIROLLEAUD, Le ravalement, guide technique, réglementaire et juridique, *éd. du Moniteur, 1990.* – VIROLLEAUD et LAURENT, *AJDI 1990. 829* (formalités administratives préalables aux travaux) ; *AJDI 1991. 390* (assurances et responsabilité) ; *AJDI 1991. 390* (le ravalement des immeubles). – CARTERON, *Bull. mensuel Lamy droit immobilier juill. 2001. 1* (le point sur le ravalement des façades).

V. sur l'abrogation des art. 307 s. ancien C. urb., V. Décr. no 78-621 du 31 mai 1978 (D. et BLD 1978. 266). — Sur la motivation nécessaire des arrêtés municipaux, V. Circ. Premier min. 28 sept. 1987, JO hors série no 87-472. — Sur les sanctions pénales, V. art. L. 152-11. — V. Décr. no 2001-477 du 30 mai 2001 (JO 3 juin), art. 4, prescrivant la mention de l'année de la réalisation des travaux de ravalement dans le carnet d'entretien de l'immeuble en copropriété.

Sur la déduction fiscale des dépenses de ravalement : CGI, art. 156-II, 1er bis, et 199 sexies B. — Sur les aides financières : Instr. de l'ANAH no I-2003-04 du 24 oct. 2003 relative à l'adoption du dispositif des aides de l'agence (BOMELT 2003/24).

1. Identification du propriétaire. Le maire est fondé à regarder une société ayant acquis un immeuble comme en étant propriétaire et à lui enjoindre de procéder à son ravalement alors même qu'il existait une contestation sur la propriété de l'immeuble faisant l'objet d'une instance devant la juridiction judiciaire. • CAA Paris, 29 sept. 1998, *Sté SIRI : req. no 96PA01331.* ♦ Le ravalement décennal ne concerne que les immeubles privés : *JOAN CR 25 août 1962, p. 3011.* ♦ ... Et il oblige les seuls propriétaires. • Civ. 3e, 13 juill. 1994 : *Bull. civ. III, no 143 ; AJDI 1994. 835, obs. Blatter.*

2. Contrôle du juge. Si l'art. L. 132-1 ne soumet expressément l'usage du pouvoir d'injonction à aucune autre condition que ce délai de dix ans depuis le précédent ravalement, il appartient au maire de tenir compte dans chaque cas de l'ensemble des circonstances et notamment de l'état de l'immeuble et de son environnement. Sa décision ne peut être censurée par le juge de l'excès de pouvoir qu'en cas d'erreur de fait ou de droit, d'erreur manifeste d'appréciation ou de détournement de pouvoir. • CE 28 févr. 1986, *Synd. des copropriétaires du 30 rue Piat,* req. no 47880 : *Lebon 48 ; D. 1986. IR 231 ; AJDA 1986. 403, obs. J.C.*

3. Erreur manifeste d'appréciation. Doit être annulée la décision prescrivant le ravalement alors même que l'immeuble concerné borde une zone de rénovation et qu'un ensemble de constructions doit être édifié sur la parcelle mitoyenne. • CE 28 févr. 1986, *Synd. des copropriétaires du 30 rue Piat,* req. no 47880 : *préc. note 2.*

4. Moyens inopérants. La circonstance que la ville ait entendu exercer ultérieurement son droit de préemption sur l'immeuble en cause et envisage sa démolition est sans influence sur la légalité de l'arrêté qui s'apprécie à la date à laquelle il a été pris. • CAA Paris, 29 sept. 1998, *Sté SIRI : req. no 96PA01331.* ♦ La circonstance que les occupants se sont opposés à la réalisation des travaux est sans influence sur l'obligation du propriétaire de procéder au ravalement de l'immeuble. • Même arrêt. ♦ La circonstance que la commune n'aurait pas pris de mesures équivalentes à l'encontre de propriétaires d'autres immeubles de la rue dont les façades seraient en aussi mauvais état que celle de l'immeuble visé est sans incidence. • CAA Paris, 27 févr. 2001, *Dalbray : req. no 00PA02286.*

5. Réglementation des travaux de ravalement. La publication par voie d'affichage en mairie d'un arrêté municipal réglementant les travaux de ravalement de façades d'immeubles est suffisante pour faire courir les délais de recours contentieux. • CE 30 juin 1999, *Chambre syndicale des propriétaires et copropriétaires de Marseille et des Bouches-du-Rhône,* req. no 131858 : *Lebon 223.*

Art. L. 132-2 L'article L. 132-1 est applicable à Paris ainsi que dans les communes figurant sur une liste établie par décision de l'autorité administrative, sur proposition ou après avis conforme des conseils municipaux.

COMMENTAIRE

Conformément à l'article R. 132-1, l'autorité compétente est le préfet. ❑

Décr. 26 mars 1852, art. 5, prescrivant le ravalement décennal pour la ville de Paris. – Décr. nº 78-621 du 31 mai 1978 (D. et BLD 1978. 266). – V. Arr. munic. 20 août 1991 (BMO Paris, nº 70, 8 sept. 1991 ; Mon. TP 20 sept. 1991, suppl. textes, p. 373) : nouvelles dispositions relatives au ravalement obligatoire des immeubles à Paris, abrogé et remplacé par Arr. munic. 27 oct. 2000 (BMO Paris, 3 nov.). – Protocole du 17 déc. 1991 (Mon. TP 27 déc. 1991, suppl. textes, p. 195) : mise en œuvre des opérations de ravalement à Paris, abrogé et remplacé par protocole du 10 nov. 2000 (Bull. 302, Dict. perm., Constr.-Urb. 2048).

1. En l'absence d'arrêté préfectoral rendant applicables à la ville les dispositions des art. L. 132-1 s. CCH, les arrêtés du maire mettant en demeure des propriétaires de procéder à des travaux de ravalement manquent de base légale et doivent être annulés. • TA Rennes, 3 avr. 1986, *Synd. des copropriétaires des 1 rue Baudrairie, 4 rue d'Orléans c/ Ville de Rennes : Gaz. Pal. 1986. 2. Pan. 394 ; Administrer nov. 1986, p. 24, obs. G. Liet-Veaux.*

2. V. Arr. maire de Paris du 19 févr. 1985 : *BMO Paris, 14 mars 1985* ; Arr. 20 août 1991 : *BMO Paris, nº 70, 8 sept. 1991 ; Mon. TP 20 sept. 1991, Suppl. textes, p. 373.* ♦ Sur une erreur manifeste d'appréciation, l'immeuble à ravaler bordant une zone de rénovation et un ensemble de constructions devant être édifiées sur la parcelle mitoyenne, V. • CE 28 févr. 1986, *Synd. des copropriétaires du 30 rue Piat à Paris, req. nº 47880 : Lebon 48 ; D. 1986. IR 231 ; AJDA 1986. 403, obs. J. C.*

3. Sauf clause contraire, le ravalement est à la charge du bailleur, non du preneur • Civ. 3e, 24 mars 1993 : *Administrer 1993, p. 32, note Barbier* • Civ. 3e, 13 juill 1994 : *Bull. civ. III, nº 143 ; AJDI 1994. 835, obs. J.-P. Blatter.*

4. Constitue un délit de non-exécution des travaux de ravalement imposés par l'autorité administrative le fait de refuser la réalisation de ces travaux depuis plus de six ans suivant la première injonction de la mairie, les difficultés invoquées par les prévenus ne constituant pas un cas de force majeure susceptible de les exonérer. • Paris, 20 sept. 1999, *M. et a. : Constr.-Urb. 2000, nº 150.*

5. Constitue un délit de non-ravalement le fait, pour une assemblée générale des copropriétaires, de différer l'étude du ravalement prescrit par l'administration. La priorité donnée aux arriérés du paiement des charges de copropriété n'est pas un argument susceptible de justifier le non-respect des délais de réalisation des travaux fixés par l'administration. • T. corr. Paris, 31e ch., 1er juill. 1998 : *Administrer, févr 1999. 69, note Bouyeure.*

Art. L. 132-3 **Si, dans les six mois de l'injonction qui lui est faite en application de l'article L. 132-1, le propriétaire n'a pas entrepris les travaux qu'il prévoit, le maire peut prendre un arrêté en vue de les prescrire.**

L'arrêté visé à l'alinéa ci-dessus est notifié au propriétaire avec sommation d'avoir à effectuer les travaux dans un délai qu'il détermine et qui ne peut excéder un an.

(L. nº 2009-323 du 25 mars 2009, art. 21) **« Si l'immeuble est soumis à la loi nº 65-557 du 10 juillet 1965 fixant le statut de la copropriété des immeubles bâtis** *[V. **C. copr.**]*, **la notification aux copropriétaires est valablement faite au seul syndicat des copropriétaires pris en la personne du syndic qui doit en informer sans délai chaque copropriétaire par lettre recommandée avec demande d'avis de réception. »**

1. Sur la motivation obligatoire de l'arrêté municipal, V. Circ. Premier min., 28 sept. 1987 : *JO, nº hors série 87-872.* ♦ Sur le contrôle d'un arrêté municipal pour erreur manifeste d'appréciation, V. • CE 28 févr. 1986, *Synd. des copropriétaires du 30 rue Piat à Paris : Lebon 48 ; Dr. adm. 1986, nº 206 ; AJDA 1986. 40, obs. J.C. ; D. 1986. IR 231.*

2. Sur l'irrecevabilité d'une requête présentée par une association de propriétaires contre un arrêté municipal portant définition d'une tranche de ravalement, V. • CE 5 janv. 1994, *Cne de Nîmes : req. nº 139157.*

3. En se bornant à constater l'inexécution des travaux prescrits sans rechercher si l'état de l'immeuble et son environnement justifiaient que soit exigée des propriétaires la réfection des façades, alors que cette obligation ne s'imposait pas l'année précédente, le maire n'a pas exercé son pouvoir d'appréciation et commet une erreur de droit. • CAA Lyon, 8 nov. 1995, *Puget-Faletto : req. nº 93LY00904.*

Art. L. 132-4 **La procédure prévue à l'article L. 132-3 est également applicable lorsque les travaux, entrepris dans les six mois de l'injonction, n'ont pas été terminés dans l'année qui la suit. L'arrêté municipal est de même notifié au propriétaire, avec sommation d'avoir à terminer les travaux dans le délai qu'il détermine.**

Art. L. 132-5 **Dans le cas où les travaux n'ont pas été exécutés dans le délai imparti par la sommation délivrée en application des dispositions qui précèdent, le maire peut, sur autorisation du président du tribunal de grande instance statuant comme en matière de référés, les faire exécuter d'office, aux frais du propriétaire.**

Le montant des frais est avancé par la commune. Il est recouvré comme en matière d'impôts directs. Les réclamations sont présentées, instruites et jugées comme en matière d'impôts directs.

BIBL. ► KARILA, *RDI 2001. 201* (la responsabilité pour les désordres affectant des travaux de ravalement ou de peintures).

COMMENTAIRE

Les garanties de paiement en cas d'exécution d'office des travaux de ravalement sont similaires à celles prévues en matière de lutte contre les immeubles insalubres ou menaçant ruine (cf. Livre cinquième). Toutefois les travaux de ravalement ne bénéficient pas de l'hypothèque légale instituée au profit des travaux exécutés d'office à l'encontre des immeubles insalubres ou menaçant ruine par la loi solidarité et renouvellement urbains du 13 décembre 2000. Sur la déduction fiscale des dépenses de ravalement, V. *CGI*, art. 156-II, 1er *bis*, et 199 *sexies* B.

1. Les travaux de ravalement ont pour but et pour effet la conservation de la chose. Ils incombent à l'usufruitier qui, même si son accord pour leur exécution n'a pas été demandé au préalable, en doit le remboursement au nu-propriétaire qui les fait exécuter • Civ. 1re, 21 mars 1962 : *JCP 1963. II. 13272.* ♦ Le ravalement des façades ne constitue pas une grosse réparation au sens de l'art. 606 C. civ. • Civ. 3e, 28 mai 1997 : *pourvoi no 95-13.377.*

2. Il est de principe que les travaux prescrits par l'autorité administrative sont, sauf stipulation contraire, à la charge du bailleur, même en cas de clause mettant à la charge du preneur tous les travaux d'entretien et de réparations, à l'exception de ceux de l'art. 606 C. civ. • Paris, 5 mars 1999 : *AJDI 1999. 343*. ♦ Les dépenses de ravalement prescrites par l'autorité administrative, sauf stipulation exprès du bail, sont à la charge du bailleur. • Civ. 3e, 10 mai 2001 : *Bull. civ. III, no 58 ; D. 2001. Somm. 3523, obs. Rozès*.

3. Les dépenses de ravalement sont des charges communes générales de l'immeuble en copropriété. • Civ. 3e, 26 oct. 1971 : *Rev. loyers 1972. 47* • TGI Nice, 22 juin 1964 : *AJDI 1965. 2. 199, note Cabanac* • 18 déc. 1968 : *Ann. loyers 1969. 1643.*

4. Une assemblée générale peut valablement décider l'exécution du ravalement des façades de l'immeuble et des parties privatives extérieures ainsi que le financement des travaux, à condition que soit précisée la contribution exacte de chaque copropriétaire en fonction de la localisation des travaux. • Paris, 12 juin 1998 : *Loyers et copr. 1999, no 17, p. 19.* ♦ Lorsque le règlement de copropriété définit des parties communes spéciales par bâtiment, les dépenses de ravalement de ces parties sont à la charge des copropriétaires de ces lots, lesquels sont seuls habilités à engager la dépense de ces travaux. • Paris, 14 sept. 2000 : *Loyers et copr. 2001, no 51.* ♦ La décision de modifier les volets roulants des parties privatives par des volets en bois est intimement liée à la résolution de réaliser le ravalement ; par conséquent, un vote séparé sur cette question n'était pas obligatoire. • Paris, 29 juin 2000 : *Loyers et copr. 2001, no 41.* ♦ Doit être réputée non écrite la clause d'un règlement de copropriété qui stipule que les propriétaires de boutiques participeront aux dépenses de ravalement mais qu'ils n'auront pas voix consultative lorsqu'il en sera décidé en assemblée générale. • Paris, 21 févr. 2002 : *AJDI 2002. 388*. ♦ L'obligation de financer l'entretien des devantures, parties privatives, ne dispense pas le copropriétaire de participer aux frais de ravalement des parties communes. • Paris, 30 nov. 2000 : *Loyers et copr. 2001, no 127.* ♦ Lors d'un ravalement général de l'immeuble décidé par l'assemblée générale, le coût de réfection des fenêtres peut être réparti entre tous les copropriétaires, une telle clause du règlement de copropriété étant licite. • Paris, 22 mars 2007 : *Loyers et copr. 2007, nº 160, obs. Vigneron.*

5. Les travaux de ravalement n'entrent pas dans le champ d'application de la loi du 4 janv. 1978 sur l'assurance construction • Civ. 3e, 5 févr. 1985 : *Bull. civ. III, nº 21 ; D. 1985. IR 297 ; Rec. Loyers 1985. 467.*

6. Les entreprises de ravalement n'ont pas la qualité de « constructeur », dès lors qu'elles interviennent après la réception de l'ouvrage. • CAA Paris, 6 juill. 1995, *SARL Onyx-Entreprise*, req. nº 94PA01317 : *AJDA 1996. 195, obs. Paître*. ♦ Néanmoins, le ravalement peut s'analyser en un ouvrage de construction lorsqu'il consiste en une opération « d'imperméabilisation des façades et pignons ». • Civ. 3e, 29 janv. 1997 : *RDI 1997. 238, obs. Boubli* • 20 juill. 1999 : *RDI 2000. 55, obs. Boubli* • 9 févr. 2000 : *Bull. civ. III, nº 27 ; D. 2000. IR 82 ; RDI 2000. 180*. ♦ Dans ce cas, l'art. 1792 C. civ. s'applique et la garantie décennale peut être mise en œuvre. ♦ Le ravalement est un ouvrage s'il assure une fonction d'étanchéité. • Civ. 3e, 4 avr. 2002 : *RDI 2002. 234, obs. Malinvaud*. ♦ Les enduits de façade ne constituent pas un élément d'équipement dissociable au sens de l'art. 1792-3 C. civ. • Civ. 3e, 22 oct. 2002 : *pourvoi nº 01-01.539.* ♦ Des désordres affectant les peintures de nature exclusivement esthétiques ou décoratives ne peuvent mettre en jeu la responsabilité de constructeurs sur le fondement de la garantie décennale. • Civ. 3e, 11 mars 2003 : *RDI 2003. 279, obs. Malinvaud*. ♦ Des travaux de ravalement qui, pris isolément, pourraient être regardés comme des travaux d'amélioration ou de réparation, étant indissociables des travaux de reconstruction entrepris dans l'immeuble, sont non déductibles selon l'art. 31 CGI. • CE 30 mai 2007, *Bosher*, req. nº 274477 : *Lebon T. 791*.

7. En ne mettant pas en œuvre immédiatement les procédures de prescription de travaux et d'exécution d'office de ceux-ci mais en recherchant d'abord par la voie de la persuasion à obtenir de la copropriété l'exécution des travaux, le maire ne commet, compte tenu de son pouvoir d'appréciation et des circonstances, aucune faute lourde susceptible d'engager la responsabilité de la commune. • CAA Paris, 19 janv. 1993, *Monjaux : req. nº 91PA00814.* ♦ Aucune disposition réglementaire n'oblige la commune à notifier au propriétaire l'ordonnance du tribunal autorisant le maire à faire exécuter d'office les travaux de ravalement. • CAA Nancy, 30 avr. 2008, *Michel X. : req. nº 07NC00044.*

CHAPITRE III LUTTE CONTRE LES TERMITES

(L. nº 99-471 du 8 juin 1999, art. 5-II)

BIBL. ► BLOND, *Dr. et patr., oct. 1999. 36* (le renforcement de la protection de l'acheteur contre les termites). – DESTAME, *JCP N 1999. 957* (la lutte contre les termites : une nouvelle obligation pour les propriétaires et occupants d'immeubles). – FABERON, *LPA 8 sept. 1999. 4* (les termites devant la loi). – LAPORTE, *Procédures oct. 1999. 3* (quand le plomb et les insectes xylophages viennent alourdir la rédaction du cahier des charges). – LAPORTE, *Procédures 2000, nº 8-9, p. 13* (termites et saisie immobilière). – LEBATTEUX, *Administrer 1999, nº 317, p. 17* (la loi du 8 juin 1999 tendant à protéger les acquéreurs et propriétaires d'immeubles contre les termites et autres insectes xylophages). – MEYER, *AJDI 1999. 784 s.* (propriétaires ou occupants d'immeubles, attention aux termites !). – BÉTHUNE, *Defrénois 2001. 553* (amiante, plomb, termites : pot-pourri). – REVET, *RTD civ. 1999. 714* *(De termitis curat praetor)*. – JOST, *Defrénois 2003. 16* (le rédacteur d'actes face aux risques parasitaires et sanitaires : amiante, plomb, termites). – GALLET, *Rev. loyers 2001. 112* (la protection des immeubles contre les termites et autres insectes xylophages).

V. la recommandation nº 2004-1 de la Commission des clauses abusives relative aux contrats de traitement contre les termites et autres insectes xylophages (BOCC 6 sept. 2004).

V. Arr. du 30 oct. 2006 sur les conditions de certification de la compétence du diagnostiqueur (JO 11 nov.).

COMMENTAIRE

L'article 5 de la loi nº 99-471 du 8 juin 1999, tendant à protéger les acquéreurs et les propriétaires d'immeubles contre les termites et autres insectes xylophages *(JO 9 juin 1999)*, vient ajouter, au titre II du Livre 1er, ce présent chapitre. La loi crée, par ailleurs, une neuvième section au chapitre Ier du code, l'article L. 112-17 : « Protection contre les insectes xylophages ». Ce texte institue des règles de construction et d'aménagement anti-termites (traitement du bois et installation de barrières chimiques).

Les articles L. 133-1 à L. 133-3 mettent en œuvre deux mesures importantes :
– l'identification, par arrêté préfectoral, des zones infectées et la déclaration, à la mairie, par le propriétaire ou l'occupant de l'immeuble, de la présence de termites ou d'insectes xylophages
– et la mise en œuvre de moyens pour lutter contre les termites.

Tout occupant ou propriétaire doit, dès qu'il a connaissance de la présence de termites et d'insectes xylophages, en faire une déclaration à la mairie (art. 2). Sont visés par la loi les immeubles bâtis et non bâtis (terrains). L'article L. 133-3 précise qu'un décret pris en Conseil d'État fixera les conditions auxquelles doit répondre la déclaration. La violation de ces dispositions entraîne l'application des sanctions pénales prévues aux articles L. 152-1 et L. 152-4 (la loi du 8 juin 1999 les modifie en ce sens).

Lors de la vente d'un immeuble bâti situé dans une zone contaminée par les termites (délimitée par arrêté préfectoral), un état relatif à la présence de termite doit être établi et annexé à l'acte de vente (V. CCH, art. L. 271-4). Cet état est valable six mois. A défaut, toute clause de non-garantie stipulée en vertu de l'article 1643 du code civil doit être réputée non écrite.

Enfin, la loi reconnaît au maire, de la même manière qu'en matière de ravalement, les pouvoirs nécessaires à l'exécution d'office des travaux visant à lutter contre les termites (art. L. 133-2). Le système est proche du mécanisme existant en matière d'immeubles menaçant ruine (Cf. Livre cinquième). Toutefois, à la différence des travaux réalisés en matière d'immeubles menaçant ruine, la commune ne bénéficie pas d'une hypothèque légale qui garantit le remboursement des travaux effectués. ❑

Art. L. 133-1 Dans les secteurs délimités par le conseil municipal, le maire peut enjoindre aux propriétaires d'immeubles bâtis et non bâtis de procéder dans les six mois à la recherche de termites ainsi qu'aux travaux préventifs ou d'éradication nécessaires.

Les propriétaires justifient du respect de cette obligation dans les conditions fixées par décret en Conseil d'État. – *V. art. R. 133-1 s.*

(L. no 2011-525 du 17 mai 2011, art. 125) **« Si l'immeuble est soumis à la loi no 65-557 du 10 juillet 1965 fixant le statut de la copropriété des immeubles bâtis** *[V.* ***C. copr.****]*, **la notification de l'injonction aux copropriétaires est valablement faite au seul syndicat des copropriétaires pris en la personne du syndic qui doit en informer sans délai chaque copropriétaire par lettre recommandée avec demande d'avis de réception. »**

COMMENTAIRE

Les propriétaires de ces immeubles doivent fournir un état parasitaire ou garantir à l'acquéreur le vice caché que constituerait la présence de termites. En cas de vente, l'état doit avoir été établi moins de six mois avant à la date de la promesse de vente ou de l'acte authentique de vente (V. art. R. 271-5).

L'état parasitaire est établi par une personne exerçant une activité d'expertise ou de diagnostic ; cet état est établi selon un modèle fixé par l'arrêté du 10 août 2000. ❑

Le conseil municipal est en droit de définir un périmètre soumis à l'action du maire qui porte sur l'ensemble de l'agglomération. • CAA Bordeaux, 15 janv. 2007, *M. X.* : ♁ *req. no 03BX00441.* ♦ L'arrêté du maire enjoignant aux propriétaires de procéder à la recherche de termites n'est pas, en lui-même, constitutif d'une rupture d'égalité devant les charges publiques ni source d'une atteinte excessive au droit de propriété. • Même arrêt. — V. aussi * Rép. min. no 51594 : *JOAN Q 31 mai 2011 p. 5770.*

Art. L. 133-2 **En cas de carence d'un propriétaire et après mise en demeure demeurée infructueuse à l'expiration d'un délai fixé par le maire, ce dernier peut, sur autorisation du président du tribunal de grande instance statuant comme en matière de référé, faire procéder d'office et aux frais du propriétaire à la recherche de termites ainsi qu'aux travaux préventifs ou d'éradication nécessaires.**

(L. nº 2011-525 du 17 mai 2011, art. 125) **« Si l'immeuble est soumis à la loi nº 65-557 du 10 juillet 1965 précitée** *[V.* ***C. copr.****]*, **la notification de la mise en demeure aux copropriétaires est valablement faite au seul syndicat des copropriétaires pris en la personne du syndic qui doit en informer sans délai chaque copropriétaire par lettre recommandée avec demande d'avis de réception. »**

Le montant des frais est avancé par la commune. Il est recouvré comme en matière de contributions directes.

COMMENTAIRE

L'article ne fait pas mention des immeubles en copropriété. De la référence au propriétaire, il résulte que l'injonction doit être adressée à chaque copropriétaire, puisque le syndicat n'est propriétaire ni de l'immeuble ni des parties communes. ❑

Art. L. 133-3 **Un décret en Conseil d'État fixe les sanctions dont sont passibles les propriétaires, personnes physiques ou morales, qui n'ont pas satisfait aux obligations du présent chapitre.** – *V. art. R. 133-2.*

V. art. R. 271-4.

Art. L. 133-4 *(Ord. nº 2005-655 du 8 juin 2005, art. 16)* **Dès qu'il a connaissance de la présence de termites dans un immeuble bâti ou non bâti, l'occupant de l'immeuble contaminé en fait la déclaration en mairie. A défaut d'occupant, la déclaration incombe au propriétaire. Pour les parties communes d'un immeuble relevant de la loi nº 65-557 du 10 juillet 1965 fixant le statut de la copropriété des immeubles bâtis** *[V.* ***C. copr.****]*, **la déclaration incombe au syndicat des copropriétaires.**

V. commentaire ss. art. L. 133-1.

Art. L. 133-5 *(Ord. nº 2005-655 du 8 juin 2005, art. 16)* **Lorsque, dans une ou plusieurs communes, des foyers de termites sont identifiés, un arrêté préfectoral, pris sur proposition ou après consultation des conseils municipaux** *(L. nº 2006-872 du 13 juill. 2006, art. 79-IV-6º)* **« intéressés », délimite les zones contaminées ou susceptibles de l'être à court terme.**

En cas de démolition totale ou partielle d'un bâtiment situé dans ces zones, les bois et matériaux contaminés sont incinérés sur place ou traités avant tout transport si leur destruction par incinération sur place est impossible. La personne qui a procédé à ces opérations en fait la déclaration en mairie.

Art. L. 133-6 *(Ord. nº 2005-655 du 8 juin 2005, art. 16)* **En cas de vente de tout ou partie d'un immeuble bâti situé dans une zone délimitée en application de l'article L. 133-5, un état relatif à la présence de termites est produit dans les conditions et selon les modalités prévues aux articles L. 271-4 à L. 271-6.**

Au moment de la passation de l'acte authentique les acquéreurs ayant été informés de la présence des termites et ayant acquis un bien dont l'état parasitaire positif, porté à leur connaissance par le notaire, ne leur laissait aucun doute sur l'infestation de la majorité des éléments en bois, ne sont pas fondés à invoquer la garantie des vices cachés. • Civ. 3e, 30 janv. 2008 : *BICC 1er mai 2008, nº 794 ; Bull. civ. III, nº 21 ; D. 2008. 546 ; ibid. 2390, obs. Trébulle ; CCC 2008, nº 126, note Levereur ; Constr.-Urb. 2008, nº 49, note Cornille.*

CHAPITRE IV **DIAGNOSTICS TECHNIQUES** *(Ord. nº 2005-655 du 8 juin 2005, art. 17-1º).*

(L. nº 2004-1343 du 9 déc. 2004, art. 41-II)

BIBL. ► BERGEL, *RDI 2011. 50* (impact de la loi « Grenelle 2 » sur la vie de l'immeuble (vente, bail et copropriété). – BOULANGER, *JCP N 2006. Actu. 576 et 585* (diagnostic de performance énergétique et état de l'installation intérieure de gaz) *JCP N 2007. Actu. 512* (états, diagnostics, informations et baux d'immeubles) ; *JCP N 2010. 1338* (renforcement du diagnostic de performance énergétique à l'issue de la loi Grenelle 2). – DURAND-PASQUIER, *Constr.-Urb. 2007. Alerte 41* (portée de l'obligation d'annexer un diagnostic de performance énergétique aux baux d'habitation) ; *RDI 2011. 15* (certifications, attestations et diagnostics au service des objectifs du Grenelle). – MERCIER, *Constr.-Urb. 2010. Étude 12* (apports de la « loi Grenelle II » au droit de la construction). – PELLETIER, FRAÎCHE-DUPEYRAT, *Rev. loyers 2007. 262* (le bail et le diagnostic de performance énergétiques : questions/réponses). – NARBEY, RAUNET, *JCP N 2008. 1186* (développement durable, un défi pour le droit, Les trois qualités du notaire « environnementaliste »). – SABATIE, LEPOUTRE, *Rev. loyers 2007. 2* (diagnostics et obligations du bailleur : contours d'une nouvelle chape de plomb). – VIAL-PEDROLETTI, *Loyers et copr. 2010. Alerte 51* (projet de loi portant engagement national pour l'environnement dit « Grenelle II »). – WERTENSCHLAG, *AJDI 2005. 793* (profession d'opérateur en diagnostic technique) ; *ibid. 2007. 89* (haro sur les diagnostiqueurs !) ; *ibid. 2007. 113* (dossier de diagnostic technique en matière de vente et de location).

COMMENTAIRE

Ce chapitre vient préciser les conditions de réalisation du diagnostic de performance énergétique, de l'état de l'installation intérieure de gaz, et de l'état des installations intérieures d'électricité. Son établissement peut être exigé lors de la vente d'un immeuble (art. L. 271-4 s.), de sa location ou afin d'être portés à la connaissance des occupants.

Ces textes ont pour objectif d'améliorer l'information des futurs occupants sur les caractéristiques des bâtiments et leur sécurité, mais également à terme de favoriser les économies d'énergie.

Si les diagnostics exigés lors de la vente d'un immeuble sont désormais regroupés dans un dossier unique prévu à l'article L. 271-4 du code de la construction et de l'habitation, les dispositions relatives à leur établissement demeurent dispersées au gré de leur codification. Ainsi, les dispositifs de lutte contre la présence de plomb et d'amiante dans les bâtiments figurent-ils sous les articles L. 1334-1 et suivants du code de la santé publique, ceux relatifs à l'état d'assainissement des immeubles aux articles L. 1331-1 et suivant du même code.

Pour encadrer la profession de diagnostiqueur, les pouvoirs publics ont mis en place des procédures de certifications. Elles concernent les professionnels amenés à réaliser des diagnostics de performance énergétique, des états relatifs à la présence de termites et des diagnostics en matière d'amiante et de plomb. Par ailleurs, une carte professionnelle pourrait être instaurée prochainement. ❑

V. Arr. du 16 oct. 2006 sur la définition des critères de certification des compétences des personnes physiques réalisant le diagnostic de performance énergétique et des critères d'accréditation des organismes de certification (JO 27 oct.), mod. par Arr. du 8 déc. 2009 (JO 15 déc., rect. 27 févr. 2010) et Arr. du 13 déc. 2011 (JO 24 déc.) ; Arr. du 30 oct. 2006 (JO 11 nov.) ; Arr. du 21 nov. 2006 (JO 5 déc.), rect. 27 févr. 2010, mod. par Arr. du 7 déc. 2011 (JO 22 déc.) ; Arr. du 8 déc. 2009 (JO 15 déc., rect. 27 févr. 2010).

V. aussi Communiqué DGCCRF 22 déc. 2006 ; Communiqué CNC 2 mars 2007 ; Rappr. CNC sur la vérification des compétences en matière de diagnostic technique immobilier, 27 mars 2007.

V. enfin Rép. min. nº 42558 : JOAN Q 30 juin 2009, p. 6694.

SECTION PREMIÈRE DIAGNOSTIC DE PERFORMANCE ÉNERGÉTIQUE *(Ord. nº 2005-655 du 8 juin 2005, art. 17-2º).*

BIBL. ▶ DURAND-PASQUIER, *Constr.-Urb. 2008, Focus nº 4* (de la parution d'un nouveau diagnostic de performance énergétique à la question de la valeur de ces modèles-types) – LE MARGUERESSE, *JCP N 2007. 1256* (du diagnostic de performance énergétique en matière de vente en l'état futur d'achèvement).

Art. L. 134-1 Le diagnostic de performance énergétique d'un bâtiment ou d'une partie de bâtiment est un document qui comprend la quantité d'énergie effectivement consommée ou estimée pour une utilisation standardisée du bâtiment ou de la partie de bâtiment et une classification en fonction de valeurs de référence afin que les consommateurs puissent comparer et évaluer sa performance énergétique. Il est accompagné de recommandations destinées à améliorer cette performance.

(L. nº 2010-788 du 12 juill. 2010, art. 1er-I-6º) **« Il est établi par une personne répondant aux conditions prévues par l'article L. 271-6.**

« Sa durée de validité est fixée par décret. » – *V. art. R. 271-5.*

COMMENTAIRE

Le diagnostic de performance énergétique (DPE) regroupe les informations relatives à la consommation d'énergie d'un bâtiment. Afin de garantir sa fiabilité, il doit être effectué par un professionnel répondant aux conditions prévues à l'article L. 271-6. Sa durée de validité est de dix ans (V. art. R. 134-4-2º).

Le DPE a pour finalité d'informer le propriétaire ou le locataire sur la consommation énergétique du bâtiment et de l'inciter à réaliser des économies d'énergie. Le législateur étend progressivement sa diffusion.

Il doit être remis par le maître de l'ouvrage, le propriétaire, le gestionnaire ou le bailleur lors de la construction ou de l'extension d'un bâtiment (V. art. L. 134-2), lors de la vente (V. art. L. 134-3) ou de la location d'un immeuble (V. art. L. 134-3 et L. 134-3-1).

Lorsque l'immeuble fait l'objet d'une vente ou d'un bail, le DPE est adjoint au contrat selon les modalités prévues aux articles L. 271-4 à 271-6. Avant la signature du contrat, une telle remise n'est pas systématique. Le vendeur ou le bailleur doit tenir le diagnostic à disposition de son éventuel cocontractant (V. art. L. 134-3). Depuis le 1er janvier 2011, le classement du bien au regard de sa performance énergétique doit être mentionné dans les annonces relatives à la vente ou à la location (V. art. L. 134-4-3). Le législateur espère ainsi que les locataires et les acquéreurs feront de la performance énergétique un critère de choix du bien immobilier.

Le DPE n'a qu'une valeur informative. Ni l'acquéreur (V. art. L. 271-4) ni le locataire (V. art. L. 134-3-1) ne peuvent s'en prévaloir à l'encontre de leur cocontractant. Par ailleurs, aucune sanction particulière n'est prévue en cas de carence du bailleur et du vendeur. Ce sont donc celles de droit commun qui vont s'appliquer.

En dehors de toute opération portant sur l'immeuble, la loi prévoit la production d'un tel diagnostic dans deux cas :

Afin de sensibiliser usagers et occupants, le DPE doit être affiché dans certains bâtiments publics (V. art. L. 134-4 et R. 134-4-1). Dans ce cas, il peut être réalisé par un agent de la collectivité locale ou de la personne morale occupant le bâtiment (V. art. L. 271-6, dernier al.).

Le législateur prévoit qu'un DPE ou un audit énergétique, selon la taille de la copropriété, devra être réalisé dans les immeubles équipés d'installation collective de chauffage ou de refroidissement au plus tard fin 2016.

Enfin, il faut noter qu'afin d'améliorer les connaissances relatives à la performance énergétique des immeubles, la loi instaure la collecte des informations fournies par le diagnostic à destination de l'ADEME et des collectivités territoriales (V. art. L. 134-4-2). ❑

V. Rép. min. nº 108519, JOAN Q 13 févr. 2007. 1591 (les recommandations destinées à améliorer la performance énergétique des bâtiments doivent être formulées en prenant en compte leurs particularités). Rép. min. nº 117777, JOAN Q 3 avr. 2007, p. 3396 (sur les modes de calculs) ; V. aussi Rép. min. nº 14422, JOAN Q 17 mars 2009, p. 2618. Rép. min. nº 95911 : JOAN Q 11 janv. 2011, p. 295 (sanctions du défaut d'affichage).

V. art. R. 134-1 à R. 134-5.

V. aussi Arr. du 15 sept. 2006 (JO 28 sept.), relatif au diagnostic de performance énergétique pour les bâtiments existants proposés à la vente en France métropolitaine, mod. par Arr. du 18 déc. 2007 (JO 23 déc.), Arr. du 11 oct. 2010 (JO 31 oct.), Arr. du 21 mars 2011 (JO 23 mars) et Arr. du 27 janv. 2012 (JO 10 févr.).

V. également Arr. du 15 sept. 2006 (JO 28 sept.) relatif aux méthodes et procédures applicables au diagnostic de performance énergétique pour les bâtiments existants proposés à la vente en France métropolitaine, mod. par Arr. du 27 janv. 2012 (JO 10 févr.), lui-même mod. par Arr. du 24 déc. 2012 (JO 29 déc.).

V. également Arr. du 18 avr. 2012 (JO 28 avr.) relatif au diagnostic de performance énergétique pour les centres commerciaux existants proposés à la vente ou à la location en France métropolitaine.

V. DGUHC, Aide pour l'établissement du DPE des bâtiments proposés à la vente en France métropolitaine (www. logement.gouv.fr).

Art. L. 134-2 **Lors de la construction d'un bâtiment ou d'une extension de bâtiment, le maître de l'ouvrage fait établir le diagnostic mentionné à l'article L. 134-1** *(L. nº 2010-788 du 12 juill. 2010, art. 1er-I-7º)* **« , qui indique, à partir du 1er janvier 2013, les émissions de gaz à effet de serre de ce bâtiment, estimées suivant une méthode de calcul adaptée aux bâtiments neufs et tenant compte des différents usages des énergies ». Il le remet au propriétaire du bâtiment au plus tard à la réception de l'immeuble.**

V. commentaire ss. art. L. 134-1.

Art. L. 134-3 *(L. nº 2010-788 du 12 juill. 2010, art. 1er-I-8º)* **« En cas de vente de tout ou partie d'un immeuble bâti, le diagnostic de performance énergétique est communiqué à l'acquéreur dans les conditions et selon les modalités prévues aux articles L. 271-4 à L. 271-6. »**

(Ord. nº 2005-655 du 8 juin 2005, art. 17-4º) **« Lorsque l'immeuble est offert à la vente ou à la location, le propriétaire tient le diagnostic de performance énergétique à la disposition de tout candidat acquéreur ou locataire »** *(Abrogé par L. nº 2010-788 du 12 juill. 2010, art. 1er-I-8º)* ***« qui en fait la demande »*.**

V. commentaire ss. art. L. 134-1.

Le diagnostic est obligatoire pour les bâtiments consommant de l'énergie pour l'usage intérieur des bâtiments. Le DPE n'est donc pas requis en cas de vente de lots de garages, ou de lots de caves, non reliés aux installations de chauffage ou de production d'eau chaude sanitaire. *Rép. min. nº 108051 : *JOAN Q 9 janv. 2007, p. 313.*

Art. L. 134-3-1 *(L. nº 2010-788 du 12 juill. 2010, art. 1er-I-9º)* **En cas de location de tout ou partie d'un immeuble bâti, le diagnostic de performance énergétique prévu par l'article L. 134-1 est joint à des fins d'information au contrat de location lors de sa conclusion, sauf s'il s'agit d'un contrat de bail rural ou lorsque ce sont des contrats de location saisonnière.**

Le locataire ne peut se prévaloir à l'encontre du bailleur des informations contenues dans le diagnostic de performance énergétique.

COMMENTAIRE

Un DPE doit être communiqué au locataire lors de la conclusion du bail quel que soit son régime et quelle que soit la destination des locaux. Le texte ne prévoit de dérogation que pour les baux ruraux et les contrats de location saisonnière. La rédaction précédente renvoyant à la loi du 6 juillet 1989, des incertitudes avaient pu naître quant à l'application de ces dispositions aux baux commerciaux et aux baux professionnels. Elles sont désormais dissipées. Certains aménagements résultant de décrets antérieurs sont cependant prévus et continuent de s'appliquer (V. par ex. art. R. 134-4-3 en cas de location saisonnière).

Le diagnostic doit-il également être délivré lors du renouvellement du bail ? La solution est positive si le bail est soumis aux dispositions de la loi du 6 juillet 1989 (V. article 3-1 de la loi du 6 juillet 1989, **C. baux**). En revanche, pour les baux soumis à un autre régime, la question reste posée puisque aucune disposition analogue n'est prévue. Le renouvellement s'entend au sens de l'alinéa 4 de l'article 10 de la loi du 6 juillet 1989, la reconduction tacite du bail n'est donc pas concernée. Par ailleurs, lorsqu'il a déjà été fourni à l'occasion du bail initial, le DPE n'est exigé lors du renouvellement du contrat que si sa validité est expirée.

Le DPE n'a qu'une valeur informative, le locataire ne peut se prévaloir des données qu'il contient à l'encontre du bailleur. Par ailleurs, le non-respect de cette obligation n'est réprimé par aucune mesure spécifique. Cependant, la production du DPE étant impérative, les sanctions de droit commun s'appliquent. Notamment, le bailleur défaillant pourrait engager sa responsabilité civile vis-à-vis du locataire (V. Rép. min. nº 95911 : JOAN Q 11 janv. 2011, p. 295).

Pour les locaux à usage de bureaux et de commerce d'une superficie supérieure à 2000 m² une annexe environnementale est jointe au contrat de bail, (V. C. envir., art. 125-9). Cette annexe n'a pas pour seule vocation de renseigner le locataire. Le législateur espère ainsi favoriser les travaux d'économie d'énergie. C'est la raison pour laquelle la loi instaure une obligation d'information réciproque entre les contractants. Locataire et bailleur doivent s'échanger toutes données utiles relatives à la consommation énergétique des locaux. L'annexe peut également prévoir les obligations qui s'imposent au preneur afin de limiter cette consommation. Les parties sont ainsi invitées dès la signature du bail à insérer des clauses relatives à la charge des travaux d'économie d'énergie. Dans tous les cas, le preneur doit permettre au bailleur d'accéder dans les lieux pour la réalisation de tels travaux. Cette mesure prend effet à compter du 1er janvier 2012 pour les baux conclus ou renouvelés à partir de cette date ou à compter du 14 juillet 2013 pour les baux en cours. ❑

Art. L. 134-4 Dans certaines catégories de bâtiments, le propriétaire ou, s'il y a lieu, le gestionnaire affiche à l'intention du public le diagnostic mentionné à l'article L. 134-1 *(L. nº 2010-788 du 12 juill. 2010, art. 1er-I-10º)* **« valide** *[ancienne rédaction : datant de moins de dix ans]* **».**

Art. L. 134-4-1 *(L. nº 2010-788 du 12 juill. 2010, art. 1er-I-11º)* **Un diagnostic de performance énergétique est réalisé pour les bâtiments équipés d'une installation collective de chauffage ou de refroidissement dans un délai de cinq ans à compter du 1er janvier 2012.**

Les bâtiments à usage principal d'habitation en copropriété de cinquante lots ou plus, équipés d'une installation collective de chauffage ou de refroidissement, et dont la date de dépôt de la demande de permis de construire est antérieure au 1er juin 2001, sont exemptés de la disposition de l'alinéa précédent.

Dans ces bâtiments, un audit énergétique doit être réalisé. Le contenu et les modalités de réalisation de cet audit sont définis par décret en Conseil d'État. – *V. art. R. 134-14 s.*

BIBL. ▸ CAPOULADE, *AJDI 2010. 777* (la copropriété dans la loi Grenelle II). – TALAU, *Loyers et copr. 2010. Étude 11* (la modification de la loi nº 65-557 du 10 juillet 1965 par la loi Grenelle II).

COMMENTAIRE

Jusqu'à présent, le diagnostic de performance énergétique n'était exigé qu'en cas de vente d'un lot de copropriété. Le législateur a souhaité systématiser la réalisation d'un tel diagnostic sur les immeubles équipés d'une installation collective de chauffage ou de refroidissement en dehors de toute mutation. Celui-ci devra être effectué avant fin 2016. Il s'agit d'inciter les copropriétaires, alors informés de la consommation d'énergie, à réaliser des travaux visant à limiter les dépenses énergétiques. Dans les copropriétés de cinquante lots ou plus, un audit énergétique se substitue au DPE.

Le diagnostic ou l'audit doit être suivi par l'inscription à l'ordre du jour de l'assemblée des copropriétaires de la question d'un plan de travaux d'économie d'énergie ou d'un contrat de performance énergétique (V. art. 24-4 de la L. du 10 juillet 1965, **C. copr.**).

Il faut noter que le législateur a également modifié certaines dispositions de la loi du 10 juillet 1965 afin de faciliter le vote de tels travaux (art. 7 de la L. nº 2010-788 du 12 juill. 2010). ❑

Art. L. 134-4-2 *(L. nº 2010-788 du 12 juill. 2010, art. 1er-I-11º)* **Les personnes qui établissent les diagnostics de performance énergétique les transmettent à des fins d'études statistiques, d'évaluation et d'amélioration méthodologique à l'Agence de l'environnement et de la maîtrise de l'énergie, qui rend disponibles auprès des collectivités territoriales concernées les résultats statistiques de ces études, selon des modalités définies par décret en Conseil d'État.** – *V. art. R. 134-5-5 et R. 134-5-6.*

COMMENTAIRE

La transmission des données s'impose à tous les diagnostiqueurs réalisant un DPE à compter de la publication d'un arrêté en précisant les modalités et au plus tard le 9 juillet 2012. ❑

Art. L. 134-4-3 *(L. nº 2010-788 du 12 juill. 2010, art. 1er-I-11º)* **A compter du 1er janvier 2011, en cas de vente ou de location d'un bien immobilier, le classement du bien au regard de sa performance énergétique est mentionné dans les annonces relatives à la vente ou la location, selon des modalités définies par décret en Conseil d'État.** – *V. art. *R. 134-5-1 s.*

Les annonces de mise en vente d'immeubles à construire ne sont pas soumises à l'obligation d'affichage du classement de la performance énergétique. *Rép. min. nº 109319 : *JOAN Q 23 août 2011, p. 9060.*

Art. L. 134-5 Un décret en Conseil d'État définit les modalités d'application du présent chapitre *(L. nº 2010-788 du 12 juill. 2010, art. 1er-I-13º)* **« , excepté pour le troisième alinéa de l'article L. 134-1 ».** – *V. art. R. 134-1 s.*

V. commentaire ss. art. L. 134-1.

● SECTION II **SÉCURITÉ DES INSTALLATIONS INTÉRIEURES DE GAZ**
(Ord. nº 2005-655 du 8 juin 2005, art. 17-2º).

Art. L. 134-6 *(Ord. nº 2005-655 du 8 juin 2005, art. 17-5º)* **En cas de vente de tout ou partie d'un immeuble à usage d'habitation comportant une installation intérieure de gaz réalisée depuis plus de quinze ans, un état de cette installation en vue d'évaluer les risques pouvant compromettre la sécurité des personnes est produit dans les conditions et selon les modalités prévues aux articles L. 271-4 à L. 271-6.**

COMMENTAIRE

A compter du 1er novembre 2007, un état de l'installation intérieure de gaz réalisée depuis plus de 15 ans doit être établi lors de la vente d'un immeuble et figurer dans le dossier de diagnostic technique prévu à l'article L. 271-4.

Sa durée de validité est de trois ans (V. art. R. 134-8-1 et R. 271-5).

Contrairement au DPE, cet état ne concerne pas les locations. Toutefois, par précaution, le bailleur peut faire réaliser ce diagnostic. En effet, les critères de décence des locaux d'habitation loués imposent que les réseaux et branchements de gaz ainsi que les équipements de chauffage et de production d'eau soient conformes aux normes. ❑

SECTION III SÉCURITÉ DES INSTALLATIONS INTÉRIEURES D'ÉLECTRICITÉ

(L. no 2006-872 du 13 juill. 2006, art. 79-IV-3o)

BIBL. ▸ BOULANGER, *JCP N 2008. 428* (l'effectivité annoncée de l'état de l'installation intérieure d'électricité).

Art. L. 134-7 En cas de vente de tout ou partie d'un immeuble à usage d'habitation, un état de l'installation intérieure d'électricité, lorsque cette installation a été réalisée depuis plus de quinze ans, est produit en vue d'évaluer les risques pouvant porter atteinte à la sécurité des personnes, dans les conditions et selon les modalités prévues aux articles L. 271-4 à L. 271-6. Un décret en Conseil d'État définit les modalités d'application du présent article. – *V. art. R. 134-10 à R. 134-13.*

COMMENTAIRE

Depuis le 1er janvier 2009, lors de la vente de tout ou partie d'un immeuble à usage d'habitation, doit être délivré un état de l'installation intérieure d'électricité, lorsque celle-ci a été réalisée depuis plus de 15 ans. Si l'immeuble est soumis au statut de la copropriété, seules les parties privatives et leurs dépendances doivent être diagnostiquées. Il s'agit d'informer l'acquéreur d'un logement sur les risques éventuels que peut présenter l'installation électrique en cause. Les articles R. 134-10 et suivants précisent le contenu et les modalités de réalisation de l'état, dont la durée de validité est de trois ans.

Certains documents reconnus comme équivalents dispensent de fournir un état de l'installation intérieure d'électricité. Il s'agit de l'attestation de conformité visée par un organisme agréé délivrée depuis moins de trois ans ainsi que de certains diagnostics réalisés avant l'entrée en vigueur de ces dispositions (art. R. 134-13).

Aucune obligation similaire ne pèse sur le bailleur en cas de location d'un logement. ❑

CHAPITRE V ÉCONOMIE DES CONSOMMATIONS D'EAU DANS LES IMMEUBLES

(L. no 2006-1772 du 30 déc. 2006, art. 59)

BIBL. ▸ CHOSSON et RODRIGUES, *AJDI 2003. 743* (l'individualisation des contrats de fournitures d'eau). – PHILIBERT, *IRC 2007. 528* (comptage de l'eau froide. Comment bien gérer sa consommation en habitat collectif).

Art. L. 135-1 Toute nouvelle construction d'immeuble à usage principal d'habitation comporte une installation permettant de déterminer la quantité d'eau froide fournie

à chaque local occupé à titre privatif ou à chaque partie privative d'un lot de copropriété ainsi qu'aux parties communes, le cas échéant.

Ne sont pas soumis aux dispositions du précédent alinéa les logements-foyers.

Un décret précise les modalités d'application du présent article. – *V. art. R. 135-1.*

V. Arr. du 6 mars 2007 relatif au contrôle des compteurs d'eau froide en service (JO 23 mars).

COMMENTAIRE

La pose de compteurs d'eau dans chaque local privatif a pour objectif de contribuer à économiser cette ressource et de mieux maîtriser les charges. Cette mesure doit en effet faciliter les facturations proportionnellement à ce qui a été consommé, et éviter ainsi le gaspillage.

Déjà la loi SRU du 13 décembre 2000 obligeait les services de distribution d'eau de procéder à l'individualisation des contrats de fourniture d'eau à la demande du propriétaire (L. no 2000-1208, art. 93 ; Décr. no 2003-408 du 28 avril 2003 ; V. Rép. min. no 90894 *JO 1er août 2006, p. 8080*).

Il est à noter que la loi sur l'eau et les milieux aquatiques précise que lorsque l'immeuble est en copropriété, la décision d'individualiser les contrats doit être votée à la double majorité (L. no 65-557 du 10 juill. 1965, art. 26 *d*, créé par L. no 2006-1772 du 30 déc. 2006, art. 60, *JO 31 déc.*). ❑

TITRE QUATRIÈME DISPOSITIONS RELATIVES À L'INDUSTRIE DU BÂTIMENT

CHAPITRE PREMIER AIDE À LA PRODUCTIVITÉ – COORDINATION DES PROGRAMMES D'ÉQUIPEMENT

Réservé.

V. art. R. 141-1 s.

CHAPITRE II ÉTUDES ET RECHERCHES TECHNIQUES INTÉRESSANT LES INDUSTRIES DU BÂTIMENT

Art. L. 142-1 **Le Centre scientifique et technique du bâtiment est un établissement public de caractère industriel et commercial, doté de l'autonomie financière et placé sous l'autorité de l'administration compétente.** *(L. no 2010-788 du 12 juill. 2010, art. 9)* **« Cet établissement reçoit pour mission de l'État de procéder ou faire procéder à des recherches scientifiques et techniques directement liées à la préparation ou à la mise en œuvre des politiques publiques en matière de construction et d'habitat. Il a aussi pour mission d'apporter son concours aux services du ministère chargé de la construction et de l'habitation et aux services des autres ministères dans leurs activités de définition, mise en œuvre et évaluation des politiques publiques en matière de construction et d'habitat. » Il demeure titulaire des biens, droits et obligations de la fondation à laquelle il succède.**

A l'origine il s'agissait d'une fondation d'utilité publique (Décr. 17 févr. 1948).

Art. L. 142-2 Un décret en Conseil d'État précise les modalités d'application du présent chapitre, les tâches et règles d'organisation, de fonctionnement et de contrôle du Centre scientifique et technique du bâtiment. – *V. art. R. 142-1 s.*

TITRE CINQUIÈME CONTRÔLE ET SANCTIONS PÉNALES

COMMENTAIRE

Le titre cinquième comporte deux chapitres qui correspondent à deux volets de la législation relative à l'entretien et la sécurité des immeubles : la prévention et la répression.

Le premier chapitre concerne les mesures de contrôle des immeubles et des travaux dont ils font l'objet. Cette procédure permet d'assurer de manière préventive, d'une part le respect des politiques municipales de ravalement, et d'autre part, la conformité des travaux au POS, notamment lorsque celui-ci établit, comme le prévoit l'article L. 123-1 du code de l'urbanisme, des règles relatives à l'aspect extérieur des immeubles.

Le second chapitre organise le volet répressif. Il prévoit les sanctions applicables en cas de violation des règles d'entretien destinées à assurer le respect des mesures de sécurité des immeubles. Les règles instituées par la loi nº 99-471 du 8 juin 1999, tendant à protéger les acquéreurs et les propriétaires d'immeubles contre les termites et autres insectes xylophages (*JO 9 juin 1999*), entrent également dans le champ des articles L. 152-1 et L. 152-4. ☐

CHAPITRE PREMIER MESURES DE CONTRÔLE APPLICABLES À TOUTES LES CATÉGORIES DE BÂTIMENTS

V. Circ. nº 2005-61 du 28 juin 2004 relative à l'application des règles de construction et à la qualité technique de la construction (BOMELT nº 2005/20, p. 38).

Art. L. 151-1 *(Ord. nº 2005-1527 du 8 déc. 2005, art. 27, en vigueur le 1er oct. 2007)* **Le préfet et l'autorité compétente mentionnée aux articles L. 422-1 à L 422-3 du code de l'urbanisme ou ses délégués, ainsi que les fonctionnaires et les agents commissionnés à cet effet par l'autorité administrative et assermentés peuvent visiter les constructions en cours, procéder aux vérifications qu'ils jugent utiles et se faire communiquer tous documents techniques se rapportant à la réalisation des bâtiments, en particulier ceux relatifs à l'accessibilité aux personnes handicapées quel que soit le type de handicap. Ce droit de visite et de communication peut aussi être exercé après l'achèvement des travaux pendant trois ans.** – *V. art. L. 152-4.*

Cet art., entré en vigueur le 1er oct. 2007 (Décr. nº 2007-18 du 5 janv. 2007, art. 26, mod. par Décr. nº 2007-817 du 11 mai 2007, art. 4), n'est pas applicable à Mayotte (Ord. nº 2005-1527 du 8 déc. 2005, art. 40).

Pour l'application de cet art., le maître d'ouvrage est tenu de conserver le rapport détaillé des mesures acoustiques prévues à l'art. R. 111-4-4. V. Arr. du 27 nov. 2012, art. 4 (JO 18 déc.).

COMMENTAIRE

L'article L. 460-1 du code de l'urbanisme est remplacé par l'article L. 461-1 à compter du 1er octobre 2007.

Cette nouvelle disposition comporte quelques changements :

– le droit de visite est ouvert certes, au représentant de l'État, au maire ou à ses délégués, aux fonctionnaires et agents assermentés, et commissionnés par le ministre chargé de l'urbanisme, mais il est élargi à toute personne compétente pour délivrer un permis de construire, d'aménager ou de démolir (ce sera le cas des présidents des EPCI compétents).

– la durée durant laquelle peut être exercé le droit de visite est passé de deux à trois ans après l'achèvement.

– la visite des constructions en cours peut être assortie de la communication de tous documents techniques et en particulier ceux relatifs à l'accessibilité aux personnes handicapées quel que soit le type de handicap. ❑

CHAPITRE II **SANCTIONS PÉNALES**

V. Circ. nº 2005-61 du 28 juin 2004 relative à l'application des règles de construction et à la qualité technique de la construction (BOMELT nº 2005/20, p. 38).

Art. L. 152-1 *(L. nº 85-729 du 18 juill. 1985, art. 30-I ; L. nº 89-421 du 23 juin 1989, art. 8-III ; L. nº 99-471 du 8 juin 1999, art. 7-II ; L. nº 2003-590 du 2 juill. 2003, art. 80-I)* **Les infractions aux dispositions des articles** *(L. nº 2005-102 du 11 févr. 2005, art. 43-II-1º)* **« L. 111-4, L. 111-7 à L. 111-7-4 », L. 111-8, L. 111-9** *(L. nº 2005-781 du 13 juill. 2005, art. 27-III) [,]* **« L. 111-10, L. 111-10-1** *(L. nº 2010-788 du 12 juill. 2010, art. 190)* **« L. 111-10-4 » », L. 112-17,** *(L. nº 2006-872 du 13 juill. 2006, art. 79-IV-2º)* **« L. 112-18, L. 112-19, »** *(L. nº 2006-1772 du 30 déc. 2006, art. 59)* **« L. 125-3, L. 131-4 et L. 135-1 » sont constatées par tous officiers ou agents de police judiciaire ainsi que par tous les fonctionnaires et agents de l'État et des collectivités publiques commissionnés à cet effet par le maire ou le ministre chargé de la construction et de l'habitation suivant l'autorité dont ils relèvent et assermentés. Les procès-verbaux dressés par ces agents font foi jusqu'à preuve du contraire.** – *V. C. urb., art. L. 480-1.* – ***C. urb.***

(L. nº 2010-788 du 12 juill. 2010, art. 2-I) **« A l'issue de l'achèvement des travaux de bâtiments neufs ou de parties nouvelles de bâtiment soumis à permis de construire, les infractions aux dispositions du deuxième alinéa de l'article L. 111-9 peuvent être également constatées par les agents commissionnés à cet effet et assermentés, prévus par le présent article, au vu d'une attestation établie par un contrôleur technique mentionné à l'article L. 111-23, une personne répondant aux conditions de l'article L. 271-6 ou un architecte au sens de l'article 2 de la loi nº 77-2 du 3 janvier 1977 sur l'architecture. »**

Concernant la présentation de la loi nº 2003-590 du 2 juill. 2003 urbanisme et habitat, V. Circ. nº 2003-48 du 31 juill. 2003 (BOMELT nº 2003/15, p. 78) et Circ. nº 2003-52 du 12 août 2003 (BOMELT nº 2003/16, p. 161).

BIBL. ▶ BIHR, *REDI 1969, nº 36* (droit pénal de la construction). – CABANAC, *Gaz. Pal. 1964. 1. Doctr. 31* (délits en matière de construction). – CABANAC et MICHOLOPOULOS, *AJDI 1966. 676* (évolution du droit pénal de la construction). – MORÉNO, Le juge judiciaire et le droit de l'urbanisme, *LGDJ, 1991.* – GILLI, *AJDA 1993. 55* (juge judiciaire et droit de l'urbanisme). – RICARD, Le permis de construire, *2007.* – ROUJOU DE BOUBÉE, Droit pénal de la construction et de l'urbanisme, *1989.* – SISTACHI, *AJDA 1995. 674* (juge pénal et actes administratifs d'urbanisme).

Cet article étant semblable au premier alinéa de l'art. L. 480-1 C. urb., les précédents jurisprudentiels relatifs à cet alinéa sont valables pour l'article L. 152-1. – ***C. urb.***

COMMENTAIRE

L'article L. 152-1 prévoit les sanctions pénales applicables en cas de violation de certaines règles régissant les bâtiments à usage d'habitation. Il s'agit notamment de l'infraction aux normes favorisant l'accessibilité aux personnes handicapées, aux normes garantissant la sécurité des occupants de l'immeuble (mesures d'entretien nécessaire au respect des règles de sécurité, à l'installation de portes automatiques de garage, règles de construction en zone sismique ou cyclonique), en encore aux normes à finalité environnementale (normes d'équipement, de fonctionnement et de contrôle des installations consommant de l'énergie, individualisation des compteurs d'eau froide).

L'article L. 112-17 s'ajoute aux autres dispositions mentionnées par l'article L. 152-1. Il prévoit l'application de règles de construction et d'aménagement visant à lutter contre les termites. □

I. CONDITIONS D'ÉTABLISSEMENT DES PROCÈS-VERBAUX D'INFRACTION

1. Les procès-verbaux font foi jusqu'à preuve du contraire. • Crim. 11 févr. 1971 : *Bull. crim. n° 52.*

2. Mais ils ne sont pas le seul mode de preuve des infractions. • Crim. 21 mai 1967 : *Bull. crim. n° 162.*

3. Sur la nécessité d'être commissionné et assermenté pour être habilité, en tant que fonctionnaire, à constater les infractions, V. • Crim. 26 juill. 1965 : *Bull. crim. n° 191* • Crim. 11 févr. 1971 : *D. 1971. 294.*

4. Le procès-verbal dressé par un fonctionnaire non assermenté n'interrompt pas la prescription. • Crim. 26 juill. 1965 : *préc. note 3.*

5. Le procès-verbal relatant les déclarations du maire ne peut tenir lieu de procès-verbal constatant l'infraction au sens de l'art. L. 480-2 C. urb. • CE 10 janv. 1996, *M. Populaire,* req. n° 125314 : *Lebon T. 1224 ; RDI 1996. 365 ; Dr. adm. 1996, n° 188.*

II. CARACTÈRE INTENTIONNEL DU DÉLIT

6. Dans un premier temps, la Cour de cassation avait précisé que le délit (en vertu de l'art. 121-3 C. pén.) était constitué du seul fait de l'inobservation des prescriptions légales et cela, en l'absence de toute intention frauduleuse. Elle considère désormais que la seule constatation de la violation en connaissance de cause d'une prescription légale ou réglementaire implique, de la part de son auteur, l'intention coupable exigée par l'art. 121-3 C. pén. • Crim. 12 juill. 1994 : *Bull. crim. n° 280 ; RDI 1995. 622, obs. Roujou de Boubée ; JCP 1995 II. 1366* • Crim. 22 janv. 1997 : *RDI 1997. 502, obs. Roujou de Boubée.*

7. Seule la personne poursuivie est fondée à invoquer une erreur sur le droit au sens de l'art. 122-3 C. pén. Elle ne peut bénéficier de cette exonération lorsqu'elle n'invoque pas ce moyen de défense. • Crim. 15 nov. 1995 : *Bull. crim. n° 352 ; RDI 1996. 432, obs. Roujou de Boubée ; Dr. pénal 1996, n° 56, obs. Véron.*

8. Le délit est constitué dès le début des travaux ; il ne suppose pas la réalisation complète de ceux-ci. • Crim. 25 janv. 1995 : *Gaz. Pal. 1995. 2. 13 ; RDI 1996. 432, obs. Roujou de Boubée.*

Art. L. 152-2 **L'interruption des travaux peut être ordonnée soit sur réquisition du ministère public agissant à la requête du maire ou du fonctionnaire compétent soit, même d'office, par le juge d'instruction saisi des poursuites ou par le tribunal correctionnel.**

L'autorité judiciaire statue après avoir entendu le bénéficiaire des travaux ou l'avoir dûment convoqué à comparaître dans les quarante-huit heures. La décision judiciaire est exécutoire sur minute et nonobstant toute voie de recours.

Dès qu'un procès-verbal relevant une des infractions prévues à l'article L. 152-4 a été dressé, le maire peut également, si l'autorité judiciaire ne s'est pas encore prononcée, ordonner par arrêté motivé l'interruption des travaux. Copie de cet arrêté est transmise sans délai au ministère public.

L'autorité judiciaire peut à tout moment, d'office ou à la demande, soit du maire ou du fonctionnaire compétent, soit du bénéficiaire des travaux, se prononcer sur la mainlevée ou le maintien des mesures prises pour assurer l'interruption des travaux. En tout état de cause, l'arrêté du maire cesse d'avoir effet en cas de décision de non-lieu ou de relaxe.

Le maire est avisé de la décision judiciaire et en assure, le cas échéant, l'exécution.

Lorsque aucune poursuite n'a été engagée, le procureur de la République en informe le maire qui, soit d'office soit à la demande de l'intéressé, met fin aux mesures par lui prises.

Le maire peut prendre toutes mesures de coercition nécessaires pour assurer l'application immédiate de la décision judiciaire ou de son arrêté, en procédant notamment à la saisie des matériaux approvisionnés et du matériel de chantier.

La saisie et, s'il y a lieu, l'apposition des scellés sont effectuées par l'un des agents mentionnés à l'article L. 152-1 qui dresse procès-verbal.

Les pouvoirs qui appartiennent au maire, en vertu des alinéas qui précèdent, ne font pas obstacle au droit du représentant de l'État dans le département de prendre, dans tous les cas où il n'y aurait pas été pourvu par le maire et après une mise en demeure restée sans résultat, à l'expiration d'un délai de vingt-quatre heures, toutes les mesures prévues au présent article. Dans ce cas, le préfet reçoit, au lieu et place du maire, les avis et notifications prévus aux alinéas 5 et 6. – *V. C. urb., art. L. 480-2.* – ***C. urb.***

COMMENTAIRE

L'article L. 152-2 organise deux procédures d'interruption des travaux.

La première est judiciaire. Elle relève de la compétence du juge d'instruction ou du tribunal correctionnel.

La seconde est administrative et est décidée par le maire. Ce dernier peut, tant que les autorités judiciaires ne sont pas intervenues, la prononcer par un arrêté motivé. Le préfet est habilité, à cet égard, à prendre l'initiative de cette procédure, vingt-quatre heures après la mise en demeure adressée au maire.

I. CONDITIONS DE MISE EN ŒUVRE DES PROCÉDURES D'INTERRUPTION DES TRAVAUX

1. Le maire peut ordonner l'interruption des travaux dès qu'un procès-verbal relevant une infraction prévue à l'art. L. 152-1 est dressé. – Comp. : • CE 17 mars 1976, *Todeschini : Lebon 157.* ♦ Il n'est pas nécessaire que l'autorité judiciaire ait été au préalable saisie. • CE 16 avr. 1975, *Ville de Louveciennes : Lebon 240 ; JCP 1975. II. 18153, note G. Liet-Veaux.* ♦ L'intervention rapide du maire se justifie notamment en cas de travaux effectués sans permis. • CE 14 déc. 1981, *SARL "Immobilière des facultés" et a. : Lebon T. 977 ; D. 1982. IR 87.* ♦ ... Ou sur la base d'un permis périmé. • CE 28 janv. 1983, *Auclair : Lebon T. 914.* ♦ ... Ou rapporté. • CE 19 déc. 1986, *Min. de l'Urbanisme et du logement c/ Sabia : req. n° 59783.* ♦ Une infraction à la loi de 1913 sur les monuments historiques constitue également un motif d'interruption des travaux de construction. • CE 10 juill. 1987, *Cne de Feucherolles : Lebon 266.* ♦ Mais la solution ne s'applique que pour les travaux sur les immeubles inscrits ou ceux qui sont dans le champ de visibilité d'un édifice classé elle ne concernerait pas les travaux sur les immeubles classés eu égard à la rédaction du dernier alinéa de l'art. L. 422-4 C. urb. • CAA Paris, 7 mai 1996, *Min. de l'Équipement c/ Sté Sotraco : BJDU 1996. 409, concl. Paître.* ♦ En cas de construction sans permis, le maire est tenu de prescrire l'interruption des travaux. • CE 4 janv. 1985, *Sté Reynoird : Lebon 2 ; Quot. jur., 20 févr. 1986, p. 12, note Moderne* • 26 mai 1993, *Bracone : req. n° 90419.* ♦ ... Même solution en cas de permis périmé. • CE 15 avr. 1992, *SCI Chaptal : Lebon T. 1394 ; Dr. adm. 1992, n° 272.* ♦ ... Ou retiré. • CE 11 juin 1993, *SA HLM Habitat-mutualité : req. n° 891119.* ♦ ... Ou s'il y a sursis à statuer valant retrait du permis tacite. • CE 8 juin 1994, *Sté Sylric : req. n° 124395* • CAA Lyon, 20 oct. 1994, *Sté Séquence 7 : req. n° 93LY00288.* ♦ Il en va néanmoins autrement lorsque les travaux sont exemptés de contrôle préalable. • TA Nice, 18 févr. 1985, *Cristin : req. n° 625-85-II.* ♦ Le maire est tenu d'ordonner la cessation des travaux après une décision du juge administratif accordant un sursis à exécution, mais il ne peut le faire que si un procès-verbal a été dressé • CAA Nancy, 4 mai 1995, *Min. de l'Équipement, des transports et du Tourisme : req. n° 93NC00789* • CAA Lyon, 23 mai 1995, *Min. de l'Équipement c/ Raboutet : req. n° 94LY00496.*

2. Dans la mesure où il se substitue au maire, le préfet doit adresser une mise en demeure préalable à l'intéressé. • CE 30 mai 1980, *Jourdain : RJ envir. 1980. 256.*

3. Les autorités administratives disposent en principe d'un pouvoir discrétionnaire. – Comp. : • CE 22 janv. 1965, *Cts Alix : Lebon 44 ; Dr. adm. 1965, n° 63.*

4. L'ordonnance du juge d'instruction est susceptible d'appel de la part de l'inculpé. Comp., • Crim. 5 févr. 1976 : *Bull. crim. n° 46 ; AJDI*

1977. 108 • Crim. 10 janv. 1980 : *Bull. crim. n° 18 ; D. 1981. 96, note Chambon ; RDI 1981. 272, obs. Roujou de Boubée.*

5. Les décisions ordonnant l'interruption des travaux de bâtiment en vertu de l'art. L. 152-2 doivent être motivées, V. Circ. 28 sept. 1987, n° hors série 87-872, relative à la désignation des actes administratifs à motiver.

II. EFFETS DE L'ARRÊTÉ INTERRUPTIF DES TRAVAUX

6. L'arrêté interruptif des travaux peut être déféré au juge administratif. – Comp. : • CE 13 févr. 1970, *Min. de l'Équipement c/ Sté Neuilly-Ancelle : Lebon 1 ; Rev. adm. 1975. 27, note Liet-Veaux ; D. 1976. 7, note Petite ; AJDA 1975. 141 ; AJDI 1975. 211, concl. D. Labetoulle ; RD publ. 1975. 1673, note Waline.* ♦ La légalité de l'arrêté s'apprécie au jour où il a été pris. • CE 4 janv. 1985, *Sté Reynoird : Lebon 2 ; Quot. jur., 20 févr. 1986, p. 12, note Moderne* • CE 1er juill. 1994, *Sté coop. immob. et professionnelle de Morne-Clarisse : req. n° 119279.* ♦ Le juge, saisi d'un recours contre un arrêté interruptif de travaux, doit vérifier, d'une part, que le rédacteur du procès-verbal est l'un des agents énumérés à l'art. L. 480-1 C. urb., d'autre part, que les faits sont relatés de telle manière qu'ils permettent au maire de motiver son arrêté. • TA Lyon, 11 oct. 1995, *Perret : BJDU 1996. 41, concl. J.-P. Martin.*

7. L'arrêté cesse de produire effet en cas de décision judiciaire de non-lieu ou de relaxe. – Comp. : • CE 22 oct. 1975, *SCI Domaine du Mas-de-Tanit : Lebon T. 1330 ; JCP 1976. II. 18239, note G. Liet-veaux* • CE 29 juin 1977, *Min. de l'Environnement c/ SARL Resto-Strada : Lebon T. 1007 ; Dr. adm. 1977, n° 293* • CE 16 avr. 1982, *Min. de l'Environnement et du Cadre de vie c/ Germond : Gaz. Pal. 1982. 2. Somm. 413.* – V. • CAA Lyon, 30 déc. 1994, *Min. de l'Équipement c/ Van Rosengarten : req. n° 93LY01054.* ♦ En décidant, pour assurer l'exécution de son arrêté ordonnant l'interruption des travaux de construction d'un bâtiment, de faire apposer des scellés sur la porte principale de ce bâtiment alors que, saisi d'une plainte de la commune, le procureur de la République l'avait classée sans suite et qu'au surplus, les travaux étaient achevés, le maire a entaché sa décision d'une illégalité manifeste. • CE 23 mars 2001, *Sté LIDL : req. n° 231559.* ♦ La qualification juridique donnée aux faits sur le point de savoir s'ils constituent ou non une infraction pénale s'impose au juge administratif, • CE, sect., 16 nov. 1992, *Ville de Paris : Lebon 406 ; AJDA 1993. 54, concl. Legal ; RFDA 1993. 602, note Morand-Deviller et Moréno* • CE 22 juill. 1994, *Baillière et Krywecky : BJDU 1995, n° 7, p. 47, concl. J. Arrighi de Casanova* • CAA Bordeaux, 17 nov. 1994, *Min. de l'Équipement : req. n° 92BX00251* • CAA Lyon, 23 mai 1995, *Min. de l'Équipement c/ Raboulet : req. n° 94LY00496.*

8. Sur le problème de l'interruption administrative des travaux et de la combinaison avec des poursuites judiciaires, V. • CE 13 févr. 1970, *Min. de l'Équipement et du Logement c/ Sté Neuilly-Ancelle : Lebon 113 ; AJDA 1970. 694.*

9. La procédure d'interruption ne peut être mise en œuvre que pour une infraction commise par la réalisation des travaux. • CE 14 déc. 1981, *SARL European Homes : Lebon 27 ; D. 1983. IR 27.*

10. La faculté d'ordonner l'interruption des travaux ne donne pas à l'autorité administrative le pouvoir d'ordonner la mise en état des lieux ou la démolition des ouvrages construits. L'autorité administrative ne peut pas décider l'enlèvement des installations irrégulières. • TA Limoges, 20 févr. 1974, *Sté de protection des animaux de la Corrèze : Lebon 684* • CE 9 juill. 1975, *Cne de Janvry : Lebon 410* • TA Paris, 8 juill. 1986, *Sté Comptoir financier d'investissement : Lebon T. 763* • TA Bordeaux, 15 déc. 1988, *Zambou : req. n° 885* • CE 10 juin 1994, *Cne de Grigny : req. n° 115054.*

11. Une demande de référé pour faire constater la hauteur d'une construction est recevable dès lors qu'elle se rattache à un litige éventuel sur l'application d'un arrêté d'interruption des travaux. • T. confl. 2 mai 1988, *Préfet des Hautes Alpes : Lebon T. 1092 ; AJDA 1988. 695, obs. J.-M. Auby.*

12. La responsabilité de la commune ne peut être recherchée pour les fautes commises par le maire dans l'exercice de ses pouvoirs, puisque celui-ci agit comme autorité de l'État. • CE 14 oct. 1987, *Min. de l'Urbanisme c/ Malinconi : Lebon T. 1024 ; AJDI 1988. 365, Chron. R. Hostiou* • CE 21 oct. 1983, *Min. Environnement et Cadre de vie c/ Épx Gueden : Lebon 424 ; D. 1984. IR 26, obs. H. Charles.* ♦ Cette solution demeure valable après l'intervention des lois de décentralisation. • CE, sect., 16 nov. 1992, *Ville de Paris : Lebon 406 ; D. 1992. IR 282 ; RFDA 1993. 602, note Morand-Deviller et Moréno ; AJDA 1993. 54, concl. H. Legal* • CAA Lyon, 19 nov. 1991, *Agnel : Lebon 579 ; AJDA 1992. 128, obs. Jouguelet et Gipoulon* • CE 10 juin 1994, *BNP : req. n° 30103.* ♦ ... Sur l'évaluation du préjudice, V. l'arrêt précité. • CAA Lyon, 20 oct. 1994, *Sté Séquence 7 : req. n° 93LY00288* • CAA Bordeaux, 17 nov. 1994, *Min. de l'Équipement : req. n° 92BX00251.*

13. L'interruption des travaux se combine avec l'exercice des poursuites en cas de contravention de grande voirie, V. • CE 26 mai 1989, *Mme Cabrisseau : Dr. adm. 1989, nº 330* • CAA Lyon, 30 mars 1994, *Perretti : req. nº 92LY 01113.* ◆ Mais il n'appartient qu'au juge judiciaire d'apprécier la responsabilité d'une personne privée à l'égard d'une personne publique. • CAA Lyon, 20 oct. 1994, *Sté Séquence 7 : req. nº 93LY 00288.*

14. Sur la notion d'intérêt à agir contre une décision du maire refusant d'ordonner l'interruption des travaux. • CAA Nantes, 31 mai 1995, *Van Wijk : req. nº 94NT00461.*

15. Sur la possibilité de retirer légalement une décision tacite de non-opposition et de décider en conséquence une interruption immédiate des travaux, V. • CE 14 févr. 1996, *SARL Sodical : Lebon T. 1227 ; Dr. adm. 1996, nº 243.*

16. L'annulation d'un permis de construire est sans incidence sur la légalité de l'arrêté interruptif des travaux entrepris en méconnaissance du permis, cet arrêté n'étant pas une mesure d'application du permis. • CE 15 avr. 1996, *Carillo : req. nº 122136.*

17. Le maire peut légalement se fonder sur la péremption du permis de construire correspondant aux travaux entrepris. • CE 12 mai 1997, *Maréchal : req. nº 126263.*

18. Le pouvoir d'un maire d'interrompre des travaux susceptibles de provoquer des éboulements trouve son fondement dans l'ex-art. L. 131-8 C. communes et l'art. L. 511-1 s. CCH. • CE 8 janv. 1997, *Hugenschmitt : BJDU 1997, p. 39, concl. J.H. Stahl.*

19. Sur l'utilisation d'un matériau de substitution ne pouvant prétendre répondre aux exigences du POS en matière de toiture, V. • CE 30 juill. 1997, *Vally : req. nº 127844.*

Art. L. 152-3 *(L. nº 2011-525 du 17 mai 2011, art. 160-Iº)* **En cas de continuation des travaux nonobstant la décision judiciaire ou l'arrêté en ordonnant l'interruption, les personnes mentionnées au premier alinéa de l'article L. 152-4 encourent un emprisonnement de trois mois et une amende de 45 000 €.**

Art. L. 152-4 *(L. nº 2005-102 du 11 févr. 2005, art. 43-III)* **Est puni d'une amende de 45 000 € le fait, pour les utilisateurs du sol, les bénéficiaires des travaux, les architectes, les entrepreneurs ou toute autre personne responsable de l'exécution de travaux, de méconnaître les obligations imposées par les articles L. 111-4, L. 111-7, L. 111-8, L. 111-9** *(L. nº 2005-781 du 13 juill. 2005, art. 27-III) [,]* **« L. 111-10, L. 111-10-1 »,** *(L. nº 2010-788 du 12 juill. 2010, art. 190)* **« L. 111-10-4, » L. 112-17,** *(L. nº 2006-872 du 13 juill. 2006, art. 79-IV-2º)* **« L. 112-18, L. 112-19, » L. 125-3** *(L. nº 2006-1772 du 30 déc. 2006, art. 59)* **« , L. 131-4 et L. 135-1 », par les règlements pris pour leur application ou par les autorisations délivrées en conformité avec leurs dispositions.** *(L. nº 2009-526 du 12 mai 2009, art. 123-II)* **« En cas de récidive, une peine d'emprisonnement de six mois peut en outre être prononcée. »**

Les peines prévues à l'alinéa précédent sont également applicables :

1º En cas d'inexécution, dans les délais prescrits, de tous travaux accessoires d'aménagement ou de démolition imposés par les autorisations mentionnées au premier alinéa ;

2º En cas d'inobservation, par les bénéficiaires d'autorisations accordées pour une durée limitée ou à titre précaire, des délais impartis pour le rétablissement des lieux dans leur état antérieur ou la réaffectation du sol à son ancien usage.

Ainsi qu'il est dit à l'article L. 480-12 du code de l'urbanisme :

« Sans préjudice de l'application, le cas échéant, des peines plus fortes prévues aux articles 433-7 et 433-8 du code pénal, quiconque aura mis obstacle à l'exercice du droit de visite prévu à l'article *(Ord. nº 2005-1527 du 8 déc. 2005, art. 30-III, en vigueur le 1er oct. 2007)* **« L. 461-1 » sera puni d'une amende de 3 750 €.**

« En outre, un emprisonnement d'un mois pourra être prononcé. »

Les personnes physiques coupables de l'un des délits prévus au présent article encourent également la peine complémentaire d'affichage ou de diffusion, par la presse écrite ou par tout moyen de communication audiovisuelle, de la décision prononcée, dans les conditions prévues à l'article 131-35 du code pénal.

Les personnes morales peuvent être déclarées responsables pénalement, dans les conditions prévues à l'article 121-2 du code pénal, des infractions aux dispositions de l'article L. 111-7, ainsi que des règlements pris pour son application ou des autorisations délivrées en conformité avec leurs dispositions. Elles encourent les peines suivantes :

***a)* L'amende, suivant les modalités prévues par l'article 131-38 du code pénal ;**

***b)* La peine complémentaire d'affichage ou de diffusion, par la presse écrite ou par tout moyen de communication audiovisuelle, de la décision prononcée, dans les conditions prévues à l'article 131-35 du même code ;**

***c)* La peine complémentaire d'interdiction, à titre définitif ou pour une durée de cinq ans au plus, d'exercer directement ou indirectement une ou plusieurs activités professionnelles ou sociales, selon les modalités prévues à l'article 131-48 du même code.**

La modification issue de l'Ord. nº 2005-1527 du 8 déc. 2005, entrée en vigueur le 1er oct. 2007 (Décr. nº 2007-18 du 5 janv. 2007, art. 26, mod. par Décr. nº 2007-817 du 11 mai 2007, art. 4), n'est pas applicable à Mayotte (Ord. nº 2005-1527 du 8 déc. 2005, art. 40).

I. NATURE DES INFRACTIONS

1. Ce sont des délits. • Crim. 15 juin 1955 : *Bull. crim. nº 259* • Crim. 30 juin 1955 : *ibid. nº 337.* ♦ ... A caractère purement matériel. • Crim. 21 juill. 1953 : *ibid. nº 253* • 5 janv. 1954 : *ibid. nº 3.* ♦ La bonne ou mauvaise foi du prévenu est indifférente • Crim. 24 nov. 1955 : *ibid. nº 522.* ♦ L'infraction résultant de l'inobservation d'une prescription légale est toujours présumée connue. • Crim. 19 mars 1957 : *ibid. nº 275.* ♦ Est sans effet un renseignement erroné fourni par l'administration. • Crim. 26 févr. 1964 : *ibid. nº 71.*

2. La régularisation ultérieure de la situation ne fait pas disparaître l'infraction. • Crim. 26 févr. 1964 : *préc. note 1* • Crim. 22 nov. 1977 : *Bull. crim. nº 363.* ♦ Il en est de même de la délivrance d'un certificat de conformité. • Crim. 25 janv. 1961 : *ibid. nº 51.* ♦ ... Ainsi que de l'illégalité d'un refus de permis. • Crim. 7 févr. 1956 : *ibid. nº 135* • Crim. 8 déc. 1976 : *D. 1977. IR 32.*

II. PRESCRIPTION

3. L'infraction, si elle n'est pas successive, s'accomplit pendant tout le temps où les travaux sont exécutés ; si la poursuite est possible dès le début des travaux, la prescription ne commence à courir qu'à leur achèvement. • Crim. 15 janv. 1964 : *Bull. crim. nº 15* • Crim. 17 juin 1964 : *ibid. nº 206* • Crim. 11 févr. 1971 : *ibid. nº 52* • 22 mai 1973 : *ibid. nº 229* • Crim. 23 juill. 1973 : *ibid. nº 338* • Crim. 17 juill. 1974 : *ibid nº 257* • Crim. 21 mars 1977 : *ibid. nº 112.* ♦ Lorsqu'il est constaté qu'une opération illicite de surélévation du sol, bien que réalisée par des actes successifs, a constitué une entreprise unique, c'est à la date de l'achèvement de cet ouvrage que commence à courir la prescription. • Crim. 19 janv. 1977 : *ibid. nº 26.*

III. COMPÉTENCE DU JUGE RÉPRESSIF

4. Il a le devoir d'apprécier la légalité d'un acte administratif individuel dont la violation est pénalement sanctionnée. Il peut en outre, si une loi spéciale lui en confère le pouvoir, et dans la mesure de cette attribut on, interpréter cet acte. Tel est le cas des art. 93 à 104 C. urb. (alors en vigueur). • Crim. 12 juin 1968 : *Bull. crim. nº 192.*

IV. AUTEURS DU DÉLIT

5. Les peines peuvent être prononcées contre le bénéficiaire des travaux ou toute personne responsable de leur exécution. • Crim. 17 févr. 1977 : *JCP 1977. IV. 95* • Crim. 21 mars 1977 : *Bull. crim. nº 112.* ♦ Ainsi pour les travaux ordonnés par le gérant d'une société, V. • Crim. 19 mars 1957 : *ibid. nº 275.* ♦ ... Notamment s'il s'est substitué à l'attributaire, V. • Crim. 11 juin 1974 : *ibid. nº 215.* ♦ ... Ou par un administrateur de société, V. • Crim. 3 févr. 1976 : *ibid. nº 39.* ♦ ... Ou par un mari qui a personnellement ordonné les travaux sur une propriété appartenant à sa femme, V. • Crim. 19 avr. 1958 : *ibid nº 325.* ♦ ... Ou par le syndic d'une copropriété qui a fait exécuter les travaux décidés par le syndicat et qui dépassaient les dimensions fixées au permis de construire, V. • Crim. 3 mai 1978 : *D. 1978. IR 343, obs. Roujou de Boubée.* ♦ Est également responsable le propriétaire de l'ouvrage s'il a bénéficié des travaux en connaissance de cause ou s'il est responsable de leur exécution, même s'il n'est plus propriétaire au moment des poursuites. • Crim. 15 mars 1995 : *Bull. crim. nº 109.*

V. ACTION CIVILE

6. V. ss. art. L. 111-1, le revirement de jurisprudence admettant désormais la recevabilité de l'action civile en matière de construction sans permis.

7. L'autorité de la chose jugée à l'égard du juge administratif ne s'attache qu'aux décisions judiciaires qui statuent sur le fond. • CE 14 oct. 1983, *De Oliseira : req. nº 39583.* ♦ ... Et non aux ordonnances de non-lieu. • Même arrêt.

8. La lettre du directeur départemental de l'équipement faisant savoir au procureur de la République qu'il renonçait à demander la démolition n'est pas séparable de la procédure pénale. • CE 8 avr. 1987, *Mme Monot : req. nº 56504.*

Art. L. 152-5 **En cas de condamnation pour une infraction prévue à l'article L. 152-4, le tribunal, au vu des observations écrites ou après audition du fonctionnaire compétent, statue soit sur la mise en conformité des lieux ou celle des ouvrages avec les règlements, l'autorisation administrative ou le permis de construire, soit sur la démolition des ouvrages ou la réaffectation du sol en vue du rétablissement des lieux dans leur état antérieur.** – *V. C. urb., art. L. 480-5, al. 1er.* – ***C. urb.***

La jurisprudence rendue sur les dispositions analogues de l'art. L. 480-5 C. urb. fait partiellement précédent pour l'application de cet article.

I. POUVOIRS DES JUGES DU FOND

1. Les juges du fond disposent d'un pouvoir souverain d'appréciation pour ordonner ou non les mesures que le texte envisage en cas de condamnation. • Crim. 3 févr. 1976 : *Bull. crim. nº 39.* ♦ ... Dès lors que les éléments constitutifs de l'infraction sont réunis. • Crim. 27 oct. 1976 : *ibid. nº 304.* ♦ Ce pouvoir souverain leur permet de décider que le rétablissement des lieux dans leur état antérieur ne peut s'opérer que par la démolition de l'ensemble des constructions nouvelles formant un tout indivisible. • Crim. 21 juin 1976 : *ibid. nº 224.* ♦ Mais en ordonnant la mise en conformité de l'ouvrage avec les normes réglementaires, ils n'ont pas à préciser les modalités des travaux d'aménagement au moyen desquels cette mise en conformité devra être réalisée. • Crim. 29 oct. 1973 : *ibid. nº 389.*

2. Le juge du fond, après avoir écarté la démolition, ne peut, sans excéder ses pouvoirs et s'immiscer dans les attributions de l'administration, ordonner la mise en conformité des lieux avec les règlements dans un délai déterminé. • Crim. 16 déc. 1977 : *Bull. crim. nº 400.*

3. Sur les compétences respectives du juge répressif et du juge civil en matière d'action en démolition, V. • Civ. 3e, 19 avr. 1977 : *Defrénois 1977. 3. 528, note Frank.*

II. FONDEMENT DE LA DÉCISION DE CONDAMNATION

4. Le juge doit, avant de se prononcer, soit auditionner le fonctionnaire compétent pour établir le procès-verbal d'infraction, soit vérifier, lorsqu'il ne dispose que d'observations écrites, qu'elles émanent bien d'une personne habilitée à ce titre. Manque de base légale l'arrêt qui ordonne la démolition de l'ouvrage construit irrégulièrement (en l'espèce sans permis) sans constater que les observations écrites auxquelles il se réfère ont été émises par le fonctionnaire agissant en vertu d'une délégation de signature. • Crim. 17 févr. 1977 : *Bull. crim. nº 67* • Crim. 10 mai 1977 : *ibid. nº 169* • Crim. 22 nov. 1977 : *ibid. nº 363.* ♦ Ces prescriptions sont substantielles. • Crim. 6 mai 1970 : *Bull. crim. nº 157* • Crim. 15 déc. 1970 : *ibid. nº 339.* ♦ Néanmoins, une cour d'appel peut ordonner la mise en conformité de l'ouvrage illicite au vu de la demande du fonctionnaire compétent (en l'espèce le préfet) reçue par les premiers juges et consignée dans leur décision. • Crim. 8 déc. 1976 : *Bull. crim. nº 357.* ♦ Lorsque le tribunal a statué sur la démolition sans constater dans son jugement l'accomplissement des formalités substantielles prescrites, la cour d'appel est tenue d'annuler le jugement et de statuer par voie d'évocation • Crim. 3 mai 1974 : *ibid. nº 158.*

III. LES PERSONNES CONCERNÉES PAR LA CONDAMNATION

5. Le gérant d'une société qui a personnellement ordonné la construction d'un immeuble appartenant à celle-ci est bien le responsable des travaux (V. art. L. 152-4) et la démolition peut être ordonnée à son encontre. • Crim. 23 oct. 1963 : *Bull. crim. nº 288.*

6. Sur l'amnistie édictée par la loi nº 81-736 du 4 août 1981 en matière d'infraction à la législation de l'urbanisme et de la construction, V. Circ. nº 81-70 du 13 août 1981, *Mon. TP 14 sept. 1981, p. 22.* ♦ V. aussi, étude de M. Gonnard : *JCP 1981. I. 3046.*

Art. L. 152-6 **L'extinction de l'action publique résultant du décès du prévenu ou de l'amnistie ne fait pas obstacle à l'application des dispositions de l'article L. 152-5.**

Si le tribunal correctionnel n'est pas saisi lors de cette extinction, l'affaire est portée devant le tribunal de grande instance du lieu de la situation de l'immeuble, statuant comme en matière civile.

Le tribunal est saisi par le ministère public à la demande du maire ou du fonctionnaire compétent. Dans les deux cas, il statue au vu des observations écrites ou après audition de ce dernier fonctionnaire, l'intéressé ou ses ayants droit ayant été mis en cause dans l'instance.

La demande précitée est recevable jusqu'au jour où l'action publique se serait trouvée prescrite. – *V. C. urb., art. L. 480-6.* – ***C. urb.***

I. CARACTÈRE DE RÉPARATION CIVILE DE LA DÉMOLITION OU DE MISE EN CONFORMITÉ

1. C'est une mesure d'ordre public. • Crim. 12 mai 1955 : *Bull. crim. n° 241.* ♦ Elle présente cependant le caractère d'une réparation au profit d'un tiers. • Crim. 19 mars 1957 : *ibid. n° 275* • Crim. 12 juill. 1966 : *ibid. n° 198* • Crim. 29 avr. 1970 : *ibid. n° 149.* ♦ Le décès d'un prévenu, s'il éteint l'action publique, ne dessaisit pas les tribunaux répressifs de leur compétence pour ordonner la démolition ou la mise en conformité. • Crim. 12 mai 1955 : *préc.* • Crim. 3 févr. 1965 : *Bull. crim. n° 32.*

II. AMNISTIE

2. La procédure de remise en l'état prévue par l'art. L. 152-5 ne constitue ni une peine accessoire, ni une peine complémentaire, par conséquent l'intervention d'une loi d'amnistie ne peut avoir pour effet d'empêcher qu'elle soit prononcée. Toutefois, il résulte de l'art. L. 152-6 que si la juridiction correctionnelle est saisie de la poursuite lors de l'extinction de l'action publique du fait de l'amnistie, elle reste compétente pour statuer sur la démolition ou les autres mesures prévues par la loi. • Crim. 24 mai 1967 : *Bull. crim. n° 162* • Crim. 14 nov. 1972 : *ibid. n° 340.*

III. PRESCRIPTION

3. L'action civile s'éteignant par le même délai que l'action publique, et la prescription n'ayant pas, en la matière, les mêmes effets que l'amnistie, une cour d'appel ne peut ordonner la démolition des constructions irrégulières dont l'édification remonte à plus de trois ans, sans qu'aucun acte interruptif de prescription soit intervenu • Crim. 15 nov. 1961 : *Bull. crim. n° 465.*

Art. L. 152-7 **Le tribunal impartit au bénéficiaire des travaux irréguliers ou de l'utilisation irrégulière du sol un délai pour l'exécution de l'ordre de démolition, de mise en conformité ou de réaffectation ; il peut assortir sa décision d'une astreinte de 3 € à 75 € par jour de retard.** – *V. C. urb., art. L. 480-7, al. 1er : astreinte de 7,5 € à 75 €.*

Au cas où le délai n'est pas observé, l'astreinte prononcée, qui ne peut être révisée que dans le cas prévu au troisième alinéa du présent article, court à partir de l'expiration dudit délai jusqu'au jour où l'ordre a été complètement exécuté.

Si l'exécution n'est pas intervenue dans l'année de l'expiration du delai, le tribunal peut, sur réquisition du ministère public, relever à une ou plusieurs reprises le montant de l'astreinte, même au-delà du maximum prévu ci-dessus.

Le tribunal peut autoriser le reversement d'une partie des astreintes lorsque la remise en état ordonnée aura été régularisée et que le redevable établira qu'il a été empêché d'observer, par une circonstance indépendante de sa volonté, le délai qui lui a été imparti. – *V. C. urb., art. L. 480-7.* – ***C. urb.***

1. Le juge qui condamne à la démolition doit octroyer un délai dont il fixe librement la durée, et il l'assortit facultativement d'une astreinte. • Crim. 22 mai 1973 : *Bull. crim. n° 233.* ♦ V. également : • Crim. 18 juin 1969 : *ibid. n° 202* • Crim. 8 juill. 1970 : *ibid. n° 232.*

2. L'astreinte n'est ni une peine complémentaire, ni une peine accessoire. • Crim. 16 janv. 1969 : *Bull. crim. n° 34.* ♦ Elle est soumise (par l'art. L. 480-7 C. urb. en tous points semblable à l'art. L. 152-7) à un régime juridique spécial selon lequel, notamment, cette astreinte ne peut, d'une part, être révisée qu'en vue du relèvement de son taux et n'est, d'autre part, susceptible d'être partiellement reversée qu'après l'exécution de l'ordre de démolition ou de remise en l'état des lieux. Ces dispositions spéciales dérogent, dans la mesure où elles sont contraires, aux dispositions générales contenues dans d'autres textes législatifs relativement à l'astreinte. • Crim. 28 janv. 1976 : *Bull. crim. nº 36* • Crim. 10 mars 1976 : *ibid. nº 92.*

3. Le juge saisi de réquisitions tendant au relèvement du montant de l'astreinte (al. 3 de l'art. L. 152-7) n'a pas le pouvoir d'accorder au condamné un nouveau délai pour l'exécution de l'ordre de démolition. • Crim. 18 mars 1976 : *Bull. crim. nº 102.*

4. Le montant de l'astreinte ne peut être réduit par une nouvelle décision juridictionnelle ; il ne peut qu'être augmenté, même au-delà du maximum légal, si la démolition n'est pas intervenue un an après l'expiration du délai fixé par le tribunal. • Crim. 28 janv. 1976 : *Bull. crim. nº 36.*

5. L'augmentation de l'astreinte est valablement prononcée sur les seules réquisitions du ministère public. • Crim. 20 févr. 1979 : *Bull. crim. nº 77.*

6. Aucune disposition de la loi ne permet à la cour d'appel saisie de l'ensemble de l'affaire par l'effet dévolutif des appels du ministère public et du prévenu de se décharger de son obligation de statuer, relativement à ces mesures, sur le tribunal qui est dessaisi. • Crim. 16 mai 1974 : *Bull. crim. nº 183.*

7. La bonne foi du prévenu est un motif inopérant pour la fixation du délai à lui imparti pour régulariser la situation. • Crim. 28 oct. 1954 : *Bull. crim. nº 310.*

Art. L. 152-8 Les astreintes sont recouvrées dans les conditions prévues par les dispositions relatives au recouvrement des produits communaux, au bénéfice de la commune sur le territoire de laquelle l'infraction a été commise ; à défaut par le maire de liquider le produit de l'astreinte, de dresser l'état nécessaire au recouvrement et de le faire parvenir au représentant de l'État dans le département dans le mois qui suit l'invitation qui lui en est faite par ce fonctionnaire, la créance sera liquidée, l'état sera établi et recouvré au profit de l'État. – *V. C. urb., art. L. 480-8.* – ***C. urb.***

COMMENTAIRE

Les astreintes représentent une réparation civile qui est perçue par la commune concernée nonobstant le fait que la mise en recouvrement puisse être diligentée par le préfet du département.

1. Le juge n'a pas en principe à procéder à la liquidation de l'astreinte. • CE 22 juill. 1977, *De Muralt : Dr. adm. 1977, nº 332.*

2. Un état exécutoire liquidant les astreintes pour non-respect d'un jugement ordonnant la démolition d'un immeuble relève de la compétence des tribunaux judiciaires. • CE 10 oct. 1980, *Spéry : Dr. adm. 1980, nº 378.*

Art. L. 152-9 Si, à l'expiration du délai fixé par le jugement, la démolition, la mise en conformité ou la remise en état ordonnée n'est pas complètement achevée, le maire ou le fonctionnaire compétent peut faire procéder d'office à tous travaux nécessaires à l'exécution de la décision de justice aux frais et risques du bénéficiaire des travaux irréguliers ou de l'utilisation irrégulière du sol.

Au cas où les travaux porteraient atteinte à des droits acquis par des tiers sur les lieux ou ouvrages concernés, le maire ou le fonctionnaire compétent ne pourra faire procéder aux travaux mentionnés à l'alinéa précédent qu'après décision du tribunal de grande instance qui ordonnera, le cas échéant, l'expulsion de tous occupants.

Art. L. 152-10 Sans préjudice de l'application, le cas échéant, des peines plus fortes prévues aux articles *(L. nº 92-1336 du 16 déc. 1992, art. 149)* **« 433-7 et 433-8 » du code pénal, quiconque aura mis obstacle à l'exercice du droit de visite prévu à l'article L. 151-1 sera puni d'une amende de 3 750 €. En outre un emprisonnement d'un mois pourra être prononcé.**

Art. L. 152-11 **Le propriétaire qui n'aura pas exécuté les travaux de ravalement dans les délais prévus aux articles L. 132-3 à L. 132-5 est puni d'une amende de 3 750 €.** *(Abrogé par L. nº 2009-526 du 12 mai 2009, art. 122-V)* ***« En cas de récidive, l'amende sera de 7 500 €. »***

I. AUTEUR DU DÉLIT

1. La loi pénale étant d'interprétation stricte, cet art. qui ne vise que le propriétaire n'est pas applicable au syndic des copropriétés (en tout cas dès lors que ce dernier a été diligent et a été confronté à un obstacle indépendant de sa volonté). • Paris, 14 mars 1973 : *Gaz. Pal. 1973. 1. 261* • Paris, 22 déc. 1980 : *Gaz. Pal. 1981. 1. 320, note J.-P. Marchi ; RDI 1981. 433, obs. G. Roujou de Boubée ; D. 1981. IR 470.*

II. NATURE DU DÉLIT

2. Constitue un délit de non-ravalement le fait pour une assemblée générale des copropriétaires de différer l'étude du ravalement prescrite par l'administration. La priorité donnée aux arriérés du paiement des charges de copropriété n'est pas un argument susceptible de justifier le non-respect des délais de réalisation des travaux, fixés par l'administration. • T. corr. Paris, 31e ch., 1er juill. 1998 : *Administrer, févr. 1999. 69, note Bouyeure.* ◆ Constitue également un délit de non-exécution des travaux de ravalement imposés par l'autorité administrative le fait de refuser la réalisation de ces travaux depuis plus de six ans suivant la première injonction de la mairie ; les difficultés invoquées par les prévenus ne relevant pas d'un cas de force majeure susceptible de les exonérer. • Paris, 20 sept. 1999, *M. et a. : Constr.-Urb. 2000, nº 150.*

Art. L. 152-12 *(L. nº 2003-9 du 3 janv. 2003, art. 2)* **Le non-respect des dispositions des articles L. 128-1 et L. 128-2 relatifs à la sécurité des piscines est puni de 45 000 € d'amende.**

(L. nº 2009-526 du 12 mai 2009, art. 125-VI) **« Les personnes morales déclarées responsables pénalement, dans les conditions prévues par l'article 121-2 du code pénal, de l'infraction définie au premier alinéa du présent article encourent, outre l'amende suivant les modalités prévues par l'article 131-38 du code pénal, les peines prévues par les 2º à 9º de l'article 131-39 du même code. »**

L'interdiction mentionnée au 2º de l'article 131-39 du code pénal porte sur l'activité dans l'exercice ou à l'occasion de l'exercice de laquelle l'infraction a été commise.

TITRE SIXIÈME **DISPOSITIONS PARTICULIÈRES À LA GUADELOUPE, À LA GUYANE, À LA MARTINIQUE, À LA RÉUNION, À MAYOTTE, À SAINT-MARTIN ET À SAINT-PIERRE-ET-MIQUELON**

(Ord. nº 2012-576 du 26 avr. 2012, art. 2-III).

CHAPITRE UNIQUE

Art. L. 161-1 *(Ord. nº 98-521 du 24 juin 1998, art. 1er)* **Un décret en Conseil d'État détermine, en tant que de besoin, les adaptations nécessaires à la mise en œuvre** *(Ord. nº 2012-576 du 26 avr. 2012, art. 2-IV)* **« en Guadeloupe, en Guyane, à la Martinique, à La Réunion, à Mayotte et à Saint-Martin » du titre Ier, chapitre Ier, sections IV et V, et du titre III, chapitre Ier, du présent livre.** *— V. art. R. 162-1 s. — V. note ss. art. L. 161-2.*

Art. L. 161-2 *(L. nº 2005-102 du 11 févr. 2005, art. 93-6º)* **Les dispositions du présent livre ne s'appliquent pas à Saint-Pierre-et-Miquelon, à l'exception des articles L. 111-5,**

L. 111-6, L. 111-7, L. 111-7-1, L. 111-7-3 à L. 111-8-3-1, L. 111-9 à L. 111-41, L. 112-8 à L. 112-11, L. 112-15, L. 124-1, L. 125-1 à L. 125-2-4, L. 131-1 à L. 131-6 et L. 151-1 à L. 152-10, sous réserve des adaptations suivantes :

– dans l'article L. 111-7, les mots : "des locaux d'habitation, qu'ils soient la propriété de personnes privées ou publiques" sont supprimés ;

– la dernière phrase de l'article L. 111-7-1 est supprimée ;

– dans l'article L. 111-7-4, la référence : "L. 111-7-2" est supprimée ;

– dans l'article L. 152-4, les références : "L. 112-17, L. 125-3" ainsi que le deuxième alinéa du 2° sont supprimés ;

– dans l'article L. 111-8, les mots : "Conformément au troisième alinéa de l'article L. 421-3 du code de l'urbanisme" sont supprimés, et les mots : "le permis de construire ne peut être délivré" sont remplacés par les mots : "l'autorisation de construire ne peut être délivrée" ;

– dans l'article L. 111-8-2, les mots : "Ainsi qu'il est dit à l'article L. 421-1 du code de l'urbanisme, le permis de construire" sont remplacés par les mots : "L'autorisation de construire" ;

– le premier alinéa de l'article L. 151-1 est supprimé.

Concernant la présentation de la L. n° 2003-590 du 2 juill. 2003 urbanisme et habitat, V. Circ. n° 2003-48 du 31 juill. 2003 (BOMELT n° 2003/15, p. 78) et Circ. n° 2003-52 du 12 août 2003 (BOMELT n° 2003/16, p. 161).

Art. L. 161-3 *(Ord. n° 2012-576 du 26 avr. 2012, art. 2-V)* Pour l'application du présent livre à Mayotte :

1° A l'article L. 111-3, les mots : "ou L. 510-1" sont applicables à compter de l'entrée en vigueur à Mayotte de cet article du code de l'urbanisme ;

2° Au deuxième alinéa de l'article L. 111-5, il est ajouté, après les mots : "dudit code", les mots : "et, à Mayotte, sous réserve des dispositions de son article L. 1515-2" ;

3° Le troisième alinéa de l'article L. 111-5-1 est complété par la phrase suivante : "A Mayotte, elle s'applique aux immeubles dont la demande de permis de construire est déposée respectivement après le 1er janvier 2015 ou après le 1er janvier 2016" ;

4° Au premier alinéa du III de l'article L. 111-5-2, il est ajouté les mots : "ou, à Mayotte, au 1er janvier 2015" ;

5° Au premier alinéa de l'article L. 111-5-3, il est ajouté les mots : "ou, à Mayotte, avant le 1er janvier 2020" ;

6° Au troisième alinéa de l'article L. 111-7-3, les mots : "de la publication de la loi n° 2005-102 du 11 février 2005 pour l'égalité des droits et des chances, la participation et la citoyenneté des personnes handicapées" sont remplacés par les mots : "du 29 août 2008" ;

7° Le cinquième alinéa de l'article L. 111-7-3 est remplacé, jusqu'au 31 décembre 2015, par un alinéa ainsi rédigé :

"Ces dérogations sont accordées après avis conforme de la commission de sécurité contre les risques d'incendie et de panique dans les établissements recevant du public, dont le rôle, la composition et le fonctionnement sont définis par arrêté préfectoral. Ces dérogations s'accompagnent obligatoirement de mesures de substitution pour les établissements recevant du public et remplissant une mission de service public." ;

8° Il est ajouté, au premier alinéa de l'article L. 125-2, après les mots : "au plus tard le 31 décembre 1992", les mots : "ou, à Mayotte, au plus tard le 31 décembre 2013" ;

9° Au dernier alinéa de l'article L. 125-2-3, les mots : "mentionnés à l'article L. 231-1 du code du travail, les dispositions de l'article L. 620-6 du même code" sont remplacés par les mots : "mentionnés à *(L. n° 2012-1270 du 20 nov. 2012, art. 30-IV)* « l'article L. 011-1 » du code du travail applicable à Mayotte, les dispositions des articles L. 620-5 et L. 620-6 du même code" ;

10o Il est ajouté au deuxième alinéa de l'article L. 125-2-4, après les mots : "dix-huit ans à compter de la publication de la loi no 2003-590 du 2 juillet 2003", les mots : "ou, à Mayotte, dix-huit ans à compter du 1er juillet 2013" ;

11o Il est ajouté, au premier alinéa de l'article L. 125-4, les mots : "ou à Mayotte le 31 décembre 2014" ;

12o Au premier alinéa de l'article L. 128-2, il est ajouté, après les mots : "avant le 1er janvier 2004", les mots : "ou, à Mayotte, avant le 1er janvier 2013" et il est ajouté, après les mots : "au 1er janvier 2006", les mots : "ou, à Mayotte, au 1er juillet 2014" et *[,]* au deuxième alinéa de l'article précité, il est ajouté, après les mots : "avant le 1er mai 2004", les mots : "ou, à Mayotte, avant le 1er janvier 2013" ;

13o A l'article L. 129-1 :

a) Jusqu'au 31 décembre 2012, les mots : "au fichier immobilier de la conservation des hypothèques" sont remplacés par les mots : "au livre foncier de la conservation de la propriété immobilière" ;

b) A compter du 1er janvier 2013, les mots : "au fichier immobilier" sont remplacés par les mots : "au livre foncier".

LIVRE DEUXIÈME STATUT DES CONSTRUCTEURS

TITRE PREMIER STATUT DES SOCIÉTÉS DE CONSTRUCTION

BIBL. GÉN. ▸ **Ouvrages :** WALET, Les sociétés de construction, *Juridictionnaires Joly, 1981.* – MALINVAUD et JESTAZ, Droit de la promotion immobilière, *8e éd. Dalloz, 2009.*
▸ **Chroniques et commentaires :** JESTAZ, *D. 1972. Chron. 177* (vers un statut d'ensemble de la promotion immobilière). – J.-M. NORMAND, *Revue de l'habitat français, 1996, no 426* (la société civile immobilière : avantages et inconvénients). – GARÇON et LUCAS, *JCP N 1998. 1585* (peut-on encore parler de partage partiel d'une société ?). – GARÇON, *JCP N 1996. 1707* (comptabilité des sociétés immobilières de gestion) ; *ibid., E 1999, p. 561* (incidence de la procédure collective d'une personne sur sa quotité d'associée d'une société civile).

COMMENTAIRE

Le constructeur, personne physique, peut, bien évidemment, réaliser une opération de construction pour son propre compte ou en vue de la vente. Toutefois, dès lors qu'il s'agit de réaliser un projet d'une certaine ampleur, des difficultés, liées principalement au financement, peuvent se poser à lui.

En cette matière, rien *a priori* n'oblige le constructeur à adopter la forme des sociétés civiles plutôt que commerciales ou réciproquement. Cependant, dans un but qui est essentiellement la protection de l'acquéreur, le législateur a été conduit, principalement dans le cadre de la loi no 71-579 du 16 juillet 1971 modifiée par la loi no 72-649 du 11 juillet 1972, à réglementer le régime des sociétés civiles de construction prévues par ce texte. Chacune de ces sociétés se voit fixer un objet et un mode de fonctionnement précis : le respect de ces impératifs trouve d'ailleurs sa contrepartie dans le régime fiscal dont bénéficie chacune de ces sociétés. Les trois premiers titres de la loi du 11 juillet 1971 sont reproduits dans les trois premiers chapitres du présent titre ainsi que l'annonce l'article L. 210-1 :

– les **sociétés civiles de construction-vente**, sans doute les plus connues et usitées, dont l'objet sera essentiellement de construire et de vendre les locaux édifiés ;

– les **sociétés d'attribution,** qui trouvent leur origine dans la loi du 28 juin 1938, permettent aux associés de se voir attribuer par fractions divises les immeubles acquis ou construits par la société : les associés sont donc eux-mêmes les accédants à la propriété. Outre ces sociétés, dont l'objet est l'attribution de fractions d'immeuble en propriété, le législateur a été conduit à réglementer un autre type de sociétés dont l'objet est l'attribution, non pas en propriété, mais en jouissance : ce sont les sociétés d'attribution d'immeubles en jouissance à temps partagé dont le fonctionnement est encadré par la loi no 86-18 du 6 janvier 1986 modifiée par la loi no 98-566 du 8 juillet 1998, transposant en droit interne la directive européenne no 94/47/CE du 26 octobre 1994 ;

– les **sociétés coopératives** de construction dont l'objet a été ramené à celui d'une prestation de services, les immeubles ne pouvant être que vendus ou attribués aux associés coopérateurs. L'objectif coopératif est en effet de ramener le coût de la construction à son prix de revient, l'économie ainsi réalisée profitant aux associés.

Quant au chapitre IV de ce titre, il regroupe différentes **dispositions communes** aux sociétés d'attribution et aux sociétés coopératives de construction. ❑

Art. L. 210-1 Le statut des sociétés de construction demeure régi :
– *(Décr. no 79-904 du 17 oct. 1979)* « en ce qui concerne les sociétés civiles constituées en vue de la vente d'immeubles, par les articles 1er à 3 et 4 *bis* de la loi no 71-579 du 16 juillet 1971 modifiée, ci-après reproduits sous les articles L. 211-1 à L. 211-4 » ;

— en ce qui concerne les sociétés constituées en vue de l'attribution d'immeubles aux associés par fractions divises, par les articles 5 à 12, 15 à 17, 50-III, 51, alinéa 4, et 50-II, de la loi no 71-579 précitée, ci-après reproduits sous les articles L. 212-1 à L. 212-13 et L. 212-15 à L. 212-17, par les articles 1 à 5 et 8 du décret no 55-563 du 20 mai 1955, ci-après reproduits sous les articles L. 214-1 à L. 214-5 et L. 212-14, et par les articles 14, alinéa 2, 16, alinéas 1 à 3, 17, alinéa 3, et 18 du décret no 54-1123 du 10 novembre 1954, ci-après reproduits sous les articles L. 214-6 à L. 214-9 ;

— en ce qui concerne les sociétés coopératives de construction, par les articles 18 à 31 et 51, alinéa 3, de la loi no 71-579 précitée, ci-après reproduits sous les articles L. 213-1 à L. 213-15 et L. 242-4-II, par les articles 1 à 5 du décret no 55-563 du 20 mai 1955, ci-après reproduits sous les articles L. 214-1 à L. 214-5, et par les articles 14, alinéa 2, 16, alinéas 1 à 3, 17, alinéa 3, et 18 du décret no 54-1123 précité, ci-après reproduits sous les articles L. 214-6 à L. 214-9.

V. art. R. 210-1.

CHAPITRE PREMIER SOCIÉTÉS CIVILES CONSTITUÉES EN VUE DE LA VENTE D'IMMEUBLES

BIBL. ▸ MEYSSON et TIRARD, *JCP 1973. I. 2519.* – SIZAIRE, *Administrer, janv. 1982 ; p. 8* (dissolution de la société et recours des acquéreurs). – STEMMER et KURGANSKY, *JCP N 1983. I. 81* (appréhension des immeubles sociaux par les associés des sociétés du Titre I). – URIOS, *JCP N 1990. I. 247* (objet civil des SCI de construction – vente et activité commerciale des associés).

COMMENTAIRE

La caractéristique essentielle de ces sociétés est que leur objet doit être la construction d'un ou plusieurs immeubles destinés à être vendus. La réalisation de l'objet social se fera le plus fréquemment sous forme de ventes en l'état futur d'achèvement, la pratique conduisant à constituer une société par programme de construction. ❑

Art. L. 211-1 **Les sociétés civiles dont l'objet est de construire un ou plusieurs immeubles en vue de leur vente en totalité ou par fractions sont régies par les** *(Décr. no 79-904 du 17 oct. 1979)* **« chapitres Ier et II du titre IX du livre III du code civil » et par les dispositions du présent chapitre.**

Les immeubles construits par elles ne peuvent être attribués, en tout ou en partie, en jouissance ou en propriété, aux associés, en contrepartie de leurs apports, ceci à peine de nullité de l'attribution.

COMMENTAIRE

Ces sociétés ont un objet civil qui conditionne l'application de l'article 239 du code général des impôts : la société n'est pas soumise à l'impôt sur les sociétés. Les profits sont directement imposés entre les mains des associés (V. sur les conséquences fiscales d'une activité d'achat-revente de terrains à bâtir, RES no 2007/23 du 5 juin 2007, *JCP 2007. 8*). Le choix d'une forme commerciale demeure possible mais la contrepartie sera la soumission à l'impôt sur les sociétés (art. 206 CGI).

Si ces sociétés doivent impérativement construire pour vendre, cet objet n'est pas incompatible avec certaines activités nécessitées par l'opération de construction.

Elles peuvent réaliser une opération de lotissement si les futurs lots doivent servir d'assiette aux constructions qu'elles édifient.

Si en principe la cession de terrains non bâtis leur est interdite, elles peuvent valablement procéder aux cessions imposées par le permis de construire ou l'autorisation de lotir. ❑

1. Objet des sociétés civiles de construction-vente. L'achat suivi de la revente de parkings sont compatibles avec son objet dès lors que ces opérations sont nécessaires à la réalisation de la construction. • CE 29 janv. 1992, *SCI "La résidence Place Jean Moulin"* : *Lebon T. 908* ; *AJDI 1992. 364, concl. Fouquet* ; *JCP N 1992. II. 356.* ♦ La nature civile ou commerciale de la société s'apprécie en fonction de son activité effective. • Civ. 3e, 5 juill. 2000 : *Bull. civ. III, no 136 ; D. 2000 AJ 422* ; *RDI 2000. 577, obs. Groslière* ; *Banque et droit 2001, no 75, obs. Storck ; Defrénois 2001. 532, obs. Honorat ; Constr.-Urb. 2000, no 209, note D. Sizaire.*

2. La location de locaux nus ne peut se concevoir que s'il s'agit de locaux invendus dépendant d'un programme déjà commercialisé. Il s'agira d'une activité de gestion accessoire à l'objet principal qui demeure la vente. • CAA Lyon, 14 juin 1995 : *JCP N 1996. II. 234, obs. D. F.*

3. Interdiction d'attribuer les immeubles sociaux aux associés. L'objet principal des sociétés civiles de construction-vente est de construire et de vendre. Contrairement aux sociétés d'attribution elles ne peuvent pas céder aux associés les locaux construits en contrepartie de leurs parts sociales. Il ne serait toutefois pas interdit à un associé de se rendre acquéreur d'un immeuble édifié par la société, sous réserve d'en payer le prix réel. • CE 5 mars 1993, *M. Michel X* : *RJF 1993, no 696.*

4. La personnalité morale de la société civile de construction-vente subsiste après la clôture de la liquidation aussi longtemps que ses droits et obligations ne sont pas liquidés. • Civ. 3e, 27 juin 2001 : *Constr.-Urb. 2001, no 199, note Sizaire.*

Art. L. 211-2 **Les associés sont tenus du passif social sur tous leurs biens à proportion de leurs droits sociaux.**

Les créanciers de la société ne peuvent poursuivre le paiement des dettes sociales contre un associé qu'après mise en demeure adressée à la société et restée infructueuse. A cet effet, le représentant légal de la société est tenu de communiquer à tout créancier social qui en fera la demande le nom et le domicile, réel ou élu, de chacun des associés.

Les associés ne peuvent être poursuivis à raison des obligations résultant des articles 1642-1 et 1646-1 du code civil, reproduits aux articles L. 261-5 et L. 261-6 du présent code, qu'après mise en demeure restée infructueuse adressée à la société si le vice n'a pas été réparé, ou adressée soit à la société, soit à la compagnie d'assurance qui garantit la responsabilité de celle-ci, si le créancier n'a pas été indemnisé.

1. Les dispositions de l'art. L. 211-2 ne sont applicables qu'aux seules sociétés civiles ayant pour objet la construction d'immeubles en vue de leur vente. • Civ. 3e, 15 mars 2006 : *Bull. civ. III, no 70 ; Dr. sociétés 2006, no 120, note Lucas ; Constr.-Urb. 2006, no 106, obs. Sizaire.* ♦ L'art. L. 211-2 ne s'applique qu'au passif né après l'entrée en vigueur de la loi du 16 juill. 1971, c'est-à-dire aux réceptions intervenues après le 31 déc. 1972, à défaut les associés de la SCI sont responsables par parts viriles de l'indemnisation des propriétaires de pavillon. • Paris, 13 mars 2008 : *AJDI 2008. 510*. ♦ La personnalité morale de la société subsiste aussi longtemps que ses droits et obligations ne sont pas liquidés. • Civ. 3e, 27 juin 2001 : *Constr.-Urb. 2001, no 199, obs. Sizaire.*

2. L'al. 1er affirme le principe selon lequel les associés sont tenus du passif social sur tous les biens à proportion de leurs droits sociaux. Outre les créances dues aux différents entrepreneurs, il convient également de prendre en compte les créances des acquéreurs au titre des engagements contractuels pris par la société. Ainsi, l'associé qui a cédé ses parts restera tenu des engagements pris par la société à une période où il était associé. • Civ. 3e, 11 déc. 1984 : *Bull. civ. III, no 211 ; D. 1986. IR 41, obs. Magnin.* ♦ Il serait toutefois possible de déroger conventionnellement à ce principe entre cédant et cessionnaire de parts sociales. • Civ. 3e, 19 mars 1986 : *Gaz. Pal. 1986. 2. Pan. 135.* ♦ Un associé ne peut être poursuivi par les créanciers de la société que dans la limite de la prescription civile. • Montpellier, 1er oct. 2002 : *Constr.-Urb. 2003, no 199, obs. Sizaire.* ♦ L'action engagée par les créanciers d'une SCI à l'encontre de ses associés est soumise à la prescription de l'art. 1859 du C. civ., elle est donc prescrite lorsqu'elle a été engagée plus de cinq ans après la publication de la dissolution amiable de la société civile de construction-vente. • Civ. 3e, 27 févr. 2008 : *Bull. civ. III, no 36 ; Constr.-Urb. 2008, no 74, note Sizaire ; D. 2008. 850* ; *RTD com. 2008. 571, obs. Champaud et Danet*. ♦ L'obligation d'un associé aux dettes délictuelles de la société civile s'apprécie en fonction des dispositions législatives applicables au moment du fait dommageable. • Civ. 3e, 23 janv. 2002 : *Bull. civ. III, no 14 ; D. 2002. 647, obs. Lienhard* ; *RDI 2003. 350, note Magnin* ; *Dr. sociétés 2002, no 56.*

3. Mais il est possible aux créanciers sociaux de ne poursuivre les associés qu'à titre subsidiaire, ceci excluant la possibilité de poursuivre les associés en qualité de débiteurs conjoints. • Civ. 3e, 8 mars 1995 : *Bull. civ. III, nº 72 ; RDI 1995. 759, obs. Groslière et C. Saint-Alary-Houin ; RTD com. 1995. 798, obs. M. Jeantin ; RJDA 1995, nº 592* • 22 mars 1995 : *Bull. civ. III, nº 84 ; RDI 1995. 557, obs. Groslière et C. Saint-Alary-Houin ; Rev. sociétés 1995. 559, note Barbièri ; RTD com. 1995. 800, obs. Jeantin ; ibid. 1998. 682, obs. Martin-Serf ; RJDA 1995, nº 593.* ◆ ... Et les associés ne peuvent être condamnés, *in solidum*, avec la société à payer une dette sociale. • Civ. 3e, 18 déc. 2001 : *AJDI 2002. 329 ; Dr. sociétés 2002, nº 57.*

3 bis. Les associés ne sauraient être obligés à payer une dette plus importante que celle de la société. A ce titre, ils bénéficient de l'arrêt du cours des intérêts consécutif à l'ouverture de la procédure de redressement judiciaire à l'encontre de la SCI. • Bordeaux, 19 févr. 2008 : *Constr.-Urb. 2008, nº 101, note Sizaire.*

4. Les créanciers de la société devront donc obligatoirement adresser une mise en demeure à la société ou à la compagnie d'assurance qui assure sa responsabilité. Pour rechercher les associés cette mise en demeure devra être infructueuse. • Civ. 3e, 12 déc. 1990 : *Bull. civ. III, nº 264 ; RDI 1991. 70, obs. Groslière et C. Saint-Alary-Houin.* ◆ ... Et le créancier devra disposer d'un titre exécutoire pris contre les associés, car celui pris à l'encontre d'une société n'emporte pas le droit de saisir les biens d'un associé. • Colmar, 21 avr. 2008 : *Constr.-Urb. 2008, nº 186, note Sizaire.*

4 bis. Est constitutive d'une mise en demeure restée infructueuse, la procédure de référé-provision exercée par le créancier d'une société ayant abouti à une ordonnance de référé non exécutée. Même si elle intervient après l'introduction d'une action individuelle envers les associés, cette mise en demeure régularise la procédure engagée à leur encontre par ledit créancier. • Com., 18 sept. 2007 : *Bull. civ. IV, nº 204 ; Constr.-Urb. 2008, nº 41, note Sizaire ; Rev. sociétés 2008. 131, obs. Saintourens.*

5. Si la société est mise en liquidation judiciaire, la mise en demeure est inutile. • Civ. 3e, 8 avr. 1987 : *JCP 1987. IV. 215.* – V. également, • Com. 20 févr. 1996 : *Bull. civ. IV, nº 59 ; D. 1996. 337, obs. Honorat ; RJDA 1996, nº 1067.* ◆ L'action en paiement dirigée contre un associé n'est pas subordonnée à l'admission de la créance au passif de la société en liquidation de biens, • Civ. 3e, 14 févr. 2007 : *Bull. civ. III, nº 24 ; D. 2007. 666.* ◆ En revanche, s'il s'agit d'une liquidation amiable, les créanciers demeurent tenus d'adresser une mise en demeure préalable à la société pour conserver la possibilité de rechercher les associés. • Besançon, 23 mai 1997 : *Juris-Data nº 042752.* ◆ ... Sauf si la liquidation amiable a été clôturee et si la société ne dispose plus d'aucun actif, • Civ. 3e, 12 sept. 2007 : *Bull. civ. III, nº 142 ; D. 2007. 2310, obs. Lienhard ; Constr.-Urb. 2007, nº 205, obs. Sizaire.*

6. Cession de parts. Une cession de parts de SCI est opposable aux tiers, même si l'acte de cession n'a pas été déposé au greffe du tribunal de commerce, dès lors qu'ont été publiés les statuts mis à jour constatant cette cession. • Com., 18 déc. 2007 : *Bull. civ. IV, nº 271, Constr.-Urb. 2008, nº 60, note Sizaire ; D. 2008. 86, obs. Lienhard ; Rev. sociétés 2008. 348, note Mathey.* ◆ En revanche, un créancier ne peut se voir opposer par les associés une quelconque cession au profit d'un tiers par le simple enregistrement à la recette des impôts d'un acte de cession de parts sociales. • Lyon, 29 nov. 2007 : *Constr.-Urb. 2008, nº 60, note Sizaire.*

7. Sur la compétence des juridictions françaises, en application de l'art. 6 § 1 de la Convention de Lugano du 16 sept. 1988, lorsque le demandeur sollicite la condamnation d'un associé de société civile immobilière de construction-vente domicilié à l'étranger. • Civ. 3e, 19 déc. 2007 : *Bull. civ. III, nº 226 ; AJDI 2008. 319.*

Art. L. 211-3 **Les associés sont tenus de satisfaire aux appels de fonds nécessaires à l'accomplissement de l'objet social dans les proportions prévues à l'article L. 211-2, pour autant que ces appels de fonds sont indispensables à l'exécution de contrats de vente à terme ou en l'état futur d'achèvement déjà conclus ou à l'achèvement de programmes dont la réalisation, déjà commencée, n'est pas susceptible de division.**

Si un associé n'a pas satisfait à ses obligations, ses droits pourront, un mois après mise en demeure restée infructueuse, être mis en vente publique à la requête des représentants de la société par une décision de l'assemblée générale fixant la mise à prix.

Sur première convocation, l'assemblée générale se prononce à la majorité des deux tiers du capital social et, sur deuxième convocation, à la majorité des deux tiers des droits sociaux dont les titulaires sont présents ou représentés.

Toutefois, nonobstant toute disposition contraire des statuts, les parts détenues par les associés à l'encontre desquels la mise en vente est à l'ordre du jour de l'assemblée ne sont pas prises en compte pour le calcul des majorités requises.

La vente a lieu pour le compte de l'associé défaillant et à ses risques.

Les sommes provenant de la vente sont affectées par privilège au paiement des dettes de l'associé défaillant envers la société. Ce privilège l'emporte sur toutes les sûretés réelles conventionnelles grevant les droits sociaux du défaillant.

Si des nantissements ont été constitués sur les parts vendues en application du présent article, le droit de rétention des créanciers nantis n'est opposable ni à la société ni à l'adjudicataire des droits sociaux.

COMMENTAIRE

Concernant la **vente forcée des titres**, si un associé ne répond pas aux appels de fonds régulièrement faits dans les conditions de l'alinéa précédent, il encourt une sanction consistant en la vente forcée de ses droits.

La procédure de vente forcée décrite par l'article L. 211-3 comporte successivement une mise en demeure adressée à l'associé défaillant par acte extrajudiciaire (V. art. R. 211-3), un vote de l'assemblée décidant du principe de la vente ainsi que de la mise à prix, ce qui doit être notifié à tous les associés, y compris l'associé défaillant (V. art. R. 211-4) qui pourra se porter adjudicataire. La vente aura lieu pour le compte et aux risques de l'associé.

Les parts pourront être vendues globalement ou par lots sans que l'associé puisse s'y opposer et ceci même si le produit de la vente excède le montant des appels de fonds auxquels il n'a pas répondu.

Le produit de la vente sera affecté prioritairement à la société qui dispose d'un privilège primant toutes les sûretés conventionnelles. L'adjudicataire deviendra associé après agrément selon les conditions statuaires. ❑

1. Ne constituent pas une avance en compte courant mais des apports effectués en cours d'existence de la société les appels de fonds nécessaires à l'accomplissement de l'objet social, • Com. 20 févr. 2007 : *Bull. Joly 2007. 7, obs. Garçon.*

2. Il n'est pas possible de déroger conventionnellement aux dispositions de cet art. en prévoyant statutairement la possibilité de procéder à des appels de fonds supplémentaires dans des circonstances autres que celles qui sont légalement prévues. La cour d'appel de Paris a toutefois admis que les associés pouvaient unanimement accepter de verser des appels de fonds supplémentaires pour répondre à des engagements autres que ceux prévus par l'art. L. 211-3. • Paris, 14 juin 1996 : *RJDA 1996. 1214.*

3. Les appels de fonds supplémentaires ne peuvent être exigés que pour permettre l'exécution des contrats de ventes d'immeubles à construire déjà conclues ou pour achever un programme dont la réalisation est déjà commencée et insusceptible de division (V. sur ce point art. R. 211-2). Cette question de divisibilité ou d'indivisibilité sera déterminée en fonction de la matérialité de la situation que le juge du fond apprécie souverainement. • Civ. 1re, 17 mars 1981 : *Bull. civ. I, no 92.* ◆ Si un programme est réalisé par tranches matériellement autonomes, les appels de fonds supplémentaires devront correspondre à l'achèvement de ce qui est commencé. Les sommes ainsi versées sont des apports non capitalisés • Paris, 10 févr. 1987 : *D. 1987. IR 44 ; RDI 1987. 241.*

4. Pour qu'un associé fasse valablement l'objet d'une demande d'appel de fonds supplémentaires, encore faut-il avoir vérifié au préalable si l'activité exercée par la société est de nature civile ou commerciale. • Civ. 3e, 5 juill. 2000 : *RDI 2001. 77, obs. F. M.*

Art. L. 211-4 Les dispositions du présent chapitre sont d'ordre public.

V. art. R. 211-1 s.

CHAPITRE II SOCIÉTÉS CONSTITUÉES EN VUE DE L'ATTRIBUTION D'IMMEUBLES AUX ASSOCIÉS PAR FRACTIONS DIVISES

COMMENTAIRE

Ces sociétés, dont l'objet sera d'attribuer divisément des immeubles aux associés, conduisent nécessairement, après partage partiel ou total, à la mise en copropriété de l'immeuble. Cette liaison était particulièrement sensible sous l'empire de la loi du 28 juin 1938, dont le titre premier était consacré à ces sociétés, alors que le titre deuxième traitait de l'organisation de l'immeuble en copropriété.

Bien que ces sociétés soient beaucoup moins nombreuses que les sociétés civiles de construction-vente, elles peuvent présenter des avantages certains dès lors que plusieurs personnes entendent se regrouper et mettre en commun les moyens dont elles disposent pour édifier des locaux qu'elles souhaitent ensuite posséder divisément.

S'agissant des sociétés immobilières d'attribution constituées avant l'entrée en vigueur de la loi du 16 juillet 1971, c'est-à-dire avant le 31 décembre 1972, un décret d'application en date du 5 mars 1975 (nº 75-126), prévoit que les dispositions du titre II de la loi (art. L. 212-1 à L. 212-13 CCH), s'appliquent aux sociétés anciennes à compter du 8 mars 1975 (art. R. 212-17 s.), ceci sous réserve des exceptions énumérées à l'article R. 212-17.

La société d'attribution a la qualité de maître de l'ouvrage et de propriétaire, elle peut se retourner contre les constructeurs au titre de leur garantie décennale. Les associés, qui ne disposent d'aucune action contractuelle contre les constructeurs, peuvent rechercher leur responsabilité sur le plan quasi délictuel (V. ss. art. L. 111-13 CCH, anc. art. 1792 C. civ., note 10). Mais les associés ne peuvent poursuivre que la réparation des préjudices qui leur sont personnels (Paris, 19e ch. A, 16 sept. 2003 : *Constr.-Urb. 2004. 24, note Sizaire).*

Il faut souligner également qu'elles bénéficient d'un régime fiscal favorable : les articles 1655 et suivants du code général des impôts les placent en dehors du champ de l'impôt sur les sociétés et l'article 828-I-2º du même code n'assujettit leur partage qu'à un droit fixe et réduit d'enregistrement ou de taxe de publicité foncière. ❑

SECTION PREMIÈRE DISPOSITIONS GÉNÉRALES

BIBL. ▶ BEZ, *JCP N 1973. 2536* (formules commentées : constitution des sociétés immobilières d'attribution). – BLAISSE, Essai sur la nature des droits des associés des sociétés d'attribution, *thèse Paris II, 1979.* – CABANAC, *IRC 1972. 49.* – COMMAGNAC, La réforme du droit de l'accession à la propriété : les sociétés d'attribution, *Mon. TP 1973.* – COURRECH, *Droit et Ville, 1984, nº 17, p. 125* (rénovation immobilière). – ERB, *LPA 2 juill. 1979* (conditions de dissolution). – GOETGEBEUR, *JCP 1984. I. 178* (opérations de partage : formules). – JESTAZ, *D. 1972. Chron. 177, nos 43 à 96* (vers un statut d'ensemble de la promotion immobilière). – LEMEUNIER, Sociétés de construction, *2e éd., 1978.* – MAGNIN, *RDI 1982. 474* (garantie due par le cédant de parts). – MALINVAUD, *Mélanges Houin, p. 201* (distinction meubles immeubles à l'épreuve des sociétés d'attribution). – MALINVAUD, JESTAZ, JOURDAIN et TOURNAFOND, Droit de la promotion immobilière, *Dalloz, 7e éd., 2004, nos 439 s.* – MALLET, *JCP 1985. I. 3186* (déclin et renouveau de SCI d'attribution). – SAINT-ALARY, Droit de la construction, *1977, p. 346 s.* – D. SIZAIRE, *JCP N 1974. 2660.* – VION, *Defrénois 1979. 17* (adoption par une société d'attribution de statuts conformes au nouveau droit des sociétés civiles : formules). – P. WALET, Sociétés de construction-attribution, *éd. Joly, collection « Pratique des affaires », 1997.*

Art. L. 212-1 Les sociétés ayant pour objet la construction ou l'acquisition d'immeubles en vue de leur division par fractions destinées à être attribuées aux associés en propriété ou en jouissance peuvent être valablement constituées sous les

différentes formes prévues par la loi, même si elles n'ont pas pour but de partager un bénéfice.

L'objet de ces sociétés comprend la gestion et l'entretien des immeubles jusqu'à la mise en place d'une organisation différente.

COMMENTAIRE

La définition de l'objet social et son respect auront une importance primordiale puisqu'ils conditionneront le **régime fiscal** de ces sociétés et donc le bénéfice des dispositions de l'article 1655 *ter* du code général des impôts, c'est-à-dire le régime de la transparence fiscale. Selon cet article, il sera possible à ces sociétés d'avoir pour objet :

– la construction d'un immeuble ou son acquisition en vue de son attribution par fractions divises aux associés. Cette attribution pourra être faite en pleine propriété ou en jouissance ;

– la gestion de l'immeuble après sa division ;

– la location pour le compte d'un ou plusieurs membres de la société de tout ou partie des immeubles.

1. Objet des sociétés d'attribution. L'objet d'une société d'attribution pouvant être la construction d'immeubles en vue de leur attribution à ses associés, le recours à un bail à construction n'est donc pas contraire à cet objet puisqu'il constitue un moyen de le remplir. • Civ. 3e, 31 mars 2005 : *Bull. civ. III, n° 81 ; Constr.-Urb. 2005, n° 135, obs. Sizaire ; D. 2006. 2082, note Boulogne-Yang-Ting*. ♦ S'impose la dissolution judiciaire d'une société d'attribution en raison de la réalisation de son objet principal, à savoir la construction de l'immeuble, même si l'attribution des lots aux associés n'a pas été effectuée, • Com. 3 avr. 2007 : *Constr.-Urb. 2007, n° 138, obs. Sizaire.* ♦ Dans la mesure où les locaux sont attribués aux associés, la société n'a pas la qualité de vendeur d'immeubles et sa garantie ne peut donc être recherchée sur le fondement des art. 1641 s. C. civ. • Civ. 3e, 18 mars 1987 : *JCP N 1988. prat., p. 401.* ♦ Toutefois, la garantie de la société pourrait être recherchée au titre d'une obligation de résultat. • Versailles, 6 avr. 1990 : *RDI 1990. 378*.

2. Forme des sociétés d'attribution. L'art. L. 212-1, contrairement à l'art. L. 211-1, ne vise pas les seules sociétés civiles. Toutefois, quel que soit le type de société adopté, il conviendra de respecter les dispositions impératives du présent chapitre. • Paris, 12 janv. 1982 : *JCP 1983. II. 19949, note Viandier.* ♦ En dehors de ces prescriptions particulières, les règles propres au type de société adopté seront respectées en particulier s'agissant de la garantie des pertes. • Com. 26 juin 1984 : *JCP N 1985. II. 63, note Sizaire.*

Art. L. 212-2 **Un état descriptif de division délimite les diverses parties de l'immeuble social en distinguant celles qui sont communes de celles qui sont privatives. S'il y a lieu, il fixe la quote-part des parties communes afférentes à chaque lot. Les statuts divisent les droits composant le capital social en groupes et affectent à chacun d'eux l'un des lots définis par l'état descriptif de division pour être attribué au titulaire du groupe considéré.**

Un règlement détermine la destination des parties réservées à l'usage exclusif de chaque associé, et, s'il y a lieu, celle des parties communes affectées à l'usage de tous les associés ou de plusieurs d'entre eux.

Si l'attribution en propriété d'une ou plusieurs fractions de l'immeuble doit emporter l'application de la loi n° 65-557 du 10 juillet 1965, le règlement est établi en conformité de cette loi. Lorsque l'attribution est exclusive de son application, le règlement doit organiser la gestion collective des services et des éléments d'équipements communs s'il en est prévu.

Le règlement ne peut imposer de restrictions aux droits des associés sur les parties réservées à leur jouissance exclusive, en dehors de celles qui sont justifiées par la destination de l'immeuble, par ses caractères ou par sa situation.

L'état descriptif de division, le règlement et les dispositions corrélatives des statuts doivent être adoptés avant tout commencement des travaux de construction, ou, s'il s'agit d'une société d'acquisition, avant toute entrée en jouissance des associés.

COMMENTAIRE

Avant le commencement des travaux, ou avant l'entrée en jouissance, un état descriptif de division et un règlement de jouissance doivent être établis.

L'état descriptif de division permettra d'établir directement une liaison entre les parts détenues par chaque associé et le local qui lui sera attribué. ❑

1. Avant même que la copropriété prenne naissance, les droits de chaque associé se trouvent déterminés. • Civ. 3e, 6 juill. 1976 : *Bull. civ. III, no 227.* ♦ Jusqu'à la réalisation du partage global ou partiel de la société, le règlement ne vaut que comme règlement de jouissance (après partage, ce règlement aura la nature et les effets d'un règlement de copropriété). • Civ. 3e, 9 déc. 1980 : *JCP N 1981. prat. no 8163.*

2. Avant le partage de la société, la répartition des charges peut être modifiée selon les conditions prévues par les statuts et non en fonction des dispositions de la loi du 10 juill. 1965. • Civ. 3e, 12 févr. 1997 : *Loyers et copr. 1997, no 149.*

3. Le syndicat des copropriétaires n'a pas la qualité pour agir contre l'associé attributaire en jouissance. La dette de la charge étant attachée à la qualité de copropriétaire. • Paris, 24 sept. 1997 : *Loyers et copr. 1998, no 80.*

4. Avant le partage, la société est seule propriétaire de l'immeuble, mais elle n'en a pas l'usage ; les associés peuvent donc louer à des tiers les locaux dont ils ont la jouissance. • Paris, 15 févr. 2006 : *Constr.-Urb. 2006, no 220, obs. Sizaire.*

Art. L. 212-3 Les associés sont tenus de répondre aux appels de fonds nécessités par l'acquisition, la construction ou l'aménagement de l'immeuble social en proportion de leurs droits dans le capital.

Toutefois, il peut être stipulé que les dépenses entraînées pour l'acquisition du terrain seront réparties entre les associés au prorata de la valeur de la partie dont ils ont la jouissance exclusive par rapport à la valeur globale du terrain. — *V. art. R. 212-4.*

COMMENTAIRE

Au fur et à mesure de l'édification, de l'acquisition ou de l'aménagement de l'immeuble, chaque associé est tenu de répondre aux appels de fonds proportionnellement à la valeur du local qu'il doit recevoir (V. art. L. 212-5). ❑

1. Les appels de fonds ne pourraient couvrir le paiement des charges de gestion et d'entretien avant partage. • Civ. 3e, 3 févr. 1981 : *Bull. civ. III, no 21 ; D. 1981. IR 407, note Magnin.*

2. L'associé d'une société civile immobilière d'attribution est tenu de répondre aux appels de fonds nécessités par l'acquisition et la réhabilitation de l'immeuble, sans pouvoir se prévaloir d'une vente aux enchères des parts de l'associé défaillant ou encore soutenir que le non-paiement des appels de fonds lui ferait perdre la qualité d'associé. • Paris, 18 juin 2008 : *Constr.-Urb. 2008, no 155, note Sizaire.*

Art. L. 212-4 L'associé qui ne satisfait pas aux obligations auxquelles il est tenu envers la société en vertu de l'article L. 212-3 ne peut prétendre ni à entrer en jouissance de la fraction de l'immeuble à laquelle il a vocation, ni à se maintenir dans cette jouissance, ni à obtenir l'attribution en propriété de ladite fraction.

Les droits sociaux appartenant à l'associé défaillant peuvent, un mois après une sommation de payer restée sans effet, être mis en vente publique sur autorisation de l'assemblée générale prise à la majorité des deux tiers du capital social et, sur deuxième convocation, à la majorité des deux tiers des droits sociaux dont les titulaires sont présents ou représentés. Nonobstant toute disposition contraire des statuts, les parts ou actions détenues par les associés à l'encontre desquels la mise en vente est à l'ordre du jour de l'assemblée ne sont pas prises en compte pour le calcul des majorités requises.

Cette mise en vente est notifiée à l'associé défaillant et publiée dans un des journaux d'annonces légales du lieu du siège social. Si l'associé est titulaire de plusieurs groupes de droits sociaux donnant vocation à des parties différentes de l'immeuble, chacun de ces groupes pourra être mis en vente séparément.

La vente aura lieu pour le compte et aux risques de l'associé défaillant, qui sera tenu, vis-à-vis de la société, des appels de fonds mis en recouvrement antérieurement à la vente. Les sommes produites par l'adjudication seront affectées par privilège au paiement des sommes dont cet associé sera redevable à la société. Ce privilège l'emporte sur toutes les sûretés réelles conventionnelles grevant les droits sociaux du défaillant. Si des nantissements ont été constitués sur les parts ou actions vendues en application du présent article, le droit de rétention des créanciers nantis n'est opposable ni à la société ni à l'adjudicataire des droits sociaux. – *V. art. R. 212-3.*

COMMENTAIRE

La société dispose, à l'encontre de l'associé qui ne répond pas aux appels de fonds, du droit de mise en vente de ses droits sociaux ou de la suspension de son droit d'attribution.

Le texte fixe les modalités de vente forcée des droits sociaux de l'associé défaillant, de manière comparable à celles de l'article L. 211-4 du présent code. ❑

Art. L. 212-5 **Les droits des associés dans le capital social doivent être proportionnels à la valeur des biens auxquels ils ont vocation par rapport à la valeur de l'ensemble telles que lesdites valeurs résultent de la consistance, de la superficie, de la situation et des possibilités d'utilisation des biens appréciées au jour de l'affectation à des groupes de droits sociaux déterminés.**

Si les statuts contiennent la clause prévue au deuxième alinéa de l'article L. 212-3, les associés devront contribuer aux dépenses entraînées par l'acquisition du terrain, d'une part, et à celles afférentes aux travaux de construction, d'autre part, en proportion de la valeur des droits de chacun d'eux sur le sol et dans les ouvrages.

Si les obligations dont un associé est tenu vis-à-vis de la société en vertu de l'article L. 212-3 excèdent de plus du quart la contribution qui lui incombe en vertu du présent article, l'intéressé peut réclamer le remboursement de l'excédent à celui ou ceux de ses coassociés que la répartition incriminée a avantagés, mais à concurrence seulement des sommes que chacun d'eux s'est ainsi trouvé dispensé de payer à la société. Les sommes ainsi obtenues sont versées directement au demandeur.

Si les obligations dont un associé est tenu envers la société en vertu de l'article L. 212-3 sont inférieures de plus du quart à la contribution qui incombe à cet associé selon le présent article, tout autre associé peut réclamer, à celui qui est avantagé, les versements dont il s'est trouvé dispensé. Les sommes ainsi obtenues sont versées à la société et réparties par l'organe de gestion ou le liquidateur entre les associés désavantagés, en proportion des sommes excédentaires versées par ceux-ci.

Les dispositions du présent article peuvent être invoquées même après la dissolution de la société, par ou à l'encontre de tous ceux qui ont eu la qualité d'associé avant l'approbation définitive des comptes de l'opération de construction, d'acquisition ou d'aménagement, mais seulement avant l'expiration d'un délai de deux ans à compter de la dissolution de la société ou du retrait de l'associé.

La répartition des droits sociaux est fixée d'une manière définitive. Toutefois, une répartition erronée permet une action des associés les uns envers les autres, afin d'aboutir à une compensation des inégalités • Civ. 3e, 17 janv. 1996 : *Dr. et patr., mai 1996, p. 74, obs. C. Saint-Alary Houin.* ♦ La disproportion de plus du quart s'apprécie en considérant la totalité des biens de l'associé auxquels ses droits dans le capital social lui permettent de prétendre. • Civ. 1re, 22 oct. 2002 : *Dr. sociétés 2003, no 4 ; JCP 2002. IV. 2941.*

Art. L. 212-6 Les associés sont tenus de participer aux charges entraînées par les services collectifs et les éléments d'équipement communs ainsi qu'à celles relatives à la conservation, à l'entretien et à l'administration des parties communes, s'il en existe, dans les conditions prévues à l'article 10 de la loi nº 65-557 du 10 juillet 1965.

Le règlement prévu à l'article L. 212-2 fixe la quote-part qui incombe à chaque lot dans chacune des catégories de charges ; à défaut, il indiquera les bases selon lesquelles la répartition est faite pour une ou plusieurs catégories de charges.

Les dispositions de l'article L. 212-4 sont applicables à l'exécution par les associés des obligations dont ils sont tenus envers la société en vertu du présent article.

Un associé peut demander au tribunal de grande instance du lieu de la situation de l'immeuble la révision, pour l'avenir, de la répartition des charges visées au présent article si la part correspondant à son lot est supérieure de plus d'un quart ou si la part correspondant à un autre lot est inférieure de plus d'un quart, dans l'une ou l'autre des catégories de charges, à celle qui résulterait d'une répartition conforme à l'alinéa premier ci-dessus. Si l'action est reconnue fondée, le tribunal procède à la nouvelle répartition.

Pour les décisions concernant la gestion ou l'entretien de l'immeuble, les associés votent avec un nombre de voix proportionnel à leur participation dans les dépenses qu'entraînera l'exécution de la décision, nonobstant toute disposition contraire. En outre, lorsque le règlement prévu à l'article L. 212-2 met à la charge de certains associés seulement les dépenses d'entretien d'une partie de l'immeuble ou celles d'entretien et de fonctionnement d'un élément d'équipement, seuls ces associés prennent part au vote sur les décisions qui concernent ces dépenses. Chacun d'eux vote avec un nombre de voix proportionnel à sa participation auxdites dépenses.

1. La prescription de l'art. 2270 C. civ. ne s'applique pas à l'action en recouvrement des charges. • Civ. 3e, 20 nov. 1996 : *Bull. civ. III, nº 223* (décision rendue à propos du règlement des charges par un associé d'une société d'attribution d'immeuble en jouissance à temps partagé).

2. La révision de la répartition des charges peut être demandée au TGI et produira ses effets pour l'avenir. • Civ. 3e, 12 févr. 1997 : *Loyers et copr., 1997, nº 149.*

3. L'associé est tenu de participer au règlement des charges et spécialement celles d'ascenseur, selon les modalités prescrites par le règlement de jouissance. Seul, un arrêt définitif du fonctionnement de l'ascenseur pourrait le dispenser de participer aux charges correspondantes. • Civ. 3e, 15 mars 2005 : *pourvoi nº 04-11.302.*

Art. L. 212-7 La société peut donner caution hypothécaire pour la garantie des emprunts contractés :

Par les associés, pour leur permettre de satisfaire aux appels de fonds de la société nécessaires à la réalisation de l'objet social ;

Par les cessionnaires des parts sociales, pour leur permettre de payer leur prix de cession, mais seulement à concurrence des appels de fonds déjà réglés à la société et, s'il y a lieu, de payer les appels de fonds qui restent encore à régler.

La caution hypothécaire doit être autorisée par les statuts, avec stipulation que l'engagement de la société est strictement limité aux parties divises et indivises de l'immeuble social auxquelles le bénéficiaire du crédit aura vocation en propriété.

La saisie du gage vaut retrait de l'associé titulaire des droits sociaux correspondant aux biens saisis et ne peut être effectuée que lorsque sont réunies les conditions auxquelles un tel retrait est subordonné.

COMMENTAIRE

Pour faciliter le financement de la construction ou de l'acquisition et permettre aux associés de recourir à l'emprunt, la société, seule titulaire de droits réels, peut fournir un cautionnement hypothécaire. Ce cautionnement doit être strictement limité à la garantie du financement des appels de fonds.

La saisie du gage ne pourra être réalisée que lorsque les conditions du retrait de l'associé débiteur seront réunies (art. L. 212-9). □

Art. L. 212-8 **Le cessionnaire n'est tenu des dettes du cédant à l'égard de la société à la date de la cession que dans la mesure où cela résulte des obligations figurant à l'acte de cession ou à ses annexes.**

Le cédant n'est dégagé de ses obligations personnelles à l'égard de la société que dans la mesure où celle-ci y a expressément consenti.

COMMENTAIRE

Les modalités de cession des droits avant achèvement sont fixées à l'article R. 212-11. Si l'immeuble construit est à usage d'habitation ou mixte, il conviendra d'établir un contrat préliminaire (art. R. 212-14). □

Art. L. 212-9 **La dissolution de la société peut, nonobstant toute disposition contraire des statuts, et même si ceux-ci ne prévoient que des attributions en jouissance, être décidée par l'assemblée générale statuant à la double majorité des deux tiers des associés et des deux tiers des voix.**

L'assemblée générale désigne un ou plusieurs liquidateurs chargés de gérer la société pendant la période de liquidation et de procéder au partage.

Ce partage ne peut intervenir qu'après décision définitive sur les comptes de l'opération de construction dans les conditions prévues à l'antépénultième alinéa du présent article. Il doit comporter des attributions de fractions d'immeubles et une répartition du passif conformes aux dispositions statutaires et à l'état descriptif de division.

Dans le cas où la succession d'un associé n'est pas encore liquidée, les droits et les charges propres au défunt sont attribués indivisément au nom de ses ayants droit et cette attribution n'entraîne pas de leur part acceptation de la succession ou de la donation.

Les associés qui n'ont pas satisfait aux obligations auxquelles ils sont tenus envers la société ne peuvent, conformément à l'article L. 212-4, prétendre à aucune attribution tant qu'ils ne se sont pas acquittés. Dans ce cas, le partage est limité aux associés dont la situation est régulière.

Le liquidateur fait établir le projet de partage en la forme authentique. Les associés sont invités, au besoin par sommation du liquidateur, à prendre connaissance du projet de partage et à l'approuver ou le contester en la forme authentique.

Les associés qui contestent alors le partage disposent d'un délai de quinze jours pour assigner le liquidateur en rectification devant le tribunal de grande instance du siège social. Les attributions devenues définitives sont opposables aux associés non présents ou représentés, absents ou incapables.

La publication au fichier immobilier est faite à la diligence du liquidateur.

Sauf si les statuts ne prévoient que des attributions en jouissance, un associé peut, à tout moment, se retirer d'une société d'acquisition. Sous la même réserve, un associé peut, de même, se retirer d'une société de construction, dès qu'une assemblée générale ordinaire a constaté l'achèvement de l'immeuble, sa conformité avec les énonciations de l'état descriptif et a décidé des comptes définitifs de l'opération de construction. A défaut de vote de l'assemblée générale, tout associé peut demander au tribunal de grande instance du lieu de la situation de l'immeuble de procéder aux constatations et décisions susvisées. Le retrait est constaté par acte authentique signé par l'associé qui se retire et un représentant de l'organe de gestion ou, en cas de refus de ce dernier, par ordonnance du président du tribunal de grande instance, lequel est saisi et statue suivant la forme prévue pour les référés. Les retraits entraînent de plein droit l'annulation des parts ou actions correspondant aux locaux attribués en propriété et la réduction corrélative du capital social. L'organe de gestion constate la réduction du capital et apporte aux statuts les modifications nécessaires.

Les dispositions de l'alinéa précédent demeurent applicables après dissolution de la société. Les pouvoirs dévolus par ledit alinéa à l'organe de gestion sont alors exercés par le ou les liquidateurs.

Pour l'application des dispositions du présent article, tout associé est réputé avoir fait élection de domicile en l'immeuble social, à moins qu'il n'ait notifié à la société une autre élection de domicile dans le ressort du tribunal de grande instance du lieu de la situation de l'immeuble.

Sauf l'effet des sûretés réelles dont ils seraient bénéficiaires, les créanciers de la société ne peuvent exercer leurs droits, ni contre un ancien associé attributaire par voie de retrait ou de partage, ni à l'encontre de ses ayants cause, qu'après discussion préalable des biens restant appartenir à la société.

V. art. R. 212-1 s.

COMMENTAIRE

Dissolution. C'est une décision de l'assemblée générale qui prononce la dissolution et ceci nonobstant toute clause statutaire contraire. Elle désigne également le liquidateur qui sera chargé de gérer la société pendant la période de la liquidation.

Partage de la société. Ce partage n'est envisageable que s'il y a attribution immobilière. Il est donc exclu dans les sociétés d'attribution en jouissance.

– Ces associés qui n'ont pas satisfait à leurs obligations sociales ne peuvent prétendre à l'attribution (V. cependant note 2).

– Les associés sont sommés de prendre connaissance du projet de partage établi par le liquidateur (V. aussi note 1). Devenu définitif, l'acte de partage est publié à la conservation des hypothèques.

Le retrait d'un associé. Si un associé a répondu à tous les appels de fonds et si, s'agissant d'une société de construction, l'achèvement a été constaté par l'assemblée générale, il lui sera possible de demander son retrait.

Le retrait entraîne l'annulation des parts de l'associé et la réduction corrélative du capital social.

Le partage, ainsi que le retrait, provoquent, s'agissant d'attribution en propriété, l'application de la loi du 10 juillet 1965. ❑

1. Projet de partage. Un manquement à la seule règle de proportionnalité (art. L. 212-5) ne pourrait permettre la remise en cause du projet de partage. • Civ. 3e, 17 janv. 1996 : *RDI 1996. 224.*

2. Partage. Les associés qui auraient consenti des avances pour le compte d'associés défaillants ne pourraient s'opposer à l'attribution à leur profit des lots auxquels ils ont vocation • Civ. 3e, 22 mars 1995 : *Bull. civ. III, no 85.*

3. Il n'est pas possible à un associé de se retirer d'une société d'attribution en jouissance à temps partagé. • Civ. 3e, 29 mai 2002 : *BPAT 2002, no 196 ; D. 2002. IR 2030.* ♦ Dans le même sens, V. déjà • Civ. 3e, 22 mars 1995 *préc. note 2.*

4. Le texte ne fixant pas de modalités particulières de désignation du liquidateur, il y a donc lieu de faire application des règles générales applicables aux sociétés • Com. 4 juin 2002 : *Constr.-Urb. 2003, no 97, obs. Sizaire.*

● SECTION II DISPOSITIONS PARTICULIÈRES AUX SOCIÉTÉS AYANT POUR OBJET LA CONSTRUCTION D'IMMEUBLES À USAGE D'HABITATION OU À USAGE PROFESSIONNEL ET D'HABITATION

COMMENTAIRE

L'article L. 242-1 dispose que, si au moins 10 % de la superficie d'un immeuble à usage d'habitation ou à usage professionnel et d'habitation est affecté à un tel usage, les dispositions de l'article L. 212-10 trouvent à s'appliquer : il s'agit de règles de protection conduisant à imposer la conclusion d'un contrat de promotion immobilière ou de confier les opérations de promotion au représentant légal ou statutaire.

Ces dispositions ne visent que les seules sociétés de construction et non pas celles d'acquisition.

Art. L. 212-10 **Les sociétés qui ont pour objet la construction d'un immeuble à usage d'habitation ou à usage professionnel et d'habitation sont tenues :**

Soit de conclure un contrat de promotion immobilière ;

Soit de confier les opérations constitutives de la promotion immobilière à leur représentant légal ou statutaire, à la condition que lesdites opérations aient été définies au préalable par un écrit portant les énonciations exigées par l'article L. 222-3. La responsabilité du représentant légal ou statutaire s'apprécie alors, quant à ces opérations, conformément à l'article 1831-1 du code civil, reproduit à l'article L. 221-1 du présent code.

Avant la conclusion du contrat de promotion immobilière ou avant l'approbation par l'assemblée générale de l'écrit comportant les énonciations exigées par l'article L. 222-3, le représentant légal ou statutaire de la société ne peut exiger ou accepter des associés aucun versement, aucun dépôt, aucune souscription ni acceptation d'effets de commerce pour les opérations mentionnées audit écrit. Aucun paiement ne peut non plus être accepté ou exigé avant la date à laquelle la créance correspondante est exigible.

Les dispositions qui précèdent ne font pas obstacle au versement par les associés souscripteurs du capital initial des sommes nécessaires au paiement des études techniques et financières du programme et à l'achat du terrain. Lorsque de tels versements ont été effectués, les parts ou actions ne peuvent être cédées volontairement avant la conclusion du contrat de promotion immobilière ou avant l'approbation de l'écrit susvisé, si ce n'est entre associés.

V. art. L. 271-1 et L. 271-2.

COMMENTAIRE

Outre la souscription d'un contrat de promotion immobilière ou d'un contrat analogue conclu avec le représentant de la société, ce texte impose sensiblement les mêmes obligations qu'en matière de vente d'immeuble à construire (interdiction de versements de fonds avant la conclusion du contrat de promotion immobilière, ainsi qu'avant la date à laquelle la créance correspondante est exigible).

Toutefois, les associés d'origine, souscripteurs du capital initial, peuvent verser les fonds nécessaires à l'acquisition du terrain et à la réalisation d'études techniques et financières du programme.

Art. L. 212-11 **La cession de parts peut être précédée d'un contrat préliminaire par lequel, en contrepartie d'un dépôt de garantie, un associé s'engage à céder ses parts à un cessionnaire moyennant un prix fixé dans ledit contrat.**

Le contrat préliminaire doit comporter toutes indications relatives à la constitution de la société, à la consistance et aux conditions techniques d'exécution des travaux et aux conditions financières de l'opération.

Le dépôt de garantie doit être effectué à un compte spécial ouvert au nom du réservataire dans une banque ou un établissement spécialement habilité à cet effet ou chez un notaire.

Les fonds déposés en garantie sont indisponibles, incessibles et insaisissables jusqu'à la conclusion du contrat de cession. Ils sont restitués dans le délai de trois mois au déposant si le contrat n'est pas conclu ou si le contrat proposé fait apparaître une différence anormale par rapport aux prévisions du contrat préliminaire.

Toute autre promesse d'achat ou de cession de parts est nulle. – *V. art. L. 271-1 et L. 271-2.*

COMMENTAIRE

La cession de droits sociaux peut être précédée d'un avant-contrat qui ne pourra être qu'un contrat préliminaire. Il s'agit ici d'une transposition des dispositions de l'article L. 261-15. ☐

Art. L. 212-12 **Les dispositions des articles L. 214-6 à L. 214-9 relatives au conseil de surveillance sont applicables aux sociétés régies par le présent chapitre.**

Art. L. 212-13 **Les dispositions des articles L. 212-1 à L. 212-12 sont d'ordre public.**

V. art. R. 212-12 s.

SECTION III DISPOSITIONS PARTICULIÈRES AUX SOCIÉTÉS CONSTITUÉES AVANT LE 31 DÉCEMBRE 1972

Art. L. 212-14 **Les attributions de fractions d'immeubles antérieures au 21 mai 1955 et consenties sans l'accomplissement des formalités prévues à l'article 4 *bis* de la loi du 28 juin 1938, modifiée, ne sont plus susceptibles d'être contestées à compter, soit d'un délai de deux ans à partir de l'enregistrement de l'acte les ayant constatées, soit de leur homologation par le tribunal de grande instance du lieu du siège social.**

Le tribunal est saisi par voie de simple requête par tout attributaire. Il statue en dernier ressort en chambre du conseil, le ministère public entendu, les différents attributaires et la société étant mis en cause. Sa décision n'est susceptible ni d'opposition ni d'appel.

Dans l'un et l'autre des cas visés au premier alinéa du présent article, les attributions dont il s'agit produisent tous leurs effets à compter de la signature de l'acte qui les a constatées.

Art. L. 212-15 **Lorsque, dans une société constituée en application de la loi du 28 juin 1938, l'affectation des locaux à des actions ou à des parts déterminées ne résulte pas des statuts originaires ou d'une décision unanime des associés, l'assemblée générale peut, en décidant la dissolution, charger le liquidateur de procéder au partage en nature et à l'attribution de fractions d'immeubles aux associés à proportion des droits qu'ils détiennent dans la société.**

Le projet de partage établi en la forme authentique doit être approuvé par l'assemblée générale à la majorité requise pour la dissolution. La décision est opposable aux associés non présents ou non représentés à l'assemblée générale, ainsi qu'aux absents et aux incapables.

A moins qu'il n'ait été approuvé à l'unanimité, les associés doivent approuver ou contester le partage, en la forme authentique, dans le mois qui suit l'assemblée générale.

Faute, pour certains associés, de s'être conformés aux prescriptions de l'alinéa précédent, le liquidateur doit sommer ces associés de prendre parti, en la forme authentique, à l'égard du projet de partage, dans un délai de deux mois.

Si, à l'expiration de ce second délai, le partage n'a pas été approuvé sans réserve par tous les associés, le liquidateur soumet le projet de partage par voie de simple requête à l'homologation du tribunal.

Le tribunal statue en dernier ressort et sa décision n'est pas susceptible d'opposition ni d'appel.

Le liquidateur doit, dans le mois de sa date, faire publier le dispositif du jugement dans un journal d'annonces légales du lieu du siège social ; cette publication vaut signification du jugement aux associés n'ayant pas adhéré au partage

Le partage devenu définitif est publié au fichier immobilier à la diligence du liquidateur.

L'associé qui veut se retirer peut, si les conditions prévues à l'antépénultième alinéa de l'article L. 212-9 sont réunies, demander judiciairement son allotissement en nature.

Pour l'application des dispositions du présent article, tout associé est réputé avoir fait élection de domicile en l'immeuble social, à moins qu'il n'ait notifié à la société une autre élection de domicile dans le ressort du tribunal de grande instance du lieu de la situation de l'immeuble.

Art. L. 212-16 Un décret en Conseil d'État déterminera la date d'effet et les conditions dans lesquelles les dispositions des sections précédentes seront appliquées aux sociétés constituées antérieurement au 31 décembre 1972. – *V. art. R. 212-17 s.*

Art. L. 212-17 La loi du 28 juin 1938 tendant à régler le statut de la copropriété des immeubles divisés par appartements est abrogée.

Toutes références au titre Ier de ladite loi sont, en tant que de raison, réputées faites aux dispositions correspondantes des sections précédentes du présent chapitre.

CHAPITRE III SOCIÉTÉS COOPÉRATIVES DE CONSTRUCTION

BIBL. ► BEZ, *JCP N 1975. I. 2747*. – BIZOT, *REDI 1972, p. 124*. – BRILLOIT, *Journ. not. et av., 1971. p. 948*. – CLOT, Le statut des sociétés coopératives, étude pratique, *in Problème actuel de la promotion immobilière, p. 219 s.* – GROSLIÈRE, Le statut des sociétés coopératives d'étude théorique, *ibid., p. 201 s.* ; *JCP N 1973. I. 2535* (coopératives de construction et contrat de promotion immobilière). – JESTAZ, *D. 1972. Chron., p. 179* (vers un statut d'ensemble de la promotion immobilière). – KERSPERN, *Gaz. Pal. 1972. I. 228*. – MALINVAUD, JESTAZ, JOURDAIN et TOURNAFOND, Droit de la promotion immobilière, *Dalloz, 8e éd., 2009, nos 546 s.* – MEYSSON et TIRARD, *JCP N 1975. I. 2733*.

COMMENTAIRE

Ces sociétés sont tout à la fois soumises au statut de la coopération régie par la loi no 47-1775 du 10 septembre 1947, modifiée, et par le titre III de la loi no 71-579 du 16 juillet 1971 ainsi que le décret no 72-1237 du 29 décembre 1972. L'article 1er de la loi du 10 septembre 1947 fixe l'objet des coopératives :

– réduction au profit et par l'effort des membres du prix de revient de certains produits ;

– amélioration de leur qualité marchande, ceci dans le but d'assurer la satisfaction des besoins des membres. La loi du 16 juillet 1971 a, dans son titre III, fixé une structure propre aux sociétés coopératives de construction, tout en laissant la possibilité d'adopter par ailleurs toutes les autres formes de sociétés et spécialement celles du titre Ier et du titre II. ❑

Art. L. 213-1 Les sociétés coopératives de construction ayant pour objet la construction d'un ou plusieurs immeubles en vue de leur division par lots ou d'un ensemble de maisons individuelles groupées à usage d'habitation ou à usage professionnel et d'habitation destinés à être attribués ou vendus aux associés sont des sociétés à capital et à personnel variables.

L'objet de ces sociétés comprend, en outre, la gestion et l'entretien des immeubles jusqu'à la mise en place d'une organisation différente.

Elles sont régies par les dispositions non contraires du titre III de la loi du 24 juillet 1867 et de la loi no 47-1775 du 10 septembre 1947 portant statut de la coopération, ainsi que par les dispositions des articles L. 212-2 et L. 212-6 (alinéas 1, 2 et 4).

COMMENTAIRE

L'objet de ces sociétés est de construire, pour le compte des associés, des immeubles d'habitation ou professionnels et d'habitation. Ceci constitue une première différence avec les sociétés du chapitre Ier et celles du chapitre II : dans le cadre des premières, il n'est possible que de construire et vendre, alors que pour les deuxièmes il est envisageable de construire ou d'acheter en vue de l'attribution de l'immeuble.

Les constructions seront soit des immeubles collectifs destinés à être divisés, soit des maisons individuelles groupées qui seront soit vendus, soit attribués aux associés et à eux seuls (*Rép. min. JO pénal, 30 mai 1975, p. 1156*). ☐

Art. L. 213-2 **Chaque société coopérative de construction doit limiter son objet à l'édification d'immeubles compris dans un même programme, comportant une ou plusieurs tranches, d'un ensemble immobilier.** – *V. art. R. 213-2 s.*

Art. L. 213-3 **Une société coopérative de construction ne peut confier à un tiers la réalisation de son programme de construction qu'en vertu d'un contrat de promotion immobilière conforme au titre II du présent livre.**

COMMENTAIRE

Si la société ne réalise pas elle-même le programme et en confie l'exécution à un tiers, elle devra recourir à un contrat de promotion immobilière. Cette protection de l'associé coopérateur peut soulever différents problèmes tenant à la nécessité de recourir ou non à un contrat de promotion immobilière en fonction de l'étendue de la mission confiée à une tierce personne. ☐

Art. L. 213-4 **Une société coopérative de construction ne peut entreprendre chaque tranche du programme prévu par les statuts que si le nombre des associés est au moins égal à 20 p. 100 du nombre total de logements et de locaux à usage commercial ou professionnel à construire dans la tranche considérée, et si le financement de la construction des lots non souscrits compris dans l'ensemble du programme, ainsi que leur souscription, sont garantis.**

Les associés souscrivant plus de deux logements ou plus d'un local à usage commercial ou professionnel sont également tenus de fournir la garantie de financement prévue à l'alinéa précédent.

La construction d'un appartement ou d'un pavillon témoin n'est pas considérée comme entraînant l'application des conditions fixées au premier alinéa du présent article. – *V. note ss. art. L. 213-2.*

COMMENTAIRE

La référence au statut coopératif suppose la présence d'un nombre minimum de coopérateurs : ceux-ci, avant d'entreprendre chaque tranche du programme, doivent représenter au moins 20 % du nombre total de locaux devant être construits dans cette tranche, ceci sans tenir compte de la destination de ces locaux.

Outre cette condition de souscription minimale, il faudra, avant d'entreprendre la construction, que le financement des lots non souscrits soit garanti et leur souscription elle-même garantie. Les articles R. 213-5 et R. 213-6 définissent les conditions de cette garantie. ☐

Art. L. 213-5 **Le transfert de propriété par la société à un associé, s'il résulte d'une convention distincte du contrat de société, s'opère conformément aux dispositions de l'article 1601-3 du code civil, reproduit à l'article L. 261-3 du présent code.**

Si la société n'a pas confié à un promoteur immobilier la réalisation de son programme de construction, la conclusion d'un tel contrat est obligatoire ; ce contrat doit, en outre, être conforme aux dispositions de l'article L. 213-8. – *V. art. R. 213-6.*

COMMENTAIRE

Le transfert de propriété par la société à un associé s'opérera conformément aux modalités propres aux ventes d'immeubles à construire et devra respecter l'article L. 213-8 qui énonce les mentions de ce contrat, sauf dans l'hypothèse où la société confie la réalisation de son programme à un promoteur immobilier. ❑

Art. L. 213-6 **Si les droits privatifs des associés sont représentés par des parts ou actions donnant vocation à l'attribution d'un lot, la société est tenue :**

Soit de conclure un contrat de promotion immobilière ;

Soit de confier les opérations constitutives de la promotion immobilière à son représentant légal ou statutaire, à la condition que lesdites opérations aient été définies au préalable par un écrit portant les énonciations exigées par l'article L. 222-3. La responsabilité du représentant légal ou statutaire s'apprécie alors, quant à ces opérations, conformément à l'article 1831-1 du code civil, reproduit à l'article L. 221-1 du présent code. – *V. art. R. 213-10, al. 3.*

COMMENTAIRE

Le transfert de propriété au profit des associés s'opérera selon les modalités prévues dès l'origine pour chaque société : soit l'attribution par voie de partage, soit la vente. Dans les sociétés ayant opté pour l'attribution, l'associé souscrit des parts ou actions donnant vocation à l'attribution d'un lot privatif déterminé. Dans cette situation, comparable à celle de l'article L. 212-10, il sera obligatoire de recourir à un contrat de promotion immobilière ou de confier les opérations constitutives de la promotion immobilière au représentant légal ou statutaire. ❑

Art. L. 213-7 **Avant le commencement des travaux, l'assemblée générale doit en approuver les conditions techniques et financières d'exécution et fixer les bases selon lesquelles les différents éléments composant le prix de revient global seront répartis entre les locaux à édifier, afin de déterminer le prix de chacun d'eux.**

L'assemblée générale a seule le pouvoir d'approuver et de modifier les statuts, et de réduire l'importance du programme dans le cas où celui-ci doit être réalisé par tranches, à condition que cette réduction ne porte que sur des lots non souscrits.

La majorité requise pour la validité des délibérations prévues au présent article est des deux tiers au moins du nombre total des associés. – *V. art. R. 213-8 s.*

COMMENTAIRE

Les conditions financières de l'opération doivent être approuvées par l'assemblée générale avant le début d'exécution des travaux.

L'assemblée sera également compétente pour réduire le programme à la double condition que celui-ci soit réalisé par tranches et que les tranches abandonnées n'aient pas fait l'objet de souscription. Toutefois la garantie financière devrait continuer de porter sur l'ensemble des équipements initialement prévus et nécessaires à l'utilisation du programme (art. R. 213-8). ❑

Art. L. 213-8 **Le contrat de vente prévu à l'article L. 213-5 doit être conclu par acte authentique et préciser :**

***a*) La description de l'immeuble ou de la partie de l'immeuble vendue ;**

***b*) Son prix prévisionnel et les modalités de paiement de celui-ci ;**

***c*) Le délai de livraison ;**

***d*) S'il y a lieu, les garanties et les moyens de financement prévus à l'article L. 213-4.**

Il doit comporter, en annexe ou par référence à des documents déposés chez un notaire, les indications utiles relatives à la consistance et aux caractéristiques techniques de l'immeuble.

S'il y a un règlement de copropriété, le texte en est remis à chaque acquéreur lors de la signature du contrat. Il doit lui être communiqué préalablement.

L'inobservation des dispositions du présent article entraîne la nullité du contrat, cette nullité ne peut être invoquée que par l'acquéreur et avant l'achèvement des travaux. – *V. art. R. 213-11.*

COMMENTAIRE

Le contrat de vente visé à l'article L. 213-5 doit être conclu par acte authentique et comporter les énonciations mentionnées. Toutefois, les énonciations de ce contrat diffèrent de celles propres aux ventes en l'état futur d'achèvement dans la mesure où le prix indiqué est seulement prévisionnel et où la garantie sera non pas d'achèvement ou de remboursement mais de financement et de souscription conformément aux dispositions de l'article L. 213-4.

Art. L. 213-9 **Une société coopérative ne peut exiger ni accepter d'un associé, sous quelque forme que ce soit, aucun versement ou remise autres que ceux nécessaires au paiement des études techniques et financières du programme et à l'achat du terrain, avant les décisions de l'assemblée générale prévues à l'article L. 213-7, premier alinéa, ni avant la signature du contrat de vente, ni avant la date à laquelle la créance de la société sur l'associé est exigible.**

Toutefois, le prix du terrain peut être déposé par le vendeur en compte courant ouvert à son nom dans les livres de la société.

La société peut donner caution hypothécaire pour la garantie des emprunts contractés par les associés pour leur permettre de satisfaire aux appels de fonds de la société nécessaires à la réalisation de l'objet social. La caution hypothécaire doit être autorisée par les statuts, avec stipulation que l'engagement de la société est strictement limité aux parties divises et indivises de l'immeuble social auxquelles le bénéficiaire du crédit aura vocation en propriété.

COMMENTAIRE

L'alinéa premier interdit la perception anticipée de versements dans les mêmes termes que l'article L. 212-10. Si les statuts le prévoient, il est possible à la société de se porter caution hypothécaire pour garantir les emprunts souscrits par les associés pour satisfaire aux appels de fonds. Par ailleurs, les associés peuvent garantir leurs emprunts en remettant en gage leurs parts ou actions.

Art. L. 213-10 **Si les droits privatifs des associés sont représentés par des parts ou actions donnant vocation à l'attribution d'un lot, chaque associé ne peut prétendre à la propriété du lot qui lui est destiné qu'après avoir versé à la société les sommes nécessaires à la réalisation de l'objet social, proportionnellement à la valeur de son lot par rapport à la valeur de l'ensemble.**

Si un associé ne satisfait pas à ses obligations, ses droits pourront, un mois après mise en demeure restée infructueuse, être mis en vente publique à la requête des représentants de la société par décision de l'assemblée générale de la société fixant la mise à prix *[V. art. R. 213-12].*

Sur première convocation, l'assemblée générale se prononce à la majorité des deux tiers du capital social et, sur deuxième convocation, à la majorité des deux tiers des droits sociaux dont les titulaires sont présents ou représentés. Toutefois, et nonobstant toute disposition contraire des statuts, les parts ou actions détenues par les associés à l'encontre desquels la mise en vente est à l'ordre du jour de l'assemblée ne sont pas prises en compte pour le calcul des majorités requises.

La vente a lieu pour le compte de l'associé défaillant et à ses risques.

Les sommes provenant de la vente sont affectées par privilège au paiement des dettes de l'associé défaillant envers la société. Ce privilège l'emporte sur toutes les sûretés réelles conventionnelles grevant les droits sociaux du défaillant. Si des nantissements ont été constitués sur les parts ou actions vendues par application du présent article, le droit de rétention des créanciers nantis n'est opposable ni à la société ni à l'adjudicataire des droits sociaux. – *V. art. R. 213-13 s.*

COMMENTAIRE

Les sociétés coopératives d'attribution financent la construction en procédant à des appels de fonds proportionnels à la valeur relative de chacun des lots par rapport à la valeur de l'ensemble. En cas de défaillance, un associé ne peut pas prétendre à l'attribution de son lot. Toutefois, les charges d'entretien de l'immeuble ne constituent pas des sommes faisant l'objet des appels de fonds visés à l'article L. 213-10 (V. note de jurisprudence). L'associé défaillant s'expose également à la vente forcée de ses droits sociaux selon la même procédure que celle applicable aux sociétés d'attribution (art. L. 212-4). ❑

La carence des associés, quant à leur règlement, ne pourrait pas faire obstacle à l'attribution. • Civ. 3e, 3 févr. 1981 : *Bull. civ. III, n° 21.*

Art. L. 213-11 **Du commencement des travaux jusqu'à l'achèvement de l'opération de construction, la démission d'un associé est subordonnée à une autorisation de l'assemblée générale.** – *V. art. R. 213-15.*

Si l'associé démissionnaire présente un nouvel associé solvable et acceptant, cette autorisation ne peut être refusée que pour un motif sérieux et légitime. L'assemblée générale n'est pas tenue d'accepter comme associé la personne proposée par le démissionnaire et peut accepter sa démission en agréant une autre personne sans avoir à motiver sa décision.

En cas de refus injustifié, la démission peut être autorisée par le tribunal saisi dans le délai d'un mois à compter de la notification du refus.

L'exclusion d'un associé ne peut être prononcée par l'assemblée générale que pour un motif sérieux et légitime et sous réserve du recours de l'intéressé devant le tribunal de grande instance du lieu de la situation de l'immeuble, dans le délai d'un mois à compter du jour où il a reçu notification de cette décision. Le jugement sera exécutoire par provision. Les dispositions du présent alinéa ne sont pas applicables dans le cas prévu à l'article L. 213-10, deuxième alinéa.

La démission ou l'exclusion d'un associé entraîne de plein droit la résolution du contrat de vente passé conformément à l'article L. 213-5. Toutefois, cette résolution est inopposable aux tiers qui, avec le consentement de la société, ont acquis des sûretés réelles du chef de l'associé sur les biens faisant l'objet du contrat résolu et ont régulièrement publié ces sûretés. Les sommes versées par cet associé, tant au titre de la libération de ses parts sociales qu'au titre du contrat de vente de l'immeuble à construire si ce contrat a été passé, sont remboursées à cet associé, après déduction des charges et frais occasionnés à la société par la démission ou l'exclusion de l'associé. L'appréciation du montant à rembourser peut faire l'objet d'une évaluation forfaitaire faite par les statuts.

En cas de démission ou d'exclusion d'un associé, les autres associés sont tenus, jusqu'à son remplacement, de toutes ses obligations à l'égard de la société proportionnellement à la valeur de leur lot par rapport à la valeur de l'ensemble.

Pendant l'opération de construction, les droits sociaux ne peuvent faire l'objet d'aucune cession volontaire entre vifs à titre onéreux. Il en est de même, le cas échéant, des droits de toute nature résultant de ventes en état futur d'achèvement ou à terme. – *V. art. R. 213-16.*

COMMENTAIRE

1. Démission d'un associé

Dès que les travaux sont commencés et jusqu'à leur achèvement, la démission d'un associé doit être autorisée par l'assemblée générale. Si l'associé démissionnaire présente un nouvel associé solvable, l'assemblée ne peut refuser la démission sans motif valable. Mais elle garde la possibilité de substituer son propre candidat, ceci permettant d'éviter que la démission ne soit un procédé détourné de spéculation.

2. Effets de la démission et de l'exclusion

Ces événements entraînent immédiatement pour les autres associés l'obligation de faire face aux engagements du retrayant et d'opérer le remboursement des sommes versées. S'il s'agit d'une coopérative de vente, la démission ou l'exclusion entraîne de plein droit la résolution du contrat de vente. Toutefois, cette résolution sera inopposable aux tiers qui, avec le consentement de la société, ont acquis du chef du retrayant des sûretés réelles régulièrement publiées. Si le bien faisant retour dans le patrimoine de la société est grevé d'inscriptions, il en sera tenu compte pour fixer le montant des sommes remboursées à l'associé (art. R. 213-16).

3. Cession des droits sociaux pendant la période de construction

Les cessions volontaires de droits sociaux réalisées entre vifs sont interdites pendant la période de construction. L'associé qui souhaite se retirer ne peut donc que présenter sa démission. ❑

Exclusion de l'associé. L'exclusion, qui peut être prononcée pour motif sérieux et légitime, peut intervenir même en dehors de la période de construction. L'associé exclu doit être convoqué à l'assemblée générale pour présenter sa défense. • Com. 15 nov. 1976 : *RDI 1979. 83, obs. Saint-Alary, Groslière et Jestaz.*

Art. L. 213-12 **Dans le cas visé à l'article L. 213-10, tout associé peut se retirer de la société et obtenir l'attribution en propriété de son lot, lorsque l'assemblée générale ordinaire a constaté l'achèvement de l'opération de construction ainsi que la conformité du ou des immeubles aux prévisions statutaires et qu'elle a statué sur les comptes définitifs. A défaut, tout associé peut demander au tribunal de grande instance de constater cet achèvement et de statuer sur lesdits comptes.** – *V. art. R. 213-17.*

COMMENTAIRE

Dès lors que l'assemblée a constaté l'achèvement de l'immeuble, conforme aux prévisions statutaires et statué sur les comptes définitifs, tout associé peut se retirer et demander l'attribution de son lot. Si l'assemblée ne se prononçait pas, tout associé pourrait demander au tribunal de grande instance d'opérer ces constatations. L'article R. 213-17 précise que le retrait d'un associé entraîne l'annulation de ses parts ou actions et la réduction corrélative du capital social. Il n'est pas prévu, pour les sociétés coopératives d'attribution, la dissolution et le partage comme pour les sociétés non coopératives. Dans la mesure où la loi ne l'interdit pas, on peut prévoir cette procédure dans les statuts. ❑

Art. L. 213-13 **Par dérogation à l'article 9 de la loi du 10 septembre 1947, chaque associé dispose d'un nombre de voix proportionnel au prix de revient de son lot par rapport au prix de revient de l'ensemble quand il y a lieu de décider une exclusion ou d'autoriser une démission.**

Par dérogation à l'article 8 de la loi du 10 septembre 1947, les sociétés coopératives de construction constituées sous la forme civile et qui font appel, à titre de prestataire de services, à un organisme d'habitations à loyer modéré peuvent prévoir que le gérant de la société sera désigné dans les statuts.

Art. L. 213-14 Les conditions de la garantie prévue à l'article L. 213-4, alinéa 1er, les conditions de l'autorisation prévue à l'article L. 213-11, alinéa 1er, les limites et conditions de l'évaluation forfaitaire prévue à l'article L. 213-11, alinéa 5, les modalités du retrait prévu à l'article L. 213-12 sont fixées par décret en Conseil d'État. *– V. art. R. 213-1 s.*

Art. L. 213-15 Les dispositions du présent chapitre sont d'ordre public.

CHAPITRE IV DISPOSITIONS PARTICULIÈRES COMMUNES AUX SOCIÉTÉS CONSTITUÉES EN VUE DE L'ATTRIBUTION D'IMMEUBLES AUX ASSOCIÉS PAR FRACTIONS DIVISES ET AUX SOCIÉTÉS COOPÉRATIVES DE CONSTRUCTION

SECTION PREMIÈRE SOCIÉTÉS DE CONSTRUCTION POURSUIVANT PLUSIEURS PROGRAMMES

Art. L. 214-1 Lorsqu'une société mentionnée à l'article L. 212-1 ou à l'article L. 213-1 ne poursuit pas simultanément la construction de l'ensemble des logements répondant à son objet, ses statuts peuvent prévoir que les appels de fonds supplémentaires nécessaires pour la réalisation de chaque programme, y compris la participation à toutes dépenses d'intérêt commun, seront répartis entre les seuls associés ayant vocation aux logements construits dans le cadre de chacun desdits programmes.

Art. L. 214-2 A défaut de dispositions statutaires, une assemblée spéciale des associés dont les parts ou actions donnent vocation à l'attribution de logements compris dans un même programme, convoqués, soit par le conseil d'administration ou la gérance de la société, soit par l'associé le plus diligent, peut décider, sous réserve des dispositions des alinéas suivants, que les appels de fonds visés à l'article précédent seront répartis comme il est dit audit article.

L'assemblée spéciale ne statue valablement que si les deux tiers au moins des associés ayant vocation aux logements compris dans le programme sont présents ou représentés. Les décisions sont prises à la majorité des voix, chaque associé disposant du nombre de voix qui lui est attribué par les statuts de la société.

En outre, les décisions de l'assemblée spéciale doivent, pour être valables, être approuvées par une assemblée générale de tous les associés statuant dans les conditions de quorum et de majorité requises pour les modifications statutaires. Cette assemblée est réunie par le conseil d'administration ou la gérance de la société dans le délai d'un mois à compter de l'assemblée spéciale ; elle apporte aux statuts des modifications correspondantes.

La répartition entre les divers associés de leurs créances ou dettes à l'égard de la société est effectuée par le conseil d'administration ou la gérance de la société. Cette répartition ne devient définitive qu'après avoir été approuvée par une assemblée générale ordinaire des associés, qui doit être réunie par le conseil d'administration ou la gérance dans le délai d'un an à compter de l'assemblée générale extraordinaire prévue au troisième alinéa du présent article.

Art. L. 214-3 Les membres des sociétés visées aux articles L. 214-1 et L. 214-2 ci-dessus, dont les parts ou actions donnent vocation à l'attribution de logements compris dans un même programme, peuvent, réunis en assemblée spéciale convoquée et statuant dans les conditions définies à l'article L. 214-2, demander la convocation d'une assemblée générale de tous les associés à l'effet de décider :

Soit la dissolution de la société et la dévolution de son actif à plusieurs sociétés nouvelles constituées conformément aux dispositions de l'article L. 212-1 et de l'article L. 213-1 ;

Soit l'apport d'un ou plusieurs éléments d'actif à une ou plusieurs sociétés constituées comme il est dit ci-dessus.

Dans ce cas, l'assemblée générale doit être réunie par le conseil d'administration ou la gérance de la société dans le délai d'un mois à compter de l'assemblée spéciale. Cette assemblée générale statue dans les conditions de quorum et de majorité requises pour les modifications statutaires.

Art. L. 214-4 Les sociétés nouvelles prennent en charge l'intégralité du passif correspondant aux divers éléments d'actif de la société ancienne qui leur est dévolu ou apporté. Elles sont réputées, chacune en ce qui la concerne, avoir le même objet que la société ancienne dont elles assurent la continuation.

Dans le partage des titres reçus par la société ancienne, les associés reçoivent les parts ou actions des sociétés nouvelles correspondant au logement auquel ils avaient vocation.

Si le capital d'une ou plusieurs sociétés nouvelles est divisé en actions, les actions d'apport attribuées à la société ancienne sont, par dérogation à l'article 279 de la loi nº 66-537 du 24 juillet 1966, immédiatement négociables, même si le capital de la société ancienne n'est pas divisé en actions ou si elle a moins de deux ans d'existence.

Art. L. 214-5 Lorsque les projets d'aménagement des ensembles d'habitations entrepris ou réalisés par la société comportent des ouvrages d'intérêt commun à plusieurs des sociétés nouvelles, la société ancienne ne peut être dissoute qu'après qu'un syndicat de copropriétaires a été établi par un règlement de copropriété ou qu'une association syndicale régie par *(Ord. nº 2004-632 du 1er juill. 2004, art. 61-II)* « l'ordonnance nº 2004-632 du 1er juillet 2004 relative aux associations syndicales de propriétaires » ait été constituée pour assurer l'entretien et, le cas échéant, l'exécution desdits ouvrages.

SECTION II CONSEIL DE SURVEILLANCE

COMMENTAIRE

Les dispositions des articles L. 214-6 à L. 214-9 sont applicables aux sociétés civiles immobilières d'accession progressive à la propriété (V. art. L. 443-6-8 issu de l'art. 34, loi nº 2006-872 du 13 juill. 2006 portant engagement national pour le logement). ❑

Art. L. 214-6 Dans les sociétés qui, d'après la législation en vigueur, ne comportent ni conseil d'administration, ni conseil de surveillance, il est institué un conseil de surveillance composé de deux associés au moins, désignés annuellement par une assemblée générale des associés statuant à une majorité représentant au moins la moitié du capital.

Art. L. 214-7 Les administrateurs ou gérants des sociétés régies par le chapitre II ou le chapitre III du présent titre sont tenus de rendre compte au conseil de surveillance ou, s'il s'agit d'une société constituée sous la forme anonyme, au conseil

d'administration, des résultats des appels à la concurrence et des projets de marchés à passer avec les entrepreneurs pour les travaux de construction.

Ils doivent, en outre, rendre compte de leur gestion au conseil de surveillance ou au conseil d'administration aussi souvent que la bonne marche de la société l'exige et, en tout cas, tous les trois mois.

Le conseil de surveillance peut se faire assister d'un expert-comptable. Il peut, en outre, convoquer l'assemblée générale ; il doit le faire si cette convocation est demandée par des associés représentant le quart au moins du capital social.

Art. L. 214-8 **L'article L. 214-7 est applicable aux sociétés existant le 16 novembre 1954 à l'expiration d'un délai de quatre mois à compter du 17 mars 1955. Les autres dispositions de la présente section ne leur sont pas applicables.**

Art. L. 214-9 **Les dispositions des articles L. 214-6 à L. 214-8 ci-dessus cessent d'être applicables à partir de la liquidation définitive des comptes de l'opération de construction constatés par l'assemblée générale.**

CHAPITRE V SOCIÉTÉS ANONYMES COOPÉRATIVES D'INTÉRÊT COLLECTIF POUR L'ACCESSION À LA PROPRIÉTÉ

(Ord. no 2006-1048 du 25 août 2006, art. 1er)

V. Rapport relatif à l'Ord. no 2006-1048 du 25 août 2006 relative aux sociétés anonymes coopératives d'intérêt collectif pour l'accession à la propriété (JO 26 août).

BIBL. GÉN. ▶ DELPECH, *D. 2007. 7* (le statut de la société anonyme d'intérêt collectif pour l'accession à la propriété déjà modifiée).

COMMENTAIRE

Le but de la réforme poursuivie dans le cadre de l'ordonnance du 25 août 2006 est de renouveler le statut des sociétés anonymes de crédit immobilier (SACI), pour en faire des outils efficaces dans le domaine de l'accession sociale à la propriété ; les nouvelles sociétés issues de cette modification sont dénommées « **sociétés anonymes coopératives d'intérêt collectif pour l'accession à la propriété** » (SACICAP).

Ces sociétés sont soumises au statut de la coopération défini par la loi no 47-1775 du 10 sept. 1947 modifiée.

Les sociétés anonymes de crédit immobilier, actuellement au nombre de 58, font ainsi l'objet d'une transformation devant s'achever le 31 décembre 2007 : à cette date, ces sociétés soumises aux dispositions des articles L. 422-4 et suivants du présent code seront dissoutes de plein droit.

L'objet principal de ces sociétés anonymes coopératives d'intérêt collectif est l'accession à la propriété et elles n'ont plus, comme les SACI, la qualité d'établissements de crédit.

Les bénéficiaires des opérations menées par ces sociétés sont les personnes dont les ressources n'excèdent pas les plafonds exigés pour bénéficier des prêts dits « à taux zéro » (*V. art. R. 318-4*).

La réforme consacre un fort ancrage local se traduisant par une compétence territoriale et la présence des collectivités territoriales et d'organisme HLM (*Rép. min. no 85343 : JOAN Q 20 juin 2006, p. 6579*). ❑

● SECTION PREMIÈRE **OBJET DES SOCIÉTÉS ANONYMES COOPÉRATIVES D'INTÉRÊT COLLECTIF POUR L'ACCESSION À LA PROPRIÉTÉ**

(Ord. no 2006-1048 du 25 août 2006, art. 1er)

Art. L. 215-1 **Les sociétés anonymes coopératives d'intérêt collectif pour l'accession à la propriété ont pour objet :**

I. – A titre principal, de réaliser toutes opérations d'accession à la propriété de l'habitat destinées à des personnes dont les revenus sont inférieurs aux plafonds de ressources mentionnés à l'article 244 *quater* J du code général des impôts.

II. – A titre subsidiaire, de réaliser, notamment dans un objectif de mixité sociale, toutes opérations d'aménagement destinées en tout ou partie à des opérations d'habitat ainsi que toutes opérations de constructions, de rénovation et de prestations de services liées à l'habitat.

Elles ne peuvent détenir un patrimoine locatif sauf lorsque celui-ci est nécessaire à l'accomplissement des activités mentionnées *(L. no 2006-1615 du 18 déc. 2006)* **« au I ».**

COMMENTAIRE

Si l'objet principal de ces sociétés est de favoriser l'accession à la propriété, elles peuvent, à titre subsidiaire, exercer des compétences d'aménageurs et de prestataires de services dans les domaines de l'habitat. ❑

Art. L. 215-1-1 *(L. no 2006-1615 du 18 déc. 2006)* **Les sociétés anonymes coopératives d'intérêt collectif pour l'accession à la propriété peuvent détenir, directement ou indirectement, des participations dans des sociétés, quelle qu'en soit la forme, ayant pour objet soit la réalisation de toutes opérations d'habitat et prestations de services liées à l'habitat ainsi que de toutes opérations d'aménagement destinées en tout ou partie à des opérations d'habitat, soit de fournir à toute personne des produits et services bancaires et leurs accessoires concourant aux opérations liées à l'habitat.**

Les participations ainsi détenues, le cas échéant conjointement avec d'autres sociétés anonymes coopératives d'intérêt collectif pour l'accession à la propriété, doivent être supérieures au tiers du capital de la société intéressée. Toutefois, cette règle ne s'applique pas aux participations dans des sociétés d'habitations à loyer modéré *(L. no 2009-323 du 25 mars 2009, art. 104)* **« , des sociétés d'économie mixte de construction et de gestion de logements sociaux ou d'autres sociétés anonymes coopératives d'intérêt collectif pour l'accession à la propriété ».**

V. Circ. du 28 mai 2009 relative à la L. no 2009-323 du 25 mars 2009. – Dispositions diverses (BOMEEDDM no 2009/12, p. 53).

COMMENTAIRE

Ces sociétés n'ont plus la qualité d'établissement de crédit et par conséquent n'exercent plus d'activité directe en matière de distribution des prêts immobiliers, mais elles peuvent prendre des participations dans des sociétés dont l'objet peut être de fournir des produits et services bancaires destinés à la réalisation d'opérations liées à l'habitat. ❑

Loi no 2006-1615 du 18 décembre 2006,

Ratifiant l'ordonnance no 2006-1048 du 25 août 2006 relative aux sociétés anonymes coopératives d'intérêt collectif.

Art. 3 Les établissements de crédit dans lesquels les sociétés anonymes coopératives d'intérêt collectif pour l'accession à la propriété détiennent directement ou indirectement une participation et sur lesquels le Crédit immobilier de France développement exerce un contrôle au sens de l'article L. 233-3 du code de commerce forment un réseau ayant pour organe central, au sens de l'article L. 511-30 du code monétaire et financier, le Crédit immobilier de France développement, à la condition que la majorité du capital de cet établissement soit détenu conjointement par des sociétés anonymes coopératives d'intérêt collectif pour l'accession à la propriété.

Art. L. 215-1-2 *(L. nº 2006-1615 du 18 déc. 2006)* **Toute société anonyme coopérative d'intérêt collectif pour l'accession à la propriété est tenue d'employer chaque année une somme au moins égale au tiers du bénéfice distribuable du dernier exercice au financement d'opérations qu'elle conçoit et réalise elle-même ou par ses filiales dans le domaine de l'habitat en faveur de personnes aux ressources modestes, selon des orientations définies par convention avec l'État.**

A cette fin, elle constitue au titre de chaque exercice, à concurrence de la somme ainsi calculée, une réserve de disponibilités dont l'utilisation doit être conforme aux prescriptions du premier alinéa. Une annexe au rapport de gestion de la société anonyme coopérative d'intérêt collectif pour l'accession à la propriété indique le montant de la réserve en fin d'exercice et détaille les opérations financées.

COMMENTAIRE

Il est obligatoire, pour ces sociétés, de constituer, au titre de chaque exercice, une réserve de disponibilités pour un montant correspondant au moins au tiers du bénéfice distribuable du dernier exercice. Cette réserve doit leur permettre de financer ou de réaliser directement, ou par leurs filiales, des opérations dans le domaine de l'habitat, en faveur de personnes aux ressources modestes.

Art. L. 215-2 **L'activité des sociétés anonymes coopératives d'intérêt collectif pour l'accession à la propriété s'exerce sur le territoire de la région où est situé leur siège social.**

L'autorité administrative peut toutefois autoriser, par un agrément spécial délivré après avis de l'Union d'économie sociale pour l'accession à la propriété mentionnée à l'article L. 215-5, une société à étendre son activité au-delà des limites de la région.

Les sociétés anonymes coopératives d'intérêt collectif pour l'accession à la propriété et leurs filiales peuvent participer avec des organismes d'habitations à loyer modéré et des sociétés d'économie mixte exerçant une activité de construction ou de gestion de logements sociaux à des actions de coopération ou à des groupements constitués en vue d'une mise en commun de moyens ou de la mise en œuvre d'un service commun.

SECTION II ORGANISATION DES SOCIÉTÉS ANONYMES COOPÉRATIVES D'INTÉRÊT COLLECTIF POUR L'ACCESSION À LA PROPRIÉTÉ

(Ord. nº 2006-1048 du 25 août 2006, art. 1er)

Art. L. 215-3 *(L. nº 2006-1615 du 18 déc. 2006)* **« Les sociétés anonymes coopératives d'intérêt collectif pour l'accession à la propriété sont régies par le titre II *ter* de la loi nº 47-1775 du 10 septembre 1947 portant statut de la coopération et par le présent chapitre. »**

(Ord. n° 2006-1048 du 25 août 2006, art. 1er) **« Les trois derniers alinéas de l'article 11, l'article 11 *bis*, l'article 17 et les articles 19 *sexdecies* à 19 *tervicies* de la loi du 10 septembre 1947 ne sont pas applicables aux sociétés anonymes coopératives d'intérêt collectif pour l'accession à la propriété. »**

(L. n° 2006-1615 du 18 déc. 2006) **« Les sociétés anonymes coopératives d'intérêt collectif pour l'accession à la propriété doivent avoir pour associés :**

« – leurs salariés ;

« – les bénéficiaires des opérations d'accession à la propriété de l'habitat mentionnées au I de l'article L. 215-1 ;

« – des collectivités territoriales ou leurs groupements dont le ressort territorial est compris dans la région où elles ont leur siège ;

« – des organismes d'habitations à loyer modéré ayant compétence pour intervenir dans la même région.

« Elles peuvent également admettre comme associés :

« – toute personne physique souhaitant participer bénévolement à leur activité ;

« – toute personne contribuant par tout autre moyen à la réalisation de leurs objectifs.

« Le dernier alinéa de l'article 19 *septies* de la loi n° 47-1775 du 10 septembre 1947 précitée n'est pas applicable aux sociétés anonymes coopératives d'intérêt collectif pour l'accession à la propriété. »

COMMENTAIRE

Les sociétés anonymes coopératives d'intérêt collectif pour l'accession à la propriété sont, **sous certaines réserves**, soumises au **statut de la coopération** défini par la loi n° 47-1775 du 10 sept. 1947 modifiée : en particulier, les dispositions du deuxième alinéa interdisent de prévoir la distribution de parts à avantages particuliers ou à intérêt prioritaire, l'émission de certificats coopératifs d'investissement et de certificats coopératifs d'associés, le prélèvement sur les réserves ou sur les résultats futurs des sommes nécessaires pour parfaire l'intérêt statutaire en cas d'insuffisance des résultats d'un exercice.

Art. L. 215-4 *(Ord. n° 2006-1048 du 25 août 2006, art. 1er)* **Les statuts de la société anonyme coopérative d'intérêt collectif pour l'accession à la propriété répartissent les associés de la société en plusieurs collèges.**

L'un de ces collèges comprend des organismes d'habitations à loyer modéré, un autre des collectivités territoriales et leurs groupements. Chacun de ces deux collèges peut comporter des associés représentant d'autres catégories à condition toutefois que ces organismes et ces collectivités ou groupements disposent de la majorité des voix au sein de leur collège respectif.

S'il y a lieu, un autre collège est composé des sociétés anonymes coopératives d'intérêt collectif pour l'accession à la propriété ou des sociétés détenues majoritairement et de façon conjointe par des sociétés anonymes coopératives d'intérêt collectif pour l'accession à la propriété, à l'exception des sociétés d'habitation à loyer modéré.

(L. n° 2006-1615 du 18 déc. 2006) **« Les statuts attribuent 50 % des droits de vote en assemblée générale à l'un des collèges ou à un groupe de collèges dont les associés qui les composent se sont engagés par convention à ce qu'ils s'expriment d'une seule voix dans les assemblées générales de la société. »**

Si le collège composé de sociétés anonymes coopératives d'intérêt collectif pour l'accession à la propriété ou de sociétés détenues majoritairement et de façon conjointe par elles est constitué, il ne peut détenir plus de *(L. n° 2006-1615 du 18 déc. 2006)* **« 20 % » des droits de vote à l'assemblée générale.**

SECTION III UNION D'ÉCONOMIE SOCIALE POUR L'ACCESSION À LA PROPRIÉTÉ

(Ord. nº 2006-1048 du 25 août 2006, art. 1er)

Art. L. 215-5 *(L. nº 2006-1615 du 18 déc. 2006)* « L'Union d'économie sociale pour l'accession à la propriété est régie par le titre II *bis* de la loi nº 47-1775 du 10 septembre 1947 précitée.

« Elle doit avoir pour associés les sociétés anonymes coopératives d'intérêt collectif pour l'accession à la propriété et l'Union des fédérations d'organismes d'habitations à loyer modéré. »

(Ord. nº 2006-1048 du 25 août 2006, art. 1er) « Les sociétés anonymes coopératives d'intérêt collectif pour l'accession à la propriété disposent d'au moins 90 % des droits de vote aux assemblées générales de l'Union d'économie sociale pour l'accession à la propriété, répartis à parts égales entre elles. »

Art. L. 215-6 *(Ord. nº 2006-1048 du 25 août 2006, art. 1er)* Les statuts de l'Union d'économie sociale pour l'accession à la propriété sont approuvés par décret en Conseil d'État. – *[V. Décr. nº 2007-1595 du 9 nov. 2007, art. 3 et Annexe 1].*

L'Union d'économie sociale pour l'accession à la propriété ne peut détenir, directement ou indirectement, aucune part sociale dans une société anonyme coopérative d'intérêt collectif pour l'accession à la propriété ou dans une société détenue majoritairement ou de façon conjointe par des sociétés anonymes coopératives d'intérêt collectif pour l'accession à la propriété.

L'Union est administrée par un conseil d'administration comprenant quinze membres au plus dont douze au moins désignés par les sociétés anonymes coopératives d'intérêt collectif pour l'accession à la propriété et un membre désigné par l'Union des fédérations d'organismes d'habitations à loyer modéré si celle-ci en fait la demande.

Art. L. 215-7 *(Ord. nº 2006-1048 du 25 août 2006, art. 1er)* L'Union d'économie sociale pour l'accession à la propriété représente les intérêts communs des sociétés anonymes coopératives d'intérêt collectif pour l'accession à la propriété, notamment auprès des pouvoirs publics. A ce titre, elle passe toute convention avec l'État définissant les objectifs et les conditions d'exercice de l'activité de ces sociétés en faveur de l'accession sociale à la propriété ainsi que les modalités de contrôles nécessaires à la bonne exécution de la convention.

L'Union d'économie sociale pour l'accession à la propriété veille à la mise en œuvre de ces conventions. A cet effet, elle adresse aux sociétés anonymes coopératives d'intérêt collectif pour l'accession à la propriété des recommandations pour la bonne application de ces conventions. Elle remet un rapport annuel à l'autorité administrative sur l'exécution des conventions.

L'Union d'économie sociale pour l'accession à la propriété donne, en considération des objectifs définis dans les conventions mentionnées au premier alinéa, un avis conforme aux prises ou cessions de participations directes ou indirectes par les sociétés anonymes coopératives d'intérêt collectif pour l'accession à la propriété dans des sociétés.

(L. nº 2006-1615 du 18 déc. 2006) « L'Union d'économie sociale pour l'accession à la propriété veille au respect de l'article L. 215-1-2 par les sociétés anonymes coopératives d'intérêt collectif pour l'accession sociale à la propriété. A ce titre, elle passe toute convention avec l'État définissant les modalités de contrôle du montant et de l'utilisation de la réserve de disponibilités, mentionnée au second alinéa de l'article L. 215-1-2, constituée par chaque société anonyme coopérative d'intérêt collectif pour l'accession à la propriété.

« Lorsqu'une société anonyme coopérative d'intérêt collectif pour l'accession à la propriété n'utilise pas, pendant deux exercices successifs, tout ou partie de la réserve

mentionnée au second alinéa de l'article L. 215-1-2 dans les conditions prévues au premier alinéa du même article, les sommes non utilisées sont attribuées, sur proposition de l'Union d'économie sociale pour l'accession à la propriété et avec l'accord de l'autorité administrative, à une autre société anonyme coopérative d'intérêt collectif pour l'accession à la propriété. Cette société doit employer les sommes ainsi attribuées aux fins prévues à l'article L. 215-1-2 en supplément de ses propres obligations résultant de cet article. »

COMMENTAIRE

Si une société n'utilise pas, pendant deux exercices consécutifs, les réserves de disponibilités constituées conformément aux dispositions de l'article L. 215-1-2, ces sommes seront attribuées à une autre société anonyme coopérative d'intérêt collectif pour l'accession à la propriété, laquelle devra les affecter à l'un des objectifs définis par ce même texte. ❑

● SECTION IV **CONTRÔLE ADMINISTRATIF ET SANCTIONS**

(Ord. nº 2006-1048 du 25 août 2006, art. 1er)

Art. L. 215-8 Les sociétés anonymes coopératives d'intérêt collectif pour l'accession à la propriété sont agréées par l'autorité administrative après avis de l'Union d'économie sociale pour l'accession à la propriété. Ne peut être agréée la société qui ne comprend pas au nombre de ses associés au moins une collectivité territoriale ou un groupement de collectivités territoriales et un organisme d'habitations à loyer modéré pour former les collèges mentionnés au deuxième alinéa de l'article L. 215-4.

(L. nº 2006-1615 du 18 déc. 2006) **« En cas de changement du collège ou du groupe de collèges disposant de 50 % des droits de vote dans les conditions prévues à l'article L. 215-4, la société doit obtenir un nouvel agrément. »**

La perte d'agrément entraîne la dissolution de la société anonyme coopérative d'intérêt collectif pour l'accession à la propriété. Le boni de liquidation est attribué, par l'autorité administrative, sur proposition de l'Union d'économie sociale pour l'accession à la propriété à une ou plusieurs sociétés anonymes coopératives d'intérêt collectif pour l'accession à la propriété.

COMMENTAIRE

Ces sociétés font l'objet d'un agrément délivré par l'autorité administrative, après avis de l'Union d'économie sociale pour l'accession à la propriété.

Ces sociétés sont soumises à un contrôle et à des sanctions selon un régime comparable à celui des organismes d'HLM. ❑

Art. L. 215-9 Les sociétés anonymes coopératives d'intérêt collectif pour l'accession à la propriété sont soumises au contrôle de l'administration qui s'assure du respect des dispositions du présent chapitre et des conventions passées avec l'État par ces sociétés ou par l'Union d'économie sociale pour l'accession à la propriété.

(L. nº 2006-1615 du 18 déc. 2006) **« Pour s'assurer du respect des conventions passées avec l'État par l'Union d'économie sociale pour l'accession à la propriété ou par une société anonyme coopérative d'intérêt collectif pour l'accession à la propriété », l'administration peut étendre ses investigations aux sociétés et organismes dans lesquelles la société détient une participation directe ou indirecte ainsi qu'aux sociétés détenues majoritairement et de façon conjointe par cette société et d'autres sociétés anonymes coopératives d'intérêt collectif pour l'accession à la propriété, à l'exception de celles de ces filiales ou sociétés qui sont soumises au contrôle de** *(Ord. nº 2010-76 du 21 janv. 2010, art. 18)* **« l'Autorité de contrôle prudentiel ».**

Le contrôle s'exerce sur pièces ou sur place. Les agents chargés du contrôle sur place sont des agents de l'État habilités à cet effet de façon permanente ou temporaire par décision de l'autorité administrative.

La société contrôlée et l'Union d'économie sociale pour l'accession à la propriété sont averties du contrôle sur place dont la société fait l'objet avant l'engagement des opérations. Les agents chargés du contrôle ont accès à tous documents, renseignements ou justificatifs et peuvent en prendre copie aux frais de la société.

Lorsque le contrôle de l'administration s'est conclu par un rapport, celui-ci est communiqué au président du conseil d'administration *(L. no 2006-1615 du 18 déc. 2006)* « ou du directoire » de la société qui dispose d'un mois pour présenter ses observations. Le rapport est également communiqué à l'Union d'économie sociale pour l'accession à la propriété.

Art. L. 215-10 Si une société anonyme coopérative d'intérêt collectif pour l'accession à la propriété méconnaît les dispositions législatives ou réglementaires applicables à son activité ou ne respecte pas les engagements pris dans des conventions passées avec l'État par elle ou l'Union d'économie sociale pour l'accession à la propriété, l'autorité administrative peut suspendre *(L. no 2006-1615 du 18 déc. 2006)* « le conseil d'administration ou le conseil de surveillance et le directoire, ou ce dernier seulement, » et nommer un administrateur provisoire, jusqu'à la prochaine assemblée générale et au maximum pour un an.

En cas de manquements graves et réitérés d'une société anonyme coopérative d'intérêt collectif pour l'accession à la propriété à son objet social ou de fautes lourdes ou de carence persistante, l'autorité administrative peut prononcer la dissolution de la société et nommer un liquidateur. Le boni de liquidation est attribué, par l'autorité administrative, sur proposition de l'Union d'économie sociale à une ou plusieurs sociétés anonymes coopératives d'intérêt collectif pour l'accession à la propriété.

Préalablement à toute sanction, l'autorité administrative recueille l'avis de l'Union d'économie sociale pour l'accession à la propriété et invite la société en cause à présenter ses observations.

L'autorité administrative informe sans délai l'Union sociale pour l'accession à la propriété de toute sanction qu'elle prononce.

Ordonnance no 2006-1048 du 25 août 2006,

Relative aux sociétés anonymes coopératives d'intérêt collectif pour l'accession à la propriété.

Art. 2 Les sociétés anonymes de crédit immobilier définies aux articles L. 422-4 du code de la construction et de l'habitation disposent d'un délai expirant le 31 décembre 2007 pour se transformer en adoptant les statuts prévus aux articles L. 215-3 et L. 215-4 du code de la construction et de l'habitation résultant de la présente ordonnance et en obtenant l'agrément administratif selon les modalités fixées à l'article L. 215-8 du même code.

Les sociétés anonymes coopératives d'intérêt collectif pour l'accession à la propriété issues de la transformation des sociétés anonymes de crédit immobilier leur succèdent dans l'ensemble de leurs droits et obligations.

Les sociétés anonymes de crédit immobilier qui n'ont pas opéré leur transformation assortie de l'agrément administratif au 31 décembre 2007 sont dissoutes de plein droit et leurs actifs nets attribués par l'autorité administrative, après avis de l'Union d'économie sociale pour l'accession à la propriété, à une ou plusieurs sociétés anonymes coopératives d'intérêt collectif pour l'accession à la propriété.

L'autorité administrative mentionnée au présent art. est le ministre chargé du logement. L'avis de l'Union d'économie sociale pour l'accession à la propriété mentionné à ce même art. est réputé donné passé le délai d'un mois à compter de sa saisine (Décr. no 2007-1595 du 9 nov. 2007, art. 4).

Art. 3 La société anonyme coopérative d'intérêt collectif pour l'accession à la propriété issue de la transformation de la Société de crédit immobilier des chemins de fer exerce son activité au bénéfice des agents de la Société nationale des chemins de fer français et de leur famille. Sa compétence s'étend sur l'ensemble du territoire national.

(L. nº 2006-1615 du 18 déc. 2006) « Les troisième à septième alinéas de l'article L. 215-3, l'article L. 215-4, la seconde phrase du premier alinéa et le deuxième alinéa de l'article L. 215-8 du code de la construction et de l'habitation dans leur rédaction résultant de la présente ordonnance ainsi que les deuxième, troisième et quatrième alinéas de l'article 3 *bis*, l'article 9 et les articles 19 *septies* à 19 *tervicies*, à l'exception du quatrième alinéa de l'article 19 *nonies*, de la loi nº 47-1775 du 10 septembre 1947 précitée, ne sont pas applicables à cette société. »

Les décisions relatives aux participations de la *(L. nº 2006-1615 du 18 déc. 2006)* « Société de crédit immobilier des chemins de fer » et de la nouvelle société issue de sa transformation ne sont pas soumises aux avis et au contrôle de l'Union d'économie sociale pour l'accession à la propriété.

Art. 4 A compter de la publication de la présente ordonnance et jusqu'au 31 décembre 2007, les sociétés anonymes de crédit immobilier peuvent procéder à l'émission de titres nouveaux ayant vocation à constituer des parts sociales des sociétés anonymes coopératives d'intérêt collectif pour l'accession à la propriété. Les titres ainsi émis sont réservés aux catégories de collectivités, organismes et personnes appelés à constituer les collèges mentionnés à l'article L. 215-4 du code de la construction et de l'habitation résultant de la présente ordonnance. Chaque titre est émis pour sa valeur nominale.

Les opérations nécessaires à la constitution des collèges composant l'assemblée générale des sociétés anonymes coopératives d'intérêt collectif pour l'accession à la propriété peuvent donner lieu à cession d'actions ou rachat par la société en vue de leur annulation, moyennant un prix qui ne peut excéder le prix maximum calculé selon les dispositions de l'article L. 423-4 du code de la construction et de l'habitation.

Tout actionnaire qui, dans la période mentionnée au premier alinéa, souhaite céder ses titres en informe le président du conseil d'administration de la société. En l'absence d'acquéreur ou en l'absence d'agrément de l'acquéreur par le conseil d'administration dans le délai de deux mois suivant cette information, la société est tenue d'acquérir les titres en cause dans les conditions prévues à l'article L. 423-4 du code de la construction et de l'habitation.

Le mandat des dirigeants en fonction dans une société anonyme de crédit immobilier à la date de publication de la présente ordonnance est prorogé, sous réserve de l'application du quatrième alinéa de l'article L. 422-4-1 du même code, jusqu'à la désignation des nouveaux dirigeants de la société anonyme coopérative d'intérêt collectif pour l'accession à la propriété issue de sa transformation.

Art. 5 Lors de la transformation des sociétés anonymes de crédit immobilier en sociétés anonymes coopératives d'intérêt collectif pour l'accession à la propriété, les fonds propres de ces nouvelles sociétés qui ne sont pas nécessaires à l'accomplissement de leur objet social sont soumis à un prélèvement.

Le prélèvement prend la forme d'une contribution exceptionnelle à la politique nationale du logement pour un montant global de 500 millions d'euros. La contribution donne lieu à deux acomptes respectivement de 350 millions d'euros et de 150 millions d'euros acquittés auprès du receveur général des finances par la Chambre syndicale des sociétés anonymes de crédit immobilier au plus tard le 30 octobre 2006 pour le premier et au plus tard le 30 mars 2007 pour le second. Sur le premier acompte, une somme de 100 millions d'euros est affectée à l'Agence nationale pour la rénovation urbaine et une somme de 250 millions d'euros à la Caisse des dépôts et consignations. Le second acompte est affecté à l'Agence centrale des organismes de sécurité sociale pour le financement des aides au logement.

La chambre syndicale collecte les fonds nécessaires en appelant auprès de chaque société anonyme de crédit immobilier devant se transformer en société anonyme coopérative d'intérêt collectif pour l'accession à la propriété et auprès de chaque société ou organisme dont les titres de participation détenus par les sociétés anonymes de crédit immobilier doivent être transférés aux nouvelles sociétés, un prélèvement calculé à proportion du montant des capitaux propres figurant dans leurs comptes de 2005.

Les acomptes sont recouvrés sous les mêmes garanties et sanctions qu'en matière d'impôt sur les sociétés.

Le premier bilan des nouvelles sociétés anonymes coopératives d'intérêt collectif pour l'accession à la propriété prend en compte les prélèvements ainsi opérés.

Art. 6 Dans les deux mois suivant la publication de la présente ordonnance, les sociétés anonymes de crédit immobilier demandent le retrait de leur agrément en qualité d'établissement de crédit selon la procédure prévue à l'article L. 511-15 du code monétaire et financier. L'article L. 422-4-3 du code de la construction et de l'habitation ne s'applique pas au retrait d'agrément prononcé à la suite de cette demande.

Jusqu'au 31 décembre 2007, la Chambre syndicale des sociétés anonymes de crédit immobilier continue d'exercer, à l'égard des sociétés anonymes de crédit immobilier n'ayant pas opéré leur transformation en sociétés anonymes coopératives d'intérêt collectif pour l'accession à la propriété, les missions définies aux articles L. 511-31 et L. 511-32 du code monétaire et financier, comprenant notamment les opérations de gestion du fonds de garantie et les opérations de contrôle sur place assorties, le cas échéant, de mesures de sanction.

Au cours de la même période, elle agrée les augmentations de capital et les cessions de parts ou d'actions, les fusions et scissions, les prises de participation, les investissements et les cessions d'actifs intervenant en application de l'article 4 en vue de faciliter l'adoption des nouveaux statuts.

Elle exerce également jusqu'au 31 décembre 2007, à l'égard des sociétés anonymes coopératives d'intérêt collectif pour l'accession à la propriété nouvellement formées, les missions attribuées à l'Union d'économie sociale pour l'accession à la propriété par l'article L. 215-7 et le premier alinéa de l'article L. 215-8 du code de la construction et de l'habitation résultant de la présente ordonnance.

Pour l'exercice des missions définies aux articles L. 215-7 et L. 215-8 du code de la construction et de l'habitation et dans les limites de ses statuts, l'Union d'économie sociale pour l'accession à la propriété succède à compter du 1er janvier 2008 à la Chambre syndicale des sociétés anonymes de crédit immobilier dans ses droits et obligations. L'Union d'économie sociale pour l'accession à la propriété est membre de droit de l'Union des fédérations d'organismes d'habitations à loyer modéré.

Les mandats des membres des instances délibérantes, exécutives et de contrôle de la chambre syndicale, en fonction lors de la publication de la présente ordonnance sont prolongés jusqu'à la transformation de la chambre syndicale, nonobstant toute disposition relative à la durée des mandats ou à la limite d'âge.

TITRE DEUXIÈME PROMOTION IMMOBILIÈRE

BIBL. ► MALINVAUD, JESTAZ, JOURDAIN et TOURNAFOND, *Droit de la promotion immobilière, 8e éd. Dalloz, 2009.*

COMMENTAIRE

L'édification et la commercialisation d'une construction constituent une opération complexe qui globalement correspond à la notion de promotion immobilière.

Le législateur en créant le contrat de promotion immobilière dans le cadre de la loi du 16 juillet 1971, a entendu tout d'abord **moraliser les techniques juridiques** de la construction en élaborant un système de protection des candidats au logement. Comme l'exprimait Monsieur Lancereau (*Gaz. Pal. 1971. 2 Doctr. 1*) « ... telle la ligne Maginot qui n'allait pas jusqu'à la mer, les fortifications sur le front de la défense des acquéreurs que sont les dispositions de la loi du 3 janvier 1967, ne garantissaient qu'une formule d'accession à la propriété, la vente... l'objet principal de la loi no 71-579 du 16 juillet 1971 est donc de poursuivre et déterminer la construction de cette ligne Maginot... ». Pour introduire ce contrat dans notre droit positif, le législateur a procédé en deux temps. En premier lieu, il a introduit dans le code civil les articles 1831-1 à 5, qui institutionnalisent le contrat de promotion immobilière sans référence à la nature de l'immeuble. Ces dispositions concernent donc tous les immeubles, qu'ils soient à usage d'habitation ou autre. En second lieu, il a inséré dans le titre II de la loi du 16 juillet 1971 un chapitre qui contient en outre les règles applicables lorsque l'immeuble construit est à usage d'habitation.

Enfin, dès lors que l'immeuble construit par une société d'attribution ou une société coopérative relève du secteur protégé, il est fait obligation de recourir à un contrat de promotion immobilière. Ce contrat, bien que conçu pour recevoir une large application, n'est que peu utilisé : le promoteur, lié ou maître de l'ouvrage dans le cadre de ce contrat estimera en effet, et ceci surtout si l'immeuble construit relève du secteur protégé, que pèsent sur lui des contraintes trop importantes de responsabilité et garantie. C'est pourquoi **la pratique développe des procédés permettant de se dispenser de recourir à ce contrat :**

– plutôt que d'édifier elle-même l'immeuble correspondant à son objet, une société d'attribution le fera construire par une société civile de construction-vente,

– on assiste également au développement des contrats de délégation de maîtrise d'ouvrage de droit privé dans le cadre desquels un promoteur se chargera pour le compte du maître de l'ouvrage, de l'édification d'un immeuble, mais sans garantie de prix ni d'exécution des obligations des autres locateurs d'ouvrage. Ce contrat ne peut être valablement envisagé qu'en dehors du cadre d'ordre public du secteur protégé. ❑

CHAPITRE PREMIER DISPOSITIONS GÉNÉRALES

RÉP. CIV. vº *Promotion immobilière,* par H. PÉRINET-MARQUET.

BIBL. ▶ AZOULAI, Le contrat de promotion immobilière, étude théorique, *in Problèmes actuels de la promotion immobilière, p. 111 s.* – BERGEL, *J.-Cl. civ., art. 1831-1 à 1831-5.* – BRILLOIS, *Journ. not. et av., avr. 1971. 1161.* – GIVERDON, *Gaz. Pal. 1972. 1. 213.* – JESTAZ, *D. 1972. Chron. 177, nºs 128 s.* (vers un statut d'ensemble de la promotion immobilière). – MAGNIN, *LPA 27 mars 1995, nº 37, p. 21 ; ibid. 3 avr. 1995, nº 40, p. 11.* – MEYSSON et TIRARD, *JCP N 1975. I. 2687.* – RÉMY, *Gaz. Pal. 1974. 1. 490.* – THIBIERGE, Le contrat de promotion immobilière, étude pratique, *in Problèmes actuels de la promotion immobilière, p. 123 s.* – TIRARD, Le contrat de promotion immobilière, *JCP N 1971 I. 242. 4 ; RDI 1996. 453* (le domaine de la maîtrise d'ouvrage déléguée).

Art. L. 221-1 Ainsi qu'il est dit à l'article 1831-1 du code civil :

"Le contrat de promotion immobilière est un mandat d'intérêt commun par lequel une personne dite 'Promoteur immobilier' s'oblige envers le maître d'un ouvrage à faire procéder, pour un prix convenu, au moyen de contrats de louage d'ouvrage, à la réalisation d'un programme de construction d'un ou de plusieurs édifices ainsi qu'à procéder elle-même ou à faire procéder, moyennant une rémunération convenue, à tout ou partie des opérations juridiques, administratives et financières concourant au même objet. Ce promoteur est garant de l'exécution des obligations mises à la charge des personnes avec lesquelles il a traité au nom du maître de l'ouvrage. Il est notamment tenu des obligations résultant des articles 1792, 1792-1, 1792-2 et 1792-3 du présent code. – *La loi nº 78-12 du 4 janv. 1978 [qui a ajouté à l'art. 1831-1 C. civ. la dernière phrase du 1er al.], dont l'entrée en vigueur a été fixée au 1er janv. 1979, s'applique aux contrats relatifs aux chantiers dont la déclaration réglementaire d'ouverture a été établie postérieurement à cette date (L. préc., art. 14).*

"Si le promoteur s'engage à exécuter lui-même partie des opérations du programme, il est tenu, quant à ces opérations, des obligations d'un locateur d'ouvrage."

COMMENTAIRE

1. Le contrat de promotion immobilière est un mandat

Ce texte pose en principe que ce contrat est un mandat d'intérêt commun : cette définition fondamentale est le résultat des discussions qui ont conduit au vote de la loi du 16 juillet

1971. Le projet de loi qualifiait ce contrat de louage d'ouvrage. Cette double approche est concrétisée par la rédaction même de l'article L. 221-1, dont le dernier alinéa énonce que le promoteur pourra intervenir en tant que locateur d'ouvrage s'il s'engage à réaliser lui-même des actes matériels de construction.

En tant que mandat, le contrat de promotion est un mandat salarié, c'est-à-dire un contrat synallagmatique conclu à titre onéreux. Le promoteur en sa qualité de mandataire aura donc un pouvoir de représentation. Toutefois, le promoteur s'oblige envers le maître de l'ouvrage à procéder à la réalisation d'un programme de construction « pour un prix convenu ».

Jusqu'à l'entrée en vigueur de la loi no 90-1129 du 19 décembre 1990, relative au contrat de construction de maison individuelle, la détermination des champs d'application respectifs de ces deux contrats avait suscité de nombreuses discussions qui actuellement n'ont plus lieu d'être dès lors que l'ouvrage répond à la définition de l'article L. 231-1, lequel ne comporte plus de référence au contrat de promotion immobilière.

2. Les missions du promoteur

Le promoteur s'oblige vis-à-vis du maître de l'ouvrage à la réalisation d'un programme immobilier. Cette obligation est une obligation de résultat (V. note 4). L'article R. 222-9 traduit également cette idée selon laquelle le promoteur est tenu d'une obligation de résultat.

Afin d'assurer la réalisation du programme, le promoteur peut conclure, au nom du maître de l'ouvrage, des contrats de louage d'ouvrage. Mais l'alinéa 2 lui offre la possibilité de traiter lui-même avec le maître de l'ouvrage pour assurer une partie des opérations du programme.

Les opérations juridiques, administratives et financières énoncées à l'alinéa premier, pourront conduire le promoteur à déposer les différentes demandes d'autorisation d'occuper le sol, ainsi qu'à rechercher le financement nécessaire.

3. Le promoteur de fait

Outre les situations dans lesquelles les parties entendent conclure un tel contrat ou celles dans lesquelles le législateur impose d'y recourir (sociétés d'attribution et sociétés coopératives), la réalisation pratique du montage d'une opération immobilière peut conduire les intervenants à se placer dans la même situation que celle d'un maître de l'ouvrage traitant avec un promoteur. ❑

V. notes 1 et 2.

1. Notion de promoteur. Doit être qualifié de promoteur : le maître d'ouvrage qui fait entreprendre d'importants travaux de rénovation sur un immeuble qu'il revend par lots en s'engageant vis-à-vis des acquéreurs à les faire terminer. • Civ. 3e, 15 janv. 1997 : *pourvoi no 95-11.606* • 6 nov. 1985 : *RDI 1986. 212, obs. Groslière et Saint-Alary-Houin.* ♦ ... Celui qui réalise des investissements financiers dans l'opération. • Civ. 3e, 10 janv. 1984 : *RDI 1984. 424, obs. Groslière et Jestaz* • 14 oct. 1992 : *Bull. civ. III, no 272 ; Defrénois 1993. 779.* ♦ ... Ceci, à la condition d'en tirer un profit personnel. • Civ. 3e, 14 déc. 1982 : *Gaz. Pal. 1983. 1. Pan. 88.*

Le fait, pour une société, de vendre un château par appartements, puis de passer, au nom des acquéreurs, des marchés de travaux et de procéder à leur réception, s'analyse comme constituant un contrat de promotion immobilière. • Orléans, 19 janv. 2004 : *Constr.-Urb. 2004, no 98, obs. Sizaire.* ♦ Est promoteur de fait la société de défiscalisation immobilière qui conçoit le projet de restauration d'un immeuble et sa division par lots, qui est le seul interlocuteur des acquéreurs, qui saisit le géomètre et l'architecte, qui dépose elle-même la demande de DIA et sollicite les permis de construire. • Civ. 3e, 8 avr. 2009 : *Bull. civ. III, no 81 ; D. 2009. AJ 1205 ; Constr.-Urb. 2009, no 90, obs. C. Sizaire ; JCP 2009. 273, no 27, obs. Grosser ; Defrénois 2010. 233, chron. Périnet-Marquet ; RDI 2010. 103, note Heugas-Darraspen.*

2. D'une manière générale, est un promoteur le professionnel qui, moyennant une rémunération, prend l'initiative et le soin principal de l'affaire. • Civ. 3e, 19 nov. 1986 : *RDI 1987. 239 et 251* • 17 juin 1992 : *pourvoi no 19831.* ♦ Jugé cependant que n'a pas la qualité de promoteur le gérant d'une société de construction-vente qui ne dispose d'aucun mandat, • Paris, 29 juin 2007 : *Constr.-Urb. 2007, nº 179, obs. Sizaire.* ♦ ... Ni la personne qui n'a aucun pouvoir sur le choix de l'architecte et de l'entrepreneur. • Civ. 3e, 23 avr. 1986 : *Bull. civ. III, nº 52.*

3. Conséquence de la requalification. Le promoteur est garant, envers le maître de l'ouvrage, des vices cachés, dans les mêmes conditions que les entrepreneurs. • Civ. 3e, 12 juin 1985 : *D. 1987. 418, note J.-P. Rémery.* ♦ Il a également une obligation de résultat (V. note 4).

4. Obligation de résultat du promoteur. Le promoteur a une obligation de résultat. • Civ. 3e, 21 févr. 1978 : *Bull. civ. III, nº 87* • 2 mai 1978 : *ibid., nº 169* • 24 janv. 1979 : *ibid., nº 25* • 4 févr. 1986 : *Gaz. Pal. 1986. 2. Somm. 506, obs. Piedelièvre.* ♦ ... Notamment quant à la conformité du projet aux règles d'urbanisme. • Civ. 3e, 8 avr. 2009 : *préc. note 1.*

5. Distinctions. Contrat de maîtrise d'ouvrage déléguée. La convention relative à la construction d'une maison individuelle sur un terrain précisément désigné, qui ne confie aucune mission administrative et juridique aux professionnels, ne peut être qualifiée de contrat de promotion immobilière. Elle doit être qualifiée de contrat de maîtrise d'ouvrage déléguée. • Toulouse, 31 mars 2008 : *Constr.-Urb. 2008, nº 139, note Sizaire.*

6. Distinctions. Contrat d'entreprise. Ne constitue pas un contrat de construction de promotion immobilière le contrat ayant pour objet la construction d'un immeuble comportant quatre appartements, lorsque l'entrepreneur n'a pas eu la qualité de mandataire du maître de l'ouvrage pour l'intégralité de l'opération de construction. • Paris, 7 févr. 2008 : *Constr.-Urb. 2008, nº 77, note Sizaire.*

Art. L. 221-2 Ainsi qu'il est dit à l'article 1831-2 du code civil :

"Le contrat emporte pouvoir pour le promoteur de conclure les contrats, recevoir les travaux, liquider les marchés et généralement celui d'accomplir, à concurrence du prix global convenu, au nom du maître de l'ouvrage, tous les actes qu'exige la réalisation du programme.

"Toutefois, le promoteur n'engage le maître de l'ouvrage, par les emprunts qu'il contracte ou par les actes de disposition qu'il passe, qu'en vertu d'un mandat spécial contenu dans le contrat ou dans un acte postérieur.

"Le maître de l'ouvrage est tenu d'exécuter les engagements contractés en son nom par le promoteur en vertu des pouvoirs que celui-ci tient de la loi ou de la convention."

COMMENTAIRE

Dans le cadre du mandat, le promoteur est chargé d'accomplir, au nom du maître de l'ouvrage, tous les actes nécessaires à la réalisation du programme.

Sur l'action directe de l'entrepreneur contre le maître de l'ouvrage en cas de liquidation de biens du promoteur, V. • Civ. 3e, 8 mars 1977 : *D. 1979. IR 122, obs. Giverdon ; JCP N 1978. II. 18945, note Meysson ; Gaz. Pal. 1977. 2. 421, note Peisse ; RTD civ. 1977. 787, obs. Cornu ; RDI 1979. 91, obs. Groslière et Jestaz.*

Art. L. 221-3 Ainsi qu'il est dit à l'article 1831-3 du code civil :

"Si, avant l'achèvement du programme, le maître de l'ouvrage cède les droits qu'il a sur celui-ci, le cessionnaire lui est substitué de plein droit, activement et passivement, dans l'ensemble du contrat. Le cédant est garant de l'exécution des obligations mises à la charge du maître de l'ouvrage par le contrat cédé.

"Les mandats spéciaux donnés au promoteur se poursuivent entre celui-ci et le cessionnaire.

"Le promoteur ne peut se substituer à un tiers dans l'exécution des obligations qu'il a contractées envers le maître de l'ouvrage sans l'accord de celui-ci.

"Le contrat de promotion immobilière n'est opposable aux tiers qu'à partir de la date de sa mention au fichier immobilier."

COMMENTAIRE

L'interdiction faite au promoteur de se substituer un tiers sans l'accord du maître de l'ouvrage s'explique par le caractère *intuitu personae* du contrat de promotion. ❑

Art. L. 221-4 **Ainsi qu'il est dit à l'article 1831-4 du code civil :**

"La mission du promoteur ne s'achève à la livraison de l'ouvrage que si les comptes de construction ont été définitivement arrêtés entre le maître de l'ouvrage et le promoteur, le tout sans préjudicier aux actions en responsabilité qui peuvent appartenir au maître de l'ouvrage contre le promoteur." – *V. art. R. 222-14.*

COMMENTAIRE

La livraison du programme constitue la réalisation de l'objet du contrat qui prendra donc fin à ce moment. Le maître de l'ouvrage conserve la faculté d'agir à l'encontre du promoteur. L'article R. 222-14 précise que pour l'appréciation de la livraison, il ne sera tenu compte que des non-conformités substantielles où les malfaçons rendent l'immeuble impropre à sa destination. ❑

Art. L. 221-5 **Ainsi qu'il est dit à l'article 1831-5 du code civil :**

"Le *règlement* judiciaire ou la liquidation des biens *[redressement ou liquidation judiciaires]* **n'entraîne pas de plein droit la résiliation du contrat de promotion immobilière. Toute stipulation contraire est réputée non écrite."**

Art. L. 221-6 **Le contrat de promotion immobilière est réputé emporter restriction au droit de disposer au sens et pour l'application de l'article 28-2o du décret no 55-22 du 4 janvier 1955 portant réforme de la publicité foncière.**

COMMENTAIRE

Le contrat de promotion immobilière doit être publié au fichier immobilier afin de le rendre opposable aux tiers. La même formalité s'impose en cas de cession du contrat. ❑

● CHAPITRE II DISPOSITIONS PARTICULIÈRES AU CONTRAT DE PROMOTION IMMOBILIÈRE POUR LA CONSTRUCTION D'IMMEUBLES À USAGE D'HABITATION OU À USAGE PROFESSIONNEL ET D'HABITATION

Art. L. 222-1 **Tout contrat par lequel une personne s'oblige envers le maître de l'ouvrage à faire procéder à la construction d'un immeuble d'habitation ou d'un immeuble à usage professionnel et d'habitation, en une qualité autre que celle de vendeur ou que celles qui sont indiquées au 3o de l'article 1779 du code civil, est soumis aux règles des articles 1831-1 à 1831-5 du même code, reproduits aux articles L. 221-1 à L. 221-5 du présent code, ainsi qu'à celles du présent chapitre.**

Les dispositions du premier alinéa du présent article ne sont pas obligatoires lorsque le maître d'ouvrage est une personne qui construit un ou plusieurs immeubles en vue de la vente ou une société autre que celles mentionnées aux chapitres II et III du titre Ier du présent livre faisant construire plus de deux locaux à usage professionnel ou d'habitation. – *V. art. L. 271-1 et L. 271-2.*

COMMENTAIRE

Ce texte définit le champ d'application des mesures de protection renforcées qui doivent être impérativement respectées dès lors que le programme relève du secteur protégé. Ces mesures ne s'imposent pas lorsque le maître de l'ouvrage construit en vue de la vente ou est une société autre qu'une société d'attribution ou une société coopérative. ❑

Art. L. 222-2 **Les dispositions du premier alinéa de l'article L. 222-1 ne sont pas non plus obligatoires, quel que soit le maître de l'ouvrage, lorsque la personne qui s'oblige à faire procéder à la construction est une société d'économie mixte dont le capital appartient pour plus de la moitié à des personnes morales de droit public.**

Elles ne sont pas non plus obligatoires lorsque la personne qui s'oblige envers le maître de l'ouvrage en une qualité indiquée au 3o de l'article 1779 du code civil n'accomplit que les opérations administratives prévues à l'article 1831-1 du même code, reproduit à l'article L. 221-1 du présent code.

Les sociétés des chapitres Ier, II et III du titre précédent qui, lors de l'achat d'une fraction de terrain sur lequel elles construiront, s'obligent à l'égard du vendeur, lequel conserve le surplus du terrain, à faire édifier pour son compte les immeubles correspondant audit surplus et à assumer la charge de leur coût ne sont pas tenues de passer un contrat de promotion avec ledit vendeur.

Dans le cas prévu à l'alinéa précédent, les obligations contractées par la société à l'égard du vendeur sont garanties par la personne avec laquelle la société a conclu un contrat de promotion ou, s'il y a lieu, par son représentant légal ou statutaire assumant les obligations du promoteur.

COMMENTAIRE

La qualité de certains contractants écarte l'obligation de recourir à un contrat de promotion immobilière (alinéas 3 et 4). ❑

Art. L. 222-3 **Le contrat de promotion immobilière doit être constaté, avant le commencement de son exécution, par un écrit contenant les énonciations qui suivent :**

***a*) La situation et la contenance du terrain sur lequel doit être édifié le bâtiment ;**

***b*) La consistance et les caractéristiques techniques du bâtiment à construire ;**

***c*) Les devis descriptifs et les conditions d'exécution techniques des travaux ;**

***d*) Le prix convenu ainsi que les limites et conditions dans lesquelles la révision du prix peut intervenir ; si un poste pour imprévu est inclus dans le prix et si le contrat ne subordonne pas l'utilisation des sommes correspondantes à un accord préalable du maître de l'ouvrage, le promoteur doit, en fin d'opération, restituer à ce dernier la totalité des sommes qui auraient été appelées et dont il ne peut pas justifier avoir eu besoin pour exécuter sa mission** *[V. art. R. 222-6]* **;**

***e*) Les moyens et conditions de financement et les modalités de règlement à mesure de l'avancement des travaux** *[V. art. R. 222-7]* **;**

***f*) La rémunération du promoteur pour ses soins, peines et débours ;** *[V. art. R. 222-8]*

***g*) Le délai dans lequel le bâtiment doit être édifié ;**

***h*) La garantie apportée par le promoteur pour la bonne exécution de sa mission** *[V. art. R. 222-5]*.

Par dérogation aux dispositions qui précèdent, le contrat peut être constaté par plusieurs actes séparés comportant chacun des énonciations limitées à une phase ou à une partie de l'ensemble des opérations à réaliser. Toutefois, aucun travail matériel, hormis ceux nécessaires aux études préliminaires, ne peut être effectué sur le terrain avant la signature des actes concernant toutes les opérations à réaliser *[V. art. R. 222-4]*.

L'inobservation des dispositions du présent article entraîne la nullité du contrat de promotion immobilière. Cette nullité ne peut être invoquée que par le maître de l'ouvrage et jusqu'à l'achèvement des travaux.

Elle entraîne l'inopposabilité au maître de l'ouvrage des contrats passés par le promoteur.

COMMENTAIRE

Le contrat doit obligatoirement être constaté par écrit avant tout commencement d'exécution. Il devra également être **publié** (art. L. 221-6).

Le contrat de promotion immobilière peut être précédé d'un **contrat d'études préliminaires** (alinéa 2) dont la mise en place est précisée par l'article R. 222-4.

Le contrat doit comporter en **annexe** des documents indiquant la consistance et la nature des travaux à réaliser (art. R. 222-5).

Le **prix** convenu peut être actualisé (art. R. 222-6). Il est réglé en fonction de l'avancement des travaux et selon un échelonnement prévu à l'art. R. 222-7.

Les énonciations énumérées à l'art. L. 221-6 doivent être impérativement mentionnées dans le contrat, ceci à peine de nullité. • Civ. 3e, 3 juin 1980 : *Administrer, p. 36, note Costa.*

Art. L. 222-4 Nonobstant toute stipulation contraire, les clauses de résolution de plein droit concernant les obligations de versement mises à la charge du maître de l'ouvrage par le contrat ne produisent effet qu'un mois après mise en demeure restée infructueuse.

Un délai peut être demandé pendant le mois ainsi imparti, conformément aux articles 1244-1 à 1244-3 du code civil.

Les effets des clauses de résolution de plein droit sont suspendus pendant le cours des délais ainsi octroyés en vertu de l'article 1244 du code civil *[C. civ., art. 1244-1 à 1244-3]*. Ces clauses sont réputées n'avoir jamais joué si le débiteur se libère dans les conditions déterminées par le juge. – *V. art. R. 222-12.*

Art. L. 222-5 Avant la signature du contrat, le promoteur ne peut exiger ni même accepter du maître de l'ouvrage aucun versement, aucun dépôt, aucune souscription ni acceptation d'effets de commerce. Aucun paiement ne peut non plus être exigé ni accepté avant la date à laquelle la créance est exigible.

COMMENTAIRE

Cette disposition complète le principe selon lequel les versements sont réalisés de manière échelonnée (art. R. 222-7).

Art. L. 222-6 Les sociétés d'économie mixte dont le capital appartient pour plus de moitié à des personnes de droit public *(L. no 2000-1208 du 13 déc. 2000, art. 164-IV)* « ne sont pas tenues de fournir la garantie prévue au *h* de l'article L. 222-3 quand elles agissent » comme promoteurs liés par un contrat de promotion immobilière, ou par l'écrit prévu aux articles L. 212-10 et L. 213-6.

Art. L. 222-7 Les dispositions du présent chapitre sont d'ordre public.

V. art. R. 222-1 s.

TITRE TROISIÈME CONSTRUCTION D'UNE MAISON INDIVIDUELLE

(L. no 90-1129 du 19 déc. 1990, art. 1er)

BIBL. GÉN. (Ancienne législation) ▶ Études générales : GIVERDON, *Gaz. Pal. 1972. Doctr. 546.* – JESTAZ, *D. 1972. Chron. 172* (vers un statut d'ensemble de la promotion immobilière). – COMMAGNAC,

Le contrat de construction de maisons individuelles, *Mon. TP, 3 févr. 1973.* – MEYSSON et TIRARD, *JCP N 1973. I. 2579.* – DELEBECQUE, *Journ. not. 1973. 51. 162.* – LANCEREAU, *Gaz. Pal. 1973. 1. Doctr. 101 (statut des constructeurs de maisons individuelles).* – RYF, *Ann. loyers, 1973. 713.* – MARTIN, *ibid., 1974. 44.* – MALINVAUD, *AJPI 1980. 39.* – TOMASIN, *Droit et ville 1981, nº 11.* – LUCK, *REDI 1982, nº 94, p. 40.* – C. SAINT-ALARY-HOUIN, *RDI 1989. 427* (principaux apports du décret nº 89-700 du 26 sept. 1989). – TOURNAFOND, *Administrer, févr. 1991. 14.* – MALINVAUD et JESTAZ, Droit de la promotion immobilière, *Dalloz, 6e éd. 1995, nos 596 s.* – BARRÉ, L'accession à la propriété d'une maison individuelle, *LGDJ, 1986.*

Études spéciales : La maison individuelle, *AJPI 1980. 5 s.* – CHAPUISAT, *ibid. 5* (introduction). – BOURY, *ibid. 7* (recherche de terrain). – RICARD, *ibid. 13* (règles d'urbanisme). – BOUSQUET, *ibid. 30* (financement). – CORNET-VERNET, *ibid. 48* (maisons et villages). – DESMAZIÈRE, *ibid. 56* (copropriété horizontale). – CIAUDO, *ibid. 70* (fiscalité). – JAMET, *Mon. TP 16 août 1985, nº 33, p. 21* (clauses abusives ou illégales). – HUGOT, *JCP N 1989. Prat. 1113* (aménagement des garanties d'exécution).

(Nouvelle législation) ▸ Études générales : B. BOUBLI, *ALD 1991. 165* (commentaire de la loi nº 90-1129 du 19 déc. 1990). – A. GOURIO, *JCP N 1991. I. 131.* – R. MARTIN, *D. 1991. Chron. 133.* – TOURNAFOND, *Administrer, févr. 1991. 14* ; Association française de la construction pour le droit de la construction, *Sénat, 26 mai 1991, RDI 1991. 179* (colloque). – M.-C. FORGEARD, *Defrénois 1992. 3* (nouvelles règles). – MALINVAUD et JESTAZ, *RDI 1992. 1.* – MELVOUX, Le nouveau contrat de construction d'une maison individuelle, *AJDI 1992. 8.* – PEISSE, *Gaz. Pal. 1992. 1. Doctr. 26.* – MEYSSAN et RADOT, *Defrénois 2003. 425* (pathologies du contrat de construction et remèdes suggérés). – **RÉP. CIV.**, vº *Contrat de construction d'une maison individuelle*, par Barré-Pépin.

Études spéciales : C. SAINT-ALARY HOUIN, *RDI 1991. 143* (champ d'application de la loi) ; *RDI 1991. 153* (règles spécifiques aux deux contrats). – DE LA ROBERTIE, *RDI 1991. 163.* – FABRE, PIGNOL, GUILLEMIN et BRIGNON, *RDI 1991. 169 s.* (sous-traitance). – PÉRINET-MARQUET, *CCC oct. 1991, p. 1* (le consommateur maître de l'ouvrage). – HUGOT et SIZAIRE, *JCP N 1992. 169* (même thème). – DUBOIS, *RDI 1992. 296* (l'architecte et le contrat de construction de maison individuelle : brèves observations). – C. SAINT-ALARY HOUIN et B. SAINT-ALARY HOUIN, *RDI 1992. 283* (le banquier face au contrat de construction de maison individuelle). – COURTIEUX, *RCA mai 1995* (rôles respectifs de l'assurance dommages et la caution en cas d'inachèvement de la construction). – LARRALDE, *Constr.-Urb. 1998. Chron. 9* (garantie de livraison). – SIZAIRE, *ibid. Chron. 6* (l'introuvable contrat de construction de maison individuelle). – DAVIN, *AJDI 1999. 18* (la dérive des contrats). – CHOMEL, *AJDI 2000. 116* (étendue du contrôle du prêteur de deniers). – LÉOST, *ibid. 6* (loi du 25 juin 1999 : épargne et sécurité financière). – DEGIOANNI, *Mon. TP 2000* (marque NF). – MEYSSAN et RADOT, *Defrénois 2003. 425* (bilan de la loi de 1990). – LE MASSON, *RDI 2005. 392* (sécurisation financière du maître de l'ouvrage). – SIZAIRE, *Constr.-Urb. 2006. Repère 3* (application du contrat). – SIMLER, *ibid. 2008. Étude 15* (recours du garant de livraison). – TOMASIN, *RDI 2009. 595* (l'étonnante jurisprudence du contrat de construction de maison individuelle). – PONCE, *Constr.-Urb. 2010. Étude 9* (CCMI et réserves). – PRALI, *ibid. 2011, nº 78* (la clarification salutaire de la notion de « terrain procuré indirectement » profite au CCMI avec fourniture de plans). – BROUSSOLLE, Contrat de construction de maison individuelle, Attention aux conditions suspensives, *Mon. TP 12 août 2011, p. 24.* – SIMLER, *JCP G 2011. 130* (la loi rétablit le recours du garant contre le constructeur que la Cour de cassation a cru devoir lui refuser).

COMMENTAIRE

Le titre III porte sur les contrats relatifs à la construction d'une maison individuelle.

1. – Le régime du contrat de construction de maison individuelle inscrit aux chapitres I et II est issu de la loi nº 90-1129 du 19 décembre 1990. Cette loi est d'ordre public (art. L. 230-1 CCH).

D'autres dispositions complètent les règles consacrées au titre III du code.

L'article L. 271-1 du code de la construction et de l'habitation (art. 20 de la loi nº 89-1010 du 31 déc. 1989, relative à la prévention et au règlement des difficultés liées au surendettement des particuliers et des familles) a mis en œuvre, au profit de l'accédant à la propriété d'un logement neuf, lorsque le contrat est établi par acte sous seing privé, un **délai de réflexion** d'une durée de sept jours à compter du lendemain de la première présentation de la lettre lui notifiant l'acte, au terme duquel l'acquéreur peut exercer un droit de rétractation. Cette disposition a été modifiée une première fois par la loi nº 2000-1208 du 13 décembre 2000 relative à la solidarité et au renouvellement urbains, reconnaissant à l'acquéreur, lorsque l'acte est dressé en la forme authentique un délai de réflexion de sept jours à compter de la notification ou de la remise d'un projet d'acte. La loi n° 2006-872 du 13 juillet 2006 portant engagement national pour le logement a unifié le régime des avant-contrats qu'ils soient sous seing privé ou authentiques, pour les soumettre au seul délai de rétractation de sept jours.

L'article L. 241-1 du code de la construction et de l'habitation renforce l'**interdiction des versements** effectués en violation de l'article L. 231-4 du code de la construction et de l'habitation en instituant des sanctions pénales. Le maître de l'ouvrage peut également exercer une action civile sur le fondement des articles 2 et 3 du code de procédure pénale contre le maître de l'ouvrage qui aura exigé des versements irréguliers (Crim. 28 mai 1997, cité ss. art. L. 231-4, note 12). Les articles L. 241-8 et L. 241-9 du code de la construction et de l'habitation prévoient également des sanctions correctionnelles à l'encontre du constructeur dans deux autres hypothèses :

• en cas de non-respect des articles L. 231-2, L. 232-1 et L. 231-6 du code de la construction et de l'habitation ;

• en cas de violation de l'obligation de conclure par écrit les contrats de sous-traitance.

Enfin, l'article 2 de la loi du 19 décembre 1990 modifie l'**article 1792-5 du code civil**, en conférant à la garantie de parfait achèvement un caractère d'ordre public.

Les articles du décret n° 91-1201 du 27 novembre 1991 pris en application de la loi figurent au titre III du livre II dans la partie réglementaire du code **de la construction et de l'habitation** (aux **art. R. 231-1 à R. 231-13** en ce qui concerne le contrat de construction de maison individuelle avec fourniture de plan, et aux **art. R. 232-1 à R. 232-6**, en ce qui concerne le contrat de construction d'une maison individuelle sans fourniture de plan). Les articles **R. 231-14 et R. 232-7** reproduisent les règles relatives au seuil minimum des pénalités forfaitaires applicables au contrat de construction d'une maison individuelle (Décr. n° 91-1202 du 27 nov. 1991). Enfin les articles **R. 231-4 et R. 232-4** portent sur l'obligation d'annexer une notice descriptive conforme au modèle type agréé par l'arrêté du 27 novembre 1997. Ce document est reproduit dans le code de la construction et de l'habitation, dans la partie réservée aux appendices.

2. – Le chapitre Ier concerne le contrat de construction d'une maison individuelle avec fourniture du plan. Ce contrat a pour objet la construction d'un immeuble à usage d'habitation ou d'un immeuble professionnel et d'habitation ne comportant pas plus de deux logements. Le plan de la construction doit être fourni ou avoir été proposé par l'entrepreneur (art. L. 231-1, al. 1er, CCH).

Le contrat doit faire l'objet d'un écrit respectant des **mentions précises** (art. L. 231-2 CCH), et **ne contenir aucune** des **clauses abusives** énoncées à l'article L. 231-3 du code de la construction et de l'habitation Tous les éléments dont la mention est exigée dans l'acte doivent impérativement y figurer lors de la conclusion. Cette règle se trouve néanmoins assouplie par la possibilité donnée aux parties de conclure le contrat sous certaines conditions suspensives (art. L. 231-4, § 4, CCH).

Le formalisme institué par la loi suppose également que **deux notices** soient jointes au contrat :

• tout d'abord une notice descriptive ayant valeur contractuelle, et dont le contenu porte sur les caractéristiques de l'immeuble, l'ensemble des travaux à exécuter et les éléments compris dans le prix (art. L. 231-2 et R. 231-4 CCH) ;

• ensuite une notice d'information qui doit simplement figurer en annexe de l'acte, et dont la fonction consiste à informer le maître de l'ouvrage sur les droits et obligations des parties (art. L. 231-9 CCH).

La loi du 19 décembre 1990 renforce aussi de manière prononcée, la protection du maître de l'ouvrage au stade de l'exécution du contrat.

La **garantie de livraison** est rendue obligatoire (art. L. 231-6 CCH). Cette garantie prend la forme d'un cautionnement solidaire ; l'obligation du garant repose sur une dette propre (Civ. 3e, 4 oct. 1995, cité ss. art. L. 231-6, note 1). Ce garant doit couvrir le maître de l'ouvrage contre les risques d'exécution ou de mauvaise exécution des travaux prévus au contrat, à prix et délais convenus. A cet égard, le paragraphe III de l'article L. 231-6 du code de la construction et de l'habitation impose à ce professionnel de désigner, notamment en cas de défaillance du constructeur, un entrepreneur chargé de finir les travaux. Il lui incombe d'ailleurs d'intervenir lui-même, si besoin est, pour assurer l'exécution du contrat (Civ. 3e, 3 mars 1998, cité ss. art. L. 231-6, note 14).

L'organisme prêteur assume également, d'une façon certes différente mais aussi contraignante, une fonction de surveillance de l'exécution du contrat de construction. Il est investi d'un contrôle de l'acte et doit vérifier la qualification exacte du contrat avant d'accorder au maître de l'ouvrage le financement demandé (Versailles, 16 mars 1999, cité ss. art. L. 231-10 CCH). Par ailleurs, une fois le crédit accordé, il ne peut débloquer les fonds qu'après avoir constaté la délivrance de la garantie de livraison.

3. – Le chapitre II vise le contrat de construction de maison individuelle sans fourniture de plan. La loi du 19 décembre 1990, dans un souci de protection de l'accédant à la propriété, a créé cette nouvelle catégorie. Sont ainsi réglementés les contrats de louage d'ouvrage portant sur au moins les travaux de gros œuvre, de mise hors d'eau et hors d'air d'un immeuble à usage d'habitation ou d'un immeuble à usage professionnel et d'habitation, ne comportant pas plus de deux logements.

Le régime juridique de ce contrat n'est pas exactement identique au contrat de construction d'une maison individuelle avec fourniture du plan. Il **ne comporte pas toutes les règles de protection du maître de l'ouvrage figurant au chapitre I** (V. art. L. 231-3, L. 231-5, L. 231-10 et L. 231-11 CCH). L'article L. 231-2 du code de la construction et de l'habitation indique l'ensemble des dispositions communes aux deux contrats. ❑

Art. L. 230-1 *(L. no 90-1129 du 19 déc. 1990, art. 1er)* **Les règles prévues au présent titre sont d'ordre public.**

COMMENTAIRE

Une réponse ministérielle * Rép. min. no 19339 : *JO Sénat Q, 22 déc. 2005, p. 3288* est venue préciser que la Direction générale de la concurrence, de la consommation et de la répression des fraudes relève des manquements à la loi réguliers (V. plus récemment, le rapport de l'ANIL en date du 9 juill. 2008, *RDI 2008. 367*).

Sanction. Le régime spécial du contrat de construction de maison individuelle étant d'ordre public, tout manquement à l'une de ses prescriptions sera sanctionné par la nullité. La jurisprudence le rappelle régulièrement : le contrat doit comporter toutes les mentions et annexes impératives. La nullité encourue est relative. La jurisprudence ne fait produire des effets juridiques à la renonciation à la nullité par l'accédant à la propriété que lorsqu'elle est explicite.

Effets de la sanction. Il résulte du caractère relatif de la nullité qu'elle peut être confirmée mais ne saurait être invoquée en cas d'exécution volontaire par le maître d'ouvrage. Les effets matériels de la nullité sont contrastés dans la jurisprudence, qui prononce parfois la remise en l'état mais se refuse à appliquer la théorie de l'enrichissement sans cause et la prérogative du droit d'accession du propriétaire (V. C civ., art. 555). Toutefois, elle a déjà imposé la mise en conformité du contrat avec les exigences légales. A l'inverse, elle a accepté les restitutions en valeur (des matériaux utilisés, de la main-d'œuvre, de la valeur des travaux,...) et en outre, l'allocation de dommages et intérêts à titre de réparation du préjudice subi du fait de l'anéantissement du contrat. Enfin, la nullité du contrat de construction entraîne la nullité du contrat de prêt (qu'il soit relatif au financement de la construction ou à celui du terrain).

Extension du champ d'application. La Cour de cassation est venue préciser que toute personne qui s'engage dans un contrat ne relevant pas de ce régime impératif reste libre de s'y soumettre. Le cas échéant, les parties seront soumises au régime dans son ensemble. ❑

I. PRINCIPE DE NULLITÉ DU CONTRAT

1. Les dispositions relatives au contrat de construction de maison individuelle étant d'ordre public, tout contrat ne respectant pas les dispositions des art. L. 231-1 s. est frappé de nullité. • Civ. 3e, 7 déc. 2005 : *Bull. civ. III, no 237 ; JCP 2006. IV. 49 ; JCP N 2006, p. 14* • 11 mars 1992 : *JCP 1992. IV. 414* • Paris, 10 janv. 1996 : *JCP IV. 960* • 12 mai 1999 : *Constr.-Urb. 2000, no 28, obs. Sizaire.* ◆ Est nul et doit être requalifié en contrat de construction d'une maison individuelle le contrat dénommé « de prestation de services », dès lors qu'il n'est pas conforme à l'art. L. 231-1. • Versailles, 18 déc. 1985, *Reyes c/ Guyonnais.*

2. Si le régime légal du contrat de construction de maison individuelle n'est d'ordre public que lorsqu'il porte sur l'édification d'un immeuble à usage d'habitation ou à usage mixte professionnel et d'habitation, il est néanmoins loisible aux parties, en vertu du principe de liberté contractuelle, d'organiser conventionnellement son application en dehors de ce domaine précis. • Civ. 3e, 27 sept. 2000 : *LPA févr. 2001, no 35, note Magnin.* ◆ Dans ce dernier cas, les dispositions des art. L. 231-1 et s. s'imposent aux parties qui s'y soumettent librement, de la même façon qu'à celles qui y sont légalement soumises. • Civ. 3e, 6 oct. 2010 : *Bull. civ. III, no 179 ; Dalloz actualité, 18 oct. 2010, obs. Garcia ; RDI 2010. 607, note Tomasin ; Constr.-Urb. 2010, no 158, obs. Sizaire ; JCP G 2011. 63, no 1, obs. Ghestin.*

3. Le contrat doit indiquer avec précision les mentions imposées par l'art. L. 231-2. Ne satisfait pas à cette exigence le contrat qui n'indique pas que le coût des équipements n'est pas compris dans le prix forfaitaire. • Nîmes, 29 mai 1980 : *D. 1980. IR 413, obs. F. Magnin* • Orléans, 27 mars 1997 : *Constr.-Urb. 1998, no 52.* ◆ Il en est de même lorsque manquent la description et l'estimation des travaux non compris dans le prix descriptif. • Crim. 15 oct. 1980 : *D. 1981. IR 413, obs. Magnin* • Dijon, 17 sept. 1986 : *Rev. loyers 1987. 268 ; RDI 1987. 252, obs. J.-C. Groslière et C. Saint-Alary-Houin.* ◆ Le contrat doit comporter la description et l'estimation des travaux non compris dans le prix et indispensables pour que la maison soit habitable et qui représentent plus d'un tiers du coût du pavillon. • Poitiers, 21 nov. 1990 : *RDI 1992. 82* • Civ. 3e, 20 janv. 1993 : *Bull. civ. III, no 6 ; RDI 1993. 390.* ◆ L'absence du chiffrage du coût des équipements intérieurs et extérieurs, indispensables à l'utilisation ou à l'habitation de l'immeuble entraîne également la nullité du contrat. • Civ. 3e, 4 juin 1986 : *RDI 1986. 480* • Civ. 3e, 24 févr. 1988 : *JCP 1988. IV. 162.* ◆ Néanmoins, la nullité est écartée lorsque la déclaration erronée émane du seul acquéreur. • Civ. 3e, 5 nov. 1980 : *Bull. civ. III, no 171 ; D. 1981. IR 413, obs. F. Magnin.* ◆ Le constructeur doit fournir, à peine de nullité du contrat, une évaluation des travaux de finitions nécessaires. • Civ. 3e, 7 mai 1986 : *Bull. civ. III, no 64 ; Mon. TP 6 juin 1986, p. 70 ; RDI 1986. 480, obs. J.-C. Groslière et C. Saint-Alary-Houin.* ◆ Est nul, pour vice du consentement tenant à une erreur excusable, le contrat ne permettant pas au maître de l'ouvrage de savoir que la maison objet du contrat sera solidaire de la maison voisine. • Nancy, 6 mai 2002 : *Constr.-Urb. 2003, no 30, obs. D. Sizaire.*

4. Est entaché de nullité le contrat comportant une clause signée par le maître de l'ouvrage permettant la détermination, sur proposition de l'entrepreneur, du coût des travaux susceptibles de s'avérer nécessaires. • Civ. 3e, 7 mai 1986 : *Bull. civ. III, no 64.*

5. Une simple évocation des textes est insuffisante. Est nul le contrat auquel n'est pas annexée une notice descriptive précisant le coût des éléments d'équipements intérieurs et extérieurs non compris dans le prix. • Paris, 25 mai 1984 : *Cts Brien c/ SA CARD* • Bourges, 5 janv. 1998 : *Constr.-Urb. 1998, no 52, obs. D. Sizaire.* ◆ Pour l'omission de la notice descriptive conforme à la formule type agréée par arrêté en application de l'art. R. 231-3, V. • Toulouse, 24 sept. 1985 : *RDI 1986. 217.* ◆ L'absence de la notice avec indication des travaux non compris dans le marché n'entraîne pas pour l'entrepreneur l'obligation d'exécuter l'ensemble des travaux nécessaires au complet achèvement de l'immeuble. • Civ. 3e, 8 avr. 1987 : *JCP 1987. IV. 210.* ◆ L'absence de signature de la notice descriptive, qui figure au nombre des documents contractuels que doit comporter un contrat de construction de maison individuelle, ne constitue pas une cause de nullité de ce contrat. • Civ. 3e, 23 avr. 1986 : *Bull. civ. III, no 51 ; RDI 1986. 480, obs. Groslière et C. Saint-Alary-Houin.*

6. La signature d'un avenant ultérieur portant sur une construction différente de celle initialement projetée entache de nullité le contrat et justifie la restitution des acomptes versés par le maître de l'ouvrage. • Civ. 3e, 6 mai 1980 : *Bull. civ. III, no 88 ; D. 1980. IR 412, obs. F. Magnin.* ◆ Le contrat de construction de maison individuelle mentionnant une certaine surface est nul pour ne pas avoir fait l'objet d'un avenant signé par le maître de l'ouvrage pour tenir compte de la modification du permis de construire imposée par la mairie et conduisant à une réduction de cette surface, quand bien même le maître de l'ouvrage aurait-il signé le nouveau plan modifié. • Civ. 3e, 31 janv. 2007 : *Bull. civ. III, no 12 ; RDI 2007. 433, note Tomasin ; Constr.-Urb.*

2007, n° 50, obs. Sizaire ; ibid. n° 69, obs. Cornille ; D. 2007. 658 .

7. Est nul le contrat ne faisant pas mention de la localisation du terrain. • Paris, 26 sept. 1989 : *JCP 1989. IV. 307.*

8. Il est nécessaire d'indiquer, à peine de nullité, le délai dans lequel le bâtiment doit être édifié. • Dijon, 7 juin 1984 : *D. 1986. IR 37, note F. Magnin.*

9. Encourt la nullité le contrat auquel ne sont pas annexés les plans et le devis descriptif. • Civ. 3e, 13 févr. 1985 : *Gaz. Pal. 1985. 2. 246, note Ph. Jestaz.*

10. La résiliation ultérieure du compromis de vente du terrain par le maître de l'ouvrage est inopposable au constructeur qui n'est pas partie au compromis et ne peut être une cause de nullité du contrat de construction. • TGI Dijon, 14 juin 1985 : *D. 1986. IR 38, obs. F. Magnin ; RDI 1986. 479, obs. J.-C. Groslière et C. Saint-Alary-Houin ; JCP N 1986. 458, obs. D. Sizaire.*

11. Est interdite la conclusion d'un avant-contrat portant sur les études préliminaires, sauf si le constructeur ne demande aucune rémunération au maître de l'ouvrage. • Versailles, 4 juin 1981 • T. corr. Bourges, 5 mars 1982 : *RDI 1983. 477, obs. Groslière et Jestaz.* ♦ Il incombe à l'entrepreneur de procéder à toute étude nécessaire avant la conclusion du contrat. • Civ. 3e, 11 févr. 1998 : *Dr. et patr. 1998, n° 61, p. 78, note C. Saint-Alary-Houin ; RDI 1998, n° 20, Chron. 256, note Malinvaud et Boubli* .

II. CONDITIONS DE LA NULLITÉ DU CONTRAT

12. La nullité est encourue en cas de violation des dispositions de l'art. L. 231-1, peu importe que le maître de l'ouvrage ait par ailleurs souhaité ou paru souhaiter, l'exécution du contrat. • Civ. 3e, 12 oct. 1994 : *RDI 1995. 122* • Paris, 10 janv. 1996 : *JCP 1996. IV. 960.* ♦ La nullité encourue est relative et ne peut être invoquée que par le maître de l'ouvrage, lequel dispose de la faculté de la confirmer. • Aix-en-Provence, 4 févr. 2010 : *Constr.-Urb. 2010, n° 105, obs. C. Sizaire.* ♦ En revanche, l'exécution volontaire par le maître de l'ouvrage couvre la nullité relative. • Civ. 3e, 6 juill. 2011 : *Bull. civ. III, à paraître ; Dalloz actualité, 9 sept. 2011, obs. Garcia.*

13. La renonciation à la protection d'ordre public ne se présume pas. • Civ. 3e, 3 oct. 1991 : *JCP N 1992. II. 124* • Paris, 10 janv. 1996 : *JCP 1996. IV. 960* • Orléans, 27 mars 1997 : *Constr.-Urb. 1998, n° 52.*

14. Les juges sont fondés à soulever d'office la nullité du contrat et ne peuvent prononcer celle-ci qu'après avoir invité les parties à s'expliquer sur le moyen soulevé d'office. • Civ. 3e, 4 mai 1988 : *Bull. civ. III, n° 85.* ♦ Le juge du fond doit inviter les parties qui n'invoquent pas une clause de garantie du contrat de construction individuelle à s'en expliquer avant d'en faire d'office application. • Civ. 3e, 11 mai 2000 : *Bull. civ. III, n° 105 ; RDI 2000. 342 ; Defrénois 2000. 1260.*

15. Le contrat est nul si les dispositions de l'art. L. 231-1 ne sont pas respectées. L'action d'une association de consommateurs est recevable si elle établit que le maître d'œuvre en cause a rédigé deux autres contrats comportant des clauses illicites. • TGI Coutances, 2 mai 1985 : *Gaz. Pal. 1985. 2. Somm. 233.* ♦ Dans le même sens, V. • Orléans, 21 juin 1984 : *D. 1986. IR 37, obs. F. Magnin.*

16. Sur la possibilité de demander la nullité du contrat après avoir poursuivi la réparation de malfaçons, V. • Civ. 3e, 3 oct. 1991 : *D. 1992. IR 235* .

17. Pour les infractions aux art. L. 231-1 et L. 231-2, la preuve de l'intention frauduleuse n'est pas exigée. • Crim. 13 juin 1983 : *RDI 1983. 511, obs. G. Roujou de Boubée.*

III. EFFETS DE LA NULLITÉ DU CONTRAT

18. Les solutions jurisprudentielles sont, à cet égard, très variables. Il a pu ainsi être jugé que la requalification entraîne l'annulation de la convention irrégulière, avec pour conséquence la remise des parties dans l'état où elles se trouvaient à la date de passation du contrat. • Nîmes, 28 avr. 1998 : *Constr.-Urb. 1998, n° 406.* ♦ Il a également été jugé que l'annulation du contrat ne permettait pas de retenir la notion d'enrichissement sans cause, non plus que l'application de l'art. 555 C civ. • Orléans, 27 mars 1997 : *Constr.-Urb. 1998, n° 52.*

19. Il a cependant été décidé que la nullité du contrat ne peut permettre au maître de l'ouvrage de ne pas payer les travaux dont son patrimoine a profité, et qu'il appartient donc à celui-ci de verser au constructeur l'équivalent soit de la valeur des travaux au jour de l'arrêt du chantier ordonné par le maître de l'ouvrage. • Paris, 17 oct. 1978 : *JCP N 1979. II. 21.* ♦ ... Soit de la valeur de la maison à la date de sa livraison. • Paris, 10 janv. 1996 : *JCP 1996. IV. 960* • Toulouse, 5 févr. 2007 : *Constr.-Urb. 2007, n° 158, obs. Sizaire.* ♦ Si la remise en état est impossible en raison du commencement des travaux, le maître de l'ouvrage doit restituer au constructeur la valeur des travaux réalisés. • Lyon, 10 juin 2008 : *Constr.-Urb. 2008, n° 173, obs. Sizaire.* ♦ Dans le même sens, s'il est impossible de remettre les choses dans leur état initial, le maître de l'ouvrage doit s'acquitter du prix de la prestation. • Bordeaux, 19 nov. 2009 : *Constr.-Urb 2010, no 105, obs. C. Sizaire.*

20. Il a pu encore être jugé que le maître de l'ouvrage n'est tenu que de la valeur des matériaux employés pour la construction et le coût de la main d'œuvre. • Bourges, 5 janv. 1998 : *préc. note 5.* ♦ Suite au prononcé de l'annulation du contrat faussement qualifié de « marché de travaux », l'intervenant est condamné à rembourser l'acompte versé par le maître de l'ouvrage, déduction faite du coût des travaux préparatoires à l'opération qui ont apporté une plus-value au terrain. • Douai, 25 mai 2005 : *Constr.-Urb. 2006, no 37, obs. Sizaire.*

21. Dans son dernier état, la jurisprudence semble s'orienter vers une condamnation du constructeur au versement de dommages-intérêts pour ne pas avoir proposé au maître de l'ouvrage un contrat de construction reprenant les modalités prévues par la loi. • Toulouse, 16 mai 2005 : *Constr.-Urb. 2006, no 37, obs. Sizaire.* ♦ V. également, • Douai, 25 mai 2005 : *préc. note 20.* ♦ En revanche, en optant pour la nullité du contrat, l'accédant renonce à se prévaloir des conséquences dommageables d'une mauvaise exécution contractuelle. • Civ. 3e, 30 mars 2011 : *Bull. civ. III, à paraître ; Dalloz actualité, 20 avr. 2011, obs. Garcia ; Constr.-Urb. 2011, no 95, obs. Sizaire.*

22. Il a été toutefois jugé que si l'annulation d'un contrat qui ne comporte pas les mentions légales oblige à remettre les parties dans la situation antérieure à sa passation, avec la nécessité de restituer l'acompte versé par le maître de l'ouvrage, l'attribution de dommages-intérêts suppose que soit démontrée la mauvaise foi de l'intervenant ou que celui-ci se soit rendu coupable d'une erreur grossière équipollente au dol. • Poitiers, 8 févr. 2005 : *Constr.-Urb. 2006, no 37, obs. Sizaire.* ♦ Sur le risque pénal d'un montage fallacieux, V. • Douai, 1er sept. 2005 : *Constr.-Urb. 2006, no 61, obs. Sizaire.*

23. Sur la responsabilité d'un architecte qui ne propose pas la signature d'un contrat de construction de maison individuelle que les travaux en cause rendaient nécessaire, V. • Toulouse, 18 oct. 2004 : *Constr.-Urb. 2005, no 27, obs. Sizaire.* ♦ Engage de la même façon sa responsabilité l'architecte qui n'indique pas à son client l'absence dans le contrat de construction de maison individuelle de certaines des mentions légales. • Aix-en-Provence, 2 sept. 2004 : *ibid.*

24. Le constructeur, indépendamment du fait qu'il se prétende architecte, peut être tenu, suite à la requalification du contrat, pour responsable du paiement des travaux au titre de malfaçons commises par l'entrepreneur ayant réalisé les travaux. • Besançon, 29 déc. 1999 : *Constr.-Urb. 2000, no 144, obs. D. Sizaire.*

25. L'effet rétroactif de la nullité du contrat de construction entraîne nécessairement la nullité du contrat de prêt souscrit pour le financement de l'opération immobilière. • Civ. 3e, 11 mars 1992 : *Bull. civ. III, no 79 ; RDI 1992. 341.* ♦ Cette solution s'applique même lorsque le crédit concerné portait également sur le financement de l'acquisition du terrain. • Civ. 1re, 7 juill. 1998 : *Bull. civ. I, no 242 ; JCP 1998. IV. 3036 ; Constr.-Urb. 1998, no 331, obs. Sizaire.* ♦ V. également, • Aix-en-Provence, 9 mars 2006 : *Constr.-Urb. 2006, no 213, obs. Sizaire.*

CHAPITRE PREMIER CONTRAT DE CONSTRUCTION D'UNE MAISON INDIVIDUELLE AVEC FOURNITURE DU PLAN

Art. L. 231-1 *(L. no 90-1129 du 19 déc. 1990, art. 1er)* **Toute personne qui se charge de la construction d'un immeuble à usage d'habitation ou d'un immeuble à usage professionnel et d'habitation ne comportant pas plus de deux logements destinés au même maître de l'ouvrage d'après un plan qu'elle a proposé ou fait proposer doit conclure avec le maître de l'ouvrage un contrat soumis aux dispositions de l'article L. 231-2.**

Cette obligation est également imposée :

***a*) A toute personne qui se charge de la construction d'un tel immeuble à partir d'un plan fourni par un tiers à la suite d'un démarchage à domicile ou d'une publicité faits pour le compte de cette personne ;**

b) A toute personne qui réalise une partie des travaux de construction d'un tel immeuble dès lors que le plan de celui-ci a été fourni par cette personne ou, pour son compte, au moyen des procédés visés à l'alinéa précédent.

Cette personne est dénommée constructeur au sens du présent chapitre et réputée constructeur de l'ouvrage au sens de l'article 1792-1 du code civil reproduit à l'article L. 111-14.

COMMENTAIRE

Personne chargée de la construction. Sur ce point, il convient de distinguer le constructeur de maison individuelle du promoteur immobilier (V. CCH, art. L. 222-2) et du vendeur d'immeuble à construire (V. CCH, art. L. 261-1 s.) et du locateur d'ouvrage qui ne fournit pas de plan (V. C. civ., art. 1792 s.). Le critère déterminant de la qualification de constructeur de maison individuelle est celui de la fourniture du plan. Au-delà, lorsque le constructeur prend en compte l'exécution des travaux sans que le maître de l'ouvrage n'ait de relations avec les entreprises, le contrat de construction de maison individuelle doit être retenu. La jurisprudence a étendu la qualité de constructeur de maison individuelle au vendeur de maison en kit lorsqu'il intervient dans l'édification de l'ouvrage. La profession officielle de l'intervenant (architecte, intermédiaire immobilier...) n'a pas d'effet juridique sur la qualification de constructeur de maison individuelle.

Immeuble à usage d'habitation ou mixte ne comportant pas plus de deux logements. Ce champ d'application n'est pas exclusif, toute partie qui n'entrerait pas dans le champ du secteur protégé reste libre de s'y soumettre. Par ailleurs, la seule réalisation du gros œuvre d'un ouvrage suffit à reconnaître l'existence d'une construction de maison individuelle.

Fourniture du plan directe ou indirecte. Le critère de la fourniture du plan est déterminant de la qualification de contrat de construction de maison individuelle. Le plan ne doit pas obligatoirement avoir été fourni par le constructeur, puisqu'il peut également provenir d'un tiers lors d'un démarchage à domicile ou d'une publicité faite pour le compte du constructeur. Ces hypothèses ne sont pas exclusives, la jurisprudence ayant établi que l'architecte contacté et rémunéré par l'entrepreneur entraîne l'application du régime de la construction de maison individuelle.

Réputation de constructeur. Le constructeur de maison individuelle est réputé constructeur au sens de l'article 1792-1 du code civil. A ce titre, il sera redevable de toutes les garanties légales spéciales du droit de la construction – garanties de parfait achèvement, biennale et décennale (V. C. civ., art. 1792 s.). ❑

I. NATURE JURIDIQUE DU CONTRAT DE CONSTRUCTION D'UNE MAISON INDIVIDUELLE

1. Le contrat de construction d'une maison individuelle est une variété du louage d'ouvrage. • Crim. 20 déc. 1978 : *Bull. crim. n° 361 ; JCP N 1979. Prat. 468 ; RDI 1979. 479, Chron. Groslière et Jestaz* • Soc. 29 mai 1979 : *RDI 1980. 181, Chron. Groslière et Jestaz.* ♦ C'est un contrat d'entreprise également soumis aux dispositions relatives aux marchés à forfait. • Paris, 19 juin 1985 : *Gaz. Pal. 1985. 2. 628, note Marchi* • Agen, 26 févr. 1985 : *D. 1986. 24, obs. Karila* • Civ. 3e, 6 mars 2002 : *RDI 2002. 212 ; Constr.-Urb. 2002, n° 166, obs. Sizaire.* ♦ En conséquence, le constructeur doit s'affilier en tant qu'entrepreneur à la caisse des congés payés. • Soc. 29 mai 1979 : *RDI 1980. 181, Chron. Groslière et Jestaz* • Cass., Ch. mixte, 10 avr. 1992 : *Bull. civ., n° 2 ; RDI 1992. 340*.

II. CONDITIONS D'APPLICATION DU RÉGIME

A. FOURNITURE DU PLAN

2. La fourniture du plan constitue l'élément substantiel du contrat de construction d'une maison individuelle. • Civ. 3e, 17 févr. 1981 : *RDI 1982. 529* • Aix-en-Provence, 12 déc. 1985 : *Rev. loyers 1986. 232* • Civ. 3e, 10 juill. 1996 : *RDI 1996. 590* • Civ. 3e, 1er avr. 1992 : *Bull. civ. III, n° 108 ; D. 1993. 364, obs. Magnin ; RDI 1992. 339, obs. Groslière et C. Saint-Alary-Houin ; ibid. 1993. 90, obs. Groslière et C. Saint-Alary-Houin*. ♦ En revanche, le contrat n'est pas soumis aux dispositions des art. L. 231-1 s. si le plan est fourni par le maître de l'ouvrage. • Civ. 3e, 30 sept. 1998 : *RDI 1998. 658*.

3. Est un contrat de construction régi par les dispositions de l'art. L. 231-1, le contrat dans lequel un professionnel a fourni les plans d'un modèle type de maisons individuelles prêtes à finir. • Paris, 7 mai 1982 : *D. 1985. IR 36, obs. Magnin* • Dijon, 27 mai 1982 : *RDI 1982. 529, obs. Groslière et Jestaz.*

4. L'architecte qui a établi les plans, chiffré le coût des travaux, choisi lui-même les entreprises sans qu'aucun contrat n'ait été passé par le maître de l'ouvrage avec celles-ci et qui a délivré suivant l'avancement des travaux des bons d'acompte, s'est chargé de la construction au sens de l'art. L. 231-1 ; le contrat signé entre les parties devait, par conséquent, respecter les dispositions de l'art. L. 232-2. • Besançon, 29 déc. 1999 : *Constr.-Urb. 2000, no 144, obs. D. Sizaire.* ◆ Est également un contrat de construction de maison individuelle celui conclu par un constructeur ayant été dans l'obligation de recourir aux services d'un architecte, la surface hors-œuvre de la maison à construire excédant 170 m². • Rennes, 31 janv. 2002 : *Constr.-Urb. 2003, no 4, obs. Sizaire.*

5. L'opération par laquelle le professionnel propose ou fait proposer aux maîtres de l'ouvrage un plan de maison à réaliser pour un prix forfaitaire doit recevoir la qualification de contrat de construction de maison individuelle quand bien même le contractant prétendait n'intervenir qu'en qualité de mandataire ou de maître d'œuvre en laissant le choix des entrepreneurs, dès lors qu'il est établi qu'il se chargeait de fait de l'intégralité de « la construction des marchés et de la réalisation de l'immeuble ». • Rennes, 10 févr. 2000 : *Constr.-Urb. 2000, no 26.*

6. Il importe peu que l'entrepreneur ne soit pas un spécialiste de la construction des pavillons individuels tout comme il est indifférent que le constructeur n'ait pas fourni le plan s'il a déjà eu l'occasion de réaliser une opération sur la base de ce plan, V. • Civ. 3e, 31 oct. 1989 : *JCP 1989. IV. 420* • 1er avr. 1992 : *Bull. civ. III, no 108 ; RDI 1992. 339 ; D. 1993. 364, obs. Magnin.* ◆ Pour le cas d'une maison « en kit », V. • Riom, 11 juill. 1991 : *Les Annonces de la Seine, 16 nov. 1992, p. 10.*

7. Les juges doivent rechercher et vérifier toutes les conditions relatives au plan, notamment si le constructeur ne s'est pas chargé de la totalité de la construction de l'immeuble selon un plan produit par ses soins. • Civ. 3e, 31 janv. 1990 : *Bull. civ. III, no 33 ; Gaz. Pal. 1990. Pan. 1990. 347, note Peisse.* ◆ ... Ou si un entrepreneur chargé de la construction d'une maison d'après un plan réalisé par un architecte, n'avait pas en réalité lui-même proposé ou fait proposer au maître de l'ouvrage ce plan. • Civ. 3e, 31 oct. 1989 : *Bull. civ. III, no 206.* ◆ Doivent être considérés comme des constructeurs les personnes qui établissent et proposent des plans, bien qu'elles ne se chargent pas de la construction des immeubles. • Nîmes, 28 avr. 1998 : *Constr.-Urb. 1998, no 406, obs. D. Sizaire.*

8. La qualification de contrat de construction de maison individuelle doit être retenue bien que le maître de l'ouvrage ait demandé que soient apportées des modifications au plan proposé, dès lors que ces modifications n'entament pas le caractère préétabli du plan. • Civ. 3e, 5 déc. 1990 : *Bull. civ. III, no 256 ; RDI 1991. 232, obs. Groslière et C. Saint-Alary-Houin* • Crim. 9 janv. 1992 : *Bull. crim. no 7 ; RDI 1993. 90, obs. Groslière et C. Saint-Alary-Houin ; ibid. 144, obs. Roujou de Boubée ; Rev. science crim. 1992. 598, obs. Boulan ; JCP 1992. IV. 1991.* ◆ Un croquis complété par le constructeur constitue un plan proposé. • Versailles, 27 mars 1997 : *Constr.-Urb. 1998, no 52.* ◆ Sur la remise préalable des plans par un démarcheur, V. • Paris, 14 janv. 1983 : *AJPI 1984. 414, obs. Talon.* ◆ Sur la licéité du démarchage à domicile, V. • Paris, 19 juin 1985 : *Gaz. Pal. 1985. 2. 268, obs. Marchi* • Bordeaux, 3 déc. 1987 : *Cah. Jur. Aquitaine 1988. 2, p. 226.*

B. RÔLE DU CONSTRUCTEUR

9. Il appartient au juge du fond de vérifier l'étendue des prérogatives conservées par le maître de l'ouvrage. • Civ. 3e, 31 janv. 1990 : *préc. note 7.*

10. Le contrat de construction de maison individuelle s'impose même si le constructeur ne s'est engagé qu'à la réalisation du gros œuvre. • Orléans, 27 mars 1997 : *Constr.-Urb. 1998, no 52, obs. D. Sizaire.* ◆ L'activité de constructeur de maisons individuelles peut résider dans la réalisation des seules fondations. • Civ. 3e, 14 avr. 2010 : *Bull. civ. III, no 83 ; D. 2010. 1144, obs. Garcia ; RDI 2010. 327, obs. Noguéro.*

11. Un contrat intitulé « Contrat de vente d'un chalet prêt à monter » constitue en réalité un contrat de construction de maison individuelle si le vendeur intervient dans l'édification de ce chalet, en assistant son client au stade du montage. • Civ. 3e, 3 mai 2001 : *Bull. civ. III, no 56 ; RDI 2001. 380, obs. D. Tomasin ; Defrénois 2002. 69, obs. Périnet-Marquet ; Administrer mars 2002, p. 34 ; Constr.-Urb. 2001, no 197, obs. Sizaire.*

12. Doit être soumis au régime du contrat de construction de maison individuelle le contrat ne permettant au maître de l'ouvrage de proposer d'autres entreprises que celle visée au contrat qu'à des conditions dissuasives. • Civ. 3e, 20 juin 2001 : *RDI 2002. 77*.

C. NOMBRE DE LOGEMENTS

13. Sur l'impossibilité pour les parties de soumettre volontairement leur contrat visant à la construction d'un bâtiment comprenant quatre logements aux dispositions d'ordre public du contrat de construction de maison individuelle. V. • Civ. 3e, 6 oct. 2010 : *Bull. civ. III, no 179 ; Dalloz actualité, 18 oct. 2010, obs. Garcia ; RDI 2010. 607, note Tomasin ; Constr.-Urb. 2010, no 158, obs. Sizaire.*

III. DISTINCTION AVEC LES AUTRES CONTRATS

A. CONTRAT DE PROMOTION IMMOBILIÈRE

14. Le contrat dans le cadre duquel l'entrepreneur agit comme un mandataire du maître de l'ouvrage pour toutes les opérations de constructions, ne relève pas de la qualification de contrat de maisons individuelles. • Reims, 2 mai 1983 : *Gaz. Pal. 1983. 2. Somm. 335.* ♦ V. également, sur la distinction du contrat de promotion immobilière et du contrat de construction de maisons individuelles. • Civ. 3e, 8 mars 1977 : *D. 1979. IR 122, obs. Giverdon ; JCP 1978. II. 18945, note Meysson ; Gaz. Pal. 1977. 2. 421, obs. Peisse ; RTD civ. 1977. 787, note Cornu ; RDI 1979. 91, obs. Groslière et Ph. Jestaz* • Crim. 31 mars 1981 : *D. 1983. 39, note F. Magnin* • Reims, 2 mai 1983 : *Gaz. Pal. 1983. 2. Somm. 335 ; RDI 1984. 426, obs. Groslière et Ph. Jestaz.*

B. CONTRAT DE VENTE D'IMMEUBLES À CONSTRUIRE

15. Est nul le contrat de construction de maison individuelle conclu par un maître de l'ouvrage qui n'est pas propriétaire du terrain. • TGI Rouen, 12 juin 1979 : *RDI 1980. 442.* ♦ Sont nuls tant le contrat de construction lui-même que le contrat de vente du terrain. • TGI Lorient, 9 mars 1977 : *JCP N 1978. II. 59.* ♦ Pour un terrain procuré indirectement, V. ss. art. L. 231-5.

C. CONTRAT DE LOUAGE D'OUVRAGE

16. L'art. L. 231-1 est applicable même lorsque l'opération de construction est dissociée en, d'une part le contrat d'entreprise et, d'autre part, un contrat d'architecture, que l'opération ait été réalisée directement. • Rennes, 7 avr. 1976 : *D. 1977. 679, note Magnin.* ♦ ... Ou indirectement. • TGI Amiens, 28 avr. 1975 : *IRC 1977. 155.* ♦ Doit être requalifié contrat de construction de maison individuelle le contrat de maîtrise d'œuvre passé entre un maître de l'ouvrage et une société qui a fourni le plan et sélectionné les entreprises, quand bien même les marchés de travaux auraient-ils été signés par le maître de l'ouvrage. • Besançon, 19 déc. 2007 : *Constr.-Urb. 2008, no 58, obs. Sizaire.*

17. Sur la requalification d'un contrat de « louage d'ouvrage » quand le constructeur a fourni les plans, V. • Aix-en-Provence, 28 juin 1993 : *JCP 1993. IV. 312 ; RDI 1994. 65*.

18. Sur la distinction du contrat de construction de maison individuelle et du contrat de louage d'ouvrage, V. • Versailles, 18 déc. 1985 : *D. 1988. Somm. 112, obs. Magnin.* ♦ Ne répond pas à la qualification de « contrat de prestation de services », la convention portant sur une construction qui répond aux critères d'un véritable marché d'entreprise. • Versailles, 18 déc. 1988 : *D. 1989. IR 37, obs. Magnin.* ♦ Ne constitue pas un contrat de construction de maison individuelle le contrat ayant pour objet la construction d'un immeuble comportant quatre appartements, lorsque les parties n'ont pas fait le choix de se soumettre volontairement au statut du contrat de construction de maison individuelle. • Paris, 7 févr. 2008 : *Constr.-Urb. 2008, no 77, note Sizaire.*

19. Sur la distinction du contrat de construction de maison individuelle et de maîtrise d'œuvre, V. • Civ. 3e, 31 janv. 1990 : *préc. note 7.* ♦ Doit être requalifié en contrat de construction de maison individuelle, le contrat de maîtrise d'œuvre conclu entre un maître de l'ouvrage et une société commerciale qui a fourni un plan et choisi les entreprises, même si les marchés de travaux ont été conclus directement entre le maître de l'ouvrage et les entreprises intervenant sur le chantier. • Besançon, 19 déc. 2007 : *Constr.-Urb. 2008, no 58, note Sizaire.*

D. CONTRAT DE MAÎTRISE D'OUVRAGE DÉLÉGUÉE

20. La convention relative à la construction d'une maison individuelle sur un terrain précisément désigné ne peut être qualifiée de contrat de construction de maison individuelle au sens de l'art. L. 231-1, en l'absence de fourniture directe ou indirecte d'un plan. Elle doit être qualifiée de contrat de maîtrise d'ouvrage déléguée. • Toulouse, 31 mars 2008 : *Constr.-Urb. 2008, no 139, note Sizaire.*

IV. OBLIGATIONS DU CONSTRUCTEUR

21. Dans le cas d'une maison prête à finir, le constructeur doit conseiller le maître de l'ouvrage pour la mise en œuvre des finitions. • Civ. 3e, 5 mai 1982 : *Bull. civ. III, no 115 ; RDI 1983. 243 ; D. 1985. IR 36, note Magnin ; RDI 1983. 243, obs. Groslière.* ◆ Avant réception, il est tenu, comme tout professionnel de la construction, d'une obligation de conseil et de résultat. Sur la mauvaise implantation d'une maison : • Civ. 3e, 27 janv. 2010 : *Bull. civ. III, no 22 ; RDI 2010. 215, obs. Noblot ; Constr.-Urb. 2011. Repère 1, obs. Périnet-Marquet.*

22. Le constructeur doit étudier le terrain et informer le client sur le fait que ce terrain est impropre à la construction. • Civ. 3e, 25 mars 1981 : *Bull. civ. III, no 73 ; D. 1982. IR 467, obs. Magnin.* ◆ Il doit notamment s'attacher à proposer les techniques les plus adaptées à la construction. • Civ. 3e, 2 juill. 1985 : *Bull. civ. III, no 106.* ◆ Pour une illustration récente du principe selon lequel le constructeur fait son affaire du terrain et des éventuelles solutions techniques permettant de déterminer le coût des fondations, V. • Civ. 3e, 11 févr. 1998 : *Bull. civ. III, no 33 ; RDI 1990. 503 ; Constr.-Urb. 1998, no 183.*

23. Il incombe également au constructeur de s'assurer que les exigences techniques sont parfaitement réalisables et de « formuler des réserves écrites propres à dégager sa responsabilité ». • Civ. 3e, 2 juill. 1985 : *Bull. civ. III, no 106.* ◆ La limitation des prestations dues par le maître d'œuvre ne modifie pas le principe de la responsabilité totale de l'opération de construction, notamment en raison des malfaçons. • Civ. 3e, 5 mai 1982 : *préc. note 21.*

24. En cas de décès, le contrat de construction de maison individuelle doit être poursuivi par les héritiers : Rép. min. : *JOAN Q 11 mars 1991 : Mon. TP, Suppl. textes, 5 avr. 1991, p. 294 ; Administrer, mai 1991. 31.*

25. Le constructeur est tenu de respecter l'ensemble des stipulations contractuelles ; dès lors, il importe peu que la non-conformité n'ait pas rendu l'immeuble impropre à sa destination ni porté sur des éléments essentiels et déterminants du contrat. • Civ. 3e, 11 mai 2005 : *Bull. civ. III, no 103 ; RDI 2005. 299, note Malinvaud ; Defrénois 2006. 83, obs. Périnet-Marquet.*

Art. L. 231-2 *(L. no 90-1129 du 19 déc. 1990, art. 1er)* **Le contrat visé à l'article L. 231-1 doit comporter les énonciations suivantes :**

a) La désignation du terrain destiné à l'implantation de la construction et la mention du titre de propriété du maître de l'ouvrage ou des droits réels lui permettant de construire *[V. art. R. 231-2]* **;**

b) L'affirmation de la conformité du projet aux règles de construction prescrites en application du présent code, notamment de son livre Ier, et du code de l'urbanisme ;

c) La consistance et les caractéristiques techniques du bâtiment à construire comportant tous les travaux d'adaptation au sol, les raccordements aux réseaux divers et tous les travaux d'équipement intérieur ou extérieur indispensables à l'implantation et à l'utilisation de l'immeuble ;

d) Le coût du bâtiment à construire, égal à la somme du prix convenu et, s'il y a lieu, du coût des travaux dont le maître de l'ouvrage se réserve l'exécution en précisant :

– d'une part, le prix convenu qui est forfaitaire et définitif, sous réserve, s'il y a lieu, de sa révision dans les conditions et limites convenues conformément à l'article L. 231-11, et qui comporte la rémunération de tout ce qui est à la charge du constructeur, y compris le coût de la garantie de livraison *[V. art. R. 231-5]* **;**

– d'autre part, le coût des travaux dont le maître de l'ouvrage se réserve l'exécution, ceux-ci étant décrits et chiffrés par le constructeur et faisant l'objet, de la part du maître de l'ouvrage, d'une clause manuscrite spécifique et paraphée par laquelle il en accepte le coût et la charge ;

e) Les modalités de règlement en fonction de l'état d'avancement des travaux ;

f) L'indication que le maître de l'ouvrage pourra se faire assister par un professionnel habilité en application de la loi no 77-2 du 3 janvier 1977 sur l'architecture ou des articles L. 111-23 et suivants lors de la réception ou par tout autre professionnel de

la construction titulaire d'un contrat d'assurance couvrant les responsabilités pour ce type de mission ;

***g*) L'indication de l'obtention du permis de construire et des autres autorisations administratives, dont une copie est annexée au contrat ;**

***h*) L'indication des modalités de financement, la nature et le montant des prêts obtenus et acceptés par le maître de l'ouvrage ;**

***i*) La date d'ouverture du chantier, le délai d'exécution des travaux et les pénalités prévues en cas de retard de livraison** *[V. art. R. 231-14]* **;**

***j*) La référence de l'assurance de dommages souscrite par le maître de l'ouvrage, en application de l'article L. 242-1 du code des assurances ;**

***k*) Les justifications des garanties de remboursement et de livraison apportées par le constructeur, les attestations de ces garanties étant établies par le garant et annexées au contrat.**

Les stipulations du contrat, notamment celles relatives aux travaux à la charge du constructeur, au prix convenu, au délai d'exécution des travaux et aux pénalités applicables en cas de retard d'exécution peuvent se référer à des clauses types approuvées par décret en Conseil d'État. – *V. ss. art. R. 231-14.*

COMMENTAIRE

Le contrat de construction de maison individuelle doit être formé par écrit. La forme authentique n'est pas impérative, il peut être établi par acte sous seing privé. Le non-respect de cette obligation expose son auteur à une peine d'emprisonnement de deux ans et à une amende de 37 500 euros, ou à l'une de ces deux peines seulement (V. art. L. 241-8).

L'article L. 231-2 impose aux contractants de respecter diverses mentions obligatoires, à peine de nullité. Elles sont relatives au terrain, à l'ouvrage, aux autorisations administratives, au coût des travaux et à leur financement, à l'opération de réception, aux assurances et garanties. Le deuxième alinéa de l'article laisse les parties libres de se référer aux clauses types en la matière (V. art. R. 231-13). Le contrat doit également être assorti d'annexes (permis de construire ; notice descriptive comportant le coût des travaux à la charge du maître de l'ouvrage, le cas échéant – V. art. R. 231-4). En cas de manquement à ces obligations, le maître de l'ouvrage pourra solliciter la nullité du contrat (V. Rép. min. n° 19918 : *JOAN Q, 24 mars 2009, p. 2905*). Concernant le détail des travaux confiés au constructeur, leur prix est forfaitaire et définitif. S'agissant de ceux dont le maître d'ouvrage s'est réservé la charge, il pourra en solliciter la réalisation auprès du constructeur dans les quatre mois après la signature du contrat (V. art. L. 231-7).

Le contrat de construction de maison individuelle doit être envoyé à l'accédant à la propriété par **lettre recommandée** avec avis de réception, avec une notice d'information type (V. art. L. 231-9).

Par ailleurs, lorsque le maître d'ouvrage a souscrit l'assurance obligatoire **dommages-ouvrage**, il peut bénéficier du système de garantie mis en place par la loi n° 2003-706 du 1er août 2003 sur la sécurité financière (V. C. assur., art. L. 421-9-1 s.), en cas de défaillance de l'assureur.

Le maître de l'ouvrage bénéficie également des dispositions protectrices consuméristes applicables en présence d'un démarchage à domicile (V. C. consom., art. L. 121-21 s.).

En tout état de cause, l'accédant à la propriété d'un logement neuf dispose d'un **délai de rétractation** d'une durée de sept jours à compter du lendemain de la première présentation de la lettre lui notifiant l'acte (V. art. L. 271-1). La loi n° 2000-1208 du 13 décembre 2000 relative à la solidarité et au renouvellement urbains l'a étendu, un **délai de réflexion** de sept jours est désormais imposé à l'égard des actes établis en la forme authentique (V. art. L. 271-1). Ce dernier court à compter de la notification ou de la remise d'un projet d'acte. ❑

I. DESCRIPTION DU PROJET DE CONSTRUCTION

A. DÉSIGNATION DU TERRAIN

1. La signature du contrat de construction de maison individuelle est prématurée, si lors de cette signature, le maître de l'ouvrage ne dispose pas de terrain. • TGI Angers, 16 févr. 1976 : *Gaz. Pal. 1977. 1. Somm. 201.* ♦ *Contra :* • TGI Niort, 29 juin 1981 : *Gaz. Pal. 1982. 1. Somm. 2.*

2. Un contrat conclu et concernant un terrain peut être transporté sur un autre terrain à condition que ce transfert ne s'accompagne d'aucune augmentation de prix. • Angers, 12 janv. 1981 : *RDI 1982. 253, obs. Groslière et Jestaz.*

3. Le constructeur doit s'assurer de la qualité du terrain lui-même, afin notamment de prévoir les travaux indispensables à l'implantation et à l'utilisation de l'immeuble : Rép. min. nº 57452 : *JOAN Q 20 juill. 1992, p. 3283 ;* Rép. min. nº 19611 : *JO Sénat Q, 6 mars 1997, p. 703.* ♦ Pour l'annulation du contrat et la démolition de la construction, sur le fondement de l'art. 1184 C. civ., en raison d'une erreur d'implantation de l'ouvrage, V. • Civ. 3e, 13 sept. 2006 : *RDI 2006. 499.*

4. La résiliation ultérieure du compromis de vente du terrain par le maître de l'ouvrage est inopposable au constructeur qui n'est pas partie au compromis et ne peut être une cause de nullité du contrat de construction. • TGI Dijon, 14 juin 1985 : *D. 1986. IR 38, obs. F. Magnin ; RDI 1986. 479, obs. J.-C. Groslière et Saint-Alary-Houin ; JCP N 1986. 458, obs. Sizaire.*

5. Est nul le contrat dans lequel manquent les mentions concernant le titre de propriété, notamment les nom et adresse du rédacteur de l'acte. • Bourges, 5 janv. 1998 : *Constr.-Urb. 1998, nº 288.*

B. CONFORMITÉ DU PROJET AUX RÈGLES DE CONSTRUCTION

6. Le projet doit être conforme aux règles de l'art, même si leur respect impose des travaux supplémentaires non prévus au contrat. • Civ. 3e, 1er mars 1983 : *Bull. civ. III, nº 58 ; RDI 1984. 205, obs. Groslière et Jestaz.*

7. Est nul le contrat dans lequel la surface habitable prévue est sous-dimensionnée par rapport au nombre de personnes devant habiter dans la maison. • Dijon, 18 juin 1996 : *RDI 1997. 251.*

8. L'art. L. 231-1 fixant les énonciations que doivent comporter les contrats passés entre particuliers pour la construction d'une maison individuelle, n'habilite pas les ministres compétents à faire obligation aux parties d'insérer dans ces contrats une mention relative à la qualité du projet, telle qu'elle est appréciée par un organisme public ou privé. • CE 9 oct. 1981, *Synd. national des constructeurs de maisons individuelles : Lebon 359.*

9. Manque à son devoir de conseil le constructeur qui ne propose pas de solution au problème du bruit auquel le site était particulièrement sensible en raison de sa proximité avec un axe routier, peu important que les normes applicables aient été respectées. • Civ. 3e, 26 oct. 2005 : *Bull. civ. III, nº 204 ; RDI 2006. 56, obs. Malinvaud ; JCP 2005. IV. 2183 ; Dr. et patr. mars 2006. 113.*

C. PLAN

10. Le contrat n'est pas formé si le maître de l'ouvrage n'a pas reçu les plans et l'exemplaire du contrat signé, ni le devis descriptif. • Civ. 3e, 13 févr. 1985 : *Bull. civ. III, nº 35 ; D. 1986. IR 37, obs. Magnin.*

11. Est nul le contrat auquel ne sont pas annexés les plans et le devis descriptif. • Civ. 3e, 13 févr. 1985 : *Gaz. Pal. 1985. 246, note Ph. Jestaz.* ♦ Peu important que le plan ait été communiqué au maître de l'ouvrage avant la signature du contrat. • Civ. 3e, 19 nov. 2008 : *Bull. civ. III, nº 175 ; Constr.-Urb. 2009, nº 7, obs. Sizaire.* ♦ Est également nul le contrat qui mentionne une surface habitable réduite par le permis de construire obtenu après sa conclusion et sans qu'un avenant ait été signé. • Civ. 3e, 31 janv. 2007 : *Bull. civ. III, nº 12 ; RDI 2007. 433, note Tomasin ; Constr.-Urb. 2007, nº 69, obs. Cornille.*

12. Est nul sur le fondement de l'art. 1110 C. civ., pour vice de consentement tenant à une erreur excusable, le contrat qui n'a pas permis au maître de l'ouvrage de prendre conscience, au moment de sa signature, de la solidarité de la maison voisine avec sa propre habitation. • Nancy, 6 mai 2002 : *Constr.-Urb. 2003, nº 30, obs. Sizaire.* ♦ Sur le risque d'application des sanctions pénales prévues à l'art. L. 241-8 du présent code lorsque le plan est établi à l'aide d'un logiciel spécialisé, au prétexte du service rendu au maître de l'ouvrage, V. • Douai, 1er sept. 2005 : *Constr.-Urb. 2006, nº 61, obs. Sizaire.*

D. AUTORISATIONS D'URBANISME

13. Sur le sort du contrat au cas où le permis de construire aurait été accordé puis rapporté, V. • Civ. 3e, 4 avr. 1991 : *Bull. civ. III, nº 112 ; D. 1991. IR 124.*

14. Un permis de construire qui a été accordé mais qui se révèle non conforme équivaut à un refus de permis entraînant la résolution de plein droit du contrat. • Civ. 3e, 11 déc. 1991 : *Bull. civ. III, no 318 ; D. 1992. IR 43*. ♦ La mise en conformité du projet avec le permis de construire délivré nécessite un avenant au contrat. • Civ. 3e, 31 janv. 2007 : *Bull. civ. III, no 12 ; D. 2007. 657 ; RDI 2007. 433, note Tomasin*.

E. ASSURANCE DE DOMMAGES DU MAÎTRE DE L'OUVRAGE

14 bis. Le banquier n'est pas tenu de s'assurer de la souscription effective de l'assurance dommages-ouvrage. • Civ. 3e, 8 sept. 2010 : *Bull. civ. III, no 149 ; Dalloz actualité, 20 sept. 2010, obs. Garcia ; RCA 2010, no 325, obs. Groutel.* • Civ. 3e, 5 oct. 2010 : *RDI 2010. 319, obs. Dessuet*. ♦ L'organisme prêteur qui, avant d'émettre une offre de prêt, est en possession d'un document attestant de la souscription par une société, pour le compte du maître de l'ouvrage, d'une assurance dommages ouvrage, n'est pas tenu en outre, d'exiger la communication de la déclaration d'ouverture du chantier. • Civ. 3e, 12 sept. 2007 : *Bull. civ. III, no 134 ; D. 2007. AJ 2391 ; RDI 2008. 226, obs. Dessuet*.

II. PRIX DE LA CONSTRUCTION

15. La définition donnée par l'art. L. 231-1 n'exclut pas de son champ d'application les contrats où certains travaux seraient laissés à la charge du maître de l'ouvrage. • TGI Niort, 29 juin 1981 : *RDI 1982. 257, obs. Groslière et Jestaz.*

16. L'art. L. 231-2 exige seulement, en ce qui concerne le prix, que le contrat comporte l'indication de celui-ci, les limites et les conditions dans lesquelles sa révision peut intervenir, ainsi que les modalités de règlement de ce prix. • Civ. 3e, 23 oct. 1985 : *RDI 1986. 217, obs. Groslière et Saint-Alary-Houin.* ♦ Toutefois, si une partie des travaux est laissée à la charge du maître de l'ouvrage, il importe que ce dernier puisse se référer à un descriptif et à un coût chiffré des prestations en cause, faute de quoi les travaux sont nécessairement compris dans le prix forfaitaire de la construction. • Toulouse, 10 sept. 2007 : *Constr.-Urb. 2008, no 3, note Sizaire.* ♦ La notice descriptive du CCMI doit porter, de la main des maîtres de l'ouvrage, une mention signée par laquelle ils précisent accepter le coût des travaux à leur charge lorsque ceux-ci ne sont pas compris dans le prix convenu. • Civ. 3e, 4 nov. 2010 : *Bull. civ. III, no 197 ; Dalloz actualité, 26 nov. 2010, obs. Garcia ; D. 2010. 2706 ; Constr.-Urb. 2011, no 15, obs. Sizaire.*

17. Toute modification apportée au contrat de construction de maison individuelle est obligatoirement soumise au même formalisme que le contrat initial ; lorsque les parties conviennent, après la conclusion de ce dernier, que certains postes sont finalement laissés à la charge du maître de l'ouvrage, l'avenant doit contenir la description et le chiffrage de chacun des lots concernés et indiquer de façon manuscrite et expresse l'acceptation du maître de l'ouvrage. • Montpellier, 3 févr. 2004 : *Constr.-Urb. 2004, no 99, obs. Sizaire.* ♦ Sur la validité de l'avenant au regard de l'art. 1793 C. civ., V. • Civ. 3e, 10 mai 2005 : *pourvoi no 04-12.961.*

18. Pour l'actualisation du prix, c'est la date du commencement des travaux et non celle de la déclaration officielle d'ouverture du chantier qui doit être retenue. • Rennes, 22 avr. 1983 : *Rev. jur. Ouest 1983. 4. 91.*

19. La clause permettant à la seule volonté du constructeur de résilier le contrat n'est pas potestative si elle réserve au maître de l'ouvrage la faculté de donner sous quinzaine son accord sur l'augmentation éventuelle du prix convenu en raison des sujétions particulières du terrain ou des prescriptions architecturales spéciales. • TGI Dijon, 14 juin 1985 : *D. 1986. IR 38, note Magnin.* ♦ Comp. : • Civ. 3e, 4 févr. 1987 : *D. 1987. IR 34 ; RDI 1987. 253.*

20. Le contrat ne peut être scindé en deux actes, le premier étant un procédé pour percevoir un premier versement, alors que les opérations prévues dans le contrat préliminaire ne peuvent être dissociées de l'ensemble de celles qui étaient nécessaires à la réalisation de la construction. • Crim. 26 nov. 1985 : *RDI 1986. 264, obs. Roujou de Boubée.*

21. Les art. L. 312-10 et L. 312-12 C. consom. régissent également le contrat de construction de maison individuelle. La protection mise en œuvre par ces dispositions s'applique au maître de l'ouvrage lorsqu'il contracte un prêt pour le financement de la construction. • Civ. 1re, 18 juin 1996 : *Bull. civ. I, no 262 ; D. 1996. 215*. ♦ Sur les conditions de renonciation à la protection mise en œuvre par ces art., V. • Civ. 1re, 17 mars 1998 : *Bull. civ. I, no 120 ; D. 1998. IR 117 ; RDI 1998. 392, obs. Groslière et C. Saint-Alary-Houin ; ibid. 675, obs. Heugas-Darraspen et Schaufelberger ; RTD civ. 1998. 670, obs. Mestre ; JCP II. 10148, note Piedelièvre ; Constr.-Urb. 1998, no 182, obs. Sizaire.* ♦ V. aussi ss. art. L. 231-4.

22. Le contentieux lié au surcoût résultant d'un vice du sol est de plus en plus abondant. Sur le principe, il semble bien qu'il incombe en toute hypothèse au constructeur de faire son affaire du coût des travaux supplémentaires nécessaires à la bonne tenue de la construction, sans pouvoir opposer les clauses contractuelles. • Paris, 29 nov. 2002 : *Constr.-Urb. 2003, n*o *96, obs. Sizaire.* ♦ En tout état de cause, si l'art. L. 231-2 ne permet pas au constructeur de demander au maître de l'ouvrage une autre somme que celle prévue au contrat, il ne l'empêche pas de réclamer à un tiers, sur le fondement de l'art. 1382 C. civ., les frais d'études du sol. • Civ. 3e, 12 mai 2004 : *Bull. civ. III, n*o *93 ; D. 2004. 1934 ; JCP 2004. IV. 1246.*

III. DÉLAI D'EXÉCUTION DES TRAVAUX

23. Il est nécessaire d'indiquer, à peine de nullité, le délai dans lequel le bâtiment doit être édifié. • Dijon, 7 juin 1984 : *D. 1986. IR 37, obs. Magnin.* ♦ La résiliation du CCMI ne fait pas obstacle à l'application au constructeur de pénalités contractuelles en cas de retard d'exécution. • Civ. 3e, 22 sept. 2010 : *Bull. civ. III, n*o *164 ; RDI 2011. 107, obs. Tomasin ; Constr.-Urb. 2010, n*o *147, obs. Sizaire.*

IV. GARANTIES FINANCIÈRES

24. Les attestations émanant des garants doivent, pour respecter les dispositions des § *j* et *k* de l'art. L. 231-2, indiquer avec précision que le contrat est couvert par la garantie. • Paris, 13 déc. 1996 : *inédit.* ♦ La garantie de remboursement est distincte de la garantie de livraison et doit être annexée au contrat, sans pouvoir faire l'objet d'une condition suspensive. • Civ. 3e, 22 sept. 2010 : *Bull. civ. III, n*o *165 ; Dalloz actualité, 11 oct. 2010, obs. Garcia ; D. 2010. 2608, chron. Monge et Nési.* ♦ La garantie de livraison peut faire l'objet d'une condition suspensive, à condition que le CCMI prévoie le délai maximal de réalisation de cette condition et précise la date d'ouverture du chantier à partir de ce délai. A défaut, le CCMI est nul • Civ. 3e, 30 mars 2011 : *Bull. civ. III, à paraître ; Dalloz actualité, 20 avr. 2011, obs. Garcia ; Constr.-Urb. 2011, n*o *95, obs. Sizaire.*

25. La loi du 19 déc. 1990 ne semble pas s'opposer à la délivrance par l'établissement garant d'une attestation globale pour tous les contrats conclus par le constructeur. V. Rép. min. : *JOAN Q, 9 juill. 1992.* ♦ En effet, la souscription globale de l'assurance responsabilité et de l'assurance de dommages est encouragée par le ministère de l'équipement, du transport et du logement, V. sur la question : *RDI 1997. 94.* ♦ Les clauses types annexes à l'art. R. 231-1 habilitent le constructeur à recevoir un mandat du maître de l'ouvrage pour souscrire une assurance de dommages pour le compte de celui-ci. Or, dans ce cas le maître de l'ouvrage n'est pas le souscripteur et l'absence de vigilance de sa part conduit à le priver de cette garantie. • Civ. 1re, 13 mai 1998 : *RDI 1998. 662, obs. Leguay et Dubois.*

26. Le constructeur qui n'a pas souscrit de garantie de livraison à la date de signature du contrat doit être condamné à réparer le préjudice financier subi par le maître de l'ouvrage • Dijon, 20 juin 1995 : *JCP 1996. IV. 172.* ♦ La même solution est retenue lorsque le constructeur manque à son obligation de prendre une assurance de dommages. • Crim. 4 févr. 1998 : *Bull. crim. n*o *42 ; Dr. pénal 1998, n*o *105 ; RDI 1998. 711, obs. Roujou de Boubée.*

27. L'acte de cautionnement n'a pas à être joint au contrat ; il suffit que le constructeur puisse justifier de sa souscription. • Paris, 25 mai 1984 : *D. 1986. IR 37, obs. Magnin.* ♦ La justification de la garantie remboursement doit figurer dans le contrat au moment de sa conclusion. Néanmoins, une cour d'appel a pu déduire à bon droit, l'existence de cette garantie d'une attestation de caution délivrée conformément à l'art. L. 231-4, al. 4. • Civ. 3e, 28 janv. 1998 : *Constr.-Urb. 1998, n*o *144, obs. Sizaire.*

28. La déclaration de chantier est un document important, il peut déterminer la validité même de la garantie souscrite au titre de la responsabilité de l'entrepreneur. Ainsi, il a été jugé que dès lors que le contrat d'assurance de responsabilité d'un entrepreneur stipulait qu'en l'absence de déclaration de chantier il n'y avait pas d'assurance et qu'il était constant que le chantier litigieux, s'agissant de la construction d'une maison individuelle, n'avait pas fait l'objet d'une déclaration, la cour d'appel qui a accueilli la demande provisionnelle des maîtres de l'ouvrage contre l'assureur, en retenant que celui-ci ne pouvait opposer à l'assuré une clause subordonnant la garantie à la déclaration de chantier a violé la loi du contrat. • Civ. 1re, 5 déc. 2000 : *Bull. civ. I, n*o *313 ; D. 2001. 278 ; RDI 2001. 36, obs. G. Durry.*

V. SANCTIONS

29. La violation des règles d'ordre public de l'article est sanctionnée par une nullité relative. Partant, elle est susceptible d'être couverte par voie de confirmation ultérieure. • Civ. 3e, 6 juill. 2011 : *Bull. civ. III, à paraître ; Dalloz actualité, 8 sept. 2011, obs. Garcia ; RDI 2011. 505, obs. Tomasin ; Constr.-Urb. 2011, n*o *135, obs. Sizaire.*

Art. L. 231-3 *(L. nº 90-1129 du 19 déc. 1990, art. 1er)* **Dans le contrat visé à l'article L. 231-1, sont réputées non écrites les clauses ayant pour objet ou pour effet :**

***a*) D'obliger le maître de l'ouvrage à donner mandat au constructeur pour rechercher le ou les prêts nécessaires au financement de la construction sans que ce mandat soit exprès et comporte toutes les précisions utiles sur les conditions de ce ou de ces prêts ;**

***b*) De subordonner le remboursement du dépôt de garantie à l'obligation, pour le maître de l'ouvrage, de justifier du refus de plusieurs demandes de prêt ;**

***c*) D'admettre comme valant autorisation administrative un permis de construire assorti de prescriptions techniques ou architecturales telles qu'elles entraînent une modification substantielle du projet ayant donné lieu à la conclusion du contrat initial ;**

***d*) De décharger le constructeur de son obligation d'exécuter les travaux dans les délais prévus par le contrat en prévoyant notamment des causes légitimes de retard autres que les intempéries, les cas de force majeure et les cas fortuits ;**

***e*) De subordonner la remise des clefs au paiement intégral du prix et faire ainsi obstacle au droit du maître de l'ouvrage de consigner les sommes restant dues lorsque des réserves sont faites à la réception des travaux ;**

***f*) D'interdire au maître de l'ouvrage la possibilité de visiter le chantier, préalablement à chaque échéance des paiements et à la réception des travaux.**

COMMENTAIRE

L'article L. 231-3 dresse une liste des clauses réputées non écrites, complétée par l'article L. 231-7, spécifique aux opérations de financement de la construction. Le juge conserve par ailleurs la possibilité d'appliquer les règles générales issues du code de la consommation (V. C. consom., art. L. 132-1 s.), en prononçant la nullité des clauses abusives qui entraveraient la protection de l'accédant à la propriété. Toutefois, il convient de distinguer les clauses dites « noires » (considérées comme abusives de façon irréfragable, V. C. consom., art. R. 132-1) des clauses dites « grises » (présumées abusives mais dont le professionnel peut rapporter la preuve contraire, V. C. consom., art. R. 132-2). Précisons que la liste dressée par l'article L. 231-3 n'a pas été transposée dans le régime du contrat de construction de maison individuelle sans fourniture du plan. ❑

1. Est réputée non écrite la clause d'un contrat de construction de maison individuelle exonérant le constructeur de sa responsabilité au cas d'un retard de livraison apporté par le maître de l'ouvrage dans l'exécution des travaux laissés à sa charge. • Civ. 3e, 12 oct. 2005 : *Bull. civ. III, nº 190 ; Constr.-Urb. 2005, nº 236, obs. Sizaire.*

2. Est abusive la clause fixant la réalisation de la condition suspensive d'obtention des prêts nécessaires au client par référence au seul montant de ses crédits, sans indication des autres conditions particulières et essentielles du contrat de financement. • Grenoble, 17 mars 1997, *SA Isère Construction Maison Mikit c/ UFC 38 : Dictionnaire permanent de Droit des affaires, V. Clause abusive, nº 16.*

3. Le constructeur n'est ni autorisé à percevoir un quelconque versement de la part du maître de l'ouvrage, autrement que dans les conditions prévues aux art. L. 231-2 et L. 231-4 ni à exiger un remboursement de ses frais en cas de rupture du contrat. En conséquence est abusive la clause permettant au maître de l'ouvrage de pouvoir résilier le contrat dans l'éventualité ou les modifications du permis de construire appelleraient une augmentation du prix de la construction, à charge pour lui de rembourser au constructeur tous les frais engagés dans le cadre de la conclusion du contrat. • TGI Aurillac, 21 août 1987 : *Gaz. Pal. 1988. 1. Somm. 196.*

4. Le constructeur ne peut imposer au maître de l'ouvrage l'obligation de faire une demande de permis de construire alors même que le terrain s'est avéré inconstructible. • TGI Créteil, 15 déc. 1980 : *BICC 1982, nº 75.*

5. Le contrat de construction peut prévoir des pénalités de retard à la charge des parties. L'art. R. 231-14 énonce le mode de calcul de ces pénalités. L'exclusion des pénalités de retard est toutefois considérée comme abusive, lorsqu'elle concerne les défauts de conformité qui n'auraient pas un caractère substantiel ou qui ne rendraient pas les ouvrages impropres à leur destination. • Grenoble, 17 mars 1997, *SA Isère Construction Maison Mikit c/ UFC 38 : préc. note 2.*

6. Est abusive la clause permettant au constructeur de suspendre le chantier, en cas de retard de paiement des appels de fonds de plus de 20 jours, sans indiquer ce que seraient les rapports contractuels au cas où le client critiquerait des travaux non conformes au descriptif contractuel. • Grenoble, 17 mars 1997, *SA Isère Construction Maison Mikit c/ UFC 38 : préc. note 2.*

7. Les constructeurs, à la suite d'actions menées par des associations de consommateurs, peuvent être condamnés à remettre sous astreinte leurs contrats en conformité avec la loi. • TGI Niort, 29 juin 1981 : *RDI 1982. 257, obs. J.-C. Groslière et Ph. Jestaz* • Orléans, 24 juin 1984 : *D. 1986. IR 36, obs. F. Magnin* • TGI Coutances, 2 mai 1985 : *Gaz. Pal. 1985. 2. Somm. 233.*

Art. L. 231-4 *(L. nº 90-1129 du 19 déc. 1990, art. 1er)* **I. – Le contrat défini à l'article L. 231-1 peut être conclu sous les conditions suspensives suivantes :**

***a*) L'acquisition du terrain ou des droits réels permettant de construire si le maître de l'ouvrage bénéficie d'une promesse de vente ;**

***b*) L'obtention du permis de construire et des autres autorisations administratives, le maître de l'ouvrage étant tenu de préciser la date limite de dépôt de la demande ;**

***c*) L'obtention des prêts demandés pour le financement de la construction ;**

***d*) L'obtention de l'assurance de dommages ;**

***e*) L'obtention de la garantie de livraison.**

Le délai maximum de réalisation des conditions suspensives ainsi que la date d'ouverture du chantier, déterminée à partir de ce délai, sont précisés par le contrat.

II. – Aucun versement, aucun dépôt, aucune souscription ou acceptation d'effets de commerce ne peuvent être exigés ou acceptés avant la signature du contrat défini à l'article L. 231-1 ni avant la date à laquelle la créance est exigible.

III. – Le contrat peut stipuler qu'un dépôt de garantie sera effectué à un compte spécial ouvert au nom du maître de l'ouvrage par un organisme habilité. Le montant de ce dépôt ne peut excéder 3 p. 100 du prix de la construction projetée tel qu'il est énoncé au contrat.

Les fonds ainsi déposés sont indisponibles, incessibles et insaisissables jusqu'à la réalisation de toutes les conditions ; dans ce cas, ces sommes viennent s'imputer sur les premiers paiements prévus par le contrat.

Les fonds déposés en garantie sont immédiatement restitués au maître de l'ouvrage, sans retenue ni pénalité, si toutes les conditions suspensives ne sont pas réalisées dans le délai prévu au contrat ou si le maître de l'ouvrage exerce la faculté de rétractation prévue à l'article L. 271-1.

Le contrat peut prévoir des paiements au constructeur avant la date d'ouverture du chantier, sous réserve que leur remboursement soit garanti par un établissement habilité à cet effet.

Un décret en Conseil d'État fixe la nature de la garantie et les conditions et limites dans lesquelles ces sommes sont versées. – *V. art. R. 231-8.*

COMMENTAIRE

Le contrat de construction de maison individuelle peut être conclu sous certaines conditions suspensives, limitativement énumérées par l'article L. 231-4. Elles devront chacune être assorties d'un délai maximum de réalisation. Le délai court à compter de la date d'ouverture du chantier stipulée dans le contrat. A l'expiration de ces délais, la non-réalisation de l'une des conditions entraînera la nullité du contrat.

En matière de financement de l'opération, l'accédant à la propriété bénéficie en outre des dispositions protectrices du code de la consommation (V. C. consom., art. L. 312-1 s., App., vº *Crédit immobilier*). En cas de non-réalisation de la condition suspensive d'obtention des prêts, l'acquéreur pourra solliciter le remboursement immédiat de toute somme préalablement versée.

L'interdiction de versements ou de dépôts antérieurs à la signature du contrat est passible de la peine prévue par l'article L. 241-1 du code de la construction et de l'habitation. Cela participe aux raisons pour lesquelles la signature d'un contrat préliminaire est prohibée en matière de construction de maison individuelle.

Des paiements pourront être effectués auprès du constructeur, avant la date d'ouverture du chantier (d'un montant maximum de 5 %, V. art. R. 231-8), à la condition que soit constituée une garantie de remboursement. Cette option n'est offerte qu'en l'absence de constitution d'un dépôt de garantie, dont le montant maximum a été fixé à 3 % du prix.

I. CONDITIONS SUSPENSIVES

1. Lorsque le contrat prévoit des prêts destinés au financement de la construction, il est, nonobstant toute clause contraire, réputé conclu sous condition résolutoire de l'obtention des prêts, sauf si le maître de l'ouvrage a expressément indiqué qu'il renonçait à ces derniers. • Civ. 3e, 24 juin 1987 : *D. 1987. IR 164.*

2. Les art. L. 312-1 et L. 312-20 C. consom. ont vocation à régir les prêts contractés dans le cadre d'un contrat de construction de maison individuelle. • Civ. 1re, 18 juin 1996 : *Bull. civ. I, no 262 ; D. 1996. 215.* ♦ Sur les rapports entre l'art. 20 de la loi du 13 juill. 1979 et les art. L. 231-1 s. CCH, V. • Civ. 1re, 26 mai 1994 : *Bull. civ. I, no 189 ; RDI 1995. 122.* ♦ L'offre de prêt est, en vertu de l'art. L. 312-12, al. 1er, C. consom., acceptée sous condition résolutoire de la non-conclusion, dans un délai de quatre mois à compter de son acceptation, du contrat pour lequel il est demandé. Il en résulte que l'effet rétroactif de l'annulation du contrat de construction de maison individuelle entraîne la nullité de plein droit du prêt contracté pour le financement de la globalité de l'opération immobilière. • Civ. 1re, 7 juill. 1998 : *Bull. civ. I, no 242 ; Constr.-Urb. 1998, no 331, obs. Sizaire.*

3. La renonciation, par avance, aux règles de protection mises en œuvre par la loi est interdite, néanmoins il est possible de renoncer aux effets acquis de telles règles. Dès lors, le maître de l'ouvrage qui a volontairement poursuivi l'exécution du contrat alors que la demande de prêt fut rejetée, doit payer l'indemnité contractuelle de résiliation. • Civ. 1re, 17 mars 1998 : *Bull. civ. I, no 120 ; D. 1998. IR 117 ; RDI 1998. 392, obs. Groslière et C. Saint-Alary-Houin ; ibid. 675, obs. Heugas-Darraspen et Schaufelberger ; RTD civ. 1998. 670, obs. Mestre ; JCP 1998. II. 10148, note Piedelièvre ; Constr.-Urb. 1998, no 182, obs. Sizaire.* ♦ Le maître de l'ouvrage doit également payer à l'entrepreneur l'indemnité de résiliation prévue au contrat s'il a fait obstacle à la réalisation de la condition d'obtention d'un prêt. • Civ. 3e, 4 févr. 1987 : *D. 1987. IR 34 ; RDI 1987. 253, obs. Groslière et C. Saint-Alary-Houin.*

4. Les juges doivent rechercher si la demande de prêt bancaire, après un premier refus de prêt PAP, est antérieure à la défaillance de la condition suspensive. • Civ. 3e, 4 févr. 1987 : *Bull. civ. III, no 22 ; RDI 1987. 469, obs. Groslière et C. Saint-Alary-Houin.* ♦ Comp. : • Civ. 3e, 3 juin 1987 : *RDI 1987. 469.*

5. Un « contrat d'entreprise » ayant été requalifié en contrat de construction de maison individuelle contenant une condition implicite suspensive d'obtention de prêt, l'acompte versé par le souscripteur doit être remboursé. • Paris, 25 nov. 1985, *Les maisons du Loiret c/ Colombin.*

6. Le maître de l'ouvrage ne peut se prévaloir du refus d'attribution du prêt lorsqu'il résulte simplement de sa volonté d'arrêter les démarches en vue de l'achat du terrain. • TGI Dijon, 14 juin 1985 : *D. 1986. IR 33, note Magnin.* ♦ Comp. : • Civ. 3e, 4 févr. 1987 : *D. 1987. IR 34 ; RDI 1987. 253.* ♦ De même, le refus de financement n'est pas caractérisé, et la résolution n'est pas en conséquence prononcée, lorsque le maître de l'ouvrage se borne à soutenir que la charge financière de l'opération est excessive, eu égard à ses ressources et aux exigences des établissements de crédit. • Nîmes, 29 mai 1980 : *D. 1981. IR 414, obs. Magnin.* ♦ Cependant, le refus de financement est caractérisé lorsqu'il résulte d'une décision de l'organisme prêteur. Ainsi, l'obligation pour une banque d'accorder un prêt d'épargne-logement cesse dans le cas où le prêt est de nature à entraîner un état de surendettement. • Civ. 3e, 3 mars 1999 : *AJDI 1999. 541.*

7. Sur la nature d'une « indemnité forfaitaire de dénonciation », V. • Civ. 3e, 9 janv. 1991 : *D. 1991. IR 481, note G. Paisant.*

II. L'INTERDICTION DES VERSEMENTS ANTÉRIEURS À LA CONCLUSION DU CONTRAT

8. Les appels de fonds non prévus par la loi sont interdits. • Civ. 3e, 7 mai 1996 : *Bull. civ. III, no 110 ; RDI 1996. 391, obs. Groslière et C. Saint-Alary-Houin.*

9. Toute clause contraire est sans effet. • Crim. 27 mai 1986 : *D. 1986. IR 405, obs. G. Roujou de Boubée.*

10. L'acceptation ou l'exigence par le maître de l'ouvrage de sommes en dehors des cas prévus à l'art. L. 231-2 est pénalement sanctionnée. • Crim. 11 juill. 1978 : *JCP N 1979. II. 21, obs. Meysson* • Crim. 5 oct. 1981 : *RDI 1982. 299, note Roujou de Boubée ; D. 1982. IR 466, obs. Magnin.*

11. Le fait de réclamer au maître de l'ouvrage, lors de la conclusion du contrat et donc en méconnaissance de l'interdiction de versement anticipé, un dépôt de garantie supérieur à ce que prévoit la loi et de refuser la restitution des fonds alors que les conditions suspensives du contrat n'ont pas été réalisées sont des infractions instantanées. Il importe donc que le maître de l'ouvrage porte l'affaire en justice avant l'expiration du délai de prescription de ces infractions. • Paris, ch. corr., 13 mai 2002 : *Constr.-Urb. 2002, nº 264, obs. Sizaire.*

12. Le maître de l'ouvrage peut demander l'indemnisation du préjudice qui lui a été personnellement et directement causé par l'infraction. • Crim. 12 janv. 1988 : *Bull. crim. nº 16.*

13. Est recevable l'action civile exercée par le maître de l'ouvrage contre le constructeur qui a exigé des versements irréguliers. Le maître de l'ouvrage subit, dans ce cas, un préjudice personnel et légitime indemnisable au titre des art. 2 et 3 NCPC [C. pr. civ.]. • Crim. 28 mai 1997 : *Bull. crim. nº 206 ; RDI 1998. 150, note Roujou de Boubée ; Constr.-Urb. 1998, nº 51, obs. Sizaire.*

14. Le contrat de construction de maison individuelle, ne peut, à la différence du contrat de promotion immobilière, être précédé d'aucun contrat d'études préliminaires. En conséquence, si le permis de construire est refusé, le constructeur doit restituer non seulement les sommes versées au titre du contrat de construction, mais aussi, celles qui l'ont été au titre d'études préliminaires. • Rennes, 7 avr. 1976 : *JCP N 1979. II. 21, note P. Meysson* • Crim. 10 juin 1987 : *RDI 1988. 149, Chron. Roujou de Boubée.*

15. Le contrat ne peut être scindé en deux actes, le premier étant un procédé pour percevoir un premier versement, alors que les opérations prévues dans le contrat préliminaire ne peuvent être dissociées de l'ensemble de celles qui étaient nécessaires à la réalisation de la construction. • Crim. 26 nov. 1985 : *RDI 1986. 264, obs. Roujou de Boubée.*

16. Le constructeur ne peut exiger ou accepter du maître de l'ouvrage aucun versement, aucun dépôt, aucune souscription ou acceptation d'effet de commerce avant la signature du contrat. • Crim. 21 févr. 1984 : *Bull. civ. III, nº 3.* ♦ Comp., • Paris, 21 juin 1982 : *D. 1985. IR 37, obs. F. Magnin* • Civ. 1re, 2 oct. 1984, *VB Constructions c/ Garrec.* ♦ Pour une hypothèse d'acceptation de lettres de change par le maître de l'ouvrage, escomptées ensuite auprès d'un banquier de mauvaise foi, V. • Com. 24 mars 1994 : *RDI 1992. 341.*

17. La garantie de remboursement visée à l'art. L. 231-4 doit être fournie au moment de la réception des fonds par le constructeur. • Civ. 3e, 7 déc. 1988 : *Bull. civ. III, nº 175.*

18. La garantie de remboursement est d'une nature différente de la garantie de livraison et ne peut faire l'objet d'une condition suspensive. • Civ. 3e, 22 sept. 2010 : *Bull. civ. III, nº 165 ; Dalloz actualité, 11 oct. 2010, obs. Garcia ; D. 2010. 2608, chron. Monge et Nési.*

19. La garantie de livraison peut faire l'objet d'une condition suspensive, à condition que le CCMI prévoie le délai maximal de réalisation de cette condition et précise la date d'ouverture du chantier à partir de ce délai. A défaut, le CCMI est nul. • Civ. 3e, 30 mars 2011 : *Bull. civ. III, à paraître ; Dalloz actualité, 20 avr. 2011, obs. Garcia ; Constr.-Urb. 2011, nº 95, obs. Sizaire.*

Art. L. 231-5 *(L. nº 90-1129 du 19 déc. 1990, art. 1er)* **L'obligation, instituée par le deuxième alinéa de l'article L. 261-10, de conclure un contrat conforme aux dispositions de l'alinéa premier de cet article ne s'applique pas lorsque celui qui procure indirectement le terrain est le constructeur.**

BIBL. ► PRALI, *Constr.-Urb. 2011, nº 78* (la clarification salutaire de la notion de « terrain procuré indirectement » profite au CCMI avec fourniture de plans).

COMMENTAIRE

L'article L. 231-5 pose une exception à l'interdiction issue de l'article L. 261-10. Là où la loi impose la conclusion d'un contrat de vente d'immeuble à construire lorsque la personne qui se charge de la construction de l'immeuble procure « directement ou indirectement le terrain » (V. art. L. 261-10), l'article L. 231-5 étend le champ d'application du contrat de construction de maison individuelle avec fourniture du plan aux hypothèses où le constructeur procure « indirectement » le terrain au maître de l'ouvrage. Cette exception est circonscrite aux contrats avec fourniture du plan, on ne la retrouve pas dans le chapitre II de ce titre.

La notion de terrain procuré « indirectement » (V. J.-L. Viguier, « Le terrain procuré », *JCP N 1986. I. 143*) renvoie aux cas dans lesquels le constructeur agit en qualité d'intermédiaire dans la recherche du terrain. La jurisprudence continue cependant à privilégier l'application du contrat de vente d'immeuble à construire par rapport au contrat de construction de maison individuelle lorsque le terrain est procuré indirectement par le constructeur. ❑

V. art. L. 261-10.

1. Il a été jugé, sous l'empire de la législation antérieure à 1990, que le constructeur procure indirectement le terrain dans le cas où, bénéficiaire de plusieurs options sur des parcelles comprises dans un lotissement communal, il écrit à la mairie pour l'inviter à vendre un terrain à son client. • Civ. 3e, 9 juill. 1986 : *Bull. civ. III, no 106 ; JCP N 1986. II. 236.*

2. Le constructeur s'entremet entre le vendeur du terrain et le maître de l'ouvrage en donnant des informations sur les terrains dont il connaît la disponibilité sans indiquer l'identité du vendeur. • Civ. 3e, 11 déc. 1991 : *Bull. civ. III, no 316 ; D. 1992. IR 43 ; RDI 1992. 338, obs. Groslière et Saint-Alary-Houin.*

3. Doit être considérée comme ayant fourni indirectement le terrain la société de construction de maisons individuelles dont le capital est détenu par une société lotisseuse venderesse des terrains. Rép. min. : *JOAN 27 nov. 1982, p. 5383.* ◆ Dans le même sens, sous l'application du texte issu de sa rédaction de 1990, lorsque la société venderesse du terrain détient une participation au capital de la société de construction, il y a fourniture indirecte du terrain par le constructeur. * Rép. min. no 16282 : *JO Sénat Q 3 mars 2011 p. 528 ; Constr.-Urb. 2011, no 78, obs. Praly.* ◆ Mais, le fait pour le constructeur de donner à son client des indications sur des terrains disponibles et de l'adresser à tel ou tel marchand de biens ne devrait pas tomber sous le coup du mot « indirectement ». Rép. min. : *JO Sénat 23 juin 1971, p. 1206.*

4. Procure indirectement le terrain l'entrepreneur qui, par voie de presse, communique sur la situation du terrain en indiquant ses coordonnées téléphoniques. • Civ. 3e, 7 déc. 2005 : *Bull. civ. III, no 237 ; JCP 2006. IV. 49 ; JCP N 2006. 14.*

5. Sur le lien avec l'art. L. 261-10, V. • Besançon, 27 sept. 2006 : *Constr.-Urb. 2007, no 3, obs. Sizaire.*

6. Sur l'exonération de la TVA en cas de cession de terrain, V. CCRABD, rapp. annuel 2006, 3 avr. 2007 : *BOI 13 L-1-7, aff. no 2005-29 ; Constr.-Urb. 2007, no 111, obs. N. Gonzales-Gharbi ; JCP N 2007, instr. fiscales 42.*

Art. L. 231-6 *(L. no 90-1129 du 19 déc. 1990, art. 1er)* **I. — La garantie de livraison prévue au k de l'article L. 231-2 couvre le maître de l'ouvrage, à compter de la date d'ouverture du chantier, contre les risques d'inexécution ou de mauvaise exécution des travaux prévus au contrat, à prix et délais convenus.**

En cas de défaillance du constructeur, le garant prend à sa charge :

a) **Le coût des dépassements du prix convenu dès lors qu'ils sont nécessaires à l'achèvement de la construction, la garantie apportée à ce titre pouvant être assortie d'une franchise n'excédant pas 5 p. 100 du prix convenu ;**

b) **Les conséquences du fait du constructeur ayant abouti à un paiement anticipé ou à un supplément de prix ;**

c) **Les pénalités forfaitaires prévues au contrat en cas de retard de livraison excédant trente jours, le montant et le seuil minimum de ces pénalités étant fixés par décret.**

La garantie est constituée par une caution solidaire donnée par un établissement de crédit ou une entreprise d'assurance agréés à cet effet.

II. — Dans le cas où le garant constate que le délai de livraison n'est pas respecté ou que les travaux nécessaires à la levée des réserves formulées à la réception ne sont pas réalisés, il met en demeure sans délai le constructeur soit de livrer l'immeuble, soit d'exécuter les travaux. Le garant est tenu à la même obligation lorsqu'il est informé par le maître de l'ouvrage des faits sus-indiqués.

Quinze jours après une mise en demeure restée infructueuse, le garant procède à l'exécution de ses obligations dans les conditions prévues au paragraphe III du présent article.

Au cas où, en cours d'exécution des travaux, le constructeur fait l'objet des procédures de sauvegarde et de redressement judiciaire prévu *[prévus]* **par le code de commerce, le garant peut mettre en demeure l'administrateur de se prononcer sur l'exécution du contrat conformément à l'article L. 621-28 dudit code. A défaut de réponse dans le délai d'un mois et sans que ce délai puisse être prorogé pour quelque raison que ce soit, le garant procède à l'exécution de ses obligations. Il y procède également dans le cas où, malgré sa réponse positive, l'administrateur ne poursuit pas l'exécution du contrat dans les quinze jours qui suivent sa réponse.**

III. — Dans les cas prévus au paragraphe II ci-dessus et faute pour le constructeur ou l'administrateur de procéder à l'achèvement de la construction, le garant doit désigner sous sa responsabilité la personne qui terminera les travaux.

Toutefois, et à condition que l'immeuble ait atteint le stade du hors d'eau, le garant peut proposer au maître de l'ouvrage de conclure lui-même des marchés de travaux avec des entreprises qui se chargeront de l'achèvement. Si le maître de l'ouvrage l'accepte, le garant verse directement aux entreprises les sommes dont il est redevable au titre du paragraphe I du présent article.

En cas de défaillance du constructeur, le garant est en droit d'exiger de percevoir directement les sommes correspondant aux travaux qu'il effectue ou fait effectuer dans les conditions prévues au ***e*** **de l'article L. 231-2.**

IV. — La garantie cesse lorsque la réception des travaux a été constatée par écrit et, le cas échéant, à l'expiration du délai de huit jours prévu à l'article L. 231-8 pour dénoncer les vices apparents ou, si des réserves ont été formulées, lorsque celles-ci ont été levées.

BIBL. ▶ MELMOUX, *AJPI 1994. 439.* – PÉRINET-MARQUET, *JCP 1995. I. 3832.* – VALSON, *RDI 1998. 335*. – LARRALDE, *Constr.-Urb. 1998. Chron. 9.* – DE BELVAL et CHAINE, La garantie de livraison de l'art. L. 231-6 est-elle encore et toujours une caution ?, *RDI 2008. 134*. – MALINVAUD, La loi au secours de la jurisprudence, *RDI 2011. 61*. – SIMLER, La loi rétablit le recours du garant contre le constructeur que la Cour de cassation a cru devoir lui refuser (à propos de la loi nº 2010-737 du 1er juill. 2010 portant réforme du crédit à la consommation), *JCP G 2011. 130.*

COMMENTAIRE

La garantie de livraison protectrice du maître de l'ouvrage. Avant la loi du 19 décembre 1990, la garantie pouvait être intrinsèque, lorsque le constructeur acceptait une grille écrasée des paiements. Cette garantie est aujourd'hui obligatoire (V. art. L. 231-2 *k*) et exclusivement extrinsèque. L'attestation délivrée par le garant du constructeur doit désormais être annexée au contrat de construction de maison individuelle (V. art. L. 231-2 *k*). La jurisprudence a précisé que la garantie de remboursement n'emporte pas garantie de livraison. Par ailleurs, le manquement à cette obligation expose le constructeur aux sanctions pénales de l'article L. 241-8.

Régime de la garantie. La garantie de livraison s'étend aux risques « d'inexécution ou de mauvaise exécution des travaux prévus au contrat, à prix et délais convenus » et exposés par l'article L. 231-6. Elle court à compter de la date de la déclaration réglementaire d'ouverture du chantier. La garantie prend fin soit lors de la réception des travaux, soit à l'expiration du délai de huit jours prévu à l'article L. 231-8 pour dénoncer les vices apparents, soit lors de la levée des réserves dans l'hypothèse où elles auraient été relevées sur le procès-verbal de réception.

La garantie est due lorsque le constructeur mis en demeure d'exécuter les travaux n'a pas rempli ses engagements contractuels dans les quinze jours (V. art. R. 231-10).

Le garant peut avoir à prendre en charge le paiement des travaux. Toutefois, lorsqu'il constate que le délai de livraison n'est pas respecté ou que les travaux nécessaires à la levée des réserves ne sont pas réalisés, il est tenu de mettre en demeure le constructeur ou de faire exécuter lui-même les travaux. Dans ce prolongement, il doit veiller à l'exécution des travaux.

La garantie de livraison a un caractère autonome, bien qu'elle soit présentée comme une caution solidaire, car les effets habituels du cautionnement en sont écartés.

En cas de désordres de nature décennale, la jurisprudence reconnaît au maître de l'ouvrage la possibilité de se retourner directement contre le garant de livraison pour la prise en charge de leur réparation. Le garant disposera alors, après indemnisation, d'un recours subrogatoire à l'encontre de l'assureur dommages-ouvrage. Par ailleurs, la loi n° 2010-737 du 1er juillet 2010 portant réforme du crédit à la consommation a inséré un article L. 313-22-1 dans le code monétaire et financier et un article L. 443-1 dans le code des assurances aux termes desquels le garant de livraison peut désormais exercer un recours de plein droit « contre le client donneur d'ordre de l'engagement, ses coobligés et les personnes qui se sont portées caution et, pour les paiements effectués au titre de leur engagement, de la subrogation dans les droits du créancier prévue au 3° de l'article 1251 du code civil ».

Pénalités de retard. Le contrat doit prévoir dès sa formation quelles seront les pénalités applicables en cas de retard de livraison (V. art. R. 231-14). ❑

I. CARACTÈRE OBLIGATOIRE DE LA GARANTIE

1. L'absence de garantie entraîne la nullité du contrat, nullité qui ne peut cependant être soulevée d'office par le juge. • Civ. 3e, 4 mai 1988 : *Bull. civ. III, n° 85.*

2. Une attestation de garantie produite par le constructeur en cause d'appel, et postérieure à la date du contrat, est sans effet. • Orléans, 13 oct. 1997 : *Constr.-Urb. 1998. Chron. 9, note Larralde.* ◆ Est nul le contrat ne faisant au moment de sa conclusion aucune référence à la garantie de livraison. • Bordeaux, 20 mai 2008 : *Constr.-Urb. 2008, n° 158, obs. Sizaire.* ◆ L'obligation d'annexer au contrat les justificatifs des garanties de remboursement et de livraison est destinée à garantir le maître de l'ouvrage des risques de non-remboursement de l'acompte, l'existence de conditions suspensives étant sans aucune incidence et la nullité devant être prononcée. • Aix-en-Provence, 9 sept. 2009 : *Constr.-Urb. 2009, n° 133, obs. Sizaire.*

3. S'il est possible d'admettre une garantie globale délivrée par le garant au constructeur pour l'ensemble de ses chantiers, l'attestation produite par le constructeur doit néanmoins comporter une référence explicite au chantier objet du contrat. • Dijon, 20 juin 1995 : *Constr.-Urb. 1995, n° 2.*

4. Les garanties de remboursement et de livraison (garanties légales d'ordre public) sont distinctes et autonomes. La garantie de livraison (requise au plus tard à compter de la date d'ouverture du chantier) doit être justifiée par une attestation du garant. • Civ. 3e, 14 mars 2001 : *Bull. civ. III, n° 32 ; RDI 2001. 241, obs. Boubli ; Constr.-Urb. 2001, n° 114, obs. Sizaire ; Defrénois 2002. 70, note Périnet-Marquet.*

II. NATURE JURIDIQUE DE LA GARANTIE

5. La garantie de livraison constitue une garantie autonome, et non pas une caution solidaire en dépit de la lettre du texte. Le principe est désormais solidement établi. L'obligation du garant repose, en effet, sur une dette propre. Le maître de l'ouvrage n'a donc pas à produire au passif de l'entrepreneur. • Civ. 1re, 4 oct. 1995 : *Bull. civ. I, n° 213 ; RDI 1996. 82 ; JCP 1995. II. 22545, note Périnet-Marquet ; Dr. et patr. 1995. 69, obs. C. Saint-Alary-Houin* • Aix-en-Provence, 16 nov. 2004 : *Constr.-Urb. 2005, n° 100, obs. Sizaire.* ◆ Sur le caractère personnel de l'obligation du garant et les conséquences qui en découlent, • Civ. 3e, 1er mars 2006 : *Bull. civ. III, n° 50 ; RDI 2006. 493, note Berly* • 27 sept. 2006 : *Bull. civ. III, n° 188 ; RDI 2006. 493, note Berly ; LPA 16 févr. 2007, note Prigent.*

6. Sur le principe d'autonomie de la garantie, V. également, • Civ. 3e, 12 mars 1997 : *Dr. et patr. juill.-août 1997, p. 79, obs. C. Saint-Alary-Houin.* ◆ Sur l'étendue de l'obligation du garant, V. • TGI Grenoble, 16 oct. 1995 : *RDI 1996. 234*. ◆ Sur le caractère particulier de la garantie de livraison, qui ne saurait être assimilée à une garantie de paiement au profit du sous-traitant, V. • Civ. 3e, 15 janv. 2003 : *Bull. civ. III, n° 1 ; RDI 2003. 268, obs. Périnet-Marquet ; Constr.-Urb. 2003, n° 149, obs. Sizaire ; RD banc. fin. 2003. 209, obs. Cerles.*

7. Il a été jugé dans un premier temps, et par les juges du fond, que la garantie de livraison prennant la forme d'un cautionnement solidaire accessoire au contrat principal, la résiliation du contrat de construction entraînait celle du contrat de cautionnement. • Orléans, 28 juill. 1998 : *Constr.-Urb. 1999, n° 145, obs. Sizaire* • Versailles, 9 oct. 2006 : *Constr.-Urb. 2007, n° 12, obs. Sizaire.* ◆ Fidèle au principe d'autonomie de la garantie tel que posé ci-dessus, la Cour de cassation a décidé que, dans la mesure où la garantie de livraison constitue une garantie légale d'ordre public et autonome, elle ne disparaît pas du seul fait de la résiliation du contrat de construction qui ne présente pas de caractère rétroactif. • Civ. 3e, 22 sept. 2010 : *Bull. civ. III, no 164 ; Dalloz actualité, 12 oct. 2010, obs. Dreveau ; RDI 2011. 107, obs. Tomasin ; Constr.-Urb. 2010, no 147, note Sizaire.*

8. La garantie de livraison couvre la bonne exécution du contrat et non la personne du constructeur. Il est donc indifférent que cette exécution soit le fait d'un constructeur différent de celui qui a souscrit la garantie (conséquence du caractère autonome). • Civ. 3e, 12 janv. 2000 : *Bull. civ. III, no 2 ; RDI 2000. 202, obs. C. Saint-Alary-Houin ; Constr.-Urb. 2000, no 90, obs. Sizaire ; Defrénois 2000. 494, obs. Périnet-Marquet.*

9. La garantie de livraison, qui n'est pas un cautionnement, conserve son efficacité en dépit de la novation du contrat de construction. Si le garant n'est pas concerné par le nouveau contrat, dont il n'a pas été informé, il demeure dans les liens du premier contrat qu'il a accepté de garantir. • Civ. 3e, 4 juin 2003 : *Bull. civ. III, no 120 ; RDI 2003. 444, obs. Paineau ; Defrénois 2003. 1287, obs. Périnet-Marquet ; JCP 2003, no 176, Chron. Simler ; RD banc. fin. 2003. 364, obs. Cerles.*

III. OBJET DE LA GARANTIE

A. DÉPASSEMENT DU PRIX CONVENU

10. Le dépassement est constitué par la différence entre le coût total réel de la construction et le prix global prévu au contrat. • Civ. 3e, 20 janv. 1993 : *Bull. civ. III, no 6 ; D. 1993. 363, obs. Magnin ; AJDI 1993. 716 ; RDI 1993. 390, obs. Groslière et C. Saint-Alary-Houin.* ♦ En particulier, le garant ne peut être condamné à couvrir des réserves correspondant à des prestations non stipulées dans le contrat originaire. • Civ. 3e, 9 mai 2012 : *Bull. civ. III à paraître ; Dalloz actualité, 24 mai 2012, obs. Dreveau ; RDI 2012. 407, obs. Tomasin.*

11. Le garant n'est tenu de financer la construction qu'à concurrence du montant excédant le prix convenu. • Civ. 3e, 9 nov. 1994 : *Bull. civ. III, no 185 ; D. 1995. 281, obs. Magnin ; RDI 1995. 123, obs. Groslière et C. Saint-Alary-Houin.* ♦ Il s'ensuit que le garant est fondé à réclamer au maître de l'ouvrage le remboursement des sommes qu'il a versées au constructeur, en exécution du contrat, et représentant le prix convenu. • Agen, 25 mars 2008 : *Constr.-Urb. 2008, no 157, obs. Sizaire.*

12. Le garant n'est tenu que sur la base du prix initialement convenu, même en cas d'avenant pour travaux supplémentaires. • Civ. 3e, 22 nov. 2000 : *Bull. civ. III, no 174 ; RDI 2001. 55, note Périnet-Marquet ; D. 2001. IR 40 ; Defrénois 2001. 879, obs. H. Périnet-Marquet.* ♦ Toutefois, il doit, en cas de destruction partielle de l'immeuble avant la réception des travaux, payer le surcoût résultant des travaux nécessaires à la réalisation correcte de l'ouvrage. • TGI Grenoble, 16 oct. 1995 : *RDI 1996. 234, obs. C. Saint-Alary-Houin.*

13. En principe, sont couverts par la garantie tous les dépassements de prix résultant d'erreurs matérielles ou du non-respect des textes, V. Rép. min. : *JOAN Q, 8 juin 1992, p. 2587.*

14. Doit être cassé l'arrêt qui condamne le garant à payer une somme supérieure au dépassement, en ne tenant pas compte des sommes déjà versées au maître de l'ouvrage. • Civ. 3e, 9 oct. 1994 : *Bull. civ. III, no 185 ; JCP N 1995. Prat. 834.* ♦ Le garant n'est pas dans l'obligation de s'exécuter lorsque le maître de l'ouvrage a consigné une somme prélevée sur le coût total de la construction. • Civ. 3e, 15 déc. 1999 : *Bull. civ. III, no 245 ; RDI 2000. 178, obs. Boubli ; Constr.-Urb. 2000, no 58, obs. Cornille ; Defrénois 2000. 494, obs. Périnet-Marquet* (décision rendue sous l'empire de la législation antérieure à la loi de 1990).

15. La garantie est limitée aux seuls dépassements de prix, à l'exclusion des dommages-intérêts dus par le constructeur. • Civ. 3e, 9 nov. 1994 : *Bull. civ. III, no 185 ; D. 1995. 281, note Magnin ; RDI 1995. 123* • 8 févr. 1995 : *Bull. civ. III, no 40 ; D. 1995. Somm. 282, obs. Magnin.*

16. Toutefois, le garant peut commettre une faute personnelle s'il tarde à exécuter ses obligations. • Civ. 3e, 20 janv. 1993 : *Bull. civ. III, no 6 ; D. 1993. 363, obs. Magnin ; RDI 1993. 390, obs. Groslière et C. Saint-Alary-Houin.* ♦ Si sa faute a entraîné un trouble de jouissance, le garant peut être poursuivi en responsabilité contractuelle. • Civ. 3e, 6 févr. 2002 : *Bull. civ. III, no 29 ; RDI 2002. 414, obs. Tomasin ; Constr.-Urb. 2002, no 112, obs. Rousseau ; Defrénois 2000. 1037, obs. Périnet-Marquet.* ♦ V. également, • Paris, 7 nov. 2000 : *Constr.-Urb. 2001, no 171, obs. Sizaire.*

17. Le garant est tenu du paiement des travaux nécessaires à l'achèvement de l'opération et des pénalités de retard jusqu'à la livraison, mais ses obligations ne s'étendent pas au paiement d'une astreinte liquidée pour l'inachèvement de l'ouvrage. • Civ. 3e, 4 juin 1997 : *Bull. civ. III,* *n° 126 ; RDI 1997. 459, obs. C. Saint-Alary-Houin ; ibid. 1998. 117, obs. Leguay*.

18. Stipulée en faveur du maître de l'ouvrage, la garantie de livraison ne constitue pas une garantie de paiement au bénéfice des sous-traitants. • Civ. 3e, 15 janv. 2003 : *préc. note 5.*

19. L'art. L. 236-1 ne prévoit pas la déduction d'une période de 30 jours pour le calcul des pénalités forfaitaires en cas de retard de livraison excédant cette durée, mais seulement l'absence d'indemnisation lorsque le retard ne dépasse pas 30 jours. • Civ. 3e, 11 mai 2000 : *Bull. civ. III, n° 100 ; RDI 2001. 381, obs. Tomasin*.

20. La franchise, lorsqu'elle est prévue dans le contrat, est applicable au profit du garant, dans la limite légale fixée à 5 % du prix convenu. • Civ. 3e, 20 janv. 1993 : *Bull. civ. III, n° 6 ; D. 1993. somm. 363, obs. Magnin*. ♦ Cette franchise de 5 % n'a pas pour signification de contraindre le garant à payer l'intégralité du prix lorsque celui-ci est supérieur à 5 %, mais l'autorise à ne payer que les sommes dépassant la franchise légale de 5 % du prix convenu. • Civ. 3e, 12 janv. 2000 : *Bull. civ. III, n° 2 ; JCP 2000. IV. 1332.* ♦ V. également, • Civ. 3e, 7 oct. 1992 : *Bull. civ. III, n° 265.* ♦ Cette franchise est également applicable aux coûts de réparations des malfaçons en cas d'exécution défectueuse • Civ. 3e, 19 juin 1996 : *Bull. civ. III, n° 151 ; RDI 1996. 390, obs. Groslière et C. Saint-Alary-Houin*.

21. Une évaluation erronée du coût de la construction ne constitue pas en elle-même la preuve d'une fraude destinée à tromper le garant. • Civ. 3e, 11 mai 2000 : *Bull. civ. III, n° 100 ; Defrénois 2000. 1261, note Périnet-Marquet.*

B. RETARD DE LIVRAISON

22. Sur la détermination de la date de livraison, • Civ. 3e, 31 janv. 2007 : *Bull. civ. III, n° 11 ; RDI 2007. 278, obs. Boubli*. ♦ La garantie de livraison est une garantie de prix et de conformité. Elle doit s'entendre comme celle de la livraison d'une maison construite conformément aux stipulations du contrat de construction. Dès lors, elle ne saurait s'étendre de plein droit [...] à des travaux qui ne répondent pas aux nécessités de réparer les conséquences dommageables d'un sinistre affectant des ouvrages ou éléments d'équipement déjà exécutés. • Paris, 31 janv. 2000 : *RDI 2000. 356*.

23. Le garant, lorsqu'il désigne un nouveau constructeur, n'est pas tenu de s'assurer du respect, par le repreneur, des délais d'exécution. • Civ. 3e, 19 juin 1996 : *Bull. civ. III, n° 151* • 5 juin 1997 : *Constr.-Urb. 1998, n° 8* • 15 oct. 1997 : *Bull. civ. III, n° 125 ; RDI 1997. 459, obs. C. Saint-Alary-Houin*.

24. L'art. L. 231-6 prévoit une absence d'indemnisation pour tout retard inférieur à trente jours, et non la déduction d'une période de cette durée pour le calcul des pénalités forfaitaires en cas de retard de livraison supérieur à trente jours. • Civ. 3e, 11 mai 2000 : *préc. note 19.*

25. Il a un temps été jugé que la somme allouée au titre des pénalités de retard est destinée à réparer l'entier préjudice éprouvé par le maître de l'ouvrage. • Civ. 3e, 22 juin 2005 : *Constr.-Urb. 2005, n° 183, obs. Sizaire.* ♦ La Cour de cassation estime désormais que les pénalités de retard ne sont pas exclusives de l'attribution de dommages-intérêts, et il est possible au juge du fond de réparer un dommage distinct de celui que réparent forfaitairement ces pénalités. • Civ. 3e, 28 mars 2007 : *Bull. civ. III, n° 44 ; D. 2007. AJ 1140 ; RDI 2007. 439, note Tomasin*. ♦ V. déjà en ce sens, • Nancy, 3 avr. 2006 : *Constr.-Urb. 2006, n° 219, obs. Sizaire* (jugeant que le montant des pénalités de retard contractuellement fixé ne constitue qu'un minimum légal qui n'empêche pas d'allouer une indemnité supérieure en fonction du préjudice).

26. Le retard apporté à la livraison par le constructeur peut n'être que partiellement indemnisé s'il résulte pour partie des agissements du maître de l'ouvrage. • Civ. 3e, 12 oct. 2005 : *Bull. civ. III, n° 190 ; Constr.-Urb. 2005, n° 236, obs. Sizaire ; Dr. et patr. mars 2006. 114.*

27. En cas de prise de possession de la maison par le maître de l'ouvrage, le garant n'est pas tenu de couvrir les pénalités de retard jusqu'à la levée des réserves. • Civ. 3e, 29 mars 2006 : *Bull. civ. III, n° 87 ; Constr.-Urb. 2006, n° 105, obs. Sizaire ; Defrénois 2006. 1516, obs. Périnet-Marquet* • Civ. 3e, 10 mai 2007 : *Constr.-Urb 2007, n° 137, obs. Sizaire ; Defrénois 2009. 91, note Périnet-Marquet.* ♦ Dès lors que l'ouvrage est réceptionné avec l'assistance d'un professionnel, que les clés sont remises au maître de l'ouvrage le même jour, et que les réserves faites ne sont pas de nature à empêcher la maison d'être habitée, la date de réception vaut comme date de livraison au sens de l'art. L. 231-6. • Civ. 3e, 31 janv. 2007 : *Bull. civ. III, n° 11 ; RDI 2007. 278, obs. Boubli ; ibid. 436, obs. Tomasin ; Constr.-Urb. 2007, n° 94, obs. Sizaire.* ♦ Pour autant, la réception sans réserve de la maison ne constitue pas le terme du délai dans lequel des pénalités de retard peuvent être réclamées. • Civ. 3e, 16 janv. 2008 : *Bull. civ. III, n° 7 ; D. 2008. 353 ; Constr.-Urb. 2008, n° 39, obs. Sizaire ; Defrénois 2009. 91, note Périnet-Marquet.* ♦ Dans le dernier état de la jurisprudence, quant à la distinction entre la réception avec ou sans réserve et la livraison. • Civ. 3e, 21 oct. 2008 : *Constr.-Urb. 2008, no 187, obs. Sizaire.* ♦ En tout état de cause, le garant n'étant pas un constructeur, la réception sans réserves le libère de son obligation d'achèvement. • Dijon, 4 mai 2010 : *Constr.-Urb. 2010, no 135, obs. C. Sizaire.*

IV. MISE EN ŒUVRE DE LA GARANTIE

A. OBLIGATIONS DU GARANT

28. Le garant est tenu d'intervenir lui-même, en particulier lorsque le constructeur se trouve en liquidation judiciaire. • Civ. 1re, 4 oct. 1995 : *préc. note 5* • 3 mars 1998 : *RDI 1998. 20, obs. Leguay.* ♦ La faculté offerte au maître de l'ouvrage par l'art. L. 231-6-II, d'informer le garant du retard du chantier n'est pas une condition de son droit à réclamer des pénalités. • Civ. 3e, 16 janv. 2008 : *préc. note 27.*

29. Pour autant, le garant, qui ne participe en rien aux travaux en désignant l'entreprise chargée de les achever, n'acquiert pas la qualité de maître de l'ouvrage ou de maître d'ouvrage substitué, et il ne lui appartient pas, notamment, de recevoir les travaux. • Paris, 21 mai 2002 : *Constr.-Urb. 2002, no 288, obs. Sizaire.*

30. Si le garant n'est pas tenu d'une obligation personnelle de bonne exécution des travaux, il répond de sa faute éventuelle dans le choix du constructeur qu'il désigne pour les achever, notamment lorsqu'il ne permet pas au maître de l'ouvrage de bénéficier des mêmes garanties que celles que lui conférait le contrat d'origine. Dans cette mesure, il lui faut désigner une personne unique, à même de centraliser tous les problèmes d'exécution, et non une pluralité d'entreprises simplement coordonnées par un maître d'œuvre. • Rennes, 21 févr. 2002 : *Constr.-Urb. 2002, no 289, obs. Sizaire.*

31. Il a pu être jugé, à l'inverse, que la seule obligation faite par la loi au garant est de désigner, sous sa responsabilité, la personne qui terminera les travaux ; d'où il importe peu qu'il choisisse un maître d'œuvre et non un entrepreneur. • Angers, 23 févr. 2004 : *Constr.-Urb. 2004, no 182, obs. Sizaire.* ♦ La Cour de cassation est venue mettre un terme à cette incertitude, en décidant que le garant ne peut avoir recours à plusieurs personnes, étant dans l'obligation de désigner une personne unique. • Civ. 3e, 12 sept. 2007 : *Bull. civ. III, no 135 ; D. 2007. 2762 ; ibid. 2390 ; LPA 9 nov. 2007, note S. Prigent.*

32. En tout état de cause, le garant engage sa responsabilité s'il désigne une personne incompétente. • Paris, 5 mars 2003 : *Constr.-Urb. 2003, no 174, obs. Sizaire.* ♦ ... Ou une personne qui n'accepte pas sa mission. • Civ. 3e, 12 sept. 2007 : *Bull. civ. III, no 136.* ♦ Si le garant répond de la faute résultant du choix d'une personne incompétente, il ne saurait, en revanche, être responsable des désordres créés par cette personne, non-conformité, malfaçon, voire inachèvement, n'étant pas lui-même un constructeur. • Paris, 7 oct. 2009 : *Constr.-Urb. 2010, no 61, obs. Sizaire.* ♦ L'exécution par le garant de livraison de ses obligations d'achèvement ne lui confère pas la qualité de constructeur tenu, en application de l'article 1792 du code civil, de garantir les désordres de nature décennale apparus après la réception de la construction. • Civ. 3e, 7 sept. 2011 : *Bull. civ. III, à paraître ; Dalloz actualité, 20 sept. 2011, obs. Garcia ; D. 2012. 1208, obs. Guillaudier ; RDI 2011. 572, obs. Malinvaud ; ibid. 626, obs. Tomasin ; Constr.-Urb. 2011, no 166, obs. Sizaire.*

33. Le garant doit s'assurer que la personne qu'il désigne pour terminer les travaux accepte la mission qui lui est proposée. • Civ. 3e, 26 oct. 2005 : *Bull. civ. III, no 203* • 12 sept. 2007 : *Bull. civ. III, no 136 ; D. 2007. 2390 ; LPA 6 nov. 2007, note Pierroux ; Constr.-Urb. 2007, no 204, obs. Sizaire.* ♦ Le garant doit s'assurer que la mission qu'il donne à cette personne permettra effectivement la levée des réserves. • Civ. 3e, 22 nov. 2006 : *Bull. civ. III, no 230 ; RDI 2007. 435, note Tomasin ; Constr.-Urb. 2007, no 2, obs. Sizaire.* ♦ Après mise en demeure du constructeur d'achever les travaux, le garant de livraison a une obligation d'interrogation du maître de l'ouvrage quant à ses effets et doit s'assurer de la levée des réserves. • Civ. 3e, 12 janv. 2011 : *Bull. civ. III, no 4 ; Dalloz actualité, 28 janv. 2011, obs. Garcia ; Constr.-Urb. 2011, no 46, obs. Sizaire.*

34. L'organisme bancaire, qui donne sa garantie financière dans le cadre d'une opération immobilière, ne peut limiter la portée des dispositions légales et d'ordre public applicables à cette garantie. • Civ. 1re, 13 nov. 1997 : *Bull. civ. I, no 304 ; Constr.-Urb. 1998, nos 99 et 116, obs. Sizaire.*

35. Le garant ne peut valablement refuser l'application de la garantie qu'en apportant la preuve de la renonciation du maître de l'ouvrage à se prévaloir de cette garantie. • Orléans, 20 nov. 1997 : *Constr.-Urb. 1998, nos 219 et 220, obs. Sizaire.* ♦ Un maître de l'ouvrage peut donc prendre lui-même en charge l'achèvement de la maison sans perdre le bénéfice de la garantie de livraison, sauf pour le garant à prouver une aggravation de ses charges liée à l'initiative prise par le maître de l'ouvrage. • Civ. 3e, 15 déc. 2004 : *Bull. civ. III, no 240 ; Defrénois 2006. 84, obs. Périnet-Marquet ; Constr.-Urb. 2005, no 26, obs. Sizaire* • Civ. 3e, 7 mai 2008 : *Constr.-Urb. 2008, no 122, obs. Sizaire.*

36. Disposant de très larges moyens de vérifier le contenu du dossier, le garant est tenu de maintenir sa garantie s'il ne parvient pas à démontrer le dol par réticence. • Paris, 5 oct. 2005 : *JCP 2005. IV. 2344.*

B. RECOURS CONTRE LE GARANT

37. La banque, fournisseur de la garantie de livraison, est garante de la bonne exécution du contrat de construction de maison individuelle, par conséquent, les maîtres de l'ouvrage sont fondés à s'adresser directement à ce garant sans être tenus d'exercer une action contre les assureurs « dommages-ouvrage » et en responsabilité décennale. • Civ. 3e, 12 janv. 2000 : *Bull. civ. III, no 2 ; RDI 2000. 202, obs. C. Saint-Alary-Houin ; Defrénois 2000. 494, obs. Périnet-Marquet ; Constr.-Urb. 2000, no 90, obs. Cornille.*

38. Le domaine de la garantie de livraison comprend les malfaçons à caractère décennal. • Civ. 1re, 3 juill. 2001 : *Bull. civ. I, no 200 ; Constr.-Urb. 2001, no 243, obs. Sizaire ; Administrer janv. 2003. 25.* ♦ *Contra :* • Paris, 18 oct. 2000 : *Constr.-Urb. 2001, no 139, obs. Sizaire.*

39. La garantie de livraison étant destinée à couvrir les possibilités d'inexécution du contrat, il importe peu, pour sa mise en œuvre, que les travaux aient effectivement commencé, la date à retenir étant celle de la déclaration réglementaire d'ouverture de chantier par le constructeur. • Civ. 3e, 26 juin 2002 : *Bull. civ. III, no 150 ; RDI 2002. 415, obs. Tomasin.*

C. RECOURS DU GARANT

40. La question de la contribution à la dette a fait l'objet d'une évolution jurisprudentielle singulière, pour aboutir à une solution largement critiquée en doctrine (Simler, *Constr.-Urb. 2008, étude no 15 ;* Houtcieff, *JCP 2008, no 741).* Dans un premier temps, il a été jugé que le garant, qui prend en charge la réparation des désordres à caractère décennal lorsque le contrat est résilié pour inexécution par le constructeur de ses obligations, bénéficie d'un recours contre l'assureur dommages ouvrage. • Civ. 1re, 3 juill. 2001 : *préc. note 38* • Civ. 3e, 13 nov. 2003 : *Bull. civ. III, no 195 ; D. 2004. IR 187* • 2 mars 2005 : *Bull. civ. III, no 47 ; BICC 15 juin 2005, no 1102 ; D. 2006. 1788, note Groutel ; Defrénois 2006. 63, Chron. Périnet-Marquet.*

41. Le garant ne dispose pas de ce recours subrogatoire contre l'assureur dommages ouvrage si les travaux devant permettre l'achèvement de la maison ne sont pas destinés à réparer des désordres de nature décennale. • Aix-en-Provence, 30 avr. 2003 : *Constr.-Urb. 2004, no 23, obs. Sizaire.*

42. Si l'assurance dommages ouvrage est mise en œuvre avant la réception, le débiteur définitif de l'indemnité destinée à réparer les dommages de nature décennale est l'assureur dommages ouvrage, même en présence d'un garant de livraison. • Civ. 3e, 26 nov. 2003 : *Bull. civ. III, no 206 ; Defrénois 2004. 459, obs. Périnet-Marquet.*

43. Par la suite, il a été décidé que, remplissant sa propre obligation, le garant de livraison ne peut réclamer au constructeur les sommes qu'il a dû régler pour faire face à la défaillance de ce dernier. • Civ. 3e, 27 sept. 2006 : *préc. note 5.* ♦ De même, il ne peut se prévaloir d'une caution consentie par le maître de l'ouvrage au constructeur en vertu de quittances subrogatives, dès lors que ce cautionnement porte sur une obligation dont le caractère certain n'est pas établi. • Civ. 3e, 1er mars 2006 : *Bull. civ. III, no 50 ; Constr.-Urb. 2006, no 81, obs. Sizaire ; D. 2006. IR 999 ; Defrénois 2006. 1516, obs. Périnet-Marquet.*

44. Poursuivant son édifice prétorien, la Cour de cassation, se fondant sur la nature personnelle de l'obligation mise à la charge du garant par l'art. L. 231-6, a jugé que celui-ci ne dispose pas, dans ses rapports avec le constructeur, du recours subrogatoire de l'art. 1251-3o C. civ. et doit supporter la charge définitive de la dette qu'il a acquittée. • Civ. 3e, 3 déc. 2008 : *Bull. civ. III, no 192 ; D. 2009. 1235, obs. Monge et Nési ; RDI 2009. 179, obs. Tomasin ; JCP N 2008. 792 ; ibid. 2009. 1095, note Simler ; Constr.-Urb. 2009, no 8, obs. Sizaire (trois arrêts) ; Defrénois 2010. 235, chron. Périnet-Marquet.*

45. La jurisprudence laisse donc peu d'espoir au garant de se retourner utilement vers un autre contributeur à la dette. Il a toutefois été jugé récemment que le garant peut rechercher la responsabilité du banquier si ce dernier n'exerce pas un contrôle suffisant dans le montage du dossier du prêt destiné à financer la construction. • Aix-en-Provence, 16 avr. 2009 : *Constr.-Urb. 2009, no 146, obs. Sizaire.* ♦ Mais, dans son dernier état, la jurisprudence de la Cour de cassation exige du garant qu'il fasse la démonstration du lien de causalité entre son préjudice et la faute du banquier. • Civ. 3e, 31 mars 2010 : *Bull. civ. III, no 70 ; Constr.-Urb. 2010, no 94, obs. Sizaire.*

Art. L. 231-7 *(L. no 90-1129 du 19 déc. 1990, art. 1er)* **I. — Dans le cas prévu au *d* de l'article L. 231-2, le constructeur est tenu d'exécuter ou de faire exécuter les travaux**

dont le maître de l'ouvrage s'est réservé l'exécution aux prix et conditions mentionnés au contrat si le maître de l'ouvrage lui en fait la demande dans les quatre mois qui suivent la signature du contrat.

II. – Est réputé non écrit tout mandat donné par le maître de l'ouvrage au constructeur ou à un de ses préposés aux fins de percevoir tout ou partie d'un prêt destiné au financement de la construction.

III. – Les paiements intervenant aux différents stades de la construction peuvent être effectués directement par le prêteur, sous réserve de l'accord écrit du maître de l'ouvrage à chaque échéance et de l'information du garant.

A défaut d'accord écrit du maître de l'ouvrage à chaque échéance, le prêteur est responsable des conséquences préjudiciables des paiements qu'il effectue aux différents stades de la construction.

COMMENTAIRE

Dans les cas où le maître d'ouvrage a donné son accord écrit, **le banquier peut effectuer les paiements directement auprès du constructeur, à chaque échéance de la construction,** en vertu de l'article L. 231-7. Le prêteur doit informer le garant de ces paiements le cas échéant. A défaut d'information du garant ou de versement direct au constructeur sans accord préalable du maître d'ouvrage, la jurisprudence engage la responsabilité du garant. En revanche, ces obligations d'information dispensent en quelque sorte le prêteur d'avoir à vérifier l'état d'avancement des travaux.

D'autres obligations sont à la charge du prêteur en matière de paiement des constructeurs (V. art. L. 231-10).

Garantie de paiement des constructeurs. Les constructeurs de maisons individuelles, en leur qualité d'entrepreneurs, bénéficient de la garantie de paiement prévue par l'article 1799-1 du code civil. Lorsque le marché est supérieur à un montant de 12 000 euros H. T. (V. Décr. nº 99-658 du 30 juill. 1999, pris pour l'application de l'art. 1799-1 C. civ. et fixant un seuil de garantie de paiement aux entrepreneurs de travaux, *JORF 31 juill. 1999, p. 11459*) et que le maître de l'ouvrage a sollicité l'obtention d'un crédit, le constructeur sera en droit de réclamer un paiement direct au prêteur. Le constructeur de maison individuelle ne pourra pas solliciter de cautionnement solidaire, en l'absence de souscription d'un crédit, comme le propose le code civil, car cela est conditionné au fait que le maître de l'ouvrage n'ait pas conclu un marché pour son propre compte (or, cette hypothèse n'entre plus dans le champ d'application du régime du contrat de construction de maison individuelle). ❑

L'obligation d'information mise à la charge du prêteur par les dispositions de l'art. L. 231-7 est prévue dans l'intérêt tant du garant que du maître de l'ouvrage. Doit donc être tenu pour responsable du préjudice subi par le maître de l'ouvrage, résultant de l'absence de garantie de livraison, le prêteur qui n'a pas informé le garant supposé des versements effectués, démarche qui lui aurait permis de s'apercevoir de la non-souscription de la garantie. • Civ. 3e, 12 févr. 2003 : *Constr.-Urb. 2003, nº 123, obs. Sizaire ; JCP 2003. IV. 637 ; RDI 2003. 236, obs. P. P.* – Concernant cet arrêt, V. aussi ss. art. L. 231-10, note 4. ◆ Engage sa responsabilité le banquier qui débloque les fonds sans informer le garant, • Rennes, 15 mars 2007 : *Constr.-Urb. 2007, nº 157, obs. Sizaire.*

Art. L. 231-8 *(L. nº 90-1129 du 19 déc. 1990, art. 1er)* **Le maître de l'ouvrage peut, par lettre recommandée avec accusé de réception dans les huit jours qui suivent la remise des clefs consécutive à la réception, dénoncer les vices apparents qu'il n'avait pas signalés lors de la réception afin qu'il y soit remédié dans le cadre de l'exécution du contrat.**

La disposition prévue à l'alinéa précédent ne s'applique pas quand le maître de l'ouvrage se fait assister, lors de la réception, par un professionnel habilité en application de la loi nº 77-2 du 3 janvier 1977 précitée ou des articles L. 111-23 et suivants ou par tout autre professionnel de la construction titulaire d'un contrat d'assurance couvrant les responsabilités pour ce type de mission.

COMMENTAIRE

En droit de la construction, il est un principe acquis en matière de réception selon lequel elle purge les vices et les défauts de conformité apparents. La règle est plus souple en présence d'un contrat de construction de maison individuelle, car le maître de l'ouvrage qui n'a pas été assisté par un professionnel lors des opérations de réception bénéficie d'un délai de huit jours à compter de la date du procès-verbal pour dénoncer les désordres apparents au moment de la réception, lorsqu'il aurait omis de les réserver.

A défaut du respect de ce délai de huit jours ou lorsque le maître de l'ouvrage aura été assisté d'un professionnel, il ne pourra plus solliciter l'application des garanties légales spéciales (V. C. civ., art. 1792 et s.) mais il conservera le bénéfice des régimes de responsabilités de droit commun. ❑

1. Tous les vices apparents ne sont pas nécessairement couverts. Ainsi, l'insuffisance d'accès au garage en sous-sol pour une voiture de dimension moyenne constitue un vice couvert par la réception ; sa constatation ne supposait aucune compétence particulière. • Paris, 28 janv. 1998 : *Constr.-Urb. 1998, n° 289.* ◆ Sur des désordres apparents, dont toute personne, même non professionnelle, peut se convaincre seule, V. • Paris, 27 mars 2008 : *Constr.-Urb. 2008, n° 123, obs. Sizaire.*

2. Le professionnel doit, lorsqu'il assiste le maître de l'ouvrage, l'informer sur les différents désordres existants lors de la réception des travaux. Sa responsabilité est notamment engagée pour les désordres apparents qui n'auraient pas fait l'objet de réserves. • Paris, 15 janv. 1998 : *Constr.-Urb. 1998, n° 221.*

3. Le maître de l'ouvrage pouvant, aux termes de l'art. L. 231-8, ne pas se faire assister par un professionnel lors de la réception, et disposant dans ce cas d'un délai de huit jours pour payer le solde du prix, commet l'infraction prévue à l'art. L. 241-1 le constructeur qui indique dans la convocation à la réception des travaux adressée au maître de l'ouvrage que celui-ci devra dès ce moment lui remettre un chèque correspondant audit solde. • Crim. 17 déc. 2003 : *Constr.-Urb. 2004, n° 73, obs. Sizaire.*

Art. L. 231-9 *(L. n° 90-1129 du 19 déc. 1990, art. 1er)* **Une notice d'information conforme à un modèle type agréé par arrêté conjoint des ministres chargés de la construction et de la consommation est jointe au contrat qui est adressé par le constructeur au maître de l'ouvrage par lettre recommandée avec avis de réception.**

COMMENTAIRE

La notice d'information que le constructeur doit joindre avec le contrat lors de son envoi doit préciser les droits et obligations des parties. Elle fait également état des différents éléments du contrat tels qu'imposés par l'article L. 231-2. Ce document a pour objectif de renforcer la protection du maître de l'ouvrage, en éclairant son information sur le régime spécial de la construction de maison individuelle et sur les autres dispositions applicables, notamment en droit de la consommation (rétractation, réflexion, prêt...). Cette notice doit être conforme à un modèle type (V. Arr. du 28 nov. 1991, *JO 30 nov.*). Le même formalisme est exigé pour les contrats de construction de maison individuelle sans fourniture du plan.

Au même titre que le non-respect du formalisme imposé par l'article L. 231-2, le manquement à l'envoi d'une notice d'information conforme au modèle type devrait être sanctionné par la nullité du contrat. ❑

Art. L. 231-10 *(L. n° 90-1129 du 19 déc. 1990, art. 1er)* **Aucun prêteur ne peut émettre une offre de prêt sans avoir vérifié que le contrat comporte celles des énonciations mentionnées à l'article L. 231-2 qui doivent y figurer au moment où l'acte lui est transmis et ne peut débloquer les fonds s'il n'a pas communication de l'attestation de garantie de livraison.**

Dans les cas de défaillance du constructeur visés au paragraphe II de l'article L. 231-6 et nonobstant l'accord du maître de l'ouvrage prévu au premier alinéa du paragraphe III

de l'article L. 231-7, le prêteur est responsable des conséquences préjudiciables d'un versement excédant le pourcentage maximum du prix total exigible aux différents stades de la construction d'après l'état d'avancement des travaux dès lors que ce versement résulte de l'exécution d'une clause irrégulière du contrat.

BIBL. ▸ C. SAINT-ALARY-HOUIN et B. SAINT-ALARY-HOUIN, *RDI 1992. 283*. – CHOMEL, *AJDI 2000. 116*. – PÉRINET-MARQUET, *JCP 1995. I. 3835*. – GOURIO, *LPA 23 avr. 1997*.

COMMENTAIRE

Le banquier a l'obligation de vérifier que le contrat de construction de maison individuelle comporte toutes les mentions obligatoires imposées par l'article L. 231-2. La jurisprudence le dispense toutefois d'avoir à vérifier la véracité des documents produits par l'accédant à la propriété ou à requalifier le contrat qui lui est soumis. De même, le prêteur n'a pas à conseiller les accédants sur l'intérêt de recourir à un cadre contractuel plutôt qu'un autre.

Le déblocage des fonds affectés au financement des travaux reste conditionné à l'obtention de l'attestation de garantie de livraison. Cette règle ne s'applique pas aux fonds destinés à l'achat du terrain sur lequel sera édifié l'ouvrage. La jurisprudence est venue rappeler, en présence d'une faute du banquier caractérisée, que le garant ne saurait obtenir réparation du préjudice qu'il subit, en l'absence de lien de causalité avec le manquement du prêteur.

La responsabilité du prêteur sera engagée en cas de préjudice subi par le maître de l'ouvrage du fait d'un versement excédant le pourcentage maximum du prix total exigible à chaque échéance de la construction, d'après l'état d'avancement des travaux (V. art. L. 231-7) lorsque ce versement a lieu en application d'une clause irrégulière du contrat. ❑

I. CONTRÔLE DE LA QUALIFICATION DU CONTRAT

1. Les juges du fond ont souvent décidé que le prêteur ne peut se satisfaire de la qualification donnée par les parties. V. • Versailles, 16 mars 1999 : *Constr.-Urb. 1999, n° 144, obs. Sizaire.* ♦ Il lui faut vérifier la nature juridique réelle du contrat, et notamment « si ce dernier rentre dans le champ de son contrôle », ce qui suppose qu'il examine la qualification de l'opération pour déterminer s'il est ou non en présence d'un contrat de construction de maison individuelle. • Aix-en-Provence, 17 mai 2001 : *JCP 2001. 2275.* ♦ Sa responsabilité est alors engagée lorsqu'il commet une erreur d'appréciation. • TGI Chalon-sur-Saône, 28 avr. 1998 : *AJDI 2000. 120, obs. Chomel*.

2. Jugeant que l'art. L. 231-2 ne met pas à la charge du banquier l'obligation de requalifier le contrat qui lui est soumis, V. toutefois, • Com. 9 juill. 2002 : *Bull. civ. IV, n° 115 ; RDI 2002. 412, obs. Tomasin ; D. 2002. IR 2449* • Com. 22 oct. 2002 : *Constr.-Urb. 2003, n° 123, obs. Sizaire* • Grenoble, 28 janv. 2008 : *Constr.-Urb. 2008, n° 138, note Sizaire.*

3. Comp., jugeant que si l'art. L. 231-10 ne met effectivement pas à la charge du prêteur l'obligation de requalifier le contrat qui lui est soumis, il ne le dispense pas de son obligation de renseignement et de conseil à l'égard du maître de l'ouvrage auquel il fait une offre de prêt : • Civ. 3e, 17 nov. 2004 : *Bull. civ. III, n° 199 ; RDI 2005. 47, obs. Boubli ; Defrénois 2006. 85, obs. Périnet-Marquet ; Constr.-Urb. 2005, n° 1, obs. Sizaire ; JCP N 2005, p. 1393, note Gourio ; LPA 16 mai 2005, obs. Viaud* • Civ. 3e, 11 janv. 2012 : *Bull. civ. III, à paraître ; D. 2012. 285 ; Dalloz actualité, 26 janv. 2012, obs. Garcia ; RDI 2012. 176, obs. Noblot ; JCP E 2012. 1373, n° 8, obs. Coudert.* ♦ Sur l'obligation de renseignement et de conseil du prêteur, V. également, • Aix-en-Provence, 9 mars 2006 : *Constr.-Urb. 2006, n° 213, obs. Sizaire* • Nancy, 12 févr. 2007 : *Constr.-Urb. 2008, n° 59, obs. Sizaire* • Pau, 14 janv. 2008 : *ibid.* • Riom, 8 avr. 2010 : *Constr.-Urb. 2010, n° 122, obs. C. Sizaire* • Angers, 10 nov. 2009 : *ibid.* • Civ. 3e, 11 janv. 2012 : *préc.* (manquement du banquier – absence de clarté des risques encourus).

4. Si, au moment de sa conclusion, un contrat n'avait pas la nature d'un contrat de construction de maison individuelle avec fourniture de plan, mais celle d'un contrat de droit commun, le banquier ne saurait être recherché en responsabilité pour ne pas avoir vérifié le respect des prescriptions de l'art. L. 231-10 qui étaient à l'époque inapplicables, peu important qu'il ait eu connaissance de la conclusion ultérieure d'un contrat de construction de maison individuelle, une fois le prêt mis en œuvre. • Civ. 3e, 2 juill. 2003 : *Bull. civ. III, n° 139 ; D. 2003. AJ*

3046 ; Constr.-Urb. 2003, n° 266, obs. Sizaire ; RDI 2003. 546, obs. P. P. ♦ De même, si l'opération pour laquelle un financement est sollicité est présentée de telle façon que rien n'indique l'existence d'un contrat de construction de maison individuelle, il ne saurait être imposé au banquier de conseiller à ses clients tel cadre contractuel en lieu et place de tel autre. • Civ. 3e, 14 janv. 2009 : *Bull. civ. III, n° 9 ; D. 2009. 293, obs. Vincent ; RDI 2009. 185, obs. Tournafond ; Constr.-Urb. 2009, n° 45, obs. Sizaire ; Defrénois 2010. 234, chron. Périnet-Marquet.*

II. CONTRÔLE DU CONTENU DU CONTRAT

5. Si l'art. L. 231-10 fait obligation au banquier de vérifier, avant toute offre de prêt, que le contrat qui lui est transmis comporte les énonciations visées à l'art. L. 231-2, et s'il ne peut débloquer les fonds tant qu'il n'a pas reçu l'attestation de garantie de livraison, il n'a pas l'obligation de s'assurer de l'authenticité des documents produits, • Civ. 3e, 26 sept. 2007 : *Bull. civ. III, n° 150 ; D. 2007. 2536 ; ibid. 2762, note Monge et Nési ; RTD com. 2008. 166, note Legeais* • 20 nov. 2007 : *pourvoi n° 06-18.813.* ♦ Le banquier n'a pas plus l'obligation de s'assurer de l'effectivité d'une assurance dommages-ouvrage. • Civ. 3e, 12 sept. 2007 : *Bull. civ. III, n° 134 ; D. 2007. 2391 ; RDI 2008. 226, obs. Dessuet ; JCP 2008, II, p. 28, note Demoustier.* ♦ Dans le même sens, • Civ. 3e, 25 févr. 2009 : *Bull. civ. III, n° 49 ; D. 2009 AJ 810 ; ibid. 1236, obs. Nési ; Constr.-Urb. 2009, n° 60, obs. Sizaire ; Banque et droit 125/2009, p. 23, obs. Bonneau ; JCP E 2009. 1623, obs. Courtieu ; Defrénois 2010. 234, chron. Périnet-Marquet.* • Civ. 3e, 5 oct. 2010 : *RDI 2010. 319, obs. Dessuet.* ♦ Plus largement, le banquier n'est pas tenu de conseiller à un accédant à la propriété un cadre juridique pour réaliser son projet de construction. • Civ. 3e, 14 janv. 2009 : *Bull. civ. III, n° 10 ; D. 2009, AJ 293, obs. A. Vincent ; JCP E 2009. 1582, obs. Mathey ; Banque et droit 125/2009, p. 22 obs. Bonneau ; Constr.-Urb. 2009, n° 46, obs. Sizaire ; Defrénois 2010. 234, chron. Périnet-Marquet* • Civ. 3e, 8 sept. 2010 : *Bull. civ. III, n° 149 ; Dalloz actualité, 20 sept. 2010, obs. Garcia ; RCA 2010, n° 325, obs. Groutel.*

6. Dès lors, ne commet pas de faute le banquier qui accorde un prêt au vu d'une photocopie d'une garantie de livraison qui, en réalité, n'existait pas. • Civ. 3e, 12 févr. 2003 : *Bull. civ. III, n° 31 ; Constr.-Urb. 2003, n° 123, obs. Sizaire ; JCP 2003. IV. 637 ; RDI 2003. 236, obs. P.P.* ♦ La banque ne commet donc pas de faute si elle a vérifié l'existence des documents sans s'assurer de leur véracité. • Civ. 3e, 9 nov. 2005 : *Bull. civ. III, n° 215 ; BICC 15 févr. 2006, n° 249 ; Constr.-Urb. 2005, n° 265, obs. Sizaire* • Paris, 24 févr. 2005 : *Constr.-Urb. 2005, n° 128, obs. Sizaire.* ♦ En tout état de cause, le banquier n'a pas l'obligation de vérifier l'efficacité non plus que l'entrée en vigueur de la garantie de livraison. • Civ. 3e, 12 sept. 2007 : *Bull. civ. III, n° 134 ; D. 2007. 2391 ; Constr.-Urb. 2007, n° 221, obs. Sizaire ; Banque et droit 116/2007, p. 30, obs. Bonneau* • 26 sept. 2007 : *ibid.* ♦ Dans le même sens, pour une garantie de livraison donnée par une société étrangère par l'intermédiaire d'un mandataire situé en France, V. • Civ. 3e, 9 nov. 2005 : *Bull. civ. III, n° 215 ; BICC 15 févr. 2006, n° 249 ; Constr.-Urb. 2005, n° 265, obs. Sizaire.*

7. Considérant que la banque a l'obligation de vérifier que le document qui lui est transmis constitue bien l'attestation de garantie prévue par le texte, V. • Com. 29 oct. 2003 : *Bull. civ. IV, n° 156 ; D. 2003. AJ 3046 ; Constr.-Urb. 2004, n° 2, obs. Sizaire ; RDI 2004. 185, obs. Tomasin.* ♦ De même, commet une faute le prêteur qui, en débloquant une partie des fonds, alors qu'il n'a pas reçu copie de l'attestation de la garantie de livraison à prix et délai convenus, prive les maîtres de l'ouvrage, qui n'étaient pas tenus de s'assurer de la délivrance de cette attestation, d'une chance d'éviter la faillite de leur projet. • Civ. 3e, 14 mars 2012 : *Bull. civ. III, à paraître ; D. 2012. 881 ; Dalloz actualité, 30 mars 2012, obs. Garcia ; RDI 2012. 344, obs. Tomasin ; RTD com. 2012. 383, obs. Legeais ; RCA 2012. 170, obs. Groutel.*

8. Le déblocage de la portion du prêt destinée à financer l'acquisition du terrain peut intervenir avant la réception de l'attestation de garantie, • Civ. 3e, 12 sept. 2007 : *Bull. civ. III, n° 134 ; RDI 2008. 226, obs. Dessuet ; JCP N 2007. 612.* ♦ Si le banquier peut concourir au préjudice du maître de l'ouvrage en versant les fonds sans se soucier de l'existence du garant, le maître de l'ouvrage contribue dans la même mesure à la survenance de son dommage en ne sollicitant pas du constructeur l'attestation de garantie, d'où un partage des responsabilités. • Paris, 16 juin 2005 : *Constr.-Urb. 2005, n° 205, obs. Sizaire.* ♦ *Contra* : • Civ. 3e, 14 mars 2012 : *préc. note 7.* ♦ En tout état de cause, la faute du banquier (déblocage des fonds avant possession de l'attestation de garantie) est sans incidence sur l'obligation du garant de mettre en jeu sa garantie. • Civ. 3e, 8 sept. 2010 : *préc. note 5.*

9. De plus, la sanction prévue par l'art. L. 231-10 n'interdit pas de rechercher la mise en œuvre de la responsabilité contractuelle du prêteur, sur le fondement de l'art. 1147 C. civ., lorsque ce dernier n'a pas vérifié l'existence de la garantie de livraison. • Com. 29 oct. 2003 : *préc. note 7.* ♦ Le maître de l'ouvrage n'est pas tenu de s'assurer de la délivrance de l'attestation de garantie de livraison pour l'obtention d'un prêt destiné à financer un contrat de construction de maison individuelle avec fourniture de plan. • Civ. 3e, 25 mai 2011 : *Bull. civ. III, à paraître ; Dalloz actualité, 27 juin 2011, obs. Garcia ; RCA 2011, no 293, obs. Groutel.*

10. Ne commet pas de faute la banque qui ne vérifie pas la présence d'une garantie de livraison dans un contrat de construction de maison individuelle sans fourniture de plan, avant d'émettre une offre de prêt. • Toulouse, 19 mai 2003 : *Constr.-Urb. 2003, no 247, obs. Sizaire.* ♦ La tâche du banquier est rendue difficile puisque sa responsabilité dépend du point de savoir si le contrat est ou non avec fourniture de plan. • Aix-en-Provence, 28 oct. 2004 : *Constr.-Urb. 2005, no 59, obs. Sizaire.*

III. CONTRÔLE DE L'AVANCEMENT DU CHANTIER

11. Commet une faute le banquier qui débloque les fonds au vu des seules demandes d'avance du constructeur, sans tenir compte des stipulations contractuelles prévoyant un échéancier en fonction de l'avancement des travaux ni de l'avancement réel des travaux ou des factures attestant de leur état d'avancement réel. • TGI Chalon-sur-Saône, 28 avr. 1998 : *préc. note 1.*

12. Le maître de l'ouvrage ne peut être recherché en responsabilité s'il n'est pas établi qu'il a eu conscience de la discordance entre les acomptes réclamés et l'état d'avancement du chantier. • Civ. 3e, 4 oct. 1995 : *Bull. civ. III, no 213 ; RDI 1996. 82, note Groslière et Saint-Alary-Houin ; JCP 1995. 22545,6 note Périnet-Marquet.* ♦ Mais si la faute du maître de l'ouvrage est patente il peut être condamné pour sa faute, laquelle concoure alors à la réalisation de son préjudice, s'il a délivré une attestation d'achèvement des travaux pour obtenir le solde du prêt alors que le chantier n'est pas achevé. • Aix-en-Provence, 10 mai 2001 : *Constr.-Urb. 2002, no 85, obs. Sizaire.*

13. Un prêteur qui ne signale pas à son client la disproportion existant entre les échéanciers de paiement contenus d'une part dans le contrat et d'autre part dans l'acte de cautionnement encourt une responsabilité. • Paris, 7 nov. 2000 : *Constr.-Urb. 2001, no 170, obs. Sizaire.*

14. Engage sa responsabilité à l'égard du maître de l'ouvrage le banquier qui n'informe pas le garant des fonds qu'il libère auprès du constructeur. • Rennes, 15 mars 2007 : *Constr.-Urb. 2007, no 157, obs. Sizaire.*

15. La faute commise par le banquier qui débloque les fonds sans être en possession de l'attestation de garantie de livraison n'engage pas sa responsabilité à l'égard du garant de livraison. • Civ. 3e, 31 mars 2010 : *Bull. civ. III, no 70 ; Dalloz actualité, 22 avr. 2010, note Vincent* • Civ. 3e, 8 sept. 2010 : *préc. note 5.*

Art. L. 231-11 *(L. no 90-1129 du 19 déc. 1990, art. 1er)* **Au cas où le contrat défini à l'article L. 231-1 prévoit la révision du prix, celle-ci ne peut être calculée qu'en fonction de la variation d'un indice national du bâtiment tous corps d'état mesurant l'évolution du coût des facteurs de production dans le bâtiment, publié par le ministre chargé de la construction et de l'habitation, et, au choix des parties, selon l'une des deux modalités ci-après :**

a) **Révision du prix d'après la variation de l'indice entre la date de la signature du contrat et la date fixée à l'article L. 231-12, le prix ainsi révisé ne pouvant subir aucune variation après cette date ;**

b) **Révision sur chaque paiement dans une limite exprimée en pourcentage de la variation de l'indice défini ci-dessus entre la date de signature du contrat et la date de livraison prévue au contrat, aucune révision ne pouvant être effectuée au-delà d'une période de neuf mois suivant la date définie à l'article L. 231-12 lorsque la livraison prévue doit avoir lieu postérieurement à l'expiration de cette période.**

Ces modalités doivent être portées, préalablement à la signature du contrat, à la connaissance du maître de l'ouvrage par la personne qui se charge de la construction. Elles doivent être reproduites dans le contrat, cet acte devant en outre porter, paraphée par le maître de l'ouvrage, une clause par laquelle celui-ci reconnaît en avoir été informé dans les conditions prévues ci-dessus.

La modalité choisie d'un commun accord par les parties doit figurer dans le contrat.

A défaut des mentions prévues aux deux alinéas précédents, le prix figurant au contrat n'est pas révisable.

L'indice et la limite prévus ci-dessus sont définis par décret en Conseil d'État. Cette limite, destinée à tenir compte des frais fixes, des approvisionnements constitués et des améliorations de productivité, doit être comprise entre 60 p. 100 et 80 p. 100 de la variation de l'indice.

L'indice servant de base pour le calcul de la révision est le dernier indice publié au jour de la signature du contrat. La variation prise en compte résulte de la comparaison de cet indice avec le dernier indice publié avant la date de chaque paiement ou avant celle prévue à l'article L. 231-12 selon le choix exprimé par les parties. – *V. art. R. 231-6.*

BIBL. ▸ RAFFRAY, *JCP N 1985. 529* (paiement échelonné et révisé du prix).

COMMENTAIRE

L'article L. 231-11 prévoit que les parties au contrat de construction de maison individuelle peuvent opter pour un système de révision du prix, parmi les deux proposés exclusivement. Tout autre aménagement stipulé par les parties serait inapplicable.

Le référent de révision du premier mécanisme est l'index national du bâtiment tous corps d'état dénommé BT 01 (V. art. R. 231-6). Le prix ne sera révisé qu'une fois, à l'une des deux dates fixées à l'article L. 231-12.

Le second mécanisme de révision intervient lors de chaque paiement mais est limitée dans son montant (70 %, V. art. R. 231-6) et sa durée (à l'une des deux dates proposées par l'art. L. 231-2). ❑

1. Le contrat peut prévoir une révision du prix en fonction de deux techniques : soit une révision unique portant sur la totalité du prix, soit une révision échelonnée portant sur chaque paiement. Sur la notion de « prix global ». • Versailles, 13 mai 1988 : *D. 1988. IR 203.*

2. Le contrat doit préciser les modalités ainsi que le type de révision choisis par les parties. La révision doit en outre faire l'objet d'une clause paraphée par le maître de l'ouvrage, attestant qu'il a été parfaitement informé. La révision ne peut s'effectuer que d'après la variation de l'index BT 01. Le non-respect de ces prescriptions invalide la révision, et les sommes versées par le maître de l'ouvrage doivent lui être restituées. • Civ. 3e, 1er déc. 1993 : *D. 1994. IR 10* ; *RDI 1994. 262*.

3. Pour une résiliation du contrat aux torts du maître de l'ouvrage ayant suspendu ses paiements, V. • Civ. 3e, 4 mai 1995 : *RDI 1995. 567*.

Art. L. 231-12 *(L. no 90-1129 du 19 déc. 1990, art. 1er)* **La date prévue pour l'application des deuxième (*a*) et troisième (*b*) alinéas de l'article L. 231-11 est celle de l'expiration d'un délai d'un mois qui suit la plus tardive des deux dates suivantes :**

_a_) La date de l'obtention, tacite ou expresse, des autorisations administratives nécessaires pour entreprendre la construction ;

_b_) La date de la réalisation de la condition suspensive sous laquelle le contrat a été conclu ou est considéré comme conclu en application des articles 17 et 18 de la loi no 79-596 du 13 juillet 1979 relative à l'information et à la protection des emprunteurs dans le domaine immobilier.

Art. L. 231-13 *(L. no 90-1129 du 19 déc. 1990, art. 1er)* **Le constructeur est tenu de conclure par écrit les contrats de sous-traitance avant tout commencement d'exécution des travaux à la charge du sous-traitant. Ces contrats comportent les énonciations suivantes :**

_a_) La désignation de la construction ainsi que les nom et adresse du maître de l'ouvrage et de l'établissement qui apporte la garantie prévue à l'article L. 231-6 ;

_b_) La description des travaux qui en font l'objet, conforme aux énonciations du contrat de construction ;

_c_) Le prix convenu et, s'il y a lieu, les modalités de sa révision ;

_d_) Le délai d'exécution des travaux et le montant des pénalités de retard ;

e) Les modalités de règlement du prix, qui ne peut dépasser un délai de trente jours à compter de la date du versement effectué au constructeur par le maître de l'ouvrage ou le prêteur, en règlement de travaux comprenant ceux effectués par le sous-traitant et acceptés par le constructeur ;

f) Le montant des pénalités dues par le constructeur en cas de retard de paiement ;

g) La justification de l'une ou l'autre des garanties de paiement prévues à l'article 14 de la loi nº 75-1334 du 31 décembre 1975 relative à la sous-traitance *(L. nº 2004-1343 du 9 déc. 2004, art. 39)* « ou de toute autre garantie, délivrée par un établissement de crédit ou une entreprise d'assurance, de nature à garantir le paiement des sommes dues au titre du sous-traité ».

Copie des contrats de sous-traitance est adressée par le constructeur à l'établissement qui apporte la garantie prévue à l'article L. 231-6.

BIBL. ▸ Fabre, *RDI 1991. 169*. – Hugot et Sizaire, *JCP N 1992. I. 169*. – Abbatucci, L'influence de la crise sur les garanties des constructeurs et des sous-traitants, *RDI 2010. 31*.

COMMENTAIRE

L'article L. 231-13 renforce la protection des sous-traitants. A cette fin, le contrat doit faire l'objet d'un écrit, avant le commencement des travaux. Il doit contenir diverses mentions obligatoires (description des travaux, calendrier, prix, pénalités de retard...). Le garant doit également en recevoir une copie conformément à l'article L. 231-6, dans un délai de huit jours (V. art. R. 231-12). Cette obligation doit être respectée tout au long de l'exécution du contrat de construction de maison individuelle, à chaque fois que le constructeur fera intervenir un sous-traitant. En revanche, une application littérale du texte conduirait à exclure cette obligation en présence d'une chaîne de contrats (seul le sous-traitant de premier rang en bénéficie), puisque l'article L. 231-13 ne vise que le « constructeur ».

On retrouve la même protection dans le régime de la construction de maison individuelle sans fourniture du plan (V. art. L. 232-2). Ces deux articles entrent dans le champ d'application des incriminations pénales régies par l'article L. 241-9. ❑

1. La garantie de livraison à prix et délai convenus, stipulée en faveur du maître de l'ouvrage, ne peut être invoquée par le sous-traitant, lequel ne peut y voir une garantie de paiement. • Civ. 3e, 15 janv. 2003 : *Bull. civ. III, nº 1 ; RDI 2003. 268, note Périnet-Marquet ; Constr.-Urb. 2003, nº 149, obs. Sizaire.*

2. Le constructeur de maison individuelle avec fourniture de plan est seul tenu de la garantie de parfait achèvement même s'il a fait appel à des sous-traitants. • Saint-Denis de la Réunion, 26 févr. 2010 : *Constr.-Urb. 2010, nº 136, obs. C. Sizaire.*

CHAPITRE II CONTRAT DE CONSTRUCTION D'UNE MAISON INDIVIDUELLE SANS FOURNITURE DU PLAN

Art. L. 232-1 *(L. nº 90-1129 du 19 déc. 1990, art. 1er)* Le contrat de louage d'ouvrage n'entrant pas dans le champ d'application de l'article L. 231-1 et ayant au moins pour objet l'exécution des travaux de gros œuvre, de mise hors d'eau et hors d'air d'un immeuble à usage d'habitation ou d'un immeuble à usage professionnel et d'habitation, ne comportant pas plus de deux logements destinés au même maître de l'ouvrage, doit être rédigé par écrit et préciser :

a) La désignation du terrain ;

b) La consistance et les caractéristiques techniques de l'ouvrage à réaliser ;

c) Le prix convenu forfaitaire et définitif, sous réserve, s'il y a lieu, de sa révision dans les conditions et limites convenues, ainsi que les modalités de son règlement au fur et à mesure de l'exécution des travaux ;

d) Le délai d'exécution des travaux et les pénalités applicables en cas de retard de livraison ;

e) La référence de l'assurance de dommages souscrite par le maître de l'ouvrage en application de l'article L. 242-1 du code des assurances ;

f) L'indication que le maître de l'ouvrage pourra se faire assister par un professionnel habilité en application de la loi nº 77-2 du 3 janvier 1977 précitée ou des articles L. 111-23 et suivants lors de la réception ou par tout autre professionnel de la construction titulaire d'un contrat d'assurance couvrant les responsabilités pour ce type de mission ;

g) L'engagement de l'entrepreneur de fournir, au plus tard à la date d'ouverture du chantier, la justification de la garantie de livraison qu'il apporte au maître de l'ouvrage, l'attestation de cette garantie étant établie par le garant et annexée au contrat.

BIBL. ► PÉRINET-MARQUET, *RDI 1991. 153* (règles spécifiques des deux contrats de construction de maisons individuelles).

COMMENTAIRE

Le régime du contrat de construction de maison individuelle sans fourniture de plan est plus souple que celui avec fourniture de plan, mais il revêt également un caractère d'ordre public (V. art. L. 230-1). Il est moins protecteur pour le maître de l'ouvrage mais couvre le même champ d'application quant aux caractéristiques du logement (immeuble à usage d'habitation ou à usage mixte ne comportant pas plus de deux logements destinés au même maître de l'ouvrage). Par ailleurs, il doit au moins avoir pour objet l'exécution des travaux de gros œuvre, de mise hors d'eau et hors d'air de l'immeuble.

Comme l'autre régime, le contrat doit faire l'objet d'un écrit, qui doit comporter les mentions obligatoires imposées par l'article L. 232-1, relatives au terrain, à l'immeuble, au prix, au calendrier des travaux, à l'assurance dommages-ouvrage obligatoire, aux opérations de réception, la garantie de livraison (qui devra être produite en annexe du contrat). Ces précisions sont moindres que celles imposées par l'article L. 231-2 mais en reprennent l'essentiel. Par ailleurs, l'article L. 232-2 renvoie également à l'application du dernier alinéa de l'article L. 231-2, qui laisse les parties libres de se réferer aux clauses types en la matière (V. art. R. 231-13).

A l'instar du régime précédent, la jurisprudence poursuit sa logique en considérant que la profession officielle de l'intervenant (architecte, intermédiaire immobilier...) n'a pas d'effet juridique sur la qualification de constructeur de maison individuelle.

Le plan doit être livré par le maître de l'ouvrage, qui doit en outre mentionner le nom ou la raison sociale, l'adresse de l'auteur du plan (V. art. R. 232-2) et le joindre au contrat.

A défaut de respect des prescriptions de l'article L. 232-1, la sanction sera celle de la nullité du contrat. ❑

1. Un contrat intitulé « Devis descriptif – Généralités », portant sur la construction d'une maison individuelle ayant fait l'objet d'un permis de construire, est en réalité un contrat de construction de maison individuelle sans fourniture de plan si le terrain est la propriété du maître de l'ouvrage et que le plan n'est pas annexé à l'acte. Faute de contenir les mentions rendues obligatoires par l'art. L. 232-1 ce contrat est nul. • Aix-en-Provence, 22 nov. 2001 : *Constr.-Urb. 2002, nº 137, obs. D. Sizaire.*

2. La réglementation du contrat sans fourniture de plan n'oblige pas le prêteur à procéder au contrôle du contenu du contrat, comme elle ne lui impose pas de soumettre le paiement à la justification de la garantie de livraison. • Toulouse, 1er juill. 2002 : *Constr.-Urb. 2002, nº 265, obs. Sizaire.*

3. La réglementation n'impose pas plus au constructeur de fournir l'attestation de la garantie de livraison dès la signature du contrat. • Civ. 3e, 1er mars 2006 : *Constr.-Urb. 2006, nº 132, obs. Sizaire.*

4. Commet une faute le constructeur qui a commencé les travaux sans fournir au maître de l'ouvrage la justification d'une garantie de livraison exigée par l'art. L. 232-1 *g* ; il ne peut, en cours d'exécution des travaux, se saisir de ce prétexte pour tenter d'annuler impunément le contrat de construction d'une maison individuelle sans fourniture de plan. • Civ. 3e, 2 juill. 2003 : *RDI 2003. 548, obs. P.P.*

Art. L. 232-2 *(L. no 90-1129 du 19 déc. 1990, art. 1er)* **Les dispositions du dernier alinéa de l'article L. 231-2, de l'article L. 231-6, du paragraphe II de l'article L. 231-4, des articles L. 231-8, L. 231-9 et L. 231-13 sont applicables au contrat prévu au présent chapitre.**

COMMENTAIRE

L'article L. 232-2 dresse la liste des articles régissant le contrat de construction de maison individuelle avec fourniture du plan qui sont applicables au régime sans fourniture du plan.

Les mentions obligatoires de l'article précédent pourront être rédigées conformément aux clauses types en la matière (V. art. L. 231-2, al. 2, et art. R. 231-13).

Le régime de la garantie de livraison est renvoyé à celui de l'autre régime (V. art. L. 231-6).

L'interdiction de versements ou de dépôts antérieurs à la signature du contrat, passible de la peine prévue par l'article L. 241-1, est applicable au régime de la construction sans fourniture du plan, par renvoi à l'article L. 231-4-II.

Le maître de l'ouvrage qui n'a pas été assisté par un professionnel lors des opérations de réception bénéficie d'un délai de huit jours à compter de la date du procès-verbal pour dénoncer les désordres apparents au moment de la réception, lorsqu'il aurait omis de les réserver (V. art. L. 231-8).

Lors de l'envoi du contrat de construction de maison individuelle sans fourniture du plan, le constructeur doit y joindre une notice d'information précisant les droits et obligations des parties (V. art. L. 231-9).

Enfin, on retrouve la même protection des sous-traitants que dans le régime de la construction de maison individuelle avec fourniture du plan (V. art. L. 231-13). Ces deux articles entrent par ailleurs dans le champ d'application des incriminations pénales régies par l'article L. 241-9 du code de la construction et de l'habitation.

Plus amplement sur ces points, V. les commentaires des articles auxquels il est fait renvoi.

Pour l'essentiel, sont donc écartés de ce régime de construction sans fourniture du plan : le principe de la révision du prix des travaux ; les clauses abusives spécifiques (mais les règles générales issues du code de la consommation restent applicables. – V. comm. ss. art. L. 231-3) ; la liste des conditions suspensives ; la constitution d'un dépôt de garantie.

1. En présence d'un contrat de construction de maison individuelle sans fourniture de plan, le prêteur n'a pas à vérifier la présence d'une attestation de garantie de livraison avant d'émettre une offre de prêt. • Toulouse, 19 mai 2003 : *Constr.-Urb. 2003, no 247, obs. Sizaire.*

2. Le prêteur n'a pas l'obligation de vérifier que le contrat comporte les mentions exigées par la loi, ni celle de soumettre le versement des fonds à la production d'une garantie de livraison. • Toulouse, 1er juill. 2002 : *Constr.-Urb. 2002, no 265, obs. Sizaire.* ♦ *Contra,* retenant la responsabilité du prêteur en l'absence d'une garantie de livraison, s'agissant d'un contrat de louage d'ouvrage portant sur le gros œuvre et la mise hors d'eau et hors d'air d'une maison pour laquelle le plan avait été fourni par le maître de l'ouvrage : • Aix-en-Provence, 14 déc. 2004 : *Constr.-Urb. 2005, no 157, obs. Sizaire.*

3. S'agissant d'un contrat de construction sans fourniture de plan, si le prêteur n'est pas soumis aux dispositions de l'art. L. 231-10, sa responsabilité peut néanmoins être recherchée sur le fondement de la responsabilité civile de droit commun. • Com. 29 oct. 2003 : *Bull. civ. IV, no 156 ; D. 2003 AJ 3046 ; RDI 2004. 185, note*

Tomasin ; LPA 11 mars 2004 ; JCP E 2004, nº 928, note Nicolas ; JCP N 2004. 1382, note Gourio et Nicolas ; Constr.-Urb. 2004, nº 2, obs. Sizaire.

4. L'architecte, au titre de son devoir de conseil, doit indiquer que l'opération à laquelle il est associé nécessite la conclusion d'un contrat de construction de maison individuelle sans fourniture de plan ; en s'abstenant, il commet une faute qui engage sa responsabilité. • Toulouse, 18 oct. 2004 : *Constr.-Urb. 2005, nº 27, obs. Sizaire.* ♦ Il lui faut également alerter le maître de l'ouvrage quant à la régularité de la garantie de livraison. • Aix-en-Provence, 2 sept. 2004 : *Constr.-Urb. 2005, nº 27, obs. Sizaire.*

5. Sur l'application de l'art. L. 231-6 au contrat de construction sans fourniture de plan, V. • Civ. 3e, 31 janv. 2007 : *Bull. civ. III, nº 11 ; RDI 2007. 278, note Boubli ; ibid. 436, note Tomasin ; Constr.-Urb. 2007, nº 51, obs. Sizaire.*

TITRE QUATRIÈME DISPOSITIONS COMMUNES DIVERSES

CHAPITRE PREMIER DISPOSITIONS PÉNALES

RÉP. PÉN. vº *Construction.*

COMMENTAIRE

Ce chapitre recense un certain nombre de dispositions pénales auxquelles le praticien est invité à porter la plus grande attention. En effet, si la jurisprudence a été relativement peu fournie en ce domaine ces dernières années, on constate dorénavant un accroissement significatif des poursuites devant les tribunaux correctionnels, ce qui doit inquiéter les constructeurs. Naturellement, les peines d'emprisonnement et d'amende ne sont pas négligeables. Mais le plus important tient sans doute à la possibilité de se voir interdire l'exercice de la profession. Le fait d'exciper de sa bonne foi est le plus souvent inopérant puisque, pour le juge répressif, l'élément intentionnel des infractions ci-dessous édictées est caractérisé par le simple manquement aux obligations mises à la charge du constructeur et se déduit de la seule qualité de professionnel de la construction.

Art. L. 241-1 Toute personne qui aura exigé ou accepté un versement, un dépôt de fonds, une souscription ou une acceptation d'effets de commerce en violation des dispositions des articles L. 212-10, L. 212-11, L. 213-9, L. 222-5 et *(L. nº 90-1129 du 19 déc. 1990, art. 3)* **« du paragraphe II de l'article L. 231-4 » sera punie d'un emprisonnement de deux ans et d'une amende de 9 000 € ou de l'une de ces deux peines seulement.**

1. Est coupable des infractions prévues à l'art. L. 241-1 celui qui a enfreint les dispositions des art. L. 231-1, L. 231-2, L. 231-3 et R. 231-15 : en prévoyant dans le contrat des modalités d'échelonnement des paiements pendant la construction ne correspondant pas à celles de l'art. R. 231-15. • Crim. 25 oct. 1983 : *pourvoi nº 82-9396 (inédit).* ♦ ... En prévoyant au contrat des clauses applicables en cas de suspension des travaux contraires aux prescriptions légales. • Même arrêt. ♦ ... En réclamant des paiements avant la date à laquelle la créance était exigible. • Même arrêt. ♦ Pour des perceptions illicites, V. • Crim. 21 févr. 1984 : *D. 1984. IR 448 ; RDI 1985. 199, note Roujou de Boubée* • 6 mai 1985 : *ibid. 304, obs. Roujou de Boubée.*

2. Sur l'application de ce texte au dirigeant de fait de la société, V. • Crim. 14 déc. 1994 : *JCP 1995. IV. 879.*

3. Est pénalement responsable, sur le fondement de l'art. L. 241-1, le constructeur qui a perçu des fonds avant d'avoir obtenu les garanties de remboursement et de livraison à prix convenu exigées par la loi, l'intention coupable requise par l'art. 121-3 C. pén. se déduisant de sa seule qualité de professionnel dans le domaine de la construction immobilière, lui donnant nécessairement connaissance des prescriptions légales et réglementaires régissant le contrat de construction de maison individuelle. • Aix-en-Provence, 29 janv. 2003 : *Constr.-Urb. 2004, no 75, obs. Sizaire.*

4. Sur l'obligation de présenter la justification de la garantie de remboursement exigée par l'art. R. 231-8 du présent code dès la signature du contrat sous peine d'entrer dans les prévisions de l'art. L. 241-1, V. • Crim. 7 mars 2006 : *Bull. crim. no 65 ; D. 2006. IR 1063 ; RDI 2006. 204, note Heugas-Darraspen ; ibid. 227, note Roujou de Boubée.*

5. Est pénalement responsable sur le fondement de l'art. L. 241-1 le constructeur de maisons individuelles qui perçoit dès avant la signature du contrat des chèques d'acomptes, dont l'un était destiné à payer le prix de l'assurance dommages-ouvrage et de l'assurance de bonne fin des travaux. • Rennes, 16 juin 2005 : *JCP 2006. IV. 586.*

6. Est également responsable sur le fondement de l'art. L. 241-1, pour avoir violé l'art. L. 231-4-II, le garant qui procède à un appel de fonds auprès du maître de l'ouvrage sans que la construction ait atteint le stade du « hors d'air », la porte du garage n'ayant pas été installée. • Crim. 5 juin 2007 : *RDI 2008. 46, obs. Roujou de Boubée ; Constr.-Urb. 2007, no 181, obs. Sizaire.*

7. Commet l'infraction prévue à l'art. L. 241-1 le constructeur qui réclame au maître de l'ouvrage le solde du prix des travaux dans la lettre de convocation à la réception. • Crim. 17 déc. 2003 : *Constr.-Urb. 2004, no 73, obs. Sizaire.*

8. Le préjudice résultant pour un maître de l'ouvrage de l'inexécution des travaux et du défaut de remboursement des sommes versées par anticipation au constructeur de maisons individuelles découle directement du délit prévu par l'art. L. 241-1. • Crim. 28 mai 1997 : *Bull. crim. no 206.* ◆ En sens contraire, V. • Crim. 12 janv. 1988 : *Bull. crim. no 16.*

9. Les infractions prévues aux art. L. 241-1 et L. 241-8, notamment la perception anticipée de fonds par le constructeur, constituent des infractions instantanées. • Paris, 13 mai 2002 : *Constr.-Urb. 2002, no 264, obs. Sizaire.*

10. Constitue un abus de confiance le fait d'appeler des avances de fonds auprès d'un acquéreur de maison individuelle, alors que le chantier n'a pas débuté et qu'aucune garantie de remboursement n'a été produite. • Crim. 24 févr. 2010 : *Bull. crim. no 36 ; RDI 2010. 269, obs. Roujou de Boubée.*

Art. L. 241-2 **Toute personne qui, ayant reçu ou accepté un ou plusieurs versements, dépôts, souscriptions d'effets de commerce, à l'occasion d'un contrat de société ou de promotion immobilière soumis aux dispositions des titres Ier et II du présent livre, aura détourné tout ou partie de ces sommes sera punie des peines** *(L. no 92-1336 du 16 déc. 1992, art. 150)* **« de l'abus de confiance prévues par les articles 314-1 et 314-10 » du code pénal.**

Art. L. 241-3 *(L. no 86-18 du 6 janv. 1986, art. 32-I)* **« Ne peuvent participer, en droit ou en fait, directement ou par personne interposée, à la fondation ou à la gestion des sociétés régies par le titre Ier du présent livre, d'une société régie par la loi no 86-18 du 6 janvier 1986 relative aux sociétés d'attribution d'immeubles en jouissance à temps partagé ou d'une société de promotion immobilière », ni à la conclusion d'un contrat de promotion immobilière** *(L. no 90-1129 du 19 déc. 1990, art. 4)* **« ou de l'un des contrats régis par les articles L. 231-1 et L. 232-1 » les personnes ayant fait l'objet de l'une des condamnations énumérées à l'article 1er de la loi no 47-1635 du 30 août 1947 relative à l'assainissement des professions commerciales et industrielles** *[loi abrogée par Ord. no 2005-428 du 6 mai 2005, art. 3]* **ou d'une condamnation à une peine d'emprisonnement avec ou sans sursis pour l'une des infractions ci-après :**

1o Faux et usage de faux en écriture privée, de commerce ou de banque, faux prévu par les articles 153 et 154 du code pénal *[V. **C. pén.**, art. 441-2, 441-5 et 441-6]* **;**

2o Vol, recel, escroquerie, abus de confiance, banqueroute, extorsion de fonds, valeurs ou signatures, délits punis des peines de l'escroquerie, de l'abus de confiance ou de la banqueroute ;

3o Émission de mauvaise foi de chèque sans provision, usure et délit réprimé par l'article L. 353-1 du code monétaire et financier ;

4° Soustraction commise par dépositaire public, concussion commise par fonctionnaire public, corruption de fonctionnaires publics et d'employés des entreprises privées, communication de secrets de fabrique ;

5° Atteinte au crédit de l'État, organisation du refus collectif de l'impôt ;

6° Faux témoignage, faux serment, subornation de témoin ;

7° Proxénétisme ou délit puni des peines du proxénétisme ;

8° Délits prévus par les articles L. 241-1 à L. 241-4, L. 242-6, L. 242-17 et L. 242-27 *[art. abrogé par L. n° 2001-420 du 15 mai 2001, art. 113-III]* du code de commerce ;

9° Délit prévu par l'article 13 de la loi n° 52-332 du 24 mars 1952 relative aux entreprises de crédit différé ;

10° Délit prévu par l'article 21 de la loi du 13 juin 1941 sur l'exercice de la profession bancaire, délit prévu par le deuxième alinéa de l'article 6 de la loi du 14 juin 1941 relative à la réglementation et à l'organisation des professions se rattachant à la profession de banquier *[lois abrogées par L. n° 84-46 du 24 janv. 1984, art. 94-I]* ;

11° Délit prévu par l'article 4 de la loi n° 60-580 du 21 juin 1960 interdisant certaines pratiques en matière de transactions portant sur des immeubles et des fonds de commerce *[loi abrogée par L. n° 70-9 du 2 janv. 1970, art. 19]*, et par les articles 16, 17 et 18 de la loi n° 70-9 du 2 janvier 1970 réglementant les conditions d'exercice des activités relatives à certaines opérations portant sur les immeubles et les fonds de commerce ;

12° Délit prévu par les articles L. 241-1, L. 241-2, L. 241-5, L. 241-6, *(L. n° 2006-872 du 13 juill. 2006, art. 80-III)* « L. 263-1 et L. 263-2 » ;

13° Délit prévu par l'article L. 311-13 ;

(L. n° 86-18 du 6 janv. 1986, art. 32-II) « 14° Délits prévus par les articles 22 et 31 de la loi n° 86-18 du 6 janvier 1986 précitée ».

Art. L. 241-4 La même interdiction est encourue :

a) Par les faillis non réhabilités et par les personnes frappées soit de faillite personnelle, soit de l'une des interdictions de diriger, gérer, administrer ou contrôler toute entreprise commerciale prévue aux articles 108 et 109 de la loi n° 67-563 du 13 juillet 1967 sur le règlement judiciaire, la liquidation des biens, la faillite personnelle et les banqueroutes *[remplacés par L. n° 85-98 du 25 janv. 1985, art. 189-5° et 190]* ;

b) Par les officiers publics et ministériels destitués ;

c) Par les agréés, syndics et administrateurs judiciaires révoqués ;

d) Par les membres radiés disciplinairement et à titre définitif, pour manquement à la probité, des professions constituées en ordres.

Art. L. 241-5 Toute personne qui contreviendra à l'interdiction résultant des articles L. 241-3 et L. 241-4 sera punie d'un emprisonnement de deux ans au plus et d'une amende de 22 500 € ou de l'une de ces deux peines seulement.

Art. L. 241-6 Seront punies d'un emprisonnement de cinq ans et d'une amende de 18 000 €, ou de l'une de ces deux peines seulement, les infractions aux dispositions des articles L. 214-6 à L. 214-9.

Seront punis des mêmes peines :

1° Le fait soit d'avoir porté des indications volontairement inexactes ou incomplètes dans les contrats ou documents prévus par le décret n° 54-1123 du 10 novembre 1954, soit d'avoir, dans l'exécution desdits contrats ou documents, volontairement trompé ou tenté de tromper sur la qualité, la quantité ou les dimensions de la construction ou des matériaux, appareils ou produits employés ou fournis ;

2° Le fait de mettre obstacle à l'action des organes de contrôle prévus par ledit décret ;

3° Le fait pour une personne exerçant en droit ou en fait, directement ou par personne interposée, la gestion d'une société concernée par ces décrets d'avoir, de mauvaise foi, fait, des biens ou du crédit de la société ou des pouvoirs ou des voix dont elle disposait, un usage qu'elle savait contraire à l'intérêt de ladite société, dans un but personnel ou pour favoriser une autre société ou une entreprise quelconque dans laquelle elle était intéressée directement ou indirectement.

Seront punies des mêmes peines les tentatives d'infractions prévues au présent article. – *V. art. L. 261-20.*

Art. L. 241-7 I. – Ne peuvent ni procéder habituellement à titre quelconque, directement ou par personne interposée, pour leur compte ou pour celui d'autrui aux opérations mentionnées au décret nº 54-1123 du 10 novembre 1954 présentement abrogé sauf en ses dispositions concernant le conseil de surveillance, reproduites aux articles L. 214-6 à L. 214-9, ni participer en droit ou en fait, directement ou par personne interposée, à la fondation ou à la gestion des sociétés ou autres organismes mentionnés audit décret :

1º Les personnes empêchées d'exercer un commerce en vertu du chapitre VIII du titre II du livre Ier du code de commerce, ainsi que les personnes condamnées en application soit du décret du 14 juin 1938 sur les entreprises d'assurances présentement repris par le code des assurances (livre III, titre II, chapitre VIII et livre V, titre Ier, chapitre IV, section IV), soit des lois des 13 et 14 juin 1941 relatives à la réglementation et à l'organisation de la profession bancaire et des professions qui s'y rattachent *[lois abrogées par L. nº 84-46 du 24 janv. 1984, art. 94-I]*, soit de la loi nº 52-332 du 24 mars 1952 relative aux entreprises de crédit différé, soit de l'article L. 241-6 ;

2º Les personnes ayant fait l'objet d'une condamnation pour une des infractions suivantes : vol, abus de confiance, escroquerie, émission de chèques sans provision, soustraction commise par un dépositaire public, extorsion de fonds ou de valeurs, usure, atteinte au crédit de la nation ou recel de choses obtenues à l'aide de l'une de ces infractions.

Toute condamnation pour tentative ou complicité des infractions mentionnées aux deux alinéas qui précèdent entraîne la même interdiction.

II. – Les infractions aux dispositions du paragraphe I du présent article sont punies des peines portées à l'article L. 241-6.

III. – Les dispositions du présent article ne font pas obstacle à l'exécution des contrats en cours au 9 août 1957.

Art. L. 241-8 *(L. nº 90-1129 du 19 déc. 1990, art. 5)* Sera puni d'un emprisonnement de deux ans et d'une amende de 37 500 €, ou de l'une de ces deux peines seulement, quiconque, tenu à la conclusion d'un contrat par application de l'article L. 231-1 ou de l'article L. 232-1, aura entrepris l'exécution des travaux sans avoir conclu un contrat écrit ou sans avoir obtenu la garantie de livraison définie à l'article L. 231-6.

(L. nº 2011-525 du 17 mai 2011, art. 177-IV) « Ces infractions peuvent être constatées et poursuivies dans les conditions fixées par les articles L. 450-1, L. 450-2, L. 450-3, L. 450-7 et L. 450-8 du code de commerce. »

1. Le constructeur qui a été reconnu coupable, sur le fondement de l'art. L. 241-8, pour avoir entrepris la construction d'une maison individuelle sans avoir obtenu la garantie de livraison prévue à l'art. L. 231-6 CCH, doit, sur le plan civil, indemniser le maître de l'ouvrage tant de son préjudice moral que du préjudice matériel résultant des frais engagés pour l'achèvement de l'immeuble. • Crim. 27 mai 2003 : *Constr.-Urb. 2004, nº 74, obs. Sizaire.*

2. Le juge du fond apprécie souverainement la consistance du dommage et le montant de l'indemnité destinée à le réparer. • Crim. 17 déc. 2003 : *Constr.-Urb. 2004, nºs 73 et 74, obs. Sizaire.*

3. Relève des dispositions du présent texte, l'intervenant qui propose à ses clients des plans établis à l'aide d'un logiciel spécialisé alors que différents chantiers avaient été ouverts avant même la conclusion d'un contrat dit de maîtrise d'œuvre. • Douai, 1er sept. 2005 : *Constr.-Urb. 2006, nº 61, obs. Sizaire.*

4. Se rend coupable de l'infraction prévue à l'art. L. 241-8 le constructeur qui ouvre le chantier avant d'avoir obtenu la garantie de livraison. • Rennes, 16 juin 2005 : *JCP 2006. IV. 585.* ◆ Il importe peu que le constructeur n'ait pas réalisé la totalité des travaux de construction de la maison. • Douai, 8 nov. 2007 : *Constr.-Urb. 2008, nº 40, obs. Sizaire.*

5. Dès lors que la qualification de contrat de construction de maison individuelle est acquise, l'infraction prévue à l'art. L. 241-8 est constituée, quand bien même le chantier n'aurait pas été ouvert, lorsque le constructeur entreprend de simples « menus travaux préliminaires » sur le terrain devant recevoir la construction. • Douai, 14 févr. 2008 : *Constr.-Urb. 2008, no 103, obs. Sizaire.*

Art. L. 241-9 *(L. no 90-1129 du 19 déc. 1990, art. 5)* **Sera puni d'un emprisonnement de deux ans et d'une amende de 18 000 €, ou de l'une de ces deux peines seulement, quiconque, chargé de l'une des opérations mentionnées à l'article L. 241-8, n'aura pas conclu par écrit un contrat de sous-traitance avant l'exécution des travaux de chacun des lots de l'immeuble** *(L. no 2003-721 du 1er août 2003, art. 57, en vigueur le 1er juill. 2004)* **« ou aura conclu un contrat ne comportant pas l'énonciation prévue à l'avant-dernier alinéa de l'article L. 231-13. »**

COMMENTAIRE

La loi no 2003-721 du 1er août 2003 pour l'initiative économique a prévu à l'art. L. 241-9 un ajout très important qui s'inscrit dans la recherche d'une protection efficace des sous-traitants.

Est désormais passible d'une sanction pénale, et non plus seulement civile, le fait de passer un contrat de sous-traitance sans les garanties de paiement offertes au sous-traitant par l'article 14 de la loi no 75-1334 du 31 décembre 1975, ce qui est en pratique encore trop souvent le cas. ❑

CHAPITRE II DISPOSITIONS DIVERSES

Art. L. 242-1 **Pour l'application des articles L. 212-10, L. 213-1 et L. 222-1, un immeuble collectif est considéré comme un immeuble à usage d'habitation ou à usage professionnel et d'habitation lorsque 10 p. 100 au moins de sa superficie est affectée à de tels usages. Un décret en Conseil d'État fixe les modalités selon lesquelles les locaux annexes sont décomptés pour l'appréciation de la condition définie ci-dessus.** *— V. art. R. 213-4.*

Art. L. 242-2 **Des décrets en Conseil d'État fixent, en tant que de besoin, les conditions et modalités d'application des titres précédents, et notamment :**

Les modalités de règlement du prix à mesure de l'avancement des travaux mentionnées aux articles L. 213-8, *b*, *(L. no 90-1129 du 19 déc. 1990, art. 6)* **« L. 222-3, sixième alinéa, *e* et L. 232-1 » ;**

Pour l'application de l'article *(L. no 90-1129 du 19 déc. 1990, art. 6-2o)* **« L. 231-2 *e* », le pourcentage maximum du prix total exigible aux différents stades de la construction d'après le pourcentage de dépenses normalement faites à chacun d'entre eux, tout en laissant, par dérogation à la loi no 71-584 du 16 juillet 1971 tendant à réglementer les retenues de garantie en matière de marchés de travaux définis par l'article 1779-3o du code civil, un solde de garantie qui ne peut excéder 5 p. 100 du prix total au bénéfice du maître de l'ouvrage jusqu'à son entrée dans les lieux, sous réserve de la faculté pour celui-ci de consigner tout ou partie de ce solde de garantie en cas de litige ;**

Les conditions dans lesquelles l'exécution du contrat de promotion immobilière est réputée commencée ;

(L. no 90-1129 du 19 déc. 1990, art. 6) **« La nature des garanties énoncées à l'article L. 222-3, sixième alinéa, *e* ainsi que leurs modalités ;**

« Les conditions et modalités d'application des articles L. 231-1 à L. 231-13. »

En ce qui concerne l'information et la protection des emprunteurs dans le domaine immobilier, V. App., vº Crédit immobilier, C. consom., art. L. 312-1 s. et R. 312-1 s. — ***C. consom.***

Art. L. 242-3 Le titre Ier et le titre II du décret nº 54-1123 du 10 novembre 1954 ainsi que l'article 80, alinéa 2, de la loi nº 53-80 du 7 février 1953 continuent à s'appliquer aux contrats conclus antérieurement au 31 décembre 1972.

(L. nº 83-440 du 2 juin 1983, art. 7) « Toutes références à l'article 80, alinéa 2, susvisé sont, en tant que de raison, réputées faites aux dispositions du chapitre III du titre Ier du présent livre. »

Art. L. 242-4 I. — Les dispositions des chapitres Ier, II et III du titre Ier, des titres II, III, et des articles L. 241-1 à L. 241-5 du présent livre entrent en vigueur le 31 décembre 1972.

II. — Les dispositions des chapitres Ier et III du titre Ier du présent livre sont applicables, à compter de leur date d'entrée en vigueur, aux sociétés constituées antérieurement à ladite date. Toutefois, en ce qui concerne les programmes ayant fait l'objet du dépôt d'une demande de permis de construire ou de la déclaration préalable, prévue à l'ancien article L. 430-3 du code de l'urbanisme avant cette date, les sociétés coopératives de construction ne sont pas tenues de se conformer aux dispositions des articles L. 213-2 à L. 213-9.

TITRE CINQUIÈME BAIL À CONSTRUCTION. – BAIL À RÉHABILITATION. – BAIL DANS LE CADRE D'UNE CONVENTION D'USUFRUIT

(L. nº 2006-872 du 13 juill. 2006, art. 42-1º).

CHAPITRE PREMIER BAIL À CONSTRUCTION

(L. nº 90-449 du 31 mai 1990, art. 11)

BIBL. ▸ **Généralités :** Liet-Veaux et Schmidt, *D. 1965. Chron. 71.* – Hugot, *JCP N 1969. I. 2271.* – Lataulade et Boquet, *Gaz. Pal. 1974, p. 436.* – Bouyeure, *Administrer 1987. 10.* – Dubois, *Dr. et patr. mai 1994. 89.* – Boniface, Une technique de gestion des biens du mineur : le bail à construction, *Defrénois 1995. 475.* – Molant, *LPA 12 juin 1995.* – Deléglise, *Ét. fonc., 1996, nº 71, p. 31.* – Laidié, Bail à construction et collectivités publiques : quelques précisions, *Contrats Marchés publ. 2008. Étude 10.* – Périnet-Marquet, Actualité de la dissociation des droits sur le sol en droit privé, *RDI 2009. 16* . – Delvolvé, Les dispositions relatives aux droits réels sur le domaine des personnes publiques : l'incohérence, *RDI 2010. 584* . – Stemmer, Bail à construction, *J.-Cl. Constr., fasc. 110.* – Tixier, Le bail à construction, de la théorie à la pratique, *Litec 2005. 584.*

▸ **Fiscalité :** Delfosse, *JCP N 1994. I. 246.* – Mortier, *JCP N 1997. 629.* – Mazeron, *Defrénois 1998. 785.* – Mignon, *RJF 1999. 431.* – Maublanc, *AJDI 1999. 899* . – Pornin, Extinction du bail à construction par confusion, *RFN 2007. Étude 13.* – Mortier, *JCP N 2000. 1188.* – Maublanc, *AJDI 2008. 835* . – Garçon, L'extinction du bail à construction par confusion donne-t-elle prise à un problème de plus-value immobilière ?, *JCP N 2009. 1178* ; Les limites de la fiction dans le traitement fiscal de l'extinction du bail à construction par confusion, *JCP N 2009. 1228.* – Gonzalez-Gharbi, Le régime fiscal du bail à construction : l'immunité n'est pas la règle (1re partie), *Constr.-Urb. 2012. Étude 1* ; Le régime fiscal du bail à construction : l'immunité n'est pas la règle (suite et fin), *Constr.-Urb. 2012. 2.*

▸ **Comparaison avec le bail emphytéotique :** Boccara, *RDI 1964. 448.* – Le Masson, *LPA 21 août 1992 et 26 août 1992 ; J.-Cl. Construction, fasc. 109.* – Viatte, *Rev. loyers 1996. 90.* – Bosgiraud,

Bulletin du CRIDON, Paris, 15 juin 1997, no 12. II. 105. – L'investissement immobilier, *93e Congrès des Notaires de France, 1997, spéc. p. 353 s.*

▶ **Sur les intérêts (juridiques et fiscaux) de recourir au contrat de bail à construction... en matière de projets éoliens et photovoltaïques :** RAVANAS, Quelques réflexions autour de problématiques immobilières rencontrées dans les projets éoliens et photovoltaïques, *JCP N 2009. 1275.* – FOURNIER et FOURNIER-RENAULT, Installations photovoltaïques. Quelques règles essentielles applicables selon le cadre juridique et technique adopté, *JCP N 2010. 1191.* – PÉRINET-MARQUET, Les techniques de montage juridique d'un projet photovoltaïque, *RDI 2010. 352* . – SAINT-DIDIER, Copropriété et panneaux photovoltaïques, *Envir. 2011. Dossier 2* ; **... en matière de fonds de dotation** : ROUSSEL, Aspects immobiliers des fonds de dotation, *JCP N 2009. 1227.*

COMMENTAIRE

Issu de la loi no 64-1247 du 16 décembre 1964, le bail à construction, comme le bail emphytéotique dont il est inspiré, confère au preneur un droit réel immobilier de caractère superficiaire. Mais il fait peser sur celui-ci une obligation de construire, caractéristique d'un contrat dont la finalité est la construction sur sol d'autrui. C'est donc la nature de l'obligation principale du locataire qui le distingue du bail emphytéotique. L'objectif du législateur était en effet de promouvoir l'essor de la construction de logements et de lutter contre la rétention des terrains à bâtir. Si le contrat n'a pas répondu à cette attente, il a en revanche rencontré un vif succès dans l'immobilier d'entreprise : outre la liberté dont disposent les parties quant à la destination de la construction et la possibilité de dissocier à terme le patrimoine professionnel et le patrimoine privé, le contrat permet au preneur de faire l'économie de l'acquisition du terrain tout en amortissant la construction. Par la nature du droit qu'il confère, il sécurise le financement des constructions par le preneur, en particulier par un contrat de crédit-bail auquel il est fréquemment associé (V. cependant, Garçon, « Le crédit bail adossé au bail à construction, la faillite du crédit preneur et la notion d'incivisibilité », *JCP N 2001. 1310*).

Il reste que l'obligation de construire peut prêter à interprétation, essentiellement dans le cas de la rénovation d'un immeuble existant et soulever des problèmes de frontière avec le bail à réhabilitation.

Le bail à construction est principalement régi par une législation spécifique codifiée sous le présent chapitre, de sorte que les dispositions du code civil, au premier rang desquelles l'article 555, ne reçoivent application que de façon subsidiaire lorsque le contrat ou la loi sont muets.

S'il est nécessaire que le contrat revête un caractère onéreux, rien dans les textes n'impose aux parties de stipuler un loyer conséquent et plusieurs facteurs sont de nature à influer directement sur le montant du loyer en espèces (valeur locative du terrain, nature des constructions, conditions de l'accession en fin de bail). La doctrine est toutefois partagée sur ce point (V. Le Masson, *LPA 21 août 1992 ; ibid. 26 août 1992.* – Stemmer *in J.-Cl. Construction, fasc. 109, et note au JCP N 1997. 95.* – Périnet-Marquet, *Rép. civ., art. 1708 à 1762, fasc. 640, no* 4).

L'évaluation des droits respectifs du preneur et du bailleur soulève une difficulté qui tient essentiellement au caractère temporaire du droit de propriété détenu par le premier sur les constructions qu'il a édifiées et à l'accession programmée du second à la propriété de ces constructions. De plus, en raison de leur caractère temporaire, ces droits sont sujets à réévaluation à mesure de l'écoulement de la durée du contrat.

Enfin, il n'existe pas d'obstacle de principe à ce qu'une personne morale de droit public donne un terrain à bail à construction, même si l'usage est en faveur du bail emphytéotique, à condition que ce terrain relève de son domaine privé et qu'il ne doive pas être incorporé dans le domaine public par l'effet du contrat (théorie du domaine public virtuel). ☐

Art. L. 251-1 **Constitue un bail à construction le bail par lequel le preneur s'engage, à titre principal, à édifier des constructions sur le terrain du bailleur et à les conserver en bon état d'entretien pendant toute la durée du bail.**

Le bail à construction est consenti par ceux qui ont le droit d'aliéner et dans les mêmes conditions et formes.

Il est conclu pour une durée comprise entre dix-huit et quatre-vingt-dix-neuf ans. Il ne peut se prolonger par tacite reconduction.

(L. nº 2006-872 du 13 juill. 2006, art. 31-I) **« Toutefois, lorsque le bail prévoit une possibilité d'achat du terrain par le preneur dans le cadre d'une opération d'accession sociale à la propriété dans les conditions prévues par la section I du chapitre III du titre IV du livre IV du présent code et que le preneur lève l'option, le bail prend fin à la date de la vente, nonobstant les dispositions du troisième alinéa. »**

COMMENTAIRE

L'obligation de construire qui pèse sur le preneur et sa durée d'au moins dix-huit ans caractérisent le bail à construction. La loi ENL précise que la levée d'option anticipée par le preneur en vue de l'acquisition du terrain, dans le cadre de l'accession sociale à la propriété, met fin au bail, sans attendre l'expiration du délai convenu. La portée du texte est incertaine, dès lors que la cession anticipée du terrain au preneur provoque en toute hypothèse l'extinction du bail par confusion (sur les incidences fiscales de l'opération, V. la jurisprudence citée sous l'art. L. 251-2). ❑

1. Obligation de construire. La qualification de bail à construction ne peut être retenue faute, pour l'acte, de préciser la nature et l'importance des constructions à réaliser. • TGI Marseille, 26 mars 1973 : *Ann. loyers 1973. 1007.* ◆ N'est pas un bail à construction l'acte qui confère au preneur la faculté d'édifier des constructions sans l'obliger à titre principal à bâtir. • Civ. 3e, 13 janv. 1987 : *Bull. civ. III, nº 93* • 20 mai 1992 : *Bull. civ. III, nº 159 ; Gaz. Pal. 1992. 2. Pan. 243.*

Doit être requalifié en « bail à construction » le bail emphytéotique imposant au preneur une obligation de construire. • Paris, 24 févr. 2005 : *Constr.-Urb. 2005, nº 136, obs. Sizaire.* ◆ Est licite le recours au bail à construction pour la réalisation de l'objet social d'une société d'attribution, • Civ. 3e, 31 mars 2005 : *Bull. civ. III, nº 81 ; D. 2006. 2082, note Boulogne-Yang-Ting ; Constr.-Urb. 2005, nº 135, note Sizaire.* ◆ Le bail à construction se caractérise par l'obligation d'édifier des constructions sur le terrain du bailleur, partant, la clause stipulant que le preneur s'engage à l'expiration du bail à remettre les lieux dans l'état dans lequel ils se trouvaient lors de sa prise de possession est sans effet sur la qualification du contrat. • Civ. 3e, 30 janv. 2008 : *Bull. civ. III, nº 14 ; D. 2008. AJ 548 ; JCP N 2008. 1173, note Garçon ; RDI 2008. 215, obs. C. Saint-Alary-Houin.* ◆ L'art. L. 251-1 ne subordonne pas la formation du contrat de bail à construction à l'obtention d'un permis de construire. La renonciation à des conditions suspensives ne peut résulter que du consentement des deux parties. • Civ. 3e, 20 oct. 2010 : *Bull. civ. III, nº 187 ; AJDI 2011. 516, obs. Damas ; Constr.-Urb. 2010, nº 152, obs. Sizaire.*

2. Un bail à construction peut valablement stipuler que l'édification de constructions nouvelles par le preneur en cours de bail est subordonnée à l'autorisation préalable du bailleur. • Civ. 3e, 5 déc. 2007 : *Bull. civ. III, nº 215 ; D. 2008. AJ 19 ; Constr.-Urb. 2008, nº 21, note Cornille ; RDI 2008. 216, note Saint-Alary-Houin ; Administrer août-sept. 2008, p. 36, note Bérenger.*

3. Obligation d'entretien des constructions. Pour l'étendue de l'obligation d'entretien précisée contractuellement et sa sanction, V. • Civ. 3e, 17 déc. 2003 : *RDI 2005. 23, obs. C. Saint-Alary-Houin.* ◆ Constitue un bail à construction le bail par lequel le preneur s'engage, à titre principal, à édifier des constructions sur le terrain du bailleur et à les conserver en bon état d'entretien pendant toute la durée du bail. • Civ. 3e, 30 janv. 2008 : *préc. note 1.*

4. Durée du bail. La durée du bail est impérativement comprise entre 18 et 99 ans ; il a été jugé, au fiscal, que ne constituait pas un bail à construction un bail de 18 ans prévoyant une faculté mutuelle de résiliation à l'issue de chaque période triennale. • TA Dijon, 9 mars 1999, *Virly : RJF 6-99, nº 722.* ◆ Jugeant qu'un bail de douze ans renouvelable pour une période de neuf ans est un bail à construction, V. • Paris, 6 sept. 2000 : *Constr.-Urb. 2001, nº 143, obs. Sizaire.* ◆ Si l'art. L. 251-1 CCH interdit qu'un bail à construction puisse se prolonger par tacite reconduction, cette disposition n'interdit pas aux parties de convenir de proroger l'échéance initialement prévue pour un tel bail. • CE 25 janv. 2006, *Min. de l'économie,* req. nº 271523 : *Lebon 28 ; JCP N 2006. 1181, note Garçon ; DF 2006. 646, concl. Séners.* ◆ La prorogation régulière du bail repousse à l'expiration du bail prorogé l'accession du bailleur à la propriété des constructions. • CAA Marseille, 29 mars 2005, req. nº 03MA02007 : *Constr.-Urb. 2005, nº 124, obs. Gonzalez-Gharbi.*

5. Effets de la résiliation anticipée. Dès lors que le preneur d'un bail à construction profite sur le terrain d'un droit réel immobilier et d'un droit de propriété temporaire sur les constructions, et que le bailleur devient, sauf convention contraire, propriétaire de ces constructions au terme du bail, la résiliation du bail d'une part ne s'analyse pas comme une transformation du bail à construction en un bail ordinaire et, d'autre part, opère une mutation soumise aux droits d'enregistrement des mutations d'immeubles, l'indemnité perçue par le preneur constituant l'assiette de ces droits. • Com. 24 juin 1997 : *Bull. civ. IV, nº 202 ; RDI 1998. 191 ; JCP 1998. II. 10059, obs. Gonzalez et Cornille.* ♦ La fusion-absorption du bailleur par le preneur, impliquant au regard de la loi fiscale une remise des immeubles au bailleur préalablement à la fusion, produit le même effet qu'une résiliation tacite amiable du bail et génère un revenu imposable. • CE 7 févr. 2007, req. nº 288067 : *JCP N 2007. 1171, note Lefeuvre ; RJF 2007, nº 441.* ♦ La résiliation du bail moyennant indemnité versée par le bailleur s'analyse comme un acte translatif de propriété à titre onéreux et doit être imposée en conséquence et non au seul droit fixe. • Com. 19 juin 2001 : *Bull. civ. IV, nº 122 ; D. 2001. IR 2241.* ♦ Même solution pour la TVA immobilière lorsque la construction est achevée depuis moins de cinq ans. • CAA Bordeaux, 25 mars 2003 : *AJDI 2003. 867.* ♦ En cas de retour gratuit, le bailleur perçoit un revenu foncier égal au prix de revient des constructions. • TA Dijon, 11 juin 2002 : *AJDI 2003. 525, obs. Maublanc.* ♦ Il en va de même pour l'indemnité d'assurance du bâtiment perçue par le bailleur. • CE 21 mars 2003, req. nº 235874 : *Lebon T. 762 ; AJDI 2004. 46, obs. Maublanc.*

6. Régime. Sur l'exclusion de l'application des règles des baux commerciaux au bail à construction, V. • Civ. 3e, 11 mai 1988 : *Bull. civ. III, nº 89* • Paris, 26 sept. 2000 : *AJDI 2000. 955.* ♦ Le bail commercial portant sur un immeuble compris dans un bail à construction est révoqué par l'effet de la loi à l'expiration de ce dernier. • Civ. 3e, 14 nov. 2007 : *Bull. civ. III, nº 204 ; D. 2007. 3077, obs. Mbotaingar ; RDI 2008. 216, note Saint-Alary-Houin.* ♦ Sur l'incompatibilité du bail à construction avec le statut de la copropriété, et le refus de reconnaître la qualité de copropriétaire au preneur à bail à construction, V. • Pau, 22 janv. 1992 : *JCP 1993. II. 53, note B. Stemmer.* ♦ Cependant, lorsque la construction édifiée en exécution du contrat est elle-même soumise au statut de la copropriété, le syndicat des copropriétaires est débiteur du loyer du bail à construction, au titre tant de sa personnalité civile que de son objet tenant à l'administration des parties communes de l'immeuble. • Pau, 25 mars 1998 : *JCP N 1999. 475.*

7. Régime fiscal. Sur l'imposition des revenus et plus-values résultant de la cession du terrain au preneur à bail à construction. • CE 11 avr. 2008, *Min. de l'économie c/ Mme Martin : Lebon T. 719 ; AJDI 2008. 875* (plus largement sur ce point : *AJDI 2008. 835, étude Maublanc ; JCP N 2009. 1173. obs. Garçon*). ♦ Le preneur d'un bail à construction étant, pendant la durée du bail, sauf stipulation contraire, propriétaire des constructions qu'il édifie et bénéficiant d'un droit réel immobilier sur le terrain du bailleur en vertu des dispositions des articles L. 251-1, L. 251-2 et L. 251-3, il doit être regardé, lorsque le permis de construire a été délivré au bailleur, comme un ayant cause du titulaire de l'autorisation de construire au sens des dispositions des articles 1723 *decies* et 1929 du CGI et figure, partant, parmi les personnes tenues solidairement avec le titulaire du permis de construire au paiement du versement pour dépassement du plafond légal de densité et de la taxe locale d'équipement. • CE 23 déc. 2011, *Min. Économie, Finances et Industrie et Cne de Sceaux c/ Sté Fortis Lease France*, req. nº 313306 : *Lebon T. à paraître ; Constr.-Urb. 2012. 91, obs. Gonzalez-Gharbi.*

8. Compétence. Sur la compétence des juridictions de l'ordre judiciaire pour connaître des litiges relatifs au bail à construction, V. • TGI Arras, 20 avr. 1988 : *JCP 1989. II. 21269, note Cadiet ; RDI 1989. 338* • Civ. 1re, 19 déc. 1995 : *JCP N 1997. II. 95, note Stemmer.* ♦ Le litige né d'un contrat de bail à construction passé entre un établissement public industriel et commercial et une société n'ayant pas pour objet l'exécution d'un service public et ne comportant pas de clauses exorbitantes relève de la compétence de l'ordre judiciaire. • CAA Nantes, 25 sept. 1991, *Sté Loca investissement : req. nº 89NT00665.* ♦ Même chose pour un bail conclu entre une commune et une personne privée sur un terrain relevant du domaine privé de la commune. De même le bail ne présente pas le caractère d'une opération de travaux publics dans la mesure où la commune n'assurera pas la direction technique des actions de construction, ne deviendra propriétaire des ouvrages qu'au terme du bail et ne jouera ainsi ni pendant la réalisation desdits ouvrages ni avant le terme fixé le rôle de maître d'ouvrage. • CAA Bordeaux, 10 juin 1996, *SEMICA : req. nº 95BX00685.* ♦ En revanche le juge administratif est compétent s'agissant d'un bail à construction pour la réalisation d'un ensemble gériatrique. En procédant à une résiliation unilatérale en méconnaissance des stipulations du bail, l'administration a commis une faute de nature à engager sa responsabilité vis-à-vis du preneur. • CAA Paris, 23 sept. 1999, *SARL Investor Agelia : req. nº 96PA01371.* ♦ Est nul le bail à construction consenti sur une dépendance du domaine public. • CE 6 mai 1985, *Eurolat : Lebon 141.*

9. Marchés publics de travaux. Sur l'articulation entre les dispositions des art. L. 251-1 et s. et les prescriptions des directives communautaires « marchés publics », • CJCE 29 oct. 2009, *Commission c/ Allemagne,* aff. C-536/07 : *RDI 2010. 149, obs. Braconnier.*

10. Force majeure. En l'absence d'agissements fautifs du preneur, le retrait du permis de construire l'exonère de son obligation d'édifier (l'interruption des travaux et le revirement de l'autorité administrative sont des événements imprévisibles et insurmontables, caractérisant la force majeure). • Civ. 3e, 1er juin 2011 : *Bull. civ. III, à paraître ; Dalloz actualité, 16 juin 2011, obs. Dreveau ; RDI 2011. 447, obs. Poumarède.*

Art. L. 251-2 Les parties conviennent de leurs droits respectifs de propriété sur les constructions existantes et sur les constructions édifiées. A défaut d'une telle convention, le bailleur en devient propriétaire en fin de bail et profite des améliorations.

COMMENTAIRE

Cession du terrain au preneur. La loi abandonne à la convention des parties le sort de leurs droits respectifs sur les constructions et sur le terrain. Il est ainsi possible de tenir en échec l'accession et de prévoir, à l'issue du bail, une cession du terrain au preneur, dont le régime fiscal varie selon que le bail est assorti d'une promesse unilatérale de vente, d'une vente sous condition suspensive ou d'une vente avec réserve de propriété. ❑

1. Caractère de l'acquisition. Pour la reconnaissance du caractère onéreux de l'acquisition des constructions par le bailleur à la fin du contrat, V. • TA Dijon, 5 janv. 1999 : *DF 1999. nº 270 ; Constr.-Urb. 1999, nº 172.* ♦ Pour le caractère à titre gratuit de l'acquisition faisant entrer l'immeuble dans le patrimoine du bailleur en application de la théorie de l'accession, telle qu'elle figure aux art. 551 s. C. civ., V. • CAA Paris, 2 avr. 1998, *Min. de l'économie c/ Succession Geffroy : Lebon T. 881 ; JCP N 1999, nº 14. 607, concl. Martel.*

2. Moment de l'acquisition. Lorsqu'un bail à construction est reconduit avant l'expiration du terme initialement prévu, le transfert de propriété ne s'opère qu'à l'expiration du bail prorogé, et ce n'est qu'à ce moment que la valeur de la construction que le preneur s'est engagé à édifier devient imposable à l'égard du bailleur (V. note 3 ss. art. L. 251-1). Sur la distinction entre promesse de bail commercial à l'expiration du bail à construction et pacte de préférence au profit du preneur. • Civ. 3e, 10 juill. 2001 : *AJDI 2001. 978.* ♦ Pour les constructions édifiées en dehors des prévisions du bail, le preneur n'est pas fondé à réclamer l'indemnité de l'art. 555 C. civ. lors de la cession de ses droits par le bailleur dès lors que ces constructions en sont exclues. • CE 14 janv. 2004, *M. Pace,* req. nº 227969 : *Lebon T. 673.*

3. Évaluation des droits du propriétaire et du locataire. BIBL. Dubois, *Dr. et patr., mai 1994. 89.* ♦ L'indemnisation du preneur, en cas d'expropriation du terrain, pour perte de la propriété des constructions qu'il a édifiées, n'exclut pas celle du bailleur pour la perte de la propriété de ces biens lui revenant en fin de bail. • Civ. 3e, 31 mars 2004 : *Bull. civ. III, nº 66 ; Constr.-Urb. nº 140, obs. Sizaire ; D. 2004. IR 1352 ; RDC 2004. 993, obs. Seube ; RDI 2005. 21, obs. C. Saint-Alary-Houin ; AJDI 2004. 822, obs. Morel.*

4. Acquisition du terrain par le preneur. Contre toute réalité juridique, la cession du terrain au preneur produit fiscalement les mêmes effets qu'une résiliation du bail et provoque l'accession du bailleur à la propriété des constructions. • CAA Bordeaux, 20 mars 2003 : *JCP N 2004. 1600* • CE 5 déc. 2005, *Fourcade : Lebon T. 860 ; JCP N 2006. 1180, obs. J.-P. Garçon.* ♦ La revente, par le preneur, du terrain acquis auprès du bailleur et de la construction qu'il a édifiée entre pour le tout dans le champ de la TVA immobilière. • CAA Bordeaux, 9 avr. 2002 : *LPA 21 oct. 2002, concl. Heinis.*

5. Régime fiscal. Le preneur d'un bail à construction étant, pendant la durée du bail, sauf stipulation contraire, propriétaire des constructions qu'il édifie et bénéficiant d'un droit réel immobilier sur le terrain du bailleur en vertu des dispositions des articles L. 251-1, L. 251-2 et L. 251-3, il doit être regardé, lorsque le permis de construire a été délivré au bailleur, comme un ayant cause du titulaire de l'autorisation de construire au sens des dispositions des articles 1723 *decies* et 1929 du CGI et figure, partant, parmi les personnes tenues solidairement avec le titulaire du permis de construire au paiement du versement pour dépassement du plafond légal de densité et de la taxe locale d'équipement. • CE 23 déc. 2011, *Min. Économie, Finances et Industrie et Cne de Sceaux c/ Sté Fortis Lease France*, req. nº 313306 : *Lebon T. à paraître ; Constr.-Urb. 2012. 91, obs. Gonzalez-Gharbi.*

Art. L. 251-3 **Le bail à construction confère au preneur un droit réel immobilier.**

Ce droit peut être hypothéqué, de même que les constructions édifiées sur le terrain loué ; il peut être saisi dans les formes prescrites pour la saisie immobilière.

Le preneur peut céder tout ou partie de ses droits ou les apporter en société. Les cessionnaires ou la société sont tenus des mêmes obligations que le cédant qui en reste garant jusqu'à l'achèvement de l'ensemble des constructions que le preneur s'est engagé à édifier en application de l'article L. 251-1.

Le preneur peut consentir les servitudes passives indispensables à la réalisation des constructions prévues au bail. – *V. art. L. 251-8.*

1. Publication. Le bail à construction doit revêtir la forme authentique et être publié au fichier immobilier : Rép. min. nº 56427 : *JOAN Q 21 janv. 1985, p. 242.* ♦ Eu égard à son caractère superficiaire, il est réputé opérer une modification des limites de la propriété au sens de l'art. 7 du décret du 4 janv. 1955 relatif à la publicité foncière : V. Chron. hypothécaire, *JCP N 1992. Prat. 2199.* ♦ Le bail publié postérieurement à l'inscription d'une hypothèque judiciaire sur le terrain est inopposable au créancier du bailleur. • Civ. 3e, 14 déc. 1994 : *Bull. civ. III, nº 214.*

2. Droits du preneur. Sur la distinction entre le droit réel du preneur sur le terrain et son droit de propriété sur les constructions et leurs valeurs respectives, V. • Civ. 3e, 17 juill. 1997 : *Bull. civ. III, nº 169 ; Constr.-Urb. 1998, nº 69.* ♦ Est licite la clause imposant des restrictions au droit du preneur. • Aix-en-Provence, 28 mars 2002 : *RDI 2003. 167, obs. Bergel et Bruschi*, confirmé par • Civ. 3e, 7 avr. 2004 : *Bull. civ. III, nº 70 ; Constr.-Urb. 2004, nº 124, obs. Sizaire ; RDI 2005. 22, obs. Saint-Alary-Houin* (comp. avec la solution inverse pour le bail emphytéotique : • Civ. 3e, 13 mai 1998 : *Bull. civ. III, nº 101*). ♦ Une clause du bail peut subordonner l'édification de nouvelles constructions à l'accord du bailleur, • Civ. 3e, 5 déc. 2007 : *Bull. civ. III, nº 215 ; Constr.-Urb. 2008, nº 21, note Cornille ; JCP 2008. 10102, note Vabres ; RDI 2008. 216, note Saint-Alary-Houin.* ♦ Le transfert, par le preneur, de ses droits dans le bail à construction ne fait pas disparaître le bail initial, qui demeure toujours valable. • Com. 24 oct. 2000 : *Dr. fiscal 2001, nº 410.* ♦ Les dispositions de l'art. L. 251-3 étant d'ordre public, la clause d'agrément figurant dans le bail à construction doit être invalidée en ce qu'elle limite le principe de la libre cessibilité des droits que le preneur détient du bail. • Paris, 12 mars 2009 : *Constr.-Urb. 2009, nº 84, obs. C. Sizaire* (dans le même sens, pour un bail emphytéotique, V. • Civ. 3e, 29 avr. 2009 : *Bull. civ. III, nº 92 ; et obs. C. Sizaire, préc.*).

3. Bail à construction et copropriété. Sur la délicate articulation entre le bail à construction et la copropriété, notamment dans le cas du lot à construire donné à bail, • Pau, 22 janv. 1992 : *JCP N 1993. II. 53, obs. B. Stemmer* • Paris, 24 févr. 2005 : *JCP N 2006. 1167, p. 818, obs. B. Terrier-Lavirotte et B. Stemmer.*

4. Servitudes. La convention peut soumettre une servitude à l'accord du bailleur, à condition que celle-ci ne soit pas indispensable à la réalisation de la construction sur le terrain faisant l'objet du bail. • Civ. 3e, 16 juill. 1998 : *Bull. civ. III, nº 164 ; RDI 1999. 621 ; Constr.-Urb. 1998, nº 299.*

5. Droit de préemption et expropriation. Sur la distinction à opérer entre le terrain et les constructions, au regard de la mise en œuvre du droit de préemption urbain, lequel ne peut porter que sur la cession des droits du bailleur sur le terrain et non sur les seules constructions, • Civ. 3e, 11 mai 2000 : *Bull. civ. III, nº 109 ; Constr.-Urb. 2000, nº 180, obs. Cornille ; Defrénois 2000. 1245, note Benoît-Cattin.* – Sur cette question, V. S. Pérignon, *Defrénois 1990. 1315.* ♦ Sur l'expropriation de l'immeuble objet du bail à construction et la détermination de l'indemnité réparatrice des préjudices, V. • Civ. 3e, 31 mars 2004 : *cité ss. l'art. L. 251-2.*

6. Fraude. Constitue une fraude aux droits du créancier donnant ouverture à l'action paulienne, le bail à construction portant sur un terrain donné en garantie par un cautionnement hypothécaire. • Civ. 3e, 21 nov. 2000 : *Dr. et patr. juin 2001-99, obs. Saint-Alary-Houin.*

7. Cession des droits du preneur. Le cessionnaire est tenu vis-à-vis du bailleur des mêmes obligations que le cédant, sans qu'il y ait lieu de distinguer selon la nature de ces obligations • Civ. 3e, 1er mars 2006 : *Bull. civ. no 55 ; Constr.-Urb. 2006, no 86, obs. Cornille.*

8. Absorption du bailleur par le preneur. L'absorption du bailleur par le preneur produit fiscalement les mêmes effets qu'une résiliation amiable du bail. • CE 7 févr. 2007, *Min. de l'éco., des fin. et de l'ind.*, req. no 288067 : *JCP N 2007. 1171, note A. Lefeuvre.*

9. Régime fiscal. Le preneur d'un bail à construction étant, pendant la durée du bail, sauf stipulation contraire, propriétaire des constructions qu'il édifie et bénéficiant d'un droit réel immobilier sur le terrain du bailleur en vertu des dispositions des articles L. 251-1, L. 251-2 et L. 251-3, il doit être regardé, lorsque le permis de construire a été délivré au bailleur, comme un ayant cause du titulaire de l'autorisation de construire au sens des dispositions des articles 1723 *decies* et 1929 du CGI et figure, partant, parmi les personnes tenues solidairement avec le titulaire du permis de construire au paiement du versement pour dépassement du plafond légal de densité et de la taxe locale d'équipement. • CE 23 déc. 2011, *Min. Économie, Finances et Industrie et Cne de Sceaux c/ Sté Fortis Lease France*, req. no 313306 : *Lebon T. à paraître ; Constr.-Urb. 2012. 91, obs. Gonzalez-Gharbi.*

Art. L. 251-4 Le preneur est tenu de toutes les charges, taxes et impôts relatifs tant aux constructions qu'au terrain. – *V. CGI, art. 1400-II.* – **CGI.**

Il est tenu du maintien des constructions en bon état d'entretien et des réparations de toute nature. Il n'est pas obligé de reconstruire les bâtiments s'ils ont péri par cas fortuit ou force majeure ou, s'agissant des bâtiments existant au moment de la passation du bail, par un vice de construction antérieur audit bail. Il répond de l'incendie des bâtiments existants et de ceux qu'il a édifiés.

Sauf stipulation contraire du bail, il peut démolir, en vue de les reconstruire, les bâtiments existants.

Art. L. 251-5 Le prix du bail peut consister, en tout ou partie, dans la remise au bailleur, à des dates et dans des conditions convenues, d'immeubles ou de fractions d'immeubles ou de titres donnant vocation à la propriété ou à la jouissance de tels immeubles.

S'il est stipulé un loyer périodique payable en espèces, ce loyer est affecté d'un coefficient révisable par périodes triennales comptées à partir de l'achèvement des travaux. Toutefois, la première révision a lieu au plus tard dès l'expiration des six premières années du bail.

La variation du coefficient est proportionnelle à celle du revenu brut des immeubles. Le revenu pris pour base de la variation du coefficient est celui de la première année civile qui suit celle de l'achèvement des travaux.

Les contestations relatives à l'application des dispositions des *(L. no 79-17 du 3 janv. 1979)* « deux » précédents alinéas sont portées devant le président du tribunal de grande instance *[V. art. L. 251-8]*.

En cas de perte des bâtiments, le loyer est maintenu au taux qu'il avait atteint à la date de cette perte jusqu'à reconstruction éventuelle des bâtiments détruits.

BIBL. ► J.-C. DUBOIS, *Dr. et patr., mai 1994. 89.*

1. Détermination du prix. Le fait que le bailleur mette à la disposition du preneur un terrain sans grande valeur vénale, moyennant un loyer annuel d'un franc, n'autorise pas l'annulation du bail à construction, la remise des constructions à la fin du bail constituant une contrepartie suffisante. • Civ. 1re, 19 déc. 1995 : *Bull. civ. I, no 481 ; JCP N 1997. 95, note Stemmer.* ♦ Les parties au contrat de bail à construction peuvent prévoir un loyer en espèce, susceptible de faire l'objet d'un paiement unique. • Civ. 3e, 20 mai 1992 : *Gaz. Pal. 1992. 2. Pan. 243.* ♦ Le droit d'entrée perçu à l'occasion de la conclusion d'un bail à construction portant sur un terrain nu constitue un complément de loyer sauf s'il compense la perte d'un élément du patrimoine du bailleur ou sa dépréciation. • CE, sect., 24 févr. 1978 : *RJF 4-78, no 160.* ♦ Ainsi, jugeant que l'indemnité due par le locataire à l'occasion de la résiliation d'un bail commercial et la signature d'un bail à construction entre les mêmes parties et représentative de la valeur des constructions à démolir ne constituent pas un revenu foncier, V. • CAA Nancy, 7 oct. 1999, *Min. du Budget c/ Allard-Thuillier* : *AJDI 2001. 49, obs. Maublanc*.

2. Révision du prix. Les textes relatifs à la révision triennale n'étant pas d'ordre public, les parties peuvent prévoir une indexation annuelle du loyer sur le coût de la construction. • Civ. 3e, 4 mars 1981 : *Rev. loyers 1981. 262, note J.V. ; JCP 1982. II. 1973. 5, note Chartier.*

3. Réduction du prix. Une expropriation partielle de terrains faisant l'objet d'un bail à construction légitime la demande en réduction du loyer, lequel a de surcroît été déterminé lors de la conclusion du contrat en fonction de la surface pondérée desdits terrains. • Civ. 3e, 1er mars 2000 : *Constr.-Urb. 2000, no 125, obs. Sizaire.* ◆ L'art. 1722 C. civ. n'est pas applicable au bail à construction, lequel ne relève que des présentes dispositions du code de la construction et de l'habitation. • Même arrêt.

4. Clause pénale. Pour le jeu d'une clause pénale prévue dans un bail à construction portant sur un terrain et sanctionnant l'obligation de construire et de livrer une maison, V. • Civ. 3e, 13 oct. 1999 : *AJDI 2000. 611, obs. Gallet*.

5. Clause résolutoire. La mise en demeure d'avoir à régler le terme du loyer ne suffit pas à faire produire effet à la clause résolutoire. • Civ. 3e, 1er juin 2011 : *Bull. civ. III, à paraître ; Dalloz actualité 16 juin 2011, obs. Dreveau.*

6. Assiette de la TVA. Sur la liquidation de la TVA lorsque le bail ne stipule aucun prix, V. • CE 19 oct. 1994, *SCI Paris Lilas* : *RJF 1994, no 1314* • CE 30 mars 2007, *Sté sucrière de la Réunion*, req. no 263428 : *Lebon T. 832*. ◆ La valeur des constructions revenant au bailleur en fin de bail est exclue de l'assiette de la TVA. • CE 30 mars 2007, *Sté sucrière de la Réunion* : *préc.* ◆ Lorsque des immeubles reviennent sans indemnité au bailleur, à l'issue d'un bail à construction, la valeur de ces immeubles, constitutive d'un revenu foncier en principe imposable, doit être évaluée à leur prix de revient, déterminé d'après la seule prise en compte du coût de la construction. L'exonération prévue par l'article 33 *ter* CGI ne peut qu'être appliquée sur la base de ce prix de revient des immeubles, et non sur celle de leur valeur vénale, que cette exonération soit totale lorsque la durée du bail a été d'au moins trente ans, ou partielle, lorsque cette durée est comprise entre dix-huit et trente ans. • CAA Lyon, 15 avr. 2010, *SA Casino Guichard-Perrachon*, req. no 08LY02891 : *DF 2010, no 370, obs. Hermet.*

7. Prix dérisoire. Le contrat de bail à construction conclu pour un prix dérisoire ou vil n'est pas inexistant mais nul pour défaut de cause. L'action en nullité de ce contrat, qui relève de l'intérêt privé, est, s'agissant d'une nullité relative, soumise à la prescription quinquennale de l'art. 1304 C. civ. • Civ. 3e, 21 sept. 2011 : *Bull. civ. III, à paraître ; D. 2011. 2711, note Mazeaud ; ibid. 2011. 1181, obs. Damas RDI 2011. 623, obs. Poumarède ; JCP N 2012. 1001, note Waltz ; CCC 2011, no 252, note Leveneur ; JCP 2011. 1276, note Ghestin ; Constr.-Urb. 2011, no 160, note Sizaire ; Loyers et copr. 2011, no 285, note Vial-Pedroletti.*

Art. L. 251-6 **Les servitudes passives, autres que celles mentionnées au quatrième alinéa de l'article L. 251-3, privilèges, hypothèques ou autres charges nées du chef du preneur et, notamment, les baux et titres d'occupation de toute nature portant sur les constructions, s'éteignent à l'expiration du bail.**

(L. no 2007-290 du 5 mars 2007, art. 30) **« Cependant, lorsque le bail prévoit une possibilité d'achat du terrain par le preneur dans le cadre d'une opération d'accession sociale à la propriété et que le preneur lève l'option conformément au quatrième alinéa de l'article L. 251-1, les privilèges et hypothèques du chef du preneur inscrits avant la levée de l'option ne s'éteignent pas à l'expiration du bail mais conservent leurs effets, jusqu'à leur date d'extinction, sur l'immeuble devenu la propriété du constituant. Ils s'étendent de plein droit au terrain et peuvent garantir les prêts consentis pour l'acquisition dudit terrain.**

« Par ailleurs », si le bail prend fin par résiliation judiciaire ou amiable, les privilèges et hypothèques mentionnés au *(L. no 2007-290 du 5 mars 2007, art. 30)* **« premier » alinéa et inscrits, suivant le cas, avant la publication de la demande en justice tendant à obtenir cette résiliation ou avant la publication de l'acte ou de la convention la constatant, ne s'éteignent qu'à la date primitivement convenue pour l'expiration du bail.**

V. Circ. no 2007-33 du 4 mai 2007 relative à l'application des dispositions de la loi no 2007-290 du 5 mars 2007 instituant le droit opposable au logement et portant diverses mesures relatives à la cohésion sociale (BOMELT no 2007/10, p. 111).

COMMENTAIRE

Sort des inscriptions. Le deuxième alinéa de cet article a pour effet de rendre inopposable aux créanciers hypothécaires l'extinction anticipée du bail résultant de sa résiliation et de maintenir l'efficacité de leur sûreté. Il faut sans doute admettre, en l'absence de jurisprudence, que la réalisation du gage provoquerait une réactivation du bail entre le bailleur et le cessionnaire des droits du preneur. ❑

Les dispositions de l'art. L. 251-6, al. 2, ne jouent pas en cas de résolution de la cession des droits du preneur. • Civ. 3e, 28 juin 2000 : *Bull. civ. III, nº 129 ; RDI 2001. 40, obs. Saint-Alary-Houin ; Constr.-Urb. 2000, nº 242, obs. D. Sizaire.* ◆ Les hypothèques inscrites sur le droit du preneur avant la publication de sa cession subsistent jusqu'au terme convenu pour l'expiration du bail, alors même que celui-ci aurait pris fin par confusion. • Civ. 2e, 11 juill. 2002 : *Bull. civ. II, nº 170.* ◆ Le bail commercial portant sur un immeuble compris dans un bail à construction se trouve révoqué par l'effet de la loi à la date d'expiration de ce bail à construction ; le locataire qui a accepté les stipulations de l'acte selon lesquelles l'expiration du bail commercial coïnciderait avec la fin du bail à construction ne peut prétendre ni au droit au renouvellement du bail commercial ni au paiement d'une indemnité d'éviction. • Civ. 3e, 14 nov. 2007 : *Bull. civ. III, nº 204 ; AJDI 2008. 991, obs. Blatter ; D. 2007. 3077, obs. Mbotaingar ; RDI 2008. 216, note Saint-Alary-Houin.*

Art. L. 251-7 **Si pendant la durée du bail les constructions sont détruites par cas fortuit ou force majeure, la résiliation peut, à la demande de l'une ou l'autre partie, être prononcée par décision judiciaire, qui statue également sur les indemnités qui pourraient être dues.**

Art. L. 251-8 *(L. nº 79-17 du 3 janv. 1979)* **Les dispositions des troisième et quatrième alinéas de l'article L. 251-3 ainsi que celles de l'avant-dernier alinéa de l'article L. 251-5 sont d'ordre public.**

Ne sont d'ordre public, en application de l'art. L. 251-8, que les dispositions relatives aux servitudes passives indispensables à la réalisation des constructions envisagées au bail à construction, d'où il suit que les parties peuvent, par convention, déroger aux dispositions susdites dès lors que les servitudes passives ne sont pas nécessaires à la réalisation de la construction. • Civ. 3e, 16 juill. 1998 : *Bull. civ. III, nº 164 ; RDI 1999. 621 ; Constr.-Urb. 1998 ; nº 299.*

Art. L. 251-9 *(L. nº 83-440 du 2 juin 1983, art. 8)* **« Les dispositions des articles L. 251-1, alinéa 3, et L. 251-3, alinéa 3, dans leur rédaction issue des articles 47 et 48 de la loi nº 75-1328 du 31 décembre 1975 » ne sont pas applicables aux baux à construction qui ont été conclus avant le 3 janvier 1976.**

Les dispositions de l'alinéa 4 de l'article L. 251-5 relatives au cas où les revenus du preneur sont limités par l'effet de dispositions législatives s'appliquent aux baux en cours au 31 décembre 1977.

V. art. R. 251-1 s.

CHAPITRE II BAIL À RÉHABILITATION

(L. nº 90-449 du 31 mai 1990, art. 11)

BIBL. ► HUGOT, *JCP N 1990. 217* ; *J.-Cl. Constr., fasc. 120-10.* – BOSGIRAUD-STEPHENSON, *RDI 1991. 19.* – FRANCK, *Administrer mars 1992. 2* ; *AJPI 1991. 191* (nouvel instrument du logement social dans les immeubles anciens). – MAHY, Le bail à réhabilitation, *Litec, 2000.* – GARONNAIRE et PICOT, Pour une renaissance du bail à réhabilitation, *Defrénois 2007. 185.*

RÉP. CIV., vº *Bail à réhabilitation*, par VERMELLE.

COMMENTAIRE

Créé par la loi nº 90-449 du 31 mai 1990 (art. 11), ce bail a pour objectif de donner corps au droit au logement, en aidant à la réhabilitation du parc privé de logements anciens en vue de les louer à des personnes défavorisées. Le bail à réhabilitation participe d'un double mouvement de restauration de l'habitat urbain et de compensation de l'insuffisance du parc locatif social institutionnel : d'une part, il garantit au propriétaire la rénovation de l'immeuble et son maintien en bon état d'entretien jusqu'à l'expiration du bail et, d'autre part, il élargit le champ des logements sociaux ouvrant droit à l'aide personnalisée au logement pour leur occupant.

Son actualité a été relancée par les articles 171 et 179 de la loi du 13 décembre 2000 relative à la solidarité et au renouvellement urbains qui permettent au propriétaire d'un immeuble frappé d'un arrêté d'insalubrité (art. L. 1331-28 CSP, App., vº *Salubrité*) ou d'un arrêté de péril (art. L. 511-2 et L. 511-3 CCH) de se libérer de son obligation d'exécuter les travaux prescrits en concluant un bail à réhabilitation. Celui-ci devient ainsi un outil au service de la nouvelle politique de la ville et du droit à un logement décent.

Comme ses devanciers, le bail emphytéotique et le bail à construction, le bail à réhabilitation confère au preneur un droit réel immobilier susceptible d'être hypothéqué, mais voit sa durée minimale ramenée de dix-huit à douze ans. ❑

Art. L. 252-1 *(L. nº 90-449 du 31 mai 1990, art. 11)* **Est qualifié de bail à réhabilitation et soumis aux dispositions du présent chapitre le contrat par lequel soit un organisme d'habitations à loyer modéré, soit une société d'économie mixte dont l'objet est de construire ou de donner à bail des logements, soit une collectivité territoriale, soit un organisme** *(L. nº 2009-323 du 25 mars 2009, art. 2-I)* **« bénéficiant de l'agrément relatif à la maîtrise d'ouvrage prévu à l'article L. 365 2 » s'engage à réaliser dans un délai déterminé des travaux d'amélioration sur l'immeuble du bailleur et à le conserver en bon état d'entretien et de réparations de toute nature en vue de louer cet immeuble à usage d'habitation pendant la durée du bail.**

Le contrat indique la nature des travaux, leurs caractéristiques techniques et le délai de leur exécution.

En fin de bail, les améliorations réalisées bénéficient au bailleur sans indemnisation.

Le bail à réhabilitation est consenti par ceux qui ont le droit d'aliéner et dans les mêmes conditions et formes que l'aliénation. Il est conclu pour une durée minimale de douze ans. Il ne peut se prolonger par tacite reconduction.

COMMENTAIRE

Afin de respecter la finalité de logement social, la qualification du bail fait intervenir un critère organique, le preneur devant impérativement être l'une des personnes morales limitativement énumérées au premier alinéa. Il a été jugé que la conclusion d'un bail à réhabilitation pouvait constituer une modalité d'exécution d'une mission de service public (CAA Nantes, 26 avr. 2001, *Gindreau, RDI 2001. 498*).

Par définition le bail ne peut porter que sur un immeuble bâti et non sur un terrain nu ou supportant une construction destinée à être démolie. Si sa conclusion implique la prise en compte des impératifs posés par la loi du 10 juillet 1965, le bail à réhabilitation paraît pouvoir concerner un lot de copropriété compte tenu de la nature du droit détenu par le bailleur sur les parties privatives (en ce sens, V. Circ. nº 91-23 du 28 janv. 1991, *Mon. TP févr. 1991, Suppl. textes, p. 338* ; *Contra*, V. C. Bosgiraud, *RDI 1991. 19*).

Le preneur souscrit une double obligation de résultat vis-à-vis du bailleur :

– il est tenu réaliser, dans un délai déterminé, des travaux d'amélioration dont le descriptif doit figurer dans le contrat ; la notion juridique de travaux d'amélioration est imprécise et ne semble pas exclure des travaux ayant la nature de travaux de construction au sens du droit des assurances ou du droit fiscal (démolition et reconstitution des planchers ou d'éléments structurants par exemple) ;

– à l'expiration du bail il doit remettre au bailleur l'immeuble réhabilité dans un bon état d'entretien et de réparations de toute nature ; le preneur supporte une charge plus lourde que celle qui pèse sur l'usufruitier en vertu des dispositions de l'article 605 du code civil.

Concernant le loyer, le texte est muet sur son montant, qui relève de la seule convention des parties : en fonction des circonstances, de la durée du bail, de l'étendue et du coût des travaux, le preneur pourra n'être tenu que de l'exécution de ces derniers ou astreint au versement d'un loyer en espèces (V. par analogie avec le bail à construction, Civ. 1re, 19 déc. 1995 : *cité ss. art. L. 251-5, note 1*).

Sur le plan fiscal, les travaux effectués par le preneur constituent en principe un revenu foncier imposable pour le bailleur à la date de sa perception, c'est-à-dire à l'expiration du bail ; toutefois, par dérogation, les travaux de construction, reconstruction et agrandissement ne sont pas constitutifs d'un revenu foncier (art. 33 *quinquies* CGI) et les travaux ayant la nature de travaux d'amélioration au sens de l'article 31 b, CGI peuvent être inscrits en recettes brutes (majorant ainsi l'assiette de la déduction forfaitaire) et faire corrélativement l'objet de la déduction prévue par cet article.

Le logement donné à bail à réhabilitation est exonéré de plein droit de la taxe foncière pendant toute la durée du bail, à compter des impositions établies au titre de 2006 (en vertu de la loi no 2005-32 du 18 janvier 2005 de programmation pour la cohésion sociale). □

Art. L. 252-2 (*L. no 90-449 du 31 mai 1990, art. 11*) **Le preneur est titulaire d'un droit réel immobilier. Ce droit peut être hypothéqué ; il peut être saisi dans les formes prescrites pour la saisie immobilière.**

Ce droit est cessible nonobstant toute convention contraire. La cession ne peut être consentie qu'à l'un des organismes mentionnés au premier alinéa de l'article L. 252-1, avec l'accord du bailleur. Le droit ne peut être cédé que s'il porte sur la totalité de l'immeuble loué. Le cédant demeure garant de l'exécution du bail par le cessionnaire.

COMMENTAIRE

Le bail à réhabilitation s'inscrit au nombre des dérivés de l'emphytéose et cède à la fascination du droit réel. L'effet immédiat réside dans le fait que le locataire du preneur à bail n'est pas un sous-locataire du bailleur.

Le deuxième alinéa répute non écrite toute clause d'inaliénabilité du droit du preneur. Toutefois, sa cession effective nécessite l'accord du bailleur et ne peut intervenir qu'au profit d'un organisme mentionné sous l'article L. 252-1. Littéralement une collectivité territoriale ne pourrait pas être cessionnaire du droit du preneur : il s'agit d'un défaut d'ajustement du texte qui n'a pas tiré les conséquences de l'amendement étendant le critère organique aux collectivités territoriales.

Le régime de la cession des droits du preneur s'avère beaucoup plus strict qu'en matière de bail à construction (V. art. L. 251-3 et les obs.). □

Bien qu'il confère un droit réel sur l'immeuble qui en est l'objet, le bail à réhabilitation n'opère pas de plein droit substitution de bailleur en ce qui concerne les baux en cours à la date de sa conclusion. • Civ. 3e, 8 mars 2006 : *Bull. civ. III, no 58 ; Loyers et copr. 2006, no 95 ; Constr.-Urb. 2006, no 112, obs. Cornille.*

Art. L. 252-3 (*L. no 90-449 du 31 mai 1990, art. 11*) **La prise d'effet du bail à réhabilitation est subordonnée à la conclusion par le preneur d'une convention prévue à l'article L. 351-2 dont la date d'expiration est identique à celle de ce bail.**

COMMENTAIRE

La circulaire du 28 janvier 1991 et la doctrine recommandent d'ériger la conclusion du conventionnement avec l'État en condition suspensive. Il est permis d'hésiter entre une condition suspensive non rétroactive et un terme incertain. ❑

Art. L. 252-4 *(L. n° 90-449 du 31 mai 1990, art. 11)* **Six mois avant la date d'expiration du bail à réhabilitation, le bailleur peut proposer aux occupants un contrat de location prenant effet à cette date. A défaut, le preneur est tenu, au plus tard trois mois avant l'expiration du bail à réhabilitation, d'offrir aux occupants un logement correspondant à leurs besoins et à leurs possibilités. L'occupant qui n'a pas conclu de contrat de location ou accepté l'offre de relogement est déchu de tout titre d'occupation sur le logement à l'expiration du bail à réhabilitation. Au terme du bail à réhabilitation, le preneur est tenu de restituer l'immeuble au bailleur libre de location et d'occupation.**

COMMENTAIRE

Le preneur est tenu de restituer l'immeuble libre de toute location et occupation, le bailleur n'ayant aucune obligation de faire une offre au locataire d'habitation avant le terme du bail à réhabilitation. La circulaire du 28 janvier 1991 préconise de régler contractuellement le sort du locataire à l'expiration du bail par le jeu d'une stipulation pour autrui. A défaut d'un droit au maintien dans les lieux à l'initiative du bailleur, le preneur est dans l'obligation de faire une offre de relogement au locataire d'habitation de façon à préserver son droit au logement. ❑

CHAPITRE III BAIL DANS LE CADRE D'UNE CONVENTION D'USUFRUIT

(L. n° 2006-872 du 13 juill. 2006, art. 42-2°)

BIBL. ▶ DEPADT-SEBAG, L'usufruit temporaire des personnes physiques. Une institution ancienne en cours de rénovation, *RTD civ. 2010. 669*. – FERRY, Présentation de quelques dispositions de la loi ENL, *Constr.-Urb. 2006, n° 17*. – DURAND-PASQUIER, Du bail dans le cadre de la convention d'usufruit, *Loyers et copr. 2007. Focus 37*. – PLANCKEEL, La combinaison de l'usufruit et du bail, *RTD civ. 2009. 639*. – ZALEWSKI, Le bail dans le cadre d'une convention d'usufruit, *Administrer mars 2008. 13*.

COMMENTAIRE

Le bail avec convention d'usufruit permet de combiner un accroissement temporaire du parc locatif social et un allègement de la charge de l'investisseur privé. Celui-ci accède au terme de l'usufruit à la pleine propriété de l'immeuble loué. Le bail conclu entre l'usufruitier et le locataire prend fin de plein droit à l'extinction de l'usufruit. Toutefois, six mois avant cette extinction, le locataire doit se voir proposer un nouveau bail par le nu-propriétaire ou se voir délivrer congé pour vente ou reprise personnelle du logement. ❑

Art. L. 253-1 **L'usufruit d'un logement ou d'un ensemble de logements peut être établi par convention au profit d'une personne morale, pour une durée minimale de quinze années, en vue de la location de ce ou ces logements.**

V. Circ. n° 2007-27 du 17 avr. 2007 concernant la mise en œuvre de l'usufruit locatif social (BOMELT n° 2007/9, p. 237).

Sur la durée minimale de l'usufruit accordé à une personne morale, V. Rép. min. n° 26470, JOAN Q 2009, p. 5647.

Art. L. 253-2 Les logements dont l'usufruit est détenu par les bailleurs visés à l'article L. 253-1 peuvent être financés par des prêts aidés dans des conditions définies par décret. – *V. art. R. 252-1 s.*

Ils peuvent faire l'objet d'une convention mentionnée à l'article L. 351-2, conclue pour une durée identique à celle de l'usufruit.

Art. L. 253-3 Le bail doit expressément indiquer, de manière apparente, le statut juridique du logement, préciser le terme ultime du contrat tel que prévu à l'article L. 253-4 et reproduire les termes des articles L. 253-5 à L. 253-7.

Art. L. 253-4 Le bail conclu dans le cadre d'un usufruit prend fin de plein droit au plus tard à la date de l'extinction des droits d'usufruit sur le bien loué.

Les deuxième à quatrième alinéas de l'article 595 du code civil ne s'appliquent pas aux baux soumis au présent article.

Art. L. 253-5 Six mois avant l'extinction de l'usufruit, le nu-propriétaire, par lettre recommandée avec demande d'avis de réception, peut :

– soit proposer au locataire un nouveau bail prenant effet au terme de l'usufruit, conforme aux dispositions de la loi no 89-462 du 6 juillet 1989 tendant à améliorer les rapports locatifs et portant modification de la loi no 86-1290 du 23 décembre 1986 *[V. **C. baux**]* ;

– soit donner congé pour vendre ou pour occuper le bien selon les modalités prévues à l'article 15 de la loi no 89-462 du 6 juillet 1989 précitée, avec effet au terme de l'usufruit. Le congé est dans ce cas valablement donné par le seul nu-propriétaire au locataire.

La notification reproduit les termes du II de l'article L. 253-6 et de l'article L. 253-7.

Art. L. 253-6 I. – Un an avant l'extinction de l'usufruit, le bailleur rappelle au nu-propriétaire et au locataire les dispositions de l'article L. 253-5.

II. – Trois mois avant l'extinction de l'usufruit, le bailleur propose au locataire qui n'a pas conclu un nouveau bail avec le nu-propriétaire et qui remplit les conditions de ressources fixées par décret la location d'un logement correspondant à ses besoins et à ses possibilités. – *V. art. R. 252-1 s.*

Le non-respect par l'usufruitier-bailleur de cette obligation est inopposable au nu-propriétaire.

Art. L. 253-7 Le locataire qui n'a pas conclu le contrat de location proposé par le nu-propriétaire ni accepté l'offre de relogement faite par l'usufruitier-bailleur est déchu de tout titre d'occupation sur le logement à l'expiration de l'usufruit.

Art. L. 253-8 Les dispositions du présent chapitre sont d'ordre public.

TITRE SIXIÈME **VENTES D'IMMEUBLES À CONSTRUIRE OU À RÉNOVER** *(L. no 2006-872 du 13 juill. 2006, art. 80-II).*

BIBL. GÉN. ▶ Ouvrages : ZALEWSKI, Ventes d'immeubles à construire et ventes d'immeubles à rénover, *Ellipses, 2010.*

COMMENTAIRE

La vente d'immeubles à construire, autrefois nommée vente sur plan, a été réglementée par la loi no 67-3 du 3 janvier 1967, qui fait montre d'une très grande stabilité, mais doit être combinée avec les dispositions du droit consumériste intervenues postérieurement (protection de l'acquéreur, de l'emprunteur, clauses abusives). Le texte a introduit une série d'innovations qui traduisent l'originalité du contrat de vente d'un immeuble lorsque celui-ci reste à édifier.

D'abord, le contrat se décline en deux variantes, dont les caractères diffèrent sensiblement : la vente à terme (art. L. 261-2), qui demeure assez proche du régime classique de la vente d'une chose future et surtout la vente en l'état futur d'achèvement (art. L. 261-3), qui constitue la forme la plus élaborée mais aussi la plus usitée du contrat de vente d'immeuble à construire.

Ensuite, la loi distingue les éléments qualificatifs du contrat et les dispositions impératives dans le secteur de l'habitation qui tendent à assurer une protection efficace de l'acquéreur d'un logement en faisant en sorte que celui-ci ait une connaissance détaillée de la consistance et des caractéristiques de l'immeuble futur, que les versements qu'il effectue correspondent à l'état d'avancement des travaux et qu'il soit prémuni contre le risque d'inachèvement de la construction.

La troisième innovation tient à l'institution d'un véritable contrat préparatoire, le contrat préliminaire ou de réservation, spécialement adapté à la vente d'immeuble à construire.

Enfin, malgré le moule juridique de la vente, le vendeur d'immeuble à construire est assimilé à un constructeur et assujetti à un régime de garantie des vices de construction très proche de celui prévu par les articles 1792 s. du code civil pour le louage d'ouvrage. Au total, sous la qualification légale de vente, le législateur a ingénieusement combiné les obligations d'un vendeur et celles d'un constructeur, mais il découle de la qualification légale que le régime supplétif applicable au contrat est celui du droit commun de la vente et non celui du louage d'ouvrage.

Conçu pour des immeubles à édifier sur un terrain nu, le contrat de vente d'immeuble à construire a été étendu par voie prétorienne à l'hypothèse d'un immeuble devant faire l'objet de travaux de rénovation. La loi du 13 juillet 2006 portant engagement national pour le logement, qui a parallèlement introduit un contrat spécifique de vente d'immeuble à rénover, régi par les dispositions des articles L. 262-1 et suivants du présent code, a réservé le contrat de vente d'immeuble à construire aux travaux d'agrandissement ou de restructuration complète de l'immeuble assimilables à une reconstruction ❑

CHAPITRE PREMIER **VENTES D'IMMEUBLES À CONSTRUIRE**

(L. nº 2006-872 du 13 juill. 2006, art. 80-II).

BIBL. ▶ **Encyclopédies : RÉP. CIV.,** vº *Vente d'immeuble à construire, par Tournafond.* – SIZAIRE, *Constr.-Urb., fasc. 818.* – MAGNIN, *C. civ., art. 1601 à 1601-4* (vente d'immeubles à construire).

▶ **Thèses :** STEINMETZ, La vente des immeubles à construire, *thèse Montpellier, 1970.* – TOURNAFOND, L'obligation de délivrance dans la vente d'immeuble à construire, *thèse Paris-XII, 1987.*

▶ **Ouvrages :** DAGOT, La vente d'immeuble à construire, *Litec, 1983.* – AUBY, NOGUELLOU et PÉRINET-MARQUET, Droit de l'urbanisme et de la construction, *Montchrestien, 8e éd., 2008.* – MALINVAUD, JESTAZ, TOURNAFOND et JOURDAIN, Droit de la promotion immobilière, *Dalloz, 2009, 8e éd., nº 321 s.* – ZALEWSKI, Ventes d'immeubles à construire et ventes d'immeubles à rénover, *Ellipses, 2010.* – TOURNAFOND, Vente d'immeuble à construire, Dalloz action droit de la construction, *Dalloz, éd. 2010-2011, nº 530.00 s.*

▶ **Articles :** TOURNAFOND, Les prétendus concours d'actions et la vente d'immeuble à construire, *RDI 1988. 37.* – DESTAME, Cession de tantièmes contre locaux à construire, *ibid. 371* ; Cession de volume contre locaux à construire, *JCP N 1994. I. 165.* – RIGLET, Échange, par une personne publique, d'un immeuble existant contre un immeuble à édifier, *JCP N 1995. Prat. 3248.* – TIXIER, La modification contractuelle du bien vendu en l'état futur d'achèvement, *JCP N 2003. 1101.* – BERNARD et ZALEWSKI, La rénovation et le choix du contrat de vente après la loi ENL, *Administrer janv. 2007, p. 29.* – GOLFIER, Vente d'immeuble à rénover et vente d'immeuble à construire, *RDI 2007. 31* ✎. – ATTUEL-MENDES, Protection générale et spéciale du consentement en matière de vente d'immeuble à construire, *RDI 2007. 379* ✎. – DAGOT, La vente en l'état futur d'achèvement avant réalisation des fondations, *Defrénois 2010. 2361.* – DURAND-PASQUIER, Les précisions du champ d'application du contrat et les nouveautés du contrat préliminaire, *RDI 2012. 8*. – TOURNAFOND, Les modalités de paiement du prix et ses questions dans la VEFA. La question des versements exigibles au moment de la signature du contrat, *RDI 2012. 53*. – TOURNAFOND et TRICOIRE, Propositions doctrinales pour une réglementation des ventes d'immeubles inachevés et prêts à finir. Forces et faiblesses de la proposition de loi AN n° 3821 « concernant la vente en l'état futur d'achèvement d'appartements » du 18 octobre 2011, *RDI 2012. 380*.

Art. L. 261-1 Ainsi qu'il est dit à l'article 1601-1 du code civil :

"La vente d'immeuble à construire est celle par laquelle le vendeur s'oblige à édifier un immeuble dans un délai déterminé par le contrat.

"Elle peut être conclue à terme ou en l'état futur d'achèvement."

BIBL. ▶ MOUROCQ, Remise de locaux en paiement de terrains, *éd. Masson, 1995.*

COMMENTAIRE

La vente d'immeuble à construire offre à l'acquéreur un régime sécurisant et présente corrélativement pour le vendeur un cadre contraignant, dont il peut être tenté de s'échapper. Ainsi prend corps la nécessité d'arrêter les éléments déterminants du contrat qui gouvernent son régime.

A l'effet inhérent à la vente, le transfert de propriété, s'ajoute dans la vente d'immeuble à construire l'obligation essentielle d'édifier un immeuble dans un délai fixé par le contrat. Le domaine du contrat est défini par la nature immobilière de la construction, ce qui exclut l'installation d'ouvrage reposant sur le sol par leur propre poids et par celle des travaux, qui doivent être des travaux de construction. Ce dernier point suscite des difficultés dans l'hypothèse de travaux entrepris sur un immeuble déjà existant.

C'est en sa qualité de vendeur faisant réaliser des travaux de bâtiment que le vendeur d'immeuble à construire est tenu de souscrire l'assurance dommages ouvrages prévue par l'article L. 242-1 du code des assurances (art. L. 111-30 du présent code). ❑

I. ÉLÉMENTS CONSTITUTIFS DU CONTRAT

1. *Une vente.* Le contrat de vente d'immeubles à construire fait du vendeur un constructeur et entraîne transfert de propriété du terrain, d'où une distinction avec le contrat de louage d'ouvrage. V. • Civ. 3e, 9 mars 1977 : *JCP N 1978. II. 229, note Steinmetz ; RDI 1979. 86, obs. Groslière et Jestaz.* ◆ La vente d'immeuble à construire, qui obéit au droit commun des contrats, soumet le vendeur à une obligation de renseignement lorsque l'immeuble vendu est un produit de défiscalisation. • Civ. 1re, 19 févr. 1999 : *JCP 2002. IV. 1570.* ◆ ... Et peut être annulée sur le fondement du dol. • Civ. 3e, 29 nov. 2000 : *Bull. civ. III, n° 182 ; AJDI 2001. 1020, obs. Cohet-Cordey ; RDI 2001. 71, obs. Saint-Alary-Houin ; CCC 2001, n° 41, note Leveneur.*

2. La qualification de vente d'immeubles à construire ne peut plus être retenue lorsque le maître d'ouvrage est propriétaire du terrain. • Toulouse, 12 févr. 1985 : *RDI 1986. 215, obs. Groslière et Saint-Alary.* ◆ V. également • Versailles, 16 juin 1989 : *RDI 1989. 474, obs. Groslière et Saint-Alary* (promesse de vente faite par une tierce personne).

3. Ne sont des ventes d'immeubles à construire : ni le marché de construction. • Civ. 3e, 20 avr. 1982 : *Gaz. Pal. 1982. 2. 258.* ◆ ... Ni le contrat par lequel un vendeur cède à l'acquéreur un immeuble en cours de construction en l'état où il se trouve au moment de la signature de l'acte sous seing privé avec le seul engagement de terminer les plâtres avant la signature de l'acte authentique. • Civ. 3e, 22 févr. 1984 : *D. 1985. IR 28, obs. Magnin.*

4. Sur la reconnaissance de la qualité de vendeur d'immeubles à construire d'un lotisseur, V. • Civ. 3e, 11 mai 1994 : *Mon. TP 12 août 1994. 27.*

5. Est un contrat *sui generis* et non une vente d'immeubles à construire un « contrat de réservation » à un prix déterminé d'un terrain à construire. • Civ. 3e, 30 avr. 1985 : *Bull. civ. III, n° 76 ; D. 1986. IR 43, obs. Magnin ; RDI 1985. 385, obs. Groslière et Saint-Alary.* ◆ Les règles de la vente seront cependant appliquées pour déterminer l'existence de l'objet du contrat. • Civ. 3e, 26 nov. 1986 : *Bull. civ. III, n° 168.*

6. La cession d'un terrain contre la remise de locaux n'est pas une vente d'immeubles à construire, mais une vente de terrain avec conversion partielle du prix en une obligation pour l'acquéreur du terrain de délivrer les lots. • Civ. 3e, 4 nov. 1999 : *Dr. et patr. mars 2000. 84, note Saint-Alary-Houin.* ♦ Le transfert de propriété au profit du vendeur de terrain moyennant un prix converti en obligation pour l'acquéreur de livrer des locaux ne peut intervenir si ces locaux ne sont ni individualisés ni déterminables. • Civ. 3e, 26 nov. 1986 : *Bull. civ. III, no 168.* ♦ Sur la protection du cédant d'un terrain contre des locaux à construire, V. • Civ. 1re, 23 juin 1998 : *Constr.-Urb. 1998, no 287.* ♦ Sur les aspects fiscaux, V. • CE 5 juill. 1986 : *JCP 1997. II. 277, no 7. concl. P. Martin, note D. F.* • CAA Bordeaux, 27 juin 2000 : *LPA 2 nov. 2000, concl. M. Heinis.*

7. Sur l'incidence du fait d'avoir procuré le terrain, même indirectement, V. • Civ. 3e, 9 juill. 1986 : *Bull. civ. III, no 105.* ♦ V. également • Civ. 3e, 11 déc. 1991 : *Bull. civ. III, no 316 ; D. 1993. 362, obs. Magnin ; RDI 1992. 338, obs. Groslière et C. Saint-Alary-Houin ; JCP N 1992. II. 251 ; RDI 1992. 338.*

8. Un délai. L'indication d'un délai est un élément essentiel du contrat. • Civ. 3e, 20 mai 1980 : *Bull. civ. III, no 104 ; RDI 1980. 439, obs. Groslière et Jestaz* • 9 juill. 1986 : *Gaz. Pal. 1986. 2. Pan. 200.*

9. Une clause suspensive du délai ne produit effet que si l'événement suspensif revêt les caractères de la force majeure. • Civ. 3e, 4 mars 1980 : *RDI 1980. 441.* ♦ V. en cas d'intempéries, • Civ. 3e, 19 oct. 1982 : *RDI 1983. 465, obs. Groslière et Jestaz.*

10. La société de construction qui n'a pas respecté le délai prévu pour la livraison de l'immeuble à l'acquéreur ne peut invoquer ce dépassement pour vendre l'immeuble à un tiers. • Civ. 3e, 5 oct. 1982 : *Gaz. Pal. 1983. 1. Pan. 30.*

11. Le retard apporté à la livraison d'un appartement peut être sanctionné par l'attribution de dommages-intérêts, peu important l'absence dans le contrat d'une clause prévoyant la pénalité de retard. • Paris, 19 mai 1999 : *Constr.-Urb. 1999, no 323, obs. Sizaire.* ♦ Le vendeur doit être condamné dès lors que l'acquéreur subit un préjudice en raison du défaut de délivrance dans le délai convenu. • Civ. 3e, 1er févr. 1999 : *Constr.-Urb. 1999, no 234, 2e esp., obs. Sizaire.* ♦ ... Sauf s'il est démontré que le retard est imputable à l'acquéreur. • Civ. 3e, 2 mai 1979 : *Gaz. Pal. 1978. 2. Somm. 270.* ♦ L'inexécution fautive imputable au vendeur suffit à la mise en œuvre de la clause pénale, • Civ. 3e, 20 déc. 2006 : *Bull. civ. III, no 256 ; RDI 2007. 351, obs. Tournafond ; JCP 2007. II. 10024, obs. Bakouche.* ♦ Le retard de livraison n'étant pas constitutif d'un désordre ou d'un vice de construction, l'acquéreur n'est pas tenu de faire mention d'une réserve lors de la prise de possession pour ouvrir droit à réparation. • Toulouse, 23 juin 2008 : *Constr.-Urb. 2008, no 171, note Sizaire.*

12. Le principe de l'effet relatif des contrats n'interdit pas à un tiers d'invoquer la situation créée par l'inexécution par une partie de ses engagements contractuels, dès lors que cette situation de fait lui cause un préjudice de nature à fonder une action en responsabilité délictuelle. Partant, le futur locataire de l'immeuble vendu en l'état futur d'achèvement est recevable en sa demande de dommages et intérêts dirigée à l'encontre du vendeur, en invoquant le préjudice résultant pour lui de l'inexécution par le vendeur de son engagement d'achever les travaux dans les délais contractuellement prévus avec l'acquéreur. • Paris, 20 févr. 2008 : *Constr.-Urb. 2008, no 76, note Sizaire.*

13. Une clause de prorogation de délai ne peut produire effets de plein droit, et reste soumise à l'appréciation souveraine du juge, le seul fondé à en examiner le bien-fondé, en fonction des circonstances. • Paris, 25 mars 1999 : *Constr.-Urb. 1999, no 234, obs. Sizaire (1re esp.).* ♦ L'obligation de livraison étant une obligation de résultat, la suspension du délai ne peut reposer que sur la force majeure ou sur une cause légitime, • Aix-en-Provence, 11 avr. 2007 : *Constr.-Urb. 2007, no 201, obs. Cornille* • Paris, 10 janv. 2007 : *JCP 2007. IV. 1404.*

14. Une construction. Sur le caractère déterminant de l'obligation de construire, V. • Civ. 3e, 11 oct. 2000 : *JCP 2000. 2154, no 2750.* – V. aussi ss. note 24. ♦ La constructibilité d'un terrain est une qualité substantielle, et le vendeur (en l'espèce une commune) doit informer l'acquéreur du fait que le terrain, en dépit des apparences, n'est pas constructible. • Paris, 16 mars 2000 : *Bull. civ. III, no 163 ; RDI 2000. 580.* ♦ Sur la question de la vente en l'état en cours de construction, et notamment l'inapplicabilité de l'art. 1792-1 C. civ à la vente d'un immeuble non encore achevé, V. • Civ. 3e, 9 juin 1999 : *Bull. civ. III, no 133 ; RDI 1999. 408, obs. Malinvaud ; Defrénois 2000. 491, obs. Périnet-Marquet ; Constr.-Urb. 1999, no 262, obs. Sizaire.* ♦ Sur l'impossibilité de qualifier le contrat de vente d'immeuble à construire lorsque les travaux de transformation, même assimilables à des travaux de construction, sont à la charge de l'acquéreur, • Civ. 3e, 28 janv. 2009 : *Bull. civ. III, no 24 ; Constr.-Urb. 2009, no 44, note Sizaire ; RDI 2009. 182, note Tournafond ; JCP 2009, no 1359 ; Defrénois 2010. 230, chron. Périnet-Marquet.*

15. Sur la distinction entre la vente d'immeubles à construire et la vente après achèvement du code civil, ♦ V. • Civ. 3e, 20 mai 1980 : *Bull. civ. III, no 104 ; D. 1981. IR 409, obs. Magnin.* ♦ V. aussi • Pau, 29 nov. 2000 : *Constr.-Urb. 2001, no 83, obs. Sizaire.*

16. Dès que la construction est terminée, la « convention de réservation » relative à un immeuble déjà achevé s'analyse en une vente parfaite soumise à authentification postérieure par acte notarié à passer dans un délai fixé. • Paris, 2 nov. 1982 : *D. 1985. IR 26, obs. Magnin.*

17. Travaux sur existant. Jugeant que les dispositions relatives aux ventes d'immeubles à construire ne peuvent s'appliquer à des travaux d'aménagement intérieur et à des surélévations d'un immeuble, V. • Civ. 3e, 2 mai 1978 : *Bull. civ. III, no 168 ; D. 1978. IR 427, obs. Giverdon ; JCP 1979. II. 19219, obs. Meysson (2e esp.).* ♦ *Contra,* décidant que la législation sur les ventes d'immeubles en état futur d'achèvement ne distingue pas selon qu'il s'agit de l'édification complète d'un immeuble ou d'une partie de celui-ci : • Crim. 23 oct. 1978 : *D. 1979. IR 177, obs. Roujou de Boubée ; JCP N 1979. II. 45, obs. Stemmer ; RDI 1979. 220, obs. Groslière et Jestaz.*

18. Sont considérés comme relevant du régime de la vente d'immeubles à construire des travaux suffisamment importants ou modifiant de façon substantielle l'aménagement intérieur de l'immeuble. • Civ. 3e, 30 mars 1994 : *Bull. civ. III, no 70 ; RDI 1995. 114* • Paris, 13 mai 1982 : *RDI 1983. 237, obs. Groslière et Jestaz* • 29 nov. 1983 : *D. 1985. IR 28, obs. Magnin ; RDI 1984. 424, obs. Groslière et Jestaz* • 10 févr. 1984 : *D. 1985. IR 28* • 26 juin 1984 : *RDI 1985. 163, obs. Groslière et Jestaz.* ♦ A l'inverse, des travaux simplement légers ne sauraient relever de ce régime. • Civ. 3e, 6 nov. 1996 : *Bull. civ. III, no 212 ; RDI 1997. 246, obs. Saint-Alary-Houin ; JCP N 1997. II. 540* • 22 févr. 1984 : *D. 1985. IR 28, obs. Magnin.* ♦ Sur l'importance des travaux à l'égard de la qualification de vente en l'état futur, • Pau, 29 nov. 2000 : *Constr.-Urb. 2001, no 83, obs. Sizaire* • Paris, 30 juin 2004 : *Constr.-Urb. 2004, no 181, obs. Sizaire* • Civ. 3e, 5 juin 2007 : *AJDI 2007. 684*. ♦ Sur le fondement de la responsabilité en cas de vices cachés suite à la rénovation d'un immeuble revendu ensuite par fractions, • Versailles, 23 mars 2000 : *RDI 2000. 579*.

19. Sur le régime fiscal de la vente d'immeubles destinés à faire l'objet de rénovation ou de transformation, V. • Com. 1er juin 1999 : *Bull. civ. IV, no 117 ; JCP 2000, no 19, p. 815* (2 arrêts).

II. RÉGIME JURIDIQUE DU CONTRAT

20. Généralités. Les art. 1641 s. C. civ. sur la garantie des défauts de la chose vendue sont inapplicables dans le cadre d'une construction effectuée sous le régime propre aux immeubles à construire. • Civ. 3e, 5 déc. 1979 : *JCP 1981. II. 19605, obs. Steinmetz* • 25 nov. 1987 : *JCP 1987. IV. 48* • 29 mars 2000 : *Bull. civ. III, no 78 ; JCP N 2001. 468, no 8.*

21. Sur la nécessité de rechercher si le fait pour des vendeurs de dissimuler la présence d'une installation classée soumise à autorisation, à proximité du bien vendu, ne constitue pas une réticence dolosive, malgré la délivrance de l'information relative à la présence d'une usine présentant des dangers et des inconvénients. • Civ. 3e, 7 nov. 2007 : *Constr.-Urb. 2008, no 17, obs. Sizaire.*

22. Si la convention liant le constructeur à ses acquéreurs stipulait que le transfert de propriété s'opérait de plein droit par la constatation de l'achèvement des immeubles, le vendeur n'en demeurerait pas moins responsable, postérieurement à ce transfert, des défectuosités signalées par les acquéreurs, et aurait donc un intérêt direct à agir en réparation des malfaçons contre les entrepreneurs. • Civ. 3e, 7 juin 1983 : *Gaz. Pal. 1983. 2. Pan. 304.* ♦ La garantie est due en cas de délivrance non conforme au contrat (défaut d'exécution caché à la réception). Il n'est pas nécessaire que soient établis des désordres ou une impropriété de l'immeuble ou un état de péril. • Civ. 3e, 23 avr. 1985 : *JCP 1985. IV. 239.* ♦ L'obligation de conformité aux stipulations contractuelles du vendeur d'immeuble à construire doit s'apprécier par rapport au contrat de vente et ses annexes et non par rapport au contrat de réservation. • Lyon, 19 avr. 2007 : *Constr.-Urb. 2008, no 1, obs. Sizaire.*

23. Si le contrat accorde aux acquéreurs un délai de dix mois après la délivrance pour notifier les défauts de conformité apparents, passé ce délai les acquéreurs ne peuvent plus, sur ce point, engager la responsabilité du vendeur à construire • Civ. 3e, 23 avr. 1985 : *Gaz. Pal. 1985. 2. Pan. 247, note Jestaz.* ♦ Mais il en va autrement des non-conformités cachées lors de la livraison. • Même arrêt.

24. Le futur locataire de l'immeuble vendu en l'état futur d'achèvement, qui invoque le préjudice résultant pour lui de l'inexécution par le vendeur de son engagement d'achever les travaux dans les délais contractuellement prévus avec l'acquéreur, est recevable en sa demande de dommages-intérêts dirigée à l'encontre du vendeur, sur le fondement délictuel. • Paris, 20 févr. 2008 : *Constr.-Urb. 2008, no 76, obs. Sizaire.*

25. Conformité avec le permis de construire. Le certificat de conformité constitue un accessoire de l'immeuble que le vendeur est tenu de délivrer à l'acquéreur, • Civ. 3e, 26 avr. 2006 :

Defrénois 2006. 1690, obs. Benoit-Cattin ; Constr.-Urb. 2006, no 130, obs. Sizaire.

26. Garantie de contenance. La garantie de contenance prévue aux art. 1617 s. C. civ., et notamment à l'art. 1622, s'applique au contrat de vente d'immeubles à construire, dans le secteur libre. • Civ. 3e, 24 nov. 1999 : *Bull. civ. III, no 225 ; D. 2000. 286, obs. Tournafond ; AJDI 2000. 150, obs. Porcheron ; RDI 2000. 193, obs. Saint-Alary-Houin ; Defrénois 2000. 492, obs. Périnet-Marquet*, comme dans le secteur protégé, • Civ. 3e, 8 nov. 2006 : *Bull. civ. III, no 222 ; D. 2007. 1302, obs. Monge et Nési ; RDI 2007. 87, note crit. Tournafond*. ♦ L'application de ces dispositions suppose de faire courir le délai préfix d'un an à compter du transfert de propriété opéré par la livraison, • Civ. 3e, 24 nov. 1999 : *préc.* ♦ Jugé aussi que les dispositions de l'art. 46 de la loi du 10 juill. 1965 s'appliquent dans le cas d'une vente en l'état futur d'achèvement portant sur des lots déjà constitués en copropriété, • Pau, 1re ch., 27 nov. 2006 : *Constr.-Urb. 2007, no 66, obs. Sizaire.*

27. Transfert des risques. Si le contrat de vente en l'état futur d'achèvement emporte transfert de propriété du terrain et des constructions existantes au jour de la vente, il n'en va de même pour des ouvrages non encore édifiés, de telle sorte qu'avant la construction de ces derniers, les risques pèsent sur le vendeur, et ce jusqu'au moment de leur livraison. • Civ. 3e, 11 oct. 2000 : *Bull. civ. III, no 163 ; JCP 2001. II. 10465, note Malinvaud ; D. 2001. IR 828 ; Lamy droit immobilier, Bull. d'actualité, no 78, mars 2001.* – V. déjà • Paris, 24 sept. 1998 : *Constr.-Urb. 1999, no 82.*

Art. L. 261-2 **Ainsi qu'il est dit à l'article 1601-2 du code civil :**
"La vente à terme est le contrat par lequel le vendeur s'engage à livrer l'immeuble à son achèvement, l'acheteur s'engage à en prendre livraison et à en payer le prix à la date de livraison. Le transfert de propriété s'opère de plein droit par la constatation par acte authentique de l'achèvement de l'immeuble ; il produit ses effets rétroactivement au jour de la vente." – *V. art. R. 261-1.*

COMMENTAIRE

La vente à terme est une variante qui n'a guère été utilisée que dans le secteur HLM où elle a bénéficié d'un régime particulier jusqu'à la loi no 2005-32 du 18 janvier 2005 (V. art. L. 261-10). Elle est en effet dépourvue d'intérêt pour le vendeur qui ne peut percevoir aucun acompte sur le prix avant l'achèvement de l'immeuble et peut soulever des difficultés hypothécaires en raison de la rétroactivité du transfert de propriété constaté également à l'achèvement de l'immeuble (V. art. L. 261-8). ❑

1. Constitue, non une vente à terme d'un immeuble à construire, mais un contrat de louage, le contrat passé entre le propriétaire d'un terrain et l'entrepreneur qui s'engage à y édifier un immeuble • Lyon, 21 nov. 1972 : *Rev. loyers 1973. 368* • Toulouse, 12 févr. 1985 : *RDI 1986. 215, obs. Groslière et Saint-Alary.*

2. Sur l'efficacité d'une hypothèque conservatoire et d'un commandement de saisie immobilière, du fait de l'effacement rétroactif au jour de la constatation de l'achèvement des droits que le vendeur à terme aurait consentis à des tiers sur l'immeuble, V. • Civ. 3e, 25 nov. 1975 : *JCP 1976. IV. 25.*

3. Sur l'effet rétroactif de la résolution d'une vente à terme : restitution des sommes versées au titre de l'APL, V. • Civ. 3e, 2 mars 1994 : *RDI 1995. 116*.

4. Le contrat de vente à terme, qui subordonne le transfert de propriété au complet paiement du prix et dont une partie de ce dernier reste à payer, est un contrat en cours au sens de l'art. 37 de la loi du 25 janv. 1985, et peut donc être poursuivi par l'administrateur de l'acheteur placé en redressement judiciaire. • Com. 1er févr. 2000 : *Bull. civ. IV, no 23 ; D. 2000, AJ 144, obs. Lienhard ; RTD com. 2000. 444, obs. Laude ; RDI 2000. 193, obs. Groslière et Saint-Alary-Houin*.

Art. L. 261-3 **Ainsi qu'il est dit à l'article 1601-3 du code civil :**
"La vente en l'état futur d'achèvement est le contrat par lequel le vendeur transfère immédiatement à l'acquéreur ses droits sur le sol ainsi que la propriété des constructions existantes. Les ouvrages à venir deviennent la propriété de l'acquéreur au fur et à mesure de leur exécution ; l'acquéreur est tenu d'en payer le prix à mesure de l'avancement des travaux.

"Le vendeur conserve les pouvoirs de maître de l'ouvrage jusqu'à la réception des travaux." – *V. art. R. 261-7.*

BIBL. ► CAPOULADE, *IRC févr. 1999. 6.* – DESTAME, *JCP N 1995. I. 932* (est-il normal de ne pas quittancer le prix de vente ?). – JESTAZ, *RDI 1982. 336.* – 97e Congrès des notaires de France, *JCP N 2001. 864* (la vente en l'état futur d'achèvement et les personnes publiques). – ROUJOU DE BOUBÉE, *RDI 2011. 280* (Le délit de versements irréguliers dans le contrat de vente en l'état futur d'achèvement portant sur un immeuble à usage d'habitation ou à usage professionnel et d'habitation). – TOURNAFOND, *RDI 2011. 281* (Quel acompte le vendeur peut-il exiger au moment de la signature d'une vente en état futur d'achèvement ?) ; *RDI 2012. 53* (Les modalités de paiement du prix et ses questions dans la VEFA. La question des versements exigibles au moment de la signature du contrat. Colloque AFDC, CERCOL, 25 nov. 2011).

COMMENTAIRE

La vente en état futur d'achèvement est assurément la forme de vente d'immeuble à construire la plus usitée, même par les organismes HLM. Le texte précise qu'il s'agit d'un contrat à exécution successive, couplant de manière progressive le transfert de propriété sur les ouvrages et le paiement du prix.

Par l'effet immédiat de la vente, le vendeur cède des droits sur le sol (propriété, droits indivis, droits réel) et la propriété des ouvrages déjà réalisés. L'acquisition des ouvrages à venir par l'acheteur résulte de l'accession à partir des droits qu'il détient sur le sol. Cette dualité des modes d'acquisition de l'immeuble constitue la première originalité du contrat.

En dépit de l'acquisition immédiate de la propriété, l'acheteur ne prend pas la qualité de maître de l'ouvrage. En effet, et c'est la seconde originalité, le vendeur sur qui pèse l'obligation de construire l'immeuble conserve la maîtrise du chantier jusqu'à la réception des travaux et exerce corrélativement les pouvoirs du maître de l'ouvrage. Cette détention des pouvoirs du maître de l'ouvrage, qui ne doit rien au mandat, trouve son origine directement dans le contrat de vente qui régit les relations entre les parties jusqu'à la livraison de l'immeuble.

Le paiement du prix est échelonné à mesure de l'exécution par le vendeur de son obligation de construire, c'est-à-dire en fonction de l'état d'avancement des travaux. La rédaction du texte ne semble pas interdire le versement d'une partie du prix dès le transfert des droits sur le sol et avant tout commencement des travaux lorsque la vente peut être conclue à ces conditions. ❑

I. DOMAINE

1. Sur l'application de la législation à des locaux à usage commercial, jugeant qu'une vente portant sur de tels locaux et le règlement de copropriété ayant été établi avant l'acte d'achat sous seing privé, les dispositions relatives à la vente en l'état futur d'achèvement ne sont pas applicables, V. • Civ. 3e, 2 nov. 1983 : *D. 1984. IR 58.* ◆ Sur la vente en cours de rénovation, V. • Civ. 3e, 30 mars 1994 : *Bull. civ. III, no 70 ; D. 1995. 279, obs. Raffi ; RDI 1994. 673, obs. Leguay et Dubois.*

2. Sur l'impossibilité pour une collectivité publique de recourir à la vente en l'état futur d'achèvement lorsque l'ouvrage est destiné à devenir entièrement sa propriété et a été conçu en fonction de ses besoins propres, • CE 8 févr. 1991, *Région Midi-Pyrénées,* req. no 57679 : *Lebon 41 ; RD publ. 1991. 1137, note Auby ; JCP 1991. II. 21378, note Fatôme ; RFDA 1992. 48, concl. Pochard ; CJEG 1991. 251, étude Llorens ; AJDA 1991. 579, obs. Delcros* (à propos d'un hôtel de région). ◆ Dans le même sens, à propos du siège d'un établissement public, • CAA Bordeaux, 1er mars 2005, *Carrière et Molinier : AJDA 2005. 1846, obs. Tassone.* ◆ ... D'une opération dont l'objet consiste en la construction même d'un immeuble pour le compte de la collectivité publique, lorsque l'immeuble est entièrement destiné à devenir sa propriété et lorsqu'il a été conçu en fonction des besoins propres de la personne publique. • CE 14 mai 2008, *Communauté de cnes de Millau-Grands Causses,* req. no 280370 : *Lebon T. 890 ; AJDA 2008. 966 ; Constr.-Urb. 2008, no 141, note Chambord.* ◆ *Contra,* à propos d'un parc de stationnement public qui n'a pas été conçu en fonction des besoins propres de la collectivité, • CAA Bordeaux, 19 mars 2002, *Communauté urbaine de Bordeaux,* req. no 97BX01384 : *Contrats Marchés publ. 2002, no 165, obs. Llorens.*

II. CARACTÉRISTIQUES DU CONTRAT

3. Transfert de propriété. Constitue un louage d'ouvrage et non une vente en l'état futur d'achèvement la convention, intitulée « marché », par laquelle l'une des parties s'engage à construire suivant devis, pour le compte de l'autre, sur un terrain lui appartenant, et qui ne comporte aucun transfert de propriété. • Civ. 3e, 9 mars 1977 : *JCP N 1978. II. 229, note Steinmetz.*

4. Est au contraire une vente en état futur d'achèvement un contrat selon lequel les immeubles deviennent la propriété de l'acquéreur au fur et à mesure de leur exécution, le prix en étant payé à mesure de l'avancement des travaux. • Angers, 20 janv. 1981 : *Rev. jur. Ouest, suppl. 1981. 1, no 30.* ♦ Le transfert de propriété n'est pas conditionné par le paiement du prix. • Civ. 3e, 23 oct. 2002 : *Bull. civ. III, no 209.*

5. Transfert des risques. Le transfert des risques sur l'acquéreur ne s'opère que lors de la livraison de l'immeuble. • Civ. 3e, 11 oct. 2000 : *Bull. civ. III, no 163.*

6. Maîtrise de l'ouvrage. Sur les pouvoirs et les obligations du vendeur maître de l'ouvrage, V. • Toulouse, 18 avr. 1988 : *Rev. loyers 1989. 83.* ♦ Sur les conséquences qu'il convient d'en tirer, V. • Civ. 3e, 22 nov. 1989 : *D. 1989. IR 322* • Paris, 17 sept. 1998 : *Constr.-Urb. 1999, no 115, obs. Sizaire.* ♦ ... Notamment en ce qui concerne le transfert des risques. • Paris, 24 sept. 1998 : *Constr.-Urb. 1999, no 82, obs. Sizaire.* ♦ Sur la durée des pouvoirs de maître de l'ouvrage du vendeur, V. • Civ. 3e, 22 nov. 1991 : *Bull. civ. III, no 218* • Civ. 1re, 3 févr. 1998 : *Constr.-Urb. 1998, no 179.* ♦ Sur l'immixtion du vendeur maître d'ouvrage dans les opérations de construction, • Civ. 3e, 26 avr. 2006 : *Bull. civ. III, no 102 ; Constr.-Urb. 2006, no 131, obs. Sizaire.*

7. Paiement du prix. En ce sens que la totalité du prix ne peut être perçue par le vendeur avant l'achèvement, V. • Civ. 3e, 16 mai 1990 : *Bull. civ. III, no 119.* ♦ Mais aucun texte n'interdit aux parties de fixer l'exigibilité du prix à une date postérieure à la réception des travaux ou à la mise à disposition de l'acquéreur ; le contrat peut fixer l'exigibilité du solde à la constatation dans un procès-verbal de l'accord des parties sur l'achèvement des travaux. • Civ. 3e, 20 oct. 1981 : *Gaz. Pal. 1982. 1. Pan. 100.*

8. En cas de résiliation de la vente en état futur d'achèvement aux torts réciproques, une expertise est ordonnée en vue de déterminer la somme due par les acheteurs pour le terrain dont la propriété était déjà acquise, alors que le prix des travaux non achevés n'avait été qu'incomplètement réglé. • Aix-en-Provence, 20 mai 1985 : *Bull. Aix 1985, no 3, p. 24.*

9. Pour que le vendeur puisse réclamer le prix de travaux supplémentaires, il importe, conformément aux stipulations de l'acte de vente, que ces travaux fassent l'objet d'un accord exprès et écrit • Civ. 3e, 1er avr. 1998 : *Constr.-Urb. 1998, no 286, obs. Sizaire.* ♦ V. également • Civ. 3e, 17 févr. 1999 : *Constr.-Urb. 1999, no 233, obs. Sizaire (1re esp.).*

10. Sort du contrat. Sur le sort du contrat : en cas de redressement judiciaire de l'acheteur, V. • Lyon, 14 déc. 1990 : *RDI 1993. 388.* ♦ ... En cas de redressement judiciaire du vendeur, V. • Civ. 3e, 29 janv. 1997 : *RDI 1997. 246.* ♦ ... En cas de sinistre ayant détruit l'immeuble à construire, V. • Chambéry, 8 août 1990 : *RDI 1992. 81.*

11. Action en démolition (art. L. 480-13, C. urb.). L'action en démolition d'un immeuble vendu en l'état futur d'achèvement doit être dirigée, non pas à l'encontre du bénéficiaire du permis, même s'il conserve les pouvoirs du maître de l'ouvrage jusqu'à la réception, mais à l'encontre des propriétaires de la construction, c'est-à-dire des acquéreurs en l'état futur d'achèvement lorsque la commercialisation du programme est intervenue. • Versailles, 21 mai 2007 : *Constr.-Urb. 2008, no 15, note Rousseau.*

Art. L. 261-4 **Ainsi qu'il est dit à l'article 1601-4 du code civil :**

"La cession par l'acquéreur des droits qu'il tient d'une vente d'immeubles à construire substitue de plein droit le cessionnaire dans les obligations de l'acquéreur envers le vendeur.

"Si la vente a été assortie d'un mandat, celui-ci se poursuit entre le vendeur et le cessionnaire.

"Ces dispositions s'appliquent à toute mutation entre vifs, volontaire ou forcée, ou à cause de mort."

BIBL. ► DUSSOUBS, *JCP N 1997. I. 1073* (vente de locaux d'habitation acquis en état futur et non achevés).

COMMENTAIRE

Cet article autorise la cession, par l'acquéreur, du contrat en cours d'exécution sans le consentement du vendeur. Lorsque le contrat cédé est une vente en l'état futur d'achèvement, la cession porte d'une part sur des droits immobiliers et d'autre part sur la créance d'achèvement et l'obligation de payer la fraction du prix restant due. Elle s'effectue à un prix et selon des modalités de paiement librement convenus entre les parties, le cédant n'ayant pas la qualité de vendeur d'immeuble à construire faute de s'obliger en ce sens. Fiscalement, la cession du contrat de VEFA est imposée comme une mutation d'immeuble, l'assiette de la TVA immobilière devant normalement exclure le montant du solde du prix encore dû au titre du contrat cédé (V. J. Lafond et B. Stemmer, Dictionnaire de la Publicité Foncière, v° Cession de contrat).

Il est en revanche muet sur la cession du contrat par le vendeur, qui doit donc respecter le droit commun et s'assurer du consentement de l'acquéreur, ce qui rend l'opération particulièrement complexe dans le cas d'un immeuble collectif vendu par lots (V. sur cette question, J.-B. Auby, H. Périnet-Marquet et R. Noguellou, Droit de l'urbanisme et de la construction, *éd. Montschrestien 2008*). □

1. Sur l'application obligatoire des règles protectrices du secteur protégé, V. • Versailles, 10 nov. 1995 : *RDI 1996. 78, obs. Saint-Alary-Houin* .

2. Pour un exemple d'application du texte, V. • Civ. 3e, 10 janv. 2001 : *Constr.-Urb. 2001, n° 55, obs. Sizaire.*

3. Le texte est inapplicable si l'immeuble est achevé à la date de la cession, • Civ. 3e, 23 oct. 2002 : *Bull. civ. III, n° 209 ; D. 2002. 3144 ; Defrénois 2003. 335, chron. Périnet-Marquet ; JCP 2002. IV. 2953.*

Art. L. 261-5 Ainsi qu'il est dit à l'article 1642-1 du code civil :

"Le vendeur d'un immeuble à construire ne peut être déchargé, ni avant la réception des travaux, ni avant l'expiration d'un délai d'un mois après la prise de possession par l'acquéreur, des vices de construction *(L. n° 2009-323 du 25 mars 2009, art. 109)* **« ou des défauts de conformité » alors apparents** *[V. art. R. 261-8]*.

"Il n'y aura pas lieu à résolution du contrat ou à diminution du prix si le vendeur s'oblige à réparer *(Abrogé par L. n° 2009-323 du 25 mars 2009, art. 109)* ***« le vice ».***" *— V. art. R. 261-1.*

BIBL. ▶ BELLACHE, *JCP N 1985. I. 141* (régime juridique des défauts de conformité dans la vente d'immeubles à construire). – CABANAC, *AJPI 1967. 4 ; ibid. 1968. 4.* – MALINVAUD, *RDI 1980. 136* (l'impossible garantie des vices apparents et la protection de l'acheteur d'immeuble à construire). – R. MARTIN, *Ann. loyers 1991. 388* (défauts de conformité dans la vente d'immeubles à construire). – PONCE, *Constr.-Urb. 2010. Étude 9* (réserves au procès-verbal et secteur protégé : mode d'emploi). – BECQUÉ-ICKOWICZ, *RDI 2012. 35* (la livraison et les défauts et désordres apparents. Colloque AFDC, CERCOL, 25 nov. 2011). – SÉNÉCHAL, La garantie des désordres et des défauts non apparents dans la vente d'immeuble à construire : des concepts sous influences, *RDI 2012. 43* .

▶ **Sur les apports de la loi n° 2009-323 du 25 mars 2009** : BECQUÉ-ICKOWICZ, Clair-obscur sur les défauts de conformité apparents dans la vente d'immeuble à construire, *RDI 2009. 448* . – PELON et RAOUL, Vente d'immeuble à construire : vice de construction et défaut de conformité apparents, un régime unifié, *Constr.-Urb. 2009. Étude 12.* – PÉRINET-MARQUET, Les dispositions affectant le droit civil contenues dans la loi de mobilisation pour le logement, *Constr.-Urb. 2009. Étude 6.* – TOURNAFOND, Les défauts de conformité apparents de l'immeuble vendu à construire sont désormais soumis au même régime que les vices apparents, *RDI 2009. 299* .

▶ **Plus largement, pour un état des lieux critique à l'égard des garanties :** TOMASIN, L'influence de la crise sur les garanties des acquéreurs, *RDI 2010. 41* ; Colloque : L'influence de la crise sur le droit immobilier.

V. Circ. du 28 mai 2009 relative à la L. n° 2009-323 du 25 mars 2009. — Développement de l'offre de logement (BOMEEDDM n° 2009/12, p. 69).

COMMENTAIRE

Ce texte impose une solution contraire à celle de droit commun prévue par l'article 1642 du code civil, selon lequel le vendeur n'est pas tenu des vices apparents que l'acheteur a pu déceler lui-même. Il est vrai que, dans le contrat de vente d'immeubles à construire, l'acheteur n'a pas la faculté de se convaincre des vices devant affecter un immeuble futur. L'article L. 261-5 oblige donc le vendeur à garantir l'acquéreur contre les vices apparents. Le vice apparent doit être distingué du défaut de conformité, dont le régime est celui de la responsabilité contractuelle de droit commun. Le vice est caractérisé par une anomalie tandis que le défaut de conformité réside en une différence entre le bien tel qu'il est fourni à l'acquéreur et ce qui était convenu dans le contrat.

Il résulte de la combinaison des articles 1642-1 et 1648, alinéa 2, du code civil que l'action en garantie doit être introduite à peine de forclusion dans l'année qui suit la date à laquelle le vendeur peut être déchargé des vices de construction apparents : il s'agira, selon le cas, de la date de la réception des travaux par le vendeur, maître de l'ouvrage, ou du jour marquant l'expiration du délai d'un mois courant à compter de la prise de possession par l'acquéreur. ❑

1. *Notion de vice apparent.* Le vice apparent est celui qui peut être décelé par un profane, suite à un examen simplement superficiel. • Civ. 2e, 19 mai 1958 : *JCP 1958. II. 10808, obs. Starck.* ◆ Un vice photographié est un vice apparent. • Civ. 3e, 23 juill. 2010 : *Dalloz actualité, 23 juill. 2010, obs. Guiomard.* ◆ Sur la difficulté de qualifier le désordre résultant d'une erreur de conception, • Civ. 3e, 20 mars 1996 : *Bull. civ. III, no 82 ; D. 1996. IR 104 ; ibid. 1997. 347, obs. Tournafond* • 9 juin 1999 : *Bull. civ. III, no 130 ; RDI 1999. 409, obs. Malinvaud ; ibid. 2000. 355, obs. Groslière et Saint-Alary-Houin.*

2. L'étendue du vice est inopérante, et il est notamment indifférent que l'immeuble soit, ou non, rendu impropre à sa destination en raison de ce vice. • Civ. 3e, 26 févr. 1992 : *Bull. civ. III, no 62 ; JCP 1992. IV. 1988.* ◆ Dans le même sens, censurant, au motif qu'il fallait rechercher si l'absence de mains courantes dans des cages d'escaliers ne constituait pas un vice apparent, une cour d'appel ayant jugé que cette absence n'était pas de nature à rendre les escaliers impropres à leur utilisation, • Civ. 3e, 8 avr. 1998 : *RDI 1998. 384 ; Constr.-Urb. 1998, no 285.*

3. Il est indifférent que le vice soit apparent avant la prise de possession, et constitue un vice apparent le « niveau inhabituel des fenêtres ». • Civ. 3e, 11 févr. 1998 : *Constr.-Urb. 1998, no 140.*

4. *Garantie de contenance.* Jugé que les dispositions de l'art. 1622 C. civ. s'appliquaient à la garantie de contenance. • Civ. 3e, 24 nov. 1999 : *Bull. civ. III, no 225 ; D. 2000. 286, obs. Tournafond ; AJDI 2000. 150, obs. Porcheron ; Defrénois 2000. 492, obs. Périnet-Marquet ; RDI 2000. 193, obs. Saint-Alary-Houin ; Administrer nov. 2001, p. 41, obs. A. Valdès.* ◆ La livraison constitue le point de départ du délai de l'art. 622 C. civ. • Civ. 3e, 20 juin 2006 : *RDI 2007. 349, obs. Tournafond.* ◆ La réduction du prix ne constitue pas un préjudice dont le vendeur peut demander réparation au professionnel qui a procédé au mesurage. • Civ. 3e, 8 nov. 2006 : *Bull. civ. III, no 222 ; JCP 2007. II. 10061, obs. Pinna.* ◆ Pour une application de la loi Carrez à la vente d'immeuble à construire, • Pau, 27 nov. 2006 : *Constr.-Urb. 2007, no 66, obs. Sizaire.* ◆ *Contra*, plus récemment, V. note 14.

5. *Défaut de conformité.* Il appartient au juge du fond d'apprécier souverainement la conformité de la construction avec des documents contractuels ambigus. • Civ. 3e 25 sept. 2002 : *Defrénois 2003. 333, obs. Périnet-Marquet.* ◆ Constitue un défaut de conformité l'absence : de revêtement de sols. • Civ. 3e, 5 nov. 1980 : *RDI 1982. 249, obs. Groslière et Jestaz.* ◆ ... De gaines techniques. • Civ. 3e, 20 avr. 1985 : *JCP 1985. IV. 245.* ◆ ... De raccordement à une antenne de télévision. • Paris, 14 oct. 1982 : *RDI 1983. 238, obs. Groslière et Jestaz.* ◆ ... De placards. • Civ. 3e, 3 janv. 1979 : *RDI 1979. 477.* ◆ ... De travaux d'isolation rendus nécessaires par la modification de l'aménagement de l'appartement du dessus. • Civ. 3e, 26 mai 1994 : *Bull civ. III, no 110.* ◆ Le retard dans la livraison de l'immeuble n'est pas un défaut de conformité, • Reims, 4 juin 2007 : *Constr.-Urb. 2007, no 177.*

6. Ont également été considérés comme des défauts de conformité : un ensoleillement et une terrasse réduits, et l'absence d'une piscine et d'un parking. • Paris, 6 mars 1992 : *JCP N 1994. Prat. 2.* ◆ ... La substitution d'un jardin par une terrasse. • Aix-en-Provence, 10 janv. 1998 : *Constr.-Urb. 1998, no 251, obs. Sizaire.* ◆ ... L'installation d'ardoises de qualité différente de celle prévue au contrat. • Civ. 3e, 25 avr. 2007 : *Bull. civ. III, no 64 ; RDI 2007. 350, Tournafond*.

7. Cependant, sur l'assimilation des défauts de conformité aux vices de construction, en présence de désordres, V. • Civ. 3e, 25 janv. 1989 : *D. 1989. IR 48 ; RDI 1989. 223 ; ibid. 1990. 501, obs. Groslière et Saint-Alary-Houin.* ♦ En se bornant à affirmer qu'il y avait en fait identité entre les vices apparents prévus aux art. 1642-1 et 1648, al. 2, C. civ. et les désordres qualifiés de « défaut de conformité », sans préciser quels étaient les vices et les défauts de conformité allégués et en quoi les seconds s'identifiaient aux premiers, les juges du fond ne donnent pas de base légale à leur décision. • Civ. 3e, 10 mars 1981 : *Bull. civ. III, no 50 ; RTD civ. 1982. 154, obs. Rémy ; RDI 1981. 518.* ♦ Sur la nécessité de faire la distinction entre vice apparent et défaut de conformité, V. également • Civ. 3e, 3 déc. 1997 : *Constr.-Urb. 1998, no 96* et • Civ. 3e, 27 sept. 2000 : *RDI 2001. 72, obs. Saint-Alary-Houin*.

8. Et, sur l'assimilation des vices apparents aux vices cachés, lorsque leurs incidences ne sont pas immédiatement perceptibles, V. • Civ. 3e, 2 déc. 1980 : *RDI 1982. 248, obs. Groslière et Jestaz.*

9. Défauts d'isolation phonique. Jusqu'à la loi no 78-12 du 4 janv. 1978, ces défauts étaient considérés tantôt comme des défauts de conformité, tantôt comme un vice caché, tantôt comme un vice apparent. Ils relèvent désormais d'un régime spécifique, organisé par l'art. L. 111-11 CCH. Les dispositions de l'art. 1642-1 C. civ. ne leur sont donc pas applicables, même s'ils sont apparents. • Toulouse, 16 nov. 1992 : *JCP N 1994. Prat. 3.* ♦ V. toutefois, appréciant des nuisances sonores comme des non-conformités au cahier des charges relevant de la responsabilité contractuelle du vendeur d'immeubles à construire, • Civ. 3e, 10 nov. 1998 : *Constr.-Urb. 1999, no 1.* ♦ De même, en cas de violation des engagements résultant de documents publicitaires, V. • Civ. 3e, 8 juin 2004 : *Constr.-Urb. 2004, no 153.* ♦ Sur la question, V. F. Magnin, *LPA 17 janv. 1994. 17* (garantie des défauts d'isolation phonique appliquée aux ventes d'immeubles à construire).

10. Délai de mise en œuvre de la garantie. Le délai d'action en cas de vice apparent court à compter du plus tardif des deux événements constitués par la réception des travaux par le maître de l'ouvrage ou l'expiration du délai d'un mois après la prise de possession par l'acheteur. • Civ. 3e, 15 mai 1974 : *Bull. civ. III, no 196 ; JCP 1975. II. 18121, note Martin* • 8 juin 1977 : *Bull. civ. III, no 254 ; D. 1978. IR 7* • 8 mars 1995 : *Ann. loyers 1996. 595* • Paris, 6 déc. 1995 : *RDI 1996 225, obs. Saint-Alary-Houin*. ♦ V. également, dans le cas d'une réception « provisoire ». • Civ. 3e, 28 févr. 1996 : *RDI 1996. 386, obs. Saint-Alary-Houin*. ♦ ... Il ne court pas à compter de la date d'achèvement de l'immeuble • Civ. 3e, 17 déc. 2008 : *Bull. civ. III, no 207 ; Constr.-Urb. 2009, no 25, note Sizaire ; RDI 2009. 183, obs. Tournafond ; JCP 2009, no 138, obs. Serinet ; Defrénois 2010. 231, chron. Périnet-Marquet.* ♦ Sur le calcul du délai en cas d'absence de réception lorsque le vendeur exécute lui-même la totalité des travaux, • Civ. 3e, 12 sept. 2007 : *Constr.-Urb. 2007, no 220, obs. Sizaire.*

11. L'action en garantie des vices apparents est ouverte pendant le délai d'un an prévu par l'art. L. 261-7 CCH (art. 1648, al. 2, C. civ.) même en cas de dénonciation tardive du vice. • Civ. 3e, 22 mars 2000 : *Bull. civ. III, no 63 ; RDI 2000. 353, obs. Groslière et Saint-Alary-Houin ; Constr.-Urb. 2000, no 154, obs. Sizaire.* ♦ Mais il semble nécessaire que le vice soit apparu pendant le délai de l'art. L. 261-5 (art. 1642-1 C. civ.). – V. sur renvoi du précédent. • Paris, 1re ch., 19 juin 2002 : *Constr.-Urb. 2002, no 290, obs. Sizaire. – Contra* : L'acquéreur d'un immeuble à construire n'est pas obligé de dénoncer les vices apparents dans le mois de la prise de possession. • Civ. 3e, 16 déc. 2009 : *Bull. civ. III, no 280, Constr.-Urb. 2010, no 24, Sizaire ; D. 2010. 151 ; Dalloz actualité, 15 janv. 2010, obs. Vincent ; Dr. et patr. 2010, no 196. 24, note Cicile-Delfosse ; RDI 2010. 102, obs. Tournafond*. ♦ Sur la nécessité d'une réception. • Civ. 3e, 31 mai 2000 : *RDI 2001. 72, obs. Saint-Alary-Houin*. ♦ Même assortie de réserves. • Civ. 3e, 20 juin 2001 : *Constr.-Urb. 2001, no 169, obs. D. Sizaire.* ♦ Cependant, sur la nuance à l'endroit du promoteur vendeur en état futur d'achèvement, qui, même en l'absence de réserves, doit répondre de la conformité de l'immeuble à l'égard des acquéreurs. V. • Civ. 3e, 4 juin 2009 : *Bull. civ. III, no 130 ; Constr.-Urb. 2009, no 104, Pagès-de Varenne ; D. 2009. 1611 Dalloz actualité, 15 juin 2009, obs. Vincent ; Defrénois 2010. 229, chron. Périnet-Marquet ; RDI 2009. 474, note Tournafond*. ♦ Et ce, malgré la participation des acquéreurs à l'opération de réception. • Civ. 3e, 8 sept. 2010 : *Bull. civ. III, no 148 ; Dalloz actualité, 4 oct. 2010, obs. Garcia ; RDI 2010. 559, note Tournafond ; Constr.-Urb. 2010, no 142, note Pagès-de Varenne ; ibid., no 145, note Sizaire.*

12. Sur l'incidence de l'engagement pris par le vendeur de remédier aux vices, V. • Civ. 3e, 25 oct. 1989 : *Defrénois 1990, art. 34388, note Dagorne-Labbé* • 26 févr. 1992 : *Bull. civ. III, no 61 ; RDI 1992. 339 ; ibid. 1993. 90*. ♦... Et notamment aux vices apparents, V. • Civ. 3e,

15 nov. 1995 : *Bull. civ. III, n° 232 ; RDI 1996. 226 ; Defrénois 1996. 401, note Dubois.*

13. Le délai d'un an ne concerne que l'action en résolution du contrat ou en diminution du prix, ce qui suppose que le vendeur ne s'est pas obligé à remédier aux vices apparents. Il ne s'applique pas à l'action en exécution de l'engagement pris par le vendeur de réparer les vices constatés par un procès-verbal postérieur à la prise de possession par l'acquéreur. • Civ. 3e, 25 oct. 1989 : *Bull. civ. III, n° 196* • 15 nov. 1995 : *ibid. III, n° 232 ; RDI 1996. 226, obs. Groslière et Saint-Alary-Houin* • Paris, 12 juin 2008 : *Constr.-Urb. 2008, n° 156, note Sizaire.*

14. Le délai ne court pas plus s'agissant de défauts de conformité, même apparents. • Civ. 3e, 28 juin 1995 : *Bull. civ. III, n° 155 ; RDI 1995. 761, obs. Saint-Alary-Houin* • 14 mai 1997 : *JCP N 1997. II. 1364* • Aix-en-Provence, 3e ch., 8 juin 2000 : *Constr.-Urb. 2002, n° 165, obs. D. Sizaire.* ♦ V. cependant, • Civ. 3e, 26 sept. 2007 : *Constr.-Urb. 2007, n° 203, obs. Sizaire.*

15. Sur la distinction entre défaut de conformité et vice apparent, s'agissant du délai de mise en œuvre de la garantie, V. • Civ. 3e, 14 mai 1997 : *Bull. civ. III, n° 103 ; RDI 1997. 455* • 8 avr. 1998 : *RDI 1998. 384 ; ibid. 1997. 455, obs. Saint-Alary-Houin ; Constr.-Urb. 1998. n° 218, obs. Sizaire.* ♦ Pour une assimilation prévue par le contrat. • Versailles, 4e ch., 9 sept. 2002 : *Constr.-Urb. 2002, n° 261, obs. D. Sizaire.*

16. Le délai ne court pas dans le cas d'une prise de possession de l'immeuble par l'acquéreur avant l'achèvement de celui-ci. • Civ. 3e, 6 nov. 1979 : *RDI 1980. 309, obs. Groslière et Jestaz.*

17. Sur la renonciation du vendeur d'immeubles à construire au bénefice des dispositions de l'art. 1642-1 C. civ., jugeant que répondant par une simple lettre aux réclamations de l'acquéreur, et en y évoquant « le parfait achèvement » et la nécessaire « mise en conformité », le vendeur perd la faculté d'opposer le délai d'un mois visé à l'art. 1642-1, au terme duquel il se trouve déchargé de la garantie des vices apparents, et doit donc réparer les désordres apparents lors de la prise de possession ou dénoncés dans l'année de celle-ci, V. • Civ 3e, 4 juin 1998 : *Constr.-Urb. 1998, n° 250, obs. Sizaire.*

18. Réception. La réception de l'ouvrage s'apprécie en la personne du maître de l'ouvrage. La réception tacite ne peut être reconnue lorsque l'ouvrage est inhabitable et qu'aucun élément ne permet de caractériser la volonté non équivoque du maître de l'ouvrage de recevoir l'ouvrage. • Civ. 3e, 6 juill. 2011 : *RDI 2011. 557, obs. Boubli*. ♦ La réception n'est pas opposable à l'acquéreur, qui n'a pris aucune part à celle-ci, et le vendeur est responsable pour moitié avec l'architecte des vices apparents lors de la réception, qui a eu lieu sans qu'aucune réserve n'ait été faite, le vendeur ayant pourtant connaissance des désordres. • Civ. 3e, 30 juin 1998 : *Constr.-Urb. 1998, n° 328, obs. Sizaire.*

Art. L. 261-6 **Ainsi qu'il est dit à l'article 1646-1 du code civil :**

"Le vendeur d'un immeuble à construire est tenu, à compter de la réception des travaux, des obligations dont les architectes, entrepreneurs et autres personnes liées au maître de l'ouvrage par un contrat de louage d'ouvrage sont eux-mêmes tenus, en application des articles 1792, 1792-1, 1792-2 et 1792-3 du présent code *[reproduits aux art. L. 111-13 à L. 111-16].*

"Ces garanties bénéficient aux propriétaires successifs de l'immeuble.

"Il n'y aura pas lieu à résolution de la vente ou à diminution du prix si le vendeur s'oblige à réparer les dommages définis aux articles 1792, 1792-1, 1792-2 du présent code *[reproduits aux art. L. 111-13, L. 111-14, L. 111-15]* **et à assumer la garantie prévue à l'article 1792-3** *[reproduit à l'art. L. 111-16]*.**"** – *L'art. 1646-1 C. civ. s'applique aux contrats relatifs aux chantiers dont la déclaration réglementaire d'ouverture a été établie postérieurement au 1er janv. 1979 (L. n° 78-12 du 4 janv. 1978, art. 14). – V. art. R. 261-8 s.*

BIBL. ▶ SIZAIRE, *JCP N 1993. I. 17* (jeu résiduel de la responsabilité contractuelle de droit commun). – SÉNÉCHAL, *RDI 2012. 43* (La garantie des désordres et des défauts non apparents dans la vente d'immeubles à construire : des concepts sous influences. Colloque AFDC, CERCOL, 25 nov. 2011).

COMMENTAIRE

Avant même la réforme de 1978, qui répute constructeur « toute personne qui vend, après achèvement, un ouvrage qu'elle a construit ou fait construire » (art. 1792-1 du code civil), le vendeur d'immeuble à construire a été assujetti au régime de la garantie décennale et de la garantie de bon fonctionnement. La règle a bien entendu pour objectif d'offrir à l'acquéreur une même garantie des vices non apparents reposant sur une présomption de responsabilité, sans distinguer le mode juridique employé pour l'accession à la propriété de l'ouvrage. Aux termes de l'article 1646-1 du code civil, l'acquéreur peut demander la résolution de la vente ou la diminution du prix, en fonction de l'importance du dommage. Le contrat est cependant maintenu tel quel si le vendeur s'engage à réparer le désordre invoqué.

L'article L. 241-1 du code des assurances (reproduit sous l'article L. 111-28 du présent code) impose que le vendeur d'immeuble à construire soit couvert par une assurance de responsabilité en sa qualité de constructeur.

Cette qualité ne dispense pas le vendeur d'immeuble à construire de l'obligation de souscrire parallèlement une assurance dommages-ouvrage sur le fondement de l'article L. 242-1 du code des assurances (article L. 111-30 du présent code) en sa qualité de vendeur de l'ouvrage. Cette assurance se transmet avec l'immeuble et bénéficie de plein droit à ses acquéreurs successifs. ❑

1. Action de l'acquéreur contre le vendeur. L'art. 1792-1 C. civ. est inapplicable à la vente d'un immeuble inachevé. • Civ. 3e, 9 juin 1999 : *Bull. civ. III, no 133 ; RDI 1999. 408, obs. Malinvaud ; Defrénois 2000. 491, obs. Périnet-Marquet ; Constr.-Urb. 1999, no 262, obs. Sizaire ; Administrer mars 2000. 51, obs. P. Laurent.* ♦ Le vendeur d'immeuble à construire n'est tenu de la garantie légale qu'à l'égard de la société acquéreur et non des associés, qui ne disposent que de l'action en responsabilité extra-contractuelle • Civ. 3e, 25 mai 2005 : *Bull. civ. III, no 114 ; D. 2005. IR 1730 ; Constr.-Urb. 2005, no 153, obs. Sizaire.* ♦ La responsabilité du vendeur sur le fondement de l'art. L. 261-6 n'implique pas la preuve d'une faute. • Civ. 3e, 15 mai 2002 : *Constr.-Urb. 2002, no 195, obs. Sizaire.*

2. Avant la réception, le vendeur est tenu d'une obligation de résultat vis-à-vis des désordres constatés ; sa responsabilité relevant du droit commun, il n'est pas nécessaire de démontrer sa faute. • Civ. 3e, 20 déc. 1994 : *Bull. civ. III, no 224 ; RDI 1995. 339, obs. Groslière et Saint-Alary-Houin.*

3. Après la réception, le vendeur d'immeuble à construire n'est pas redevable à son acheteur de la garantie de parfait achèvement, laquelle n'est due que par l'entrepreneur. • Civ. 3e, 30 mars 1994 : *Bull. civ. III, no 69 ; RDI 1994. 260, obs. Groslière et Saint-Alary-Houin ; JCP N 1994. II. 312.* ♦ V. également, • Paris, 29 oct. 1998 : *Constr.-Urb. 1999, no 114, obs. Sizaire.* ♦ ... Sauf s'il y est contractuellement engagé. • Versailles, 21 oct. 1994 : *RDI 1995. 560.*

4. A défaut de réception tacite ou expresse par le vendeur, maître d'ouvrage, celui-ci n'est pas tenu par les dispositions relatives à la garantie décennale, la prise de possession par l'acheteur étant étrangère à la réception. • Civ. 3e, 22 oct. 2002 : *Constr.-Urb. 2003, no 1, obs. Sizaire.* ♦ La réception résulte de l'acte passé entre le maître de l'ouvrage et les constructeurs et ne concerne pas les rapports entre le vendeur et l'acquéreur. • Civ. 3e, 18 juin 2003 : *Bull. civ. III, no 130 ; RDI 2003. 346, note Boubli ; Constr.-Urb. 2003, no 196, obs. Sizaire.* ♦ Mais, même effectuée avec réserves, la réception marque le point de départ de la garantie décennale. • Civ. 3e, 20 juin 2001 : *RDI 2001. 519, note Malinvaud ; Constr.-Urb. 2001, no 169, obs. D. Sizaire* • 27 juin 2001 : *Constr.-Urb. 2001, no 167, obs. D. Sizaire.* ♦ Toutefois jugé, de façon surprenante, que le constat contradictoire de l'achèvement des travaux avec les acquéreurs, valant prise de possession par ces derniers, constituait le point de départ des délais de garantie : • Civ. 3e, 7 avr. 2004 : *Bull. civ. III, no 73 ; CCC 2004, no 94, note Leveneur ; Defrénois 2005. 75, obs. Périnet-Marquet ; Administrer août-sept. 2005, p. 53, obs. Artz ; RDI 2004. 342, note Leguay ; Constr-Urb. 2004, no 120, obs. Sizaire.*

5. Sur la réception, point de départ de l'action de l'acquéreur contre le vendeur d'immeubles à construire, jugeant que l'acte de réception ne suppose pas l'accomplissement des formalités de l'art. 1328 C. civ., V. • Civ. 3e, 12 juin 1991 : *Bull. civ. III, no 166 ; Defrénois 1991. 1019 ; RDI 1992. 80, obs. Groslière et Saint-Alary-Houin ; Defrénois 1991. 1019, obs. Souleau.*

6. Le vendeur qui s'oblige à réparer peut être soumis à l'obligation de verser une provision en vue de l'exécution des travaux. • Civ. 3e, 17 déc. 1997 : *Constr.-Urb. 1998, no 142.*

7. Sur la délicate distinction entre malfaçon et défaut de conformité. • Civ. 3e, 27 sept. 2000 : *RDI 2001. 72, obs. Saint-Alary-Houin.* ♦ ... Et l'absorption du second par la première. • Aix-en-Provence, 3e ch., 4 janv. 2001 : *Constr.-Urb. 2002, no 84, obs. D. Sizaire.*

8. Caractère d'ordre public de la responsabilité du vendeur d'immeubles à construire.

L'art. L. 261-16 CCH répute non écrite la clause qui serait contraire aux dispositions, notamment, de l'art. 1646-1 C. civ. Sur l'inefficacité de la clause contractuelle tendant à réduire les délais d'action de l'acheteur, V. • Civ. 3e, 27 janv. 1988 : *Mon. TP 22 avr. 1998. 59.*

9. Sur l'inefficacité de la clause supprimant le droit d'option de l'acquéreur entre la résolution du contrat et la diminution du prix, V. • Civ. 3e, 11 mai 1994 : *Bull. civ. III, no 95 ; RDI 1995. 117.*

10. Sur le fait que seule la cause étrangère exonère le vendeur de son obligation de garantie, V. • Civ. 3e, 12 juill. 1995 : *RDI 1995. 762 ; Dr. et patr. oct. 1995. 65.* ♦ Les conditions d'utilisation du bien par l'acquéreur peuvent constituer cette cause étrangère, V. • Civ. 3e, 8 juill. 1998 : *Bull. civ. III, no 157 ; RDI 1998. 645 ; Defrénois 1999. 545, obs. Périnet-Marquet ; Constr.-Urb. 1998, no 368.* ♦ Sur les modifications apportées, à la demande de l'acquéreur, à la notice technique de vente du programme, lesquelles se sont révélées constitutives d'un trouble anormal de voisinage, V. • Civ. 3e, 15 nov. 2000 : *Constr.-Urb. 2001, no 25, obs. Sizaire.*

11. Exclusion du régime de droit commun. L'art. 1641 C. civ. relatif à la garantie des vices cachés de la chose vendue est inapplicable en matière de vente d'immeubles à construire. • Civ. 3e, 11 déc. 1991 : *Bull. civ. III, no 317 ; D. 1993. IR 358 ; JCP 1992. I. 3581, obs. Périnet-Marquet ; RDI 1992. 339 ; Defrénois 1992, art. 35370, note Steinmetz* • 25 janv. 1995 : *Bull. civ. III, no 31 ; RDI 1995. 338* • Civ. 3e, 26 mai 1994 : *Bull. civ. III, no 110 ; D. 1995. IR 277 ; RDI 1995. 117 ; Defrénois 1994. 127, note Dubois* (défauts de conformité consistant en un trouble acoustique) • 29 mars 2000 : *Administrer févr. 2001. 44, obs. D. Gaboriau* • 28 juin 1995 : *ibid. 761* (non-réalisation d'une « corde molle » contractuellement prévue à une entrée de garage). ♦ Pour un exemple de nullité pour dol (inexistence de la vue promise) d'une vente en l'état futur d'achèvement, V. • Paris, 23 sept. 1994 : *RDI 1995. 560.*

12. De manière générale, sur la responsabilité contractuelle de droit commun du vendeur d'immeubles à construire pour les troubles constatés avant la réception, • Civ. 3e, 20 juill. 1994 : *Bull. civ. III, no 155.* ♦ Sur l'obligation du vendeur de livrer un immeuble dépourvu de vices, • Civ. 3e, 31 mars 1999 : *Bull civ. III, no 82 ; RDI 2001. 74, note Saint-Alary-Houin ; JCP 1999 no 22, Somm. 1059 ; Constr.-Urb. 1999, no 203.*

13. Toutefois, sur la nécessité de prouver la faute du vendeur en dehors des prévisions de l'art. 1646-1 C. civ., • Civ. 3e, 15 févr. 1989 : *Bull. civ. III, no 38.*

14. Sur l'obligation d'information du vendeur, • Rennes, 17 juin 1997 : *Constr.-Urb. 1998, no 97.*

15. Sur les désordres relevant de la responsabilité des constructeurs, • Civ. 3e, 4 févr. 1986 : *JCP N 1986. Prat. 633, obs. Sizaire* • 15 févr. 1989 : *Bull. civ. III, no 38 ; JCP N 1989. Prat. 454.* ♦ En particulier aux comm isde l'entreprise ayant effectué les travaux de réfection. • Civ. 3e, 8 sept. 2010 : *Bull. civ. III, no 148 ; Dalloz actualité, 4 oct. 2010, obs. Garcia.* ♦ A noter que la jurisprudence relative aux vices intermédiaires n'est pas applicable au vendeur d'immeubles à construire. • Nancy, 19 mars 1997 : *Constr.-Urb. 1998, no 48, obs. crit. Sizaire.*

16. Recours du vendeur. Abstraction faite de la responsabilité de droit commun, l'action récursoire du vendeur d'immeubles à construire contre les locateurs d'ouvrage trouve son fondement aux art. 1792 s. C. civ. Mais la faute du vendeur est susceptible de lui interdire un recours ultérieur contre le constructeur. • Civ. 3e, 14 nov. 1991 : *Bull. civ. III, no 272 ; RDI 1992. 73.* ♦ Sur l'immixtion du vendeur maître d'ouvrage dans les opérations de construction, • Civ. 3e, 26 avr. 2006 : *Bull. civ. III, no 102 ; Constr.-Urb. 2006, no 131, obs. Sizaire.*

17. Le constructeur peut s'exonérer de sa responsabilité par la démonstration d'une cause étrangère. • Versailles, 25 sept. 1987 : *RDI 1988. 220, obs. Groslière et Saint-Alary-Houin.*

18. A l'inverse, pour l'absence de faute démontrée du vendeur dans l'aggravation du préjudice, et la condamnation de l'architecte et de l'entrepreneur à garantir ce vendeur, • Civ. 3e, 25 nov. 1998 : *RDI 1999. 108, note Malinvaud ; Constr.-Urb. 1999, no 80, obs. Sizaire.*

19. Pour un partage de responsabilité, pour moitié avec le constructeur, le vendeur ayant concouru à la réalisation du dommage, en refusant de réaliser un drainage dont le caractère nécessaire avait été révélé par une expertise, • Civ. 3e, 17 déc. 1997 : *Constr.-Urb. 1998, no 143, obs. Sizaire.* ♦ Pour une limitation de la garantie due par l'architecte en raison de la faute du vendeur, • Civ. 3e, 28 janv. 1998 : *Constr.-Urb. 1998, no 141, obs. Sizaire.*

20. La réception sans réserve interdite au vendeur de se retourner ensuite contre le constructeur. • Civ. 3e, 20 juill. 1994 : *Bull. civ. III, no 155 ; D. 1994. IR 234.*

21. Sur le point de départ du délai de prescription de l'action du vendeur d'immeubles à construire contre son assureur, V. • Civ. 1re, 3 févr. 1998 : *Constr.-Urb. 1998, no 180.*

Art. L. 261-7 **Ainsi qu'il est dit à l'article 1648 du code civil :**

"L'action résultant des vices rédhibitoires doit être intentée par l'acquéreur, *(Ord. nº 2005-136 du 17 févr. 2005, art. 3)* **« dans un délai de deux ans à compter de la découverte du vice »."**

(L. nº 67-547 du 7 juill. 1967 ; L. nº 2009-323 du 25 mars 2009, art. 109) **« Dans le cas prévu par l'article 1642-1** *[reproduit à l'art. L. 261-5]*, **l'action doit être introduite, à peine de forclusion, dans l'année qui suit la date à laquelle le vendeur peut être déchargé des vices ou des défauts de conformité apparents. »**

V. Circ. 28 mai 2009 relative à la L. nº 2009-323 du 25 mars 2009. — Développement de l'offre de logement (BOMEEDDM nº 2009/12, p. 69).

1. Le point de départ du délai de l'action en garantie de l'art. 1648, al. 2, C. civ. se situe au plus tardif des deux événements suivants : la réception des travaux par le maître de l'ouvrage, ou l'expiration d'un délai d'un mois après la prise de possession des lieux par l'acquéreur. • Civ. 3e, 15 mai 1974 : *JCP 1975. II. 18121, note R. Martin* • 8 mars 1995 : *JCP 1995. IV. 1133.*

2. La demande en paiement du coût de menues réparations est tardive si l'assignation est postérieure de plus d'un an à la date où le procès-verbal de réception a été signé par la demanderesse qui, le même jour, a reçu les clefs et pris en charge l'appartement. • Civ. 3e, 15 mai 1974 : *préc. note 1.*

3. Une cour d'appel écarte à bon droit l'exception de tardiveté soulevée par un vendeur dès lors qu'elle relève qu'il ne rapporte pas la preuve que la réception a eu lieu, la prise de possession des lieux par l'acheteur ne constituant pas ladite réception. • Civ. 3e, 4 nov. 1977 : *Bull. civ. III, nº 370 ; JCP 1978. IV. 6877.*

4. L'entrée dans les lieux peut être prouvée par la remise des clés ou la signature d'un certificat d'achèvement. • Rouen, 20 févr. 1979 : *RDI 1980. 181, obs. Groslière et Jestaz.*

5. Les juges du fond doivent rechercher si le vice de conception de la chose ne doit pas s'analyser, eu égard aux circonstances de la cause, en un manquement du fabricant-vendeur à son obligation de délivrer une chose conforme à sa destination normale, ce qui conduirait à exclure l'application de l'art. 1648. • Civ. 1re, 5 nov. 1985 : *Bull. civ. I, nº 287.*

6. Le délai d'un an prévu à l'art. 1648, al. 2, C. civ. n'est suspendu, en cas d'action en référé, que durant la durée de l'instance, laquelle prend fin avec la désignation d'un expert. • Paris, 17 sept. 1998 : *Constr.-Urb. 1999, nº 81, obs. Sizaire.* ◆ Sur « le piège » que constitue cette règle, lorsque l'expertise est en cours dans le nouveau délai d'un an qui commence à courir après cette désignation, V. Sizaire, *obs. préc.*

7. Le délai d'un an de l'action en garantie des vices apparents de l'art. 1642-1 C. civ., prévu à peine de forclusion par l'art. 1648, al. 2, C. civ., est prolongé d'un an à compter de l'ordonnance de référé. • Lyon, 9 mars 1999 : *Constr.-Urb 2000, nº 26, obs. Sizaire.*

8. L'ordonnance de référé ne produit son effet interruptif que jusqu'à son prononcé, et le nouveau délai qui commence à courir à compter de l'ordonnance de référé est égal à celui qui avait été interrompu, à savoir un an. • Civ. 3e, 21 juin 2000 : *Bull. civ. III, nº 123 ; AJDI 2000. 850, obs. Porcheron ; RDI 2001. 73, note Saint-Alary-Houin ; Defrénois 2000. 1251, obs. Périnet-Marquet ; JCP 2000, nº 37, 1301 ; Constr.-Urb. 2000, nº 208, obs. Sizaire ; JCP 2000. II. 10362. 1491, concl. Weber.*

Art. L. 261-8 **Ainsi qu'il est dit à l'article 2380 du code civil :**

"Dans le cas de vente d'un immeuble à construire conclue à terme conformément à l'article 1601-2 *[reproduit à l'art. L. 261-2]*, **le privilège du vendeur ou celui du prêteur de deniers prend rang à la date de l'acte de vente si l'inscription est prise avant l'expiration d'un délai de deux mois à compter de la constatation par acte authentique de l'achèvement de l'immeuble."** — *[Anc. art. 2108-1.]*

Art. L. 261-9 **Lorsque l'un quelconque des locaux composant un immeuble a été vendu à terme ou en l'état futur d'achèvement, la vente, après achèvement, d'un local compris dans cet immeuble est assujettie aux dispositions de l'article 1646-1 du code civil, reproduit à l'article L. 261-6 du présent code** *[V. art. R. 261-32]*.

Toutefois, l'action éventuellement née en application dudit article ne peut être exercée par les acquéreurs successifs qu'à l'encontre du vendeur originaire. — *V. art. R. 261-10.*

COMMENTAIRE

Cet article a pour objet d'assujettir au même régime de garantie des vices de construction tous les locaux d'un même immeuble, dès lors que l'un d'entre eux au moins a été vendu avant achèvement. Il a aujourd'hui perdu l'essentiel de son intérêt avec les dispositions de l'article 1792-1 du code civil qui réputent constructeur toute personne qui vend, après achèvement, un immeuble qu'elle a fait construire. ❑

Pour une illustration de l'action d'un sous-acquéreur contre le vendeur originaire, V. • Civ. 3e, 1er oct. 1997 : *Constr.-Urb. 1998, no 47.*

Art. L. 261-10 **Tout contrat ayant pour objet le transfert de propriété d'un immeuble ou d'une partie d'immeuble à usage d'habitation ou à usage professionnel et d'habitation et comportant l'obligation pour l'acheteur d'effectuer des versements ou des dépôts de fonds avant l'achèvement de la construction doit, à peine de nullité, revêtir la forme de l'un des contrats prévus aux articles 1601-2 et 1601-3 du code civil, reproduits aux articles L. 261-2 et L. 261-3 du présent code. Il doit, en outre, être conforme aux dispositions des articles L. 261-11 à L. 261-14 ci-dessous.**

Celui qui s'oblige à édifier ou à faire édifier un immeuble ou une partie d'immeuble à usage d'habitation ou à usage professionnel et d'habitation, lorsqu'il procure directement ou indirectement le terrain ou le droit de construire sur le terrain à celui qui contracte l'obligation d'effectuer les versements ou les dépôts ci-dessus définis, doit conclure un contrat conforme aux dispositions de l'alinéa précédent, sauf si le terrain ou le droit est procuré à une société régie par les chapitres Ier, II (sections I et II) et III du titre Ier du présent livre, ou si celui qui les procure est un organisme d'habitations à loyer modéré agissant comme prestataire de service.

V. art. L. 231-5, L. 271-1 et L. 271-2.

BIBL. ▶ BERLY, *Constr.-Urb. 2010. Étude 7* (garantie financière d'achèvement et permis de construire). – STEMMER, *JCP N 1984. Prat. 8912* (lien entre la vente du terrain et la construction, critères d'application des ventes d'immeubles à construire). – VIGUIER, *JCP N 1986. Prat. I. 143* (le terrain procuré).

COMMENTAIRE

Cet article d'une importance capitale définit le secteur dit « protégé » auquel s'appliquent impérativement les dispositions des articles L. 261-11 à L. 261-14. La vente relève du secteur « protégé » lorsque deux conditions sont cumulativement remplies :

1o L'immeuble vendu doit être à usage d'habitation ou mixte professionnel et d'habitation. La condition a un caractère réel en ce qu'elle ne prend en considération ni la qualité de l'acquéreur ni son statut professionnel ou de consommateur.

2o L'accédant doit être obligé de procéder à des versements ou à des dépôts de fonds avant l'achèvement de la construction. C'est la cause principale de l'institution du régime de protection renforcée, qui trouve directement sa source, pour la vente en l'état futur d'achèvement, dans son caractère de contrat à exécution successive dont l'article R. 261-14 précise les modalités.

Pour déjouer la tentation de dissocier la vente du terrain ou des droits du sol et l'obligation de construire, sous la forme d'un contrat d'entreprise par exemple, et d'échapper ainsi au régime du secteur protégé, le deuxième alinéa impose de conclure un contrat de vente d'immeuble à construire lorsque le constructeur procure directement ou indirectement le terrain. Ce souci de donner au groupe de contrats sa véritable portée et de les soumettre au régime correspondant n'en a pas moins soulevé de nombreuses difficultés d'application. Le champ de cet alinéa doit aussi être corrigé par les dispositions de l'article L. 231-5 du présent code qui excluent son application dans l'hypothèse du terrain procuré indirectement par le constructeur de maison individuelle avec fourniture de plan. Ce faisant, la difficulté se déplace vers la distinction entre la fourniture directe et la fourniture indirecte du terrain par le constructeur.

La loi n° 2005-32 du 18 janvier 2005 a mis fin à la spécificité des ventes à terme consenties par les organismes HLM ou les SEM à capital public majoritaire en abrogeant les trois derniers alinéas du présent article. Il n'est donc plus possible, pour ces organismes, de dissocier le transfert de propriété de la constatation de l'achèvement de l'immeuble (V. art. L. 261-2). ❑

1. Une construction à usage d'habitation. La protection de l'art. L. 261-10 est inapplicable à l'acquéreur de locaux commerciaux. • Civ. 3e, 2 nov. 1983 : *D. 1984. IR 58.* ♦ La règle est identique lorsque le logement n'est que l'accessoire d'un local commercial. Ainsi, la vente simultanée d'une station-service et d'un appartement pour le logement du pompiste ne relève pas des dispositions de l'art. L. 261-10. • Civ. 3e, 15 févr. 1978 : *Bull. civ. III, n° 84 ; D. 1978. IR 427, obs. Giverdon ; JCP N 1978. 275, note Galle ; RDI 1979. 86.*

2. A noter que la nullité édictée par le premier alinéa de l'art. L. 261-10 est d'ordre public et qu'elle peut donc être invoquée par l'un ou l'autre des contractants. • Civ. 3e, 5 déc. 1978 : *Bull. civ. III, n° 361 ; D. 1980. 219, note Nguyen Phu Duc ; JCP N 1979. II. 149, note Stemmer.*

3. Apport du terrain par le constructeur. Jugé que les règles protectrices de l'acquéreur s'appliquent lorsque l'entrepreneur vend le terrain par lui-même acheté et y construit l'immeuble, ces deux opérations étant indissociables. • TGI Lorient, 9 mars 1977 : *JCP N 1978. II. 59, note Stemmer* • Toulouse, 23 oct. 1979 : *RDI 1981, n° 11, note Tomasin.* ♦ Il en va de même : lorsque le lotisseur est étroitement lié avec la société de construction édifiant les bâtiments sur les lots vendus : Rép. min., 27 déc. 1982 : *JOAN Q, p. 5383.* ♦ ... Lorsque le constructeur est associé minoritaire dans la SCI vendant le bien : Rép. min., 30 août 1975 : *JOAN Q, p. 5876.*

4. La solution est identique si le bénéficiaire d'une option sur des parcelles d'un lotissement invite la municipalité à en vendre une à une personne déterminée, le terrain ayant de la sorte été procuré indirectement. • Civ. 3e, 9 juill. 1986 : *Bull. civ. III, n° 105 ; RDI 1987. 251, obs. Groslière et Saint-Alary-Houin ; D. 1988. Somm. 109, obs. Magnin ; JCP N 1986. II. 236, note Stemmer.*

5. Pour d'autres exemples de terrain procuré indirectement, V. • Aix-en-Provence, 5 oct. 1989 : *JCP N 1991. II. 86, note Stemmer* (constructeur mentionnant les offres de vente de terrain d'une agence immobilière) • Civ. 3e, 11 déc. 1991 : *Bull. civ. III, n° 316 ; D. 1992. 43 ; JCP 1992. IV. 576 ; RDI 1992. 338, obs. Groslière et Saint-Alary* (sur le rôle de l'intermédiaire ayant excédé la fourniture de renseignements sur le terrain) • Civ. 3e, 17 juill. 1996 : *Bull. civ. III, n° 191 ; RDI 1996. 586* (sur la substitution de l'acquéreur d'origine) • Civ. 3e, 7 déc. 2005 : *Constr.-Urb. 2006, n° 60, obs. Sizaire ; Defrénois 2006. 1515, obs. Périnet-Marquet* (sur la fourniture indirecte par un pseudo maître d'œuvre). ♦ *Contra* • Aix-en-Provence, 30 mars 2006 : *Constr.-Urb. 2006, n° 212, obs. Sizaire* (à propos de la « fourniture » du constructeur par le vendeur du terrain). ♦ Sur l'application à l'hypothèse d'une rénovation, • Rouen, 27 mars 2007 : *Constr.-Urb. 2007, n° 200, obs. Cornille.*

6. Versements de fonds avant l'achèvement de la construction. Sur la nécessité de vérifier la condition, V. • Civ. 3e, 19 nov. 1992 : *D. 1992. IR 280.*

7. L'art. L. 261-10 est ainsi applicable : dans le cas de la remise de logements à construire faite au prêteur d'une société de construction par celle-ci, et comportant des versements antérieurs à l'achèvement. • Civ. 3e, 5 déc. 1978 : *Bull. civ. III, n° 361.* ♦ ... Dans le cas de la vente consentie en cours de rénovation et comportant des versements avant la fin des travaux. • Crim. 23 oct. 1978 : *Bull. crim. n° 285.* ♦ V. également • Civ. 3e, 16 mai 1990 : *Bull. civ. III, n° 119 ; RDI 1990. 499, obs. Groslière et Saint-Alary.*

8. A l'inverse, l'art. L. 261-10 ne s'applique pas à un contrat qui ne comporte pas l'obligation, pour l'acheteur, d'effectuer des versements ou des dépôts de fonds avant l'achèvement de la construction. • Civ. 3e, 30 avr. 1985 : *Bull. civ. III, n° 76 ; RDI 1985. 386, obs. Groslière et Saint-Alary-Houin ; D. 1986. IR 43, obs. Magnin* • 11 avr. 1973 : *Gaz. Pal. 1973, 1, Somm. 132* • Paris, 15 févr. 1971 : *JCP 1972. II. 17098, note Meysson.*

9. N'est pas une vente d'immeuble à construire, et n'est de ce fait pas soumise à l'art. L. 261-10, l'opération consistant en une vente de terrains moyennant l'obligation pour l'acquéreur de remettre au vendeur des lots, faute de versement de fonds au cours de la construction. • Civ. 3e, 4 nov. 1999 : *Dr. et patr. mars 2000. 84, obs. Saint-Alary-Houin.*

10. Spécificités du secteur HLM. Sur les difficultés tenant à la garantie des malfaçons, V. par ex., refusant l'application des art. 1642-1 et 1646-1 C. civ. aux contrats passés dans ces conditions, • TGI Nanterre, 5 janv. 1983 : *RDI 1984. 201.* ◆ Jugeant que des contrats conclus entre des acquéreurs et une société HLM stipulant, conformément à l'art. L. 261-10, al. 3, que le terme était fixé au jour de la constatation du paiement intégral du prix de vente, faisaient bénéficier aux acquéreurs jusqu'à cette date de la jouissance des locaux, et emportaient obligation pour la société HLM de réparer les troubles causés par les malfaçons de l'immeuble, V. • Civ. 3e, 21 janv. 1987 : *Bull. civ. III, no 11 ; RDI 1987. 361, obs. Groslière et Saint-Alary-Houin.*

Le différé du transfert de propriété jusqu'au paiement intégral du prix a pour conséquence que le vendeur reste propriétaire jusqu'à cette échéance : il en résulte que la procédure de saisie diligentée contre l'acquéreur est nulle comme portant sur la chose d'autrui. • Paris, 4 janv. 2000 : *Constr.-Urb. 2000, no 260, obs. D. Sizaire.* ◆ ... Et que le vendeur demeure seul débiteur des charges de copropriété. • Civ. 3e, 29 mai 2002 : *Bull. civ. III, no 114 ; Constr.-Urb. 2002, no 196.*

Art. L. 261-11 *(L. no 79-596 du 13 juill. 1979, art. 39)* **« Le contrat » doit être conclu par acte authentique et préciser :**

a) La description de l'immeuble ou de la partie d'immeuble vendu ;

b) Son prix et les modalités de paiement de celui-ci ;

c) Le délai de livraison ;

d) Lorsqu'il revêt la forme prévue à l'article 1601-3 du code civil, reproduit à l'article L. 261-3 du présent code, la garantie de l'achèvement de l'immeuble ou du remboursement des versements effectués en cas de résolution du contrat à défaut d'achèvement.

Toutefois, lorsque la vente concerne une partie d'immeuble, le contrat peut ne comporter que les indications propres à cette partie, les autres précisions prévues à l'alinéa précédent doivent alors figurer, soit dans un document annexé à l'acte, soit dans un document déposé au rang des minutes d'un notaire et auquel l'acte fait référence.

Il doit également mentionner si le prix est ou non révisable et, dans l'affirmative, les modalités de sa révision.

Il doit, en outre, comporter en annexes, ou par référence à des documents déposés chez un notaire, les indications utiles relatives à la consistance et aux caractéristiques techniques de l'immeuble.

Le règlement de copropriété est remis à chaque acquéreur lors de la signature du contrat ; il doit lui être communiqué préalablement.

Lorsque avant la conclusion de la vente, le vendeur a obtenu le bénéfice d'un prêt spécial du Crédit foncier de France ou du Comptoir des entrepreneurs, le contrat doit mentionner que l'acheteur a été mis en état de prendre connaissance, dans des conditions fixées par décret, des documents relatifs à l'équilibre financier de l'opération, au vu desquels a été prise la décision de prêt. L'inobservation des dispositions du présent article entraîne la nullité du contrat. Cette nullité ne peut être invoquée que par l'acquéreur et avant l'achèvement des travaux. — *V. art. R. 261-13.*

(Abrogé par L. no 2011-525 du 17 mai 2011, art. 22-I) (L. no 79-596 du 13 juill. 1979, art. 39) ***« Lorsque la vente a été précédée d'un contrat préliminaire prévu à l'article L. 261-15, seul le contrat de vente est soumis aux dispositions des articles 16 à 18 de la loi no 79-596 du 13 juillet 1979. »***

BIBL. ▶ **Sur la garantie d'achèvement ou de remboursement :** BERLY, *Constr.-Urb. 2010. Étude 7* (garantie financière d'achèvement et permis de construire). - CHAPRON, *RDI 1994. 611*. - DAGOT, *JCP N 1997. I. 1035.* - GOURIO et DELAHAYE, *JCP N 1978. I. 237.* - PRÉA, *Defrénois 1975. 1. 1537 ; Gaz. Pal. 1976. 1. Doctr. 343* (garantie intrinsèque). - SIZAIRE, *Droit et ville 1978, no 5, p. 61* (garantie extrinsèque). - STORA, *Gaz. Pal. 1975. 2. Doctr. 444* (garanties de bonne fin). - VIGUIER, *Droit et ville 1978, no 5, p. 37* (garantie intrinsèque).

▶ **Sur ses rapports avec le permis de construire :** BERLY, *Constr.-Urb. 2010. Étude 7.* - SEEVAGEN, *RDI 2012. 143* (la garantie extrinsèque d'achèvement et les vicissitudes du permis de construire).

▶ **Sur le financement de l'opération :** COLLART-DUTILLEUL, *RDI 1989. 159* (clauses abusives). - LE MASSON, *J.-Cl. Constr., fasc. 130* (protection des emprunteurs immobiliers dans le domaine de la construction). - MAZEAUD, *JCP N 1993. I. 345* (la condition suspensive d'obtention d'un prêt immobilier à l'épreuve de la jurisprudence). – MEYSSON, *JCP N 1981. I. 17.* – PÉRICAUD, *RDI 2002. 355* (la suspension du contrat de prêt au profit de l'acquéreur de l'immeuble à construire).

▸ **Sur les mentions relatives à la consistance de l'immeuble :** BARRET, *RTD civ. 2012. 207* (les recours offerts à l'acquéreur contre le vendeur au cas de superficie insuffisante de l'immeuble vendu).

▸ **Sur la portée de l'abrogation du dernier alinéa de l'article L. 261-11 (loi nº 2011-525 du 17 mai 2011 de simplification et d'amélioration de la qualité du droit) :** TOURNAFOND, *RDI 2011. 400* (la condition suspensive d'obtention du prêt de la loi « Scrivener » bénéficie désormais au contrat préliminaire !). – ZALEWSKI, *JCP N 2011. 30* (encore du neuf dans la vente en état futur d'achèvement).

COMMENTAIRE

Cet article mentionne les règles de forme et de fond assurant la protection de l'acquéreur qui doivent être impérativement observées dans le secteur protégé, à peine de nullité du contrat de vente d'immeuble à construire. On observera que l'authenticité n'est pas requise pour les seuls besoins de la publicité foncière mais participe de la protection de l'acquéreur (acte dit de « petite solennité ») : il en résulte que le mandat donné par l'acquéreur doit également être reçu en la forme authentique.

La description de l'immeuble vendu est précisée par l'article R. 261-13, le prix et les modalités de paiement sont régis par les articles L. 261-11-1 à L. 261-13 et R. 261-14 et la garantie d'achèvement ou de remboursement est détaillée par les articles R. 261-17 à R. 261-24. Ces dernières garanties ne sont dues que si le contrat prend la forme d'une vente en l'état futur d'achèvement, la vente à terme emportant sa propre garantie par un report du paiement de la totalité du prix à l'achèvement de la construction.

Depuis la suppression du dernier alinéa de l'article en 2011, la condition suspensive d'obtention d'un prêt s'étend à tous les prêts destinés à financer l'acquisition. Il n'est donc désormais plus nécessaire de distinguer entre le contrat préliminaire et le contrat de vente d'immeuble à construire. ❑

1. L'illicéité d'une des clauses du contrat n'entraîne que la nullité de cette clause. • Civ. 3e, 24 mars 1981 : *Defrénois 1981. 1304, obs. Souleau ; RDI 1982. 247, obs. Groslière et Jestaz.* ♦ Sur l'illicéité de la clause fixant une date pour l'expiration de la garantie, V. • Aix-en-Provence, 10 févr. 1998 : *Constr.-Urb. 1998, nº 369, obs. Sizaire.*

2. Sur la nécessité de fixer un délai de livraison, V. • Civ. 3e, 20 mai 1980 : *Administrer févr. 1981. 31, note Costa.* ♦ Sur la nécessité de l'acte authentique, V. • Civ. 3e, 2 mars 1994 : *RDI 1995. 115, obs. Saint-Alary-Houin*. ♦ ... Et sa sanction, V. • Versailles, 23 oct. 1992 : *JCP N 1994. Prat. 2844.* ♦ Sur les travaux supplémentaires, V. • Civ. 3e, 17 févr. 1999 : *Constr.-Urb. 1999, nº 233* • 17 mars 1999 : *ibid.*

3. Pour un exemple de nullité du contrat et des conséquences en terme de préjudice pour le vendeur, V. • Civ. 3e, 31 mars 1993 : *Bull. civ. III, nº 47.* ♦ Manque à son devoir de conseil et engage sa responsabilité *in solidum* avec le vendeur, le notaire qui omet d'inviter les parties à conclure une vente d'immeuble à construire conforme à l'art. L. 261-10 en présence d'une rénovation lourde assimilable à la construction d'un immeuble. • Civ. 3e, 3 juill. 2000 : *JCP 2001. IV. 2546.* ♦ ... Ou qui ne s'assure pas de la réalité de la garantie d'achèvement déclarée par le vendeur, en l'espèce un cautionnement. • Pau, 25 févr. 2002 : *Constr.-Urb. 2002, nº 233, obs. Cornille.*

4. Le vendeur (dans le secteur protégé) doit attirer l'attention de l'acquéreur sur certaines contraintes particulières indiquées dans les mentions obligatoires. • Civ. 3e, 13 janv. 1982 : *RDI 1983. 465, obs. Groslière et Jestaz ; JCP N 1982. II. 261, obs. Stemmer* (inconvénients d'une servitude).

5. L'achèvement garanti extrinsèquement suppose des travaux conformes au permis de construire. • Civ. 3e, 6 oct. 1993 : *Bull. civ. III, nº 120 ; RDI 1994. 62*.

6. Les exigences des art. L. 261-11 et R. 261-13 sont satisfaites lorsque l'acte de vente de locaux en état futur d'achèvement indique qu'un plan coté des locaux vendus et une notice sont annexés à l'acte, qu'ils visent le règlement de copropriété et ses annexes et que la notice descriptive de l'ensemble pouvait être consultée chez le notaire. • Paris, 18 déc. 1984 : *D. 1986. IR 44, note Magnin.* ♦ Sur le devoir de conseil du notaire à l'égard du vendeur, V. • Civ. 1re, 21 févr. 1995 : *RDI 1995. 761* • 30 mai 1995 : *ibid.*

7. Si l'acheteur est entré en possession avant l'achèvement, le vendeur ne peut exiger le solde dès cette prise de possession, la mise à la disposition au sens de la loi devant s'entendre de la délivrance d'un immeuble conforme. • Civ. 3e, 20 févr. 1979 : *D. 1979. IR 521.*

8. Sur le droit du vendeur à déclencher la garantie d'achèvement, V. • Civ. 3e, 5 déc. 1978 : *Bull. civ. III, no 362 ; D. 1979. IR 358, note Vasseur ; RDI 1979. 222, obs. Groslière et Jestaz.*

9. Le devis, qui constitue un élément du contrat, fixe l'étendue de l'obligation de garantie : il y a défaut de conformité en cas d'absence de trappes de visite des installations sanitaires, éléments du gros œuvre, les désordres rendant l'immeuble impropre à sa destination. • Civ. 3e, 30 avr. 1985 : *JCP 1985. IV. 245.*

10. Sur l'obligation du vendeur d'exécuter le contrat de bonne foi et de livrer les prestations telles que détaillées de manière explicite dans la notice descriptive, V. • Versailles, 20 oct. 1998 : *RDI 1999. 268* (à propos d'une installation électrique non conforme à la notice annexée au contrat).

11. Le banquier qui a versé les fonds nécessaires à l'achèvement peut agir en remboursement contre le vendeur au titre de l'enrichissement sans cause. • Civ. 3e, 2 mai 1978 : *RDI 1979. 88, obs. Groslière et Jestaz.* ♦ Le banquier qui s'est engagé à fournir les fonds nécessaires à l'achèvement ne peut se voir condamner par le juge des référés à reprendre ou faire reprendre les travaux sous astreinte mais seulement à verser une provision. • Civ. 3e, 21 févr. 1979 : *RDI 1979. 478, obs. Groslière et Jestaz.*

12. Sur l'exclusion du contrat préliminaire du bénéfice des dispositions de l'art. 17 de la loi du 13 juill. 1979, V. obs. ss. art. L. 261-15.

13. Sur la requalification d'une convention dénommée par les parties contrat préliminaire de réservation en contrat de vente d'immeuble à construire, sans que le vendeur ne puisse toutefois se prévaloir de la nullité de ce contrat pour défaut des mentions obligatoires. • Grenoble, 3 sept. 2007 : *Constr.-Urb. 2008, no 75, obs. Sizaire.*

14. Les dispositions de l'art. 46 (dispositions de la loi Carrez) de la loi du 10 juill. 1965 ne sont pas applicables au contrat de vente en l'état futur d'achèvement (application du droit commun, art. 1617 et 1619, C. civ.). • Chambéry, 16 déc. 2008 : *Constr.-Urb. 2009, no 74, obs. C. Sizaire.* ♦ *Contra* : • Pau, 27 nov. 2006 : *Constr.-Urb. 2007, no 66.* ♦ Le point de départ du délai préfix d'un an de l action en diminution de prix d'une vente en l'état futur d'achèvement est la date de la livraison du bien, la vérification de la superficie de l'immeuble vendu ne pouvant être opérée qu'à cette date. • Civ. 3e 11 janv 2012 : *Bull. civ. III, no 5 ; RDI 2012. 224, obs. Tournafond et Tricoire.*

Art. L. 261-11-1 *(L. no 84-601 du 13 juill. 1984)* **Au cas où le contrat défini à l'article L. 261-11 prévoit la révision du prix, celle-ci ne peut être calculée qu'en fonction de la variation d'un indice national du bâtiment tous corps d'état mesurant l'évolution du coût des facteurs de production dans le bâtiment et publié par le ministre chargé de la construction et de l'habitation.**

La révision ne peut être faite sur chaque paiement ou dépôt que dans une limite exprimée en pourcentage de la variation de cet indice.

L'indice et la limite prévus ci-dessus sont définis par décret en Conseil d'État. Cette limite, destinée à tenir compte des frais fixes, de la valeur du terrain et des améliorations de productivité, doit être comprise entre 60 p. 100 et 80 p. 100 de la variation de l'indice. — *V. art. R. 261-15.*

L'indice servant de base pour le calcul de la révision est le dernier indice publié au jour de la signature du contrat. La variation prise en compte résulte de la comparaison de cet indice avec le dernier indice publié avant la date de chaque paiement ou dépôt.

Art. L. 261-12 **Dans le cas de vente en l'état futur d'achèvement, le vendeur ne peut exiger ni accepter aucun versement, aucun dépôt, aucune souscription ou acceptation d'effets de commerce avant la signature du contrat, ni avant la date à laquelle la créance est exigible.**

Le contrat de vente à terme peut seulement stipuler que des dépôts de garantie seront faits, à mesure de l'avancement des travaux, à un compte spécial ouvert au nom de l'acquéreur par un organisme habilité à cet effet. Les fonds ainsi déposés sont incessibles, insaisissables et indisponibles dans la limite des sommes dues par l'acheteur, sauf pour le paiement du prix.

L'interdiction de l'alinéa 1er ne comporte aucune exception et doit donc s'appliquer notamment aux montants des prêts consentis au vendeur dès lors qu'ils représentent le prix de vente ou doivent être imputés sur celui-ci. • Crim. 7 mars 1973 : *D. 1973. 376, note Roujou de Boubée.*

Art. L. 261-13 **Nonobstant toutes stipulations contraires, les clauses de résolution de plein droit concernant les obligations de versement ou de dépôt prévues aux articles L. 261-10 à L. 261-12 ne produisent effet qu'un mois après la date de la sommation ou du commandement de payer demeuré infructueux.**

Un délai peut être demandé pendant le mois ainsi imparti, conformément aux articles 1244-1 à 1244-3 du code civil.

Les effets des clauses de résolution de plein droit sont suspendus pendant le cours des délais octroyés dans les conditions prévues à l'article 1244 du code civil *[art. 1244-1 à 1244-3 C. civ.]*. **Ces clauses sont réputées n'avoir jamais joué si le débiteur se libère dans les conditions déterminées par le juge.**

COMMENTAIRE

Les clauses résolutoires de plein droit sanctionnant le manquement de l'acquéreur à ses obligations financières ne produisent effet qu'un mois après la date de la sommation ou du commandement de payer. Ce délai doit être mis à profit par l'acquéreur pour saisir le juge aux fins d'obtenir un échelonnement de sa dette sur le fondement des articles 1244-1 à 1244-3 du code civil qui ont succédé aux trois derniers alinéas de l'ancien article 1244 auquel renvoie le texte.

1. La clause résolutoire est acquise de plein droit dans le délai d'un mois du commandement de payer resté infructueux. • Civ. 3e, 18 janv. 2006 : *Bull. civ. III, no 18 ; RDI 2006. 302, note Tournafond ; Administrer févr. 2007. 54.* ◆ Les ordonnances de référé étant toujours provisoires et n'ayant pas autorité de chose jugée au principal, un arrêt ne peut déclarer irrecevable la demande du vendeur d'un immeuble en état futur d'achèvement aux fins de faire constater la résolution de la vente en application d'une clause résolutoire et par l'effet d'un commandement de payer demeuré infructueux, au motif qu'une ordonnance de référé toujours en vigueur prescrivait qu'il faudrait signifier un nouveau commandement. • Civ. 3e, 8 juin 1977 : *Bull. civ. III, no 253.*

2. S'il existe dans le contrat une clause résolutoire conventionnelle en cas de manquement de l'acquéreur à ses obligations de versement ou de dépôt, la seule offre de consigner faite par l'acquéreur dans le délai d'un mois suffit à stopper le jeu de la clause résolutoire. • Civ. 3e, 20 févr. 1979 : *D. 1979. IR 521 ; RDI 1979. 479, obs. Groslière et Jestaz.* ◆ La date qui doit être prise en compte pour déterminer si le paiement a été effectué dans le délai contractuellement convenu est celle à laquelle les fonds ont été inscrits au crédit du compte du banquier du créancier ou de son mandataire (et non celle à laquelle le créancier ou son mandataire a reçu le paiement sur son compte). • Com. 3 févr. 2009 : *Bull. civ. IV, no 16 ; D. 2009. AJ 493, note Avena-Robardet ; Constr.-Urb. 2009, no 61, obs. C. Sizaire ; JCP 2009. 10045, note Barbièri ; CCC 2009, no 95, note Leveneur ; RTD com. 2009. 417, obs. Legeais.*

3. La résolution doit être prononcée, bien que l'acheteur ait fait valoir que, s'il n'avait pas payé le solde, c'est parce qu'il n'avait pu obtenir la rectification de l'acte de vente notarié omettant de tenir compte du versement d'un acompte de 5 000 F, alors que le vendeur reconnaissait implicitement dans ses conclusions la réalité de ce versement. • Civ. 3e, 19 mars 1985 : *D. 1986. IR 45, obs. Magnin ; RDI 1987. 244, obs. Groslière et Saint-Alary-Houin ; Defrénois 1986. 404, obs. Souleau.*

4. Sur la combinaison d'une clause résolutoire de plein droit et de l'art. 1244 C. civ., V. • Civ. 3e, 27 mars 1991 : *Bull. civ. III, no 102 ; D. 1991. IR 118.*

5. Pour un exemple de résolution en cas de non-paiement du prix par l'acheteur, V. • Civ. 3e, 9 mars 1994 : *RDI 1995. 118, obs. Saint-Alary-Houin.*

6. Pour le jeu de la clause résolutoire en cas de redressement judiciaire de l'acheteur, V. • Com. 5 avr. 1994 : *RDI 1994. 666* • 14 déc. 1993 : *Bull. civ. IV, no 476 ; RDI 1994. 63.*

7. Pour l'application de la clause résolutoire d'une vente à terme, et la validation du commandement de payer malgré l'indication d'une somme supérieure au montant réel de la créance, V. • Civ. 1re, 13 nov. 1997 : *JCP N 1998. 232.*

Art. L. 261-14 Le contrat ne peut stipuler forfaitairement, en cas de résolution, le paiement, par la partie à laquelle elle est imputable, d'une indemnité supérieure à 10 p. 100 du prix.

Toutefois, les parties conservent la faculté de demander la réparation du préjudice effectivement subi.

COMMENTAIRE

La résolution visée par cet article peut jouer aussi bien au détriment du vendeur que de l'acquéreur, en application du principe posé par l'art. 1184 du code civil aux termes duquel la condition résolutoire est toujours sous-entendue dans les contrats synallagmatiques, pour le cas où l'une des parties ne respecterait pas ses obligations. ❑

1. Le fait qu'un acquéreur ait opté, dans un contrat de vente en état futur d'achèvement, pour la garantie d'achèvement, n'interdit pas qu'il puisse se prévaloir des règles du commun et réclamer la résolution du contrat dans l'hypothèse où le vendeur ne remplirait pas ses obligations, situation expressément prévue par le contrat par la stipulation d'une clause pénale. • Paris, 16 juin 1998 : *Constr.-Urb. 1998, nº 405, obs. Sizaire.* ♦ V. également, pour un exemple de résolution consécutive au renchérissement de l'opération résultant d'une décision de classement, et le rejet de la demande de garantie contre le promoteur, • Civ. 3e, 11 oct. 2000 : *Bull. civ. III, nº 163 ; Defrénois 2001. 878, obs. Périnet-Marquet ; JCP 2000. IV. 2750.*

2. Sur la faculté pour le débiteur de demander la réduction de la clause pénale, V. • Civ. 3e, 10 nov. 1992 : *RDI 1993. 389.*

3. Le vendeur ne peut se prevaloir de l'effet rétroactif de la résolution de la vente pour obtenir une indemnité correspondant à la seule occupation de l'immeuble. • Civ. 3e, 19 déc. 2007 : *Constr.-Urb. 2008, nº 18, obs. Sizaire.*

Art. L. 261-15 La vente prévue à l'article L. 261-10 peut être précédée d'un contrat préliminaire par lequel, en contrepartie d'un dépôt de garantie effectué à un compte spécial, le vendeur s'engage à réserver à un acheteur un immeuble ou une partie d'immeuble.

Ce contrat doit comporter les indications essentielles relatives à la consistance de l'immeuble, à la qualité de la construction et aux délais d'exécution des travaux ainsi qu'à la consistance, à la situation et au prix du local réservé.

Les fonds déposés en garantie sont indisponibles, incessibles et insaisissables jusqu'à la conclusion du contrat de vente.

(L. nº 79-596 du 13 juill. 1979, art. 39) **« Ils sont restitués, dans le délai de trois mois, au déposant si le contrat n'est pas conclu du fait du vendeur, si la condition suspensive prévue à l'article L. 312-16 du code de la consommation n'est pas réalisée, ou si le contrat proposé fait apparaître une différence anormale par rapport aux prévisions du contrat préliminaire ».**

Est nulle toute autre promesse d'achat ou de vente. – *V. art. R. 261-25 à R. 261-33.*

V. art. L. 271-1.

BIBL. ▶ Baudouin, *Defrénois 1994. 977.* - Bergel, *JCP 1974. I. 2669.* - Brun, *AJPI 1974. 14.* - Cabanac, *AJPI 1968. 10.* - Frank, *Administrer nov. 1986. 2.* - Grillet-Ponton, *D. 1991. Chron. 26.* - Henry, *AJPI 1978. 374.* - Malinvaud et Jestaz, *JCP 1976. I. 2790.* - Raffray, *JCP N 1997. I. 563.* - Sizaire, *JCP N 1996. I. 339.* - Tirard, *Droit et ville 1978, nº 5, p. 101.* - Viatte, *Rev. loyers 1973. 245.* - Rilov, Contrat de réservation dans les opérations de vente d'immeubles à construire, *JCP N 2003. 1332.* - Durand-Pasquier, *RDI 2012. 8* (les précisions du champ d'application du contrat et les nouveautés du contrat préliminaire. Colloque AFDC, CERCOL, 25 nov. 2011).

COMMENTAIRE

Le contrat préliminaire a été conçu d'abord dans l'intérêt du vendeur. Il lui permet en effet de mesurer l'accueil fait au programme qu'il envisage de réaliser, sans être tenu par une obligation de construire et de vendre, et de renoncer à son projet en cas de souscriptions insuffisantes. Le réservataire est dans une situation moins favorable en raison de l'immobilisation du montant du dépôt de garantie et de l'aléa dans lequel il se trouve quant à l'exécution du programme ou à sa consistance définitive.

La nature juridique du contrat, qualifié de *sui generis* par la jurisprudence, ne fait pas encore l'unanimité au sein de la doctrine, mais il est exclu qu'il puisse, sous quelque forme que ce soit, comporter un engagement d'achat par le réservataire.

Le recours au contrat préliminaire, dont le contenu et le régime sont précisés par les articles R. 261-25 à R. 261-31, n'est toutefois obligatoire que dans le secteur protégé. Dans le secteur libre, les parties peuvent conventionnellement l'adapter ou recourir à tout autre avant contrat.

Le contrat préliminaire fixe le moment où l'acquéreur peut invoquer son droit de rétractation (au titre du démarchage à domicile régi par la loi du 22 décembre 1972 ou de la protection de l'acquéreur immobilier assurée par l'article L. 271-1 du présent code) mais n'est pas soumis de plein droit à la condition suspensive de l'obtention d'un prêt (art. L. 312-16 C. consom.). ❑

I. NATURE JURIDIQUE

1. Le contrat préliminaire est un contrat synallagmatique *sui generis*, qui se distingue de la promesse de vente et échappe aux dispositions de l'art. 1840 A CGI. • Civ. 3e, 27 oct. 1975 : *Bull. civ. III, no 309 ; D. 1976. 97, note Franck ; JCP 1976. II. 18340, note Meysson et Tirard.*

2. La qualification de promesse de vente est exclue. • Civ. 3e, 17 juill. 1985 : *RDI 1986. 214, obs. Groslière et Saint-Alary.* ♦ Il en résulte que les dispositions de l'art. 1590 C. civ. sur les arrhes sont inapplicables au contrat préliminaire. • Versailles, 17 mars 1994 : *RDI 1994. 462, obs. Groslière et Saint-Alary.* ♦ Le réservataire ne peut contraindre le réservant à lui vendre les locaux réservés, dès lors que le contrat préliminaire n'est pas une promesse de vente acceptée. • Civ. 3e, 3 juin 1987 : *Bull. civ. III, no 114 ; D. 1987. IR 146 ; RDI 1987. 461, obs. Groslière et Saint-Alary-Houin* • 11 juin 1987 : *D. 1988. somm. 107, obs. Magnin.* ♦ En conséquence, viole les art. L. 261-15 et R. 261-25 à R. 261-31, la cour d'appel qui décide que le réservataire pouvait contraindre le réservant à lui vendre l'appartement objet du contrat préliminaire, tout en relevant que celui-ci ne constituait pas une promesse de vente. • Civ. 3e, 18 déc. 1984 : *Gaz. Pal. 1985. 1. Pan. 133.* ♦ En vertu des contrats de réservation, la société qui ne s'est pas engagée à vendre mais à proposer à la vente est en droit d'opposer aux réservataires la caducité des contrats de réservation, sans que les réservataires ne puissent lui opposer sa mauvaise foi, en raison du défaut d'obtention du permis de construire. • Civ. 3e, 30 nov. 2011 : *Bull. civ. III, no 203 ; D. 2011. 2996 ; RDI 2012. 95, obs. Tournafond ; JCP N 2012. 1176, obs. Randoux.*

3. Toutefois, la qualification du contrat dépend de son contenu, quand bien même il serait intitulé « contrat de réservation ». • Civ. 3e, 21 juin 1977 : *Bull. civ. III, no 270.* ♦ Ainsi, le contrat qui confère à son bénéficiaire la faculté d'acquérir l'immeuble doit être qualifié de promesse unilatérale de vente avec obligation de conclure si l'acquéreur potentiel l'exige. • Civ. 3e, 29 janv. 1980 : *Bull. civ. III, no 23* • Aix-en-Provence, 19 déc. 1984 : *RDI 1986. 214, obs. Groslière et Saint-Alary* • Rennes, 22 sept. 1994 : *JCP 1996. IV. 213.* ♦ Une requalification en promesse unilatérale de vente impose l'enregistrement du contrat à peine de nullité sur le fondement de l'art. 1840 A CGI. • Civ. 3e, 16 nov. 1994 : *D. 1995. 279, obs. Magnin.* ♦ Sur la requalification d'une convention dénommée par les parties contrat préliminaire de réservation en contrat de vente d'immeuble à construire, V. • Grenoble, 3 sept. 2007 : *Constr.-Urb. 2008, no 75, obs. Sizaire.* ♦ V. également art. L. 261-11 (note 13).

II. CONTRAT PRÉLIMINAIRE ET PROTECTION DE L'EMPRUNTEUR IMMOBILIER

4. Aux termes de l'art. L. 261-11, seul le contrat de vente est légalement soumis à la condition suspensive prévue par l'art. L. 312-16 du code de la consommation. • Civ. 3e, 20 déc. 1994 : *Bull. civ. III, no 223 ; D. 1995. 282, obs. Magnin ; RDI 1995. 337, obs. Saint-Alary-Houin.* ♦ Le réservataire ne peut donc, au stade du contrat préliminaire, invoquer la non-obtention du prêt pour prétendre à la restitution du dépôt de garantie. • Civ. 3e, 6 févr. 2002 : *Bull. civ. III, no 28 ; Constr.-Urb. 2002, no 111, obs. Cornille.* ♦ Dans le même sens, • Civ. 3e, 21 juin 2006 : *Bull. civ. III, no 155 ; RDC 2006. 1121, obs. Fenouillet ; Constr.-Urb. 2006, no 187, obs. Sizaire ; D. 2006. IR 1912.*

5. Toutefois les parties peuvent contractuellement décider de placer le contrat préliminaire sous la condition suspensive de l'obtention d'un prêt et obtenir la restitution du dépôt de garantie en cas de défaillance de la condition. • Lyon, 25 janv. 2001 : *Constr.-Urb. 2001, n*o *242, obs. Sizaire* • Nancy, 10 juin 2003 : *Constr.-Urb. 2003, n*o *47.* ◆ La défaillance de la condition provoque automatiquement la caducité du contrat de réservation, • Civ. 3e, 22 nov. 2006 : *Bull. civ. III, n*o *229 ; RDI 2007. 352, obs. Tournafond*.

III. CARACTÈRE IMPÉRATIF

6. Le contrat préliminaire est le seul contrat préparatoire à la vente que peut souscrire le candidat à l'acquisition lorsque les locaux qui en sont l'objet relèvent du secteur protégé au sens de l'art. L. 261-10. • Civ. 3e, 17 juill. 1996 : *Bull. civ. III, n*o *191 ; RDI 1996. 586, obs. Groslière et C. Saint-Alary-Houin*. ◆ Il en va ainsi même si la vente doit être conclue après l'achèvement de la construction. • Civ. 3e, 8 déc. 1981 : *Bull. civ. III, n*o *203* • 5 févr. 1985 : *Defrénois 1986, n*o *26.*

6 bis. Hors secteur protégé, les parties retrouvent la liberté de conclure l'avant-contrat de leur choix. • Civ. 3e, 16 nov. 1994 : *Bull. civ. III, n*o *196 ; D. 1995. 279, obs. Magnin*.

IV. OBLIGATIONS DES PARTIES

7. Réservation de l'immeuble par le réservant. La conclusion du contrat préliminaire ne prive pas le réservant de la possibilité de ne pas donner suite à son projet dès lors qu'il invoque des motifs sérieux et légitimes. • Rennes, 18 mai 1976 : *D. 1977. IR 90* • Lyon, 30 juin 2005 : *Constr.-Urb. 2006, n*o *1.*

8. N'exécute pas la convention de bonne foi et doit réparation du préjudice qui en découle la SCI qui refuse de réaliser la vente au profit du réservataire en invoquant un motif dont la vente du même appartement à un tiers démontre la fausseté. • Civ. 3e, 20 déc. 1982 : *Gaz. Pal. 1983. 1. Pan. 113.*

9. Mais a légalement justifié sa décision une cour d'appel qui a décidé que le vendeur avait pu valablement vendre les appartements, objets de la réservation, à des tiers, en raison de l'augmentation considérable du coût de la construction par rapport aux prévisions initiales. • Civ. 3e, 23 oct. 1985 : *Baylère c/ SCI Le pas de l'ours.*

10. Versement d'un dépôt de garantie par le réservataire. Le réservataire est seulement tenu au versement d'un dépôt de garantie. Le dépôt de garantie est la contrepartie obligatoire de l'engagement du réservant. • Versailles, 23 nov. 1982 : *RDI 1984. 198, obs. Groslière et Jestaz* • Paris, 23 mai 2007 : *Constr.-Urb. 2007, n*o *154, obs. Sizaire.*

11. Le dépôt de garantie est perdu pour le réservataire qui ne concrétise pas sa réservation. Faute d'être une clause pénale, le juge ne peut en réduire le montant. • Civ. 3e 28 mars 1990 : *Bull. civ. III, n*o *86 ; D. 1991. 187, note Cabrillac ; RDI 1991. 487, obs. Groslière et Saint-Alary*.

12. Le dépôt ne peut être réclamé *a posteriori* par le vendeur, alors que le souscripteur a révoqué sa réservation. Le vendeur a seulement droit éventuellement à des dommages-intérêts. • Colmar, 29 juin 1976 : *D. 1976. IR 290 ; JCP N 1977. II. 99, note Meysson.*

13. Indisponibilité des fonds. La banque ou le notaire, étant dépositaires, ne peuvent se dessaisir des fonds au profit du réservant avant la vente. • Com. 14 nov. 1975 : *JCP 1976. II. 18338, obs. P. M.*

14. Le dépôt de garantie, versé sur un compte spécial, du fait de son indisponibilité, est nécessairement improductif, ce qui interdit au réservant de prétendre à la perception d'intérêts. • Paris, 23 avr. 1981 : *D. 1982. IR 464, obs. Magnin.* ◆ Il ne peut pas davantage alléguer un enrichissement sans cause au profit de la banque. • Paris, 22 févr. 1988 : *RDI 1988. 219, obs. Groslière et Saint-Alary.*

15. Restitution des fonds. Le dépôt de garantie doit être restitué si l'on se trouve dans l'un des cas visés aux art. L. 261-15 et R. 261-31. Il a toutefois été jugé que l'erreur sur une qualité substantielle permet au réservataire d'obtenir la restitution du dépôt de garantie. • Lyon, 15 sept. 2005 : *Constr.-Urb. 2005, n*o *1*

16. La restitution du dépôt de garantie en application de l'art. R. 261-31 n'est pas exclusive de sanction lorsque le réservant a rompu le contrat sans motif légitime. • Civ. 3e, 3 mars 1981 : *D. 1981. IR 408, obs. Magnin ; RDI 1982. 246, obs. Groslière et Jestaz.*

V. SANCTIONS

17. Un avant-contrat qui n'observe pas les prescriptions légales encourt la nullité. • Civ. 3e, 29 janv. 1980 : *Bull. civ. III, n*o *23* • 17 avr. 1984 : *Bull. civ. III, n*o *84 ; D. 1986. IR 44, obs. Magnin ; Defrénois 1984. I. 1068, note Souleau.* ◆ Dès lors que cette sanction est encourue, le réservataire peut parfaitement refuser d'adhérer au contrat définitif, sans que le vendeur puisse lui réclamer une quelconque indemnité. • Civ. 3e, 31 mars 1993 : *Bull. civ. III, n*o *47.*

18. Nullité du contrat de réservation n'indiquant pas la date à laquelle la vente pourra être conclue et restitution du dépôt de garantie. • Versailles, 17 mars 1994 : *D. 1995. 280, obs. Magnin*. ♦ Nullité également du contrat de réservation pour absence de remise du dépôt de garantie sur un compte spécial ouvert au nom du réservataire. • Civ. 3e, 22 févr. 1995 : *Bull. civ. III, no 57 ; RDI 1995. 559, obs. Saint-Alary-Houin ; D. 1995. 281, obs. Magnin*. ♦ Même solution lorsque le compte a été ouvert au nom du réservant. • Civ. 3e, 22 sept. 2010 : *Bull. civ. III, no 163 ; Dalloz actualité, 4 oct. 2010, obs. Garcia ; D. 2010. 2228 ; ibid. 2608, chron. Monge et Nési ; Constr.-Urb. 2010, no 146, obs. Sizaire.* ♦ La portée des obligations de conseil et de renseignement du vendeur en présence d'annexe au contrat de réservation, V. • Civ. 3e, 8 mars 2000 : *Bull. civ. III, no 50 ; RDI 2000. 352, obs. Groslière et Saint-Alary-Houin*.

19. En l'absence d'une demande de dommages-intérêts, l'inexécution du fait du réservant n'a pour sanction que la restitution du dépôt de garantie. • Civ. 3e, 14 déc. 1977 : *D. 1978. IR 427, obs. Giverdon ; JCP N 1979. II. 1966, note Steinmetz et Galle ; RDI 1979. 84, obs. Groslière et Jestaz* • Civ. 3e, 17 nov. 1993 : *Bull. civ. III, no 148 ; D. 1995. 279, obs. Magnin ; RDI 1994. 62, obs. Groslière et Saint-Alary-Houin*.

20. Le réservataire ne peut poursuivre l'exécution forcée de la vente. • Civ. 3e, 18 déc. 1984 : *RDI 1985. 162.* ♦ La réalisation forcée est cependant possible pour un local commercial que le réservant a formellement promis de vendre. • Civ. 3e, 10 oct. 1978 : *JCP N 1979. II. 221, note Galle.*

21. Le vendeur peut être condamné à indemniser le réservataire s'il modifie substantiellement le contrat sans avertir ce dernier en temps utile pour lui permettre de se retirer de l'opération. • Civ. 3e, 17 nov. 1993 : *Bull. civ. III, no 148 ; JCP 1994. II. 22283, note Périnet-Marquet.* ♦ Le réservant doit justifier les modifications substantielles qu'il apporte par un motif légitime et sérieux. • Civ. 3e, 20 oct. 2004 : *RDC 2005. 264, obs. Mazeaud ; Constr.-Urb. 2005, no 223, obs. Sizaire* • Civ. 3e, 18 janv. 2006 : *Administrer févr. 2007. 53.* ♦ Sur l'obligation précontractuelle de renseignement, • Pau, 29 janv. 2007 : *JCP 2007. IV. 2536.* ♦ Sur la nécessité de reprendre dans l'acte de vente les engagements pris dans le contrat de réservation, mais également de faire la preuve desdits engagements, • Civ. 3e, 17 nov. 1999 : *RDI 2000. 191, obs. Groslière et Saint-Alary-Houin*.

22. La différence minime (moins de 3 %) entre la surface indiquée au contrat préliminaire et celle mentionnée dans le contrat de vente, • Paris, 11 mai 1998 : *Constr.-Urb. 1999, no 39, obs. Sizaire* (le caractère minime de la différence, en l'occurrence moins de 3 %, interdit à l'acquéreur de demander une réduction proportionnelle du prix et *a fortiori* la résolution de la vente pour défaut de conformité).

23. Le fait que le réservataire souscrive au contrat définitif malgré des différences avec le contrat de réservation ne le prive pas nécessairement de tout recours. La conclusion de la vente vaut renonciation à se plaindre d'une réduction de contenance par rapport au contrat préliminaire. • Civ. 3e, 24 nov. 1977 : *JCP 1979. II. 19037, note Malinvaud et Jestaz ; RDI 1979. 85 ; ibid. 1980. 179, obs. Groslière et Jestaz.* ♦ Il faut cependant que cette renonciation soit effectuée en connaissance de cause. • Civ. 3e, 21 juin 1977 : *D. 1979. 571, note Nguyen Phu Duc ; RDI 1980. 179, obs. Groslière et Jestaz.* ♦ V. également, • Civ. 3e, 8 déc. 1981 : *Bull. civ. III, no 203 ; RDI 1982. 523, obs. Groslière et Jestaz* (sur l'exigence de réserves faites expressément lors de la signature du contrat définitif). ♦ L'acquéreur ne peut se prévaloir des indications du contrat préliminaire contre celles du contrat définitif dès lors qu'il a été pleinement informé du contenu de ce dernier. • Paris, 6 sept. 2000 : *Constr.-Urb. 2001, no 56, obs. Sizaire.*

24. Ne donne pas un motif légitime à son refus de signer le contrat de vente le réservataire qui, bien que n'alléguant aucun manquement du réservant, se retire au motif qu'il juge le projet de vente inacceptable. • Civ. 3e, 15 mars 1978 : *JCP 1978. IV. 163 ; Defrénois 1978. 1070, obs. Aubert.* ♦ Comp. : • Versailles, 8 oct. 1986 : *D. 1988. Somm. 107, obs. Magnin* • Civ. 3e, 22 juill. 1987 : *ibid.*

Art. L. 261-16 **Toute clause contraire aux dispositions des articles L. 261-11 à L. 261-15 du présent code et à celles des articles 1642-1 et 1646-1 du code civil, reproduits aux articles L. 261-5 et L. 261-6 du présent code, est réputée non écrite.**

1. Une partie peut toujours, après la naissance de son droit, renoncer à l'application d'une loi, fût-elle d'ordre public. Viole donc l'art. 1134 C. civ. l'arrêt qui refuse à l'acquéreur le droit de renoncer, par une transaction, à invoquer l'application des dispositions impératives de la loi quant aux modalités de la révision du prix prévisionnel. • Civ. 3e, 27 oct. 1975 : *Bull. civ. III, no 310 ; Gaz. Pal. 1975. 2. Somm. 269.*

2. Toutes clauses contraires aux dispositions énumérées par cet article étant réputées non écrites, les dispositions de la loi doivent prévaloir sur une clause de révision illicite ; l'acquéreur est donc fondé à réclamer au vendeur le remboursement de la somme versée en application de la clause illicite. • Civ. 3e, 8 déc. 1981 : *Bull. civ. III, no 203 ; D. 1982. IR 468, obs. Magnin ; Rev. loyers 1982. 95, note J.V.*

Art. L. 261-17 *(Abrogé par L. no 2006-872 du 13 juill. 2006, art. 80-II)* ***Toute personne qui exige ou accepte un versement en violation des dispositions des articles L. 261-12 et L. 261-15 est punie d'un emprisonnement de deux ans et d'une amende de 9 000 € ou de l'une de ces deux peines seulement.***

Ne sont pas considérés comme des versements au sens du présent article, les dépôts de fonds effectués dans un compte bancaire ouvert au nom du déposant et dont celui-ci peut à tout moment disposer sans restriction d'aucune sorte.

RÉP. PÉN. vo *Construction.*

BIBL. ▶ BIHR, Le droit pénal de la construction, *thèse Nancy, 1969.* – DELMAS-MARTY, Les sociétés de construction devant la loi pénale, *1972.* – ROUJOU DE BOUBÉE, Droit pénal de la construction et de l'urbanisme, *Sirey, 1989 ; RDI 1979. 16.*

COMMENTAIRE

Les articles L. 261-17 à L. 261-19 ont été abrogés par la loi ENL et leur contenu repris sous les articles L. 263-1 à L. 263-3, communs à la vente d'immeubles à construire et à la vente d'immeubles à rénover.

1. L'interdiction faite au vendeur par cet article ne comporte pas d'exception ; elle s'applique aux montants des prêts consentis aux vendeurs par les acquéreurs, dès lors qu'ils représentent le prix de vente ou doivent être imputés sur celui-ci. • Crim. 7 mars 1973 : *Bull. crim. no 119 ; D. 1973. 736, note Roujou de Boubée.* ♦ Les juges n'ont pas à rechercher une intention frauduleuse autre que celle résultant de la violation de la loi. • Crim. 12 janv. 1988 : *Debrecey.* ♦ Sur la complicité du notaire, V. • Crim. 29 oct. 1973 : *D. 1973. IR 227.*

2. Dans un contrat de vente en état futur d'achèvement avec garantie intrinsèque de bonne fin assortie de la condition suspensive de réalisation de ladite garantie, le versement de fonds, sous forme de chèques à un compte ouvert au nom d'une SCI, effectué par les acquéreurs avant réalisation de la garantie ci-dessus, constitue le délit prévu par l'art. L. 261-17, l'art. R. 261-14 interdisant tout versement ou dépôt en pareille circonstance, et le 2e al. de l'art. L. 261-17 ne visant que l'hypothèse des dépôts de fonds à un compte ouvert au nom du déposant. • Crim. 29 oct. 1973 : *D. 1973. Somm. 150.*

3. Constitue l'élément matériel de l'infraction la remise au réservant par un réservataire d'un effet signé par ce dernier, dont la date d'acceptation, laissée en blanc, est portée ultérieurement par le bénéficiaire au même jour que celle du contrat de vente, mais dont la signature a été apposée et la remise effectuée au vendeur antérieurement à la signature dudit contrat. • T. corr. Paris, 7 janv. 1971 : *AJPI 1972. 821, note Bouyeure.*

4. Les dispositions pénales de la loi du 3 janv. 1967 s'appliquent à la convention par laquelle un des locaux composant partie d'un immeuble est vendu en état futur d'achèvement, sans qu'il y ait lieu de distinguer selon qu'il s'agit d'une édification complète de l'immeuble ou de partie de celui-ci et sans qu'il y ait lieu d'en exclure la vente de locaux destinés à être transformés sans surélévation, à l'intérieur d'un volume préexistant. • Crim. 23 oct. 1978 : *Bull. crim. no 285 ; D. 1979. IR 177.* ♦ Se rend donc coupable des délits prévus par les art. L. 261-17 et L. 261-18 le gérant de la société civile venderesse qui exige un versement de l'acheteur avant la signature du contrat et dispose ensuite des fonds au profit d'un tiers et à son profit personnel. • Même arrêt • Chambéry, 10 oct. 2007 : *Constr.-Urb. 2008, no 57, note Sizaire.* ♦ Sur les conséquences pénales d'une dissociation artificielle entre la vente de l'immeuble et les travaux de rénovation, V. • Crim. 27 janv. 2004 : *Constr.-Urb. 2004, no 72, obs. Sizaire.* ♦ V. également, condamnant le nouveau gérant d'une société de construction non personnellement coupable du détournement, • Crim. 14 févr. 1991 : *Bull. crim. no 74 ; RS crim. 1991. 596, obs. Boulan.* ♦ Sur les délits d'abus de confiance et de perception anticipée des fonds, V. • Chambéry, 10 oct. 2007 : *préc.*

Art. L. 261-18 *(Abrogé par L. nº 2006-872 du 13 juill. 2006, art. 80-II)* ***Toute personne qui, ayant reçu ou accepté un ou plusieurs versements, dépôts, souscription d'effets de commerce, à l'occasion d'une vente soumise aux dispositions du présent titre, détourne tout ou partie de ces sommes, est punie des peines*** (L. nº 92-1336 du 16 déc. 1992, art. 150) ***« de l'abus de confiance prévues par les articles 314-1 et 314-10 » du code pénal.***

1. Le fait d'employer des fonds reçus à une fin autre que celle convenue entre les parties constitue, non l'infraction prévue à l'art. L. 241-2, mais celle de l'art. L. 261-18. • Crim. 3 janv. 1985 : *Bull. crim. nº 5 ; D. 1986. IR 46, obs. Magnin.*

2. Pour une application à un détournement du dépôt de garantie, V. • Crim. 11 févr. 1991 : *D. 1991. IR 113.*

Art. L. 261-19 et L. 261-20 *Abrogés par L. nº 2006-872 du 13 juill. 2006, art. 80-II.*

Art. L. 261-21 *(Abrogé par L. nº 2006-872 du 13 juill. 2006, art. 80-II)* ***Les dispositions des articles*** (Abrogé par L. nº 2005-32 du 18 janv. 2005, art. 102-III) ***« L. 261-10, alinéa 1er, » L. 261-11, à l'exception de l'alinéa 3, L. 261-12 à L. 261-20 sont applicables aux contrats conclus à compter du 1er janvier 1968. Celles de l'article L. 261-10, alinéas 2 et 3, sont applicables à compter du 31 décembre 1972 et celles de l'article L. 261-11, alinéa 3, à compter du 1er janvier 1972*** [V. art. R. 261-33].

Toutefois, celles de l'article L. 261-11 d ne sont pas obligatoires pour les contrats portant sur des locaux compris dans un immeuble dont la construction a été commencée avant le 1er janvier 1968.

Celles des articles 1642-1 et 1646-1 du code civil, reproduits aux articles L. 261-5 et L. 261-6 du présent code, sont, nonobstant toute stipulation contraire, applicables aux contrats en cours d'exécution au 1er janvier 1968.

Les parties peuvent soumettre leurs conventions aux dispositions d'une loi déjà publiée mais non entrée en vigueur. Tel est le cas d'un contrat préliminaire de réservation intervenu le 31 août 1967 qui se référait à la loi nº 67-3 du 3 janv. 1967 alors qu'à cette date cette loi n'était pas encore entrée en application. • Civ. 3e, 23 mars 1977 : *Gaz. Pal. 1977. 2. Somm. 240.*

Art. L. 261-22 **Un décret en Conseil d'État fixe en tant que de besoin les modalités d'application du présent** *(L. nº 2006-872 du 13 juill. 2006, art. 80-IV)* **« chapitre », et notamment les conditions dans lesquelles les personnes obligées à garantie par application des articles L. 111-13,** *(L. nº 2009-526 du 12 mai 2009, art. 11-II)* **« L. 111-18 », L. 261-5 et L. 261-6 peuvent être tenues de se prémunir contre les conséquences pécuniaires qui peuvent résulter de cette garantie.** *— V. art.* R. *261-1 s.*

CHAPITRE II **VENTES D'IMMEUBLES À RÉNOVER**

(L. nº 2006-872 du 13 juill. 2006, art. 80-V)

BIBL. ▶ Séminaire de l'ICH Nantes, 6 oct. 2006, *Les travaux sur l'immeuble existant, not.* Zalewski, *« Le choix du contrat de vente ».* – SIZAIRE, Ventes d'immeuble à rénover, *Constr.-Urb. 2006. Chron. nº 11 ;* Entrée en vigueur de la vente d'immeuble à rénover : régime applicable et premières interrogations, *Constr.-Urb. 2009, étude nº 2.* – HERRNBERGER, La vente d'immeuble à rénover, enfin un statut légal, *JCP N 2006. 2025.* – MALLET-BRICOUT, Le nouveau contrat de vente d'immeuble à rénover, *RDI 2007. 17.* – GOLFIER, Vente d'immeuble à rénover et vente d'immeuble à construire, *ibid. 31.* – MALINVAUD, Les nouvelles règles de responsabilité du rénovateur, *ibid. 39.* – PÉRINET-MARQUET, Le nouveau statut de la vente d'immeubles à rénover, *ibid. 2006. 329.* – BERNARD et ZALEWSKI, La rénovation et le choix du contrat de vente après la loi ENL, *Administrer janv. 2007. 29.* – BOSGIRAUD et DAURAT, L'accession à la propriété dans le cadre de la loi ENL, *Dr. et patr., janv. 2007. 67.* – DELESALLE, Réflexions autour de la vente d'immeuble à rénover (VIR), *JCP N 2008. 1280.* – GOUNOT-HÉNO, Responsabilités et garanties du vendeur rénovateur envers l'acheteur,

Constr.-Urb. 2008, étude no 2. – TOURNAFOND, Vente d'immeuble à rénover : décréter ou réformer ?, *RDI 2008. 338* ; Vente d'immeuble à rénover : actualité et bibliographie, *ibid. 2009. 182*. – PÉRINET-MARQUET, Le décret du 16 décembre 2008 relatif à la vente d'immeubles à rénover, *RDI 2009. 80*. – ZALEWSKI, Ventes d'immeubles à construire et ventes d'immeubles à rénover, *Ellipses, 2010*.

COMMENTAIRE

Le contrat de vente d'immeuble à rénover a été institué par la loi ENL du 13 juillet 2006 pour donner un cadre juridique à la vente d'un immeuble existant sur lequel le vendeur s'oblige à exécuter des travaux. Le mécanisme s'inspire largement de la vente d'immeuble à construire, auquel il ne se substitue d'ailleurs pas, mais s'en distingue sur plusieurs points.

D'abord, la nature des locaux vendus, à usage d'habitation ou mixte, professionnel et d'habitation, participe des caractères du contrat et non pas seulement de son régime. La notion de secteur protégé est ici inhérente au contrat.

Ensuite, la spécificité du contrat se limite à la vente et non au contrat préparatoire qui relève de la promesse de vente. En outre, le contrat de vente d'immeuble à rénover est explicitement soumis aux dispositions du code civil gouvernant la vente, hormis les particularités tenant à l'obligation d'exécuter des travaux. Il s'agit donc moins d'un contrat original que d'un contrat de vente assorti de règles spéciales.

Enfin, le contrat se décline sous une forme unique, dérivée de la vente en l'état futur d'achèvement à l'exclusion de toute variante de la vente à terme.

Dès lors que les conditions d'application du contrat de vente d'immeuble à rénover sont réunies, les dispositions des articles L. 262-1 à L. 262-9 sont impératives, à peine de nullité du contrat et des sanctions pénales, civiles et administratives prévues par les articles L. 263-1 à L. 263-3. □

Art. L. 262-1 Toute personne qui vend un immeuble bâti ou une partie d'immeuble bâti, à usage d'habitation ou à usage professionnel et d'habitation, ou destiné après travaux à l'un de ces usages, qui s'engage, dans un délai déterminé par le contrat, à réaliser, directement ou indirectement, des travaux sur cet immeuble ou cette partie d'immeuble et qui perçoit des sommes d'argent de l'acquéreur avant la livraison des travaux doit conclure avec l'acquéreur un contrat soumis aux dispositions du présent chapitre.

Le vendeur transfère immédiatement à l'acquéreur ses droits sur le sol ainsi que la propriété des constructions existantes. Les ouvrages à venir deviennent la propriété de l'acquéreur au fur et à mesure de leur exécution. L'acquéreur est tenu d'en payer le prix à mesure de l'avancement des travaux.

Les dispositions du présent chapitre ne s'appliquent pas aux travaux d'agrandissement ou de restructuration complète de l'immeuble, assimilables à une reconstruction.

Le contrat mentionné au premier alinéa est soumis aux dispositions relatives à la vente d'immeubles existants, et notamment à celles du titre VI du livre III du code civil, sous réserve de l'application des articles L. 262-2 à L. 262-11 du présent code.

COMMENTAIRE

Trois caractéristiques définissent le champ d'application du contrat de vente d'immeuble à rénover :

– les locaux vendus doivent être, après travaux, des locaux d'habitation ou mixtes, professionnels et d'habitation. En revanche, la qualité de l'acquéreur (personne physique ou morale, professionnel ou non) est sans influence sur les caractères du contrat.

– le vendeur doit s'obliger à effectuer, directement ou indirectement, des travaux sur l'immeuble ou la partie d'immeuble vendu dans un délai déterminé au contrat. Hormis les travaux d'agrandissement ou de restructuration qui équivalent à une reconstruction et soumettent l'opération au régime de la vente d'immeuble à construire, la nature des travaux concernés n'est pas précisée.

– l'acquéreur doit être tenu d'effectuer des versements avant la livraison des travaux.

Transfert de propriété et paiement du prix sont calqués sur la vente en l'état futur d'achèvement. Un décret en Conseil d'État devra préciser l'échelonnement du paiement du prix à mesure de l'avancement des travaux. ❑

Art. L. 262-2 **Le vendeur d'un immeuble à rénover demeure maître d'ouvrage jusqu'à la réception des travaux.**

La réception des travaux est effectuée pour l'ensemble des travaux à une date unique qui constitue le point de départ des garanties mentionnées au dernier alinéa.

Le vendeur est tenu, pour les travaux mentionnés au premier alinéa de l'article L. 262-1, par les garanties prévues par les articles L. 111-13, L. 111-15 et L. 111-16, dès lors que les travaux entrent dans le champ d'application de ces articles.

COMMENTAIRE

La réception des travaux par le vendeur, maître de l'ouvrage (et non pas seulement détenteur des pouvoirs du maître de l'ouvrage comme dans la vente d'immeuble à construire), doit être unique et sa date fixe le point de départ des garanties décennale et de bon fonctionnement si les travaux entrent dans leur champ d'application. Sous réserve de l'application prétorienne du critère de l'indissociabilité, le vendeur est tenu de la garantie de droit commun pour l'existant et, le cas échéant, de la garantie des constructeurs pour les travaux. ❑

Art. L. 262-3 **La livraison résulte de l'établissement d'un procès-verbal établi entre le vendeur et l'acquéreur.**

Les vices de construction ou les défauts de conformité apparents affectant les travaux mentionnés au premier alinéa de l'article L. 262-1 sont dénoncés dans l'acte de livraison des travaux ou dans un délai d'un mois après cette livraison. L'action en réparation des vices de construction ou des défauts de conformité ainsi dénoncés peut être intentée dans un délai d'un an après la livraison.

COMMENTAIRE

Le texte unifie le régime de dénonciation des vices de construction et celui des défauts de conformité apparents lors de la livraison des travaux. Mais il ne s'agit que des vices et défauts relatifs aux travaux effectués et non des vices et défauts touchant à l'existant.

Apparaît une notion nouvelle, celle de livraison des travaux entre le vendeur et l'acheteur. Elle se distingue de la délivrance (art. 1605 s. du code civil), qui porte sur l'existant, et de la réception des travaux qui intervient entre le vendeur, maître de l'ouvrage, et l'entrepreneur (art. 1792-6 du code civil). ❑

Art. L. 262-4 **Tout contrat mentionné au premier alinéa de l'article L. 262-1 doit, à peine de nullité, être conclu par acte authentique.**

Ce contrat précise :

a)* La description, les caractéristiques de l'immeuble ou de la partie d'immeuble vendu et, le cas échéant, la superficie de la partie privative du lot ou de la fraction du lot en application de l'article 46 de la loi nº 65-557 du 10 juillet 1965 fixant le statut de la copropriété des immeubles bâtis** [*V. **C. copr.] **;**

***b)* La description des travaux à réaliser précisant, le cas échéant, les travaux concernant les parties communes et ceux concernant les parties privatives ;**

c) Le prix de l'immeuble ;

d) Le délai de réalisation des travaux ;

e) La justification de la garantie financière d'achèvement des travaux fournie par le vendeur ;

f) Les justifications des assurances de responsabilité et de dommages souscrites par le vendeur concernant les travaux lorsque ceux-ci relèvent des articles L. 111-15 et L. 111-16 du présent code, en application des articles L. 241-2 et L. 242-1 du code des assurances.

Le contrat doit en outre comporter en annexe, ou par référence à des documents déposés chez un notaire, les indications utiles relatives à la consistance et aux caractéristiques techniques des travaux.

Il doit également mentionner si le prix est ou non révisable et, dans l'affirmative, les modalités de sa révision.

Le règlement de copropriété est communiqué à chaque acquéreur préalablement à la signature du contrat. En tout état de cause, il est remis à chaque acquéreur lors de la signature du contrat.

En cas d'inobservation des dispositions du présent article, la nullité du contrat ne peut être invoquée que par l'acquéreur et avant la livraison.

COMMENTAIRE

La forme et le contenu du contrat sont très largement inspirés de la vente en l'état futur d'achèvement. Toutefois, l'obligation de justifier des contrats d'assurance responsabilité des constructeurs et dommages ouvrage, lorsque la nature des travaux l'impose, est empruntée au contrat de construction de maison individuelle. ❑

Art. L. 262-5 Au cas où le contrat défini à l'article L. 262-1 prévoit la révision du prix, celle-ci ne peut être calculée qu'en fonction de la variation d'un indice national du bâtiment tous corps d'état mesurant l'évolution du coût des facteurs de production dans le bâtiment et publié par le ministre chargé de la construction et de l'habitation.

La révision ne peut être faite sur chaque paiement ou dépôt que dans une limite exprimée en pourcentage de la variation de cet indice.

L'indice et la limite prévus ci-dessus sont définis par décret en Conseil d'État. – *V. art. R. 262-11.*

L'indice servant de base au calcul de la révision est le dernier indice publié au jour de la signature du contrat. La variation prise en compte résulte de la comparaison de cet indice avec le dernier indice publié avant la date de chaque paiement ou dépôt.

Art. L. 262-6 La cession par l'acquéreur des droits qu'il tient d'une vente d'immeuble à rénover substitue de plein droit le cessionnaire dans les obligations de l'acquéreur envers le vendeur.

Si la vente a été assortie d'un mandat, celui-ci se poursuit entre le vendeur et le cessionnaire.

Les dispositions du présent article s'appliquent à toute mutation entre vifs, volontaire ou forcée, ou à cause de mort.

Art. L. 262-7 La garantie d'achèvement des travaux est constituée par une caution solidaire donnée par un établissement de crédit ou par une entreprise d'assurance agréée à cet effet.

COMMENTAIRE

Le législateur a imposé une garantie bancaire d'achèvement des travaux, à l'exclusion d'une garantie de remboursement et de toute forme de garantie intrinsèque. En dépit du maintien de la référence à une caution solidaire, il est probable que la Cour de cassation maintiendra la qualification de garantie autonome à première demande qu'elle avait retenue en matière de vente d'immeuble à construire, compte tenu de la nature de l'obligation du garant.

Le coût de ce type de garantie pourrait contribuer à freiner le recours au contrat de vente d'immeuble à rénover et à lui faire préférer une vente de droit commun, conclue après l'achèvement des travaux. ❑

Art. L. 262-8 **L'acquéreur effectue le règlement du prix en fonction de l'état d'avancement des travaux.**

Le vendeur ne peut exiger ou accepter aucun versement, aucun dépôt, aucune souscription ou acceptation d'effets de commerce avant la date à laquelle la créance est exigible.

Art. L. 262-9 **Toute promesse de vente d'un bien immobilier soumis aux dispositions du premier alinéa de l'article L. 262-1 doit comporter, à peine de nullité, les indications essentielles relatives à ses caractéristiques, au descriptif et au délai de réalisation des travaux, à son prix, ainsi que l'engagement du vendeur de produire, lors de la signature de l'acte authentique de vente, les justifications de la garantie d'achèvement des travaux et des assurances, respectivement prévues aux *e* et *f* de l'article L. 262-4.**

COMMENTAIRE

A défaut de la mise en place d'un contrat spécifique, la promesse de vente, unilatérale ou synallagmatique, constitue le contrat préparatoire à la vente à rénover, sous réserve de comporter diverses informations et obligations. En revanche, le texte paraît implicitement interdire toute promesse unilatérale d'achat, même exclusive de tout versement de la part du promettant (art. 1589-1 du code civil). ❑

Art. L. 262-10 **Les dispositions du présent chapitre sont d'ordre public.**

Art. L. 262-11 **Un décret en Conseil d'État fixe les modalités d'application du présent chapitre.** – *V. art. R. 262-1 s.*

CHAPITRE III DISPOSITIONS COMMUNES

(L. nº 2006-872 du 13 juill. 2006, art. 80-V)

BIBL. ► TOMASIN, L'influence de la crise sur les garanties des acquéreurs ; Colloque l'influence de la crise sur le droit immobilier, *RDI 2010. 41*.

Art. L. 263-1 **Toute personne qui exige ou accepte un versement en violation des dispositions des articles L. 261-12, L. 261-15 et L. 262-8 est punie d'un emprisonnement de deux ans et d'une amende de 9 000 € ou de l'une de ces deux peines seulement.**

Ne sont pas considérés comme des versements au sens du présent article les dépôts de fonds effectués sur un compte bancaire ouvert au nom du déposant et dont celui-ci peut à tout moment disposer sans restriction d'aucune sorte.

COMMENTAIRE

Toute violation des règles relatives au versement de fonds par l'acquéreur est pénalement sanctionnée, qu'il s'agisse de l'acceptation d'un versement non autorisé, comme l'indique l'article L. 263-1, ou d'un détournement des sommes perçues, ainsi que le prévoit l'article L. 263-2. Ce dispositif répressif est désormais partagé entre le vendeur d'immeuble à construire et le vendeur d'immeuble à rénover. ❑

1. L'interdiction faite au vendeur par cet article ne comporte pas d'exception ; elle s'applique aux montants des prêts consentis aux vendeurs par les acquéreurs, dès lors qu'ils représentent le prix de vente ou doivent être imputés sur celui-ci. • Crim. 7 mars 1973 : *Bull. crim. n° 119 ; D. 1973. 736, note Roujou de Boubée.* ◆ Les juges n'ont pas à rechercher une intention frauduleuse autre que celle résultant de la violation de la loi. • Crim. 12 janv. 1988 : *Debrecey.* ◆ Sur la complicité du notaire, V. • Crim. 29 oct. 1973 : *D. 1973. IR 227.*

2. Dans un contrat de vente en état futur d'achèvement avec garantie intrinsèque de bonne fin assortie de la condition suspensive de réalisation de ladite garantie, le versement de fonds, sous forme de chèques à un compte ouvert au nom d'une SCI, effectué par les acquéreurs avant réalisation de la garantie ci-dessus, constitue le délit prévu par l'art. L. 261-17, l'art. R. 261-14 interdisant tout versement ou dépôt en pareille circonstance, et le 2e al. de l'art. L. 261-17 ne visant que l'hypothèse des dépôts de fonds à un compte ouvert au nom du déposant. • Crim. 29 oct. 1973 : *D. 1973. Somm. 150.*

3. Constitue l'élément matériel de l'infraction la remise au réservant par un réservataire d'un effet signé par ce dernier, dont la date d'acceptation, laissée en blanc, est portée ultérieurement par le bénéficiaire au même jour que celle du contrat de vente, mais dont la signature a été apposée et la remise effectuée au vendeur antérieurement à la signature dudit contrat. • T. corr. Paris, 7 janv. 1971 : *AJPI 1972. 821, note Bouyeure.*

4. Les dispositions pénales de la loi du 3 janv. 1967 s'appliquent à la convention par laquelle un des locaux composant partie d'un immeuble est vendu en état futur d'achèvement, sans qu'il y ait lieu de distinguer selon qu'il s'agit d'une édification complète de l'immeuble ou de partie de celui-ci et sans qu'il y ait lieu d'en exclure la vente de locaux destinés à être transformés sans surélévation, à l'intérieur d'un volume préexistant. • Crim. 23 oct. 1978 : *Bull. crim. n° 285 ; D. 1979. IR 177.* ◆ Sur les conséquences pénales d'une dissociation artificielle entre la vente de l'immeuble et les travaux de rénovation, V. • Crim. 27 janv. 2004 : *Constr.-Urb. 2004, n° 72, obs. Sizaire.*

5. Se rend coupable des délits prévus par les art. L. 261-17 et L. 261-18 le gérant de la société civile venderesse qui exige un versement de l'acheteur avant la signature du contrat et dispose ensuite des fonds au profit d'un tiers et à son profit personnel. • Crim. 23 oct. 1978 : *préc. note 4.* ◆ Sur les délits d'abus de confiance, de perception anticipée des fonds et de détournement de fonds, • Chambéry, 10 oct. 2007 : *Constr.-Urb. 2008. n° 57, obs. Sizaire.*

Art. L. 263-2 Toute personne qui, ayant reçu ou accepté un ou plusieurs versements, dépôts, souscriptions d'effets de commerce, à l'occasion d'une vente soumise aux dispositions du présent titre, détourne tout ou partie de ces sommes, est punie des peines prévues aux articles 314-1 et 314-10 du code pénal.

1. Le fait d'employer des fonds reçus à une fin autre que celle convenue entre les parties constitue, non l'infraction prévue à l'art. L. 241-2, mais celle prévue à l'art. L. 261-18. • Crim. 3 janv. 1985 : *Bull. crim. n° 5 ; D. 1986. IR 46, obs. Magnin.*

2. Pour une application à un détournement du dépôt de garantie, V. • Crim. 11 févr. 1991 : *D. 1991. IR 113.* ◆ Condamnant le nouveau gérant d'une société de construction non personnellement coupable du détournement, • Crim. 14 févr. 1991 : *RS crim. 1991. 596, obs. Boulan.*

Art. L. 263-3 Ne peuvent procéder habituellement, à titre quelconque, directement ou par personne interposée, pour leur compte ou pour celui d'autrui, aux opérations soumises aux dispositions du présent chapitre les personnes condamnées en application des articles L. 263-1 et L. 263-2, ainsi que celles auxquelles, en application de l'article L. 241-7, il est interdit de procéder aux opérations mentionnées aux articles L. 214-6 à L. 214-9.

TITRE SEPTIÈME PROTECTION DE L'ACQUÉREUR IMMOBILIER

(L. nº 2000-1208 du 13 déc. 2000, art. 72-I)

CHAPITRE UNIQUE

BIBL. ▸ PIZZIO, *RTD civ. 1976. 66.* – FERRIER, *D. 1980. Chron. 177* (dispositions d'ordre public visant à préserver la réflexion des contractants). – BAILLOD, *RTD civ. 1984. 227* (droit de repentir). – HUGOT, *JCP N 1990. Prat. 9* (démarchage, délai de réflexion et de rétractation). – VION, *Defrénois 1990. 257* (rétractation). – CHRISTIANOS, *D. 1993. Chron. 28* (délai de réflexion). – DEMESLAY, *Rev. jur. Ouest 1997. 153* (droit de repentir). – MIRABAIL, La rétractation en droit privé, *LGDJ 1997.* – BRUN, *Dr. et patr., mai 1998. 78* (droit de revenir sur son engagement).

▸ **Depuis la loi nº 2000-1208 du 13 décembre 2000 :** DAGOT, *JCP N 2001, p. 914.* – LE MASSON, *Administrer avr. 2001. 39 ; ibid., mai 2001. 30.* – PELLETIER, *Defrénois 2001. 205.* – RAULT, *JCP 2001. I. 294, nº 6.* – SAINT-ALARY-HOUIN et TOMASIN, *RDI 2001. 13*. – BOULANGER, *JCP N 2001. 1767* (art. L. 271-1 et terrain à bâtir). – SOMMER, *JCP N 2001, p. 927.* – VAUVILLÉ, *Dr. et patr., déc. 2001, p. 51* (liquidation judiciaire et loi SRU). – MAGNIN, *LPA 26 févr. 2001* (distinction entre délai de rétractation et délai de réflexion) ; *ibid. 22 oct. 2001* (effets pervers de la loi SRU pour le vendeur d'immeuble) ; *ibid. 7 avr. 2003* (l'acquéreur non professionnel au sens de l'art. L. 271-1). – PÉRINET-MARQUET, *ibid. N 2001. 533 ; JCP N 2002. 953.* – BERGEL, *Dr. et patr. nov. 2002, p. 54* (protection de l'acquéreur immobilier). – BERNARDEAU, *JCP 2002, p. 1719* (droit communautaire et droit de rétractation). – BONDUELLE et LECŒUR, *JCP N 2003, p. 1629* (renonciation à l'art. R. 261-30 CCH et protection de l'acquéreur immobilier). – PUYGAUTHIER, *JCP N 2003, p. 566* (les régimes matrimoniaux et le droit de rétractation). – PICASSO, *Dr. et patr. oct. 2003, p. 44* (régime juridique du délai de réflexion). – D. BOULANGER, *JCP N 2004, p. 1582* (détermination de la date de réception ou de remise de l'acte sous seing privé). – C. BOSGIRAUD et B. NITOT, *Dr. et patr. juin 2005, p. 26* (difficultés d'application de l'art. L. 271-1). – V. également, COLLART-DUTILLEUL et MAGOIS, Acheter ou vendre un bien immobilier, *Delmas, 3e éd., 2004, spéc. p. 177.*

▸ **Depuis la loi nº 2006-872 du 13 juillet 2006 :** COHET-CORDEY, *AJDI 2006. 698* (loi ENL et accession à la propriété) ; *AJDI 2009. 183* (délai de rétractation et délai de réflexion : les modalités de remise en main propre enfin précisées. A propos du décret nº 2008-1371 du 19 décembre 2008). – BOSGIRAUD et DAURAT, *Dr. et patr. janv. 2007. 67* (l'accession à la propriété dans le cadre de la loi ENL). – BOULANGER, *JCP N 2008. 1149* (usage mixte). – DURAND-PASQUIER, *Constr.-Urb. 2008. Focus 30* (interprétation du droit de rétractation). – PÉRINET-MARQUET, *Constr.-Urb. 2008. Repère 1.* – SIZAIRE, *Constr.-Urb. 2010, nº 11* (délai de rétractation de l'art. L. 271-1 et difficultés d'application). – SUQUET-COZIC, *BPI Francis Lefebvre nº 3/11. 176* (comment purger le droit de rétractation et dormir tranquille).

COMMENTAIRE

Une faculté de rétractation de sept jours avait été instituée par l'article 20 de la loi nº 89-1010 du 31 décembre 1989, relative à la prévention et au règlement des difficultés liées au surendettement des particuliers et des familles, pour les principaux contrats concernant la construction ou l'acquisition d'un immeuble d'habitation neuf.

L'article 72 de la loi nº 2000-1208 du 13 décembre 2000 relative à la solidarité et au renouvellement urbains, en vigueur le 1er juin 2001, a abrogé cette précédente disposition et rénové ce titre septième.

Son unique chapitre a été renforcé par l'ordonnance nº 2005-655 du 8 juin 2005, qui y a inséré trois nouveaux articles relatifs au diagnostic technique et aux professionnels chargés d'y procéder.

Ce titre a fait l'objet de nouvelles modifications par l'article 96 de la loi nº 2006-872 du 13 juillet 2006 portant engagement national pour le logement, dont l'apport le plus immédiatement visible est la création dans ce chapitre unique de deux sections destinées à distinguer le type de protection dont bénéficie l'acquéreur immobilier. ❑

SECTION PREMIÈRE **DISPOSITIONS GÉNÉRALES** *(L. nº 2006-872 du 13 juill. 2006, art. 79-IV-9º).*

Art. L. 271-1 **Pour tout acte ayant pour objet la construction ou l'acquisition d'un immeuble à usage d'habitation, la souscription de parts donnant vocation à l'attribution en jouissance ou en propriété d'immeubles d'habitation ou la vente d'immeubles à construire ou de location-accession à la propriété immobilière, l'acquéreur non professionnel peut se rétracter dans un délai de sept jours à compter du lendemain de la première présentation de la lettre lui notifiant l'acte.**

Cet acte est notifié à l'acquéreur par lettre recommandée avec demande d'avis de réception ou par tout autre moyen présentant des garanties équivalentes pour la détermination de la date de réception ou de remise. La faculté de rétractation est exercée dans ces mêmes formes.

(L. nº 2006-872 du 13 juill. 2006, art. 96) **« Lorsque l'acte est conclu par l'intermédiaire d'un professionnel ayant reçu mandat pour prêter son concours à la vente, cet acte peut être remis directement au bénéficiaire du droit de rétractation. Dans ce cas, le délai de rétractation court à compter du lendemain de la remise de l'acte, qui doit être attestée selon des modalités fixées par décret.** – *V. art. D. 271-6.*

« Lorsque le contrat constatant ou réalisant la convention est précédé d'un contrat préliminaire ou d'une promesse synallagmatique ou unilatérale, les dispositions figurant aux trois alinéas précédents ne s'appliquent qu'à ce contrat ou à cette promesse.

« Lorsque le contrat constatant ou réalisant la convention est dressé en la forme authentique et n'est pas précédé d'un contrat préliminaire ou d'une promesse synallagmatique ou unilatérale, l'acquéreur non professionnel dispose d'un délai de réflexion de sept jours à compter de la notification ou de la remise du projet d'acte selon les mêmes modalités que celles prévues pour le délai de rétractation mentionné aux premier et troisième alinéas. En aucun cas l'acte authentique ne peut être signé pendant ce délai de sept jours. » – *V. art. D. 271-7.*

COMMENTAIRE

L'article L. 271-1, issu de la loi nº 89-1010 du 31 décembre 1989, relative à la prévention et au règlement des difficultés liées au surendettement des particuliers et des familles, a institué en faveur de l'accédant à la propriété d'un logement neuf, lorsque le contrat est établi par acte sous seing privé, un **délai de rétractation** d'une durée de sept jours à compter du lendemain de la première présentation de la lettre lui notifiant l'acte. Cette disposition a été modifiée une première fois par la loi nº 2000-1208 du 13 décembre 2000 relative à la solidarité et au renouvellement urbains (SRU), accordant à l'acquéreur, lorsque l'acte est dressé en la forme authentique, un **délai de réflexion** de sept jours à compter de la notification ou de la remise d'un projet d'acte.

La loi SRU a donc étendu la faculté offerte au contractant non professionnel de revenir sur son engagement à l'ensemble des actes sous seing privé présidant à l'acquisition ou à la construction d'un bien immobilier destiné au logement, qu'il soit neuf ou ancien et que le vendeur soit ou non professionnel.

Elle a également décidé de comprendre dans le domaine d'application du texte les actes authentiques même si, en raison de leur nature particulière, la référence à un délai de réflexion a semblé plus opportune.

Cette dualité de régime liée à la nature de l'acte, selon que celui-ci est sous seing privé ou authentique, ayant toutefois soulevé des difficultés d'application, la loi nº 2006-872 du 13 juillet 2006 portant engagement national pour le logement (ENL) a soumis tous les avant-contrats, quelle que soit leur nature, au seul délai de rétractation de sept jours. Le délai de réflexion est, quant à lui, désormais réservé aux contrats authentiques non précédés d'un avant-contrat, situation peu fréquente en pratique.

La loi ENL a également modifié le texte qui, dans sa version de la loi SRU, n'a pas manqué de susciter des interrogations quant aux modalités de notification de l'acte. Il était en effet originellement prévu que le délai dans lequel il était possible de renoncer à l'opération trouvait son point de départ à compter du lendemain de la première présentation soit d'une lettre recommandée, soit de « tout autre moyen présentant des garanties équivalentes ».

Les premières décisions de justice intervenues n'ont pas apporté de réponse uniforme quant au sens à donner à cette dernière expression, s'agissant de savoir si la remise contre émargement ou récépissé était ou non admissible, ou s'il fallait distinguer selon que l'intermédiaire était un agent immobilier ou un notaire. La loi du 13 juillet 2006 a opportunément tenté de mettre un terme au débat en consacrant le principe de la remise directe lorsque l'acte est conclu par l'intermédiaire d'un professionnel mandaté. Mais faute de décret d'application, cette tentative est restée vaine. Par plusieurs arrêts, la Cour de cassation a considéré que la remise en main propre ne répond pas aux exigences de l'article L. 271-1 du code de la construction et de l'habitation (V. en dernier lieu, Civ. 3e, 18 nov. 2009, *Bull. civ. III, no 258*). Le décret no 2008-1371 du 19 déc 2008 devrait clore la controverse (V. CCH, art. D. 271-6 et D. 271-7) Ce décret, qui contredit la jurisprudence précitée n'est cependant applicable qu'aux actes conclus après son entrée en vigueur.

Selon la lettre du texte, le législateur semble avoir réservé cette modalité aux seules notifications réalisées par l'intermédiaire d'un professionnel ayant reçu mandat pour prêter son concours à une **vente**. Il pourrait s'agir cependant d'une maladresse de plume puisque le dispositif de protection mis en œuvre par le présent texte a vocation à s'appliquer aux autres contrats permettant d'acquérir un logement. Le décret du 19 décembre 2008 ne reprend d'ailleurs pas cette précision.

Il est par ailleurs regrettable que le législateur de 2006 n'ait pas profité de la réécriture du présent article pour apporter les précisions attendues par les commentateurs de la loi SRU.

De la sorte, reste en suspend la question du point de départ du délai de sept jours. Pour certains, le « lendemain de la première présentation » n'est pas à prendre en compte, au sens de l'article 642 du nouveau code de procédure civile, le délai ne commençant à courir que du surlendemain de la première présentation (en ce sens, V. Périnet-Marquet, *JCP N 2001. 539 ;* Dagot, *JCP N 2001. 916 ;* dans un sens contraire, V. Le Masson, *Administrer avr. 2001. 39 ;* Collart-Dutilleul et Magois, Acheter ou vendre un bien immobilier, *Delmas, 2004, no 1432*).

Une autre incertitude tient à l'appréhension de l'« acquéreur non professionnel ». Pour la jurisprudence, il s'agit de celui qui conclut un contrat extérieur à son activité professionnelle, sans rapport direct entre les deux. La doctrine en tire la conséquence que la compétence n'aurait rien à voir avec cette notion, l'idée étant de protéger l'acquéreur contre ses emportements. Dès lors, n'importe quel professionnel de l'immobilier pourrait bénéficier de la protection légale dans la mesure où l'achat est effectué pour son propre compte et pour son patrimoine privé. Au regard de la charge de la preuve, on admet que ce n'est pas à l'acquéreur de faire la démonstration de ce qu'il n'est pas professionnel, mais bel et bien au vendeur de tirer cette conclusion des données juridiques et économiques environnant l'achat.

La question de savoir si le texte peut être invoqué par une personne morale n'a pas plus de réponse certaine. Quelques indices, comme son application au secteur du logement, les difficultés inhérentes à la notification et à l'exercice de la rétractation par une personne morale, l'hostilité de la jurisprudence à accorder aux personnes morales le bénéfice d'une protection offerte aux personnes physiques, conduisent les auteurs à exclure les personnes morales, privées ou publiques, du champ d'application de l'article L. 271-1.

Des doutes subsistent également sur la portée du texte en présence d'une pluralité d'acquéreurs, d'une clause de substitution, du droit de préemption du locataire. Il suffit d'avancer, afin d'assurer la sécurité juridique de l'opération, qu'il est préférable de notifier l'acte à toutes les parties en cause.

L'objet de l'acte offrant un délai de réflexion ou de rétractation présente lui aussi quelques failles. L'accord se fait sur l'idée qu'il doit s'agir d'une acquisition à titre onéreux. Dans l'hypothèse d'une vente, sa forme est indifférente, et le texte s'applique à la vente conditionnelle, avec rente viagère ou à réméré. Peut-être faut-il y associer l'échange consenti contre une soulte importante, car l'échange réalise incontestablement une double acquisition. En ce cas, il est avéré que chaque partie doit notifier l'acte à l'autre. La donation avec charge devrait pouvoir être comprise dans le champ de la protection. Il s'agit d'une acquisition nécessitant le consentement du donataire, même si l'émolument reste inférieur au montant de la charge.

En revanche, la protection ne devrait pas intéresser la dation en paiement, la cession de terrain contre remise de locaux à construire ni même l'apport en société, ces actes n'ayant pas pour objet d'acquérir ou de construire un logement. Une réponse identique doit être apportée, en dépit d'une jurisprudence plus libérale (V. ci-dessous), en matière d'acquisition d'un terrain à bâtir, l'usage direct du terrain, objet du contrat, n'étant pas l'habitation.

Le nouveau régime mis en place n'indique pas si la faculté de rétractation ou le délai de réflexion intéressent les contrats dont l'objet est l'acquisition ou la construction d'un immeuble à usage mixte professionnel et d'habitation (sur la question, V. Carteron, *AJDI 2001. 502* ; Périnet-Marquet, *JCP N 2002. 953*). Après une réponse ministérielle excluant du domaine d'application du texte la vente d'un garage, local annexe à un immeuble d'habitation (Rép. min. nº 23425 : *JOAN Q 3 nov. 2003, p. 8463*), la troisième chambre civile de la Cour de cassation, dans un arrêt du 30 janvier 2008 (V. note 9) a estimé que la faculté de rétractation et le délai de réflexion prévus à l'article L. 271-1 ne s'appliquaient pas aux biens immobiliers à usage mixte. ❑

I. CHAMP D'APPLICATION

1. L'art. L. 271-1 est applicable au contrat préliminaire à l'achat d'une parcelle dans un lotissement, et la faculté de rétractation dont profite ainsi l'acquéreur doit être mentionnée au contrat. • Versailles, 8 janv. 1999 : *RDI 1999. 267 ; Constr.-Urb. 1999, nº 214, obs. Cornille.* ♦ Pour l'annulation d'un contrat de réservation portant sur un terrain, V. • Montpellier, 7 oct. 2003 : *Constr.-Urb. 2004, nº 33, obs. crit. Cornille.*

2. Peu important qu'il ait pour objet la vente d'un terrain à bâtir, le compromis faisant expressément référence à l'art. L. 271-1 et qui n'a pas été notifié permet à l'acquéreur de se rétracter après l'expiration du délai de sept jours suivant sa signature. • Rennes, 15 juin 2006 : *RG nº 05/02379.*

3. La faculté de rétractation et le délai de réflexion prévus à l'article L. 271-1 ne s'appliquent pas aux biens immobiliers à usage mixte. • Civ. 3e, 30 janv. 2008 : *Bull. civ. III, nº 15 ; BICC 1er mai 2008, nº 732 ; AJDI 2008. 963, obs. Cohet-Cordey ; D. 2008. 1230, note Nési ; JCP N 2008, nº 1231, note Périnet-Marquet ; Administrer août-sept. 2008, p. 56, note Zalewski ; Constr.-Urb. 2008, nº 36, obs. Cornille.*

4. Pour une application de l'art. L. 271-1 dans sa rédaction de la loi du 31 déc. 1989, et la possibilité de pallier l'absence de notification d'un contrat de réservation par la signature de l'acte authentique par le réservataire, V. • Toulouse, 7 juin 2004 : *Constr.-Urb. 2004, nº 183, obs. Cornille.*

5. Jugeant qu'une personne morale ne bénéficie pas du droit de rétractation de l'article L. 271-1. • TGI Nice, 1er mars 2010 : *BPIM nº 3/10, nº 226* • Aix-en-Provence, 15 avr. 2011 : *JCP N 2011. 1215, obs. Garçon.*

II. RÉGIME

6. Les dispositions de l'art. 642 NCPC sont applicables au délai de réflexion prévu par l'art. L. 271-1. • Civ. 3e, 5 déc. 2007 : *Bull. civ. III, nº 216 ; D. 2008. 1224, chron. A. Monge et Nési.*

7. Remise en main propre. Sous le régime antérieur à celui mis en œuvre par la loi du 13 juill. 2006, il a été jugé que la remise d'un acte sous seing privé contre récépissé par un agent immobilier ne présente pas la garantie équivalente à la lettre recommandée avec accusé de réception pour la détermination du point de départ du délai de rétractation. Pour que la date ne puisse être discutée, il est nécessaire que la remise soit faite par un tiers, hors des locaux de l'agence immobilière ou à un autre moment que lors d'une visite domiciliaire. • Toulouse, 1er déc. 2003 : *JCP N 2004, p. 1025 ; Constr.-Urb. 2004, n° 109, obs. Cornille ; JCP N 2004, p. 1582, comm. D. Boulanger ; Rev. contrats 2004, p. 1131, obs. Sagaut.* ♦ Dans le même sens, V. Rép. min. n° 41440 : *JOAN Q, 5 oct. 2004, p. 7789 ; JCP N 2004, p. 1574.*

8. A l'inverse, il a été jugé que la remise directe par l'agent immobilier de l'acte sous seing privé contre récépissé satisfait aux prescriptions de l'art. L. 271-1, « dès lors qu'elle permet de s'assurer avec certitude de la date de remise », • Paris, 2 déc. 2004 : *RG n° 04/16306.* ♦ Dans le même sens, V. • Douai, 10 oct. 2005 : *Constr.-Urb. 2006, n° 91, obs. Cornille* • Paris, 15 mars 2007 : *Constr.-Urb. 2007, n° 144, obs. Sizaire.* ♦ A noter que si l'agence immobilière était mandataire tout à la fois du vendeur et de l'acquéreur, la rétractation faite auprès de cette agence produit tous ses effets à l'égard du vendeur. • Paris, 4 févr. 2009 : *AJDI 2010. 65, obs. Thioye.*

9. La remise d'un acte sous seing privé contre récépissé par un notaire vaut notification et fait courir le délai de rétractation. • TGI Nantes, 21 oct. 2003 : *RG n° 02/05875.* ♦ V. également * Rép. min. n° 41440 : *préc. note 5.*

10. La controverse jurisprudentielle a sans doute été éteinte par la Cour de cassation, selon laquelle la remise en mains propres ne remplit pas la condition exigée par l'art. L. 271-1, dans sa rédaction issue de la loi du 13 décembre 2000, et portant sur un mode de notification présentant des garanties équivalentes à la lettre recommandée avec demande d'avis de réception. • Civ. 3e, 27 févr. 2008 : *Bull. civ. III, n° 37 ; BICC 1er juin 2008, n° 958 ; D. 2008. 785, obs. Forest ; ibid. 1230, note Nési ; JCP N 2008. 1215, note Leveneur ; AJDI 2009. 58, obs. Cohet-Cordey ; Dr. et patr. juin 2008, p. 32, obs. Cuif ; Administrer mai 2009, p. 57, obs. Valdès* • 18 juin 2008 : *AJDI 2009. 471, obs. Cohet-Cordey* • Civ. 3e, 18 nov. 2009 : *Bull. civ. III, 258 ; D. 2009 AJ 2935 ; Constr.-Urb. 2010, n° 11, obs. C. Sizaire ; JCP E 2010, n° 1047.* • Civ. 3e, 26 janv. 2011 : *Bull. civ. III, n° 15 ; JCP N 2011. 1102, obs. Le Magueresse.*

11. Depuis la loi n° 2006-872 du 13 juillet 2006. La pratique d'une attestation établie par le notaire rédacteur de l'acte et signée de l'acquéreur non professionnel, qui porte les mentions manuscrites prévues aux articles D. 271-6 et D. 271-7 est conforme aux dispositions de l'article L. 271-1., * Rép. min. 44075 : *JOAN Q 2 févr. 2010. 1168.*

12. Lorsque l'avis de réception de la lettre recommandée adressée au nom de chacun des époux co-acquéreurs porte la signature d'un seul époux et non des deux, il n'est pas démontré que l'autre époux a reçu notification du délai de rétractation, le délai ne court donc pas à son égard. • Civ. 3e, 9 juin 2010 : *Bull. civ. III, n° 120* (1re esp.). ♦ Une notification effectuée non par lettres distinctes, adressées à chacun des époux acquéreurs, mais par une lettre unique libellée au nom des deux, ne peut produire d'effet à l'égard des deux époux que si l'avis de réception est signé par chacun d'entre eux ou si l'époux signataire était muni d'un pouvoir à l'effet de représenter son conjoint, • Civ. 3e, 9 juin 2010 : *Bull. civ. III, n° 114 ; JCP N 2010. 1248, obs. Boulanger ; Constr.-Urb. 2010. 123, obs. Sizaire ; JCP N 2010. 1320, obs. Piedelièvre ; RDC 2010. 1315, obs. Brun ; AJDI 2011. 317, obs. Cohet-Cordey.*

13. Dès lors qu'un contrat de construction de maison individuelle fait expressément référence à un délai de rétractation courant à compter de sa notification par lettre recommandée avec accusé de réception, le maître de l'ouvrage peut se rétracter plus de sept jours après sa remise en mains propres contre récépissé si la notification mentionnée au contrat n'a pas été effectuée par le constructeur. • Amiens, 12 janv. 2006 : *Constr.-Urb. 2006, n° 133, obs. Cornille.*

14. Le fait, pour l'acquéreur, d'accuser réception d'une télécopie de promesse de vente non signée par le vendeur ne fait pas courir le délai de rétractation. • Civ. 3e, 13 sept. 2006 : *Bull. civ. III, n° 178 ; Constr.-Urb. 2006, n° 243, obs. Rousseau ; JCP 2006. IV. 1860 ; Administrer févr. 2007. 66, obs. Zalewski ; AJDI 2007. 502, obs. Porcheron.*

15. Une notification d'offre d'achat ne fait pas courir le délai de rétractation. • Nancy, 26 mars 2009 : *Constr.-Urb. 2010, n° 11, obs. C. Sizaire.*

16. Le seul envoi de l'acte formalisant l'engagement, sans préciser l'ouverture du délai de rétractation, ne vaut pas notification régulière au sens de L. 271-1 et ne fait pas courir le délai, les acquéreurs sont donc fondés à se prévaloir de leur droit de rétractation plus de deux ans après la signature de l'acte. • Montpellier, 10 nov. 1999 : *Gaz. Pal. 13 mai 2010, p. 29.*

17. Si une promesse de vente porte sur un immeuble dont les caractéristiques diffèrent de celles mentionnées à l'acte notarié, il est nécessaire de faire courir un nouveau délai de sept jours courant à compter du lendemain de la notification du projet d'acte authentique. • Paris, 8 oct. 2009 : *Constr.-Urb. 2010, n° 11, obs. C. Sizaire.*

18. Une modification substantielle du contrat intervenue entre l'avant-contrat et l'acte de vente engendre l'octroi d'un nouveau délai de réflexion-rétractation. • TGI Strasbourg, 3 juin 2008 : *D. 2008. 1694* ; *AJDI 2009. 564, note Cohet-Cordey* .

19. L'exercice du droit de rétractation entraîne l'anéantissement du contrat, ce qui interdit à l'acquéreur d'accepter à nouveau le contrat, même avant que le délai de rétractation ne vienne à expiration. • Civ. 3e, 13 févr. 2008 : *Bull. civ. III, no 29 ; BICC 15 mai 2008, no 866 ; D. 2008. 1230, note Nési ; ibid. 1530, note Dagorne-Labbe ; Defrénois 2008. 486 ; JCP E 2008. 2094, note Stoffel-Munck* • 13 mars 2012, no 11-12.232 : *Const.-Urb. 2012, no 90, obs. Sizaire.*

20. L'article L. 271-1 n'exige pas que ses mentions soient reproduites dans la lettre notifiant l'acte, • Civ. 3e, 17 nov. 2010 : *Bull. civ. III. à paraître ; D. 2010. IR 2836. obs. Dreveau ; AJDI 2011. 317. obs. Cohet-Cordey ; Defrénois, 2011. 174, obs. Zalewski ; Constr.-Urb. 2011, no 31, obs. Sizaire.*

21. Le droit de rétractation est une faculté discrétionnaire de l'acquereur dont la bonne foi n'est pas requise. • TGI Paris, 10 juin 2010 : *AJDI 2011. 157, obs. Thioye* .

22. Lorsque le délai de rétraction n'a pas couru, la notification par l'acquéreur dans l'instance l'opposant à son vendeur de conclusions par lesquelles il déclare exercer son droit de rétractation satisfait aux exigences de l'article L. 271-1 du code de la construction et de l'habitation. • Civ. 3e, 25 mai 2011 : *Bull. civ. III, à paraître ; Constr.-Urb. 2011, no 136, obs. Sizaire ; JCP N 2011. 1221, obs. Guyader.*

Art. L. 271-2 **Lors de la conclusion d'un acte mentionné à l'article L. 271-1, nul ne peut recevoir de l'acquéreur non professionnel, directement ou indirectement, aucun versement à quelque titre ou sous quelque forme que ce soit avant l'expiration du délai de rétractation, sauf dispositions législatives expresses contraires prévues notamment pour les contrats ayant pour objet l'acquisition ou la construction d'un immeuble neuf d'habitation, la souscription de parts donnant vocation à l'attribution en jouissance ou en propriété d'immeubles d'habitation et les contrats préliminaires de vente d'immeubles à construire ou de location-accession à la propriété immobilière. Si les parties conviennent d'un versement à une date postérieure à l'expiration de ce délai et dont elles fixent le montant, l'acte est conclu sous la condition suspensive de la remise desdites sommes à la date convenue.**

Toutefois, lorsque l'un des actes mentionnés à l'alinéa précédent est conclu par l'intermédiaire d'un professionnel ayant reçu mandat pour prêter son concours à la vente, un versement peut être reçu de l'acquéreur s'il est effectué entre les mains d'un professionnel disposant d'une garantie financière affectée au remboursement des fonds déposés. Si l'acquéreur exerce sa faculté de rétractation, le professionnel dépositaire des fonds les lui restitue dans un délai de vingt et un jours à compter du lendemain de la date de cette rétractation.

Lorsque l'acte est dressé en la forme authentique, aucune somme ne peut être versée pendant le délai de réflexion de sept jours.

Est puni de 30 000 € d'amende le fait d'exiger ou de recevoir un versement ou un engagement de versement en méconnaissance des alinéas ci-dessus.

Les dispositions des art. L. 271-1 et L. 271-2 sont entrées en vigueur le 1er juin 2001 (L. no 2000-1208 du 13 déc. 2000, art. 72-IV).

BIBL. ▶ LE MASSON, *Administrer, mai 2001. 28* (réglementation des dépôts d'argent pendant la période de réflexion). – NUYTTEN, *Rev. contrats, oct. 2003. 259* (la condition suspensive du paiement de la somme d'argent : ça ne marche pas !). – SAGAUT, *RDC 2009. 1587* (formule).

COMMENTAIRE

Participant de l'extension de la protection de l'acquéreur immobilier, l'article L. 271-2 pose en principe la **prohibition de tout versement d'argent** par celui-ci tant que son consentement n'a pas été pleinement mûri grâce à la période de réflexion qui lui est imposée, et aménage la possibilité d'un tel versement lorsque l'opération a profité du concours d'un professionnel disposant d'une garantie financière, à l'exception notable de l'acquisition conclue par acte authentique.

Dès lors, sur le principe, la protection légale présente un caractère de gratuité, le droit de repentir s'avérant totalement discrétionnaire, le vendeur n'ayant aucun moyen de contraindre l'acquéreur à lui indiquer les raisons pour lesquelles il préfère renoncer à son projet pas plus qu'il ne lui est possible de prétendre à une quelconque indemnité.

Le texte autorise les parties à préciser que l'acte est conclu sous la condition suspensive du versement d'une somme d'argent par l'acquéreur après l'expiration du délai. En pratique, cette disposition n'est jamais appliquée. Il est vrai que la majorité des ventes immobilières transite par un professionnel, entre les mains duquel un versement peut valablement être effectué (pour lui trouver un intérêt, V. B. Nuytten, *Rev. contrats, oct. 2003. 259*).

Il faut encore noter que l'article 72 de la loi « SRU » du 13 décembre 2000, renforçant le principe de prohibition des versements de sommes d'argent lors d'une transaction immobilière, a inséré un **article 1589-1** dans le code civil, aux termes duquel il est interdit, à peine de nullité de l'acte, d'exiger ou de recevoir un versement, quelle qu'en soit la cause ou la forme, à l'occasion d'un engagement unilatéral portant acquisition d'un bien ou d'un droit immobilier (V. ce texte ci-dessous ; V. également S. Prigent, *AJDI 2003. 166*, sur les difficultés d'application de l'art. 1589-1 C. civ. ; Albrieux, *CCC 2006, Chron. 4*, critique du dispositif). ❑

Dès lors qu'un contrat de réservation porte une date postérieure à celle du chèque émis par le réservataire, l'acte a nécessairement été signé après la remise des fonds, en violation de l'art. L. 271-2, ce qui entraîne sa nullité sur le fondement de l'art. 1589-1 C. civ. • Montpellier, 7 oct. 2003 : *Constr.-Urb. 2004, no 33, obs. crit. Cornille.*

Code civil

Art. 1589-1 *(L. no 2000-1208 du 13 déc. 2000, art. 72-III)* Est frappé de nullité tout engagement unilatéral souscrit en vue de l'acquisition d'un bien ou d'un droit immobilier pour lequel il est exigé ou reçu de celui qui s'engage un versement, quelle qu'en soit la cause et la forme. – *Art. entré en vigueur le 1er juin 2001 (L. no 2000-1208 du 13 déc. 2000, art. 72-IV).*

Art. L. 271-3 *(L. no 2002-73 du 17 janv. 2002, art. 167)* **Les dispositions** *(L. no 2006-872 du 13 juill. 2006, art. 79-IV-10o)* **« de la présente section » ne sont pas applicables aux ventes par adjudication réalisées en la forme authentique.**

COMMENTAIRE

La loi du 17 janvier 2002 met un terme au problème, apparu dès après la promulgation de la loi SRU, de l'extension de la protection légale à la vente par adjudication. Il est vrai que ce type de vente est très particulier, ne serait-ce que parce que le prix est fixé par l'acquéreur. Admettre que celui-ci pouvait ensuite se désister remettait en cause le principe de la vente au dernier enchérisseur.

Faute pour le texte de les écarter, la doctrine estime que la vente de gré à gré dans le cadre d'une procédure collective comme la licitation non réalisée aux enchères mais selon les formes ordinaires de la vente (code civil, article 827) doivent être reçues dans le domaine d'application de l'article L. 271-1. ❑

SECTION II DOSSIER DE DIAGNOSTIC TECHNIQUE

(L. no 2006-872 du 13 juill. 2006, art. 79-IV-9o)

BIBL. ▶ BOULANGER, *JCP N 2006. Actu. 576* (diagnostic de performance énergétique et état de l'installation intérieure de gaz) ; *Actu. 585* (quel diagnostic de performance énergétique pour les ventes) ; *Actu. 633* (DPE : quelle sanction ?). – COHET-CORDEY, *AJDI 2006. 698* (loi ENL et gestion immobilière). – COLLART-DUTILLEUL, *RDC 2006. 1135* (enrichissement de l'obligation légale d'information à la charge du vendeur). – CORGAS-BERNARD, *JCP N 2008. 1291* (délivrance tardive du dossier de diagnostic technique : l'absence de sanction ou presque !). – DURAND-PASQUIER, *Constr.-Urb. 2006. Focus. 35* (précisions sur les diagnostics) ; *Constr.-Urb. 2007. Alerte 61* (l'application dans le temps de la réglementation relative aux diagnostics immobiliers) ; *JCP N 2008. 1177* (de l'incidence des obligations d'informations légales du vendeur sur le contrat de vente d'immeuble) ; *Constr.-Urb. 2009. Alerte 55* (de nouvelles obligations du propriétaire d'immeuble face aux risques de santé présentés par le bien). – DURTESTE, GAFTONIUC, GLON et NICOLAIDES, *JCP N 2006. 2031* (DPE : formules). – GAUTAREAU-BONNARD, *AJDI 2005. 896* (assurance obligatoire des diagnostiqueurs). – KERAVEC, *JCP N 2005, p. 1356* (diagnostics techniques : regroupement dans un dossier unique). – LAFOND, *JCP N 2006. 998* (plomb et vente d'immeubles) ; *JCP N 2006. HS. 21* (diagnostics immobiliers et information de l'acquéreur). – LE MAGUERESSE, *JCP N 2007. 1256* (du diagnostic de performance énergétique en matière de vente en l'état futur d'achèvement). – LIÈVRE et MULLER, *JCP N 2010. 1254* (droit de l'environnement et pratique notariale). – MULLER, *JCP N 2010. Actu. 576* (adoption de la loi Grenelle 2. Incidences sur les opérations de construction et les transactions immobilières). – SAGAUT, *RDC 2006. 1305* (risques naturels et technologiques). – WERTENSCHLAG et ABINADER, *AJDI 2005. 624* (dossier de diagnostic technique). – WERTENSCHLAG, *AJDI 2005. 793* (profession d'opérateur en diagnostic technique) ; *AJDI 2007. 89* (haro sur les diagnostiqueurs !). – ZALEWSKI, L'évolution récente des diagnostics techniques et des règles de construction, *Defrénois 2010. 2282*.

V. Rép. min. nº 24074, JO Sénat Q, 26 oct. 2006. 2706 (précisions sur la mise en œuvre du diagnostic de performance énergétique).

V. Rép. min. nº 106891, JOAN Q, 12 déc. 2006. 12973 (régime fiscal des frais de diagnostic technique).

V. Arr. du 16 oct. 2006 (JO 27 oct.), définissant des critères de certification des compétences des personnes physiques réalisant le diagnostic de performance énergétique et des critères d'accréditation des organismes de certification, mod. par Arr. du 8 déc. 2009 (JO 15 déc., rect. 27 févr. 2010) et par Arr. du 13 déc. 2011 (JO 24 déc.). — Arr. du 30 oct. 2006 (JO 11 nov.), définissant les critères de certification des compétences des personnes physiques réalisant l'état relatif à la présence de termites dans le bâtiment et les critères d'accréditation des organismes de certification, mod. par Arr. du 7 déc. 2011 (JO 18 déc.). — Arr. du 21 nov. 2006 (JO 5 déc.), définissant les critères de certification des compétences des personnes physiques opérateurs de repérage et de diagnostic amiante dans les immeubles bâtis et les critères d'accréditation des organismes de certification, rect. 27 févr. 2010, mod. par Arr. du 7 déc. 2011 (JO 22 déc.). — Arr. du 21 nov. 2006 (JO 5 déc.), définissant les critères de certification des compétences des personnes physiques opérateurs des constats de risque d'exposition au plomb ou agréées pour réaliser des diagnostics plomb dans les immeubles d'habitation et les critères d'accréditation des organismes de certification. — Arr. du 6 avr. 2007 (JO 25 avr.), définissant les critères de certification des compétences des personnes physiques réalisant l'état de l'installation intérieure de gaz et les critères d'accréditation des organismes de certification. — Arr. du 6 avr. 2007 (JO 28 avr.), définissant les critères de certification des compétences des personnes physiques réalisant l'état de l'installation intérieure de gaz et les critères d'accréditation des organismes de certification, mod. par Arr. du 15 déc. 2009 (JO 22 déc.) et Arr. du 15 déc. 2011 (JO 21 déc.).

COMMENTAIRE

C'est peu dire que le regroupement des divers diagnostics en un seul document était attendu. Leur prolifération au cours de ces dernières années avait créé une insécurité en matière de vente immobilière, largement dénoncée par les praticiens. Si l'ordonnance du 8 juin 2005 a réalisé l'unification sans apport de nouvelles obligations, la loi du 13 juillet 2006 a ajouté, à une liste déjà longue, l'état de l'installation intérieure d'électricité.

L'abondance étant visiblement source de bienfaits, la loi nº 2006-1772 du 30 décembre 2006 sur l'eau et les milieux aquatiques a inséré au dispositif un nouveau diagnostic technique relatif aux installations d'assainissement. L'article L. 1331-11-1 du code de la santé publique décide qu'à compter du 31 décembre 2013, il faudra produire un diagnostic dans les conditions et selon les modalités des articles L. 271-4 et suivants du présent code lorsqu'un immeuble à usage d'habitation objet d'une vente ne sera pas raccordé au réseau public de collecte des eaux usées.

Les ventes d'immeuble à rénover sont également soumises à ce dispositif dès lors qu'elles sont précédées d'une promesse de vente (art. R. 262-14 CCH). Pour autant, il paraît déjà regrettable que la protection ne soit instituée qu'au seul bénéfice de l'acquéreur d'un immeuble, sans que rien ne soit prévu à l'égard de celui qui occupe déjà son logement. L'exclusion de la recherche anti-mérule du diagnostic technique, pour des raisons principalement financières (*V. Rép. min. nº 64429 : JOAN Q 23 août 2005. 8021, AJDI 2005. 944, obs. Prigent*), fait également l'objet des plus vives critiques de la part des professionnels.

De façon plus générale, le système très complexe, à défaut d'être complet, mis en place est certainement justifié en ce qu'il contribue à mieux informer le candidat acquéreur sur les éléments de l'immeuble susceptibles d'atteindre sa santé ou sa sécurité. Mais les commentaires auxquels il a donné lieu n'ont pas manqué de mettre en évidence, au vu de l'ampleur considérable prise par l'obligation d'information, que le législateur a en réalité bouleversé l'économie de la vente immobilière. Celle-ci va dorénavant nécessiter l'intervention de professionnels aux compétences très différentes, du négociateur traditionnel au juriste suffisamment qualifié pour maîtriser tous les aspects, tant légaux que contractuels, de la vente envisagée, en passant par l'expert du bâtiment pour ce qui relève du domaine technique. Le coût de l'opération devrait sans doute s'en ressentir. Mais les tribunaux seront surtout amenés à redéfinir les responsabilités entre les divers intervenants, professionnels et vendeur, lorsqu'ils seront mis en cause par l'acquéreur. ❑

Art. L. 271-4 *(Ord. nº 2005-655 du 8 juin 2005, art. 18)* **I. — En cas de vente de tout ou partie d'un immeuble bâti, un dossier de diagnostic technique, fourni par le vendeur, est annexé à la promesse de vente ou, à défaut de promesse, à l'acte authentique de vente. En cas de vente publique, le dossier de diagnostic technique est annexé au cahier des charges.**

Le dossier de diagnostic technique comprend, dans les conditions définies par les dispositions qui les régissent, les documents suivants :

1º Le constat de risque d'exposition au plomb prévu aux articles L. 1334-5 et L. 1334-6 du code de la santé publique *[V. App., vº Saturnisme]* **;**

2º L'état mentionnant la présence ou l'absence de matériaux ou produits contenant de l'amiante prévu à l'article L. 1334-13 du même code *[V. App., vº Amiante]* **;**

3º L'état relatif à la présence de termites dans le bâtiment prévu à l'article L. 133-6 du présent code ;

4º L'état de l'installation intérieure de gaz prévu à l'article L. 134-6 du présent code ;

5º Dans les zones mentionnées au I de l'article L. 125-5 du code de l'environnement, l'état des risques naturels et technologiques prévu au deuxième alinéa du I du même article *[V. App., vº Risques naturels prévisibles ou technologiques]* **;**

6º Le diagnostic de performance énergétique prévu à l'article L. 134-1 du présent code.

(L. nº 2006-872 du 13 juill. 2006, art. 79-IV-11º) **« 7º L'état de l'installation intérieure d'électricité prévu à l'article L. 134-7. »**

(L. nº 2006-1772 du 30 déc. 2006, art. 47, en vigueur le 1er janv. 2013) **« 8º Le document établi à l'issue du contrôle des installations d'assainissement non collectif mentionné à l'article L. 1331-11-1 du code de la santé publique. »**

Les documents mentionnés aux *(L. nº 2006-872 du 13 juill. 2006, art. 79-IV-11º)* **« 1º, 4º et 7º » ne sont requis que pour les immeubles ou parties d'immeuble à usage d'habitation.**

(L. nº 2006-872 du 13 juill. 2006, art. 79-IV-11º) **« Le document mentionné au 6º n'est pas requis en cas de vente d'un immeuble à construire visée à l'article L. 261-1. »**

Lorsque les locaux faisant l'objet de la vente sont soumis aux dispositions de la loi nº 65-557 du 10 juillet 1965 fixant le statut de la copropriété des immeubles bâtis *[V.* ***C. copr.****]* **ou appartiennent à des personnes titulaires de droits réels immobiliers sur les locaux ou à des titulaires de parts donnant droit ou non à l'attribution ou à la jouissance en propriété des locaux, le document mentionné au 1º porte**

exclusivement sur la partie privative de l'immeuble affectée au logement et les documents mentionnés au[x] *(L. nº 2006-872 du 13 juill. 2006, art. 79-IV-11º)* **« 3º, 4º et 7º » sur la partie privative du lot.**

II. — En l'absence, lors de la signature de l'acte authentique de vente, d'un des documents mentionnés aux 1º, 2º, *(L. nº 2006-872 du 13 juill. 2006, art. 79-IV-11º ; L. nº 2006-1772 du 30 déc. 2006, art. 47)* **« 3º, 4º, 7º et 8º » du I en cours de validité, le vendeur ne peut pas s'exonérer de la garantie des vices cachés correspondante.**

En l'absence, lors de la signature de l'acte authentique de vente, du document mentionné au 5º du I, l'acquéreur peut poursuivre la résolution du contrat ou demander au juge une diminution du prix.

(L. nº 2010-788 du 12 juill. 2010, art. 160-IV) **« En cas de non-conformité de l'installation d'assainissement non collectif lors de la signature de l'acte authentique de vente, l'acquéreur fait procéder aux travaux de mise en conformité dans un délai d'un an après l'acte de vente. »**

L'acquéreur ne peut se prévaloir à l'encontre du propriétaire des informations contenues dans le diagnostic de performance énergétique qui n'a qu'une valeur informative.

Les modifications issues de l'art. 47 de la L. nº 2006-1772 du 30 déc. 2006, non applicables à Mayotte, entrent en vigueur le 1er janv. 2013 (L. préc., art. 98-IV et 102-V).

1. La réglementation n'oblige le propriétaire de l'immeuble qu'à transmettre à l'acquéreur l'état établi par le professionnel. Dès lors, à défaut d'engagement exprès de livrer un immeuble exempt d'amiante, le vendeur ne manque pas à son obligation d'information et n'engage pas sa responsabilité si le constat est erroné. • Civ. 3e, 29 sept. 2009 : *Bull. civ. III, nº 204 ; D. 2009. 2343, note Forest ; LPA 4 nov. 2009, note Brusorio-Aillaud ; ibid., 23 déc. 2009, note Burgard ; CCC 2009, nº 285, note Leveneur ; JCP 2009. 1302, obs. Boulanger ; JCP E 2009. 2190, obs. Leveneur.*

2. La mauvaise foi des vendeurs n'ayant pas été démontrée, la délivrance d'un diagnostic erroné établi par un professionnel n'écarte pas le jeu de la clause exonératoire des vices cachés. • Civ. 3e, 6 juill. 2011 : *Bull. civ. III, à paraître ; RTD civ. 2011. 776, obs. Gautier ; CCC 2011, nº 232, note Leveneur ; JCP N 2011. 1289, obs. Dagorne-Labbe, Constr-Urb. 2011, nº 150, obs. Sizaire.* ♦ Mais en l'absence de clause exonératoire de garantie, en cas de diagnostic erroné, le vendeur doit répondre de la présence d'amiante dans les locaux au titre de son obligation de garantie des vices cachés. • Civ. 3e, 7 oct. 2009 : *Bull. civ. III, nº 219 ; Constr.-Urb. 2009. Alerte 64, obs. Durand-Pasquier ; ibid., nº 167, obs. Sizaire.*

3. V. * Rép. min. nº 58693 : *JOAN Q 27 sept. 2005, p. 9006* (diagnostic technique erroné). – V. aussi * Rép. min. nº 71259 : *JOAN Q 27 déc. 2005, p. 12090* (régime applicable dans l'attente des décrets). – V. * Rép. min. nº 108705 : *JOAN Q 27 févr. 2007, p. 2175* (la consommation énergétique du bâtiment ne constitue pas en soi un vice au sens du code civil).

4. En l'absence de clause mettant à la charge de l'acquéreur le coût de l'état parasitaire, le vendeur doit en supporter la charge. • Civ. 3e, 21 sept. 2011 : *AJDI 2011. 892.*

Art. L. 271-5 *(Ord. nº 2005-655 du 8 juin 2005, art. 18)* **La durée de validité des documents prévus aux 1º à 4º** *(L. nº 2006-872 du 13 juill. 2006, art. 79-IV-12º ; L. nº 2006-1772 du 30 déc. 2006, art. 47)* **« , 6º, 7º et 8º » du I de l'article L. 271-4 est fixée par décret en fonction de la nature du constat, de l'état ou du diagnostic.** *— V. art. R. 271-5.*

Si l'un de ces documents produits lors de la signature de la promesse de vente n'est plus en cours de validité à la date de la signature de l'acte authentique de vente, il est remplacé par un nouveau document pour être annexé à l'acte authentique de vente.

Si le constat mentionné au 1º établit l'absence de revêtements contenant du plomb ou la présence de revêtements contenant du plomb à des concentrations inférieures aux seuils définis par arrêté des ministres chargés de la santé et de la construction, il n'y a pas lieu de faire établir un nouveau constat à chaque mutation, le constat initial étant joint au dossier de diagnostic technique.

Si, après la promesse de vente, la parcelle sur laquelle est implanté l'immeuble est inscrite dans une des zones mentionnées au I de l'article L. 125-5 du code de l'environnement ou l'arrêté préfectoral prévu au III du même article fait l'objet d'une mise à jour, le dossier de diagnostic technique est complété lors de la signature de l'acte authentique de vente par un état des risques naturels et technologiques ou par la mise à jour de l'état existant.

Les modifications issues de l'art. 47 de la L. n° 2006-1772 du 30 déc. 2006, non applicables à Mayotte, entrent en vigueur le 1er janv. 2013 (L. préc., art. 98-IV et 102-V).

COMMENTAIRE

Deux arrêtés en date du 15 septembre 2006 (*JO 28 sept. 2006*) sont venus expliciter le contenu du diagnostic de performance énergétique.

Les décrets nos 2006-1653 du 21 décembre 2006, 2008-1175 du 13 novembre 2008 et 2011-413 du 19 avril 2011 fixent la durée de validité des diagnostics. Elle est de 6 mois pour l'état du bâtiment relatif à la présence de termites, 10 ans pour le DPE, 3 ans pour l'état de l'installation intérieure gaz ainsi que pour l'état de l'installation intérieure d'électricité, 1 an pour le constat de risque d'exposition au plomb (toutefois, il n'y a pas lieu de demander un nouveau constat s'il est établi que le revêtement ne contient pas ou peu de plomb). A défaut de précision, la validité de l'état mentionnant la présence ou l'absence de matériaux ou d'amiante reste permanente. ❑

Art. L. 271-6 *(Ord. n° 2005-655 du 8 juin 2005, art. 18)* **Les documents prévus aux 1° à 4°** *(L. n° 2006-872 du 13 juill. 2006, art. 79-IV-13°)* **« , 6° et 7° du I » de l'article L. 271-4** *(L. n° 2010-788 du 12 juill. 2010, art. 1er-I-12°)* **« ainsi qu'à l'article L. 134-1 » sont établis par une personne présentant des garanties de compétence et disposant d'une organisation et de moyens appropriés.**

Cette personne est tenue de souscrire une assurance permettant de couvrir les conséquences d'un engagement de sa responsabilité en raison de ses interventions.

Elle ne doit avoir aucun lien de nature à porter atteinte à son impartialité et à son indépendance ni avec le propriétaire ou son mandataire qui fait appel à elle, ni avec une entreprise pouvant réaliser des travaux sur les ouvrages, installations ou équipements pour lesquels il lui est demandé d'établir l'un des documents mentionnés au premier alinéa.

(L. n° 2010-788 du 12 juill. 2010, art. 1er-I-12°) **« Le diagnostic de performance énergétique mentionné à l'article L. 134-4 affiché à l'intention du public peut être réalisé par un agent de la collectivité publique ou de la personne morale occupant le bâtiment, dans les conditions prévues au premier alinéa du présent article. Un décret définit les conditions et modalités d'application du présent article. »** – *V. art. R. 271-1 s.*

BIBL. ▶ BOULANGER, *JCP N 2010. 728* (indépendance et impartialité des diagnostiqueurs. – A propos du décret n° 2010-1200 du 11 oct. 2010). – BOUTONET, *JCP N 2008. 1208* (un an de jurisprudence sur la responsabilité civile des diagnostiqueurs lors de la vente d'immeuble). – COHEN-BOULAKIA, *Constr.-Urb. 2008. Étude 14* (responsabilité civile et pénale du diagnostiqueur à l'égard du vendeur et de l'acquéreur d'un immeuble). – DURAND-PASQUIER, *RCA 2009. Étude 1* (responsabilité des diagnostiqueurs immobiliers) ; *Constr.-Urb. 2009. Alerte 64* (quel est le préjudice indemnisable suite à la faute du diagnostiqueur immobilier ?). – GAUTEREAU-BONNARD, *AJDI 2005. 896* (assurance obligatoire des diagnostiqueurs). – V. Communiqué DGCCRF 22 déc. 2006, Communiqué CNC 2 mars 2007, Rapp. CNC sur la vérification des compétences en matière de diagnostic technique immobilier, 27 mars 2007. – SAINT-GENIEST, *AJDI 2012. 167* (responsabilité des diagnostiqueurs). – WERTENSCHLAG, *AJDI 2005. 793* (profession d'opérateur en diagnostic technique) ; *AJDI 2007. 89* (haro sur les diagnostiqueurs !). – WERTENSCHLAG et GEIB, *AJDI 2008. 831* (indépendance des diagnostiqueurs à l'égard des intermédiaires) ; *AJDI 2009. 417* (la responsabilité du diagnostiqueur immobilier). – ZALEWSKI, *Defrénois 2010. 2282* (évolution récente des diagnostics techniques et des règles de construction).

COMMENTAIRE

PROFESSION DE DIAGNOSTIQUEUR

L'ordonnance du 8 juin 2005 organise la profession de diagnostiqueur.

Pour l'essentiel, ces professionnels se voient contraints d'être certifiés par un organisme accréditeur, de mettre en œuvre des moyens adaptés à leurs missions, et d'être assurés.

Il est vrai que jusqu'à présent, faute de véritable organisation professionnelle, et en raison de l'émergence d'un contentieux mettant en cause leur responsabilité civile professionnelle, les diagnostiqueurs éprouvaient les plus grandes difficultés à convaincre les assureurs de garantir leurs interventions.

Le présent texte vise donc à inciter les assureurs à développer des produits d'assurance appropriés.

Les diagnostiqueurs sont également soumis à des obligations déontologiques dont la violation est sanctionnée pénalement (V. art. R. 271-4). Impartiaux et indépendants, ils ne peuvent avoir de liens avec les propriétaires ou mandataires qui font appel à eux, ou encore avec les locateurs d'ouvrage procédant à des ouvrages en rapport avec l'objet du diagnostic. Selon une interprétation littérale du texte, une atteinte effective n'est pas requise. Pour être illicites, il suffit que les pratiques soient « de nature » à affecter l'impartialité et l'indépendance de l'entreprise réalisant le diagnostic. Cette indépendance doit notamment être économique. Sont donc proscrits les contrats d'apporteurs d'affaires conclus entre les diagnostiqueurs et les professionnels de l'immobilier. Pour éviter tout risque de conflit d'intérêt, la pratique du commissionnement par tout intermédiaire soumis à la loi Hoguet est prohibée. Le diagnostiqueur ne peut pas davantage recevoir un avantage quelconque d'une entreprise pouvant réaliser des travaux sur l'ouvrage objet d'un diagnostic (V. art. R. 271-3). ❑

1. Ne saurait être utilement recherchée la responsabilité du technicien en état parasitaire qui se livre, à la demande d'un professionnel et dans un souci d'économie, à un simple examen visuel qui ne répond en aucune manière aux obligations prévues par la loi en matière de vente d'immeuble. Le professionnel qui a sollicité ce simple examen engage seul sa responsabilité à l'égard de l'acquéreur. • Civ. 3e, 27 sept. 2006 : *Bull. civ. III, no 194 ; RDI 2007. 257, note Trébulle ; JCP N 2007. 1157, obs. Piedelièvre.* ◆ Il en va de même, lorsque le technicien n'était obligé qu'à un examen ne comportant pas de démontage d'éléments existants. • Civ. 3e, 15 nov. 2011 : *JCP N 2011. Actu. 932.* ◆ ... Ou lorsqu'il a réalisé sa mission conformément à l'arrêté du 22 août 2002 qui précise que l'opérateur recherche et constate de visu la présence de matériaux et produits accessibles sans travaux destructifs. • Civ. 3e, 6 juill. 2011 : *Bull. civ. III, à paraître ; RTD civ. 2011. 776, obs. Gautier, CCC 2011, no 232, note Leveneur, JCP N 2011. 1289, obs. Dagorne-Labbe, Constr-Urb. 2011. 150, obs. Sizaire.*

2. Engage sa responsabilité à l'égard des acquéreurs le diagnostiqueur qui s'est abstenu d'effectuer un sondage sonore suffisant à lui faire suspecter la présence d'amiante • Civ. 3e, 17 sept. 2009 : *JCP 2009. 1302, obs. Boulanger ; JCP E 2009. 2190, obs. Leveneur.* ◆ ... Ou qui n'a pas visité l'une des pièces infestées, • Civ. 2e, 9 déc. 2010 : *pourvoi no 09-66.859.* ◆ Cependant, le diagnostiqueur qui a failli dans sa mission de contrôle n'engage pas sa responsabilité dès lors qu'il n'y a pas de lien de causalité entre sa faute et la présence d'amiante dans l'immeuble dont seul le vendeur doit répondre au titre de son obligation de garantie des vices cachés, • Civ. 3e, 7 oct. 2009 : *Bull. civ. III, no 219 ; Constr.-Urb. 2009. Alerte 64, obs. Durand-Pasquier ; ibid., no 167, obs. Sizaire.*

3. La réalisation de diagnostics entre dans la catégorie des fournitures de service prévue par l'art. L. 110-1 C. com. Une telle activité, qui n'est pas purement intellectuelle, revêt un caractère commercial dès lors qu'elle est exercée à titre habituel et lucratif. • Com. 5 déc. 2006 : *Bull. civ. IV, no 236 ; RTD com. 2007. 673, obs. Saintourens ; CCC 2007, no 87, obs. Leveneur.* ◆ Par conséquent, elle relève de la catégorie des bénéfices industriels et commerciaux en application de l'art. 34 CGI, *rescrit no 2008/34 (FE), 30 déc. 2008.* ◆ Et les prix pratiqués sont libres.

4. La pratique du commissionnement des agences immobilières par les entreprises de diagnostic constitue une violation des obligations d'indépendance et d'impartialité mises à la charge des diagnostiqueurs • TGI Angers, 1re ch., 22 mars 2010 : *RG no 08/01575.* ♦ Une atteinte effective n'est pas requise. Il suffit que les pratiques soient de nature à affecter l'impartialité et l'indépendance de l'entreprise réalisant le diagnostic pour qu'elles soient illicites. • Même jugement.

5. Les diagnostiqueurs doivent être payés quelle que soit l'issue de la vente. * Rép. min. no 115124 : *JOAN Q 8 nov. 2011. 10397.*

TITRE HUITIÈME **DISPOSITIONS PARTICULIÈRES À LA GUADELOUPE, À LA GUYANE, À LA MARTINIQUE, À LA RÉUNION, À MAYOTTE, À SAINT-MARTIN ET À SAINT-PIERRE-ET-MIQUELON** *(Ord. no 2012-576 du 26 avr. 2012, art. 3-I).*

CHAPITRE UNIQUE

Art. L. 281-1 *(L. no 90-1129 du 19 déc. 1990, art. 7-I)* Les dispositions du présent livre ne s'appliquent pas *(Ord. no 2012-576 du 26 avr. 2012, art. 3-II)* « à » Saint-Pierre-et-Miquelon, à l'exception des articles L. 211-1 à L. 211-4, L. 221-1 à L. 221-6, L. 222-1 à L. 222-7 et L. 261-1 à L. 261-22.

Art. L. 281-2 *(Ord. no 2012-576 du 26 avr. 2012, art. 3-III)* Pour l'application du présent livre à Mayotte :

1o Les titres Ier à VI sont applicables à Mayotte à compter du 1er janvier 2013 ;

2o L'article L. 271-4 est applicable à Mayotte à compter du 1er janvier 2013 pour ce qui concerne l'état des risques naturels et technologiques mentionné au 5o de la section I et à compter du 1er janvier 2015 pour ce qui concerne les autres documents que comprend le dossier de diagnostic technique ;

3o A l'article L. 212-9, les mots : "La publication au fichier immobilier" sont remplacés par les mots : "L'inscription des droits au livre foncier" ;

4o A l'article L. 212-15, les mots : "publié au fichier immobilier" sont remplacé *[remplacés]* par les mots : "inscrit au livre foncier" ;

5o A l'article L. 213-11, les mots : "ont régulièrement publié ces sûretés" sont remplacés par les mots : "ont régulièrement fait inscrire au livre foncier ces sûretés" ;

6o A l'article L. 251-6, les mots : "avant la publication" sont remplacés par les mots : "avant l'inscription au livre foncier" ;

7o L'article L. 221-6 est complété par l'alinéa suivant :

"A Mayotte, les restrictions au droit de disposer s'entendent des actes entre vifs dressés distinctement pour constater des clauses d'inalinéabilité *[inaliénabilité]* temporaire et toutes autres restrictions au droit de disposer, ainsi que des clauses susceptibles d'entraîner la résolution ou la révocation d'actes soumis à publicité et des décisions judiciaires constatant l'existence de telles clauses." ;

8o L'article L. 242-3 n'est pas applicable ;

9o Pour l'application à Mayotte de l'article L. 271-4, l'avant-dernier alinéa est ainsi rédigé :

"En cas de non-conformité de l'installation d'assainissement non collectif lors de la signature de l'acte authentique de vente, l'acquéreur fait procéder aux travaux de mise en conformité dans un délai de trois ans après l'acte de vente pour les ventes conclues avant le 31 décembre 2017, puis d'un an pour les ventes conclues après cette date."

TITRE NEUVIÈME MESURES DE PROTECTION CONCERNANT CERTAINS VENDEURS DE BIENS IMMOBILIERS

(L. nº 2009-323 du 25 mars 2009, art. 116)

Les art. L. 290-1 et L. 290-2 sont applicables aux promesses de vente consenties à compter du 1er juill. 2009 (L. préc., art. 116).

V. Circ. 28 mai 2009 relative à la L. nº 2009-323 du 25 mars 2009. – Dispositions diverses (BOMEEDDM nº 2009/12, p. 53).

BIBL. ▶ SUQUET-COZIC, Actualité de la promesse unilatérale de vente, *RLDC 2011. 78.*

COMMENTAIRE

Les articles L. 290-1 et L. 290-2 encadrent la formation des promesses de vente d'un bien ou d'un droit réel immobilier consenties par des particuliers et dont la validité est supérieure à 18 mois.

Champ d'application

– Quant aux parties : l'amendement dont sont issus ces articles était motivé par le souhait de protéger le promettant profane contre les promoteurs et les aménageurs. Mais le texte ne fait référence qu'à la seule qualité du promettant. Son régime ne s'applique qu'aux personnes physiques. Le législateur a préféré ce critère à celui du « non-professionnel », dont l'interprétation donne lieu à discussions. Peu importe en revanche le bénéficiaire de la promesse, qui peut être un professionnel ou un particulier.

– Quant à la durée : seules sont concernées les promesses dont la validité est supérieure à 18 mois, que cette durée soit initialement prévue ou qu'elle résulte d'une prorogation.

– Quant à l'objet de la promesse : sont concernées toutes les promesses de cession d'un immeuble ou d'un droit réel immobilier. La situation ou la destination de l'immeuble sont indifférentes (V. Rép. min. nº 55054 : *JOAN 5 janv. 2010. p. 178*).

– Quant à l'acte : le texte visant « toute promesse de vente », il s'applique aux promesses unilatérales comme aux promesses synallagmatiques de vente.

Il pourrait s'agir d'une imprécision de plume. La lecture des travaux parlementaires indique que les articles L. 290-1 et L. 290-2 sont motivés par un souci de protection de celui qui immobilise son bien sur une longue période, sans contrepartie, et sans certitude quant à la réalisation de la vente. Ce schéma est celui de la promesse unilatérale de vente, par laquelle seul le promettant s'engage à vendre, le bénéficiaire étant titulaire d'une option dont la levée est purement discrétionnaire. En revanche, hormis certaines hypothèses, les parties à une promesse synallagmatique de vente sont l'une et l'autre engagées dès la conclusion. Ce n'est que le jeu des conditions suspensives, dont la réalisation est indépendante des parties, qui rend la vente incertaine. C'est la raison pour laquelle l'indemnité d'immobilisation est en pratique associée aux seules promesses unilatérales.

Néanmoins, l'application de ces articles n'est pas réservée aux seules promesses unilatérales. Il n'y a pas lieu de distinguer là où la loi ne distingue pas. Il faut donc s'en tenir à la lettre du code. Par ailleurs, la volonté du législateur est de favoriser le consentement éclairé du promettant et de rémunérer l'immobilisation. Or, quelle que soit la nature de la promesse, que ce soit pendant le délai d'option ou pendant le délai de réalisation des conditions, le bien est immobilisé. Il peut être prévu un prix pour cette indemnisation quelles que soient ses causes. Ainsi, si l'immobilisation d'indemnisation est peu fréquente dans les promesses synallagmatiques de vente, rien n'empêche qu'elle soit stipulée pour le cas où les conditions ne se réaliseraient pas, sous réserve des dispositions relatives à la protection de l'acquéreur et de l'emprunteur d'un immeuble d'habitation.

Régime

A peine de nullité, la promesse doit :

– être constatée par un acte authentique. Il s'agit d'un formalisme protecteur du promettant, le notaire étant tenu de délivrer des informations et des conseils sur l'acte qu'il est chargé d'instrumenter ;

– prévoir une indemnité d'immobilisation d'un montant minimal de 5 % du prix de vente. Cette somme doit faire l'objet d'un versement ou d'une caution déposés entre les mains du notaire. La nature juridique de l'indemnité d'immobilisation a été précisée par la jurisprudence. Elle ne doit être confondue ni avec la clause de dédit, ni avec la clause pénale.

Dans le cas d'une promesse synallagmatique de vente, ce dispositif devra s'articuler avec les dispositions protectrices de l'acquéreur. Notamment, en cas d'exercice du droit de rétractation de l'article L. 271-1, l'indemnité doit être restituée. Il en va de même en cas de non-obtention d'un prêt selon les termes de l'article L. 312-16, alinéa 2, du code de la consommation.

Entrée en vigueur.

Ces dispositions s'appliquent aux promesses conclues depuis le 1er juillet 2009. ❑

Art. L. 290-1 Toute promesse de vente ayant pour objet la cession d'un immeuble ou d'un droit réel immobilier, dont la validité est supérieure à dix-huit mois, ou toute prorogation d'une telle promesse portant sa durée totale à plus de dix-huit mois est nulle et de nul effet si elle n'est pas constatée par un acte authentique, lorsqu'elle est consentie par une personne physique.

Art. L. 290-2 La promesse *(L. nº 2012-387 du 22 mars 2012, art. 110)* **« unilatérale » de vente mentionnée à l'article L. 290-1 prévoit, à peine de nullité, une indemnité d'immobilisation d'un montant minimal de 5 % du prix de vente, faisant l'objet d'un versement ou d'une caution déposés entre les mains du notaire.**

TITRE NEUVIÈME *[BIS]* DISPOSITIONS PARTICULIÈRES À LA NOUVELLE-CALÉDONIE

(Ord. nº 2009-537 du 14 mai 2009, art. 7, ratifiée par L. nº 2009-970 du 3 août 2009, art. 10)

Il semble que l'Ord. nº 2009-537 du 14 mai 2009, art. 7, n'ait pas tenu compte de la modification introduite par la L. nº 2009-323 du 25 mars 2009, art. 116.

CHAPITRE UNIQUE

Art. L. 291-1 Sous réserve des modifications prévues par le présent article, les articles L. 251-1 à L. 251-8 sont applicables en Nouvelle-Calédonie.

1º Au quatrième alinéa de l'article L. 251-1, les mots : "dans le cadre d'une opération d'accession sociale à la propriété dans les conditions prévues par la section I du chapitre III du titre IV du livre IV du présent code" sont supprimés ;

2º Les alinéas 2, 3 et 4 de l'article L. 251-5 sont remplacés par l'alinéa suivant :

S'il est stipulé un loyer périodique payable en espèces, ce loyer sera révisé dans les conditions prévues par les institutions compétentes de la Nouvelle-Calédonie. Les

contestations relatives à la révision de ce loyer sont portées devant le président du tribunal de première instance.

Art. L. 291-2 Les articles L. 252-1, L. 252-2 et L. 252-4 sont applicables en Nouvelle-Calédonie sous réserve de la modification suivante :

Au premier alinéa de l'article L. 252-1, les mots : "par le représentant de l'État dans le département" sont remplacés par les mots : "par les autorités compétentes de la Nouvelle-Calédonie".

LIVRE TROISIÈME AIDES DIVERSES À LA CONSTRUCTION D'HABITATIONS ET À L'AMÉLIORATION DE L'HABITAT – AIDE PERSONNALISÉE AU LOGEMENT

BIBL. GÉN. ▶ BELLESORT, Logement et droit communautaire, *Thèse Tours, 1998.* – E. BIZON, Le droit au logement, *Thèse Nancy II, 1997.* – BONVALET, BRUN, et SEGAUD (Dir.), Logement et habitat : l'état des savoirs, *Éd. La Découverte, 1998* ; Logement et habitat, bibliographie commentée, *La Documentation française, 2000.* – BOUYSSOU, *RDI 1983, nº 1* (l'État et le logement). – BROUANT, *RDI 2004. 108* (quel avenir pour l'encadrement de l'intervention publique dans le domaine du logement ?). – HEUGAS-DARRASPEN, Les techniques juridiques de l'aide au financement du logement en France, *thèse Paris II, 1978* ; Le financement du logement en France, *La Documentation française, 1994 ; RDI 1996. 1.* – Divers, *RFFP 1995, nº 49* (le financement public du logement). – DURANCE, *AJPI 1987. 114 ; ibid. 1988. 738* ; « L'actualité du logement social », *ibid. 1997. 728 s.* – GHEKIERE, Marchés et politiques du logement dans la CEE, *Doc. fr., 1991* ; Les politiques du logement dans l'Europe de demain, *Doc. fr., 1992.* – GIAMI et LEMÉE, *AJPI 1997. 749* (les prêts locatifs aidés : un financement de l'accession à la propriété). – H. PAULIAT, *D. 1995. Chron. 283* (l'objectif constitutionnel du droit à un logement décent : vers le constat de décès du droit de propriété ?). – PEYTHIEU, Le financement de la construction de logements, *Sirey, 1991.* – ZITOUNI, Le droit au logement, *Thèse Aix-Marseille, 1991* ; *LPA 12 janv. 1996, p. 14* (le Conseil constitutionnel et le logement des plus démunis).

COMMENTAIRE

Depuis 1950, l'ensemble du marché du logement bénéficie d'un système de financement mixte alimenté par des fonds publics comme privés. Ces mécanismes d'aides sont destinés à garantir d'une part la quantité et la qualité de l'offre de logements (aides à la pierre) et d'autre part la solvabilité de la demande (aides à la personne).

La politique d'aide au logement (*titre préliminaire*) concerne en premier lieu l'État, qui y associe les collectivités locales en leur permettant de définir des politiques locales et en leur imposant certaines obligations de résultat. Par ailleurs, les mécanismes d'aide à la pierre ont été entièrement refondus à la suite de la réforme de 1977.

Ainsi, le *titre premier*, relatif aux mesures tendant à favoriser la construction d'habitations contient certaines dispositions qui sont devenues inapplicables.

La politique d'amélioration de l'habitat (*titre II*) constitue depuis quelques années un objectif essentiel des pouvoirs publics, objectif longtemps délaissé au profit de la construction neuve. En instituant l'aide personnalisée au logement (*titre V*), la loi du 3 janvier 1977 a quelque peu bouleversé le système de financement du logement. En effet la majeure partie des aides publiques est depuis lors consacrée à la construction, à l'acquisition ou à l'amélioration d'habitations donnant lieu à l'aide personnalisée au logement (*titre III*).

Enfin, cette politique d'aide fait l'objet de larges procédures de concertation, par le bais d'organismes consultatifs (*titre VI*) et d'adaptations particulières en direction des départements d'outre-mer (*titre VII*). ❑

TITRE PRÉLIMINAIRE DISPOSITIONS GÉNÉRALES RELATIVES AUX POLITIQUES DE L'HABITAT

(L. n° 2007-290 du 5 mars 2007, art. 1er).

V. Décr. n° 90-82 du 22 janv. 1990 (JO 24 janv.) relatif à l'évaluation des politiques publiques ; Circ. 18 déc. 1992, relative à la présentation de la programmation des aides à la pierre en 1993, Mon. TP 8 janv. 1993, Suppl. textes, p. 200 ; Circ. 14 déc. 1992 sur la programmation des aides à la pierre pour 1993, ibid., p. 201 ; Circ. n° 93-23 du 11 mars 1993, Mon. TP 30 avr. 1993, Suppl. textes, p. 278 (application de la loi du 31 mai 1990 visant à la mise en œuvre du droit au logement) ; Circ. n° 2005-22 du 17 mars 2005 relative à la mise en œuvre de la politique du logement et à la programmation des financements aidés de l'État pour 2005 (BOMELT n° 2005/7, p. 111) ; Circ. n° 2006-13 du 1er mars 2006 relative à la mise en œuvre de la politique du logement et à la programmation des financements aidés de l'État pour 2006 (BOMELT n° 2006/5, p. 47) ; Circ. n° 2005-60 PM et n° 5106/SG PM du 30 sept. 2005 relative à la réalisation du recensement des terrains publics à des fins de production de logements (BOMELT n° 2005/20, p. 1644), Instr. du 11 mai 2006 relative à la mise en œuvre du programme national de mobilisation du foncier public en faveur de la production de logements (BOMELT n° 2006/10, p. 102) ; Circ. n° 2006-75 du 13 oct. 2006 relative à l'amélioration de l'accès au logement des jeunes et à l'élaboration d'un plan départemental pour le logement des jeunes (BOMELT n° 2006/21, p. 46).

COMMENTAIRE

La politique du logement reste, jusqu'à présent, une politique nationale.

En effet, si l'article 34, § 3, de la Charte des droits fondamentaux de l'Union européenne, adoptée lors du Conseil européen de Nice du 7 décembre 2000, consacre la reconnaissance par l'Union du droit « à une aide au logement » en vue d'assurer une « existence digne à tous ceux qui ne disposent pas de ressources suffisantes », les compétences de l'Union sont toutefois quasi inexistantes.

A partir d'un texte de référence muet sur la question du logement, le Conseil constitutionnel a pu développer un certain nombre de principes que l'on peut résumer ainsi :

En premier lieu, le logement des personnes défavorisées répond à une exigence d'intérêt national (Cons. const., n° 90-274 DC du 29 mai 1990). L'État, pour reprendre l'expression du Doyen Vedel, a ainsi le rôle de « chef de file » et peut en conséquence apporter certaines atteintes au principe de libre administration des collectivités territoriales. Toutefois, cela ne signifie pas que le législateur soit dans l'obligation de réserver une prééminence au profit de l'État sur les collectivités locales. Il lui appartient simplement « de prévenir, par des dispositions appropriées, des ruptures caractérisées d'égalité dans les possibilités d'accès des personnes défavorisées à un logement décent » lorsqu'il opère un transfert de compétences au profit des collectivités locales (Cons. const., n° 2004-503 DC du 12 août 2004 : *JO 17 août*).

En second lieu, « la possibilité pour toute personne de disposer d'un logement décent est un objectif de valeur constitutionnelle » (Cons. const., n° 94-359 DC du 19 janv. 1995 : *JO 21 janv. ; D. 1997. Somm. 137, obs. Gaïa*). Il revient donc au législateur d'adopter des dispositions mettant en œuvre cet objectif, et, selon la jurisprudence dite de « l'effet cliquet », de le faire dans un sens progressiste.

Une telle qualification permet également de porter atteinte à certains principes constitutionnels en vue de réaliser cet objectif.

Dans ce cadre constitutionnel, le législateur a progressivement imposé certaines obligations aux collectivités locales et, tout d'abord, aux communes. Par ailleurs, celles-ci peuvent définir leur priorité en matière d'habitat principalement à travers les programmes locaux de l'habitat.

Il faut enfin mentionner, parmi les mesures en faveur de la politique de l'habitat, les opérations programmées d'amélioration de l'habitat (OPAH) ayant pour objet la réhabilitation du parc immobilier bâti et qui donnent lieu à une convention passée entre la commune ou l'établissement public de coopération intercommunale compétent en matière d'habitat, l'État et l'Agence nationale pour l'amélioration de l'habitat. ❑

CHAPITRE PRÉLIMINAIRE **DROIT AU LOGEMENT**

(L. nº 2007-290 du 5 mars 2007, art. 1er)

BIBL. ► NGUYÊN-DUY, *AJDA 2009. 128* (premières applications de la loi Dalo).

Art. L. 300-1 Le droit à un logement décent et indépendant, mentionné à l'article 1er de la loi nº 90-449 du 31 mai 1990 visant à la mise en œuvre du droit au logement, est garanti par l'État à toute personne qui, résidant sur le territoire français de façon régulière et dans des conditions de permanence définies par décret en Conseil d'État *[V. art. R. 300-1 s.]*, **n'est pas en mesure d'y accéder par ses propres moyens ou de s'y maintenir** *[V. App., vº Droit au logement opposable]*.

Ce droit s'exerce par un recours amiable puis, le cas échéant, par un recours contentieux dans les conditions et selon les modalités fixées par le présent article et les articles L. 441-2-3 et L. 441-2-3-1.

V. Circ. nº 2007-33 du 4 mai 2007 relative à l'application des dispositions de la loi nº 2007-290 du 5 mars 2007 instituant le droit opposable au logement et portant diverses mesures relatives à la cohésion sociale (BOMELT nº 2007/10, p. 111, rect. BOMELT nº 2007/14, p. 39).

COMMENTAIRE

La loi du 5 mars 2007 instituant le droit au logement opposable constitue un acte fort dans l'encadrement juridique des politiques du logement. Elle met en place une obligation de résultat pesant sur l'État et prévoit un dispositif de recours particulier permettant de garantir l'exercice de ce droit. Il faut néanmoins préciser que ce droit ne s'exerce pas de façon absolue.

Son bénéfice est en effet limité aux personnes séjournant sur le territoire français de façon régulière et dans des conditions de permanence définies par décret. Le décret nº 2008-908 du 8 septembre 2008 définit ces conditions de permanence en distinguant les citoyens de l'Union européenne des autres ressortissants. Par ailleurs, seul l'État est débiteur de ce droit. La revendication d'un droit à un « logement décent et indépendant » n'est en effet aucunement opposable aux autres personnes publiques et, *a fortiori*, aux personnes privées. Plus précisément, ce sont les organismes d'HLM qui seront mobilisés dans la mise en œuvre effective de ce droit dans la mesure où les dispositions qui l'encadrent s'insèrent dans le titre du présent code relatif aux « rapports des organismes d'habitation à loyer modéré et des bénéficiaires ». ❑

En subordonnant le droit au logement opposable de certains travailleurs migrants à une condition de résidence préalable de deux ans sur le territoire national qui ne s'applique pas aux ressortissants nationaux et en excluant de son champ d'application des titres de séjour susceptibles d'être attribués à des personnes pouvant avoir la qualité de travailleur migrant – tels que les travailleurs temporaires ou les salariés en mission –, le Décr. du 8 sept. 2008 est incompatible avec la Convention internationale du travail du 1er juill. 1949 concernant les travailleurs migrants. Par conséquent, l'art. R. 300-2 est annulé à compter du 1er oct. 2012. Sous réserve des actions contentieuses engagées à la date du 11 avr. 2012 contre les actes pris sur le fondement du Décr. du 8 sept. 2008, les effets produits par ce dernier antérieurement à son annulation sont regardés comme définitifs. • CE, ass., 11 avr. 2012, *GISTI*, req. nº 322326 : *Lebon, à paraître ; AJDA 2012. 936, chron. Domino et Bretonneau*. Si les demandeurs du DALO doivent pouvoir justifier de la régularité de leur séjour sur le territoire français, aucune disposition législative ou réglementaire ne prévoit que la régularité du séjour des autres membres de la famille du demandeur vivant dans le même logement conditionnerait la recevabilité d'un recours amiable devant la commission de médiation. • CAA Versailles, 28 juin 2011, *Min. de l'Écologie : req. nº 10VE02545.* ♦ Le droit à l'hébergement ne constituant qu'une simple modalité du droit au logement, la commission de médiation est en droit d apprécier si le demandeur remplit la condition de séjour régulier. En l'espèce, la commission est en droit d'opposer à un citoyen de l'Union européenne les conditions exigées par l'art. L. 121-1 du CESEDA et relatives à la disposition de ressources suffisantes. • CAA Lyon, 28 févr. 2012, *Mme A. : req. nº 11LY02702.*

Art. L. 300-2 *(L. nº 2011-900 du 29 juill. 2011, art. 60-I)* **Un fonds national d'accompagnement vers et dans le logement est institué pour le financement** *(L. nº 2012-1509 du 29 déc. 2012, art. 105)* **« , d'une part, d'actions d'accompagnement personnalisé de personnes reconnues prioritaires et auxquelles un logement doit être attribué en urgence en application du cinquième alinéa du II de l'article L. 441-2-3 ainsi que de personnes ou familles mentionnées au II de l'article L. 301-1, et, d'autre part, d'actions de gestion locative adaptée de logements destinés à ces personnes, favorisant leur accès à un logement et leur maintien dans le logement. Il finance également les dépenses de gestion qui se rapportent à ces actions** *[ancienne rédaction : d'actions d'accompagnement personnalisé de personnes reconnues prioritaires et auxquelles un logement doit être attribué en urgence, en application du cinquième alinéa du II de l'article L. 441-2-3, et d'actions de gestion locative adaptée de logements destinés à ces personnes, favorisant leur accès à un logement et leur maintien dans le logement]* **».**

Le Fonds national d'accompagnement vers et dans le logement est administré par un comité de gestion, composé de représentants de l'État, qui fixe les orientations et répartit les crédits de ce fonds.

La gestion de ce fonds est assurée par la Caisse de garantie du logement locatif social.

Il est fait rapport une fois par an au ministre chargé du logement des actions financées par le fonds, en regard des moyens financiers engagés et des objectifs poursuivis.

Un décret en Conseil d'État détermine les conditions d'application du présent article, notamment la composition et les modes de désignation des membres du comité de gestion ainsi que les modalités de fonctionnement du fonds. – *V. art. R. 300-2-1, R. 300-2-2 et R. 452-37.*

COMMENTAIRE

L'article 60 de la loi du 29 juillet 2011 de finances rectificative pour 2011 institue un Fonds national d'accompagnement vers et dans le logement alimenté par le produit des astreintes versées par l'État dans le cadre de la mise en œuvre du droit au logement opposable (DALO). Administré par un comité de gestion, composé de représentants de l'État, ce fonds a pour objet le financement d'actions d'accompagnement personnalisé pour les bénéficiaires du DALO (cf. art. L. 441-2-3) et d'actions de gestion locative adaptée.

CHAPITRE PREMIER **POLITIQUES D'AIDE AU LOGEMENT**

(L. nº 2007-290 du 5 mars 2007, art. 1er).

Art. L. 301-1 *(L. nº 2000-1208 du 13 déc. 2000, art. 140-I)* **I. – La politique d'aide au logement a pour objet de favoriser la satisfaction des besoins de logements, de promouvoir la décence du logement, la qualité de l'habitat, l'habitat durable et l'accessibilité aux personnes handicapées, d'améliorer l'habitat existant et de prendre en charge une partie des dépenses de logement en tenant compte de la situation de famille et des ressources des occupants. Elle doit tendre à favoriser une offre de**

logements qui, par son importance, son insertion urbaine, sa diversité de statut d'occupation et de répartition spatiale, soit de nature à assurer la liberté de choix pour toute personne de son mode d'habitation.

II. – Toute personne ou famille éprouvant des difficultés particulières, en raison notamment de l'inadaptation de ses ressources ou de ses conditions d'existence, a droit à une aide de la collectivité pour accéder à un logement décent et indépendant ou s'y maintenir.

COMMENTAIRE

La loi d'orientation pour la ville du 13 juillet 1991 a pu énoncer les grands objectifs qui fondent la politique d'aide au logement à savoir la promotion de la qualité de l'habitat, l'amélioration de l'habitat existant, l'aide aux personnes et la diversité de l'habitat. L'article 140 de la loi relative à la solidarité et au renouvellement urbains du 13 décembre 2000 a refondu ces dispositions en introduisant la décence du logement et l'habitat durable dans les objets de la politique d'aide au logement, en précisant que les pouvoirs publics doivent favoriser une offre de logements diversifiée, tant par son statut d'occupation que par sa répartition spatiale. Par ailleurs, la loi codifie les dispositions de l'article 1er de la loi « Besson » du 31 mai 1990 qui reconnaissent un droit au logement pour toute personne éprouvant des difficultés particulières financières ou sociales. ❑

1. Le décret no 96-860 du 2 oct. 1996 relatif aux subventions et aux prêts pour les logements sociaux ne compromet pas l'objectif général de satisfaction des besoins en logements inscrit dans les art. L. 301-1 et L. 301-2. • CE 9 juill. 1997, *Office public communautaire d'HLM de Saint-Priest, Union nationale des fédérations d'organismes d'HLM,* req. nos 183880 et 184027 : *Lebon 292*.

2. Les règles relatives au financement du logement social sont uniquement définies par le droit interne et ne relèvent pas du droit communautaire. Dès lors le moyen indiquant que le décret no 98-860 du 2 oct. 1996 porterait atteinte à un principe de droit communautaire ne saurait être accueilli. • CE 9 juill. 1997, *Office public communautaire d'HLM de Saint-Priest, Union nationale des fédérations d'organismes d'HLM : préc. note 1.*

3. Une commune bénéficie d'un intérêt à agir contre la décision d'une commune voisine d'acquérir sur son territoire un bâtiment destiné à loger des employés municipaux d'origine étrangère au nom des risques d'aggravation des déséquilibres urbains et sociaux qu'elle connaît. Une telle implantation ne méconnaît pas le principe de « cohésion sociale » énoncé à l'art. 1er de la loi du 13 juill. 1991 d'orientation pour la ville. • CE 22 nov. 2002, *Cne de Gennevilliers,* req. no 229192 : *Lebon T. 844 ; AJDA 2003. 848, note Deschamps ; RDI 2003. 173, note Brouant et Carraz ; AJDI 2003. 298, obs. Brouant*.

4. Le ministre chargé du logement ne tient d'aucun texte législatif ou réglementaire le pouvoir de créer par circulaire une aide au locataire, réservée aux Harkis et à leur famille, et d'en déterminer le régime juridique. • CE 30 déc. 2003, *Comité Harkis et vérité : req. no 244348.*

Art. L. 301-2 *(L. no 2000-1208 du 13 déc. 2000, art. 140-I)* **La politique d'aide au logement comprend notamment :**

1o Des aides publiques à l'investissement en faveur du logement locatif, à la construction neuve de logements, à l'acquisition avec amélioration de logements existants et aux opérations de restructuration urbaine. Les aides sont majorées lorsque les logements servent à l'intégration de personnes rencontrant des difficultés sociales particulières ;

2o Des aides publiques, accordées sous condition de ressources, aux personnes accédant à la propriété de leur logement, sous la forme d'avances remboursables sans intérêt et de prêts d'accession sociale à taux réduit ;

3o Des aides publiques à l'investissement pour les travaux d'amélioration des logements existants réalisés par les propriétaires bailleurs, dans le parc locatif social et dans le parc privé, ainsi que par les propriétaires occupants sous condition de ressources ;

4o Des aides publiques à l'investissement pour les logements locatifs privés soumis en contrepartie à des conditions de loyer encadré et destinés à des personnes sous condition de ressources ;

5o Des aides personnelles au logement, dont l'aide personnalisée instituée au chapitre Ier du titre V du présent livre, qui sont versées aux locataires ou aux propriétaires accédants, sous condition de ressources.

Art. L. 301-3 *(L. no 2004-809 du 13 août 2004, art. 61-I)* L'attribution des aides publiques en faveur de la construction, de l'acquisition, de la réhabilitation et de la démolition des logements locatifs sociaux, de celles en faveur de la rénovation de l'habitat privé, de celles en faveur de la location-accession et de celles destinées à la création de places d'hébergement ainsi que, *(Ord. no 2012-576 du 26 avr. 2012, art. 4-I)* « en Guadeloupe, en Guyane, en Martinique, à La Réunion, à Mayotte et à Saint-Martin », des aides directes en faveur de l'accession sociale à la propriété, peut être déléguée aux collectivités territoriales et à leurs groupements dans les conditions prévues au présent chapitre.

La dotation régionale pour le financement des aides, dont l'attribution est susceptible d'être déléguée, est notifiée au représentant de l'État dans la région. Son montant est déterminé en fonction, notamment, des données sociales et démographiques, de l'état du patrimoine de logements ainsi que de la situation du marché locatif.

Le représentant de l'État dans la région, après avis du comité régional de l'habitat *(Ord. no 2012-576 du 26 avr. 2012, art. 4-I)* « ou, en Guadeloupe, en Guyane, à la Martinique, à La Réunion, à Mayotte et à Saint-Martin, du conseil départemental de l'habitat ou de l'organisme qui en exerce les attributions », répartit le montant des crédits publics qui lui sont notifiés entre *(L. no 2010-1563 du 16 déc. 2010, art. 17-II)* « les différents établissements publics de coopération intercommunale à fiscalité propre » et, pour le reste du territoire, entre les départements. La participation à cette répartition est subordonnée à la conclusion d'une convention avec l'État définie aux articles L. 301-5-1 ou L. 301-5-2.

Lorsqu'un département n'a pas conclu de convention avec l'État, le représentant de l'État dans la région détermine le montant des crédits directement affectés, selon le cas, par le représentant de l'État dans le département ou l'Agence nationale de l'habitat, à des opérations situées en dehors du périmètre des établissements publics de coopération intercommunale ayant conclu la convention prévue à l'article L. 301-5-1. L'affectation de ces crédits tient compte du plan départemental d'action pour le logement des personnes défavorisées et des programmes locaux de l'habitat.

(L. no 2005-32 du 18 janv. 2005, art. 89-1o) « Les établissements publics de coopération intercommunale et les départements qui ont signé une convention en application des articles L. 301-5-1 et L. 301-5-2 sont associés à la définition et à la mise en œuvre locales des programmes visés aux articles 87 et 107 de la loi no 2005-32 du 18 janvier 2005 de programmation pour la cohésion sociale. »

Lorsqu'un établissement public de coopération intercommunale ou un département a signé une convention mentionnée aux articles L. 301-5-1 et L. 301-5-2, son président prononce l'agrément des opérations de logement social correspondant aux domaines mentionnés au premier alinéa du présent article.

Le Gouvernement présente, au moment du dépôt du projet de loi de finances, le tableau des dotations notifiées aux préfets de région et de leur répartition intrarégionale effectuée par les préfets.

Sous réserve de l'entrée en vigueur des dispositions relevant de la loi de finances, les dispositions issues de la L. no 2004-809 du 13 août 2004 sont applicables à compter du 1er janv. 2005 (L. préc., art. 199).

Sur la gestion du Fonds d'action logement (FAL) pour l'Île-de-France, V. Circ. 14 sept. 1988 (équip.), Mon. TP 16 déc. 1988, Suppl. textes, p. 6 (sur la liste des communes, V. Décr. no 87-818 du 2 oct. 1987). — V. Circ. no 88-30 du 29 mars 1988 (équip.) sur l'action en faveur du logement des défavorisés (Mon. TP 10 juin 1988, Suppl. textes, p. 28).

BIBL. ▶ Delarue, *RFFP 1993, no 44, p. 671* (programmation et diversité locale). – Brouant, Zitouni, Quilichini, Amzallag et Lott, *AJDI 2004. 866* (la loi Libertés et responsabilités locales et la politique du logement). – Driant, *Ét. fonc. 2004, no 111, p. 16* (la géographie complexe de la délégation des aides à la pierre). – Quilichini, *DAUH 2005. 15* (logement et décentralisation après la loi Libertés et responsabilités locales du 13 août 2004).

COMMENTAIRE

La loi no 2004-809 du 13 août 2004 relative aux libertés et responsabilités locales procède à une réforme importante dans les mécanismes d'attribution des aides à la pierre.

Le système retenu par la loi comprend ainsi trois niveaux de gestion : il consiste à déléguer aux établissements publics de coopération intercommunale qui en font la demande, puis en l'absence de groupements sélectionnés ou pour les zones hors intercommunalité, au département, et, en l'absence de délégation au département, à opérer une gestion directe par l'État.

Quel que soit le délégataire, la gestion de la délégation est subordonnée à la conclusion d'une convention avec l'État définissant précisément les objectifs à atteindre. En l'absence de convention avec un EPCI ou un département, les aides à la pierre restent gérées par l'État par l'intermédiaire du préfet de région ; ce dernier aura alors à déterminer les montants directement affectés au préfet du département ainsi qu'à l'Agence nationale d'amélioration de l'habitat. L'affectation de ces crédits doit néanmoins tenir compte des instruments de programmation des collectivités territoriales (programme local de l'habitat, plan départemental d'action pour le logement des personnes défavorisées).

Enfin, les autorités bénéficiaires de la délégation disposent de la compétence pour agréer les opérations de logement social mentionnées au premier alinéa de l'article L. 301-3 du code de la construction et de l'habitation. Cet agrément, délivré normalement par le préfet, ouvre droit au bénéfice des subventions de l'État, des prêts de la Caisse des dépôts et consignations, d'un taux de TVA réduit et d'une exonération de la taxe foncière sur les propriétés bâties d'une durée de 15 ans. ❑

Art. L. 301-3-1 *(L. no 95-74 du 21 janv. 1995, art. 13)* **Dans les communes où l'ensemble des logements locatifs sociaux, tels que définis** *(L. no 96-987 du 14 nov. 1996)* **« à l'article L. 2334-17 du code général des collectivités territoriales, représente plus de 35 p. 100 des résidences principales », la surface de plancher des logements locatifs bénéficiant au cours de l'année d'un concours financier de l'État, pour leur construction, ne peut excéder 80 p. 100 de la surface de plancher des logements commencés l'année précédente dans la commune et ne bénéficiant d'aucun concours de l'État.**

Il ne peut être dérogé aux dispositions de l'alinéa précédent que sur décision motivée du représentant de l'État dans le département, prise après avis du maire de la commune concernée.

Loi no 96-241 du 26 mars 1996,

Portant diverses dispositions relatives au concours de l'État aux collectivités territoriales et aux mécanismes de solidarité financière entre les collectivités territoriales.

Art. 9 Pour l'application en 1996 des dispositions des articles L. 301-3-1, L. 302-5 et L. 302-8 du code de la construction et de l'habitation et de l'article L. 213-1 du code de l'urbanisme, les logements sociaux pris en compte sont ceux définis par l'article L. 234-12 du code des communes dans sa rédaction antérieure à la loi no 96-142 du 21 février 1996 relative à la partie législative du code général des collectivités territoriales. – ***C. adm.**, éd. 1996.*

V. Circ. no 97-39 du 6 avr. 1997 relative à l'application en 1997 des dispositions relatives à la diversité de l'habitat (BOMELT no 97-10).

COMMENTAIRE

Cette disposition n'interdit pas la construction de logements sociaux au-delà du taux de 35 % des résidences principales, mais dispose simplement que le rythme de la construction de ces logements doit rester en deçà de celle du privé, non aidé par l'État (V. Rép. min. nº 26626 : *JO Sénat, 26 oct. 2000*). ❑

Le préfet est en droit, sur décision motivée, de déroger au plafonnement institué par le premier alinéa de l'art. L. 301-3-1. Sans méconnaître pour autant l'objectif de diversité et de mixité sociale poursuivi par le législateur. • CAA Paris, 13 févr. 2007, *Gabriel X. : req. nº 03PA03533.*

Art. L. 301-4 *(L. nº 83-440 du 2 juin 1983, art. 3)* **Les communes** *(L. nº 2000-1208 du 13 déc. 2000, art. 140-II)* **« , les établissements publics de coopération intercommunale, » les départements, les régions définissent, dans le cadre de leurs compétences respectives, leurs priorités en matière d'habitat.**

V. Circ. 8 févr. 1989 (équip.) relative à la politique contractuelle de l'habitat et aux modalités d'utilisation des crédits du Fonds social urbain (Mon. TP 3 mars 1989, Suppl. textes, p. 27) ; Circ. 11 juill. 1988 (Mon. TP 29 juill. 1988, Suppl. textes, p. 26) relative à l'utilisation des crédits du Fonds social urbain.

BIBL. ► ARAUD et DURANCE, *AJPI 1983. 222* (loi nº 83-8 du 2 juin 1983 relative à la répartition des compétences). – BALLAIN et BENGUIGUI (Dir.), Loger les personnes défavorisées, *La Documentation française, 1995.* – BERTRAND, Les politiques locales de l'habitat en France 1980-1995, *Thèse Paris XII, 1999.* – BROUANT, *Annuaire 2002 des collectivités locales, p. 149* (les enjeux des politiques locales de l'habitat), *BJCL 2005, nº 1, p. 2* (subsidiarité, solidarité et politique du logement). – BROUANT et JÉGOUZO, La territorialisation des politiques et du droit de l'habitat social, *La Documentation française, 1998.* – Divers, Promouvoir le droit au logement, *La Documentation française, 1998.* – EYRAUDET LAJOUS, *LPA 1994, nº 69, p. 4* (intervention des communautés urbaines en matière d'habitat). – GUISELIN, *LPA 2003, nº 51, p. 3* (droit au logement et libertés locales). – JÉGOUZO, *RFAP 1990, nº 56, p. 673* (répartition des responsabilités entre l'État et les collectivités locales dans le domaine de l'habitat social). – QUILICHINI, Logement social et décentralisation, *LGDJ (bibliothèque de droit public), 2001* ; La politique locale de l'habitat, *Imprimerie nationale (Essentiels experts), 2002.* – VEDEL, Pouvoirs locaux, *ibid. 1990, nº 7, p. 85 ; ibid. 1991, nº 8, p. 16* (le droit au logement et le principe de libre administration des collectivités locales).

Art. L. 301-5 *(L. nº 83-440 du 2 juin 1983, art. 3)* **Dans le cadre de ses compétences pour promouvoir le développement économique et social et l'aménagement de son territoire, la région définit des priorités en matière d'habitat, après consultation des départements et au vu, le cas échéant, des programmes locaux d'habitat qui lui sont adressés par les communes ou les établissements publics de coopération intercommunale compétents en matière de logement.**

V. Circ. 26 févr. 1988 relative à la directive relative à la mise en œuvre en Île-de-France des décisions du gouvernement en matière de relance de la construction de logements et de développement de l'offre foncière (JO 1er mars, p. 2814).

Art. L. 301-5-1 *(L. nº 2004-809 du 13 août 2004, art. 61-II)* **Les établissements publics de coopération intercommunale mentionnés à l'article L. 301-3 et disposant d'un programme local de l'habitat peuvent, pour sa mise en œuvre, demander à conclure une convention avec l'État, par laquelle celui-ci leur délègue la compétence pour décider de l'attribution des aides prévues au même article et procéder à leur notification aux bénéficiaires.** *(L. nº 2009-323 du 25 mars 2009, art. 28-I)* **« Le représentant de l'État dans le département, saisi d'une demande tendant à la conclusion d'une convention, notifie, dans un délai de trois mois, son accord ou son refus, qui est motivé. »**

Cette convention est conclue pour une durée de six ans renouvelable. Elle fixe, d'une part, dans la limite des dotations ouvertes en loi de finances, le montant des droits à engagement alloués à l'établissement public de coopération intercommunale et, d'autre part, le montant des crédits que celui-ci affecte sur son propre budget à la réalisation des objectifs de la convention. Elle précise annuellement, au sein des droits

à engagement alloués, les parts affectées au logement social ou à l'hébergement d'une part, à l'habitat privé d'autre part. *(L. nº 2005-32 du 18 janv. 2005, art. 89-2º)* « Cette répartition tient compte de l'exécution des programmes définis aux articles 87 et 107 de la loi nº 2005-32 du 18 janvier 2005 de programmation pour la cohésion sociale. »

L'établissement public de coopération intercommunale attribue les aides au logement social et à l'hébergement dans la limite de la part correspondante des droits à engagement. La convention définit, en fonction de la nature et de la durée prévisionnelle de réalisation des opérations à programmer, l'échéancier prévisionnel et les modalités de versement des crédits correspondants à l'établissement public de coopération intercommunale. La convention précise les modalités du retrait éventuel des droits à engagement, susceptibles de ne pas être utilisés, ainsi que les conditions de reversement des crédits non consommés. Le montant des crédits de paiement est fixé chaque année en fonction de l'échéancier de versement des crédits, des engagements constatés les années précédentes et des engagements prévisionnels de l'année considérée.

(L. nº 2009-179 du 17 févr. 2009, art. 5) « Les décisions d'attribution des aides en faveur de l'habitat privé sont prises par le président de l'établissement public de coopération intercommunale, par délégation de l'Agence nationale de l'habitat, dans la limite des droits à engagement correspondants, dans le cadre d'un programme d'action fixé après avis d'une commission locale d'amélioration de l'habitat. » Elles donnent lieu à paiement par l'Agence nationale de l'habitat, dans des conditions fixées par la convention prévue à l'article L. 321-1-1. Toutefois, lorsque l'établissement public de coopération intercommunale demande à assurer le paiement direct des aides à leurs bénéficiaires, la convention précitée en prévoit les conditions et notamment les modalités de versement des crédits par l'agence à l'établissement public de coopération intercommunale.

La convention fixe, en accord avec la Caisse des dépôts et consignations, l'enveloppe de prêts que cet établissement peut affecter aux opérations définies dans la convention à partir des fonds d'épargne dont il assure la gestion en application de l'article *(L. nº 2008-776 du 4 août 2008, art. 151-III)* « L. 518-2 » du code monétaire et financier.

Dans les limites fixées par décret en Conseil d'État, la convention peut adapter les conditions d'octroi des aides de l'État, selon les secteurs géographiques et en raison des particularités locales et démographiques et de la situation du marché du logement.

La convention prévoit les conditions dans lesquelles les conventions mentionnées à l'article L. 353-2 ainsi que les décisions favorables mentionnées au 3º de l'article L. 351-2 sont signées par le président de l'établissement public de coopération intercommunale au nom de l'État.

Elle peut adapter, pour des secteurs géographiques déterminés, dans des limites fixées par décret en Conseil d'État, les plafonds de ressources mentionnés à l'article L. 441-1 pour l'attribution des logements locatifs sociaux.

Elle définit les conditions dans lesquelles une évaluation sera effectuée au terme de son application.

La convention précise également, le cas échéant, les modalités de mise en œuvre des dispositions de la section 2 du chapitre II du présent titre.

(L. nº 2009-323 du 25 mars 2009, art. 28-I) «La convention ne peut pas être conclue ou renouvelée avec un établissement public de coopération intercommunale lorsque le représentant de l'État estime que les demandes motivées de modifications mentionnées aux cinquième et sixième alinéas de l'article L. 302-2 n'ont pas suffisamment été prises en compte par l'établissement public de coopération intercommunale.

« La convention peut être dénoncée par le représentant de l'État lorsque les résultats du bilan triennal d'exécution du programme local de l'habitat mentionné au deuxième alinéa de l'article L. 302-3 sont manifestement insuffisants par rapport aux objectifs définis dans la convention. »

Concernant l'élaboration des conventions de délégation de compétences en matière d'aide au logement V. Circ. nº 2004-73 du 23 déc. 2004 (BOMELT nº 2005/1, p. 35), mod. par Circ. nº 2005-48 du

29 juill. 2005 (BOMELT nº 2005/16, p. 55), Circ. nº 2007-07 du 22 janv. 2007 (BOMELT nº 2007/3, p. 76) et Circ. du 24 mars 2011 relative à l'élaboration des conventions de compétence et des aides à la pierre (BOMEDDTL nº 2011/7, p. 112). – V. aussi Circ. nº 2005-49 du 14 oct. 2005 relative à l'imputation comptable et au compte rendu d'utilisation des crédits de l'État mis à la disposition des collectivités délégataires dans le cadre des conventions de délégation de compétences en matière d'aides au logement (BOMELT nº 2005/20, p. 62).

V. art. R. 323-22, R. 372-4-1 et R. 372-12.

V. note ss. art. L. 301-5-4.

BIBL. ► Brouant, Zitouni, Quilichini, Amzallag et Lott, *AJDI 2004. 866* (la loi libertés et responsabilités locales et la politique du logement). – Driant, *Ét. fonc. 2004, nº 111, p. 16* (la géographie complexe de la délégation des aides à la pierre). – Quilichini, *DAUH 2005. 15* (logement et décentralisation après la loi Libertés et responsabilités locales du 13 août 2004).

COMMENTAIRE

Deux conditions doivent être réunies pour qu'un établissement public de coopération intercommunale soit potentiellement délégataire des aides à la pierre étatique : d'une part, il doit être constitué sous la forme d'une communauté urbaine, d'une communauté de communes, d'une communauté d'agglomération ou d'un syndicat d'agglomération nouvelle. Les syndicats de communes ou les syndicats mixtes sont donc exclus de ce bénéfice. D'autre part, l'établissement public doit disposer d'un programme local de l'habitat. L'article 61-XIII de la loi nº 2004-809 du 13 août 2004 relative aux libertés et responsabilités locales (reproduit ci-dessus) prévoit que jusqu'au 31 décembre 2006, les EPCI n'ayant pas de programme local de l'habitat ou ayant pris une délibération en vue de l'élaboration d'un programme local de l'habitat conforme aux dispositions de l'article L. 302-1 du code de la construction et de l'habitation peuvent demander à conclure une convention de délégation pour une durée limitée à trois ans. Dans ce cas, la convention dispose d'un contenu équivalent à celle passée avec le département au titre de l'article L. 301-5-2.

Le législateur n'ayant finalement pas retenu de seuil de population, on peut se demander si le préfet dispose du pouvoir de refuser de contracter, au vu notamment des insuffisances du PLH adopté par l'EPCI.

Conclue pour une durée de 6 ans, la convention fixe le montant des droits à engagements alloués à l'EPCI et le montant des crédits que celui-ci affecte sur son propre budget à la réalisation des objectifs de la convention.

Au-delà de la délivrance des aides, qui peut inclure également les concours financiers gérés par l'Agence nationale pour la rénovation urbaine (V. l'art. 61-XIV de la loi du 13 août 2004, ayant réécrit l'art. L. 302-4 du CCH), la convention permet une véritable adaptation locale des normes en vigueur : dans des limites qui seront fixées par décret en Conseil d'État, la convention pourra adapter les conditions d'octroi des aides de l'État au marché local ainsi que les plafonds de ressources mentionnés à l'article L. 441-1 pour l'attribution des logements locatifs sociaux.

Si la loi impose simplement de définir les conditions d'évaluation de la convention, rien n'est précisé sur les possibilités de sa résiliation. ❑

Loi nº 2004-809 du 13 août 2004,

Relative aux libertés et responsabilités locales.

Art. 61 XIII – Jusqu'au 31 décembre 2006, les établissements publics de coopération intercommunale n'ayant pas de programme local de l'habitat ou ayant pris une délibération en vue de l'élaboration d'un programme local de l'habitat conforme aux dispositions de l'article L. 302-1 du code de la construction et de l'habitation peuvent demander à conclure une convention au titre de l'article L. 301-5-1 du même code, pour une durée limitée à trois ans. Dans ce cas, la convention fixe les conditions de mise en place d'un dispositif d'observation de l'habitat. Elle précise, en application du plan départemental d'action pour le logement des personnes défavorisées et en tenant compte des actions de rénovation urbaine au sens de la loi nº 2003-710 du 1er août 2003 d'orientation et de programmation pour la ville et la rénovation urbaine, les objectifs poursuivis et les actions à mettre en œuvre en matière de réalisation, de réhabilitation et démolition de logements locatifs sociaux et de places d'hébergement, ainsi qu'en matière de rénovation de l'habitat privé, notamment dans le cadre d'opérations programmées d'amélioration de l'habitat. Elle définit les objectifs en matière de lutte contre l'habitat indigne et arrête, le cas échéant, les actions nécessaires à sa résorption. Ces objectifs et actions sont détaillés par zones géographiques.

Sous réserve de l'entrée en vigueur des dispositions relevant de la loi de finances, les dispositions issues de la L. nº 2004-809 du 13 août 2004 sont applicables à compter du 1er janv. 2005 (L. nº 2004-809, art. 199).

Loi nº 2007-290 du 5 mars 2007,

Instituant le droit au logement opposable et portant diverses mesures en faveur de la cohésion sociale.

Art. 14 I — A titre expérimental et pour une durée de six ans, un établissement public de coopération intercommunale à fiscalité propre ayant conclu la convention visée à l'article L. 301-5-1 du code de la construction et de l'habitation peut passer une convention avec l'État, ses communes membres et les départements concernés pour devenir, sur son territoire, le garant du droit à un logement décent et indépendant visé au chapitre préliminaire du titre préliminaire du livre III ainsi qu'aux articles L. 441-2-3 et L. 441-2-3-1 du même code.

La convention prévoit la délégation au président de l'établissement public de coopération intercommunale :

— de tout ou partie des réservations de logements dont le représentant de l'État dans le département bénéficie sur son territoire en application de l'article L. 441-1 du code de la construction et de l'habitation ;

— de la mise en œuvre des procédures de résorption de l'insalubrité et de lutte contre la présence de plomb respectivement définies aux articles L. 1331-22 à L. 1331-30 et aux articles L. 1334-1 à L. 1334-12 du code de la santé publique ;

— de la mise en œuvre des procédures de résorption des immeubles menaçant ruine visées aux articles L. 511-1 à L. 511-6 du code de la construction et de l'habitation ;

— de la mise en œuvre des procédures de réquisition visées aux chapitres Ier et II du titre IV du livre VI du même code.

Elle prévoit la délégation à l'établissement public de coopération intercommunale de tout ou partie des compétences qui, dans le domaine de l'action sociale, sont attribuées au département en vertu des articles L. 121-1 et L. 121-2 du code de l'action sociale et des familles.

II — Dans un délai de six mois avant le terme de l'expérimentation, le Gouvernement remet au Parlement un rapport d'évaluation assorti des observations des établissements publics de coopération intercommunale et des collectivités territoriales concernés.

V. Circ. nº 2007-33 du 4 mai 2007 relative à l'application des dispositions de la loi nº 2007-290 du 5 mars 2007 instituant le droit opposable au logement et portant diverses mesures relatives à la cohésion sociale (BOMELT nº 2007/10, p. 111).

Loi nº 2008-1443 du 30 décembre 2008,

De finances rectificative pour 2008.

Art. 149 La convention mentionnée à l'article L. 301-5-1 du code de la construction et de l'habitation conclue pour une durée de trois ans en application du XIII de l'article 61 de la loi nº 2004-809 du 13 août 2004 relative aux libertés et responsabilités locales est, à la demande de l'établissement public de coopération intercommunale, prorogée d'un an par avenant.

Art. L. 301-5-2 *(L. nº 2004-809 du 13 août 2004, art. 61-II)* Le département peut demander à conclure, pour une durée de six ans renouvelable, une convention avec l'État par laquelle celui-ci lui délègue la compétence pour décider de l'attribution des aides prévues à l'article L. 301-3 et procéder à leur notification aux bénéficiaires.

Hors du périmètre des établissements publics de coopération intercommunale ayant conclu une convention en application de l'article L. 301-5-1, la convention conclue par le département définit les conditions de mise en place d'un dispositif d'observation de l'habitat et précise, en application du plan départemental d'action pour le logement des personnes défavorisées et en tenant compte des programmes locaux de l'habitat et des actions de rénovation urbaine au sens de la loi nº 2003-710 du 1er août 2003 d'orientation et de programmation pour la ville et la rénovation urbaine *[V. App., vº Rénovation urbaine, des extraits de cette loi]*, les objectifs poursuivis et les actions à mettre en œuvre en matière de réalisation, de réhabilitation et démolition de logements locatifs sociaux et de places d'hébergement destinées à accueillir les personnes et les familles visées aux articles 1er et 4 de la loi nº 90-449 du 31 mai 1990 visant à la mise en œuvre du droit au logement *[V. App., vº Loi « Besson »]*, ainsi qu'en matière de rénovation de l'habitat privé, notamment dans le cadre d'opérations programmées d'amélioration de l'habitat. Elle définit les objectifs en matière de lutte contre l'habitat indigne et arrête, le cas échéant, les actions nécessaires à sa résorption. Ces objectifs et actions sont détaillés par zones géographiques.

La convention fixe, d'une part, dans la limite des dotations ouvertes en loi de finances, le montant des droits à engagement alloués au département et, d'autre part, le montant des crédits que celui-ci affecte sur son propre budget à la réalisation des objectifs de la convention. Elle précise annuellement, au sein des droits à engagement alloués, les parts affectées au logement social ou à l'hébergement d'une part, à l'habitat privé d'autre part. *(L. nº 2005-32 du 18 janv. 2005, art. 89-2º)* « Cette répartition tient compte de l'exécution des programmes définis aux articles 87 et 107 de la loi nº 2005-32 du 18 janvier 2005 de programmation pour la cohésion sociale. »

Le département attribue les aides au logement social et à l'hébergement dans la limite de la part correspondante des droits à engagement. La convention définit, en fonction de la nature et de la durée prévisionnelle de réalisation des opérations à programmer, l'échéancier prévisionnel et les modalités de versement des crédits correspondants au département. La convention précise les modalités du retrait éventuel des droits à engagement susceptibles de ne pas être utilisés, ainsi que les conditions de reversement des crédits non consommés. Le montant des crédits de paiement est fixé chaque année en fonction de l'échéancier de versement des crédits, des engagements constatés les années précédentes et des engagements prévisionnels de l'année considérée.

(L. nº 2009-179 du 17 févr. 2009, art. 5) « Les décisions d'attribution des aides en faveur de l'habitat privé sont prises par le président du conseil général, par délégation de l'Agence nationale de l'habitat, dans la limite des droits à engagement correspondants, dans le cadre d'un programme d'action fixé après avis d'une commission locale d'amélioration de l'habitat. » Elles donnent lieu à paiement par l'Agence nationale de l'habitat, dans des conditions fixées par la convention prévue à l'article L. 321-1-1. Toutefois, lorsque le département demande à assurer le paiement direct des aides à leurs bénéficiaires, la convention précitée en prévoit les conditions et notamment les modalités de versement des crédits par l'agence au département.

La convention fixe, en accord avec la Caisse des dépôts et consignations, l'enveloppe de prêts que cet établissement peut affecter aux opérations définies dans la convention à partir des fonds d'épargne dont il assure la gestion en application de l'article *(L. nº 2008-776 du 4 août 2008, art. 151-III)* « L. 518-2 » du code monétaire et financier.

Dans les limites fixées par décret en Conseil d'État, la convention peut adapter les conditions d'octroi des aides de l'État, selon les secteurs géographiques et en raison des particularités locales, sociales et démographiques et de la situation du marché du logement.

La convention prévoit les conditions dans lesquelles les conventions mentionnées à l'article L. 353-2 ainsi que les décisions favorables mentionnées au 3o de l'article L. 351-2 sont signées par le président du conseil général au nom de l'État.

Elle peut adapter, pour des secteurs géographiques déterminés, dans des limites fixées par décret en Conseil d'État, les plafonds de ressources mentionnés à l'article L. 441-1 pour l'attribution des logements locatifs sociaux.

Elle définit les conditions dans lesquelles une évaluation sera effectuée au terme de son application.

Lorsqu'un établissement public de coopération intercommunale signe avec l'État une convention régie par l'article L. 301-5-1, alors qu'une convention régie par le présent article est en cours d'exécution, cette dernière fait l'objet d'un avenant pour en retrancher, à compter du 1er janvier de l'année suivante, les dispositions concernant l'établissement public.

V. art. R. 323-22, R. 372-4-1 et R. 372-12.

V. note ss. art. L. 301-5-4.

COMMENTAIRE

Les départements sont également potentiellement bénéficiaires des conventions de délégation d'octroi et de gestion des aides à la pierre. Par rapport aux EPCI, deux remarques peuvent être faites. D'une part, c'est par le biais du plan départemental de l'habitat (cf. art. L. 302-10) que la collectivité fixera les principaux objectifs en matière de politique du logement (dispositif d'observation de l'habitat, actions en matière de réalisation, de réhabilitation et de démolition de logements locatifs sociaux et de places d'hébergement, rénovation de l'habitat privé et lutte contre l'habitat indigne...). D'autre part, le champ d'application territorial de la convention ne concerne pas forcément l'ensemble du territoire départemental. En sont exclus, les périmètres des EPCI ayant signé une convention de délégation avec l'État. Lorsqu'en cours d'exécution de la convention, des EPCI bénéficient d'une délégation étatique, un avenant doit être adopté afin de retrancher les dispositions relatives aux EPCI concernés. ❑

Art. L. 301-5-3 *(L. no 2004-809 du 13 août 2004, art. 61-II)* **Les dispositions de l'article L. 301-5-1, à l'exception de son septième alinéa, et celles de l'article L. 301-5-2, à l'exception de son huitième alinéa, sont applicables** *(Ord. no 2012-576 du 26 avr. 2012, art. 4-II)* **« en Guadeloupe, en Guyane, à la Martinique, à La Réunion, à Mayotte et à Saint-Martin ».**

V. note ss. art. L. 301-5-4.

Art. L. 301-5-4 *(L. no 2004-809 du 13 août 2004, art. 61-II)* **En Corse, la délégation de compétence prévue à l'article L. 301-5-2 s'exerce au profit de la collectivité territoriale de Corse.**

Sous réserve de l'entrée en vigueur des dispositions relevant de la loi de finances, les dispositions issues de la loi no 2004-809 du 13 août 2004 sont applicables à compter du 1er janv. 2005. Les décrets d'application prévus par la présente loi peuvent être pris dès sa publication (L. préc., art. 199).

Art. L. 301-6 *(L. no 91-663 du 13 juill. 1991, art. 3)* **L'octroi des aides de l'État en faveur de l'habitat est subordonné au respect des règles d'accessibilité fixées en application de l'article L. 111-7.**

CHAPITRE II POLITIQUE LOCALE DE L'HABITAT *(L. nº 2006-872 du 13 juill. 2006, art. 68-1º).*

(L. nº 91-662 du 13 juill. 1991, art. 13)

V. Circ. nº 96-23 du 2 avr. 1996, BOMELT nº 96/10 du 20 avr. 1996, p. 25

BIBL. ► J.-B. AUBY, *JCP 1992. 1. 3546* (la loi d'orientation pour la ville du 13 juillet 1991). – DE L'ARCHE, Pouvoirs locaux, *1995, nº 24, p. 19* (logement social et diversité de l'habitat). – BERTRAND, Les politiques locales de l'habitat en France 1980-1995, *Thèse Paris-XII, 1999.* – BROUANT (Dir.), Intercommunalité et habitat : les communautés au milieu du gué ?, *Doc. fr., 2006.* – BROUANT, *AJDI 2006. 717* (loi ENL et logement social) ; *AJDA 2001. 56* (loi SRU et habitat). – BROUANT, JÉGOUZO, La territorialisation des politiques et du droit de l'habitat social, *Doc. fr., 1998.* – CHARLES, *Administrer, nº 228, 1991, p. 3* (la loi d'orientation pour la ville et le droit de l'urbanisme). – DELARUE, *Ét. fonc., 1992, nº 54, p. 30* (PLH, pilotage sur mesure). – DESCHAMPS, Le droit public et la ségrégation urbaine, *LGDJ 1998.* – DURAND, *Constr.-Urb., oct. 2006. 14* (loi ENL et planification des politiques d'habitat). – HEUGAS-DARRASPEN, *RDI 1997. 325* (pacte de relance pour la ville). – H. JACQUOT, *AJDA 1991. 892* (loi d'orientation pour la ville). – JÉGOUZO, *RFAP 1991, nº 59, p. 475* (même thème) ; Annuaire français du droit de l'urbanisme et de l'habitat, *GRIDAUH, 1996, p. 5* (loi du 14 novembre 1996 relative à la mise en œuvre du pacte de relance pour la ville et globalisation des politiques urbaines). – LLORENS-FRAYSSE, *Droit et ville, 1992, nº 34, p. 140* (PLH). – MORAND-DEVILLER, *AJDA 1992. 411* (loi d'orientation pour la ville) – RICHARD, *JCP 1997. I. 4038* (l'espoir des banlieues : le pacte de relance pour la ville). – ROUQUETTE, *LPA 1991, nº 100, p. 4* (loi d'orientation pour la ville). – SESTIER, *ALD 1991, p. 143* (même thème). – WERTENSCHLAG, *AJPI 1991. 664* (même thème).

COMMENTAIRE

Alors que, depuis la loi nº 83-440 du 2 juin 1983, les collectivités territoriales peuvent définir leurs « priorités en matière d'habitat », ce n'est que vingt ans plus tard que cette affirmation sera concrétisée sur le plan législatif. Depuis la loi SRU du 13 décembre 2000, les collectivités territoriales, et principalement les établissements publics de coopération intercommunale, disposent de compétences effectives. Au fil des réformes législatives, les collectivités peuvent définir et mettre en œuvre de véritables politiques locales de l'habitat.

L'instrument de formalisation de ces politiques est le programme local de l'habitat (V. *section I*). Par ailleurs, la loi du 13 juillet 1991, dans le but de favoriser la mixité urbaine, a imposé un quota minimal de 20 % de logements sociaux dans certaines communes urbanisées. Cette obligation a quelque peu été édulcorée au fil des législations successives, et notamment à la suite de la loi nº 95-74 du 21 janvier 1995.

La loi Solidarité et renouvellement urbains du 13 décembre 2000 a redéfini ces obligations et renforcé les mécanismes de sanctions applicables (V. *Section II*). Enfin, depuis la loi ENL du 13 juillet 2006, le plan départemental de l'habitat vise à coordonner les différentes politiques locales de l'habitat (V. *Section III*). ❑

SECTION PREMIÈRE PROGRAMME LOCAL DE L'HABITAT *(L. nº 2006-872 du 13 juill. 2006, art. 68-2º).*

Jusqu'au 31 déc. 2015 et afin de prendre en compte la L. nº 2013-61 du 18 janv. 2013, les programmes locaux de l'habitat adoptés avant sa promulgation, soit le 19 janv. 2013, peuvent être adaptés selon la procédure de modification prévue à l'art. L. 302-4 (L. préc., art. 28).

COMMENTAIRE

La loi du 7 janvier 1983 a offert aux communes la possibilité d'adopter un programme local de l'habitat (PLH) « qui détermine leurs opérations prioritaires et notamment les actions en faveur des personnes mal logées ou défavorisées ».

Cet instrument, sans portée contraignante, était destiné à formaliser les « priorités » des communes en matière d'habitat. La loi d'orientation pour la ville du 13 juillet 1991 a transformé les PLH en outil privilégié de l'agglomération en vue d'instaurer une offre diversifiée de logements et d'éviter la ségrégation de certains quartiers.

Cet instrument est également, depuis la loi du 14 novembre 1996, un **instrument de mixité sociale**. Le programme local de l'habitat est envisagé, non plus comme un simple document d'étude, mais comme un instrument opérationnel qui possède un contenu obligatoire : diagnostic, objectifs quantitatifs, principes et programmes d'actions, moyens fonciers.

La portée juridique de cet instrument a été renforcée par la loi Solidarité et renouvellement urbains du 13 décembre 2000 puisque **désormais les plans locaux d'urbanisme et les cartes communales doivent être compatibles avec les dispositions des programmes locaux de l'habitat**.

La loi nº 2004-809 du 13 août 2004 relative aux libertés et responsabilités locales a renforcé le contenu obligatoire des PLH dans la mesure où ils conditionnent la possibilité pour les EPCI de bénéficier d'une convention de délégation des aides à la pierre et la loi du 13 juillet 2006, portant engagement national pour le logement, rend obligatoire l'adoption d'un programme local de l'habitat dans les communautés urbaines, d'agglomération et de communes de plus de 50 000 habitants.

Dernière réforme en date, la loi nº 2009-323 du 25 mars 2009 de mobilisation pour le logement et la lutte contre l'exclusion étend le champ d'application de l'élaboration obligatoire du PLH, précise davantage le contenu de ce document et renforce le pouvoir de l'État sur son élaboration et son adoption. ❑

En l'absence de programme local de l'habitat ayant fait l'objet d'une approbation, un plan d'aménagement de zone n'a pas à justifier de la prise en considération d'un tel document. • CAA Paris, 16 nov. 2000, *Cne de Suresnes : req. nº 99PA02538.* ♦ Pour un exemple d'appréciation du respect de l'objectif de diversification de l'habitat par un plan d'aménagement de zone • Même arrêt. ♦ Une commune ne peut utilement se prévaloir des orientations générales du programme local de l'habitat pour justifier le refus d'une autorisation de lotir. • CAA Douai, 25 sept. 2003, *Cne d'Hallennes-lez-Haubourdin : req. nº 00DA01443.*

Art. L. 302-1 *(L. nº 2004-809 du 13 août 2004, art. 61-III)* **« Le programme local de l'habitat est établi par un établissement public de coopération intercommunale pour l'ensemble de ses communes membres. »**

(L. nº 2000-1208 du 13 déc. 2000, art. 58) **« Pour les communes de Paris, Marseille et Lyon, les maires d'arrondissement ou leurs représentants participent à l'élaboration du programme local de l'habitat. »**

(L. nº 2004-809 du 13 août 2004, art. 61-III ; L. nº 2005-102 du 11 févr. 2005, art. 45-V ; L. nº 2009-323 du 25 mars 2009, art. 28-II) **« Le programme local de l'habitat définit, pour une durée de six ans, les objectifs et les principes d'une politique visant à répondre aux besoins en logements et en hébergement, à favoriser la mixité sociale et à améliorer l'accessibilité du cadre bâti aux personnes handicapées en assurant entre les communes et entre les quartiers d'une même commune une répartition équilibrée et diversifiée de l'offre de logements.** *[**Ndlr.** Il semble que l'art. 45-V de la L. nº 2005-102 du 11 févr. 2005 ait implicitement supprimé la référence au renouvellement urbain, introduite par l'art. 61-III de la L. nº 2004-809 du 13 août 2004.]*

(L. nº 2009-323 du 25 mars 2009, art. 28-II) **« Ces objectifs et ces principes tiennent compte de l'évolution démographique et économique, de l'évaluation des besoins des habitants actuels et futurs, de la desserte en transports, des équipements publics, de la nécessité de lutter contre l'étalement urbain et des options d'aménagement déterminées par le schéma de cohérence territoriale ou le schéma de secteur lorsqu'ils existent, ainsi que du plan départemental d'action pour le logement des personnes**

défavorisées et, le cas échéant, de l'accord collectif intercommunal défini à l'article L. 441-1-1. »

(L. nº 2004-809 du 13 août 2004, art. 61-III) « Le programme local de l'habitat comporte un diagnostic sur le fonctionnement des marchés du logement et sur la situation de l'hébergement, analysant les différents segments de l'offre de logements, privés et sociaux, individuels et collectifs, de l'offre d'hébergement, ainsi que l'offre foncière. *(L. nº 2006-872 du 13 juill. 2006, art. 43)* « Ce diagnostic inclut un repérage des situations d'habitat indigne » *(L. nº 2009-323 du 25 mars 2009, art 28-II)* « , au sens du troisième alinéa de l'article 4 de la loi nº 90-449 du 31 mai 1990 visant à la mise en œuvre du droit au logement, » *(L. nº 2006-872 du 13 juill. 2006, art. 43)* « et des copropriétés dégradées. »

« Le programme local de l'habitat définit les conditions de mise en place d'un dispositif d'observation de l'habitat sur son territoire. – *V. art. R. 302-1-4.*

« Le programme local de l'habitat indique les moyens à mettre en œuvre pour satisfaire les besoins en logements et en places d'hébergement, dans le respect de la mixité sociale et en assurant une répartition équilibrée et diversifiée de l'offre de logements, en précisant :

« – les objectifs d'offre nouvelle ;

« – les actions à mener en vue de l'amélioration et de la réhabilitation du parc existant, qu'il soit public ou privé. A cette fin, il précise les opérations programmées d'amélioration de l'habitat et les actions de lutte contre l'habitat indigne ; »

(L. nº 2009-323 du 25 mars 2009, art. 28-II) « – les actions et opérations de requalification des quartiers anciens dégradés au sens de l'article 25 de la loi nº 2009-323 du 25 mars 2009 de mobilisation pour le logement et la lutte contre l'exclusion ; »

(L. nº 2004-809 du 13 août 2004, art. 61-III) « – les actions et opérations de renouvellement urbain, et notamment les actions de rénovation urbaine au sens de la loi nº 2003-710 du 1er août 2003 d'orientation et de programmation pour la ville et la rénovation urbaine, impliquant la démolition et la reconstruction de logements sociaux, la démolition de logements situés dans des copropriétés dégradées, assorties d'un plan de revalorisation du patrimoine conservé et des mesures envisagées pour améliorer la qualité urbaine des quartiers intéressés et des services offerts aux habitants ; »

(L. nº 2009-323 du 25 mars 2009, art. 28-II) « – la typologie des logements à construire au regard d'une évaluation de la situation économique et sociale des habitants et futurs habitants et de son évolution prévisible. Cette typologie doit notamment préciser l'offre de logements locatifs sociaux (prêts locatifs sociaux et prêts locatifs à usage social) et très sociaux (prêts locatifs aidés d'intégration) ainsi que l'offre privée conventionnée ANAH sociale et très sociale ; »

(L. nº 2004-809 du 13 août 2004, art. 61-III) « – les réponses apportées aux besoins particuliers des personnes mal logées, défavorisées ou présentant des difficultés particulières ;

« – les réponses apportées aux besoins particuliers des étudiants. »

(L. nº 2009-323 du 25 mars 2009, art. 28-II) « Le programme local de l'habitat comprend un programme d'actions détaillé par commune et, le cas échéant, par secteur géographique. Le programme d'actions détaillé indique pour chaque commune ou secteur :

« – le nombre et les types de logements à réaliser ;

« – les moyens, notamment fonciers, à mettre en œuvre pour atteindre les objectifs et principes fixés ;

« – l'échéancier prévisionnel de réalisation de logements et du lancement d'opérations d'aménagement de compétence communautaire ;

« – les orientations relatives à l'application du *b* de l'article L. 123-2, des 15º et 16º de l'article L. 123-1 et de l'article L. 127-1 du code de l'urbanisme.

« Un programme local de l'habitat est élaboré dans les communautés de communes compétentes en matière d'habitat de plus de 30 000 habitants comprenant au moins une commune de plus de 10 000 habitants, dans les communautés d'agglomération *(L. nº 2010-1563 du 16 déc. 2010, art. 17-II)* **« , dans les métropoles » et dans les communautés urbaines.**

« Lorsque les périmètres des établissements publics de coopération intercommunale compétents en matière de programme local de l'habitat diffèrent de ceux des bassins d'habitat ou des pays, un syndicat mixte visé au livre VII de la cinquième partie du code général des collectivités territoriales peut réaliser des études de cadrage sur l'habitat servant de base à l'élaboration du programme local de l'habitat par le ou les établissements publics de coopération intercommunale ou les communes concernés. »

Les dispositions issues de la L. nº 2004-809 du 13 août 2004 sont entrées en vigueur dès publication de la loi - JO 17 août - (L. préc., art. 61-XV).

Les modalités d'application de l'art. 45 de la L. nº 2005-102 du 11 févr. 2005 sont définies par décret (L. préc., art. 45-VI). — V. Décr. nº 2006-1657 du 21 déc. 2006 et Décr. nº 2006-1658 du 21 déc. 2006 en vigueur le 1er juill. 2007.

*Les textes réglementaires d'application de la L. nº 2005-102 du 11 févr. 2005 sont publiés dans les six mois suivant la publication de celle-ci (***Ndlr.** *soit, avant le 12 août 2005), après avoir été transmis pour avis au Conseil national consultatif des personnes handicapées (L. préc., art. 101).*

V. Circ. du 27 mars 1993 (Mon. TP 23 avr. 1993, Suppl. textes, p. 320) sur les commissions d'attribution des organismes de logement social ; Décr. nº 95-676 du 9 mai 1995, JO 10 mai, p. 7755 : application de la loi nº 95-74 du 21 janv. 1995 relative à la diversité de l'habitat ; Circ. du 25 juill. 1995, Mon. TP 8 déc. 1995, Suppl. textes, p. 256 : même objet ; Circ. nº 97-08 du 8 janv. 1997 pour la mise en œuvre des dispositions du pacte de relance pour la ville relatives à l'habitat (BOMELT nº 97-2).

COMMENTAIRE

Alors que **le législateur a entendu, depuis 1991, privilégier le niveau intercommunal dans la résolution des problèmes d'habitat**, la loi nº 2009-323 du 25 mars 2009 de mobilisation pour le logement revient en partie sur cette option en imposant aux communes de plus de 20 000 habitants non-membres d'un EPCI de se doter d'un programme local de l'habitat. Toutefois, ces dernières ne disposent pas des mêmes prérogatives que les EPCI liées à l'adoption d'un PLH et ne sont pas compétentes pour signer une convention de délégation des aides à la pierre.

En l'état actuel de la législation, on peut distinguer entre les établissements publics qui disposent obligatoirement de la compétence PLH, comme les communautés d'agglomération et les communautés urbaines, et les communautés de communes qui peuvent bénéficier de cette compétence, si les communes membres le décident. Les syndicats mixtes fermés (qui ne comprennent que des communes et des EPCI) ont la possibilité d'élaborer des études de cadrage sur l'habitat lorsque le périmètre des EPCI compétents en matière d'habitat diffère de ceux des bassins d'habitat ou des Pays (CCH, art. L. 302-1, dernier al.). Ces études de cadrage ont vocation à servir de support à l'élaboration des PLH par les EPCI ou communes concernées.

Adopté pour six ans, le PLH définit les objectifs et principes de la politique de l'habitat conduite par l'EPCI et ses communes membres. Il contient un programme d'actions détaillé par commune (nombre et type de logements à réaliser, moyens à mettre en œuvre, etc.). A l'égard des communes soumises au quota de 20 % de logements sociaux (CCH, art. L. 302-5), le PLH doit également fixer l'échéancier annuel et les conditions de réalisation des logements sociaux manquants ainsi qu'un plan de revalorisation de l'habitat locatif social existant (CCH, art. L. 302-8).

La loi du 25 mars 2009 a considérablement renforcé l'articulation du PLH avec le plan local d'urbanisme (PLU). D'une part, le PLH doit fixer les orientations relatives à l'application de certaines mesures prévues par le code de l'urbanisme : emplacements réservés pour le logement (C. urb., art. L. 123-2, *b*), secteurs dans lesquels le PLU fixe la taille minimale des logements (C. urb., art. L. 123-1, 15°), secteurs de mixité sociale (C. urb., art. L. 123-1, 16°) et secteurs dans lesquels la réalisation de logements peut bénéficier d'une surdensité (C. urb., art. L. 127-1). D'autre part, si les auteurs du PLU disposent d'un délai de trois ans pour rendre ce document compatible avec le PLH, l'article L. 123-1 du code de l'urbanisme prévoit désormais que « ce délai est ramené à un an pour permettre la réalisation d'un ou plusieurs programmes de logements prévus dans un secteur de la commune par le programme local de l'habitat et nécessitant une modification de ce plan ». Passé ce délai, le préfet peut prendre l'initiative de la révision ou de la modification du PLU.

Par ailleurs, le préfet peut s'opposer à l'entrée en vigueur d'un PLU lorsque ses dispositions sont de nature à compromettre la réalisation d'un programme local de l'habitat en cours d'élaboration (C. urb., art. L. 123-12, *d*).

Enfin, l'article 30 de la loi du 25 mars 2009 de mobilisation pour le logement et la lutte contre l'exclusion prévoit que lorsqu'un PLU est élaboré et approuve par un EPCI, il doit intégrer les principes, objectifs et programmes normalement fixé par un PLH et tient lieu de ce dernier (C. urb., art. L. 123-1). Ces EPCI n'ont donc pas à élaborer un PLH, leur PLU en faisant office. ❑

Loi n° 2009-323 du 25 mars 2009,

De mobilisation pour le logement et la lutte contre l'exclusion.

Art. 28 VIII. — En application de l'avant-dernier alinéa de l'article L. 302-1 du code de la construction et de l'habitation, l'adoption du programme local de l'habitat intervient au plus tard le 13 juillet 2009 pour les communautés de communes compétentes en matière d'habitat de plus de 50 000 habitants comprenant une commune de plus de 15 000 habitants, les communautés d'agglomération et les communautés urbaines. Cette adoption intervient dans un délai de deux ans à compter de la date de publication de la présente loi pour les communautés de communes compétentes en matière d'habitat dont la population est comprise entre 30 000 et 50 000 habitants et comprenant une commune de plus de 10 000 habitants.

....

X. — Les programmes locaux de l'habitat adoptés depuis moins de cinq ans à la date de publication de la présente loi sont mis en conformité avec ses dispositions dans un délai d'un an à compter de sa publication.

Art. L. 302-2 *(L. n° 2009-323 du 25 mars 2009, art. 28-III)* **« Dans un délai de trois mois à compter de la transmission de la délibération engageant la procédure d'élaboration du programme local de l'habitat, le représentant de l'État porte à la connaissance de l'établissement public de coopération intercommunale toutes informations utiles ainsi que les objectifs locaux à prendre en compte, sur le territoire de l'établissement public de coopération intercommunale, en matière de diversité de l'habitat, de répartition équilibrée des différents types de logements, de renouvellement du parc immobilier et d'accroissement du nombre de logements et de places d'hébergement, nécessaires pour l'application du quatrième alinéa de l'article L. 302-1. »**

(L. n° 95-74 du 21 janv. 1995, art. 1er ; L. n° 2009-323 du 25 mars 2009, art. 28-III) **« L'établissement public de coopération intercommunale associe à l'élaboration du programme local de l'habitat l'État** *(L. n° 2010-788 du 12 juill. 2010, art. 17-IV, en vigueur le 12 janv. 2011)* **« , le cas échéant, le président de l'établissement public prévu »** *(Ord. n° 2012-11 du 5 janv. 2012, art. 8, en vigueur le 1er janv. 2013)* **« aux articles L. 122-4 et L. 122-4-1 du code de l'urbanisme », les communes et établissements publics compétents en matière de plan local d'urbanisme directement concernés ainsi que toute autre personne morale qu'il juge utile.**

« Le projet de programme local de l'habitat, arrêté par l'organe délibérant de l'établissement public de coopération intercommunale, est transmis aux communes et établissements publics de coopération intercommunale compétents en matière de plan local d'urbanisme visés à l'alinéa précédent, qui disposent d'un délai de deux mois pour faire connaître leur avis ».

(L. nº 91-662 du 13 juill. 1991, art. 13) **« Au vu de ces avis, l'organe délibérant de l'établissement public de coopération intercommunale délibère à nouveau sur le projet et le transmet au représentant de l'État. Celui-ci le soumet pour avis, dans un délai de deux mois, au comité régional de l'habitat. »**

(L. nº 2009-323 du 25 mars 2009, art. 28-III) **« Le représentant de l'État, s'il estime que le projet de programme local de l'habitat ne répond pas aux objectifs de répartition équilibrée et diversifiée de l'offre de logements, de renouvellement du parc immobilier et d'accroissement du nombre de logements et de places d'hébergement nécessaires, adresse, dans un délai d'un mois, des demandes motivées de modifications à l'établissement public de coopération intercommunale, qui en délibère.**

« En cas d'avis défavorable ou de réserves émises par le comité régional de l'habitat sur le projet de programme local de l'habitat, le représentant de l'État peut adresser, dans un délai d'un mois suivant cet avis, des demandes motivées de modifications à l'établissement public de coopération intercommunale, qui en délibère.

« L'établissement public adopte le programme local de l'habitat. La délibération publiée approuvant le programme devient exécutoire deux mois après sa transmission au représentant de l'État. Si, dans ce délai, le représentant de l'État notifie au président de l'établissement public de coopération intercommunale les demandes de modifications mentionnées aux deux alinéas précédents qu'il estime nécessaire d'apporter au programme, le programme local de l'habitat ne devient exécutoire qu'à compter de la publication et de la transmission au représentant de l'État de la délibération apportant les modifications demandées. »

COMMENTAIRE

Avant l'intervention de la loi du 25 mars 2009, les EPCI disposaient d'une large autonomie dans l'élaboration et l'adoption de leur programme local de l'habitat. Désormais, ils doivent prendre en compte les objectifs affichés par l'État dans son « porter à connaissance ». Par ailleurs, le préfet peut adresser des demandes motivées de modifications en cas d'avis défavorables ou de réserves ou encore s'il estime que le projet de PLH ne répond pas aux besoins nécessaires. L'EPCI doit délibérer sur ces demandes dans le délai d'un mois, puis adopte le PLH. Celui-ci devient exécutoire deux mois après sa transmission au préfet sauf si ce dernier estime que le projet intègre insuffisamment les modifications demandées. Dans ce cas, le PLH ne devient exécutoire qu'à compter de la publication et transmission au préfet de la délibération apportant les modifications nécessaires. □

Art. L. 302-3 *(L. nº 91-662 du 13 juill. 1991, art. 13)* **« L'établissement public de coopération intercommunale délibère au moins une fois par an sur l'état de réalisation du programme local de l'habitat et son adaptation à l'évolution de la situation sociale ou démographique. »**

(L. nº 2009-323 du 25 mars 2009, art. 28-IV) **« L'établissement public de coopération intercommunale communique pour avis au représentant de l'État et au comité régional de l'habitat un bilan de la réalisation du programme local de l'habitat trois ans après son adoption ainsi qu'à l'issue de la période mentionnée au troisième alinéa de l'article L. 302-1. »**

COMMENTAIRE

Cette délibération destinée à l'évaluation de la réalisation du PLH doit être distinguée de celle prévue à l'article L. 302-9 à propos des communes urbanisées déficitaires en logements sociaux et qui doivent, au terme de chaque période triennale, établir un bilan sur le respect des engagements en matière de mixité sociale.

L'EPCI doit également communiquer pour avis au préfet et au comité régional de l'habitat un bilan de la réalisation du PLH trois ans après son adoption.

Sur la base de ce bilan, le préfet a la capacité de dénoncer la convention de délégation des aides à la pierre s'il apparaît que les résultats sont manifestement insuffisants par rapport aux objectifs de la convention (art. L. 301-5-1 CCH).

Art. L. 302-4 *(L. nº 2009-323 du 25 mars 2009, art. 28-V)* **« Le programme local de l'habitat peut être modifié par l'organe délibérant de l'établissement public de coopération intercommunale à condition qu'il ne soit pas porté atteinte à son économie générale :**

« *a)* Pour être mis en conformité avec les dispositions législatives et réglementaires relatives à la politique du logement entrées en vigueur après son adoption ;

« *b)* Pour tenir compte des évolutions du contexte démographique, économique et social. »

(L. nº 2004-809 du 13 août 2004, art. 61-IV) **« Lorsque le périmètre de l'établissement public de coopération intercommunale est étendu à une ou plusieurs communes, le programme local de l'habitat peut faire l'objet d'une modification, si les communes concernées représentent moins du cinquième de la population totale de l'établissement au terme de cette extension de périmètre.**

« Le projet de modification est transmis pour avis au représentant de l'État dans le département ainsi qu'aux personnes morales associées en application de l'article L. 302-2. Leur avis est réputé donné s'il n'est pas rendu dans un délai de deux mois à compter de la transmission du projet.

« Le projet de modification est approuvé par l'organe délibérant de l'établissement public de coopération intercommunale. »

Jusqu'au 31 déc. 2015 et afin de prendre en compte la L. nº 2013-61 du 18 janv. 2013, les programmes locaux de l'habitat adoptés avant sa promulgation, soit le 19 janv. 2013, peuvent être adaptés selon la procédure de modification prévue à l'art. L. 302-4 (L. préc., art. 28).

Sous réserve de l'entrée en vigueur des dispositions relevant de la loi de finances, les dispositions issues de la L. nº 2004-809 du 13 août 2004 sont applicables à compter du 1er janv. 2005 (L. préc., art. 199).

COMMENTAIRE

La loi nº 2004-809 du 13 août 2004 a institué une procédure allégée de modification du programme local de l'habitat, notamment en cas d'extension de périmètre de l'établissement public de coopération intercommunale. La loi nº 2009-323 du 25 mars 2009 étend la possibilité de modification à deux autres hypothèses : la mise en conformité du programme avec les dispositions législatives et réglementaires relatives à la politique du logement entrées en vigueur après son adoption et la prise en compte des évolutions du contexte économique et social.

Art. L. 302-4-1 *(L. nº 2009-323 du 25 mars 2009, art. 28-VI)* **Les articles L. 302-1, L. 302-2, L. 302-3 et L. 302-4, à l'exception de son quatrième alinéa, sont applicables aux communes de plus de 20 000 habitants qui ne sont pas membres d'un établissement public de coopération intercommunale mentionné à l'avant-dernier alinéa de l'article L. 302-1.**

Pour les communes mentionnées au présent art., l'adoption du programme local de l'habitat défini à l'art. L. 302-1 intervient dans un délai de deux ans à compter de la date de publication de la L. nº 2009-323 du 25 mars 2009 (L. préc., art. 28-IX).

COMMENTAIRE

La loi no 2009-323 du 25 mars 2009 oblige les communes de plus de 20 000 habitants qui ne sont pas membres d'un EPCI à adopter un programme local de l'habitat (PLH). La loi se contente de renvoyer aux dispositions édictées pour les EPCI quant au contenu et à la procédure d'élaboration du PLH. Suivant cette logique, le décret no 2009-1679 du 30 décembre 2009 précise que les dispositions prévues aux articles R. 302-1 à R. 302-13 sont applicables aux communes concernées. ❑

SECTION II DISPOSITIONS PARTICULIÈRES À CERTAINES AGGLOMÉRATIONS

(L. no 2000-1208 du 13 déc. 2000, art. 55)

BIBL. ▶ BROUANT, *AJDA 2001. 56* (loi SRU et habitat). – DRIANT, Pouvoirs locaux, *2000, no 45, p. 59* (20 % de logements sociaux partout ?). – WERTENSCHLAG, *AJDI 2001. 121* (financement du logement social et compétence des organismes d'HLM).

COMMENTAIRE

La mixité sociale et urbaine et l'équilibre social de l'habitat impliquent de construire des logements sociaux dans les communes où il y en a peu ou pas du tout.

Partant de ce postulat, la loi no 91-662 du 13 juillet 1991 d'orientation pour la ville impose un quota minimal de 20 % de logements sociaux dans certaines communes urbanisées. Les communes déficitaires disposaient d'une option : soit s'engager à mettre en œuvre les actions foncières et acquisitions immobilières nécessaires à la réalisation des logements manquants à travers l'adoption d'un programme local de l'habitat, soit verser une contribution financière. Le bilan d'application de cette loi a été jugé décevant. Son entrée en vigueur a été successivement reculée. Des textes successifs en ont limité la portée en réduisant le nombre de communes concernées et en élargissant la définition du logement social. Surtout ce texte permettait aux communes « d'acheter » le droit de ne pas avoir de logements sociaux sur leur territoire. Pour sortir de cette logique, le législateur a souhaité offrir à l'État, par le biais de ses représentants, les moyens de contraindre les communes à réaliser effectivement des logements sociaux, grâce à un dispositif de substitution.

En conséquence l'article 55 de la loi solidarité et renouvellement urbains du 13 décembre 2000 procède à une refonte complète de la section II du titre préliminaire. Ce dispositif a fait l'objet d'un certain nombre de corrections par la loi ENL du 13 juillet 2006. ❑

Art. L. 302-5 Les dispositions de la présente section s'appliquent aux communes dont la population est au moins égale à 1 500 habitants en Ile-de-France et 3 500 habitants dans les autres régions qui sont comprises, au sens du recensement *(Abrogé par L. no 2013-61 du 18 janv. 2013, art. 10)* ***« général »*** **de la population, dans une agglomération** *(L. no 2013-61 du 18 janv. 2013, art. 10)* **« ou un établissement public de coopération intercommunale à fiscalité propre » de plus de 50 000 habitants comprenant au moins une commune de plus de 15 000 habitants, et dans lesquelles le nombre total de logements locatifs sociaux représente, au 1er janvier de l'année précédente, moins de** *(L. no 2013-61 du 18 janv. 2013, art. 10)* **« 25 %** *[ancienne rédaction : 20 %]* **» des résidences principales.** *(Abrogé par L. no 2013-61 du 18 janv. 2013, art. 10)* ***« En sont exemptées les communes comprises dans une agglomération dont le nombre d'habitants a décru entre les deux derniers recensements de la population et qui appartiennent à une communauté urbaine,*** *(L. no 2010-1563 du 16 déc. 2010, art. 17-II)* ***« une métropole, » une communauté d'agglomération ou une communauté de communes compétentes en matière de programme local de l'habitat, dès lors que celui-ci a été*** *(L. no 2006-872 du 13 juill. 2006, art. 65-1o)* ***« adopté ».***

(L. no 2007-290 du 5 mars 2007, art. 11) ***« A compter du 1er janvier 2008, ces dispositions s'appliquent également, dans les conditions prévues au premier alinéa, aux communes membres***

d'un établissement public de coopération intercommunale à fiscalité propre de plus de 50 000 habitants comprenant au moins une commune de plus de 15 000 habitants, dont la population est au moins égale à 1 500 habitants en Île-de-France et à 3 500 habitants dans les autres régions et dans lesquelles le nombre total de logements locatifs sociaux représente, au 1er janvier de l'année précédente, moins de 20 % des résidences principales. Le prélèvement prévu à l'article L. 302-7 est opéré à compter du 1er janvier 2014. »

(L. no 2013-61 du 18 janv. 2013, art. 10) « Le taux est fixé à 20 % pour toutes les communes mentionnées au premier alinéa appartenant à une agglomération ou un établissement public de coopération intercommunale à fiscalité propre pour lesquels le parc de logements existant ne justifie pas un effort de production supplémentaire pour répondre à la demande et aux capacités à se loger des personnes à revenus modestes et des personnes défavorisées. Un décret fixe la liste des agglomérations ou des établissements publics de coopération intercommunale à fiscalité propre concernés, déterminée en fonction :

« *a)* De la part de bénéficiaires de l'allocation logement dont le taux d'effort est supérieur à 30 % ;

« *b)* Du taux de vacance, hors vacance technique, constaté dans le parc locatif social ;

« *c)* Du nombre de demandes de logements sociaux par rapport au nombre d'emménagements annuels, hors mutations internes, dans le parc locatif social.

« Les communes appartenant à un établissement public de coopération intercommunale à fiscalité propre ou à une agglomération visés aux deux premiers alinéas, en décroissance démographique constatée dans des conditions et pendant une durée fixées par décret, sont exemptées à la condition qu'elles appartiennent à un établissement public de coopération intercommunale à fiscalité propre doté d'un programme local de l'habitat exécutoire.

« Ce taux est fixé à 20 % pour les communes de plus de 15 000 habitants dont le nombre d'habitants a crû dans des conditions et sur une durée fixées par décret et qui n'appartiennent pas à une agglomération ou un établissement public de coopération intercommunale à fiscalité propre de plus de 50 000 habitants et comportant une commune de plus de 15 000 habitants lorsque leur parc de logements existant justifie un effort de production supplémentaire pour répondre à la demande des personnes visées à l'article L. 411. Un décret fixe la liste de ces communes en prenant en compte les critères mentionnés aux *a*, *b* et *c* du présent article. »

Les dispositions de la présente section ne sont pas applicables aux communes dont plus de la moitié du territoire urbanisé est soumis à une inconstructibilité résultant d'une zone A, B ou C d'un plan d'exposition au bruit approuvé en application de l'article L. 147-1 du code de l'urbanisme ou d'une servitude de protection instituée en application des articles L. 515-8 à L. 515-11 du code de l'environnement *(L. no 2013-61 du 18 janv. 2013, art. 10)* « , ou à une inconstructibilité de bâtiment à usage d'habitation résultant de l'application du règlement d'un plan de prévention des risques technologiques ou d'un plan de prévention des risques naturels définis, respectivement, aux articles L. 515-15 et L. 562-1 du code de l'environnement, ou d'un plan de prévention des risques miniers défini à l'article L. 174-5 du code minier ».

Les logements locatifs sociaux retenus pour l'application du présent article sont :

1o Les logements locatifs appartenant aux organismes d'habitation à loyer modéré, à l'exception, en métropole, de ceux construits, ou acquis et améliorés à compter du 5 janvier 1977 et ne faisant pas l'objet d'une convention définie à l'article L. 351-2 ;

2o Les autres logements conventionnés dans les conditions définies à l'article L. 351-2 et dont l'accès est soumis à des conditions de ressources ;

3o Les logements appartenant aux sociétés d'économie mixte des départements d'outre-mer, les logements appartenant à l'Entreprise minière et chimique et aux sociétés à participation majoritaire de l'Entreprise minière et chimique, les logements appartenant aux houillères de bassin, aux sociétés à participation majoritaire des

houillères de bassin ainsi qu'aux sociétés à participation majoritaire des Charbonnages de France et *(L. nº 2013-61 du 18 janv. 2013, art. 11)* **« , jusqu'au 31 décembre 2016, à la société de gestion du patrimoine immobilier des houillères du bassin du Nord et du Pas-de-Calais » ;**

4º Les logements ou les lits des logements-foyers de personnes âgées, de personnes handicapées, de jeunes travailleurs, de travailleurs migrants et des logements-foyers dénommés résidences sociales, conventionnés dans les conditions définies au 5º de l'article L. 351-2 ainsi que les places des centres d'hébergement et de réinsertion sociale visées à l'article *(L. nº 2006-872 du 13 juill. 2006, art. 65-1º)* **« L. 345-1 du code de l'action sociale et des familles ». Les lits des logements-foyers et les places des centres d'hébergement et de réinsertion sociale sont pris en compte dans des conditions fixées par décret.** *(L. nº 2005-102 du 11 févr. 2005, art. 49)* **« Dans les foyers d'hébergement et les foyers de vie destinés aux personnes handicapées mentales, les chambres occupées par ces personnes sont comptabilisées comme autant de logements locatifs sociaux dès lors qu'elles disposent d'un élément de vie indépendante défini par décret. »**

(L. nº 2006-872 du 13 juill. 2006, art. 64) **« Sont décomptés, pendant une période de cinq ans à l'expiration de la convention visée à l'article L. 351-2, les logements dont la convention est venue à échéance. »**

(L. nº 2005-158 du 23 févr. 2005, art. 8) **« Sont considérés comme logements locatifs sociaux au sens du** *(L. nº 2013-61 du 18 janv. 2013, art. 10)* **« neuvième » alinéa ceux financés par l'État ou les collectivités locales occupés à titre gratuit, à l'exception des logements de fonction, ou donnés à leur occupant ou acquis par d'anciens supplétifs de l'armée française en Algérie ou assimilés, grâce à une subvention accordée par l'État au titre des lois d'indemnisation les concernant. »**

Les résidences principales retenues pour l'application du présent article sont celles qui figurent au rôle établi pour la perception de la taxe d'habitation.

*Les textes réglementaires d'application de la L. nº 2005-102 du 11 févr. 2005 sont publiés dans les six mois suivant la publication de celle-ci (**Ndlr.** soit, avant le 12 août 2005), après avoir été transmis pour avis au Conseil national consultatif des personnes handicapées (L. préc., art. 101).*

V. Circ. nº 2007-33 du 4 mai 2007 relative à l'application des dispositions de la loi nº 2007-290 du 5 mars 2007 instituant le droit opposable au logement et portant diverses mesures relatives à la cohésion sociale (BOMELT nº 2007/10, p. 111).

[Jurisprudence relative à l'art. L. 302-5 dans sa rédaction antérieure à la L. nº 2013-61 du 18 janv. 2013]

1. Champ d'application territorial. Eu égard à l'objet de cette disposition, qui est de favoriser un développement équilibré du logement social, et de la nature même de l'obligation instituée, le législateur a pu placer en dehors du champ d'application les communes non urbanisées, les communes isolées ainsi que les petites communes sans qu'il soit porté atteinte au principe d'égalité. • Cons. const. nº 2000-436 DC du 7 déc. 2000, *Loi relative à la solidarité et au renouvellement urbains : AJDA 2001. 18, obs. J.-E. Schoettl*. ♦ Le caractère particulièrement urbanisé de la région Ile-de-France implique une différence de situation qui justifie que soient comprises dans le champ d'application de la loi les communes de cette région dont la population est au moins égale à 1 500 habitants, alors que le seuil retenu pour les autres régions est de 3 500 habitants. • Même décision. ♦ Aucun changement de circonstances n'étant survenu depuis la décision du Conseil constitutionnel, il n'y a pas lieu de renvoyer à ce dernier la question prioritaire de constitutionnalité fondée sur l'atteinte au principe de sécurité juridique en tant que sont visées les communes qui sont comprises dans une agglomération au sens du recensement général de la population. • CE, QPC, 23 juill. 2010, *Cne de Juvignac : req. nº 339882.* ♦ S'appuyant sur les documents émanant de l'INSEE, le juge vérifie que la commune concernée est bien comprise dans une agglomération. • CAA Marseille, 7 avr. 2011, *Cne de Juvignac : req. nº 09MA00490.*

2. Objectif quantitatif de 20 %. Ce seuil retenu par le législateur n'est pas arbitraire. A cet égard, cet objectif existait déjà dans la législation antérieure et pour l'ensemble des agglomérations concernées, les logements locatifs sociaux représentent déjà globalement un peu plus de 20 % des résidences principales. • Cons. const.

nº 2000-436 DC du 7 déc. 2000, *Loi relative à la solidarité et au renouvellement urbains : préc. note 1.*

3. Définition des logements sociaux. Manque en fait le moyen tiré d'une différence de traitement entre « bailleurs publics » et « bailleurs privés » dès lors que les logements conventionnés appartenant à des personnes physiques ainsi qu'à des personnes morales de droit privé sont pris en compte dans le dispositif. • Cons. const. nº 2000-436 DC du 7 déc. 2000, *Loi relative à la solidarité et au renouvellement urbains : préc. note 1.*

4. Résidences principales. En cas de désaccord sur le nombre de résidences principales à prendre en compte, c'est à l'État qu'incombe la charge de la preuve. Ce dernier ne peut opposer au juge le secret fiscal. • CAA Marseille, 26 juin 2006, *Min. des Transports : req. nº 03MA01928.* ◆ Seuls sont pris en compte les locaux d'habitation assujettis à la taxe d'habitation en tant que résidences principales y compris ceux pour lesquels les contribuables bénéficient d'abattements. • CAA Paris, 30 mai 2006, *Min. de l'emploi : req. nº 04PA01439.* ◆ Les dispositions de la loi n'excluent pas la prise en compte de pièces indépendantes dans le calcul du nombre de résidences principales. • CAA Marseille, 28 juin 2012, *Commune de Hyères-les-Palmiers : req nº 09MA03886.*

Loi nº 2013-61 du 18 janvier 2013,

Relative à la mobilisation du foncier public en faveur du logement et au renforcement des obligations de production de logement social.

Art. 11-II La société de gestion du patrimoine immobilier des houillères du bassin du Nord et du Pas-de-Calais prend, au plus tard le 31 décembre 2016, le statut de société anonyme d'habitations à loyer modéré, défini notamment à la section II du chapitre II du titre II du livre IV du code de la construction et de l'habitation.

Avant le 31 décembre 2013, la société de gestion du patrimoine immobilier des houillères du bassin du Nord et du Pas-de-Calais élabore son plan stratégique du patrimoine et la convention d'utilité sociale est signée dans les six mois qui suivent l'agrément de la société anonyme d'habitations à loyer modéré.

Au 31 décembre 2013, la société de gestion du patrimoine immobilier des houillères du bassin du Nord et du Pas-de-Calais ne doit plus détenir aucune participation dans une société dont l'activité ne correspond pas à l'exercice du service d'intérêt général défini à l'article L. 411-2 du même code.

Le délai de dix ans mentionné au premier alinéa de l'article L. 443-7 dudit code ne s'applique qu'aux logements construits ou acquis après le 31 décembre 2013 par la société de gestion du patrimoine immobilier des houillères du bassin du Nord et du Pas-de-Calais.

Le dixième alinéa de l'article L. 443-11 du même code s'applique à la société de gestion du patrimoine immobilier des houillères du bassin du Nord et du Pas-de-Calais.

Art. L. 302-6 Dans les communes situées dans les agglomérations *(L. nº 2013-61 du 18 janv. 2013, art. 13)* **« ou les établissements publics de coopération intercommunale à fiscalité propre mentionnés à » la présente section,** *(L. nº 2013-61 du 18 janv. 2013, art. 13)* **« ainsi que dans les communes de plus de 15 000 habitants en forte croissance démographique mentionnées au septième alinéa de l'article L. 302-5, » les personnes morales, propriétaires ou gestionnaires de logements sociaux au sens de l'article L. 302-5, sont tenues de fournir au préfet, chaque année avant le 1er juillet, un inventaire par commune des logements sociaux dont elles sont propriétaires ou gestionnaires au 1er janvier de l'année en cours.**

(L. nº 2013-61 du 18 janv. 2013, art. 13) **« Elles fournissent également, dans les mêmes conditions que celles mentionnées au premier alinéa, un inventaire complémentaire qui établit le mode de financement des logements mis en service à partir du 1er janvier 2002. »**

Le défaut de production *(L. nº 2013-61 du 18 janv. 2013, art. 13)* « des inventaires mentionnés » ci-dessus, ou la production d'un inventaire manifestement erroné donne lieu à l'application d'une amende de 1 500 € recouvrée comme en matière de taxe sur les salaires.

Le préfet communique chaque année à chaque commune susceptible d'être visée à l'article L. 302-5, avant le 1er septembre, les inventaires la concernant assortis du nombre de logements sociaux décomptés en application de l'article L. 302-5 sur son territoire au 1er janvier de l'année en cours, lorsque le nombre de logements sociaux décomptés représente moins *(L. nº 2013-61 du 18 janv. 2013, art. 13)* « que le taux mentionné, selon le cas, au premier, au deuxième ou au septième alinéa dudit article L. 302-5 *[ancienne rédaction : de 20 % des résidences principales de la commune]* ». La commune dispose de deux mois pour présenter ses observations.

Après examen de ces observations, le préfet notifie avant le 31 décembre le nombre de logements sociaux retenus pour l'application de l'article L. 302-5.

Un décret en Conseil d'État fixe le contenu de l'inventaire visé au premier alinéa, permettant notamment de localiser les logements sociaux décomptés. – *V. art. R. 302-14 s.*

Sur les mesures transitoires à l'entrée en vigueur de la L. nº 2013-61 du 18 janv. 2013, V. L. préc., art. 26 et 27, ss. art. L. 302-7.

Art. L. 302-7 A compter du 1er janvier 2002, il est effectué chaque année un prélèvement sur les ressources fiscales des communes visées à l'article L. 302-5, à l'exception de celles qui bénéficient de la dotation de solidarité urbaine *(L. nº 2005-32 du 18 janv. 2005, art. 135-II)* « et de cohésion sociale » prévue par l'article L. 2334-15 du code général des collectivités territoriales lorsque le nombre des logements sociaux y excède 15 % des résidences principales.

(L. nº 2006-872 du 13 juill. 2006, art. 65-2º) « Ce prélèvement est fixé à 20 % du potentiel fiscal par habitant défini à l'article L. 2334-4 du code général des collectivités territoriales multipliés par la différence entre *(L. nº 2013-61 du 18 janv. 2013, art. 14)* « 25 % ou 20 % des résidences principales, selon que les communes relèvent du premier, du deuxième ou du septième alinéa de l'article L. 302-5, *[ancienne rédaction : 20 % des résidences principales]* » et le nombre de logements sociaux existant dans la commune l'année précédente, comme il est dit à l'article L. 302-5, sans pouvoir excéder 5 % du montant des dépenses réelles de fonctionnement de la commune constatées dans le compte administratif afférent au pénultième exercice. »

Le prélèvement n'est pas effectué s'il est inférieur à la somme de *(L. nº 2013-61 du 18 janv. 2013, art. 14)* « 40 00 € *[ancienne rédaction : 3 811,23 €]* ».

Le prélèvement est diminué du montant des dépenses exposées par la commune, pendant le pénultième exercice, au titre des subventions foncières mentionnées à l'article L. 2254-1 du code général des collectivités territoriales, des travaux de viabilisation *(L. nº 2013-61 du 18 janv. 2013, art. 14)* « , de dépollution ou de fouilles archéologiques » des terrains ou des biens immobiliers mis ensuite à disposition pour la réalisation de logements sociaux *(L. nº 2006-872 du 13 juill. 2006, art. 65-2º)* « , des moins-values » correspondant à la différence entre le prix de cession de terrains ou de biens immobiliers donnant lieu à la réalisation effective de logements sociaux et leur valeur vénale estimée par le service des domaines *(L. nº 2006-872 du 13 juill. 2006, art. 65-2º)* « et de la création d'emplacements d'aire permanente d'accueil des gens du voyage, aménagée en application de la loi nº 2000-614 du 5 juillet 2000 relative à l'accueil et à l'habitat des gens du voyage. Dans le cas de mise à disposition par bail emphytéotique, bail à construction ou bail à réhabilitation de terrains ou d'immeubles à un maître d'ouvrage pour la réalisation de logements locatifs sociaux, le montant éventuellement pris en compte est égal à la différence entre les montants capitalisés du loyer pratiqué pour le terrain ou l'immeuble donné à bail et ceux du loyer estimé par le service des domaines. »

Si le montant de ces dépenses et moins-values de cession est supérieur au prélèvement d'une année, le surplus peut être déduit du prélèvement *(L. nº 2013-61 du 18 janv. 2013, art. 14)* **« des deux années suivantes** *[ancienne rédaction : de l'année suivante]* **».** *(L. nº 2006-872 du 13 juill. 2006, art. 65-2º)* **« Dans des conditions définies par décret en Conseil d'État, ces dépenses sont déductibles les années suivantes au prorata du nombre de logements locatifs sociaux qu'elles permettent de réaliser au regard des obligations triennales définies à l'article L. 302-8. » Un décret en Conseil d'État précise la nature des dépenses déductibles et les modalités de déclarations de ces dépenses par les communes.** *— V. art. R. 302-30 à R. 302-33.*

Le produit de la taxe foncière sur les propriétés bâties, de la taxe foncière sur les propriétés non bâties, de la taxe d'habitation et de la *(L. nº 2009-1673 du 30 déc. 2009, art. 2-9)* **« cotisation foncière des entreprises » inscrit à la section de fonctionnement du budget des communes soumises au prélèvement institué au présent article est diminué du montant de ce prélèvement. Celui-ci est imputé sur les attributions mentionnées au premier alinéa de l'article L. 2332-2 du code général des collectivités territoriales.**

Lorsque la commune appartient à *(L. nº 2010-1563 du 16 déc. 2010, art. 17-II)* **« un établissement public de coopération intercommunale à fiscalité propre »** *(L. nº 2013-61 du 18 janv. 2013, art. 14)* **« ayant conclu une convention mentionnée au deuxième alinéa de l'article L. 301-5-1** *[ancienne rédaction : compétent pour effectuer des réserves foncières en vue de la réalisation de logements sociaux et lorsque cet établissement public est doté d'un programme local de l'habitat]* **», la somme correspondante est versée à l'établissement public de coopération intercommunale ; en sont déduites les dépenses définies au** *(L. nº 2013-61 du 18 janv. 2013, art. 14)* **« quatrième » alinéa et effectivement exposées par la commune pour la réalisation de logements sociaux. Elle est utilisée pour financer des acquisitions foncières et immobilières en vue de la réalisation de logements locatifs sociaux et, notamment dans les quartiers inscrits en contrat de ville ou dans des zones urbaines sensibles, des opérations de renouvellement et de requalification urbains.**

A défaut, et hors Île-de-France, elle est versée à l'établissement public foncier créé en application de l'article L. 324-1 du code de l'urbanisme, si la commune appartient à un tel établissement.

(L. nº 2013-61 du 18 janv. 2013, art. 14) **« A défaut, elle est versée à l'établissement public foncier créé en application de l'article L. 321-1 du code de l'urbanisme si la commune est située dans le périmètre de compétence d'un tel établissement. »**

A défaut, elle est versée à un fonds d'aménagement urbain *(L. nº 2003-710 du 1er août 2003, art. 59)* **« , institué dans chaque région, » destiné aux communes et aux établissements publics de coopération intercommunale pour des actions foncières et immobilières en faveur du logement social.** *(L. nº 2006-872 du 13 juill. 2006, art. 65-2º)* **« Dans les départements d'outre-mer, elle est versée aux fonds régionaux d'aménagement foncier et urbain prévus à l'article L. 340-2 du code de l'urbanisme. »** *— V. art. R. 302-30 et R. 302-34 à R. 302-38.*

(L. nº 2013-61 du 18 janv. 2013, art. 14) **« Les établissements publics fonciers et les établissements publics de coopération intercommunale à fiscalité propre mentionnés aux alinéas précédents transmettent chaque année à l'autorité administrative compétente de l'État un rapport sur l'utilisation des sommes qui leur ont été reversées ainsi que sur les perspectives d'utilisation des sommes non utilisées. »**

Sur les mesures transitoires à l'entrée en vigueur de la L. nº 2013-61 du 18 janv. 2013, V. L. préc., art. 26 et 27, ci-dessous.

[Jurisprudence relative à l'art. L. 302-7 dans sa rédaction antérieure à la L. nº 2013-61 du 18 janv. 2013]

Le prélèvement sur les recettes fiscales des communes instituées par l'art. L. 302-7 constitue une charge obligatoire pour la commune tant que celle-ci n'a pas atteint l'objectif fixé par la loi. • Cons. const. nº 2000-436 DC du 7 déc. 2000, *Loi relative à la solidarité et au renouvellement urbains : AJDA 2001. 18, obs. Schoettl*. ◆ Ce prélèvement n'a pas pour effet de réduire les ressources globales des communes ni de diminuer leurs ressources fiscales au point d'entraver leur libre administration. • Même décision. ◆ La décision par laquelle le préfet arrête le montant du prélèvement n'est soumise à aucune obligation de motivation. • CAA Versailles, 29 mars 2007, *Min. de l'emploi : req. nº 05VE01210.* ◆ L'article L. 302-7 n'institue pas une sanction et ne prévoit pas, à la différence de l'art. L. 302-9-1, la possibilité de prendre en compte les difficultés rencontrées par la commune dans la réalisation de ses objectifs triennaux. • CAA Marseille, 18 nov. 2010, *Cne de Plan de Cuques : req. nº 08MA03768.* ◆ L'administration doit prendre en compte les locaux d'habitation assujettis à la taxe d'habitation en tant que résidences principales ; dans le cas où un article du rôle de la taxe d'habitation comprend plusieurs locaux à usage de résidence principale, c'est le nombre de résidences principales qui doit être pris en compte pour le calcul du prélèvement et non celui des articles du rôle. • CE, 3 oct. 2008, *Cne de Saint-Germain-en-Laye,* req. nº 306082 : *Lebon T. 970 ; AJDA 2008. 1857 ; RDI 2009. 173, obs. Zitouni.* ◆ Le préfet est en droit d'inclure dans le nombre des résidences principales à retenir pour calculer le prélèvement des locaux ne satisfaisant pas aux normes minimales d'habitabilité définies à l'art. R. 111-2 CCH. • Même arrêt.

Loi nº 2013-61 du 18 janvier 2013,

Relative à la mobilisation du foncier public en faveur du logement et au renforcement des obligations de production de logement social.

Art. 26 I. — L'arrêté motivé prononçant la carence des communes et la majoration du prélèvement dont elles sont redevables est pris, pour la quatrième période triennale, selon les modalités prévues à l'article L. 302-9-1 du code de la construction et de l'habitation dans sa rédaction antérieure à la présente loi.

II. — Les communes soumises au prélèvement défini à l'article L. 302-7 du même code réalisent, au titre d'une période de référence courant entre le premier jour du premier trimestre suivant la date d'entrée en vigueur de la présente loi *[soit le 1er avr. 2013]* et le 31 décembre 2013, un nombre de logements locatifs sociaux égal à un douzième du nombre de logements locatifs sociaux à réaliser pour la quatrième période triennale, en application de l'article L. 302-8 dudit code dans sa rédaction antérieure à la présente loi, multiplié par le nombre de trimestres entiers restant à courir pendant la période de référence.

Le représentant de l'État dans le département peut, par arrêté motivé pris après avis du comité régional de l'habitat, constater qu'une commune n'a pas réalisé les objectifs mentionnés au premier alinéa du présent II, en tenant compte de l'importance de l'écart entre les objectifs et les réalisations constatées pendant la période de référence, du respect de la typologie prévue au II de l'article L. 302-8 du code de la construction et de l'habitation, des difficultés rencontrées, le cas échéant, par la commune et des projets de logements sociaux en cours de réalisation.

III. — Pour les communes faisant l'objet de l'arrêté mentionné au I ainsi que de l'arrêté mentionné au II du présent article, le représentant de l'État dans le département peut, en fonction des critères mentionnés au second alinéa du même II, augmenter, après avis de la commission mentionnée au I de l'article L. 302-9-1-1 du code de la construction et de l'habitation, le taux de majoration de telle sorte que le prélèvement majoré puisse atteindre jusqu'à cinq fois le montant du prélèvement mentionné au deuxième alinéa de l'article L. 302-7 du même code. Le prélèvement majoré ne peut excéder 5 % du montant des dépenses réelles de fonctionnement de la commune. Ce plafond est porté à 7,5 % pour les communes dont le potentiel fiscal par habitant est supérieur ou égal à 150 % du potentiel fiscal médian par habitant sur l'ensemble des communes soumises au prélèvement défini au même article L. 302-7.

Art. 27 I. — Le prélèvement prévu à l'article L. 302-7 du code de la construction et de l'habitation supporté par les communes membres d'un établissement public de coopération intercommunale à fiscalité propre et qui n'appartiennent pas à une agglomération de plus de 50 000 habitants comprenant au moins une commune de plus de 15 000 habitants est effectué à compter du 1er janvier 2014.

II. — Le prélèvement mentionné au même article L. 302-7 correspondant à la différence entre les taux de 20 % et de 25 % prévus à l'article L. 302-5 du même code est effectué à compter du 1er janvier 2014.

III. — Le prélèvement prévu à l'article L. 302-7 du même code est opéré sur les ressources fiscales des communes visées au septième alinéa de l'article L. 302-5 dudit code à compter du 1er janvier 2017.

Art. L. 302-8 *(L. no 2013-61 du 18 janv. 2013, art. 15)* **« I. — Pour atteindre le taux mentionné, selon le cas, au premier, au deuxième ou au septième alinéa de l'article L. 302-5, le conseil municipal définit un objectif de réalisation de logements locatifs sociaux par période triennale. Il ne peut être inférieur au nombre de logements locatifs sociaux nécessaires pour atteindre, au plus tard à la fin de l'année 2025, le taux mentionné, selon le cas, au premier, au deuxième ou au septième alinéa de l'article L. 302-5. »**

Toutefois, lorsqu'une commune appartient à *(L. no 2010-1563 du 16 déc. 2010, art. 17-II)* **« un établissement public de coopération intercommunale à fiscalité propre compétent » en matière de programme local de l'habitat, celui-ci fixe, de façon à favoriser la mixité sociale en assurant entre les communes une répartition équilibrée et diversifiée de l'offre de logements, l'objectif de réalisation de logements locatifs sociaux sur le territoire de la commune de manière à accroître la part de ces logements par rapport au nombre de résidences principales. L'objectif de réalisation de logements locatifs sociaux pour l'ensemble des communes de la communauté ne peut être inférieur au nombre total de logements locatifs sociaux dont la réalisation serait nécessaire, dans les communes soumises au prélèvement prévu par le premier alinéa de l'article L. 302-7, pour atteindre** *(L. no 2013-61 du 18 janv. 2013, art. 15)* **« le taux mentionné, selon le cas, au premier, au deuxième ou au septième alinéa de l'article L. 302-5 », chacune de ces dernières devant se rapprocher de l'objectif** *(L. no 2013-61 du 18 janv. 2013, art. 15)* **« ainsi fixé ». Les communes non soumises à ce prélèvement ne peuvent se voir imposer la construction de logements sociaux supplémentaires sans leur accord.**

(L. no 2013-61 du 18 janv. 2013, art. 15) **« II. — L'objectif de réalisation de logements locatifs sociaux défini au I précise la typologie des logements à financer telle que prévue au douzième alinéa de l'article L. 302-1.**

« III. — Si la commune n'est pas couverte par un programme local de l'habitat, la part des logements financés en prêts locatifs sociaux ne peut être supérieure à 30 % des logements locatifs sociaux à produire et celle des logements financés en prêts locatifs aidés d'intégration est au moins égale à 30 %. Si la part des logements locatifs sociaux sur la commune est inférieure à 10 % du total des résidences principales et que la commune n'est pas couverte par un programme local de l'habitat, la part des logements financés en prêts locatifs sociaux ne peut être supérieure à 20 % des logements locatifs sociaux à réaliser.

« IV. — Les seuils définis au III sont applicables à tout programme local de l'habitat entrant en vigueur à compter du 1er janvier 2014.

« V. — » A Paris, Lyon et Marseille, le programme local de l'habitat fixe, de façon à favoriser la mixité sociale en assurant entre les arrondissements une répartition équilibrée et diversifiée de l'offre de logements, l'objectif de réalisation de logements sociaux sur le territoire de l'arrondissement de manière à accroître la part des logements par rapport au nombre de résidences principales.

(L. no 2013-61 du 18 janv. 2013, art. 15) **« VI. — » Les programmes locaux de l'habitat précisent l'échéancier** *(L. no 2006-872 du 13 juill. 2006, art. 65)* **« annuel » et les conditions de réalisation, ainsi que la répartition équilibrée de la taille, des logements sociaux soit par des constructions neuves, soit par l'acquisition de bâtiments existants, par période triennale. Ils définissent également un plan de**

revalorisation de l'habitat locatif social existant, de façon à préserver partout la mixité sociale sans créer de nouvelles ségrégations. A défaut de programme local de l'habitat *(L. no 2006-872 du 13 juill. 2006, art. 65)* **« adopté », la commune prend, sur son territoire, les dispositions nécessaires pour permettre la réalisation du nombre de logements locatifs sociaux prévus au premier alinéa ci-dessus.** *(L. no 2006-872 du 13 juill. 2006, art. 65)* **« Les périodes triennales visées au présent alinéa débutent le 1er janvier 2002. »**

(L. no 2013-61 du 18 janv. 2013, art. 15) **« VII. – L'objectif de réalisation pour la cinquième période triennale du nombre de logements sociaux ne peut être inférieur à 25 % des logements sociaux à réaliser pour atteindre en 2025 le taux mentionné, selon le cas, au premier, au deuxième ou au septième alinéa de l'article L. 302-5. Cet objectif de réalisation est porté à 33 % pour la sixième période triennale, à 50 % pour la septième période triennale et à 100 % pour la huitième période triennale. »** *(L. no 2006-872 du 13 juill. 2006, art. 65)* **« Dans ces communes ou dans les établissements publics de coopération intercommunale dotés d'un programme local de l'habitat, le nombre de logements locatifs sociaux mis en chantier pour chaque période triennale ne peut être inférieur à 30 % de la totalité des logements commencés au cours de la période triennale écoulée. » Ces chiffres sont réévalués à l'issue de chaque période triennale.**

(L. no 2013-61 du 18 janv. 2013, art. 15) **« VIII. – »** *(L. no 2006-872 du 13 juill. 2006, art. 65)* **« Dans le cas où un programme local de l'habitat ne porte pas sur des périodes triennales complètes, le bilan que la commune doit établir en application de l'article L. 302-9 précise les objectifs de réalisation qui lui incombaient année par année, dans le cadre du programme local de l'habitat adopté et indépendamment pour la période non couverte par ce programme. »**

Jusqu'au 31 déc. 2015 et afin de prendre en compte la L. no 2013-61 du 18 janv. 2013, les programmes locaux de l'habitat adoptés avant sa promulgation, soit le 19 janv. 2013, peuvent être adaptés selon la procédure de modification prévue à l'art. L. 302-4 (L. préc., art. 28).

Sur les mesures transitoires à l'entrée en vigueur de la L. no 2013-61 du 18 janv. 2013, V. L. préc., art. 26 et 27, ss. art. L. 302-7.

V. Circ. du 26 févr. 2008 relative à la mise en œuvre de la procédure de constat de carence dans le cadre du bilan de la deuxième période triennale 2005-2007 (BOMELT 2008/5, p. 68).

Ancien art. L. 302-8 *Le conseil municipal définit un objectif de réalisation de logements locatifs sociaux qui ne peut être inférieur au nombre de logements locatifs sociaux nécessaires pour atteindre 20 % du total des résidences principales.*

Toutefois, lorsqu'une commune appartient à (L. no 2010-1563 du 16 déc. 2010, art. 17-II) *« un établissement public de coopération intercommunale à fiscalité propre compétent » en matière de programme local de l'habitat, celui-ci fixe, de façon à favoriser la mixité sociale en assurant entre les communes une répartition équilibrée et diversifiée de l'offre de logements, l'objectif de réalisation de logements locatifs sociaux sur le territoire de la commune de manière à accroître la part de ces logements par rapport au nombre de résidences principales. L'objectif de réalisation de logements locatifs sociaux pour l'ensemble des communes de la communauté ne peut être inférieur au nombre total de logements locatifs sociaux dont la réalisation serait nécessaire, dans les communes soumises au prélèvement prévu par le premier alinéa de l'article L. 302-7, pour atteindre 20 % du total des résidences principales de ces communes, chacune de ces dernières devant se rapprocher de l'objectif de 20 %. Les communes non soumises à ce prélèvement ne peuvent se voir imposer la construction de logements sociaux supplémentaires sans leur accord.*

A Paris, Lyon et Marseille, le programme local de l'habitat fixe, de façon à favoriser la mixité sociale en assurant entre les arrondissements une répartition équilibrée et diversifiée de l'offre de logements, l'objectif de réalisation de logements sociaux sur le territoire de l'arrondissement de manière à accroître la part des logements par rapport au nombre de résidences principales.

Les programmes locaux de l'habitat précisent l'échéancier (L. no 2006-872 du 13 juill. 2006, art. 65) *« annuel » et les conditions de réalisation, ainsi que la répartition équilibrée de la taille, des logements sociaux soit par des constructions neuves, soit par l'acquisition de bâtiments existants, par période triennale. Ils définissent également un plan de revalorisation de l'habitat locatif social*

existant, de façon à préserver partout la mixité sociale sans créer de nouvelles ségrégations. A défaut de programme local de l'habitat (L. nº 2006-872 du 13 juill. 2006, art. 65) ***« adopté », la commune prend, sur son territoire, les dispositions nécessaires pour permettre la réalisation du nombre de logements locatifs sociaux prévus au premier alinéa ci-dessus.*** (L. nº 2006-872 du 13 juill. 2006, art. 65) ***« Les périodes triennales visées au présent alinéa débutent le 1er janvier 2002. »***

L'accroissement net du nombre de logements locatifs sociaux prévu pour chaque période triennale ne peut être inférieur à 15 % de la différence entre le nombre de logements sociaux correspondant à l'objectif fixé au premier ou, le cas échéant, au deuxième alinéa et le nombre de logements sociaux sur le territoire de la commune. (L. nº 2006-872du 13 juill. 2006, art. 65) ***« Dans ces communes ou dans les établissements publics de coopération intercommunale dotés d'un programme local de l'habitat, le nombre de logements locatifs sociaux mis en chantier pour chaque période triennale ne peut être inférieur à 30 % de la totalité des logements commencés au cours de la période triennale écoulée. » Ces chiffres sont réévalués à l'issue de chaque période triennale.***

(L. nº 2006-872du 13 juill. 2006, art. 65) ***« Dans le cas où un programme local de l'habitat ne porte pas sur des périodes triennales complètes, le bilan que la commune doit établir en application de l'article L. 302-9 précise les objectifs de réalisation qui lui incombaient année par année, dans le cadre du programme local de l'habitat adopté et indépendamment pour la période non couverte par ce programme. »***

COMMENTAIRE

A la différence de la logique de la loi d'orientation pour la ville, **en sus du prélèvement, la commune doit s'engager dans la réalisation de l'objectif quantitatif** à travers l'adoption d'un programme de rattrapage. La loi offre une **prime à l'intercommunalité**. Lorsque la commune appartient à une structure intercommunale compétente en matière de programme local de l'habitat, c'est ce dernier qui va fixer, par période triennale, l'objectif de réalisation de logements sociaux sur la commune. L'objectif comptabilisé au niveau de l'ensemble des communes ne peut être inférieur à la somme théorique des logements sociaux à construire pour que chaque commune soumise à un prélèvement atteigne le taux de 20 %. A défaut d'appartenir à une structure intercommunale, la commune doit adopter un plan triennal de rattrapage.

Quelles que soient les modalités de formalisation du rattrapage, l'accroissement net du nombre de logements locatifs sociaux ne peut être inférieur à 15 % du nombre de logements manquants par rapport à l'objectif fixé localement. Par ailleurs, depuis la loi ENL du 13 juillet 2006, il est demandé aux communes déficitaires de s'assurer que le nombre de logements locatifs sociaux mis en chantier pour chaque période triennale ne soit pas inférieur à 30 % de la totalité des logements réalisés au cours de la période précédente ❑

L'obligation de création de logements sociaux mise à la charge des communes est définie avec précision quant à son objet et sa portée et n'a pas pour conséquence d'entraver leur libre administration. • Cons. const. nº 2000-436 DC du 7 déc. 2000, *Loi relative à la solidarité et au renouvellement urbains : AJDA 2001. 18, obs. J.-E. Schoettl*.

Art. L. 302-9 **La collectivité ou l'établissement public de coopération intercommunale ayant approuvé le programme local de l'habitat établit, au terme de chaque période triennale, un bilan portant en particulier sur le respect des engagements en matière de mixité sociale. Celui-ci est communiqué au comité régional de l'habitat** *(L. nº 2006-872 du 13 juill. 2006, art. 65-4º)* **« et est rendu public par le représentant de l'État dans le département.**

« Tous les trois ans, le Gouvernement transmet au Parlement un rapport faisant le bilan du respect par les communes visées à l'article L. 302-5 de leurs obligations en matière de réalisation de logements locatifs sociaux. »

[Les autres dispositions de cet art. ont été déclarées non conformes à la Constitution par décision du Conseil constitutionnel nº 2000-436 DC du 7 déc. 2000.]

Concernant la mise en œuvre des bilans prévus aux art. L. 302-9 et L. 302-9-1, V. Circ. n° 2005-13 du 22 févr. 2005 (BOMELT n° 2005/10, p. 151) et Circ. n° 2005-50 du 5 août 2005 (BOMELT n° 2005/16, p. 65).

COMMENTAIRE

Sur la base des engagements triennaux, la loi SRU avait prévu la mise en œuvre d'un pouvoir de substitution de l'État en cas de carence de la commune.

Le Conseil constitutionnel a censuré, en raison de son automaticité, le dispositif de sanction prévu, ce qui a conduit le Gouvernement à proposer un système de sanction plus souple adopté par le Parlement dans la loi n° 2001-1168 du 11 déc. 2001. ❑

En prévoyant un système de sanction pour tout retard mis par une commune pour atteindre l'objectif triennal, sans distinguer selon la nature ou la valeur des raisons à l'origine de ce retard, le législateur a institué une sanction incompatible avec l'art. 72 de la Constitution. • Cons. const. n° 2000-436 DC du 7 déc. 2000, *Loi relative à la solidarité et au renouvellement urbains : AJDA 2001. 18, obs. J.-E. Schoettl*.

Art. L. 302-9-1 *(L. n° 2001-1168 du 11 déc. 2001, art. 24)* **Lorsque, dans les communes soumises au prélèvement défini à l'article L. 302-7, au terme de la période triennale échue, les engagements figurant dans le programme local de l'habitat n'ont pas été tenus ou, à défaut de programme local de l'habitat, le nombre de logements locatifs sociaux à réaliser en application du dernier alinéa de l'article L. 302-8 n'a pas été atteint, le préfet informe le maire de la commune de son intention d'engager la procédure de constat de carence. Il lui précise les faits qui motivent l'engagement de la procédure et l'invite à présenter ses observations dans un délai au plus de deux mois.**

En tenant compte de l'importance de l'écart entre les objectifs et les réalisations constatées au cours de la période triennale échue *(L. n° 2006-872 du 13 juill. 2006, art. 65-5°)* **« , du respect de l'obligation, visée à l'avant-dernier alinéa de l'article L. 302-8, de mettre en chantier, pour chaque période triennale, au moins 30 % de logements locatifs sociaux rapportés au nombre total de logements commencés »** *(L. n° 2013-61 du 18 janv. 2013, art. 16)* **« , du respect de la typologie prévue au II du même article L. 302-8 », des difficultés rencontrées le cas échéant par la commune et des projets de logements sociaux en cours de réalisation, le préfet peut, par un arrêté motivé pris après avis du comité régional de l'habitat, prononcer la carence de la commune. Par le même arrêté** *(L. n° 2013-61 du 18 janv. 2013, art. 16)* **« et en fonction des mêmes critères », il fixe, pour une durée maximale de trois ans à compter du 1er janvier de l'année suivant sa signature, la majoration du prélèvement défini à l'article L. 302-7** *(L. n° 2013-61 du 18 janv. 2013, art. 16)* **« et après avis de la commission mentionnée au I de l'article L. 302-9-1-1. Le prélèvement majoré ne peut être supérieur à cinq fois le prélèvement mentionné à l'article L. 302-7. » Le prélèvement majoré ne peut excéder 5 % du montant des dépenses réelles de fonctionnement de la commune figurant dans le compte administratif établi au titre** *(L. n° 2006-872 du 13 juill. 2006, art. 65-5°)* **« du pénultième » exercice.** *(L. n° 2013-61 du 18 janv. 2013, art. 16)* **« Ce plafond est porté à 7,5 % pour les communes dont le potentiel fiscal par habitant est supérieur ou égal à 150 % du potentiel fiscal médian par habitant sur l'ensemble des communes soumises au prélèvement défini à l'article L. 302-7 au 1er janvier de l'année précédente.**

« Les dépenses déductibles mentionnées au quatrième alinéa de l'article L. 302-7 qui n'ont pas été déduites du prélèvement viennent en déduction de la majoration du prélèvement.

« La majoration du prélèvement est versée au fonds national mentionné à l'article L. 302-9-3. »

L'arrêté préfectoral peut faire l'objet d'un recours de pleine juridiction.

Lorsqu'il a constaté la carence d'une commune en application du présent article, le préfet peut conclure une convention avec un organisme en vue de la construction ou l'acquisition des logements sociaux nécessaires à la réalisation des objectifs fixés dans le programme local de l'habitat ou déterminés en application du premier alinéa de l'article L. 302-8.

(L. nº 2013-61 du 18 janv. 2013, art. 16) **« La commune ou l'établissement public de coopération intercommunale à fiscalité propre contribue au financement de l'opération pour un montant au moins égal à la subvention foncière versée par l'État dans le cadre de la convention, sans que cette contribution puisse excéder la limite de 13 000 € par logement construit ou acquis en Île-de-France et 5 000 € par logement construit ou acquis sur le reste du territoire. »**

Jusqu'au 31 déc. 2015 et afin de prendre en compte la L. nº 2013-61 du 18 janv. 2013, les programmes locaux de l'habitat adoptés avant sa promulgation, soit le 19 janv. 2013, peuvent être adaptés selon la procédure de modification prévue à l'art. L. 302-4 (L. préc., art. 28).

Sur les mesures transitoires à l'entrée en vigueur de la L. nº 2013-61 du 18 janv. 2013, V. L. préc., art. 26 et 27, ss. art. L. 302-7.

V. C. urb., art. L. 213-1 et L. 422-2. – ***C. urb.***

V. Circ. du 21 févr. 2012 relative à l'exercice du droit de préemption dans les communes ayant fait l'objet d'un constat de carence au titre de l'art. L. 302-9-1 (NOR nº DEVL1133617C).

BIBL. ► BROUANT, *AJDI 2002. 182* (communes et quota de logements sociaux : des obligations sanctionnables). – DESCHAMPS, *AJDA 2002. 218* (les pouvoirs préfectoraux de sanction et de substitution contre les communes défaillantes dans la réalisation des logements sociaux).

Ancien art. L. 302-9-1 (L. nº 2001-1168 du 11 déc. 2001, art. 24) *Lorsque, dans les communes soumises au prélèvement défini à l'article L. 302-7, au terme de la période triennale échue, les engagements figurant dans le programme local de l'habitat n'ont pas été tenus ou, à défaut de programme local de l'habitat, le nombre de logements locatifs sociaux à réaliser en application du dernier alinéa de l'article L. 302-8 n'a pas été atteint, le préfet informe le maire de la commune de son intention d'engager la procédure de constat de carence. Il lui précise les faits qui motivent l'engagement de la procédure et l'invite à présenter ses observations dans un délai au plus de deux mois.*

En tenant compte de l'importance de l'écart entre les objectifs et les réalisations constatées au cours de la période triennale échue (L. nº 2006-872 du 13 juill. 2006, art. 65-5º) *« , du respect de l'obligation, visée à l'avant-dernier alinéa de l'article L. 302-8, de mettre en chantier, pour chaque période triennale, au moins 30 % de logements locatifs sociaux rapportés au nombre total de logements commencés », des difficultés rencontrées le cas échéant par la commune et des projets de logements sociaux en cours de réalisation, le préfet peut, par un arrêté motivé pris après avis du comité régional de l'habitat, prononcer la carence de la commune. Par le même arrêté, il fixe, pour une durée maximale de trois ans à compter du 1er janvier de l'année suivant sa signature, la majoration du prélèvement défini à l'article L. 302-7. Le taux de la majoration est égal au plus au rapport entre le nombre des logements sociaux non réalisés et l'objectif total de logements fixé dans le programme local de l'habitat ou déterminé par application du dernier alinéa de l'article L. 302-8. Le prélèvement majoré ne peut excéder 5 % du montant des dépenses réelles de fonctionnement de la commune figurant dans le compte administratif établi au titre* (L. nº 2006-872 du 13 juill. 2006, art. 65-5º) *« du pénultième » exercice.*

L'arrêté préfectoral peut faire l'objet d'un recours de pleine juridiction.

Lorsqu'il a constaté la carence d'une commune en application du présent article, le préfet peut conclure une convention avec un organisme en vue de la construction ou l'acquisition des logements sociaux nécessaires à la réalisation des objectifs fixés dans le programme local de l'habitat ou déterminés en application du premier alinéa de l'article L. 302-8.

La commune contribue au financement de l'opération pour un montant égal à la subvention foncière versée par l'État dans le cadre de la convention, sans que cette contribution puisse excéder la limite de 13 000 € par logement construit ou acquis en Île-de-France et 5 000 € par logement sur le reste du territoire.

COMMENTAIRE

La loi nº 2001-1168 du 11 déc. 2001 tire les conséquences de la censure opérée par le Conseil constitutionnel dans sa décision nº 2000-436 DC du 7 déc. 2000 pour ce qui est des sanctions applicables aux communes déficitaires en matière de logements sociaux. Le nouveau dispositif, validé par le Conseil constitutionnel, permet au préfet de tenir compte des circonstances locales avant de prononcer la carence. L'arrêté préfectoral constatant la carence a deux effets : d'une part, il permet au préfet d'agir et de paralyser certaines compétences communales ; d'autre part, il offre au préfet la possibilité d'infliger des sanctions pécuniaires à la commune retardataire. ❑

Ce système de sanctions a été jugé conforme à la Constitution dans la mesure où « le législateur a mis le préfet en mesure de prendre en considération, sous le contrôle du juge, la nature et la valeur des raisons à l'origine du retard mis par la commune pour atteindre son objectif triennal ». • Cons. const. nº 2001-452 DC du 6 déc. 2001 : *JO 12 déc. 2001, p. 19712.* ◆ Compte tenu du fait qu'il s'agit d'un recours de plein contentieux et qu'il tend à demander la décharge du paiement d'une somme, le recours contre l'arrêté de carence nécessite le ministère d'avocat. • CAA Marseille, 8 mars 2012, *Cne de Saint-Clément-de-Rivière : req. nº 10MA02388.* ◆ La consultation irrégulière du comité régional de l'habitat qui, en l'espèce n'a pas été réuni afin de donner un avis collégialement, entache l'arrêté de carence d'un vice substantiel. • CAA Marseille, 18 nov. 2010, *Cne d'Allauch : req. nº 08MA03769.* ◆ L'annulation de l'arrêté de carence entraîne nécessairement l'annulation de l'arrêté fixant une majoration du prélèvement annuel. En revanche, l'annulation est sans influence sur la fixation du montant du prélèvement annuel institué par les dispositions de l'art. L. 302-7 qui est indépendante de la procédure de carence. • CAA Marseille, 18 nov. 2010, *Cne de Plan de Cuques : req. nº 08MA03768.* ◆ S'il appartient, en principe, au juge du plein contentieux de se placer à la date à laquelle il statue pour remplir son office, il ne saurait prendre en compte certains éléments de faits postérieurs à la date de la décision incriminée – en l'occurrence des projets de construction – pour juger du bien-fondé du constat de carence. En revanche, le juge peut tenir compte de ces éléments notamment pour réformer le taux de majoration fixé par le préfet et substituer au taux de 93,67 % un taux de 50 %. • CAA Marseille, 16 févr. 2012, *Cne de Saint-Jean-de-Védas : req. nº 10MA02307.*

Art. L. 302-9-1-1 *(L. nº 2006-872 du 13 juill. 2006, art. 65-6º)* **I. – Pour les communes n'ayant pas respecté la totalité de leur objectif triennal, le représentant de l'État dans le département réunit une commission chargée de l'examen du respect des obligations de réalisation de logements sociaux. Cette commission, présidée par le représentant de l'État dans le département, est composée du maire de la commune concernée, du président de l'établissement public de coopération intercommunale compétent en matière d'habitat si la commune est membre d'un tel établissement, des représentants des bailleurs sociaux présents sur le territoire de la commune et des représentants des associations** *(L. nº 2009-323 du 25 mars 2009, art. 2-I)* **« et organisations » dont l'un des objets est l'insertion ou le logement des personnes défavorisées, œuvrant dans le département.**

Cette commission est chargée d'examiner les difficultés rencontrées par la commune l'ayant empêchée de remplir la totalité de ses objectifs, d'analyser les possibilités et les projets de réalisation de logements sociaux sur le territoire de la commune et de définir des solutions permettant d'atteindre ces objectifs.

Si la commission parvient à déterminer des possibilités de réalisation de logements sociaux correspondant à l'objectif triennal passé sur le territoire de la commune, elle peut recommander l'élaboration, pour la prochaine période triennale, d'un échéancier de réalisations de logements sociaux permettant, sans préjudice des obligations fixées au titre de la prochaine période triennale, de rattraper le retard accumulé au cours de la période triennale échue. *(Abrogé par L. nº 2013-61 du 18 janv. 2013, art. 18)* ***« Si la commune a fait l'objet d'un arrêté de carence, la commission peut doubler la majoration prévue par l'arrêté. »***

Si la commission parvient à la conclusion que la commune ne pouvait, pour des raisons objectives, respecter son obligation triennale, elle saisit, avec l'accord du maire concerné, une commission nationale placée auprès du ministre chargé du logement.

II. – La commission nationale, présidée par un membre du Conseil d'État, est composée de deux membres de l'Assemblée nationale et de deux membres du Sénat, d'un membre de la Cour des comptes, d'un membre du Conseil général *(L. n° 2011-525 du 17 mai 2011, art. 94-V)* **« de l'environnement et du développement durable », de représentants des associations nationales représentatives des élus locaux, de l'Union nationale des fédérations d'organismes d'habitations à loyer modéré et du Haut Comité pour le logement des personnes défavorisées, ainsi que de représentants des associations** *(L. n° 2009-323 du 25 mars 2009, art. 2-I)* **« et organisations » œuvrant dans le domaine du logement des personnes défavorisées désignés par le Conseil national de l'habitat.** – *[V., pour la composition de cette commission, Arr. du 24 janv. 2012, JO 7 févr.].*

Cette commission entend le maire de la commune concernée ainsi que le représentant de l'État du département dans lequel la commune est située.

Si la commission parvient à la conclusion que la commune ne pouvait, pour des raisons objectives, respecter son obligation triennale, elle peut recommander au ministre chargé du logement un aménagement des obligations prévues à l'article L. 302-8.

Si la commission parvient à déterminer des possibilités de réalisation de logements sociaux correspondant à l'objectif triennal passé, elle recommande l'élaboration, pour la prochaine période triennale, d'un échéancier de réalisations de logements sociaux permettant, sans préjudice des obligations fixées au titre de la prochaine période triennale, de rattraper le retard accumulé au cours de la période triennale échue et la mise en œuvre de l'article L. 302-9-1.

Les avis de la commission sont motivés et rendus publics.

Un décret en Conseil d'État détermine les conditions d'application du présent article et fixe la composition des commissions prévues aux I et présent II. – *V. art. R. 302-25 et R. 302-26.*

Jusqu'au 31 déc. 2015 et afin de prendre en compte la L. n° 2013-61 du 18 janv. 2013, les programmes locaux de l'habitat adoptés avant sa promulgation, soit le 19 janv. 2013, peuvent être adaptés selon la procédure de modification prévue à l'art. L. 302-4 (L. préc., art. 28).

Sur les mesures transitoires à l'entrée en vigueur de la L. n° 2013-61 du 18 janv. 2013, V. L. préc., art. 26 et 27, ss. art. L. 302-7.

COMMENTAIRE

En vue d'améliorer la prise en compte des situations particulières rencontrées par les communes déficitaires, l'article 65 de la loi ENL du 13 juillet 2006 prévoit la création d'une commission départementale chargée d'examiner la situation des communes ne respectant pas leurs engagements triennaux ; si la commission parvient à la conclusion que la commune ne pouvait, pour des raisons objectives, respecter son obligation triennale, elle saisit une commission nationale placée auprès du ministre du logement ; si celle-ci parvient à la même conclusion, « elle peut recommander au ministre chargé du logement un aménagement des obligations prévues » au profit de la commune. ❑

Art. L. 302-9-1-2 *(L. n° 2013-61 du 18 janv. 2013, art. 12)* **Dans les communes faisant l'objet d'un arrêté au titre de l'article L. 302-9-1, dans toute opération de construction d'immeubles collectifs de plus de douze logements ou de plus de 800 mètres carrés de surface de plancher, au moins 30 % des logements familiaux sont des logements locatifs sociaux définis à l'article L. 302-5, hors logements financés avec un prêt locatif social. Le représentant de l'État, sur demande motivée de la commune, peut déroger à cette obligation pour tenir compte de la typologie des logements situés à proximité de l'opération.**

Sur les mesures transitoires à l'entrée en vigueur de la L. nº 2013-61 du 18 janv. 2013, V. L. préc., art. 26 et 27, ss. art. L. 302-7.

Art. L. 302-9-2 **Un décret en Conseil d'État détermine, en tant que de besoin, les conditions d'application du présent chapitre, notamment celles nécessitées par la situation particulière** *(Ord. nº 2012-576 du 26 avr. 2012, art. 4-III)* **« de la Guadeloupe, de la Guyane, de la Martinique, de La Réunion, de Mayotte et de Saint-Martin ».**

— V. art. R. 302-14 s.

Art. L. 302-9-3 *(L. nº 2013-61 du 18 janv. 2013, art. 19)* **Un Fonds national de développement d'une offre de logements locatifs très sociaux est institué. Ce fonds est exclusivement destiné au financement de la réalisation de logements locatifs sociaux à destination des ménages mentionnés au II de l'article L. 301-1.**

Art. L. 302-9-4 *(L. nº 2013-61 du 18 janv. 2013, art. 19)* **Le fonds national prévu à l'article L. 302-9-3 est administré par un comité de gestion qui fixe les orientations d'utilisation et la répartition de ses ressources. Sa composition et les modes de désignation de ses membres sont définis par décret.**

La gestion de ce fonds est assurée par la Caisse de garantie du logement locatif social. Elle remet chaque année au ministre chargé du logement un rapport sur le bilan des actions financées par le fonds, en regard des ressources engagées et des objectifs poursuivis.

SECTION III PLAN DÉPARTEMENTAL DE L'HABITAT

(L. nº 2006-872 du 13 juill. 2006, art. 68-3º)

COMMENTAIRE

Dans la mesure où la loi du 13 août 2004 permet aux départements, à titre subsidiaire, d'être délégataires des aides à la pierre étatique, l'article 68 de la loi ENL du 13 juillet 2006 en tire les conséquences et dote ces derniers d'un outil de programmation. La loi prévoit l'adoption dans chaque département d'un « plan départemental de l'habitat » afin d'assurer « la cohérence entre les politiques d'habitat menées dans les territoires couverts par un programme local de l'habitat et celles menées dans le reste du département ». A la différence des programmes locaux de l'habitat, il ne s'agit pas d'un document décentralisé puisqu'il est élaboré conjointement par l'État et le département. Qui plus est, les EPCI ayant adopté un PLH sont également associés à son élaboration et le plan départemental doit définir des orientations conformes à celles qui résultent des PLH existants. ❑

Art. L. 302-10 **Un plan départemental de l'habitat est élaboré dans chaque département afin d'assurer la cohérence entre les politiques d'habitat menées dans les territoires couverts par un programme local de l'habitat et celles menées dans le reste du département.**

Ce plan définit des orientations conformes à celles qui résultent des schémas de cohérence territoriale et des programmes locaux de l'habitat. Le plan prend également en compte les besoins définis par le plan départemental d'actions pour le logement des personnes défavorisées et ceux résultant des sorties des établissements d'hébergement ou services figurant au schéma départemental d'organisation sociale et médico-sociale défini à l'article L. 312-4 du code de l'action sociale et des familles.

Ce plan comporte un diagnostic sur le fonctionnement des marchés du logement et définit les conditions de mise en place d'un dispositif d'observation de l'habitat dans le département.

V. Circ. n° 2007-32 du 2 mai 2007 relative à la mise en œuvre des plans départementaux de l'habitat (BOMELT n° 2007/10, p. 108).

Art. L. 302-11 *(L. n° 2009-323 du 25 mars 2009, art. 28-VII)* **Le plan départemental de l'habitat est élaboré conjointement, pour une durée de six ans, par l'État, le département et les établissements publics de coopération intercommunale ayant adopté un programme local de l'habitat ou ayant délibéré pour engager la procédure d'élaboration d'un tel programme.**

Art. L. 302-12 **Les concertations en vue de l'élaboration du plan départemental de l'habitat sont menées par une section départementale du comité régional de l'habitat visé à l'article L. 364-1. Cette section est présidée conjointement par le représentant de l'État dans le département et par le président du conseil général.**

SECTION IV OBJECTIFS DE CONSTRUCTION DE LOGEMENTS EN ÎLE-DE-FRANCE

(L. n° 2010-597 du 3 juin 2010, art. 23)

Art. L. 302-13 **En région d'Île-de-France, afin d'atteindre l'objectif fixé à l'article 1er de la loi n° 2010-597 du 3 juin 2010 relative au Grand Paris** *[V.* ***C. urb.****, App., v° Grand Paris]*, **le représentant de l'État dans la région définit, tous les trois ans, les objectifs annuels de production de nouveaux logements dans des périmètres comprenant un ou plusieurs territoires soumis à l'obligation de réaliser un programme local de l'habitat. Le comité régional de l'habitat, les communes et les établissements publics compétents en matière de programme local de l'habitat concernés sont consultés pour avis, celui-ci étant réputé favorable à l'expiration d'un délai de trois mois à compter de leur saisine.**

Les programmes locaux de l'habitat tiennent compte des objectifs fixés au premier alinéa.

Un bilan territoire par territoire de l'avancée de la réalisation des objectifs mentionnés au premier alinéa est présenté chaque année au comité régional de l'habitat.

COMMENTAIRE

Issue de la loi du 3 juin 2010 relative au Grand Paris, cette disposition vise à permettre au préfet de région d'Île-de-France de définir des objectifs de production de logements qui s'imposeront aux programmes locaux de l'habitat. Toutefois, la loi ne prévoit aucune sanction juridique particulière à la méconnaissance des objectifs fixés, qui n'ont donc qu'une valeur indicative.

Loi n° 2010-597 du 3 juin 2010,

Relative au Grand Paris.

Art. 24 En région d'Île-de-France, dans les communes visées à l'article L. 302-5 du code de la construction et de l'habitation, les actions ou opérations d'aménagement et les projets d'infrastructures prévues autour des gares du réseau de transport public du Grand Paris doivent intégrer la réalisation de logements pour contribuer à l'atteinte des objectifs définis au même article L. 302-5.

CHAPITRE III OPÉRATIONS PROGRAMMÉES D'AMÉLIORATION DE L'HABITAT

(L. nº 91-662 du 13 juill. 1991, art. 13)

BIBL. ▶ BOURJAILLAT, *Ét. fonc. 1995, nº 67, p. 21* (réurbaniser les grands ensembles). - DELAMOTTE, *Revue des collectivités locales, 1990, nº 218, p. 11* (OPAH). - DURAND, L'amélioration de l'habitat existant : rénovation, restauration, réhabilitation, *Thèse Paris II, 1980.* - MORAND-DEVILLER, *LPA 19 nov. 1982 ; ibid. 22 nov. 1982* (les OPAH à Paris). - TOMASIN, *Droit et Ville, 1994, nº 35, p. 55* (réhabilitation du parc immobilier bâti).

COMMENTAIRE

Instaurées par deux circulaires de 1977, **les opérations programmées d'amélioration de l'habitat (OPAH) visent à réhabiliter le parc immobilier bâti.** La loi d'orientation pour la ville du 13 juillet 1991 leur a donné une assise législative en réaffirmant leur vocation sociale.

Ces opérations donnent lieu à une **convention tripartite** entre l'État, l'Agence nationale de l'habitat (ANAH) et la commune ou l'établissement public de coopération intercommunale compétent en matière d'habitat.

La loi solidarité et renouvellement urbains du 13 décembre 2000 offre également cette possibilité aux syndicats mixtes, sous réserve d'obtenir un mandat des communes membres, ce qui devrait permettre aux pays de mener à bien une OPAH.

Cette procédure contractuelle vise à requalifier des quartiers anciens ou récents ou des bourgs ruraux et à inciter les propriétaires à réhabiliter les logements grâce à des aides financières (PAH et subventions de l'ANAH).

Ces opérations bénéficient également d'actions d'accompagnement de la collectivité territoriale intéressée et de la présence d'une équipe chargée d'assurer l'information, l'animation et le suivi de l'opération pendant les trois années de la phase opérationnelle de l'OPAH.

L'OPAH constitue un instrument privilégié de mise en œuvre des politiques locales de l'habitat : elle permet de remettre sur le marché locatif des logements auparavant vacants.

Les opérations d'amélioration de l'habitat ont pu soulever quelques critiques. Vingt ans après leur création, les OPAH interviennent en effet dans des situations de plus en plus complexes, en milieu tant urbain que rural, qui imposent de faire appel à des dispositifs et des stratégies plus élaborés que la seule mise en œuvre d'une réserve de financement sous forme de prime à l'amélioration de l'habitat et de subventions de l'ANAH. Lorsqu'un EPCI a signé une convention de délégation des aides à la pierre, c'est lui qui est compétent pour signer la convention en lieu et place de l'État et de l'ANAH. ❑

Art. L. 303-1 *(L. nº 91-662 du 13 juill. 1991, art. 13)* **Les opérations programmées d'amélioration de l'habitat ont pour objet la réhabilitation du parc immobilier bâti. Elles tendent à améliorer l'offre de logements, en particulier locatifs, ainsi qu'à maintenir ou à développer les services de voisinage. Elles sont mises en œuvre dans le respect des équilibres sociaux, de la sauvegarde du droit des occupants et des objectifs du plan départemental d'action pour le logement des personnes défavorisées ainsi que, s'il existe, du programme local de l'habitat. Ces opérations donnent lieu à une convention entre la commune ou l'établissement public de coopération intercommunale compétent en matière d'habitat** *(L. nº 2000-1208 du 13 déc. 2000, art. 140-III)* **« ou le syndicat mixte qui aurait reçu mandat de ces derniers », l'Agence nationale de l'habitat et l'État.**

Cette convention précise :

a) Le périmètre de l'opération ;

b) Le montant total des aides susceptibles d'être accordées par l'Agence nationale de l'habitat, l'État et, le cas échéant, la commune ou l'établissement public de coopération intercommunale ou d'autres personnes publiques ou privées, pour l'amélioration de l'habitat, la construction de logements sociaux, l'acquisition de logements en vue de leur amélioration pour un usage locatif social, les baux à réhabilitation et les actions d'accompagnement prévues ;

c) Les actions d'accompagnement et d'amélioration du cadre de vie prévues par l'État, la commune ou l'établissement public de coopération intercommunale ;

d) Les actions destinées à assurer le respect de la diversité de la population dans les quartiers, à maintenir le caractère social de l'occupation des logements et à favoriser le maintien sur place des occupants ;

e) Les actions destinées à assurer le maintien ou l'implantation de services ou d'équipements commerciaux ou artisanaux de proximité.

Avant sa signature, le projet de convention est mis à disposition du public pendant un mois.

Après sa signature, la convention peut être consultée en mairie pendant sa durée de validité.

(L. no 2004-809 du 13 août 2004, art. 61-VII) « Lorsqu'un département ou un établissement public de coopération intercommunale a conclu une convention avec l'État en application des articles L. 301-5-1 ou L. 301-5-2, son représentant signe en lieu et place du représentant de l'État et de l'Agence nationale de l'habitat, dans les conditions prévues dans les conventions susmentionnées, les conventions prévues au présent article. »

Sous réserve de l'entrée en vigueur des dispositions relevant de la loi de finances, les dispositions issues de la L. no 2004-809 du 13 août 2004 sont applicables à compter du 1er janv. 2005 (L. préc., art. 199).

Sur les conditions particulières d'intervention de l'Agence nationale de l'habitat dans les opérations programmées d'amélioration de l'habitat, V. Instr. no 94-06 du 20 oct. 1994. — Sur les mesures en faveur de travaux dans l'habitat ancien et la mise sur le marché de logements vacants, V. Circ. 28 juill. 1994, Mon. TP 5 août 1994, Suppl. textes, p. 215.

Une commune signataire d'une OPAH ne saurait être tenue de participer au financement d'autres travaux que ceux sur lesquels elle s'était engagée. • CAA Marseille, 15 mai 2001, *Cne de Saint-Quentin-la-Poterie : req. no 00MA01253.*

TITRE PREMIER MESURES TENDANT À FAVORISER LA CONSTRUCTION D'HABITATIONS

COMMENTAIRE

Le financement du logement repose sur différents mécanismes d'aides qui concernent de multiples partenaires. En dehors du régime des prêts et primes à la construction, tombé en désuétude, les personnes publiques peuvent garantir les prêts consentis pour la construction, l'acquisition ou l'amélioration d'immeubles à usage principal d'habitation. Les entreprises ne sont pas en reste puisqu'elles doivent, depuis 1953, obligatoirement contribuer à l'effort de construction.

A côté de ces mécanismes, le législateur a mis en place un dispositif destiné à encourager ou faciliter l'épargne des constructeurs.

Enfin compte tenu des sommes en jeux, le dernier chapitre du titre met en place les mécanismes destinés à vérifier que les aides ne sont pas détournées de leur objet. ❑

CHAPITRE PREMIER PRIMES ET PRÊTS À LA CONSTRUCTION

V. Arr. du 22 févr. 1974 relatif aux caractéristiques techniques et au prix des logements bénéficiant de primes à la construction convertibles en bonifications d'intérêt (JO 14 mars ; Rect. 24 mars), mod. par Arr. du 26 sept. 1974 (JO 28 sept.), Arr. du 7 oct. 1974 (JO 7 déc.), Arr. du 14 avr. 1975 (JO 25 avr.), Arr. du 8 sept. 1975 (JO 20 sept.), Arr. du 31 mars 1976 (JO 11 avr. ; Rect. 25 sept.), Arr. du 25 juin 1976 (JO 29 juill.), Arr. du 31 janv. 1977 (JO 15 févr.), Arr. du 11 juill. 1977 (JO 22 juill.), Arr. du 16 sept. 1977 (JO 27 oct.), Arr. du 24 févr. 1978 (JO 11 mars), Arr. du 22 juin 1979 (JO 12 juill.), Arr. du 3 juill. 1980 (JONC 1er août), Arr. du 2 mars 1982 (JONC 24 mars), Arr. du 30 sept. 1982 (JONC 4 nov.), Arr. du 7 mars 1983 (JO 17 mars), Arr. du 15 mars 1984 (JO 25 mars), Arr. du 27 mars 1985 (JO 21 avr.), Arr. du 20 août 1986 (JO 4 oct.), Arr. du 3 juin 1987 (JO 25 juill.).

V. Arr. du 25 févr. 1974 relatif aux montants et aux caractéristiques des prêts à la construction des logements primés (JO 14 mars ; Rect. 24 mars), mod. par Arr. du 19 sept. 1974, Arr. du 26 sept. 1974, Arr. du 31 janv. 1975, Arr. du 14 avr. 1975, Arr. du 3 déc. 1975, Arr. du 31 mars 1976, Arr. du 25 juin 1976, Arr. du 22 déc. 1976, Arr. du 31 janv. 1977, Arr. du 24 mars 1977, Arr. du 16 sept. 1977, Arr. du 24 févr. 1978, Arr. du 22 juin 1979, Arr. du 3 juill. 1980, Arr. du 2 mars 1982 (JONC 24 mars), Arr. du 18 mai 1982 (JONC 12 juin), Arr. du 30 sept. 1982 (JONC 4 nov.), Arr. du 7 mars 1983 (JO 17 mars), Arr. du 15 mars 1984 (JO 25 mars), Arr. du 20 août 1986 (JO 4 oct.), Arr. du 20 oct. 1986 (JO 16 déc.), Arr. du 3 juin 1987 (JO 25 juill.).

V. Arr. du 15 mars 1984 (JO 25 mars) portant application dans les départements d'outre-mer des dispositions applicables aux primes à la construction convertibles en bonifications d'intérêt et aux prêts. – Arr. du 22 juin 1979 (JO 12 juill.), Arr. du 3 juill. 1980 (JONC 1er août), Arr. du 2 mars 1982 (JONC 4 nov.), Arr. du 27 mars 1985 (JO 21 avr.) : même objet, Arr. du 20 août 1986 (JO 4 oct.), Arr. du 20 oct. 1986 (JO 16 déc.), Arr. du 3 juin 1987 (JO 25 juill.).

V. Arr. du 15 déc. 1989 (JO 23 déc.) : versement en une seule fois des anciennes primes à la construction.

Sur la programmation des crédits d'études locales dans le domaine de l'habitat, V. Circ. no 96-13 du 2 févr. 1996, Mon. TP 9 févr. 1996, Suppl. textes, p. 286. – Sur la mise en œuvre de la politique du logement et la programmation des financements aidés de l'État en 2005, V. Circ. no 2005-22 du 17 mars 2005 (BOMELT no 2005/7, p. 111). – Sur la mise en œuvre de la politique du logement et la programmation des financements aidés de l'État pour 2006, V. Circ. no 2006-13 du 1er mars 2006 (BOMELT no 2006/5, p. 47).

COMMENTAIRE

Depuis la réforme du mécanisme d'aide opérée par la loi du 3 janvier 1977, les dispositions des articles L. 311-1 à L. 311-13 sont devenues inapplicables en Métropole. Le régime des aides à la pierre est désormais principalement régi par les dispositions du titre III.

SECTION PREMIÈRE PRIMES

Art. L. 311-1 **Les primes à la construction d'habitations ne sont pas accordées pour les logements dont le titre d'occupation est un accessoire du contrat de travail sauf en ce qui concerne les collectivités locales et les établissements publics qui bénéficient des primes pour tout logement à usage d'habitation construit ou aménagé par leurs soins et pour lequel il ne leur est versé aucune subvention de l'État.**

Les conditions dans lesquelles certains logements destinés à des salariés agricoles peuvent échapper à cette règle sont fixées par décret.

Pour apprécier si le titre d'occupation constitue ou non un accessoire du contrat de travail, le juge apprécie un ensemble de circonstances. Dès lors qu'il est précisé dans l'engagement de location que le loyer consenti par une société à un de ses employés est inférieur à la rentabilité normale de l'immeuble, et que les clauses de dénonciation du bail, de durée et de relèvement unilatéral des loyers placent le locataire employé en situation étroite de dépendance vis-à-vis de la société bailleresse, notamment en cas de cessation du contrat de travail, l'occupation des locaux loués doit être regardée comme l'accessoire d'un contrat de travail. • CE 27 juin 1986, *Éts Jacquemard*, req. nº 57326 : *Lebon T. 603* ; *Gaz. Pal. 1987. 2. Somm. 319.* ♦ Le bénéfice des primes à la construction doit être retiré à une société immobilière lorsque les baux qu'elle consent comportent des clauses prévoyant une augmentation de loyer et le versement par le locataire d'un dépôt de garantie dans le cas où le preneur viendrait, pour quelque cause que ce soit, à ne plus faire partie du personnel d'une société possédant la majorité du capital et le même siège social que la société immobilière. • CE 19 janv. 1983, *Sté immobilière de l'industrie du caoutchouc : req. nº 24610.* ♦ Il en va de même pour une société immobilière filiale d'une autre société dont les locaux d'habitation ont été loués dans leur totalité aux employés de cette dernière société même si les logements n'ont fait l'objet que de locations verbales. • CE 16 déc. 1966, *SCI de Basse-Yutz*, req. nº 63905 : *Lebon 670*.

Art. L. 311-2 Les organismes d'habitations à loyer modéré peuvent accepter en remboursement des primes accordées pour favoriser la construction d'habitations les effets émis au profit du Comptoir des entrepreneurs. Le Crédit foncier de France et le Comptoir des entrepreneurs sont subrogés dans l'hypothèque prise par les sociétés de crédit immobilier comme sûreté des avances qu'elles consentent au moyen des prêts qui leur sont accordés par le Crédit foncier de France et le Comptoir des entrepreneurs. *– V. art. R. 311-37.*

Art. L. 311-3 Les locaux dont la création a donné lieu à l'octroi des primes ne peuvent, pendant toute la période au cours de laquelle ces primes sont versées, être transformés en locaux commerciaux ni affectés à la location saisonnière.

Le propriétaire est tenu de déclarer l'existence des interdictions prévues à l'alinéa précédent dans tout acte entraînant mutation ou location de l'immeuble.

Toute personne contrevenant aux dispositions du présent article est punie d'une amende de 45 000 €.

Les primes perçues depuis la transformation sont, en outre, sujettes à répétition. *– V. art. R. 311-18.*

Art. L. 311-4 Le bénéfice des primes à la construction instituées par les dispositions réglementaires prises en exécution de la présente section s'applique, dans la limite des crédits prévus, aux collectivités locales et aux établissements publics au titre des logements qu'ils construisent.

Art. L. 311-5 Quiconque tente de bénéficier des primes au moyen de fausses déclarations ou de manœuvres frauduleuses est puni d'une amende de 45 000 €.

Art. L. 311-6 Les personnes ou les sociétés qui construisent pour des tiers, avec le bénéfice des dispositions du présent chapitre, des immeubles à usage d'habitation peuvent être obligées par décret, pris après avis conforme de la commission des finances et de la commission de la production et des échanges de l'Assemblée nationale et avis de la commission correspondante du Sénat, à déposer en consignation les fonds qu'elles reçoivent de ces tiers préalablement à toute acquisition de terrain ou exécution de travaux.

Les personnes et les sociétés mentionnées à l'alinéa précédent peuvent obtenir la disposition des fonds consignés dans la mesure où elles justifient de leur affectation pour les constructions prévues.

L'inobservation des dispositions du présent article et des textes d'application subséquents est punie des peines *(L. nº 92-1336 du 16 déc. 1992, art. 151)* « de l'abus de confiance prévues par les articles 314-1 et 314-10 » du code pénal.

Art. L. 311-7 Conformément à l'article 56-I de la loi nº 63-1241 du 19 décembre 1963 lorsqu'une société régie par le livre II, titre Ier, chapitres II ou III, du présent code (1re partie) a déposé une demande de prime à la construction non convertible en bonifications d'intérêt, en application du présent chapitre, ainsi que des dispositions réglementaires correspondantes, les contrats de cession de parts sociales doivent être conclus au choix des parties, sous condition suspensive de l'octroi de la prime ou sous condition résolutoire du refus de la prime.

A défaut d'option des parties et nonobstant toute stipulation contraire, le contrat est réputé conclu sous condition résolutoire du refus de la prime.

SECTION II PRÊTS

Art. L. 311-8 En cas de mutation à titre particulier ou d'attribution par voie de partage total ou partiel de l'actif d'une société réalisée par acte authentique et portant sur un bien grevé d'une inscription hypothécaire prise au profit du Crédit foncier de France et du Comptoir des entrepreneurs ou de l'un d'eux pour sûreté d'un prêt spécial à la construction consenti en exécution des dispositions réglementaires du présent code, le débiteur originaire ou, en cas de mutations ultérieures, le dernier débiteur, est déchargé de plein droit de ses obligations à l'égard des établissements prêteurs, obligations dans lesquelles l'acquéreur ou l'attributaire est substitué, également de plein droit, par l'effet de l'acte opérant mutation ou partage, l'hypothèque conservant, sans aucune formalité, tous ses effets sur le bien acquis ou attribué.

Lorsque la mutation ou l'attribution ne porte que sur une partie du bien hypothéqué, la substitution ci-dessus prévue n'a lieu qu'à concurrence de la fraction de créance restant garantie hypothécairement par la partie du bien acquis ou attribué, après division de l'hypothèque.

Les dispositions des alinéas précédents ne sont pas applicables aux mutations ou partages intervenus antérieurement au 21 mai 1955. Dans le cas où, à la suite de ces mutations ou partages, l'acquéreur ou l'attributaire viendrait à être, par conventions avec les établissements prêteurs, substitué au précédent débiteur pour l'exécution des engagements contractés à l'égard desdits établissements, l'hypothèque conserverait, sans nouvelle formalité, tous ses effets sur le bien ou la fraction de bien acquise ou attribuée.

Les dispositions du présent article sont également applicables :

a) Aux emprunts destinés à être remboursés par des prêts spéciaux différés, consentis en exécution des dispositions réglementaires du présent code lorsque l'opération fait l'objet d'une inscription hypothécaire unique en application de l'article 4, alinéa 2, modifié, de la loi du 10 juin 1853 ;

b) Aux emprunts contractés dans les conditions prévues au présent article par les titulaires de baux emphytéotiques.

Art. L. 311-9 *Abrogé par L. no 99-532 du 25 juin 1999, art. 111.*

SECTION III DISPOSITIONS COMMUNES AUX PRIMES ET PRÊTS

V. Circ. no 94-93 du 28 déc. 1994, Mon. TP 3 févr. 1995, Suppl. textes, p. 312 : politique du logement et programmation des financements aidés de l'État en 1995. – V. aussi Circ. no 2005-22 du 17 mars 2005 relative à la mise en œuvre de la politique du logement et à la programmation des financements aidés de l'État pour 2005 (BOMELT no 2005/7, p. 111) ; Circ. no 2006-13 du 1er mars 2006 relative à la mise en œuvre de la politique du logement et à la programmation des financements aidés de l'État pour 2006 (BOMELT no 2006/5, p. 47).

Art. L. 311-10 Conformément à l'article 56-II de la loi no 63-1241 du 19 décembre 1963 lorsqu'une société mentionnée à l'article L. 311-7 a déposé une demande de prime convertible en bonifications d'intérêt ou une demande de prêt spécial à la construction, en application du présent chapitre et des dispositions réglementaires correspondantes, les contrats de cession de parts sociales doivent être conclus, au choix des parties, sous condition suspensive de l'octroi de la prime et du prêt spécial ou sous condition résolutoire du refus de la prime ou du prêt spécial.

A défaut d'option des parties et nonobstant toute stipulation contraire, le contrat est réputé conclu sous condition résolutoire du refus de la prime ou du prêt.

D'autre part, et nonobstant toute stipulation contraire, la condition résolutoire est toujours sous-entendue pour le cas où la cession entraînerait, pour un fait non imputable au cessionnaire, le retrait de la prime ou du prêt accordé à la société.

Art. L. 311-11 Conformément à l'article 56-III de la loi no 63-1241 du 19 décembre 1963 les conditions prévues aux articles L. 311-7 et L. 311-10, alinéas 1er et 2, pour les cessions de parts sociales sont applicables aux ventes immobilières, lorsqu'une demande de prime ou de prêt spécial à la construction a été déposée en vue de l'édification d'un bâtiment sur le terrain compris dans la vente, sauf si le défaut d'obtention de la prime ou du prêt est imputable à l'acquéreur.

D'autre part et nonobstant toute stipulation contraire, la condition résolutoire est toujours sous-entendue pour le cas où la prime ou le prêt spécial ne pourrait, pour un fait non imputable à l'acquéreur, être transféré à celui-ci.

Art. L. 311-12 Conformément à l'article 56-IV de la loi no 63-1241 du 19 décembre 1963 le cessionnaire ou l'acquéreur peut, même à défaut de réalisation de la condition suspensive prévue aux articles L. 311-7, L. 311-10, alinéas 1er et 2, et L. 311-11, alinéa 1er, exiger l'exécution du contrat de cession ou de la vente.

Le cessionnaire ou l'acquéreur est seul fondé à se prévaloir des conditions résolutoires prévues aux articles L. 311-7, L. 311-10 et L. 311-11. La demande de résolution doit être formée dans le délai de quatre mois à compter du jour où le cessionnaire a eu connaissance de la réalisation de la condition.

Art. L. 311-13 Est interdite toute publicité concernant les primes et prêts à la construction, prévus par le présent livre, avant l'intervention des décisions accordant ces primes et prêts.

Les infractions aux dispositions du présent article sont punies d'un emprisonnement de deux ans et d'une amende de 9 000 euros ou de l'une de ces deux peines seulement.

(Abrogé par L. no 2009-526 du 12 mai 2009, art. 122-V) ***« En cas de récidive, ces peines peuvent être portées au double. »***

V. art. R. 311-1 s.

SECTION IV *[ABROGÉE]* HONORAIRES DES ARCHITECTES ET AUTRES TECHNICIENS

(Abrogée par L. no 2011-525 du 17 mai 2011, art. 180-I)

ENCYCL. COLL. LOC. vo *Les marchés d'ingénierie et d'architecture,* par F. MODERNE.

COMMENTAIRE

L'article 85, alinéa 1er, de la loi du 4 août 1947 ayant été abrogé, respectivement, par la loi du 12 juillet 1985 sur la maîtrise d'ouvrage publique en ce qui concerne l'État et les établissements publics nationaux, et par la loi du 2 mars 1982 pour ce qui est des communes, départements et régions, le principe est désormais celui de la libre détermination des tarifs.

Art. L. 311-14 *(Abrogé par L. no 2011-525 du 17 mai 2011, art 180-I)* ***Conformément à l'article 85, alinéa 1er, de la loi no 47-1465 du 4 août 1947, le tarif des honoraires et autres rémunérations alloués aux architectes, ingénieurs ou autres techniciens spécialisés, pour***

la direction des travaux exécutés au compte de l'État, des départements, des communes et des établissements publics nationaux, départementaux et communaux, ou sur subventions de l'État et de ces collectivités et établissements, est fixé par décret contresigné par le ministre des finances et les ministres intéressés. – V. art. R. 311-66.

CHAPITRE II GARANTIE DE L'ÉTAT – ACTION DES COLLECTIVITÉS TERRITORIALES ET DES CHAMBRES DE COMMERCE ET D'INDUSTRIE TERRITORIALES

(L. no 2004-809 du 13 août 2004, art. 61-VIII-1o).

(L. no 83-440 du 2 juin 1983, art. 3)

SECTION PREMIÈRE GARANTIE DE L'ÉTAT

BIBL. ▸ GALZY, *RFFP 1995, no 49, p. 33* (mécanismes budgétaires et les concours de l'État).

COMMENTAIRE

L'État peut intervenir en cautionnant certaines obligations contractées par des personnes publiques ou privées.

Cette sécurisation concerne principalement les prêts à l'accession sociale.

Créé par la loi de finances du 30 décembre 1992, la Société de gestion du fonds de garantie de l'accession sociale à la propriété est chargée de gérer pour le compte de l'État la garantie que celui-ci accorde aux prêts PAS et aux prêts à taux zéro. ❑

Art. L. 312-1 **La garantie de l'État peut être accordée aux prêts consentis par le Crédit foncier de France et le Comptoir des entrepreneurs pour la construction, l'acquisition ou l'amélioration d'immeubles à usage principal d'habitation, dans les conditions fixées par décrets.**

Cette garantie peut également être accordée pour couvrir la différence d'intérêt existant, le cas échéant, au moment de la consolidation, par le Crédit foncier de France, d'une ouverture de crédit ou d'un prêt à moyen terme, entre l'intérêt normal des prêts à long terme au moment de la consolidation et celui en vigueur lors du prêt initial. Toutefois, cette garantie ne joue que si le taux d'intérêt en vigueur lors du prêt de consolidation est supérieur à un maximum fixé par décision administrative. *– V. art. R. 311-2, R. 311-61 et R. 312-1 s.*

(L. no 2005-1719 du 30 déc. 2005, art. 34-1) **« A compter du 1er janvier 2006, la garantie de l'État peut également être accordée aux prêts consentis pour la construction, l'acquisition ou l'amélioration d'immeubles à usage principal d'habitation, destinés à l'accession sociale à la propriété et attribués aux personnes physiques dont les revenus sont inférieurs à des plafonds de ressources fixés par décret. La garantie de l'État peut être accordée aux avances remboursables ne portant pas intérêt mentionnées au dernier alinéa du I de l'article 1384 A du code général des impôts, dans les mêmes conditions. L'État est garant en dernier ressort de ces prêts. »**

(L. no 2006-1771 du 30 déc. 2006, art. 143) **« L'octroi de la garantie de l'État est subordonné à une participation financière des établissements qui s'engagent à prendre en charge au moins la moitié en montant des sinistres intervenant sur leurs prêts garantis dans la limite de taux et dans des conditions définis par décret. »**

(L. no 2005-1719 du 30 déc. 2005, art. 34-1) **« Ces prêts peuvent être distribués par tout établissement de crédit ayant signé à cet effet une convention avec l'État et avec une société de gestion agissant pour son compte. Les statuts de cette société sont**

approuvés par décret et le président de son conseil d'administration est nommé par arrêté. Des commissaires du Gouvernement assistent au conseil d'administration de cette société et ont le droit de veto sur toute décision de nature à affecter l'engagement financier de l'État lié à sa contribution à la société et à sa garantie. »

Sont autorisées au sens de l'art. 61 de la loi org. nº 2001-692 du 1er août 2001 relative aux lois de finances les garanties accordées par l'État aux prêts consentis par le Crédit foncier de France et le Comptoir des entrepreneurs, devenu Entenial, en application de l'art. L. 312-1 (L. nº 2003-1312 du 30 déc. 2003, art. 80-I-4º).

V. Décr. 17 mars 1993 (JO 18 mars) : approbation des statuts.

V. Décr. nº 81-150 du 16 févr. 1981 (JO 17 févr.) portant création d'un prêt finançant des travaux tendant à économiser l'énergie, mod. par Décr. nº 82-281 du 25 mars 1982 (JO 23 mars). – Arr. 16 févr. 1981 (JO 17 févr.) relatif aux caractéristiques des travaux ouvrant droit au prêt. – Arr. 25 mars 1982 (JO 28 mars), mod. par Arr. 3 juin 1983 (JONC 23 juin) relatif aux caractéristiques financières du prêt finançant les travaux visant à économiser l'énergie. – Décr. nº 95-476 du 27 avr. 1995 (JO 29 avr. ; D. et ALD 1995. 317) : conditions d'éligibilité au Fonds de garantie de l'accession sociale à la propriété des prêts bancaires conventionnés accordés dans les départements d'outre-mer. – Arr. 25 août 2003 relatif aux conditions d'octroi des prêts conventionnés accordés dans les départements d'outre-mer et garantis par l'État au titre du Fonds de garantie de l'accession sociale à la propriété (JO 28 août), mod. par Arr. 14 avr. 2005 (JO 28 avr.).

Les prêts bancaires conventionnés accordés, dans les départements d'outre-mer, aux personnes qui destinent un ou des logements à la location, ne peuvent bénéficier de la garantie de l'État mentionnée au troisième alinéa de l'art. L. 312-1 (Décr. nº 95-476 du 27 avr. 1995, préc.). – V. CCH, art. R. 312-1 s.

L'autorité compétente peut valablement se fonder sur le caractère spéculatif des transactions foncières préalables à la demande de prêt formulée par une société pour refuser d'accorder la garantie de l'État. • CE 26 janv. 1977, *SCI Le Vieux Pont*, req. nº 94851 : *Lebon T. 749*.

Loi nº 96-609 du 5 juillet 1996,

Portant dispositions diverses relatives à l'outre-mer.

Art. 55 Dans la collectivité territoriale de Mayotte, la garantie de l'État peut être accordée à hauteur de 50 p. 100 maximum aux prêts aidés par l'État et consentis par le Crédit foncier de France en faveur du logement locatif.

Ces dispositions s'appliquent aux demandes de garanties présentées avant le 30 juin 1999.

(L. nº 98-546 du 2 juill. 1998, art. 43) « Avant le 1er janvier 1999, le Gouvernement présente au Parlement un rapport dans lequel sont étudiées les conditions de garantie des prêts en faveur du logement locatif dans la collectivité territoriale de Mayotte. »

. . . .

Loi nº 2005-1719 du 30 décembre 2005,

De finances pour 2006.

Art. 34 (...)

II. — A compter du 1er janvier 2006, l'État prend à sa charge la totalité des engagements antérieurement souscrits par la société chargée de gérer le fonds de garantie de l'accession sociale à la propriété mentionnée à l'article L. 312-1 du code de la construction et de l'habitation dans sa version antérieure à la présente loi. Les disponibilités au 31 décembre 2005 du fonds de garantie sont reversées en totalité au budget de l'État.

III. — A titre transitoire, les prêts qui sont versés ou dont l'offre est émise entre le 1er janvier 2006 et le 31 décembre 2006 sont garantis par l'État dans les mêmes conditions que les prêts garantis au titre de l'année 2005.

Art. L. 312-2 **Le contrôle de chacune des sociétés d'habitations à loyer modéré ainsi que des sociétés immobilières d'économie mixte dont l'objet principal est la construction et la vente d'immeubles à usage d'habitation qui ont, antérieurement au 1er janvier 1965, bénéficié de la garantie de l'État en ce qui concerne leurs engagements financiers, est obligatoirement assuré par un commissaire du Gouvernement.** – *V. art. R. 312-8 s.*

SECTION II ACTION DES COLLECTIVITÉS TERRITORIALES *(L. no 2004-809 du 13 août 2004, art. 61-VIII-2o).*

(L. no 83-440 du 2 juin 1983, art. 3)

V. Circ. 20 déc. 1984 (Mon. TP 11 janv. 1985, Suppl. textes, p. 16) : généralisation des dispositifs d'aide aux familles en difficulté temporaire. – Circ. no 88-02 du 5 janv. 1988 (plan d'action en faveur du logement des plus démunis), Mon. TP 12 févr. 1988, Suppl. textes, p. 21. – Circ. no 88-13 du 25 févr. 1988 (mesures en faveur des accédants à la propriété ayant souscrit des prêts PAP à un taux élevé), Mon. TP 11 mars 1988, Suppl. textes, p. 21 ; Mon. TP 18 mars 1988, Suppl. textes, p. 8. – Circ. no 88-30 du 29 mars 1988 (actions en faveur du logement des défavorisés), Mon. TP 10 juin 1988, Suppl. textes, p. 28. – Circ. no 3559/SG du 21 févr. 1990 (Premier ministre) relative à la politique des villes et au développement social urbain en 1990 (Mon. TP 30 mars 1990, Suppl. textes, p. 10).

BIBL. ► FRIBOURG, *RFFP 1993, no 44, p. 51 s.* (les interventions financières des collectivités locales dans le domaine de l'habitat). – LIGNÈRES, Les cautionnements et garanties d'emprunt donnés par les collectivités locales, *Litec, 1994.* – MUZELLEC, *RFFP 1995, no 49, p. 47 s.* (les concours des collectivités locales). – TRIQUENAUX, *LPA 17 nov. 1995* (cadre juridique des garanties et cautionnement d'emprunts accordés par les collectivités territoriales). – ZITOUNI, *JCP Adm. 2005, no 1-2, p. 33* (les politiques locales de l'habitat, entre cohérence territoriale et cohésion sociale).

COMMENTAIRE

Si l'État a conservé, en France, la responsabilité de la politique de financement du logement, la mise en œuvre de cette politique passe nécessairement par toute une série d'interventions des collectivités locales.

La diversité des aides locales se traduit par la coexistence d'aides indirectes qui interviennent en amont de la politique du logement (comme les aides foncières) et d'aides directes à la construction ou à la réhabilitation de logements sociaux. Les aides financières locales prennent essentiellement la forme de subventions.

En raison des liens étroits qui les unissent à leur collectivité de rattachement, les offices d'HLM sont les bénéficiaires privilégiés de ces financements locaux.

Les communes, les départements et les régions peuvent également apporter leur garantie financière aux emprunts souscrits par les organismes de logements sociaux et bénéficier en contrepartie de droits d'attribution de logements. La loi du 31 mai 1990 relative à la mise en œuvre du droit au logement a écarté le régime restrictif applicable aux garanties locales pour toutes les opérations de logements bénéficiant d'une aide publique.

La loi no 2004-809 du 13 août 2004 relative aux libertés et responsabilités locales assouplit considérablement les conditions d'octroi des aides des collectivités territoriales au logement. Indépendamment des régimes d'aides créés par l'État, elle pourront créer des dispositifs qui concernent aussi bien les aides à la pierre que les aides à la personne. ❑

Art. L. 312-2-1 *(L. no 2004-809 du 13 août 2004, art. 61-VIII-3o)* **En complément ou indépendamment des aides de l'État, les collectivités territoriales et les établissements publics de coopération intercommunale peuvent apporter des aides destinées à la réalisation de logements locatifs sociaux, à la réhabilitation ou à la démolition de logements locatifs ainsi que de places d'hébergement, ainsi qu'aux opérations de rénovation urbaine incluant notamment la gestion urbaine et les interventions sur les**

copropriétés dégradées. Ils peuvent également apporter, sous condition de ressources, des aides aux propriétaires occupants pour l'amélioration de l'habitat et aux personnes accédant à la propriété ainsi que des compléments aux aides mentionnées au 5o de l'article L. 301-2. Ils peuvent, à cet effet, conclure des conventions avec l'Agence nationale de l'habitat, par lesquelles ils lui confient, en leur nom et pour leur compte, la gestion des aides destinées aux propriétaires bailleurs et occupants.

Sous réserve de l'entrée en vigueur des dispositions relevant de la loi de finances, les dispositions issues de la L. no 2004-809 du 13 août 2004 sont applicables à compter du 1er janv. 2005 (L. préc., art. 199).

Art. L. 312-3 *(L. no 83-440 du 2 juin 1983, art. 3)* **« Les départements, les communes et leurs groupements » peuvent soit garantir les emprunts contractés par des sociétés ou organismes ayant pour objet la construction d'immeubles à usage principal d'habitation n'excédant pas les normes de surface et de prix exigées pour l'octroi des prêts prévus par l'article L. 351-2 (1o et 3o), soit exceptionnellement leur allouer des avances.**

Un décret en Conseil d'État fixe les conditions d'application du présent article, et notamment les conditions d'octroi des garanties ou avances prévues à l'alinéa précédent, ainsi que les règles du contrôle exercé sur les sociétés ou organismes bénéficiaires. – *V. art. R. 312-1 s.*

V. Circ. no 85-31 du 7 mai 1985 (développement des programmes locaux d'habitat), Mon. TP 31 mai 1985, Suppl. textes, p. 17.

1. Est illégale la délibération accordant une garantie d'emprunt à une SA d'HLM alors qu'un des conseillers municipaux avait un intérêt dans l'opération au sens des dispositions de l'art. 175 du code pénal. • CE 7 avr. 1999, *Cne de La Crau,* req. no 149208 : *Lebon T 660.*

2. Aucune disposition n'autorise les communes à consentir une aide financière sous quelque forme que ce soit à des écoles primaires privées. L'octroi d'une garantie d'emprunt pour la construction de bâtiments scolaires a le caractère d'une aide financière et se trouve en conséquence entaché d'illégalité. • CE 4 févr. 1991, *Cne de Marignane c/ Assoc. de reconstruction de l'école Sainte-Marie : req. no 81232.*

Art. L. 312-4 **Les départements peuvent, sur délibération du conseil général, prise dans les conditions prévues à l'article 46 de la loi du 10 août 1871, acquérir des actions ou obligations ou recevoir des actions d'apport des sociétés d'économie mixte dont les statuts sont conformes à des statuts types et ayant pour objet la construction d'immeubles à usage principal d'habitation n'excédant pas les normes de surface et de prix exigées pour l'octroi des primes à la construction instituées par les dispositions réglementaires du présent code.**

La part du département ou des départements, de la commune ou des communes intéressées ne peut dépasser au total 65 p. 100 du capital social.

Art. L. 312-4-1 *(L. no 83-440 du 2 juin 1983, art. 3)* **Les dispositions du premier alinéa de l'article 49 et du paragraphe I de l'article 6 de la loi no 82-213 du 2 mars 1982 relative aux droits et libertés des communes, des départements et des régions modifiée, ne sont pas applicables aux garanties d'emprunt ou aux cautionnements accordés respectivement par un département ou une commune pour les opérations de construction, d'acquisition ou d'amélioration de logements réalisées avec le bénéfice des prêts aidés par l'État.**

Le montant des garanties accordées à une société d'HLM en vue de la réalisation de logements bénéficiant de prêts aidés par l'État doit être exclu du calcul du plafonnement prévu par la loi du 2 mars 1982. • CE 20 oct. 1995, *Cne de Montbrison : req. no 150230.*

Art. L. 312-5 **Les règles générales applicables à la participation des communes à des entreprises privées, prévues notamment par** *(L. no 83-440 du 2 juin 1983, art. 4)* **« les**

articles L. 381-1 à L. 381-6 du code des communes », sont applicables à la participation des départements aux mêmes entreprises.

Un décret en Conseil d'État fixe, en tant que de besoin, les modalités d'application de l'article L. 312-4 et de l'alinéa précédent.

Art. L. 312-5-1 *Abrogé par L. nº 91-662 du 13 juill. 1991, art. 14.*

Art. L. 312-5-2 *(L. nº 83-440 du 2 juin 1983, art. 3)* **La région peut :**

_a_) compléter l'aide de l'État par des subventions, des prêts, des bonifications d'intérêts ou des garanties d'emprunt ;

_b_) accorder des subventions à l'acquisition et à l'aménagement de terrains à bâtir pour faciliter la réalisation des opérations d'habitat à caractère essentiellement social proposées par les collectivités territoriales ;

_c_) engager, seule ou par voie contractuelle, notamment avec l'État, un programme d'aides destinées à favoriser la qualité de l'habitat, l'amélioration des quartiers et des logements existants, l'équipement de terrains à bâtir, l'innovation, les économies d'énergie et l'utilisation des énergies renouvelables.

Lorsque l'État décide d'accorder une subvention pour surcharge foncière, la Région n'est pas tenue d'accorder également une subvention à la même opération. En revanche lorsque la Région décide d'allouer une subvention à une opération de construction neuve aidée par l'État, elle doit, pour déterminer le montant de celle-ci, faire application des règles issues du code de la construction et de l'habitation et des arrêtés pris pour leur application qui s'imposent à l'État pour la liquidation des subventions dont le versement lui incombe, et notamment de celles permettant d'évaluer la différence entre la charge foncière réelle d'une opération et sa charge foncière de référence. • CAA Paris, 17 mai 2001, *SA HLM La campinoise d'habitation : req. nº 98PA01426.*

♦ Les créances relatives aux subventions d'une région sont distinctes des créances relatives aux subventions de l'État sans que puisse y faire obstacle la circonstance que les demandes tendant au versement de ces deux types de subventions seraient examinées par le même service instructeur et que ces subventions pourraient concerner la même opération de construction. Par suite, le recours contentieux introduit contre les décisions prises en ce qui concerne les subventions de l'État ne peut être de nature à interrompre le cours de la prescription quadriennale en ce qui concerne les créances relatives aux compléments de subventions réclamés à une région. • CE 7 avr. 2004, *SA HLM La campinoise d'habitation*, req. nº 236290 : *Lebon T. 760*.

SECTION III ACTION DES CHAMBRES DE COMMERCE ET D'INDUSTRIE TERRITORIALES *(L. nº 2010-853 du 23 juill. 2010, art. 8).*

Art. L. 312-6 **Les** *(L. nº 2010-853 du 23 juill. 2010, art. 8)* **« chambres de commerce et d'industrie territoriales » sont autorisées à réaliser dans leur circonscription des programmes de construction de logements et d'amélioration de l'habitat soit directement, soit par l'intermédiaire des organismes ou sociétés habilités à construire et à gérer les immeubles destinés à la location ou à l'accession à la propriété.**

Pour ces opérations, les *(L. nº 2010-853 du 23 juill. 2010, art. 8)* **« chambres de commerce et d'industrie territoriales » peuvent être autorisées à émettre des emprunts dans les conditions définies à l'article 22 de la loi du 9 avril 1898.**

(L. nº 83-440 du 2 juin 1983, art. 3 ; L. nº 2010-853 du 23 juill. 2010, art. 8) **« L'article L. 312-3 est applicable aux chambres de commerce et d'industrie territoriales ». »**

La convention passée entre deux chambres de commerce relative à l'emploi des fonds collectés au titre de la participation des employeurs à l'effort de construction relève de la compétence du juge administratif. • CAA Bordeaux, 28 juin 2007, *Chambre de commerce et d'industrie de Libourne : req. nº 05BX02184.*

CHAPITRE III PARTICIPATION DES EMPLOYEURS À L'EFFORT DE CONSTRUCTION

COMMENTAIRE

La participation des employeurs à l'effort de construction (PEEC) est née, dans les années 1940, de l'initiative volontaire de groupements d'entreprises désirant faciliter le logement de leurs salariés.

Contribuant au financement du logement social, la participation des employeurs a, dès l'origine, constitué une « aide à la pierre ».

Cette participation a été rendue obligatoire par la loi en 1953 pour les entreprises privées non agricoles de 20 salariés et plus, avec un taux initialement fixé à 1 % de la masse salariale, d'où son appellation habituelle de « 1 % logement ».

A la suite de réductions successives, **le taux est fixé, depuis 1992, à 0,45 % de la masse salariale.**

La réduction du taux ne s'est toutefois pas traduite par un allégement des charges des entreprises. Elle a, en effet, été compensée par un versement de 0,50 % de la masse salariale au Fonds national d'aide au logement (FNAL), qui gère l'une des trois aides à la personne inscrites au budget de l'État, l'allocation de logement à caractère social (ALS).

Le 1 % logement, versé par 180 000 entreprises environ, est géré essentiellement par 147 comités interprofessionnels du logement (CIL) et 38 chambres de commerce et d'industrie (CCI), regroupés au sein de l'Union d'économie sociale pour le logement (UESL), qui assurent 95 % de cette activité au niveau national ; le solde est collecté par des offices et des sociétés anonymes d'HLM, des SEM de construction, des sociétés anonymes de crédit immobilier, des Caisses d'allocations familiales et une société immobilière nationale.

Depuis sa création, le 1 % logement intervient dans deux domaines traditionnels :
– l'investissement pour la réservation de logements locatifs ;
– et le financement de prêts à salariés pour leur résidence principale.

La loi nº 87-1128 du 31 décembre 1987 a mis en place l'Agence nationale pour la participation des employeurs à l'effort de construction qui joue essentiellement un rôle de proposition, de gestion et de contrôle.

Enfin, la loi nº 96-1237 du 30 décembre 1996 a créé l'Union d'économie sociale du logement qui regroupe obligatoirement les CIL et les CCI.

La loi nº 2009-323 du 25 mars 2009 de mobilisation pour le logement et la lutte contre les exclusions modifie amplement les dispositions relatives au fonctionnement de ces institutions et à l'emploi des fonds issus de cette participation. ❑

SECTION PREMIÈRE PARTICIPATION DES EMPLOYEURS À L'EFFORT DE CONSTRUCTION

(L. nº 96-1237 du 30 déc. 1996)

BIBL. ▸ DURANCE, *AJPI 1983 ; ibid. 1984 ; RDI 1997. 177.* – DURANCE et WALET, La participation des employeurs à l'effort de construction, *Masson, 1988* – GUÉNA, *RFFP 1995, nº 49, p. 153 s.* – JEHL, *AJPI 1991. 257* – LAMY, Le guide du 1 % logement, *Éd. du Moniteur, 1996* – PEISSE, *Administrer, mars 1991, p. 14* (nature juridique du droit de réservation de logements 1 % patronal).

V. Circ. 28 mai 2009 relative à la L. nº 2009-323 du 25 mars 2009. - Développement de l'offre de logement (BOMEEDDM nº 2009/12, p. 66).

Art. L. 313-1 *(L. nº 2009-323 du 25 mars 2009, art. 8-I)* **Les employeurs occupant** *(L. nº 2012-387 du 22 mars 2012, art. 34)* **« au moins » vingt salariés, à l'exception**

de l'État, des collectivités territoriales et de leurs établissements publics administratifs, assujettis à la taxe sur les salaires prévue à l'article 231 du code général des impôts, autres que ceux qui appartiennent à des professions relevant du régime agricole au regard des lois sur la sécurité sociale pour lesquelles des règles spéciales ont été édictées en application du *a* du 3 du même article 231, doivent consacrer des sommes représentant 0,45 % au moins du montant, entendu au sens des règles prévues aux chapitres Ier et II du titre IV du livre II du code de la sécurité sociale, des rémunérations versées par eux au cours de l'exercice écoulé au financement d'actions dans le domaine du logement, en particulier du logement des salariés.

L'obligation mentionnée au premier alinéa prend la forme d'un versement à un organisme agréé par le ministre chargé du logement aux fins de collecter la participation des employeurs à l'effort de construction. Les conditions de cet agrément sont définies par décret en Conseil d'État.

Un employeur peut se libérer de cette obligation en investissant directement en faveur du logement de ses salariés, dans des conditions fixées par décret en Conseil d'État.

Les employeurs qui, au moyen de leurs ressources propres, ont investi au cours d'un exercice une somme supérieure à celle prévue au premier alinéa peuvent reporter l'excédent sur les exercices postérieurs.

Le présent article est applicable aux établissements publics industriels et commerciaux ainsi qu'aux organismes à caractère industriel et commercial de l'État, des collectivités territoriales et de leurs groupements.

L'article L. 1111-2 du code du travail s'applique au calcul de l'effectif mentionné au premier alinéa du présent article.

Code de commerce

Art. L. 225-43 A peine de nullité du contrat, il est interdit aux administrateurs autres que les personnes morales de contracter, sous quelque forme que ce soit, des emprunts auprès de la société, de se faire consentir par elle un découvert, en compte courant ou autrement, ainsi que de faire cautionner ou avaliser par elle leurs engagements envers les tiers.

Toutefois, si la société exploite un établissement bancaire ou financier, cette interdiction ne s'applique pas aux opérations courantes de ce commerce conclues à des conditions normales.

La même interdiction s'applique *(L. nº 2001-420 du 15 mai 2001, art. 111)* « au directeur général, aux directeurs généraux délégués » et aux représentants permanents des personnes morales administrateurs. Elle s'applique également aux conjoint, ascendants et descendants des personnes visées au présent article ainsi qu'à toute personne interposée.– *[L. nº 66-537 du 24 juill. 1966, art. 106].*

A. CHAMP D'APPLICATION

1º CHAMP D'APPLICATION TERRITORIAL

1. Établissement en France. Les employeurs sont soumis à l'obligation d'investir dès lors qu'ils sont considérés, pour l'application de la taxe sur les salaires, comme ayant un établissement en France. En l'absence de dispositions normatives spécifiques, un organisme international doit être assujetti à la participation à raison de ses activités en France. • CAA Paris, 6 déc. 1990, *Office franco-québécois pour la jeunesse : req. nº 89PA00908.* ◆ Il en va de même pour des rémunérations versées par une société française à des artistes ayant participé à des enregistrements de disques à l'étranger. • CE 4 févr. 1974, *Sté Les industries musicales et électriques Pathé-Marconi,* req. nº 82955 : *Lebon 83.* ◆ La circonstance que certains des personnels employés par une succursale sont détachés en France par le siège social établi à l'étranger ne fait pas obstacle à ce que leurs rémunérations soient incluses dans l'assiette de la participation. • CE 15 juill. 2004, *Min. de l'économie : req. nº 249799.* ◆ Tout employeur établi en France est soumis à la participation à raison des rémunérations qu'il paie même à des salariés détachés auprès de filiales implantées à l'étranger. • CAA Bordeaux, 27 févr. 2001, *Sté Elf exploration production :* *req. nº 97BX01627.* ♦ Le fait d'assujettir un employeur établi en France, quelle que soit sa nationalité, ne peut être regardé comme constituant une discrimination au regard des art. 52 et 53 du Traité instituant la Communauté européenne. • CE 15 juill. 2004, *Min. de l'économie :* *req. nº 249799.*

2º PERSONNEL

a. Employeurs assujettis

2. *Qualité d'employeur.* Une entreprise de travail temporaire a, à l'égard du personnel intérimaire employé, la qualité d'employeur. • CE 6 nov. 1968, *Larralde : req. nº 70121.* ♦ A la qualité d'employeur l'artisan exploitant de taxis qui assurait le recrutement des conducteurs de taxi dont il utilisait les services, les affectait à l'une ou l'autre des autorisations de stationnement dont il disposait, contrôlait leur activité, les déclarait en tant que salariés aux organismes de sécurité sociale et prenait en charge les cotisations afférentes à leur rémunération. • CAA Paris, 28 mars 1989, *Benarous,* req. nº 89PA00278 : *Lebon T. 656.*

3. *Condition d'effectif.* Pour apprécier l'effectif d'une entreprise, il est tenu compte de l'ensemble des activités industrielles et commerciales exercées. Un entrepreneur de dragages et de travaux publics ne peut pas prétendre exploiter deux entreprises distinctes de moins de dix salariés chacune alors que, même s'il tenait une comptabilité distincte pour chacune des branches d'activité, il n'a immatriculé qu'une seule entreprise au registre du commerce et qu'il se présentait dans ses déclarations fiscales comme dirigeant une seule entreprise. • CE 18 nov. 1987, *Brolin :* *req. nº 72126.* ♦ Deux exploitations individuelles distinctes doivent être regardées comme constituant une entreprise unique pour l'application des dispositions de l'art. L. 313-1 dès lors que les ateliers sont communs ainsi que les stocks, la clientèle et les fournisseurs, et que les deux exploitations individuelles sont dirigées par une même personne. • CAA Paris, 11 déc. 1990, *Assie :* *req. nº 89PA00417.* ♦ En l'absence de cumul avec un emploi subordonné, les mandataires sociaux ne sont pas décomptés dans l'effectif salarié. • CE 27 juill. 2005, *Sté Auvray Transports,* req. nº 259911 : *Lebon T. 960.*

b. Employeurs exonérés

4. *Personnes morales de droit public exerçant une mission de service public administratif.* Ne peut être considéré comme employeur un abattoir municipal, régie sans personnalité juridique propre, dont le personnel est composé exclusivement d'employés municipaux statutaires rémunérés par la commune, et placés dans une situation de subordination vis-à-vis de la commune. • CAA Nantes, 22 déc. 1993, *Min. du budget c/ Abattoirs municipaux de Nantes,* req. nº 92NT00536 : *Lebon T. 747 ; DF 1994, nº 1570, concl. Isaia.*

5. *Professions relevant du régime agricole. Notion d'activité agricole.* La société doit se livrer à une exploitation agricole ou à une activité constituant le prolongement de celle-ci. Tel n'est pas le cas d'une société qui assure, en vue de la vente, par un conditionnement et une mise en conserve, la mise en état de commercialisation de récoltes de champignons qu'elle acquiert auprès de producteurs. L'activité de cette société ne s'insère pas dans le cycle biologique aboutissant à la production de champignons et ne comporte aucun acte de production agricole. • CAA Nantes, 30 déc. 1998, *Sté Champignons Blanchaud :* *req. nº 95NT00711.* ♦ Une société ayant pour activité la fabrication, à partir de fumier, de paille et d'engrais, de compost destiné à être vendu à une autre société qui l'utilise pour la culture de champignons, n'exerce pas une profession relevant du régime agricole. • CE 25 févr. 1987, *Min. chargé du budget c/ SA Guy Gourdon,* req. nº 46526 : *Lebon T. 710.* ♦ L'activité d'exploitant forestier négociant en bois achetant des coupes en vue de la revente du bois ne peut être regardée comme ayant une nature agricole. • CE 25 sept. 1996, *Mollar,* req. nº 127405 : *Lebon T. 856.* ♦ Les travaux d'élagage d'arbres et d'entretien de parcs, jardins et voies publiques effectués en zone urbaine ne donnent pas la qualité d'employeur agricole. • CE 3 juill. 1998, *Min. du budget c/ Echeverria :* *req. nº 163363.* ♦ Une société qui a pour activité principale la fabrication de panneaux et poteaux lamellés-collés destinés au marché du bricolage ne relève pas du régime agricole. • CAA Bordeaux, 17 oct. 2002, *Min. de l'économie c/ SA Debever :* *req. nº 98BX01704.* ♦ Un groupement d'intérêt public dont l'activité consiste à effectuer des prestations de gestion de titres au profit des caisses du Crédit Agricole ne peut être considéré comme un groupement coopératif, mutualiste ou professionnel agricole. • CE 7 avr. 2004, *GIE service central des titres de Brunoy,* req. nº 250713 : *Lebon T. 679.*

6. *Activité mixte.* Eu égard au caractère prépondérant de l'activité commerciale d'une entreprise, celle-ci ne peut être regardée comme appartenant à une profession relevant du régime agricole au regard des lois sur la sécurité sociale alors même que ses salariés seraient affiliés à ce régime. Le montant des salaires à retenir pour la détermination de l'assiette de la participation des employeurs à l'effort de construction ne peut s'entendre que des rémunérations versées aux seuls salariés qui assistent leur employeur dans les activités de nature industrielle et commerciale à l'exclusion des salaires versés à ceux des employés affectés exclusivement à l'activité agricole. • CAA Nantes, 21 déc. 1999, *Chevallier* : *req. nº 96NT00975.* ♦ Un producteur et négociant en graines de semences a la qualité d'employeur agricole même si, pour des petites quantités, il vend des graines directement achetées sur le marché. • CE 6 juin 1984, *Min. du budget c/ SA Boret,* req. nº 16511 : *Lebon T. 604*.

B. ASSIETTE

7. Le montant de l'investissement n'étant pas prélevé sur les salaires, mais seulement calculé à partir de leur masse, et les prêts ainsi financés ne constituant pas une prestation sociale, les moyens tirés de la méconnaissance des principes généraux de la sécurité sociale et du droit du travail sont inopérants. • CE 21 janv. 1983, *Confédération générale des cadres* : *Lebon T. 777*. ♦ L'assiette est constituée par l'ensemble des rémunérations dues par l'employeur à ses salariés en contrepartie ou à l'occasion du travail, y compris les indemnités de congés payés. • CAA Lyon, 28 juin 2012, *Ministre du Budget* : *req. nº 11LY02332.*

C. AFFECTATION DES SOMMES

8. L'imposition d'un plafond de ressources aux personnes devant occuper les logements financés par des prêts issus de cette participation ne porte atteinte, eu égard à la finalité de cette participation, ni au principe de la liberté du commerce et de l'industrie, ni au principe de l'égalité entre les citoyens. • CE 21 janv. 1983, *Confédération générale des cadres* : *préc. note 7.*

V. ss. art. R. 313-8.

D. ALLÉGEMENTS TRANSITOIRES

9. Le législateur a entendu, par l'institution d'un dispositif d'exonération et d'abattements, atténuer l'effet de seuil d'imposition que risquaient de subir les entreprises existantes à raison de l'augmentation, d'une année sur l'autre, de leur effectif salarié ; ce dispositif n'a pas vocation à s'appliquer aux entreprises nouvelles qui emploient dès l'année de leur création au moins dix salariés dans la mesure où elles ne subissent pas d'effet de seuil. • CAA Douai, 7 mars 2006, *SA Prowell* : *req. nº 05DA00034.*

10. Reprise d'activité. Le dispositif d'allégement n'est pas ouvert aux nouveaux employeurs. Le changement de statut d'une société constitue une création et ne permet pas de bénéficier des allégements transitoires prévus en cas de franchissement du seuil de dix salariés. • CAA Nantes, 26 mai 1998, *Min. de l'économie et des finances c/ S. A. Leboucher D.G.,* req. nº 95NT01488 : *Lebon T. 882* ; *RJF 1999, nº 2, nº 169* ; *DF 1999, nº 11, concl. M. Aubert.* ♦ Une société qui reprend le fonds de commerce et les neuf salariés d'une entreprise individuelle ne peut prétendre au bénéfice du dispositif d'allégement. • CAA Nantes, 28 mars 2000, *SA Fertoise 3M* : *req. nº 96NT02063.* ♦ Une société qui reprend une activité en location-gérance a la qualité de nouvel employeur dès lors que le bailleur et le gérant libre constituent deux entités juridiques distinctes. • CAA Nancy, 9 mars 2000, *SA JIPE* : *req. nº 95NC01195* • CAA Lyon, 19 mai 2005, *Min. de l'économie* : *req. nº 99LY00445.* ♦ Une société a le caractère de nouvel employeur et ne peut prétendre au bénéfice de la dispense transitoire au seul motif qu'elle serait le continuateur d'une entreprise individuelle qu'elle a reprise en location-gérance et qui occupait moins de dix salariés. • CAA Nantes, 10 avr. 2002, *SA Transports Debroise* : *req. nº 98NT02234.*

Art. L. 313-2 *(L. nº 2009-323 du 25 mars 2009, art. 8-I)* **Les employeurs qui, en raison de l'accroissement de leur effectif, atteignent ou dépassent l'effectif de vingt salariés sont dispensés pendant trois ans du versement prévu à l'article L. 313-1. Le montant de ce versement est réduit respectivement de 75 %, 50 % et 25 % les première, deuxième et troisième années suivant la dernière année de dispense. Les employeurs ayant dépassé l'effectif de vingt salariés avant le 1er septembre 2005 et qui, en 2005, bénéficiaient d'une dispense ou d'une réduction du montant de leur participation continuent à bénéficier de cette dispense ou de cette réduction dans les conditions antérieures.**

L'alinéa précédent n'est pas applicable lorsque l'accroissement de l'effectif résulte de la reprise ou de l'absorption d'une entreprise ayant employé vingt salariés ou plus au cours de l'une des trois années précédentes.

Dans ce cas, le versement visé au premier alinéa est dû dans les conditions de droit commun dès l'année au cours de laquelle l'effectif de vingt salariés est atteint ou dépassé.

Art. L. 313-3 *(L. nº 2009-323 du 25 mars 2009, art. 8-I)* Les ressources de la participation des employeurs à l'effort de construction sont composées des versements des employeurs, des retours des prêts antérieurement consentis à l'aide de ressources issues de la participation des employeurs à l'effort de construction, des emprunts de l'Union d'économie sociale du logement ainsi que, dans des conditions définies par décret en Conseil d'État *[V. art. R. 313-12 s.]*, de l'affectation de tout ou partie du résultat des collecteurs agréés. Sont déduits de ces ressources les remboursements aux employeurs par les organismes collecteurs des versements au titre de la participation antérieurement réalisés sous forme de prêts.

Ces ressources sont consacrées aux catégories d'emplois suivantes :

a) A des aides à des personnes physiques pour leurs projets d'accession à la propriété, de réhabilitation de leur logement, d'accès au logement locatif, de changement de logement ou de maintien dans celui-ci ;

b) Au soutien à la construction, à la réhabilitation et à l'acquisition de logements locatifs sociaux ainsi qu'à la production de logements locatifs intermédiaires ;

c) A des interventions à caractère très social dans le domaine du logement, notamment sous la forme d'opérations relatives au logement ou à l'hébergement des personnes défavorisées et de dépenses d'accompagnement social ;

d) A la mise en œuvre du programme national de rénovation urbaine ;

e) A la mise en œuvre du programme national de requalification des quartiers anciens dégradés ainsi qu'au soutien à l'amélioration du parc privé ;

f) A la participation à des actions de formation, d'information ou de réflexion menées par des associations agréées par l'État ;

g) Au versement de compensations à des organismes d'assurance qui proposent des contrats d'assurance contre les impayés de loyer qui respectent un cahier des charges fixé par décret en Conseil d'État. *— V. Décr. nº 2009-1621 du 23 déc. 2009 et son annexe. — Ce texte, qui abroge le Décr. nº 2007-92 du 24 janv. 2007 (art. 1er), précise (art. 2) que, après l'entrée en vigueur du Décr. nº 2009-1621, aucun contrat ni aucune adhésion individuelle ne pourra être souscrit ou reconduit sur le fondement de dispositions ou stipulations existant antérieurement à cette entrée en vigueur. Toutefois, les dispositions du Décr. 24 janv. 2007, ainsi que les stipulations des conventions conclues entre GRL Gestion et des assureurs, continuent de s'appliquer aux contrats souscrits avant l'entrée en vigueur du présent décret, pour les contrats individuels jusqu'à l'échéance de ceux-ci et pour les contrats « groupes » jusqu'à l'échéance de la totalité des adhésions individuelles à ces contrats.*

Ces interventions peuvent prendre la forme de prêts, d'avances sur travaux, de prises de participation, d'octrois de garantie ou de subventions à des personnes physiques ou morales, à des opérateurs de l'État ou à des associations agréées par l'État.

Les ressources consacrées aux catégories d'emplois visées aux *b*, *c*, *d* et *e* donnent lieu à des contreparties qui peuvent prendre la forme de droits de réservation portant sur des logements locatifs, dans les conditions prévues par l'article L. 313-26.

A compter du 30 juin 2011, le Gouvernement engage tous les trois ans une concertation avec les représentants des organisations syndicales et patronales membres de l'Union d'économie sociale du logement, relative aux emplois de la participation des employeurs à l'effort de construction.

Pour chaque catégorie d'emplois, la nature des emplois correspondants et leurs règles d'utilisation sont fixées par décret en Conseil d'État *[V. art. R. 313-19 s.]*, pris après concertation avec les représentants des organisations syndicales et patronales membres de l'Union d'économie sociale du logement. La répartition des ressources de la participation des employeurs à l'effort de construction entre chacune des catégories d'emplois mentionnées au présent article est fixée par un document de programmation établi pour une durée de trois ans par les ministres chargés du logement et du budget

après concertation avec les représentants des organisations syndicales et patronales membres de l'Union d'économie sociale du logement. Ce document de programmation ainsi que les prévisions de crédits correspondantes sont transmis au Parlement lors du dépôt des projets de loi de programmation pluriannuelle des finances publiques. Les enveloppes minimales et maximales consacrées annuellement à chaque emploi ou catégorie d'emplois sont fixées pour une durée de trois ans par décret pris après concertation avec les représentants des organisations syndicales et patronales membres de l'Union d'économie sociale du logement *[V. Décr. nº 2009-747 du 22 juin 2009, JO 23 juin, mod. par Décr. nº 2010-1459 du 30 nov. 2010, JO 2 déc. pour les années 2009 à 2011 ; Décr. nº 2012-353 du 12 mars 2012 (JO 14 mars) pour les années 2012 à 2014]*. **Le Parlement est saisi des répartitions annuelles lors du dépôt des projets de loi de finances.**

COMMENTAIRE

La définition des emplois de la participation des employeurs à l'effort de construction a pendant longtemps résulté de conventions passées entre l'État et l'UESL. A l'issue de la loi du 25 mars 2009, l'article L. 313-3 énumère les catégories d'emplois possibles de la participation qui recouvrent des actions traditionnelles (aides à l'accession à la propriété et au financement du logement social, programme national de rénovation urbaine) et de nouveaux secteurs d'intervention (programme national de requalification des quartiers anciens dégradés, amélioration du parc privé, financement des assurances contre les impayés de loyer).

Ces interventions donnent lieu à des contreparties qui peuvent prendre la forme de droits de réservation sur les logements locatifs (cf. art. L. 313-26).

Pour chaque catégorie d'emplois, la nature des emplois correspondants et leurs règles d'utilisation sont fixées par décret en Conseil d'État. La répartition des ressources de la PEEC entre chaque catégorie d'emplois est fixée par un document de programmation triennal, établi par les ministres chargés du logement et du budget, après concertation avec l'UESL. Les enveloppes minimales et maximales consacrées annuellement à chaque catégorie d'emploi sont fixées par décret et le Parlement est saisi des répartitions nouvelles lors du dépôt des projets de lois de finances. ❑

Les organismes chargés de collecter les fonds de la PEEC ne détiennent ces fonds que du fait de la loi et sous les conditions qu'elle fixe ; dès lors les dispositions en cause, qui déterminent l'emploi des fonds en tenant notamment compte de l'intérêt général qui s'attache à la cohérence et à l'efficacité des politiques nationales de rénovation urbaine et d'amélioration de l'habitat, ne sauraient être regardées comme contraires aux normes constitutionnelles garantissant le droit de propriété. De même, dans la mesure où les ressources collectées donnent lieu à des contreparties pouvant prendre la forme de droits de réservation portant sur des logements locatifs susceptibles de bénéficier à des salariés, ces dispositions ne peuvent être regardées comme créant une rupture caractérisée de l'égalité devant les charges publiques. • CE 9 juill. 2012, *UESL : req. nº 359157.*

Art. L. 313-4 **Les employeurs qui, dans le délai d'un an à compter de la fin de l'année civile écoulée, n'ont pas procédé, dans les conditions fixées par décret en Conseil d'État, aux investissements prévus à l'article L. 313-1 sont assujettis à une cotisation de 2 p. 100 calculée sur les bases fixées à l'article L. 313-1.**

(L. nº 2001-1275 du 28 déc. 2001, art. 74) **« Cette cotisation est recouvrée selon les modalités et sous les sûretés, garanties et sanctions applicables aux taxes sur le chiffre d'affaires. »** – *V. art. R. 313-3 s.*

Les dispositions de l'art. 74 de la L. nº 2001-1275 du 28 déc. 2001 s'appliquent à la cotisation due au titre de la participation des employeurs à l'effort de construction à raison des rémunérations versées à compter du 1er janv. 2000 (L. préc., art. 74).

V. CGI, art. 235 bis. – Instr. du 7 janv. 1976 relative à la participation des employeurs à l'effort de construction (BODGI 5.L. 1.76). – Instr. du 27 juill. 1978 (BODGI 5.L. 8.78).

Cette cotisation ne peut être présentée comme présentant le caractère d'une sanction fiscale et n'a pas à faire l'objet d'une quelconque motivation. • CAA Douai, 26 juill. 2001, *Min. de l'Économie c/ SA Facon : ♘ req. nº 98DA01709.* ♦ Eu égard à ses caractéristiques, cette cotisation ne constitue pas une sanction ayant le caractère d'une punition au sens de l'art. 8 de la Déclaration de 1789 et ne méconnaît ni l'égalité devant les charges publiques ni aucun autre droit ou liberté que la Constitution garantit. • Cons. const., 13 janv. 2011, *SNC Eiffage Construction Val de Seine : nº 2010-84 QPC.* ♦ De même, le litige relatif à son application ne procede pas d'une accusation en matière pénale au sens des stipulations de l'art. 6 de la Convention européenne des droits de l'homme. • CAA Nantes, 12 mai 2011, *GIE Atlantica : ♘ req. nº 09NT02777.*

Art. L. 313-5 **Les investissements à effectuer par les employeurs dans la construction de logements en application de l'article L. 313-1, ainsi que la cotisation prévue à l'article L. 313-4, sont calculés sur le montant des** *(L. nº 98-546 du 2 juill. 1998, art. 1er-IV)* **« rémunérations versées » au cours de l'année civile écoulée. Le délai d'un an, prévu par ces mêmes articles pour la réalisation des investissements, expire au 31 décembre de l'année suivant celle du** *(L. nº 98-546 du 2 juill. 1998, art. 1er-IV)* **« versement des rémunérations ».**

Sur les bases de calcul des investissements, V. Instr. du 3 juill. 1972 (BODGI 5.L. 9.72 ; DF 1972, nº 31, ID 3962) ; CGI, art. 235 bis. — **CGI.**

Les modifications introduites par la L. nº 98-546 du 2 juill. 1998 sont applicables aux rémunérations versées à compter du 1er janv. 1998 (L. préc., art. 1er-V).

Art. L. 313-6 **Les agents des administrations compétentes peuvent exiger des employeurs et, le cas échéant, des organismes bénéficiaires des investissements, justification qu'il a été satisfait aux obligations imposées par le présent chapitre.**

Ces agents sont astreints au secret professionnel dans les conditions et sous les réserves fixées au code général des impôts.

SECTION II AGENCE NATIONALE POUR LA PARTICIPATION DES EMPLOYEURS À L'EFFORT DE CONSTRUCTION *(L. nº 96-1237 du 30 déc. 1996).*

COMMENTAIRE

Créée par la loi nº 87-1128 du 31 décembre 1987, **l'Agence nationale pour la participation des employeurs à l'effort de construction était à l'origine chargée d'une mission générale d'élaboration des règles régissant les conditions d'activité des organismes collecteurs, en dehors des organismes d'HLM et des SEM intervenant dans le logement social, et de contrôler leur gestion.** La loi du 25 mars 2009 de mobilisation pour le logement et la lutte contre l'exclusion recentre son activité sur ses missions de contrôle.

Elle dispose, tout d'abord, du pouvoir d'assister l'administration en matière de définition des règles applicables aux organismes collecteurs.

Elle est ensuite chargée de **contrôler** le respect par les organismes collecteurs, l'UESL, et leurs filiales de l'utilisation du produit de la participation définie à l'article L. 313-1. Elle exerce ce contrôle sous l'autorité des ministres intéressés et son activité de contrôle fait l'objet d'un rapport annuel remis aux ministres qui peuvent le rendre public.

Enfin, elle intervient dans la **procédure d'agrément** des organismes collecteurs et dans l'exercice du pouvoir disciplinaire. □

Art. L. 313-7 *(L. nº 2009-323 du 25 mars 2009, art. 8-I)* **I. — L'Agence nationale pour la participation des employeurs à l'effort de construction est un établissement public industriel et commercial.**

Elle est chargée d'une mission d'évaluation et de contrôle relative à la participation des employeurs à l'effort de construction.

II. – L'agence a un rôle :

a) De suivi statistique, comptable et financier de la participation des employeurs à l'effort de construction ;

b) De contrôle du respect des conditions d'agrément des organismes collecteurs et de suivi de leur performance en termes de gestion ;

c) De contrôle du respect de la réglementation et des obligations de toute nature incombant :

– aux organismes collecteurs agréés ;

– à l'Union d'économie sociale du logement ;

– aux organismes soumis au contrôle, au sens du III de l'article L. 430-1 du code de commerce, des organismes collecteurs agréés ou de l'Union d'économie sociale du logement ;

– aux organismes qui bénéficient, directement ou indirectement, de concours financiers des organismes collecteurs agréés ou de l'Union d'économie sociale du logement ;

d) De contrôle de l'emploi de la participation des employeurs à l'effort de construction ;

e) D'évaluation de la contribution de la participation des employeurs à l'effort de construction aux catégories d'emplois visées à l'article L. 313-3 ;

f) D'assistance à l'administration pour l'élaboration des règles applicables aux organismes collecteurs agréés.

III. – Au titre de ses activités, l'agence :

a) Détermine la liste, le modèle et les délais de transmission des documents et informations qui doivent lui être remis ;

b) Peut demander tous les renseignements, éclaircissements ou justifications nécessaires à l'exercice de sa mission ;

c) Peut demander la communication de tout document, notamment comptable ;

d) Propose au ministre chargé du logement la désignation de ceux de ses agents habilités à exercer les contrôles nécessaires à l'accomplissement des missions définies au présent article. Ces agents sont astreints au secret professionnel dans les conditions prévues aux articles 226-13 et 226-14 du code pénal. Ce secret ne peut leur être opposé, sauf par les auxiliaires de justice.

Les organismes d'habitations à loyer modéré mentionnés à l'article L. 411-2 et les sociétés d'économie mixte sont exclus du champ de contrôle de l'agence.

Loi no 2009-323 du 25 mars 2009,

De mobilisation pour le logement et la lutte contre l'exclusion.

Art. 8 II. – L'ensemble des actifs, passifs, droits et obligations de l'Agence nationale pour la participation des employeurs à l'effort de construction au titre de son activité de programmation de la fraction de la participation consacrée par priorité au logement des travailleurs immigrés et de leur famille est transféré au fonds d'interventions sociales mentionné à l'article L. 313-20 du code de la construction et de l'habitation.

Toutefois, une partie des ressources provenant de la fraction de la participation des employeurs à l'effort de construction consacrée par priorité au logement des travailleurs immigrés et de leur famille, à hauteur d'un montant fixé par arrêté du ministre chargé du logement *[V. Arr. 14 août 2009, JO 9 sept.]*, reste gérée par l'Agence nationale pour la participation des employeurs à l'effort de construction, jusqu'au 1er janvier 2011, pour le financement exclusif du soutien à la consolidation financière des organismes agréés visés à l'article L. 365-1 du code de la construction et de l'habitation dans sa rédaction antérieure à l'entrée en vigueur de la présente loi et des actions d'accompagnement et de professionnalisation des fédérations professionnelles regroupant ces organismes.

Décret nº 2010-1617 du 23 décembre 2010,

Fixant les règles d'organisation et de fonctionnement de l'Agence nationale pour la participation des employeurs à l'effort de construction.

Art. 3 Jusqu'au 1er janvier 2011, le conseil d'administration de l'Agence nationale pour la participation des employeurs à l'effort de construction approuve les décisions d'utilisation des fonds prévus au deuxième alinéa du II de l'article 8 de la loi nº 2009-323 du 25 mars 2009 de mobilisation pour le logement et de lutte contre l'exclusion.

L'Agence nationale est un établissement public industriel et commercial investi cependant d'une mission de service public administratif. • CE 9 juill. 1997, *Agence nationale pour la participation des employeurs à l'effort de construction : req. nº 163099.* ♦ En l'absence de dispositions législatives et réglementaires permettant à l'agence de conférer force exécutoire aux décisions qu'elle prend pour remplir normalement la mission de contrôle qui lui incombe, il lui appartient de demander au juge administratif des référés de prendre une décision revêtue de la force exécutoire ordonnant à un organisme privé non agréé de lui communiquer les documents statutaires et comptables nécessaires à l'exercice de son contrôle et que cet organisme refusait de produire. • Même arrêt.

Art. L. 313-7-1 *La numérotation de cet article a changé. Il est à présent codifié à l'art. L. 313-16 (L. nº 96-1237 du 30 déc. 1996, art. 6-II). A cette occasion, son contenu a été modifié.*

Art. L. 313-8 *(L. nº 87-1128 du 31 déc. 1987, art. 3)* Les dispositions des articles L. 612-1, L. 612-2 et L. 612-3 du code de commerce sont applicables aux *(L. nº 2009-323 du 25 mars 2009, art. 8-I)* « organismes collecteurs agréés mentionnés au deuxième alinéa de l'article L. 313-18, y compris lorsqu'ils » n'atteignent pas les seuils fixés par décret en Conseil d'État mentionnés auxdits articles L. 612-1 et L. 612-2.

Art. L. 313-9 *Abrogé par L. nº 2009-323 du 25 mars 2009, art. 8-I.*

Art. L. 313-10 *(L. nº 87-1128 du 31 déc. 1987, art. 3 ; L. nº 2009-323 du 25 mars 2009, art. 8-I)* L'agence gère un fonds de garantie dont les règles d'intervention sont définies par arrêté conjoint des ministres intéressés, afin de faciliter la bonne fin des opérations engagées par les organismes collecteurs agréés autres que les organismes d'habitations à loyer modéré et les sociétés d'économie mixte.

Le fonds de garantie est alimenté par un prélèvement annuel opéré sur les fonds collectés par ces organismes et dont le montant est déterminé par le conseil d'administration de l'agence dans la limite d'un plafond fixé par arrêté conjoint des ministres chargés du logement, de l'économie et du budget, ainsi que par les produits financiers résultant du placement de ces sommes.

Art. L. 313-11 *(L. nº 2009-323 du 25 mars 2009, art. 8-I)* L'agence est administrée par un conseil d'administration composé de cinq représentants de l'État et de trois personnalités désignées par le ministre chargé du logement en raison de leurs compétences en matière de logement.

Les modalités d'organisation et de fonctionnement de l'agence sont déterminées par décret en Conseil d'État. — *V. art. R. 313-35-1 s.*

Art. L. 313-12 *(L. nº 2009-323 du 25 mars 2009, art. 8-I)* L'agence est financée, pour son fonctionnement, par un prélèvement opéré chaque année sur les ressources de la participation des employeurs à l'effort de construction visées à l'article L. 313-3.

Le montant de ce prélèvement est déterminé par arrêté conjoint des ministres chargés du logement, de l'économie et du budget. – *V. Arr. du 29 déc. 2009 (JO 31 déc.), mod. par Arr. du 28 déc. 2010 (JO 31 déc.) et par Arr. du 27 déc. 2011 (JO 30 déc.).*

Art. L. 313-13 *(L. nº 2009-323 du 25 mars 2009, art. 8-I)* I. – En cas d'irrégularité grave dans l'emploi des fonds, de faute grave dans la gestion, de carence dans la réalisation de l'objet social ou de non-respect des conditions d'agrément, l'agence met l'organisme contrôlé en demeure de prendre, dans un délai déterminé, toute mesure de redressement utile.

Les manquements mentionnés au premier alinéa incluent les cas où un organisme collecteur associé de l'Union d'économie sociale du logement ne souscrit pas sa quote-part au capital de l'union, ne s'acquitte pas des contributions prévues aux articles L. 313-20 et L. 313-25, réalise des opérations en méconnaissance du 8º de l'article L. 313-19 ou manque, de manière grave et répétée, aux recommandations de l'union.

II. – En cas de carence d'un organisme contrôlé à l'expiration du délai fixé par la mise en demeure, l'agence peut proposer au ministre chargé du logement :

a) De prononcer une sanction pécuniaire dont le montant est fixé compte tenu de la gravité des faits reprochés ainsi que de la situation financière et de la taille de l'organisme intéressé. Cette sanction, qui ne peut excéder deux millions d'euros, est recouvrée comme en matière d'impôts directs. Son produit est versé à l'agence ;

b) D'interdire, pour une durée d'au plus dix ans, à un ou plusieurs membres ou anciens membres des organes dirigeants de participer aux organes de l'organisme, des organismes ayant un objet semblable ainsi qu'aux organes délibérants et de direction d'organismes d'habitations à loyer modéré visés à l'article L. 411-2 et des sociétés d'économie mixte exerçant à titre principal une activité de construction, d'acquisition ou de gestion de logements sociaux ;

c) De prononcer les sanctions suivantes, en fonction de la nature de l'organisme :

– s'il s'agit d'un organisme collecteur agréé, le retrait de l'agrément ;

– s'il s'agit d'un organisme collecteur agréé mentionné au deuxième alinéa de l'article L. 313-18, la suspension du conseil d'administration. S'il prononce cette suspension, le ministre chargé du logement peut charger l'agence de prendre les mesures conservatoires qui s'imposent ;

– s'il s'agit d'un organisme collecteur agréé autre que ceux mentionnés au deuxième alinéa de l'article L. 313-18, de proposer au ministre de tutelle de cet organisme de suspendre les organes de direction ou d'en déclarer les membres démissionnaires d'office ;

– s'il s'agit d'un organisme bénéficiant de concours financiers à partir de ressources issues de la participation des employeurs à l'effort de construction, l'interdiction de bénéficier de tels concours pour une durée d'au plus dix ans.

La sanction est prononcée après avoir mis l'organisme contrôlé en mesure de présenter ses observations. Dans les cas de manquements mentionnés au second alinéa du I, la sanction est prononcée après avis de l'union.

III. – En cas d'urgence, le ministre chargé du logement peut, après avis de l'agence rendu dans un délai qui ne peut excéder huit jours, prononcer ou proposer les sanctions mentionnées aux deuxième à quatrième alinéas du *c* du II.

(L. nº 2011-525 du 17 mai 2011, art. 180-I) « IV. – La décision de sanction prononcée par le ministre chargé du logement en application du présent article est susceptible d'un recours de pleine juridiction auprès du Conseil d'État. »

Lorsque le ministre prend une décision de suspension, qui comporte nécessairement un caractère provisoire, il n'est pas tenu, à la différence des décisions retirant l'agrément, de recueillir les observations préalables de l'association concernée. • CAA Paris, 11 juill. 1997, *Sbeghen : req. nº 95PA00498.*

Code de justice administrative

(Ord. nº 2000-387 du 4 mai 2000)

Art. L. 311-4 Le Conseil d'État connaît, en premier et dernier ressort, des recours de pleine juridiction qui lui sont attribués en vertu :

....

2º De l'article L. 313-13 du code de la construction et de l'habitation contre les décisions de sanction prises par le ministre chargé du logement ;

....

Art. L. 313-14 *(L. nº 2009-323 du 25 mars 2009, art. 8-I)* En cas de retrait d'agrément d'un organisme collecteur agréé mentionné au deuxième alinéa de l'article L. 313-18, le ministre chargé du logement procède, par arrêté pris sur proposition ou après avis de l'agence, à sa dissolution et nomme, par le même arrêté, un liquidateur.

Art. L. 313-15 *(L. nº 2009-323 du 25 mars 2009, art. 8-I)* En cas de dissolution judiciaire d'un organisme collecteur agréé mentionné au deuxième alinéa de l'article L. 313-18, l'actif net dégagé par la liquidation ne peut être attribué qu'à un organisme de même nature.

En cas de dissolution volontaire ou statutaire d'un organisme collecteur agréé mentionné au deuxième alinéa de l'article L. 313-18, l'actif net dégagé par la liquidation est attribué à un organisme de même nature. L'organisme est désigné par le ministre chargé du logement, après proposition de l'agence.

En cas de liquidation administrative d'un organisme collecteur agréé mentionné au deuxième alinéa de l'article L. 313-18, la situation active et passive résultant de l'encaissement et de l'emploi des ressources au titre de la participation des employeurs à l'effort de construction est attribuée à un organisme de même nature. L'organisme est désigné par le ministre chargé du logement, après proposition de l'agence.

Art. L. 313-16 *(L. nº 2009-323 du 25 mars 2009, art. 8-I)* En cas de retrait d'agrément d'un organisme collecteur agréé autre que ceux mentionnés au deuxième alinéa de l'article L. 313-18, le ministre chargé du logement transfère, sur proposition ou après avis de l'agence, la situation active et passive résultant de l'encaissement et de l'emploi des ressources au titre de la participation des employeurs à l'effort de construction à un organisme collecteur agréé mentionné au deuxième alinéa de l'article L. 313-18 qu'il désigne. Il nomme à cet effet, auprès de l'organisme concerné, un administrateur chargé de procéder au transfert.

Art. L. 313-16-1 *et* L. 313-16-2 *Abrogés par L. nº 2009-323 du 25 mars 2009, art. 8-I.*

Art. L. 313-16-3 *(L. nº 2003-590 du 2 juill. 2003, art. 82)* Le fait de faire obstacle au contrôle de *(L. nº 2009-323 du 25 mars 2009, art. 8-I)* « l'agence » rend passible, après mise en demeure restée vaine, l'organisme contrôlé d'une amende de 15 000 € maximum. La pénalité est prononcée par l'autorité administrative et recouvrée au profit de l'État comme les créances étrangères à l'impôt et au domaine.

Art. L. 313-16-4 *Abrogé par L. nº 2009-323 du 25 mars 2009, art. 8-I.*

SECTION III UNION D'ÉCONOMIE SOCIALE DU LOGEMENT

(L. nº 96-1237 du 30 déc. 1996)

COMMENTAIRE

La loi nº 96-1237 du 30 décembre 1996 a créé l'Union d'économie sociale pour le logement (UESL), société coopérative dont les organismes collecteurs sont les associés obligés. En sus de la représentation de ses associés, l'UESL était habilitée à conclure des conventions avec l'État définissant la politique nationale d'emploi des fonds issus de la participation des employeurs à l'effort de construction. La loi du 25 mars 2009 de mobilisation pour le logement et la lutte contre l'exclusion met fin à cette technique contractuelle pour lui substituer un dispositif réglementaire (cf. art. L. 313-3).

L'UESL demeure le représentant des intérêts communs de ses associés collecteurs, gère les différents fonds d'intervention mentionnés à l'article L. 313-20, assure la coopération entre associés et la coordination des tâches de collecte et dispose d'un pouvoir d'orientation sur les actions menées par les organismes collecteurs au sein des entreprises sociales de l'habitat (ESH : nouvelle appellation des SA d'HLM) dont ils sont actionnaires de référence (cf. art. L. 422-2). ❑

Art. L. 313-17 **L'Union d'économie sociale du logement est une société anonyme coopérative à capital variable, soumise aux règles applicables aux unions d'économie sociale régies, notamment, par le titre II *bis* de la loi nº 47-1775 du 10 septembre 1947 portant statut de la coopération** *[V. **C. sociétés**]* **et** *(L. nº 2009-323 du 25 mars 2009, art. 8-I)* **« au livre II du code de commerce », sous réserve des dispositions du présent chapitre.** — *Sur les règles applicables à l'égard des premiers statuts, V. L. nº 96-1237 du 30 déc. 1996, art. 8 et 10, ss. art. L. 313-25.*

Ordonnance nº 2005-895 du 2 août 2005,

Relevant certains seuils de prélèvements obligatoires et tendant à favoriser l'exercice d'une activité salariée dans des secteurs professionnels connaissant des difficultés de recrutement (JO 3 août).

Art. 4 L'organisme mentionné à l'article L. 313-17 du code de la construction et de l'habitation et *(L. nº 2008-1425 du 27 déc. 2008, art. 125-III)* « l'organisme » bénéficiant des versements et contributions mentionnés *(L. nº 2008-1425 du 27 déc. 2008, art. 125-III)* « à l'article » L. 834-1 du code de la sécurité sociale perçoivent de l'État, dans des conditions déterminées en loi de finances, une compensation de la diminution éventuelle de ces ressources résultant de l'application des articles 1er, 2 et 3 de la présente ordonnance.

Art. L. 313-18 **L'Union d'économie sociale du logement a pour seuls associés :**

— à titre obligatoire, chaque organisme collecteur agréé aux fins de participer à la collecte des sommes définies à l'article L. 313-1 et ayant le statut d'association à caractère professionnel ou interprofessionnel ;

— à titre obligatoire, chaque *(L. nº 2010-853 du 23 juill. 2010, art. 8)* **« chambre de commerce et d'industrie territoriale » agréée aux fins de participer à la collecte des sommes définies à l'article L. 313-1 ;**

— sur sa demande, toute organisation interprofessionnelle et représentative au plan national de salariés ou d'entreprises assujetties au versement de la participation des employeurs à l'effort de construction.

V. L. nº 96-1237 du 30 déc. 1996, art. 9, ss. art. L. 313-25.

Loi nº 98-1266 du 30 décembre 1998,

De finances pour 1999.

Art. 56 I. — Chaque organisme habilité au 1er janvier de l'année à recueillir la participation des employeurs à l'effort de construction verse à l'État une contribution égale à une fraction du total des sommes reçues au cours de l'année précédente au titre des versements effectués par les employeurs en application de l'obligation prévue à l'article L. 313-1 du code de la construction et de l'habitation et des remboursements des prêts consentis pour une durée de plus de trois années à l'aide desdits versements.

Ces versements et remboursements s'apprécient avant imputation de la participation de l'année précédente telle qu'elle résulte de l'article 45 de la loi de finances pour 1998 (nº 97-1269 du 30 décembre 1997) *[JO 31 déc.]* ou du présent article.

La contribution est versée spontanément au comptable du Trésor du lieu du siège de l'organisme sous la forme d'un versement d'un tiers avant le 10 janvier et de huit versements d'un douzième avant le 15 de chacun des mois de février à septembre de chaque année.

Le contrôle, le recouvrement, le contentieux, les garanties et les sanctions relatifs à cette contribution sont régis par les règles applicables en matière de taxe sur les salaires.

II. — Pour 1999, la fraction visée au I est égale à 42,6 %. — *Pour 2001, la valeur définitive de la fraction définie au I est fixée à 20,14 % (avis du Ministère de l'équipement, des transports et du logement, JO 3 août 2001).*

Les associés collecteurs de l'Union d'économie sociale du logement, visee à l'article L. 313-17 du code de la construction et de l'habitation, sont libérés des versements leur incombant pour 1999 au titre du présent article dès lors que le versement de cette union à l'État, tel qu'il résulte de l'engagement de substitution prévu par l'article 9 de la loi nº 96-1237 du 30 décembre 1996 relative à l'Union d'économie sociale du logement *[V. ce texte ss. l'art. L. 313-25]*, atteint 6 400 millions de francs.

La contribution est affectée en 1999 au compte d'affectation spéciale nº 902-30 intitulé : « Fonds pour le financement de l'accession à la propriété ».

Loi nº 99-1172 du 30 décembre 1999,

De finances pour 2000.

Art. 50 La contribution des organismes habilités à recueillir la participation des employeurs à l'effort de construction, instituée par l'article 56 de la loi de finances pour 1999 *(nº 98-1266 du 30 déc. 1998)*, est établie pour 2000, dans les conditions prévues au I de cet article, selon les modalités suivantes :

— la fraction mentionnée au I dudit article est fixée à 32,5 % ;

— les associés collecteurs de l'Union d'économie sociale du logement, mentionnée à l'article L. 313-17 du code de la construction et de l'habitation, sont libérés des versements leur incombant pour 2000 au titre du présent article dès que le versement de cette union à l'État, tel qu'il résulte de l'engagement de substitution prévu par l'article 9 de la loi nº 96-1237 du 30 décembre 1996 relative à l'Union d'économie sociale du logement, atteint 5 000 millions de francs. Lorsque l'application de ce plafond conduit à une contribution des associés collecteurs de l'Union d'économie sociale du logement telle que la fraction visée à l'alinéa précédent est inférieure à 32,5 %, la même fraction est alors appliquée pour le calcul de la contribution des organismes non associés de cette union. Sa valeur est établie et publiée au *Journal officiel* au plus tard le 31 juillet 2000.

Loi nº 2000-1352 du 30 décembre 2000,

De finances pour 2001.

Art. 26 La contribution des organismes habilités à recueillir la participation des employeurs à l'effort de construction, instituée par l'article 56 de la loi de finances pour 1999 (nº 98-1266 du 30 décembre 1998) *[JO 31 déc.]*, est établie pour 2001, dans les conditions prévues au I de cet article, selon les modalités suivantes :

1º La fraction mentionnée au I dudit article est fixée à 21 % ;

2º Les associés collecteurs de l'Union d'économie sociale du logement, mentionnée à l'article L. 313-17 du code de la construction et de l'habitation, sont libérés des versements leur incombant pour 2001, au titre du présent article, dès que le versement de cette union à l'État, tel qu'il résulte de l'engagement de substitution prévu par l'article 9 de la loi nº 96-1237 du 30 décembre 1996 relative à l'Union d'économie sociale du logement *[V. ce texte ss. art. L. 313-25]*, atteint 3 400 millions de francs. Lorsque l'application de ce plafond conduit à une contribution des associés collecteurs de l'Union d'économie sociale du logement correspondant à une fraction inférieure à 21 %, cette fraction est appliquée pour le calcul de la contribution des organismes non associés de cette union. Sa valeur est établie et publiée au *Journal officiel* au plus tard le 31 juillet 2001.

Loi nº 2001-1275 du 28 décembre 2001,

De finances pour 2002.

Art. 26 I. — La contribution des organismes habilités à recueillir la participation des employeurs à l'effort de construction, instituée par l'article 56 de la loi de finances pour 1999 (nº 98-1266 du 30 décembre 1998), est établie, pour 2002, dans les conditions prévues au I de cet article, selon les modalités suivantes :

1º La fraction mentionnée au I dudit article est fixée à 11 % ;

2º Les associés collecteurs de l'Union d'économie sociale du logement, mentionnée à l'article L. 313-17 du code de la construction et de l'habitation, sont libérés des versements leur incombant pour 2002 au titre du présent article dès que le versement de cette union à l'État, tel qu'il résulte de l'engagement de substitution prévu par l'article 9 de la loi nº 96-1237 du 30 décembre 1996 relative à l'Union d'économie sociale du logement, atteint 274,408 millions d'euros. Lorsque l'application de ce plafond conduit à une contribution des associés collecteurs de l'Union d'économie sociale du logement correspondant à une fraction inférieure à 11 %, cette fraction est appliquée pour le calcul de la contribution des organismes non associés de cette union. Sa valeur est établie et publiée au *Journal officiel* au plus tard le 31 juillet 2002.

II. — Les associés collecteurs de l'Union d'économie sociale du logement sont autorisés à verser 427 millions d'euros au budget de l'État à partir des fonds issus de la participation des employeurs à l'effort de construction avant le 31 décembre 2002. L'union se substitue à ses associés collecteurs pour le versement de cette contribution.

Les associés collecteurs sont autorisés, dans le cadre de l'article L. 313-1 du code de la construction et de l'habitation, à apporter, par voie de subvention à partir des fonds issus de la participation des employeurs à l'effort de construction, des aides directes au renouvellement urbain et le financement du coût actuariel de bonifications de prêts octroyés en dessous du coût de la ressource sur les fonds d'épargne centralisés par l'établissement visé à l'article L. 518-2 du code monétaire et financier. L'Union d'économie sociale du logement se substitue si nécessaire à ses associés collecteurs pour le versement de ces subventions.

Les modalités et la répartition entre les associés collecteurs de ces versements seront prévues dans une convention entre l'État et l'Union d'économie sociale du logement relevant du 2º de l'article L. 313-19 du code de la construction et de l'habitation.

Art. L. 313-19 *(L. nº 2009-323 du 25 mars 2009, art. 8-I)* **L'Union d'économie sociale du logement :**

1º Représente les intérêts communs de ses associés ;

2º Gère les fonds mentionnés à l'article L. 313-20 ;

3º Assure la mise en œuvre des politiques nationales d'emploi des ressources issues de la participation des employeurs à l'effort de construction dans les conditions définies à l'article L. 313-3, par les associés collecteurs ou par elle à partir de ressources appelées auprès des associés collecteurs ;

4o Mobilise l'ensemble des associés collecteurs pour la mise en œuvre de la loi no 2007-290 du 5 mars 2007 instituant le droit au logement opposable et portant diverses mesures en faveur de la cohésion sociale, notamment par l'utilisation d'une partie des contrats de réservation mentionnés à l'article L. 313 26 dont ils sont titulaires ;

5o Veille à :

– la bonne application, dans les sociétés mentionnées à l'article L. 422-2 dont les organismes collecteurs sont actionnaires de référence au sens de l'article L. 422-2-1, de la politique nationale de l'habitat et de rénovation urbaine définie dans les conventions conclues par l'État avec l'union regroupant les fédérations d'organismes d'habitations à loyer modéré ;

– permettre le regroupement des actions de ces mêmes sociétés détenues par les associés collecteurs sans pouvoir organiser de concentration nationale ;

– donner des consignes de vote sur les décisions prises en assemblée des actionnaires ou des administrateurs de ces mêmes sociétés lorsqu'elles portent sur des opérations liées à leur capital ;

– assurer, dans les sociétés dont les organismes collecteurs sont actionnaires de référence, le respect des principes déontologiques qu'elle fixe ;

6o Assure :

– la coopération entre associés ;

– la coordination des tâches de collecte ;

– l'harmonisation des modalités d'emploi des fonds issus de la participation des employeurs à l'effort de construction ;

– en liaison avec l'Agence nationale d'information sur le logement et les associations départementales d'information sur le logement qui ont signé une convention avec l'État, l'information sur le logement des salariés ;

– l'amélioration de la gestion des associés collecteurs ;

7o Élabore, dans l'intérêt commun, des recommandations aux associés aux fins mentionnées aux 3o à 6o. Ces recommandations s'imposent aux associés collecteurs ;

8o Donne, en considération des intérêts communs qu'elle représente et des objectifs des politiques nationales d'emploi des ressources issues de la participation des employeurs à l'effort de construction, un avis conforme préalablement aux opérations par lesquelles les associés collecteurs :

– constituent, cèdent ou transforment des créances ou accordent des subventions avec les fonds issus de la participation des employeurs à l'effort de construction, dans des conditions qui dérogent aux recommandations mentionnées au 7o ;

– convertissent ou transforment en titres ou subventions des créances constituées avec les fonds de même provenance ;

– prennent ou cèdent des participations financées avec les fonds de même provenance ;

9o Assure, dans les limites fixées par ses statuts, la gestion d'autres intérêts communs de ses associés et contribue au développement de leurs activités. Ces opérations sont retracées dans une comptabilité distincte.

Les associés collecteurs communiquent à l'union les renseignements nécessaires à l'exercice de sa mission.

L'Union d'économie sociale du logement est administrée par un conseil de surveillance et un directoire. Ses statuts sont approuvés par décret *[V. Décr. no 2009-1660 du 28 déc. 2009, JO 30 déc. et son annexe, BOMEEDDM no 2010/1 du 25 janv. 2010, p. 30]*.

L'Union d'économie sociale du logement doit être considérée comme un organisme chargé d'une mission de service public administratif. En conséquence, les recommandations qu'elle adresse aux associés sont des actes administratifs dont le contentieux relève de la compétence de la juridiction administrative. • CE 21 mai 2003, *Sté LOGIREP : ⌂ req. no 256160.*

Loi nº 2002-1575 du 30 décembre 2002,

De finances pour 2003.

Art. 38 Les associés collecteurs de l'Union d'économie sociale du logement sont autorisés à verser, en 2003, 250 millions d'euros au budget de l'État, à partir des fonds issus de la participation des employeurs à l'effort de construction. L'union se substitue à ses associés collecteurs pour le versement de cette contribution.

Les modalités et la répartition entre les associés collecteurs de ce versement seront prévues dans une convention entre l'État et l'Union d'économie sociale du logement conclue en application du 2º de l'article L. 313-19 du code de la construction et de l'habitation.

Loi nº 2009-323 du 25 mars 2009,

De mobilisation pour le logement et la lutte contre l'exclusion.

Art. 8 XI. — Les conventions passées entre l'État et l'Union d'économie sociale du logement en application de l'article L. 313-19 du code de la construction et de l'habitation dans sa version en vigueur avant la publication de la présente loi prennent fin à compter de la publication du décret en Conseil d'État prévu par le dernier alinéa de l'article L. 313-3 du même code dans sa version issue de la présente loi et, au plus tard, le 30 juin 2009.

Art. L. 313-20 *(L. nº 2009-323 du 25 mars 2009, art. 8-I)* **I. — L'Union d'économie sociale du logement dispose d'un fonds d'intervention, d'un fonds d'interventions sociales et d'un fonds de garantie universelle des risques locatifs** *[V. App., vº Garantie des risques locatifs]*.

II. — Le fonds d'intervention contribue à la bonne adaptation des ressources des associés collecteurs aux besoins locaux et à la bonne exécution par l'union des politiques nationales et locales d'emploi des ressources issues de la participation des employeurs à l'effort de construction.

III. — Le fonds d'interventions sociales finance les actions mentionnées au *c* de l'article L. 313-3. Il peut notamment garantir les loyers et charges dus aux propriétaires des logements par des organismes mentionnés à l'article L. 365-4 exerçant des activités d'intermédiation locative et de gestion locative sociale, lorsque ces organismes sous-louent lesdits logements à des personnes éprouvant des difficultés particulières au sens du II de l'article L. 301-1.

IV. — Le fonds de garantie universelle des risques locatifs assure le versement des compensations mentionnées au *f* *[g]* de l'article L. 313-3. Ce versement ne constitue pas une activité de réassurance au sens de l'article L. 310-1-1 du code des assurances.

Le fonds de garantie universelle des risques locatifs peut également verser des garanties de loyers et charges aux bailleurs des secteurs locatifs mentionnés aux troisième à cinquième alinéas de l'article 41 *ter* de la loi nº 86-1290 du 23 décembre 1986 tendant à favoriser l'investissement locatif *[V. cet art., App., vº Rapports locatifs]*, **l'accession à la propriété de logements sociaux et le développement de l'offre foncière, qui ne souscrivent pas de contrats d'assurance contre le risque de loyers impayés.**

En dehors des contributions des associés collecteurs et de toutes ressources de l'Union d'économie sociale du logement, le fonds de garantie universelle des risques locatifs est alimenté par une fraction des primes ou cotisations qui lui sont confiées par les organismes d'assurance qui proposent la souscription de contrats d'assurance contre le risque de loyers impayés respectant le cahier des charges sociales mentionné au *f* *[g]* **de l'article L. 313-3. Il peut également recevoir des versements de l'État au titre des locataires que ce dernier prend en charge, dans des conditions fixées par convention**

entre l'État et l'Union d'économie sociale du logement, ainsi que des contributions volontaires des collectivités territoriales ou de leurs groupements.

V. — L'union garantit l'équilibre financier de chaque fonds.

Chaque associé collecteur apporte sa contribution à chaque fonds. Le conseil de surveillance de l'union fixe le montant des contributions sous la forme :

— de versements ;

— de transferts de créances constituées avec des fonds issus de la participation des employeurs à l'effort de construction ;

— ou d'inscriptions, au bilan de ces associés, de dettes dont le paiement à l'union est garanti par les actifs des associés issus de cette participation.

Chaque fonds peut également être alimenté par toutes ressources de l'union.

Sont retracées dans une comptabilité distincte, respectivement :

— les opérations de chacun des fonds ;

— au sein du fonds d'intervention, les opérations relatives à chacune des politiques d'emploi mentionnées au 3° de l'article L. 313-19 ;

— au sein du fonds de garantie universelle des risques locatifs, les opérations mentionnées au premier alinéa du IV du présent article, d'une part, et celles mentionnées au deuxième alinéa du même IV, d'autre part.

VI. — Un décret en Conseil d'État, pris après avis de l'union, fixe les règles de gestion et de fonctionnement du fonds d'interventions sociales et du fonds de garantie universelle des risques locatifs.

Le fonds de soutien de l'Union d'économie sociale du logement mentionné à l'art. L. 313-20 dans sa version antérieure à la L. n° 2009-323 du 25 mars 2009 est transformé en une section comptable du fonds d'intervention de cet organisme (L. n° 2009-323 du 25 mars 2009, art. 8).

Art. L. 313-21 *(L. n° 2009-323 du 25 mars 2009, art. 8-I)* Le conseil de surveillance de l'union détermine les orientations de l'activité de l'union et veille à leur mise en œuvre. Il se saisit de toute question intéressant la bonne marche de l'union et règle par ses délibérations les affaires qui la concernent. Il arrête les recommandations mentionnées à l'article L. 313-19 et les avis de l'union prévus par la loi ou la réglementation. Il autorise le recours à l'emprunt.

Le conseil de surveillance comporte cinq représentants permanents au plus désignés par les organisations d'employeurs associées et cinq représentants permanents au plus désignés par les organisations de salariés associées. Un suppléant de chacun de ces représentants est désigné dans les mêmes conditions. Le conseil de surveillance est présidé par l'un des représentants désignés par les organisations d'employeurs associées. Les représentants et leurs suppléants ne peuvent être propriétaires d'actions de l'union. Le conseil se réunit au moins trois fois dans l'année.

Le directoire est chargé de la mise en œuvre des délibérations prises par le conseil de surveillance. Il rend compte de son activité à chaque réunion du conseil de surveillance.

Art. L. 313-22 *(L. n° 2009-323 du 25 mars 2009, art. 8-I)* Le budget et les comptes annuels de l'Union d'économie sociale du logement sont arrêtés par le conseil de surveillance.

Leur état d'avancement est présenté trois fois par an au conseil de surveillance, assorti de propositions de mesures correctrices en cas de décalage important par rapport aux prévisions.

Art. L. 313-23 *(L. n° 2009-323 du 25 mars 2009, art. 8-I)* Trois commissaires du Gouvernement représentent l'État auprès de l'Union d'économie sociale du logement. Chaque commissaire du Gouvernement peut disposer d'un suppléant. Ils assistent aux séances du conseil de surveillance. Ils peuvent se faire communiquer tous documents.

Chaque commissaire du Gouvernement peut demander l'inscription d'un ou de plusieurs points à l'ordre du jour.

Les commissaires du Gouvernement peuvent, dans un délai de quinze jours suivant la prise de la délibération, opposer conjointement leur veto :

– aux délibérations non compatibles avec le respect de l'équilibre entre les emplois et les ressources des fonds issus de la participation des employeurs à l'effort de construction ;

– aux délibérations non conformes à la réglementation.

Art. L. 313-24 Toute augmentation du capital de l'union par incorporation des réserves, bénéfices ou primes d'émission est interdite, sauf dérogation accordée par l'autorité administrative.

L'union ne peut procéder à l'amortissement de son capital et ne peut servir aucun dividende, intérêt ou rémunération de quelque nature que ce soit à son capital.

Le prix maximal de cession des actions de l'union est limité au montant nominal de ces actions.

Les opérations intervenues en violation des dispositions du présent article sont frappées d'une nullité d'ordre public.

Art. L. 313-25 Pour ses frais de fonctionnement afférents aux attributions prévues *(L. no 2009-323 du 25 mars 2009, art. 8-I)* « à l'article L. 313-19 », l'union dispose d'un prélèvement opéré chaque année sur les sommes collectées par les associés collecteurs. Elle en détermine le montant annuel dans la limite d'un plafond fixé par l'autorité administrative. – *V. art. R. 313-39.*

(L. no 2005-32 du 18 janv. 2005, art. 105) « Une fraction des sommes prélevées peut être reversée par l'union aux organisations interprofessionnelles d'employeurs et de salariés associées, en défraiement forfaitaire des charges que représente leur participation à l'ensemble des travaux et activités de l'union et de ses associés collecteurs.

« L'assemblée générale de l'union détermine annuellement le montant du défraiement qui est réparti par le » *(L. no 2009-323 du 25 mars 2009, art. 8-I)* « conseil de surveillance » *(L. no 2005-32 du 18 janv. 2005, art. 105)* « entre les organisations interprofessionnelles d'employeurs et de salariés associées sur la base d'un dossier établi par chaque organisation décrivant la nature des dépenses envisagées et rendant compte de l'emploi des sommes perçues au titre de l'année précédente. Ce défraiement est exclusif de tous autres défraiements, indemnisations ou rémunérations par l'union de ces organisations et de leurs représentants permanents.

« Les dispositions de l'alinéa précédent ne font pas obstacle au remboursement des frais de mission exposés dans le cadre de leurs fonctions par les représentants permanents de ces organisations. »

Loi no 96-1237 du 30 décembre 1996,

Relative à l'Union d'économie sociale du logement.

Art. 3 L'Union nationale interprofessionnelle du logement est autorisée à transférer ses biens, droits et obligations à l'Union d'économie sociale du logement.

Le transfert, au profit de l'Union d'économie sociale du logement, des biens, droits et obligations de l'Union nationale interprofessionnelle du logement opéré suite à sa dissolution ne donnera lieu à aucune indemnité ou perception d'impôts, droits ou taxes.

....

Art. 8 Les créances de toute nature constituées avec des fonds issus de la participation des employeurs à l'effort de construction et détenues par les associés collecteurs de l'Union d'économie sociale du logement prévue à l'article L. 313-17 du code de la construction et de l'habitation peuvent être cédées ou données en nantissement à un établissement de crédit ou à cette union par la seule remise du bordereau prévu à l'article 1er de la loi no 81-1 du 2 janvier 1981 facilitant le crédit aux entreprises. – ***C. com.***

Les créances cédées ou données en nantissement à l'Union d'économie sociale du logement dans les conditions de l'alinéa précédent peuvent être cédées ou données en nantissement par cette union à un établissement de crédit par la seule remise du bordereau prévu à l'article 1er de la loi no 81-1 du 2 janvier 1981 précitée.

Les dispositions de la loi no 81-1 du 2 janvier 1981 précitée, à l'exception de celles du premier alinéa de l'article 1er et de l'article 3, sont applicables aux créances cédées ou données en nantissement en application du présent article.

Art. 9 *(L. no 98-1266 du 30 déc. 1998, art. 56-III)* « L'Union d'économie sociale du logement est habilitée à se substituer à ses associés collecteurs agréés aux fins de participer à la collecte des sommes définies à l'article L. 313-1 du code de la construction et de l'habitation pour les versements des contributions prévues à l'article 56 de la loi de finances pour 1999 (no 98-1266 du 30 décembre 1998) *[V. ce texte ss. l'art. L. 313-18]*.

« L'engagement de l'Union d'économie sociale du logement résulte d'une délibération de son conseil d'administration fixant les modalités de contribution des associés collecteurs et d'une convention conclue avec l'État s'imposant à ces derniers à peine de retrait de leur agrément, approuvées par décret. Les associés collecteurs qui n'auraient pas versé à l'union les contributions dues par eux en application de l'engagement de substitution de celle-ci restent redevables de ces contributions envers l'État. » — *V. l'art. 56-II de la loi no 98-1266 du 30 déc. 1998, l'art. 50 de la loi no 99-1172 du 30 déc. 1999 : art. 26 de la loi no 2000-1352 du 30 déc. 2000, ss. l'art. L. 313-18.*

Pour l'exécution de cette convention, chaque associé collecteur apporte sa contribution à l'union. L'union fixe le montant des contributions sous la forme de versements, de transferts de créances constituées avec des fonds issus de la participation des employeurs à l'effort de construction ou d'inscriptions au bilan de ces associés de dettes dont le paiement à l'union est garanti par les actifs des associés issus de cette participation.

V. Décr. no 97-271 du 21 mars 1997 portant approbation de l'engagement de substitution de l'Union d'économie sociale pour le logement et de la convention y afférente (JO du 23 mars), Décr. no 98-20 du 9 janv. 1998, JO du 10 janv. (même objet), Décr. no 99-12 du 7 janv. 1999, JO 8 janv. (même objet), Décr. no 2000-22 du 10 janv. 2000, JO 12 janv. (même objet), Décr. no 2001-42 du 15 janv. 2001, JO 16 janv. (même objet) et Décr. no 2002-48 du 10 janv. 2000, JO 11 janv. (même objet) avec ses annexes (BOMELT no 2002/2, p. 51).

V. aussi les deux annexes au décret du 21 mars 1997 (Mon. TP 28 mars 1997, Suppl. textes, p. 336), les deux annexes au décret du 9 janv. 1998 (BOMELT no 98/3), les deux annexes au décret du 10 janv. 2000 (BOMELT no 2000/3) et les annexes au décret du 15 janv. 2001 (BOMELT no 2001/2).

Art. 10 I. Les premiers statuts de l'Union d'économie sociale du logement sont approuvés par décret en Conseil d'État *[V. Décr. no 97-143 du 14 févr. 1997, art. 4, JO 16 févr., Décr. no 2000-63 du 24 janv. 2000, JO 27 janv., et annexes, BOMELT no 2000/3]* après avoir été adoptés par l'assemblée générale des associés constituée comme il est dit à l'alinéa suivant. Les dispositions de l'article 87 de la loi no 66-537 du 24 juillet 1966 sur les sociétés commerciales *[C. com., art. L. 225-15]* ne sont pas applicables aux premiers statuts.

Cette assemblée est convoquée et présidée par le président de l'Union nationale interprofessionnelle du logement. Elle est composée d'un représentant de chacun des organismes collecteurs, *(L. no 2010-853 du 23 juill. 2010, art. 8)* « chambres de commerce et d'industrie territoriales » et organisations interprofessionnelles mentionnés à l'article L. 313-18 du code de la construction et de l'habitation. Chaque représentant dispose d'une voix et peut donner pouvoir. Cette assemblée ne délibère valablement que si les représentants présents ou ayant donné pouvoir disposent du tiers des voix. Elle statue à la majorité des deux tiers des voix dont disposent les représentants présents ou ayant donné pouvoir.

II. Après publication du décret prévue au I, le président de l'Union nationale interprofessionnelle du logement convoque et préside :

— l'assemblée générale des associés qui procède à la première désignation du ou des commissaires aux comptes ;

— l'assemblée spéciale des associés collecteurs qui procède à la première élection du comité des collecteurs ;

— le comité des collecteurs qui procède à la première élection des représentants des associés collecteurs au conseil d'administration ;

— le conseil d'administration qui procède à la première désignation de son président.

● SECTION IV **DISPOSITIONS DIVERSES** *(L. nº 96-1237 du 30 déc. 1996).*

Art. L. 313-26 *(L. nº 87-1128 du 31 déc. 1987, art. 2-I)* **Le contrat de réservation conclu au titre de la participation des employeurs à l'effort de construction est une convention par laquelle une personne, en contrepartie du versement de fonds issus de cette participation, s'oblige à affecter, pour une durée déterminée, des logements locatifs à l'usage de personnes désignées par son cocontractant.**

Nonobstant toute clause contraire, toute aliénation de ces logements substitue de plein droit l'acquéreur dans les droits et obligations du vendeur, y compris celles résultant du contrat de réservation annexé au contrat de vente. Cette disposition ne s'applique pas aux logements vendus dans les conditions prévues à l'article L. 443-9. *— Ces dispositions s'appliquent aux contrats de réservation en cours au 1er janv. 1988, à l'exception de ceux contestés devant les tribunaux (L. 31 déc. 1987, art. 2-II).*

Antérieurement à la L. nº 96-1237 du 30 déc. 1996, cet article était codifié à l'art. L. 313-1-1. Son contenu n'a pas été modifié à l'occasion de cette nouvelle codification.

Le juge judiciaire est compétent pour connaître des difficultés d'exécution d'une convention conclue entre un organisme collecteur de la participation des employeurs à l'effort de construction et un office public d'HLM. • T. confl. 17 févr. 1997, *Comité interprofessionnel du logement de la Seine-Saint-Denis c/ OPHLM de la ville de Pantin*, req. nº 2988 : *Lebon 522* ; *Gaz. Pal. 19-20 déc. 1997, p. 22 ; AJPI 1997. 570*. ◆ La sélection des candidats locataires parmi les salariés des adhérents d'un comité interprofessionnel du logement n'implique pas pour celui-ci l'exécution de la mission de service public de l'OPHLM avec lequel il a conclu un contrat de réservation de logements. • Même arrêt.

Art. L. 313-26-1 *(L. nº 2007-290 du 5 mars 2007, art. 29)* **Lorsque, dans le cadre d'un dispositif d'accession sociale à la propriété par portage foncier prévu** *(L. nº 2009-323 du 25 mars 2009, art. 8-I)* **« par décret en Conseil d'État », un bail à construction est signé par une personne morale désignée par un associé de** *(L. nº 2009-323 du 25 mars 2009, art. 8-I)* **« l'Union d'économie sociale du logement » et par un ménage accédant pour la première fois à la propriété de sa résidence principale et disposant de ressources inférieures à des plafonds fixés par voie réglementaire, les droits résultant du bail à construction ne peuvent être cédés qu'en totalité et avec l'agrément du bailleur.**

Cet agrément est accordé de plein droit si le cessionnaire acquiert pour la première fois sa résidence principale, dispose de ressources inférieures aux plafonds mentionnés au premier alinéa et destine l'habitation concernée à l'usage exclusif de sa résidence principale.

Dans le cas contraire, l'agrément n'est accordé que si le cessionnaire s'engage à verser un loyer périodique fixé par le contrat de bail à construction ou à lever l'option de la promesse de vente afférente au terrain, dans les conditions prévues par le bail à construction et dans un délai maximal de trois mois à compter de la date de cession.

Le présent article ne s'applique pas en cas de défaillance constatée du preneur à l'égard d'un créancier hypothécaire ayant financé la réalisation des constructions, en cas de vente amiable avec l'accord du créancier ou en cas de saisie à l'initiative de ce dernier.

V. Circ. nº 2007-33 du 4 mai 2007 relative à l'application des dispositions de la loi nº 2007-290 du 5 mars 2007 instituant le droit opposable au logement et portant diverses mesures relatives à la cohésion sociale (BOMELT nº 2007/10, p. 111).

Art. L. 313-26-2 *(L. nº 2009-323 du 25 mars 2009, art. 8-I)* **Un quart des attributions, réparties programme par programme, de logements pour lesquels les organismes collecteurs agréés associés de l'Union d'économie sociale du logement disposent de contrats de réservation est réservé aux salariés et aux demandeurs d'emploi désignés**

comme prioritaires et auxquels un logement doit être attribué en urgence en application de l'article L. 441-2-3.

Les personnes recevant une information concernant les salariés ou les demandeurs d'emploi désignés comme prioritaires au sein d'un organisme collecteur sont préalablement habilitées à cet effet, par décision du représentant de l'État dans le département du siège de l'organisme collecteur, et sont tenues au secret professionnel.

V. Circ. du 20 janv. 2012 relative à la mobilisation des attributions des associés collecteurs de l'Union d'économie sociale du logement (UESL) et de l'Association foncière logement (AFL) ou de ses filiales en faveur du droit au logement opposable (DALO) (BOMEDDTL du 10 mars 2012, p. 93).

COMMENTAIRE

Dans la mesure où l'UESL doit mobiliser l'ensemble des associés collecteurs pour la mise en œuvre de la loi du 5 mars 2007 instituant le droit au logement opposable (cf. art. L. 313-19), la loi nº 2009-323 du 25 mars 2009 prévoit qu'un quart des attributions de logements pour lesquels les organismes collecteurs disposent de droits de réservation est mobilisé pour les salariés et demandeurs d'emploi reconnus prioritaires par les commissions de médiation (art. L. 441-2-3).

En l'absence de toute disposition législative ou réglementaire, une simple circulaire ne peut organiser la procédure selon laquelle les organismes collecteurs associés à l'UESL attribuent un quart des logements pour lesquels ils disposent de contrats de réservation au profit des prioritaires au titre du droit au logement opposable. • CE 15 nov. 2010, *OPH Marne et Chantereine Habitat :* req. nº 334917.

Art. L. 313-27 *(L. nº 93-122 du 29 janv. 1993, art. 62)* **Le prix maximal de cession des parts ou actions des sociétés immobilières dont 50 p. 100 au moins du capital ont été souscrits au titre de la participation des employeurs à l'effort de construction par des organismes agréés à collecter cette participation ou par des employeurs, à l'exception de celles d'entre ces sociétés qui ont le statut d'organisme d'habitations à loyer modéré, ne peut être ni supérieur à leur valeur dans la situation nette de la société ni supérieur à leur valeur nominale majorée de 50 p. 100.**

Une dérogation aux dispositions de l'alinéa précédent peut être accordée par le ministre chargé du logement, après avis de l'Agence nationale pour la participation des employeurs à l'effort de construction, à la demande d'un actionnaire d'une de ces sociétés ayant acquis ses parts ou actions avant la publication de la loi nº 93-122 du 29 janvier 1993 relative à la prévention de la corruption et à la transparence de la vie économique et des procédures publiques à un prix supérieur à celui résultant de l'application dudit alinéa, et qui démontrerait que la cession de ses titres à ce prix entraînerait pour lui une spoliation.

Toute cession de parts ou d'actions en violation des dispositions du présent article est frappée d'une nullité d'ordre public.

Antérieurement à la L. nº 96-1237 du 30 déc. 1996, cet article était codifié à l'art. L. 313-1-2. Son contenu n'a pas été modifié à l'occasion de cette nouvelle codification.

V. Décr. nº 95-581 du 2 mai 1995 (JO 5 mai) relatif aux clauses types des sociétés immobilières dont 50 % du capital ont été souscrits au titre de la participation des employeurs à l'effort de construction.

V. Délib. du conseil d'administration de l'ANPEEC nº 00-13 du 13 déc. 2000 relative aux modalités de conversion à l'euro du capital social des filiales réglementées des collecteurs (BOMELT nº 2001/2).

Le prix maximum imposé à toute vente d'actions de sociétés immobilières locatives dont 50 % au moins du capital ont été acquis au titre de la PEEC ne constitue pas une rupture de l'égalité des citoyens devant les charges publiques susceptible d'engager la responsabilité de l'État dès lors que les sociétés ne pouvaient ignorer le risque d'une intervention de l'État compte tenu de la finalité d'intérêt général de la PEEC. • CE 10 déc. 2004, *SARL Continentale Foncière,* req. nº 239701 : *Lebon T. 868*.

Art. L. 313-28 *(L. nº 93-122 du 29 janv. 1993, art. 63)* Les statuts des sociétés mentionnées à l'article *(L. nº 96-1237 du 30 déc. 1996, art. 6-VI)* « L. 313-27 » doivent contenir des clauses conformes à des clauses types fixées par décret. Ce décret peut en outre apporter des restrictions aux règles d'usage et d'aliénation du patrimoine de ces sociétés. – *V. Annexe 2.*

Ces sociétés, lorsqu'elles ont été constituées antérieurement à la publication de la loi nº 93-122 du 29 janvier 1993 relative à la prévention de la corruption et à la transparence de la vie économique et des procédures publiques, doivent mettre leurs statuts en conformité avec les clauses types mentionnées à l'alinéa précédent, dans un délai de douze mois après la publication du décret établissant ces clauses types.

Si l'assemblée des actionnaires ou des associés n'est pas en mesure de statuer régulièrement sur cette mise en conformité dans le délai imparti, le projet de mise en conformité des statuts est soumis à l'homologation du président du tribunal de commerce statuant sur requête des représentants légaux de la société.

Il sera interdit aux présidents, administrateurs ou gérants de ces sociétés qui, volontairement, n'auront pas mis ou fait mettre les statuts en conformité avec les clauses types dans le délai imparti, pendant un délai de cinq années, de diriger, administrer ou gérer à un titre quelconque une des sociétés immobilières concernées par le présent article, et d'engager la signature d'une de ces sociétés.

Antérieurement à la L. nº 96-1237 du 30 déc. 1996, cet article était codifié à l'art. L. 313-1-3. Son contenu n'a pas été modifié à l'occasion de cette nouvelle codification.

V. note ss. art. L. 313-27.

Art. L. 313-29 Ne peuvent participer en droit ou en fait, directement ou par personne interposée, pour leur compte ou pour celui d'autrui, à la fondation ou à la gestion d'organismes collecteurs de la participation des employeurs à l'effort de construction :

1º Les personnes condamnées pour crime de droit commun, faux en écritures privées, de commerce ou de banque prévus *(L. nº 96-1237 du 30 déc. 1996)* « par l'article 441-1 du nouveau code pénal », banqueroute, vol, abus de confiance, escroquerie, soustraction commise par dépositaire public, extorsion de fonds, de signatures, de valeurs, émission de chèque sans provision, atteinte au crédit de l'État, faux serment, faux témoignage, subornation de témoins ou pour tentative ou complicité d'un des crimes ou délits ci-dessus mentionnés ;

2º Les personnes condamnées pour l'un des délits prévus, soit par la loi nº 57-908 du 7 août 1957 favorisant la construction de logements et les équipements collectifs, lorsque la condamnation comporte l'interdiction de se livrer à l'une des activités citées au présent article, soit par l'ordonnance nº 58-1229 du 16 décembre 1958 portant réglementation des agences de transactions immobilières, ou par la loi nº 60-580 du 21 juin 1960 interdisant certaines pratiques en matière de transaction portant sur des immeubles et des fonds de commerce lorsque la condamnation comporte fermeture définitive de l'établissement ;

3º Les personnes empêchées d'exercer un commerce en vertu du chapitre VIII du titre II du livre Ier du code de commerce, ainsi que les personnes condamnées en application, soit du décret du 14 juin 1938 sur les entreprises d'assurances, repris par le code des assurances, livre III, titre II, chapitre VIII, et livre V, titre Ier, chapitre IV, section IV, soit des lois des 13 et 14 juin 1941 relatives à la réglementation et à l'organisation de la profession bancaire et des professions qui s'y rattachent, soit de la loi nº 52-332 du 24 mars 1952 relative aux entreprises de crédit différé, soit de l'article L. 241-6 ;

4º Les faillis non réhabilités ;

5º Les anciens officiers ministériels destitués ou révoqués ;

6º Les avocats, architectes, experts comptables, comptables agréés, géomètres experts rayés de leur ordre par mesure disciplinaire ;

(L. nº 96-1237 du 30 déc. 1996) **« 7º Les personnes interdites et les personnes suspendues en application de l'article L. 313-13 ».**

Antérieurement à la L. nº 96-1237 du 30 déc. 1996, cet article était codifié à l'art. L. 313-2.

Art. L. 313-30 **Les infractions aux dispositions de l'article** *(L. nº 96-1237 du 30 déc. 1996, art. 6-VI)* **« L. 313-29 » sont punies d'un emprisonnement de deux ans et d'une amende de 18 000 €** *(Abrogé par L. nº 2011-525 du 17 mai 2011, art. 160)* **« *, ou de l'une de ces deux peines seulement* ».**

Antérieurement à la L. nº 96-1237 du 30 déc. 1996, cet article était codifié à l'art. L. 313-3. Son contenu n'a pas été modifié à l'occasion de cette nouvelle codification.

Art. L. 313-31 *(L. nº 87-1128 du 31 déc. 1987, art. 3 ; L. nº 93-122 du 29 janv. 1993, art. 70-I ; L. nº 2006-872 du 13 juill. 2006, art. 57, 1º)* **« Les dispositions du premier alinéa de l'article L. 423-11 » sont applicables aux administrateurs et aux salariés** *(L. nº 2009-323 du 25 mars 2009, art. 8-I)* **« des organismes collecteurs agréés ainsi qu'aux administrateurs et aux salariés de l'Agence nationale pour la participation des employeurs à l'effort de construction ».**

Antérieurement à la L. nº 96-1237 du 30 déc. 1996, cet article était codifié à l'art. L. 313-16. Son contenu n'a pas été modifié à l'occasion de cette nouvelle codification.

Art. L. 313-32 *(L. nº 93-122 du 29 janv. 1993, art. 71)* **Est puni d'un emprisonnement de cinq ans et d'une amende de 150 000 € le fait pour un dirigeant d'un organisme collecteur de la participation des employeurs à l'effort de construction de faire, de mauvaise foi, à des fins personnelles directes ou indirectes et dans l'exercice de ses fonctions :**

— des biens ou du crédit de l'organisme un usage contraire à l'objet de celui-ci ;

— des pouvoirs qu'il possédait ou des voix dont il disposait un usage contraire à l'objet de l'organisme.

Antérieurement à la L. nº 96-1237 du 30 déc. 1996, cet article était codifié à l'art. L. 313-16-1. Son contenu n'a pas été modifié à l'occasion de cette nouvelle codification.

Art. L. 313-32-1 *(L. nº 2009-323 du 25 mars 2009, art. 8-I-22º)* **« Pour la mise en œuvre des politiques nationales d'emploi des ressources issues de la participation des employeurs à l'effort de construction, les collecteurs associés »** *(L. nº 2006-872 du 13 juill. 2006, art. 101-I)* **« de l'union d'économie sociale du logement reçoivent une partie des sommes collectées au titre de l'article L. 313-1 par les organismes, agréés aux fins de les collecter, ayant le statut d'organismes d'habitations à loyer modéré ou de sociétés d'économie mixte exerçant à titre principal une activité de construction, d'acquisition ou de gestion de logements sociaux. »**

« Ce versement aux collecteurs associés de l'union d'économie sociale du logement, fixé à deux tiers du montant total des sommes collectées, par chaque organisme, au titre de l'article L. 313-1 au cours de l'année précédente, est effectué avant le 30 juin de chaque année, accompagné d'une déclaration également adressée au représentant de l'État dans le département du siège de l'organisme. *(Abrogé par L. nº 2009-323 du 25 mars 2009, art. 8-I-22º)* **« *Il n'inclut aucun fonds de la fraction de la participation mentionnée à l'article L. 313-9.* »**

« Les organismes soumis à ce versement qui ne s'en sont pas acquittés avant le 30 juin de chaque année sont passibles d'une pénalité dont le montant est au plus égal aux sommes collectées au cours de l'année précédente, prononcée par le ministre chargé du logement après que l'organisme a été appelé à présenter ses observations. Ces pénalités sont recouvrées au profit de l'État comme les créances étrangères à l'impôt et au domaine. »

Les dispositions prévues à l'art. L. 313-32-1 s'appliquent aux sommes collectées au titre de l'art. L. 313-1 entre le 1er janv. 2006 et le 31 déc. 2011 (L. nº 2006-872 du 13 juill. 2006, art. 101-II, mod. par L. nº 2009-1673, art. 143).

Art. L. 313-33 *(L. no 2009-323 du 25 mars 2009, art. 8-I)* **Les statuts de l'association pour l'accès aux garanties locatives sont approuvés par décret** *[V. Décr. no 2009-1155 du 30 sept. 2009, JO 1er oct. et son annexe, BOMEEDDM no 2010/1 du 25 janv. 2010, p. 23 ; Décr. no 2010-464 du 6 mai 2010, JO 8 mai et son annexe, BOMEEDDM no 2010/10 du 10 juin 2010, p. 1 ; Décr. no 2012-1428 du 19 déc. 2012, JO 21 déc.]*.

Sont commissaires du Gouvernement auprès de l'association les commissaires du Gouvernement auprès de l'Union d'économie sociale du logement. Ils disposent des mêmes pouvoirs au sein de l'association que ceux mentionnés à l'article L. 313-23. L'article L. 313-22 s'applique également à l'association.

L'objet de l'association, soumise au contrôle de la Cour des comptes et de l'inspection générale des finances et *(Ord. no 2009-864 du 15 juill. 2009, art. 21)* **« à l'ordonnance no 2005-649 du 6 juin 2005 relative aux marchés passés par certaines personnes publiques ou privées non soumises au code des marchés publics », est d'organiser le dispositif de garantie des risques locatifs mentionné au IV de l'article L. 313-20.**

Les dispositions de l'Ord. no 2009-864 du 15 juill. 2009 s'appliquent aux projets de contrat soumis à l'Ord. no 2005-649 du 6 juin 2005 et en vue desquels un avis d'appel public à la concurrence est envoyé ou une consultation engagée à compter du 17 juill. 2009 (Ord. préc., art. 27).

Art. L. 313-34 *(L. no 2009-323 du 25 mars 2009, art. 8-I)* **Les statuts de l'association foncière logement sont approuvés par décret.** *– V. Décr. no 2010-877 du 26 juill. 2010, JO 28 juill.*

Sont commissaires du Gouvernement auprès de l'association les commissaires du Gouvernement auprès de l'Union d'économie sociale du logement. Ils disposent des mêmes pouvoirs au sein de l'association que ceux mentionnés à l'article L. 313-23. L'article L. 313-22 s'applique également à l'association.

L'objet de l'association, soumise au contrôle de la Cour des comptes et de l'inspection générale des finances et *(Ord. no 2009-864 du 15 juill. 2009, art. 21)* **« à l'ordonnance no 2005-649 du 6 juin 2005 relative aux marchés passés par certaines personnes publiques ou privées non soumises au code des marchés publics », est de réaliser des programmes de logements contribuant à la mixité sociale des villes et des quartiers. Ces programmes concernent, d'une part, la réalisation de logements locatifs libres dans les quartiers faisant l'objet d'opérations de rénovation urbaine et, d'autre part, la réalisation de logements locatifs sociaux dans les agglomérations se caractérisant par un déséquilibre important entre l'offre et la demande de logements.**

L'association est autorisée à contribuer par transfert d'actifs au financement des régimes de retraite complémentaire obligatoires des salariés du secteur privé par répartition, institués par voie d'accords collectifs interprofessionnels. Les apports et subventions reçus par cette association conformément à son objet pour le financement de ses immobilisations, les profits ou les pertes ainsi que les plus-values ou les moins-values réalisés à l'occasion des transferts d'actifs mentionnés à la phrase précédente sont exclus de la base de calcul de l'impôt sur les sociétés. La fraction des amortissements correspondant au prix de revient des immobilisations financées directement ou indirectement par les apports et subventions mentionnés à la phrase précédente est également exclue de la base de calcul de l'impôt sur les sociétés auquel sont assujetties cette association et toutes les autres personnes morales qui comptabilisent ces amortissements.

Les dispositions de la l'Ord. no 2009-864 du 15 juill. 2009 s'appliquent aux projets de contrat soumis à l'Ord. no 2005-649 du 6 juin 2005 et en vue desquels un avis d'appel public à la concurrence est envoyé ou une consultation engagée à compter du 17 juill. 2009 (Ord. préc., art. 27).

COMMENTAIRE

Initialement créée par convention entre l'État et l'UESL, l'Association foncière logement a pour objet d'utiliser une partie du 1 % logement pour réaliser des programmes de logements sociaux dans les communes déficitaires et des logements libres dans les quartiers prioritaires de la politique de la ville. L'article 116 de la loi de finances pour 2002, désormais abrogé et remplacé par l'article L. 313-34 issu de la loi nº 2009-323 du 25 mars 2009, a officialisé l'existence de cette association. L'article L. 313-34 fixe son statut et sa mission.

Tout comme les organismes collecteurs associés à l'UESL, l'Association foncière logement est mobilisée pour la mise en œuvre de la loi du 5 mars 2007 instituant le droit au logement opposable et doit réserver un quart de ses attributions au profit des personnes reconnues prioritaires par les commissions de médiation. ❑

Art. L. 313-35 *(L. nº 2009-323 du 25 mars 2009, art. 8-I)* **Un quart des attributions, réparties programme par programme, de logements appartenant à l'association foncière logement ou à l'une de ses filiales est réservé aux salariés et aux demandeurs d'emploi désignés comme prioritaires et auxquels un logement doit être attribué en urgence en application de l'article L. 441-2-3.**

Les personnes recevant une information concernant les salariés ou les demandeurs d'emploi désignés comme prioritaires au sein de l'association foncière logement sont préalablement habilitées à cet effet par décision du représentant de l'État dans le département du siège de l'organisme collecteur et sont tenues au secret professionnel.

Art. L. 313-36 *(L. nº 2009-323 du 25 mars 2009, art. 8-I)* **Les modalités d'application du présent chapitre sont fixées par décret en Conseil d'État.**

CHAPITRE IV LOGEMENT DES FONCTIONNAIRES

Néant.

V. art. R. 314-1 s.

CHAPITRE V ÉPARGNE-LOGEMENT *(L. nº 2011-525 du 17 mai 2011, art. 180-I).*

(L. nº 83-440 du 2 juin 1983)

COMMENTAIRE

Le régime de l'épargne-logement a pour objet de permettre l'octroi de prêts aux personnes physiques qui ont fait des dépôts à un compte d'épargne-logement et qui affectent cette épargne au financement de logements destinés à l'habitation principale. Les bénéficiaires des prêts recoivent de l'État une prime d'épargne.

Ce régime recouvre deux mécanismes différents : celui des **comptes d'épargne-logement** (art. R. 315-1 à R. 315-23) et celui des **plans contractuels d'épargne-logement** (art. R. 315-24 à R. 315-40).

Les dépôts peuvent être effectués dans les caisses d'épargne mais aussi dans les banques et organismes de crédit habilités par convention.

Depuis le 4 février 1959, aucun compte nouveau d'épargne-construction ne peut plus être ouvert. Les comptes existants continuent néanmoins de fonctionner selon les règles édictées aux articles L. 315-9 et suivants. ❑

● SECTION PREMIÈRE **ÉPARGNE-LOGEMENT**

Art. L. 315-1 **Le régime de l'épargne-logement a pour objet de permettre l'octroi de prêts aux personnes physiques qui ont fait des dépôts à un compte d'épargne-logement et qui affectent cette épargne au financement de logements destinés à l'habitation principale.**

(L. nº 85-536 du 21 mai 1985) **« Les titulaires d'un compte d'épargne-logement** *(L. nº 2010-1658 du 29 déc. 2010, art. 26-I)* **« ouvert avant le 1er mars 2011 » qui n'affectent pas cette épargne au financement de logements destinés à l'habitation principale dans les conditions du premier alinéa peuvent l'affecter au financement de logements ayant une autre destination dans les conditions fixées par un décret en Conseil d'État qui détermine notamment les destinations autorisées** *[V. art. R. 315-8]*. **« Ces destinations sont exclusives, à l'exception des résidences de tourisme, de tout usage commercial ou professionnel. »**

(L. nº 2003-721 du 1er août 2003, art. 31-V) **« Les dispositions précédentes ne font pas obstacle à l'affectation de l'épargne-logement au financement d'un local destiné à un usage commercial ou professionnel, dès lors qu'il comporte également l'habitation principale du bénéficiaire. »**

V. Arr. du 28 juin 1985 (JO 30 juin) et Circ. du 8 juill. 1985 relative aux modifications apportées au régime de l'épargne-logement (JO 18 juill. ; D. et ALD 1985. 411). – Circ. 16 mars 1994 relative au régime de l'épargne-logement (JO 2 avr., p. 4948). – Décr. nº 95-331 du 27 mars 1995 (JO 29 mars) : application du régime de l'épargne-logement à Saint-Pierre-et-Miquelon. – Arr. du 27 mars 1995 (JO 29 mars) : même objet. – Circ. du 28 janv. 1997 (JO 6 févr.) relative au régime de l'épargne-logement, mod. par Circ. du 10 mars 1997 (JO 20 mars).

1. Les prêts d'épargne-logement ne constituent pas des prêts aidés par l'État au sens des dispositions issues de la loi du 3 janv. 1977 et ne peuvent dès lors ouvrir droit à l'exonération prévue à l'art. 1384 A du code général des impôts. • CAA Nantes, 18 févr. 1993, *Chedefaux : req. nº 92NT00117.*

2. Lorsque le plan d'épargne-logement est venu à terme, le souscripteur peut, dans la limite d'un montant maximum fixé par voie réglementaire, demander et obtenir un prêt correspondant aux intérêts acquis sur le plan. Sauf situation de surendettement, et dès lors que les conditions légales et réglementaires sont réunies, la banque est alors dans l'obligation de consentir le prêt. • Civ. 1re, 3 juin 1997 : *Bull. civ. I, nº 181 ; D. 1998. 245, note H. Heugas-Darraspen ; Defrénois 1998. 125, obs. S. Piedelièvre* • 27 mai 1986 : *D. 1986. IR 246 ; ibid. 1987. IR 294, obs. F. Magnin.*

Art. L. 315-2 *(L. nº 85-536 du 21 mai 1985)* **Les prêts d'épargne-logement concernant les logements destinés à l'habitation principale** *(L. nº 2003-721 du 1er août 2003, art. 31-V)* **« et les locaux visés au troisième alinéa de l'article L. 315-1 » sont accordés pour le financement des dépenses de construction, d'acquisition, d'extension ou de certaines dépenses de réparation et d'amélioration.**

(L. nº 2010-1658 du 29 déc. 2010, art. 26-II) **« Pour les comptes d'épargne-logement ouverts avant le 1er mars 2011, » les prêts d'épargne-logement concernant les logements ayant une autre destination sont accordés pour le financement des dépenses de construction, d'extension ou de certaines dépenses de réparation et d'amélioration.**

(L. nº 96-314 du 12 avr. 1996) **« Les prêts d'épargne-logement accordés entre le 1er janvier 1996 et le 31 décembre 1996 peuvent être affectés au financement des dépenses d'acquisition de logements visés à l'alinéa précédent. »**

V. L. nº 96-314 du 12 avr. 1996, art. 24 et 26, ss. art. L. 315-7.

Art. L. 315-3 **Les dépôts d'épargne-logement sont reçus par les caisses d'épargne ordinaires ainsi que dans les banques et organismes de crédit qui s'engagent par convention avec l'État à appliquer les règles fixées pour le fonctionnement de l'épargne-logement.**

Ordonnance nº 2011-592 du 27 mai 2011,

Modifiant le régime de l'épargne-logement en Polynésie française et en Nouvelle-Calédonie.

Art. 1er Les articles L. 315-1 à L. 315-3 du code de la construction et de l'habitation sont applicables en Polynésie française sous réserve, au deuxième alinéa des articles L. 315-1 et L. 315-2, de remplacer les mots : "le 1er mars 2011" par les mots : "le 1er juin 2011".

Lorsque les comptes d'épargne-logement souscrits en application de l'article L. 315-1 du code de la construction et de l'habitation sont domiciliés en Polynésie française, les bénéficiaires d'un prêt d'épargne-logement peuvent recevoir, lors de la réalisation du prêt, une prime d'épargne-logement dont le montant est fixé compte tenu de leur effort d'épargne.

La condition relative à la réalisation du prêt mentionné à l'alinéa précédent s'applique aux comptes d'épargne-logement ouverts à compter du 1er juin 2011.

La prime d'épargne-logement ne pourra être versée par l'État qu'après la signature d'une convention entre l'État et la Polynésie française, qui précise notamment les modalités de versement de cette prime.

Art. 2 Les articles L. 315-1 à L. 315-3 du code de la construction et de l'habitation sont applicables en Nouvelle-Calédonie, sous réserve, au deuxième alinéa des articles L. 315-1 et L. 315-2, de remplacer les mots : "le 1er mars 2011" par les mots : "le 1er juin 2011".

Lorsque les comptes d'épargne-logement souscrits en application de l'article L. 315-1 du code de la construction et de l'habitation sont domiciliés en Nouvelle-Calédonie, les bénéficiaires d'un prêt d'épargne-logement peuvent recevoir, lors de la réalisation du prêt, une prime d'épargne-logement dont le montant est fixé compte tenu de leur effort d'épargne.

La condition relative à la réalisation du prêt mentionné à l'alinéa précédent s'applique aux comptes d'épargne-logement ouverts à compter du 1er juin 2011.

La prime d'épargne-logement ne pourra être versée par l'État qu'après la signature d'une convention entre l'État et la Nouvelle-Calédonie, qui précise notamment les modalités de versement de cette prime.

Art. 3 Les modalités d'application des articles 1er et 2 sont fixées par décret en Conseil d'État. Ce décret fixe également, pour les nouveaux plans ouverts à compter du 1er juin 2011, le montant minimal du prêt d'épargne auquel est subordonné l'octroi de la prime d'épargne-logement.

Un arrêté conjoint des ministres chargés de l'économie, du budget et du logement fixe le montant maximal de la prime d'épargne-logement.

Art. L. 315-4 *(L. nº 2002-1575 du 30 déc. 2002, art. 80-I)* **Les bénéficiaires d'un prêt d'épargne-logement reçoivent de l'État, lors de la réalisation du prêt, une prime d'***(L. nº 2010-1658 du 29 déc. 2010, art. 26-III)* **« épargne-logement » dont le montant est fixé compte tenu de leur effort d'épargne.** – *Les dispositions issues de la L. nº 2002-1575 du 30 déc. 2002 s'appliquent aux comptes d'épargne-logement ouverts à compter du 12 déc. 2002 (L. nº 2002-1575 du 30 déc. 2002, art. 80-II).*

(L. nº 2010-1658 du 29 déc. 2010, art. 26-III) **« Pour les plans d'épargne-logement mentionnés au 9º *bis* de l'article 157 du code général des impôts :**

« 1º Un décret en Conseil d'État fixe le montant minimal du prêt d'épargne-logement auquel est subordonné l'octroi de la prime d'épargne-logement ; – *Montant fixé à 5 000 euros par art. R. 315-40, al. 4.*

« 2º Un arrêté conjoint des ministres chargés de l'économie, du budget et du logement fixe le montant maximal de la prime d'épargne-logement ; lorsque le prêt d'épargne-logement finance une opération d'acquisition ou de construction, ce montant peut être fixé à un niveau supérieur justifié par le niveau de performance énergétique globale du logement. » – *Les dispositions issues de la L. nº 2010-1658 du 29 déc. 2010 s'appliquent aux plans d'épargne-logement ouverts à compter du 1er mars 2011 (L. nº 2010-1658 du 29 déc. 2010, art. 26-VIII, rect. JO 23 févr.).*

Art. L. 315-5 *(L. nº 83-440 du 2 juin 1983, art. 10)* **Les intérêts et la prime d'épargne versés aux titulaires de comptes d'épargne-logement ne sont pas pris en compte pour le calcul de l'allocation de logement.**

Art. L. 315-6 **Les modalités d'application des dispositions de la présente section sont fixées par décret en Conseil d'État.** – *V. art. R. 315-1 s.*

Art. L. 315-7 *Abrogé par L. nº 83-440 du 2 juin 1983, art. 11.*

Loi nº 96-314 du 12 avril 1996,

Portant diverses dispositions d'ordre économique et financier.

Art. 24 Les personnes physiques titulaires de plans d'épargne-logement prévus aux articles L. 315-1 et suivants du code de la construction et de l'habitation, ayant atteint une durée d'au moins deux ans et six mois entre le 1er janvier et le 30 septembre 1996, peuvent, entre les mêmes dates, dans des conditions fixées par décret en Conseil d'État *[V. Décr. nº 96-431 du 21 mai 1996]* affecter une fraction de cette épargne au financement de travaux d'entretien ou d'amélioration de logements destinés à l'habitation principale ou à l'acquisition de meubles meublants ou d'équipements ménagers à usage non professionnel.

....

Art. 26 Pour toute offre de prêt émise entre le 1er janvier et le 31 décembre 1996 au titre d'un plan d'épargne-logement, le montant et la durée du prêt sont fixés de telle sorte que le total des intérêts à payer par l'emprunteur soit égal au total des intérêts acquis pris en compte pour le calcul du montant du prêt, multiplié par un coefficient égal à 3.

Décret nº 96-431 du 21 mai 1996,

Portant aménagement du régime des plans d'épargne-logement.

Art. 1er Pour l'application de l'article 24 de la loi *[nº 96-314]* du 12 avril 1996 susvisée, le retrait partiel des fonds déposés au titre d'un plan d'épargne-logement porte sur le capital et peut intervenir, par dérogation à l'article R. 315-30 du code de la construction et de l'habitation, si le plan a été souscrit depuis au moins deux ans et six mois à la date du retrait.

Il ne peut être effectué qu'un retrait par plan, d'un montant minimum de 457,35 €, et sous réserve que le capital inscrit au compte du souscripteur ne soit pas ramené à une somme inférieure à 1 524,49 €.

Les retraits opérés par des personnes occupant la même résidence principale ne peuvent excéder 15 244,90 € au total.

Art. 2 Par dérogation aux dispositions de l'article R. 315-31 du code de la construction et de l'habitation, le bénéfice de la section 2 du chapitre V du titre Ier du livre III du code précité est conservé au souscripteur qui procède au retrait partiel du capital inscrit à son compte dans les conditions prévues à l'article 1er du présent décret et utilise les fonds retirés conformément à l'article 24 de la loi du 12 avril 1996 susvisée.

Art. 3 Pour les plans d'épargne-logement clôturés entre le 1er janvier 1996 et le 31 décembre 1996, lorsque les intérêts acquis évalués à la date de venue à terme du plan d'épargne-logement ne sont pas pris en compte en totalité pour le calcul du montant d'un prêt, les intérêts résiduels d'un montant au moins égal à 60,98 € peuvent ouvrir droit à un autre prêt dans le délai prévu à l'article 4 ci-après.

Art. 4 Par dérogation aux dispositions du premier alinéa de l'article R. 315-39 du code de la construction et de l'habitation, le retrait définitif des fonds opéré sur un plan d'épargne-logement à l'arrivée à terme laisse subsister le droit au prêt pendant deux ans, lorsque ce retrait est effectué entre le 1er janvier 1996 et le 31 décembre 1996.

Art. 5 Par dérogation à l'article R. 315-39 du code de la construction et de l'habitation, lorsque le retrait des fonds, à l'arrivée du terme d'un plan d'épargne-logement, a été effectué entre le 1er janvier 1995 et le 15 juin 1995, le souscripteur peut faire valoir son droit au prêt jusqu'au 1er octobre 1996.

V. Circ. 4 juin 1996 relative aux aménagements du régime de l'épargne-logement (JO 14 juin).

SECTION II *[ABROGÉE]* DISPOSITIONS TRANSITOIRES RELATIVES À L'ÉPARGNE-CONSTRUCTION

(Abrogée par L. no 2011-525 du 17 mai 2011, art. 180-I)

BIBL. ▶ HUGOT et ROSSIGNOL, Anciens régimes de l'épargne-construction et de l'épargne-crédit, *J.-Cl Constr., fasc. 62-1.*

Art. L. 315-8 à L. 315-18 *Abrogés par L. no 83-440 du 2 juin 1983, art. 11. – V. Circ du 16 févr. 1982 (JO 3 mars, p. 755).*

Art. L. 315-19 à L. 315-32 *Abrogés par L. no 2011-525 du 17 mai 2011, art. 180-I.*

CHAPITRE VI CONTRÔLE

COMMENTAIRE

De façon principale, les bénéficiaires d'une aide à la construction d'un logement doivent justifier de l'occupation du logement aidé, à titre de résidence principale, dans le délai d'un an qui suit, soit l'achèvement de la construction du logement, soit l'acquisition du logement. □

Art. L. 316-1 **A dater du 3 avril 1955 et pour un délai dont l'expiration est fixée par décret, les bénéficiaires d'une aide à la construction d'un logement (prêt, prime, subvention, etc.) doivent, dans un délai maximum d'un an après l'achèvement dudit logement, justifier de son occupation normale.**

Un délai supplémentaire peut être accordé par l'autorité administrative notamment aux Français résidant dans les territoires d'outre-mer ou à l'étranger.

A défaut de justification, les bénéficiaires de l'aide sont tenus de reverser les sommes perçues. – *V. art. R. 316-1.*

Art. L. 316-2 **Les agents** *(Ord. no 2010-420 du 27 avr. 2010, art. 104)* **« de la direction générale des finances publiques » sont habilités à communiquer tous renseignements permettant de déterminer le caractère de résidence principale des logements construits avec la participation financière de l'État aux agents des administrations compétentes et commissionnés à cet effet.**

Les agents ainsi commissionnés sont tenus au secret professionnel. – *V. art. R. 316-2.*

Art. L. 316-3 *(L. no 96-314 du 12 avr. 1996, art. 41)* **La société de gestion du fonds de garantie à l'accession sociale et les établissements de crédit qui participent à la distribution des avances sans intérêt instituées en application des articles L. 301-1 et L. 301-2 ou des prêts visés par le troisième alinéa de l'article L. 312-1 sont soumis, à raison de ces activités, au contrôle sur pièces et sur place de l'Inspection générale des finances. Les sanctions prévues au III de l'article 43 de la loi no 96-314 du 12 avril 1996 portant diverses dispositions d'ordre économique et financier sont applicables. En outre, lorsqu'il apparaît, à la suite d'un contrôle de l'Inspection générale des finances, que les subventions versées aux établissements de crédit en application de l'article R. 317-1 n'ont pas été employées conformément aux prescriptions des articles R. 317-1 et suivants, le ministre chargé de l'économie peut en ordonner la répétition**

à concurrence des sommes qui ont été employées à un objet différent de celui prévu. La même sanction est applicable à la société de gestion du fonds de garantie de l'accession sociale à raison des activités exercées au titre du troisième alinéa de l'article L. 312-1 et de l'article R. 317-14. Cette société et les établissements de crédit sont également soumis à un contrôle sur pièces et sur place, à raison des mêmes activités, par des agents mandatés à cet effet conjointement par le ministre chargé de l'économie et des finances et le ministre chargé du logement, dans des conditions définies par décret.

Art. L. 316-4 *(L. nº 96-314 du 12 avr. 1996, art. 42)* **Les opérations relatives au régime de l'épargne-logement mentionné à l'article L. 315-1 sont soumises aux vérifications de l'inspection générale des finances.**

CHAPITRE X PRÊT NE PORTANT PAS INTÉRÊT CONSENTI POUR FINANCER LA PRIMO-ACCESSION À LA PROPRIÉTÉ

(L. nº 2010-1657 du 29 déc. 2010, art. 90-I)

BIBL. ► VINCENT, Le prêt à taux zéro + : une refonte du dispositif d'aides à l'accession à la propriété, *D. 2011. 163.*

V. Instr. 27 mars 2012, BOI 4-A-6-12, 30 mars 2012.

COMMENTAIRE

La loi nº 2010-1657 du 29 décembre 2010 de finances pour 2011 a instauré un prêt à taux zéro renforcé dit « PTZ + » dont la principale innovation était d'être élargi à tous les primo-accédants à la propriété de leur résidence principale, sans condition de ressources. Les revenus des bénéficiaires étaient uniquement pris en compte pour le calcul du montant du prêt accordé, de sa durée et des modalités de remboursement.

La loi nº 2011-1977 du 28 décembre 2011 de finances pour 2012 resserre le dispositif en réintroduisant les ressources comme condition d'éligibilité et en réservant ce prêt à l'acquisition de logements neufs, les logements anciens n'étant admissibles que s'ils sont vendus par des bailleurs sociaux à leurs occupants.

En outre, les quotités de financement ont été réduites tandis que la durée du prêt est plafonnée à vingt-cinq ans.

PERSONNES ÉLIGIBLES

Le PTZ + est réservé aux **primo-accédants dont les ressources sont inférieures aux plafonds mentionnés à l'article R. 31-10-3-1**.

Sont considérées comme primo-accédants les personnes physiques n'ayant pas été propriétaires de leur résidence principale au cours des **deux dernières années** précédant l'émission de l'offre (V. pour les moyens de preuve, art. R. 31-10-4 et art. 3 de l'Arr. du 30 déc. 2010 mod. relatif aux conditions d'application de dispositions concernant les prêts ne portant pas intérêt consentis pour financer la primo-accession à la propriété, *JO* 31 déc.).

Sont cependant dispensés de remplir cette condition :
– les personnes titulaires d'une carte d'invalidité dans l'incapacité d'exercer une activité professionnelle (V. art. L. 31-10-3) ;
– les personnes titulaires d'une allocation d'éducation enfant handicapé ou d'une allocation adulte handicapé, (V. art. L. 31-10-3) ;
– les personnes dont la résidence principale a été rendue inhabitable par une catastrophe naturelle ou technologique (V. art. L. 31-10-3 et R. 31-10-3).

OPÉRATIONS ÉLIGIBLES

Le PTZ + est destiné à financer l'acquisition de logements neufs ou de logements anciens vendus par des bailleurs sociaux.

Sont ainsi éligibles au PTZ + les opérations de **construction** et **d'acquisition** d'un logement avec ou sans travaux. Sont assimilées à la construction d'un logement neuf les opérations d'aménagement à usage de logement de locaux non destinés à l'habitation ainsi que l'acquisition d'un logement, en vue de sa première occupation, après la réalisation de travaux de rénovation de grande ampleur au sens de l'article 257 du code général des impôts.

Le PTZ + peut également être accordé pour financer l'acquisition d'un logement dans le cadre d'une **location-accession** (V. art. R. 31-10-2). Dans ce cas, le logement sera considéré comme neuf si l'emprunteur est le premier occupant à la date de la levée d'option.

En dehors de cette hypothèse, la vente d'un logement à ses occupants ne peut être financée au moyen d'un PTZ + que si ce logement appartient au parc social.

Le logement financé par le prêt doit être destiné à être occupé **à titre de résidence principale** (V. art. R. 31-10-6). L'affectation peut être mixte à condition que la partie destinée à être utilisée à titre accessoire à un usage professionnel ou commercial n'excède pas 15 % de la surface du logement (V. art. R. 31-10-6 -2o).

Le PTZ + permet également de financer l'édification ou l'achat de certaines dépendances du logement dont la liste est précisée par arrêté (V. art. 1er de l'Arr. du 30 déc. 2010 mod. relatif aux conditions d'application de dispositions concernant les prêts ne portant pas intérêt consentis pour financer la primo-accession à la propriété, *JO* 31 déc.).

L'affectation du logement doit être maintenue pendant toute la durée du prêt (V. art. R. 31-10-6, 1o). Il en résulte que, tant que le prêt n'est pas remboursé, le logement ne peut être loué que sous certaines conditions.

CONDITIONS FINANCIÈRES

Le montant et les conditions de remboursement du prêt dépendent du coût de l'opération, de la composition du foyer, des ressources, de la localisation géographique du bien, de son caractère neuf ou ancien, de son niveau de performance énergétique.

Le législateur a renforcé l'incidence des performances environnementales. Pour le PTZ, le montant du prêt était majoré si le logement avait fait l'objet de la certification BBC. Pour le PTZ+, le montant du prêt accordé est minoré si le logement neuf ne répond pas aux exigences de ce label.

Pour les logements anciens, le montant du prêt est désormais égal à 10 % du coût total de l'opération, dans la limite d'un plafond (V. art. R. 31-10-9).

SANCTION

Si le prêt a été octroyé sans que les conditions légales ou réglementaires ne soient respectées, le contrat peut prévoir sa régularisation ou son remboursement anticipé (V. art. L. 31-10-7 et R. 31-10-7). ❑

Art. L. 31-10-1 Les établissements de crédit peuvent consentir des prêts ne portant pas intérêt dans les conditions prévues au présent chapitre. Ces prêts leur ouvrent droit au bénéfice du crédit d'impôt prévu à l'article 244 *quater* V du code général des impôts.

V. Arr. du 30 déc. 2010 (JO 31 déc.), mod. par Arr. du 3 mai 2012 (JO 8 mai).

SECTION PREMIÈRE CONDITIONS DU PRÊT

Art. L. 31-10-2 *(L. no 2011-1977 du 28 déc. 2011, art. 86-I-1o)* **« Les prêts mentionnés au présent chapitre sont octroyés aux personnes physiques, sous condition de**

ressources, lorsqu'elles acquièrent, avec ou sans travaux, ou font construire leur résidence principale en accession à la première propriété. Lorsque le logement est neuf, les prêts émis à compter du 1er janvier 2013 sont octroyés sous condition de performance énergétique *[V. art. R. 31-10-3-2]*. » *(L. no 2012-958 du 16 août 2012, art. 19)* « Cette condition ne s'applique pas à l'acquisition de logements destinés à être occupés par des titulaires de contrats de location-accession conclus dans les conditions prévues par la loi no 84-595 du 12 juillet 1984 définissant la location-accession à la propriété immobilière, qui font l'objet, dans des conditions fixées par décret, d'une convention et d'une décision d'agrément prise par le représentant de l'État dans le département avant le 1er janvier 2012. » *(L. no 2011-1977 du 28 déc. 2011, art. 86-I-1o)* « Lorsque le logement est ancien, les prêts sont octroyés sous condition de vente du parc social à ses occupants. Aucun frais de dossier, frais d'expertise, intérêt ou intérêt intercalaire ne peut être perçu sur ces prêts. »

(L. no 2010-1657 du 29 déc. 2010, art. 90-I) « Il ne peut être accordé qu'un seul prêt ne portant pas intérêt prévu par le présent chapitre pour une même opération. Une opération financée par un tel prêt ne peut bénéficier de l'avance mentionnée à l'article 244 *quater* J du code général des impôts. »

Les dispositions issues de la L. no 2011-1977 du 28 déc. 2011 s'appliquent aux prêts émis à compter du 1er janv. 2012 (L. préc., art. 86-III).

Art. L. 31-10-3 *[I. –]* Remplissent la condition de première propriété *[V. art. R. 31-10-3]* mentionnée à l'article L. 31-10-2 les personnes physiques n'ayant pas été propriétaires de leur résidence principale au cours des deux dernières années précédant l'émission de l'offre de prêt.

Toutefois, cette condition n'est pas exigée lorsque le bénéficiaire du prêt ou l'un des occupants du logement à titre principal :

a) Est titulaire de la carte d'invalidité correspondant au classement dans la deuxième ou la troisième des catégories prévues à l'article L. 341-4 du code de la sécurité sociale ;

b) Bénéficie d'une allocation attribuée en vertu des articles L. 541-1 à L. 541-3 ou L. 821-1 à L. 821-8 du même code ;

c) A été victime d'une catastrophe ayant conduit à rendre inhabitable de manière définitive sa résidence principale.

(L. no 2011-1977 du 28 déc. 2011, art. 86-I-2o) « II. – Remplissent la condition de ressources mentionnée à l'article L. 31-10-2 les personnes physiques dont le montant total des ressources, mentionné au *c* de l'article L. 31-10-4, divisé par le coefficient familial, apprécié selon les modalités fixées à l'article L. 31-10-12, est inférieur à un plafond fixé par décret, en fonction de la localisation du logement. Ce plafond ne peut être supérieur à *(L. no 2012-1510 du 29 déc. 2012, art. 16-I-1o)* « 36 000 € *[ancienne rédaction : 43 500 €]* » ni inférieur à *(L. no 2012-1510 du 29 déc. 2012, art. 16-I-1o)* « 16 500 € *[ancienne rédaction : 26 500 €]* ».

« III. – Remplissent la condition de performance énergétique mentionnée à l'article L. 31-10-2 les logements dont la performance énergétique globale est supérieure à un niveau fixé par décret.

« IV. – Remplissent la condition de vente du parc social à ses occupants mentionnée à l'article L. 31-10-2 les opérations portant sur un logement d'un organisme d'habitation à loyer modéré mentionné à l'article L. 411-2 ou sur un logement d'une société d'économie mixte mentionnée à l'article L. 481-1 faisant l'objet d'une convention conclue en application de l'article L. 351-2, acquis par les personnes mentionnées au premier ou au troisième alinéa de l'article L. 443-11 à un prix égal au minimum autorisé en application de l'article L. 443-12. »

Les dispositions issues de la L. no 2011-1977 du 28 déc. 2011 s'appliquent aux prêts émis à compter du 1er janv. 2012 (L. préc., art. 86-III).

L'art. 16-I de la L. no 2012-1510 du 29 déc. 2012 s'applique aux offres de prêts émises à compter du 1er janv. 2013 (L. préc., art. 16-II).

Art. L. 31-10-4 Les modalités du prêt sont fonction :

a) Du coût total de l'opération toutes taxes comprises ;

b) Du nombre des personnes destinées à occuper à titre de résidence principale le logement ;

c) De l'ensemble des ressources des personnes mentionnées au *b* ;

d) De la localisation dans une zone géographique, définie dans des conditions fixées par décret *[V. art. R. 304-1]* en fonction du déséquilibre entre l'offre et la demande de logements, du caractère neuf ou ancien du logement et de son niveau de performance énergétique globale.

(Abrogé par L. nº 2011-1977 du 28 déc. 2011, art. 86-I-3º) ***« e) De l'appartenance initiale du logement ancien au patrimoine immobilier d'un organisme d'habitation à loyer modéré défini à l'article L. 411-2 ou d'une société d'économie mixte mentionnée à l'article L. 481-1. »***

Les dispositions issues de la L. nº 2011-1977 du 28 déc. 2011 s'appliquent aux prêts émis à compter du 1er janv. 2012 (L. préc., art. 86-III).

Art. L. 31-10-5 Le montant total des ressources mentionné au *c* de l'article L. 31-10-4 à prendre en compte pour l'émission de l'offre de prêt s'entend du plus élevé des deux montants suivants :

a) La somme des revenus fiscaux de référence, au sens du 1º du IV de l'article 1417 du code général des impôts, des personnes mentionnées au *b* du même article L. 31-10-4 du présent code, au titre de l'avant-dernière année précédant celle de l'émission de l'offre de prêt. Dans le cas où la composition du ou des foyers fiscaux de ces personnes inclut, l'année retenue pour la détermination du montant total des ressources, des personnes qui ne sont pas destinées à occuper à titre principal le logement, le ou les revenus fiscaux de référence concernés sont corrigés afin de ne tenir compte que des personnes mentionnées au même *b*, le cas échéant de manière forfaitaire *[V. art. R. 31-10-5]* ;

b) Le coût total de l'opération mentionné au *a* de l'article L. 31-10-4, divisé par dix.

SECTION II MAINTIEN DU PRÊT

Art. L. 31-10-6 Tant que le prêt n'est pas intégralement remboursé, le logement doit demeurer la résidence principale de l'emprunteur et ne peut être proposé à la location, sauf exceptions définies par décret *[V. art. R. 31-10-6]*.

En cas de mutation du logement, l'emprunteur peut conserver le bénéfice du prêt, sous la forme d'un transfert du capital restant dû, pour l'acquisition ou la construction d'une nouvelle résidence principale.

Art. L. 31-10-7 L'offre de prêt ne portant pas intérêt émise par l'établissement de crédit peut prévoir :

a) D'ajuster, dans des conditions fixées par décret *[V. art. R. 31-10-7]*, le montant ou les conditions du prêt afin que l'avantage correspondant à celui-ci soit équivalent à l'avantage correspondant au prêt qui aurait dû être octroyé à l'emprunteur lorsque les conditions du prêt mentionnées au présent chapitre n'ont pas été respectées et que ce défaut de respect est imputable à l'emprunteur ;

b) De rendre exigible le remboursement du capital restant dû lorsque les conditions de maintien du prêt prévues à l'article L. 31-10-6 ne sont plus respectées.

L'établissement doit indiquer dans le contrat de prêt les obligations d'information incombant à l'emprunteur, notamment en cas de changement de situation.

SECTION III MONTANT DU PRÊT

Art. L. 31-10-8 Le montant du prêt est égal à une quotité du coût total de l'opération *[V. art. R. 31-10-8]* retenu dans la limite d'un plafond. Il ne peut excéder le montant du ou des autres prêts, d'une durée au moins égale à deux ans, concourant au financement de la même opération.

Lorsque le total des périodes de remboursement du prêt est inférieur ou égal à huit ans, le montant du prêt peut être réduit au maximum de moitié à la demande de l'emprunteur.

Art. L. 31-10-9 *(L. nº 2011-1977 du 28 déc. 2011, art. 86-I-4º)* La quotité mentionnée à l'article L. 31-10-8 est fixée par décret *[V. art. R. 31-10-9]*, en fonction de la localisation du logement et de son caractère neuf ou ancien. Elle ne peut pas être supérieure à *(L. nº 2012-1510 du 29 déc. 2012, art. 16-I-2º)* « 35 % *[ancienne rédaction : 40 %]* » ni inférieure à 10 %.

(L. nº 2012-1510 du 29 déc. 2012, art. 16-I-2º) « Toutefois, pour les logements neufs dont le niveau de performance énergétique globale est supérieur à un ou plusieurs niveaux fixés par décret *[V. art. R. 31-10-9]*, la quotité mentionnée au premier alinéa du présent article est rehaussée à un taux qui ne peut être supérieur à 40 %.

« Pour les logements destinés à être occupés par des titulaires de contrats de location-accession mentionnés au premier alinéa de l'article L. 31-10-2 et ne respectant pas la condition de performance énergétique mentionnée à ce même article, cette quotité est abaissée à un taux qui ne peut être ni supérieur à 30 %, ni inférieur à 5 % *[ancienne rédaction : Toutefois, lorsque le logement est neuf, cette quotité est abaissée à un taux qui ne peut être supérieur à 30 % ni inférieur à 5 % lorsque sa performance énergétique globale est inférieure à un ou plusieurs niveaux fixés par décret]*. »

Les dispositions issues de la L. nº 2011-1977 du 28 déc. 2011 s'appliquent aux prêts émis à compter du 1er janv. 2012 (L. préc., art. 86-III).

L'art. 16-I de la L. nº 2012-1510 du 29 déc. 2012 s'applique aux offres de prêts émises à compter du 1er janv. 2013 (L. préc., art. 16-II).

Art. L. 31-10-10 Le coût total de l'opération comprend le coût des travaux éventuellement prévus par l'emprunteur lors de l'acquisition, à l'exception des montants financés au moyen de l'avance mentionnée à l'article 244 *quater* U du code général des impôts.

Le plafond dans la limite duquel est retenu le coût total d'opération correspond au produit du montant maximal d'opération pour une personne seule par un coefficient familial, arrondi au millier d'euros le plus proche.

Le montant maximal d'opération pour une personne seule est fixé par décret *[V. art. R. 31-10-10]*, en fonction de la localisation du logement et de son caractère neuf ou ancien. Il ne peut être supérieur à 156 000 € ni inférieur à 79 000 €.

Le coefficient familial mentionné au deuxième alinéa est déterminé en fonction du nombre de personnes destinées à occuper à titre de résidence principale le logement, selon le tableau ci-après :

Nombre de personnes	1	2	3	4	5 et plus
Coefficient familial	1,0	1,4	1,7	2,0	2,3

SECTION IV DURÉE DU PRÊT

Art. L. 31-10-11 Les conditions de remboursement du prêt sont déterminées à la date d'émission de l'offre de prêt.

Le remboursement du prêt s'effectue, en fonction des ressources de l'emprunteur, selon les modalités mentionnées à l'article L. 31-10-12, soit en une seule période, soit, lorsqu'il y a un différé de remboursement sur une fraction *(L. n° 2012-1510 du 29 déc. 2012, art. 16-I-3°)* « ou la totalité de son montant, en deux périodes. Pour chaque période, le remboursement s'effectue par mensualités constantes. Toutefois, lorsque le différé de remboursement porte sur la totalité du montant du prêt, ces mensualités sont nulles lors de la première période définie au même article L. 31-10-12 *[ancienne rédaction : de son montant, en deux périodes. Pour chaque période, le remboursement s'effectue par mensualités constantes]*. »

Lorsque l'emprunteur bénéficie d'un différé de remboursement, la durée de la première période, fixée au même article L. 31-10-12, ne peut dépasser la plus longue des durées du ou des autres prêts concourant au financement de l'opération.

La durée de la première période de remboursement peut être réduite à la demande de l'emprunteur, sans pouvoir être inférieure à quatre ans.

La première période de remboursement peut être précédée d'une période de mise à disposition des fonds, durant laquelle le prêt ne fait l'objet d'aucun remboursement de la part de l'emprunteur.

L'art. 16-I de la L. n° 2012-1510 du 29 déc. 2012 s'applique aux offres de prêts émises à compter du 1er janv. 2013 (L. préc., art. 16-II).

Art. L. 31-10-12 La fraction du prêt faisant l'objet du différé de remboursement et la durée de chacune des périodes de remboursement sont fixées par décret *[V. art. R. 31-10-11]* suivant *(L. n° 2011-1977 du 28 déc. 2011, art. 86-I-5°)* « un maximum de » dix tranches, en fonction de la localisation du logement, de son caractère neuf ou ancien et du montant total des ressources mentionné au *c* de l'article L. 31-10-4 divisé par le coefficient familial mentionné à l'article L. 31-10-10, majoré de 0,3 par personne destinée à occuper à titre de résidence principale le logement au-delà de la cinquième dans la limite de huit personnes au total.

(L. n° 2012-1510 du 29 déc. 2012, art. 16-I-4°) « La durée totale de remboursement du prêt ne peut être supérieure à vingt-cinq ans. »

Les dispositions issues de la L. n° 2011-1977 du 28 déc. 2011 s'appliquent aux prêts émis à compter du 1er janv. 2012 (L. préc., art. 86-III).

L'art. 16-I de la L. n° 2012-1510 du 29 déc. 2012 s'applique aux offres de prêts émises à compter du 1er janv. 2013 (L. préc., art. 16-II).

Ancien art. L. 31-10-12 (L. n° 2010-1657 du 29 déc. 2010, art. 90-I) *La fraction du prêt faisant l'objet du différé de remboursement et la durée de chacune des périodes de remboursement sont fixées par décret [V. art. R. 31-10-11] suivant* (L. n° 2011-1977 du 28 déc. 2011, art. 86-I-5°) *« un maximum de » dix tranches, en fonction de la localisation du logement, de son caractère neuf ou ancien et du montant total des ressources mentionné au c de l'article L. 31-10-4 divisé par le coefficient familial mentionné à l'article L. 31-10-10, majoré de 0,3 par personne destinée à occuper à titre de résidence principale le logement au-delà de la cinquième dans la limite de huit personnes au total.*

La fraction du prêt qui fait l'objet d'un différé ne peut être supérieure à 45 % du montant du prêt.

La durée de la première période de remboursement ne peut être supérieure à 23 ans, ni inférieure à 5 ans.

La durée de la deuxième période de remboursement ne peut être supérieure à 7 ans, ni inférieure à 2 ans.

SECTION V CONVENTIONS AVEC LES ÉTABLISSEMENTS DE CRÉDIT ET CONTRÔLE

Art. L. 31-10-13 L'habilitation à délivrer les prêts prévus au présent chapitre est subordonnée à la conclusion d'une convention entre l'établissement de crédit et l'État,

conforme à une convention type approuvée par arrêté conjoint du ministre chargé de l'économie et du ministre chargé du logement. – *V. Arr. 4 juin 2011 (JO 4 juin).*

Art. L. 31-10-14 **Le ministre chargé de l'économie et le ministre chargé du logement sont autorisés à confier la gestion, le suivi et le contrôle des crédits d'impôt dus au titre des prêts prévus au présent chapitre à la société de gestion mentionnée au dernier alinéa de l'article L. 312-1.**

Le droit de contrôle confié à la société de gestion s'exerce sans préjudice de celui dévolu à l'administration fiscale, qui demeure seule compétente pour procéder à des rectifications.

Une convention conclue entre l'établissement de crédit et la société de gestion, conforme à une convention type approuvée par arrêté conjoint du ministre chargé de l'économie et du ministre chargé du logement, définit les modalités de déclaration des prêts par l'établissement de crédit, le contrôle de leur éligibilité et le suivi des crédits d'impôt prévus à l'article 244 *quater* V du code général des impôts.

Cette convention prévoit l'obligation de l'établissement de crédit d'informer l'emprunteur, dans l'offre et le contrat de prêt sans intérêt, du montant du crédit d'impôt prévu au même article 244 *quater* V correspondant.

V. Arr. du 25 mai 2011 relatif à la gestion, au suivi et au contrôle des crédits d'impôt dus au titre des prêts ne portant pas intérêt consentis pour financer la primo-accession à la propriété par la Société de gestion du fonds de garantie de l'accession sociale à la propriété (JO 4 juin).

V. Arr. du 25 mai 2011 relatif aux modalités de déclaration par les établissements de crédit habilités des prêts ne portant pas intérêt consentis pour financer la primo-accession à la propriété, au contrôle de leur éligibilité et au suivi des crédits d'impôt dus au titre de ces prêts (JO 4 juin).

TITRE DEUXIÈME AMÉLIORATION DE L'HABITAT

BIBL. ▶ DIVERS, *Droit et ville, 1979, n° 5 ; AJPI, n° spécial, janv. 1981.* – DURAND, L'amélioration de l'habitat existant : rénovation, restauration, réhabilitation, *Thèse droit, Paris II, 1980.*

COMMENTAIRE

Compte tenu des objectifs économiques de la politique de construction, les pouvoirs publics ont longtemps concentré leurs efforts sur la construction neuve.

Or, l'action sur le parc ancien est primordiale compte tenu du rôle de « parc social de fait » qu'il remplit.

La politique d'amélioration de l'habitat est assurée sous l'égide d'une agence nationale, qui peut prendre en charge tout ou partie des capitaux investis dans les travaux. ☐

CHAPITRE PREMIER AGENCE NATIONALE DE L'HABITAT – STATUT ET CONCOURS FINANCIER

V. Lettre-circ. du 6 déc. 1989 (logement) : orientation plus sociale de la politique de l'ANAH (Mon. TP 26 janv. 1990, Suppl. textes, p. 24). – Instr. n° 91-01 du 8 févr. 1991 (ANAH), Mon. TP, Suppl. textes, p. 340 : opérations expérimentales dans le parc récent. – Circ. n° 93-113 du 16 déc. 1993, Mon. TP 31 déc. 1993, Suppl. textes, p. 175 (programmation des crédits de l'ANAH en 1994). – Décr. n° 93-236 du 22 févr. 1993 (JO 24 févr.) relatif à la création d'une mission interministérielle d'inspection du logement social. – Instr. n° 94-04 du 17 mars 1994 (adaptation de certaines règles d'attribution des subventions de l'ANAH), Mon. TP 25 mars 1994, Suppl. textes, p. 272. – Instr. n° 94-07 du 17 nov. 1994 (modulation des règles de plafonnement des dépenses subventionnables), Mon. TP 9 déc. 1994, Suppl. textes, p. 264. – Circ. n° 94-08 du 13 déc. 1994 (programmation des crédits *de l'ANAH en 1995), Mon. TP 6 janv. 1995, Suppl. textes, p. 222. – Instr. n*o *95-04 du 22 nov. 1995 (modification des conditions de subvention des diagnostics), Mon. TP 12 janv. 1995, Suppl. textes, p. 253. – Instr. n*o *96-01 du 26 juin 1996 (harmonisation de certaines règles d'attribution des subventions de l'ANAH), Mon. TP 12 juill. 1996, Suppl. textes, p. 260. – Circ. n*o *97-01 du 7 janv. 1997, Mon. TP 17 janv. 1997, Suppl. textes, p. 276 (programmation des crédits de l'ANAH en 1997). – Instr. n*o *97-03 du 25 nov. 1997 (mesures concernant certains travaux spécifiques de sécurité et salubrité), Mon. TP 5 déc. 1997, Suppl. textes, p. 339. – Circ. n*o *97-04 du 18 déc. 1997 (programmation des crédits de l'ANAH en 1998), Mon. TP 2 janv. 1998, Suppl. textes, p. 226. – Circ. n*o *98-05 du 17 déc. 1998 (même sujet pour 1999), BOMELT n*o *99/2. – Circ. n*o *99-04 du 16 déc. 1999 (idem pour 2000), BOMELT n*o *2000/1. – Circ. n*o *2001-10 du 12 janv. 2001 (idem pour 2001), BOMELT n*o *2001/4. – Circ. n*o *2001-02 du 6 déc. 2001 (idem pour 2002), BOMELT n*o *2002/4, p. 82. – Circ. n*o *2002-80 du 20 déc. 2002 (idem pour 2003), BOMELT n*o *2003/1, p. 76. – Circ. n*o *2003-80 du 19 déc. 2003 (idem pour 2004), BOMELT n*o *2004/2, p. 104. – Circ. n*o *C-2004-01 du 9 déc. 2004 (idem pour 2005), BOMELT n*o *2005/1, p. 29. – Circ. n*o *I-2001-01 du 21 déc. 2001 (attribution des subventions de l'ANAH à compter du 1*er *janv. 2002), BOMELT n*o *2002/10, p. 36. – Circ. C 2003-01 du 24 janv. 2003 (primes destinées à résorber la vacance), BOMELT n*o *2003/3, p. 47, rect. BOMELT n*o *2003/8, p. 53. – Instr. n*o *I-2003-01 du 7 févr. 2003 (contrôle conditions d'obtention des aides), Mon. TP 7 mars 2003, Suppl. textes, p. 407. – Instr. n*o *I-2003-02 du 7 févr. 2003 (opérations importantes de réhabilitation), BOMELT n*o *2003/9, p. 57. – Instr. n*o *I-2007-03 du 31 déc. 2007 relative aux subventions de l'Anah dans le cadre de la lutte contre l'habitat indigne, BOMELT n*o *2008/3, p. 72. – Arr. 20 mars 2006 (remboursement des frais), JO 1*er *avr. 2006. – Instr. n*o *I-2003-04 du 24 oct. 2003 relative à l'adaptation du dispositif des aides de l'agence (BOMELT n*o *2003/24, p. 279). – Instr. n*o *I-2004-01 du 9 avr. 2004 relative à la réalisation de travaux d'accessibilité et d'adaptation des immeubles ou des logements existants aux personnes en situation de handicap et subventionnés par l'ANAH (BOMELT n*o *2004/8, p. 37). – Instr. n*o *2004-02 du 20 oct. 2004 relative à l'assistance à maîtrise d'ouvrage subventionnable par l'ANAH (BOMELT n*o *2004/21, p. 100). – Instr. n*o *2004-03 du 5 nov. 2004 relative aux primes pour la remise sur le marché locatif de logements vacants (BOMELT n*o *2004/24, p. 246). – Instr. n*o *2004-04 du 5 nov. 2004 relative aux aides de l'ANAH aux travaux réalisés dans les parties communes des immeubles situés dans le périmètre d'une OPAH « copropriétés dégradées » et présentant des pathologies lourdes (BOMELT n*o *2004/24, p. 247). – Instr. n*o *I-2005-01 du 24 janv. 2005 relative à la fixation des loyers intermédiaires ANAH et à diverses règles relatives aux loyers maîtrisés (BOMELT n*o *2005/4, p. 56). – Instr. I n*o *2005-02 du 27 juin 2005 relative aux taux maximaux applicables pour les loyers maîtrisés (BOMELT n*o *2005/15, p. 60). – Instr. I n*o *2005-03 du 12 juill. 2005 relative aux aides de l'ANAH à l'ingénierie des programmes d'amélioration de l'habitat privé (BOMELT n*o *2005/15, p. 61). – Instr. n*o *I-2005-04 du 7 déc. 2005 relative aux modalités de gestion des 45 millions d'euros du fonds destiné aux travaux de mise en sécurité de structures d'hébergement (BOMELT n*o *2006/3, p. 69 ; Mon. TP 17 févr. 2006, Suppl. textes, p. 462). – Instr. n*o *I-2005-05 du 31 déc. 2005 relative à l'adaptation des conditions d'intervention de l'ANAH à compter du 1*er *janv. 2006 (BOMELT n*o *2006/3, p. 73). – Instr. n*o *I-2006-01 du 20 janv. 2006 relative aux aides de l'ANAH en cas de travaux réalisés par des propriétaires occupants dans le cadre d'une autoréhabilitation encadrée (BOMELT n*o *2006/4, p. 60 ; Mon. TP 24 févr. 2006, Suppl. textes, p. 492). – Note n*o *2006-15 du 22 déc. 2006 relative aux montants des subventions d'assistance à maîtrise d'ouvrage à compter du 1*er *janv. 2007 (BOMELT n*o *2007/6, p. 134). – Note n*o *2008-6 du 23 déc. 2008 relative aux montants des subventions d'assistance à maîtrise d'ouvrage à compter du 1*er *janv. 2009 (BOMEEDDAT n*o *2009/6, p. 218).*

*V. Circ. n*o *2005-11 et C-2005-01 ANAH du 14 févr. 2005 relative à la mobilisation du parc de logements privés dans le cadre du plan de cohésion sociale (BOMELT n*o *2005/4, p. 53) Circ. n*o *2005-43 et C-2005-02 ANAH du 5 juill. 2005 relative aux logements privés - Plan de cohésion sociale - Programme d'intérêt général (BOMELT n*o *2005/13, p. 54).*

V. aussi Arr. 13 janv. 2003, approuvant le budget 2003 de l'ANAH (JO 22 janv.).

*Concernant le calcul des subventions, V. Circ. n*o *2000-04 du 23 oct. 2000, BOMELT n*o *2000/21.*

*V. Circ. n*o *2005-91 du 6 déc. 2005 relative à la programmation de l'action et des crédits de l'ANAH en 2005 (BOMELT n*o *2006/3, p. 54).*

*V. Circ. n*o *2007-9 du 10 janv. 2007 relative à la programmation de l'action et des crédits de l'ANAH en 2007 (BOMELT n*o *2007/6, p. 54).*

*V. Circ. n*o *2008-01 du 14 févr. 2008 relative aux orientations pour la programmation de l'action et des crédits de l'ANAH en 2008 (BOMELT n*o *2008/4, p. 99).*

BIBL. ► SAURAT, L'Agence nationale pour l'amélioration de l'habitat, *Masson*, 1990.

COMMENTAIRE

Créée par la loi nº 70-1283 du 31 décembre 1970 portant loi de finances rectificative pour remplacer le Fonds national d'amélioration de l'habitat (FNH) géré par le Crédit foncier de France, l'Agence nationale de l'habitat (ANAH) est un établissement public national à caractère administratif, qui a pour mission d'apporter son aide au financement des travaux d'amélioration des logements ou locaux du parc locatif privé.

L'article 185 de la loi solidarité et renouvellement urbains du 13 décembre 2000 a procédé à une refonte des dispositions relatives à l'ANAH. Initialement limitées aux seules zones bâties agglomérées des zones de revitalisation rurale, ses missions sont étendues à l'ensemble du territoire. Par ailleurs, l'article 37 de la loi ENL du 13 juillet 2006 élargit également ses compétences. L'ANAH a désormais vocation à promouvoir le développement et la qualité du parc de logements privés. Elle conserve sa compétence initiale en matière d'aide aux travaux d'amélioration et devient compétente pour conventionner des logements sans que soient réalisés des travaux d'amélioration. Elle peut mener des actions d'assistance, d'étude ou de communication ayant pour objet d'améliorer la connaissance du parc privé existant et de faciliter l'accès des ménages à revenus modestes ou intermédiaires aux logements locatifs privés. La loi nº 2009-323 du 25 mars 2009 étend le champ de ses compétences à la lutte contre l'habitat indigne du programme national de requalification des quartiers anciens dégradés mentionné à l'article 25 de cette même loi (cf. art. L. 321-1-2 et *App., vº Rénovation urbaine,* L. nº 2009-323 du 25 mars 2009, art. 25).

La loi du 25 mars 2009 procède également à une réorganisation de l'Agence. Son conseil d'administration comprend désormais trois collèges à parité : l'État, les élus locaux et des personnalités qualifiées représentant l'UESL. Le décret nº 2009-1625 du 24 décembre 2009 vient préciser les modalités de composition du conseil d'administration de l'ANAH, ses attributions, et les règles particulières de majorité nécessaires à la gestion des crédits relatifs à la lutte contre l'habitat indigne et à l'amélioration des structures d'hébergement.

L'ANAH voit par ailleurs apparaître de nouvelles instances (V. art. R. 321-1 CCH) : un comité financier, un comité d'évaluation et de suivi, une commission nationale pour la lutte contre l'habitat indigne, une commission des recours dont les attributions et les modalités de fonctionnement sont détaillées aux articles R. 321-6-1 et suivants.

Compte tenu des nouvelles possibilités offertes aux établissements publics de coopération intercommunale et aux départements par la loi nº 2004-809 du 13 août 2004 relative aux libertés et aux responsabilités locales, l'article L. 321-1-1 permet des délégations réciproques entre l'ANAH et les collectivités concernées. L'article L. 321-1-3, issu de la loi nº 2009-323 du 25 mars 2009, autorise la création par convention de fonds locaux de réhabilitation de l'habitat privé regroupant les financements de l'ANAH, des collectivités territoriales et de leurs groupements ainsi que de tout autre organisme public ou privé.

Enfin, l'agence peut prononcer des sanctions administratives à l'encontre des bénéficiaires des aides n'ayant pas respecté les règles ou conventions conclues. ❑

● SECTION PREMIÈRE **DISPOSITIONS GÉNÉRALES** *(Ord. nº 2005-655 du 8 juin 2005, art. 14-1º).*

Art. L. 321-1 *(L. nº 2006-872 du 13 juill. 2006, art. 37-I-1º)* **I. — L'Agence nationale de l'habitat a pour mission, dans le respect des objectifs définis à l'article L. 301-1, de promouvoir le développement et la qualité du parc existant de logements privés** *(L. nº 2009-323 du 25 mars 2009, art. 9-I)* **« ainsi que de participer à la lutte contre l'habitat indigne et à l'amélioration des structures d'hébergement ». A cet effet, elle encourage et facilite l'exécution de travaux de réparation, d'assainissement, d'amélioration et d'adaptation d'immeubles d'habitation, ainsi que l'exécution de travaux de transformation en logements de locaux non affectés à l'habitation, dès lors que ces**

logements sont utilisés à titre de résidence principale *(L. nº 2009-323 du 25 mars 2009, art. 9-I)* « , ainsi que l'exécution d'opérations de résorption d'habitat insalubre et de requalification d'immeubles d'habitat privé dégradé ». Elle peut mener des actions d'assistance, d'étude ou de communication ayant pour objet d'améliorer la connaissance du parc privé existant et des conditions de son occupation et de faciliter l'accès des personnes défavorisées et des ménages à revenus modestes ou intermédiaires aux logements locatifs privés.

(L. nº 2009-323 du 25 mars 2009, art. 9-I) « L'Agence nationale de l'habitat est administrée par un conseil d'administration qui comprend un nombre égal :

« 1º De représentants de l'État et de ses établissements publics ;

« 2º De parlementaires, de représentants de l'Assemblée des départements de France, de l'Assemblée des communautés de France et de l'Association des maires de France ;

« 3º De personnalités qualifiées, dont deux représentants de l'Union d'économie sociale du logement ainsi qu'un représentant des propriétaires, un représentant des locataires et un représentant des professionnels de l'immobilier.

« Le président et les membres du conseil d'administration sont nommés par arrêté conjoint du ministre chargé du logement et du ministre chargé des finances. Le président est choisi parmi les membres mentionnés aux 2º ou 3º. »

II. — L'Agence nationale de l'habitat peut conclure avec tout bailleur une convention conforme à l'article L. 321-4 ou à l'article L. 321-8 par laquelle ce dernier s'engage à respecter des conditions relatives au plafond de ressources des locataires, au plafond de loyers et, le cas échéant, aux modalités de choix des locataires.

Un décret détermine les modalités d'application du présent II. Ce décret définit une procédure d'entrée en vigueur simplifiée des conventions. — *V. art. R. 321-23 s.*

III. — Pour l'accomplissement de sa mission, l'Agence nationale de l'habitat dispose des ressources suivantes :

1º Les contributions et subventions de l'État et de ses établissements publics, de l'Union européenne, des collectivités territoriales, de leurs groupements et de leurs établissements publics ainsi que de toute autre personne morale publique ou privée ;

2º Les recettes fiscales affectées par la loi ;

3º Le produit des amendes mentionnées à l'article L. 651-2 ;

4º Les emprunts et le produit des placements financiers qu'elle est autorisée à faire ;

5º Le remboursement des aides qu'elle a accordées et qui sont annulées ;

6º Le produit des dons et legs ;

7º Les sommes correspondant aux aides accordées par les collectivités territoriales et les établissements publics de coopération intercommunale mentionnées aux articles L. 312-2-1 et L. 321-1-1 qui lui sont versées en application des conventions prévues à ces articles ;

8º Les sommes allouées par des personnes morales publiques ou privées en vue de l'attribution, pour leur compte, d'aides à l'habitat non régies par le présent code, dès lors que les logements faisant l'objet des aides sont occupés à titre de résidence principale. *[;]*

(L. nº 2009-323 du 25 mars 2009, art. 9-I) « 9º Les ressources provenant de la participation des employeurs à l'effort de construction ;

« 10º Les recettes accessoires, notamment la rémunération des services rendus aux tiers, dans des conditions fixées par le conseil d'administration.

« III *bis*. — Dans la région, dans le département ou en Corse, le délégué de l'Agence nationale de l'habitat est respectivement le représentant de l'État dans la région, dans le département ou en Corse. »

IV. — Un décret en Conseil d'État précise les conditions d'application du présent article. Il détermine les modalités de gestion et de fonctionnement de l'Agence nationale de l'habitat, *(L. nº 2009-323 du 25 mars 2009, art. 9-I)* « notamment les règles particulières de majorité nécessaires à la gestion des crédits relatifs à la lutte contre

l'habitat indigne et à l'amélioration des structures d'hébergement, » ainsi que les utilisations de ses ressources *[V. art. R. 321-1 s.].*

V. aussi, adoptant une procédure simplifiée d'instruction des demandes de subvention, Instr. nº 99-02 du 7 oct. 1999 (Mon. TP 24 déc. 1999, Suppl. textes, p. 320) ; Circ. nº 2000-02 du 23 mars 2000 (BOMELT nº 2000/8).

V. également Circ. 28 mai 2009 relative à la L. nº 2009-323 du 25 mars 2009. – Parc privé (BOMEEDDM nº 2009/12, p. 54).

Loi nº 2009-323 du 25 mars 2009,

De mobilisation pour le logement et la lutte contre l'exclusion.

Art. 9 II. – L'Agence nationale de l'habitat est substituée à l'État dans les droits et obligations résultant des contrats passés par lui et des engagements financiers nécessaires à la poursuite des actions au titre de l'amélioration des structures d'hébergement et des dispositifs opérationnels relatifs à la lutte contre l'habitat indigne. Un décret fixe les modalités d'application de cette substitution, sa date de mise en œuvre, qui doit intervenir au plus tard le 31 décembre 2009, et la liste des opérations transférées avec le montant des dépenses engagées restant à payer.

Décret nº 2009-1626 du 24 décembre 2009,

Relatif à l'Agence nationale de l'habitat.

Art. 1er A la date de publication du présent décret, l'Agence nationale de l'habitat est substituée à l'État dans les droits et obligations résultant des contrats passés par lui et des engagements financiers nécessaires à la poursuite des actions au titre de l'amélioration des structures d'hébergement et des dispositifs opérationnels relatifs à la lutte contre l'habitat indigne.

Art. 2 Les actions mentionnées à l'article 1er au titre de l'amélioration des structures d'hébergement comprennent les engagements et contrats passés par l'État avant le 31 décembre 2008 en vue de la réalisation de travaux d'amélioration ou de mise aux normes, notamment de sécurité et d'habitabilité, pouvant comprendre la restructuration et la réhabilitation partielle ou totale des centres d'hébergement mentionnés au 8º du I de l'article L. 312-1 du code de l'action sociale et des familles assurant ou non l'accueil de jour, ou comprenant des « lits halte soins santé » mentionnés au 9º du I du même article, des centres d'accueil pour demandeurs d'asile mentionnés à l'article L. 348-1 du même code, ou des établissements d'hébergement destinés aux personnes sans domicile mentionnés à l'article L. 322-1 du même code, et faisant pour chacun d'eux l'objet d'une convention avec l'État ou une collectivité territoriale.

Art. 3 Les engagements et contrats mentionnés à l'article 1er au titre des dispositifs opérationnels relatifs à la lutte contre l'habitat indigne comprennent :

1. Les opérations de résorption de l'habitat insalubre irrémédiable mentionnées aux articles L. 522-1 et suivants du code de la construction et de l'habitation ayant fait l'objet d'une décision attributive de subvention par le ministère chargé du logement avant le 31 décembre 2008 ;

2. Les conventions de maîtrise d'œuvre urbaine et sociale (MOUS) spécifiques à l'insalubrité signées par le représentant de l'État dans le département avant le 31 décembre 2008.

Art. 4 Les obligations transférées au titre du présent décret sont poursuivies conformément aux dispositions législatives, réglementaires et contractuelles en vigueur à la date de publication du présent décret *[soit le 26 déc. 2009].*

Art. 5 La liste des opérations transférées avec le montant des dépenses engagées restant à payer figure en annexe au présent décret. Le montant global des dépenses engagées au titre de ces opérations restant à payer est de 46 678 049,88 euros à la date de publication du présent décret.

Des travaux d'entretien courant effectués sur une toiture n'entrent pas dans le champ d'application de l'art. L. 321-1 et ne sont pas de nature à ouvrir droit à subvention. • CAA Marseille, 6 juill. 2000, *Agence nationale pour l'amélioration de l'habitat : req. n° 99MA0330.*

Art. L. 321-1-1 *(L. n° 2004-809 du 13 août 2004, art. 61-IX)* **Lorsqu'un établissement public de coopération intercommunale ou un département a conclu une convention avec l'État en application des articles L. 301-5-1 ou L. 301-5-2, il conclut également une convention avec l'Agence nationale de l'habitat. Cette convention détermine les conditions de gestion par l'agence, ou, à leur demande, par l'établissement public de coopération intercommunale ou le département, des aides destinées aux propriétaires privés. Elle peut prévoir la gestion par l'agence, au nom et pour le compte de l'établissement public ou du département, des aides à l'habitat privé qu'ils apportent sur leur budget propre. Elle peut, dans des limites fixées par décret en Conseil d'État, arrêter les règles particulières d'octroi des aides destinées aux propriétaires bailleurs et occupants, en fonction de critères économiques, sociaux ou géographiques.** *(Ord. n° 2005-655 du 8 juin 2005, art. 14, 2°)* **« Elle prévoit les conditions dans lesquelles le président du conseil général ou de l'établissement public de coopération intercommunale signe au nom de l'agence les conventions mentionnées à l'article L. 321-4 »** *(L. n° 2006-1771 du 30 déc. 2006, art. 72-II)* **« lorsque ces conventions permettent l'octroi d'une aide publique mentionnée au premier alinéa de l'article L. 301-3 ».**

V. art. R. 321-23 s.

Sous réserve de l'entrée en vigueur des dispositions relevant de la loi de finances, les dispositions issues de la loi n° 2004-809 du 13 août 2004 sont applicables à compter du 1er janv. 2005. Les décrets d'application prévus par la présente loi peuvent être pris dès sa publication (L. préc., art. 199).

Concernant l'élaboration des conventions de délégation de compétences en matière d'aide au logement, V. Circ. n° 2004-73 du 23 déc. 2004 (BOMELT n° 2005/1, p. 35), mod. par Circ. n° 2005-48 du 29 juill. 2005 (BOMELT n° 2005/16, p. 55), Circ. n° 2007-07 du 22 janv. 2007 (BOMELT n° 2007/3, p. 76 et Circ. du 24 mars 2011 relative à l'élaboration des conventions de délégation de compétences des aides à la pierre (BOMMEDDTL n° 2011/7, p. 112).

Art. L. 321-1-2 *(L. n° 2009-323 du 25 mars 2009, art. 26-III)* **L'Agence nationale de l'habitat contribue à la mise en œuvre des actions relatives à la réhabilitation du parc privé, à l'amélioration de la performance énergétique des bâtiments et à la lutte contre l'habitat indigne du programme national de requalification des quartiers anciens dégradés mentionné à l'article 25 de la loi n° 2009-323 du 25 mars 2009 de mobilisation pour le logement et la lutte contre l'exclusion.**

Art. L. 321-1-3 *(L. n° 2009-323 du 25 mars 2009, art. 26-III)* **L'Agence nationale de l'habitat, les collectivités territoriales et leurs établissements publics et, le cas échéant, tout autre organisme public ou privé peuvent créer, par convention, des fonds locaux de réhabilitation de l'habitat privé regroupant leurs financements pour conduire des opérations de réhabilitation de l'habitat privé.**

Cette convention désigne la collectivité territoriale ou l'établissement public de coopération intercommunale compétent en matière de programme local de l'habitat, responsable de la gestion comptable et financière du fonds, chargé d'assurer l'instruction et le traitement des demandes et de prendre les décisions d'attribution des aides.

La collectivité territoriale ou l'établissement public de coopération intercommunale ainsi désigné peut déléguer, en contrepartie d'une rémunération, l'instruction et le traitement des demandes d'aides à un organisme public ou privé.

Les modalités de création, de gestion et d'utilisation des fonds locaux de réhabilitation de l'habitat privé ainsi que les conditions dans lesquelles est exercé, par l'État ou en son nom, le contrôle sur la gestion de ces fonds sont fixées par décret en Conseil d'État.

Art. L. 321-2 *(L. nº 2000-1208 du 13 déc. 2000, art. 185-II)* L'Agence nationale de l'habitat peut prononcer des sanctions à l'encontre des bénéficiaires des aides ou de leurs mandataires, *(L. nº 2006-872 du 13 juill. 2006, art. 79-IV-14º)* « ainsi que des signataires d'une convention prévue aux articles L. 321-4 ou L. 321-8, » ayant contrevenu aux règles ou aux conventions conclues. Elle peut, pour une durée maximale de cinq ans, refuser une nouvelle demande d'aide émanant du même bénéficiaire. *(L. nº 2006-872 du 13 juill. 2006, art. 79-IV-14º)* « Elle peut également prononcer des sanctions pécuniaires dont le montant, qui ne peut excéder la moitié de l'aide accordée ou une somme équivalant à deux ans de loyers, est fixé par décret compte tenu de la gravité des faits reprochés et de la situation financière de la personne ou de l'organisme intéressé. » Les personnes ou les organismes concernés sont mis en mesure de présenter leurs observations préalablement au prononcé des sanctions. *– V. art. R. 321-22-1 s.*

SECTION II DISPOSITIONS COMMUNES AUX AIDES ACCORDÉES AUX PROPRIÉTAIRES BAILLEURS

(Ord. nº 2005-655 du 8 juin 2005, art. 14-3º)

Art. L. 321-3 L'aide que l'Agence nationale de l'habitat accorde au propriétaire d'un logement à usage locatif pour y réaliser des travaux d'amélioration est subordonnée à la condition que le logement soit donné en location pendant une durée fixée par le règlement général de l'agence.

Art. L. 321-4 Une aide particulière peut être accordée au propriétaire qui s'engage à respecter des obligations définies par voie de convention. La convention, conforme à des conventions types prévues par décret *[V. Annexe 4]*, détermine notamment :

(L. nº 2006-872 du 13 juill. 2006, art. 79-IV-15º) « *a)* Le cas échéant, les travaux d'amélioration qui incombent au bailleur ; »

b) Le montant maximum des loyers ;

c) Les conditions d'occupation du logement et, le cas échéant, ses modalités d'attribution ;

d) Sa durée, qui ne peut être inférieure à neuf ans *(L. nº 2006-872 du 13 juill. 2006, art. 79-IV-15º)* « si le propriétaire reçoit une aide pour réaliser des travaux d'amélioration, et à six ans dans le cas contraire » ;

e) Les conditions de sa révision et de sa résiliation ;

f) Les pénalités encourues en cas de méconnaissance des engagements conventionnels.

Le contrôle du respect de la convention est assuré par l'Agence nationale de l'habitat.

(L. nº 2009-323 du 25 mars 2009, art. 10) « L'Agence nationale de l'habitat peut communiquer à l'administration fiscale, spontanément ou à sa demande, sans que puisse être opposée l'obligation au secret professionnel, tous les renseignements et documents recueillis dans le cadre de sa mission et notamment les informations relatives aux conventions signées en application du présent article en précisant l'identifiant unique des logements auxquels se rapportent ces conventions et le nom de leur propriétaire. »

V. Instr. nº 2007-04 du 31 déc. 2007 relative à l'adaptation des loyers conventionnés (BOMELT nº 2008/3, p. 93).

V. également Circ. 28 mai 2009 relative à la L. nº 2009-323 du 25 mars 2009. – Parc privé (BOMEEDDM nº 2009/12, p. 55).

Art. L. 321-5 Les rapports entre le bailleur et les locataires du logement pendant la durée de la convention sont régis par la loi n° 89-462 du 6 juillet 1989 tendant à améliorer les rapports locatifs *(L. n° 2009-323 du 25 mars 2009, art. 97)* « et portant modification de la loi n° 86-1290 du 23 décembre 1986 » *[V. **C. baux**]* et par les dispositions du présent chapitre dans la mesure où elles dérogent à la législation en vigueur.

Art. L. 321-6 Lorsque l'exécution des travaux nécessite l'évacuation temporaire des lieux, le bailleur est tenu de mettre provisoirement à la disposition du locataire ou de l'occupant un logement au moins équivalent au logement faisant l'objet des travaux ou correspondant aux besoins de l'intéressé, dans un périmètre géographique tel que défini à l'article 13 *bis* de la loi du 1er septembre 1948 *[V. **C. baux**]*.

Art. L. 321-7 Pendant la durée de la convention, le bailleur tient à la disposition du locataire ou de l'occupant du logement la convention prévue à l'article L. 321-4. Si le loyer dépasse le prix fixé par cette convention, le locataire ou l'occupant peut saisir le juge compétent pour obtenir la modification du bail et le remboursement de la fraction des loyers indûment versés.

SECTION III DISPOSITIONS PARTICULIÈRES APPLICABLES À CERTAINS LOGEMENTS CONVENTIONNÉS

(Ord. n° 2005-655 du 8 juin 2005, art. 14-3°)

Art. L. 321-8 *(L. n° 2006-872 du 13 juill. 2006, art. 79-IV-16°)* « Pour les logements mentionnés au 2° de l'article L. 351-2 ou pour les logements mentionnés au 4° du même article qui bénéficient d'une aide de l'Agence nationale de l'habitat, la convention conclue avec l'agence en application de l'article L. 321-4 tient lieu de la convention prévue à l'article L. 353-2. » Ces logements sont soumis aux dispositions de la section II et de la présente section.

V. Circ. 26 déc. 2008 relative à la fixation du loyer maximal des conventions mentionnées à l'art. L. 321-8 (BOMELT n° 2009/1, p. 49).

V. aussi Instr. n° 2007-04 du 31 déc. 2007 relative à l'adaptation des loyers conventionnés (BOMELT n° 2008/3, p. 93).

Art. L. 321-9 A l'exception des articles L. 353-6 à *(L. n° 2011-525 du 17 mai 2011, art. 126)* « L. 353-9-2 », L. 353-19-2 et L. 353-20, les dispositions du chapitre III du titre V du présent livre ne s'appliquent pas aux logements mentionnés à l'article L. 321-8.

Art. L. 321-10 *(L. n° 2009-323 du 25 mars 2009, art. 97)* Les logements mentionnés aux articles L. 321-4 ou L. 321-8 peuvent être loués à des organismes publics ou privés en vue de leur sous-location, meublée ou non, à des personnes mentionnées au II de l'article L. 301-1 ou à des personnes physiques dont la situation nécessite une solution locative de transition.

Les logements mentionnés aux articles L. 321-4 et L. 321-8 peuvent être loués à des organismes publics ou privés en vue de l'hébergement des personnes mentionnées au II de l'article L. 301-1 ou des personnes physiques dont la situation nécessite une solution locative de transition.

V. Circ. n° 2007-32 du 2 mai 2007 relative à la mise en œuvre des plans départementaux de l'habitat (BOMELT n° 2007/10, p. 108).

V. aussi Instr. n° I. 2007-02 du 31 déc. 2007 relative à l'adaptation des interventions de l'Anah pour la mise en œuvre de la loi instituant le droit au logement opposable (BOMELT n° 2008/3, p. 66).

V. également Circ. 28 mai 2009 relative à la L. n° 2009-323 du 25 mars 2009. — Parc privé (BOMEEDDM n° 2009/12, p. 55).

Art. L. 321-10-1 *(L. nº 2009-323 du 25 mars 2009, art. 97)* **La durée du contrat de location des logements conventionnés en application de l'article L. 321-8 est au moins égale à trois ans pour les bailleurs personnes physiques ainsi que pour les bailleurs définis à l'article 13 de la loi nº 89-462 du 6 juillet 1989 précitée** *[V. **C. baux**]*, **et à six ans pour les bailleurs personnes morales.**

Cette disposition ne s'applique ni aux contrats de sous-location ni à l'hébergement prévus par l'article L. 321-10.

Art. L. 321-11 *(L. nº 2006-872 du 13 juill. 2006, art. 79-IV-18º)* **En cas de mutation d'un bien faisant l'objet d'une convention mentionnée à l'article L. 321-4 ou à l'article L. 321-8, la convention en cours s'impose de plein droit au nouveau propriétaire. Les engagements de la convention en cours sont obligatoirement mentionnés dans l'acte de mutation. Un avenant précisant l'identité du nouveau propriétaire est signé entre celui-ci et l'Agence nationale de l'habitat. A défaut, l'Agence nationale de l'habitat peut appliquer au propriétaire vendeur les sanctions prévues à l'article L. 321-2.**

Art. L. 321-11-1 *(L. nº 2009-323 du 25 mars 2009, art. 97)* **Par dérogation au VI de l'article 40 de la loi nº 89-462 du 6 juillet 1989 précitée** *[V. **C. baux**]*, **lorsque le terme du contrat de location est postérieur à la date d'expiration de la convention visée au II de l'article L. 321-1 du présent code, le bailleur peut, dans les conditions prévues au *c* de l'article 17 de la loi nº 89-462 du 6 juillet 1989 précitée** *[V. **C. baux**]*, **notifier ou signifier au locataire une offre de renouvellement du contrat de location dont le loyer dépasse le montant du loyer plafond inscrit dans la convention en cours.**

Cette offre doit être notifiée, par lettre recommandée avec demande d'avis de réception ou signifiée par acte d'huissier au locataire, au moins six mois avant le terme du contrat. Ce délai court à compter du jour de la réception de la lettre recommandée ou de la signification de l'acte d'huissier.

Art. L. 321-12 **Les obligations des bailleurs à l'égard des organismes chargés de la liquidation et du paiement de l'aide personnalisée au logement sont fixées par décret.** *– V. art. R. 321-23 s.*

Ces organismes sont tenus de fournir à l'Agence nationale de l'habitat toutes les informations nécessaires à l'exercice de son contrôle.

CHAPITRE II **PRIMES DE L'ÉTAT**

Art. L. 322-1 *à* L. 322-3 *Abrogés par L. nº 2000-1208 du 13 déc. 2000, art. 185-III.*

CHAPITRE III **SUBVENTIONS DE L'ÉTAT**

Néant.

V. art. R. 323-1 s.

CHAPITRE IV **AIDE À L'HABITAT RURAL**

COMMENTAIRE

L'aide à l'habitat rural participe de la politique d'aménagement du territoire dans la mesure où elle peut favoriser une meilleure répartition des populations sur l'ensemble du territoire et maîtriser par-là même la croissance urbaine et les coûts sociaux qu'elle entraîne.

C'est dans ce but qu'ont été créées en 1955 les primes à l'amélioration de l'habitat rural.

Dans la mesure où le décret no 79-977 du 20 novembre 1979 a fusionné les primes à l'amélioration de l'habitat rural et les primes à l'amélioration de l'habitat, pour les étendre sur tout le territoire, ce régime spécifique est tombé en désuétude. ❑

Art. L. 324-1 **Conformément aux articles 180 à 183 du code rural** *[C. rur , art. D. 346-1 à D. 346-4]*, **les travaux ayant pour objet l'amélioration de l'habitat rural peuvent bénéficier de l'aide financière de l'État, de subventions et de primes d'encouragement dans les conditions prévues par ces articles et les textes pris pour leur application.**

Sur les subventions pour travaux de restauration de l'habitat, V. Arr. du 30 janv. 1981 (JO 19 févr.), mod. par Arr. du 5 janv. 1982 (JO 20 janv.).

Sur les subventions à l'habitat autonome des jeunes agriculteurs, V. Décr. no 76-1056 du 22 nov. 1976 (D. et BLD 1976. 445) ; Arr. du 30 janv. 1981, préc.

La fraude commise par le bénéficiaire d'une prime à l'amélioration de l'habitat rural en dissimulant l'existence d'un prêt bonifié antérieur lui interdit de se prévaloir de droits acquis au maintien de la prime. • CE 24 févr. 1984, *Min. de l'Urbanisme et du Logement c/ Desprès : Dr. adm. 1984, no 83.*

CHAPITRE V RESTAURATION IMMOBILIÈRE

Néant.

V. art. R. 325-1 s.

COMMENTAIRE

Les opérations de restauration immobilière entreprises sous le régime de la loi « Malraux » du 4 août 1962 concernent les quartiers anciens présentant un intérêt historique ou esthétique. Dans le cadre de périmètres de restauration spécialement délimités, « les travaux de remise en état, de modernisation ou de démolition ayant pour conséquence la transformation des conditions d'habitabilité » (art. L. 313-4 C. urb.) peuvent bénéficier de primes à la construction. ❑

TITRE TROISIÈME PRÊTS POUR LA CONSTRUCTION, L'ACQUISITION ET L'AMÉLIORATION D'HABITATIONS DONNANT LIEU À L'AIDE PERSONNALISÉE AU LOGEMENT

CHAPITRE UNIQUE

Néant.

V. art. R. 331-1 s.

COMMENTAIRE

Le principe général de la réforme de l'aide au logement réalisée par la loi du 3 janvier 1977 est de rendre l'aide de l'État plus sélective en diminuant le montant des aides à la pierre qui sont, par nature, indifférenciées quelles que soient les ressources des bénéficiaires, et en majorant dans des proportions importantes l'aide à la personne.

L'article 2 de la loi prévoyant que « des aides publiques à l'investissement subsistent pour la construction et l'amélioration de logements », cette base législative a permis au Gouvernement de définir **quatre types de prêts** dont l'octroi est subordonné à la signature d'une convention qui ouvre droit à l'APL.

En premier lieu, **des subventions et prêts pour la construction, l'acquisition et l'amélioration des logements locatifs aidés.** Ces prêts sont principalement destinés aux organismes d'HLM et assimilés ainsi qu'aux particuliers qui accèdent à la propriété pour affecter les lieux à la location.

En second lieu, **des prêts aidés par l'État pour la construction, l'acquisition et l'amélioration des logements en accession à la propriété** qui sont destinés à ceux qui construisent leur propre logement (maison individuelle) ou qui acquièrent des maisons pour leur amélioration ou encore qui agrandissent un logement existant.

En troisième lieu, **des prêts à taux réduits versés par les banques ou par d'autres organismes mobiliers ayant signé une convention avec l'État ou le Crédit foncier de France**.

Enfin, en quatrième lieu, **des prêts à taux préférentiel et révisable pour la construction, l'acquisition et l'amélioration des logements locatifs**. ❑

TITRE QUATRIÈME REVERSEMENT DE L'AIDE DE L'ÉTAT

CHAPITRE UNIQUE

Art. L. 341-1 Un décret en Conseil d'État détermine les cas et conditions dans lesquels les personnes qui bénéficient, depuis l'entrée en vigueur de la loi nº 77-1 du 3 janvier 1977, des aides publiques à l'investissement pour la construction et l'amélioration de logements, autres que l'aide personnalisée au logement, doivent, en cas de cession à titre onéreux du logement aidé, reverser à l'État tout ou partie de l'aide reçue.

TITRE CINQUIÈME AIDE PERSONNALISÉE AU LOGEMENT

V. Circ. du 27 sept. 1996 (Équipement) (projet de budget du logement pour 1997), Mon. TP 4 oct. 1996, Suppl. textes, p. 388 ; Circ. du 24 déc. 1997 (mise en œuvre du budget du logement pour 1998), Mon. TP 16 janv. 1998, Suppl. textes, p. 297 ; Instr. du 16 févr. 1997 (Logement), Mon. TP 21 mars 1997, Suppl. textes, p. 367 (TVA à taux réduit sur la construction ou la livraison d'immeubles d'habitation neufs destinés à un usage locatif à caractère social ; Circ. nº 97-25 du 14 mars 1997 (Logement), Mon. TP 21 mars 1997, Suppl. textes, p. 363 (programmation des crédits d'études locales dans le domaine de l'habitat en 1997) ; Circ. n° 97-51 du 29 mai 1997 (Logement), Mon. TP 1er août 1997, Suppl. textes, p. 295 (financement de logements locatifs sociaux pouvant bénéficier d'une subvention de l'État et de prêts de la Caisse des dépôts et consignations) ; Circ. n° 2005-22 du 17 mars 2005 relative à la mise en œuvre de la politique du logement et à la programmation des financements aidés de l'État pour 2005 (BOMELT n° 2005/7, p. 111) ; Circ. n° 2006-13 du 1er mars 2006 relative à la mise en œuvre de la politique du logement et à la programmation des financements aidés de l'État pour 2006 (BOMELT n° 2006/5, p. 47).

COMMENTAIRE

Les grandes lignes de la politique actuelle du logement résultent de la réforme mise en place en 1977 à la suite des rapports commandés par le Gouvernement en 1975 à Messieurs Barre et Nora, sur une réforme du financement du logement, d'une part, et la mise en place d'une politique de l'habitat ancien, d'autre part. Faisant le bilan des dispositifs existants, le rapport Barre reconnaît leur réussite quantitative qui a permis de résoudre très largement les problèmes considérables des années 1950 en construisant les logements nécessaires, mais le rapport fait plusieurs critiques quant à l'efficacité sociale et économique dans le contexte des années 1970.

La loi du 3 janvier 1977 autorise une concentration de l'effort public sur une aide à la personne unique (APL), qui doit permettre de maintenir le taux d'effort des ménages à un niveau acceptable. L'APL n'est accordée qu'aux ménages occupant des logements ayant bénéficié d'une aide à la pierre lors de leur construction. Ces logements font l'objet de conventions passées entre l'État et les bailleurs qui définissent des prix-plafonds, des normes de surface, d'habitabilité et de montant. □

CHAPITRE PREMIER DISPOSITIONS GÉNÉRALES

BIBL. ► COUX, *Mon. TP 19 août 1994, p. 19* (de l'efficacité des aides personnelles au logement). – HEINIS, *RDI 1995. 497 s.* (le contentieux de la remise de dette d'aide personnalisée au logement). – J.-P. GAUYACK, *AJPI 1977. 267* (le financement du logement en France). – GOBIN, *JCP N 1978. I. 275* (l'aide personnalisée au logement). – HAÏM, *LPA 20 mars 1992* (le contentieux de l'aide personnalisée au logement). – HEUGAS-DARRASPEN, Les techniques juridiques de l'aide au financement du logement en France, *thèse Paris II, 1978.* – LAFORE, *RDSS n° 1, 2000, p. 233* (politique de la ville et logement social, actualité juridique). – NICOLAÏDES, *JCP N 1999 n° 43-44, p. 1560 s.* (qui peut bénéficier de l'APL ?). – TALBOT, *LPA, 7 août 1991* (le contentieux de l'aide personnalisée au logement).

COMMENTAIRE

L'aide personnalisée au logement (APL), créée par la loi du 3 janvier 1977, s'applique à un parc de logements déterminés, quelles que soient les caractéristiques familiales des occupants.

Les logements concernés sont, en accession à la propriété, les logements financés avec des prêts aidés par l'État (PAP ou PC/PAS) et en secteur locatif, les logements conventionnés, financés avec des PLA/PLUS ou des PC locatifs ou conventionnés avec des subventions à l'amélioration (PALULOS ou ANAH), ainsi que les logements existants, conventionnés sans travaux, appartenant à des organismes d'habitation à loyer modéré ou des sociétés d'économie mixte ou appartenant à d'autres bailleurs lorsque les logements ont bénéficié avant 1977 des anciennes aides de l'État.

Son **financement** est assuré par le Fonds national d'aide au logement alimenté par le budget de l'État.

L'APL est versée sous condition de ressources aux personnes qui s'acquittent d'un minimum de loyer ou de mensualité, sous réserve que le logement constitue bien leur résidence principale, c'est-à-dire qu'il soit occupé pendant au moins huit mois par an par elles-mêmes ou leur conjoint ou des personnes à charge. Le barème, selon lequel est calculée l'aide, tient compte de la situation familiale du demandeur, du montant du loyer (de la redevance dans les foyers ou des mensualités de prêts) dans la limite d'un plafond, et de ses ressources, ainsi que, s'il y a lieu, de celles de son conjoint et des personnes vivant habituellement à son foyer. L'APL prend en charge chaque mois une fraction du loyer des locataires ou de la mensualité d'emprunt des accédants à la propriété. ❑

Art. L. 351-1 **Une aide personnalisée au logement est instituée.**

V. Arr. du 29 janv. 1993 (JO 31 janv.) relatif à la création d'une aide forfaitaire en faveur de la vie autonome à domicile des personnes adultes handicapées.

Excluant de l'appréciation des ressources, en vue de l'octroi de l'aide juridique, l'APL prévue à l'art. L. 351-1 CCH, V. Décr. nº 2003-853 du 5 sept. 2003 (JO 7 sept.).

Loi nº 2007-1786 du 19 décembre 2007,

De financement de la sécurité sociale pour 2008.

Art. 110 I. — La fraude aux allocations mentionnées aux articles L. 542-1 et L. 831-1 du code de la sécurité sociale et à l'article L. 351-1 du code de la construction et de l'habitation, notamment la fausse déclaration délibérée ayant abouti au versement de prestations indues, lorsqu'elle est constatée pour un montant supérieur à deux fois le plafond mensuel de la sécurité sociale, est sanctionnée par la suppression du service de ces allocations selon la procédure définie à l'article L. 114-17 du code de la sécurité sociale. La durée de la sanction est fixée en fonction de la gravité des faits, dans la limite d'une année à compter de la décision administrative de suppression. Le directeur de l'organisme de sécurité sociale concerné prend notamment en compte le montant de la fraude, sa durée, la récidive éventuelle et la composition du foyer.

Cette suppression ne peut être prononcée lorsque la personne concernée a pour les mêmes faits déjà été définitivement condamnée par le juge pénal ou a bénéficié d'une décision définitive de non-lieu ou de relaxe déclarant que la réalité de l'infraction n'est pas établie ou que cette infraction ne lui est pas imputable. Si une telle décision de non-lieu ou de relaxe intervient postérieurement au prononcé de la suppression du service des allocations, celles-ci font l'objet d'un versement rétroactif au bénéficiaire. Si, à la suite du prononcé d'une suppression des allocations, une amende pénale est infligée pour les mêmes faits, le montant des allocations supprimées s'impute sur celle-ci.

Le présent I s'applique jusqu'au 31 décembre *(L. nº 2009-1646 du 24 déc. 2009, art. 89)* « 2010 ». Le ministre chargé de la sécurité sociale transmet au Parlement, avant le 30 *(L. nº 2009-1646 du 24 déc. 2009, art. 89)* « septembre 2010 », un rapport d'évaluation de cette mesure, assorti des observations des organismes ayant participé à l'expérimentation.

1. Prise en charge partielle des dépenses. L'APL ne prend en charge qu'une partie des dépenses, ainsi que le précise l'art. L. 301-1 du code, et doit laisser subsister un effort de la part de ses bénéficiaires. • CE 10 juin 1991, *Min. délégué auprès du min.de l'équipement c/ Mpondo-Mandengue : Lebon 230*. ♦ L'octroi de l'APL est subordonné à la condition que le bénéficiaire supporte personnellement la charge du remboursement des emprunts contractés pour acquérir le logement. • CE 25 févr. 1987, *Bancel : Lebon 73.*

2. Compétence juridictionnelle. Les dispositions de l'art. R. 51 C. trib. adm. donnent compétence, pour connaître de l'action intentée par un organisme payeur en recouvrement des sommes indûment payées au titre de l'APL au tribunal administratif dans le ressort duquel est situé le logement au titre duquel l'APL dont le remboursement est demandé a été versée. • CAA Lyon, 28 sept. 1994, *Min. de l'équipement, c/ Godard*, req. nº 94LY00620 : *Lebon T. 1029*.

3. Juge unique. Si les occupants d'un logement financé à l'aide d'un prêt d'accession à la propriété bénéficient de l'aide personnalisée au logement, un litige relatif à un prêt de ce type est distinct de celui en matière d'aide personnalisée au logement et ne peut en conséquence être tranché à ce titre par un juge statuant seul en application des dispositions de l'art. L. 4-1 C. trib. adm. • CAA Paris, 7 mars 2000, *Cacheux : req. nº 98PA01543.*

Art. L. 351-2 **L'aide personnalisée au logement est accordée au titre de la résidence principale, quel que soit le lieu de son implantation sur le territoire national. Son domaine d'application comprend :**

1º *(L. nº 91-457 du 15 mai 1991, art. 8)* **« Les logements occupés par leurs propriétaires, construits, acquis ou améliorés », à compter du 5 janvier 1977, au moyen de formes spécifiques d'aides de l'État ou de prêts dont les caractéristiques et les conditions d'octroi sont fixées par décret ;**

2º *(L. nº 90-449 du 31 mai 1990, art. 18)* **« Les logements à usage locatif appartenant à des organismes d'habitations à loyer modéré ou gérés par eux ou** *(L. nº 2000-1208 du 13 déc. 2000, art. 61)* **« appartenant aux bailleurs du secteur locatif définis au quatrième alinéa de l'article 41** ***ter*** **de la loi nº 86-1290 du 23 décembre 1986 tendant à favoriser l'investissement locatif, l'accession à la propriété des logements sociaux et le développement de l'offre foncière** *[V. cet art., App., vº Rapports locatifs]* **», ou appartenant à d'autres bailleurs, à condition que les bailleurs s'engagent à respecter certaines obligations définies par décrets et précisées par des conventions régies par le chapitre III du présent titre** *(L. nº 2006-872 du 13 juill. 2006, art. 37-I, 3º)* **« ou par la section III du chapitre Ier du titre II du présent livre » ; celles-ci doivent être conformes à des conventions types annexées aux décrets** *[V. ANNEXE 4]* **;**

« 3º Les logements à usage locatif construits, acquis ou améliorés à compter du 5 janvier 1977 au moyen de formes spécifiques d'aides de l'État ou de prêts dont les caractéristiques et les conditions d'octroi sont déterminées par décrets *(L. nº 96-1181 du 30 déc. 1996, art. 17-V)* **« ainsi que les logements à usage locatif construits à compter du 1er octobre 1996 ayant bénéficié d'une décision favorable dans des conditions fixées par le présent code » ; l'octroi de ces aides** *(L. nº 96-1181 du 30 déc. 1996, art. 17-V)* **« ou de la décision favorable » est subordonné à l'engagement pris par les bailleurs de respecter certaines obligations définies par décrets et précisées par des conventions régies par le chapitre III du présent titre ; celles-ci doivent être conformes à des conventions types annexées aux décrets »** *[V. art. R. 353-189 s. ; Décr. nº 85-1232 du 5 nov. 1985, ci-dessous et ANNEXE 24]* **;**

4º Les logements à usage locatif construits ou améliorés après le 4 janvier 1977 dans des conditions fixées par décret et dont les bailleurs s'engagent à respecter certaines obligations définies par décrets et précisées par des conventions régies par le chapitre III du présent titre *(Ord. nº 2005-655 du 8 juin 2005, art. 15)* **« ou par la section III du chapitre Ier du titre II du présent livre » ; celles-ci doivent être conformes à des conventions types annexées aux décrets** *[V. Décr. 5 nov. 1985]* **;**

5º *(L. nº 90-449 du 31 mai 1990, art. 18)* **« Les logements-foyers de jeunes travailleurs et les logements-foyers assimilés dans des conditions fixées par décret en Conseil d'État aux logements mentionnés aux 2º et 3º ci-dessus, dès lors qu'ils font l'objet des conventions régies par le chapitre III du présent titre »** *[V. art. R. 353-1 s.]* **;**

6º *(L. nº 84-595 du 12 juill. 1984, art. 39)* **« Les logements occupés par des titulaires de contrats de location-accession conclus dans les conditions prévues par la loi nº 84-595 du 12 juillet 1984 définissant la location-accession à la propriété immobilière, lorsque ces logements ont été construits, améliorés ou acquis et améliorés au moyen de formes spécifiques d'aides de l'État ou de prêts dont les caractéristiques et les conditions d'octroi sont fixées par décret ».** *— Sur les conventions prévues par l'art. L. 351-2, V. art. L. 353-1 s.*

V. App., vº Rapports locatifs, L. nº 89-462 du 6 juill. 1989, art. 40.

Loi no 94-624 du 21 juillet 1994,

Relative à l'habitat.

Art. 18 Dans les conventions en cours et les conventions types prévues par l'article L. 351-2 du code de la construction et de l'habitation, toute clause prévoyant que la révision du loyer pratiqué ou du loyer maximum s'opère en fonction des variations de l'indice du coût de la construction publié par l'Institut national de la statistique et des études économiques est remplacée par la clause prévoyant que cette révision s'opère en fonction des variations de la moyenne sur quatre trimestres du même indice. Cette moyenne est celle de l'indice du coût de la construction à la date de référence et des indices des trois trimestres qui la précèdent. Dans ces conventions, la valeur trimestrielle de l'indice à la date de référence est remplacée par la valeur de la moyenne sur quatre trimestres de l'indice à la même date de référence.

Le présent article entre en vigueur le premier jour du sixième mois suivant la publication de la présente loi.

Loi no 96-1181 du 30 décembre 1996,

De finances pour 1997.

Art. 17 VI. Avant le 31 décembre 1997, le Gouvernement remet au Parlement un rapport évaluant les conséquences du présent article sur la construction de logements locatifs sociaux, ainsi que sur la situation financière des organismes d'habitation à loyer modéré. Ce rapport propose, le cas échéant, les mesures de rectification nécessaires.

Décret no 85-1232 du 5 novembre 1985,

Relatif aux conventions conclues, en application de l'article L. 351-2 du code de la construction et de l'habitation, entre l'État et les organismes d'habitations à loyer modéré signataires d'un contrat-cadre ayant pour objet la définition d'une nouvelle politique des loyers (JO 24 nov.).

Art. 1er Les conventions conclues en application de l'article L. 351-2 (2o et 3o) du code de la construction et de l'habitation entre l'État et les organismes d'habitations à loyer modéré qui ont préalablement signé avec l'État un contrat-cadre définissant une nouvelle politique des loyers doivent être conformes à la convention type annexée au présent décret. – *V. Annexe 29.*

Art. 2 *(Décr. no 99-864 du 7 oct. 1999, art. 4)* « Les conventions mentionnées à l'article 1er sont soumises aux dispositions des articles R. 353-2 à R. 353-12, R. 353-16 (1o et 2o), R. 353-17 à R. 353-21 du code précité. »

Art. 3 Le loyer maximum des logements ainsi que les conditions d'évolution de ce loyer et du loyer pratiqué sont fixés par la convention.

Art. 4 *(Décr. no 96-656 du 22 juill. 1996)* « Par dérogation au 2o de l'article R. 353-16, le loyer maximum des logements conventionnés à l'occasion de la réalisation de travaux d'amélioration, ou conventionnés sans travaux, est fixé au mètre carré de surface corrigée, telle qu'elle résulte des dispositions de l'article R. 442-1 du décret no 48-1766 du 22 novembre 1948, modifié notamment par le décret no 60-1063 du 1er octobre 1960. » Cette surface corrigée est affectée d'un correctif d'ensemble tenant compte de la qualité thermique du local et de l'immeuble.

Ce correctif d'ensemble est obtenu en appliquant à cette surface, par somme algébrique, la formule suivante :

$$SR \times 0,2\ (1,7 - G)$$

dans laquelle :

SR est la somme des surfaces réelles des pièces et annexes du logement, déterminées conformément à l'article 5 du décret nº 48-1766 du 22 novembre 1948 modifié ;

G est le coefficient volumique de déperditions thermiques du bâtiment d'habitation où est situé le logement. Ce coefficient, exprimé en watts par mètre cube et par degré Celsius, est défini par arrêté du ministre chargé de la construction et de l'habitation.

Sauf pour les bâtiments ayant fait l'objet d'une demande de permis de construire, de prorogation de permis de construire ou d'une déclaration préalable de travaux après le 1er mai 1974, le coefficient est calculé à partir d'un diagnostic thermique.

Art. 5 Les conventions mentionnées à l'article 1er sont soumises aux engagements de portée générale joints à la convention type annexée à l'article R. 353-1 du code précité. *(Décr. nº 96-656 du 22 juill. 1996)* « Toutefois, le modèle de décompte de surface corrigée prévu par l'article R. 353-19 est remplacé par le modèle joint en annexe quand le loyer est fixé au mètre carré de surface corrigée. » — *V. ANNEXE 7.*

Loi nº 2005-841 du 26 juillet 2005,

Relative au développement des services à la personne et portant diverses mesures en faveur de la cohésion sociale.

Art. 35 (...)

IV. — Les dispositions du présent article entrent en vigueur à compter du *(L. nº 2005-1719 du 30 déc. 2005, art. 163)* « 1er janvier 2006 ». Elles sont applicables aux contrats en cours à compter de cette date. La valeur de la moyenne sur quatre trimestres de l'indice mesurant le coût de la construction à la date de référence de ces contrats est remplacée par la valeur de l'indice de référence des loyers à cette même date de référence.

V. — Dans les conventions en cours et les conventions types prévues par l'article L. 351-2 du code de la construction et de l'habitation, toute clause prévoyant que la révision du loyer pratiqué ou du loyer maximum s'opère en fonction des variations de la moyenne sur quatre trimestres de l'indice du coût de la construction publié par l'Institut national de la statistique et des études économiques est remplacée par la clause prévoyant que cette révision s'opère en fonction des variations de l'indice de référence des loyers. Dans les conventions en cours, la valeur de la moyenne sur quatre trimestres de l'indice du coût de la construction à la date de référence est remplacée par la valeur de l'indice national de référence des loyers à cette même date.

Loi nº 2009-323 du 25 mars 2009,

De mobilisation pour le logement et la lutte contre l'exclusion.

Art. 65 IV. — L'augmentation des loyers et des redevances maximaux des conventions conclues en application de l'article L. 351-2 du code de la construction et de l'habitation, résultant de la révision du 1er juillet 2009, ne peut excéder la variation de l'indice de référence des loyers du quatrième trimestre de l'année 2008 telle que définie par le d de l'article 17 de la loi nº 89-462 du 6 juillet 1989 tendant à améliorer les rapports locatifs et portant modification de la loi nº 86-1290 du 23 décembre 1986.

L'augmentation des loyers et des redevances maximaux des conventions conclues en application de l'article L. 351-2 du code de la construction et de l'habitation, résultant de la révision du 1er janvier 2010, ne peut excéder la variation sur six mois, de janvier à juin 2009 inclus, de l'indice de référence des loyers.

V. — Le IV ne s'applique pas aux loyers et aux redevances pris en application de l'article L. 321-8 du code de la construction et de l'habitation.

Concernant la fixation du loyer maximum des conventions, V. Circ. n° 95-59 du 27 juill. 1995 (BOMELT n° 95/28), Circ. du 26 juill. 1996 (Mon. TP 2 août 1996, Suppl. textes, p. 254), Circ. n° 97-61 du 27 juill. 1997 (BOMELT n° 97/15), Circ. n° 98-78 du 6 août 1998 (BOMELT n° 98/16), mod. par Circ. n° 98-89 du 24 sept. 1998 (BOMELT n° 98/19), Circ. n° 99-46 du 7 juill. 1999 (BOMELT n° 99/14), Circ. n° 2000-53 du 20 juill. 2000 (BOMELT n° 2000/15), Circ. n° 2001-14 du 6 mars 2001 (Mon. TP 16 mars 2001, Suppl. textes, p. 477), Circ. n° 2001-58 du 8 août 2001 (BOMELT n° 2001/16, p. 54), Circ. n° 2002-53 du 7 août 2002 (BOMELT n° 2002/16, p. 29), Circ. n° 2003-47 du 30 juill. 2003 (BOMELT n° 2003/15, p. 67), Circ. n° 2004-15 du 6 juill. 2004, mod. par Circ. n° 2004-70 du 23 déc. 2004 (BOMELT n° 2005/1, p. 33) et Circ. n° 2005-40 du 28 juin 2005 (BOMELT 25 juill. 2005), Circ. n° 2006-51 du 17 juill. 2006 (BOMELT n° 2006/14, p. 111), mod. par Circ. n° 2006-72 du 5 oct. 2006 (BOMELT n° 2006/20, p. 1339) et Circ. n° 2006-83 du 17 nov. 2006 (BOMELT n° 2006/22, p. 191), Circ. n° 2007-41 du 6 juill. 2007 (BOMELT n° 2007/14, p. 45), Circ. 4 juill. 2008 (BOMELT n° 2008/13, p. 122), Circ. 27 juill. 2009 (BOMEEDDM n° 2009/16, p. 100), Circ. 30 déc. 2009 (BOMEEDDM n° 2010/2, p. 49), Circ. 1er févr. 2012 (BOMEDDTL n° 2012/3, p. 178).

V. aussi, concernant les conventions des logements financés à l'aide du prêt locatif à usage social, Circ. n° 99-73 du 18 oct. 1999 (BOMELT n° 99/20) et Circ. n° 2001-14 du 6 mars 2001 (BOMELT n° 2001/6).

V. Circ. n° 91-23 du 28 janv. 1991 (Équipement) relative au bail à réhabilitation prévu par la loi n° 90-449 du 31 mai 1990 visant à la mise en œuvre du droit au logement (art. 11) ; Décr. n° 91-397 du 23 avr. 1991 (JO 27 avr.) : obligations déclaratives des bénéficiaires des exonérations des taxes foncières sur les propriétés bâties accordées pour les logements loués aux personnes défavorisées ; Circ. n° 95-84 du 31 oct. 1995 (application des dispositions concernant le revenu minimal à prendre en considération pour le calcul de l'aide personnalisée au logement) (Mon. TP 5 déc. 1995, Suppl. textes, p. 255).

1. Logement habitable. L'APL est réservée aux logements habitables, ce qui n'est pas le cas lorsque l'installation électrique n'est pas terminée et que les branchements des équipements sanitaires sur un réseau d'évacuation des eaux usées n'ont pas été effectués. • CE 22 avr. 1992, *Allain,* req. n° 90731 : *Lebon T. 1099*. ♦ Peu importe que le demandeur aurait été contraint de s'installer dans une habitation inachevée du fait de l'incurie de l'entrepreneur. • CAA Nancy, 9 mai 1996, *Vangeel : req. n° 94NC00163.*

2. Notion de résidence principale. Le juge apprécie l'ensemble des pièces du dossier. Il prend en compte la domiciliation fiscale de l'intéressé, un rapport d'un enquêteur assermenté d'une caisse d'allocations familiales. • CAA Paris, 12 mai 1999, *Detoc : req. n° 98PA01865.* ♦ La notion de résidence principale est déterminée le cas échéant en fonction de l'art. R. 331-40. Le paiement des taxes et des factures de consommation d'eau, de gaz, d'électricité, de téléphone ne suffit pas, ni des témoignages insuffisamment circonstanciés ou la scolarisation d'un enfant sur place. • CAA Paris, 7 févr. 1995, *Min. de l'équipement c/ Ma taï : req. n° 93PA01195.*

V. ss. art. R. 351-1.

3. Logements conventionnés. Il résulte des dispositions de l'art. L. 351-2 que les caractéristiques des prêts conventionnés doivent être fixées par décret ; aucune disposition législative ou réglementaire n'a confié au ministre chargé des finances ou au Crédit foncier de France le pouvoir de modifier, par voie réglementaire, les caractéristiques des prêts conventionnés. Dès lors le juge ne peut s'appuyer sur les dispositions d'une convention type agréée par le ministre des finances et sur un avis du Crédit foncier de France qui prévoient des possibilités de reconduction des prêts conventionnés. • CE 29 nov. 1999, *Caisse d'épargne Midi-Pyrénées,* req. n° 193825 : *Lebon T. 873*. ♦ Un « prêt de substitution » consenti par une mutuelle caution solidaire n'est pas au nombre des prêts aidés par l'État qui ouvrent seuls droit à l'APL. • CAA Nantes, 30 déc. 1997, *Pochet : req. n° 96NT01274.* ♦ Le droit à l'APL d'un locataire d'un logement répondant aux conditions posées par les textes est subordonné à la publication de la convention par le bailleur. • CE 8 juill. 1994, *Boisgelin-Lempereur,* req. n° 124354 : *Lebon T. 1028*.

4. Loyer conventionné. Assimilation du réajustement du loyer conventionné à la réévaluation du loyer au sens des dispositions de la loi n° 89-462 du 6 juill. 1989. • Cass., avis, 5 mai 1995 : *D. 1995. IR 145*. ♦ Le plafonnement du loyer s'applique à l'ensemble du bien loué, sans qu'il y ait à distinguer entre un loyer principal pour le logement et un loyer complémentaire pour des dépendances diverses. • Civ. 3e, 4 mai 1994 : *inédit.*

Art. L. 351-2-1 *(L. nº 93-1027 du 24 août 1993, art. 40)* **L'aide personnalisée au logement est attribuée dans les conditions fixées par le présent titre aux personnes de nationalité française ou aux personnes de nationalité étrangère** *(L. nº 2007-1786 du 19 déc. 2007, art. 95)* **« dans les conditions prévues par les deux premiers alinéas de l'article L. 512-2 » du code de la sécurité sociale.**

(L. nº 99-1173 du 30 déc. 1999, art. 50-I) **« L'aide personnalisée au logement n'est pas attribuée aux personnes qui sont locataires d'un logement appartenant à l'un de leurs ascendants ou descendants, ou ceux de leur conjoint ou concubin ou de toute personne liée à elles par un contrat conclu en application de l'article 515-1 du code civil** *[relatif au PACS]*. **»**

1. Titre de séjour régulier. Un étranger titulaire d'une autorisation de séjour provisoire limitée à trois mois, justifiée par une interdiction du territoire national prononcée par le juge pénal, ne remplit pas les conditions imposées par l'art. L. 351-2-1. • CAA Lyon, 22 déc. 1998, *Min. de l'équipement c/ Thin Hong : req. nº 97LY02648.*

2. Avant l'intervention de la loi du 31 déc. 1999, a été jugé dépourvu de base légale le décret excluant du bénéfice de l'aide le logement mis à la disposition d'un requérant par un de ses ascendants ou de ses descendants. • CE 9 avr. 1999, *Min. délégué au logement,* req. nº 179414 : *Lebon 126 ; D. 1999. IR 122.*

3. L'APL, qui permet à son bénéficiaire de réduire ses dépenses de logement, est versée directement par la caisse d'allocations familiales à l'organisme bailleur ; ainsi, elle ne constitue pas une ressource stable pouvant être prise en compte au titre du calcul des ressources en vue du regroupement familial. • CE 13 nov. 2006, *Ouatah,* req. nº 288053 : *Lebon T. 898.*

Art. L. 351-2-2 *(L. nº 94-624 du 21 juill. 1994, art. 38-I)* **Les organismes visés à l'article L. 411-2 ainsi que les sociétés d'économie mixte pour leurs logements conventionnés, lorsqu'ils bénéficient de prêts visés aux 2º, 3º et 5º de l'article L. 351-2 dans le cadre de programmes de construction, d'acquisition ou d'amélioration de logements locatifs sont autorisés à constater en charges différées dans leurs comptes sociaux le montant correspondant à la somme que l'établissement prêteur est en droit de leur réclamer en cas de remboursement anticipé d'un prêt, de manière que sa rémunération, eu égard aux modalités de progressivité des annuités sur la durée totale du prêt, soit assurée au taux actuariel fixé dans le contrat conclu avec l'emprunteur.**

Les organismes visés à l'article L. 411-2 ainsi que les sociétés d'économie mixte pour leurs logements locatifs sociaux, lorsqu'ils bénéficient de prêts aidés par l'État pour la réalisation de logements locatifs sociaux dans les départements d'outre-mer, sont autorisés à constater en charges différées dans leurs comptes sociaux le montant correspondant à la somme que l'établissement prêteur est en droit de leur réclamer en cas de remboursement anticipé d'un prêt, de manière que sa rémunération, eu égard aux modalités de progressivité des annuités sur la durée totale du prêt, soit assurée au taux actuariel fixé dans le contrat conclu avec l'emprunteur. – *Les dispositions ci-dessus sont applicables aux prêts contractés antérieurement à la date de publication de la loi du 21 juill. 1994 (JO 24 juill.).*

Art. L. 351-3 **Le montant de l'aide personnalisée au logement est calculé en fonction d'un barème défini par voie réglementaire.**

Ce barème est établi en prenant en considération :

1º La situation de famille du demandeur de l'aide occupant le logement et le nombre de personnes à charge vivant habituellement au foyer ;

2º Les ressources du demandeur et, s'il y a lieu, de son conjoint et des personnes vivant habituellement à son foyer ; toutefois, un abattement est opéré sur le montant des ressources, lorsque le conjoint perçoit des revenus résultant de l'exercice d'une activité professionnelle ;

3º *(L. nº 84-595 du 12 juill. 1984, art. 40)* **« Le montant du loyer ou de la redevance définie par la loi nº 84-595 du 12 juillet 1984 précitée** *[V. App., vº Location-Accession]* **ou des charges de remboursement des prêts contractés pour l'acquisition du logement**

ou son amélioration, pris en compte dans la limite d'un plafond, ainsi que les dépenses accessoires retenues forfaitairement. »

(L. nº 2000-656 du 13 juill. 2000, art. 39-I) **« La prise en compte des ressources peut faire l'objet de dispositions spécifiques, lorsque le demandeur est âgé de moins de vingt-cinq ans, et qu'il bénéficie d'un contrat de travail autre qu'un contrat à durée indéterminée. »**

(L. nº 2007-290 du 5 mars 2007, art. 26) **« Le barème est révisé chaque année au 1er janvier. Cette révision assure, par toutes mesures appropriées, le maintien de l'efficacité sociale de l'aide personnalisée au logement. Sont indexés sur l'évolution de l'indice de référence des loyers défini à l'article 17 de la loi nº 89-462 du 6 juillet 1989 tendant à améliorer les rapports locatifs et portant modification de la loi nº 86-1290 du 23 décembre 1986** *[V. C.* ***baux****]* **les paramètres suivants :**

« – les plafonds de loyers ;

« – les plafonds des charges de remboursement de contrats de prêts dont la signature est postérieure à la date de révision du barème ;

« – le montant forfaitaire des charges ;

« – les équivalences de loyer et de charges locatives ; »

(L. nº 2008-1425 du 27 déc. 2008, art. 191, en vigueur le 1er janv. 2010) **« – le terme constant de la participation personnelle du ménage. »**

V. Circ. nº 2007-33 du 4 mai 2007 relative à l'application des dispositions de la loi nº 2007-290 du 5 mars 2007 instituant le droit opposable au logement et portant diverses mesures relatives à la cohésion sociale (BOMELT nº 2007/10, p. 111).

Par dérogation aux dispositions de l'art. L. 351-3, al. 7, ainsi qu'aux dispositions de l'art. L. 542-5, al. 2, CSS et de l'art. L. 831-4, al. 3, du même code, les paramètres de calcul de l'aide personnalisée au logement et ceux des allocations logement sont revalorisés de 1 % pour l'année 2012 (L. nº 2011-1977 du 28 déc. 2011, art. 74).

1. Prise en compte des ressources des personnes hébergées. Doivent être prises en compte non seulement les ressources du demandeur mais encore celles des personnes qui vivent habituellement sous son toit, quelle que soit la nature des liens qui les unissent. La circonstance qu'une personne n'aurait pas eu de vie maritale avec une autre ne saurait en elle-même faire obstacle à la prise en compte des ressources de celui-ci pour la détermination du montant de ses droits à l'APL. • CAA Nantes, 29 mai 1996, *Prévost : ⇪ req. nº 95NT00552.* ♦ Est justifiée la demande de remboursement adressée à une bénéficiaire déclarant vivre seule dans son logement et percevant une aide calculée en conséquence alors qu'elle hébergeait une autre personne. • CAA Bordeaux, 6 juill. 1999, *Siberchicot : ⇪ req. nº 98BX01235.* ♦ Une bénéficiaire qui s'est toujours refusée à déclarer à la caisse d'allocations familiales les ressources de la personne qu'elle hébergeait ne saurait reprocher à cet organisme d'avoir déterminé l'indu sans tenir compte des droits à l'APL qu'elle aurait conservés compte tenu des ressources de la personne hébergée. • CAA Nantes, 29 mai 1996, *Prévost : ⇪ préc.*

2. Notion de conjoint. L'assimilation de la personne vivant avec le bénéficiaire de l'APL à la situation du conjoint nécessite une communauté de vie stable et constante. La circonstance qu'au cours d'une visite inopinée l'enquêteur de la caisse d'allocations familiales a constaté la présence du conjoint au domicile ne suffit pas à prouver l'existence d'une vie maritale dès lors que de nombreux témoignages indiquent l'existence d'une séparation. • CAA Lyon, 21 déc. 1999, *Min. de l'équipement : ⇪ req. nº 95LY01189.* ♦ Le fait que le bail du logement soit transféré au nom d'une seule personne est un indice de la fin d'une vie maritale. • CAA Nantes, 30 déc. 1998, *Brunet : ⇪ req. nº 98NT00328.* ♦ Le fait qu'une personne ait déclaré à son employeur comme à l'administration l'adresse d'une bénéficiaire comme étant son adresse ne suffit pas à établir l'existence d'une vie maritale. • CAA Lyon, 21 déc. 1999, *Bataillard : ⇪ req. nº 95LY20879.* ♦ Des témoignages concordants du « voisinage immédiat » recueillis par un agent de la caisse d'allocations familiales à la suite d'une dénonciation téléphonique anonyme ne suffisent pas à attester l'existence d'une vie commune. • CAA Lyon, 19 mars 1996, *Min. du logement c/ Barat : req. nº 93LY01446.* ♦ Des déclarations sur l'honneur certifiant héberger une personne en vue de l'obtention d'un titre de séjour et le fait de faire établir un certificat de vie maritale sont des preuves de vie maritale. • CAA Lyon, 8 juin 1999,

Garbi : req. nº 96LY00901. ◆ Il en va de même pour des courriers adressés à un employeur faisant état des difficultés financières communes. • CAA Nantes, 30 déc. 1998, *Blin : req. nº 97NT01749.* ◆ Ou encore le fait qu'une personne avait entreposé des meubles chez la bénéficiaire chez laquelle il s'était fait domicilier, notamment sur le plan fiscal. • CAA Paris, 12 déc. 1996, *Descombins : req. nº 94PA00852.*

3. Mariage. En cas de mariage, les ressources à prendre en considération pour déterminer les droits à allocation à partir de la date du mariage doivent englober celles du conjoint pendant l'année précédant la période d'ouverture des droits sans qu'y fasse obstacle la circonstance que ladite année est antérieure au mariage. • CE 26 juin 1994, *Tourtin*, req. nº 110651 : *Lebon T.1028*.

4. Compétence pour arrêter le montant de l'allocation. La section des aides publiques au logement du conseil départemental de l'habitat ne tient d'aucun texte législatif ou réglementaire le pouvoir de rehausser le montant de l'aide versée aux allocataires, montant qui est déterminé au moyen du barème défini par les art. R. 351-18 et R. 351-19, et ne peut donc que rejeter une demande tendant à la révision du montant perçu. • CAA Paris, 7 mars 1998, *Hériard : req. nº 97PA00322.*

Art. L. 351-3-1 *(L. nº 94-1162 du 29 déc. 1994, art. 93)* I. — L'aide personnalisée au logement est due à partir du premier jour du mois civil suivant celui au cours duquel les conditions d'ouverture du droit sont réunies.

Toutefois, cette aide est due à l'occupant d'un logement-foyer de jeunes travailleurs ou à l'occupant de certains logements-foyers répondant à des conditions fixées par décret à partir du premier jour du premier mois civil pour lequel cet occupant acquitte l'intégralité de la redevance mensuelle prévue par le titre d'occupation, sous réserve que les autres conditions d'ouverture du droit soient réunies à cette date.

(L. nº 2000-1208 du 13 déc. 2000, art. 182-I) « De la même façon, les dispositions prévues au premier alinéa ne s'appliquent pas aux personnes dont le logement a fait l'objet d'un arrêté d'insalubrité ou de péril lorsque, dans les conditions définies au premier alinéa de l'article L. 521-2, elles reprennent le paiement du loyer ou de toute autre somme versée en contrepartie de l'occupation de ce logement ou lorsqu'elles sont relogées. »

(L. nº 2010-1594 du 20 déc. 2010, art. 103-II) « Lorsque les conditions d'ouverture du droit sont réunies antérieurement au mois de la demande, l'aide n'est due qu'à compter du premier jour du mois » au cours duquel la demande est déposée.

II. — L'aide personnalisée au logement cesse d'être due à partir du premier jour du mois civil au cours duquel les conditions d'ouverture du droit cessent d'être réunies.

Toutefois, cette aide cesse d'être due à l'occupant des logements-foyers mentionnés au I le premier jour du mois civil suivant le dernier mois pour lequel cet occupant acquitte l'intégralité de la redevance mensuelle prévue par le titre d'occupation.

Par dérogation aux deux alinéas précédents, le droit à l'aide personnalisée au logement est éteint à partir du premier jour du mois civil suivant celui au cours duquel survient le décès du bénéficiaire.

III. — Les changements de nature à modifier les droits à l'aide personnalisée prennent effet et cessent de produire leurs effets selon les règles respectivement définies pour l'ouverture et l'extinction des droits prévus au premier alinéa du I et du II, sauf en cas de décès du conjoint du bénéficiaire ou d'une personne à charge, auquel cas ils prennent effet le premier jour du mois civil suivant le décès.

Toutefois, les dispositions du I et du II ne peuvent avoir pour effet d'interrompre le droit à l'aide personnalisée au logement ou, le cas échéant, aux allocations de logement visées aux articles L. 542-1 et L. 831-1 du code de la sécurité sociale. *(L. nº 98-657 du 29 juill. 1998, art. 44)* « Les dispositions du premier alinéa du I ne s'appliquent pas aux personnes qui, hébergées par un organisme logeant à titre temporaire des personnes défavorisées et bénéficiant de l'aide prévue à l'article L. 851-1 du code de la sécurité sociale, accèdent à un logement ouvrant droit à l'aide personnalisée au logement. Dans ce cas, l'aide est due à compter du premier jour du mois civil au cours duquel les conditions d'ouverture du droit sont réunies. »

V. Circ. nº 98-92 du 13 oct. 1998 relative aux dispositions sur le logement contenues dans la loi nº 98-657 du 29 juill. 1998 d'orientation relative à la lutte contre les exclusions (BOMELT nº 98/20).

V. aussi Circ. nº 98-109 du 23 oct. 1998 relative à l'ouverture des droits à l'allocation de logement et à l'APL (BOMELT nº 98/23).

Aucune disposition législative ou réglementaire n'impose aux organismes de respecter un délai à peine d'illégalité pour statuer sur la demande. • CAA Marseille, 19 nov. 1998, *Huguet : req. nº 97MA10788.* ◆ Aucune disposition ni aucun principe général du droit ne fait obligation à l'administration de faire connaître à l'avance au demandeur le montant de l'APL. • CE 3 juin 1994, *Boffelli : req. nº 137372.*

Art. L. 351-4 **L'aide personnalisée au logement est exclusive des prestations prévues par les articles L. 510 (5º) et L. 536 à L. 541 du code de la sécurité sociale, par la loi nº 71-582 du 16 juillet 1971 et par la loi nº 75-623 du 11 juillet 1975** *[Les dispositions relatives à l'allocation logement sont désormais codifiées aux art. L. 542-1 s.* ***CSS****].*

L'aide au logement social constitue une prestation instituée par les art. L. 831 s. CSS dont le contentieux relève du tribunal des affaires de sécurité sociale. La juridiction administrative est incompétente pour en connaître et le juge des référés, saisi d'une demande de provision se rapportant à une créance de cette nature, est incompétent pour y statuer. • CAA Paris, 11 avr. 2000, *Atanasiu : req. nº 97PA00209.*

Art. L. 351-5 **L'attribution de l'aide personnalisée au logement ouvre droit au versement d'une prime de déménagement dans les mêmes conditions que celles qui sont prévues en matière d'allocation de logement.**

Cette prime ne se cumule pas avec les primes de même nature. – *V. art. R. 351-23 s.*

V. Dir. nº 3 du Fonds national de l'habitation (BOMELT, fasc. spécial, nº 78-35 bis).

1. Conditions d'ouverture. L'octroi d'une prime de déménagement est subordonné à l'attribution effective de l'APL. • CAA Nancy, 12 oct. 1995, *Casagranda : req. nº 93NC00668.*

2. Contrôle de la décision. Eu égard à la situation financière de l'intéressé, une décision de refus de remise de dette à la suite d'un trop-perçu de prime de déménagement n'est pas entachée d'erreur manifeste d'appréciation. • CE 26 sept. 1990, *Dumont : req. nº 107495.*

Art. L. 351-6 *(Ord. nº 2005-655 du 8 juin 2005, art. 10)* **Le fonds national d'aide au logement est chargé de financer l'aide personnalisée au logement, la prime de déménagement prévue à l'article L. 351-5 et les dépenses de gestion qui s'y rapportent ainsi que les dépenses du conseil national de l'habitat.**

Il finance également l'allocation de logement relevant du titre III du livre VIII du code de la sécurité sociale ainsi que les dépenses de gestion qui s'y rapportent.

Le fonds est administré par un conseil de gestion dont la composition, les modes de désignation des membres et les modalités de fonctionnement sont fixés par décret.

(L. nº 2006-1666 du 21 déc. 2006, art. 148-II) **« Sa gestion est assurée par la Caisse des dépôts et consignations. »**

1. Nature juridique du fonds. Le Fonds national de l'habitation est un organisme à caractère administratif. • T. confl. 23 oct. 1989, *Caisse d'allocations familiales du pays de Montbéliard c/ Mulot-Ricateau,* req. nº 2580 : *Lebon T. 773.* ◆ Il agit pour le compte de l'État et les fautes imputées dans la gestion des dossiers de l'aide personnalisée au logement ne sont susceptibles d'engager que la responsabilité de l'État. • TA Lille, 3 sept. 2002, *Mme Saint-Étienne,* req. nº 021268 : *Lebon T. 807.*

2. Compétence. Le Fonds national de l'habitation est le seul organisme habilité par l'art. L. 351-6 à se prononcer sur une demande de remise gracieuse. • CAA Lyon, 14 juin 1993, *Min. de l'équipement c/ Mattio,* req. nº 93LY00136 : *Lebon 455 ; LPA 10 déc. 1993, concl. D. Richer ; AJDA 1993. 890, note D. Richer.*

3. Subdélégation. Le Fonds national de l'habitation, organisme d'État chargé du financement de l'APL, n'a pu légalement, par sa directive du 30 oct. 1987, autoriser les sections des aides publiques au logement des conseils départementaux de l'habitat à subdéléguer aux caisses d'allocations familiales, organismes de droit privé, le pouvoir que le législateur a conféré à une autorité administrative relevant de l'État, de se prononcer sur les demandes de remise de dettes présentées par les bénéficiaires de cette aide. • CE, sect., 27 oct. 1995, *Min. du logement c/ Mattio*, req. nº 150703 : *Lebon 455* ; *AJDA 1996. 57, concl. J. Arrighi de Casanova* ; *RDI 1996. 99, note Heugas-Darraspen et Schaufelberger* ; *D. 1995. IR 257*.

4. Le motif tiré de l'incompétence des caisses d'allocations familiales est d'ordre public et doit être substitué à celui de l'arrêt d'appel, fondé sur les dispositions de l'art. L. 351-14 sans application en l'espèce. • CE 21 avr. 1997, *Min. du logement c/ Czuppon*, req. nº 158639 : *Lebon T. 922* ; *Gaz. Pal. 27-28 févr. 1998, Pan. Dr. adm. p. 31.*

Art. L. 351-7 *(Ord. nº 2005-655 du 8 juin 2005, art. 10)* **Les recettes du Fonds national d'aide au logement sont constituées notamment par :**

a) **Des dotations de l'État ;**

b) **Le produit des prélèvements mis à la charge des employeurs en application des 1º et 2º de l'article L. 834-1 du code de la sécurité sociale ;**

c) **Des contributions des régimes de prestations familiales.**

La contribution annuelle de chaque régime de prestations familiales est égale au montant des prestations qui auraient été versées par eux au titre de l'allocation de logement familiale et de la prime de déménagement. Cette contribution peut être calculée au moyen de formules forfaitaires selon des modalités fixées par décret en Conseil d'État ;

(L. nº 2012-1404 du 17 déc. 2012, art. 3-IV) **« *d)* La part, fixée au 2º du IV de l'article 1600-0 S du code général des impôts, du produit des prélèvements de solidarité mentionnés à ce même article. »**

L'État assure l'équilibre des recettes et des dépenses du fonds national d'aide au logement. – *V. art. R. 351-42 s.*

Art. L. 351-8 **L'aide personnalisée au logement et la prime de déménagement prévue à l'article L. 351-5 sont liquidées et payées pour le compte du** *(Ord. nº 2005-655 du 8 juin 2005, art. 11)* **« fonds national d'aide au logement » et selon ses directives par les organismes ou services désignés par décret parmi ceux qui sont chargés de gérer les prestations familiales.** – *V. art. R. 351-36.*

Pour l'exécution de la mission confiée à ces organismes, des conventions nationales sont conclues par l'État représenté par le président du *(Ord. nº 2005-655 du 8 juin 2005, art. 11)* **« fonds national d'aide au logement » avec, d'une part, la caisse nationale des allocations familiales et, d'autre part, la caisse centrale d'allocations familiales mutuelles agricoles. Elles fixent notamment les obligations des organismes chargés de la liquidation et du paiement de l'aide, les conditions dans lesquelles les fonds sont mis à leur disposition, les modalités d'adaptation de l'aide en cas de variation importante des ressources ou des charges du bénéficiaire, les modalités techniques d'application de l'article L. 351-9 ainsi que les modalités de remboursement par le** *(Ord. nº 2005-655 du 8 juin 2005, art. 11)* **« fonds national d'aide au logement » des dépenses occasionnées à ces organismes par la gestion de l'aide.**

Les dispositions de ces conventions nationales sont applicables aux organismes ou services désignés par le décret prévu au premier alinéa du présent article. Toutefois, des adaptations peuvent leur être apportées en vertu d'accords particuliers conclus entre l'État et ces organismes après accord de la caisse nationale ou centrale concernée.

A défaut d'accord sur les conventions nationales avec les caisses susmentionnées, les dispositions énoncées au deuxième alinéa sont fixées par décret.

1. Motivation des décisions. En application de la loi du 11 juill. 1979, les décisions des organismes de sécurité sociale qui refusent l'attribution d'une aide, celles prises en vertu d'un recours obligatoire qui s'y substituent et celles supprimant l'APL doivent être motivées. • TA Lyon, 27 févr. 1992, *Bentoumi : Lebon T. 1098*. ♦ La décision de refus se bornant à indiquer que le logement n'était occupé que par l'ancien concubin du demandeur sans mentionner aucun des textes législatifs et réglementaires fondant une telle décision est insuffisamment motivée. • CAA Lyon, 30 nov. 2004, *Mme Derai,* req. nº 99LY02455 : *AJDA 2005. 509*.

2. Reversement du trop-perçu. Les caisses d'allocations familiales peuvent être amenées, eu égard aux modifications susceptibles d'affecter la composition de la famille ou le niveau des ressources, à opérer des versements indus qu'aucune disposition légale ne les autorise à recouvrer par voie d'état exécutoire. Il leur appartient de demander au juge administratif de leur conférer un titre pour recouvrer leurs créances. • CAA Nancy, 24 mars 1994, *CAF du Pays de Montbéliard,* req. nº 92NC00859 : *Lebon 635 ; Gaz. Pal. 28-29 juill. 1995, nos 209-210, p. 89.* ◆ Il appartient au juge, saisi d'une telle action, et alors même que l'allocataire n'a pas exercé dans le délai prescrit les recours prévus par les dispositions des art. L. 351-14, R. 351-50 et R. 351-51 CCH, d'examiner les moyens soulevés en défense par cet allocataire et tirés de l'absence de bien-fondé de la créance litigieuse. • CAA Bordeaux, 7 oct. 2003, *Mme X. : req. nº 00BX02970.* ◆ Les différends entre le bénéficiaire de l'aide et le bailleur portant sur l'état du logement et la réclamation de loyers indus sont, par eux-mêmes, sans influence sur le droit de la caisse d'allocations familiales à recouvrer les sommes indûment versées. • CAA Bordeaux, 6 mai 2003, *Bataloff : req. nº 00BX02702.* ◆ Les organismes territorialement compétents sont ceux dans le ressort desquels est situé le logement. La caisse d'allocations familiales des Côtes-du-Nord a seule qualité pour demander le remboursement de la somme versée indûment pour un logement situé dans le département des Côtes-du-Nord. Les allocataires ayant déménagé pour aller habiter dans le département de la Somme, la caisse d'allocations familiales de ce département était incompétente pour saisir le tribunal administratif d'une demande tendant à la condamnation au remboursement des allocataires. • CAA Douai, 28 oct. 1999, *Lemarchand : req. nº 96DA02430.* ◆ L'art. L. 351-8 n'a pu avoir pour effet de permettre au Fonds national de l'habitation de déléguer l'instruction des demandes de remise de dettes présentées par les bénéficiaires aux organismes de droit privé que constituent les caisses d'allocations familiales. • CE, sect., 27 oct. 1995, *Min. du logement c/ Mattio,* req. nº 150703 : *Lebon 455 ; AJDA 1996. 57, concl. J. Arrighi de Casanova ; D. 1995. IR 257*. ◆ Il appartient au ministre chargé du logement, dont dépend le Fonds national de l'habitation, ainsi qu'aux caisses d'allocations familiales, parties en première instance, de faire appel des jugements rejetant une demande de remboursement d'un trop-perçu. • CE 20 janv. 1999, *CAF des Bouches-du-Rhône,* req. nº 179619 : *Lebon T. 981 ; Gaz. Pal. 26-28 déc. 1999, p. 22.*

Art. L. 351-9 **L'aide personnalisée au logement est versée :**

En cas de location, au bailleur du logement sous réserve des dispositions des articles L. 351-11 et L. 353-9 ;

(L. nº 2000-1208 du 13 déc. 2000, art. 157) **« En cas de mandat de gérance de logements, l'aide personnalisée peut être versée au mandataire. »**

Dans les autres cas, à l'établissement habilité à cette fin.

Dans des cas qui seront précisés par décret, elle peut être versée au locataire ou au propriétaire du logement.

Lorsque l'aide est versée au bailleur ou à l'établissement habilité à cette fin, elle est déduite, par les soins de qui reçoit le versement, du montant du loyer et des dépenses accessoires de logement ou de celui des charges de remboursement. Cette déduction doit être portée à la connaissance du bénéficiaire, locataire ou propriétaire du logement.

Sous réserve des dispositions du premier alinéa ci-dessus, l'aide personnalisée au logement est insaisissable et incessible sauf au profit de l'établissement habilité ou du bailleur ou, le cas échéant, de l'organisme payeur dans le cas prévu à l'article L. 351-11, alinéa 3, *in fine*.

1. Le fait que l'APL ait été payée directement au bailleur ne s'oppose pas à ce que la caisse d'allocations familiales exerce une action en recouvrement de sommes indues à l'encontre de la bénéficiaire de l'aide, dès lors qu'elle a été versée pour le compte de l'intéressée et est venue en diminution de son loyer. • CAA Lyon, 10 mars 1998, *Quercy : req. nº 95LY00666.*

2. Justifie sa décision de condamner une société d'HLM à reverser aux acquéreurs le montant des aides personnalisées au logement qu'elle a reçues directement, la cour d'appel qui estime que la résolution de la vente entraîne pour le vendeur l'obligation de restituer la totalité des sommes perçues par lui à titre de prix de vente, y compris celles qui ont été versées au titre de l'aide personnalisée au logement, dès lors qu'il en reste comptable à l'égard de l'organisme payeur. • Civ. 3e, 2 mars 1994 : *Bull. civ. III, no 40 ; RDI 1995. 116, note Groslière et Saint-Alary-Houin.*

3. Sur les caractères insaisissable et incessible de l'aide personnalisée au logement, notamment dans le cas d'un emprunteur mis en redressement judiciaire, V. • Com. 24 nov. 1998 : *Bull. civ. IV, no 282 ; D. 1999. IR 11.*

4. En cas de résiliation du bail, l'aide personnalisée au logement versée, après cette résiliation, entre les mains du bailleur, qui doit être regardée comme indûment perçue à partir du premier jour du mois civil au cours duquel le bail a été résilié, ne peut être, en l'absence de loyer, recouvrée qu'auprès du bailleur. • CAA Douai, 18 déc. 2003, *CAF d'Arras : req. no 03DA00513.* ♦ Si l'occupant sans titre a été condamné à verser jusqu'à la libération effective du logement une somme mensuelle égale au loyer qui aurait été dû en l'absence de résiliation du bail, une telle indemnité d'occupation ne constituait pas un loyer ou une charge accessoire de logement. • CAA Douai, 9 nov. 2004, *CAF d'Arras,* req. no 03DA00763 : *Lebon 502 ; AJDA 2005. 504, note Lepers.*

Art. L. 351-10 L'aide personnalisée au logement n'est, ni comprise dans le montant des revenus du bénéficiaire passibles de l'impôt sur le revenu *[V. CGI, art. 81-2o bis]*, ni prise en compte pour l'application de la condition de ressources en vue de l'attribution des prestations de vieillesse, des prestations familiales, des prestations d'aide sociale ou de l'allocation aux handicapés adultes.

Art. L. 351-11 Le règlement de l'aide personnalisée au logement obéit à la même périodicité que le paiement du loyer ou des charges d'emprunt. L'action pour le paiement de l'aide personnalisée au logement se prescrit par deux ans.

Cette prescription est également applicable à l'action intentée par un organisme payeur en recouvrement des sommes indûment payées, sauf en cas de fraude ou de fausse déclaration.

(L. no 2009-1646 du 24 déc. 2009, art. 93-III) « La prescription est interrompue par une des causes prévues par le code civil. L'interruption de la prescription peut, en outre, résulter de l'envoi d'une lettre recommandée avec demande d'avis de réception, quels qu'en aient été les modes de délivrance. »

Dans le cas où le bailleur ou l'établissement habilité justifie qu'il a, conformément à l'article L. 351-9, alinéa 5, déduit ces sommes du montant du loyer et des dépenses accessoires de logement ou de celui des charges de remboursement, le recouvrement s'effectue, suivant le cas, auprès du locataire ou de l'emprunteur.

(L. no 94-629 du 25 juill. 1994, art. 43-III) « Lorsque l'un ou l'autre ne conteste pas l'exactitude de ce trop-perçu, l'organisme payeur *(L. no 2008-1330 du 17 déc. 2008, art. 118-II, en vigueur le 1er janv. 2010)* « récupère » cet indu par retenue sur les échéances d'aide personnalisée au logement à venir. *(L. no 2008-1330 du 17 déc. 2008, art. 118-II, en vigueur le 1er janv. 2010)* « A défaut, l'organisme payeur peut, dans des conditions fixées par décret, procéder à la récupération de l'indu par retenues sur les échéances à venir dues soit au titre de l'allocation de logement mentionnée à l'article L. 831-1 du code de la sécurité sociale, soit au titre des prestations familiales mentionnées à l'article L. 511-1 du même code, soit au titre des prestations mentionnées au titre II du livre VIII du même code, soit au titre du revenu de solidarité active mentionné à l'article L. 262-1 du code de l'action sociale et des familles, tel qu'il résulte de la loi no 2008-1249 du 1er décembre 2008 généralisant le revenu de solidarité active et réformant les politiques d'insertion. »

(L. no 2009-1646 du 24 déc. 2009, art. 97-I) « Par dérogation aux dispositions précédentes, lorsqu'un indu a été constitué sur une prestation versée en tiers payant, l'organisme peut, si d'autres prestations sont versées directement à l'allocataire, recouvrer l'indu sur ces prestations selon des modalités et des conditions précisées par décret. »

« Dans des conditions définies par décret, les retenues mentionnées *(L. n° 2009-1646 du 24 déc. 2009, art. 97-III)* « au quatrième alinéa » *(L. n° 2008-1330 du 17 déc. 2008, art. 118-II, en vigueur le 1er janv. 2010)* « , ainsi que celles mentionnées aux articles L. 553-2 et L. 835-3 du code de la sécurité sociale, L. 821-5-1 du même code et L. 262-46 du code de l'action sociale et des familles, tel qu'il résulte de la loi n° 2008-1249 du 1er décembre 2008 précitée, » sont déterminées en fonction de la composition de la famille, de ses ressources, des charges de logement et des prestations servies par les organismes débiteurs de prestations familiales, à l'exception de celles précisées par décret. » – *V. art. R. 351-28-1 et R. 351-28-2.*

(L. n° 2008-1330 du 17 déc. 2008, art. 118-II, en vigueur le 1er janv. 2010) « Toutefois, par dérogation aux dispositions des alinéas précédents et dans les conditions prévues à l'article L. 351-14 du présent code, le montant de l'indu peut être réduit ou remis en cas de précarité de la situation du débiteur, sauf en cas de manœuvre frauduleuse ou de fausses déclarations.

« L'article L. 161-1-5 du code de la sécurité sociale est applicable pour le recouvrement des sommes indûment versées. »

(L. n° 2009-1646 du 24 déc. 2009, art. 93-IV) « La prescription est interrompue tant que l'organisme débiteur des prestations familiales se trouve dans l'impossibilité de recouvrer l'indu concerné en raison de la mise en œuvre d'une procédure de recouvrement d'indus relevant des articles L. 553-2, L. 821-5-1 ou L. 835-3 du code de la sécurité sociale, L. 262-46 du code de l'action sociale et des familles ou L. 351-11 du code de la construction et de l'habitation. »

1. Calcul de la prescription. Une caisse d'allocations familiales fait une exacte application de la prescription biennale en limitant le versement de l'APL à la période commençant le 1er nov. 1980 dès lors que le bénéficiaire avait acquis en février 1979 un logement après avoir obtenu un prêt ouvrant droit au bénéfice de l'APL, mais n'avait demandé le versement de cette aide qu'en novembre 1982. • CE 12 févr. 1988, *Lucia : req. n° 79944.*

2. Compétence des organismes. Les dispositions de l'art. L. 351-13 n'ont pas pour effet de confier au seul juge pénal la récupération, en cas de fraude ou de fausses déclarations, de sommes indûment payées pour une période antérieure à celle des deux années précédant le premier acte interruptif de transcription. • CAA Bordeaux, 15 juin 1995, *Min. de l'équipement c/ Petit : req. n° 93BX00406.* ♦ ... Ni de subordonner le recouvrement de telles sommes par les organismes intéressés à la constatation par le juge répressif d'une fraude ou d'une fausse déclaration. • Même arrêt.

3. Invocation de la prescription. Quelles que soient les circonstances expliquant que n'ait pas été prise en compte une période pour laquelle l'intéressé estime avoir été privé de ses droits, il ne peut prétendre à ce que l'organisme prestataire renonce à invoquer la prescription biennale. • CAA Nancy, 12 oct. 1995, *Ghin : req. n° 93NC01120.*

4. Interruption de la prescription. En l'absence de toute autre disposition applicable du CCH, le juge administratif fait application des principes des art. 2242 à 2247 C. civ. en matière d'interruption de prescription. Le délai de la prescription est ainsi interrompu entre la saisine par la caisse d'allocations familiales du tribunal des affaires de sécurité sociale et la décision de ce dernier se déclarant incompétent. • CAA Douai, 24 févr. 2000, *Sueur : req. n° 97DA02004.* ♦ Les lettres de mise en demeure avec demande d'avis de réception adressées par une caisse d'allocations familiales à un locataire interrompent la prescription dès lors qu'il est établi qu'elles ont été reçues par le locataire. • CE 20 avr. 2005, *CAF de Maubeuge,* req. n° 257621 : *Lebon T. 960 ; AJDA 2005. 1311.* ♦ Il résulte des dispositions de l'art. 2244 C. civ. que la seule déclaration au greffe du tribunal d'instance faite par la caisse d'allocations familiales d'une demande de condamnation à rembourser l'indu ne saurait être regardée comme valant citation en justice en l'absence de toute assignation signifiée à l'allocataire par la caisse d'allocations familiales. • CAA Douai, 14 nov. 2000, *Vaillant : req. n° 98DA01961.* ♦ La lettre de convocation que le greffe du tribunal d'instance adresse à l'allocataire ne peut être regardée comme une assignation de la caisse et n'interrompt pas le délai de prescription. • Même arrêt.

5. Impossibilité de lever la prescription. Aucune disposition législative ou réglementaire ne donne aux sections des aides publiques au logement le pouvoir de lever à titre gracieux la prescription biennale. • CAA Lyon, 1er oct. 1998,

Mme Renault, req. nº 95LY00312 : *Lebon 597 ; Gaz. Pal. 15-16 déc. 1999, p. 7* • TA Lille, 12 déc. 1995, *Ruant : Lebon T. 890.* ♦ Dès lors, la directive du Fonds national d'habitation qui prévoit cette possibilité ne confère aux allocataires aucun droit d'en bénéficier. • CAA Bordeaux, 11 mai 1999, *Min. de l'équipement c/ Barrionuevo : req. nº 96BX00163.*

6. Action en recouvrement de l'indu. La circonstance que le versement de sommes indues résulterait d'une erreur de la caisse d'allocations familiales n'est pas de nature à priver cette dernière d'intenter une action en vue de recouvrer ces sommes dans le cadre du délai prévu à l'art. L. 351-11. • CAA Lyon, 10 mars 1998, *Quercy : req. nº 95LY00666.* ♦ Le fait que l'APL ait été payée directement au bailleur ne s'oppose pas à ce que la caisse d'allocations familiales exerce une action en recouvrement de sommes indues à l'encontre de la bénéficiaire de l'aide, dès lors qu'elle a été versée pour le compte de l'intéressée et est venue en diminution de son loyer. • Même arrêt. ♦ Le remboursement du trop-perçu de l'aide personnalisée au logement versé à un allocataire ne peut être mis à la charge que de ce dernier dès lors qu'il n'est pas établi que l'organisme bailleur n'aurait pas déduit les sommes versées au titre de l'APL. • CAA Douai, 27 févr. 2001, *SA HLM Maison flamande : req. nº 99DA01237.* ♦ Eu égard à la finalité de la réglementation en cause, lorsque l'APL a été versée à tort pour un logement occupé à titre de résidence principale par deux personnes vivant en concubinage, les concubins sont tenus solidairement au remboursement de l'indu en raison du profit qu'ils en ont l'un et l'autre retiré, alors même que l'aide n'avait été nommément attribuée qu'à un seul des deux en raison de sa qualité de propriétaire ou de locataire. Cette solution, valable aussi bien avant qu'après l'intervention de la L. nº 99-944 du 15 nov. 1999 qui a introduit dans le code civil un art. 515-8 définissant légalement le concubinage, s'applique également aux partenaires liés par un pacte civil de solidarité régi par les art. 515-1 à 515-7 C. civ. • CE, avis, 9 juill. 2003, req. nº 255110 : *Lebon 337 ; AJDA 2003. 1995, note Tourette .* ♦ La décision de l'organe compétent peut prévoir un prélèvement automatique de 20 % sur les droits à venir de l'intéressé jusqu'à extinction de la dette. • CE 27 juin 1990, *Raffaele : req. nº 101516.* ♦ Un organisme gestionnaire de l'APL ne peut verser cette aide qu'en vertu des obligations résultant pour lui des dispositions législatives et réglementaires en la matière. Le versement de l'aide en violation de ces dispositions n'a pas pour effet de faire acquérir des droits aux bénéficiaires des versements. • CAA Nantes, 9 juin 1999, *Viaouet : req. nº 96NT01518.*

7. Inapplication des dispositions du code de la sécurité sociale. L'APL n'a pas le caractère d'une prestation de sécurité sociale ou d'allocations familiales. Dès lors les dispositions de l'art. L. 243-6 CSS qui prévoient une prescription biennale pour ces prestations ne peuvent trouver à s'appliquer aux actions en recouvrement de sommes indûment versées au titre de l'APL. • CAA Nantes, 9 juin 1999 *Viaouet : req. nº 96NT01518.*

8. Fausse déclaration. Ne peut bénéficier de la prescription biennale l'allocataire qui a volontairement laissé la caisse d'allocations familiales dans l'ignorance de sa véritable situation de famille. • CAA Lyon, 5 juill. 1995, *Laraba : req. nº 94LY00825.* ♦ L'établissement de la fraude ou d'une fausse déclaration n'est pas subordonné à une décision du juge répressif la constatant. • CAA Bordeaux, 15 juin 1995, *Min. de l'équipement c/ Petit : req. nº 93BX00406.*

Art. L. 351-12 *(L. nº 2007-1786 du 19 déc. 2007, art. 106-V)* Les informations nécessaires à l'appréciation des conditions d'ouverture, au maintien des droits et au calcul de l'aide personnalisée au logement, notamment les ressources, peuvent être obtenues par les organismes chargés du paiement de l'aide selon les modalités de l'article L. 114-14 du code de la sécurité sociale.

La fraude, la fausse déclaration, l'inexactitude ou le caractère incomplet des informations recueillies en application de l'alinéa précédent exposent le bénéficiaire *(L. nº 2009-1646 du 24 déc. 2009, art. 88-III)* « , le demandeur ou le bailleur » aux sanctions et pénalités prévues aux articles L. 114-13 et L. 114-17 du code de la sécurité sociale.

Lorsque les informations ne peuvent pas être obtenues dans les conditions prévues au premier alinéa, les bénéficiaires *(L. nº 2009-1646 du 24 déc. 2009, art. 88-III)* « , les demandeurs ou les bailleurs » les communiquent par déclaration auxdits organismes.

Sous réserve des dispositions de l'article L. 353-11, le contrôle des déclarations des demandeurs ou des bénéficiaires de l'aide personnalisée au logement est assuré par le personnel assermenté des organismes et des services chargés du paiement de l'aide. *(L. nº 2009-1646 du 24 déc. 2009, art. 88-III)* « Il peut également contrôler les déclarations des bailleurs, afin de vérifier notamment l'existence ou l'occupation du logement pour lequel l'aide personnalisée au logement est perçue. » Les administrations publiques, notamment par application de l'article L. 152 du livre des procédures fiscales, sont tenues de communiquer à ce personnel toutes les pièces nécessaires à l'exercice de ce contrôle.

[Jurisprudence rendue sous l'empire de l'ancien art. L. 351-12 mais transposable au régime actuel]

1. Les organismes et services chargés du paiement de l'aide disposent du pouvoir de contrôler la sincérité des déclarations que leur présentent les bénéficiaires quant au montant de leur revenu imposable. • CE 14 déc. 1992, *Min. de l'équipement c/ Pateyron,* req. nº 102738 : *Lebon T. 1098*. ♦ Les dispositions de l'art. L. 351-12 n'impliquent pas que le contrôle de la sincérité des déclarations souscrites soit mené de manière contradictoire avec le bénéficiaire de l'aide au logement ou les membres de sa famille. • CAA Bordeaux, 2 juill. 2002, *Abecassis : req. nº 99BX01022.* ♦ Le droit au respect de la vie privée mentionné à l'art. 8 Conv. EDH ne dispense pas le demandeur ou le bénéficiaire d'une aide publique de ses obligations déclaratives et ne prive pas l'administration du pouvoir d'en contrôler la mise en œuvre selon des procédures légalement autorisées. • Même arrêt.

2. Dans la mesure où les caisses d'allocations familiales tiennent de l'art. L. 351-12 le pouvoir de contrôler les documents remis par les intéressés à l'appui de leur demande d'APL, le juge estime que commet une erreur manifeste d'appréciation la caisse d'allocations familiales qui refuse une remise de dette alors que l'origine du trop-perçu est exclusivement imputable à la caisse qui avait regardé à tort les emprunts contractés par les demandeurs en vue de faire construire leur logement comme étant des prêts aidés susceptibles d'ouvrir droit à l'APL. • CE 22 juin 1992, *Min. de l'équipement c/ Lambert : req. nº 111508.*

Art. L. 351-13 Quiconque se rend coupable de fraude ou de fausse déclaration pour obtenir, faire obtenir, ou tenter d'obtenir ou de faire obtenir l'aide personnalisée au logement est puni *(L. nº 2005-1579 du 19 déc. 2005, art. 92-VI)* « de l'amende prévue à l'article L. 114-13 du code de la sécurité sociale ». Le tribunal ordonne, en outre, le remboursement des sommes indûment versées.

S'il s'agit d'un administrateur de biens, les peines applicables sont un emprisonnement de six mois et une amende de 18 000 € *(Abrogé par L. nº 2011-525 du 17 mai 2011, art. 160)* « *ou l'une de ces deux peines seulement* ».

Le tribunal peut, en outre, dans les cas prévus aux deux alinéas qui précèdent, prononcer, pour une durée n'excédant pas deux ans, l'interdiction de passer les conventions prévues au chapitre III.

Les dispositions de l'art. L. 351-13 n'ont pas pour effet de confier au seul juge pénal la récupération, en cas de fraude ou de fausses déclarations, de sommes indûment payées pour une période antérieure à celle des deux années précédant le premier acte interruptif de transcription. • CAA Bordeaux, 15 juin 1995, *Min. de l'équipement c/ Petit : req. nº 93BX00406.*

Art. L. 351-14 *(L. nº 94-624 du 21 juill. 1994, art. 37-I)* Il est créé dans chaque département une commission compétente pour :

1º Décider, selon des modalités fixées par décret, du maintien du versement de l'aide personnalisée au logement lorsque le bénéficiaire ne règle pas la part de dépense de logement restant à sa charge ;

2º Statuer sur les demandes de remise de dettes présentées à titre gracieux par les bénéficiaires de l'aide personnalisée au logement en cas de réclamation d'un trop-perçu effectuée par l'organisme payeur ;

3º Statuer sur les contestations des décisions des organismes ou services chargés du paiement de l'aide personnalisée au logement ou de la prime de déménagement.

Cette commission est présidée par le préfet ou son représentant.

Un décret détermine sa composition, le délai dans lequel elle doit être saisie et les conditions dans lesquelles elle peut déléguer aux services chargés du paiement de l'aide personnalisée au logement ou de la prime de déménagement tout ou partie de ses compétences à l'exception de celle mentionnée au 1o ci-dessus.

Les recours relatifs à ces décisions sont portés devant la juridiction administrative.

Sous réserve des décisions de justice passées en force de chose jugée, les décisions des organismes payeurs relatives aux demandes de remise de dette présentées à titre gracieux par les bénéficiaires de l'aide personnalisée au logement après constatation d'un trop-perçu de leur part sont validées en tant que ces organismes avaient reçu subdélégation des sections départementales des aides publiques au logement pour statuer sur lesdites demandes en application des directives des 30 oct. 1987 et 21 oct. 1992 du Fonds national de l'habitation (L. 21 juill. 1994, art. 37-II).

V. art. R. 351-1 s., R. 351-47 s., R. 362-2 et R. 362-10 ; Circ. no 95-51 du 31 juill. 1995 (BOMELT no 95/24, Mon. TP 22 sept. 1995, Suppl. textes, p. 316), mod. par Circ. no 2005-44 du 13 juill. 2005 (BOMELT no 2005/16, p. 51) : secteur des aides publiques au logement du Conseil départemental de l'habitat.

1o CONTENTIEUX DES DÉCISIONS DES COMMISSIONS DÉPARTEMENTALES

1. Compétence du juge administratif. L'ensemble des décisions prises par les commissions départementales peuvent faire l'objet d'un recours contentieux devant le tribunal administratif dans le ressort duquel est situé le logement. • CE 27 juill. 1990, *Lautric : req. no 96603.* ♦ L'action en répétition de l'indu engagée par une caisse d'allocations familiales relève de la compétence administrative. • T. confl. 29 oct. 1989, *CAF du pays de Montbéliard c/ Mulot-Ricateau : Lebon T. 773*. ♦ En revanche les caisses d'allocations familiales constituant des organismes de droit privé, les rapports de ces organismes avec leurs allocataires sont des rapports de droit privé et les litiges auxquels ils peuvent donner lieu relèvent de la compétence des juridictions de l'ordre judiciaire. En conséquence le juge administratif est incompétent pour connaître des conclusions d'un allocataire tendant à la condamnation d'une caisse d'allocations familiales. • CAA Marseille, 2 déc. 1997, *Min. de l'équipement : req. no 97MA00297.*

2. Délai contentieux. Dès lors qu'une décision retirant le bénéfice de l'APL n'a pas fait l'objet d'un recours contentieux, une nouvelle décision de refus, purement confirmative de la précédente, ne peut rouvrir le délai contentieux. • CE 19 mai 1989, *Monteil : req. no 71502.* ♦ Un recours gracieux présenté devant la section des aides publiques au logement contre la décision par laquelle ladite section a statué sur le recours obligatoire de l'intéressé n'a pas pour effet de prolonger le délai de recours contentieux. • CE 17 avr. 1992, *Rocca,* req. no 110891 : *Lebon 186*.

3. Recours préalable obligatoire. Les recours devant la commission départementale doivent être considérés comme des recours administratifs préalables aux recours contentieux. Ils présentent un caractère obligatoire et le recours contentieux formé directement devant la juridiction administrative doit être déclaré irrecevable. • CE 22 avr. 1992, *Allain,* req. no 90731 : *Lebon T. 1099*. ♦ Une demande tendant à la remise gracieuse de l'indu ne peut être regardée comme en contestant le bien-fondé. Dès lors, si le requérant a bien saisi la section des aides publiques au logement d'une demande de remise gracieuse, faute de décision de cette section statuant sur le bien-fondé de la dette, le recours formé devant le juge administratif est irrecevable. • CAA Lyon, 21 déc. 1999, *Moreau : req. no 95LY01266.* ♦ Le recours préalable obligatoire ne concerne que les recours intentés contre les décisions des organismes chargés du paiement de l'aide. En conséquence un requérant ne peut soutenir que l'action en répétition de l'indu engagée à son encontre par une caisse d'allocations familiales devant le tribunal administratif serait irrecevable, faute pour la caisse d'avoir exercé le recours préalable prévu par l'art. L. 351-14. • CAA Nantes, 9 juin 1999, *Viacuet : req. no 96NT01518.*

2o REMISE DE DETTES EN CAS DE RÉCLAMATION D'UN TROP-PERÇU

a. Compétence

4. Est entachée d'illégalité la décision d'une section des aides publiques au logement qui s'estime liée par l'avis donné par la commission de recours amiable de la caisse d'allocations familiales. • CAA Bordeaux 11 mai 1999, *Secrétaire d'État au logement c/ Kaniama : req. no 98BX01080.*

b. Procédure

5. Absence de délai d'introduction de la demande. Aucune disposition du code ou d'un autre texte ni aucun principe général du droit n'impose de délai pour présenter une demande gracieuse. Dès lors c'est à tort qu'une section des aides publiques au logement rejette une telle demande au motif de la forclusion. • CE 26 janv. 1994, *Berchet :* ⛫ *req. n° 127986.*

6. Forme de la décision. Le silence gardé par la section des aides publiques vaut décision implicite rejetant totalement la demande de remise. • CE 24 oct. 1990, *Le Bras :* ⛫ *req. n° 94213.* ◆ La décision par laquelle une caisse laisse l'intégralité de la dette à la charge de l'allocataire ne peut être assimilée à un « ordre de recettes » au sens du décret du 29 déc. 1962 qui prévoit que « tout ordre de recettes doit indiquer les bases de la liquidation ». • CAA Nantes, 10 mai 2000, *Martin :* ⛫ *req. n° 99NT01472.*

c. Recours contentieux

7. Distinction des voies de recours. Un bénéficiaire de l'APL, à qui aurait été demandé le remboursement des sommes versées à tort au titre de cette aide, peut former, soit un recours de plein contentieux dirigé contre la décision par laquelle la section des aides publiques au logement aurait rejeté, en application de l'art. L. 351-14, sa réclamation préalable tendant à la décharge des sommes en cause, soit un recours pour excès de pouvoir dirigé contre la décision par laquelle ladite section aurait rejeté, en application de l'art. R. 351-37, sa demande tendant à ce que lui soit accordée la remise gracieuse de ces sommes. Dans ce dernier cas, les moyens contestant le bien-fondé de la décision demandant le remboursement des sommes versées à tort, que la décision de la section n'a ni pour objet, ni pour effet de confirmer, sont inopérants. • CE 9 nov. 1994, *Min. de l'équipement c/ Danglos,* req. n° 129500 : ⛫ *Lebon 497* ✎ *; Gaz. Pal. 17-18 févr. 1995, n°s 48-49, Lettre de jurisprudence, p. 7 ; LPA 1995, n° 2, p. 5, concl. J. Arrighi de Casanova* • CAA Bordeaux, 6 juill. 1999, *Salsiccia :* ⛫ *req. n° 97BX01460.* ◆ Le moyen invoquant la prescription du droit de reprise de l'administration touche au bien-fondé de la dette et ne peut être utilement allégué à l'appui d'un recours contre une décision refusant la remise gracieuse de cette dette. • CAA Paris, 11 avr. 2000, *Min. de l'équipement c/ Vaillant :* ⛫ *req. n° 98PA01907.* ◆ Dans le cadre du plein contentieux, le moyen selon lequel les ressources du bénéficiaire de l'APL ne justifieraient pas une remise totale de la dette ne peut être utilement invoqué. • CAA Marseille, 16 juin 1998, *Min. de l'équipement,* req. n° 96MA01406 : ⛫ *RFDA 1999. 1278, obs. J.-P. Négrin.*

d. Contrôle du juge

8. Contrôle restreint. La procédure prévue à l'art. L. 351-14 ne crée aucun droit à remise de dette au profit des attributaires de l'APL qui sont débiteurs de sommes qui leur ont été indûment versées. Il appartient toutefois au juge de l'excès de pouvoir, saisi de conclusions tendant à l'annulation d'une décision refusant le bénéfice d'une remise de dette, de vérifier que cette décision n'est entachée d'aucune erreur de fait ou de droit et ne repose pas sur une appréciation manifestement erronée des circonstances de l'affaire. • CE 24 févr. 1988, *Min. de l'équipement c/ Ranguin :* ⛫ *req. n° 78372.* ◆ Confirmant le fait que, lorsqu'il est saisi d'un recours pour excès de pouvoir contre la décision de refus de remise gracieuse, le juge administratif n'exerce qu'un contrôle restreint. • CE, avis, 7 mars 2012, n° 353395 : ⛫ *Lebon T., à paraître ; AJDA 2012. 521* ✎ *; ibid. 966, concl. Thiellay* ✎.

9. Erreur de fait. Doit être annulée la décision refusant le bénéfice d'une remise de dette fondée sur le fait que la bénéficiaire du trop-perçu disposait de ressources mensuelles de 17 544 F alors qu'il résulte de l'instruction que les ressources réelles du foyer fiscal de l'intéressée s'élevaient à la date de la décision attaquée à 11 929 F. • CAA Paris, 27 juill. 1999, *Gelbart :* ⛫ *req. n° 98PA00606.* ◆ Aucune disposition législative ou réglementaire n'autorise l'organisme à désigner un débiteur du trop-perçu d'APL autre que l'auteur de la réclamation qui avait été le seul attributaire de l'aide même si l'intéressé vivait en concubinage avec l'attributaire. • CAA Nancy, 18 nov. 1999, *Gebhart :* ⛫ *req. n° 96NC01748.* ◆ Commet une erreur de fait, en se fondant sur une situation familiale matériellement inexacte, la section des aides publiques qui omet de tenir compte de l'existence d'un enfant à charge. • CAA Marseille, 10 déc. 1998, *Campagnola :* ⛫ *req. n° 97MA01625.* ◆ Une décision faisant état d'absence d'enfants à charge n'est pas entachée d'erreur matérielle dès lors qu'aucun des enfants de l'attributaire ne vivait sous le même toit que ce dernier. • CAA Nantes, 28 avr. 1999, *Belkadi :* ⛫ *req. n° 97NT02250.*

10. Erreur de droit. La circonstance que la caisse d'allocations familiales a mis du retard à prendre en compte une reprise d'activité n'est pas de nature à entacher le refus de remise de dette d'une erreur de droit. • CAA Bordeaux, 28 févr. 2000, *Laurent :* ⛫ *req. n° 97BX00340.*

11. Erreur manifeste d'appréciation. Le juge prend en compte trois critères, à savoir l'imputabilité de l'origine de l'indu, le niveau de ressources du bénéficiaire et l'étalement des remboursements accordé. La circonstance que l'origine de l'indu est uniquement imputable aux services de la caisse d'allocations familiales qui ont commis une erreur dans l'exploitation de la déclaration de revenus de l'intéressée n'entache pas, par elle-même, la décision d'erreur manifeste. • CAA Paris, 28 juill. 2000, *Eugéni : req. n° 98PA01866.* ◆ Doit être annulé le jugement censurant pour erreur manifeste d'appréciation la décision de la section des aides publiques au logement refusant d'accorder une remise de dettes alors que l'ensemble du comportement de l'attributaire, qui n'a cessé de déclarer à la caisse d'allocations familiales qu'il ne percevait aucune ressource alors qu'il occupait un emploi salarié, justifiait cette décision. • CAA Bordeaux, 11 mai 1999, *Secrétaire d'État au logement c/ Kaniama : req. n° 98BX01080.* ◆ Eu égard à la modestie des revenus dont dispose le ménage et du fait que le versement indu a été causé par une erreur de la caisse qui n'a pas tenu compte des déclarations de l'intéressé, la section des aides publiques au logement commet une erreur manifeste d'appréciation en limitant la remise de dette à 50 %. • CAA Nancy, 3 févr. 2000, *Min. du logement c/ Buez : req. n° 96NC02007.* ◆ Compte tenu du fait que le versement indu a été exclusivement causé par une erreur de la caisse, qui a pris en compte avec deux ans de retard le changement intervenu dans la situation familiale dont elle avait pourtant été informée en temps utile par l'intéressée, des charges de famille et du montant des revenus disponible, la section commet une erreur manifeste en n'accordant à l'intéressée qu'une remise de la moitié de sa dette seulement. • CE 24 févr. 1988, *Min. de l'équipement c/ Ranguin : req. n° 78372.* ◆ Eu égard aux charges de famille, au faible montant des revenus et au fait que le versement indu est exclusivement causé par une erreur de la caisse, l'organisme commet une erreur manifeste d'appréciation en n'accordant à l'intéressée qu'une remise de 70 % de sa dette. • CE 26 sept. 1990, *Min. de l'équipement c/ Grainville : req. n° 102737.* ◆ Solution identique, l'origine de l'indu étant exclusivement imputable à une erreur de l'organisme liquidateur, erreur de codification qu'au surplus les bénéficiaires de l'aide ne pouvaient déceler. • CAA Bordeaux, 9 oct. 2001, *Min. de l'équipement : req. n° 00BX02455.*

12. Moyens inopérants. Le moyen selon lequel le requérant n'aurait pu bénéficier de la somme réclamée du fait que son compte bancaire avait été bloqué par son ex-épouse est sans incidence sur la légalité de la demande de remboursement. • CAA Douai, 17 oct. 2000, *Van-Dorpe : req. n° 97DA01779.* ◆ De même le requérant ne saurait utilement se prévaloir ni de la présence à son foyer d'enfants de son concubin, ni de ce que ce dernier n'aurait pas participé aux dépenses communes. • CAA Paris, 9 nov. 2000, *Leclerc : req. n° 98PA04280.* ◆ Une décision de la section départementale d'accorder une remise partielle est sans influence sur la légalité de sa décision initiale refusant d'accorder une remise gracieuse. • CAA Nancy, 9 mai 1996, *Chambrion : req. n° 94NC00872.* ◆ La légalité d'un refus de remise de dette devant s'apprécier à la date à laquelle elle a été prise, les requérants ne peuvent utilement se prévaloir de ce que l'évolution ultérieure de leur situation financière accroîtrait leur difficulté à rembourser le solde de la dette laissé à leur charge. Il leur appartient, s'ils s'y croient fondés, à présenter une nouvelle demande de remise. • CAA Nantes, 22 déc. 1999, *Gautrain : req. n° 99NT00451.* ◆ Le moyen tiré par le requérant de ce que le montant de la créance de la caisse équivaudrait au montant de l'APL auquel il aurait pu prétendre au titre d'années ultérieures est inopérant. • CE 20 janv. 1999, *CAF des Bouches-du-Rhône,* req. n° 179619 : *Lebon T. 981.*

e. Pouvoirs du juge

13. Il n'appartient pas au juge administratif de se substituer à l'organisme gestionnaire de l'APL pour accorder au requérant le rééchelonnement du remboursement de sa dette. • CAA Nantes, 7 juill. 1999, *Breheret : req. n° 98NT00680.*

Art. L. 351-15 *(L. n° 89-475 du 10 juill. 1989, art. 9)* **Les personnes âgées ou handicapées adultes qui ont passé un contrat conforme aux dispositions du cinquième alinéa de l'article L. 443-1 du code de l'action sociale et des familles** *[art. abrogé par L. n° 2002-73 du 17 janv. 2002, art. 51]*, **sont assimilées à des locataires pour bénéficier de l'aide personnelle au logement prévue par l'article L. 351-1, au titre de la partie du logement qu'elles occupent.** – *V. Arr. du 18 juill. 1990 (JO 19 juill.) : plafonds de loyer et montant forfaitaire de charges servant au calcul de l'aide personnalisée au logement.*

CHAPITRE II DISPOSITIONS PARTICULIÈRES AUX BÂTIMENTS ET ÎLOTS INSALUBRES ET À LA RESTAURATION IMMOBILIÈRE

Art. L. 352-1 Lorsque les deux tiers des locataires ou des occupants d'un immeuble concerné par le troisième alinéa du présent article ont fait connaître leur accord pour que cet immeuble fasse l'objet d'une convention régie par le chapitre III du présent titre, le représentant de l'État dans le département peut, avant d'engager les procédures prévues respectivement aux articles L. 1331-28 ou L. 1331-19 du code de la santé publique et à l'article L. 313-4 du code de l'urbanisme, proposer une telle convention au propriétaire ou aux copropriétaires.

A défaut pour le propriétaire ou les copropriétaires d'avoir accepté la convention dans un délai de trois mois à compter de la proposition qui leur en est faite ou d'avoir réalisé, dans les délais impartis, les travaux prévus par ladite convention, il est fait application des procédures définies respectivement aux articles L. 1331-28 à L. 1331-31 ou L. 1331-19 à L. 1331-24 du code de la santé publique et à l'article L. 313-4 du code de l'urbanisme.

Les dispositions des deux alinéas précédents sont applicables aux immeubles nécessitant des travaux de remise en état soit au titre de l'article L. 1331-28 ou de l'article L. 1331-19 du code de la santé publique, soit au titre de l'article L. 313-4 du code de l'urbanisme.

COMMENTAIRE

Ces dispositions incitatives concernent les immeubles insalubres ou compris dans un périmètre de restauration immobilière. ❑

Les consultations prévues par l'art. L. 352-1 ne s'imposent pas dès lors que l'immeuble n'entre pas dans le champ d'application des art. L. 28 ou L. 38 [art. 1331-28 ou L. 1331-19] CSP. • CAA Paris, 23 nov. 1995, *Choumery : req. n° 95PA00129.*

CHAPITRE III RÉGIME JURIDIQUE DES LOGEMENTS LOCATIFS CONVENTIONNÉS

COMMENTAIRE

L'octroi des subventions et prêts mentionnés au Titre troisième est subordonné à la passation par le demandeur d'une **convention** régie par les articles L. 353-1 à L. 353-13 et portant sur l'ensemble des logements financés.

Ces conventions sont conclues entre l'État et les bailleurs des logements.

Elles déterminent les obligations du propriétaire dans le cadre de conventions types qui fixent certaines clauses obligatoires ainsi qu'un plafond de loyer et de ressources.

Ces conventions s'imposent de plein droit au nouveau propriétaire en cas de mutations des biens faisant l'objet des conventions.

Les logements ainsi conventionnés sont comptabilisés au titre de l'obligation de réalisation de logements sociaux dans les communes urbanisées imposée par l'article L. 302-5. ❑

Art. L. 353-1 Les dispositions du présent chapitre règlent, dans la mesure où elles dérogent à la législation en vigueur, les rapports entre propriétaires et locataires ou

occupants des logements qui ont fait l'objet d'une convention en application de l'article L. 351-2. – *V. art. R. 353-1 s. et L. nº 86-1290 du 23 déc. 1986, art. 54, App., vº Rapports locatifs.*

V. Protocole d'accord du 17 déc. 1997 entre l'État et l'Union nationale des fédérations des organismes HLM relatif au nouveau conventionnement, Mon. TP 26 déc. 1997, Suppl. textes officiels, p. 243.

● SECTION PREMIÈRE DISPOSITIONS GÉNÉRALES APPLICABLES AUX LOGEMENTS CONVENTIONNÉS

(L. nº 79-17 du 3 janv. 1979)

Art. L. 353-2 **Les conventions mentionnées à l'article L. 351-2 sont conclues entre l'État et les bailleurs de logements précisés à cet article.**

Elles déterminent, dans le cadre des conventions types mentionnées au même article, les obligations des parties et fixent notamment :

– les travaux d'amélioration qui incombent aux bailleurs ;

– les caractéristiques techniques des logements après construction ou amélioration ;

– les conditions et les modalités, le cas échéant, du relogement provisoire pendant la durée des travaux ;

– les conditions d'occupation et de peuplement desdits logements ;

– le nombre de logements réservés à des familles ou à des occupants sortant d'habitats insalubres ou d'immeubles menaçant ruine ;

– la durée minimale des baux et les modalités selon lesquelles ils pourront être résiliés ou reconduits à la volonté du locataire pendant la durée de la convention ;

– le montant maximum des loyers, des cautionnements et avances et les modalités de leur évolution ainsi que les charges dont le remboursement incombe aux locataires ;

– les obligations des bailleurs à l'égard des organismes chargés de la liquidation et du paiement de l'aide personnalisée au logement ;

– les conditions de leur révision ainsi que leur durée qui ne peut être inférieure à neuf ans ;

– les sanctions encourues pour le non-respect des engagements conventionnels, y compris la résiliation de la convention aux torts du bailleur après mise en demeure.

1. Compétence. Le juge administratif est compétent pour examiner la légalité de la décision du représentant de l'État de signer la convention. • CAA Paris, 23 nov. 1995, *Choumery : req. nº 95PA00129.*

2. Consultations préalables. Aucune disposition n'exige la consultation des locataires préalablement à la signature de la convention. • Même arrêt.

3. Aucune disposition ne subordonne la signature de la convention à une condition d'exécution des travaux. • CAA Paris, 6 mars 1997, *Al Tabbal : req. nº 95PA03137.*

Art. L. 353-3 **L'entrée en vigueur des conventions est subordonnée à leur publication au fichier immobilier ou à leur inscription au livre foncier.** – *V. art. L. 353-14 s. et R. 353-162.*

1. Le droit à l'aide personnalisée au logement d'un locataire d'un logement répondant aux conditions posées par les textes est subordonné à la publication de la convention par le bailleur. • CE 8 juill. 1994, *Boisgelin-Lempereur,* req. nº 124354 : *Lebon T. 1028.*

2. L'entrée en vigueur des conventions intervenant entre l'État et les sociétés d'HLM dans le domaine de l'aide personnalisée au logement n'est pas subordonnée à une publication au fichier immobilier. • Civ. 3e, 20 juin 1989 : *Bull. civ. III, nº 147.* ♦ Les conventions APL passées par les organismes d'HLM en vue de la réhabilitation de logements sont opposables aux locataires à la date d'achèvement des travaux. • Civ. 3e, 23 mars 2005 : *Bull. civ. III, nº 71 ; AJDI 2005. 500, note Brouant.*

Art. L. 353-4 En cas de mutation à titre gratuit ou onéreux de biens faisant l'objet de conventions mentionnées à l'article L. 351-2, lesdites conventions s'imposent de plein droit au nouveau propriétaire.

Art. L. 353-5 Les logements faisant l'objet d'une convention conclue par application des dispositions de l'article L. 351-2 doivent, jusqu'à la date prévue pour son expiration, être loués dans des conditions conformes à celles fixées par cette convention.

Toutefois, les logements vacants peuvent être occupés, à titre de résidence principale, par le propriétaire, son conjoint, ses ascendants ou descendants ou ceux de son conjoint, dans des conditions fixées par la convention.

Art. L. 353-6 En cas de résiliation aux torts du bailleur de la convention mentionnée à l'article L. 351-2, sous réserve du respect des obligations prévues aux articles 1728 et suivants du code civil, les locataires et les occupants des logements n'ayant pas fait l'objet d'une décision judiciaire devenue définitive prononçant leur expulsion bénéficient de plein droit et sans l'accomplissement d'aucune formalité jusqu'à la date initialement prévue pour le terme de la convention, soit d'une prorogation de leur bail, soit du maintien dans les lieux aux clauses et conditions de leur contrat primitif ou, en cas d'échange, de celui de leur coéchangiste.

A compter de la date à laquelle la résiliation est devenue définitive, l'aide personnalisée au logement n'est plus applicable aux logements concernés et le loyer exigible, qui ne peut être supérieur au loyer déterminé par la convention, est diminué du montant de l'aide qui aurait été due au titre de l'occupation de ces logements.

Toutefois, cette disposition ne fait pas obstacle à la signature d'une nouvelle convention.

Art. L. 353-7 Lorsqu'à la date d'entrée en vigueur de la convention le logement concerné est l'objet d'un bail en cours de validité ou est occupé par un occupant de bonne foi pouvant se prévaloir des dispositions de la loi nº 48-1360 du 1er septembre 1948 modifiée *[V. C.* ***baux****]*, le propriétaire doit proposer au locataire ou à l'occupant un bail conforme aux stipulations de la convention et entrant en vigueur après l'exécution des travaux prévus par celle-ci *(L. nº 2000-1208 du 13 déc. 2000, art. 140-V)* « ou en l'absence de travaux prévus par la convention, à la date de l'acceptation du bail par le locataire ou l'occupant, après publication de la convention au fichier immobilier ou son inscription au livre foncier ». Au projet de bail doit être annexée une copie de la convention et du barème de l'aide personnalisée dans des conditions définies par décret.

Le locataire dispose d'un délai de six mois pour accepter le bail. S'il refuse, et sous réserve des dispositions de la loi nº 67-561 du 12 juillet 1967 *[V. C.* ***baux****]*, il n'est rien changé aux stipulations du bail en cours. Dans ce cas, le locataire n'a pas droit à l'aide personnalisée au logement et le propriétaire peut demander une révision de ses engagements conventionnels ou le report de leurs effets jusqu'à l'expiration du bail.

L'occupant mentionné au premier alinéa dispose d'un délai de six mois pour accepter le bail proposé. A l'expiration de ce délai ou à la date de signature du bail, les dispositions de la loi du 1er septembre 1948 précitée cessent de s'appliquer à ce logement, sous réserve de ce qui est dit à l'article L. 353-9.

Le locataire ou l'occupant de bonne foi mentionné aux deuxième et troisième alinéas du présent article ayant accepté dans le délai de six mois un nouveau bail continue à occuper les lieux jusqu'à l'entrée en vigueur de celui-ci aux conditions conventionnelles ou légales applicables à la date de son acceptation.

Art. L. 353-8 Par dérogation aux dispositions de l'article L. 353-7 et sous réserve du respect des dispositions de l'article 2 modifié de la loi nº 67-561 du 12 juillet 1967 sur l'amélioration de l'habitat *[V. C.* ***baux****]* ou de l'article 14 modifié de la loi nº 48-1360 du 1er septembre 1948 précitée *[V. C.* ***baux****]*, les dispositions de la convention s'appliquent de plein droit, à compter de la date d'achèvement des travaux, à tous les locataires et occupants d'un immeuble financé dans les conditions prévues au présent livre et au livre IV du présent code si les travaux d'amélioration incombant au bailleur, conformément aux dispositions de l'article L. 353-2, sont justifiés par des considérations de salubrité, de sécurité ou de mise aux normes minimales d'habitabilité.

Art. L. 353-9 Le locataire ou l'occupant de bonne foi qui bénéficiait, lors de la signature de la convention, des dispositions de la loi nº 48-1360 du 1er septembre 1948 précitée *[V. C. **baux**]* peut, à l'expiration de la convention ou, en cas de résiliation, à la date prévue pour son expiration, bénéficier à nouveau des dispositions des chapitres Ier, II, IV, V et VI de ladite loi à condition :

– qu'il soit âgé d'au moins soixante-cinq ans ou d'au moins soixante ans en cas d'inaptitude au travail ou lorsque à cet âge il bénéficie d'une retraite et que ses ressources annuelles n'excèdent pas le montant prévu à l'article 22 *bis* de ladite loi ;

– qu'à la date d'expiration ou de résiliation de la convention les dispositions de ladite loi soient encore applicables au logement et au locataire ou occupant.

Dans ce cas, le locataire ou l'occupant garde vocation au bénéfice de l'aide personnalisée au logement.

Le loyer exigible est égal à celui qui est fixé par la convention.

Il est ultérieurement révisé chaque année dans les conditions fixées à cette fin par cette dernière.

Art. L. 353-9-1 *(L. nº 98-87 du 19 févr. 1998)* Lorsqu'un logement conventionné par son propriétaire en application du 4º de l'article L. 351-2 est pris à bail par un organisme d'habitations à loyer modéré dans les conditions fixées par les articles L. 444-1 et suivants, le sous-locataire est assimilé à un locataire pour bénéficier de l'aide personnalisée au logement et l'organisme d'habitations à loyer modéré est assimilé au bailleur du logement pour le versement de cette aide.

Art. L. 353-9-2 *(L. nº 2009-323 du 25 mars 2009, art. 65-III)* Les loyers et redevances maximaux des conventions conclues en application de l'article L. 351-2 sont révisés chaque année au 1er janvier en fonction de l'indice de référence des loyers prévu au *d* de l'article 17 de la loi nº 89-462 du 6 juillet 1989 tendant à améliorer les rapports locatifs et portant modification de la loi nº 86-1290 du 23 décembre 1986 *[V. C. **baux**]*. La date de l'indice de référence des loyers prise en compte pour cette révision est celle du deuxième trimestre de l'année précédente.

Le présent article est applicable à compter du 1er janvier 2010 à toutes les conventions, y compris aux conventions en cours.

Art. L. 353-9-3 *(L. nº 2010-1657 du 29 déc. 2010, art. 210-IV)* Les loyers et redevances pratiqués pour les logements faisant l'objet d'une convention conclue en application de l'article L. 351-2, à l'exception des logements mentionnés aux articles L. 321-8 et L. 411-2, sont révisés chaque année au 1er janvier en fonction de l'indice de référence des loyers prévu au *d* de l'article 17 de la loi nº 89-462 du 6 juillet 1989 tendant à améliorer les rapports locatifs et portant modification de la loi nº 86-1290 du 23 décembre 1986 *[V. C. **baux**]*. La date de l'indice de référence des loyers prise en compte pour cette révision est celle du troisième trimestre de l'année précédente.

Le présent article est applicable à compter du 1er janvier 2011 à toutes les conventions, y compris aux conventions en cours.

L'augmentation des loyers et redevances pratiqués résultant de la révision au 1er janv. 2011 des logements mentionnés au présent art. ne peut excéder la variation sur six mois, de janvier à juin inclus, de l'indice de référence des loyers (L. nº 2010-1657 du 29 déc. 2010, art. 210-IV).

Art. L. 353-10 Toute personne qui, à l'aide soit d'une dissimulation, soit de tout autre moyen frauduleux, impose ou tente d'imposer au locataire ou à l'occupant d'un logement ayant fait l'objet d'une convention un loyer dépassant le prix fixé par cette

convention est punie d'une amende de 4 500 €. Le tribunal ordonne en outre le reversement des sommes indûment versées.

Art. L. 353-11 **Le contrôle de l'application des conventions prévues au présent chapitre est assuré par l'administration. Les organismes mentionnés à l'article L. 351-8 sont tenus de lui fournir toutes les informations nécessaires à l'exercice de ce contrôle.**

Art. L. 353-12 **Les contestations portant sur l'application des conventions définies au présent chapitre sont de la compétence des tribunaux de l'ordre judiciaire.**

Toutefois, ces conventions sont, en ce qui concerne les conditions de résiliation, considérées comme des contrats de droit public. Elles peuvent être résiliées unilatéralement par l'État.

1. Exceptions à la compétence judiciaire. Ces dispositions ont été prises en vue de confier au juge judiciaire, compétent pour connaître des différends portant sur les relations de droit privé existant entre bailleurs et locataires, le soin de régler, quand il serait saisi de ces différends, notamment les contestations qui pourraient s'élever sur la portée exacte de ces conventions. La circonstance qu'un bureau d'aide sociale, établissement public administratif, ait passé une convention avec l'État est sans influence sur la compétence du juge administratif pour examiner le litige relatif au montant des redevances que doivent acquitter au bureau d'aide sociale les résidents d'un foyer-logement pour travailleurs migrants géré par ce bureau. • T. confl. 19 févr. 1990, *Bureau d'aide sociale de la ville de Paris c/ Cisse*, req. nº 02592 : *Lebon 389*. ♦ Le litige relatif à la décision du représentant de l'État de signer une convention porte non sur l'application de la convention mais sur la légalité de la convention et relève en conséquence de la compétence du juge administratif. • CAA Paris, 23 nov. 1995, *Choumery : req. nº 95PA00129.* ♦ V. également, • Civ. 1re, 27 nov. 1990 : *Bull. civ. I, nº 269 ; D. 1991. IR 2*. ♦ Relève de la compétence judiciaire un litige ayant trait à la détermination de l'organisme créancier de l'aide personnalisée au logement. • CAA Paris, 6 juin 2002, *Sté HLM France habitation : req. nº 98PA03154.*

2. Intérêt à agir. Un requérant qui n'a pas la qualité de locataire de l'immeuble concerné est sans intérêt à agir pour demander l'annulation d'une délibération d'un conseil municipal fixant le montant des loyers d'un logement conventionné. • CAA Marseille, 30 mai 2000, *Garaudelle : req. nº 97MA05481.*

Art. L. 353-13 **Les conditions d'application au cas des logements-foyers des dispositions du présent chapitre sont fixées par décret en Conseil d'État.** – *V. art. R. 353-154 s.*

SECTION II DISPOSITIONS PARTICULIÈRES APPLICABLES À CERTAINS LOGEMENTS CONVENTIONNÉS

(L. nº 79-17 du 3 janv. 1979)

Art. L. 353-14 **Par dérogation aux dispositions de la section I du présent chapitre, les dispositions de la présente section sont applicables aux logements conventionnés appartenant aux organismes d'habitation à loyer modéré mentionnés à l'article L. 411-2** *(L. nº 2006-872 du 13 juill. 2006, art. 34-I-1º)* **« , aux logements apportés aux sociétés civiles immobilières régies par les articles L. 443-6-2 et suivants » ainsi qu'à ceux appartenant aux collectivités locales et gérés par lesdits organismes.**

V. App., vº Rapports locatifs, L. nº 89-462 du 6 juill. 1989, art. 40.

Art. L. 353-15 *(L. nº 81-1161 du 30 déc. 1981 ; Ord. nº 2005-1566 du 15 déc. 2005, art. 9-I)* **I. — Par dérogation à l'article L. 442-6, seules les dispositions des chapitres Ier** *(L. nº 2000-1208 du 13 déc. 2000, art. 180-II)* **« à l'exclusion de l'article 11 », V, VI,**

des premier et deuxième alinéas de l'article 32 *bis* et de l'alinéa premier de l'article 78 de la loi nº 48-1360 du 1er septembre 1948 modifiée *[V. **C. baux**]*, sont applicables aux locataires ou occupants de bonne foi des logements mentionnés à l'article L. 353-14.

II. – *(L. nº 98-657 du 29 juill. 1998, art. 59-II)* « Par dérogation au I de l'article 15 de la loi nº 89-462 du 6 juillet 1989 tendant à améliorer les rapports locatifs et portant modification de la loi nº 86-1290 du 23 décembre 1986 *[V. **C. baux**]*, le délai de préavis applicable au congé donné par un locataire d'un logement mentionné à l'article L. 353-14 qui bénéficie de l'attribution dans le parc du même bailleur d'un autre logement mentionné au même article est ramené à un mois. Ce délai est de deux mois si les deux logements appartiennent à des bailleurs différents. » – *V. note ss. art. L. 353-19-1.*

(L. nº 2009-323 du 25 mars 2009, art. 61-I) « III. – En cas d'autorisation de démolir visée à l'article L. 443-15-1 ou de démolition prévue par une convention visée à l'article 10 de la loi nº 2003-710 du 1er août 2003 d'orientation et de programmation pour la ville et la rénovation urbaine *[V. App., vº Rénovation urbaine]*, le locataire ayant refusé trois offres de relogement respectant les conditions prévues à l'article 13 *bis* de la loi nº 48-1360 du 1er septembre 1948 précitée ne bénéficie plus du droit au maintien dans les lieux. Toutefois, cette condition n'est pas exigée du bailleur qui démontre qu'un logement, répondant aux conditions du même article 13 *bis*, a été spécialement conçu pour le relogement du locataire. A l'expiration d'un délai de six mois à compter de la notification de la troisième offre de relogement, le locataire est déchu de tout titre d'occupation des locaux loués.

« Les locaux ainsi rendus disponibles ne peuvent être réoccupés avant le début des travaux. »

IV. – *(L. nº 83-440 du 2 juin 1983, art. 12)* A compter du 13 novembre 1982 et nonobstant toute disposition ou stipulation contraire, les charges récupérables sont exigibles dans les conditions prévues à l'article L. 442-3.

(Ord. nº 2005-1566 du 15 déc. 2005, art. 9-I) « V. – N'ont pas droit au maintien dans les lieux les personnes bénéficiant d'un hébergement en application des articles L. 521-3-1 et L. 521-3-2 si elles refusent de réintégrer leur logement à l'issue des travaux ou si elles refusent une offre de relogement correspondant à leurs besoins et à leurs possibilités. »

Pour l'entrée en vigueur des nouvelles dispositions établies par la L. nº 81-1161 du 30 déc. 1981, et leur champ d'application, V. note ss. art. L. 442-3.

Les dispositions issues de l'art. 61 de la L. nº 2009-323 du 25 mars 2009 sont applicables aux contrats en cours. A compter de la publication de la loi précitée, le contrat passé entre un bailleur et un locataire comporte une clause prévoyant l'application des art. L. 442-3-1 à L. 442-4 (L. nº 2009-323 du 25 mars 2009, art. 61-IV).

Art. L. 353-15-1 *(L. nº 98-657 du 29 juill. 1998, art. 115-I)* Pour l'application de l'article 24 de la loi nº 89-462 du 6 juillet 1989 précitée *[V. **C. baux**]*, les organismes bailleurs, pour leurs logements faisant l'objet d'une convention conclue en application de l'article L. 351-2 et dont les locataires bénéficient de l'aide personnalisée au logement, ne peuvent faire délivrer *(L. nº 2005-32 du 18 janv. 2005, art. 99)* « , sous peine d'irrecevabilité de la demande, » une assignation aux fins de constat de résiliation du bail avant l'expiration d'un délai de trois mois suivant la saisine de la commission mentionnée à l'article L. 351-14 en vue d'assurer le maintien du versement de l'aide personnalisée au logement, sauf si la décision de cette commission intervient avant l'expiration de ce délai.

(L. nº 2007-290 du 5 mars 2007, art. 28) « Ces dispositions sont applicables aux assignations tendant au prononcé de la résiliation du bail motivée par l'existence d'une dette locative du preneur. Elles sont également applicables aux demandes reconven-

tionnelles aux fins de constat ou de prononcé de la résiliation motivée par l'existence d'une dette locative. »

V. note ss. art. L. 353-19-1.

V. Circ. n° 2007-33 du 4 mai 2007 relative à l'application des dispositions de la loi n° 2007-290 du 5 mars 2007 instituant le droit opposable au logement et portant diverses mesures relatives à la cohésion sociale (BOMELT n° 2007/10, p. 111).

Art. L. 353-15-2 *(L. n° 2005-32 du 18 janv. 2005, art. 98-I)* **Lorsque le bail de l'occupant d'un logement appartenant à un organisme d'habitations à loyer modéré ou géré par lui est résilié par décision judiciaire pour défaut de paiement de loyer et de charges, la signature d'un protocole d'accord conclu entre l'organisme et l'intéressé en vue du rétablissement du bail vaut titre d'occupation et donne droit à l'aide personnalisée au logement instituée par l'article L. 351-1. Dans des conditions fixées par décret, le droit à l'aide personnalisée au logement peut être étendu à la période comprise entre la résiliation du bail et la conclusion du protocole** *[V. art. R. 351-30-1]*. **Dans ce cas, la prescription prévue à l'article L. 351-11 n'est pas applicable au paiement de l'aide personnalisée au logement.**

L'occupant s'engage à payer régulièrement l'indemnité d'occupation et les charges fixées dans la décision judiciaire et à respecter un plan d'apurement de sa dette locative approuvé par la commission mentionnée à l'article L. 351-14 et joint au protocole.

Pour permettre le respect du plan d'apurement, la commission mentionnée au deuxième alinéa procède, en tant que de besoin, à la saisine du fonds de solidarité pour le logement par application des dispositions de l'article 6-2 de la loi n° 90-449 du 31 mai 1990 *[V. App., v° Loi « Besson »]* **visant à la mise en œuvre du droit au logement.**

Sous réserve du respect des engagements de l'occupant, l'organisme renonce à la poursuite de la procédure d'expulsion et conclut un bail dans un délai maximal prévu par le protocole et ne pouvant excéder trois mois.

Les parties prévoient dans le protocole, le cas échéant, l'accompagnement social, tel que prévu par le septième alinéa de l'article 6 de la loi n° 90-449 du 31 mai 1990 précitée *[V. App., v° Loi « Besson »]*, **nécessaire à la gestion de son budget par l'intéressé, à l'ouverture de l'ensemble des droits aux prestations sociales et à l'aide au logement et à la mobilisation des différents dispositifs d'aide.**

La durée du protocole est de deux ans au plus. En cas de nouvelle négociation du plan d'apurement, elle peut être, par avenant, prolongée de trois années au plus.

Si les engagements pris par l'occupant ne sont pas respectés, l'organisme retrouve le droit de faire exécuter la décision judiciaire prononçant ou constatant la résiliation du bail. En l'absence de bail, le versement de l'aide personnalisée au logement est interrompu.

Les dispositions de l'art. 98 de la L. n° 2005-32 du 18 janv. 2005 sont applicables aux baux des logements appartenant à l'Établissement public de gestion immobilière du Nord-Pas-de-Calais créé par l'art. 191 de la L. n° 2000-1208 du 13 déc. 2000 relative à la solidarité et au renouvellement urbains [V. cet art., App., v° Loi SRU], ainsi qu'aux baux des logements appartenant à des organismes concourant aux objectifs de la politique d'aide au logement visés à l'art. L. 365-1 (L. n° 2005-32 du 18 janv. 2005, art. 98-VII et 98-VIII).

En concluant un protocole d'accord de prévention de l'expulsion, l'organisme bailleur manifeste sa volonté de renoncer à faire procéder à l'expulsion de l'occupant du logement ; il s'ensuit qu'à compter de la conclusion de ce protocole, l'État n'a plus à prêter son concours à l'exécution de l'ordonnance d'expulsion, et ne peut voir sa responsabilité engagée à raison de son refus de prêter son concours. La notification par le bailleur au préfet de la dénonciation du protocole doit être regardée, même lorsqu'elle ne le mentionne pas expressément, comme valant réquisition de prêter le concours de la force publique à l'expulsion du locataire. • CE 16 avr. 2008, *OPDHLM de Seine-et-Marne*, req. n° 300268 : *Lebon 169 ; AJDA 2008. 839 ; BJCL 2008. 419, concl. De Salins, obs. M. G. ; JCP G 2008, Actu. 310, note Rouault ; Loyers et copr.*

2008, n° 147, note Vial-Pedroletti ; LPA 15 déc. 2008, note Baghestani. ◆ La décision de refus d'une aide au maintien par la commission du fonds de solidarité pour le logement qui se borne à mentionner que l'intéressé n'a pas respecté ses engagements ne répond pas aux exigences de motivation. • CAA Douai, 1er oct 2009 : *req. n° 08DA01807.*

Art. L. 353-16 Une copie de la convention doit être tenue en permanence à la disposition des locataires des immeubles mentionnés à l'article L. 353-14.

A compter de la date d'entrée en vigueur de la convention ou de la date d'achèvement des travaux d'amélioration lorsque la convention le prévoit, le bailleur peut, dans la limite du maximum prévu par la convention, fixer un nouveau loyer qui est applicable dès sa notification aux titulaires de baux en cours ou aux bénéficiaires du droit au maintien dans les lieux sans qu'il soit nécessaire de leur donner congé.

Les modalités d'évolution du loyer sont fixées par la convention et s'appliquent aux titulaires de baux en cours ou aux bénéficiaires du droit au maintien dans les lieux.

Le montant du cautionnement versé d'avance à titre de garantie est fixé par la convention, sans pouvoir excéder une somme correspondant à un mois de loyer en principal, révisable en fonction de l'évolution du loyer.

Si dans l'acte de vente, l'acquéreur, en l'occurrence une société HLM, s'est engagé à poursuivre la convention d'occupation consentie par la venderesse à ses anciens employés leur vie durant, il ne peut modifier la convention par une augmentation de l'indemnité d'occupation suite à la réalisation de travaux de confort et de mise aux normes, qu'avec l'accord des occupants, lesquels peuvent donc refuser le nouveau bail et le nouveau loyer qui leur sont proposés. • Civ. 3e, 24 nov. 1999 : *Bull. civ. III, n° 226 ; D. 2000. IR 3.*

Art. L. 353-17 Par dérogation à l'article L. 353-3, les conventions concernant les logements mentionnés à l'article L. 353-14 prennent effet à leur date de signature.

En cas de mutation entre vifs à titre gratuit ou onéreux des biens faisant l'objet de ces conventions, l'acte de cession de ces biens doit faire mention desdites conventions.

La validité de la mutation est subordonnée à l'engagement pris par le nouveau propriétaire de respecter toutes les stipulations des conventions.

Art. L. 353-18 Les dispositions des articles L. 353-15 à L. 353-17 pourront être étendues par décret en Conseil d'État aux logements appartenant à des sociétés d'économie mixte ou à leurs filiales, lorsque celles-ci en font la demande en vue de leur conventionnement.

V. art. R. 353-1 s.

Art. L. 353-19 *(L. n° 90-449 du 31 mai 1990, art. 19)* Pour les logements appartenant à des sociétés d'économie mixte et par dérogation à l'article L. 353-7, les dispositions de la convention s'appliquent de plein droit, à compter de sa date d'entrée en vigueur ou de la date d'achèvement des travaux lorsqu'elle en prévoit, aux titulaires de baux en cours ou aux bénéficiaires du droit au maintien dans les lieux sans qu'il soit nécessaire de leur donner congé.

Les dispositions de l'article L. 353-17 *(L. n° 2005-32 du 18 janv. 2005, art. 98-II)* « ainsi que des articles L. 353-15-1 et L. 353-15-2 » sont applicables aux logements mentionnés ci-dessus.

Les dispositions de l'art. 98 de la L. n° 2005-32 du 18 janv. 2005 sont applicables aux baux des logements appartenant à l'Établissement public de gestion immobilière du Nord-Pas-de-Calais créé par l'article 191 de la L. n° 2000-1208 du 13 déc. 2000 relative à la solidarité et au renouvellement urbains, ainsi qu'aux baux des logements appartenant à des organismes concourant aux objectifs de la politique d'aide au logement visés à l'article L. 365-1 (L. n° 2005-32 du 18 janv. 2005, art. 98-VII et 98-VIII).

V. note ss. art. L. 353-19-1.

Art. L. 353-19-1 *(L. n° 98-657 du 29 juill. 1998, art. 59-III)* **Par dérogation au I de l'article 15 de la loi n° 89-462 du 6 juillet 1989 précitée** *[V. **C. baux**]*, **le délai de préavis applicable au congé donné par un locataire d'un logement appartenant à une société d'économie mixte et conventionné à l'aide personnalisée au logement en application de l'article L. 351-2 qui bénéficie de l'attribution dans le parc du même bailleur d'un autre logement appartenant à une société d'économie mixte et conventionné à l'aide personnalisée au logement en application de l'article L. 351-2 est ramené à un mois.**

V. Circ. n° 98-92 du 13 oct. 1998 relative aux dispositions sur le logement contenues dans la loi n° 98-657 du 29 juill. 1998 d'orientation relative à la lutte contre les exclusions (BOMELT n° 98/20).

V. aussi Circ. n° 98-103 du 23 nov. 1998 relative aux mesures concernant les rapports locatifs dans le parc social HLM contenues dans la loi d'orientation relative à la lutte contre les exclusions (BOMELT n° 98/23).

Art. L. 353-19-2 *(L. n° 2000-1208 du 13 déc. 2000, art. 154-V)* **Nonobstant toutes dispositions ou stipulations contraires, les** *(L. n° 2005-157 du 23 févr. 2005, art. 192, 1°)* **« bailleurs autres que les organismes d'habitations à loyer modéré mentionnés à l'article L. 353-14 » peuvent louer les logements conventionnés en application de l'article L. 351-2 à des centres communaux d'action sociale ou à des associations déclarées ayant pour objet de les sous-louer meublés pour une durée n'excédant pas six mois à des travailleurs dont l'emploi présente un caractère saisonnier tel que mentionné au 3° de l'article L. 122-1-1** *[L. 1242-2 nouv.]* **du code du travail.**

Les sous-locataires sont assimilés aux locataires, dans la mesure et dans les conditions prévues par le présent article.

Les sous-locataires sont assimilés à des locataires pour bénéficier de l'aide personnalisée au logement prévue par l'article L. 351-1 du présent code.

Les dispositions de la loi n° 89-462 du 6 juillet 1989 précitée sont applicables au contrat de sous-location dans les conditions prévues au III de l'article 40 de ladite loi *[V. cet art., App., v° Rapports locatifs]*.

Les dispositions de la section 2 du chapitre Ier du livre IV, et de l'article L. 442-5 ainsi que celles relatives au niveau de ressources prévues à l'article L. 441-1 du présent code sont applicables aux contrats de sous-location des logements loués dans les conditions mentionnées au premier alinéa du présent article, pendant la durée du contrat de location principal.

(L. n° 2005-157 du 23 févr. 2005, art. 192, 2°) **« Le loyer peut être majoré du prix de location des meubles. Ce prix est fixé et peut être révisé dans les conditions de l'article L. 442-8-3-1. »**

Art. L. 353-20 *(L. n° 98-657 du 29 juill. 1998, art. 125-I)* **Nonobstant toutes dispositions ou stipulations contraires, les bailleurs autres que les organismes d'habitations à loyer modéré mentionnés à l'article L. 353-14 peuvent louer** *(L. n° 2009-323 du 25 mars 2009, art. 61-I)* **« , meublés ou non, » les logements régis par une convention conclue en application de l'article L. 351-2** *(L. n° 2009-323 du 25 mars 2009, art. 61-I)* **« aux personnes morales mentionnées au I de l'article L. 442-8-1. »**

Les sous-locataires sont assimilés aux locataires, dans la mesure et dans les conditions prévues par le présent article.

Les sous-locataires sont assimilés à des locataires pour bénéficier de l'aide personnalisée au logement prévue par l'article L. 351-1.

Les dispositions de la loi nº 89-462 du 6 juillet 1989 précitée sont applicables au contrat de sous-location dans les conditions prévues au III de l'article 40 de cette loi. – *[V. **C. baux**]*.

(L. nº 2002-73 du 17 janv. 2002, art. 159) « En cas de sous-location meublée, le loyer peut être majoré du prix de location des meubles. Ce prix est fixé et peut être révisé dans les conditions de l'article L. 442-8-3-1. »

Les dispositions des conventions mentionnées à l'article L. 351-2 prévues aux huitième, neuvième, dixième et onzième alinéas de l'article L. 353-2 s'appliquent aux contrats de sous-location.

Toutefois, les *(L. nº 2009-323 du 25 mars 2009, art. 61-I)* « personnes morales mentionnées au I » de l'article L. 442-8-1 peuvent donner congé à tout moment à leurs sous-locataires après le refus d'une offre de relogement définitif correspondant à leurs besoins et à leurs possibilités.

(Abrogé par L. nº 2009-323 du 25 mars 2009, art. 61-I) ***« Toutefois, les associations ou établissements publics mentionnés à l'article L. 442-8-4 peuvent donner congé à tout moment à leurs sous-locataires dès lors qu'ils ne répondent plus aux conditions pour être logés par ces personnes morales telles que précisées dans le contrat de sous-location. »***

Les sous-locations peuvent être effectuées meublées ou non meublées.

Les dispositions issues de l'art. 61 de la L. nº 2009-323 du 25 mars 2009 sont applicables aux contrats en cours. A compter de la publication de la loi précitée, le contrat passé entre un bailleur et un locataire comporte une clause prévoyant l'application des art. L. 442-3-1 à L. 442-4 (L. nº 2009-323 du 25 mars 2009, art. 61-IV).

Art. L. 353-21 *(L. nº 2009-323 du 25 mars 2009, art. 61-I)* L'article L. 442-8-4 est applicable aux organismes mentionnés à l'article L. 411-2, aux sociétés d'économie mixte et aux centres régionaux des œuvres universitaires et scolaires.

Les locataires qui ne répondent plus aux conditions pour être logés dans ces logements meublés ne bénéficient plus du droit au maintien dans les lieux. Ces conditions sont précisées par le contrat de location. Le contrat de location a une durée d'un an renouvelable.

Peuvent être exigés en sus le montant des prestations, taxes et fournitures individuelles et tous impôts et taxes perçus à l'occasion des locations en meublé.

Les dispositions issues de l'art. 61 de la L. nº 2009-323 du 25 mars 2009 sont applicables aux contrats en cours. A compter de la publication de la loi précitée, le contrat passé entre un bailleur et un locataire comporte une clause prévoyant l'application des art. L. 442-3-1 à L. 442-4 (L. nº 2009-323 du 25 mars 2009, art. 61-IV).

TITRE SIXIÈME ORGANISMES CONSULTATIFS ET ORGANISMES CONCOURANT AUX OBJECTIFS DE LA POLITIQUE D'AIDE AU LOGEMENT

(L. nº 2000-1208 du 13 déc. 2000, art. 141).

CHAPITRE PREMIER CONSEIL NATIONAL DE L'AIDE PERSONNALISÉE AU LOGEMENT

Art. L. 361-1 *Abrogé par Ord. nº 2005-655 du 8 juin 2005, art. 13.*

CHAPITRE II CONSEIL NATIONAL DE L'ACCESSION À LA PROPRIÉTÉ

Art. L. 362-1 et L. 362-2 *Abrogés par Ord. nº 2005-655 du 8 juin 2005, art. 13.*

CHAPITRE III DISPOSITIONS COMMUNES

Art. L. 363-1 *Abrogé par Ord. nº 2005-655 du 8 juin 2005, art. 13.*

CHAPITRE IV COMITÉ RÉGIONAL DE L'HABITAT

(L. nº 2004-809 du 13 août 2004, art. 61-X).

Art. L. 364-1 *(L. nº 2004-809 du 13 août 2004, art. 61-X ; Ord. nº 2012-576 du 26 avr. 2012, art. 4-IV)* **Hors de la Guadeloupe, de la Guyane, de la Martinique, de La Réunion, de Mayotte ou de Saint-Martin, il est créé, auprès du représentant de l'État dans la région, dans les conditions fixées par décret en Conseil d'État, un comité régional de l'habitat chargé de procéder aux concertations permettant de mieux répondre aux besoins en matière d'habitat et de favoriser la cohérence des politiques locales.**

En Guadeloupe, en Guyane, à la Martinique, à La Réunion, à Mayotte et à Saint-Martin, il est créé, dans les mêmes conditions, un conseil départemental de l'habitat, présidé par le président du conseil général ou du conseil territorial qui exerce les attributions du comité régional de l'habitat.

Les dispositions issues de la L. nº 2004-809 du 13 août 2004 sont entrées en vigueur dès publication de la loi - JO 17 août - (L. préc., art. 61-XV).

CHAPITRE V ORGANISMES CONCOURANT AUX OBJECTIFS DE LA POLITIQUE D'AIDE AU LOGEMENT

(L. nº 2000-1208 du 13 déc. 2000, art. 141).

(L. nº 2009-323 du 25 mars 2009, art. 2)

Les art. L. 365-2, L. 365-3 et L. 365-4 s'appliquent aux demandes d'agrément sollicitées à compter du 1er janv. 2010. Les agréments existants sont caducs au 1er janv. 2011 (L. nº 2009-323 du 25 mars 2009, art. 2-IV).

V. Circ. 6 sept. 2010 relative aux agréments des organismes agissant en faveur du logement et de l'hébergement des personnes défavorisées (BOMEEDDM nº 2010/17 du 25 sept. 2010, p. 103).

Art. L. 365-1 **Les prestations qui sont effectuées en faveur des personnes et des familles mentionnées au II de l'article L. 301-1, qu'elles soient locataires ou propriétaires occupants, par des organismes qui bénéficient à cette fin d'un financement, par voie de décision, de convention de subvention ou de marché, de collectivités publiques, d'établissements publics ou d'institutions sociales ne laissant à la charge du destinataire de ces prestations qu'un montant inférieur à 50 % de leur coût, constituent des services sociaux relatifs au logement social au sens du *j* du 2 de l'article 2 de la directive 2006/123/CE du Parlement européen et du Conseil, du**

12 décembre 2006, relative aux services dans le marché intérieur lorsqu'elles visent à exercer des activités :

1o De maîtrise d'ouvrage d'opérations d'acquisition, de construction ou de réhabilitation de logements ou de structures d'hébergement en tant que propriétaire ou preneur de bail à construction, emphytéotique ou de bail à réhabilitation ;

2o D'ingénierie sociale, financière et technique ;

3o D'intermédiation locative et de gestion locative sociale.

Ces activités sont définies par décret en Conseil d'État *[V. art. R. 365-1]*.

V. Circ. du 28 mai 2009 relative à la L. no 2009-323 du 25 mars 2009 - Logement locatif social (BOMEEDDM no 2009/12, p. 73).

COMMENTAIRE

La loi du 25 mars 2009 de mobilisation pour le logement met en place une procédure de mandatement particulière au profit des associations d'insertion intervenant dans le secteur du logement afin de les faire bénéficier de l'exclusion prévue par la directive communautaire « services » du 12 décembre 2006. L'article L. 365-1 définit comme « des services sociaux relatifs au logement social » les prestations en faveur des personnes défavorisées « ne laissant à la charge du destinataire de ces prestations qu'un montant inférieur à 50 % de son coût ». Les organismes qui exercent ces activités doivent recevoir un « agrément » ministériel selon des modalités qui seront fixées par décret, les critères fixés par le législateur étant « les capacités financières de l'organisme, sa compétence dans le domaine du logement et le caractère désintéressé de la gestion de ses dirigeants » (art. L. 365-2 CCH). ❑

Art. L. 365-2 **Les organismes qui exercent des activités de maîtrise d'ouvrage mentionnées au 1o de l'article L. 365-1 sont agréés par le ministre chargé du logement selon des modalités définies par décret en Conseil d'État** *[V. art. R. 365-2 s.]*. **Les critères d'obtention de l'agrément portent sur les capacités financières de l'organisme, sa compétence dans le domaine du logement et le caractère désintéressé de la gestion de ses dirigeants.**

Art. L. 365-3 **Les organismes qui exercent les activités d'ingénierie sociale, financière et technique mentionnées au 2o de l'article L. 365-1 sont agréés par l'autorité administrative pour une période de cinq ans renouvelable selon des modalités définies par décret en Conseil d'État** *[V. art. R. 365-3 s.]*.

Art. L. 365-4 **Les organismes qui exercent les activités d'intermédiation locative et de gestion locative sociale mentionnées au 3o de l'article L. 365-1 sont agréés par l'autorité administrative pour une période de cinq ans renouvelable selon des modalités définies par décret en Conseil d'État** *[V. art. R. 365-4 s.]*.

Art. L. 365-5 **Les organismes agréés pour leur activité de maîtrise d'ouvrage mentionnée au 1o de l'article L. 365-1 peuvent bénéficier des concours de la Caisse de garantie du logement locatif social dans les conditions prévues à l'article L. 452-1.**

L'article L. 411-4 est applicable aux logements locatifs sociaux appartenant aux organismes agréés mentionnés à l'article L. 365-2.

Art. L. 365-6 **En cas d'irrégularités ou de fautes graves de gestion commises par un organisme agréé au titre de l'article L. 365-2 ou de carences de son conseil d'administration, de son directoire ou de son conseil de surveillance, le ministre chargé du logement peut lui retirer son agrément. Le retrait est prononcé après avoir mis les dirigeants de l'organisme en mesure de présenter leurs observations.**

Art. L. 365-7 **Les fédérations nationales regroupant les organismes mentionnés à l'article L. 365-1 peuvent conclure avec l'État ou ses établissements publics des conventions ayant pour objet la réalisation des objectifs définis à l'article L. 301-1.**

CHAPITRE VI ORGANISMES D'INFORMATION SUR LE LOGEMENT

(L. nº 2000-1208 du 13 déc. 2000, art. 201)

Art. L. 366-1 A l'initiative conjointe du département et de l'État, il peut être créé une association départementale d'information sur le logement associant les collectivités territoriales, les établissements publics de coopération intercommunale compétents et tout organisme concerné par le logement.

L'association départementale d'information sur le logement a pour mission d'informer gratuitement les usagers sur leurs droits et obligations, sur les solutions de logement qui leur sont adaptées, notamment sur les conditions d'accès au parc locatif et sur les aspects juridiques et financiers de leur projet d'accession à la propriété, ceci à l'exclusion de tout acte administratif, contentieux ou commercial.

Les associations départementales sont agréées après avis d'une association nationale composée de représentants des associations départementales, d'une part, des instances nationales auxquelles sont affiliés les organismes membres des associations départementales, d'autre part.

Un décret fixe les statuts types, les conditions d'agrément et de contrôle des associations nationale et départementales. – *V. art. R.* 366-1 s.*

V. Circ. nº 2005-7 du 26 janv. 2005 relative au financement de l'ANIL et des ADIL et aux modalités de présentation des demandes de subvention (BOMELT nº 2005/3, p. 77).

V. Circ. 8 févr. 2008 relative à la création des agences départementales d'information sur le logement (ADIL) (BOMELT nº 2008/4, p. 98).

V. Circ. 18 févr. 2008 relative au rôle des agences départementales d'information sur le logement dans la mise en œuvre de la loi nº 2007-290 du 5 mars 2007 instituant le droit au logement opposable et portant diverses mesures en faveur de la cohésion sociale (BOMELT nº 2008/5, p. 67).

BIBL. ▶ CORNILLE, *Constr.-Urb. 2002. Repère 1* (loi SRU et associations d'information sur le logement).

TITRE SEPTIÈME DISPOSITIONS PARTICULIÈRES À LA GUADELOUPE, À LA GUYANE, À LA MARTINIQUE, À LA RÉUNION, À MAYOTTE, À SAINT-MARTIN ET À SAINT-PIERRE-ET-MIQUELON *(Ord. nº 2012-576 du 26 avr. 2012, art. 4-V).*

COMMENTAIRE

Des facteurs communs à l'ensemble des départements d'outre-mer concourent à la formation de surcoûts de la construction : l'éloignement de la Métropole, la situation d'insularité, la climatologie et la taille réduite de ces entités qui induisent un marché étroit et des besoins spécifiques, notamment pour celui du bâtiment.

Pour répondre à l'ampleur et à la diversité des besoins, l'État privilégie les aides à la pierre, regroupées sur une ligne budgétaire unique (LBU) du secrétariat d'État à l'outre-mer, totalement fongible et laissant au niveau local des possibilités d'adaptation (V. Rép. min. nº 49854 : *JOAN Q, 18 déc. 2000, p. 7202*). ❑

CHAPITRE UNIQUE

Art. L. 371-1 Chaque année, dans le cadre de la loi de finances, le Gouvernement déposera sur le bureau des Assemblées un rapport sur l'exécution des dispositions des titres préliminaire, IV, V et VI du présent livre *(Ord. no 2012-576 du 26 avr. 2012, art. 4-VI)* « en Guadeloupe, en Guyane, à la Martinique, à La Réunion, à Mayotte, à Saint-Martin et à Saint-Pierre-et-Miquelon ».

Art. L. 371-2 Les décrets pris pour l'application des titres préliminaire, IV, V et VI du présent livre et de l'article L. 431-6 précisent les mesures d'application nécessitées par la situation particulière *(Ord. no 2012-576 du 26 avr. 2012, art. 4-VII)* « de la Guadeloupe, de la Guyane, de la Martinique, de La Réunion, de Mayotte, de Saint-Martin et de Saint-Pierre-et-Miquelon » ainsi que par celle des Français établis hors de France.

Art. L. 371-3 Les dispositions du présent livre ne s'appliquent pas au département de Saint-Pierre-et-Miquelon *(L. no 83-440 du 2 juin 1983, art. 3-11o)* « à l'exception des articles L. 301-3 à L. 301-5, L. 312-4-1, L. 312-5-1, L. 312-5-2 et L. 364-1 ».

Art. L. 371-4 *(Ord. no 2012-576 du 26 avr. 2012, art. 4-VIII)* Pour l'application du présent livre à Mayotte :

1o Les articles L. 300-1 et L. 302-7 ne sont pas applicables ;

2o A l'article L. 312-5-2, les mots : "La région" sont remplacés par les mots : "Le Département de Mayotte" ;

3o L'article L. 313-1 est ainsi modifié :

a) Jusqu'à l'entrée en vigueur à Mayotte de l'article 231 du code général des impôts, au premier alinéa, les mots : "assujettis à la taxe sur les salaires prévue à l'article 231 du code général des impôts, autres que ceux qui appartiennent à des professions relevant du régime agricole au regard des lois sur la sécurité sociale pour lesquelles des règles spéciales ont été édictées en application du *a* du 3 du même article 231," sont remplacés par les mots : "des régies personnalisées des collectivités locales mentionnées à l'article L. 1412-2 du code général des collectivités territoriales et de leurs groupements, du service d'incendie et de secours du Département de Mayotte, des centres d'action sociale dotés d'une personnalité propre, lorsqu'ils sont conventionnés par une collectivité locale, du centre de formation des personnels communaux et des caisses des écoles" ;

b) Au dernier alinéa, les mots : "L'article L. 1111-2 du code du travail s'applique" sont remplacés par les mots : "Les articles *(L. no 2012-1270 du 20 nov. 2012, art. 30-IV)* « L. 011-4 et L. 011-5 » du code du travail applicable à Mayotte s'appliquent" ;

4o A l'article L. 313-6, les mots : "fixés au code général des impôts" sont remplacés par les mots : "fixées par le code général des impôts de Mayotte" ;

5o L'article L. 313-26-2 est applicable à compter de l'entrée en vigueur de l'article L. 441-2-3 ;

6o Le *a* et le *b* de l'article L. 31-10-3 sont ainsi rédigés :

"*a)* Est titulaire de la carte d'invalidité correspondant au classement dans la catégorie des personnes invalides absolument incapables d'exercer une profession quelconque ou des personnes invalides qui, étant absolument incapables d'exercer une profession, sont, en outre, dans l'obligation d'avoir recours à l'assistance d'une tierce personne pour effectuer les actes ordinaires de la vie ;

"*b)* Bénéficie de l'allocation d'éducation de l'enfant handicapé ou de l'allocation aux adultes handicapés ;"

7° Aux articles L. 353-3 et L. 353-7, il est ajouté, après les mots : "au livre foncier", les mots : "de Mayotte" ;

8° A l'article L. 353-19-2, les mots : "tel que mentionné au 3° de l'article L. 122-1-1 du code du travail" sont remplacés par les mots : "tel que mentionné au 2° de l'article L. 122-2 du code du travail applicable à Mayotte" ;

9° Les articles L. 365-2, L. 365-3 et L. 365-4 s'appliquent aux demandes d'agrément sollicitées à compter du 1er janvier 2014. Les agréments existants sont caducs au 1er janvier 2015.

Art. L. 371-5 *(L. n° 2009-594 du 27 mai 2009, art. 42)* A partir du 1er janvier 2010, les articles L. 321-1 à L. 321-12 sont applicables à Mayotte et à Saint-Pierre-et-Miquelon. Les conditions d'application du présent article sont définies par décret. – *V. art. R. 371-1 s.*

LIVRE QUATRIÈME HABITATIONS À LOYER MODÉRÉ

BIBL. GÉN. ▶ GUERRAND, Propriétaires et locataires. Les origines du logement social en France, *Quintette, 1987*. – QUINTET, Les HLM, approches sociales, économiques et juridiques, *Éd. Adels, 1988*. – FLAMAND, Loger le peuple. Essai sur l'histoire du logement social, *La Découverte, 1989*. – GUERRAND et QUILLOT, Cent ans d'habitat social, une utopie réaliste, *Albin Michel, 1989*. – GRÉMION, Le logement social : un enjeu local, *IEP Paris, 1993*. – ESCANDE-VARNIOL, Le droit au logement, *Thèse Toulouse 1990*. – ZITOUNI, Le droit au logement, *Thèse Aix-en-Provence, 1991*. – ROUQUETTE et LIPIETZ, Droit du logement social, *Éd. du Moniteur, 1991*. – GHÉKIÈRE, Les politiques du logement dans l'Europe de demain, *Doc. fr. 1992*. – LEFEBVRE, MOUILLART et OCCHIPINTI, Politique du logement : 50 ans pour un échec, *L'Harmattan, 1992*. – BOUBLI, Le logement, *PUF (Que sais-je ?), 1994*. – ASCHER (coord.), Le logement en questions, *Éd. de l'Aube, 1995*. – JÉGOUZO, L'émergence d'une mission de service public local de l'habitat, *Offices de l'habitat, 1995*. – BROUANT et JÉGOUZO, La territorialisation des politiques et du droit de l'habitat social, *Doc. fr. 1998*. – SEGAUD, BONVALET et BRUN (Dir.), Logement et habitat : l'état des savoirs, *La Découverte, 1998*. – STÉBÉ, Le logement social en France, *PUF (Que sais-je ?), 1998*. – VILO, Le logement social, *Éd. du CNFPT, 1999*. – QUILICHINI, Logement social et décentralisation, *LGDJ (bibliothèque de droit public), 2001*. – JÉGOUZO-VIÉNOT, Établissement public et logement social, *LGDJ (bibliothèque de droit public), 2002*. – AMZALLAG et TAFFIN, Le logement social, *LGDJ (politiques locales), 2003*.

RÉP. CIV. v° *Habitat social (HLM)*, par DES LYONS.

COMMENTAIRE

La révolution industrielle du XIXe siècle apparaît comme le facteur déclencheur d'une crise du logement en France.

Mais l'intervention publique est à l'époque rejetée.

Au nom du droit de propriété et de la liberté d'entreprendre, la classe dirigeante et politique estime que l'État ne doit pas intervenir dans le domaine de l'habitat.

Ce fut donc, à l'origine, l'initiative privée qui engagea, dès **1838**, le premier projet connu de création de cités ouvrières, en Alsace.

Progressivement, dans d'autres régions industrielles, le patronat, s'inspirant du catholicisme social, s'engagera dans la réalisation de logements destinés au personnel, à proximité du lieu de travail

En **1889**, les « habitations ouvrières » prennent le nom « d'habitations à bon marché » (HBM).

Les historiens s'accordent à voir, dans la **loi Siegfried de 1894**, la naissance d'un mouvement qui va permettre à l'État de prendre le relais de l'initiative privée.

L'ambition des premiers textes se limite pour l'essentiel à autoriser les collectivités publiques (État, communes, départements) à apporter aux sociétés d HBM les fonds nécessaires pour la réalisation de leurs projets.

Jusqu'à la loi Bonnevay, les collectivités locales ne sont pas compétentes pour construire des logements sociaux ou pour les gérer, cette responsabilité étant confiée aux sociétés privées d'HBM.

La **loi Bonnevay du 23 décembre 1912** confie aux collectivités locales la compétence exclusive de créer des établissements publics, les offices publics d'HBM, et d'intervenir grâce à des emprunts effectués « à la caisse de l'État et à un taux de faveur ».

En **1928, la loi Loucheur** favorise l'essor des offices publics d'HBM et l'accroissement parallèle des crédits qui leur sont affectés grâce à l'implication directe de l'État dans le financement du logement.

La législation d'après-guerre ne fera qu'accentuer l'intervention croissante de l'État dans la politique du logement social.

La **loi du 21 juillet 1950** qui remplace l'appellation HBM par celle d'HLM (habitations à loyer modéré) consacre une nouvelle définition du logement social qui n'est plus considéré comme le logement des plus pauvres mais comme le logement destiné aux classes populaires et moyennes.

Aujourd'hui, à côté des quelque neuf millions de personnes vivant dans le parc locatif HLM, quatre millions de personnes habitent dans un logement en accession à la propriété ayant bénéficié d'un prêt géré par un organisme d'HLM.

Au total, près d'une personne sur quatre est logée avec le concours des HLM.

D'un point de vue juridique, le logement social se définit uniquement par le fait qu'il bénéficie d'un financement public et qu'il est destiné aux personnes et aux familles de ressources modestes. ❑

TITRE PREMIER **DISPOSITIONS GÉNÉRALES**

CHAPITRE UNIQUE

V. Accord-cadre national signé entre l'État et les fédérations d'organismes d'HLM, Circ. n° 90-60 du 1er août 1990 (Équipement), Mon. TP 5 oct. 1990, Suppl. textes, p. 320 ; Circ. 7 déc. 1990 (Équipement), JO 9 déc. : protocole d'occupation du patrimoine social ; Décr. n° 93-236 du 22 févr. 1993 (JO 24 févr.) : création d'une mission interministérielle d'inspection du logement social.

BIBL. ▶ BÉHAR, *Ét. fonc., 1996, n° 71, p. 19* (l'habitat : un enjeu de service public). – BROUANT, *AJDI 2006. 717* (loi ENL et logement social) ; *AJDA 2001. 56* (la loi SRU et l'habitat). – DURANCE, *Constr.-Urb., 2001, n° 20* (loi SRU et logement social). – GUILLET, *Constr.-Urb. 2006, n° 31* (loi ENL et logement social). – ROUQUETTE, *AJPI 1988. 889* (les accords-cadres dans le secteur du logement social). – SLOVE, *JCP N, 6 juill. 2001, p. 1162* (logement social après la loi SRU). – WERTENSCHLAG, *AJDI 2001. 121* (financement du logement social et compétences des organismes d'HLM).

COMMENTAIRE

Ce chapitre regroupe un certain nombre de principes et de règles qui encadrent l'action des organismes d'HLM.

Depuis quelques années, ces organismes sont tiraillés entre différents objectifs qui peuvent parfois entrer en contradiction.

Ils doivent en effet assurer le logement des plus démunis et, en même temps, être des opérateurs de la mixité sociale.

L'article L. 411-2 prend acte de ces différents objectifs en les hiérarchisant. Le logement des personnes de ressources modestes est qualifié de service d'intérêt général, tandis que la recherche de la mixité et de la diversité de l'habitat peut justifier la mise en œuvre de compétences connexes.

L'article L. 411-3, issu de la loi relative à la solidarité et au renouvellement urbains du 13 décembre 2000, procède à la pérennisation du logement social. Il s'agit d'instituer en quelque sorte une servitude réelle sur les logements sociaux qui repose sur l'idée que le caractère social du logement ne dépend pas de ses propriétaires successifs, mais est acquis du fait de son financement d'origine.

L'article L. 411-4, dans le même souci d'assurer la pérennité du caractère social d'un logement HLM, prévoit qu'à la date de cessation d'effet d'une convention octroyant l'aide personnalisée au logement (art. L. 351-2 CCH) l'ensemble des dispositions relatives aux habitations à loyer modéré restent applicables au logement conventionné.

Les organismes d'HLM sont, dans l'ensemble, fédérés dans des Fédérations nationales constituées en associations dites loi de 1901.

Ces fédérations d'organismes ou « familles » (offices publics, sociétés anonymes d'HLM et fondations, sociétés anonymes de crédit immobilier de France, sociétés coopératives d'HLM), auxquelles s'est ajoutée une cinquième fédération nationale regroupant les associations régionales constituées au niveau de la quasi-totalité des régions par les organismes associés toutes familles confondues, sont confédérées dans l'Union nationale des fédérations d'organismes HLM (UNFOHLM) qui a pris en 2002 l'appellation Union sociale pour l'habitat (USH).

L'article L. 411-8 ouvre la possibilité de mettre en place des conventions signées entre l'État et l'USH en vue de favoriser la réalisation des objectifs de la politique du logement définis à l'article L. 301-1 du code de la construction et de l'habitation. ❑

Art. L. 411 *(L. nº 98-657 du 29 juill. 1998, art. 55)* **La construction, l'aménagement, l'attribution et la gestion des logements locatifs sociaux visent à améliorer les conditions d'habitat des personnes de ressources modestes ou défavorisées. Ces opérations participent à la mise en œuvre du droit au logement et contribuent à la nécessaire mixité sociale des villes et des quartiers.**

V. Circ. nº 98-92 du 13 oct. 1998 relative aux dispositions sur le logement contenues dans la loi nº 98-657 du 29 juill. 1998 d'orientation relative à la lutte contre les exclusions (BOMELT nº 98/20).

Art. L. 411-1 **Les dispositions du présent livre ont pour objet de fixer les règles relatives à la construction, l'acquisition, l'aménagement, l'assainissement, la réparation, la gestion d'habitations collectives ou individuelles, urbaines ou rurales, répondant aux caractéristiques techniques et de prix de revient déterminées par décision administrative et destinées aux personnes et aux familles de ressources modestes.**

(L. nº 86-1290 du 23 déc. 1986, art. 80) **« A ces habitations peuvent être adjoints, dans des conditions fixées par décision administrative, des dépendances, des annexes et des jardins privatifs ou collectifs, accolés ou non aux immeubles. »**

(L. nº 85-729 du 18 juill. 1985, art. 31-I) **« En outre, les ensembles d'habitations mentionnés aux premiers alinéas peuvent comprendre accessoirement des locaux à usage commun et toutes constructions nécessaires à la vie économique et sociale de ces ensembles. »**

(L. nº 2000-1208 du 13 déc. 2000, art. 144) **« Les organismes d'habitations à loyer modéré peuvent librement louer les aires de stationnement vacantes dont ils disposent par application de l'article L. 442-6-4.**

« La location est consentie à titre précaire et révocable à tout moment par le bailleur. Un locataire de ce bailleur ne peut se voir opposer un refus de location d'une aire de stationnement au motif que cette aire est louée librement à une personne ne louant pas un logement dans le parc de ce bailleur. »

V. art. R. 431-37 s.

BIBL. ► ZITOUNI, *RGCT nº 13, 2000, p. 426* (définition du logement social).

1. Le transfert de la propriété d'un immeuble d'une société civile immobilière à des sociétés anonymes d'HLM a pour effet de faire entrer les logements situés dans l'immeuble dans le champ d'application du livre quatrième du code de la construction et de l'habitation relatif aux rapports des organismes d'habitations à loyer modéré et des bénéficiaires. • CAA Paris, 6 mars 1997, *Al Tabbal : req. nº 95PA03137.*

2. L'exonération prévue par la loi du 29 juill. 1998 de la taxe sur les logements vacants « prévue en faveur des organismes d'habitations à loyer modéré et des sociétés d'économie mixte pour les logements qu'ils détiennent et qui sont destinés à être attribués sous conditions de ressources est justifiée par la différence de situation entre, d'une part, ces organismes et sociétés et, d'autre part, les autres bailleurs publics et privés ; qu'en effet, l'affectation des logements en cause fait l'objet d'un contrôle particulier de la part des pouvoirs publics [...] et que la vacance temporaire de certains de ces logements trouve son fondement dans la mise en œuvre de politiques spécifiques, liées notamment à des opérations d'urbanisme ou à la recherche de la « mixité sociale des villes et des quartiers ». • Cons. const. nº 98-403 DC du 29 juill. 1998, *Loi d'orientation relative à la lutte contre les exclusions : JO 31 juill. 1998, p. 11710.*

3. Une opération de promotion immobilière ne répond pas à la mission dévolue aux organismes d'HLM dès lors que seul un acquéreur a recouru à un prêt à taux zéro tandis que plus du tiers des acquéreurs ont effectué un investissement immobilier et n'occupent par suite pas eux-mêmes le logement. L'opération en question ne peut dès lors bénéficier de l'exonération d'impôt sur les sociétés prévue par l'article 207 CGI. • CAA Paris, 24 juin 2010, *SA d'HLM Espace, habitat, construction :* ⚖ *req. nº 08PA04111.*

Art. L. 411-2 **Les organismes d'habitations à loyer modéré comprennent :**

(Ord. nº 2007-137 du 1er févr. 2007, art. 2) **« — les offices publics de l'habitat ; »**

— les sociétés anonymes d'habitations à loyer modéré ;

— les sociétés anonymes coopératives de production *(L. nº 2003-710 du 1er août 2003, art. 53)* **« et les sociétés anonymes coopératives d'intérêt collectif » d'habitations à loyer modéré ;**

— les fondations d'habitations à loyer modéré.

(L. nº 2003-1311 du 30 déc. 2003, art. 96-II) **« Les organismes d'habitations à loyer modéré mentionnés aux alinéas précédents bénéficient d'exonérations fiscales et d'aides spécifiques de l'État au titre du service d'intérêt général défini comme :**

(L. nº 2005-1720 du 30 déc. 2005, art. 44-II) **« — la construction, l'acquisition, l'amélioration, l'attribution, la gestion et la cession de logements locatifs à loyers plafonnés, lorsqu'elles sont destinées à des personnes dont les revenus sont inférieurs aux plafonds maximum fixés par l'autorité administrative pour l'attribution des logements locatifs conventionnés dans les conditions définies à l'article L. 351-2 et dont l'accès est soumis à des conditions de ressources. Font toutefois partie du service d'intérêt général les opérations susmentionnées destinées à des personnes de revenu intermédiaire dont les ressources ne dépassent pas les plafonds fixés au titre IX du livre III, lorsque les logements correspondants représentent moins de 10 % des logements locatifs sociaux mentionnés à l'article L. 302-5 détenus par l'organisme ;**

« — la réalisation d'opérations d'accession à la propriété destinées à des personnes dont les revenus sont inférieurs aux plafonds maximum » *(L. nº 2009-323 du 25 mars 2009, art. 65-VI)* **« , majorés de 11 %, »** *(L. nº 2005-1720 du 30 déc. 2005, art. 44-II)* **« fixés par l'autorité administrative pour l'attribution des logements locatifs conventionnés dans les conditions définies à l'article L. 351-2 et dont l'accès est soumis à des conditions de ressources. Font toutefois partie du service d'intérêt général, dans la limite de 25 % des logements vendus par l'organisme, les opérations destinées à des personnes de revenu intermédiaire dont les ressources dépassent les plafonds maximum susmentionnés sans excéder les plafonds fixés au titre IX du livre III, »** *(L. nº 2009-323 du 25 mars 2009, art. 65-VI)* **« majorés de 11 %, »** *(L. nº 2005-1720 du 30 déc. 2005, art. 44-II)* **« lorsque l'ensemble des opérations sont assorties de garanties pour l'accédant dans des conditions fixées par décret en Conseil d'État ;** *— V. art. R.* 443-2.*

« — la gestion, » *(L. nº 2007-290 du 5 mars 2007, art. 15-I)* **« ou l'acquisition en vue de leur revente, »** *(L. nº 2005-1720 du 30 déc. 2005, art. 44-II)* **« avec l'accord du maire de la commune d'implantation et du représentant de l'État dans le département, de logements situés dans des copropriétés connaissant des difficultés importantes de fonctionnement ou faisant l'objet »** *(L. nº 2007-290 du 5 mars 2007, art. 15-I)* **« d'un plan de sauvegarde en application de l'article L. 615-1 ou »** *(L. nº 2005-1720 du 30 déc. 2005, art. 44-II)* **« d'une opération programmée d'amélioration de l'habitat visée à l'article L. 303-1 ainsi que, pour une période maximale de dix ans à compter de la première cession, la gestion des copropriétés issues de la cession des logements locatifs mentionnés au neuvième alinéa tant que l'organisme vendeur y demeure propriétaire »** *(L. nº 2006-872 du 13 juill. 2006, art. 58)* **« de logements ».**

(L. nº 2003-1311 du 30 déc. 2003, art. 96-II) **« — les services accessoires aux opérations susmentionnées. »**

(L. nº 2000-1208 du 13 déc. 2000, art. 145-1º) **« Au titre de la mission d'intérêt général que constitue la recherche de la mixité sociale et de la diversité de l'habitat, les organismes d'habitations à loyer modéré peuvent exercer les compétences d'aménagement, d'accession et de prestations de services prévues par les textes qui les régissent. »**

V. art. R. 411-1 s.

La loi du 16 juill. 1971 (JO 17 juill.) a supprimé les sociétés coopératives d'HLM de location coopérative et de location-attribution (V. art. R. 422-36).

V. Circ. du 7 déc. 1990 (JO 9 déc.) : protocoles d'occupation du logement social.

Les garanties mentionnées au neuvième alinéa sont la garantie de rachat du logement et la garantie de relogement (Décr. nº 2008-55 du 16 janv. 2008).

COMMENTAIRE

L'article 145 de la loi relative à la solidarité et au renouvellement urbains du 13 décembre 2000 procède à une **qualification expresse des missions des organismes d'HLM**.

Compte tenu de la sémantique communautaire, le logement des personnes de ressources modestes est qualifié de service d'intérêt général.

Le fait que la réalisation de logements sociaux soit constitutive d'une activité de service public a pour effet de légitimer l'existence de financements publics, de prérogatives de puissance publique ou de sujétions particulières et d'un contrôle spécifique de la part de l'État. La loi de finances pour 2004 fait bénéficier du qualificatif de « service d'intérêt général », l'activité d'accession à la propriété soit lorsqu'elle est assortie de garanties accordées aux accédants, soit lorsqu'elle est destinée à des personnes sous plafonds de ressources.

En revanche la recherche de la mixité sociale et de la diversité de l'habitat ne bénéficient que du qualificatif de « mission d'intérêt général ».

Par sa décision du 28 novembre 2005 (*JOUE L 312 du 29 nov. 2005*), la Commission européenne a estimé que les compensations accordées aux entreprises de logement social pour des services d'intérêt général sont compatibles avec les règles sur les aides d'État et n'ont pas à faire l'objet d'une notification préalable aux instances européennes. ❑

Loi nº 2009-323 du 25 mars 2009,

De mobilisation pour le logement et la lutte contre l'exclusion.

Art. 110 Pour la réalisation de logements locatifs aidés par l'État financés avec le concours des aides publiques mentionnées au 1º de l'article L. 301-2 du code de la construction et de l'habitation, soumis à la loi nº 85-704 du 12 juillet 1985 *[V. App., vº Maîtrise d'ouvrage publique]* relative à la maîtrise d'ouvrage publique et à ses rapports avec la maîtrise d'œuvre privée, les organismes d'habitations à loyer modéré mentionnés à l'article L. 411-2 du code de la construction et de l'habitation et les sociétés d'économie mixte de construction et de gestion de logements sociaux peuvent jusqu'au 31 décembre 2013 conclure, par dérogation aux dispositions des articles 7 et 18 de la loi nº 85-704 du 12 juillet 1985 précitee, des contrats portant à la fois sur l'établissement des études et l'exécution des travaux.

1. Qualification des organismes au regard du droit communautaire. D'après le Conseil d'État, les organismes d'HLM, eu égard à la mission qui leur a été impartie dans le domaine du logement social, sont des « entreprises chargées de la gestion de services d'intérêt économique général » au sens de l'art. 86-2 (ex-90-2) du Traité de Rome. Dès lors l'obligation de dépôts des fonds à la Caisse des dépôts et consignations qui est imposée aux organismes d'HLM ne porte pas atteinte au principe de libre concurrence affirmé aux art. 81 (ex-85) et 82 (ex-86) du Traité de Rome. • CE 24 avr. 1992, *Union nationale des fédérations d'organismes d'habitations à loyer modéré,* req. nº 116489 : *Lebon 191.*

2. Mission des OPHLM. Caractère de service public. En raison des conditions dans lesquelles les offices sont appelés à accomplir la mission qui leur est confiée par la loi et du but dans lequel ces pouvoirs leur sont attribués, les offices exercent une mission de service public administratif. • CE 4 déc. 1931, *Dumy : S. 1932. 3. 97* • CE 23 févr. 1979, *Vildart : RD publ. 1979. 1763.* ♦ La construction d'un foyer entre dans le cadre de la mission de service public d'un OPHLM. • CE 11 mai 1990, *BAS de Blénod-Les-Ponts-à-Mousson : JCP 1990. Actu.22.* ♦ La décision d'un OPHLM de fermer dix tours d'habitation est une décision prise dans l'exercice de la mission de service public administratif et relève de la compétence de la juridiction administrative. • CE 31 mars 1995, *Lavaud,* req. nº 137573 : *Lebon 155.* ♦ Une groupement d'intérêt public constitué entre l'État, le Fonds d'action sociale pour les travailleurs immigrés et des personnes privées ayant pour objet de contribuer au relogement de familles et de personnes sans toit ou mal logées assure la gestion d'un service public à caractère administratif. • T. confl. 14 févr. 2000, *Groupement d'intérêt public habitat et interventions sociales pour les mal-logés et les sans-abris c/ Verdier : req. nº 3170.*

3. Mission des organismes privés. Fluctuations de la jurisprudence. Une convention passée entre une commune et une société d'HLM pour régler les modalités de préfinancement et d'achat d'un terrain par la société à la commune ne fait pas participer la société à l'exécution d'un service public. • CE 20 mars 1987, *Préfet de la région Martinique : req. nº 54708.* ♦ La cession de biens du domaine privé communal, même acquis par voie d'expropriation, à une société d'HLM, pour y construire des logements sociaux est un contrat de droit privé. • T. confl. 20 janv. 1986, *SA d'HLM Carpi : req. nº 2319.* ♦ L'acte par lequel un organisme d'HLM notifie une demande de reversement d'une aide au logement social est dépourvu de tout caractère administratif eu égard à la qualité de son auteur dès lors que ledit acte émane d'une société anonyme d'HLM. • CAA Paris, 11 avr. 2000, *Atanasiu : req. nº 97PA00209.* ♦ La convention par laquelle une commune confie à une SA d'HLM la réalisation d'une étude d'urbanisme portant sur l'aménagement d'une zone a eu pour effet d'associer étroitement la SA à l'exécution d'un service public municipal et revêt donc un caractère administratif. • CAA Paris, 7 juill. 1992, *SA La campinoise d'habitation HLM : req. nº 91PA00144.* ♦ Bien qu'elle constitue un organisme de droit privé, une société coopérative d'HLM, eu égard notamment à son objet et au contrôle de l'administration dont elle fait l'objet, remplit une mission de service public. • CE 31 juill. 1992, *Vatin : Dr. adm. 1992, nº 453.* ♦ La délibération relative à l'application du supplément de loyer adoptée par le conseil d'administration d'une SEM constitue un acte administratif car elle touche à l'organisation même du service public dont est chargé l'organisme. • CE 31 mars 1995, *Desaunay : req. nº 147731.*

Art. L. 411-3 *(L. nº 2000-1208 du 13 déc. 2000, art. 145-2º)* **Les dispositions du présent article sont d'ordre public et sont applicables aux logements appartenant ou ayant appartenu aux organismes d'habitations à loyer modéré, dès lors que ces logements ont été construits, acquis ou acquis et amélioré***[s]* **par lesdits organismes en vue de leur location avec le concours financier de l'État ou qu'ils ont ouvert droit à l'aide personnalisée au logement en application d'une convention prévue à l'article L. 353-14 conclue entre lesdits organismes et l'État.**

Ces dispositions ne sont pas applicables :

– aux logements vendus par les organismes d'habitations à loyer modéré en application des premier, troisième *(L. nº 2012-387 du 22 mars 2012, art. 109-5º)* **« à sixième et dixième » alinéas de l'article L. 443-11 ;**

(L. nº 2006-872 du 13 juill. 2006, art. 34-I-2º) **« – aux logements cédés ou apportés aux sociétés civiles immobilières régies par les articles L. 443-6-2 et suivants et devenus propriété d'un associé personne physique ; »**

« – aux logements dont l'usufruit a été détenu temporairement par les organismes d'habitations à loyer modéré ; »

— aux logements construits par les organismes d'habitations à loyer modéré dans le cadre d'un bail à construction ou d'un bail emphytéotique et devenus propriété du bailleur à l'expiration du bail ;

(L. nº 2002-73 du 17 janv. 2002, art. 166) « — aux lots acquis en vue de leur revente et situés dans les copropriétés qui font l'objet d'un plan de sauvegarde en application de l'article L. 615-1, tels que précisés aux articles L. 421-1, L. 422-2 et L. 422-3. »

En cas de transfert de propriété, y compris en cas de cession non volontaire, ces logements restent soumis à des règles d'attribution sous condition de ressources et de fixation de loyer par l'autorité administrative dans des conditions fixées par un décret en Conseil d'État *[V. art. R. 491-1 s.]*. Les locataires de ces logements bénéficient du droit au maintien dans les lieux en application de l'article L. 442-6 ainsi que des dispositions des articles L. 353-15-1 et L. 442-6-1.

Tout acte transférant la propriété ou la jouissance de ces logements ou constatant ledit transfert doit, à peine de nullité de plein droit, reproduire les dispositions du présent article. L'action en nullité peut être intentée par tout intéressé ou par l'autorité administrative dans un délai de cinq ans à compter de la publication de l'acte au fichier immobilier.

A la demande de tout intéressé ou de l'autorité administrative, le juge annule tout contrat conclu en violation des dispositions du présent article et ordonne, le cas échéant, la réaffectation des lieux à un usage d'habitation locative.

V. note ss. art. L. 411-4.

Art. L. 411-4 *(L. nº 2000-1208 du 13 déc. 2000, art. 145-2º ; L. nº 2003-590 du 2 juill. 2003, art. 85-1º)* « Les logements locatifs sociaux appartenant aux sociétés d'économie mixte construits, acquis ou acquis et améliorés avec une aide de l'État à compter du 5 janvier 1977 et faisant l'objet d'une convention définie à l'article L. 351-2 demeurent soumis, après l'expiration de la convention, même lorsqu'ils font l'objet d'un transfert de propriété, et y compris en cas de cession non volontaire, à des règles d'attribution sous condition de ressources et des maxima de loyer fixés par l'autorité administrative dans des conditions fixées par décret en Conseil d'État *[V. art. R. 491-3 s.]*. Les articles L. 353-15-1, L. 353-19 et L. 442-6-1 sont applicables aux locataires de ces logements. »

(L. nº 2003-590 du 2 juill. 2003, art. 85-2º) « Tout acte transférant la propriété ou la jouissance de ces logements ou constatant un tel transfert reproduit, à peine de nullité de plein droit, les dispositions du premier alinéa. L'action en nullité peut être intentée par tout intéressé ou par l'autorité administrative dans un délai de cinq ans à compter de la publication de l'acte au fichier immobilier. »

(L. nº 2000-1208 du 13 déc. 2000, art. 145-2º ; L. nº 2003-590 du 2 juill. 2003, art. 85-3º) « Les dispositions du présent article ne s'appliquent pas lorsque les logements ont été construits dans le cadre d'un bail à construction ou d'un bail emphytéotique après l'expiration de ce bail, lorsque celui-ci prévoit que le propriétaire d'un terrain devient propriétaire des constructions. Les dispositions du présent article ne s'appliquent pas aux logements vendus par les sociétés d'économie mixte en application des premier, troisième *(L. nº 2012-387 du 22 mars 2012, art. 109-6º)* « à sixième et dixième » alinéas de l'article L. 443-11 » *(L. nº 2003-590 du 2 juill. 2003, art. 85-4º ; L. nº 2006-872 du 13 juill. 2006, art. 34-I-3º)* « , aux logements cédés ou apportés aux sociétés civiles immobilières d'accession progressive à la propriété régies par les articles L. 443-6-2 et suivants et devenus propriété d'un associé personne physique et aux logements dont l'usufruit a été détenu temporairement. »

Concernant la présentation de la L. nº 2003-590 du 2 juill. 2003 urbanisme et habitat, V. Circ. nº 2003-48 du 31 juill. 2003 (BOMELT nº 2003/15, p. 78) et Circ. nº 2003-52 du 12 août 2003 (BOMELT nº 2003/16, p. 161).

Art. L. 411-5 *(L. nº 2006-872 du 13 juill. 2006, art. 61)* Les logements locatifs appartenant aux sociétés immobilières à participation majoritaire de la Caisse des

dépôts et consignations et faisant l'objet d'une convention définie à l'article L. 351-2 demeurent soumis, après l'expiration de la convention et pour une durée de six ans, aux règles de maxima de loyers en vigueur pour la conclusion des conventions mentionnées au 3° de l'article L. 351-2 lorsque les logements ne bénéficient pas d'une subvention de l'État. Pendant cette période, les logements restent considérés comme des logements locatifs sociaux au sens du 2° de l'article L. 302-5. Ces dispositions ne sont applicables qu'aux logements occupés au moment de l'expiration de la convention mentionnée ci-avant. En cas de départ des locataires après l'échéance de ladite convention, les loyers des logements concernés sont fixés en application des dispositions du *b* de l'article 17 de la loi n° 89-462 du 6 juillet 1989 tendant à améliorer les rapports locatifs et portant modification de la loi n° 86-1290 du 23 décembre 1986 [*V. C. baux*]**. A l'issue de cette période, les loyers de ces logements évoluent en application des dispositions des *c* et *d* de l'article 17 de la loi n° 89-462 du 6 juillet 1989 précitée.**

COMMENTAIRE

Cette disposition est relative aux logements appartenant aux sociétés immobilières à participation majoritaire de la Caisse des dépôts et consignations. Le législateur avait tenté lors de l'adoption de la loi SRU en 2000 de pérenniser le caractère social des logements détenus par ces mêmes sociétés immobilières. Le Conseil constitutionnel dans sa décision n° 2000-436 DC a censuré cette disposition en considérant que l'action de ces sociétés relevait en partie de l'activité concurrentielle du groupe de la Caisse des dépôts et que cette poursuite forcée d'une convention portait une atteinte à la liberté contractuelle qui ne trouvait pas sa contrepartie dans des motifs d'intérêt général en rapport avec sa gravité. Tenant compte de cette contrainte, l'article 61 de la loi ENL du 13 juillet 2006 limite la prolongation forcée des effets de la convention APL à une durée de 6 ans. ❑

[Jurisprudence rendue sous l'empire de l'ancien art. L. 411-5 mais transposable au régime actuel]

Dans sa décision n° 2000-436 DC du 7 déc. 2000 loi sur la solidarité et le renouvellement urbains, le Conseil constitutionnel a intégralement censuré la « pérennisation » des conventions définies à l'art. L. 351-2 CCH (APL) passées par les sociétés immobilières à participation majoritaire de la Caisse des dépôts et consignations, dont l'action relève en partie de l'activité concurrentielle du groupe de la Caisse des dépôts. Le Conseil a estimé que cette poursuite forcée d'une convention portait une atteinte à la liberté contractuelle qui ne trouvait pas sa contrepartie dans des motifs d'intérêt général en rapport avec sa gravité. • Cons. const. n° 2000-436 DC du 7 déc. 2000 : *JO 14 déc. 2000, p. 19840 ; AJDA 2001. 18, obs. J.-E. Schoettl*.

Art. L. 411-5-1 (*L. n° 2006-872 du 13 juill. 2006, art. 62*) **Les bailleurs de logements conventionnés en application de l'article L. 351-2, mentionnés aux quatrième et cinquième alinéas de l'article 41 *ter* de la loi n° 86-1290 du 23 décembre 1986 tendant à favoriser l'investissement locatif** [*V. App., v° Rapports locatifs*]**, l'accession à la propriété de logements sociaux et le développement de l'offre foncière, possédant plus de dix logements, informent le locataire de la nature temporaire de la convention qui les lie à l'État, de sa date d'échéance ainsi que des conséquences financières pour le locataire à l'issue de la durée de validité de la convention.**

Lorsqu'un bailleur visé au premier alinéa a décidé de ne pas renouveler la convention le liant à l'État, il informe, au plus tard deux ans avant son expiration, les locataires concernés de son intention. Cette notification est accompagnée d'une prévision d'augmentation des loyers.

Dans le même délai, il informe les maires des communes concernées, ainsi que le représentant de l'État dans le département, de son intention de ne pas renouveler ladite convention.

Si cette absence de renouvellement a pour conséquence de faire passer la commune au-dessous du seuil fixé par l'article L. 302-5 ou si la commune est déjà au-dessous de ce seuil, l'avis consultatif du représentant de l'État dans le département est requis.

Un décret détermine les conditions d'application du présent article. – *V. art. R. 411-2.*

COMMENTAIRE

La loi ENL du 13 juillet 2006 s'attaque partiellement au problème essentiel du déconventionnement APL des logements. En effet à l'expiration des conventions, les propriétaires sont libres de fixer le niveau de loyer qu'ils désirent ; qui plus est les logements déconventionnés ne sont plus comptabilisés comme des logements locatifs sociaux au sens de la loi SRU. Un maire peut ainsi voir une partie de son patrimoine social brutalement chuter d'une année sur l'autre du fait de l'expiration de certaines conventions. C'est pourquoi l'article 62 de la loi ENL fait peser un certain nombre d'obligations sur les bailleurs de logements conventionnés : si ces derniers ne souhaitent pas renouveler la convention, ils doivent deux ans avant son expiration en informer le maire de la commune, le préfet ainsi que le locataire concerné. Ce dernier bénéficie également d'une prévision d'augmentation des loyers. Si la commune est en-dessous du seuil de 20 % de logements sociaux, l'avis consultatif du préfet est requis. La loi ne précise pas toutefois les sanctions liées au défaut de notification de cette information par le bailleur. ❑

Art. L. 411-6 *(L. nº 2000-1208 du 13 déc. 2000, art. 145-2º)* **A la date de cessation d'effet d'une convention prévue à l'article L. 351-2 portant sur des logements appartenant à un organisme d'habitations à loyer modéré, l'ensemble des dispositions du présent livre sont applicables à ces logements.**

Art. L. 411-7 *(L. nº 2000-1208 du 13 déc. 2000, art. 145-2º)* **Les attributions des locaux commerciaux en pied des immeubles construits ou acquis par les organismes d'habitations à loyer modéré se font en tenant compte des objectifs de mixité urbaine et de mixité sociale du quartier ou de l'arrondissement où les immeubles se situent.**

Les propositions d'attribution sont préalablement soumises à l'avis consultatif du maire de la commune.

La convention par laquelle un OPHLM met à disposition un local à un commerçant est un acte de gestion du domaine privé qui relève de la compétence du juge judiciaire. • T. confl. 2 juin 1975, *Salas : req. nº 2003.*

Art. L. 411-8 *(L. nº 2000-1208 du 13 déc. 2000, art. 145-2º)* **L'union des habitations à loyer modéré regroupant les fédérations d'organismes d'habitations à loyer modéré peut conclure avec l'État des conventions ayant pour objet de favoriser la réalisation des objectifs définis à l'article L. 301-1.**

Ces conventions peuvent porter :

– sur l'évolution de l'équilibre économique des organismes et de la gestion de leur patrimoine immobilier et notamment sur les loyers, suppléments de loyer de solidarité et charges ;

– sur l'amélioration des services rendus aux occupants de ce patrimoine immobilier ;

– sur la modernisation des conditions d'activité des organismes d'habitations à loyer modéré, et notamment leur respect des bonnes pratiques professionnelles.

Les stipulations des conventions ainsi conclues par l'union des habitations à loyer modéré regroupant les fédérations d'organismes d'habitations à loyer modéré entrent en vigueur et s'imposent après approbation par arrêté du ou des ministres concernés.

Art. L. 411-9 *(L. nº 2009-323 du 25 mars 2009, art. 1er-II)* **Les organismes d'habitations à loyer modéré élaborent un plan stratégique de patrimoine qui définit leur stratégie pour adapter leur offre de logements à la demande dans les différents secteurs géographiques où ils disposent d'un patrimoine, en tenant compte des orientations**

fixées par les programmes locaux de l'habitat. Le plan comprend une analyse du parc de logements existants selon sa qualité, son attractivité et son positionnement sur les marchés locaux de l'habitat. Il définit l'évolution à moyen et long termes des différentes composantes de ce parc, ainsi que les choix d'investissement et de gestion qui en résultent. Il présente les perspectives de développement du patrimoine de l'organisme.

Art. L. 411-10 *(L. no 2009-323 du 25 mars 2009, art. 112-I)* Aux fins de l'élaboration et de la mise en œuvre des politiques publiques de l'habitat, le ministère chargé du logement tient un répertoire des logements locatifs sur lesquels les bailleurs sociaux visés au deuxième alinéa sont titulaires d'un droit réel immobilier ou dont ils sont usufruitiers. Ce répertoire est établi à partir des informations transmises chaque année par lesdits bailleurs. Un décret en Conseil d'État fixe les conditions d'application du présent article, notamment la liste des informations transmises par les bailleurs *[V. art. R. 411-3 s.]*.

Les bailleurs sociaux retenus pour l'application du présent article sont :

1o Les organismes d'habitations à loyer modéré visés à l'article L. 411-2 ;

2o Les sociétés d'économie mixte visées à l'article L. 481-1 ;

3o L'établissement public de gestion immobilière du Nord-Pas-de-Calais et la société anonyme Sainte Barbe ;

4o L'association foncière logement mentionnée à l'article L. 313-34 ou les sociétés civiles immobilières dont les parts sont détenues à au moins 99 % par cette association ;

5o Les organismes bénéficiant de l'agrément prévu à l'article L. 365-2.

Le représentant de l'État dans la région communique chaque année aux représentants de l'État dans le département, aux conseils généraux ayant conclu la convention visée à l'article L. 301-5-2 et aux établissements publics de coopération intercommunale ayant conclu la convention visée à l'article L. 301-5-1 les informations du répertoire relatives à chaque logement situé sur leur territoire. A leur demande, les communes, les établissements publics de coopération intercommunale compétents en matière de programme local de l'habitat et les départements obtiennent, auprès du représentant de l'État dans la région, communication des informations du répertoire relatives à chaque logement situé sur leur territoire. Le décret en Conseil d'État visé au premier alinéa fixe les conditions dans lesquelles des informations extraites du répertoire peuvent être communiquées à des tiers.

Le défaut de transmission à l'État des informations nécessaires à la tenue du répertoire ou la transmission d'informations manifestement erronées donne lieu, après mise en demeure restée infructueuse, à l'application d'une amende de 100 € par tranche de 100 logements visés au premier alinéa, recouvrée au profit de la Caisse de garantie du logement locatif social mentionnée à l'article L. 452-1.

La transmission des informations nécessaires à la tenue du répertoire visé au présent article vaut production, pour les personnes morales visées à l'article L. 302-6, de l'inventaire prévu au même article, à l'exception des logements ou lits mentionnés au 4o de l'article L. 302-5.

La transmission des informations nécessaires à la tenue du répertoire visé au présent article vaut production, pour les bailleurs sociaux visés à l'article L. 2334-17 du code général des collectivités territoriales, de l'inventaire prévu au même article.

Le présent art. s'applique à partir du 1er janv. 2011 pour les bailleurs propriétaires de plus de 1 000 logements locatifs à la date du 1er janv. 2010, et à partir du 1er janv. 2012 pour les autres bailleurs (L. no 2009-323 du 25 mars 2009, art. 112-II).

V. Circ. du 28 mai 2009 relative à la L. no 2009-323 du 25 mars 2009 - Logement locatif social (BOMEEDDM no 2009/12, p. 73).

TITRE DEUXIÈME ORGANISMES D'HABITATIONS À LOYER MODÉRÉ

BIBL. ► G. ARAUD, *AJPI 1986. 22* (l'application des nouveaux principes d'aménagement aux organismes d'HLM et aux SEM). – D. BOURJOL-FLÉCHER, *AJPI 1983. 450* (les habitations à loyer modéré). – A. DURANCE, *AJPI 1995. 469 s.* (actualité du logement social). – P. FÉVRIER, *Rev. adm. 1986. 487* (les organismes HLM et la modernisation économique). – J.-L. KECK et P. WALET, *Éd. Masson, 1995* (les organismes d'HLM). – R. ROUQUETTE, *AJPI 1991. 736* (les nouveaux statuts des organismes d'HLM) ; *RFDA 1986. 357* (un regain de vitalité pour les HLM).

COMMENTAIRE

Les organismes intervenant pour la construction, la gestion, la promotion ou le financement d'habitations relevant de la législation des habitations à loyer modéré sont de nature juridique diverse, publique ou privée. Ils sont essentiellement constitués sous forme d'établissements publics locaux et de sociétés anonymes.

Actuellement, on dénombre près de **800 organismes d'HLM** :
- **279 offices publics de l'habitat** ;
- **281 entreprises sociales pour l'habitat** ;
- **56 sociétés de crédit immobilier et 19 filiales financières** ;
- **160 sociétés coopératives d'HLM**.

En dehors des spécificités propres liées à la qualité juridique, les offices publics et sociétés d'HLM sont soumis à certaines caractéristiques communes.

Tout d'abord leur activité ne peut répondre à un but lucratif, ce qui résulte pour les offices de leur nature d'établissements publics et ce qui explique pour les sociétés la présence de dispositions dérogatoires au droit commun des sociétés par actions.

De plus, la loi associe les locataires des sociétés anonymes et des offices d'HLM à l'administration de ces organismes. Leurs logements sont attribués selon les mêmes règles.

Enfin, tous les organismes d'HLM sont soumis aux dispositions du Titre V du Livre IV du code de la construction et de l'habitation qui organise les modalités du contrôle externe de l'administration sur les organismes et les bénéficiaires des prêts relevant de la législation HLM.

CHAPITRE PREMIER OFFICES PUBLICS DE L'HABITAT

(*Ord. n° 2007-137 du 1er févr. 2007, art. 1er*)

V. rapport au Président de la République relatif à l'Ord. n° 2007-137 du 1er févr. 2007 relative aux offices publics de l'habitat (JO 2 févr.), Circ. n° 2007-46 du 25 juill. 2007 (BOMELT n° 2007/15, p. 73), Instr. n° 07-036-M31 du 6 août 2007 (BO Comptabilité publique), Circ. du 9 juill. 2008 (BOMELT n° 2008/16, p. 63).

V., sur le régime antérieur à l'Ord. n° 2007-137 du 1er févr. 2007, CCH éd. 2010.

BIBL. ► BARRÉ-PÉPIN, Le nouveau statut des offices publics de l'habitat, *Constr.-Urb. 2007, n° 66*. – TUOT, *AJDA 2008. 517* (la réforme des offices de l'habitat).

COMMENTAIRE

A la suite de l'habilitation donnée par le législateur en 2006, l'ordonnance du 1er février 2007 met fin à la coexistence de deux catégories d'établissements publics – les OPAC et les OPHLM – et crée une nouvelle catégorie : les offices publics de l'habitat (OPH).

Ce sont tout d'abord des établissements publics. Les offices ont la capacité juridique d'exercer le droit d'expropriation et, par délégation de la collectivité locale, le droit de préemption urbain. Leurs actes sont en général des actes administratifs unilatéraux qui bénéficient du « privilège du préalable ». Leurs marchés, qui relevaient auparavant du code des marchés publics, ne sont assujettis, depuis la loi du 17 mai 2011, qu'aux règles fixées par l'ordonnance no 2005-649 du 6 juin 2005 (V. art. L. 421-26) ; les opérations de maîtrise d'ouvrage sont assujetties à la loi du 12 juillet 1985 sur la maîtrise d'ouvrage publique. Leurs opérations de constructions d'immeubles et de réalisations d'équipements sont qualifiées de travaux publics.

A l'instar des anciens OPAC, les OPH sont des établissements publics industriels et commerciaux. Mais les offices ont la possibilité d'appliquer la comptabilité publique ou la comptabilité commerciale et pourront conserver leurs postes de fonctionnaires et recruter des personnels de la fonction publique territoriale et de la fonction publique de l'État par détachement.

Ce sont des établissements publics locaux. En ce sens, il faut se féliciter que l'ordonnance assure une représentation majoritaire au sein du conseil d'administration de la collectivité territoriale ou de l'EPCI de rattachement. De même, le changement de rattachement, la fusion ou plus simplement le changement d'appellation sont des procédures qui sont enfin déconcentrées et qui relèvent du préfet. Mais il faut constater que, curieusement, le gouvernement garde des pouvoirs de tutelle importants sur ces organismes. En effet, leur création nécessite toujours un décret et les ministres chargés du logement et des collectivités territoriales conservent des pouvoirs de sanction « en cas d'irrégularité ou de fautes graves de gestion commises par un office ou de carence de son conseil d'administration » qui peuvent aller jusqu'à la dissolution du conseil d'administration de l'office. Par ailleurs, si les règles de rattachement prennent en compte la nouvelle donne intercommunale, elles figent néanmoins les situations existantes puisqu'un office pourra continuer à être rattaché à un syndicat de communes ou à une commune en dépit de l'existence d'un EPCI compétent en matière d'habitat.

En plus des compétences antérieurement détenues par les OPAC, les OPH ont la possibilité de prendre des participations dans d'autres organismes d'HLM, des sociétés d'économie mixte, des sociétés anonymes de coordination d'organismes d'HLM, des sociétés anonymes coopératives d'intérêt collectif pour l'accession à la propriété et des sociétés civiles immobilières d'accession progressive à la propriété. Les compétences respectives du conseil d'administration, du président du conseil d'administration et du directeur général, qui s'inspirent de la répartition pratiquée au sein des OPAC, sont clarifiées.

Le décret no 2008-566 du 18 juin 2008 est venu préciser les règles relatives à l'administration des offices publics de l'habitat tandis que celui du 1er juillet 2008 définit leur régime budgétaire et comptable. ❑

SECTION PREMIÈRE **DISPOSITIONS GÉNÉRALES**

(Ord. no 2007-137 du 1er févr. 2007, art. 1er)

Art. L. 421-1 **Les offices publics de l'habitat sont des établissements publics locaux à caractère industriel et commercial.**

Ils ont pour objet :

1o De réaliser, principalement en vue de la location, des opérations répondant aux conditions prévues par les articles L. 351-2 et L. 411-1 et de gérer les immeubles faisant l'objet de ces opérations ;

2o De réaliser pour leur compte ou pour le compte de tiers, avec l'accord des collectivités ou communautés intéressées, toutes les interventions foncières, les actions ou opérations d'aménagement prévues par le code de l'urbanisme et le présent code, sans que les dispositions de l'article L. 443-14 de ce dernier code soient applicables aux cessions d'immeubles rendues nécessaires par ces réalisations ;

3° De gérer les immeubles à usage principal d'habitation appartenant à des organismes relevant des deux premiers secteurs locatifs définis par l'article 37 de la loi n° 82-526 du 22 juin 1982 ou à des organismes sans but lucratif ou à l'association agréée mentionnée à l'article L. 313-34 du code de la construction et de l'habitation ou aux sociétés civiles immobilières dont les parts sont détenues à au moins 99 % par cette association, ainsi que les immeubles réalisés par l'ensemble de ces organismes en vue de l'accession à la propriété. Ils peuvent également gérer, en qualité de syndics de copropriété et d'administrateurs de biens, après accord du maire de la commune d'implantation et dans les conditions fixées par l'article L. 442-11, des logements situés dans le périmètre défini pour une opération programmée d'amélioration de l'habitat visée à l'article L. 303-1 ainsi que les logements appartenant à des personnes privées et vacants depuis plus d'un an ;

4° De réaliser, en qualité de prestataire de services, des opérations portant sur tout immeuble à usage principal d'habitation. Ils peuvent également réaliser des prestations de services pour le compte de syndicats de copropriétaires d'immeubles faisant l'objet d'un plan de sauvegarde en application de l'article L. 615-1 ou situés dans le périmètre défini pour une opération programmée d'amélioration de l'habitat visée à l'article L. 303-1 ;

5° De réaliser ou acquérir et améliorer, en complément de leur activité locative, en vue de leur vente à des personnes physiques à titre de résidences principales, des logements destinés à des personnes de ressources modestes et respectant des prix de vente maxima fixés par l'autorité administrative, soit lorsqu'une offre satisfaisante de ces logements n'est pas assurée dans un îlot, un quartier ou une commune, soit à la demande de la collectivité territoriale dans le cadre d'une action ou d'une opération d'aménagement ou de la mise en œuvre des objectifs de renouvellement urbain et de mixité sociale prévus dans les contrats de ville ;

6° D'assister à titre de prestataire de services, dans des conditions précisées par décret en Conseil d'État, des personnes physiques et des sociétés de construction constituées en application du titre Ier du livre II pour la réalisation et la gestion d'immeubles, à usage d'habitation ou à usage professionnel et d'habitation ou destinés à cet usage, en accession à la propriété ;

7° De construire, acquérir, réaliser des travaux, gérer des immeubles à usage d'habitation ou à usage professionnel et d'habitation en vue de leur location-accession ;

8° D'acquérir et donner en location à des organismes *(L. n° 2009-323 du 25 mars 2009, art. 2-I)* « bénéficiant de l'agrément relatif à l'intermédiation locative et la gestion locative sociale prévu à l'article L. 365-4 » des hôtels, meublés ou non, destinés à l'hébergement temporaire de personnes en difficulté ;

9° De construire ou acquérir, aménager, entretenir, gérer ou donner en gestion à des personnes physiques ou à des personnes morales des résidences hôtelières à vocation sociale prévues à l'article L. 631-11 *(L. n° 2009-323 du 25 mars 2009, art. 113)* « ou de prendre des parts dans des sociétés civiles immobilières ayant ce même objet et de pouvoir assurer leur gérance » ;

10° De souscrire ou acquérir des parts de sociétés civiles immobilières ayant pour objet la réalisation d'immeubles d'habitation ou à usage professionnel et d'habitation destinés à des accédants dont les ressources n'excèdent pas des plafonds fixés par l'autorité administrative, d'être syndic de copropriétés d'immeubles ainsi réalisés et d'exercer les fonctions d'administrateur de biens pour les mêmes immeubles ;

11° De vendre des ouvrages de bâtiment aux organismes visés à l'article L. 411-2 et aux sociétés d'économie mixte ou de les acquérir auprès d'eux, par contrat de vente d'immeuble à construire prévu aux articles L. 261-1 et suivants.

Un décret en Conseil d'État précise les attributions des offices publics de l'habitat et détermine les modalités de leur fonctionnement. – *V. art. * R. 421-1 s.*

[La jurisprudence antérieure à la réforme des OPH devrait continuer à s'appliquer.]

1. Statut des immeubles. Les immeubles édifiés par les OPAC constituent des ouvrages publics. • CE 4 févr. 1983, *Bergoni : Lebon T. 777* • CE 10 juin 1983, *OPAC de l'Oise : Lebon 254*. ◆ La décision d'engager des travaux de rénovation constitue un acte de gestion du domaine privé de l'OPAC : les litiges qui en résultent relèvent, dès lors, malgré le caractère public des travaux et ouvrages en cause, de la seule compétence des juridictions judiciaires. • CE 28 janv. 2004, *Mme X : req. n° 256597.* ◆ L'acte de livraison à des acquéreurs privés de logements construits par un OPAC ne revêt aucun caractère exorbitant de droit commun, ne saurait être rattaché à une opération de travaux publics et ne participe pas à l'exécution d'un service public, nonobstant la circonstance que l'acquisition de certains de ces logements ait été facilitée par des programmes de financement aidé. Les litiges relatifs aux désordres affectant les immeubles livrés et opposant directement les acquéreurs privés à l'OPAC relèvent de la compétence du juge judiciaire. • CAA Marseille, 12 juin 2006, *OPAM : req. n° 02MA02381.*

2. Statut du personnel. Compte tenu du caractère d'EPIC, les personnels des offices, à l'exception du directeur et de l'agent comptable, sont régis par le droit privé. • T. confl. 17 janv. 1994, *Cure*, req. n° 2877 : *Gaz. Pal. 22-26 mai 1994, n° 142-146, Lettre de jurisprudence, p. 2.* ◆ Un directeur d'OPAC a la qualité d'agent public contractuel et relève, en ce qui concerne le montant de ses indemnités de licenciement, des dispositions du décret du 15 févr. 1988 relatif aux agents non titulaires de la fonction publique territoriale. • CE 14 juin 2004, *M. X*, req. n° 250695 : *Lebon 252 ; AJDA 2004. 2225, note Aubin*. ◆ Les juridictions judiciaires sont seules compétentes pour connaître du refus d'un OPAC de verser à un agent ayant démissionné une allocation journalière de perte d'emploi. • CAA Lyon, 21 mai 1990, *Bory : req. n° 89LY01376.* ◆ S'agissant d'un EPIC, seuls peuvent être qualifiés d'agents publics celui qui est chargé de l'ensemble des services de l'établissement ainsi que le chef de la comptabilité, lorsque ce dernier possède la qualité de comptable public ; dès lors, un secrétaire général placé sous l'autorité du directeur général n'a pas la qualité d'agent public et il n'appartient pas à la juridiction administrative de se prononcer sur sa situation professionnelle, laquelle est régie par des dispositions de droit privé. • CAA Versailles, 3 mars 2011, *OPH d'Argenteuil-Bezons : req. n° 10VE03048.* ◆ Le président d'un office doit être regardé comme un agent public et bénéficie à ce titre du principe de protection par la collectivité publique contre les menaces, violences, poursuites, etc., dont il fait l'objet. • CAA Nancy, 4 août 2011, *M. A. : req. n° 10NC00924.*

3. Rapports avec les locataires. Les liens existants entre un OPAC et son locataire résultent d'un contrat de droit privé et relèvent de la compétence judiciaire. • CAA Lyon, 28 nov. 2000, *Fenoy : req. n° 00LY00695.* ◆ La juridiction administrative est incompétente pour connaître de la contestation d'une mise en demeure par laquelle un OPAC a enjoint son locataire de répondre à l'enquête "ressources" pour l'assiette du supplément de loyer de solidarité. • CAA Lyon, 27 nov. 2001, *Fenoy : req. n° 01LY00924.*

4. Contrats et marchés. Un OPAC est soumis à un contrôle permettant à la commune de rattachement et à l'État d'influencer de manière déterminante tant ses objectifs stratégiques que ses décisions importantes ; dès lors le bail emphytéotique confiant la gestion de logements de la ville à l'OPAC doit être regardé comme un contrat de quasi-régie (in house) exclu du champ d'application des règles de publicité et de concurrence. • CAA Paris, 30 juin 2009, *Ville de Paris*, req. n° 07PA02380 : *Dr. adm. 2009, n° 113.* ◆ Un contrat de fourniture conclu par un OPAC agissant sur mandat et pour le compte d'une société d'HLM au titre des besoins propres de cette dernière est un contrat de droit privé qui relève de la compétence du juge judiciaire. • CE 3 juin 2009, *OPAC du Rhône*, req. n° 324405 : *Lebon T. 825 ; AJDA 2009. 1126 ; ACCP oct. 2009, n° 92, p. 75, note Cochi et Terrien.* ◆ Les contrats passés entre un OPHLM une autre personne morale de droit public peuvent être de droit privé s'ils ne font naître entre les parties que des rapports de droit privé. • CE 11 mai 1990, *Bureau d'aide sociale de Blénod-les-Pont-à-Mousson c/ OPHLM de Meurthe-et-Moselle : Lebon 123 ; CJEG 1990. 347, concl. Hubert ; AJDA 1990. 614, obs. Colly.*

5. Nature des travaux. Les travaux entrepris sous l'égide des offices publics d'HLM sont des travaux publics. • CE 30 déc. 1927, *Tallet : Lebon 1303* • T. confl. 28 mars 1990, *Rambur c/ OPHLM du Territoire de Belfort : Lebon T. 822* • T. confl. 20 févr. 2006, *Demarle*, n° 3491 : *AJDA 2006. 894*. ◆ Il en va ainsi pour un chantier de réhabilitation de logements au profit d'un OPH. • CAA Paris, 27 sept. 2010, *BATEG : req. n° 08PA01857.*

6. Qualité d'ouvrages publics des immeubles. Les accidents causés aux tiers par le défaut d'entretien des immeubles construits par un OPHLM relèvent de la compétence administrative. • CE 30 mars 1990, *OPHLM de Toulon : Lebon T. 1025* • Paris, 9 févr. 1984 : *AJPI 1985. 594, obs. Flécher-Bourjol.* ◆ Ce n'est pas le cas des accidents causés par le mauvais aménagement d'une plaque d'égout installée dans une voie appartenant à un office public d'HLM. • Paris, 19 avr. 1984 : *AJPI 1985. 594, obs. Flécher-Bourjol.*

7. Domanialité privée des immeubles. Les logements dont les offices sont propriétaires appartiennent à leur domaine privé. Les litiges relatifs à la vente de ces logements relèvent de la compétence des tribunaux à l'exception des recours relatifs aux actes administratifs unilatéraux qui se détachent du contrat. Dès lors les juridictions administratives sont incompétentes pour connaître du litige relatif au prix de cession. • CE 23 févr. 1979, *Vildart : rec. nº 9663.*

8. Qualité d'EPIC. Compte tenu de leur qualité d'établissements publics industriels et commerciaux, les dispositions de la loi du 12 avr. 2000 relative aux droits des citoyens dans leurs relations avec les administrations ne s'appliquent pas aux OPH. • CAA Marseille, 12 oct. 2010, *OPH Perpignan Roussillon : req. nº 08MA05004.*

Art. L. 421-2 Les offices publics de l'habitat peuvent également souscrire ou acquérir :

1º Des parts ou actions émises par des sociétés d'habitations à loyer modéré, des sociétés d'économie mixte d'aménagement, de construction et de gestion de logements sociaux et des sociétés anonymes de coordination d'organismes d'habitations à loyer modéré ;

2º Des parts dans le capital de sociétés anonymes coopératives d'intérêt collectif pour l'accession à la propriété régies par les articles L. 215-1 à L. 215-10 ;

3º Des parts de sociétés civiles immobilières régies par les articles L. 443-6-2 et suivants ;

(L. nº 2009-323 du 25 mars 2009, art. 43-III) « 4º Des parts ou des actions dans des sociétés pouvant réaliser des opérations d'aménagement ou conclure une convention de projet urbain partenarial ; cette participation est soumise à l'accord de sa collectivité de rattachement et du représentant de l'État dans le département du lieu de l'opération ou du projet. »

Art. L. 421-3 Les offices publics de l'habitat peuvent, à titre subsidiaire, et en qualité de prestataires de services :

1º Pour le compte de l'État, des collectivités locales ou des établissements publics, réaliser et assurer l'entretien des constructions liées à l'habitat ;

2º Réaliser pour le compte d'autres organismes d'habitations à loyer modéré des prestations de services pour des missions entrant dans l'objet social et la compétence territoriale de ces organismes et des organismes prestataires ;

3º Être syndic de copropriété ou administrateur de biens d'immeubles bâtis, construits ou acquis soit par eux, soit par un autre organisme d'habitations à loyer modéré, une collectivité territoriale, une société d'économie mixte ou un organisme sans but lucratif, l'association mentionnée à l'article *(L. nº 2009-323 du 25 mars 2009, art. 8-VIII)* « L. 313-34 du code de la construction et de l'habitation » précitée *[précité]* ou une des sociétés civiles immobilières dont les parts sont détenues à au moins 99 % par cette association ;

(L. nº 2009-323 du 25 mars 2009, art. 2-I) « 4º Réaliser, pour le compte d'associations ou d'organismes œuvrant dans le domaine du logement, des prestations de services pour des opérations ou des actions de nature à favoriser l'insertion sociale des personnes ou la mixité urbaine et sociale des villes ; »

5º Avec l'accord du préfet et du maire de la commune d'implantation, gérer, en qualité d'administrateurs de biens, des logements situés dans des copropriétés connaissant des difficultés importantes de fonctionnement ou être syndics de ces copropriétés. Dans ces mêmes copropriétés, lorsqu'elles font l'objet d'un plan de sauvegarde en application de l'article L. 615-1 *(L. nº 2007-290 du 5 mars 2007, art. 15-I)* « ou d'une opération programmée d'amélioration de l'habitat prévue à l'article L. 303-1 et dédiée aux copropriétés dégradées », ils peuvent, selon des modalités précisées par décret en Conseil d'État *[V. art. *R. 421-2, 3º]* qui peuvent déroger aux règles applicables aux habitations à loyer modéré, acquérir des lots en vue de leur revente, y effectuer tous travaux et les louer provisoirement ;

6° Réaliser des hébergements de loisirs à vocation sociale, en assurant, le cas échéant, l'ensemble des tâches incombant au maître d'ouvrage. Un décret en Conseil d'État définit les conditions de financement de ces hébergements et la nature des organismes pour le compte desquels ils sont réalisés *[V. art. *R. 421-2-2°]* ;

7° Réaliser des opérations de conception, réalisation, entretien ou maintenance d'équipements hospitaliers ou médico-sociaux pour les besoins d'un établissement public de santé ;

8° Réaliser des travaux, acquérir, construire et gérer des immeubles à usage d'habitation au bénéfice des fonctionnaires de la police et de la gendarmerie nationales, des services départementaux d'incendie et de secours ou des services pénitentiaires, ainsi que les locaux accessoires à ces immeubles et les locaux nécessaires au fonctionnement des gendarmeries.

Art. L. 421-4 Les offices publics de l'habitat peuvent :

1° Prendre à bail des logements vacants pour les donner en sous-location à des personnes physiques dans les conditions fixées par les articles L. 444-1 et suivants ;

2° Réaliser en vue de leur vente, dans les conditions prévues aux articles L. 261-1 à L. 261-22, à l'association agréée mentionnée à l'article *(L. n° 2009-323 du 25 mars 2009, art. 8-VIII)* « L. 313-34 du code de la construction et de l'habitation » précitée ou aux sociétés civiles immobilières dont les parts sont détenues à au moins 99 % par cette association, des immeubles à usage principal d'habitation destinés à la location ;

3° Réaliser en vue de leur vente, dans les conditions prévues à l'article L. 261-3, pour le compte de personnes publiques ou privées, des immeubles à usage principal d'habitation dont ils peuvent provisoirement détenir l'usufruit selon les modalités définies aux articles L. 253-1 à L. 253-5 ;

4° Réaliser des prestations de service pour le compte de l'association agréée mentionnée à l'article L. 313-34 du code de la construction et de l'habitation précitée *[précité]*, ou des sociétés civiles immobilières dont les parts sont détenues à au moins 99 % par cette association, dans des conditions fixées par décret en Conseil d'État ;

5° Assurer la gérance des sociétés civiles immobilières régies par les articles L. 443-6-2 et suivants ;

(L. n° 2009-323 du 25 mars 2009, art. 96-I) « 6° Prendre à bail des logements faisant l'objet des conventions prévues aux articles L. 321-4 ou L. 321-8 en vue de les sous-louer, meublés ou non, aux personnes mentionnées au II de l'article L. 301-1 ou aux personnes physiques dont la situation nécessite une solution locative de transition ;

« 7° Gérer en qualité d'administrateur de biens des logements vacants pour les donner en location à des personnes mentionnées au II de l'article L. 301-1. »

V. Circ. du 28 mai 2009 relative à la L. n° 2009-323 du 25 mars 2009. – Logement locatif social (BOMEEDDM n° 2009/12, p. 84).

Art. L. 421-5 L'activité des offices publics de l'habitat s'exerce sur le territoire de la région où se trouve la collectivité territoriale ou l'établissement public auquel ils sont rattachés.

Ils peuvent également intervenir sur le territoire des départements limitrophes de cette région, après accord de la commune d'implantation de l'opération.

Art. L. 421-6 Les offices publics de l'habitat peuvent être rattachés :

1° A un établissement public de coopération intercommunale compétent en matière d'habitat ;

2° A un département ;

3° A une commune, dès lors qu'elle n'est pas membre d'un établissement public de coopération intercommunale compétent en matière d'habitat.

Ces dispositions ne font pas obstacle à ce que, après la publication de l'ordonnance n° 2007-137 du 1er février 2007 relative aux offices publics de l'habitat, un établissement public d'habitations à loyer modéré demeure, après sa transformation en office public de l'habitat, rattaché à un syndicat de communes ou à une commune membre d'un établissement public de coopération intercommunale compétent en matière d'habitat, s'il y était rattaché avant cette publication, ni à l'application du statut particulier de l'office interdépartemental de l'Essonne, du Val-d'Oise et des Yvelines régi par le décret nº 67-1223 du 22 décembre 1967 relatif aux offices publics d'habitation à loyer modéré de la région parisienne.

Art. L. 421-7 Les offices publics de l'habitat sont créés par décret à la demande de l'organe délibérant de la collectivité territoriale ou de l'établissement public de rattachement et dissous dans les mêmes conditions, sauf dans le cas prévu à l'article L. 423-1 et lorsqu'ils sont parties à une fusion d'offices.

Un ou plusieurs offices publics de l'habitat peuvent, par voie de fusion, transmettre leur patrimoine à un office public de l'habitat existant. La fusion entraîne la dissolution sans liquidation des offices qui disparaissent et la transmission universelle de leur patrimoine à l'office public de l'habitat bénéficiaire, dans l'état où il se trouve à la date de réalisation définitive de l'opération.

Le changement de collectivité territoriale ou d'établissement public de rattachement d'un office, le changement de son appellation, ainsi que la fusion de plusieurs offices sont prononcés par le préfet sur demande des organes délibérants des collectivités territoriales et des établissements publics intéressés, dans des conditions définies par décret en Conseil d'État. – *V. art. *R. 421-1.*

SECTION II ADMINISTRATION DES OFFICES PUBLICS DE L'HABITAT

(Ord. nº 2007-137 du 1er févr. 2007, art. 1er)

Art. L. 421-8 Le conseil d'administration de l'office est composé :

1º De membres représentant la collectivité territoriale ou l'établissement public de rattachement, qu'ils désignent au sein de leur organe délibérant et parmi des personnalités qualifiées au regard des interventions de l'office dans le domaine des politiques de l'habitat ;

2º De personnalités qualifiées désignées par les institutions dont elles sont issues, parmi les caisses d'allocations familiales, l'union départementale des associations familiales du département du siège, les associés des collecteurs de la participation des employeurs à l'effort de construction dans le département du siège, les organisations syndicales les plus représentatives dans le département du siège ;

3º D'au moins un représentant d'associations dont l'un des objets est l'insertion ou le logement des personnes défavorisées ;

4º De locataires représentant les locataires de l'office, élus par ces derniers dans les conditions prévues à l'article L. 421-9 ;

5º D'un représentant du comité d'entreprise de l'office, conformément à l'article L. 432-6 du code du travail, qui dispose d'une voix consultative.

Les membres désignés par la collectivité territoriale ou l'établissement public de rattachement disposent de la majorité des sièges. Les représentants des locataires disposent d'au moins un sixième des sièges.

Le conseil d'administration élit en son sein un bureau auquel il peut donner délégation dans certaines matières. Le bureau est présidé par le président du conseil d'administration.

Le préfet du département du siège de l'office est commissaire du Gouvernement.

Un décret en Conseil d'État précise les conditions d'application du présent article, en particulier les modalités selon lesquelles la collectivité territoriale ou l'établissement public de rattachement détermine l'effectif total du conseil d'administration. – *V. art. R. 421-4 s.*

Art. L. 421-9 Les représentants des locataires au conseil d'administration de l'office sont élus sur des listes de candidats présentées par des associations œuvrant dans le domaine du logement.

Ces associations doivent être indépendantes de tout parti politique ou organisation à caractère philosophique, confessionnel, ethnique ou racial et ne pas poursuivre des intérêts collectifs qui seraient en contradiction avec les objectifs du logement social fixés par le code de la construction et de l'habitation, et notamment par les articles L. 411 et L. 441, ou du droit à la ville défini par la loi nº 91-662 du 13 juillet 1991 d'orientation pour la ville.

En cas de fusion de plusieurs offices publics de l'habitat, et jusqu'à l'élection qui suit, les membres élus par les locataires dans les conseils d'administration des offices ayant concouru à la fusion désignent parmi eux les locataires appelés à siéger dans le nouveau conseil d'administration. A défaut, ces derniers sont désignés par le préfet.

Un décret en Conseil d'État fixe les conditions d'application du présent article. — *V. art. *R. 421-7.*

[Jurisprudence antérieure à la réforme des OPH qui devrait continuer à s'appliquer]

A l'occasion d'un recours contre les opérations électorales, le juge administratif peut apprécier la légalité des candidatures sans avoir à surseoir à statuer dans l'attente d'une décision du juge d'instance. • CAA Douai, 21 déc. 2000, *Thorel*, req. nº 00DA00398 : *AJDI 2001. 916, obs. Brouant*. ◆ Il ne peut être dérogé localement aux critères de recevabilité des candidatures fixés par le code de la construction et de l'habitation. • CAA Paris, 25 janv. 2001, *Martinot*, req. nº 00PA01758 : *AJDI 2001. 917, obs. Brouant*.

Art. L. 421-10 Le conseil d'administration règle par ses délibérations les affaires de l'office.

Art. L. 421-11 Le président du conseil d'administration est élu par le conseil d'administration parmi les représentants désignés par la collectivité territoriale ou l'établissement public de rattachement au sein de leur organe délibérant.

Art. L. 421-12 Le directeur général dirige l'activité de l'office dans le cadre des orientations générales fixées par le conseil d'administration.

(L. nº 2007-290 du 5 mars 2007, art. 16) « Il est recruté par un contrat à durée indéterminée. Néanmoins, lorsque le directeur général est recruté par la voie du détachement, la durée du contrat est liée à celle du détachement. Un décret en Conseil d'État précise les principales caractéristiques du contrat et fixe notamment les conditions d'exercice des fonctions et de rémunération, le cas échéant les avantages annexes, ainsi que l'indemnité pouvant être allouée en cas de cessation de fonction. — *V. art. R. 421-19 s.*

« Ce décret prévoit en outre les conditions dans lesquelles un fonctionnaire » *(L. nº 2009-323 du 25 mars 2009, art. 118-III)* « relevant de l'office peut être détaché sur l'emploi de directeur général, ainsi que les conditions de sa réintégration, à la fin du détachement, dans un emploi au sein de ce même établissement, par dérogation à l'article 3 de la loi nº 83-634 du 13 juillet 1983 portant droits et obligations des fonctionnaires ainsi qu'à l'article 67 de la loi nº 84-53 du 26 janvier 1984 portant dispositions statutaires relatives à la fonction publique territoriale *[V. **C. fonct. publ.**]*. » — *V. art. R. 421-20-5.*

(L. nº 2009-431 du 20 avr. 2009, art. 23) « Jusqu'au 31 décembre 2012, les dispositions de l'article 71 de la loi nº 2003-775 du 21 août 2003 portant réforme des retraites s'appliquent aux fonctionnaires qui, à la date de publication de l'ordonnance nº 2007-137 du 1er février 2007 relative aux offices publics de l'habitat, étaient placés en position de détachement sur l'emploi fonctionnel de directeur dans un office public d'habitations à loyer modéré transformé en office public de l'habitat. Dans ce cas, l'assiette retenue pour le calcul de la cotisation correspond au traitement

indiciaire détenu au moment du changement de statut des organismes, revalorisé en fonction de l'évolution du point fonction publique. »

« Jusqu'au 1er juillet 2009, les dispositions de la section I du chapitre Ier du titre II du livre IV du code de la construction et de l'habitation (partie réglementaire) relatives aux directeurs généraux des offices publics d'aménagement et de construction suppléent le décret prévu à l'alinéa précédent. »

Dans les offices publics de l'habitat soumis, en matière de gestion financière et comptable, aux règles de la comptabilité publique, il est ordonnateur des dépenses et des recettes.

V. Circ. 22 déc. 2009 relative aux nouvelles dispositions issues du Décr. no 2009-1218 du 12 oct. 2009 applicables aux directeurs généraux des offices publics de l'habitat (BOMEEDDM no 2010/1 du 25 janv. 2010, p. 16).

Décret no 2007-1840 du 24 décembre 2007,

Portant diverses dispositions relatives au logement social.

Art. 5 Les dispositions de la section I du chapitre Ier du titre II du livre IV du code de la construction et de l'habitation (partie réglementaire) relatives à la nomination, la rémunération et la cessation de fonctions des directeurs généraux des offices publics d'aménagement et de construction sont applicables, jusqu'à l'entrée en vigueur des dispositions prises en application de l'article L. 421-12 du code de la construction et de l'habitation, aux contrats et à la cessation de fonctions des directeurs généraux d'offices publics de l'habitat issus de la transformation d'offices publics d'aménagement et de construction.

Art. 6 Les directeurs d'offices publics d'habitations à loyer modéré maintenus dans les fonctions de direction après l'entrée en vigueur de l'ordonnance no 2007-137 du 1er février 2007 relative aux offices publics de l'habitat conservent le bénéfice des dispositions réglementaires, statutaires et de rémunération antérieurement applicables, jusqu'à la nomination dans chaque office du directeur général, dans le délai mentionné à l'article 8-I de l'ordonnance précitée *[V. cet art. ss. l'art. L. 421-24]*.

En cas de cessation de fonctions du directeur avant la nomination du directeur général, il est pourvu à son remplacement par la voie d'un recrutement contractuel effectué dans les conditions et limites prévues par l'article 5 du présent décret.

....

Art. L. 421-13 Tout membre du conseil d'administration qui, sans motifs reconnus légitimes, ne s'est pas rendu à trois convocations successives peut, après avoir été mis en mesure de présenter ses observations, être déclaré démissionnaire par le préfet. Il est immédiatement remplacé.

Art. L. 421-14 En cas d'irrégularité ou de faute graves de gestion commises par un office ou de carence de son conseil d'administration, le ministre chargé du logement et le ministre chargé des collectivités territoriales peuvent décider d'une ou plusieurs des sanctions suivantes :

1o Retirer à l'office, pour une durée qui ne peut excéder cinq ans, la possibilité d'exercer une ou plusieurs de ses compétences ;

2o Révoquer un ou plusieurs membres du conseil d'administration responsables d'irrégularité, de faute ou de carence ;

3o Interdire aux membres, après leur révocation, ou aux anciens membres du conseil d'administration, s'ils sont reconnus responsables d'irrégularité, de faute ou de carence, de participer au conseil d'administration, au conseil de surveillance ou au directoire d'un organisme d'habitations à loyer modéré pendant une durée qui ne peut excéder dix ans ;

4o Dissoudre le conseil d'administration.

Préalablement au prononcé de ces sanctions, le président de l'office et, dans les cas mentionnés aux 2o et 3o, les personnes susceptibles d'être mises en cause, sont mis en mesure de présenter leurs observations. Les décisions prises sont communiquées, s'il y a lieu, au conseil d'administration de l'office dès sa plus prochaine réunion.

En cas de dissolution du conseil d'administration, le ministre chargé du logement et le ministre chargé des collectivités territoriales nomment un administrateur provisoire auquel est transféré l'ensemble des pouvoirs, notamment d'administration et de représentation, du conseil d'administration, de son président et des administrateurs. Il est mis fin dans les mêmes conditions à la mission de l'administrateur provisoire. La durée de l'administration provisoire ne peut excéder deux ans à compter de la décision ministérielle. Au terme de l'administration provisoire, un nouveau conseil d'administration entre en fonctions. A cet effet, le préfet engage les procédures de désignation des membres du nouveau conseil d'administration autres que les représentants des locataires.

SECTION III GESTION FINANCIÈRE, BUDGÉTAIRE ET COMPTABLE

(Ord. no 2007-137 du 1er févr. 2007, art. 1er)

SOUS-SECTION 1 DISPOSITIONS COMMUNES

Art. L. 421-15 Les ressources des offices publics de l'habitat sont notamment :

1o Les loyers ;

2o Les contributions qui leur sont accordées par l'État, les collectivités territoriales, les établissements publics ainsi que par toutes autres personnes morales publiques ou privées intéressées ;

3o Le produit des emprunts qu'ils ont contractés ;

4o La rémunération des services fournis ;

5o Le produit de la vente des biens meubles et immeubles ;

6o Les dons et legs ;

et en général toutes aides et contributions financières autorisées.

Art. L. 421-16 Outre celles qui sont prévues à l'article L. 1612-15 du code général des collectivités territoriales, sont assimilées à des dépenses obligatoires incombant aux offices publics de l'habitat les charges suivantes :

1o La *[Les]* dotations aux amortissements des immobilisations ;

2o Les dotations aux amortissements dérogatoires ;

3o Les dotations aux provisions ;

4o Les dotations aux amortissements des charges à répartir sur plusieurs exercices.

Art. L. 421-17 En matière de gestion financière et comptable, les offices publics de l'habitat sont soumis soit aux règles applicables aux entreprises de commerce, soit aux règles de la comptabilité publique.

Le régime financier et comptable est choisi par délibération du conseil d'administration dans des conditions précisées par décret en Conseil d'État. – *V. art. R.* 423-2 s.*

Art. L. 421-18 Les fonds appartenant aux offices publics de l'habitat ne peuvent être placés qu'en titres émis ou garantis par les États membres de la Communauté européenne ou les autres États parties à l'accord sur l'Espace économique européen, ou en parts ou actions d'organismes de placement collectif en valeurs mobilières gérant exclusivement des titres émis ou garantis par les États membres de la Communauté européenne ou les autres États parties à l'accord sur l'Espace économique européen, libellés en euros.

SOUS-SECTION 2 OFFICES PUBLICS DE L'HABITAT SOUMIS AUX RÈGLES DE LA COMPTABILITÉ PUBLIQUE

Art. L. 421-19 Les dispositions financières et comptables prévues par le code général des collectivités territoriales sont applicables aux offices publics de l'habitat soumis, en matière de gestion financière et comptable, aux règles de la comptabilité publique, dans les conditions suivantes :

1o Le budget de l'office est l'acte par lequel sont prévues et autorisées les recettes et les dépenses annuelles de l'office ; il est présenté par le directeur général de l'office au conseil d'administration et voté par ce dernier ;

2o Le budget est constitué d'un compte de résultat prévisionnel et d'un tableau de financement prévisionnel.

Le résultat du compte de résultat prévisionnel est repris dans un tableau de calcul de la capacité d'autofinancement prévisionnelle, laquelle apparaît dans le tableau de financement prévisionnel.

Le budget de l'office est divisé en chapitres et articles ;

3o Pour l'application des articles L. 1612-1, L. 1612-10, L. 1612-11 et L. 1612-16 du code général des collectivités territoriales, le compte de résultat prévisionnel correspond à la section de fonctionnement et le tableau de financement prévisionnel correspond à la section d'investissement ;

4o Par dérogation aux dispositions des articles L. 1612-4, L. 1612-6 et L. 1612-7 du code général des collectivités territoriales, le budget de l'office est voté en équilibre réel dans des conditions fixées par décret en Conseil d'État *[V. art. R.* 423-14]* ;

5o Les crédits inscrits au budget présentent un caractère évaluatif, à l'exception de ceux inscrits sur une liste de chapitres, qui présentent un caractère limitatif. Cette liste est fixée par arrêté conjoint du ministre chargé du budget, du ministre chargé du logement et du ministre chargé des collectivités territoriales *[V. Arr. du 19 déc. 2008, JO 27 déc., mod. par Arr. du 20 déc. 2011, JO 31 déc., rect. JO 28 janv. 2012]* ;

6o Pour l'application des articles L. 1612-2, L. 1612-5, L. 1612-8 et L. 1612-14 du code général des collectivités territoriales, les crédits ont un caractère limitatif lorsque le préfet règle le budget et le rend exécutoire ;

7o Des autorisations de programme sont votées par délibération spécifique du conseil d'administration annexée au budget.

Un décret en Conseil d'État détermine les conditions d'application du présent article. – *V. art. R.* 423-2 s.*

V. sur la présentation des documents budgétaires à compter de l'exercice 2009, Arr. du 26 janv. 2009 fixant le budget des offices publics de l'habitat soumis aux règles de la comptabilité publique (JO 21 févr.), mod. par Arr. du 20 déc. 2011 (JO 31 déc.). La circulaire du 4 mars 2009 relative au budget de ces offices vient signaler des erreurs figurant dans l'arrêté précité (BOMEEDDAT no 2009/5, p. 49).

Art. L. 421-20 Ainsi qu'il est dit au IV de l'article 116 de la loi de finances pour 2003 (no 2003-1311 du 30 décembre 2003) et à l'article 126 de la loi no 2004-1485 du 30 décembre 2004 de finances rectificative pour 2004, les offices publics de l'habitat soumis en matière financière et comptable aux règles de la comptabilité publique déposent leurs fonds auprès de l'État, de la Caisse des dépôts et consignations ou de la Banque de France.

Ils peuvent être autorisés à déposer les fonds de leurs régies de recettes sur un compte ouvert dans un établissement de crédit ayant obtenu un agrément en vertu des dispositions applicables dans les États membres de la Communauté européenne ou les autres États parties à l'accord sur l'Espace économique européen.

Ils peuvent également effectuer des dépôts sur un compte à terme ouvert auprès de l'État, de la Caisse des dépôts et consignations ou de la Banque de France ainsi que sur un premier livret de la Caisse nationale d'épargne ou des caisses d'épargne et de prévoyance.

SOUS-SECTION 3 OFFICES PUBLICS DE L'HABITAT SOUMIS AUX RÈGLES DE LA COMPTABILITÉ DE COMMERCE

Art. L. 421-21 Les dispositions financières, budgétaires et comptables prévues par le code général des collectivités territoriales sont applicables aux offices publics de l'habitat soumis, en matière de gestion financière et comptable, aux règles applicables aux entreprises de commerce, dans les conditions suivantes :

1o Les dispositions des articles L. 1612-1, L. 1612-3, L. 1612-4, L. 1612-6 à L. 1612-7, L. 1612-10 à L. 1612-14, L. 1612-16 à L. 1612-18 et L. 1612-19-1 du code général des collectivités territoriales ne sont pas applicables ;

2o Le budget de l'office est constitué d'un compte de résultat et d'un tableau de financement prévisionnels à fin d'exercice. Le compte de résultat prévisionnel est présenté comme le compte de résultat prévu à l'article L. 123-12 du code de commerce. Le budget présente un caractère évaluatif ;

3o Le budget est adopté au plus tard le 31 mars de l'exercice auquel il s'applique. Les délibérations modifiant le budget de l'office peuvent intervenir jusqu'au terme de l'exercice auquel elles s'appliquent. Le budget et les décisions modificatives sont transmis au préfet dans les quinze jours de leur adoption ;

4o Pour l'application des articles L. 1612-2, L. 1612-5 et L. 1612-8 du code général des collectivités territoriales, les crédits ont un caractère limitatif lorsque le préfet règle le budget et le rend exécutoire ;

5o Le compte de résultat prévisionnel est en équilibre lorsque les charges sont entièrement couvertes par les produits. N'est pas considéré comme étant en déséquilibre le budget dont le compte de résultat prévisionnel apparaît en excédent ;

6o Lorsque la chambre régionale des comptes a été saisie en application du 4o, les délibérations modifiant le budget de l'office et afférentes au même exercice sont transmises par le préfet à la chambre régionale des comptes. En outre, l'adoption des comptes doit intervenir avant le 30 juin de l'exercice suivant ;

7o Le vote du conseil d'administration adoptant les comptes doit intervenir au plus tard le 30 juin de l'année suivant l'exercice. Les comptes sont transmis au préfet dans les quinze jours de leur adoption. A défaut, ce dernier saisit, selon la procédure prévue à l'article L. 1612-5 du code général des collectivités territoriales, la chambre régionale des comptes du plus proche budget voté par l'office ;

8o Lorsque, après vérification de leur sincérité, les comptes de l'office font apparaître un déficit, la chambre régionale des comptes, saisie par le préfet, propose à l'office les mesures nécessaires à son rétablissement financier, dans le délai d'un mois à compter de cette saisine. Dans ce cas, le préfet transmet à la chambre régionale des comptes le budget afférent à l'exercice suivant.

V. sur le modèle des documents de présentation du budget, Arr. 21 févr. 2009 fixant le budget des offices publics de l'habitat soumis aux règles de la comptabilité de commerce (JO 21 févr.).

Art. L. 421-22 Ainsi qu'il est dit au IV de l'article 116 de la loi de finances pour 2003 (no 2003-1311 du 30 décembre 2003), les offices publics de l'habitat soumis en matière financière et comptable aux règles applicables aux entreprises de commerce déposent leurs fonds auprès de l'État, de la Caisse des dépôts et consignations, de la Banque de France ou auprès d'un établissement de crédit ayant obtenu un agrément en vertu des dispositions applicables dans les États membres de la Communauté européenne ou les autres États parties à l'accord sur l'Espace économique européen.

Ils peuvent également effectuer des dépôts sur un compte à terme ouvert auprès de l'État, de la Caisse des dépôts et consignations, de la Banque de France ou auprès d'un établissement de crédit ayant obtenu un agrément en vertu des dispositions applicables dans les États membres de la Communauté européenne ou les autres États parties à l'accord sur l'Espace économique européen, ainsi que sur un premier livret de la Caisse nationale d'épargne ou des caisses d'épargne et de prévoyance.

SECTION IV GESTION DU PERSONNEL

(Ord. nº 2007-137 du 1er févr. 2007, art. 1er)

BIBL. ▶ POCHARD, *Mélanges Y. Jégouzo, Dalloz 2009. 715* (de l'actualité, dans l'habitat social, d'une intuition de 1947 du professeur Rivero).

Art. L. 421-23 Pour la gestion des agents relevant de la loi nº 84-53 du 26 janvier 1984 *[V. **C. fonct. publ.**]*, **en activité dans l'office ou placés dans l'une des autres positions énumérées à l'article 55 de cette loi, le conseil d'administration de l'office constitue l'assemblée délibérante et le directeur général, l'autorité territoriale.**

Il résulte de ces dispositions que le directeur général d'un office public de l'habitat est bien compétent pour prononcer une sanction à l'encontre d'un agent. • CAA Douai, 17 nov. 2011, *M. A. :* ♔ *req. nº 11DA00123.*

Art. L. 421-24 Des accords collectifs portant notamment sur la classification des postes et sur les barèmes de rémunérations de base des personnels employés au sein des offices publics de l'habitat, hormis ceux qui relèvent de la fonction publique territoriale, sont conclus au niveau national entre les représentants de la Fédération nationale des offices publics de l'habitat et les représentants des organisations syndicales représentatives, dans des conditions prévues par décret en Conseil d'État, notamment quant aux délais de la négociation.

Un décret en Conseil d'État fixe les dispositions selon lesquelles est définie la classification des postes et les barèmes de rémunérations de base en l'absence d'accord collectif. — *V. Décr. nº 2008-1093 du 27 oct. 2008 (JO 29 oct.).*

Ordonnance nº 2007-137 du 1er février 2007,

Relative aux offices publics de l'habitat.

Art. 6 Les offices publics d'habitation à loyer modéré et les offices publics d'aménagement et de construction sont transformés en offices publics de l'habitat sans que cette transformation donne lieu à la création de nouvelles personnes morales.

Les offices publics de l'habitat sont soumis aux dispositions des articles L. 421-1 à L. 421-24 du code de la construction et de l'habitation dans leur rédaction issue de la présente ordonnance, sous réserve des dispositions des articles 7 à 13 suivants.

Art. 7 I. — Le conseil d'administration de l'office public d'habitations à loyer modéré ou de l'office public d'aménagement et de construction demeure en fonction et exerce les attributions conférées au conseil d'administration de l'office public de l'habitat jusqu'à la première réunion de ce dernier, constitué dans les conditions prévues à l'article L. 421-8 du code de la construction et de l'habitation dans sa rédaction issue de la présente ordonnance, laquelle doit avoir lieu au plus tard dans un délai de deux ans à compter de la date de publication de la présente ordonnance.

II. — Les membres du conseil d'administration désignés par la collectivité territoriale ou l'établissement public de rattachement et les personnalités qualifiées sont désignés dans un délai de dix-huit mois à compter de la date de publication de la présente ordonnance.

A défaut, ils sont désignés par le préfet dans un délai de trois mois à compter de l'expiration du délai prévu ci-dessus et le nouveau conseil d'administration est alors réuni au plus tard dans un délai de trois mois suivant la désignation de ses membres et élit un nouveau président.

III. — Les représentants des locataires au conseil d'administration de l'office public d'habitations à loyer modéré ou de l'office public d'aménagement et de construction sont les représentants des locataires au conseil d'administration de l'office public de l'habitat jusqu'au terme de leur mandat en cours.

Art. 8 I. — Le président du conseil d'administration de l'office public d'habitations à loyer modéré, assisté du directeur de l'office, exerce les attributions du directeur général de l'office public de l'habitat jusqu'à la nomination de ce dernier, laquelle devra intervenir au plus tard dans un délai de six mois à compter de la date de la première réunion du nouveau conseil d'administration de l'office public de l'habitat.

(L. n° 2009-323 du 25 mars 2009, art. 118-II) « Les dispositions de la section I du chapitre Ier du titre II du livre IV du code de la construction et de l'habitation (partie réglementaire) relatives à la rémunération des directeurs généraux des offices publics d'aménagement et de construction sont applicables, jusqu'à l'entrée en vigueur des dispositions prises en application de l'article L. 421-12 du code de la construction et de l'habitation et au plus tard jusqu'au 1er juillet 2009, aux contrats des directeurs généraux d'offices publics de l'habitat issus de la transformation d'offices publics d'habitations à loyer modéré. »

II. — Le directeur général de l'office public d'aménagement et de construction transformé en office public de l'habitat devient le directeur général de l'office.

Art. 9 I. — Les fonctionnaires et agents non titulaires des offices publics d'habitations à loyer modéré et des offices publics d'aménagement et de construction restent soumis aux dispositions des articles 59 et 100 de la loi n° 84-53 du 26 janvier 1984 jusqu'à la mise en place des instances représentatives mentionnées au VI de l'article 120 de cette loi.

(L. n° 2009-323 du 25 mars 2009, art. 118-II) « II. — Jusqu'à la mise en place, dans les offices publics de l'habitat, des institutions représentatives du personnel, prévues aux titres Ier et II du livre III de la deuxième partie et au titre Ier du livre VI de la quatrième partie du code du travail et organisées selon les dispositions mettant en conformité avec l'article 3 de la présente ordonnance le décret n° 93-852 du 17 juin 1993 portant règlement statutaire des personnels ne relevant pas du statut de la fonction publique territoriale employés par les offices publics d'aménagement et de construction et portant modification du code de la construction et de l'habitation *[Décr. abrogé par Décr. n° 2011-636 du 8 juin 2011, JO 10 juin]*, au plus tard dans un délai de six mois à compter de l'entrée en vigueur du décret susvisé mis en conformité, les personnels employés par les offices publics de l'habitat bénéficient des institutions représentatives suivantes :

« 1° Les fonctionnaires et agents non titulaires conservent les organismes consultatifs régis par les dispositions applicables avant l'entrée en vigueur de la présente ordonnance.

« Dans les offices publics de l'habitat issus de la transformation d'offices publics d'aménagement et de construction, les personnels ne relevant pas de la fonction publique territoriale conservent les institutions représentatives régies par les dispositions applicables avant l'entrée en vigueur de la présente ordonnance. Dans les offices publics de l'habitat issus de la transformation d'offices publics d'habitations à loyer modéré, un comité d'entreprise est mis en place pour ces mêmes personnels, dans les conditions prévues par le décret n° 93-852 du 17 juin 1993 précité *[Décr. abrogé par Décr. n° 2011-636 du 8 juin 2011, JO 10 juin]* ;

« 2° Par dérogation aux dispositions du 1°, les représentants du personnel et le directeur général d'un office public de l'habitat peuvent conclure un accord en vue de créer une institution représentative du personnel unique pour l'ensemble des personnels, appelée comité d'entreprise et qui se substitue au comité technique paritaire et, le cas échéant, au comité d'entreprise. »

III. — Les agents non titulaires en fonction dans les offices publics d'habitations à loyer modéré lors de leur transformation en offices publics de l'habitat demeurent régis par les dispositions qui leur étaient antérieurement applicables, sans que cette transformation ait pour effet de prolonger la durée des contrats.

(L. n° 2007-290 du 5 mars 2007, art. 16) « Toutefois, les agents non titulaires bénéficiant d'un contrat à durée indéterminée peuvent demander, à tout moment, à être soumis au règlement fixant les conditions d'emploi et de rémunération des personnels ne relevant pas

du statut de la fonction publique territoriale employés au sein des offices publics de l'habitat. Si cette demande est faite dans le délai d'un an à compter de la date de la première réunion du conseil d'administration de l'office public de l'habitat, constitué dans les conditions prévues à l'article L. 421-8 du code de la construction et de l'habitation, le directeur général de l'établissement doit y faire droit. »

Art. 10 *(L. nº 2009-323 du 25 mars 2009, art. 118-II)* « Les personnels ne relevant pas de la fonction publique territoriale employés dans les offices publics d'aménagement et de construction transformés en offices publics de l'habitat restent soumis aux dispositions du décret nº 93-852 du 17 juin 1993 précité *[Décr. abrogé par Décr. nº 2011-636 du 8 juin 2011, JO 10 juin]*.

« Les personnels ne relevant pas de la fonction publique territoriale employés dans les offices publics de l'habitat issus de la transformation d'offices publics d'habitations à loyer modéré sont également soumis aux dispositions de ce décret.

« Le même décret est mis en conformité avec l'article 3 de la présente ordonnance au plus tard le 1er octobre 2009. »

V. Circ. 28 mai 2009 relative à la L. nº 2009-323 du 25 mars 2009. — Logement locatif social (BOMEEDDM nº 2009/12, p. 83).

Art. 11 Les agents de l'office public d'habitations à loyer modéré de la région parisienne dissous par le décret nº 81-935 du 15 octobre 1981 qui sont placés dans les corps d'extinction régis par le décret du 24 juin 1976 précité demeurent régis par les dispositions qui leur étaient applicables avant la date de publication de la présente ordonnance, jusqu'à l'entrée en vigueur des dispositions prises en application du III de l'article 120 de la loi du 26 janvier 1984 précitée dans sa rédaction issue de la présente ordonnance.

Art. 12 I. — Les offices publics d'habitations à loyer modéré transformés en offices publics de l'habitat demeurent soumis aux règles de la comptabilité publique, jusqu'à la date d'effet de l'éventuelle délibération du conseil d'administration de l'office faisant le choix des règles applicables aux entreprises de commerce dans les conditions prévues à l'article L. 421-17 du code de la construction et de l'habitation dans leur rédaction issue de la présente ordonnance.

II. — Les offices publics d'aménagement et de construction transformés en offices publics de l'habitat demeurent soumis soit aux règles de la comptabilité publique, soit aux règles applicables aux entreprises de commerce, jusqu'à la date d'effet de l'éventuelle délibération du conseil d'administration de l'office faisant le choix de nouvelles règles dans les conditions prévues à l'article L. 421-17 du code de la construction et de l'habitation dans leur rédaction issue de la présente ordonnance.

Art. 13 Les comptables spéciaux des offices publics d'habitations à loyer modéré et des offices publics d'aménagement et de construction nommés en application des dispositions des articles L. 421-1-2 et L. 421-6 du code de la construction et de l'habitation dans leur rédaction antérieure à la présente ordonnance peuvent exercer leurs fonctions au plus tard pendant six ans à compter de la date d'entrée en vigueur de la présente ordonnance. Ces fonctions prennent fin un 1er janvier.

Les dispositions antérieurement applicables à chaque établissement devenu un office public de l'habitat dans les domaines régis par les articles L. 421-19 et L. 421-21, dans leur rédaction issue de l'article 1er de la présente ordonnance, demeurent applicables jusqu'au 1er janvier 2009.

. . . .

Décret nº 2007-1840 du 24 décembre 2007,

Portant diverses dispositions relatives au logement social.

Art. 7 I. — Conformément à l'article L. 421-24 du code de la construction et de l'habitation, un accord collectif portant sur la classification des postes et les rémunérations de base des personnels, ne relevant pas de la fonction publique territoriale, employés au sein des offices publics de l'habitat est conclu au niveau national entre les représentants de la fédération nationale des offices publics de l'habitat et les représentants des organisations syndicales représentatives, avant le 29 février 2008.

En l'absence de notification d'un accord valide au ministre chargé du logement dans le mois suivant la date mentionnée à l'alinéa précédent, le décret visé au second alinéa de l'article L. 421-24 précité est pris dans un délai de six mois.– *V. Décr. n° 2008-1093 du 27 oct. 2008 (JO 29 oct.).*

II. — La validité de l'accord est subordonnée à l'absence d'opposition de la majorité des organisations syndicales représentatives au texte notifié par la partie la plus diligente des organisations signataires à l'ensemble des organisations représentatives, à l'issue de la procédure de signature. L'opposition est exprimée par écrit et motivée dans un délai de quinze jours à compter de la date de notification de cet accord. Elle précise les points de désaccord. Elle est notifiée à toutes les parties à la négociation.

....

Décret n° 2008-566 du 18 juin 2008,

Relatif à l'administration des offices publics de l'habitat.

Art. 3 En application de l'article 7 de l'ordonnance susvisée *[n° 2007-137]* du 1er février 2007, les membres des conseils d'administration peuvent demeurer en fonction, sans renouvellement de leur mandat et dans la plénitude de leurs attributions, jusqu'à la première réunion du conseil d'administration constitué dans les conditions prévues à l'article L. 421-8 du code de la construction et de l'habitation.

Les membres des conseils d'administration, à l'exception des représentants des locataires, sont désignés au plus tard le 2 août 2008.

Lors de la première mise en place du conseil d'administration dans les conditions prévues au présent décret, lorsque le nombre des membres du conseil est de vingt-trois ou de vingt-sept, le conseil d'administration, lors de sa première réunion, attribue le ou les sièges supplémentaires revenant aux représentants des locataires, au vu des résultats des dernières élections, en appliquant la règle de la représentation proportionnelle au plus fort reste.

Art. L. 421-25 *(L. n° 2009-323 du 25 mars 2009, art. 118-III)* **Le droit syndical s'exerce dans les offices publics de l'habitat dans des conditions définies par un décret en Conseil d'État, pris par dérogation aux dispositions de l'article L. 2141-10 du code du travail** *[V. Décr. n° 2011-636 du 8 juin 2011, JO 10 juin]*. **Ce décret cesse de plein droit d'être en vigueur à la date de signature d'un accord collectif ayant le même objet conclu au niveau national entre les représentants de la fédération nationale des offices publics de l'habitat et les représentants des organisations syndicales.**

SECTION V MARCHÉS

(L. n° 2011-525 du 17 mai 2011, art. 132)

Instr. 10 févr. 2012 (BOCP mars 2012) relative aux conséquences de la loi n° 2011-525 du 17 mai 2011 de simplification et d'amélioration de la qualité du droit (loi « Warsmann ») sur les marchés des offices publics de l'habitat.

BIBL. ▶ LINDITCH, Offices publics de l'habitat, pouvoirs adjudicateurs ou entités adjudicatrices au sens de l'ordonnance du 6 juin 2005 ?, *JCP Adm. 2011. 2230.* – METZGER et COUVREUR, Les OPH sortent du code des marchés publics, *Mon. TP 8 juill. 2011, p. 36.*

COMMENTAIRE

La loi n° 2011-525 du 17 mai 2011 de simplification et d'amélioration de la qualité du droit aligne le régime juridique des marchés passés par les offices publics de l'habitat sur celui des organismes privés d'HLM. Les OPH ne sont donc plus soumis au code des marchés publics mais relèvent des règles fixées par l'ordonnance nº 2005-649 du 6 juin 2005 (V. **C. marchés**). ❑

Art. L. 421-26 Les marchés des offices publics de l'habitat sont régis par les dispositions applicables aux marchés des personnes publiques ou privées soumises aux règles fixées par l'ordonnance nº 2005-649 du 6 juin 2005 relative aux marchés passés par certaines personnes publiques ou privées non soumises au code des marchés publics.

V. Instruction nº 12-007-M0 du 10 févr. 2012 relative aux marchés des OPH (NOR : BCRZ1200016J).

CHAPITRE II ORGANISMES PRIVÉS D'HABITATIONS À LOYER MODÉRÉ

Circ. nº 2001/3 du 18 janv. 2001 portant présentation de la loi SRU et premières directives d'application. (BOMELT 2001/2). — Circ. nº 2006/13 du 1er mars 2006 relative à la mise en œuvre de la politique du logement et à la programmation des financements aidés de l'État pour 2006 (BOMELT 2006/5, p. 47). — Circ. nº 2006/68 du 11 sept. 2006 relative à la loi du 13 juill. 2006 portant engagement national pour le logement (BOMELT 2006/10, p. 290). — Instr. fiscale nº 4H25, janv. 2006.

BIBL. ▶ BARRE-PÉPIN, *Constr.-Urb. 2006. Étude 11* (accession sociale à la propriété et accès au logement : vente et gestion du parc des HLM dans la loi ENL). – DERREZ, *Ann. loyers 2001. 68* (logement social). – FERRY, *Constr.-Urb. 2006. Étude 17* (présentation de quelques dispositions de la loi ENL). – GONZALEZ-GHARBI, *Constr.-Urb. 2006. Étude 18* (fiscalité et loi ENL). – GUILLET, *J.-Cl. Adm. et Constr., fasc. 463* (structure de l'institution HLM) ; *Constr.-Urb. 2006. Étude 16* (logement social et loi ENL). – SLOVE, *JCP N 2001. 1162* (le logement social après la loi SRU : créativité ou complexité ?). – WERTENSCHLAG, *J.-Cl. Adm. et Constr., fasc. 164 et 165 ; Dict. perm. Constr.-Urb. (HLM), Bull. 301.*

COMMENTAIRE

1. Le code de la construction et de l'habitation prévoit plusieurs formes d'organismes privés HLM :
– les fondations (art. L. 422-2 CCH) ;
– les sociétés anonymes d'HLM, désormais dénommées Entreprises sociales pour l'Habitat (art. L. 422-2 s. CCH) ;
– les sociétés anonymes coopératives HLM (art. L. 422-3 s. et L. 422-12 CCH) ;
– les sociétés anonymes coopératives d'intérêt collectif d'HLM (SCIC HLM) introduites par la loi nº 2003-710 du 1er août 2003 (art. L. 422-3-2 et L. 422-12 CCH) ;
– les sociétés anonymes de crédit immobilier (SACI ; art. L. 422-4 s. CCH). Le régime des SACI sera définitivement abrogé à compter du 1er janvier 2008 ; à cette date, elles devront s'être transformées en sociétés anonymes coopératives pour l'accession à la propriété (V. art. L. 215-1 à L. 215-10 issus de l'ordonnance nº 2006-1048 du 25 août 2006).

Par ailleurs, pour faciliter leur coopération, des organismes HLM peuvent se regrouper sous la forme d'une SA de coordination des organismes HLM (art. L. 423-1-1 s. CCH).

Deux types de sociétés HLM ont été supprimés par la loi nº 71-580 du 16 juillet 1971 :
– les SA coopératives de location-attribution qui soit limitent leur activité à la gestion des contrats en cours, soit se sont transformées en SA coopératives de production d'HLM ou ont fusionné avec une SA HLM. Les articles L. 422-13 et suivants fixent les mesures transitoires qui leur sont applicables ;
– les SA coopératives de location-coopérative, qui ont dû soit fusionner avec une SA HLM, soit prendre la forme d'une SA HLM. Les articles L. 422-16 et suivants fixent les dispositions qui leur sont provisoirement applicables.

2. Les sociétés HLM sont soumises de manière générale aux dispositions du code de commerce. Cependant, compte tenu de la particularité de leur objet, défini très précisément dans le CCH, leur régime déroge sur certains points au droit commun. Elles obéissent également aux règles communes à toutes les sociétés privées d'HLM prévues par les articles L. 422-5 et suivants et R. 422-16 et suivants.

Dans les limites de leur compétence, les dispositions de la loi Hoguet ne leur sont pas applicables (V. art. 95, décret 20 juill. 1972 pris pour l'application de la loi préc. mod. par le décret n° 2002-642 du 29 avr. 2002).

3. Les sociétés HLM doivent être agréées par décision administrative. Par ailleurs, leurs statuts doivent contenir des clauses conformes aux clauses types approuvées par décret en Conseil d'État (art. L. 422-5 CCH).

4. La législation récente a largement diversifié et développé les compétences des organismes HLM. Si leur objet reste le logement des personnes ayant des revenus modestes, leur cadre d'intervention est plus large, ils peuvent notamment opérer dans des domaines relevant jusque-là du secteur concurrentiel.

5. Cette évolution a conduit le législateur à encadrer les exonérations fiscales et aides spécifiques de l'État dont bénéficient les organismes HLM. Ces avantages ne leur seront accordés que pour les opérations réalisées au titre du service d'intérêt général énumérées à l'article L. 411-2 du code de la construction et de l'habitation, et non plus du seul fait de leur statut. Au critère organique se substitue un critère matériel. Ce nouveau régime fiscal est applicable aux exercices clos à compter du 1er janvier 2006 (*V. L. fin. 2004 n° 2003-1311 du 30 déc. 2003, art. 96, JO 31 déc., compl. par L. n° 2004-804 du 9 août 2004, art. 21, JO 11 août ; L. de fin. rectificative pour 2005, n° 2005-1720 du 30 déc. 2005, art. 44, JO 31 déc.*). ❑

SECTION PREMIÈRE **FONDATIONS**

COMMENTAIRE

La fondation est, en vertu de l'article 18 de la loi n° 87-571 du 23 juillet 1987 (modifiée par L. n° 90-559 du 4 juill. 1990), « l'acte par lequel une ou plusieurs personnes physiques ou morales décident l'affectation irrévocable de biens, droits ou ressources à la réalisation d'une œuvre d'intérêt général et à but non lucratif ». Elle bénéficie de la personnalité morale lorsqu'elle est déclarée d'utilité publique. L'article L. 422-1 du code de la construction et de l'habitation précise, à cet égard, que l'objet de la fondation est défini par le décret qui la déclare d'utilité publique. La fondation se distingue de l'association en ce qu'elle peut compter un seul fondateur. Il s'agit d'une forme d'organisme HLM très peu répandue. ❑

Art. L. 422-1 L'activité des fondations d'habitations à loyer modéré est définie par le décret qui les déclare d'utilité publique.

SECTION II **SOCIÉTÉS ANONYMES D'HABITATIONS À LOYER MODÉRÉ**

COMMENTAIRE

Les sociétés anonymes sont désormais baptisées « Entreprises sociales pour l'Habitat » (Communiqué de presse 10 avr. 2002 du président de la Fédération nationale des SA HLM). Ce changement de dénomination accompagne un élargissement de leur champ d'activité qui s'ouvre sur le secteur concurrentiel. Par ailleurs, sous l'influence de la Fédération nationale des sociétés anonymes HLM, la loi n° 2003-710 du 1er août 2003 a modifié les règles de gouvernance. L'actionnariat s'organise désormais en quatre catégories d'actionnaires dont un actionnaire de référence qui détient la majorité du capital.

Les sociétés anonymes HLM sont soumises à la loi no 66-537 du 24 juillet 1966 sur les sociétés commerciales (codifiée dans le code de commerce et dans le code des marchés financiers) et au décret no 67-236 du 23 mars 1967. Cependant, la particularité de leur objet, rigoureusement défini et délimité par le code, implique un but lucratif très restreint ; c'est pourquoi leur régime déroge sur certains points au droit commun. ❑

Art. L. 422-2 Les sociétés anonymes d'habitations à loyer modéré ont pour objet de réaliser, dans les conditions fixées par leurs statuts, principalement en vue de la location, les opérations prévues à l'article L. 411-1. *(L. no 2003-590 du 2 juill. 2003, art. 88-2o)* **« Elles peuvent également gérer les immeubles appartenant à d'autres organismes d'habitations à loyer modéré et les immeubles à usage principal d'habitation appartenant à l'État, à une collectivité territoriale ou à un groupement de collectivités territoriales, à une société d'économie mixte de construction et de gestion de logements sociaux, à des organismes à but non lucratif, à l'association agréée mentionnée à l'article L. 313-34 du code de la construction et de l'habitation ou aux sociétés civiles immobilières dont les parts sont détenues à au moins 99 % par cette association. »** *(L. no 2005-32 du 18 janv. 2005, art. 117-II)* **« Elles peuvent également gérer, en qualité de syndics de copropriété et d'administrateurs de biens, après accord du maire de la commune d'implantation et dans les conditions fixées par l'article L. 442-11, des logements situés dans le périmètre défini pour une opération programmée d'amélioration de l'habitat visée à l'article L. 303-1 ainsi que les logements appartenant à des personnes privées et vacants depuis plus d'un an.**

« Elles peuvent également réaliser des prestations de services pour le compte de syndicats de copropriétaires d'immeubles faisant l'objet d'un plan de sauvegarde en application de l'article L. 615-1 ou situés dans le périmètre défini pour une opération programmée d'amélioration de l'habitat visée à l'article L. 303-1. »

(L. no 94-624 du 21 juill. 1994, art. 41) **« Elles ont également pour objet :**

(L. no 2000-1208 du 13 déc. 2000, art. 149-1o) **« — de réaliser pour leur compte ou pour le compte d'un tiers, avec l'accord de la ou des collectivités ou communautés intéressées, toutes les interventions foncières, les actions ou opérations d'aménagement prévues par le code de l'urbanisme et le code de la construction et de l'habitation, sans que les dispositions de l'article L. 443-14 soient applicables aux cessions d'immeubles rendues nécessaires par ces réalisations. »** *(L. no 96-987 du 14 nov. 1996)* **« Lorsqu'elles se voient confier par convention la réalisation d'une opération de restructuration urbaine, celle-ci comprend toutes opérations ou actions ou tous aménagements ou équipements de nature à favoriser une politique de développement social urbain telle que définie à l'article 1er de la loi no 96-987 du 14 novembre 1996 relative à la mise en œuvre du pacte de relance pour la ville** *[V. ce texte, App., vo Ville, Pacte de relance pour la ville]* **; dans ce cas, la convention peut inclure des actions d'insertion professionnelle et sociale en faveur des habitants des** *(L. no 2005-32 du 18 janv. 2005, art. 142-III-2o)* **« quartiers classés en zones urbaines sensibles, définies » au 3 de l'article 42 de la loi no 95-115 du 4 février 1995 d'orientation pour l'aménagement et le développement du territoire ; »** — *V. ce texte, App., vo Zones prioritaires d'aménagement du territoire.*

(L. no 2000-1208 du 13 déc. 2000, art. 149-1o) **« — de réaliser ou acquérir et améliorer, en complément de leur activité locative, en vue de leur vente à des personnes physiques à titre de résidences principales, des logements destinés à des personnes de ressources modestes et respectant des prix de vente maxima fixés par l'autorité administrative, soit lorsqu'une offre satisfaisante de ces logements n'est pas assurée dans un îlot, un quartier ou une commune, soit à la demande de la collectivité territoriale dans le cadre d'une action ou d'une opération d'aménagement ou de la mise en œuvre des objectifs de renouvellement urbain et de mixité sociale prévus dans les contrats de ville ;**

« – d'assister à titre de prestataire de services, dans des conditions définies par leurs statuts, des personnes physiques et des sociétés de construction constituées en application du titre Ier du livre II pour la réalisation et la gestion d'immeubles, à usage d'habitation ou à usage professionnel et d'habitation ou destinés à cet usage, en accession à la propriété ; »

(L. no 2005-32 du 18 janv. 2005, art. 117-VII) « – de souscrire ou acquérir des parts de sociétés civiles immobilières ayant pour objet la réalisation d'immeubles d'habitation ou à usage professionnel et d'habitation destinés à des accédants dont les ressources n'excèdent pas des plafonds fixés par l'autorité administrative, d'être syndic de copropriétés d'immeubles ainsi réalisés et d'exercer les fonctions d'administrateur de biens pour les mêmes immeubles ; »

(L. no 2000-1208 du 13 déc. 2000, art. 149-1o) « – de construire, acquérir, réaliser des travaux, gérer des immeubles à usage d'habitation ou à usage professionnel et d'habitation en vue de leur location-accession ;

(L. no 2009-323 du 25 mars 2009, art. 2-I) « – de réaliser, dans des conditions définies par leurs statuts, pour le compte d'associations ou d'organismes œuvrant dans le domaine du logement, des prestations de services pour des opérations ou des actions de nature à favoriser l'insertion sociale des personnes et la mixité urbaine et sociale des villes ; »

(L. no 94-624 du 21 juill. 1994, art. 41) « – de réaliser pour le compte d'autres organismes d'habitations à loyer modéré des prestations de services pour des missions rentrant dans l'objet social et la compétence territoriale desdits organismes et des organismes prestataires. »

(L. no 98-657 du 29 juill. 1998, art. 41-II) « – d'acquérir et donner en location à des organismes *(L. no 2009-323 du 25 mars 2009, art. 2-I)* « bénéficiant de l'agrément relatif à l'intermédiation locative et la gestion locative sociale prévu à l'article L. **365-4** » des hôtels, meublés ou non, destinés à l'hébergement temporaire de personnes en difficulté. » – *V. Circ. no 98-92 du 13 oct. 1998 relative aux dispositions sur le logement contenues dans la L. no 98-657 du 29 juill. 1998 d'orientation relative à la lutte contre les exclusions (BOMELT no 98/20).*

(L. no 2006-872 du 13 juill. 2006, art. 55-2o) « – d'être syndic de copropriété et administrateur de biens d'immeubles bâtis, construits ou acquis soit par elles, soit par un autre organisme d'habitations à loyer modéré, une collectivité territoriale, une société d'économie mixte ou un organisme sans but lucratif, l'association mentionnée à l'article L. **313-34** du code de la construction et de l'habitation ou une des sociétés civiles immobilières dont les parts sont détenues à au moins 99 % par cette association ;

« – de vendre des ouvrages de bâtiment aux organismes visés à l'article L. **411-2** et aux sociétés d'économie mixte ou de les acquérir auprès d'eux, par contrat de vente d'immeuble à construire prévu aux articles L. **261-1** et suivants ;

« – de construire ou acquérir, aménager, entretenir, gérer ou donner en gestion à des personnes physiques ou morales des résidences hôtelières à vocation sociale prévues à l'article L. **631-11** » *(L. no 2009-323 du 25 mars 2009, art. 113)* « ou de prendre des parts dans des sociétés civiles immobilières ayant ce même objet et de pouvoir assurer leur gérance ».

(L. no 2009-323 du 25 mars 2009, art. 43-III) « – de souscrire à ou d'acquérir des parts ou des actions dans des sociétés pouvant réaliser des opérations d'aménagement ou conclure une convention de projet urbain partenarial ; cette participation est soumise à l'accord du représentant de l'État dans le département du lieu de l'opération ou du projet. »

(L. no 94-624 du 21 juill. 1994, art. 41) « Elles peuvent, en outre :

« – intervenir, dans les conditions fixées par leurs statuts, comme prestataires de services des sociétés d'économie mixte pour la réalisation d'opérations d'aménagement, lorsqu'elles ont été agréées à cet effet ;

« – avec l'accord du maire de la commune d'implantation et du représentant de l'État dans le département, gérer, en qualité d'administrateurs de biens, des logements situés dans des copropriétés connaissant des difficultés importantes de fonctionnement ou être syndics de ces copropriétés. » *(L. n° 2000-1208 du 13 déc. 2000, art. 82-II)* « Dans ces mêmes copropriétés lorsqu'elles font l'objet d'un plan de sauvegarde en application de l'article L. 615-1 *(L. n° 2007-290 du 5 mars 2007, art. 15)* « ou d'une opération programmée d'amélioration de l'habitat prévue à l'article L. 303-1 et dédiée aux copropriétés dégradées », elles peuvent, selon les modalités précisées par décret en Conseil d'État qui peuvent déroger aux règles applicables aux habitations à loyer modéré, acquérir des lots en vue de leur revente, y effectuer tous travaux et les louer provisoirement. »

(L. n° 94-624 du 21 juill. 1994, art. 41) « – réaliser des hébergements de loisirs à vocation sociale dans les conditions prévues à l'article L. 421-1. »

(L. n° 2006-872 du 13 juill. 2006, art. 55-2°) « – réaliser des opérations de conception, réalisation, entretien ou maintenance d'équipements hospitaliers ou médico-sociaux pour les besoins d'un établissement public de santé. *(L. n° 2008-735 du 28 juill. 2008, art. 46)* « Elles peuvent à cet effet conclure des contrats de partenariat dans les conditions prévues par l'ordonnance n° 2004-559 du 17 juin 2004 sur les contrats de partenariat et des baux emphytéotiques conformément aux articles L. 6148-2 à L. 6148-5-3 du code de la santé publique ; »

(L. n° 2006-872 du 13 juill. 2006, art. 55-2°) « – réaliser des travaux, acquérir, construire et gérer des immeubles à usage d'habitation au profit des fonctionnaires de la police et de la gendarmerie nationales, des services départementaux d'incendie et de secours ou des services pénitentiaires, ainsi que les locaux accessoires à ces immeubles et les locaux nécessaires au fonctionnement des gendarmeries. »

(L. n° 98-87 du 19 févr. 1998) « Elles peuvent aussi prendre à bail des logements vacants pour les donner en sous-location à des personnes physiques dans les conditions fixées par les articles L. 444-1 et suivants. »

(L. n° 2003-590 du 2 juill. 2003, art. 87-2°) « Elles peuvent également réaliser en vue de leur vente, dans les conditions prévues aux articles L. 261-1 à L. 261-22, à l'association agréée mentionnée à l'article L. 313-34 du code de la construction et de l'habitation précité ou aux sociétés civiles immobilières dont les parts sont détenues à au moins 99 % par cette association, des immeubles à usage principal d'habitation destinés à la location. »

(L. n° 2006-872 du 13 juill. 2006, art. 55-2°) « Elles peuvent aussi réaliser en vue de leur vente, dans les conditions prévues à l'article L. 261-3, pour le compte de personnes publiques ou privées, des immeubles à usage principal d'habitation dont elles peuvent provisoirement détenir l'usufruit selon les modalités définies aux articles L. 253-1 à L. 253-5. »

Al. abrogé par L. n° 2006-872 du 13 juill. 2006, art. 55-2°.

(L. n° 2003-590 du 2 juill. 2003, art. 87-2°) « Elles peuvent aussi réaliser des prestations de service pour le compte de l'association agréée mentionnée à l'article L. 313-34 du code de la construction et de l'habitation précité, ou des sociétés civiles immobilières dont les parts sont détenues à au moins 99 % par cette association, dans des conditions fixées par décret en Conseil d'État. »

(L. n° 2006-872 du 13 juill. 2006, art. 55-2°) « Elles peuvent aussi assurer la gérance des sociétés civiles immobilières régies par les articles L. 443-6-2 et suivants. »

(L. n° 2009-323 du 25 mars 2009, art. 96-II) « Elles peuvent aussi prendre à bail des logements faisant l'objet des conventions prévues aux articles L. 321-4 ou L. 321-8 en vue de les sous-louer, meublés ou non, aux personnes mentionnées au II de l'article L. 301-1 ou aux personnes physiques dont la situation nécessite une solution locative de transition.

« Elles peuvent gérer en qualité d'administrateur de biens des logements vacants pour les donner en location à des personnes mentionnées au II de l'article L. 301-1. »

V. note ss. art. L. 422-3 et R. 422-1 s.

V. Circ. du 28 mai 2009 relative à la L. nº 2009-323 du 25 mars 2009. – Logement locatif social (BOMEEDDM nº 2009/12, p. 84).

BIBL. ▸ BOURGEOIS, *JCP N 2001. 495* (solidarité et urbanisme). - BROUANT, *AJDA 2001. 56* (la loi SRU et l'habitat). - GIAMI, *AJDI 2005. 283* (traitement des apports partiels d'actifs entre les sociétés d'habitations à loyer modéré). - WERTENSCHLAG, *Mon. TP, mars 1994. 32* (sociétés anonymes d'HLM. Jusqu'où l'exonération fiscale ?) ; *AJDI 2001. 121* (la loi SRU, le financement du logement social et la compétence des organismes HLM) ; *AJDI 2001. 398* (la réforme du régime locatif des logements sociaux après la loi SRU) ; *AJDI 2003. 490* (les nouveaux mandats de gérance du secteur HLM) ; *AJDI 2004. 793* (les nouvelles règles de gouvernance des sociétés d'HLM).

COMMENTAIRE

OBJET DES SA D'HLM

L'objet principal des SA d'HLM est la gestion et le développement du patrimoine locatif social, tel que défini par l'article L. 411-1 code de la construction et de l'habitation. Les législations successives relatives à la ville et à l'habitat ont progressivement élargi le champ de compétence des sociétés anonymes HLM, ainsi que les moyens mis à leur disposition, afin de leur permettre d'être de véritables acteurs de la politique du logement dans ses différents aspects. Ainsi, la coopération des SA d'HLM avec d'autres organismes ayant pour mission la production de logements sociaux ainsi qu'avec des collectivités locales est encouragée. Surtout, elles se voient conférer de nouvelles attributions et peuvent désormais intervenir dans des domaines qui constituaient l'apanage du secteur privé.

1. Les SA d'HLM ont pour prérogative la réalisation de logements en vue de leur location ou de favoriser l'accession à la propriété.

– En complément de leur activité locative, elles sont ainsi habilitées à construire, acquérir ou améliorer des logements en vue de leur vente à titre de résidence principale à des personnes physiques ayant des ressources modestes. Les SA d'HLM ne peuvent intervenir que si l'offre de logement est insatisfaisante dans un périmètre donné, ou à la demande d'une collectivité locale dans le cadre d'une opération d'aménagement de la ville. Elles peuvent recourir aux différentes formes de vente d'immeuble à construire prévues par l'article L. 261-1 du code de la construction et de l'habitation. Un prix de vente maximum est fixé conjointement par arrêté des ministres chargés du logement et des finances. Ces opérations doivent être garanties dans les conditions fixées par l'article L. 453-1 du code de la construction et de l'habitation. Les acquéreurs peuvent soit occuper le logement personnellement, soit le louer dans le cadre du dispositif Besson.

– Elles sont autorisées à réaliser des immeubles à usage principal d'habitation en vue de leur vente à l'association Foncière Logement ou aux SCI dont les parts sont détenues à au moins 99 % par celle-ci.

– Elles peuvent construire, acquérir, réaliser des travaux ou gérer des immeubles à usage d'habitation ou mixte professionnel et habitation en vue de leur location-accession.

– La loi ENL permet aux SA HLM de conclure des contrats de vente d'immeuble à construire avec d'autres organismes HLM. Cette mesure devrait permettre aux organismes disposant de peu de moyens d'agrandir leur parc immobilier.

– Elles sont habilitées à réaliser des baux avec convention d'usufruit (V. art. L. 253-1 à L. 253-5).

– Pour favoriser l'accession à la propriété, l'alinéa 7 de l'article L. 422-2 leur permet également, sous certaines conditions, d'acquérir des parts d'une SCI ayant pour objet la réalisation de logements sociaux.

Enfin, elles peuvent désormais créer et gérer des sociétés civiles immobilières d'accession progressive à la propriété instituées par la loi ENL (V. art. L. 443-6-2 s.).

2. Les SA d'HLM réalisent des opérations d'aménagement. – Elles peuvent, avec l'accord des collectivités intéressées réaliser toutes les interventions foncières et les actions ou opérations d'aménagement prévues par le code de l'urbanisme et par le code de la construction et de l'habitation pour leur compte ou pour le compte d'un tiers. Les cessions d'immeubles effectuées dans ce cadre ne sont pas soumises à la procédure de notification au préfet ou à autorisation en dérogation à l'article L. 443-14 du code de la construction et de l'habitation. Par ailleurs, lorsqu'elles interviennent dans le cadre d'une opération de restructuration urbaine, elles sont compétentes pour mener toutes opérations ou actions favorisant une politique de développement social urbain.

En ce domaine, la loi n° 2009-323 du 25 mars 2009 de mobilisation pour le logement et de lutte contre l'exclusion a élargi leur capacité d'intervention en les autorisant, sous réserve de l'accord du préfet, à acquérir des parts ou actions dans des sociétés pouvant réaliser des opérations d'aménagement ou participer à un projet urbain partenarial (PUP).

– Elles réalisent des hébergements de loisirs à vocation sociale.

3. Les SA HLM sont habilitées à réaliser des prestations de service :
– pour le compte d'associations ou d'organismes agréés dans le domaine du logement pour des opérations et des actions de nature à favoriser l'insertion sociale des personnes et la mixité urbaine des villes et des quartiers ;
– pour le compte d'autres organismes HLM. Il s'agit d'inciter les organismes HLM à déléguer certaines attributions et à coopérer entre eux de manière à optimiser leurs actions. Les missions doivent s'inscrire dans l'objet et la compétence territoriale à la fois de l'organisme déléguant et de l'organisme prestataire ;
– pour le compte de l'association Foncière Logement ou de SCI dont les parts sont détenues à au moins 99 % par cette association ;
– pour des SEM pour la réalisation d'opérations d'aménagement prévues par l'article L. 300-1 du code de l'urbanisme. Elles doivent recevoir à cet effet un agrément du préfet.

4. Les SA HLM peuvent gérer des immeubles des parcs public et privé.

Les SA HLM sont habilitées à gérer des immeubles appartenant à d'autres organismes HLM ainsi que des immeubles appartenant à l'État, à une collectivité territoriale, à une SEM de construction et de gestion de logements sociaux, à des organismes à but non lucratif, à l'association Foncière Logement ou aux SCI dont les parts sont détenues à au moins 99 % par cette association. Les articles R. 422-15 et suivants précisent le régime applicable au mandat de gestion.

La législation étend les hypothèses dans lesquelles les SA d'HLM sont susceptibles d'intervenir sur le parc immobilier privé en qualité de syndic ou d'administrateur de biens. Les logements vacants peuvent ainsi être mobilisés par leur intermédiaire. Depuis la loi du 18 février 1998, les SA d'HLM peuvent prendre à bail des logements vacants pour les sous-louer à des personnes physiques à des conditions similaires à celles des logements HLM (V. art. L. 444-1). Avec la loi du 25 mars 2009, elles peuvent aussi à titre d'administrateur de biens gérer et louer des logements vacants à des personnes éprouvant des difficultés particulières mentionnées à l'article L. 301-1-II. Les organismes privés d'HLM sont également susceptibles de prendre à bail des logements conventionnés afin de les sous-louer à cette même catégorie de personnes. Les SA HLM sont ainsi associées aux mesures de mise en œuvre de la loi DALO.

En plus de ces activités de gestion, les SA peuvent acquérir des lots auprès de copropriétaires rencontrant de graves problèmes financiers en vue de leur location ou de leur revente (V. art. R. 442-22 mod. par Décr. n° 2003-154 du 24 févr. 2003 et Décr. n° 2003-319 du 1er avr. 2003 relatif à l'intervention des organismes HLM dans les copropriétés faisant l'objet d'un plan de sauvegarde et modifiant le code de la construction et de l'habitation qui complète la clause type 3 des annexes aux articles R. 422-1 et R. 422-9).

Dans ce cadre, l'exercice des fonctions de syndic n'est pas soumis aux dispositions de la loi Hoguet (V. art. 95, Décr. n° 72-678 du 20 juill. 1972, mod. par Décr. 2002-642 du 29 avr. 2002 pris pour l'application de la loi Hoguet, **C. baux** ou **C. copr.**).

5. Elles interviennent pour pallier le besoin de logements d'urgence.

Dans le cadre de la lutte contre l'exclusion, le législateur les a dotées d'outils permettant le logement de personnes en situation de grande précarité.

Par ailleurs, elles sont autorisées à acquérir et donner en location à des organismes agréés par le préfet, des hôtels destinés au logement des personnes en difficulté.

De même, la loi ENL les habilite désormais à réaliser et gérer des résidences hôtelières à vocation sociale prévues à l'article L. 631-11.

6. Les SA réalisent des opérations hors du secteur du logement social.

L'ordonnance no 2003-850 du 4 septembre 2003 (portant simplification de l'organisation et du fonctionnement du système de santé ainsi que les procédures de création d'établissements ou de services sociaux ou médico-sociaux soumis à autorisation) permettait déjà aux SA HLM d'intervenir sur les équipements hospitaliers ou médico-sociaux. Elles peuvent ainsi réaliser des opérations de conception, réalisation, entretien ou maintenance d'équipements hospitaliers ou médico-sociaux pour les besoins d'un établissement public de santé. La loi ENL leur permet également d'intervenir pour la réalisation de logements destinés aux fonctionnaires de police et de gendarmerie ainsi qu'aux personnels pénitentiaires. ❑

I. DÉTERMINATION DE LA NATURE JURIDIQUE DE L'ORGANISME HLM

1. Présente, au sens de la loi no 75-1334 du 31 déc. 1975 sur la protection des sous-traitants, une société d'HLM constituée en majorité par des fonds publics. Par conséquent, l'exercice de l'action directe prévu par le titre III de cette loi ne peut être exercé contre elle. • Com. 27 févr. 1990 : *Bull. civ. IV, no 54 ; RTD com. 1990. 597, obs. Alfandari et Jeantin*.

II. OBJET SOCIAL DES SOCIÉTÉS ANONYMES

2. Il ressort des dispositions combinées des art. L. 411-1 et L. 422-2 que les sociétés anonymes d'HLM ont pour objet la construction, l'acquisition, l'aménagement, la réparation, la gestion d'habitations collectives ou individuelles, urbaines ou rurales, répondant aux caractéristiques techniques et de prix de revient déterminé par décision administrative et destinées aux personnes et aux familles de ressources modestes. • CE, sect., TP avis, 11 avr. 1995 : *EDCE 1995, no 47.*

III. QUALIFICATION DES CONTRATS

3. La convention conclue entre une société HLM et une commune, et ayant pour objet la cession de dépendance du domaine privé en vue de la réalisation d'une opération de construction, présente un caractère de droit privé. Elle relève donc de la compétence des tribunaux de l'ordre judiciaire. • T. confl. 20 janv. 1986, *SA d'HLM Carpi c/ Cne de Pont-Saint-Vincent : req. no 2397.*

4. Les juges du fond doivent déterminer, avant d'opérer la qualification du contrat de prestation de services, si la part du capital privé exclut l'exercice, par une collectivité locale, contrôle effectif sur le fonctionnement de la société. • Com. 5 févr. 1990 : *Bull. civ. IV, no 52.*

IV. QUALIFICATION DES TRAVAUX ET OUVRAGES EXÉCUTÉS PAR LES SOCIÉTÉS ANONYMES D'HLM

5. Les travaux exécutés par une société anonyme, pour son compte, ne constituent pas des travaux publics, mais privés. • T. confl. 26 nov. 1990, *Mme Daunes : Lebon T. 928*. ◆ Il a également été considéré que des travaux exécutés pour le compte d'une société anonyme par un groupement d'entreprise, mais réalisés dans le cadre d'un programme de construction commun à des opérations effectuées pour le compte d'un organisme HLM, ne devaient pas s'analyser en des travaux publics. L'absence d'un contrat distinct n'entraîne pas la requalification de convention passée par la société d'HLM en un contrat administratif • CAA Lyon, 19 mars 1990 : *req. no 89LY00155.* ◆ Les travaux relèvent du juge judiciaire même s'ils sont soumis, selon les termes de l'art. L. 433-1, aux principes de publicité, de mise en concurrence et d'exécution prévus par le code des marchés publics. • T. confl. 14 déc. 2009, *Sté HLM pour Paris,* req. no C3716 : *Lebon 592 ; AJDA 2010. 973*.

6. Les ouvrages construits par une société anonyme d'HLM, pour son compte, ne constituent pas des ouvrages publics. • T. confl. 26 nov. 1990, *Mme Daunes : préc. note 5.*

7. Le pouvoir de réquisition du maire, exercé en vertu de l'ancien art. 97 de la loi municipale, s'accompagne d'un droit à indemnisation pour le propriétaire du logement réquisitionné. Ainsi, une société HLM est en droit d'être indemnisée pour le non-paiement par ses locataires maintenus dans les lieux. Le paiement du montant des loyers impayés doit être versé par la collectivité à l'origine de la décision de réquisition. • CE 8 mai 1981, *SA HLM de la résidence des logements de fonctionnaires*, req. n° 151164 : *AJPI 1983. 458, obs. Bourjol-Flécher.*

8. Les contraintes propres au fonctionnement des organismes d'HLM ne permettent pas d'obtenir un dégrèvement de la taxe foncière pour les locaux vacants. • CAA Nancy, 18 juin 1991, *Sté HLM de Franche-Comté* : req. n° 89NC00490. ♦ Il en va de même lorsque la vacance des logements est due à un état d'insécurité, d'actes de violence ou de vandalisme. • CAA Bordeaux, 8 juin 2006, *Sté Patrimoine Languedocienne d'HLM* : req. n° 02BX01370.

9. L'exonération de taxe de publicité foncière prévue par l'art. 1049 CGI dépend de la finalité de l'acte et non de la qualité de son auteur, dès lors, la taxe est due lorsque les opérations immobilières (vente d'immeubles de standing) ne sont pas destinées à la construction d'habitations à loyer modéré. • Com. 13 déc. 2005 : *Bull. civ. IV, n° 252 ; AJDI 2005. 844, note Maublanc.* ♦ L'exonération de taxe de publicité foncière est subordonnée à la condition que la SA HLM réalise de façon prépondérante des opérations immobilières destinées à des personnes modestes. • CAA Nantes, 28 déc. 2005, *SA Anjou Castors*, req. n° 03NT01578 : *RDI 2007. 82, obs. Brouant.*

10. Sur les modifications aux statuts types, V. Décr. n° 83-754 du 5 août 1983 *(JO 17 août)* : CCH, art. R. 422-9 et R. 422-38 ; Décr. n° 87-158 du 9 mars 1987 *(JO 10 mars)* art. R. 421-4, R. 421-1 et R. 421-51.

Art. L. 422-2-1 *(L. n° 2003-710 du 1er août 2003, art. 48)* **I. — Le capital des sociétés anonymes d'habitations à loyer modéré est réparti entre quatre catégories d'actionnaires :**

1° Un actionnaire de référence détenant la majorité du capital ;

2° Lorsqu'ils n'ont pas la qualité d'actionnaire de référence, les communautés de communes de plus de 50 000 habitants comprenant au moins une commune de plus de 15 000 habitants, les communautés urbaines *(L. n° 2010-1563 du 16 déc. 2010, art. 17-II)* **« , les métropoles », les communautés d'agglomération, les syndicats d'agglomération nouvelle, les départements et les régions sur le territoire desquels la société anonyme d'habitations à loyer modéré possède des logements ;**

3° Les représentants des locataires, élus sur des listes de candidats présentés par des associations œuvrant dans le domaine du logement, indépendantes de tout parti politique ou organisation philosophique, confessionnelle, ethnique ou raciale, et ne poursuivant pas des intérêts collectifs contraires aux objectifs du logement social fixés par le présent code, notamment par les articles L. 411 et L. 441, et par le droit à la ville défini par la loi n° 91-662 du 13 juillet 1991 d'orientation pour la ville *[V. App., v° Ville, Loi d'orientation pour la ville]* **;**

4° Les personnes morales autres que l'actionnaire de référence et les personnes physiques.

Aux fins d'application des dispositions du présent article, des actions sont cédées à un prix symbolique par l'actionnaire de référence, dans des conditions prévues par décret en Conseil d'État, aux établissements publics et collectivités territoriales mentionnés au 2° et aux locataires élus dans les conditions définies au 3°.

Chaque catégorie d'actionnaires est représentée aux assemblées générales des actionnaires, sans qu'il y ait nécessairement proportionnalité entre la quotité de capital détenu et le nombre de droits de vote, selon les modalités prévues par les statuts, dans des conditions fixées par décret en Conseil d'État.

II. — L'actionnaire de référence peut être constitué d'un groupe de deux ou trois actionnaires, liés entre eux par un pacte emportant les effets prévus à l'article 1134 du code civil et s'exprimant d'une seule voix dans les assemblées générales de la société

anonyme d'habitations à loyer modéré. Le pacte d'actionnaires est communiqué dès sa conclusion à chacun des actionnaires de la société anonyme d'habitations à loyer modéré ainsi qu'au préfet de la région dans laquelle celle-ci a son siège. Il prévoit notamment les modalités de règlement des litiges qui pourraient survenir entre les signataires.

En cas de rupture du pacte ou en cas de modification de la composition du capital ayant un effet sur l'actionnaire de référence, les instances statutaires de la société anonyme d'habitations à loyer modéré demandent un renouvellement de l'agrément mentionné à l'article L. 422-5. – *V. Arr. 5 oct. 2004 fixant le contenu du dossier de demande de renouvellement de l'agrément des SA d'HLM (JO 26 oct.).*

Les associés de l'Union d'économie sociale du logement sont considérés comme un seul actionnaire. Il en va de même des organismes à but non lucratif ayant pour objet l'insertion des personnes en difficulté.

III. – L'actionnaire de référence mentionné au 1o du I détient la majorité des droits de vote aux assemblées générales d'actionnaires, sans que la proportion des droits de vote qu'il détient puisse être supérieure à la part de capital dont il dispose.

Les établissements publics et collectivités territoriales mentionnés au 2o du I détiennent au moins 10 % des droits de vote, indépendamment de la quotité de capital détenu. Les droits de vote sont répartis entre les régions, d'une part, les départements et établissements publics, d'autre part, selon des modalités prévues par les statuts, dans des conditions définies par décret en Conseil d'État. Au sein de chacun de ces deux groupes, les droits de vote sont répartis par les établissements publics et collectivités territoriales concernés, en tenant compte de l'implantation géographique du patrimoine de la société anonyme d'habitations à loyer modéré. Pour les départements, sont seuls pris en compte les immeubles situés hors du territoire des communes regroupées dans un des établissements publics mentionnés au 2o du I.

Les représentants des locataires mentionnés au 3o du I détiennent au moins 10 % des droits de vote indépendamment de la quotité de capital détenu.

Le total des droits de vote des établissements publics et collectivités territoriales mentionnés au 2o du I et des représentants des locataires mentionnés au 3o du I est égal au tiers des voix plus une.

Les personnes physiques et les organismes de placement collectif en valeurs mobilières dont la majorité des parts est détenue par des salariés de la société anonyme d'habitations à loyer modéré ne peuvent pas avoir la qualité d'actionnaire de référence. Les personnes physiques ne peuvent détenir au total plus de 5 % du capital. La répartition des droits de vote résiduels entre les actionnaires mentionnés au 4o du I s'effectue en proportion de la quotité de capital qu'ils détiennent.

Les statuts prévoient, dans des conditions fixées par décret en Conseil d'État, les modalités du rachat par l'actionnaire de référence des actions détenues par les actionnaires mentionnés au 4o du I.

IV. – Les membres du conseil d'administration ou du conseil de surveillance sont nommés par l'assemblée générale sur proposition de chaque catégorie d'actionnaires. Trois d'entre eux sont nommés sur proposition des établissements publics et collectivités territoriales mentionnés au 2o du I.

Les représentants des locataires mentionnés au 3o du I, au nombre de trois, sont membres du conseil d'administration.

Un décret en Conseil d'État détermine les conditions d'application du présent article.

BIBL. ▸ WERTENSCHLAG, *AJDI 2003. 405* (vers une privatisation des entreprises pour l'habitat ?).

V. Circ. no 2003-56 du 22 sept. 2003 relative à l'évolution de la gouvernance des sociétés anonymes d'habitation à loyer modéré (BOMELT 2003/18, p. 23). – Circ. no 2005-28 du 30 mars 2005 relative à la gouvernance des sociétés anonymes d'habitations à loyer modéré (BOMELT no 2005/8, p. 48).

Rép. min. n° 46448 : JOAN Q 17 janv. 2006, p. 521 (L'apport d'actions d'une SA d'économie mixte (SAEML) dans le cadre d'une augmentation de capital d'une SA HLM en vue de leur fusion étant projeté sur la stricte base des valeurs comptables, sans réévaluation d'aucune sorte, ne soulève aucune difficulté de droit. Il n'est pas nécessaire de transformer au préalable la SAEML en SA HLM).

COMMENTAIRE

GOUVERNANCE DES SA HLM.

La loi n° 2003-710 du 1er août 2003 d'orientation et de programmation pour la ville et la rénovation urbaine a modifié les règles de gouvernance des SA HLM. Dorénavant, le capital des SA HLM est réparti entre quatre catégories d'actionnaires. Chaque catégorie est représentée aux assemblées générales sans qu'il y ait forcément proportionnalité entre la quotité de capital détenu et le nombre de droits de vote. Les modalités de répartition de ces droits sont inscrites dans les statuts de la société. La règle selon laquelle aucun associé ne pouvait disposer de plus de 10 voix est abrogée.

L'actionnariat des SA HLM est désormais composé de :

– un actionnaire de référence. Il détient la majorité des droits de vote sans que la proportion de ses droits puisse être supérieure à la part de capital dont il dispose. Il peut être constitué d'un groupe de deux ou trois actionnaires liés entre eux par un pacte d'actionnaires, ils s'expriment alors d'une seule voix dans les assemblées générales. Ne peuvent avoir la qualité d'actionnaire de référence les personnes physiques et les organismes de placement collectif en valeurs mobilières dont la majorité des parts est détenue par les salariés de la société ;

– des établissements publics de coopération locale et des collectivités territoriales. Cette catégorie d'actionnaires détient au minimum 10 % des droits de vote, peu importe la quotité de capital détenu. Ces droits sont répartis entre les régions d'une part et les départements et les établissements publics d'autre part. Au sein de ces groupes, les droits de vote sont répartis par les actionnaires du groupe eux-mêmes en fonction de l'implantation géographique du patrimoine de la société HLM ;

– des représentants des locataires. Ils sont élus sur des listes présentées par des associations œuvrant dans le domaine du logement. Cette catégorie détient au minimum 10 % des droits de vote, quelle que soit la quotité de capital détenu. Jusqu'aux nouvelles élections des représentants des locataires devant intervenir entre le 15 novembre et le 15 décembre 2006, les membres du conseil d'administration ou de surveillance représentant les locataires participent aux assemblées générales de la société sans être tenus d'être actionnaires et y disposent d'un nombre de voix calculé en faisant application des dispositions de l'article R. 422-1-1 comme s'ils étaient actionnaires (Décr. n° 2004-641 du 1er juill. 2004, art. 11-III) ;

– des personnes morales autres que l'actionnaire de référence et des personnes physiques. Les personnes physiques ne peuvent détenir plus de 5 % du capital. Leur sont attribués les droits de vote résiduels après déduction de ceux octroyés aux actionnaires des deuxième et troisième catégorie. Les droits de vote sont ensuite répartis entre eux au prorata du capital qu'ils détiennent. S'ils souhaitent se désengager, ils peuvent demander le rachat de tout ou partie de leurs actions à l'actionnaire de référence.

L'actionnaire de référence doit proposer des actions au prix symbolique de 10 centimes d'euros aux collectivités locales ou aux représentants des locataires qui n'en détenaient pas (art. R. 422-1-2 CCH).

Les articles 50 et 51 de la loi n° 2003-710 du 1er août 2003 exposent la procédure de constitution de l'actionnariat de référence ainsi que les moyens permettant aux actionnaires de surveiller les mouvements d'actions et d'augmentation du capital susceptibles de modifier les équilibres. La mise en conformité des statuts à la législation devait intervenir au plus tard le 3 août 2005. Passé ce délai, la loi prévoit que leur agrément pourrait leur être retiré. ❑

SECTION III SOCIÉTÉS ANONYMES COOPÉRATIVES DE PRODUCTION D'HABITATIONS À LOYER MODÉRÉ ET SOCIÉTÉS ANONYMES COOPÉRATIVES D'INTÉRÊT COLLECTIF D'HABITATIONS À LOYER MODÉRÉ *(L. no 2003-710 du 1er août 2003, art. 53).*

BIBL. ▶ BOURGEOIS, *JCP N 2001. 495* (solidarité et urbanisme). – BROUANT, *AJDA 2001. 56* (la loi SRU et l'habitat) ; *AJDI 2001. 121* (la loi SRU, le financement du logement social et la compétence des organismes HLM) ; *ibid. 2001. 398* (la réforme du régime locatif des logements sociaux après la loi SRU). – WERTENSCHLAG, *AJDI 2003. 490* (les nouveaux mandats de gérance du secteur HLM) ; *ibid. 2004. 793* (les nouvelles règles de gouvernance des sociétés d'HLM). – GIAMI, *AJDI 2005. 283* (traitement des apports partiels d'actifs entre les sociétés d'HLM).

COMMENTAIRE

1. **Les sociétés anonymes coopératives de production sont des sociétés anonymes à capital variable, instituées par la loi no 71-580 du 16 juillet 1971.** Elles sont soumises aux dispositions de la loi no 47-1775 du 10 septembre 1947 portant statut de la coopération (art. L. 422-12 CCH). Néanmoins, deux dispositions de ce texte sont écartées :

– celle concernant l'incorporation de réserves (art. 16) ; le capital des sociétés anonymes coopératives de production ne peut être augmenté par incorporation de capital ;

– et celle relative à la revalorisation des parts de l'associé sortant ; dans le régime des coopératives, l'associé sortant ou exclu, peut simplement être remboursé de son apport en proportion des pertes subies sur le capital social (art. 18).

Les sociétés coopératives de production exercent leurs activités sur le territoire de la région où est situé leur siège social. Leur champ de compétence peut être étendu sous certaines conditions aux départements limitrophes.

2. La loi no 2003-710 du 1er août 2003 introduit dans le code de la construction et de l'habitation une nouvelle catégorie d'organisme HLM : la société coopérative d'intérêt collectif HLM. Il s'agit notamment de pallier la disparition des sociétés coopératives de location-attribution.

La SCIC HLM est soumise au statut de la SCIC de droit commun. Créée par la loi no 2001-624 du 17 juillet 2001, la SCIC a pour objet « la production et la fourniture de biens et de services qui présentent un caractère d'utilité sociale ». Elle est régie par les articles 19 *quinquies* et suivants de la loi no 47-1775 du 10 septembre 1947. Les SCIC HLM dérogent cependant aux SCIC de droit commun sur certains points :

– tout d'abord, les SCIC HLM prennent obligatoirement la forme de société anonyme ;
– ensuite, la participation des collectivités locales au capital est déplafonnée ;
– elles sont soumises à la procédure d'agrément des sociétés HLM ;
– enfin, elles bénéficient du régime fiscal des organismes HLM.

La SCIC HLM a pour vocation de favoriser le partenariat de différents acteurs pour la réalisation de projets économiques et sociaux. Outre les collectivités publiques, peuvent aussi être associés les salariés de la coopérative, les personnes bénéficiaires des activités de la société ou qui contribuent à celles-ci, ainsi que les personnes physiques qui souhaitent participer bénévolement à leurs activités. Chaque associé dispose d'une voix. L'actionnariat est ensuite organisé sous forme de collèges, chaque collège ne pouvant détenir moins de 10 % ni plus de 50 % des droits de vote.

Les SCIC HLM ont les mêmes compétences que les sociétés coopératives de production.

La loi permet la création d'une SCIC HLM par transformation d'une société coopérative de production HLM (art. L. 422-3-2 CCH).

Art. L. 422-3 *(L. nº 92-643 du 13 juill. 1992, art. 53-I)* Les sociétés anonymes coopératives de production d'habitations à loyer modéré ont pour objet :

(L. nº 2000-1208 du 13 déc. 2000, art. 149-6º) « 1º D'assister à titre de prestataires de services, dans des conditions définies par leurs statuts, des personnes physiques et des sociétés de construction constituées en application du titre Ier du livre II pour la réalisation et la gestion d'immeubles, à usage d'habitation ou à usage professionnel et d'habitation ou destinés à cet usage, en accession à la propriété ;

« 2º En vue de leur vente à titre de résidence principale, de construire, acquérir, réaliser des travaux, vendre ou gérer des immeubles, à usage d'habitation ou à usage professionnel et d'habitation respectant des prix de vente maxima fixés par l'autorité administrative ;

« 2º *bis* En vue de leur location-accession, de construire, acquérir, réaliser des travaux, gérer des immeubles à usage d'habitation ou à usage professionnel et d'habitation ; »

3º *Abrogé par L. nº 2000-1208 du 13 déc. 2000, art. 149-7º.*

4º De réaliser des lotissements ;

5º De réaliser des hébergements de loisirs à vocation sociale selon les modalités prévues à l'article L. 421-1.

(L. nº 98-657 du 29 juill. 1998, art. 41-III) « 6º D'acquérir et donner en location à des organismes *(L. nº 2009-323 du 25 mars 2009, art. 2-I)* « bénéficiant de l'agrément relatif à l'intermédiation locative et la gestion locative sociale prévu à l'article L. 365-4 » des hôtels, meublés ou non, destinés à l'hébergement temporaire des personnes en difficulté. » — *V. Circ. nº 98-92 du 13 oct. 1998 relative aux dispositions sur le logement contenues dans la loi nº 98-657 du 29 juill. 1998 d'orientation relative à la lutte contre les exclusions (BOMELT nº 98/20).*

(L. nº 2006-872 du 13 juill. 2006, art. 55-3º) « 6º *bis* De construire ou acquérir, aménager, entretenir, gérer ou donner en gestion à des personnes physiques ou morales des résidences hôtelières à vocation sociale prévues à l'article L. 631-11 » *(L. nº 2009-323 du 25 mars 2009, art. 113)* « ou de prendre des parts dans des sociétés civiles immobilières ayant ce même objet et de pouvoir assurer leur gérance » ;

(L. nº 2000-1208 du 13 déc. 2000, art. 152-I) « 7º De réaliser, dans les conditions fixées par leurs statuts, toutes les actions ou opérations d'aménagement définies par le code de l'urbanisme, soit pour leur compte avec l'accord de la ou des collectivités locales concernées, soit pour le compte de tiers *(Abrogé par L. nº 2006-872 du 13 juill. 2006, art. 55-3º)* « ***lorsqu'elles ont été agréées à cet effet*** ». Dans le cas où elles interviennent pour le compte de tiers, les dispositions des articles L. 443-14 et L. 451-5 ne sont pas applicables aux cessions d'immeubles rendues nécessaires par la réalisation de ces actions ou opérations ;

« 8º De réaliser pour le compte d'associations ou d'organismes œuvrant dans le domaine du logement ou de personnes physiques des prestations de services définies par leurs statuts. »

(L. nº 2006-872 du 13 juill. 2006, art. 55-3º) « 9º De réaliser des travaux, acquérir, construire et gérer des immeubles à usage d'habitation au profit des fonctionnaires de la police et de la gendarmerie nationales, des services départementaux d'incendie et de secours ou des services pénitentiaires, ainsi que les locaux accessoires à ces immeubles et les locaux nécessaires au fonctionnement des gendarmeries ;

« 10º De vendre des ouvrages de bâtiment aux organismes visés à l'article L. 411-2 et aux sociétés d'économie mixte ou de les acquérir auprès d'eux, par contrat de vente d'immeuble à construire prévu aux articles L. 261-1 et suivants. »

(L. nº 2009-323 du 25 mars 2009, art. 43-III) « 11º De souscrire à ou d'acquérir des parts ou des actions dans des sociétés pouvant réaliser des opérations d'aménagement ou conclure une convention de projet urbain partenarial ; cette participation est soumise à l'accord du représentant de l'État dans le département du lieu de l'opération ou du projet. »

(L. nº 98-546 du 2 juill. 1998, art. 55-I) « Elles peuvent, en outre, avec l'accord du maire de la commune d'implantation et du représentant de l'État dans le département, gérer en qualité d'administrateurs de biens des logements situés dans des copropriétés connaissant des difficultés importantes de fonctionnement ou être syndics de ces copropriétés. » *(L. nº 2000-1208 du 13 déc. 2000, art. 82-II)* « Dans ces mêmes copropriétés lorsqu'elles font l'objet d'un plan de sauvegarde en application de l'article L. **615-1** » *(L. nº 2007-290 du 5 mars 2007, art. 15-I)* « ou d'une opération programmée d'amélioration de l'habitat prévue à l'article L. **303-1** et dédiée aux copropriétés dégradées » *(L. nº 2000-1208 du 13 déc. 2000, art. 82-II)* « , elles peuvent, selon les modalités précisées par décret en Conseil d'État qui peuvent déroger aux règles applicables aux habitations à loyer modéré, acquérir des lots en vue de leur revente, y effectuer tous travaux et les louer provisoirement. »

(L. nº 2005-32 du 18 janv. 2005, art. 117-III) « Elles peuvent également gérer, en qualité de syndics de copropriété et d'administrateurs de biens, après accord du maire de la commune d'implantation et dans les conditions fixées par l'article L. **442-11**, des logements situés dans le périmètre défini pour une opération programmée d'amélioration de l'habitat visée à l'article L. **303-1** ainsi que les logements appartenant à des personnes privées et vacants depuis plus d'un an.

« Elles peuvent également réaliser des prestations de services pour le compte de syndicats de copropriétaires d'immeubles faisant l'objet d'un plan de sauvegarde en application de l'article L. **615-1** ou situés dans le périmètre défini pour une opération programmée d'amélioration de l'habitat visée à l'article L. **303-1**. »

(L. nº 94-624 du 21 juill. 1994, art. 42) « Elles peuvent réaliser pour le compte d'autres organismes d'habitations à loyer modéré des prestations de services pour des missions rentrant dans l'objet social et la compétence territoriale desdits organismes et des organismes prestataires. »

(L. nº 2006-872 du 13 juill. 2006, art. 55-3º) « Elles peuvent également être syndic de copropriété et administrateur de biens d'immeubles bâtis, construits ou acquis soit par elles, soit par un autre organisme d'habitations à loyer modéré, une collectivité territoriale, une société d'économie mixte ou un organisme sans but lucratif, l'association mentionnée à l'article L. **313-34** du code de la construction et de l'habitation précité ou une des sociétés civiles immobilières dont les parts sont détenues à au moins 99 % par cette association. »

(L. nº 2000-1208 du 13 déc. 2000, art. 152-II) « Elles peuvent également, dans les conditions fixées par leurs statuts, construire, acquérir, aménager, restaurer, agrandir, améliorer et gérer des immeubles en vue de la location et destinés à un usage d'habitation ou à un usage professionnel et d'habitation. »

(L. nº 2003-590 du 2 juill. 2003, art. 87-3º) « Elles peuvent également réaliser en vue de leur vente, dans les conditions prévues aux articles L. **261-1** à L. **261-22**, à l'association agréée mentionnée à l'article L. **313-34** ou aux sociétés civiles immobilières dont les parts sont détenues à au moins 99 % par cette association, des immeubles à usage principal d'habitation destinés à la location.

« Elles peuvent aussi réaliser des prestations de service pour le compte de l'association agréée mentionnée à l'article L. **313-34** du code de la construction et de l'habitation précité, ou des sociétés civiles immobilières dont les parts sont détenues à au moins 99 % par cette association, dans des conditions fixées par décret en Conseil d'État. »

(L. nº 2003-590 du 2 juill. 2003, art. 88-3º) « Elles peuvent gérer les immeubles à usage principal d'habitation appartenant à l'association agréée mentionnée à l'article L. **313-34** du code de la construction et de l'habitation précité ou aux sociétés civiles immobilières dont les parts sont détenues à au moins 99 % par cette association. »

(L. nº 2006-872 du 13 juill. 2006, art. 55-3º) « Elles peuvent aussi réaliser en vue de leur vente, dans les conditions prévues à l'article L. **261-3**, pour le compte de personnes publiques ou privées, des immeubles à usage principal d'habitation dont elles

peuvent provisoirement détenir l'usufruit selon les modalités définies aux articles L. 253-1 à L. 253-5.

« Elles peuvent aussi assurer la gérance des sociétés civiles immobilières régies par les articles L. 443-6-2 et suivants. »

(L. nº 2009-323 du 25 mars 2009, art. 96-III) **« Elles peuvent aussi prendre à bail des logements faisant l'objet des conventions prévues aux articles L. 321-4 ou L. 321-8 en vue de les sous-louer, meublés ou non, aux personnes mentionnées au II de l'article L. 301-1 ou aux personnes physiques dont la situation nécessite une solution locative de transition.**

« Elles peuvent gérer en qualité d'administrateur de biens des logements vacants pour les donner en location à des personnes mentionnées au II de l'article L. 301-1. »

(L. nº 2006-872 du 13 juill. 2006, art. 55-3º) **« Les sociétés anonymes coopératives de production d'habitations à loyer modéré font procéder périodiquement à l'examen analytique de leur situation financière et de leur gestion. Un décret en Conseil d'État, pris après avis du Conseil supérieur des habitations à loyer modéré, détermine les modalités de mise en œuvre de la procédure, dite de révision coopérative, définie au présent alinéa, ainsi que les conditions d'agrément garantissant le pluralisme de son exercice et le respect des principes coopératifs. »**

Un décret détermine les modalités d'application du présent article.

V. art. R. 422-6 s.

Sur les modèles de contrats de prestations de services, V. Arr. du 9 sept. 1974 (JO 6 oct.), mod., pour l'annexe, par Arr. du 14 janv. 1980 (JONC 2 févr.) : rapports avec les sociétés coopératives de construction. – Arr. du 15 mai 1975 (JO 28 juin) mod., pour l'annexe, par Arr. du 14 janv. 1980 (JO 2 févr.) : rapports avec les personnes physiques.

Concernant la présentation de la loi nº 2003-590 du 2 juill. 2003 urbanisme et habitat, V. Circ. nº 2003-48 du 31 juill. 2003 (BOMELT nº 2003/15, p. 78) et Circ. nº 2003-52 du 12 août 2003 (BOMELT nº 2003/16, p. 161).

COMMENTAIRE

COMPÉTENCES ET FONCTIONS DES SOCIÉTÉS COOPÉRATIVES DE PRODUCTION HLM

A l'instar des SA HLM, les compétences et les fonctions des sociétés coopératives de production HLM se diversifient. En effet, les récentes réformes ont largement élargi leur champ d'intervention et les ont dotées de nouveaux outils. Leur collaboration avec d'autres organismes ayant également vocation à intervenir dans le champ social est également encouragée.

1. Les SCIC ont principalement pour mission de **favoriser l'accession à la propriété des personnes ayant des revenus modestes**. Elles peuvent ainsi construire, aménager, acquérir ou gérer des immeubles à usage d'habitation ou mixte professionnel et d'habitation :
– en vue de leur vente à des personnes ayant des ressources modestes (al. 2). Toute vente réalisée dans ce cadre est soumise à un prix maximum fixé par décret (V. art. R. 443-34 s.). La loi ENL supprime la garantie de financement et d'acquisition des locaux non vendus dont ces opérations devaient faire l'objet ;
– en vue de leur location-accession ;
– en vue de leur location ;
– en vue de leur vente à l'association foncière logement ou aux SCI dont les parts sont détenues à au moins 99 % par cette association.

Les SCIC peuvent désormais conclure des contrats de vente d'immeuble à construire avec d'autres organismes HLM. Cette mesure devrait permettre à des sociétés disposant de peu de moyens de développer leur parc immobilier.

Elles sont habilitées à réaliser des baux avec convention d'usufruit (V. art. L. 253-1 à L. 253-5).

Enfin, les SCIC peuvent créer et gérer des sociétés civiles immobilières d'accession à la propriété instaurées par la loi ENL (V. art. L. 443-6-2 s.).

2. Elles sont ensuite autorisées à effectuer certaines **prestations de services**.

Dans ce cadre, elles peuvent assister des sociétés de construction ou des personnes physiques pour la réalisation et la gestion d'immeubles d'habitation en accession à la propriété. Par dérogation expresse prévue à l'article L. 222-2 du code de la construction et de l'habitation, les SCP sont dispensées de conclure un contrat de promotion immobilière. En revanche aucune disposition n'est prévue si le contrat entre dans le champ du contrat de construction de maison individuelle.

Plus généralement, elles sont habilitées à agir comme prestataire de service, sous certaines conditions, pour le compte :
– d'associations ou d'organismes œuvrant dans le domaine du logement ;
– d'autres organismes HLM. Les missions ainsi exercées doivent relever de l'objet et de la compétence territoriale à la fois de l'organisme HLM déléguant et de l'organisme prestataire ;
– de l'Association Foncière Logement ou des SCI dont les parts sont détenues à au moins 99 % par cette association.

3. Les SCIC peuvent conclure des mandats de gérance.

Outre les logements destinés à la vente ou à la location-accession qu'elles réalisent, elles sont autorisées à gérer, sous certaines conditions, des logements appartenant à d'autres organismes.

Par ailleurs, le législateur a progressivement élargi leurs compétences à agir en qualité de syndic de copropriété ou d'administrateur de biens à la fois sur les copropriétés connaissant des difficultés et sur les logements vacants. Ces réformes ont permis d'inscrire légalement une activité déjà exercée en pratique. En dernier lieu, leur capacité d'intervention sur le parc immobilier privé a été renforcée par la loi n° 2009-323 du 25 mars 2009. Une disposition, identique à celle prévue pour les SA HLM, permet aux SCIC, à titre d'administrateur de biens, de gérer et louer des logements vacants à des personnes éprouvant des difficultés particulières mentionnées par l'article L. 301-1-II. Les organismes privés d'HLM sont également susceptibles de prendre à bail des logements conventionnés afin de les sous-louer à cette même catégorie de personnes.

Le régime du mandat de gestion a été précisé par les articles L. 444-9 et R. 422-15 à R. 422-33 insérés par le décret n° 2003-154 du 24 février 2003 relatif à la gérance d'immeubles par les organismes HLM ou pour leur compte et modifiant le code de la construction et de l'habitation.

4. Elles réalisent des opérations d'aménagement. Par ailleurs, les sociétés coopératives de production sont habilitées à effectuer certaines actions ou opérations d'aménagement pour leur compte avec l'accord de la ou des collectivités locales concernées, ou pour le compte d'un tiers. La loi ENL les dispense désormais d'obtenir un agrément à cet effet. En ce domaine, la loi n° 2009-323 du 25 mars 2009 a élargi leur capacité d'intervention en les autorisant, sous réserve de l'accord du préfet, à acquérir des parts ou actions dans des sociétés pouvant réaliser des opérations d'aménagement ou participer à un projet urbain partenarial (PUP).

5. Elles peuvent également réaliser des lotissements et des hébergements de loisirs à vocation sociale.

6. Enfin, dans le cadre de la **lutte contre l'exclusion**, l'article 41-III de la loi n° 98-657 du 29 juillet 1998 leur confère, à l'instar des SA HLM, le droit d'acquérir des hôtels destinés à l'hébergement des personnes en difficulté. Elles peuvent également prendre à bail des logements vacants pour les donner en sous-location à des personnes physiques dans les conditions fixées par les articles L. 444-1 et suivants.

En outre, la loi du 13 juillet 2006 les habilite à réaliser, acquérir ou gérer des résidences hôtelières à vocation sociale.

7. Enfin, elles sont autorisées à intervenir **hors du secteur du logement social**.

La loi ENL les autorise à réaliser et gérer des immeubles à usage d'habitation pour les fonctionnaires de police et de gendarmerie, ainsi que les personnels pénitentiaires. ❑

JURISPRUDENCE ANTÉRIEURE

1. Constitue un contrat de droit privé, la convention conclue entre une association de foyers et une société d'HLM en vue de la création d'un foyer pour travailleurs dès lors que ces deux personnes morales de droit privé n'intervenaient pas pour le compte d'une collectivité publique. • CE 14 mars 1986, *Assoc. foyers de Provence : req. n° 53675.*

2. L'existence, dans cette convention, de clauses exorbitantes, et le fait que l'association puisse être regardée, à certains égards, comme gérant un service public ne remet pas en cause la qualification de convention de droit privé • CE 14 mars 1986, *Assoc. foyers de Provence : préc. note 1.*

3. Le pouvoir de réquisition du maire, exercé en vertu de l'ancien art. 97 de la loi municipale, s'accompagne d'un droit à indemnisation pour le propriétaire du logement réquisitionné. Une société HLM concernée par une décision de réquisition est en droit de demander, sur le fondement du principe de la rupture de l'égalité des citoyens face aux charges publiques, une indemnisation pour le préjudice subi. Les frais engagés par la société pour procéder à l'expulsion rendue impossible par une réquisition illégale, constituent un préjudice réparable. • CE 28 mai 1982, *Sté Coop. d'HLM de location-attribution du dpt de la Somme*, req. n° 10790 : *AJDI 1983. 458, obs. Flécher-Bourjol.*

4. Une société coopérative d'HLM remplit une mission de service public au regard de l'application de la loi n° 78-743 du 17 juill. 1978, modifiée, relative à la communication des documents administratifs. • CE 31 juill. 1992, *Mme Vatin*, req. n° 102487 : *Lebon T. 988.*

5. Il en va de même de la Régie Immobilière de la Ville de Paris (bien que les immeubles gérés ne soient pas soumis au régime des HLM). Par conséquent, la délibération du conseil d'administration en vue d'établir, conformément à l'art. L. 441-3, le barème du « surloyer », présente un caractère administratif. • CE 31 mars 1995, *Desaunay*, req. n° 147731 : *Lebon 150 ; AJDA 1995. 562, concl. Arrighi de Casanova.*

Art. L. 422-3-1 *(L. n° 2000-1208 du 13 déc. 2000, art. 149-8°)* **Les conseils d'administration ou les conseils de surveillance des sociétés anonymes coopératives d'habitations à loyer modéré exerçant une activité de gestion locative comprennent des représentants des locataires dans les conditions définies par leurs statuts.**

Cet art. avait été abrogé par L. n° 92-643 du 13 juill. 1992, art. 53-II, et a été rétabli par L. n° 2000-1208 du 13 déc. 2000, art. 149-8°.

V. art. R. 422-7-1 à R. 422-7-4.

V. Décr. n° 86-165 du 30 janv. 1986 (JO 6 févr.) relatif à la garantie des sociétés coopératives de production d'HLM pour l'acquisition de locaux non vendus (V. art. R. 422-3-1 à R. 422-3-4 devenus R. 422-9-2 à R. 422-9-5). — Décr. n° 87-158 du 9 mars 1987 (JO 10 mars) : autorisation accordée aux sociétés coopératives de production d'HLM de réaliser des logements de loisirs à vocation sociale à titre subsidiaire et en qualité de prestataires de services (art. R. 421-4).

Art. L. 422-3-2 *(L. n° 2003-710 du 1er août 2003, art. 53)* **Les sociétés anonymes coopératives d'intérêt collectif d'habitations à loyer modéré exercent les compétences mentionnées à l'article L. 422-3.**

Lorsqu'elles exercent une activité locative, les conseils d'administration ou les conseils de surveillance desdites sociétés comprennent des représentants des locataires dans les conditions définies par leurs statuts.

Les sociétés anonymes coopératives mentionnées aux articles L. 422-3 et L. 422-13 peuvent décider de se transformer en société anonyme coopérative d'intérêt collectif d'habitations à loyer modéré. Cette décision n'entraîne pas la création d'une personne morale nouvelle. A peine de nullité, la décision de transformation doit être agréée par le ministre chargé de la construction et de l'habitation.

COMMENTAIRE

Les sociétés coopératives d'intérêt collectif (SCIC HLM) ont les mêmes attributions que les sociétés coopératives de production (SCP).

La loi n° 2003-710 du 1er août 2003 permet aux SCP de prendre la forme d'une SCIC HLM. Par rapport aux SCP, les SCIC HLM offrent l'avantage d'une plus grande souplesse quant à la composition et à l'organisation de l'actionnariat, et quant à la répartition des droits de vote entre et au sein des collèges d'actionnaires.

Toute SCP peut donc, lors d'une Assemblée générale extraordinaire, adopter les statuts d'une SCIC. Cette décision n'entraîne pas la création d'une personne morale nouvelle. Seul le droit fixe d'enregistrement est donc dû. Par ailleurs, l'ensemble des actifs et du patrimoine de l'ancienne SCP demeure la propriété de la SCIC. De même, les contrats et les conventions conclus antérieurement ne sont pas remis en cause. Enfin, la société gardant sa forme anonyme, aucun rapport du commissaire aux comptes n'est requis.

La décision de transformation doit être agréée par le ministre chargé de la construction et de l'habitation. Les nouveaux statuts doivent être communiqués au préfet. Les formalités de publicité prescrites comprennent l'insertion dans un journal d'annonces légales d'un avis comportant l'indication des modifications intervenues, le dépôt au greffe des actes modificatifs de statuts et les statuts mis à jour, avec déclaration de conformité, l'inscription modificative au RCS. ❑

● SECTION IV *[ABROGÉE]* SOCIÉTÉS ANONYMES DE CRÉDIT IMMOBILIER

(Abrogée, à compter du 1er janv. 2008, par Ord. no 2006-1048 du 25 août 2006, art. 7-III et V)

BIBL. ▶ A. DURANCE, *RDI 1991. 443* (les sociétés anonymes de crédit immobilier, structuration et diversification), (L. no 91-457 du 15 mai 1991 et no 91-662 du 13 juill. 1991).

V. Ord. no 2006-1048 du 25 août 2006, JO 16 juill.

V. Rapport au Président de la République relatif à l'Ord. no 2006-1048 du 25 août 2006 relative aux sociétés anonymes coopératives d'intérêt collectif pour l'accession à la propriété (JO 26 août).

COMMENTAIRE

Objet social des SACI

1. La mission première des sociétés anonymes de crédit immobilier est de promouvoir l'accession à la propriété en accordant aux personnes physiques des prêts à taux très bas.

La loi no 91-457 du 15 mai 1991 a profondément modifié leur régime et étendu leurs compétences.

Tout d'abord en ce qui concerne leur activité de crédit, elles peuvent accorder des prêts ouvrant droit à l'aide personnalisée au logement, mais aussi des prêts complémentaires à ceux-ci ou plus généralement tout prêt contribuant à améliorer les conditions d'habitat des personnes aux ressources modestes.

Elles peuvent ensuite réaliser certaines opérations de construction ou de prestations de service. Ces opérations ne doivent cependant par aboutir à la constitution d'un parc locatif.

Les sociétés de crédit sont habilitées à créer des filiales commerciales appelées à développer ces activités.

2. Les sociétés de crédit immobilier sont soumises à la loi no 84-46 du 24 janvier 1984 relative à l'activité et au contrôle des établissements de crédit. A cet égard, elles doivent recevoir l'agrément du comité des établissements de crédit (art. L. 422-5 et R. 422-16 CCH), et être affiliées à un réseau doté d'un organe central : la chambre syndicale des sociétés de crédit immobilier (art. L. 422-4-1 CCH). Cet organe agrée les dirigeants des sociétés et exerce un pouvoir de contrôle et de discipline susceptible d'entraîner la dissolution de la société de crédit immobilier *(Décr. no 92-341 du 1er avr. 1992 relatif à la chambre syndicale des sociétés anonymes de crédit immobilier, JO 2 avr.).* Cette structure permet d'assurer la sécurité financière des sociétés de crédit immobilier et d'asseoir leur capacité à exercer, à la fois les fonctions d'une banque et celles attribuées aux sociétés HLM.

Réforme : les SACI deviennent sociétés anonymes coopératives d'intérêt collectif pour l'accession à la propriété

Les 58 SACI actuelles ont jusqu'au 31 décembre 2007 pour se transformer en SA coopératives d'intérêt collectif pour l'accession à la propriété (Ord. n° 2006-1048 du 25 août 2006). Au-delà de cette date elles seront dissoutes de plein droit.

Ces nouvelles sociétés coopératives auront pour objet principal l'accession sociale à la propriété, mais pourront également intervenir dans d'autres types d'opérations visant à favoriser le logement et la mixité sociale (V. art. L. 215-1 à L. 215-10).

Le chapitre II de l'ordonnance du 25 août fixe le régime applicable pendant la période transitoire.

Les SACI devront adopter les statuts types prévus par les art. L. 215-3 et L. 215-4 et obtenir l'agrément selon la procédure de l'art. L. 215-8. Les nouvelles SACICAP leur succèderont alors de plein droit dans l'ensemble de leurs droits et obligations.

L'article 4 de l'ordonnance expose les conditions dans lesquelles le capital social pourra être recomposé. De nouveaux titres pourront être émis afin d'admettre les nouveaux associés prévus dans les statuts des SACICAP. Par ailleurs, les actionnaires actuels des SACI peuvent revendre leurs parts s'ils le souhaitent. Les opérations de cessions et de rachats d'actions nécessaires à la constitution des collèges sont soumises aux dispositions de l'article L. 423-4.

Les fonds propres des SACICAP qui ne seront pas nécessaires à leur objet social seront soumis à un prélèvement sous forme d'une contribution exceptionnelle à la politique du logement pour un montant global de 500 millions d'euros versés sous forme de deux acomptes (art. 5, chap. II, Ord. 25 août 2006).

A compter du 1er janvier 2008, une nouvelle instance, l'Union d'économie sociale pour l'accession à la propriété, succédera à la Chambre syndicale des SACI. Jusqu'à cette date la Chambre syndicale des SACI continue d'exercer ses missions auprès des SACI n'ayant pas encore effectué leur transformation, et exerce les missions dévolues à l'Union d'économie sociale pour l'accession à la propriété auprès des nouvelles SACICAP. ❑

Art. L. 422-4 à L. 422-4-3 *Abrogés par Ord. n° 2006-1048 du 25 août 2006, art. 7-III et V, à compter du 1er janv. 2008.*

SECTION V DISPOSITIONS COMMUNES AUX SOCIÉTÉS D'HABITATIONS À LOYER MODÉRÉ

BIBL. ▸ *Mon. TP 29 sept. 1995, Suppl. textes, p. 303 s.* (HLM 1995 : un projet pour le logement social (document de l'Union des HLM).

COMMENTAIRE

Cette section est notamment consacrée aux mesures applicables en cas d'irrégularité ou de faute grave dans la gestion ou de carence du conseil d'administration ou du directoire et du conseil de surveillance d'une société HLM ou de crédit immobilier, ces dispositions ont été modifiées par l'art. 149 de la loi SRU.

1. L'article L. 422-7 **élargit la gamme des sanctions administratives** applicables en cas d'irrégularité de gestion ou de faute grave. Il s'agit d'éviter le recours à la dissolution systématique, seule sanction prévue par les anciennes dispositions. Ainsi, en cas d'irrégularités ou de fautes dans la gestion des sociétés d'HLM ou des sociétés de crédit immobilier, pourront être également prononcées les sanctions suivantes : le retrait du droit d'exercer une ou plusieurs des compétences prévues au présent titre, pendant une durée ne pouvant excéder cinq ans ; la révocation d'un ou plusieurs membres du conseil d'administration, du conseil de surveillance ou du directoire ; l'interdiction à un ou plusieurs membres de participer au conseil de surveillance ou au directoire d'un organisme d'HLM pendant une durée qui ne pourra excéder dix ans ; enfin la dissolution de l'organisme lui-même et la nomination d'un liquidateur.

La loi instaure également une procédure contradictoire par laquelle les personnes susceptibles d'être personnellement concernées devront, avant le prononcé des nouvelles mesures, être appelées à présenter leurs observations dans un délai d'un mois. Les décisions adoptées devront être notifiées au conseil d'administration ou au conseil de surveillance et au directoire de l'organisme d'HLM lors de sa plus proche réunion.

2. L'article L. 422-8 vient également **renforcer les prérogatives de l'administrateur provisoire** nommé suite à la suspension des organes de direction prévue par l'article L. 422-7 afin de faciliter l'exercice de ses attributions.

3. Enfin, l'article L. 422-8-1 **étend les pouvoirs du liquidateur.**

V. art. R. 422-15 et R. 422-17 modif. par le décret 2002-1189 du 19 sept. 2002 relatif aux mesures applicables aux organismes d'HLM et modifiant le code de la construction et de l'habitation. ❑

Art. L. 422-5 *(L. nº 84-46 du 24 janv. 1984, art. 94-VIII-3 ; L. nº 96-597 du 2 juill. 1996, art. 10-I)* **« Les sociétés d'habitations à loyer modéré doivent être agréées par décision administrative. »**

(L. nº 86-1290 du 23 déc. 1986, art. 78) **« Leurs statuts contiennent des clauses conformes aux clauses types approuvées par décret en Conseil d'État. »** – *V. art. R. 422-16.*

V. Arr. 5 oct. 2004 fixant le contenu du dossier de demande de renouvellement de l'agrément des sociétés anonymes d'habitations à loyer modéré (JO 26 oct. 2004).

Sur la motivation obligatoire des refus d'agrément, V. Circ. Premier ministre 28 sept. 1987, JO hors série nº 87-872.

Sur les statuts types des sociétés anonymes de production d'HLM, V. JONC 8 juin 1978.

Dès lors que l'administration a pris en temps utile les mesures de redressement appelées par la situation d'une société coopérative d'HLM, aucune faute lourde ne peut lui être reprochée. Ainsi, la responsabilité de l'État ne saurait être engagée à raison des fautes commises par l'administrateur provisoire nommé par le ministre. • CE 20 janv. 1989, *Mme Milani et a.*, req. nº 62316 : *Dr. adm. 1989, nº 141.*

Art. L. 422-5-1 *(L. nº 91-662 du 13 juill. 1991, art. 41-I)* **Les** *(L. nº 98-546 du 2 juill. 1998, art. 55-III)* **« sociétés d'habitations à loyer modéré » sont administrées par des conseils d'administration ou par des directoires et conseils de surveillance.**

Art. L. 422-6 En cas de faute grave de membres du conseil d'administration, *(L. nº 91-662 du 13 juill. 1991, art. 41-II)* **« du directoire ou du conseil de surveillance » d'une société d'habitations à loyer modéré ces derniers peuvent être suspendus par décision administrative jusqu'à la prochaine assemblée générale et au maximum pour un an. Toutefois, dans le cas où l'intéressé a été déféré à un tribunal répressif, la suspension ne prend fin qu'après décision définitive de la juridiction compétente.** – *V. art. L. 423-12.*

Sur la motivation obligatoire des décisions de suspension, V. Circ. Premier ministre 28 sept. 1987, JO hors série nº 87-872.

Art. L. 422-7 *(L. nº 2000-1208 du 13 déc. 2000, art. 149-2º)* **En cas d'irrégularités graves ou de faute grave de gestion commises par une société d'habitations à loyer modéré ou en cas de carence de son conseil d'administration, de son directoire ou de son conseil de surveillance, l'autorité administrative peut décider de :**

1º Retirer à l'organisme, pour une durée qui ne peut excéder cinq ans, la possibilité d'exercer une ou plusieurs des compétences prévues au présent titre ;

2º Révoquer un ou plusieurs membres du conseil d'administration, du conseil de surveillance ou du directoire ;

3o Interdire à un ou plusieurs membres ou anciens membres du conseil d'administration, du conseil de surveillance ou du directoire de participer au conseil d'administration, au conseil de surveillance ou au directoire d'un organisme d'habitations à loyer modéré pendant une durée qui ne peut excéder dix ans ;

4o Dissoudre l'organisme et nommer un liquidateur.

Préalablement au prononcé de ces mesures, l'organisme et, dans les cas mentionnés aux 2o et 3o, les personnes susceptibles d'être personnellement concernées, sont mis en mesure de présenter leurs observations dans le délai d'un mois. Les décisions prises sont communiquées au conseil d'administration ou au conseil de surveillance et au directoire de l'organisme, dès sa plus proche réunion.

Sur la motivation obligatoire des décisions de dissolution, V. Circ. Premier ministre 28 sept. 1987, JO no hors série 87-872.

1. L'administration doit, avant de prononcer une décision de retrait, mettre les administrateurs de la société concernée en mesure de répondre aux erreurs qui leur sont reprochées. • CE 29 juin 1938, *Sté L'Étoile de l'Ile-de-France : Lebon 603.*

2. Dès lors que l'administration a pris en temps utile les mesures de redressement appelées par la situation d'une société coopérative d'HLM, aucune faute lourde ne peut lui être reprochée. Ainsi, la responsabilité de l'État ne saurait être engagée à raison des fautes commises par l'administrateur provisoire nommé par le ministre. • CE 20 janv. 1989, *Mme Milani et a.*, req. no 62316 : ⚖ *Dr. adm. 1989, no 141.*

3. Il ressort des éléments du dossier que l'administration a régulièrement mis en œuvre la procédure contradictoire imposée par l'art. L. 422-7, puisque le président de la société d'HLM à laquelle étaient reprochées plusieurs erreurs de gestion, a pu formuler ses observations sur la mesure de dissolution encourue par sa société. • CE 9 mars 1988, *SA HLM « Le gai logis » :* ⚖ *req. no 60244.*

4. Le liquidateur d'une société HLM, désigné en application de l'art. L. 422-9 du CCH, peut être légalement révoqué par le ministre chargé du logement, au motif qu'un différend existant entre lui, les services de l'État et les parties intéressées au sujet des objectifs de la liquidation est de nature à compromettre durablement le bon déroulement des opérations. Il n'est, en conséquence, pas nécessaire, pour fonder légalement la décision de révoquer le liquidateur d'une société HLM, d'établir que ce dernier aurait commis une faute caractérisée. • CAA Paris, 29 juin 1999 : ⚖ *req. no 96PA02993.*

Art. L. 422-8 *(L. no 91-662 du 13 juill. 1991, art. 41-IV)* « Dans les cas prévus à l'article L. 422-7, le ministre chargé du logement peut se borner à suspendre le conseil d'administration ou le conseil de surveillance et le directoire, ou ce dernier seulement, par arrêté motivé, et nommer un administrateur provisoire auquel est transféré *(L. no 2000-1208 du 13 déc. 2000, art. 149-3o)* « l'ensemble des pouvoirs d'administration, de direction et de représentation de la société, sous réserve de ceux expressément attribués par la loi aux assemblées d'actionnaires. »

(L. no 2000-1208 du 13 déc. 2000, art. 149-4o) « La durée de l'administration provisoire est d'un an renouvelable une fois à compter de la décision ministérielle.

« Pendant cette durée et par dérogation aux dispositions du livre II du code de commerce, notamment ses articles L. 225-129, L. 225-204 et L. 228-23, toute augmentation ou réduction du capital social ou toute cession d'action est soumise à l'agrément de l'administrateur provisoire, à peine de nullité.

« Lorsque la société fait l'objet de plans de sauvegarde ou de redressement approuvé *[s]* par le conseil d'administration de la Caisse de garantie du logement social, l'administrateur provisoire peut soumettre à l'assemblée générale extraordinaire tout projet d'augmentation du capital social rendu nécessaire par les plans de sauvegarde ou de redressement. En cas de refus de l'assemblée générale extraordinaire, la décision de procéder à l'augmentation de capital est prise par le conseil d'administration de la Caisse de garantie du logement social.

« Pendant la durée de l'administration provisoire, l'assemblée générale ne peut désigner un nouveau conseil d'administration ou conseil de surveillance. A l'issue de la mission de l'administrateur provisoire, il est procédé soit à la désignation d'un nouveau conseil d'administration ou conseil de surveillance par l'assemblée générale, soit à la dissolution de la société dans les modalités prévues à l'article L. 422-7. »

Pendant une durée de deux ans à l'issue de la mission de l'administrateur provisoire, ce dernier doit être convoqué et peut assister à toutes les réunions du conseil d'administration *(L. nº 91-662 du 13 juill. 1991, art. 41-IV)* « ou du conseil de surveillance » de la société et aux assemblées générales des actionnaires.

Si, au cours de cette période, il constate que les mesures indispensables de redressement de la société ne sont pas adoptées ou ne sont pas exécutées, il en informe le ministre chargé de la construction et de l'habitation. Celui-ci, en accord avec le ministre de l'Économie et des Finances, peut, après avoir entendu les observations de la société, soit procéder à la dissolution et à la liquidation de l'organisme en cause, soit suspendre à nouveau le conseil d'administration *(L. nº 91-662 du 13 juill. 1991, art. 41-IV)* « ou le conseil de surveillance » et nommer un administrateur provisoire en déterminant la durée de son mandat. Cet administrateur doit, avant l'expiration de son mandat, réunir une assemblée générale en vue de procéder à la désignation d'un nouveau conseil d'administration *(L. nº 91-662 du 13 juill. 1991, art. 41-IV)* « ou d'un nouveau conseil de surveillance ». A défaut de cette désignation, il sera procédé à la dissolution et à la liquidation de l'organisme. – *V. art. L. 423-12.*

1. La motivation des décisions de nomination d'un administrateur provisoire est obligatoire (V. Circ. Premier ministre 28 sept. 1978, *JO hors série nº 87-872*), en application de la loi du 11 juill. 1979 sur la motivation des actes administratifs. ♦ Sur l'absence de faute lourde commise par l'administration. • CE 20 janv. 1989, *Mme Milani et a.*, req. nº 62316 : *Dr. adm. 1989, nº 141.*

2. L'administrateur provisoire a pour rôle d'assurer la continuité de l'activité de l'organisme qui lui est confié jusqu'au rétablissement d'un conseil d'administration ou à la dissolution de la société. • CE, sect., TP avis, 11 avr. 1995 : *EDCE 1995, nº 47.*

3. A ce titre, il lui appartient de prendre l'ensemble des décisions exigées par la gestion courante de la société sans engager de nouvelles opérations ou décisions d'orientation relevant de la compétence du futur conseil d'administration • CE, sect., TP avis, 11 avr. 1995 : *préc. note 2.*

4. Toute opération de remise en état des logements, nécessaire dans les cas d'urgence, entre dans la mission du conseil d'administration de la société d'HLM. • CE, sect., TP avis, 11 avr. 1995 : *préc. note 2.*

5. Il relève également du pouvoir du conseil d'administration d'examiner les demandes ponctuelles en matière de vente des logements HLM. • CE, sect., TP avis, 11 avr. 1995 : *préc. note 2.*

6. Mais il ne peut faire usage des prérogatives prévues à l'art. 6 des statuts types annexés à l'art. R. 422-1 CCH en ce qui concerne la cession d'actions de la société et la modification du capital social. • CE, sect., TP avis, 11 avr. 1995 : *préc. note 2.*

7. Les règles générales en matière de responsabilité ne sont pas affectées par l'intervention d'un administrateur provisoire ; son action engage la responsabilité des organismes qu'il gère. • CE, sect., TP avis, 11 avr. 1995 : *préc. note 2.*

8. La responsabilité de l'État ne peut être engagée à raison de la nomination d'un administrateur que dans l'hypothèse d'une faute lourde. • CE, sect., TP avis, 11 avr. 1995 : *préc. note 2.*

Art. L. 422-8-1 *(L. nº 2000-1208 du 13 déc. 2000, art. 149-5º)* Pendant la durée des opérations de liquidation consécutives à une dissolution prononcée dans les conditions prévues à l'article L. 422-7, toute opération portant sur le capital de la société ou toute cession d'action est soumise à l'agrément du liquidateur, à peine de nullité.

Lorsque l'assemblée générale extraordinaire a refusé une cession d'actif proposée par le liquidateur, celui-ci ne peut procéder à cette cession qu'après autorisation de l'autorité administrative.

Art. L. 422-9 Dans le cas où une société d'habitations à loyer modéré s'est abstenue, pendant une période de deux ans, de transmettre à l'autorité administrative compétente les documents administratifs et comptables énumérés par le décret prévu

à l'article L. 423-3, ou si elle est dans l'impossibilité de renouveler son conseil d'administration ou de tenir une assemblée générale des actionnaires, l'autorité administrative peut prononcer sa dissolution et nommer un liquidateur, dans des conditions précisées par décret, soit à la demande des associés possédant la majorité du capital, soit à la demande du représentant de l'État dans le département, soit de sa propre initiative. – *V. art. R. 422-17.*

Sur la motivation obligatoire des décisions de dissolution, V. Circ. Premier ministre 28 sept. 1987, JO hors série no 87-872.

Art. L. 422-10 **En cas de carence d'un liquidateur ou à défaut par l'assemblée générale extraordinaire de procéder au remplacement d'un liquidateur décédé ou empêché, l'autorité administrative peut, soit désigner un liquidateur provisoire qui a pour mission d'accomplir les actes conservatoires et de convoquer, dans un délai maximum de six mois, l'assemblée générale extraordinaire en vue de la désignation d'un nouveau liquidateur, soit demander au président du tribunal de commerce de nommer un administrateur judiciaire.**

Sur la motivation obligatoire des désignations d'administrateurs provisoires, V. Circ. Premier ministre 28 sept. 1987, JO hors série no 87-872.

Dès lors que l'administration a pris en temps utile les mesures de redressement appelées par la situation d'une société coopérative d'HLM, aucune faute lourde ne peut lui être reprochée. Ainsi, la responsabilité de l'État ne saurait être engagée à raison des fautes commises par l'administrateur provisoire nommé par le ministre. • CE 20 janv. 1989, *Mme Milani et a.*, req no 62316 : *Dr. adm. 1989, no 141.*

Art. L. 422-11 *(L. no 91-457 du 15 mai 1991, art. 5-I)* **« A la dissolution d'une société d'habitations à loyer modéré », l'assemblée générale appelée à statuer sur la liquidation ne peut, après paiement du passif et remboursement du capital social, attribuer la portion d'actif qui excéderait la moitié du capital social qu'à un ou plusieurs organismes d'habitations à loyer modéré ou à l'une des fédérations d'organismes d'habitations à loyer modéré, sous réserve de l'approbation administrative donnée dans des conditions précisées par décret.**

Lorsqu'il s'agit d'une société anonyme coopérative, le remboursement du capital porte sur la part du capital effectivement versée. – *V. art. R. 422-17.*

Sur la motivation des décisions administratives prises au titre de l'art. L. 422-11, V. Circ. Premier ministre 28 sept. 1987, JO hors série no 87-872.

SECTION VI DISPOSITIONS COMMUNES AUX DIVERSES SOCIÉTÉS COOPÉRATIVES D'HABITATIONS À LOYER MODÉRÉ

Art. L. 422-12 *(L. no 2003-710 du 1er août 2003, art. 53)* **« Les dispositions de la loi no 47-1775 du 10 septembre 1947 portant statut de la coopération sont applicables aux sociétés anonymes coopératives d'habitations à loyer modéré mentionnées aux articles L. 422-3, L. 422-3-2 et L. 422-13, à l'exception des dispositions des troisième et quatrième alinéas de son article 16 et de son article 18. Les dispositions du dernier alinéa de l'article 19 *septies*, du troisième alinéa de l'article 19 *nonies* et de l'article 19 *terdecies* ne sont pas applicables aux sociétés anonymes coopératives d'intérêt collectif d'habitations à loyer modéré. »**

(L. no 92-643 du 13 juill. 1992, art. 49) **Pour l'application de l'article 3 *bis* de la loi no 47-1775 du 10 septembre 1947 précitée, les associés ayant qualité d'organismes d'habitations à loyer modéré énumérés à l'article L. 411-2 bénéficient des dispositions fixées par le troisième alinéa de cet article.**

Lorsqu'il est fait application de l'article 25 de la loi n° 47-1775 du 10 septembre 1947 précitée par une société coopérative d'habitations à loyer modéré, les réserves ne peuvent être distribuées aux associés ni incorporées au capital de la société issue de la transformation. En cas de dissolution de ladite société, la partie de l'actif net de liquidation correspondant à ces réserves doit être attribuée conformément à l'article L. 422-11.

SECTION VII DISPOSITIONS TRANSITOIRES RELATIVES AUX SOCIÉTÉS COOPÉRATIVES DE LOCATION-ATTRIBUTION D'HABITATIONS À LOYER MODÉRÉ

COMMENTAIRE

L'accession à la propriété par la technique du contrat de location attribution a été jugée dangereuse pour les futurs propriétaires ceux-ci supportant les risques jusqu'au paiement du prix de revient définitif. La loi n° 71-580 du 16 juillet 1971 a donc décidé de sa suppression. Cette section VII fixe les dispositions transitoires applicables aux sociétés coopératives de location-attribution.

Les sociétés coopératives de location-attribution ont pu choisir soit de transférer leurs fonds à une société coopérative de production ou à une SA HLM, soit de se transformer en une société coopérative de production.

A titre transitoire, les sociétés coopératives de location-attribution qui subsistent peuvent poursuivre certains programmes en cours (art. R. 422-34), elles continuent également à assurer la gestion de leurs immeubles jusqu'au terme des contrats de prêts conclus pour leur réalisation. Elles conservent alors leur caractère d'organismes HLM jusqu'à leur dissolution.

Art. L. 422-13 **Les sociétés anonymes coopératives d'habitations à loyer modéré de location-attribution existant au 16 juillet 1971 peuvent être autorisées à transférer dans des conditions fixées par décret, soit à des sociétés anonymes coopératives de production d'habitations à loyer modéré, soit à des sociétés anonymes d'habitations à loyer modéré déjà existantes ou nouvellement créées, tout ou partie de leurs réserves, dans la mesure où elles ne sont pas indispensables pour assurer la sauvegarde des intérêts de leurs associés.**

Un décret fixe les conditions d'application du présent article, notamment en ce qui concerne les sociétés anonymes coopératives d'habitations à loyer modéré existant au 16 juillet 1971 et toutes dispositions transitoires nécessaires. – *V. art. R. 422-18 s. – Sur le contrat de location-attribution, V. art. R. 422-20.*

(L. n° 92-643 du 13 juill. 1992, art. 50) **« Les dispositions des alinéas précédents sont également applicables aux sociétés anonymes coopératives d'habitations à loyer modéré mentionnées** *(L. n° 2011-525 du 17 mai 2011, art. 133)* **« aux articles L. 422-3 et L. 422-3-2 » désireuses de transférer leurs réserves au profit d'autres sociétés anonymes coopératives d'habitations à loyer modéré. »**

Art. L. 422-14 *(L. n° 83-657 du 20 juill. 1983, art. 64 ; L. n° 95-116 du 4 févr. 1995, art. 103)* **« Les sociétés anonymes coopératives d'habitations à loyer modéré de location-attribution peuvent décider de se transformer en sociétés anonymes coopératives de production d'habitations à loyer modéré. »**

La transformation d'une société anonyme coopérative d'habitations à loyer modéré de location-attribution ou la fusion d'une telle société avec une société anonyme coopérative de production d'habitations à loyer modéré est subordonnée à une réduction du capital telle que doit être limité à un le nombre des actions dont chaque associé locataire-attributaire est propriétaire.

Art. L. 422-15 *(L. nº 98-546 du 2 juill. 1998, art. 57-II)* **« A compter de la décision de transformation visée à l'article L. 422-14 », il ne peut plus être constitué de droits réels sur les biens faisant l'objet des contrats de location-attribution, sans l'accord des locataires-attributaires ; ces biens ne peuvent être saisis en raison des créances postérieures à cette date.**

(L. nº 83-657 du 20 juill. 1983, art. 65) **« En cas de fusion entre une société anonyme coopérative d'habitations à loyer modéré de location-attribution et une société anonyme coopérative de production d'habitations à loyer modéré, les mêmes dispositions s'appliquent à compter de la publication de l'arrêté approuvant cette fusion. »**

L'art. L. 422-15 limite et réglemente le droit de saisir les biens faisant l'objet des contrats de location-attribution. Néanmoins, il ne résout pas la question de la saisie des parts sociales. Le code de procédure civile ne règle pas non plus ce point. Dans ce contexte de vide juridique, la jurisprudence a tranché. Il a été jugé qu'au nombre des « effets » dont la saisie est possible en vertu de l'article 557 NCPC (ancien) [C. pr. civ.] figurent les droits sociaux d'un locataire-attributaire qui peuvent être saisis-arrêtés entre la main de la société, en raison de leur caractère mobilier. • TGI Dunkerque, 28 juin 1989 : *D. 1990. 502, note J. Prévault*.

SECTION VIII DISPOSITIONS PROVISOIREMENT APPLICABLES PAR SUITE DE LA SUPPRESSION DES SOCIÉTÉS COOPÉRATIVES DE LOCATION COOPÉRATIVE

COMMENTAIRE

1. Les sociétés coopératives de location coopérative, régies par le décret nº 65-1012 du 22 novembre 1965, sont également supprimées par la loi nº 71-580 du 16 juillet 1971. Ces sociétés concluaient avec leurs associés un contrat dont l'objet consistait à leur transmettre un droit de jouissance, perpétuel et cessible, sur un logement en contrepartie d'un apport correspondant à un pourcentage du prix de revient de cet immeuble.

Les sociétés coopératives de location coopérative doivent impérativement prendre, soit la forme d'une société anonyme, soit fusionner avec une société anonyme déjà existante.

2. Le législateur met, par ailleurs, des règles particulières visant à mettre fin aux contrats de location coopérative. A cet égard, les locataires ont la possibilité, soit d'acquérir leur logement, soit d'être totalement remboursés des sommes qu'ils ont versées (art. L. 422-16 CCH). La dernière option s'accompagne de la conclusion d'un contrat de bail dont les termes diffèrent selon plusieurs modalités (notamment la fixation du loyer) laissées au choix du locataire (art. L. 422-17 CCH).

Art. L. 422-16 **La vente de leur logement, de ses annexes et de la quote-part correspondante des parties communes à ceux des associés des sociétés anonymes coopératives d'habitations à loyer modéré existant à la date du 17 juillet 1971, bénéficiaires de contrats conclus en vertu de l'ancien article 174 du code de l'urbanisme et de l'habitation** *[abrogé par L. nº 71-580 du 16 juill. 1971, art. 10]*, **qui l'ont demandée, s'effectue à un prix égal au prix de revient du logement. Les paiements effectués antérieurement par les associés à titre d'apport, notamment sous forme de souscription d'actions, et ceux effectués par lesdits associés au titre de l'amortissement du capital compris dans les annuités d'emprunts sont déduits de cette valeur.**

Ces paiements, ainsi que le prix de revient, sont affectés d'un coefficient de réévaluation.

L'acquéreur peut, soit acquitter le prix de vente au comptant, soit se libérer par des versements dont le montant est calculé compte tenu de ses ressources et de la

composition de sa famille ; dans ce cas, il est soumis aux dispositions de l'article L. 443-2.

1. Sont entachés d'excès de pouvoir les art. 7 et 8 du décret du 22 mars 1972 portant application de l'art. 26 de la loi du 16 juill. 1971 (art. L. 422-16) et portant sur le montant des versements dus par l'acquéreur. En effet, l'application, de critères différents aux occupants des HLM et aux occupants des immeubles à loyer normal tant pour la durée des versements que pour le taux des sommes dues, est illégale car discriminatoire. Il doit être tenu compte de la composition de la famille des acquéreurs. • CE, sect., 9 avr. 1976, *Assoc. des locataires coopérateurs de Verneuil-sur-Seine et a. : Lebon 194 ; JCP N 1978. Prat. 6928.*

2. Est conforme à l'art. 26 de la loi du 16 juill. 1971 l'art. 16 décret du 22 mars 1972 portant application de ce même texte de loi, et qui autorise les sociétés anonymes coopératives d'HLM à prélever sur les acquéreurs le remboursement de certains frais de paiement de services rendus. • CE, sect., 9 avr. 1976, *Assoc. des locataires coopérateurs de Verneuil-sur-Seine et a. : préc. note 1.*

Art. L. 422-17 **Les associés qui n'ont pas demandé à bénéficier des dispositions de l'article L. 422-16 avant le 23 mars 1973 prennent la qualité de locataires, leur contrat de location-coopérative étant résilié de plein droit. Ces associés sont remboursés du montant de leur apport, cet apport étant affecté d'un coefficient de réévaluation.**

Art. L. 422-18 **Les sommes perçues par les sociétés au titre des ventes prévues à l'article L. 422-16 sont affectées par priorité au remboursement des apports prévus à l'article L. 422-17 puis au remboursement anticipé des emprunts contractés par les sociétés pour la construction des logements vendus.**

Art. L. 422-19 **Les conditions d'application des articles L. 422-16 à L. 422-18 sont fixées par décret.** – *V. art. R. 422-39 s.*

CHAPITRE III DISPOSITIONS APPLICABLES À LA GESTION DES DIVERSES CATÉGORIES D'ORGANISMES D'HABITATIONS À LOYER MODÉRÉ

V. Circ. n° 88-79 du 25 oct. 1988 (équip.), Mon. TP 2 déc. 1988, Suppl. textes, p. 20 (aide à l'amélioration de la qualité du service et de la gestion dans les organismes d'habitat social), et Circ. n° 90-06 du 1er févr. 1990.

COMMENTAIRE

Les mesures de ce chapitre ont pour finalité de contribuer à la réalisation des opérations menées par les organismes HLM et à garantir la poursuite de la mission d'intérêt général qui leur est confiée.

L'article L. 423-1-1 fixe les compétences des sociétés anonymes de coordination.

Les articles L. 423-1-2 et suivants présentent les règles de gestion des organismes HLM notamment en ce qui concerne la composition du capital social et la rémunération des administrateurs.

Les articles L. 423-1 et suivants instaurent un régime de conventions réglementées pour certaines opérations.

Art. L. 423-1 **Tout organisme d'habitations à loyer modéré qui gère moins de 1 500 logements et qui n'a pas construit au moins 500 logements ou accordé 300 prêts pendant une période de dix ans peut être dissous et un liquidateur désigné par arrêté du ministre chargé de la construction et de l'habitation et, lorsqu'il s'agit** *(Ord.*

no 2007-137 du 1er févr. 2007, art. 2) **« d'un office public de l'habitat », par arrêté conjoint dudit ministre et du ministre de l'Intérieur.**

Pour l'application du présent article, le point de départ du délai de dix ans ne peut être antérieur au 31 décembre 1961.

V. note ss. art. L. 423-1-3.

1. Les mesures de dissolution ne peuvent être régulièrement prononcées que lorsque les représentants des sociétés ont été en mesure de présenter utilement leurs observations. • CE 2 mai 1980, *Sté d'HLM Paris-Saverne : Lebon T. 786 ; Dr. adm. 1980, no 213.*

2. Est légale la dissolution d'une société gérant moins de 1 500 logements et qui n'a construit que 538 logements depuis 1928, et aucun au cours de la période de dix ans précédant sa dissolution. • CE 9 mars 1988, *SA HLM Le gai logis : Gaz. Pal. 11 juin 1988. Pan. dr. adm. 11.*

Art. L. 423-1-1 *(L. no 2003-590 du 2 juill. 2003, art. 90-I)* **Des organismes d'habitations à loyer modéré peuvent créer entre eux en vue de favoriser leur coopération dans un ou des périmètres donnés une société anonyme soumise aux dispositions de la section 5 du chapitre II du présent titre ayant pour objet, dans le cadre de projets que ses actionnaires mènent en commun :**

– d'assister, comme prestataire de services, ses actionnaires organismes d'habitations à loyer modéré dans toutes interventions de ces derniers sur des immeubles qui leur appartiennent ou qu'ils gèrent ;

– de gérer des immeubles appartenant à ses actionnaires organismes d'habitations à loyer modéré ;

– de gérer, dans les périmètres où ses actionnaires mettent en œuvre des projets communs, des immeubles appartenant à d'autres organismes d'habitations à loyer modéré et de gérer des immeubles à usage principal d'habitation appartenant à l'État, aux collectivités territoriales ou à leurs groupements, à des sociétés d'économie mixte de construction et de gestion de logements locatifs sociaux, à des organismes à but non lucratif, à l'association agréée mentionnée à l'articleL. 313-34 ou aux sociétés civiles immobilières dont les parts sont détenues à au moins 99 % par cette association ;

– de réaliser, pour le compte de ses actionnaires et dans le cadre d'une convention passée par la société avec la ou les collectivités territoriales ou le ou les établissements publics de coopération intercommunale compétents sur le ou les périmètres où sont conduits des projets en commun, toutes les interventions foncières, les actions ou opérations d'aménagement prévues par le code de l'urbanisme et le présent code nécessaires. Les dispositions de l'article L. 443-14 ne sont pas applicables aux cessions d'immeubles rendues nécessaires par ces réalisations.

Dans le même cadre, elle peut également avoir pour objet, après y avoir été spécialement agréée dans les conditions fixées à l'article L. 422-5 après accord de la ou des collectivités territoriales concernées ou, le cas échéant, de leur groupement, d'exercer certaines des compétences énumérées aux *(L. no 2005-32 du 18 janv. 2005, art. 117-IV)* **« quatrième » alinéa et suivants de l'article L. 422-2 et qui sont communes aux organismes publics et aux sociétés anonymes d'habitations à loyer modéré.**

V. note ss. art. L. 423-1-3.

BIBL. ► JÉGOUZO, *AJDA 2004. 2208* (les sociétés de coordination d'organismes d'HLM).

COMMENTAIRE

L'existence de multiples organismes HLM gérant parfois de petits patrimoines et n'ayant pas toujours la taille critique pour mener des actions efficaces justifie la mise en place de formules de regroupement. C'est pourquoi l'art. 90 de la loi no 2003-590 du 2 juillet 2003 offre la possibilité à deux ou plusieurs organismes HLM de créer une filiale commune afin de coordonner leur action sur un territoire donné et d'améliorer la gestion des logements. Le statut de ces sociétés anonymes de coordination est calqué sur celui des sociétés d'habitation à loyer modéré et de crédit immobilier. A l'instar des organismes HLM, les

SA de coordination sont exemptes de l'application de l'article L. 443-14 du code de la construction et de l'habitation (notification obligatoire au préfet) lorsqu'elles cèdent des éléments de leur patrimoine immobilier dans le cadre d'opérations de restructuration faisant suite à une convention passée avec les collectivités locales concernées. ❑

Art. L. 423-1-2 *(L. nº 2003-590 du 2 juill. 2003, art. 90-I)* **Le capital d'une société créée en application de l'article L. 423-1-1 doit être détenu en totalité par des organismes d'habitations à loyer modéré et son conseil d'administration ou son conseil de surveillance est exclusivement composé de représentants permanents de ces organismes.**

Par dérogation aux dispositions des deux premiers alinéas de l'article L. 225-47 du code de commerce, le président du conseil d'administration est élu parmi les représentants permanents des organismes d'habitations à loyer modéré membres de ce conseil et au plus pour la durée du mandat d'administrateur de la personne qu'il représente.

Par dérogation aux dispositions de l'article L. 225-81 du code de commerce, le président et le vice-président du conseil de surveillance sont élus parmi les représentants permanents des organismes d'habitations à loyer modéré membres du conseil de surveillance et chacun au plus pour la durée du mandat de la personne qu'il représente.

La perte de la qualité de représentant permanent met toutefois fin aux fonctions, selon le cas, du président du conseil d'administration, du président ou du vice-président du conseil de surveillance.

Par dérogation aux dispositions de l'article L. 225-1 du code de commerce, le nombre minimum des associés de la société est ramené à deux.

V. note ss. art. L. 423-1-3.

Art. L. 423-1-3 *(L. nº 2003-590 du 2 juill. 2003, art. 90-I)* **Les conseils d'administration ou les conseils de surveillance des sociétés créées en application de l'article L. 423-1-1 comprennent des représentants des locataires des logements gérés par elles et appartenant à leurs actionnaires, élus selon les dispositions communes aux organismes publics et aux sociétés anonymes d'habitations à loyer modéré prévues** *(L. nº 2003-710 du 1er août 2003, art. 49)* **« au quatrième alinéa » de l'article L. 422-2-1.**

A cet effet et par dérogation aux articles L. 225-17 et L. 225-69 du code de commerce, le nombre des membres du conseil d'administration ou du conseil de surveillance peut excéder de deux le nombre d'administrateurs ou de membres du conseil de surveillance fixé par ces articles.

Les représentants des locataires au conseil d'administration ou au conseil de surveillance ont les mêmes droits et obligations que les autres membres du conseil et sont soumis à toutes les dispositions applicables à ces derniers, à l'exception de celles prévues aux articles L. 225-25, L. 225-26, L. 225-72 et L. 225-73 du code de commerce.

Un décret en Conseil d'État précise les conditions d'application du présent article.

Concernant la présentation de la loi nº 2003-590 du 2 juill. 2003 urbanisme et habitat, V. Circ. nº 2003-48 du 31 juill. 2003 (BOMELT nº 2003/15, p. 78) et Circ. nº 2003-52 du 12 août 2003 (BOMELT nº 2003/16, p. 161).

Art. L. 423-2 **Tout organisme d'habitations à loyer modéré gérant plus de 50 000 logements peut être mis en demeure, par arrêté du ministre chargé de la construction et de l'habitation, de céder tout ou partie des logements excédant ce nombre à un ou plusieurs organismes nommément désignés.**

Sur la motivation des arrêtés ministériels, V. Circ. Premier ministre 28 sept. 1987, JO nº hors série 87-872.

Art. L. 423-3 *(L. no 84-46 du 24 janv. 1984, art. 94-VIII-4 ; L. no 96-597 du 2 juill. 1996 ; Ord. no 2006-1048 du 25 août 2006, art. 7-I et V, en vigueur le 1er janv. 2008)* **Les règles financières, budgétaires et comptables applicables aux organismes d'habitations à loyer modéré sont déterminées par décrets.**

Ces décrets précisent les documents administratifs que les organismes d'habitations à loyer modéré sont tenus de fournir annuellement à l'autorité administrative. *– V. art. R. 423-1 s. et art. R. 423-80 (sanction de l'inobservation des règles posées par l'art. L. 423-3). – Instr. no 92-10 du 27 avr. 1992 (Mon. TP 25 sept. 1992, Suppl. textes, p. 301) : comptabilité des sociétés anonymes d'HLM, fondations d'HLM et sociétés coopératives d'HLM.*

Avis du Conseil national de la comptabilité no 2004-11 du 23 juin 2004 relatif aux modalités d'application de la comptabilité par composants et des provisions pour gros entretien dans les organismes de logement social (Bull. CNC no 139, p. 12 ; http ://www.finances.gouv.fr/reglementation/avis/avisCNCompta/2004/avis0411.htm).

BIBL. ► WERTENSCHLAG, *AJDI 2005. 287* (application de la nouvelle réglementation comptable aux organismes d'HLM).

Ces dispositions législatives habilitent le gouvernement à fixer par décret les règles applicables au placement des fonds disponibles des organismes d'HLM qui sont des « règles financières » au sens de l'art. L. 423-3. • CE 24 avr. 1992, *Union nationale des fédérations d'organismes à loyer modéré : Lebon 191*.

Art. L. 423-4 *(L. no 93-122 du 29 janv. 1993, art. 60)* **Le prix maximum de cession des actions des sociétés d'habitations à loyer modéré mentionnées aux articles L. 422-2, L. 422-3 et L. 422-13 est limité au montant du nominal de ces actions, majoré pour chaque année ayant précédé la cession sans pouvoir excéder vingt années d'un intérêt calculé au taux servi au 31 décembre de l'année considérée aux détenteurs d'un premier livret de caisse d'épargne majoré de 1,5 point et diminué des dividendes versés pendant la même période.**

Une dérogation à ces dispositions peut être accordée par le ministre chargé du logement, après avis du comité permanent du Conseil supérieur des habitations à loyer modéré, à la demande d'un actionnaire ayant acquis des actions avant la publication de la loi no 93-122 du 29 janvier 1993 relative à la prévention de la corruption et à la transparence de la vie économique et des procédures publiques à un prix supérieur à celui résultant des dispositions des alinéas précédents, et qui démontrerait que la vente de ses actions à ce prix limité entraînerait pour lui une spoliation.

Toute cession d'actions intervenue en violation des dispositions du présent article est frappée d'une nullité d'ordre public.

Art. L. 423-5 *(L. no 93-122 du 29 janv. 1993, art. 61)* **Par dérogation à l'article L. 225-127 du code de commerce, dans les organismes privés d'habitations à loyer modéré, toute augmentation de capital par incorporation de réserves, bénéfices ou primes d'émission est interdite, sauf dérogation accordée par le ministre chargé du logement après avis du comité permanent du Conseil supérieur des habitations à loyer modéré.**

Toutefois, cette interdiction ne vise pas les augmentations de capital motivées par un éventuel relèvement du minimum légal fixé pour le capital social d'une société anonyme.

Par dérogation aux dispositions des articles L. 225-198 et L. 225-203 du code de commerce, les organismes privés d'habitations à loyer modéré ne peuvent procéder à l'amortissement de leur capital.

En outre, si un organisme privé d'habitations à loyer modéré procède à une réduction de capital dans le cas prévu au deuxième alinéa de l'article L. 225-206 du même code, le prix de rachat ne peut être supérieur au prix maximum calculé en application des deux premiers alinéas de l'article L. 423-4. Si l'organisme procède à une réduction

de son capital par réduction du montant nominal des actions, la somme remboursée aux actionnaires est calculée par application à la quote-part de capital réduite des dispositions des deux premiers alinéas de l'article L. 423-4.

Art. L. 423-6 *(L. nº 2011-525 du 17 mai 2011, art. 130)* I. – En vue de renforcer l'efficacité de leur action dans le cadre d'une bonne organisation, des organismes d'habitations à loyer modéré peuvent créer entre eux et, le cas échéant, avec leurs filiales, des sociétés d'économie mixte de construction et de gestion de logements sociaux, ainsi qu'avec des organismes collecteurs agréés aux fins de participer à la collecte de la participation des employeurs à l'effort de construction mentionnée à l'article L. 313-1 ou les filiales de ces organismes, une structure de coopération ayant pour seul objet la mise en commun de moyens au profit de ses membres.

La structure de coopération fonctionne en l'absence de rémunération moyennant une répartition des coûts entre ses membres en fonction de l'utilisation des services.

Chacune des personnes morales mentionnées au premier alinéa peut adhérer à une structure déjà constituée conformément à ce même alinéa.

Les sociétés d'économie mixte de construction et de gestion de logements sociaux peuvent, dans les mêmes conditions, créer une structure de coopération entre elles et, le cas échéant, les personnes morales mentionnées au premier alinéa du présent I.

Peuvent également adhérer à ces structures, dans les mêmes conditions, les organismes bénéficiant de l'agrément délivré au titre de l'article L. 365-1.

II. – Une convention conclue entre la structure de coopération et chacun de ses membres fixe les modalités de la mise en commun des moyens. Cette convention prévoit notamment la compensation par le membre bénéficiaire du coût exact de l'utilisation des services de la structure.

Un décret en Conseil d'État précise les conditions d'application du présent article.

Art. L. 423-7 et L. 423-8 *Abrogés par L. nº 83-953 du 2 nov. 1983, art. 3.*

Art. L. 423-9 Il est interdit de donner le nom de « société d'habitations à loyer modéré » ou de « société d'habitations à bon marché » à toute société qui n'a pas été constituée en conformité des dispositions du présent titre.

Il est interdit, dans les mêmes conditions, aux personnes physiques et morales autres que les organismes mentionnés à l'article L. 411-2, de faire usage, dans leurs contrats, prospectus, affiches et tous autres documents, de toute appellation susceptible de faire naître une confusion avec les organismes ci-dessus indiqués.

Les contrevenants au présent article sont passibles d'une amende de 4 500 € et d'un emprisonnement de trois mois.

Les tribunaux peuvent ordonner l'insertion et l'affichage des jugements et la suppression des appellations interdites, à peine d'une astreinte pour chaque jour de retard.

Art. L. 423-10 *(L. nº 2006-872 du 13 juill. 2006, art. 57, 2º)* Toute convention, conclue directement ou par personne interposée entre un des organismes mentionnés à l'article L. 411-2 et un de ses dirigeants, un de ses salariés, un de ses administrateurs, un des membres du conseil de surveillance ou une personne morale dans laquelle un de ses dirigeants, un de ses salariés, un de ses administrateurs ou membres du conseil de surveillance exerce des fonctions d'administrateur, de membre du conseil de surveillance ou de dirigeant est subordonnée à l'autorisation préalable du conseil d'administration ou du conseil de surveillance de l'organisme.

COMMENTAIRE

Les nouvelles dispositions des articles L. 423-10 à L. 423-11-3 adaptent le régime des conventions réglementées prévu par le code de commerce aux organismes d'HLM.

Ce dispositif permettant la sécurisation de certaines opérations se substitue aux cas particuliers de prises illégales d'intérêts prévus par les articles L. 423-10 et suivants dans leur ancienne rédaction.

Les conventions réglementées sont soumises à l'autorisation préalable du conseil d'administration ou du conseil de surveillance. A défaut, elles peuvent être annulées si elles ont eu des conséquences dommageables pour l'organisme.

Seules les conventions libres, c'est-à-dire celles qui portent sur des opérations courantes et conclues à des conditions normales, sont exemptées de cette procédure. ❑

Art. L. 423-11 *(L. nº 2006-872 du 13 juill. 2006, art. 57-3º)* **Les sociétés d'habitations à loyer modéré soumettent à l'autorisation préalable de leur conseil d'administration ou de leur conseil de surveillance les conventions visées aux articles L. 225-38 à L. 225-42 ou aux articles L. 225-86 à L. 225-90 du code de commerce, dans les conditions prévues par ces articles.**

Toute convention intervenant directement ou par personne interposée entre un organisme public d'habitations à loyer modéré et son directeur général, l'un de ses directeurs ou l'un de ses administrateurs doit être soumise à l'autorisation préalable du conseil d'administration. Les conventions auxquelles une des personnes visées au présent alinéa est indirectement intéressée sont également soumises à autorisation préalable.

Sont également soumises à autorisation préalable les conventions intervenant entre un organisme public d'habitations à loyer modéré et une entreprise si le directeur général, l'un des directeurs ou l'un des administrateurs de l'organisme est propriétaire, associé indéfiniment responsable, gérant, administrateur, membre du conseil de surveillance ou, de façon générale, dirigeant de cette entreprise.

Art. L. 423-11-1 *(L. nº 2006-872 du 13 juill. 2006, art. 57-4º)* **Les articles L. 423-10 et L. 423-11 ne sont pas applicables aux conventions portant sur des opérations courantes et conclues à des conditions normales.**

Ces conventions sont communiquées par l'intéressé au président du conseil d'administration, à l'exception de celles qui, en raison de leur objet ou de leurs implications financières, ne sont significatives pour aucune des parties. La liste et l'objet de ces conventions sont communiqués par le président aux membres du conseil d'administration.

Art. L. 423-11-2 *(L. nº 2006-872 du 13 juill. 2006, art. 57-4º)* **L'intéressé est tenu d'informer le conseil dès qu'il a connaissance d'une convention soumise à l'article L. 423-11. Il ne peut prendre part au vote sur l'autorisation sollicitée.**

Art. L. 423-11-3 *(L. nº 2006-872 du 13 juill. 2006, art. 57-4º)* **Sans préjudice de la responsabilité de l'intéressé, les conventions visées à l'article L. 423-11 et conclues sans autorisation préalable du conseil d'administration peuvent être annulées si elles ont eu des conséquences dommageables pour l'organisme.**

L'action en nullité se prescrit par trois ans à compter de la date de la convention. Toutefois, si la convention a été dissimulée, le point de départ du délai de la prescription est reporté au jour où elle a été révélée.

Art. L. 423-12 **Nul ne peut être membre du conseil d'administration ou exercer une fonction de direction dans un organisme d'habitations à loyer modéré :**

– s'il tombe sous le coup des interdictions prévues aux articles L. 241-3 et L. 241-4 ;

– pendant un délai de dix ans, s'il a été suspendu dans les conditions définies à l'article L. 422-6 ou s'il était membre d'un conseil d'administration suspendu en application de l'article L. 422-8. La même mesure est applicable pendant la même durée aux membres des conseils d'administration des sociétés dissoutes en application de l'article L. 422-7.

Art. L. 423-13 *(L. nº 2000-1208 du 13 déc. 2000, art. 143)* **L'employeur est tenu d'accorder au salarié siégeant au conseil d'administration ou conseil de surveillance d'un organisme d'habitations à loyer modéré le temps nécessaire pour participer aux séances plénières de cette instance.**

Si, du fait de sa participation à ces séances, le salarié connaît une diminution de sa rémunération, il reçoit de cet organisme une indemnité compensant, sous forme forfaitaire, la diminution de sa rémunération.

Lorsqu'un chef d'entreprise, un artisan, un commerçant, un agriculteur ou un membre d'une profession libérale siégeant au conseil d'administration d'un organisme d'habitations à loyer modéré connaît, du fait de sa participation aux séances plénières de cette instance, une diminution de son revenu ou une augmentation de ses charges, il reçoit de cet organisme une indemnité forfaitaire pour compenser la diminution de son revenu ou l'augmentation de ses charges.

COMMENTAIRE

Cette mesure s'inscrit dans la politique actuelle du législateur qui vise à faciliter la participation des particuliers à la vie publique, notamment en conciliant cette activité avec leur vie professionnelle.

Le mandat des administrateurs est exercé à titre gratuit, néanmoins, l'article L. 423-13 rend obligatoire l'indemnisation des administrateurs d'organismes HLM lorsque leur participation au conseil d'administration ou de surveillance entraîne une diminution de leur rémunération.

Art. L. 423-14 *(L. nº 2010-1657 du 29 déc. 2010, art. 210-I)* **A compter du 1er janvier 2011, les organismes d'habitations à loyer modéré qui disposent d'un patrimoine locatif sont soumis à un prélèvement sur leur potentiel financier.**

Le prélèvement dû au titre d'une année ne peut pas dépasser un montant égal au produit d'une partie des ressources comptabilisées au titre de l'exercice précédent par un taux défini pour chaque organisme. Les ressources prises en compte dans ce calcul sont les loyers et redevances, définis aux deuxième et troisième alinéas de l'article L. 452-4, appelés au cours du dernier exercice clos, et les produits financiers à l'exception des dividendes et des produits financiers issus des sociétés de construction constituées en application du titre Ier du livre II pour la réalisation d'immeubles à usage d'habitation ou à usage professionnel et d'habitation en accession à la propriété. Pour chaque organisme, le taux est de 8 %. Le cas échéant, il est minoré par le taux de croissance moyen sur les cinq derniers exercices du nombre de logements sur lesquels l'organisme détient un droit réel, à l'exception des logements sociaux acquis auprès d'un autre organisme d'habitations à loyer modéré ou d'une société d'économie mixte.

Le potentiel financier correspond à l'écart entre les ressources de long terme et les emplois à long terme. Les ressources de long terme prises en compte sont le capital, les dotations et les réserves à l'exception de la part des plus-values nettes sur cessions immobilières correspondant aux ventes de l'année de logements à des particuliers, les reports à nouveau, les résultats non affectés déduction faite des fonds propres venant en couverture de la garantie délivrée en application du deuxième alinéa de l'article L. 453-1, les subventions d'investissement à l'exclusion des subventions à recevoir, les provisions autres que les provisions pour gros entretien, les emprunts et les dettes assimilées à plus d'un an à l'origine, hors intérêts courus, à l'exception des intérêts compensateurs, hors dépôts et cautionnements reçus. Les emplois à long terme pris en compte correspondent aux valeurs nettes des immobilisations incorporelles et corporelles de toute nature, des immobilisations en cours, aux participations et immobilisations financières, aux charges à répartir et primes de remboursement des obligations.

Le prélèvement sur le potentiel financier dû pour une année est égal au produit du nombre de logements au sens des deuxième et troisième alinéas de l'article L. 452-4

sur lesquels l'organisme détient un droit réel au 31 décembre de l'année précédente par une contribution moyenne par logement.

La contribution moyenne par logement résulte de l'application, à la moyenne des potentiels financiers par logement des cinq exercices précédents, dans des conditions fixées par arrêté du ministre chargé du logement *[V., pour 2011 : Arr. du 31 août 2011, JO 2 sept. ; pour 2012 : Arr. du 23 oct. 2012, JO 1er nov.]* qui portent le produit total annuel du prélèvement sur l'ensemble des organismes visés au premier alinéa à 175 millions d'euros, du barème progressif par tranche suivant :

TRANCHES DU POTENTIEL FINANCIER par logement	TAUX de contribution
Inférieure à 900 €	0 %
De 900 à 1 500 €	de 4 % à ⩽ 8 %
De 1 500 à 2 000 €	de 8 % à ⩽ 12 %
De 2 000 à 3 000 €	de 12 % à ⩽ 16 %
Supérieure à 3 000 €	de 16 % à ⩽ 20 %

Le potentiel financier par logement de chacun des cinq exercices précédents est obtenu en divisant le potentiel financier au 31 décembre de l'exercice par le nombre de logements au sens des deuxième et troisième alinéas de l'article L. 452-4 sur lesquels l'organisme détient un droit réel à la même date.

Les organismes soumis au prélèvement versent avant le 31 août de l'année au titre de laquelle le prélèvement est dû le montant des sommes dont ils sont redevables à la Caisse de garantie du logement locatif social. Les articles L. 452-5 et L. 452-6 sont applicables à ce prélèvement.

Le prélèvement n'est pas effectué si son produit est inférieur à 10 000 € ou si, à la date où il devient exigible, l'organisme bénéficie d'un plan de rétablissement d'équilibre de la Caisse de garantie du logement locatif social ou d'un plan de consolidation ou en a bénéficié dans les cinq années précédant cette date.

Sur sa demande, la Caisse de garantie du logement locatif social obtient des organismes les informations nécessaires à l'application du présent article. Les organismes qui ne communiquent pas ces informations sont redevables d'une pénalité égale à 50 % des droits éludés par logement dans la limite de 300 € par logement au sens des deuxième et troisième alinéas de l'article L. 452-4 sur lesquels l'organisme détient un droit réel au 31 décembre de l'année précédente. Cette pénalité est recouvrée au bénéfice de la Caisse de garantie du logement locatif social dans les conditions prévues à l'avant-dernier alinéa de l'article L. 452-5.

Un organisme d'habitations à loyer modéré ou une société d'économie mixte de construction et de gestion de logements sociaux qui contrôle de manière exclusive ou conjointe, dans les conditions prévues par l'article L. 233-16 du code de commerce, un ou plusieurs organismes ou sociétés peut opter, avec leur accord, pour une détermination consolidée du potentiel financier par logement. Cette option est valable pour une période de cinq ans.

Dans ce cas, le potentiel financier consolidé par logement est obtenu en faisant la somme algébrique des ressources, des emplois et des logements de chaque organisme ou société.

Chaque organisme ou société est alors redevable d'un prélèvement égal au produit du nombre de ses logements au sens des deuxième et troisième alinéas de l'article L. 452-4 du présent code sur lesquels il détient un droit réel au 31 décembre de l'année précédente par la contribution moyenne par logement du groupe.

Chaque membre du groupe opte soit pour le prélèvement mentionné aux trois alinéas précédents, soit pour le prélèvement calculé à partir de ses seules données déclaratives.

Un décret en Conseil d'État fixe, en tant que de besoin, les conditions d'application du présent article. – *V. art. R. 452-34 s.*

Les sociétés d'économie mixte sont soumises dans les mêmes conditions au prélèvement pour les logements à usage locatif et les logements-foyers leur appartenant et conventionnés dans les conditions définies à l'article L. 351-2 du présent code ou, dans les départements d'outre-mer, construits, acquis ou améliorés avec le concours financier de l'État.

Les investissements et financements des opérations financées en application des articles 199 *undecies* C et 217 *undecies* du code général des impôts ne sont pas retenus dans le calcul du potentiel financier par logement avant la cinquième année suivant leur mise en service.

COMMENTAIRE

Le projet de loi de mobilisation pour le logement et la lutte contre l'exclusion avait prévu la mise en place d'un prélèvement opéré sur les ressources financières des organismes d'HLM lorsque ceux-ci n'investissaient pas suffisamment. Le Conseil constitutionnel, dans sa décision nº 2009-578 DC du 18 mars 2009, a censuré ce dispositif en jugeant qu'en n'encadrant pas suffisamment ce mécanisme, le législateur avait fait preuve d'incompétence négative.

La loi nº 2009-431 du 20 avril 2009 de finances rectificative pour 2009 rétablit ce dispositif qui mutualise les ressources des organismes d'HLM en vue de les inciter à développer leurs investissements.

L'article 210 de la loi de finances pour 2011 réforme à nouveau le dispositif. Le nouveau prélèvement, toujours assis sur le potentiel financier et le nombre de logements de l'organisme d'HLM, porte désormais sur les cinq dernières années et les taux de son barème seront fixés par un arrêté du ministère du logement afin d'obtenir un produit de 175 millions d'euros. Recueillies par la Caisse de garantie du logement locatif social au sein d'un fonds spécifique, ces sommes ont vocation à financer la participation de l'État à l'ANRU et les subventions versées par l'État aux organismes d'HLM pour produire du logement locatif social. Ce dispositif a été validé par le Conseil constitutionnel dans sa décision nº 2010-622 DC du 28 décembre 2010.

Art. L. 423-15 *(L. nº 2011-525 du 17 mai 2011, art. 128)* **Un organisme d'habitations à loyer modéré peut consentir une avance en compte courant à une société d'habitations à loyer modéré dont il détient au moins 5 % du capital. Le taux d'intérêt de cette avance ne peut excéder de 1,5 point le taux servi au détenteur d'un livret A. Cette avance est soumise à un régime de déclaration préalable aux ministres chargés du logement et de l'économie. L'absence d'opposition motivée conjointe des deux ministres dans un délai de deux mois vaut accord. Les modalités de la déclaration sont définies par décret.** – *V. art. R. 423-1-1 et R. 423-1-3.*

S'il exerce une activité locative, l'organisme d'habitations à loyer modéré prêteur informe la caisse de garantie du logement locatif social de la conclusion et des conditions de l'avance. S'il exerce une activité d'accession à la propriété, il informe la société de garantie des organismes d'habitations à loyer modéré contre les risques d'opérations immobilières de la conclusion et des conditions de l'avance.

Art. L. 423-16 *(L. nº 2011-525 du 17 mai 2011, art. 131)* **Un organisme d'habitations à loyer modéré peut consentir sur ses ressources disponibles à long terme des prêts participatifs visés aux articles L. 313-13 à L. 313-16 du code monétaire et financier, à une ou plusieurs sociétés d'habitations à loyer modéré avec lesquelles il a, directement ou indirectement, des liens de capital lui donnant un pouvoir de contrôle effectif sur cette ou ces sociétés au sens de l'article L. 233-3 du code de commerce. Ce prêt est soumis à un régime de déclaration préalable aux ministres chargés du logement et de**

l'économie. L'absence d'opposition motivée conjointe des deux ministres dans un délai de deux mois vaut accord. Les modalités de la déclaration sont définies par décret. – *V. art. R. 423-1-2 et R. 423-1-3.*

Ces prêts participatifs sont rémunérés sans que le taux fixe augmenté de la part variable déterminée par contrat puisse excéder le taux d'intérêt servi au détenteur d'un livret A, majoré de 1,5 point.

L'organisme d'habitations à loyer modéré prêteur informe la caisse mentionnée à l'article L. 452-1 du présent code s'il exerce une activité locative et la société de garantie des organismes d'habitations à loyer modéré contre les risques d'opérations immobilières mentionnée à l'article L. 453-1 s'il exerce une activité d'accession à la propriété de la conclusion et des conditions du prêt à l'organisme d'habitations à loyer modéré bénéficiaire.

CHAPITRE IV DISPOSITIONS DIVERSES

Art. L. 424-1 *(Ord. nº 2010-638 du 10 juin 2010, art. 9-II, en vigueur le 1er janv. 2013)* **Les formalités hypothécaires donnent lieu, lorsqu'elles intéressent les organismes indiqués aux chapitres Ier et II du titre III du présent livre, à l'application des dispositions de l'article 881 L du code général des impôts.**

Art. L. 424-2 *(L. nº 2000-1208 du 13 déc. 2000, art. 69)* **Les organismes d'habitations à loyer modéré peuvent participer à des actions de développement à caractère social d'intérêt direct pour les habitants des quartiers d'habitat social, dans le cadre des contrats de ville conclus en application de l'article 27 de la loi nº 99-533 du 25 juin 1999 d'orientation pour l'aménagement et le développement durable du territoire.**

TITRE TROISIÈME DISPOSITIONS FINANCIÈRES

CHAPITRE PREMIER PRÊTS ET CONCOURS FINANCIERS DIVERS AUX ORGANISMES D'HABITATIONS À LOYER MODÉRÉ

V. Circ. nº 88-79 du 23 oct. 1988 (équip.), Mon. TP 2 déc. 1988, Suppl. textes, p. 20 : aide à l'amélioration de la qualité du service et de la gestion dans l'habitat social.

Concernant la mise en œuvre de la politique du logement et la programmation des financements aidés de l'État : pour 2005, V. Circ. nº 2005-22 du 17 mars 2005 (BOMELT nº 2005/7, p. 111) ; pour 2006, V. Circ. nº 2006-13 du 1er mars 2006 (BOMELT nº 2006/5, p. 47).

COMMENTAIRE

Les prêts consentis aux organismes d'HLM pour des opérations d'investissements locatifs font l'objet d'une garantie qui, si elle n'est pas fournie par les collectivités locales ou les chambres de commerce et d'industrie territoriales, peut être assurée par la Caisse de garantie du logement locatif social (cf. Titre V, chapitre II). La loi solidarité et renouvellement urbains du 13 décembre 2000 transfère de la Caisse de garantie à la Caisse des dépôts et consignations le droit de prendre une hypothèque légale en garantie des concours qu'elle accorde aux opérations locatives. ❑

Art. L. 431-1 Lorsque le paiement des annuités afférent au remboursement des prêts consentis aux organismes d'habitations à loyer modéré n'est pas garanti par une collectivité locale, un établissement public groupant des collectivités locales, une *(L. nº 2010-853 du 23 juill. 2010, art. 8)* « chambre de commerce et d'industrie territoriale » ou par un engagement du fonds de garantie créé à cet effet, dans des conditions fixées par décision de l'autorité administrative, la créance en principal, intérêts et accessoires de l'État ou des établissements prêteurs qui lui sont substitués, est garantie par une hypothèque légale sur les immeubles. Cette hypothèque s'étend à l'ensemble des constructions édifiées à l'aide des prêts et aux terrains sur lesquels elles sont implantées. Toutefois, son assiette peut être limitée conventionnellement par le contrat de prêt.

La radiation de l'hypothèque est effectuée sur mainlevée selon le cas, de l'autorité administrative, ou du représentant légal de l'établissement prêteur.

(L. nº 85-695 du 11 juill. 1985, art. 21) « La caisse de garantie du logement social est subrogée, à compter du 1er janvier 1986, dans l'hypothèque prise par les sociétés de crédit immobilier comme garantie des prêts qu'elles consentent au moyen des avances accordées jusqu'à cette date par la caisse de prêts aux organismes d'habitations à loyer modéré. La Caisse des dépôts et consignations est subrogée dans l'hypothèque prise par ces sociétés comme garantie des prêts qu'elles consentent au moyen des avances accordées par cette caisse. Ces subrogations peuvent se substituer en partie à la garantie prévue au premier alinéa du présent article dans des conditions fixées par décision de l'autorité administrative. » – *Effet à compter du 1er janv. 1986. – V. art. R. 431-62.*

(L. nº 86-1290 du 23 déc. 1986, art. 79) « Lorsque le fonds de garantie géré par la caisse de garantie du logement social apporte sa garantie aux opérations de construction ou d'acquisition et d'amélioration réalisées par les organismes d'habitations à loyer modéré ou les sociétés d'économie mixte en application du 3º de l'article L. 351-2, il peut demander que soit inscrite à son profit une hypothèque légale qui s'étend aux biens immobiliers acquis ou édifiés à l'aide de prêts qu'il a garantis. » *(L. nº 2000-1208 du 13 déc. 2000, art. 161, 1ºet 2º)* « A compter de l'entrée en vigueur de la loi nº 2000-1208 du 13 décembre 2000 relative à la solidarité et au renouvellement urbains, aucune nouvelle inscription d'hypothèque légale ne peut être demandée au profit du fonds de garantie. »

« Lorsqu'elle consent un prêt pour la construction, l'acquisition ou l'amélioration de logements locatifs sociaux, la Caisse des dépôts et consignations peut inscrire, en garantie de sa créance en principal, intérêts et accessoires, une hypothèque légale sur les immeubles faisant l'objet du prêt. Ces dispositions s'appliquent également lorsque la créance est née avant l'entrée en vigueur de la loi nº 2000-1208 du 13 décembre 2000 précitée. »

Art. L. 431-2 Le taux des intérêts moratoires, en cas de retard dans les remboursements de prêts consentis par l'État, est fixé par décision administrative.

Ce taux s'applique aux contrats en cours, nonobstant toute clause contraire.

Art. L. 431-3 La caisse de prêts aux organismes d'habitations à loyer modéré est substituée à l'État, en ce qui concerne les opérations qu'elle a prises en charge à compter du 1er janvier 1966. – *V. art. R. 431-30 s.*

(L. nº 85-695 du 11 juill. 1985, art. 21-II) « La caisse de garantie du logement social est substituée à la caisse de prêts aux organismes d'habitations à loyer modéré à compter du 1er janvier 1986 pour la gestion des prêts et la bonne fin des financements consentis par cette dernière jusqu'au 31 décembre 1985 dans des conditions fixées par décret en Conseil d'État.

« La caisse de garantie du logement social est substituée de plein droit dans les droits et obligations de la caisse de prêts aux organismes d'habitations à loyer modéré à compter du 1er janvier 1986. »

(L. nº 95-1347 du 30 déc. 1995, art. 3) **« A compter du 1er janvier 1996, la Caisse des dépôts et consignations est substituée à la Caisse de garantie du logement social pour la gestion des prêts et la bonne fin des financements consentis par la Caisse de prêts aux organismes d'habitations à loyer modéré jusqu'au 31 décembre 1985. La Caisse des dépôts et consignations (section des fonds d'épargne) est substituée de plein droit dans les droits et obligations de la Caisse de garantie du logement social relatifs à ces financements à compter de la même date. »**

V. Arr. du 25 juill. 1994 (JO 29 juill.) : réaménagement des prêts à l'habitat social. – Décr. nº 66-156 du 19 mars 1966 (JO 20 mars, p. 2289) : institution d'une caisse de prêts aux organismes d'HLM. – Décr. nº 66-157 du 19 mars 1966 (JO 20 mars, p. 2290) : opérations de la caisse de prêts aux organismes d'HLM.

Art. L. 431-4 *(L. nº 2000-1208 du 13 déc. 2000, art. 65)* **« Les régions, les départements, les communes et les établissements publics de coopération intercommunale peuvent : »**

1º Consentir aux organismes d'habitations à loyer modéré *(L. nº 2000-1208 du 13 déc. 2000, art. 66)* **« visés à l'article L. 411-2 » des prêts dont les conditions générales d'emploi sont déterminées par les conventions établies à cet effet, et leur allouer des subventions ;**

2º Souscrire à des obligations des sociétés d'habitations à loyer modéré et de crédit immobilier ;

3º Souscrire ou acquérir des actions de sociétés d'habitations à loyer modéré et de crédit immobilier, lesdites actions devant être entièrement libérées et ne devant pas dépasser les deux tiers du capital social ;

4º Faire apport, sous les mêmes réserves, aux sociétés d'habitations à loyer modéré de terrains ou de constructions, la valeur attribuée à ces apports ne pouvant être inférieure à leur valeur réelle.

Une commune est en droit d'attribuer à un OPAC une subvention destinée à atténuer les pertes qui résulteraient de la vacance prolongée des logements pour des motifs tenant à l'absence de demande de location. • CAA Lyon, 31 mars 2005, *OPAC du Puy-de-Dôme*, req. nº 99LY00088 : *RDI 2005. 284, obs. Brouant et Carraz*.

Art. L. 431-5 *(L. nº 83-440 du 2 juin 1983, art. 5)* **« Les bureaux d'aide sociale, les hospices et les hôpitaux à caractère communal, intercommunal, départemental, interdépartemental peuvent employer une partie » de leur patrimoine soit en prêts aux organismes d'habitations à loyer modéré et aux sociétés de crédit immobilier, soit en obligations ou actions de ces sociétés, lesdites actions entièrement libérées et ne pouvant dépasser les deux tiers du capital social. Le montant cumulé des emplois de fonds autorisés par le présent article ne peut excéder deux cinquièmes du patrimoine des établissements sus-indiqués.**

Sur la nouvelle dénomination des bureaux d'aide sociale en « centres d'action sociale », V. CASF, art. L. 123-4 s. – **CASF**.

Art. L. 431-6 *Abrogé par L. nº 85-695 du 11 juill. 1985, art. 21-III, à compter du 1er janv. 1986. V. art. R. 431-1 s.*

CHAPITRE II PRÊTS AUX AUTRES ORGANISMES ET COLLECTIVITÉS

Art. L. 432-1 *(L. nº 83-440 du 2 juin 1983, art. 5)* **« Les communes peuvent construire des habitations pour familles nombreuses répondant aux conditions prévues par l'article L. 411-1. »**

Ces habitations peuvent également être construites par les offices publics ou par les sociétés anonymes d'habitations à loyer modéré pour le compte des communes.

Les habitations mentionnées aux deux alinéas précédents ne peuvent être gérées que par des offices publics d'habitations à loyer modéré ou des sociétés anonymes d'habitations à loyer modéré.

Pour la construction de ces habitations, les communes bénéficient des dispositions des articles L. 431-1, L. 431-2, L. 442-7, L. 443-18 et R. 431-1 à R. 431-6.

Art. L. 432-2 Les sociétés coopératives de construction dont les membres sont soumis aux dispositions des articles L. 443-1 à L. 443-6 et qui font appel, à titre de prestataire de services, à un organisme d'habitations à loyer modéré, peuvent bénéficier de prêts accordés dans le cadre de la législation sur les habitations à loyer modéré.

Les sociétés coopératives de construction mentionnées à l'alinéa précédent peuvent conclure avec leurs membres des contrats de vente à terme conformément au deuxième alinéa de l'article L. 261-10.

Conformément à l'article 1378 *sexies* du code général des impôts, elles sont soumises au même régime fiscal que les organismes d'habitations à loyer modéré. – *V. CGI, art. 207.* – **CGI**.

(L. nº 94-624 du 21 juill. 1994, art. 48) « Chaque associé ne peut être tenu de contribuer aux dépenses nécessaires à la réalisation de l'objet social et au remboursement des prêts mentionnés à l'alinéa premier qu'en proportion de la quote-part afférente au lot destiné à lui être attribué ou vendu ».

(L. nº 95-116 du 4 févr. 1995, art. 108) « En cas de défaillance d'un associé, le remboursement de ses dettes de toute nature à l'égard de la société coopérative de construction est pris en charge par l'organisme d'habitations à loyer modéré gérant cette société, lequel est alors subrogé dans les droits de la société.

« Pendant la durée d'existence de la société coopérative, le résultat net de chaque exercice ne peut être affecté qu'à des réserves non distribuables. A la dissolution de la société, l'assemblée générale appelée à statuer sur la liquidation ne peut, après paiement du passif et remboursement du capital social, attribuer l'excédent éventuel que font apparaître les comptes de clôture de liquidation qu'à une société civile coopérative de construction proposée par l'organisme d'habitations à loyer modéré gérant de la société, à l'organisme d'habitations à loyer modéré gérant de la société ou, à défaut, à un autre organisme de même nature que les précédents. »

Art. L. 432-3 Les sociétés de bains-douches agréées dans les conditions prévues à l'article L. 422-5 bénéficient des dispositions des articles L. 431-1, L. 431-2, L. 442-7, L. 443-18 et R. 431-1 à R. 431-6.

Art. L. 432-4 Les sociétés et unions de sociétés mutualistes et les associations reconnues d'utilité publique ayant reçu des prêts de l'État au titre de la législation sur les habitations à loyer modéré, dans les mêmes conditions que les sociétés de crédit immobilier, bénéficient des dispositions des articles L. 431-1, L. 431-2, L. 442-7, L. 443-18, R. 431-1 à R. 431-6 et R. 431-49 à R. 431-56. – *V. art. R. 432-4 s.*

Art. L. 432-5 *Abrogé par L. nº 81-1160 du 30 déc. 1981, art. 115-I.*

Art. L. 432-6 Les organismes mentionnés au présent chapitre sont soumis au contrôle de l'autorité administrative en ce qui concerne les opérations ayant bénéficié d'un prêt de la caisse de prêts aux organismes d'habitations à loyer modéré *(L. nº 85-695 du 11 juill. 1985, art. 21-IV)* « , ou d'un prêt de la Caisse des dépôts et consignations consenti en application du 3º de l'article L. 351-2 ».

V. art. R. 432-1 s.

CHAPITRE III MARCHÉS DES ORGANISMES D'HABITATIONS À LOYER MODÉRÉ

Art. L. 433-1 *(Ord. nº 2005-649 du 6 juin 2005, art. 41-I)* **Les marchés conclus par les organismes privés d'habitation à loyer modéré sont soumis aux dispositions de l'ordonnance nº 2005-649 du 6 juin 2005 relative aux marchés passés par certaines personnes publiques ou privées non soumises au code des marchés publics.** – *Disposition entrée en vigueur le 1er sept. 2005.*

Les organismes privés d'habitation à loyer modéré ont été transformés de plein droit en offices publics de l'habitat (Ord. nº 2007-137 du 1er févr. 2007, art. 6).

[Jurisprudence rendue sous l'empire de l'ancien art. L. 433-1 mais transposable au régime actuel]

Pour la Cour de justice des Communautés européennes, la gestion des SA d'HLM est soumise à un contrôle des pouvoirs publics qui leur permet d'influencer les décisions de ces dernières en matière de marché public de telle sorte que toutes les conditions prévues par la directive CEE nº 93/37 du 14 juin 1993 sont remplies pour doter les SA d'HLM des pouvoirs d'adjudication les contraignants à publier leurs avis d'appel d'offres – ouvert ou restreint – et de marchés négociés au *Journal officiel* des Communautés européennes en plus des annonces nationales. • CJCE, 5e ch., 1er févr. 2001 : *aff. C-237/99.* ◆ Un marché ayant pour objet des travaux de réhabilitation d'immeubles d'habitation dans l'enceinte d'un hôpital conclu entre une société d'HLM et une société est un contrat de droit privé. • CAA Paris, 15 déc. 2008, *Sté d'HLM pour Paris et sa région* : *req. nº 06PA01886.* ◆ Un contrat de fourniture conclu par un OPAC agissant sur mandat et pour le compte d'une société d'HLM au titre des besoins propres de cette dernière est un contrat de droit privé qui relève de la compétence du juge judiciaire. • CE 3 juin 2009, *OPAC du Rhône*, req. nº 324405 : *Lebon T. 825* ; *AJDA 2009. 1126*.

Art. L. 433-2 *(L. nº 2009-179 du 17 févr. 2009, art. 4)* **Un organisme d'habitations à loyer modéré mentionné à l'article L. 411-2 ou une société d'économie mixte peut, dans le cadre de l'article 1601-3 du code civil ou des articles L. 262-1 à L. 262-11 du présent code, acquérir :**

– des immeubles ayant les caractéristiques de logement-foyer mentionné à l'article L. 633-1 ou de résidence hôtelière à vocation sociale mentionnée à l'article L. 631-11 ;

– des ouvrages de bâtiment auprès d'un autre organisme d'habitations à loyer modéré ou d'une autre société d'économie mixte ;

– des logements inclus dans un programme de construction, à la condition que celui-ci ait été établi par un tiers et que les demandes de permis de construire aient déjà été déposées.

COMMENTAIRE

Parmi les modalités d'association du secteur privé à la production de logements sociaux, le recours à la vente en l'état futur d'achèvement (VEFA) occupe une place particulière. Autorisée depuis la loi d'orientation pour la ville de 1991 – qui fait sortir du champ d'application de la loi MOP les organismes d'HLM y ayant recours – la technique de la VEFA traduisait une association très en amont des organismes d'HLM à la définition des produits immobiliers. Compte tenu des fortes contraintes de gestion locative, l'organisme HLM a tout intérêt à intervenir dès la conception du programme afin de minimiser un certain nombre de charges (équipements coûteux ou inadaptés…). Cette association, justifiée sur le plan pratique, pose toutefois des difficultés juridiques dans la mesure où l'intervention d'une autorité publique dans la conception même de l'ouvrage peut faire basculer l'acquisition en un marché public de travaux. La loi nº 2009-179 du 17 février 2009 pour l'accélération des programmes de construction et d'investissement publics et privés est venue mettre un terme à ces pratiques. Le nouvel article L. 433-2 du CCH autorise en effet les organismes HLM à recourir à la VEFA pour « des logements inclus dans un programme de construction, à la condition que celui-ci ait été établi par un tiers et que les demandes de permis de construire aient déjà été déposées ». Cette dernière condition limite d'autant la capacité d'intervention des organismes dans la définition du programme réalisé en VEFA. ❑

CHAPITRE IV RÉMUNÉRATION DES INGÉNIEURS, ARCHITECTES ET TECHNICIENS

Néant.

V. art. R. 434-1 s.

TITRE QUATRIÈME RAPPORTS DES ORGANISMES D'HABITATIONS À LOYER MODÉRÉ ET DES BÉNÉFICIAIRES

BIBL. ► BARRÉ-PÉPIN, *Loyers et copr., 2006. Étude 11* (vente et gestion du parc HLM et loi ENL). – BROUANT, *AJDI 2006. 717* (loi ENL et logement social) ; *Mélanges Y. Jégouzo, Dalloz 2009. 221* (les organismes d'HLM sont-ils propriétaires de leur patrimoine locatif ?). – DEBEAURAIN et ATIAS, *Ann. loyers, 1990. 1002* (la situation juridique des locataires et occupants d'HLM). – DEVILLARD, La location HLM, *Éd. Masson, 1991.* – LIPIETZ et ROUQUETTE, *AJPI 1992. 504 s.* (la répartition du contentieux en matière de logement social). – WERTENSCHLAG, La location HLM, *Éd. Dalloz, 1997.*

COMMENTAIRE

Bien que les rapports des organismes d'HLM avec les locataires relèvent essentiellement du droit privé et du juge judiciaire, ces rapports ne sont pas entièrement régis par le droit commun.

En effet, compte tenu de l'objet social des organismes d'HLM, ces rapports sont très fortement encadrés par le code de la construction et de l'habitation.

Ces règles spécifiques concernent à la fois les procédures d'attributions des logements, la fixation des loyers exigibles et les possibilités de cession du patrimoine locatif social. ❑

CHAPITRE PREMIER CONDITIONS D'ATTRIBUTION DES LOGEMENTS ET PLAFONDS DE RESSOURCES – SUPPLÉMENT DE LOYER DE SOLIDARITÉ

V. Circ. nº 98-92 du 13 oct. 1998 relative aux dispositions sur le logement contenues dans la loi nº 98-657 du 29 juill. 1998 d'orientation relative à la lutte contre les exclusions (BOMELT nº 98/20).

SECTION PREMIÈRE CONDITIONS D'ATTRIBUTION DES LOGEMENTS ET PLAFONDS DE RESSOURCES

(L. nº 96-162 du 4 mars 1996)

BIBL. ► BROUANT, *AJDI 1998. 335* (les pouvoirs du maire en matière d'attribution des logements sociaux) ; *LPA 1999, nº 94* (communes et logement social : la consécration d'un pouvoir réglementaire) ; *DAUH 2002, p. 159* (mixité sociale, droit au logement et communautarisme).

– Brouant et Brouillaud, *AJDI 2000. 895* (les décisions des commissions d'attribution d'HLM). – Bourgeois, L'attribution des logements sociaux. Politique publique et jeux des acteurs locaux, *L'Harmattan, 1996*. – Eyraud et Lajouse, *LPA 1994, no 69* (intervention des communautés urbaines en matière d'habitat). – Heugas-Darraspen, *RDI 1999. 1* (le volet logement dans la loi no 98-657 du 29 juillet 1998 d'orientation relative à la lutte contre les exclusions). – Jégouzo, *RFAP 1990, no 56, p. 673* (la répartition des responsabilités entre l'État et les collectivités locales dans le domaine de l'habitat social). – Lipietz et Rouquette, *AJPI 1990. 681* (attribution des logements sociaux). – Monéger, *AJDI 1990. 681* (attribution des logements sociaux). – Soubelet, *Rev. adm. 1991, no 263, p. 453* (le logement des personnes défavorisées). – Teilliais, *Ann. loyers, févr. 1997, p. 104* (l'attribution des logements HLM). – Vial-Pedroletti, *JCP N 1998, no 48, p. 1687* (la loi sur l'exclusion : les dispositions relatives au logement). – Wertenschlag, *AJPI 1991. 403* (la réservation conventionnelle des logements HLM) ; *AJDI 1998. 903* (le logement social après la loi relative à la lutte contre les exclusions) ; *AJDI 2001. 398* (réforme du régime locatif des logements sociaux).

COMMENTAIRE

Sous la mention « conditions d'attributions des logements », le code de la construction et de l'habitation regroupe différents critères qui ne sont pas tous des critères d'attribution. Il faut ainsi distinguer entre trois types de critères :

- **les critères d'admission :** ceux-ci sont assez sommaires et leur respect ouvre droit à ce que la demande soit examinée. Ces critères font l'objet d'une définition nationale qui peut cependant varier selon la localisation géographique du candidat
- **les critères de priorité :** ils permettent aux candidats qui respectent les critères d'admission d'avoir un droit à ce que leur demande soit prioritairement examinée. Là aussi on ne peut parler d'un droit à l'attribution car il s'agit simplement d'un droit à ce que la demande fasse l'objet d'un examen prioritaire : une personne prioritaire peut ne pas remplir les critères d'attribution. Ces critères sont également définis au niveau national mais leur prise en compte peut varier localement.
- **les critères d'attribution :** ce sont les critères utilisés pour juger qu'une personne, simplement admissible ou prioritaire, peut bénéficier d'un logement. Ces critères sont définis d'un point de vue national et, dans le respect de leurs grandes lignes, sont précisés par les organismes bailleurs.

La loi d'orientation du 29 juillet 1998 relative à la lutte contre les exclusions a réformé la procédure d'attribution des logements en vue de la rendre plus transparente et de renforcer l'égalité de traitement entre tous les demandeurs.

Elle introduit un **mécanisme d'enregistrement départemental unique** de toute demande de logement locatif social et permet la saisine d'une commission paritaire de médiation en l'absence d'offre de logement dans le délai fixé par arrêté préfectoral.

De même, la loi introduit un **régime d'accord triennal entre l'État et les bailleurs sociaux** devant aboutir, dans chaque département, à un objectif quantifié d'accueil de personnes cumulant des handicaps économiques et sociaux au sein du parc social.

L'article 70 de la loi ENL du 13 juillet 2006, tout en confirmant ces orientations, les amplifie. En particulier, la loi autorise les EPCI à conclure avec les bailleurs HLM un accord collectif intercommunal qui, comme l'accord collectif départemental, fixe pour chaque bailleur social un engagement annuel d'attributions de logement à des personnes défavorisées.

Art. L. 441 *(L. no 98-657 du 29 juill. 1998, art. 56-I)* **L'attribution des logements locatifs sociaux participe à la mise en œuvre du droit au logement, afin de satisfaire les besoins des personnes de ressources modestes et des personnes défavorisées.**

L'attribution des logements locatifs sociaux doit notamment prendre en compte la diversité de la demande constatée localement ; elle doit favoriser l'égalité des chances des demandeurs et la mixité sociale des villes et des quartiers.

Les collectivités territoriales concourent, en fonction de leurs compétences, à la réalisation des objectifs mentionnés aux alinéas précédents.

Les bailleurs sociaux attribuent les logements locatifs sociaux dans le cadre des dispositions de la présente section.

L'État veille au respect des règles d'attribution de logements sociaux.

V. Circ. 26 avr. 1994 (JO 7 juin), relative à l'attribution et à la réservation des logements sociaux.

V. aussi, le protocole d'accord du 17 déc. 1997 entre l'État et l'Union nationale des fédérations des organismes d'HLM relatif à l'attribution de logements sociaux (Mon. TP 26 déc. 1997, Suppl. textes, p. 244).

1. Il résulte des dispositions de l'art. L. 441 que la diversité de la demande constatée localement et l'objectif d'égalité des chances entre les demandeurs doivent être pris en compte pour l'attribution des logements sociaux. Dès lors le gouvernement ne porte pas atteinte au principe d'égalité en définissant une modulation des plafonds de ressources différente en fonction des types de logement. • CE 15 déc. 2000, *Féd. nationale des familles de France*, req. n° 213439 : *Lebon 611*. ♦ Eu égard aux objectifs définis par l'art. L. 441, le Gouvernement ne méconnaît pas le principe d'égalité en classant dans la même catégorie de plafond de ressources applicable, à nombre d'enfants égal, les ménages composés d'un seul parent et les ménages dont les deux parents vivent au foyer. • Même arrêt. ♦ Le principe d'égalité ne faisait pas obstacle à ce que, pour des motifs d'intérêt général, et notamment pour favoriser l'atteinte des objectifs fixés à l'art. L. 441, le pouvoir réglementaire prévoie la possibilité pour le préfet d'arrêter des règles dérogeant localement et temporairement aux conditions de ressources déterminées au plan national. • CE 27 juill. 2001, *Assoc. Droit au logement*, req. n° 214768 : *AJDI 2002. 54, obs. J.-Ph. Brouant*.

2. Sont contraires à la lettre et à l'esprit des art. L. 441 s. les dispositions d'un règlement intérieur d'un conseil d'administration d'un OPAC qui fixent un plancher minimum de ressources pour l'attribution des logements, ces dispositions ayant pour effet d'exclure de l'attribution des dits logements sociaux les candidats les plus défavorisés et en particulier les familles nombreuses. • TA Marseille, 23 avr. 2001, *Assoc. droit au logement Marseille-Provence*, req. n° 011684 : *AJDI 2001. 634, obs. J.-Ph. Brouant*.

3. Commet une erreur de droit la commission d'attribution d'un OPHLM refusant l'attribution d'un logement à une personne proposée au titre du contingent préfectoral, au motif de l'insuffisance des ressources du ménage. Compte tenu de la situation prioritaire du demandeur, la commission ne pouvait se fonder sur ce seul motif pour refuser l'attribution d'un logement. • TA Versailles, 6 juill. 2001, *Taga Fosso*, req. n° 010174 : *AJDI 2001. 827, obs. J.-Ph. Brouant*. ♦ Le refus illégal opposé à une demande de logement est susceptible d'entraîner la responsabilité de l'organisme d'HLM. • CAA Versailles, 10 févr. 2005, *M. X.*, req. n° 02VE01219 : *AJDI 2005. 413, note Brouant*.

4. L'objectif de mixité sociale légitime le refus d'attribution à un ménage en difficulté d'un logement HLM situé dans un quartier qui connaît des tensions sociales particulières. • Aix-en-Provence, 28 juin 2005 : *AJDI 2006. 223, obs. Brouant*.

Art. L. 441-1 *(L. n° 98-657 du 29 juill. 1998, art. 56-I)* **Le décret en Conseil d'État prévu à l'article L. 441-2-6 détermine les conditions dans lesquelles les logements construits, améliorés ou acquis et améliorés avec le concours financier de l'État ou ouvrant droit à l'aide personnalisée au logement et appartenant aux organismes d'habitations à loyer modéré ou gérés par ceux-ci sont attribués par ces organismes. Pour l'attribution des logements, ce décret prévoit qu'il est tenu compte notamment** *(L. n° 2006-872 du 13 juill. 2006, art. 70-I, 2°)* **« du patrimoine, » de la composition, du niveau de ressources et des conditions de logement actuelles du ménage, de l'éloignement des lieux de travail et de la proximité des équipements répondant aux besoins des demandeurs.** *(L. n° 2005-706 du 27 juin 2005, art. 15)* **« Il est également tenu compte, pour l'attribution d'un logement, de l'activité professionnelle des membres du ménage lorsqu'il s'agit d'assistants maternels ou d'assistants familiaux agréés. »** – *V. art. R. 441-3 s.*

(L. n° 2009-323 du 25 mars 2009, art. 80) **« Lorsque le demandeur de logement est l'un des conjoints d'un couple en instance de divorce, cette situation étant attestée par une ordonnance de non-conciliation, ou lorsque ce demandeur est dans une situation d'urgence attestée par une décision du juge prise en application de l'article 257 du code civil ou par »** *(L. n° 2010-769 du 9 juill. 2010, art. 22)* **« une**

ordonnance de protection délivrée par le juge aux affaires familiales en application du titre XIV du livre Ier du même code » *(L. no 2009-323 du 25 mars 2009, art. 80)* « , ou lorsque ce demandeur est une personne qui était liée par un pacte civil de solidarité dont elle a déclaré la rupture au greffe du tribunal d'instance, les seules ressources à prendre en compte sont celles du requérant au titre de l'avant-dernière année précédant celle de la signature du nouveau contrat. Cette disposition est également applicable aux personnes mariées, liées par un pacte civil de solidarité ou vivant maritalement lorsque l'une d'elles est victime de violences au sein du couple attestées par le récépissé du dépôt d'une plainte par la victime.

« Le décret mentionné au premier alinéa » *(L. no 2006-872 du 13 juill. 2006, art. 70-I-2o)* « fixe des critères généraux de priorité pour l'attribution des logements, notamment au profit :

« *a)* De personnes en situation de handicap ou de familles ayant à leur charge une personne en situation de handicap ;

« *b)* De personnes mal logées, défavorisées ou rencontrant des difficultés particulières de logement pour des raisons d'ordre financier ou tenant à leurs conditions d'existence ;

« *c)* De personnes hébergées ou logées temporairement dans un établissement ou un logement de transition ;

« *d)* De personnes mal logées reprenant une activité après une période de chômage de longue durée ; »

(L. no 2009-323 du 25 mars 2009, art. 81) « *e)* De personnes mariées, vivant maritalement ou liées par un pacte civil de solidarité justifiant de violences au sein du couple ou entre les partenaires, sans que la circonstance que le conjoint ou le partenaire lié par un pacte civil de solidarité bénéficie d'un contrat de location au titre du logement occupé par le couple puisse y faire obstacle. Cette situation est attestée par une décision du juge prise en application de l'article 257 du code civil ou par » *(L. no 2010-769 du 9 juill. 2010, art. 22)* « une ordonnance de protection délivrée par le juge aux affaires familiales en application du titre XIV du livre Ier du même code ».

(L. no 2006-872 du 13 juill. 2006, art. 70-I-2o) « Ce décret fixe les conditions dans lesquelles le maire de la commune d'implantation des logements est consulté sur les principes régissant ces attributions et sur le résultat de leur application.

« Ce décret détermine » également les limites et conditions dans lesquelles les organismes d'habitations à loyer modéré peuvent, en contrepartie d'un apport de terrain, d'un financement ou d'une garantie financière, contracter des obligations de réservation pour les logements mentionnés à l'alinéa précédent, lors d'une mise en location initiale ou ultérieure. Lorsque ces conventions de réservation ne respectent pas les limites prévues au présent alinéa, elles sont nulles de plein droit. » *– V. art. R. 441-5.*

(L. no 2000-1208 du 13 déc. 2000, art. 59) « Il fixe les conditions dans lesquelles ces conventions de réservation sont conclues, en contrepartie d'un apport de terrain, d'un financement ou d'une garantie financière, accordés par une commune ou un établissement public de coopération intercommunale. » *(L. no 2005-32 du 18 janv. 2005, art. 101)* « Il prévoit que ces obligations de réservation sont prolongées de cinq ans lorsque l'emprunt contracté par le bailleur et garanti par la commune ou l'établissement public de coopération intercommunale est totalement remboursé. »

Il détermine également les limites et conditions de réservation des logements par le représentant de l'État dans le département au profit des personnes prioritaires, notamment mal logées ou défavorisées. *– V. art. R. 441-5.*

(L. no 2004-809 du 13 août 2004, art. 60) « Le représentant de l'État dans le département peut, par convention, déléguer au maire ou, avec l'accord du maire, au président d'un établissement public de coopération intercommunale compétent en matière d'habitat tout ou partie des réservations de logements dont il bénéficie, au titre du précédent alinéa, sur le territoire de la commune ou de l'établissement. » *(L. no 2009-323 du 25 mars 2009, art. 82)* « Il peut également procéder à la même

délégation directement au bénéfice du président d'un établissement public de coopération intercommunale ayant conclu un accord collectif intercommunal en application de l'article L. 441-1-1. »

(L. nº 2004-809 du 13 août 2004, art. 60) **« Cette convention fixe les engagements du délégataire en vue de la mise en œuvre du droit au logement, les modalités d'évaluation annuelle de la délégation ainsi que les conditions de son retrait en cas de non-respect de ses engagements par le délégataire. »** *(L. nº 2009-323 du 25 mars 2009, art. 82)* **« Lorsque la délégation est effectuée directement au bénéfice du président d'un établissement public de coopération intercommunale, la convention prévoit les modalités d'association des communes membres à l'utilisation des droits de réservation sur leur territoire. »**

(L. nº 2004-809 du 13 août 2004, art. 60) **« S'il constate, au terme de l'année écoulée, que les objectifs fixés par le plan départemental d'action pour le logement des personnes défavorisées ne sont pas respectés, le représentant de l'État peut, après mise en demeure restée sans suite pendant** *(L. nº 2005-32 du 18 janv. 2005, art. 90)* **« trois mois », se substituer au maire ou au président de l'établissement public de coopération intercommunale pour décider directement de la réservation des logements. »**

(L. nº 2009-323 du 25 mars 2009, art. 65-II) **« Les plafonds de ressources pour l'attribution des logements locatifs sociaux fixés en application du présent article sont révisés chaque année en tenant compte de la variation de l'indice de référence des loyers mentionné à l'article 17 de la loi nº 89-462 du 6 juillet 1989 tendant à améliorer les rapports locatifs** *[V.* ***C. baux****]* **dans des conditions définies par décret en Conseil d'État. »**

Sous réserve de l'entrée en vigueur des dispositions relevant de la loi de finances, les dispositions issues de la L. nº 2004-809 du 13 août 2004 sont applicables à compter du 1er janv. 2005 (L. préc., art. 199).

A peine de caducité, les conventions prévues par l'art. L. 441-1 conclues avant la date de publication de la loi nº 2007-290 du 5 mars 2007 sont mises en conformité avec ladite loi au plus tard le 1er déc. 2008 (L. préc., art. 10).

Concernant les plafonds des ressources des bénéficiaires de la législation sur les HLM et des nouvelles aides de l'État en secteur locatif, V. Arr. du 29 juill. 1987 (JO 19 août), mod. par Arr. du 28 févr. 1990 (JO 21 mars), Arr. du 12 août 1992 (JO 3 sept.), Arr. du 10 nov. 1993 (JO 1er déc.), Arr. du 11 mars 1994 (JO 12 mars), Arr. du 26 juin 1998 (JO 28 juin), Arr. du 11 déc. 1998 (JO 17 déc.), Arr. du 13 août 1999 (JO 25 août), Arr. du 13 juin 2000 (JO 21 juin), Arr. du 3 mai 2001 (JO 12 mai), Arr. du 19 nov. 2001 (JO 27 nov.), Arr. du 28 déc. 2001 (JO 1er janv. 2002), Arr. du 20 août 2007 (JO 26 oct.), Arr. du 3 déc. 2007 (JO 13 déc.), Arr. du 29 mai 2009 (JO 12 juin), Arr. du 30 avr. 2010 (JO 5 juin), Arr. du 28 déc. 2010 (JO 31 déc.), Arr. du 22 déc. 2011 (JO 28 déc.), Arr. du 28 déc. 2012 (JO 30 déc.).

V. aussi Circ. du 23 nov. 1988 (JO 11 déc.), Circ. du 23 nov. 1989 (JO 16 déc.), Circ. du 4 déc. 1990 (JO 4 janv. 1991), Circ. du 5 nov. 1991 (JO 30 nov.), Circ. du 16 nov. 1992 (JO 20 déc.), Circ. nº 93-26 du 23 mars 1993 (Mon. TP 4 juin 1993, Suppl. textes, p. 255), Circ. 30 déc. 1994 (JO 21 janv. 1995), Circ. nº 95-332 du 29 déc. 1995 (Mon. TP 12 janv. 1996, Suppl. textes, p. 251), Circ. 10 janv. 1997 (JO 25 févr.), Circ. du 8 janv. 1998 (JO 13 févr.), Circ. nº 2000-1 du 4 janv. 2000 (BOMELT nº 2000/02), Circ. nº 2000-93 du 20 déc. 2000 (BOMELT nº 2001/1 ; Mon. TP 5 janv. 2001, Suppl. textes, p. 311 ; Rect. Mon. TP 12 janv.), Circ. nº 2002-69 du 14 nov. 2002 (BOMELT nº 2002/22, p. 59), Circ. nº 2003-78 du 30 déc. 2003 (BOMELT nº 2004/1, p. 73), Circ. nº 2004-68 du 13 déc. 2004 (BOMELT nº 2004/24, p. 229), Circ. nº 2005-83 du 13 déc. 2005 (BOMELT nº 2005/24, p. 331), Circ. nº 2006-90 du 12 déc. 2006 (BOMELT nº 2006/24, p. 361), Circ. UP/FL3 du 30 déc. 2008 (BOMELT nº 2009/3, p. 19).

V. également Circ. du 28 mai 2009 relative à la L. nº 2009-323 du 25 mars 2009. – Logement locatif social (BOMEEDDM nº 2009/12, p. 78).

Sur les possibilités de délégation des réservations préfectorales de logements locatifs sociaux, V. Circ. du 17 janv. 2005 prise en application de l'art. 60 de la L. nº 2004-809 du 13 août 2004 (JO 29 janv. 2005).

COMMENTAIRE

L'article 60 de la loi no 2004-809 du 13 août 2004 relative aux libertés et responsabilités locales introduit la possibilité pour les préfets de déléguer aux autorités locales leur contingent de réservation de logements sociaux. Le préfet dispose d'un pouvoir discretionnaire tant en ce qui concerne la délégation que son étendue. Alors qu'auparavant le préfet n'était astreint à aucune obligation de résultat, le délégataire devra respecter les objectifs fixés par le plan départemental d'action pour le logement des personnes défavorisées. ❑

Loi no 2009-323 du 25 mars 2009,

De mobilisation pour le logement et la lutte contre l'exclusion.

Art. 65 I. — Les plafonds de ressources pour l'attribution des logements locatifs sociaux fixés en application de l'article L. 441-1 du code de la construction et de l'habitation sont minorés de 10,3 % à compter du premier jour du troisième mois suivant la date de publication de la présente loi *[soit le 1er juin 2009]*.

1. Compétence étatique. Il ne résulte ni de ces dispositions ni d'aucune autre disposition législative ou réglementaire que les autorités compétentes seraient tenues de fixer des plafonds de ressources différents selon les caractéristiques ou le mode de financement des immeubles appartenant aux organismes d'habitations à loyer modéré ou gérés par eux. • CE 28 avr. 2000, *SA d'HLM Terre et Famille, Coopération et Famille et Richelieu,* req. no 187519 : *Lebon T. 1085*. ◆ Seul l'État est habilité à définir les critères d'attribution des logements sociaux ainsi que les conditions de leur réservation. Un maire ne peut utiliser son pouvoir de police pour réserver aux seuls habitants de la commune l'attribution de logements sociaux et confier au service du logement de la ville le traitement des demandes d'attribution. • CE 10 juill. 1996, *Ville d'Épinay-sur-Seine,* req. no 162601 : *Gaz. Pal. 29-30 nov. 1996, no 334-335, p. 16 ; AJDI 1998. 336, obs. Brouant*. ◆ Est illégale la délibération d'un conseil municipal organisant une consultation des électeurs sur « le seuil de tolérance en matière d'immigration pour veiller aux équilibres de peuplement lors de l'attribution de logements HLM ». • CE 21 juin 2000, *Cne de Charvieu-Chavagneux,* req. no 198237 : *Lebon T. 856* • CAA Lyon, 13 mai 1998, *Cne de Charvieu-Chavagneux,* req. no 97LY02989 : *Lebon T. 772 ; AJDA 1998. 940, obs. Bézard ; LPA 21 janv. 1999.* ◆ En indiquant aux préfets les conditions dans lesquelles ils doivent mettre en œuvre les dispositions relatives aux droits de réservation des logements locatifs sociaux, le ministre chargé du logement n'excède pas ses compétences. • CE 30 déc. 2003, *Comité Harkis et vérité : req. no 244348.* ◆ La possibilité pour le préfet de déléguer au maire tout ou partie de ses droits de réservation de logements appartenant aux organismes d'habitation à loyer modéré a été jugée conforme à la Constitution. • Cons. const., 12 août 2004, no 2004-503 DC, *Loi relative aux libertés et responsabilités locales : JO 17 août 2004, p. 14648 ; RFDA 2004. 1150, note Faure*.

2. Contingent de réservation et communes. Les communes qui ont passé une convention de réservation de logements avec un organisme d'HLM ont la faculté de définir, par voie de dispositions de portée générale, les orientations ou règles sur la base desquelles elles entendent proposer des candidats à l'attribution des logements réservés. Ces dispositions peuvent contenir des règles non prévues par le code de la construction et de l'habitation à partir du moment où elles ne sont pas en contradiction avec ce dernier. • CE 5 oct. 1998, *Cne de Longjumeau,* req. no 172597 : *Lebon T. 768 ; LPA 1999, no 94, obs. Brouant.*

3. Pour se prononcer sur la continuation du contrat de location au profit du concubin notoire, le juge doit rechercher si celui-ci remplit les conditions d'attribution des habitations à loyer modéré. • Civ. 3e, 4 oct. 1995 : *Bull. civ. III, no 212 ; D. 1995. IR 248*. ◆ Prise en compte de la date du décès pour le transfert du contrat de location au bénéfice du concubin notoire d'un locataire décédé. • Civ. 3e, 19 juill. 1995 : *Bull. civ. III, no 193.*

Art. L. 441-1-1 *(L. no 2006-872 du 13 juill. 2006, art. 70-I-3o)* **L'établissement public de coopération intercommunale compétent en matière d'habitat et disposant d'un**

programme local de l'habitat adopté peut proposer aux organismes disposant d'un patrimoine locatif social dans le ressort territorial de cet établissement de conclure pour trois ans un accord collectif intercommunal. *(L. nº 2009-323 du 25 mars 2009, art. 70)* « Les représentants des organismes titulaires de droits de réservation sur des logements inclus dans ce patrimoine peuvent être signataires de l'accord. »

Cet accord, qui doit respecter la mixité sociale des villes et des quartiers et tenir compte, par secteur géographique, des capacités d'accueil et des conditions d'occupation des immeubles constituant le patrimoine des différents organismes, définit :

— pour chaque organisme, un engagement annuel quantifié d'attribution de logements aux personnes connaissant des difficultés économiques et sociales, notamment aux personnes et familles mentionnées au deuxième alinéa de l'article 4 de la loi nº 90-449 du 31 mai 1990 visant à la mise en œuvre du droit au logement *[V. App., vº Droit au logement (Loi « Besson »)]* dont les besoins ont été identifiés dans le plan départemental d'action pour le logement des personnes défavorisées ;

— les moyens d'accompagnement et les dispositions nécessaires à la mise en œuvre et au suivi de cet engagement annuel.

Cet accord est soumis pour avis au comité responsable du plan départemental d'action pour le logement des personnes défavorisées. Si cet avis n'a pas été rendu dans un délai de deux mois à compter de la transmission de l'accord, il est réputé favorable.

L'accord collectif intercommunal prévoit la création d'une commission de coordination présidée par le président de l'établissement public de coopération intercommunale. Cette commission est composée du représentant de l'État dans le département, des maires des communes membres de l'établissement public de coopération intercommunale, de représentants des bailleurs sociaux présents dans le ressort territorial de l'établissement public de coopération intercommunale, de représentants du département, de représentants de tout organisme titulaire de droits de réservation et de représentants des associations *(L. nº 2009-323 du 25 mars 2009, art. 2-I)* « et organisations » dont l'un des objets est l'insertion ou le logement des personnes défavorisées qui œuvrent dans le département. Cette commission a pour mission d'examiner les dossiers des demandeurs de logement social concernés par l'accord collectif intercommunal. Sans se substituer aux décisions des commissions d'attribution prévues à l'article L. 441-2, la commission de coordination émet des avis quant à l'opportunité d'attribuer un logement dans le parc social situé dans le ressort territorial de l'établissement public. La commission se dote d'un règlement intérieur.

Après agrément du représentant de l'État dans le département, l'accord collectif intercommunal se substitue, sur le territoire où il s'applique, à l'accord collectif départemental prévu à l'article L. 441-1-2.

Lorsqu'au terme d'un délai de six mois suivant la proposition présentée par le président de l'établissement public de coopération intercommunale un organisme bailleur refuse de signer l'accord collectif intercommunal, le président de l'établissement public de coopération intercommunale désigne à l'organisme bailleur des personnes prioritaires et fixe le délai dans lequel celui-ci est tenu de les loger. Les attributions s'imputent sur les droits à réservation de l'établissement public de coopération intercommunale et, le cas échéant, sur les droits à réservation dont bénéficient l'État ou les communes membres de l'établissement public de coopération intercommunale, avec l'accord respectivement du représentant de l'État dans le département ou du maire intéressé. Ces attributions sont prononcées en tenant compte de l'état de l'occupation du patrimoine locatif social de cet organisme au regard de la nécessaire diversité de la composition sociale de chaque quartier et de chaque commune. Les dispositions du présent alinéa s'appliquent jusqu'à la signature, par l'organisme bailleur, de l'accord intercommunal.

En cas de manquement d'un organisme bailleur aux engagements qu'il a pris dans le cadre de l'accord collectif intercommunal, le président de l'établissement public de coopération intercommunale peut procéder à un nombre d'attributions de logements équivalent au nombre de logements restant à attribuer en priorité aux personnes défavorisées mentionnées dans l'accord, après consultation des maires des communes intéressées. Ces attributions s'imputent dans les conditions mentionnées à l'alinéa précédent.

Si l'organisme bailleur fait obstacle aux attributions prononcées par le président de l'établissement public de coopération intercommunale, celui-ci saisit le représentant de l'État dans le département qui met en œuvre les dispositions de l'article L. 441-1-3.

COMMENTAIRE

L'article 70 de la loi ENL du 13 juillet 2006 transfère aux EPCI titulaires d'un PLH la faculté d'exercer une compétence qui, depuis la loi de lutte contre les exclusions de 1998, était jusqu'alors réservée aux anciennes conférences intercommunales du logement. L'accord collectif intercommunal fixe, pour chaque bailleur social présent sur le territoire communautaire, un engagement annuel quantifié d'attribution de logements aux personnes défavorisées. Cet accord, une fois qu'il est agréé par le préfet, va se substituer à l'accord collectif départemental prévu par l'article L. 441-1-2.

Une commission de coordination, présidée par le président de l'EPCI, a pour mission d'examiner les dossiers des demandeurs de logement social concernés par l'accord collectif et de faire des propositions aux bailleurs sociaux. En cas de refus de signer cet accord ou de manquements aux engagements pris, le président de l'EPCI peut attribuer directement les logements dans la limite de ses droits à réservation ou, après leur accord, de ceux détenus par l'État et les communes membres de l'EPCI. □

A propos d'une commission de coordination compétente en matière d'accord collectif, le juge estime qu'elle adopte de véritables décisions faisant grief. • CAA Paris, 5 avr. 2012, *M. A. : req. nº 11PA01761.*

Art. L. 441-1-2 *(L. nº 2006-872 du 13 juill. 2006, art. 70-I-4º)* **Dans chaque département, le représentant de l'État conclut tous les trois ans un accord collectif avec les organismes disposant d'un patrimoine locatif social dans le département.** *(L. nº 2009-323 du 25 mars 2009, art. 70)* **« Les représentants des organismes titulaires de droits de réservation sur des logements inclus dans ce patrimoine peuvent être signataires de l'accord. » Cet accord, qui doit respecter la mixité sociale des villes et des quartiers et tenir compte, par secteur géographique, des capacités d'accueil et des conditions d'occupation des immeubles constituant le patrimoine des différents organismes, définit :**

— pour chaque organisme, un engagement annuel quantifié d'attribution de logements aux personnes connaissant des difficultés économiques et sociales, notamment aux personnes et familles mentionnées au deuxième alinéa de l'article 4 de la loi nº 90-449 du 31 mai 1990 précitée *[V. App., vº Droit au logement (Loi « Besson »)]* **dont les besoins ont été identifiés dans le plan départemental d'action pour le logement des personnes défavorisées ;**

— les moyens d'accompagnement et les dispositions nécessaires à la mise en œuvre et au suivi de cet engagement annuel.

Cet accord est soumis pour avis au comité responsable du plan départemental d'action pour le logement des personnes défavorisées. Si cet avis n'a pas été rendu dans un délai de deux mois à compter de la transmission de l'accord, il est réputé favorable.

L'accord collectif départemental est apte à définir comme personnes cumulant des difficultés économiques et sociales les ménages dont les ressources sont inférieures à 60 % des plafonds de ressources prévus pour l'attribution des logements sociaux. • CAA Paris, 31 déc. 2010, *M. A. : req. nº 09PA04336.*

Art. L. 441-1-3 *(L. nº 98-657 du 29 juill. 1998, art. 56-I)* Lorsqu'au *[Lorsque]* terme d'un délai de six mois après qu'il lui a été proposé par le représentant de l'État dans le département, un organisme refuse de signer l'accord départemental, le représentant de l'État dans le département désigne à l'organisme des personnes prioritaires et fixe le délai dans lequel celui-ci est tenu de les loger. Ces attributions s'imputent sur ses droits à réservation. Elles sont prononcées en tenant compte de l'état de l'occupation du patrimoine de l'organisme au regard de la nécessaire diversité de la composition sociale de chaque quartier et de chaque commune, après consultation des maires des communes intéressées, jusqu'à la signature de l'accord départemental.

Si un organisme refuse d'honorer l'engagement qu'il a pris dans le cadre d'un tel accord, le représentant de l'État dans le département procède à un nombre d'attributions équivalent au nombre de logements restant à attribuer en priorité aux personnes défavorisées en vertu de cet accord, après consultation des maires des communes intéressées.

Si l'organisme fait obstacle à la mise en œuvre des dispositions précédentes, notamment en ne mettant pas le représentant de l'État dans le département en mesure d'identifier des logements relevant de ses droits à réservation, ce dernier, après tentative de conciliation suivie au besoin d'une mise en demeure, désigne, pour une durée d'un an, un délégué spécial chargé de prononcer les attributions de logements au nom et pour le compte de l'organisme, après consultation des maires des communes concernées, dans le respect des conventions de réservation de logements régulièrement signées.

V. Circ. nº 99-18 du 25 mars 1999 : attribution des logements sociaux et mise en œuvre des accords collectifs départementaux (BOMELT nº 99/7) ; Circ. nº 2001-92 du 28 déc. 2001 : mise en place des accords collectifs départementaux (BOMELT 2002/2, p. 105).

Art. L. 441-1-4 *(L. nº 2006-872 du 13 juill. 2006, art. 70-I-5º)* Après avis du comité responsable du plan départemental d'action pour le logement des personnes défavorisées, des établissements publics de coopération intercommunale ayant conclu un accord mentionné à l'article L. 441-1-1 et des représentants des bailleurs sociaux dans le département, un arrêté du représentant de l'État dans le département détermine, au regard des circonstances locales, les délais à partir desquels les personnes qui ont déposé une demande de logement locatif social peuvent saisir la commission de médiation prévue à l'article L. 441-2-3.

Art. L. 441-1-5 et L. 441-1-6 *Abrogés par L. nº 2006-872 du 13 juill. 2006, art. 70-I-6º.*

Art. L. 441-2 *(L. nº 98-657 du 29 juill. 1998, art. 56-I)* Il est créé, dans chaque organisme d'habitations à loyer modéré, une commission d'attribution chargée d'attribuer nominativement chaque logement locatif composée de six membres qui élisent en leur sein un président.

(L. nº 2000-1208 du 13 déc. 2000, art. 153-IV) « Dans les mêmes conditions, une commission d'attribution est créée sur demande d'un établissement public de coopération intercommunale compétent ou, le cas échéant, d'une commune lorsque sur le territoire de celui-ci ou, le cas échéant, de celle-ci, un même organisme dispose de plus de 2 000 logements locatifs sociaux. »

(L. nº 2005-32 du 18 janv. 2005, art. 84 et 85) « La commission exerce sa mission d'attribution des logements locatifs dans le respect des objectifs fixés à l'article L. 441 et des priorités définies aux premier *(L. nº 2006-872 du 13 juill. 2006, art. 70-I, 4º)* « à septième » alinéas de l'article L. 441-1 en faveur des personnes défavorisées et de celles qui rencontrent des difficultés de logement.

« Elle comprend, selon des modalités définies par décret, un représentant désigné par des *(L. nº 2009-323 du 25 mars 2009, art. 2-I)* « organismes bénéficiant de l'agrément relatif à l'ingénierie sociale, financière et technique prévu à l'article

L. 365-3 ». Ce représentant dispose d'une voix consultative dans le cadre des décisions d'attribution de la commission. »

En outre, le maire de la commune où sont implantés les logements attribués, ou son représentant, est membre de droit des commissions d'attribution. *(L. nº 2003-710 du 1er août 2003, art. 58)* « Il dispose d'une voix prépondérante en cas d'égalité des voix. »

Le représentant de l'État dans le département, ou l'un de ses représentants, assiste, sur sa demande, à toute réunion de la commission d'attribution.

Les maires d'arrondissement des communes de Paris, Marseille et Lyon ou leur représentant participent à titre consultatif aux travaux de ces commissions pour l'attribution des logements situés dans le ou les arrondissements où ils sont territorialement compétents.

(L. nº 2000-1208 du 13 déc. 2000, art. 153-V et 158) « Les présidents des établissements publics de coopération intercommunale compétents en matière de programme local de l'habitat ou leurs représentants participent à titre consultatif aux travaux de ces commissions pour l'attribution des logements situés sur le territoire où ils sont territorialement compétents.

« Lorsqu'une convention de gérance prévue à l'article L. 442-9 inclut l'attribution de logements, le président de la commission d'attribution de l'organisme ayant confié la gérance des immeubles est membre de droit, pour l'attribution de ces logements, de la commission d'attribution de l'organisme gérant. »

V. art. R. 441-3, R. 441-9 s.

1. Le maire ne peut être regardé comme compétent pour attribuer les logements sociaux alors même qu'il est membre de droit de la commission d'attribution. • CE 21 juin 2000, *Cne de Charvieu-Chavagneux,* req. nº 198237 : *Lebon T. 856.*

2. L'attribution nominative de logements relève non de l'organisme d'habitations à loyer modéré mais de la commission d'attribution qui doit comprendre, sous peine que la décision d'attribution soient entachée d'illégalité, le maire de la commune où sont implantés les logements attribués. • CAA Paris, 30 déc. 1999, *OPHLM des Hauts-de-Seine,* req. nº 98PA02252 : *AJDI 2000. 949, obs. Brouant et Brouillaud.*

Art. L. 441-2-1 *(L. nº 2009-323 du 25 mars 2009, art. 117)* « Dans des conditions définies par décret en Conseil d'État, les demandes d'attribution de logements sociaux sont faites auprès des bailleurs de logements sociaux mentionnés à l'article L. 441-1 *[V. art. R. 441-2-1]*. Elles peuvent également être faites, lorsqu'ils l'ont décidé, auprès de bénéficiaires des réservations de logements prévues au même article, de services de l'État, de collectivités territoriales ou d'établissements publics de coopération intercommunale. Chaque demande fait l'objet d'un enregistrement régional en Île-de-France et départemental sur le reste du territoire, assorti d'un numéro unique, qui donne lieu à la délivrance d'une attestation.

« Les services et personnes morales mentionnés à l'alinéa précédent enregistrent la demande et communiquent au demandeur une attestation de demande dans le délai maximal d'un mois à compter du dépôt de ladite demande. Le représentant de l'État dans le département fait procéder, après mise en demeure, à l'enregistrement d'office de la demande de tout demandeur qui n'a pas reçu l'attestation dans ce délai par un bailleur susceptible de répondre à la demande.

« L'attestation indique le numéro unique attribué au demandeur. Elle comporte la liste des bailleurs de logements sociaux disposant d'un patrimoine sur les communes demandées. Elle garantit les droits du demandeur en certifiant le dépôt de la demande et fait courir les délais définis à l'article L. 441-1-4 à partir desquels le demandeur peut saisir la commission de médiation prévue à l'article L. 441-2-3, dont elle indique les modalités et les délais de saisine.

« Un décret en Conseil d'État définit les informations qui doivent être fournies pour la demande de logement social et pour l'attribution du numéro unique *[V. art. R. 441-2-2]*.

Ces informations permettent notamment de caractériser les demandes au regard des critères de priorité définis par l'article L. 441-1. Le même décret définit la durée de validité des demandes de logements sociaux et les conditions de leur radiation *[V. art. R. 441-2-7 et R. 441-2-8]*. **La radiation est obligatoire lorsqu'un logement social a été attribué au demandeur et, à défaut, ne peut intervenir sans que le demandeur en ait été préalablement avisé.**

« Sont également définies par décret en Conseil d'État les conditions dans lesquelles le représentant de l'État dans le département ou, en Île-de-France, le représentant de l'État dans la région, veille à la mise en place, dans un délai de deux ans à compter de la publication de la loi no 2009-323 du 25 mars 2009 de mobilisation pour le logement et la lutte contre l'exclusion, du système d'enregistrement des demandes avec les bailleurs sociaux disposant de logements locatifs sociaux dans le département ou, en Île-de-France, dans la région et avec les autres personnes morales qui enregistrent les demandes de logement social sur le même territoire. – *V. art. R. 441-2-5.*

« Les conditions d'accès aux données nominatives du système d'enregistrement des demandes par les services et personnes morales mentionnés au premier alinéa sont définies par décret en Conseil d'État. – *V. art. R. 441-2-6.*

« Aucune attribution de logement ne peut être décidée, ni aucune candidature examinée par une commission d'attribution si la demande n'a pas fait l'objet d'un enregistrement et de la délivrance d'un numéro unique. »

(L. no 2000-1208 du 13 déc. 2000, art. 162-VI) **« La méconnaissance des dispositions du présent article est passible des sanctions pécuniaires prévues à l'article L. 451-2-1. »**

V. Circ. 28 mai 2009 relative à la L. no 2009-323 du 25 mars 2009. – Logement locatif social (BOMEEDDM no 2009/12, p. 80).

V. Circ. 3 janv. 2011 relative à la mise en œuvre de la réforme de la demande de logement locatif social (BOMEDDTL no 2011/3, p. 77).

Loi no 2007-290 du 5 mars 2007,

Instituant le droit au logement opposable et portant diverses mesures en faveur de la cohésion sociale.

Art. 25 Le Gouvernement transmet chaque année au Parlement un rapport évaluant le fonctionnement du système d'enregistrement départemental unique mentionné à l'article L. 441-2-1 du code de la construction et de l'habitation.

Ce rapport dresse notamment un bilan chiffré des demandes de logement locatif social non satisfaites.

Une personne ayant déposé un dossier de demande de logement ne peut exiger en référé communication de son dossier par les services du logement car cette communication ne présente pas un caractère d'urgence. • CAA Paris, 11 févr. 1999, *Zanone : req. no 97PA03003.*

Art. L. 441-2-2 *(L. no 98-657 du 29 juill. 1998, art. 56-I)* **« Tout rejet d'une demande d'attribution doit être notifié par écrit au demandeur, dans un document exposant le ou les motifs du refus d'attribution. »**

(L. no 2009-323 du 25 mars 2009, art. 79) **« Le fait pour l'un des membres du ménage candidat à l'attribution d'un logement social d'être propriétaire d'un logement adapté à ses besoins et capacités peut constituer un motif de refus pour l'obtention de celui-ci. »**

V. Circ. 28 mai 2009 relative à la L. no 2009-323 du 25 mars 2009. – Logement locatif social (BOMEEDDM no 2009/12, p. 79).

1. La non-réponse d'un OPHLM à une demande de logement est constitutive, au terme d'un délai de quatre mois, d'une décision implicite de rejet susceptible d'être contestée devant le juge administratif. • TA Nantes, 14 mars 1995, *Lefaucheux : AJPI 1995. 597, obs. B. Wertenschlag et H. Girard*. ♦ Jugeant qu'une décision implicite de refus est née du silence gardé par l'administration pendant deux mois sur la demande d'attribution d'un logement. • CAA Paris, 24 févr. 2011, *M. A.*, req. nº 10PA00725 : *AJDA 2011. 975, obs. Brouant*.

2. Avant la conclusion de baux de location entre un organisme d'habitations à loyer modéré et ses locataires, chaque logement locatif fait l'objet, par la commission d'attribution, d'une mesure d'attribution nominative qui a un caractère détachable du bail locatif et relève du juge de l'excès de pouvoir. • CAA Paris, 30 déc. 1999, *OPHLM des Hauts-de-Seine*, req. nº 98PA02252 : *AJDI 2000. 949, obs. Brouant et Brouillaud*. ♦ Dans le même sens, V. • TA Versailles, 6 juill. 2001, *Taga Fosso*, req. nº 0110174 : *AJDI 2001. 827, obs. Brouant*. ♦ *Contra*, la CAA de Lyon estime que les conditions d'attribution des logements HLM prévues par le CCH ne révèlent l'exercice d'aucune prérogative de puissance publique et qu'en conséquence le juge administratif est incompétent pour connaître des refus d'attribution. • CAA Lyon, 12 mai 1998, *Vernaz : req. nº 95LY00342* • CAA Lyon, 12 mai 1998, *Despinard-Grémaud : req. nº 97LY03006*. ♦ La décision par laquelle la commission d'attribution d'une SA d'HLM a attribué un logement présente un caractère de droit privé. • CAA Paris, 18 déc. 1997, *Cne de Franconville-la-Garenne : req. nº 96PA01571*. ♦ Le refus de transmettre le dossier du demandeur à la commission d'attribution ne révèle la mise en œuvre d'aucune prérogative de puissance publique et ne relève pas de la compétence de la juridiction administrative. • CAA Bordeaux, 27 nov. 2007, *Sté immob. du dpt de La Réunion : req. nº 05BX00591*.

Art. L. 441-2-3 I. – *(L. nº 2009-323 du 25 mars 2009, art. 75)* **« Dans chaque département, une ou plusieurs commissions de médiation sont créées auprès du représentant de l'État dans le département. Chaque commission est présidée par une personnalité qualifiée désignée par le représentant de l'État dans le département.**

« Dans des conditions fixées par décret en Conseil d'État *[V. art. R. 441-13]*, **les commissions sont composées à parts égales : »**

(L. nº 2007-290 du 5 mars 2007, art. 7) **« 1º De représentants de l'État ;**

« 2º De représentants du département, des établissements publics de coopération intercommunale visés à l'article L. 441-1-1 et des communes ;

« 3º De représentants des organismes bailleurs et des organismes chargés de la gestion d'une structure d'hébergement, d'un établissement ou d'un logement de transition, d'un logement-foyer ou d'une résidence hôtelière à vocation sociale, œuvrant dans le département ;

« 4º De représentants des associations de locataires et des associations » *(L. nº 2009-323 du 25 mars 2009, art. 75)* **« et organisations »** *(L. nº 2007-290 du 5 mars 2007, art. 7)* **« dont l'un des objets est l'insertion ou le logement des personnes défavorisées, œuvrant dans le département.**

« II. – La commission de médiation peut être saisie par toute personne qui, satisfaisant aux conditions réglementaires d'accès à un logement locatif social, n'a reçu aucune proposition adaptée en réponse à sa demande de logement dans le délai fixé en application de l'article L. 441-1-4.

« Elle peut être saisie sans condition de délai lorsque le demandeur, de bonne foi, est dépourvu de logement, menacé d'expulsion sans relogement, hébergé ou logé temporairement dans un établissement ou un logement de transition » *(L. nº 2009-323 du 25 mars 2009, art. 75)* **« , un logement-foyer ou une résidence hôtelière à vocation sociale »** *(L. nº 2007-290 du 5 mars 2007, art. 7)* **« , logé dans des locaux impropres à l'habitation ou présentant un caractère insalubre ou dangereux. Elle peut également être saisie, sans condition de délai, lorsque le demandeur est logé dans des locaux manifestement suroccupés ou ne présentant pas le caractère d'un logement décent, s'il a au moins un enfant mineur, s'il présente un handicap au sens de l'article L. 114 du code de l'action sociale et des familles ou s'il a au moins une personne à charge présentant un tel handicap. »**

(L. nº 2009-323 du 25 mars 2009, art. 75) **« Le demandeur peut être assisté par les services sociaux, par un organisme bénéficiant de l'agrément relatif à l'ingénierie**

sociale, financière et technique prévu à l'article L. 365-3, ou par une association agréée de défense des personnes en situation d'exclusion. »

(L. nº 2007-290 du 5 mars 2007, art. 7 ; L. nº 2009-323 du 25 mars 2009, art. 75) « La commission reçoit notamment du ou des bailleurs chargés de la demande ou ayant eu à connaître de la situation locative antérieure du demandeur tous les éléments d'information sur la qualité du demandeur et les motifs invoqués pour expliquer l'absence de proposition. Elle reçoit également des services sociaux qui sont en contact avec le demandeur et des instances du plan départemental d'action pour le logement des personnes défavorisées ayant eu à connaître de sa situation toutes informations utiles sur ses besoins et ses capacités et sur les obstacles à son accès à un logement décent et indépendant ou à son maintien dans un tel logement. »

(L. nº 2007-290 du 5 mars 2007, art. 7 ; L. nº 2009-323 du 25 mars 2009, art. 75) « Dans un délai fixé par décret *[V. art. R. 441-15]*, la commission de médiation désigne les demandeurs qu'elle reconnaît prioritaires et auxquels un logement doit être attribué en urgence. Elle détermine pour chaque demandeur, en tenant compte de ses besoins et de ses capacités, les caractéristiques de ce logement, ainsi que, le cas échéant, les mesures de diagnostic ou d'accompagnement social nécessaires. Elle notifie par écrit au demandeur sa décision qui doit être motivée. Elle peut faire toute proposition d'orientation des demandes qu'elle ne juge pas prioritaires. »

(L. nº 2007-290 du 5 mars 2007, art. 7) « La commission de médiation transmet au représentant de l'État dans le département la liste des demandeurs auxquels doit être attribué en urgence un logement.

« Après avis des maires des communes concernées et en tenant compte des objectifs de mixité sociale définis par l'accord collectif intercommunal ou départemental, le représentant de l'État dans le département » *(L. nº 2009-323 du 25 mars 2009, art. 75)* « définit le périmètre au sein duquel ces logements doivent être situés et qui, en Île-de-France, peut porter sur des territoires situés dans d'autres départements de la région après consultation du représentant de l'État territorialement compétent. Il fixe le délai dans lequel le demandeur doit être logé. Le représentant de l'État dans le département désigne chaque demandeur à un organisme bailleur disposant de logements correspondant à la demande. En Île-de-France, il peut aussi demander au représentant de l'État d'un autre département de procéder à une telle désignation. En cas de désaccord, la désignation est faite par le représentant de l'État au niveau régional. Cette attribution s'impute sur les droits à réservation du représentant de l'État dans le département dans lequel le logement est situé ou, lorsque le demandeur est salarié ou demandeur d'emploi, sur les droits à réservation d'un organisme collecteur associé de l'Union d'économie sociale du logement dans les conditions prévues à l'article L. 313-26-2 ou sur la fraction réservée des attributions de logements appartenant à l'association foncière logement ou à l'une de ses filiales en application de l'article L. 313-35. »

(L. nº 2007-290 du 5 mars 2007, art. 7) « Le représentant de l'État dans le département peut également proposer au demandeur un logement faisant l'objet d'une convention mentionnée à l'article L. 321-8 dès lors que le bailleur s'est engagé sur des conditions spécifiques d'attribution ou que le logement est donné à bail à un organisme public ou privé dans les conditions prévues à l'article L. 321-10. » *(L. nº 2009-323 du 25 mars 2009, art. 75)* « En Île-de-France, il peut également demander au représentant de l'État dans un autre département de la région de faire une telle proposition. Si la demande n'aboutit pas, la proposition est faite par le représentant de l'État au niveau régional. »

(L. nº 2007-290 du 5 mars 2007, art. 7) « Les personnes auxquelles une proposition de logement a été adressée reçoivent du représentant de l'État dans le département une information écrite relative aux dispositifs et structures d'accompagnement social » *(L. nº 2009-323 du 25 mars 2009, art. 75)* « intervenant sur le périmètre défini au

septième alinéa du présent article et, le cas échéant, susceptibles d'effectuer le diagnostic ou l'accompagnement social préconisé par la commission de médiation » ;

(L. nº 2009-323 du 25 mars 2009, art. 75) « En cas de refus de l'organisme de loger le demandeur, le représentant de l'État dans le département qui l'a désigné procède à l'attribution d'un logement correspondant aux besoins et aux capacités du demandeur sur ses droits de réservation.

« En Île-de-France, il peut également demander au représentant de l'État dans un autre département de la région de procéder à l'attribution d'un tel logement sur ses droits de réservation. Si la demande n'aboutit pas, l'attribution est faite par le représentant de l'État au niveau régional. Elle est imputée sur les droits de réservation du représentant de l'État dans le département où le logement est situé. »

(L. nº 2006-872 du 13 juill. 2006, art. 70-I-9º) « Lorsque ces droits ont été délégués dans les conditions prévues à l'article L. **441-1**, le représentant de l'État demande au délégataire de procéder à la désignation et, le cas échéant, à l'attribution du logement dans un délai qu'il détermine. » *(L. nº 2009-323 du 25 mars 2009, art. 75)* « En Île-de-France, il peut aussi demander au représentant de l'État d'un autre département de procéder à une telle demande. En cas de désaccord, la demande est faite par le représentant de l'État au niveau régional. » *(L. nº 2006-872 du 13 juill. 2006, art. 70-I-9º)* « En cas de refus du délégataire, le représentant de l'État dans le département se substitue à ce dernier.

« Si l'organisme bailleur fait obstacle à ces attributions, il est fait application des dispositions de l'article L. **441-1-3**. »

(L. nº 2007-290 du 5 mars 2007, art. 7) « III. — La commission de médiation peut également être saisie, sans condition de délai, par toute personne qui, sollicitant l'accueil dans une structure d'hébergement, un établissement ou logement de transition, un logement-foyer ou une résidence hôtelière à vocation sociale, n'a reçu aucune proposition adaptée en réponse à sa demande. La commission de médiation transmet au représentant de l'État dans le département la liste des demandeurs pour lesquels doit être prévu un tel accueil » *(L. nº 2009-323 du 25 mars 2009, art. 75)* « et précise, le cas échéant, les mesures de diagnostic ou d'accompagnement social nécessaires ».

(L. nº 2007-290 du 5 mars 2007, art. 7) « Dans un délai fixé par décret *[V. art. R. 441-18]*, le représentant de l'État dans le département propose une place dans une structure d'hébergement, un établissement ou logement de transition, un logement-foyer ou une résidence hôtelière à vocation sociale aux personnes désignées par la commission de médiation. » *(L. nº 2009-323 du 25 mars 2009, art. 75)* « En Île-de-France, il peut aussi demander au représentant de l'État d'un autre département d'effectuer une telle proposition. En cas de désaccord, la proposition est faite par le représentant de l'État au niveau régional. »

(L. nº 2007-290 du 5 mars 2007, art. 7) « Les personnes auxquelles une proposition d'hébergement a été adressée reçoivent du représentant de l'État dans le département une information écrite relative aux dispositifs et structures d'accompagnement social présents dans le département » *(L. nº 2009-323 du 25 mars 2009, art. 75)* « dans lequel l'hébergement, le logement de transition, le logement-foyer ou la résidence hôtelière à vocation sociale est situé et, le cas échéant, susceptibles d'effectuer le diagnostic ou l'accompagnement social préconisé par la commission de médiation ».

(L. nº 2007-290 du 5 mars 2007, art. 7) « IV. — Lorsque la commission de médiation est saisie d'une demande de logement dans les conditions prévues au II et qu'elle estime que le demandeur est prioritaire mais qu'une offre de logement n'est pas adaptée, elle transmet au représentant de l'État dans le département cette demande pour laquelle doit être proposé un accueil dans une structure d'hébergement, un établissement ou un logement de transition, un logement-foyer ou une résidence hôtelière à vocation sociale. »

(L. nº 2009-323 du 25 mars 2009, art. 75) « IV *bis*. – Les propositions faites en application du présent article aux demandeurs reconnus prioritaires par les commissions de médiation ne doivent pas être manifestement inadaptées à leur situation particulière.

« IV *ter*. – Un demandeur ne peut saisir qu'une commission de médiation en application du présent article. »

(L. nº 2007-290 du 5 mars 2007, art. 7) « V. – » *(L. nº 2006-872 du 13 juill. 2006, art. 70-I-9º ; L. nº 2009-323 du 25 mars 2009, art. 75)* « La commission de médiation établit, chaque année, un état des décisions prises et le transmet au représentant de l'État dans le département, au comité responsable du plan départemental d'action pour le logement des personnes défavorisées et aux établissements publics de coopération intercommunale compétents en matière d'habitat. Elle est informée, dans tous les cas, des suites qui sont réservées à ses décisions. » – *V. art. R.* 441-13 à R.* 441-18-1.*

(L. nº 2009-323 du 25 mars 2009, art. 75) « VI. – Les membres de la commission de médiation et les personnes chargées de l'instruction des saisines sont soumis au secret professionnel dans les conditions prévues à l'article 226-13 du code pénal.

« Par dérogation aux dispositions du même article 226-13, les professionnels de l'action sociale et médico-sociale définie à l'article L. 116-1 du code de l'action sociale et des familles fournissent aux services chargés de l'instruction des recours amiables mentionnés ci-dessus les informations confidentielles dont ils disposent et qui sont strictement nécessaires à l'évaluation de la situation du requérant au regard des difficultés particulières mentionnées au II de l'article L. 301-1 du présent code et à la détermination des caractéristiques du logement répondant à ses besoins et à ses capacités.

« VII. – Lorsque la commission de médiation est saisie, dans les conditions prévues au II, d'un recours au motif du caractère impropre à l'habitation, insalubre, dangereux ou ne répondant pas aux caractéristiques de la décence des locaux occupés par le requérant, elle statue au vu d'un rapport des services mentionnés à l'article L. 1331-26 du code de la santé publique *[V. App., vº Salubrité]* ou des opérateurs mandatés pour constater l'état des lieux. Si les locaux concernés sont déjà frappés d'une mesure de police, un rapport présentant l'état d'avancement de l'exécution de la mesure est également produit.

« Lorsque le rapport conclut au caractère impropre à l'habitation, insalubre, dangereux ou ne répondant pas aux caractéristiques de la décence des locaux occupés par le requérant, les autorités publiques compétentes instruisent sans délai, indépendamment de la décision de la commission de médiation, les procédures prévues par les dispositions législatives, notamment les articles L. 1331-22 à L. 1331-31 du code de la santé publique *[V. App., vº Salubrité]* et les articles L. 123-3, L. 129-1 à L. 129-7 et L. 511-1 à L. 511-6 du présent code. La mise en œuvre de ces procédures ne fait pas obstacle à l'examen du recours par la commission de médiation.

« Les locaux ou logements dont le caractère impropre à l'habitation, insalubre, dangereux ou ne répondant pas aux caractéristiques de la décence a été retenu par la commission de médiation pour statuer sur le caractère prioritaire et sur l'urgence du relogement de leurs occupants sont signalés aux organismes chargés du service des aides personnelles au logement et au gestionnaire du fond de solidarité pour le logement. Ils sont également signalés au comité responsable du plan départemental d'action pour le logement des personnes défavorisées aux fins d'inscription à l'observatoire nominatif prévu au quinzième alinéa de l'article 4 de la loi nº 90-449 du 31 mai 1990 visant à la mise en œuvre du droit au logement *[V. App., vº Droit au logement (Loi « Besson »)]*. »

V. Circ. nº 2007-33 du 4 mai 2007 relative à l'application des dispositions de la loi nº 2007-290 du 5 mars 2007 instituant le droit opposable au logement et portant diverses mesures relatives à la cohésion sociale (BOMELT nº 2007/10, p. 111).

V. aussi Instr. n° I. 2007-02 du 31 déc. 2007 relative à l'adaptation des interventions de l'Anah pour la mise en œuvre de la loi instituant le droit au logement opposable (BOMELT n° 2008/3, p. 66).

V. également Circ. 28 mai 2009 relative à la L. n° 2009-323 du 25 mars 2009. – Logement locatif social (BOMEEDDM n° 2009/12, p. 80).

V. Arr. du 24 juill. 2009 autorisant la création par le ministère de l'écologie, de l'énergie, du développement durable et de la mer, en charge des technologies vertes et des négociations sur le climat (direction de l'habitat, de l'urbanisme et des paysages), d'un traitement automatisé de données à caractère personnel dénommé « DALO » (JO 9 oct.).

Bibl. ► STRUILLOU, Les doctrines d'interprétation des commissions de médiation, *AJDI 2011. 840*. – BUGNON et LACONO, Les critères d'éligibilité au droit à l'hébergement opposable, *AJDI 2011. 843*. – BROUANT, Le fonctionnement des commissions de médiation : vers une juridictionnalisation ?, *AJDI 2011. 847* ; (Dir.), Le DALO, Paris, *Les Cahiers du GRIDAUH, Doc. fr., 2011, p. 162*. – MALÉGAT-MÉLY, Le coût des procédures DALO, *AJDI 2011. 849*. – FOULQUIER, Le contentieux indemnitaire, instrument de régulation ?, *AJDI 2011. 851*. – NOGUELLOU, Faut-il étendre la technique des droits opposables ?, *AJDI 2011. 854*.

COMMENTAIRE

Ces dispositions décrivent le mécanisme retenu par la loi du 5 mars 2007 instituant un droit au logement opposable. L'activation de ce droit passe en premier lieu par l'exercice d'un recours administratif préalable auprès de la commission de médiation départementale placée auprès du préfet. La loi du 25 mars 2009 ouvre la faculté de créer plusieurs commissions de médiation dans un même département.

Le recours est ouvert sans condition de délai pour les demandeurs de logements sociaux dans une situation prioritaire (sans logement, menacé d'expulsion, logé dans des locaux insalubres, etc.) et après un « délai d'attente » fixé par le préfet pour les autres. La commission instruit le dossier et se prononce sur le caractère prioritaire ou non de la demande. Il va de soi que les décisions émanant de la commission sont susceptibles d'être contestées devant le juge administratif.

Le préfet est saisi par la commission des cas qu'elle a jugé prioritaires. Celui-ci va désigner chaque demandeur à un organisme HLM et fixer un délai dans lequel l'organisme sera tenu de loger le demandeur. En Île-de-France, un préfet de département peut demander à un autre préfet de département de proposer une solution de logement ou d'hébergement et, en cas de conflit entre les deux préfets, le préfet de région rend un arbitrage.

En cas de refus de l'organisme de loger le demandeur prioritaire, le préfet peut utiliser son pouvoir de substitution mentionné à l'article L. 441-1-3.

La loi prévoit un mécanisme similaire au profit des personnes qui sollicitent un accueil dans une structure d'hébergement. Cependant, il faut souligner que le préfet ne dispose d'aucun pouvoir de substitution sur ces structures et ne peut en conséquence imposer l'hébergement du demandeur reconnu prioritaire.

Le décret n° 2007-1677 du 28 novembre 2007 est venu préciser les conditions d'application de ces dispositions.

1. Nature des décisions rendues par la commission. L'avis émis par la commission de médiation présente le caractère d'une décision faisant grief susceptible de faire l'objet d'un recours pour excès de pouvoir et d'une demande de suspension provisoire. • TA Paris, réf., 20 mai 2008, *Mme F. et Assoc. Droit au logement Paris, req. n° 0807829/9/1 : RDI 2008. 332, obs. Zitouni ; AJDA 2008. 964.*

2. Motivation des décisions. L'obligation de motivation imposée par l'art. L. 441-2-3 n'interdit pas à la commission de rendre des décisions implicites de rejet à l'issue d'un certain délai ; en application de l'art. 5 de la loi du 11 juill. 1979, la commission est tenue, sous les conditions prévues par cet art., de communiquer aux demandeurs les motifs de ses décisions. • CE 21 juill. 2009, *Ass. Fédération droit au logement,* req. n° 314070 : *Lebon T. 823 ; AJDA 2009. 1465 ; JCP Adm. 2009. 2277, note Zitouni.* ◆ Ne satisfait pas aux exigences de motivation la décision de rejet de la commission qui se borne à mentionner l'insuffisance des éléments produits par l'intéressée. • CAA Paris, 2 nov. 2009, *M. : req. n° 09PA01810.*

3. Contrôle de la légalité des décisions. N'est pas entachée d'erreur manifeste d'appréciation la décision de la commission rejetant le demandeur handicapé qui ne démontre pas que son logement présente un caractère insalubre ou dangereux ou présente un des risques pour la santé ou la sécurité énumérés à l'article 2 du décret du 30 janvier 2002. • CAA Bordeaux, 1er févr. 2011, *Djamel X. : req. n° 09BX02376.* ♦ La décision réorientant le demandeur d'un logement vers un simple hébergement au motif qu'il ne disposait pas de garanties d'autonomie financière suffisantes pour accéder à un logement est entachée d'erreur de droit et d'appréciation compte tenu que le demandeur justifiait d'une activité professionnelle stable. • CAA Lyon, 17 févr. 2011, *Patrick A. : req. n° 09LY02694.* ♦ Les dispositions relatives à l'interdépartementalisation en Île-de-France ne concernent que les demandeurs pour lesquels la commission de médiation a décidé qu'un logement devait être attribué en urgence et ne peuvent dès lors être invoquées pour contester une décision de rejet de la commission. • CAA Paris, 24 févr. 2011, *Bruno A. : req. n° 09PA05110.* ♦ Pour apprécier si le demandeur en délai anormalement long dispose d'un logement adapté, la commission peut prendre en compte le taux de charge du loyer dans les ressources. • CAA Versailles, 28 juin 2011, *Min. de l'Écologie : req. n° 09VE02317.* ♦ La commission de médiation commet une erreur manifeste d'appréciation en ne déclarant pas éligible au titre de la suroccupation un couple vivant dans une chambre de service avec leur fille âgée de 20 ans. Même si les demandeurs ne répondent qu'incomplètement aux critères posés par les textes – notamment la présence d'un enfant mineur –, leur situation présentait un caractère prioritaire. • CAA Versailles, 17 janv. 2012, *Mme A. : req. n° 11VE00022.* ♦ Le juge peut apprécier la situation du demandeur à la date de l'arrêt pour juger du caractère prioritaire de sa demande. • CAA Versailles, 31 janv. 2012 : *req. n° 11VE01255.* ♦ Le montant des ressources de l'intéressé ne lui permettant pas d'honorer le loyer d'un appartement correspondant à ses besoins dans le parc locatif privé, il ne peut lui être reproché l'absence de démarches préalables en direction de ce parc. • CAA Marseille, 13 févr. 2012, *Ministre de l'Écologie : req. n° 09MA02742.* ♦ Commet une erreur manifeste d'appréciation la commission qui ne retient pas le caractère urgent de la situation d'un demandeur qui a un enfant à charge et est atteint de plusieurs pathologies sérieuses et dont la faiblesse des ressources ne permet pas d'accéder à un logement dans le parc privé locatif. • CAA Marseille, 4 juin 2012, *Ministre de l'Écologie : req. n° 09MA02853.*

Art. L. 441-2-3-1 *(L. n° 2007-290 du 5 mars 2007, art. 9-I)* **I. — Le demandeur qui a été reconnu par la commission de médiation comme prioritaire et comme devant être logé d'urgence et qui n'a pas reçu, dans un délai fixé par décret** *[V. art. R. 441-16-1]*, **une offre de logement tenant compte de ses besoins et de ses capacités peut introduire un recours devant la juridiction administrative tendant à ce que soit ordonné son logement ou son relogement.**

(L. n° 2009-323 du 25 mars 2009, art. 76) **« Le demandeur peut être assisté par les services sociaux, par un organisme bénéficiant de l'agrément relatif à l'ingénierie sociale, financière et technique prévu à l'article L. 365-3 ou par une association agréée de défense des personnes en situation d'exclusion. »**

Ce recours est ouvert à compter du 1er décembre 2008 aux personnes mentionnées au deuxième alinéa du II de l'article L. 441-2-3 et, à compter du 1er janvier 2012, aux demandeurs mentionnés au premier alinéa du même II.

En l'absence de commission de médiation dans le département, le demandeur peut exercer le recours mentionné à l'alinéa précédent si, après avoir saisi le représentant de l'État dans le département, il n'a pas reçu une offre tenant compte de ses besoins et de ses capacités dans un délai fixé par voie réglementaire *[V. art. R. 441-17]*.

Le président du tribunal administratif ou le magistrat qu'il désigne statue en urgence, dans un délai de deux mois à compter de sa saisine. Sauf renvoi à une formation collégiale, l'audience se déroule sans conclusions du commissaire du Gouvernement *[rapporteur public]*.

Le président du tribunal administratif ou le magistrat qu'il désigne, lorsqu'il constate que la demande a été reconnue comme prioritaire par la commission de médiation et doit être satisfaite d'urgence et que n'a pas été offert au demandeur un logement

tenant compte de ses besoins et de ses capacités, ordonne le logement ou le relogement de celui-ci par l'État et peut assortir son injonction d'une astreinte.

(L. nº 2009-323 du 25 mars 2009, art. 76) « Le montant de cette astreinte est déterminé en fonction du loyer moyen du type de logement considéré comme adapté aux besoins du demandeur par la commission de médiation. »

Le produit de l'astreinte est versé au fonds *(L. nº 2011-900 du 29 juill. 2011, art. 60-I)* « national d'accompagnement vers et dans le logement, institué en application de l'article L. 300-2. » – *V. L. nº 2011-900 du 29 juill. 2011, art. 60-II.*

II. – Le demandeur qui a été reconnu par la commission de médiation comme prioritaire et comme devant être accueilli dans une structure d'hébergement, un établissement ou logement de transition, un logement-foyer ou une résidence hôtelière à vocation sociale et qui n'a pas été accueilli, dans un délai fixé par décret, dans l'une de ces structures peut introduire un recours devant la juridiction administrative tendant à ce que soit ordonné son accueil dans une structure d'hébergement, un établissement ou logement de transition, un logement-foyer ou une résidence hôtelière à vocation sociale.

Ce recours est ouvert à compter du 1er décembre 2008.

Le président du tribunal administratif ou le magistrat qu'il désigne statue en urgence, dans un délai de deux mois à compter de sa saisine. Sauf renvoi à une formation collégiale, l'audience se déroule sans conclusions du commissaire du Gouvernement *[rapporteur public]*.

Le président du tribunal administratif ou le magistrat qu'il désigne, lorsqu'il constate que la demande a été reconnue prioritaire par la commission de médiation et que n'a pas été proposée au demandeur une place dans une structure d'hébergement, un établissement ou logement de transition, un logement-foyer ou une résidence hôtelière à vocation sociale, ordonne l'accueil dans l'une de ces structures et peut assortir son injonction d'une astreinte.

(L. nº 2009-323 du 25 mars 2009, art. 76) « Le montant de cette astreinte est déterminé en fonction du coût moyen du type d'hébergement considéré comme adapté aux besoins du demandeur par la commission de médiation. »

Le produit de l'astreinte est versé au fonds *(L. nº 2011-900 du 29 juill. 2011, art. 60-I)* « national d'accompagnement vers et dans le logement, institué en application de l'article L. 300-2 ». – *V. L. nº 2011-900 du 29 juill. 2011, art. 60-II.*

III. – Lorsque la juridiction administrative est saisie d'un recours dans les conditions prévues au I, elle peut ordonner l'accueil dans une structure d'hébergement, un établissement ou logement de transition, un logement-foyer ou une résidence hôtelière à vocation sociale.

V. Circ. nº 2007-33 du 4 mai 2007 relative à l'application des dispositions de la loi nº 2007-290 du 5 mars 2007 instituant le droit opposable au logement et portant diverses mesures relatives à la cohésion sociale (BOMELT nº 2007/10, p. 111).

V. aussi Circ. 28 mai 2009 relative à la L. nº 2009-323 du 25 mars 2009. – Logement locatif social (BOMEEDDM nº 2009/12, p. 82).

V. également Circ. 5 juin 2009 relative au contentieux du droit au logement opposable (DALO) (BOMEEDDM nº 2009/12, p. 95).

Loi nº 2011-900 du 29 juillet 2011,

De finances rectificative pour 2011.

Art. 60-II Le produit des astreintes liquidées à compter de l'entrée en vigueur de la présente loi *[soit le 31 juill. 2011]* est versé au Fonds national d'accompagnement vers et dans le logement mentionné à l'article L. 300-2 du code de la construction et de l'habitation.

COMMENTAIRE

En plus du recours administratif préalable, la loi du 5 mars 2007 instituant un droit au logement opposable a prévu l'intervention du juge administratif afin de contraindre l'État à loger les demandeurs reconnus prioritaires par la commission départementale de médiation.

Si ces derniers n'ont reçu aucune offre passé un certain délai, ils peuvent saisir le tribunal administratif qui doit statuer dans un délai de deux mois. Soit le tribunal rejette la demande en estimant qu'elle n'a pas de caractère prioritaire ou urgent, ou encore qu'une offre adéquate a bien été proposée au demandeur. Soit il constate la validité des droits du demandeur et ordonne à l'État de loger le demandeur. Il peut assortir sa décision d'une astreinte journalière dont le produit est, depuis l'entrée en vigueur de la loi de finances rectificative pour 2011, versé au Fonds national d'accompagnement vers et dans le logement prévu à l'article L. 300-2. La loi nº 2009-323 du 25 mars 2009 précise que le montant de l'astreinte est déterminé en fonction du loyer moyen du type de logement ou du coût moyen de l'hébergement considéré comme adapté au demandeur prioritaire au titre du DALO. Sur la base de cette injonction, le préfet pourra utiliser son pouvoir de substitution mentionné à l'article L. 441-1-3 afin de loger le demandeur. La juridiction administrative peut également décider que le demandeur ne relève pas du logement HLM mais doit être plutôt accueilli en structure d'hébergement. Le décret nº 2008-1227 du 27 novembre 2008 précise les délais, formalités et conditions de jugement du recours contentieux.

Ce recours est ouvert à compter du 1er décembre 2008 pour les demandeurs ayant le droit de saisir sans délai la commission de médiation et à compter du 1er janvier 2012 pour les autres demandeurs.

Il est à noter qu'en ce qui concerne les demandes d'hébergement, le texte présente une certaine ambiguïté puisqu'il semble que le tribunal peut adresser une injonction non pas à l'État mais à une structure d'hébergement. ❑

1. Recours injonction. Eu égard à la nature de son office, il n'appartient pas au juge saisi en vertu des dispositions de l'art. L. 441-2-3-1 CCH d'apprécier la légalité des décisions des commissions départementales de médiation, tant à la demande de l'administration qu'à celle du demandeur de logement ou d'hébergement. Le préfet ne peut en conséquence ni demander l'annulation, par la voie reconventionnelle, ni exciper de l'illégalité de la décision de la commission. • CE, avis, 21 juill. 2009, *Mme Idjihadi*, req. nº 324809 : *Lebon T. 288 ; AJDA 2009. 1463 ; RFDA 2010. 157, concl. Struillou ; ibid. 167, note Donier ; JCP Adm. 2009. 2277, note Zitouni.* ◆ La voie des recours spécifiques ouverte aux demandeurs devant un juge doté d'un pouvoir d'injonction et d'astreinte présente un caractère effectif au regard des exigences découlant de l'art. 6-1 de la Conv. EDH alors même que l'astreinte est versée par l'État, non au requérant, mais à un fonds d'aménagement urbain régional dépendant de l'État dont les moyens ne sont pas exclusivement employés à la construction de logements sociaux. En précisant que le montant de l'astreinte devait être déterminé en fonction du loyer moyen du type de logement adapté aux besoins du demandeur, le législateur n'a pas entendu limiter le montant de cette astreinte au montant du loyer moyen de ce logement, mais permettre qu'elle soit modulée, selon les circonstances de l'espèce, en fonction de ce montant, calculé sur la même période que l'astreinte. L'astreinte prononcée, qui peut être un multiple du montant de ce loyer moyen, ne saurait néanmoins s'écarter de cette référence de façon disproportionnée. • CE, avis, 2 juill. 2010, *M. Abdelkrim A.*, req. nº 332825 : *Lebon 232 ; AJDA 2010. 1343 ; ibid. 1948, note Robert-Cuendet.* ◆ En indiquant au juge des critères de détermination de l'astreinte, le législateur ne porte atteinte ni à l'indépendance des juridictions, ni au droit à un recours effectif et à un procès équitable ; dès lors, la question prioritaire de constitutionnalité soulevée ne présente pas un caractère sérieux. • CE, QPC, 18 juin 2010, *Mariam A. : req. nº 337910.* ◆ Le requérant qui n'a pas retiré la lettre recommandée l'avisant de son éligibilité au DALO ne peut utilement faire valoir qu'il ne s'est pas vu offrir un logement du type de celui qu'il sollicitait. Dès lors, sa demande d'injonction doit être rejetée. • CAA Paris, 2 nov. 2010, *M. A. : req. nº 10PA00508.* ◆ Un hébergement dans un foyer ne saurait être regardé comme un logement tenant compte des besoins et des capacités du demandeur ; dès lors, le fait qu'un demandeur de logement se trouve hébergé de façon temporaire dans une structure d'hébergement ou un logement de transition ne suffit pas à faire disparaître l'urgence qu'il y a à le reloger. • CE 1er juin 2012, *M. A.*, req. no 339631 : *Lebon T., à paraître ; AJDA 2012. 1084.* ◆ L'action engagée en vertu de cet article n'a pas le caractère d'un recours contre une décision et le délai de droit commun de deux mois prévu par l'art. R. 421-1 du code de justice administrative n'est pas opposable. • CE 7 avr. 2011, *Mme Astha D.*, req. no 340734 : *AJDA 2011. 763*.

2. Recours indemnitaire. L'État, garant du droit au logement, peut voir sa responsabilité pour faute engagée soit pour carence à procéder au relogement des bénéficiaires du DALO, soit pour défaut d'exécution du jugement ayant ordonné le relogement. • TA Paris 17 déc. 2010, *Mme Annamaria B.*, req. no 1004946 : *AJDA 2011. 690, note Belrhali-Bernard*. ◆ En revanche, le relogement dans un « délai raisonnable » – en l'espèce dix-sept mois – n'est pas de nature à engager la responsabilité de l'État. • TA Paris, 17 déc. 2010, *M. Mohamed D.*, req. no 1005678 : *AJDA 2011. 690, note Belrhali-Bernard*. ◆ Le recours contre un jugement du tribunal administratif rejetant une demande d'indemnisation relève non pas du Conseil d'État, juge de cassation, mais de la cour administrative d'appel. • CE 4 juill. 2012, *Mme A.* : *req. no 352392.*

Art. L. 441-2-3-2 *(L. no 2007-290 du 5 mars 2007, art. 5)* **« Le représentant de l'État dans le département, en concertation avec les organismes, les associations et les autorités publiques concourant à la réalisation des objectifs de la politique d'aide au logement dans le département, assure l'accès des personnes visées aux premier et deuxième alinéas du II de l'article L. 441-2-3 aux informations relatives à la mise en œuvre du droit au logement. »**

(L. no 2009-323 du 25 mars 2009, art. 77) **« Ces informations portent notamment sur les dispositifs d'aide à l'accès ou au maintien dans le logement et sur les modalités du recours devant la commission de médiation.**

« Les départements, les communes et les établissements publics de coopération intercommunale sont associés à cette information. »

V. Circ. 28 mai 2009 relative à la L. no 2009-323 du 25 mars 2009. – Logement locatif social (BOMEEDDM no 2009/12, p. 83).

Art. L. 441-2-3-3 *(L. no 2007-1822 du 24 déc. 2007, art. 137)* **Lorsque le propriétaire ou l'exploitant d'un établissement recevant du public aux fins d'hébergement n'a pas rempli l'obligation d'hébergement ou de relogement qui lui incombe en application de l'article L. 521-1 et que le préfet, à titre exceptionnel et nonobstant les dispositions des articles L. 521-1 et suivants, a pourvu à l'hébergement ou au relogement des personnes concernées selon les dispositions de l'article L. 441-2-3, l'indemnité dont le propriétaire ou l'exploitant est redevable en application des IV et VI de l'article L. 521-3-2 est versée à l'État.**

Cette créance est recouvrée comme en matière de contributions directes. Elle est garantie par le privilège figurant au 8o de l'article 2374 du code civil, mis en œuvre selon les articles 2384-1 et suivants du même code, ainsi que par les articles L. 541-1 et suivants du présent code.

Art. L. 441-2-3-4 *(L. no 2009-323 du 25 mars 2009, art. 83-II)* **Lorsque, du fait de la défaillance du propriétaire ou de l'exploitant, le relogement des occupants de locaux ou logements insalubres ou dangereux, frappés, à ce titre, d'un arrêté de police administrative, doit être assuré par le représentant de l'État dans le département ou par le maire en application de l'article L. 521-3-2, il est fait application de l'article L. 521-3-3.**

Art. L. 441-2-4 *(L. no 98-657 du 29 juill. 1998, art. 56-I)* **Le maire d'une commune sur le territoire de laquelle sont implantés des logements locatifs sociaux ou le représentant qu'il désigne est entendu, à sa demande, par le conseil d'administration du ou des organismes possédant ou gérant ces logements, qu'il s'agisse d'organismes d'habitations à loyer modéré, de sociétés civiles immobilières dont le capital est**

constitué majoritairement par les fonds provenant de la participation des employeurs à l'effort de construction ou de sociétés d'économie mixte locales d'aménagement et de construction.

Art. L. 441-2-5 *(L. nº 2006-872 du 13 juill. 2006, art. 70-I, 10º)* **Dans des conditions précisées par le décret prévu à l'article L. 441-2-6, les bailleurs sociaux rendent compte, une fois par an, de l'attribution des logements locatifs sociaux au représentant de l'État dans le département et, pour les parties du parc de logements locatifs sociaux situés dans le ressort de leurs compétences, aux présidents des établissements publics de coopération intercommunale mentionnés à l'article L. 441-1-1 et aux maires des communes intéressées.**

V. Circ. 16 avr. 2010 relative à l'enquête attributions des logements locatifs sociaux (BOMEEDDM nº 2010/9, p. 148) ; Circ. 17 mars 2011 (même objet), BOMEDDTL nº 2011/6, p. 102.

Art. L. 441-2-6 *(L. nº 98-657 du 29 juill. 1998, art. 56-I)* **Un décret en Conseil d'État précise les conditions d'application de la présente section.** – *V. art. R. 441-1-1, R. 441-3 à R. 441-14 et R. 472-1.*

SECTION II SUPPLÉMENT DE LOYER DE SOLIDARITÉ

(L. nº 96-162 du 4 mars 1996)

BIBL. ► WERTENSCHLAG, *AJPI 1996. 558*.

COMMENTAIRE

La loi du 23 décembre 1986 avait instauré la possibilité pour les organismes d'HLM de demander un supplément de loyer aux locataires dépassant les plafonds de revenus.

L'organisme HLM était alors libre d'appliquer cette disposition et de définir lui-même le barème du surloyer, sous réserve de la transmission de ce dernier, au représentant de l'État dans le département.

La loi du 4 mars 1996 remplace ces dispositions et impose le **supplément de loyer solidarité**. L'idée est de généraliser les surloyers et de les rendre obligatoires dans certains cas. Dans un but de mixité sociale la loi de lutte contre les exclusions de 1998 et la loi SRU du 13 décembre 2000 ont encadré fortement ces possibilités.

La loi ENL du 13 juillet 2006 revient sur ces éléments afin de libérer davantage de logements sociaux occupés par des ménages aisés. La loi impose la mise en œuvre du surloyer dès que les personnes vivant au foyer dépassent d'au moins 20 % les plafonds de ressources en vigueur pour l'attribution des logements. Les modalités de calcul du surloyer sont fixées selon un barème national. Le montant est plafonné mais le programme local de l'habitat peut faire varier à la hausse ce plafonnement.

La loi prévoit néanmoins un certain nombre de dérogations. Le supplément de loyer de solidarité ne s'applique pas dans les zones de revitalisation rurale, les zones urbaines sensibles, et dans les zones fixées dans le programme local de l'habitat sur avis conforme du préfet. Par ailleurs, la convention globale de patrimoine (art. L. 445-1) peut également déroger à cette obligation. ❑

Art. L. 441-3 *(L. nº 98-657 du 29 juill. 1998, art. 56-II)* **« Les organismes d'habitations à loyer modéré** *(L. nº 2006-872 du 13 juill. 2006, art. 71-I-1º)* **« perçoivent » des locataires des logements visés au premier alinéa de l'article L. 441-1 le paiement d'un supplément de loyer de solidarité en sus du loyer principal et des charges locatives dès lors qu'au cours du bail les ressources de l'ensemble des personnes vivant au foyer excèdent d'au moins 20 % les plafonds de ressources en vigueur pour l'attribution de ces logements.**

(L. nº 96-162 du 4 mars 1996) **« Les ressources sont appréciées selon les modalités applicables en matière d'attribution des logements. Toutefois, les dernières ressources connues de l'ensemble des personnes vivant au foyer sont prises en compte sur demande du locataire qui justifie que ces ressources sont inférieures d'au moins 10 p. 100 à celles de l'année de référence. En outre, il est tenu compte de l'évolution de la composition familiale intervenue dans l'année en cours à la condition qu'elle soit dûment justifiée.**

« Les plafonds pris en compte sont ceux qui sont applicables à la date à laquelle le supplément de loyer est exigé.

« Les dispositions du présent article ne sont pas applicables dans les zones de revitalisation rurale telles que définies par la loi nº 95-115 du 4 février 1995 d'orientation pour l'aménagement et le développement du territoire » *(L. nº 2005-32 du 18 janv. 2005, art. 142-III-1º)* **« ainsi que dans les quartiers classés en zones urbaines sensibles, définies au 3 de l'article 42 de la même loi** *[V. cet art., App., vº Zones prioritaires d'aménagement du territoire]*. **»** *— V. art. R. 441-31. — V. aussi Décr. nº 96-119 du 14 févr. 1996 (JO 15 févr.) définissant les zones de revitalisation rurale.*

V. Circ. nº 98-103 du 23 nov. 1998 relative à la loi « exclusions » (BOMELT nº 98/23).

1º CHAMP D'APPLICATION

1. *Immeubles concernés.* Un immeuble appartenant à des organismes d'habitation à loyer modéré dont la construction a été financée au moyen de prêts spéciaux du Crédit foncier de France, accompagnés de l'octroi, par l'État, de bonifications d'intérêts entre dans le champ d'application de l'art. L. 441-3. • CE 28 avr. 2000, *SA d'HLM Terre et Famille, Coopération et Famille et Richelieu,* req. nº 187519 : *Lebon T. 1085*. ♦ Un immeuble à loyer moyen dont les logements sont accessibles sans plafonds de ressources ne peut faire l'objet d'un surloyer. • CAA Paris, 6 mars 1997, *Al Tabbal : req. nº 95PA03137.*

2. *Notion de locataire.* Une directrice d'école qui bénéficie d'une concession du logement qu'elle occupe en vertu des dispositions des lois des 30 oct. 1886 et 19 juill. 1889 n'est pas locataire de la société d'habitations à loyer modéré et n'est liée par aucun lien de droit à ladite société. Dès lors le maire ne peut lui faire supporter la charge du supplément de loyer réclamé par la société d'habitations à loyer modéré. • CAA Paris, 27 avr. 2000, *Cne de Noisy-le-Roi : req. nº 99PA00385.*

2º FIXATION DU BARÈME

3. *Autorité compétente.* La fixation d'un barème de surloyer n'est pas au nombre des décisions que la loi nº 66-537 du 24 juill. 1966 sur les sociétés commerciales ou le décret nº 79-197 du 7 mars 1979 fixant le statut des sociétés anonymes d'habitations à loyer modéré réservent à la compétence du conseil d'administration. • CE 28 avr. 2000, *SA d'HLM Terre et Famille, Coopération et Famille et Richelieu,* req. nº 187519 : *préc. note 1.*

4. *Motivation.* L'organisme d'HLM n'est pas tenu de préciser dans les motifs de la délibération qu'il prendra en compte les plafonds de ressources applicables à la date à laquelle ce supplément a été exigé dès lors que les plafonds de ressources sont arrêtés par l'État année par année. • CAA Paris, 21 mars 2000, *Brouty : req. nº 97PA01025.*

5. *Contentieux.* Si la juridiction administrative est incompétente pour se prononcer sur l'application du barème à un des locataires elle est, en revanche, compétente pour connaître de conclusions tendant à l'annulation pour excès de pouvoir de la délibération établissant ce barème, qui, prise par le conseil d'administration d'un organisme chargé d'une mission de service public et touchant à l'organisation même de ce service, présente un caractère administratif. • CE 31 mars 1995, *Desaunay,* req. nº 147731 : *Lebon 150 ; AJDA 1995. 562, concl. Arrighi de Casanova*. ♦ Il n'appartient pas au juge administratif de connaître du litige relatif à l'application du barème établi, litige qui touche aux relations de droit privé entre un locataire et son bailleur. • CAA Paris, 21 mars 2000, *Brouty : req. nº 97PA01025.* ♦ En revanche, le juge administratif est compétent pour connaître des décisions, détachables du contrat, prises par l'État en sa qualité d'autorité de contrôle et de tutelle. • CAA Lyon, 28 nov. 2000, *Fenoy : req. nº 00LY00695.*

6. *Opposabilité du supplément de loyer.* Ayant une origine législative, il n'est pas nécessaire que les règles présidant au supplément de loyer figurent dans le bail pour être opposables au bailleur. • Chambéry, 30 janv. 1996 : *D. 1997. Somm. 272*.

7. *Nature du supplément de loyer.* Le supplément de loyer ne revêt pas un caractère indemnitaire et ne constitue pas une clause pénale. • Paris, 10 mars 1995 : *JCP 1995. IV. 182, n° 1424.* ◆ Il ne constitue pas un loyer ni une charge. • Civ. 3e, 16 nov. 1994 : *JCP N 1995. II. 836.*

Art. L. 441-3-1 *(L. n° 2006-872 du 13 juill. 2006, art. 71-I-2°)* **Après avis conforme du représentant de l'État dans le département, le programme local de l'habitat, lorsque les organismes d'habitations à loyer modéré et les sociétés d'économie mixte gérant des logements sociaux ont été associés à son élaboration, peut déterminer les zones géographiques ou les quartiers dans lesquels le supplément de loyer de solidarité ne s'applique pas et fixer les orientations relatives à sa mise en œuvre.**

Art. L. 441-4 *(L. n° 96-162 du 4 mars 1996)* **Le montant du supplément de loyer de solidarité est obtenu en appliquant le coefficient de dépassement du plafond de ressources au supplément de loyer de référence du logement.**

(L. n° 2009-323 du 25 mars 2009, art. 62-I) **« Ce montant est plafonné lorsque, cumulé avec le montant du loyer principal, il excède, par mètre carré de surface habitable, un plafond fixé par décret. »** – *V. art. R. 441-20-1.*

Ce montant est *(L. n° 2009-323 du 25 mars 2009, art. 62-I)* **« également » plafonné lorsque, cumulé avec le montant du loyer principal, il excède 25 p. 100 des ressources de l'ensemble des personnes vivant au foyer.** *(L. n° 2006-872 du 13 juill. 2006, art. 71-I-3°)* **« Le programme local de l'habitat peut porter ce plafond jusqu'à 35 % des ressources de l'ensemble des personnes vivant au foyer. »** – *V. art. R. 441-20 s.*

Les dispositions issues de la L. n° 2009-323 du 25 mars 2009, art. 62-I, s'appliquent à compter du 1er juin 2009 (L. préc., art. 62-II).

V. Circ. 28 mai 2009 relative à la L. n° 2009-323 du 25 mars 2009. – Logement locatif social (BOMEEDDM n° 2009/12, p. 77).

Art. L. 441-5 à L. 441-7 *Abrogés par L. n° 2006-872 du 13 juill. 2006, art. 71-I-4°.*

Art. L. 441-8 *(L. n° 2006-872 du 13 juill. 2006, art. 71-I-5°)* **Sous réserve des dispositions de l'article L. 441-3-1, le supplément de loyer de solidarité appliqué par l'organisme d'habitations à loyer modéré est calculé par lui en fonction :**

— des valeurs du coefficient de dépassement du plafond de ressources, déterminées par décret en Conseil d'État *[V. art. R. 441-21]* **;**

— du montant par mètre carré habitable du supplément de loyer de référence fixé par décret en Conseil d'État selon les zones géographiques tenant compte du marché locatif *[V. art. R. 441-21]***.**

Art. L. 441-9 *(L. n° 96-162 du 4 mars 1996)* **L'organisme d'habitations à loyer modéré demande annuellement à chaque locataire communication des avis d'imposition ou de non-imposition à l'impôt sur le revenu et des renseignements concernant l'ensemble des personnes vivant au foyer permettant de calculer l'importance du dépassement éventuel du plafond de ressources et de déterminer si le locataire est redevable du supplément de loyer. Le locataire est tenu de répondre à cette demande dans un délai d'un mois.** *(L. n° 98-657 du 29 juill. 1998, art. 56-V)* **« L'organisme d'habitations à loyer modéré n'est tenu de présenter cette demande ni aux locataires bénéficiant de l'aide personnalisée au logement mentionnée à l'article L. 351-1, ni aux locataires bénéficiant de l'allocation de logement prévue à l'article L. 542-1 du code de la sécurité sociale ou de l'allocation de logement prévue à l'article L. 831-1 du même code. »**

A défaut et après mise en demeure restée infructueuse pendant quinze jours, l'organisme d'habitations à loyer modéré liquide provisoirement le supplément de loyer. Pour cette liquidation, il est fait application d'un coefficient de dépassement du plafond de ressources égal à la valeur maximale prévue par le décret mentionné à l'article L. 441-8. L'organisme d'habitations à loyer modéré perçoit en outre une indemnité pour frais de dossier dont le montant maximum est fixé par décret en Conseil d'État. – *V. art. R. 441-25 et R. 441-26.*

Lorsque le locataire a communiqué les renseignements et avis mentionnés au premier alinéa, le supplément de loyer afférent à la période de retard est liquidé définitivement. Le trop-perçu de supplément de loyer est reversé au locataire dans les deux mois.

La mise en demeure comporte la reproduction du présent article. – *Dispositions applicables dès la publication de la loi (JO 5 mars).*

Art. L. 441-10 *(L. nº 96-162 du 4 mars 1996)* Les organismes d'habitations à loyer modéré communiquent au représentant de l'État dans le département du lieu de situation des logements les renseignements statistiques et financiers permettant l'établissement d'un rapport annuel sur l'application du supplément de loyer dans le département. Ce rapport est soumis pour avis au comité régional de l'habitat. – *Concernant les renseignements statistiques, V. art. R. 441-27.*

Art. L. 441-11 *(L. nº 96-162 du 4 mars 1996)* L'organisme d'habitations à loyer modéré qui n'a pas exigé le paiement du supplément de loyer ou qui n'a pas procédé aux diligences lui incombant pour son recouvrement, à l'exclusion de celles relevant de la responsabilité propre d'un comptable public, est passible d'une pénalité dont le montant est égal à 50 p. 100 des sommes exigibles et non mises en recouvrement.

La sanction est prononcée par le représentant de l'État dans le département de situation du logement après que l'organisme d'habitations à loyer modéré a été appelé à présenter ses observations.

Le montant de la pénalité est recouvré au profit de l'État comme les créances de l'État étrangères à l'impôt et au domaine. – *V. art. R. 441-28.*

Art. L. 441-12 *(L. nº 2006-872 du 13 juill. 2006, art. 71-I-7º)* La *(L. nº 2009-323 du 25 mars 2009, art. 1er-I)* « convention d'utilité sociale » conclue en application de l'article L. 445-1 peut déroger aux dispositions de la présente section, le cas échéant dans le respect du programme local de l'habitat lorsque celui-ci prévoit des dispositions relatives au supplément de loyer de solidarité.

Art. L. 441-13 *(L. nº 96-162 du 4 mars 1996)* Les dispositions de la présente section sont applicables aux personnes morales autres que les organismes d'habitations à loyer modéré et les sociétés d'économie mixte, pour les logements à usage locatif leur appartenant et ouvrant droit à l'aide personnalisée au logement en application des 2º et 3º de l'article L. 351-2.

Art. L. 441-14 *(L. nº 96-162 du 4 mars 1996 ; L. nº 2006-872 du 13 juill. 2006, art. 71-I-8º)* « Les dispositions de la présente section ne sont pas applicables aux logements financés au moyen de prêts conventionnés des banques et établissements financiers appartenant aux bailleurs autres que les organismes d'habitations à loyer modéré et, dans les départements d'outre-mer, aux immeubles à loyer moyen. »

Ces dispositions ne sont pas applicables aux logements ayant bénéficié d'une subvention de l'Agence nationale de l'habitat.

Art. L. 441-15 *(L. nº 96-162 du 4 mars 1996)* Un décret en Conseil d'État détermine en tant que de besoin les conditions d'application de la présente section. – *V. art. R. 441-19 s.*

V. Circ. 29 avr. 1996, Mon. TP 10 mai 1996, Suppl. textes, p. 282 s.

Loi nº 96-162 du 4 mars 1996,

Relative au supplément de loyer de solidarité.

Art. 10 Sous réserve des décisions de justice passées en force de chose jugée, sont validés les suppléments de loyer fixés en application du barème arrêté par la délibération du conseil d'administration du 8 novembre 1989 de la Régie immobilière de la ville de Paris en tant que la régularité de ces suppléments de loyer serait mise en cause à raison de l'annulation de cette délibération par la décision du Conseil d'État en date du 31 mars 1995.

Art. 11 *Abrogé par L. nº 2006-872 du 13 juill. 2006, art. 71-III.*

Art. 12 Sous réserve des décisions de justice passées en force de chose jugée, sont validés les barèmes de supplément de loyer devenus exécutoires avant la date de publication de la présente loi :

— en tant qu'ils ont été établis en fonction du loyer du marché ou en fonction d'un plafond de loyer fixé par l'administration pour certaines catégories de logements à loyer modéré ;

— en tant qu'ils n'ont pas été établis en fonction du nombre ou de l'âge des personnes vivant au foyer.

Sous la même réserve, l'exigibilité des suppléments de loyer ne peut être contestée en tant que ceux-ci résultent des barèmes ainsi validés.

Art. 13 *Abrogé par L. nº 2006-872 du 13 juill. 2006, art. 71-III.*

Art. 14 Les dispositions de la présente loi s'appliquent de plein droit, à la date de leur entrée en vigueur, aux baux en cours et aux bénéficiaires du droit au maintien dans les lieux.

CHAPITRE II LOYERS ET DIVERS

BIBL. ► CHOMEL, *JCP N, 1997, nº 50-51, p. 1513* (la sous-location des logements locatifs sociaux). – J.-P. CORDELLIER, *AJPI 1987. 159* (les rapports de location modifiés). – P. GIAMI et G. LEMÉE, *AJDI 2000, nº 11, p. 905* (sous-location de logements HLM). – F. MOULDAÏA, *LPA 7 mai 1990* (le loyer en secteur HLM non conventionné) ; *AJPI 1991. 400* (transfert du droit au maintien dans les lieux en secteur HLM). – B. WERTENSCHLAG, *AJPI 1997. 741* (régime des logements-foyers du secteur HLM).

COMMENTAIRE

Depuis la loi nº 86-1290 du 23 décembre 1986, les organismes d'HLM déterminent librement les loyers.

Cette liberté s'exerce cependant dans une fourchette fixée par l'État.

La loi d'orientation du 29 juillet 1998 relative à la lutte contre les exclusions est venue clarifier le **statut des sous-locataires de logements HLM**. Le mécanisme de la sous-location tend à se développer en raison de la multiplication des logements d'urgence ou d'insertion qui, le plus souvent, sont loués à un organisme « intermédiaire », qui prend les risques locatifs en lieu et place du bailleur et se charge de sous-louer les logements à des personnes défavorisées.

Enfin, ce chapitre couvre également les règles relatives à la **mise en gérance d'immeubles appartenant à des organismes d'HLM**. Cette possibilité vise à favoriser une certaine unité de gestion au sein du parc HLM. Dans le cadre d'une politique globale d'aménagement ou de réhabilitation d'un îlot ou d'un quartier, elle doit permettre à l'organisme qui n'y détiendrait que quelques unités d'habitation, d'en déléguer la gestion à l'opérateur principalement impliqué.

Art. L. 442-1 **L'autorité administrative détermine les prix de base au mètre carré afférents aux différentes catégories de construction réalisées par les organismes d'habitations à loyer modéré.**

En vue d'assurer l'équilibre de la situation financière de ces organismes, elle fixe, pour les loyers, un montant minimum et un montant maximum établis en tenant compte notamment des prix de revient de la construction à la charge desdits organismes et des frais de gestion, de contrôle et d'entretien.

Dans le cas où la situation financière d'un organisme d'habitations à loyer modéré fait craindre qu'il ne puisse plus faire face à ses obligations, l'autorité administrative

peut imposer à l'organisme préalablement saisi l'application aux logements construits postérieurement au 3 septembre 1947 d'un loyer susceptible de rétablir l'équilibre d'exploitation.

Les augmentations résultant des dispositions du présent article sont applicables de plein droit aux bénéficiaires des baux ou engagements de location. En aucun cas, ces augmentations ne devront entraîner, d'un semestre par rapport au semestre précédent, une hausse supérieure à 10 p. 100. – *V. art. R. 442-1 s.*

V. App., vº Rapports locatifs, L. nº 89-462 du 6 juill. 1989, art. 40.

Sur la motivation obligatoire des décisions imposant un loyer d'équilibre, V. Circ. Premier ministre 28 sept. 1987, JO nº hors série 87-872. – Sur le plafond des ressources applicables en matière d'HLM, V. Circ. 9 déc. 1985, JO 18 janv. 1986. – Arr. du 14 oct. 1963 relatif au prix du loyer des logements construits par les organismes d'HLM depuis le 3 sept. 1947 (JO 16 oct.), mod. par Arr. du 9 août 1968 (JO 25 août), Arr. du 28 févr. 1973 (JO 31 mars), Arr. du 27 févr. 1979 (JO 31 mars), Arr. du 28 mars 1995 (JO 5 mai), Arr. du 17 avr. 2009 (JO 6 mai).

Loi nº 2010-1657 du 29 décembre 2010,

De finances pour 2011.

Art. 210-III A compter du 1er janvier 2011 et jusqu'au 31 décembre 2013, par dérogation aux articles L. 442-1 et L. 445-4 du code de la construction et de l'habitation, la révision sur une année des loyers pratiqués mentionnés au même article L. 442-1 pour les logements appartenant aux organismes mentionnés à l'article L. 411-2 du même code ne peut excéder la variation de l'indice de référence des loyers définie au *d* de l'article 17 de la loi nº 89-462 du 6 juillet 1989 tendant à améliorer les rapports locatifs et portant modification de la loi nº 86-1290 du 23 décembre 1986 *[V. **C. baux**]*. L'indice de référence des loyers à prendre en compte est celui du troisième trimestre de l'année précédente.

Toutefois, l'autorité administrative peut, dans la limite prévue aux articles L. 442-1 et L. 445-4 du même code, autoriser un organisme à déroger aux dispositions de l'alinéa précédent soit dans le cadre d'un plan de redressement approuvé par la Caisse de garantie du logement locatif social, soit pour une partie du patrimoine de l'organisme ayant fait l'objet d'une réhabilitation.

Le présent III est applicable à tous les contrats de location, y compris aux contrats en cours.

1. Les litiges entre les organismes d'HLM et leurs locataires relèvent en principe du droit privé et de la compétence judiciaire. • T. confl. 16 mai 1983, *OPHLM du dpt de Meurthe-et-Moselle : AJPI 1985. 591, obs. Bourjol-Flécher.* ♦ La décision prise par un organisme d'HLM de résilier un contrat, de location de logement n'est pas détachable des conditions d'exécution de ce contrat, lequel est de droit privé. • CE 16 oct. 1987, *Bouquet : req. nº 85140.* ♦ Le rejet d'une demande d'échange de logement n'est pas détachable de l'exécution du contrat de droit privé qui lie le locataire à l'organisme d'HLM. • CE 30 oct. 1995, *OPHLM de la communauté urbaine de Strasbourg,* req. nº 105251 : *Lebon T. 892* • CAA Nancy, 14 janv. 1999, *OPHLM de Strasbourg : req. nº 95NC02002.*

2. La contestation par les étudiants des redevances qui leur sont réclamées, en l'absence de tout contrat de sous-location, pour l'occupation de logements mis à leur disposition par les Centres régionaux des œuvres universitaires et scolaires ressortit à la compétence de la juridiction administrative, nonobstant l'appartenance des locaux en cause au domaine privé des offices d'HLM. • CAA Paris, 3 mars 1992, *CROUS de Créteil : req. nº 90PA00637.*

3. Le recouvrement d'une creance consécutive à l'exécution par un office public de travaux de réfection mis à la charge d'un locataire ne concerne pas une créance fiscale, et la réclamation correspondante n'a pas à être soumise au trésorier-payeur général. • Civ. 2e, 20 juill. 1981 : *Bull. civ. II, nº 165.* ♦ Il en irait autrement si un commandement avait été délivré en la forme administrative. • Com. 10 mai 1982 : *Bull. civ. IV, nº 167.*

4. Sur un litige ouvert par le refus d'un locataire de rembourser à l'office les frais de personnels occasionnés par l'entretien des parties communes de l'immeuble mis à la charge des locataires par une disposition du contrat, V. • Civ. 3e, 29 oct. 1974 : *Bull. civ. III, no 392.* ♦ Sur la combinaison des dispositions contractuelles avec les dispositions de la loi de 1948 sur les loyers, V. • Civ. 3e, 3 nov. 1981 : *Bull. civ. III, no 174* • 7 janv. 1982 : *AJPI 1983. 455, obs. D. Bourjol-Flécher.* ♦ Sur une demande de déspécialisation partielle formée par un locataire pour l'exercice d'une activité connexe et complémentaire d'une activité commerciale, V. • Civ. 3e, 24 oct. 1984 : *Bull. civ. III, no 174 ; AJPI 1985. 590, obs. D. Bourjol-Flécher.* ♦ Sur le rejet d'une demande de réduction de loyer formée par des locataires d'appartements soumis à la législation sur les habitations à loyer modéré, fondée sur des désordres résultant d'infiltrations d'eau, V. • Civ. 3e, 30 juin 1999 : *Bull. civ. III, no 156.*

5. Les dispositions légales résultant des art. L. 442-1 et L. 441-3 CCH constituent un régime locatif dérogatoire qui s'applique, quels que soient les textes visés dans le bail, aux conventions passées entre les sociétés d'HLM et l'État, en réception des art. L. 351-1 s. CCH et fixant, entre autres, le loyer maximal et le supplément de loyer. • Civ. 3e, 10 janv. 1996 : *Bull. civ. III, no 8.*

6. La Commission nationale de l'informatique et des libertés (CNIL) peut se fonder sur l'objectif à valeur constitutionnelle du droit pour toute personne d'accéder à un logement décent pour refuser à un organisme d'HLM d'établir un fichier des impayés locatifs. Mais elle ne peut valablement le faire qu'après avoir vérifié que les modalités de fonctionnement du fichier ne comportent pas de garanties suffisantes. • CE 7 avr. 2010, *Sté Infobail,* req. no 309546 : *Lebon T. 781 ; AJDA 2010. 761.*

Art. L. 442-1-1 *(L. no 86-1290 du 23 déc. 1986, art. 37)* **Les organismes d'habitations à loyer modéré fixent librement les loyers des logements faisant l'objet d'une nouvelle location dans les limites prévues au deuxième alinéa de l'article L. 442-1 ou, pour les logements conventionnés en application de l'article L. 351-2, dans la limite des loyers maximaux de ces conventions ou, pour les logements financés à l'aide de primes ou de prêts spéciaux à la construction du Crédit foncier de France ou de la Caisse centrale de coopération économique, dans la limite de leurs loyers plafonds.**

Art. L. 442-1-2 *(L. no 86-1290 du 23 déc. 1986, art. 37)* **Toute délibération d'un organisme d'habitations à loyer modéré relative aux loyers applicables à compter du 1er juillet 1987 est transmise deux mois avant son entrée en vigueur** *(L. no 94-112 du 9 févr. 1994, art. 22-III)* **« au représentant de l'État dans le département du siège de l'organisme et à celui du département du lieu de situation des logements.** *(L. no 96-162 du 4 mars 1996, art. 4-I)* **« Le représentant de l'État dans le département du lieu de situation des logements » peut, dans le délai d'un mois à compter de la plus tardive de ces transmissions, demander à l'organisme une nouvelle délibération.**

Concernant l'évolution des loyers des logements HLM en 1993, V. Circ. no 92-68 du 27 oct. 1992 (Mon. TP 6 nov. 1992, Suppl. textes, p. 294) ; ... en 1994, V. Circ. no 93-74 du 22 oct. 1993 (Mon. TP 17 déc. 1993, Suppl. textes, p. 244) ; ... en 1999, V. Circ. no 98-100 du 29 oct. 1998 (BOMELT no 98/21) ; ... en 2000 et 2001, V. Circ. no 99-72 du 18 août 1999 (BOMELT no 99/20), Circ. no 2000-50 du 4 juill. 2000 (BOMELT no 2000/13), Circ. no 2000-74 du 23 oct. 2000 (BOMELT no 2000/21), Circ. no 2000-86 du 13 déc. 2000 (BOMELT no 2000/24) et Circ. no 2001-37 du 9 juill. 2001 (BOMELT no 2001/14) ; ... en 2003, V. Circ. no 2002-67 du 7 nov. 2002 (BOMELT no 2002/22, p. 49) ; ... en 2005, V. Circ. no 2004-64 du 25 nov. 2004 (BOMELT no 2004/23, p. 54).

Concernant la compétence des préfets en matière de loyers et « surloyers » des organismes HLM, V. Circ. no 94-13 du 17 févr. 1994 (Mon. TP 25 févr. 1994, Suppl. textes, p. 306).

Loi no 94-112 du 9 février 1994,

Portant diverses dispositions en matière d'urbanisme et de construction.

Art. 22-I (al. 2 *à* 4) Pour l'application de l'article L. 442-1-2 *[ancien]* aux délibérations relatives aux loyers transmises au représentant de l'État par les organismes d'habitations à loyer modéré entre le 1er janvier 1987 et le 31 décembre 1993 inclus, le représentant de l'État compétent est celui du département du siège de l'organisme.

Sous réserve des décisions de justice passées en force de chose jugée, sont en conséquence entrés en vigueur, dans les conditions déterminées par les articles L. 441-3 et L. 442-1-2 du code de la construction et de l'habitation et par les deux alinéas qui précèdent, les barèmes de supplément de loyer et les délibérations des organismes d'habitations à loyer modéré relatives aux loyers en tant qu'ils ont été transmis au préfet du département du siège de l'organisme et en tant que ce préfet a exercé la compétence qui lui est dévolue selon le cas par le premier alinéa du présent article et l'article L. 441-3 du code de la construction et de l'habitation ou par le deuxième alinéa du présent article (alinéa précédent) et l'article L. 442-1-2 de ce même code.

Sous la même réserve, les loyers et suppléments de loyer ont été et sont régulièrement exigibles par les organismes d'habitations à loyer modéré en tant qu'ils résultent des barèmes et délibérations entrés en vigueur dans les conditions fixées aux alinéas précédents.

Art. L. 442-2 **Les taux de loyers des organismes d'habitations à loyer modéré résultant de l'application de l'article L. 442-1 sont applicables sans qu'il soit nécessaire de donner congé aux titulaires de baux en cours ou aux bénéficiaires du maintien dans les lieux.**

Les prix des loyers mentionnés à l'alinéa précédent ne sont applicables qu'à partir du terme d'usage qui suit la notification prévue à l'article 32 de la loi nº 48-1360 du 1er septembre 1948 modifiée *[V. **C. baux**].*

Art. L. 442-3 *(L. nº 81-1161 du 30 déc. 1981, art. 9-I ; L. nº 83-440 du 2 juin 1983, art. 12 ; L. nº 2009-323 du 25 mars 2009, art. 119-II)* **« I. – A compter du 13 novembre 1982 et nonobstant toute disposition ou stipulation contraire », dans les immeubles appartenant aux organismes d'habitations à loyer modéré, les charges récupérables, sommes accessoires au loyer principal, sont exigibles en contrepartie :**

– des services rendus liés à l'usage des différents éléments de la chose louée ;

– des dépenses d'entretien courant et des menues réparations sur les éléments d'usage commun de la chose louée, qui ne sont pas la conséquence d'une erreur de conception ou d'un vice de réalisation. *(L. nº 2006-872 du 13 juill. 2006, art. 88-I)* **« Sont notamment récupérables à ce titre les dépenses engagées par le bailleur dans le cadre d'un contrat d'entretien relatif aux ascenseurs et répondant aux conditions de l'article L. 125-2-2, qui concernent les opérations et les vérifications périodiques minimales et la réparation et le remplacement de petites pièces présentant des signes d'usure excessive ainsi que les interventions pour dégager les personnes bloquées en cabine et le dépannage et la remise en fonctionnement normal des appareils ; »**

– des impositions qui correspondent à des services dont le locataire profite directement.

La liste de ces charges est fixée par décret en Conseil d'État. *(L. nº 2006-872 du 13 juill. 2006, art. 88-II)* **« Il peut y être dérogé par accords collectifs locaux portant sur l'amélioration de la sécurité ou la prise en compte du développement durable, conclus conformément à l'article 42 de la loi nº 86-1290 du 23 décembre 1986 tendant à favoriser l'investissement locatif, l'accession à la propriété de logements sociaux et le développement de l'offre foncière. »** *– V. App., vº Charges récupérables, Décr. nº 82-955 du 9 nov. 1982.*

(L. nº 2006-872 du 13 juill. 2006, art. 88-II ; L. nº 2009-323 du 25 mars 2009, art. 119-II ; L. nº 2010-1488 du 7 déc. 2010, art. 27-I) **« Pour l'application du présent I, le coût des services assurés dans le cadre d'un contrat d'entreprise ou d'un contrat d'achat d'électricité, d'énergie calorifique ou de gaz naturel combustible, distribués par réseaux correspond à la dépense, toutes taxes comprises, acquittée par le bailleur. »**

(L. nº 2009-323 du 25 mars 2009, art. 119-II) **« II. – Lorsque des travaux d'économie d'énergie sont réalisés par le bailleur dans les parties privatives d'un logement ou dans les parties communes de l'immeuble, une contribution pour le partage des économies de charge peut être demandée au locataire du logement loué, à partir de la date d'achèvement des travaux, sous réserve que ces derniers lui bénéficient directement**

et qu'ils lui soient justifiés. Elle ne peut toutefois être exigible qu'à la condition qu'un ensemble de travaux ait été réalisé ou que le logement atteigne un niveau minimal de performance énergétique.

« Cette participation, limitée au maximum à quinze ans, est inscrite sur l'avis d'échéance et portée sur la quittance remise au locataire. Son montant, fixe et non révisable, ne peut être supérieur à la moitié du montant de l'économie d'énergie estimée.

« Un décret en Conseil d'État, pris après avis de la commission nationale de concertation, précise les conditions d'application du présent II, notamment la liste des travaux éligibles à réaliser et les niveaux minimaux de performance énergétique à atteindre, ainsi que les modalités d'évaluation des économies d'énergie, de calcul du montant de la participation demandée au locataire du logement et de contrôle de ces évaluations après travaux. » — *V. art. R.* 442-24 s.*

V. Circ. nº 91-75 du 17 oct. 1991, Mon. TP 25 oct. 1991, Suppl. textes, p. 346 : évolution des loyers des logements HLM en 1992.

V. aussi Circ. 28 mai 2009 relative à la L. nº 2009-323 du 25 mars 2009. — Logement locatif social (BOMEEDDM nº 2009/12, p. 78).

1. Les litiges relatifs au recouvrement des charges relèvent de la compétence judiciaire. • T. confl. 16 mai 1983, *Préfet, Corep de Meurthe-et-Moselle c/ Cour d'appel de Nancy : req. nº 2298.*

2. Il résulte des dispositions législatives que les charges récupérables sont directement liées au caractère immobilier de la chose louée. En conséquence les services rendus aux usagers des unités-retraites qui se rapportent à la restauration, la sécurité, l'accueil, l'aide ménagère, l'animation des loisirs et les prestations paramédicales ne sauraient être regardés comme des services directement liés à l'usage de la chose louée et ne constituent pas des charges récupérables. • CE 5 oct. 1988, *SA Hervé Picot : Lebon T. 886.* ♦ Les dépenses correspondant à la rémunération du personnel chargé du nettoiement des parties communes et de l'enlèvement des déchets sont au nombre des charges exposées en contrepartie des services rendus liés à l'usage des différents éléments de la chose louée. • CE, ass., 1er juill. 1988, *SIEMPS : Lebon 274 ; AJPI 1988. 770, concl. Van Ruymbeke ; AJDI 1988. 773, note R. Rouquette ; AJDA 1988. 591, Chron. M. Azibert et M. de Boisdeffre.*

3. Les services rendus liés à l'usage des différents éléments de la chose louée prévuspar l'art. L. 442-3 CCH ne comprennent pas les dépenses du personnel chargé de l'entretien des parties communes et de l'élimination des rejets. Il y a donc lieu d'annuler les accords collectifs ayant pour conséquence de mettre de telles dépenses à la charge des locataires. • Civ. 3e, 9 oct. 1991 : *Bull. civ. III, nº 235.* ♦ V. également, • Civ. 3e, 3 nov. 1981 : *Bull. civ. III, nº 174 ; AJPI 1983. 455 ; Rev. loyers 1982. 82, note J.V.* ♦ V. toutefois, jugeant que les frais de détartrage des colonnes de chutes, des branchements d'eaux usées et d'eaux-vannes, tout comme les frais de curage des collecteurs extérieurs, correspondant à une prestation de service pour l'élimination des rejets, constituent des charges récupérables, • Civ. 3e, 6 déc. 1995 : *Bull. civ. III, nº 251.* ♦ Sur la taxe d'enlèvement des ordures ménagères, V. • Civ. 3e, 10 janv. 1996 : *Bull. civ. III, nº 9.*

4. Un contrat par lequel une société d'HLM loue des logements à un CROUS dans le seul but de les sous-louer à des étudiants est un contrat administratif auquel sont inapplicables les dispositions de l'art. L. 442-3. • CE 8 oct. 2010, *Sté d'HLM Un toit pour tous,* req. nº 316723 : *Lebon T. 843 ; AJDA 2010. 1915 ; AJCT 2010. 168, obs. Didriche ; Dr. adm. 2011, nº 4, note Billet.*

Art. L. 442-3-1 *(L. nº 2009-323 du 25 mars 2009, art. 61-I)* **En cas de sous-occupation du logement telle que définie à l'article L. 621-2, le bailleur propose au locataire un nouveau logement correspondant à ses besoins, nonobstant les plafonds de ressources prévus à l'article L. 441-1.**

Le loyer principal du nouveau logement doit être inférieur à celui du logement d'origine.

Les conditions d'une aide à la mobilité prise en charge par le bailleur sont définies par décret *[V. art. R. 442-3-2].*

Dans les logements situés sur les territoires définis au 7º de l'article 10 de la loi nº 48-1360 du 1er septembre 1948 portant modification et codification de la législation

relative aux rapports des bailleurs et locataires ou occupants de locaux d'habitation ou à usage professionnel et instituant des allocations de logement *[V. C. **baux**]*, **le locataire ayant refusé trois offres de relogement, faites par le bailleur en application du premier alinéa du présent article et respectant les conditions prévues à l'article 13 *bis* de la même loi ne bénéficie plus du droit au maintien dans les lieux. A l'expiration d'un délai de six mois à compter de la notification de la troisième offre de relogement, le locataire est déchu de tout titre d'occupation des locaux loués.**

L'alinéa précédent n'est pas applicable aux locataires âgés de plus de soixante-cinq ans, aux locataires présentant un handicap au sens de l'article L. 114 du code de l'action sociale et des familles ou ayant à leur charge une personne présentant un tel handicap et, selon des modalités définies par décret, aux locataires présentant une perte d'autonomie physique ou psychique, ou ayant à leur charge une personne présentant une telle perte d'autonomie *[V. art. R. 442-3-1]*. **Il ne s'applique pas non plus aux logements situés dans les zones urbaines sensibles définies au 3 de l'article 42 de la loi n° 95-115 du 4 février 1995 d'orientation pour l'aménagement et le développement du territoire** *[V. App., v° Zones prioritaires d'aménagement du territoire]*.

Les dispositions issues de l'art. 61 de la L. n° 2009-323 du 25 mars 2009 sont applicables aux contrats en cours. A compter de la publication de la loi précitée, le contrat passé entre un bailleur et un locataire comporte une clause prévoyant l'application des art. L. 442-3-1 à L. 442-4. Les conditions d'application du l'art. 61 précité sont définies par décret en Conseil d'État (L. préc., art. 61-IV et V).

V. Circ. du 28 mai 2009 relative à la L. n° 2009-323 du 25 mars 2009 – Logement locatif social (BOMEEDDM n° 2009/12, p. 76).

COMMENTAIRE

La loi du 1er septembre 1948 prévoit un droit au maintien dans les lieux des locataires, dès lors qu'ils remplissent leurs obligations locatives, sans limitation de durée, quelle que soit l'évolution de leur situation familiale et de leurs revenus. L'article L. 442-6 du code de la construction et de l'habitation étend l'application de ce principe aux locataires d'HLM.

La loi n° 2009-323 du 25 mars 2009 de mobilisation pour le logement et la lutte contre l'exclusion remet en cause ce droit au maintien dans les lieux en cas de sous-occupation du logement (art. L. 442-3-1), lorsqu'un logement adapté au handicap n'est plus occupé par une personne handicapée (art. L. 442-3-2) et en cas de dépassement du double des plafonds de ressources pour l'attribution d'un logement social, cette hypothèse étant limitée aux logements sociaux « situés dans des zones géographiques définies par décret en Conseil d'État se caractérisant par un déséquilibre important entre l'offre et la demande de logements » (art. L. 442-3-3).

Dans sa décision n° 2009-578 du 18 mars 2009, le Conseil constitutionnel a estimé que l'objectif consistant à favoriser la mobilité dans le parc locatif social pour permettre l'attribution de logements sociaux aux personnes les plus défavorisées contribuait à la mise en œuvre de l'objectif constitutionnel que constitue la possibilité pour toute personne de disposer d'un logement décent. En revanche, il a censuré une des exceptions prévues au dispositif au bénéfice des locataires occupant un logement acquis ou géré par un organisme d'HLM depuis moins de dix ans. Le Conseil a en effet considéré que le critère fondé sur la situation juridique des locataires ou de l'immeuble était sans rapport avec l'objectif social poursuivi par la loi.

Art. L. 442-3-2 *(L. n° 2009-323 du 25 mars 2009, art. 61-I)* **Nonobstant les plafonds de ressources prévus à l'article L. 441-1, le bailleur propose un nouveau logement au locataire d'un logement adapté aux personnes présentant un handicap au sens de l'article L. 114 du code de l'action sociale et des familles dès lors que le ou les occupants présentant un tel handicap n'occupent plus le logement.**

Le loyer principal du nouveau logement doit être inférieur à celui du logement d'origine.

Les conditions d'une aide à la mobilité prise en charge par le bailleur sont définies par décret *[V. art. R. 442-3-2]*.

Le locataire ayant refusé trois offres de relogement faites par le bailleur en application du premier alinéa et respectant les conditions prévues à l'article 13 *bis* de la loi nº 48-1360 du 1er septembre 1948 précitée *[V. **C. baux**]* ne bénéficie plus du droit au maintien dans les lieux. A l'expiration d'un délai de six mois à compter de la notification de la troisième offre de relogement, le locataire est déchu de tout titre d'occupation des locaux loués. Le délai est porté à dix-huit mois en cas de décès d'une personne handicapée à la charge du locataire.

L'alinéa précédent n'est pas applicable aux locataires âgés de plus de soixante-cinq ans.

V. note ss. art. L. 442-3-1.

Art. L. 442-3-3 *(L. nº 2009-323 du 25 mars 2009, art. 61-I)* I. — Dans les logements locatifs sociaux appartenant aux organismes d'habitations à loyer modéré ou gérés par eux et situés dans des zones géographiques définies par décret en Conseil d'État *[V. art. R.* 442-3-3]* se caractérisant par un déséquilibre important entre l'offre et la demande de logements, les locataires dont les ressources, au vu des résultats de l'enquête mentionnée à l'article L. 441-9, sont, deux années consécutives, au moins deux fois supérieures aux plafonds de ressources pour l'attribution de ces logements fixés en application de l'article L. 441-1 n'ont plus le droit au maintien dans les lieux à l'issue d'un délai de trois ans à compter du 1er janvier de l'année qui suit les résultats de l'enquête faisant apparaître, pour la deuxième année consécutive, un dépassement du double de ces plafonds.

Dès que les résultats de l'enquête font apparaître, pour la deuxième année consécutive, un dépassement du double de ces plafonds, le bailleur en informe les locataires sans délai.

Six mois avant l'issue de ce délai de trois ans, le bailleur notifie par lettre recommandée avec demande d'avis de réception ou signifie par acte d'huissier la date à laquelle les locaux loués doivent être libres de toute occupation. A l'issue de cette échéance, les locataires sont déchus de tout titre d'occupation des locaux loués.

II. — Si, au cours de la période de trois ans visée au I, les locataires justifient que leurs ressources sont devenues inférieures aux plafonds de ressources pour l'attribution de ce logement, ils bénéficient à nouveau du droit au maintien dans les lieux.

III. — Le I n'est pas applicable aux locataires qui, l'année suivant les résultats de l'enquête faisant apparaître, pour la deuxième année consécutive, un dépassement du double des plafonds de ressources, atteignent leur soixante-cinquième anniversaire et aux locataires présentant un handicap au sens de l'article L. 114 du code de l'action sociale et des familles ou ayant à leur charge une personne présentant un tel handicap. Il ne s'applique pas non plus *[Dispositions déclarées non conformes à la Constitution par la décision du Conseil constitutionnel nº 2009-578 DC du 18 mars 2009]* aux logements situés dans les zones urbaines sensibles définies au 3 de l'article 42 de la loi nº 95-115 du 4 février 1995 d'orientation pour l'aménagement et le développement du territoire.

V. note ss. art. L. 442-3-1.

Art. L. 442-4 *(L. nº 2009-323 du 25 mars 2009, art. 61-I)* Les organismes d'habitations à loyer modéré peuvent, par délibération de leur conseil d'administration ou de leur conseil de surveillance, rendre applicable l'article L. 442-3-3 aux logements locatifs sociaux qui ne sont pas situés dans les zones géographiques mentionnées au même article.

V. note ss. art. L. 442-3-1.

Art. L. 442-4-1 *(L. nº 98-657 du 29 juill. 1998, art. 122-I)* En cas de non-respect de l'obligation prévue au troisième alinéa (b) de l'article 7 de la loi nº 89-462 du 6 juillet 1989 tendant à améliorer les rapports locatifs et portant modification de la loi

n° 86-1290 du 23 décembre 1986 *[V. C.* ***baux****]*, **et mise en demeure de se conformer à cette obligation restée infructueuse, il peut être adressé au locataire une offre de relogement correspondant à ses besoins et à ses possibilités.**

En cas de refus du locataire ou, en l'absence de réponse de sa part, à l'expiration d'un délai d'un mois à compter de l'envoi de l'offre par lettre recommandée avec demande d'avis de réception, le bailleur peut saisir le juge aux fins de résiliation du bail.

V. note ss. art. L. 442-4-2.

Art. L. 442-4-2 *(L. n° 98-657 du 29 juill. 1998, art. 122-IV)* **La faculté prévue à l'article L. 442-4-1 de proposer une offre de relogement ne constitue nullement une obligation pour le bailleur. Celui-ci peut directement saisir le juge aux fins de résiliation du bail du locataire qui ne respecte pas l'obligation prévue au troisième alinéa b de l'article 7 de la loi n° 89-462 du 6 juillet 1989 précitée** *[V.* ***C. baux****]*.

V. Circ. n° 98-92 du 13 oct. 1998 relative aux dispositions sur le logement contenues dans la loi n° 98-657 du 29 juill. 1998 d'orientation relative à la lutte contre les exclusions (BOMELT n° 98/20).

Art. L. 442-5 *(L. n° 2009-526 du 12 mai 2009, art. 80-II)* **« Aux fins de permettre la transmission au Parlement des informations visées au 5° de l'article L. 101-1 »** *(L. n° 96-162 du 4 mars 1996, art. 6)* **« , les organismes d'habitations à loyer modéré communiquent les renseignements statistiques nécessaires au représentant de l'État dans le département du lieu de situation des logements après avoir procédé à une enquête auprès de leurs locataires. Les locataires sont tenus de répondre dans le délai d'un mois. »**

(L. n° 2002-73 du 17 janv. 2002, art. 165) **« A défaut, le locataire défaillant est redevable à l'organisme d'habitations à loyer modéré d'une pénalité de 7,62 €, majorée de 7,62 € par mois entier de retard, sauf s'il est établi que des difficultés particulières n'ont pas permis au locataire de répondre. Dans ce cas, l'organisme d'habitations à loyer modéré met en œuvre les moyens adaptés pour que le locataire puisse s'acquitter de cette obligation. »**

L'enquête mentionnée à l'alinéa précédent vaut enquête au sens de l'article L. 441-9.

Un décret en Conseil d'État fixe les conditions d'application du présent article, notamment le contenu de l'enquête et la liste des renseignements statistiques. *– V. art. R. 442-13 s., R. 472-2 et R. 481-5.*

(L. n° 2006-872 du 13 juill. 2006, art. 71-II) **« Le présent article s'applique également aux logements faisant l'objet d'une convention définie à l'article L. 351-2, détenus par les sociétés d'économie mixte, ainsi qu'à ceux compris dans un patrimoine conventionné en application du même article comprenant au moins cinq logements et appartenant aux autres bailleurs mentionnés aux quatrième et cinquième alinéas de l'article 41 *ter* de la loi n° 86-1290 du 23 décembre 1986 tendant à favoriser l'investissement locatif, l'accession à la propriété de logements sociaux et le développement de l'offre foncière. »** *– V. App., v° Rapports locatifs.*

Sur les enquêtes et renseignements statistiques concernant l'occupation des logements sociaux, V., pour 1997, Arr. du 27 déc. 1996 (JO 15 janv. 1997), pour 2000, Arr. du 29 sept. 1999 (JO 26 oct.), pour l'an 2003, Arr. du 6 mars 2003 (JO 29 mars), pour 2006, Arr. du 29 sept 2005 (JO 3 nov. 2005), pour 2009, Arr. du 15 janv. 2009 (JO 20 mars) et, pour 2012, Arr. du 12 janv. 2012 (JO 3 févr.).

V. aussi, modifiant le calendrier de remise de renseignements statistiques déterminé par l'arrêté du 27 déc. 1996 et son annexe, lettre-Circ. n° 97/069 du 3 avr. 1997 (Mon. TP 11 avr. 1997, Suppl. textes, p. 358).

V. également, Circ. n° 97-21 du 24 févr. 1997 (BOMELT n° 97-05), Circ. n° 2005-79 du 5 déc. 2005 relative à la collecte de renseignements statistiques sur l'occupation des logements sociaux et son évolution pour 2006 (BOMELT n° 2005/24, p. 320), Circ. du 18 févr. 2009 (pour 2009) (BOMEEDDAT n° 2009/4, p. 36), Circ. du 31 janv. 2012 (pour 2012) (BOMEDDTL n° 2012/3, p. 167).

V. enfin, des extraits du rapport remis du Gouvernement au Parlement en oct. 1997 (Mon. TP 31 oct. 1997, Suppl. textes, p. 425).

Art. L. 442-5-1 *(L. no 2009-323 du 25 mars 2009, art. 61-I)* **Lorsque l'enquête mentionnée à l'article L. 441-9 fait apparaître qu'un locataire est assujetti au supplément de loyer de solidarité mentionné à l'article L. 441-3 ou que le logement fait l'objet d'une sous-occupation telle que définie à l'article L. 621-2, le bailleur procède avec le locataire à un examen de sa situation et des possibilités d'évolution de son parcours résidentiel.**

Le bailleur informe le locataire des différentes possibilités d'accession à la propriété auxquelles il peut prétendre.

V. note ss. art. L. 442-3-1.

Art. L. 442-6 *(Ord. no 2005-1566 du 15 déc. 2005, art. 9-II)* **« I. – » Les dispositions des chapitres Ier** *(L. no 2000-1208 du 13 déc. 2000, art. 180-I)* **« , à l'exclusion de l'article 11 », II, IV, V, VI et VIII du titre Ier, des alinéas 1, 2, 3, 4 et 8 de l'article 70, de l'article 74, des alinéas 1, 2 et 3 de l'article 75 et de l'alinéa 1er de l'article 78 de la loi no 48-1360 du 1er septembre 1948 précitée** *[V.* ***C. Baux****]* **sont applicables aux habitations à loyer modéré sous réserve des dispositions du présent livre, notamment des articles L. 411-1, alinéa 1er, et L. 442-8.**

(L. no 2009-323 du 25 mars 2009, art. 61-I) **« II. – En cas d'autorisation de démolir visée à l'article L. 443-15-1 ou de démolition prévue par une convention visée à l'article 10 de la loi no 2003-710 du 1er août 2003 d'orientation et de programmation pour la ville et la rénovation urbaine** *[V. App., vo Rénovation urbaine]*, **le locataire ayant refusé trois offres de relogement respectant les conditions prévues à l'article 13** ***bis*** **de la loi no 48-1360 du 1er septembre 1948 précitée ne bénéficie plus du droit au maintien dans les lieux. Toutefois, cette condition n'est pas exigée du bailleur qui démontre qu'un logement, répondant aux conditions du même article 13** ***bis*****, a été spécialement conçu pour le relogement du locataire. A l'expiration d'un délai de six mois à compter de la notification de la troisième offre de relogement, le locataire est déchu de tout titre d'occupation des locaux loués.**

« Les locaux ainsi rendus disponibles ne peuvent être réoccupés avant le début des travaux. »

(Ord. no 2005-1566 du 15 déc. 2005, art. 9-II) **« III. – N'ont pas droit au maintien dans les lieux les personnes bénéficiant d'un hébergement en application des articles L. 521-3-1 et L. 521-3-2 si elles refusent de réintégrer leur logement à l'issue des travaux ou si elles refusent une offre de relogement correspondant à leurs besoins et à leurs possibilités. »**

V. note ss. art. L. 442-3-1.

1. Le juge administratif est incompétent pour connaître de la demande d'un locataire dirigée contre une décision par laquelle un OPHLM a mis à sa charge des travaux effectués dans un appartement. • CAA Marseille, 1er avr. 1999, *Perrot : req. no 97MA11566.* ♦ Sur la compétence judiciaire en matière de fixation des loyers, V. • Civ. 2e, 20 juill. 1981 : *Bull. civ. II, no 165 ; AJPI 1983. 454, obs. D. Bourjol-Flécher.*

2. Le litige concernant des relations locatives de droit privé est, quel que soit le mode de recouvrement de la créance prétendue, de la compétence des tribunaux de l'ordre judiciaire. • T. confl. 22 oct. 1979, *Ruhle c/ OPHLM de Toulouse : Lebon T. 792.* ♦ L'opposition d'un locataire au commandement de payer délivré par le Trésor public pour le compte d'un OPHLM, au titre d'un rappel de consommation d'eau, relève de la compétence judiciaire. • T. confl. 25 mai 1998, *Legrand : req. no 3096.*

Art. L. 442-6-1 *(L. no 98-657 du 29 juill. 1998, art. 115-III)* **Pour l'application de l'article 24 de la loi no 89-462 du 6 juillet 1989 tendant à améliorer les rapports locatifs et portant modification de la loi no 86-1290 du 23 décembre 1986** *[V.* ***C. baux****]*, **les organismes bailleurs de logements dont les locataires bénéficient d'une des allocations de logement mentionnées aux articles L. 542-1 et L. 831-1 du code de la sécurité sociale ne peuvent faire délivrer** *(L. no 2005-32 du 18 janv. 2005, art. 99)* **« , sous peine d'irrecevabilité de la demande, » une assignation aux fins de constat de résiliation du**

bail avant l'expiration d'un délai de trois mois suivant la saisine des organismes payeurs desdites allocations en vue d'assurer le maintien du versement de l'allocation de logement, sauf si la décision de l'organisme concerné intervient avant l'expiration de ce délai.

(L. nº 2007-290 du 5 mars 2007, art. 28) « Ces dispositions sont applicables aux assignations tendant au prononcé de la résiliation du bail motivée par l'existence d'une dette locative du preneur. Elles sont également applicables aux demandes reconventionnelles aux fins de constat ou de prononcé de la résiliation motivée par l'existence d'une dette locative. »

V. Circ. nº 2007-33 du 4 mai 2007 relative à l'application des dispositions de la loi nº 2007-290 du 5 mars 2007 instituant le droit opposable au logement et portant diverses mesures relatives à la cohésion sociale (BOMELT nº 2007/10, p. 111).

Art. L. 442-6-2 *(L. nº 98-657 du 29 juill. 1998, art. 58)* Lors de la demande d'attribution d'un logement social ou de la signature du bail, le bailleur ne peut réclamer au demandeur ou preneur le paiement de frais à quelque titre que ce soit.

V. note ss. art. L. 442-6-4.

Art. L. 442-6-3 *(L. nº 98-657 du 29 juill. 1998, art. 59-I)* Par dérogation au I de l'article 15 de la loi nº 89-462 du 6 juillet 1989 tendant à améliorer les rapports locatifs et portant modification de la loi nº 86-1290 du 23 décembre 1986 *[V. C.* ***baux****]*, le délai de préavis applicable au congé donné par un locataire d'un logement mentionné à l'article L. 441-1 qui bénéficie de l'attribution dans le parc du même bailleur d'un autre logement mentionné au même article est ramené à un mois.

V. note ss. art. L. 442-6-4.

Art. L. 442-6-4 *(L. nº 98-657 du 29 juill. 1998, art. 47)* Dans les immeubles collectifs, la location des logements à usage locatif construits à compter du 5 janvier 1977 au moyen de primes spécifiques, d'aides de l'État ou de prêts dont les caractéristiques et les conditions d'octroi sont déterminées par décrets, ou à compter du 1er octobre 1996 ayant bénéficié d'une décision favorable prise par le représentant de l'État dans le département, ne peut être subordonnée à la location d'une aire de stationnement. A compter de la publication de la loi nº 98-657 du 29 juillet 1998 d'orientation relative à la lutte contre les exclusions *[JO 31 juill.]*, les locataires concernés peuvent en application des dispositions précédentes renoncer à l'usage d'une aire de stationnement. Dans cette hypothèse, ils bénéficient d'une réduction de loyers et de charges d'un montant correspondant au prix qui leur était demandé pour la location de l'aire de stationnement considérée.

L'application des dispositions de l'alinéa précédent est, nonobstant toutes dispositions contraires, sans incidence sur la validité du bail conclu pour la location d'un logement.

V. Circ. nº 98-92 du 13 oct. 1998 relative aux dispositions sur le logement contenues dans la loi nº 98-657 du 29 juill. 1998 d'orientation relative à la lutte contre les exclusions (BOMELT nº 98/20).

V. aussi Circ. nº 98-103 du 23 nov. 1998 relative aux mesures concernant les rapports locatifs dans le parc social HLM contenues dans la loi d'orientation relative à la lutte contre les exclusions (BOMELT nº 98/23).

Seuls peuvent dénoncer la location d'une aire de stationnement les locataires de logements HLM qui démontrent qu'elle a été imposée avec le bail du logement. • Nîmes, 21 avr. 2005 : *AJDI 2005. 753, note Gareau.*

Art. L. 442-6-5 *(L. nº 2005-32 du 18 janv. 2005, art. 98-III)* Lorsque le bail de l'occupant d'un logement appartenant à un organisme d'habitations à loyer modéré ou géré par lui est résilié par décision judiciaire pour défaut de paiement de loyer et de charges, la signature d'un protocole d'accord conclu entre l'organisme et l'intéressé en vue du rétablissement du bail vaut titre d'occupation et donne droit aux allocations

de logement prévues aux articles L. 542-1, L. 755-21 et L. 831-1 du code de la sécurité sociale. Dans des conditions fixées par décret, le droit aux allocations de logement peut être étendu à la période comprise entre la résiliation du bail et la conclusion du protocole. Dans ce cas, la prescription prévue aux articles L. 553-1 et L. 835-3 dudit code n'est pas applicable aux paiements des allocations de logement.

L'occupant s'engage à payer régulièrement l'indemnité d'occupation et les charges fixées dans la décision judiciaire et à respecter un plan d'apurement de sa dette locative approuvé par le représentant de l'organisme payeur de l'allocation et joint au protocole.

Pour permettre le respect du plan d'apurement, le représentant de l'organisme payeur mentionné au deuxième alinéa procède, en tant que de besoin, à la saisine du fonds de solidarité pour le logement en application des dispositions de l'article 6-2 de la loi nº 90-449 du 31 mai 1990 *(V. App., vº Loi « Besson »)* **visant à la mise en œuvre du droit au logement.**

Sous réserve du respect des engagements de l'occupant, l'organisme renonce à la poursuite de la procédure d'expulsion et conclut un bail dans un délai maximal prévu par le protocole et ne pouvant excéder trois mois.

Les parties prévoient dans le protocole, le cas échéant, l'accompagnement social, tel que prévu par le septième alinéa de l'article 6 de la loi nº 90-449 du 31 mai 1990 précitée *[V. App., vº Loi « Besson »]*, **nécessaire à la gestion de son budget par l'intéressé, à l'ouverture de l'ensemble des droits aux prestations sociales et à l'aide au logement et à la mobilisation des différents dispositifs d'aide.**

La durée du protocole est de deux ans au plus. En cas de nouvelle négociation du plan d'apurement, elle peut être, par avenant, prolongée de trois années au plus.

Si les engagements pris par l'occupant ne sont pas respectés, l'organisme retrouve le droit de faire exécuter la décision judiciaire prononçant ou constatant la résiliation du bail. En l'absence de bail, le versement des allocations de logement est interrompu.

Les dispositions de l'art. 98 de la loi nº 2005-32 du 18 janv. 2005 sont applicables aux baux des logements appartenant à l'Établissement public de gestion immobilière du Nord-Pas-de-Calais créé par l'art. 191 de la loi nº 2000-1208 du 13 déc. 2000 relative à la solidarité et au renouvellement urbains, ainsi qu'aux baux des logements appartenant à des organismes concourant aux objectifs de la politique d'aide au logement visés à l'art. L. 365-1 (L. nº 2005-32 du 18 janv. 2005, art. 98-VII et 98-VIII).

Art. L. 442-7 **Les fonctionnaires et agents de l'État civils et militaires** *(L. nº 83-440 du 2 juin 1983)* **« attributaires de logements réservés par les organismes dans une limite fixée par décret en contrepartie d'une majoration de prêt définie également par décret » ou leurs ayants droit ne bénéficient du maintien dans les lieux en cas de mutation, de cessation de services ou de décès que pendant un délai de six mois.**

Sur les modalités d'application de cette disposition, V. Rép. min., JO Déb., Ass. nat., 19 oct. 1979, p. 8590 ; 9 sept. 1985, p. 4279.

Art. L. 442-8 *(L. nº 2009-323 du 25 mars 2009, art. 61-I)* **Dans tous les immeubles destinés à la location et financés au moyen de crédits prévus par le livre III, il est interdit de louer en meublé ou de sous-louer un logement, meublé ou non, sous quelque forme que ce soit, sous peine d'une amende de 9 000 €.**

Le premier alinéa n'est pas applicable aux logements-foyers mentionnés à l'article L. 633-1.

V. note ss. art. L. 442-3-1.

V. Circ. 28 mai 2009 relative à la L. nº 2009-323 du 25 mars 2009. — Logement locatif social (BOMEEDDM nº 2009/12, p. 76).

Art. L. 442-8-1 *(L. nº 2009-323 du 25 mars 2009, art. 61-I)* **I. — Par dérogation à l'article L. 442-8, les organismes mentionnés à l'article L. 411-2 peuvent louer, meublés ou non, des logements :**

— à des organismes bénéficiant de l'agrément relatif à l'intermédiation locative et à la gestion locative sociale prévu à l'article L. 365-4 ;

— à des organismes déclarés ayant pour objet de les sous-louer à titre temporaire à des personnes âgées, à des personnes présentant un handicap au sens de l'article L. 114 du code de l'action sociale et des familles ou à des personnes de moins de trente ans ;

— à des centres régionaux des œuvres universitaires et scolaires mentionnés à l'article L. 822-3 du code de l'éducation ayant pour objet de les sous-louer à des étudiants ;

— à des personnes morales de droit public ou privé mentionnées à l'article L. 444-1 du code de l'action sociale et des familles en vue de les sous-louer à des accueillants familiaux visés à l'article L. 441-1 du même code, ainsi qu'aux personnes âgées ou aux personnes présentant un handicap au sens de l'article L. 114 du même code ayant conclu un contrat d'accueil avec ces accueillants ;

— à des centres communaux ou intercommunaux d'action sociale, dans le cadre de leurs compétences définies à la section II du chapitre III du titre II du livre Ier du même code, en vue de les sous-louer à titre temporaire à des personnes physiques ;

— à des centres communaux ou intercommunaux d'action sociale ou à des associations déclarées ayant pour objet de les sous-louer meublés, pour une durée n'excédant pas six mois, à des travailleurs dont l'emploi présente un caractère saisonnier tel que mentionné au 3o de l'article L. 1242-2 du code du travail ;

— à des établissements publics de coopération intercommunale dotés de la compétence d'aide aux personnes âgées.

II. — Par dérogation à l'article L. 442-8, les locataires des organismes mentionnés à l'article L. 411-2 peuvent, après information de l'organisme bailleur, sous-louer :

— une partie de leur logement à des personnes de plus de soixante ans ou à des personnes adultes présentant un handicap au sens de l'article L. 114 du code de l'action sociale et des familles avec lesquelles ils ont conclu un contrat conforme à l'article L. 442-1 du même code ;

— pour une durée d'un an renouvelable, une partie de leur logement à des personnes de moins de trente ans.

Le coût de la ou des pièces principales sous-louées est calculé au prorata du loyer et des charges rapporté à la surface habitable du logement.

III. — Peuvent être exigés en sus le montant des prestations, taxes et fournitures individuelles et tous impôts et taxes perçus à l'occasion des locations en meublé.

V. note ss. art. L. 442-3-1.

V. Circ. 28 mai 2009 relative à la L. no 2009-323 du 25 mars 2009 - Logement locatif social (BOMEEDDM no 2009/12, p. 76).

Art. L. 442-8-2 *(L. no 98-657 du 29 juill. 1998, art. 125-III)* Les sous-locataires sont assimilés aux locataires, dans la mesure et dans les conditions prévues par le présent article.

Les sous-locataires mentionnés à l'article L. 442-8-1 sont assimilés à des locataires pour bénéficier des allocations de logement visées aux articles L. 542-1 et L. 831-1 du code de la sécurité sociale et de l'aide personnalisée au logement prévue par l'article L. 351-1 du présent code.

Les dispositions de la loi no 89-462 du 6 juillet 1989 précitée *[V. C.* ***baux****]* sont applicables au contrat de sous-location dans les conditions prévues au I et au III de l'article 40 de cette loi.

(L. no 2009-323 du 25 mars 2009, art. 61-I) « Les articles L. 442-1 à L. 442-5, les dispositions relatives au niveau de ressources prévues à l'article L. 441-1 et les chapitres Ier et VI du titre Ier de la loi no 48-1360 du 1er septembre 1948 précitée *[V. C.* ***baux****]* sont applicables aux contrats de sous-location des logements loués dans les conditions mentionnées au I de l'article L. 442-8-1, à l'exception de son avant-dernier alinéa, pendant la durée du contrat de location principal. Les sous-locataires signataires de ces contrats perdent le bénéfice du droit au maintien dans les lieux dès le refus d'une offre de relogement définitif correspondant à leurs besoins et à leurs possibilités ou, en

cas de cessation ou de résiliation du contrat de location principal conclu entre le bailleur et le locataire, à l'issue de leur contrat de sous-location.

« Les sous-locataires mentionnés à l'article L. 442-8-1 qui ne répondent plus aux conditions pour être logés par les personnes morales locataires perdent le bénéfice du droit au maintien dans les lieux, ces conditions devant être précisées dans le contrat de location. »

(L. nº 2005-32 du 18 janv. 2005, art. 98-VI) « Lorsque le bail de sous-location conclu en application de l'article L. 442-8-1 est résilié par décision judiciaire pour défaut de paiement de loyer et de charges, la signature d'un protocole prévu aux articles L. 353-15-2 ou L. 442-6-5 par le bailleur, le locataire et l'occupant, vaut titre d'occupation et donne droit au versement de l'aide personnalisée au logement prévue à l'article L. 351-1 du présent code ou des allocations de logement prévues aux articles L. 542-1, L. 755-21 et L. 831-1 du code de la sécurité sociale. Dans des conditions fixées par décret, le droit au versement de l'aide personnalisée au logement et des allocations de logement peut être étendu à la période comprise entre la résiliation du bail et la conclusion du protocole. »

V. note ss. art. L. 442-3-1.

Les dispositions de l'art. 98 de la L. nº 2005-32 du 18 janv. 2005 sont applicables aux baux des logements appartenant à l'Établissement public de gestion immobilière du Nord-Pas-de-Calais créé par l'article 191 de la L. nº 2000-1208 du 13 déc. 2000 relative à la solidarité et au renouvellement urbains, ainsi qu'aux baux des logements appartenant à des organismes concourant aux objectifs de la politique d'aide au logement visés à l'article L. 365-1 (L. nº 2005-32 du 18 janv. 2005, art. 98-VII et 98-VIII).

V. Circ. 28 mai 2009 relative à la L. nº 2009-323 du 25 mars 2009. – Logement locatif social (BOMEEDDM nº 2009/12, p. 76).

Art. L. 442-8-3 *(L. nº 82-526 du 22 juin 1982, art. 80)* Les dispositions des articles L. 442-8-1 et L. 442-8-2 sont applicables à l'ensemble des logements appartenant aux organismes mentionnés à l'article L. 411-2, que ces logements soient ou non régis par l'article L. 353-14.

(L. nº 2009-323 du 25 mars 2009, art. 98) « Lorsque des logements appartenant aux organismes définis à l'article L. 411-2 sont loués à une personne morale aux fins d'être sous-loués à titre transitoire aux personnes visées au II de l'article L. 301-1, un examen périodique contradictoire de la situation des sous-locataires est effectué dans des conditions définies par voie réglementaire *[V. art. R. 442-4-1]*. Cet examen a pour objet d'évaluer la capacité des sous-locataires à assumer les obligations résultant d'un bail à leur nom. »

Art. L. 442-8-3-1 *(L. nº 2002-73 du 17 janv. 2002, art. 159)* En cas de location ou de sous-location meublée, le loyer peut être majoré du prix de location des meubles.

Le prix de location des meubles est fixé par arrêté du ministre chargé du logement, en tenant compte du prix des meubles et de la durée de leur amortissement et ne peut dépasser le montant du loyer. – *V. Arr. 7 déc. 2009 (JO 19 déc.).*

Le prix de location des meubles peut être révisé dans les conditions fixées par arrêté du ministre chargé du logement.

Art. L. 442-8-4 *(L. nº 2009-323 du 25 mars 2009, art. 61-I)* Par dérogation à l'article L. 442-8 et nonobstant les plafonds de ressources prévus à l'article L. 441-1, les organismes mentionnés à l'article L. 411-2 peuvent louer des logements meublés ou non meublés à un ou plusieurs étudiants, aux personnes de moins de trente ans ou aux personnes titulaires d'un contrat d'apprentissage ou de professionnalisation. Ces locataires ne bénéficient pas du droit au maintien dans les lieux. Le contrat de location a une durée d'un an. Il peut toutefois être renouvelé dans des conditions définies par décret en Conseil d'État *[V. art. R. 442-3-4]*.

En cas de location d'un même logement à plusieurs personnes, un contrat de location unique est signé par l'ensemble des colocataires qui consentent à une clause de solidarité inscrite dans ce contrat.

Tout changement de colocataire fait l'objet d'une autorisation préalable du bailleur et d'une information de la commission d'attribution mentionnée à l'article L. 441-2.

Le nombre de logements pouvant être attribués dans les conditions prévues aux alinéas précédents est mentionné dans la convention d'utilité sociale prévue à l'article L. 445-1. A défaut d'une telle convention, le bailleur fixe ce nombre après accord du représentant de l'État dans le département et consultation des établissements publics de coopération intercommunale disposant d'un programme local de l'habitat adopté. Cet avis est réputé favorable s'il n'a pas été donné dans un délai de deux mois.

Ces logements sont attribués par la commission d'attribution mentionnée à l'article L. 441-2.

V. note ss. art. L. 442-3-1.

V. Circ. 28 mai 2009 relative à la L. nº 2009-323 du 25 mars 2009 - Logement locatif social (BOMEEDDM nº 2009/12, p. 76).

Art. L. 442-9 Sauf autorisation administrative particulière, les offices et sociétés d'habitations à loyer modéré ne peuvent mettre leurs immeubles en gérance.

(L. nº 2000-1208 du 13 déc. 2000, art. 155) « Lorsque l'autorisation est accordée pour confier la gérance d'un ou plusieurs immeubles à un autre organisme d'habitations à loyer modéré » *(L. nº 2009-323 du 25 mars 2009, art. 99)* « , à une société d'économie mixte de construction et de gestion de logements locatifs sociaux ou à un organisme bénéficiant de l'agrément relatif à l'intermédiation locative et à la gestion locative sociales prévu à l'article L. 365-4 et titulaire de la carte professionnelle prévue à l'article 3 de la loi nº 70-9 du 2 janvier 1970 réglementant les conditions d'exercice des activités relatives à certaines opérations portant sur les immeubles et les fonds de commerce » *(L. nº 2000-1208 du 13 déc. 2000, art. 155)* « , le gérant bénéficie de toutes les délégations nécessaires à l'accomplissement de sa mission, dans des conditions fixées par décret. »

(L. nº 2003-590 du 2 juill. 2003, art. 88-4º) « Lorsqu'ils prennent en gérance des logements appartenant à l'État, à une collectivité territoriale ou à un groupement de collectivités territoriales, à des sociétés d'économie mixte de construction et de gestion de logements sociaux, à des organismes à but non lucratif, à l'association agréée mentionnée à l'article L. 313-34 ou aux sociétés civiles immobilières dont les parts sont détenues à au moins 99 % par cette association, les organismes d'habitations à loyer modéré bénéficient de toutes les délégations nécessaires à l'exercice de leur mission, dans des conditions fixées par décret *[V. art. D. 442-21 s.]*. »

Sur la motivation obligatoire des refus d'autorisation de mise en gérance, V. Circ. Premier ministre 28 sept. 1987, JO nº hors série 87-872.

Pour toutes les activités d'administrateurs de biens ne leur appartenant pas, les organismes d'HLM ne sont pas soumis à la loi nº 70-9 du 2 janv. 1970 (dite « loi Hoguet ») en vertu de l'art. 95 du Décr. nº 72-678 du 20 juill. 1972.

Concernant la présentation de la L. nº 2003-590 du 2 juill. 2003 urbanisme et habitat, V. Circ. nº 2003-48 du 31 juill. 2003 (BOMELT nº 2003/15, p. 78) et Circ. nº 2003-52 du 12 août 2003 (BOMELT nº 2003/16, p. 161).

Art. L. 442-10 *(L. nº 86-1290 du 23 déc. 1986, art. 40)* Les articles L. 442-1 à L. 442-9 s'appliquent aux logements construits ou acquis en application de la législation sur les habitations à loyer modéré appartenant soit à des organismes d'habitations à loyer modéré, soit à l'État, à des collectivités locales ou à des groupements de collectivités locales et gérés par lesdits organismes. *(L. nº 89-18 du 13 janv. 1989, art. 5)* « Toutefois, les chapitres Ier et II du titre IV du livre IV, les sections I et II du chapitre III du même titre ainsi que la section II du chapitre III du titre V du livre III sont applicables aux logements construits en application du titre II de la loi du 13 juillet 1928 établissant un programme de construction ou d'habitation à bon marché et de logements, en vue de remédier à la crise de l'habitation, qui ne sont pas gérés par un organisme d'HLM. » *(L. nº 98-657 du 29 juill. 1998, art. 60-I)* « Le plafond de ressources à prendre en compte pour l'application de l'article L. 441-3 est, pour les locataires de logements construits en application de la loi du 13 juillet 1928 précitée, supérieur de 50 % aux plafonds

de ressources applicables aux bénéficiaires de la législation sur les habitations à loyer modéré et des nouvelles aides de l'État en secteur locatif. » – *Créée par L. n° 90-449 du 31 mars 1990, art. 24, cette dernière phrase avait été supprimée par L. n° 96-162 du 4 mars 1996, art. 7, avant d'être rétablie par L. n° 98-657 du 29 juill. 1998, art. 60-I (l'art. 60-II, quant à lui, abrogeant l'art. 7 de L. n° 96-162 du 4 mars 1996).*

1. En disposant que les locataires de logements construits en application de la loi du 13 juill. 1928, et dont les revenus n'excèdent pas de plus de 50 % les plafonds de ressources fixés pour accéder aux logements HLM, ne seraient pas concernés par les suppléments de loyer, un organisme d'HLM fait une exacte application des dispositions de l'art. L. 442-10. • CAA Paris, 31 mars 2000, *Brouty : req. n° 97PA01025.*

2. La circonstance qu'un organisme ait pris comme point de référence, pour l'application du barème des suppléments de loyer, des tranches correspondant à un dépassement de plus de 50 % du plafond prévu à l'art. L. 441-3 CCH n'est pas de nature à faire regarder ce barème comme entaché d'erreur de droit dès lors que seuls les locataires dont les revenus excèdent le plafond majoré de 50 % sont redevables de ce supplément de loyer et que ce supplément est fonction de l'importance du dépassement dudit plafond majoré. • CAA Paris, 24 sept. 1998, *Touzet : req. n° 97PA00728.*

3. La différence de traitement entre les locataires dont le niveau de revenus dépasse le plafond de ressources prévu pour l'attribution d'un logement à loyer modéré, majoré de 50 % en application de l'art. L. 442-10 CCH, et ceux dont les revenus sont inférieurs ou égaux à ce plafond majoré, résulte directement des dispositions combinées des art. L. 441-3 et L. 442-10 CCH et ne constitue pas, dès lors, une atteinte illégale au principe d'égalité. • CAA Paris, 24 sept. 1998, *Touzet : req. n° 97PA00728.*

Art. L. 442-11 *(L. n° 2005-32 du 18 janv. 2005, art. 117-V)* **Les logements situés dans le périmètre défini pour une opération programmée d'amélioration de l'habitat visée à l'article L. 303-1 ainsi que les logements appartenant à des personnes privées et vacants depuis plus d'un an pris en gérance et donnés en location par les organismes d'habitations à loyer modéré doivent satisfaire aux caractéristiques de décence prévues à l'article 6 de la loi n° 89-462 du 6 juillet 1989 tendant à améliorer les rapports locatifs et portant modification de la loi n° 86-1290 du 23 décembre 1986** *[V. art. 41 à 73 de cette loi, App., v° Rapports locatifs]*. **Leur loyer ne peut excéder un plafond fixé par l'autorité administrative. Les logements sont attribués à des personnes dont les ressources n'excèdent pas des plafonds définis par décret.**

Art. L. 442-12 *(L. n° 2009-323 du 25 mars 2009, art. 61-I)* **Sont considérées comme personnes vivant au foyer au titre des articles L. 441-1, L. 441-4 et L. 445-4 :**

– le ou les titulaires du bail ;

– les personnes figurant sur les avis d'imposition du ou des titulaires du bail ;

– le concubin notoire du titulaire du bail ;

– le partenaire lié par un pacte civil de solidarité au titulaire du bail ;

– et les personnes réputées à charge au sens des articles 194, 196, 196 A *bis* et 196 B du code général des impôts.

V. note ss. art. L. 442-3-1.

CHAPITRE III ACCESSION À LA PROPRIÉTÉ ET AUTRES CESSIONS

(Loi n° 83-953 du 2 nov. 1983, art. 2)

BIBL. ▶ BOURJOL-FLÉCHER, *AJPI 1980. 373* (acquisition des logements HLM par les locataires). – DERREZ, *Ann. Loyers, 1994, p. 6* (acquisition de logements d'habitation à loyer modéré par leurs occupants). – HUGOT, *JCP N 1984, p. 61* (vente des logements et autres éléments du patrimoine immobilier des organismes d'habitations à loyer modéré). – ROUX, *JCP N 1995, p. 943* (vente de logements HLM).

COMMENTAIRE

La loi nº 65-556 du 10 juillet 1965 avait organisé la **vente des HLM locatives** à l'initiative du locataire. Elle reconnaissait le droit à tout locataire de se porter acquéreur et obligeait l'organisme à vendre à des conditions financières privilégiées dès lors que le logement datait de plus de 10 ans et que le locataire justifiait avoir depuis plus de 5 ans la qualité de locataire HLM. L'organisme propriétaire ne pouvait alors refuser la vente lorsqu'il était saisi par le locataire de la demande d'acquérir son logement que pour des motifs reconnus sérieux et légitimes par le préfet.

Cette logique a été renversée par la loi Méhaignerie du 23 décembre 1986 qui prévoit que la vente des logements sociaux relève de l'initiative des organismes d'HLM et que l'organisme a toute liberté pour décider ou non de vendre des logements ; il n'y a pas d'exception, l'organisme ne pouvant être contraint de vendre des logements même lorsque ses locataires ont pris l'initiative de demander à acquérir leur logement. Depuis lors, cette logique a été confirmée au fil des textes successifs, y compris par la loi ENL du 13 juillet 2006 qui élargit les modalités d'accession sociale à la propriété.

La loi nº 2009-323 du 25 mars 2009 exclut expressément les cessions d'immeubles des organismes d'HLM et des SEM du régime protecteur de la « vente à la découpe » fixé par la loi nº 2006-685 du 13 juin 2006 (V. **C. baux**, *App., vº Protection des occupants, L. nº 75-1351 du 31 déc. 1975, art. 10-1*).

Il existe différentes formules d'accession à la propriété pour les locataires HLM. L'acquisition par le biais d'une participation à une SCI d'accession progressive à la propriété ou l'acquisition immédiate sachant que les textes encadrent précisément les conditions de revente. ❑

SECTION PREMIÈRE DISPOSITIONS APPLICABLES AUX BÉNÉFICIAIRES D'OPÉRATIONS D'ACCESSION À LA PROPRIÉTÉ AUTRES QUE LES LOCATAIRES

Art. L. 443-1 **Les conditions auxquelles doivent satisfaire les bénéficiaires des opérations d'accession à la propriété en ce qui concerne le montant des ressources, les conditions d'occupation et l'apport personnel sont fixées par décision de l'autorité administrative.** – *V. art. R. 443-1 s.*

Art. L. 443-2 *(L. nº 92-665 du 16 juill. 1992, art. 9 et 10)* **« Toute opération d'accession à la propriété, réalisée à l'aide d'avances consenties par l'État, est subordonnée à la souscription par le bénéficiaire » d'un contrat d'assurance garantissant le paiement des annuités qui resteraient à échoir au moment de son décès.**

Lorsque l'intéressé n'est pas admis à contracter d'assurance, celle-ci peut être souscrite par son conjoint ou par un tiers s'ils s'engagent solidairement au remboursement du prêt.

Les organismes d'habitations à loyer modéré et les sociétés de crédit immobilier ont la faculté de contracter eux-mêmes ces assurances pour leurs adhérents.

Un décret en Conseil d'État détermine les conditions d'application du présent article. – *V. art. R. 443-5 s.*

Art. L. 443-3 *Abrogé (à compter de la date de réalisation des apports mentionnés à l'art. 4 de la loi nº 92-665 du 16 juill. 1992 [art. 9 et 10]).*

Art. L. 443-4 **Les prêts consentis en vue des opérations d'acquisition, de grosses réparations, d'aménagement et d'assainissement des habitations rurales sont garantis, soit par une assurance en cas de décès, soit par une hypothèque de premier rang, soit par une caution solvable.**

Art. L. 443-5 *Abrogé par Décr. nº 79-712 du 22 août 1979.*

Art. L. 443-6 Les sociétés de crédit immobilier bénéficient de tous les privilèges accordés aux sociétés de crédit foncier pour la sûreté et le recouvrement des prêts par le décret du 28 février 1852 et la loi du 10 juin 1853.

Art. L. 443-6-1 *(L. no 92-643 du 13 juill. 1992, art. 52)* Les dispositions suivantes sont applicables aux contrats de location-attribution ou de vente à terme conclus en vue de l'accession à la propriété par des organismes d'habitations à loyer modéré, lorsque ces contrats étaient en cours à la date du 13 novembre 1974.

Pour les contrats arrivés à échéance à la date du 1er juin 1992 et n'ayant pas fait l'objet d'un recours juridictionnel à cette date, les frais de liquidation fixés par l'arrêté interministériel du 13 novembre 1974 sont exigibles si l'accédant à la propriété a bénéficié de la diminution des frais de gestion prévue par cet arrêté ; dans ce cas, les paiements effectués à ce titre ne peuvent donner lieu à restitution.

Pour les contrats qui ne sont pas arrivés à échéance à la date du 1er juin 1992, l'accédant à la propriété bénéficie du taux réduit des frais de gestion fixé par l'arrêté du 13 novembre 1974 à compter de la date de l'arrêté. Dans ce cas, il verse les frais de liquidation fixés par cet arrêté.

En cas de désaccord et à sa demande, il peut verser des frais de gestion calculés à compter du 13 novembre 1974 selon des modalités identiques à celles applicables avant l'arrêté du 13 novembre 1974. Dans ce cas, à compter du 13 novembre 1974, les frais de gestion sont révisés chaque année dans la limite de la variation de l'indice du coût de la construction publié par l'Institut national de la statistique et des études économiques et les frais de liquidation ne sont pas exigibles.

SECTION PREMIÈRE *BIS* DISPOSITIONS APPLICABLES À L'ACCESSION PROGRESSIVE DES LOCATAIRES À LA PROPRIÉTÉ

(L. no 2006-872 du 13 juill. 2006, art. 34-I)

COMMENTAIRE

L'article 34 de la loi ENL du 13 juillet 2006 crée la société civile d'accession progressive à la propriété. Cette formule se présente sous la forme d'une location-accession qui permet au locataire d'accéder à son rythme à la propriété d'un logement, en achetant progressivement les parts du lot de copropriété représentatives de son logement. Dans ce but, les organismes d'HLM peuvent prendre l'initiative de créer ces nouvelles sociétés. Les associés sont les locataires personnes physiques détenteurs de parts sociales et l'organisme d'HLM, associé-gérant, qui gère les immeubles. Des mécanismes de sécurisation sont prévus puisque l'organisme d'HLM doit, à la demande des locataires associés, racheter les parts sociales. Lorsque le locataire associé revend toutes ses parts, il reste locataire de la société.

Les statuts des sociétés civiles immobilières d'accession progressive à la propriété doivent être conformes aux clauses types annexées au décret no 2009-98 du 26 janvier 2009. — *V. Annexe 25.*

Art. L. 443-6-2 Les sociétés civiles immobilières d'accession progressive à la propriété ont pour objet la détention, la gestion et l'entretien des immeubles ayant fait l'objet d'un apport par un organisme d'habitations à loyer modéré, en vue de leur division en fractions destinées à être louées à des personnes physiques dont les ressources ne dépassent pas, à leur entrée dans les lieux, les plafonds fixés en application des dispositions de l'article L. 441-1 et à être éventuellement attribuées en propriété aux associés.

Les statuts de ces sociétés répartissent les droits composant le capital social en lots divisibles de parts. Chaque lot divisible de parts représente un logement et ses locaux accessoires s'il y a lieu, correspondant à un ou plusieurs lots définis à l'état descriptif de division. Ces statuts sont conformes à des clauses types approuvées par décret en Conseil d'État.

Art. L. 443-6-3 Les sociétés civiles immobilières régies par l'article L. 443-6-2 sont créées par les organismes d'habitations à loyer modéré à compétence locative visés à l'article L. 411-2. Ceux-ci peuvent, pour les immeubles apportés à ces sociétés civiles immobilières, bénéficier des prêts accordés en application de la réglementation sur les habitations à loyer modéré pour la construction, l'acquisition ou l'acquisition suivie de travaux d'amélioration d'immeubles.

Les associés des sociétés civiles immobilières régies par l'article L. 443-6-2 sont les organismes mentionnés au premier alinéa et les locataires personnes physiques d'un logement de l'immeuble social et détenteurs de parts sociales.

L'organisme d'habitations à loyer modéré, associé-gérant, gère les immeubles et attribue en location les logements concernés conformément aux dispositions des articles L. 442-1 à L. 442-6, à l'exception de l'article L. 442-5.

Les logements libres de toute occupation compris dans les immeubles apportés aux sociétés civiles immobilières régies par l'article L. 443-6-2 par les organismes d'habitations à loyer modéré sont loués conformément aux dispositions du même article à des personnes physiques qui doivent simultanément acquérir des parts de ces sociétés.

Les dispositions de la présente section sont applicables aux immeubles d'habitation, à usage d'habitation ou à usage d'habitation et professionnel existants et libres d'occupation dont les organismes d'habitations à loyer modéré à compétence locative mentionnés à l'article L. 411-2 sont propriétaires.

Art. L. 443-6-4 Un état descriptif de division délimite les diverses parties de l'immeuble social en distinguant celles qui sont communes de celles qui sont à usage privatif. Il fixe les quotes-parts des parties communes afférentes à chaque lot.

Un règlement de copropriété détermine la destination des parties réservées à l'usage exclusif de chaque associé et, s'il y a lieu, celle des parties communes affectées à l'usage de tous les associés ou de plusieurs d'entre eux. Il est établi en conformité avec les dispositions de la loi no 65-557 du 10 juillet 1965 fixant le statut de la copropriété des immeubles bâtis *[V. C. **copr.**]*. Il ne peut imposer de restrictions aux droits des associés sur les parties réservées à leur jouissance exclusive, en dehors de celles qui sont justifiées par la destination de l'immeuble, par ses caractéristiques ou sa situation.

L'état descriptif de division et le règlement de copropriété sont annexés aux statuts de ces sociétés.

Les immeubles visés au premier alinéa sont apportés aux sociétés civiles immobilières régies par l'article L. 443-6-2, après avoir fait l'objet d'une évaluation par le service des domaines et pour une valeur conforme à cette évaluation.

Art. L. 443-6-5 Le locataire ne devient propriétaire du logement qu'il occupe qu'après avoir acquis la totalité des parts du lot représentatif de son logement.

Tout locataire ou tout locataire associé ne peut acquérir des parts d'une société civile immobilière d'accession progressive à la propriété que s'il est à jour de toutes ses obligations locatives et, le cas échéant, de celles envers la société civile immobilière.

Les parts acquises par le locataire associé peuvent être cédées ou échangées dans les conditions prévues par les statuts.

Lorsque le locataire associé revend toutes ses parts, il reste locataire de la société civile immobilière d'accession progressive à la propriété ou, en cas de dissolution de celle-ci, devient locataire de l'organisme d'habitations à loyer modéré.

Art. L. 443-6-6 A la demande des locataires associés, l'associé-gérant d'une société civile immobilière régie par l'article L. 443-6-2 vend et rachète les parts sociales à leur valeur nominale non indexée.

Les parts cédées par l'associé-gérant ou par les locataires associés doivent être libres de toute sûreté.

Lors de la constitution de la société civile immobilière, l'organisme d'habitations à loyer modéré apporte la garantie d'un établissement financier ou d'une société d'assurance agréés à cet effet pour le remboursement des parts à chaque associé personne physique. Cette garantie prend la forme d'une convention de cautionnement aux termes de laquelle la caution s'oblige envers l'associé personne physique, solidairement avec l'organisme d'habitations à loyer modéré, à payer les sommes nécessaires au rachat des parts.

L'organisme d'habitations à loyer modéré, associé-gérant, peut aliéner au profit du locataire associé la totalité des parts du lot représentatif de son logement au terme d'un délai de dix ans à compter de la construction ou de l'acquisition de l'immeuble par l'organisme d'habitations à loyer modéré.

L'aliénation de la totalité des parts d'un lot avant le délai défini au quatrième alinéa du présent article peut être autorisée par décision motivée du représentant de l'État dans le département d'implantation du logement, après consultation de la commune d'implantation. Le remboursement de tout ou partie des aides accordées par l'État pour la construction, l'acquisition ou l'amélioration de ce logement est exigible selon des modalités fixées par l'autorité administrative.

Art. L. 443-6-7 Les droits des locataires associés dans le capital social d'une société civile immobilière régie par l'article L. 443-6-2 doivent être proportionnels à la valeur des biens auxquels ils ont vocation par rapport à la valeur de l'ensemble.

Les locataires associés sont tenus de répondre aux appels de fonds en proportion de leurs droits dans le capital. Lorsque le locataire associé ne satisfait pas à cette obligation et après mise en demeure par lettre recommandée avec demande d'avis de réception restée infructueuse pendant plus de trente jours à compter du lendemain de la première présentation de la lettre recommandée au domicile de son destinataire, ses dividendes sont affectés en priorité à l'apurement de sa dette envers la société.

Par dérogation aux dispositions de l'article 1857 du code civil, la responsabilité de l'associé personne physique est limitée à la fraction des parts acquises pour chaque lot.

Art. L. 443-6-8 Les articles L. 214-6 à L. 214-9 sont applicables aux sociétés régies par la présente section.

Art. L. 443-6-9 Le locataire associé ayant satisfait à toutes les obligations auxquelles il est tenu envers la société civile immobilière d'accession progressive à la propriété bénéficie, lorsqu'il a acquis la totalité des parts du lot représentatif du logement qu'il occupe, de l'attribution en propriété de ce logement.

L'attribution en propriété du logement a pour conséquence le retrait de l'intéressé de la société civile immobilière d'accession progressive à la propriété. Ce retrait est constaté par acte authentique signé par l'associé et par un représentant de l'associé-gérant.

Le retrait entraîne de plein droit :

– l'annulation des parts du lot représentatif du logement attribué ;

– la réduction corrélative du capital social ;

– les modifications des statuts rendues nécessaires par le retrait. Ces modifications sont effectuées par l'associé-gérant ;

– l'application au lot cédé du régime de la copropriété défini par la loi n° 65-557 du 10 juillet 1965 précitée *[V. **C. copr.**]* ;

– la remise entre les mains de l'intéressé du règlement de copropriété et de l'état descriptif prévus à l'article L. 443-6-4.

Par dérogation aux articles L. 353-4 et L. 353-5, la convention visée à l'article L. 353-2 cesse d'être opposable à la personne physique qui a acquis le logement qu'elle occupe et aux propriétaires successifs dudit logement.

Art. L. 443-6-10 La durée d'une société civile immobilière d'accession progressive à la propriété, fixée par ses statuts, ne peut excéder vingt-cinq ans. Elle peut toutefois être prorogée par décision de l'assemblée générale statuant à la majorité des membres associés représentant au moins les deux tiers des voix.

Art. L. 443-6-11 **La dissolution d'une société civile immobilière d'accession progressive à la propriété intervient au terme fixé par les statuts ou lorsque tous les logements ont été attribués en propriété. Elle peut également être dissoute par décision de l'assemblée générale statuant à la majorité des membres associés représentant au moins les deux tiers des voix.**

En cas de dissolution, l'organisme d'habitations à loyer modéré, associé-gérant, est tenu de racheter les parts acquises par les associés locataires qui n'ont pas acquis la totalité des parts du lot auxquelles ils peuvent prétendre à cette date.

Art. L. 443-6-12 **Lorsque l'organisme d'habitations à loyer modéré fait l'apport d'un immeuble à une société civile immobilière dans les conditions fixées par l'article L. 443-6-2, le remboursement immédiat des prêts contractés pour la construction, l'acquisition de cet immeuble ou son acquisition suivie de travaux d'amélioration n'est pas exigible, sous réserve que leur remboursement demeure garanti dans les conditions qui avaient permis leur obtention. L'organisme notifie la cession aux établissements prêteurs et aux garants. S'agissant des sûretés personnelles, cette réserve est réputée levée à défaut d'opposition des garants dans un délai de deux mois à compter de cette notification. S'agissant des sûretés réelles, cette réserve est réputée levée si l'organisme obtient de la part de leurs bénéficiaires une modification de celles-ci. L'immeuble doit être libre de toute sûreté au moment de son apport par l'organisme d'habitations à loyer modéré à la société civile immobilière d'accession progressive à la propriété.**

Art. L. 443-6-13 **Un décret en Conseil d'État précise les conditions d'application de la présente section.** — *V. art. R. 443-9-1 s.*

SECTION II DISPOSITIONS APPLICABLES AUX CESSIONS, AUX TRANSFORMATIONS D'USAGE ET AUX DÉMOLITIONS D'ÉLÉMENTS DU PATRIMOINE IMMOBILIER

(L. nº 86-1290 du 23 déc. 1986)

V. Circ. nº 88-42 du 2 mai 1988 relative aux cessions, changements d'usage et démolitions des logements HLM, Mon. TP 13 mai 1988, Suppl. textes, p. 19. — Protocole du 20 avr. 1994 (Logement, Union nationale des fédérations d'organismes d'HLM), Mon. TP 22 avr. 1994, Suppl. textes, p. 337. — Circ. 4 août 1994 (Logement), Mon. TP 12 août 1994, Suppl. textes, p. 196 (V. J. D., « Accélérer la vente aux locataires », Mon. TP 19 août 1994, p. 22). — Circ. nº 95-39 du 9 mai 1995 (Logement), Mon. TP 21 juill. 1995, Suppl. textes, p. 244 : vente de logements vacants à des organismes sans but lucratif. — Circ. 4 août 1994 (Logement), Mon. TP 12 août 1995, Suppl. textes, p. 196 : vente aux locataires de leur logement HLM. — Circ. du 16 avr. 2010 relative à l'enquête vente des logements locatifs sociaux (BOMEEDDM nº 2010/9, p. 152) ; Circ. du 30 mars 2011 relative à l'enquête annuelle de suivi des ventes de logements locatifs sociaux (BOMEDDTL nº 2011/7, p. 273) ; Circ. du 20 mars 2012 relative à l'enquête annuelle de suivi des ventes de logements locatifs sociaux (BOMEDDTL nº 2012/7, p. 197).

SOUS-SECTION 1 DISPOSITIONS APPLICABLES AUX ÉLÉMENTS DU PATRIMOINE IMMOBILIER AUTRES QUE LES LOGEMENTS-FOYERS *(L. nº 2006-872 du 13 juill. 2006, art. 54).*

COMMENTAIRE

L'article 29 de la loi ENL du 13 juillet 2006 qui a réécrit les articles L. 443-12 et L. 443-12-1, offre à l'organisme HLM la possibilité de fixer un prix inférieur ou supérieur de 35 % par rapport à l'évaluation faite par le service des domaines. L'acheteur est tenu par une clause anti-spéculative pour une durée de 5 ans ; s'il loue son logement, le niveau de loyer ne doit pas excéder un plafond qui sera fixé par l'administration. S'il le revend pendant cette durée, il est tenu d'en informer l'organisme d'HLM qui dispose d'un droit de priorité. S'il a bénéficié d'une décote et que le prix de revente est supérieur à celui versé, il doit rembourser à l'organisme d'HLM la différence entre l'évaluation faite par le service des domaines et le prix fixé par l'organisme d'HLM. On peut noter que passé ce délai de 5 ans, l'acquéreur est totalement libre, ce qui explique que le logement perd son statut social et n'est plus décompté dans le quota de 20 % imposé par l'article L. 302-5. ❑

Art. L. 443-7 *(L. n° 86-1290 du 23 déc. 1986)* **Les organismes d'habitations à loyer modéré peuvent aliéner aux bénéficiaires prévus à l'article L. 443-11 des logements construits ou acquis depuis plus de dix ans par un organisme d'habitations à loyer modéré.** *(L. n° 2000-1208 du 13 déc. 2000, art. 159-I)* **« Ils peuvent proposer à ces mêmes bénéficiaires la possibilité d'acquérir ces mêmes logements au moyen d'un contrat de location-accession. » Ces logements doivent répondre à des normes d'habitabilité minimale fixées par décret en Conseil d'État.** – *V. Annexe 26.*

La décision d'aliéner est prise par l'organisme propriétaire. Elle ne peut porter sur des logements et immeubles insuffisamment entretenus. Elle ne doit pas avoir pour effet de réduire de manière excessive le parc de logements sociaux locatifs existant sur le territoire de la commune ou de l'agglomération concernée.

La décision d'aliéner est transmise au représentant de l'État dans le département qui consulte la commune d'implantation ainsi que les collectivités publiques qui ont accordé *(L. n° 2013-61 du 18 janv. 2013, art. 9)* **« un financement ou » leur garantie aux emprunts contractés pour la construction, l'acquisition ou l'amélioration des logements.** *(L. n° 2013-61 du 18 janv. 2013, art. 9)* **« La commune émet son avis dans le délai de deux mois à compter du jour où le maire a reçu la consultation du représentant de l'État dans le département. Faute d'avis de la commune à l'issue de ce délai, celui-ci est réputé favorable. »** *(L. n° 94-624 du 21 juill. 1994, art. 1er)* **« A défaut d'opposition motivée du représentant de l'État dans le département dans un délai de** *(L. n° 2013-61 du 18 janv. 2013, art. 9)* **« quatre** *[ancienne rédaction : deux]* **» mois, la décision est exécutoire. »** *(L. n° 2013-61 du 18 janv. 2013, art. 9)* **« En cas de désaccord entre la commune et le représentant de l'État dans le département, la décision d'aliéner ne devient exécutoire qu'après autorisation par le ministre chargé du logement. Le représentant de l'État informe la commune et l'organisme propriétaire de la transmission de la décision d'aliéner au ministre. Dans ce cas, le silence du ministre dans un délai de quatre mois à compter de la transmission de la décision d'aliéner au représentant de l'État dans le département par l'organisme propriétaire vaut opposition à la décision d'aliéner. »** *(L. n° 2012-387 du 22 mars 2012, art. 109-2° et 3°)* **« En cas de non-respect de l'obligation de transmission au représentant de l'État de la décision d'aliéner, lorsqu'il s'agit d'un contrat de vente à une personne morale, le contrat est entaché de nullité. L'action en nullité peut être intentée par l'autorité administrative ou par un tiers dans un délai de cinq ans à compter de la publication de l'acte au fichier immobilier.**

« Lorsqu'il s'agit d'un contrat de vente à une personne physique, l'organisme vendeur est passible d'une sanction pécuniaire, dans la limite de 15 000 € par logement vendu, arrêtée par le représentant de l'État dans le département d'implantation de la commune où se situe le logement ».

Toutefois, lorsque le logement est affecté à la location saisonnière, la décision d'aliéner ne peut être prise qu'après accord de la commune d'implantation.

(L. n° 94-624 du 21 juill. 1994, art. 2) **« Le conseil d'administration ou de surveillance de chaque organisme d'habitations à loyer modéré délibère annuellement sur les orientations de sa politique de vente de logements, fixe les objectifs à atteindre en nombre de logements mis en vente et apprécie les résultats obtenus l'année précédente.**

« Le comité régional de l'habitat est saisi chaque année d'un rapport du représentant de l'État portant sur la vente de logements d'habitation à loyer modéré. Ce rapport

analyse si le réinvestissement des fonds provenant de la vente permet le maintien quantitatif et qualitatif de l'offre locative. Il peut émettre à cette occasion des recommandations. »

(L. nº 2009-323 du 25 mars 2009, art. 14) **« L'organisme d'habitations à loyer modéré indique par écrit à l'acquéreur personne physique, préalablement à la vente, le montant des charges locatives et, le cas échéant, de copropriété des deux dernières années, et lui transmet la liste des travaux réalisés les cinq dernières années sur les parties communes. En tant que de besoin, il fournit une liste des travaux d'amélioration des parties communes et des éléments d'équipement commun qu'il serait souhaitable d'entreprendre, accompagnée d'une évaluation du montant global de ces travaux et de la quote-part imputable à l'acquéreur ».**

Dans un délai de trois ans à compter de l'entrée en vigueur de la L. nº 94-624 du 21 juill. 1994, le Gouvernement présentera au Parlement un rapport sur le fonctionnement des copropriétés issues des dispositions du présent art. (L. préc., art. 45).

A défaut de la décision d'un organisme d'HLM de procéder à l'aliénation d'un logement, le représentant de l'État ne tient d'aucun texte, ni d'aucun principe général du droit le pouvoir d'intervenir dans la procédure de cession et se trouve tenu de rejeter la demande formulée par un locataire tendant à ce qu'il soit ordonné la vente du logement occupé. • CE 19 déc. 1994, *Azède : req. nº 133039.*

Art. L. 443-7-1 *(L. nº 2009-323 du 25 mars 2009, art. 14)* **Dans les copropriétés comportant des logements vendus en application de la présente section, la liste de travaux mentionnée au dernier alinéa de l'article L. 443-7 fait l'objet, le cas échéant, d'une présentation annuelle par le syndic devant l'assemblée générale des copropriétaires.**

Lorsqu'ils sont votés par l'assemblée générale des copropriétaires, les travaux d'amélioration des parties communes et des éléments d'équipement commun donnent lieu à la constitution d'avances, selon des modalités définies par l'assemblée générale. L'organisme d'habitations à loyer modéré est dispensé de cette obligation.

Ces avances sont déposées sur un compte bancaire ou postal séparé ouvert au nom du syndicat des copropriétaires avec une rubrique particulière pour chaque copropriétaire. Le compte et les rubriques ne peuvent faire l'objet d'aucune convention de fusion, de compensation ou d'unité de compte.

Art. L. 443-8 *(L. nº 86-1290 du 23 déc. 1986)* **Lorsque des circonstances économiques ou sociales particulières le justifient, la vente de logements locatifs ne répondant pas aux conditions d'ancienneté définies à l'article L. 443-7 peut être autorisée par décision** *(L. nº 94-624 du 21 juill. 1994, art. 3)* **« motivée du représentant de l'État dans le département d'implantation du logement », après consultation de la commune d'implantation. La décision fixe les conditions de remboursement de tout ou partie des aides accordées par l'État pour la construction, l'acquisition ou l'amélioration de ce logement.** – *Circ. nº 88-42 du 3 mai 1988, Mon. TP 13 mai 1988, Suppl. textes, p. 19.*

Art. L. 443-9 *(L. nº 86-1290 du 23 déc. 1986)* **Les logements répondant aux conditions prévues aux articles L. 443-7 et L. 443-8 et réservés par convention au profit d'une personne morale peuvent être vendus. Dans ce cas, l'organisme vendeur est tenu, à moins que les parties n'en décident autrement, de mettre à la disposition du réservataire, au moment de la vente, un logement équivalent. Le logement de remplacement sera par priorité situé dans le même ensemble immobilier ou, à défaut, dans la même commune que celui qui est aliéné, sauf accord du réservataire pour une localisation différente.**

Art. L. 443-10 *(L. nº 86-1290 du 23 déc. 1986)* **Les dispositions des articles L. 443-7 à L. 443-9 s'appliquent nonobstant toutes stipulations contraires.**

(L. no 94-624 du 21 juill. 1994, art. 5) « En cas de vente d'un logement à une personne physique, à une collectivité locale ou un groupement de collectivitéslocales ou à un organisme sans but lucratif qui s'engage à mettre le logement acquis à la disposition de personnes défavorisées, par dérogation aux deuxième et troisième alinéas de l'article L. 353-17 et aux articles L. 353-4 et L. 353-5, la convention visée à l'article L. 353-2 n'est pas opposable aux propriétaires successifs du logement. »

Art. L. 443-11 *(L. no 86-1290 du 23 déc. 1986)* Un logement occupé ne peut être vendu qu'à son locataire. *(L. no 94-624 du 21 juill. 1994, art. 6-I)* « Toutefois, sur demande du locataire, le logement peut être vendu à son conjoint ou, s'ils ne disposent pas de ressources supérieures à celles qui sont fixées *(L. no 2000-1208 du 13 déc. 2000, art. 160)* « par l'autorité administrative », à ses ascendants et descendants. »

(L. no 94-624 du 21 juill. 1994, art. 6-II) « Tout locataire peut adresser à l'organisme propriétaire une demande d'acquisition de son logement. La réponse de l'organisme doit être motivée et adressée à l'intéressé dans les deux mois suivant la demande. »

Lorsque l'organisme d'habitations à loyer modéré met en vente un logement vacant, il doit l'offrir en priorité à l'ensemble des locataires de logements *(L. no 2012-387 du 22 mars 2012, art. 109-4o)* « lui appartenant dans le département, ainsi qu'aux gardiens d'immeuble qu'il emploie, » par voie d'une publicité dont les modalités sont fixées par décret en Conseil d'État. *(L. no 2009-323 du 25 mars 2009, art. 2-I)* « A défaut d'acquéreur prioritaire, le logement peut être offert :

« – à toute autre personne physique ;

« – à une collectivité territoriale ou un groupement de collectivités territoriales qui s'engage à mettre ce logement pendant au moins quinze ans à la disposition de personnes défavorisées mentionnées au II de l'article L. 301-1 ;

« – à un organisme qui bénéficie de l'agrément relatif à la maîtrise d'ouvrage prévu à l'article L. 365-2. »

(L. no 2012-387 du 22 mars 2012, art. 109-4o) « Lorsqu'une personne physique a acquis soit un logement vacant auprès d'un organisme d'habitations à loyer modéré, soit un logement locatif appartenant à une société d'économie mixte et faisant l'objet d'une convention conclue en application de l'article L. 351-2 et devenu vacant, soit un logement auparavant acquis par une telle société en application du huitième alinéa du présent article et devenu vacant, elle ne peut se porter acquéreur d'un autre logement vacant appartenant à un organisme d'habitations à loyer modéré ou appartenant à une société d'économie mixte et faisant l'objet d'une convention conclue en application de l'article L. 351-2 ou acquis par une telle société en application du huitième alinéa du présent article, sous peine d'entacher de nullité le contrat de vente de cet autre logement ».

Nonobstant les dispositions du premier ou du deuxième alinéa du présent article, les logements peuvent être vendus à un autre organisme d'habitations à loyer modéré ou à une société d'économie mixte sans qu'il soit fait application des conditions d'ancienneté et d'habitabilité prévues à l'article L. 443-7. Les locataires en place continuent à bénéficier des conditions antérieures de location.

(L. no 2005-32 du 18 janv. 2005, art. 123) « Les logements peuvent également être vendus dans le cadre d'opérations de renouvellement urbain aux établissements publics créés en application des articles L. 321-1 et L. 326-1 du code de l'urbanisme, en vue de leur démolition préalablement autorisée par le représentant de l'État dans le département ; dans ce cas, les baux demeurent jusqu'au départ des locataires en place. »

Afin d'assurer l'équilibre économique et social d'un ou plusieurs ensembles d'habitations ou d'un quartier connaissant des difficultés particulières, l'organisme d'habitations à loyer modéré propriétaire peut, après accord du représentant de l'État dans le département, qui consulte la commune d'implantation, vendre des logements vacants à toute personne physique ou morale, ou les louer à ces mêmes personnes pour des usages autres que l'habitation. *(L. no 2000-1208 du 13 déc. 2000, art. 67)* « Afin

de contribuer aux politiques de développement social des quartiers, et notamment de ceux connaissant des difficultés particulières, un organisme d'habitations à loyer modéré peut mettre à disposition d'une association des locaux moyennant, éventuellement, le paiement des charges locatives correspondant auxdits locaux. »

(L. nº 2007-290 du 5 mars 2007, art. 40) **« Dans les quartiers situés dans les zones urbaines sensibles définies à l'article 42 de la loi nº 95-115 du 4 février 1995 d'orientation pour l'aménagement et le développement du territoire ou dans les territoires définis à l'article 6 de la loi nº 2003-710 du 1er août 2003 d'orientation et de programmation pour la ville et la rénovation urbaine, les organismes d'habitations à loyer modéré peuvent, après avis de la commune d'implantation, louer »** *(Abrogé par L. nº 2008-776 du 4 août 2008, art. 13-I, à compter du 1er avr. 2009)* ***« à titre temporaire »*** *(L. nº 2007-290 du 5 mars 2007, art. 40)* **« des locaux d'habitation situés en rez-de-chaussée, en vue d'y exercer des activités économiques. Passé le délai d'un mois, cet avis est réputé favorable. »** *(L. nº 2008-776 du 4 août 2008, art. 13-I, en vigueur le 1er avr. 2009)* **« Le bail d'habitation de ces locaux n'est pas soumis au chapitre V du titre IV du livre Ier du code de commerce et ne peut être un élément constitutif du fonds de commerce. »**

Dans ce cas, les dispositions prévues aux articles L. 311-3 *(L. nº 2008-776 du 4 août 2008, art. 13-I, en vigueur le 1er avr. 2009)* **« , L. 631-7, L. 631-7-4 et L. 631-7-5 » ne s'appliquent pas.**

V. L. nº 2008-776 du 4 août 2008, art. 13-X, mod. par L. nº 2009-179 du 17 févr. 2009, art. 6, ss. art. L. 631-7.

V. Circ. nº 88-42 du 2 mai 1988, Mon. TP 13 mai 1988, Suppl. textes, p. 19. — Circ. nº 95-39 du 9 mai 1995, BOMELT nº 95/16 : vente de logements HLM vacants à des organismes sans but lucratif.

V. aussi Circ. nº 98-96 du 22 oct. 1998, mod. par Circ. nº 2001-77 du 15 nov. 2001 (BOMELT nº 2001/22, p. 58 ; Mon. TP 28 déc. 2001, Suppl. textes, p. 286) : démolition des logements locatifs sociaux, programmation des logements PLA construction-démolition et changement d'usage de logements sociaux (BOMELT nº 98/21).

Pour l'application du premier al. du présent art., les ressources des ménages ascendants ou descendants de ménages locataires acquéreurs de logements locatifs doivent être inférieures ou égales à 130 % des plafonds mentionnés au premier al. de l'art. R. 331-12 (Arr. 26 juill. 2007, JO 25 oct.).

1. La contestation du refus opposé par une SA d'HLM de vendre le logement occupé est un litige de droit privé entre un locataire et son bailleur qui relève du juge judiciaire. • CE 19 déc. 1994, *Azède :* *req. nº 133039.*

2. L'organisme n'est en rien tenu de consentir à la vente. • CE 2 oct. 1987, *Manceau,* req. nº 77715 : *Lebon 301.*

3. La décision refusant l'offre d'achat faite par le locataire peut revêtir un caractère implicite. • CE 5 nov. 2003, *Mme X. :* *req. nº 250959.*

Art. L. 443-12 *(L. nº 2006-872 du 13 juill. 2006, art. 29-I)* **Le prix de vente est fixé par l'organisme propriétaire, après avis du maire de la commune d'implantation du logement vendu.**

Si le maire n'a pas répondu dans un délai de deux mois, son avis est réputé favorable.

Lorsque l'acquéreur est une personne physique, le prix peut être inférieur ou supérieur de 35 % à l'évaluation faite par le service des domaines, en prenant pour base le prix d'un logement comparable libre d'occupation.

(L. nº 2011-525 du 17 mai 2011, art. 129) **« Lorsque l'acquéreur est l'une des personnes morales visées à l'article L. 443-11 autre qu'un organisme d'habitations à loyer modéré ou une société d'économie mixte de construction et de gestion de logements sociaux, le prix de vente ne peut être inférieur à l'évaluation faite par le service des domaines en prenant pour base le prix d'un logement comparable libre d'occupation. En cas de vente à un organisme d'habitations à loyer modéré ou à une société d'économie mixte, le service des domaines n'est pas consulté.**

[Jurisprudence rendue sous l'empire de l'ancien art. L. 443-12 mais transposable au régime actuel]

1. La décision par laquelle le préfet refuse de procéder à la saisine de l'administration des domaines en vue de l'estimation du prix d'un logement est un acte administratif détachable du contrat de location liant les demandeurs à l'organisme d'HLM. • CE 22 févr. 1995, *Bringolet : req. no 103978.* ♦ Tant qu'une décision d'aliénation n'est pas intervenue, l'organisme d'HLM n'est pas tenu de saisir le service des domaines. • CE 2 oct. 1987, *Manceau,* req. no 77715 : *Lebon 301.*

2. Les litiges relatifs à la vente des logements, et notamment les conclusions concernant le prix de la cession éventuelle du logement occupé, relèvent de la compétence des tribunaux judiciaires. • CE 23 févr. 1979, *Vildart : req. no 9663.*

Art. L. 443-12-1 *(L. no 2006-872 du 13 juill. 2006, art. 29-II)* **L'acquéreur personne physique qui souhaite revendre son logement dans les cinq ans qui suivent l'acquisition est tenu d'en informer l'organisme d'habitations à loyer modéré, qui peut se porter acquéreur en priorité.**

(L. no 2009-323 du 25 mars 2009, art. 12) **« L'acquéreur personne physique ayant acquis son logement à un prix inférieur à l'évaluation faite par le service des domaines et l'ayant vendu dans les cinq ans suivant cette acquisition est tenu de verser à l'organisme d'habitations à loyer modéré une somme égale à la différence entre le prix de vente et le prix d'acquisition. Cette somme ne peut excéder l'écart constaté entre l'évaluation faite par le service des domaines lors de l'acquisition et le prix d'acquisition. »**

Ces prix s'entendent hors frais d'acte et accessoires à la vente.

Lorsque l'acquéreur personne physique a acquis son logement à un prix inférieur à l'évaluation faite par le service des domaines et qu'il le loue dans les cinq ans qui suivent l'acquisition, le niveau de loyer ne doit pas excéder des plafonds fixés par l'autorité administrative. – *V. Arr. 5 déc. 2007 (JO 14 déc.).*

A peine de nullité, le contrat de vente entre l'acquéreur et l'organisme d'habitations à loyer modéré comporte la mention de ces obligations.

V. Commentaire au-dessus de l'art. L. 443-7.

V. Circ. 28 mai 2009 relative à la L. no 2009-323 du 25 mars 2009. – Dispositions diverses (BOMEEDDM no 2009/12, p. 52).

Art. L. 443-13 *(L. no 86-1290 du 23 déc. 1986)* **En cas de cession d'un élément de patrimoine immobilier d'un organisme d'habitations à loyer modéré, la fraction correspondante des emprunts éventuellement contractés pour la construction, l'acquisition ou l'amélioration de l'ensemble auquel appartient le bien vendu devient immédiatement exigible.**

(L. no 94-624 du 21 juill. 1994, art. 7) **« Toutefois, l'organisme d'habitations à loyer modéré peut continuer à rembourser selon l'échéancier initialement prévu les prêts comportant une aide de l'État sous réserve que leur remboursement demeure garanti dans les conditions qui avaient permis l'obtention du prêt. »**

Toutefois, dans le cas d'une vente à un autre organisme d'habitations à loyer modéré ou à une société d'économie mixte, les emprunts sont transférés avec maintien des garanties y afférentes consenties par des collectivités territoriales, par leurs groupements ou par des *(L. no 2010-853 du 23 juill. 2010, art. 8)* **« chambres de commerce et d'industrie territoriales », sauf opposition des créanciers ou des garants dans les trois mois qui suivent la notification du projet de transfert du prêt lié à la vente.**

Le surplus des sommes perçues est affecté en priorité au financement de programmes nouveaux de construction, à des travaux destinés à améliorer de façon substantielle un ensemble déterminé d'habitations ou à des acquisitions de logements en vue d'un usage locatif.

Dans le cas d'une vente réalisée en application *(L. no 2012-387 du 22 mars 2012, art. 109-7o)* **« du dixième » alinéa de l'article L. 443-11, l'organisme est tenu de verser**

à l'État une somme équivalente au montant des aides financières accordées par l'État pour la construction, l'acquisition ou l'amélioration du bien vendu, dans des conditions fixées par décret en Conseil d'État *[V. art. R. 443-15]*.

En cas de vente d'un logement ayant fait l'objet de travaux d'amélioration financés avec l'aide de l'État depuis moins de cinq ans, l'organisme vendeur est tenu de rembourser cette aide. – *V. Circ. nº 88-42 du 2 mai 1988, Mon. TP 13 mai 1988, Suppl. textes, p. 19.*

1. Sur l'hypothèse d'une location consentie irrégulièrement par l'accédant à la propriété, V. • Civ. 3e, 14 oct. 1987 : *RDI 1988. 107.*

2. Pour un cas de résolution aux torts de l'acquéreur, V. • Civ. 1re, 15 oct. 1991 : *Bull. civ. I, nº 274 ; JCP 1991. IV. 438.*

Art. L. 443-14 *(L. nº 86-1290 du 23 déc. 1986)* Toute décision d'aliénation d'un élément du patrimoine immobilier d'un organisme d'habitations à loyer modéré autre que les logements est notifiée au représentant de l'État dans le département dans le délai d'un mois à compter de la date de l'acte la constatant.

Toutefois, lorsque le prix de cession de ladite aliénation est supérieur à un montant déterminé par arrêté du ministre chargé de la construction et de l'habitation et du ministre chargé de l'économie et des finances, la décision d'aliéner est soumise à la procédure prévue à l'article L. 443-7. – *V. Arr. du 23 juill. 1987 (JO 11 août) : montant maximum du prix de cession fixé à 200 000 F.*

Art. L. 443-15 *(L. nº 2006-872 du 13 juill. 2006, art. 29-III)* En cas de vente réalisée en application de la présente section, les fonctions de syndic de la copropriété sont assurées, sauf s'il y renonce, par l'organisme vendeur tant qu'il demeure propriétaire d'au moins un logement.

Toutefois, l'assemblée générale des copropriétaires peut désigner un autre syndic dès lors que les copropriétaires autres que l'organisme vendeur détiennent au moins 60 % des voix du syndicat.

Les fonctions de syndic de la copropriété comportant des immeubles vendus en application de la présente section peuvent être assurées par l'organisme vendeur conformément aux dispositions de la loi nº 65-557 du 10 juillet 1965 fixant le statut de la copropriété des immeubles bâtis *[**C. copr.**]* lorsque l'organisme n'est plus propriétaire d'aucun logement.

Les dispositions du deuxième alinéa de l'article 22 de la loi nº 65-557 du 10 juillet 1965 précitée ne s'appliquent pas à l'organisme d'habitations à loyer modéré vendeur.

(L. nº 2009-323 du 25 mars 2009, art. 16) « Dans les copropriétés issues de la vente de logements locatifs réalisée en application de la présente section dans lesquelles un organisme d'habitations à loyer modéré détient au moins un logement, celui-ci peut, en tant que de besoin, mettre son personnel à disposition du syndicat des copropriétaires afin d'assurer des missions de gardiennage, d'agent de propreté, d'élimination des déchets, d'entretien technique courant et de veille de bon fonctionnement des équipements communs. Cette prestation de mise à disposition de personnel bénéficie de l'exonération de taxe sur la valeur ajoutée prévue à l'article 261 B du code général des impôts lorsque les conditions prévues par cet article sont remplies. »

V. Circ. 28 mai 2009 relative à la L. nº 2009-323 du 25 mars 2009. – Parc privé (BOMEEDDM nº 2009/12, p. 55).

Art. L. 443-15-1 *(L. nº 2006-872 du 13 juill. 2006, art. 59-III)* « Sans préjudice des règles du code de l'urbanisme applicables au permis de démolir, un bâtiment à usage d'habitation appartenant à un organisme d'habitations à loyer modéré ne peut être démoli sans l'accord préalable du représentant de l'État dans le département, de la commune d'implantation et des garants des prêts. »

(L. nº 86-1290 du 23 déc. 1986) « Un décret en Conseil d'État fixe les conditions de remboursement des emprunts et des aides de l'État en cas de démolition totale ou partielle. » – *V. art. R. 443-17.*

V. Circ. nº 88-42 du 3 mai 1988, Mon. TP 13 mai 1988, Suppl. textes, p. 19 ; Circ. nº 99-13 du 2 mars 1999 (BOMELT nº 99/5).

V. aussi note ss. art. L. 443-11.

Art. L. 443-15-2 *(L. nº 86-1290 du 23 déc. 1986)* Les dispositions de la présente section s'appliquent à l'aliénation des logements acquis par des sociétés d'économie mixte en application du *(L. nº 2012-387 du 22 mars 2012, art. 109-8º)* « huitième » alinéa de l'article L. 443-11.

(L. nº 94-624 du 21 juill. 1994, art. 9) « Les dispositions de la présente section, à l'exception de celles de l'article L. 443-14, sont applicables aux logements locatifs des sociétés d'économie mixte faisant l'objet des conventions conclues en application de l'article L. 351-2 et autres que ceux mentionnés à l'alinéa précédent. Toutefois, lorsqu'une société d'économie mixte met en vente un logement conventionné vacant, elle doit l'offrir à l'ensemble des locataires de son patrimoine conventionné dans le département *(L. nº 2006-872 du 13 juill. 2006, art. 32-I)* « par la voie d'une publicité dont les modalités sont fixées par décret en Conseil d'État ». En outre, le surplus des sommes perçues par la société d'économie mixte au sens du quatrième alinéa de l'article L. 443-13 est affecté au financement de programmes nouveaux de construction de logements locatifs conventionnés, à des travaux destinés à améliorer de façon substantielle un ensemble déterminé d'habitations locatives conventionnées, ou à des acquisitions de logements devant être conventionnés, en vue d'un usage locatif. »

(L. nº 94-638 du 25 juill. 1994, art. 39) « Les dispositions de la présente section, à l'exception de celles de l'article L. 443-14, sont également applicables, dans les départements d'outre-mer, à la vente des logements locatifs sociaux des sociétés d'économie mixte construits, acquis ou améliorés à l'aide de prêts aidés par l'État. Toutefois, lorsqu'une société d'économie mixte met en vente un logement social vacant, elle doit l'offrir en priorité à l'ensemble des locataires de son patrimoine social dans le département *(L. nº 2006-872 du 13 juill. 2006, art. 32-I)* « par la voie d'une publicité dont les modalités sont fixées par décret en Conseil d'État ». En outre, le surplus des sommes perçues par la société d'économie mixte, au sens du quatrième alinéa de l'article L. 443-13, est affecté en priorité au financement de programmes nouveaux de construction de logements locatifs sociaux, à des travaux destinés à améliorer de façon substantielle un ensemble déterminé d'habitations locatives sociales ou à des acquisitions de logements en vue d'un usage locatif social. »

Art. L. 443-15-2-1 *(L. nº 2006-872 du 13 juill. 2006, art. 32-II)* Les dispositions de la présente section, à l'exception de celles de l'article L. 443-14, sont applicables aux logements locatifs sociaux des collectivités territoriales faisant l'objet de conventions conclues en application de l'article L. 351-2. Toutefois, lorsqu'une collectivité territoriale met en vente un logement conventionné vacant, elle doit l'offrir en priorité à l'ensemble des locataires de son patrimoine conventionné dans son territoire, par la voie d'une publicité dont les modalités sont fixées par décret en Conseil d'État. En outre, le surplus des sommes perçues par la collectivité territoriale au sens du quatrième alinéa de l'article L. 443-13 est affecté en priorité au financement de programmes nouveaux de construction de logements locatifs conventionnés, au développement d'une offre de places d'hébergement dans les établissements visés au 8º du I de l'article L. 312-1 du code de l'action sociale et des familles, à des travaux destinés à améliorer de façon substantielle un ensemble déterminé de logements locatifs conventionnés, ou à des acquisitions de logements devant être conventionnés en vue d'un usage locatif.

Les dispositions de la présente section, à l'exception de celles de l'article L. 443-14, sont également applicables, dans les départements d'outre-mer, à la vente des logements locatifs sociaux des collectivités territoriales construits, acquis ou améliorés à l'aide de subventions de l'État ou de prêts aidés par l'État. Toutefois, lorsqu'une collectivité territoriale met en vente un logement social vacant, elle doit l'offrir en priorité à l'ensemble des locataires de son patrimoine social de son territoire, par la voie d'une publicité dont les modalités sont fixées par décret en Conseil d'État. En outre, le surplus des sommes perçues par la collectivité territoriale, au sens du quatrième alinéa de l'article L. 443-13, est affecté en priorité au financement de programmes nouveaux de construction de logements locatifs sociaux, au développement d'une offre de places d'hébergement dans les établissements visés au 8° du I de l'article L. 312-1 du code de l'action sociale et des familles, à des travaux destinés à améliorer de façon substantielle un ensemble déterminé d'habitations locatives sociales ou à des acquisitions de logements en vue d'un usage locatif social.

Art. L. 443-15-3 *(L. n° 86-1290 du 23 déc. 1986)* Les dispositions de la présente section ne sont applicables ni aux opérations entreprises en vue de l'accession à la propriété, ni aux cessions gratuites de terrains imposées par l'autorité compétente.

Art. L. 443-15-4 *(L. n° 86-1290 du 23 déc. 1986)* Dans le cas où le terrain sur lequel un immeuble ou un groupe d'immeubles est édifié a été donné à bail à construction à un organisme d'habitations à loyer modéré par une collectivité publique, le bailleur et le preneur peuvent, préalablement à toute cession de logements prévue à l'article L. 443-7 du présent code, convenir d'une vente du terrain d'assiette au profit de ce dernier. Dans ce cas, l'organisme d'habitations à loyer modéré peut, en accord avec le vendeur, se libérer d'une partie du prix de vente, par des versements échelonnés sur plusieurs années.

Art. L. 443-15-5 *(L. n° 86-1290 du 23 déc. 1986)* Un décret en Conseil d'État précise en tant que de besoin les conditions d'application de la présente section. *– V. art. R. 443-10 à R. 443-17.*

Les dispositions de l'art. 61 (art. L. 443-7 à L. 443-15-5 ci-dessus) de la loi n° 86-1290 du 23 déc. 1986 sont entrées en vigueur le 1er juill. 1987 (Décr. n° 87-477 du 1er juill. 1987, art. 3, D. et ALD 1987. 265).

SOUS-SECTION 2 DISPOSITIONS APPLICABLES AUX LOGEMENTS-FOYERS

(L. n° 2006-872 du 13 juill. 2006, art. 54)

Art. L. 443-15-6 *(L. n° 2012-354 du 22 mars 2012, art. 109-1°)* « Les organismes d'habitations à loyer modéré peuvent vendre leurs logements-foyers, définis à l'article L. 633-1, à d'autres organismes d'habitations à loyer modéré, à des sociétés d'économie mixte de construction et de gestion de logements sociaux, à des collectivités territoriales ou à leurs groupements, à des centres communaux ou intercommunaux d'action sociale, à des organismes sans but lucratif bénéficiant de l'agrément relatif à la maîtrise d'ouvrage prévu à l'article L. 365-2 ou à d'autres organismes sans but lucratif. Pour pouvoir être cédé, un logement-foyer doit avoir été construit ou acquis depuis plus de dix ans par l'organisme d'habitations à loyer modéré, sauf lorsque la vente est conclue avec un autre organisme d'habitations à loyer modéré, une société d'économie mixte de construction et de gestion de logements sociaux ou avec un organisme sans but lucratif bénéficiant de l'agrément relatif à la maîtrise d'ouvrage prévu au même article L. 365-2.

« Les logements-foyers qui ont été construits, acquis ou acquis et améliorés avec le concours financier de l'État ou qui ont ouvert droit à l'aide personnalisée au logement en vertu d'une convention prévue à l'article L. 351-2 demeurent soumis à des règles d'attribution sous conditions de ressources et à des règles de fixation de redevance par l'autorité administrative, dans des conditions fixées par décret en Conseil d'État, pendant une période d'au moins dix ans à compter de leur cession par un organisme d'habitations à loyer modéré en application du premier alinéa du présent article. »

(L. nº 2009-323 du 25 mars 2009, art. 69-III) « Tout acte transférant la propriété ou la jouissance de ces logements ou constatant ledit transfert doit, à peine de nullité de plein droit, reproduire les dispositions du présent article. L'action en nullité peut être intentée par tout intéressé ou par l'autorité administrative dans un délai de cinq ans à compter de la publication de l'acte au fichier immobilier ou de l'inscription au livre foncier.

« A la demande de tout intéressé ou de l'autorité administrative, le juge annule tout contrat conclu en violation des dispositions du présent article et ordonne, le cas échéant, la réaffectation des lieux à un usage de logement-foyer.

« En cas de cession conclue en application du premier alinéa, la fraction correspondante des emprunts éventuellement contractés pour la construction, l'acquisition ou l'amélioration du logement-foyer vendu devient immédiatement exigible.

« Toutefois, l'organisme d'habitations à loyer modéré peut continuer à rembourser selon l'échéancier initialement prévu les prêts comportant une aide de l'État, sous réserve que leur remboursement demeure garanti dans les conditions qui avaient permis l'obtention du prêt.

« En outre, les emprunts peuvent être transférés aux personnes morales bénéficiaires des ventes mentionnées au premier alinéa, avec maintien des garanties y afférentes consenties par des collectivités territoriales, par leurs groupements ou par des *(L. nº 2010-853 du 23 juill. 2010, art. 8)* « chambres de commerce et d'industrie territoriales », sauf opposition des créanciers ou des garants dans les trois mois qui suivent la notification du projet de transfert du prêt lié à la vente.

« En cas de vente d'un logement-foyer ayant fait l'objet de travaux d'amélioration financés avec l'aide de l'État depuis moins de cinq ans, l'organisme vendeur est tenu de rembourser cette aide.

« Le surplus des sommes perçues est affecté en priorité au financement de programmes nouveaux de construction, à des travaux destinés à améliorer de façon substantielle un ensemble déterminé d'habitations ou à des acquisitions de logements ou de logements-foyers en vue d'un usage locatif. »

Les dispositions du présent article sont applicables aux logements-foyers appartenant aux collectivités territoriales ou aux sociétés d'économie mixte et faisant l'objet d'une convention conclue en application de l'article L. 351-2 ainsi que, dans les départements d'outre-mer, aux logements-foyers appartenant aux collectivités territoriales ou aux sociétés d'économie mixte construits, acquis ou améliorés à l'aide de subventions de l'État ou de prêts aidés par l'État.

Un décret en Conseil d'État détermine les conditions d'application du présent article *[V. art. R. 443-18 s.]*.

● SECTION II *BIS* ACCESSION SOCIALE À LA PROPRIÉTÉ

(L. nº 2006-872 du 13 juill. 2006, art. 30-I)

Art. L. 443-15-7 Est institué dans les communes qui le souhaitent un guichet unique dans le cadre d'une procédure d'accession sociale à la propriété.

Dans les mairies, ce guichet unique met à la disposition du public un dossier présentant l'ensemble des dispositifs de soutien à l'accession sociale à la propriété.

Sont notamment communiqués à cette fin aux maires, à leur demande :

– les projets de ventes de logements à leurs locataires par les bailleurs sociaux ;

– les informations relatives aux opérations d'accession sociale à la propriété des promoteurs privés ou sociaux situées dans la commune ;

– les informations relatives aux dispositifs de prêts proposés par les établissements de crédit en faveur des ménages modestes, tels que les prêts mentionnés dans la première phrase du troisième alinéa de l'article L. 312-1 du présent code, et les avances remboursables sans intérêt mentionnées au I de l'article 244 *quater* J du code général des impôts.

Sont assimilés aux logements sociaux visés à l'article L. 302-5 du présent code, pendant cinq ans à compter de leur vente, les logements vendus à partir du 1er juillet 2006 à leurs locataires, en application de l'article L. 443-7.

SECTION III DISPOSITIONS PARTICULIÈRES AUX PENSIONNÉS DE GUERRE

Art. L. 443-16 Conformément à l'article L. 325 du code des pensions militaires d'invalidité et des victimes de guerre, les pensionnés de guerre ayant un taux d'invalidité égal ou supérieur à 50 p. 100 peuvent, s'ils bénéficient de prêts destinés à faciliter l'acquisition ou la construction d'habitations à loyer modéré, obtenir certains avantages dans les conditions fixées en vertu de l'article L. 443-1.

Art. L. 443-17 Conformément à l'article L. 326 du code des pensions militaires d'invalidité et des victimes de guerre, les invalides de guerre qui, par suite de blessures ou de maladies ayant ouvert droit à pension au titre de ce code *(L. nº 92-665 du 16 juill. 1992, art. 9-II)* « ne peuvent remplir la condition visée au premier alinéa de l'article L. 443-2 » du présent code peuvent bénéficier de la législation relative aux habitations à loyer modéré grâce à l'institution d'un fonds spécial ayant pour objet de garantir le remboursement des prêts qui leur sont consentis. – *V. L. 16 juill. 1992, art. 10.*

Ce fonds est géré par la Caisse des dépôts et consignations.

Les demandes de garantie sont adressées à l'office national des anciens combattants et victimes de guerre.

Ce dernier désigne les bénéficiaires dans la limite des disponibilités du crédit ouvert chaque année par la loi de finances, et, éventuellement, des ressources du fonds spécial en tenant compte des indications qui lui sont fournies par la Caisse des dépôts et consignations en ce qui concerne le montant de la surprime correspondant à la couverture des risques particuliers présentés par les postulants susceptibles d'être admis au bénéfice de la garantie.

SECTION IV TAUX DES INTÉRÊTS MORATOIRES

Art. L. 443-18 Le taux des intérêts moratoires en cas de retard dans les remboursements dus aux organismes d'habitations à loyer modéré par leurs adhérents ou emprunteurs ne peut dépasser le taux prévu à l'article L. 431-2.

Ce taux s'applique aux contrats en cours, nonobstant toute clause contraire.

CHAPITRE IV PRISE À BAIL ET EN GESTION DE LOGEMENTS PAR LES ORGANISMES D'HABITATIONS À LOYER MODÉRÉ

(L. nº 2009-323 du 25 mars 2009, art. 96-IV).

(L. nº 98-87 du 19 févr. 1998, art. 1er)

BIBL. ▸ GALLET, *Rev. loyers, 1998, p. 531* (la prise à bail par les organismes d'HLM de logements vacants pour les sous-louer). – WERTENSCHLAG, *AJDI 1998. 332* (la prise à bail de logements privés vacants par les organismes d'HLM).

COMMENTAIRE

La loi no 98-87 du 19 février 1998 permet aux organismes d'habitations à loyer modéré d'intervenir sur le parc locatif privé en prenant à bail des logements vacants pour les donner en sous-location. Le régime de sous-location est calqué pour l'essentiel sur celui des logements HLM, tant au stade de l'attribution qu'en cours de bail. Il s'agit d'un mécanisme assez proche du bail à réhabilitation (V. art. L. 252-1 s.) par lequel un organisme s'engage à réaliser des travaux sur l'immeuble du bailleur en vue de le sous-louer à usage d'habitation durant le bail.

SECTION PREMIÈRE **DISPOSITIONS APPLICABLES À LA SOUS-LOCATION DES LOGEMENTS VACANTS** *(L. no 2009-323 du 25 mars 2009, art. 96-IV).*

Art. L. 444-1 *(Ord. no 2007-137 du 1er févr. 2007, art. 2)* **« Les offices publics de l'habitat »** *[,]* **les sociétés anonymes coopératives de production d'habitations à loyer modéré visées à l'article L. 422-3 du présent code et les sociétés anonymes d'habitations à loyer modéré peuvent prendre à bail des logements vacants pour les donner en sous-location à des personnes physiques dans les conditions fixées par le présent chapitre.**

Art. L. 444-2 *(L. no 2006-872 du 13 juill. 2006, art. 38)* **Le contrat de prise à bail ne peut être conclu qu'avec l'accord du maire de la commune d'implantation du logement lorsque, dans cette commune, le nombre de logements locatifs sociaux au sens de l'article L. 302-5 représente, au 1er janvier de la pénultième année, au moins 20 % de résidences principales au sens du dernier alinéa du même article. Le logement pris à bail doit être vacant depuis au moins un an et appartenir à une ou des personnes physiques ou à une société civile immobilière constituée exclusivement entre parents et alliés jusqu'au quatrième degré inclus.**

Art. L. 444-3 Le logement donné en sous-location par l'organisme d'habitations à loyer modéré doit satisfaire *(L. no 2009-323 du 25 mars 2009, art. 96-IV)* **« aux caractéristiques définies en application des premier et deuxième alinéas de l'article 6 de la loi no 89-462 du 6 juillet 1989 tendant à améliorer les rapports locatifs et portant modification de la loi no 86-1290 du 23 décembre 1986. » –** ***C. baux.***

L'organisme d'habitations à loyer modéré peut être chargé par le propriétaire de réaliser en son nom et pour son compte les travaux permettant le respect de ces normes.

Art. L. 444-4 Le logement est attribué au sous-locataire selon les règles fixées par la section 1 du chapitre Ier du présent titre.

Art. L. 444-5 Les dispositions des articles 3 à 7, 9-1, 12, des deuxième et troisième alinéas du I de l'article 15, du *d* de l'article 17 et des articles 21 à 24 de la loi no 89-462 du 6 juillet 1989 *(L. no 2009-323 du 25 mars 2009, art. 96-IV)* **« précitée » sont applicables au contrat de sous-location. Les dispositions de l'article 14 de la même loi sont applicables au contrat de sous-location, lorsque le bénéficiaire du transfert** *(L. no 2009-323 du 25 mars 2009, art. 96-IV)* **« ou de la poursuite » de ce contrat remplit les conditions pour l'attribution d'un logement d'habitations à loyer modéré.** – *V.* ***C. baux.***

Le loyer de sous-location ne peut excéder un plafond fixé selon les zones géographiques par l'autorité administrative. – *V. Arr. du 25 mars 1998, ss. art. L. 444-6.*

L'organisme d'habitations à loyer modéré ne peut donner congé au sous-locataire que pour un motif légitime et sérieux, notamment l'inexécution par le

sous-locataire de l'une des obligations lui incombant. Le congé doit mentionner le motif allégué.

Art. L. 444-6 **Si, à l'expiration du contrat de location passé entre le propriétaire et l'organisme d'habitations à loyer modéré, il n'a pas été conclu de contrat de location entre le propriétaire et le sous-locataire, ce dernier est déchu de tout titre d'occupation sur le logement que l'organisme est tenu de restituer au propriétaire libre de toute occupation.**

Trois mois avant l'expiration du contrat entre le propriétaire et l'organisme d'habitations à loyer modéré, ce dernier est tenu de proposer au *(L. nº 2009-323 du 25 mars 2009, art. 96-IV)* **« sous-locataire » qui n'a pas conclu de contrat de location avec le propriétaire et qui remplit les conditions pour l'attribution d'un logement d'habitations à loyer modéré la location d'un logement correspondant à ses besoins et à ses possibilités.**

Arrêté du 25 mars 1998,

Fixant les loyers plafonds prévus à l'article L. 444-5 du code de la construction et de l'habitation.

Art. 1er Lorsqu'un logement est pris à bail par un organisme d'habitations à loyer modéré en vue de le sous-louer à une personne physique, en application de l'article L. 444-1 du code de la construction et de l'habitation, le loyer plafond applicable au contrat de sous-location prévu à l'article L. 444-5 du code de la construction et de l'habitation est égal au produit des trois éléments suivants :

a) La surface utile du logement définie à l'article R. 331-10 du code de la construction et de l'habitation ;

b) Le coefficient de structure du logement qui est défini ainsi :

$$Cs = 0{,}77\left(1 + \frac{20}{Su}\right)$$ avec Su surface utile du logement ;

c) Le prix au mètre carré applicable au logement selon la zone géographique dans laquelle il est situé :

Zone 1 : *(Arr. du 8 janv. 2003)* « 7,36 €/m^2 » ;

Zone 1 *bis* : *(Arr. du 8 janv. 2003)* « 7,82 €/m^2 » ;

Zone 2 : *(Arr. du 8 janv. 2003)* « 6,45 €/m^2 » ;

Zone 3 : *(Arr. du 8 janv. 2003)* « 5,99 €/m^2 ».

Les zones 1, 2 et 3 sont définies dans l'arrêté du 5 mai 1995 relatif aux subventions de l'État et aux prêts pour la construction, l'acquisition, et l'amélioration des logements locatifs aidés.

La zone 1 *bis* comprend Paris et les communes limitrophes de Paris.

Art. 2 Pour déterminer la surface utile du logement, la surface des annexes entrant dans le calcul de la surface utile, définies par l'arrêté du 9 mai 1995 pris en application de l'article R. 353-16 et de l'article R. 331-10 du code de la construction et de l'habitation, est plafonnée à 25 % de la surface habitable du logement.

Pour les autres annexes, accessoires au logement, qui n'entrent pas dans le calcul de la surface utile, le montant du loyer afférent à l'ensemble de ces annexes ne peut être supérieur à 15 % du loyer principal.

Art. 3 Les prix au mètre carré fixés à l'article 1er (*c*) sont révisés chaque année au 1er janvier dans les conditions définies à l'article 17 (*d*) de la loi nº 89-462 du 6 juillet 1989 *[**C. baux**]*. La date de référence est le deuxième trimestre de *(Arr. du 8 janv. 2003)* « 2002 ».

Les dispositions de l'Arr. 8 janv. 2003 sont entrées en vigueur le 1er janv. 2003 sans que soit intervenue à cette même date la révision prévue à l'art. 3 de l'Arr. 25 mars 1998 (Arr. 8 janv. 2003, art. 3).

SECTION II DISPOSITIONS APPLICABLES À LA SOUS-LOCATION DES LOGEMENTS CONVENTIONNÉS EN APPLICATION DES ARTICLES L. 321-4 ET L. 321-8

(L. nº 2009-323 du 25 mars 2009, art. 96-IV)

Art. L. 444-7 Les articles L. 444-5 et L. 444-6 s'appliquent aux logements, meublés ou non, conventionnés en application des articles L. 321-4 ou L. 321-8 et destinés à la sous-location aux personnes mentionnées au II de l'article L. 301-1 ou aux personnes physiques dont la situation nécessite une solution locative de transition, sous réserve des dispositions des articles L. 444-8 et L. 444-9.

Art. L. 444-8 Le bail établi entre l'organisme d'habitations à loyer modéré et le propriétaire est conclu pour une durée d'au moins six ans.

Art. L. 444-9 Les rapports entre l'organisme d'habitations à loyer modéré et les occupants sont régis par un contrat de sous-location conclu pour une durée d'un an. Le bailleur peut renouveler deux fois le contrat pour la même durée. Le bailleur doit proposer, trois mois avant le terme définitif du contrat, une solution de logement correspondant aux besoins et aux possibilités des occupants.

Les occupants peuvent mettre fin au contrat à tout moment. Par dérogation à l'article L. 444-5, le délai de préavis est d'un mois si le congé émane des occupants. Ce délai est porté à trois mois s'il émane du bailleur et, dans ce cas, le congé ne peut être donné que pour un motif légitime et sérieux, notamment l'inexécution par les occupants de l'une des obligations leur incombant ou le refus d'une offre de relogement définitif correspondant à leurs besoins et à leurs possibilités.

CHAPITRE V DISPOSITIONS PARTICULIÈRES APPLICABLES AUX ORGANISMES D'HABITATIONS À LOYER MODÉRÉ AYANT CONCLU UNE CONVENTION D'UTILITÉ SOCIALE

(L. nº 2009-323 du 25 mars 2009, art. Ier-I).

(L. nº 2004-809 du 13 août 2004, art. 63-I)

V. Circ. du 12 avr. 2010 relative aux conventions d'utilité sociale des organismes d'habitations à loyer modéré, des sociétés d'économie mixte et des unions d'économie sociale (BOMEEDDM nº 2010/8, p. 177).

COMMENTAIRE

CONVENTION D'UTILITÉ SOCIALE.

L'article 63 de la loi nº 2004-809 du 13 août 2004 relative aux libertés et responsabilités locales a ouvert la possibilité aux organismes d'HLM de conclure avec l'État une convention globale de patrimoine d'une durée de 6 ans. A la différence du système en vigueur depuis 1977 de conventionnement APL par opération, la convention globale concerne tout le patrimoine de l'organisme, à la fois pour la politique d'investissement et la gestion. Le but de ce dispositif est d'offrir aux organismes d'HLM des conditions de gestion plus souples de leurs immeubles en dérogeant aux règles régissant les plafonds de ressources et les loyers sous réserve d'engagements en faveur de l'accès au logement des plus démunis et de mixité sociale.

La loi nº 2009-323 du 25 mars 2009 de mobilisation pour le logement et la lutte contre les exclusions a profondément modifié l'esprit et le texte de ces dispositions. Désormais, les conventions dites d'utilité sociale doivent être obligatoirement conclues par les organismes d'HLM sur la base du plan stratégique de patrimoine prévu par l'article L. 411-9. Le non-respect de cette obligation peut faire l'objet de sanctions.

En sus de l'État, les départements et les EPCI dotés d'un programme local de l'habitat sont associés à l'élaboration des conventions et les signent lorsqu'elles concernent des organismes d'HLM qui leur sont rattachés. Bien que cela soit surprenant, les communes qui exercent la tutelle sur les offices publics ne sont ni associées, ni signataires de ces conventions.

Ces dernières fixent un certain nombre d'objectifs pour chaque aspect de la politique des organismes d'HLM. Les organismes qui manquent à leurs engagements peuvent faire l'objet de pénalités prononcées par le ministre chargé du logement.

Le décret n° 2009-1486 du 3 décembre 2009 précise les modalités d'élaboration des conventions ainsi que les indicateurs de performance faisant l'objet d'une évaluation.

Par ailleurs, dans les zones géographiques se caractérisant par un déséquilibre entre l'offre et la demande de logements, la convention prévoit également un dispositif de modulation du supplément de loyer de solidarité. Un arrêté du 30 décembre 2009 précise les zones en question et le décret n° 2009-1682 du 30 décembre 2009 vient détailler les seuils et les modalités du dispositif de modulation du « surloyer ». L'ensemble du dispositif est entré en vigueur le 1er janvier 2010. □

Art. L. 445-1 *(L. n° 2009-323 du 25 mars 2009, art. 1er-I et III)* **« Avant le** *(L. n° 2010-1657 du 29 déc. 2010, art. 210-V)* **« 1er juillet 2011** *[Ancienne rédaction : 31 décembre 2010]* **», les organismes d'habitations à loyer modéré concluent avec l'État, sur la base du plan stratégique de patrimoine mentionné à l'article L. 411-9 et en tenant compte des programmes locaux de l'habitat, une convention d'utilité sociale d'une durée de six ans renouvelable.**

« Les établissements publics de coopération intercommunale dotés d'un programme local de l'habitat et les départements sont associés, selon des modalités définies par décret en Conseil d'État *[V. art. R.* 445-1 s.]*, **à l'élaboration des dispositions des conventions d'utilité sociale relatives aux immeubles situés sur leur territoire. Ils sont signataires des conventions d'utilité sociale conclues par les organismes qui leur sont rattachés et peuvent l'être pour les organismes disposant d'un patrimoine sur leur territoire.**

« La convention d'utilité sociale » comporte :

– le classement des immeubles ou ensembles immobiliers ; ce classement est établi en fonction du service rendu aux locataires, après concertation avec les locataires dans des conditions fixées dans le plan de concertation locative prévu à l'article 44 *bis* de la loi n° 86-1290 du 23 décembre 1986 tendant à favoriser l'investissement locatif, l'accession à la propriété de logements sociaux et le développement de l'offre foncière *[V. App., v° Rapports locatifs]* **;**

– l'énoncé de la politique patrimoniale et d'investissement de l'organisme, comprenant notamment un plan de mise en vente à leurs locataires des logements à usage locatif détenus par l'organisme et les orientations retenues pour le réinvestissement des fonds provenant de la vente ;

– les engagements pris par l'organisme sur la qualité du service rendu aux locataires ;

– un cahier des charges de gestion sociale de l'organisme.

(L. n° 2009-323 du 25 mars 2009, art. 1er-I et II) **« La convention d'utilité sociale comporte des indicateurs permettant de mesurer si les objectifs fixés pour chaque aspect de la politique des organismes mentionnés au présent article ont été atteints. Ces indicateurs sont définis par décret en Conseil d'État** *[V. art. R.* 445-5]*. **Dans les zones géographiques se caractérisant par un déséquilibre entre l'offre et la demande de logements, la convention prévoit également un dispositif de modulation du supplément de loyer de solidarité selon des seuils et des modalités définis par décret en Conseil d'État** *[V. art. R. 445-14 renvoyant à l'art. R.* 441-21-1]*.

« Si un organisme d'habitations à loyer modéré n'a pas adressé un projet de convention d'utilité sociale au représentant de l'État du département de son siège avant le 30 juin 2010, le ministre chargé du logement peut lui retirer une ou plusieurs des compétences mentionnées aux articles L. 421-1 à L. 421-4, L. 422-2 et L. 422-3, pendant une durée qui ne peut excéder cinq ans. Le ministre chargé du logement peut en outre, pour la même durée, majorer la cotisation due par cet organisme en vertu de l'article L. 452-4, dans une proportion qui ne peut excéder le quintuple du montant initialement dû.

« Si, au cours de la durée de la convention, le représentant de l'État signataire de la convention constate que l'organisme n'a pas respecté les engagements définis par la convention, il le met en demeure de présenter ses observations et, le cas échéant, de faire des propositions permettant de remédier aux manquements constatés dans un délai d'un mois.

« Si cet examen de la situation de l'organisme démontre que celui-ci a gravement manqué, de son fait, à ses engagements, le représentant de l'État propose au ministre chargé du logement de prononcer une pénalité à son encontre.

« Le montant de cette pénalité, proportionné à l'écart constaté entre les objectifs définis par la convention et leur degré de réalisation ainsi qu'à la gravité des manquements, ne peut excéder 100 € par logement sur lequel l'organisme détient un droit réel, augmenté du montant de l'exonération de la taxe foncière sur les propriétés bâties dont il a, le cas échéant, bénéficié pour une fraction de son patrimoine au cours du dernier exercice connu.

« La pénalité est recouvrée au bénéfice de la Caisse de garantie du logement locatif social, dans les conditions prévues à l'avant-dernier alinéa de l'article L. 452-5. »

(L. n° 2011-525 du 17 mai 2011, art. 127-II) « Nonobstant la date fixée au premier alinéa, les conventions globales de patrimoine qui ont été conclues entre l'État et les organismes d'habitations à loyer modéré avant le 27 mars 2009 peuvent faire l'objet d'un avenant qui intègre les dispositions propres des conventions d'utilité sociale. Le projet d'avenant est adressé par l'organisme d'habitations à loyer modéré au représentant de l'État dans le département où l'organisme a son siège dans un délai de trois mois à compter de la promulgation de la loi n° 2011-525 du 17 mai 2011 de simplification et d'amélioration de la qualité du droit et signé dans un délai de six mois à compter de la même date. A compter de la date de signature de l'avenant susvisé, les conventions globales de patrimoine sont qualifiées de conventions d'utilité sociale. Si l'organisme d'habitations à loyer modéré n'a pas transmis le projet d'avenant dans un délai de trois mois à compter de la promulgation de la loi n° 2011-525 du 17 mai 2011 précitée *[soit le 17 août 2011]*, les sanctions prévues au neuvième alinéa du présent article sont applicables.

Dans un délai de six mois à compter de la promulgation de la loi n° 2011-525 du 17 mai 2011 précitée *[soit le 17 nov. 2011]*, les organismes d'habitations à loyer modéré n'ayant pas de patrimoine locatif concluent avec l'État une convention d'utilité sociale "accession" d'une durée de six ans renouvelable selon des modalités définies par décret. *— V. art. R. 445-15 à R. 445-23.*

V. note ss. art. L. 445-6.

V. Circ. 28 mai 2009 relative à la L. n° 2009-323 du 25 mars 2009. — Logement locatif social (BOMEEDDM n° 2009/12, p. 71).

Art. L. 445-2 Le cahier des charges de gestion sociale mentionné à l'article L. 445-1 récapitule les obligations de l'organisme relatives aux conditions d'occupation et de peuplement des logements *(L. n° 2009-323 du 25 mars 2009, art. 1er-IV)* « , qui tiennent compte des engagements fixés par les accords mentionnés aux articles L. 441-1-1 et L. 441-1-2, ainsi que celles relatives à » la détermination des loyers. *(L. n° 2009-323* *du 25 mars 2009, art. 1er-IV)* « Il précise les actions d'accompagnement menées, en lien avec les associations d'insertion, en faveur des personnes mentionnées au II de l'article L. 301-1, notamment celles occupant les logements ayant bénéficié des financements prévus au II de l'article R. 331-1. » Il porte sur l'ensemble des logements pour lesquels l'organisme détient un droit réel.

Le cahier des charges est révisé tous les six ans.

Il fixe notamment, par immeuble ou ensemble immobilier :

– les plafonds de ressources applicables pour l'attribution des logements ;

– les conditions dans lesquelles l'organisme peut exiger des locataires le paiement d'un supplément de loyer de solidarité, et ses modalités de calcul ;

– le montant maximal total des loyers, rapporté à la surface utile ou à la surface corrigée totale, exprimé en euros par mètre carré et par mois. Il tient compte du classement des immeubles ou groupes d'immeubles mentionné à l'article L. 445-1. *(L. no 2009-323 du 25 mars 2009, art. 1er-IV)* « Pour l'établissement de la première convention d'utilité sociale, l'organisme peut déroger au présent alinéa. »

Les engagements du cahier des charges se substituent à ceux prévus par la réglementation en vigueur à la date de son établissement.

Les engagements qui sont de même nature que ceux figurant dans les conventions conclues au titre de l'article L. 351-2 et en vigueur à la date de signature de la *(L. no 2009-323 du 25 mars 2009, art. 1er-I)* « convention d'utilité sociale » mentionnée à l'article L. 445-1 se substituent de plein droit à ceux-ci ainsi qu'à l'engagement d'occupation sociale inscrit dans ces conventions pour la durée de celles-ci. Pour les conventions conclues au titre de l'article L. 351-2, postérieurement à la date d'entrée en vigueur de la loi no 2004-809 du 13 août 2004 relative aux libertés et responsabilités locales, la substitution intervient au terme de la *(L. no 2009-323 du 25 mars 2009, art. 1er-IV)* « sixième » année de leur application.

V. note ss. art. L. 445-6.

Art. L. 445-3 Les plafonds de ressources prévus par le cahier des charges mentionné à l'article L. 445-2 sont, pour chaque immeuble ou ensemble immobilier, ceux inscrits dans les conventions visées à l'article L. 351-2 ou résultant de la réglementation en vigueur. Lorsqu'un établissement public de coopération intercommunale ou un département a conclu avec l'État la convention définie aux articles L. 301-5-1 ou L. 301-5-2 lui donnant compétence pour attribuer les aides de l'État en faveur de la réalisation et de la réhabilitation de logements locatifs sociaux, les plafonds de ressources sont ceux prévus le cas échéant par cette convention pour le secteur géographique où est situé l'immeuble. Il peut toutefois, pour la durée de la *(L. no 2009-323 du 25 mars 2009, art. 1er-I)* « convention d'utilité sociale » mentionnée à l'article L. 445-1, être dérogé à ces plafonds dans des conditions fixées par décret. *– V. art. R.* 445-8.*

V. note ss. art. L. 445-6.

Art. L. 445-4 Le montant maximal de la masse des loyers de l'ensemble des immeubles de l'organisme résultant du cahier des charges mentionné à l'article L. 445-2 ne peut excéder le montant maximal résultant, à la date d'établissement de ce même cahier des charges, des conventions visées à l'article L. 351-2 ou résultant de la réglementation en vigueur. Il peut être augmenté, pendant la durée de la convention et en vue d'assurer l'équilibre financier d'opérations d'amélioration modifiant le classement des immeubles, dans des conditions prévues par le cahier des charges. Celui-ci peut prévoir si nécessaire, lors de son établissement ou au moment du renouvellement de la convention, un montant maximal plus élevé que celui résultant des dispositions précédentes, à la demande d'un organisme et en vue de préserver ses équilibres financiers, après avis de la Caisse de garantie du logement locatif social.

Le montant maximal de la masse des loyers prévu au précédent alinéa est actualisé au 1er juillet de chaque année conformément au mode de calcul défini au *d* de l'article 17 de la loi no 89-462 du 6 juillet 1989 tendant à améliorer les rapports locatifs et portant modification de la loi no 86-1290 du 23 décembre 1986 *[V. C. **baux**]*.

L'organisme fixe le loyer maximal applicable à chaque logement en tenant compte notamment de sa taille et de sa situation dans l'immeuble ou l'ensemble immobilier.

L'organisme fixe librement les loyers applicables aux bénéficiaires des baux ou engagements en cours dans la limite des loyers maximaux. Toutefois, aucune augmentation de loyer ne doit entraîner, d'une année par rapport à l'année précédente, une hausse qui excède de plus de 5 % le montant maximal prévu en application du *d* de l'article 17 de la loi no 89-462 du 6 juillet 1989 précitée, sauf accord des associations représentatives de locataires ou des locataires dans les conditions fixées par l'article 42 de la loi no 86-1290 du 23 décembre 1986 tendant à favoriser l'investissement locatif, l'accession à la propriété de logements sociaux et le développement de l'offre foncière *[V. C. **baux**]*.

(L. no 2009-323 du 25 mars 2009, art. 1er-V) « La convention d'utilité sociale peut prévoir, à titre expérimental, pour sa durée, un dispositif permettant de moduler les loyers en fonction des revenus des locataires nonobstant les plafonds de loyers fixés par les conventions conclues en application de l'article L. 351-2 ou résultant de la réglementation en vigueur. Ces loyers ne peuvent excéder une part des ressources de l'ensemble des personnes vivant au foyer. Le minimum et le maximum de cette part sont déterminés par décret en Conseil d'État. » *– V. art. R. 445-11-1.*

V. note ss. art. L. 445-6.

V., sur la révision des loyers, L. no 2010-1657 du 29 déc. 2010, art. 210-III, ss. art. L. 442-1.

Art. L. 445-5 Les dispositions de l'article L. 441-4 sont applicables au supplément de loyer de solidarité prévu par le cahier des charges mentionné à l'article L. 445-2.

Toutefois, l'organisme peut, pour la durée de la convention et dans les conditions fixées par celle-ci, déroger à ces dispositions.

V. note ss. art. L. 445-6.

Art. L. 445-6 Un décret en Conseil d'État fixe les modalités d'application du présent chapitre. *– V. art. R.** 445-1 s.*

Sous réserve de l'entrée en vigueur des dispositions relevant de la loi de finances, les dispositions issues de la loi no 2004-809 du 13 août 2004 sont applicables à compter du 1er janv. 2005. Les décrets d'application prévus par la présente loi peuvent être pris dès sa publication (L. préc., art. 199).

Art. L. 445-7 Par dérogation à l'article L. 353-15, les dispositions des premier et deuxième alinéas de l'article 32 *bis* de la loi no 48-1360 du 1er septembre 1948 portant modification et codification de la législation relative aux rapports des bailleurs et locataires ou occupants de locaux d'habitation ou à usage professionnel *[V. C. **baux**]* et instituant des allocations de logement ne sont pas opposables aux organismes qui ont conclu avec l'État une *(L. no 2009-323 du 25 mars 2009, art. 1er-I)* « convention d'utilité sociale ».

Sous réserve de l'entrée en vigueur des dispositions relevant de la loi de finances, les dispositions issues de la L. no 2004-809 du 13 août 2004 sont applicables à compter du 1er janv. 2005 (L. préc., art. 199).

Art. L. 445-8 *(L. no 2006-872 du 13 juill. 2006, art. 56)* Les dispositions du présent chapitre sont applicables aux unions d'économie sociale mentionnées à l'article L. 365-1, pour les logements faisant l'objet d'une convention au titre des 2o, 3o ou 4o de l'article L. 351-2 et pour lesquels elles détiennent un droit réel.

TITRE CINQUIÈME CONTRÔLE, REDRESSEMENT DES ORGANISMES ET GARANTIE DE L'ACCESSION SOCIALE À LA PROPRIÉTÉ *(L. nº 2000-1208 du 13 déc. 2000, art. 162-I).*

CHAPITRE PREMIER « CONTRÔLE » *(L. nº 2000-1208 du 13 déc. 2000, art. 162-II).*

COMMENTAIRE

Traditionnellement, le **contrôle de l'administration sur la gestion des organismes d'HLM** est assuré par le ministre des finances et le ministre chargé de la construction et de l'habitation, et exercé pour leur compte respectivement par l'inspection générale des finances et l'inspection générale de l'équipement.

L'administration a créé en outre, par un décret nº 93-236 du 22 février 1993, la **Mission interministérielle d'inspection du logement social (MIILOS)** placée sous l'autorité conjointe des deux ministres et relevant du Conseil général des ponts et chaussées et de la direction du Trésor.

Cette mission interministérielle a remplacé les anciennes missions de contrôle des prêts au logement et d'inspection spécialisée des HLM.

La loi SRU du 13 décembre 2000 a élargi le champ d'application de ce contrôle en retenant une définition très large qui englobe tous les acteurs qui, à un titre ou à un autre, ont bénéficié d'une des aides de l'État.

Pour les besoins de ce contrôle, l'administration peut obtenir de l'organisme contrôlé communication de tout document. Enfin, en vue de garantir le respect des droits de la défense, la loi encadre méticuleusement la procédure de mise en œuvre du contrôle. ❑

Art. L. 451-1 *(Ord. nº 2006-1048 du 25 août 2006, art. 7-II et V, en vigueur le 1er janv. 2008 ; L. nº 2009-323 du 25 mars 2009, art. 2-I)* **« Les organismes d'habitations à loyer modéré, les sociétés coopératives de production et les organismes bénéficiant de l'agrément relatif à la maîtrise d'ouvrage prévu à l'article L. 365-2, bénéficiant de prêts accordés dans le cadre de la législation sur les habitations à loyer modéré sont soumis au contrôle de l'administration. »**

(L. nº 2000-1208 du 13 déc. 2000, art. 162-III-1º) **« Toute société, association, collectivité ou organisme, quel qu'en soit le statut, exerçant une activité de construction ou de gestion de logements sociaux est soumis au même contrôle concernant ces logements lorsque ceux-ci ont fait l'objet soit d'une subvention ou d'un prêt aidé, réglementé par l'État ou conventionné, soit d'un avantage fiscal lié à leur caractère de logement social. Pour les besoins exclusifs de ce contrôle, l'administration peut obtenir de la société, l'association, la collectivité ou l'organisme contrôlé, au cas où il exerce d'autres activités, communication de tout document se rapportant à ces activités. »**

Il en est de même pour les groupements d'intérêt économique constitués en application des articles L. 251-1 et suivants du code de commerce *(L. nº 2009-323 du 25 mars 2009, art. 120)* **« et pour les associations de gestion », qui comprennent au moins un organisme d'habitations à loyer modéré parmi leurs membres** *(L. nº 2009-323* *du 25 mars 2009, art. 120)* « ainsi que » pour les personnes privées mandataires d'organismes d'habitations à loyer modéré dans le cadre du contrat de promotion immobilière prévu au livre II, titre II, du présent code relatif à la promotion immobilière.

(L. no 2000-1208 du 13 déc. 2000, art. 162-III-2o) « L'objet du contrôle exercé par l'administration est de vérifier l'emploi conforme à leur objet des subventions, prêts ou avantages consentis par l'État et le respect par les organismes contrôlés des dispositions législatives et réglementaires qui régissent leur mission de construction et de gestion du logement social. L'administration peut également procéder à une évaluation d'ensemble de l'activité consacrée à cette mission, dans ses aspects administratifs, techniques, sociaux, comptables et financiers.

« Le contrôle s'exerce sur pièces ou sur place. Les agents chargés d'effectuer les contrôles sur place sont des agents de l'État habilités à cet effet de façon permanente ou temporaire par décision de l'autorité ministérielle. Ils peuvent procéder à des contrôles conjoints avec les agents habilités de l'Agence nationale pour la participation des employeurs à l'effort de construction.

« L'organisme vérifié est averti du contrôle sur place dont il fait l'objet avant l'engagement des opérations ; l'avertissement mentionne que l'organisme a la faculté de se faire assister de tout conseil de son choix pendant le déroulement des opérations. Les agents chargés du contrôle ont accès à tous documents, renseignements ou justificatifs et peuvent en prendre copie aux frais de l'organisme. Ils ont accès, entre huit heures et vingt heures, à tous locaux professionnels et à tous immeubles construits ou gérés par l'organisme à l'exclusion des locaux affectés au domicile.

« Lorsque le contrôle de l'administration s'est conclu par un rapport, celui-ci est communiqué au président, ou dirigeant de l'organisme concerné qui dispose d'un mois pour présenter ses observations. Le rapport définitif et, le cas échéant, les observations de l'organisme contrôlé sont communiqués au directoire et au conseil de surveillance ou au conseil d'administration ou à l'organe délibérant en tenant lieu dès sa plus proche réunion pour être soumis à délibération.

« L'autorité administrative met en demeure l'organisme contrôlé de procéder, dans un délai déterminé, à la rectification des irrégularités ou carences constatées. »

Concernant la présentation de la L. no 2003-590 du 2 juill. 2003 urbanisme et habitat, V. Circ. no 2003-48 du 31 juill. 2003 (BOMELT no 2003/15, p. 78) et Circ. no 2003-52 du 12 août 2003 (BOMELT no 2003/16, p. 161).

1. Les organismes d'HLM constitués sous forme d'établissements publics relèvent également du contrôle de légalité de la loi du 2 mars 1982. • TA Paris, 26 sept. 1984, *OPHLM de Montreuil : AJPI 1985. 587, obs. D. Bourjol-Flécher.*

2. Sur la nécessité d'un contrôle en vue de la transformation d'un office public d'HLM en office public d'aménagement et de construction. • CE 2 juin 1993, *Synd. dptal des personnels communaux et d'offices publics d'HLM : req. no 107068.*

3. Les rapports émis par la MIILOS constituent des documents préparatoires destinés à l'information des ministres compétents dans le domaine du logement social. Par suite un employé d'un organisme d'HLM n'est pas recevable à demander l'annulation des procédures de vérification qui ont conduit à l'élaboration des rapports de la MIILOS. • CAA Paris, 12 juill. 2000, *Maisonneuve : req. no 98PA01841.*

Art. L. 451-1-1 *(L. no 2003-590 du 2 juill. 2003, art. 86-I)* Après transfert de propriété des logements sociaux mentionnés aux articles L. 411-3 et L. 411-4, les bailleurs de ces logements sont, quel que soit leur statut, soumis au contrôle de l'administration. Ce contrôle a pour objet de vérifier qu'ils respectent les règles d'accès sous condition de ressources et de plafonnement des loyers auxquelles demeurent soumis ces logements, ainsi que leurs conditions d'application.

Le contrôle s'exerce sur pièces ou sur place. Les agents chargés d'effectuer les contrôles sur place sont des agents de l'État habilités à cet effet par décision de l'autorité ministérielle.

Le bailleur est averti du contrôle sur place dont il fait l'objet avant l'engagement des opérations ; l'avertissement mentionne que le bailleur a la faculté de se faire assister de tout conseil de son choix pendant le déroulement des opérations. Pour les besoins exclusifs de leur mission, les agents chargés du contrôle ont accès à tous documents, renseignements ou justificatifs et peuvent en prendre copie. Ils ont accès, entre 8 heures et 20 heures, à tous locaux professionnels où exerce le bailleur.

Lorsque le contrôle de l'administration s'est conclu par un rapport, celui-ci est communiqué au bailleur qui dispose d'un mois pour présenter ses observations.

L'autorité administrative met en demeure le bailleur de régulariser sa situation dans un délai déterminé.

Art. L. 451-2 Les fonctionnaires chargés du contrôle *(L. nº 2003-590 du 2 juill. 2003, art. 86-II)* « prévu à l'article L. 451-1 » peuvent, dans l'intérêt exclusif de ce contrôle, consulter, dans les bureaux des architectes ou entrepreneurs ayant traité avec des organismes soumis à ce même contrôle, tous documents comptables, copies de lettres, pièces de recettes et de dépenses.

Art. L. 451-2-1 *(L. nº 2000-1208 du 13 déc. 2000, art. 162-V)* Le fait de faire obstacle au contrôle de l'administration rend passible, après mise en demeure demeurée infructueuse, la personne morale contrôlée d'une amende de 15 000 € maximum. La pénalité est recouvrée au profit de l'État comme les créances étrangères à l'impôt et au domaine.

Lorsqu'un organisme ne respecte pas, pour un ou plusieurs logements, les règles d'attribution et d'affectation prévues au présent code, l'autorité administrative, après l'avoir mis en mesure de présenter ses observations, peut, sans préjudice de la restitution le cas échéant de l'aide publique, infliger une sanction pécuniaire d'un montant qui ne peut excéder l'équivalent de dix-huit mois du loyer en principal du ou des logements concernés.

Art. L. 451-3 *(L. nº 2005-1720 du 30 déc. 2005, art. 98-II)* L'administration chargée du contrôle prévu à l'article L. 451-1 peut communiquer à l'administration fiscale, spontanément ou sur sa demande, sans que puisse être opposée l'obligation au secret professionnel, tous les renseignements et documents recueillis dans le cadre de sa mission.

Art. L. 451-4 *Abrogé par L. nº 2000-1208 du 13 déc. 2000, art. 163-III et 167-III, à compter du 1er janv. 2001.*

Art. L. 451-5 *(L. nº 95-127 du 8 févr. 1995, art. 11-VIII)* L'avis *(Ord. nº 2006-460 du 21 avr. 2006, art. 3-IV)* « de l'autorité compétente de l'État » est requis par les organismes d'habitations à loyer modéré préalablement à leurs acquisitions ou cessions immobilières à l'exception de celles relatives aux opérations entreprises en vue de l'accession à la propriété *(L. nº 2011-525 du 17 mai 2011, art. 129)* « et de celles intervenant entre deux organismes d'habitations à loyer modéré ».

Art. L. 451-6 Les départements, les communes et les *(L. nº 2010-853 du 23 juill. 2010, art. 8)* « chambres de commerce et d'industrie territoriales » ont le droit de faire contrôler les opérations et les écritures des organismes d'habitations à loyer modéré auxquels ils ont accordé des prêts ou dont ils ont garanti les emprunts.

Ce contrôle est exercé par des agents désignés à cet effet par le représentant de l'État dans le département.

Art. L. 451-7 Un décret en Conseil d'État détermine les conditions d'application du présent chapitre. – *V. art. R. 451-1 à R. 451-7.*

CHAPITRE II CAISSE DE GARANTIE DU LOGEMENT LOCATIF SOCIAL ET REDRESSEMENT DES ORGANISMES

(L. nº 2000-1208 du 13 déc. 2000, art. 163-I)

COMMENTAIRE

L'article 163 de la loi solidarité et renouvellement urbains du 13 décembre 2000 substitue à la Caisse de garantie du logement social (CGLS) un établissement public administratif national intitulé **Caisse de garantie du logement locatif social (CGLLS).** La loi confirme son rôle dans le traitement des organismes en difficultés financières tout en le limitant aux problèmes résultant du locatif social. La loi ENL du 13 juillet 2006 permet l'assujettissement des SEM et leur entrée dans le dispositif, offrant en particulier la possibilité de bénéficier d'aides au regroupement.

Art. L. 452-1 **La Caisse de garantie du logement locatif social est un établissement public national à caractère administratif. Elle gère un fonds de garantie de prêts au logement social. Elle est substituée de plein droit dans les droits et obligations de la Caisse de garantie du logement social visée à l'article L. 431-1, à compter du 1er janvier 2001.**

(L. nº 2010-1657 du 29 déc. 2010, art. 210-II) **« Elle contribue, dans les conditions fixées à l'article L. 452-1-1, à la mise en œuvre de la politique du logement en matière de développement de l'offre de logement locatif social et de rénovation urbaine. »**

(L. nº 2003-710 du 1er août 2003, art. 47-I) **« Elle contribue, notamment par des concours financiers, à la prévention des difficultés financières et au redressement des organismes d'habitations à loyer modéré »** *(L. nº 2009-323 du 25 mars 2009, art. 2-I)* **« , des sociétés d'économie mixte et des organismes bénéficiant de l'agrément relatif à la maîtrise d'ouvrage prévu à l'article L. 365-2 » pour ce qui concerne leur activité locative sociale, pour leur permettre en particulier d'assurer la qualité de l'habitat.**

« Elle accorde également des concours financiers destinés à favoriser la réorganisation des organismes d'habitations à loyer modéré *(L. nº 2009-323 du 25 mars 2009, art. 2-I)* **« , des sociétés d'économie mixte, des organismes bénéficiant de l'agrément relatif à la maîtrise d'ouvrage mentionné à l'article L. 365-2 et leur regroupement. » Elle finance des actions de formation ou de soutien technique au profit des organismes d'habitations à loyer modéré** *(L. nº 2006-872 du 13 juill. 2006, art. 50-III-1º)* **« et des sociétés d'économie mixte » pour leur permettre de mener des actions ou opérations de renouvellement urbain.**

« Elle contribue, dans les conditions prévues *(L. nº 2010-1657 du 29 déc. 2010, art. 210-II)* **« au II de l'article 5 de la loi nº 2009-323 du 25 mars 2009 de mobilisation pour le logement et la lutte contre l'exclusion** *[V. cet art. ss. art. L. 452-4-1]* **», au financement de l'Agence nationale pour la rénovation urbaine. »**

Elle concourt, par ses participations aux frais de l'union et des fédérations groupant les organismes d'habitations à loyer modéré et aux frais de la fédération groupant les sociétés d'économie mixte, à assurer leur meilleur fonctionnement, la coordination de leurs activités, leurs investissements pour le développement des actions en faveur du logement social, en particulier la prévention des difficultés des organismes. *(L. nº 2009-323 du 25 mars 2009, art. 2-I)* **« Elle peut aussi soutenir, aux mêmes fins, les fédérations groupant les organismes mentionnés à l'article L. 365-2. » Elle participe également au financement des associations nationales de locataires représentatives qui siègent à la Commission nationale de concertation pour leurs activités dans les secteurs locatifs mentionnés aux troisième et quatrième alinéas de l'article 41 *ter* de la loi nº 86-1290 du 23 décembre 1986** *[V. cet art., App., vº Rapports locatifs]* **tendant à favoriser**

l'investissement locatif, l'accession à la propriété de logements sociaux et le développement de l'offre foncière. Elle peut également aider des organismes agréés mentionnés à l'article L. 366-1 à développer l'information en faveur du logement social.

(L. nº 2011-900 du 29 juill. 2011, art. 60-I) **« Elle gère le fonds institué par l'article L. 300-2. »**

Les dispositions de l'art. 50-III-1º, de la L. nº 2006-872 du 13 juill. 2006 sont applicables à compter du 1er janv. 2007 (L. préc. art. 50-IV, 1º).

V. Délib. nº 2004-46 du 3 nov. 2004 relative aux modalités d'octroi des garanties accordées par la CGLLS (BOMELT nº 2005/6, p. 75), mod. par Délib. nº 2005-34 du 30 juin 2005 (BOMELT nº 2005/15, p. 88), Délib. nº 2008-24 du 22 oct. 2008 relative aux modalités d'octroi des garanties accordées par la CGLLS (BOMEEDDAT nº 2009/6, p. 219).

V. Délib. nº 2005-56, 57, et 61 du 21 déc. 2005 du conseil d'administration de la CGLLS (BOMELT nº 2006/2, p. 123). – V. Délib. nº 2006-03 du 22 févr. 2006 du conseil d'administration de la CGLLS, approuvant la note proposant les règles de prise en charge des dépenses informatiques par la commission de réorganisation (BOMELT nº 2006/7, p. 115). – V. Délib. nº 2006-13 du 26 avr. 2006 du conseil d'administration de la CGLLS relative aux organismes d'outre-mer qui ont obtenu une garantie de la CGLLS (BOMELT nº 2006/10, p. 123).

V. décision de la commission de réorganisation du 16 mars 2005 approuvant son règlement intérieur (BOMELT nº 2006/7, p. 73).

V. Délib. nº 2006-27 du 5 juill. 2006 relative au projet de convention à passer avec l'Agence nationale pour la rénovation urbaine (ANRU) et la CGLLS (BOMELT nº 2006/17, p. 125).

La CGLLS est autorisée, à titre exceptionnel, à verser en 2007 à l'ANRU, créée par l'art. 10 de la L. nº 2003-710 du 1er août 2003 d'orientation et de programmation pour la ville et la rénovation urbaine, un concours de 25 millions d'euros. Ce versement de la CGLLS à l'ANRU ne donne lieu à aucune indemnité ou perception d'impôts, droits ou taxes (L. nº 2006-1666 du 21 déc. 2006, art. 149).

V. Délib. nº 2007-37 du 19 déc. 2007 du conseil d'administration de la CGLLS relative à l'aide apportée par la commission de réorganisation à l'occasion des cessions de patrimoine entre organismes (BOMELT nº 2008/6, p. 35).

Art. L. 452-1-1 *(L. nº 2009-431 du 20 avr. 2009, art. 22-II)* **La Caisse de garantie du logement locatif social gère un fonds dont les ressources proviennent** *(L. nº 2012-1510 du 29 déc. 2012, art. 70-II-1º)* **« de la taxe prévue à l'article 1609 *nonies* G du code général des impôts »** *(L. nº 2010-1657 du 29 déc. 2010, art. 210-II)* **« et de la fraction mentionnée au quatrième alinéa de l'article L. 452-4-1. Ce fonds contribue au développement et à l'amélioration du parc de logements locatifs sociaux appartenant aux organismes d'habitations à loyer modéré et aux sociétés d'économie mixte, ainsi qu'à la rénovation urbaine.**

« Une commission composée majoritairement de représentants de l'État arrête les emplois du fonds.

« Un décret en Conseil d'État détermine les modalités de mise en œuvre du fonds, notamment la composition et le fonctionnement de la commission. » – *V. art. R. 452-29 s.*

Art. L. 452-2 **La caisse est administrée par un conseil d'administration composé à parts égales de représentants de l'État, d'une part, et de représentants de l'Union nationale des fédérations d'organismes d'habitations à loyer modéré et de la fédération des sociétés d'économie mixte, d'autre part, ainsi que** *(L. nº 2003-710 du 1er août 2003, art. 47-II)* **« d'un représentant de l'Agence nationale pour la rénovation urbaine et » d'une personnalité qualifiée, désignée par le ministre chargé du logement après avis des représentants des organismes d'habitations à loyer modéré, à raison de ses compétences dans le domaine du logement.**

Le conseil d'administration élit en son sein un président parmi les représentants des organismes d'habitations à loyer modéré.

Loi no 2000-1208 du 13 décembre 2000,

Relative à la solidarité et au renouvellement urbains.

Art. 163 II. Le conseil d'administration de la caisse de garantie visée à l'article L. 431-1 du code de la construction et de l'habitation administre la caisse de garantie visée à l'article L. 452-1 du même code jusqu'à la première réunion du conseil d'administration de celle-ci et, au plus tard, jusqu'au 30 juin 2001. Les conditions de gestion administrative et comptable de la caisse de garantie visée à l'article L. 431-1 demeurent en vigueur jusqu'à la date de publication du décret prévu à l'article L. 452-7.

Art. L. 452-2-1 *(L. no 2003-710 du 1er août 2003, art. 47-III)* **Une commission placée auprès du conseil d'administration de la caisse visée à l'article L. 452-2 et composée majoritairement de représentants de l'union des habitations à loyer modéré regroupant les fédérations d'organismes d'habitations à loyer modéré** *(L. no 2006-872 du 13 juill. 2006, art. 50-III-2o)* **« et de la fédération groupant les sociétés d'économie mixte » et comprenant au moins un représentant de l'Agence nationale pour la rénovation urbaine statue sur les concours financiers précisés au** *(L. no 2011-900 du 29 juill. 2011, art. 61)* **« quatrième » alinéa de l'article L. 452-1 dans des conditions définies par le décret mentionné à l'article L. 452-7.** – *V. art. R. 452-12 et R. 452-17 à R. 452-17-2.*

Les dispositions de l'art. 50-III, 2o de la L. no 2006-872 du 13 juill. 2006 sont applicables à compter du 1er janv. 2007 (L. préc. art. 50-IV, 1o).

V. Décis. CR no 2005-03 du 16 juin 2005 de la CGLLS, relative aux modalités d'octroi des concours financiers accordés par la commission de réorganisation (BOMELT no 2005/23, p. 86).

Art. L. 452-3 Les ressources de la Caisse de garantie du logement locatif social sont constituées par :

a) Des dotations en capital ou autres concours apportés par l'État ou la Caisse des dépôts et consignations ;

b) Des rémunérations perçues en contrepartie des garanties accordées au titre du fonds de garantie mentionné à l'article L. 452-1 ;

c) Des cotisations et majorations versées en application des articles L. 452-4 *(L. no 2006-872 du 13 juill. 2006, art. 50-III-3o)* **« , L. 452-4-1 »** et L. 452-5 ;

d) Des dons et legs ;

e) Des produits de placements et des remboursements de prêts, ainsi que des reversements des concours financiers visés à l'article L. 452-1 ;

f) *(L. no 2009-431 du 20 avr. 2009, art. 22-III)* **« Le »** produit des emprunts qu'elle contracte avec l'autorisation du ministre chargé des finances ;

(L. no 2009-431 du 20 avr. 2009, art. 22-III ; L. no 2011-900 du 29 juill. 2011, art. 61) **« *g)* Le produit des pénalités recouvrées en application des articles L. 423-14 et L. 445-1. »**

Art. L. 452-4 Au titre de leur activité locative sociale, les organismes d'habitations à loyer modéré *(L. no 2009-323 du 25 mars 2009, art. 2-I)* **« , les sociétés d'économie mixte et les organismes bénéficiant de l'agrément relatif à la maîtrise d'ouvrage prévu à l'article L. 365-2 »** versent, au premier trimestre de chaque année, une cotisation à la Caisse de garantie du logement locatif social. *(L. no 2007-1824 du 25 déc. 2007, art. 94)* **« Elle est due pour l'année entière par le redevable qui exerce l'activité assujettie à cette cotisation le 1er janvier. »**

(L. no 2003-710 du 1er août 2003, art. 47-IV ; L. no 2009-323 du 25 mars 2009, art. 2-I) **« La cotisation des organismes d'habitations à loyer modéré et des organismes bénéficiant de l'agrément relatif à la maîtrise d'ouvrage prévu à l'article L. 365-2 a pour assiette les loyers ou redevances appelés au cours du dernier exercice à raison**

des logements à usage locatif et des logements-foyers sur lesquels ils sont titulaires d'un droit réel. » Pour les logements-foyers, la cotisation a pour assiette l'élément de la redevance équivalent au loyer.

La cotisation des sociétés d'économie mixte a pour assiette les loyers appelés au cours du dernier exercice clos pour les logements à usage locatif et les logements-foyers leur appartenant et conventionnés dans les conditions définies à l'article L. 351-2 ou, dans les départements d'outre-mer, construits, acquis ou améliorés avec le concours financier de l'État.

La cotisation est réduite d'un montant proportionnel au nombre de bénéficiaires des aides prévues aux articles L. 542-1 et L. 831-1 du code de la sécurité sociale et L. 351-1 du présent code. Le nombre d'allocataires s'apprécie au 31 décembre du dernier exercice clos.

La cotisation est également réduite d'un montant proportionnel au nombre de logements et de logements-foyers situés dans les quartiers mentionnés au I de l'article 1466 A du code général des impôts. Ce nombre s'apprécie au 31 décembre du dernier exercice clos.

(L. n° 2003-710 du 1er août 2003, art. 47-IV) **« La cotisation est également réduite d'un montant proportionnel au nombre des logements à usage locatif et des logements-foyers ayant fait l'objet au cours de l'année écoulée d'une première mise en service par l'organisme et d'une convention en application du 3° ou du 5° de l'article L. 351-2 »** *(L. n° 2003-1312 du 30 déc. 2003, art. 99)* **« ou, dans les départements d'outre-mer, construits, acquis ou améliorés avec le concours financier de l'État ».** *(L. n° 2003-710 du 1er août 2003, art. 47-IV)* **« Dans le cas des logements-foyers, le nombre retenu est celui des unités ouvrant droit à redevance. »**

(L. n° 2000-1353 du 30 déc. 2000, art. 40-I ; L. n° 2003-710 du 1er août 2003, art. 47-IV ; L. n° 2003-1312 du 30 déc. 2003, art. 99) **« Le taux de la cotisation, qui ne peut excéder 1,5 %, le montant de la réduction par allocataire et celui de la réduction par logement ou logement-foyer situé dans les quartiers mentionnés au cinquième alinéa ainsi que celui de la réduction par logement ou logement-foyer nouvellement conventionnés ou, dans les départements d'outre-mer, nouvellement construits, acquis ou améliorés avec le concours financier de l'État sont fixés par arrêtés des ministres chargés du logement, de l'économie et des finances. »** *– V. Arr. du 15 mars 2001 (JO 20 mars), Arr. du 8 févr. 2002 (JO 16 févr.), Arr. du 19 févr. 2003 (JO 16 mars) et Arr. du 18 août 2004 (JO 19 sept.) ; Arr. du 18 janv. 2005 (JO 8 févr.) ; Arr. du 26 janv. 2006 (JO 3 févr.), Arr. du 8 févr. 2007 (JO 14 févr.), Arr. du 14 févr. 2008 (JO 22 févr.), Arr. du 6 avr. 2009 (JO 21 avr.), Arr. du 16 févr. 2010 (JO 2 mars), Arr. du 9 févr. 2011 (JO 15 févr.), Arr. du 26 déc. 2011 (JO 31 déc.), Arr. du 23 mars 2012 (JO 5 avr.).*

V. note ss. art. L. 452-6.

Art. L. 452-4-1 *(L. n° 2003-710 du 1er août 2003, art. 47-V)* **Les organismes d'habitations à loyer modéré** *(L. n° 2009-323 du 25 mars 2009, art. 2-I)* **« , les organismes bénéficiant de l'agrément relatif à la maîtrise d'ouvrage prévu à l'article L. 365-2 »** *(L. n° 2006-872 du 13 juill. 2006, art. 50-III-4°)* **« et les sociétés d'économie mixte, au titre des logements locatifs et des logements-foyers visés au troisième alinéa de l'article L. 452-4, » versent, au premier trimestre de chaque année, une cotisation additionnelle à la Caisse de garantie du logement locatif social.** *(L. n° 2007-1824 du 25 déc. 2007, art. 94)* **« Elle est due pour l'année entière par le redevable qui exerce l'activité assujettie à cette cotisation le 1er janvier. » La cotisation additionnelle comprend :**

***a)* une part égale au produit d'une somme forfaitaire par le nombre de logements à usage locatif sur lesquels l'organisme est titulaire d'un droit réel au 31 décembre de l'avant-dernier exercice clos augmenté du nombre d'unités de logements-foyers ouvrant droit à redevance. La somme forfaitaire est fixée chaque année, sans pouvoir excéder 10 €, par arrêté des ministres chargés du logement, de la ville, de l'économie**

et des finances après avis de l'union des habitations à loyer modéré regroupant les fédérations d'organismes d'habitations à loyer modéré *(L. nº 2006-872 du 13 juill. 2006, art. 50-III-4º)* **« et avis de la fédération groupant les sociétés d'économie mixte »** *[V. Arr. du 26 déc. 2011, JO 31 déc.]* **;**

b) **une part variable qui a pour assiette l'autofinancement net de l'organisme établi à partir des comptes annuels de l'avant-dernier exercice clos. L'autofinancement net est calculé en déduisant les remboursements d'emprunts liés à l'activité locative, à l'exception des remboursements anticipés, de la différence entre les produits et les charges de l'exercice. Pour le calcul de cette différence, ne sont pas pris en compte les dotations pour amortissements et provisions et leurs reprises ainsi que certains produits ou charges exceptionnels ou de transfert définis par décret en Conseil d'État. Le montant de l'autofinancement net fait l'objet d'une réfaction en fonction du montant des produits locatifs, dont le pourcentage, qui ne peut être inférieur à 5 %, est fixé par un arrêté des ministres chargés du logement, de la ville, de l'économie et des finances, pris après avis de l'union des habitations à loyer modéré regroupant les fédérations d'organismes d'habitations à loyer modéré** *(L. nº 2006-872 du 13 juill. 2006, art. 50-III-4º)* **« et avis de la fédération groupant les sociétés d'économie mixte »** *[V. Arr. du 25 août 2009, JO 29 sept. ; Arr. 20 juill. 2010, JO 28 juill.]*. **Le montant de la part variable est calculé en appliquant à la base ainsi déterminée un taux fixé, dans les limites de 15 %, par un arrêté pris dans les mêmes formes** *[V. Arr. du 26 déc. 2011, JO 31 déc.]*.

(L. nº 2010-1657 du 29 déc. 2010, art. 210-II) **« Une fraction de ce montant, plafonnée à 70 millions d'euros par an, alimente le fonds prévu à l'article L. 452-1-1 pour les années** *(L. nº 2012-1510 du 29 déc. 2012, art. 70-II-2º)* **« 2012 à 2015 ».**

« La fraction mentionnée à l'alinéa précédent est fixée par arrêté *(L. nº 2012-1510 du 29 déc. 2012, art. 70-II-2º)* **« des ministres chargés du budget, du logement et de la ville. »**

« Les dispositions des articles L. 452-5 et L. 452-6 sont applicables à la cotisation additionnelle ».

V. Délib. de la CGLLS nº 2005-06 du 16 févr. 2005 relative aux orientations générales de la commission de réorganisation (BOMELT nº 2005/6, p. 79), Délib. nº 2005-41 du 19 oct. 2005 du conseil d'administration de la CGLLS relative aux relations entre la procédure de réorganisation et les procédures d'aides (BOMELT nº 2005/23, p. 155) ; Délib. nº 2006-41 du 18 oct. 2006 du conseil d'administration de la CGLLS relative à la prise en compte des dépenses immobilières hors logement par la commission de réorganisation (BOMELT nº 2006/23, p. 139) ; Délib. nº 2006-42 du 18 oct. 2006 du conseil d'administration de la CGLLS relative à la prise en charge des études juridiques par la commission de réorganisation (BOMELT nº 2006/23, p. 139).

Les dispositions de l'art. 50-III, 4º de la L. nº 2006-872 du 13 juill. 2006 sont applicables à compter du 1er janv. 2008. Toutefois, dans le cas de SEM ayant opté pour le régime fiscal prévu par le 4º du 1 de l'art. 207 du CGI dès les exercices clos à compter du 1er janv. 2005, ces dispositions prennent effet au 1er janv. 2007 (L. préc. art. 50-IV-2º).

Loi nº 2009-323 du 25 mars 2009,

De mobilisation pour le logement et la lutte contre l'exclusion.

Art. 5 ....

II. — A compter de l'année 2008 et jusqu'à extinction du programme national de rénovation urbaine, la Caisse de garantie du logement locatif social verse chaque année à l'Agence nationale pour la rénovation urbaine un concours financier *(L. nº 2010-1657 du 29 déc. 2010, art. 210-VI)* « d'au moins 30 millions d'euros *[Ancienne rédaction : de 30 millions d'euros]* ».

III. — La Caisse de garantie du logement locatif social est autorisée à verser à l'Agence nationale pour la rénovation urbaine un concours exceptionnel de 3 millions d'euros au titre de l'exercice 2007.

....

Art. L. 452-5 *(L. no 2007-1824 du 25 déc. 2007, art. 94)* **« La cotisation est déclarée et payée par les redevables spontanément à la Caisse de garantie du logement locatif social par voie électronique, accompagnée d'une déclaration dont le modèle est fixé par l'autorité administrative.** – *V. Arr. 25 août 2009 (JO 29 sept.).*

« Le non-respect de l'obligation de paiement par voie électronique prévue au premier alinéa entraîne l'application d'une majoration de 0,2 % du montant des sommes dont le versement a été effectué selon un autre mode de paiement. Le montant de la majoration ne peut être inférieur à 60 €. »

Elle est recouvrée et contrôlée selon les mêmes procédures et sous les mêmes sanctions, garanties, sûretés et privilèges que la taxe sur la valeur ajoutée.

(L. no 2007-1824 du 25 déc. 2007, art. 94) **« La majoration de 0,2 % prévue au deuxième alinéa est appliquée, le cas échéant, sans préjudice des pénalités et majorations résultant du troisième alinéa. »**

V. Instr. 4 mars 2004 relative aux cotisations perçues par la CGLLS. – Descriptif des règles de procédure résultant de l'art. L. 452-5 (BOMELT no 2004/5, p. 190, et no 2004/7, p. 109).

V. aussi note ss. art. L. 452-6.

Art. L. 452-6 **Sur sa demande, la Caisse de garantie du logement locatif social peut obtenir de l'autorité administrative compétente et des organismes payeurs des aides visées au quatrième alinéa de l'article L. 452-4, les éléments d'information nécessaires à la vérification** *(L. no 2004-1484 du 30 déc. 2004, art. 135)* **« et au recouvrement » des cotisations qui lui sont dues.**

Les dispositions des art. L. 452-4 à L. 452-6 sont applicables à compter du 1er janv. 2001 (L. no 2000-1353 du 30 déc. 2000, art. 40-III).

Art. L. 452-7 **Un décret en Conseil d'État définit les modalités d'application du présent chapitre.** – *V. art. R. 452-1 s.*

CHAPITRE III GARANTIE DES OPÉRATIONS D'ACCESSION À LA PROPRIÉTÉ

(L. no 2000-1208 du 13 déc. 2000, art. 164-I)

COMMENTAIRE

L'article 164 de la loi SRU crée un fonds chargé de garantir les risques financiers pris par les organismes d'habitations à loyer modéré lors de la réalisation ou l'acquisition et l'amélioration de constructions, en vue de leur vente à titre de résidences principales.

Ce fonds, dénommé « **Fonds pour l'accession à la propriété HLM** », est géré par une société dont les actionnaires sont l'Union et les Fédérations groupant les organismes d'habitations à loyer modéré.

Les ressources du fonds proviennent des contributions versées par les actionnaires de la société de gestion et par les organismes d'habitations à loyer modéré, à l'occasion des opérations de réalisation ou d'acquisition-amélioration.

Art. L. 453-1 **I. – La Société de garantie des organismes d'habitations à loyer modéré contre les risques d'opérations immobilières a pour objet de garantir les organismes d'habitations à loyer modéré contre les risques financiers encourus par eux dans les opérations de promotion immobilière et les opérations de vente d'immeubles à construire, à améliorer ou achevés, exception faite des opérations de vente mentionnées aux articles L. 443-7 et suivants** *(L. no 2006-872 du 13 juill. 2006, art. 34-I-6o)* **« et des opérations immobilières réalisées par les sociétés civiles immobilières visées à l'article L. 443-6-2 comportant des logements ayant déjà fait l'objet d'une occupation ».**

Un organisme d'habitations à loyer modéré, directement ou indirectement, ne peut procéder aux acquisitions immobilières, contracter un emprunt ou réaliser les travaux afférents à une opération mentionnée au premier alinéa s'il ne bénéficie de la garantie de la société. La garantie accordée à l'organisme d'habitations à loyer modéré consiste en l'engagement de la société de verser à ce dernier, à partir d'un certain seuil, une fraction de la perte sur fonds propres constatée au titre des opérations mentionnées au premier alinéa. Cette fraction est fixée par la convention de garantie et ne peut être ni inférieure à 50 %, ni supérieure à 80 %. Le seuil de versement ainsi que les autres conditions d'engagement de la société sont fixés par la convention de garantie selon les modalités précisées par décret. – *V. art. R. 453-1 s.*

II. – La société est une société anonyme soumise aux dispositions du livre II du code de commerce, sous réserve des dispositions suivantes. – *V. Décr. n° 2003-538 du 20 juin 2003 (JO 22 juin).*

Ses statuts sont approuvés par décret.

Les seuls actionnaires de la société sont l'union et les fédérations groupant les organismes d'habitations à loyer modéré. Son conseil d'administration, auquel assiste un commissaire du Gouvernement désigné par le ministre chargé du logement, est composé de représentants de ces actionnaires et est présidé par l'un de ces représentants.

La société a notamment pour ressources les dotations en capital ou autres concours versés par ses actionnaires et les cotisations versées par les organismes qui réalisent les opérations mentionnées au premier alinéa du I.

Elle a accès à l'ensemble des documents comptables et financiers et aux rapports des commissaires aux comptes des organismes d'habitations à loyer modéré qui réalisent les opérations mentionnées au I.

Loi n° 2005-1720 du 30 décembre 2005,

De finances rectificative pour 2005.

Art. 44 I. – Les produits financiers issus du placement de la trésorerie et du fonds de garantie de la société de garantie de l'accession des organismes d'habitations à loyer modéré créée en application de l'article L. 453-1 du code de la construction et de l'habitation sont exclus de la base de calcul de l'impôt sur les sociétés, sous réserve que soient respectées les règles d'affectation du bénéfice distribuable définies ci-après :

1° Lorsque le montant du résultat disponible après dotation à la réserve légale et à la réserve statutaire fixée à 20 % est inférieur au montant des produits financiers, le résultat est intégralement affecté au fonds de garantie ;

2° Lorsque le montant du résultat disponible après dotation à la réserve légale et à la réserve statutaire fixée à 20 % excède le montant des produits financiers, un montant équivalant aux produits financiers est affecté au fonds de garantie.

Cette exclusion de la base de calcul de l'impôt sur les sociétés des produits financiers mentionnés au premier alinéa est également subordonnée à l'affectation de la part du boni de liquidation revenant aux actionnaires, en cas de liquidation de la société de garantie de l'accession des organismes d'habitations à loyer modéré, à des investissements favorisant le développement d'activités relevant du service d'intérêt général tel que défini à l'article L. 411-2 du code de la construction et de l'habitation ou à des organismes d'habitations à loyer modéré pour la réalisation des activités mentionnées précédemment.

Art. L. 453-2 L'activité de vente définie au premier alinéa de l'article L. 453-1 fait l'objet d'une comptabilité distincte dans les écritures de chaque organisme d'habitations à loyer modéré.

Art. L. 453-3 **Les organismes d'habitations à loyer modéré, lorsqu'ils concluent une vente d'immeuble en l'état futur d'achèvement, sont tenus d'apporter la garantie d'achèvement de l'immeuble ou du remboursement des versements effectués prévue au *d* de l'article L. 261-11.**

Les dispositions des art. L. 453-1 à L. 453-3 visés au I entrent en vigueur au 1er juill. 2003 (L. no 2000-1208 du 13 déc. 2000, art. 164-II, mod. par L. no 2001-1168 du 11 déc. 2001, art. 25 et par L. no 2002-1575 du 30 déc. 2002, art. 39-III).

Loi no 2002-1575 du 30 décembre 2002,

De finances pour 2003.

Art. 39 I. — La Caisse de garantie du logement locatif social est autorisée, à titre exceptionnel, à verser à la Société de garantie des organismes d'habitations à loyer modéré contre les risques d'opérations immobilières prévue à l'article L. 453-1 du code de la construction et de l'habitation un concours maximum de quinze millions d'euros pour chacune des années 2003 et 2004. Les conditions d'application de cette décision sont définies par une convention à passer entre les deux organismes.

II. — Les versements de la Caisse de garantie du logement locatif social à la Société de garantie des organismes d'habitations à loyer modéré contre les risques d'opérations immobilières ne donnent lieu à aucune indemnité ou perception d'impôts, droits ou taxes.

III. — *V. note ss. art. L. 453-3.*

TITRE SIXIÈME ORGANISMES CONSULTATIFS

CHAPITRE UNIQUE

SECTION PREMIÈRE CONSEIL SUPÉRIEUR DES HABITATIONS À LOYER MODÉRÉ

Néant.

V. art. R. 461-1 s.

SECTION II COMITÉS RÉGIONAUX DES HABITATIONS À LOYER MODÉRÉ

Néant.

V. art. R. 461-8.

SECTION III *[ABROGÉE]*

(Abrogée par L. no 83-440 du 2 juin 1983, art. 3-I-12o)

Art. L. 461-1 *Abrogé par L. no 83-440 du 2 juin 1983, art. 3-12o.*

SECTION IV DISPOSITIONS COMMUNES

Art. L. 461-2 *(L. nº 83-440 du 2 juin 1983, art. 3-13º)* Un décret en Conseil d'État détermine les mesures relatives à la composition, à l'organisation et au fonctionnement du conseil supérieur des habitations à loyer modéré. – *V. art. R. 461-1 s.*

TITRE SEPTIÈME DISPOSITIONS PARTICULIÈRES À CERTAINES PARTIES DU TERRITOIRE

CHAPITRE PREMIER DÉPARTEMENTS DU HAUT-RHIN, DU BAS-RHIN ET DE LA MOSELLE

Art. L. 471-1 Conformément à la loi du 1er juin 1924 relative à l'introduction de la législation civile et commerciale française et spécialement de son article 7, 6º, demeure en vigueur la loi locale du 1er mai 1889 modifiée, autorisant les associations coopératives de production et de consommation à construire des logements dans les conditions prévues par ce texte.

CHAPITRE II DISPOSITIONS PARTICULIÈRES À LA GUADELOUPE, À LA GUYANE, À LA MARTINIQUE, À LA RÉUNION, À MAYOTTE, À SAINT-MARTIN ET À SAINT-PIERRE-ET-MIQUELON *(Ord. nº 2012-576 du 26 avr. 2012, art. 5-I)*.

Art. L. 472-1 Les modalités d'application des dispositions du présent livre *(Ord. nº 2012-576 du 26 avr. 2012, art. 5-II)* « à la Guadeloupe, à la Guyane, à la Martinique, à La Réunion, à Mayotte et à Saint-Martin » et, notamment, les modalités de financement et de contrôle des organismes d'habitations à loyer modéré font l'objet d'arrêtés conjoints des ministres intéressés. Toutefois, les décrets pris pour l'application de l'article L. 431-6 précisent les mesures d'application nécessitées par la situation particulière aux départements d'outre-mer ainsi que par celle des Français d'outre-mer.

V. Arr. du 2 mars 1982 relatif à l'application, dans les départements d'outre-mer, des dispositions applicables aux primes à la construction convertibles en bonifications d'intérêts et aux prêts (JONC 24 mars). — Arr. du 20 févr. 1981 relatif à l'application dans les départements d'outre-mer des dispositions de la sous-section I de la section IV du chapitre I du titre I du livre III du code de la construction et de l'habitation (JONC 22 févr.).

Cet arrêté est abrogé en tant qu'il concerne les logements neufs destinés à l'accession à la propriété : V. Arr. du 13 mars 1986, cité ss. art. R. 311-12 et R. 311-37. — Arr. du 14 mars 2011 relatif aux caractéristiques techniques et de prix de revient, aux plafonds de ressources et aux plafonds de loyers des logements locatifs sociaux et très sociaux dans les DOM, à Saint-Martin et à Mayotte (JO 20 mars). — Arr. du 13 mars 1986 (JO 15 mars) relatif aux prêts aidés par l'État et aux subventions de l'État aux organismes réalisant des logements locatifs sociaux dans les DOM, mod. par Arr. du 10 oct. 1986 (JO 31 oct.), Arr. du 5 janv. 1987 (JO 22 févr.), Arr. du 3 juin 1987 (JO 25 juill.), Arr. du 24 janv. 1990 (JO 26 janv.), Arr. du 6 juill. 1990 (JO 1er août), Arr. du 23 sept. 1991 (JO 30 sept.), Arr. du 29 juin 1992 (JO 1er août), Arr. du 7 mai 1993 (JO 8 juin), Arr.du 30 déc. 1993 (JO 27 févr.

1994), Arr. du 30 mars 1995 (JO 7 mai). – Arr. du 13 mars 1986 (JO 15 mars) relatif aux aides de l'État à la construction de logements évolutifs sociaux [LES] dans les DOM, mod. par Arr. du 20 oct. 1986 (JO 16 déc.), Arr. du 3 juin 1987 (JO 25 juill.), Arr. du 24 janv. 1990 (JO 26 janv.), Arr. du 6 juill. 1990 (JO 1er août), Arr. du 23 sept. 1991 (JO 30 sept.), Arr. du 29 juin 1992 (JO 1er août), Arr. 7 mai 1993 (JO 8 juin), Arr. du 30 déc. 1993 (JO 27 févr. 1994), Arr. du 30 mars 1995 (JO 7 mai). – Arr. du 29 juin 1992 (JO 1er août) et Arr. du 7 mai 1993 (JO 8 juin) : aides de l'État à la construction de logements dans les DOM.

V. Arr. 20 févr. 1996 relatif aux prêts aidés par l'État et aux subventions de l'État aux organismes réalisant des logements locatifs sociaux et très sociaux dans les départements d'outre-mer (JO 5 avr.), mod. par Arr. du 24 mai 1996 (JO 1er juin), Arr. du 7 juin 1996 (JO 29 juin), Arr. du 23 févr. 1998 (JO 22 avr.), Arr. du 15 oct. 1998 (JO 6 nov.), Arr. du 21 juin 1999 (JO 23 juin), Arr. du 20 déc. 1999 (JO 30 déc.), Arr. du 23 août 2000 (JO 26 août), Arr. du 1er oct. 2001 (JO 17 oct.), Arr. du 28 déc. 2001 (JO 1er janv. 2002), étant précisé qu'en vertu de l'Arr. du 2 mars 2001 sus-mentionné, la référence à cet arrêté du 20 févr. 1996 modifié est remplacée par la référence au décret no 2001-201 du 2 mars 2001 (ayant créé les art. R. 372-1 à R. 372-19) dans l'ensemble des arrêtés relatifs au régime des aides de l'État à la construction de logements dans les DOM.

V. Arr. du 4 mai 2000 relatif aux prêts aidés par l'État et aux subventions de l'État aux organismes procédant dans les départements d'outre-mer à des opérations de construction-démolition et de reconstruction de logements sociaux et très sociaux locatifs (JO 10 mai), mod. par Arr. du 23 août 2000 (JO 26 août).

Art. L. 472-1-1 *(L. no 81-1160 du 30 déc. 1981, art. 115-II)* **Les sociétés d'économie mixte de construction constituées dans les départements d'outre-mer en application de la loi no 46-860 du 30 avril 1946 tendant à l'établissement et à l'exécution de plans d'équipement et de développement économique et social des territoires et départements d'outre-mer et agréées par décision administrative peuvent bénéficier, dans les mêmes conditions que les sociétés d'habitations à loyer modéré, des prêts de la caisse de prêts aux organismes d'habitations à loyer modéré,** *(L. no 85-695 du 11 juill. 1985, art. 21-IX)* **« de la caisse de garantie du logement social et de la Caisse des dépôts et consignations en application du livre IV du présent code ».**

Les modalités d'application du présent article sont fixées dans les mêmes conditions que celles prévues à la première phrase de l'article précédent.

V. Arr. du 15 oct. 1982 (JO 17 oct.) : conditions d'agrément des sociétés d'économie mixte des départements d'outre-mer pour bénéficier des financements de la caisse de prêts aux organismes d'habitations à loyer modéré.

Art. L. 472-1-2 *(L. no 98-657 du 29 juill. 1998, art. 66)* **Les dispositions des sections 1 et 2 du chapitre Ier** *(L. no 2006-872 du 13 juill. 2006, art. 109)* **« et du chapitre V » du titre IV du présent livre et celles des articles L. 442-5, L. 442-6-1,** *(L. no 2005-32 du 18 janv. 2005, art. 98-IV)* **« L. 442-6-5, » L. 442-8-1,** *(L. no 2000-1208 du 13 déc. 2000, art. 165-1o)* **« L. 442-8-2, L. 442-8-4, L. 451-1, L. 451-2 et L. 451-2-1 » sont applicables** *(Ord. no 2012-576 du 26 avr. 2012, art. 5-III)* **« en Guadeloupe, en Guyane, à la Martinique, à La Réunion, à Mayotte et à Saint-Martin » aux sociétés d'économie mixte constituées en application de la loi no 46-860 du 30 avril 1946 précitée et aux sociétés d'économie mixte locales pour les logements à usage locatif leur appartenant et construits, acquis ou améliorés avec le concours financier de l'État.**

V. note ss. art. L. 472-1-4.

Les dispositions de l'art. 98 de la L. no 2005-32 du 18 janv. 2005 sont applicables aux baux des logements appartenant à l'Établissement public de gestion immobilière du Nord-Pas-de-Calais créé par l'art. 191 de la L. no 2000-1208 du 13 déc. 2000 relative à la solidarité et au renouvellement urbains, ainsi qu'aux baux des logements appartenant à des organismes concourant aux objectifs de la politique d'aide au logement visés à l'art. L. 365-1 (L. no 2005-32 du 18 janv. 2005, art. 98-VII et 98-VIII).

Art. L. 472-1-3 *(L. no 96-609 du 5 juill. 1996)* **A compter du 1er janvier 1997, les dispositions des articles L. 442-1, à l'exception du troisième alinéa, à L. 442-2 sont applicables aux sociétés d'économie mixte constituées en application de la loi no 46-860 du 30 avril 1946 et aux sociétés d'économie mixte locales,** *(Ord. no 2012-576 du 26 avr.*

2012, art. 5-IV) « en Guadeloupe, en Guyane, à la Martinique, à La Réunion, à Mayotte et à Saint-Martin », pour les logements à usage locatif leur appartenant, ou appartenant à l'État, à une collectivité locale ou à un groupement de collectivités locales et gérés par lesdites sociétés.

Toutefois, l'application de ces dispositions à l'une des sociétés précitées ne peut intervenir que consécutivement à la passation d'une convention révisable annuellement entre cette société et l'État, définissant notamment des objectifs de loyers.

Les logements concernés doivent avoir été construits, acquis ou améliorés avec le concours financier de l'État, apporté selon les modalités prévues à l'article L. 472-1 ou sous forme de prêt spécial du Crédit foncier de France, assorti d'une prime de l'État, ou sous forme de prêts de la Caisse centrale de coopération économique.

Les modifications de loyer pouvant résulter de ces dispositions peuvent s'appliquer aux baux en cours, à la date de révision convenue entre les parties ou, à défaut, au terme de chaque année de contrat.

Un décret en Conseil d'État détermine, en tant que de besoin, les modalités d'application du présent article.

Art. L. 472-1-4 *(L. nº 98-657 du 29 juill. 1998, art. 59-IV)* Par dérogation au I de l'article 15 de la loi nº 89-462 du 6 juillet 1989 tendant à améliorer les rapports locatifs et portant modification de la loi nº 86-1290 du 23 décembre 1986 *[V. C.* ***baux****]*, le délai de préavis applicable au congé donné par un locataire d'un logement mentionné à l'article L. 472-1-2 qui bénéficie de l'attribution dans le parc du même bailleur d'un autre logement mentionné au même article est ramené à un mois *(Ord. nº 2012-576 du 26 avr. 2012, art. 5-V)* « en Guadeloupe, en Guyane, à la Martinique, à La Réunion, à Mayotte et à Saint-Martin ».

V. Circ. nº 98-92 du 13 oct. 1998 relative aux dispositions sur le logement contenues dans la loi nº 98-657 du 29 juill. 1998 d'orientation relative à la lutte contre les exclusions (BOMELT nº 98/20).

V. aussi Circ. nº 98-103 du 23 nov. 1998 relative aux mesures concernant les rapports locatifs dans le parc social HLM contenues dans la loi d'orientation relative à la lutte contre les exclusions (BOMELT nº 98/23).

Art. L. 472-1-5 *(L. nº 2000-1208 du 13 déc. 2000, art. 165-2º)* Les sociétés d'économie mixte constituées en application de la loi nº 46-860 du 30 avril 1946 précitée et les sociétés d'économie mixte locales versent à la Caisse de garantie du logement locatif social la cotisation prévue à l'article L. 452-4. Les dispositions des articles L. 452-5 à L. 452-7 leur sont applicables.

Art. L. 472-1-6 *(Ord. nº 2012-576 du 26 avr. 2012, art. 5-VI)* « En Guadeloupe, en Guyane, à la Martinique, à La Réunion, à Mayotte et à Saint-Martin » *(L. nº 2003-660 du 21 juill. 2003, art. 45)* « , lorsque les logements locatifs sociaux font l'objet de travaux d'amélioration avec le concours financier de l'État prévu aux articles R. 323-13 à R. 323-21, il n'est pas fait application des dispositions de la seconde phrase du quatrième alinéa de l'article L. 442-1. Le bailleur peut, dans les limites déterminées par l'autorité administrative, fixer, à compter de la date d'achèvement des travaux, un nouveau loyer qui est applicable dès sa notification aux titulaires de baux en cours ou aux bénéficiaires du droit au maintien dans les lieux sans qu'il soit nécessaire de leur donner congé. »

Art. L. 472-1-7 *(L. nº 2006-872 du 13 juill. 2006, art. 34-I-7º)* Les dispositions de la section 1 *bis* du chapitre III du titre IV du présent livre sont applicables *(Ord. nº 2012-576 du 26 avr. 2012, art. 5-VII)* « en Guadeloupe, en Guyane, à la Martinique, à La Réunion, à Mayotte et à Saint-Martin » aux sociétés d'économie mixte pour les logements à usage locatif leur appartenant et construits, acquis ou améliorés avec le concours financier de l'État.

Par dérogation à l'article L. 443-6-3, la société d'économie mixte, associée-gérante, gère les immeubles et attribue en location les logements conformément à l'article L. 472-1-3.

Un décret en Conseil d'État détermine les conditions d'application du présent article.

Art. L. 472-1-8 *(Ord. nº 2012-576 du 26 avr. 2012, art. 5-VIII)* « En Guadeloupe, en Guyane, à la Martinique, à La Réunion, à Mayotte et à Saint-Martin, en cas d'autorisation de démolir » *(L. nº 2009-323 du 25 mars 2009, art. 64-I)* « visée à l'article L. 443-15-1 ou de démolition prévue par une convention visée à l'article 10 de la loi nº 2003-710 du 1er août 2003 d'orientation et de programmation pour la ville et la rénovation urbaine, le bailleur peut donner congé au locataire ayant refusé trois offres de relogement respectant les conditions prévues à l'article 13 *bis* de la loi nº 48-1360 du 1er septembre 1948 portant modification et codification de la législation relative aux rapports des bailleurs et locataires ou occupants de locaux d'habitation ou à usage professionnel. Toutefois, cette condition n'est pas exigée du bailleur qui démontre qu'un logement, répondant aux conditions du même article 13 *bis*, a été spécialement conçu pour le relogement du locataire. Le délai de préavis applicable est de six mois. A l'expiration du délai de préavis, le locataire est déchu de tout titre d'occupation des locaux loués. »

V. Circ. 28 mai 2009 relative à la L. nº 2009-323 du 25 mars 2009. – Logement locatif social (BOMEEDDM nº 2009/12, p. 78).

Art. L. 472-1-9 *(L. nº 2009-594 du 27 mai 2009, art. 33-I)* 1. En Guadeloupe, en Guyane, en Martinique, à La Réunion, à Saint-Martin et à Mayotte, les sociétés anonymes d'habitations à loyer modéré et les sociétés anonymes coopératives d'habitations à loyer modéré peuvent acquérir des parts ou actions de sociétés civiles immobilières, de sociétés civiles de placement immobilier ou de toute entreprise dont l'objet est de construire ou d'acquérir des logements si les conditions suivantes sont réunies :

1º Les logements sont loués nus à des personnes physiques qui en font leur résidence principale ou à des sociétés anonymes d'habitations à loyer modéré ou à des sociétés anonymes coopératives d'habitations à loyer modéré qui les sous-louent à des personnes physiques qui en font leur résidence principale ;

2º Le loyer et les ressources du locataire ou, le cas échéant, du sous-locataire n'excèdent pas des plafonds fixés par décret *[V. art. R. 472-4]*.

2. Ces sociétés peuvent vendre et, en qualité de prestataires de services, construire ou gérer des logements à usage d'habitation pour le compte des sociétés civiles et entreprises mentionnées au 1 et dans les conditions de plafonds de ressources et de loyers définies au 2º du même 1.

La ligne budgétaire unique reste le socle du financement du logement social dans les départements d'outre-mer, à Mayotte, Saint-Martin et Saint-Pierre-et-Miquelon (L. nº 2009-594 du 27 mai 2009, art. 33-I).

Art. L. 472-2 *(L. nº 81-1160 du 30 déc. 1981, art. 115-III ; Ord. nº 2012-576 du 26 avr. 2012, art. 5-IX)* Les dispositions du présent livre, à l'exception de l'article L. 472-1-1, ne sont pas applicables à Saint-Pierre-et-Miquelon.

Art. L. 472-3 *(Ord. nº 2012-576 du 26 avr. 2012, art. 5-X)* Pour l'application du présent livre à Mayotte :

1º A l'avant-dernier alinéa de l'article L. 411-3 et au deuxième alinéa de l'article L. 411-4, les mots : "à compter de la publication de l'acte au fichier immobilier" sont remplacés par les mots : "à compter de l'inscription de l'acte au livre foncier" ;

2º Au 5º de l'article L. 421-8, les mots : "l'article L. 432-6 du code du travail" sont remplacés par les mots : "l'article L. 442-14 du code du travail applicable à Mayotte" ;

3º A l'article L. 421-25, les mots : "pris par dérogation aux dispositions de l'article L. 2141-10 du code du travail" sont remplacés par les mots : "pris *(L. nº 2012-1270 du 20 nov. 2012, art. 30-IV)* « par dérogation aux dispositions de l'article L. 414-10 » du code du travail applicable à Mayotte" ;

4o L'article L. 424-1 n'est pas applicable ;

5o Les articles L. 441-1-4, L. 441-2-3, L. 441-2-3-1, L. 441-2-3-2 et L. 441-2-3-3 ne sont pas applicables ;

6o *a)* La dernière phrase du troisième alinéa de l'article L. 441-2-1 est ainsi rédigée : "Elle garantit les droits du demandeur en certifiant le dépôt de la demande." ;

b) L'article L. 441-2-1 est applicable à compter du 1er janvier 2017 ;

7o A l'article L. 442-1-2, les mots : "à compter du 1er juillet 1987" sont remplacés par les mots : "à compter du 1er janvier 2013" ;

8o Au premier alinéa de l'article L. 442-3, les mots : "A compter du 13 novembre 1982" sont remplacés par les mots : "A compter du 1er janvier 2013" ;

9o A l'article L. 442-8-1, les mots : "tel que mentionné au 3o de l'article L. 1242-2 du code du travail" sont remplacés par les mots : "tel que mentionné au 2o de l'article L. 122-2 du code du travail applicable à Mayotte" ;

10o Au troisième alinéa de l'article L. 443-15-6, il est ajouté après les mots : "ou de l'inscription au livre foncier" les mots : "de Mayotte" ;

11o Les articles L. 445-1 à L. 445-8 relatifs aux dispositions particulières applicables aux organismes d'habitations à loyer modéré ayant conclu une convention d'utilité sociale sont applicables à compter du 1er juillet 2017.

TITRE HUITIÈME DISPOSITIONS PARTICULIÈRES AUX SOCIÉTÉS D'ÉCONOMIE MIXTE DE CONSTRUCTION ET DE GESTION DE LOGEMENTS SOCIAUX

(L. no 2009-323 du 25 mars 2009, art. 64-I)

V. Circ. 28 mai 2009 relative à la L. no 2009-323 du 25 mars 2009. — Logement locatif social (BOMEEDDM no 2009/12, p. 78).

CHAPITRE PREMIER DISPOSITIONS GÉNÉRALES

Art. L. 481-1 Les sociétés d'économie mixte bénéficient d'exonérations fiscales et d'aides spécifiques de l'État au titre du service d'intérêt général défini à l'article L. 411-2.

L' article L. 411-9 leur est applicable *[Dispositions résultant de la décision du Conseil constitutionnel no 2009-578 DC du 18 mars 2009]* pour les logements à usage locatif et les logements-foyers leur appartenant et conventionnés dans les conditions définies à l'article L. 351-2 ou, dans les départements d'outre-mer, construits, acquis ou améliorés avec le concours financier de l'État.

Ces sociétés sont soumises au contrôle de l'administration dans les conditions prévues aux articles L. 451-1, L. 451-2 et L. 451-2-1. Elles sont soumises à des obligations comptables particulières fixées par le Comité de la réglementation comptable. Leurs activités d'intérêt général mentionnées au premier alinéa font l'objet d'une comptabilité distincte.

Art. L. 481-2 I. — Les chapitres Ier et V du titre IV du présent livre, les articles L. 442-5, L. 442-5-1 et L. 442-8 à L. 442-8-4, à l'exception de la première phrase du quatrième alinéa de l'article L. 442-8-2, sont applicables aux sociétés d'économie mixte pour les logements faisant l'objet de conventions régies par le chapitre III du titre V du livre III.

II. – La section 1 *bis* du chapitre III du titre IV du présent livre est applicable aux sociétés d'économie mixte pour les logements faisant l'objet de conventions régies par le chapitre III du titre V du livre III.

Par dérogation à l'article L. 443-6-3, la société d'économie mixte, associée-gérante, gère les immeubles et attribue en location les logements concernés conformément aux dispositions des conventions visées au premier alinéa du présent II.

Un décret en Conseil d'État détermine les conditions d'application du présent II. – *V. art. R. 481-8.*

Art. L. 481-3 En cas d'autorisation de démolir visée à l'article L. 443-15-1 ou de démolition prévue par une convention visée à l'article 10 de la loi nº 2003-710 du 1er août 2003 d'orientation et de programmation pour la ville et la rénovation urbaine *[V. App., vº Rénovation urbaine]*, le bailleur peut donner congé au locataire ayant refusé trois offres de relogement respectant les conditions prévues à l'article 13 *bis* de la loi nº 48-1360 du 1*er* septembre 1948 précitée *[V. **C. baux**]*. Toutefois, cette condition n'est pas exigée du bailleur qui démontre qu'un logement, répondant aux conditions du même article 13 *bis*, a été spécialement conçu pour le relogement du locataire. Le délai de préavis applicable est de six mois. A l'expiration du délai de préavis, le locataire est déchu de tout titre d'occupation des locaux loués.

Art. L. 481-4 Les marchés conclus par les sociétés d'économie mixte exerçant une activité de construction ou de gestion de logements sociaux sont soumis aux dispositions de l'ordonnance nº 2005-649 du 6 juin 2005 relative aux marchés passés par certaines personnes publiques ou privées non soumises au code des marchés publics.

Art. L. 481-5 Les articles L. 482-1 à L. 482-4 s'appliquent aux logements à usage locatif appartenant aux sociétés d'économie mixte ou gérés par elles et conventionnés dans les conditions définies à l'article L. 351-2 ou, dans les départements d'outre-mer, construits, acquis ou améliorés avec le concours financier de l'État.

Art. L. 481-6 Les conseils d'administration des sociétés d'économie mixte gérant des logements sociaux comprennent des représentants de leurs locataires qui disposent d'une voix consultative.

Les représentants des locataires sont élus sur des listes de candidats présentées par des associations œuvrant dans le domaine du logement social.

Ces associations doivent être indépendantes de tout parti politique ou organisation philosophique, confessionnelle, ethnique ou raciale et ne pas poursuivre des intérêts collectifs qui seraient en contradiction avec les objectifs du logement social fixés par le présent code.

Un décret en Conseil d'État détermine, en tant que de besoin, les conditions d'application du présent article.

Art. L. 481-7 Lorsqu'elles prennent en gérance des logements appartenant à l'État, à une collectivité territoriale ou à un groupement de collectivités territoriales, à des organismes d'habitations à loyer modéré, à des organismes à but non lucratif, à l'association agréée mentionnée à l'article L. 313-34 ou aux sociétés civiles immobilières dont les parts sont détenues à au moins 99 % par cette association, les sociétés d'économie mixte de construction et de gestion de logements sociaux bénéficient de toutes les délégations nécessaires à l'exercice de leur mission, dans des conditions fixées par décret *[V. art. D. 481-5-2 s.]*.

CHAPITRE II DISPOSITIONS RELATIVES À LA MOBILITÉ DES LOCATAIRES

Les art. L. 482-1 à L. 482-4 sont applicables aux contrats en cours. A compter de la publication de la L. no 2009-323 du 25 mars 2009, le contrat passé entre un bailleur et un locataire comporte une clause prévoyant l'application des art. précités (L. no 2009-323 du 25 mars 2009, art. 64-II).

Art. L. 482-1 En cas de sous-occupation du logement telle que définie à l'article L. 621-2, le bailleur propose au locataire un nouveau logement correspondant à ses besoins, nonobstant les plafonds de ressources prévus à l'article L. 441-1.

Le loyer du nouveau logement doit être inférieur à celui du loyer d'origine.

Les conditions d'une aide à la mobilité prise en charge par le bailleur sont définies par décret *[V. art. R. 481-10 et R. 442-3-2]*.

Dans les logements situés sur les territoires définis au 7o de l'article 10 de la loi no 48-1360 du 1er septembre 1948 précitée *[V. **C. baux**]*, le bailleur peut donner congé pour le terme du bail en cours à un locataire ayant refusé trois offres de relogement faites en application du premier alinéa et respectant les conditions prévues à l'article 13 *bis* de la même loi. Le délai de préavis applicable est de six mois. A l'expiration du délai de préavis, le locataire est déchu de tout titre d'occupation des locaux loués.

L'alinéa précédent n'est pas applicable aux locataires âgés de plus de soixante-cinq ans, aux locataires présentant un handicap au sens de l'article L. 114 du code de l'action sociale et des familles ou ayant à leur charge une personne présentant un tel handicap et, selon des modalités définies par décret, aux locataires présentant une perte d'autonomie physique ou psychique, ou ayant à leur charge une personne présentant une telle perte d'autonomie *[V. art. R. 481-9]*. Il ne s'applique pas non plus aux logements situés dans les zones urbaines sensibles définies au 3 de l'article 42 de la loi no 95-115 du 4 février 1995 d'orientation pour l'aménagement et le développement du territoire *[V. App., vo Zones prioritaires d'aménagement du territoire]*.

Art. L. 482-2 Nonobstant les plafonds de ressources prévus à l'article L. 441-1, le bailleur propose un nouveau logement au locataire d'un logement adapté aux personnes présentant un handicap au sens de l'article L. 114 du code de l'action sociale et des familles dès lors que le ou les occupants présentant un tel handicap n'occupent plus le logement.

Le loyer du nouveau logement doit être inférieur à celui du loyer d'origine.

Les conditions d'une aide à la mobilité prise en charge par le bailleur sont définies par décret *[V. art. R. 481-10 et R. 442-3-2]*.

Le bailleur peut donner congé pour le terme du bail en cours à un locataire ayant refusé trois offres de relogement faites en application du premier alinéa et respectant les conditions prévues à l'article 13 *bis* de la loi no 48-1360 du 1er septembre 1948 précitée *[V. **C. baux**]*. Le délai de préavis applicable est de six mois. Le délai est porté à dix-huit mois en cas de décès d'une personne handicapée à la charge du locataire. A l'expiration du délai de préavis, le locataire est déchu de tout titre d'occupation des locaux loués.

L'alinéa précédent n'est pas applicable aux locataires âgés de plus de soixante-cinq ans.

Art. L. 482-3 I. – Dans les logements locatifs sociaux appartenant aux sociétés d'économie mixte ou gérés par elles et situés dans des zones géographiques définies par décret en Conseil d'État *[V. art. R.* 481-11]* se caractérisant par un déséquilibre important entre l'offre et la demande de logements, les baux des locataires dont les ressources, au vu des résultats de l'enquête mentionnée à l'article L. 441-9, sont, deux années consécutives, au moins deux fois supérieures aux plafonds de ressources pour l'attribution de ces logements fixés en application de l'article L. 441-1 sont prorogés afin de leur permettre de disposer du logement qu'ils occupent pour une durée de trois ans. Cette prorogation intervient à compter du 1er janvier de l'année qui suit les résultats de l'enquête faisant apparaître, pour la deuxième année consécutive, un dépassement du double de ces plafonds.

Dès que les résultats de l'enquête font apparaître, pour la deuxième année consécutive, un dépassement du double de ces plafonds, le bailleur en informe les locataires sans délai.

Six mois avant l'issue de cette prorogation, le bailleur notifie par lettre recommandée avec demande d'avis de réception ou signifie par acte d'huissier la date à laquelle les locaux loués doivent être libres de toute occupation. A l'issue de cette échéance, les locataires sont déchus de tout titre d'occupation des locaux loués.

II. – Si, au cours de la période de prorogation visée au I, les locataires justifient que leurs ressources sont devenues inférieures aux plafonds de ressources pour l'attribution de ce logement, il est conclu un nouveau bail d'une durée de trois ans renouvelable.

III. – Le I n'est pas applicable aux locataires qui, l'année suivant les résultats de l'enquête faisant apparaître, pour la deuxième année consécutive, un dépassement du double des plafonds de ressources, atteignent leur soixante-cinquième anniversaire et aux locataires présentant un handicap au sens de l'article L. 114 du code de l'action sociale et des familles ou ayant à leur charge une personne présentant un tel handicap. Il ne s'applique pas non plus *[Dispositions déclarées non conformes à la Constitution par la décision du Conseil constitutionnel no 2009-578 DC du 18 mars 2009]* aux logements situés dans les zones urbaines sensibles définies au 3 de l'article 42 de la loi no 95-115 du 4 février 1995 précitée *[V. App., vo Zones prioritaires d'aménagement du territoire]*.

Art. L. 482-4 Les sociétés d'économie mixte peuvent, par délibération de leur conseil d'administration ou de leur conseil de surveillance, rendre applicable l'article L. 482-3 aux logements locatifs sociaux qui ne sont pas situés dans les zones géographiques mentionnées au I du même article.

LIVRE CINQUIÈME BÂTIMENTS MENAÇANT RUINE OU INSALUBRES

COMMENTAIRE

Dans la mesure où le Conseil constitutionnel a consacré l'existence d'un droit à un logement décent, l'amélioration de la qualité de l'habitat est un objectif majeur des politiques publiques. En dehors de la logique de prévention, qui passe principalement par les mécanismes d'aide, l'action administrative s'inscrit également dans une logique réparatrice. Il s'agit de contraindre les propriétaires à réparer les bâtiments qui présentent un danger pour la santé ou la sécurité des occupants et des tiers.

Le Livre cinquième recense les principaux instruments à la disposition de l'administration, et principalement des maires. On doit signaler toutefois que la police des immeubles insalubres relève des articles L. 1331-28 et suivants du code de la santé publique. En revanche, le Livre cinquième contient des dispositions communes à la police des immeubles menaçant ruine et à la police des immeubles insalubres pour ce qui est du relogement des occupants.

TITRE PREMIER BÂTIMENTS MENAÇANT RUINE

RÉP. CONT. ADM., vº *Contentieux des édifices menaçant ruine,* par J.-F. Théry.

CHAPITRE UNIQUE

V. L. nº 89-550 du 2 août 1989 (JO 8 août, p. 9959) : art. 7, relatif à la procédure de déclaration d'abandon des édifices qui ne sont plus manifestement entretenus, mod. par L. nº 95-101 du 2 févr. 1995, art. 89 (D. et ALD 1995. 123 ; JO 3 févr.).

BIBL. GÉN. ▶ Bourgois, *JCP N 1993, nº 16, p. 175 s.* (les immeubles menaçant ruine ou insalubres ou l'illustration d'un concours méconnu des pouvoirs de police entre maire et préfet). – Brunel, Chabanol, et Lopez, Le maire et les immeubles menaçant ruine, *Litec, 1992.* – D. Chabanol, *AJPI 1971. 117 s.* (le contentieux des immeubles en péril). – Delaire, Le régime juridique des édifices menaçant ruine, *Thèse Rennes 1958.* – Dropsy, *Administrer, 1981, p. 15 s.* (généralités sur l'état de péril). – Gentot, *AJDA 1961. 247 s.* (la police des édifices menaçant ruine). – Gros, *Dr. et patr., nº 64, oct. 1998, p. 43* (les limites du pouvoir municipal en matière d'immeubles à risques). – Maillot, *Bull. act. Lamy Dr. imm., janv. 2001, nº 76* (les immeubles menaçant ruine et l'insalubrité). – Moreau, *Cahiers CFPC, nº 17, 1985, p. 112 s.* (un chapitre traditionnel du droit communal de la sécurité publique : la police des immeubles menaçant ruine). – Plantey, *D. 1951. Chron. 145* (la législation des immeubles menaçant ruine). – Tricot, *D. 1957. Chron. 197* (les pouvoirs du tribunal administratif en matière de péril d'immeubles). – Waline, *RD publ. 1937. 584* (la police des immeubles menaçant ruine) ; *RD publ. 1963. 1105* (remarques sur la démolition des bâtiments menaçant ruine).

COMMENTAIRE

Cette police spéciale permet au maire de faire cesser un état de danger plus ou moins immédiat résultant d'un édifice menaçant ruine. Datant de 1898, ce dispositif a fait l'objet de modifications importantes par la loi du 13 décembre 2000 sur la solidarité et le renouvellement urbains ; par ailleurs, l'ordonnance nº 2005-1566 du 15 décembre 2005 relative à la lutte contre l'habitat insalubre ou dangereux procède à une refonte de la procédure. La réforme maintient la distinction entre la procédure de péril imminent, procédure d'urgence décrite à l'article L. 511-3, et la procédure de péril « ordinaire » prévue à l'article L. 511-2. Toutefois, elle simplifie radicalement ces procédures.

Pour le péril « ordinaire », la phase contradictoire est renvoyée avant la signature de l'arrêté de péril et l'homologation par le tribunal administratif est supprimée : le maire est habilité à effectuer les travaux d'office, en cas de défaillance du propriétaire et à leurs frais, après mise en demeure et sans recours à autorisation d'aucun juge ; le juge judiciaire n'intervient qu'en cas de difficultés (refus des occupants ou des propriétaires de laisser entrer dans les lieux par exemple) et de démolition.

S'agissant de la procédure de péril imminent, la désignation de l'expert appelé à faire rapport sur l'état de péril ne sera plus faite par le juge d'instance mais par le juge administratif, statuant en référé.

L'article 44 de la loi ENL du 13 juillet 2006 ratifie et complète sur certains points l'ordonnance du 15 décembre 2005 relative à la lutte contre l'habitat insalubre ou dangereux.

Enfin, les conditions d'application de ces nouvelles dispositions ont été définies par le décret no 2006-1359 du 8 novembre 2006.

Art. L. 511-1 Le maire peut prescrire la réparation ou la démolition des murs, bâtiments ou édifices quelconques lorsqu'ils menacent ruine et qu'ils pourraient, par leur effondrement, compromettre la sécurité ou lorsque, d'une façon générale, ils n'offrent pas les garanties de solidité nécessaires au maintien de la sécurité publique *(Ord. no 2005-1566 du 15 déc. 2005, art. 4-I)* **« , dans les conditions prévues à l'article L. 511-2. Toutefois, si leur état fait courir un péril imminent, le maire ordonne préalablement les mesures provisoires indispensables pour écarter ce péril, dans les conditions prévues à l'article L. 511-3 ».**

Il peut faire procéder à toutes visites qui lui paraîtront utiles à l'effet de vérifier l'état de solidité de tout mur, bâtiment et édifice.

Toute personne ayant connaissance de faits révélant l'insécurité d'un immeuble est tenue de signaler ces faits au maire, qui peut recourir à la procédure des articles ci-après. – *V. art. R. 511-1.*

A. CHAMP D'APPLICATION DE LA LÉGISLATION

1o NOTION D'IMMEUBLE

1. Exclusion des immeubles non bâtis. La législation des immeubles menaçant ruine ne s'applique pas aux glissements de terrains. • CE 9 nov. 1973, *Cne de Meudon : Lebon 633*. ♦ ... Ni à l'éboulement d'un talus. • CE 5 janv. 1979, *Ville de Lyon : Lebon T. 654*. ♦ ... Ni à une falaise en surplomb. • CE 8 oct. 1954, *Veau et Vaté : Lebon 519.* ♦ ... Ni aux arbres bordant la voie publique. • CE 20 janv. 1956 : *Préfet de police c/ Brionnet : Lebon 25* • TA Bordeaux, 21 avr. 1988 : *LPA 14 nov. 1988, no 137, p. 2, note Laveissière.* ♦ ... Ni aux éboulements de blocs rocheux d'un terrain ne supportant aucun bâtiment. • CAA Marseille, 2 mars 2006, *SCI Saint-Christophe : req. no 02MA00595.* ♦ La non-conformité des installations électrique et de gaz qui n'affecte pas, par elle-même, la solidité de l'immeuble ne relève pas du champ d'application de l'art. L. 511-1. • CAA Nancy, 4 août 2005, *M. J. : req. no 04NC00895.*

2. Notion d'immeuble bâti. Une stèle funéraire est un édifice au sens de l'art. L. 511-1 bien qu'il ne soit pas destiné à l'habitation. • CE 23 juin 1976, *Tony : Lebon T. 1038*. ♦ Il en va de même des murs de soutènement d'un bâtiment. • CE 23 mars 1988 *Moreau : Lebon T. 980*. ♦ Une construction en cours d'édification peut relever de ces dispositions. • CE 15 janv. 1986, *Haas : req. no 59166.*

3. Bâtiments et ouvrages publics. La propriété publique ne fait pas échec à l'application de l'art. L. 511-1. Toutefois, s'agissant des propriétés communales, le Conseil d'État considère que le maire, autorité de police, ne peut s'adresser à lui-même, en tant que gérant du domaine communal, des injonctions. • CE 27 nov. 1963, *Capdepont : Lebon 585.* ♦ La procédure de l'art. L. 511-3, se déroulant, par sa nature même, entre le maire chargé de veiller à la sécurité publique et le propriétaire d'un immeuble menaçant ruine, ne peut légalement s'appliquer à un mur ayant le caractère d'une dépendance de la voie publique dont il est un accessoire indispensable. • CE 10 avr. 2009, *Honoré A. : req. nº 309101.*

4. Monuments historiques. Les dispositions de la loi du 31 déc. 1913 ne font pas obstacle à la mise en œuvre des pouvoirs prévus à l'art. L. 511-1 du CCH en cas de péril non imminent, dès lors que les services compétents du ministère de la culture ont donné leur consentement aux travaux préconisés par l'arrêté de péril. • CAA Nantes, 6 févr. 2003, *Ville de Nantes,* req. nº 02NT00092 : *Lebon T. 889 ; AJDA 2003. 844, note Millet.* ♦ L'art. R. 430-26 C. urb. impose l'avis préalable de l'architecte des bâtiments de France pour tout immeuble inscrit sur l'inventaire des monuments historiques. Le défaut de recueil de cet avis entache la procédure d'irrégularité. • CAA Marseille, 28 août 2002, *Cne de Saint-André : req. nº 01MA01852.*

2º MENACE DE RUINE

a. Notion de péril

5. Caractères du péril. Le péril peut être constitué par une menace d'effondrement. • CE 3 mars 1976, *Ville de Nogent-le-Roi : Lebon T. 794.* ♦ Ce péril doit être réel. • CE 11 janv. 1961, *Guillous : Lebon T. 962.* ♦ Le péril n'est pas nécessairement imminent. • CE 30 mars 1984, *Wolff : LPA 5 oct. 1984, p. 7, concl. P.A. Jeanneney.* ♦ Les risques éventuels peuvent résider dans la possibilité d'occupation des locaux par des personnes qui seraient alors exposées à un danger d'effondrement. • CE 26 juill. 1982, *Bonnet : req. nº 21886.* ♦ Si l'urgence et le péril ne sont pas constatés, l'exécution d'office des travaux litigieux, sans que soient respectées les dispositions des art. L. 511-1 s., ne peut être ordonnée. • Civ. 1re, 11 févr. 1997 : *Bull. civ. I, nº 58.*

6. Causes du péril. Les procédures de péril ou de péril imminent doivent être mises en œuvre lorsque le danger provoqué par un immeuble provient à titre prépondérant de causes qui lui sont propres. Elles ne peuvent s'appliquer pour faire cesser le péril causé par le risque d'effondrement d'une ancienne carrière située sous un immeuble. • CE 27 juin 2005, *Ville d'Orléans,* req. nº 262199 : *Lebon T. 995 ; AJDA 2005. 1647.* ♦ Il appartient au juge de rechercher si le danger menaçant l'immeuble faisant l'objet de la procédure de péril résultait d'une cause extérieure à celui-ci ou d'une cause qui lui était propre sans avoir à examiner si le danger est ou non d'origine naturelle. • Même arrêt. ♦ A propos d'un glissement du sous-sol, cause prépondérante de l'état de péril qui ne constitue pas une cause propre à l'immeuble. • CE 31 mars 2006, *Pérone,* req. nº 279664 : *Lebon T. 985 ; AJDA 2006. 1680, concl. Chauvaux ; Constr.-Urb. 2006, nº 23, obs. Cornille.* ♦ Les travaux effectués sur un immeuble peuvent provoquer un danger propre à l'immeuble. • CE 19 mars 2010, *Cne de l'Isle-Adam : req. nº 308966.* ♦ Lorsqu'un immeuble ou partie d'immeuble présente un état de dégradation entrant dans le champ d'application de l'art. L. 511-1, le maire peut prendre à l'encontre du propriétaire de cet immeuble ou partie d'immeuble un arrêté de péril alors même que l'immeuble ou partie d'immeuble serait le soutien d'un immeuble appartenant à un autre propriétaire et que le risque pour la sécurité résulterait de l'effondrement de ce dernier. • CE 18 févr. 2010, *Cne de Clermont-Ferrand,* req. nº 318135 : *Lebon T. 878 ; AJDA 2010. 363, note Royer.* ♦ Le maire ne peut faire usage des pouvoirs qu'il tient de l'art. L. 511-1 pour prévenir les risques qui résulteraient d'un incendie et non pas ceux qui résulteraient d'un défaut de solidité de l'immeuble. • CE 17 oct. 2011, *Cne de Bourg-Saint-Maurice : req. nº 336948.*

b. Menace pour la sécurité publique

7. La notion de « danger pour la sécurité publique » est placée sous le contrôle du juge administratif. • CE 10 févr. 1958, *Sté de la Puisaye : Lebon T. 853.* ♦ Les motifs tenant à la salubrité publique et au risque d'incendie ne sont pas au nombre de ceux qui permettent au maire de faire usage des pouvoirs qu'il tient de l'art. L. 511-1. • CE 30 nov. 2007, *Philippe A.,* req. nº 294768 : *Lebon T. 1039 ; AJDA 2007. 2288.* ♦ L'intervention du maire n'est pas limitée au cas où le danger à prévenir peut affecter la voie publique mais s'étend également au cas où l'état d'un immeuble entraîne des risques d'effondrement en n'offrant pas les garanties de solidité nécessaires et compromet ainsi la sécurité de toute personne qui viendrait à pénétrer dans la propriété du fait que l'accès n'en serait pas efficacement interdit. • CE 18 févr. 1955, *Ville de Nanterre : D. 1955. 205, concl. Laurent ; RDP 1955. 979, note M. Waline* • CAA Paris, 25 févr. 1999, *Synd. des copropriétaires de l'immeuble sis 49 rue Myrha : req. nº 95PA02112.*

3º POUVOIR DE POLICE GÉNÉRALE ET POLICE SPÉCIALE DES IMMEUBLES MENAÇANT RUINE

8. Les pouvoirs de police générale reconnus au maire par les art. L. 2212-2 et L. 2212-4 CGCT s'exercent dans l'hypothèse où le danger menaçant un immeuble résulte d'une cause qui lui est extérieure. En présence d'une situation d'extrême urgence créant un péril particulièrement grave et imminent, le maire peut, quelle que soit la cause du danger, faire légalement usage de ses pouvoirs de police générale, et notamment prescrire l'exécution des mesures de sécurité qui sont nécessaires et appropriées. • CE 10 oct. 2005, *Cne de Badinières*, req. nº 259205 : *Lebon 425 ; AJDA 2006. 362, Chron. Landais et Lenica*. ♦ La méconnaissance du champ d'application de la loi constitue un moyen d'ordre public. • CAA Bordeaux, 30 avr. 2002, *Cne de Baurech : req. nº 99BX01216.*

B. POUVOIRS DE L'AUTORITÉ ADMINISTRATIVE

1º AUTORITÉ COMPÉTENTE

9. Compétence du maire. La compétence appartient en principe au maire, en vertu de ses pouvoirs de police, et non au conseil municipal. • CE 4 juill. 1980, *Bontemps : req. nº 15109.* ♦ La mise en œuvre de cette police spéciale est susceptible d'engager la responsabilité de la commune. • CE 13 févr. 1991, *Préfet de police c/ Copropriétaires du 48 de la rue Greneta : req. nº 62649.* ♦ Le maire est compétent même dans les communes où a été instituée une police d'État. • CE 24 juill. 1987, *Ville de Lyon : Lebon 273*. ♦ A Paris, la compétence est attribuée au Préfet de police. • CE 31 mai 1985, *Ville de Paris c/ De Ribes : Lebon 122.* ♦ Celui-ci agit néanmoins pour le compte de la commune. • CE 6 mars 1987, *Sté des établissements Roth : Lebon 87 ; Dr. adm. 1987, nº 248.*

10. Carence du maire. Le juge des référés peut, en l'absence de contestation sérieuse, enjoindre à une commune de prendre les mesures conservatoires de nature à faire cesser un dommage grave et immédiat imputable à la carence du maire. • CE 8 mars 2010, *M. A.*, req. nº 331115 : *Lebon 68 ; AJDA 2010. 473*. ♦ De même, le juge peut ordonner à la commune, sous astreinte, de réaliser d'office les travaux nécessaires à la cessation du péril sans que puisse y faire obstacle la difficulté d'identifier le propriétaire du bâtiment concerné. • CE 4 févr. 2011, *M. A.*, req. nº 342057 : *AJCT 2011. 196, obs. Coronat*. ♦ La responsabilité du maire est engagée pour faute simple en cas de carence dans l'exercice de ses pouvoirs. Il en va ainsi alors que le caractère dangereux de l'immeuble est connu du maire et qu'il s'abstient pendant plus de quatre ans de prendre les mesures utiles. • CE 27 sept. 2006, *Cne de Baalon*, req. nº 284022 : *Lebon T. 1061 ; AJDA 2007. 385 ; BJCL 2006. 838, concl. Olson ; JCP Adm. 2006. 1305.* ♦ La responsabilité de la commune ne saurait être écartée du fait de l'ignorance dans laquelle se serait trouvé le maire de l'identité des propriétaires de l'immeuble qui s'est effondré. • CE 31 mars 1989, *Cne de Manoscue : req. nº 56145.* ♦ Dans la mesure où les désordres constatés ne présentent pas un danger, la responsabilité de la commune ne saurait être engagée. • CAA Lyon, 13 févr. 1997, *Bonomi*, req. nº 95LY00362 : *Gaz. Pal. 28-30 juin 1998. Pan. ; Dr. adm. 102.* ♦ L'opposition du maire à la réalisation des travaux nécessaires constitue une faute de nature à engager la responsabilité de la commune. • CE 30 mars 2009, *Cne de Lamalou-les-Bains : req. nº 293498.* ♦ Le lien de causalité est établi entre la carence du maire et le préjudice constitué par l'obligation pour le requérant de quitter son domicile en raison du risque d'écroulement du bâtiment voisin. • CAA Nantes, 15 déc. 2009, *M. C. : req. nº 09NT00295.* ♦ Même si le péril n'est pas imminent, le retard mis par le maire pour faire cesser le danger constitue une faute de nature à engager la responsabilité de la commune. • CAA Nantes, 4 nov. 2011, *Mme X. : req. nº 10NT00560.*

2º NATURE DES POUVOIRS

11. Droit de visite. Les mesures de vérification de l'état de solidité de l'immeuble ne sont pas des décisions susceptibles de recours contentieux. • TA Paris, 3 mars 1964, *Terrassier : AJDA 1965. II. 121.*

12. Arrêté de péril ordinaire. A la différence de la procédure de péril imminent prévue par l'art. L. 511-3, l'arrêté de péril ordinaire peut légalement se borner à prescrire aux propriétaires de prendre les mesures indispensables pour faire cesser le péril sans avoir à décrire les mesures nécessaires. • CAA Douai, 29 juin 2000, *Mazet : req. nº 99DA00623.* ♦ Sur les critères à prendre en considération entre les travaux de réparation et de reconstruction. • CE 13 juin 1958, *Barbier : Lebon 349 ; AJDA 1958. 68, concl. Braibant.* ♦ Les travaux ordonnés doivent être adaptés au péril. • CE, ass., 22 juin 1951, *Chevallier-Tedeschi : Lebon 363 ; D. 1952. 5, note P. Weil* • CE 30 mars 1984, *Wolff : préc. note 5.* ♦ L'arrêté de péril ne doit ordonner la démolition que si les travaux de réparation ne sont pas de nature à faire cesser le péril. • CE 31 janv. 1934, *Duviquet : Lebon 144* • CE 28 mai 1975, *Les Briqueteries Lepage : Lebon 315 ; AJDA 1975. 466.* ♦ Un arrêté de péril ordinaire n'est pas susceptible de justifier légalement que la commune entreprenne d'office des travaux de murage d'un appartement insalubre pour en interdire l'accès. • CE 12 mai 2010, *Louis A.*, req. nº 333565 : *Lebon T. 904 ; AJDA 2010. 1057.*

C. IRRESPONSABILITÉ DU FAIT DES LOIS

13. Absence de responsabilité sans faute. Un particulier, dont l'immeuble fait l'objet des procédures d'arrêtés de péril ne peut pas se prévaloir du principe d'égalité des citoyens devant les charges publiques pour demander la condamnation de l'État à lui accorder réparation du préjudice qu'il aurait subi du fait de la mise en œuvre des mesures prises par la commune, dès lors que ces mesures résultent, en tout état de cause, d'obligations qui lui incombent en sa qualité de propriétaire du bien concerné. • CAA Paris, 13 mai 2004, *Lopes*, req. nº 01PA02537 : *Lebon T. 792.*

14. Conventionnalité de la police des immeubles menaçant ruine. La Cour européenne des droits de l'homme considère que les mesures prises par les autorités administratives pour parer aux dangers résultant d'immeubles menaçant ruine répondent *a priori* à des objectifs d'utilité publique et à un but d'intérêt général. • CEDH 22 sept. 2005, *SCP la Providence c/ France : req. nº 78070/01.* ♦ Toutefois une erreur de droit entièrement imputable aux autorités et portant sur la propriété du bien faisant l'objet d'un arrêté de péril peut entraîner une violation du droit au respect des biens. • CEDH 27 juin 2006, *Mazelie c/ France : req. nº 5356/04.*

15. Responsabilité pour faute. Si l'illégalité externe qui entache une décision de police prononcée à l'encontre de l'exploitant d'un établissement accueillant du public constitue une faute de nature à engager la responsabilité de la collectivité, une telle faute ne peut donner lieu à réparation du préjudice subi par l'exploitant lorsque, les circonstances de l'espèce étant de nature à justifier légalement la décision de police, le préjudice allégué ne peut être regardé comme la conséquence directe du vice dont cette décision est entachée. • CAA Bordeaux, 7 juin 2011, *M. A. : req. nº 09BX01077l.* ♦ Si le riverain d'un ouvrage public qui a engagé des dépenses sur le fondement d'un arrêté de péril illégal est fondé à réclamer, en raison du caractère fautif d'un tel arrêté, la réparation du dommage imputable à cette faute, il est, en tout état de cause, fondé à demander le remboursement de celles de ses dépenses qui ont été utiles à la collectivité auteur de la décision illégale. • CAA Marseille, 3 oct. 2011, *Cne de Villeneuve-Lez-Avignon : req. nº 09MA01186.*

Art. L. 511-1-1 *(L. nº 2000-1208 du 13 déc. 2000, art. 179-1º ; Ord. nº 2005-1566 du 15 déc. 2005, art. 4-II)* **« Tout arrêté de péril pris en application de l'article L. 511-1 » est notifié aux propriétaires et aux titulaires de droits réels immobiliers sur les locaux, tels qu'ils figurent au fichier immobilier** *(Abrogé par Ord. nº 2010-638 du 10 juin 2010, art. 13-IV, à compter du 1er janv. 2013)* ***« de la conservation des hypothèques »*****. Il est également notifié, pour autant qu'ils sont connus, aux titulaires de parts donnant droit à l'attribution ou à la jouissance en propriété des locaux, aux occupants et, si l'immeuble est à usage total ou partiel d'hébergement, à l'exploitant. Lorsque les travaux prescrits ne concernent que les parties communes d'un immeuble en copropriété, la notification aux copropriétaires est valablement faite au seul syndicat de la copropriété.**

A défaut de connaître l'adresse actuelle des personnes visées au premier alinéa ou de pouvoir les identifier, la notification les concernant est valablement effectuée par affichage à la mairie de la commune ou, à Paris, Marseille et Lyon, de l'arrondissement où est situé l'immeuble ainsi que par affichage sur la façade de l'immeuble.

Cet arrêté reproduit le premier alinéa de l'article L. 521-2.

A la demande du maire, l'arrêté prescrivant la réparation ou la démolition de l'immeuble menaçant ruine est publié *(Ord. nº 2010-638 du 10 juin 2010, art. 13-IV, en vigueur le 1er janv. 2013)* **« au fichier immobilier** *[ancienne rédaction : à la conservation des hypothèques]* **»** *(Ord. nº 2005-1566 du 15 déc. 2005, art. 4-II)* **« ou au livre foncier » dont dépend l'immeuble pour chacun des locaux aux frais du propriétaire.**

COMMENTAIRE

Avant l'entrée en vigueur de la loi solidarité et renouvellement urbains du 13 décembre 2000, la juridiction administrative imposait, dans l'hypothèse d'une copropriété ou d'une indivision, que tous les propriétaires soient mis en cause. Désormais, une simple notification au syndic suffit lorsque seules les parties communes de l'immeuble sont visées. ❑

1. Litiges sur la propriété. En cas de difficulté sérieuse quant à la qualité de propriétaire, le juge doit surseoir à statuer jusqu'à ce que le juge judiciaire se prononce. • CE 25 mai 1994, *Besset : req. n° 110923.* ♦ Le tribunal administratif ne tranche pas une question de propriété en estimant qu'un jugement d'expulsion ne permet pas aux requérants de justifier qu'ils ne seraient pas propriétaires du bâtiment visé par l'arrêté de péril. • CE 25 mars 2009, *Bernard A. : req. n° 308965.* ♦ La question de la validité de la renonciation à une succession relève de la compétence exclusive du juge judiciaire. • CAA Douai, 5 juin 2001, *Mme Ambrass-Héry : req. n° 00DA01105.* ♦ Lorsque la contestation du droit de propriété n'est pas sérieusement étayée, le juge administratif passe outre. • CAA Paris, 10 avr. 1990, *Ouidir : req. n° 89PA01282.* ♦ En l'absence de tout titre privé invoqué à l'égard de la propriété, il appartient au juge administratif de se prononcer sur l'existence, l'étendue et les limites du domaine public, même en l'absence d'acte administratif délimitant ce domaine. • CAA Douai, 25 mai 2000, *Min. délégué au budget : req. n° 96DA00955.* ♦ Le juge administratif est compétent pour examiner la domanialité publique du bien sans avoir à surseoir à statuer sur le litige jusqu'à ce que les tribunaux de l'ordre judiciaire se soient prononcés sur une question préjudicielle de propriété. • CAA Paris, 24 janv. 2002, *Mme Biord-Genest : req. n° 01PA00276.* ♦ Cette question ne peut pas être remise à l'opinion d'un expert. • CE 23 mars 1988, *Moreau : Gaz. Pal. 1988. 2. 500.*

2. Copropriétés. Dans l'hypothèse d'un immeuble placé sous le régime de la copropriété ou en indivision, tous les propriétaires doivent être mis en cause. • CE 2 nov. 1960, *Mohamed Ben Othmane : Lebon 581.* ♦ Le caractère contradictoire de la procédure ne peut être respecté que si l'autorité administrative et le tribunal administratif mettent en cause tous les propriétaires intéressés. • CAA Paris, 18 nov. 1999, *Préfet de police de Paris : req. n° 99PA00003.* ♦ Il n'appartient pas à la juridiction administrative de déterminer les éventuelles responsabilités de chacun des copropriétaires. En revanche, une notification aux locataires ou occupants de l'immeuble concerné n'est pas nécessaire. • CE 7 juill. 1993, *SARL Sotrabat : req. n° 116012* • CAA Paris, 6 avr. 1999, *Kaddour : req. n° 95PA00773.* ♦ Dès lors que l'administration avait entrepris toute diligence pour retrouver l'adresse de certains copropriétaires, les recherches n'ayant pas abouti, le fait que l'arrêté n'ait pas été notifié à certains copropriétaires ne vicie pas la procédure. • CE 12 mars 1975, *Préfet de police : Lebon 187* • 20 nov 1991, *Cne de Vans : req. n° 100224.* ♦ ... Ni lorsque l'intéressé omet de retirer son courrier laissé en instance au bureau de poste. • CE 7 oct. 1988, *Immery : req. n° 80891.*

3. Mentions. L'acte de notification doit comporter indication des voies de recours, sinon le délai du recours ne court pas à l'encontre du destinataire. • CE 20 mars 1992, *Cne d'Arcueil : req. n° 115504.*

4. Notification au propriétaire. Dès lors qu'une société ne figure pas parmi les propriétaires de l'immeuble en cause au livre foncier, elle n'a pas à être mise en cause. • CAA Nancy, 10 mai 2004, *Synd. des copropriétaires de l'immeuble ... : req. n° 02NC00507.* ♦ Même si le maire n'a pu parvenir à faire notifier par huissier l'arrêté de péril au propriétaire à la dernière adresse connue de son siège social, la procédure est régulière le maire ayant procédé à des recherches pour connaître son représentant légal ou statutaire en fonction et informé l'association occupante d'une partie de l'ensemble immobilier ainsi que les personnes susceptibles d'avoir des liens avec les actionnaires ou leurs ayants cause, des dangers de l'immeuble et des procédures engagées. • CAA Lyon, 20 mars 2001, *Cne d'Autun : req. n° 95LY21941.* ♦ La circonstance que, les recherches des autres héritiers n'ayant pu aboutir malgré les diligences de l'administration, l'arrêté n'a été notifié qu'à une partie des héritiers de la succession ne vicie pas la procédure de péril mise en œuvre. • CAA Nantes, 1er août 2002, *Ville du Mans : req. n° 01NT00398.* ♦ S'agissant d'un bien appartenant à une section de commune, la notification doit être adressée au propriétaire du bien sectionnal en cause et non aux habitants de la section, lesquels en ont seulement la jouissance. • CAA Lyon, 10 avr. 2012, *Section de commune de Rilhac : req. n° 11LY00340.*

Art. L. 511-2 *(Ord. n° 2005-1566 du 15 déc. 2005, art. 5)* **I. — Le maire, à l'issue d'une procédure contradictoire dont les modalités sont définies par décret en Conseil d'État, met le propriétaire de l'immeuble menaçant ruine, et le cas échéant les personnes mentionnées au premier alinéa de l'article L. 511-1-1, en demeure de faire dans un délai déterminé, selon le cas, les réparations nécessaires pour mettre fin durablement au péril ou les travaux de démolition, ainsi que, s'il y a lieu, de prendre les mesures indispensables pour préserver les bâtiments** *(L. n° 2009-323 du 25 mars 2009, art. 92)* **« contigus ».**

Si l'état du bâtiment, ou d'une de ses parties, ne permet pas de garantir la sécurité des occupants, le maire peut assortir l'arrêté de péril d'une interdiction d'habiter et d'utiliser les lieux qui peut être temporaire ou définitive. Les dispositions des articles L. 521-1 à L. 521-4 sont alors applicables.

Cet arrêté précise la date d'effet de l'interdiction, qui ne peut être fixée au-delà d'un an si l'interdiction est définitive, ainsi que la date à laquelle le propriétaire ou l'exploitant des locaux d'hébergement doit avoir informé le maire de l'offre d'hébergement ou de relogement qu'il a faite aux occupants en application de l'article L. 521-3-1.

II. — La personne tenue d'exécuter les mesures prescrites par l'arrêté de péril peut se libérer de son obligation par la conclusion d'un bail à réhabilitation. Elle peut également conclure un bail emphytéotique ou un contrat de vente moyennant paiement d'une rente viagère, à charge pour les preneurs ou débirentiers d'exécuter les travaux prescrits et d'assurer, le cas échéant, l'hébergement des occupants. Les parties peuvent convenir que l'occupant restera dans les lieux lorsqu'il les occupait à la date de l'arrêté de péril.

III. — Sur le rapport d'un homme de l'art, le maire constate la réalisation des travaux prescrits ainsi que leur date d'achèvement et prononce la mainlevée de l'arrêté de péril et, le cas échéant, de l'interdiction d'habiter et d'utiliser les lieux.

L'arrêté du maire est publié *(Ord. n° 2010-638 du 10 juin 2010, art. 13-IV, en vigueur le 1er janv. 2013)* **« au fichier immobilier** *[Ancienne rédaction : à la conservation des hypothèques]* **» ou au livre foncier dont dépend l'immeuble pour chacun des locaux, à la diligence du propriétaire et à ses frais.**

IV. — Lorsque l'arrêté de péril n'a pas été exécuté dans le délai fixé, le maire met en demeure le propriétaire d'y procéder dans un délai qu'il fixe et qui ne peut être inférieur à un mois.

A défaut de réalisation des travaux dans le délai imparti, le maire, par décision motivée, fait procéder d'office à leur exécution. Il peut également faire procéder à la démolition prescrite, sur ordonnance du juge statuant en la forme des référés, rendue à sa demande.

Si l'inexécution de travaux prescrits portant sur les parties communes d'un immeuble en copropriété résulte de la défaillance de certains copropriétaires *(L. n° 2009-323 du 25 mars 2009, art. 92)* **« , sur décision motivée du maire, » la commune peut se substituer à ceux-ci** *(L. n° 2006-872 du 13 juill. 2006, art. 44-III-6°)* **« pour les sommes exigibles à la date votée par l'assemblée générale des copropriétaires » ; elle est alors subrogée dans les droits et actions du syndicat à concurrence des sommes par elle versées.**

Lorsque la commune se substitue au propriétaire défaillant et fait usage des pouvoirs d'exécution d'office qui lui sont reconnus, elle agit en lieu et place des propriétaires, pour leur compte et à leurs frais.

Les dispositions du quatrième alinéa de l'article L. 1334-4 du code de la santé publique sont applicables.

Les dispositions de l'art. 5 de l'Ord. n° 2005-1566 du 15 déc. 2005 sont en vigueur depuis le 1er oct. 2006 (Ord. préc., art. 14).

V. Circ. du 28 mai 2009 relative à la L. n° 2009-323 du 25 mars 2009. — Parc privé (BOMEEDDM n° 2009/12, p. 62).

COMMENTAIRE

La nouvelle procédure de péril « ordinaire » mise en place par l'ordonnance n° 2005-1566 du 15 décembre 2005 est considérablement allégée. Une procédure contradictoire doit précéder l'édiction de l'arrêté de péril.

L'arrêté comprend, en cas de danger, les interdictions d'habiter ou d'utiliser les lieux ainsi que la date à laquelle le propriétaire doit avoir fait connaître au maire l'offre d'hébergement ou de relogement faite aux occupants de façon à permettre à la commune d'assurer, en cas de défaillance du propriétaire, leur hébergement ou leur relogement dans les délais prévus par l'arrêté.

Le régime des travaux d'office est simplifié, puisque le maire peut, après mise en demeure, faire réaliser les travaux prescrits, sans recours préalable à un juge. En cas de difficulté pour effectuer ces travaux, le maire pourra, dans les conditions de droit commun, s'adresser au juge judiciaire qui statuera en référé. De même l'autorisation du juge judiciaire reste requise préalablement à la démolition d'office.

Enfin lorsque des travaux seront réalisés d'office dans des locaux squattés, la charge financière finale sera reportée sur l'État, les dispositions de l'article L. 1334-4 du code de la santé publique étant rendues applicables. ❑

1. Il résulte tant des termes de l'art. L. 511-2 que de l'objet de la mesure qui est la démolition d'un immeuble par exécution forcée, que le législateur a donné compétence au juge judiciaire statuant en la forme des référés pour autoriser le maire de la commune à procéder d'office, dans le cadre de la procédure de péril ordinaire, à la démolition d'un immeuble menaçant ruine. • T. confl. 14 déc. 2009, *Sté d'HLM pour Paris et sa région c/ Dumez Ile-de-France*, req. nº 3716 : *Lebon 592 ; AJDA 2010. 973*. ♦ Par conséquent, le juge administratif est incompétent pour autoriser cette démolition. • CE 9 oct. 2009, *Bassetti : req. nº 310528.*

2. La procédure de péril relève du plein contentieux. En conséquence, pour apprécier la légalité de l'arrêté de péril prescrivant la démolition, le juge se place au jour de sa décision. • CE 18 déc. 2009, *SCI RAMIG*, req. nº 315537 : *Lebon T. 663 ; AJDA 2009 2429 ; ibid. 2010. 690, concl. Thiellay*.

Décret nº 2006-1359 du 8 novembre 2006,

Relatif à la lutte contre l'habitat insalubre ou dangereux et à la sécurité des immeubles collectifs d'habitation.

Art. 7 Lorsqu'un arrêté de péril a été pris avant le 1er octobre 2006 et qu'il n'a pas été soumis, en application du troisième alinéa de l'article L. 511-2 du code de la construction et de l'habitation dans sa rédaction en vigueur avant cette date, au tribunal administratif en vue de son homologation ou que cette demande d'homologation a fait l'objet d'un non-lieu, le maire, s'il constate que le péril n'a pas cessé, invite le propriétaire et les titulaires de droits réels immobiliers à présenter leurs observations sur les mesures prescrites par l'arrêté dans un délai qu'il fixe et qui ne peut être inférieur à un mois.

Le maire est réputé avoir satisfait à cette obligation lorsqu'il a invité les propriétaires et titulaires de droits réels immobiliers tels qu'ils figurent au fichier immobilier *(Abrogé par Décr. nº 2012-1462 du 26 déc. 2012, art. 37-IX) « de la conservation des hypothèques »* ou au livre foncier.

A l'issue de cette procédure, le maire notifie le délai imparti pour l'exécution des travaux et peut, le cas échéant, prendre un arrêté portant interdiction temporaire ou définitive d'habiter ou d'utiliser les lieux.

Ancien art. L. 511-2 (L. nº 2000-1208 du 13 déc. 2000, art. 179-2º) ***« Dans les cas prévus au premier alinéa de l'article L. 511-1, le propriétaire est mis en demeure d'effectuer dans un délai déterminé les travaux de réparation ou de démolition de l'immeuble menaçant ruine et, si le propriétaire conteste le péril, de faire commettre un expert chargé de procéder, contradictoirement et au jour fixé par l'arrêté, à la constatation de l'état du bâtiment et de dresser rapport. »***

Si, au jour indiqué, le propriétaire n'a point fait cesser le péril et s'il n'a pas cru devoir désigner un expert, il sera passé outre et procédé à la visite par l'expert seul nommé par l'administration.

Le tribunal administratif, après avoir entendu les parties dûment convoquées conformément à la loi, statue sur le litige de l'expertise, fixe, s'il y a lieu, le délai pour l'exécution des travaux ou pour la démolition. Il peut autoriser le maire à y faire procéder d'office et aux frais du propriétaire si cette exécution n'a pas eu lieu à l'époque prescrite.

(L. nº 2000-1208 du 13 déc. 2000, art. 179-2º) *« En outre, lorsque le tribunal administratif a constaté l'insécurité de l'immeuble, le maire peut prendre un arrêté portant interdiction d'habiter et d'utiliser les lieux. Cet arrêté précise si cette interdiction est applicable immédiatement ou à l'expiration d'un délai qu'il fixe et qui ne peut excéder six mois ; il est notifié aux personnes visées au premier alinéa de l'article L. 511-1-1 selon les modalités fixées par cet article. Il reproduit les dispositions des articles L. 521-1 à L. 521-3. A la demande du maire, il est publié à la conservation des hypothèques dont dépend l'immeuble pour chacun des locaux aux frais du propriétaire.*

« L'arrêté prescrivant la réparation ou la démolition du bâtiment menaçant ruine et l'arrêté portant interdiction d'habiter et d'utiliser les lieux sont transmis au procureur de la République, aux organismes payeurs des allocations de logement et de l'aide personnalisée au logement du lieu de situation de l'immeuble ainsi qu'au gestionnaire du fonds de solidarité pour le logement du département.

« Sur le rapport d'un homme de l'art constatant la réalisation des travaux prescrits, le maire, par arrêté, prend acte de la réalisation des travaux, de leur date d'achèvement et prononce la mainlevée de l'arrêté prescrivant la réparation ou la démolition de l'immeuble menaçant ruine et, le cas échéant, celle de l'interdiction d'habiter et d'utiliser les lieux. Cet arrêté est notifié aux personnes visées au premier alinéa de l'article L. 511-1-1 selon les modalités fixées par cet article. Il reproduit les dispositions des articles L. 521-1 à L. 521-3. A la demande du propriétaire et aux frais de celui-ci, il est publié à la conservation des hypothèques dont dépend l'immeuble pour chacun des locaux.

« La personne tenue d'exécuter les travaux prescrits peut se libérer de cette obligation en les réalisant dans le cadre d'un bail à réhabilitation prévu aux articles L. 252-1 et suivants.

« Elle peut aussi conclure sur le bien concerné un bail emphytéotique ou un contrat de vente moyennant paiement d'une rente viagère, à charge pour les preneur ou débirentier d'exécuter les travaux prescrits. Dans tous les cas, il peut être convenu que cette personne restera dans les lieux lorsqu'elle les occupait à la date de l'arrêté prescrivant la réparation ou la démolition de l'immeuble menaçant ruine. »

Dern. al. abrogé par L. nº 83-440 du 2 juin 1983, art. 5.

1º L'EXPERTISE

1. *Mention obligatoire.* Le maire est tenu, sous peine d'irrégularité de la procédure, de mentionner dans l'arrêté de péril qu'en cas de contestation, les propriétaires peuvent désigner un expert chargé, avec l'expert de la commune, de procéder à l'expertise contradictoire. • CAA Nancy, 19 mars 1992, *Cochard-Gury*, req. nº 91NC00126 : *Lebon T. 1165*.

2. *Date de l'expertise.* La date fixée pour l'expertise par l'arrêté de péril peut être antérieure à celle de l'expiration du délai accordé au propriétaire pour effectuer les travaux. • CAA Paris, 5 nov. 1996, *Cne de Puteaux*, req. nº 94PA01179 : *Lebon T. 1058 ; Gaz. Pal. 27-28 févr. 1998, Pan. ; Dr. adm. 12.* ♦ L'art. L. 511-2 n'impose pas la réalisation d'une expertise préalablement à l'intervention d'un arrêté pris sur son fondement. • CE 10 juill. 2009, *Jacques A. : req. nº 296693.*

3. *Validité de l'expertise.* L'expertise est valable même si le propriétaire n'a pas laissé l'expert pénétrer dans l'immeuble, dès lors qu'elle a été régulièrement diligentée. • CE 28 juin 1961, *Origoni : Lebon T. 962.* ♦ Le tribunal n'est pas tenu d'ordonner une expertise complémentaire même si l'expertise préalable s'est déroulée en dehors de la présence du propriétaire. • CE 22 avr. 1982, *Dupin : req. nº 30269.* ♦ Il peut statuer légalement au vu du seul rapport de l'expert désigné par l'administration si l'intéressé a négligé de désigner son expert, et n'est pas tenu alors d'ordonner une vérification complémentaire. • CAA Nancy, 3 juill. 1990, *Bouchta Chahed : req. nº 89NC01364.* ♦ L'expert peut se référer à une précédente expertise concernant le même édifice. • CAA Paris, 31 mars 1994, *Viguet-Pouppeloz : req. nº 93PA00329.* ♦ Le référé administratif ne peut être utilisé pour obtenir une expertise d'urgence. • CAA Nancy, 19 mars 1991, *Nicolas : req. nº 90NC00203 ; Gaz. Pal. 1992. 1. Somm. 62.* ♦ La demande d'un particulier tendant à ce que le tribunal administratif désigne un expert afin d'examiner l'état d'un édifice menaçant ruine appartenant à un tiers n'est pas recevable, même en référé, si elle a pour seul objet de mettre en œuvre, à la place du maire, la procédure prévue à l'art. L. 511-2 du CCH. • CAA Marseille, 15 mai 2001, *Serra : req. nº 99MA02426.* ♦ La procédure doit être considérée comme ayant été organisée suivant un mode contradictoire alors même que le maire a rejeté la demande de la requérante tendant à ce que la vérification de l'état de l'immeuble soit reportée en raison de l'absence de son expert. • CAA Bordeaux, 6 juill. 2004, *Mme X. : req. nº 01BX00129.*

2º LE CONTRÔLE DE L'ARRÊTÉ DE PÉRIL

4. Le tribunal administratif statue dans le cadre du plein contentieux. Il peut annuler l'arrêté de péril. • CE 10 févr. 1958, *De La Puisaye : Lebon T. 853.* ♦ Lorsque le tribunal est saisi par le propriétaire d'une demande dirigée contre l'arrêté de péril, mais que le maire n'a pas transmis au tribunal ce dernier, le tribunal est appelé alors à se prononcer non en tant que juge de plein contentieux mais en qualité de juge de l'excès de pouvoir. • CE 27 avr. 2007, *M. Lipinski,* req. nº 274992 : *Lebon T. 1046 ; AJDA 2007. 940 ; BJCL 2007. 471, concl. Olson, obs. B. P.* ♦ Un arrêté du maire se bornant à octroyer, à la demande des propriétaires, un délai supplémentaire pour procéder aux travaux n'a pas pour effet de rouvrir les délais contentieux à l'encontre de l'arrêté de péril. • CAA Nantes, 16 mai 2002, *Maisonneuve : req. nº 00NT01039.* ♦ Aucun délai n'est imposé à peine de nullité entre l'adoption de l'arrêté de péril et sa transmission au tribunal. • CAA Nancy, 28 juin 2001, *Merabet : req. nº 00NC00010.* ♦ Le juge peut imposer la réparation du préjudice moral, lié à l'atteinte de la réputation du propriétaire, du fait de la publicité donnée à un arrêté de péril illégal. • CAA Nancy, 14 juin 2001, *Cochard : req. nº 96NC01400.*

5. Conclusions contraires du maire et du propriétaire. Si les conclusions du maire et du propriétaire ne concordent pas, l'option entre la démolition et la réparation est offerte au juge. • CE 28 mai 1975, *SARL "Les Briqueteries Lepage" : Lebon 315 ; AJDA 1975. 466.* ♦ Le juge se détermine en fonction de la nature du péril, du coût des travaux, de la valeur de l'édifice, etc. • CE 10 déc. 1975, *Truc : Lebon 636* • CE 31 déc. 1976, *SCI "La Clairvoyance" : Lebon 581.* ♦ Il appartient au tribunal administratif, saisi par le propriétaire de conclusions en ce sens, de substituer la démolition de l'immeuble à des travaux de réparation s'il estime que, compte tenu de l'état de l'immeuble, les mesures de réparation prescrites par le maire ne seraient pas suffisantes pour faire cesser l'état de péril, ou seraient d'une importance telle qu'elles équivaudraient à une véritable reconstruction. • CAA Bordeaux, 1er avr. 1999, *SA d'HLM Les chalets : req. nº 96BX02223.* ♦ Le tribunal peut laisser le choix des moyens au propriétaire. • CE 23 déc. 1966, *Estarague : Lebon 691.* ♦ Ainsi en l'absence de véritable précision de la part des experts sur la technique à mettre en œuvre, il n'y a pas lieu d'enjoindre de démolir préalablement à sa reconstruction, le maître d'œuvre et l'entrepreneur ayant à effectuer les travaux restant libre de préciser la technique la plus adaptée. De même le juge peut allonger le délai accordé eu égard à la circonstance que le risque est provisoirement circonscrit. • CAA Lyon, 4 juill. 2000, *Monni : req. nº 99LY01923.* ♦ Aucune disposition ne prévoit l'accord des indivisaires sur la demande de démolition présentée par le maire. • CAA Bordeaux, 5 mars 2002, *Nicodeme : req. nº 01BX00344.* ♦ Si les documents d'urbanisme en vigueur font obstacle à ce que des travaux de reconstruction de l'immeuble soient ordonnés, le juge ne peut que prononcer la démolition de l'immeuble. • CAA Nancy, 31 janv. 2005, *M. X. : req. nº 02NC01267.*

6. Conclusions concordantes du maire et du propriétaire. Si le maire et le propriétaire ne déposent pas des conclusions contraires, la liberté du tribunal est moins grande : le juge ne peut ordonner la démolition si l'immeuble est susceptible de réparation. • CE 6 avr. 1935, *Ville de Marseille : Lebon 455* • CE 15 juin 1958, *Barbier : Lebon 349 ; AJDA 1958. 291.* ♦ Le juge ne peut imposer des travaux sans rapport avec la valeur de l'immeuble pour éviter le relogement des occupants. • CE 3 juin 1964, *Meilhac : Lebon 314.*

3º L'AUTORISATION D'EXÉCUTER LES TRAVAUX D'OFFICE

7. Autorisation préalable. Le maire ne peut exécuter les travaux d'office sans autorisation du tribunal. • CE 13 juill. 1968, *Estarague : Lebon 448.* ♦ Le maire ne peut faire procéder d'office à des travaux de réparation si la démolition a été ordonnée. • CE 3 déc. 1982, *Mohr : Lebon T. 552.* ♦ La démolition d'office d'un bâtiment sans autorisation constitue une voie de fait. • T. confl. 12 janv. 1987, *Caille : AJDA 1987. 424, note X. Prétot* • T. confl. 10 juin 2002, *Préfet de Guadeloupe c/ Lebreton : req. nº 3319.* ♦ L'exécution d'office d'un arrêté de péril finalement annulé est constitutif d'une faute susceptible d'engager la responsabilité de la commune. • CE 14 janv. 1983, *Camu : Gaz. Pal. 1983. Pan. nº 359.*

8. Option du maire. Le jugement n'impose pas à la commune d'intervenir d'office en cas de carence du propriétaire, mais il peut l'y autoriser. • CE 8 juill. 1960, *Ville de Paris : Lebon 461 ; Gaz. Pal. 1961. 2. 308* • CAA Nancy, 4 oct. 2001, *Venet,* req. nº 97NC01652 : *AJDA 2002. 532, note Lhôte.* ♦ Le juge des référés n'est pas habilité à enjoindre un maire de procéder, sous astreinte, à la démolition totale d'un immeuble menaçant ruine. • CE 26 sept. 2001, *Westerloppe : req. nº 231681.*

9. Caractère de travaux publics. Les travaux exécutés d'office afin d'assurer la sécurité publique sur un immeuble menaçant ruine constituent des travaux publics. • CE, ass., 12 avr. 1957, *Mimouni : Lebon 262 ; S. 1957. 284, concl. B. Tricot ; AJDA 1957. 272, Chron. J. Fournier et G. Braibant ; Rev. adm. 1957. 369, note R. Brichet.* ♦ En conséquence, la commune est, même sans faute, responsable des dommages causés aux tiers qui sont la conséquence directe de ces travaux, à moins que ces dommages ne soient imputables à une faute de la victime ou à un cas de force majeure. • CAA Douai, 29 juin 2000, *Cne de Lille : req. nº 98DA00491.* ♦ Lorsque le litige naît de la saisine du tribunal administratif par un tiers qui entend obtenir de la commune réparation des conséquences dommageables des travaux prescrits par le maire, le jugement doit être rendu par une formation collégiale et est susceptible d'appel. • CE 14 janv. 2010, *André B. : req. nº 315508.*

4º L'ARRÊTÉ PORTANT INTERDICTION D'HABITER ET D'UTILISER LES LIEUX

10. La formulation retenue par l'art. L. 511-2 implique que le maire doit demander au tribunal de constater l'interdiction d'habiter. • CE 3 juin 1964, *Meilhac : Lebon 314.* ♦ C'est une prérogative du maire. Notamment le tribunal n'a pas à ordonner une expertise à la demande du propriétaire pour savoir si les travaux prescrits exigent ou non l'évacuation des occupants. • CE 15 janv. 1986, *Rosier : req. nº 55712.*

11. Les dispositions de l'art. L. 511-2 ne font pas obstacle à ce que le maire, dans le cas de danger grave et imminent, prescrive, sur le fondement des pouvoirs de police que lui confère l'art. L. 2212-4 CGCT, l'exécution des mesures de sûreté exigées par les circonstances, et notamment l'évacuation et l'interdiction d'accès et d'occupation des immeubles dangereux. • CE 2 mai 1990, *Préfet de police : req. nº 89299.* ♦ Toutefois, en l'absence d'urgence, une interdiction d'habiter fondée sur ces dispositions est illégale. • CE 29 déc. 1997, *Biasi : req. nº 160017.* ♦ La présence importante de plomb dans les peintures d'un bâtiment ayant provoqué plusieurs cas de saturnisme, c'est à bon droit que le maire a estimé que l'immeuble présentait un danger grave et imminent et a, pour parer à cette situation, utilisé les pouvoirs que lui confèrent les art. L. 2212-1 s. CGCT pour prescrire l'évacuation des occupants et l'interdiction d'habitation dudit immeuble. • CAA Paris, 22 févr. 2001, *Vuckovic : req. nº 99PA02380.*

12. Le propriétaire n'est pas susceptible de contester l'arrêté par lequel l'autorité administrative lève l'interdiction d'occuper l'immeuble. • CE 6 mars 2002, *SNC Montmorency : req. nº 239772.*

5º LE CONSTAT DE L'EXÉCUTION DES TRAVAUX PRESCRITS

13. Si le propriétaire accepte la démolition, celle-ci peut être réalisée sans permis. • CE 10 juin 1994, *Cne de Grigny : req. nº 115054.* ♦ Toutefois, l'octroi d'un permis de démolir, valable pour une durée de 5 ans, n'a pas pour effet de faire cesser l'état de péril, ni de rendre caduc l'arrêté de péril. • CAA Nantes, 10 mars 2000, *Ville d'Angers : req. nº 98NT01306.*

14. Le juge administratif peut prononcer un non-lieu si les travaux nécessaires ont été réalisés en temps opportun. • CE 21 déc. 1979, *Cne de Fontenay-le-Fleury : req. nº 910.* ♦ La vérification des travaux effectués peut donner lieu à expertise ordonnée par le tribunal. • CE 23 mars 1962, *Cne de Laroy : Lebon 20 ; Gaz. Pal. 1962. 2. 206.* ♦ Dès lors que des travaux de réparation ont mis fin au péril sur un immeuble, l'arrêté ordonnant sa démolition et le jugement homologuant cet arrêté ne peuvent plus produire aucun effet juridique. Le pourvoi à l'encontre du jugement est dès lors dépourvu d'objet. • CE 9 juin 2010, *Mme Claire A.*, req. nº 306197 : *Lebon T. 658 ; AJDA 2010. 1172.*

Art. L. 511-3 *(Ord. nº 2005-1566 du 15 déc. 2005, art. 5)* **En cas de péril imminent, le maire, après avertissement adressé au propriétaire, demande à la juridiction administrative compétente la nomination d'un expert qui, dans les vingt-quatre heures qui suivent sa nomination, examine les bâtiments, dresse constat de l'état des bâtiments mitoyens et propose des mesures de nature à mettre fin à l'imminence du péril s'il la constate.**

Si le rapport de l'expert conclut à l'existence d'un péril grave et imminent, le maire ordonne les mesures provisoires nécessaires pour garantir la sécurité, notamment, l'évacuation de l'immeuble.

Dans le cas où ces mesures n'auraient pas été exécutées dans le délai imparti, le maire les fait exécuter d'office. En ce cas, le maire agit en lieu et place des propriétaires, pour leur compte et à leurs frais.

Si les mesures ont à la fois conjuré l'imminence du danger et mis fin durablement au péril, le maire, sur le rapport d'un homme de l'art, prend acte de leur réalisation et de leur date d'achèvement.

Si elles n'ont pas mis fin durablement au péril, le maire poursuit la procédure dans les conditions prévues à l'article L. 511-2.

Les dispositions de l'art. 5 de l'Ord. nº 2005-1566 du 15 déc. 2005 sont en vigueur depuis le 1er oct. 2006 (Ord. préc., art. 14).

COMMENTAIRE

La nouvelle procédure de péril imminent prévue par l'ordonnance nº 2005-1566 du 15 décembre 2005 diffère de l'ancienne sur deux points essentiels :

– la désignation de l'expert relève désormais du juge administratif, statuant en référé ;

– le propriétaire n'a plus la possibilité de se libérer de son obligation de réaliser les travaux prescrits par le biais d'un bail à réhabilitation, d'un bail emphytéotique ou d'un contrat de vente.

[Jurisprudence rendue sous l'empire de l'ancien art. L. 511-3 mais transposable au régime actuel sous réserve du commentaire].

1º LA NOTION DE PÉRIL IMMINENT

1. Le danger doit être réel, actuel et susceptible de provoquer, à brève échéance, des troubles graves. • CE 20 mars 1959, *Mayeur : Lebon 196.* ♦ Il appartient au juge administratif de contrôler la réalité de l'urgence alléguée. • CE 24 juill. 1987, *Ville de Lyon : AJDA 1987. 64.*

2º L'EXPERTISE

2. *Avertissement préalable du maire.* La circonstance que les propriétaires n'aient pas été avertis par le maire préalablement à la saisine du tribunal d'instance n'affecte pas la légalité de l'arrêté dès lors qu'ils ont été prévenus avant l'achèvement des opérations d'expertise. • CE 24 juill. 1987, *Fayard : AJDA 1987. 64, obs. Prétot.*

3. *Désignation de l'expert.* L'absence de désignation d'expert entache la procédure d'irrégularité. • CE 11 janv. 1956, *Mouquet : RPDA 1956, nº 47.* ♦ Le délai de 24 heures imparti à l'expert pour examiner, à la suite de sa nomination, l'état du bâtiment litigieux n'est pas prescrit à peine de nullité de la procédure. • CAA Nantes, 26 déc. 2003, *Daniel X : req. nº 00NT00694.* ♦ Le juge administratif des référés ne saurait décider une expertise qui doit être ordonnée par le juge d'instance sur demande du maire. • CAA Nancy, 19 mars 1991, *Nicolas,* req. nº 90NC00203 : *Gaz. Pal. 1992. 1. Somm. 62.*

4. *Sort de l'expertise.* L'appréciation de l'urgence appartient à l'expert et le maire ne peut passer outre ses conclusions. • CE 17 avr. 1959, *Préfet de police c/ époux Lévy-Magne : Lebon 237.* ♦ Toutefois, il appartient au maire d'apprécier la situation d'urgence et les mesures les plus appropriées pour pallier le péril en prenant en compte les intérêts des occupants. En conséquence, le maire n'était pas en situation de compétence liée par les constatations de l'expert pour ordonner l'évacuation de l'immeuble. • CAA Paris, 15 févr. 1996, *Cne de Clichy-la-Garenne : req. nº 94PA02387.* ♦ Il appartient au maire d'apprécier les suites à donner à la procédure qu'il a engagée. • CAA Paris, 7 mai 2002, *Cne de Fontenay-aux-Roses : req. nº 99PA03090.* ♦ Le rapport d'expert peut être communiqué au propriétaire. • CE 21 juill. 1911, *Mourot : Lebon 858.* ♦ Les frais de l'expert nommé par le tribunal d'instance incombent normalement au propriétaire. • TA Strasbourg, 29 juin 1993, *Urban : Lebon T. 656 ; JCP 1994. IV. 743.*

3º LES MESURES PROVISOIRES NÉCESSAIRES

5. *Compétence.* L'arrêté de péril imminent est exécutoire immédiatement. Le maire n'a donc pas à le faire homologuer par le tribunal administratif. • CE 1er juill. 1953, *Ville de Neuilly : Lebon 331* • 4 juin 1967, *Laurens : req. nº 63871.* ♦ L'art. L. 511-3 n'a pas pour objet de permettre des travaux définitifs de réfection ou de démolition des immeubles concernés ; le maire, en présence d'un péril imminent, ne peut ordonner que des mesures provisoires et non la démolition, sinon il commettrait une voie de fait, les tribunaux de l'ordre judiciaire étant compétents pour en connaître. • Versailles, 16 mars 1982 : *Gaz. Pal. 1983. 2. Somm. 280,* confirmé par • Civ. 1re, 26 oct. 1983 : *Bull. civ. I, nº 248.* ♦ Un arrêté de péril imminent qui prévoit que les travaux confortatifs devront faire l'objet d'une surveillance régulière n'autorise pas le maire à faire exécuter, sans que la procédure fût reprise, des travaux beaucoup plus importants et d'une nature différente que les mesures provisoires prescrites. • CAA Lyon, 25 juin 2002, *Revellat c/ Cne de Laroquebrou : req. nº 97LY02085.*

6. Précision des mesures. Le maire doit préciser la nature et la consistance des mesures provisoires qu'il impose au propriétaire. • CE 18 janv. 1974, *Cne de Boigneville : Lebon T. 885.* ♦ Les délais impartis pour l'exécution des mesures prescrites doivent être indiqués avec précision. • CE 4 déc. 1995, *Préfet de police,* req. nº 147174 : *Lebon T. 945.* ♦ La formule « dans le plus bref délai » constitue une irrégularité entraînant l'annulation de l'arrêté de péril. • CAA Paris, 16 févr. 1993, *M. Nghiem Xuan Minh Préfet de police de Paris : Lebon T. 656 ; Gaz. Pal. 1994. 1. Pan.* ♦ La fixation du délai imparti pour exécuter les travaux constitue pour les propriétaires une garantie substantielle. • CAA Marseille, 14 juin 2001, *Agniel : req. nº 97MA05525.* ♦ Alors même que l'obligation de fixer un délai n'est pas assortie de sanction par la loi, cette méconnaissance entache la légalité de l'arrêté de péril. • CAA Marseille, 17 mai 2001, *Cne de Rians : req. nº 00MA01822.*

7. Caractère provisoire des mesures. L'art. L. 511-3 n'a pas pour objet de permettre des travaux définitifs de réfection ou de démolition des immeubles concernés. • CE 31 mai 1974, *Ville de Digne : Lebon T. 885.* ♦ Les mesures imposant de réparer les désordres provoqués et de mettre en place un réseau de surveillance de l'ouvrage excèdent les mesures provisoires ressortissant à la procédure du péril imminent. • CAA Douai, 25 mai 2000, *Min. délégué au budget : req. nº 96DA00955.* ♦ Dans la mesure où seul l'enlèvement de terres et gravats était susceptible, dans un bref délai, de faire cesser un risque d'effondrement, une telle mesure peut-être prescrite au titre de l'art. L. 511-3. • CAA Paris, 25 mai 2000, *Cne de Créteil : req. nº 97PA03686.* ♦ Des travaux relatifs à la nature des planchers, à l'alimentation en eau, à la réfection de la toiture ou encore au déplacement d'un escalier excèdent, par leur nature et leur importance, les mesures provisoires pouvant être légalement prescrites. • CE 7 mars 2012, *Commune de Romans-sur-Isère : req. nº 343940.*

8. Sort des occupants. Le maire peut ordonner l'évacuation de l'immeuble. • CE 24 mars 1989, *Junino,* req. nº 77163 : *Lebon T. 819.* ♦ Il peut également en interdire l'accès. • CE 28 déc. 1992, *Cie gén. des industries textiles : req. nº 107001.*

4º L'EXÉCUTION D'OFFICE DES MESURES PRESCRITES

9. Le maire peut faire appel à une entreprise spécialisée en cas de carence des propriétaires. • CE 18 mai 1988, *Ville de Toulouse : Lebon T. 939.* ♦ Si les mesures urgentes ne sont pas exécutées dans le délai prescrit par la sommation, mais font l'objet d'une procédure d'exécution d'office, le maire est tenu de recourir à la procédure de l'art. L. 511-2 et de faire ordonner une expertise contradictoire. • CE 26 juill. 1985, *Cne du Cannet : Lebon T. 525.*

10. Détournement de procédure. Les travaux exécutés d'office réalisés dans le but de préserver l'immeuble qui, en définitive a été par la suite cédé à un organisme d'HLM en vue de sa réhabilitation constituent un détournement de procédure. • CAA Lyon, 25 juin 2002, *Revellat c/ Cne de Laroquebrou : préc. note 5.*

11. L'arrêté de péril et les travaux ordonnés ne sont pas constitutifs d'une voie de fait. • Civ. 1re, 23 févr. 1988 : *Bull. civ. I, nº 51 ; JCP 1988. IV. 162* • 12 nov. 1998 : *inédit, pourvoi nº 96-19.690.*

Art. L. 511-4 *(Ord. nº 2007-42 du 11 janv. 2007, art. 3-II)* **Les frais de toute nature, avancés par la commune lorsqu'elle s'est substituée aux propriétaires ou copropriétaires défaillants, en application des dispositions des articles L. 511-2 et L. 511-3, sont recouvrés comme en matière de contributions directes. Si l'immeuble relève du statut de la copropriété, le titre de recouvrement est adressé à chaque copropriétaire pour la fraction de créance dont il est redevable.**

(L. nº 2009-323 du 25 mars 2009, art. 91-I) **« Lorsque la commune s'est substituée à certains copropriétaires défaillants, le montant de la créance due par ceux-ci est majoré de celui des intérêts moratoires calculés au taux d'intérêt légal, à compter de la date de notification par le maire de la décision de substitution aux copropriétaires défaillants. »**

V. Circ. 28 mai 2009 relative à la L. nº 2009-323 du 25 mars 2009. — Parc privé (BOMEEDDM nº 2009/12, p. 62).

Jurisprudence rendue sous l'empire de l'ancien art. L. 511-4 mais transposable au régime actuel.

1. Compétence du maire. Le maire a le pouvoir d'émettre un état exécutoire en vue de recouvrer le montant des frais avancés par la commune. • CE 6 mars 1987, *Sté des établissements Roth,* req. nº 45409 : *Lebon 87 ; Dr. adm. 1987. nº 248.* ♦ Il n'a pas à justifier d'une délibération du conseil municipal. • CAA Nantes, 22 avr. 1998, *Boulay : req. nº 96NT00166.* ♦ Une commune n'est pas recevable à demander au juge administratif de prononcer directement la condamnation au remboursement des sommes avancées. • CE 18 mai 1988, *Ville de Toulouse : Lebon T. 939* • CAA Bordeaux, 3 avr. 1997, *Laprin : req. nº 94BX01115.*

2. Champ d'application. Cette procédure s'applique quelle que soit la procédure de péril, imminent ou ordinaire, suivie. • CE 21 déc. 1962, *Ville de Thiais : Lebon 701* • CAA Lyon, 25 janv. 1993, *Duhamel : Lebon T. 922* .

3. Détermination des responsabilités. Les dispositions de l'art. L. 511-4 n'autorisent pas les propriétaires à demander la condamnation de la commune à faire l'avance des frais correspondant aux travaux prescrits jusqu'à ce que les responsabilités sur les causes de l'état de péril de leur bien soient déterminées par voie judiciaire. • CAA Paris, 30 nov. 1999, *Brauner : req. nº 98PA01189.* ♦ En cas de copropriété, les frais doivent être mis à la charge de l'ensemble des intéressés, les tribunaux judiciaires étant seuls compétents pour statuer sur une éventuelle répartition. • CE 12 nov. 1980, *Boillaud : Dr. adm. 1980, nº 423.* ♦ En cas d'inorganisation de la copropriété et d'absence de syndic, le maire est en droit, après avoir mis à la charge de la copropriété le coût des travaux réalisés d'office par la commune, de recouvrer tout ou partie de ce coût auprès de l'un des copropriétaires, chacun de ceux-ci étant solidairement tenu de la totalité de la dette de la copropriété. • CAA Lyon, 27 déc. 2002, *Bizien,* req. nº 99LY03009 : *Gaz. Pal. 2004. 1. 604.* ♦ Dans le cas où il apparaît que la démolition d'un immeuble menaçant ruine ne peut s'effectuer sans que le ou les immeubles voisins subissent simultanément un confortement, la charge des travaux nécessaires incombe aux seuls propriétaires de l'édifice qui menace ruine. • CAA Paris, 21 févr. 2002, *Synd. des copropriétaires du 34, rue Feutrier c/ Préfet de police de Paris : req. nº 99PA01868.*

4. Contestation de l'état exécutoire. Le juge administratif est compétent pour connaître de l'opposition à l'état exécutoire émis par le maire. • CAA Marseille, 28 déc. 1998, *Szulczewski : req. nº 96MA01619.* ♦ Les litiges relatifs aux états exécutoires sont des litiges relatifs aux bâtiments menaçant ruine et relèvent, d'après l'art. R. 811-1 CJA, de la compétence du tribunal administratif qui statue en premier et dernier ressort. • CE, avis, 30 juin 2004, req. nº 267005 : *Lebon T. 638 ; AJDA 2004. 1982 ; Gaz. Pal. 2005, nº 58, 12, Collectivités – Intercommunalité 2004, nº 8-9, 15, note Erstein.* ♦ Si l'examen de la régularité en la forme d'un commandement de payer ne relève que de la compétence de la juridiction judiciaire, le juge administratif est en revanche compétent pour connaître d'une contestation portant sur le bien-fondé d'un commandement de payer pris sur le fondement de l'art. L. 511-4 du CCH. • CAA Marseille, 17 mai 2001 : *req. nº 00MA01822.* ♦ Les créances de la commune ne sont pas de nature fiscale. Dès lors le requérant est dispensé d'un recours préalable devant le trésorier-payeur général. • CE 11 avr. 1986, *Rosa : Lebon 87 ; AJDA 1986. 392.* ♦ Le juge reconnaît la possibilité d'exciper, à l'encontre d'un titre exécutoire, de l'illégalité d'un arrêté de péril qui n'a pas un caractère définitif. • CE 28 juil. 2011, *Cne de Bourg-Saint-Maurice,* req. nº 335945 : *Lebon à paraître ; AJDA 2011. 1589.*

5. Ne commet pas d'erreur de droit la cour qui, ayant jugé par une appréciation souveraine des faits que les travaux réalisés d'office n'étaient pas conformes à ceux prévus par l'arrêté de péril, estime qu'il y a lieu d'annuler l'avis de sommes à payer. • CE 24 nov. 2004, *Cne de Laroquebrou : req. nº 249757.* ♦ Le tiers responsable des dommages causés à l'ouvrage et qui ont entraîné sa démolition ne peut se prévaloir de ce que les travaux exécutés d'office n'auraient pas fait l'objet d'un appel d'offres ou que leur coût serait excessif. • CAA Nantes, 8 févr. 1995, *EDF et Le Moal : req. nº 92NT01097.* ♦ La commune ne peut mettre à la charge du propriétaire les frais liés à la dégradation et au vol de barrières destinées à interdire l'accès de la rue où se trouvait situé l'immeuble en péril. • CAA Douai, 15 avr. 2004, *Communauté urbaine de Lille : req. nº 03DA01276.* ♦ ... Ou encore des travaux effectués sur le réseau public d'évacuation des eaux pluviales. • CE 4 juill. 2008, *Alain A : req. nº 293873.* ♦ De même, la mise en place avant l'ouverture du chantier d'un dispositif de feux tricolores se rapporte à l'exercice des pouvoirs de police générale du maire en matière de circulation et n'est pas en rapport direct avec les travaux de confortement de l'immeuble. • CAA Lyon, 12 nov. 2003, *Cne de Charols : req. nº 98LY00166.* ♦ Les frais d'avocat engagés par la commune à l'occasion de la procédure de péril imminent ne peuvent être mis à la charge du propriétaire. • CAA Bordeaux, 28 juin 2005, *Mme X. : req. nº 01BX02768.* ♦ Les frais des opérations d'expertise prévue par les dispositions de l'art. L. 511-3 doivent être mis à la charge de la commune nonobstant la possibilité dont dispose celle-ci, sous le contrôle du juge, de les faire supporter, en tout ou partie, par le propriétaire de l'immeuble à l'origine du péril. • CAA Lyon, 8 déc. 2011, *M. E. : req. no 11LY01836.*

Art. L. 511-4-1 *(L. no 2008-1350 du 19 déc. 2008, art. 21)* **Le maire peut prescrire la réparation ou la démolition des monuments funéraires lorsqu'ils menacent ruine et qu'ils pourraient, par leur effondrement, compromettre la sécurité ou lorsque, d'une façon générale, ils n'offrent pas les garanties de solidité nécessaires au maintien de la sécurité publique.**

Toute personne ayant connaissance de faits révélant l'insécurité d'un monument funéraire est tenue de signaler ces faits au maire, qui peut recourir à la procédure prévue aux alinéas suivants.

Le maire, à l'issue d'une procédure contradictoire dont les modalités sont définies par décret *[V. art. D. 511-13 s.]*, **met les personnes titulaires de la concession en demeure de faire, dans un délai déterminé, les réparations nécessaires pour mettre fin durablement au danger ou les travaux de démolition, ainsi que, s'il y a lieu, de prendre les mesures indispensables pour préserver les monuments mitoyens.**

L'arrêté pris en application de l'alinéa précédent est notifié aux personnes titulaires de la concession. A défaut de connaître l'adresse actuelle de ces personnes ou de pouvoir les identifier, la notification les concernant est valablement effectuée par affichage à la mairie de la commune où est situé le cimetière ainsi que par affichage au cimetière.

Sur le rapport d'un homme de l'art ou des services techniques compétents, le maire constate la réalisation des travaux prescrits ainsi que leur date d'achèvement et prononce la mainlevée de l'arrêté.

Lorsque l'arrêté n'a pas été exécuté dans le délai fixé, le maire met en demeure les personnes titulaires de la concession d'y procéder dans le délai qu'il fixe et qui ne peut être inférieur à un mois.

A défaut de réalisation des travaux dans le délai imparti, le maire, par décision motivée, fait procéder d'office à leur exécution. Il peut également faire procéder à la démolition prescrite, sur ordonnance du juge statuant en la forme des référés, rendue à sa demande.

Lorsque la commune se substitue aux personnes titulaires de la concession défaillantes et fait usage des pouvoirs d'exécution d'office qui lui sont reconnus, elle agit en leur lieu et place, pour leur compte et à leurs frais.

Les frais de toute nature, avancés par la commune lorsqu'elle s'est substituée aux personnes titulaires de la concession défaillantes, sont recouvrés comme en matière de contributions directes.

COMMENTAIRE

Même si le juge a admis que la police des immeubles menaçant ruine pouvait être mise en œuvre à l'égard d'une stèle funéraire, le législateur a considéré qu'il convenait de créer un dispositif particulier pour ces édifices. En conséquence, la loi no 2008-1350 du 19 décembre 2008 instaure une police spécifique qui reprend l'économie générale des articles L. 511-1 et suivants moyennant quelques simplifications et adaptations. Ces dispositions ont été précisées par le décret no 2011-121 du 28 janvier 2011 (V. art. D. 511-13 à D. 511-13-5).

Art. L. 511-5 *(L. no 2000-1208 du 13 déc. 2000, art. 179, 5o ; Ord. no 2005-1566 du 15 déc. 2005, art. 6-I)* **« Lorsque les locaux sont frappés d'une interdiction définitive ou temporaire d'habiter ou d'utiliser ou lorsque les travaux nécessaires pour remédier au danger les rendent temporairement inhabitables, le propriétaire est tenu d'assurer le relogement ou l'hébergement des occupants dans les conditions prévues aux articles L. 521-1 à L. 521-3. »**

Les contrats à usage d'habitation en cours à la date de l' *(Ord. nº 2005-1566 du 15 déc. 2005, art. 6-II)* « arrêté de péril » sont soumis aux règles définies à l'article L. 521-2.

A compter de la notification de l' *(Ord. nº 2005-1566 du 15 déc. 2005, art. 6-II)* « arrêté de péril », les locaux vacants ne peuvent être ni loués ni mis à disposition pour quelque usage que ce soit.

Les dispositions de l'alinéa précédent cessent d'être applicables à compter de l'arrêté prononçant la cessation du péril et la mainlevée de l'interdiction d'habiter et d'utiliser.

COMMENTAIRE

En conséquence de cet article, à la date de l'arrêté de péril portant interdiction d'habiter, le loyer ou la redevance d'occupation cesse d'être dû et le bail est prorogé à concurrence de la durée d'indisponibilité des lieux. Dans la mesure où le payement du loyer est suspendu, le versement des aides au logement l'est également. ❑

Art. L. 511-6 *(Ord. nº 2005-1566 du 15 déc. 2005, art. 7)* I. – Est puni d'un d'emprisonnement d'un an et d'une amende de 50 000 € :

– le refus délibéré et sans motif légitime, constaté après mise en demeure, d'exécuter les travaux prescrits en application des articles L. 511-2 et L. 511-3.

II. – Est puni d'un emprisonnement de trois ans et d'une amende de 100 000 € :

– le fait de dégrader, détériorer, détruire des locaux ou de les rendre impropres à l'habitation de quelque façon que ce soit dans le but d'en faire partir les occupants lorsque ces locaux sont visés par un arrêté de péril ;

– le fait, de mauvaise foi, de ne pas respecter une interdiction d'habiter et d'utiliser des locaux prise en application de l'article L. 511-2 et l'interdiction de les louer ou mettre à disposition prévue par l'article L. 511-5.

III. – Les personnes physiques encourent également les peines complémentaires suivantes :

1º La confiscation du fonds de commerce ou de l'immeuble destiné à l'hébergement des personnes et ayant servi à commettre l'infraction ;

2º L'interdiction pour une durée de cinq ans au plus d'exercer une activité professionnelle ou sociale dès lors que les facilités que procure cette activité ont été sciemment utilisées pour préparer ou commettre l'infraction. Cette interdiction n'est toutefois pas applicable à l'exercice d'un mandat électif ou de responsabilités syndicales.

(L. nº 2009-526 du 12 mai 2009, art. 125-VI) « IV. – Les personnes morales déclarées responsables pénalement, dans les conditions prévues par l'article 121-2 du code pénal, des infractions définies au présent article encourent, outre l'amende suivant les modalités prévues par l'article 131-38 du code pénal, les peines prévues par les 2º, 4º, 8º et 9º de l'article 131-39 du même code. La confiscation mentionnée au 8º de l'article 131-39 du même code porte sur le fonds de commerce ou l'immeuble destiné à l'hébergement des personnes et ayant servi à commettre l'infraction. »

V. – Lorsque les poursuites sont engagées à l'encontre d'exploitants de fonds de commerce aux fins d'hébergement, il est fait application des dispositions de l'article L. 651-10 du présent code.

TITRE DEUXIÈME **BÂTIMENTS INSALUBRES**

V. Circ. nº 2003-31 du 5 mai 2003 relative à la mise en œuvre et au financement des opérations de résorption de l'habitat insalubre irrémédiable (BOMELT nº 2003/10, p. 46).

COMMENTAIRE

Contrairement à ce que son titre laisse supposer, le titre II ne porte pas sur la police des bâtiments insalubres, qui relève du code de la santé publique.

Il recense les dispositions relatives au relogement des occupants et aux concours financiers de l'État dans la lutte contre l'insalubrité. ❑

CHAPITRE PREMIER RELOGEMENT DES OCCUPANTS

(L. nº 2000-1208 du 13 déc. 2000, art. 181)

V. Circ. nº 2002-36 du 2 mai 2002 (BOMELT nº 2002/9, p. 146).

BIBL. ▶ J.-L. LÉGER, Quelques éléments de méthode pour les opérations de relogement des familles occupant des immeubles en totalité, *Administration, 1997, nº 177, p. 94.*

COMMENTAIRE

La loi SRU du 13 décembre 2000 a sensiblement modifié les obligations du propriétaire d'un bâtiment insalubre ou en ruine à l'égard des occupants. L'ordonnance nº 2005-1566 du 15 décembre 2005 relative à la lutte contre l'habitat insalubre ou dangereux en renforce la portée.

La nouvelle rédaction de l'article L. 521-1 met en exergue l'**obligation juridique pesant sur le propriétaire** : lorsqu'un immeuble fait l'objet d'un arrêté d'insalubrité ou de péril assorti d'une interdiction d'habiter le propriétaire ou l'exploitant de locaux d'hébergement est tenu d'assurer le relogement ou l'hébergement des occupants et de contribuer au coût correspondant.

L'article L. 521-3-1 précise les obligations des propriétaires et des exploitants de locaux d'hébergement. Il est prévu que lorsqu'un **logement insalubre remédiable est manifestement surpeuplé** le propriétaire n'est tenu qu'à une obligation d'hébergement, le relogement effectivement nécessaire devant alors être assuré par le maire ou le préfet dans les cas visés à l'article L. 521-3-2.

La répartition des responsabilités entre le maire et le préfet est délimitée par l'article L. 521-3-2 : le principe de base est que le maire prend les dispositions nécessaires relatives à l'hébergement et au relogement des occupants lorsqu'il est l'autorité compétente en matière de police, à savoir en péril et en sécurité des établissements d'hébergement : en matière d'insalubrité, c'est le préfet qui est responsable sauf s'il a délégué, en application de l'article L. 441-1 du code, ses contingents de réservation de logements sociaux. En cas de défaillance du propriétaire ou de l'exploitant, une indemnité représentative des frais engagés pour le relogement est versée à la personne publique ou à l'organisme (HLM, SEM ou association) qui a assuré effectivement ce relogement. Ces derniers bénéficient d'une créance exigible et d'une hypothèque légale. L'article 83 de la loi nº 2009-323 du 25 mars 2009 offre la faculté au préfet, au maire et au président d'EPCI d'utiliser leur contingent de réservation de logements sociaux pour assurer le relogement à titre temporaire ou définitif des occupants en cas de défaillance du propriétaire. En cas de refus de l'organisme HLM, ces autorités peuvent procéder directement à l'attribution du logement. En vue de faciliter l'hébergement des occupants, la loi prévoit également la passation d'une convention d'occupation précaire n'ouvrant aucun droit au maintien dans les lieux.

Enfin des sanctions pénales sont prévues en cas de non-respect des droits des occupants ou de menace ou d'intimidation du propriétaire à l'égard de l'occupant. ❑

Art. L. 521-1 *(Ord. nº 2005-1566 du 15 déc. 2005, art. 8)* **Pour l'application du présent chapitre, l'occupant est le titulaire d'un droit réel conférant l'usage, le locataire, le sous-locataire ou l'occupant de bonne foi des locaux à usage d'habitation et de locaux d'hébergement constituant son habitation principale.**

Le propriétaire ou l'exploitant est tenu d'assurer le relogement ou l'hébergement des occupants ou de contribuer au coût correspondant dans les conditions prévues à l'article L. 521-3-1 dans les cas suivants :

— lorsqu'un immeuble fait l'objet d'une déclaration d'insalubrité, d'une mise en demeure ou d'une injonction prise en application des articles L. 1331-22, L. 1331-23, L. 1331-24, L. 1331-25, L. 1331-26-1 et L. 1331-28 du code de la santé publique *[V. App., v° Salubrité]*, **si elle est assortie d'une interdiction d'habiter temporaire ou définitive ou si les travaux nécessaires pour remédier à l'insalubrité rendent temporairement le logement inhabitable ;**

— lorsqu'un immeuble fait l'objet d'un arrêté de péril en application de l'article L. 511-1 du présent code, si l'arrêté ordonne l'évacuation du bâtiment ou s'il est assorti d'une interdiction d'habiter ou encore si les travaux nécessaires pour mettre fin au péril rendent temporairement le logement inhabitable ;

— lorsqu'un établissement recevant du public utilisé aux fins d'hébergement fait l'objet de mesures destinées à faire cesser une situation d'insécurité en application de l'article L. 123-3.

Cette obligation est faite sans préjudice des actions dont dispose le propriétaire ou l'exploitant à l'encontre des personnes auxquelles l'état d'insalubrité ou de péril serait en tout ou partie imputable.

1. L'arrêté préfectoral se bornant à rappeler aux propriétaires leurs obligations au titre du relogement ne peut être compris comme faisant obligation aux propriétaires d'héberger ou de reloger les occupants sans titre de leur logement, auxquels les art. L. 521-1 s. sont inapplicables. • CE 11 juin 2003, *Ferre : req. n° 253399.*

2. Seul le juge civil, saisi par les propriétaires, est compétent pour déclarer la mauvaise foi des occupants. • CAA Marseille, 14 janv. 2008, *Min. de la santé et des solidarités : req. n° 06MA02485.*

3. La loi nouvelle s'appliquant immédiatement aux effets à venir des situations juridiques non contractuelles en cours au moment de son entrée en vigueur, les dispositions de l'ordonnance du 15 décembre 2005 étaient applicables à une demande de relogement formée par assignations des 7 et 9 mars 2006 par les occupants d'un immeuble objet d'un arrêté de péril puis d'un arrêté préfectoral le déclarant irrémédiablement insalubre et interdit à l'habitation • Civ. 3e, 4 mars 2009 : *Bull civ. III, n° 58 ; D. 2009. AJ 813, obs. Vincent ; Loyers et copr. 2010, n° 17, obs. Ph.-H. B.*

4. Il résulte des art. L. 521-1 et L. 521-3-1 du présent code que l'obligation de relogement incombe indifféremment au propriétaire ou à l'exploitant et que, la mairie ayant sollicité en vain l'exploitant pour qu'il assure le relogement des occupants, ceux-ci sont fondés à saisir aux mêmes fins le propriétaire, également tenu d'assumer cette obligation • Même arrêt.

5. Jugeant que les dispositions permettant au préfet de mettre fin à la location d'un logement et d'imposer le relogement sont des restrictions apportées à l'exercice du droit de propriété justifiées par l'intérêt général, qui s'attache à la protection de la santé et de la sécurité des occupants de locaux impropres à l'habitation. Dès lors, la question prioritaire de constitutionnalité relative à ces dispositions ne présente pas un caractère sérieux. Ces dispositions présentent le caractère de mesures de police et doivent être précédées d'une information préalable du propriétaire, qui doit être mis à même de présenter des observations sur les mesures que l'administration envisage de prendre. • CE 9 mai 2011, *M. A.*, req. n° 346785 : *Lebon T. à paraître.*

Art. L. 521-2 *(Ord. n° 2005-1566 du 15 déc. 2005, art. 8)* **I. — Le loyer ou toute autre somme versée en contrepartie de l'occupation cesse d'être dû pour les locaux qui font l'objet d'une mise en demeure prise en application de l'article L. 1331-22 du code de la santé publique** *[V. App., v° Salubrité]* **à compter de l'envoi de la notification de cette mise en demeure.**

(L. n° 2006-872 du 13 juill. 2006, art. 44-III-7°) **« Le loyer en principal ou toute autre somme versée en contrepartie de l'occupation cessent d'être dus pour les locaux qui » font l'objet d'une mise en demeure ou d'une injonction prise en application des articles L. 1331-23 et L. 1331-24 du code de la santé publique** *[V. App., v° Salubrité]* **ou de mesures décidées en application de l'article L. 123-3** *(L. n° 2009-323 du 25 mars 2009, art. 94-II)*

« , à compter du premier jour du mois qui suit l'envoi de la notification de la mesure de police ». Les loyers ou redevances sont à nouveau dus à compter du premier jour du mois qui suit le constat de la réalisation des mesures prescrites.

Pour les locaux visés par une déclaration d'insalubrité prise en application des articles L. 1331-25 et L. 1331-28 du code de la santé publique *[V. App., vo Salubrité]* ou par un arrêté de péril pris en application de l'article L. 511-1, le loyer en principal ou toute autre somme versée en contrepartie de l'occupation du logement cesse d'être dû à compter du premier jour du mois qui suit l'envoi de la notification de l'arrêté ou de son affichage à la mairie et sur la façade de l'immeuble, jusqu'au premier jour du mois qui suit l'envoi de la notification ou l'affichage de l'arrêté de mainlevée.

Dans le cas où des locaux ont fait l'objet d'une mise en demeure prononcée en application de l'article L. 1331-26-1 du code de la santé publique suivie d'une déclaration d'insalubrité prise en application de l'article L. 1331-28 du même code, le loyer ou toute autre somme versée en contrepartie de l'occupation du logement cesse d'être dû à compter du premier jour du mois qui suit l'envoi de la notification de la mise en demeure ou son affichage jusqu'au premier jour du mois qui suit l'envoi de la notification ou l'affichage de l'arrêté de mainlevée de l'insalubrité.

Les loyers ou toutes autres sommes versées en contrepartie de l'occupation du logement indûment perçus par le propriétaire, l'exploitant ou la personne ayant mis à disposition les locaux sont restitués à l'occupant ou déduits des loyers dont il devient à nouveau redevable.

II. — Dans les locaux visés au I, la durée résiduelle du bail à la date du premier jour du mois suivant l'envoi de la notification de la mainlevée de l'arrêté d'insalubrité ou de péril ou du constat de la réalisation des mesures prescrites, ou leur affichage, est celle qui restait à courir au premier jour du mois suivant l'envoi de la notification de l'arrêté d'insalubrité ou de péril, de l'injonction, de la mise en demeure ou des prescriptions, ou leur affichage.

Ces dispositions s'appliquent sans préjudice des dispositions du dernier alinéa de l'article 1724 du code civil.

III. — Lorsque les locaux sont frappés d'une interdiction définitive d'habiter et d'utiliser, les baux et contrats d'occupation ou d'hébergement poursuivent de plein droit leurs effets, exception faite de l'obligation de paiement du loyer ou de toute somme versée en contrepartie de l'occupation, jusqu'à leur terme ou jusqu'au départ des occupants et au plus tard jusqu'à la date limite fixée par la déclaration d'insalubrité ou l'arrêté de péril.

Une déclaration d'insalubrité, un arrêté de péril ou la prescription de mesures destinées à faire cesser une situation d'insécurité ne peut entraîner la résiliation de plein droit des baux et contrats d'occupation ou d'hébergement, sous réserve des dispositions du VII de l'article L. 521-3-2.

Les occupants qui sont demeurés dans les lieux faute d'avoir reçu une offre de relogement conforme aux dispositions du II de l'article L. 521-3-1 sont des occupants de bonne foi qui ne peuvent être expulsés *(L. no 2006-872 du 13 juill. 2006, art. 44-III-7o)* « de ce fait ».

Art. L. 521-3 *Abrogé par Ord. no 2005-1566 du 15 déc. 2005, art. 8.*

Art. L. 521-3-1 *(Ord. no 2005-1566 du 15 déc. 2005, art. 8)* I. — Lorsqu'un immeuble fait l'objet d'une interdiction temporaire d'habiter ou d'utiliser ou que son évacuation est ordonnée en application de l'article L. 511-3, le propriétaire ou l'exploitant est tenu d'assurer aux occupants un hébergement décent correspondant à leurs besoins.

A défaut, l'hébergement est assuré dans les conditions prévues à l'article L. 521-3-2. Son coût est mis à la charge du propriétaire ou de l'exploitant.

Si un logement qui a fait l'objet d'une déclaration d'insalubrité au titre du II de l'article L. 1331-28 du code de la santé publique *[V. App., vo Salubrité]* est manifestement suroccupé, le propriétaire ou l'exploitant est tenu d'assurer l'hébergement des occupants jusqu'au terme des travaux prescrits pour remédier à l'insalubrité. A l'issue, leur relogement incombe au préfet ou au maire dans les conditions prévues à l'article L. 521-3-2. En cas de défaillance du propriétaire ou de l'exploitant, le coût de l'hébergement est mis à sa charge.

II. – Lorsqu'un immeuble fait l'objet d'une interdiction définitive d'habiter, ainsi qu'en cas d'évacuation à caractère définitif, le propriétaire ou l'exploitant est tenu d'assurer le relogement des occupants. Cette obligation est satisfaite par la présentation à l'occupant de l'offre d'un logement correspondant à ses besoins et à ses possibilités. Le propriétaire ou l'exploitant est tenu de verser à l'occupant évincé une indemnité d'un montant égal à trois mois de son nouveau loyer et destinée à couvrir ses frais de réinstallation.

En cas de défaillance du propriétaire ou de l'exploitant, le relogement des occupants est assuré dans les conditions prévues à l'article L. 521-3-2.

Le propriétaire est tenu au respect de ces obligations si le bail est résilié par le locataire en application des dispositions du dernier alinéa de l'article 1724 du code civil ou s'il expire entre la date de la notification des arrêtés portant interdiction définitive d'habiter et la date d'effet de cette interdiction.

Pour une application de ce texte, V. notes 3 et 4 sous art. L. 521-1.

Art. L. 521-3-2 *(Ord. nº 2005-1566 du 15 déc. 2005, art. 8)* I. – Lorsqu'un arrêté de péril pris en application de l'article L. 511-1 ou des prescriptions édictées en application de l'article L. 123-3 sont accompagnés d'une interdiction temporaire ou définitive d'habiter et que le propriétaire ou l'exploitant n'a pas assuré l'hébergement ou le relogement des occupants, le maire prend les dispositions nécessaires pour les héberger ou les reloger.

II. – Lorsqu'une déclaration d'insalubrité, une mise en demeure ou une injonction prise sur le fondement des articles L. 1331-22, L. 1331-23, L. 1331-24, L. 1331-25, L. 1331-26-1 et L. 1331-28 du code de la santé publique *[V. App., vº Salubrité]* est assortie d'une interdiction temporaire ou définitive d'habiter et que le propriétaire ou l'exploitant n'a pas assuré l'hébergement ou le relogement des occupants, le préfet, ou le maire s'il est délégataire de tout ou partie des réservations de logements en application de l'article L. 441-1, prend les dispositions nécessaires pour héberger ou reloger les occupants, sous réserve des dispositions du III.

III. – Lorsque la déclaration d'insalubrité vise un immeuble situé dans une opération programmée d'amélioration de l'habitat prévue par l'article L. 303-1 ou dans une opération d'aménagement au sens de l'article L. 300-1 du code de l'urbanisme et que le propriétaire ou l'exploitant n'a pas assuré l'hébergement ou le relogement des occupants, la personne publique qui a pris l'initiative de l'opération prend les dispositions nécessaires à l'hébergement ou au relogement des occupants.

IV. – Lorsqu'une personne publique, un organisme d'habitations à loyer modéré, une société d'économie mixte ou un organisme à but non lucratif a assuré le relogement, le propriétaire ou l'exploitant lui verse une indemnité représentative des frais engagés pour le relogement égale à un an du loyer prévisionnel.

V. – Si la commune assure, de façon occasionnelle ou en application d'une convention passée avec l'État, les obligations d'hébergement ou de relogement qui sont faites à celui-ci en cas de défaillance du propriétaire, elle est subrogée dans les droits de l'État pour le recouvrement de sa créance.

VI. – La créance résultant de la substitution de la collectivité publique aux propriétaires ou exploitants qui ne se conforment pas aux obligations d'hébergement et de relogement qui leur sont faites par le présent article est recouvrée soit comme en matière de contributions directes par la personne publique créancière, soit par l'émission par le maire ou le préfet d'un titre exécutoire au profit de l'organisme ayant assuré l'hébergement ou le relogement.

VII. – Si l'occupant a refusé trois offres de relogement qui lui ont été faites au titre des I, II ou III, le juge peut être saisi d'une demande tendant à la résiliation du bail ou du droit d'occupation et à l'autorisation d'expulser l'occupant.

Art. L. 521-3-3 *(L. no 2009-323 du 25 mars 2009, art. 83-I)* Pour assurer le relogement à titre temporaire ou définitif des occupants, en application du II de l'article L. 521-3-2, le représentant de l'État dans le département peut user des prérogatives qu'il tient de l'article L. 441-2-3.

Les attributions de logements, en application de l'alinéa précédent, sont prononcées en tenant compte des engagements de l'accord intercommunal ou départemental prévu respectivement aux articles L. 441-1-1 et L. 441-1-2.

Pour assurer le relogement à titre temporaire ou définitif des occupants, en application du I ou, le cas échéant, des III ou V de l'article L. 521-3-2, le maire peut désigner ces personnes à un organisme bailleur aux fins qu'il les loge et, en cas de refus du bailleur, procéder à l'attribution d'un logement. Les attributions s'imputent sur les droits à réservation dont il dispose sur le territoire de la commune.

Pour assurer le relogement à titre temporaire ou définitif des occupants en application du III de l'article L. 521-3-2, le président de l'établissement public de coopération intercommunale concerné peut procéder dans les conditions prévues à l'alinéa précédent. Les attributions s'imputent sur les droits à réservation dont il dispose sur le territoire de l'établissement public de coopération intercommunale.

Le représentant de l'État dans le département ou le maire sont réputés avoir satisfait à l'obligation de relogement s'ils ont proposé aux personnes concernées qui, faute d'offre de relogement, occupent des locaux au-delà de la date de prise d'effet de l'interdiction définitive d'habiter, un accueil dans une structure d'hébergement, un établissement ou un logement de transition, un logement-foyer ou une résidence hôtelière à vocation sociale, à titre temporaire dans l'attente d'un relogement définitif.

V. Circ. 28 mai 2009 relative à la L. no 2009-323 du 25 mars 2009. - Parc privé (BOMEEDDM no 2009/12, p. 61).

Art. L. 521-3-4 *(L. no 2009-323 du 25 mars 2009, art. 93)* Dans les cas prévus à l'article L. 521-1 et aux fins de faciliter l'hébergement des occupants par les propriétaires ou exploitants qui y sont tenus ou, en cas de défaillance de ceux-ci, par les autorités publiques compétentes, tout bailleur ou toute structure d'hébergement, nonobstant toute stipulation contraire, peut conclure avec toute personne, publique ou privée, la convention nécessaire à la mise à disposition de locaux ou logements, à titre d'occupation précaire.

La durée de cette convention d'occupation précaire est limitée et prend fin au plus tard au terme du mois suivant celui de la notification de l'arrêté de mainlevée de la mesure de police qui a justifié l'hébergement ou du constat par l'autorité compétente de la réalisation des mesures prescrites.

Les occupants ayant bénéficié de l'hébergement dans les conditions ci-dessus ne peuvent se prévaloir d'aucun droit au maintien dans les lieux ou à la reconduction de la convention.

En cas de refus de l'occupant hébergé de quitter les lieux à l'échéance de la convention d'occupation précaire et faute pour la personne débitrice de l'obligation d'hébergement d'avoir engagé une action aux fins d'expulsion, le représentant de l'État dans le département ou le maire, selon le cas, peut exercer cette action aux frais du propriétaire ou de l'exploitant tenu à l'obligation d'hébergement.

V. Circ. 28 mai 2009 relative à la L. no 2009-323 du 25 mars 2009. – Parc privé (BOMEEDDM no 2009/12, p. 62).

Art. L. 521-4 *(Ord. nº 2005-1566 du 15 déc. 2005, art. 8)* I. – Est puni de trois ans d'emprisonnement et d'une amende de 100 000 € le fait :

– en vue de contraindre un occupant à renoncer aux droits qu'il détient en application des articles L. 521-1 à L. 521-3-1, de le menacer, de commettre à son égard tout acte d'intimidation ou de rendre impropres à l'habitation les lieux qu'il occupe ;

– de percevoir un loyer ou toute autre somme en contrepartie de l'occupation du logement, y compris rétroactivement, en méconnaissance du I de l'article L. 521-2 ;

– de refuser de procéder à l'hébergement ou au relogement de l'occupant, bien qu'étant en mesure de le faire.

II. – Les personnes physiques encourent également les peines complémentaires suivantes :

1º La confiscation du fonds de commerce ou des locaux mis à bail ;

2º L'interdiction pour une durée de cinq ans au plus d'exercer une activité professionnelle ou sociale dès lors que les facilités que procure cette activité ont été sciemment utilisées pour préparer ou commettre l'infraction. Cette interdiction n'est toutefois pas applicable à l'exercice d'un mandat électif ou de responsabilités syndicales.

III. – *(L. nº 2009-526 du 12 mai 2009, art. 125-VI)* « Les personnes morales déclarées responsables pénalement, dans les conditions prévues par l'article 121-2 du code pénal, des infractions définies au présent article encourent, outre l'amende suivant les modalités prévues par l'article 131-38 du code pénal, les peines prévues par les 2º, 4º, 8º et 9º de l'article 131-39 du même code. »

La confiscation mentionnée au 8º de cet article porte sur le fonds de commerce ou les locaux mis à bail.

Lorsque les poursuites sont effectuées à l'encontre d'exploitants de fonds de commerce aux fins d'hébergement, il est fait application des dispositions de l'article L. 651-10 du présent code.

CHAPITRE II CONCOURS FINANCIERS DE L'ÉTAT ET DISPOSITIONS TRANSITOIRES

Art. L. 522-1 En ce qui concerne les opérations relatives aux terrains sur lesquels sont utilisés aux fins d'habitation des locaux ou installations impropres à cet objet pour des raisons d'hygiène, de sécurité ou de salubrité et communément appelés « bidonvilles », hormis les cas où l'arrêté de prise de possession du terrain est pris par le représentant de l'État dans le département, sur demande du maire ou du représentant de toute collectivité intéressée, l'État *(L. nº 2009-323 du 25 mars 2009, art. 11)* « ou ses opérateurs nationaux supportent seuls » la charge financière de l'acquisition.

(L. nº 2011-525 du 17 mai 2011, art. 180-I) « En ce qui concerne les autres opérations, un décret en Conseil d'État fixe les modalités de financement et, notamment, la répartition de la charge des opérations foncières entre l'État ou ses opérateurs nationaux et les autres collectivités publiques intéressées. Ce décret fixe la part du déficit prévu entre les dépenses et les recettes entraînées par l'opération qui est couverte par la subvention de l'État. » – *V. art. D.* 522-1 s.*

V. Circ. 28 mai 2009 relative à la L. nº 2009-323 du 25 mars 2009. – Parc privé (BOMEEDDM nº 2009/12, p. 55).

Art. L. 522-2 Les effets des déclarations d'insalubrité prises en application des articles L. 38 et L. 42 du code de la santé publique avant le 10 juillet 1970 sont réglés conformément à la loi ancienne. Il en est de même des déclarations d'utilité publique prises en application de la loi nº 64-1229 du 14 décembre 1964 tendant à faciliter aux fins de reconstruction ou d'aménagement l'expropriation des terrains sur lesquels sont édifiés des locaux d'habitations insalubres et irrécupérables, communément appelés « bidonvilles », avant le 10 juillet 1970.

V. art. D. 522-1 s. et R. 523-1 s.

TITRE TROISIÈME DISPOSITIONS PARTICULIÈRES À LA GUADELOUPE, À LA GUYANE, À LA MARTINIQUE, À LA RÉUNION, À MAYOTTE, À SAINT-MARTIN ET À SAINT-PIERRE-ET-MIQUELON *(Ord. n° 2012-576 du 26 avr. 2012, art. 6-I).*

CHAPITRE UNIQUE

Art. L. 531-1 *(Ord. n° 2012-576 du 26 avr. 2012, art. 6-II)* **Un décret en Conseil d'État fixe les conditions d'application du titre II du présent livre en Guadeloupe, en Guyane, à la Martinique, à La Réunion, à Mayotte et à Saint-Martin.**

Art. L. 531-2 *(Ord. n° 98-521 du 24 juin 1998, art. 2 ; Ord. n° 2012-576 du 26 avr. 2012, art. 6-III)* **Les dispositions du présent livre ne s'appliquent pas à Saint-Pierre-et-Miquelon à l'exception du titre Ier, sous réserve des adaptations suivantes :**

au premier alinéa de l'article L. 511-3, les mots : "du tribunal d'instance" sont remplacés par les mots : "du tribunal de première instance".

L'art. 2 de l'Ord. n° 98-521 du 24 juin 1998 (JO 27 juin) est entré en vigueur à l'expiration d'un délai de six mois suivant sa publication, soit le 28 déc. 1998.

V. art. R. 531-1 s.

Art. L. 531-3 *(Ord. n° 2012-576 du 26 avr. 2012, art. 6-IV)* **Pour l'application du présent livre à Mayotte :**

1° Au premier alinéa de l'article L. 511-1-1, les mots : "au fichier immobilier" sont remplacés par les mots : "au livre foncier" et, jusqu'au 31 décembre 2012, les mots : "la conservation des hypothèques" sont remplacés par les mots : "la conservation de la propriété immobilière" ;

2° A l'article L. 511-2, les mots : "à la conservation des hypothèques ou" ne sont pas applicables ;

3° Pour l'application des articles L. 521-1, L. 521-2, L. 521-3-2 et L. 541-1, les références aux articles L. 1331-24 et L. 1331-25 du code de la santé publique ne sont pas applicables conformément aux dispositions de l'article L. 1515-1 du même code ;

4° Le premier alinéa de l'article L. 521-3-3 est ainsi rédigé :

"Pour assurer le relogement à titre temporaire ou définitif des occupants, en application du II de l'article L. 521-3-2, le représentant de l'État peut désigner chaque occupant à reloger à un organisme bailleur disposant de logements correspondant à la demande. Il fixe le délai dans lequel le demandeur doit être logé. Cette attribution s'impute sur les droits à réservation du représentant de l'État ou, lorsque le demandeur est salarié ou demandeur d'emploi, sur les droits à réservation d'un organisme collecteur associé de l'Union d'économie sociale du logement dans les conditions prévues à l'article L. 313-26-2 ou sur la fraction réservée des attributions de logements

appartenant à l'association foncière logement ou à l'une de ses filiales en application de l'article L. 313-35. Le représentant de l'État peut également proposer à l'occupant à reloger un logement faisant l'objet d'une convention mentionnée à l'article L. 321-8 dès lors que le bailleur s'est engagé sur des conditions spécifiques d'attribution ou que le logement est donné à bail à un organisme public ou privé dans les conditions prévues à l'article L. 321-10. En cas de refus de l'organisme de reloger l'occupant désigné, le représentant de l'État procède à l'attribution d'un logement correspondant aux besoins et aux capacités du demandeur sur ses droits de réservation. Lorsque ces droits ont été délégués dans les conditions prévues à l'article L. 441-1, le représentant de l'État demande au délégataire de procéder à la désignation et, le cas échéant, à l'attribution du logement dans un délai qu'il détermine. Si l'organisme bailleur fait obstacle à ces attributions, il est fait application des dispositions de l'article L. 441-1-3." ;

5° Aux articles L. 541-2 et L. 541-3, les mots : "à la conservation des hypothèques ou" ne sont pas applicables.

TITRE QUATRIÈME DISPOSITIONS RELATIVES À L'EXÉCUTION DES MESURES DE POLICE CONCERNANT DES LOCAUX D'HABITATION INSALUBRES OU DANGEREUX

(Ord. n° 2007-42 du 11 janv. 2007, art. 2)

V. Rapport au président de la République relatif à l'Ord. n° 2007-42 du 11 janv. 2007 relative au recouvrement des créances de l'État et des communes résultant de mesures de lutte contre l'habitat insalubre ou dangereux (JO 12 janv. 2007, p. 764).

COMMENTAIRE

L'ordonnance du 11 janvier 2007, prise sur le fondement de la loi ENL du 13 juillet 2006, vise à garantir le recouvrement des créances publiques issues de la substitution de l'État ou de la commune à l'égard du propriétaire défaillant. L'ordonnance crée un privilège spécial immobilier (8° de l'art. 2374 C. civ.). Elle institue également un mécanisme de solidarité entre propriétaires et exploitants successifs de locaux insalubres ou dangereux. Cette solidarité s'applique à toutes les mesures prescrites ainsi qu'aux obligations relatives au relogement ou à l'hébergement des occupants. La personne publique créancière pourra adresser le titre de recouvrement à l'un quelconque des propriétaires, à charge pour eux de se répartir les charges financières supportées. ❑

CHAPITRE PREMIER SOLIDARITÉ ENTRE PROPRIÉTAIRES ET EXPLOITANTS SUCCESSIFS DE LOCAUX INSALUBRES OU DANGEREUX *(L. n° 2011-267 du 14 mars 2011, art. 124).*

(Ord. n° 2007-42 du 11 janv. 2007, art. 2)

Art. L. 541-1 **L'opposition introduite devant le juge administratif au titre exécutoire émis par l'État ou par la commune en paiement d'une créance résultant de l'exécution d'office de mesures prises en application des articles L. 1311-4, L. 1331-24, L. 1331-26-1, L. 1331-28, L. 1331-29 et L. 1334-2 du code de la santé publique** *[V. App., v° Salubrité]*, **des articles L. 123-3, L. 129-2, L. 129-3, L. 511-2 et L. 511-3 du présent**

code, ou du relogement ou de l'hébergement des occupants effectué en application de l'article L. 521-3-2, n'est pas suspensive.

Dans le cas d'une créance de la commune, les dispositions du troisième alinéa de l'article L. 1617-5 du code général des collectivités territoriales ne sont pas applicables.

Art. L. 541-2 Lorsqu'un arrêté pris en application de l'article L. 1331-28 du code de la santé publique *[V. App., vº Salubrité]* ou des articles L. 123-3, L. 129-2 ou L. 511-2 du présent code a été publié *(Ord. nº 2010-638 du 10 juin 2010, art. 13-IV, en vigueur le 1er janv. 2013)* « au fichier immobilier *[Ancienne rédaction : à la conservation des hypothèques]* » ou au livre foncier, les propriétaires successifs qui ont acquis l'immeuble postérieurement à cette publicité sont solidairement tenus avec le propriétaire de l'immeuble à la date de l'arrêté du paiement des sommes résultant des mesures exécutées d'office et des frais d'hébergement ou de relogement des occupants.

Lorsqu'un arrêté pris en application de l'article L. 1331-28 du code de la santé publique ou des articles L. 123-3 ou L. 511-2 du présent code et portant sur un immeuble dans lequel est exploité, à la date de l'arrêté, un fonds de commerce aux fins d'hébergement, a été publié sur le registre public tenu au greffe du tribunal de commerce dans le ressort duquel le fonds est exploité, les exploitants successifs du même fonds dans les mêmes locaux postérieurement à cette publicité sont solidairement tenus avec l'exploitant du fonds à la date de l'arrêté du paiement des sommes résultant des mesures exécutées d'office et des frais d'hébergement ou de relogement des occupants.

Le coût des mesures de publicité prévues aux premier et deuxième alinéas est supporté par ceux auxquels les actes ont été notifiés.

Ordonnance nº 2007-42 du 11 janvier 2007,

Relative au recouvrement des créances de l'État et des communes résultant de mesures de lutte contre l'habitat insalubre ou dangereux.

Art. 4 I. — Les dispositions du premier alinéa de l'article L. 541-2 du code de la construction et de l'habitation s'appliquent aux cessions postérieures à la publication de la présente ordonnance portant sur des immeubles frappés d'un arrêté d'insalubrité ou de péril avant cette publication si celui-ci a fait l'objet, avant la cession, d'une publication à la conservation des hypothèques ou au livre foncier ou est grevé d'une inscription en application du 1º de l'article 2384-1 du code civil.

II. — Les dispositions du deuxième alinéa de l'article L. 541-2 du code de la construction et de l'habitation s'appliquent aux cessions de fonds de commerce exploités à des fins d'hébergement, postérieures à la publication de la présente ordonnance si l'arrêté d'insalubrité ou de péril intervenu avant cette publication a été publié avant la cession sur le registre public tenu au greffe du tribunal de commerce.

Art. L. 541-3 Lorsqu'un arrêté pris en application de l'article L. 1331-28 du code de la santé publique *[V. App., vº Salubrité]* ou des articles L. 123-3 ou L. 511-2 du présent code a été publié *(Ord. nº 2010-638 du 10 juin 2010, art. 13-IV, en vigueur le 1er janv. 2013)* « au fichier immobilier *[Ancienne rédaction : à la conservation des hypothèques]* » ou au livre foncier et sur le registre public tenu au greffe du tribunal de commerce dans le ressort duquel le fonds est exploité, le propriétaire de l'immeuble et l'exploitant du fonds de commerce ainsi que leurs cessionnaires successifs visés à l'article L. 541-2 sont solidairement tenus du paiement des sommes résultant des mesures exécutées d'office et des frais d'hébergement ou de relogement des occupants.

Le propriétaire de l'immeuble et l'exploitant du fonds de commerce sont solidairement tenus à compter de la notification qui leur a été faite de l'arrêté par l'autorité administrative.

Le coût des mesures de publicité prévues ci-dessus est supporté par ceux auxquels les actes ont été notifiés.

Art. L. 541-4 Si un bien grevé du privilège spécial immobilier mentionné au 8o de l'article 2374 du code civil est compris dans un plan de cession arrêté en application de l'article L. 631-22 ou des articles L. 642-1 et suivants du code de commerce, la charge de cette sûreté est transmise au cessionnaire. Celui-ci est alors tenu d'acquitter entre les mains du créancier la somme restant due à la date du transfert de propriété, ou en cas de location-gérance, de la jouissance du bien sur lequel porte la garantie.

Art. L. 541-5 La solidarité prévue aux articles L. 541-2 et L. 541-3 en cas de vente judiciaire ne s'applique pas aux repreneurs, y compris lorsque cette vente est autorisée ou ordonnée judiciairement au cours d'une procédure de sauvegarde, de redressement ou de liquidation judiciaire, et en cas de vente par adjudication.

Art. L. 541-6 Lorsqu'un immeuble frappé d'un arrêté pris en application de l'article L. 1331-28 du code de la santé publique *[V. App., vo Salubrité]* ou des articles L. 123-3, L. 129-2, L. 511-2 du présent code ou le fonds de commerce qui y est exploité aux fins d'hébergement font l'objet d'une mutation, le notaire qui dresse l'acte notifie sans délai cette mutation à l'auteur de l'arrêté ainsi qu'au maire de la commune.

CHAPITRE II MEUBLES DES OCCUPANTS ÉVACUÉS DONT LE LOGEMENT A FAIT L'OBJET D'UNE INTERDICTION DÉFINITIVE D'HABITER

(L. no 2011-267 du 14 mars 2011, art. 124)

Le présent chapitre n'est pas applicable à Mayotte, Saint-Barthélémy, Saint-Martin, Saint-Pierre-et-Miquelon, aux îles Wallis-et-Futuna, à la Polynésie française, à la Nouvelle-Calédonie et aux Terres australes et antarctiques françaises (L. no 2011-267 du 14 mars 2011, art. 125).

V. Circ. du 28 mars 2011 présentant la LOPPSI en ce qui concerne les pouvoirs de police administrative, NOR IOCD1108864C, p. 2.

COMMENTAIRE

L'article 124 de la loi no 2011-267 du 14 mars 2011 d'orientation et de programmation pour la performance de la sécurité intérieure crée un régime protecteur concernant les meubles des occupants évacués dont le logement a fait l'objet d'une interdiction définitive d'habiter. Ces meubles doivent faire l'objet d'une description précise par un huissier de justice et être entreposés, aux frais du propriétaire, dans un lieu approprié désigné par l'autorité de police ayant ordonné l'évacuation.

Art. L. 542-1 Lorsque les locaux d'un immeuble ayant fait l'objet d une interdiction définitive d'habiter au titre d'un arrêté de péril, d'une déclaration d'insalubrité ou, en cas d'urgence, d'une décision de l'autorité de police compétente prise sur le fondement du code général des collectivités territoriales sont évacués, les meubles de l'occupant mentionné au premier alinéa de l'article L. 521-1 et ayant fait l'objet de l'évacuation qui se trouvent sur les lieux sont décrits avec précision par un huissier de justice mandaté par l'autorité de police ayant ordonné l'évacuation, aux frais du propriétaire ou de l'exploitant de l'immeuble.

Les meubles sont ensuite remis et entreposés, aux frais du propriétaire ou de l'exploitant de l'immeuble, en un lieu approprié désigné par l'autorité de police ayant ordonné l'évacuation.

L'occupant dispose d'un délai d'un an à compter de la signification de l'acte d'huissier pour retirer ses meubles.

Les frais de garde des meubles entreposés sont à la charge du propriétaire ou de l'exploitant jusqu'à l'expiration du délai de retrait des meubles prévu au troisième alinéa.

A l'issue de ce délai, les frais de garde des meubles non retirés peuvent être pris en charge par l'occupant. A défaut, les meubles non retirés sont, sur autorisation du juge de l'exécution du lieu de situation des meubles, vendus aux enchères publiques ou déclarés abandonnés et détruits pour ceux qui ne sont pas susceptibles d'être vendus, sauf à ce que l'occupant prouve par tout moyen qu'aucune proposition de relogement adaptée à ses besoins ne lui a été faite. Dans ce cas, les meubles de l'occupant sont conservés aux frais du propriétaire ou de l'exploitant jusqu'à ce qu'il ait été relogé dans les conditions fixées par les articles L. 521-3-1 ou L. 521-3-2.

Art. L. 542-2 Le procès-verbal établi en application de l'article L. 542-1 mentionne, à peine de nullité :

– un inventaire des meubles déménagés et de ceux laissés sur place par l'occupant, avec indication qu'ils paraissent avoir une valeur marchande ou non ;

– le lieu et les conditions d'accès au local où ils sont déposés ;

– la sommation à la personne évacuée de les retirer dans le délai prévu à l'article L. 542-1, à compter de la signification de l'acte d'huissier, faute de quoi les meubles non retirés sont, dans les conditions fixées par l'article L. 542-1, vendus aux enchères publiques ou déclarés abandonnés et détruits pour ceux qui ne sont pas susceptibles d'être vendus, à l'exception des papiers et documents de nature personnelle qui sont conservés sous scellés par l'huissier de justice pendant deux ans avant destruction ;

– la convocation de la personne évacuée à comparaître devant le juge de l'exécution à une date déterminée qui ne peut être antérieure à l'expiration du délai imparti, afin qu'il soit statué sur le sort des meubles non retirés avant le jour de l'audience.

Art. L. 542-3 A l'expiration du délai de retrait des meubles prévu à l'article L. 542-1, il est procédé à la mise en vente des meubles non retirés aux enchères publiques sur autorisation du juge de l'exécution du lieu où ils sont situés, les parties entendues ou appelées.

Le juge de l'exécution peut déclarer abandonnés les meubles qui ne sont pas susceptibles d'êtres *[être]* vendus et ordonner leur destruction, à l'exception des papiers et documents de nature personnelle qui sont placés sous enveloppe scellée et conservés pendant deux ans par l'huissier de justice. A l'expiration de ce délai, l'huissier de justice détruit les documents conservés et dresse un procès-verbal qui fait mention des documents détruits.

Le produit de la vente est remis à l'occupant après déduction des frais engagés après l'expiration du délai de retrait des meubles prévu à l'article L. 542-1.

Art. L. 542-4 Lorsque le propriétaire ou l'exploitant ne se conforme pas aux obligations prévues par le présent chapitre, l'autorité de police ayant ordonné l'évacuation prend les dispositions nécessaires pour assurer ces obligations.

La créance résultant de la substitution de l'autorité de police ayant ordonné l'évacuation au propriétaire ou exploitant défaillant est recouvrée comme en matière de contributions directes par la personne publique créancière.

LIVRE SIXIÈME MESURES TENDANT À REMÉDIER À DES DIFFICULTÉS EXCEPTIONNELLES DE LOGEMENT

COMMENTAIRE

Au lendemain de la Seconde Guerre mondiale, la France est confrontée à une crise du logement sans précédent. Les destructions liées aux conséquences des bombardements, l'exode rural, les premières vagues d'immigration, tous ces facteurs impliquent une réponse urgente de la part des pouvoirs publics. C'est l'ordonnance législative du 11 octobre 1945 qui fournira les principaux instruments notamment à travers la procédure de réquisition de logements vacants.

Mais ces instruments extrêmes n'étaient justifiés qu'en raison de l'existence de « difficultés exceptionnelles de logement ».

Certes, la situation s'est notablement améliorée mais la « crise grave du logement » perdure. C'est pourquoi le législateur a été conduit en 1998 à créer un nouveau régime de réquisition.

TITRE PREMIER DISPOSITIONS GÉNÉRALES

COMMENTAIRE

Sous le titre premier, sont regroupées différentes dispositions d'inégale importance. La SNCF est incitée à permettre au mieux l'utilisation de son domaine public par des tiers (art. L. 612-1). Les expulsions d'occupants de locaux d'habitation font l'objet d'un encadrement et de possibilités de dérogations (art. L. 613-1 s.). Des terrains peuvent être réquisitionnés pour permettre le relogement temporaire des personnes occupant un logement insalubre (art. L. 614-1).

Plus récemment, la loi du 14 novembre 1996 pacte de relance pour la ville a prévu la mise en place de plans de sauvegarde dans les copropriétés en difficultés. La loi du 13 décembre 2000 relative à la solidarité et au renouvellement urbains en a élargi le champ d'application et la durée (art. L. 615-1 s.). Enfin la loi du 29 juillet 1998 relative à la lutte contre les exclusions a institué au bénéfice des communes un droit de préemption des immeubles en cas de vente sur saisie d'un immeuble constituant la résidence principale d'une personne aux ressources modestes (art. L. 616).

CHAPITRE PREMIER PRINCIPE

Art. L. 611-1 **Dans les villes où il existe une crise grave du logement, des mesures exceptionnelles et temporaires sont prises en vue de réaliser une meilleure répartition des locaux de manière que puisse être assurée l'installation de ceux qui, en raison de leur travail et de leur situation de famille, doivent être pourvus de logement.**

La notion de « crise grave du logement » conditionne le déclenchement de la procédure de réquisition prévue aux art. L. 641 s. du code. Notamment, l'existence d'importants déséquilibres entre l'offre et la demande de logements au détriment de certaines catégories sociales révèle la persistance d'une situation grave rendant applicables dans la capitale les mesures exceptionnelles prévues au Livre VI du code et notamment l'exercice d'un pouvoir de réquisition. • CE, ass., 11 juill. 1980, *Lucas : Lebon 317 ; AJDA 1981. 216, concl. M. Rougevin-Baville ; Dr. adm. no 315.*

CHAPITRE II OCCUPATION DU DOMAINE PUBLIC

Art. L. 612-1 **Afin de faciliter la libération de locaux d'habitation affectés à un usage administratif, professionnel ou commercial, la Société nationale des chemins de fer français est habilitée à passer avec les personnes publiques ou privées des conventions autorisant celles-ci à construire et exploiter des locaux à usage administratif, professionnel ou commercial sur les immeubles bâtis ou non bâtis appartenant à l'État et affectés au chemin de fer et à ses dépendances lorsque cette affectation ne fait pas obstacle à un complément d'utilisation.**

Avant d'approuver ces conventions, le ministre chargé des chemins de fer peut, dans chaque cas, imposer l'obligation de réserver une partie des locaux à des services publics et fixer les modalités de leur occupation.

V. art. R. 612-1.

Ces contrats devaient être regardés comme des contrats de droit privé (V. A. de Laubadère, F. Moderne et P. Delvolvé, Traité des contrats administratifs, t. I, LGDJ 1983, no 117, p. 163 s.). ... A moins qu'ils ne concernent des dépendances du domaine public (ibid., nos 95 s., p. 135 s. ; Décr.-L. 17 juin 1938). — Mais la SNCF est devenue un établissement public (L. no 82-1153, du 30 déc. 1982, d'orientation des transports. — V. A. Demichel, « La loi Fiterman sur les transports intérieurs : une réforme exemplaire », ALD 1983. 131).

CHAPITRE III DISPOSITIONS DIVERSES – SURSIS À L'EXÉCUTION DE DÉCISIONS DE JUSTICE

Art. L. 613-1 *(Ord. no 2011-1895 du 19 déc. 2011, art. 3-3o, en vigueur le 1er juin 2012)* **Le sursis à l'exécution des décisions d'expulsion est régi par les articles L. 412-3, L. 412-4, L. 412-6 à L. 412-8 du code des procédures civiles d'exécution.**

BIBL. ▶ COHET-CORDEY, *AJDI 1998. 598* (le droit au logement et le droit de propriété sont-ils inconciliables ?).

Code des procédures civiles d'exécution

1re PARTIE : LÉGISLATIVE

(Ord. no 2011-1895 du 19 déc. 2011, en vigueur le 1er juin 2012)

LIVRE IV. L'EXPULSION

TITRE PREMIER. LES CONDITIONS DE L'EXPULSION

CHAPITRE PREMIER. *DISPOSITIONS GÉNÉRALES*

Art. L. 411-1 Sauf disposition spéciale, l'expulsion ou l'évacuation d'un immeuble ou d'un lieu habité ne peut être poursuivie qu'en vertu d'une décision de justice ou d'un procès-verbal de conciliation exécutoire et après signification d'un commandement d'avoir à libérer les locaux.

CHAPITRE II. *DISPOSITIONS PARTICULIÈRES AUX LOCAUX D'HABITATION OU À USAGE PROFESSIONNEL*

Art. L. 412-1 Si l'expulsion porte sur un local affecté à l'habitation principale de la personne expulsée ou de tout occupant de son chef, elle ne peut avoir lieu qu'à l'expiration d'un délai de deux mois qui suit le commandement, sans préjudice des dispositions des articles L. 412-3 à L. 412-7. Toutefois, le juge peut, notamment lorsque les personnes dont l'expulsion a été ordonnée sont entrées dans les locaux par voie de fait ou lorsque la procédure de relogement effectuée en application de l'article L. 442-4-1 du code de la construction et de l'habitation n'a pas été suivie d'effet du fait du locataire, réduire ou supprimer ce délai.

Art. L. 412-2 Lorsque l'expulsion aurait pour la personne concernée des conséquences d'une exceptionnelle dureté, notamment du fait de la période de l'année considérée ou des circonstances atmosphériques, le délai prévu à l'article L. 412-1 peut être prorogé par le juge pour une durée n'excédant pas trois mois.

Art. L. 412-3 Le juge peut accorder des délais renouvelables aux occupants de locaux d'habitation ou à usage professionnel, dont l'expulsion a été ordonnée judiciairement, chaque fois que le relogement des intéressés ne peut avoir lieu dans des conditions normales, sans que ces occupants aient à justifier d'un titre à l'origine de l'occupation.

Le juge qui ordonne l'expulsion peut accorder les mêmes délais, dans les mêmes conditions.

Cette disposition n'est pas applicable lorsque le propriétaire exerce son droit de reprise dans les conditions prévues à l'article 19 de la loi nº 48-1360 du 1er septembre 1948 portant modification et codification de la législation relative aux rapports des bailleurs et locataires ou occupants de locaux d'habitation ou à usage professionnel et instituant ces allocations de logement *[V. C.* ***baux****]* ainsi que lorsque la procédure de relogement effectuée en application de l'article L. 442-4-1 du code de la construction et de l'habitation n'a pas été suivie d'effet du fait du locataire.

Jurisprudence relative à l'ancien art. L. 613-1 dont les dispositions sont reprises à l'art. L. 412-3 C. pr. exéc.

1. Les dispositions de l'art. L. 613-1 ne sont pas applicables aux expulsions du domaine public. L'occupant sans titre ne peut demander, sur le fondement de ces dispositions, l'octroi d'un délai pour quitter les lieux. • CAA Paris, 21 févr. 1995, *Benabdeljalil : req. nº 94PA01884.*

2. Le maire est incompétent pour interdire par voie d'arrêté les mesures d'expulsion visant des personnes et des familles en difficulté sur le territoire de la commune. • CAA Versailles, 31 mai 2007 : *req. nº 05VE01813.*

3. Sur la non-application de l'art. L. 613-1 à un squatter, V. • Versailles, 13 nov. 1987 : *Rev. loyers 1988. 166.* ◆ Pour une application de l'al. 2, V. • Paris, 28 nov. 1990 : *D. 1991. IR 30.*

4. L'acquittement des loyers pendant cinquante ans n'est pas une cause de prolongation des délais. • Civ. 3e, 7 févr. 1990 : *inédit, pourvoi nº 88-14.519.*

5. Une caravane ne constitue pas un local d'habitation par application de l'art. L. 613-1. • Civ. 3e, 4 avr. 2001 : *inédit, pourvoi nº 98-15.231.*

6. Ne fait qu'user du pouvoir discrétionnaire qu'elle tient des art. L. 613-1 et L. 613-2 la cour d'appel qui refuse d'accorder un sursis à expulsion. • Civ. 3e, 3 avr. 2001 : *inédit, pourvoi nº 99-17.922.*

7. Le juge de l'exécution tient des art. L. 613-1 et L. 613-2 et de l'art. 8 du Décr. nº 92-755 du 31 juill. 1992 le pouvoir d'accorder un délai de grâce à l'occupant d'un local à usage commercial. • Civ. 2e, 4 juill. 2007 : *Bull. civ. II, nº 202 ; D. 2007. AJ 2103, obs. Forest ; Gaz. Pal. 2007. 2. 4077, obs. Ch.-É. Brault.*

Art. L. 412-4 La durée des délais prévus à l'article L. 412-3 ne peut, en aucun cas, être inférieure à un mois ni supérieure à un an. Pour la fixation de ces délais, il est tenu compte de la bonne ou mauvaise volonté manifestée par l'occupant dans l'exécution de ses obligations, des situations respectives du propriétaire et de l'occupant, notamment en ce qui concerne l'âge, l'état de santé, la qualité de sinistré par faits de guerre, la situation de famille ou de fortune de chacun d'eux, les circonstances atmosphériques, ainsi que des diligences que l'occupant justifie avoir faites en vue de son relogement.

Jurisprudence relative à l'ancien art. L. 613-2 dont les dispositions sont reprises à l'art. L. 412-4 C. pr. exéc.

1. Pour un dépassement du délai susceptible d'être accordé, V. • Civ. 3e, 7 févr. 1990 : *Rev. loyers 1990. 268.*

2. Peut bénéficier du délai prévu à l'art. L. 613-2 le locataire qui démontre que sa défaillance n'est pas due à sa mauvaise foi, alors que le bailleur ne justifie d'aucune difficulté ni nécessité particulières hormis le montant de sa créance. • Douai, 8e ch., 28 sept. 2000 : *RG no 1999/3790.*

3. Suite à l'occupation illégale de logements, et la décision d'expulsion en résultant plus d'un an après que les occupants furent entrés dans les lieux par voie de fait, les intimés ne peuvent revendiquer utilement l'application des dispositions des art. L. 613-1 s., ayant déjà bénéficié des délais de la procédure. • Paris, 26 nov. 1997 : *AJDI 1998. 623.*

Art. L. 412-5 Dès le commandement d'avoir à libérer les locaux, l'huissier de justice chargé de l'exécution de la mesure d'expulsion en informe le représentant de l'État dans le département en vue de la prise en compte de la demande de relogement de l'occupant dans le cadre du plan départemental d'action pour le logement des personnes défavorisées prévu par la loi no 90-449 du 31 mai 1990 visant à la mise en œuvre du droit au logement *[V. App., vo Droit au logement (loi Besson)]*. A défaut, le délai avant l'expiration duquel l'expulsion ne peut avoir lieu est suspendu.

Art. L. 412-6 Nonobstant toute décision d'expulsion passée en force de chose jugée et malgré l'expiration des délais accordés en vertu de l'article L. 412-3, il est sursis à toute mesure d'expulsion non exécutée à la date du 1er novembre de chaque année jusqu'au 15 mars de l'année suivante, à moins que le relogement des intéressés soit assuré dans des conditions suffisantes respectant l'unité et les besoins de la famille.

Les dispositions du premier alinéa ne sont toutefois pas applicables lorsque les personnes dont l'expulsion a été ordonnée sont entrées dans les locaux par voie de fait ou lorsque ceux-ci sont situés dans un immeuble ayant fait l'objet d'un arrêté de péril.

Art. L. 412-7 Les dispositions des articles L. 412-3 à L. 412-6 ne sont pas applicables aux occupants de locaux spécialement destinés aux logements d'étudiants lorsque les intéressés cessent de satisfaire aux conditions en raison desquelles le logement a été mis à leur disposition.

Les dispositions du titre II du présent livre ne sont pas non plus applicables à ces occupants.

Art. L. 412-8 Les articles L. 412-1 à L. 412-7 ne sont pas applicables à l'expulsion du conjoint, du partenaire lié par un pacte civil de solidarité ou du concubin violent ordonnée par le juge aux affaires familiales sur le fondement de l'article 515-9 du code civil.

BIBL. ► GABOLDE, *D. 1995. Chron. 77* (la responsabilité de l'administration en cas de refus de prêter main-forte à l'expulsion de l'occupant sans titre d'un local d'habitation). – SOUBELET, *AJDA 1985. 726* (l'inexécution des décisions d'expulsion locatives). – TOURDIAS, *JCP 1961. I. 1610* (la réparation du préjudice causé par le refus de l'administration d'accorder le concours de la force publique à l'expulsion d'un locataire).

Jurisprudence relative à l'ancien art. L. 613-3 dont les dispositions sont reprises à l'art. L. 412-6 C. pr. exéc.

1. Refus de l'administration de prêter son concours. L'autorité administrative peut, dans des circonstances exceptionnelles tenant à la sauvegarde de l'ordre public, ne pas prêter son concours à l'exécution d'une décision juridictionnelle. Toutefois le législateur ne saurait subordonner l'octroi de ce concours à l'accomplissement d'une diligence administrative. Doit donc être déclarée non conforme à la Constitution la disposition qui subordonne le concours de la force publique au fait que le préfet s'assure qu'une offre d'hébergement est proposée aux personnes expulsées. • Cons. const. no 98-403 DC du 29 juill. 1998, *Loi d'orientation relative à la lutte contre les exclusions : JO 31 juill., p. 11710 ; AJDA 1998. 705, Chron. J.-E. Schoettl.* ◆ L'octroi du concours de la force publique ne saurait être subordonné à l'accomplissement d'une diligence administrative. Par suite, le moyen tiré de ce que le préfet ne s'est pas assuré qu'une offre d'hébergement a été proposée avant d'accorder le concours de la force publique ne peut qu'être écarté. • CAA Paris, 7 nov. 2000, *Bounebache : req. no 97PA01786.* ◆ Si le préfet peut refuser le concours de la force publique s'il estime qu'il y a danger pour l'ordre et la sécurité, il n'est pas, en dehors de cette hypothèse, légalement autorisé à prendre en compte des considérations purement humanitaires, qui relèvent de l'appréciation de l'autorité judiciaire lorsqu'elle décide d'autoriser l'expulsion. Par suite, le moyen fondé sur la méconnaissance du droit au logement ne saurait être utilement invoqué à l'encontre d'une décision du préfet accordant le concours de la force publique pour l'exécution d'un jugement d'expulsion. • Même arrêt. ◆ Le seul fait que les personnes expulsées n'aient pas de solution de relogement, rendant ainsi leur situation sociale difficile, n'est pas propre à créer un doute sérieux quant à la légalité de la décision du préfet d'accorder le concours de la force publique. • CE 30 juin 2010, *Min. de l'intérieur*, req. nº 332259 : *Lebon à paraître ; AJDA 2010 1344.* ◆ *Contra*, jugeant que le préfet peut légalement se fonder sur la situation de la personne dont l'expulsion est demandée en faisant valoir qu'elle est âgée de 83 ans, que ses ressources sont faibles et qu'elle n'a pas de solution de relogement : • CE 10 oct. 2003, *Sagnard : req. nº 260867.* ◆ Ne peuvent être utilement invoquées à l'encontre de l'exécution de la décision d'expulsion ni la méconnaissance du droit au logement, ni les stipulations des art. 3 et 8 de la convention européenne de sauvegarde des droits de l'homme. • CAA Versailles, 21 sept. 2006, *ATD Quart Monde*, req. nº 04VE00056 : *AJDA 2006. 1947, Chron. Pellissier*. ◆ Le fait que le locataire ait été désigné, par une décision de la commission de médiation prévue par l'art. L. 441-2-3, comme prioritaire et devant être relogé en urgence sans avoir reçu de proposition de relogement ne crée pas un doute sérieux quant à la légalité de la décision pouvant justifier la suspension de son exécution. • CE 11 févr. 2010, *Min. de l'intérieur : req. nº 329927.* ◆ Le refus de donner suite à une demande de concours de la force publique pour assurer l'exécution d'un jugement ordonnant l'expulsion d'un occupant sans titre ne crée aucun droit pour ce dernier à se maintenir dans les lieux. L'autorité compétente est en droit de revenir à tout moment sur son refus initial et accorder le concours de la force publique demandé. • CE 5 déc. 2005, *Min. de la sécurité intérieure*, req. nº 280050 : *Lebon T. 694 ; AJDA 2006. 277*. ◆ Les dispositions du décret du 31 juillet 1992, prévoyant que la réquisition est accompagnée d'un exposé des diligences auxquelles l'huissier a procédé et des difficultés d'exécution, ont pour objet, non d'habiliter le préfet à porter une appréciation qui n'appartient qu'à l'huissier, sur la nécessité de demander le concours de la force publique, mais de l'éclairer sur la situation et sur les risques de troubles que l'expulsion peut comporter. • CE 25 nov. 2009, *Min. de l'intérieur*, req. nº 323359 : *Lebon T. 944 ; AJDA 2009. 2257*.

2. Référé-liberté. Le refus du préfet de prêter son concours à l'exécution d'une ordonnance d'expulsion est susceptible d'engendrer une atteinte grave et manifestement illégale au droit de propriété qui a le caractère d'une liberté fondamentale. En conséquence, et sur le fondement de l'art. L. 521-2 CJA, le juge est en droit d'ordonner à l'administration de mettre fin à cette violation. • CE 29 mars 2002, *SCI Stephaur*, req. nº 243338 : *Lebon 117 ; RFDA 2003. 370 ; AJDA 2003. 345, note Grosieux*. ◆ Toutefois la condition d'urgence posée à l'art. L. 521-2 CJA doit être appréciée compte tenu, non seulement, des intérêts du requérant mais aussi des intérêts publics en jeu, au nombre desquels figure celui du maintien de l'ordre public. • CE 21 nov. 2002, *Gaz de France*, req. nº 251726 : *Lebon 408*. ◆ Il n'y a pas d'urgence au sens de l'art. L. 521-2 CJA dès lors que la société qui sollicite le concours de la force publique pour exécuter une décision d'expulsion connaissait, lorsqu'elle a acquis l'immeuble, la présence de squatters et ne pouvait ignorer les difficultés auxquelles elle se heurterait pour mener à bien son projet. • CE 3 janv. 2003, *Min. de l'intérieur c/ Sté Kerry*, req. nº 253001 : *Lebon T. 928 ; AJDA 2003. 342, note J.-P. Gilli*. ◆ Le refus du préfet ne peut être regardé comme entaché d'une illégalité grave et manifeste dès lors que l'expulsion de plusieurs familles comprenant de nombreux enfants est susceptible, en l'absence de solutions de relogement, d'entraîner des troubles à l'ordre public. • CE 2 sept. 2003, *Sté SAGEP : req. nº 259866.* ◆ Il en va de même pour l'expulsion d'une personne atteinte d'une pathologie lourde ayant justifié son placement en congé de longue maladie, sans qu'elle bénéficie, alors que ses ressources sont faibles, d'une solution de relogement. • CE 23 avr. 2008, *Rolland A. : req. nº 309685.*

3. Responsabilité de l'État. En refusant, pendant plusieurs années, de prendre les mesures nécessaires pour mettre fin à l'occupation illégale des terres appartenant aux requérants en Corse, les autorités françaises ont rompu l'équilibre à ménager entre les exigences de l'intérêt général et la protection de leurs intérêts patrimoniaux et ont porté atteinte à leur droit au respect de leurs biens. • CEDH 21 janv. 2010, *X c/ France*, req. nº 13829/03 : *AJDA 2010. 125*. ◆ Concernant un occupant sans titre jugé dangereux, un délai de seize ans ne correspond pas à la notion de temps nécessaire pour trouver une solution satisfaisante aux menaces. • CEDH 2 déc. 2010, *Sud Est Réalisations c/ France*, req. nº 6722/05 : *AJDA 2010. 2341.* ◆ Le refus de concours est susceptible d'engager la responsabilité de l'État. Le concours de la force publique doit avoir été demandé. • CE 30 sept. 1983, *Maillard : Lebon T. 858 ; JCP 1984, nº 30258, note C. Debouy et G. Plaisant.* ◆ Le concours de la force publique ne peut être légalement accordé avant l'expiration d'un délai de deux mois qui suit la notification au préfet du commandement de quitter les lieux, délai qu'il doit mettre à profit pour tenter de trouver une solution de relogement de l'occupant. Le préfet, saisi d'une demande de concours moins de deux mois avant l'expiration de ce délai, est légalement fondé à la rejeter en raison de son caractère prématuré ; cette requête ne peut être considérée comme une demande valable de concours de la force publique. • CE 18 févr. 2010, *Sté d'HLM de Guyane*, req. nº 316987 : *Lebon T. 875 ; AJDA 2010. 857, concl. Thiellay*. ♦ Le droit à indemnisation débute quinze jours après que l'huissier a demandé l'évacuation des lieux au préfet. • CE 27 janv. 2010, *OPAC Habitat Marseille Provence*, req. nº 320642 : *Lebon T. 840 ; AJDA 2010. 181* (contre deux mois auparavant) • CE 27 sept. 2006, *Mme Causse*, req. nº 285279 : *Lebon T. 1064 ; AJDA 2006. 1816 ; JCP Adm. 2006. 1303.* ♦ Le délai de grâce court du jour du jugement lorsque celui-ci est contradictoire. • CAA Paris, 23 juin 2005, *Secr. d'État à l'outre-mer : req. nº 02PA01162.* ♦ Lorsqu'un organisme bailleur auquel le préfet a refusé d'accorder le concours de la force publique conclut, en vertu de l'art. L. 353-15-2, un protocole d'accord avec le locataire défaillant, il lui incombe, s'il demande le versement par l'État d'une indemnité en réparation du préjudice subi, de communiquer au préfet le protocole d'accord ainsi que tous les éléments d'information sur l'exécution par le locataire de ses engagements relatifs à l'apurement de la dette. • CE 27 janv. 2010, *Min. de l'intérieur c/ Sté HLM Résidence urbaine de France*, req. nº 316576 : *Lebon T. 976 ; AJDA 2010. 182*. ♦ Même si l'occupant s'est acquitté de l'ensemble des sommes dues au titre des indemnités d'occupation, le propriétaire est fondé à demander réparation des troubles de gestion que lui a occasionnés le refus de l'administration de lui accorder le concours de la force publique. • CAA Paris, 13 juill. 1995, *Sté d'HLM La Lutèce : req. nº 94PA00312.* ♦ Il en va de même si le local était frappé d'une interdiction temporaire d'habiter, le propriétaire ne pouvant, du fait de l'occupation illégale, disposer de son bien en vue de le rendre habitable et de le proposer à la location. • CAA Paris, 12 nov. 2002, *Sté SIRI : req. nº 01PA02251.* ♦ L'État est tenu d'indemniser le propriétaire des frais de travaux prescrits en urgence pour diminuer les risques sanitaires encourus par les occupants sans droit ni titre, ainsi que les frais de relogement afférents, le préjudice ayant un lien direct avec le refus du concours de la force publique. • CE 21 sept. 2007, *Min. de l'intérieur : req. nº 281330.* ♦ La base mensuelle permettant d'évaluer la perte de loyers subie par le propriétaire doit être appréciée, non en fonction du montant de loyer figurant au bail, mais par rapport à la valeur locative estimée des locaux par comparaison avec les loyers des locaux présentant les mêmes caractéristiques. • CAA Paris, 8 oct. 2002, *Auzeral : req. nº 98PA03138.* ♦ Commet une erreur de droit le tribunal qui refuse toute indemnisation au seul motif que le montant de l'indemnité demandée avait été calculée par équivalence avec les loyers qu'aurait pu rapporter la location de l'immeuble pendant la période d'inertie de l'administration, sans rechercher si un autre mode de calcul permettait de mieux évaluer le préjudice subi par les créanciers. • CE 25 juill. 2007, *M. Massart*, req. nº 293377 : *Lebon T. 1069*. ♦ Le propriétaire peut également prétendre au remboursement par l'État des sommes correspondant aux taxes d'enlèvement des ordures ménagères dont l'occupant ne s'est pas acquitté. • CE 19 déc. 2007, *Maurice M. : req. nº 296453.* ♦ La responsabilité de l'État peut être limitée en raison de la faute de ceux qui ont soutenu les expulsés et rendu plus difficile l'exécution du jugement. • CE 25 nov. 1994, *Cne de Colombes*, req. nº 134213 : *Lebon 513 ; AJDA 1995. 158 ; Dr. adm. 1995, nº 111 ; RFDA 1995. 229.* ♦ La responsabilité sans faute de l'État pour refus de concours de la force publique ne peut être engagée lorsque les occupants sans titre d'un immeuble ont volontairement quitté les lieux avant le début de la période de responsabilité. • CAA Paris, 20 déc. 2002, *OPAC de Paris : req. nº 00PA02979* • CE 16 mars 2005, *Min. de l'intérieur : req. nº 264653.* ♦ Les lettres de rappel adressées au préfet ayant uniquement pour objet de rappeler la demande de la force publique n'ont pas pour effet d'interrompre le délai de prescription de la déchéance quadriennale. • CAA Paris, 28 févr. 2002, *Min. de l'intérieur c/ Crédit Lyonnais : req. nº 01PA02502.* ♦ La responsabilité de l'État pour refus de concours de la force publique n'est pas engagée à l'égard des porteurs de parts d'une société civile immobilière, qui ne sont pas propriétaires de l'immeuble litigieux et ne sont pas les bénéficiaires d'une ordonnance d'expulsion rendue au profit du mandataire liquidateur de la société. • CE 2 sept. 2009, *Épx Huard*, req. nº 299478 : *Lebon T. 944 ; AJDA 2009. 1582*. ♦ L'acte de vente établi au profit d'une société d'HLM l'a subrogé exclusivement aux droits du vendeur dans l'action que ce dernier pouvait engager contre les occupants sans titre de l'immeuble acquis ; ainsi, le refus de faire droit à la demande de concours de la force publique présentée par le précédent propriétaire n'a fait naître aucun droit à indemnisation contre l'État au profit de cette société. • CE 16 avr. 2010, *Min. de l'intérieur : req. nº 319340.* ♦ Le tribunal ne peut évaluer le préjudice subi sans indiquer les motifs pour lesquels il s'écarte de l'évaluation motivée qui lui était soumise. Faute de toute motivation sur l'évaluation ainsi retenue, le jugement est illégal. • CE 26 mai 2010, *SA HLM France Habitation,* req. nº 326122 : *Lebon T. 931.*

4. Trêve hivernale. Si les dispositions de l'art. L. 613-3 exigent des autorités de police qu'elles sursoient, au cours de cette période, à prêter le concours de la force publique, elles ne font pas obstacle à ce que l'administration soit valablement saisie pendant cette même période d'une demande de concours de la force publique dont le rejet est susceptible d'engager la responsabilité de l'État. • CE 27 avr. 2007, *Min. de l'intérieur c/ Consorts Debost,* req. nº 291410 : *Lebon T. 1063 ; AJDA 2007. 1263.* ♦ La trêve hivernale joue au profit d'un époux expulsé du domicile conjugal en exécution d'une ordonnance de non-conciliation. Le concours de la force publique peut ainsi être refusé sans engager la responsabilité de l'État si l'intéressé ne dispose pas d'une possibilité de relogement dans des conditions suffisantes respectant l'unité et les besoins de la famille. • CE 16 mai 2007, *Min. de l'intérieur c/ Mme Hornung, épouse Halter,* req. nº 286847 : *Lebon T. 1069 ; JCP G 2007, Actu. nº 247, note Rouault.* ♦ Le préjudice qu'un propriétaire peut subir du fait de l'application des dispositions de l'art. L. 613-3 ne présente pas un caractère spécial et exceptionnel de nature à engager, dans le silence de la loi, la responsabilité sans faute de l'État à son égard. • CAA Nantes, 26 janv. 1994, *Min. de l'intérieur : req. nº 92NT00581.* ♦ Doivent être considérés comme occupant les locaux par voie de fait les occupants entrés dans les lieux sans avoir jamais eu l'accord du propriétaire ni été titulaires d'un titre quelconque. • CE 27 nov. 2002, *SCI Résidence du Théâtre,* req. nº 251898 : *Lebon T 874.* ♦ Les dispositions de l'art. L. 613-3 ne sont pas applicables en cas d'inoccupation prolongée. • Civ. 3e, 20 nov. 1991 : *Bull. civ. III, nº 279 ; AJDI 1992. 597.* ♦ Dès lors, l'expulsion est légale entre les deux dates fixées à l'al. 1er de ce texte. • Besançon, 23 janv. 1986 : *Ann. loyers 1986. 582.* ♦ Les dispositions de l'art. L. 613-3 s'appliquent à toute expulsion de local à usage d'habitation y compris ceux loués en complément d'un bail commercial. • CAA Paris, 22 avr. 2003, *Min. de l'intérieur : req. nº 01PA02307.* ♦ ... Même si les stipulations du bail commercial excluaient une occupation des lieux pour l'habitation à partir du moment où le bien était, quel que soit son état, effectivement occupé à usage d'habitation. • CAA Nantes, 30 mai 2002, *Prigent : req. nº 97NT00166.* ♦ Ces dispositions ne sont pas applicables aux expulsions du domaine public. • CAA Nantes, 28 févr. 2002, *Rety : req. nº 98NT01384.*

5. Astreinte. L'astreinte n'étant pas une mesure d'exécution forcée, une cour d'appel retient à bon droit que les dispositions de l'art. L. 613-3, qui prévoient seulement un sursis aux mesures d'expulsion non exécutées à la date du 1er novembre de chaque année, n'interdisent pas à une juridiction, même pendant la période visée par ce texte, d'ordonner la libération des lieux en l'assortissant d'une astreinte pour inciter le débiteur à se conformer à la décision. • Civ. 2e, 4 juill. 2007 : *Bull. civ. II, nº 183 ; D. 2007. AJ 2104 ; Loyers et copr. 2007, nº 213, obs. Vial-Pedroletti.*

Art. L. 613-2 à L. 613-5 *Abrogés par Ord. nº 2011-1895 du 19 déc. 2011, art. 3-3º.*

Art. L. 613-6 *[Art. déclaré contraire à la Constitution par la Décision du Conseil constitutionnel nº 98-403 DC du 29 juill. 1998, art. 1er (JO 31 juill.).]*

CHAPITRE IV **RÉQUISITION DE TERRAINS**

Art. L. 614-1 Lorsque des constructions provisoires ou des équipements annexes ne peuvent être réalisés pour permettre le relogement temporaire des personnes occupant un logement insalubre au sens de la loi nº 70-612 du 10 juillet 1970 sur des terrains expropriés en vertu du titre II de la loi précitée, les terrains nus nécessaires à cet effet peuvent être réquisitionnés par le représentant de l'État dans le département, après avis du maire de la commune ou du président du groupement de communes ayant compétence en matière de logement, intéressé par la réquisition au profit de l'État, d'une collectivité locale, d'un établissement public ou d'une société d'économie mixte. En aucun cas, des propriétés attenantes aux habitations et closes par des murs ou par

des clôtures équivalentes, selon les usages du pays, ne peuvent faire l'objet d'une réquisition. Les règles prévues aux articles 2, alinéa 1er, et suivants de l'ordonnance no 61-106 du 1er février 1961 autorisant la réquisition temporaire des terrains nécessaires à l'installation provisoire de logements destinés aux personnes évacuées de locaux impropres à l'habitation situés dans des agglomérations de Français musulmans, sont applicables.

L'avis du maire ou du président du groupement de communes prévu au précédent alinéa est réputé exprimé s'il n'a pas été émis dans le mois du jour où il a été sollicité.

CHAPITRE V MESURES DE SAUVEGARDE

(L. no 96-987 du 14 nov. 1996)

BIBL. GÉN. ▶ CAPOULADE et GIVERDON, *Administrer, 1997. 291, p. 8* (la loi no 96-987 du 14 novembre 1996 relative à la mise en œuvre du pacte de relance pour la ville et la copropriété des immeubles bâtis). – HEUGAS-DARRASPEN, *RDI 1997. 348* (commentaire de la loi no 96-987 du 14 novembre 1996 relative à la mise en œuvre du pacte de relance pour la ville). – JAFFUEL, *AJDI. 1997. 541 s.* (pacte de relance pour la ville et statut de la copropriété).

COMMENTAIRE

La requalification des copropriétés en difficulté et, plus largement, des ensembles d'habitat privé constitue un nouveau champ de l'intervention publique.

Le plan de sauvegarde institué par la loi no 96-987 du 14 novembre 1996 relative à la mise en œuvre du pacte de relance pour la ville permet à l'État d'intervenir dans le redressement de la situation de ces immeubles et la restauration du cadre de vie de leurs habitants.

Cette intervention, tout en restant de nature incitative (des aides sont accordées sur la base des mesures préconisées par le préfet et d'engagements souscrits par les parties), permet au préfet de proposer des mesures de restructuration juridique et d'adaptation du statut des biens et équipements collectifs à usage public.

Initialement limitée aux immeubles situés dans le périmètre d'une OPAH ou d'une ZUS, la loi « solidarité et renouvellement urbains » du 13 décembre 2000 a généralisé la faculté de mise en œuvre d'un plan de sauvegarde à tout groupe d'immeubles ou ensemble immobilier.

Art. L. 615-1 *(L. no 2000-1208 du 13 déc. 2000, art. 82-III)* **« Le préfet peut, à son initiative ou sur proposition du maire de la commune concernée, d'associations d'habitants, d'associations de propriétaires ou copropriétaires, d'associations de riverains, confier à une commission qu'il constitue le soin de proposer un plan de sauvegarde visant à restaurer le cadre de vie des occupants et usagers d'un groupe d'immeubles bâtis ou d'un ensemble immobilier déterminé, à usage d'habitation ou à usage mixte professionnel, commercial et d'habitation, soumis au régime de la copropriété, ou d'un groupe d'immeubles bâtis en société d'attribution ou en société coopérative de construction donnant vocation à l'attribution d'un lot. Cette commission comprend obligatoirement des représentants des propriétaires et des locataires des immeubles concernés. »**

Le projet de plan est soumis à l'avis du maire de la commune et à l'approbation du représentant de l'État dans le département.

Les dispositions de l'alinéa précédent ne s'appliquent pas aux immeubles appartenant en totalité aux organismes d'habitation à loyer modéré mentionnés à l'article L. 411-2.
– V. art. R. 615-1 à R. 615-5.

V. Circ. nº 97-08 du 8 janv. 1997 pour la mise en œuvre des dispositions du pacte de relance pour la ville relatives à l'habitat (BOMELT nº 97/2).

V. aussi Circ. nº 97-37 du 22 avr. 1997 relative au choix de sites témoins pour l'élaboration et la mise en place du plan de sauvegarde dans les copropriétés et ensembles d'habitat privé (BOMELT nº 97/10).

V. Circ. ANAH nº 2000-03 du 3 juill. 2000 relative aux dispositions applicables aux immeubles dotés d'un plan de sauvegarde (BOMELT nº 2000/15).

A propos de l'utilisation du droit de préemption urbain pour la mise en œuvre d'un plan de sauvegarde. • CAA Marseille, 16 mars 2006, *SCI Laurcap : ☎ req. nº 03MA01943.*

Art. L. 615-2 Le plan de sauvegarde fixe les mesures nécessaires pour, *(L. nº 2000-1208 du 13 déc. 2000, art. 82-IV)* « dans un délai de cinq ans », sur la base des engagements souscrits par les collectivités publiques, les organismes publics ou les personnes privées concernées :

– clarifier et simplifier les règles de structure et d'administration du groupe d'immeubles bâtis ou de l'ensemble immobilier ;

– clarifier et adapter le statut de biens et équipements collectifs à usage public ;

– réaliser des travaux de conservation de l'immeuble ou tendant à la réduction des charges de fonctionnement ;

– assurer l'information et la formation des occupants de l'immeuble pour restaurer les relations sociales ;

– organiser la mise en place de mesures d'accompagnement.

Il précise l'échéancier de ces mesures ainsi que les conditions de leur financement. – *V. art. R. 615-2 s.*

Art. L. 615-3 La commission mentionnée à l'article L. 615-1 est présidée par le représentant de l'État dans le département et comprend notamment le président du conseil général et le maire de la commune dans laquelle sont situés des immeubles ou ensembles immobiliers concernés par le plan de sauvegarde, ou leurs représentants. – *V. art. R. 615-1.*

Art. L. 615-4 Il est procédé à la suppression des aides correspondant aux mesures mentionnées à l'article L. 615-2 et au recouvrement, comme en matière de contributions directes, des aides financières accordées aux personnes qui, après mise en demeure, n'ont pas respecté les engagements qui leur incombent, dans le délai prévu au plan de sauvegarde.

Art. L. 615-4-1 Pour l'application des dispositions du présent chapitre, les occupants sont les propriétaires occupants, les locataires, les occupants de bonne foi maintenus dans les lieux et les preneurs de baux professionnels ou commerciaux.

Les propriétaires occupants sont les personnes copropriétaires, les associés de sociétés d'attribution ou de sociétés coopératives de construction donnant vocation à l'attribution d'un lot, qui occupent l'immeuble dont elles ont la propriété ou la jouissance.

Art. L. 615-5 Un décret en Conseil d'État précise les modalités d'application des articles L. 615-1 à L. 615-4-1. – *V. art. R. 615-1 à R. 615-5.*

Art. L. 615-6 *(L. nº 2009-323 du 25 mars 2009, art. 23)* Lorsque, dans un immeuble collectif à usage principal d'habitation, le propriétaire, la société civile immobilière, le syndicat des copropriétaires, la société d'attribution ou la société coopérative de construction est, en raison de graves difficultés financières ou de gestion et de

l'importance des travaux à mettre en œuvre, dans l'incapacité d'assurer la conservation de l'immeuble ou la sécurité des occupants, le maire de la commune ou le président de l'établissement public de coopération intercommunale compétent en matière d'habitat, sur le territoire duquel est implanté l'immeuble, peut saisir le président du tribunal de grande instance, qui statue comme en matière de référé ou sur requête, aux fins de désignation d'un ou plusieurs experts chargés de constater l'importance du déséquilibre financier du propriétaire, du syndicat ou de la société assurant la gestion de l'immeuble ainsi que la nature et l'importance des travaux à mettre en œuvre. La saisine peut être également effectuée, après accord du maire ou du président de l'établissement public de coopération intercommunale compétent en matière d'habitat, par le représentant de l'État dans le département, le syndic, l'administrateur provisoire défini à l'article 29-1 A de la loi n° 65-557 du 10 juillet 1965 fixant le statut de la copropriété des immeubles bâtis *[V. **C. copr.**]* **ou des copropriétaires représentant 15 % au moins des voix du syndicat.**

Les résultats de l'expertise sont notifiés au propriétaire, au syndicat des copropriétaires ou, s'il y a lieu, à l'administrateur provisoire ou au représentant légal de la société d'attribution, de la société civile immobilière ou de la société coopérative de construction, au représentant de l'État dans le département, au maire de la commune ou au président de l'établissement public de coopération intercommunale compétent en matière d'habitat.

Au vu des conclusions de l'expertise, le président du tribunal de grande instance, après avoir entendu les parties dûment convoquées, peut déclarer l'état de carence du propriétaire, de la société civile immobilière, du syndicat des copropriétaires, de la société d'attribution ou de la société coopérative de construction.

L'ordonnance du président du tribunal de grande instance est notifiée au propriétaire, au syndicat des copropriétaires, à l'administrateur provisoire ou au représentant légal de la société d'attribution, de la société civile immobilière ou de la société coopérative de construction, à l'auteur de la saisine et au maire de la commune ou au président de l'établissement public de coopération intercommunale compétent en matière d'habitat.

A défaut de connaître l'adresse des personnes mentionnées à l'alinéa précédent ou de pouvoir les identifier, la notification les concernant est valablement effectuée par affichage à la mairie de la commune ou, à Paris, Marseille et Lyon, de l'arrondissement où est situé l'immeuble ainsi que par affichage sur la façade de l'immeuble.

L'ordonnance du président du tribunal de grande instance est transmise au représentant de l'État dans le département.

COMMENTAIRE

Instaurée par la loi n° 2003-710 du 1er août 2003 d'orientation et de programmation pour la ville et la rénovation urbaine, l'état de carence est une procédure ayant pour objet de répondre aux situations les plus graves où la gestion d'un immeuble collectif ne peut plus être assurée par le propriétaire, la SCI ou le syndicat des copropriétaires et où la conservation de l'immeuble et la sécurité des occupants sont gravement compromises. Le président du tribunal de grande instance, saisi par le maire, le président d'EPCI, le préfet, le syndic ou l'administrateur provisoire, a le pouvoir de déclarer l'état de carence. En ce cas, une procédure d'expropriation pour cause d'utilité publique peut être engagée. La loi n° 2009-323 du 25 mars 2009 simplifie la procédure d'expropriation dans une technique qui est proche de celle de la « loi Vivien » en matière d'expropriation d'immeubles insalubres.

Art. L. 615-7 *(L. n° 2009-323 du 25 mars 2009, art. 23)* **Lorsque l'état de carence a été déclaré, l'expropriation de l'immeuble est poursuivie au profit de la commune, de l'établissement public de coopération intercommunale compétent en matière**

d'habitat, d'un organisme y ayant vocation, d'un concessionnaire d'une opération d'aménagement visé à l'article L. 300-4 du code de l'urbanisme ou d'une société de construction dans laquelle l'État détient la majorité du capital.

Au vu de l'ordonnance du président du tribunal de grande instance ayant déclaré l'état de carence et des conclusions de l'expertise, le maire ou le président de l'établissement public de coopération intercommunale compétent en matière d'habitat constitue un dossier qu'il soumet au vote de l'assemblée délibérante.

Le dossier présente le projet simplifié d'acquisition publique en vue soit de la réhabilitation aux fins d'habitat ou d'un autre usage, soit de la démolition totale ou partielle de l'immeuble concerné. Celui-ci comporte une évaluation sommaire de son coût ainsi qu'un plan de relogement des occupants concernés répondant aux conditions précisées aux articles L. 314-1 et suivants du code de l'urbanisme et précise la collectivité publique ou l'organisme au profit duquel est demandée l'expropriation.

Après délibération de l'assemblée délibérante, le maire ou le président de l'établissement public de coopération intercommunale compétent en matière d'habitat met le dossier présentant le projet simplifié d'acquisition publique à la disposition du public en vue de lui permettre de formuler ses observations, pendant une durée minimale d'un mois, dans des conditions précisées par arrêté du maire.

Par dérogation aux dispositions du code de l'expropriation pour cause d'utilité publique et au vu de l'ordonnance du président du tribunal de grande instance, du projet simplifié d'acquisition publique, du projet de plan de relogement ainsi que des observations du public, le représentant de l'État dans le département, par arrêté :

— déclare l'utilité publique du projet d'acquisition et détermine la liste des immeubles ou parties d'immeubles, des parcelles ou des droits réels immobiliers à exproprier ainsi que l'identité des propriétaires de ces droits réels ;

— déclare cessibles les immeubles ou parties d'immeubles, les parcelles ou les droits réels immobiliers visés à l'alinéa précédent ;

— indique la collectivité publique ou l'organisme au profit duquel est poursuivie l'expropriation ;

— fixe le montant de l'indemnité provisionnelle allouée au propriétaire ou aux copropriétaires ou porteurs de parts, ainsi qu'aux titulaires de baux commerciaux et professionnels, cette indemnité ne pouvant être inférieure à l'évaluation effectuée par le service chargé des domaines ;

— détermine la date à laquelle il pourra être pris possession des immeubles ou parties d'immeubles, des parcelles ou des droits réels immobiliers après paiement ou, en cas d'obstacle au paiement, après consignation de l'indemnité provisionnelle. Cette date doit être postérieure d'au moins deux mois à la déclaration d'utilité publique.

L'arrêté prévu au présent article est notifié aux personnes et dans les conditions visées aux quatrième et cinquième alinéas de l'article L. 615-6.

Il est publié au recueil des actes administratifs du département et affiché à la mairie du lieu de situation de l'immeuble.

Dans le mois qui suit la prise de possession, le représentant de l'État dans le département est tenu de poursuivre la procédure d'expropriation dans les conditions prévues par le code de l'expropriation pour cause d'utilité publique.

Art. L. 615-8 *(L. no 2009-323 du 25 mars 2009, art. 23)* L'ordonnance d'expropriation ou la cession amiable consentie après l'intervention de l'arrêté prévu à l'article L. 615-7 produit les effets visés à l'article L. 12-2 du code de l'expropriation pour cause d'utilité publique.

Les modalités de transfert de propriété des immeubles ou des droits réels immobiliers ainsi que l'indemnisation des propriétaires sont soumises aux dispositions du code de l'expropriation pour cause d'utilité publique.

CHAPITRE VI DISPOSITIONS APPLICABLES EN MATIÈRE DE SAISIE IMMOBILIÈRE DU LOGEMENT PRINCIPAL

(L. nº 98-657 du 29 juill. 1998, art. 108)

Art. L. 616 **En cas de vente sur saisie immobilière d'un immeuble ou d'une partie d'immeuble constituant la résidence principale d'une personne qui remplit les conditions de ressources pour l'attribution d'un logement à loyer modéré, il est institué, au bénéfice de la commune, un droit de préemption destiné à assurer le maintien dans les lieux du saisi. Ce droit de préemption est exercé suivant les modalités prévues par le code de l'urbanisme en matière de droit de préemption urbain, en cas de vente par adjudication lorsque cette procédure est rendue obligatoire de par la loi ou le règlement.**

La commune peut déléguer ce droit, dans les conditions définies à l'article L. 213-3 du code de l'urbanisme, *(Ord. nº 2007-137 du 1er févr. 2007, art. 2)* **« à un office public de l'habitat ».**

Le non-respect des dispositions de l'art. L. 616, tel le fait pour le créancier poursuivant de ne pas avoir mis la commune en situation d'exercer son droit de préemption, n'est pas sanctionné par la nullité de la procédure de saisie immobilière. • Civ. 3e, 28 févr. 2001 : *Bull. civ. III, nº 26 ; AJDI 2001. 810, obs. Lévy*. ♦ Pour un exemple de contrôle de la régularité de la procédure, V. • CAA Nantes, 29 juill. 2003 : *req. nº 01NT01051.*

TITRE DEUXIÈME DISPOSITIONS TENDANT À FACILITER ET À ORIENTER LA RÉPARTITION DES LOGEMENTS EXISTANTS ET DISPOSITIONS DIVERSES

COMMENTAIRE

Deux dispositifs principaux sont retenus en matière de répartition des logements existants, dispositifs qui sont tombés en désuétude.

D'une part, la loi de finances du 30 décembre 1974 a supprimé l'établissement public intitulé la « bourse d'échange de logements ».

D'autre part, depuis l'ordonnance du 11 octobre 1945, les communes peuvent instituer un service municipal ou intercommunal du logement. Créé à titre temporaire, ce service est chargé d'assurer une meilleure répartition des logements existants en dressant un fichier général des locaux à usage d'habitation en vue de déterminer les locaux vacants, inoccupés ou insuffisamment occupés. Dans ces communes, les nouvelles locations de locaux à usage d'habitation ou professionnels ne sont autorisées qu'à la condition qu'elles justifient une occupation suffisante des locaux. Les locataires qui sous-occupent un local peuvent faire l'objet d'une demande d'expulsion. Ces dispositions ne sont plus appliquées compte tenu de leur caractère contraignant et de la mise en place de la taxe annuelle sur les logements vacants par la loi d'orientation relative à la lutte contre les exclusions. ❑

CHAPITRE PREMIER **SERVICE MUNICIPAL DU LOGEMENT**

V. Circ. du 6 juin 1984 relative au transfert de compétences en matière de permis de construire, Mon. TP 22 juin 1984, Suppl. textes.

Art. L. 621-1 Dans les communes désignées, sur proposition des maires intéressés, par décision administrative, un service municipal du logement, créé à titre temporaire, est chargé d'assurer une meilleure répartition des logements existants.

Le service municipal du logement a notamment pour tâche de dresser un fichier général des locaux à usage d'habitation, en vue de déterminer les locaux vacants, inoccupés ou insuffisamment occupés.

Plusieurs communes peuvent s'associer pour demander l'institution à titre temporaire d'un service intercommunal du logement.

Sur la tenue à jour du fichier des locaux vacants, V. Rép. min. no 10333, JO déb. Sénat, 27 avr. 1995, p. 995.

Art. L. 621-2 Les locaux vacants, inoccupés ou insuffisamment occupés sont définis par décret ; celui-ci fixe également les obligations incombant aux propriétaires, aux gérants et aux occupants des lieux en ce qui concerne la tenue du fichier général, ainsi que les déclarations prévues aux articles L. 621-5 et L. 621-6.

Art. L. 621-3 Il peut être mis fin par décision administrative, après avis du ou des maires intéressés, au remboursement des dépenses d'organisation et de fonctionnement du service municipal du logement.

De même, un service municipal ou intercommunal du logement, dont les dépenses de personnel sont supportées exclusivement par la ou les communes intéressées, peut être créé dans les conditions prévues à l'article L. 621-1.

(L. no 83-440 du 2 juin 1983, art. 5) « Dans les hypothèses prévues aux deux alinéas précédents, l'organisation et le fonctionnement du service municipal ou intercommunal du logement sont assurés, dans les mêmes conditions que les autres services, par les communes intéressées ».

Art. L. 621-4 A Paris et dans les communes des départements des Hauts-de-Seine, de la Seine-Saint-Denis et du Val-de-Marne ayant appartenu à l'ancien département de la Seine, le service du logement est départemental.

Il est institué à Paris et dans chacune des communes mentionnées ci-dessus un comité consultatif municipal du logement dont la composition est fixée par décision administrative.

Art. L. 621-5 Dans les localités où a été institué un service municipal du logement, sont seules autorisées les nouvelles locations ou sous-locations de locaux à usage d'habitation ou professionnel consenties au profit de personnes justifiant d'une occupation suffisante des locaux au sens du décret prévu à l'article L. 621-2. Cette justification fait l'objet d'une déclaration du preneur au bailleur.

Ne sont pas considérées comme locations ou sous-locations nouvelles celles qui ont acquis date certaine au jour de la publication de la décision ministérielle prévue à l'article L. 621-1 ou celles dont les bénéficiaires justifient d'une occupation effective des locaux à la même date.

Art. L. 621-6 Les bailleurs sont tenus de transmettre avant l'entrée du preneur dans les lieux et au plus tard dans les huit jours de la location ou de la sous-location, au service municipal du logement, les déclarations produites par les preneurs en application de l'article précédent.

Les locataires qui ne remplissent pas les conditions prévues à l'article précédent peuvent être expulsés, à la demande du service municipal du logement, sur ordonnance

du président du tribunal de grande instance, statuant en référé, sur requête du ministère public. Le président du tribunal de grande instance prononce, en outre, la résiliation de l'acte de location ou de sous-location.

S'il est fait application des sanctions prévues au titre V du présent livre, la décision d'expulsion est prise par le tribunal correctionnel.

V. art. R. 621-1 s.

CHAPITRE II DISPOSITIONS TRANSITOIRES RELATIVES AUX DROITS ET OBLIGATIONS DE LA « BOURSE D'ÉCHANGE DE LOGEMENTS »

RÉP. ADM., *v° Logement.*

BIBL. ▶ R. DÉSIRY, Requiem pour une bourse défunte, *JCP 1975. I. 2680.*

Art. L. 622-1 **Les droits et obligations existant au profit ou à la charge de la bourse d'échange de logements au 1er avril 1975, date de sa suppression, sont transférés à l'État, à l'exception des contrats ayant pour objet la communication aux usagers des offres et des demandes de logements, ainsi que les conventions conclues entre la bourse et les services ou organismes s'intéressant au logement qui cessent, tant les contrats que les conventions, d'avoir effet à la date mentionnée ci-dessus.**

Un décret en Conseil d'État fixe les conditions d'application des présentes dispositions.

V. Décr. n° 75-926 du 6 oct. 1975 (JO 12 oct.) sur les problèmes de remboursement des droits afférents aux inscriptions en cours de validité au 1er avr. 1975. – L. 30 déc. 1974 (D. 1975. 20), art. 60.

TITRE TROISIÈME DISPOSITIONS TENDANT À MAINTENIR OU À AUGMENTER LE NOMBRE DES LOGEMENTS

CHAPITRE PREMIER DISPOSITIONS GÉNÉRALES *(L. n° 98-657 du 29 juill. 1998, art. 126-I).*

BIBL. ▶ LIET-VEAUX, Police de l'affectation des immeubles, *J.-Cl. adm., fasc. 395.* – V. bibliographie, art. L. 631-7.

COMMENTAIRE

Deux types d'actions sont prévus en vue de maintenir ou d'augmenter le nombre de logements dans les communes qui subissent une pénurie de logements disponibles. Une **action incitative** en premier lieu. Les articles L. 631-1 à L. 631-6 définissent les conditions d'octroi d'une prime de déménagement et de réinstallation accordée aux personnes qui s'implantent en dehors des communes déficitaires en logement. Un **contrôle administratif** en second lieu portant sur la transformation de locaux d'habitation en locaux à usage commercial, industriel ou administratif. ❑

SECTION PREMIÈRE **PRIME DE DÉMÉNAGEMENT ET DE RÉINSTALLATION** *(L. n° 2008-776 du 4 août 2008, art. 13-II).*

Les al. I à IX de l'art. 13 de la L. n° 2008-776 du 4 août 2008 entrent en vigueur le 1er janv. 2009 sous réserve de l'entrée en vigueur des dispositions, relevant de la loi de finances, prévoyant la compensation des charges assumées par les communes du fait du transfert de compétences prévu par les mêmes I à IX (L. n° 2008-776 du 4 août 2008, art. 13-X).

Art. L. 631-1 **A Paris, dans les communes des Hauts-de-Seine, de Seine-Saint-Denis et du Val-de-Marne ayant fait partie du département de la Seine, dans les communes d'une population supérieure à 10 000 habitants, peuvent bénéficier d'une aide financière de l'État, en vue de couvrir leurs dépenses de déménagement et de réinstallation, les propriétaires, locataires et occupants de bonne foi, dont les ressources annuelles sont inférieures à un montant fixé par décret. Le même décret fixe les conditions auxquelles est subordonnée l'attribution de cette aide financière.**

L'aide financière de l'État ne peut être accordée qu'une fois au même bénéficiaire.

Pour l'application des art. L. 631-1 à L. 631-3, V. art. R. 631-1 s.

Art. L. 631-2 **L'aide financière prévue à l'article L. 631-1 peut être accordée aux personnes propriétaires du local dans lequel elles désirent se réinstaller.**

Art. L. 631-3 **Les départements et les communes peuvent, en sus de l'aide financière prévue à l'article L. 631-1, accorder sur leurs ressources un complément à cette aide financière.** — *Pour l'application des art. L. 631-1 à L. 631-3, V. art. R. 631-1 s.*

Art. L. 631-4 **Le montant des primes susceptibles d'être accordées par les départements et les communes au titre du déménagement et de la réinstallation en application des articles précédents, ainsi que les conditions dans lesquelles elles sont versées, sont fixés par arrêté ministériel.**

Art. L. 631-5 **Le financement des primes de déménagement et de réinstallation est assuré sur les ressources générales de l'Agence nationale de l'habitat.**

Art. L. 631-6 **Sauf motif reconnu légitime, le bénéficiaire des primes prévues aux articles L. 631-1 et L. 631-3 est tenu d'en rembourser le montant si, dans le délai de trois ans à compter de son déménagement, ce bénéficiaire établit sa résidence principale dans une des communes mentionnées à l'article L. 631-1.**

Le recouvrement de ces primes est effectué comme en matière d'impôts directs. Les autorités et juridictions compétentes en cette matière connaissent de la légitimité du motif invoqué par le bénéficiaire.

SECTION II **CHANGEMENTS D'USAGE ET USAGES MIXTES DES LOCAUX D'HABITATION** *(L. n° 2008-776 du 4 août 2008, art. 13-II, en vigueur le 1er avr. 2009).*

V. L. n° 2008-776 du 4 août 2008, art. 13-X, mod. par L. n° 2009-179 du 17 févr. 2009, art. 6, ss. art. L. 631-7.

V. Circ. n° 2006-19 du 22 mars 2006 sur l'application des mesures relatives au changement d'usage des locaux d'habitation, BOMELT n° 2006/7, p. 81.

BIBL. GÉN. ▶ **Ouvrage** : DAUDRÉ et WALLUT, Changements d'usage des locaux d'habitation, De l'affectation à l'usage, la réforme de l'art. L. 631-7 du CCH, *Litec, 2010.*

▶ **Articles** : BEDDELEEM, *Ann. Loyers 2009. 57.* – BLATTER, *AJDI 2008. 649* (loi du 4 août 2008). – COUTANT-LAPALUS, *Loyers et copr. 2005. Étude 9* (l'heure de la décentralisation pour le contrôle du changement d'usage de logements). – DUTRIEUX, *JCP N 2005. 1136* (réforme des changements d'affectation) ; *Constr.-Urb. 2005, n° 165* (Ord. 8 juin 2005 relative au logement et à la construction). – GAUCLÈRE, *Administrer août-sept. 2006. 31*. – HINFRAY, *RDI 2005. 309* (réforme de l'affectation immobilière) ; *Loyers et copr. 2006. Étude 16* (même objet). – LASSNER, *AJDI 2006. 265* (réforme du 8 juin 2005). – LE MARCHAND, *Constr.-Urb. 2006. Focus 15* (Circ. 22 mars 2006). – MONÉGER et BRAULT, *Loyers et copr. 2008. Étude nº 8* (loi du 4 août 2008). – MONÉGER, *RTD com. 2008. 501* (idem). – PASTERNATZKY, *Rev. bleue nov. 2005. 27* (du changement d'affectation au changement d'usage) ; *ibid. janv. 2009. 26* (loi du 4 août 2008). – PÉRIGNON, *AJDA 2005. 2112* (le nouveau régime du changement d'usage des locaux d'habitation). – RAUNET et LVOVSCHI-BLANC, *Administrer mars 2009. 8* (destination de l'immeuble et usage des lieux loués lors de la création ou l'acquisition d'un commerce : exemple de Paris). – RUET, *LPA 2009, nº 50, p. 3* (loi du 4 août 2008). – VIDALENC, *Defrénois 2005. 1277*. – WALLUT, *JCP N 2005. 1745* (de l'affectation à l'usage) ; *ibid. 2009. 1126* (l'heure de la décentralisation pour le contrôle du changement d'usage de logements). – WERTENSCHLAG et ABINADER, *AJDI 2005. 723* (changement d'affectation).

COMMENTAIRE

CHANGEMENTS D'USAGE

Pour faire face à la pénurie de logements, l'ordonnance du 11 octobre 1945 a soumis à autorisation préalable dans certaines communes la transformation des locaux d'habitation en locaux à usage commercial, industriel ou administratif. Le régime de cette police administrative spéciale a fait l'objet de multiples assouplissements et dérogations au point de devenir inutilement complexe.

L'ordonnance nº 2005-655 du 8 juin 2005 relative au logement et à la construction simplifie le champ d'application de l'autorisation de transformation de logements en locaux affectés à un autre usage et clarifie son régime.

1º CHAMP D'APPLICATION

Le dispositif s'applique à l'ensemble des communes répondant à un critère de tension du marché à savoir les grandes villes ainsi que les communes de la petite couronne de Paris. Toutefois, en application de l'article L. 631-9, dont la rédaction n'a pas été modifiée, le régime de l'autorisation préalable peut être rendu applicable sur tout ou partie d'autres communes, par décision de l'autorité administrative.

2º NOTION DE « LOCAL À USAGE D'HABITATION »

La notion de « local à usage d'habitation » est désormais légalement définie. Qui plus est, il n'y a plus que deux usages possibles d'un bien : habitation ou non-habitation ; les notions d'usage commercial, professionnel, de bureaux, ... sur lesquelles d'ailleurs les jurisprudences divergeaient, sont supprimées. La réforme prévoit que l'usage d'habitation est apprécié sur la base de la situation de l'usage du bien au 1er janvier 1970. Le certificat du préfet, prévu par l'ancien art. L. 631-7-2, indiquant à toute personne si tel local peut être régulièrement affecté à tel ou tel usage est supprimé. Enfin, sont dispensés du régime d'autorisation les locaux affectés à un autre usage que l'habitation lors de leur cession, appartenant à une personne publique et dont le produit de la vente est versé au budget de l'État.

Par ailleurs, la loi du 4 août 2008 de modernisation de l'économie, dont les dispositions entrent en vigueur à compter du 1er janvier 2009, procède à une décentralisation de l'exercice de cette compétence au profit des autorités communales.

Elle modifie également le régime des usages mixtes des locaux d'habitation en distinguant deux situations :

– les occupants de locaux d'habitation situés en rez-de-chaussée : ils ont un droit, sous réserve que le bail ou le règlement de copropriété ne s'y oppose pas, à exercer une activité professionnelle qui conduit éventuellement à recevoir de la clientèle et des marchandises dans les locaux (art. L. 631-7-4).

– les occupants de locaux non situés en rez-de-chaussée : ils ont également le droit, sous réserve que le bail ou le règlement de copropriété ne s'y oppose pas, à exercer une activité professionnelle (art. L. 631-7-3) ; mais pour pouvoir recevoir de la clientèle ou des marchandises dans le local d'habitation, il faut bénéficier d'une autorisation du maire (art. L. 631-7-2).

Les immeubles appartenant aux organismes d'HLM sont soumis à un régime particulier (cf. art. L. 631-7-5). ❑

Art. L. 631-7 *(L. nº 2008-776 du 4 août 2008, art. 13-III, en vigueur le 1er avr. 2009)* **« La présente section est applicable aux communes de plus de 200 000 habitants et à celles des départements des Hauts-de-Seine, de la Seine-Saint-Denis et du Val-de-Marne. Dans ces communes, le changement d'usage des locaux destinés à l'habitation est, dans les conditions fixées par l'article L. 631-7-1, soumis à autorisation préalable. »**

(Ord. nº 2005-655 du 8 juin 2005, art. 24) **« Constituent des locaux destinés à l'habitation toutes catégories de logements et leurs annexes, y compris les logements-foyers, logements de gardien, chambres de service, logements de fonction, logements inclus dans un bail commercial, locaux meublés donnés en location dans les conditions de l'article L. 632-1.**

« Pour l'application *(L. nº 2008-776 du 4 août 2008, art. 13-III, en vigueur le 1er avr. 2009)* **« de la présente section », un local est réputé à usage d'habitation s'il était affecté à cet usage au 1er janvier 1970. Cette affectation peut être établie par tout mode de preuve. »** *(L. nº 2006-872 du 13 juill. 2006, art. 79-IV, 19º)* **« Les locaux construits ou faisant l'objet de travaux ayant pour conséquence d'en changer la destination postérieurement au 1er janvier 1970 sont réputés avoir l'usage pour lequel la construction ou les travaux sont autorisés. »**

(Ord. nº 2005-655 du 8 juin 2005, art. 24) **« Toutefois, lorsqu'une autorisation administrative subordonnée à une compensation a été accordée après** *(L. nº 2006-872 du 13 juill. 2006, art. 79-IV-19º)* **« le 1er janvier 1970 » pour changer l'usage d'un local mentionné à l'alinéa précédent, le local autorisé à changer d'usage et le local ayant servi de compensation sont réputés avoir l'usage résultant de l'autorisation. »**

Sont nuls de plein droit tous accords ou conventions conclus en violation du présent article.

Ancien art. L. 631-7 *Dans les communes définies à l'article 10-7 de la loi nº 48-1360 du 1er septembre 1948 modifiée :*

1º Les locaux à usage d'habitation ne peuvent être, ni affectés à un autre usage, ni transformés en meublés, hôtels, pensions de famille ou autres établissements similaires dont l'exploitant exerce la profession de loueur en meublé au sens du premier alinéa de l'article 2 de la loi nº 49-458 du 2 avril 1949 modifiée, accordant le bénéfice du maintien dans les lieux à certains clients des hôtels, pensions de famille et meublés ; les présentes dispositions n'étant pas applicables aux locations en meublé mentionnées au deuxième alinéa dudit article 2 ;

2º Les locaux à usage professionnel ou administratif ainsi que les meublés, hôtels, pensions de famille ou établissements similaires ne peuvent, s'ils ne conservent pas leur destination primitive, être affectés à un usage autre que l'habitation ; — Les dispositions de cet alinéa ne sont pas applicables aux locaux appartenant à une personne publique affectés à un autre usage que l'habitation et dont le produit de la cession donne lieu au versement d'une recette non fiscale au profit du budget de l'État (L. nº 2003-1312 du 30 déc. 2003, art. 81-I, applicable aux locaux cédés à compter du 1er janv. 2004).

3º Les garages et remises mentionnés à l'article 2 de la loi nº 48-1360 du 1er septembre 1948 précitée ne peuvent être affectés à un usage commercial, industriel ou artisanal.

Il ne peut être dérogé à ces interdictions que par autorisation administrative préalable et motivée, après avis du maire (L. nº 2002-276 du 27 févr. 2002, art. 24-I) *« et, à Paris, Marseille et Lyon, après avis du maire d'arrondissement » [V. art. R. 631-4].*

Le représentant de l'État dans le département peut autoriser l'exercice, sous certaines conditions, dans une partie d'un local d'habitation, d'une profession qui ne puisse à aucun moment revêtir un caractère commercial si ce local constitue en même temps la résidence du demandeur.

(L. nº 86-1290 du 23 déc. 1986, art. 58) *« Ces dérogations et autorisations sont accordées à titre personnel. Cependant, les bénéficiaires membres d'une profession libérale réglementée, qui*

rendent à l'habitation le local qui était devenu totalement ou partiellement professionnel, peuvent être autorisés à transformer un autre local d'habitation en local professionnel pour une surface équivalente.

Sont nuls de plein droit, tous accords ou conventions conclus en violation du présent article. Toutefois, le locataire ou occupant d'un local d'habitation irrégulièrement transformé en meublé et réaffecté à la location nue bénéficie de plein droit, quelle que soit la date de son entrée dans les lieux, du maintien dans les lieux dans les conditions prévues aux chapitres Ier et II du titre Ier de la loi précitée du 1er septembre 1948.

NDLR. *En vertu de l'art. 57 L. no 86-1290 du 23 déc. 1986, abrogé par L. no 89-462 du 6 juill. 1989, les dispositions de l'art. L. 631-7 n'étaient pas applicables aux sociétés civiles professionnelles ni aux professionnels libéraux visés à l'art. 1er de la loi no 66-879 du 29 nov. 1966 relative aux sociétés civiles professionnelles exerçant en commun leur activité sous quelque forme que ce soit (L. no 86-1290 du 23 déc. 1986, art. 57 abrogé par L. no 89-462 du 6 juill. 1989).*

BIBL. ► BOULLEZ et HINFRAY, *Administrer, nov. 1981, p. 9 s.* (les changements d'affectation des locaux). – BOUSSAGEON, *AJPI 1990. 328* (transformation des locaux d'habitation en locaux professionnels). – BRUNO, *AJPI 1995. 582 s.* (incitation fiscale à la transformation en logements). – CARBONNEL, *RDI 1994. 395 s.* (les vicissitudes d'une transformation de locaux en Ile-de-France). – DURANCE, *AJPI 1987. 169* (changement de destination et changement d'affectation des immeubles). – HINFRAY, *AJDI 1998. 1026* (l'incidence de la loi du 2 juillet 1998). – LIET-VEAUX, *Gaz. Pal. 1973. 1. Doctr. 146* (des magasins aux bureaux) ; *JCP 1987. I. 3307* (la loi Méhaignerie et le changement d'affectation des locaux) ; *Rev. adm. 1991. 25* (le changement d'affectation des locaux) ; *RDI 1991. 297* (une notion à la dérive : le changement de destination des immeubles nécessitant un permis de construire) ; *AJPI 1992. 25* (transfert d'affectation et permis de construire) ; *Rev. adm. mars 1998. 24* (l'extravagante procédure du changement d'affectation des locaux) ; *Administrer, avr. 1999. 16* (une petite faveur pour le télé-travail dans les locaux d'habitation : loi du 2 juillet 1998). – MAILLEY, *AJPI 1993. 168* (la reconversion à l'habitation des bureaux vacants). – MONÉGER, *JCP N 2000. 224* (articulation entre destination des lieux au sens des baux commerciaux et affectation des locaux au sens de l'article L. 631-7 du code de la construction et de l'habitation). – MARTIN, *Ann. loyers, no 3, 1999, p. 328-331* (les avatars de l'article L. 631-7 du code de la construction et de l'habitation). – TAVERNIER, *AJPI 1995. 10* (pour une réforme de la réglementation). – VIDALENC, *AJPI 1995. 12* (les bureaux : définition et preuve de la commercialité) ; *Constr.-Urb. sept. 1999, Chron. no 9* (de quelques applications de l'article L. 631-7 du code de la construction et de l'habitation). – WEIL, *AJPI 1995. 578* (la réversibilité de la transformation en logements). – WERTENSCHLAG, *AJPI 1993. 417* (le changement d'affectation des locaux).

V. art. R. 631-4.

A. CHAMP D'APPLICATION

1o COMMUNES VISÉES

1. L'art. L. 631-7 n'est applicable que dans les communes définies à l'art. 10-7 de la loi du 1er sept. 1948, à savoir Paris, les communes situées « dans un rayon de 50 kilomètres de l'emplacement des anciennes fortifications de Paris » et celles « dont la population municipale est égale ou supérieure à 10 000 habitants ». Dès lors que la population d'une commune est inférieure au seuil de l'art. L. 631-7, aucune dérogation aux dispositions de cet article n'était nécessaire pour valider le changement d'affectation des locaux litigieux. • CE 21 janv. 1998, *Manuel : req. no 126853.* ♦ Pour déterminer si l'art. L. 631-7 est applicable à une commune, il y a lieu de prendre en considération la population permanente de la localité à l'époque de la transformation. • Civ. 3e, 7 nov. 1979 : *Bull. civ. III, no 198.*

2o LOCAUX CONCERNÉS

2. Notion de local à usage d'habitation. La transformation d'un local d'habitation en logement de gardien ne constitue pas un changement d'affectation. • CE 5 nov. 1975, *Sté foncière Paris-Languedoc : Lebon 546.* ♦ La circonstance qu'un local affecté à l'usage commercial soit demeuré inoccupé cinq mois ne saurait le faire regarder comme ayant perdu sa destination primitive et devant donc être affecté à un usage d'habitation au sens du 2o de l'art. L. 631-7. • CAA Paris, 5 déc. 1989, *Min. de l'équipement : req. no 89PA00708.* ♦ Le local situé au sous-sol d'un immeuble et faisant corps avec lui a le caractère d'un local d'habitation et ne peut dès lors être affecté à un usage artisanal sans autorisation. • CE 6 mai 1957, *Min. de la reconstruction : Lebon T. 954.* ♦ La prohibition de l'art. L. 631-7 ne concerne que la transformation en meublés de locaux d'habitation ; elle ne joue pas pour la transformation d'un hôtel en appartements. • Civ. 3e, 6 déc. 1977 : *Bull. civ. III, no 499.* ♦ Elle ne joue pas non plus pour la transformation d'un local à usage commercial en local à usage d'habitation. • Civ. 3e, 18 mai 1988 : *Rev. loyers 1988. 323.* ♦ Une cour d'appel retient exactement que la notion de local professionnel, devant s'entendre comme s'agissant du local où s'exerce régulièrement une profession, qu'elle soit ou non commerciale, le changement de nature de l'activité professionnelle n'entraînant pas changement de destination au sens de l'art. L. 631-7. • Civ. 3e, 20 déc. 1995 : *Bull. civ. III, no 266 ; JCP 1996. II. 1399, note D. Stapylton-Smith.* ♦ Sur la soumission à l'art. L. 631-7 des délibérations d'une assemblée des associés d'une société d'attribution : • Civ. 3e, 20 oct. 1993 : *Bull. civ. III, no 125 ; AJDI 1994. 41 ; JCP N 1994. II. 42.*

3. Exclusion des bâtiments publics. L'art. 81 de la loi no 2003-1312 du 30 déc. 2003 de finances rectificative pour 2003 exclut l'application des dispositions du 2o de l'art. L. 631-7 aux locaux appartenant à une personne publique dont le produit de la cession donne lieu au versement d'une recette au profit du budget de l'État. Le Conseil d'État a pu juger que l'art. L. 631-7 n'est pas applicable aux personnes publiques bénéficiant d'une procédure d'expropriation. • CE 10 juill. 1954, *de Bresson : Lebon 460.* ♦ Le conseil municipal peut à tout moment modifier l'affectation d'un immeuble communal pour un motif tiré de la bonne utilisation de cet immeuble ou des nécessités de l'ordre public. L'arrêt ne fait pas toutefois référence à l'art. L. 631-7. • CE 3 déc. 1993, *Union locale des synd. CGT de Nîmes : req. no 98074.*

B. DÉROGATIONS

1o MOTIFS

4. Si les dispositions de l'art. L. 631-7 confèrent au préfet les plus larges pouvoirs d'appréciation pour accorder ou refuser l'autorisation d'exercer une profession dans un local à usage d'habitation, sa décision ne peut toutefois être légalement motivée que par des considérations tirées du nombre de logements disponibles dans la commune ou l'agglomération. • CE 2 mai 1990, *Rembauville-Nicolle : Lebon 104 ; AJDA 1990. 642, obs. Richer.* ♦ L'art. L. 631-7 n'impose pas au préfet, pour procéder à cette appréciation, d'évaluer le déséquilibre entre activités et logements au niveau du quartier dans lequel se situe ce logement. • CAA Paris, 17 sept. 1998, *Aiesme,* req. no 97PA00095 : *Lebon T. 1009 ; Gaz. Pal. 15-16 sept. 1999.* ♦ Le préfet peut s'appuyer sur le déséquilibre existant au niveau d'un arrondissement. Aucune disposition ne lui impose d'évaluer le déséquilibre entre activités et logement sur l'ensemble de Paris. • CAA Paris, 29 juin 1999, *Levy : req. no 97PA03598.* ♦ Le préfet peut légalement prendre en compte les données propres au périmètre d'un établissement public, en l'espèce l'Établissement public pour l'aménagement de La Défense (EPAD). • CE 30 déc. 2010, *Min. du logement,* req. no 308067 : *Lebon à paraître ; AJDA 2011. 7 ; RJEP 2011, no 27, concl. Dumortier.* ♦ Dans son appréciation du déséquilibre entre activités et habitat le préfet peut, sans qu'il soit porté atteinte au principe d'égalité, réserver, à l'intérieur d'une même commune, un traitement différent aux demandes qui lui sont adressées. La circonstance que certaines demandes portant sur d'autres appartements situés sur une autre portion de la commune ont donné lieu à des dérogations n'est pas de nature à rendre le refus illégal. • CAA Paris, 29 juin 1999, *Mattei-Dawance : req. no 97PA02169.* ♦ Le préfet peut légalement se fonder sur le motif tiré de ce que les requérants ne proposaient aucune compensation pour refuser la derogation sollicitée alors même que le coût du logement dans ce quartier rend cette compensation particulièrement difficile à mettre en œuvre. • CAA Paris, 22 mai 2008, *Jean-Jacques X. : req. no 07PA01575.*

5. L'opposition de certains copropriétaires à l'installation d'un cabinet d'avocats dans un immeuble ne peut légalement fonder un refus de dérogation. • CE 2 mai 1990, *Rembauville-Nicolle : Lebon 104 ; AJDA 1990. 642, obs. Richer.* ♦ Les circonstances que l'affectation à usage professionnel du local est conforme à celle prévue au règlement de copropriété est sans influence sur la légalité du refus de dérogation. • CAA Paris, 31 oct. 2000, *Teboul : req. no 98PA03914.* ♦ La délivrance d'un permis de construire est sans influence sur la légalité des autorisations. • CAA Paris, 29 juin 1999, *SA Foncière Hugo : req. no 97PA01507.* ♦ La circonstance que les appartements proposés en compensation se trouvaient dans des immeubles majoritairement à usage de bureau n'est pas de celles qui peuvent être pertinemment prises en compte pour apprécier la possibilité d'une telle dérogation. • CAA Paris, 6 mars 2008, *Sté Lagrange : req. no 05PA02794.*

2o MOTIVATION

6. Les dérogations comme les refus de dérogation doivent être motivés. • CE 23 oct. 1998, *Min. de l'équipement,* req. no 180241 : *Lebon T. 361.* ♦ Compte tenu du déficit structurel de logements dans le 6e arrondissement de Paris, le préfet a suffisamment motivé sa décision en estimant que les locaux étaient situés dans un arrondissement « où il est constaté un déséquilibre entre l'emploi et le logement au détriment de ce dernier ». Le préfet n'était pas tenu de fournir des éléments chiffrés sur ce déséquilibre. • CAA Paris, 17 sept. 1998, *Aiesme,* req. nº 97PA00095 : *préc. note 4.* ♦ La motivation basée sur la seule considération que le projet tendrait à réduire le nombre de logements à Paris sans précision quant aux éléments de fait est insuffisante. • CAA Paris, 21 mars 1996, *Chermet-Carroy : req. nº 95PA01230.* ♦ Le défaut de motivation ne peut être régularisé par l'indication des motifs apportée par le préfet dans ses observations en défense produites devant le tribunal administratif. • CAA Marseille, 13 juin 2002, *SARL Brasserie de la place des Îles : req. nº 98MA01587.* ♦ Une simple mise en demeure se bornant à rappeler au requérant qu'il utilise sans autorisation un local d'habitation à des fins professionnelles et l'invite en conséquence à rendre ce local à l'habitation n'a pas en revanche à être motivée. • CE 29 nov. 2002, *Teboul,* req. nº 228664 : *Lebon T. 590.*

3º AVIS DU MAIRE

7. En l'absence d'avis du maire, l'arrêté préfectoral autorisant la transformation de locaux doit être annulé. • CAA Paris, 16 avr. 1998, *Min. Équipement c/ Cne des Lilas,* req. nº 96PA01611 : *Lebon T. 1008 ; Gaz. Pal. 15-16 sept. 1999, Pan. ; Dr. adm. p. 119.* ♦ L'avis du maire n'est pas exigé pour un refus d'autorisation. • TA Lyon, 17 juill. 1964, *Cie Immobilière du Sud-Est : Lebon T. 743.*

4º CARACTÈRE PERSONNEL DE L'AUTORISATION

8. Les dérogations ne peuvent être accordées qu'à titre personnel et cessent, par conséquent, de produire effet en cas de changement de propriétaire des locaux qu'elles désignent. Le préfet peut enjoindre au nouveau propriétaire de rendre l'immeuble à l'habitation. • CE 28 févr. 1997, *Sté civ. de placements immobiliers FRANCE-PIERRE,* req. nº 158194 : *Lebon 69 ; Dr. adm. nº 190.* ♦ Les dispositions de l'art. 29 de l'ordonnance du 8 juin 2005, prévoyant que les autorisations définitives ayant donné lieu à compensation effective, sont attachées au local et non à la personne, ne sont applicables qu'à compter de l'entrée en vigueur de l'ordonnance. • CE 7 mars 2008, *SCI Haussmann Boétie,* req. nº 293343 : *Lebon T. 801 ; AJDA 2008. 2077, note Pérignon ; D. 2008. 922, note Vincent ; AJDI 2008. 754, note de La Vaissière.*

9. Les dérogations et autorisations de changement d'affectation s'attachaient à la personne et non au local avant même l'adoption des dispositions de la loi du 23 déc. 1986. • CE 25 juill. 2007, *Min. de l'emploi,* req. nº 277960 : *Lebon 394 ; RFDA 2007. 1239, concl. Struillou ; AJDA 2007. 1500 ; Defrénois 2008. 200, obs. Meng ; JCP N 2008. 1134 obs. Jorat.* ♦ V. pour le caractère personnel d'une autorisation délivrée avant l'entrée en vigueur de la loi du 23 déc. 1986 : • Civ. 3e, 19 janv. 2000 : *inédit, nº 98-13.194.*

5º CONDITIONS IMPOSÉES PAR L'AUTORISATION

10. Le préfet peut subordonner sa décision à la réalisation d'une compensation consistant en un retour à l'habitation d'un local affecté à un usage professionnel même si le demandeur n'a jamais été bénéficiaire d'une autorisation ou dérogation. • CAA Paris, 27 juin 2000, *Levy : req. nº 98PA03867.* ♦ En revanche aucune disposition ne confère à l'autorité administrative le pouvoir de subordonner l'autorisation au versement d'une compensation financière. • CE 6 mars 1992, *Mérand : Lebon 113 ; RFDA 1992. 611 ; JCP N 1992. II. 365, obs. Liet-Veaux ; JCP 1993. II. 22028, obs. Prélot ; Administrer, 1993, p. 33, note Hinfray* • CE 18 févr. 1994, *Min. délégué auprès du Min. de l'équipement, chargé du logement : req. nº 107. 828.* ♦ Le fait de subordonner le changement d'affectation au versement sous forme d'un prêt sans intérêts au profit d'un OPHLM est constitutif d'une faute susceptible d'engager la responsabilité de l'État. • CE 15 juill. 2004, *Mayne,* req. nº 248680 : *Lebon T. 835 ; AJDA 2004. 1894.* ♦ Le préfet peut fonder son refus sur le motif qu'aucun des locaux offerts par le demandeur en compensation n'était situé dans le même arrondissement que l'immeuble dont la transformation était envisagée. • CAA Paris, 27 juin 2000, *Sté SIPIM : req. nº 98PA03761.* ♦ Le local proposé en compensation doit avoir réellement été remis à l'usage d'habitation. • CAA Paris, 19 oct. 1995, *Michau : req. nº 95PA00652.*

11. Le préfet est compétent pour adresser des mises en demeure de se conformer aux conditions fixées par les autorisations et dérogations qu'il accorde. La mise en demeure est une décision faisant grief susceptible de faire l'objet d'un recours. Elle n'a pas à être motivée. • CAA Paris, 19 sept. 2000, *Banque Hervet : req. nº 98PA00332.*

C. AUTORISATION D'AFFECTATION À UN USAGE MIXTE

12. L'autorisation d'affecter partiellement à un usage professionnel un local d'habitation est subordonnée à la condition que le demandeur y réside effectivement et qu'il y exerce sa profession. • CE 4 oct. 2000, *Drapier : req. n° 203594.* ◆ L'autorisation de l'exercice d'une profession à caractère non commercial ne peut être légalement délivrée que si elle n'est pas de nature à compromettre un usage résidentiel normal et permanent du local. La surface affectée à un usage professionnel ne doit pas être trop importante par rapport à celle réservée à un usage d'habitation. • CAA Paris, 23 sept. 1997, *Quemoun : req. n° 96PA00760.* ◆ Tel n'est pas le cas de l'affectation d'une pièce à la profession de graphologue dans un appartement de trois pièces. • CE 5 mars 1982, *Min. de l'envir. c/ Roubertie : Lebon 102.* ◆ L'affectation à l'activité de « conseil anti-tabac » de deux des cinq pièces d'un appartement ne réduit pas le nombre de logements. • CE 13 avr. 1983, *Banuls : Dr. adm. 1983, n° 210.* ◆ Il n'y a pas lieu de faire une distinction selon que la résidence a le caractère d'une résidence principale ou secondaire. Dès lors que le demandeur réside quelques jours par semaine dans le local il peut bénéficier d'une autorisation d'affectation partielle même si sa résidence principale est dans une autre ville. • CE 29 déc. 1999, *Quemoun,* req. n° 191522 : *Lebon T. 873 ; D. 2000. IR 35 ; JCP N 2000. 218.*

13. Un établissement public étranger qui, compte tenu de sa mission et de la nature de ses ressources, exerce une activité ne revêtant aucun caractère commercial doit pouvoir bénéficier de l'autorisation d'affectation à un usage mixte. • CE 28 mars 1994, *Min. de l'équipement : req. n° 118950.*

14. Le préfet ne dispose pas d'un pouvoir discrétionnaire pour accorder ou refuser l'autorisation prévue par l'alinéa 3 de l'art. L. 631-7. • CE 28 mars 1994, *Min. de l'équipement : req. n° 118950.*

D. CONTENTIEUX

15. *Intérêt à agir.* Compte tenu du but poursuivi par cette législation, à savoir accroître le parc de logements disponibles, une association ayant pour objet la protection de l'environnement ne justifie pas d'un intérêt à agir contre une autorisation. • CAA Paris, 15 oct. 1998, *Ass. pour la protection de l'habitat et de l'environnement du site de la rue Le Primatice : req. n° 97PA01867.* ◆ Le voisin d'une villa dont le changement d'affectation a été autorisé ne peut se prévaloir d'un intérêt suffisant pour attaquer la décision préfectorale devant le juge de l'excès de pouvoir. • CE 20 avr. 1988, *Tibérini : Lebon T. 885.* ◆ Ne justifie pas non plus d'un intérêt le propriétaire d'un terrain voisin qui estime que l'activité commerciale apporte des nuisances. • CE 9 févr. 1996, *Thiam : req. n° 124066.* ◆ De même, des sociétés voisines de l'immeuble en cause qui se prévalent du préjudice commercial qu'elles subiraient du fait de l'autorisation. • CAA Paris, 7 juill. 2005, *Sté Hôtel Château Frontenac : req. n° 01PA03861.*

16. *Responsabilité de l'État.* Une mise en demeure illégale de quitter les lieux adressée à une société est susceptible d'engager la responsabilité de l'État. • CAA Paris, 5 déc. 1989, *Min. de l'équipement : req. n° 89PA00708.*

17. *Sanctions pénales.* S'ils sont de nature à constituer une violation des prescriptions de l'art. L. 631-7, les travaux effectués en vue d'un changement de destination d'un immeuble à usage d'habitation en hôtel, s'ils sont sanctionnés par l'amende civile visée à l'art. L. 651-2, constituent également le délit prévu et puni par les art. L. 421-1 et L. 480-4 C. urb. dès lors qu'ils sont réalisés sans tenir compte des prescriptions d'un permis de construire. • Crim. 5 janv. 1993 : *Bull. crim. n° 7.*

18. *Sanctions civiles.* L'autorisation doit être obtenue avant la conclusion du bail, à peine de nullité de celui-ci. • Civ. 3e, 11 déc. 1996 : *RDI 1997. 299, obs. Collart-Dutilleul* • 29 avr. 2002 : *inédit, n° 00-20.213.* ◆ Dans le même sens, • Paris, 16e ch. B, 11 mai 2001 : *Loyers et copr. nov. 2001, n° 259.* ◆ Jugé que les dispositions d'ordre public de cet article peuvent être invoquées par toute personne y ayant intérêt, en l'espèce le syndicat de copropriétaires. • Civ. 3e, 15 janv. 2003 : *Bull. civ. III, n° 8 ; D. 2003. 399 ; AJDI 2003. 426, obs. Rouquet.* ◆ La nullité ne concerne que les accords et conventions conclus en violation de l'art. L. 631-7 et non pas le comportement d'un locataire à usage d'habitation qui a unilatéralement modifié la destination de l'immeuble. • Civ. 3e, 8 déc. 1993 : *Bull. civ. III, n° 164 ; AJDI 1994. 119.* ◆ Le consentement donné par le bailleur au changement d'affectation illicite, postérieurement à la conclusion du bail, ne l'empêche pas d'en poursuivre la résiliation. • Civ. 3e, 24 juin 1992 : *Bull. civ. III, n° 219 ; D. 1992. 400, obs. Delebecque ; RTD civ. 1993. 121, obs. Mestre.*

19. *Prescription.* Selon la doctrine administrative, l'expiration du délai de trente ans à compter de la transformation illicite éteint l'action publique, mais ne permet pas d'acquérir par prescription l'autorisation de changement d'affectation (Rép. min., *Mesmin : JOAN 9 sept. 1996, p. 4852*). ♦ La cour d'appel de Paris a cependant jugé que la commercialité des locaux pouvait se prouver par la justification d'un usage trentenaire. • Paris, 2e ch. B, 29 juin 2000 : *RG no 1999/05303.*

Ordonnance no 2005-655 du 8 juin 2005, *relative au logement et à la construction.*

Art. 29 I. — Les personnes qui, avant l'entrée en vigueur de la présente ordonnance, ont changé, sans autorisation, l'usage d'un local auquel était applicable l'article L. 631-7 du code de la construction et de l'habitation, bénéficient sur demande d'une autorisation à titre personnel si elles justifient, avant le 1er juillet 2006, de l'usage continu et non contesté des lieux à des fins autres que l'habitation depuis au moins vingt ans à la date d'entrée en vigueur de la présente ordonnance.

II. — Les autorisations définitives accordées sur le fondement du même article L. 631-7 avant l'entrée en vigueur de la présente ordonnance et qui ont donné lieu à compensation effective, sont attachées *(L. no 2006-872 du 13 juill. 2006, art. 79-II)* « , à compter de cette entrée en vigueur, » au local et non à la personne.

III. — Les locaux régulièrement affectés à un usage autre que l'habitation qui, à la date d'entrée en vigueur de la présente ordonnance, sont temporairement affectés à l'habitation en vertu d'une déclaration d'affectation temporaire des locaux, peuvent, nonobstant les dispositions de l'article L. 631-7 du code de la construction et de l'habitation, retrouver leur affectation antérieure sur simple déclaration adressée au préfet avant l'expiration du délai mentionné dans la déclaration d'affectation temporaire. En l'absence de déclaration, les locaux qui, à l'expiration de ce délai, demeurent affectés à l'habitation sont régis par les dispositions applicables aux locaux à usage d'habitation.

Loi no 2008-776 du 4 août 2008,

De modernisation de l'économie.

Art. 13 ....

(L. no 2009-179 du 17 févr. 2009, art. 6) « X. — » *(L. no 2011-1978 du 28 déc. 2011, art. 80)* « Pour la commune de Paris, les services de l'État qui participent à l'exercice de la compétence transférée par le présent article sont transférés selon les modalités prévues au titre V de la loi no 2004-809 du 13 août 2004 relative aux libertés et responsabilités locales. Toutefois, sont transférés à la commune de Paris les emplois pourvus au 31 décembre 2008, sous réserve que leur nombre global ne soit pas inférieur à celui constaté le 31 décembre 2006.

« Pour les autres communes de plus de 200 000 habitants et pour les communes des départements des Hauts-de-Seine, de la Seine-Saint-Denis et du Val-de-Marne, les services ou parties de services de l'État qui participent à l'exercice de la compétence transférée par le présent article sont mis à disposition jusqu'au 31 décembre 2010. A compter du 1er janvier 2011, une compensation financière est versée à ces communes. *— V. Arr. du 29 févr. 2012 (JO 8 mars).*

« Cette compensation est calculée par département sur la base de la rémunération du premier échelon du premier grade correspondant aux fractions d'emplois d'agents, titulaires ou non titulaires, chargés, au sein des services de l'État, de l'exercice de cette compétence, pourvues au 31 décembre 2008 ou au 31 décembre 2006 si leur nombre global était supérieur à cette dernière date. La compensation est répartie entre les communes bénéficiaires de chaque département au prorata du nombre d'autorisations de changement d'usage des locaux destinés à l'habitation situés dans les communes bénéficiaires délivrées dans chaque département en 2008. »

(L. no 2009-179 du 17 févr. 2009, art. 6) « Les articles L. 443-11, L. 631-7 à L. 631-7-5 et L. 631-9 du code de la construction et de l'habitation, tels qu'ils résultent de la présente loi,

entrent en vigueur le 1er avril 2009. L'arrêté du préfet visé au dernier alinéa de l'article L. 631-7-1 du même code, dans sa rédaction en vigueur avant le 1er avril 2009, demeure applicable jusqu'à l'entrée en vigueur de la délibération du conseil municipal prévue au dernier alinéa du même article L. 631-7-1 dans sa rédaction applicable à partir du 1er avril 2009. »

Art. L. 631-7-1 *(L. no 2008-776 du 4 août 2008, art. 13-IV, en vigueur le 1er avr. 2009)* **« L'autorisation préalable au changement d'usage est délivrée par le maire de la commune dans laquelle est situé l'immeuble, après avis, à Paris, Marseille et Lyon, du maire d'arrondissement concerné. »** *(Ord. no 2005-655 du 8 juin 2005, art. 25)* **« Elle peut être subordonnée à une compensation sous la forme de la transformation concomitante en habitation de locaux ayant un autre usage.**

« L'autorisation de changement d'usage est accordée à titre personnel. Elle cesse de produire effet lorsqu'il est mis fin, à titre définitif, pour quelque raison que ce soit, à l'exercice professionnel du bénéficiaire. Toutefois, lorsque l'autorisation est subordonnée à une compensation, le titre est attaché au local et non à la personne. Les locaux offerts en compensation sont mentionnés dans l'autorisation qui est publiée au fichier immobilier ou inscrite au livre foncier.

« L'usage des locaux définis à l'article L. 631-7 n'est en aucun cas affecté par la prescription trentenaire prévue par l'article *(L. no 2008-561 du 17 juin 2008, art. 19)* **« 2227 » du code civil. »**

(L. no 2008-776 du 4 août 2008, art. 13-IV, en vigueur le 1er avr. 2009) **« Pour l'application de l'article L. 631-7, une délibération du conseil municipal fixe les conditions dans lesquelles sont délivrées les autorisations et déterminées les compensations par quartier et, le cas échéant, par arrondissement, au regard des objectifs de mixité sociale, en fonction notamment des caractéristiques des marchés de locaux d'habitation et de la nécessité de ne pas aggraver la pénurie de logements. Si la commune est membre d'un établissement public de coopération intercommunale compétent en matière de plan local d'urbanisme, la délibération est prise par l'organe délibérant de cet établissement. »**

V. L. no 2008-776 du 4 août 2008, art. 13-X, mod. par L. no 2009-179 du 17 févr. 2009, art. 6, ss. art. L. 631-7.

V. Circ. no 2006-19 du 22 mars 2006 sur l'application des mesures relatives au changement d'usage des locaux d'habitation (BOMELT no 2006/7, p. 81).

COMMENTAIRE

Compétence étatique depuis sa création, l'autorisation de changement d'usage relève de la compétence du maire à compter du 1er janvier 2009. Cette autorisation peut être subordonnée à **compensation** en transformant concomitamment en habitation des locaux ayant un autre usage. Il revient au conseil municipal – ou à l'organe délibérant de l'établissement public de coopération intercommunale si ce dernier dispose de la compétence « plan local d'urbanisme » – de fixer les conditions dans lesquelles l'autorisation est délivrée ainsi que les compensations exigées au regard des objectifs de mixité sociale. L'autorisation est attachée à la personne qui l'a sollicitée, sauf dans l'hypothèse où il y a compensation effective. Dans ce cas, l'autorisation est attachée au local concerné ; elle devient juridiquement un **droit réel**, étant publiée au fichier immobilier ou inscrite au livre foncier, et mentionnant alors les locaux offerts en compensation. ❑

Ces dispositions prescrivent à la commune ou à l'EPCI d'arrêter, sous le contrôle du juge de l'excès de pouvoir, les règles selon lesquelles le maire exercera cette compétence qui doivent être justifiées par les objectifs de mixité sociale, par la situation des marchés de locaux d'habitation et par l'éventuelle existence d'une pénurie de logements. Le législateur a ainsi soumis l'acte réglementaire en cause au respect de considérations objectives, en rapport avec l'objet de la loi, qui sont de nature à prémunir les intéressés contre tout arbitraire dans l'appréciation de la situation propre à chaque commune ou groupement de communes ; ce faisant le législateur n'a méconnu aucune exigence constitutionnelle. • CE 8 juin 2012, *Cabinet d'avocats Cotty*, req. nº 357797 : *AJDA 2012. 1757.*

Art. L. 631-7-2 *(L. nº 2008-776 du 4 août 2008, art. 13-V, en vigueur le 1er avr. 2009)* **Dès lors qu'aucune stipulation contractuelle prévue dans le bail ou le règlement de copropriété ne s'y oppose, le maire peut autoriser, dans une partie d'un local d'habitation utilisé par le demandeur comme sa résidence principale, l'exercice d'une activité professionnelle, y compris commerciale, pourvu qu'elle n'engendre ni nuisance, ni danger pour le voisinage et qu'elle ne conduise à aucun désordre pour le bâti.**

Le bail d'habitation de cette résidence principale n'est pas soumis aux dispositions du chapitre V du titre IV du livre Ier du code de commerce et ne peut être un élément constitutif du fonds de commerce.

V. L. nº 2008-776 du 4 août 2008, art. 13-X, mod. par L. nº 2009-179 du 17 févr. 2009, art. 6, ss. art. L. 631-7.

Ancien art. L. 631-7-2 (L. nº 94-624 du 21 juill. 1994, art. 32) ***Sur requête de tout intéressé, le représentant de l'État dans le département délivre, après avis du maire et dans le délai de deux mois, un certificat indiquant si le local peut être régulièrement ou non affecté à l'usage mentionné dans la demande.***

Compte tenu du fait que la délivrance de ce certificat constitue une obligation pour l'administration et qu'un tel certificat est susceptible, selon son contenu, de dissuader son destinataire de réaliser, le cas échéant, l'opération ayant motivé sa demande, ce certificat présente le caractère d'acte faisant grief susceptible d'un recours pour excès de pouvoir. • CAA Paris, 18 oct. 2001, *Sté Optifran : req. nº 99PA01458.*

Art. L. 631-7-3 *(L. nº 2008-776 du 4 août 2008, art. 13-VI, en vigueur le 1er avr. 2009)* **« Dès lors qu'aucune stipulation contractuelle prévue dans le bail ou le règlement de copropriété ne s'y oppose »** *(L. nº 98-546 du 2 juill. 1998, art. 11)* **« , l'exercice d'une activité professionnelle, y compris commerciale, est autorisé dans une partie d'un local à usage d'habitation, dès lors que l'activité considérée n'est exercée que par le ou les occupants ayant leur résidence principale dans ce local et ne conduit à y recevoir ni clientèle ni marchandises. »**

(L. nº 2003-721 du 1er août 2003, art. 7) **« Les dispositions du présent article sont applicables aux représentants légaux des personnes morales. »**

V. L. nº 2008-776 du 4 août 2008, art. 13-X, mod. par L. nº 2009-179 du 17 févr. 2009, art. 6, ss. art. L. 631-7.

Art. L. 631-7-4 *(L. nº 2008-776 du 4 août 2008, art. 13-VII, en vigueur le 1er avr. 2009)* **Dès lors qu'aucune stipulation contractuelle prévue dans le bail ou le règlement de copropriété ne s'y oppose, l'exercice d'une activité professionnelle, y compris commerciale, est autorisé dans une partie d'un local d'habitation situé au rez-de-chaussée, pourvu que l'activité considérée ne soit exercée que par le ou les occupants ayant leur résidence principale dans ce local, qu'elle n'engendre ni nuisance, ni danger pour le voisinage et qu'elle ne conduise à aucun désordre pour le bâti.**

Le bail d'habitation de cette résidence principale n'est pas soumis au chapitre V du titre IV du livre Ier du code de commerce et ne peut être un élément constitutif du fonds de commerce.

V. L. nº 2008-776 du 4 août 2008, art. 13-X, mod. par L. nº 2009-179 du 17 févr. 2009, art. 6, ss. art. L. 631-7.

Art. L. 631-7-5 *(L. nº 2008-776 du 4 août 2008, art. 13-VIII, en vigueur le 1er avr. 2009)* **I. — L'article L. 631-7-2 est applicable aux logements appartenant aux organismes mentionnés à l'article L. 411-2, sauf pour l'exercice d'une activité commerciale.**

L'article L. 631-7-3 est applicable aux logements appartenant à ces mêmes organismes.

Par dérogation à l'article L. 631-7-4, l'exercice d'une activité professionnelle, y compris commerciale, dans une partie d'un local d'habitation appartenant à ces mêmes organismes et situé au rez-de-chaussée est soumis à une autorisation délivrée dans les conditions fixées à l'article L. 631-7-2.

II. — L'autorisation délivrée en application de l'article L. 631-7-2 dans les cas visés au premier ou au dernier alinéa du I du présent article est précédée d'un avis du propriétaire du local. Passé un délai d'un mois, cet avis est réputé favorable.

V. L. nº 2008-776 du 4 août 2008, art. 13-X, mod. par L. nº 2009-179 du 17 févr. 2009, art. 6, ss. art. L. 631-7.

COMMENTAIRE

Les immeubles appartenant aux organismes d'HLM bénéficient d'un régime dérogatoire en matière d'usage mixte des locaux d'habitation. En particulier, les possibilités de recevoir de la clientèle ou des marchandises dans ces locaux sont restreintes. Ainsi, les locataires en rez-de-chaussée doivent bénéficier d'une autorisation du maire pour ce faire ; et en dehors des rez-de-chaussée, l'autorisation municipale de recevoir de la clientèle et des marchandises ne couvre pas les activités commerciales. Enfin, l'autorisation municipale doit être précédée d'un avis du propriétaire du local. ❑

Art. L. 631-8 *(Ord. nº 2005-655 du 8 juin 2005, art. 28, applicable au plus tard le 1er oct. 2007)* **Lorsque le changement d'usage fait l'objet de travaux entrant dans le champ d'application du permis de construire, la demande de permis de construire ou la** *(Ord. nº 2005-1527 du 8 déc. 2005, art. 30-V)* **« déclaration préalable » vaut demande de changement d'usage.**

Ces travaux ne peuvent être exécutés qu'après l'obtention de l'autorisation mentionnée à l'article L. 631-7.

La modification issue de l'Ord. nº 2005-1527 du 8 déc. 2005, entrée en vigueur le 1er oct. 2007 (Décr. nº 2007-18 du 5 janv. 2007, art. 26, mod. par Décr. nº 2007-817 du 11 mai 2007, art. 4), n'est pas applicable à Mayotte (Ord. nº 2005-1527 du 8 déc. 2005, art. 40).

V. note au-dessus de l'art. L. 631-7.

Art. L. 631-9 Les dispositions de l'article L. 631-7 peuvent être rendues applicables à d'autres communes par décision de l'autorité administrative prise *(L. nº 2008-776 du 4 août 2008, art. 13-IX, en vigueur le 1er avr. 2009)* **« sur proposition » du maire.**

(L. nº 2002-276 du 27 févr. 2002, art. 39) **« Ces dispositions peuvent également, dans les mêmes conditions, être rendues applicables sur une partie seulement de la commune. »** — *V. art. R. 631-5.*

V. L. nº 2008-776 du 4 août 2008, art. 13-X, mod. par L. nº 2009-179 du 17 févr. 2009, art. 6, ss. art. L. 631-7.

Art. L. 631-10 *(L. nº 96-987 du 14 nov. 1996)* **Les dispositions de l'article L. 631-7 ne sont pas applicables dans les zones franches urbaines définies au B du 3 de l'article 42 de la loi nº 95-115 du 4 février 1995 d'orientation pour l'aménagement et le développement du territoire.** — *V. ce texte, App., vº Zones prioritaires d'aménagement du territoire.*

V. art. R. 631-1 s.

V. Circ. nº 2006-19 du 22 mars 2006 sur l'application des mesures relatives au changement d'usage des locaux d'habitation (BOMELT nº 2006/7, p. 81).

SECTION III **LA RÉSIDENCE HÔTELIÈRE À VOCATION SOCIALE** *(L. nº 2008-776 du 4 août 2008, art. 13-II).*

Les al. I à IX de l'art. 13 de la L. nº 2008-776 du 4 août 2008 entrent en vigueur le 1er janv. 2009 sous réserve de l'entrée en vigueur des dispositions, relevant de la loi de finances, prévoyant la compensation des charges assumées par les communes du fait du transfert de compétences prévu par les mêmes I à IX (L. nº 2008-776 du 4 août 2008, art. 13-X).

Art. L. 631-11 *(L. nº 2006-872 du 13 juill. 2006, art. 73-VIII)* **La résidence hôtelière à vocation sociale est un établissement commercial d'hébergement agréé par le représentant de l'État dans le département dans lequel elle est implantée et non soumis à l'autorisation d'exploitation visée à l'article L. 752-1 du code de commerce. Elle est constituée d'un ensemble homogène de logements autonomes équipés et meublés, offerts en location pour une occupation à la journée, à la semaine ou au mois à une clientèle qui peut éventuellement l'occuper à titre de résidence principale.**

L'exploitant d'une résidence hôtelière à vocation sociale est agréé par le représentant de l'État dans le département dans lequel la résidence est implantée. Cet exploitant s'engage à réserver au moins 30 % des logements de la résidence à des personnes mentionnées au II de l'article L. 301-1 du présent code *(L. nº 2009-323 du 25 mars 2009, art. 69-IX)* **« qui ne nécessitent aucun accompagnement social ou médico-social sur site », ces personnes étant désignées soit par le représentant de l'État dans le département, soit par des collectivités territoriales, associations, organismes et personnes morales dont la liste est arrêtée par ce dernier.**

Un décret en Conseil d'État fixe les conditions d'application du présent article, notamment les normes techniques que doivent respecter les résidences hôtelières à vocation sociale, les modalités relatives à l'agrément respectif des résidences et de leurs exploitants ainsi que, selon les conditions de financement de la résidence, le prix de nuitée maximal applicable aux logements que l'exploitant s'engage à réserver aux personnes mentionnées au II de l'article L. 301-1, et le pourcentage des logements de la résidence réservés à ces personnes. – *V. art. * R. 631-9 s.*

COMMENTAIRE

L'article 73 de la loi ENL du 13 juillet 2006 crée une nouvelle formule d'hébergement : les résidences hôtelières à vocation sociale. Ces structures commerciales d'hébergement agréées par le préfet ont vocation à répondre aux besoins d'un public à faible revenu ne nécessitant pas la mise en place d'un accompagnement social individualisé. On peut néanmoins s'interroger sur le statut juridique des résidents. Relèvent-ils du contrat d'hôtellerie, du contrat de location meublé ou d'un contrat d'hébergement *sui generis* ? Le décret nº 2007-892 du 15 mai 2007 fixe les normes techniques applicables aux résidences, les modalités relatives à leur agrément et à celle des exploitants, et selon leur mode de financement, le prix de nuitée maximal et le pourcentage des logements réservés aux personnes en difficulté.

CHAPITRE II **MESURES RELATIVES À LA PROTECTION DES OCCUPANTS DE CERTAINS MEUBLÉS**

(L. nº 98-657 du 29 juill. 1998, art. 126-II)

V. Circ. nº 98-92 du 13 oct. 1998 relative aux dispositions sur le logement contenues dans la loi nº 98-657 du 29 juill. 1998 d'orientation relative à la lutte contre les exclusions (BOMELT nº 98/20).

BIBL. ► DAUDRÉ et WALLUT, *Loyers et copr. 2012. Alerte 40* (locations meublées de courtes durées. Le permis de louer à Paris). – FERNOUX, *RFN 2009. Étude 13* (quelques réflexions à propos du nouveau régime de la location meublée). – MASSE, *DF 2009, Actu. 89* (loueur en meublé après la loi de finances pour 2009 : un statut encore attractif ?). – RACLET, *AJDI 2006. 884* (La location meublée : l'émergence d'un statut). – VIAL-PEDROLETTI, *Loyers et copr. 2008. Étude 1* (locations de chambres dans un appartement : aménagements conventionnels et difficultés juridiques).

COMMENTAIRE

La loi no 98-657 du 29 juillet 1998 relative à la lutte contre les exclusions a mis en place une protection juridique minimale des occupants d'hôtels meublés qui ne bénéficient pas des protections normales dont jouissent les locataires du parc public ou privé. Le but essentiel de cette législation est de lutter contre l'activité des marchands de sommeil. En conséquence les logements-foyers et les hôtels sociaux acquis par les organismes d'HLM sont exclus du champ d'application. Enrichis par des lois ultérieures, les articles L. 632-1 et suivants, en raison de leur caractère d'ordre public, forment un mini-statut de la location meublée inspiré de la loi du 6 juillet 1989. Ainsi, tout locataire d'un logement meublé qui y a établi sa résidence principale a droit à l'établissement d'un contrat écrit d'une durée d'un an. **L'article 33 de la loi no 2005-841 du 26 juillet 2005** relative au développement des services à la personne permet de réduire cette durée à neuf mois en cas de location consentie à un étudiant. Lorsque le bailleur est amené à cesser son activité il lui est fait obligation d'informer les locataires trois mois au moins avant la date à laquelle la cessation d'activité est prévue. Par ailleurs, la **loi no 2007-290 du 5 mars 2007** instituant le droit opposable au logement a introduit un dispositif encadrant la révision du loyer analogue à celui applicable aux baux d'habitation régis par la loi du 6 juillet 1989. En dernier lieu, la loi du 25 mars 2009 impose au bailleur qui souhaite obtenir la résiliation du bail suite à des impayés de le notifier préalablement au préfet. Cette procédure, voisine de celle de l'article 24 de la loi du 6 juillet 1989, s'applique uniquement lorsque le logement est situé dans un établissement recevant du public aux fins d'hébergement.

Ce statut de la location en meublé est complété par certaines dispositions applicables aux locaux loués à titre de résidence principale. Ainsi, le bailleur est tenu de délivrer au locataire un logement respectant les normes de décence fixées par le décret no 2002-120 du 30 janvier 2002 (art. 1719 C. civ.). Si le logement ne satisfait pas à ces conditions, le preneur peut demander leur mise en conformité selon les modalités prévues par l'article 20-1 de la loi du 6 juillet 1989. Enfin, un dossier de diagnostic technique doit être annexé au contrat de location (V. art. 3-1 de loi du 6 juill. 1989 et CCH, art. 134-3).

Art. L. 632-1 Toute personne qui loue un logement meublé, que la location s'accompagne ou non de prestations secondaires, *(L. no 2005-32 du 18 janv. 2005, art. 115-1o)* **« bénéficie d'un contrat établi par écrit » d'une durée d'un an dès lors que le logement loué constitue sa résidence principale. A l'expiration de ce contrat, le bail est tacitement reconduit pour un an sous réserve des dispositions suivantes.**

(L. no 2005-841 du 26 juill. 2005, art. 33) **« Lorsque la location est consentie à un étudiant, la durée du bail peut être réduite à neuf mois. Dans ce cas, la clause de reconduction tacite prévue au premier alinéa est inapplicable. »**

(L. no 2007-290 du 5 mars 2007, art. 41) **« Lorsque le contrat prévoit la révision du loyer, celle-ci intervient chaque année à la date convenue entre les parties ou, à défaut, au terme de chaque année du contrat. L'augmentation qui en résulte ne peut dépasser la variation de l'indice de référence des loyers mentionné au *d* de l'article 17 de la loi no 89-462 du 6 juillet 1989** *[V. C.* ***baux****]* **tendant à améliorer les rapports locatifs et portant modification de la loi no 86-1290 du 23 décembre 1986. »**

Le bailleur qui souhaite, à l'expiration du contrat, en modifier les conditions doit informer le locataire avec un préavis de trois mois. Si le locataire accepte les nouvelles conditions, le contrat est renouvelé pour un an.

Le bailleur qui ne souhaite pas renouveler le contrat doit informer le locataire en respectant le même préavis et motiver son refus de renouvellement du bail *(L. no 2005-32 du 18 janv. 2005, art. 115-2o)* **« soit par sa décision de reprendre ou**

de vendre le logement, soit par un motif légitime et sérieux, notamment l'inexécution par le locataire de l'une des obligations lui incombant ».

Lorsque le bailleur est titulaire d'un bail commercial venant à expiration ou lorsque la cessation d'activité est prévue, le contrat peut être d'une durée inférieure à un an et doit mentionner les raisons et événements justificatifs.

Toutefois, si le bail commercial est renouvelé ou si l'activité est poursuivie, la durée du contrat est portée à un an.

Le locataire peut résilier le contrat à tout moment sous réserve du respect d'un préavis d'un mois.

(L. nº 2009-323 du 25 mars 2009, art. 69-X) **« A peine d'irrecevabilité de la demande, l'assignation par l'exploitant d'un établissement recevant du public aux fins d'hébergement, aux fins de constat de résiliation ou de prononcé de la résiliation du bail d'une personne dont le logement loué meublé constitue la résidence principale est notifiée, à la diligence de l'huissier de justice, au représentant de l'État dans le département, par lettre recommandée avec demande d'avis de réception, au moins un mois avant l'audience, afin qu'il informe les services compétents, notamment les organismes chargés du service des aides au logement et le fonds de solidarité pour le logement. »**

V. Circ. nº 2007-33 du 4 mai 2007 relative à l'application des dispositions de la loi nº 2007-290 du 5 mars 2007 instituant le droit opposable au logement et portant diverses mesures relatives à la cohésion sociale (BOMELT nº 2007/10, p. 111).

I. CHAMP D'APPLICATION

1. Intention des parties. Les parties peuvent par accord exprès décider de soumettre une location meublée à la loi de 1989. • Civ. 3e, 21 sept. 2005 : *AJDI 2006. 124, note de La Vaissière ; Rev. loyers 2005. 569 ; Loyers et copr. 2006, nº 6, obs. Vial-Pedroletti* • Aix-en-Provence, 15 juin 2004 : *Loyers et copr. 2005, nº 64, obs. Vial-Pedroletti.* ◆ L'utilisation du formulaire préimprimé visant la loi du 6 juill. 1989 lors de la souscription du contrat de bail d'habitation d'un local meublé démontre l'intention commune de se soumettre à cette loi. • Toulouse, 6 mai 2008 : *Loyer et copr. 2008, nº 188.*

2. Élément matériel. Le bail d'un local ne comprenant pas les éléments essentiels à une vie normale n'est pas une location meublée. • Civ. 3e, 18 juill. 2000 : *Loyers et copr. 2001, nº 62 ; Administrer oct. 2001. 57, obs. Canu.* ◆ Doit être écartée la qualification de location meublée en l'absence d'appareil ménager. • Civ. 3e, 9 févr. 2005 : *Bull. civ. III, nº 35 ; D. 2005. IR 592 ; ibid. 2006. Pan. 961, obs. Damas ; AJDI 2005. 484, obs. Rouquet ; Rev. loyers 2005. 203, obs. Canu ; Loyers et copr. 2005, nº 63, obs. Vial-Pedroletti* • Colmar, 17 mai 2004 : *Loyers et copr. 2005, nº 44.* ◆ En l'absence de literie. • Paris, 30 mars 2000 : *AJDI 2000. 640.* ◆ En l'absence d'ustensiles de cuisine. • Paris, 19 juin 2008 : *Loyers et copr. 2008, nº 189.* ◆ En présence d'un équipement sommaire, qui ne permet pas au locataire d'user des lieux loués conformément à leur usage d'habitation sans compléter le mobilier fourni. • Paris, 8 avr. 2008 : *Loyers et copr. 2008, nº 154.* ◆ Un inventaire ne listant que quelques meubles dans la cuisine et le salon n'établit pas le caractère meublé d'une maison individuelle comportant quatre pièces principales. • Toulouse, 13 sept. 2011 : *Loyers et copr. 2012, nº 8, obs. Vial-Pedroletti.*

3. Sans inventaire annexé au bail, celui-ci ne peut recevoir la qualification de bail meublé soumis au code civil. • Paris, 18 mars 2008 : *AJDI 2008. 668.* ◆ L'inventaire doit être signé des deux parties pour avoir force probante. • Civ. 3e, 9 févr. 2005 : *préc. note 2.*

4. Le seul fait de déposer les meubles garnissant le logement dans un garde-meuble sans l'accord préalable du bailleur est insuffisant à modifier la nature de la location meublée. • Civ. 3e, 15 juin 2011 : *AJDI 2011. 621* • Paris, 13 déc. 2011 : *Loyers et copr. 2012, nº 37, obs. Vial-Pedroletti.*

5. Résidence principale du locataire. Bien que dénommé bail saisonnier, est soumis au régime du meublé le logement qui constitue la résidence principale de la locataire. • Caen, 4 sept. 2008 : *Loyers et copr. 2008, nº 272, obs. Vial-Pedroletti.* ◆ Peu importe que le contrat de bail stipule que le studio loué ne constituait pas la résidence principale de la locataire, qui est légalement domiciliée chez ses parents, dès lors que le local loué constitue en fait la résidence principale du preneur. • Civ. 3e, 4 févr. 2009 : *Bull. civ. III, nº 30 ; D. 2009. AJ 491, note Rouquet ; AJDI 2009. 608, note Damas ; RJDA 2009, nº 815 ; Rev. loyers 2009. 115, obs. Humblot-Gignoux ;*

Loyers et copr. 2009, nos 61 et 85, obs. Vial-Pedroletti. ♦ Il incombe au locataire d'apporter la preuve que l'appartement loué constitue sa résidence principale. • Civ. 3e, 20 sept. 2006 : *AJDI 2007. 201, note Zalewski ; Loyers et Copr. 2007, no 27, obs. Vial-Pedroletti.*

6. Qualité des parties. Le régime de l'art. L. 632-1 s'applique aux locaux loués par des bailleurs non professionnels. • Civ. 3e, 12 mai 2009 : *AJDI 2009. 706 ; Loyers et copr. 2009, no 171, obs. Vial-Pedroletti.*

7. La reconduction tacite du bail donne naissance à un nouveau contrat soumis aux dispositions impératives de l'article L. 632-1 du code de la construction et de l'habitation applicable depuis sa modification par la loi du 18 janvier 2005 à toute personne qui loue un logement meublé. • Civ. 3e, 5 avr. 2011 : *pourvoi no 10-16.053.*

II. RÉGIME

8. L'obligation pour le locataire d'un local meublé de s'assurer contre les risques dont il doit répondre est facultative, sauf stipulation contraire. • Civ. 3e, 20 janv. 2010 : *Bull. civ. III, no 15 ; D. 2010. 583, obs. Rouquet ; ibid. 2011. 1181, obs. Damas ; AJDI 2010. 374, obs. Zalewski ; Loyers et copr. 2010, no 70, obs. Vial-Pedroletti.*

9. Résiliation. Le preneur, nonobstant toute clause contraire, peut résilier le bail dès la première année de location sous réserve de respecter un préavis d'un mois. • Civ. 3e, 6 avr. 2005 : *Bull. civ. III, no 85 ; D. 2006. 962, note Damas ; AJDI 2005. 651, note Rouquet ; Loyers et copr. 2005, no 111, obs. Vial-Pedroletti ; Dr. et proc. 2005. 334, obs. Bazin ; Administrer juin 2006, p. 36, note Beddeleem ; Rev. Loyers 2005. 326, note Canu.* ♦ L'absence de contrat écrit ne dispense pas le locataire du respect du délai de préavis prévu à l'art. L. 632-1 du CCH. • Civ. 3e, 15 oct. 2008 : *Bull. civ. III no 153 ; D. 2009. 901, obs. Damas ; Loyers et copr. 2008, no 273, obs. Vial-Pedroletti ; AJDI 2009. 117, obs. de La Vaissière ; Rev. loyers 2008. 550, note Humblot-Gignoux ; Dr. et proc. 2009. 9, obs. Savaux, Schutz et Rochard ; ibid. 81, obs. Bazin.* ♦ La durée du préavis est d'un mois nonobstant toute clause contraire. • Pau, 7 janv. 2010 : *Loyers et copr. 2010, no 160, obs. Vial-Pedroletti.* • Civ. 3e, 5 avr. 2011 : *pourvoi no 10-16.053.* ♦ Les parties sont libres de stipuler la forme du congé et peuvent prévoir qu'il devra être donné par lettre recommandée. • Même arrêt.

10. Les dispositions exigeant du bailleur de conclure un contrat d'une durée minimale d'un an n'empêchent pas les travailleurs saisonniers de donner congé à leur bailleur à tout moment. De ce fait, le bailleur peut louer son local meublé à deux travailleurs saisonniers au cours d'une même année. * Rép. Min. no 5421 : *JO Sénat Q 1er avr. 2010, p. 632.*

11. Non-renouvellement. Le congé du bailleur doit être notifié dans les formes et délai prévus par l'article L. 632-1. A défaut, le bail est reconduit tacitement. • Civ. 3e, 1er févr. 2011 : *Loyer et copr. 2011, no 106, obs. Vial-Pedroletti ; AJDI 2011. 357, obs. Zalewski .*

12. Les locataires ou occupants de bonne foi de chambres meublées bénéficient du droit de préemption prévu à l'art 10-1 de la L. no 75-1351 du 31 déc. 1975. *Rép. min. no 75830 : *JOAN Q 27 juill. 2010, p. 8353.*

13. L'article L. 632-1 impose au bailleur de motiver son refus de renouvellement soit par sa décision de reprendre ou de vendre le logement soit par un motif personnel, mais ne pose aucune condition quant au bénéficiaire de la reprise en cas de congé pour reprise. • Paris, 29 mars 2011 : *Loyers et copr. 2011, no 214, obs. Vial-Pedroletti.*

Art. L. 632-2 **Lorsque le bailleur, propriétaire ou gérant du fonds doit, pour quelque motif que ce soit, cesser son activité, il en informe les locataires titulaires du contrat mentionné à l'article L. 632-1 trois mois au moins avant la date à laquelle la cessation d'activité est prévue. Sauf cas de force majeure ou de mise en œuvre des procédures de sauvegarde ou de redressement judiciaire prévues par le code de commerce, la cessation d'activité ne peut avoir lieu avant l'expiration des contrats en cours de validité ou avant le relogement des locataires titulaires desdits contrats. Si, en dépit de la cessation d'activité du bailleur, les locaux gardent leur destination première, le contrat de bail est tacitement reconduit. Si, en revanche, la cessation d'activité est due à une opération d'urbanisme ou d'aménagement, les occupants doivent être relogés aux frais de l'opérateur dans les conditions prévues aux articles L. 314-1 et L. 314-2 du code de l'urbanisme.**

Art. L. 632-3 *(L. no 2009-323 du 25 mars 2009, art. 69-XI)* **« Les dispositions du présent chapitre sont d'ordre public. »**

Les dispositions du présent chapitre ne s'appliquent pas aux logements-foyers ni aux logements faisant l'objet d'une convention avec l'État portant sur leurs conditions d'occupation et leurs modalités d'attribution.

CHAPITRE III MESURES RELATIVES À LA PROTECTION DES PERSONNES LOGÉES EN LOGEMENT-FOYER

(L. nº 2000-1208 du 13 déc. 2000, art. 194)

COMMENTAIRE

Les articles L. 633-1 à L. 633-4 du code de la construction et de l'habitation, créés par l'article 194 de la loi SRU du 13 décembre 2000, définissent la notion de logement-foyer et prévoient des mesures de protection de leurs occupants. Ce statut a été précisé par l'article 74 de la loi ENL du 13 juillet 2006 et le décret nº 2007-1660 du 23 novembre 2007. Il se caractérise par trois points essentiels :

– l'établissement d'un contrat écrit qui, sans relever du droit commun des baux, bénéficie d'un certain nombre de garanties (durée du contrat, conditions de résiliation, montant acquitté, etc.) ;

– le droit pour le résident de participer au fonctionnement de l'établissement par le biais d'un conseil de concertation à partir du moment où le foyer loge plus de 15 ménages ;

– enfin la loi reconnaît aux résidents titulaires d'un contrat de résidence un droit à l'hébergement des tiers. Il s'agit là d'une avancée essentielle dans le statut des résidents dans la mesure où un certain nombre de décisions de justice déniaient à ces derniers la possibilité d'héberger des tiers, l'invocation de l'article 8 de la Convention européenne des droits de l'homme relative au respect de la vie privée étant sans secours. Pour éviter les problèmes notamment de suroccupation, ce droit à l'hébergement est encadré par le décret du 23 novembre 2007.

La loi du 25 mars 2009 de mobilisation pour le logement et de lutte contre les exclusions est venue préciser les catégories de bénéficiaires des logements-foyers et donne une définition de la résidence sociale, de la pension de famille et de la résidence-accueil, clarifiant ainsi le statut de ces différentes formules de logement.

Art. L. 633-1 Un logement-foyer, au sens du présent chapitre, est un établissement destiné au logement collectif à titre de résidence principale de personnes dans des immeubles comportant à la fois des locaux privatifs meublés ou non et des *(L. nº 2006-872 du 13 juill. 2006, art. 74-I)* **« locaux communs affectés à la vie collective ».**

(L. nº 2009-323 du 25 mars 2009, art. 69-VII) **« Il accueille notamment des personnes âgées, des personnes handicapées, des jeunes travailleurs, des étudiants, des travailleurs migrants ou des personnes défavorisées.**

« Le logement-foyer dénommé "résidence sociale" est destiné aux personnes ou familles mentionnées au II de l'article L. 301-1.

« La résidence sociale dénommée "pension de famille" est un établissement destiné à l'accueil sans condition de durée des personnes dont la situation sociale et psychologique rend difficile leur accès à un logement ordinaire. La "résidence accueil" est une pension de famille dédiée aux personnes ayant un handicap psychique. »

Art. L. 633-2 Toute personne logée à titre de résidence principale dans un établissement défini à l'article L. 633-1 a droit à l'établissement d'un contrat écrit.

Le contrat précise notamment sa date de prise d'effet, ses modalités et conditions de résiliation, le montant acquitté, l'ensemble des prestations comprises dans ce montant ainsi que les prestations annexes proposées et leur prix, le montant du dépôt

de garantie, la désignation des locaux et équipements à usage privatif dont la personne logée a la jouissance ainsi que les espaces collectifs mis à disposition.

La signature du contrat par la personne logée vaut acceptation du règlement intérieur de l'établissement. Le règlement intérieur est annexé au contrat.

Le contrat est conclu pour une durée d'un mois et tacitement reconduit à la seule volonté de la personne logée. La résiliation du contrat par le gestionnaire ou le propriétaire ne peut intervenir que dans les cas suivants :

– inexécution par la personne logée d'une obligation lui incombant au titre de son contrat ou d'un manquement grave ou répété au règlement intérieur ;

– cessation totale d'activité de l'établissement ;

– cas où la personne logée cesse de remplir les conditions d'admission dans l'établissement considéré.

1. Nature juridique du titre d'occupation. Encourt la cassation l'arrêt qui, pour déclarer le tribunal de grande instance incompétent pour statuer sur une demande en expulsion et en paiement de redevance formée par la SONACOTRA contre des résidents, énonce que les rapports entre les parties s'analysent en des contrats de location de durée non déterminée d'un local meublé et que par suite le litige est de la compétence exclusive du tribunal d'instance, tout en retenant que la SONACOTRA gérait un foyer hôtel lieu de résidence pour les travailleurs isolés, qui comportait des chambres individuelles, des locaux sanitaires, des séjours-cuisines pour la confection des repas et des salles destinées aux activités culturelles et sociales des résidents et que le règlement intérieur avait pour objet d'assurer dans le cadre d'un habitat collectif les meilleures conditions de vie personnelle et collective. • Civ. 3e, 17 févr. 1981 : *Bull. civ. III, no 32.* ♦ Le contrat d'occupation dans un logement-foyer ne peut être assimilé à un contrat de bail dès lors que l'établissement assurant l'hébergement de l'intéressé ne met pas seulement à la disposition de celui-ci un local privatif, mais également des locaux communs et des équipements collectifs, tels que des sanitaires, des cuisines et des salles de réunion. • Paris, 20 mai 2005 : *AJDI 2005. 754*.

2. Motifs de résiliation du titre. Il résulte de l'art. L. 633-2 que la résiliation du contrat par le gestionnaire ou le propriétaire peut intervenir en cas d'inexécution par la personne logée d'une obligation incombant au titre de son contrat ou d'un manquement grave ou répété au règlement intérieur. A propos d'un acte violent commis par le résident, V. • Paris, 3 nov. 2004 : *AJDI 2005. 151*. ♦ Les dispositions contractuelles relatives à l'interdiction générale et absolue d'hébergement de personnes en surnombre dans la chambre n'instaurent aucune dérogation, fût-elle familiale, à cette interdiction fondée sur les impératifs de sécurité et de salubrité prescrits dans l'intérêt général d'un foyer-hôtel destiné à des personnes vivant seules, afin d'éviter la surcharge des installations, dont certaines sont à usage collectifs. • Paris, 22 avr. 2005 : *AJDI 2005. 754*. ♦ Un règlement intérieur qui interdit aux résidents d'héberger des tiers n'est pas contraire aux dispositions de l'art. 8 de la Conv. EDH relatives au respect dû à la vie privée et familiale. • Paris, 16 juin 2006 : *AJDI 2006. 928, obs. Brouant*.

Art. L. 633-3 **Dans un délai de six mois à compter de la date de publication de la loi no 2000-1208 du 13 décembre 2000 relative à la solidarité et au renouvellement urbains, une proposition de contrat doit être remise à toute personne logée dans un établissement défini à l'article L. 633-1, ou à son représentant légal.**

Art. L. 633-4 **Dans chaque établissement mentionné à l'article L. 633-1, il est créé un conseil de concertation.**

(L. no 2006-872 du 13 juill. 2006, art. 74-II-1o) **« Il est composé de représentants du gestionnaire et, s'il est distinct du gestionnaire, du propriétaire et, en nombre au moins égal, de représentants des personnes logées. »**

Le conseil se réunit à la demande ou du propriétaire, ou du gestionnaire, ou des représentants des personnes logées au moins une fois par an.

Les membres du conseil sont consultés notamment sur l'élaboration et la révision du règlement intérieur, préalablement à la réalisation de travaux, et sur tout projet et organisation, dont la gestion des *(L. no 2006-872 du 13 juill. 2006, art. 74-II-3o)*

« espaces communs », susceptibles d'avoir une incidence sur les conditions de logement et de vie des occupants.

(L. nº 2007-290 du 5 mars 2007, art. 31) **« Le conseil doit être mis en place au plus tard le 31 décembre 2007. »**

V. Circ. nº 2007-33 du 4 mai 2007 relative à l'application des dispositions de la loi nº 2007-290 du 5 mars 2007 instituant le droit opposable au logement et portant diverses mesures relatives à la cohésion sociale (BOMELT nº 2007/10, p. 111).

Art. L. 633-4-1 *(L. nº 2006-872 du 13 juill. 2006, art. 74-III)* **Un décret en Conseil d'État fixe les conditions d'application des articles L. 633-1 à L. 633-4, la durée du préavis en cas de résiliation du contrat et les conditions dans lesquelles une personne logée, dans les conditions prévues au premier alinéa de l'article L. 633-2, peut héberger des tiers, ainsi que le nombre minimal de résidents à partir duquel est créé un conseil de concertation et le nombre minimal de résidents à partir duquel les représentants des résidents sont élus.** – *V. art. R. 633-1 à R. 633-9.*

Art. L. 633-5 *(L. nº 2006-872 du 13 juill. 2006, art. 74-IV)* **Les dispositions du présent chapitre ne s'appliquent pas :**

– aux logements meublés soumis au chapitre II du présent titre ;

– aux résidences avec services sous le statut de la copropriété régies par la loi nº 65-557 du 10 juillet 1965 fixant le statut de la copropriété des immeubles bâtis *[V. **C. copr.**]* **;**

– aux résidences avec services dont les personnes logées sont titulaires d'un bail d'habitation.

Les dispositions des articles L. 633-4 et L. 633-4-1 ne s'appliquent pas aux établissements sociaux et médico-sociaux au sens de l'article L. 312-1 du code de l'action sociale et des familles.

TITRE QUATRIÈME **MISE EN ŒUVRE DU DROIT AU LOGEMENT PAR LA RÉQUISITION** *(L. nº 98-657 du 29 juill. 1998, art. 52-I).*

BIBL. GÉN. ▸ DUCOS-ADER, Le droit de réquisition, *LGDJ, 1956.* – LEVAYE, *AJDA 1999. 22-23* (les pouvoirs de réquisition). – THÉRON, *AJDA 2005. 247* (la réquisition administrative de logements).

COMMENTAIRE

Selon R. Ducos-Ader, la réquisition est « une opération par laquelle l'autorité administrative, en la forme unilatérale, contraint des particuliers à fournir, soit à elle-même, soit à des tiers, des prestations de service, l'usage de biens immobiliers ou la propriété ou l'usage de biens mobiliers, en vue de la satisfaction de besoins exceptionnels et temporaires reconnus d'intérêt général dans les conditions définies par la loi » (R. Ducos-Ader, Le droit de réquisition, *LGDJ 1957. 83*).

En matière de logement, la réquisition relève de deux procédures distinctes qui sont conçues pour faire face à des situations différentes. Le chapitre I décrit la procédure qui a été organisée par l'ordonnance du 21 octobre 1945. Ces dispositions prises au lendemain de la Deuxième Guerre mondiale pour faire face à la situation de crise découlant des destructions de guerre et de l'énorme besoin de logements de l'époque présentaient un caractère exceptionnel et temporaire, mais elles ont acquis en fait une certaine permanence du fait de la crise persistante du logement. Toutefois cette procédure désuète a pu montrer ses limites au milieu des années quatre-vingt-dix lorsque le Gouvernement a souhaité relancer des réquisitions d'immeubles vacants. L'article 52 de la loi d'orientation contre les exclusions n'a pas modifié le dispositif décrit au chapitre I mais a créé en parallèle un dispositif de réquisition avec attributaire. La nouvelle procédure de réquisition vise à répondre à la situation de certaines grandes agglomérations qui se caractérise par un nombre significatif d'immeubles entiers vacants coexistant avec une demande de logement non satisfaite émanant de personnes à revenus modestes ou de personnes défavorisées. ❑

CHAPITRE PREMIER **RÉQUISITION** *(L. nº 98-657 du 29 juill. 1998, art. 52-II).*

V. art. L. 346 C. urb. et habit. (ancien) ; Instruction générale du 13 nov. 1981 relative au règlement des indemnités de réquisitions de biens et de services dans le cadre de l'ordonnance du 6 janv. 1959 (JONC 17 nov.).

BIBL. ▶ HUGOT, *JCP 1980. I. 2972* (le dernier cocktail législatif en matière de logement). – LUCHAIRE, *D. 1949. Chron. 31* (les réquisitions de logement). – DE SAINTE-COLOMBE, *Ét. fonc. 1995, nº 66, p. 5 s.* (réquisitions : mode d'emploi). – SINGER, *Rev. adm. 1992. 215* (les maires et les réquisitions de logement). – SOUBELET, *Rev. adm. 1992. 215* (préfets et réquisitions civiles).

COMMENTAIRE

Ces réquisitions ne peuvent être prononcées, par arrêtés préfectoraux, que « dans les villes où existe une crise grave du logement ». Elles ne peuvent porter, à titre temporaire (un an, renouvelable quatre fois), que sur des locaux vacants, inoccupés ou insuffisamment occupés et leurs bénéficiaires ne peuvent être que, soit des personnes sans logement ou logées dans des conditions manifestement insuffisantes, soit des personnes expulsées de leur logement en vertu d'une décision judiciaire définitive.

Un peu plus de 800 logements appartenant à des investisseurs institutionnels ou à des promoteurs privés ont fait l'objet d'une réquisition dans les années 1995 et 1996 afin de répondre, en partie, à la demande de logements sociaux des personnes en grande difficulté économique (V. Rép. min. nº 28065 : *JO Sénat 25 janv. 2001, p. 283*).

Le maintien de ces dispositions dans le code de la construction et de l'habitation a été décidé afin de permettre aux pouvoirs publics de faire face aux conséquences d'événements aussi graves et exceptionnels que ceux qui ont conduit à l'adoption de l'ordonnance de 1945. Ce régime pourrait ainsi être adapté à la survenance d'événements conduisant dans une zone géographique donnée à une pénurie absolue de logements car il permet de réquisitionner des logements insuffisamment occupés mais non vacants. ❑

Art. L. 641-1 *(L. nº 2006-872 du 13 juill. 2006, art. 72)* **« Sur proposition du service municipal du logement et après avis du maire, le représentant de l'État dans le département peut procéder, par voie de réquisition, pour une durée maximum d'un an renouvelable, à la prise de possession partielle ou totale des locaux à usage d'habitation vacants, inoccupés ou insuffisamment occupés, en vue de les attribuer aux personnes mentionnées à l'article L. 641-2. »**

Ce pouvoir s'étend à la réquisition totale ou partielle des hôtels, pensions de famille et locaux similaires, à l'exception des hôtels et pensions de famille affectés au tourisme.

A titre transitoire, le représentant de l'État dans le département peut, après avis du maire, exercer le droit de réquisition prévu au présent article dans toutes les communes où sévit une crise du logement.

La durée totale des attributions d'office prononcées postérieurement au 1er janvier 1959 ne peut excéder cinq ans, sauf dérogation accordée à titre exceptionnel pour une durée supplémentaire de deux ans au plus dans les conditions fixées par décret. – *V. art. R. 641-17 s.*

A. CONDITIONS DE MISE EN ŒUVRE

1. *Crise grave du logement.* Le Conseil d'État estime que le déclenchement de ce pouvoir est subordonné à l'existence d'une crise grave du logement comme l'indique l'art. L. 611-1 du code. Il a pu juger qu'en 1972, l'existence d'importants déséquilibres entre l'offre et la demande de logements au détriment de certaines catégories sociales révélait la persistance d'une situation de crise grave rendant applicables les mesures exceptionnelles prévues par le Livre VI et notamment le pouvoir de réquisition du préfet. • CE, ass., 11 juill. 1980, *Lucas : Lebon 317 ; AJDA 1981. 216, concl. Rougevin-Baville ; Dr. adm. no 315.*

2. *Locaux susceptibles de faire l'objet d'une réquisition.* La réquisition peut porter sur un logement de type HLM. • CE 13 févr. 1963, *Sté Les maisons saines, air et lumière : Lebon T. 980.* ◆ Le fait qu'un local fasse partie du domaine public du chemin de fer ne fait pas obstacle à la réquisition dès lors que le fonctionnement du service public n'est pas affecté. • TA Nantes, 8 oct. 1987, *SNCF : Lebon 486.*

3. Sur la notion de locaux vacants, inoccupés ou insuffisamment occupés, V. art. R. 641-2 à R. 641-4.

4. *Pouvoir de réquisition du maire.* Les dispositions de l'art. L. 641 n'ont pas fait disparaître les pouvoirs de police que le maire tient de l'art. L. 2212-2 du code général des collectivités territoriales en vue de la réquisition des locaux nécessaires au logement des personnes sans abri. Le juge administratif estime que la mise en œuvre de cette procédure exceptionnelle est subordonnée à des conditions strictes. Ainsi, ce pouvoir de réquisition ne saurait être exercé par le maire qu'en cas d'urgence et à titre exceptionnel lorsque le défaut de logement de ces personnes est de nature à apporter un trouble grave à l'ordre public. • CE 7 janv. 1957, *de Lagrevol : Lebon 14.* ◆ Il n'en est pas ainsi lorsque le défaut de logement de la famille bénéficiaire de la réquisition n'est pas imputable à un événement créateur d'une situation d'urgence. • CE 29 déc. 1997, *Préfet du Val-de-Marne*, req. no 172556 : *Lebon 505 ; D. 1998. IR 41 ; Gaz. Pal. 30 sept.-1er oct. 1998, Pan. ; Dr. adm., p. 151.* ◆ Est illégale une réquisition avant laquelle le maire n'a fait aucune tentative pour rechercher par voie amiable un logement ni n'a demandé au préfet d'user des pouvoirs qu'il tient de l'art. L. 641-1 CCH. • CE 11 déc. 1991, *Sté d'HLM Le logement familial du Bassin parisien*, req. no 192673 : *Lebon 427 .* ◆ Jugeant que le maire n'était pas confronté à une situation d'urgence de trouble grave à l'ordre public telle qu'elle justifiait qu'il use de son pouvoir de réquisition pour pourvoir à l'hébergement de familles qui d'ailleurs n'étaient pas même sous le coup d'une décision juridictionnelle de quitter les lieux qu'elles occupaient illégalement. • CAA Versailles, 3 mars 2011, *Cne de Saint-Denis : req. no 10VE00146.*

B. PROCÉDURE

5. Service municipal du logement. L'art. L. 641-1 n'exige pas que la commune où est prononcée une réquisition de logements dispose d'un service du logement. • CE 26 juin 1981, *Dorance : req. no 10640.* ◆ Une réquisition peut être prononcée malgré l'avis défavorable du service du logement. • CE 28 juill. 1950, *Chavasse : Lebon 471.*

6. *Avis du maire.* L'avis du maire constitue une formalité substantielle. • CE 16 avr. 1947, *Maurellet : Lebon T. 685.*

Art. L. 641-2 Sont seules susceptibles de bénéficier des dispositions du présent titre :

Les personnes dépourvues de logement ou logées dans des conditions manifestement insuffisantes ;

Les personnes à l'encontre desquelles une décision judiciaire définitive ordonnant leur expulsion est intervenue.

Est légale une réquisition prononcée au profit d'un couple avec enfant logeant dans un hôtel. • CE 14 oct. 1960, *Hergot : RPDA 1960. 334.* ◆ Les étrangers peuvent être bénéficiaires d'une réquisition. • CE 17 janv. 1951, *Jacquot : Lebon 25.* ◆ Les décisions judiciaires d'expulsion sont définitives lorsqu'elles ne sont plus susceptibles de voies de recours ordinaires. • CE 18 nov. 1964, *Sté fermière et de participation : Lebon 562.*

Art. L. 641-3 Les pétitionnaires doivent, préalablement à toute attribution, déposer au service municipal du logement une déclaration indiquant qu'ils appartiennent aux catégories ci-dessus désignées ainsi que le nombre de personnes à leur charge.

L'autorité requérante apprécie la suite à donner aux demandes dont elle est saisie ; les présentes dispositions édictées dans l'intérêt public ne confèrent pas un droit aux pétitionnaires.

Les locaux sont affectés dans des conditions d'occupation suffisantes telles qu'elles sont définies par le décret prévu à l'article L. 621-2. Les bénéficiaires d'attribution d'office, célibataires, veufs ou divorcés sans enfant ne peuvent prétendre qu'à l'occupation d'une seule chambre pour leur habitation.

L'absence de dépôt de la déclaration n'empêche pas le maire de saisir l'autorité préfectorale dès lors qu'il disposait de toutes les informations nécessaires à cette saisine. • CE 18 oct. 1989, *Cne de Pugnac : req. no 71985.* ♦ Doit être annulée la réquisition au profit d'un célibataire d'un logement composé de deux pièces principales et d'une cuisine. • CE 5 mai 1950 : *Gaz. Pal. 1950. 2. 61.*

Art. L. 641-4 Le bénéfice de l'attribution d'office cesse lorsque les conditions suffisantes d'occupation cessent elles-mêmes d'être remplies.

Le représentant de l'État dans le département peut, en outre, mettre fin à tout moment aux logements d'office effectués par lui. Il doit le faire obligatoirement lorsque le bénéficiaire ne jouit pas des lieux paisiblement et en bon père de famille.

Indépendamment des sanctions prévues au titre V, toute fausse déclaration entraîne la déchéance de l'attribution d'office.

Le préfet a l'obligation de lever la réquisition lorsque le bénéficiaire ne jouit pas des lieux paisiblement et en bon père de famille ou si le logement est insuffisamment occupé ou irrégulièrement sous-loué. • CE 15 juil. 1959, *D'Ursel-Dreux : Lebon 470.*

Art. L. 641-5 Le détenteur d'un local insuffisamment occupé dispose d'un délai d'un mois, à compter de l'avis qui lui est adressé par le service municipal du logement, pour abandonner le logement ou pour pourvoir à l'occupation effective des lieux d'une manière conforme aux dispositions du présent livre et au profit de personnes appartenant aux catégories prévues à l'article L. 641-2.

Le préavis est obligatoire même en l'absence de déclaration des logements inoccupés. • CE 9 déc. 1949, *Union de la propriété bâtie de France : Lebon 544.* ♦ Il s'agit d'une formalité substantielle. • CE 3 janv. 1947, de *Montesquiou-Fezensac : Lebon 5.*

Art. L. 641-6 Les attributions d'office ne créent au profit des bénéficiaires qu'un titre à une occupation précaire et personnelle des lieux.

Le bénéficiaire qui n'occupe pas lui-même, mais fait occuper par un tiers, un local à lui attribué, est passible des peines prévues à l'article L. 651-3.

Le caractère personnel du droit au logement d'office n'entraîne pas la caducité de la réquisition en cas de décès du chef de famille. • CE 3 juin 1960, *Fayet : Lebon 390.*

Art. L. 641-7 Le montant de l'indemnité d'occupation est fixé, dans la limite du prix licite en matière de loyer, par accord amiable entre le bénéficiaire et le prestataire, ou à défaut d'un tel accord, selon la procédure prévue au chapitre V du titre Ier de la loi no 48-1360 du 1er septembre 1948 précitée *[V. **C. baux**]*, à la requête de la partie la plus diligente.

L'indemnité d'occupation est réglée directement suivant les usages des lieux au prestataire par le bénéficiaire. Son recouvrement est garanti par le privilège de l'article 2332, 1er alinéa, du code civil.

Art. L. 641-8 En cas de non-paiement du montant de l'indemnité par le bénéficiaire, le représentant de l'État dans le département règle celle-ci au nom de l'État à charge par lui de se retourner contre le bénéficiaire. L'administration peut contester le montant de l'indemnité fixé d'accord entre les parties, mais doit régler la partie non contestée, il est ensuite procédé à la fixation de ladite indemnité dans les conditions prévues à l'article L. 641-7.

Sous peine de déchéance de son recours contre l'État, le prestataire adresse au bénéficiaire, dans les quinze jours de toute échéance non réglée de l'indemnité, une mise en demeure par pli recommandé avec demande d'avis de réception, d'avoir à payer dans les quinze jours suivants. Si cette mise en demeure reste sans effet, le prestataire doit notifier au représentant de l'État dans le département, dans la même forme, la défaillance du bénéficiaire. Le représentant de l'État dans le département peut alors prononcer la levée de la réquisition.

Lorsque le montant de l'indemnité d'occupation a été fixé judiciairement, la mise en demeure doit être adressée par le prestataire au bénéficiaire dans les quinze jours de la date à laquelle la décision judiciaire est devenue définitive. Cette mise en demeure vise les indemnités échues, soit depuis la dénonciation de l'accord amiable intervenu originairement, soit, à défaut d'accord amiable, depuis la prise de possession des lieux par le bénéficiaire. Ces indemnités sont réglées par l'État en cas de défaillance du bénéficiaire dénoncée au représentant de l'État dans le département par le prestataire dans les conditions fixées au précédent alinéa.

Art. L. 641-9 Les indemnités dues éventuellement par les bénéficiaires en cas de dommages ayant pu résulter de l'occupation sont fixées dans les mêmes conditions que les indemnités d'occupation et leur recouvrement est garanti par le même privilège.

L'État est également responsable du règlement de l'indemnité pour ces dommages, à défaut de paiement par le bénéficiaire, mais peut contester le montant de ladite indemnité, si elle a été fixée par accord entre les intéressés, sauf à régler sans délai la partie non contestée. Il est ensuite procédé à la fixation de l'indemnité selon la procédure prévue au chapitre V du titre Ier de la loi n° 48-1360 du 1er septembre 1948 précitée *[V. C.* ***baux****]*.

Lorsque le montant de l'indemnité est fixé par accord amiable, le délai de quinze jours prévu à l'article L. 641-8, 3e alinéa, court à compter de la date de cet accord ; lorsqu'il est fixé judiciairement, le délai court à compter de la date à laquelle la décision de fixation est devenue définitive.

Sauf application des articles L. 613-1 à L. 613-5, les personnes qui se maintiennent dans les lieux à l'expiration du terme de la réquisition ou de la levée de celle-ci sont passibles d'une amende civile au moins égale, par jour de retard, au décuple du loyer quotidien. Cette amende est prononcée à la requête du ministère public par le président du tribunal de grande instance du lieu de l'immeuble, statuant en référé. Celui-ci prononce en outre l'expulsion. – *V. art. R. 641-21.*

Art. L. 641-10 Le prestataire et le propriétaire des locaux réquisitionnés ne peuvent s'opposer à l'exécution par le bénéficiaire, aux frais de celui-ci, des travaux strictement indispensables pour rendre les lieux propres à l'habitation, tels que l'installation de l'eau, du gaz et de l'électricité.

Aucune indemnité ne peut être exigée par le bénéficiaire à raison des aménagements réalisés. A l'expiration de la réquisition, l'intéressé peut être mis en demeure par le prestataire ou le propriétaire d'avoir à remettre les lieux en l'état à ses frais.

Art. L. 641-11 *(L. n° 80-1 du 4 janv. 1980)* Les attributions d'office de logements en cours au 1er janvier 1976 peuvent, par dérogation à l'article L. 641-1, être renouvelées en faveur des personnes âgées de plus de soixante-cinq ans ou de soixante ans en cas d'inaptitude au travail, dont les ressources n'excèdent pas le plafond fixé pour bénéficier de la location d'une habitation à loyer modéré ordinaire.

Art. L. 641-12 Dans toutes les communes où sévit une crise du logement, les locaux soumis aux dispositions du décret n° 53-960 du 30 septembre 1953, les locaux à caractère artisanal ou professionnel, les locaux définis à l'article 8 de la loi n° 48-1360 du 1er septembre 1948 précitée *[V. C.* ***baux****]*, et les logements accessoires à chacune

de ces catégories de locaux qui sont vacants ou inoccupés, en tout ou partie, peuvent être réquisitionnés dans les conditions prévues par le présent titre.

Les dispositions de l'article L. 641-10 sont applicables aux réquisitions prononcées en vertu du présent article.

Le montant des prestations dues par le bénéficiaire est fixé dans les conditions prévues à l'article L. 641-7 en fonction des dispositions de la loi nº 48-1360 du 1er septembre 1948 précitée relatives au prix du loyer, quelle que soit la nature des locaux requis. Il est réglé conformément aux dispositions des articles L. 641-6 à L. 641-9.

Il en est de même pour les indemnités dues en raison des dommages ayant pu résulter de l'occupation ainsi que pour les dépenses nécessitées par la remise en état des lieux en cas de défaillance du bénéficiaire. – *V. art. R. 641-23.*

Un local commercial doit être considéré comme de fait inutilisé dès lors que la société ne l'utilisait que pour de rares réunions de ses dirigeants. • CE 19 nov. 1965, *Sté La centrale d'achats de maisons de tissus en gros : Lebon 626 ; AJPI 1966. 424, concl. L. Rigaud.*

Art. L. 641-13 **Les locaux vacants ou inoccupés concernés par l'article L. 641-12 sont définis par décret.** – *V. art. R. 641-2 s.*

Art. L. 641-14 **Le représentant de l'État dans le département détermine, conformément aux dispositions du présent chapitre, l'affectation des locaux des maisons de tolérance fermées par l'application de la loi nº 46-685 du 13 avril 1946.**

V. art. R. 641-1 s.

CHAPITRE II **RÉQUISITION AVEC ATTRIBUTAIRE**

(L. nº 98-657 du 29 juill. 1998, art. 52-III)

V. Circ. nº 98-92 du 13 oct. 1998 relative aux dispositions sur le logement contenues dans la loi nº 98-657 du 29 juill. 1998 d'orientation relative à la lutte contre les exclusions (BOMELT nº 98/20).

V. Circ. 2001-76 du 5 nov. 2001 : financement des travaux dans les immeubles réquisitionnés par l'État (BOMELT nº 2001/21, p. 68), Circ. nº 2005-72 du 17 nov. 2005 relative aux opérations de mise aux normes de sécurité financées sur la ligne d'urgence (BOMELT nº 2005/23, p. 90) et Circ. du 5 mars 2009 pour la relance relative à l'hébergement (BOMEEDDAT nº 2009/6, p. 185).

BIBL. ▶ GIVERDON, *Administrer, 1999. 307, p. 27-46* (loi nº 98-657 du 29 juillet 1998 d'orientation relative à la lutte contre les exclusions). – LAVAL, *Droit et ville, 1999. 47, p. 208-223* (la réquisition avec attributaire selon la loi d'orientation de lutte contre les exclusions du 29 juillet 1998). – MENDAK, *Bulletin mensuel Lamy Droit immobilier, 1998, nº 50, p. 1-9* (lutte contre les exclusions, une loi attendue). – RÉMY, *Revue des loyers et des fermages, 1998, nº 790, p. 477-490* (le droit au logement contre l'exclusion). – VIAL-PEDROLETTI, *JCP N 1998, nº 48, p. 477-490* (la loi sur l'exclusion : les dispositions relatives au logement) ; *Loyers et copr., 1999, nº 7-8, p. 4-5* (les décrets d'application sur la réquisition avec attribution).

COMMENTAIRE

L'article 52 de la loi nº 98-657 du 29 juillet 1998 d'orientation relative à la lutte contre les exclusions a créé un **nouveau régime de réquisition avec attributaire** qui vient ainsi s'ajouter au régime général des réquisitions prévu par l'ordonnance du 21 octobre 1945 : les locaux vacants depuis plus de dix-huit mois appartenant à des personnes morales titulaires d'un droit réel conférant l'usage de ces locaux et situés dans ces communes où existe un déséquilibre important entre l'offre et la demande de logements, pourront être réquisitionnés par le représentant de l'État pour une durée comprise entre un et six ans en règle générale, au profit d'un attributaire (État, collectivité territoriale, HLM, société d'économie mixte ou organisme dont l'objet est de contribuer au logement des personnes défavorisées) qui le rénove à ses frais, le cas échéant, et le loue à des personnes à revenu modeste.

La secrétaire d'État au logement a annoncé, le 14 juin 2001, le lancement d'un plan de réquisitions avec attribution qui concernerait 430 logements en région parisienne.

SECTION PREMIÈRE PRINCIPES GÉNÉRAUX

Art. L. 642-1 Afin de garantir le droit au logement, le représentant de l'État dans le département peut réquisitionner, pour une durée d'un an au moins et de six ans au plus, des locaux sur lesquels une personne morale est titulaire d'un droit réel conférant l'usage de ces locaux et qui sont vacants depuis plus de *(L. nº 2013-61 du 18 janv. 2013, art. 7)* « douze *[ancienne rédaction : dix-huit]* » mois, dans les communes où existent d'importants déséquilibres entre l'offre et la demande de logement au détriment de personnes à revenus modestes et de personnes défavorisées.

La réquisition donne la jouissance des locaux à un attributaire, à charge pour lui de les donner à bail à des personnes bénéficiaires visées à l'article L. 642-5.

La réquisition ouvre le droit pour l'attributaire de réaliser des travaux, payés par lui, de mise aux normes minimales de confort et d'habitabilité *[V. art. R. 642-1]*. L'attributaire informe le titulaire du droit d'usage de la nature des travaux et de leur délai d'exécution ; il lui communique le tableau d'amortissement du coût de ces travaux.

Par dérogation au premier alinéa, lorsque l'importance des travaux de mise aux normes minimales de confort et d'habitabilité le justifie, la durée de la réquisition peut être supérieure à six ans, dans la limite de douze ans.

Les locaux régulièrement affectés à un usage autre que l'habitation peuvent, à l'expiration de la réquisition, retrouver leur affectation antérieure sur simple déclaration. – *V. art. R. 642-2.*

Art. L. 642-2 Les locaux détenus par les sociétés civiles constituées exclusivement entre parents et alliés jusqu'au quatrième degré inclus ne peuvent faire l'objet d'une procédure de réquisition avec attributaire.

Art. L. 642-3 L'attributaire de la réquisition peut être :

1º L'État ;

2º Une collectivité territoriale ;

3º Un organisme d'habitations à loyer modéré ;

4º Une société d'économie mixte dont l'objet est de construire ou de donner à bail des logements ;

5º Un organisme *(L. nº 2009-323 du 25 mars 2009, art. 2-I)* « bénéficiant de l'agrément relatif à la maîtrise d'ouvrage prévu à l'article L. 365-2 ou de l'agrément relatif à l'intermédiation locative et la gestion locative sociale prévu à l'article L. 365-4 ». – *V. art. R. 642-3.*

Art. L. 642-4 Les rapports entre l'État et les attributaires mentionnés aux 2º à 5º de l'article L. 642-3 sont régis par une convention ; le projet de convention d'attribution est notifié au titulaire du droit d'usage en même temps que l'intention de procéder à une réquisition de même que la liste des éventuels attributaires. – *V. art. R. 642-4.*

Art. L. 642-5 Les locaux sont donnés à bail aux personnes justifiant de ressources inférieures à un plafond fixé par décret *[V. art. R. 642-11]* et désignées par le représentant de l'État dans le département en raison de leurs mauvaises conditions de logement.

Art. L. 642-6 Le titulaire du droit d'usage sur les locaux réquisitionnés peut exercer un droit de reprise après neuf ans à compter de la notification de l'arrêté de réquisition, dans les conditions prévues par l'article L. 642-18.

SECTION II PROCÉDURE

Art. L. 642-7 Le représentant de l'État dans le département peut nommer des agents assermentés afin de l'assister dans la procédure de réquisition. Ces agents sont astreints aux règles concernant le secret professionnel. Ceux-ci peuvent :

1o Consulter les fichiers des organismes chargés de la distribution de l'eau, du gaz, de l'électricité, du téléphone, ainsi que les fichiers tenus par les professionnels de l'immobilier, en vue de prendre connaissance des informations strictement nécessaires à la recherche des locaux vacants, à la détermination de la durée de la vacance et à l'identification du titulaire du droit d'usage sur les locaux ;

2o Visiter, accompagnés le cas échéant d'experts, les locaux susceptibles d'être réquisitionnés ; le titulaire du droit d'usage donne son accord pour cette visite ; à défaut, celle-ci ne peut avoir lieu que sur autorisation du juge judiciaire. — *V. art. R. 642-5 et R. 642-6.*

Art. L. 642-8 Les services fiscaux fournissent au représentant de l'État dans le département les informations nominatives dont ils disposent sur la vacance.

Art. L. 642-9 Après avoir sollicité l'avis du maire, le représentant de l'État dans le département notifie au titulaire du droit d'usage des locaux son intention de procéder à une réquisition.

La notification indique les motifs et la durée de la réquisition envisagée. Elle est adressée au titulaire du droit d'usage par lettre recommandée avec demande d'avis de réception. — *V. art. R. 642-7 et R. 642-8.*

Art. L. 642-10 Dans un délai de deux mois à compter de la notification, le titulaire du droit d'usage sur les locaux peut faire connaître au représentant de l'État dans le département :

1o Son accord ou son opposition ;

2o Son intention de mettre fin à la vacance dans un délai de trois mois au plus à compter de la notification ;

3o Son engagement d'effectuer les travaux nécessaires pour mettre fin lui-même à la vacance ; dans ce cas, un échéancier *(L. no 2013-61 du 18 janv. 2013, art. 8)* « de réalisation des travaux et de mise en location, qui ne peut excéder vingt-quatre mois, est soumis, dans un délai maximal fixé par décret en Conseil d'État, » à l'approbation du représentant de l'État dans le département. *(L. no 2013-61 du 18 janv. 2013, art. 8)* « Le délai de réalisation des travaux et de mise en location court à compter de l'approbation de l'échéancier. »

Art. L. 642-11 A compter de la réponse du titulaire du droit d'usage ou à l'issue du délai de deux mois et au plus tard quatre mois à compter de la notification de l'intention de réquisitionner, le représentant de l'État dans le département notifie au titulaire du droit d'usage sa décision, qui peut prendre l'une des formes suivantes :

1o Arrêté de réquisition motivé désignant l'attributaire et indiquant la durée de la réquisition qui ne peut excéder celle mentionnée dans l'arrêté visé à l'article L. 642-9 ;

2o Accord sur l'échéancier prévu au 3o de l'article L. 642-10 ;

3o Abandon de la procédure.

La notification de la décision est adressée au titulaire du droit d'usage par lettre recommandée avec demande d'avis de réception.

Art. L. 642-12 Le titulaire du droit d'usage qui s'est engagé à mettre fin à la vacance *(L. no 2013-61 du 18 janv. 2013, art. 8)* « ou à réaliser les travaux mentionnés au 3o de l'article L. 642-10 » justifie de l'exécution de son engagement sur la demande du représentant de l'État dans le département.

En l'absence de justification utile, le représentant de l'État dans le département peut notifier l'arrêté de réquisition.

Art. L. 642-13 A défaut de retour dans les dix jours de l'avis de réception de la notification, les notifications prévues aux articles L. 642-9 et L. 642-11 sont affichées à la porte des locaux.

A compter du retour dans les dix jours de l'avis de réception de la notification prévue à l'article L. 642-11 ou, à défaut, à l'expiration d'un délai de dix jours à compter de l'affichage, le représentant de l'État dans le département peut requérir la force publique pour entrer dans les lieux.

SECTION III RELATIONS ENTRE LE TITULAIRE DU DROIT D'USAGE DES LOCAUX ET L'ATTRIBUTAIRE DE LA RÉQUISITION

Art. L. 642-14 Sous réserve des dispositions du présent chapitre, les sections 1 et 2 du chapitre II du titre VIII du livre III du code civil relatif au louage de choses sont applicables aux relations entre le titulaire du droit d'usage des locaux et l'attributaire.

Art. L. 642-15 A compter de la prise de possession, l'attributaire verse mensuellement une indemnité au titulaire du droit d'usage.

Cette indemnité est égale au loyer défini à l'article L. 642-23, déduction faite de l'amortissement du montant des travaux nécessaires et payés par lui pour satisfaire aux normes minimales de confort et d'habitabilité, et des frais de gestion des locaux. Lorsque le montant de l'amortissement des travaux et des frais de gestion est supérieur au loyer défini à l'article L. 642-23, aucune somme ne peut être perçue auprès du titulaire du droit d'usage.

Un décret en Conseil d'État fixe les conditions de cet amortissement et du calcul des frais de gestion. – *V. art. R. 642-9.*

Art. L. 642-16 Le juge judiciaire fixe, le cas échéant, l'indemnisation par l'État du préjudice matériel, direct et certain, causé par la mise en œuvre de la réquisition.

Au cas où l'indemnité prévue à l'art. L. 642-15 ne suffirait pas à couvrir l'intégralité du préjudice subi par le titulaire du droit d'usage, l'art. L. 642-16 doit être interprété comme permettant au juge judiciaire de lui allouer une indemnité complémentaire qui pourra, en particulier, prendre en compte le coût des travaux ou les frais de remise des lieux dans leur état initial. • Cons. const. no 98-403 DC du 29 juill. 1998 : *JO 31 juill. 1998, p. 11710 ; Rec. 276 ; AJDA 1998. 705, Chron. J.-E. Schoettl ; LPA 30 juill. 1999. 29, Chron. Verpeaux et Mathieu.*

Art. L. 642-17 La transmission des locaux, à titre onéreux ou gratuit, n'affecte pas la réquisition.

Art. L. 642-18 Le titulaire du droit d'usage peut exercer le droit de reprise prévu à l'article L. 642-6 à condition d'avoir :

1o Adressé à l'attributaire un préavis d'un an ;

2o Indemnisé celui-ci, trois mois avant l'expiration du délai de préavis, du montant des travaux non amortis. – *V. art. R. 642-10.*

Art. L. 642-19 Le juge judiciaire connaît du contentieux des relations entre le titulaire du droit d'usage des locaux et l'attributaire de la réquisition.

Art. L. 642-20 Les conditions d'application des sections 1, 2 et 3 du présent chapitre sont fixées par décret en Conseil d'État.

SECTION IV **RELATIONS ENTRE L'ATTRIBUTAIRE ET LE BÉNÉFICIAIRE**

Art. L. 642-21 Le bail, conclu entre l'attributaire et le bénéficiaire, est régi par la loi nº 89-462 du 6 juillet 1989 tendant à améliorer les rapports locatifs *[V. C. **baux**]*, sous réserve des dispositions de la présente section.

Art. L. 642-22 Le contrat de location est conclu pour une durée d'un an, ou pour la durée de la réquisition restant à courir si celle-ci est inférieure à un an.

Ce contrat ne comporte aucun dépôt de garantie ni caution simple ou solidaire.

Art. L. 642-23 Le loyer est déterminé en fonction du prix de base au mètre carré de surface habitable, fixé par décret. – *V. art. R. 642-12.*

Il est révisé chaque année en fonction de la variation moyenne de l'indice du coût de la construction et des indices des trois trimestres qui précèdent.

Il est payé mensuellement à terme échu.

Art. L. 642-24 Le bénéficiaire peut donner congé à tout moment, avec un délai de préavis d'un mois.

Art. L. 642-25 Le bénéficiaire ne peut céder le contrat de location ni sous-louer le logement.

Art. L. 642-26 Trois mois avant l'expiration du contrat intervenant avant la fin de la réquisition, le représentant de l'État dans le département peut proposer au bénéficiaire un autre logement correspondant à ses besoins et à ses possibilités. Sauf motif légitime et sérieux, le bénéficiaire qui n'accepte pas l'offre de relogement est déchu de tout titre d'occupation au terme du contrat.

A défaut d'offre de relogement, le bail est reconduit pour une durée d'un an, ou pour la durée de la réquisition restant à courir si celle-ci est inférieure à un an.

Art. L. 642-27 Si, au plus tard trois mois avant la fin de la réquisition, le titulaire du droit d'usage et le bénéficiaire n'ont pas conclu de contrat de location, l'attributaire peut proposer au bénéficiaire qui remplit les conditions pour l'attribution d'un logement d'habitation à loyer modéré la location d'un logement correspondant à ses besoins et à ses possibilités. A défaut d'une telle proposition, le représentant de l'État dans le département est tenu de proposer un logement au bénéficiaire aux mêmes conditions.

Le bénéficiaire qui n'a pas conclu de contrat de location ou accepté l'offre de relogement est déchu de tout titre d'occupation à l'expiration de la réquisition.

Les dispositions de l'art. L. 642-27 ne sauraient être comprises comme conférant au bénéficiaire un titre d'occupation à l'expiration de la durée de la réquisition, au cas où le représentant de l'État dans le département ne lui aurait pas proposé un logement correspondant à ses besoins et à ses possibilités • Cons. const. nº 98-403 DC du 29 juill. 1998 *JO 31 juill. 1998, p. 11710 ; Rec. 276 ; AJDA 1998. 705, Chron. J.-E. Schoettl ; LPA 30 juill. 1999, Chron. Verpeaux et Mathieu.*

SECTION V **DISPOSITIONS PÉNALES**

Art. L. 642-28 I. – Sont punis d'un an d'emprisonnement et de 15 000 € d'amende :

1º Le fait de dissimuler, par des manœuvres frauduleuses, la vacance de locaux ;

2º Le fait de détruire, dégrader ou détériorer des locaux ayant fait l'objet d'une notification d'intention de réquisitionner, dans le but de faire obstacle à une réquisition avec attributaire.

II. – *Abrogé par L. nº 2009-526 du 12 mai 2009, art. 125-VI.*

III. – Le tribunal peut également ordonner que les travaux de remise en état seront exécutés aux frais du condamné.

TITRE CINQUIÈME **SANCTIONS ET DISPOSITIONS DIVERSES**

CHAPITRE UNIQUE

Art. L. 651-1 Les fonctionnaires et agents des administrations publiques qui ont sollicité ou agréé des offres ou promesses, sollicité ou reçu des dons ou présents à l'occasion de l'application des titres Ier (chapitre II), II (chapitre Ier), III et IV, à l'exclusion des articles L. 612-1, L. 631-1 à L. 631-6, L. 641-12 et L. 641-14, sont punis conformément *(L. nº 92-1336 du 16 déc. 1992, art. 152-I)* « à l'article 432-11 » du code pénal.

Le corrupteur est puni conformément à l'article *(L. nº 92-1336 du 16 déc. 1992, art. 152-II)* « 433-1 » du code pénal.

Est punie des mêmes peines toute personne qui a provoqué ou facilité ces fraudes ou y a participé.

Les mêmes peines sont applicables aux intermédiaires, agents de location ou toutes autres personnes qui, à l'occasion de l'application des titres Ier, II, III et IV du présent livre, à l'exclusion des articles L. 612-1, L. 631-1 à L. 631-6, L. 641-12 et L. 641-14, sollicitent ou obtiennent des commissions, ristournes ou rétributions supérieures à celles en usage dans la profession.

Les dispositions issues de la loi nº 92-1336 du 16 déc. 1992 sont entrées en vigueur le 1er mars 1994 (L. préc., art. 323, mod. par L. nº 93-913 du 19 juill. 1993).

Art. L. 651-2 Toute personne qui enfreint les dispositions de l'article L. 631-7 ou qui ne se conforme pas aux conditions ou obligations imposées en application dudit article est condamnée à une amende *(L. nº 2006-872 du 13 juill. 2006, art. 79-IV-20º)* « de 25 000 €. »

Cette amende est prononcée à la requête du ministère public par le président du tribunal de grande instance du lieu de l'immeuble, statuant en référé ; le produit en est intégralement versé à l'Agence nationale de l'habitat.

(L. nº 2006-872 du 13 juill. 2006, art. 79-IV-20º) « Le président du tribunal ordonne le retour à l'habitation des locaux transformés sans autorisation dans un délai qu'il fixe. A l'expiration de celui-ci, il prononce une astreinte d'un montant maximal de 1 000 € par jour et par mètre carré utile des locaux irrégulièrement transformés. »

Passé ce délai, l'administration peut procéder d'office, aux frais du contrevenant, à l'expulsion des occupants et à l'exécution des travaux nécessaires.

Ces dispositions, qui ont uniquement pour objet d'indiquer à partir de quel délai l'administration pourra faire procéder d'office à l'expulsion des occupants et à l'exécution des travaux nécessaires, n'ont pas pour effet de priver l'administration du pouvoir d'inviter les contrevenants à se conformer, dans un délai inférieur, aux prescriptions qu'elle édicte. Un préfet peut ainsi mettre en demeure un propriétaire de remettre son appartement à usage d'habitation dans un délai de deux mois. • CAA Paris, 31 oct. 2000, *Teboul : req. n° 98PA03914*.

Art. L. 651-3 Quiconque a, pour l'une quelconque des déclarations prévues aux titres Ier (chapitre II), II (chapitre Ier), III et IV du présent livre, à l'exclusion des articles L. 612-1, L. 631-1 à L. 631-6, L. 641-12 et L. 641-14, ou par les textes pris pour leur application, sciemment fait de fausses déclarations, quiconque a, à l'aide de manœuvres frauduleuses, dissimulé ou tenté de dissimuler les locaux soumis à déclaration, est passible d'un emprisonnement de un an et d'une amende de *(L. n° 2006-872 du 13 juill. 2006, art. 79-IV-21°)* « 80 000 € » ou de l'une de ces deux peines seulement.

Le tribunal correctionnel prononce, en outre, la résiliation du bail et l'expulsion des locataires irrégulièrement installés.

Art. L. 651-4 Quiconque ne produit pas, dans les délais fixés, les déclarations prescrites par le présent livre et par les dispositions prises pour son application est passible d'une amende de 2 250 €.

Le ministère public poursuit d'office l'application de cette amende devant le président du tribunal de grande instance du lieu de l'immeuble, statuant en référé.

Art. L. 651-5 Quiconque a sciemment perçu ou tenté de percevoir indûment une prime de déménagement ou de réinstallation ou de faire fixer cette prime à un taux supérieur à l'un de ceux fixés par l'arrêté prévu à l'article L. 631-4, est puni d'un emprisonnement de trois mois et d'une amende de 3 000 € ou de l'une de ces deux peines seulement. L'intéressé est, en outre, déchu de plein droit du bénéfice des articles L. 631-1 à L. 631-6.

Art. L. 651-6 *(L. n° 83-440 du 2 juin 1983, art. 5)* « Les agents assermentés du service municipal du logement sont nommés par le maire. » Ils prêtent serment devant le juge du tribunal d'instance de leur résidence et sont astreints aux règles concernant le secret professionnel.

Leur nombre est fixé à 1 par 30 000 habitants ou fraction de ce chiffre. Ce nombre peut être augmenté par décision ministérielle.

Ils sont habilités à visiter les locaux à usage d'habitation situés dans le territoire relevant du service municipal du logement.

Ils doivent être munis d'un ordre de mission personnel ainsi que d'une carte d'identité revêtue de leur photographie.

La visite des locaux ne peut avoir lieu que de huit heures à dix-neuf heures ; l'occupant ou le gardien du local est tenu de laisser visiter sur présentation de l'ordre de mission ; la visite s'effectue en sa présence.

En cas de carence de la part de l'occupant ou du gardien du local, l'agent assermenté du service municipal du logement peut, au besoin, se faire ouvrir les portes et visiter les lieux en présence du maire ou du commissaire de police. Les portes doivent être refermées dans les mêmes conditions.

Art. L. 651-7 Les agents assermentés du service municipal du logement constatent les conditions dans lesquelles sont effectivement occupés les locaux qu'ils visitent. Ils sont habilités à recevoir toute déclaration et à se faire présenter par les propriétaires, locataires ou autres occupants des lieux toute pièce ou document établissant ces conditions. Sans pouvoir opposer le secret professionnel, les administrations publiques compétentes et leurs agents sont tenus de communiquer aux agents du service municipal du logement tous renseignements nécessaires à l'accomplissement de leur mission de recherche et de contrôle.

Quiconque fait volontairement obstacle, en violation des prescriptions ci-dessus, à la mission des agents du service municipal du logement, est passible de l'amende civile prévue à l'article L. 651-4.

Art. L. 651-8 Les ministres sont autorisés à déléguer par arrêté au représentant de l'État dans le département ou aux fonctionnaires de leur administration ayant au moins rang de sous-directeur, tout ou partie des pouvoirs qu'ils tiennent du présent livre.

Art. L. 651-9 Les dispositions des articles L. 611-1, L. 621-1 à L. 621-6, L. 631-7 à L. 631-9, L. 641-1 à L. 641-10, L. 651-1 à L. 651-4, L. 651-6 à L. 651-8 sont d'ordre public.

V. art. R. 651-1.

Art. L. 651-10 *(L. n° 98-657 du 29 juill. 1998, art. 124-IV)* I. – Lorsqu'à l'occasion de poursuites exercées sur le fondement de l'article 225-14 du code pénal *(Ord. n° 2005-1566 du 15 déc. 2005, art. 13 ; L. n° 2009-323 du 25 mars 2009, art. 90-II)* « , des articles L. 1337-4 du code de la santé publique et L. 511-6, L. 521-4 et L. 123-3 du présent code, » il est avéré que la continuation de l'exploitation d'un établissement d'hébergement des personnes est contraire aux prescriptions du règlement sanitaire départemental ou est susceptible de porter atteinte à la dignité humaine *(L. n° 2009-323 du 25 mars 2009, art. 90-II)* « , à la sécurité des personnes » ou à la santé publique, l'autorité administrative compétente peut saisir sur requête le président du tribunal de grande instance ou le magistrat du siège délégué par lui, aux fins de faire désigner un administrateur provisoire pour toute la durée de la procédure ; les organismes *(L. n° 2009-323 du 25 mars 2009, art. 2-I)* « bénéficiant d'un agrément relatif à l'intermédiation locative et la gestion locative sociale prévu à l'article L. 365-4 » peuvent être désignés en qualité d'administrateur provisoire.

II. – Le ministère public porte à la connaissance du propriétaire de l'immeuble et du propriétaire du fonds dans lequel est exploité l'établissement visé au I l'engagement des poursuites ainsi que les décisions de désignation d'un administrateur provisoire ou de confiscation intervenues. Il fait mentionner la décision de confiscation au registre du commerce et des sociétés et aux registres sur lesquels sont inscrites les sûretés. Les modalités d'application de cette information sont déterminées par décret en Conseil d'État. – *V. art. R. 651-2.*

III. – Lorsque la personne titulaire de la licence de débit de boissons ou de restaurant ou propriétaire du fonds de commerce dans lequel est exploité un établissement visé au I n'est pas poursuivie, les peines complémentaires prévues aux 2° et 3° de l'article 225-16 et aux 3° et 5° de l'article 225-19 du code pénal ne peuvent être prononcées, par décision spéciale et motivée, que s'il est établi que cette personne a été citée à la diligence du ministère public avec indication de la nature des poursuites exercées et de la possibilité pour le tribunal de prononcer ces peines. Cette personne peut présenter ou faire présenter par un avocat ses observations à l'audience. Si elle use de cette faculté, elle peut interjeter appel de la décision prononçant l'une de ces peines complémentaires.

IV. – La décision qui prononce la confiscation du fonds de commerce entraîne le transfert à l'État de la propriété du fonds confisqué et emporte subrogation de l'État dans tous les droits du propriétaire du fonds.

TITRE SIXIÈME DISPOSITIONS RELATIVES À L'OUTRE-MER *(Ord. nº 98-774 du 2 sept. 1998, art. 5-I).*

CHAPITRE PREMIER DISPOSITIONS PARTICULIÈRES À LA GUADELOUPE, À LA GUYANE, À LA MARTINIQUE, À LA RÉUNION, À MAYOTTE ET À SAINT-MARTIN *(Ord. nº 2012-576 du 26 avr. 2012, art. 7-I).*

Art. L. 661-1 *(L. nº 2009-594 du 27 mai 2009, art. 33-II)* Le présent livre ne s'applique pas *(Ord. nº 2012-576 du 26 avr. 2012, art. 7-II)* « en Guadeloupe, en Guyane, en Martinique, à La Réunion, à Mayotte et à Saint-Martin », à l'exception des chapitres III et IV du titre Ier, du chapitre II du titre II et du titre IV. Les articles L. 631-7 à L. 631-9, L. 651-1, L. 651-2 et L. 651-4 sont toutefois applicables dans ces départements. Ils ont un caractère d'ordre public.

Le présent livre ne s'applique pas à Saint-Pierre-et-Miquelon, à l'exception de l'article L. 613-3.

Loi nº 2009-594 du 27 mai 2009,

Pour le développement économique des outre-mer.

Art. 37 Le Gouvernement remet au Parlement chaque année, au plus tard le 1er octobre, un rapport relatif à la situation du marché du logement dans les départements et collectivités d'outre-mer comprenant des informations relatives aux niveaux des loyers constatés.

Art. L. 661-2 *(Abrogé par Ord. nº 2011-1895 du 19 déc. 2011, art. 4-3º, à compter du 1er juin 2012)* (L. nº 80-1 du 4 janv. 1980) ***Pour l'application de l'article L. 613-3, l'autorité compétente, après avis conforme du conseil général, fixe le point de départ de la période de trois mois et demi prévue pour le sursis à expulsion, et le cas échéant, la divise de manière à tenir compte des particularités climatiques propres à chacun de ces départements.***

Art. L. 661-3 *(Ord. nº 2012-576 du 26 avr. 2012, art. 7-III)* Pour l'application de l'article L. 631-7-1 à Mayotte, les mots : "publiée au fichier immobilier ou" ne sont pas applicables.

L'art. L. 661-3 devient l'article L. 661-2 à compter du 1er juin 2012 (Ord. nº 2012-576 du 26 avr. 2012, art. 7-IV).

CHAPITRE II DISPOSITIONS RELATIVES À LA POLYNÉSIE FRANÇAISE

(Ord. nº 98-774 du 2 sept. 1998, art. 5-I)

Art. L. 662-1 Les articles L. 261-9 à *(L. nº 2006-872 du 13 juill. 2006, art. 80-III)* « L. 261-16, et » L. 261-22 *(L. nº 2006-872 du 13 juill. 2006, art. 80-III)* « et L. 263-1 à L. 263-3 » du présent code sont applicables en Polynésie française, à l'exception :

— au deuxième alinéa de l'article L. 261-10, des mots : « sauf si le terrain » aux mots : « prestataire de service » ;

– de la première phrase de l'avant-dernier alinéa de l'article L. 261-11 ;

– et à l'article *(L. nº 2006-872 du 13 juill. 2006, art. 80-III)* **« L. 263-3 », des mots : « ainsi que celles » aux mots : « conseil de surveillance ».**

V. note ss. art. L. 662-2.

Art. L. 662-2 **A l'article L. 261-11-1, la référence à l'indice national tous corps d'état mesurant l'évolution du coût des facteurs de production dans le bâtiment et publié par le ministre chargé de la construction et de l'habitation est remplacée par une référence à l'index général tous corps d'état BTP 01 édité mensuellement par l'Institut territorial de la statistique.**

Le troisième alinéa du même article est ainsi rédigé :

L'index est défini dans les conditions déterminées par l'assemblée de la Polynésie française. La limite est fixée par arrêté du haut-commissaire.

L'Ord. nº 98-774 du 2 sept. 1998 est entrée en vigueur le 15 sept. 1998.

DEUXIÈME PARTIE : RÉGLEMENTAIRE

(Décr. nº 78-622 du 31 mai 1978 ; JO 8 juin, Rect. 31 janv. 1979)

***NDLR.** Dans la partie Réglementaire (décrets en Conseil d'État) du code de la construction et de l'habitation, la mention « (comité permanent) » est supprimée (Décr. nº 2001-645 du 18 juill. 2001, art. 2).*

LIVRE PREMIER DISPOSITIONS GÉNÉRALES

TITRE PREMIER CONSTRUCTION DES BÂTIMENTS

CHAPITRE PREMIER RÈGLES GÉNÉRALES

Les règles générales désignées sous les termes « règlement général de construction » ont été fixées initialement par le Décr. nº 55-1394 du 22 oct. 1955, mod. par le Décr. nº 67-727 du 23 août 1967, puis par le Décr. nº 69-596 du 14 juin 1969, mod. par le Décr. nº 74-306 du 10 avr. 1974 (codifié sous art. R. 111-1 à R. 111-17). — Directive du Conseil des Communautés européennes du 21 déc. 1988 et Décr. nº 92-647 du 8 juill. 1992 relatif à l'aptitude à l'usage des produits de construction (JO 14 juill., p. 9483).

SECTION PREMIÈRE DISPOSITIONS APPLICABLES À TOUS BÂTIMENTS

Art. R. 111-1 *(Décr. nº 2009-52 du 15 janv. 2009)* **Les bâtiments groupant uniquement des locaux à usage professionnel doivent être équipés de lignes de communications électroniques à très haut débit en fibre optique placées dans des gaines ou passages réservés aux réseaux de communications électroniques et desservant, en un point au moins, chacun des locaux à usage professionnel.**

Ces lignes relient chaque local, avec au moins une fibre par local, à un point de raccordement dans le bâtiment, accessible et permettant l'accès à plusieurs réseaux de communications électroniques. Ce point de raccordement doit être situé dans un lieu comportant des espaces suffisants pour accueillir les équipements nécessaires et doit être facilement accessible par les opérateurs. A cet effet, le bâtiment doit disposer d'une adduction d'une taille suffisante pour permettre le passage des câbles de plusieurs opérateurs depuis la voie publique jusqu'au point de raccordement.

Un arrêté conjoint des ministres chargés de la construction, des communications électroniques et du développement de l'économie numérique précise en tant que de besoin les modalités d'application des règles fixées à l'alinéa précédent et les conditions dans lesquelles il peut y être dérogé pour certaines catégories de bâtiments, eu égard à leur nature, à leur affectation ou à leur situation.

SECTION II DISPOSITIONS GÉNÉRALES APPLICABLES AUX BÂTIMENTS D'HABITATION

BIBL. ► DROPSY, *Administrer juin 2001, p. 11* (habitation-surface des pièces isolées habitables). – GALAN, *Droit et ville 1997, nº 44, p. 25* (aspect administratif de la sécurité des lieux bâtis).

– GUIHARD, *Defrénois 2004. 774* (mise en œuvre des normes techniques – actes du colloque 2003 de l'ICH Nantes). – ROUQUET, Dalloz actualité, 1er sept. 2011 (recharge des véhicules électriques et stationnement sécurisé des vélos). – TALAU, *Loyers et copr. 2011. Alerte 73* (Propriétés, bureaux et loi Grenelle 2 : parution du décret relatif aux installations dédiées à la recharge des véhicules électriques ou hybrides rechargeables dans les bâtiments et aux infrastructures pour le stationnement sécurisé des vélos).

► **V. également en matière fiscale** : Décr. no 2012-305 du 5 mars 2012 (réduction d'impôt Scellier : fixation du niveau de performance énergétique globale et des plafonds d'assiette applicables aux investissements réalisés en 2012), *RFN 2012. 52*. – Instr. du 29 mars 2012, BOI 5 D-2-12, 6 avr. 2012 (déductions en faveur des loueurs de logements à loyers maîtrisés en application d'une convention conclue avec l'Agence nationale de l'habitat), *Dr. fisc. 2012. Instr. 14625*. – Instr. 17 avr. 2012 : BOI 8 M-3-12, 19 avr. 2012 (plus-values immobilières : derniers aménagements législatifs), *Constr.-Urb. 2012. 110, obs. Gonzalez-Gharbi*.

► **Sur la réforme des surfaces de plancher** : Ord. no 2011-1539 du 16 nov. 2011 relative à la définition des surfaces de plancher prises en compte dans le droit de l'urbanisme. – PRIET, La réforme de la définition de la surface de plancher, *AJDA 2012. 630*. – SANTONI, Réforme de la définition des surfaces de plancher prises en compte dans le code de l'urbanisme, *Constr.-Urb. 2012. 1*.

COMMENTAIRE

Cette section ne concerne que la construction de logements neufs ou, éventuellement, la création de nouveaux lots de copropriété suite à une surélévation ou à une division. L'article R. 111-2 prévoit notamment la surface et le volume requis pour qu'un logement puisse être considéré comme habitable. La pratique se demande souvent comment articuler ce texte avec l'article 4 du décret no 2002-120 du 30 janvier 2002, relatif aux caractéristiques du logement décent. Or, il n'est pas douteux que les deux textes ont un champ d'application différent (V. Briand, *Defrénois 2004. 831*, mise aux normes et bail d'habitation). Contrairement aux dispositions ci-dessous, les critères de décence résultant du décret de 2002 n'intéressent que les rapports locatifs et s'appliquent à l'ensemble des logements locatifs existants, qu'ils soient neufs ou anciens (V. Rép. min. : *JOAN 14 avr. 2003. 2990* ; Briand, *Defrénois 2004. 831* ; Lafond, *JCP N 2002. 393* ; Raclet, *Administrer avr. 2002. 14*). Plus récemment, en application de la loi dite « Grenelle II » (L. no 2010-788 du 12 juill. 2010 portant engagement national pour l'environnement), le décret no 2011-873 du 27 juillet 2011 relatif aux installations dédiées à la recharge des véhicules électriques ou hybrides dans les bâtiments et aux infrastructures pour le stationnement sécurisé des vélos est venu insérer dans cette section les articles R. 111-14-2 à R. 111-14-5. Ces prescriptions s'appliquent aux constructions de bâtiments dont la date de dépôt de la demande de permis de construire est postérieure au 1er janvier 2012 (V. Rouquet, *Dalloz actualité, 1er sept. 2011*, Recharge des véhicules électriques et stationnement sécurisé des vélos).

Art. *R. 111-1-1 **Les dispositions du présent chapitre sont applicables dans toutes les communes à la construction des bâtiments d'habitation nouveaux ainsi qu'aux surélévations de bâtiments d'habitation anciens et aux additions à de tels bâtiments.**

(Décr. no 2009-1119 du 16 sept. 2009) **« Constituent des bâtiments d'habitation au sens du présent chapitre les bâtiments ou parties de bâtiment abritant un ou plusieurs logements, y compris les foyers, tels que les foyers de jeunes travailleurs et les foyers pour personnes âgées autonomes, à l'exclusion des locaux destinés à la vie professionnelle lorsque celle-ci ne s'exerce pas au moins partiellement dans le même ensemble de pièces que la vie familiale et des locaux auxquels s'appliquent les articles R. 123-1 à R. 123-55, R. 152-4 et R. 152-5.**

« Sont considérés comme foyers pour personnes âgées autonomes les établissements dont le niveau de dépendance moyen des résidents est inférieur à un seuil fixé par arrêté conjoint des ministres chargés du logement, de l'intérieur et des personnes âgées, et qui accueillent une proportion de résidents dépendants dans la limite d'un taux fixé par l'arrêté précité. » – *V. Arr. du 14 avr. 2011 (JO 22 avr.)*.

Un logement ou habitation comprend, d'une part, des pièces principales destinées au séjour ou au sommeil, éventuellement des chambres isolées et, d'autre part, des pièces de service, telles que cuisines, salles d'eau, cabinets d'aisance, buanderies, débarras, séchoirs, ainsi que, le cas échéant, des dégagements et des dépendances. *– Ancien art. R. 111-1 renuméroté par Décr. nº 2009-52 du 15 janv. 2009 (JO 16 janv.).*

Concernant la réglementation thermique, V. notes ss. art. L. 111-9.

Concernant la réglementation acoustique, V. notes ss. art. L. 111-11.

V. Instr. nº 2003-463 du 1er oct. 2003 relative à l'état des lieux sur les logements-foyers pour personnes âgées destiné à établir un bilan sur la situation du patrimoine immobilier, les caractéristiques de la population hébergée et son évolution (BOMELT nº 2003/21).

V. Circ. nº 2007-36 du 15 mai 2007 relative au classement et à la réglementation sécurité incendie (habitation ou ERP) applicable aux établissements accueillant des personnes âgées, y compris les logements-foyers pour personnes âgées (BOMELT nº 2007/11, p. 46).

Art. *R. 111-2 **La surface et le volume habitables d'un logement doivent être de 14 mètres carrés et de 33 mètres cubes au moins par habitant prévu lors de l'établissement du programme de construction pour les quatre premiers habitants et de 10 mètres carrés et 23 mètres cubes au moins par habitant supplémentaire au-delà du quatrième.**

La surface habitable d'un logement est la surface de plancher construite, après déduction des surfaces occupées par les murs, cloisons, marches et cages d'escaliers, gaines, *(Décr. nº 97-532 du 23 mai 1997)* **« embrasures » de portes et de fenêtres ; le volume habitable correspond au total des surfaces habitables ainsi définies multipliées par les hauteurs sous plafond.** *– Le Décr. nº 97-532 est applicable dans les territoires d'outre-mer et dans la collectivité territoriale de Mayotte (Décr. préc., art. 3).*

(Décr. nº 84-68 du 25 janv. 1984) **« Il n'est pas tenu compte de la superficie des combles non aménagés, caves, sous-sols, remises, garages, terrasses, loggias, balcons, séchoirs extérieurs au logement, vérandas, volumes vitrés prévus à l'article *R. 111-10, locaux communs et autres dépendances des logements, ni des parties de locaux d'une hauteur inférieure à 1,80 mètre ».** *– Sur les surfaces habitables minimales, V. Arr. 26 mars 1985 (JO 26 avr.).*

V. Décr. nº 83-227 du 22 mars 1983 relatif au contrat d'amélioration conclu entre l'État et les bailleurs de logements (JO 25 mars).

BIBL. ▶ **Sur la réforme des surfaces de plancher :** Ord. nº 2011-1539 du 16 nov. 2011 relative à la définition des surfaces de plancher prises en compte dans le droit de l'urbanisme. - PRIET, La réforme de la définition de la surface de plancher, *AJDA 2012. 630*. - SANTONI, Réforme de la définition des surfaces de plancher prises en compte dans le code de l urbanisme, *Constr.-Urb. 2012. 1.*

Art. *R. 111-3 **Tout logement doit :**

***a*) Être pourvu d'une installation d'alimentation en eau potable et d'une installation d'évacuation des eaux usées ne permettant aucun refoulement des odeurs ;**

***b*) Comporter au moins une pièce spéciale pour la toilette, avec une douche ou une baignoire et un lavabo, la douche ou la baignoire pouvant toutefois être commune à cinq logements au maximum, s'il s'agit de logements d'une personne groupés dans un même bâtiment ;**

***c*) Être pourvu d'un cabinet d'aisances intérieur au logement et ne communiquant pas directement avec les cuisines et les salles de séjour, le cabinet d'aisances pouvant toutefois être commun à cinq logements au maximum s'il s'agit de logements d'une personne et de moins de 20 mètres carrés de surface habitable et à condition qu'il soit situé au même étage que ces logements ;**

***d*) Comporter un évier muni d'un écoulement d'eau et un emplacement aménagé pour recevoir des appareils de cuisson.**

Les règles de construction et d'installation des fosses septiques et appareils analogues sont fixées par un arrêté conjoint du ministre chargé de la santé et du ministre chargé de la construction et de l'habitation.

Les immeubles collectifs comportent un local clos et ventilé pour le dépôt des ordures ménagères avant leur enlèvement.

Sur le problème posé par les lois de décentralisation en ce qui concerne le sort des règlements sanitaires-types, V. annotations ss. art. L. 111-5.

V. Arr. du 3 mars 1982 (JONC 9 avr.) : règles de construction et d'installation des fosses septiques et appareils utilisés en matière d'assainissement autonome des bâtiments d'habitation, mod. par Arr. du 14 sept. 1983 (JONC 16 oct.) ; Circ. 20 août 1984 (JO 21 sept.) : modalités d'application.

Arr. du 23 mars 1987 (JO 7 avr.) relatif à l'utilisation des dispositifs d'épuration biologique à culture fixés sur supports immergés.

V. Arr. du 6 mai 1996 (JO 8 juin) fixant les modalités du contrôle technique exercé par les communes sur les systèmes d'assainissement non collectif, mod. par Arr. du 3 déc. 1996 (JO 28 janv.), Arr. 24 déc. 2003 (JO 13 févr. 2004) et Arr. du 7 sept. 2009 (JO 9 oct.).

V. Arr. du 7 sept. 2009 (JO 9 oct.) fixant les prescriptions techniques applicables aux installations d'assainissement non collectif recevant une charge brute de pollution organique inférieure ou égale à 1,2 kg/j de DBO5, mod. par Arr. du 7 mars 2012 (JO 25 avr.).

V. Arr. du 7 sept. 2009 relatif aux modalités de l'exécution de la mission de contrôle des installations d'assainissement non collectif (JO 9 oct.).

Art. *R. 111-4 **Compte tenu des modes d'occupation normalement admissibles, l'isolation des logements doit être telle que le niveau de pression du bruit transmis à l'intérieur de chaque logement ne dépasse pas les limites fixées par un arrêté conjoint du ministre chargé de la construction et de l'habitation et du ministre chargé de la santé.**

(Décr. nº 83-510 du 14 juin 1983) **« Le bruit engendré par un équipement quelconque du bâtiment ne doit pas dépasser les limites fixées dans la même forme. »**

Sur le Conseil national du bruit, le label « haute isolation », le label « confort acoustique », l'isolement acoustique et les caractéristiques acoustiques des bâtiments d'habitation ainsi que les modalités d'application de la réglementation acoustique, V. note de rédaction ss. art. L. 111-11.

Sur les règlements sanitaires départementaux, V. obs. ss. art. L. 111-5.

Sur les responsabilités encourues pour violation des prescriptions en matière acoustique, J. Lamarque, code de l'environnement, Dalloz, 1998, p. 1058 s.

Art. R. 111-4-1 *(Décr. nº 95-21 du 9 janv. 1995, art. 10)* **L'isolement acoustique des logements contre les bruits des transports terrestres doit être au moins égal aux valeurs déterminées par arrêté préfectoral dans le département concerné, conformément à l'article L. 571-10 du code de l'environnement.**

V. Arr. du 30 mai 1996 relatif aux modalités de classement des infrastructures de transports terrestres et à l'isolement acoustique des bâtiments d'habitation dans les secteurs affectés par le bruit (JO 28 juin 1996).

A propos des subventions accordées par l'État concernant les opérations d'isolation acoustique des points noirs du bruit des réseaux routier et ferroviaire nationaux, V. C. envir., art. D. 571-53 à D. 571-57. **– *C. envir.***

Art. R. 111-4-2 *(Décr. nº 2011-604 du 30 mai 2011)* **A l'achèvement des travaux portant sur des bâtiments d'habitation neufs situés en France métropolitaine, qu'il s'agisse de bâtiments collectifs soumis à permis de construire ou, lorsqu'elles font l'objet d'un même permis de construire, de maisons individuelles accolées, ou contiguës à un local d'activité ou superposées à celui-ci :**

– si le maître d'œuvre de l'opération de construction est chargé d'une double mission de conception de l'opération et de suivi de l'exécution des travaux, le maître d'ouvrage fournit à l'autorité qui a délivré le permis de construire un document attestant, pour les bâtiments concernés, la prise en compte par le maître d'œuvre de la réglementation

acoustique, en application des articles R.* 111-4 et R. 111-4-1 ; – *V. Arr. du 27 nov. 2012 (JO du 18 déc.).*

– si le maître d'œuvre de l'opération de construction chargé de la mission de conception n'est pas le même que le maître d'œuvre chargé de la mission de suivi de l'exécution des travaux, ou si le maître d'ouvrage n'a pas désigné de maître d'œuvre, le maître d'ouvrage fournit à l'autorité qui a délivré le permis de construire un document attestant, pour les bâtiments concernés, qu'il a pris en compte la réglementation acoustique, en application des articles R.* 111-4 et R. 111-4-1. – *V. Arr. du 27 nov. 2012 (JO du 18 déc.).*

Cette attestation est jointe à la déclaration d'achèvement des travaux dans les conditions prévues à l'article R. 462-4-2 du code de l'urbanisme.

Lorsque l'opération de construction est réalisée en plusieurs tranches, chaque tranche fait l'objet d'un document spécifique attestant la prise en compte de la réglementation acoustique qui lui est applicable.

Les dispositions du présent art. sont applicables aux bâtiments d'habitation faisant l'objet d'une demande de permis de construire déposée à compter du 1er janv. 2013 (Décr. no 2011-604 du 30 mai 2011, art. 3).

Art. R. 111-4-3 *(Décr. no 2011-604 du 30 mai 2011)* **La personne qui établit l'attestation prévue à l'article R. 111-4-2 doit justifier auprès du maître d'ouvrage de compétences en acoustique. Elle peut être notamment :**

***a)* Un architecte soumis à l'article 2 de la loi no 77-2 du 3 janvier 1977 sur l'architecture ;**

***b)* Un contrôleur technique au sens de l'article L. 111-23, titulaire d'un agrément l'autorisant à intervenir sur les bâtiments ;**

***c)* Un bureau d'études ou un ingénieur-conseil ;**

***d)* En l'absence de maître d'œuvre, le maître d'ouvrage de l'opération.**

Les dispositions du présent art. sont applicables aux bâtiments d'habitation faisant l'objet d'une demande de permis de construire déposée à compter du 1er janv. 2013 (Décr. no 2011-604 du 30 mai 2011, art. 3).

Art. R. 111-4-4 *(Décr. no 2011-604 du 30 mai 2011)* **Le document prévu à l'article R. 111-4-2 est établi notamment sur la base de constats effectués en phases études et chantier et de mesures acoustiques réalisées à la fin des travaux de construction par échantillonnage selon des modalités définies par arrêté du ministre chargé de la construction. Ces constats et mesures acoustiques sont destinés à permettre au maître d'ouvrage de s'assurer de la prise en compte de la réglementation acoustique applicable.**

Un arrêté définit les éléments d'information que le maître d'ouvrage doit fournir aux personnes mentionnées à l'article R. 111-4-3 afin de permettre l'établissement du document prévu à l'article R. 111-4-2. – *V. Arr. du 27 nov. 2012 (JO du 18 déc.).*

Les dispositions du présent art. sont applicables aux bâtiments d'habitation faisant l'objet d'une demande de permis de construire déposée à compter du 1er janv. 2013 (Décr. no 2011-604 du 30 mai 2011, art. 3).

Art. R. 111-4-5 *(Décr. no 2011-604 du 30 mai 2011)* **Un arrêté du ministre chargé de la construction détermine les modalités d'application des articles R. 111-4-2 à R. 111-4-4.** – *V. Arr. du 27 nov. 2012 (JO du 18 déc.).*

Les dispositions du présent art. sont applicables aux bâtiments d'habitation faisant l'objet d'une demande de permis de construire déposée à compter du 1er janv. 2013 (Décr. no 2011-604 du 30 mai 2011, art. 3).

Art. *R. 111-5 On doit pouvoir porter dans un logement ou en faire sortir une personne couchée sur un brancard.

(Décr. no 2006-555 du 17 mai 2006, art. 9) **« L'installation d'un ascenseur est obligatoire dans les parties de bâtiments d'habitation collectifs comportant plus de trois étages accueillant des logements au-dessus ou au-dessous du rez-de-chaussée.**

« Si le bâtiment comporte plusieurs rez-de-chaussée, les étages sont comptés à partir du plus bas niveau d'accès pour les piétons. Lorsque l'installation d'un ascenseur est obligatoire, chaque niveau doit être desservi, qu'il soit situé en étage ou en sous-sol et qu'il comporte des locaux collectifs ou des parties privatives.

« Lorsque l'ascenseur n'est pas obligatoire, les parties de bâtiments comprenant plus de quinze logements situés en étages, au-dessus ou au-dessous du rez-de-chaussée, doivent être conçues de manière telles qu'elles permettent l'installation ultérieure d'un ascenseur sans modification des structures et des circulations existantes. Sont soumis aux obligations du présent alinéa les bâtiments ayant fait l'objet d'une demande de permis de construire déposée à compter du 1er janvier 2008. »

Un arrêté conjoint du ministre chargé de la construction et de l'habitation et du ministre chargé de l'industrie fixe les règles de sécurité auxquelles doivent être conformes les ascenseurs. – *V. art. R. 111-1, R. 111-18 et R. 111-18-1.*

V. Décr. no 2000-810 du 24 août 2000 relatif à la mise sur le marché des ascenseurs (JO 27 août).

A propos de l'installation d'ascenseurs électriques dans les bâtiments d'habitation, V. Arr. du 4 juin 1984 (JONC 19 juin).

Concernant les conditions d'entretien normalisées des ascenseurs et monte-charge, V. Arr. du 11 mars 1977 (JONC 8 avr.).

Sauf disposition contraire, les dispositions du Décr. no 2006-555 du 17 mai 2006 sont applicables aux demandes de permis de construire déposées à compter du 1er janv. 2007 (Décr. préc., art. 13).

Art. R. 111-6 *(Décr. no 2000-1153 du 29 nov. 2000, art. 1er)* **Tout logement compris dans un bâtiment d'habitation au sens de l'article R. 111-1-1 doit pouvoir être chauffé et pourvu d'eau chaude sanitaire moyennant une dépense d'énergie limitée, selon les conditions prévues par les dispositions de l'article R. 111-20.**

Les équipements de chauffage du logement permettent de maintenir à 18o C la température au centre des pièces du logement. Ils comportent des dispositifs de réglage automatique du chauffage qui permettent notamment à l'occupant d'obtenir une température inférieure à 18o C.

BIBL. ▶ DURAND-PASQUIER, La « Réglementation Thermique » nouvelle est arrivée ! Et la place du juriste s'en trouve à nouveau interrogée !, *Constr.-Urb. 2011. Alerte 1.* – MERCIER, Les apports de la loi « Grenelle II » au droit de la construction, *Constr.-Urb. 2010. Étude 12.* – PÉRINET-MARQUET, Le poids des mots, *Constr.-Urb. 2011. Repère 1.*

Art. *R. 111-7 *(Décr. no 2000-1153 du 29 nov. 2000, art. 1er)* **Les dispositions de l'article R. 111-6 sont applicables à tous les projets de construction ayant fait l'objet d'une demande de permis de construire déposée postérieurement au 1er juin 2001.**

Art. *R. 111-8 **Les logements doivent être protégés contre les infiltrations et les remontées d'eau.**

Art. *R. 111-9 **Les logements doivent bénéficier d'un renouvellement de l'air et d'une évacuation des émanations tels que les taux de pollution de l'air intérieur du local ne constituent aucun danger pour la santé et que puissent être évitées les condensations, sauf de façon passagère.**

Un arrêté conjoint du ministre chargé de la construction et de l'habitation, du ministre chargé de la santé et du ministre chargé de l'industrie précise les modalités d'application du présent article.

Arr. 24 mars 1982 (JO 27 mars) : aération des logements, mod. par Arr. 28 oct. 1983 (JO 15 nov.). – Comp. art. 24 du règlement sanitaire type (Circ. 9 août 1978, modifiée, JO 13 sept.) : assainissement de l'atmosphère des locaux. – Arr. 26 juill. 1982 (JO 7 août) : aération des foyers ; Arr. 22 oct. 1969 (JO 30 oct.) : conduits de fumée desservant des logements ; Arr. 11 mars 1988 (JO 15 avr.) : équipements et caractéristiques thermiques dans les bâtiments sanitaires et sociaux ; Arr. 13 mars 1988 (JO 15 avr.) : équipements et caractéristiques thermiques dans les bâtiments sanitaires et sociaux ; Arr. 5 avr. 1988 (JO 8 avr.), mod. par Arr. 22 nov. 1989 (JO 28 févr. 1990) : équipements et caractéristiques thermiques des bâtiments d'habitation ; Arr. 13 avr. 1988 (JO 15 avr.) : équipements et caractéristiques thermiques dans les bâtiments à usage de bureaux ou de commerce ; Arr. 13 avr. 1988 (JO 15 avr.) : équipements et caractéristiques thermiques dans les bâtiments à usage d'hôtellerie ; Arr. 13 avr. 1988 (JO 15 avr.) : équipements et caractéristiques thermiques dans les bâtiments à usage industriel ; Arr. 13 avr. 1988 (JO 15 avr.) : équipements et caractéristiques thermiques dans les bâtiments de type particulier ; Arr. 6 mai 1988 (JO 8 mai) : équipements et caractéristiques thermiques dans les bâtiments à usage d'enseignement ; Arr. 6 mai 1988 (JO 8 mai) : équipements et caractéristiques thermiques dans les bâtiments à usage sportif.

Art. *R. 111-10 **Les pièces principales doivent être pourvues d'un ouvrant et de surfaces transparentes donnant sur l'extérieur.**

(Décr. nº 84-68 du 25 janv. 1984) **« Toutefois cet ouvrant et ces surfaces transparentes peuvent donner sur des volumes vitrés installés soit pour permettre l'utilisation des apports de chaleur dus au rayonnement solaire, soit pour accroître l'isolation acoustique des logements par rapport aux bruits de l'extérieur.**

« Ces volumes doivent, en ce cas :

« *a*) Comporter eux-mêmes au moins un ouvrant donnant sur l'extérieur ;

« *b*) Être conçus de telle sorte qu'ils permettent la ventilation des logements dans les conditions prévues à l'article *R. 111-9 ;

« *c*) Être dépourvus d'équipements propres de chauffage ;

« *d*) Comporter des parois vitrées en contact avec l'extérieur à raison, non compris le plancher, d'au moins 60 p. 100 dans le cas des habitations collectives et d'au moins 80 p. 100 dans le cas des habitations individuelles ;

« *e*) Ne pas constituer une cour couverte. »

Sur les dérogations éventuelles à l'art. R. 111-10, V. Circ. nº 87-16 du 2 févr. 1987, Mon. TP 20 mars 1987, Suppl. textes, p. 25.

Art. *R. 111-11 **La construction doit être telle qu'elle résiste dans son ensemble et dans chacun de ses éléments à l'effet combiné de son propre poids, des charges climatiques extrêmes et des surcharges correspondant à son usage normal.**

(Décr. nº 78-1132 du 29 nov. 1978) **« Les surfaces vitrées doivent être réalisées avec des verres de qualité telle ou protégées de telle manière qu'elles résistent aux chocs auxquels elles sont normalement exposées et qu'en cas de bris elles ne puissent provoquer des lésions corporelles graves aux personnes qui utilisent les logements et leur accès dans des conditions normales.**

« Un arrêté du ministre de l'Intérieur, du ministre chargé de la construction et de l'habitation et du ministre chargé de l'industrie précise les modalités d'application des dispositions du précédent alinéa. »

Sur la classification des surfaces vitrées par rapport au danger d'incendie, V. Arr. 31 janv. 1986 (JO 5 mars).

Sur les conditions d'application des règles parasismiques à la construction des bâtiments d'habitation dans certaines zones, V. Arr. 6 mars 1981 (JONC 27 mars).

V. Arr. 16 juill. 1992 (JO 6 août) : classification et règles de construction parasismiques applicables aux constructions de bâtiments dits « à risque normal ».

Art. *R. 111-12 **Compte tenu notamment des dispositions des décrets du 2 avril 1926, du 18 janvier 1943, du 23 mai 1962 et du 7 novembre 1962, des arrêtés conjoints des ministres chargés de l'industrie, de la construction et de l'habitation, de la santé et du ministre de l'Intérieur fixent les règles de sécurité applicables à la construction des bâtiments d'habitation en ce qui concerne les installations de gaz, les installations d'électricité, les installations de stockage et d'utilisation des combustibles et les installations fixes de chauffage, de production d'eau chaude et de vapeur et de réfrigération.**

Lorsqu'il est prévu des conduits de fumée, ceux-ci doivent satisfaire aux règles sanitaires et de sécurité fixées par un arrêté conjoint des ministres chargés de la construction et de l'habitation, de la santé, de l'industrie et du ministre de l'Intérieur.

Lorsqu'il est prévu des vide-ordures, ceux-ci doivent satisfaire aux règles sanitaires et de sécurité fixées par un arrêté conjoint des ministres chargés de la construction et de l'habitation et de la santé.

V. C. énergie, art. L. 121-34, App., v° Énergie (Gaz).

Sur les règles techniques et de sécurité applicables aux installations de gaz combustible et d'hydrocarbures liquéfiés situés à l'intérieur des bâtiments d'habitation ou de leurs dépendances, V. Arr. 2 août 1977 (JONC 24 août), mod. par Arr. 3 nov. 1983 (JONC 1er déc.), Arr. 30 mai 1989 (Mon. TP 16 juin 1989, Suppl. textes, p. 2), Arr. 23 nov. 1992 (JO 29 déc.), Arr. 28 oct. 1993 (JO 10 déc.), Arr. 30 oct. 1993 (JO 10 déc.), Arr. 26 juin 1996 (JO 10 juill.), Arr. 9 sept. 1996 (JO 11 oct.), Arr. 5 août 1998 (JO 20 août), Arr. 5 févr. 1999 (JO 6 mars), Arr. 5 oct. 2005 (JO 10 nov. 2005) et Arr. 27 avr. 2009 (JO 20 juin).

V. aussi Arr. 15 juill. 1980 (JONC 2 sept.), rendant obligatoires les spécifications techniques relatives à la réalisation et à la mise en œuvre des canalisations de gaz à l'intérieur des bâtiments d'habitation ou de leurs dépendances, mod. par Arr. 17 août 1984 (JO 5 sept.), Arr. 2 mai 1986 (JO 6 juin), Arr. 24 janv. 1992 (JO 1er févr.), Arr. 5 juin 1996 (JO 19 juin), Arr. 11 juill. 2007 (JO 31 juill.), Arr. 19 déc. 2007 (JO 28 déc.), Arr. 29 juin 2009 (JO 11 juill.). — V. encore Arr. 4 mars 1996 portant codification des règles de conformité des matériels à gaz aux normes les concernant lorsqu'ils sont situés à l'intérieur des bâtiments d'habitation et de leurs dépendances ainsi que dans les caravanes, auto-caravanes et fourgons aménagés (JO 3 avr.), mod. par Arr. 3 juill. 2002 (JO 1er sept.), Arr. 1er août 2006 (JO 15 sept.), Arr. 15 févr. 2010 (JO 10 mars), Arr. 15 févr. 2010 (JO 8 mai).

Sur les mesures de sécurité à respecter dans l'emploi d'appareils de chauffage, de production d'eau chaude ou de cuisine fonctionnant au gaz de ville ou aux hydrocarbures liquéfiés, V. BMO Paris, 15 nov. 1983, p. 1060.

Sur les installations fixes destinées au chauffage et à l'alimentation en eau chaude des bâtiments d'habitation, de bureaux ou recevant du public, V. Arr. 23 juin 1978 (JONC 21 juill.), mod. par Arr. 30 nov. 2005 (JO 15 déc.).

Sur les conduits de fumée, V. Arr. 22 oct. 1969 (JO 30 oct.).

Sur la réglementation applicable aux vide-ordures, V. Arr. 14 juin 1969 (JO 24 juin) ; Circ. n° 86-08 du 29 janv. 1986 (Mon. TP 7 mars 1986, Suppl. textes, p. 19) : aménagement des nouveaux bâtiments d'habitation pour l'évacuation, le stockage et la collecte des ordures ménagères.

Sur les dérogations éventuelles à l'art. R. 111-12, al. 1er, V. Circ. n° 87-16 du 2 févr. 1987, Mon. TP 20 mars 1987, Suppl. textes, p. 25.

Art. *R. 111-13 **La disposition des locaux, les structures, les matériaux et l'équipement des bâtiments d'habitation doivent permettre la protection des habitants contre l'incendie. Les logements doivent être isolés des locaux qui, par leur nature ou leur destination, peuvent constituer un danger d'incendie ou d'asphyxie. La construction doit permettre aux occupants, en cas d'incendie, soit de quitter l'immeuble sans secours extérieur, soit de recevoir un tel secours.**

(Décr. n° 78-1132 du 29 nov. 1978) **« Les installations, aménagements et dispositifs mécaniques, automatiques ou non, mis en place pour permettre la protection des habitants des immeubles doivent être entretenus et vérifiés de telle manière que le maintien de leurs caractéristiques et leur parfait fonctionnement soient assurés jusqu'à destruction desdits immeubles. Les propriétaires sont tenus d'assurer l'exécution de ces obligations d'entretien et de vérification. Ils doivent pouvoir en justifier, notamment par la tenue d'un registre. »**

Un arrêté conjoint du ministre chargé de la construction et de l'habitation et du ministre de l'Intérieur fixe les modalités d'application du présent article.

V. Arr. du 31 janv. 1986 (JO 5 mars) : protection contre l'incendie des bâtiments d'habitation, mod. par Arr. du 18 août 1986 (JO 20 sept.) et Arr. du 19 déc. 1988 (JO 5 janv. 1989). — V. Instr. du 24 juill. 1986 (JO 6 août).

Sur les règles applicables aux établissements accueillant des personnes âgées, V. Arr. du 19 nov. 2001 (JO 6 févr. 2002) et Circ. n° 2007-36 du 15 mai 2007 (BOMELT n° 2007/11, p. 46).

Sur les dérogations éventuelles à l'art. R. 111-13, V. Circ. n° 87-16 du 2 févr. 1987, Mon. TP, Suppl. textes, p. 25. — Sur les règles de sécurité applicables aux installations électriques, V. Arr. du 22 oct.

1969 (JO 30 oct.) : bâtiments à usage d'habitation ; Décr. nº 62-1454 du 14 nov. 1962 (BLD 1962. 804 ; JO 5 déc. ; Rect. 13 déc.) : bâtiments à usage industriel.

Art. *R. 111-14 Les *(Décr. nº 2009-52 du 15 janv. 2009)* « bâtiments » groupant plusieurs logements doivent être pourvus des lignes téléphoniques nécessaires à la desserte de chacun des logements.

(Décr. nº 93-613 du 26 mars 1993, art. 1er) « Ces mêmes *(Décr. nº 2009-52 du 15 janv. 2009)* « bâtiments » doivent également être munis des dispositifs collectifs nécessaires à la distribution des services de radiodiffusion sonore et de télévision dans les logements et des gaines ou passages pour l'installation des câbles correspondants. Ces dispositifs collectifs doivent permettre la fourniture des services diffusés par voie hertzienne terrestre reçus normalement sur le site, être raccordables à un réseau câblé et conformes aux spécifications techniques d'ensemble fixées en application de l'article 34 de la loi nº 86-1067 du 30 septembre 1986 modifiée relative à la liberté de communication *[V. App., vº Antennes et câble (Liberté de communication)]*. »

(Décr. nº 2009-52 du 15 janv. 2009) « Ces mêmes bâtiments doivent être équipés de lignes de communications électroniques à très haut débit en fibre optique desservant chacun des logements. Ces lignes relient chaque logement, avec au moins une fibre par logement, à un point de raccordement dans le bâtiment, accessible et permettant l'accès à plusieurs réseaux de communications électroniques. *(Décr. nº 2011-1874 du 14 déc. 2011, art. 1er)* « Dans les zones à forte densité et dans les conditions définies par arrêté conjoint du ministre chargé de la construction et du ministre chargé des communications électroniques *[V. Arr. du 16 déc., JO 20 déc., mod. par Arr. du 17 févr. 2012, JO 22 févr.]*, l'obligation peut être portée jusqu'à quatre fibres par logement. » Le bâtiment doit disposer d'une adduction d'une taille suffisante pour permettre le passage des câbles de plusieurs opérateurs depuis la voie publique jusqu'au point de raccordement. Chacun des logements est équipé d'une installation intérieure de nature à permettre la desserte de chacune des pièces principales.

« Lorsque le bâtiment est à usage mixte, il doit également être équipé de lignes de communications électroniques à très haut débit en fibre optique desservant, dans les mêmes conditions, chacun des locaux à usage professionnel.

« Les lignes mentionnées aux alinéas précédents doivent être placées dans des gaines ou passages réservés aux réseaux de communications électroniques. »

Un arrêté conjoint des ministres chargés de la construction et de l'habitation, des postes et télécommunications et de l'information précise les modalités d'application des règles fixées aux alinéas précédents et, en tant que de besoin, les conditions dans lesquelles il peut y être dérogé pour certaines catégories *(Décr. nº 2009-52 du 15 janv. 2009)* « de bâtiments », eu égard à leur nature, à leur affectation ou à leur situation.

Les dispositions du Décr. nº 93-613 du 26 mars 1993, en tant qu'elles concernent les services distribués par câble, s'appliqueront aux immeubles dont la demande de permis de construire aura été déposée après sa publication (Décr. préc., art. 2).

Les dispositions du Décr. nº 2011-1874 du 14 déc. 2011 sont applicables à tous les bâtiments ayant fait l'objet d'une demande de permis de construire déposée à partir du 1er avr. 2012 (Décr. préc., art. 2).

V. Arr. du 22 juin 1973 (JO 26 juin) : établissement des lignes téléphoniques, mod. par Arr. du 3 mai 1983 (JONC 5 mai).

Sur les dérogations éventuelles à l'art. R. 111-14, V. Circ. nº 87-16 du 2 févr. 1987, Mon. TP, Suppl. textes, p. 25.

V. Recommandation nº 19 de la Commission relative à la copropriété, relative à l'installation d'un réseau câblé ou d'une antenne distribuant des services de télévision dans les immeubles soumis au statut de la copropriété – **C. copr.**

Art. *R. 111-14-1 *(Décr. nº 78-1132 du 29 nov. 1978)* Pour leur desserte postale, les bâtiments d'habitation doivent être pourvus de boîtes aux lettres à raison d'une boîte aux lettres par logement.

S'il existe plusieurs logements, ces boîtes doivent être regroupées en ensembles homogènes.

Un arrêté conjoint du ministre chargé de la construction et de l'habitation et du ministre chargé des postes précise les modalités d'application des dispositions du présent article. – *V. art. D. 90 C. P et T.*

Le bailleur qui refuse d'installer une boîte aux lettres pour le preneur, sauf pour ce dernier à accepter en contrepartie une augmentation du loyer, commet une faute. • Paris, 9 sept. 2008 : *Loyers et copr. 2008, nº 276.*

Art. R. 111-14-2 *(Décr. nº 2011-873 du 25 juill. 2011, art. 1er)* **Lorsque les bâtiments neufs à usage principal d'habitation groupant au moins deux logements sont équipés d'un parc de stationnement bâti clos et couvert d'accès réservé aux seuls occupants des places de stationnement, constitué notamment de places de stationnement individuelles fermées ou d'accès sécurisé, ce parc est alimenté en électricité pour permettre la recharge des véhicules électriques ou hybrides rechargeables.**

L'équipement réalisé est relié à un tableau général basse tension en aval du disjoncteur de l'immeuble, se situant dans un local technique électrique.

Tout ou partie des places du parc de stationnement doit être conçu de manière à pouvoir accueillir ultérieurement un point de charge pour la recharge normale d'un véhicule électrique ou hybride rechargeable, disposant d'un système de mesure permettant une facturation individuelle des consommations.

Dans ce but, des fourreaux, des chemins de câble ou des conduits sont installés à partir du tableau général basse tension de façon à pouvoir desservir au moins 10 % des places destinées aux véhicules automobiles, avec un minimum d'une place.

Ce minimum de places à équiper se calcule par rapport à la plus petite des valeurs suivantes :

— soit la totalité des emplacements exigés par le document d'urbanisme, s'il prévoit moins d'une place par logement ;

— soit la totalité des emplacements représentant en moyenne une place par logement, majorée du nombre de places exigées pour d'autres usages que le logement.

Les places desservies sont soit des places individuelles, soit un espace commun.

Un arrêté conjoint des ministres chargés de la construction et de l'énergie précise les modalités d'application du présent article, notamment les caractéristiques de la recharge normale. – *V. Arr. du 20 févr. 2012 (JO 23 févr.).*

Les exigences prévues au présent art. s'appliquent aux constructions de bâtiments dont la date de dépôt de la demande de permis de construire est postérieure au 1er janv. 2012 (Décr. nº 2011-873 du 25 juill. 2011, art. 2). L'Arr. du 20 févr. 2012 (JO 23 févr.) précise que ses dispositions sont applicables aux bâtiments ayant fait l'objet d'une demande de permis de construire déposée à partir du 1er juill. 2012 (Arr. préc., art. 4).

Art. R. 111-14-3 *(Décr. nº 2011-873 du 25 juill. 2011, art. 1er)* **Lorsque les bâtiments neufs à usage principal tertiaire sont équipés d'un parc de stationnement bâti clos et couvert d'accès réservé aux salariés, ce parc est alimenté en électricité pour permettre la recharge des véhicules électriques ou hybrides rechargeables.**

L'équipement réalisé est relié à un tableau général basse tension en aval du disjoncteur principal, situé dans un local technique électrique.

Tout ou partie de ces places doit être conçu de manière à pouvoir accueillir ultérieurement un point de charge pour la recharge normale d'un véhicule électrique ou hybride rechargeable, disposant d'un système de mesure permettant une facturation individuelle des consommations.

Dans ce but, des fourreaux, des chemins de câble ou des conduits sont installés à partir du tableau général basse tension du parc de façon à pouvoir desservir au moins

10 % des places, calculé par rapport à la totalité des places de stationnement destinées aux véhicules automobiles exigé par le document d'urbanisme, avec un minimum d'une place.

Un arrêté conjoint des ministres chargés de la construction et de l'énergie précise les modalités d'application du présent article, notamment les caractéristiques de la recharge normale. — *V. Arr. du 20 févr. 2012 (JO 23 févr.).*

Les exigences prévues au présent art. s'appliquent aux constructions de bâtiments dont la date de dépôt de la demande de permis de construire est postérieure au 1er janv. 2012 (Décr. n° 2011-873 du 25 juill. 2011, art. 2). L'Arr. du 20 févr. 2012 (JO 23 févr.) précise que ses dispositions sont applicables aux bâtiments ayant fait l'objet d'une demande de permis de construire déposée à partir du 1er juill. 2012 (Arr. préc., art. 4).

Art. R. 111-14-4 *(Décr. n° 2011-873 du 25 juill. 2011, art. 1er)* **Lorsque les bâtiments neufs à usage principal d'habitation groupant au moins deux logements comprennent un parc de stationnement d'accès réservé aux seuls occupants de l'immeuble, ces bâtiments doivent être équipés d'au moins un espace réservé au stationnement sécurisé des vélos, ce terme désignant, pour l'application du présent article et du suivant, les cycles et les cycles à pédalage assisté tels qu'ils sont définis à l'article R. 311-1 du code de la route.**

Cet espace réservé comporte un système de fermeture sécurisé et des dispositifs fixes permettant de stabiliser et d'attacher les vélos par le cadre ou au moins une roue. Il présente une capacité de stationnement en adéquation avec le nombre, le type ou la surface de logements précisée par arrêté du ministre chargé du logement. — *V. Arr. du 20 févr. 2012 (JO 23 févr.).*

Les exigences prévues au présent art. s'appliquent aux constructions de bâtiments dont la date de dépôt de la demande de permis de construire est postérieure au 1er janv. 2012 (Décr. n° 2011-873 du 25 juill. 2011, art. 2). L'Arr. du 20 févr. 2012 (JO 23 févr.) précise que ses dispositions sont applicables aux bâtiments ayant fait l'objet d'une demande de permis de construire déposée à partir du 1er juill. 2012 (Arr. préc., art. 4).

Art. R. 111-14-5 *(Décr. n° 2011-873 du 25 juill. 2011, art. 1er)* **Lorsque les bâtiments neufs à usage principal de bureaux comprennent un parc de stationnement d'accès réservé aux salariés, ces bâtiments doivent être équipés d'au moins un espace réservé au stationnement sécurisé des vélos.**

Cet espace réservé comporte un système de fermeture sécurisé et des dispositifs fixes permettant de stabiliser et d'attacher les vélos par le cadre ou au moins une roue. Il présente une capacité de stationnement en adéquation avec la surface du bâtiment, précisée par arrêté du ministre chargé du logement. — *V. Arr. du 20 févr. 2012 (JO 23 févr.).*

Les exigences prévues au présent art. s'appliquent aux constructions de bâtiments dont la date de dépôt de la demande de permis de construire est postérieure au 1er janv. 2012 (Décr. n° 2011-873 du 25 juill. 2011, art. 2). L'Arr. du 20 févr. 2012 (JO 23 févr.) précise que ses dispositions sont applicables aux bâtiments ayant fait l'objet d'une demande de permis de construire déposée à partir du 1er juill. 2012 (Arr. préc., art. 4).

Art. *R. 111-15 **Aux étages autres que le rez-de-chaussée :**

***a*) Les fenêtres autres que celles ouvrant sur des balcons, terrasses ou galeries et dont les parties basses se trouvent à moins de 0,90 mètre du plancher doivent, si elles sont au-dessus du rez-de-chaussée, être pourvues d'une barre d'appui et d'un élément de protection s'élevant au moins jusqu'à un mètre du plancher ;**

***b*) Les garde-corps des balcons, terrasses, galeries, loggias, doivent avoir une hauteur d'au moins un mètre ; toutefois, cette hauteur peut être abaissée jusqu'à 0,80 mètre au cas où le garde-corps a plus de cinquante centimètres d'épaisseur.**

Bien que concernant les règles de construction des bâtiments d'habitation, l'art. R. 111-15 s'applique au bail d'habitation d'un logement ancien en vertu de l'obligation de délivrance loyale du bien loué. • Aix-en-Provence, 7 mai 2002 : *Constr.-Urb. 2002, n° 232, obs. Cornille.*

Art. *R. 111-16 *(Décr. no 86-341 du 10 mars 1986)* **Un arrêté conjoint du ministre chargé de la construction et de l'habitation, du ministre chargé de la santé et du ministre de l'Intérieur et de la Décentralisation peut, par dérogation aux dispositions de la présente section, fixer des règles spéciales à certaines catégories de logements destinés à l'occupation temporaire ou saisonnière.**

Le ministre chargé de la construction et de l'habitation et le ministre chargé de la santé peuvent accorder conjointement, en tant que de besoin, des dérogations aux dispositions de la présente section pour la réalisation d'habitations ayant un caractère expérimental.

Le ministre chargé de la construction et de l'habitation peut accorder des dérogations aux dispositions du deuxième alinéa de l'article R. 111-5 pour la réalisation de bâtiments d'habitation collectifs nouveaux ayant un caractère expérimental rendant momentanément impossible l'application de ces dispositions.

Le préfet peut accorder des dérogations aux dispositions du deuxième alinéa de l'article R. 111-5 lorsque les caractéristiques du terrain ou la présence de constructions existantes font obstacle à leur application. Le préfet se prononce par arrêté après consultation de la commission consultative départementale de la protection civile, de la sécurité et de l'accessibilité prévue par le décret no 85-988 du 16 septembre 1985 *[V. désormais Décr. no 95-260 du 8 mars 1995 (JO 10 mars ; D. 1995. 235), mod. par Décr. no 2006-1089 du 30 août 2006 (JO 31 août)]. – Les dispositions de l'art. 2 du Décr. no 2006-1089 entrent en vigueur le 1er janv. 2007 (Décr. préc., art. 3).*

Le préfet peut accorder des dérogations aux dispositions des articles R. 111-3 *c*, R. 111-10, R. 111-12 (1er alinéa) et R. 111-13 si les aménagements proposés par le constructeur ou imposés à lui par la décision accordant la dérogation assurent aux bâtiments les mêmes garanties de confort, d'hygiène ou de sécurité.

Le préfet peut accorder des dérogations aux dispositions de la première phrase du premier alinéa de l'article R. 111-14 lorsque des caractéristiques techniques et économiques de certaines opérations de construction le justifient.

Les décisions accordant les dérogations mentionnées aux deux alinéas précédents sont publiées au *Recueil des actes administratifs* du département. Le dossier de ces demandes de dérogation est communiqué aux personnes physiques ou morales qui en font la demande dans les conditions fixées par la loi no 78-753 du 17 juillet 1978.

Art. *R. 111-16-1 *Abrogé par Décr. no 2006-672 du 8 juin 2006, à compter du 9 juin 2009.*

Art. *R. 111-17 **En application de l'article L. 111-4, les dispositions du présent chapitre se substituent de plein droit aux dispositions contraires ou divergentes des règlements sanitaires départementaux et communaux.** *– Sur les règlements sanitaires, V. obs. ss. art. L. 111-5.*

SECTION III PERSONNES HANDICAPÉES

V. Circ. 7 janv. 1983 relative à l'action en faveur des personnes handicapées (JONC 18 févr.) ; Arr. 24 déc. 1980, mod. par Arr. 21 sept. 1982 (JONC 30 sept.). – Décr. no 94-86 du 6 janv. 1994 (JO 28 janv.) : accessibilité aux personnes handicapées des locaux d'habitation, des établissements et installations recevant du public ; Arr. 31 mai 1994 (JO 22 juin) : dispositions techniques destinées à rendre accessibles aux personnes handicapées les établissements recevant du public et les installations ouvertes au public ; Arr. 27 juin 1994 (JO 16 juill.) : accessibilité des lieux de travail aux personnes handicapées ; Décr. no 95-260 du 8 mars 1995 (JO 10 mars), mod. par Décr. no 2006-1089 du 30 août 2006 (JO 31 août) : commission consultative départementale de sécurité et d'accessibilité ; Circ. intermin. no 2007-53 du 30 nov. 2007 relative à l'accessibilité des établissements recevant du public, des installations ouvertes au public et des bâtiments d'habitation (BOMELT no 2007/23, p. 53), mod. par Circ. 20 avr. 2009 relative à l'accessibilité des bâtiments d'habitation collectifs existants, et des établissements recevant du public et installations ouvertes au public existants (BOMEEDDAT no 2009/8, p. 144).

V. Décr. no 95-260 du 8 mars 1995 : commission consultative départementale de sécurité et d'accessibilité (JO 10 mars 1995, p. 3754 ; D. 1995. 235), mod. par Décr. no 2006-1089 du 30 août 2006 (JO 31 août) ; Circ. 22 juin 1995 (Mon. TP 11 août 1995, Suppl. textes, p. 206).

Les dispositions de l'art. 2 du Décr. no 2006-1089 du 30 août 2006 entrent en vigueur le 1er janv. 2007 (Décr. préc., art. 3).

BIBL. ▶ GALAN, *ALD 1995. 5 s.* (règles de construction et droits des handicapés). – GROSBOIS, Handicap physique et construction, *Éd. du Moniteur, 4e éd. 1996.* – HUGOT, *JCP N 1991 I. 327 s.* (aménagement par la loi no 91-663 du 12 juillet 1991 de l'accessibilité des locaux aux personnes handicapées). – LEROY, *RDSS 1995. 108 s.* (la loi d'orientation du 30 juin 1995 en faveur des handicapés : un essai d'approche globale d'une situation spécifique).

COMMENTAIRE

Les dispositions qui suivent s'attachent principalement aux logements neufs et aux établissements recevant du public. Si, plus de dix ans après la création du Fonds interministériel pour l'accessibilité aux personnes handicapées (FIAH), les constructions neuves sont nécessairement conformes aux normes prescrites, rien n'a été fait en vue de comprendre les bâtiments anciens dans le dispositif. Certes, la loi de finances pour 2004 a bien mis en place une incitation fiscale destinée à faciliter l'installation dans les logements des particuliers, neufs ou anciens, d'équipements spécialement conçus pour les personnes handicapées (art. 86 de la loi no 2003-1311 du 30 déc. 2003 : *JO 31 déc.* ; Arr. 24 mars 2004 : *JO 28 mars*). Mais il est difficile d'y voir une tentative d'unification des règles en matière d'accessibilité des locaux aux personnes handicapées. La réflexion s'oriente désormais vers une modification de la loi d'orientation en faveur des personnes handicapées de 1975 et de son décret d'application du 4 août 1980.

SOUS-SECTION 1 DISPOSITIONS APPLICABLES LORS DE LA CONSTRUCTION DE BÂTIMENTS D'HABITATION COLLECTIFS

(Décr. no 2006-555 du 17 mai 2006, art. 1er)

Art. R. 111-18 Les bâtiments d'habitation collectifs et leurs abords doivent être construits et aménagés de façon à être accessibles aux personnes handicapées, quel que soit leur handicap. Au sens de la présente sous-section, est considéré comme un bâtiment d'habitation collectif tout bâtiment dans lequel sont superposés, même partiellement, plus de deux logements distincts desservis par des parties communes bâties. L'obligation d'accessibilité porte notamment sur les circulations communes intérieures et extérieures, une partie des places de stationnement automobile, les logements, les ascenseurs, les locaux collectifs et leurs équipements.

Les dispositions issues du Décr. no 2006-555 du 17 mai 2006 sont applicables aux demandes de permis de construire déposées à compter du 1er janv. 2007 (Décr. préc., art. 13)

1. Pour une application à des aires de stationnement. • TA Versailles, 16 déc. 2008, req. no 0610640 : *AJDA 2009. 1215* .

2. Sur les conditions dans lesquelles sont déduites les surfaces de planchers supplémentaires nécessaires à l'aménagement et à l'amélioration de l'habitabilité des logements destinés à l'hébergement des personnes handicapées en application de la loi SRU, V. * Rép. min. no 13533, *JOAN Q 1er avr. 2008.*

Art. R. 111-18-1 Est considéré comme accessible aux personnes handicapées tout bâtiment d'habitation collectif ou tout aménagement lié à un bâtiment permettant à un habitant ou à un visiteur handicapé, avec la plus grande autonomie possible, de circuler, d'accéder aux locaux et équipements, d'utiliser les équipements, de se repérer et de communiquer. Les conditions d'accès des personnes handicapées doivent être les mêmes que celles des autres publics ou, à défaut, présenter une qualité d'usage équivalente.

Le ministre chargé de la construction et le ministre chargé des personnes handicapées fixent, par arrêté, les obligations auxquelles doivent satisfaire les constructions et les aménagements propres à assurer l'accessibilité de ces bâtiments et de leurs abords en ce qui concerne les cheminements extérieurs, le stationnement des véhicules, les conditions d'accès aux bâtiments, les circulations intérieures horizontales et verticales des parties communes, les portes et les sas des parties communes, les revêtements des parois des parties communes, les locaux collectifs, celliers et caves, ainsi que les équipements susceptibles d'être installés dans les parties communes, notamment les dispositifs d'éclairage et d'information des usagers.

V. Arr. 17 mai 2006 relatif aux caractéristiques techniques relatives à l'accessibilité aux personnes handicapées lors de la construction et de l'aménagement des bâtiments d'habitation (JO 18 mai).

V. aussi Arr. 1er août 2006 fixant les dispositions prises pour l'application des art. R. 111-18 à R. 111-18-7 relatives à l'accessibilité aux personnes handicapées des bâtiments d'habitation collectifs et des maisons individuelles lors de leur construction (JO 24 août), mod. par Arr. 30 nov. 2007 (JO 14 déc.).

Les dispositions issues du Décr. no 2006-555 du 17 mai 2006 sont applicables aux demandes de permis de construire déposées à compter du 1er janv. 2007 (Décr. préc., art. 13).

En prévoyant que les appareils d'interphonie sont munis d'un système permettant de visualiser le visiteur, l'arrêté ministériel pris en application de l'art. R. 111-18-1 ne préjuge pas des techniques utilisées pour remplir cette exigence et n'exclut pas un système de contrôle d'accès utilisant le réseau public de téléphonie. • CE 7 juin 2010, *Sté COGELEC*, req. no 316764 : *Lebon T. 878*.

Art. R. 111-18-2 Les dispositions architecturales et les aménagements propres à assurer l'accessibilité des logements situés dans les bâtiments d'habitation collectifs doivent satisfaire aux obligations ci-après :

1. Pour tous les logements :

Les circulations et les portes des logements doivent, dès la construction du bâtiment, présenter des caractéristiques minimales, définies par arrêté du ministre chargé de la construction, permettant la circulation de personnes handicapées. Les dispositifs de commande doivent y être aisément repérables et utilisables par ces personnes.

Dans le cas de logements réalisés sur plusieurs niveaux, les caractéristiques minimales définies au premier alinéa concernent tous les niveaux qui doivent, en outre, être reliés par un escalier adapté.

2. Pour les logements situés au rez-de-chaussée, en étages desservis par un ascenseur ou pour lesquels une desserte ultérieure par un ascenseur est prévue dès la construction, conformément aux 3e et 4e alinéas de l'article R. 111-5 :

Ces logements doivent, en outre, offrir dès leur construction des caractéristiques minimales, définies par arrêté du ministre chargé de la construction, permettant à une personne handicapée d'utiliser la cuisine ou une partie du studio aménagée en cuisine, le séjour, une chambre ou une partie du studio aménagée en chambre, un cabinet d'aisances et une salle d'eau. Une partie des espaces nécessaires à l'utilisation par une personne en fauteuil roulant peuvent être aménagés à d'autres fins sous réserve que des travaux simples permettent d'en rétablir la possibilité d'utilisation par une personne en fauteuil roulant.

Dans le cas de logements réalisés sur plusieurs niveaux, le niveau d'accès au logement doit comporter au moins la cuisine, le séjour, une chambre ou partie du séjour aménageable en chambre, un cabinet d'aisances et une salle d'eau, ces pièces répondant aux exigences fixées à l'alinéa précédent.

Dans les bâtiments d'habitation dont la construction a fait l'objet d'une demande de permis de construire déposée à compter du 1er janvier 2008, au moins un accès depuis une pièce de vie à tout balcon, terrasse ou loggia situé dans ces logements doit être conçu de manière telle que le seuil et les portes permettent, par des aménagements simples, le passage d'une personne en fauteuil roulant.

Dans les bâtiments d'habitation dont la construction a fait l'objet d'une demande de permis de construire déposée à compter du 1er janvier 2010, au moins une salle d'eau doit être conçue et équipée de manière à permettre, par des aménagements simples, l'installation ultérieure d'une douche accessible à une personne handicapée.

Le ministre chargé de la construction et le ministre chargé des personnes handicapées déterminent les caractéristiques techniques applicables aux aménagements et équipements mentionnés au présent article.

V. Arr. 17 mai 2006 relatif aux caractéristiques techniques relatives à l'accessibilité aux personnes handicapées lors de la construction et de l'aménagement des bâtiments d'habitation (JO 18 mai).

V. aussi Arr. 1er août 2006 fixant les dispositions prises pour l'application des art. R. 111-18 à R. 111-18-7 relatives à l'accessibilité aux personnes handicapées des bâtiments d'habitation collectifs et des maisons individuelles lors de leur construction (JO 24 août), mod. par Arr. 30 nov. 2007 (JO 14 déc.).

Sauf disposition contraire, les dispositions issues du Décr. no 2006-555 du 17 mai 2006 sont applicables aux demandes de permis de construire déposées à compter du 1er janv. 2007 (Décr. préc., art. 13).

Si l'art. L. 111-7 impose que les locaux d'habitation soient accessibles aux personnes handicapées, il n'a ni pour objet ni pour effet d'interdire la construction d'escaliers pour les habitations construites sur plusieurs niveaux ; les dispositions de l'art. R. 111-18-2 ne méconnaissent pas l'exigence d'accessibilité découlant de la loi. • CE 21 juill. 2009, *Assoc. nationale pour l'intégration des personnes handicapées moteur*, req. no 295382 : *Lebon T. 824* ; *AJDA 2009. 1466*. ◆ La prescription contenue dans le permis de construire et relative à l'aménagement des accès pour l'accueil des personnes handicapées doit être regardée comme constituant un des supports de l'autorisation accordée et comme formant un tout indivisible avec elle ; elle ne peut en conséquence faire l'objet d'une demande d'annulation séparée devant le juge. • CAA Paris, 13 mai 2004, *Ville de Paris* : *req. no 02PA00146*.

Art. R. 111-18-3 **Le représentant de l'État dans le département peut accorder des dérogations à celles des dispositions de la présente sous-section qui ne peuvent être respectées du fait d'une impossibilité technique résultant de l'environnement du bâtiment et, notamment, des caractéristiques du terrain, de la présence de constructions existantes ou de contraintes liées au classement de la zone de construction, en particulier au regard de la réglementation de prévention contre les inondations.**

Il peut également accorder des dérogations aux dispositions du 2 de l'article R. 111-18-2 pour des programmes de logements destinés à l'occupation temporaire ou saisonnière dont la gestion et l'entretien sont assurés de façon permanente, sous réserve de la réalisation, dans le même programme, d'un pourcentage de logements offrant des caractéristiques *(Abrogé par Décr. no 2009-500 du 30 avr. 2009 art. 3)* **« *minimales* » d'accessibilité dès la construction. Un arrêté du ministre chargé de la construction et du ministre chargé des personnes handicapées précise les modalités d'application du présent alinéa.**

(Décr. no 2007-1327 du 11 sept. 2007, art. 1er, en vigueur le 1er oct. 2007) **« Dans tous les cas prévus au présent article, la demande de dérogation est transmise en trois exemplaires au préfet. Cette demande indique les règles auxquelles le demandeur souhaite déroger, les éléments du projet auxquels elles s'appliquent et les justifications de chaque demande.**

« Le préfet notifie dans les trois mois de la réception de la demande sa décision motivée après avoir consulté, selon le cas, la commission départementale ou la commission d'accessibilité d'arrondissement mentionnées à l'article R. 111-19-30. A défaut de réponse de la commission dans un délai de deux mois à compter de la transmission de la demande d'avis, cet avis est réputé favorable.

« A défaut de réponse du préfet dans le délai de trois mois à compter de la date à laquelle il a reçu la demande, la dérogation demandée est réputée refusée. »

Le présent art. a été annulé, en tant qu'il s'appliquait aux constructions nouvelles par CE 21 juill. 2009, Assoc. nationale pour l'intégration des personnes handicapées moteur, req. nº 295382 : Lebon T. 824.

Les dispositions issues du Décr. nº 2006-555 du 17 mai 2006 sont applicables aux demandes de permis de construire déposées à compter du 1er janv. 2007 (Décr. préc., art. 13).

Le décret nº 2006-555 du 17 mai 2006 a été annulé, en tant qu'il insérait le présent art. • CE 21 juill. 2009, *Assoc. nationale pour l'intégration des personnes handicapées moteur,* req. nº 295382 : *Lebon T. 824* ; *AJDA 2009. 1466*.

SOUS-SECTION 2 DISPOSITIONS APPLICABLES LORS DE LA CONSTRUCTION DE MAISONS INDIVIDUELLES

(Décr. nº 2006-555 du 17 mai 2006, art. 2)

Art. R. 111-18-4 **La présente sous-section est applicable aux maisons individuelles construites pour être louées ou mises à dispositions ou pour être vendues, à l'exclusion de celles dont le propriétaire a, directement ou par l'intermédiaire d'un professionnel de la construction, entrepris la construction ou la réhabilitation pour son propre usage.**

Les dispositions issues du Décr. nº 2006-555 du 17 mai 2006 sont applicables aux demandes de permis de construire déposées à compter du 1er janv. 2007 (Décr. préc., art. 13).

Art. R. 111-18-5 **Les maisons individuelles doivent être construites et aménagées de façon à être accessibles aux personnes handicapées, quel que soit leur handicap. L'obligation d'accessibilité concerne les circulations extérieures, le logement et, le cas échéant, une place de stationnement automobile.**

Dans le cas d'ensembles résidentiels comprenant plusieurs maisons individuelles groupées, l'obligation d'accessibilité porte également sur les locaux et équipements collectifs affectés à ces ensembles.

Les dispositions issues du Décr. nº 2006-555 du 17 mai 2006 sont applicables aux demandes de permis de construire déposées à compter du 1er janv. 2007 (Décr. préc., art. 13).

Art. R. 111-18-6 **Est considéré comme accessible aux personnes handicapées tout bâtiment ou aménagement permettant à un habitant ou à un visiteur handicapé, avec la plus grande autonomie possible, de circuler, d'accéder aux locaux et équipements, d'utiliser les équipements, de se repérer et de communiquer. Les conditions d'accès des personnes handicapées doivent être les mêmes que celles des autres publics ou, à défaut, présenter une qualité d'usage équivalente.**

Le ministre chargé de la construction et le ministre chargé des personnes handicapées fixent, par arrêté, les obligations auxquelles doivent satisfaire les constructions et les aménagements propres à assurer l'accessibilité de ces bâtiments et de leurs abords en ce qui concerne les cheminements extérieurs, le stationnement des véhicules, les circulations intérieures des logements, les caractéristiques minimales intérieures des logements selon le nombre de niveaux qu'ils comportent, permettant à une personne handicapée de les occuper, ainsi que les équipements et les locaux collectifs.

Dans les maisons individuelles ayant fait l'objet d'une demande de permis de construire déposée à compter du 1er janvier 2008, lorsque les balcons et terrasses sont situés au niveau de l'accès au logement, au moins un accès depuis une pièce de vie à ces balcons et terrasses doit être tel que le seuil et les portes permettent, par des aménagements simples, le passage d'une personne en fauteuil roulant.

Dans les maisons individuelles ayant fait l'objet d'une demande de permis de construire déposée à compter du 1er janvier 2010, au moins une salle d'eau doit être équipée de manière à permettre, par des aménagements simples, l'installation ultérieure d'une douche accessible à une personne handicapée.

V. Arr. 1er août 2006 fixant les dispositions prises pour l'application des art. R. 111-18 à R. 111-18-7 relatives à l'accessibilité aux personnes handicapées des bâtiments d'habitation collectifs et des maisons individuelles lors de leur construction (JO 24 août), mod. par Arr. 30 nov. 2007 (JO 14 déc.).

Sauf disposition contraire, les dispositions issues du Décr. no 2006-555 du 17 mai 2006 sont applicables aux demandes de permis de construire déposées à compter du 1er janv. 2007 (Décr. préc., art. 13).

Art. R. 111-18-7 **Le représentant de l'État dans le département peut accorder des dérogations à celles des dispositions de la présente sous-section qui ne peuvent être respectées du fait d'une impossibilité technique résultant de l'environnement du bâtiment, et notamment des caractéristiques du terrain, de la présence de constructions existantes ou de contraintes liées au classement de la zone de construction notamment au regard de la réglementation de prévention contre les inondations.**

(Décr. no 2009-500 du 30 avr. 2009) **« Il peut également accorder des dérogations aux dispositions de la présente sous-section pour des programmes de logements destinés à l'occupation temporaire ou saisonnière dont la gestion et l'entretien sont assurés de façon permanente, sous réserve de la réalisation, dans le même programme, d'un pourcentage de logements offrant des caractéristiques d'accessibilité dès la construction. Un arrêté du ministre chargé de la construction et du ministre chargé des personnes handicapées précise les modalités d'application du présent alinéa. »**

(Décr. no 2007-1327 du 11 sept. 2007, art. 1er, en vigueur le 1er oct. 2007) **« La demande de dérogation est transmise en trois exemplaires au préfet. Cette demande indique les règles auxquelles le demandeur souhaite déroger, les éléments du projet auxquels elles s'appliquent et les justifications de chaque demande.**

« Le préfet notifie dans les trois mois de la réception de la demande sa décision motivée après avoir consulté, selon le cas, la commission départementale ou la commission d'accessibilité d'arrondissement mentionnées à l'article R. 111-19-30. A défaut de réponse de la commission dans un délai de deux mois à compter de la transmission de la demande d'avis, cet avis est réputé favorable.

« A défaut de réponse du préfet dans le délai de trois mois à compter de la date à laquelle il a reçu la demande, la dérogation demandée est réputée refusée. »

Le présent art. a été annulé, en tant qu'il s'appliquait aux constructions nouvelles par CE 21 juill. 2009, Assoc. nationale pour l'intégration des personnes handicapées moteur, req. no 295382 : Lebon T. 824.

Les dispositions issues du Décr. no 2006-555 du 17 mai 2006 sont applicables aux demandes de permis de construire déposées à compter du 1er janv. 2007 (Décr. préc., art. 13).

Le décret no 2006-555 du 17 mai 2006 a été annulé, en tant qu'il insérait le présent art. • CE 21 juill. 2009, *Assoc. nationale pour l'intégration des personnes handicapées moteur,* req. no 295382 : *Lebon T. 824 ; AJDA 2009. 1466.*

SOUS-SECTION 3 DISPOSITIONS APPLICABLES AUX BÂTIMENTS D'HABITATION COLLECTIFS LORSQU'ILS FONT L'OBJET DE TRAVAUX ET AUX BÂTIMENTS EXISTANTS OÙ SONT CRÉÉS DES LOGEMENTS PAR CHANGEMENT DE DESTINATION

(Décr. no 2006-555 du 17 mai 2006, art. 3)

Art. R. 111-18-8 **Les travaux de modification ou d'extension portant sur un bâtiment ou une partie de bâtiment d'habitation collectif existant, au sens de l'article R. 111-18, et les travaux de création de logements dans un bâtiment existant par changement de destination sont soumis aux dispositions suivantes :**

***a)* Les travaux réalisés à l'intérieur des volumes ou surfaces existants jouant un rôle en matière d'accessibilité des personnes handicapées doivent, au minimum, maintenir les conditions d'accessibilité existantes ;**

b) Les parties de bâtiments correspondant à la création de surfaces ou de volumes nouveaux dans les parties communes doivent respecter les dispositions prévues à l'article R. 111-18-1 et les parties de bâtiments correspondant à la création de surfaces ou de volumes nouveaux de logement doivent respecter les dispositions prévues à l'article R. 111-18-2 ;

c) Les modifications, hors travaux d'entretien, apportées aux circulations communes et locaux collectifs et leurs équipements jouant un rôle en matière d'accessibilité, dont la liste est définie par arrêté du ministre chargé de la construction, doivent respecter les dispositions prévues à l'article R. 111-18-1 relatives à ces circulations, locaux et équipements. Cet arrêté définit les adaptations mineures qui peuvent être apportées aux caractéristiques de ces éléments et équipements lorsque les contraintes liées à la structure du bâtiment l'imposent ;

d) Les modifications, hors travaux d'entretien, apportées à la signalisation palière ou en cabine d'un ascenseur doivent permettre de recevoir par des moyens adaptés les informations liées aux mouvements de la cabine, aux étages desservis et au système d'alarme. Les nouveaux ascenseurs installés doivent disposer de ces moyens.

Les dispositions issues du Décr. nº 2006-555 du 17 mai 2006 sont applicables aux demandes de permis de construire déposées à compter du 1er janv. 2007 […]. — Les dispositions concernant des travaux ne nécessitant pas une demande de permis de construire entrent en vigueur à la même date (Décr. préc., art. 13).

V. Arr. 26 févr. 2007 (JO 8 mars).

Art. R. 111-18-9 Lorsque, à l'occasion de travaux de modification ou d'extension portant sur un bâtiment ou une partie de bâtiment d'habitation collectif ou à l'occasion de travaux de création d'un bâtiment ou d'une partie de bâtiment par changement de destination, le rapport du coût des travaux à la valeur du bâtiment est supérieur ou égal à 80 %, les dispositions architecturales et les aménagements du bâtiment doivent satisfaire aux obligations suivantes :

a) Toutes les parties communes du bâtiment, extérieures et intérieures, doivent respecter les dispositions prévues à l'article R. 111-18-1 même si elles ne font pas l'objet de travaux ;

b) Les places de stationnement privatives et les celliers et caves privatifs où sont réalisés des travaux doivent respecter les dispositions prévues à l'article R. 111-18-1 ;

c) Les logements où sont réalisés des travaux doivent respecter les dispositions prévues à l'article R. 111-18-2.

Pour l'application du premier alinéa du présent article, sont pris en compte pour calculer le coût des travaux le montant des travaux décidés ou financés au cours des deux dernières années et, pour déterminer la valeur du bâtiment, le produit de la surface hors œuvre nette *(Décr. nº 2011-2054 du 29 déc. 2011, art. 5-I, en vigueur le 1er mars 2012)* « dans sa définition applicable avant l'entrée en vigueur de l'ordonnance nº 2011-1539 du 16 novembre 2011 portant réforme de la surface de plancher *[soit le 1er mars 2012]* » par un coût de construction défini par arrêté du ministre chargé de la construction. — *V. Arr. du 26 févr. 2007 relatif au coût de la construction (JO 8 mars).*

Les dispositions issues du Décr. nº 2006-555 du 17 mai 2006 sont applicables aux demandes de permis de construire déposées à compter du 1er janv. 2007 […]. — Les dispositions concernant des travaux ne nécessitant pas une demande de permis de construire entrent en vigueur à la même date (Décr. préc., art. 13).

V. Arr. du 26 févr. 2007 (JO 8 mars).

Art. R. 111-18-10 Le représentant de l'État dans le département peut, sur demande du maître d'ouvrage des travaux, accorder des dérogations à celles des dispositions de la présente sous-section qui ne peuvent être respectées du fait des caractéristiques du bâtiment, pour les motifs prévus à l'article R. 111-18-3 ou au vu d'un rapport d'analyse des bénéfices et inconvénients résultant de l'application des dispositions des articles R. 111-18-8 et R. 111-18-9, établi sous la responsabilité du maître d'ouvrage et joint à la demande de dérogation.

Le représentant de l'État dans le département peut également accorder des dérogations aux dispositions de la présente sous-section en cas de contraintes liées à la préservation du patrimoine architectural dès lors que les travaux projetés affectent :

a) Soit les parties extérieures ou, le cas échéant, intérieures d'un bâtiment d'habitation ou une partie de bâtiment d'habitation classé au titre des monuments historiques en application des articles L. 621-1 et suivants du code du patrimoine, inscrit au titre des monuments historiques en application des articles L. 621-25 et suivants du code du patrimoine, ou dont la démolition, l'enlèvement, la modification ou l'altération sont interdits et dont la modification est soumise à des conditions spéciales en secteur sauvegardé, en application de l'article L. 313-1 du code de l'urbanisme, ou sur un bâtiment identifié en application du 7º de l'article L. 123-1 du code de l'urbanisme ;

b) Soit un bâtiment d'habitation ou une partie de bâtiment d'habitation situé aux abords et dans le champ de visibilité d'un monument historique classé ou inscrit, en zone de protection du patrimoine architectural, urbain et paysager ou en secteur sauvegardé et que les travaux sont de nature à porter atteinte à la qualité de ces espaces protégés.

(Décr. nº 2007-1327 du 11 sept. 2007, art. 1er, en vigueur le 1er oct. 2007) « Dans tous les cas prévus au présent article, la demande de dérogation est transmise en trois exemplaires au préfet. Cette demande indique les règles auxquelles le demandeur souhaite déroger, les éléments du projet auxquels elles s'appliquent et les justifications de chaque demande.

« Le préfet notifie dans les trois mois de la réception de la demande sa décision motivée après avoir consulté la commission mentionnée au premier alinéa de l'article R. 111-19-30 ou, par délégation de la commission départementale, la commission d'accessibilité d'arrondissement mentionnée au deuxième alinéa du même article. A défaut de réponse de la commission dans un délai de deux mois à compter de la transmission de la demande d'avis, cet avis est réputé favorable.

« A défaut de réponse du préfet dans le délai de trois mois à compter de la date à laquelle il a reçu la demande, la dérogation demandée est réputée refusée. »

Les dispositions issues du Décr. nº 2006-555 du 17 mai 2006 sont applicables aux demandes de permis de construire déposées à compter du 1er janv. 2007. [...]. — Les dispositions concernant des travaux ne nécessitant pas une demande de permis de construire entrent en vigueur à la même date (Décr. préc., art. 13).

Art. R. 111-18-11 Lorsque la dérogation prévue au premier alinéa de l'article R. 111-18-10 concerne une disposition dont la mise en œuvre aurait eu pour conséquence d'améliorer significativement les conditions d'accessibilité du bâtiment où habite une personne handicapée au regard de la nature de son handicap, le propriétaire du logement occupé par cette personne est tenu, à sa demande, de lui proposer une offre de relogement. Cette disposition ne s'applique que lorsque le propriétaire possède plus de 500 logements locatifs dans le département.

L'offre de relogement doit correspondre aux besoins et aux possibilités de la personne à reloger et respecter les exigences fixées aux articles R. 111-18 à R. 111-18-2 ou, à défaut, apporter à la personne handicapée une amélioration significative, au regard de la nature de son handicap, des conditions d'accessibilité dont elle aurait bénéficié si les travaux mentionnés aux articles R. 111-18-8 et R. 111-18-9 avaient été réalisés.

Une personne handicapée au sens du présent article est une personne qui bénéficie d'une ou plusieurs des aides mentionnées à l'article L. 241-6 du code de l'action sociale et des familles ou est titulaire de la carte d'invalidité mentionnée à l'article L. 241-3 du même code.

Les dispositions issues du Décr. nº 2006-555 du 17 mai 2006 sont applicables aux demandes de permis de construire déposées à compter du 1er janv. 2007 [...]. — Les dispositions concernant des travaux ne nécessitant pas une demande de permis de construire entrent en vigueur à la même date (Décr. préc., art. 13).

SOUS-SECTION 4 DISPOSITIONS APPLICABLES LORS DE LA CONSTRUCTION OU DE LA CRÉATION D'ÉTABLISSEMENTS RECEVANT DU PUBLIC OU D'INSTALLATIONS OUVERTES AU PUBLIC

(Décr. nº 2006-555 du 17 mai 2006, art. 4)

Art. R. 111-19 La présente sous-section est applicable lors de la construction ou de la création par changement de destination, avec ou sans travaux, d'établissements recevant du public et d'installations ouvertes au public, à l'exception des établissements de cinquième catégorie créés par changement de destination pour accueillir des professions libérales définis par un arrêté du ministre chargé de la construction et le ministre chargé des professions libérales. — *V. Arr. 9 mai 2007 (JO 13 mai).*

V. Arr. 17 mai 2006 relatif aux caractéristiques techniques relatives à l'accessibilité aux personnes handicapées lors de la construction ou de la création d'établissements recevant du public ou d'installations ouvertes au public (JO 18 mai).

V. aussi Arr. 1er août 2006 fixant les dispositions prises pour l'application des art. R. 111-19 à R. 111-19-3 et R. 111-19-6 relatives à l'accessibilité aux personnes handicapées des établissements recevant du public et des installations ouvertes au public lors de leur construction ou de leur création (JO 24 août), mod. par Arr. 30 nov. 2007 (JO 19 déc.).

Les dispositions issues du Décr. nº 2006-555 du 17 mai 2006 sont applicables aux demandes de permis de construire déposées à compter du 1er janv. 2007 [...]. — Les dispositions qui concernent les travaux ou les modifications portant sur un établissement recevant du public ou bien la création d'un tel établissement sont applicables aux demandes d'autorisation prévues à l'art. L. 111-8-1 déposées à compter de la même date (Décr. préc., art. 13).
V. également notes ss. art. R. 111-19-8.

Un immeuble abritant à la fois dix logements et un bureau de poste relèvent, à raison de la présence du bureau de poste, du champ d'application de l'art. R. 111-19. • CAA Nancy, 24 juin 2004, *Cne de Sierentz : req. nº 99NC01724.*

Art. R. 111-19-1 Les établissements recevant du public définis à l'article R. 123-2 et les installations ouvertes au public doivent être accessibles aux personnes handicapées, quel que soit leur handicap.

L'obligation d'accessibilité porte sur les parties extérieures et intérieures des établissements et installations et concerne les circulations, une partie des places de stationnement automobile, les ascenseurs, les locaux et leurs équipements.

Les dispositions issues du Décr. nº 2006-555 du 17 mai 2006 sont applicables aux demandes de permis de construire déposées à compter du 1er janv. 2007 [...]. — Les dispositions qui concernent les travaux ou les modifications portant sur un établissement recevant du public ou bien la création d'un tel établissement sont applicables aux demandes d'autorisation prévues à l'art. L. 111-8-1 déposées à compter de la même date (Décr. préc., art. 13).
V. également notes ss. art. R. 111-19-8.

L'accès particulier à un établissement recevant du public constitue un espace devant être accessible aux personnes handicapées ; ne répond pas à ces conditions le projet qui prévoit l'aménagement d'un trottoir d'une largeur insuffisante pour le déplacement en fauteuil roulant. • CAA Versailles, 3 avr. 2007, *Clinique Louis XIV : req. nº 04VE01893.*

Art. R. 111-19-2 Est considéré comme accessible aux personnes handicapées tout bâtiment ou aménagement permettant, dans des conditions normales de fonctionnement, à des personnes handicapées, avec la plus grande autonomie possible, de

circuler, d'accéder aux locaux et équipements, d'utiliser les équipements, de se repérer, de communiquer et de bénéficier des prestations en vue desquelles cet établissement ou cette installation a été conçu. Les conditions d'accès des personnes handicapées doivent être les mêmes que celles des personnes valides ou, à défaut, présenter une qualité d'usage équivalente.

Le ministre chargé de la construction et le ministre chargé des personnes handicapées fixent, par arrêté, les obligations auxquelles doivent satisfaire les constructions et les aménagements propres à assurer l'accessibilité de ces établissements et de leurs abords en ce qui concerne les cheminements extérieurs, le stationnement des véhicules, les conditions d'accès et d'accueil dans les bâtiments, les circulations intérieures horizontales et verticales à l'intérieur des bâtiments, les locaux intérieurs et les sanitaires ouverts au publics, les portes et les sas intérieurs et les sorties, les revêtements des sols et des parois, ainsi que les équipements et mobiliers intérieurs et extérieurs susceptibles d'y être installés, notamment les dispositifs d'éclairage et d'information des usagers.

V. Arr. 17 mai 2006 relatif aux caractéristiques techniques relatives à l'accessibilité aux personnes handicapées lors de la construction ou de la création d'établissements recevant du public ou d'installations ouvertes au public (JO 18 mai).

V. aussi Arr. 1er août 2006 fixant les dispositions prises pour l'application des art. R. 111-19 à R. 111-19-3 et R. 111-19-6 relatives à l'accessibilité aux personnes handicapées des établissements recevant du public et des installations ouvertes au public lors de leur construction ou de leur création (JO 24 août), mod. par Arr. 30 nov. 2007 (JO 19 déc.).

Les dispositions issues du Décr. nº 2006-555 du 17 mai 2006 sont applicables aux demandes de permis de construire déposées à compter du 1er janv. 2007 [...]. — Les dispositions qui concernent les travaux ou les modifications portant sur un établissement recevant du public ou bien la création d'un tel établissement sont applicables aux demandes d'autorisation prévues à l'art. L. 111-8-1 déposées à compter de la même date (Décr. préc., art. 13).

V. également notes ss. art. R. 111-19-8.

Une demande de permis de construire qui ne comporte pas l'aménagement de places de stationnement pour les personnes handicapées ne satisfait pas aux prescriptions de l'art. R. 111-19-1 et ce alors même que la sous-commission départementale a donné un avis favorable. • CAA Nantes, 26 mars 2002, *Le Chevanton : req. nº 98NT02762.*

Art. R. 111-19-3 **Le ministre chargé de la construction, le ministre chargé des personnes handicapées et, le cas échéant, le ou les ministres intéressés fixent, par arrêté, les obligations particulières auxquelles doivent satisfaire, dans le but d'assurer leur accessibilité, les établissements et installations recevant du public assis, les établissements disposant de locaux d'hébergement ouverts au public, les établissements et installations comportant des douches, des cabines d'essayage, d'habillage ou de déshabillage et les établissements et installations comportant des caisses de paiement disposées en batterie.**

V. Arr. 17 mai 2006 relatif aux caractéristiques techniques relatives à l'accessibilité aux personnes handicapées lors de la construction ou de la création d'établissements recevant du public ou d'installations ouvertes au public (JO 18 mai).

V. aussi Arr. 1er août 2006 fixant les dispositions prises pour l'application des art. R. 111-19 à R. 111-19-3 et R. 111-19-6 relatives à l'accessibilité aux personnes handicapées des établissements recevant du public et des installations ouvertes au public lors de leur construction ou de leur création (JO 24 août), mod. par Arr. 30 nov. 2007 (JO 19 déc.).

Les dispositions issues du Décr. nº 2006-555 du 17 mai 2006 sont applicables aux demandes de permis de construire déposées à compter du 1er janv. 2007. [...]. — Les dispositions qui concernent les travaux ou les modifications portant sur un établissement recevant du public ou bien la création d'un tel établissement sont applicables aux demandes d'autorisation prévues à l'art. L. 111-8-1 déposées à compter de la même date (Décr. préc., art. 13).

V. également notes ss. art. R. 111-19-8.

Art. R. 111-19-4 Des arrêtés du ministre chargé de la construction et, selon le cas, du ministre chargé des sports ou du ministre chargé de la culture définissent, si nécessaire, les caractéristiques supplémentaires applicables aux établissements recevant du public ou installations ouvertes au public suivants :

a) Les enceintes sportives et les établissements de plein air ;

b) Les établissements conçus en vue d'offrir au public une prestation visuelle ou sonore.

Les dispositions issues du Décr. nº 2006-555 du 17 mai 2006 sont applicables aux demandes de permis de construire déposées à compter du 1er janv. 2007 […]. — Les dispositions qui concernent les travaux ou les modifications portant sur un établissement recevant du public ou bien la création d'un tel établissement sont applicables aux demandes d'autorisation prévues à l'art. L. 111-8-1 déposées à compter de la même date (Décr. préc., art. 13).

V. également notes ss. art. R. 111-19-8.

Art. R. 111-19-5 Les ministres intéressés et le ministre chargé de la construction fixent par arrêté conjoint les règles d'accessibilité applicables aux établissements recevant du public ou installations ouvertes au public suivants :

a) Les établissements pénitentiaires ; – *V. Arr. 4 oct. 2010, JO 8 oct.*

b) Les établissements militaires désignés par arrêté du ministre de l'intérieur et du ministre de la défense ;

c) Les centres de rétention administrative et les locaux de garde à vue ;

d) Les chapiteaux, tentes et structures, gonflables ou non ;

e) Les hôtels-restaurants d'altitude et les refuges de montagne ;

f) Les établissements flottants.

Les dispositions issues du Décr. nº 2006-555 du 17 mai 2006 sont applicables aux demandes de permis de construire déposées à compter du 1er janv. 2007 […]. — Les dispositions qui concernent les travaux ou les modifications portant sur un établissement recevant du public ou bien la création d'un tel établissement sont applicables aux demandes d'autorisation prévues à l'art. L. 111-8-1 déposées à compter de la même date (Décr. préc., art. 13).

Art. R. 111-19-6 En cas d'impossibilité technique résultant de l'environnement du bâtiment, et notamment des caractéristiques du terrain, de la présence de constructions existantes ou de contraintes liées au classement de la zone de construction, notamment au regard de la réglementation de prévention contre les inondations ou, s'agissant de la création d'un établissement recevant du public ou d'une installation ouverte au public dans une construction existante, en raison de difficultés liées à ses caractéristiques ou à la nature des travaux qui y sont réalisés, le préfet peut accorder des dérogations à celles des dispositions de la présente sous-section qui ne peuvent être respectées.

Le représentant de l'État dans le département peut également accorder des dérogations aux dispositions de la présente sous-section pour des motifs liés à la conservation du patrimoine architectural en cas de création d'un établissement recevant du public par changement de destination dans un bâtiment ou une partie de bâtiment classé ou inscrit au titre des monuments historiques.

La demande de dérogation est soumise à *(Décr. nº 2007-1327 du 11 sept. 2007, art. 1er, en vigueur le 1er oct. 2007)* « la procédure prévue aux articles R. 111-19-24 et R. 111-19-25 *[ancienne rédaction applicable jusqu'au 30 sept. 2007 : la procédure prévue au II de l'article R. 111-19-16]* ».

Les dispositions issues du Décr. nº 2006-555 du 17 mai 2006 sont applicables aux demandes de permis de construire déposées à compter du 1er janv. 2007 […]. — Les dispositions qui concernent les travaux ou les modifications portant sur un établissement recevant du public ou bien la création d'un tel établissement sont applicables aux demandes d'autorisation prévues à l'art. L. 111-8-1 déposées à compter de la même date (Décr. préc., art. 13).

V. également notes ss. art. R. 111-19-8.

Le présent art. a été annulé, en tant qu'il s'appliquait aux constructions nouvelles par CE 21 juill. 2009, Assoc. nationale pour l'intégration des personnes handicapées moteur, req. nº 295382 : Lebon T. 824.

La délivrance par le préfet de l'autorisation de déroger aux règles relatives à l'accès des personnes handicapées n'est pas subordonnée à la délivrance conjointe d'un permis de construire et peut donc être accordée après l'achèvement des travaux. • TA Rouen, 30 juin 2000, *Assoc. des paralysés de France,* req. nº 99632 : *Lebon T. 1128.*

SOUS-SECTION 5 DISPOSITIONS APPLICABLES AUX ÉTABLISSEMENTS EXISTANTS RECEVANT DU PUBLIC OU AUX INSTALLATIONS OUVERTES AU PUBLIC EXISTANTES

(Décr. nº 2006-555 du 17 mai 2006, art. 5)

Art. R. 111-19-7 **La présente sous-section est applicable aux établissements recevant du public et aux installations ouvertes au public existants ainsi qu'aux établissements recevant du public de 5e catégorie créés par changement de destination pour accueillir des professions libérales définis par l'arrêté interministériel prévu à l'article R. 111-19.**

Les dispositions issues du Décr. nº 2006-555 du 17 mai 2006 sont applicables aux demandes de permis de construire déposées à compter du 1er janv. 2007 [...]. — Les dispositions qui concernent les travaux ou les modifications portant sur un établissement recevant du public ou bien la création d'un tel établissement sont applicables aux demandes d'autorisation prévues à l'art. L. 111-8-1 déposées à compter de la même date (Décr. préc., art. 13).

V. également notes ss. art. R. 111-19-8.

Art. R. 111-19-8 **I. — Les travaux de modification ou d'extension, réalisés dans les établissements recevant du public et les installations ouvertes au public existants doivent être tels, lorsqu'ils ne s'accompagnent pas d'un changement de destination, que :**

_a)_ S'ils sont réalisés à l'intérieur des volumes ou surfaces existants, ils permettent au minimum de maintenir les conditions d'accessibilité existantes ;

_b)_ S'ils entraînent la construction de surfaces ou de volumes nouveaux, les parties de bâtiments ainsi créées respectent les dispositions prévues aux articles R. 111-19-1 à R. 111-19-4.

II. — Les établissements recevant du public existants autres que ceux de 5e catégorie au sens de l'article R. 123-19 doivent satisfaire aux obligations suivantes :

_a)_ Avant le 1er janvier 2015, ils doivent respecter les dispositions des articles R. 111-19-2 et R. 111-19-3. L'arrêté prévu au I de l'article R. 111-19-11 peut prévoir des conditions particulières d'application des règles qu'il édicte, lorsque les contraintes liées à la structure du bâtiment l'imposent ;

_b)_ Avant le 1er janvier 2015, les parties de bâtiment où sont réalisés des travaux de modification sans changement de destination doivent respecter les dispositions prévues aux articles R. 111-19-2 et R. 111-19-3 ;

_c)_ A compter du 1er janvier 2015, les parties de bâtiment où sont réalisés des travaux de modification sans changement de destination doivent respecter les dispositions des articles R. 111-19-1 à R. 111-19-4.

III. — Les établissements recevant du public existants classés en 5e catégorie, ceux créés par changement de destination pour accueillir des professions libérales définis par l'arrêté ministériel prévu à l'article R. 111-19, ainsi que les installations ouvertes au public existantes doivent satisfaire aux obligations suivantes :

_a)_ Avant le 1er janvier 2015, une partie du bâtiment ou de l'installation doit fournir, dans le respect des dispositions mentionnées au _a_ du II, l'ensemble des prestations en vue desquelles l'établissement ou l'installation est conçu.

Les nouveaux établissements créés par changement de destination pour accueillir des professions libérales définis par l'arrêté ministériel prévu à l'article R. 111-19 doivent satisfaire aux obligations fixées à l'alinéa précédent avant le 1er janvier 2011.

La partie considérée du bâtiment doit être la plus proche possible de l'entrée principale ou d'une des entrées principales et doit être desservie par le cheminement usuel.

Une partie des prestations peut être fournie par des mesures de substitution.

***b)* A compter du 1er janvier 2015, les parties de bâtiment ou d'installation où sont réalisés des travaux de modification sans changement de destination doivent respecter les dispositions mentionnées au *a* du II.**

IV. – Les établissements recevant du public existants, faisant partie de réseaux souterrains de transports ferroviaires et de transports guidés ne sont pas soumis aux dispositions du II et du III ci-dessus, dès lors qu'ils respectent les conditions fixées au sixième alinéa de l'article 45 de la loi no 2005-102 du 11 février 2005.

Sauf disposition contraire, les dispositions issues du Décr. no 2006-555 du 17 mai 2006 sont applicables aux demandes de permis de construire déposées à compter du 1er janv. 2007 [...]. – Les dispositions qui concernent les travaux ou les modifications portant sur un établissement recevant du public ou bien la création d'un tel établissement sont applicables aux demandes d'autorisation prévues à l'art. L. 111-8-1 déposées à compter de la même date (Décr. préc., art. 13).

1o Les parties de bâtiment des préfectures où sont délivrées les prestations offertes au public doivent respecter les dispositions du a et du b du II ou du a du III de l'art. R. 111-19-8, au plus tard le 31 déc. 2010.

Au plus tard le 31 déc. 2007, l'ensemble des prestations doivent pouvoir être délivrées aux personnes handicapées dans au moins une partie du bâtiment respectant les dispositions du a et du b du II ou du a du III de l'art. R. 111-19-8.

2o Les parties classées en établissement recevant du public des bâtiments accueillant des établissements d'enseignement supérieur et appartenant à l'État doivent respecter les dispositions du a et du b du II ou du a du III de l'art. R. 111-19-8 au plus tard le 31 déc. 2010 (Décr. préc., art. 14).

V. Arr. 21 mars 2007 (JO 5 avr.).

Art. R. 111-19-9 *(Décr. no 2009-500 du 30 avr. 2009)* **« Les établissements recevant du public existants classés dans les quatre premières catégories au sens de l'article R. 123-19 font l'objet, à l'initiative de l'administration intéressée ou de l'exploitant, d'un diagnostic de leurs conditions d'accessibilité selon les modalités suivantes :**

« *a)* Au plus tard le 1er janvier 2010, sous réserve des dispositions du *b* ci-dessous, pour les établissements classés en 1re et 2e catégories et les établissements classés en 3e et 4e catégories appartenant à l'État ou à ses établissements publics, ou dont l'État assure contractuellement la charge de propriété ;

« *b)* Au plus tard le 1er janvier 2011, pour les établissements classés en 3e et 4e catégories à l'exception de ceux mentionnés au *a* et pour l'ensemble des établissements mentionnés à l'article R. 111-19-12 classés dans les quatre premières catégories au sens de l'article R. 123-19 ;

« Le diagnostic, établi par une personne pouvant justifier auprès du maître d'ouvrage d'une formation ou d'une compétence en matière d'accessibilité du cadre bâti, analyse d'une part la situation de l'établissement au regard des obligations définies par la présente sous-section et établit d'autre part à titre indicatif une estimation du coût des travaux nécessaires pour satisfaire ces obligations. »

(Décr. no 2006-555 du 17 mai 2006, art. 5) **« Le schéma directeur d'accessibilité des services de transports prévu à l'article 45 de la loi no 2005-102 du 11 février 2005 vaut diagnostic au sens du présent article. »**

Sauf disposition contraire, les dispositions issues du Décr. no 2006-555 du 17 mai 2006 sont applicables aux demandes de permis de construire déposées à compter du 1er janv. 2007 [...]. – Les dispositions qui concernent les travaux ou les modifications portant sur un établissement recevant du public ou bien la création d'un tel établissement sont applicables aux demandes d'autorisation prévues à l'art. L. 111-8-1 déposées à compter de la même date (Décr. préc., art. 13).

V. également notes ss. art. R. 111-19-8.

Art. R. 111-19-10 Outre les dérogations qui peuvent être accordées pour les motifs mentionnés à l'article R. 111-19-6, le représentant de l'État dans le département peut accorder des dérogations aux dispositions de la présente sous-section, lorsque les travaux d'accessibilité prévus aux articles R. 111-19-8 et R. 111-19-9 sont susceptibles d'avoir des conséquences excessives sur l'activité de l'établissement.

Le représentant de l'État dans le département peut également accorder des dérogations aux dispositions de la présente sous-section en cas de contraintes liées à la conservation du patrimoine architectural dès lors que les travaux doivent être exécutés :

a) A l'extérieur et, le cas échéant, à l'intérieur d'un établissement recevant du public classé au titre des monuments historiques en application des articles L. 621-1 et suivants du code du patrimoine, inscrit au titre des monuments historiques en application des articles L. 621-25 et suivants du code du patrimoine ou dont la démolition, l'enlèvement, la modification ou l'altération sont interdits et dont la modification est soumise à des conditions spéciales en secteur sauvegardé, en application de l'article L. 313-1 du code de l'urbanisme, ou sur un bâtiment identifié en application du 7° de l'article L. 123-1 du code de l'urbanisme ;

b) Sur un établissement recevant du public situé aux abords et dans le champ de visibilité d'un monument historique classé ou inscrit, en zone de protection du patrimoine architectural, urbain et paysager ou en secteur sauvegardé et que ces travaux sont de nature à porter atteinte à la qualité de ces espaces protégés.

Dans le cas où l'établissement remplit une mission de service public, le représentant de l'État dans le département ne peut accorder une dérogation que si une mesure de substitution est prévue.

Dans tous les cas, le représentant de l'État dans le département se prononce selon *(Décr. n° 2007-1327 du 11 sept. 2007, art. 1er, en vigueur le 1er oct. 2007)* « les modalités prévues aux articles R. 111-19-24 et R. 111-19-25 *[ancienne rédaction applicable jusqu'au 30 sept. 2007 : les modalités prévues au III de l'article R. 111-19-16]* ».

Les dispositions issues du Décr. n° 2006-555 du 17 mai 2006 sont applicables aux demandes de permis de construire déposées à compter du 1er janv. 2007 [...]. — Les dispositions qui concernent les travaux ou les modifications portant sur un établissement recevant du public ou bien la création d'un tel établissement sont applicables aux demandes d'autorisation prévues à l'art. L. 111-8-1 déposées à compter de la même date (Décr. préc., art. 13).

V. également notes ss. art. R. 111-19-8.

Art. R. 111-19-11 I. — Un arrêté du ministre chargé de la construction, du ministre chargé des personnes handicapées et, le cas échéant, du ou des ministres intéressés détermine les conditions techniques d'application des articles R. 111-19-7 à R. 111-19-10.

II. — Des arrêtés du ministre chargé de la construction et, selon le cas, du ministre chargé des sports ou du ministre chargé de la culture définissent, si nécessaire, les caractéristiques supplémentaires applicables aux établissements recevant du public ou installations ouvertes au public suivants :

a) Les enceintes sportives et les établissements de plein air ;

b) Les établissements conçus en vue d'offrir au public une prestation visuelle ou sonore.

Les dispositions issues du Décr. n° 2006-555 du 17 mai 2006 sont applicables aux demandes de permis de construire déposées à compter du 1er janv. 2007 [...]. — Les dispositions qui concernent les travaux ou les modifications portant sur un établissement recevant du public ou bien la création d'un tel établissement sont applicables aux demandes d'autorisation prévues à l'art. L. 111-8-1 déposées à compter de la même date (Décr. préc., art. 13).

V. Arr. 21 mars 2007 (JO 5 avr.).

Art. R. 111-19-12 Les ministres intéressés et le ministre chargé de la construction fixent par arrêté conjoint les règles d'accessibilité applicables aux établissements recevant du public ou installations ouvertes au public suivants :

a) Les établissements pénitentiaires ;

b) Les établissements militaires désignés par arrêté du ministre de l'intérieur et du ministre de la défense ;

c) Les centres de rétention administrative et les locaux de garde à vue ;

d) Les chapiteaux, tentes et structures, gonflables ou non ;

e) Les hôtels-restaurants d'altitude et les refuges de montagne ;

f) Les établissements flottants.

Les dispositions issues du Décr. no 2006-555 du 17 mai 2006 sont applicables aux demandes de permis de construire déposées à compter du 1er janv. 2007 [...]. – Les dispositions qui concernent les travaux ou les modifications portant sur un établissement recevant du public ou bien la création d'un tel établissement sont applicables aux demandes d'autorisation prévues à l'art. L. 111-8-1 déposées à compter de la même date (Décr. préc., art. 13).

SOUS-SECTION 6 AUTORISATION DE CONSTRUIRE, D'AMÉNAGER OU DE MODIFIER UN ÉTABLISSEMENT RECEVANT LE PUBLIC

(Décr. no 2007-1327 du 11 sept. 2007, art. 1er, en vigueur le 1er oct. 2007)

Les demandes d'autorisation prévues à l'article L. 111-8 du code de la construction et de l'habitation, les demandes de dérogation portant sur des travaux ne nécessitant pas une demande de permis de construire et les demandes de permis de construire déposées avant le 1er oct. 2007 demeurent soumises aux règles de compétence, de forme et de procédure en vigueur à la date de leur dépôt (Décr. no 2007-1327 du 11 sept. 2007, art. 8).

§ 1er COMPÉTENCE

Art. R. 111-19-13 L'autorisation de construire, d'aménager ou de modifier un établissement recevant le public prévue à l'article L. 111-8 est délivrée au nom de l'État par :

a) Le préfet, lorsque celui-ci est compétent pour délivrer le permis de construire ou lorsque le projet porte sur un immeuble de grande hauteur ;

b) Le maire, dans les autres cas.

Art. R. 111-19-14 L'autorisation ne peut être délivrée que si les travaux projetés sont conformes :

a) Aux règles d'accessibilité aux personnes handicapées prescrites, pour la construction ou la création d'un établissement recevant du public, à la sous-section 4 de la présente section ou, pour l'aménagement ou la modification d'un établissement recevant du public existant, à la sous-section 5 de la même section ;

b) Aux règles de sécurité prescrites aux articles R. 123-1 à R. 123-21.

Art. R. 111-19-15 Conformément à l'article R. 425-15 du code de l'urbanisme, le permis de construire tient lieu de l'autorisation prévue à l'article L. 111-8 du présent code, dès lors que les travaux projetés ont fait l'objet d'un accord de l'autorité compétente définie à l'article R. 111-19-13 en ce qui concerne le respect des règles d'accessibilité. Cet accord est instruit et délivré dans les conditions prévues par la présente sous-section.

(Décr. no 2012-274 du 28 févr. 2012, art. 8-1o, en vigueur le 1er mars 2012) « Le permis de construire indique, lorsque l'aménagement intérieur de l'établissement recevant du public ou d'une partie de celui-ci n'est pas connu lors du dépôt de la demande, qu'une autorisation complémentaire au titre de l'article L. 111-8 du code de la construction

et de l'habitation devra être demandée et obtenue en ce qui concerne l'aménagement intérieur du bâtiment ou de la partie de bâtiment concernée avant son ouverture au public. »

Les dispositions issues du Décr. nº 2012-274 du 28 févr. 2012 s'appliquent aux demandes d'autorisation d'urbanisme déposées à compter du 1er mars 2012 (Décr. préc., art. 1C).

§ 2 DÉPÔT ET CONTENU DE LA DEMANDE

Art. R. 111-19-16 **La demande d'autorisation est présentée :**

***a)* Soit par le ou les propriétaires du ou des terrains, leur mandataire ou par une ou plusieurs personnes attestant être autorisées par eux à exécuter les travaux ;**

***b)* Soit, en cas d'indivision, par un ou plusieurs coïndivisaires ou leur mandataire ;**

***c)* Soit par une personne ayant qualité pour bénéficier de l'expropriation pour cause d'utilité publique.**

Elle est adressée par pli recommandé avec demande d'avis de réception ou déposée contre décharge à la mairie de la commune dans laquelle les travaux sont envisagés.

Lorsque les travaux projetés sont également soumis à permis de construire, elle est jointe à la demande de permis de construire.

V. Arr. 21 nov. 2011 fixant le modèle du formulaire du « Dossier spécifique permettant de vérifier la conformité des établissements recevant du public aux règles d'accessibilité et de sécurité contre l'incendie et la panique » (JO 2 déc.).

Art. R. 111-19-17 **La demande d'autorisation est présentée en quatre exemplaires indiquant l'identité et l'adresse du demandeur, le cas échéant l'identité de l'exploitant ultérieur, les éléments de détermination de l'effectif du public au sens des articles R. 123-18 et R. 123-19, ainsi que la catégorie et le type de l'établissement pour lequel la demande est présentée.**

Sont joints à la demande, en trois exemplaires :

***a)* Un dossier permettant de vérifier la conformité du projet avec les règles d'accessibilité aux personnes handicapées, comprenant les pièces mentionnées aux articles R. 111-19-18 et R. 111-19-19 ;**

***b)* Un dossier permettant de vérifier la conformité du projet avec les règles de sécurité, comprenant les pièces mentionnées à l'article R. 123-22.**

V. Arr. 21 nov. 2011 fixant le modèle du formulaire du « Dossier spécifique permettant de vérifier la conformité des établissements recevant du public aux règles d'accessibilité et de sécurité contre l'incendie et la panique » (JO 2 déc.).

Art. R. 111-19-18 **Le dossier, mentionné au *a* de l'article R. 111-19-17, comprend les pièces suivantes :**

1º Un plan coté en trois dimensions précisant les cheminements extérieurs ainsi que les conditions de raccordement entre la voirie et les espaces extérieurs de l'établissement et entre l'intérieur et l'extérieur du ou des bâtiments constituant l'établissement ;

2º Un plan coté en trois dimensions précisant les circulations intérieures horizontales et verticales, les aires de stationnement et, s'il y a lieu, les locaux sanitaires destinés au public.

Dans les cas visés au *a* du III de l'article R. 111-19-8, le plan précise la délimitation de la partie de bâtiment accessible aux personnes handicapées ;

3º Une notice expliquant comment le projet prend en compte l'accessibilité aux personnes handicapées, en ce qui concerne :

***a)* Les dimensions des locaux et les caractéristiques des équipements techniques et des dispositifs de commande utilisables par le public qui sont définis par arrêté du ministre chargé de la construction ;**

***b)* La nature et la couleur des matériaux et revêtements de sols, murs et plafonds ;**

c) Le traitement acoustique des espaces ;

d) Le dispositif d'éclairage des parties communes.

V. Arr. 11 sept. 2007 relatif au dossier permettant de vérifier la conformité de travaux de construction, d'aménagement ou de modification d'un établissement recevant du public avec les règles d'accessibilité aux personnes handicapées (JO 26 sept.).

Art. R. 111-19-19 La notice prévue au 3o de l'article R. 111-19-18 est complétée, selon les cas, par les informations suivantes :

1o Si les travaux sont relatifs à un établissement mentionné à l'article R. 111-19-3, elle précise les engagements du constructeur sur :

a) Les emplacements accessibles aux personnes handicapées, dans un établissement ou une installation recevant du public assis ;

b) Le nombre et les caractéristiques des chambres, salles d'eaux et cabinets d'aisance accessibles aux personnes handicapées, dans un établissement disposant de locaux d'hébergement destinés au public ;

c) Le nombre et les caractéristiques des cabines et douches accessibles aux personnes handicapées, dans un établissement ou une installation comportant des cabines d'essayage, d'habillage ou de déshabillage ou des douches ;

d) Le nombre de caisses aménagées pour être accessibles aux personnes handicapées, dans un établissement ou une installation comportant des caisses de paiement disposées en batterie ;

2o Pour les établissements visés aux articles R. 111-19-5 et R. 111-19-12, la notice indique comment le projet satisfait aux règles particulières fixées par les arrêtés prévus par ces articles ;

3o Dans les cas visés au *a)* du III de l'article R. 111-19-8, elle décrit, s'il y a lieu, les mesures de substitution ponctuelles prises pour donner accès aux personnes handicapées ;

4o S'il est recouru à des conditions particulières d'application des règles d'accessibilité conformément au I de l'article R. 111-19-11, la notice justifie ce recours ;

5o Si les travaux sont relatifs à une enceinte sportive, un établissement de plein air ou un établissement conçu en vue d'offrir au public une prestation visuelle ou sonore, elle indique comment le projet satisfait aux caractéristiques prescrites par les arrêtés prévus à l'article R. 111-19-4 et au II de l'article R. 111-19-11 ;

6o Dans le cas où une dérogation aux règles d'accessibilité est demandée, la notice indique les règles auxquelles le demandeur souhaite déroger, les éléments du projet auxquels s'appliquent ces dérogations et les justifications de chaque demande. Si l'établissement remplit une mission de service public, elle indique en outre les mesures de substitution proposées.

V. Arr. 11 sept. 2007 relatif au dossier permettant de vérifier la conformité de travaux de construction, d'aménagement ou de modification d'un établissement recevant du public avec les règles d'accessibilité aux personnes handicapées (JO 26 sept.).

Art. R. 111-19-20 Un arrêté du ministre chargé de la construction précise, en tant que de besoin, le contenu du dossier prévu par les articles R. 111-18 et R. 111-19-19.

§ 3 INSTRUCTION DE LA DEMANDE

Art. R. 111-19-21 L'instruction de la demande est menée :

a) Par le service chargé de l'instruction du permis de construire, lorsque le projet fait l'objet d'une demande de permis de construire ;

b) Par le maire, dans les autres cas.

Art. R. 111-19-22 Le délai d'instruction de la demande d'autorisation est de cinq mois à compter du dépôt du dossier.

Si les dossiers joints à la demande sont incomplets, l'autorité compétente, dans le délai d'un mois à compter de la réception ou du dépôt de la demande à la mairie, adresse au demandeur une lettre recommandée avec demande d'avis de réception ou, dans le cas prévu par l'article R. 423-48 du code de l'urbanisme, un courrier électronique, indiquant, de façon exhaustive, les pièces manquantes. Le délai d'instruction de cinq mois ne commence à courir qu'à compter de la réception de ces pièces.

Lorsque le projet fait l'objet d'une demande de permis de construire, les dispositions des articles R. 423-39 à R. 423-41 du code de l'urbanisme sont applicables. Le délai d'instruction du permis de construire ne commence à courir qu'à compter de la plus tardive des dates de réception des pièces mentionnées à l'alinéa précédent ou des pièces manquantes au dossier de demande de permis de construire, lorsque l'autorité compétente a notifié au demandeur, dans les conditions définies par l'article R. 423-38 du même code, une liste de ces pièces.

Lorsque le permis doit être délivré par un établissement public de coopération intercommunale, l'autorité compétente pour délivrer l'autorisation prévue à l'article L. 111-8 du présent code adresse au président de cet établissement copie de la lettre mentionnée au deuxième alinéa ci-dessus.

Art. R. 111-19-23 L'autorité chargée de l'instruction transmet un exemplaire de la demande assortie du dossier mentionné au *a* de l'article R. 111-19-17 à la commission compétente en application de l'article R. 111-19-30, en vue de recueillir son avis sur les dispositions du projet au regard des règles d'accessibilité des personnes handicapées.

Lorsque le dossier comporte une demande de dérogation en application de l'article R. 111-19-6 ou de l'article R. 111-19-10, la commission compétente est la commission d'accessibilité d'arrondissement ou, s'il n'en a pas été institué, la commission départementale. Si la commission ne s'est pas prononcée dans un délai de deux mois à compter de sa saisine, elle est réputée avoir émis un avis favorable. La demande de dérogation est accordée par décision motivée du préfet. A défaut de réponse du préfet dans le délai de trois mois à compter de la date à laquelle il a reçu la demande, la dérogation demandée est réputée refusée.

Art. R. 111-19-24 Lorsque l'autorité compétente pour statuer sur la demande d'autorisation de travaux est le maire, celui-ci adresse un exemplaire de la demande, assortie du dossier et de l'avis de la commission compétente, au préfet qui lui fait connaître sa décision motivée sur la demande de dérogation dans un délai d'un mois. Passé ce délai, le préfet est réputé avoir rejeté la dérogation demandée.

Art. R. 111-19-25 L'autorité chargée de l'instruction transmet un exemplaire de la demande assortie du dossier mentionné au *b* de l'article R. 111-19-17 à la commission compétente en application des articles R. 123-34 à R. 123-39, en vue de recueillir son avis sur les dispositions du projet au regard des règles de sécurité.

L'avis est réputé favorable s'il n'est pas émis dans un délai de deux mois à compter de la saisine de la commission.

§ 4 DÉCISION

Art. R. 111-19-26 A défaut de notification d'une décision expresse dans le délai de cinq mois mentionné à l'article R. 111-19-22, l'autorisation de travaux est considérée comme accordée. Toutefois, le défaut de notification vaut décision implicite de rejet lorsque le préfet a refusé une dérogation selon les modalités prévues aux articles R. 111-19-23 à R. 111-19-25.

SOUS-SECTION 7 ATTESTATION PRÉVUE PAR L'ARTICLE L. 111-7-4 APRÈS ACHÈVEMENT DES TRAVAUX

(Décr. nº 2007-1327 du 11 sept. 2007, art. 1er, en vigueur le 1er oct. 2007)

Art. R. 111-19-27 A l'issue des travaux mentionnés aux sous-sections 1 à 5 et soumis au permis de construire prévu à l'article L. 421-1 du code de l'urbanisme, l'attestation prévue à l'article L. 111-7-4 est établie par un contrôleur technique titulaire d'un agrément l'habilitant à intervenir sur les bâtiments ou par un architecte, au sens de l'article 2 de la loi du 3 janvier 1977 sur l'architecture susvisée, qui ne peut être celui qui a conçu le projet, établi les plans ou signé la demande de permis de construire. L'attestation est jointe à la déclaration d'achèvement prévue par l'article R. 462-1 du code de l'urbanisme.

Les personnes mentionnées à l'article R. 111-18-4 du présent code qui construisent ou améliorent un logement pour leur propre usage sont dispensées de fournir l'attestation prévue au premier alinéa.

Un arrêté du ministre chargé de la construction détermine, en tant que de besoin, les modalités d'application du présent article.

Art. R. 111-19-28 Le fait, pour une personne ne remplissant pas les conditions définies au premier alinéa de l'article R. 111-19-27, d'établir une attestation mentionnée à cet article est puni d'une amende prévue pour les contraventions de la 5e classe.

Le fait de faire usage d'une attestation établie par une personne ne remplissant pas les conditions définies au premier alinéa de l'article R. 111-19-27 est puni de la même peine.

La juridiction peut prononcer la peine d'affichage de la décision et de diffusion de celle-ci dans les conditions prévues par l'article 131-35 du code pénal.

En cas de récidive, le maximum de la peine encourue est majoré dans les conditions définies par les articles 132-11 et 132-15 du code pénal.

SOUS-SECTION 8 AUTORISATION D'OUVERTURE D'UN ÉTABLISSEMENT RECEVANT DU PUBLIC

(Décr. nº 2007-1327 du 11 sept. 2007, art. 1er, en vigueur le 1er oct. 2007)

Art. R. 111-19-29 L'autorisation d'ouverture prévue à l'article L. 111-8-3 est délivrée au nom de l'État par l'autorité définie à l'article R. 111-19-13 :

a) Au vu de l'attestation établie en application de l'article R. 111-19-27, lorsque les travaux ont fait l'objet d'un permis de construire ;

b) Après avis de la commission compétente en application de l'article R. 111-19-30, lorsque l'établissement n'a pas fait l'objet de travaux ou n'a fait l'objet que de travaux non soumis à permis de construire. La commission se prononce après visite des lieux pour les établissements de la première à la quatrième catégorie au sens de l'article R. 123-19 ;

(Décr. nº 2009-1119 du 16 sept. 2009) « *c)* Après avis de la commission de sécurité compétente, en application des articles R. 123-45 et R. 123-46. »

L'autorisation d'ouverture est notifiée à l'exploitant par lettre recommandée avec demande d'avis de réception.

Lorsque l'autorisation est délivrée par le maire, celui-ci transmet copie de sa décision au préfet.

SOUS-SECTION 9 COMMISSIONS D'ACCESSIBILITÉ

(Décr. n° 2007-1327 du 11 sept. 2007, art. 1er, en vigueur le 1er oct. 2007)

Art. R. 111-19-30 **La commission consultative départementale de sécurité et d'accessibilité ou, à Paris, dans les Hauts-de-Seine, la Seine-Saint-Denis et le Val-de-Marne, la commission départementale de sécurité est chargée, pour l'application de la présente section, d'émettre un avis sur les demandes d'autorisation ou de dérogation et de procéder à la visite des établissements recevant du public ou des installations ouvertes au public au regard des règles d'accessibilité aux personnes handicapées.**

Le préfet peut, après avis conforme de la commission départementale, créer des commissions d'accessibilité d'arrondissement, intercommunales ou communales ayant les mêmes compétences territoriales que les commissions prévues à l'article R. 123-38. Les commissions ainsi créées exercent, dans leur ressort territorial, leurs attributions sur délégation de la commission départementale.

Les commissions d'accessibilité et les commissions de sécurité correspondantes peuvent se réunir en formation conjointe pour l'exercice de leurs missions.

SECTION IV PERFORMANCE ÉNERGÉTIQUE ET ENVIRONNEMENTALE ET CARACTÉRISTIQUES ÉNERGÉTIQUES ET ENVIRONNEMENTALES

(Décr. n° 2012-518 du 19 avr. 2012).

(Décr. n° 2006-592 du 24 mai 2006)

V. notes ss. art. L. 111-9.

BIBL. ▶ DURAND-PASQUIER, Quelques nouveautés en matière immobilière dans le projet de loi de finances pour 2010, *Constr.-Urb. 2009. Alerte 61.* – GONZALEZ-GHALBI, Réduction d'impôt « Scellier », « Verdissement » du dispositif, *Constr.-Urb. 2009, n° 149.*

SOUS-SECTION 1 CARACTÉRISTIQUES THERMIQUES

(Décr. n° 2010-1269 du 26 oct. 2010)

L'intitulé de la sous-section 1 est applicable depuis le 1er janv. 2007 (Décr. n° 2007-18 du 5 janv. 2007, art. 26-4).

COMMENTAIRE

L'article R. 111-20 met en œuvre le principe posé par l'article R. 111-6.

Depuis 1974, date de la première réglementation thermique sur les bâtiments d'habitation, les normes et les conditions d'obtention des labels et certifications n'ont cessé d'être renforcées.

Les normes auxquelles doivent répondre actuellement les constructions neuves sont fixées par la RT 2005 (V. Décr. n° 2006-592 du 24 mai 2006). Mais cette réglementation est remplacée progressivement par la RT 2012 (V. Décr. n° 2010-1269 du 26 oct. 2010 relatif aux caractéristiques thermiques et à la performance énergétique des constructions et Arr. du 26 oct. 2010 relatif aux caractéristiques thermiques et aux exigences de performance énergétique des bâtiments nouveaux et des parties nouvelles de bâtiments, *JO* 27 oct.).

La RT 2012 s'appliquera aux immeubles tertiaires pour lesquels un permis de construire a été déposé à compter du 28 octobre 2011 et aux immeubles à usage d'habitation pour lesquels un permis de construire a été déposé à compter du 1er janvier 2013.

Cette nouvelle réglementation s'articule autour de trois exigences : une exigence d'efficacité énergétique minimale du bâti, une exigence de consommation maximale et une exigence de confort estival. Jusqu'alors valorisé, le recours aux énergies renouvelables pour les maisons individuelles est désormais obligatoire (V. art. 16 de l'Arr. préc.). L'objectif est que le bâtiment ne doit pas avoir une consommation d'énergie moyenne qui excède 50 kWh/m²/an.

Par ailleurs, des labels attestent le respect d'un niveau de performance énergétique supérieur à l'exigence réglementaire. Ils doivent être demandés par le maître de l'ouvrage et sont délivrés par un organisme ayant passé une convention spéciale avec l'État.

Pour le bâti neuf, le « label haute performance énergétique » HPE 2005 a remplacé le label HPE 2000. Ce label est désormais décliné en cinq niveaux. Des mesures financières et fiscales rendent la délivrance de ce label attractive. Notamment, le plus haut niveau, le label BBC 2005 constitue le critère de majoration du PTZ, du crédit d'impôt « intérêt d'emprunt habitation principale » (V. art. 46 AZA *septies* **CGI**, ann. III, et Instr. 3 nov. 2009, BOI B-28-09), d'exonération temporaire de la taxe foncière (CGI, art. 1383-0 B *bis* et Décr. nº 2009-1529 du 9 déc. 2009), d'atténuation de la baisse graduelle du taux de réduction d'impôt du dispositif Scellier (V. art. 199 *septicies*, IV, al. 6, et VIII, al. 6, **CGI**). L'article 4 de la loi nº 2009-967 du 3 août 2009 relative à la mise en œuvre du Grenelle de l'environnement (V. App., vº *Grenelle de l'environnement*) ambitionne en effet de généraliser les BBC en 2012, et les bâtiments à énergie positive en 2020.

Cet article prévoit également la rénovation du parc existant. Pour y contribuer, le décret nº 2009-1154 du 29 sept. 2009 a créé un label « haute performance énergétique rénovation », lequel se scinde en deux niveaux : le label « haute performance énergétique rénovation, HPE rénovation 2009 » et le label « bâtiment basse consommation énergétique rénovation, BBC rénovation 2009 » (V. Arr. 29 sept. 2009 et art. R.* 131-28-1).

Sur la valorisation de la HQE, V. Rép. min. nº 103956 : *JOAN Q 31 oct. 2006, p. 11323.* ❑

Art. R. 111-20 I. – Les bâtiments nouveaux et les parties nouvelles de bâtiments doivent être construits et aménagés de telle sorte qu'ils respectent des caractéristiques thermiques ainsi que les conditions suivantes :

1º La consommation conventionnelle d'énergie d'un bâtiment pour le chauffage, le refroidissement, la production d'eau chaude sanitaire, l'éclairage, les auxiliaires de chauffage, de refroidissement, d'eau chaude sanitaire et de ventilation, doit être inférieure ou égale à une consommation maximale ;

2º Le besoin conventionnel en énergie d'un bâtiment pour le chauffage, le refroidissement et l'éclairage ne doit pas dépasser une valeur maximale ;

3º Pour certains types de bâtiments, la température intérieure conventionnelle atteinte en été doit être inférieure ou égale à la température intérieure conventionnelle de référence.

II. – Un arrêté du ministre chargé de l'énergie et du ministre chargé de la construction et de l'habitation fixe, en fonction des catégories de bâtiments :

1º Les caractéristiques thermiques intervenant dans la performance énergétique du bâtiment ;

2º La méthode de calcul de la consommation conventionnelle d'énergie d'un bâtiment et les principales conventions prises en compte dans cette méthode ;

3º La valeur de la consommation maximale ;

4º La méthode de calcul du besoin conventionnel en énergie d'un bâtiment pour le chauffage, le refroidissement et l'éclairage et les principales conventions prises en compte dans cette méthode ;

5º La valeur du besoin maximal en énergie ;

6º Les bâtiments pour lesquels la température intérieure conventionnelle atteinte en été ne doit pas être supérieure à une température intérieure conventionnelle de référence ;

7o Pour les bâtiments visés au 3o du I, la méthode de calcul de la température intérieure conventionnelle atteinte en été ;

8o Les caractéristiques thermiques de référence pour le calcul de la température intérieure conventionnelle de référence atteinte en été ;

9o Les conditions particulières d'évaluation de la performance thermique des systèmes ou projets de construction pour lesquels, en raison de leur spécificité, les caractéristiques thermiques minimales ou les méthodes de calcul ne sont pas applicables ;

10o Les conditions d'approbation des procédés et modes d'application simplifiés permettant de regarder comme remplies les conditions définies au I ;

11o Les modalités de transmission des données utilisées pour ces calculs et communiquées à leur demande aux personnes habilitées visées à l'article L. 151-1, à tout acquéreur, à toute personne chargée d'établir une attestation de prise en compte de la réglementation thermique, de *[à]* toute personne chargée de vérifier la conformité à un label de "haute performance énergétique", et à toute personne chargée d'établir le diagnostic de performance énergétique visé à l'article L. 134-2.

III. – Un arrêté du ministre chargé de l'énergie et du ministre chargé de la construction et de l'habitation détermine les conditions d'attribution à un bâtiment du label "haute performance énergétique".

IV. – Les dispositions du présent article ne s'appliquent pas aux bâtiments et parties de bâtiment dont la température normale d'utilisation est inférieure ou égale à 12oC et aux constructions provisoires prévues pour une durée d'utilisation de moins de deux ans.

Sur les modalités d'entrée en vigueur du présent art., V. Décr. no 2012-1530 du 28 déc. 2012, art. 2 ss. R. 111-20-1.

V. Arr. du 28 déc. 2012 relatif aux caractéristiques thermiques et aux exigences de performance énergétique des bâtiments nouveaux et des parties nouvelles de bâtiments autres que ceux concernés par l'article 2 du décret du 26 octobre 2010 relatif aux caractéristiques thermiques et à la performance énergétique des constructions (JO 1er janv.).

V. Arr. du 26 oct. 2010 relatif aux caractéristiques thermiques et aux exigences de performance énergétique des bâtiments nouveaux et des parties nouvelles de bâtiments (JO 27 oct., rect. JO 26 déc.).

V. Arr. du 19 mars 2012 relatif à l'agrément de la demande de titre V relative à la prise en compte du système Températion® T.Zen 400/4000 dans la RT 2012 (JO 30 mars).

BIBL. ▸ MERCIER, Les apports de la loi « Grenelle II » au droit de la construction, *Constr.-Urb. 2010. Étude 12.* – DURAND-PASQUIER, La « Réglementation Thermique » nouvelle est arrivée ! Et la place du juriste s'en trouve à nouveau interrogée !, *Constr.-Urb. 2011. Alerte 1.* – PÉRINET-MARQUET, Le poids des mots, *Constr.-Urb. 2011. Repère 1.*

Décret no 2010-1269 du 26 octobre 2010,

Relatif aux caractéristiques thermiques et à la performance énergétique des constructions.

Art. 2 Les dispositions de l'article R. 111-20 du code de la construction et de l'habitation dans leur rédaction résultant du présent décret sont applicables :

1o A tous les projets de construction de bâtiments de bureaux, d'enseignement et d'établissement d'accueil de la petite enfance faisant l'objet d'une demande de permis de construire ou d'une déclaration préalable déposée plus d'un an à compter de la date de publication du présent décret ;

(Décr. no 2012-111 du 27 janv. 2012, art. 3-I) « 2o A tous les projets de construction de bâtiments à usage d'habitation faisant l'objet d'une demande de permis de construire ou d'une déclaration préalable déposée à compter du 1er mars 2012 et :

« *a)* Prévus par les conventions pluriannuelles mentionnées aux articles 10 et 10-1 de la loi no 2003-710 du 1er août 2003 d'orientation et de programmation pour la ville et la rénovation urbaine *[V. App., vo Rénovation urbaine]* ;

« *b)* Bénéficiant des dispositions définies au 11 du I de l'article 278 *sexies* du code général des impôts. »

3° A tous les projets de construction de bâtiments à usage d'habitation, autres que ceux visés au 2° ci-dessus, faisant l'objet d'une demande de permis de construire ou d'une déclaration préalable à compter du 1er janvier 2013.

Ancien art. R. 111-20 (Décr. n° 2006-592 du 24 mai 2006) ***I. — Les bâtiments nouveaux et les parties nouvelles de bâtiments doivent être construits et aménagés de telle sorte qu'ils respectent des caractéristiques thermiques minimales ainsi que les conditions suivantes :***

1° La consommation conventionnelle d'énergie d'un bâtiment pour le chauffage, la ventilation, la climatisation, la production d'eau chaude sanitaire et l'éclairage des locaux doit être inférieure ou égale à la consommation conventionnelle d'énergie de référence de ce bâtiment et, pour certains types de bâtiments, à une consommation maximale ;

2° Pour certains types de bâtiments, la température intérieure conventionnelle atteinte en été doit être inférieure ou égale à la température intérieure conventionnelle de référence.

II. — Un arrêté du ministre chargé de l'énergie et du ministre chargé de la construction et de l'habitation fixe, en fonction des catégories de bâtiments :

1° Les caractéristiques thermiques minimales ;

2° La méthode de calcul de la consommation conventionnelle d'énergie d'un bâtiment ;

3° Les bâtiments pour lesquels la consommation conventionnelle d'énergie ne doit pas être supérieure à une consommation maximale ;

4° Pour les bâtiments visés au 3°, la valeur de la consommation maximale ;

5° Les bâtiments pour lesquels la température intérieure conventionnelle atteinte en été ne doit pas être supérieure à une température intérieure conventionnelle de référence ;

6° Pour les bâtiments visés au 5°, la méthode de calcul de la température intérieure conventionnelle atteinte en été ;

7° Les caractéristiques thermiques de référence pour le calcul de la consommation conventionnelle d'énergie de référence et de la température intérieure conventionnelle de référence atteinte en été ;

8° Les conditions particulières d'évaluation de la performance thermique des systèmes ou projets de construction pour lesquels, en raison de leur spécificité, les caractéristiques thermiques, minimales ou de référence, ou les méthodes de calcul ne sont pas applicables ;

9° Les conditions d'approbation des procédés et solutions techniques de construction, d'aménagement et d'équipement permettant de regarder comme remplies les conditions définies au I ;

10° Les modalités de transmission des données utilisées pour ces calculs et communiquées à leur demande aux personnes habilitées visées à l'article L. 151-1.

III. — Un arrêté du ministre chargé de l'énergie et du ministre chargé de la construction et de l'habitation détermine les conditions d'attribution à un bâtiment du label « haute performance énergétique ».

IV. — Les dispositions du présent article ne s'appliquent pas aux bâtiments et parties de bâtiment dont la température normale d'utilisation est inférieure ou égale à 12°C et aux constructions provisoires prévues pour une durée d'utilisation de moins de deux ans.

V. Arr. du 24 mai 2006 relatifs aux caractéristiques thermiques des bâtiments nouveaux et des parties nouvelles de bâtiments (JO 25 mai), Arr. 30 nov. 2007 relatifs à l'agrément de la solution technique ST 2007-001 relative au respect des exigences de confort d'été pour l'application de la RT 2005 (JO 13 déc.) et Arr. du 12 déc. 2007 relatifs à l'agrément de la solution technique ST 2007-001 relative au respect des exigences de confort d'été pour l'application de la RT 2005 pour les maisons individuelles non climatisées (JO 26 déc.), Arr. du 9 juin 2009 relatifs à l'agrément de la demande de titre V relative à la prise en compte des appareils indépendants de chauffage à bois dans le cadre de la RT 2005 (JO 27 juin), Arr. du 27 août 2009 relatif à l'agrément de la demande de titre V relative à la prise en compte du système « NAVAIR » dans la RT 2005 (JO 9 sept.), Arr. du 27 août 2009 relatifs à l'agrément de la demande de titre V relative à la prise en compte des gestions centralisées et automatisées des volets roulants dans la RT 2005 (JO 9 sept.), Arr. du 11 sept. 2009 relatif à l'agrément de la demande de titre V relative à la prise en compte des fenêtres pariétodynamiques dans la RT 2005 (JO 16 oct.), Arr. du 13 janv. 2010 relatif à l'agrément de la demande de titre V relative à la production d'eau chaude sanitaire indirecte, avec stockage, avec ou sans appoint, par une pompe à chaleur à absorption à chauffage direct au gaz dans la RT 2005 (JO 11 févr.), Arr. du 1er sept. 2011 relatif à l'agrément de la demande de titre V relative à la prise en compte du système « Héliopac® » dans la RT 2005 (JO 22 sept.), Arr. du 23 avr. 2010 relatif à l'agrément de la demande de titre V relative au mode de prise en compte du système « Températion® »

en période de chauffage dans la RT 2005 (JO 5 mai), Arr. du 14 oct. 2010 relatif à l'agrément de la demande de titre V relative à la prise en compte du système « Power-Pipe® » dans la RT 2005 (JO 27 oct.), Arr. du 17 mars 2011 relatif à l'agrément de la demande de titre V relative à la production d'eau chaude sanitaire indirecte, avec stockage et appoint, par une pompe à chaleur à compression par moteur gaz naturel dans la RT 2005 (JO 2 avr.), Arr. du 13 mai 2011 abrogeant et remplaçant l'arrêté du 29 juill. 2009 relatif à l'agrément de la demande de titre V relative à la prise en compte des appareils électriques individuels de production d'eau chaude sanitaire thermodynamique dans la RT 2005 (JO 29 mai), Arr. du 13 déc. 2011 relatif à l'agrément de la demande de titre V relative à la production d'eau chaude sanitaire solaire en configuration de type collectif individualisé (CESCI) parapluie avec appoint intégré électrique ou gaz ou séparé gaz dans la RT 2005 (JO 22 déc.), Arr. du 17 janv. 2012 relatif à l'agrément de la demande de titre V relative à la prise en compte du système « Recoh® » dans la RT 2005 (JO 31 janv. 2012), Arr. du 21 févr. 2012 relatif à l'agrément de la demande de titre V relative à la prise en compte du système ERS Biofluides dans la RT 2005 (JO 24 févr.), Arr. du 27 janv. 2012 relatif à l'agrément de la demande de titre V relative à la prise en compte du système Nilan Compact P dans la RT 2005 (JO 29 févr.).

V. Arr. du 3 mai 2007 relatif au contenu et aux conditions d'attribution du label « haute performance énergétique » (JO 15 mai, rect. JO 8 sept. 2007), Arr. du 22 janv. 2009 relatif à l'agrément de la demande de Titre V relative à la prise en compte du système « Températion® » dans le cadre de la réglementation thermique 2005 (JO 5 févr.), Arr. du 11 mars 2009 relatifs à l'agrément de la demande de titre V relative à la prise en compte des chaudières à micro-cogénération à combustible liquide ou gazeux dans le cadre de la réglementation thermique 2005 (JO 21 mars).

Les dispositions de l'art. R. 111-20 dans leur rédaction résultant du Décr. n° 2006-592 du 24 mai 2006 sont applicables à tous les projets de construction ayant fait l'objet d'une demande de permis ou d'une déclaration préalable déposée à compter du 1er sept. 2006 (Décr. préc., art. 2).

Art. R. 111-20-1 *(Décr. n° 2011-544 du 18 mai 2011, art. 1er)* **Le maître d'ouvrage de tout bâtiment neuf ou de partie nouvelle de bâtiment existant situé en France métropolitaine établit, pour chaque bâtiment concerné, un document attestant qu'il a pris en compte ou fait prendre en compte par le maître d'œuvre lorsque ce dernier est chargé d'une mission de conception de l'opération la réglementation thermique définie à l'article R. 111-20, et en particulier :**

– la prescription concernant le besoin conventionnel en énergie d'un bâtiment pour le chauffage, le refroidissement et l'éclairage, mentionnée au 2° du I de l'article R. 111-20 ;

– les prescriptions sur les caractéristiques thermiques intervenant dans la performance énergétique du bâtiment mentionnées au 1° du II de l'article R. 111-20 et qui sont précisées par arrêté.

Cette attestation est établie sur un formulaire conforme à des prescriptions fixées par arrêté. Elle est jointe à la demande de permis de construire dans les conditions prévues au *(Décr. n° 2012-274 du 28 févr. 2012, art. 8-2°, en vigueur le 1er mars 2012)* **« i de l'article R. 431-16** *[ancienne rédaction : g de l'article R. 431-16]* **» du code de l'urbanisme.** – *V. Arr. du 11 oct. 2011 relatif aux attestations de prise en compte de la réglementation thermique et de réalisation d'une étude de faisabilité relative aux approvisionnements en énergie pour les bâtiments neufs ou les parties nouvelles de bâtiments (JO 22 oct.).*

Sur les modalités d'entrée en vigueur du présent art., V. Décr. n° 2011-544 du 18 mai 2011, art. 4, et Décr. n° 2012-1530 du 28 déc. 2012, art. 2, ci-dessous.

Décret n° 2011-544 du 18 mai 2011,

Relatif aux attestations de prise en compte de la réglementation thermique et de réalisation d'une étude de faisabilité relative aux approvisionnements en énergie pour les bâtiments neufs ou les parties nouvelles de bâtiment.

Art. 4 Les dispositions des articles R. 111-20-1 à R. 111-20-5 du code de la construction et de l'habitation [...] dans leur rédaction résultant du présent décret sont applicables :

1° A tous les projets de construction de bâtiments de bureaux, d'enseignement et d'établissement d'accueil de la petite enfance faisant l'objet d'une demande de permis de construire déposée à partir du 28 octobre 2011 ;

(Décr. n° 2012-111 du 27 janv. 2012, art. 3-II) « 2° A tous les projets de construction de bâtiments à usage d'habitation faisant l'objet d'une demande de permis de construire ou d'une déclaration préalable déposée à compter du 1er mars 2012 et :

« *a)* Prévus par les conventions pluriannuelles mentionnées aux articles 10 et 10-1 de la loi n° 2003-710 du 1er août 2003 d'orientation et de programmation pour la ville et la rénovation urbaine *[V. App., v° Rénovation urbaine]* ;

« *b)* Bénéficiant des dispositions définies au 11 du I de l'article 278 *sexies* du code général des impôts. »

3° A tous les projets de construction de bâtiments à usage d'habitation autres que ceux visés au 2° ci-dessus faisant l'objet d'une demande de permis de construire déposée à compter du 1er janvier 2013.

Décret n° 2012-1530 du 28 décembre 2012

Relatif aux caractéristiques thermiques et à la performance énergétique des constructions de bâtiments.

Art. 2 I. — Le présent décret entre en vigueur le premier jour du mois suivant celui de sa publication *[soit le 1er janv. 2013]*.

II. — Les articles R. 111-20 à R. 111-20-4 du code de la construction et de l'habitation s'appliquent aux bâtiments mentionnés aux e à *n* de l'article R. 111-20-6 du même code qui font l'objet d'une demande de permis de construire déposée à compter de la date mentionnée au I.

L'article R. 111-20 du code de la construction et de l'habitation s'applique également aux bâtiments mentionnés aux e à *n* de l'article R. 111-20-6 du même code qui font l'objet d'une demande de déclaration préalable déposée à compter de la date mentionnée au I.

III. — Les articles R. 111-20 à R. 111-20-4 du code de la construction et de l'habitation s'appliquent à compter de la date mentionnée au I aux bâtiments à usage d'habitation qui n'étaient pas déjà soumis à leurs dispositions en vertu des décrets [n° 2010-1269] du 26 octobre 2010, [n° 2011-544] du 18 mai 2011 et [n° 2012-111] du 27 janvier 2012 susvisés.

Art. R. 111-20-2 *(Décr. n° 2011-544 du 18 mai 2011, art. 1er)* **Le maître d'ouvrage de tout bâtiment neuf ou de partie nouvelle de bâtiment existant situé en France métropolitaine établit, pour chaque bâtiment concerné, un document attestant la réalisation, pour les bâtiments concernés par le cinquième alinéa de l'article L. 111-9, d'une étude de faisabilité sur les approvisionnements en énergie qui comporte notamment :**

— le système prévu par le maître d'ouvrage à l'issue de l'étude de faisabilité en le justifiant ;

— la valeur de la consommation en kilowattheure d'énergie primaire pour le système prévu ;

— le coût annuel d'exploitation du système prévu.

Cette attestation est établie sur un formulaire conforme à des prescriptions fixées par arrêté. Elle est jointe à la demande de permis de construire dans les conditions prévues au *(Décr. n° 2012-274 du 28 févr. 2012, art. 8-2°, en vigueur le 1er mars 2012)* **« *i* de l'article R. 431-16** *[ancienne rédaction : g de l'article R. 431-16]* **» du code de l'urbanisme.** — *V. Arr. 11 oct. 2011 relatif aux attestations de prise en compte de la réglementation thermique et de réalisation d'une étude de faisabilité relative aux approvisionnements en énergie pour les bâtiments neufs ou les parties nouvelles de bâtiments (JO 22 oct.).*

Sur les modalités d'entrée en vigueur du présent art., V. Décr. n° 2011-544 du 18 mai 2011, art. 4, et Décr. n° 2012-1530 du 28 déc. 2012, art. 2, ss. art. R. 111-20-1.

Art. R. 111-20-3 *(Décr. nº 2011-544 du 18 mai 2011, art. 1er)* **A l'achèvement des travaux portant sur des bâtiments neufs ou des parties nouvelles de bâtiment existant soumis à permis de construire et situés en France métropolitaine :**

— si le maître d'œuvre de l'opération de construction est chargé d'une mission de conception de l'opération et de l'exécution des travaux, le maître d'ouvrage fournit, pour chaque bâtiment concerné, un document attestant la prise en compte par le maître d'œuvre de la réglementation thermique ;

— si la mission confiée au maître d'œuvre se limite à la conception de l'opération ou si le maître d'ouvrage n'a pas désigné de maître d'œuvre, le maître d'ouvrage fournit, pour chaque bâtiment concerné, un document attestant qu'il a pris en compte la réglementation thermique.

Le document ainsi établi doit attester la prise en compte :

— de la prescription concernant la consommation conventionnelle d'énergie du bâtiment pour le chauffage, le refroidissement, la production d'eau chaude sanitaire, l'éclairage, les auxiliaires de chauffage, de refroidissement, d'eau chaude sanitaire et de ventilation, mentionnée au 1º du I de l'article R. 111-20 ;

— de la prescription concernant le besoin conventionnel en énergie d'un bâtiment pour le chauffage, le refroidissement et l'éclairage, mentionnée au 2º du I de l'article R. 111-20 ;

— pour certains types de bâtiments, de la prescription concernant la température intérieure conventionnelle atteinte en été, mentionnée au 3º du I de l'article R. 111-20 ;

— des prescriptions sur les caractéristiques thermiques intervenant dans la performance énergétique du bâtiment mentionnées au 1º du II de l'article R. 111-20 et qui sont précisées par arrêté.

Cette attestation est établie sur un formulaire conforme à des prescriptions fixées par arrêté. Elle est jointe à la déclaration d'achèvement des travaux dans les conditions prévues à l'article R. 462-4-1 du code de l'urbanisme. *— V. Arr. 11 oct. 2011 relatif aux attestations de prise en compte de la réglementation thermique et de réalisation d'une étude de faisabilité relative aux approvisionnements en énergie pour les bâtiments neufs ou les parties nouvelles de bâtiments (JO 22 oct.).*

Sur les modalités d'entrée en vigueur du présent art., V. Décr. nº 2011-544 du 18 mai 2011, art. 4, et Décr. nº 2012-1530 du 28 déc. 2012, art. 2, ss. art. R. 111-20-1.

Art. R. 111-20-4 *(Décr. nº 2011-544 du 18 mai 2011, art. 1er)* **L'attestation prévue à l'article R. 111-20-3 est établie par l'une des personnes suivantes :**

— un contrôleur technique mentionné à l'article L. 111-23 pour tout type de bâtiment ;

(Décr. nº 2012-111 du 27 janv. 2012, art. 3-III) **« — une personne répondant aux conditions exigées pour réaliser le diagnostic de performance énergétique prévu à l'article L. 134-1 dans le cas d'une maison individuelle ou accolée ; »**

— un organisme ayant certifié, au sens des articles L. 115-27 à L. 115-32 du code de la consommation, la performance énergétique du bâtiment neuf ou de la partie nouvelle du bâtiment dans le cadre de la délivrance d'un label de "haute performance énergétique" pour tout type de bâtiment ;

— un architecte au sens de l'article 2 de la loi nº 77-2 du 3 janvier 1977 sur l'architecture pour tout type de bâtiment.

Un arrêté définit les éléments d'information que le maître d'ouvrage doit, en fonction des catégories de bâtiment *[bâtiments]*, **fournir aux personnes susvisées afin de permettre l'établissement du document décrit à l'article R. 111-20-3.** *— V. Arr. du 11 oct. 2011 relatif aux attestations de prise en compte de la réglementation thermique et de réalisation d'une étude de faisabilité relative aux approvisionnements en énergie pour les bâtiments neufs ou es parties nouvelles de bâtiments (JO 22 oct.).*

Sur les modalités d'entrée en vigueur du présent art., V. Décr. nº 2011-544 du 18 mai 2011, art. 4, et Décr. nº 2012-1530 du 28 déc. 2012, art. 2, ss. art. R. 111-20-1.

Art. R. 111-20-5 *(Décr. n° 2011-544 du 18 mai 2011, art. 1er)* **Un arrêté du ministre chargé de la construction détermine les modalités d'application des articles R. 111-20-1 à R. 111-20-4.** – *V. Arr. du 11 oct. 2011 relatif aux attestations de prise en compte de la réglementation thermique et de réalisation d'une étude de faisabilité relative aux approvisionnements en énergie pour les bâtiments neufs ou les parties nouvelles de bâtiments (JO 22 oct.).*

Sur les modalités d'entrée en vigueur du présent art., V. Décr. n° 2011-544 du 18 mai 2011, art. 4 ss. art. R. 111-20-1.

Art. R. 111-20-6 *(Décr. n° 2012-1530 du 28 déc. 2012, en vigueur le 1er janv. 2013)* **I. – Les dispositions de la présente sous-section sont applicables à tous les projets de construction de bâtiments neufs devant faire l'objet d'une demande de permis de construire et figurant dans la liste suivante :**

***a)* Bâtiments à usage d'habitation ;**

***b)* Bureaux ;**

***c)* Établissements d'accueil de la petite enfance ;**

***d)* Bâtiments d'enseignement primaire et secondaire ;**

***e)* Bâtiments universitaires d'enseignement et de recherche ;**

***f)* Hôtels ;**

***g)* Restaurants ;**

***h)* Commerces ;**

***i)* Gymnases et salles de sports, y compris vestiaires ;**

***j)* Établissements de santé ;**

***k)* Établissements d'hébergement pour personnes âgées et établissements d'hébergement pour personnes âgées dépendantes ;**

***l)* Aérogares ;**

***m)* Tribunaux, palais de justice ;**

***n)* Bâtiments à usage industriel et artisanal.**

II. – Les dispositions de l'article R. 111-20 s'appliquent en outre à tous les projets de construction de bâtiments neufs, figurant dans la liste du I ci-dessus et devant faire l'objet d'une déclaration préalable.

SOUS-SECTION 2 PERFORMANCE ÉNERGÉTIQUE ET ÉNERGIES RENOUVELABLES

(Décr. n° 2007-18 du 5 janv. 2007, art. 16-II)

BIBL. ▶ BILLET, *Constr.-Urb. 2007. Étude 22* (le nouveau régime des autorisations d'urbanisme et la protection de l'environnement). – LE MARCHAND et GODFRIN, *Constr.-Urb. 2007. Repère 9* (le COS au secours de la planète !).

COMMENTAIRE

Les contraintes imposées par le COS ou à la SCHON pouvaient dissuader voire rendre impossible la réalisation de travaux d'isolation ou l'installation d'équipements utilisant des énergies renouvelables. Pour pallier cette difficulté, les articles L. 128-1 et L. 128-2 du code de l'urbanisme prévoient désormais que les communes peuvent autoriser une majoration du COS lorsque les constructions respectent des normes environnementales ambitieuses. Le dispositif ne peut trouver à s'appliquer que lors du dépôt d'un permis de construire. Par ailleurs, il nécessite l'existence d'un PLU prévoyant des COS, ainsi qu'une décision du conseil municipal.

Les conditions requises ainsi que les règles procédurales sont précisées par l'article R. 111-21 et l'arrêté du 3 mai 2007. Les constructions doivent notamment pouvoir obtenir le label HPE le plus exigeant (THPE EnR 2005 ou BBC 2005). Ces critères sont aménagés s'agissant des maisons individuelles et des extensions de bâtiments.

En cas de non-respect des critères de performance requis le titulaire du permis de construire s'expose aux sanctions pénales prévues par les articles L. 152-2 et L. 152-9 du code de la construction et de l'habitation.

Ces règles sont applicables pour les permis de construire déposés depuis le 1er janvier 2007. ❑

Art. R. 111-21 **Pour pouvoir bénéficier du dépassement du coefficient d'occupation des sols prévu à l'article L. 128-1 du code de l'urbanisme, le pétitionnaire du permis de construire doit justifier que la construction projetée respecte les critères de performance énergétique définis par le label « haute performance énergétique » mentionné à l'article R. 111-20 du présent code ou s'engager à installer des équipements de production d'énergie renouvelable de nature à couvrir une part minimale de la consommation conventionnelle d'énergie du bâtiment au sens du même article R. 111-20.**

Les équipements pris en compte sont ceux qui utilisent les sources d'énergie renouvelable mentionnées à l'article *(Ord. nº 2011-504 du 9 mai 2011, en vigueur le 1er juin 2011)* **« L. 211-2 du code de l'énergie ».**

Le demandeur joint au dossier du permis de construire soit un document établi par un organisme habilité à délivrer le label « haute performance énergétique » attestant que le projet respecte les critères de performance requis, soit son engagement d'installer les équipements de production d'énergie renouvelable, assorti d'un document établi par une personne répondant aux conditions de l'article L. 271-6 et attestant que ces équipements satisfont aux prescriptions du présent article et de l'arrêté pris pour son application.

Un arrêté conjoint des ministres chargés de la construction et de l'énergie détermine les modalités d'application du présent article. Il fixe notamment la part minimale que doit représenter la production d'énergie renouvelable dans la consommation conventionnelle d'énergie du bâtiment et définit les critères de performance correspondant à chaque type ou catégorie d'équipements de production d'énergie renouvelable. – *V. Arr. 3 mai 2007 (JO 15 mai, rect. JO 1er sept. 2007).*

L'art. R. 111-21 est en vigueur depuis le 1er janv. 2007 et est applicable aux demandes de permis de construire déposées à compter de cette date. Pour l'application du 3e al. de cet art. issu de l'art. 16 du Décr. nº 2007-18 du 5 janv. 2007, l'attestation à produire en complément de l'engagement d'installer des équipements de production d'énergie renouvelable peut être établie, entre le 1er janv. et le 30 oct. 2007, par un technicien qualifié au lieu d'une personne répondant aux conditions de l'art. L. 271-6 du même code (Décr. préc., art. 26-4).

Art. R. 111-21-1 **Sans préjudice de l'application, le cas échéant, des peines plus sévères prévues aux articles L. 152-2 à L. 152-9, le fait pour le titulaire du permis de construire ou son ayant droit qui a bénéficié des dispositions de l'article L. 128-1 du code de l'urbanisme de ne pas réaliser une construction satisfaisant aux critères de performance requis ou de ne pas respecter dans les trois ans suivant l'achèvement des travaux son engagement d'installer les équipements de production d'énergie renouvelable est puni de la peine d'amende prévue pour les contraventions de la 5e classe.**

La personne reconnue coupable de ces infractions encourt également la peine complémentaire d'affichage ou de diffusion, par la presse écrite ou par tout moyen de communication audiovisuelle, de la décision prononcée, dans les conditions prévues aux articles 131-35 et 131-48 du code pénal.

La récidive est punie conformément aux dispositions de l'article 132-11 et 132-15 du code pénal.

L'art. R. 111-21-1 est en vigueur depuis le 1er janv. 2007 et est applicable aux demandes de permis de construire déposées à compter de cette date (Décr. préc., art. 26-4).

SOUS-SECTION 3 ÉTUDE DE FAISABILITÉ DES APPROVISIONNEMENTS EN ÉNERGIE

(Décr. nº 2007-363 du 19 mars 2007)

Les dispositions issues du Décr. nº 2007-363 du 19 mars 2007 s'appliquent aux bâtiments ou parties de bâtiments ou aux opérations de construction de bâtiments dont la date de dépôt de la demande de permis de construire est postérieure au 31 déc. 2007 (Décr. préc., art. 4).

Art. R. 111-22 La présente sous-section s'applique à la construction de tout bâtiment nouveau ou partie nouvelle de bâtiment ou à toute opération de construction de bâtiments, dont la *(Décr. nº 2011-2054 du 29 déc. 2011, art. 6, en vigueur le 1er mars 2012)* « surface de plancher *[ancienne rédaction : superficie hors œuvre nette]* » totale nouvelle est supérieure à 1 000 m², à l'exception des catégories suivantes :

a) Les constructions provisoires prévues pour une durée d'utilisation égale ou inférieure à deux ans ;

b) Les bâtiments à usage agricole, artisanal ou industriel, autres que les locaux servant à l'habitation, qui ne demandent qu'une faible quantité d'énergie pour le chauffage, la production d'eau chaude sanitaire ou le refroidissement ;

c) Les bâtiments servant de lieux de culte ;

d) Les extensions des monuments historiques classés ou inscrits à l'inventaire en application du code du patrimoine.

Art. R. 111-22-1 Préalablement au dépôt de la demande de permis de construire, le maître d'ouvrage réalise une étude de faisabilité technique et économique des diverses solutions d'approvisionnement en énergie pour le chauffage, la ventilation, le refroidissement, la production d'eau chaude sanitaire et l'éclairage des locaux.

Cette étude examine notamment :

– le recours à l'énergie solaire et aux autres énergies renouvelables mentionnées par l'article *(Ord. nº 2011-504 du 9 mai 2011, en vigueur le 1er juin 2011)* « L. 211-2 du code de l'énergie ».

– le raccordement à un réseau de chauffage ou de refroidissement collectif ou urbain, s'il existe à proximité du terrain d'implantation de l'immeuble ou de l'opération ;

– l'utilisation de pompes à chaleur et de chaudières à condensation ;

– le recours à la production combinée de chaleur et d'électricité.

Elle présente les avantages et les inconvénients de chacune des solutions étudiées, quant aux conditions de gestion du dispositif, aux coûts d'investissement et d'exploitation, à la durée d'amortissement de l'investissement et à l'impact attendu sur les émissions de gaz à effet de serre. Elle tient compte pour l'extension d'un bâtiment des modes d'approvisionnement en énergie de celui-ci.

Cette étude précise les raisons pour lesquelles le maître d'ouvrage a retenu la solution d'approvisionnement choisie.

(Décr. nº 2012-394 du 23 mars 2012, art. 2-I, en vigueur le 1er avr. 2012) « Dans les périmètres de développement prioritaire d'un réseau de chaleur ou de froid ayant fait l'objet d'une décision de classement en vigueur conformément aux dispositions des articles L. 712-1 à L. 712-3 du code de l'énergie, l'étude de faisabilité technique et économique prévue au premier alinéa n'est exigée que pour les bâtiments auxquels l'obligation de raccordement au réseau n'est pas applicable et pour ceux qui ont obtenu une dérogation à l'obligation de raccordement au réseau. »

Art. R. 111-22-2 Un arrêté conjoint des ministres chargés de la construction et de l'énergie détermine les modalités d'application de la présente sous-section. – *V. Arr. 18 déc. 2007 (JO 23 déc.).*

SOUS-SECTION 4 PERFORMANCE ENVIRONNEMENTALE ET CARACTÉRISTIQUES ENVIRONNEMENTALES

(Décr. nº 2012-518 du 19 avr. 2012)

Art. R. 111-22-3 Les bâtiments nouveaux intégrant un taux minimal de matériaux biosourcés et répondant aux caractéristiques associées à ces matériaux peuvent prétendre à l'obtention d'un label "bâtiment biosourcé". Un arrêté du ministre chargé de la construction détermine les conditions d'attribution de ce label.

SECTION V CARACTÉRISTIQUES ACOUSTIQUES

(Décr. nº 95-20 du 9 janv. 1995)

Art. R. 111-23-1 Les dispositions de la présente section s'appliquent aux bâtiments nouveaux et parties nouvelles de bâtiments existants relevant de tout établissement d'enseignement, de santé, de soins, d'action sociale, de loisirs et de sport ainsi qu'aux hôtels et établissements d'hébergement à caractère touristique.

Art. R. 111-23-2 Les bâtiments auxquels s'appliquent les dispositions de la présente section sont construits et aménagés de telle sorte que soient limités les bruits à l'intérieur des locaux, par une isolation acoustique vis-à-vis de l'extérieur et entre locaux, par la recherche des conditions d'absorption acoustique et par la limitation des bruits engendrés par les équipements des bâtiments.

Des arrêtés conjoints des ministres chargés de la construction, de l'environnement, de l'intérieur et, selon les cas, des autres ministères intéressés, pris après consultation du Conseil national du bruit, fixent, pour les différentes catégories de locaux et en fonction de leur utilisation, les seuils et les exigences techniques, applicables à la construction et à l'aménagement, permettant d'atteindre les objectifs définis à l'alinéa 1er du présent article. – *Concernant la limitation du bruit : dans les établissements d'enseignement, V. Arr. 25 avr. 2003 (JO 28 mai) ; ... dans les établissements de santé, V. Arr. 25 avr. 2003 (JO 28 mai) ; ... dans les hôtels, V. Arr. 25 avr. 2003 (JO 28 mai).*

V. aussi Circ. 25 avr. 2003 relative à l'application de la réglementation acoustique des bâtiments autres que d'habitation (JO 28 mai).

V. également Circ. 23 mai 2002 relative au financement des opérations d'insonorisation des logements privés et des locaux d'enseignement, de soin, de santé et d'action sociale (Mon. TP 26 juill. 2002, Suppl. textes, p. 379).

V. encore C. envir., art. R. 571-25 à R. 571-31. – ***C. envir.*** *; www.infobruit.org*

Art. R. 111-23-3 Les arrêtés prévus à l'article précédent peuvent fixer leur date d'entrée en vigueur, qui ne peut excéder d'un an celle de leur publication. Ils s'appliquent aux projets de construction des bâtiments mentionnés à l'article R. 111-23-1 qui font l'objet d'une demande de permis de construire, d'une demande de prorogation de permis de construire ou *(Décr. nº 2007-18 du 5 janv. 2007, art. 16-IV)* « de la déclaration préalable prévue à l'article L. 421-4 du code de l'urbanisme ».

La modification issue du Décr. nº 2007-18 du 5 janv. 2007 est entrée en vigueur le 1er oct. 2007 (Décr. préc., art. 26, mod. par Décr. nº 2007-817 du 11 mai 2007, art. 4).

SECTION VI RESPONSABILITÉ DES CONSTRUCTEURS D'OUVRAGE

SOUS-SECTION 1 DÉCLARATIONS D'OUVERTURE DE CHANTIERS ANTÉRIEURES AU 1er JANVIER 1979

Art. *R. 111-24 Pour l'application des articles 1792 et 2270 du code civil, dans leur rédaction antérieure à l'entrée en vigueur de la loi no 78-12 du 4 janvier 1978, à la construction de bâtiments à usage d'habitation ou de caractéristiques similaires, la réception des travaux constitue, pour ceux à l'égard desquels aucune réserve n'est faite, le point de départ de la garantie prévue par ces articles.

Pour les travaux qui font l'objet de réserves la garantie court du jour où il est constaté que l'exécution des travaux satisfait à ces réserves.

BIBL. ▸ CHAPRON, *RDI 1995. 7 s.* (observations sur la réception des travaux). – GAUDEMET, *Mon. TP 16 avr. 1979, p. 103 et 23 avr. 1979, p. 105* (réception de l'ouvrage dans la loi réformant l'assurance-construction). – GYS, *LPA 6 mars 1995* (l'article 1792-6 C. civ. et la réception tacite des ouvrages). – LOMBARD, *Gaz. Pal. 1994. 1. 256* (la responsabilité des constructeurs et autres intervenants à l'acte de construire envers le maître de l'ouvrage). – DE NERVO, *Mon. TP 20 mai 1995, p. 38 s.* (bien mesurer les effets de la réception). – PETIT, *Administrer déc. 1983, p. 13* (la réception des travaux). – REYNAUD, *Droit et ville 1981, no 11, p. 94* (la réception des travaux en droit de la construction) ; *Mon. TP 23 oct. 1987, suppl. textes, p. 7* (le problème de la réception implicite), *Rapport du Comité pour l'application de la loi du 4 janvier 1978.* – V. bibliographie citée ss. art. L. 111-19.

Sur la nécessité d'un mandat spécial pour l'architecte qui représente le maître de l'ouvrage à la réception, et ne se borne pas à l'assister. V. • Paris, 9 févr. 1965 : *JCP 1966. IV. 28.*

Art. *R. 111-25 Pour l'application des articles 1792 et 2270 du code civil, dans leur rédaction antérieure à l'entrée en vigueur de la loi no 78-12 du 4 janvier 1978, à la construction de bâtiments à usage d'habitation ou de caractéristiques similaires, les gros et menus ouvrages sont définis selon les dispositions ci-après.

Jurisprudence antérieure à l'entrée en vigueur de la loi du 4 janv. 1978

1. Sont des édifices au sens de l'art. 1792 C. civ. (ancien) : des fosses à essence. • Civ. 11 févr. 1947 : *JCP 1947. II. 3599.* ♦ ... La voûte d'un four de boulangerie. • Civ. 5 mars 1946 : *Gaz. Pal. 1946. 1. 199.* ♦ ... Un dallage. • Civ. 1re, 18 oct. 1965 : *Bull. civ. I, no 548.* ♦ ... Une digue. • Req. 9 févr. 1874 : *DP. 1877. 5. 288* • Civ. 1re, 5 janv. 1960 : *Bull. civ. I, no 5.* ♦ ... Un ascenseur dans un gouffre naturel. • Civ. 1re, 27 janv. 1959 : *Bull. civ. I, no 54.* ♦ ... Un local pour chauffage central. • Civ. 3e, 19 déc. 1972 : *AJPI 1973. 1175, note Brun.*

2. N'est pas un édifice un court de tennis. • Civ. 3e, 9 oct. 1973 : *Bull. civ. III, no 512.*

Art. *R. 111-26 Les gros ouvrages sont :

a) Les éléments porteurs concourant à la stabilité ou à la solidité du bâtiment et tous autres éléments qui leur sont intégrés ou forment corps avec eux ;

b) Les éléments qui assurent le clos, le couvert et l'étanchéité à l'exclusion de leurs parties mobiles.

Ces éléments comprennent notamment :

– les revêtements des murs à l'exclusion de la peinture et des papiers peints ;

– les escaliers et planchers ainsi que leur revêtement en matériau dur ;

– les plafonds et les cloisons fixes ;

– les portions de canalisations, tuyauteries, conduites et gaines de toute sorte logées à l'intérieur des murs, plafonds ou planchers, ou prises dans la masse du revêtement, à l'exclusion de celles qui sont seulement scellées ;

– les charpentes fixes des ascenseurs et monte-charge ;

– les bâtis et huisseries des portes, fenêtres et verrières.

1. Notion de « gros ouvrage ». Sont de gros ouvrages : un revêtement mural assurant l'étanchéité d'une salle de bains. • Civ. 3e, 4 mai 1976 : *JCP 1976. IV. 210.* ♦ ... Un socle de béton n'assurant pas l'étanchéité et qui a causé la détérioration d'un revêtement de sol constitué par des dalles thermoplastiques. • Civ. 3e, 7 oct. 1987 : *Bull. civ. III, no 159 ; D. 1988. Somm. 116.* ♦ ... Une installation de chauffage central. • Orléans, 31 janv. 1973 : *JCP 1973. IV. 374.* ♦ ... La couverture et la plomberie. • Req. 14 juin 1898 : *DP 1898. 1. 526* • Montpellier, 2 nov. 1949 : *JCP 1950. IV. 43.* ♦ ... Les plafonds, murs de refend et cloisons. • Civ. 1re, 20 juin 1966 : *Bull. civ. I, no 375.* ♦ ... Un mur séparatif entre deux logements. • Civ. 3e, 3 févr. 1976 : *Bull. civ. III, no 40.* ♦ ... Les branchements et canalisations d'eau. • Civ. 28 juin 1909 : *DP 1910. 1. 23* • T. civ. Seine, 12 déc. 1910 : *DP 1911. 5. 20.* ♦ ... Des cheminées et conduits de fumée. • T. civ. Toulon, 16 févr. 1955 : *JCP 1955. IV. 66* • Paris, 12 nov. 1957 : *D. 1958. 14* • Rennes, 10 déc. 1946 : *JCP 1947. II. 3585, note Sur* • Rouen, 16 déc. 1986, *Martin : Gaz. Pal. 1987. 1. Somm. 208.* ♦ ... Un pilier en maçonnerie. • Civ. 1re, 9 oct. 1961 : *Bull. civ. no 437.* ♦ ... Les glaces d'un magasin en raison de leurs dimensions. • Civ. 3e, 17 juill. 1969 : *JCP 1969. II. 5932, note Prieur.* ♦ ... Une terrasse. • Civ. 3e, 10 déc. 1974 : *JCP N 1976. IV. 6197.* ♦ ... Des tuyauteries d'eau chaude, encastrées ou non. • Civ. 3e, 22 juin 1977 : *Rev. loyers 1977, p. 513.* ♦ ... L'ensemble de l'installation d'un appareil élévateur. • Civ. 1re, 27 janv. 1959 : *Bull. civ. I, no 54.* ♦ ... Un enduit extérieur assurant l'étanchéité et l'isolation. • Civ. 3e, 3 juin 1981 : *Gaz. Pal. 1982. I. Pan. 4.* ♦ ... L'ensemble des menuiseries extérieures affectant indistinctement les bâtis et huisseries des fenêtres. • Civ. 3e, 10 mars 1982 : *Bull. civ. III, no 68.* ♦ ... Une canalisation partiellement encastrée et dont les désordres affectent l'ensemble de l'installation. • Civ. 3e, 17 mars 1982 : *ibid. III, no 74.* ♦ *Rappr.* • Civ. 3e, 3 juin 1987 : *Mon. TP 23 oct. 1987, p. 61.* ♦ ... Des ardoises assurant le clos, le couvert et l'étanchéité. • Civ. 3e, 18 oct. 1983 : *JCP 1983. IV. 358.* ♦ ... Un ensemble inadapte aux dimensions et profils des ouvertures et relevant de la conception générale des murs de façade eux-mêmes. • Civ. 3e, 19 juill. 1983 : *Gaz. Pal. 1984. I. Pan. 20.* ♦ ... La défectuosité des peintures extérieures compromettant l'étanchéité et rendant l'immeuble impropre à sa destination. • Civ. 3e, 1er févr. 1984 : *Gaz. Pal. 1984. II. Pan. 215.* ♦ ... Des panneaux vitres faisant fonction de murs. • Pau, 31 janv. 1984 : *Cah. jurispr. Pau 1984-1* • Civ. 3e, 2 juill. 1985, *Sté Isoglass : RDI 1986. 74, obs. Malinvaud et Boubli.* ♦ ... Les plaques de verre maintenues par des montants métalliques encastrés dans la maçonnerie et formant les garde-corps des balcons, indispensables à la prévention des chutes des habitants dans le vide. • Civ. 3e, 27 mars 1985, *SCI Port Catalunya c/ Abelanet.* ♦ ... L'ensemble des plâtres à l'intérieur d'une maison s'ils constituent des éléments intégrés aux éléments porteurs ou formant corps avec eux. • Civ. 3e, 17 déc. 1986, *Épx Corsig : Gaz. Pal. 1987. I. Somm. 54 ; RDI 1987. 235.* ♦ ... L'installation électrique et téléphonique. • Civ. 3e, 24 nov. 1987 : *RDI 1988. 212.* ♦ ... Une couche de peinture de finition assurant l'étanchéité du bassin d'une piscine. • Agen, 28 févr. 1991 : *JCP 1992. IV. 130.* ♦ Tel n'est pas le cas de doubles vitrages lorsque ceux-ci sont posés sur les éléments mobiles nécessaires au clos et au couvert. • Civ. 3e, 17 déc. 1986, *Épx Creignou c/ Renard : RDI 1987. 235.* ♦ *Comp.* • Bordeaux, 26 janv. 1987 : *RDI 1988. 103.*

2. Les canalisations extérieures au bâtiment échappent à la distinction des gros et menus ouvrages et relèvent en conséquence de la responsabilité contractuelle de droit commun. • Civ. 3e, 26 janv. 1983 : *Bull. civ. III, no 27.* ♦ *Adde* • Civ. 3e, 22 févr. 1989 : *Bull. civ. III, no 41.* ♦ Pour des installations de drainage, V. • Paris, 11 oct. 1988 : *D. 1988. IR 275* • Civ. 3e, 20 juill. 1988 : *JCP 1988. IV. 349.* ♦ Et pour des terrasses et allées, V. • Versailles, 13 mai 1988 : *RDI 1988. 463.*

Art. *R. 111-27 Les menus ouvrages sont les éléments du bâtiment autres que les gros ouvrages, façonnés, fabriqués ou installés par l'entrepreneur.

Ces éléments comprennent notamment :

— les canalisations, radiateurs, tuyauteries, conduites, gaines et revêtements de toutes sortes autres que ceux constituant de gros ouvrages ;

— les éléments mobiles nécessaires au clos et au couvert tels que portes, fenêtres, persiennes et volets.

1. Notion de « menus travaux ». Sont de menus ouvrages des travaux : de peinture. • TGI Seine, 11 juin 1966 : *JCP 1967. IV. 12.* ♦ ... De ravalement. • T. civ. Seine, 20 mars 1935 : *Gaz. Pal. 1935. 53.* ♦ ... De plâtrerie. • Civ. 3e, 21 nov. 1972 : *Bull. civ. III, no 618.* ♦ ... De pose de moquette avec sa couche intermédiaire. • Civ. 3e, 20 mars 1973 : *AJPI 1973. 1175, note Brun.* ♦ ... De carrelage. • Civ. 3e, 28 nov. 1969 : *Bull. civ. III, no 776.* ♦ ... D'édification d'une cheminée à l'intérieur d'une pièce. • Civ. 1re, 17 déc. 1964 : *JCP 1965. II. 14021.* ♦ ... De scellement d'une antenne de télévision. • Civ. 1re, 7 mai 1962 : *Bull. civ. I, no 227.* ♦ ... De sous-toiture composée de plaques qui, reposant sur les pannes, sont des éléments amovibles, et non des éléments porteurs concourant à la solidité ou à la stabilité du bâtiment. • Civ. 3e, 3 nov. 1982 : *Bull. civ. III, no 211 ; D. 1983. IR 114.* ♦ ... Les tuyauteries apparentes d'une installation de chauffage. • Civ. 3e, 18 oct. 1983 : *AJPI 1984. 740, note Talon ; Gaz. Pal. 1984. I. Pan. 87, note Jestaz.* ♦ ... Le défaut de boulonnage d'enjoliveurs de balcons, même s'il y a faute lourde du constructeur, du moment qu'il n'y a pas faute dolosive ou extra-contractuelle. • Civ. 3e, 13 mars 1984 : *Gaz. Pal. 1984. 2. Pan. 228.* ♦ ... Des canalisations apparentes et démontables. • Civ. 3e, 24 oct. 1984 : *Bull. civ. III, no 173.* ♦ ... Une fraction tout à fait limitée d'une installation de chauffage. • Versailles, 19 juin 1985, *Sté SMCTP c/ Havas.* ♦ ... Un faux plafond facilement démontable. • Civ. 3e, 24 avr. 1985 : *Bull. civ. III, no 67.* ♦ ... Des revêtements de sol thermoplastiques. • Civ. 3e, 3 oct. 1985 : *RDI 1986. 208.* ♦ ... Des doubles vitrages équipant des éléments mobiles nécessaires au clos et au couvert, dont les malfaçons ne compromettent nullement la solidité de l'édifice et ne le rendent pas impropre à sa destination. • Agen, 25 mars 1985 : *Gaz. Pal. 1985. Somm. 310* • Civ. 3e, 17 déc. 1986 : *RDI 1986. 235* • Civ. 3e, 9 déc. 1988, *Épx Bordier.* – V. aussi • Versailles, 26 févr. 1988 : *D. 1988. IR 92* • Civ. 3e, 13 déc. 1989, *Sté Miroiteries de Bretagne : inédit.* ♦ ... Des plaques de verre (panneaux d'Emalit) revêtant la façade d'un immeuble. • Paris, 2 juill. 1986 : *RDI 1987. 61, obs. Malinvaud et Boubli.* ♦ ... Les dalles d'un revêtement purement esthétique. • Civ. 3e, 9 mars 1988 : *JCP 1988. IV. 183.* ♦ ... Un faux plafond non intégré aux éléments porteurs. • Paris, 27 mai 1988 : *D. 1988. IR 178.*

2. La prescription biennale ne s'applique pas à la rupture d'une canalisation située à l'extérieur du bâtiment, la responsabilité contractuelle et de droit commun étant alors applicable. • Civ. 3e, 26 janv. 1983 : *Bull. civ. III, no 27 ; Gaz. Pal. 1984. 586 note Dupichot.*

3. Sur l'application de la garantie décennale aux dommages affectant les menus ouvrages lorsqu'ils sont la conséquence de désordres relatifs aux gros ouvrages. • Civ. 3e, 7 oct. 1987 : *RDI 1988. 103.*

Art. *R. 111-28 **Ne sont pas considérés comme ouvrages les appareils mécaniques ou électriques que l'entrepreneur installe en l'état où ils lui sont livrés.**

Appliquant cette définition : à un ascenseur, V. • Civ. 3e, 22 janv. 1985 : *RDI 1985. 259, obs. Malinvaud et Boubli.* ♦ ... A des chauffe-eau, V. • Civ. 3e, 19 mars 1986 : *Bull. civ. III, no 30 ; RDI 1986. 367.* ♦ ... A une chaudière de chauffage central, V. • Versailles, 5 mars 1986 : *D. 1986. IR 271 ; RDI 1986. 35.* ♦ ... A une pompe à chaleur, V. • Civ. 3e, 3 nov. 1986 : *RDI 1987. 236.*

SOUS-SECTION 2 DÉCLARATIONS D'OUVERTURE DE CHANTIERS POSTÉRIEURES AU 31 DÉCEMBRE 1978

Néant.

SECTION VII CONTRÔLE TECHNIQUE

(Décr. no 78-1146 du 7 déc. 1978)

SOUS-SECTION 1 AGRÉMENT DES CONTRÔLEURS TECHNIQUES

V. Circ. no 82-1628 du 22 déc. 1982 (Éco. et fin.) relative à l'intervention des contrôleurs techniques (JONC 3 févr. 1983, p. 1373).

Art. R. 111-29 **L'agrément des contrôleurs techniques prévu par l'article L. 111-25 est délivré par le ministre chargé de la construction, pour une durée maximale de cinq ans. La décision est prise sur l'avis motivé de la commission d'agrément qui entend l'intéressé.**

L'agrément est renouvelable dans les mêmes conditions.

La décision d'agrément doit être considérée comme un acte administratif ; sur la motivation des refus d'agrément, V. Circ. 28 sept. 1987 (JO 20 oct.).

Art. R.* 111-29-1 *(Décr. nº 2009-681 du 12 juin 2009)* **I. – Les caractères temporaire et occasionnel de l'activité mentionnée au deuxième alinéa de l'article L. 111-25 se définissent respectivement par une durée inférieure à deux ans et par un nombre d'opérations inférieur ou égal à trois au cours de deux années.**

II. – La déclaration mentionnée au troisième alinéa de l'article L. 111-25 est adressée au ministre chargé de la construction. Elle est rédigée en français.

Le résultat de la vérification de ses qualifications est notifié au prestataire par le ministre chargé de la construction, après avis de la commission mentionnée à l'article R.* 111-34, dans un délai d'un mois à compter de la réception de la déclaration et des documents joints. En cas de difficulté rendant nécessaire de compléter les documents accompagnant la déclaration, notamment pour apporter la preuve des qualifications professionnelles demandées, le prestataire est informé, avant l'échéance de ce délai, du détail des pièces complémentaires demandées. Le résultat de la vérification lui est alors notifié dans un délai d'un mois suivant la réception des pièces complémentaires demandées.

Les qualifications professionnelles du déclarant sont appréciées par référence aux exigences énoncées à l'article R.* 111-32-2.

En cas de différence substantielle entre les qualifications professionnelles du prestataire et celles requises pour exercer l'activité de contrôleur technique en France, et dans la mesure où cette différence est de nature à nuire à la sécurité des personnes, il est proposé au prestataire d'être auditionné par la commission mentionnée à l'article R.* 111-34 pour démontrer qu'il possède les connaissances et compétences manquantes.

Dans le cas où le résultat de la vérification est négatif, le prestataire est informé qu'il ne peut réaliser la prestation envisagée en France.

En l'absence de demande de complément d'information ou de notification du résultat de la vérification des qualifications, la prestation dont la nature est décrite dans la déclaration peut être effectuée à l'issue du délai d'un mois à compter de la réception de la déclaration par le ministre chargé de la construction.

Art. R.* 111-30 **La décision d'agrément** *(Décr. nº 2009-681 du 12 juin 2009)* **« ou la notification du résultat de la vérification des qualifications professionnelles se réfère à la nomenclature de capacité des contrôleurs techniques approuvée par arrêté du ministre chargé de la construction et » précise la ou les catégories de constructions d'ouvrages ou d'équipements sur lesquelles le contrôleur technique est habilité à intervenir en fonction de la nature ou de l'importance des aléas que comportent leur conception ou leur exécution.**

Art. R.* 111-31 **Les personnes et organismes agréés, les administrateurs ou gérants et le personnel de direction de ces organismes, ainsi que le personnel auquel il est fait appel pour les contrôles, doivent agir avec impartialité et n'avoir aucun lien de nature à porter atteinte à leur indépendance avec les personnes, organismes, sociétés ou entreprises qui exercent une activité de conception, d'exécution ou d'expertise dans le domaine de la construction.**

(Décr. nº 2009-681 du 12 juin 2009) **« Lorsqu'il est réalisé en application des dispositions du deuxième alinéa de l'article L. 111-25, le contrôle technique obligatoire ne peut être réputé avoir été opéré que si, pour l'ouvrage considéré, le prestataire ainsi que le personnel auquel il est fait appel pour les contrôles n'ont aucun lien de nature à porter atteinte à leur indépendance avec les personnes, organismes, sociétés ou entreprises qui exercent une activité de conception, d'exécution ou d'expertise dans la construction de cet ouvrage. »**

Art. R.* 111-32 Les demandes d'octroi, de modification ou de renouvellement d'agrément doivent être accompagnées d'un dossier comportant les indications suivantes :

1° Les nom, prénoms, nationalité et domicile du demandeur ou, si la demande émane d'une personne morale, sa nature, son siège, sa nationalité, son objet et les nom, prénoms, nationalité et domicile de chacun des administrateurs et des membres du personnel de direction ;

2° La justification de la compétence théorique et de l'expérience pratique du personnel de direction, l'organisation interne de la direction technique, les règles d'assistance aux services opérationnels chargés effectivement du contrôle et les critères d'embauche ou d'affectation des agents ;

3° L'engagement du demandeur de respecter les prescriptions de l'article R. 111-31 ;

4° L'engagement du demandeur de porter sans délai à la connaissance de l'administration toute modification des renseignements figurant au dossier de la demande ;

5° Le cas échéant, la liste des agréments administratifs dont bénéficie le demandeur dans le domaine de la construction et la référence des missions de contrôle technique qu'il a exercées antérieurement ;

6° L'étendue de l'agrément sollicité *(Décr. n° 2009-681 du 12 juin 2009)* « en se référant à la nomenclature mentionnée à l'article R.* 111-30 ».

Art. R.* 111-32-1 *(Décr. n° 2009-681 du 12 juin 2009)* La déclaration mentionnée au troisième alinéa de l'article L. 111-25 est accompagnée des informations et documents suivants :

1° Les nom(s), prénom(s), nationalité et domicile du prestataire ou, si la déclaration émane d'une personne morale, sa nature, son siège, sa nationalité, son objet ;

2° Une attestation datée certifiant que le détenteur est légalement établi dans un État membre de la Communauté européenne ou partie à l'accord sur l'Espace économique européen pour y exercer l'activité de contrôle technique et qu'il n'encourt, à cette date, aucune interdiction, même temporaire, d'exercer ;

3° La justification des qualifications professionnelles du prestataire comprenant les effectifs affectés au contrôle technique et le niveau des qualifications possédées, selon les échelons de responsabilités ;

4° Lorsque l'activité ou la formation qui y conduit ne sont pas réglementées dans l'État d'établissement du prestataire, la preuve que celui-ci a exercé l'activité de contrôle technique pendant au moins deux années au cours des dix années précédentes ;

5° L'engagement du prestataire de respecter les prescriptions de l'article R.* 111-31 pour chacune des prestations effectuées en France ;

6° La nature de la prestation envisagée à titre temporaire et occasionnel et l'engagement du prestataire de notifier à l'autorité mentionnée à l'article R.* 111-29 le début et la fin de chaque mission qu'il effectuera en France ;

7° Une attestation d'assurance de responsabilité adaptée à la prestation envisagée.

Art. R.* 111-32-2 *(Décr. n° 2009-681 du 12 juin 2009)* En application du premier alinéa de l'article L. 111-25, la compétence technique exigée pour la délivrance de l'agrément se prouve par la possession des qualifications professionnelles suivantes :

Pour ce qui est du personnel d'encadrement opérationnel :

– une formation de base sanctionnée par un diplôme de niveau d'études postsecondaires en bâtiment ou génie civil, en rapport avec le domaine de l'agrément, d'une durée d'au moins quatre ans, ou d'une durée équivalente à temps partiel, dispensée dans une université ou un établissement d'enseignement supérieur ou dans un autre établissement de niveau équivalent et, le cas échéant, certifiant qu'il a suivi avec succès la formation professionnelle requise en plus du cycle d'études postsecondaires, et une expérience pratique d'au moins trois ans dûment prouvée dans la conception, la réalisation, le contrôle technique ou l'expertise de constructions mettant en jeu des technologies similaires à celles couvertes par l'activité envisagée ;

— ou une expérience pratique de six ans dans les domaines susmentionnés.

Pour ce qui est du personnel d'exécution, qui doit être lié par contrat de travail avec le contrôleur agréé :

— une formation de base attestée par un certificat sanctionnant un cycle d'études secondaires technique ou professionnel, adapté au domaine d'activité envisagée et une pratique d'au moins trois ans dans la conception, la réalisation, le contrôle technique ou l'expertise de constructions mettant en jeu des technologies similaires à celles couvertes par l'activité envisagée ;

— ou une expérience pratique de six ans dans les domaines susmentionnés.

Pour les ressortissants d'un État de la Communauté européenne ou d'un État partie à l'accord sur l'Espace économique européen qui ont acquis leurs qualifications professionnelles dans l'un de ces États, ou qui possèdent une attestation de compétences ou un titre de formation prescrit par l'un de ces États pour accéder à la profession de contrôleur technique de la construction ou l'exercer sur son territoire si celle-ci est réglementée, les qualifications peuvent être attestées par la production d'une attestation de compétence ou d'un titre de formation qui remplit les conditions suivantes :

1o Avoir été délivré par une autorité compétente de cet État ;

2o Attester d'un niveau de qualification professionnelle au moins équivalent au niveau immédiatement inférieur, au sens de l'article 11 de la directive relative à la reconnaissance des qualifications professionnelles, à celui exigé aux alinéas précédents.

A défaut d'une pratique suffisante, le personnel d'exécution doit agir sous la supervision directe et permanente d'une personne de qualification confirmée.

Le personnel d'exécution ne peut agir et, le cas échéant, signer un document relatif à une mission de contrôle technique que par délégation d'un des dirigeants ou d'un des membres du personnel d'encadrement opérationnel susvisés.

Art. R.* 111-32-3 *(Décr. no 2009-681 du 12 juin 2009)* Les modalités d'examen des demandes d'agrément et de vérification des déclarations des ressortissants mentionnés à l'alinéa 2 de l'article L. 111-25 sont précisées par arrêté du ministre chargé de la construction.

Art. R. 111-33 L'agrément est modifié ou retiré lorsque le contrôleur ne remplit plus les conditions de qualification technique constatées lors de son octroi.

En cas de faute professionnelle grave ou de manquement à la moralité professionnelle, notamment aux règles d'incompatibilité mentionnées à l'article L. 111-25 et aux obligations prévues à l'article R. 111-31, l'agrément peut être retiré temporairement pour une durée maximale de six mois ou définitivement.

La décision de modification ou de retrait d'agrément est prise par le ministre chargé de la construction sur l'avis motivé de la commission d'agrément. Le ministre doit, avant de saisir la commission, mettre le contrôleur technique à même de présenter ses observations. La commission entend l'intéressé avant de donner son avis.

La motivation d'un retrait d'agrément est obligatoire. — V. L. 11 juill. 1979 sur la motivation des actes administratifs et Circ. 28 sept. 1987 (JO no hors série 87-872).

Art. R.* 111-33-1 *(Décr. no 2009-681 du 12 juin 2009)* Lorsque le ressortissant mentionné à l'alinéa 2 de l'article L. 111-25 ne remplit plus les conditions de qualifications techniques constatées lors de la vérification de celles-ci, le ministre chargé de la construction lui notifie son opposition à l'exercice de la prestation de contrôle technique.

La décision est prise sur l'avis motivé de la commission mentionnée à l'article R.* 111-34. Le ministre doit, avant de saisir la commission, mettre le prestataire à même de présenter ses observations. La commission entend l'intéressé avant de donner son avis.

Art. R. 111-34 La commission d'agrément est présidée par un membre du *(Décr. nº 2009-681 du 12 juin 2009)* « Conseil général de l'environnement et du développement durable » ; elle comprend :

– deux représentants du ministre chargé de la construction ;
– un représentant du ministre de l'Intérieur ;
– un représentant du ministre chargé de l'économie ;
– un représentant du ministre chargé du travail ;
– un représentant des sociétés d'assurances garantissant les risques de la construction ;
– deux représentants des maîtres d'ouvrages publics et privés ;
– cinq représentants des professions intervenant à l'acte de construire.

Un suppléant est désigné pour le président et chacun des membres de la commission.

Le président, les membres titulaires et leurs suppléants sont nommés pour trois ans ; leur mandat est renouvelable. Leur désignation est effectuée par le ministre chargé de la construction :

– en ce qui concerne les représentants de l'administration, sur la proposition des ministres intéressés ;
– en ce qui concerne les représentants des sociétés d'assurances, maîtres d'ouvrage et professions, sur les listes proposées par les organisations nationales les plus représentatives et le conseil national de l'ordre des architectes et après avis des ministres compétents.

Art. R. 111-35 Le président peut faire entendre par la commission les experts et techniciens dont il juge utile la consultation.

Les rapporteurs auprès de la commission ont voix consultative ; ils sont désignés par le ministre chargé de la construction ; ils peuvent recevoir des vacations dont le montant et les conditions d'attribution sont fixés par arrêté interministériel. – *V. Arr. 12 déc. 1979 (JONC 20 déc.), mod. en dernier lieu par Arr. 27 janv. 1992 (JO 8 févr.) et Arr. 13 févr. 1996 (JO 2 juill.).*

Le secrétariat de la commission est assuré par le ministère chargé de la construction.

Le règlement intérieur de la commission est approuvé par le ministre chargé de la construction.

Art. R. 111-36 Les décisions d'agrément, de modification, de renouvellement et de retrait d'agrément sont notifiées aux intéressés et publiées au *Journal officiel* de la République française.

Art. R. 111-37 L'agrément donné en application des articles R. 122-16 et R. 123-43 vaut agrément comme contrôleur technique au titre de la présente section en ce qui concerne la sécurité des personnes contre les risques d'incendie et de panique dans les immeubles de grande hauteur et dans les établissements recevant du public.

SOUS-SECTION 2 CONTRÔLE TECHNIQUE OBLIGATOIRE

Art. R. 111-38 Sont soumises obligatoirement au contrôle technique prévu à l'article L. 111-23 les opérations de construction ayant pour objet la réalisation :

1º D'établissements recevant du public, au sens de l'article R. 123-2, *(Décr. nº 2002-244 du 20 févr. 2002, art. 1er)* « classés dans les 1re, 2e et 3e et 4e catégories » visées à l'article R. 123-19 ;

2º D'immeubles dont le plancher bas du dernier niveau est situé à plus de 28 mètres par rapport au niveau du sol le plus haut utilisable par les engins des services publics de secours et de lutte contre l'incendie ;

3º De bâtiments, autres qu'à usage industriel :

Comportant des éléments en porte à faux de portée supérieure à 20 mètres ou des poutres ou arcs de portée supérieure à 40 mètres, ou

Comportant, par rapport au sol naturel, des parties enterrées de profondeur supérieure à 15 mètres, ou des fondations de profondeur supérieure à 30 mètres, ou

Nécessitant des reprises en sous-œuvre ou des travaux de soutènement d'ouvrages voisins, sur une hauteur supérieure à 5 mètres.

(Décr. nº 2005-1005 du 23 août 2005, art. 1er) **« 4º Lorsqu'ils sont situés dans les »** *(Décr. nº 2010-1254 du 22 oct. 2010, en vigueur le 1er mai 2011)* **« zones de sismicité 4 ou 5 délimitées conformément à l'article R. 563-4 du code de l'environnement** *[Ancienne rédaction : « zones de sismicité II et III délimitées par l'annexe à l'article R. 563-4 du code de l'environnement » ; V. C. envir., art. R. 563-4, App., vº Risques]* **»** *(Décr. nº 2005-1005 du 23 août 2005, art. 1er)* **« , des immeubles dont le plancher bas du dernier niveau est situé à plus de 8 mètres par rapport au niveau du sol ; »**

(Décr. nº 2007-1727 du 7 déc. 2007) **« 5º Lorsqu'ils sont situés dans les »** *(Décr. nº 2010-1254 du 22 oct. 2010, en vigueur le 1er mai 2011)* **« zones de sismicité 2, 3, 4 ou 5, délimitées conformément à l'article R. 563-4 du code de l'environnement** *[Ancienne rédaction : « zones de sismicité I a, I b, II et III, délimitées par l'annexe à l'article R. 563-4 du code de l'environnement » ; V. C. envir., art. R. 563-4, App., vº Risques]* **»** *(Décr. nº 2007-1727 du 7 déc. 2007)* **« , des bâtiments appartenant »** *(Décr. nº 2010-1254 du 22 oct. 2010, en vigueur le 1er mai 2011)* **« aux catégories d'importance III et IV** *[Ancienne rédaction : « aux classes C et D »]* **au sens dudit décret et des établissements de santé, lorsqu'ils n'y sont pas déjà soumis au titre d'une autre disposition du présent article. » ;**

(Décr. nº 2007-1327 du 11 sept. 2007, art. 2, en vigueur le 1er oct. 2008) **« 6º D'éoliennes dont la hauteur du mât et de la nacelle au-dessus du sol est supérieure ou égale à 12 mètres. »**

Les dispositions issues du Décr. nº 2005-1005 du 23 août 2005 sont applicables aux bâtiments faisant l'objet d'une demande de permis de construire déposée à compter du 1er mars 2006 (Décr. préc., art. 2), celles issues du Décr. nº 2007-1727 du 7 déc. 2007 sont applicables aux bâtiments faisant l'objet d'une demande de permis de construire déposée à compter du 1er mai 2008 (Décr. préc., art. 2).

Art. R. 111-39 **Le contrôle technique obligatoire porte sur la solidité des ouvrages de viabilité, de fondation, d'ossature, de clos et de couvert et des éléments d'équipement qui font indissociablement corps avec ces ouvrages, ainsi que sur les conditions de sécurité des personnes dans les constructions.**

A la demande du maître de l'ouvrage ou de son mandataire, le contrôle technique peut, en outre, porter sur tous autres éléments de la construction dont la réalisation est susceptible de présenter des aléas techniques particuliers contre lesquels le maître de l'ouvrage estime utile de se prémunir.

Art. R. 111-40 **Au cours de la phase de conception, le contrôleur technique procède à l'examen critique de l'ensemble des dispositions techniques du projet.**

Pendant la période d'exécution des travaux, il s'assure notamment que les vérifications techniques qui incombent à chacun des constructeurs énumérés à l'article 1792-1 (1º) du code civil s'effectuent de manière satisfaisante. – *Sur la responsabilité des organismes de contrôle technique, V. obs. ss. art. L. 111-24.*

Art. R. 111-41 **Si le maître de l'ouvrage ou son mandataire fait appel à plusieurs contrôleurs techniques, il désigne l'un d'eux pour coordonner l'ensemble des missions de contrôle.**

Art. R. 111-42 *(Décr. nº 89-989 du 29 déc. 1989)* **Sera puni de la peine d'amende prévue pour les contraventions de la 5e classe le maître de l'ouvrage ou son mandataire qui aura entrepris ou poursuivi des travaux sans avoir fait procéder au contrôle technique dans le cas où celui-ci est obligatoire.**

En cas de récidive, la peine d'amende sera celle prévue pour les contraventions de 5e classe en récidive.

SECTION VIII

(Décr. nº 2011-610 du 31 mai 2011)

La présente section ne comprend pas de dispositions réglementaires.

SECTION IX

(Décr. nº 2011-610 du 31 mai 2011)

La présente section ne comprend pas de dispositions réglementaires.

SECTION X DÉCHETS ISSUS DE LA DÉMOLITION DE CATÉGORIES DE BÂTIMENTS

(Décr. nº 2011-610 du 31 mai 2011)

Les dispositions du Décr. nº 2011-610 du 31 mai 2011 s'appliquent aux démolitions de bâtiments pour lesquelles la date de dépôt de la demande de permis de démolir, ou, à défaut, la date d'acceptation des devis ou de passation des marchés relatifs aux travaux de démolition, est postérieure de neuf mois à la date de publication du décret précité (Décr. préc., art. 2).

Art. R. 111-43 Les dispositions du présent chapitre s'appliquent aux démolitions de bâtiments suivants :

a) Ceux d'une *(Décr. nº 2011-2054 du 29 déc. 2011, art. 6, en vigueur le 1er mars 2012)* « surface de plancher *[ancienne rédaction : surface hors œuvre brute]* » supérieure à 1 000 m² ;

b) Ceux ayant accueilli une activité agricole, industrielle ou commerciale et ayant été le siège d'une utilisation, d'un stockage, d'une fabrication ou d'une distribution d'une ou plusieurs substances dangereuses classées comme telles en vertu de l'article R. 4411-6 du code du travail.

Art. R. 111-44 Une démolition de bâtiment, au sens de l'article R. 111-43, est une opération consistant à détruire au moins une partie majoritaire de la structure d'un bâtiment.

Une réhabilitation comportant la destruction d'au moins une partie majoritaire de la structure d'un bâtiment est considérée comme une démolition de bâtiment, au sens du présent chapitre.

Art. R. 111-45 Le maître d'ouvrage d'une opération de démolition de bâtiment réalise un diagnostic portant sur les déchets issus de ces travaux dans les conditions suivantes :

a) Préalablement au dépôt de la demande de permis de démolir si l'opération y est soumise ;

b) Préalablement à l'acceptation des devis ou à la passation des marchés relatifs aux travaux de démolition dans les autres cas.

Art. R. 111-46 Le diagnostic mentionné à l'article R. 111-45 fournit la nature, la quantité et la localisation dans l'emprise de l'opération de démolition :

– des matériaux, produits de construction et équipements constitutifs des bâtiments ;

– des déchets résiduels issus de l'usage et de l'occupation des bâtiments.

Ce diagnostic fournit également :

– les indications sur les possibilités de réemploi sur le site de l'opération ;

– l'estimation de la nature et de la quantité des matériaux qui peuvent être réemployés sur le site ;

– à défaut de réemploi sur le site, les indications sur les filières de gestion des déchets issus de la démolition ;

— l'estimation de la nature et de la quantité des matériaux issus de la démolition destinés à être valorisés ou éliminés.

Le diagnostic est réalisé suite à un repérage sur site.

Un arrêté du ministre chargé de la construction précise le contenu du diagnostic et sa méthodologie de réalisation. — *V. Arr. du 19 déc. 2011 (JO 14 janv.).*

Art. R. 111-47 Pour réaliser le diagnostic, le maître d'ouvrage fait appel à un professionnel de la construction ayant contracté une assurance professionnelle pour ce type de mission. Ce professionnel de la construction doit n'avoir aucun lien avec le maître d'ouvrage, ni avec aucune entreprise susceptible d'effectuer tout ou partie des travaux de l'opération de démolition, qui soit de nature à porter atteinte à son impartialité et à son indépendance.

Art. R. 111-48 Le maître d'ouvrage est tenu de transmettre ce diagnostic à toute personne physique ou morale appelée à concevoir ou réaliser les travaux de démolition.

Art. R. 111-49 A l'issue des travaux de démolition, le maître d'ouvrage est tenu de dresser un formulaire de récolement relatif aux matériaux réemployés sur le site ou destinés à l'être et aux déchets issus de cette démolition.

Ce formulaire mentionne la nature et la quantité des matériaux réemployés sur le site ou destinés à l'être et celles des déchets, effectivement valorisés ou éliminés, issus de la démolition.

Le maître d'ouvrage transmet ce formulaire à l'agence de l'environnement et de la maîtrise de l'énergie qui présente chaque année au ministre en charge de la construction un rapport sur l'application du présent chapitre.

Un arrêté du ministre chargé de la construction précise le contenu et les modalités de transmission du formulaire.

CHAPITRE II **DISPOSITIONS SPÉCIALES**

SECTION PREMIÈRE **DISPOSITIONS SPÉCIALES RELATIVES À LA PRÉVENTION DU RISQUE SISMIQUE**

Art. R. 112-1 *(Décr. nº 2000-892 du 13 sept. 2000, art. 2)* Dans les zones particulièrement exposées à un risque sismique, les règles concernant la nature et les caractéristiques des bâtiments, des équipements et des installations et les mesures techniques préventives doivent respecter les dispositions du décret nº 91-461 du 14 mai 1991 modifié relatif à la prévention du risque sismique *(Décr. nº 2004-1413 du 23 déc. 2004, art. 2)* « ou les règles » fixées par un plan de prévention des risques naturels prévisibles, lorsqu'il existe.

V. C. envir., art. R. 563-1 à R. 563-8, App., vº Risques.

SECTION II **PROTECTION CONTRE LES INSECTES XYLOPHAGES**

(Décr. nº 2006-591 du 23 mai 2006)

Art. R. 112-2 Les bâtiments neufs doivent être conçus et construits de façon à résister à l'action des termites et autres insectes xylophages.

A cet effet doivent être mis en œuvre, pour les éléments participant à la solidité des structures, soit des bois naturellement résistant aux insectes ou des bois ou matériaux

dérivés dont la durabilité a été renforcée, soit des dispositifs permettant le traitement ou le remplacement des éléments en bois ou matériaux dérivés.

Les mêmes obligations s'imposent lors de l'introduction dans un bâtiment existant d'éléments en bois ou matériaux dérivés participant à la solidité de la structure.

Cet art. s'applique aux projets de construction dont la demande de permis de construire est déposée à compter du 1er nov. 2006. – Les mêmes règles d'entrée en vigueur s'appliquent à l'engagement des travaux pour les aménagements ou constructions ne faisant pas l'objet de permis de construire (Décr. no 2006-591 du 23 mai 2006, art. 2).

Art. R. 112-3 **Dans les départements dans lesquels a été publié un arrêté préfectoral pris pour l'application de l'article L. 133-5, les bâtiments neufs doivent être protégés contre l'action des termites. A cet effet doit être mis en œuvre une barrière de protection entre le sol et le bâtiment ou un dispositif de construction dont l'état est contrôlable.**

Cet art. s'applique aux projets de construction dont la demande de permis de construire est déposée à compter du 1er nov. 2007. – Les mêmes règles d'entrée en vigueur s'appliquent à l'engagement des travaux pour les aménagements ou constructions ne faisant pas l'objet de permis de construire (Décr. no 2006-591 du 23 mai 2006, art. 2).

Art. R. 112-4 **Le constructeur du bâtiment ou des éléments mentionnés aux articles R. 111-2 et R. 112-3 fournit au maître d'ouvrage, au plus tard à la réception des travaux, une notice technique indiquant les dispositifs, les protections ainsi que les références et caractéristiques des matériaux mis en œuvre.**

Un arrêté conjoint des ministres chargés de la construction et de l'outre-mer précise les conditions d'application des dispositions de la présente section ainsi que les adaptations à la situation particulière des départements d'outre-mer.

V. Arr. 27 juin 2006 relatif à l'application des art. R. 112-2 à R. 112-4 (JO 7 juill.), mod. par Arr. 16 févr. 2010 (JO 6 mars 2010).

TITRE DEUXIÈME SÉCURITÉ ET PROTECTION CONTRE L'INCENDIE

CHAPITRE PREMIER PROTECTION CONTRE L'INCENDIE – CLASSIFICATION DES MATÉRIAUX

Art. R. 121-1 **Les dispositions du présent chapitre définissent la classification en différentes catégories des matériaux et éléments de construction en fonction de leur comportement en cas d'incendie. Il fixe les conditions auxquelles doivent répondre ces matériaux et éléments de construction pour être classés dans ces différentes catégories.**

V. Arr. du 21 nov. 2002 (JO 29 oct.) mod. par Arr. du 18 sept. 2006 (JO 6 oct.), abrogeant Arr. du 30 juin 1983 (JONC 1er déc.), portant classification des matériaux de construction et d'aménagement selon leur réaction au feu et définition des méthodes d'essais, mod. par Arr. du 28 août 1991 (JO 19 nov.) et Arr. du 27 nov. 1996 (JO 26 déc.).

COMMENTAIRE

L'arrêté du 21 novembre 2002 fixe les méthodes d'essais et les catégories de classification des produits de construction et des matériaux d'aménagement quant à leur réaction au feu.

Art. R. 121-2 Le comportement au feu en cas d'incendie est apprécié d'après deux critères :

1o La réaction au feu, c'est-à-dire l'aliment qui peut être apporté au feu et au développement de l'incendie ;

2o La résistance au feu, c'est-à-dire le temps pendant lequel les éléments de construction peuvent jouer le rôle qui leur est dévolu malgré l'action d'un incendie.

Art. R. 121-3 Les éléments de classification retenus au point de vue de la réaction au feu sont, d'une part, la quantité de chaleur dégagée au cours de la combustion et, d'autre part, la présence ou l'absence de gaz inflammables.

La classification adoptée doit donc préciser le caractère pratiquement incombustible ou combustible et, dans ce dernier cas, le degré plus ou moins grand d'inflammabilité.

Art. R. 121-4 La classification au point de vue de la résistance au feu est établie en tenant compte du temps pendant lequel sont satisfaites des conditions imposées relatives, soit à la résistance mécanique, soit à l'isolation thermique, soit à ces deux critères cumulés.

Il est prévu un certain nombre de degrés types de résistance au feu déterminés par un programme thermique normalisé.

V. Arr. 22 mars 2004 relatif à la résistance au feu des produits, éléments de construction et d'ouvrages, mod. par Arr. 18 sept. 2006 (JO 6 oct.) et par Arr. 14 mars 2011 (JO 31 mars).

Art. R. 121-5 Des arrêtés du ministre de l'Intérieur fixent les différentes catégories de la classification, tant en ce qui concerne la réaction au feu que la résistance au feu, les conditions d'essais et la compétence des différents laboratoires chargés d'y procéder.

V. Arr. 21 nov. 2002 mod. préc., abrogeant Arr. 30 juin 1983 ; Arr. 5 févr. 1959 portant agrément des laboratoires d'essais sur le comportement au feu des matériaux (JO 14 févr.), mod. par Arr. 28 août 1991 (JO 19 nov.), Arr. 10 oct. 2000 (JO 20 oct.), Arr. 21 juill. 2006 (JO 8 août), Arr. 17 janv. 2007 (JO 10 févr.) et Arr. 4 avr. 2011 (JO 13 avr.) ; Arr. 21 avr. 1983 (JONC 3 juill.), mod. par Arr. 27 nov. 1996 (JO 8 déc.) : détermination du degré de résistance au feu des éléments de construction et conditions particulières d'essai des ventilateurs de désenfumage ; Arr. 31 janv. 1986 (JO 5 mars), mod. par Arr. 18 août 1986 (JO 20 sept.) et Arr. 19 déc. 1988 (JO 5 janv. 1989) : protection contre l'incendie des bâtiments d'habitation ; V. Arr. 3 août 1999 : résistance au feu des produits, éléments de construction et d'ouvrages (JO 3 août 1999), Arr. 22 mars 2004 : résistance au feu des produits, éléments de construction et d'ouvrages, mod. par Arr. 18 sept. 2006 (JO 6 oct.) et par Arr. 14 mars 2011 (JO 31 mars).

Art. R. 121-6 La composition et les attributions du comité d'étude et de classification des matériaux et éléments de construction par rapport au danger d'incendie (CECMI) sont fixées par arrêté du ministre de l'intérieur.

V. Arr. 22 déc. 1949 (JO 4 janv. 1950) portant création d'un comité d'étude et de classification des matériaux et éléments de construction par rapport au danger d'incendie, mod. par Arr. 10 juill. 1965 (JO 23 juill.), Arr. 24 avr. 1972 (JO 17 juin), Arr. 28 août 1991 (JO 19 nov.), Arr. 7 oct. 2005 (JO 22 oct.), Arr. 21 juill. 2006 (JO 8 août), Arr. 17 janv. 2007 (JO 10 févr.), Arr. 7 janv. 2008 (JO 13 mars) et Arr. 4 avr. 2011 (JO 13 avr.).

V. Circ. no 2000-77 du 31 oct. 2000 relative au contrôle technique des constructions pour la prévention du risque sismique (BOMELT no 2000/21).

Art. R. 121-7 Le classement dans l'une des catégories prévues aux articles R. 121-3 et R. 121-4 peut être homologué par le ministre de l'Intérieur, après les essais prévus à l'article R. 121-5 et après avis du comité d'étude et de classification des matériaux et éléments de construction par rapport au danger d'incendie.

Toutefois ces essais ne sont pas obligatoires pour l'homologation quand il s'agit de matériaux tout à fait courants, traditionnellement utilisés et dont le comportement au feu est bien connu.

Le refus d'homologation de classement doit être motivé par application de la loi du 11 juill. 1979 : Circ. 28 sept. 1987, JO 30 oct., no hors série 87-872.

Art. R. 121-8 L'homologation peut être différée dans la mesure où l'appréciation du comportement au feu de certains matériaux exige des essais particuliers. Elle peut être refusée si le résultat de ces essais n'est pas concluant.

V. Arr. 11 févr. 1963 fixant les conditions d'essais de résistance au feu des conducteurs et câbles électriques isolés pour éclairage de sécurité (JO 22 févr.) ; Arr. 10 sept. 1970 relatif à la classification des façades vitrées par rapport au danger d'incendie (JO 29 sept.) ; Arr. 10 sept. 1970 relatif à la classification des couvertures en matériaux combustibles par rapport au danger d'incendie (JO 29 sept.).

Art. R. 121-9 Les homologations prononcées ne sont valables que sous réserve de la conformité des matériaux aux échantillons ayant servi de base à l'homologation. Toutes indications nécessaires à ce contrôle doivent être jointes à la demande d'homologation.

Art. R. 121-10 L'homologation peut être retirée s'il vient à être constaté que le comportement du matériau considéré ne correspond plus au classement dont il avait fait l'objet ou si l'évolution de la technique a conduit à modifier les normes de sécurité applicables.

Sur la nécessaire motivation d'un retrait d'homologation, V. Circ. 28 sept. 1987, JO 30 oct., n° hors série 87-872.

Art. R. 121-11 L'usage abusif de cette homologation est sanctionné dans les conditions prévues par la législation en vigueur.

Art. R. 121-12 L'absence d'homologation n'interdit pas l'emploi de tels ou tels matériaux à l'occasion d'une construction déterminée si les prescriptions générales relatives à la prévention de l'incendie sont respectées et si cet emploi a été préalablement autorisé par l'autorité de la compétence de laquelle relève le contrôle de ces prescriptions.

Art. R. 121-13 Le ministre de l'Intérieur a la faculté de publier les décisions d'homologation et les résultats d'essais en vue du classement des matériaux, sauf en cas de réserve expresse de la part du fabricant intéressé dans les quinze jours de la communication du résultat.

CHAPITRE II DISPOSITIONS DE SÉCURITÉ RELATIVES AUX IMMEUBLES DE GRANDE HAUTEUR

Art. **R. 122-1 Le présent chapitre fixe les dispositions destinées à assurer la sécurité des personnes contre les risques d'incendie et de panique dans les immeubles de grande hauteur.

Il est applicable à tous les immeubles de grande hauteur à construire, aux transformations et aménagements à effectuer dans les immeubles existants et aux changements de destination des locaux dans ces immeubles.

SECTION PREMIÈRE DÉFINITIONS ET CLASSIFICATIONS

Art. **R. 122-2 Constitue un immeuble de grande hauteur, pour l'application du présent chapitre, tout corps de bâtiment dont le plancher bas du dernier niveau est situé, par rapport au niveau du sol le plus haut utilisable pour les engins des services publics de secours et de lutte contre l'incendie :

– à plus de 50 mètres pour les immeubles à usage d'habitation, tels qu'ils sont définis par l'article R. 111-1-1 ;

– à plus de 28 mètres pour tous les autres immeubles.

Fait partie intégrante de l'immeuble de grande hauteur l'ensemble des éléments porteurs et des sous-sols de l'immeuble. En font également partie les corps de bâtiments contigus, quelle que soit leur hauteur, lorsqu'ils ne sont pas isolés de l'immeuble de grande hauteur dans les conditions précisées par le règlement de sécurité prévu à l'article R. 122-4.

(Décr. nº 2009-1119 du 16 sept. 2009) **« Par dérogation à l'alinéa précédent, les parcs de stationnement situés sous un immeuble de grande hauteur ne sont pas considérés comme faisant partie de l'immeuble lorsqu'ils sont séparés des autres locaux de l'immeuble par des parois coupe-feu de degré 4 heures ou REI 240 et qu'ils ne comportent au maximum qu'une communication intérieure directe ou indirecte avec ces locaux dans les conditions définies par le règlement de sécurité prévu à l'article R. 122-4. Ne sont pas considérés comme faisant partie de l'immeuble les volumes situés en partie basse de l'immeuble de grande hauteur qui répondent aux conditions d'indépendance et aux mesures de sécurité fixées par l'arrêté mentionné à l'article R. 122-4.**

« Ne constitue pas un immeuble de grande hauteur l'immeuble à usage principal d'habitation dont le plancher bas du dernier niveau est situé à plus de 28 mètres et au plus à 50 mètres, et dont les locaux autres que ceux à usage d'habitation répondent, pour ce qui concerne le risque incendie, à des conditions d'isolement par rapport aux locaux à usage d'habitation, fixées par l'arrêté mentionné à l'article R. 122-4 ».

V. Arr. 16 juill. 1992 (JO 6 août) sur la classification et les règles de construction parasismique applicables aux bâtiments de la catégorie dite à risque normal.

Les dispositions issues du Décr. nº 2009-1119 du 16 sept. 2009 sont applicables aux demandes de permis de construire et aux demandes d'autorisations relatives aux établissements recevant du public et aux immeubles de grande hauteur prévues par les art. L. 111-8 et L. 122-1, déposées à compter du 1er janv. 2010 (Décr. préc., art. 5).

Art. **R. 122-3 **Ne sont pas soumis aux dispositions du présent chapitre les immeubles de grande hauteur dont la destination implique normalement la présence de moins d'une personne par 100 mètres carrés de** *(Décr. nº 2011-2054 du 29 déc. 2011, art. 6, en vigueur le 1er mars 2012)* **« surface de plancher** *[ancienne rédaction : surface hors œuvre nette]* **» à chacun des niveaux.**

Les dispositions issues du Décr. nº 2009-1119 du 16 sept. 2009 sont applicables aux demandes de permis de construire et aux demandes d'autorisations relatives aux établissements recevant du public et aux immeubles de grande hauteur prévues par les art. L. 111-8 et L. 122-1, déposées à compter du 1er janv. 2010 (Décr. préc., art. 5).

Art. **R. 122-4 **Un arrêté conjoint des ministres chargés de l'exécution des dispositions du présent chapitre, pris après avis de** *(Décr. nº 2006-665 du 7 juin 2006, art. 1er)* **« la Commission centrale de sécurité prévue par l'article R. 123-29 » et portant règlement de sécurité, fixe pour les diverses classes d'immeubles de grande hauteur les mesures d'application des principes posés par le présent chapitre communes à ces diverses classes ou à certaines d'entre elles et les dispositions propres à chacune d'elles. Il fixe en outre les mesures qui doivent être prises par le constructeur pendant la réalisation des travaux pour limiter les risques d'incendie et faciliter l'intervention des sapeurs-pompiers.**

Les arrêtés fixant ou modifiant le règlement de sécurité déterminent celles des dispositions qui, compte tenu de leur nature et de leur importance, sont applicables respectivement, soit aux seuls immeubles à construire, soit aux immeubles faisant l'objet de projets déposés en vue de la délivrance du permis de construire ou de la déclaration préalable à la construction, soit aux immeubles en cours de construction, soit aux immeubles déjà construits. Pour chacune de ces catégories d'immeubles, les arrêtés déterminent les conditions et délais d'application des dispositions édictées.

V. Arr. du 30 déc. 2011 portant règlement de sécurité pour la construction des immeubles de grande hauteur et leur protection contre les risques d'incendie et de panique (JO 18 janv. 2012).

Art. R.* 122-5 *(Décr. no 2009-1119 du 16 sept. 2009)* I. — Les immeubles de grande hauteur sont répartis dans les classes suivantes :

GHA : immeubles à usage d'habitation ;

GHO : immeubles à usage d'hôtel ;

GHR : immeubles à usage d'enseignement ;

GHS : immeubles à usage de dépôt d'archives ;

GHTC : immeubles à usage de tour de contrôle ;

GHU : immeubles à usage sanitaire ;

GHW 1 : immeubles à usage de bureaux répondant aux conditions fixées par le règlement prévu à l'article R. 122-4 et dont la hauteur du plancher bas tel qu'il est défini à l'article R. 122-2 est supérieure à 28 mètres et inférieure ou égale à 50 mètres ;

GHW 2 : immeubles à usage de bureaux dont la hauteur du plancher bas tel qu'il est défini ci-dessus est supérieure à 50 mètres ;

GHZ : immeubles à usage principal d'habitation dont la hauteur du plancher bas est supérieure à 28 mètres et inférieure ou égale à 50 mètres et comportant des locaux autres que ceux à usage d'habitation ne répondant pas aux conditions d'indépendance fixées par les arrêtés prévus aux articles R. 111-13 et R. 122-4 ;

ITGH : immeuble de très grande hauteur. Constitue un immeuble de très grande hauteur tout corps de bâtiment dont le plancher bas du dernier niveau est situé à plus de 200 mètres par rapport au niveau du sol le plus haut utilisable pour les engins des services publics de secours et de lutte contre l'incendie.

II. — Lorsqu'un immeuble est affecté à plusieurs usages différents, les dispositions applicables sont définies par le règlement de sécurité prévu à l'article R. 122-4.

Les dispositions issues du Décr. no 2009-1119 du 16 sept. 2009 sont applicables aux demandes de permis de construire et aux demandes d'autorisations relatives aux établissements recevant du public et aux immeubles de grande hauteur prévues par les art. L. 111-8 et L. 122-1, déposées à compter du 1er janv. 2010 (Décr. préc., art. 5).

SECTION II EMPLACEMENT – CONDITIONS D'UTILISATION – PRINCIPES DE SÉCURITÉ

Les dispositions issues du Décr. no 2009-1119 du 16 sept. 2009 sont applicables aux demandes de permis de construire et aux demandes d'autorisations relatives aux établissements recevant du public et aux immeubles de grande hauteur prévues par les art. L. 111-8 et L. 122-1, déposées à compter du 1er janv. 2010 (Décr. préc., art. 5).

Art. **R. 122-6 La construction d'un immeuble de grande hauteur n'est permise qu'à des emplacements situés à 3 km au plus d'un centre principal des services publics de secours et de lutte contre l'incendie.

Cependant, le représentant de l'État dans le département peut autoriser la construction d'un immeuble de grande hauteur à une distance supérieure, après avis de la *(Décr. no 2009-1119 du 16 sept. 2009)* « commission consultative départementale de sécurité et d'accessibilité », par un arrêté motivé, compte tenu notamment de la classe de l'immeuble, de la densité d'occupation, des facilités d'accès et de circulation, du type du centre de secours, du service de sécurité propre à l'immeuble et des ressources en eau du secteur.

V. Arr. 18 oct. 1977, préc., art. GH 5.

Art. **R. 122-7 Les immeubles de grande hauteur ne peuvent contenir, sauf exceptions prévues par le règlement de sécurité, des établissements classés dans la nomenclature établie en vertu de la loi no 76-663 du 19 juillet 1976 relative aux installations classées pour la protection de l'environnement, lorsque le classement résulte des dangers d'incendie et d'explosion qu'ils représentent.

(Décr. nº 2009-1119 du 16 sept. 2009) « Il est interdit d'y entreposer ou d'y manipuler des substances ou préparations classées explosives, comburantes ou extrêmement inflammables ainsi que les matières définies à l'article R. 4227-22 du code du travail, sauf exceptions prévues par le règlement de sécurité ».

Art. **R. 122-8 Ne sont admis dans ces immeubles que des modes d'occupation ou d'utilisation n'impliquant pas la présence, dans chaque compartiment tel que défini à l'article R. 122-10, d'un nombre de personnes correspondant à une occupation moyenne de plus d'une personne par *(Décr. nº 2009-1119 du 16 sept. 2009)* « dix mètres carrés de » *(Décr. nº 2011-2054 du 29 déc. 2011, art. 6, en vigueur le 1er mars 2012)* « surface de plancher *[ancienne rédaction : surface hors œuvre nette]* ».

Toutefois, le règlement de sécurité peut, sauf à prévoir toutes mesures appropriées, autoriser des installations ou des locaux impliquant une densité supérieure d'occupation.

Art. **R. 122-9 Pour assurer la sauvegarde des occupants et du voisinage, la construction des immeubles de grande hauteur doit permettre de respecter les principes de sécurité ci-après :

1º Pour permettre de vaincre le feu avant qu'il n'ait atteint une dangereuse extension :

L'immeuble est divisé en compartiments définis à l'article R. 122-10, dont les parois ne doivent pas permettre le passage du feu de l'un à l'autre en moins de deux heures ;

Les matériaux combustibles se trouvant dans chaque compartiment sont limités dans les conditions fixées par le règlement prévu à l'article R. 122-4 ;

Les matériaux susceptibles de propager rapidement le feu sont interdits ;

2º L'évacuation des occupants est assurée au moyen de deux escaliers au moins par compartiment. Cependant, pour les immeubles de la classe GHW 1, le règlement de sécurité précise les conditions auxquelles il pourra être dérogé à cette règle ;

L'accès des ascenseurs est interdit dans les compartiments atteints ou menacés par l'incendie*[.]* *(Décr. nº 2009-1119 du 16 sept. 2009)* « Il reste possible au niveau d'accès des secours dans les conditions définies par le règlement de sécurité prévu à l'article R. 122-4 ; »

3º L'immeuble doit comporter :

a) Une ou plusieurs sources autonomes d'électricité destinées à remédier, le cas échéant, aux défaillances de celle utilisée en service normal ;

b) Un système d'alarme efficace ainsi que des moyens de lutte à la disposition des services publics de secours et de lutte contre l'incendie et, s'il y a lieu, à la disposition des occupants ;

4º En cas de sinistre dans une partie de l'immeuble, les ascenseurs et monte-charge doivent continuer à fonctionner pour le service des étages et compartiments non atteints ou menacés par le feu ;

5º Des dispositions appropriées doivent empêcher le passage des fumées du compartiment sinistré aux autres parties de l'immeuble ;

6º Les communications d'un compartiment à un autre ou avec les escaliers doivent être assurées par des dispositifs étanches aux fumées en position de fermeture et permettant l'élimination rapide des fumées introduites ;

7º Pour éviter la propagation d'un incendie extérieur à un immeuble de grande hauteur, celui-ci doit être isolé par un volume de protection répondant aux conditions fixées par le règlement de sécurité.

V. Arr. 18 oct. 1977, art. GH 5 s.

Art. **R. 122-10 *(Décr. nº 2009-1119 du 16 sept. 2009)* « Les compartiments prévus à l'article R. 122-9 ont la hauteur d'un niveau, une longueur n'excédant pas 75 mètres

et une *(Décr. nº 2011-2054 du 29 déc. 2011, art. 6, en vigueur le 1er mars 2012)* **« surface de plancher** *[ancienne rédaction : surface hors œuvre nette]* **» au plus égale à 2 500 mètres carrés ou une** *(Décr. nº 2011-2054 du 29 déc. 2011, art. 6, en vigueur le 1er mars 2012)* **« surface de plancher** *[ancienne rédaction : surface hors œuvre brute]* **» au plus égale à 3 000 mètres carrés ».**

Les compartiments peuvent comprendre deux niveaux si la surface totale n'excède pas 2 500 mètres carrés ; ils peuvent comprendre trois niveaux pour une surface totale de 2 500 mètres carrés quand l'un d'eux est *(Décr. nº 2009-1119 du 16 sept. 2009)* **« situé au niveau d'accès des » engins des services publics de secours et de lutte contre l'incendie.**

Les parois de ces compartiments, y compris les dispositifs tels que sas ou portes permettant l'accès aux escaliers, aux ascenseurs et monte-charge et entre compartiments, doivent être coupe-feu de degré deux heures *(Décr. nº 2009-1119 du 16 sept. 2009)* **« ou EI 120, REI 120 en cas de fonction porteuse ».**

Les surfaces indiquées des compartiments doivent être mesurées hors œuvre, à l'exception des balcons dépassant le plan général des façades.

V. Arr. du 18 oct. 1977, préc., art. GH 26.

Art. **R. 122-11 **Les constructeurs et installateurs sont tenus, chacun en ce qui le concerne, de s'assurer que les installations et équipements sont établis en conformité avec les dispositions réglementaires et en particulier que le comportement au feu des matériaux et éléments de construction répond aux conditions fixées par le règlement de sécurité.**

Le contrôle exercé par l'administration ou par la *(Décr. nº 2009-1119 du 16 sept. 2009)* **« commission consultative départementale de sécurité et d'accessibilité » ne dégage pas les constructeurs et installateurs des responsabilités qui leur incombent personnellement.**

V. Arr. 11 déc. 2007 relatif aux conditions d'agrément pour les vérifications réglementaires prévues dans les établissements recevant du public et les immeubles de grande hauteur (JO 1er mars 2008), en vigueur le 1er mars 2009. Les organismes accrédités peuvent cependant en faire valoir sans attendre les dispositions (Arr. préc., art. 16). L'Arr. du 11 déc. 2007 préc. a été modifié par l'Arr. du 9 déc. (JO 18 déc.).

Les agréments délivrés en application des dispositions des arrêtés du 15 juill. 1968 (JO 15 août) et du 7 nov. 1990 (JO 23 nov.) demeurent applicables jusqu'à la date d'expiration de leur validité (Arr. 11 déc. 2007 préc., art. 14).

SECTION II *BIS* AUTORISATION DE TRAVAUX SUR UN IMMEUBLE DE GRANDE HAUTEUR PRÉVUE À L'ARTICLE L. 122-1

(Décr. nº 2007-1327 du 11 sept. 2007, art. 1er, en vigueur le 1er oct. 2007)

Art. R. 122-11-1 L'autorisation de travaux sur des immeubles de grande hauteur, prévue à l'article L. 122-1, est délivrée par le préfet.

Elle ne peut être délivrée que si les travaux projetés sont conformes aux règles d'accessibilité et de sécurité définies à la section 3 du chapitre Ier du titre Ier du livre Ier et aux sections 1 et 2 du présent chapitre.

En raison des caractéristiques particulières de certains immeubles, l'autorisation peut être assortie de prescriptions spéciales ou exceptionnelles qui renforcent ou atténuent ces dispositions.

Conformément à l'article R. 425-14 du code de l'urbanisme, le permis de construire tient lieu de l'autorisation prévue à l'article L. 122-1 si les travaux projetés ont fait l'objet d'un accord du préfet. Cet accord est instruit et délivré dans les conditions prévues par la présente section.

Art. R. 122-11-2 La demande d'autorisation est présentée :

a) Soit par le ou les propriétaires du ou des terrains, leur mandataire ou par une ou plusieurs personnes attestant être autorisées par eux à exécuter les travaux ;

b) Soit, en cas d'indivision, par un ou plusieurs coindivisaires ou leur mandataire ;

c) Soit par une personne ayant qualité pour bénéficier de l'expropriation pour cause d'utilité publique.

Elle est adressée par pli recommandé avec demande d'avis de réception ou déposée contre décharge à la préfecture du département dans laquelle les travaux sont envisagés. Le préfet en accuse réception sans délai.

Lorsque les travaux projetés sont également soumis à permis de construire, l'accusé de réception est joint à la demande de permis de construire.

V. Arr. 21 nov. 2011 fixant le modèle du formulaire de la « Demande d'autorisation de construire, d'aménager ou de modifier un immeuble de grande hauteur (IGH) » (JO 2 déc.).

Art. R. 122-11-3 Le dossier de la demande d'autorisation établi en trois exemplaires comporte :

1o Une notice technique indiquant avec précision les dispositions prises pour satisfaire aux mesures prévues par le règlement de sécurité édicté en application de l'article R. 122-4 ;

2o Des plans accompagnés d'états descriptifs précisant le degré de résistance au feu des éléments de construction, la largeur des dégagements communs et privés horizontaux et verticaux, la production et la distribution d'électricité haute, moyenne et basse tension, l'équipement hydraulique, le conditionnement d'air, la ventilation, le chauffage, l'aménagement des locaux techniques et les moyens de secours ;

3o Le cas échéant, une demande de dérogation tendant à atténuer les contraintes en matière de sécurité, accompagnée des justifications de la demande et d'un état des mesures de compensation de nature à assurer un niveau de sécurité équivalent.

Lorsque l'immeuble accueille un ou plusieurs établissements recevant du public, le demandeur joint, en trois exemplaires, le dossier mentionné au *a* de l'article R. 111-19-17.

Un arrêté conjoint des ministres chargés de la construction et de la sécurité civile définit en tant que de besoin le contenu des plans et notices prévus par le présent article.

Art. R. 122-11-4 Le délai d'instruction de la demande d'autorisation est de cinq mois à compter du dépôt du dossier.

Si le dossier ne comprend pas les pièces exigées en application de la présente section, l'autorité compétente, dans le délai d'un mois à compter de la réception ou du dépôt du dossier à la mairie, adresse au demandeur ou à l'auteur de la déclaration une lettre recommandée avec demande d'avis de réception ou, dans le cas prévu par l'article R. 423-48 du code de l'urbanisme, un courrier électronique, indiquant de façon exhaustive les pièces manquantes. Le délai d'instruction de cinq mois ne commence à courir qu'à compter de la réception de ces pièces.

Lorsque le projet fait l'objet d'une demande de permis de construire, les dispositions des articles R. 423-39 à R. 423-41 du code de l'urbanisme sont applicables. Le délai d'instruction du permis de construire ne commence à courir qu'à compter de la plus tardive des dates de réception des pièces manquantes mentionnées à l'alinéa précédent ou des pièces manquantes au dossier de demande de permis de construire, lorsque l'autorité compétente a notifié au demandeur, dans les conditions définies par l'article R. 423-38 du code de l'urbanisme, une liste de ces pièces. Le préfet adresse copie de la lettre indiquant les pièces manquantes à l'autorité compétente pour délivrer le permis.

Le préfet transmet pour avis un exemplaire du dossier à la commission consultative départementale de sécurité et d'accessibilité ou, à Paris, dans les Hauts-de-Seine, la Seine-Saint-Denis et le Val-de-Marne, à la commission départementale de sécurité. Si cet avis n'est pas donné dans un délai de deux mois, il est réputé favorable.

Si l'immeuble a une hauteur supérieure à 100 mètres, calculée selon les modalités définies par l'article R. 122-2 du présent code, et doit faire l'objet de prescriptions spéciales ou exceptionnelles, le préfet transmet pour avis un exemplaire du dossier à la commission centrale de sécurité prévue à l'article R. 123-29. Si cet avis n'est pas donné dans un délai de trois mois, il est réputé favorable.

Art. R. 122-11-5 A défaut de notification d'une décision expresse dans le délai de cinq mois mentionné au premier ou au deuxième alinéa de l'article R. 122-11-4, l'autorisation de travaux est considérée comme accordée.

Lorsque le projet fait l'objet d'une demande de permis de construire, le préfet notifie sa décision expresse à l'autorité compétente pour délivrer le permis.

Art. R. 122-11-6 L'autorisation de travaux prévue à la présente section vaut autorisation au titre de l'article L. 111-8. Le préfet recueille les accords ou avis prévus par les articles R. 111-19-23 et R. 111-19-24.

SECTION III INTERVENTIONS DE LA COMMISSION CENTRALE DE SÉCURITÉ *(Décr. nº 2006-665 du 7 juin 2006).*

Art. R. 122-12 *(Décr. nº 2006-665 du 7 juin 2006)* La Commission centrale de sécurité prévue par l'article R. 123-29 donne son avis dans les cas prévus par le présent chapitre, ainsi que sur toutes les questions intéressant la sécurité dans les immeubles de grande hauteur qui sont soumises à son examen par les ministres intéressés.

Les membres permanents de la Commission centrale de sécurité dûment accrédités par le ministre de l'intérieur ont accès à toute heure aux parties communes des immeubles de grande hauteur et aux établissements recevant du public installés dans ces immeubles.

V. Arr. 18 oct. 1977 portant règlement de sécurité pour la construction des immeubles à grande hauteur, cité ss. art. R. 122-4.

Art. **R. 122-13 *Abrogé par Décr. nº 2006-665 du 7 juin 2006.*

SECTION IV OBLIGATIONS RELATIVES À L'OCCUPATION DES LOCAUX

Art. **R. 122-14 Pour assurer l'exécution des obligations qui lui incombent en vertu des dispositions du présent chapitre, le propriétaire peut désigner un mandataire et un suppléant pour agir en ses lieu et place et correspondre avec l'autorité administrative. Il est tenu de désigner un mandataire et un suppléant lorsqu'il ne réside pas lui-même dans la commune du siège desdits immeubles.

Lorsque l'immeuble appartient à une société, à plusieurs copropriétaires ou coïndivisaires, ceux-ci désignent pour les représenter un mandataire et son suppléant.

V. Arr. 18 oct. 1977, préc., art. GH 58.

Art. **R. 122-15 Le mandataire ou à défaut le suppléant désigné conformément aux dispositions de l'article précédent est considéré comme le seul correspondant de l'autorité administrative.

Ils sont tenus, le cas échéant, au lieu et place du propriétaire, d'assurer l'exécution des obligations énoncées ci-dessus.

Art. **R. 122-16 Les propriétaires sont tenus de maintenir et d'entretenir les installations en conformité avec les dispositions de la présente réglementation. Ils font

procéder, par une personne ou un organisme agréé par le ministre de l'Intérieur, aux vérifications imposées par le règlement de sécurité avant et pendant l'occupation des locaux.

(Décr. nº 2002-814 du 3 mai 2002, art. 7) **« Le silence gardé pendant plus de quatre mois sur la demande d'agrément présentée en application de l'alinéa précédent vaut décision de rejet. »** *— Les dispositions du Décr. nº 2002-814 du 3 mai 2002 sont applicables aux demandes déposées après le 5 mai 2002, date de publication de ce texte au Journal officiel (Décr. nº 2002-814 du 3 mai 2002, art. 15).*

V. Arr. 11 déc. 2007 relatif aux conditions d'agrément pour les vérifications réglementaires prévues dans les établissements recevant du public et les immeubles de grande hauteur (JO 1er mars 2008), en vigueur le 1er mars 2009. Les organismes accrédités peuvent cependant en faire valoir sans attendre les dispositions (Arr. préc., art. 16). L'Arr. du 11 déc. 2007 préc. a été modifié par l'Arr. du 9 déc. (JO 18 déc.).

Les agréments délivrés en application des dispositions des arrêtés du 15 juillet 1968 (JO 15 août) et du 7 nov. 1990 (JO 23 nov.) demeurent applicables jusqu'à la date d'expiration de leur validité (Arr. 11 déc. 2007 préc., art. 14).

Art. **R. 122-17 **Le propriétaire est tenu d'organiser un service de sécurité unique pour l'ensemble des locaux de l'immeuble de grande hauteur et de faire procéder, dans les cas prévus au règlement de sécurité, à des exercices périodiques d'évacuation.**

Le règlement détermine les classes d'immeubles dans lesquelles les occupants doivent participer au service de sécurité et aux exercices d'évacuation.

V. Arr. 2 mai 2005 relatif aux missions, à l'emploi et à la qualification du personnel permanent des services de sécurité incendie des établissements recevant du public et des immeubles de grande hauteur (JO 26 mai), mod. par Arr. 31 janv. 2006 (JO 15 févr.).

Art. **R. 122-18 **Les propriétaires, les locataires et les occupants des immeubles de grande hauteur ne peuvent apporter aux lieux loués aucune modification en méconnaissance des dispositions du présent chapitre et du règlement de sécurité.**

Ils doivent, en outre, s'assurer que le potentiel calorifique des éléments mobiliers introduits dans l'immeuble n'excède pas les limites fixées par ledit règlement.

SECTION V MESURES DE CONTRÔLE

Art. **R. 122-19 **Le maire et le représentant de l'État dans le département assurent, chacun en ce qui le concerne, l'exécution des dispositions du présent chapitre.**

La commission de sécurité compétente est, dans tous les cas, la commission consultative départementale de la protection civile instituée par le décret nº 65-1048 du 2 décembre 1965. Les membres de cette commission peuvent être mandatés pour procéder aux visites de contrôle effectuées en application des dispositions du présent chapitre et du chapitre III du présent titre ; ils sont désignés à cet effet par le représentant de l'État dans le département après avis de la commission.

V. Décr. nº 95-260 du 8 mars 1995 (JO 10 mars) : commission consultative départementale de sécurité et d'accessibilité. — Circ. 22 juin 1995 (Mon. TP 11 août 1995, Suppl. textes, p. 206), mod. par Décr. nº 2006-1089 du 30 août 2006 (JO 31 août). Les dispositions de l'art. 2 du Décr. nº 2006-1089 entrent en vigueur le 1er janv. 2007 (Décr. préc. art. 3).

Art. **R. 122-20 **Le maire, après avis de la commission consultative départementale de la protection civile, peut demander aux constructeurs de faire procéder à la vérification, par l'un des laboratoires agréés par le ministre de l'Intérieur, du degré d'inflammabilité des matériaux ou, s'il y a lieu, du degré de résistance au feu des éléments de construction employés et de lui remettre le procès-verbal de ces contrôles.**

Art. **R. 122-21 Pendant la construction des immeubles de grande hauteur, des visites peuvent être faites sur place par la commission, soit de sa propre initiative, soit à la demande du maire ou du représentant de l'État dans le département.

Art. **R. 122-22 L'occupation totale ou partielle de l'immeuble est subordonnée à la constatation du respect des prescriptions de sécurité. Le propriétaire adresse à cet effet une demande au maire qui se prononce après avis de la commission.

Art. **R. 122-23 La commission visite l'immeuble à la demande du maire ; elle se fait présenter le registre de sécurité et les rapports de vérification établis par les personnes ou organismes agréés ; elle procède aux contrôles qu'elle juge utiles. Le propriétaire est tenu d'assister à cette visite.

Art. **R. 122-24 Les compartiments d'un immeuble en cours de construction peuvent être occupés si le personnel de sécurité et les équipements de secours correspondants ont été mis en place et sont en mesure de remplir leurs fonctions. Le maire fixe, le cas échéant, après avis de la commission, les conditions spéciales à observer tant pour la poursuite des travaux que pour l'isolement du chantier par rapport au reste de l'immeuble.

Art. **R. 122-25 La décision du maire est notifiée directement au propriétaire ; une ampliation en est transmise au représentant de l'État dans le département.

Art. **R. 122-26 Après achèvement des travaux ou dans le cas d'occupation partielle, le représentant de l'État dans le département fait procéder dans le centre de secours concerné à l'inscription de l'immeuble sur le répertoire des constructions pour lesquelles les services publics de secours et de lutte contre l'incendie doivent établir un plan d'intervention.

Art. **R. 122-27 Un fichier départemental de contrôle des immeubles de grande hauteur est établi et tenu à jour par le représentant de l'État dans le département.

Art. **R. 122-28 Pendant l'occupation de l'immeuble, la commission peut procéder à des visites de contrôle périodiques ou inopinées des parties communes de tous les immeubles de grande hauteur.

Les propriétaires sont tenus d'assister aux visites dont ils ont été avisés.

A l'issue de chaque visite de la commission, il est dressé un procès-verbal qui constate notamment la bonne exécution des prescriptions formulées à l'occasion d'une visite antérieure et mentionne éventuellement les mesures proposées.

Le maire notifie ce procès-verbal au propriétaire qui dispose d'un délai de quinze jours pour faire connaître ses observations. Passé ce délai, le maire lui notifie les décisions prises.

Art. **R. 122-29 Il doit être tenu, par le propriétaire, un registre de sécurité sur lequel sont portés les renseignements indispensables au contrôle de la sécurité, en particulier :

Les diverses consignes établies en cas d'incendie ;

L'état nominatif et hiérarchique des personnes appartenant au service de sécurité de l'immeuble ;

L'état et les plans de situation des moyens mis à la disposition de ce service ;

Les dates des exercices de sécurité ;

Les dates des diverses vérifications et contrôles ainsi que les observations ou rapports auxquels ils ont donné lieu.

Le registre de sécurité est soumis chaque année au visa du maire. Il doit être présenté lors des contrôles administratifs.

CHAPITRE III PROTECTION CONTRE LES RISQUES D'INCENDIE ET DE PANIQUE DANS LES IMMEUBLES RECEVANT DU PUBLIC

Art. *R. 123-1 Le présent chapitre fixe les dispositions destinées à assurer la sécurité contre les risques d'incendie et de panique dans les établissements recevant du public.

SECTION PREMIÈRE DÉFINITION ET APPLICATION DES RÈGLES DE SÉCURITÉ

Art. *R. 123-2 Pour l'application du présent chapitre, constituent des établissements recevant du public tous bâtiments, locaux et enceintes dans lesquels des personnes sont admises, soit librement, soit moyennant une rétribution ou une participation quelconque, ou dans lesquels sont tenues des réunions ouvertes à tout venant ou sur invitation, payantes ou non.

Sont considérées comme faisant partie du public toutes les personnes admises dans l'établissement à quelque titre que ce soit en plus du personnel.

V. Arr. du 16 juill. 1992 (JO 6 août), relatif aux règles applicables aux bâtiments de la catégorie dite « à risque normal ».

Art. R.* 123-3 *(Décr. nº 2009-1119 du 16 sept. 2009)* Les constructeurs, propriétaires et exploitants des établissements recevant du public sont tenus, tant au moment de la construction qu'au cours de l'exploitation, de respecter les mesures de prévention et de sauvegarde propres à assurer la sécurité des personnes ; ces mesures sont déterminées compte tenu de la nature de l'exploitation, des dimensions des locaux, de leur mode de construction, du nombre de personnes pouvant y être admises et de leur aptitude à se soustraire aux effets d'un incendie.

Les dispositions issues du Décr. nº 2009-1119 du 16 sept. 2009 sont applicables aux demandes de permis de construire et aux demandes d'autorisations relatives aux établissements recevant du public et aux immeubles de grande hauteur prévues par les art. L. 111-8 et L. 122-1, déposées à compter du 1er janv. 2010 (Décr. préc., art. 5).

Art. *R. 123-4 Les bâtiments et les locaux où sont installés les établissements recevant du public doivent être construits de manière à permettre l'évacuation rapide et en bon ordre de la totalité des occupants *(Décr. nº 2009-1119 du 16 sept. 2009)* « ou leur évacuation différée si celle-ci est rendue nécessaire ».

Ils doivent avoir une ou plusieurs façades en bordure de voies ou d'espaces libres permettant l'évacuation du public, l'accès et la mise en service des moyens de secours et de lutte contre l'incendie.

V. Règlement de sécurité contre les risques d'incendie et de panique dans les établissements recevant du public cité ss. art. R. 123-12, art. CO 1 s.

Les dispositions issues du Décr. nº 2009-1119 du 16 sept. 2009 sont applicables aux demandes de permis de construire et aux demandes d'autorisations relatives aux établissements recevant du public et aux immeubles de grande hauteur prévues par les art. L. 111-8 et L. 122-1, déposées à compter du 1er janv. 2010 (Décr. préc., art. 5).

Art. *R. 123-5 Les matériaux et les éléments de construction employés tant pour les bâtiments et locaux que pour les aménagements intérieurs doivent présenter, en ce qui concerne leur comportement au feu, des qualités de réaction et de résistance appropriées aux risques courus. La qualité de ces matériaux et éléments fait l'objet

d'essais et de vérifications en rapport avec l'utilisation à laquelle ces matériaux et éléments sont destinés. Les constructeurs, propriétaires, installateurs et exploitants sont tenus de s'assurer que ces essais et vérifications ont eu lieu.

V. Règlement de sécurité cité ss. art. R. 123-12, art. CO 11 s.

Méconnaît les exigences de l'art. R. 123-5 un bâtiment à usage de « friterie-sandwicherie » réalisé entièrement en bois de faible épaisseur avec un coin cuisine non isolé de la salle de restaurant qui n'a fait l'objet d'aucun contrôle ou vérification réglementaire en ce qui concerne la réaction au feu des matériaux utilisés et les installations de gaz et d'électricité. • CAA Nantes, 8 mars 2001, *Patrascu* : *req. n° 97NT00285.*

Art. *R. 123-6 **L'aménagement des locaux, la distribution des différentes pièces et éventuellement leur isolement doivent assurer une protection suffisante, compte tenu des risques courus, aussi bien des personnes fréquentant l'établissement que de celles qui occupent des locaux voisins.**

V. Règlement de sécurité cité ss. art. R. 123-12, art. CO 27 s.

Art. *R. 123-7 **Les sorties** *(Décr. n° 2009-1119 du 16 sept. 2009)* **« , les éventuels espaces d'attente sécurisés » et les dégagements intérieurs qui y conduisent doivent être aménagés et répartis de telle façon qu'ils permettent l'évacuation** *(Décr. n° 2009-1119 du 16 sept. 2009)* **« ou la mise à l'abri préalable » rapide et sûre des personnes. Leur nombre et leur largeur doivent être proportionnés au nombre de personnes appelées à les utiliser.**

Tout établissement doit disposer de deux sorties au moins.

V. Règlement de sécurité cité ss. art. R. 123-12, art. CO 43 s.

Les dispositions issues du Décr. n° 2009-1119 du 16 sept. 2009 sont applicables aux demandes de permis de construire et aux demandes d'autorisations relatives aux établissements recevant du public et aux immeubles de grande hauteur prévues par les art. L. 111-8 et L. 122-1, déposées à compter du 1er janv. 2010 (Décr. préc., art. 5).

Art. *R. 123-8 **L'éclairage de l'établissement lorsqu'il est nécessaire doit être électrique. Un éclairage de sécurité doit être prévu dans tous les cas.**

V. Règlement de sécurité cité ss. art. R. 123-12, art. EC 1 s.

Art. *R. 123-9 **Le stockage, la distribution et l'emploi de produits explosifs ou toxiques, de tous liquides particulièrement inflammables et de liquides inflammables** *(Décr. n° 2010-368 du 13 avr. 2010, art. 46)* **« soumis à autorisation ou à enregistrement en application des articles L. 512-1 ou L. 512-7 du code de l'environnement » sont interdits dans les locaux et dégagements accessibles au public, sauf dispositions contraires précisées dans le règlement de sécurité.**

V. Règlement de sécurité cité ss. art. R. 123-12, art. GZ 1 s.

Art. *R. 123-10 **Les ascenseurs et monte-charge, les installations d'électricité, de gaz, de chauffage et de ventilation, ainsi que les équipements techniques particuliers à certains types d'établissements doivent présenter des garanties de sécurité et de bon fonctionnement.**

V. C. énergie, art. L. 121-34, App., v° Énergie (Gaz).

V. Règlement de sécurité cité ss. art. R. 123-12, art. EL 1 s.

Art. *R. 123-11 **L'établissement doit être doté de dispositifs d'alarme et d'avertissement, d'un service de surveillance et de moyens de secours contre l'incendie appropriés aux risques.**

(Décr. n° 2006-165 du 10 févr. 2006, art. 1er) **« Les établissements situés, même partiellement, en infrastructure, quel que soit leur type, doivent permettre aux services publics qui concourent aux missions de sécurité civile d'assurer la continuité de leurs**

communications radioélectriques avec les moyens propres à ces services, en tout point de l'établissement.

« Les établissements ouverts au public à la date de publication du décret nº 2006-165 du 10 février 2006 *[JO 17 févr.]* doivent se conformer à cette obligation dans un délai de trois ans à compter de cette date. »

V. Règlement de sécurité cité ss. art. R. 123-12, art. MS 58 s.

Décret nº 2006-165 du 10 février 2006,

Relatif aux communications radioélectriques des services de secours en opération dans les ouvrages routiers, ferroviaires ou fluviaux ou dans certaines catégories d'établissements recevant du public.

Art. 2 Les exploitants des ouvrages routiers, ferroviaires ou fluviaux doivent garantir aux services publics qui concourent aux missions de sécurité civile la continuité des communications radioélectriques avec les moyens propres à ces services en tout point de l'infrastructure.

Ces dispositions sont applicables :

a) Pour le domaine routier, à tout ouvrage au stade des études dont le projet d'ouvrage d'art, pour le réseau routier national non concédé, ou dont l'avant-projet d'ouvrage d'art, pour les autoroutes concédées, n'a pas été approuvé à la date de publication du présent décret *[JO 17 févr.]* ;

b) Pour le domaine ferroviaire, à tout ouvrage dont le dossier préliminaire de sécurité, mentionné à l'article 16 du décret *[nº 2003-425]* du 9 mai 2003 susvisé pour les transports publics guidés, et à l'article 7 du décret *[nº 2000-286]* du 30 mars 2000 susvisé pour ceux du réseau ferré national, n'a pas été approuvé à la même date ;

c) Pour le domaine fluvial, à tout projet d'ouvrage d'art.

Les ouvrages routiers, ferroviaires ou fluviaux qui ne relèvent pas des catégories mentionnées ci-dessus doivent se conformer à cette obligation dans un délai de trois ans à compter de la même date.

Art. 3 Les références techniques relatives aux dispositions des articles 1er et 2 sont définies par arrêté du ministre de l'intérieur et des ministres chargés de la construction, de l'équipement et des transports.

Art. *R. 123-12 **Le ministre de l'Intérieur précise, dans un règlement de sécurité pris après avis de la commission centrale de sécurité prévue à l'article R. 123-29, les conditions d'application des règles définies au présent chapitre. Il indique notamment les conditions dans lesquelles il doit être procédé à l'essai des matériaux, à l'entretien et à la vérification des installations, à l'emploi et à la surveillance des personnes, à l'exécution des travaux.**

Le règlement de sécurité comprend des prescriptions générales communes à tous les établissements et d'autres particulières à chaque type d'établissement. Il précise les cas dans lesquels les obligations qu'il définit s'imposent à la fois aux constructeurs, propriétaires, installateurs et exploitants ou à certains de ceux-ci seulement.

La modification du règlement de sécurité est décidée dans les formes définies au premier alinéa du présent article. Le ministre détermine dans quelles limites et sous quelles conditions les prescriptions nouvelles sont appliquées aux établissements en cours d'exploitation.

V. Arr. du 25 juin 1980 (JONC 14 août et Rect. 13 déc.) portant approbation des dispositions générales du règlement de sécurité contre les risques d'incendie et de panique dans les établissements recevant du public, mod. par Arr. du 22 déc. 1981 (JONC 2 févr. 1982 et Rect. 4 mai), Arr. du 4 juin 1982 (JONC 7 juill. et Rect. 10 sept.), Arr. du 21 juin 1982 (JONC 11 août), Arr. du 6 janv. 1983 (JONC 2 févr.), Arr. du 21 avr. 1983 (JONC 20 mai), Arr. du 7 juill. 1983 (JONC 3 sept.), Arr. du 24 janv. 1984 (JONC 11 févr.), Arr. du 12 déc. 1984 (JO 19 janv. 1985), Arr. du 23 janv. 1985 (JO 1er mars), Arr. du 10 mars 1986 (JO 15 mars), Arr. du 23 oct. 1986 (JO 3 janv. 1987), Arr. du 10 juill. 1987 (JO 4 sept.), Arr. du 18 nov. 1987 (JO 14 janv. 1988), Arr. du 7 mars 1988 (JO 26 avr.),

Arr. du 23 mai 1989 (JO 14 juin ; Rect. JO 22 juill.), Arr. du 11 sept. 1989 (JO 18 nov.), Arr. du 22 juin 1990 (JO 26 août), Arr. du 31 mai 1991 (JO 21 juill.), Arr. du 2 févr. 1993 (JO 18 mars), Arr. du 10 nov. 1994 (JO 7 déc.), Arr. du 21 févr. 1995 (JO 14 mars), Arr. du 12 juin 1995 (JO 18 juill.), Arr. du 23 déc. 1996 (JO 10 janv. 1997), Arr. du 31 déc. 1996 (JO 14 janv. 1997), Arr. du 3 mai 1999 (JO 3 juin), Arr. du 11 janv. 2000 (JO 3 févr. 2000), Arr. du 14 févr. 2000 (JO 21 mars), Arr. du 27 mars 2000 (JO 27 mars), Arr. du 28 juin 2000 (JO 13 juill.), Arr. du 20 nov. 2000 (JO 20 déc.), Arr. du 19 nov. 2001 (JO 6 févr. 2002), Arr. du 19 nov. 2001 (JO 7 févr. 2002), Arr. du 6 août 2002 (JO 5 sept.), Arr. du 29 juill. 2003 (JO 29 août), Arr. du 13 janv. 2004 (JO 14 févr.), Arr. du 23 janv. 2004 (JO 22 févr., p. 3581), Arr. du 23 janv. 2004 (JO 22 févr., p. 3591), Arr. du 22 mars 2004 (JO 1er avr., rect. JO 8 mai), mod. par Arr. du 18 sept. 2006 (JO 6 oct.), Arr. du 6 oct. 2004 (JO 29 déc.), Arr. du 8 nov. 2004 (JO 24 nov.), Arr. du 22 nov. 2004 (JO 29 déc.), Arr. du 10 déc. 2004 (JO 22 janv. 2005), Arr. du 10 oct. 2005 (JO 1er déc.), Arr. du 6 mars 2006 (JO 13 avr.), Arr. du 9 mai 2006 (JO 8 juill.), Arr. du 24 juill. 2006 (JO 4 août), Arr. du 12 oct. 2006 (JO 1er nov.), Arr. du 5 févr. 2007 (JO 22 mars), Arr. du 28 mars 2007 (JO 19 mai), Arr. du 4 juill. 2007 (JO 28 juill.), Arr. du 16 juill. 2007 (JO 5 déc.), Arr. du 21 mai 2008 (JO 30 mai), Arr. du 26 juin 2008 (JO 8 juill.) ; Arr. du 24 sept. 2009 (JO 2 oct.), Arr. du 24 sept. 2009 (JO 23 oct.), Arr. du 11 déc. 2009 (JO 16 févr. 2010), Arr. du 1er févr. 2010 (JO 9 févr.), Arr. du 18 févr. 2010 (JO 3 mars), Arr. du 7 juin 2010 (JO 15 juin), Arr. du 24 mai 2010 (JO 6 juill.), Arr. du 7 juin 2011 (JO 21 juin), Arr. du 26 oct. 2011 (JO 29 oct., rect. 30 oct.) et Arr. du 18 nov. 2011 (JO 29 nov.).

V. Arr. du 25 oct. 2011 portant approbation de diverses dispositions complétant et modifiant le règlement de sécurité contre les risques d'incendie et de panique dans les établissements recevant du public (JO 4 nov.), en vigueur le 1er janv. 2012, mod. par Arr. du 27 janv. 2012 (JO 16 févr.).

V. aussi Circ. du 3 mars 1982 (JONC 4 mai) relative aux instructions techniques dans le règlement de sécurité des établissements recevant du public, mod. en dernier lieu par Circ. du 30 déc. 1994 (JO 7 févr. 1995).

Les dispositions de l'Arr. du 9 mai 2006 (JO 8 juill.) sont applicables depuis le 1er juill. 2006 (Arr. préc.) ; celles de l'Arr. du 24 juill. 2006 (JO 4 août) le sont à compter du 4 nov. 2011 (Arr. du 27 mai 2011, JO 9 juin) ; celles de l'Arr. du 12 oct. 2006 (JO 1er nov.) le sont depuis le 1er févr. 2007 (Arr. préc.) ; celles de l'Arr. du 28 mars 2007 (JO 19 mai) le sont depuis le 19 nov. 2007 (Arr. préc.) ; celles de l'Arr. du 4 juill. 2007 (JO 28 juill.) le sont à compter du 28 oct. 2007 (à l'exception des modifications concernant les articles AM 8 et AS 10, applicables immédiatement) ; celles de l'Arr. du 16 juill. 2007 (JO 5 déc.) le sont à compter du 5 mars 2008, celles de l'Arr. du 21 mai 2008 (JO 30 mai) le sont à compter du 30 août 2008 ; celles de l'Arr. du 1er févr. 2010 (JO 9 févr.) le sont à compter du 9 mai 2010 ; celles de l'Arr. du 26 oct. 2011 (JO 9 nov.) le sont à compter du 9 déc. 2011 ; celles de l'Arr. du 18 nov. 2011 (JO 29 nov.) le sont à compter du 1er janv. 2012.

Art. *R. 123-13 **Certains établissements peuvent, en raison de leur conception ou de leur disposition particulière, donner lieu à des prescriptions exceptionnelles soit en aggravation, soit en atténuation ; dans ce dernier cas, des mesures spéciales destinées à compenser les atténuations aux règles de sécurité auxquelles il aura été dérogé peuvent être imposées.**

Des mesures spéciales destinées à assurer la sécurité des voisins peuvent également être imposées.

Ces prescriptions et ces mesures sont décidées, soit par l'autorité chargée de la délivrance du permis de construire lorsque la décision est prise au moment de cette délivrance, soit par l'autorité de police dans les autres cas ; elles sont prises après avis de la commission de sécurité compétente mentionnée aux articles R. 123-34 et R. 123-38.

Toutefois, les atténuations aux dispositions du règlement de sécurité ne peuvent être décidées que sur avis conforme de la commission consultative départementale de la protection civile *[de la sécurité et de l'accessibilité, V. Décr. no 85-988 du 16 sept. 1985, JO 20 sept.]*.

V. pour les établissements de spectacles, règlement de sécurité cité ss. art. R. 123-12, art. SP 1 s. ; pour les magasins de vente et centres commerciaux, ibid., art. M. 1 s. ; pour les restaurants et débits de boissons, ibid., art. N. 1 s. ; pour les hôtels et pensions de famille, ibid., art. O. 1 s. ; pour les dancings et salles de réunions ou de jeux, ibid., art. P. 1 s. ; pour les salles de conférences, ibid., art. Q. 1 s. ; pour les établissements d'enseignement, ibid., art. R. 1 s. ; pour les bibliothèques et musées, ibid., art. S. 1 s. ; pour les halls et salles d'expositions, ibid., art. T. 1 s. ; pour les établissements sanitaires, ibid., art. U. 1 s. ; pour les établissements de culte, ibid., art. V. 1 s. ; pour les administrations et les banques, ibid., art. W. 1 s. ; pour les établissements sportifs couverts, ibid., art. X. 1 s. ; pour les gares, ibid., GA ; pour les hôtels et restaurants d'altitude, ibid., OA, etc.

Art. *R. 123-14 Les établissements dans lesquels l'effectif du public n'atteint pas le chiffre fixé par le règlement de sécurité pour chaque type d'établissement sont assujettis à des dispositions particulières déterminées dans le règlement de sécurité.

Le maire, après consultation de la commission de sécurité compétente, peut faire procéder à des visites de contrôle dans les conditions fixées aux articles R. 123-45 et R. 123-48 à R. 123-50 afin de vérifier si les règles de sécurité sont respectées.

(Décr. nº 2009-1119 du 16 sept. 2009) « Lorsque ces établissements disposent de locaux d'hébergement pour le public, les travaux qui conduisent à leur création, à leur aménagement ou à leur modification ne peuvent être exécutés qu'après délivrance de l'autorisation prévue aux articles L. 111-8 et suivants et après avis de la commission de sécurité compétente. Ils sont par ailleurs soumis aux dispositions des articles R. 111-19-14 et R. 123-22 ainsi qu'aux articles R. 123-43 à R. 123-52. »

Les dispositions issues du Décr. nº 2009-1119 du 16 sept. 2009 sont applicables aux demandes de permis de construire et aux demandes d'autorisations relatives aux établissements recevant du public et aux immeubles de grande hauteur prévues par les art. L. 111-8 et L. 122-1, déposées à compter du 1er janv. 2010 (Décr. préc., art. 5).

Art. *R. 123-15 Les établissements relevant de personnes de droit public qui n'ont pas le caractère d'établissements publics à caractère industriel ou commercial sont soumis aux dispositions du présent chapitre et du règlement de sécurité dans les conditions définies au présent article et aux articles R. 123-16 et R. 123-17.

Tous les projets de construction sont soumis à l'avis de la commission de sécurité compétente.

Dans le cas d'utilisation de procédés de construction destinés à être répétés, lorsque les projets de base doivent être acceptés ou agréés par le ministre intéressé, ils doivent être en outre soumis à l'avis de la commission centrale de sécurité. Les projets définitifs particuliers à un établissement déterminé sont alors examinés par la commission de sécurité compétente qui prend acte de l'autorisation préalablement intervenue en ce qui concerne les procédés en question et constate la conformité avec le projet de base.

Art. *R. 123-16 Des arrêtés du ministre de l'Intérieur et des ministres intéressés établissent la liste des établissements dépendant de personnes de droit public où l'application des dispositions destinées à garantir la sécurité contre les risques d'incendie et de panique est assurée sous la responsabilité de fonctionnaires ou agents spécialement désignés.

Ces arrêtés désignent en même temps et pour chaque type d'établissement les catégories de fonctionnaires ou agents responsables respectivement pendant la période de construction et jusqu'à l'ouverture, et en cours d'exploitation.

Pendant la construction, et indépendamment des responsabilités qui incombent aux promoteurs et constructeurs, le responsable désigné veille, pendant toute la durée d'exécution des travaux, à la bonne exécution des prescriptions de sécurité arrêtées après avis de la commission de sécurité. Lors de la réception des travaux et avec le concours et l'avis des membres de la commission de sécurité, il s'assure que ces prescriptions ont été respectées ; il fait toutes propositions utiles à l'autorité compétente en ce qui concerne l'ouverture éventuelle de l'établissement.

En cours d'exploitation, le responsable désigné prend ou propose, selon l'étendue de ses compétences administratives, les mesures de sécurité nécessaires et fait visiter l'établissement par la commission de sécurité selon la périodicité prévue par le règlement de sécurité. Les procès-verbaux de visite lui sont remis ; ils sont remis également au chef de service compétent de chaque administration. Il appartient à

chacun d'eux de prendre toutes mesures d'urgence et d'en référer à l'autorité compétente. Un exemplaire du procès-verbal est transmis au maire de la commune intéressée.

Le préfet établit, en exécution des arrêtés prévus au premier alinéa du présent article et des instructions complémentaires éventuellement données au chef de service compétent, la liste des fonctionnaires chargés de suivre l'application des dispositions réglementaires.

V. Arr. pris pour l'application de cet article :

Arr. 14 mai 1975 (JO 28 mai) : ministère de l'Éducation ; Arr. 14 oct. 1976 (JO 31 oct.) : secrétariat d'État aux Universités ; Arr. 16 déc. 1976 (JO 8 janv. 1977) : ministère de l'Agriculture ; Arr. 31 août 1977 (JO 28 sept.) : ministère de l'Industrie, du Commerce et de l'Artisanat ; Arr. 19 sept. 1977 (JONC 15 oct.) : ministère des Armées ; Arr. 10 oct. 1977 (JONC 26 oct.) : ministère du Travail ; Arr. 10 oct. 1977 (JO 10 nov.) : secrétariat général de la Marine marchande ; Arr. 6 sept. 1978 (JO 13 sept.) : ministère de la Jeunesse, des Sports et des Loisirs ; Arr. 6 oct. 1978 (JONC 27 oct.) : École nationale de l'Aviation civile ; Arr. 26 oct. 1978 : établissements de signalisation maritime ; Arr. 3 nov. 1978 (JONC 13 janv. 1979) : ministère de la Culture ; Arr. 16 nov. 1978 (JONC 6 déc.) : secrétariat d'État aux Anciens Combattants ; Arr. 14 avr. 1980 (JONC 14 mai) : ministère des Affaires étrangères ; Arr. 13 mai 1981 (JO 22 mai) : établissements d'éducation physique et sportive ; Arr. 15 juill. 1982 (JONC 5 août) : ministère de la Défense ; Arr. 19 juin 1990 (JO 29 juin) : équipements sportifs ouverts au public affectés au ministère de l'Éducation nationale, de la Jeunesse et des Sports ; Arr. 19 juin 1990 (JO 29 juin) : établissements concourant au service public de l'éducation et dont les collectivités locales ont la charge ; Arr. 19 juin 1990 (JO 29 juin) : bâtiments ou équipements sportifs ouverts au public et établissements d'enseignement agricole dont responsabilité et charge incombent entièrement à l'État ; Arr. 19 nov. 2008 (JO 28 nov.) : établissements de l'ordre judiciaire ; Arr. 28 févr. 1996 (JO 14 mars) : ministère de l'Intérieur ; Arr. 14 oct. 2002 (JO 29 oct.) : établissements publics d'enseignement supérieur relevant du ministre chargé de l'enseignement supérieur et centres régionaux des œuvres universitaires et scolaires ; Arr. 18 juill. 2006 (JO 20 août) : établissements pénitentiaires ; Arr. 16 avr. 2010 (JO 23 avr.) : juridictions administratives ; Arr. 4 févr. 2011 (JO 30 mars) : établissements relevant de la direction de la protection judiciaire de la jeunesse.

Art. *R. 123-17 **Les ministres intéressés et le ministre de l'Intérieur fixent, après consultation de la commission centrale, les règles de sécurité et les modalités de contrôle applicables :**

Aux locaux qui, étant situés sur le domaine public du chemin de fer, sont rigoureusement indispensables à l'exploitation de celui-ci ; — *V. Arr. 24 déc. 2007 (JO 16 avr. 2008).*

Aux établissements pénitentiaires ; — *V. Arr. 18 juill. 2006 (JO 20 août).*

Aux établissements militaires désignés par arrêté du ministre de l'Intérieur et du ministre des Armées. — *V. Arr. 3 nov. 1990 (JO 18 déc.).*

*Sur la commission centrale de sécurité, V. art. *R. 123-29.*

Eu égard à la nature de leurs missions, les établissements pénitentiaires sont soumis à des impératifs particuliers en termes de configuration et d'accessibilité des locaux. Ils ne peuvent dès lors être régis par les mêmes règles de sécurité en matière d'incendie que les établissements recevant du public ne répondant pas aux mêmes contraintes. L'arrêté du 18 juillet 2006 relatif aux établissements pénitentiaires a été jugé conforme aux dispositions de la Convention européenne des droits de l'homme. • CE 23 juill. 2010, *Sect. française de l'Observatoire international des prisons*, req. n° 316440 : *Lebon T à paraître.*

● SECTION II **CLASSEMENT DES ÉTABLISSEMENTS**

Art. *R. 123-18 **Les établissements, répartis en types selon la nature de leur exploitation, sont soumis aux dispositions générales communes et aux dispositions particulières qui leur sont propres.** — *V. Arr. 25 juin 1980, art. GN 1, § 1. — V. chap. III, textes, au-dessus de l'art. R. 123-1.*

Art. *R. 123-19 Les établissements sont, en outre, quel que soit leur type, classés en catégories, d'après l'effectif du public et du personnel. L'effectif du public est déterminé, suivant le cas, d'après le nombre de places assises, la surface réservée au public, la déclaration contrôlée du chef de l'établissement ou d'après l'ensemble de ces indications.

Les règles de calcul à appliquer sont précisées, suivant la nature de chaque établissement, par le règlement de sécurité.

Pour l'application des règles de sécurité, il y a lieu de majorer l'effectif du public de celui du personnel n'occupant pas des locaux indépendants qui posséderaient leurs propres dégagements.

Les catégories sont les suivantes :

1re catégorie : au-dessus de 1 500 personnes ;

2e catégorie : de 701 à 1 500 personnes ;

3e catégorie : de 301 à 700 personnes ;

4e catégorie : 300 personnes et au-dessous, à l'exception des établissements compris dans la 5e catégorie ;

5e catégorie : établissements faisant l'objet de l'article R. 123-14 dans lesquels l'effectif du public n'atteint pas le chiffre minimum fixé par le règlement de sécurité pour chaque type d'exploitation.

BIBL. ▶ DIRMER, Le nouveau règlement de sécurité contre l'incendie dans les établissements recevant du public : les dispositions applicables aux immeubles de bureaux, *Mon. TP 19 août 1983, p. 26.*

V. Arr. 16 juill. 1992 (JO 6 août) sur la classification et les règles de construction parasismique applicables aux bâtiments de la catégorie dite « à risque normal ».

Art. *R. 123-20 Les établissements recevant du public qui ne correspondent à aucun des types définis par le règlement de sécurité sont néanmoins assujettis aux prescriptions du présent chapitre.

Les mesures de sécurité à y appliquer sont précisées, après avis de la commission de sécurité compétente, en tenant compte de celles qui sont imposées aux types d'établissements dont la nature d'exploitation se rapproche le plus de celle qui est envisagée.

Art. *R. 123-21 La répartition en types d'établissements prévue à l'article R. 123-18 ne s'oppose pas à l'existence, dans un même bâtiment, de plusieurs exploitations de types divers ou de types similaires dont chacune, prise isolément, ne répondrait pas aux conditions d'implantation et d'isolement prescrites au règlement de sécurité. Ce groupement ne doit toutefois être autorisé que si les exploitations sont placées sous une direction unique, responsable auprès des autorités publiques des demandes d'autorisation et de l'observation des conditions de sécurité tant pour l'ensemble des exploitations que pour chacune d'entre elles.

Ce groupement doit faire l'objet d'un examen spécial de la commission de sécurité compétente qui, selon la catégorie, le type et la situation de chacune des exploitations composant le groupement, détermine les dangers que présente pour le public l'ensemble de l'établissement et propose les mesures de sécurité jugées nécessaires.

Tout changement dans l'organisation de la direction, qu'il s'agisse ou non d'un démembrement de l'exploitation, doit faire l'objet d'une déclaration au maire qui impose, après avis de la commission de sécurité compétente, les mesures complémentaires rendues éventuellement nécessaires par les modifications qui résultent de cette nouvelle situation.

La circulaire no 73-552 du 22 nov. 1973 a été abrogée par la circulaire no 85-252 du 16 oct. 1985 (Mon. TP 24 janv. 1986, Suppl. textes, p. 37).

SECTION III DOSSIER PERMETTANT DE VÉRIFIER LA CONFORMITÉ D'UN ÉTABLISSEMENT RECEVANT LE PUBLIC AVEC LES RÈGLES DE SÉCURITÉ

(Décr. n° 2007-1327 du 11 sept. 2007, art. 4, en vigueur le 1er oct. 2007)

Art. R. 123-22 Le dossier permettant de vérifier la conformité d'un établissement recevant le public avec les règles de sécurité, prévu par le *b* de l'article R. 111-19-17, comprend les pièces suivantes :

1° Une notice descriptive précisant les matériaux utilisés tant pour le gros œuvre que pour la décoration et les aménagements intérieurs ;

(Décr. n° 2009-1119 du 16 sept. 2009) « 2° Un ou plusieurs plans indiquant les largeurs des passages affectés à la circulation du public, tels que dégagements, escaliers, sorties, la ou les solutions retenues pour l'évacuation de chaque niveau de la construction en tenant compte des différents types et situations de handicap ainsi que les caractéristiques des éventuels espaces d'attente sécurisés. »

Ces plans et tracés de même que leur présentation doivent être conformes aux normes en vigueur.

Un arrêté du ministre chargé de la sécurité civile précise, en tant que de besoin, le contenu des documents.

Les dispositions issues du Décr. n° 2009-1119 du 16 sept. 2009 sont applicables aux demandes de permis de construire et aux demandes d'autorisations relatives aux établissements recevant du public et aux immeubles de grande hauteur prévues par les art. L. 111-8 et L. 122-1, déposées à compter du 1er janv. 2010 (Décr. préc., art. 5).

Art. R. 123-23 à R. 123-26 *Abrogés par Décr. n° 2007-1327 du 11 sept. 2007, art. 4.*

SECTION IV MESURES D'EXÉCUTION ET DE CONTRÔLE

SOUS-SECTION 1 GÉNÉRALITÉS

Art. *R. 123-27 Le maire assure, en ce qui le concerne, l'exécution des dispositions du présent chapitre.

Art. *R. 123-28 Le représentant de l'État dans le département peut prendre, pour toutes les communes du département ou pour plusieurs d'entre elles, ainsi que dans tous les cas où il n'y est pas pourvu par les autorités municipales, toutes mesures relatives à la sécurité dans les établissements recevant du public.

Ce droit n'est exercé à l'égard des établissements d'une seule commune ou à l'égard d'un seul établissement qu'après qu'une mise en demeure adressée au maire est restée sans résultat.

Le préfet est compétent pour autoriser un festival, manifestation globale qui nécessite des aires de stationnement, de camping et de support technique se déroulant sur le territoire de plusieurs communes alors même que les spectacles ne sont présentés que sur le territoire d'une seule commune. • CAA Nancy, 16 avr. 2007, *Fawzi X. : req. n° 05NC00773.*

SOUS-SECTION 2 COMMISSIONS DE SÉCURITÉ

Art. *R. 123-29 Il est créé auprès du ministre de l'Intérieur une commission centrale de sécurité.

Cette commission, dont les membres sont nommés par arrêté du ministre de l'Intérieur, comprend :

1o Des membres permanents, à savoir :

– quatre représentants du ministre de l'Intérieur ;

– deux représentants du ministre chargé de la construction et de l'habitation ;

– un représentant de chacun des ministres chargés respectivement de l'éducation, de la culture, des installations classées, de l'industrie, du commerce et de l'artisanat, de la santé, du travail, de l'information, de la jeunesse et des sports, du tourisme ;

– le préfet de Paris ;

– le préfet de police ;

– deux représentants de l'État dans le département désignés par le ministre de l'Intérieur ;

– deux maires désignés par le ministre de l'Intérieur ;

– deux conseillers généraux désignés par le ministre de l'Intérieur ;

– le général commandant la brigade des sapeurs-pompiers de Paris ;

– l'architecte en chef et le directeur du laboratoire central de la préfecture de police ;

– l'ingénieur général, chef du service technique des travaux neufs, l'ingénieur général, chef du service des bâtiments, et l'architecte général de la ville de Paris ;

– le président de la fédération nationale des sapeurs-pompiers ;

– un représentant de l'union technique de l'électricité ;

– un représentant de l'association technique du gaz de France ;

– cinq membres désignés par le ministre de l'Intérieur en raison de leur compétence.

2o Des membres qui ne sont appelés à siéger que pour les affaires de leur compétence, à savoir :

– le directeur général du centre national de la cinématographie ;

– deux représentants des exploitants des établissements de spectacles ;

– deux représentants des exploitants des autres établissements ;

– deux représentants du personnel des établissements de spectacles ;

– deux représentants du personnel des autres établissements ;

– un représentant de l'institut national de la consommation ;

– le cas échéant, tout représentant des ministres qui ne sont pas désignés ci-dessus.

Art. *R. 123-30 La commission centrale de sécurité est présidée par le ministre de l'Intérieur ou un de ses représentants.

La durée du mandat des membres qui ne sont pas désignés ès qualités est de trois ans. En cas de décès ou de démission de l'un d'entre eux en cours de mandat, son remplaçant est désigné pour la durée du mandat qui reste à courir.

Tout membre désigné pour siéger au sein de la commission peut, en cas d'empêchement, se faire remplacer.

Le secrétariat de la commission est assuré par un agent de la *(Décr. no 2011-988 du 23 août 2011, art. 6, en vigueur le 7 sept. 2011)* « direction générale de la sécurité civile et de la gestion des crises ».

Art. *R. 123-31 *(Décr. no 2006-665 du 7 juin 2006)* « La Commission centrale de sécurité est appelée à donner son avis sur toutes les questions relatives à la protection contre l'incendie et la panique dans les établissements soumis aux chapitres II et III du titre II du livre Ier ainsi que sur toutes les questions que le ministre de l'intérieur soumet à son examen. »

Elle est obligatoirement consultée sur les projets de modification du règlement de sécurité ainsi que dans le cas prévu au troisième alinéa de l'article R. 123-15.

Art. *R. 123-32 Le ministre de l'Intérieur, après avis de la commission centrale de sécurité, peut constituer au sein de cette commission une sous-commission permanente et des sous-commissions techniques dont il fixe les attributions.

Ces sous-commissions peuvent recevoir des délégations de la commission centrale.

Art. *R. 123-33 La commission centrale et les sous-commissions peuvent s'adjoindre pour leurs travaux, en tant que de besoin, et à titre consultatif, toute personne qualifiée par sa compétence.

La commission et les sous-commissions sont convoquées à l'initiative du ministre de l'Intérieur.

Art. *R. 123-34 La commission de sécurité compétente à l'échelon du département est la commission consultative départementale de la protection civile instituée par le décret nº 65-1048 du 2 décembre 1965, modifié par le décret nº 70-818 du 10 septembre 1970.

Art. *R. 123-35 La commission consultative départementale de la protection civile est l'organe technique d'étude, de contrôle et d'information du préfet et du maire. Elle assiste ces derniers dans l'application des mesures de police et de surveillance qu'ils sont appelés à prendre en vue d'assurer la protection contre l'incendie et la panique dans les établissements soumis au présent chapitre.

Elle est chargée notamment :

D'examiner les projets de construction, d'extension, d'aménagement et de transformation des établissements, que l'exécution des projets soit ou ne soit pas subordonnée à la délivrance d'un permis de construire ;

De procéder aux visites de réception, prévues à l'article R. 123-45, desdits établissements et de donner son avis *(Décr. nº 2007-18 du 5 janv. 2007, art. 16-VI)* « sur la déclaration attestant l'achèvement et la conformité des travaux d'achèvement prévue par l'article L. 462-1 du code de l'urbanisme » et sur la délivrance de l'autorisation d'ouverture des établissements ;

De procéder, soit de sa propre initiative, soit à la demande du maire ou du représentant de l'État dans le département, à des contrôles périodiques ou inopinés sur l'observation des dispositions réglementaires.

La modification issue du Décr. nº 2007-18 du 5 janv. 2007 est entrée en vigueur le 1er oct. 2007 (Décr. préc., art. 26, mod. par Décr. nº 2007-817 du 11 mai 2007, art. 4).

V. Décr. nº 95-260 du 8 mars 1995 (JO 10 mars), mod. par Décr. nº 2006-1089 du 30 août 2006 (JO 31 août) : commission consultative départementale de sécurité et d'accessibilité ; Circ. 22 juin 1995, Mon. TP 11 août 1995, Suppl. textes, p. 206 : même objet. — Les dispositions de l'art. 2 du Décr. nº 2006-1089 du 30 août 2006 sont entrées en vigueur le 1er janv. 2007 (Décr. préc., art. 3).

Art. *R. 123-36 La commission consultative départementale de la protection civile est seule compétente pour donner un avis se rapportant aux établissements classés dans la 1re catégorie prévue à l'article R. 123-19.

Elle examine toutes questions et demandes d'avis présentées par les maires ou par les commissions d'arrondissement ou les commissions communales ou intercommunales.

En cas d'avis défavorable donné par ces commissions, les exploitants peuvent demander que la question soit soumise à la commission départementale.

La commission départementale propose au représentant de l'État dans le département le renvoi au ministre de l'Intérieur des dossiers pour lesquels il apparaît opportun de demander l'avis de la commission centrale de sécurité.

V. Décr. nº 95-260 du 8 mars 1995 (JO 10 mars), mod. par Décr. nº 2006-1089 du 30 août 2006 (JO 31 août) : commission consultative départementale de sécurité et d'accessibilité ; Circ. 22 juin 1995, Mon. TP 11 août 1995, Suppl. textes, p. 206 : même objet. — Les dispositions de l'art. 2 du Décr. nº 2006-1089 du 30 août 2006 sont entrées en vigueur le 1er janv. 2007 (Décr. préc. art. 3).

Art. *R. 123-37 Après avis de la commission consultative départementale de la protection civile, le représentant de l'État dans le département peut constituer des sous-commissions dont il fixe la compétence et charger certains membres de la visite des établissements assujettis au présent chapitre.

V. Décr. nº 95-260 du 8 mars 1995 mod. et Circ. 22 juin 1995, préc.

Art. *R. 123-38 Après avis de la commission consultative départementale de la protection civile, le représentant de l'État dans le département peut créer des commissions de sécurité d'arrondissement et, en cas de besoin et après consultation des maires, des commissions communales ou intercommunales.

Il en fixe la composition.

V. Décr. nº 95-260 du 8 mars 1995 mod. et Circ. 22 juin 1995, préc.

Art. *R. 123-39 Le représentant de l'État dans le département fixe les attributions et les circonscriptions des commissions de sécurité mentionnées à l'article R. 123-38. Il peut notamment, sauf dans les cas prévus à l'article R. 123-36, charger ces commissions d'étudier, au lieu et place de la commission consultative départementale de la protection civile, certaines catégories d'affaires qui relèvent normalement de la compétence de cette dernière.

V. Décr. nº 95-260 du 8 mars 1995 mod. et Circ. 22 juin 1995, préc.

Art. *R. 123-40 La commission d'arrondissement est présidée par le sous-préfet. La commission communale ou intercommunale est présidée, soit par le maire de la commune où elle a son siège, soit, si sa compétence s'étend sur toute la circonscription d'une communauté urbaine ou d'un district urbain, par le président de la communauté ou district, soit, si sa compétence est celle d'un syndicat intercommunal à vocations multiples, par le président de ce syndicat.

V. Circ. 22 juin 1995, préc.

Art. *R. 123-41 Les commissions se réunissent sur convocation de leur président ou à la demande du représentant de l'État dans le département.

Lorsqu'il ne préside pas la commission, chaque maire assiste de droit, avec voix délibérative, à la réunion où il est procédé à l'examen des affaires concernant des établissements situés dans sa commune.

Les représentants des administrations intéressées ainsi qu'une ou plusieurs personnes qualifiées par leur compétence peuvent être désignés pour siéger à la commission d'arrondissement, à la commission communale ou intercommunale de sécurité avec voix consultative.

Le secrétariat est assuré selon le cas par un fonctionnaire ou un agent de la sous-préfecture, de la commune ou de l'établissement public.

Art. *R. 123-42 Les membres permanents de la commission centrale de sécurité dûment accrédités par le ministre de l'Intérieur ont accès à toute heure dans chaque établissement soumis à la présente réglementation.

Les membres permanents de la commission consultative départementale de la protection civile, des commissions de sécurité d'arrondissement et des commissions communales et intercommunales de sécurité, ou leurs représentants dûment mandatés, ont accès dans les établissements qu'ils sont appelés à visiter sur présentation d'une commission délivrée à cet effet par le représentant de l'État dans le département.

V. Décr. nº 95-260 du 8 mars 1995 (JO 10 mars), mod. par Décr. nº 2006-1089 du 30 août 2006 (JO 31 août) : commission consultative départementale de sécurité et d'accessibilité ; Circ. 22 juin 1995, Mon. TP 11 août 1995, Suppl. textes, p. 206. — Les dispositions de l'art. 2 du Décr. nº 2006-1089 du 30 août 2006 sont entrées en vigueur le 1er janv. 2007 (Décr. préc. art. 3).

● SOUS-SECTION 3 ORGANISATION DU CONTRÔLE DES ÉTABLISSEMENTS

Art. *R. 123-43 Les constructeurs, installateurs et exploitants sont tenus, chacun en ce qui le concerne, de s'assurer que les installations ou équipements sont établis,

maintenus et entretenus en conformité avec les dispositions de la présente réglementation. A cet effet, ils font respectivement procéder pendant la construction et périodiquement en cours d'exploitation aux vérifications nécessaires par des organismes ou personnes agréés dans les conditions fixées par arrêté du ministre de l'intérieur. Le contrôle exercé par l'administration ou par les commissions de sécurité ne les dégage pas des responsabilités qui leur incombent personnellement.

(Décr. nº 2002-814 du 3 mai 2002, art. 7) **« Le silence gardé pendant plus de quatre mois sur la demande d'agrément présentée en application de l'alinéa précédent vaut décision de rejet. »** – *Les dispositions du Décr. nº 2002-814 du 3 mai 2002 sont applicables aux demandes déposées après le 5 mai 2002, date de publication de ce texte au Journal officiel (Décr. nº 2002-814 du 3 mai 2002, art. 15).*

V. Arr. du 11 déc. 2007, relatif aux conditions d'agrément pour les vérifications réglementaires prévues dans les établissements recevant du public et les immeubles de grande hauteur (JO 1er mars 2008), en vigueur le 1er mars 2009. Les organismes accrédités peuvent cependant en faire valoir sans attendre les dispositions (Arr. préc., art. 16). – L'Arr. du 11 déc. 2007 préc. a été modifié par l'Arr. du 9 déc. (JO 18 déc.).

Les agréments délivrés en application des dispositions des arrêtés du 15 juill. 1968 (JO 15 août) et du 7 nov. 1990 (JO 23 nov.) demeurent applicables jusqu'à la date d'expiration de leur validité (Arr. du 11 déc. 2007 préc., art. 14).

Art. *R. 123-44 **Les procès-verbaux et comptes rendus des vérifications prévues à l'article précédent sont tenus à la disposition des membres des commissions de sécurité. Ils sont communiqués au maire.**

Le maire, après avis de la commission de sécurité compétente, peut imposer des essais et vérifications supplémentaires.

Art. *R. 123-45 **Au cours de la construction ou des travaux d'aménagement, des visites peuvent êtres faites sur place par la commission de sécurité compétente.**

Avant toute ouverture des établissements au public ainsi qu'avant la réouverture des établissements fermés pendant plus de dix mois, il est procédé à une visite de réception par la commission. Celle-ci propose les modifications de détail qu'elle tient pour nécessaires. *(Décr. nº 2007-1177 du 3 août 2007 en vigueur le 1er oct. 2007)* **« Lorsque le projet a fait l'objet d'une étude de sécurité publique en application de l'article R. 111-48 du code de l'urbanisme, un représentant au moins de la sous-commission départementale pour la sécurité publique de la commission consultative départementale de sécurité et d'accessibilité participe à la visite de réception. »**

(Décr. nº 2004-1141 du 27 oct. 2004, art. 2) **« L'exploitant demande au maire l'autorisation d'ouverture, sauf dans le cas des établissements visés au premier alinéa de l'article R. 123-14 qui ne comportent pas de locaux d'hébergement pour le public. »**

Les deuxième et troisième al. de l'art. R. 123-45 sont applicables aux établissements mentionnés au 3e al. de l'art. R. 123-14 à compter du 1er févr. 2005 (Décr. nº 2004-1141 préc. art. 3).

Art. *R. 123-46 **Le maire autorise l'ouverture par arrêté pris après avis de la commission.**

Cet arrêté est notifié directement à l'exploitant soit par voie administrative, soit par lettre recommandée avec demande d'avis de réception ; une ampliation en est transmise au représentant de l'État dans le département. – *Dispositions applicables aux établissements mentionnés au 3e al. de l'art. R. 123-14 à compter du 1er févr. 2005 (Décr. nº 2004-1141 du 27 oct. 2004, art. 3).*

Art. *R. 123-47 **La liste des établissements soumis aux dispositions du présent chapitre est établie et mise à jour chaque année par le représentant de l'État dans le département après avis de la commission consultative départementale de la protection civile.**

V. Décr. no 95-260 du 8 mars 1995 (JO 10 mars), mod. par Décr. no 2006-1089 du 30 août 2006 (JO 31 août) : commission consultative départementale de sécurité et d'accessibilité ; Circ. 22 juin 1995, Mon. TP 11 août 1995, Suppl. textes, p. 206 : même objet. — Les dispositions de l'art. 2 du Décr. no 2006-1089 du 30 août 2006 sont entrées en vigueur le 1er janv. 2007 (Décr. préc., art. 3).

Art. *R. 123-48 Ces établissements doivent faire l'objet, dans les conditions fixées au règlement de sécurité, de visites périodiques de contrôle et de visites inopinées effectuées par la commission de sécurité compétente.

Ces visites ont pour but notamment :

– de vérifier si les prescriptions du présent chapitre ou les arrêtés du représentant de l'État dans le département ou du maire pris en vue de son application sont observés et, notamment, si tous les appareils de secours contre l'incendie ainsi que les appareils d'éclairage de sécurité fonctionnent normalement ;

(Décr. no 2009-1119 du 16 sept. 2009) « – de vérifier l'application des dispositions permettant l'évacuation des personnes en situation de handicap ; »

– de s'assurer que les vérifications prévues à l'article R. 123-43 ont été effectuées ;

– de suggérer les améliorations ou modifications qu'il y a lieu d'apporter aux dispositions et à l'aménagement desdits établissements dans le cadre de la présente réglementation ;

– d'étudier dans chaque cas d'espèce les mesures d'adaptation qu'il y a lieu d'apporter éventuellement aux établissements existants.

Les dispositions issues du Décr. no 2009-1119 du 16 sept. 2009 sont applicables aux demandes de permis de construire et aux demandes d'autorisations relatives aux établissements recevant du public et aux immeubles de grande hauteur prévues par les art. L. 111-8 et L. 122-1, déposées à compter du 1er janv. 2010 (Décr. préc., art. 5).

Art. *R. 123-49 Les exploitants sont tenus d'assister à la visite de leur établissement ou de s'y faire représenter par une personne qualifiée.

A l'issue de chaque visite, il est dressé un procès-verbal. Le maire notifie le résultat de ces visites et sa décision aux exploitants soit par la voie administrative, soit par lettre recommandée avec accusé de réception.

Art. *R. 123-50 Les services de police et de gendarmerie peuvent, pendant les heures d'ouverture, vérifier la régularité de la situation administrative des établissements recevant du public et relever les infractions aux règles de sécurité. — *V. obs. ss. art. R. 123-48.*

Art. *R. 123-51 Dans les établissements soumis aux prescriptions du présent chapitre, il doit être tenu un registre de sécurité sur lequel sont reportés les renseignements indispensables à la bonne marche du service de sécurité et, en particulier :

– l'état du personnel chargé du service d'incendie ;

– les diverses consignes, générales et particulières, établies en cas d'incendie *(Décr. no 2009-1119 du 16 sept. 2009)* « y compris les consignes d'évacuation prenant en compte les différents types de handicap ; »

– les dates des divers contrôles et vérifications ainsi que les observations auxquelles ceux-ci ont donné lieu ;

– les dates des travaux d'aménagement et de transformation, leur nature, les noms du ou des entrepreneurs et, s'il y a lieu, de l'architecte ou du technicien chargés de surveiller les travaux. — *V. ss. art. R. 123-48.*

Les dispositions issues du Décr. no 2009-1119 du 16 sept. 2009 sont applicables aux demandes de permis de construire et aux demandes d'autorisations relatives aux établissements recevant du public et aux immeubles de grande hauteur prévues par les art. L. 111-8 et L. 122-1, déposées à compter du 1er janv. 2010 (Décr. préc., art. 5).

SECTION V SANCTIONS ADMINISTRATIVES

Art. *R. 123-52 Sans préjudice de l'exercice par les autorités de police de leurs pouvoirs généraux, la fermeture des établissements exploités en infraction aux dispositions du présent chapitre peut être ordonnée par le maire, ou par le représentant de l'État dans le département dans les conditions fixées aux articles R. 123-27 et R. 123-28.

La décision est prise par arrêté après avis de la commission de sécurité compétente. L'arrêté fixe, le cas échéant, la nature des aménagements et travaux à réaliser ainsi que les délais d'exécution.

SECTION VI DISPOSITIONS DIVERSES

Art. *R. 123-53 Le préfet de police et les représentants de l'État dans les départements des Hauts-de-Seine, de la Seine-Saint-Denis et du Val-de-Marne fixent, chacun en ce qui le concerne, la composition et les modalités de fonctionnement des commissions de sécurité.

Art. *R. 123-54 Les établissements existants qui sont établis et fonctionnent en conformité avec les dispositions des décrets, abrogés par le décret n° 73-1007 du 31 octobre 1973, ainsi que les projets de construction ou de mise en conformité déposés et acceptés par le maire avant le 1er mars 1974 sont réputés satisfaire aux prescriptions réglementaires.

Art. *R. 123-55 Les établissements existants qui n'étaient pas assujettis à la réglementation antérieure ou qui ne répondaient pas aux dispositions de cette réglementation sont soumis aux prescriptions du présent chapitre, compte tenu des dispositions figurant à ce sujet dans le règlement de sécurité. Toutefois, lorsque l'application de cette réglementation entraîne des transformations immobilières importantes, ces transformations ne peuvent être imposées que s'il y a danger grave pour la sécurité du public.

CHAPITRE IV ADAPTATION DES CONSTRUCTIONS POUR LE TEMPS DE GUERRE

Art. R. 124-1 Les règles à adopter, pour la protection de la population dans les agglomérations importantes contre les dangers résultant d'attaques aériennes, par l'adaptation des textes fixant le mode de construction des bâtiments, sont établies conformément au décret du 24 février 1939 portant règlement d'administration publique pour l'application de l'article 10 de la loi du 11 juillet 1938 sur l'organisation générale de la nation en temps de guerre et, notamment, ses articles 1er à 9.

V. Décr. n° 79-804 du 17 sept. 1979 (JO 29 sept.), modifiant le titre III du Décr. du 24 févr. 1939. — Décr. n° 95-260 du 8 mars 1995 (JO 10 mars), mod. par Décr. n° 2006-1089 du 30 août 2006 (JO 31 août) : commission consultative départementale de sécurité et d'accessibilité. — Circ. 22 juin 1995, Mon. TP 11 août 1995, Suppl. textes, p. 206. — Les dispositions de l'art. 2 du Décr. n° 2006-1089 du 30 août 2006 sont entrées en vigueur le 1er janv. 2007 (Décr. préc., art. 3).

CHAPITRE V SÉCURITÉ DE CERTAINS ÉQUIPEMENTS D'IMMEUBLES PAR DESTINATION

(Décr. nº 90-567 du 5 juill. 1990)

SECTION PREMIÈRE SÉCURITÉ DES ASCENSEURS

(Décr. nº 2004-964 du 9 sept. 2004, art. 1er)

SOUS-SECTION 1 MISE EN SÉCURITÉ DES ASCENSEURS

COMMENTAIRE

Le décret nº 2004-964 du 9 septembre 2004 a initialement fixé la liste des dispositifs à installer pour une mise en sécurité des ascenseurs, ainsi que les délais impartis pour leur réalisation. Les dates varient selon la vétusté des ascenseurs et la nature des travaux à réaliser. Cependant, eu égard aux difficultés financières rencontrées par certains copropriétaires pour effectuer ces travaux, les échéances ont été reportées par le décret nº 2008-291 du 28 mars 2008. En dernier lieu, le délai butoir a été fixé à 18 ans par la loi nº 2009-323 du 25 mars 2009 de mobilisation pour le logement et la lutte contre l'exclusion (V. art. L. 125-2-4).

Une fois l'objectif de sécurité atteint, le décret impose au propriétaire de maintenir ce niveau de sécurité par une vérification régulière de l'état du matériel, en lui faisant réaliser un **contrôle technique** tous les cinq ans et en le soumettant à une **obligation d'entretien**. A cet égard, tous les contrats d'entretien devront, à terme, être conformes aux dispositions de l'article R. 125-2-1.

Dans le prolongement des textes intervenus ces dernières années, et visant à conforter l'**information** des particuliers, le décret précise que toute personne titulaire d'un titre d'occupation, dans un immeuble doté d'un ascenseur, doit pouvoir consulter le rapport du contrôle technique. La prescription ajoute à la liste déjà longue des documents que le syndic doit mettre à la disposition des copropriétaires. Elle peut aussi se comprendre comme une nouvelle tentative, après bien des réformes en ce sens de la loi nº 65-557 du 10 juillet 1965 portant statut de la copropriété (C. copr.), de favoriser la rénovation et l'amélioration du parc immobilier français, en facilitant la prise de décision en assemblée générale par une meilleure connaissance des copropriétaires quant à l'état général de leur immeuble. Sauf à dire que, cette fois, l'incitation est plus que forte, le non-respect des dispositions réglementaires ci-dessous étant **pénalement sanctionné**. ❑

Art. R. 125-1 Les ascenseurs auxquels s'appliquent les dispositions de la présente section sont les appareils qui desservent de manière permanente les niveaux de bâtiments et de constructions à l'aide d'une cabine qui se déplace le long de guides rigides dont l'inclinaison sur l'horizontale est supérieure à 15 degrés et qui est destinée au transport soit de personnes, soit de personnes et d'objets, soit uniquement d'objets dès lors qu'elle est accessible sans difficulté à une personne et qu'elle est équipée d'éléments de commande situés à l'intérieur ou à portée de la personne qui s'y trouve.

Sont également regardés comme des ascenseurs les appareils qui se déplacent selon une course parfaitement fixée dans l'espace, même s'ils ne se déplacent pas le long de guides rigides, notamment les ascenseurs guidés par des ciseaux.

(Décr. nº 2012-674 du 7 mai 2012) **« La présente section ne s'applique pas aux appareils dont la vitesse n'excède pas 0,15 m/s. »**

BIBL. ▸ V. avant art. L. 125-1.

COMMENTAIRE

Le décret no 2004-964 du 9 septembre 2004 est destiné à fixer la liste des dispositifs à installer pour une mise en sécurité des ascenseurs, et l'étalement dans le temps de cette mesure de manière à ne pas dépasser quinze ans pour une mise en conformité de l'ensemble du parc des ascenseurs concernés. Pour les ascenseurs installés avant le 27 août 2000, et qui ne satisfont pas encore aux objectifs de sécurité, leurs propriétaires devront les avoir mis aux normes avant le 3 juillet 2008, 2013 et 2018, les dates variant en fonction de la nature des travaux à réaliser. Cependant, eu égard aux difficultés financières rencontrées par certains copropriétaires pour réaliser ces travaux, la première échéance a été reportée au 31 décembre 2010.

Une fois l'objectif de sécurité atteint, le décret impose au propriétaire de maintenir ce niveau de sécurité par une vérification régulière de l'état du matériel, en lui faisant réaliser un contrôle technique tous les cinq ans et en le soumettant à une obligation d'entretien. A cet égard, tous les contrats d'entretien devront, à terme, être conformes aux dispositions de l'article R. 125-2-1.

Dans le prolongement des textes intervenus ces dernières années, et visant à conforter l'information des particuliers, le décret précise que toute personne titulaire d'un titre d'occupation, dans un immeuble doté d'un ascenseur, doit pouvoir consulter le rapport du contrôle technique. La prescription ajoute à la liste déjà longue des documents que le syndic doit mettre à la disposition des copropriétaires. Elle peut aussi se comprendre comme une nouvelle tentative, après bien des réformes en ce sens de la loi no 65-557 du 10 juillet 1965 portant statut de la copropriété (V. **C. copr.**), de favoriser la rénovation et l'amélioration du parc immobilier français, en facilitant la prise de décision en assemblée générale par une meilleure connaissance des copropriétaires quant à l'état général de leur immeuble. Sauf à dire que, cette fois, l'incitation est plus que forte, le non-respect des dispositions réglementaires ci-dessous étant pénalement sanctionné. ❑

Sur les financements des travaux de mise aux normes : V. Rép. min. no 3461 : *JOAN 6 nov. 2007, p. 6871* ; Rép. min. no 3598 : *JOAN 4 déc. 2007, p. 7674* ; Rép. min. no 6660 : *JOAN 1er janv. 2008, p. 101.*

Art. R. 125-1-1 **La sécurité d'un ascenseur consiste à assurer :**

1. La fermeture des portes palières ;

2. L'accès sans danger des personnes à la cabine ;

3. La protection des utilisateurs contre les chocs provoqués par la fermeture des portes ;

4. La prévention des risques de chute et d'écrasement de la cabine ;

5. La protection contre les dérèglements de la vitesse de la cabine ;

6. La mise à la disposition des utilisateurs de moyens d'alerte et de communication avec un service d'intervention ;

7. La protection des circuits électriques de l'installation ;

8. L'accès sans danger des personnels d'intervention aux locaux des machines, aux équipements associés et aux espaces parcourus par la cabine ;

9. L'impossibilité pour toute personne autre que les personnels d'intervention d'accéder aux locaux des machines, aux équipements associés et aux espaces parcourus par la cabine.

La réalisation de ces objectifs de sécurité repose, pour les ascenseurs installés après le 27 août 2000, sur le respect des exigences essentielles de sécurité prévues à l'article 3 du décret no 2000-810 du 24 août 2000 relatif à la mise sur le marché des ascenseurs et, pour les autres ascenseurs, sur la mise en œuvre des dispositifs ou des mesures équivalentes prévues aux articles R. 125-1-2 et R. 125-1-3, ainsi que, pour l'ensemble des ascenseurs, sur le respect des obligations d'entretien prévues aux articles R. 125-2 à R. 125-2-6.

Art. R. 125-1-2 Le propriétaire d'un ascenseur installé avant le 27 août 2000 qui ne répond pas aux objectifs de sécurité mentionnés à l'article R. 125-1-1 met en place les dispositifs de sécurité suivants :

(Décr. n° 2008-291 du 28 mars 2008) « I. – Avant le 31 décembre 2010 : »

1. Des serrures munies de dispositifs de contrôle de la fermeture et du verrouillage des portes palières ;

2. Lorsqu'il est nécessaire de prévenir des actes de nature à porter atteinte au verrouillage de la porte palière, un dispositif empêchant ou limitant de tels actes ;

3. Un dispositif de détection de la présence des personnes destiné à les protéger contre le choc des portes coulissantes lors de leur fermeture ;

4. La clôture de la gaine d'ascenseur empêchant l'accès à cette gaine et aux éléments de déverrouillage des serrures de porte palière ;

5. Pour les ascenseurs électriques, un parachute de cabine et un limiteur de vitesse en descente ;

6. Un dispositif destiné à éviter toute chute en gaine lorsque la cabine est immobilisée en dehors de la zone de déverrouillage ;

7. Une commande de manœuvre d'inspection et d'arrêt de la cabine en vue de protéger les personnels d'intervention opérant sur le toit de la cabine, en gaine ou en cuvette ;

8. Des dispositifs permettant aux personnels d'intervention d'accéder sans danger aux locaux de machines ou de poulies ;

9. Un système de verrouillage des portes et portillons destinés à la visite technique de la gaine et de la cuvette ainsi que des portes de secours, avec une commande automatique de l'arrêt de l'ascenseur lors de l'ouverture de ces portes et portillons par les personnels d'intervention.

II. – Avant le 3 juillet 2013 :

1. Dans les ascenseurs installés avant le 1er janvier 1983, un système de contrôle de l'arrêt et du maintien à niveau de la cabine de nature à assurer, à tous les niveaux desservis, un accès sans danger ainsi que l'accessibilité des personnes handicapées ou à mobilité réduite ;

2. Un système de téléalarme entre la cabine et un service d'intervention et un éclairage de secours en cabine ;

3. Une résistance mécanique suffisante des portes palières lorsqu'elles comportent un vitrage ;

4. Pour les ascenseurs hydrauliques, un système de prévention des risques de chute libre, de dérive et d'excès de vitesse de la cabine ;

5. Une protection avec marquage ou signalisation éliminant le risque de contact direct des personnels d'intervention avec des composants ou conducteurs nus sous tension, dans les armoires de commande, les armoires électriques et les tableaux d'arrivée de courant ;

6. Un dispositif de protection des personnels d'intervention contre le risque de happement par les organes mobiles de transmission, notamment les poulies, câbles ou courroies ;

7. Un éclairage fixe du local de machines ou de poulies assurant un éclairement suffisant des zones de travail et de circulation.

III. – Avant le 3 juillet 2018 :

1. Dans les ascenseurs installés après le 31 décembre 1982, un système de contrôle de l'arrêt et du maintien à niveau de la cabine pour assurer, à tous les niveaux desservis, un accès sans danger ainsi que l'accessibilité des personnes handicapées ou à mobilité réduite ;

2. Dans les ascenseurs électriques à adhérence, un système de protection contre la vitesse excessive de la cabine en montée.

Un arrêté conjoint des ministres chargés de la construction et de l'industrie précise, en fonction des caractéristiques des installations, les prescriptions techniques relatives

à ces dispositifs. – *V. Arr. du 18 nov. 2004 relatif aux travaux de sécurité à réaliser dans les installations d'ascenseurs (JO 28 nov.) mod. par Arr. du 1er août 2006 (JO 15 août), Arr. du 31 juill. 2008 (JO 23 août) et Arr. du 29 août 2008 (JO 10 sept.).*

Art. R. 125-1-3 **A la place de tout ou partie des dispositifs de sécurité mentionnés à l'article R. 125-1-2, le propriétaire d'un ascenseur peut mettre en œuvre des mesures équivalentes si celles-ci ont préalablement obtenu l'accord d'une personne remplissant les conditions prévues à l'article R. 125-2-5. Cet accord, formulé par écrit et assorti d'une analyse de risques établissant que l'ascenseur satisfait aux exigences de sécurité mentionnées à l'article R. 125-1-1, est remis au propriétaire.**

Art. R. 125-1-4 **Lorsqu'il estime que les caractéristiques de l'ascenseur font obstacle à la mise en œuvre d'un des dispositifs prévus à l'article R. 125-1-2 ou d'une mesure équivalente au sens de l'article R. 125-1-3, le propriétaire fait réaliser une expertise technique par une personne relevant de l'une des catégories mentionnées au I de l'article R. 125-2-5. Cette personne donne son avis sur l'impossibilité alléguée et, le cas échéant, sur les mesures compensatoires que le propriétaire prévoit de mettre en œuvre pour tenir compte des objectifs de sécurité définis à l'article R. 125-1-1.**

Le propriétaire recourt à la même procédure s'il estime que la mise en œuvre d'un des dispositifs prévus à l'article R. 125-1-2 serait de nature à faire obstacle à l'accès des personnes handicapées ou à mobilité réduite ou à porter atteinte à la conservation du patrimoine historique que représentent l'immeuble ou certains de ses éléments ayant une valeur artistique ou technique remarquable.

Le propriétaire met en œuvre la procédure d'expertise technique et, s'il y a lieu, les mesures compensatoires, dans les délais prévus à l'article R. 125-1-2 pour les dispositifs qu'elles remplacent.

SOUS-SECTION 2 ENTRETIEN ET CONTRÔLE TECHNIQUE

Art. R. 125-2 **L'entretien d'un ascenseur a pour objet d'assurer son bon fonctionnement et de maintenir le niveau de sécurité résultant de l'application du décret nº 2000-810 du 24 août 2000 relatif à la mise sur le marché des ascenseurs ou de l'application des articles R. 125-1-2 à R. 125-1-4.**

A cet effet, le propriétaire d'une installation d'ascenseur prend les dispositions minimales suivantes :

1º Opérations et vérifications périodiques :

***a)* Une visite toutes les six semaines en vue de surveiller le fonctionnement de l'installation et effectuer les réglages nécessaires ;**

***b)* La vérification toutes les six semaines de l'efficacité des serrures des portes palières et, s'il y a lieu, des dispositifs empêchant ou limitant les actes portant atteinte au verrouillage des portes palières ;**

***c)* L'examen semestriel du bon état des câbles et la vérification annuelle des parachutes ;**

***d)* Le nettoyage annuel de la cuvette de l'installation, du toit de cabine et du local des machines ;**

***e)* La lubrification et le nettoyage des pièces ;**

2º Opérations occasionnelles :

***a)* La réparation ou le remplacement, si elles ne peuvent pas être réparées, des petites pièces de l'installation présentant des signes d'usure excessive ;**

***b)* Les mesures d'entretien spécifiques destinées à supprimer ou atténuer les défauts présentant un danger pour la sécurité des personnes ou portant atteinte au bon fonctionnement de l'appareil qu'aura repérés le contrôle technique mentionné à l'article R. 125-2-7 ;**

c) En cas d'incident, les interventions pour dégager des personnes bloquées en cabine ainsi que le dépannage et la remise en fonctionnement normal de l'ascenseur.

En outre, lorsque des pièces importantes de l'installation, autres que celles mentionnées au *a* du 2°, sont usées, le propriétaire fait procéder à leur réparation ou à leur remplacement si elles ne peuvent pas être réparées.

V. ss. art. R. 125-2-6, l'art. 4-II du Décr. n° 2004-964 du 9 sept. 2004.

Art. R. 125-2-1 *(Décr. n° 2012-674 du 7 mai 2012)* I. – Le propriétaire passe un contrat d'entretien écrit avec une entreprise dont le personnel chargé de l'entretien doit avoir reçu une formation appropriée dans les conditions prévues à la section VI du chapitre III du titre IV du livre V de la quatrième partie du code du travail.

Le contrat d'entretien comporte les clauses minimales suivantes :

a) L'exécution des obligations prescrites à l'article R. 125-2, exception faite de son dernier alinéa ;

b) La durée du contrat, qui ne peut être inférieure à un an, les modalités de sa reconduction ou de sa résiliation. La clause de résiliation indique les manquements graves de l'une ou l'autre des parties donnant lieu à la résiliation de plein droit du contrat. Elle fixe également les conditions permettant de résilier le contrat, moyennant un préavis de trois mois, lorsque des travaux importants, tels que définis au II, sont réalisés par une entreprise différente de celle titulaire du contrat ;

c) Les conditions de disponibilité et de fourniture des pièces de rechange, et l'indication du délai garanti pour le remplacement des pièces mentionnées au *a* du 2° de l'article R. 125-2 ;

d) Les conditions de constitution du carnet d'entretien et de communication de son contenu au propriétaire ;

e) Les garanties apportées par les contrats d'assurances de l'entreprise d'entretien ;

f) Les pénalités encourues en cas d'inexécution ou de mauvaise exécution des obligations contractuelles ainsi que les modalités de règlement des litiges ;

g) Les conditions et modalités de recours éventuel à des sous-traitants ;

h) Les conditions dans lesquelles peuvent être passés des avenants ;

i) La formule détaillée de révision des prix ;

j) Les modalités d'information et de communication permettant la présence d'un représentant du propriétaire en vue de tout échange d'informations utiles lors des visites régulières du technicien d'entretien ;

k) Les modalités de mise à disposition du personnel compétent pour accompagner le contrôleur technique mentionné à l'article R. 125-2-5 pendant la réalisation du contrôle technique obligatoire.

La description, établie contradictoirement, de l'état initial de l'installation ainsi que le plan d'entretien sont annexés au contrat.

Sur demande du propriétaire, le contrat fixe également les conditions pour que soit établie une description de l'état final de l'installation dans les deux mois précédant l'échéance du contrat ou sa résiliation.

Lors de la signature du contrat, le propriétaire remet à l'entreprise chargée de l'entretien la description des caractéristiques de l'ensemble de l'installation, les éléments mentionnés aux 1°, 2° et 3° de l'article R. 125-2-1-1, ainsi que la notice des instructions nécessaires à l'exécution des tâches d'entretien. A défaut, l'entreprise élabore cette notice. En fin de contrat, la notice d'instructions est remise au propriétaire ainsi que tous les éléments mentionnés aux 1°, 2° et 3° de l'article R. 125-2-1-1 qui ont été fournis au prestataire d'entretien par le propriétaire.

II. – Les travaux importants sur les installations d'ascenseurs désignés au *b* du I comprennent l'un au moins des travaux suivants :

– le remplacement complet de la cabine ;

– la modification du nombre ou de la disposition des faces d'accès à la cabine ;

– la modification du nombre ou de la situation des niveaux desservis, ou l'adjonction d'une ou de plusieurs portes palières ;

– le remplacement de l'ensemble des portes palières ;

– le remplacement de l'armoire de commande ;

– pour les ascenseurs électriques à adhérence, le remplacement du groupe de traction ;

– pour les ascenseurs hydrauliques, le remplacement complet de la centrale ou du vérin ;

– la modification du système d'entraînement, telle que la modification du contrôle de l'arrêt et du maintien à niveau, l'adjonction de variateur de vitesse ;

– l'adjonction d'un dispositif de protection contre la vitesse excessive de la cabine en montée pour les ascenseurs électriques à adhérence.

III. – Les visites, opérations et interventions effectuées en exécution du contrat d'entretien font l'objet de comptes rendus dans un carnet d'entretien tenu à jour, établi sous forme d'un registre physique ou électronique suivant le choix du propriétaire. En outre, l'entreprise remet au propriétaire un rapport annuel d'activité auquel est annexé le contenu du carnet d'entretien lorsque celui-ci est établi sous forme électronique.

IV. – Les modalités d'application de l'article R. 125-2 et du présent article sont précisées par arrêté du ministre chargé de la construction. – *Arr. du 18 nov. 2004 relatif à l'entretien des installations d'ascenseurs (JO 28 nov.), mod. par Arr. du 31 juill. 2008 (JO 23 août).*

V. ss. art. R. 125-2-6, l'art. 4-I du Décr. no 2004-964 du 9 sept. 2004.

Les dispositions du Décr. no 2012-674 du 7 mai 2012 entrent en vigueur le 1er juill. 2012. Les contrats d'entretien d'ascenseurs en cours le 1er juill. 2012 doivent être rendus conformes aux dispositions du I de l'art. R. 125-2-1 du CCH avant le 1er janv. 2015 au plus tard (Décr. préc., art. 7).

Art. R. 125-2-1-1 *(Décr. no 2012-674 du 7 mai 2012, art. 3)* I. – 1o Toutes les parties de l'installation doivent être accessibles au prestataire d'entretien pour l'exécution de sa mission. En conséquence, le ou les éventuels codes d'accès à tout ou partie de l'installation ou toute autre forme de déverrouillage, nécessaires à l'entretien, au dépannage ou à la remise en service doivent être fournis intégralement sans frais et sans restriction de durée d'usage par le fabricant ou l'installateur qui les a introduits sur l'installation au propriétaire de l'ascenseur qui pourra les remettre à l'entreprise d'entretien de son choix.

Notamment les dispositifs de téléalarme doivent être accessibles pour la réalisation des tests cycliques et pour la modification du numéro de réception des appels ;

2o La documentation technique, les dispositions de remise en service, les outils spécifiques et notices d'utilisation nécessaires à l'entretien, au dépannage ou à la remise en service de tout ou partie de l'installation doivent être fournis, sans restriction de durée d'usage, par le fabricant ou l'installateur au propriétaire de l'installation à sa demande, dans des conditions de prix et de délais raisonnables. Le propriétaire remet ces éléments à la disposition de l'entreprise d'entretien de son choix ;

3o Les dispositions de remise en service, les notices d'utilisation des outils, la documentation technique doivent être suffisamment explicites pour permettre au prestataire d'entretien de modifier les paramètres de fonctionnement pour les besoins de l'entretien, du dépannage et de la remise en service sans diminuer le niveau de sécurité prévalant avant son intervention.

Elles devront également contenir toutes les informations nécessaires pour permettre au prestataire d'entretien d'assurer la formation appropriée de son personnel ;

4o Les pièces de rechange doivent être fournies par le fabricant à la demande de tout prestataire d'entretien, que ce dernier soit lié statutairement ou non au fabricant, dans des conditions de coûts et de délais compatibles avec les moyennes pratiquées.

II. – Les modalités d'application du présent article sont précisées par arrêté conjoint des ministres chargés de la construction et de la concurrence.

Les dispositions du Décr. nº 2012-674 du 7 mai 2012 entrent en vigueur le 1er juill. 2012. Pour les ascenseurs installés avant le 27 août 2000, les dispositions prévues aux 2º et 3º du I de l'art. R. 125-2-1-1 du CCH entrent en vigueur le 1er juill. 2013 (Décr. préc. art. 7).

Art. R. 125-2-2 Lorsque le contrat d'entretien comporte, outre les clauses minimales mentionnées à l'article R. 125-2-1, une clause de réparation et de remplacement de pièces importantes, il fait apparaître distinctement les délais d'intervention et la rémunération prévus pour cette prestation.

Art. R. 125-2-3 Lorsque le propriétaire ne recourt pas à un prestataire de services mais décide d'assurer par ses propres moyens l'entretien de l'ascenseur, il est tenu au respect des prescriptions de l'article R. 125-2. Il tient à jour le carnet d'entretien et établit un rapport annuel d'activité dans les conditions fixées au III de l'article R. 125-2-1.

Le personnel qu'il emploie pour l'exercice de cette mission doit avoir reçu une formation appropriée dans les conditions prévues à l'article 9 du décret nº 95-826 du 30 juin 1995 fixant les prescriptions particulières de sécurité applicables aux travaux effectués sur les ascenseurs, ascenseurs de charges, escaliers mécaniques, trottoirs roulants et installations de parcage automatique de véhicules.

V. ss. art. R. 125-2-6, l'art. 4-II du Décr. nº 2004-964 du 9 sept. 2004.

Art. R. 125-2-4 Le propriétaire d'un ascenseur est tenu de faire réaliser tous les cinq ans un contrôle technique de son installation.

Le contrôle technique a pour objet :

a) De vérifier que les appareils auxquels s'applique le décret nº 2000-810 du 24 août 2000 relatif à la mise sur le marché des ascenseurs sont équipés des dispositifs prévus par ce décret et que ceux-ci sont en bon état ;

b) De vérifier que les appareils qui n'entrent pas dans le champ d'application du décret du 24 août 2000 susmentionné, sont équipés des dispositifs de sécurité prévus par les articles R. 125-1-1 et R. 125-1-2 et que ces dispositifs sont en bon état, ou que les mesures équivalentes ou prévues à l'article R. 125-1-3 sont effectivement mises en œuvre ;

c) De repérer tout défaut présentant un danger pour la sécurité des personnes ou portant atteinte au bon fonctionnement de l'appareil.

Art. R. 125-2-5 I. – Pour réaliser le contrôle technique prévu à l'article R. 125-2-4, le propriétaire fait appel, à son choix :

a) A un contrôleur technique au sens de l'article L. 111-23 qui bénéficie d'un agrément l'habilitant à intervenir sur les ascenseurs ;

b) A un organisme habilité dans un des États membres de l'Union européenne ou dans l'un des autres États parties à l'accord sur l'Espace économique européen, chargé d'effectuer l'évaluation de la conformité d'ascenseurs soumis au marquage CE et répondant aux critères de l'annexe VII du décret du 24 août 2000 susmentionné ;

c) A une personne morale employant des salariés dont les compétences ont été certifiées par un organisme accrédité par le comité français d'accréditation ou par un organisme signataire de l'accord européen multilatéral pris dans le cadre de la coordination européenne des organismes d'accréditation ;

d) A une personne physique titulaire d'une certification délivrée dans les conditions prévues au *c*.

Pour l'application des *c* et *d* ci-dessus, la certification des compétences est délivrée en fonction de critères de connaissances techniques, d'expérience professionnelle et d'aptitude au contrôle technique dans le domaine des ascenseurs, définis par arrêté du ministre chargé de la construction. – *V. Arr. du 13 déc. 2004 (JO 12 janv. 2005).*

II. – *(Décr. nº 2012-674 du 7 mai 2012)* « En vue de la bonne et entière exécution du contrôle technique, le contrat conclu entre la personne chargée du contrôle et le propriétaire définit les conditions dans lesquelles l'entreprise chargée de l'entretien accompagne le contrôleur lors de la réalisation de son contrôle. »

La personne chargée du contrôle technique remet au propriétaire un document par lequel elle atteste sur l'honneur qu'elle est en situation régulière au regard des dispositions du deuxième alinéa de l'article L. 125-2-3.

III. – Le propriétaire d'ascenseur tient à la disposition de la personne chargée du contrôle technique le carnet d'entretien et le rapport annuel prévus à l'article R. 125-2-1.

(Décr. nº 2012-674 du 7 mai 2012) **« Il s'assure également de l'intervention de l'entreprise chargée de l'entretien pendant le contrôle, comme prévu au contrat d'entretien et conformément aux dispositions du II. »**

Concernant les critères de compétence des personnes réalisant des contrôles techniques dans les installations d'ascenseurs, V. Arr. 13 déc. 2004 (JO 12 janv. 2005), mod. par Arr. 15 juin 2005 (JO 22 juill.).

Les dispositions du Décr. nº 2012-674 du 7 mai 2012 entrent en vigueur le 1er juill. 2012 (Décr. préc., art. 7).

Art. R. 125-2-6 La personne qui effectue le contrôle technique établit un rapport indiquant les opérations réalisées et, le cas échéant, les défauts repérés. Dans le mois suivant la fin de l'intervention, elle remet ce rapport au propriétaire.

Celui-ci transmet le rapport à l'entreprise ou à la personne chargée de l'entretien de l'ascenseur et, si des travaux sont rendus nécessaires, aux personnes chargées de leur conception et de leur exécution.

(Décr. nº 2012-674 du 7 mai 2012) **« Un arrêté du ministre chargé de la construction précise les modalités de réalisation du contrôle technique et du rapport correspondant. »** *– V. Arr. du 7 août 2012 relatif aux contrôles techniques à réaliser dans les installations d'ascenseurs (JO 15 août).*

Décret nº 2004-964 du 9 septembre 2004,

Relatif à la sécurité des ascenseurs et modifiant le code de la construction et de l'habitation.

Art. 4 I. – Lorsqu'un contrat d'entretien d'ascenseur en cours à la date de publication du présent décret *[JO 10 sept.]* arrive à échéance après le 30 septembre 2005, les dispositions de l'article R. 125-2-1 sont applicables au renouvellement du contrat.

Tout contrat d'entretien conclu après la publication du présent décret doit être conforme aux dispositions de l'article R. 125-2-1 ou mis en conformité avec ces dispositions au plus tard le 30 septembre 2005.

II. – Le propriétaire qui assure par ses propres moyens l'entretien d'un ascenseur est tenu de respecter les obligations prévues aux articles R. 125-2 et R. 125-2-3 au plus tard le 30 septembre 2004.

(Décr. nº 2008-291 du 28 mars 2008) « III. – Le premier contrôle technique obligatoire intervient au plus tard aux dates limites indiquées ci-dessous :

« 1º Pour les ascenseurs installés avant le 27 août 2000 :

« – pour les ascenseurs mis en conformité avec les dispositions du premier alinéa et du I de l'article R. 125-1-2 du code de la construction et de l'habitation avant le 3 juillet 2008 : la date limite est fixée au 3 juillet 2009 ;

« – pour les ascenseurs mis en conformité avec les dispositions du premier alinéa et du I de l'article R. 125-1-2 du code de la construction et de l'habitation à partir du 3 juillet 2008 : la date limite est fixée un an après la date d'achèvement des travaux ;

« – pour les ascenseurs ne répondant pas aux conditions fixées par les deux précédents alinéas : la date limite est fixée au 31 décembre 2011.

« 2º Pour les ascenseurs installés à partir du 27 août 2000 :

« – pour les ascenseurs installés avant le 1er juillet 2004 : la date limite est fixée au 30 juin 2009 ;

« – pour les ascenseurs installés à partir du 1er juillet 2004 : la date limite est de cinq ans maximum après la date d'installation. »

SOUS-SECTION 3 DROITS DES OCCUPANTS D'IMMEUBLES ÉQUIPÉS D'ASCENSEURS *(Décr. nº 2012-674 du 7 mai 2012, art. 5-I).*

Art. R. 125-2-7 Toute personne disposant d'un titre d'occupation dans un immeuble comportant un ascenseur a le droit de consulter, dans les locaux du siège social ou du domicile du propriétaire ou dans ceux de son représentant, le rapport du contrôle technique.

Sur sa demande et à ses frais, elle reçoit du propriétaire la copie écrite de ces documents.

Art. R. 125-2-8 En cas de méconnaissance des prescriptions relatives à la mise en place des dispositifs de sécurité et des mesures équivalentes ou compensatoires prévus aux articles R. 125-1-2 à R. 125-1-4, le juge des référés du tribunal de grande instance dans le ressort duquel est situé l'immeuble peut être saisi afin d'ordonner, éventuellement sous astreinte, la mise en conformité des ascenseurs.

(Décr. nº 2012-674 du 7 mai 2012) « Il peut également lui être demandé d'ordonner, éventuellement sous astreinte, le respect des obligations prévues par les articles R. 125-2 à R. 125-2-7 ».

Les dispositions du Décr. nº 2012-674 du 7 mai 2012 entrent en vigueur le 1er juill. 2012 (Décr. préc., art. 7).

SECTION II SÉCURITÉ DES PORTES AUTOMATIQUES DE GARAGE

Art. *R. 125-3-1 *(Décr. nº 90-567 du 5 juill. 1990, art. 1er)* Toute installation nouvelle de porte automatique de garage dans les bâtiments et groupes de bâtiments d'habitation doit satisfaire aux prescriptions suivantes :

– la porte doit rester solidaire de son support ;

– un système de sécurité doit interrompre immédiatement tout mouvement d'ouverture ou de fermeture de la porte lorsque ce mouvement peut causer un dommage à une personne ;

– lorsque ce système de sécurité est défectueux, le fonctionnement automatique de la porte doit être interrompu ;

– le système de commande de la porte doit être volontaire et personnalisé à moins que la conception de la porte ne permette que son utilisation, même anormale, ne crée aucun danger pour les personnes ;

– *(Décr. nº 2006-750 du 27 juin 2006)* « l'aire de débattement de la porte doit être correctement éclairée et faire l'objet d'un marquage au sol. »

– tout mouvement de la porte doit être signalé, tant à l'extérieur qu'à l'intérieur, par un feu orange clignotant visible de l'aire de débattement. La signalisation doit précéder le mouvement de la porte ;

– *(Décr. nº 2006-750 du 27 juin 2006)* « la porte doit pouvoir être manœuvrée de l'extérieur comme de l'intérieur pour permettre de dégager une personne accidentée. La manœuvre extérieure est facultative si la pression exercée par la porte est telle qu'elle ne fait pas obstacle au dégagement de la personne accidentée.

« Un arrêté du ministre chargé de la construction précise les conditions d'application des sixième et septième alinéas du présent article. »

V. Arr. 9 août 2006 (JO 23 août).

Art. R. 125-3-2 *(Décr. nº 2006-750 du 27 juin 2006)* Dans les bâtiments et groupes de bâtiments d'habitation, toute nouvelle porte automatique de garage conforme à la norme NF EN 13 241-1, installée conformément aux règles de l'art, est réputée

satisfaire aux prescriptions des deuxième à cinquième et huitième alinéas de l'article R. 125-3-1.

Art. *R. 125-4 *(Décr. no 90-567 du 5 juill. 1990, art. 1er ; Décr. no 2006-750 du 27 juin 2006)* **Dans les bâtiments et groupes de bâtiments d'habitation, les portes automatiques de garage installées avant le 7 janvier 1992 doivent satisfaire aux prescriptions suivantes :**

— la porte doit être équipée de systèmes permettant d'arrêter son mouvement, ou de limiter la force qu'elle exerce, en cas de présence d'une personne dans les zones de fin d'ouverture et de fin de fermeture. Un arrêté des ministres chargés de l'industrie, du logement et de la consommation précise les modalités d'application de cette disposition *[V. Arr. du 1er févr. 1991, JO 15 mars]* **;**

— le système de commande de la porte doit être volontaire et personnalisé ;

— le volume de débattement de la porte doit être correctement éclairé et l'aire de débattement doit faire l'objet d'un marquage au sol ;

— tout mouvement de la porte doit être signalé tant à l'extérieur qu'à l'intérieur par un feu orange clignotant qui doit être visible de l'aire de débattement. La signalisation doit précéder le mouvement de la porte.

Les dispositions de l'art. R. 125-4 sont entrées en vigueur le 31 déc. 1991 (Décr. no 90-567 du 5 juill. 1990, art. 2).

Art. *R. 125-5 *(Décr. no 90-567 du 5 juill. 1990, art. 1er)* **Les propriétaires d'un bâtiment ou groupe de bâtiments d'habitation équipés de portes automatiques de garage sont tenus de les faire entretenir et vérifier périodiquement aux termes de contrats écrits. Toutes les interventions sont consignées dans un livret d'entretien.**

Un arrêté des ministres chargés de l'industrie et du logement définit les opérations que devront obligatoirement prévoir ces contrats ainsi que leur périodicité. *— V. Arr. du 12 nov. 1990 (JO 17 nov.).*

Les dispositions de l'art. R. 125-5 sont entrées en vigueur le 7 janv. 1991 (Décr. no 90-567 du 5 juill. 1990, art. 2, JO 7 juill.).

V. Recommandation no 97-02 émise par la Commission des clauses abusives relative aux contrats de maintenance de certains équipements d'immeubles (BOCC 12 déc. 1997).

CHAPITRE VI PROTECTION CONTRE LES RISQUES NATURELS OU MINIERS *(Décr. no 2000-547 du 16 juin 2000, art. 4-I).*

Art. R. 126-1 *(Décr. no 95-1089 du 5 oct. 1995, art. 11)* **Les plans de prévention des risques naturels prévisibles** *(Décr. no 2005-3 du 4 janv. 2005, art. 9)* **« prévus par les articles L. 562-1 à L. 562-6 du code de l'environnement »** *(Décr. no 2000-547 du 16 juin 2000, art. 4-II)* **« , ou les plans de prévention des risques miniers établis en application de l'article L. 174-5 du code minier, »** *[V. **C. adm.**]* **peuvent fixer des règles particulières de construction, d'aménagement et d'exploitation en ce qui concerne la nature et les caractéristiques des bâtiments ainsi que leurs équipements et installations.**

CHAPITRE VII GARDIENNAGE OU SURVEILLANCE DE CERTAINS IMMEUBLES D'HABITATION

(Décr. no 2001-1361 du 28 déc. 2001)

V. Circ. no 2002-10 du 1er févr. 2002 (BOMELT no 2002/3, p. 100) et Circ. 3 mai 2002, Actu. HLM 30 juill. 2002, textes officiels, p. 2.

COMMENTAIRE

Le décret du 28 décembre 2001 définit les conditions d'application de l'article L. 127-1 faisant obligation au bailleur de mettre en place une surveillance ou un gardiennage des immeubles collectifs à usage locatif dont il assure la gestion. Cette obligation s'applique à tout bailleur qui gère cent logements ou plus, les locaux professionnels, commerciaux ou administratifs ne figurant pas au nombre des biens visés. Une circulaire du 1er février 2002 *(Circ. no 2002-10, BOMELT 2002/3, p. 100)* est venue préciser les modalités de cette obligation.

Tous les bailleurs sont pris dans les liens du texte, peu important qu'un mandat ait confié la gestion à un tiers, sauf à ce que le mandat ait prévu de transférer la charge de l'obligation au mandataire.

Sont exclus du champ d'application du texte les logements individuels, que ce soit en secteur diffus ou en lotissement, ainsi que les lots de copropriété. Toutefois, l'application de cette disposition est envisageable lorsqu'il existe dans l'immeuble soumis au statut de la copropriété un copropriétaire bailleur de cent logements au moins. On pense à cet égard à la vente aux occupants d'une partie des logements sociaux, la première vente entraînant le placement de l'immeuble sous le statut de la copropriété. ❑

Art. R.* 127-1 Afin de satisfaire à l'obligation prévue à l'article L. 127-1 du présent code, le bailleur fait assurer, dans les conditions et selon les modalités prévues au présent chapitre, le gardiennage ou la surveillance des immeubles collectifs à usage locatif dont il a la gestion.

Les dispositions du premier alinéa s'appliquent à tout bailleur dès lors qu'il gère cent logements locatifs ou plus dans un immeuble ou groupe d'immeubles collectifs formant un ensemble situé soit dans une zone urbaine sensible définie au 3o de l'article 42 de la loi no 95-115 du 4 février 1995 *[V. App., vo Zones prioritaires d'aménagement du territoire]*, **soit dans une commune dont la population dépasse 25 000 habitants ou qui est comprise dans une aire urbaine d'un seul tenant regroupant au moins 50 000 habitants et dont une ou plusieurs communes comptent plus de 15 000 habitants.**

Art. R.* 127-2 Les fonctions de gardiennage ou de surveillance sont assurées sur l'ensemble de l'année par au moins une personne à temps plein ou équivalent temps plein par tranche de cent logements.

Les personnes affectées à ces fonctions sont employées par le bailleur en qualité de concierges, de gardiens ou d'employés d'immeuble à usage d'habitation. Le bailleur peut, à titre de complément, recourir à des agents de prévention et de médiation ou à des correspondants de nuit. Le bailleur peut également faire assurer le gardiennage ou la surveillance par un prestataire de services.

COMMENTAIRE

La personne assurant la tâche de gardiennage ou de surveillance doit être recrutée sur un poste « équivalent plein temps ». Cette référence indique que la personne doit effectuer une durée de travail normale, et non pas être présente en permanence dans l'immeuble. Toutefois, la fonction devant être assurée toute l'année, le bailleur doit prévoir le remplacement du gardien ou du surveillant pendant ses congés annuels. Naturellement, plusieurs personnes peuvent être recrutées dans le cadre d'un contrat de travail à temps partiel.

Le bailleur doit affecter au moins une personne aux fonctions visées par le texte à partir de cent logements et par tranches équivalentes. Dès lors de 100 à 199 logements, il n'est besoin que d'une personne, deux pour la tranche 200 à 299 et ainsi de suite.

Les propriétaires ou exploitants ont le choix entre recruter directement des gardiens ou faire appel à un prestataire de service. Désormais, ils peuvent également constituer leur propre société de sécurité privée. L'article 2 de la loi no 2010-201 du 2 mars 2010 prévoit en effet que les propriétaires ou exploitants désignés dans l'article 129-1 peuvent constituer une personne morale dont l'objet est l'exercice de l'activité de surveillance ou de gardiennage. Les agents recrutés à cette fin devront satisfaire à certaines conditions de moralité. Ils pourront être autorisés à porter des armes de catégorie 6 sous le contrôle de l'autorité préfectorale compétente (V. art. 2 de la loi n° 2010-201 du 2 mars 2010 renforçant la lutte contre les violences de groupes et la protection des personnes chargées d'une mission de service public). ❑

Art. R.* 127-3 **Le ou les conseils de concertation locative prévus à l'article 44 *ter* de la loi n° 86-1290 du 23 décembre 1986** *[V. App., v° Rapports locatifs]* **sont consultés par le bailleur sur le dispositif de gardiennage ou de surveillance qu'il envisage de mettre en œuvre en application du présent chapitre ainsi que sur ses modifications.**

Les dispositions du Décr. n° 2001-1361 du 28 déc. 2001 sont applicables à compter du 1er janv. 2002 aux logements situés en zone urbaine sensible détenus par les bailleurs définis à l'art. R. 127-1 et remplissant les conditions prévues aux I et II de l'art. 1388 bis CGI et à compter du 1er janv. 2003 aux autres logements détenus par les bailleurs définis au même art. R. 127-1 (Décr. préc., art. 3).

Art. R.* 127-4 *(Décr. n° 2002-824 du 3 mai 2002, art. 3)* **A la demande du préfet ou, à Paris, du préfet de police, le bailleur lui fait connaître dans les deux mois suivants les mesures qu'il a prises pour l'application des articles R. 127-2 et R. 127-3.** – *Cet art. entre en vigueur le 1er janv. 2003 (Décr. n° 2002-824 du 3 mai 2002, art. 5).*

Concernant les sanctions en cas de manquement aux art. R. 127-1 à R. 127-4, V. art. R. 152-7.

Art. R.* 127-5 *(Décr. n° 2002-824 du 3 mai 2002, art. 1er)* **Afin d'éviter les risques manifestes pour la sécurité et la tranquillité des locaux, le bailleur défini à l'article R. 127-1 :**

***a)* Installe et entretient un éclairage assurant une bonne visibilité de l'entrée des immeubles et de leurs parties communes, notamment des parcs de stationnement, quand ils sont situés à l'intérieur des locaux ;**

***b)* Installe et entretient les systèmes permettant de limiter l'accès aux parties communes des immeubles aux résidents et aux personnes autorisées par les résidents ou habilitées et l'accès aux caves et parcs de stationnement intérieurs aux résidents qui en bénéficient et aux personnes habilitées, ou prend les mesures ayant le même effet.** – *Cette disposition entre en vigueur le 1er janv. 2003 (Décr. n° 2002-824 du 3 mai 2002, art. 5).*

COMMENTAIRE

Depuis le 1er janvier 2003, les bailleurs des immeubles collectifs d'au moins cent logements, situés dans les zones définies par l'article R. 127-1, doivent installer dans les bâtiments certains systèmes de sécurité visant à garantir la tranquillité et la sécurité des occupants. Les dispositifs prévus sont au nombre de trois et sont cumulatifs : l'éclairage, l'accès aux parties communes et l'accès aux caves et aux parcs de stationnement intérieurs. Le choix technique des dispositifs prescrits est laissé à la discrétion du bailleur *(Circ. INTDO200119C, 3 mai 2002)*. Les bailleurs sociaux peuvent recourir aux subventions de l'État pour financer les travaux nécessaires *(V. Circ. n° 2001-69 du 9 oct. 2001, BOMELT n° 2001/20)*. ❑

Art. R.* 127-6 *(Décr. n° 2002-824 du 3 mai 2002, art. 1er)* **Les mesures envisagées pour éviter les risques manifestes pour la sécurité et la tranquillité des locaux font l'objet d'une consultation des conseils de concertation locative dans les conditions prévues à l'article R. 127-3.**

Les services de police et de gendarmerie peuvent être associés, le cas échéant, dans le cadre des contrats locaux de sécurité mentionnés à l'article 1er de la loi n° 95-73 du 21 janvier 1995 d'orientation et de programmation relative à la sécurité *[V. désormais*

CSI, art. L. 111-1, App., v° Sécurité], **à la définition en fonction des circonstances locales des modalités d'application des mesures prises conformément à l'article R. 127-5 ou être sollicités par le bailleur d'émettre un avis sur toute mesure complémentaire.** – *Cette disposition entre en vigueur le 1er janv. 2003 (Décr. n° 2002-824 du 3 mai 2002, art. 5).*

COMMENTAIRE

Ce texte pose en obligation le principe d'une consultation par les bailleurs des conseils de concertation locative. Cette consultation doit permettre aux résidents d'être associés au dispositif de sécurisation de l'accès aux immeubles *(V. Circ. INTDO200119C, 3 mai 2002).*

Art. R.* 127-7 *(Décr. n° 2002-824 du 3 mai 2002, art. 1er)* **A la demande du préfet ou, à Paris, du préfet de police, le bailleur lui fait connaître dans les deux mois suivants les mesures qu'il a prises pour l'application de l'article R. 127-5.** – *Cette disposition entre en vigueur le 1er janv. 2003 (Décr. n° 2002-824 du 3 mai 2002, art. 5).*

Art. R.* 127-8 *(Décr. n° 2012-112 du 27 janv. 2012, art. 14)* **La convention conclue au titre de l'article L. 126-1-1 et relative au transfert d'images vers les services chargés du maintien de l'ordre est conclue pour une durée maximale d'un an, renouvelable par reconduction expresse. Elle porte notamment sur :**

– l'indication du service chargé du maintien de l'ordre, destinataire des images ;

– la nature des événements faisant redouter l'imminence d'une atteinte grave aux biens ou aux personnes et pouvant justifier la transmission des images ;

– les modalités de transmission et de conservation des images et les mesures de sécurité afférentes ;

– les modalités d'affichage et d'information du public concernant la possibilité de transmission des images à un service chargé du maintien de l'ordre ainsi que les modalités d'accès aux images pour les personnes ayant fait l'objet d'un enregistrement ;

– la durée de transmission et de conservation des images dans la limite d'un mois à compter de leur transmission sans préjudice des nécessités de leur conservation pour les besoins de la procédure pénale ;

– les modalités de financement du transfert des images.

CHAPITRE VIII SÉCURITÉ DES PISCINES

(Décr. n° 2003-1389 du 31 déc. 2003)

BIBL. ▸ CORPART, *AJDI 2004. 361* (normes de sécurité imposées aux propriétaires de piscines privées revues et corrigées). – LE MARCHAND, *Constr.-Urb. 2004, Repère n° 7* (le point sur l'exigence de sécurité des piscines privées) ; *ibid. 2004. alerte n°* 4 (difficultés de mise en œuvre de la loi sur les piscines).

Le Décr. n° 2003-1389 du 31 déc. 2003 est entré en vigueur immédiatement à compter de sa publication au JO, soit le 1er janv. 2004 (Décr. n° 2003-1369 du 31 déc. 2003, JO 1er janv. 2004).

COMMENTAIRE

Le décret n° 2003-1389 du 31 décembre 2003, pris en application de la loi n° 2003-9 du 3 janvier 2003 sur la sécurité des piscines, a été modifié par le décret n° 2004-499 du 7 juin 2004 (*JO 8 juin, Rect. JO 12 juin*).

Ce texte définit le **dispositif de sécurité** destiné à prévenir les noyades. Sont présumés satisfaire aux nouvelles exigences les dispositifs conformes soit aux normes françaises, soit aux normes en vigueur dans un État européen, soit encore à celles d'un État partie à l'accord sur l'Espace économique européen (les normes envisagées doivent faire l'objet d'une procédure préalable d'information de la Commission européenne avant d'être homologuées, conformément à la directive 98/34/CE du 22 juin 1998 ; Rép. min. nº 9630, *JOAN Q 24 févr. 2003. 1477*).

Le propriétaire d'une piscine construite à partir du 1er janvier 2004 doit avoir fait réaliser les travaux au plus tard à la mise en eau, ou à l'achèvement de la piscine si l'installation du système de protection nécessite une mise en eau préalable.

Le décret de 2004 précise également comment doit être rédigé, par le vendeur, le fabricant, l'installateur ou le contrôleur technique, le modèle d'attestation de conformité aux normes de sécurité des installations réalisées avant sa publication. Le professionnel doit encore indiquer au propriétaire les caractéristiques et les conditions de fonctionnement, d'entretien et d'utilisation du dispositif de sécurité.

Les nouvelles normes de sécurité des piscines, concernant les barrières de protection et moyens d'accès (NF P90-306), les systèmes d'alarme (NF P90-307), les couvertures de sécurité et dispositifs d'accrochage (NF P90-308), ainsi que les abris de piscines (NF P90-309) sont homologuées depuis le 5 mai 2004 (Décr. 30 avr. 2004, *JO 2 mai*). Les normes antérieures sont de ce fait abrogées.

La multiplicité des textes et des dates de mise en œuvre des nouvelles règles témoignent d'un manque de préparation et d'une absence de prise en compte des réalités économiques. Il a ainsi été observé qu'il était très difficile aux propriétaires de trouver sur le marché les équipements nécessaires à la mise en conformité de leur piscine, avec des répercussions financières évidentes sur le terrain de la location saisonnière. Le décret de 2004 apporte quelques réponses intéressantes en facilitant la validation des équipements installés avant sa parution et en permettant l'installation d'équipements répondant aux critères de sécurité sans être pour autant normalisés. Mais, si le propriétaire de la piscine est désormais habilité à rédiger lui-même l'attestation de conformité, en suivant un modèle publié (et reproduit ss. art. R. 128-4), c'est sous sa propre responsabilité. ❑

Art. R. 128-1 Les dispositions du présent chapitre s'appliquent aux piscines de plein air dont le bassin est totalement ou partiellement enterré et qui ne relèvent pas de la loi nº 51-662 du 24 mai 1951 assurant la sécurité dans les établissements de natation.

A propos des mesures techniques et de sécurité dans les piscines privatives à usage collectif, V. Arr. 14 sept. 2004 (JO 13 oct.).

Art. R. 128-2 *(Décr. nº 2004-499 du 7 juin 2004, art. 1er)* **I. — Les maîtres d'ouvrage des piscines construites ou installées à partir du 1er janvier 2004 doivent les avoir pourvues d'un dispositif de sécurité destiné à prévenir les noyades, au plus tard à la mise en eau, ou, si les travaux de mise en place des dispositifs nécessitent une mise en eau préalable, au plus tard à l'achèvement des travaux de la piscine.**

II. — Ce dispositif est constitué par une barrière de protection, une couverture, un abri ou une alarme répondant aux exigences de sécurité suivantes :

— les barrières de protection doivent être réalisées, construites ou installées de manière à empêcher le passage d'enfants de moins de cinq ans sans l'aide d'un adulte, à résister aux actions d'un enfant de moins de cinq ans, notamment en ce qui concerne le système de verrouillage de l'accès, et à ne pas provoquer de blessure ;

— les couvertures doivent être réalisées, construites ou installées de façon à empêcher l'immersion involontaire d'enfants de moins de cinq ans, à résister au franchissement d'une personne adulte et à ne pas provoquer de blessure ;

– les abris doivent être réalisés, construits ou installés de manière à ne pas provoquer de blessure et être tels que, lorsqu'il est fermé, le bassin de la piscine est inaccessible aux enfants de moins de cinq ans ;

– les alarmes doivent être réalisées, construites ou installées de manière que toutes les commandes d'activation et de désactivation ne doivent pas pouvoir être utilisées par des enfants de moins de cinq ans. Les systèmes de détection doivent pouvoir détecter tout franchissement par un enfant de moins de cinq ans et déclencher un dispositif d'alerte constitué d'une sirène. Ils ne doivent pas se déclencher de façon intempestive.

III. – Sont présumés satisfaire les exigences visées au II les dispositifs conformes aux normes françaises ou aux normes ou aux spécifications techniques ou aux procédés de fabrication en vigueur dans un État membre de la Communauté européenne ou un autre État partie à l'accord sur l'Espace économique européen, assurant un niveau de sécurité équivalent. Les références de ces normes et réglementations sont publiées au *Journal officiel* de la République française.

Art. R. 128-3 La note technique mentionnée à l'article L. 128-1 doit être remise au maître d'ouvrage par le constructeur ou l'installateur au plus tard à la date de réception de la piscine. Cette note indique les caractéristiques, les conditions de fonctionnement et d'entretien du dispositif de sécurité. Elle informe également le maître d'ouvrage sur les risques de noyade, sur les mesures générales de prévention à prendre et sur les recommandations attachées à l'utilisation du dispositif de sécurité.

Art. R. 128-4 Les dispositions *(Décr. no 2004-499 du 7 juin 2004, art. 2)* « du II et du III de l'article R. 128-2 » s'appliquent aux dispositifs de sécurité mentionnés à l'article L. 128-2, qui doivent équiper aux dates prévues par celui-ci les piscines construites ou installées avant le 1er janvier 2004.

(Décr. no 2004-499 du 7 juin 2004, art. 2) « Toutefois, les dispositifs installés avant la publication du décret no 2004-499 du 7 juin 2004 sont réputés satisfaire à ces dispositions, si le propriétaire de la piscine est en possession d'un document fourni par un fabricant, un vendeur ou un installateur de dispositifs de sécurité, ou par un contrôleur technique visé à l'article L. 111-23, attestant que le dispositif installé est conforme aux exigences de sécurité visées au II de l'article R. 128-2. Le propriétaire peut également, sous sa propre responsabilité, attester de cette conformité par un document accompagné des justificatifs techniques utiles. Cette attestation doit être conforme à un modèle fixé par l'annexe jointe. »

ANNEXE

(Décr. no 2004-499 du 7 juin 2004)

Le modèle d'attestation visée au deuxième alinéa de l'article R. 128-4 du code de la construction et de l'habitation est ainsi rédigé :

« Je soussigné................... (nom, prénom et siège social de l'entreprise) atteste que le dispositif de sécurité installé chez................... (nom, prénom du propriétaire ou nom de la personne morale, adresse où est située la piscine) est conforme aux exigences de sécurité figurant au II de l'article R. 128-2 du code de la construction et de l'habitation. »

ou

« Je soussigné................... (nom, prénom du propriétaire ou du représentant du propriétaire) atteste que le dispositif installé................... (adresse) est conforme aux exigences de sécurité figurant au II de l'article R. 128-2 du code de la construction et de l'habitation. »

CHAPITRE IX **SÉCURITÉ DES IMMEUBLES À USAGE D'HABITATION** *(Décr. n° 2011-36 du 10 janv. 2011).*

(Décr. n° 2004-1442 du 23 déc. 2004, art. 1er)

SECTION PREMIÈRE **DISPOSITIONS GÉNÉRALES POUR LA SÉCURITÉ DES OCCUPANTS D'IMMEUBLES COLLECTIFS À USAGE D'HABITATION** *(Décr. n° 2011-36 du 10 janv. 2011).*

Art. R. 129-1 Les équipements communs mentionnés à l'article L. 129-1 sont les suivants :

– les installations et conduits de ventilation et de désenfumage des circulations communes ;

– les installations de ventilation mécanique contrôlée ;

– les installations et appareils d'éclairage et d'éclairage de sécurité des escaliers, couloirs, corridors et circulations communes ;

– les installations de production et de distribution d'eau chaude et d'eau froide, ainsi que les systèmes de sécurité des installations de production d'eau chaude ;

– les installations et conduits de production et de distribution de chauffage collectif, ainsi que leurs systèmes de sécurité ;

– les installations, canalisations et réseaux divers d'alimentation en énergie (gaz et électricité) ainsi que les canalisations et réseaux divers d'évacuation (eaux usées, eaux pluviales) ;

– les systèmes de sécurité contre l'incendie, ainsi que les équipements et installations de protection et de lutte contre l'incendie ;

– les installations de stockage des hydrocarbures liquéfiés ;

– les ascenseurs.

SOUS-SECTION 1 **DISPOSITIONS GÉNÉRALES** *(Décr. n° 2011-36 du 10 janv. 2011).*

Art. R. 129-2 Lorsque l'état des équipements communs d'un immeuble collectif à usage principal d'habitation est susceptible de justifier le recours à la procédure prévue à l'article L. 129-1, le maire en informe, en joignant tous éléments utiles en sa possession, les propriétaires et les titulaires de droits réels immobiliers et les invite à présenter leurs observations dans un délai qu'il fixe et qui ne peut être inférieur à un mois.

Le maire est réputé avoir satisfait à cette obligation lorsque qu'il a informé les propriétaires et titulaires de droits réels immobiliers tels qu'ils figurent au fichier immobilier *(Abrogé par Décr. n° 2012-1462 du 26 déc. 2012, art. 35-IV-1°) « de la conservation des hypothèques »* ou au livre foncier.

Art. R. 129-3 L'arrêté prescrivant la remise en état ou le remplacement prévu par l'article L. 129-1 est assorti d'un délai d'exécution qui ne peut être inférieur à un mois.

Art. R. 129-4 La créance de la commune sur les propriétaires ou exploitants née de l'exécution d'office des travaux prescrits en application des articles L. 129-2 et L. 129-3 comprend le coût de l'ensemble des mesures que cette exécution a rendu nécessaires, notamment celui des travaux destinés à assurer la sécurité de l'ouvrage, les frais exposés par la commune agissant en qualité de maître d'ouvrage public et, le cas échéant, la rémunération de l'expert nommé par le juge administratif.

SOUS-SECTION 2 DISPOSITIONS PARTICULIÈRES AUX BÂTIMENTS EN COPROPRIÉTÉ *(Décr. nº 2011-36 du 10 janv. 2011).*

Art. R. 129-5 Lorsque les équipements communs d'un immeuble collectif à usage principal d'habitation susceptibles de justifier le recours à la procédure prévue à l'article L. 129-1 sont situés dans un immeuble en copropriété, l'information prévue par l'article R. 129-2 est faite au syndicat des copropriétaires pris en la personne du syndic, qui la transmet aux copropriétaires dans un délai qui ne peut excéder vingt et un jours.

Le syndic dispose alors pour présenter des observations d'un délai qui ne peut être inférieur à deux mois à compter de la date à laquelle il a reçu l'information faite par le maire.

Art. R. 129-6 Lorsque l'arrêté prescrivant la remise en état ou le remplacement d'équipements communs n'a pas été exécuté dans le délai fixé, la mise en demeure prévue par l'article L. 129-2 est adressée au syndicat des copropriétaires, pris en la personne du syndic de copropriété, qui, dans le délai de vingt et un jours à compter de la réception, la transmet à tous les copropriétaires.

Art. R. 129-7 Lorsque l'inexécution de l'arrêté prescrivant la remise en état ou le remplacement d'équipements communs résulte de la défaillance de certains copropriétaires, le syndic en informe le maire en lui indiquant les démarches entreprises pour faire réaliser les travaux prescrits et en lui fournissant une attestation de défaillance. – *V. Arr. 3 mai 2007 (JO 12 mai).*

Sont réputés défaillants au sens de l'alinéa précédent les copropriétaires qui, après avoir été mis en demeure de le faire par le syndic, n'ont pas répondu ou n'ont répondu que partiellement aux appels de fonds destinés à financer les travaux prescrits dans le délai de quinze jours à compter de la sommation de payer.

Art. R. 129-8 La commune dispose d'un délai d'un mois pour décider de se substituer aux copropriétaires défaillants. En ce cas, sa décision est notifiée par le maire au syndicat des copropriétaires, pris en la personne du syndic, ainsi qu'aux copropriétaires défaillants, auxquels sont notifiées les sommes versées pour leur compte.

Lorsque tous les copropriétaires sont défaillants, la commune ne peut recourir à la procédure de substitution.

Art. R. 129-9 Lorsque la commune a recouvré la totalité de la créance qu'elle détient sur un copropriétaire défaillant auquel elle s'est substituée, elle en informe le syndic de copropriété. A défaut, lorsqu'un lot appartenant à un copropriétaire défaillant fait l'objet d'une mutation, le syndic notifie sans délai cette mutation à la commune afin de lui permettre de faire valoir ses droits auprès du notaire qui en est chargé.

SOUS-SECTION 3 AUTRES DISPOSITIONS *(Décr. nº 2011-36 du 10 janv. 2011).*

Art. R. 129-10 Les notifications et formalités prévues par les articles L. 129-2, L. 129-3, R. 129-2, R. 129-5, R. 129-6, R. 129-7, R. 129-8 et R. 129-9 sont effectuées par lettre remise contre signature.

Art. R. 129-11 Les modalités d'application des articles R. 129-4, R. 129-5, R. 129-7 et R. 129-8 sont précisées en tant que de besoin par un arrêté conjoint du ministre de la justice, du ministre chargé du logement et du ministre chargé de la santé.

● SECTION II DÉTECTEURS DE FUMÉE NORMALISÉS

(Décr. no 2011-36 du 10 janv. 2011)

Il doit être satisfait aux obligations du Décr. no 2011-36 du 10 janv. 2011 avant le 8 mars 2015 (Décr. préc., art. 3).

Art. R. 129-12 Chaque logement, qu'il se situe dans une habitation individuelle ou dans une habitation collective, est équipé d'au moins un détecteur de fumée normalisé.

Le détecteur est alimenté par piles ou fonctionne à partir de l'alimentation électrique du logement, sous réserve dans ce cas qu'il soit équipé d'une alimentation de secours susceptible de prendre le relais en cas de dysfonctionnement électrique.

Le détecteur de fumée doit :

– détecter les fumées émises dès le début d'un incendie ;

– émettre immédiatement un signal sonore suffisant permettant de réveiller une personne endormie dans le seul logement où la détection a eu lieu.

Un arrêté conjoint des ministres chargés de la construction et de la sécurité civile fixe les modalités d'application du présent article.

Art. R. 129-13 La responsabilité de l'installation et de l'entretien du détecteur de fumée normalisé visé au *[à l'article]* R. 129-12 incombe à l'occupant du logement. Cependant, elle incombe :

– au propriétaire pour les logements à caractère saisonnier, les logements-foyers visés au *[à l'article]* R. 351-55 dont la gestion est assurée par le propriétaire ou par un organisme autres que ceux mentionnés à l'article L. 365-4, les résidences hôtelières à vocation sociale, les logements attribués ou loués en raison de l'exercice d'une fonction ou d'un emploi et les locations meublées ;

– aux organismes agréés mentionnés à l'article L. 365-4 exerçant les activités d'intermédiation locative et de gestion locative sociale pour les logements-foyers et logements familiaux gérés par ces organismes.

Art. R. 129-14 Dans les parties communes des immeubles à usage d'habitation, les propriétaires mettent en œuvre des mesures de sécurité contre l'incendie. Ces mesures indiquent les consignes à respecter en cas d'incendie et visent également à éviter la propagation du feu des locaux à risques *[risque]* vers les circulations et dégagements. Un arrêté conjoint des ministres en charge de la construction et de la sécurité civile fixe les modalités d'application du présent article.

Art. R. 129-15 La notification prévue au troisième alinéa du *[de l'article]* L. 129-8 se fait par la remise d'une attestation à l'assureur avec lequel il a conclu un contrat garantissant les dommages d'incendie par l'occupant ou, dans les cas prévus aux deuxième et troisième alinéas de l'article R. 129-13, le propriétaire ou l'organisme agréé mentionné à l'article L. 365-4 exerçant les activités d'intermédiation locative et de gestion locative sociale.

Un arrêté conjoint des ministres en charge de la construction, de l'économie et de la sécurité civile précise les informations devant figurer dans *[sur]* cette attestation.

TITRE TROISIÈME CHAUFFAGE ET RAVALEMENT DES IMMEUBLES – LUTTE CONTRE LES TERMITES

(Décr. nº 2000-613 du 3 juill. 2000, art. 5).

CHAPITRE PREMIER CHAUFFAGE ET REFROIDISSEMENT DES IMMEUBLES ET PERFORMANCE ÉNERGÉTIQUE

(Décr. nº 2007-363 du 19 mars 2007).

SECTION PREMIÈRE ÉQUIPEMENT ET RÉPARTITION DES FRAIS DANS LES IMMEUBLES COLLECTIFS

V. Rép. min. nº 13307, JOAN 2 sept. 2008, p. 7578.

Art. R.* 131-1 Au sens de la présente section,

Un immeuble collectif pourvu d'un chauffage commun est un immeuble qui comprend au moins deux locaux destinés à être occupés à titre privatif et chauffés par une même installation ;

Un local occupé à titre privatif est constitué par la pièce ou l'ensemble des pièces réservées à la jouissance exclusive de personnes physiques ou morales.

SOUS-SECTION 1 ÉQUIPEMENTS ET RÉPARTITION DES FRAIS DE CHAUFFAGE DANS LES IMMEUBLES COLLECTIFS À USAGE PRINCIPAL D'HABITATION

(Décr. nº 2012-545 du 23 avr. 2012, art. 2)

Art. R.* 131-2 Tout immeuble collectif à usage principal d'habitation équipé d'un chauffage commun à tout ou partie des locaux occupés à titre privatif et fournissant à chacun de ces locaux une quantité de chaleur réglable par l'occupant doit être muni d'appareils permettant d'individualiser les frais de chauffage collectif.

Ces appareils doivent permettre de mesurer la quantité de chaleur fournie ou une grandeur représentative de celle-ci.

COMMENTAIRE

Cette exigence n'est assortie d'aucune sanction particulière. La jurisprudence refuse d'imposer l'installation de ces appareils. Tout au plus, la loi du 12 juillet 2010, dite « loi Grenelle II », a-t-elle modifié l'article 25 de la loi du 10 juillet 1965 afin de préciser la majorité à laquelle l'assemblée générale doit voter les travaux d'installation d'appareils d'individualisation des frais de chauffage. ☐

La responsabilité du syndicat peut être engagée en cas de non-respect de l'installation des compteurs de calories. • Versailles, 27 janv. 1998 : *Administrer juill. 1989, p. 45.* ◆ Il ne revient cependant pas au juge d'imposer l'installation de ces appareils. • Même arrêt. ◆ Pour les règles de majorité applicables aux travaux d'économie d'énergie, V. *Rép. min. nº 64090 : *JOAN Q 4 mai 2010, p. 4974.*

Art. R.* 131-3 Les dispositions de l'article R.* 131-2 ne sont pas applicables :

a) Aux établissements d'hôtellerie et aux logements-foyers ;

b) Aux immeubles collectifs ayant fait l'objet d'une demande de permis de construire déposée après le 1er juin 2001 ;

c) Aux immeubles dans lesquels il est techniquement impossible de mesurer la chaleur consommée par chaque local pris séparément ;

d) Aux immeubles dans lesquels il est techniquement impossible de poser un appareil permettant aux occupants de chaque local de moduler significativement la chaleur fournie ;

e) Aux immeubles pourvus d'une installation de chauffage mixte comprenant un équipement collectif complété par des équipements fixes de chauffage dont les frais d'utilisation sont pris en charge directement par les occupants ;

f) Aux immeubles collectifs ayant fait l'objet d'une demande de permis de construire déposée avant le 1er juin 2001 dont la consommation de chauffage est inférieure à un seuil fixé par arrêté. Si cette condition n'est pas respectée lors de la première détermination de la consommation, seuls d'importants travaux d'amélioration de la performance énergétique peuvent justifier un nouvel examen du respect de cette condition.

Un arrêté conjoint des ministres chargés de l'énergie et de la construction définit les cas d'impossibilité visés aux *c* et *d*, définit le seuil visé au *f*, et précise les modalités de répartition des frais de chauffage en application du II de l'article R.* 131-7 et d'information des occupants. – *V. Arr. du 27 août 2012, App., vo Énergie (Chauffage).*

Art. R.* 131-4 Si le seuil défini à l'article R.* 131-3 est dépassé, et avant toute installation des appareils prévus à l'article R.* 131-2, les émetteurs de chaleur, quand cela est techniquement possible, doivent être munis, à la charge du propriétaire, d'organes de régulation en fonction de la température intérieure de la pièce, notamment des robinets thermostatiques en état de fonctionnement.

Art. R.* 131-5 La mise en service des appareils prévus à l'article R.* 131-2 doit avoir lieu au plus tard le 31 mars 2017.

Les relevés de ces appareils doivent pouvoir être faits sans qu'il soit besoin de pénétrer dans les locaux privatifs.

Art. R.* 131-6 Les appareils prévus à l'article R.* 131-2 doivent être conformes à la réglementation prise en application du décret no 2001-387 du 3 mai 2001 relatif au contrôle des instruments de mesure.

V. Décr. no 2001-387 du 3 mai 2001 relatif au contrôle des instruments de mesure (JO 6 mai).

V. aussi Arr. du 8 déc. 1997 relatif aux répartiteurs de frais de chauffage (JO 18 déc.).

Art. R.* 131-7 I. – Dans les immeubles collectifs équipés des appareils prévus à l'article R.* 131-2, les frais de chauffage afférents à l'installation commune sont divisés, d'une part, en frais de combustible ou d'énergie et, d'autre part, en autres frais de chauffage tels que les frais relatifs à la conduite et à l'entretien des installations de chauffage et les frais relatifs à l'utilisation d'énergie électrique (ou éventuellement d'autres formes d'énergie) pour le fonctionnement des appareillages, notamment les instruments de régulation, les pompes, les brûleurs et les ventilateurs.

II. – Les frais de combustible ou d'énergie sont répartis entre les locaux desservis en distinguant des frais communs et des frais individuels.

Les frais communs de combustible ou d'énergie sont obtenus en multipliant le total des dépenses de combustible ou d'énergie par un coefficient égal à 0,30. Dans le cas des immeubles pour lesquels des appareils de mesure tels que ceux visés à l'article R.* 131-2 ont déjà été installés, le coefficient choisi entre 0 et 0,50 au moment de l'installation de ces appareils est conservé. Toutefois, l'assemblée générale des copropriétaires ou le gestionnaire d'un immeuble entièrement locatif peut remplacer le coefficient initial par le coefficient de 0,30.

Les frais communs sont répartis dans les conditions fixées par le règlement de copropriété ou les documents en tenant lieu. Le total des frais individuels s'obtient par différence entre le total des frais de combustible ou d'énergie et les frais communs calculés comme il est dit ci-dessus. Ce total est réparti en fonction des indications fournies par les appareils prévus à l'article R.* 131-2, les situations ou configurations thermiquement défavorables des locaux pouvant être prises en compte.

III. – Les autres frais de chauffage énumérés au I sont répartis dans les conditions fixées par le règlement de copropriété ou les documents en tenant lieu.

Sur les modalités de répartition des frais de chauffage en application du II du présent art., V. Arr. du 27 août 2012, art. 3, App., vº *Énergie (Chauffage).*

BIBL. ▶ C. ATIAS, *Ann. loyers 1994, p. 525* (répartition des frais de chauffage en fonction des millièmes de copropriété). – G. FAU, *Ann. loyers 1991, p. 1305* (répartition des frais de chauffage dans les immeubles collectifs).

Les dispositions relatives à l'individualisation des frais de chauffage dérogent au principe de l'intangibilité de la répartition des charges. • Civ. 3e, 17 nov. 2004 : *Bull. civ. III, nº 201.* ♦ Le copropriétaire qui n'a pas l'usage du système de chauffage collectif doit être exonéré des charges de chauffage, cet usage ne pouvant être constitué par le seul passage des colonnes montantes dans ses locaux. • Paris : 12 juin 2008. ♦ Pour un point de la doctrine administrative sur la question, V. *Rép. min. nº 67758 : *JOAN Q 25 mai 2010, p. 5793.*

SOUS-SECTION 2 ÉQUIPEMENTS ET RÉPARTITION DES FRAIS DE CHAUFFAGE DANS LES IMMEUBLES COLLECTIFS À USAGE PRINCIPAL AUTRE QUE D'HABITATION *(Décr. nº 2012-545 du 23 avr. 2012, art. 3).*

Art. R. 131-8 *(Décr. nº 79-1232 du 31 déc. 1979)* Les dispositions de la présente section ne sont pas applicables aux départements d'outre-mer.

SECTION II FRAIS D'EAU CHAUDE DANS LES IMMEUBLES COLLECTIFS

Art. *R. 131-9 Au sens de la présente section :

– un immeuble collectif pourvu d'une distribution d'eau chaude commune est un immeuble qui comprend au moins deux locaux occupés à titre privatif et alimentés en eau chaude par une même installation ;

– un local occupé à titre privatif est constitué par la pièce ou l'ensemble des pièces réservées à la jouissance exclusive de personnes physiques ou morales ;

– les immeubles de classe A sont les immeubles ayant fait l'objet d'une demande de permis de construire, d'une demande de prorogation de permis de construire ou d'une déclaration préalable de travaux au sens de l'ancien article L. 430-3 du code de l'urbanisme postérieure au 30 juin 1975 ;

– tous les autres immeubles relèvent de la classe B.

Art. *R. 131-10 Sauf dans les cas de dérogation prévus aux articles R. 131-12 et R. 131-13, dans les immeubles collectifs où la production d'eau chaude est commune à tout ou partie des locaux occupés à titre privatif, les frais de combustible ou d'énergie afférents à la fourniture d'eau chaude sont répartis entre ces locaux proportionnellement à la mesure directe ou indirecte soit de la quantité d'eau chaude fournie à chacun des locaux, soit de la quantité de chaleur nécessaire au chauffage de l'eau ainsi fournie.

Lorsque les conditions de fourniture de l'eau chaude ne permettent pas de connaître la part des frais de combustible ou d'énergie entrant dans le prix de ladite fourniture, cette part fait l'objet, pour l'application du présent article, d'une estimation forfaitaire égale aux deux tiers au moins du prix total de l'eau chaude fournie par l'installation commune de l'immeuble.

Il n'est pas dérogé par le présent article aux dispositions, conventions ou usages en vigueur pour la répartition des frais, fixes ou non, et des charges afférents à la fourniture d'eau chaude autres que les frais de combustible ou d'énergie mentionnés ci-dessus.

Arrêté du 25 août 1976,

Relatif à la répartition des frais d'eau chaude dans les immeubles collectifs (JO 3 sept.).

Art. 1er Les dispositions prévues à l'article 2 du décret nº 75-496 du 19 juin 1975 *[V.* ***CCH,*** *art. R. 131-10]* ne sont pas applicables à l'ensemble de l'immeuble ou des immeubles de la classe B définis à l'article 1er dudit décret *[V.* ***CCH,*** *art. R. 131-9]*, desservis par une même installation de production d'eau chaude, dans lesquels plus de 15 p. 100 des points de mesure ne sont pas accessibles. Les points de mesure sont dits accessibles lorsque les canalisations correspondantes comportent une partie rectiligne, accessible et visitable, d'au moins 35 cm de longueur.

Art. 2 Les dispositions prévues à l'article 2 du décret du 19 juin 1975 *(V.* ***CCH,*** *art. R. 131-10)* susvisé ne sont pas applicables aux catégories de locaux énumérés ci-après :

— aux immeubles collectifs de la classe B, définis à l'article 1er dudit décret et comportant seulement deux locaux occupés à titre privatif ;

— aux établissements d'hôtellerie ainsi qu'aux établissements analogues, tels que foyers, internats, résidences universitaires, maisons de retraite.

En cas de bâtiment mixte, c'est-à-dire comprenant un établissement hôtelier ou analogue et au moins deux locaux affectés à titre privatif à un autre usage, la dérogation susvisée ne s'applique qu'à la partie du bâtiment affectée à l'établissement d'hôtellerie ou analogue, lequel doit dans ce cas comporter un dispositif de comptage pour l'ensemble dudit établissement.

Art. *R. 131-11 Les dispositions prévues à l'article R. 131-10 sont applicables à tous les immeubles collectifs de la classe A ; ceux-ci, de construction, doivent être équipés des appareils nécessaires de mesure directe ou indirecte.

*V. Arr. du 25 août 1976 relatif à la répartition des frais d'eau chaude dans les immeubles collectifs (ss. art. *R. 131-10).*

Art. *R. 131-12 Les dispositions prévues à l'article R. 131-10 sont applicables aux immeubles collectifs de la classe B qui doivent être équipés des appareils nécessaires à dater du 15 septembre 1977 au plus tard.

Il peut y être dérogé, pour l'ensemble d'un immeuble ou l'ensemble des immeubles desservis par une même installation de production d'eau chaude :

1º Si le nombre des points de mesure nécessaires à l'application de l'article R. 131-10 est supérieur à deux fois le nombre des locaux occupés à titre privatif desservis par cette installation ;

2º Ou si, pour plus de 15 p. 100 des points de mesure, les canalisations ne satisfont pas aux conditions d'accessibilité fixées par arrêté du ministre chargé de la construction et de l'habitation.

Art. *R. 131-13 Il peut être dérogé, par arrêté du ministre chargé de la construction et de l'habitation et du ministre chargé de l'industrie, aux dispositions de l'article R. 131-10 en ce qui concerne :

– les immeubles collectifs de la classe B comportant seulement deux locaux occupés à titre privatif ;

– les locaux dépendant d'un établissement d'hôtellerie.

V. Arr. 25 août 1976, ss. art. R. 131-10.

Art. *R. 131-14 Un arrêté du ministre chargé de l'industrie fixe les règles de construction et d'utilisation des appareils nécessaires à l'application de la présente section, ainsi que les modalités de leur contrôle, dans la mesure où ces appareils ne relèvent pas de la réglementation édictée par le décret précité du 30 novembre 1944.

● SECTION III RÉGULATION DES INSTALLATIONS DE CHAUFFAGE

V. Arr. du 5 juill. 1977 (JO 12 juill.) relatif aux visites et examens approfondis des installations consommant de l'énergie thermique ; Circ. 7 oct. 1982 relative à l'application de l'arrêté précédent (JONC 17 déc., p. 11241).

Art. *R. 131-15 *(Décr. nº 88-355 du 12 avr. 1988, art. 4)* Les dispositions de la présente section s'appliquent :

– aux locaux à usage d'habitation autres que ceux mentionnés à l'article R. 111-1-1 ;

– aux locaux à usage autre que d'habitation autres que ceux mentionnés à l'article R. 111-20.

V. Arr. du 11 mars 1988 (JO 15 avr.) : équipements et caractéristiques thermiques dans les bâtiments sanitaires et sociaux ; Arr. du 13 avr. 1988 (JO 15 avr.) : équipements et caractéristiques thermiques dans les bâtiments à usage de bureaux ou de commerce ; Arr. du 13 avr. 1988 (JO 15 avr.) : équipements et caractéristiques thermiques dans les bâtiments à usage d'hôtellerie ; Arr. du 13 avr. 1988 (JO 15 avr.) : équipements et caractéristiques thermiques dans les bâtiments à usage industriel ; Arr. du 13 avr. 1988 (JO 15 avr.) : équipements et caractéristiques thermiques dans les bâtiments de type particulier ; Arr. du 6 mai 1988 (JO 8 mai) : équipements et caractéristiques thermiques dans les bâtiments à usage d'enseignement ; Arr. du 6 mai 1988 (JO 8 mai) : équipements et caractéristiques thermiques dans les bâtiments à usage sportif.

Art. *R. 131-16 Pour l'application de la présente section :

La régulation d'une installation de chauffage consiste en un ou plusieurs dispositifs permettant de régler automatiquement la fourniture de chaleur dans les locaux en fonction des températures extérieure et intérieure, ou de l'une de ces températures *(Décr. nº 88-355 du 12 avr. 1988, art. 5)* « et, le cas échéant, d'autres éléments tels que l'ensoleillement ».

La puissance d'une installation de chauffage est définie comme le produit de la quantité de combustible consommée à l'heure en marche continue maximale par le pouvoir calorifique inférieur de ce combustible.

Art. *R. 131-17 *(Décr. nº 88-355 du 12 avr. 1988, art. 6)* I. – Toute installation de chauffage d'une puissance supérieure à 30 kilowatts doit comporter un dispositif de régulation.

II. – Toute installation de chauffage d'une puissance supérieure à 250 kilowatts et desservant des locaux d'habitation doit comporter un dispositif de régulation qui soit fonction au moins de la température extérieure.

III. – Toute installation de chauffage d'une puissance supérieure à 1 500 kilowatts doit comporter un dispositif de régulation soit par bâtiment, soit par ensemble de bâtiments ayant la même destination, les mêmes conditions d'occupation et les mêmes caractéristiques de construction.

V. Arr. cités ss. art. R. 131-15.

Art. *R. 131-18 Les dispositions de la présente section ne sont pas applicables dans le cas de générateurs à combustibles solides à chargement et conduite manuels, pour les installations de chauffage d'une puissance inférieure à 1 000 kilowatts mises en service avant le 1er janvier 1976.

SECTION IV LIMITATION DE LA TEMPÉRATURE DE CHAUFFAGE

Art. *R. 131-19 Pour l'application des dispositions de la présente section et des arrêtés prévus aux articles R. 131-22 et R. 131-23 :

– la température de chauffage est celle qui résulte de la mise en œuvre d'une installation de chauffage, quelle que soit l'énergie utilisée à cette fin et quels que soient les modes de production de chaleur ;

– un local à usage d'habitation est constitué par l'ensemble des pièces d'un logement ;

– la température de chauffage d'une pièce d'un logement ou d'un local à usage autre que l'habitation est la température de l'air, mesurée au centre de la pièce ou du local, à 1,50 mètre au-dessus du sol ;

– la température moyenne d'un logement ou d'un ensemble de locaux à usage autre que l'habitation est la moyenne des températures de chauffage mesurées dans chaque pièce ou chaque local, le calcul de la moyenne étant pondéré en fonction du volume de chaque pièce ou local.

Art. *R. 131-20 *(Décr. no 79-907 du 22 oct. 1979)* Dans les locaux à usage d'habitation, d'enseignement, de bureaux ou recevant du public et dans tous autres locaux, à l'exception de ceux qui sont indiqués aux articles R. 131-22 et R. 131-23, les limites supérieures de température de chauffage sont, en dehors des périodes d'inoccupation définies à l'article R. 131-20 *[R. 131-21]*, fixées en moyenne à 19° C :

– pour l'ensemble des pièces d'un logement ;

– pour l'ensemble des locaux affectés à un usage autre que l'habitation et compris dans un même bâtiment.

V. Arr. du 23 juin 1978 relatif aux installations fixes destinées au chauffage et à l'alimentation en eau chaude sanitaire des bâtiments d'habitation, de bureaux ou recevant du public (JONC 21 juill.).

Art. *R. 131-21 Pendant les périodes d'inoccupation des locaux mentionnés à l'article R. 131-20, d'une durée égale ou supérieure à vingt-quatre heures consécutives, les limites de température moyenne de chauffage sont, pour l'ensemble des pièces d'un logement et pour l'ensemble des locaux affectés à un usage autre que l'habitation et compris dans un même bâtiment, fixées ainsi qu'il suit :

16° C lorsque la durée d'inoccupation est égale ou supérieure à vingt-quatre heures et inférieure à quarante-huit heures ;

8° C lorsque la durée d'inoccupation est égale ou supérieure à quarante-huit heures.

Art. *R. 131-22 Un arrêté conjoint du ministre chargé de l'industrie et du ministre chargé de la construction et de l'habitation pris après avis du comité consultatif de l'utilisation de l'énergie, et, le cas échéant, du ou des ministres intéressés, dresse la liste des catégories de locaux qui, non affectés à usage de bureaux et ne recevant pas du public, doivent, eu égard à la nature des activités d'ordre administratif, scientifique, sportif, artisanal, industriel, commercial ou agricole qui s'y exercent, être soumis à des limites de température de chauffage différentes de celles qui sont fixées par les articles R. 131-20 et R. 131-21. Cet arrêté détermine, par catégories et en tenant compte, le cas échéant, des périodes d'inoccupation, les limites supérieures de chauffage calculées conformément à l'article R. 131-19 qui sont applicables à ces divers locaux.

V. Arr. du 25 juill. 1977 relatif à la limitation de la température de chauffage dans les locaux et établissements sanitaires et hospitaliers (JO 6 août).

Art. *R. 131-23 En ce qui concerne les logements, les locaux et les établissements où sont donnés des soins médicaux à des personnes non hospitalisées, les établissements hospitaliers et les logements, locaux et établissements où sont logés ou hébergés des personnes âgées ou des enfants en bas âge, des arrêtés conjoints du ministre chargé de l'industrie, du ministre chargé de la construction et de l'habitation et du ministre chargé de la santé, pris après avis du comité consultatif de l'utilisation de l'énergie et, le cas échéant, du ou des ministres intéressés fixent, par catégorie, les limites supérieures de chauffage calculées conformément aux dispositions de l'article R. 131-19 qui sont applicables à ces locaux ou établissements.

V. Arr. du 25 juill. 1977, cité ss. art. R. 131-22.

Art. R. 131-24 Les normes mentionnées à l'article L. 131-4 sont fixées après avis du comité consultatif de l'utilisation de l'énergie.

SECTION V CARACTÉRISTIQUES THERMIQUES ET PERFORMANCE ÉNERGÉTIQUE

(Décr. no 2007-363 du 19 mars 2007)

Art. R. 131-25 Les dispositions de la présente section s'appliquent aux bâtiments ou parties de bâtiments existants, à l'exception des catégories suivantes de bâtiments :

a) Les bâtiments et parties de bâtiments dans lesquels il n'est pas utilisé d'énergie pour réguler la température intérieure ;

b) Les constructions provisoires prévues pour une durée d'utilisation égale ou inférieure à deux ans ;

c) Les bâtiments indépendants dont la *(Décr. no 2011-2054 du 29 déc 2011, art. 6, en vigueur le 1er mars 2012)* « surface de plancher *[ancienne rédaction : surface hors œuvre brute]* » au sens de l'article R. 112-2 du code de l'urbanisme est inférieure à 50 m² ;

d) Les bâtiments à usage agricole, artisanal ou industriel, autres que les locaux servant à l'habitation, qui ne demandent qu'une faible quantité d'énergie pour le chauffage, la production d'eau chaude sanitaire ou le refroidissement ;

e) Les bâtiments servant de lieux de culte ;

f) Les monuments historiques classés ou inscrits à l'inventaire en application du code du patrimoine, lorsque l'application des dispositions de la présente section aurait pour effet de modifier leur caractère ou leur apparence de manière inacceptable ; *[.]*

Art. R. 131-26 Lorsque le coût total prévisionnel de travaux de rénovation portant soit sur l'enveloppe d'un bâtiment d'une surface hors œuvre nette supérieure à 1000 m² et ses installations de chauffage, de production d'eau chaude, de refroidissement, de ventilation et d'éclairage, soit sur sa seule enveloppe est supérieur à 25 % de sa valeur, le maître d'ouvrage doit améliorer sa performance énergétique.

Sont pris en compte pour calculer le coût des travaux mentionnés à l'alinéa précédent le montant des travaux décidés ou financés au cours des deux dernières années et pour déterminer la valeur du bâtiment mentionnée à l'alinéa précédent le produit de la surface hors œuvre nette *(Décr. no 2011-2054 du 29 déc. 2011, art. 5-I, en vigueur le 1er mars 2012)* « dans sa définition applicable avant l'entrée en vigueur de l'ordonnance no 2011-1539 du 16 novembre 2011 portant réforme de la surface de plancher *[soit le 1er mars 2012]* » par un coût de construction défini par arrêté du ministre chargé de la construction. – *V. Arr. du 20 déc. 2007 (JO 28 déc.).*

L'amélioration de la performance énergétique est obtenue :

– soit en maintenant la consommation en énergie pour le chauffage, la ventilation, le refroidissement, la production d'eau chaude sanitaire et, dans les locaux tertiaires, pour l'éclairage, en dessous de seuils fixés en fonction des catégories de bâtiments par un arrêté des ministres chargés de la construction et de l'énergie

– soit en appliquant une solution technique adaptée au type du bâtiment, définie par arrêté des ministres chargés de la construction et de l'énergie. – *V. Arr. du 13 juin 2008 (JO 8 août), Arr. du 8 août 2008 (JO 24 sept.), mod. par Arr. du 21 sept. 2012 (JO 4 oct.), Arr. du 13 janv. 2010 (JO 26 janv.) et Arr. du 23 avr. 2010 (JO 5 mai).*

Les travaux réalisés ne doivent pas dégrader le confort d'été préexistant. Ils ne doivent pas augmenter les points de condensation, ni entraîner un risque de détérioration du bâti.

Les dispositions issues du Décr. nº 2007-363 du 19 mars 2007 s'appliquent aux travaux pour lesquels la date de dépôt de la demande de permis de construire, ou, si les travaux ne sont pas soumis à ce permis, la date d'acceptation des devis ou de passation des marchés relatifs à ces travaux, est postérieure au 31 mars 2008 (Décr. préc., art. 4).

V. Arr. du 13 mai 2011 relatif à l'agrément de la demande de titre V relative à la prise en compte des systèmes de ventilation naturelle hybride « VENTILECO EPO » et « VENTILECO OAI » dans la réglementation thermique pour les bâtiments existants (JO 24 mai).

V. Arr. du 13 mai 2011 relatif à l'agrément de la demande de titre V relative à la production d'eau chaude sanitaire indirecte, avec stockage, avec ou sans appoint, par une pompe à chaleur à absorption à chauffage direct au gaz dans la réglementation thermique pour les bâtiments existants (JO 24 mai).

V. Arr. du 13 déc. 2011 relatif à l'agrément de la demande de titre V relative à la production d'eau chaude sanitaire indirecte, avec stockage et appoint, par une pompe à chaleur à compression par moteur gaz naturel dans la réglementation thermique pour les bâtiments existants (JO 22 déc.).

V. Arr. du 13 déc. 2011 abrogeant et remplaçant l'Arr. du 28 juin 2010 relatif à l'agrément de la demande de titre V relative à la prise en compte du système « Héliopac® » dans la réglementation thermique pour les bâtiments existants (JO 23 déc.).

V. Arr. du 4 janv. 2012 relatif à l'agrément de la demande de titre V relative à la prise en compte des micro- et minicogénérations à combustible gazeux dans la réglementation thermique pour les bâtiments existants (JO 19 janv.).

V. Arr. du 27 mars 2012 relatif à l'agrément de la demande de titre V relative à la prise en compte du système ERS Biofluides dans la réglementation thermique pour les bâtiments existants (JO 4 avr.).

Art. R. 131-27 **Dans les cas prévus à l'article R. 131-26, le maître d'ouvrage réalise une étude de faisabilité technique et économique des diverses solutions d'approvisionnement en énergie du bâtiment. Cette étude doit être faite préalablement au dépôt de la demande de permis de construire ou, si les travaux ne sont pas soumis à ce permis, préalablement à l'acceptation des devis ou à la passation des marchés relatifs à ces travaux. Elle est réalisée selon les modalités prévues aux articles R. 111-22, R. 111-22-1 et R. 111-22-2.**

Toutefois, dans le cas où les travaux portent uniquement sur l'enveloppe du bâtiment, seule la solution d'approvisionnement en énergie solaire est étudiée.

(Décr. nº 2012-394 du 23 mars 2012, art. 2-II, en vigueur le 1er avr. 2012) **« Dans les périmètres de développement prioritaire d'un réseau de chaleur ou de froid ayant fait l'objet d'une décision de classement en vigueur conformément aux dispositions des articles L. 712-1 à L. 712-3 du code de l'énergie, l'étude de faisabilité technique et économique prévue au premier alinéa n'est exigée que pour les bâtiments auxquels l'obligation de raccordement au réseau n'est pas applicable et pour ceux qui ont obtenu une dérogation à l'obligation de raccordement au réseau. »**

Les dispositions issues du Décr. nº 2007-363 du 19 mars 2007 s'appliquent aux travaux pour lesquels la date de dépôt de la demande de permis de construire, ou, si les travaux ne sont pas soumis à ce permis, la date d'acceptation des devis ou de passation des marchés relatifs à ces travaux, est postérieure au 31 mars 2008 (Décr. préc., art. 4).

V. aussi Arr. 18 déc. 2007 relatif aux études de faisabilité des approvisionnements en énergie pour les bâtiments neufs et parties nouvelles de bâtiments et pour les rénovations de certains bâtiments existants en France métropolitaine (JO 23 déc.).

Art. R. 131-28 **Sauf dans le cas des travaux visés à l'article R. 131-26, les caractéristiques thermiques et les performances énergétiques des équipements, installations, ouvrages ou systèmes doivent être conformes aux prescriptions fixées par un arrêté des ministres chargés de la construction et de l'énergie, lorsqu'ils sont mis en place, installés ou remplacés.** — *V. Arr. 3 mai 2007 (JO 17 mai).*

Les dispositions du précédent alinéa s'appliquent :
– aux éléments constitutifs de l'enveloppe du bâtiment ;
– aux systèmes de chauffage ;
– aux systèmes de production d'eau chaude sanitaire ;
– aux systèmes de refroidissement ;
– aux équipements de production d'énergie utilisant une source d'énergie renouvelable ;
– aux systèmes de ventilation ;
– aux systèmes d'éclairage des locaux.

Les dispositions issues du Décr. n° 2007-363 du 19 mars 2007 s'appliquent aux travaux pour lesquels la date d'acceptation des devis ou de passation des marchés, ou, à défaut, la date d'acquisition des équipements, systèmes et ouvrages, est postérieure au 31 oct. 2007 (Décr. préc., art. 4).

Art. R.* 131-28-1 *(Décr. n° 2009-1154 du 29 sept. 2009)* Un arrêté des ministres chargés de la construction et de l'énergie détermine les conditions d'attribution à un bâtiment existant du label "haute performance énergétique rénovation". – *V. Arr. du 29 sept. 2009 (JO 1er oct.).*

Art. R. 131-28-2 *(Décr. n° 2012-490 du 13 avr. 2012, art. 1er)* A l'achèvement de travaux de réhabilitation thermique visés aux articles R. 131-26 et R. 131-28 et soumis à la délivrance d'une autorisation de construire, le maître d'ouvrage fournit à l'autorité compétente qui a délivré l'autorisation :
– un document attestant que le maître d'œuvre a pris en compte la réglementation thermique, si le maître d'œuvre désigné est à la fois chargé de la conception des travaux de réhabilitation, de leur réalisation et de leur suivi ;
– un document attestant qu'il a pris en compte la réglementation thermique, si le maître d'œuvre désigné n'est en charge que de la conception des travaux de réhabilitation ou s'il n'a pas désigné de maître d'œuvre.

Cette attestation est établie sur un formulaire conforme à des prescriptions fixées par arrêté du ministre chargé de la construction. Elle est jointe à la déclaration d'achèvement des travaux dans les conditions prévues à l'article R. 462-4-2 du code de l'urbanisme.

Art. R. 131-28-3 *(Décr. n° 2012-490 du 13 avr. 2012, art. 1er)* I. – Pour les travaux de réhabilitation thermique définis à l'article R. 131-26, l'attestation justifie la prise en compte des exigences portant sur :

1° La consommation conventionnelle d'énergie primaire du bâtiment en projet pour le chauffage, le refroidissement, la production d'eau chaude sanitaire, l'éclairage et les auxiliaires de chauffage, de refroidissement, d'eau chaude sanitaire et de ventilation ;

2° Les caractéristiques minimales des matériaux et équipements d'isolation et des systèmes énergétiques définies par arrêté du ministre chargé de la construction ;

3° La température intérieure conventionnelle pour certains types de bâtiment précisés par arrêté du même ministre ;

II. – Pour les travaux de réhabilitation thermique définis à l'article R. 131-28, l'attestation prévue à l'article R. 134-28-2 justifie la prise en compte des exigences portant sur les caractéristiques thermiques et les performances énergétiques des équipements, installations, ouvrages ou systèmes installés.

Art. R. 131-28-4 *(Décr. n° 2012-490 du 13 avr. 2012, art. 1er)* L'attestation prévue à l'article R. 131-28-2 est établie par l'une des personnes suivantes :
– une personne répondant aux conditions exigées pour réaliser le diagnostic de performance énergétique prévu à l'article L. 134-1 dans le cas d'une maison individuelle ou accolée ;
– un contrôleur technique mentionné à l'article L. 111-23, pour tout type de bâtiment ;

– un organisme ayant certifié, au sens des articles L. 115-27 à L. 115-32 du code de la consommation, la performance énergétique du bâtiment ou de la partie du bâtiment réhabilitée dans le cadre de la délivrance d'un label de "haute performance énergétique", pour tout type de bâtiment ;

– un architecte au sens de l'article 2 de la loi nº 77-2 du 3 janvier 1977 sur l'architecture, pour tout type de bâtiment.

Un arrêté du ministre chargé de la construction définit les éléments d'information que le maître d'ouvrage doit, en fonction des catégories de bâtiments et de travaux, fournir aux personnes précitées afin de permettre l'établissement du document mentionné à l'article R. 131-28-2.

Art. R. 131-28-5 *(Décr. nº 2012-490 du 13 avr. 2012, art. 1er)* Lorsque l'opération soumise à autorisation de construire comporte à la fois des travaux portant sur des parties nouvelles d'un bâtiment existant et des travaux de réhabilitation thermique de ce bâtiment, deux attestations sont fournies conformément aux articles R. 111-20-3 et R. 131-28-3, respectivement pour la partie neuve et la partie existante du bâtiment concerné.

Art. R. 131-28-6 *(Décr. nº 2012-490 du 13 avr. 2012, art. 1er)* Un arrêté du ministre chargé de la construction détermine les modalités d'application des articles R. 131-28-2 à R. 131-28-5.

Les dispositions des art. R. 131-28-2 à R. 131-28-6 sont applicables aux travaux faisant l'objet d'une demande de permis de construire ou d'une déclaration préalable déposée à partir du 1er janv. 2013 (Décr. nº 2012-490 du 13 avr. 2012, art. 3).

SECTION VI REFROIDISSEMENT DES IMMEUBLES

(Décr. nº 2007-363 du 19 mars 2007)

Art. R. 131-29 Dans les locaux dans lesquels est installé un système de refroidissement, celui-ci ne doit être mis ou maintenu en fonctionnement que lorsque la température intérieure des locaux dépasse 26º C.

Un arrêté des ministres chargés de la construction et de l'énergie définit les conditions de régulation des systèmes de refroidissement.

Les dispositions issues du Décr. nº 2007-363 du 19 mars 2007 s'appliquent à compter du 1er juill. 2007 (Décr. préc., art. 4).

Art. R. 131-30 Les dispositions de l'article R. 131-29 ne s'appliquent pas aux bâtiments ou parties de bâtiments visés à l'*(Décr. nº 2008-461 du 15 mai 2008)* « article R. 131-23 » ainsi qu'aux bâtiments ou parties de bâtiments qui, en raison de contraintes liées à leur usage, doivent garantir des conditions particulières de température, d'hygrométrie ou de qualité de l'air.

Les dispositions issues du Décr. nº 2007-363 du 19 mars 2007 s'appliquent à compter du 1er juill. 2007 (Décr. préc., art. 4).

SECTION VII PRÉVENTION DES INTOXICATIONS PAR LE MONOXYDE DE CARBONE

(Décr. nº 2008-1231 du 27 nov. 2008)

Les art. R. 131-31 à R. 131-33 sont applicables aux projets de construction ayant fait l'objet d'une demande de permis de construire ou d'une déclaration préalable déposée à compter du 1er janv. 2009 (Décr. nº 2008-1231 du 27 nov. 2008, art. 3).

Art. R. 131-31 Les parties des locaux à usage d'habitation ou leurs dépendances, destinées à recevoir de façon fixe un appareil de chauffage ou de production d'eau chaude sanitaire d'une puissance inférieure ou égale à 70 kilowatts et utilisant les combustibles solides, liquides ou gazeux doivent être munies lors de leur construction :

1° D'une entrée d'air permanente directe ou indirecte dans le cas où l'appareil utilise, pour la combustion, une partie de l'air de la pièce dans laquelle il est installé ;

2° D'un système d'évacuation vers l'extérieur des produits de combustion satisfaisant aux conditions techniques et de sécurité et adapté à l'usage, au type d'appareil et au combustible auxquels il est destiné.

L'entrée d'air permanente et le système d'évacuation sont conçus et entretenus de manière à permettre le bon fonctionnement des appareils.

Art. R. 131-32 Les dispositions de l'article R. 131-31 ne s'appliquent pas aux locaux destinés à recevoir des appareils à circuit de combustion étanche qui, par leur conception, intègrent le circuit d'amenée d'air comburant et qui évacuent les produits de combustion vers l'extérieur sans risque de fuite vers l'intérieur des locaux d'habitation.

Art. R. 131-33 Pour les immeubles collectifs d'habitation, les installations de ventilation mécanique contrôlée auxquelles sont raccordés des appareils utilisant le gaz combustible ou les hydrocarbures liquéfiés doivent être équipées d'un dispositif de sécurité collective.

Pour les installations de ventilation mécanique contrôlée mises en service antérieurement au 9 août 1989, l'art. R. 131-33 entre en application à compter du 1er juill. 2010.

Toutefois, un dispositif de sécurité collective est installé sans délai lorsqu'il est constaté, lors de la vérification périodique du bon fonctionnement d'une installation collective de ventilation mécanique contrôlée-gaz, qu'en cas d'arrêt de l'extracteur l'évacuation des fumées par tirage naturel n'est pas assurée et que certains appareils à gaz restent en fonctionnement (Décr. n° 2008-1231 du 27 nov. 2008, art. 4-II).

Art. R. 131-34 Dans les locaux existants, les dispositions des articles R. 131-31 à R. 131-33 sont applicables, à la charge du propriétaire, aux parties des locaux à usage d'habitation ou à leurs dépendances, lorsqu'elles comportent ou doivent comporter un appareil à combustion fixe de chauffage ou de production d'eau chaude sanitaire d'une puissance inférieure ou égale à 70 kilowatts et utilisant un combustible solide, liquide ou gazeux.

Toutefois, certains appareils de production d'eau chaude pourront être dispensés de l'obligation de raccordement prévue à l'article R. 131-31 par arrêté des ministres en charge de la construction, de la santé, de la politique industrielle et de la sécurité industrielle. — *V. Arr. du 23 févr. 2009 (JO 27 févr.).*

Pour les appareils n'utilisant pas un gaz combustible ou un hydrocarbure liquéfié, l'art. R. 131-34 s'applique dans les constructions existantes à compter du 1er juill. 2010 (Décr. n° 2008-1231 du 27 nov. 2008, art. 4-I).

Art. R. 131-35 L'occupant ne doit pas entraver le bon fonctionnement de l'entrée d'air et du système d'évacuation vers l'extérieur prévus à l'article R. 131-31.

Art. R. 131-36 Après une intoxication au monoxyde de carbone due à une installation fixe de chauffage ou de production d'eau chaude sanitaire, cette installation doit être mise à l'arrêt. Elle ne peut être réutilisée qu'après qu'elle a été remise en l'état ; les dispositions des articles R. 131-31 à R. 131-35 doivent être respectées.

Art. R. 131-37 Des arrêtés des ministres en charge de la construction, de la santé, de la politique industrielle et de la sécurité industrielle fixent les dispositions d'application de la présente section. — *V. Arr. du 23 févr. 2009 (JO 27 févr.).*

CHAPITRE II RAVALEMENT DES IMMEUBLES

Art. *R. 132-1 La décision de l'autorité administrative mentionnée à l'article L. 132-2 est prise par arrêté préfectoral.

V. Arr. municipal du 29 févr. 1988 (Paris), Bull. municip. off. de la ville de Paris 10 mars 1988.

1. Sur le contrôle d'une décision du maire de Paris enjoignant au requérant de procéder au ravalement complet, V. • CE 28 févr. 1986, *Synd. des copropr. du 30, rue Piat*, req. nº 47880 : *Lebon 48 ; D. 1986. IR 231 ; Dr. adm. 1986, nº 206 ; AJDA 1986. 403, obs. J. C.*

2. Faute d'arrêté préfectoral, la procédure d'injonction municipale ne peut être utilisée. • TA Rennes, 3 avr. 1986, *Synd. des copropriétaires de l'immeuble situé 1, rue Baudrairie à Rennes : Gaz. Pal. 1986. 2. Pan. 394 ; Administrer nov. 1986, p. 24, obs. G. Liet-Veaux.*

3. Une entreprise chargée du ravalement ne peut être assignée en garantie décennale. • CAA Paris, 6 juill. 1995, *SARL Onyx-Entreprise : Lebon T. 903 ; AJDA 1996. 195, obs. J.-P. Paître*. ◆ Néanmoins, le ravalement peut s'analyser en un ouvrage de construction lorsqu'il consiste en une opération « d'imperméabilisation des façades et pignons ». • Civ. 3e, 29 janv. 1997 : *RDI 1997. 238, obs. B. Boubli* • 20 juill. 1999 : *Bull. civ. III, nº 209 ; RDI 2000. 57, obs. B. Boubli* • 9 févr. 2000 : *D. 2000. IR 339 ; RDI 2000. 180*. ◆ Dans ce cas l'art. 1792 C. civ. s'applique et la garantie décennale peut être mise en œuvre. • Mêmes arrêts.

CHAPITRE III LUTTE CONTRE LES TERMITES

(Décr. nº 2000-613 du 3 juill. 2000, art. 5)

COMMENTAIRE

Le décret du 3 juillet 2000 est venu préciser les conditions dans lesquelles les propriétaires doivent s'acquitter de leurs obligations en matière de lutte contre les termites.

En réponse à une injonction du maire de procéder à la recherche de termites, le propriétaire doit adresser un état parasitaire établi par un spécialiste.

Par ailleurs, la réalisation des travaux doit être certifiée par une entreprise distincte de celle ayant procédé au diagnostic. Le non-respect de l'obligation de recherche des termites ou la non-réalisation des travaux nécessaires est passible de sanctions pénales. ❑

Art. R. 133-1 *(Décr. nº 2000-613 du 3 juill. 2000, art. 5)* **L'injonction de procéder à la recherche de termites ainsi qu'aux travaux prévus à l'article L. 133-1 est prise par arrêté du maire et notifiée au propriétaire de l'immeuble.**

Le propriétaire justifie du respect de l'obligation de recherche de termites en adressant au maire *(Décr. nº 2006-1114 du 5 sept. 2006, art. 1er-I et 6, en vigueur le 1er nov. 2007)* **« un état du bâtiment relatif à la présence de termites mentionné à l'article R. 133-7 », établi par une personne exerçant l'activité d'expertise ou de diagnostic de la présence de termites, indiquant les parties de l'immeuble visitées et celles n'ayant pu être visitées, les éléments infestés ou ayant été infestés par la présence de termites et ceux qui ne le sont pas, ainsi que la date de son établissement.**

Le propriétaire justifie du respect de l'obligation de réalisation des travaux préventifs ou d'éradication en adressant au maire une attestation, établie par une personne exerçant l'activité de traitement et de lutte contre les termites distincte de la personne ayant établi *(Décr. nº 2006-1114 du 5 sept. 2006, art. 1er-I et 6, en vigueur le 1er nov. 2007)* **« un état du bâtiment relatif à la présence de termites mentionné à**

l'article R. 133-7 » prévu à l'alinéa précédent, certifiant qu'il a été procédé aux travaux correspondants.

1. Est retenue solidairement la responsabilité de l'auteur de l'état parasitaire attestant de l'absence de termites dès lors qu'il savait que l'immeuble était situé dans une zone à risques élevés de contamination, qu'il aurait dû être particulièrement vigilant et approfondir ses investigations, et en déduit qu'il a commis une faute de nature délictuelle qui a participé à la réalisation du préjudice des acquéreurs. • Civ. 3e, 28 mai 2002 : *Constr.-Urb. 2002, no 276, obs. Cornille.*

2. Doit être considérée comme valable la clause de non-garantie des vices cachés stipulée dans l'acte de vente d'un immeuble infesté de capricornes, même en l'absence d'annexe d'un état parasitaire, dès lors que la loi no 99-471 du 8 juin 1999 ne vise que le vice caché constitué par la présence de termites. • Montpellier, 11 mars 2003 : *Constr.-Urb. 2003, no 230, obs. Cornille.*

3. Sur les mesures financières favorisant les travaux de lutte contre les termites et autres insectes xylophages, V. Rép. min. no 5290, *JOAN Q, 3 févr. 2003.* ◆ Sur le financement des diagnostics et des travaux préventifs et curatifs, V. Rép. min. no 17260, *JOAN 14 juill. 2003, p. 5634.* ◆ Sur le taux de TVA applicable aux opérations de diagnostic parasitaire, V. Rép. min. no 7087, *JO Sénat, 9 oct. 2003, p. 3040.* ◆ Sur la non-applicabilité du régime des catastrophes naturelles aux dommages causés par les termites, V. Rép. min. no 16941, *JOAN 14 juill. 2003, p. 5633.*

Art. R. 133-2 Le fait pour le propriétaire de ne pas justifier du respect de l'obligation de recherche des termites ainsi que de l'obligation de réalisation des travaux préventifs ou d'éradication selon les modalités prévues à l'article R. 133-1 est puni des peines prévues pour les contraventions de 5e classe.

(Abrogé par Décr. no 2010-671 du 18 juin 2010, art. 5-IV) ***« Les personnes morales peuvent être déclarées responsables pénalement des infractions définies ci-dessus dans les conditions prévues à l'article 121-2 du code pénal. Elles encourent la peine d'amende selon les modalités prévues à l'article 131-41 du même code. »***

La récidive des contraventions prévues au présent article est punie conformément aux dispositions *(Décr. no 2010-671 du 18 juin 2010, art. 5-IV)* **« des articles 132-11 et 132-15** *[ancienne rédaction : de l'article 132-11]* **» du code pénal.**

V. Circ. no 2001-21 du 23 mars 2001 (BOMELT no 2001/7).

Art. R. 133-3 *(Décr. no 2006-1114 du 5 sept. 2006, art. 1er-II et 6, en vigueur le 1er nov. 2007)* **La déclaration de la présence de termites dans un immeuble bâti ou non bâti, prévue à l'article L. 133-4, est adressée, dans le mois suivant les constatations, au maire de la commune du lieu de situation de l'immeuble par lettre recommandée avec demande d'avis de réception ou déposée contre récépissé en mairie.**

La déclaration précise l'identité du déclarant et les éléments d'identification de l'immeuble. Elle mentionne les indices révélateurs de la présence de termites et peut à cette fin être accompagnée de l'état relatif à la présence de termites mentionné à l'article R. 133-7. Elle est datée et signée par le déclarant.

Art. R. 133-4 *(Décr. no 2006-1114 du 5 sept. 2006, art. 1er-II et 6, en vigueur le 1er nov. 2007)* **L'arrêté préfectoral, prévu à l'article L. 133-5, pris sur proposition ou après consultation des conseils municipaux intéressés et délimitant les zones contaminées par les termites ou susceptibles de l'être à court terme, est affiché pendant trois mois en mairie dans les communes où sont situées les zones délimitées.**

Mention de l'arrêté et des modalités de consultation de celui-ci est insérée en caractères apparents dans un journal régional ou local diffusé dans le département.

Les effets juridiques attachés à la délimitation des zones ont pour point de départ l'exécution de l'ensemble des formalités de publicité mentionnées aux alinéas précédents, la date à prendre en compte pour l'affichage en mairie étant celle du premier jour où il est effectué.

L'arrêté est en outre publié au recueil des actes administratifs de la préfecture.

L'arrêté et ses annexes peuvent être consultés dans les mairies des communes intéressées ainsi qu'à la préfecture.

L'arrêté préfectoral portant modification ou suppression des zones fait l'objet des mêmes formalités et mesures de publicité.

Art. R. 133-5 *(Décr. n° 2006-1114 du 5 sept. 2006, art. 1er-II et 6, en vigueur le 1er nov. 2007)* **La personne qui a procédé à des opérations d'incinération sur place ou de traitement avant transport des bois et matériaux contaminés par les termites, en cas de démolition d'un bâtiment situé dans les zones délimitées par arrêté préfectoral, souscrit dans le mois suivant l'achèvement des opérations la déclaration prévue au deuxième alinéa de l'article L. 133-5.**

La déclaration est adressée au maire de la commune du lieu de situation de l'immeuble par lettre recommandée avec demande d'avis de réception ou déposée à la mairie contre récépissé.

Elle précise l'identité de la personne qui a procédé aux opérations et mentionne les éléments d'identification de l'immeuble d'où proviennent les bois et matériaux de démolition contaminés par les termites ainsi que la nature des opérations d'incinération ou de traitement et le lieu de stockage des matériaux. Elle est datée et signée par le déclarant.

Art. R. 133-6 *(Décr. n° 2006-1114 du 5 sept. 2006, art. 1er-II et 6, en vigueur le 1er nov. 2007)* **Est puni de l'amende prévue pour les contraventions de la troisième classe le fait de ne pas souscrire la déclaration de la présence de termites prévue à l'article L. 133-4.**

Est puni de l'amende prévue pour les contraventions de la quatrième classe le fait de ne pas souscrire dans les conditions prévues à l'article R. 133-5 la déclaration en mairie relative aux opérations d'incinération ou de traitement avant transport des bois ou matériaux contaminés par les termites.

Est puni de l'amende prévue pour les contraventions de la cinquième classe le fait de ne pas avoir procédé, en cas de démolition de bâtiment situé dans une zone délimitée par arrêté préfectoral, aux opérations d'incinération ou de traitement avant transport des bois ou matériaux contaminés par les termites, exigées au deuxième alinéa de l'article L. 133-5.

La récidive de la contravention prévue à l'alinéa précédent est punie conformément à l'article 132-11 du code pénal.

Art. R. 133-7 *(Décr. n° 2006-1114 du 5 sept. 2006, art. 1er-II et 6, en vigueur le 1er nov. 2007)* **L'état du bâtiment relatif à la présence de termites prévu à l'article L. 133-6 est établi par une personne répondant aux conditions de l'article L. 271-6 et de ses textes d'application.** *– V. Arr. du 30 oct. 2006 (JO 11 nov.), mod. par Arr. du 7 déc. 2011 (JO 18 déc.), Arr. mod. par Arr. du 14 févr. 2012 (JO 23 févr.).*

Il identifie l'immeuble en cause, indique les parties visitées et celles qui n'ont pu l'être, les éléments infestés par la présence de termites et ceux qui ne le sont pas. L'état est daté et signé.

V. Arr. du 29 mars 2007 définissant le modèle et la méthode de réalisation de l'état du bâtiment relatif à la présence de termites (JO 28 avr.), mod. par Arr. du 7 mars 2007 (JO 16 mars).

Art. R. 133-8 *(Décr. n° 2006-1653 du 21 déc. 2006)* **La durée de validité de l'état du bâtiment relatif à la présence de termites prévu à l'article R. 133-7 est définie au troisième alinéa de l'article R. 271-5.**

CHAPITRE IV DIAGNOSTICS TECHNIQUES

(Décr. nº 2006-1147 du 14 sept. 2006)

SECTION PREMIÈRE DIAGNOSTIC DE PERFORMANCE ÉNERGÉTIQUE

BIBL. ▸ BOULANGER, *JCP N 2008. 146* (le DPE « bâtiment neuf » est effectif), *Loyers et copr. 2008, Focus 32* (de quelques nouveautés en matière de DPE : catégories d'exclusions et baux d'habitation. A propos du décret nº 2008-461 du 15 mai 2008).

SOUS-SECTION 1 DISPOSITIONS GÉNÉRALES *(Décr. nº 2010-1662 du 28 déc. 2010, en vigueur le 1er janv. 2011).*

Art. R. 134-1 **La présente section s'applique à tout bâtiment ou partie de bâtiment clos et couvert, à l'exception des catégories suivantes :**

a) **Les constructions provisoires prévues pour une durée d'utilisation égale ou inférieure à deux ans ;**

b) **Les bâtiments indépendants dont la** *(Décr. nº 2011-2054 du 29 déc. 2011, art. 6, en vigueur le 1er mars 2012)* **« surface de plancher** *[ancienne rédaction : surface hors œuvre brute]* **» au sens de l'article R. 112-2 du code de l'urbanisme est inférieure à 50 mètres carrés ;**

(Décr. nº 2008-461 du 15 mai 2008) **«** ***c)*** **Les bâtiments ou parties de bâtiments à usage agricole, artisanal ou industriel, autres que les locaux servant à l'habitation, dans lesquels le système de chauffage ou de refroidissement ou de production d'eau chaude pour l'occupation humaine produit une faible quantité d'énergie au regard de celle nécessaire aux activités économiques ; »**

d) **Les bâtiments servant de lieux de culte ;**

e) **Les monuments historiques classés ou inscrits à l'inventaire en application du code du patrimoine ;**

(Décr. nº 2008-461 du 15 mai 2008) **«** ***f)*** **Les bâtiments ou parties de bâtiments non chauffés ou pour lesquels les seuls équipements fixes de chauffage sont des cheminées à foyer ouvert, et ne disposant pas de dispositif de refroidissement des locaux ;**

« ***g)*** **Les bâtiments ou parties de bâtiments résidentiels qui sont destinés à être utilisés moins de quatre mois par an. »**

La production du diagnostic de performance énergétique portant sur un bâtiment ou partie de bâtiment existant n'est exigible que pour les ventes réalisées à compter du 1er nov. 2006 (Décr. nº 2006-1147 du 14 sept. 2006, art. 2).

La production du diagnostic de performance énergétique portant sur un bâtiment ou partie de bâtiment neuf n'est exigible que pour les bâtiments ou partie de bâtiment pour lesquels la date de dépôt de la demande de permis de construire est postérieure au 30 juin 2007 (Décr. préc., art. 2).

Le diagnostic de performance énergétique des bâtiments doit être annexé aux baux signés ou renouvelés depuis le 1er juill. 2007 (L. nº 89-462 du 6 juill. 1989, art. 3-1).

V. Arr. du 15 sept. 2006 relatif au diagnostic de performance énergétique pour les bâtiments existants proposés à la vente en France métropolitaine et aux méthodes et procédures applicables audit diagnostic (JO 28 sept.), mod. par Arr. du 18 déc. 2007 (JO 23 déc.), Arr. du 11 oct. 2010 (JO 31 oct.), Arr. du 21 mars 2011 (JO 23 mars) et Arr. du 8 févr. 2012 (JO 15 mars), lui-même mod. par Arr. du 24 déc. 2012 (JO 29 déc.) ; Arr. du 9 nov. 2006 portant approbation de diverses méthodes de calcul pour le diagnostic de performance énergétique en France métropolitaine (BOMELT nº 2006/22, p. 12), mod. par Arr. du 17 oct. 2012 (JO 10 nov.), lui-même mod. par Arr. du 24 déc. 2012 (JO 29 déc.).

V. Arr. du 3 mai 2007 relatif au diagnostic de performance énergétique pour les bâtiments existants à usage principal d'habitation proposés à la location en France métropolitaine (JO 17 mai), mod. par Arr. du 8 févr. 2012 (JO 15 mars), lui-même mod. par Arr. du 24 déc. 2012 (JO 29 déc.).

V. Arr. du 21 sept. 2007 relatif au diagnostic de performance énergétique pour les bâtiments neufs en France métropolitaine (JO 28 déc.).

Art. R. 134-2 **Le diagnostic de performance énergétique comprend :**

_a)_ Les caractéristiques pertinentes du bâtiment ou de la partie de bâtiment et un descriptif de ses équipements de chauffage, de production d'eau chaude sanitaire, de refroidissement, de ventilation et, dans certains types de bâtiments, de l'éclairage intégré des locaux en indiquant, pour chaque catégorie d'équipements, les conditions de leur utilisation et de leur gestion ayant des incidences sur les consommations énergétiques ;

_b)_ L'indication, pour chaque catégorie d'équipements, de la quantité annuelle d'énergie consommée ou estimée selon une méthode de calcul conventionnel ainsi qu'une évaluation des dépenses annuelles résultant de ces consommations ;

_c)_ L'évaluation de la quantité d'émissions de gaz à effet de serre liée à la quantité annuelle d'énergie consommée ou estimée ;

_d)_ L'évaluation de la quantité d'énergie d'origine renouvelable produite par les équipements installés à demeure et utilisée dans le bâtiment ou partie de bâtiment en cause ;

_e)_ Le classement du bâtiment ou de la partie de bâtiment en application d'une échelle de référence établie en fonction de la quantité annuelle d'énergie consommée ou estimée, pour le chauffage, la production d'eau chaude sanitaire et le refroidissement, rapportée à la surface du bâtiment ou de la partie du bâtiment ;

_f)_ Le classement du bâtiment ou de la partie de bâtiment en application d'une échelle de référence établie en fonction de la quantité d'émissions de gaz à effet de serre, pour le chauffage, la production d'eau chaude sanitaire et le refroidissement, rapportée à la surface du bâtiment ou de la partie du bâtiment ;

_g)_ Des recommandations visant à améliorer la performance énergétique du bâtiment ou de la partie de bâtiment, accompagnées d'une évaluation de leur coût et de leur efficacité ;

_h)_ Lorsque le bâtiment ou la partie de bâtiment est équipé d'une chaudière d'une puissance supérieure ou égale à 20 kilowatts, le rapport d'inspection de la chaudière.

V. Arr. préc. ss. art. R. 134-1.

Les dispositions du dernier al. du présent art. ne sont applicables qu'à compter de l'entrée en vigueur des décrets prévus au 2o du II de l'art. L. 224-1 C. envir. (Décr. no 2006-1147 du 14 sept. 2006).

Sur les conditions d'exigibilité du diagnostic de performance énergétique, V. notes ss. art. R. 134-1.

Art. R. 134-3 **Lorsque le diagnostic de performance énergétique porte sur un bâtiment ou une partie d'un bâtiment qui bénéficie d'un dispositif collectif de chauffage, de refroidissement ou de production d'eau chaude, le propriétaire du dispositif collectif, son mandataire ou le syndic de copropriété fournit à la personne qui demande le diagnostic et aux frais de cette dernière :**

_a)_ La quantité annuelle d'énergie consommée pour ce bâtiment ou cette partie de bâtiment par le dispositif collectif ;

_b)_ Le calcul ou les modalités ayant conduit à la détermination de cette quantité à partir de la quantité totale d'énergie consommée par le dispositif collectif ;

_c)_ Une description des installations collectives de chauffage, de refroidissement ou de production d'eau chaude et de leur mode de gestion.

V. Arr. préc. ss. art. R. 134-1.

Sur les conditions d'exigibilité du diagnostic de performance énergétique, V. notes ss. art. R. 134-1.

Art. R. 134-4 **Pour réaliser le diagnostic de performance énergétique, il est fait appel à une personne répondant aux conditions de l'article L. 271-6 et de ses textes d'application.**

V. Arr. préc. ss. art. R. 134-1 et Arr. du 16 oct. 2006 définissant les critères de certification des compétences des personnes physiques réalisant le diagnostic de performance énergétique et les critères d'accréditation des organismes de certification (JO 27 oct.), mod. par Arr. du 8 déc. 2009 (JO 15 déc., rect. 27 févr. 2010) et par Arr. du 13 déc. 2011 (JO 24 déc.).

Sur les conditions d'exigibilité du diagnostic de performance énergétique, V. notes ss. art. R. 134-1.

Jusqu'au 1er nov. 2007 et par dérogation aux dispositions du présent art., le diagnostic de performance énergétique peut être réalisé par un technicien qualifié (Décr. préc.).

Art. R. 134-4-1 *(Décr. no 2007-363 du 19 mars 2007, en vigueur le 2 janv. 2008)* **Lorsqu'un bâtiment d'une** *(Décr. no 2011-2054 du 29 déc. 2011, art. 6, en vigueur le 1er mars 2012)* **« surface de plancher** *[ancienne rédaction : surface hors œuvre nette]* **» supérieure à 1 000 m² soumis aux dispositions de la présente section et occupé par les services d'une collectivité publique ou d'un établissement public accueille un établissement recevant du public de la 1re à la 4e catégorie au sens de l'article R. 123-19, son exploitant affiche le diagnostic de performance énergétique de manière visible pour le public à proximité de l'entrée principale ou du point d'accueil.**

V. Arr. 7 déc. 2007 relatif à l'affichage du diagnostic de performance énergétique dans les bâtiments publics en France métropolitaine (JO 20 déc.).

Un diagnostic de performance énergétique établi dans le cadre de l'Arr. du 21 sept. 2007 relatif au diagnostic de performance énergétique pour les bâtiments neufs en France métropolitaine vaut diagnostic de performance énergétique établi pour l'affichage dans les bâtiments publics pour les trois premières années d'exploitation du bâtiment (Arr. du 7 déc. 2007, art. 5, JO 20 déc.).

Art. R. 134-4-2 *(Décr. no 2011-413 du 13 avr. 2011)* **La durée de validité du diagnostic de performance énergétique est fixée à dix ans.**

Art. R. 134-4-3 *(Décr. no 2012-1342 du 3 déc. 2012, art. 1er)* **I. — Le diagnostic de performance énergétique prévu au premier alinéa de l'article L. 134-4-1 est réalisé pour l'ensemble du bâtiment selon les modalités prévues pour ce diagnostic à l'article L. 271-4.**

II. — Lorsqu'il s'agit d'un immeuble en copropriété :

Le syndic de copropriété inscrit à l'ordre du jour de l'assemblée générale des copropriétaires la décision de réaliser le diagnostic de performance énergétique.

Il inscrit à l'ordre du jour de l'assemblée générale des copropriétaires qui suit cette réalisation la présentation du diagnostic par la personne en charge de sa réalisation. Ce document, qui comporte des explications détaillées, mentionne également les hypothèses de travail et les éventuelles approximations auxquelles il a donné lieu.

Ce diagnostic vaut diagnostic de performance énergétique au sens des articles L. 134-1 à L. 134-4 pour chacun des lots.

III. — Les syndicats de copropriétaires ayant déjà fait réaliser un diagnostic de performance énergétique toujours en cours de validité et conforme aux exigences du I ne sont pas soumis à l'obligation de réaliser un nouveau diagnostic.

Dans le cas où un syndicat de copropriétaires a fait réaliser un diagnostic de performance énergétique toujours en cours de validité mais non conforme aux exigences du I, celui-ci est complété en vue de le rendre conforme à celles-ci.

Art. R. 134-5 **Un arrêté conjoint des ministres chargés de la construction et de l'industrie détermine les modalités d'application de la présente** *(Décr. no 2010-1662 du 28 déc. 2010)* **« sous-section ». Il précise notamment, par catégorie de bâtiments, le contenu du diagnostic de performance énergétique, les éléments des méthodes de calcul conventionnel, les échelles de référence, le prix moyen de l'énergie servant à l'évaluation des dépenses annuelles mentionnée à l'article R. 134-2, les facteurs de conversion des quantités d'énergie finale en quantités d'émissions de gaz à effet de serre**

et les modalités selon lesquelles est prise en compte dans les calculs l'incidence positive de l'utilisation de sources d'énergie renouvelable ou d'éléments équivalents.

V. Arr. préc. ss. art. R. 134-1.

Sur les conditions d'exigibilité du diagnostic de performance énergétique, V. notes ss. art. R. 134-1.

SOUS-SECTION 2 MENTION DE L'"ÉTIQUETTE ÉNERGIE"

(Décr. nº 2010-1662 du 28 déc. 2010, en vigueur le 1er janv. 2011)

Art. *R. 134-5-1 Toute annonce relative à la mise en vente ou en location d'un bien immobilier devant faire l'objet d'un diagnostic de performance énergétique insérée dans la presse écrite à compter du 1er janvier 2011 mentionne la lettre correspondant à l'échelle de référence du classement énergétique prévu par le *e* de l'article R. 134-2.

Cette mention précédée des mots "classe énergie" doit être en majuscules et d'une taille au moins égale à celle des caractères du texte de l'annonce.

Art. *R. 134-5-2 Toute annonce relative à la mise en vente ou en location d'un bien immobilier devant faire l'objet d'un diagnostic de performance énergétique, affichée à compter du 1er janvier 2011 dans les locaux des personnes physiques ou morales exerçant une activité liée à l'achat, la vente ou la location d'immeubles bâtis, à la gestion immobilière ou à la vente de listes ou de fichiers relatifs à l'achat, la vente ou la location d'immeubles bâtis, fait apparaître le classement énergétique du bien sur l'échelle de référence prévue par le *e* de l'article R. 134-2.

Cette mention, lisible et en couleur, doit représenter au moins 5 % de la surface du support.

Art. *R. 134-5-3 Toute annonce relative à la mise en vente ou en location d'un bien immobilier devant faire l'objet d'un diagnostic de performance énergétique, présentée au public par un réseau de communications électroniques à compter du 1er janvier 2011, fait apparaître le classement énergétique du bien sur l'échelle de référence prévue par le *e* de l'article R. 134-2.

Cette mention, lisible et en couleur, doit respecter au moins les proportions suivantes : 180 pixels × 180 pixels.

Art. *R. 134-5-4 En cas de vente d'un immeuble à construire visée à l'article L. 261-1, les dispositions de la présente sous-section ne sont pas applicables.

SOUS-SECTION 3 TRANSMISSION ET EXPLOITATION DES DIAGNOSTICS DE PERFORMANCE ÉNERGÉTIQUE

(Décr. nº 2011-807 du 5 juill. 2011, en vigueur le 9 juill. 2012)

Art. R.* 134-5-5 La collecte des diagnostics de performance énergétique prévus à l'article L. 134-1 est assurée par une application informatique permettant l'accès à une base de données, au sens du second alinéa de l'article L. 112-3 du code de la propriété intellectuelle, mise en place par l'Agence de l'environnement et de la maîtrise de l'énergie. Un arrêté du ministre chargé du logement fixe, en fonction des catégories d'utilisateurs, les restrictions d'accès nécessaires à la protection de la confidentialité des données.

Cette application permet à un utilisateur de vérifier la régularité de la réalisation et la validité dans le temps d'un diagnostic de performance énergétique, à l'exclusion de tout accès aux données individuelles.

A leur demande, l'Agence de l'environnement et de la maîtrise de l'énergie met gratuitement à disposition de l'État et des collectivités territoriales les données, rendues

anonymes, ainsi que, le cas échéant, les études mentionnées à l'article L. 134-4-2, qui les concernent.

Ces informations ne peuvent être utilisées à des fins commerciales.

V. Arr. du 24 déc. 2012 relatif à la base de données introduite par le Décr. nº 2011-807 du 5 juill. 2011 relatif à la transmission des diagnostics de performance énergétique à l'Agence de l'environnement et de la maîtrise de l'énergie (JO 29 déc.).

Art. R.* 134-5-6 La personne qui établit le diagnostic de performance énergétique le transmet à l'Agence de l'environnement et de la maîtrise de l'énergie selon un format standardisé par l'intermédiaire de l'application définie à l'article R. 134-5-5 ; en retour, elle reçoit le numéro d'identifiant du document.

V. Arr. du 24 déc. 2012 relatif à la base de données introduite par le Décr. nº 2011-807 du 5 juill. 2011 relatif à la transmission des diagnostics de performance énergétique à l'Agence de l'environnement et de la maîtrise de l'énergie (JO 29 déc.).

SECTION II ÉTAT DE L'INSTALLATION INTÉRIEURE DE GAZ

Les art. R. 134-6 à R. 134-8 et R. 134-9 sont applicables le 1er nov. 2007 (Décr nº 2006-1147 du 14 sept. 2006, art. 2).

Un diagnostic réalisé avant l'entrée en vigueur du Décr. nº 2006-1147 du 14 sept. 2006 dans le cadre d'opérations organisées par des distributeurs de gaz et dont la liste est définie par Arr. du ministre chargé de l'énergie est réputé équivalent à l'état de l'installation intérieure de gaz prévue à l'art. L. 134-6, s'il a été réalisé depuis moins de trois ans à la date à laquelle il doit être produit (Décr. préc.).

Art. R. 134-6 L'état de l'installation intérieure de gaz prévu à l'article L. 134-6 est réalisé dans les parties privatives des locaux à usage d'habitation et leurs dépendances.

Art. R. 134-7 L'état de l'installation intérieure de gaz décrit, au regard des exigences de sécurité :

_a_) L'état des appareils fixes de chauffage et de production d'eau chaude sanitaire ou mettant en œuvre un moteur thermique, alimentés par le gaz ;

_b_) L'état des tuyauteries fixes d'alimentation en gaz et leurs accessoires ;

_c_) L'aménagement des locaux où fonctionnent les appareils à gaz, permettant l'aération de ces locaux et l'évacuation des produits de combustion.

L'état est réalisé sans démontage d'éléments des installations. Il est établi selon un modèle défini par arrêté conjoint des ministres chargés de la construction et de l'industrie. – *V. Arr. 6 avr. 2007 (JO 28 avr.), mod. par Arr. 15 déc. 2009 (JO 22 déc.), Arr. 24 août 2010 (JO 31 août) et Arr. 29 oct. 2007 (JO 12 déc.).*

Art. R. 134-8 Pour réaliser l'état de l'installation intérieure de gaz, il est fait appel à une personne répondant aux conditions de l'article L. 271-6 et de ses textes d'application.

Art. R. 134-8-1 *(Décr. nº 2006-1653 du 21 déc. 2006)* **La durée de validité de l'état de l'installation intérieure de gaz est définie au quatrième alinéa de l'article R. 271-5.**

Art. R. 134-9 Lorsqu'une installation intérieure de gaz modifiée ou complétée a fait l'objet d'un certificat de conformité visé par un organisme agréé par le ministre chargé de l'industrie en application du décret nº 62-608 du 23 mai 1962 fixant les règles techniques et de sécurité applicables aux installations de gaz combustible, ce certificat tient lieu d'état de l'installation intérieure de gaz prévu par l'article L. 134-6 s'il a été établi depuis moins de trois ans à la date à laquelle ce document doit être produit.

SECTION III ÉTAT DE L'INSTALLATION INTÉRIEURE D'ÉLECTRICITÉ

(Décr. no 2008-384 du 22 avr. 2008, en vigueur le 1er janv. 2009)

Un diagnostic, réalisé avant l'entrée en vigueur du Décr. no 2008-384 du 22 avr. 2008 dans le cadre d'opérations organisées par des distributeurs d'électricité et dont la liste est définie par arrêté du ministre chargé de l'énergie, est réputé équivalent à l'état de l'installation intérieure d'électricité prévu à l'art. R. 134-11, s'il a été réalisé depuis moins de trois ans à la date à laquelle ce document doit être produit.

Art. R.* 134-10 **L'état de l'installation intérieure d'électricité prévu à l'article L. 134-7 est réalisé dans les parties privatives des locaux à usage d'habitation et leurs dépendances, en aval de l'appareil général de commande et de protection de l'installation électrique propre à chaque logement, jusqu'aux bornes d'alimentation ou jusqu'aux socles des prises de courant. L'état de l'installation intérieure d'électricité porte également sur l'adéquation des équipements fixes aux caractéristiques du réseau et sur les conditions de leur installation au regard des exigences de sécurité.**

Art. R.* 134-11 **L'état de l'installation intérieure d'électricité relève l'existence et décrit, au regard des exigences de sécurité, les caractéristiques :**

– d'un appareil général de commande et de protection et de son accessibilité ;

– d'au moins un dispositif différentiel de sensibilité appropriée aux conditions de mise à la terre, à l'origine de l'installation électrique ;

– d'un dispositif de protection contre les surintensités adapté à la section des conducteurs, sur chaque circuit ;

– d'une liaison équipotentielle et d'une installation électrique adaptées aux conditions particulières des locaux contenant une baignoire ou une douche.

L'état de l'installation intérieure d'électricité identifie :

– les matériels électriques inadaptés à l'usage ou présentant des risques de contacts directs avec des éléments sous tension ;

– les conducteurs non protégés mécaniquement.

L'état de l'installation intérieure d'électricité est établi selon les exigences méthodologiques et le modèle définis par arrêté conjoint des ministres chargés de la construction et de l'énergie. – *V. Arr. du 8 juill. 2008 (JO 23 juill.), mod. par Arr. du 4 avr. 2011 (JO 19 avr.).*

Art. R.* 134-12 **Pour réaliser l'état de l'installation intérieure d'électricité, il est fait appel à une personne répondant aux conditions de l'article L. 271-6.**

Art. R.* 134-13 **Lorsqu'une installation intérieure d'électricité a fait l'objet d'une attestation de conformité visée par un organisme agréé par le ministre chargé de l'énergie en application du décret no 72-1120 du 14 décembre 1972, cette attestation, ou, à défaut, lorsque l'attestation ne peut être présentée, la déclaration de l'organisme agréé indiquant qu'il a bien visé une attestation, tient lieu d'état de l'installation électrique intérieure prévu par l'article L. 134-7, si l'attestation a été établie depuis moins de trois ans à la date à laquelle ce document doit être produit.**

SECTION IV AUDIT ÉNERGETIQUE

(Décr. no 2012-111 du 27 janv. 2012, art. 1er)

Un arrêté conjoint des ministres chargés de la construction et de la justice détermine les modalités d'application des art. R. 134-14 à R. 134-18, issus de l'art. 1er du Décr. no 2012-111 du 27 janv. 2012, notamment les compétences des personnes en charge de la réalisation des audits énergétiques (Décr. préc., art. 2).

Art. R. 134-14 **Dans les bâtiments à usage principal d'habitation d'un immeuble ou d'un groupe d'immeubles en copropriété de cinquante lots ou plus, quelle que soit**

l'affectation des lots, équipés d'une installation collective de chauffage ou de refroidissement et dont la date de dépôt de la demande de permis de construire est antérieure au 1er juin 2001, le syndic de copropriété inscrit à l'ordre du jour de l'assemblée générale des copropriétaires la réalisation d'un audit énergétique conformément aux dispositions des articles R. 134-15 à R. 134-17 dans des délais compatibles avec ceux prévus par l'article R. 134-18.

Le syndic inscrit à l'ordre du jour de l'assemblée générale des copropriétaires qui suit la réalisation de l'audit énergétique la présentation du rapport synthétique défini au *i* de l'article R. 134-15 par la personne en charge de la réalisation de cet audit. Ce rapport est préalablement joint à la convocation de l'assemblée générale des copropriétaires.

Les syndicats de copropriétaires ayant fait réaliser, au cours des cinq années précédant le 1er janvier 2012, un audit énergétique doivent l'actualiser et le compléter afin d'obtenir un audit énergétique conforme aux dispositions des articles R. 134-15 et R. 134-17, dans le délai prévu à l'article R. 134-18.

Art. R. 134-15 L'audit énergétique comprend *a minima* :

a) Un descriptif des parties communes et privatives du bâtiment. Ce descriptif s'appuie sur les caractéristiques pertinentes du bâtiment et sur un descriptif de ses installations collectives de chauffage ou de refroidissement et de ses équipements collectifs de production d'eau chaude sanitaire, de ventilation et d'éclairage. Il décrit les conditions d'utilisation et de gestion de ces équipements ;

b) Une enquête auprès des occupants et, le cas échéant, des propriétaires non occupants, visant à évaluer leurs consommations énergétiques, leur confort thermique, l'utilisation et la gestion de leurs équipements et leurs attentes relatives à l'amélioration thermique de leur logement ;

c) La visite d'un échantillon de logements et, le cas échéant, des parties privatives à usage tertiaire, sous réserve de l'accord des occupants concernés ;

d) L'estimation des quantités annuelles d'énergie effectivement consommées pour chaque catégorie d'équipements collectifs visés au *a* ainsi que les montants des dépenses annuelles correspondants ;

e) La mention du classement énergétique du bâtiment sur l'échelle de référence prévue par le *e* de l'article R. 134-2 qui précise la quantité annuelle d'énergie consommée prévue par le *b* du même article ;

f) La mention du classement des émissions de gaz à effet de serre du bâtiment sur l'échelle de référence prévue par le *f* de l'article R. 134-2 qui précise la quantité annuelle d'émissions de gaz à effet de serre prévue par le *c* du même article ;

g) Des préconisations visant à optimiser l'utilisation, l'exploitation et la gestion des équipements définis au *a*, et notamment de l'installation collective de chauffage ou de refroidissement ;

h) Des propositions de travaux améliorant la performance énergétique du bâtiment. Ces propositions sont hiérarchisées en tenant compte de l'état du bâtiment et de ses équipements, des attentes et des caractéristiques socio-économiques des propriétaires, de l'estimation du coût des actions envisagées et de leur efficacité énergétique, notamment en ce qui concerne la réduction des déperditions énergétiques, ainsi que des aides financières mobilisables à la date de présentation de l'audit énergétique en assemblée générale des copropriétaires. Ces propositions de travaux s'appuient sur une modélisation du bâtiment et de ses équipements par une méthode de calcul dont les paramètres et les scénarios d'occupation sont ajustés à la situation particulière du bâtiment concerné ;

i) Un rapport faisant la synthèse des points *a* à *h* permettant aux copropriétaires d'apprécier la qualité de leur bâtiment et de juger la pertinence des travaux proposés.

Art. R. 134-16 I. – Le propriétaire de l'installation collective de chauffage ou de refroidissement, son mandataire ou le syndic de copropriété fournit à la personne qui réalise l'audit :

a) La quantité annuelle d'énergie consommée pour la copropriété par l'installation collective pour le chauffage ou le refroidissement et, le cas échéant, la production d'eau chaude sanitaire ;

b) Les documents en sa possession relatifs aux installations collectives de chauffage, de refroidissement ou de production d'eau chaude sanitaire, et à leur mode de gestion ;

c) Les contrats d'exploitation, de maintenance, d'entretien et d'approvisionnement en énergie ;

d) Le dernier rapport de contrôle périodique de la ou des chaudières.

II. – Le syndic fournit également à la personne en charge de la réalisation de l'audit énergétique, tout autre document en sa possession nécessaire à son établissement. La liste de ces documents est définie par arrêté dans les conditions prévues à l'article 2 du décret nº 2012-111 du 27 janvier 2012 relatif à l'obligation de réalisation d'un audit énergétique pour les bâtiments à usage principal d'habitation en copropriété de cinquante lots ou plus et à la réglementation thermique des bâtiments neufs.

Art. R. 134-17 Les personnes qui réalisent des audits énergétiques doivent justifier auprès des personnes pour lesquelles elles réalisent ces audits :

– soit de l'obtention d'un diplôme sanctionnant une formation du niveau de l'enseignement postsecondaire d'une durée minimale de trois ans dans le domaine des techniques du bâtiment et d'une expérience professionnelle d'au moins trois ans dans un bureau d'études thermiques ;

– soit d'une expérience professionnelle d'au moins huit ans dans un bureau d'études thermiques.

Elles doivent justifier d'une expérience suffisante dans la réalisation d'audits énergétiques par au moins trois références sur des prestations similaires.

La liste des éléments justificatifs que doivent fournir les personnes qui réalisent des audits énergétiques est précisée par un arrêté des ministres chargés de la construction et de la justice.

Les personnes qui réalisent des audits énergétiques doivent justifier de leur souscription à une assurance leur permettant de couvrir les conséquences d'un engagement de leur responsabilité en raison de leurs interventions. Elles doivent justifier de leur impartialité et de leur indépendance à l'égard des syndics, des fournisseurs d'énergie et des entreprises pouvant intervenir sur le bâtiment et les équipements sur lequel porte l'audit énergétique.

Art. R. 134-18 L'audit énergétique est réalisé dans un délai maximum de cinq ans à compter du 1er janvier 2012.

CHAPITRE V ÉCONOMIE DES CONSOMMATIONS D'EAU DANS LES IMMEUBLES

(Décr. nº 2007-796 du 10 mai 2007)

Art. R. 135-1 L'installation permettant de déterminer la quantité d'eau froide dans les immeubles à usage principal d'habitation, mentionnée à l'article L. 135-1, doit être compatible avec une relève de la consommation d'eau froide sans qu'il soit nécessaire de pénétrer dans les locaux occupés à titre privatif. Cette installation répond aux prescriptions du décret nº 2006-447 du 12 avril 2006 relatif à la mise sur le marché et à la mise en service de certains instruments de mesure.

L'installation prévue à l'art. L. 135-1 du code de la construction et de l'habitation est exigible pour les constructions pour lesquelles une demande de permis de construire est déposée à compter du 1er nov. 2007 (Décr. nº 2007-796 du 10 mai 2007).

CHAPITRE VI *[NOUVEAU]* INFRASTRUCTURES POUR LA RECHARGE DES VÉHICULES ÉLECTRIQUES DANS LES BÂTIMENTS ET LE STATIONNEMENT SÉCURISÉ DES VÉLOS

(Décr. n° 2011-873 du 25 juill. 2011, art. 1er, en vigueur le 1er janv. 2015)

Un arrêté du ministre chargé de la construction précisera les modalités d'application du Décr. n° 2011-873 du 25 juill. 2011 (Décr. préc., art. 3).

Nouvel art. R. 136-1 *Pour l'application de l'article L. 111-5-3, lorsque les bâtiments, dont la demande de permis de construire a été déposée avant le 1er janvier 2012, situés en France métropolitaine, à usage principal de bureaux ne comportant pas de logements et équipés d'un parc de stationnement bâti clos et couvert d'accès réservé aux salariés, possèdent les caractéristiques suivantes :*

— capacité de stationnement supérieure à 20 places dans les aires urbaines de plus de 50 000 habitants, capacité de stationnement supérieure à 40 places dans les autres cas ;

— un unique propriétaire et un unique occupant de l'ensemble constitué des locaux et du parc de stationnement,

le propriétaire réalise, à partir d'un tableau général basse tension situé en aval du disjoncteur de l'immeuble, des circuits électriques dédiés permettant la connexion de points de charge pour la recharge normale des véhicules électriques ou hybrides rechargeables et équipe une partie des places du parc de stationnement de ces points de charge.

Cette installation dessert au moins 10 % de la totalité des places du parc de stationnement destinées aux véhicules automobiles dans les aires urbaines de plus de 50 000 habitants, 5 % dans les autres cas.

Nouvel art. R. 136-2 *Dans les bâtiments à usage principal d'habitation groupant au moins deux logements et comprenant un parc de stationnement bâti clos et couvert, avant de procéder aux travaux permettant la recharge normale des véhicules électriques ou hybrides rechargeables avec un système de mesure permettant une facturation individuelle des consommations, le locataire ou occupant de bonne foi du logement en informe le propriétaire par lettre recommandée avec demande d'avis de réception.*

Une description détaillée des travaux à entreprendre est jointe à cette information, assortie d'un plan ou d'un schéma, sauf si l'établissement de ce plan a été rendu impossible du fait du propriétaire.

Dans le cas d'un immeuble en copropriété, la demande est notifiée au copropriétaire avec copie au syndic de copropriété représentant le syndicat des copropriétaires. Dans le délai de trois mois suivant la réception de la demande, le copropriétaire notifie au syndic sa demande d'inscription de la question à l'ordre du jour de la prochaine assemblée générale.

Si l'immeuble appartient à un propriétaire unique ou une société, la demande est notifiée à son représentant légal.

Si l'immeuble est indivis, la demande est notifiée à l'un des indivisaires, à charge pour lui d'informer sans délai ses coïndivisaires.

Le propriétaire, ou le cas échéant le syndicat des copropriétaires représenté par le syndic, qui entend s'opposer aux travaux permettant la recharge normale des véhicules électriques ou hybrides rechargeables avec un système de mesure permettant une facturation individuelle des consommations doit, à peine de forclusion, saisir le tribunal d'instance du lieu de l'immeuble dans le délai de six mois suivant réception de la demande.

Le propriétaire, ou le cas échéant le syndicat des copropriétaires représenté par le syndic, notifie une copie de la saisine au demandeur, ou le cas échéant au copropriétaire qui la notifie sans délai au demandeur, par lettre recommandée avec demande d'avis de réception.

Le propriétaire, ou le cas échéant le syndicat des copropriétaires représenté par le syndic, peut dans le même délai décider de la réalisation de tels travaux afin d'équiper l'ensemble des places de stationnement de l'immeuble.

Si le propriétaire, ou le cas échéant le syndicat des copropriétaires représenté par le syndic, n'a pas réalisé les travaux dans les six mois suivant la décision visée à l'alinéa précédent, le demandeur pourra procéder à l'exécution des travaux qui ont fait l'objet de la notification au premier alinéa du présent article.

Nouvel art. R. 136-3 *La convention prévue à l'article L. 111-6-5 est conclue entre le propriétaire ou le syndicat des copropriétaires et le prestataire qui prend en charge l'installation, la gestion, l'entretien ou le remplacement des installations électriques intérieures et des points de charge permettant de desservir un ou plusieurs emplacements de stationnement dans un bâtiment à usage principal d'habitation possédant un parc de stationnement bâti, clos et couvert.*

Nouvel art. R. 136-4 *Lorsque les bâtiments à usage principal de bureaux, dont la demande de permis de construire a été déposée avant le 1er janvier 2012, ne comportant pas de logements et comprenant un parc de stationnement d'accès réservé aux salariés, possèdent les caractéristiques suivantes :*
– capacité de stationnement supérieure ou égale à 20 places ;
– un unique propriétaire et un unique locataire des locaux et du parc de stationnement,
le propriétaire équipe le bâtiment d'au moins un espace réservé au stationnement sécurisé des vélos, ce terme désignant, pour l'application du présent article, les cycles et les cycles à pédalage assisté tels qu'ils sont définis à l'article R. 311-1 du code de la route.

Cet espace réservé comporte un système de fermeture sécurisé et des dispositifs fixes permettant de stabiliser et d'attacher les vélos par le cadre ou au moins une roue. Il présente une capacité de stationnement en adéquation avec la surface du bâtiment, précisée par arrêté du ministre chargé du logement.

CHAPITRE VII ANNEXE ENVIRONNEMENTALE

(Décr. no 2011-2058 du 30 déc. 2011, art. 1er)

Le Décr. no 2011-2058 du 30 déc. 2011 s'applique, à compter du 1er janv. 2012, aux baux conclus ou renouvelés à partir de cette date et, à compter du 14 juill. 2013, aux baux en cours (Décr. préc., art. 4).

Les art. R. 136-1, R. 136-2 et R. 136-3 deviennent respectivement les art. R. 137-1, R. 137-2 et R. 137-3 (Décr. no 2012-517 du 19 avr. 2012, art. 1er-2o).

BIBL. ▸ BOLLAND-BLANCHARD, *LPA 2011, no 131, p. 3* (le bail vert ou une place nécessaire au déséquilibre significatif dans les baux commerciaux ?). – PEYRON et SERBANESCU, *JCP 2011. 1229* (l'annexe environnementale et le bail vert suite au Grenelle). – REGNAULT, *Loyers et copr. 2011. Étude 10* (les normes environnementales et le bail commercial : l'avenir d'un futur immédiat). – REYGROBELLET, *Envir. 2012. Étude 1* (la problématique environnementale en droit des baux commerciaux). – WERTENSCHLAG, *AJDI 2010. 693* (le bail vert). – WERTENSCHLAG et GEIB, *AJDI 2012. 77* (annexe environnementale : la montagne accouche d'une souris (verte) !).

Art. R. 137-1 L'annexe environnementale mentionnée au 1 de l'article L. 125-9 du code de l'environnement comporte les éléments suivants, fournis par le bailleur :

1o La liste, le descriptif complet ainsi que les caractéristiques énergétiques des équipements existants dans le bâtiment et relatifs au traitement des déchets, au chauffage, au refroidissement, à la ventilation et à l'éclairage ainsi qu'à tout autre système lié aux spécificités du bâtiment ;

2o Les consommations annuelles énergétiques réelles des équipements et systèmes dont il a l'exploitation ;

3o Les consommations annuelles d'eau des locaux loués et des équipements et systèmes dont il a l'exploitation ;

4o La quantité annuelle de déchets générée par le bâtiment si le bailleur en assure le traitement et, le cas échéant, la quantité qu'il a fait collecter en vue d'une valorisation ou d'un traitement spécifique.

Les art. R. 136-1, R. 136-2 et R. 136-3 deviennent respectivement les art. R. 137-1, R. 137-2 et R. 137-3 (Décr. no 2012-517 du 19 avr. 2012, art. 1er-2o).

Art. R. 137-2 L'annexe environnementale mentionnée au 1 de l'article L. 125-9 du code de l'environnement comporte les éléments suivants, fournis par le preneur :

1o La liste, le descriptif complet ainsi que les caractéristiques énergétiques des équipements qu'il a mis en place dans les locaux loués et relatifs au traitement des déchets, au chauffage, au refroidissement, à la ventilation, à l'éclairage ainsi qu'à tout autre système lié à son activité spécifique ;

2o Les consommations annuelles énergétiques réelles des équipements et des systèmes situés dans les locaux loués ou dont il a l'exploitation ;

3o Les consommations annuelles d'eau des locaux loués et des équipements et systèmes dont il a l'exploitation ;

4o La quantité annuelle de déchets générée à partir des locaux loués, si le preneur en assure le traitement, et, le cas échéant, la quantité qu'il a fait collecter en vue d'une valorisation ou d'un traitement spécifique.

Les art. R. 136-1, R. 136-2 et R. 136-3 deviennent respectivement les art. R. 137-1, R. 137-2 et R. 137-3 (Décr. no 2012-517 du 19 avr. 2012, art. 1er-2o).

Art. R. 137-3 *(Décr. no 2012-517 du 19 avr. 2012, art. 1er)* Le preneur et le bailleur établissent, selon la périodicité qu'ils fixent, un bilan de l'évolution de la performance énergétique et environnementale du bâtiment et des locaux loués. Sur la base de ce bilan, les deux parties s'engagent sur un programme d'actions visant à améliorer la performance énergétique et environnementale du bâtiment et des locaux loués.

Les art. R. 136-1, R. 136-2 et R. 136-3 deviennent respectivement les art. R. 137-1, R. 137-2 et R. 137-3 (Décr. no 2012-517 du 19 avr. 2012, art. 1er-2o).

CHAPITRE VIII ÉCONOMIES D'ÉNERGIE DANS LES IMMEUBLES EN COPROPRIÉTÉ

(Décr. no 2012-1342 du 3 déc. 2012, art. 2)

Art. R. 138-1 Afin de soumettre à l'assemblée générale des copropriétaires la question portant sur un plan de travaux d'économies d'énergie ou un contrat de performance énergétique, conformément à l'article 24-4 de la loi no 65-557 du 10 juillet 1965 fixant le statut de la copropriété des immeubles bâtis, le syndic de copropriété joint, selon le cas, à la convocation le diagnostic de performance énergétique ou le rapport synthétique de l'audit énergétique prévus respectivement aux articles R. 134-4-3 et R. 134-14.

Dans le cas où le syndicat des copropriétaires décide de réaliser des travaux d'économies d'énergie, le syndic de copropriété procède à la mise en concurrence d'entreprises pour la réalisation de ces travaux. Il inscrit à l'ordre du jour de l'assemblée générale suivant cette mise en concurrence le vote, sur la base des devis recueillis, soit d'un plan de travaux d'économies d'énergie, soit d'un contrat de performance énergétique.

Dans le cas où un plan de travaux d'économies d'énergie est adopté par l'assemblée générale des copropriétaires, les travaux planifiés doivent faire l'objet d'un vote distinct dans les conditions prévues au *g* de l'article 25 de la loi du 10 juillet 1965 déjà mentionnée.

Art. R. 138-2 Le plan de travaux d'économies d'énergie comprend :

I. — Des travaux d'amélioration de la performance énergétique correspondant à une ou plusieurs des actions figurant dans l'une ou l'autre des deux catégories suivantes :

1o Travaux portant sur les parties et équipements communs :

a) Travaux d'isolation thermique performants des toitures ;

b) Travaux d'isolation thermique performants des murs donnant sur l'extérieur ou sur des locaux non chauffés ;

c) Travaux d'isolation thermique performants des parois vitrées donnant sur l'extérieur ;

d) Travaux d'amélioration des installations d'éclairage des parties communes ;

e) Travaux d'installation, de régulation, d'équilibrage ou de remplacement des systèmes de chauffage, de refroidissement ou d'eau chaude sanitaire ;

f) Travaux d'isolation des réseaux collectifs de chauffage, de refroidissement ou d'eau chaude sanitaire ;

g) Travaux de régulation ou de remplacement des émetteurs de chaleur ou de froid ;

h) Travaux d'amélioration ou d'installation des équipements collectifs de ventilation ;

i) Travaux d'installation d'équipements de chauffage, de refroidissement ou de production d'eau chaude sanitaire utilisant une source d'énergie renouvelable ;

2o Travaux d'intérêt collectif portant sur les parties privatives :

a) Travaux d'isolation thermique des parois vitrées donnant sur l'extérieur comprenant, le cas échéant, l'installation de systèmes d'occultation extérieurs ;

b) Pose ou remplacement d'organes de régulation ou d'équilibrage sur les émetteurs de chaleur ou de froid ;

c) Équilibrage des émetteurs de chaleur ou de froid ;

d) Mise en place d'équipements de comptage des quantités d'énergies *[énergie]* consommées.

II. – Un programme détaillé indiquant l'année prévisionnelle de réalisation des travaux et leur durée.

III. – Une évaluation du coût des travaux prévus au plan, fondée sur les devis issus de la consultation d'entreprises.

Art. R. 138-3 Les travaux d'économie d'énergie ou de réduction des émissions de gaz à effet de serre d'intérêt collectif réalisés sur les parties privatives mentionnés au g de l'article 25 de la loi no 65-557 du 10 juillet 1965 fixant le statut de la copropriété des immeubles bâtis comprennent tout ou partie des travaux mentionnés au 2o du I de l'article R. 138-2.

Dès lors que de tels travaux sont votés, les copropriétaires concernés sont tenus de les réaliser dans un délai raisonnable en fonction de la nature et du coût des travaux, sauf s'ils sont en mesure de prouver la réalisation de travaux équivalents.

Le syndicat des copropriétaires procède à la réception des travaux en présence des copropriétaires concernés. En cas de réserves, le syndic de copropriété assure le suivi et la réception des travaux destinés à permettre la levée des réserves. Après réception définitive des travaux, le syndic de copropriété adresse aux copropriétaires concernés, par lettre recommandée avec avis de réception ou par voie de remise contre émargement, les pièces et documents relatifs aux travaux, notamment le contrat de l'entreprise, le ou les procès-verbaux de réception et, le cas échéant, les attestations des assurances prévues aux articles L. 241-2 et L. 242-1 du code des assurances afin que chaque copropriétaire puisse utilement mettre en œuvre les garanties à la charge de l'entreprise.

TITRE QUATRIÈME DISPOSITIONS RELATIVES À L'INDUSTRIE DU BÂTIMENT

CHAPITRE PREMIER AIDE À LA PRODUCTIVITÉ – COORDINATION DES PROGRAMMES D'ÉQUIPEMENT

COMMENTAIRE

L'État peut octroyer des prêts aux entreprises de construction afin d'inciter ces dernières à financer des opérations de productivité (création de bureaux de méthodes, amélioration des techniques) attribués selon les règles instituées pour la gestion du fonds de développement économique et social.

On peut toutefois s'interroger sur la compatibilité de ce régime d'aide avec les dispositions du droit communautaire relatives aux aides d'État.

Par ailleurs, l'État peut également instituer des conférences de coordination des maîtres d'ouvrage en vue de mettre au point les différents programmes d'équipement à réaliser. ❑

● SECTION PREMIÈRE AIDE À LA PRODUCTIVITÉ

Art. R. 141-1 **Les entreprises qui orientent leur activité vers la haute productivité peuvent recevoir de l'État, sous forme de prêts, pour leur permettre de procéder à leur équipement, une aide financière qui ne peut affecter les crédits destinés à la construction.**

Art. *R. 141-2 **Les prêts prévus à l'article R. 141-1 peuvent être consentis aux entreprises de construction et aux fabricants de matériaux de construction pour financer les opérations de productivité suivantes :**

1° Création de bureaux de méthodes pour la préparation des chantiers et leur contrôle, ces bureaux pouvant être communs à plusieurs entreprises.

Ne peuvent toutefois bénéficier d'un prêt que les entreprises ou groupements d'entreprises qui justifient d'un chiffre d'affaires global suffisant pour assurer la pleine utilisation de tels bureaux ; le montant de chaque prêt ne peut excéder 75 p. 100 des dépenses d'établissement et des dépenses d'exploitation à engager pour les première et deuxième années ;

2° Équipement en vue de la construction selon des procédés évolués ou de la production de matériaux et d'éléments de construction facilitant l'emploi de ces méthodes.

Seules peuvent être prises en considération les demandes afférentes à des procédés de mise en œuvre ou à la fabrication de matériaux dont l'intérêt, en ce qui concerne la qualité, les délais, les prix et l'économie de main-d'œuvre, est indiscutablement établi ;

3° Création de sociétés en vue de l'acquisition pour une utilisation commune de matériel de fabrication ou de manutention permettant de réduire les prix de revient et d'améliorer la qualité.

Les prêts favorisent notamment la création de centrales à béton, l'acquisition de matériel spécialisé de manutention et de mise en œuvre, l'équipement d'installations permettant la fabrication en atelier d'éléments de construction normalisés.

Art. *R. 141-3 **Les prêts prévus à l'article R. 141-2 sont imputés sur les crédits ouverts à la section de la productivité du fonds de développement économique et social. Ils sont assortis des mêmes conditions de taux et de durée que les autres opérations imputées à ladite section et attribués selon les règles instituées pour la gestion du fonds de développement.**

● SECTION II COORDINATION DES PROGRAMMES D'ÉQUIPEMENT

Art. R. 141-4 **Il peut être organisé, à l'initiative des représentants de l'État dans la région ou dans le département, des conférences de coordination des maîtres d'ouvrage ayant pour objet la confrontation et la mise au point de divers programmes d'équipement et de construction à réaliser sur plusieurs années ; elles ont à connaître aussi des projets des divers maîtres d'ouvrage touchant la constitution d'une réserve de terrains d'assiette et l'élaboration de programmes d'équipement connexes. Elles coordonnent la mise en œuvre de l'exécution de ces programmes.**

A ces conférences participent, aux côtés des représentants des collectivités locales et des services publics intéressés, les représentants qualifiés des principaux organismes constructeurs et des professions.

Ces conférences sont consultées sur le choix des zones à urbaniser en priorité et sur les conditions dans lesquelles ces zones doivent être aménagées pour permettre la réalisation des divers programmes de construction.

Dans la région d'Ile-de-France, la conférence est organisée à l'échelon interdépartemental ; elle est présidée par le préfet de région.

Les zones à urbaniser en priorité ont été supprimées par la loi nº 75-1328 du 31 déc. 1975 portant réforme de la politique foncière (art. 26). – V. C. urb., art. R. 215-1 s.

CHAPITRE II ÉTUDES ET RECHERCHES TECHNIQUES INTÉRESSANT LES INDUSTRIES DU BÂTIMENT

COMMENTAIRE

Créé en 1947, le CSTB (**Centre scientifique et technique du bâtiment**) est un établissement public industriel et commercial placé sous la tutelle du ministère du logement.

Le CSTB réunit des experts des matériaux et techniques de construction, des équipements et de la sécurité, de la thermique, de l'acoustique, etc.

Il apporte son concours aux industriels, entrepreneurs, bureaux d'études, architectes et maîtres d'ouvrage.

Il assiste les pouvoirs publics pour la réglementation technique et la qualité de la construction.

Art. R. 142-1 *(Décr. nº 2011-666 du 14 juin 2011)* I. – Pour l'accomplissement des missions d'intérêt général qui lui sont assignées par l'article L. 142-1, le Centre scientifique et technique du bâtiment, établissement public à caractère industriel et commercial placé sous l'autorité du ministre chargé de la construction, a notamment vocation à :

– réaliser ou faire réaliser des recherches touchant à la technique, l'économie, l'environnement, la performance énergétique, la qualité sanitaire, la sociologie et, plus largement, au développement durable dans la construction et l'habitat ;

– réaliser, pour le compte des services du ministre chargé de la construction et des autres ministères, des études contribuant à la définition, la mise en œuvre ou l'évaluation des politiques publiques dans le champ de la construction et de l'habitat. En particulier, il participe aux travaux d'une commission, constituée auprès du ministre chargé de la construction par arrêté de ce ministre *[V. Arr. du 21 mars 2012, JO 25 mars]*, et chargée de formuler les avis techniques et les documents techniques d'application sur des procédés, matériaux, éléments, ou équipements utilisés dans la construction, lorsque leur nouveauté ou celle de l'emploi qui en est fait nécessite une expertise collective pour en apprécier l'aptitude à l'emploi.

Il contribue à la diffusion et à la valorisation des connaissances scientifiques et techniques en matière d'habitation et de construction durable produites dans le cadre de ses recherches et études, par des publications et toutes autres mesures appropriées, dont la normalisation. Il participe également, en liaison avec les services intéressés et sous le contrôle du ministre chargé de la construction, aux activités de coopération technique internationale concernant l'habitation et la construction. Il peut se voir confier toutes missions ayant trait à ces mêmes matières dans le domaine international.

II. – Parallèlement à ses missions d'intérêt général décrites à l'article L. 142-1, le Centre scientifique et technique du bâtiment apporte son concours aux organismes, groupements, collectivités et personnes physiques ou morales qui le sollicitent pour des missions se rattachant à l'objet de ses activités, notamment par la réalisation de prestations d'études et de conseil, d'essais, et la délivrance de certifications.

Art. R. 142-2 *(Décr. nº 2011-666 du 14 juin 2011)* Le conseil d'administration du Centre scientifique et technique du bâtiment est composé de dix-huit membres :

1º Six représentants de l'État nommés par décret sur le rapport du ministre chargé de la construction, sur propositions respectives :

– du ministre chargé de la construction ;
– du ministre chargé de l'architecture ;
– du ministre chargé de l'environnement ;
– du ministre chargé de l'industrie ;
– du ministre chargé de la recherche scientifique et technique ;
– du ministre chargé de la sécurité civile ;

2º Six personnalités nommées par décret et choisies dans les conditions prévues au 2º de l'article 5 de la loi nº 83-675 du 26 juillet 1983 relative à la démocratisation du secteur public ;

3º Six représentants des salariés élus conformément aux dispositions du chapitre II du titre II de ladite loi.

Art. R. 142-3 *(Décr. nº 2011-666 du 14 juin 2011)* I. – La durée du mandat des membres du conseil d'administration est de cinq ans. Ils ne peuvent exercer plus de trois mandats consécutifs.

Les vacances par décès, démission et pour toute autre cause sont portées par le président du conseil d'administration à la connaissance du ministre chargé de la construction. Celui-ci prend les mesures nécessaires pour assurer le remplacement des membres qui ont cessé de faire partie du conseil pour le temps qui reste à courir jusqu'au renouvellement de la totalité du conseil.

Sont considérés comme démissionnaires les administrateurs qui, sans motifs légitimes, n'assistent pas à quatre séances consécutives du conseil d'administration.

Les représentants des salariés doivent remplir les conditions prévues à l'article 15 de la loi nº 83-75 du 26 juillet 1983. Les autres membres du conseil d'administration doivent jouir de leurs droits civils et politiques.

Chaque représentant des salariés dispose d'un crédit d'heures égal à quinze heures par mois pour exercer son mandat.

Les membres du conseil d'administration, à l'exception du président exercent leurs fonctions à titre gratuit. Toutefois, les frais de déplacement et de séjour peuvent être remboursés aux membres du conseil d'administration dans les conditions prévues par la réglementation applicable aux fonctionnaires de l'État.

Tout membre du conseil d'administration peut donner mandat écrit à un autre membre du conseil d'administration de le représenter à une séance. Un même membre ne peut détenir qu'un seul mandat.

II. – Les membres du conseil d'administration adressent au commissaire du Gouvernement placé auprès du centre, dans les quinze jours suivant leur nomination ou désignation, une déclaration mentionnant :

– les fonctions exercées par eux-mêmes et leurs conjoints non séparés de corps ou les personnes avec lesquelles ils sont liés par un pacte civil de solidarité dans les organismes ou les sociétés, y compris les sociétés qu'elles *[ils]* contrôlent ou qui les contrôlent au sens de l'article L. 233-3 du code de commerce, susceptibles, du fait de leur secteur d'activité, de conclure des conventions avec cet établissement public ;

– la liste et le nombre des actions et droits sociaux représentant au moins un vingtième du capital ou des droits de vote, possédés par eux-mêmes, leurs conjoints et enfants mineurs non émancipés dans les mêmes sociétés ou organismes.

Le commissaire du Gouvernement invite le membre qui n'a pas adressé cette déclaration dans le délai prescrit au premier alinéa à la produire dans un délai qu'il fixe. Ce membre ne peut siéger au conseil d'administration avant de s'être acquitté de cette obligation, à moins qu'il ait justifié être dans l'impossibilité temporaire de le faire.

Chaque année, le commissaire du Gouvernement vérifie auprès des membres du conseil d'administration qu'ils lui ont signalé les modifications intervenues dans les éléments figurant dans sa *[leur]* déclaration.

Les informations ainsi fournies ont un caractère confidentiel. Toutefois, le commissaire du Gouvernement communique au membre du contrôle économique et financier qui assiste aux séances du conseil d'administration les déclarations remplies par les membres du conseil ainsi que les modifications qui y sont apportées.

Les membres du conseil d'administration ne peuvent prendre part aux délibérations ayant pour objet une affaire à laquelle ils ont un intérêt personnel.

Ils sont tenus de garder une discrétion absolue sur les délibérations auxquelles ils participent.

La même obligation s'impose à toute personne assistant aux séances du conseil d'administration.

Art. R. 142-4 *(Décr. nº 2011-666 du 14 juin 2011)* Le président du conseil d'administration est nommé par décret après avis du ministre chargé de la construction parmi les membres du conseil, après consultation de celui-ci.

Il est responsable de la politique du Centre scientifique et technique du bâtiment, dont il définit les orientations générales et stratégiques après consultation du conseil d'administration.

Il est ordonnateur principal des dépenses et des recettes.

Le président du conseil d'administration prépare et exécute le budget du centre avec le directeur général.

Il représente le centre en justice ainsi que dans tous les actes de la vie civile et dans ses rapports avec les tiers.

Il assure les relations de l'établissement avec les administrations et les organismes français, étrangers et internationaux associés à ses activités.

Il prépare les délibérations du conseil d'administration et s'assure de leur exécution.

Il est assisté par un directeur général auquel il peut déléguer sa signature et une partie de ses pouvoirs.

Art. R. 142-5 *(Décr. nº 2011-666 du 14 juin 2011)* Le ministre chargé de la construction nomme auprès du Centre scientifique et technique du bâtiment un fonctionnaire de son département pour y remplir les fonctions de commissaire du Gouvernement.

Le commissaire du Gouvernement est tenu régulièrement informé des projets et activités du centre et reçoit communication des documents nécessaires à cet effet.

Il assiste aux séances du conseil d'administration sans toutefois prendre part au vote.

Il peut suspendre l'exécution des délibérations du conseil jusqu'à décision du ministre chargé de la construction.

Ladite décision doit intervenir dans un délai d'un mois après réception par le ministre de la délibération du conseil d'administration.

Passé ce délai, la délibération du conseil devient exécutoire.

Art. R. 142-6 *(Décr. nº 2011-666 du 14 juin 2011)* Le conseil d'administration se réunit sur la convocation de son président au moins trois fois par an. Le président est, en outre, tenu de convoquer le conseil à la requête de trois de ses membres ou du commissaire du Gouvernement.

Le président établit l'ordre du jour de chaque séance qui est porté à la connaissance des membres du conseil au moins dix jours à l'avance, accompagné des documents préparatoires à la réunion.

Le commissaire du Gouvernement, le membre du contrôle économique et financier et l'agent comptable ont accès aux séances du conseil d'administration avec voix consultative. A cet effet, les convocations accompagnées des ordres du jour, les procès-verbaux et tous autres documents leur sont adressés en même temps qu'aux autres membres du conseil d'administration. Le président peut également appeler à participer aux séances, avec voix consultative, toute personne dont il juge la présence utile.

Le conseil d'administration ne peut valablement délibérer que lorsque la moitié au moins de ses membres en exercice assiste à la séance, y est représentée ou participe à la séance par des moyens de visioconférence ou de communication électronique permettant l'identification de ses membres et leur participation effective à une délibération collégiale. Si le quorum n'est pas atteint, le conseil est à nouveau convoqué sur le même ordre du jour dans un délai maximum de quinze jours. Il délibère alors valablement quel que soit le nombre de membres présents.

Les délibérations du conseil sont adoptées à la majorité des membres présents ou représentés ou participant à la séance par des moyens de visioconférence ou de communication électronique dans les conditions déterminées au quatrième alinéa. En cas de partage égal des voix, celle du président est prépondérante.

Un procès-verbal est établi pour chaque séance du conseil d'administration. Il est signé par le président et par le secrétaire de séance.

Le commissaire du Gouvernement dispose d'un délai de dix jours après notification du procès-verbal de la séance pour informer éventuellement le président de son opposition à la délibération du conseil d'administration et transmettre cette dernière au ministre chargé de la construction.

Art. R. 142-7 *(Décr. nº 2011-666 du 14 juin 2011)* Le directeur général est nommé par arrêté du ministre chargé de la construction sur proposition du président.

Le ministre met fin à ses fonctions après avoir pris l'avis du président.

Art. R. 142-8 *(Décr. nº 2011-666 du 14 juin 2011)* Sous l'autorité du président, le directeur général est chargé de la direction scientifique, technique, administrative et financière du centre.

Il assiste le président dans la préparation du budget et des délibérations du conseil d'administration et prend toutes mesures nécessaires à l'exécution des délibérations du conseil et au fonctionnement du centre.

Il gère le personnel du centre.

Il assiste aux séances du conseil d'administration avec voix consultative.

Il peut déléguer sa signature et une partie de ses pouvoirs à des agents désignés pour exercer des fonctions de responsabilité administrative ou scientifique dans l'établissement. Ces agents peuvent eux-mêmes déléguer leur signature.

Le directeur général assure les fonctions définies à l'article R. 142-4 en cas de vacance de la présidence.

Art. R. 142-9 *(Décr. nº 2011-666 du 14 juin 2011)* Le conseil d'administration règle par ses délibérations les affaires de l'établissement. Les délibérations portent notamment sur les objets suivants :

1º Les conditions générales d'organisation et de fonctionnement de l'établissement ;

2º Le programme général d'études et de recherches ;

3º Le projet de contrat d'objectif avec l'État ;

4º Les programmes généraux d'activités et d'investissement ;

5º L'état des prévisions de recettes et de dépenses établi pour chaque période de douze mois commençant le 1er janvier ;

6º Le compte financier et l'affectation des résultats ;

7º Les effectifs des différentes catégories de personnel ;

8º Les conditions générales de recrutement, d'emploi et de rémunération du personnel ;

9º Les projets d'achat et vente d'actifs, de nantissement, d'hypothèques ou d'emprunts, les acceptations de dons et legs ;

10º Les actions en justice ;

11º Les créations de filiales et les prises, extensions ou cessions de participations financières ;

12º Les transactions ;

13º Le rapport annuel d'activité ;

14º Toutes questions se rapportant à l'objet de l'établissement qui lui sont soumises par le ministre chargé de la construction.

Le conseil d'administration peut dans les conditions et limites qu'il détermine, déléguer au président tout ou partie de ses attributions prévues aux 2º, 7º, 10º *(Décr. nº 2012-1342 du 3 déc. 2012, art. 3)* « , 12º » et 13º. Le président rend compte, lors de la plus proche séance du conseil d'administration, des décisions prises dans le cadre de ces délégations.

(Décr. nº 2012-1247 du 7 nov. 2012, art. 27) « Les délibérations portant sur le budget et le compte financier sont exécutoires dans les conditions prévues par le titre III du décret nº 2012-1246 du 7 novembre 2012 relatif à la gestion budgétaire et comptable publique. »

Art. R. 142-10 *(Décr. nº 2011-666 du 14 juin 2011)* Il est institué auprès du Centre scientifique et technique du bâtiment un comité consultatif appelé à donner son avis sur toutes questions d'ordre scientifique ou technique qui pourraient lui être soumises par le ministre ou par le président ou le directeur général du centre, en vue notamment d'assurer une cohérence entre les diverses études et recherches menées, leurs applications et les investissements.

Ce comité est obligatoirement consulté sur le programme général d'études et de recherches mentionné au 2º de l'article R. 142-9.

La composition du comité est fixée par un arrêté du ministre chargé de la construction ; il peut comprendre des fonctionnaires et des personnes privées choisies en raison de leur compétence, notamment en matière de recherche.

Il peut entendre tout expert qu'il désire consulter avant d'émettre un avis.

Art. R. 142-11 *(Décr. nº 2011-666 du 14 juin 2011)* Les ressources du Centre scientifique et technique du bâtiment comprennent :

1º Les versements de l'État et des personnes publiques et privées sous forme de subvention, notamment en matière de recherche ;

2º La rémunération, notamment sous forme de convention, des travaux de définition, mise en œuvre et évaluation des politiques publiques dans le domaine de la construction et de l'habitat entrepris pour le compte de l'État en application des missions d'intérêt général définies à l'article R. 142-1 ;

3º La rémunération des services rendus ;

4º Le produit des ventes des éditions du centre ;

5º Les dons et legs, cotisations et, en général, toutes aides et contributions financières autorisées ;

6º Les revenus des biens et valeurs lui appartenant ;

7º Les produits de cessions d'actif à des tiers ;

8º Les produits des emprunts sous réserve de l'accord du ministre chargé du budget et du ministre chargé de la construction, après avis du membre du contrôle économique et financier ;

9º Toutes les autres ressources liées à ses missions et activités.

L'établissement est autorisé à placer ses fonds disponibles dans les conditions fixées par le ministre chargé du budget.

Art. R. 142-12 *Abrogé par Décr. no 2012-1247 du 7 nov. 2012, art. 27.*

Art. R. 142-13 *(Décr. no 2011-666 du 14 juin 2011)* Les dépenses de l'établissement comprennent :

1o Les frais de personnel ;

2o Les frais de fonctionnement ;

3o Les dépenses d'acquisition de biens mobiliers et immobiliers ;

4o De façon générale, toutes les dépenses nécessaires à l'accomplissement de ses missions.

Art. R. 142-14 *(Décr. no 2012-1247 du 7 nov. 2012, art. 27)* « Le centre est soumis aux dispositions des titres Ier et III du décret no 2012-1246 du 7 novembre 2012 relatif à la gestion budgétaire et comptable publique à l'exception des 1o et 2o de l'article 175, des articles 178 à 185, 204 à 208 et 220 à 228. »

(Décr. no 2011-666 du 14 juin 2011) « Le régime financier et comptable du centre est précisé ou complété en tant que de besoin par le règlement financier et comptable arrêté conjointement par le ministre chargé du budget et le ministre chargé de la construction qui prévoit notamment les conditions dans lesquelles l'établissement doit faire apparaître dans sa comptabilité, de manière distincte, les opérations prévues au II de l'article R. 142-1.

« Des régies de recettes et de dépenses peuvent être créées dans les conditions fixées par le décret no 92-681 du 20 juillet 1992 relatif aux régies de recettes et aux régies d'avances des organismes publics.

« Le Centre scientifique et technique du bâtiment est soumis au contrôle économique et financier de l'État prévu par le décret no 55-733 du 26 mai 1955 modifié relatif au contrôle économique et financier de l'État. »

TITRE CINQUIÈME CONTRÔLE ET DISPOSITIONS PÉNALES

CHAPITRE PREMIER MESURES DE CONTRÔLE APPLICABLES À TOUTES LES CATÉGORIES DE BÂTIMENTS

Néant.

CHAPITRE II SANCTIONS PÉNALES

SECTION PREMIÈRE SÉCURITÉ DES ASCENSEURS

(Décr. no 2004-964 du 9 sept. 2004, art. 2-III)

Art. R. 152-1 I. – Est puni de l'amende prévue pour les contraventions de la 3e classe le fait pour une personne, propriétaire d'ascenseur :

1o De ne pas mettre en place les dispositifs de sécurité prévus à l'article R. 125-1-2 ou les mesures équivalentes prévues à l'article R. 125-1-3, sauf dans les cas prévus à l'article R. 125-1-4 ;

2o Dans les cas prévus à l'article R. 125-1-4, de ne pas faire réaliser l'expertise technique ;

3o De ne pas souscrire un contrat d'entretien conformément à l'article R. 125-2-1 ou, à défaut, ne pas assurer par ses propres moyens l'entretien de l'ascenseur conformément aux articles R. 125-2 et R. 125-2-3 ;

4o De ne pas faire procéder au contrôle technique dans les conditions prévues aux articles R. 125-2-4 et R. 125-2-5.

II. – Est puni de l'amende prévue pour les contraventions de la 3e classe le fait pour une personne, prestataire de services chargée de l'entretien de l'installation :

1o D'effectuer l'entretien de l'installation sans contrat d'entretien écrit, exception faite du cas prévu à l'article R. 125-2-3 ;

2o De conclure un contrat d'entretien ne comportant pas chacune des clauses minimales énumérées à l'article R. 125-2-1 ;

3o De recourir, pour l'exécution du contrat d'entretien, à une personne n'ayant pas la qualification exigée par l'article R. 125-2-1.

III. – Est puni de l'amende prévue pour les contraventions de la 3e classe le fait pour une personne, chargée du contrôle technique d'un ascenseur :

1o De ne pas effectuer les vérifications nécessaires prévues à l'article R. 125-2-4 ;

2o De ne pas avoir la qualification exigée par l'article R. 125-2-5 ;

3o De ne pas respecter les incompatibilités prévues au deuxième alinéa de l'article L. 125-2-3.

(Décr. no 2012-674 du 7 mai 2012) « IV. – Est puni de l'amende prévue pour les contraventions de la 3e classe le fait, pour un fabricant ou un installateur, de ne pas rendre accessibles toutes les parties de l'installation au prestataire d'entretien conformément au 1o du I de l'article R. 125-2-1-1, ou de ne pas respecter les obligations prévues au 2o du I du même article. »

Les dispositions du Décr. no 2012-674 du 7 mai 2012 entrent en vigueur le 1er juill. 2012 (Décr. préc., art. 7).

Art. R. 152-2 *Abrogé par Décr. no 2010-671 du 18 juin 2010, art. 5-IV.*

SECTION II **IMMEUBLES DE GRANDE HAUTEUR** *(Décr. no 2004-964 du 9 sept. 2004, art. 2-I).*

Art. *R. 152-3 Sans préjudice de l'application, le cas échéant, des peines plus fortes prévues notamment aux articles L. 480-2 à L. 480-9 du code de l'urbanisme et L. 152-1 à L. 152-9 du présent code, toute infraction aux dispositions des articles R. 122-7, R. 122-8, R. 122-14 à R. 122-18 et R. 122-20 est punie *(Décr. no 89-989 du 29 déc. 1989 ; Décr. no 93-726 du 29 mars 1993)* « de la peine d'amende prévue pour les contraventions de la 5e classe ».

Est punie des mêmes peines toute infraction aux dispositions de l'article R. 122-22. Dans ce cas, l'amende est appliquée autant de fois qu'il y a eu de journées d'occupation de l'immeuble sans autorisation.

Cet art. est l'ancien art. R. 152-1, renuméroté par le Décr. no 2004-964 du 9 sept. 2004, art. 2-II.

Art. *R. 152-4 Toute infraction à celles des dispositions des articles R. 122-23 et R. 122-28 qui sont relatives à l'obligation pour le propriétaire d'assister aux visites de contrôle est punie *(Décr. no 89-989 du 29 déc. 1989 ; Décr. no 93-726 du 29 mars 1993)* « de la peine d'amende prévue pour les contraventions de la 5e classe. En cas de récidive, la peine d'amende est celle prévue pour les contraventions de la 5e classe en récidive ».

Est punie des mêmes peines toute infraction aux dispositions de l'article R. 122-29.

Cet art. est l'ancien art. R. 152-2, renuméroté par le Décr. no 2004-964 du 9 sept. 2004, art. 2-II.

Art. *R. 152-5 Sans préjudice de l'application, le cas échéant, des peines plus fortes prévues aux articles 209 à 233 du code pénal *[C. pén., art. 433-6 s.]* et de l'article L. 152-10, sont punis des peines prévues à l'article R. 152-2 ceux qui mettent obstacle à l'exécution des fonctions incombant, en application des dispositions du présent chapitre, aux membres de la commission consultative départementale de la protection civile et à ceux de la commission technique interministérielle des immeubles de grande hauteur.

Cet art. est l'ancien art. R. 152-3, renuméroté par le Décr. nº 2004-964 du 9 sept. 2004, art. 2-II.

SECTION III IMMEUBLES RECEVANT DU PUBLIC *(Décr. nº 2004-964 du 9 sept. 2004, art. 2-I).*

Art. *R. 152-6 Sans préjudice de l'application, le cas échéant, des peines plus fortes prévues notamment aux articles L. 480-2 à L. 480-9 du code de l'urbanisme et L. 152-2 à L. 152-9 du présent code, tout constructeur, propriétaire, exploitant d'un établissement soumis aux dispositions du présent chapitre qui contrevient aux dispositions des articles R. 123-21, 3e alinéa, R. 123-23, R. 123-25, R. 123-43 et R. 123-44, est puni *(Décr. nº 89-989 du 29 déc. 1989 ; Décr. nº 93-726 du 29 mars 1993)* « de la peine d'amende prévue pour les contraventions de la 5e classe ».

Est puni des mêmes peines tout constructeur, propriétaire, exploitant qui ouvre un établissement au public sans les visites de contrôle prévues à l'article R. 123-45, 2e alinéa, sans l'autorisation d'ouverture prévue à l'article R. 123-46. Dans ces deux cas, l'amende est appliquée autant de fois qu'il y a de journées d'ouverture sans visite de contrôle, sans autorisation ou sans déclaration d'ouverture.

Est puni des mêmes peines quiconque contrevient aux obligations définies à l'article R. 123-7, alinéa 2, et aux articles R. 123-8, R. 123-9 et R. 123-11.

Cet art. est l'ancien art. R. 152-4, renuméroté par le Décr. nº 2004-964 du 9 sept. 2004, art. 2-II.

Art. *R. 152-7 Sans préjudice de l'application, le cas échéant, des peines plus fortes prévues aux articles 209 à 233 du code pénal *[C. pén., art. 433-6 s.]* et à l'article L. 480-12 du code de l'urbanisme et l'article L. 152-10 du présent code, quiconque a mis obstacle à l'exercice du droit de visite prévu aux articles R. 123-45 et R. 123-48 est puni *(Décr. nº 89-989 du 29 déc. 1989 ; Décr. nº 93-726 du 29 mars 1993)* « de la peine d'amende prévue pour les contraventions de la 5e classe. En cas de récidive, la peine d'amende est celle prévue pour les contraventions de la 5e classe en récidive ».

Est puni des mêmes peines tout propriétaire ou exploitant qui contrevient aux dispositions des articles R. 123-49, 1er alinéa, et R. 123-51.

Cet art. est l'ancien art. R. 152-5, renuméroté par le Décr. nº 2004-964 du 9 sept. 2004, art. 2-II.

SECTION IV CHAUFFAGE *(Décr. nº 2004-964 du 9 sept. 2004, art. 2-I).*

Art. *R. 152-8 Les infractions aux dispositions des articles R. 131-19 à R. 131-23 sont punies *(Décr. nº 89-989 du 29 déc. 1989 ; Décr. nº 93-726 du 29 mars 1993)* « de la peine d'amende prévue par le 5º de l'article 131-13 du code pénal » pour les contraventions de la 5e classe qui peut être portée au double en cas de récidive.

Est punie de la même peine l'opposition à l'exercice des fonctions des agents chargés de constater les infractions.

Cet art. est l'ancien art. R. 152-6, renuméroté par le Décr. nº 2004-964 du 9 sept. 2004, art. 2-II.

SECTION V GARDIENNAGE OU SURVEILLANCE DE CERTAINS IMMEUBLES D'HABITATION

(Décr. nº 2001-1361 du 28 déc. 2001)

Art. R.* 152-9 Est puni de l'amende prévue pour les contraventions de la 5e classe le fait pour le bailleur défini à l'article R. 127-1 de se soustraire aux obligations de surveillance et de gardiennage qui lui incombent en application des articles R. 127-1 et R. 127-2. Le contrevenant encourt autant d'amendes qu'il manque de gardiens par tranche de cent logements locatifs dont il a la gestion.

Le fait pour le bailleur de ne pas déférer à la demande qui lui est faite en application de l'article R. 127-4 ou de transmettre des informations mensongères ou erronées est puni de la même peine d'amende prévue pour les contraventions de la 5e classe.

Cet art. est l'ancien art. R. 152-7, renuméroté par le Décr. nº 2004-964 du 9 sept. 2004, art. 2-II.

Les dispositions du Décr. nº 2001-1361 du 28 déc. 2001 sont applicables à compter du 1er janv. 2002 aux logements situés en zone urbaine sensible détenus par les bailleurs définis à l'art. R. 127-1 et remplissant les conditions prévues aux I et II de l'art. 1388 bis CGI et à compter du 1er janv. 2003 aux autres logements détenus par les bailleurs définis au même art. R. 127-1 (Décr. préc., art. 3).

Les dispositions du Décr. nº 2002-824 du 3 mai 2002 entrent en vigueur le 1er janv. 2003 (Décr. préc., art. 5).

Art. R.* 152-10 *(Décr. nº 2002-824 du 3 mai 2002, art. 2)* Est puni de l'amende prévue pour les contraventions de la 5e classe le fait pour le bailleur défini à l'article R. 127-1 de se soustraire aux obligations qui lui incombent en application de l'article R. 127-5. Le contrevenant encourt autant d'amendes qu'il y a d'immeubles ou groupes d'immeubles pour lesquels il n'a pas pris les mesures prescrites.

Le fait pour le bailleur de ne pas déférer à la demande qui lui est faite en application de l'article R. 127-7 ou de transmettre des informations mensongères ou erronées est puni de la même peine d'amende prévue pour les contraventions de la 5e classe.

Cet art. entre en vigueur le 1er janv. 2003 (Décr. nº 2002-824 du 3 mai 2002, art. 5).

Cet art. est l'ancien art. R. 152-8, renuméroté par le Décr. nº 2004-964 du 9 sept. 2004, art. 2-II.

SECTION VI INTOXICATIONS PAR LE MONOXYDE DE CARBONE

(Décr. nº 2008-1231 du 27 nov. 2008)

Art. R.* 152-11 Est puni de l'amende prévue pour les contraventions de la 3e classe le fait pour une personne, propriétaire d'un local existant, de ne pas mettre en place les dispositifs prévus par les articles R. 131-31 et R. 131-33.

TITRE SIXIÈME DISPOSITIONS SPÉCIFIQUES À L'OUTRE-MER *(Décr. nº 2009-424 du 17 avr. 2009)*.

CHAPITRE PREMIER DISPOSITIONS GÉNÉRALES *(Décr. nº 2009-424 du 17 avr. 2009)*.

Art. * R. 161-1 Les dispositions des articles R. 111-6, R. 111-20 à R. 111-22, R. 131-1 à R. 131-18 ne sont pas applicables dans les départements de la Guadeloupe, de la Guyane, de la Martinique, de la Réunion.

Art. R. 161-2 Les dispositions du présent livre ne s'appliquent pas au département de Saint-Pierre-et-Miquelon *(Décr. no 2004-964 du 9 sept. 2004, art. 3)* « à l'exception des articles R. 111-24 à R. 111-28, R. 125-1 à R. 125-2-8, R. 131-19 à R. 131-23, R. 152-1 et R. 152-2 ».

V. Équipements et caractéristiques thermiques ; V. Arr. du 13 mars 1988 (JO 15 avr.) : bâtiments sanitaires et sociaux ; Arr. du 13 avr. 1988 (JO 15 avr.) : bâtiments à usage de bureaux ou de commerce ; Arr. du 13 avr. 1988 (JO 15 avr.) : bâtiments à usage d'hôtellerie ; Arr. du 13 avr. 1988 (JO 15 avr.) : bâtiments à usage industriel ; Arr. du 13 avr. 1988 (JO 15 avr.) : bâtiments de type particulier ; Arr. du 6 mai 1988 (JO 8 mai) : bâtiments à usage d'enseignement ; Arr. du 6 mai 1988 (JO 8 mai) : bâtiments à usage sportif.

Art. R.* 161-3 *(Décr. no 2012-112 du 27 janv. 2012, art. 15)* Les dispositions des articles R. 111-6, R. 111-20 à R. 111-22, R. 131-1 à R. 131-18 ne sont pas applicables à Saint-Martin et Saint-Barthélemy.

Art. R.* 161-4 *(Décr. no 2012-112 du 27 janv. 2012, art. 15)* Les dispositions de l'article R.* 127-8 ne sont pas applicables à Mayotte, Saint-Barthélemy et Saint-Martin.

CHAPITRE II DISPOSITIONS PARTICULIÈRES AUX DÉPARTEMENTS DE LA GUADELOUPE, DE LA GUYANE, DE LA MARTINIQUE ET DE LA RÉUNION

(Décr. no 2009-424 du 17 avr. 2009)

Les dispositions du Décr. no 2009-424 du 17 avr. 2009 s'appliquent aux projets de construction de bâtiments qui font l'objet d'une demande de permis de construire ou d'une déclaration préalable prévue à l'art. L. 421-4 du code de l'urbanisme déposées à compter du 1er mai 2010 (Décr. no 2009-424 du 17 avr. 2009, art. 3).

SECTION PREMIÈRE CARACTÉRISTIQUES THERMIQUES ET PERFORMANCE ÉNERGÉTIQUE DES BÂTIMENTS D'HABITATION

Art. *R. 162-1 I. – Dans les départements de la Guadeloupe, de la Guyane, de la Martinique et de La Réunion, les bâtiments d'habitation nouveaux et parties nouvelles de bâtiments d'habitation existants sont construits et aménagés de telle sorte qu'une protection solaire et une ventilation naturelle limitent le recours à la climatisation.

Leurs caractéristiques thermiques sont telles que la consommation d'énergie du bâtiment ou de la partie du bâtiment concernée, pour le chauffage, dans les zones où ce dernier est nécessaire, soit limitée.

II. – Un arrêté des ministres chargés de l'énergie, de la construction et de l'outre-mer fixe les exigences techniques permettant d'atteindre les objectifs définis au I. – *V. Arr. 17 avr. 2009 (JO 19 avr.).*

Art. *R. 162-2 I. – Dans les départements de la Guadeloupe, de la Martinique et de La Réunion, tout logement neuf compris dans un bâtiment d'habitation au sens de l'article R. 111-1 est pourvu d'un système de production d'eau chaude sanitaire.

II. – Dans les départements de la Guadeloupe, de la Martinique et de La Réunion, ainsi que dans le département de la Guyane lorsqu'un système de production d'eau chaude sanitaire est installé dans un logement neuf, cette eau chaude est produite par énergie solaire pour une part au moins égale à 50 % des besoins sauf si l'ensoleillement de la parcelle ne permet pas de mettre en place un système de production d'eau chaude sanitaire par énergie solaire couvrant au moins 50 % des besoins.

SECTION II CARACTÉRISTIQUES ACOUSTIQUES

Art. *R. 162-3 I. – Dans les départements de la Guadeloupe, de la Guyane, de la Martinique et de La Réunion, les bâtiments d'habitation nouveaux et parties nouvelles de bâtiments d'habitation existants sont construits et aménagés de telle sorte que soient limités les bruits à l'intérieur des locaux :

– par une isolation acoustique entre différentes parties de ces locaux et par la limitation des bruits résultant de l'usage des équipements ;

– ainsi que, s'il y a lieu, par un isolement acoustique contre les bruits résultant de l'usage des infrastructures de transport terrestre classées dans les trois premières catégories définies en application de l'article R. 571-34 du code de l'environnement et par un isolement acoustique au voisinage des aéroports.

II. – Un arrêté conjoint des ministres chargés de la construction, de l'environnement, de l'outre-mer et de la santé fixe, pour chaque catégorie de locaux en fonction de leur utilisation, et pour leurs équipements, les seuils et les exigences techniques applicables à la construction et à l'aménagement de ces bâtiments permettant d'atteindre les objectifs définis au I du présent article. – *V. Arr. 17 avr. 2009 (JO 19 avr.).*

SECTION III AÉRATION DES LOGEMENTS

Art. *R. 162-4 I. – Dans les départements de la Guadeloupe, de la Guyane, de la Martinique et de La Réunion, les bâtiments d'habitation nouveaux et parties nouvelles de bâtiments d'habitation existants sont construits et aménagés de telle sorte que soit privilégiée l'aération naturelle.

II. – Un arrêté conjoint des ministres chargés de la construction, de l'outre-mer et de la santé précise les modalités spécifiques d'application des dispositions de l'article R. 111-9. – *V. Arr. du 17 avr. 2009 (JO 19 avr.).*

LIVRE DEUXIÈME STATUT DES CONSTRUCTEURS

TITRE PREMIER STATUT DES SOCIÉTÉS DE CONSTRUCTION

Art. R. 210-1 Les sociétés de construction demeurent régies, outre les dispositions les concernant reproduites à la première partie du présent code :

– en ce qui concerne les sociétés civiles constituées en vue de la vente d'immeubles, par les articles 1 à 6 du décret nº 72-1235 du 29 décembre 1972, ci-après reproduits sous les articles R. 211-1 à R. 211-6 ;

– en ce qui concerne les sociétés constituées en vue de l'attribution d'immeubles aux associés par fractions divises, par les articles 1 à 16 du décret nº 72-1236 du 29 décembre 1972, ci-après reproduits sous les articles R. 212-1 à R. 212-16, et les articles 1 et 2 du décret nº 75-126 du 5 mars 1975, ci-après reproduits sous les articles R. 212-17 et R. 212-18 ;

– *(Décr. nº 85-943 du 5 sept. 1985)* « en ce qui concerne les sociétés coopératives de construction, par les articles R. 213-1 à R. 213-17-3 ».

CHAPITRE PREMIER SOCIÉTÉS CIVILES CONSTITUÉES EN VUE DE LA VENTE D'IMMEUBLES

Art. *R. 211-1 Il est tenu au siège social des sociétés civiles régies par le livre II, titre Ier, chapitre Ier du présent code (1re partie) un registre, coté et paraphé par un représentant légal de la société en fonction à la date de l'ouverture dudit registre contenant les noms, prénoms et domicile des associés d'origine, personnes physiques, et, s'il s'agit de personnes morales, leur raison sociale et l'adresse de leur siège social, ainsi que la quote-part des droits sociaux dont chacun est titulaire. Sur ce registre sont également mentionnés, lors de chaque transfert de droits sociaux, les noms, prénoms et domicile, ou, s'il y a lieu, la raison sociale et l'adresse du siège social des nouveaux titulaires desdits droits ainsi que la date de l'opération.

La demande d'un créancier social désirant connaître le nom et le domicile réel ou élu de chaque associé est valablement faite par lettre recommandée avec demande d'avis de réception adressée à la société.

Art. *R. 211-2 Pour l'application de l'alinéa 1er de l'article L. 211-3, un programme est dit non susceptible de division quand la réalisation ou l'utilisation normale des constructions commencées n'est possible que si l'ensemble du programme est achevé.

Art. *R. 211-3 Si un associé n'a pas satisfait aux appels de fonds prévus à l'alinéa 1er de l'article L. 211-3, l'assemblée générale est valablement convoquée, après mise en demeure adressée à l'associé défaillant par un acte extrajudiciaire, par le représentant légal de la société ou, en cas d'inaction de celui-ci, par tout associé.

Art. *R. 211-4 La mise en vente des parts de l'associé défaillant ne peut avoir lieu en application de l'article R. 211-3 qu'après notification à tous les associés, y compris l'associé défaillant, de la date, de l'heure et du lieu de la vente publique. La notification indique le montant de la mise à prix. Elle est faite par lettre recommandée avec demande d'avis de réception et publiée dans un journal d'annonces légales du lieu du siège social.

Art. *R. 211-5 Jusqu'à la vente des parts de l'associé défaillant conformément aux articles précédents, les autres associés sont tenus de répondre aux appels de fonds faits à cet associé, en ses lieu et place, au prorata de leurs droits sociaux.

Art. *R. 211-6 Les statuts des sociétés soumises aux règles du livre II, titre Ier, chapitre Ier du présent code (1re partie) doivent rappeler les obligations des associés en cas d'appel de fonds ainsi que les conditions dans lesquelles les associés défaillants peuvent voir leurs parts mises en vente, par application de l'article L. 211-3 et des articles R. 211-3 à R. 211-5.

CHAPITRE II SOCIÉTÉS CONSTITUÉES EN VUE DE L'ATTRIBUTION D'IMMEUBLES AUX ASSOCIÉS PAR FRACTIONS DIVISES

SECTION PREMIÈRE DISPOSITIONS GÉNÉRALES

Art. *R. 212-1 Le présent chapitre est applicable aux sociétés constituées en vue de l'attribution d'immeubles par fractions divises conformément au livre II, titre Ier, chapitre II du présent code (1re partie).

Art. *R. 212-2 L'état descriptif de division d'un immeuble acquis ou dont la construction est faite par une société régie par le livre II, titre Ier, chapitre II du présent code (1re partie) doit être établi conformément aux dispositions *(Décr. no 2012-1462 du 26 déc. 2012, art. 35-IV-2o)* « des articles 71-1 à 71-13 du décret no 55-1350 du 14 octobre 1955 modifié » *[V. **C. civ.**, ss. art. 2488]*.

L'état descriptif de division et le règlement doivent être adoptés par l'assemblée générale dans les conditions prévues pour les modifications des statuts.

Art. *R. 212-3 Dans le cas prévu à l'article L. 212-4 où un associé ne satisfait pas à ses obligations, l'assemblée générale est convoquée, après mise en demeure adressée à l'associé défaillant par acte extrajudiciaire, par le représentant légal ou statutaire de la société ou, en cas d'inaction de ce représentant, par tout associé. La mise à prix est fixée par l'assemblée générale qui décide de la vente.

Art. *R. 212-4 La mise en vente des parts de l'associé défaillant ne peut avoir lieu, conformément à l'article R. 212-3, qu'après notification à tous les associés, y compris l'associé défaillant, de la date, de l'heure et du lieu de la mise en vente publique. La notification indique le montant de la mise à prix. Elle est faite par lettre recommandée avec demande d'avis de réception et publiée dans un journal d'annonces légales du lieu du siège social.

Art. *R. 212-5 Jusqu'à la vente des droits sociaux de l'associé défaillant, les autres associés sont tenus de répondre aux appels de fonds faits par la société aux lieu et place de l'associé défaillant et au prorata de leurs droits sociaux.

Art. *R. 212-6 Les statuts des sociétés soumises au livre II, titre Ier, chapitre II du présent code (1re partie) doivent rappeler les obligations des associés en cas d'appels de fonds ainsi que les conditions dans lesquelles les associés défaillants peuvent voir leurs parts mises en vente par application de l'article L. 212-4, conformément aux dispositions du présent chapitre.

Art. *R. 212-7 Dans le cas où les obligations dont est tenu un associé vis-à-vis de la société en application de l'article L. 212-3 sont inférieures de plus d'un quart à la contribution lui incombant en vertu de l'article L. 212-5, le ou les associés désavantagés qui intentent à l'égard de cet associé une action en justice fondée sur le quatrième alinéa de l'article L. 212-5 précité doivent, à peine d'irrecevabilité, appeler en cause la société.

Art. *R. 212-8 A moins que la cession des droits sociaux n'ait à être portée à la connaissance de la société dans les conditions fixées par l'article 1690 du code civil, tout transfert de propriété de parts ou actions d'une société constituée en application du livre II, titre Ier, chapitre II du présent code (1re partie) est notifié, sans délai, à la société. Cette notification est faite soit par les parties, soit, le cas échéant, par le notaire qui établit l'acte, soit par l'avoué près la cour d'appel, ou l'avocat qui a obtenu la décision judiciaire, acte ou décision, qui réalise, atteste ou constate ce transfert.

Cette notification comporte la désignation des droits transférés ainsi que l'indication des nom, prénoms, domicile réel ou élu du cédant et du cessionnaire.

Art. *R. 212-9 Les associés sont tenus de notifier à la société ou au liquidateur leurs changements de domicile.

Les indications notifiées à la société ou au liquidateur, en application de l'article R. 212-8 et de l'alinéa précédent, doivent être reportées sur un registre ouvert à cet effet au siège de la société ou, s'il y a lieu, au domicile élu du liquidateur, et tenu à la disposition de chaque associé qui en fera la demande. Cette obligation subsiste jusqu'à l'expiration d'un délai de deux ans à compter du retrait de l'associé ou de la dissolution de la société.

Art. *R. 212-10 L'action en justice exercée par un associé conformément à l'alinéa 4 de l'article L. 212-6 pour obtenir la révision de la répartition des charges doit être dirigée contre la société si elle a pour fondement le fait que la part d'une catégorie des charges incombant à un lot du demandeur excède de plus d'un quart celle qui devrait légalement lui incomber.

L'action en justice exercée par un associé conformément au même alinéa 4 de l'article L. 212-6 pour obtenir la révision de la répartition des charges, du fait que la part d'une catégorie de charges incombant à un lot d'un autre associé est inférieure de plus d'un quart à celle qui devrait légalement incomber à ce lot doit être dirigée contre cet autre associé. La société doit, à peine d'irrecevabilité, être appelée en cause.

Art. *R. 212-11 Le contrat de cession de parts ou actions consenti avant l'achèvement de l'immeuble doit préciser :

a) Le nombre de parts ou actions cédées, la désignation du ou des lots auxquels les droits cédés donnent vocation, leur consistance telle qu'elle résulte des plans, coupes et élévations, avec les cotes utiles et l'indication des surfaces de chacune des pièces et des dégagements, et, s'il y a lieu, la désignation sommaire de l'ensemble immobilier dont dépendent les locaux, à la jouissance ou à la propriété desquels les droits cédés donnent vocation.

Le contrat doit préciser, au besoin par une annexe, les éléments d'équipement auxquels les droits cédés donnent vocation ;

b) Le prix à payer au cédant, tant pour la cession des droits sociaux que pour le remboursement des sommes qu'il a déjà versées à la société ;

c) Les versements qui restent à faire à la société pour achever l'immeuble ou la fraction d'immeuble auquel les actions ou parts cédées donnent vocation à la date de la cession avec une attestation de la société indiquant les montants des appels de fonds déjà faits, des sommes versées par le cédant, de celles qui restent dues par le cédant sur les appels faits, et des appels de fonds restant à faire.

Le contrat doit comprendre en annexe les documents indiqués ci-dessous. Il peut se borner à y faire référence si lesdits documents sont déposés au rang des minutes d'un notaire :

1o Les statuts de la société ;

2o L'état descriptif de division et le règlement prévu par l'article L. 212-2 ;

3o Le contrat de promotion immobilière afférent à l'immeuble considéré ou l'écrit définissant les opérations confiées au représentant légal ou statutaire de la société par application de l'article L. 212-10 et de l'article R. 212-13 ;

4o Une note énonçant les caractéristiques techniques du ou des lots cédés, ainsi que des immeubles ou parties d'immeubles dans lesquels ce ou ces lots se trouvent. Cette note peut être constituée par le devis descriptif servant de base aux marchés ou par une description suffisamment détaillée. La note doit faire apparaître les caractéristiques des équipements extérieurs ou intérieurs ainsi que des divers réseaux ou voies desservant le ou les lots cédés.

SECTION II DISPOSITIONS PROPRES AUX SOCIÉTÉS AYANT POUR OBJET LA CONSTRUCTION D'IMMEUBLES À USAGE D'HABITATION OU À USAGE PROFESSIONNEL ET D'HABITATION

Art. *R. 212-12 Pour l'application de l'article L. 242-1 définissant ce qu'il faut entendre par immeuble à usage d'habitation et par immeuble à usage professionnel et d'habitation au sens de l'article L. 212-10 dans le cas d'immeubles collectifs, les superficies à retenir sont les superficies développées de tous les locaux de l'immeuble, qu'il s'agisse de locaux principaux, de locaux annexes ou de parties communes dans les conditions prévues par le présent article.

Sont notamment considérés comme locaux annexes les caves, greniers, resserres, celliers, terrasses, balcons, loggias, garages et sous-sols.

Si les annexes sont affectées ou destinées à être affectées à un local principal, elles sont considérées comme étant de même nature que le local principal auquel elles sont affectées ou destinées à être affectées.

Les annexes qui ne sont ni affectées ni destinées à être affectées à un local principal sont réputées réparties entre, d'une part, les locaux à usage d'habitation ou à usage professionnel et d'habitation et, d'autre part, les locaux d'une autre nature, selon le rapport existant entre les superficies développées de ces deux catégories de locaux, y compris leurs propres annexes.

Art. *R. 212-13 Lorsque, par application de l'article L. 212-10, la société envisage de confier à son représentant légal ou statutaire les opérations constitutives de la promotion immobilière pour la réalisation de son programme, l'assemblée générale doit, avant la signature d'un contrat de louage ou avant le commencement des travaux s'ils ne donnent pas lieu à un contrat de louage d'ouvrage, approuver la mission dudit représentant légal ou statutaire telle qu'elle est définie dans un écrit comportant les énonciations exigées par l'article L. 222-3 établi conformément aux dispositions réglementaires prises pour l'application dudit article L. 222-3.

Art. *R. 212-14 I. – Le contrat préliminaire à une cession de parts prévu à l'article L. 212-11 doit préciser :

a) Le nombre de parts ou actions à céder, la désignation du lot auquel les droits à céder donnent vocation et la surface habitable approximative de l'immeuble ou de la partie d'immeuble constituant ce lot, le nombre de pièces principales et l'énumération des pièces de service, dépendances et dégagements ;

b) La date à laquelle la cession pourra être conclue ;

c) Le prix de cession des droits sociaux et le montant prévisionnel des appels de fonds correspondant aux droits sociaux à céder ;

d) Le prix convenu dans le contrat de promotion immobilière ou dans l'écrit prévu à l'article L. 212-10, la fraction de ce prix convenu se rapportant aux droits sociaux à céder ; si ledit contrat ou écrit n'est pas établi à la date de la signature du contrat préliminaire, le prix prévisionnel doit être indiqué.

Le contrat préliminaire doit comporter en annexe une note technique sommaire indiquant la nature et la qualité des matériaux et des éléments d'équipements et, si le contrat porte sur une partie d'immeuble, des éléments d'équipement collectif qui présentent une utilité pour cette partie d'immeuble.

II. – Le contrat préliminaire est établi par écrit. Un exemplaire doit être remis au cessionnaire avant tout dépôt de fonds en garantie. Il doit obligatoirement reproduire les dispositions de l'article L. 212-11 et de l'article R. 212-15.

III. – Le montant du dépôt de garantie ne peut excéder 5 p. 100 du prix de cession et du montant prévisionnel des appels de fonds correspondant aux droits sociaux à céder, si le délai de réalisation de la cession n'excède pas un an ; ce pourcentage est limité à 2 p. 100 si ce délai n'excède pas deux ans. Aucun dépôt ne peut être exigé si le délai excède deux ans.

IV. – L'associé cédant doit notifier au cessionnaire le projet d'acte de cession au moins un mois avant la date de la signature de cet acte.

Art. *R. 212-15 Le dépôt de garantie est restitué, sans retenue ni pénalité, au déposant dans l'un ou l'autre des cas ci-dessous énumérés :

a) Si le contrat de cession n'est pas conclu du fait du cédant dans le délai prévu au contrat préliminaire ;

b) Si le prix de cession et le montant des appels de fonds correspondant aux droits sociaux à céder excèdent de plus de 10 p. 100 le prix prévisionnel fixé dans le contrat préliminaire. Il en est ainsi quelles que soient les causes de cette augmentation ;

c) Si l'un des éléments d'équipement prévus au contrat préliminaire ne doit pas être réalisé ;

d) Si l'immeuble ou la partie d'immeuble auquel donnent vocation les droits sociaux ayant fait l'objet du contrat présente dans sa consistance ou dans la qualité des ouvrages prévus une réduction de valeur supérieure à 10 p. 100.

Dans les cas prévus au présent article, le déposant notifie sa demande de remboursement au cédant et au dépositaire par lettre recommandée avec demande d'avis de réception.

Sous réserve de la justification par le déposant de son droit de restitution, le remboursement intervient dans le délai maximum de trois mois à dater de cette demande.

Art. *R. 212-16 Les notifications prévues par les articles précédents du présent chapitre sont valablement faites par lettre recommandée avec demande d'avis de réception.

SECTION III DISPOSITIONS PARTICULIÈRES AUX SOCIÉTÉS CONSTITUÉES AVANT LE 31 DÉCEMBRE 1972

Art. *R. 212-17 Les articles L. 212-1 à L. 212-13 sont applicables aux sociétés ayant pour objet l'attribution d'immeubles aux associés par fractions divises, constituées avant le 31 décembre 1972, quelle que soit la forme juridique de ces sociétés, et notamment à celles qui ont été régies par la loi du 28 juin 1938 tendant à régler le statut de la copropriété des immeubles divisés par appartements.

Cette application prendra effet au 8 mars 1975 sous réserve des dispositions suivantes :

1o L'alinéa 3 de l'article L. 212-2 n'est pas applicable aux attributions en propriété d'une ou plusieurs fractions de l'immeuble quand les attributions sont effectuées avant le 1er septembre 1975 non plus qu'aux attributions effectuées postérieurement à cette date mais résultant d'un projet de partage dressé en la forme authentique avant cette même date ;

2o L'alinéa 5 de l'article L. 212-2 n'est pas applicable aux sociétés de construction lorsque les travaux ont été commencés antérieurement au 1er septembre 1975 et aux sociétés d'acquisition lorsque les entrées en jouissance ont été effectuées antérieurement à cette même date ;

3o L'alinéa 2 de l'article L. 212-3 n'est pas applicable au cas où tout ou partie des droits sociaux a fait l'objet d'une cession avant le 5 mars 1975. Dans ce cas la dépense entraînée par l'acquisition du terrain ne peut faire l'objet d'une répartition particulière que si cette répartition a été prévue par les statuts ou si elle est décidée soit à l'unanimité des associés, soit à la majorité au cas où les statuts le permettent ;

4o *(Décr. no 80-517 du 26 juin 1980)* « Les troisième et quatrième phrases du quatrième alinéa de l'article L. 212-4 ne sont pas applicables lorsque » les actes constitutifs de sûretés réelles conventionnelles grevant les droits sociaux de l'associé défaillant ont acquis date certaine avant le 8 mars 1975 ;

5o L'article L. 212-5 n'est applicable qu'au 1er septembre 1975 et si les droits sociaux n'ont fait l'objet d'aucune cession antérieurement à cette date d'application ;

6o L'article L. 212-6 n'est applicable qu'à compter de la date à laquelle la société a établi le règlement prévu à l'article L. 212-2 et au plus tard à partir du 1er septembre 1975 ;

7o L'article L. 212-7 n'est applicable qu'aux cautions hypothécaires constituées après le 8 mars 1975 ;

8o L'article L. 212-9 n'est applicable que sous réserve des dispositions de l'article L. 212-14 ;

9o L'article L. 212-10 n'est pas applicable aux immeubles pour lesquels une demande de permis de construire a été déposée ou pour lesquels la déclaration préalable prévue par l'ancien article L. 430-3 du code de l'urbanisme a été faite avant le 8 mars 1975 ;

10o L'article L. 212-12 n'est applicable qu'à partir du 1er septembre 1975 ;

11o L'article L. 212-13, qui confère aux articles L. 212-1 à L. 212-12 le caractère de dispositions d'ordre public, est applicable à chacun de ces articles aux dates et conditions auxquelles lesdits articles L. 212-1 à L. 212-12 doivent recevoir application en vertu des articles R. 212-17 et R. 212-18.

Art. *R. 212-18 Les dispositions des articles R. 212-1 à R. 212-5 et R. 212-7 à R. 212-16 sont applicables aux sociétés constituées avant le 31 décembre 1972 aux mêmes dates et conditions que les dispositions législatives qu'elles appliquent.

Les dispositions de l'article R. 212-6 seront applicables à partir du 1er septembre 1975.

CHAPITRE III SOCIÉTÉS COOPÉRATIVES DE CONSTRUCTION

Art. *R. 213-1 Les sociétés coopératives de construction régies par le livre II, titre Ier, chapitre III du présent code (1re partie) sont soumises aux dispositions du présent chapitre.

Art. *R. 213-2 Pour l'application des articles L. 213-2 et L. 213-4 :

a) Un programme de construction est constitué par la totalité des logements et des locaux à usage commercial ou professionnel dont le nombre maximum est prévu par les statuts de la société coopérative de construction et qui sont susceptibles d'être construits sur une parcelle ou un groupe de parcelles contiguës ou font l'objet d'une même autorisation de construire ;

b) Une tranche de programme est constituée par un ou plusieurs bâtiments dont les conditions techniques de réalisation et l'utilisation ne sont pas subordonnées à la réalisation du reste du programme.

COMMENTAIRE

Les notions de « programme » et de « tranches » sont essentielles pour déterminer l'étendue des droits et obligations des sociétés coopératives de construction et de leurs associés, (art. L. 213-2 s.).

1. S'agissant du « programme », un premier élément de définition résulte des statuts eux-mêmes : ce sont eux qui fixent le nombre maximum de locaux construits constituant le programme.

Un deuxième élément proviendra :
– soit de la situation d'unicité du terrain sur lequel ce programme sera édifié,
– soit du caractère unique de l'autorisation de construire.

2. Une « tranche » est une partie du programme dont la réalisation et l'utilisation ne sont pas subordonnées à l'achèvement du programme.

On peut donc, semble-t-il, opérer un rapprochement avec les précisions données en matière de vente en l'état futur d'achèvement, à propos du calcul de la garantie intrinsèque d'achèvement de l'article R. 261-18 (*b*), les termes de programme et de tranches ne faisant pas, à ce sujet, l'objet d'une distinction : il s'agit, pour l'application de ce texte, d'une entité viable en elle-même, d'un ou plusieurs bâtiments, disposant de fondations autonomes, réunissant toutes les conditions d'habitabilité et ayant son autonomie financière (Rép. min. : *JOAN Q, 4 avr. 1969, p. 867 ; JCP N 1969. IV. 4559-7*, V. note 1 ss. art. R. 261-19). ❑

Art. *R. 213-3 Pour l'application de l'article L. 213-4, une tranche est réputée entreprise à la date de signature du premier marché propre à la réalisation des bâtiments de la tranche considérée.

Art. *R. 213-4 Pour l'application de l'article L. 242-1 définissant ce qu'il faut entendre par immeuble à usage d'habitation et par immeuble à usage professionnel et d'habitation au sens de l'article L. 213-1 dans le cas d'immeubles collectifs, les superficies à retenir sont les superficies développées de tous les locaux de l'immeuble, qu'il s'agisse de locaux principaux, de locaux annexes ou de parties communes, dans les conditions fixées par le présent chapitre.

Sont notamment considérés comme locaux annexes les caves, greniers, resserres, celliers, terrasses, balcons, loggias, garages et sous-sols.

Si les annexes sont affectées ou destinées à être affectées à un local principal, elles sont considérées comme étant de même nature que le local principal auquel elles sont affectées ou destinées à être affectées.

Les annexes qui ne sont ni affectées ni destinées à être affectées à un local principal sont réputées réparties entre, d'une part, les locaux à usage d'habitation ou à usage professionnel et d'habitation et, d'autre part, les locaux d'une autre nature selon le rapport existant entre les superficies développées de ces deux catégories de locaux y compris leurs propres annexes.

Art. *R. 213-5 Lorsque la totalité des droits sociaux donnant vocation à l'attribution ou à l'achat des lots compris dans le programme n'a pas été souscrite, les garanties prévues par le premier alinéa de l'article L. 213-4 résultent de l'engagement pris par un tiers à l'égard de la société :

1o De souscrire ou de faire souscrire ou d'acquérir ou de faire acquérir la propriété de ceux de ces lots qui n'auraient pas été souscrits ou acquis par des associés un an après l'achèvement de la construction, et

2o De mettre ou de faire mettre à la disposition de la société, jusqu'à la souscription ou l'acquisition des lots qui n'auraient pas été souscrits ou acquis, les sommes qui

seraient exigibles des souscripteurs ou des acquéreurs éventuels ; les sommes ainsi mises à la disposition de la société et les frais financiers y afférents sont remboursables à la société par les acquéreurs ou souscripteurs des lots concernés.

Le remboursement des sommes ainsi mises à la disposition de la société ne peut être exigé d'elle, sous quelque forme que ce soit, avant l'acquisition ou la souscription desdits lots.

Art. *R. 213-6 Lorsque l'engagement prévu à l'article R. 213-5 est pris par une personne autre qu'une banque, un établissement financier habilité à cet effet, une société d'assurances, une société de caution mutuelle constituée conformément aux dispositions de la loi du 13 mars 1917 ayant pour objet l'organisation du crédit au petit et moyen commerce et à la petite et moyenne industrie ou un organisme habilité à collecter la participation des employeurs à l'effort de construction et répondant aux conditions définies par arrêté du ministre chargé de la construction et de l'habitation et du ministre chargé des finances, cette personne doit justifier :

a) Soit d'une ouverture de crédit consentie par une banque, ou un établissement financier habilité à cet effet dans une convention par laquelle la banque ou l'établissement financier s'oblige à lui avancer, ou à avancer à la société coopérative, les sommes indiquées au 2o de l'article R. 213-5 ; cette convention doit stipuler au profit de la société le droit d'en exiger l'exécution ;

b) Soit d'une convention de cautionnement aux termes de laquelle une banque, un établissement financier habilité à cet effet, une société de caution mutuelle constituée conformément aux dispositions de la loi susmentionnée du 13 mars 1917 *(Décr. no 80-301 du 22 avr. 1980)* « ou une entreprise d'assurance agréée à cet effet » s'oblige, solidairement avec la personne qui a pris l'engagement prévu à l'article R. 213-5, envers la société à lui avancer les sommes indiquées au 2o dudit article.

Art. *R. 213-7 Les associés d'une société coopérative souscrivant, achetant ou s'engageant à acheter plus de deux logements ou plus d'un local à usage commercial ou professionnel sont tenus d'apporter à la société coopérative la garantie de leurs engagements.

Cette garantie porte sur les sommes que l'associé devra verser pour payer les lots qu'il désire se faire vendre ou attribuer. Elle est diminuée des versements faits par ces associés lors de la souscription ou de l'acquisition, ainsi que des sommes qui seraient consignées par l'associé au profit de la société ou de celles qui seraient avancées par lui à la société jusqu'à l'achèvement des travaux.

La garantie doit être fournie par une banque, un établissement financier habilité à cet effet, une société de caution mutuelle constituée conformément aux dispositions de la loi susmentionnée du 13 mars 1917 *(Décr. no 80-301 du 22 avr. 1980)* « ou une entreprise d'assurance agréée à cet effet ».

Les banques, compagnies d'assurance, établissements financiers et les organismes habilités à collecter la participation des employeurs à l'effort de construction sont dispensés de la garantie prévue au présent article pour les locaux ou logements dont ils se portent souscripteurs ou acquéreurs.

Art. *R. 213-8 Lorsque le programme à réaliser comporte plusieurs tranches et qu'une réduction de programme est décidée par une assemblée générale conformément à l'article L. 213-7, les engagements de garantie prévus à l'article R. 213-5 doivent porter non seulement sur les tranches à réaliser, mais aussi sur les équipements communs nécessaires pour que les lots de ces tranches puissent être utilisés conformément à leur destination.

Art. *R. 213-9 Si la société coopérative confie à son représentant légal ou statutaire les opérations constitutives de la promotion immobilière pour la réalisation d'un programme, l'assemblée générale doit, avant le commencement des travaux approuver la mission de ce représentant dans les conditions prévues à l'article L. 213-7.

Cette mission doit être définie par un écrit comportant les énonciations exigées par l'article L. 222-3. Cet écrit est établi conformément aux dispositions réglementaires prises pour l'application de cet article.

Art. *R. 213-10 Dix jours au moins avant l'assemblée générale qui doit se tenir, conformément à l'article L. 213-7, avant le commencement des travaux pour en approuver les conditions techniques et financières d'exécution et les bases selon lesquelles les différents éléments composant le prix global seront répartis entre les locaux à édifier afin de déterminer le prix de chacun d'eux, chaque associé doit recevoir, en plus de l'ordre du jour et de la convocation à cette assemblée, des documents lui permettant d'examiner le bien-fondé des propositions de répartition du prix faites par les dirigeants de la société.

Ces documents indiquent la consistance et les caractéristiques techniques du ou des immeubles compris dans le programme, la surface des pièces et locaux avec leur destination, le prix de revient estimé du programme, les moyens et les conditions de financement, les dates prévues pour le commencement et l'achèvement des travaux.

Lorsqu'il est prévu de faire appel à un promoteur immobilier ou de confier les opérations constitutives de la promotion immobilière au représentant légal de la société, le projet de contrat de promotion immobilière ou l'écrit prévu à l'article L. 213-6 est également notifié aux associés.

Le procès-verbal de délibération de l'assemblée est signé par le président et le secrétaire. Il indique le résultat de chaque vote. Il est annexé aux statuts.

Les notifications prévues au présent article sont valablement faites par lettre recommandée avec demande d'avis de réception.

Art. *R. 213-11 Le contrat de vente par une société coopérative de construction à ses associés, passé conformément à l'article L. 213-8, doit comporter, en annexe ou par référence à des documents déposés chez un notaire, les plans, coupes et élévations avec les cotes utiles et l'indication des surfaces de chacune des pièces et des dégagements de l'immeuble.

Si cet immeuble est compris dans un ensemble immobilier, ces indications doivent être complétées par un plan faisant apparaître le nombre des bâtiments de cet ensemble, leur emplacement et le nombre d'étages de chacun d'eux.

Les caractéristiques techniques mentionnées à l'article L. 213-8 peuvent résulter du devis descriptif servant de base aux marchés ou d'une notice descriptive suffisamment détaillée.

Ces documents s'appliquent au local vendu, à la partie du bâtiment ou au bâtiment dans lequel il se trouve et aux équipements extérieurs et réseaux divers qui s'y rapportent.

Un plan coté faisant ressortir les surfaces et les volumes des pièces et des locaux vendus ainsi que de leurs annexes faisant l'objet de la vente est joint au contrat ainsi qu'une notice distinguant les éléments d'équipements propres aux pièces et locaux vendus et ceux qui sont d'usage collectif.

Les modalités de révision et de paiement du prix doivent être conformes à celles prévues aux articles R. 261-14 et R. 261-15.

Art. *R. 213-12 Dans le cas prévu à l'article L. 213-10 où un associé ne satisfait pas à ses obligations, l'assemblée générale est convoquée, après mise en demeure adressée à l'associé défaillant par acte extrajudiciaire, par le représentant légal ou statutaire de la société ou, en cas d'inaction de ce représentant, par tout associé.

Art. *R. 213-13 La mise en vente des parts de l'associé défaillant ne peut avoir lieu en application de l'article R. 213-12 qu'après notification à tous les associés, y compris l'associé défaillant, de la date, de l'heure et du lieu de la vente publique. La notification indique le montant de la mise à prix. Elle est faite par lettre recommandée avec demande d'avis de réception et publiée dans un journal d'annonces légales du lieu du siège social.

Art. *R. 213-14 Les statuts des sociétés coopératives de construction doivent rappeler les obligations des associés en cas d'appel de fonds, leur responsabilité en cas de défaillance, de démission ou d'exclusion d'un autre associé ainsi que les conditions dans lesquelles les droits sociaux peuvent être mis en vente en cas de défaillance, conformément à l'article L. 213-10 et aux articles R. 213-12 et R. 213-13.

Art. *R. 213-15 L'achèvement de l'opération de construction au sens de l'article L. 213-11 résulte de l'exécution des ouvrages et de l'installation des éléments d'équipement qui sont indispensables à l'utilisation, conformément à leur destination, du ou des immeubles. Pour l'appréciation de cet achèvement, les défauts de conformité avec les prévisions statutaires ne sont pas pris en considération lorsqu'ils n'ont pas un caractère substantiel, ni les malfaçons qui ne rendent pas les ouvrages ou éléments ci-dessus visés impropres à leur utilisation.

Art. *R. 213-16 Jusqu'à ce que l'assemblée générale ait constaté l'achèvement de l'opération de construction, la démission d'un associé a lieu dans les conditions fixées par l'article L. 213-11 si elle est autorisée par l'assemblée générale.

L'assemblée générale doit être convoquée par le représentant légal de la société dans le délai fixé par les statuts sans que ce délai puisse excéder trois mois à partir de la réception par la société de la demande de démission. Faute de réunion de l'assemblée générale, l'associé peut convoquer lui-même l'assemblée générale.

Le remboursement des sommes versées par l'associé démissionnaire ou exclu s'effectue sous réserve des frais et charges occasionnés à la société du fait de la démission ou de l'exclusion. Ces frais peuvent toutefois être évalués forfaitairement dans les statuts. Au cas où l'associé démissionnaire ou exclu est immédiatement remplacé comme au cas où le nouvel associé présenté par l'associé démissionnaire est refusé sans motif valable et légitime, ce forfait ne peut excéder 2 p. 100 du prix prévisionnel des lots de l'associé exclu ou démissionnaire.

Le remboursement des sommes dues par la société à l'associé démissionnaire ou exclu s'effectue dès que cet associé a été remplacé et que le nouvel associé a versé les sommes nécessaires à ce remboursement. Même si l'associé exclu ou démissionnaire n'est pas remplacé, le remboursement ne peut être reporté à plus de six mois après l'assemblée générale décidant l'exclusion ou acceptant la démission.

Les notifications prévues aux troisième et quatrième alinéas de l'article L. 213-11 sont valablement faites par lettre recommandée avec demande d'avis de réception.

Art. *R. 213-17 Le retrait prévu par l'article L. 213-12 est constaté par acte authentique signé par l'associé qui se retire et le représentant légal ou statutaire de la société ou, en cas de refus de ce dernier, par jugement du tribunal de grande instance. Les retraits entraînent de plein droit l'annulation des parts ou actions correspondant aux locaux attribués en propriété et la réduction corrélative du capital social. Le représentant légal ou statutaire de la société constate la réduction du capital et apporte aux statuts les modifications nécessaires.

Art. R. 213-17-1 *(Décr. nº 85-943 du 5 sept. 1985)* Dans le cas prévu à l'article 30 *bis* de la loi nº 71-579 du 16 juillet 1971 *[V. App., vº Location-accession]*, la société coopérative de construction communique au tiers mentionné par cet article, et désigné par le locataire-accédant, le projet de contrat de location-accession dans lequel doit figurer la clause prévoyant l'engagement de ce tiers exigée par les dispositions dudit article 30 *bis*.

Art. R. 213-17-2 *(Décr. nº 85-943 du 5 sept. 1985)* Si le tiers qui doit lever ou faire lever l'option n'est pas un des organismes inscrits sur la liste prévue à l'article 15 de la loi nº 84-595 du 12 juillet 1984 *[V. App., vº Location-accession]* ou une des sociétés ou organismes mentionnés à l'article 17 de cette loi, ce tiers doit justifier d'une convention de cautionnement aux termes de laquelle l'un des organismes inscrits sur la liste précitée s'oblige, solidairement avec lui, envers la société coopérative à payer le prix à celle-ci.

Art. R. 213-17-3 *(Décr. nº 85-943 du 5 sept. 1985)* La société coopérative notifie au tiers que l'accédant renonce à acquérir la propriété du local faisant l'objet du contrat de location-accession. Cette notification est effectuée par lettre recommandée avec demande d'avis de réception dans un délai n'excédant pas un mois à compter de cette renonciation. Le tiers doit lever ou faire lever l'option prévue par le contrat dans un délai n'excédant pas trois mois à compter de cette notification.

CHAPITRE IV DISPOSITIONS PARTICULIÈRES COMMUNES AUX SOCIÉTÉS CONSTITUÉES EN VUE DE L'ATTRIBUTION D'IMMEUBLES AUX ASSOCIÉS PAR FRACTIONS DIVISES ET AUX SOCIÉTÉS COOPÉRATIVES DE CONSTRUCTION

Néant.

CHAPITRE V SOCIÉTÉS ANONYMES COOPÉRATIVES D'INTÉRÊT COLLECTIF POUR L'ACCESSION À LA PROPRIÉTÉ

(Décr. nº 2007-1595 du 9 nov. 2007)

COMMENTAIRE

Le chapitre V du présent titre est nouveau et consacré aux mesures réglementaires d'application relatives aux SACICAP créées par l'ordonnance du 25 août 2006, ratifiée par la loi nº 2006-1615 du 18 décembre 2006.

Art. R. 215-1 L'autorité administrative mentionnée aux articles L. 215-2, L. 215-7, L. 215-8 et L. 215-10 est le ministre chargé du logement. Le rapport prévu à l'article L. 215-7 est communiqué au ministre chargé du logement et au ministre chargé de l'économie.

Art. R. 215-2 L'avis de l'Union d'économie sociale pour l'accession à la propriété mentionné aux articles L. 215-8 et L. 215-10 est réputé donné passé le délai de deux mois à compter de sa saisine.

Art. R. 215-3 L'agrément mentionné à l'article L. 215-8 est réputé refusé lorsque, la demande ayant été adressée au ministre chargé du logement, celle-ci est restée sans réponse à l'expiration d'un délai de quatre mois à compter de la réception de cette demande.

Art. R. 215-4 Les agents de l'État chargés du contrôle prévu à l'article L. 215-9 sont désignés dans les conditions définies à l'article R.* 451-2 et procèdent aux opérations de contrôle selon les dispositions prévues aux articles R.* 451-3 à R.* 451-5.

Le rapport de contrôle mentionné au dernier alinéa de l'article L. 215-9 est définitif lorsqu'il comporte les observations produites dans le délai d'un mois par le président du conseil d'administration ou du directoire de la société ainsi que, le cas échéant, les réponses des contrôleurs apportées à ces observations. Le rapport définitif est communiqué au président du conseil d'administration ou aux présidents du directoire et du conseil de surveillance de la société, au ministre chargé du logement, au ministre chargé de l'économie et au président du conseil d'administration de l'Union d'économie sociale pour l'accession à la propriété. Le rapport définitif est soumis à la délibération du conseil d'administration ou du directoire et du conseil de surveillance de la société à la première réunion qui suit cette communication.

TITRE DEUXIÈME PROMOTION IMMOBILIÈRE

CHAPITRE PREMIER DISPOSITIONS GÉNÉRALES

Néant.

CHAPITRE II DISPOSITIONS APPLICABLES À LA CONSTRUCTION D'IMMEUBLES À USAGE D'HABITATION OU À USAGE PROFESSIONNEL ET D'HABITATION

Art. *R. 222-1 Le présent chapitre s'applique aux contrats par lesquels une personne s'oblige envers le maître de l'ouvrage à faire procéder à la construction d'un ou plusieurs immeubles d'habitation ou d'un ou plusieurs immeubles destinés à la fois à l'usage professionnel et à l'habitation conformément aux articles L. 222-1 à L. 222-7.

SECTION PREMIÈRE FORME ET OBJET DU CONTRAT DE PROMOTION IMMOBILIÈRE ET DU CONTRAT PARTICULIER RELATIF AUX ÉTUDES PRÉLIMINAIRES

Art. *R. 222-2 Le commencement d'exécution du contrat de promotion immobilière, qu'il soit constaté par un ou plusieurs actes indiqués au deuxième alinéa de l'article L. 222-3, résulte de la signature d'un contrat de louage d'ouvrage ou, en cas d'absence de contrat de cette nature, du commencement des travaux, à l'exception des contrats limités aux études préliminaires prévues au deuxième alinéa dudit article dans le cas où ces contrats sont distincts du contrat de promotion immobilière.

Art. *R. 222-3 Pour l'application de l'article L. 242-1 définissant ce qu'il faut entendre par immeuble à usage professionnel et par immeuble destiné à la fois à l'usage professionnel et à l'habitation, au sens des articles L. 222-1 et L. 222-2, dans le cas d'immeubles collectifs, les superficies à retenir sont les superficies développées de tous les locaux de l'immeuble, qu'il s'agisse de locaux principaux, de locaux annexes ou de parties communes, dans les conditions fixées par le présent chapitre.

Sont notamment considérés comme locaux annexes les caves, greniers, resserres, celliers, terrasses, balcons, loggias, garages et sous-sols.

Si les annexes sont affectées ou destinées à être affectées à un local principal, elles sont considérées comme étant de même nature que ce local principal.

Les annexes qui ne sont ni affectées ni destinées à être affectées à un local principal sont réputées réparties entre, d'une part, les locaux à usage d'habitation ou à usage professionnel et d'habitation et, d'autre part, les locaux d'une autre nature, selon le rapport existant entre les superficies développées de ces deux catégories de locaux, y compris leurs propres annexes.

Art. *R. 222-4 Lorsqu'il existe un contrat particulier dont l'objet est limité aux études préliminaires prévues au deuxième alinéa de l'article L. 222-3, ce contrat n'est pas soumis aux règles du contrat de promotion immobilière.

Lorsqu'un contrat de promotion immobilière fait suite à un contrat particulier d'études préliminaires, les dispositions du contrat particulier ne sont pas obligatoirement reprises dans le contrat de promotion immobilière. Les deux contrats sont alors passés, exécutés et réglés selon leurs règles propres indépendamment l'un de l'autre.

Art. *R. 222-5 Le contrat de promotion immobilière prévu par l'article L. 222-3 comporte en annexe les plans, coupes et élévations avec les cotes utiles des bâtiments, voies, réseaux divers et aménagements extérieurs ou intérieurs.

Ces documents font ressortir les surfaces de chacune des pièces, de chacun des locaux, de chacune des annexes ou dégagements dont la construction est prévue en faisant mention des éléments d'équipement qui seront réalisés.

S'il s'agit d'immeubles collectifs ou d'ensembles immobiliers comportant des locaux ou des logements semblables, les indications détaillées peuvent se limiter aux types de locaux, dès lors que sont fournies des indications suffisantes pour qu'il soit possible de connaître non seulement le nombre de locaux ou d'appartements qui seront réalisés conformément au type proposé, mais aussi la situation et la disposition de chacun de ces locaux et de ces appartements ainsi que des parties communes permettant d'y accéder.

SECTION II PRIX DU CONTRAT

Art. *R. 222-6 Le prix convenu au *d* de l'alinéa 1er de l'article L. 222-3 est augmenté ou diminué, selon le cas, des sommes résultant du jeu des clauses d'actualisation et de révision prévues dans les contrats et marchés conclus pour la réalisation de l'immeuble.

Préalablement à la signature des contrats et marchés prévus à l'alinéa précédent, le promoteur est tenu de notifier aux cocontractants le prix convenu dans le contrat de promotion immobilière, déduction faite du poste pour imprévu, et le total des engagements qu'il a déjà pris pour la réalisation de l'immeuble.

Les clauses d'actualisation et de révision mentionnées à l'alinéa 1er, si elles ne sont pas indiquées dans le contrat de promotion immobilière, et le montant de chaque contrat, marché ou engagement sont notifiés par le promoteur au maître de l'ouvrage.

Les notifications prévues au présent article sont valablement faites par lettre recommandée avec demande d'avis de réception ou par remise de documents contre récépissé ou émargement.

Art. *R. 222-7 Les modalités de règlement du prix, éventuellement révisé, que le contrat de promotion immobilière doit préciser, conformément au *e* de l'alinéa 1er de l'article L. 222-3, doivent être conformes aux dispositions suivantes :

Les paiements sont faits en fonction de l'état d'avancement des travaux justifié selon les modalités prévues au contrat. Toutefois ils ne peuvent excéder au total :

15 p. 100 du prix à l'achèvement des fondations ;

70 p. 100 à la mise hors d'eau.

Pour l'application des alinéas précédents, le prix s'entend déduction faite de la somme figurant au poste pour imprévu, dans la mesure où elle n'a pas été utilisée dans les conditions prévues au *d* du premier alinéa de l'article L. 222-3.

Art. *R. 222-8 Les modalités de règlement de la rémunération prévue au *f* de l'alinéa 1er de l'article L. 222-3 doivent être conformes aux dispositions suivantes :

Les paiements ne peuvent excéder au total :

10 p. 100 de la rémunération à la signature du contrat de promotion immobilière dans le cas où les études préliminaires ont fait l'objet d'un contrat distinct du contrat de promotion immobilière, 25 p. 100 dans le cas contraire ;

50 p. 100 à la mise hors d'eau ;

70 p. 100 à l'achèvement des travaux d'équipement, de plomberie, de menuiserie et de chauffage ;

90 p. 100 à la livraison du bâtiment au maître de l'ouvrage.

Le solde est consigné par le maître de l'ouvrage lors de la livraison, à moins que le promoteur ne fournisse pour un montant égal la caution personnelle et solidaire d'une banque, d'un établissement financier habilité, *(Décr. no 80-301 du 22 avr. 1980)* « d'une entreprise d'assurance agréée » à cet effet ou d'une société de caution mutuelle constituée conformément aux dispositions de la loi du 13 mars 1917 ayant pour objet l'organisation du crédit au petit et moyen commerce et à la petite et moyenne industrie. Il est payable à l'achèvement de la mission du promoteur, tel que cet achèvement est défini à l'article 1831-4 du code civil.

● SECTION III GARANTIES D'EXÉCUTION DU CONTRAT

Art. *R. 222-9 L'engagement de bonne exécution de sa mission par le promoteur, qui résulte du contrat, comporte l'obligation de prendre à sa charge les sommes excédant le prix convenu qui seraient nécessaires à la réalisation de l'ouvrage tel que décrit audit contrat en application de l'article L. 222-3. Cette obligation est garantie par une banque, un établissement financier habilité, *(Décr. no 80-301 du 22 avr. 1980)* « une entreprise d'assurance agréée » à cet effet ou une société de caution mutuelle constituée conformément aux dispositions de la loi susmentionnée du 13 mars 1917.

La garantie prend la forme :

Soit d'une convention aux termes de laquelle la caution s'oblige, solidairement avec le promoteur, envers le maître de l'ouvrage, à payer lesdites sommes ;

Soit d'une ouverture de crédit par laquelle celui qui l'a consentie s'oblige à avancer au promoteur ou à payer pour son compte les sommes définies ci-dessus. Cette convention doit stipuler au profit du maître de l'ouvrage le droit d'en exiger l'exécution.

Si le promoteur justifie qu'il est couvert contre les conséquences pécuniaires de la responsabilité civile professionnelle qu'il peut encourir en raison de son activité et de la responsabilité mise à sa charge par le premier alinéa de l'article 1831-1 du code civil, par un contrat souscrit par lui auprès d'une société d'assurances ou d'un assureur agréé en application des articles L. 321-1 et L. 321-2 du code des assurances, le garant n'est tenu à l'égard du maître de l'ouvrage que des dépassements du prix convenu excédant 5 p. 100 dudit prix. Toutefois, le montant cumulé de la franchise ainsi prévue et du poste pour imprévu ne peut dépasser 10 p. 100 du prix convenu.

En aucun cas, le remboursement des sommes versées en exécution des deuxième et troisième alinéas du présent article ne peut être demandé au maître de l'ouvrage.

Art. *R. 222-10 En vue du cas où la garantie prévue à l'article précédent prend la forme d'une convention d'ouverture de crédit, le contrat de promotion immobilière peut prévoir que les règlements effectués par le maître de l'ouvrage ou pour son compte prennent la forme de chèques, de mandats ou de virements établis à l'ordre de la personne ayant consenti l'ouverture de crédit.

Art. *R. 222-11 Le promoteur n'est pas tenu de fournir les garanties prévues à l'article R. 222-9 lorsque :

1o Le maître de l'ouvrage est une société régie par les articles L. 212-1 à L. 212-16 dont tous les associés ont souscrit, soit lors de la constitution de la société, soit lors d'une augmentation de capital, des parts ou actions donnant vocation à l'attribution en propriété de plus de deux locaux à usage d'habitation ou à usage professionnel et d'habitation ou de locaux destinés à un autre usage que l'habitation ;

2o Les garanties ci-après énumérées ont été données à la société et à ses associés par une ou plusieurs banques, établissements financiers habilités, *(Décr. no 80-301 du 22 avr. 1980)* « entreprises d'assurance agréées » à cet effet ou sociétés de caution mutuelle constituées conformément aux dispositions de la loi du 13 mars 1917 susmentionnée ;

3o Les conditions suivantes sont remplies :

a) La société bénéficie de l'engagement du garant de répondre à ses appels de fonds en cas de défaillance des associés ;

b) A la date de la signature du premier des actes constituant le contrat de promotion immobilière, tous les associés peuvent justifier qu'au cas où ils céderaient leurs parts ou actions, les cessionnaires sont garantis contre les appels de fonds nécessaires à la réalisation de l'ouvrage et non prévus au contrat de cession, le garant s'étant engagé à satisfaire à ces appels de fonds.

La convention passée entre le garant et l'associé cédant doit stipuler que le cessionnaire a le droit d'en exiger le bénéfice à son profit direct. Le garant s'engage également à renoncer lors de la cession de parts ou actions, si le cessionnaire le demande, au nantissement desdites parts ou actions au cas où ce nantissement a été consenti à son profit et à donner mainlevée des hypothèques qui auraient été consenties à son profit sur les lots affectés aux parts ou actions cédées ;

c) La société intervient aux actes de cession de parts ou actions et y justifie de la garantie prévue au *a* ci-dessus.

Art. *R. 222-12 Le maître de l'ouvrage est tenu d'indemniser le promoteur pour les dépassements du prix convenu résultant de son fait, et notamment de retards dans le règlement du prix et des délais de paiement qui lui auraient été accordés, en vertu de l'article L. 222-4.

La garantie prévue à l'article R. 222-9 ne s'étend pas à l'indemnisation due en application du présent article par le maître de l'ouvrage.

Le contrat peut prévoir une indemnisation forfaitaire du promoteur pour retards dans les paiements du maître de l'ouvrage.

Art. *R. 222-13 Les dépassements de délai contractuel qui ne sont imputables ni au maître de l'ouvrage, ni à un cas de force majeure ne pouvant entraîner aucune révision de prix au profit du promoteur, la garantie du prix convenu au sens de l'article R. 222-9 doit s'entendre comme garantissant un prix excluant toute révision de prix due à des dépassements de délai contractuel si ces dépassements sont dus à un cas de force majeure ou au fait du maître de l'ouvrage.

Art. *R. 222-14 La garantie prévue à l'article R. 222-9 prend fin à l'achèvement de la mission du promoteur tel que cet achèvement est défini à l'article 1831-4 du code civil.

Pour l'application du présent article, l'ouvrage est réputé livré au sens de l'article 1831-4 du code civil, reproduit à l'article L. 221-4 du présent code, lorsque sont exécutés les ouvrages et sont installés les éléments d'équipement qui sont indispensables à l'utilisation, conformément à sa destination, de l'ouvrage faisant l'objet du contrat de promotion immobilière ; pour l'appréciation de la livraison, les défauts de

conformité avec les prévisions dudit contrat ne sont pas pris en considération lorsqu'ils n'ont pas un caractère substantiel, ni les malfaçons qui ne rendent pas les ouvrages ou éléments ci-dessus indiqués impropres à leur utilisation.

TITRE TROISIÈME CONSTRUCTION D'UNE MAISON INDIVIDUELLE

(Décr. nº 91-1201 du 27 nov. 1991)

Les dispositions ci-dessous sont applicables aux contrats signés après le 30 nov. 1991. Les dispositions en vigueur à cette date (reproduites in fine de ce titre) restent applicables aux contrats signés antérieurement (Décr. nº 91-1201 du 27 nov. 1991, art. 2).

CHAPITRE PREMIER CONSTRUCTION D'UNE MAISON INDIVIDUELLE AVEC FOURNITURE DE PLAN

Art. R. 231-1 **Le présent chapitre s'applique aux contrats relatifs à la construction d'un immeuble à usage d'habitation ou à usage professionnel et d'habitation ne comportant pas plus de deux logements destinés au même maître de l'ouvrage et régis par le chapitre Ier du titre III du livre II du présent code, partie Législative.**

V. Recommandation nº 91-03 de la Commission des clauses abusives (BOCC 6 sept. 1991 ; Mon. TP 13 sept. 1991, p. 312).

V. Recommandation nº 81/02 de la Commission des clauses abusives (BOCC 16 janv. 1981 ; RDI 1981. 155, obs. Malinvaud et Jestaz).

Art. R. 231-2 **Il est satisfait aux obligations prévues au *a* de l'article L. 231-2 par les énonciations suivantes portées au contrat :**

1. En ce qui concerne la désignation du terrain : sa situation avec l'indication de son adresse ou lieudit ainsi que sa surface et sa désignation cadastrale ;

2. En ce qui concerne le titre de propriété ou les droits réels permettant de construire : la nature des droits, la nature du titre, sa date, l'indication des nom et adresse du rédacteur de l'acte.

COMMENTAIRE

La mention de la « situation » de l'immeuble ne pose en principe pas de problème particulier, mais il peut être plus prudent de préférer la contenance réelle à la référence cadastrale. La nuance rédactionnelle entre ces prescriptions et celles du régime de construction sans fourniture du plan ne semble pas mériter d'être relevée (V. art. R. 232-3). C'est davantage sur le défaut d'information et éventuellement les vices du consentement que la jurisprudence vient sanctionner au travers le manquement à l'une de ces mentions impératives. ❑

1. Est nul le contrat qui ne contient pas toutes les mentions concernant le titre de propriété, notamment les nom et adresse du rédacteur de l'acte. • Bourges, 5 janv. 1998 : *Constr.-Urb. 1998, nº 288.*

2. Est nul sur le fondement de l'art. 1110 C. civ., pour vice de consentement tenant à une erreur excusable, le contrat qui n'a pas permis au maître de l'ouvrage de prendre conscience au moment de sa signature de la solidarité de la maison voisine avec sa propre habitation, avec pour conséquence la démolition de la maison et l'attribution de dommages-intérêts. • Nancy, 6 mai 2002 : *Constr.-Urb. 2003, nº 30, obs. Sizaire.*

Art. R. 231-3 **En application du *c* de l'article L. 231-2, à tout contrat, qu'il soit ou non assorti de conditions suspensives, doit être joint le plan de la construction à édifier, précisant les travaux d'adaptation au sol, les coupes et élévations, les cotes utiles et l'indication des surfaces de chacune des pièces, des dégagements et des dépendances. Le plan indique en outre les raccordements aux réseaux divers décrits à la notice prévue à l'article R. 231-4 et les éléments d'équipement intérieur ou extérieur qui sont indispensables à l'implantation, à l'utilisation et à l'habitation de l'immeuble.**

Un dessin d'une perspective de l'immeuble est joint au plan.

Est nul le contrat ne mentionnant pas le nombre de pièces ni les dimensions de la future habitation. • Civ. 3e, 22 juin 1988 : *JCP 1988. IV. 307.*

Art. R. 231-4 **I. – Est aussi annexée au contrat visé à l'article L. 231-2 une notice descriptive conforme à un modèle type agréé par arrêté du ministre chargé de la construction et de l'habitation indiquant les caractéristiques techniques tant de l'immeuble lui-même que des travaux d'équipement intérieur ou extérieur qui sont indispensables à l'implantation et à l'utilisation de l'immeuble.** – *V. Arr. du 27 nov. 1991, App., vo Maisons individuelles (notice descriptive).*

II. – Cette notice fait la distinction prévue à l'article L. 231-2 (*d*) entre ces éléments selon que ceux-ci sont ou non compris dans le prix convenu. Elle indique le coût de ceux desdits éléments dont le coût n'est pas compris dans le prix.

La notice mentionne les raccordements de l'immeuble à l'égout et aux distributions assurées par les services publics, notamment aux distributions d'eau, de gaz, d'électricité ou de chauffage, en distinguant ceux qui sont inclus dans le prix et, s'il y a lieu, ceux dont le coût reste à la charge du maître de l'ouvrage.

La notice doit porter, de la main du maître de l'ouvrage, une mention signée par laquelle celui-ci précise et accepte le coût des travaux à sa charge qui ne sont pas compris dans le prix convenu.

COMMENTAIRE

L'article R. 231-4 prévoit l'obligation d'annexer au contrat de construction de maison individuelle une notice descriptive conforme à un modèle type (V. Arr. du 27 nov. 1991, *JO 29 nov.*).

Les travaux dont le maître de l'ouvrage se réserve la réalisation doivent être estimés dans leur montant par le constructeur (V. art. L. 231-2 *d*). Par la suite, si l'accédant souhaite renoncer à leur exécution, il sera en droit de solliciter le constructeur, dans le délai de quatre mois suivant la signature du contrat, afin de les réaliser ou les faire réaliser au prix stipulé lors de la formation du contrat (V. art. L. 231-7). Le cas échéant, dans l'hypothèse où le constructeur aurait minoré le prix de ces travaux, il devrait en supporter la charge de leur coût réel (V. art. L. 231-2 *d* ; * Rép. min. no 19918, *JOAN Q, 24 mars 2009, p. 2905*, cité dans le commentaire de ce même art. L. 231-2).

La jurisprudence fait une stricte application de ces prescriptions, en particulier de l'exigence de la mention manuscrite du maître d'ouvrage. Elle a jugé, en particulier, que les mentions « bon pour accord » et « lu et approuvé » ne peuvent valoir acceptation des travaux par le maître de l'ouvrage, à défaut de mention manuscrite. ❑

1. Bien que le ministre de l'Environnement et du Cadre de vie ait été compétent pour agréer la notice descriptive dont le principe est prévu par l'art. L. 231-1-*b* (ancien), il n'a pu légalement agréer un modèle de notice descriptive, qui mentionne obligatoirement si le projet a donné lieu à une appréciation de la qualité selon la méthode « Qualitel ». • CE, sect., 9 oct. 1981, *Synd. national des constructeurs de maisons individuelles : Lebon 359.*

2. Les mentions prévues à l'art. R. 231-4 sont requises à peine de nullité du contrat. • Civ. 3e, 24 févr. 1988 : *Bull. civ. III, no 47 ; JCP 1988. IV. 162.* ♦ La fourniture ultérieure d'un avenant, comme l'absence de préjudice ne permettent pas d'éviter la nullité encourue par le contrat pour défaut de ces mentions. • Paris, 10 janv. 1996 : *JCP 1996. IV. 960.*

3. La notice descriptive doit être suffisamment précise. Elle doit énoncer les caractéristiques de l'immeuble, les travaux d'équipement nécessaires à son édification, et indiquer le coût des travaux en précisant, si besoin est, ceux qui ne sont pas compris dans le prix convenu. • Civ. 3e, 6 nov. 1996 : *RDI 1997. 252*. ♦ La notice descriptive du CCMI doit porter, de la main des maîtres de l'ouvrage, une mention signée par laquelle ils précisent accepter le coût des travaux à leur charge lorsque ceux-ci ne sont pas compris dans le prix convenu. • Civ. 3e, 4 nov. 2010 : *Bull. civ. III, no 197 ; Dalloz actualité, 26 nov. 2010, obs. Garcia ; Constr-Urb. 2011, no 15, obs. Sizaire.* ♦ En particulier, ne peut, de la sorte, réclamer le paiement des travaux de raccordement au réseau public le constructeur qui, s'il a décrit les travaux de branchement dans le contrat, n'en a pas fixé le coût. • Toulouse, 10 sept. 2007 : *Constr.-Urb. 2008, no 3, obs. Sizaire.*

4. Ce document fait partie intégrante du contrat. Ainsi est nul le contrat dans lequel ne figure pas la mention manuscrite du maître de l'ouvrage faisant référence à la notice par laquelle ce dernier prend connaissance des travaux non compris dans le prix convenu (en l'espèce : travaux de branchement de l'égout, aux distributions de gaz, d'électricité et de chauffage et coût de ces opérations de raccordement). • Bourges, 5 janv. 1998 : *Constr.-Urb., 1998, no 52, obs. Sizaire.* • Civ. 3e, 4 nov. 2010 : *préc. note 3.* ♦ Dans le même sens, l'absence de précision de ce document, notamment concernant le coût des travaux et équipements non compris dans le prix, invalide le contrat. • Versailles, 10 mars 1989 : *Gaz. Pal. 1989. 2. Somm. 408.* ♦ Toutefois, l'absence de signature de la notice descriptive ne constitue pas une cause de nullité du contrat de construction. • Civ. 3e, 23 avr. 1986 : *Bull. civ. III, no 51 ; D. 1986. IR 308 ; RDI 1986. 480.*

5. Sur la portée d'un bon de commande signé par un client stipulant l'obligation, pour ce dernier de niveler lui-même le terrain, alors que le constructeur de la maison individuelle avait pris en charge les missions d'architecte, d'entrepreneur et de conseil (édification sur un terrain inondable d'une maison inhabitable), V. • Civ. 3e, 25 mars 1981 : *Bull. civ. III, no 73 ; D. 1982. IR 467, obs. Magnin.*

6. A violé son obligation de décrire et d'estimer le coût des travaux d'équipement extérieurs et intérieurs indispensables à l'implantation d'une maison, le constructeur qui a fixé, sur la seule base des déclarations erronées de l'acheteur relatives à la pente du terrain, un prix correspondant à un terrain plan de niveau, de résistance normale et ne nécessitant pas de terrassements spéciaux ou de fondations spéciales. • Civ. 3e, 5 nov. 1980 : *Bull. civ. III, no 171 ; Defrénois 1981. 925, obs. Souleau.*

7. Lorsque le constructeur d'une maison individuelle a fait état, dans sa publicité ou dans le contrat de construction de maison individuelle, de prêts destinés au financement de la construction, le contrat est, nonobstant toute stipulation contraire, réputé conclu sous condition résolutoire du refus des prêts, sauf si le maître de l'ouvrage a expressément indiqué qu'il renonçait à ces prêts. • Civ. 3e, 24 juin 1987 : *D. 1987. IR 164.*

Art. R. 231-5 **Pour l'application du *d* de l'article L. 231-2, le prix convenu s'entend du prix global défini au contrat éventuellement révisé ; il inclut en particulier :**

1. Le coût de la garantie de livraison et, s'il y a lieu, celui de la garantie de remboursement ;

2. Le coût du plan et, s'il y a lieu, les frais d'études du terrain pour l'implantation du bâtiment ;

3. Le montant des taxes dues par le constructeur sur le coût de la construction.

COMMENTAIRE

Le prix stipulé en application de l'article L. 231-5 *d*) doit s'entendre du coût des garanties engagées, du plan et des études de sol, des taxes du coût de la construction dont est redevable le constructeur.

Une fois le contrat formé et éventuellement révisé en application de l'un des aménagements proposés par l'article L. 231-11, le constructeur ne sera plus en droit d'en solliciter l'augmentation (malgré d'éventuelles réévaluations des coûts des matériaux, de la main-d'œuvre, de nouvelles études de sol ou de réimplantation de l'ouvrage...). ❑

1. L'interdiction de la conclusion d'un contrat d'études préalables avant la conclusion du contrat de construction d'une maison individuelle, procède d'une mesure de protection du maître de l'ouvrage. La rémunération des études préalables est interdite. • Versailles, 4 juin 1981 : *RDI 1983. 477, obs. Groslière et Jestaz* • T. corr. Bourges, 5 mars 1982 : *ibid. – Contra :* • Paris, 17 oct. 1978 : *JCP N 1979. II. 223.* ◆ Elle est en revanche possible si le plan n'a pas été proposé, mais demandé à un architecte. • Limoges, 15 déc. 1983 : *RDI 1984. 207, obs. Groslière et Jestaz.*

2. Le prix convenu comprend le coût des études nécessaires à l'implantation et à l'édification de l'immeuble. Il revient au constructeur de fixer le prix en fonction des travaux à entreprendre et de procéder lui-même à toute étude permettant « de fixer le coût des fondations ». Le maître de l'ouvrage ne peut donc être tenu, en cas de résiliation du contrat, du paiement des travaux exigés pour soutenir les fondations de l'immeuble. • Civ. 3e, 11 févr. 1998 : *Dr. et patr. 1998, no 61. 78, note C. Saint-Alary-Houin ; RDI 1998. 256, note Malinvaud et Boubli ; Constr.-Urb. 1998, no 9, obs. Sizaire.*

Art. R. 231-6 **L'indice mentionné à l'article L. 231-11 est l'index national du bâtiment tous corps d'état dénommé BT 01, créé par le ministre chargé de l'économie et des finances et utilisé pour la révision des prix des marchés de construction de bâtiment. Il traduit la variation des coûts salariaux, y compris les charges annexes, des coûts des matériaux et leur transport, des coûts d'utilisation, amortissement compris, des matériels mis en œuvre ainsi que des coûts des produits et services divers nécessaires à la gestion des entreprises définis par décision du ministre chargé de l'économie et des finances et publiés au *Bulletin officiel de la concurrence et de la consommation.***

L'index BT 01 est publié mensuellement au *Journal officiel* par le ministre chargé de la construction et de l'habitation.

La limite mentionnée à l'article L. 231-11 est fixée à 70 p. 100.

V. Recommandation no 81-02 de la Commission des clauses abusives concernant les contrats de construction de maison individuelle selon un plan établi à l'avance et proposé par le constructeur, JCP. III. 50837.

BIBL. ▶ G. Fau et M. Nenissas-Fau, *Ann. loyers, 1983* (utilisation de l'index BT 01), *1041.*– J.-H. Khon, *Gaz. Pal. 1983, 2. doctr. 462* (l'index BT 01 devant la juridiction administrative). – Ph. Malinvaud, *RDI 1984. 381* (révision des prix). – M. Peisse, *Administrer févr. 1983. 8* (même thème) ; *ibid. 1984, août-sept. 14* (BT 01, l'épilogue définitif). – J.-G. Raffray, *JCP 1984. I. 3148* (légalité des textes réglementaires en droit privé) ; *ibid. N 1985. Prat. 9539.*

1. La révision ne peut s'effectuer que d'après la variation de l'index BT 01. Le non-respect de ces prescriptions invalide la révision et les sommes versées par le maître de l'ouvrage doivent lui être restituées. • Civ. 3e, 1er déc. 1993 : *Bull. civ. III, no 155 ; D. 1994. IR 10 ; RDI 1994. 262.*

2. La clause d'actualisation du prix doit être une partie intégrante du contrat et ne saurait être écartée par la production d'une simple photocopie en un seul exemplaire où ladite clause a été remplacée par une mention « prix ferme jusqu'à livraison ». • Civ. 3e, 25 févr. 1987 : *pourvoi no 85-16.125.*

3. Sur la notion de « prix global » et ses conséquences, V. • Versailles, 13 mai 1988 : *D. 1988. IR 203.*

Art. R. 231-7 **I. – Le pourcentage maximum du prix convenu, exigible aux différents stades de la construction d'après l'état d'avancement des travaux, est fixé, par application du troisième alinéa de l'article L. 242-2, de la manière suivante :**

15 p. 100 à l'ouverture du chantier, pourcentage incluant éventuellement celui du dépôt de garantie ;

25 p. 100 à l'achèvement des fondations ;

40 p. 100 à l'achèvement des murs ;

60 p. 100 à la mise hors d'eau ;

75 p. 100 à l'achèvement des cloisons et à la mise hors d'air ;

95 p. 100 à l'achèvement des travaux d'équipement, de plomberie, de menuiserie et de chauffage.

II. – Le solde du prix est payable dans les conditions suivantes :

1. Lorsque le maître de l'ouvrage se fait assister, lors de la réception, par un professionnel mentionné à l'article L. 231-8, à la levée des réserves qui ont été formulées à la réception ou, si aucune réserve n'a été formulée, à l'issue de la réception ;

2. Lorsque le maître de l'ouvrage ne se fait pas assister par un professionnel pour la réception, dans les huit jours qui suivent la remise des clés consécutive à la réception, si aucune réserve n'a été formulée, ou, si des réserves ont été formulées, à la levée de celles-ci.

Dans le cas où des réserves sont formulées, une somme au plus égale à 5 p. 100 du prix convenu est, jusqu'à la levée des réserves, consignée entre les mains d'un consignataire accepté par les deux parties ou, à défaut, désigné par le président du tribunal de grande instance.

COMMENTAIRE

L'article R. 231-7 permet au maître d'ouvrage de limiter le paiement à 95 % du prix convenu à « l'achèvement des travaux d'équipement, de plomberie, de menuiserie et de chauffage ». Dans l'hypothèse où le maître de l'ouvrage a été assisté lors des opérations de réception, le solde du prix devra être réglé lors de la levée des réserves, le cas échéant. A défaut d'assistance au cours de la réception ou en l'absence de désordres réservés, le maître de l'ouvrage dispose d'un délai de huit jours à compter de la remise des clés pour payer le solde du prix. Ce délai est également appliqué à compter de la levée des réserves s'il y en a eues, à condition que le maître de l'ouvrage n'ait pas été assisté pour la réception.

1. Aucun versement d'un montant supérieur au pourcentage prévu par la loi ne peut être exigé par le constructeur. • Crim. 5 oct. 1981 : *D. 1981. IR 466, obs. Magnin ; RDI 1982. 299, Chron., obs. Groslière et Jestaz.*

2. C'est à bon droit qu'une cour d'appel a condamné un constructeur ayant obtenu, par la production de situations inexactes, le versement de fonds au stade du hors d'eau, alors que la toiture et la charpente n'étaient pas encore posées, avant d'abandonner le chantier. • Crim. 6 mai 1985 : *D. 1985. IR 39, obs. Magnin.*

3. Le respect des dispositions de l'art. R. 231-7 interdit au constructeur de demander au maître de l'ouvrage, dans la lettre de convocation à la réception, de lui remettre à ce moment un chèque représentant le solde des travaux, puisque le maître de l'ouvrage bénéficie d'un délai de huit jours pour acquitter ce solde s'il ne se fait pas assister. • Crim. 17 déc. 2003 : *Constr.-Urb. 2004, n° 73, obs. Sizaire.* ◆ Le fait que le maître de l'ouvrage n'ait formulé aucune réserve à la réception, faite sans l'assistance d'un professionnel, ne dispense pas le constructeur d'attendre l'expiration du délai de sept jours pour réclamer le paiement du solde du prix. • Crim. 13 févr. 2007 : *Bull. crim. n° 46 ; Constr.-Urb. 2007, n° 68, obs. Sizaire ; JCP N 2007. Actu. 254 ; RDI 2007. 161, obs. Roujou de Boubée.*

4. Est recevable l'action civile exercée par le maître de l'ouvrage contre le constructeur qui a exigé des versements irréguliers. Le maître de l'ouvrage subit, dans ce cas, un préjudice personnel et légitime indemnisable au titre des art. 2 et 3 du NCPC [C. pr. civ.]. • Crim. 28 mai 1997 : *Bull. crim. n° 206 ; RDI 1998. 150, obs Roujou de Boubée ; Constr.-Urb. 1998, n° 51, obs. Sizaire ; Gaz. Pal. 1997. 1, Chron. dr. crim. 195.*

5. Le contrat de construction de maison individuelle avec fourniture de plan ne peut pas plus donner lieu à des paiements « intermédiaires ». • Civ. 3e, 7 mai 1996 : *Bull. civ. III, n° 110 ; RDI 1996. 391, obs. Groslière et C. Saint-Alary-Houin ; Defrénois 1997. 386, obs. Dubois.*

6. Engage sa responsabilité pour ne pas avoir alerté son client sur la disproportion existant entre l'échéancier des paiements figurant dans le contrat de construction et celui contenu dans l'acte de cautionnement le banquier qui débloque des fonds à hauteur de 25 % du prix total de la construction, bien que ce pourcentage respecte le maximum prévu par l'art. R. 231-7, alors que compte tenu de l'avancement des travaux et de la grille d'appel de fonds visée à l'acte de cautionnement, seul un montant inférieur pouvait être réclamé. • Paris, 7 nov. 2000 : *Constr.-Urb. 2001, n° 170, obs. Sizaire.*

7. Le maître de l'ouvrage, qui ne démontre pas que l'inexécution par le constructeur de maison individuelle des obligations qui lui incombent justifie qu'il soit procédé à une retenue sur le paiement du prix du marché supérieure à celle prévue au dernier alinéa de l'art. R. 231-7, n'est pas fondé à s'opposer au paiement de l'échéance correspondant à 95 % du prix du contrat. • Douai, 24 mai 2007 : *Constr.-Urb. 2008, no 19, note Sizaire.*

Art. R. 231-8 **I. – Lorsque le contrat n'a pas stipulé un dépôt de garantie conforme à l'article L. 231-4-III, il prévoit un paiement n'excédant pas 5 p. 100 du prix convenu de la construction au jour de la signature ainsi qu'un paiement n'excédant pas 5 p. 100 dudit prix à la délivrance du permis de construire. En ce cas une attestation de garantie de remboursement est annexée au contrat.**

II. – La garantie de remboursement est constituée par une caution solidaire donnée par un établissement de crédit ou une entreprise d'assurance agréés à cet effet.

La garantie est donnée :

1. Pour le cas où le contrat ne peut être exécuté faute de réalisation des conditions suspensives dans le délai prévu ;

2. Pour le cas où le chantier n'est pas ouvert à la date convenue ;

3. Pour le cas où le maître de l'ouvrage exerce la faculté de rétractation prévue à l'article L. 271-1.

Cette garantie prend fin à la date d'ouverture du chantier.

COMMENTAIRE

Sous la condition qu'il n'y ait pas de dépôt de garantie, l'article R. 231-8 précise les conditions de mise en œuvre de la garantie de remboursement. Elle pourra s'élever jusqu'à deux fois 5 % du prix total de la construction, au jour de la signature du contrat et au jour de la délivrance du permis de construire.

La garantie de remboursement est une caution solidaire qui est une garantie extrinsèque. Elle engage le garant solidairement avec le constructeur, à rembourser, le cas échéant, les premiers versements effectués par le maître de l'ouvrage. Elle prend fin à la date d'ouverture du chantier. Une attestation de cette garantie devra être annexée au contrat, en vertu de l'article L. 231-2 *k*. ❑

1. Le constructeur n'est plus dans l'obligation de souscrire une garantie de remboursement dans tous les cas. Cette garantie est nécessaire seulement lorsqu'il entend demander des versements au maître de l'ouvrage, avant le commencement des travaux. Le contrat doit mentionner, en vertu de l'art. L. 231-2, § *k*, les justifications de la garantie de remboursement, et contenir en annexe l'attestation du garant. Toutefois lorsque les stipulations du contrat impliquent la nécessité d'une garantie financière, celle-ci ayant été prévue même si elle n'était pas mentionnée –, elle doit bénéficier au maître de l'ouvrage. • Civ. 3e, 18 juin 1986 : *Mon. TP 10 oct. 1987, p. 87.*

2. L'organisme bancaire qui donne sa garantie financière, dans le cadre d'une opération immobilière, ne peut limiter la portée des dispositions légales et d'ordre public applicables à cette garantie. • Civ. 1re, 13 nov. 1997 : *Constr.-Urb. 1998, nos 99 et 116, obs. Sizaire.* ♦ ... En particulier, l'art. R. 231-8-I, couvre les paiements au jour de la signature du contrat et à la délivrance du permis de construire. • Civ. 3e, 5 oct. 2011 : *Bull. civ. III, à paraître ; Dalloz actualité, 26 oct. 2011, obs. Garcia ; D. 2011. 254 ; RDI 2012. 166, obs. Tomasin ; Constr.-Urb. 2011, no 187, obs. Sizaire.*

3. La garantie de remboursement doit avoir été fournie au moment de la réception des fonds par le constructeur. • Civ. 3e, 7 déc. 1988 : *Bull. civ. III, no 175.* ♦ En ce sens que la justification de la garantie de remboursement doit être produite par le constructeur dès la signature du contrat de construction de maison individuelle. • Crim. 7 mars 2006 : *Bull. crim. no 65 ; D. 2006. IR 1063 ; RDI 2006. 227, note Roujou de Boubée.*

4. La fourniture d'une attestation d'une garantie de remboursement n'engage pas le garant en garantie de livraison. • Civ. 3e, 14 mars 2001 : *Bull. civ. III, no 32 ; Constr.-Urb. 2001, no 114, obs. Sizaire ; Defrénois 2002. 70, obs. Périnet-Marquet ; RDI 2001. 382, obs. Tomasin.* ♦ V. également, • Bordeaux, 20 mai 2008 : *Constr.-Urb. 2008, no 158, obs. Sizaire.*

Art. R. 231-9 La déclaration d'ouverture du chantier est notifiée par le constructeur à l'établissement garant.

Art. R. 231-10 Les mises en demeure visées au II de l'article L. 231-6 sont faites par acte d'huissier.

Art. R. 231-11 La demande d'exécution des travaux prévus à l'article L. 231-7 est valablement faite par lettre recommandée avec demande d'avis de réception.

Art. R. 231-12 La copie des contrats de sous-traitance est adressée à l'établissement garant dans les huit jours de la signature de ces contrats.

COMMENTAIRE

L'article L. 231-13 renforce la protection des sous-traitants. Le garant doit recevoir une copie de leurs contrats, sous huit jours, conformément à l'article L. 231-6. ❑

Art. R. 231-13 Sont approuvées les clauses types mentionnées au dernier alinéa de l'article L. 231-2 et figurant en annexe au présent code. – *V. ci-dessous.*

COMMENTAIRE

Si le contrat de construction de maison individuelle nécessite la rédaction d'un écrit, la loi n'impose pas de formalisme particulier. L'article R. 231-13 prévoit simplement que les parties peuvent se référer à certaines clauses, dont l'emploi n'est toutefois pas impératif.

Le recours aux clauses types est une option offerte aux parties pour établir le contrat de construction de maison individuelle, dans le respect des mentions obligatoires issues de l'article L. 231-2. Le caractère d'ordre public de ces prescriptions invite à la prudence rédactionnelle, dont les clauses types sont la plus sûre expression. ❑

Art. R. 231-14 *(Décr. nº 91-1202 du 27 nov. 1991, art. 1er)* **En cas de retard de livraison, les pénalités prévues au *i* de l'article L. 231-2 ne peuvent être fixées à un montant inférieur à 1/3 000 du prix convenu par jour de retard.**

Le contrat peut prévoir à la charge du maître de l'ouvrage une pénalité pour retard de paiement. Toutefois, le taux de celle-ci ne peut excéder 1 p. 100 par mois calculé sur les sommes non réglées si la pénalité pour retard de livraison est limitée à 1/3 000 du prix par jour de retard. – *Application aux contrats signés après le 30 nov. 1991.*

COMMENTAIRE

Pénalités de retard. La jurisprudence se livre à un calcul strict. La période susceptible d'être assortie de pénalités de retard s'étend jusqu'au jour de la livraison, ce qui exclut toute référence à la date de la levée des réserves résultant du procès-verbal de réception. Précisons que la garantie de livraison couvre ces pénalités (V. art. L. 231-6 I *c*). L'exigence de l'article 1150 du code civil est respecté *via* les mentions obligatoires prescrites par l'article L. 231-2 *i*. Par ailleurs, la jurisprudence est venue préciser que les pénalités de retard ne sont pas exclusives d'une allocation de dommages et intérêts à titre de réparation d'un dommage distinct de celui couvert par les pénalités forfaitaires. ❑

1. Les parties disposent, en principe, de la liberté de fixer dans le contrat de construction des pénalités supérieures à celles prévues par l'art. R. 231-14. Néanmoins, le garant peut s'en tenir aux prévisions du contrat de garantie dans la mesure où celles-ci respectent le minimum prévu par le texte. • Orléans, 20 nov. 1997 : *Constr.-Urb. 1998, nº 220, obs. Sizaire.*

2. Les pénalités de retard des contrats de construction de maisons individuelles ne constituent pas une clause pénale. Par conséquent, le juge ne peut allouer au maître de l'ouvrage une indemnisation inférieure au minimum prévu par la loi. • Civ. 3e, 22 nov. 2000 : *Bull. civ. III, nº 174 ; Constr.-Urb. 2001, nº 11 ; D. 2001. IR 40 ; Gaz. Pal. 2001. Pan. 25 ; RDI 2001. 76.*

◆ Le texte étant d'ordre public, les parties n'ont pas la liberté de décider que les pénalités seront dues par jour ouvrable de retard. • Civ. 3e, 7 nov. 2007 : *Bull. civ. III, no 192 ; D. 2007. 3006 ; Constr.-Urb. 2008, no 4, obs. Sizaire ; Defrénois 2009. 91.*

3. Même si elles n'ont pas été expressément prévues au contrat, des pénalités de retard peuvent être allouées au maître de l'ouvrage sur le seul fondement de l'art. R. 231-14 ; elles réparent alors l'entier préjudice éprouvé par le maître de l'ouvrage. • Civ. 3e, 22 juin 2005 : *Constr.-Urb. 2005, no 183, obs. Sizaire.*

4. Il a un temps été jugé que la somme allouée au titre des pénalités de retard était destinée à réparer l'entier préjudice éprouvé par le maître de l'ouvrage. • Civ. 3e, 22 juin 2005 : *préc. note 3.* ◆ La Cour de cassation estime désormais que les pénalités de retard ne sont pas exclusives de l'attribution de dommages-intérêts, et il est possible au juge du fond de réparer un dommage distinct de celui que réparent forfaitairement ces pénalités. • Civ. 3e, 28 mars 2007 : *Bull. civ. III, no 44 ; D. 2007. AJ 1140 ; RDI 2007. 439, note Tomasin.* ◆ V. déjà en ce sens, • Nancy, 3 avr. 2006 : *Constr.-Urb. 2006, no 219, obs. Sizaire*, jugeant que le montant des pénalités de retard contractuellement fixé ne constitue qu'un minimum légal qui n'empêche pas d'allouer une indemnité supérieure en fonction du préjudice.

5. De même, il a été un temps décidé que les pénalités de retard s'appréciaient par rapport à la date d'exécution définitive des travaux, et non pas par rapport à la date de réception de l'immeuble. • Civ. 3e, 21 juill. 1999 : *Constr.-Urb. 1999, no 296, obs. Sizaire.* ◆ La Cour de cassation estime désormais que le terme de mise en œuvre des pénalités de retard est la livraison de la maison et non plus la levée des réserves émises à la réception. V. en dernier lieu, • Civ. 3e, 31 janv. 2007 : *RDI 2007. 436, note Tomasin ; Constr.-Urb. 2007, no 137.*

6. L'exclusion des pénalités de retard est considérée comme abusive lorsqu'elle concerne les défauts de conformité qui n'auraient pas un caractère substantiel ou qui ne rendraient pas les ouvrages impropres à leur destination. • Grenoble, 17 mars 1997, *SA Isère Construction Maison Mikit c/ UFC 38 : Dictionnaire permanent de droit des affaires, V. Clause abusive, no 16.*

7. Le calcul des pénalités de retard doit s'effectuer sur le prix convenu incluant la TVA. • Paris, 3 mars 2005 : *Constr.-Urb. 2005, no 129, obs. Sizaire.*

8. Les pénalités de retard prévues à l'art. R. 231-14 ne sont pas exclusives de l'attribution de dommages-intérêts, et il est possible au juge du fond de réparer un dommage distinct de celui que réparent forfaitairement ces pénalités. • Civ. 3e, 28 mars 2007 : *Bull. civ. III, no 44 ; D. 2007. AJ 1140 ; RDI 2007. 439, note Tomasin.*

ANNEXE

CONCERNANT LES CLAUSES TYPES AFFÉRENTES AU CONTRAT DE CONSTRUCTION D'UNE MAISON INDIVIDUELLE AVEC FOURNITURE DE PLAN RÉDIGÉES EN APPLICATION DE L'ARTICLE R. 231-13

I. DÉFINITION DES TRAVAUX

Clause :

« La consistance et les caractéristiques techniques du bâtiment à édifier et des travaux d'équipement intérieur ou extérieur qui sont indispensables à l'implantation, à l'utilisation ou à l'habitation de l'immeuble résultent des documents suivants annexés au présent contrat :

« Le plan de la construction à édifier comportant les travaux d'adaptation au sol, les coupes et élévations, les cotes utiles et l'indication des surfaces de chacune des pièces, des dégagements et des dépendances. Le plan indique en outre les raccordements décrits à la notice prévue à l'article R. 231-4 et les éléments d'équipement intérieur ou extérieur qui sont indispensables à l'implantation et à l'utilisation ou à l'habitation de l'immeuble.

« Un dessin d'une perspective de l'immeuble est joint au plan. Le plan est daté et signé par les parties.

« Est également annexée au contrat une notice descriptive conforme au modèle type agréé par arrêté ministériel donnant les caractéristiques techniques tant de l'immeuble lui-même que des travaux d'équipement intérieur ou extérieur qui sont indispensables à l'implantation et à l'utilisation de l'immeuble. La notice fait entre ces éléments la distinction prévue à l'article L. 231-2 (*d*) selon que ces éléments sont ou non compris dans le prix convenu (travaux à la charge du constructeur) et indique le coût de ceux desdits éléments non compris dans le prix (travaux dont le maître de l'ouvrage se réserve l'exécution).

« La notice mentionne les raccordements de l'immeuble à l'égout et aux distributions assurées par les services publics notamment aux distributions d'eau, de gaz, d'électricité ou de chauffage en distinguant ceux qui sont inclus dans le prix et, s'il y a lieu, ceux dont le coût est à la charge du maître de l'ouvrage.

« La notice porte, de la main du maître de l'ouvrage, une mention signée par laquelle il accepte le coût des travaux à sa charge qui ne sont pas compris dans le prix convenu et en précise le montant taxes comprises.

« Le constructeur établit, en autant d'exemplaires qu'il en est besoin, le dossier de demande de permis de construire.

« Le constructeur s'oblige à constituer le dossier de demande de permis de construire et, s'il y a lieu, celui des autres autorisations administratives dans le délai d'un mois à compter de la signature du contrat et à le déposer dès sa signature par le maître de l'ouvrage auprès de l'autorité compétente. »

Facultatif : « Le maître de l'ouvrage constitue par les présentes le constructeur mandataire pour l'accomplissement des démarches et formalités nécessaires à l'obtention du permis de construire et, s'il y a lieu, des autres autorisations administratives. »

Facultatif : « Le maître de l'ouvrage constitue le constructeur mandataire à l'effet de rechercher l'assurance de dommages.

« Le constructeur communique au maître de l'ouvrage à titre indicatif le coût des taxes d'urbanisme et participations non comprises dans le prix convenu prévues par les articles L. 332-6 et L. 332-6-1 du code de l'urbanisme. »

II. COÛT DE LA CONSTRUCTION ET PRIX CONVENU

Clause :

« Le coût du bâtiment à construire comportant le prix convenu et le coût des travaux dont le maître de l'ouvrage se réserve l'exécution s'élèvent à la somme de ... € se décomposant comme suit :

« 1. Prix convenu : le prix forfaitaire et définitif s'élève à ... €.

« Cette somme comporte la rémunération de tout ce qui est à la charge du constructeur y compris le montant des taxes dues sur le coût de la construction, le coût du plan, celui de la garantie de livraison et le cas échéant de la garantie de remboursement et, s'il y a lieu, les frais d'étude du terrain pour l'implantation de l'immeuble. »

Facultatif : « Le prix est révisable dans les conditions ci-après précisées... »

« 2. Travaux à la charge du maître de l'ouvrage : le coût des travaux à la charge du maître de l'ouvrage s'élève à ... €.

« Ces travaux sont décrits et chiffrés dans la notice annexée au présent contrat qui comporte une mention manuscrite et signée du maître de l'ouvrage pour en accepter le coût et la charge.

« Le constructeur s'oblige à exécuter ou faire exécuter ces travaux aux prix et conditions prévus si le maître de l'ouvrage en fait la demande dans le délai de quatre mois à compter de ce jour, c'est-à-dire avant le ... »

III. MODALITÉS DE PAIEMENT DU PRIX CONVENU

Dans l'hypothèse où le contrat ne comporte pas de garantie de remboursement, la rédaction peut être la suivante :

« Le prix convenu sera payé conformément aux dispositions des articles L. 231-4-III et R. 231-7 du code de la construction et de l'habitation.

« En conséquence, M. ... (le maître de l'ouvrage) verse ce jour la somme de... représentant x p. 100 du prix de la construction, somme qui sera consignée à l'établissement X... en un compte spécial ouvert au nom de M. ... (le maître de l'ouvrage) dans le délai de deux jours.

« Cette somme s'imputera sur les premiers paiements qui seront demandés selon l'échelonnement prévu à l'article R. 231-7 du code de la construction et de l'habitation ci-après reproduit :

« Art. R. 231-7. – ... »

La formule suivante peut être utilisée dans l'hypothèse où le contrat est assorti d'une garantie de remboursement :

« Le constructeur justifie de la garantie de remboursement prévue par l'article R. 231-8 du code de la construction et de l'habitation délivrée par, et faisant l'objet d'une attestation annexée au présent contrat.

« En conséquence, l'échelonnement des paiements est fixé ainsi qu'il suit :

« 5 p. 100 à la signature du contrat ;

« 5 p. 100 à la délivrance du permis de construire.

« Les autres paiements seront effectués conformément aux dispositions de l'article R. 231-7 du code de la construction et de l'habitation ci-après reproduit :

« Art. R. 231-7... »

IV. DÉLAI D'EXÉCUTION DES TRAVAUX

Clause :

« Les parties conviennent que les conditions suspensives devront être réalisées dans un délai de... après la signature du contrat.

« Les travaux commenceront dans le délai de... à compter de la réalisation des conditions suspensives.

« Les travaux commenceront en conséquence au plus tard à la date du...

« La durée d'exécution des travaux sera de... mois à compter de l'ouverture du chantier.

« Ce délai sera prolongé de la durée des périodes d'intempéries pendant lesquelles le travail est arrêté conformément aux dispositions des articles L. 731-1 et suivants du code du travail. Il sera également prolongé en cas de force majeure ou cas fortuit.

« En cas de retard dans l'achèvement de la construction, une pénalité de... du prix par jour de retard est due par le constructeur. »

V. GARANTIES DE LIVRAISON

Clause :

« La garantie de livraison aux prix et délai convenus est donnée par l'établissement X..., qui prend à sa charge les obligations prévues à l'article L. 231-6 du code de la construction et de l'habitation ci-après reproduit :

« Art. L. 231-6. – ...

« Une attestation de cette garantie est annexée au présent contrat. »

Variante :

« Le présent contrat est soumis à la condition suspensive de l'obtention par le constructeur de la garantie de livraison prévue à l'article L. 231-6 du code de la construction et de l'habitation ci-après reproduit :

« Art. L. 231-6. – ...

« Une attestation de cette garantie délivrée par un organisme habilité sera adressée à M., dans le délai prévu pour la réalisation des conditions suspensives.

« M. ... s'engage à communiquer cette attestation au prêteur dès sa réception. »

CHAPITRE II CONSTRUCTION D'UNE MAISON INDIVIDUELLE SANS FOURNITURE DE PLAN

Art. R. 232-1 Le présent chapitre s'applique aux contrats ayant au moins pour objet l'exécution de gros œuvre, de mise hors d'eau et hors d'air d'un immeuble à usage d'habitation ou à usage professionnel et d'habitation, ne comportant pas plus de deux logements destinés au même maître de l'ouvrage et régis par le chapitre II du titre III du livre II du présent code, partie Législative, par exclusion des contrats de construction avec fourniture de plan régis par les dispositions du chapitre Ier du présent titre.

Art. R. 232-2 Dans l'hypothèse où un plan a été établi pour la réalisation des travaux prévus par un contrat relevant du présent chapitre, le maître de l'ouvrage doit indiquer le nom ou la raison sociale ainsi que l'adresse de l'auteur de ce plan. Le plan est joint au contrat.

Art. R. 232-3 La désignation du terrain prévue au *a* de l'article L. 232-1 résulte de l'indication de son adresse ou lieu-dit, de sa surface et de sa désignation cadastrale.

Art. R. 232-4 La consistance et les caractéristiques techniques de l'immeuble à réaliser sont décrites dans une notice analogue à celle qui est mentionnée au I de l'article R. 231-4. Cette notice est annexée au contrat. – *V. Arr. 27 nov. 1991, App., vº Maisons individuelles (notice descriptive).*

Art. R. 232-5 En application du *c* de l'article L. 232-1, le contrat prévoit l'échelonnement des paiements au fur et à mesure de l'exécution des travaux.

Un solde de 5 p. 100 du prix est payable à l'expiration de la garantie de livraison dans les conditions analogues à celles qui sont fixées au II de l'article R. 231-7.

Art. R. 232-6 Les dispositions des articles R. 231-9, R. 231-10 et R. 231-12 sont applicables au contrat prévu au présent chapitre.

Art. R. 232-7 *(Décr. nº 91-1202 du 27 nov. 1991, art. 2)* En cas de retard de livraison, les pénalités prévues au *d* de l'article L. 232-1 ne peuvent être fixées à un montant inférieur à 1/3 000 du prix convenu par jour de retard.

Le contrat peut prévoir à la charge du maître de l'ouvrage une pénalité pour retard de paiement. Toutefois, le taux de celle-ci ne peut excéder 1 p. 100 par mois calculé sur les sommes non réglées si la pénalité pour retard de livraison est limitée à 1/3 000 du prix par jour de retard. – *Dispositions applicables aux contrats signés après le 30 nov. 1991.*

TITRE QUATRIÈME DISPOSITIONS COMMUNES DIVERSES

CHAPITRE PREMIER DISPOSITIONS PÉNALES

Néant.

CHAPITRE II DISPOSITIONS DIVERSES

Néant.

TITRE CINQUIÈME BAIL À CONSTRUCTION – BAIL DANS LE CADRE D'UNE CONVENTION D'USUFRUIT *(Décr. nº 2007-897 du 15 mai 2007).*

CHAPITRE PREMIER BAIL À CONSTRUCTION *(Décr. nº 2007-897 du 15 mai 2007).*

Art. **R. 251-1 Sauf stipulations contraires des parties, le revenu servant à la détermination du coefficient de révision du loyer mentionné à l'article L. 251-5 est le revenu moyen au mètre carré. Il est obtenu en divisant le revenu brut global par la surface utile, exprimée en mètres carrés, des locaux, aménagements ou installations ayant produit des revenus locatifs au cours de l'année civile de référence. Pour les locaux à usage d'habitation, la surface utile est la surface habitable telle qu'elle est définie par l'article R. 111-2.

Le premier coefficient de révision du loyer est égal au rapport entre les revenus moyens au mètre carré afférents, d'une part, à l'année civile qui précède celle de la première révision, et, d'autre part, à l'année civile qui suit l'achèvement des travaux.

Art. **R. 251-2 L'année d'achèvement des travaux est celle au cours de laquelle *(Décr. nº 2007-18 du 5 janv. 2007, art. 16-V)* « a été adressée à la mairie la déclaration attestant l'achèvement et la conformité des travaux prévue par l'article L. 462-1 du code de l'urbanisme » ou, s'il en a été délivré plusieurs, celle au cours de laquelle a été délivré le dernier de ceux-ci.

Si, entre les dates du premier et du dernier desdits récépissés il s'est écoulé plus de deux ans, il est alors procédé à une révision du loyer pour ladite période. Cette révision est faite sur la base de la variation de l'indice du coût de la construction entre ces deux dates.

Si, pour quelque cause que ce soit, les locaux, aménagements ou installations n'ont fait, au cours de l'année civile qui suit celle de l'achèvement des travaux, l'objet d'aucune occupation, même partielle, donnant lieu à la perception de revenus locatifs, l'indice du coût de construction du premier trimestre de chacune des deux années de référence est pris pour base de calcul du coefficient de variation en vue de la révision devant intervenir à l'issue de la première période triennale suivant l'achèvement des travaux.

Si les travaux ne sont pas achevés à l'expiration de la sixième année du bail, la variation du coefficient de révision est proportionnelle à la variation des indices du coût de la construction entre les derniers trimestres des troisième et sixième années du bail.

La modification issue du Décr. nº 2007-18 du 5 janv. 2007 est entrée en vigueur le 1er oct. 2007 (Décr. préc., art. 26, mod. par Décr. nº 2007-817 du 11 mai 2007, art. 4).

Art. **R. 251-3 Le président du tribunal de grande instance statue sur les contestations relatives aux dispositions des deuxième, troisième et quatrième alinéas de l'article L. 251-5 et sur celles relatives à l'article R. 251-1 dans les conditions fixées au titre VI du décret nº 53-960 du 30 septembre 1953 modifié fixant les rapports entre bailleurs et locataires.

CHAPITRE II BAIL DANS LE CADRE D'UNE CONVENTION D'USUFRUIT

(Décr. nº 2007-897 du 15 mai 2007)

Art. R. 252-1 *(Décr. nº 2009-314 du 20 mars 2009)* **L'achat de l'usufruit des logements mentionnés à l'article L. 253-2 peut être financé dans les conditions définies par les sous-sections 2 et 3 de la section première du chapitre unique du titre III du livre III.**

Art. R. 252-2 **Les conditions de ressources mentionnées au II de l'article L. 253-6 sont celles qui sont applicables aux ménages pour l'attribution de logements financés dans les conditions des articles R. 331-17 à R. 331-21.**

TITRE SIXIÈME VENTES D'IMMEUBLES À CONSTRUIRE OU À RÉNOVER *(Décr. nº 2008-1338 du 16 déc. 2008).*

BIBL. ▶ **Ouvrages spéciaux** : ZALEWSKI, Ventes d'immeubles à construire ou à rénover, *Ellipses, coll. droit notarial, 2010.*

▶ **Généralités** : PÉRINET-MARQUET, Propos conclusifs. Colloque AFDC, CERCOL, 25 nov. 2011, *RDI 2012. 57*.

▶ **Sur le décret nº 2008-1338 du 16 déc. 2008** : V. Bibl. ss. Le Chapitre II consacré à la vente d'immeubles à rénover.

▶ **Sur le décret nº 2011-550 du 19 mai 2011** : TRICOIRE, La redéfinition partielle de la garantie extrinsèque et ses questions. Colloque AFDC, CERCOL, 25 nov. 2011, *RDI 2012. 22*.

▶ **Sur le décret nº 2010-1128 du 27 sept. 2010** : BERLY, Le décret nº 2010-1128 du 27 septembre 2010 relatif aux ventes d'immeubles à construire ou à renover, *RDI 2010. 520*. – CORNILLE, Décret du 27 septembre 2010 : renouveau ou crépuscule des garanties intrinsèques d'achèvement ? *Constr.-Urb. 2010. Étude 14.* – MALLET BRICOUT, Le renforcement de la garantie intrinsèque et ses limites. Colloque AFDC, CERCOL, 25 nov. 2011, *RDI 2012. 15*. – TOURNAFOND, Quelques correctifs utiles en matière de paiement du prix dans le contrat de vente d'immeuble à rénover et en matière de garanties de bonne fin dans la vente d'immeuble à construire, *RDI 2010. 561*. – TRICOIRE, La redéfinition partielle de la garantie extrinsèque et ses questions. Colloque AFDC, CERCOL, 25 nov. 2011, *RDI 2012. 22*. – VINCENT, Publication d'un décret en matière de vente d'immeuble à construire et à rénover, *Dalloz actualité, 30 sept. 2010.* – ZALEWSKI, Décret du 27 septembre 2010 relatif aux ventes d'immeubles à construire ou à rénover : aurait pu mieux faire..., *Defrénois 2010. 1875.*

CHAPITRE PREMIER VENTES D'IMMEUBLES À CONSTRUIRE *(Décr. nº 2008-1338 du 16 déc. 2008).*

SECTION PREMIÈRE DISPOSITIONS GÉNÉRALES

Art. *R. 261-1 **L'immeuble vendu à terme ou en l'état futur d'achèvement est réputé achevé au sens de l'article 1601-2 du code civil, reproduit à l'article L. 261-2 du présent code, et de l'article L. 261-11 du présent code lorsque sont exécutés les ouvrages et sont installés les éléments d'équipement qui sont indispensables à l'utilisation, conformément à sa destination, de l'immeuble faisant l'objet du contrat. Pour l'appréciation de cet achèvement, les défauts de conformité avec les prévisions du**

contrat ne sont pas pris en considération lorsqu'ils n'ont pas un caractère substantiel, ni les malfaçons qui ne rendent pas les ouvrages ou éléments ci-dessus précisés impropres à leur utilisation.

La constatation de l'achèvement n'emporte par elle-même ni reconnaissance de la conformité aux prévisions du contrat, ni renonciation aux droits que l'acquéreur tient de l'article 1642-1 du code civil, reproduit à l'article L. 261-5 du présent code.

BIBL. ► VALDÈS, *Administrer juill. 2002. 6* (achèvement et conformité des travaux dans la vente d'immeuble à construire).

1. Sur la notion d'achèvement, considérant qu'un immeuble peut être achevé même en présence de défauts de conformité, dès lors que ceux-ci ne rendent pas l'immeuble impropre à sa destination, V. • Versailles, 30 juin 1995 : *RDI 1996. 77, obs. Saint-Alary-Houin*. ♦ De même, un immeuble peut être considéré comme achevé lorsque de nombreux ouvrages ont été modifiés sans obtention d'un permis modificatif, puisqu'il ne subsiste aucune non-conformité substantielle. • Civ. 3e, 14 avr. 2010 : *Bull. civ. III, no 85 ; D. 2010. 1146 ; Dalloz actualité, 3 mai 2010, obs. Vincent ; Constr.-Urb. 2010. no 93, obs. Sizaire.* ♦ V. aussi, considérant comme non achevé au sens du présent texte un immeuble non doté de certains éléments d'équipement, • Aix-en-Provence, 18 sept. 1985 : *RDI 1988. 473, obs. Groslière et Saint-Alary* ♦ Dans le même sens, sur le parallèle avec la réception, l'immeuble ne pouvant être mis en service (désordres affectant la solidité de l'immeuble, compromettant sa destination par le défaut d'étanchéité des fermetures et du toit-terrasse, l'insuffisance du drainage périphérique provoquant des pénétrations d'eau importantes et généralisées et la détérioration totale du réseau électrique, mais également sa pérennité par l'absence de joints de rupture ne permettant pas à l'ouvrage de supporter les écarts thermiques et par une maçonnerie non conforme aux règles de dimensionnement et de conception des ouvrages en béton armé) n'est pas en état d'être reçu. • Civ. 3e, 11 janv. 2012 : *RDI 2012. 163, obs. Tricoire*. ♦ *Contra :* • Bordeaux, 19 nov. 1992 : *JCP N 1994. Prat. 1242.*

2. Sur le caractère substantiel des défauts de conformité au sens de l'art. R. 261-1, justifiant le refus de prendre livraison, V. • Civ. 3e, 8 juill. 1998 : *Bull. civ. III, no 158 ; RDI 1998. 651, obs. Groslière et C. Saint-Alary-Houin ; Constr.-Urb. 1998, no 329 ; Administrer juin 1999. 52, obs. Laurent.* ♦ A l'inverse, doit être considéré comme achevé, au sens de ce texte, l'immeuble, même d'un standing élevé, à propos duquel l'acquéreur ne peut adresser que des reproches de détail, dès lors que ceux-ci ne rendent pas cet immeuble impropre à sa destination. • Civ. 3e, 23 févr. 2000 : *Constr.-Urb. 2000, no 114, obs. Sizaire.* ♦ Sur la distinction entre défaut de conformité substantiel ou malfaçon susceptible de rendre l'ouvrage impropre à sa destination et simple imperfection à laquelle le constructeur peut remédier facilement, V. • Civ. 3e, 29 mars 2000 : *Bull. civ. III, no 73 ; RDI 2000. 211, note Leguay ; Constr.-Urb. 2000, no 176, obs. Sizaire ; Defrénois 2000. 1248, obs. Périnet-Marquet.*

3. La constatation de l'achèvement par une personne qualifiée n'étant pas exigée par la loi en cas de vente en l'état futur d'achèvement, l'absence d'un tel document, même prévu par les stipulations contractuelles, n'empêche pas l'immeuble d'être achevé au sens de l'art. R. 261-1. • Civ. 3e, 23 févr. 2000 : *préc. note 2.* ♦ V. déjà en ce sens, jugeant que la constatation de l'achèvement, dans la vente en état futur d'achèvement, ne suppose aucune formalité particulière, • Civ. 3e, 26 oct. 1938 : *Bull. civ. III, no 146.*

4. La date de l'achèvement de l'immeuble peut être valablement fixée à la réception d'un ascenseur, même assortie de réserves, si les défauts relevés ne nuisent pas à l'utilisation de cet équipement. • Civ. 3e, 17 mars 1999 : *Bull. civ. III, no 70 ; RDI 1999. 662, note Saint-Alary-Houin ; Constr.-Urb. 1999, no 202, obs. Cornille ; Defrénois 1999. 1142, obs. Périnet-Marquet.* ♦ Le vendeur est pleinement responsable du retard constaté à l'expiration du délai contractuel majoré des jours d'intempéries. • Dijon, 7 juin 2005 : *JCP 2005. Pan. 2140.*

Art. *R. 261-2 **L'achèvement de l'immeuble vendu à terme est constaté soit par les parties, soit par une personne qualifiée.**

La constatation par les parties fait l'objet d'un acte du notaire qui a reçu la vente à terme ; cet accord vaut livraison de l'immeuble.

La constatation est faite par une personne qualifiée lorsque l'acte de vente l'a prévu ou lorsqu'il n'y a pas accord des parties.

Cette personne est désignée par ordonnance sur requête, non susceptible de recours, du président du tribunal de grande instance du lieu de l'immeuble, soit parmi celles que le tribunal commet habituellement, soit parmi celles figurant sur une liste établie par arrêté du ministre de la justice et du ministre chargé de la construction et de l'habitation.

La constatation de l'achèvement fait l'objet par la personne qualifiée ainsi désignée d'une déclaration devant le notaire qui a reçu la vente.

La constatation de l'achèvement est parfaite par la déclaration ainsi faite.

Elle est notifiée par la partie la plus diligente à l'autre par lettre recommandée avec demande d'avis de réception. La notification vaut livraison de l'immeuble à la date de cette réception.

1. Sur la cessation de la garantie d'achèvement et la forme de la déclaration d'achèvement, V. • Paris, 4 avr. 1979 : *Gaz. Pal. 1981. 1. 186, note Gourio.*

2. Sur l'application de cette procédure à la vente en l'état futur d'achèvement, V. • Civ. 3e, 6 juin 1978 : *Bull. civ. III, n° 239 ; D. 1979. IR 122, obs. Giverdon.* ◆ Comp., jugeant que les parties sont libres de choisir les modalités de la constatation de l'achèvement, en l'espèce l'envoi d'une lettre recommandée avec accusé de réception : • Civ. 3e, 26 oct. 1988 : *Bull. civ. III, n° 146* • Paris, 7 mai 1998 : *RDI 1998. 382, obs. Groslière et Saint-Alary-Houin.*

3. Un copropriétaire a qualité pour demander l'achèvement des parties communes, sur lesquelles il dispose d'un droit de propriété indivis. • Paris, 27 mai 2009 : *AJDI 2010. 46.*

Art. *R. 261-3 La vente à terme est soumise aux règles de la publicité foncière dans les mêmes conditions que la vente sous condition suspensive.

Art. *R. 261-4 Les fonds qui ont fait l'objet de dépôts de garantie sont valablement versés au vendeur par l'établissement dépositaire, hors la présence et sans le concours de l'acquéreur, sur simple production d'une attestation du notaire ayant reçu l'acte de vente certifiant que l'achèvement de l'immeuble a été constaté.

Le notaire doit informer l'établissement dépositaire et l'acquéreur de la situation hypothécaire. S'il existe sur l'immeuble des inscriptions ou s'il existe quelque autre empêchement au paiement, le notaire indique à l'établissement dépositaire le montant des fonds nécessaires à l'apurement de la situation. Ces fonds sont conservés par l'établissement dépositaire pour être utilisés audit apurement, conformément aux instructions données par le notaire.

Art. *R. 261-5 La vente d'un immeuble à construire peut être assortie d'un mandat donné par l'acquéreur au vendeur à l'effet de passer les actes de disposition devant affecter les biens et droits vendus et indispensables à la construction du bâtiment dont tout ou partie forme l'objet de la vente.

Ce mandat peut concerner les actes indispensables à la construction d'autres bâtiments désignés par le mandat s'ils doivent comporter des parties communes avec celui dont tout ou partie forme l'objet de la vente.

Ce mandat doit indiquer spécialement la nature, l'objet et les conditions des actes en vue desquels il est donné.

Il peut toutefois comporter le pouvoir de passer tous les actes de disposition portant sur des parties communes et qui se révéleraient nécessaires :

– pour satisfaire aux prescriptions d'urbanisme ;

– pour satisfaire aux obligations imposées par le permis de construire du bâtiment faisant l'objet de la vente ou auxquelles pourrait être subordonnée la délivrance d'un tel permis pour la construction des autres bâtiments concernés par le mandat ;

– pour assurer la desserte de ces immeubles ou leur raccordement avec les réseaux de distribution et les services publics.

1. Pour une application du texte, V. • Lyon, 17 nov. 1988 : *RDI 1988. 220, obs. Groslière et Saint-Alary.* ◆ Sur le fait que le vendeur ne peut se réfugier derrière le mandat pour justifier les plans, V. • Civ. 3e, 20 déc. 1994 : *Bull. civ. III, n° 230 ; RDI 1995. 339.*

2. Demande de permis de construire. En l'absence de mandat préalable reçu des acquéreurs, un constructeur vendeur n'a pas qualité pour demander un permis de construire modificatif. • CE 8 juill. 1988, *Simon,* req. nº 67779 : *Dr. adm. 1988. 457 ; JCP N 1989. II. 141, note Stemmer.* ♦ Une stipulation du cahier des charges selon laquelle une SCI devait conserver en dépit de la passation des actes de vente la qualité de maître de l'ouvrage et notamment dans les relations avec toutes les administrations afin de conduire l'opération de construction jusqu'à la délivrance du certificat de conformité n'a pas pour effet d'habiliter cette SCI à présenter une demande de permis de construire modificatif ayant pour objet de supprimer un élément des parties communes de l'immeuble dès lors que la cahier des charges ne donnait clairement pouvoir à la SCI d'apporter au règlement de copropriété des modifications qu'à la condition que celles-ci ne portent pas atteinte aux droits acquis par les copropriétaires sur les parties communes de l'immeuble. • CE 5 mai 1999, *Alaoui,* req. nº 158821 : *Lebon T. 930, 1079 et 1085.* ♦ Nonobstant le transfert immédiat des droits sur le sol organisé par le contrat, une stipulation indiquant que le constructeur vendeur demeurait habilité à passer tous les actes de disposition portant sur les parties communes et qui se révéleraient nécessaires pour satisfaire aux obligations imposées par le permis de construire donne qualité au constructeur vendeur pour demander un permis de construire de régularisation affectant les parties communes du bâtiment. • CAA Lyon, 23 févr. 1999, *Sté lyonnaise pour la construction :* *req. nº 94LY01789.*

Art. *R. 261-6 **Lorsque la vente d'un immeuble à construire est assortie d'un mandat de l'acquéreur donné au vendeur d'affecter hypothécairement l'immeuble vendu, ce mandat ne peut être consenti, en cas de vente à terme, que pour assurer le financement de la construction de cet immeuble. Ce mandat ne précise pas obligatoirement le montant des sommes pour la garantie desquelles le mandataire est autorisé à constituer hypothèque. Il est en tout cas limité à la constitution d'hypothèque garantissant en principal, intérêts et accessoires une somme au plus égale au prix de vente stipulé au contrat, déduction faite, le cas échéant, des sommes déjà garanties par le bien vendu.**

Art. *R. 261-7 **Les pouvoirs du maître de l'ouvrage, mentionnés au deuxième alinéa de l'article 1601-3 du code civil, reproduit à l'article L. 261-3 du présent code, comportent ceux de choisir les architectes, entrepreneurs et autres techniciens, d'arrêter librement les conventions passées avec eux et d'effectuer la réception des travaux qu'ils ont faits ou dirigés, y compris de ceux qui sont prévus au second alinéa de l'article R. 111-24 du présent code.**

COMMENTAIRE

L'article R. 261-7 énumère les prérogatives que le vendeur conserve, au titre de sa qualité de maître de l'ouvrage, en dépit du transfert à l'acquéreur du droit de propriété sur le sol.

Sur les conséquences à l'égard de l'acquéreur, • Civ. 3e, 22 nov. 1989 : *JCP N 1990. II. 221, obs. Steinmetz.*

SECTION II RÉCEPTION ET GARANTIE DES OUVRAGES DE BÂTIMENTS À USAGE D'HABITATION OU SIMILAIRES

BIBL. ► PONCE, Réserves au procès-verbal et secteur protégé : mode d'emploi, *Constr.-Urb. 2010. Étude 9.*

Art. *R. 261-8 **La réception prévue à l'article 1642-1 du code civil, reproduit à l'article L. 261-5 du présent code, s'entend de la réception avec ou sans réserves.**

Le point de départ de la garantie prévue à l'article 1646-1 dudit code civil, reproduit à l'article L. 261-6 du présent code, est le même que celui défini à l'article R. 111-24 du présent code.

Art. *R. 261-9 Les dispositions des articles R. 111-26, R. 111-27 et R. 111-28 sont applicables à la garantie prévue à l'article 1646-1 du code civil, reproduit à l'article L. 261-6 du présent code.

Art. *R. 261-10 Pour l'application de la garantie prévue à l'article 1646-1 du code civil, reproduit à l'article L. 261-6 du présent code, au cas prévu à l'article L. 261-9 du présent code, l'immeuble s'entend du bâtiment dans lequel se trouve compris le local vendu ou de la partie de ce bâtiment techniquement distincte et réalisable indépendamment des autres parties.

SECTION III DISPOSITIONS PARTICULIÈRES À LA CONCLUSION DU CONTRAT DE VENTES D'IMMEUBLES À CONSTRUIRE POUR L'USAGE D'HABITATION OU POUR L'USAGE PROFESSIONNEL ET D'HABITATION

Art. *R. 261-11 La constatation de l'achèvement des fondations est certifiée par un homme de l'art. Elle est faite pour chaque immeuble tel que défini à l'article R. 261-10.

Art. *R. 261-12 Si l'acte de vente stipule que l'acquéreur ne recourt pas aux prêts dont le vendeur a fait état, il n'y a pas lieu d'insérer dans l'acte la condition résolutoire prévue par le premier alinéa de l'article L. 261-11.

Art. *R. 261-13 Pour l'application de l'article L. 261-11, la consistance de l'immeuble vendu résulte des plans, coupes et élévations avec les cotes utiles et l'indication des surfaces de chacune des pièces et des dégagements.

Si cet immeuble est compris dans un ensemble immobilier, ces indications doivent être complétées par un plan faisant apparaître le nombre de bâtiments de cet ensemble, leur emplacement et le nombre d'étages de chacun d'eux.

Les caractéristiques techniques résultent du devis descriptif servant de base aux marchés ou d'une notice descriptive conforme à un modèle type agréé par arrêté ministériel. – *V. Arr. du 10 mai 1968 (JO 29 juin).*

Ces documents s'appliquent au local vendu, à la partie de bâtiment ou au bâtiment dans lequel il se trouve et aux équipements extérieurs et réseaux divers qui s'y rapportent.

Un plan coté du local vendu et une notice indiquant les éléments d'équipement propres à ce local doivent être annexés au contrat de vente.

BIBL. ▶ R. Piette, *Constr.-Urb. 2000, Chron. 5* (la surface du logement neuf acquis en VEFA ou achevé et loué sous le régime Besson). – Magnin, *LPA 8 oct. 2001. 4* (rénovation immobilière et mesurage des surfaces). – Barret, *RTD civ. 2012. 207* (les recours offerts à l'acquéreur contre le vendeur au cas de superficie insuffisante de l'immeuble vendu).

1. Sur l'interprétation nécessaire des termes ambigus et contradictoires des actes de réservation et contrats de vente, à propos de l'inclusion ou non dans le prix des installations thermiques, V. • Civ. 3e, 14 mars 1978 : *Bull. civ. III, no 113* • 20 juin 1978 : *Bull. civ. III, no 251.*

2. En cas d'imprécision du devis descriptif général, le juge a la possibilité de se référer à des mentions plus détaillées (concernant la nature de la chape des garages en sous-sol) figurant dans un « descriptif publicitaire ». • Civ. 3e, 2 avr. 1979 : *D. 1979. IR 537.*

3. Sur la valeur juridique et les effets des documents descriptifs, V. • Versailles, 22 avr. 1988 : *RDI 1988. 472.* ♦ Après la conclusion de la vente l'acquéreur ne peut plus invoquer le descriptif joint au contrat préliminaire. • Paris, 6 sept. 2000 : *Constr.-Urb. 2001, no 56.*

4. Sur le devoir d'information du vendeur, V. • Civ. 3e, 28 janv. 1998 : *Bull. civ. III, no 19 ; Constr.-Urb. 1998, no 141.* ♦ ... Notamment en l'absence des précisions requises par l'art. R. 261-13, V. • Rennes, 17 juin 1997 : *Constr.-Urb. 1998, no 97* • Paris, 20 févr. 2001 : *AJDI 2001. 472*.

5. L'entrepreneur général, qui n'est pas partie au contrat de vente, ne peut être tenu des non-conformités à la notice descriptive que lorsque celle-ci vise les mêmes prestations que celles que le marché de travaux met à sa charge. Toutefois, conformément à l'art. 1315, al. 2, C. civ., il appartient à l'entrepreneur d'établir que les non-conformités querellées mises à sa charge, correspondent à des prestations différentes de celles prévues dans son marché. • Paris, 28 mai 2008 : *Constr.-Urb. 2008, n° 140, note Sizaire.*

6. Sur l'inapplicabilité de l'art. 46 (dispositions loi Carrez) de la loi du 10 juill. 1965 au contrat de vente en état futur d'achèvement. • Chambéry, 16 déc. 2008 : *Constr.-Urb. 2009, n° 74, obs. C. Sizaire.* ◆ *Contra* : • Pau, 27 nov. 2006 : *Constr.-Urb. 2007, n° 66.* ◆ Le point de départ du délai préfix d'un an de l'action en diminution de prix d'une vente en l'état futur d'achèvement est la date de la livraison du bien, la vérification de la superficie de l'immeuble vendu ne pouvant être opérée qu'à cette date. • Civ. 3e, 11 janv. 2012 : *Bull. civ. III, n° 5 ; RDI 2012. 224, obs. Tournafond et Tricoire.*

Art. *R. 261-14 **Les paiements ou dépôts ne peuvent excéder au total :**

35 p. 100 du prix à l'achèvement des fondations ;

70 p. 100 à la mise hors d'eau ;

95 p. 100 à l'achèvement de l'immeuble.

Le solde est payable lors de la mise du local à la disposition de l'acquéreur ; toutefois il peut être consigné en cas de contestation sur la conformité avec les prévisions du contrat.

Si la vente est conclue sous condition suspensive, aucun versement ni dépôt ne peut être effectué avant la réalisation de cette condition.

Dans les limites ci-dessus, les sommes à payer ou à déposer en cours d'exécution des travaux sont exigibles :

— soit par versements périodiques constants ;

— soit par versements successifs dont le montant est déterminé en fonction de l'avancement des travaux.

Si le contrat prévoit une pénalité de retard dans les paiements ou les versements, le taux de celle-ci ne peut excéder 1 p. 100 par mois.

BIBL. ▶ Cornille et Raffray, *JCP N 1986. I. 109* (l'échelonnement des paiements du prix dans les contrats du secteur protégé). – Jestaz, *RDI 1982. 336* (variations sur la notion d'achèvement dans la vente d'immeubles à construire). – Malinvaud, *RDI 2011. 297* (VEFA : 30 % du prix le jour de la vente ?). – Roujou de Boubée, *RDI 2011. 280* (le délit de versements irréguliers dans le contrat de vente en l'état futur d'achèvement portant sur un immeuble à usage d'habitation ou à usage professionnel et d'habitation). – Tournafond, *RDI 2011. 281* (quel acompte le vendeur peut-il exiger au moment de la signature d'une vente en état futur d'achèvement ?) ; *RDI 2012. 53* (Les modalités de paiement du prix et ses questions dans la VEFA. La question des versements exigibles au moment de la signature du contrat. Colloque AFDC, CERCOL, 25 nov. 2011).

1. Généralités. Sur l'application de l'art. R. 261-14 à des travaux supplémentaires, qui ne figuraient pas dans l'acte de vente initial, et qui avaient été demandés par la suite par l'acquéreur, V. • Civ. 3e, 17 mars 1999 : *Bull. civ. III, n° 70 ; RDI 1999. 662, obs. C. Saint-Alary-Houin ; Defrénois 1999. 1142, obs. Périnet-Marquet ; Constr.-Urb. 1999, n° 233 (2e esp.), obs. Sizaire.*

2. Des paiements ne peuvent être opérés, conformément à l'échelonnement mis en place par l'art. R. 261-14, que si les travaux sont valablement achevés, ce qui suppose non seulement que ces travaux sont terminés, mais encore qu'ils sont conformes aux règles de l'art et aux stipulations du contrat. Engage de ce fait sa responsabilité, à l'égard des acquéreurs et des établissements de crédit, l'architecte qui a attesté que les travaux étaient au stade du hors-d'eau terminé, alors que la toiture, non conforme à sa destination, devait être totalement refaite. • Civ. 3e, 29 mars 2000 : *Bull. civ. III, n° 73 ; RDI 2000. 211, obs. Leguay ; Constr.-Urb. 2000, n° 176, obs. Sizaire ; Defrénois 2000. 1248, obs. Périnet-Marquet.* ◆ Sur la localisation des paiements et leur caractère libératoire, V. • Civ. 3e, 16 févr. 2005 : *RDI 2005. 277, note Heugas-Darraspen ; Constr.-Urb. 2005, n° 180, obs. Cornille.*

3. Lorsque le contrat de vente prévoit un paiement du prix sous forme de versements successifs en fonction de l'avancement des travaux, le vendeur a la possibilité de fixer des paliers intermédiaires. Toutefois, nonobstant ces paliers intermédiaires, le montant des appels de fonds effectués doit toujours correspondre à un avancement effectif des travaux. Le pourcentage du prix pouvant être exigé par le vendeur au moment de la signature de l'acte de vente sera donc déterminé au regard de ce critère. Dès lors, il n'est pas possible d'exiger 30 % du prix de vente à la signature du contrat si les travaux n'ont pas été entamés (sous peine de sanctions pénales. – V. art. L. 263-1 et L. 263-3). * Rép. min. nº 92957 : *JOAN Q 1er mars 2011. 2047 ; RDI 2011, p. 280, obs. Roujou de Boubée ; ibid. 281, obs. Tournafond ; ibid. 297, obs. Malinvaud.*

4. Versement du solde du prix. En principe, l'acheteur doit verser le solde du prix au moment de la remise des clés par le vendeur. • Civ. 3e, 13 févr. 1985 : *RDI 1985. 387, obs. Groslière et Saint-Alary.* ♦ Si aucun défaut de conformité n'est invoqué, la consignation ne constitue pas le paiement effectif exigé par le contrat et le vendeur n'est pas tenu de remettre à l'acheteur les clés des locaux. • Même arrêt.

5. Consignation du solde du prix. La consignation prévue par ce texte n'est pas subordonnée à la condition que le défaut invoqué ait un caractère substantiel. • Civ. 3e, 6 déc. 1972 : *Bull. civ. III, nº 666 ; Gaz. Pal. 1973. 1. Somm. 17 ; JCP N 1973. Prat. 5573.*

6. Sur la possibilité de consigner le solde si l'acquéreur argue de la non-conformité de l'immeuble, V. Rép. min. 6 déc. 1990 : *AJPI 1991. 248 ; Mon. TP 28 déc. 1990, suppl. textes, p. 194.* ♦ Sur la qualification de la consignation qui vaut paiement dans ce cas. • Civ. 3e, 15 déc. 2010 : *Bull. civ. III, nº 220 ; Dalloz actualité, 11 janv. 2011, obs. Garcia ; RDI 2011. 159, obs. Tournafond ; Constr.-Urb. 2011, nº 30, obs. Sizaire.*

7. Sur la distinction entre la retenue de garantie régie par la loi du 16 juill. 1971 et la consignation du solde du prix, V. • Civ. 3e, 31 janv. 1996 : *Bull. civ. III, nº 32 ; Defrénois 1996. 804, obs. Dubois ; RDI 1996. 226, obs. Saint-Alary-Houin* • Besançon, 9 déc. 2003 : *JCP 2004. IV. 1793.*

8. Le simple retard dans la mise à disposition d'un lot dans un immeuble à construire n'est pas un défaut de conformité avec les prévisions du contrat autorisant l'acquéreur à consigner le solde du prix. • Civ. 3e, 13 févr. 1985 : *préc. note 4.*

9. Pénalité de retard. En application de l'art. R. 261-14, dernier alinéa, est nulle la clause du contrat de vente d'immeubles à construire fixant, en cas de retard dans les paiements ou les versements, des pénalités de retard à un taux excessif. • Paris, 19 mai 1999 : *Constr.-Urb. 1999, nº 324, obs. Sizaire.* ♦ La pénalité peut toutefois être ramenée au taux légal en fonction de l'intention des parties. • Civ. 3e, 9 juill. 2003 : *Bull. civ. III, nº 152 ; Defrénois 2004. 457, obs. Périnet-Marquet ; Constr.-Urb. 2003, nº 245, obs. Sizaire.*

Art. *R. 261-15 *(Décr. nº 85-828 du 29 juill. 1985)* **L'indice mentionné à l'article L. 261-11-1 est l'index national du bâtiment tous corps d'état dénommé BT 01, créé par le ministre chargé de l'économie et des finances et utilisé pour la révision du prix des marchés de construction de bâtiment. Il traduit la variation des coûts salariaux, y compris les charges annexes, des coûts des matériaux et de leur transport, des coûts d'utilisation, amortissements compris, des matériels mis en œuvre ainsi que des coûts des produits et services divers nécessaires à la gestion des entreprises définis par décision du ministre chargé de l'économie et des finances et publiés au *Bulletin officiel de la concurrence et de la consommation.***

L'index BT 01 est publié mensuellement au *Journal officiel* par le ministre chargé de la construction et de l'habitation.

La limite mentionnée à l'article L. 261-11-1 est fixée à 70 p. 100.

BIBL. ▸ MALINVAUD, *RDI 1984. 381* (révision du prix des contrats de construction). – RAFFRAY, *JCP N 1985 Prat. 9539* (paiement échelonné et révisé du prix). – PEISSE, *Administrer, août-sept. 1984. 14.* (BT 01, l'épilogue définitif).

1. Sur la variabilité du prix initialement indiqué par le constructeur en fonction de l'indice du coût de la construction, jugeant que l'art. R. 261-15 se borne à interdire de faire rétroagir à une date antérieure à la conclusion du contrat l'indexation du prix calculé en valeur actuelle à cette même date, et que, dès lors, le prix de base prévu au contrat préliminaire peut être déterminé en considération de la variation de l'indice du coût de la construction depuis l'évaluation initiale qui en a été faite par le constructeur, V. • Civ. 3e, 13 mai 1987 : *Bull. civ. III, nº 98 ; D. 1987. IR 134 ; RDI 1987. 464,obs. Groslière et Saint-Alary.*

2. Sur l'incidence du caractère illicite de la clause d'indexation sur la garantie de remboursement offerte par l'assureur du vendeur d'immeubles à construire, V. • Paris, 21 juin 1982 : *D. 1985. IR 37, obs. Magnin.*

3. L'absence de remise du dépôt de garantie sur un compte spécial ouvert au nom du réservataire entraîne la nullité du contrat de réservation. • Civ. 3e, 22 sept. 2010 : *Bull. civ. III, nº 163 ; Dalloz actualité, 4 oct. 2010, obs. Garcia ; D. 2010. 2608, obs. Nési ; Constr.-Urb. 2010, nº 146, obs. Sizaire.*

Art. *R. 261-16 **Lorsque avant la conclusion de la vente, le vendeur a obtenu le bénéfice d'un prêt spécial à la construction du Crédit foncier de France ou du Comptoir des entrepreneurs en application de l'article R. 311-37, il doit, après l'avoir certifiée conforme, tenir à la disposition de l'acquéreur une copie du plan de financement faisant apparaître les éléments de l'équilibre financier de l'opération au vu desquels a été prise la décision de prêt.**

SECTION IV GARANTIES D'ACHÈVEMENT ET DE REMBOURSEMENT

BIBL. ▸ **Généralités :** TOMASIN, Faut-il supprimer la garantie intrinsèque dans la vente en l'état futur d'achèvement ?, *RDI 2008. 187* ; L'influence de la crise sur les garanties des acquéreurs ; Colloque l'influence de la crise sur le droit immobilier, *RDI 2010. 41*. – BERLY, Conséquences pratiques de la nouvelle définition de la garantie extrinsèque, *RDI 2012. 97*.

▸ **Sur les rapports avec le permis de construire :** BERLY, Garantie financière d'achèvement et permis de construire, *Constr.-Urb. 2010. Étude 7*.

▸ **Sur le décret no 2010-1128 du 27 sept. 2010 :** BERLY, Le décret no 2010-1128 du 27 septembre 2010 relatif aux ventes d'immeubles à construire ou à renover, *RDI 2010. 520*. – CORNILLE, Décret du 27 septembre 2010 : renouveau ou crépuscule des garanties intrinsèques d'achèvement ? *Constr.-Urb. 2010. Étude 14*. – MALLET BRICOUT, Le renforcement de la garantie intrinsèque et ses limites. Colloque AFDC, CERCOL, 25 nov. 2011, *RDI 2012. 15*. – TOURNAFOND, Quelques correctifs utiles en matière de paiement du prix dans le contrat de vente d'immeuble à rénover et en matière de garanties de bonne fin dans la vente d'immeuble à construire, *RDI 2010. 561*. – TRICOIRE, La redéfinition partielle de la garantie extrinsèque et ses questions. Colloque AFDC, CERCOL, 25 nov. 2011, *RDI 2012. 22*. – VINCENT, Publication d'un décret en matière de vente d'immeuble à construire et à rénover, *Dalloz actualité, 30 sept. 2010*. – ZALEWSKI, Décret du 27 septembre 2010 relatif aux ventes d'immeubles à construire ou à rénover : aurait pu mieux faire..., *Defrénois 2010. 1875*. – MALLET BRICOUT, Le renforcement de la garantie intrinsèque et ses limites, *RDI 2012. 15*.

▸ **Sur le décret no 2011-550 du 19 mai 2011 :** TRICOIRE, La redéfinition partielle de la garantie extrinsèque et ses questions. Colloque AFDC, CERCOL, 25 nov. 2011, *RDI 2012. 22*.

Art. *R. 261-17 **La garantie de l'achèvement de l'immeuble résulte soit de l'existence de conditions propres à l'opération, soit de l'intervention, dans les conditions prévues ci-après, d'une banque, d'un établissement financier habilité à faire des opérations de crédit immobilier,** *(Décr. no 80-301 du 22 avr. 1980)* **« d'une entreprise d'assurance agréée à cet effet » ou d'une société de caution mutuelle constituée conformément aux dispositions de la loi modifiée du 13 mars 1917, ayant pour objet l'organisation du crédit au petit et moyen commerce, à la petite et moyenne industrie.**

La garantie de remboursement est donnée par l'un des organismes indiqués à l'alinéa ci-dessus.

1. Sur le droit pour la banque d'exercer envers le promoteur l'action née de l'enrichissement sans cause, V. • Com. 2 mai 1978 : *Bull. civ. IV, no 123*.

2. Sur la responsabilité du notaire qui ne s'assure pas de l'existence de la garantie d'achèvement ou de remboursement, V. • Civ. 3e, 20 nov. 1996 : *Bull. civ. III, no 221 ; Dr. et patr. mai 1997, p. 81, obs. Saint-Alary-Houin ; JCP 1997. IV. 81*.

3. Sur le respect, par la banque, des dispositions légales et réglementaires impératives applicables à la garantie financière, V. • Civ. 1re, 13 nov. 1997 : *Bull. civ. I, no 304 ; RDI 1998. 279, note Tomasin ; Constr.-Urb. 1998, no 99*.

4. Protection du prêteur. Sur la clause dite de centralisation financière, V. • Civ. 3e, 9 juin 1999 : *Constr.-Urb. 1999, no 294, obs. Cornille* • Com. 10 juin 1992 : *Bull. civ. IV, no 177* • 4 juill. 1995 : *JCP N 1996 Prat. 3642* ♦ V. également, Dagot, *JCP N 1982. I. 1* (centralisation financière du programme de construction vendu en état futur d'achèvement).

5. Protection de l'acquéreur. Un acquéreur peut se prévaloir de la convention liant la banque finançant le programme immobilier et le promoteur-vendeur, aux termes de laquelle la banque ne pourra exercer ses droits hypothécaires à l'encontre de l'acquéreur. Celui-ci doit, en contrepartie, respecter les obligations mises à sa charge par l'acte d'acquisition. Dès lors, une banque est fondée à agir contre des acquéreurs qui, n'ayant pas respecté « le lieu de paiement » prévu au contrat, ont effectué les paiements, non pas entre les mains de la banque, mais auprès du vendeur, placé depuis en liquidation judiciaire. • Civ. 3e, 10 nov. 1999 : *Bull. civ. III, no 214 ; D. 2000. 397, obs. Piedelièvre ; AJDI 2000. 79, obs. Porcheron ; RDI 2000. 223, obs. Heugas-Darraspen ; ibid. 227, obs. Théry ; Constr.-Urb. 2000, no 89, obs. Sizaire.* ♦ V. également, Dagot, *JCP N 1993. Prat. 2461* (lieu de règlement des appels de fonds dans les ventes en l'état futur d'achèvement).

Art. R.* 261-18 *(Décr. no 2010-1128 du 27 sept. 2010)* **La garantie d'achèvement résulte de l'existence de conditions propres à l'opération lorsque cette dernière répond à l'une ou l'autre des situations suivantes :**

1o Si l'immeuble est mis hors d'eau et n'est grevé d'aucun privilège, hypothèque ou gage immobilier ;

2o Si les trois conditions suivantes sont réunies :

a) Les fondations sont achevées ;

b) Le financement de l'immeuble ou des immeubles compris dans un même programme est assuré à hauteur de 75 % du prix des ventes prévues par :

— les fonds appartenant au vendeur déjà investis dans l'opération ou disponibles pour la financer, à l'exclusion des dations en paiement et des fonds issus d'emprunts ;

— le montant du prix des ventes déjà conclues et pour lesquelles l'acquéreur a fourni une attestation bancaire précisant qu'il dispose des fonds ou valeurs nécessaires à l'achat ou d'un crédit confirmé ;

— les crédits confirmés des banques ou établissements financiers habilités à faire des opérations de crédit immobilier, déduction faite des prêts transférables aux acquéreurs des logements déjà vendus. Ne sont considérés comme crédits confirmés au sens du présent article que les crédits certains, irrévocables et maintenus jusqu'à l'achèvement de l'opération.

Toutefois, le taux de 75 % est réduit à 60 % lorsque le financement est assuré à concurrence de 30 % du prix des ventes par les fonds appartenant au vendeur.

Pour l'appréciation du montant du financement ainsi exigé, il est tenu compte du montant du prix des ventes conclues sous la seule condition suspensive de la justification de ce financement dans les six mois suivant l'achèvement des fondations ;

c) Le vendeur a ouvert un compte unique, propre à l'opération, auprès d'un établissement de crédit et s'engage à y centraliser les fonds assurant le financement du ou des immeubles.

Le présent art. s'applique aux opérations dont le permis de construire a été déposé après le 1er avr. 2011 (Décr. no 2010-1128 du 27 sept. 2010, art. 5).

Ancien art. *R. 261-18 *La garantie d'achèvement résulte de l'existence de conditions propres à l'opération lorsque cette dernière répond à l'une ou l'autre des conditions suivantes :*

a) Si l'immeuble est mis hors d'eau et n'est grevé d'aucun privilège ou hypothèque ;

b) Si les fondations sont achevées et si le financement de l'immeuble ou des immeubles compris dans un même programme est assuré à concurrence de 75 p. 100 du prix de vente prévu :

— par les fonds propres au vendeur ;

— par le montant du prix des ventes déjà conclues ;

— par les crédits confirmés des banques ou établissements financiers habilités à faire des opérations de crédit immobilier, déduction faite des prêts transférables aux acquéreurs des logements déjà vendus.

Toutefois, le taux de 75 p. 100 est réduit à 60 p. 100 lorsque le financement est assuré à concurrence de 30 p. 100 du prix de vente par les fonds propres du vendeur.

Pour l'appréciation du montant du financement ainsi exigé, il est tenu compte du montant du prix des ventes conclues sous la condition suspensive de la justification de ce financement dans les six mois suivant l'achèvement des fondations.

BIBL. ▶ Berly, *RDI 2010. 520* (le décret no 2010-1128 du 27 septembre 2010 relatif à la vente d'immeubles à construire ou à renover). – Cornille, *Constr.-Urb. 2010. Étude 14* (décret du 27 septembre 2010 : renouveau ou crépuscule des garanties intrinsèques d'achèvement ?). – Dagot, *JCP N 1997. II. 1035* (pour une amélioration des garanties d'achèvement de la vente en l'état futur d'achèvement). – Magnin, *LPA 11 déc. 2000* (réflexions sur la condition suspensive de l'art. R. 261-18-b). – MALLET BRICOUT, *RDI 2012. 15* (le renforcement de la garantie intrinsèque et ses limites. Colloque AFDC, CERCOL, 25 nov. 2011). – TOMASIN, *RDI 2008. 187* (faut-il supprimer la garantie intrinsèque d'achèvement dans la vente en l'état futur d'achèvement ?) ; *RDI 2010. 41* (l'influence de la crise sur les garanties des acquéreurs ; Colloque L'influence de la crise sur le droit immobilier). – TOURNAFOND, *RDI 2010. 561* (quelques correctifs utiles en matière de paiement du prix dans le contrat de vente d'immeuble à rénover et en matière de garanties de bonne fin dans la vente d'immeuble à construire). – VINCENT, *Dalloz actualité, 30 sept. 2010* (publication d'un décret en matière de vente d'immeuble à construire et à rénover). – ZALEWSKI, *JCP N 2006. 1065* (questions pratiques sur les garanties intrinsèques en matière de vente en état futur d'achèvement) ; *Defrénois 2010. 1875* (Décret du 27 septembre 2010 relatif aux ventes d'immeubles à construire ou à rénover : aurait pu mieux faire...).

COMMENTAIRE

Les articles R. 261-18 et R. 261-18-1 prévoient des garanties intrinsèques – qui n'en sont pas au sens juridique du terme – relatives à l'état d'avancement des travaux, pour les opérations dont le permis de construire a été déposé à compter du 1er avril 2011. La première de ces garanties est relative à l'existence d'un immeuble hors d'eau et libre d'hypothèque ; la seconde porte sur l'achèvement des fondations et le financement à concurrence de 75 % du prix de vente stipulé. D'application très résiduelle, ces garanties n'en sont pas moins efficaces dans les opérations de petite ou moyenne envergure. L'extension de la mission confiée aux établissements de crédit en matière de contrôles par le décret du 27 septembre 2010 pourrait en renforcer l'efficacité.

1. Il est licite de prendre en considération, pour calculer le seuil des garanties intrinsèques, le prix global de vente et non le seul montant des acomptes versés à leur titre. • TGI Digne, 13 mars 1980 : *D. 1981. IR 409, obs. Magnin ; RDI 1982. 251, obs. Groslière et Jestaz.* ♦ ... Mais il ne l'est pas de simuler une vente à des personnes complaisantes, pour satisfaire à l'obligation d'un certain pourcentage d'appartements vendus vis-à-vis de l'établissement prêteur, puis de faire signer à de véritables acquéreurs un contrat préliminaire concernant le même lot. • Crim. 3 mars 1980 : *Bull. crim. n° 75.*

2. L'engagement de payer les sommes nécessaires à l'achèvement peut constituer une garantie *sui generis* concurrente à la garantie intrinsèque. • Civ. 3e, 16 mai 2001 : *Constr.-Urb. 2001, n° 218.*

3. Engage sa responsabilité la banque qui atteste comme crédit confirmé un crédit limité dans le temps. • Rennes, 14 nov. 2002 : *Constr.-Urb. 2003, n° 197, obs. Sizaire.* ♦ L'obligation de justifier de l'ouverture d'un crédit confirmé ne libère pas la banque du respect du secret des affaires. • Com. 25 janv. 2005 : *Bull. civ. IV, n° 13* • Com. 2 janv. 2007 : *Bull. civ. IV, n° 7 ; BICC 1er mai 2007, n° 885 ; RDI 2007. 268, note Heugas-Darraspen ; Administrer juill. 2007, p. 42, obs. Gaborieau ; RTD com. 2007. 432, chron. Legeais ; Constr.-Urb. 2007, n° 67* • Com. 23 janv. 2007 : *RDI 2007. 268, obs. Tournafond.* ♦ La banque n'a pas l'obligation de s'assurer de la destination des fonds prêtés, • Com. 23 janv. 2007 : *Administrer juill. 2007. 42.*

Art. R.* 261-18-1 *(Décr. n° 2010-1128 du 27 sept. 2010)* **Lorsque la garantie de l'achèvement de l'immeuble résulte de l'existence de conditions propres à l'opération prévues à l'article R. 261-18, les paiements ou dépôts ne peuvent excéder au total :**

35 % à l'achèvement des fondations ;

50 % à l'achèvement du plancher haut du rez-de-chaussée ;

65 % à l'achèvement du dernier plancher haut ;

70 % à la mise hors d'eau ;

80 % à l'achèvement des cloisons et à la mise hors d'air ;

90 % à l'achèvement des travaux d'équipement, de plomberie, de menuiserie et de chauffage ;

95 % à l'achèvement de l'immeuble.

Le solde est payable lors de la mise du local à la disposition de l'acquéreur ; toutefois, il peut être consigné en cas de contestation sur la conformité avec les prévisions du contrat.

Si la vente est conclue sous condition suspensive, aucun versement ni dépôt ne peut être effectué avant la réalisation de cette condition.

Si le contrat prévoit une pénalité en cas de retard dans les paiements ou les versements, le taux de celle-ci ne peut excéder 1 % par mois.

Le vendeur joint à chaque appel de fonds une attestation de réalisation des travaux établie par un homme de l'art. Lorsque le vendeur se charge de la maîtrise d'œuvre, l'attestation est établie par un organisme de contrôle indépendant.

Les sommes payées par l'acquéreur ne peuvent être versées que sur le compte prévu à l'article R. 261-18 ouvert auprès d'un établissement de crédit.

Le présent art. s'applique aux opérations dont le permis de construire a été déposé après le 1er avr. 2011 (Décr. no 2010-1128 du 27 sept. 2010, art. 5).

Art. *R. 261-19 **La garantie d'achèvement résulte également :**

***a)* Si la vente porte sur une maison individuelle, dont les fondations sont achevées et à condition que les versements prévus n'excèdent pas au total :**

20 p. 100 du prix à l'achèvement des fondations ;

45 p. 100 à la mise hors d'eau ;

85 p. 100 à l'achèvement de la maison.

Le solde est payé ou consigné comme il est dit pour le solde prévu à l'article R. 261-14.

Lorsque la maison fait partie d'un ensemble de plus de vingt maisons et que son utilisation implique celle d'équipements extérieurs communs, le bénéfice des dispositions ci-dessus du présent article est subordonné soit à la réalisation préalable des équipements nécessaires à l'utilisation de la maison vendue, soit à l'existence pour ces derniers de la garantie d'achèvement prévue par l'article R. 261-21.

L'exécution des équipements ci-dessus est établie par certificat d'une personne qualifiée à cet effet ;

b)* Si la vente est réalisée par une société d'économie mixte de construction agréée à cet effet par le ministre chargé des finances et le ministre chargé de la construction et de l'habitation ou dont une collectivité publique détient au moins 35 p. 100 du capital social ;[.]***

COMMENTAIRE

L'article L. 453-3 du présent code, issu de la loi SRU, en vigueur depuis le 1er janvier 2003, a nécessairement abrogé le *c* du présent article qui avait institué une garantie d'achèvement automatique tirée de la qualité d'organisme HLM du vendeur. Désormais, les ventes en l'état futur consenties par un organisme HLM sont soumises au régime de droit commun des garanties d'achèvement. Toutefois, la loi n'a pas supprimé la garantie automatique prévue par le *b* qui demeure en vigueur (V. également les obs. ss. l'art. L. 261-11). ❑

1. Sur la mission confiée au notaire en matière de garantie intrinsèque, V. • TGI Évry, 7 nov. 1985 : *RDI 1986. 473, obs. Groslière et Saint-Alary-Houin.*

2. Sur la validité et les effets d'une stipulation pour autrui consentie à une banque et ses rapports avec la garantie intrinsèque, V. • Riom, 31 mars 1988 : *RDI 1988. 472.*

3. Seule est applicable à une maison individuelle la garantie intrinsèque de l'art. R. 261-19, à l'exclusion de celle prévue à l'art. R. 261-18. • Civ. 3e, 23 juin 2004 : *Bull. civ. III, no 126 ; Constr.-Urb. 2004, no 154, obs. Sizaire ; Administrer nov. 2005, p. 51, obs. Gaborieau ; Defrénois 2005. 75, obs. Périnet-Marquet.*

Art. *R. 261-20 **Pour l'application des dispositions de l'article R. 261-18, *b*, le contrat doit préciser :**

– que l'acheteur reconnaît être averti de la teneur desdites garanties ;

– que le vendeur tient à tout moment à la disposition de l'acheteur justification de ces garanties, en l'étude du notaire ayant reçu l'acte de vente.

Les justifications sont constituées :

– en ce qui concerne le montant du prix des ventes déjà conclues, par une attestation du notaire ;

– en ce qui concerne les crédits confirmés ou les fonds propres, par une attestation délivrée par une banque ou un établissement financier habilité à faire des opérations de crédit immobilier.

Art. *R. 261-21 **La garantie d'achèvement donnée par les établissements indiqués à l'article R. 261-17 prend la forme :**

***a*) Soit d'une ouverture de crédit par laquelle celui qui l'a consentie s'oblige à avancer au vendeur ou à payer pour son compte les sommes nécessaires à l'achèvement de l'immeuble.**

Cette convention doit stipuler au profit de l'acquéreur ou sous-acquéreur le droit d'en exiger l'exécution ;

***b*) Soit d'une convention de cautionnement aux termes de laquelle la caution s'oblige envers l'acquéreur, solidairement avec le vendeur, à payer les sommes nécessaires à l'achèvement de l'immeuble.**

Les versements effectués par les établissements garants au titre des *a* et *b* ci-dessus sont réputés faits dans l'intérêt de la masse des créanciers.

BIBL. ▶ M. DAGOT, *JCP 1990. I. 3456* (garantie d'achèvement et garantie décennale). – A. GOURIO et G. DELAHAYE, *JCP N 1978. I. 237* (garantie bancaire). – D. SIZAIRE, *Droit et ville, 1978, no 5, p. 61* (garantie extrinsèque d'achèvement). – C. STORA, *Gaz. Pal. 1975. 2. Doctr. 444* (garanties de bonne fin).

COMMENTAIRE

L'article R. 261-21 érige une garantie extrinsèque d'achèvement, tandis que l'article R. 261-22 propose, quant à lui, une garantie de même nature tenant au remboursement, et que l'article R. 261-23 permet de passer d'une garantie à l'autre en cours d'exécution du contrat. Ces textes offrent à l'acquéreur du secteur protégé une réelle assurance de voir ses droits préservés. ❑

1. De nature autonome, la garantie d'achèvement extrinsèque ne disparaît pas du fait du redressement ou de la liquidation judiciaires du débiteur. V. • Civ. 3e, 12 mars 1997 : *Bull. civ. III, no 53 ; Constr.-Urb. 1998, no 2 ; JCP N 1997. II. 1052 ; Administrer janv. 1999. 72, obs. S. Naudot.* ◆ Mais le garant est libéré en cas de modification du programme sans son accord. • T. com. Paris, 7 févr. 2003 : *Constr.-Urb. 2003, no 218, obs. Sizaire.*

2. La garantie donnée en vertu de l'art. R. 261-21 n'a pour objet que l'avance ou le paiement des sommes nécessaires à l'achèvement de l'immeuble à construire. Viole dès lors ce texte l'arrêt qui confirme une ordonnance de référé condamnant une banque à verser une astreinte dans l'hypothèse où les travaux d'achèvement de l'immeuble ne seraient pas repris dans un délai de huit jours à compter de la signification de l'ordonnance. • Civ. 3e, 21 févr. 1979 : *Bull. civ. III, no 48.* ◆ La garantie ne porte pas non plus sur l'obligation de faire exécuter les travaux. • Aix-en-Provence, 30 janv. 2003 : *Constr.-Urb. 2003, no 219, obs. Cornille.* ◆ En revanche, le garant peut être contraint au versement d'une provision nécessaire à la détermination exacte des travaux inexécutés. • Civ. 3e, 17 juill. 1997 : *Constr.-Urb. 1998, no 1.* ◆ Est approuvée la cour d'appel qui décide d'inclure dans l'objet de la garantie les éléments d'équipements alors même qu'ils sont cédés à la société exploitante et non à la SCI acquéreur de l'immeuble. • Civ. 3e, 3 mai 2001 : *Bull. civ. III, no 55 ; RD banc. fin. 2001. 289, obs. Cerles ; Defrénois 2002. 68, note Périnet-Marquet ; Constr.-Urb. 2001, no 137.*

3. Ne saurait être une garantie d'achèvement, l'engagement d'un établissement prêteur de payer les sommes dues par l'acquéreur en raison de l'avancement des travaux. • Paris, 23 sept. 1992 : *JCP N 1992. Prat. 2.*

4. La garantie d'achèvement impose au garant de réparer les retards de livraison. • Civ. 3e, 29 janv. 1997 : *RDI 1997. 246, obs. Saint-Alary-Houin.* ◆ ... Mais elle ne permet pas de réparer les désordres relevant de la garantie décennale. • Civ. 3e, 13 avr. 1988 : *Bull. civ. III, no 67 ; RDI 1988. 475, obs. Groslière et Saint-Alary.* ◆ Sur la distinction entre non-conformité et malfaçons. • Montpellier, 1re ch., 9 nov. 2000 : *Constr.-Urb. 2002, no 26, obs. Sizaire.* ♦ V. également jurisprudence ss. l'art. L. 261-5, note 4.

5. La garantie d'achèvement, ne bénéficiant qu'aux acquéreurs de locaux à construire, ne peut être sollicitée : ni par les entrepreneurs. • Civ. 3e, 8 déc. 1981 : *Bull. civ. III, no 204* • Com. 27 mars 2001 : *Constr.-Urb. 2001, no 113.* ♦ ... ni par le preneur à bail des locaux vendus. • Civ. 3e, 7 févr. 2001 : *Constr.-Urb. 2001, no 113.* ♦ ... ni par les vendeurs. • Paris, 23 avr. 1981 : *D. 1982. IR 464, obs. Magnin ; RDI 1982. 250, obs. Groslière et Jestaz* • Paris, 15 janv. 1999 : *RDI 1999. 269, obs. Saint-Alary-Houin.* ♦ Il a également été jugé que la garantie ne se transmettait pas à l'adjudicataire de l'immeuble partiellement réalisé dont l'acquéreur initial est placé en liquidation judiciaire dès lors que ce dernier est lui-même défaillant dans l'exécution de son obligation de payer le prix. • Civ. 3e, 20 nov. 2002 : *Bull. civ. III, no 229 ; RD banc. fin. 2003, no 113 ; JCP 2003. IV. 1075.*

6. Mais le vendeur peut bénéficier de la garantie dans la mesure où il reste propriétaire des invendus. • Civ. 3e, 5 déc. 1978 : *Bull. civ. III, no 362 ; RDI 1979. 222, obs. Groslière et Jestaz.*

7. La banque qui finance spontanément l'achèvement d'un immeuble en dehors de toute garantie extrinsèque formelle peut exercer l'action *de in rem verso.* • Civ. 3e, 2 mai 1978 : *RDI 1979. 88, obs. Groslière et Jestaz.* ♦ En revanche, n'étant pas tenue de la même dette, elle ne peut exercer une action récursoire contre l'assureur dommages-ouvrage. • Civ. 3e, 24 sept. 2003 : *Bull. civ. III, no 163 ; Defrénois 2004. 459, obs. Périnet-Marquet.* ♦ De même, la banque qui, par son paiement, libère le constructeur de son obligation à la charge définitive de la dette ne peut obtenir de celui-ci le paiement d'un crédit de TVA. Elle n'est subrogée que dans les droits des acquéreurs et, ne pouvant avoir plus de droits que ceux-ci, elle n'a pas vocation à obtenir ce paiement. • Civ. 3e, 7 juill. 2010 : *Bull. civ. III, no 138 ; D. 2010. 1872.*

8. Le garant d'achèvement d'une construction vendue en l'état futur d'achèvement prévue par l'art. R. 261-21, qui achève ou fait achever en les payant, les travaux abandonnés par le constructeur défaillant, est seul fondé à exiger de l'acquéreur le solde du paiement du prix de vente, le constructeur en procédure collective n'étant titulaire d'aucune créance à ce titre contre l'acquéreur. • Civ. 3e, 7 nov. 2007 : *Bull. civ. III, no 191 ; D. 2007. 3006 ; Constr.-Urb. 2008, no 2, obs. Sizaire ; Administrer juill. 2009, p. 58, obs. Gaborieau ; Defrénois 2009. 90, note Périnet-Marquet.*

9. La résolution d'une vente en l'état futur d'achèvement, sollicitée par l'acquéreur en raison de l'impossibilité d'achever les travaux, n'entraîne pas substitution de plein droit d'une garantie de remboursement à la garantie d'achèvement, seule souscrite. • Civ. 3e, 7 mai 2008 : *Bull. civ. III, no 75 ; Constr.-Urb. 2008, no 102, note Sizaire ; RDI 2008. 337, note O. T. ; D. 2008. 1484.*

10. On ne peut reprocher à un architecte un manquement à son obligation de conseil sans préciser les éléments juridiques ou de fait permettant d'établir que la garantie d'achèvement était impossible ou très difficile à obtenir ou avait été refusée en raison de la structure familiale de la SCI. • Civ. 3e, 7 juill. 2010 : *RDI 2010. 541, obs. Boubli.*

Art. *R. 261-22 **La garantie de remboursement revêt la forme d'une convention de cautionnement aux termes de laquelle la caution s'oblige envers l'acquéreur, solidairement avec le vendeur, à rembourser les versements effectués par l'acquéreur au cas de résolution amiable ou judiciaire de la vente pour cause de défaut d'achèvement.**

Art. *R. 261-23 **Le vendeur et le garant ont la faculté, au cours de l'exécution du contrat de vente, de substituer la garantie d'achèvement, prévue à l'article R. 261-21, à la garantie de remboursement ou inversement, à la condition que cette faculté ait été prévue au contrat de vente.**

Cette substitution doit être notifiée à l'acquéreur.

1. Le garant de l'achèvement ne peut être garant du remboursement lorsque l'achèvement devient impossible par suite, notamment, de l'annulation du permis de construire. • Aix-en-Provence, 5 déc. 1978 : *JCP 1980. II. 19342, note Bergel.*

2. Le garant de l'achèvement ne peut être poursuivi en réparation du préjudice éprouvé par l'acquéreur, et résultant de la résolution du contrat de vente en état futur d'achèvement motivée par la non-observation de la réglementation en vigueur. • Civ. 3e, 17 mars 1999 : *Bull. civ. III, no 71 ; Constr.-Urb. 1999, no 177, obs. Sizaire.*

3. La résolution d'un contrat de vente en l'état futur d'achèvement, sollicitée par l'acquéreur en raison de l'impossibilité d'achever les travaux, n'entraîne pas substitution de plein droit d'une garantie de remboursement, à la garantie d'achèvement, seule souscrite, • Civ. 3e, 7 mai 2008 : *Bull. civ. III, no 75, RDI 2008. 337, obs. Tournafond ; Administrer juill. 2009, p. 58, obs. Gaborieau.*

Art. R.* 261-24 *(Décr. no 2011-550 du 19 mai 2011)* **La garantie d'achèvement ou de remboursement prend fin à l'achèvement de l'immeuble, tel que défini à l'article R. 261-1. Cet achèvement résulte de la constatation qui en est faite soit par une personne désignée dans les conditions prévues à l'article R. 261-2, soit par un organisme de contrôle indépendant ou un homme de l'art. Lorsque le vendeur assure lui-même la maîtrise d'œuvre, la constatation est faite par un organisme de contrôle indépendant.**

Les dispositions du Décr. no 2011-550 du 19 mai 2011 sont applicables aux contrats en cours à la date de sa publication (Décr. préc., art. 2).

BIBL. ▶ BERLY, *RDI 2011. 312* (la fin de la garantie financière d'achèvement ou de remboursement : du décret de septembre 2010 à celui de mai 2011) ; *RDI 2012. 97* (conséquences pratiques de la nouvelle définition de la garantie extrinsèque). – TOURNAFOND, *RDI 2011. 401* (la nouvelle procédure de constatation d'achèvement de l'immeuble libérant le garant financier). – VINCENT, *Dalloz actualité, 24 mai 2011* (constatation de l'achèvement de l'immeuble : un correctif attendu !). – ZALEWSKI, *JCP N 2011. 30* (encore du neuf dans la vente en état futur d'achèvement). – TRICOIRE, La redéfinition partielle de la garantie extrinsèque et ses questions, *RDI 2012. 22*.

Ancien art. R.* 261-24 (Décr. no 2010-1128 du 27 sept. 2010) ***La garantie d'achèvement ou de remboursement prend fin à l'achèvement de l'immeuble. Cet achèvement résulte de la constatation qui en est faite par une personne désignée dans les conditions prévues à l'article R. 261-2.***

BIBL. ▶ BERLY, Le décret no 2010-1128 du 27 septembre 2010 relatif aux ventes d'immeubles à construire ou à renover, *RDI 2010. 520*. – CORNILLE, Décret du 27 septembre 2010 : renouveau ou crépuscule des garanties intrinsèques d'achèvement ?, *Constr.-Urb. 2010. Étude 14*. – TOMASIN, *RDI 2010. 41* (l'influence de la crise sur les garanties des acquéreurs ; Colloque L'influence de la crise sur le droit immobilier). – TOURNAFOND, Quelques correctifs utiles en matière de paiement du prix dans le contrat de vente d'immeuble à rénover et en matière de garanties de bonne fin dans la vente d'immeuble à construire, *RDI 2010. 561*. – VINCENT, *Dalloz actualité, 30 sept. 2010* (publication d'un décret en matière de vente d'immeuble à construire et à rénover). – ZALEWSKI, *Defrénois 2010. 1875* (Décret du 27 septembre 2010 relatif aux ventes d'immeubles à construire ou à rénover : aurait pu mieux faire...).

COMMENTAIRE

Les garanties extrinsèques de remboursement ou d'achèvement prennent fin avec l'achèvement de l'immeuble, lequel résulte des deux circonstances prévues par l'article R. 261-24, dont l'interprétation pose problème, notamment en ce que la solution retenue par la jurisprudence, s'écartant de celle définie par l'article R. 261-1, entraîne une double conception de la notion d'achèvement (V. plus largement, Tomasin, L'influence de la crise sur les garanties des acquéreurs, *RDI 2010. 41*). Dans tous les cas, le tiers garant prend l'engagement d'assurer le coût du remboursement des travaux ou le coût de l'achèvement des travaux. Le décret du 27 septembre 2010 a simplifié le régime d'extinction des garanties extrinsèques. Désormais, seul le constat par une personne désignée conformément aux dispositions de l'article R. 261-2 de l'achèvement pourra libérer le garant. ☐

I. NOTION D'ACHÈVEMENT

1. La notion d'achèvement visée à l'art. R. 261-24 doit être entendue de celle définie par l'art. R. 261-1 • Civ. 3e, 14 janv. 2009 : *Bull. civ. III, no 9 ; D. 2009. AJ 298 ; Constr.-Urb. 2009, no 45, note Sizaire ; RDI 2009. 78, note Vincent ; ibid. 185, obs. Tournafond ; Defrénois 2010. 232, chron. Périnet-Marquet.* • Civ. 3e, 14 avr. 2010 : *Bull. civ. III, no 85 ; D. 2010. 1146 ; Dalloz actualité, 3 mai 2010, obs. Vincent ; Constr.-Urb. 2010, no 93, Sizaire.*

II. CONSTATATION DE L'ACHÈVEMENT

A. RÈGLES GÉNÉRALES

2. Priorité est donnée à la constatation formaliste de l'achèvement sur sa matérialité. • Civ. 3e, 27 juin 2001 : *Constr.-Urb. 2001,* n° *196* • Civ. 3e, 9 nov. 2005 : *Bull. civ. III, n° 214.*

3. Sur la nécessité de la conformité des travaux avec le permis de construire, • Civ. 3e, 6 oct. 1993 : *Bull. civ. III, n° 120 ; RDI 1994. 62.* ◆ Dans le même sens : le garant doit l'achèvement de l'immeuble à concurrence du coût définitif des dépenses du programme tel que décrit à l'occasion de la conclusion du contrat stipulant cette garantie, et donc le financement des travaux conformes au permis de construire : • Civ. 3e, 14 avr. 2010 : *préc. note 1.*

B. PAR UNE PERSONNE DÉSIGNÉE À L'ARTICLE R. 261-2

4. Sur le cas d'une double constatation de l'achèvement, par la déclaration d'achèvement et par un expert, • Colmar, 10 mai 2007 : *Constr.-Urb. 2007, n° 219, obs. Cornille.* ◆ V. l'arrêt confirmatif, • Civ. 3e, 14 janv. 2009 : *préc. note 1.*

C. PAR UN ORGANISME INDÉPENDANT : À COMPTER DE L'APPLICATION DU DÉCRET N° 2011-550 DU 19 MAI 2011

D. PAR UN HOMME DE L'ART

[Jurisprudence antérieure à la réforme de l'article en 2010 et qui devrait pouvoir continuer à s'appliquer]

5. La déclaration d'achèvement des travaux est valablement établie par un membre du bureau d'études ayant assuré la maîtrise d'œuvre de l'opération en qualité d'architecte. • Civ. 3e, 3 déc. 1985 : *Bull. civ. III, n° 160 ; D. 1986. IR 167.* ◆ La constatation de l'achèvement doit être effectuée par un homme de l'art indépendant pour libérer le garant. • Civ. 3e, 6 juill. 2005 : *Bull. civ. III, n° 151 ; RDI 2005. 453, obs. Berly ; ibid. 2006. 303, obs. Tournafond ; Constr.-Urb. 2005, n° 181, obs. Sizaire.*

6. Ne sont qualifiés, ni un administrateur judiciaire, ni un bureau de contrôle. • Aix-en-Provence, 29 nov. 2001 : *Constr.-Urb. 2003, n° 198.*

III. EFFETS DE L'ACHÈVEMENT

[Jurisprudence antérieure à la réforme de l'article en 2011 et qui devrait pouvoir continuer à s'appliquer]

7. La garantie d'achèvement ou de remboursement cesse avec la déclaration d'achèvement certifiée par l'architecte, • Civ. 3e, 2 oct. 1996 : *Bull. civ. III, n° 203 ; RDI 1997. 247, obs. Saint-Alary-Houin ; JCP N 1997. II. 493, note Cornille.* ◆ La garantie de la banque cesse avec la déclaration d'achèvement établie conformément à l'art. R. 460-1 C. urb. • Civ. 3e, 12 janv. 2000 : *Bull. civ. III, n° 1 ; Defrénois 2000. 491, obs. Périnet-Marquet ; RDI 2000. 354 ; Constr.-Urb. 2000, n° 57, obs. Sizaire* • Montpellier, 13 sept. 2005 : *Constr.-Urb. 2005, n° 235, obs. Cornille.*

8. A l'inverse, le garant demeure tenu tant que cette déclaration n'a pas été établie, • Civ. 3e, 7 févr. 2001 : *Constr.-Urb. 2001, n° 112.* • Civ. 3e, 29 oct. 2003 : *Bull. civ. III, n° 184 ; RDI 2004. 70, obs. Paineau et* • Civ. 3e, 14 avr. 2010 : *préc. note 1.* ◆ Il résulte de l'art. R. 261-24 qu'est illicite la clause fixant une date d'expiration de la garantie, comme l'est celle qui tend à écarter un syndicat de copropriétaires de la garantie d'achèvement. • Aix-en-Provence, 10 févr. 1998 : *Constr.-Urb. 1998, n° 369, obs. Sizaire.*

Art. R.* 261-24-1 *(Décr. n° 2004-933 du 2 sept. 2004, art. 1er-I)* **Lorsqu'une vente en l'état futur d'achèvement est réalisée par un organisme d'habitations à loyer modéré, les garanties de remboursement et d'achèvement prévues à l'article L. 453-3 résultent de la détention par l'organisme vendeur de la garantie accordée par la société de garantie des organismes d'habitations à loyer modéré dans les conditions fixées à l'article L. 453-1.**

Le contrat de vente, auquel est annexée une attestation de la société de garantie des organismes d'habitations à loyer modéré établie depuis moins de six mois, précise que l'acheteur reconnaît être averti de la teneur des garanties mentionnées à l'alinéa précédent.

● SECTION V CONTRAT PRÉLIMINAIRE

BIBL. ► SIZAIRE, *JCP N 1996. I. 339.*

COMMENTAIRE

Les dispositions qui suivent envisagent les règles de forme du contrat préliminaire, règles qui président à la protection de l'acquéreur autant qu'à celle du vendeur. L'écrit s'impose et l'acte doit obligatoirement contenir les mentions informatives exigées par la loi, tenant pour l'essentiel aux caractéristiques du bien, à son prix et aux modalités du dépôt de garantie. ❑

Art. *R. 261-25 **Le contrat préliminaire doit indiquer la surface habitable approximative de l'immeuble faisant l'objet de ce contrat, le nombre de pièces principales et l'énumération des pièces de service, dépendances et dégagements. S'il s'agit d'une partie d'immeuble, le contrat doit en outre préciser la situation de cette partie dans l'immeuble.**

La qualité de la construction est suffisamment établie par une note technique sommaire indiquant la nature et la qualité des matériaux et des éléments d'équipement. Si le contrat porte sur une partie d'immeuble, cette note technique doit contenir également l'indication des équipements collectifs qui présentent une utilité pour la partie d'immeuble vendue.

Cette note technique doit être annexée au contrat.

1. Formalisme protecteur de l'acheteur. A propos des caractéristiques de l'immeuble, sur la précision requise par le texte, V. • Paris, 25 avr. 1989 : *Gaz. Pal. 10-12 sept. 1989. 16.* ◆ Il est indifférent que l'acquéreur ait admis avoir reçu des plans et des devis, dès lors que les mentions légales ne figurent pas dans le contrat préliminaire. • Civ. 3e, 17 avr. 1984 : *D. 1986. IR 44, obs. Magnin.* ◆ Le caractère vulnérable du permis de construire ne fait pas obstacle à la conclusion du contrat de réservation mais oblige le notaire à exercer son devoir de conseil, • Toulouse, 11 déc. 2006 : *Constr.-Urb. 2007, no 202, obs. Rousseau.*

2. Formalisme protecteur du vendeur. Si dans une vente d'immeuble à construire, le réservant modifie, comme il en a le droit, la consistance et les éléments d'équipement mentionnés au contrat préliminaire, il doit tenir compte de ces modifications dans le projet d'acte de vente notifié au réservataire un mois au moins avant la date prévue pour la signature de l'acte. Le réservataire peut acquérir aux nouvelles conditions, ou renoncer à l'acquisition en exigeant, si les conditions de l'art. 35 du décret no 67-1166 du 22 déc. 1967 sont remplies, la restitution du dépôt de garantie. S'il décide d'acquérir, il ne peut demander la réparation du prétendu préjudice résultant du fait que son cocontractant aurait manqué aux obligations découlant du contrat préliminaire. • Civ. 3e, 24 nov. 1977 : *Bull. civ. III, no 411 ; JCP N 1978. II. 91, note Stemmer.* ◆ V. également, dans le même sens, • Paris, 9 mars 1982 : *D. 1985. IR 34, obs. Magnin* • 18 déc. 1984 : *ibid. 1986. IR 44, obs. Magnin.*

3. Tolérance. La superficie mentionnée dans le contrat pouvant être approximative, une tolérance contractuelle de 4 % est licite. • Civ. 3e, 8 juin 2005 : *Bull. civ. III, no 124 ; Constr.-Urb. 2005, no 156, obs. Sizaire.*

Art. *R. 261-26 **Le contrat doit également indiquer :**

– le prix prévisionnel de vente et, le cas échéant, les modalités de sa révision dans les limites et conditions prévues *(Décr. no 85-828 du 29 juill. 1985, art. 2)* **« aux articles L. 261-11-1 et R. 261-15 » ;**

– la date à laquelle la vente pourra être conclue ;

– s'il y a lieu, les prêts que le réservant déclare qu'il fera obtenir au réservataire ou dont il lui transmettra le bénéfice en précisant le montant de ces prêts, leurs conditions et le nom du prêteur. – *V. Rép. min., JO Déb., Ass. nat., 24 juill. 1974, p. 3689.*

1. En matière de vente en l'état futur d'achèvement, seul le contrat de vente lui-même est soumis aux dispositions de l'art. 17 de la loi du 13 juill. 1979. • Civ. 3e, 20 déc. 1994 : *Bull. civ. III, no 223 ; RDI 1995. 337, obs. Saint-Alary-Houin ; D. 1995. Somm. 282, obs. Magnin.*

2. Sur la possibilité de la prévision d'un prix global dans l'hypothèse de la réservation de plusieurs appartements, V. • Paris, 8 mars 1982 : *RDI 1985. 385, obs. Groslière et Saint-Alary.*

3. Le contrat de réservation n'indiquant pas la date à laquelle la vente pourra être conclue est nul et le dépôt de garantie doit être restitué. • Versailles, 17 mars 1994 : *D. 1995. Somm. 280, obs. Magnin.*

Art. *R. 261-27 **Le contrat préliminaire est établi par écrit ; un exemplaire doit en être remis au réservataire avant tout dépôt de fonds. Il doit obligatoirement reproduire les dispositions des articles R. 261-28 à R. 261-31.**

1. L'exemplaire du contrat préliminaire détenu par le réservataire est valable, bien que non signé par le réservant, dès lors que ce dernier s'est assuré de la construction de l'immeuble. • Paris, 12 avr. 1983 : *RDI 1983. 422, obs. Groslière et Jestaz ; D. 1985. IR 25, obs. Magnin.*

2. Est nul le contrat de réservation d'un parking construit en sous-sol d'un bâtiment d'habitation qui ne reproduit pas les art. R. 261-28 et R. 261-31, cette reproduction étant prescrite impérativement. • Aix-en-Provence, 16 déc. 1985 : *Bull. Aix 1985, n° 3 ; RDI 1988. 471.* ♦ Rappr. : • TGI Perpignan, 5 juin 1985 : *RDI 1988. 471 ; Gaz. Pal. 1987. 2. 618, note Le Tourneau.*

Art. *R. 261-28 **Le montant du dépôt de garantie ne peut excéder 5 p. 100 du prix prévisionnel de vente si le délai de réalisation de la vente n'excède pas un an ; ce pourcentage est limité à 2 p. 100 si ce délai n'excède pas deux ans. Aucun dépôt ne peut être exigé si ce délai excède deux ans.**

Les dispositions de l'art. R. 261-31 ne dispensent pas le réservant, en cas d'annulation ou de maintien du contrat préliminaire, d'indemniser le réservataire ou l'acquéreur du préjudice causé. Caractérise la faute commise par le constructeur le fait pour celui-ci d'avoir dépassé le délai qu'il s'était engagé à respecter, ce qui avait eu notamment pour conséquence le versement par le réservataire à titre de dépôt de garantie d'une somme correspondant à un pourcentage illégal du prix prévisionnel de vente. • Civ. 3e, 28 juin 1977 : *JCP N 1978. II. 83, note Meysson.*

Art. *R. 261-29 **Le dépôt de garantie est fait à un compte spécial ouvert au nom du réservataire dans une banque ou un établissement spécialement habilité à cet effet ou chez un notaire. Les dépôts des réservataires des différents locaux composant un même immeuble ou un même ensemble immobilier peuvent être groupés dans un compte unique spécial comportant une rubrique par réservataire.**

1. Le dépôt de garantie doit être versé au moment même de la signature du contrat de réservation. • Colmar, 29 juin 1976 : *JCP N 1977. II. 99.* ♦ L'absence d'encaissement du dépôt de garantie sur le compte spécial ouvert au nom du réservataire est une cause de nullité du contrat, • Paris, 23 mai 2007 : *Constr.-Urb. 2007, n° 154, obs. Sizaire.* ♦ Même solution lorsque le compte a été ouvert au nom du réservant. • Civ. 3e, 22 sept. 2010 : *Bull. civ. III, à paraître ; Dalloz actualité, 4 oct. 2010, obs. Garcia ; Constr.-Urb. 2010, n° 146, Sizaire.*

2. Les fonds déposés ne sauraient produire intérêts à déduire des agios du crédit ouvert par le banquier au vendeur constructeur. • Paris, 23 avr. 1981 : *D. 1982. IR 464, obs. Magnin.* ♦ Le dépositaire engagerait sa responsabilité s'il mettait les fonds à la disposition du vendeur. • Com. 14 nov. 1975 : *JCP 1976. II. 18338, note P. M.* ♦ ... Sauf si le contrat a été rompu du fait du réservataire. • Crim. 29 juin 1983 : *Bull. crim. n° 209 ; RDI 1984. 107, obs. Roujou de Boubée.*

Art. *R. 261-30 **Le réservant doit notifier au réservataire le projet d'acte de vente un mois au moins avant la date de la signature de cet acte.**

COMMENTAIRE

La principale question soulevée par ce texte tient au point de savoir si le vendeur peut se désengager de son obligation de réserver l'immeuble achevé à l'acquéreur ayant signé le contrat préliminaire (sur la question, V. Auby et Périnet-Marquet, Droit de l'urbanisme et de la construction, *éd. Montchrestien, 5e éd., n° 1509-1*, pour lesquels il faut y voir une condition protestative. *Contra*, V. notamment, Sizaire, *JCP N 1996. I. 339*, estimant que le vendeur peut valablement décider de ne pas mener l'opération à son terme).

1. C'est le texte complet de l'acte, et non un simple cadre général, qui doit être notifié. • Paris, 7 févr. 1976 : *JCP N 1978. II. 75, note Meysson.* ♦ Sur l'obligation de maintenir le projet notifié jusqu'à la signature du contrat, V. également • Paris, 26 nov. 1981 : *RDI 1982. 522, obs. Groslière et Jestaz.* ♦ En cas de non-respect du délai, V. • Pau, 3 avr. 1996 : *JCP 1996. IV. 117.*

2. La notification du projet d'acte de vente au réservataire doit s'entendre d'un projet conforme à l'acte à intervenir, suffisamment précis pour que l'acquéreur puisse vérifier si les sommes réclamées sont, en l'état de l'exécution des travaux, réellement dues. • Civ. 3e, 22 juill. 1987 : *Bull. civ. III, no 154 ; D. 1987. IR 186 ; RDI 1987. 463, obs. Groslière et Saint-Alary-Houin ; D. 1988. Somm. 107, obs. Magnin.*

3. La notification prévue à l'art. R. 261-30 fixe définitivement les conditions de la vente et engage irrévocablement le réservant, au moins jusqu'à la date prévue pour la signature ; et au moment de cette signature, le vendeur est tenu de présenter à l'acheteur un acte identique à la copie qui lui avait été précédemment soumise. La modification unilatérale du prix par le vendeur justifie le refus de contracter opposé par l'acquéreur qui, si les biens ont été postérieurement cédés à un tiers, a droit à des dommages-intérêts en raison de la faute du vendeur. • Paris, 5 juill. 1983 : *D. 1983. IR 392.*

4. L'acquéreur peut valablement renoncer de façon explicite à son délai de réflexion d'un mois, ce délai n'étant pas prescrit à peine de nullité. • Civ. 3e, 12 mars 2003 : *Bull. civ. III, no 58 ; Constr.-Urb. 2003, no 148, obs. Sizaire ; JCP N 2003. 1573, note Bonduelle et Lecœur.*

5. La conclusion de la vente interdit au réservataire de se prévaloir des stipulations du contrat préliminaire. • Paris, 6 sept. 2000 : *Constr.-Urb. 2001, no 56.*

Art. *R. 261-31 **Le dépôt de garantie est restitué, sans retenue ni pénalité, au réservataire :**

***a*) Si le contrat de vente n'est pas conclu du fait du vendeur dans le délai prévu au contrat préliminaire ;**

***b*) Si le prix de vente excède de plus de 5 p. 100 le prix prévisionnel, révisé le cas échéant conformément aux dispositions du contrat préliminaire. Il en est ainsi quelles que soient les autres causes de l'augmentation du prix, même si elles sont dues à une augmentation de la consistance de l'immeuble ou à une amélioration de sa qualité ;**

***c*) Si le ou les prêts prévus au contrat préliminaire ne sont pas obtenus ou transmis ou si leur montant est inférieur de 10 p. 100 aux prévisions dudit contrat ;**

***d*) Si l'un des éléments d'équipement prévus au contrat préliminaire ne doit pas être réalisé ;**

***e*) Si l'immeuble ou la partie d'immeuble ayant fait l'objet du contrat présente dans sa consistance ou dans la qualité des ouvrages prévus une réduction de valeur supérieure à 10 p. 100.**

Dans les cas prévus au présent article, le réservataire notifie sa demande de remboursement au vendeur et au dépositaire par lettre recommandée avec demande d'avis de réception.

Sous réserve de la justification par le déposant de son droit à restitution, le remboursement intervient dans le délai maximum de trois mois à dater de cette demande.

1. Il résulte des art. L. 261-15 et R. 261-26, R. 261-27 et R. 261-31, textes d'ordre public, que les prêts prévus au contrat préliminaire et dont le réservataire peut invoquer la non-obtention pour demander la restitution du dépôt de garantie, ne comprennent que les prêts que le réservant, aux termes du contrat, s'engage à faire obtenir ou à transmettre au réservataire. • Civ. 3e, 23 févr. 1977 : *Bull. civ. III, no 97 ; JCP N 1977. II. 159, note Meysson ; D. 1977. IR 253 ; RDI 1979. 85 et 475, obs. Groslière et Jestaz.* ◆ V. aussi • Civ. 3e, 16 déc. 1987 : *Bull. civ. III, no 205 ; D. 1988. IR 11 ; RDI 1988. 219, obs. Groslière et Saint-Alary.* ◆ Toutefois jugé que la défaillance de la condition suspensive de l'obtention d'un prêt, conventionnellement insérée dans le contrat préliminaire, entraîne la restitution du dépôt de garantie. • Lyon, 1re ch., 25 janv. 2001 : *Constr.-Urb. 2001, no 242.* ◆ Encore faut-il que la portée de la clause soit dépourvue d'ambiguïté. • Civ. 3e, 6 févr. 2002 : *Bull. civ. III, no 28 ; D. 2002. 804, obs. Avena-Robardet ; Defrénois 2002. 1012, note Steinmetz ; ibid. 1036, obs. Périnet-Marquet.*

2. Lorsque le contrat préliminaire n'a pas été suivi de l'acte authentique, il n'y a pas détournement de la part du vendeur qui s'est fait remettre le dépôt de garantie au titre de dédommagement. • Crim. 29 juin 1983 : *Bull. crim. no 209 ; RDI 1984. 107, obs. Roujou de Boubée.*

3. Le dépôt de garantie doit être restitué à l'acquéreur lorsque la notice descriptive sommaire du contrat de réservation prévoyait des menuiseries extérieures en aluminium et que leur remplacement par des menuiseries en PVC ne correspondait à aucune des modifications permises par cette notice, car le contrat de vente n'a pas été conclu, du fait du vendeur, dans le délai convenu dans le contrat préliminaire. • Civ. 3e, 12 avr. 2012 : *Bull. civ. III à paraître ; D. 2012. 1126 ; Dalloz actualité, 9 mai 2012, obs. Garcia ; RDI 2012. 346, obs. Tournafond et Tricoire*. ♦ Pour une extension des cas légaux de restitution du dépôt de garantie, au non-achèvement de l'immeuble dans le délai convenu au contrat préliminaire, V. • Versailles, 8 oct. 1986 : *D. 1988. IR 107, obs. Magnin ; RDI 1988. 220, obs. Groslière et Saint-Alary.*

4. Sur le paiement par le réservant de dommages-intérêts au réservataire en sus de la restitution du dépôt de garantie, V. • Civ. 3e, 17 nov. 1993 : *Bull. civ. III, no 148 ; RDI 1994. 62, note Groslière et Saint-Alary-Houin*.

Art. *R. 261-32 Les ventes à terme ou en l'état futur d'achèvement prévues au premier alinéa de l'article L. 261-9 sont celles qui auront été conclues après le 6 janvier 1967, conformément aux dispositions des articles 1601-2 et 1601-3 du code civil, reproduits aux articles L. 261-2 et L. 261-3 du présent code.

Art. *R. 261-33 Pour l'application du deuxième alinéa de l'article L. 261-21, le vendeur peut justifier du commencement des travaux par tous moyens et notamment par l'attestation d'un architecte.

CHAPITRE II VENTES D'IMMEUBLES À RÉNOVER

(Décr. no 2008-1338 du 16 déc. 2008)

BIBL. ► ASTAIX, Vente d'immeubles à rénover : publication du décret d'application, *D. 2009. 6*. – BOULANGER, La vente d'immeubles à rénover est effective !, *JCP N 2008, Actu. 816*. – DELESALLE et HERRNBERGER, Décret no 2008-1338 du 16 décembre 2008 relatif à la vente d'immeuble à rénover. Analyse thématique et approche pratique, *JCP N 2009. 1133*. – PÉRINET-MARQUET, Le décret du 16 décembre 2008 relatif à la vente d'immeubles à rénover, *RDI 2009. 80* ; Joyeux Noël réglementaire et bonne année législative, *Constr.-Urb. 2009. Repère 1*. – SIZAIRE, Entrée en vigueur de la vente d'immeuble à rénover : régime applicable et premières interrogations, *Constr.-Urb. 2009. Étude 2*. – TOURNAFOND, Vente d'immeuble à rénover : actualité et bibliographie, *RDI 2009. 182*.

COMMENTAIRE

Le décret no 2008-1338 du 16 décembre 2008 vient compléter et préciser concrètement le régime impératif de la vente d'immeuble à rénover, institué par la loi no 2006-872 du 13 juillet 2006 portant engagement national pour le logement (art. L. 262-1 à L. 262-11 CCH).

L'article 1er du décret porte création des articles R. 262-1 à R. 262-15 du code de la construction et de l'habitation. Ils sont organisés en quatre sections constituant le chapitre régissant les ventes d'immeubles à rénover, dans la partie réglementaire du code.

La première section (art. R. 262-1 à R. 262-7) est relative aux dispositions générales. Ses prescriptions viennent préciser tant la nature que l'étendue des travaux qui tombent sous le champ d'application du régime de la vente d'immeuble à rénover. Ce dernier exclut en outre les travaux d'agrandissement et de restructuration. Cette section expose également les pouvoirs du maître de l'ouvrage et les règles de dévolution d'un mandat par l'acquéreur au vendeur. Les textes indiquent enfin les prescriptions afférentes à l'achèvement, la réception et la livraison des travaux.

La deuxième section (art. R. 262-8 à R. 262-11) porte sur la conclusion du contrat de vente d'immeuble à rénover. Elle précise certaines des mentions obligatoires imposées par l'article L. 262-4 et plus particulièrement à l'égard du prix (notion de prix, modalités de paiement et révision du prix dans le contrat). Les principes gouvernant ce domaine restent très similaires à ceux qui sont appliqués en matière de vente en l'état futur d'achèvement et, plus largement, de vente d'immeuble à construire.

La troisième section (art. R. 262-12 et R. 262-13) a trait à la garantie d'achèvement des travaux. Ces textes déterminent le contenu et l'étendue de la convention de cautionnement garantissant l'achèvement des travaux dans le domaine de la vente d'immeuble à rénover, faisant ainsi obstacle à la garantie intrinsèque.

Enfin, la quatrième section (art. R. 262-14 et R. 262-15) réglemente les promesses de vente. Elle énonce les mentions requises dans ces avant-contrats et les documents techniques devant être joints en annexe. ❑

SECTION PREMIÈRE **DISPOSITIONS GÉNÉRALES**

Art. R.* 262-1 Les travaux de rénovation d'un immeuble au sens de l'article L. 262-1 sont tous les travaux qui portent sur un immeuble bâti existant. Ils n'incluent pas les travaux d'agrandissement ou de restructuration complète de l'immeuble, assimilables à une reconstruction, mentionnés à l'alinéa 3 de l'article L. 262-1 et qui rendent à l'état neuf :

1o Soit la majorité des fondations ;

2o Soit la majorité des éléments hors fondations déterminant la résistance et la rigidité de l'ouvrage ;

3o Soit la majorité de la consistance des façades hors ravalement ;

4o Soit l'ensemble des éléments de second œuvre suivants, dans une proportion au moins égale à deux tiers pour chacun des éléments mentionnés :

a) Les planchers ne déterminant pas la résistance ou la rigidité de l'ouvrage ;

b) Les huisseries extérieures ;

c) Les cloisons intérieures ;

d) Les installations sanitaires et de plomberie ;

e) Les installations électriques ;

f) Et, pour les opérations réalisées en métropole, le système de chauffage.

Art. R.* 262-2 La vente d'un immeuble à rénover peut être assortie d'un mandat donné par l'acquéreur au vendeur à l'effet de passer les actes de disposition devant affecter les biens et droits vendus et indispensables à la réalisation des travaux prévus au contrat.

Ce mandat peut concerner les actes indispensables aux travaux d'autres bâtiments désignés par le mandat si ces bâtiments comportent des parties communes avec celui dont tout ou partie forme l'objet de la vente.

Ce mandat doit indiquer spécialement la nature, l'objet et les conditions des actes en vue desquels il est donné.

Il peut toutefois comporter le pouvoir de passer tous les actes de disposition portant sur des parties communes et qui se révéleraient nécessaires :

– pour satisfaire aux prescriptions d'urbanisme ;

– pour satisfaire aux obligations imposées par le permis de construire délivré pour les travaux portant sur le bâtiment faisant l'objet de la vente auxquelles pourrait être subordonnée la délivrance d'un tel permis pour les travaux sur d'autres bâtiments concernés par le mandat ;

– pour assurer la desserte de ces immeubles ou leur raccordement avec les réseaux de distribution et les services publics.

Art. R.* 262-3 Les pouvoirs du maître d'ouvrage mentionné au premier alinéa de l'article L. 262-2 comportent ceux de choisir les architectes, entrepreneurs et autres techniciens, d'arrêter librement les conventions passées avec eux et d'effectuer la réception des travaux qu'ils ont faits ou dirigés, y compris les travaux nécessaires à la levée des réserves.

Ils comportent également ceux de faire toute demande d'autorisation ou déclaration prévue au code de l'urbanisme et nécessaire à la réalisation des travaux faisant l'objet du contrat.

Art. R.* 262-4 Les travaux de rénovation sont réputés achevés au sens des articles L. 262-7, R. 262-10 et R. 262-13 lorsque ceux prévus au contrat, mentionnés à l'article L. 262-1, sont exécutés. Pour l'appréciation de cet achèvement, ne sont pris en considération ni les défauts de conformité avec les prévisions du contrat lorsqu'ils n'ont pas un caractère substantiel, ni les malfaçons qui ne rendent pas les ouvrages nouveaux impropres à leur utilisation.

Ce constat d'achèvement résulte de la déclaration certifiée par un homme de l'art, désigné par accord entre les parties.

En cas de désaccord entre les parties, l'achèvement des travaux est constaté par une personne qualifiée, désignée par ordonnance sur requête, non susceptible de recours, du président du tribunal de grande instance du lieu de situation de l'immeuble parmi celles que le tribunal commet habituellement.

La constatation de l'achèvement des travaux n'emporte par elle-même ni reconnaissance de la conformité aux prévisions du contrat, ni renonciation aux droits que l'acquéreur tient de l'article L. 262-3.

Art. R.* 262-5 La réception prévue à l'article L. 262-2 est assurée par le vendeur selon les modalités définies par l'article *(L. nº 2009-526 du 12 mai 2009, art. 11-II)* « L. 111-20-2 ».

Les garanties prévues à l'article L. 262-2 commencent à courir à compter de la réception.

Art. R.* 262-6 Une fois les travaux achevés et constatés au sens de l'article R. 262-4, et reçus au sens de l'article R. 262-5, le vendeur convoque l'acquéreur, ou son mandataire, afin de procéder à l'établissement du procès-verbal de livraison des travaux.

Cette convocation est notifiée à l'acquéreur ou à son mandataire par lettre recommandée avec demande d'avis de réception reçue au moins quinze jours avant la date prévue pour la livraison ou par tout autre moyen présentant des garanties équivalentes pour la détermination de la date de réception ou de remise. Le procès-verbal de réception des travaux est annexé à la convocation.

En cas d'absence de l'acquéreur, la constatation de la livraison des travaux est faite par une personne qualifiée désignée par ordonnance sur requête, non susceptible de recours, du président du tribunal de grande instance du lieu de l'immeuble parmi celles que le tribunal commet habituellement.

La constatation de la livraison fait l'objet par la personne qualifiée ainsi désignée d'une déclaration devant le notaire qui a reçu la vente. Cette déclaration tient lieu de procès-verbal tel que visé à l'article L. 262-3.

La constatation de la livraison est parfaite par la déclaration ainsi faite.

Elle est notifiée par la partie la plus diligente à l'autre par lettre recommandée avec accusé de réception. La notification vaut livraison à la date de cette réception.

Art. R.* 262-7 L'homme de l'art visé aux articles R. 262-4, R. 262-9, R. 262-10 et R. 262-13 doit être un professionnel relevant de la loi nº 77-2 du 3 janvier 1977 sur l'architecture ; il doit être indépendant, impartial et assuré pour les prestations effectuées au titre de ces articles.

Cette personne est désignée d'un commun accord entre les parties ou, à défaut d'accord, par ordonnance, sur requête, non susceptible de recours, du président du tribunal de grande instance du lieu de situation de l'immeuble parmi celles que le tribunal commet habituellement.

SECTION II CONCLUSION DU CONTRAT DE VENTE D'IMMEUBLE À RÉNOVER

Art. R.* 262-8 Pour l'application du *a* et du *b* de l'article L. 262-4, la consistance des travaux résulte du devis descriptif, des plans, avec les cotes utiles et l'indication des hauteurs de plafond et des surfaces de chacune des pièces et des dégagements.

Si cet immeuble est compris dans un ensemble immobilier, ces indications doivent être complétées par un plan faisant apparaître le nombre de bâtiments de cet ensemble, leur emplacement et le nombre d'étages de chacun d'eux.

Les caractéristiques techniques résultent du devis descriptif servant de base aux marchés ou d'une notice descriptive conforme à un modèle type agréé par arrêté du ministre chargé de la construction.

Ces documents s'appliquent au local vendu, à la partie de bâtiment ou au bâtiment vendu dans lequel il se trouve et qui font l'objet de travaux.

Un plan coté du local vendu et une notice indiquant les éléments d'équipement propres à ce local doivent être annexés au contrat de vente.

Pour l'application du d de l'article L. 262-4, le contrat doit mentionner une date indicative de livraison des travaux.

Art. R.* 262-9 Le prix de l'immeuble visé au c de l'article L. 262-4 est le prix payé par l'acquéreur incluant celui de l'existant au jour de la vente et celui des travaux devant être réalisés par le vendeur. Les documents contractuels distinguent ces deux parties du prix.

La réalité de la répartition du prix de l'immeuble entre celui de l'existant et celui des travaux est attestée par un homme de l'art, tel que défini à l'article R. 262-7. Cette attestation est annexée aux documents contractuels.

Art. R.* 262-10 Le prix de l'existant est payé lors de la signature du contrat mentionné au premier alinéa de l'article L. 262-1.

(Décr. nº 2010-1128 du 27 sept. 2010) « La somme des paiements relatifs au prix des travaux ne peut excéder*[:]* »

50 % *(Décr. nº 2010-1128 du 27 sept. 2010)* « à l'achèvement des » travaux représentant la moitié du prix total des travaux ;

95 % *(Décr. nº 2010-1128 du 27 sept. 2010)* « à l'achèvement de l'ensemble » des travaux.

Le solde est payé à la livraison. Toutefois, il peut être consigné en cas de défaut de conformité ou de vices apparents mentionnés sur le procès-verbal de livraison prévu à l'article L. 262-3.

La constatation de l'achèvement des travaux représentant la moitié du prix total des travaux, ou de l'achèvement de la totalité des travaux, est faite par un homme de l'art tel que défini à l'article R. 262-7.

Si la vente est conclue sous condition suspensive, aucun versement ne peut être effectué avant la réalisation de cette condition conformément à l'article L. 262-9.

Si le contrat prévoit des pénalités de retard, le taux de celles-ci ne peut excéder le taux de l'intérêt légal en vigueur au moment de la conclusion du contrat majoré de 2 points.

Art. R.* 262-11 La révision visée à l'article L. 262-5 ne porte que sur le prix des travaux, tel que défini à l'article R. 262-9.

L'indice mentionné à l'article L. 262-5 est l'index national du bâtiment tous corps d'état dénommé BT 01.

La limite mentionnée à l'article L. 262-5 est fixée à 70 %.

SECTION III GARANTIE D'ACHÈVEMENT DES TRAVAUX

Art. R.* 262-12 La garantie de l'achèvement des travaux résulte d'une convention de cautionnement, prévue à l'article L. 262-7, aux termes de laquelle la caution s'oblige envers l'acquéreur, solidairement avec le vendeur, à payer les sommes nécessaires à l'achèvement des travaux prévus au contrat.

Art. R.* 262-13 La garantie d'achèvement prend fin à l'achèvement des travaux prévus au contrat, attesté par un homme de l'art tel que visé à l'article R. 262-7.

SECTION IV PROMESSE DE VENTE

Art. R.* 262-14 Dans l'hypothèse où le contrat est précédé d'une promesse de vente conformément à l'article L. 262-9, celle-ci comprend les indications prévues à cet article, qui incluent notamment le dossier de diagnostic technique prévu à l'article L. 271-4. Elle mentionne également la surface de l'immeuble faisant l'objet de ce contrat, avec les indications prévues à l'article R. 262-8 ainsi que le nombre de pièces principales et l'énumération des pièces de service, dépendances et dégagements. S'il s'agit d'une partie d'immeuble, la promesse doit en outre préciser la situation de cette partie dans l'immeuble.

La qualité des travaux est établie par une note technique indiquant la nature et la qualité des matériaux et des éléments d'équipement. Si le contrat porte sur une partie d'immeuble, cette note technique doit contenir également l'indication des équipements collectifs qui présentent une utilité pour la partie d'immeuble vendue.

Cette note technique doit être annexée à la promesse.

Art. R.* 262-15 La promesse indique également le prix de vente de l'immeuble tel que prévu à l'article R. 262-9 et, le cas échéant, les modalités de la révision du prix des travaux prévue à l'article R. 262-11.

Elle est soumise aux règles de droit commun relatives à la vente d'immeubles existants conformément au quatrième alinéa de l'article L. 262-1.

TITRE SEPTIÈME PROTECTION DE L'ACQUÉREUR IMMOBILIER

(Décr. no 2006-1114 du 5 sept. 2006, art. 3, en vigueur le 1er nov. 2007)

CHAPITRE UNIQUE

SECTION PREMIÈRE CONDITIONS D'ÉTABLISSEMENT DU DOSSIER DE DIAGNOSTIC TECHNIQUE *(Décr. no 2008-1371 du 19 déc. 2008).*

Art. R. 271-1 Pour l'application de l'article L. 271-6, il est recouru soit à une personne physique dont les compétences ont été certifiées par un organisme accrédité dans le domaine de la construction, soit à une personne morale employant des salariés ou constituée de personnes physiques qui disposent des compétences certifiées dans les mêmes conditions.

La certification des compétences est délivrée en fonction des connaissances techniques dans le domaine du bâtiment et de l'aptitude à établir les différents éléments composant le dossier de diagnostic technique.

Les organismes autorisés à délivrer la certification des compétences sont accrédités par un organisme signataire de l'accord européen multilatéral pris dans le cadre de la coordination européenne des organismes d'accréditation. L'accréditation est

accordée en considération de l'organisation interne de l'organisme en cause, des exigences requises des personnes chargées des missions d'examinateur et de sa capacité à assurer la surveillance des organismes certifiés. Un organisme certificateur ne peut pas établir *(Décr. nº 2010-1200 du 11 oct. 2010)* **« les documents qui doivent être établis dans les conditions prévues à l'article L. 271-6 ».**

Des arrêtés des ministres chargés du logement, de la santé et de l'industrie précisent les modalités d'application du présent article.

V. Arr. du 16 oct. 2006 définissant les critères de certification des compétences des personnes physiques réalisant le diagnostic de performance énergétique et les critères d'accréditation des organismes de certification (JO 27 oct.), mod. par Arr. du 8 déc. 2009 (JO 15 déc.) et par Arr. du 13 déc. 2011 (JO 24 déc.) ; Arr. du 30 oct. 2006 définissant les critères de certification des compétences des personnes physiques réalisant l'état relatif à la présence de termites dans le bâtiment et les critères d'accréditation des organismes de certification (JO 11 nov.), mod. par Arr. du 7 déc. 2011 (JO 18 déc.), Arr. mod. par Arr. du 14 févr. 2012 (JO 23 févr.) ; Arr. du 21 nov. 2006 définissant les critères de certification des compétences des personnes physiques opérateurs des constats de risque d'exposition au plomb ou agréées pour réaliser des diagnostics plomb dans les immeubles d'habitation et les critères d'accréditation des organismes de certification (JO 5 déc.), rect. 27 févr. 2010, mod. par Arr. du 7 déc. 2011 (JO 22 déc.) ; Arr. du 21 nov. 2006 définissant les critères de certification des compétences des personnes physiques opérateurs de repérage et de diagnostic amiante dans les immeubles bâtis et les critères d'accréditation des organismes de certification (JO 5 déc.) ; Arr. du 6 avr. 2007 définissant les critères de certification des compétences des personnes physiques réalisant l'état de l'installation intérieure de gaz et les critères d'accréditation des organismes de certification (JO 28 avr.), mod. par Arr. du 15 déc. 2009 (JO 22 déc.) et Arr. du 15 déc. 2011 (JO 21 déc.) ; Arr. du 8 juill. 2008 définissant les critères de certification des compétences des personnes physiques réalisant l'état de l'installation intérieure d'électricité et les critères d'accréditation des organismes de certification (JO 23 juill.) et Arr. du 2 déc. 2011 (JO 21 déc.).

L'arrêté ministériel est apte à définir, conformément à la norme homologuée qu'il rend obligatoire, les compétences requises par les personnes physiques désireuses d'obtenir une telle certification en précisant la liste des connaissances théoriques qui doivent être acquises et en prévoyant un examen pratique sans détailler les modalités concrètes d'appréciation de ces compétences. • CE 9 juill. 2008, *M. Marzolf et a.*, req. nº 307047 : *Lebon T. 582*.

Art. R. 271-2 **Les personnes mentionnées à l'article L. 271-6 souscrivent une assurance dont le montant de la garantie ne peut être inférieur à 300 000 euros par sinistre et 500 000 euros par année d'assurance.**

Art. R. 271-2-1 *(Décr. nº 2011-629 du 3 juin 2011, art. 7, en vigueur le 1er févr. 2012)* **Les personnes qui réalisent les repérages prévus aux articles R. 1334-20 à R. 1334-22 du code de la santé publique ainsi que l'évaluation périodique de l'état de conservation et l'examen visuel prévus aux articles R. 1334-27 et R. 1334-29-3 du même code adressent aux ministres chargés de la construction et de la santé un rapport annuel d'activité. Un arrêté des ministres chargés de la construction et de la santé définit les modalités de transmission et le contenu du rapport d'activité.**

Art. R. 271-3 *(Décr. nº 2010-1200 du 11 oct. 2010)* **La personne à laquelle il est fait appel pour l'établissement des documents qui doivent être établis dans les conditions prévues à l'article L. 271-6 remet préalablement à son client un document par lequel elle atteste sur l'honneur qu'elle est en situation régulière au regard des dispositions de cet article et qu'elle dispose des moyens en matériel et en personnel nécessaires à sa prestation.**

Les documents établis sous couvert de la certification prévue à l'article R. 271-1 comportent la mention suivante : "Le présent rapport est établi par une personne dont les compétences sont certifiées par... :", complétée par le nom et l'adresse postale de l'organisme certificateur concerné.

Ni la personne citée au premier alinéa ni son employé ne peut accorder, directement ou indirectement, à l'entité visée à l'article 1er de la loi nº 70-9 du 2 janvier 1970 qui intervient pour la vente ou la location pour laquelle l'un des documents qui doivent

être établis dans les conditions prévues à l'article L. 271-6 est demandé, aucun avantage ni rétribution, sous quelque forme que ce soit.

Ni la personne citée au premier alinéa ni son employé ne peut recevoir, directement ou indirectement, de la part d'une entreprise pouvant réaliser des travaux sur les ouvrages, installations ou équipements sur lesquels porte sa prestation, aucun avantage ni rétribution, sous quelque forme que ce soit.

Art. R. 271-4 *(Décr. nº 2006-1114 du 5 sept. 2006, art. 3, en vigueur le 1er nov. 2007)* **Est puni de l'amende prévue pour les contraventions de la cinquième classe le fait :**

a) *(Décr. nº 2010-1200 du 11 oct. 2010, art. 3)* **« D'établir ou d'accepter d'établir un document devant être établi dans les conditions de l'article L. 271-6, et de ne pas » respecter les conditions de compétences, d'organisation et d'assurance définies par les articles** *(Décr. nº 2011-807 du 5 juill. 2011, art. 2, en vigueur le 9 juill. 2012)* **« R. 271-1, R. 271-2 et R. 134-5-6 » et les conditions d'impartialité et d'indépendance exigées à l'article L. 271-6 ;**

b) **Pour un organisme certificateur d'établir un** *(Décr. nº 2010-1200 du 11 oct. 2010, art. 3)* **« document devant être établi dans les conditions prévues à l'article L. 271-6, » en méconnaissance de l'article R. 271-1 ;**

c) **De faire appel, en vue d'établir un document** *(Décr. nº 2010-1200 du 11 oct. 2010, art. 3)* **« devant être établi dans les conditions prévues à l'article L. 271-6 », à une personne qui ne satisfait pas aux conditions de compétences, d'organisation et d'assurance définies aux articles R. 271-1 et R. 271-2 ou aux conditions d'impartialité et d'indépendance exigées à l'article L. 271-6.**

(Décr. nº 2010-1200 du 11 oct. 2010) **« La récidive est réprimée conformément aux articles 132-11 et 132-15 du code pénal. »**

Art. R. 271-5 *(Décr. nº 2006-1653 du 21 déc. 2006)* **Par rapport à la date de la promesse de vente ou à la date de l'acte authentique de vente de tout ou partie d'un immeuble bâti, les documents prévus aux 1º, 3º** *(Décr. nº 2011-413 du 13 avr. 2011)* **« et 4º » du I de l'article L. 271-4 doivent avoir été établis depuis :**

– sous réserve des dispositions du troisième alinéa de l'article L. 271-5, moins d'un an pour le constat de risque d'exposition au plomb ;

– moins de six mois pour l'état du bâtiment relatif à la présence de termites ;

– moins de trois ans pour l'état de l'installation intérieure de gaz ;

(Abrogé par Décr. nº 2011-413 du 13 avr. 2011) ***« – moins de dix ans pour le diagnostic de performance énergétique ; »***

(Décr. nº 2008-1175 du 13 nov. 2008) **« – moins de trois ans pour l'état de l'installation intérieure d'électricité. »**

SECTION II **DISPOSITIONS GÉNÉRALES**

(Décr. nº 2008-1371 du 19 déc. 2008)

BIBL. ▶ BOULANGER, *JCP N 2010. Actu. 205* (remise en main propre selon l'art. 271-1 du code de la construction et de l'habitation et attestation établie par notaire). – COHET-CORDEY, *AJDI 2009. 183* (délai de rétractation et délai de réflexion : les modalités de remise en main propre enfin précisées). – LE MAGUERESSE, *JCP N 2009. 1000* (droit de rétractation et délai de réflexion : la fin du serpent de mer de la remise en main propre ?). – PERRUCHOT-TRIBOULET, *RLDC 2009/58, nº 3354* (nouveau décret sur le délai de rétractation de l'acquéreur immobilier non professionnel d'un immeuble à usage d'habitation).

Art. D. 271-6 **L'acte sous seing privé ou une copie de l'avant-contrat réalisé en la forme authentique remis directement à l'acquéreur non professionnel en application du troisième alinéa de l'article L. 271-1 reproduit les dispositions de l'article L. 271-2.**

Le bénéficiaire du droit de rétractation y inscrit de sa main les mentions suivantes : "remis par (nom du professionnel)... à (lieu)... le (date)..." et : "Je déclare avoir

connaissance qu'un délai de rétractation de sept jours m'est accordé par l'article L. 271-1 du code de la construction et de l'habitation, et qu'il court à compter du lendemain de la date de remise inscrite de ma main sur le présent acte, soit à compter du...".

La pratique d'une attestation établie par le notaire rédacteur de l'acte et signée de l'acquéreur non professionnel, qui porte les mentions manuscrites prévues aux articles D. 271-6 et D. 271-7 est conforme aux dispositions de l'article L. 271-1 du CCH, * Rép. min. 44075 : *JOAN Q 2 févr. 2010, p. 1168.*

Art. D. 271-7 **Le projet d'acte authentique visé au cinquième alinéa de l'article L. 271-1 remis directement à l'acquéreur non professionnel reproduit les dispositions de l'article L. 271-2.**

Le bénéficiaire du droit de réflexion y inscrit de sa main les mentions suivantes : "remis par (nom du professionnel)... à (lieu)... le (date)..." et : "Je déclare avoir connaissance qu'un délai de réflexion de sept jours m'est accordé par l'article L. 271-1 du code de la construction et de l'habitation, et qu'il court à compter du lendemain de la date de remise inscrite de ma main sur le présent projet, soit à compter du...".

TITRE HUITIÈME **DISPOSITIONS PARTICULIÈRES AUX DÉPARTEMENTS D'OUTRE-MER**

Le titre septième devient le titre huitième (Décr. nº 2006-1114 du 5 sept. 2006, art. 2).

CHAPITRE UNIQUE

Art. R. 281-1 **Les dispositions du présent livre ne s'appliquent pas au département de Saint-Pierre-et-Miquelon, à l'exception des articles R. 211-1 à R. 211-6, R. 222-1 à R. 222-14 et R. 261-1 à R. 261-33.**

L'art. R. 281-1 remplace l'art. R. 271-1 (Décr. nº 2006-1114 du 5 sept. 2006, art. 2).

LIVRE TROISIÈME AIDES DIVERSES À LA CONSTRUCTION D'HABITATIONS ET À L'AMÉLIORATION DE L'HABITAT – AIDE PERSONNALISÉE AU LOGEMENT

TITRE PRÉLIMINAIRE POLITIQUE D'AIDE AU LOGEMENT

CHAPITRE PREMIER DROIT AU LOGEMENT

(Décr. nº 2008-908 du 8 sept. 2008)

Art. R. 300-1 *(Décr. nº 2012-1208 du 30 oct. 2012)* Remplissent les conditions de permanence de la résidence en France mentionnées au premier alinéa de l'article L. 300-1 :

1º Les citoyens de l'Union européenne, les ressortissants d'un autre État partie à l'accord sur l'Espace économique européen ou de la Confédération suisse qui remplissent les conditions exigées pour bénéficier d'un droit au séjour sur le fondement des articles L. 121-1 et L. 122-1 du code de l'entrée et du séjour des étrangers et du droit d'asile ;

2º Les citoyens de l'Union européenne soumis à des mesures transitoires par le traité d'adhésion à l'Union européenne de l'État membre dont ils sont ressortissants et exerçant une activité professionnelle qui justifient d'un droit au séjour attesté par un titre de séjour ;

3º Les membres de famille des ressortissants visés aux alinéas précédents, qui possèdent la nationalité d'un État tiers, et qui, en application de l'article L. 121-3 du code de l'entrée et du séjour des étrangers et du droit d'asile, justifient d'un droit au séjour attesté par un titre de séjour.

Un arrêté conjoint du ministre de l'intérieur et du ministre en charge du logement fixe la liste des titres de séjour par lesquels peuvent justifier de leur droit au séjour les ressortissants visés aux 2º et 3º du présent article. – *V. Arr. du 22 janv. 2013 (JO, 30 janv.).*

Art. R. 300-2 *(Décr. nº 2012-1208 du 30 oct. 2012)* Remplissent les conditions de permanence de la résidence en France mentionnées au premier alinéa de l'article L. 300-1 les étrangers autres que ceux visés à l'article R. 300-1 titulaires :

1º Soit d'un titre de séjour d'une durée égale ou supérieure à un an, sous réserve que celui-ci ne soit pas périmé ;

2º Soit d'un titre de séjour d'une durée inférieure à un an autorisant son titulaire à exercer une activité professionnelle ;

3º Soit d'un visa d'une durée supérieure à trois mois conférant à son titulaire les droits attachés à un titre de séjour.

Un arrêté conjoint du ministre de l'intérieur et du ministre en charge du logement fixe la liste des titres de séjour concernés. – *V. Arr. du 22 janv. 2013 (JO, 30 janv.).*

En subordonnant le droit au logement opposable de certains travailleurs migrants à une condition de résidence préalable de deux ans sur le territoire national qui ne s'applique pas aux ressortissants nationaux et en excluant de son champ d'application des titres de séjour susceptibles d'être attribués à des personnes pouvant avoir la qualité de travailleur migrant – tels les travailleurs temporaires ou les salariés en mission –, le Décr. du 8 sept. 2008 est incompatible avec la Convention internationale du travail du 1er juill. 1949 concernant les travailleurs migrants. Par conséquent, l'art. R. 300-2 est annulé à compter du 1er oct. 2012. Sous réserve des actions contentieuses engagées à la date du 11 avr. 2012 contre les actes pris sur le fondement du Décr. du 8 sept. 2008, les effets produits par ce dernier antérieurement à son annulation sont regardés comme définitifs. • CE, ass., 11 avr. 2012, *GISTI*, req. no 322326 : *Lebon, à paraître ; AJDA 2012. 936, chron. Domino et Bretonneau*.

Art. R. 300-2-1 *(Décr. no 2012-415 du 23 mars 2012, art. 1er)* **Le comité de gestion qui administre le Fonds national d'accompagnement vers et dans le logement institué par l'article L. 300-2 est composé de trois membres :**

— deux représentants du ministre chargé du logement, dont le président du comité ;

— un représentant du ministre chargé de la lutte contre la précarité et l'exclusion.

Le comité se réunit au moins une fois par an à l'initiative de son président.

Le comité ne délibère valablement que si tous ses membres sont présents ou représentés. Un membre absent peut donner un mandat à un autre membre de le représenter au comité. Un membre ne peut pas détenir plus d'un mandat.

Le comité prend ses décisions à la majorité des voix des membres présents ou représentés.

Le comité établit son règlement intérieur.

Le comité approuve chaque année le compte financier du fonds.

Le comité fait rapport une fois par an au ministre chargé du logement ainsi qu'au ministre chargé du budget des actions financées par le fonds, en regard des moyens financiers engagés et des objectifs poursuivis.

Le secrétariat du comité est assuré par la caisse de garantie du logement locatif social.

Art. R. 300-2-2 *(Décr. no 2012-415 du 23 mars 2012, art. 1er)* **Le comité de gestion du Fonds national d'accompagnement vers et dans le logement répartit les crédits du fonds conformément aux orientations qu'il a fixées pour le financement d'actions d'accompagnement individualisé vers et dans le logement ou d'actions de gestion locative adaptée destinées à des personnes reconnues prioritaires et auxquelles un logement doit être attribué en urgence au sens de l'article L. 441-2-3-1, qui sont mises en œuvre par des organismes agréés au titre, selon le cas, soit des activités d'ingénierie sociale, financière et technique mentionnées à l'article L. 365-3, soit des activités d'intermédiation locative et de gestion locative sociale mentionnées à l'article L. 365-4, par des organismes d'habitations à loyer modéré, par des sociétés d'économie mixte gérant des logements sociaux ou par des associations départementales d'information sur le logement.**

Le versement du concours financier du fonds est subordonné à la signature d'une convention entre le représentant de l'État et le bénéficiaire du versement. Cette convention comporte la désignation du projet, ses caractéristiques, la nature et le montant prévisionnel de la dépense subventionnable, le calendrier prévisionnel et les modalités d'exécution des actions ainsi que le montant et les modalités de versement du concours financier du fonds. La convention prévoit également le reversement total de la subvention accordée en cas d'inexécution des actions qu'elle comporte. Le reversement partiel est en outre prévu par la convention lorsque, sans l'accord écrit du représentant de l'État, l'organisme bénéficiaire a substantiellement modifié les actions ou a fait prendre à leur exécution un retard significatif.

CHAPITRE II POLITIQUE LOCALE DE L'HABITAT
(Décr. nº 2007-743 du 9 mai 2007).

SECTION PREMIÈRE CONTENU DU PROGRAMME LOCAL DE L'HABITAT
(Décr. nº 92-459 du 22 mai 1992).

Art. R. 302-1 *(Décr. nº 2005-317 du 4 avr. 2005, art. 1er-I)* Le programme local de l'habitat comprend, pour l'ensemble des communes membres de l'établissement public de coopération intercommunale compétent :

– un diagnostic sur le fonctionnement du marché local du logement et sur les conditions d'habitat dans le territoire auquel il s'applique ;

– un document d'orientation comprenant l'énoncé des principes et objectifs du programme ;

– un programme d'actions détaillé pour l'ensemble du territoire auquel il s'applique et pour chaque *(Décr. nº 2009-1679 du 30 déc. 2009, art. 1er-I)* « commune et, le cas échéant, secteur géographique » défini à l'intérieur de celui-ci.

Art. R. 302-1-1 *(Décr. nº 2005-317 du 4 avr. 2005, art. 1er-I)* Le diagnostic comprend :

a) Une analyse de la situation existante et des évolutions en cours en ce qui concerne l'adéquation de l'offre et de la demande sur le marché local de l'habitat prenant en compte les enjeux liés aux déplacements et aux transports. Elle comprend :

– l'analyse de l'offre, qui porte notamment sur l'offre foncière, sur l'offre publique et privée de logement et d'hébergement, ainsi que sur l'état du parc de logements existant ;

– l'analyse de la demande, qui comporte une estimation quantitative et qualitative des besoins en logement tenant compte des évolutions démographiques prévisibles, des besoins répertoriés dans le cadre du plan départemental d'action pour le logement des personnes défavorisées, des besoins en logements sociaux et en places d'hébergement, y compris les foyers-logements, des besoins liés au logement *(Décr. nº 2009-1679 du 30 déc. 2009, art. 1er-II)* « des jeunes et notamment » des étudiants et des besoins propres à certaines catégories de population, en particulier en matière d'accessibilité et de logements adaptés ;

– l'analyse des dysfonctionnements constatés en matière d'équilibre social de l'habitat et de leurs conséquences ;

b) Une évaluation des résultats et des effets des politiques de l'habitat mises en œuvre sur le territoire auquel s'applique le programme au cours des dernières années ou du précédent programme local de l'habitat, qui indique notamment :

– les actions réalisées et les moyens qui ont été mis en œuvre ;

– le bilan des actions réalisées au regard des objectifs et leurs effets sur le marché du logement ;

c) Un exposé des conséquences, en matière d'habitat, des perspectives de développement et d'aménagement telles qu'elles ressortent des schémas de cohérence territoriale et des schémas de secteurs quand ils existent. En absence de schéma de cohérence territoriale, le programme local de l'habitat indique la manière dont il prend en compte l'objectif de mixité sociale dans l'habitat mentionné à l'article L. 121-1 du code de l'urbanisme sur le territoire couvert par le programme au vu, le cas échéant, de la situation de territoires limitrophes.

Art. R. 302-1-2 *(Décr. no 2005-317 du 4 avr. 2005, art. 1er-I)* **Le document d'orientation énonce, au vu du diagnostic, les principes et objectifs du programme local de l'habitat et indique notamment :**

a) **Les principes retenus pour permettre, dans le respect des objectifs de mixité sociale dans l'habitat, une offre suffisante, diversifiée et équilibrée des différents types de logements sur le territoire couvert par le programme local de l'habitat ;**

b) **Les principes retenus pour répondre aux besoins et, notamment, à ceux des personnes mal logées, défavorisées ou présentant des difficultés particulières ;**

c) **Les axes principaux susceptibles de guider les politiques d'attribution des logements locatifs sociaux ;**

d) **Les** *(Décr. no 2009-1679 du 30 déc. 2009, art. 1er-I)* **« commune***[s]* **et, le cas échéant, secteur***[s]* **géographique***[s]* **» et les catégories de logements sur lesquels des interventions publiques sont nécessaires ;**

e) **La politique envisagée en matière de requalification du parc public et privé existant, de lutte contre l'habitat indigne et de renouvellement urbain, en particulier les actions de rénovation urbaine au sens du chapitre II de la loi no 2003-710 du 1er août 2003** *(Décr. no 2009-1679 du 30 déc. 2009, art. 1er-III)* **« et les actions de requalification des quartiers anciens dégradés au sens de l'article 25 de la loi no 2009-323 du 25 mars 2009 de mobilisation pour le logement et la lutte contre l'exclusion » ;**

f) **Les principaux axes d'une politique d'adaptation de l'habitat en faveur des personnes âgées et handicapées ;**

g) **Les réponses apportées aux besoins particuliers de logement** *(Décr. no 2009-1679 du 30 déc. 2009, art. 1er-IV)* **« des jeunes, et notamment » des étudiants.**

Art. R. 302-1-3 *(Décr. no 2005-317 du 4 avr. 2005, art. 1er-I)* **Le programme d'actions indique :**

a) **Les modalités de suivi et d'évaluation du programme local de l'habitat et les conditions de mise en place d'un dispositif d'observation de l'habitat ;**

b) **Les objectifs quantifiés et la localisation de l'offre nouvelle de logement et d'hébergement dans chaque** *(Décr. no 2009-1679 du 30 déc. 2009, art. 1er-I)* **« commune et, le cas échéant, secteur géographique » défini au sein du territoire couvert par le programme local de l'habitat. Dans les agglomérations où les dispositions de l'article L. 302-5 sont applicables, il précise la répartition prévisionnelle des logements locatifs sociaux nécessaires pour atteindre les objectifs définis à l'article L. 302-8, entre les différentes communes membres de l'établissement public de coopération intercommunale ;**

c) **La liste des principales actions envisagées pour l'amélioration et la réhabilitation du parc de logements publics ou privés existant ainsi que, le cas échéant, les dispositifs opérationnels auxquels il est envisagé de recourir, dans chaque** *(Décr. no 2009-1679 du 30 déc. 2009, art. 1er-I)* **« commune et, le cas échéant, secteur géographique » défini au sein du territoire couvert par le programme local de l'habitat ;**

(Décr. no 2009-1679 du 30 déc. 2009, art. 1er-V) **«** ***d)*** **La description des opérations de rénovation urbaine et des opérations de requalification des quartiers anciens dégradés en précisant, pour les opérations de rénovation urbaine, les modalités de reconstitution de l'offre de logement social » ;**

e) **Les interventions en matière foncière permettant la réalisation des actions du programme.**

Le programme d'actions indique, le cas échéant, les incidences de la mise en œuvre des actions retenues sur les plans locaux d'urbanisme et les cartes communales, dans chaque *(Décr. no 2009-1679 du 30 déc. 2009, art. 1er-I)* **« commune et, le cas échéant, secteur géographique » défini au sein du territoire couvert par le programme local de l'habitat.**

Il évalue les moyens financiers nécessaires à sa mise en œuvre et indique, pour chaque type d'actions, à quelles catégories d'intervenants incombe sa réalisation.

Art. R. 302-1-4 *(Décr. nº 2005-317 du 4 avr. 2005, art. 1er-I)* Le dispositif d'observation de l'habitat mentionné au septième alinéa de l'article L. 302-1 porte notamment sur :

– l'analyse de la conjoncture du marché immobilier ;
– le suivi de la demande de logement locatif social ;
– le suivi des évolutions constatées dans le parc de logements locatifs sociaux et le parc de logements privés.

Les services de l'État mettent à la disposition des gestionnaires du dispositif d'observation les informations utiles dont ils disposent.

SECTION II ÉTABLISSEMENT DU PROGRAMME LOCAL DE L'HABITAT PAR UN ÉTABLISSEMENT PUBLIC DE COOPÉRATION INTERCOMMUNALE

(Décr. nº 92-459 du 22 mai 1992)

Art. R. 302-2 Le programme local de l'habitat est établi sur l'ensemble du périmètre de l'établissement public de coopération intercommunale mentionné à l'article L. 302-1.

Art. R. 302-3 L'organe délibérant de l'établissement public de coopération intercommunale décide d'engager la procédure d'élaboration du programme local de l'habitat.

(Décr. nº 2005-317 du 4 avr. 2005, art. 1er-II) « Il indique par la même délibération les personnes morales qu'il juge utile d'associer à l'élaboration du programme, ainsi que les modalités de leur association. »

Art. R. 302-4 Le président de l'établissement public de coopération intercommunale conduit la procédure d'élaboration du programme local de l'habitat.

Art. R. 302-5 *(Décr. nº 2005-317 du 4 avr. 2005, art. 1er-II)* La délibération mentionnée à l'article R. 302-3 est notifiée aux personnes morales associées à l'élaboration du programme local de l'habitat.

Art. R. 302-6 La délibération prévue à l'article R. 302-3 est transmise au préfet lorsque le périmètre du programme local de l'habitat est entièrement compris à l'intérieur d'un même département ou aux préfets des départements intéressés lorsque le périmètre englobe un territoire s'étendant sur plusieurs départements. Dans ce dernier cas, un arrêté conjoint des préfets des départements intéressés désigne celui d'entre eux qui sera chargé de suivre pour le compte de l'État la procédure d'élaboration du programme local de l'habitat.

Dès que la délibération prescrivant l'établissement du programme lui a été transmise, ou dès que l'arrêté conjoint est intervenu, le préfet définit, avec le président de l'établissement public de coopération intercommunale, les modalités d'association de l'État à son élaboration.

Art. R. 302-7 Dans un délai de trois mois à compter de la transmission de la délibération prévue à l'article R. 302-3, le préfet porte à la connaissance du président de l'établissement public de coopération intercommunale toute information utile concernant notamment l'évolution démographique, le développement économique local, les options d'aménagement ressortant *(Décr. nº 2005-317 du 4 avr. 2005, art. 1er-II)* « des schémas de cohérence territoriale ou » des schémas directeurs, ainsi que les objectifs à prendre en compte en matière d'habitat et de répartition équilibrée des différents types de logements dans l'agglomération concernée *(Décr. nº 2005-317* *du 4 avr. 2005, art. 1er-II)* « et notamment les obligations résultant de l'application de l'article L. 302-5. »

Il porte également à sa connaissance, le cas échéant, les objectifs spécifiques à certains quartiers notamment *(Décr. no 2009-1679 du 30 déc. 2009, art. 1er-VI)* « ceux qui font l'objet des conventions pluriannuelles avec l'Agence nationale de rénovation urbaine mentionnées aux articles 10 et 10-1 de la loi no 2003-710 du 1er août 2003 d'orientation et de programmation pour la ville et la rénovation urbaine » *[V. App., vo Rénovation urbaine]*.

Il communique au président de l'établissement public les objectifs et informations nouveaux au cours de l'élaboration du programme et de sa réalisation.

Le préfet ou son représentant est entendu, à tout moment, à sa demande, ou par l'organe délibérant, ou par le président de l'établissement public qui en rend compte à l'organe délibérant.

Art. R. 302-8 *(Décr. no 95-676 du 9 mai 1995, art. 1er-II)* Le projet de programme local de l'habitat est arrêté par l'organe délibérant de l'établissement public de coopération intercommunale.

Art. R. 302-9 *(Décr. no 2005-317 du 4 avr. 2005, art. 1er-II)* « Après avoir été arrêté, le projet de programme local de l'habitat est soumis par le président de l'établissement public de coopération intercommunale aux communes membres et, s'il y a lieu, aux organes compétents chargés de l'élaboration du schéma de cohérence territoriale » *(Décr. no 2009-1679 du 30 déc. 2009, art. 1er-VII)* « et des plans locaux d'urbanisme ».

(Décr. no 92-459 du 22 mai 1992, art. 1er) « Les conseils municipaux des communes et les organes délibérants des établissements publics de coopération intercommunale visés à l'alinéa précédent délibèrent notamment sur les moyens, relevant de leurs compétences respectives, à mettre en place dans le cadre du programme local de l'habitat.

« Faute de réponse dans un délai de deux mois, à compter de la transmission du projet arrêté, leur avis est réputé favorable. »

Art. R. 302-10 *(Décr. no 95-676 du 9 mai 1995, art. 1er-IV)* « Au vu des avis exprimés en application de l'article R. 302-9, l'organe délibérant de l'établissement public de coopération intercommunale délibère à nouveau sur le projet et le transmet au préfet. » *(Décr. no 2005-317 du 4 avr. 2005, art. 1er-II)* « Celui-ci le transmet au représentant de l'État dans la région afin qu'il en saisisse pour avis le comité régional de l'habitat, qui dispose d'un délai de deux mois pour se prononcer. Son avis est transmis au préfet du département intéressé. »

Art. R. 302-11 *(Décr. no 2005-317 du 4 avr. 2005, art. 1er-II)* L'établissement public de coopération intercommunale délibère sur les demandes motivées de modifications présentées, le cas échéant, par le préfet. S'il les accepte, il transmet pour avis le projet ainsi modifié aux communes et aux établissements publics de coopération intercommunale suivant les modalités prévues à l'article R. 302-9.

Le programme local de l'habitat est adopté par l'établissement public de coopération intercommunale. Sa délibération est transmise aux personnes morales mentionnées à l'article R. 302-9.

Le programme local de l'habitat adopté, accompagné des avis exprimés en application des articles R. 302-9 et R. 302-10, est transmis pour information aux personnes morales associées à son élaboration.

Art. R. 302-12 *(Décr. no 2005-317 du 4 avr. 2005, art. 1er-II)* La délibération adoptant le programme local de l'habitat est affichée pendant un mois au siège de l'établissement public de coopération intercommunale compétent et dans les mairies des communes membres. Mention de cet affichage est insérée dans un journal diffusé dans le ou les départements intéressés.

Le programme local de l'habitat adopté est tenu à la disposition du public au siège de l'établissement public de coopération intercommunale, dans les mairies des communes membres, à Paris, Marseille et Lyon, dans les mairies d'arrondissement, ainsi qu'à la préfecture du ou des départements intéressés.

Art. R. 302-13 L'établissement public de coopération intercommunale dresse un bilan annuel de réalisation du programme local de l'habitat et décide d'éventuelles adaptations que justifierait l'évolution de la situation sociale, économique ou démographique.

(Décr. n° 2005-317 du 4 avr. 2005, art. 1er-II) « Le bilan annuel ainsi que les délibérations approuvant les adaptations mentionnées à l'alinéa précédent sont transmis aux communes et aux établissements publics de coopération intercommunale ainsi qu'au préfet et sont tenus à la disposition du public dans les conditions prévues à l'article R. 302-12. »

Art. R. 302-13-1 *(Décr. n° 2009-1679 du 30 déc. 2009, art. 1er-IX)* Les dispositions prévues aux articles R. 302-1 à R. 302-13 sont applicables aux communes mentionnées à l'article L. 302-4-1.

SECTION III DISPOSITIONS PARTICULIÈRES À CERTAINES AGGLOMÉRATIONS *(Décr. n° 2005-317 du 4 avr. 2005, art. 2-II)*.

Cette section est l'ancienne section VI.

Art. R. 302-14 *(Décr. n° 2001-316 du 12 avr. 2001, art. 1er ; Décr. n° 2005-317 du 4 avr. 2005, art. 2-II)* L'inventaire prévu à l'article L. 302-6 est établi pour chaque bâtiment par la personne morale propriétaire, à défaut par la personne morale gestionnaire. Il comporte les informations suivantes :

A. – Données générales concernant :

a) Le propriétaire : nom ou raison sociale, dénomination usuelle, statut, numéro SIRET, adresse ;

b) Le gestionnaire, s'il diffère du propriétaire : nom ou raison sociale, dénomination usuelle, statut, numéro SIRET, adresse ;

c) Le bâtiment : adresse, nom du programme ou du bâtiment, date de première mise en location, mode de financement ;

d) La convention, s'il y a lieu : numéro de la convention, date de la publication au fichier immobilier ou de l'inscription au livre foncier, année d'expiration de la convention.

B. – Nombre de logements locatifs sociaux, au sens de l'article L. 302-5, dans le bâtiment, pour chacune des catégories suivantes :

1° Logements appartenant aux organismes d'habitation à loyer modéré et construits ou acquis et améliorés avant le 5 janvier 1977 ;

2° Autres logements conventionnés ;

3° Logements mentionnés au 3° de l'article L. 302-5 ;

4° Logements ou équivalents logement des lits et places mentionnés au 4° de l'article L. 302-5, le nombre de logements équivalents étant obtenu en retenant la partie entière issue du calcul effectué à raison d'un logement pour trois lits en logements-foyer ou pour trois places en centre d'hébergement et de réinsertion sociale.

Cet art. est l'ancien art. R. 302-28, renuméroté par le Décr. n° 2005-317 du 4 avr. 2005, art. 2-II.

COMMENTAIRE

L'obligation de fournir un inventaire des logements locatifs sociaux ne concerne que les personnes morales. Dans la mesure où les logements conventionnés appartenant à des personnes physiques sont également comptabilisés comme des logements sociaux au sens de l'art. L. 302-5, la circulaire du 18 avril 2001 relative à la mise en place de l'inventaire des logements locatifs sociaux *(BOMELT n° 2001/8)* précise qu'il appartient aux préfets de les répertorier à partir du fichier de la conservation des hypothèques. ☐

Art. R. 302-15 *(Décr. n° 2001-316 du 12 avr. 2001, art. 1er ; Décr. n° 2005-317 du 4 avr. 2005, art. 2-II)* **L'inventaire est établi selon des modalités définies par arrêté du ministre chargé du logement.**

Cet art. est l'ancien art. R. 302-29, renuméroté par le Décr. n° 2005-317 du 4 avr. 2005, art. 2-II.

V. Arr. du 12 avr. 2001 (JO 14 avr.), mod. par Arr. du 8 mars 2002 (JO 27 mars), et ses annexes (BOMELT n° 2002/6, p. 46) et par Arr. du 24 févr. 2005 et ses annexes (JO 23 mars).

V. aussi Circ. n° 2001/24 du 18 avr. 2001 (BOMELT n° 2001/8), Circ. n° 2002-29 du 29 avr. 2002 (BOMELT n° 2002/9), Circ. n° 2003-32 du 7 mai 2003 (BOMELT n° 2003/10, p. 55), Circ. n° 2004-25 du 23 mars 2004 (BOMELT n° 2004/7, p. 95) et Circ. du 14 mars 2005 (BOMELT n° 2005/6, p. 64).

Art. R. 302-16 *(Décr. n° 2001-1194 du 13 déc. 2001, art. 1er ; Décr. n° 2005-317 du 4 avr. 2005, art. 2-II)* **Peuvent être déduites du prélèvement prévu à l'article L. 302-7 du présent code les dépenses et les moins-values, énumérées ci-après, supportées par les communes pour atteindre les objectifs de réalisation de logements locatifs sociaux définis à l'article L. 302-8 du même code :**

1° I. – Pour leur montant intégral, les subventions foncières, quelle que soit leur forme, bénéficiant directement à ceux, propriétaires ou maîtres d'ouvrage, qui réalisent sur des terrains ou des biens immobiliers des opérations ayant pour objet la création de logements locatifs sociaux au sens de l'article L. 302-5 du présent code.

II. – Pour tout ou partie de leur montant, les subventions versées à l'aménageur d'une zone d'aménagement concerté créée en application de l'article L. 311-1 du code de l'urbanisme qui opère dans le cadre d'une convention publique d'aménagement mentionnée à l'article L. 300-4 du même code, lorsque la charge foncière par mètre carré de *(Décr. n° 2011-2054 du 29 déc. 2011, art. 6, en vigueur le 1er mars 2012)* **« surface de plancher** *[ancienne rédaction : surface hors œuvre nette]* **» payée à l'aménageur de la zone par le maître d'ouvrage des logements locatifs sociaux est inférieure ou égale à la charge foncière moyenne par mètre carré de** *(Décr. n° 2011-2054 du 29 déc. 2011, art. 6, en vigueur le 1er mars 2012)* **« surface de plancher** *[ancienne rédaction : surface hors œuvre nette]* **» autorisée pour l'ensemble de la zone, telle que cette dernière peut être évaluée à partir du dernier compte rendu financier fourni à la commune par l'aménageur de la zone en application de l'article L. 300-5 du même code. Il y a alors lieu à déduction au prorata de la** *(Décr. n° 2011-2054 du 29 déc. 2011, art. 6, en vigueur le 1er mars 2012)* **« surface de plancher** *[ancienne rédaction : surface hors œuvre nette]* **» des logements locatifs sociaux rapportée à la** *(Décr. n° 2011-2054 du 29 déc. 2011, art. 6, en vigueur le 1er mars 2012)* **« surface de plancher** *[ancienne rédaction : surface hors œuvre nette]* **» totale autorisée dans le cadre de l'aménagement d'ensemble de la zone d'aménagement concerté.**

2° Le coût des travaux engagés pour viabiliser des terrains ou des biens immobiliers appartenant à la commune et mis ultérieurement par elle à disposition de maîtres d'ouvrages par bail emphytéotique, bail à construction ou bail à réhabilitation, dans la mesure où ces travaux sont effectivement destinés à la construction de logements locatifs sociaux. Les dépenses ainsi supportées sont déductibles au prorata de la *(Décr. n° 2011-2054 du 29 déc. 2011, art. 6, en vigueur le 1er mars 2012)* **« surface de plancher**

[ancienne rédaction : surface hors œuvre nette] » des logements locatifs sociaux créés. La déduction n'est toutefois possible qu'autant que la délibération du conseil municipal autorisant les travaux mentionnés ci-dessus précise le nombre de logements locatifs sociaux projetés et identifie chaque maître d'ouvrage concerné.

3o Les moins-values correspondant à la différence entre le prix de cession de terrains ou de biens immobiliers devant effectivement donner lieu à la réalisation de logements locatifs sociaux et leur valeur vénale estimée, à la date de la cession, par le service des domaines.

(Décr. no 2004-940 du 3 sept. 2004, art. 2) « Seule peut être admise en déduction la fraction des dépenses qui n'a pas fait l'objet d'une subvention du fonds d'aménagement urbain. »

V. Circ. no 2001-91 du 27 déc. 2001 relative à la mise en œuvre de l'art. 55 de la loi SRU (BOMELT no 2002/2, p. 100), mod. par Circ. no 2003-10 du 6 févr. 2003 (BOMELT no 2003/3, p. 54), Circ. no 2004-1 du 7 janv. 2004 (BOMELT no 2004/2, p. 111), Circ. no 2005-3 du 13 janv. 2005 (BOMELT no 2005/2, p. 79 ; Mon. TP 15 avr. 2005, Suppl. textes, p. 482), Circ. no 2006-2 du 31 janv. 2006 (BOMELT no 2006/3, p. 66) ; Circ. no 2007-2 du 9 janv. 2007 (BOMELT no 2007/2, p. 102) et Circ. du 7 févr. 2008 (BOMELT no 2008/4, p. 96).

Cet art. est l'ancien art. R. 302-30, renuméroté par le Décr. no 2005-317 du 4 avr. 2005, art. 2-II.

Art. R. 302-16-1 *(Décr. no 2007-743 du 9 mai 2007)* Pour l'application de la deuxième phrase du cinquième alinéa de l'article L. 302-7, les dépenses et moins-values de cession peuvent être déduites du prélèvement au-delà de l'année suivant celle au cours de laquelle elles ouvrent droit à déduction, si le rapport, arrondi à l'entier supérieur, entre le nombre de logements construits ou réalisés à l'aide de ces dépenses et moins-values de cession et le tiers de l'obligation triennale de la période considérée est supérieur à deux. Ce rapport détermine le nombre maximal d'années au cours desquelles ces dépenses peuvent être prises en compte en déduction du prélèvement.

Les dépenses prises en compte sont celles engagées à compter de l'exercice 2004. A titre transitoire, le surplus des dépenses admises en déduction des prélèvements des années 2005 et 2006 peut être déduit du prélèvement de l'année 2008 (Décr. no 2007-743 du 9 mai 2007).

Art. R. 302-17 *(Décr. no 2001-1194 du 13 déc. 2001, art. 1er ; Décr. no 2005-317 du 4 avr. 2005, art. 2-II)* Les communes concernées par le prélèvement prévu à l'article L. 302-5 du présent code adressent chaque année au préfet, au plus tard le 31 octobre, un état, certifié conforme par l'ordonnateur, des dépenses et moins-values, déductibles dans les conditions fixées à l'article *(Décr. no 2007-743 du 9 mai 2007)* « R. 302-16 », qu'elles ont effectivement supportées au titre de l'exercice précédent.

Cet état des dépenses déductibles indique, pour chaque opération ayant pour objet la réalisation de logements locatifs sociaux :

a) Sa localisation ;

b) Le nombre et la surface des logements locatifs sociaux programmés ;

c) Le montant des dépenses effectivement supportées au titre du 1o et du 2o de l'article *(Décr. no 2007-743 du 9 mai 2007)* « R. 302-16 », tel qu'il ressort du compte administratif ;

d) Les éléments, comptables et autres, pris en compte pour le calcul de la moins-value supportée au titre du 3o de l'article *(Décr. no 2007-743 du 9 mai 2007)* « R. 302-16 » ;

e) La date de la délibération ayant autorisé la dépense ou la cession.

Les délibérations mentionnées à l'alinéa ci-dessus, ainsi que tous autres documents propres à justifier que les dépenses figurant dans l'état remplissent les conditions requises pour être admises en déduction, sont annexées à celui-ci.

L'état des dépenses déductibles sera annexé au budget primitif de l'exercice au titre duquel le prélèvement est établi.

Pour la production de l'état afférent aux dépenses ou moins-values supportées au titre de l'exercice 2000, qui seront imputées sur le prélèvement opéré au titre de l'exercice 2002, la date limite mentionnée à l'art. R. 302-31 est reportée au 31 déc. 2001 (Décr. n° 2001-1194 du 13 déc. 2001, art. 2).

V. note ss. art. R. 302-16.

Cet art. est l'ancien art. R. 302-31, renuméroté par le Décr. n° 2005-317 du 4 avr. 2005, art. 2-II.

Art. R. 302-18 *(Décr. n° 2001-1194 du 13 déc. 2001, art. 1er ; Décr. n° 2005-317 du 4 avr. 2005, art. 2-II)* **Si dans un délai de deux ans après la déduction opérée en application de l'article L. 302-7 du présent code l'opération de logements sociaux n'a pas reçu un commencement d'exécution, les sommes ainsi déduites sont ajoutées au prélèvement de l'année en cours. Pour l'application du présent article, le commencement d'exécution est la signature de la convention visée à l'article L. 351-2 du même code, conclue entre l'État et le maître d'ouvrage de l'opération.**

Lorsque les montants figurant sur l'état déclaratif visé à l'article *(Décr. n° 2007-743 du 9 mai 2007)* **« R. 302-17 » ne correspondent manifestement pas au financement d'une opération de logement locatif social tel que défini à l'article** *(Décr. n° 2007-743 du 9 mai 2007)* **« R. 302-16 », les sommes correspondantes ne seront pas admises en déduction.**

Lorsque les montants figurant sur l'état déclaratif visé à l'article *(Décr. n° 2007-743 du 9 mai 2007)* **« R. 302-17 » s'avèrent ne pas entrer dans le champ défini à l'article** *(Décr. n° 2007-743 du 9 mai 2007)* **« R. 302-16 » du présent code, les sommes indûment déduites seront ajoutées au prélèvement de l'année suivante.**

V. note ss. art. R. 302-16.

Cet art. est l'ancien art. R. 302-32, renuméroté par le Décr. n° 2005-317 du 4 avr. 2005, art. 2-II.

Art. R. 302-19 *(Décr. n° 2001-1194 du 13 déc. 2001, art. 1er ; Décr. n° 2005-317 du 4 avr. 2005, art. 2-II)* **Le prélèvement mentionné à l'article L. 302-7 du présent code dont le montant est arrêté par le préfet est imputé chaque année sur les attributions mentionnées au premier alinéa de l'article L. 2332-2 du code général des collectivités territoriales. Il est effectué par neuvième à partir du mois de mars et jusqu'au mois de novembre.**

V. note ss. art. R. 302-16.

Cet art. est l'ancien art. R. 302-33, renuméroté par le Décr. n° 2005-317 du 4 avr. 2005, art. 2-II.

Art. R. 302-20 *(Décr. n° 2004-940 du 3 sept. 2004, art. 1er)* **Les ressources des fonds d'aménagement urbain institués dans chaque région par l'article L. 302-7 sont constituées par le produit des prélèvements opérés, en application de cet article, sur les ressources fiscales des communes de la région qui y sont assujetties en vertu de l'article L. 302-5** *(Décr. n° 2010-255 du 11 mars 2010)* **« ainsi que par les prélèvements prévus au VI de l'article L. 312-5-3 du code de l'action sociale et des familles ».** *– Ancien art. R. 302-34, renuméroté par Décr. n° 2005-1449 du 25 nov. 2005, art. 3.*

Les dispositions du Décr. n° 2010-255 du 11 mars 2010 s'appliquent pour le calcul des prélèvements effectués en 2011 sur les ressources fiscales des communes dans lesquelles le nombre de places d'hébergement est inférieur aux obligations mentionnées au II de l'article L. 312-5-3. Les prélèvements sont déterminés à partir des notifications faites par les communes avant le 31 déc. 2010 (Décr. préc., art. 5).

COMMENTAIRE

FONDS D'AMÉNAGEMENT URBAIN RÉGIONAUX.

Le décret nº 2004-940 du 3 septembre 2004 met en place les fonds d'aménagement urbain régionaux. Ceux-ci sont bénéficiaires des prélèvements opérés sur les communes déficitaires en logements sociaux en vertu de l'article L. 302-5 du code lorsque ces communes ne sont ni membres d'un établissement public de coopération intercommunale doté d'un programme local de l'habitat, ni membres d'un établissement public foncier (V. art. L. 302-7). Ils peuvent subventionner les actions foncières et immobilières en faveur du logement locatif social réalisées ou financées pour tout ou partie par des communes et établissements publics de coopération intercommunale à partir du moment où ces derniers répondent aux seuils de population fixés. ❑

Art. R. 302-21 *(Décr. nº 2004-940 du 3 sept. 2004, art. 1er)* **I. – Chaque fonds d'aménagement urbain est administré par un comité de gestion ainsi composé :**

– le préfet de région, ou son représentant, président ;

– trois représentants des communes de la région désignés, ainsi que leurs suppléants, par l'Association des maires de France (AMF), après consultation des associations départementales ;

– trois représentants des groupements de collectivités territoriales de la région désignés, ainsi que leurs suppléants, par la délégation régionale de l'Assemblée des communautés de France (ACDF).

Le trésorier-payeur général de région et le directeur régional de l'équipement ou leurs représentants assistent aux séances du comité avec voix consultative, ainsi que les préfets de département ou leurs représentants pour l'examen des projets qui les concernent.

II. – Les membres du comité de gestion et leurs suppléants sont nommés pour trois ans par arrêté du préfet de région.

Le mandat est renouvelable. Il prend fin si le membre du comité de gestion perd la qualité au titre de laquelle il a été nommé.

En cas de vacance d'un siège de titulaire ou de suppléant, un nouveau membre est nommé dans les mêmes conditions pour la durée du mandat restant à courir, dans un délai de deux mois à compter de la vacance.

III. – Le comité est réuni au moins une fois par an à l'initiative de son président. Son secrétariat est assuré par la direction régionale de l'équipement qui instruit les dossiers de demande de subvention.

IV. – Le comité adopte son règlement intérieur. Ce règlement détermine notamment les règles de quorum et de majorité, fixe les taux des subventions applicables à chaque type d'opération et, le cas échéant, leur montant maximum.

V. – Le comité établit chaque année un rapport d'activité qu'il adresse au ministre chargé du logement, au ministre chargé de la ville et au ministre de l'intérieur. – *Ancien art. R. 302-35, renuméroté par Décr. nº 2005-1449 du 25 nov. 2005, art. 3.*

Art. R. 302-22 *(Décr. nº 2004-940 du 3 sept. 2004, art. 1er)* **Le préfet de région est l'ordonnateur du fonds.**

Le trésorier-payeur général de région en est le comptable assignataire. – *Ancien art. R. 302-36, renuméroté par Décr. nº 2005-1449 du 25 nov. 2005, art. 3.*

Art. R. 302-23 *(Décr. nº 2004-940 du 3 sept. 2004, art. 1er)* **I. – Peuvent seules bénéficier des concours financiers des fonds d'aménagement urbain les communes dont la population est au moins égale à 1 500 habitants dans la région d'Ile-de-France et 3 500 habitants dans les autres régions lorsque ces communes sont comprises, au sens du recensement général de la population, dans des agglomérations de plus de 50 000 habitants comprenant au moins une commune de plus de 15 000 habitants,**

et les établissements publics de coopération intercommunale dont ces communes sont membres.

II. – Peuvent être subventionnées par les fonds d'aménagement urbain les actions foncières et immobilières en faveur du logement locatif social au sens de l'article L. 302-5, réalisées ou financées pour tout ou partie par ces communes et établissements publics de coopération intercommunale.

Ces actions comprennent notamment les acquisitions foncières et immobilières destinées à la réalisation de tels logements, les opérations de restructuration foncière et urbaine de grands ensembles de logements sociaux, ainsi que les actions relatives au logement locatif social réalisées dans le cadre d'opérations menées en application de l'article L. 300-1 du code de l'urbanisme.

III. – La dépense subventionnable est égale au montant des dépenses prévisionnelles d'investissement hors taxes prises en charge par la commune ou l'établissement public de coopération intercommunale, directement ou par voie de subvention.

IV. – La subvention consentie par le fonds ne peut avoir pour effet de porter le montant total des aides publiques directes perçues par la commune ou l'établissement public de coopération intercommunale au titre d'un projet à plus de 80 % du montant prévisionnel de la dépense subventionnable. – *Ancien art. R. 302-37, renuméroté par Décr. nº 2005-1449 du 25 nov. 2005, art. 3.*

Art. R. 302-24 *(Décr. nº 2004-940 du 3 sept. 2004, art. 1er)* I. – La demande de subvention est faite au fonds d'aménagement urbain par une délibération du conseil municipal de la commune ou de l'organe compétent de l'établissement public de coopération intercommunale, qui indique l'objet de la dépense.

Le dossier de demande comporte la désignation du projet, ses caractéristiques, son plan de financement, la nature et le montant maximum prévisionnel de la dépense subventionnable, le calendrier prévisionnel de l'opération ainsi que ses modalités d'exécution.

II. – L'attribution des subventions est décidée par le comité régional de gestion.

La décision attributive fixe le montant maximum de la subvention en appliquant à la dépense prévisionnelle le taux de subvention applicable au projet en vertu du règlement intérieur.

Elle comporte en outre la désignation du projet, ses caractéristiques, la nature et le montant prévisionnel de la dépense subventionnable, le calendrier prévisionnel et les modalités d'exécution de l'opération ainsi que les modalités de versement de la subvention.

III. – La subvention est liquidée par le préfet de région, en appliquant le taux fixé par la décision d'attribution au montant de la dépense réelle, dans la limite du montant de la subvention.

La subvention est versée sur justification de la réalisation du projet et de sa conformité aux caractéristiques prévues dans la décision attributive.

Une avance peut être versée lors du commencement d'exécution du projet : elle ne peut excéder 30 % du montant de la subvention prévue.

Des acomptes peuvent être versés au fur et à mesure de l'avancement du projet. Le montant total des acomptes et de l'avance versés ne peuvent excéder 80 % du montant total de la subvention prévue.

IV. – Si, à l'expiration d'un délai de deux ans à compter de la notification par le préfet de région de la décision attributive de subvention, le projet au titre duquel la subvention a été accordée n'a reçu aucun commencement d'exécution, le comité de gestion constate la caducité de sa décision. Il peut toutefois, exceptionnellement, proroger la validité de sa décision pour une période qui ne peut excéder un an.

V. – Le comité de gestion demande le reversement total ou partiel de la subvention versée si l'objet de la subvention ou l'affectation de l'investissement subventionné ont été modifiés et ne correspondent plus aux actions prévues au II de l'article R. 302-37 ; ou s'il apparaît que le montant total des aides publiques directes perçues par la commune ou l'établissement public de coopération intercommunale au titre d'un projet a dépassé 80 % du montant prévisionnel de la dépense subventionnable. – *Ancien art. R. 302-38, renuméroté par Décr. no 2005-1449 du 25 nov. 2005, art. 3.*

Art. R. 302-25 *(Décr. no 2007-743 du 9 mai 2007)* Lorsqu'il réunit la commission prévue au I de l'article L. 302-9-1-1, le préfet désigne un ou plusieurs représentants des bailleurs sociaux disposant d'un patrimoine sur le territoire de la commune et un ou plusieurs représentants des associations *(Décr. no 2009-1684 du 30 déc. 2009, art. 2)* « et organisations » dont un des objets est l'insertion ou le logement des personnes défavorisées œuvrant dans le département. En l'absence de bailleurs sociaux sur le territoire de la commune, il désigne un ou plusieurs représentants des bailleurs sociaux qui disposent d'un patrimoine dans le département.

Art. R. 302-26 *(Décr. no 2007-743 du 9 mai 2007)* Le président de la commission prévue au II de l'article L. 302-9-1-1 est nommé par le ministre chargé du logement, sur proposition du vice-président du Conseil d'État.

Les membres de l'Assemblée nationale et du Sénat sont désignés par l'assemblée à laquelle ils appartiennent. Le ministre nomme :

– un membre du Conseil général des ponts et chaussées, sur proposition du vice-président du Conseil général des ponts et chaussées ;

– un membre de la Cour des comptes, sur proposition du premier président de la Cour des comptes ;

– deux élus locaux, sur proposition, respectivement, du président de l'Association des maires de France et du président de l'Association des communautés de France ;

– un représentant de l'Union sociale pour l'habitat, sur proposition de son président ;

– un représentant du Haut Comité pour le logement des personnes défavorisées, sur proposition de son président ;

– deux représentants des associations œuvrant dans le domaine du logement des personnes défavorisées, sur proposition du Conseil national de l'habitat.

Le secrétariat de la commission est assuré par les services du ministre chargé du logement.

La commission statue dans un délai de trois mois à compter de sa saisine.

Les avis motivés de la commission sont transmis au ministre, qui assure leur publicité. Si l'avis comporte des recommandations en matière de construction de logements locatifs sociaux prévus au quatrième alinéa du II de l'article L. 302-9-1-1, l'avis est également transmis au préfet du département, qui le notifie au maire de la commune concernée et, le cas échéant, au président de l'établissement public de coopération intercommunale dont la commune est membre. Lorsque le ministre est destinataire d'un avis lui recommandant l'aménagement des obligations prévues à l'article L. 302-8, il prend sa décision dans le délai de deux mois suivant la transmission de l'avis. Sa décision est transmise au préfet du département, qui la notifie au maire de la commune concernée et, le cas échéant, au président de l'établissement public de coopération intercommunale dont la commune est membre.

V., pour la composition de cette commission, Arr. 18 nov. 2008, (JO 19 nov.).

Art. R. 302-25 à R. 302-33 *Néant.*

Art. R. 302-34 à R. 302-38 *Art. renumérotés, respectivement aux art. R. 302-20 à R. 302-24.*

CHAPITRE IV CLASSEMENT DES COMMUNES PAR ZONE APPLICABLE À CERTAINES AIDES AU LOGEMENT

(Décr. no 2010-1704 du 30 déc. 2010, art. 1er-A)

Art. R. 304-1 Pour l'application de certaines aides au logement, un arrêté des ministres chargés du logement et du budget, révisé au moins tous les trois ans, établit un classement des communes du territoire national en zones géographiques en fonction du déséquilibre entre l'offre et de la demande de logements.

Ces zones sont désignées, par ordre de déséquilibre décroissant, sous les lettres A *bis*, A, B1, B2 et C. La zone A *bis* est incluse dans la zone A, les zones B1 et B2 forment la zone B.

V., sur l'Arr. devant établir un classement des communes, Décr. no 2010-1704 du 30 déc. 2010, art. 2 au-dessus de l'art. R. 31-10-1.

TITRE PREMIER MESURES TENDANT À FAVORISER LA CONSTRUCTION D'HABITATIONS

CHAPITRE PREMIER PRIMES ET PRÊTS À LA CONSTRUCTION

V. Circ. 14 déc. 1992 (programmation des aides à la pierre pour 1993), Mon. TP 8 janv. 1993, Suppl. textes, p. 201. – Circ. no 92-23 du 11 mars 1993, application de la loi du 31 mai 1990 visant à la mise en œuvre du droit au logement, Mon. TP 30 avr. 1993, Suppl. textes, p. 278.

SECTION PREMIÈRE DISPOSITIONS COMMUNES AUX PRIMES ET PRÊTS

Art. *R. 311-1 Les primes et les prêts à la construction prévus par les titres I et II du présent livre, autres que ceux accordés en vertu des dispositions particulières concernant la participation des employeurs à l'effort de construction, le logement des fonctionnaires, l'épargne-logement, l'épargne-crédit, l'épargne-construction et la restauration immobilière, sont accordés dans les limites et conditions fixées par les dispositions des sections I, II et III du présent chapitre.

Dans les limites et conditions ainsi fixées sur le rapport du ministre chargé des finances et du ministre chargé de la construction et de l'habitation, des primes peuvent être accordées quelle que soit la commune sur le territoire de laquelle doivent être exécutés les travaux, en vue d'encourager la construction d'immeubles à usage principal d'habitation ainsi que les travaux ayant pour objet d'accroître la surface ou la capacité de logement des immeubles existants.

Les primes ne sont pas accordées pour des logements qui sont utilisés comme résidence secondaire.

Les constructions répondant aux caractéristiques des habitations à loyer modéré bénéficient d'une priorité dans l'attribution des primes annuelles.

1. Notion de constructeur. Le requérant qui n'est pas propriétaire des terrains litigieux et ne saurait être regardé comme constructeur de l'immeuble devant y être édifié ne peut prétendre au bénéfice des primes. • CE 21 oct. 1970, *Fourcade,* req. no 75637 : *Lebon*

T. 1094 . ♦ Les décisions accordant des primes ne peuvent, en raison de leur objet purement pécuniaire, créer de droits au profit des intéressés. • Même arrêt.

2. Notion de résidence secondaire. Doit être considérée comme résidence secondaire la maison qui, depuis l'achèvement des travaux, est habitée de manière intermittente pendant les jours et périodes de congé. • CE 1er déc. 1976, *Thiry : req. no 00427.* ♦ La circonstance que l'intéressé ayant utilisé l'immeuble comme résidence principale ait été ultérieurement affecté par son administration dans un département d'outre-mer ne fait pas perdre à cet immeuble son caractère de résidence principale. • CE 19 févr. 1975, *Rouch : Lebon T. 1124* .

Art. *R. 311-2 Aux primes à la construction peuvent être substituées des bonifications d'intérêts pour les attributaires de prêts à la construction consentis avec la garantie de l'État en exécution de l'article L. 312-1. Ces bonifications sont attribuées pour toute la durée desdits prêts.

Les primes peuvent être, soit versées à leur titulaire, soit converties en bonifications d'intérêts de prêts consentis par le Crédit foncier de France et le Comptoir des entrepreneurs.

Un décret en Conseil d'État, pris sur le rapport du ministre chargé des finances et du ministre chargé de la construction et de l'habitation, fixe les conditions de cette substitution ainsi que les caractéristiques et modalités d'attribution des bonifications d'intérêts.

Art. R. 311-3 Le bénéfice des primes est applicable à la construction d'habitations à loyer modéré par l'intermédiaire des organismes d'habitations à loyer modéré et de crédit immobilier pour les programmes à réaliser sans le concours financier de l'État et à la condition que les logements construits restent soumis aux dispositions du livre IV.

Art. R. 311-4 Le ministre chargé des finances et le ministre chargé de la construction et de l'habitation sont autorisés à conclure avec le Crédit foncier de France toutes conventions nécessaires pour l'application du présent chapitre.

SECTION II DISPOSITIONS COMMUNES AUX DIFFÉRENTES PRIMES

SOUS-SECTION 1 CONDITIONS D'OCTROI ET DE MAINTIEN DES PRIMES

Art. *R. 311-5 Les primes prévues à l'article R. 311-1 peuvent être attribuées aux personnes qui entreprennent des travaux ayant pour objet, soit la construction ou l'extension de logements, soit la mise en état d'habitabilité de bâtiments qui n'étaient pas destinés à l'habitation.

Le montant des primes est fonction des surfaces habitables construites ou aménagées.

Le bénéfice des primes ne peut être consenti pour une durée supérieure à vingt ans.

Art. *R. 311-6 Ne peuvent bénéficier des primes régies par le présent chapitre :

1o Les travaux entrepris dans le cadre d'une législation encourageant l'amélioration du logement, et notamment ceux qui bénéficient des concours financiers prévus par la réglementation relative aux prêts bonifiés à moyen et long terme du crédit agricole mutuel, aux habitations à loyer modéré, au crédit immobilier, à l'habitat rural et à l'Agence nationale de l'habitat ainsi que les travaux qui bénéficient d'avances consenties par le fonds de développement économique et social et, d'une manière générale, d'une aide spéciale de l'État, à l'exception des primes d'épargne-logement ; toutefois, les primes prévues à la section III peuvent être attribuées aux personnes ayant contracté un emprunt bonifié à moyen terme auprès d'une caisse de crédit agricole mutuel ;

2o Les travaux qui ont été commencés avant :

a) Soit l'acquisition, par le demandeur, du droit d'utiliser le terrain d'implantation des logements projetés ;

b) Soit la décision d'octroi de primes prévue à l'article R. 311-15.

Art. *R. 311-7 L'attribution et le maintien des primes sont subordonnés au respect de normes techniques et de prix de revient ou de vente auxquels les logements doivent satisfaire. Ces normes et prix sont fixés par arrêté du ministre chargé de la construction et de l'habitation et du ministre chargé des finances.

V. Arr. 20 oct. 1986 (JO 16 déc.), relatif aux prêts spéciaux du Crédit foncier de France pour l'accession à la propriété dans les départements d'outre-mer. — Arr. 7 juin 1996 (JO 25 juin) : application dans les DOM des dispositions relatives aux logements destinés à l'accession à la propriété construits à l'aide de primes à la construction et de prêts spéciaux.

L'administration est légalement tenue de ne pas donner suite à un accord de principe sur l'octroi d'une prime lorsque le coût réel de la construction d'un immeuble dépasse les prix limites fixés par l'arrêté interministériel, quelle que soit la cause de ce dépassement et même en l'absence de fraude de la part du constructeur. • CE 13 oct. 1982, *SCI Résidence des Gâtines : Lebon T. 664.*

Art. *R. 311-8 Ne donnent lieu à l'octroi d'aucune prime les logements dont la surface habitable excède 150 mètres carrés ou, lorsqu'ils doivent être occupés dès leur achèvement par six personnes au moins, 190 mètres carrés.

Pour les maisons individuelles la surface habitable, augmentée de celle des locaux annexes, ne doit pas excéder, selon les cas prévus à l'alinéa précédent, 200 et 240 mètres carrés.

La surface habitable est celle qui est définie par l'article R. 111-2.

La surface habitable maximum ne concerne que les constructions nouvelles et non les travaux d'addition et de surélévation. • CE 21 oct. 1970, *Min. de l'équipement et du logement c/ Routard : Lebon 610.*

Art. *R. 311-9 Les logements de six pièces et plus, qui ne sont pas destinés à être occupés, dès leur achèvement, par six personnes au moins, donnent lieu à l'octroi des primes prévues pour les logements de cinq pièces principales.

Art. *R. 311-10 Les travaux d'extension de logements existants, de mise en état d'habitabilité de bâtiments qui n'étaient pas destinés à l'habitation et de construction de logements-foyers doivent satisfaire à des conditions de surface, de normes et de prix définies par un arrêté du ministre chargé de la construction et de l'habitation et du ministre chargé des finances.

Art. *R. 311-11 Dans le délai maximum d'un an qui suit, soit la déclaration d'achèvement des travaux, soit l'acquisition des logements si celle-ci est postérieure à ladite déclaration, les logements dont la construction a donné lieu à l'octroi de primes doivent être occupés par le titulaire des primes ou par les personnes désignées par le présent chapitre.

Cette occupation doit, sauf motif légitime, être effective pendant au moins huit mois par an. Cette condition d'occupation doit être respectée pendant toute la durée du bénéfice des primes ou, dans le cas de primes convertibles en bonifications d'intérêt, pendant toute la durée du prêt.

Le délai d'un an prévu au premier alinéa est porté à cinq ans lorsque les logements primés sont destinés à être occupés personnellement par le bénéficiaire des primes dès sa mise à la retraite ou dès son retour d'un département ou territoire d'outre-mer ou de l'étranger, ou dès son retour dans un département ou territoire d'outre-mer. Ce délai est fixé à trois ans lorsque le bénéficiaire des primes justifie de l'incompatibilité de l'occupation du logement avec l'exercice de ses activités professionnelles dans un

nouveau lieu de travail ; dans ce cas, la durée de trois ans peut être prorogée une fois d'une durée égale par décision de l'autorité qui a délivré les primes.

Le bénéficiaire des primes doit pouvoir justifier, à toute réquisition, que les locaux primés sont régulièrement occupés, à peine de suppression des primes.

1. Nécessité d'occupation du logement primé. Dès lors que le bénéficiaire d'une prime à la construction ne justifie pas que le logement construit soit effectivement occupé par lui-même ou des membres de sa famille pendant au moins huit mois par an, le bénéfice de la prime peut lui être retiré. • CE 31 janv. 1986, *Épx Chevalier : req. no 64676.*

2. Motif légitime. Constitue un motif légitime faisant obstacle à l'occupation de l'immeuble dans le délai d'un an le fait que l'immeuble n'était pas raccordé aux canalisations d'adduction d'eau et ne pouvait pas l'être par suite de retards dans les travaux d'extension du réseau communal de distribution d'eau. • CE 20 févr. 1976, *Géraud : Lebon 109*. ◆ La circonstance que le bénéficiaire de la prime n'a pu obtenir une mutation le rapprochant de l'habitation primée ne constitue pas un motif légitime dispensant les intéressés de l'obligation d'occupation effective. • CE 15 févr. 1991, *M. et Mme Fleury : req. no 88440.*

3. Prorogation du délai. La circonstance qu'un bénéficiaire ait rencontré des difficultés à venir exercer son activité professionnelle au lieu du logement primé ne peut lui permettre de bénéficier de la prorogation de délai prévue par les dispositions au profit des seules personnes qui justifient de l'incompatibilité de l'occupation de leur logement avec l'exercice d'activités professionnelles dans un nouveau lieu de travail. • CE 11 oct. 1985, *Vincent : req. no 58472.* ◆ Même si l'intéressé fait de bonne foi construire son logement en vue de l'occuper dès sa mise à la retraite, la survenance de celle-ci avant l'achèvement des travaux fait obstacle à ce qu'il puisse bénéficier du délai de 5 ans prévu à l'art. R. 311-11, al. 3. • CE 6 mars 1991, *Hugonnaux*, req. no 81822 : *Lebon 81*. ◆ Toutefois dès lors qu'il occupe son logement moins d'un an après l'achèvement des travaux et sans interruption plus de huit mois pendant un an, il peut réclamer le maintien des primes qui lui ont été accordées • Même arrêt.

Art. *R. 311-12 **Le montant et la durée des primes sont fixés forfaitairement par arrêté du ministre chargé de la construction et de l'habitation et du ministre chargé des finances.**

Le montant et la durée des bonifications d'intérêt qui leur sont, le cas échéant, substituées, sont fonction de la durée et des conditions des prêts consentis par le Crédit foncier de France et le Comptoir des entrepreneurs. Les conditions de ces prêts, définies par arrêté des deux ministres, peuvent être fixées compte tenu, notamment, de l'évolution des ressources des emprunteurs.

V. Arr. 17 mars 1972 relatif au montant des primes à la construction convertibles en bonifications d'intérêts (JO 19 mars) mod. par Arr. 5 mars 1973 (JO 15 mars), Arr. 31 janv. 1975 (JO 23 févr.), Arr. 14 avr. 1975 (JO 25 avr.), Arr. 29 déc. 1975 (JO 15 janv. 1976), Arr. 31 mars 1976 (JO 11 avr.), Arr. 24 mars 1977 (JO 31 mars), Arr. 16 sept. 1977 (JO 4 oct.), Arr. 24 févr. 1978 (JO 11 mars), Arr. 22 juin 1979 (JO 12 juill.), Arr. 3 juill. 1980 (JONC 1er août), Arr. 2 mars 1982 (JONC 24 mars), Arr. 30 sept. 1982 (JONC 4 nov.), Arr. 7 mars 1983 (JO 17 mars), Arr. 15 mars 1984 (JO 25 mars).

V. Arr. 13 mars 1986 (JO 15 mars) relatif à l'application, dans les départements d'outre-mer, des dispositions relatives aux logements destinés à l'accession à la propriété construits à l'aide de primes à la construction convertibles en bonifications d'intérêts, de prêts spéciaux du Crédit foncier de France et de subventions complémentaires de l'État, mod. par Arr. 10 oct. 1986 (JO 16 déc.), Arr. 3 juin 1987 (JO 25 juill.), Arr. 24 janv. 1990 (JO 26 janv.), Arr. 6 juill. 1990 (JO 1er août), Arr. 23 sept. 1991, art. 4 (JO 5 oct.), Arr. 29 juin 1992 (JO 1er août), Arr. 7 mai 1993 (JO 8 juin), Arr. 15 sept. 1993 (JO 7 oct.), Arr. 30 déc. 1993 (JO 27 févr. 1994), Arr. 30 mars 1995 (JO 20 mai), Arr. 7 juin 1996 (JO 25 juin).

V. aussi Arr. 30 mai 1997 relatif à la mise en extinction des primes à la construction convertibles en bonifications d'intérêt, des prêts spéciaux du Crédit foncier de France et des subventions complémentaires de l'État, accordés pour financer des logements destinés à l'accession à la propriété dans les départements d'outre-mer (JO 1er juin).

V. Arr. 13 mars 1986 (JO 15 mars) relatif aux aides de l'État à la construction de logements évolutifs sociaux dans les départements d'outre-mer, mod. par Arr. 20 oct. 1986 (JO 17 déc.), Arr. 3 juin 1987 (JO 25 juill.), Arr. 24 janv. 1990 (JO 26 janv.), Arr. 6 juill. 1990 (JO 1er août), Arr. 23 sept. 1991(JO

5 oct.), Arr. 29 juin 1992 (JO 1er août), Arr. 7 mai 1993 (JO 8 juin), Arr. 30 déc. 1993 (JO 27 févr. 1994), Arr. 30 mars 1995 (JO 7 mai), Arr. 24 mai 1996 (JO 1er juin).

V. Arr. 4 janv. 1988 (JO 21 janv.) relatif aux loyers plafonds applicables aux logements construits à l'aide de primes ou de prêts spéciaux à la construction du Crédit foncier de France ou de la Caisse centrale de coopération économique.

SOUS-SECTION 2 PROCÉDURE D'ATTRIBUTION DES PRIMES

Art. *R. 311-13 **Toute personne qui sollicite le bénéfice des primes doit préciser dans sa demande :**

— la nature des primes sollicitées ;

— la destination du ou des logements objet de la demande ;

— le titre en vertu duquel elle est autorisée à utiliser le terrain sur lequel les logements seront édifiés.

Art. *R. 311-14 **L'instruction de la demande de primes est assurée par le directeur départemental de l'équipement, sauf à Paris où elle est assurée par le préfet de Paris.**

Art. *R. 311-15 **Les décisions d'octroi de primes ou de rejet sont prises par le représentant de l'État dans le département et notifiées au demandeur.**

Les décisions d'octroi de primes sont matériellement différenciées suivant la nature de celles-ci et elles portent l'indication de leur exercice budgétaire d'origine.

Les décisions octroyant des primes afférentes à un exercice budgétaire déterminé ne peuvent être prises que jusqu'au 31 décembre de la deuxième année qui suit cet exercice. Les crédits de primes inutilisés à cette dernière date sont de plein droit annulés.

1. Les décisions octroyant des primes ne créent aucun droit au profit des bénéficiaires et peuvent en conséquence être retirées par l'autorité compétente. • CE 15 oct. 1969, *Forasetto : Lebon 437*.

2. Une association de défense d'un quartier n'a pas intérêt à demander l'annulation d'une décision accordant à une société le bénéfice de primes convertibles, dès lors que cette décision n'a pas pour effet de permettre la construction. • CE 6 oct. 1978, *Ass. de quartier « La Corvée, La Roche-aux-Fées » : Lebon T. 868*.

Art. *R. 311-16 *Abrogé par Décr. no 85-1004 du 19 sept. 1985, à compter du 24 sept. 1985.*

SOUS-SECTION 3 SUSPENSION, SUPPRESSION OU ANNULATION DES PRIMES

Art. *R. 311-17 **Si les travaux ne sont pas commencés dans les dix-huit mois qui suivent la date de la décision d'octroi de primes, le représentant de l'État dans le département peut annuler ladite décision.**

Dans un délai de quatre ans à compter de la date de la décision d'octroi de primes, le bénéficiaire est tenu de justifier au représentant de l'État dans le département que la déclaration d'achèvement des travaux prévue à l'article *(Décr. no 2007-18 du 5 janv. 2007, art. 16-VII)* **« L. 462-1 » du code de l'urbanisme a été déposée et que les conditions prévues aux articles R. 311-7 à R. 311-10 sont remplies**

Une prorogation de ce délai peut être accordée par décision conjointe du ministre chargé de la construction et de l'habitation et du ministre chargé des finances. La non-observation de ces dispositions entraîne l'annulation de la décision d'octroi de primes à compter de la date où elle a été prise.

La modification issue du Décr. no 2007-18 du 5 janv. 2007 est entrée en vigueur le 1er oct. 2007 (Décr. préc., art. 26, mod. par Décr. no 2007-817 du 11 mai 2007, art. 4).

1. La prime ne peut être annulée tant que le délai de quatre ans n'est pas expiré. • CE 27 juin 1979, *Secr. d'État auprès du Min. de l'environnement c/ Batiste : req. n° 11722.*

2. Une décision octroyant une prime peut être légalement retirée si le permis de construire n'a pas été accordé au bénéficiaire. • CE 21 oct. 1970, *Fourcade : Lebon T. 1094*.

3. Les décisions de suppression de primes ne peuvent se fonder que sur l'un des cas énumérés par les textes. La circonstance que les logements primés étaient loués sans baux écrits ne peut entraîner la perte du droit à la prime. • CE 5 oct. 1983, *Min. de l'urbanisme et du logement c/ SA Vogue de France : req. n° 44073.* ◆ De même l'autorité administrative ne peut se fonder sur le fait que le bénéficiaire n'aurait pas été en droit d'obtenir le certificat de conformité après avoir régulièrement souscrit la déclaration d'achèvement de travaux. • CE 3 mars 1982, *Mlle Sable : Lebon T. 664*.

4. Le retrait illégal d'une prime peut engager la responsabilité de l'État et ouvrir droit à indemnité dans la mesure où il en résulte un dommage actuel, direct et certain. • CE 10 mai 1968, *Sté coopérative de construction d'Odomez : Lebon T. 998*.

Art. *R. 311-18 **Sans préjudice des sanctions prévues à l'article L. 311-3, le bénéfice des primes est supprimé lorsque les logements primés sont :**

_a_) Transformés en locaux commerciaux ou professionnels ;

_b_) Affectés à la location saisonnière ou en meublé ;

_c_) Utilisés comme résidence secondaire au-delà des périodes d'un ou trois ans prévues à l'article R. 311-11 ;

_d_) Occupés à titre d'accessoire d'un contrat de travail ;

_e_) Réunis en un seul logement dont la surface dépasse le maximum fixé à l'article R. 311-8 ;

_f_) Détruits et qu'il n'est pas procédé à leur reconstruction dans un délai de quatre ans à compter du sinistre.

Cette suppression prend effet à compter de la survenance de l'un des événements énumérés ci-dessus. Toutefois, lorsque l'un desdits événements survient avant toute occupation régulière des logements, la suppression prend effet à la date d'octroi de primes.

Le bénéfice des primes peut être :

— maintenu pour la partie affectée exclusivement à l'habitation lorsque la transformation indiquée en _a_) n'est que partielle ;

— réduit, dans le cas prévu au _e_), au montant correspondant au nombre de pièces principales du nouveau logement, sous réserve du respect des dispositions de l'article R. 311-8. — *V. art. L. 311-3.*

1. Locaux transformés en locaux commerciaux ou professionnels. L'existence d'un dépôt de matériel et de matériaux de construction peut modifier la destination de l'immeuble créé et lui conférer la qualité d'un immeuble à usage commercial même si le bénéficiaire de la prime n'a pas personnellement la qualité de commerçant. En l'espèce le rez-de-chaussée de l'immeuble construit servait à entreposer du matériel et des matériaux appartenant à une entreprise de construction à laquelle le bénéficiaire de la prime apportait sa collaboration et, en particulier, des quantités de ciment dépassant largement les besoins personnels du bénéficiaire. • CE 2 juill. 1965, *Tissino : req. n° 64521.*

2. Absence d'occupation du logement. Le bénéficiaire de la prime avait cessé d'occuper comme résidence principale depuis plus de trois ans le logement qu'il avait acquis que par le motif que ce logement était inhabitable en raison des graves malfaçons qui affectaient l'immeuble et dont les procédures engagées retardaient la réparation. Dans ces conditions les décisions annulant les primes attachées au logement sont illégales. • CE 16 janv. 1985, *Min. de l'urbanisme et du logement c/ Mme Veuve Gros-Izopet*, req. n° 41013 : *Lebon T. 680*.

V. Arr. du 5 mai 1995 (JO 7 mai) relatif aux subventions de l'État et aux prêts pour la construction, l'acquisition et l'amélioration des logements locatifs aidés, mod. par Arr. du 28 mai 1997 (JO 31 mai), Arr. du 6 mars 2001 (JO 7 mars), Arr. du 18 juill. 2006 (JO 20 juill.) et par Arr. du 17 oct. 2011 (JO 28 déc.). — Circ. n° 98-08 du 12 janv. 1998 (actualisation des valeurs de base pour le calcul de l'assiette des subventions et des prêts), BOMELT n° 98/3 ; Circ. n° 99-89 du 17 déc. 1999 (même objet), BOMELT no 2000/1 ; Circ. no 2002-3 du 24 janv. 2002 (même objet), BOMELT no 2002/3, p. 94, rect. BOMELT no 2002/7, p. 53 ; Circ. no 2002-75 du 18 déc. 2002 (même objet), BOMELT no 2002/24, p. 192 ; Circ. no 2003-77 du 22 déc. 2003 (même objet), BOMELT no 2004/24, p. 279 ; Circ. no 2005-84 du 12 déc. 2005 (même objet), BOMELT no 2005/24, p. 331 ; Circ. no 2006-91 du 12 déc. 2006 (même objet), BOMELT no 2006/24, p. 361 ; Circ. UHC/FB3 du 20 déc. 2007 (même objet), BOMELT no 2008/24, p. 190 ; Circ. UP/FL3 du 29 déc. 2008 (même objet), BOMELT no 2009/3, p. 18 (même objet) ; Circ. UP/FL3 du 22 déc. 2009 (même objet), BOMEEDDM no 2010/1, p. 15 ; Circ. du 23 déc. 2010 (même objet), BOMEDDTL no 2010/24, p. 113 ; Circ. du 19 déc. 2011 (même objet), BOMEDDTL no 2011/24, p. 399.

Art. *R. 311-19 Le bénéfice des primes est suspendu pendant les années au cours desquelles les logements primés, après avoir été occupés régulièrement pendant au moins six mois, sont affectés à la location saisonnière ou utilisés comme résidence secondaire ; si cette affectation ou cette utilisation excède une durée de deux années, même non consécutives, la décision d'octroi de primes est annulée à compter de la date de cessation d'occupation régulière.

Toutefois, lorsque le bénéficiaire des primes justifie que l'occupation du logement est incompatible avec l'exercice d'activités professionnelles dans un nouveau lieu de travail, le bénéfice des primes est maintenu pour une durée de trois années à compter de la date à laquelle a pris fin l'occupation régulière du logement. Cette durée peut être prorogée une fois d'une durée égale par décision de l'autorité qui a délivré les primes.

Art. *R. 311-20 Par dérogation aux dispositions de l'article R. 311-18 :

– l'autorisation de louer en meublé avec maintien du bénéfice des primes peut être donnée par l'autorité qui a délivré les primes pour la période de cinq années au maximum qui s'écoule entre la date de la déclaration d'achèvement des travaux ou d'acquisition du logement et celle de l'occupation régulière par le bénéficiaire des primes après sa mise à la retraite ou son retour d'un département ou territoire d'outre-mer ou de l'étranger ou son retour dans un département ou territoire d'outre-mer ;

– le bénéfice des primes est maintenu, quand le logement est loué en meublé, pour une durée n'excédant pas trois années à compter de la date à laquelle a pris fin l'occupation régulière du logement, lorsque le bénéficiaire des primes justifie que l'occupation du logement est incompatible avec l'exercice d'activités professionnelles dans un nouveau lieu de travail. Cette durée peut être prorogée une fois d'une durée égale par décision de l'autorité qui a délivré les primes.

Art. *R. 311-21 Sous peine de suppression du bénéfice des primes depuis leur octroi, les changements d'occupation ou d'utilisation prévus aux articles R. 311-18 et R. 311-19, ainsi que les sinistres, doivent être déclarés dans le délai de trois mois par lettre recommandée adressée à l'autorité qui a octroyé les primes.

Art. *R. 311-22 Sans préjudice des sanctions prévues à l'article L. 311-5, les infractions aux dispositions de la présente section et aux arrêtés pris pour son application entraînent la répétition des primes ou des bonifications d'intérêt indûment perçues et, le cas échéant, le remboursement des prêts.

SECTION III DISPOSITIONS APPLICABLES AUX PRIMES NON CONVERTIBLES EN BONIFICATIONS D'INTÉRÊTS

Art. *R. 311-23 Outre les dispositions de la section I et à l'exception de celles du premier alinéa de l'article R. 311-17, les dispositions de la présente section sont applicables aux primes non convertibles en bonifications d'intérêts.

Sur les primes non convertibles en bonifications d'intérêts, V. Arr. du 17 mars 1972 (JO 19 mars), mod. par Arr. du 7 mars 1973 (JO 28 mars) et abrogé par Arr. du 22 févr. 1974 (JO 24 mars).

SOUS-SECTION 1 CONDITIONS D'ATTRIBUTION ET DE PAIEMENT DES PRIMES

Art. *R. 311-24 Le demandeur de primes non convertibles ne peut être qu'une personne physique. Il doit s'engager à occuper lui-même le logement créé ou à le faire occuper par ses ascendants ou descendants ou ceux de son conjoint dans les délais et conditions prévus à l'article R. 311-11.

Art. *R. 311-25 Dans les départements d'outre-mer, les primes non convertibles en bonifications d'intérêts peuvent être attribuées pour la construction ou l'extension de logements et la mise en état d'habitabilité de bâtiments qui n'étaient pas destinés à l'habitation, ces logements pouvant être affectés soit à la location, soit à l'accession à la propriété.

Art. *R. 311-26 La décision d'octroi de primes prévue à l'article R. 311-15 devient caduque si les travaux ne sont pas commencés dans les six mois suivant la date de sa délivrance.

Art. *R. 311-27 Dès la production de la déclaration d'achèvement des travaux le représentant de l'État dans le département prend une décision de paiement de primes qui est notifiée au demandeur.

Art. *R. 311-28 Le montant des primes et la durée de leur allocation sont fixés par arrêté du ministre chargé de la construction et de l'habitation et du ministre chargé des finances. — *V. Arr. 15 déc. 1989 (JO 23 déc.) autorisant le versement en une seule fois des anciennes primes à la construction.*

Art. *R. 311-29 Les primes sont payées annuellement par le Crédit foncier de France, pour le compte de l'État, au vu de la notification de la décision de paiement des primes. Le versement de la première prime intervient au plus tard à la fin du mois qui suit celui au cours duquel la décision de paiement n'est plus susceptible de recours.

Le Crédit foncier de France, nonobstant toutes oppositions ou saisies, verse les primes par l'intermédiaire de la caisse nationale de crédit agricole lorsque leurs bénéficiaires ont contracté, pour le financement des mêmes travaux, un prêt d'une caisse de crédit agricole mutuel.

Au cas où le bénéficiaire des primes aurait contracté, dans les termes de l'article L. 311-9, un emprunt auprès de la caisse centrale de coopération économique, le Crédit foncier de France, nonobstant toutes oppositions ou saisies, verse directement les primes à la caisse centrale de coopération économique à due concurrence des charges de l'emprunt et pour venir en déduction de celles-ci.

Le Crédit foncier est remboursé des frais exposés par lui dans les conditions précisées par la convention prévue à l'article R. 311-4.

SOUS-SECTION 2 TRANSFERT, SUSPENSION ET ANNULATION DES PRIMES

Art. *R. 311-30 Sous réserve de l'application des dispositions des articles R. 311-17 à R. 311-22, le bénéfice des primes est, en cas de mutation entre vifs, transféré au nouveau propriétaire du logement primé, à condition que ce nouveau propriétaire en avise le représentant de l'État dans le département par lettre recommandée dans le délai de six mois à compter de la mutation et prenne, en outre, l'engagement d'occupation prévu à l'article R. 311-24. A défaut, la décision d'octroi de primes est annulée à compter de la date de la mutation.

Art. *R. 311-31 En cas de décès du bénéficiaire des primes, le paiement de celles-ci est suspendu. Il est rétabli rétroactivement au profit du ou des nouveaux propriétaires, à condition que ceux-ci justifient au représentant de l'État dans le département que le logement n'a pas cessé d'être occupé, conformément aux dispositions de l'article R. 311-24 ou qu'il l'a été au plus tard à l'expiration d'un délai d'un an à compter du décès.

Le bénéfice des primes est supprimé si cette justification n'est pas produite avant l'expiration d'un délai de trois ans à compter de la date du décès à laquelle prend effet la décision d'annulation.

Art. *R. 311-32 Dans les cas prévus aux articles R. 311-30 et R. 311-31, les droits du ou des nouveaux propriétaires au bénéfice des primes sont attestés par la production d'un certificat de propriété établi conformément aux dispositions du décret nº 55-1595 du 7 décembre 1955 relatif au régime des titres nominatifs. La procédure simplifiée prévue à l'article 22 de ce décret peut être suivie lorsque le montant total des primes restant dues n'excède pas 304,90 €.

Si le bénéfice des primes vient à être transféré à plusieurs personnes, le paiement en est subordonné à la désignation d'un mandataire commun chargé de recevoir les fonds, soit par une procuration notariée, soit par une procuration sous seing privé dont les signatures sont certifiées par le maire du domicile du ou des mandants ou par un notaire. Le mandat est, le cas échéant, visé et attesté dans le certificat de propriété auquel la mutation a donné lieu.

Art. *R. 311-33 Le bénéfice des primes est suspendu pendant les années au cours desquelles les logements primés sont loués nus, même partiellement ; si la location excède une durée de trois années, même non consécutives, la décision d'octroi de primes est annulée à compter de la date de la location.

Par dérogation à ces dispositions, le bénéficiaire de la prime peut louer nu, sans perdre le bénéfice de celle-ci, dans les mêmes cas et conditions que ceux prévus à l'article R. 311-20.

Les dispositions du présent article ne sont pas applicables aux primes prévues à l'article R. 311-25.

Art. *R. 311-34 Les décisions de suspension ou d'annulation prévues aux articles R. 311-17 à R. 311-22 entraînent la suspension du paiement des primes ou la répétition de celles qui auraient été indûment perçues.

SECTION IV DISPOSITIONS APPLICABLES AUX PRIMES CONVERTIBLES EN BONIFICATIONS D'INTÉRÊTS ET AUX PRÊTS

Art. *R. 311-35 Outre les dispositions des sections I et II du présent chapitre :

1º Les dispositions des articles R. 311-37 à R. 311-59 sont applicables lorsque les primes sont converties en bonifications d'intérêt de prêts spéciaux du Crédit foncier de France et du Comptoir des entrepreneurs ;

2º Les dispositions des articles R. 311-60 à R. 311-63 sont applicables lorsque les primes sont converties en bonifications d'intérêt des prêts consentis par le Crédit foncier de France pour le financement partiel de prêts immobiliers conventionnés.

Art. *R. 311-36 Le contrôle des conditions de réalisation des opérations bénéficiant des primes convertibles en bonifications d'intérêt est exercé par le ministre chargé de la construction et de l'habitation et par le ministre chargé des finances.

SOUS-SECTION 1 PRIMES CONVERTIBLES EN BONIFICATIONS D'INTÉRÊTS ET PRÊTS SPÉCIAUX

§ 1er DISPOSITIONS GÉNÉRALES

Art. *R. 311-37 Le Crédit foncier de France et le Comptoir des entrepreneurs peuvent accorder des prêts garantis par l'État en exécution de l'article R. 312-1 aux personnes titulaires de primes convertibles en bonifications d'intérêts de prêts spéciaux. Aux primes sont alors substituées de plein droit, en application de l'article L. 311-2, alinéa 1o, des bonifications d'intérêts versées au Crédit foncier de France.

Le refus du prêt spécial entraîne l'annulation de la décision d'octroi de primes.

Les montants et les caractéristiques des primes convertibles, des prêts spéciaux et des suppléments familiaux dont les prêts spéciaux peuvent être assortis sont fixés par arrêté du ministre chargé de la construction et de l'habitation et du ministre chargé des finances.

V. Arr. 13 mars 1986 relatif à l'application dans les départements d'outre-mer des dispositions relatives aux logements destinés à l'accession à la propriété construits à l'aide de primes à la construction convertibles en bonifications d'intérêt, de prêts spéciaux du Crédit foncier de France et de subventions complémentaires de l'État (JO 15 mars) et Arr. 30 mai 1997 relatif à la mise en extinction des primes à la construction convertibles en bonifications d'intérêt, des prêts spéciaux du Crédit foncier de France et des subventions complémentaires de l'État, accordés pour financer des logements destinés à l'accession à la propriété dans les départements d'outre-mer (JO 1er juin) cités ss. art. R. 311-12.

Art. *R. 311-38 Les primes convertibles et les prêts spéciaux prévus aux articles R. 311-37 à R. 311-59 ne peuvent être attribués que pour des logements destinés à être occupés par des personnes dont les ressources, jointes à celles de l'ensemble des personnes appelées à vivre au foyer, sont au plus égales à un montant déterminé dans les conditions fixées par arrêté du ministre chargé de la construction et de l'habitation et du ministre chargé des finances.

S'il apparaît que les conditions de ressources stipulées à l'alinéa précédent n'ont pas été remplies, la décision d'octroi de primes est annulée. Cette annulation entraîne l'exigibilité du remboursement des prêts et la répétition des bonifications d'intérêts indûment perçues, sans préjudice des sanctions prévues à l'article L. 311-5.

V. Arr. 24 janv. 1972 (JO 25 janv.) fixant les plafonds de ressources prévus par la réglementation relative aux prêts spéciaux du Crédit foncier, mod. par Arr. 26 avr. 1972 (JO 21 juin). – Arr. 13 mars 1986 (JO 15 mars) relatif aux plafonds de ressources des bénéficiaires des primes et prêts spéciaux accordés en vue de faciliter l'accession à la propriété dans les départements d'outre-mer.

Art. *R. 311-39 Les primes convertibles et les prêts spéciaux peuvent être attribués pour :

1o La construction de logements destinés à l'habitation familiale en accession à la propriété ;

2o L'extension de logements ou la mise en état de locaux inhabitables en vue de l'habitation familiale ;

3o La construction de logements destinés à la location ;

4o La construction de logements-foyers.

V. Arr. 31 janv. 1975 fixant le montant des primes à la construction convertibles en bonifications d'intérêts (JO 23 févr.), mod. par Arr. 14 avr. 1975 (JO 25 avr.), Arr. 29 déc. 1975 (JO 15 janv. 1976), Arr. 31 mars 1976 (JO 11 avr. ; Rect. JO 25 sept.), Arr. 24 mars 1977 (JO 31 mars), Arr. 16 sept. 1977 (JO 27 oct.), Arr. 24 févr. 1978 (JO 11 mars), Arr. 22 juin 1979 (JO 12 juill.), Arr. 3 juill. 1980 (JONC 1er août), Arr. 2 mars 1982 (JONC 24 mars), Arr. 30 sept. 1982 (JONC 4 nov.), Arr. 7 mars 1983 (JO 17 mars), Arr. 15 mars 1984 (JO 25 mars). – Sur les conditions d'application, dans les départements d'outre-mer, des dispositions applicables aux primes à la construction convertibles en bonifications d'intérêts, V. Arr. 13 mars 1986 (JO 15 mars) cité ss. art. R. 311-12 et R. 311-37 et Arr. 13 mars 1986 (JO 15 mars) relatif aux aides de l'État à la construction de logements évolutifs sociaux [L.E.S.] dans les départements d'outre-mer, mod. par Arr. 20 oct. 1986 (JO 16 déc.), Arr. 3 juin 1987 (JO 25 juill.), Arr. 6 juill. 1990 (JO 1er août), Arr. 23 sept. 1991 (JO 5 oct.), Arr. 29 juin 1992 (JO 1er août) et Arr. 7 mai 1993 (JO 8 juin).

V. Arr. 13 mars 1986 (JO 15 mars) relatif aux plafonds de ressources des bénéficiaires de primes et prêts spéciaux accordés en vue de faciliter l'accession à la propriété dans les départements d'outre-mer.

Art. *R. 311-40 Les titulaires de primes convertibles doivent déposer leur demande de prêt spécial dans les six mois qui suivent la date de la décision d'octroi de primes prévue à l'article R. 311-15 et, en tout état de cause, avant la date de dépôt de la déclaration d'achèvement des travaux prévue à l'article R. 311-17.

Aucune demande de prêt spécial n'est recevable après le 30 juin de la troisième année suivant l'exercice budgétaire d'origine des primes indiqué au deuxième alinéa de l'article R. 311-15.

§ 2 DISPOSITIONS SPÉCIALES À L'ACCESSION À LA PROPRIÉTÉ DU LOGEMENT FAMILIAL

Art. *R. 311-41 Des primes convertibles et des prêts spéciaux, assortis, le cas échéant, de suppléments familiaux, peuvent être attribués pour l'accession à la propriété de logements destinés à l'habitation familiale, c'est-à-dire à l'habitation personnelle des bénéficiaires ou à celle de leurs ascendants ou descendants ou de ceux de leur conjoint, sous réserve des dispositions prévues aux articles R. 311-47 et R. 311-49.

Les conditions de ressources prévues à l'article R. 311-38 doivent être remplies par les bénéficiaires des primes et des prêts, non seulement lorsque les logements sont destinés à leur habitation personnelle, mais aussi dans le cas où ils seront occupés par leurs ascendants ou descendants ou ceux de leur conjoint.

Art. *R. 311-42 Pour l'application des dispositions des articles R. 311-41 à R. 311-49, les bénéficiaires des primes sont les personnes physiques qui accèdent à la propriété du logement familial :

– soit en construisant une maison individuelle ou un logement en copropriété ;
– soit en achetant un logement ;
– soit en qualité de porteurs de parts ou d'actions d'une société.

Art. *R. 311-43 Si la demande de primes est faite par une personne physique qui ne destine pas le logement à l'habitation familiale, au sens de l'article R. 311-41, ou par une société de vente, le demandeur doit s'engager à vendre le ou les logements, avant l'expiration d'un délai de trois ans, à compter de la date de la déclaration d'achèvement des travaux prévue à l'article R. 311-17, à une ou des personnes physiques qui, destinant le logement à l'habitation familiale et remplissant les conditions de ressources, peuvent obtenir le bénéfice du transfert des primes à leur profit.

Si la demande de primes est faite par une société de construction ou une société coopérative, les associés qui ne destinent pas à l'habitation familiale, au sens de l'article R. 311-41, le ou les logements correspondant aux parts ou actions qu'ils ont souscrites, doivent s'engager, suivant la nature de la société, soit à céder ces parts ou actions, dans le délai prescrit à l'alinéa précédent, à une ou des personnes physiques destinant le logement à l'habitation familiale et remplissant les conditions de ressources, soit à se substituer, dans le même délai, une ou des personnes physiques satisfaisant à ces mêmes conditions. La cession des parts ou actions ou la substitution donne lieu à une décision de maintien des primes à la société pour le ou les logements concernés, au bénéfice des nouveaux associés.

Une prorogation du délai de trois ans prévu ci-dessus peut toutefois être accordée par décision conjointe du ministre chargé de la construction et de l'habitation et du ministre chargé des finances.

L'inobservation des engagements prévus au présent article entraîne l'annulation de la décision d'octroi de primes à compter de la date où elle a été prise et, le cas échéant, l'exigibilité du remboursement du prêt spécial et le remboursement des bonifications d'intérêts indûment perçues depuis l'octroi de ce prêt.

Art. *R. 311-44 A titre exceptionnel et sur décision conjointe du ministre chargé de la construction et de l'habitation et du ministre chargé des finances, les personnes mentionnées à l'article R. 311-43, qui se sont engagées à vendre le ou les logements ou à céder leurs parts ou actions, peuvent être autorisées :

a) Soit à vendre le logement ou à céder les parts ou actions correspondantes à une personne intervenant pour assurer la bonne fin de l'opération et ne remplissant pas les conditions de ressources, pourvu que cette dernière s'engage elle-même à vendre le logement ou à céder les parts ou actions, avant l'expiration du délai de trois ans qui suit la date de la déclaration d'achèvement des travaux prévue à l'article R. 311-17, à une personne qui, remplissant les conditions fixées à l'article R. 311-41, pourra obtenir le bénéfice du transfert des primes à son profit ou leur maintien au profit de la société de construction dont elle deviendra membre.

L'inobservation de l'engagement sus-indiqué entraîne l'annulation de la décision d'octroi de primes à compter de la date où elle a été prise et, le cas échéant, l'exigibilité du remboursement du prêt spécial et la répétition des bonifications d'intérêts indûment perçues depuis l'octroi de ce prêt.

b) Soit à louer le logement aux conditions fixées par arrêté du ministre chargé de la construction et de l'habitation et du ministre chargé des finances, soit à vendre ce logement ou à céder les parts ou actions correspondantes à des personnes qui s'engagent à le louer aux mêmes conditions.

Art. *R. 311-45 Les personnes mentionnées au deuxième alinéa de l'article R. 311-43, qui n'ont pu trouver dans le délai de trois ans prévu à cet article les personnes physiques qu'elles devaient se substituer au sein de la société coopérative, peuvent être autorisées par le ministre chargé de la construction et de l'habitation et le ministre chargé des finances à louer le ou les logements aux conditions fixées par l'arrêté prévu à l'article R. 311-44 *b*.

Art. *R. 311-46 Les personnes physiques mentionnées à l'article R. 311-42, bénéficiaires d'une décision d'octroi, de transfert ou de maintien de prime et qui destinent le logement exclusivement à leur habitation personnelle, ont vocation à bénéficier d'un supplément familial au prêt spécial déterminé en fonction du type de logement et de leur situation familiale.

Le bénéfice du supplément familial leur est acquis dès qu'elles obtiennent le bénéfice du prêt spécial.

Sur le montant des suppléments familiaux et les modalités de leur calcul, V. Arr. 24 févr. 1978 (JO 11 mars), modifiant Arr. 22 févr. 1974 (JO 14 mars), cité ss. art. L. 311-1.

Sur les taux d'intérêt, V. Arr. 25 févr. 1974, cité au-dessus art. L. 311-1.

Art. *R. 311-47 *(L. no 83-440 du 2 juin 1983, art. 6)* Sous réserve des cas prévus aux articles R. 311-44 *b* et R. 311-45, la location, même partielle, des logements nus doit être déclarée à l'établissement prêteur et au représentant de l'État dans le département. Cette déclaration, qui doit être faite par le bénéficiaire du prêt spécial, doit, en outre, comporter l'engagement de ce dernier de louer le logement par bail écrit, aux conditions fixées par arrêté du ministre chargé de la construction et de l'habitation et du ministre chargé des finances, et pendant toute la durée du prêt spécial restant à courir, à moins que le déclarant ne vienne à réoccuper lui-même le logement ou à le faire réoccuper conformément aux dispositions de l'article R. 311-41.

La location entraîne de plein droit :

– le remboursement du supplément familial et la répétition des bonifications d'intérêts y afférentes depuis la date de la location ;

– le remboursement du prêt spécial et, le cas échéant, la répétition des bonifications d'intérêts indûment perçues si l'engagement de location mentionné ci-dessus ne peut être pris ou cesse d'être respecté.

Par dérogation à ces dispositions, le bénéficiaire de la prime peut louer nu, sans perdre le bénéfice de la prime, du prêt spécial et du supplément familial, dans les mêmes cas et conditions que ceux prévus à l'article R. 311-20.

Toute location non déclarée dans le délai de six mois entraîne de plein droit l'annulation de la décision d'octroi de primes, l'exigibilité du remboursement du prêt et la répétition des bonifications d'intérêts depuis la date d'annulation des primes.

Les logements construits avec le bénéfice des prêts spéciaux accessoires peuvent être loués désormais dès l'origine (V. Circ. nº 290-393 du 23 avr. 1979, BOMELT nº 79/19). – Une déclaration doit être faite dans les six mois à l'organisme prêteur (ibid.).

Sur les conditions de location des logements financés au moyen des prêts spéciaux immédiats, V. Circ. nº 290-393 du 23 avr. 1979, préc.

Art. *R. 311-48 *(L. nº 83-440 du 2 juin 1983, art. 6)* Toute mutation entre vifs, autre que celle mentionnée aux articles R. 311-43 et R. 311-44 *a*, doit être signalée au représentant de l'État dans le département dans le délai de trois mois qui suit l'acte la constatant. Elle entraîne, à compter de la mutation :

a) Si elle intervient au profit d'une personne destinant le logement à l'habitation familiale et remplissant les conditions de ressources, l'exigibilité du remboursement du supplément familial qui a pu être accordé et la répétition des bonifications d'intérêts afférentes à ce supplément ;

b) Si elle intervient au profit d'une personne qui ne satisfait pas à ces conditions, l'exigibilité du remboursement du prêt spécial et du supplément familial et la répétition des bonifications d'intérêts.

Art. *R. 311-49 En cas de mutation par décès, le bénéfice des bonifications d'intérêts afférentes au prêt spécial est maintenu au profit du ou des héritiers si le logement est occupé dans le délai d'un an à compter du décès, conformément aux dispositions de l'article R. 311-41, ou loué conformément aux dispositions de l'article R. 311-47. Le bénéfice du supplément familial et des bonifications d'intérêts y afférentes est supprimé à compter du décès, à moins que la situation de l'héritier qui occupe le logement dans le même délai ne soit telle qu'il puisse bénéficier de ce supplément.

A défaut d'occupation du logement dans les conditions énoncées à l'alinéa précédent, à l'expiration d'un délai d'un an à compter du décès, le bénéfice des bonifications d'intérêts du prêt spécial est suspendu. Il est rétabli rétroactivement si le logement est occupé dans ces conditions avant l'expiration d'un délai de trois ans à compter du décès ; dans le cas contraire, le bénéfice des bonifications d'intérêts est supprimé à compter du décès et le remboursement du prêt spécial exigé.

§ 3 PRIMES CONVERTIBLES ET PRÊTS SPÉCIAUX POUR TRAVAUX D'EXTENSION ET MISE EN ÉTAT D'HABITABILITÉ

Art. *R. 311-50 Des primes convertibles et des prêts spéciaux assortis, le cas échéant, de suppléments familiaux, peuvent être attribués pour l'exécution de travaux d'extension de logements, par addition ou surélévation, ou pour la mise en état d'habitabilité de bâtiments qui n'étaient pas destinés à l'habitation.

Les logements agrandis ou créés doivent être destinés à l'habitation personnelle des titulaires des primes ou à l'habitation personnelle de leurs ascendants ou descendants ou de ceux de leur conjoint.

Art. *R. 311-51 Les dispositions des articles R. 311-41 et R. 311-46 à R. 311-49 sont applicables aux primes et aux prêts mentionnés à l'article R. 311-50.

Sur les conditions d'application dans les départements d'outre-mer, V. Arr. 20 févr. 1981 (JO 22 févr.), Arr. 13 mars 1986 (JO 15 mars) et Arr. 30 mai 1997 (JO 1er juin).

§ 4 PRIMES CONVERTIBLES ET PRÊTS SPÉCIAUX DESTINÉS AU FINANCEMENT D'IMMEUBLES À LOYER MOYEN

Art. *R. 311-52 Des primes convertibles et des prêts spéciaux peuvent être accordés pour la construction de logements destinés à la location et édifiés par :

– des sociétés anonymes d'habitations à loyer modéré ;

– des sociétés d'économie mixte ;

– des sociétés de construction constituées avec la participation et sous le contrôle de la Caisse des dépôts et consignations ou d'un organisme habilité à collecter la participation des employeurs à l'effort de construction en application de *(Décr. no 2012-721 du 9 mai 2012, art. 6)* « l'article R. 313-22 » ;

– des personnes physiques ou morales dans les conditions fixées par arrêté du ministre chargé de la construction et de l'habitation et du ministre chargé des finances.

V. sur le montant des prêts spéciaux du régime locatif, V. Arr. du 22 juin 1979 (JO 12 juill.), Arr. du 3 juill. 1980 (JO 1er août), Arr. du 18 mai 1982 (JO 12 juin).

Sur l'application de ces textes aux départements d'outre-mer, V. Arr. du 20 févr. 1981 (JO 22 févr.), mod. par Arr. du 2 mars 1982 (JO 24 mars), Arr. du 7 mars 1983 (JO 17 mars), Arr. du 15 mars 1984 (JO 25 mars), Arr. du 27 mars 1985 (JO 21 avr.), Arr. du 13 mars 1986 (JO 15 mars) et Arr. du 30 mai 1997 (JO 1er juin).

Arr. du 23 sept. 1991 (JO 27 sept.) modifiant les dispositions applicables aux immeubles à loyer moyen (I.L.M.) dans les départements d'outre-mer et Mayotte (abrogé par Arr. du 22 sept. 1997, JO 27 sept.).

Art. *R. 311-53 Les personnes désignées à l'article précédent doivent s'engager à louer les logements pour lesquels elles demandent des primes pendant toute la durée du prêt et uniquement à des personnes satisfaisant, à la date de la signature du bail, aux conditions de ressources fixées par l'arrêté prévu à l'article R. 311-38.

A peine d'annulation de la décision d'attribution, le bénéfice des primes ne peut être transféré ou maintenu qu'avec l'accord du ministre chargé de la construction et de l'habitation et du ministre chargé des finances.

V. Arr. 24 mars 1972 (JO 11 avr.).

Art. *R. 311-54 Dans le cas où, par exception, les deux ministres autorisent la vente des logements ou la cession des parts ou actions correspondantes à des personnes physiques s'engageant à occuper personnellement lesdits logements ou à les faire occuper gratuitement par leurs ascendants ou descendants ou ceux de leur conjoint et satisfaisant aux conditions de ressources, conformément aux dispositions de l'article R. 311-41, le prêt spécial consenti est transformé en prêt spécial prévu audit article pour le même type de logement, sans que le bénéfice du supplément familial puisse être accordé.

Il en est de même dans le cas où les deux ministres autorisent le propriétaire des logements ou des parts ou actions correspondantes à occuper personnellement l'un d'eux ou à le faire occuper par ses ascendants ou descendants ou ceux de son conjoint, sous réserve du respect des conditions de ressources conformément à l'article R. 311-41.

Art. *R. 311-55 Les logements doivent être loués nus par bail écrit. Les conditions auxquelles les baux doivent satisfaire sont fixées par l'arrêté prévu à l'article R. 311-52 ; elles sont rappelées dans le contrat de prêt.

Art. *R. 311-56 La décision d'octroi de primes est annulée dans les cas suivants :

– lorsque les logements sont loués à des personnes ne satisfaisant pas aux conditions de ressources ;

– lorsque les logements ne sont pas occupés conformément aux prescriptions de l'article R. 311-11 ;

– lorsque les conditions prévues à l'article R. 311-55 ne sont pas remplies.

L'annulation prend effet à compter de la date où l'occupation a cessé d'être régulière.

Art. *R. 311-57 L'annulation de la décision d'attribution des primes entraîne l'exigibilité du remboursement du prêt et la répétition des bonifications d'intérêts à compter de la date d'effet de la décision d'annulation.

• § 5 PRIMES CONVERTIBLES ET PRÊTS SPÉCIAUX POUR LA CONSTRUCTION DE LOGEMENTS-FOYERS

Art. *R. 311-58 Des primes convertibles et des prêts spéciaux peuvent être attribués pour la construction de logements-foyers à usage locatif, répondant aux normes fixées par arrêté du ministre chargé de la construction et de l'habitation et du ministre chargé des finances, et édifiés par :

– des sociétés anonymes d'habitations à loyer modéré ;

– des sociétés d'économie mixte ;

– des sociétés de construction ou associations constituées avec la participation et sous le contrôle de la Caisse des dépôts et consignations ou d'un organisme habilité à collecter la participation des employeurs à l'effort de construction, en application de *(Décr. no 2012-721 du 9 mai 2012, art. 6)* « l'article R. 313-22 » ;

– *(Décr. no 85-1004 du 19 sept. 1985)* « des personnes physiques ou morales ayant obtenu l'agrément du préfet sur avis conforme du directeur départemental de l'équipement et du trésorier-payeur général du département. »

V. Arr. du 26 févr. 1974 relatif à la construction et aux conditions de location des logements-foyers réalisés avec le bénéfice des primes convertibles en bonifications d'intérêts et de prêts spéciaux (JO 14 mars), mod. par Arr. du 25 sept. 1974 (JO 11 oct.), Arr. du 26 sept. 1974 (JO 28 sept.), Arr. du 31 janv. 1975 (JO 23 févr.), Arr. du 14 avr. 1975 (JO 25 avr. ; Rect., 24 mai), Arr. du 3 déc. 1975 (JO 13 déc.), Arr. du 31 mars 1976 (JO 11 avr.), Arr. du 2 du mars 1982 (JONC 24 mars), Arr. du 18 mai 1982 (JONC 12 juin), Arr. du 30 sept. 1982 (JONC 4 nov.), Arr. du 3 oct. 1983 (JO 14 oct.), Arr. du 15 mars 1984 (JO 25 mars), Arr. du 20 août 1986 (JO 4 oct.), Arr. du 3 juin 1987 (JO 25 juill.). – Sur l'application de ces dispositions dans les départements d'outre-mer, V. Arr. du 20 févr. 1981 (JO 22 févr.), mod. par Arr. du 2 mars 1982 (JO 24 mars), Arr. du 7 mars 1983 (JO 17 mars), Arr. du 15 mars 1984 (JO 25 mars), Arr. du 27 mars 1985 (JO 21 avr.), Arr. du 13 mars 1986 (JO 15 mars) et Arr. du 30 mai 1997 (JO 1er juin). – V. Circ. 5 déc. 1974 (JO 22 janv. 1975) relative aux caractéristiques et aux conditions de location des logements-foyers.

Arr. 21 mars 1978 relatif aux caractéristiques techniques et aux prix des logements-foyers à usage locatif bénéficiant de subventions ou de prêts aidés par l'État, cité ss. art. R. 351-56.

Art. *R. 311-59 Les conditions de location auxquelles doivent satisfaire les logements-foyers sont fixées par arrêté du ministre chargé de la construction et de l'habitation et du ministre chargé des finances ; elles sont rappelées dans le contrat de prêt.

L'autorisation de louer en meublé pendant toute la durée du prêt peut, en outre, être accordée, par dérogation aux dispositions de l'article R. 311-18, dans les conditions fixées par le même arrêté.

Si les conditions ci-dessus ne sont pas remplies, la décision d'octroi de primes est annulée à compter de la date à laquelle les logements ont cessé d'être loués

régulièrement ; le remboursement du prêt et la répétition des bonifications d'intérêts sont exigés à compter de cette date.

V. Circ. 5 déc. 1974 (JO 22 janv. 1975) relative aux caractéristiques et aux conditions de location des logements-foyers. – Circ. nº 86-16 du 13 févr. 1986 (Mon. TP 21 mars 1986, Suppl. textes, p. 34) relative au financement de logements-foyers à l'aide de prêts locatifs aidés.

SOUS-SECTION 2 PRIMES CONVERTIBLES EN BONIFICATIONS D'INTÉRÊTS ET PRÊTS IMMOBILIERS CONVENTIONNÉS

Art. *R. 311-60 **Des primes convertibles en bonifications d'intérêt de prêts consentis par le Crédit foncier de France pour le financement partiel de prêts immobiliers faisant l'objet des conventions mentionnées à l'article R. 311-62 peuvent être attribuées dans les conditions prévues par les articles R. 311-5 à R. 311-22 et les articles R. 311-60 à R. 311-63 en vue de la construction :**

– de logements destinés soit à l'accession à la propriété du logement familial, soit à la location ;

– de logements-foyers par les organismes et personnes physiques ou morales mentionnés à l'article R. 311-58.

Art. *R. 311-61 **Le Crédit foncier de France peut attribuer des prêts garantis par l'État, en exécution de l'article L. 312-1, aux établissements qui consentent avec son accord des prêts immobiliers conventionnés aux bénéficiaires des primes convertibles prévues à l'article R. 311-60. Aux primes sont alors substituées de plein droit, en application de l'article R. 311-2, des bonifications d'intérêts versées au Crédit foncier de France.**

Le refus du prêt du Crédit foncier de France entraîne l'annulation de la décision d'octroi de primes.

Les montants des primes et des prêts du Crédit foncier de France sont fixés par arrêté du ministre chargé de la construction et de l'habitation et du ministre chargé des finances.

Sur les organismes habilités à consentir des prêts immobiliers conventionnés, V. Arr. 24 janv. 1972 (JO 25 janv.). – Sur le taux d'intérêt des prêts lorsque les emprunteurs cessent d'avoir droit aux bonifications d'intérêts servies par l'État, V. Arr. 18 mai 1982 (JONC 12 juin).

Art. *R. 311-62 **Des conventions peuvent être conclues entre le Crédit foncier de France et des établissements prêteurs, dans les conditions prévues par un arrêté du ministre chargé des finances. Par ces conventions, les établissements s'engagent, en contrepartie des prêts prévus à l'article R. 311-61, à consentir des prêts immobiliers à long terme, à des taux d'intérêt inférieurs ou égaux à des taux maxima, à des personnes qui destinent les logements à l'habitation familiale telle qu'elle est définie à l'article R. 311-41 ou qui s'engagent à les louer suivant des modalités fixées par arrêté du ministre chargé de la construction et de l'habitation et du ministre chargé des finances.**

L'accord de financement du Crédit foncier de France doit être demandé dans les neuf mois qui suivent la date de la décision d'octroi de primes prévue à l'article R. 311-15 et, en tout état de cause, avant la date de la déclaration d'achèvement des travaux mentionnée à l'article R. 311-17.

Aucune demande d'accord de financement du Crédit foncier de France n'est recevable après le 30 septembre de la troisième année suivant l'exercice budgétaire d'origine des primes prévu à l'article R. 311-15.

V. Convention type annexée à l'arrêté du 24 janv. 1972 (JO 25 janv.). – Circ. 21 juill. 1972 (JO 23 juill.) relative aux primes et aux prêts à la construction, mod. par Circ. 30 avr. 1981 (JO 17 mai).

Art. *R. 311-63 L'annulation des décisions d'octroi de primes, en application des dispositions des articles R. 311-5 à R. 311-22 et de celles des articles R. 311-60 à R. 311-62, entraîne l'exigibilité du remboursement des prêts du Crédit foncier de France et la répétition des bonifications d'intérêts à compter de la date d'effet de la décision d'annulation.

La suspension du bénéfice des primes dans les conditions et pour la durée prévue à la section 1 du présent chapitre entraîne, pour la même durée, la suspension du bénéfice des bonifications d'intérêts.

La mutation entre vifs d'un logement destiné à la location, construit ou acquis par une personne physique au moyen d'un prêt immobilier conventionné, entraîne la restitution de la prime accordée en vue de l'octroi du prêt pour sa totalité si la mutation intervient avant un délai de cinq ans suivant l'octroi du prêt et pour la moitié de son montant si la mutation intervient dans un délai compris entre cinq et dix ans.

Les dispositions du précédent alinéa sont applicables aux prêts ayant fait l'objet d'un contrat signé après le 10 septembre 1977.

Sur les prix plafonds des logements faisant l'objet de vente ou de cessions de parts ou d'actions, V. Arr. 31 janv. 1977 et Arr. 11 juill. 1977 (JO 22 nov.).

SECTION V DISPOSITIONS TRANSITOIRES ET DIVERSES

Art. *R. 311-64 Les dispositions du présent chapitre s'appliquent aux primes attribuées à compter du 1er février 1972 sous réserve des dispositions de la présente section.

Toutefois :

1o Les dispositions de l'article R. 311-32 sont applicables aux primes non convertibles en bonifications d'intérêts accordées avant cette date ;

2o Les dispositions de l'article R. 311-6 (2o, *b*) ne sont pas applicables aux travaux commencés avant le 1er février 1972 si la demande de primes non convertibles a été formulée avant cette date.

Art. *R. 311-65 Les décisions d'octroi de primes rattachées à un exercice budgétaire antérieur à l'exercice 1972 ne peuvent donner lieu au dépôt de demandes de prêts spéciaux après le 30 juin 1974, les crédits de primes ainsi inutilisés à cette date étant de plein droit annulés.

SECTION VI AIDE À L'HABITAT DES JEUNES AGRICULTEURS

Réservé.

SECTION VII HONORAIRES DES ARCHITECTES ET AUTRES TECHNICIENS

Art. *R. 311-66 Les architectes et autres techniciens remplissant des missions d'ingénierie et d'architecture pour le compte des collectivités publiques sont normalement rémunérés conformément aux dispositions du décret no 73-207 du 28 février 1973 *[abrogé par Décr. no 93-1268 du 29 nov. 1993, art. 32]*.

CHAPITRE II GARANTIE DE L'ÉTAT ET DES COLLECTIVITÉS LOCALES – ACTION DES CHAMBRES DE COMMERCE ET D'INDUSTRIE TERRITORIALES

SECTION PREMIÈRE GARANTIE DE L'ÉTAT

SOUS-SECTION 1 DISPOSITIONS GÉNÉRALES

Art. R. 312-1 Le ministre chargé des finances est autorisé à passer, avec le Crédit foncier de France et le Comptoir des entrepreneurs, des conventions prévoyant les modalités d'application de l'article L. 312-1.

Art. R. 312-2 Le ministre chargé des finances est autorisé à conclure avec le Crédit foncier de France toutes conventions ayant pour objet de permettre d'assurer la consolidation des avances à moyen terme, assorties de la garantie de l'État, en application de l'article L. 312-1, qui seront consenties à des personnes physiques ou morales.

Art. R. 312-3 Pour bénéficier de la garantie de l'État prévue à l'alinéa 1er de l'article L. 312-1, les crédits et les prêts destinés au règlement des travaux subventionnés par l'Agence nationale de l'habitat ne doivent pas atteindre un montant supérieur au coût des travaux retenus par les commissions compétentes de l'agence précitée, majoré, le cas échéant, des frais de constitution d'hypothèque et autres relatifs à la réalisation du prêt.

Art. R. 312-3-1 *(Décr. nº 95-476 du 27 avr. 1995, art. 1er)* La garantie de l'État prévue au *[aux]* troisième alinéa *(Décr. nº 2007-204 du 15 févr. 2007)* « et suivants » de l'article L. 312-1 peut être accordée aux prêts conventionnés mentionnés aux articles R. 331-63 à *(Décr. nº 2003-806 du 25 août 2003, art. 2)* « R. 331-77-2 » *(Décr. nº 2005-70 du 31 janv. 2005, art. 2 ; Décr. nº 2009-346 du 30 mars 2009 ; Décr. nº 2010-1704 du 30 déc. 2010, art. 1er-C)* « ainsi qu'aux avances mentionnées aux chapitres VII, VIII, IX et X » *(Décr. nº 95-1064 du 29 sept. 1995, art. 3)* « du titre Ier du livre III du présent code » consentis par des établissements de crédit ayant conclu une convention avec la société de gestion *(Décr. nº 2007-204 du 15 févr. 2007)* « mentionnée au cinquième alinéa de l'article L. 312-1 », à des personnes physiques dont les revenus sont inférieurs à des plafonds de ressources fixés par arrêté conjoint du ministre chargé de l'économie, du ministre chargé du budget et du ministre chargé du logement *(Décr. nº 2003-806 du 25 août 2003, art. 2)* « et, pour les départements d'outre-mer, du ministre chargé de l'outre-mer. »

V. Arr. du 18 mars 1993 (JO 19 mars), Arr. du 3 sept. 1993 (JO 22 sept.), Arr. du 21 déc. 1993 (JO 31 déc.) et Annexe, Arr. du 25 août 2003 (JO 28 août), mod. par Arr. du 10 sept. 2007 (JO 31 oct.), Arr. du 23 déc. 2009 (JO 31 déc.) et Annexe. — V. aussi Décr. nº 96-554 du 17 juin 1996 (JO 22 juin) : plafond des intérêts de retard pour les avances aidées par l'État. — V. également notes avant art. R. 317-1.

Art. R. 312-3-2 *(Décr. nº 2007-204 du 15 févr. 2007)* La participation financière d'un établissement de crédit mentionnée au quatrième alinéa de l'article L. 312-1 dépend du taux de sinistre des prêts garantis qu'il accorde.

Cette participation financière correspond à :

— l'engagement de l'établissement de prendre en charge la moitié en montant des sinistres intervenant sur les prêts garantis qu'il a accordés dans la limite d'un taux de sinistre appelé seuil de malus ;

— lorsque le taux de sinistre d'une génération de prêts dépasse le seuil de malus, l'engagement de l'établissement de prendre en charge l'intégralité des sinistres intervenant sur les prêts garantis de la génération concernée dans la limite d'un taux de sinistre appelé plafond de malus.

Ces engagements irrévocables restent à la charge de l'établissement de crédit ayant accordé le prêt en cas de cession des prêts garantis.

Art. R. 312-3-2-1 *(Décr. nº 2007-204 du 15 févr. 2007)* L'indemnisation des sinistres déclarés sur les prêts garantis par l'État est assurée pour compte de l'État par la société de gestion mentionnée au cinquième alinéa de l'article L. 312-1.

Pour assurer l'indemnisation des sinistres, la société de gestion appelle les fonds selon les conditions suivantes :

— à parité auprès de l'État et de l'établissement de crédit qui a accordé le prêt, pour les générations de prêts garantis consentis par l'établissement dont le taux de sinistre ne dépasse pas le seuil de malus mentionné à l'article R. 312-3-2 ;

— auprès du seul établissement de crédit qui a accordé le prêt pour ses générations de prêts garantis dont le taux de sinistre est compris au-delà du seuil de malus et jusqu'au plafond de malus mentionnés à l'article R. 312-3-2 ;

— auprès de l'État, pour les générations de prêts garantis accordés par l établissement dont le taux de sinistre est supérieur au plafond de malus mentionné à l'article R. 312-3-2.

En cas d'insuffisance des disponibilités de la société de gestion, l'État fournit à celle-ci les ressources nécessaires afin d'honorer ses engagements liés à la garantie mentionnée au troisième alinéa de l'article L. 312-1.

Art. R. 312-3-3 *(Décr. 18 mars 1993, art. 1er)* Le ministre chargé de l'économie et le ministre chargé du logement sont autorisés à conclure conjointement avec la société de gestion *(Décr. nº 2007-204 du 15 févr. 2007)* « mentionnée au cinquième » alinéa de l'article L. 312-1 une convention prévoyant les modalités d'application *(Décr. nº 2007-204 du 15 févr. 2007)* « des articles R. 312-3-2 et R. 312-3-2-1 ». *– V. Arr. cités ss. art. R. 312-3-1.*

SOUS-SECTION 2 CONSOLIDATION DES PRÊTS AUX SOCIÉTÉS DE CONSTRUCTION

Art. R. 312-4 Conformément à l'article L. 312-1, il est ouvert dans les écritures du Trésor un compte de prêt intitulé « Consolidation des prêts spéciaux à la construction ». Ce compte, géré par le ministre chargé des finances, est destiné à retracer les prêts consentis par l'État pour les opérations de consolidation prévues au même article.

Art. R. 312-5 Au débit du compte est constaté le montant des prêts consentis.

Au crédit du compte sont imputés la part en capital des annuités de remboursement desdits prêts ainsi que les remboursements anticipés pouvant être effectués par les bénéficiaires des prêts spéciaux.

Art. R. 312-6 Dans la limite des versements faits par les établissements prêteurs sur les ressources dégagées par l'abaissement du coût du crédit à la construction et des recettes complémentaires éventuelles, des arrêtés du ministre chargé des finances peuvent majorer les crédits prévus pour la consolidation des prêts mentionnés à l'article R. 312-4.

SOUS-SECTION 3 DISPOSITIONS TRANSITOIRES

Art. R. 312-7 Le commissaire du Gouvernement chargé d'assurer le contrôle des sociétés ou organismes constructeurs qui ont fait appel à la garantie de l'État dans les conditions prévues à l'article L. 312-2 est désigné par arrêté du ministre chargé des finances.

Les modalités de ce contrôle sont fixées par les conventions passées entre l'État et l'organisme constructeur. Les pouvoirs du commissaire du Gouvernement sont prévus, en outre, dans les statuts des sociétés immobilières d'économie mixte.

SECTION II GARANTIES ET AVANCES DES COLLECTIVITÉS LOCALES

SOUS-SECTION 1 GARANTIES

Art. **R. 312-8 Peuvent seuls bénéficier des garanties prévues à l'article L. 312-3 pour la construction des logements mentionnés audit article :

1o Les établissements d'utilité publique pour les constructions entrant dans la limite de leur objet statutaire ;

2o Les sociétés immobilières dont les statuts prévoient le réinvestissement des bénéfices dans la construction de logements, la rémunération des capitaux engagés étant limitée à 6 p. 100, ou excluent la réalisation de bénéfices.

Pour pouvoir bénéficier des garanties prévues à l'alinéa précédent, ces organismes doivent préalablement soumettre à la collectivité locale intéressée leurs programmes techniques et financiers, les conditions de cession des logements ou de leur gestion et d'une façon générale toutes modifications qui seraient apportées à ces programmes ou conditions. Ces programmes et conditions sont établis de façon à assurer l'équilibre financier de l'ensemble de l'opération et notamment le service des annuités afférentes aux emprunts contractés.

Art. **R. 312-9 Les garanties mentionnées à l'article précédent ne peuvent s'appliquer qu'à des emprunts destinés à compléter les prêts spéciaux à la construction prévus à l'article L. 312-1 et n'excédant pas 15 p. 100 des prix maxima autorisés par les textes définissant les normes des logements du type considéré.

La durée de cette garantie ne peut être supérieure à cinq ans ; elle peut toutefois être renouvelée pour une nouvelle période de cinq ans.

Art. **R. 312-10 Une convention doit intervenir entre le département ou la commune et la société ou l'organisme à l'occasion de chaque programme déterminé pour fixer les conditions dans lesquelles s'exerce la garantie. Cette convention, qui est annexée à la délibération du conseil général ou du conseil municipal, prévoit l'ouverture d'un compte de garantie et indique que les paiements effectués par le garant ont le caractère d'avances remboursables portant ou non intérêt.

Il est spécifié dans cette convention qu'aucune cession ou attribution de logements au titre d'un programme déterminé n'est possible avant la clôture du compte de garantie correspondant ; de même la dissolution volontaire de la société ou de l'organisme ne peut intervenir avant la clôture des différents comptes de garantie correspondant à l'ensemble de ses programmes.

SOUS-SECTION 2 AVANCES

Art. **R. 312-11 Les départements et les communes peuvent, à titre exceptionnel, accorder aux organismes mentionnés à l'article R. 312-8 des avances dont la durée n'excède pas deux ans et dont le montant ne dépasse pas le prix du terrain et, le cas échéant, les frais de mise en état de viabilité.

Les contrats d'avances fixent les modalités de versement des fonds et de justification de leur emploi ainsi que, le cas échéant, le taux d'intérêt. Ils disposent que les sommes avancées sont remboursées, sous réserve des dispositions de l'article R. 312-12, lors de la réalisation des prêts à la construction susceptibles d'être obtenus en application de la législation et de la réglementation en vigueur par les sociétés ou organismes emprunteurs. Ils contiennent, en outre, une clause par laquelle l'emprunteur s'interdit, sans le consentement de la collectivité prêteuse, toute revente amiable du terrain avant le remboursement de l'avance.

Art. **R. 312-12 Les avances prévues à l'article R. 312-11 peuvent, dans la limite d'une somme ne dépassant pas 15 p. 100 des prix maxima mentionnés à l'article R. 312-9, être consolidées par des prêts dont la durée n'excède pas cinq ans. Les prêts de consolidation ne peuvent se cumuler avec les garanties prévues aux alinéas *[articles]* R. 312-8 à R. 312-10.

Art. **R. 312-13 Les prêts prévus à la présente sous-section sont imputés sur les crédits budgétaires des collectivités prêteuses. Le remboursement du capital et éventuellement le versement des intérêts sont retracés en recette aux budgets et comptes.

SOUS-SECTION 3 DISPOSITIONS COMMUNES

Art. **R. 312-14 Indépendamment des mesures de contrôle prévues par la législation en vigueur, les départements et les communes peuvent faire contrôler les opérations et les écritures des organismes ou sociétés bénéficiant des prêts ou garanties prévus à la présente section conformément aux dispositions du décret du 30 octobre 1935 relatif aux rapports entre les collectivités locales et les entreprises avec lesquelles elles ont passé des contrats. Les organismes ou sociétés doivent adresser, avant le 1er juin de chaque année, au préfet du département où se trouvent les collectivités locales intéressées, le compte d'exploitation, le compte de pertes et profits, et le bilan établis à la clôture de l'exercice précédent.

Le préfet de ce département désigne chaque année, sur proposition du trésorier-payeur général, un agent pour contrôler la comptabilité des organismes ou sociétés qui ne sont pas soumis en permanence à la surveillance des membres d'un corps de contrôle local. Ce contrôle s'effectue, à toute époque, au siège des organismes ou sociétés. Le préfet communique aux collectivités locales intéressées les rapports de contrôle accompagnés de ses observations.

SECTION III ACTION DES CHAMBRES DE COMMERCE ET D'INDUSTRIE TERRITORIALES

Néant.

CHAPITRE III PARTICIPATION DES EMPLOYEURS À L'EFFORT DE CONSTRUCTION

V. Circ. 20 févr. 1989 (solidarité, équipement), Mon. TP 24 mars 1989 : orientations prioritaires pour l'utilisation du 1/9e réservé aux populations immigrées ainsi qu'aux populations en difficulté.

SECTION PREMIÈRE OBLIGATIONS DES EMPLOYEURS

La présente section, telle que modifiée par le Décr. no 2012-721 du 9 mai 2012, est applicable à la participation des employeurs à l'effort de construction due à compter de l'année 2012 (Décr. préc., art. 7). Les investissements réalisés par les employeurs conformément aux dispositions de la présente section dans sa rédaction en vigueur avant la publication du Décr. no 2012-721 du 9 mai 2012 entre le 1er janv. 2012 et le 30 juin 2012 sont pris en compte pour la détermination de la participation des employeurs à l'effort de construction due au titre de l'année 2012 (Décr. préc., art. 8-4o).

SOUS-SECTION 1 CONDITIONS D'ASSUJETTISSEMENT À LA PARTICIPATION DES EMPLOYEURS À L'EFFORT DE CONSTRUCTION *(Décr. no 2012-721 du 9 mai 2012).*

Art. R. 313-1 *(Décr. no 2012-721 du 9 mai 2012, art. 1er-I)* **Pour le calcul de l'effectif mentionné au premier alinéa de l'article L. 313-1, l'effectif de l'entreprise calculé au 31 décembre de l'année civile écoulée, tous établissements confondus, est égal à la moyenne des effectifs déterminés chaque mois de l'année civile.**

Pour la détermination des effectifs du mois, il est tenu compte des salariés titulaires d'un contrat de travail, y compris les salariés absents, conformément aux dispositions des articles L. 1111-2, L. 1111-3 et L. 1251-54 du code du travail.

Au titre de l'année suivant celle de la création de l'entreprise, l'effectif est apprécié dans les conditions définies aux deux alinéas précédents, en fonction de la moyenne des effectifs de chacun des mois d'existence de la première année.

Pour la détermination de la moyenne mentionnée aux premier et troisième alinéas, les mois au cours desquels aucun salarié n'est employé ne sont pas pris en compte.

1. Lien de subordination. Les rémunérations versées à des traducteurs et interprètes relèvent de la catégorie des traitements et salaires et doivent dès lors être retenues dans les bases de cotisation. En effet ces employés sont placés dans un état de subordination dès lors qu'ils étaient recrutés par voie d'annonces parues dans la presse faisant état « d'emplois bien rémunérés et durables », que leur contrat prévoyait que leurs travaux étaient rémunérés d'après un tarif pré-établi et que leur lieu d'activité était fixé par la société. • CE 21 oct. 1987, *SA Aceri Assistance,* req. no 62176 : *Lebon T. 708*. ♦ Il en va de même des rémunérations allouées par une société à des distributeurs occasionnels employés pour la diffusion de journaux gratuits et de prospectus : même si ces agents disposaient d'une grande latitude dans l'accomplissement de leur mission, ils devaient se conformer aux directives générales de leur employeur ; dans ces conditions les intéressés, dont les tâches constituaient un élément permanent de l'activité de la société, étaient placés vis-à-vis de celle-ci dans un lien de subordination. • CE 6 mai 1985, *SA Office rationnel de publicité,* req. no 44832 : *Lebon 142*. ♦ Même chose pour les rémunérations qu'un établissement d'enseignement privé verse à des enseignants dans la mesure où ces derniers doivent se conformer, quant aux conditions matérielles de leur enseignement et au contenu général de leurs cours, aux prescriptions et directives de l'administration de l'école. • CE 1er juill. 1983, *SA École spéciale des travaux publics,* req. no 49937 : *Lebon 296*. ♦ Même chose pour des désosseurs liés à une société dont l'activité consiste à proposer à une clientèle composée d'abattoirs des prestations de désossement. • CAA Nancy, 20 mai 1998, *SARL Ausbein : req. no 94NC01613.* ♦ Les sommes versées à des membres de l'association « Église de scientologie de Paris » ayant acquis la qualité de « membres actifs de l'église » à la suite d'une « déclaration d'engagement religieux » leur conférant les droits et obligations d'un contrat de travail ont le caractère de salaires. • CAA Paris, 5 avr. 1994, *Assoc. Église de scientologie de Paris : ♖ req. n° 92PA00880.*

2. Absence de lien de subordination. N'ont pas le caractère de salaires soumis à cotisation les rémunérations versées aux correspondants d'une caisse départementale des incendiés qui sont nommés librement dans chaque commune par le maire, qui disposent d'une entière liberté d'initiative et d'organisation de leur travail, la caisse n'exerçant pas sur leur activité un contrôle étroit et suivi et ne disposant pas de pouvoir de sanction à leur égard. • CE 25 juill. 1986, *Min. du budget c/ Caisse dptale des incendiés de la Somme : ♖ req. n° 47023.*

3. Salariés à temps partiel. Il y a lieu de regarder comme salarié à temps partiel tout salarié dont l'emploi dans un établissement est continu, et non pas intermittent, mais dont le nombre d'heures de travail hebdomadaire ou mensuel est inférieur d'au moins un cinquième à la durée légale ou conventionnelle de travail à temps complet en vigueur dans l'établissement. Le nombre d'heures de travail accomplies normalement dans les locaux même d'un établissement scolaire par un enseignant à plein temps, qui doit, en outre, préparer ses cours et effectuer des tâches complémentaires, ne peut être réputé égal au nombre légal des heures de travail applicable à la généralité des salariés. • CE 15 oct. 1997, *Gaillard : ♖ req. n° 165596.*

4. Salariés intermittents. Les VRP multi-cartes doivent être regardés comme des salariés « occupés d'une manière intermittente » à partir du moment où ils bénéficient de contrats à durée indéterminée et qu'ils sont rémunérés toute l'année. • CE 16 déc. 1991, *Tsevery,* req. n° 60479 : ♖ *Lebon T. 901* ✎.

Art. R. 313-2 *(Décr. n° 2012-721 du 9 mai 2012, art. 1er-I)* **Les employeurs redevables de la participation prévue à l'article L. 313-1 sont tenus de souscrire chaque année, au plus tard le deuxième jour ouvré suivant le 1er mai, une déclaration mentionnant notamment, pour l'année écoulée, le montant des sommes à consacrer à la participation, le montant des sommes employées à ce titre et les modalités suivant lesquelles cet emploi a été réalisé. Cette déclaration est établie selon des modalités fixées par l'administration fiscale et est remise au service des impôts du siège de la direction de l'entreprise ou, à défaut, du lieu du principal établissement. Toutefois, s'il s'agit d'un employeur passible de l'impôt sur les sociétés, la déclaration est remise au service des impôts du lieu du principal établissement.**

Art. *R. 313-3 **La cotisation prévue à l'article L. 313-4** *(Décr. n° 2002-1120 du 2 sept. 2002, art. 1er-II)* **« est recouvrée selon les modalités et sous les sûretés, garanties et sanctions applicables aux taxes sur le chiffre d'affaires ».**

Toutefois, la commission *(Décr. n° 2012-721 du 9 mai 2012, art. 1er-I)* **« prévue à l'article 1651 ou à l'article 1651 H du code général des impôts » n'est pas appelée à intervenir dans la procédure de rectification de la déclaration mentionnée** *(Décr. n° 2012-721 du 9 mai 2012, art. 1er-I)* **« à l'article R. 313-2 ».**

Cette cotisation est due au titre de l'année à la fin de laquelle a expiré le délai d'un an prévu à l'article L. 313-4. *(Décr. n° 2002-1120 du 2 sept. 2002, art. 1er-II)* **« Le versement de la cotisation doit accompagner le dépôt de la déclaration prévue »** *(Décr. n° 2012-721 du 9 mai 2012, art. 1er-I)* **« à l'article R. 313-2 ».**

Les réclamations sont présentées, instruites et jugées *(Décr. n° 2002-1120 du 2 sept. 2002, art. 1er-II)* **« comme en matière de taxes sur le chiffre d'affaires »** *(Abrogé par Décr. n° 2012-721 du 9 mai 2012, art. 1er-I)* ***« après avis du directeur départemental de l'équipement ».***

Les agents chargés des vérifications prévues à l'article L. 313-6 doivent avoir au moins le grade de contrôleur pour ceux du ministère chargé des finances et être de grade équivalent pour ceux du ministère chargé de la construction et de l'habitation. – *V. CGI, Ann. II, art. 162.* – **CGI**. *Cet art. est l'ancien art. R. 313-5, renuméroté par le Décr. n° 2012-721 du 9 mai 2012, art. 1er-I.*

Ne constitue pas une réclamation la demande formée par un salarié contre son employeur et tendant à l'exécution d'un engagement que celui-ci aurait pris de lui verser une subvention au titre de la participation des employeurs à l'effort de construction. Un tel engagement ne met en cause que des rapports de droit privé qui relèvent de la compétence des tribunaux de l'ordre judiciaire. • T. confl. 24 avr. 1978, *Divoux c/ SARL Ferrotol : req. n*o *2072.*

Art. *R. 313-4 *(Décr. n*o *2012-721 du 9 mai 2012, art. 1*er*-I)* **« En cas de cession, de cessation, de procédure de sauvegarde, de redressement ou de liquidation judiciaire de l'entreprise, les déclarations afférentes à l'année en cours et à l'année précédente doivent être souscrites dans les soixante jours de la cession, de la cessation, de la procédure de sauvegarde ou du jugement. »**

Toutefois, le nouvel exploitant peut prendre à sa charge l'obligation incombant à l'ancien exploitant. L'engagement est annexé à la déclaration prévue *(Décr. n*o *2012-721 du 9 mai, art. 1*er*-I)* **« à l'article R. 313-2 ».**

Les dispositions ci-dessus sont également applicables en cas de décès de l'employeur. Dans ce cas, la déclaration est souscrite par les ayants droit du défunt *(Décr. n*o *2002-1120 du 2 sept. 2002, art. 1*er*-III)* **« dans les six mois du décès ». Elle est accompagnée, s'il y a lieu, de l'engagement du nouvel exploitant.**

V. CGI, ANNEXE II, art. 163. – **CGI**.

*Cet art. est l'ancien art. R. 313-6, renuméroté par le Décr. n*o *2012-721 du 9 mai 2012, art. 1*er*-I.*

Art. *R. 313-5 **Seules les sommes effectivement versées par les employeurs sont libératoires de leur obligation.**

*Cet art. est l'ancien art. R. 313-7, renuméroté par le Décr. n*o *2012-721 du 9 mai 2012, art. 1*er*-I.*

SOUS-SECTION 2 MODALITÉS DE LA PARTICIPATION

*(Décr. n*o *2012-721 du 9 mai 2012, art. 1*er*-II)*

Art. R. 313-6 **Le versement à un organisme collecteur agréé mentionné au deuxième alinéa de l'article L. 313-1 s'opère sous forme de prêt sans intérêts ou de subvention.**

Ce versement donne lieu à un reçu, attestant de son caractère libératoire, délivré à l'employeur par l'organisme collecteur agréé.

Art. R. 313-7 **L'investissement direct par un employeur en faveur du logement de ses salariés mentionné au troisième alinéa de l'article L. 313-1 est réalisé sous l'une des formes suivantes :**

1o Prêts à taux réduit accordés à ses salariés pour le financement de la construction d'un logement affecté à leur résidence principale ou à celle de leur conjoint, de leurs ascendants ou descendants, dans le respect des conditions prévues aux articles R. 313-14 à R. 313-17.

Ces prêts ne peuvent se cumuler avec ceux mentionnés aux I et II de l'article R. 313-19-1. Ils sont soumis à des conditions de performance énergétique du logement fixées par arrêté du ministre chargé du logement. Les conditions de montant, de durée et de taux de ces prêts sont identiques à celles applicables aux prêts mentionnés au II de l'article R. 313-19-1 et définies aux 2o, 3o et 4o du II de l'article R. 313-20-1. Ils sont accordés à des ménages qui respectent les conditions de ressources prévues pour l'octroi des avances remboursables sans intérêts définies au I de l'article 244 *quater* J du code général des impôts ;

2o A titre exceptionnel, investissements par l'employeur dans la construction de logements locatifs, lorsque ces logements bénéficient des prêts mentionnés aux articles R. 331-1 ou R. 331-72, ou dans les travaux d'amélioration d'immeubles anciens lui appartenant, loués ou destinés à être loués à ses salariés et compris dans un programme d'intérêt général mentionné à l'article R. 327-1.

Les logements locatifs construits ou réhabilités dans le cadre de ces investissements font l'objet d'une convention mentionnée à l'article L. 351-2.

Ces investissements sont soumis à l'autorisation préalable du représentant de l'État dans le département. Ils ne peuvent être réalisés que lorsque les autres formes de participation mentionnées au 1o et à l'article R. 313-6 ne permettent pas de répondre aux besoins des salariés.

Ils sont soumis au respect des dispositions des articles R. 313-14 à R. 313-17.

Ils ne peuvent excéder 10 % du prix de revient de l'opération, dans la limite du montant par logement fixé au 1o du I de l'article R. 313-20-2.

Art. R. 313-8 Lorsque les sommes affectées par les employeurs selon les modalités prévues à l'article R. 313-7 ne sont pas utilisées conformément aux dispositions des sections I et II du présent chapitre, l'investissement n'est pas libératoire de l'obligation mentionnée à l'article L. 313-1.

Art. R. 313-9 La participation des employeurs réalisée sous une autre forme que celle de la subvention doit faire l'objet d'investissements pour une durée de vingt ans.

Au cas où ces investissements sont faits en plusieurs périodes, aucune d'elles, sauf la dernière, ne peut être inférieure à cinq ans.

Les sommes remboursées à la fin de chaque période doivent être réinvesties dans un délai de trois mois ou au plus tard le 31 décembre de l'année civile dans les conditions mentionnées aux articles R. 313-6 et R. 313-7.

Ces dispositions sont également applicables aux sommes provenant de la cession par des employeurs, avant l'expiration d'un délai de vingt ans, d'éléments d'actifs constitués en exécution de l'obligation mentionnée à l'article L. 313-1. Elles ne sont pas applicables aux entreprises en liquidation.

1. Investissement libératoire. Un prêt consenti à une personne qui n'a plus la qualité de salarié de l'entreprise n'a pas le caractère d'investissement. • CE 7 déc. 1981, *SA Procédés Silicore*, req. no 09953 : *Lebon T. 724*. ♦ La souscription de parts dans le capital de sociétés civiles immobilières ne constitue pas un investissement libératoire. • CE 27 avr. 1981, *Thiénot*, req. no 07074 : *Lebon T. 724*. ♦ Les dépenses relatives à la construction de logements non loués à des salariés de l'entreprise ne peuvent être regardées comme libérant la société de la participation des employeurs à l'effort de construction. Les circonstances invoquées par la société de son intention de louer ces logements à des membres de son personnel et de l'impossibilité de réaliser cette intention pour des raisons indépendantes de sa volonté sont sans influence sur l'absence de caractère libératoire des investissements afférents à ces trois logements. • CAA Nantes, 24 mars 1998, *SARL Le Foll* : *req. no 95NT01320.*

2. Rapports employeurs/CIL. Les comités interprofessionnels du logement sont des organismes de droit privé habilités à recevoir la participation à l'effort de construction imposée à certains employeurs ; les relations qui s'instaurent ainsi entre un employeur et le comité interprofessionnel du logement auquel il a choisi de s'adresser n'entraînent, de la part de ce dernier la mise en œuvre d'aucune prérogative de puissance publique et sont ainsi des relations de droit privé. • T. confl. 19 déc. 1988, *Sté Arjomari-Prioux : req. no 2531.*

SECTION II EMPLOIS DE LA PARTICIPATION DES EMPLOYEURS À L'EFFORT DE CONSTRUCTION

(Décr. no 2009-746 du 22 juin 2009)

SOUS-SECTION 1 DISPOSITIONS GÉNÉRALES

Art. R. 313-12 La nature et les règles d'utilisation des emplois mentionnés à l'article L. 313-3 sont définies dans la présente section. Dans le respect des dispositions réglementaires, les modalités de mise en œuvre de ces règles peuvent être déterminées,

en ce qui concerne les emplois de l'Union d'économie sociale du logement et de ses associés collecteurs, par recommandation de l'Union.

Décret nº 2009-746 du 22 juin 2009,

Relatif aux emplois de la participation des employeurs à l'effort de construction pris pour l'application de l'article L. 313-3 du code de la construction et de l'habitation.

Art. 3

....

5º Les engagements pris par l'Union d'économie sociale du logement ou par les organismes collecteurs associés avant la date de publication du présent décret au titre des emplois qui ne figurent pas parmi les emplois mentionnés à la section II du chapitre III du titre Ier du livre III du code de la construction et de l'habitation dans sa rédaction issue du présent décret peuvent donner lieu à des versements jusqu'au 31 décembre 2010.

Toutefois :

a) Les engagements concernant le financement de la démolition de logements locatifs sociaux ou de copropriétés dégradées ne relevant pas du champ de compétence de l'Agence nationale pour la rénovation urbaine sont honorés sans limite de durée ;

b) Les engagements pris par l'Union d'économie sociale du logement envers la Caisse des dépôts et consignations au titre de la bonification du taux d'intérêt de certains prêts accordés par celle-ci en faveur de la rénovation urbaine sont honorés sans limite de durée.

Art. R. 313-13 **A défaut de disposition contraire, les aides relevant des emplois définis à la présente section sont accordées par les organismes collecteurs associés de l'Union d'économie sociale du logement et font l'objet de contrats entre les organismes collecteurs et les bénéficiaires de l'aide.**

Lorsque ces aides sont versées sous forme de prêts ou de subventions, ces contrats précisent, notamment, les conditions de leur versement, les contreparties qui y sont le cas échéant associées, ainsi que les modalités du contrôle exercé par les organismes collecteurs associés de l'Union d'économie sociale du logement. Ces contrats comprennent des clauses types approuvées par décret.

(Décr. nº 2012-352 du 12 mars 2012, art. 1-1º) **« Lorsque ces aides sont versées sous forme de souscription ou acquisition de titres, ou de titres de créances, elles peuvent donner lieu, dans les cas prévus à l'article L. 313-3, à des contreparties sous la forme de droits de réservation, dans les conditions prévues à l'article L. 313-26. »**

Art. R. 313-14 *(Décr. nº 2012-352 du 12 mars 2012, art. 1-2º)* **« Seuls les logements ayant le caractère de résidence principale au sens des articles L. 31-10-6 et R. 31-10-6 peuvent être financés à l'aide de la participation des employeurs à l'effort de construction. »** *(Décr. nº 2009-746 du 22 juin 2009)* **« Les dispositions du présent alinéa ne s'appliquent pas aux logements mentionnés à l'article L. 353-19-2, aux structures d'hébergement, aux résidences hôtelières à vocation sociale mentionnées à l'article L. 631-11 et aux logements meublés destinés aux salariés ou aux stagiaires tenus, pour des raisons professionnelles liées à l'exercice d'une activité à caractère saisonnier ou d'une activité temporaire d'une durée comprise entre trois mois et un an, ou pour des raisons de formation, de se loger hors de leur résidence principale.**

« Les logements financés à l'aide de la participation des employeurs ne peuvent ni être transformés en locaux industriels, commerciaux, artisanaux ou professionnels, ni dépendre, pour leur accès, uniquement de locaux de cette nature. Ces logements ne peuvent pas être occupés à titre d'accessoire d'un contrat de travail, sauf lorsqu'ils sont loués meublés à des salariés ou des stagiaires tenus, pour des raisons professionnelles liées à l'exercice d'une activité à caractère saisonnier ou d'une activité

temporaire d'une durée comprise entre trois mois et un an, ou pour des raisons de formation, de se loger hors de leur résidence principale. »

Art. R. 313-15 *(Décr. nº 2012-352 du 12 mars 2012, art. 1er-3º)* Le fait qu'un logement fasse l'objet d'un démembrement de la propriété, d'un bail emphytéotique, d'un bail à construction ou d'un bail à réhabilitation ne fait pas obstacle au bénéfice des emplois de la participation des employeurs à l'effort de construction.

Au sens du présent chapitre :

– les acquisitions de droits à construire ou de terrains suivies de la construction de logements dans le délai visé au I du A de l'article 1594-0 G du code général des impôts sont assimilées à la construction de logements ;

– les acquisitions de locaux ou d'immeubles non affectés à l'habitation suivie de leur transformation ou aménagement en logements sont assimilées à la construction de logements ;

– les travaux d'agrandissement ou de réhabilitation de logements sont assimilés à des travaux d'amélioration. Toutefois, ils sont assimilés à la construction de logements lorsqu'ils concourent à la production ou à la livraison d'un immeuble neuf au sens du 2º du I de l'article 257 du code général des impôts.

Art. R. 313-16 Lorsque la participation des employeurs à l'effort de construction est utilisée pour financer une opération :

I. – L'aide est versée au plus tard :

1º S'il s'agit d'une opération de construction de logements ou d'acquisition de logements neufs, à l'expiration de celui des deux délais suivants dont le terme est le plus éloigné :

a) Un an après la délivrance de la déclaration d'achèvement des travaux de l'opération considérée ;

b) Trois mois après la première occupation du logement ;

2º S'il s'agit d'une opération d'amélioration de logements : trois mois après l'achèvement des travaux ;

3º S'il s'agit d'une opération d'acquisition de logements existants, trois mois après l'acquisition ou la décision favorable visée à l'article R. 331-3 ; ce délai est porté à vingt-quatre mois lorsque l'aide accordée finance également des travaux d'amélioration.

II. – Les conditions d'occupation du logement doivent être maintenues conformes à celles prévues à la présente section :

1º Si l'aide est accordée au titre du *a* de l'article L. 313-3 sous la forme d'un prêt, pendant la durée du prêt ; à défaut, le prêt doit être remboursé par anticipation ;

2º Si l'aide est accordée au titre du *b* ou du *c* de l'article L. 313-3, pendant la durée de conventionnement du logement, ou, à défaut de conventionnement, pour une durée minimale de neuf ans.

Art. R. 313-17 Les dirigeants, au sens du 3 de l'article 39 et de l'article 211 *bis* du code général des impôts, de l'entreprise exploitée en société, l'exploitant individuel, ainsi que leur conjoint et leurs enfants non émancipés ne peuvent bénéficier directement ou indirectement à quelque titre que ce soit de la participation des employeurs à l'effort de construction. Il en est de même des personnes qui exercent, au sein des organismes collecteurs agréés, des fonctions de dirigeants qui s'entendent des membres de l'organe délibérant et du directeur général de l'organisme, ainsi que de leur conjoint et de leurs enfants non émancipés.

Toutefois, le conjoint du dirigeant de société ou d'un organisme collecteur agréé, de l'exploitant individuel, ainsi que leurs enfants non émancipés peuvent bénéficier, lorsqu'ils sont salariés d'une autre entreprise, d'une aide au titre de la participation des employeurs de cette entreprise.

Art. R. 313-18 Les ressources issues de la participation des employeurs à l'effort de construction peuvent être transférées, sous forme de prêt ou subvention, entre organismes collecteurs associés de l'Union d'économie sociale du logement.

Les ressources issues de la participation des employeurs à l'effort de construction peuvent également être transférées, sous forme de prêt ou subvention, entre les organismes collecteurs associés de l'Union et sa section de fonctionnement au titre du prélèvement mentionné à l'article L. 313-25 ou les différents fonds gérés par celle-ci et prévus à l'article L. 313-20.

Art. R. 313-18-1 *(Décr. nº 2012-352 du 12 mars 2012, art. 1er-4º)* Les zones A *bis*, A, B1, B2 et C mentionnées dans la présente section sont définies à l'article R. 304-1.

Art. R. 313-18-2 Les contreparties mentionnées à l'article L. 313-3 pour les catégories d'emplois définies aux *b*, *c*, *d* et *e* du même article sont déterminées, de manière proportionnée et en prenant en compte les spécificités de chaque emploi, par accord entre les bénéficiaires et l'Union d'économie sociale du logement ou ses associés collecteurs.

SOUS-SECTION 2 NATURE DES EMPLOIS

Art. R. 313-19 En application des dispositions de l'article L. 313-3, la présente section définit la nature des emplois de la participation des employeurs à l'effort de construction.

Art. R. 313-19-1 Au titre du *a* de l'article L. 313-3, les aides suivantes peuvent être accordées à des personnes physiques :

(Abrogé par Décr. nº 2012-352 du 12 mars 2012, art. 2-1º) « I. — Prêts à taux réduit à remboursement différé accordés à des personnes physiques pour le financement de l'acquisition ou de la construction d'un logement neuf affecté à leur résidence principale.

« Pour les logements individuels, ces aides peuvent également prendre la forme du financement par un organisme collecteur associé de l'Union d'économie sociale du logement de l'acquisition par une personne morale du terrain d'assiette du logement assortie d'un bail à construction contenant promesse de cession dudit terrain. »

II. — Prêts à taux réduit accordés à des personnes physiques pour le financement de l'acquisition, suivie ou non de travaux d'amélioration, ou de la construction d'un logement affecté à leur résidence principale ou de celle de leur conjoint, de leurs ascendants ou descendants.

Ces prêts sont soumis à des conditions de performance énergétique du logement, qui sont au moins celles fixées en application des articles L. 111-9 et L. 111-10. Ces prêts peuvent notamment être accordés dans le cadre de contrats de location-accession conclus en application de la loi nº 84-595 du 12 juillet 1984 *[V. App., vº Location-accession]*.

(Décr. nº 2012-352 du 12 mars 2012, art. 2-1º) « III. — Prêts à taux réduit accordés à des personnes physiques pour la réalisation de travaux d'amélioration. Si pour la mise en œuvre de ces dispositions l'Union d'économie sociale du logement, dans l'exercice de ses compétences, recommande aux associés collecteurs de réserver ces prêts à des situations particulières, elle doit y inclure au moins tous les cas suivants : »

a) Personnes en situation de handicap au sens de l'article L. 114 du code de l'action sociale et des familles *(Décr. nº 2012-352 du 12 mars 2012, art. 2-1º)* « Toutefois, ces prêts peuvent être remplacés par des subventions. Ces aides peuvent également financer des travaux de construction de logements adaptés au handicap ou de travaux d'amélioration nécessaires à l'adaptation au handicap des logements ou immeubles existants » ;

b) Propriétaires occupants pour des travaux ouvrant droit à une subvention de l'Agence nationale de l'habitat ;

c) Logements situés au sein de copropriétés faisant l'objet d'un plan de sauvegarde prévu à l'article L. 615-1 ou d'une convention d'opération programmée d'amélioration de l'habitat mentionnée à l'article L. 303-1, et comportant des actions destinées aux copropriétés dégradées ;

(Décr. nº 2012-352 du 12 mars 2012, art. 2-1º) « *d)* Logements ou immeubles pour l'amélioration desquels les propriétaires occupants obtiennent une subvention de l'Agence nationale de l'habitat en vue de réaliser les travaux nécessaires pour mettre fin à leur caractère indigne au sens du troisième alinéa de l'article 4 de la loi nº 90-449 du 31 mai 1990 visant à la mise en œuvre du droit au logement *[V. App., vº Droit au logement (loi "Besson")]* ; »

e) Logements dont l'habitabilité est compromise à la suite d'une catastrophe mentionnée à l'article R. 318-1 ;

f) Logements faisant l'objet de travaux d'amélioration de la performance énergétique.

(Décr. nº 2012-352 du 12 mars 2012, art. 2-1º) « Lorsque les aides sont accordées dans les cas mentionnés aux *a* à *f*, leur montant est majoré. »

IV. – Prêts à taux nul *(Décr. nº 2012-352 du 12 mars 2012, art. 2-1º)* « ou à taux réduit » accordés à des personnes physiques, en fonction, le cas échéant, de leur activité ou de leurs ressources, pour financer leur dépôt de garantie leur permettant l'accès à un logement locatif.

V. – Garanties ou cautions accordées à des personnes physiques, en fonction, le cas échéant, de leur activité ou de leurs ressources, pour couvrir leur risque de non-paiement du loyer et des charges locatives afin de faciliter leur maintien dans un logement locatif.

VI. – Prêts ou subventions accordés à des salariés ou des personnes âgées de trente ans au plus, en situation d'accès à l'emploi, de formation professionnelle ou de mobilité professionnelle, afin de supporter les coûts supplémentaires liés à l'accès au logement, à une double charge de logement ou au changement de logement.

VII. – Prêts à taux réduit à court terme accordés à des salariés en situation de mobilité professionnelle ou d'accès à l'emploi pour l'acquisition ou la construction de leur logement, lorsque ces derniers ont pris l'engagement de vendre leur logement précédent dont l'occupation est incompatible avec l'exercice de leur activité professionnelle dans un nouveau lieu de travail.

Art. R. 313-19-2 Au titre du *b* de l'article L. 313-3, des aides peuvent être accordées sous les formes suivantes :

I. – Souscriptions ou acquisitions de titres de sociétés anonymes d'habitations à loyer modéré mentionnées à l'article L. 422-2, de sociétés anonymes coopératives de production d'habitations à loyer modéré mentionnées à l'article L. 422-3, de sociétés d'économie mixte exerçant à titre principal une activité de construction, d'acquisition ou de gestion de logements sociaux ou de sociétés anonymes coopératives d'intérêt collectif pour l'accession à la propriété mentionnées à l'article L. 215-1.

Les souscriptions ou acquisitions de titres peuvent également concerner, dès lors qu'elles sont autorisées à partir des ressources issues de la participation des employeurs à l'effort de construction par les clauses statutaires types applicables aux organismes collecteurs associés de l'Union d'économie sociale du logement, toute société dont l'objet social répond aux objectifs fixés au *b* de l'article L. 313-3 et dont les organismes collecteurs associés de l'Union ont ou prennent, seuls ou collectivement, le contrôle au sens du III de l'article L. 430-1 du code de commerce.

(Décr. nº 2012-352 du 12 mars 2012, art. 2-2º) « II. – Souscriptions de titres de créance subordonnés à taux réduit et à long terme à remboursement *in fine* émis par des sociétés mentionnées au I, par des offices publics de l'habitat mentionnés à l'article L. 421-1 ou par des organismes agréés en application de l'article L. 365-2.

« Lorsque ces titres de créance sont assortis d'une option donnant accès au capital, cette option ne doit pas pouvoir être levée par le souscripteur avant le mois précédant l'échéance du titre. »

III. — Subventions accordées pour financer des opérations d'acquisition, suivies ou non de travaux d'amélioration, ou de construction de logements locatifs bénéficiant des prêts mentionnés aux articles R. 331-14 et R. 372-1.

(Décr. nº 2012-352 du 12 mars 2012, art. 2-2º) « III *bis*. — Prêts à taux réduit à long terme à remboursement *in fine* accordés pour financer des opérations d'acquisition, suivies ou non de travaux d'amélioration, ou de construction de logements locatifs bénéficiant des prêts mentionnés aux articles R. 331-14 et R. 372-1. »

IV. — Prêts à taux réduit à long terme accordés pour financer des opérations d'acquisition, suivies ou non de travaux d'amélioration, de construction ou d'amélioration de logements locatifs, lorsque ces logements bénéficient des prêts mentionnés à l'article R. 331-1 et R. 372-1 ou relèvent du champ d'application de l'article L. 353-1.

(Décr. nº 2012-352 du 12 mars 2012, art. 2-2º) « Ces prêts peuvent être accordés pour financer des opérations d'acquisition, suivies ou non de travaux d'amélioration, de construction ou d'amélioration de logements locatifs, lorsque ces logements bénéficient des prêts mentionnés à l'article R. 331-1 et qu'ils sont destinés à des étudiants, principalement lorsque ceux-ci sont salariés ou en stage.

« Ces prêts peuvent être accordés pour l'acquisition et la réhabilitation de logements indignes au sens de l'article 4 de la loi nº 90-449 du 31 mai 1990 visant à la mise en œuvre du droit au logement *[V. App., vº Droit au logement (loi "Besson")]*, faisant l'objet d'un conventionnement au titre de l'article L. 353-1 et destinés principalement au logement de salariés.

« Ces prêts peuvent également être accordés pendant la phase locative d'opérations de location-accession agréées en application de l'article R. 331-76-5-1. »

V. — Prêts à taux réduit à long terme accordés pour financer des opérations d'acquisition, suivies ou non de travaux d'amélioration, ou de construction de logements locatifs, lorsque ces logements bénéficient des prêts locatifs intermédiaires mentionnés à l'article R. 391-1, sont soumis aux conditions de loyers et de ressources prévues aux articles R. 391-7 et R. 391-8, font l'objet d'une convention avec l'Agence nationale de l'habitat mentionnée à l'article L. 321-4 ou bénéficient de l'avantage fiscal prévu au l du 1º du I de l'article 31 du code général des impôts.

VI. — Prêts à taux réduit ou nul à court terme accordés pour financer des opérations mentionnées aux III à V.

VII. — Subventions accordées par l'Union d'économie sociale du logement à l'association foncière logement mentionnée à l'article L. 313-34.

VIII. — Prêts à taux réduit ou nul à long terme accordés par l'Union d'économie sociale du logement à l'association foncière logement mentionnée à l'article L. 313-34.

IX. — Investissements réalisés par les organismes collecteurs agréés qui ne sont pas associés de l'Union d'économie sociale du logement à partir des ressources de la participation des employeurs à l'effort de construction, sous la forme d'opérations d'acquisition, de construction ou d'amélioration de logements locatifs, lorsque ces logements bénéficient des prêts mentionnés à l'article R. 331-1, à l'article R. 372-1 ou à l'article R. 391-1 ou relèvent du champ d'application de l'article L. 353-1.

A titre transitoire [...], les dispositions relatives à la souscription et l'acquisition de titres par les organismes collecteurs associés de l'Union d'économie sociale du logement en vigueur avant la publication du Décr. nº 2009-746 du 22 juin 2009 demeurent applicables jusqu'à la modification des clauses statuaires types applicables aux associés collecteurs, et au plus tard jusqu'au 31 déc. 2009 (Décr. préc., art. 3).

Art. R. 313-19-3 Au titre du *c* de l'article L. 313-3, peuvent être accordées des interventions sous les formes suivantes :

I. – *(Décr. nº 2012-352 du 12 mars 2012, art. 2-3º)* « Subventions, prêts à taux réduit à long terme ou prêts à taux réduit à long terme à remboursement *in fine* » accordés pour le financement d'opérations de construction, d'acquisition suivies ou non de travaux d'amélioration, de réhabilitation d'immeubles, destinés en tout ou partie à des salariés, des demandeurs d'emplois ou des stagiaires rencontrant des difficultés particulières pour se loger, ou tenus, pour des raisons professionnelles ou de formation, de se loger hors de leur résidence principale ou à des personnes ou des familles mentionnées au II de l'article L. 301-1, sous l'une des formes suivantes :

a) Logements-foyers faisant l'objet d'une convention mentionnée aux articles L. 353-1 et suivants ou à l'article L. 851-1 du code de la sécurité sociale. Les aides accordées au titre du plan de traitement des foyers de travailleurs migrants donnent lieu à une programmation annuelle approuvée par l'État ; ces aides peuvent concerner des opérations de démolition.

b) Structures d'hébergement ;

c) Logements meublés destinés à des salariés ou des stagiaires tenus, pour des raisons professionnelles liées à l'exercice d'une activité à caractère saisonnier ou d'une activité temporaire d'une durée comprise entre trois mois et un an ou pour des raisons de formation, de se loger hors de leur résidence principale. Ces logements sont soumis à des conditions de loyers et de ressources des locataires qui n'excèdent pas les plafonds prévus pour les logements locatifs sociaux mentionnés à l'article R. 331-17 ;

d) Résidences hôtelières à vocation sociale mentionnées à l'article L. 631-11.

(Abrogé par Décr. nº 2012-352 du 12 mars 2012, art. 2-3º) « II. – Subventions ou prêts à taux réduit accordés à des sociétés mentionnées au I de l'article R. 313-19-2 pour l'acquisition et la réhabilitation d'habitats indignes au sens de l'article 4 de loi nº 90-449 du 31 mai 1990 visant à la mise en œuvre du droit au logement [V. App., vº Droit au logement (loi « Besson »)]*, faisant l'objet d'un conventionnement au titre de l'article L. 353-1 et destinés au logement, principalement, de salariés. »*

III. – Financement d'activités en faveur du logement ou de l'hébergement des personnes et des familles mentionnées au II de l'article L. 301-1, lorsque ces activités relèvent de l'ingénierie sociale, financière et technique et sont réalisées par des organismes agréés mentionnés à l'article L. 365-3, de l'intermédiation locative et de la gestion locative sociale et sont réalisées par des organismes agréés mentionnés à l'article L. 365-4. *(Décr. nº 2012-352 du 12 mars 2012, art. 2-3º)* « Ces aides peuvent également être accordées, lorsque les logements sont sous-loués à des personnes et des familles éprouvant des difficultés particulières au sens du II de l'article L. 301-1 par des organismes mentionnés à l'article L. 365-4, sous la forme de garanties des loyers et charges dus à ces organismes ou aux propriétaires de ces logements, ou sous la forme de prêts à taux réduit ou nul destinés à financer le dépôt de garantie. »

IV. – Financement de l'association pour l'accès aux garanties locatives mentionnée à l'article L. 313-33.

V. – Interventions en faveur des personnes physiques locataires, copropriétaires ou accédant à la propriété de leur résidence principale rencontrant des difficultés financières graves ou une évolution très défavorable de leur situation, sous les formes suivantes :

a) Prêts à taux réduit accordés à des personnes physiques pour refinancer des prêts immobiliers plus onéreux ;

b) Prêts à taux réduit ou subventions accordés à des personnes morales pour le rachat de logements de personnes physiques accédant à la propriété en grande difficulté, sous réserve que la personne physique soit maintenue dans les lieux en qualité de locataire ; toutefois, cette obligation de maintien dans les lieux ne s'applique pas dans le cas des opérations prévues au I de l'article R. 313-19-1 ;

c) Prêts à taux nul accordés à des personnes physiques pour alléger temporairement leurs charges de logement ;

d) Financement par l'Union d'économie sociale du logement d'un dispositif de report en fin de prêt d'une fraction des mensualités des prêts accordés à des personnes physiques, lorsque ces prêts bénéficient de la garantie de l'État en application de l'article L. 312-1.

VI. — Pour des territoires présentant une situation particulièrement difficile sur le plan du logement, financement d'activités d'ingénierie et d'accompagnement social dans le domaine du logement, prêts ou subventions accordés pour la mise en œuvre d'actions spécifiques, en particulier pour favoriser l'accession sociale à la propriété et le développement de la production de logements locatifs sociaux ou pour soutenir la consolidation financière d'organismes d'habitations à loyer modéré mentionnés à l'article L. 411-2 ou de sociétés d'économie mixte exerçant à titre principal une activité de construction, d'acquisition ou de gestion de logements sociaux. La liste de ces territoires est arrêtée par le ministre chargé du logement *[V. Arr. 14 août 2009, JO 9 sept.]*.

Jusqu'aux 31 déc. 2010, la condition d'agrément mentionnée au III de l'art. R. 313-19-3 ne s'applique pas. [...] Au titre des années 2009 et 2010, peut également être financée au titre du IV de l'art. R. 313-19-3 la société par actions simplifiée « GRL Gestion » (Décr. n° 2009-746 du 22 juin 2009, art. 3).

Art. R. 313-19-4 Au titre du *d* de l'article L. 313-3, l'Union d'économie sociale du logement contribue à la mise en œuvre du programme national de rénovation urbaine mentionné à l'article 6 de la loi n° 2003-710 du 1er août 2003 d'orientation et de programmation pour la ville et la rénovation urbaine *[V. App., v° Rénovation urbaine]*, sous la forme :

I. — De subventions versées à l'Agence nationale pour la rénovation urbaine.

Chaque année, un échéancier des versements est établi par arrêté du ministre chargé du logement, du ministre chargé de la ville et du ministre chargé du budget *[V. Arr. du 12 mars 2012, JO 14 mars]*.

II. — De prêts à taux réduit à long terme accordés pour financer des opérations d'acquisition, suivies ou non de travaux d'amélioration, de construction de logements locatifs sociaux, pour compenser les logements démolis dans le cadre du programme national de rénovation urbaine, ou des opérations de réhabilitation de logements locatifs sociaux relevant du champ d'intervention de l'Agence nationale pour la rénovation urbaine, lorsque ces logements sont conventionnés au titre de l'article L. 353-1 ou bénéficient des prêts mentionnés à l'article R. 372-1.

Art. R. 313-19-5 Au titre du *e* de l'article L. 313-3, l'Union d'économie sociale du logement contribue :

I. — A la mise en œuvre du programme national de requalification des quartiers anciens dégradés mentionné à l'article 25 de la loi n° 2009-323 du 25 mars 2009 de mobilisation pour le logement et la lutte contre l'exclusion *[V. App., v° Rénovation urbaine, ss. L. n° 2003-710 du 1er août 2003, art. 10-1]* sous forme de subventions à l'Agence nationale pour la rénovation urbaine ;

II. — Au soutien à l'amélioration du parc privé sous forme de subventions à l'Agence nationale de l'habitat.

Chaque année, au titre du I et du II, un échéancier des versements est établi par arrêté du ministre chargé du logement et du ministre chargé du budget. — *V. Arr. du 12 mars 2012, JO 14 mars.*

Art. R. 313-19-6 Au titre du *f* de l'article L. 313-3, peuvent être financées les interventions suivantes :

I. — Subventions de l'Union d'économie sociale du logement à l'Agence nationale d'information sur le logement et aux agences départementales d'information sur le logement agréées par l'Agence nationale d'information sur le logement et le ministre chargé du logement.

Chaque année, un échéancier des versements est établi par arrêté du ministre chargé du logement *[V. Arr. 10 août 2009, JO 12 août]*.

II. — Subventions de l'Union d'économie sociale du logement à des associations à but non lucratif ayant pour objet l'information, la formation et la réflexion sur le logement agréées par le ministre chargé du logement.

Ces subventions relèvent du reversement mentionné au deuxième alinéa de l'article L. 313-25.

Art. R. 313-19-7 Les compensations mentionnées au *g* de l'article L. 313-3 sont versées aux entreprises d'assurance par l'Union d'économie sociale du logement.

Art. R. 313-19-8 *(Décr. no 2012-352 du 12 mars 2012, art. 2-4o)* Des aides de même nature que les emplois définis aux *[articles]* R. 313-19-1 à R. 313-19-3 et respectant leurs règles d'utilisation peuvent être accordées aux jeunes de moins de trente ans en vue de faciliter leur accès aux premiers logements et à l'emploi.

En outre, lorsque plusieurs jeunes ne constituant pas un ménage prennent en location un logement, ils peuvent bénéficier d'une aide au titre du *a* de l'article L. 313-3, sous la forme d'une garantie des loyers et charges dus.

SOUS-SECTION 3 RÈGLES D'UTILISATION DES EMPLOIS

Art. R. 313-20 En application des dispositions de l'article L. 313-3, la présente section définit les règles d'utilisation des emplois de la participation des employeurs à l'effort de construction.

Art. R. 313-20-1 *(Abrogé par Décr. no 2012-352 du 12 mars 2012, art. 3-1o)* *« I. — 1o Les prêts mentionnés au I de l'article R. 313-19-1 sont accordés sous réserve du respect des conditions fixées par (Décr. no 2010-876 du 26 juill. 2010) « le 9 du I de l'article 278 sexies du code général des impôts » et précisées par l'article 70 quinquies B de l'annexe III du même code et sous réserve que le prix de vente ou de construction du logement n'excède pas les plafonds prévus au II de l'article R. 331-76-5-1. Ils sont soumis aux conditions suivantes :*

« a) Le montant de ces prêts est égal à 30 % du coût total de l'opération, au sens de l'article R. 318-11, dans la limite de (Décr. no 2010-876 du 26 juill. 2010) « **10 000 €** *[ancienne rédaction : 30 000 €]* » **en zone C,** (Décr. no 2010-876 du 26 juill. 2010) « **20 000 €** *[ancienne rédaction : 40 000 €]* » **en zone B2,** (Décr. no 2010-876 du 26 juill. 2010) « **25 000 €** *[ancienne rédaction : 45 000 €]* » **en zone B1 ou** (Décr. no 2010-876 du 26 juill. 2010) « **30 000 €** *[ancienne rédaction : 50 000 €]* » **en zone A ;**

« b) Le prêt est amortissable après une durée de différé égale à la plus longue durée des autres prêts concourant au financement de l'opération, à l'exclusion de l'avance remboursable sans intérêt mentionnée aux articles R. 318-1 et suivants, dans la limite d'un maximum de vingt-cinq ans. La durée d'amortissement est au plus de dix ans après la durée de différé ;

« c) Pendant la durée du différé d'amortissement, les intérêts du prêt sont payés mensuellement au taux nominal annuel :

« — de 1,25 % par an, lorsque l'accédant est salarié du secteur assujetti à la participation des employeurs à l'effort de construction ;

« — de 2,5 % par an, sinon.

« A l'issue du différé d'amortissement, le taux d'intérêt nominal annuel du prêt est égal à 4,5 % par an ;

« d) Pendant toute la durée du prêt, l'emprunteur a la faculté de rembourser le capital restant dû sans être redevable d'aucune pénalité de quelque nature que ce soit ;

« e) Pendant la durée du différé d'amortissement, l'organisme collecteur associé de l'Union d'économie sociale du logement offre à l'emprunteur une garantie de relogement sous condition de ressources et une garantie de rachat de son logement, mentionnées dans le contrat de prêt,

dans des conditions définies par arrêté conjoint des ministres chargés du logement, de l'économie et du budget [V. Arr. 10 août 2009, JO 12 août]. *Pour la garantie de rachat, la réserve que la personne physique soit maintenue dans les lieux en qualité de locataire mentionnée au b du V de l'article R. 313-19-3 ne s'applique pas.*

« 2° Les baux à construction mentionnés au I de l'article R. 313-19-1 sont accordés sous réserve du respect des conditions fixées par (*Décr. n° 2010-876 du 26 juill. 2010*) « le 9 du I de l'article 278 *sexies du code général des impôts* » *et précisées par l'article 70 quinquies A de l'annexe III du même code et sous réserve que le prix de vente ou de construction du logement n'excède pas les plafonds prévus au II de l'article R. 331-76-5-1. Ils sont soumis aux conditions suivantes :*

« a) Le montant de l'acquisition du terrain faisant l'objet du bail, diminué de l'avance versée par l'accédant, est fixé dans la limite de (*Décr. n° 2010-876 du 26 juill. 2010*) « 10 000 € [ancienne rédaction : 30 000 €] en zone C, (*Décr. n° 2010-876 du 26 juill. 2010*) « 20 000 € [ancienne rédaction : 40 000 €] » en zone B2, (*Décr. n° 2010-876 du 26 juill. 2010*) « 25 000 € [ancienne rédaction : 45 000 €] » en zone B1 ou (*Décr. n° 2010-876 du 26 juill. 2010*) « 30 000 € [ancienne rédaction : 50 000 €] » en zone A ;

« b) Le prix auquel l'accédant peut lever l'option lui permettant de devenir propriétaire du terrain est égal au montant mentionné à l'alinéa précédent actualisé :

« – de 1,5 % par an, lorsque l'accédant est salarié du secteur assujetti à la participation des employeurs à l'effort de construction ;

« – du taux de l'inflation, comprise entre 2 % et 4,5 % par an, sinon ;

« c) La durée initiale du bail est au plus égale à la plus longue durée des autres prêts concourant au financement de l'opération, dans la limite d'un maximum de vingt-cinq ans ; l'accédant bénéficie, à l'expiration du bail, d'un engagement de l'organisme collecteur accordant le prêt de lui proposer une période de prorogation d'une durée maximale de quinze ans à l'issue de laquelle il devient propriétaire du terrain, contre un acompte fixé à la mensualité qui aurait résulté d'un prêt à remboursement constant à un taux d'intérêt égal au taux de l'emprunt d'État majoré d'un point ;

« d) Pendant la durée initiale du bail, l'organisme collecteur associé de l'Union d'économie sociale du logement offre à l'emprunteur une garantie de relogement sous condition de ressources et une garantie de rachat de son logement, mentionnées dans le contrat de prêt, dans des conditions définies par arrêté conjoint des ministres chargés du logement, de l'économie et du budget [V. Arr. 10 août 2009, JO 12 août]. *Pour la garantie de rachat, la réserve que la personne physique soit maintenue dans les lieux en qualité de locataire mentionnée au b du V de l'article R. 313-19-3 ne s'applique pas. »*

(*Décr. n° 2009- 746 du 22 juin 2009 ; Décr. n° 2012-352 du 12 mars 2012, art. 3-1°*) « II. – 1° Le montant des prêts mentionnés au II de l'article R. 313-19-1 n'excède pas 30 % du coût total de l'opération, au sens de l'article R. 318-11, dans la limite de 30 000 € en zone C, 40 000 € en zone B2, 45 000 € en zone B1 ou 50 000 € en zone A.

« 2° La durée maximale de ces prêts n'excède pas trente ans.

« 3° Le taux d'intérêt de ces prêts n'excède pas un taux plafond égal au taux du livret A en vigueur au 31 décembre de l'année précédant l'émission de l'offre de prêt ou au taux de 1 %, si le taux du livret A devient inférieur à 1 %. Ce taux d'intérêt est fixe.

« III. – Les aides mentionnées au III de l'article R. 313-19-1 répondent aux caractéristiques suivantes :

« 1° Leur montant, y compris après application de la majoration prévue au dernier alinéa de ce même III, n'excède pas 100 % du prix de revient prévisionnel de l'opération, dans la limite de 20 000 € par logement ;

« 2° Leur durée n'excède pas quinze ans ;

« 3° Leur taux d'intérêt n'excède pas un taux plafond égal au taux du livret A en vigueur au 31 décembre de l'année précédant l'émission de l'offre de prêt ou au taux de 1 %, si le taux du livret A est inférieur à 1 %. Ce taux d'intérêt est fixe.

« IV. – Les subventions mentionnées au VI de l'article R. 313-19-1 sont attribuées à des personnes physiques dont le montant total des ressources est inférieur à un plafond fixé par recommandation de l'Union d'économie sociale du logement, dans la limite du plafond applicable aux prêts locatifs intermédiaires mentionnés à l'article R. 391-1.

« V. – Les plafonds mentionnés au 1o du II et au 1o du III peuvent être augmentés ou réduits au plus de 20 % par arrêté du ministre chargé du logement en fonction de la consommation des enveloppes financières fixées par le décret prévu au dernier alinéa de l'article L. 313-3. »

Art. R. 313-20-2 I. – 1o Le montant des subventions mentionnées au III de l'article R. 313-19-2 n'excède pas 30 % du prix de revient prévisionnel de l'opération, dans la limite de 30 000 € par logement en zone C, 40 000 € en zone B2, 45 000 € en zone B1, 50 000 € en zone A ou 70 000 € en zone A *bis*.

(Décr. no 2012-352 du 12 mars 2012, art. 3-2o) « 2o Les prêts à taux réduit à long terme à remboursement *in fine* mentionnés au III *bis* de l'article R. 313-19-2 répondent aux caractéristiques suivantes :

« *a)* Leur montant n'excède pas 60 % du prix de revient prévisionnel de l'opération, dans la limite du double des montants du 1o ;

« *b)* Leur durée n'est pas inférieure à quarante ans ni supérieure à cinquante ans ;

« *c)* Leur taux d'intérêt n'excède pas un taux plafond égal au taux du livret A en vigueur au 31 décembre de l'année précédant la signature de la convention de prêt, minoré d'un point, et au taux de 1 %, si le taux du livret A minoré d'un point est inférieur à 1 %. Ce taux d'intérêt est fixe. Les intérêts de ces prêts sont payés au moins annuellement, à terme échu ;

« 3o La répartition à l'échelle nationale des subventions et prêts mentionnés aux III et III *bis* de l'article R. 313-19-2 est effectuée par l'Union d'économie sociale du logement en tenant compte de la programmation des agréments et des aides de l'État en faveur des logements concernés. La répartition à l'échelle régionale de ces subventions et prêts est présentée par l'Union d'économie sociale du logement ou l'un de ses associés collecteurs au comité régional de l'habitat mentionné à l'article L. 364-1. »

II. – 1o Le montant des prêts mentionnés au IV de l'article R. 313-19-2 n'excède pas 30 % du prix de revient prévisionnel de l'opération, dans la limite de 30 000 € par logement en zone C, 40 000 € en zone B2, 45 000 € en zone B1, 50 000 € en zone A ou 70 000 € en zone A *bis*. La quotité *(Décr. no 2012-352 du 12 mars 2012, art. 3-2o)* « maximale » de 30 % est portée à 50 % dans le cas des opérations d'amélioration. La quotité *(Décr. no 2012-352 du 12 mars 2012, art. 3-2o)* « maximale » de 30 % est portée à 60 % et les montants maximums par logement sont doublés dans le cas des opérations mentionnées au II de l'article R. 331-1.

2o La durée de ces prêts n'excède pas cinquante ans.

(Décr. no 2012-352 du 12 mars 2012, art. 3-2o) « 3o Le taux d'intérêt de ces prêts n'excède pas un taux plafond égal au taux du livret A en vigueur au 31 décembre de l'année précédant la signature de la convention de prêt, minoré d'un point, ou au taux de 1 %, si le taux du livret A minoré d'un point est inférieur à 1 %. Ce taux d'intérêt est fixe. »

III. – 1o Le montant des prêts mentionnés au V de l'article R. 313-19-2 n'excède pas le montant prévu au 1o du II du présent article.

2o La durée de ces prêts n'excède pas *(Décr. no 2012-352 du 12 mars 2012, art. 3-2o)* « cinquante ans *[ancienne rédaction : trente ans]*.

« 3o Le taux d'intérêt de ces prêts n'excède pas un taux plafond égal au taux du livret A en vigueur au 31 décembre de l'année précédant la signature de la convention de prêt ou au taux de 1 %, si le taux du livret A est inférieur à 1 %. Ce taux d'intérêt est fixe. »

IV. – La durée des prêts mentionnés au VI de l'article R. 313-19-2 n'excède pas trois ans.

V. – 1o La durée des prêts mentionnés au VIII de l'article R. 313-19-2 n'excède pas cinquante ans.

(Décr. no 2012-352 du 12 mars 2012, art. 3-2o) « 2o Le taux d'intérêt de ces prêts n'excède pas un taux plafond égal au taux du livret A en vigueur au 31 décembre de l'année précédant la signature de la convention de prêt, minoré d'un point, ou au taux de 1 %, si le taux du livret A minoré d'un point est inférieur à 1 %. Ce taux d'intérêt est fixe.

« VI. – 1o Les titres de créance subordonnés mentionnés au II de l'article R. 313-19-2 sont remboursés au plus tôt quarante ans et au plus tard cinquante ans après leur souscription ;

« 2o Le taux d'intérêt de ces titres de créance n'excède pas un taux plafond égal au taux du livret A en vigueur au 31 décembre de l'année précédant l'émission des titres, minoré d'un point, ou au taux de 1 %, si le taux du livret A minoré d'un point est inférieur à 1 %. Ce taux d'intérêt est fixe. Les intérêts de ces titres sont payés au moins annuellement, à terme échu.

« VII. – Les plafonds mentionnés aux 1o du I et au 1o du II peuvent être augmentés ou réduits au plus de 20 % par arrêté du ministre chargé du logement en fonction de la consommation des enveloppes financières fixées par le décret prévu au dernier alinéa de l'article L. 313-3. »

Art. R. 313-20-3 Un compte rendu annuel de l'ensemble des interventions mentionnées à l'article R. 313-19-3 dans chaque département est présenté par l'Union d'économie sociale du logement ou par un de ses associés collecteurs au comité responsable du plan départemental d'actions pour le logement des personnes défavorisées, au plus tard le 30 avril de l'année suivante.

I. – 1o Les structures d'hébergement mentionnées au *b* du I de l'article R. 313-19-3 comprennent les établissements prévus au 8o de l'article L. 312-1 du code de l'action sociale et des familles ainsi que les établissements d'hébergement destinés aux personnes sans domicile mentionnées à l'article L. 322-1 du même code et faisant l'objet d'une convention avec l'État ou une collectivité territoriale.

2o Les aides mentionnées au I de l'article R. 313-19-3 ne peuvent excéder, lorsqu'elles prennent la forme de subventions, 30 % du prix de revient prévisionnel de l'opération, dans la limite de 30 000 € par logement ou par lit en zone C, 40 000 € en zone B2, 45 000 € en zone B1, 50 000 € en zone A ou 70 000 € en zone A *bis*. Pour les prêts, cette quotité et ce montant sont doublés. *(Décr. no 2012-352 du 12 mars 2012, art. 3-3o)* « Ces plafonds peuvent être augmentés ou réduits au plus de 20 % par arrêté du ministre chargé du logement en fonction de la consommation des enveloppes financières fixées par le décret prévu au dernier alinéa de l'article L. 313-3.

« 3o La durée des prêts à long terme mentionnés au I de l'article R. 313-19-3 n'excède pas cinquante ans. La durée des prêts à long terme à remboursement *in fine* n'est pas inférieure à quarante ans et n'excède pas cinquante ans.

« 4o Le taux d'intérêt de ces prêts n'excède pas un taux plafond égal au taux du livret A en vigueur au 31 décembre de l'année précédant la signature de la convention de prêt, minoré de deux points, ou au taux de 0,5 %, si le taux du livret A minoré de deux points est inférieur à 0,5 %. Ce taux d'intérêt est fixe. »

(Abrogé par Décr. no 2012-352, du 12 mars 2012, art. 3-3o) « II. – 1o Les aides mentionnées au II de l'article R. 313-19-3 ne peuvent excéder 30 % du prix de revient prévisionnel de l'opération, dans la limite de 30 000 € par logement en zone C, 40 000 € en zone B2, 45 000 € en zone B1, 50 000 € en zone A ou 70 000 € en zone A bis.

« 2o La durée des prêts mentionnés au II de l'article R. 313-19-3 n'excède pas cinquante ans.

« 3o Le taux d'intérêt de ces prêts n'excède pas 1,5 % par an.

« III. – Les plafonds mentionnés au 2o du I et au 1o du II peuvent être actualisés par arrêté du ministre chargé du logement. »

SECTION III ORGANISMES COLLECTEURS DE LA PARTICIPATION DES EMPLOYEURS

SOUS-SECTION 1 AGRÉMENT DES ORGANISMES COLLECTEURS

(Décr. no 2012-721 du 9 mai 2012, art. 2)

Les dispositions de la présente sous-section sont applicables à compter du 1er juill. 2012 lorsque les organismes collecteurs sont des organismes d'habitations à loyer modéré mentionnés à l'art. L. 411-2, des sociétés d'économie mixte exerçant à titre principal une activité de construction, d'acquisition ou de gestion de logements sociaux ou la société immobilière des chemins de fer français (Décr. no 2012-721 du 9 mai 2012, art. 8-5o).

Art. R. 313-21 L'agrément mentionné au deuxième alinéa de l'article L. 313-1 est délivré par arrêté du ministre chargé du logement. Cet arrêté est pris après avis de l'Agence nationale pour la participation des employeurs à l'effort de construction, sauf lorsqu'il concerne un organisme d'habitations à loyer modéré mentionné à l'article L. 411-2 ou une société d'économie mixte exerçant à titre principal une activité de construction, d'acquisition ou de gestion de logements sociaux.

La demande d'agrément est introduite auprès de l'Agence nationale pour la participation des employeurs à l'effort de construction qui est chargée de son instruction en application de l'article L. 313-7.

En cas de création d'un organisme collecteur mentionné à l'article L. 313-18, l'agrément est accordé après avis de l'Union d'économie sociale du logement.

Un organisme, issu de la fusion d'organismes collecteurs agréés se traduisant par la création d'une personne morale nouvelle, doit obtenir un nouvel agrément, délivré dans les conditions prévues aux deux alinéas précédents. Si la demande d'agrément du futur organisme collecteur est introduite auprès de l'Agence nationale pour la participation des employeurs à l'effort de construction avant l'engagement irrévocable de la dernière assemblée générale de procéder à la fusion, le nouvel organisme né de la fusion bénéficie, de plein droit, d'un agrément temporaire qui devient définitif dans les six mois suivant l'introduction de la demande, à moins que le ministre chargé du logement n'y fasse opposition dans ce délai. Dans ce cas, les dispositions de l'article L. 313-14 sont applicables.

La fusion de plusieurs organismes collecteurs agréés, réalisée juridiquement par absorption par l'un d'entre eux, ne remet pas en cause l'agrément délivré à l'organisme absorbant.

Art. R. 313-22 Peuvent être agréés à collecter la participation des employeurs à l'effort de construction, sous réserve du respect des dispositions de la présente sous-section, les organismes suivants :

1o Les associations à caractère professionnel ou interprofessionnel ayant pour objet exclusif de concourir au logement, principalement des salariés ;

2o Les organismes d'habitations à loyer modéré mentionnés à l'article L. 411-2 et sociétés d'économie mixte exerçant à titre principal une activité de construction, d'acquisition ou de gestion de logements sociaux ;

3o La société immobilière des chemins de fer français.

Les statuts des organismes collecteurs agréés mentionnés au 1o de l'art. R. 313-22 sont mis en conformité avec les dispositions de la section III du chapitre III du titre Ier du livre III du CCH au plus tard le 30 sept. 2012 (Décr. no 2012-721 du 9 mai 2012, art. 8-3o).

NDLR : Le Décr. nº 2012-721 du 9 mai 2012 a supprimé les chambres de commerce et d'industrie de la liste des organismes collecteurs de la participation des employeurs à l'effort de construction. Les agréments accordés, antérieurement à la publication de ce Décr., aux chambres de commerce et d'industrie ne sont maintenus que jusqu'au 30 juin 2012, sous réserve du respect des conditions de maintien d'agrément, prévues à la présente section, communes à l'ensemble des organismes collecteurs agréés ainsi que d'un montant de versements des employeurs au titre de la participation à l'effort de construction supérieur ou égal à cinq cent mille euros. Pendant cette période transitoire, les dispositions de l'art. R. 313-34-1 du CCH dans sa rédaction antérieure à la publication de ce Décr. s'appliquent à ces organismes. A l'issue de cette période transitoire, l'agrément des chambres de commerce et d'industrie est retiré d'office, sans qu'une décision administrative de retrait d'agrément ne soit notifiée à l'organisme ; les dispositions de l'art. L. 313-16 du CCH sont applicables (Décr. préc., art. 8-1º).

Art. R. 313-23 Le respect des conditions suivantes est nécessaire à l'obtention de l'agrément :

1º Les dirigeants de l'organisme présentent des garanties d'honorabilité et disposent de la compétence et de l'expérience adéquate à l'exercice de leur fonction et au respect des règles de bonne gouvernance et de bonne gestion.

En particulier, les dirigeants ne doivent pas faire l'objet de l'application des dispositions de l'article L. 313-29 ou avoir fait l'objet d'une sanction en application de l'article L. 313-32. Ils ne doivent pas, à la date de délivrance de l'agrément, être sous le coup de la suspension mentionnée au *b* du II de l'article L. 313-13.

Pour l'application du présent article, les dirigeants s'entendent des membres du conseil d'administration ou du conseil de surveillance de l'organisme, des membres du directoire ou des personnes exerçant des fonctions de direction générale de l'organisme ;

2º En outre, dans le cas des organismes mentionnés au 1º de l'article R. 313-22 :

a) L'organisme présente des garanties suffisantes pour satisfaire aux conditions fixées aux 2º et 3º de l'article R. 313-24 ;

b) Les statuts de l'organisme comportent des clauses types fixées par décret. A chaque modification des clauses types, les organismes sont tenus, dans le délai fixé par le texte qui introduit ces modifications, de les incorporer à leurs statuts et d'apporter à ces derniers toutes autres modifications qu'elles impliquent.

Art. R. 313-24 Le maintien de l'agrément des organismes mentionnés au 1º de l'article R. 313-22 est subordonné au respect des conditions suivantes :

1º Respect des conditions d'obtention de l'agrément prévues à l'article R. 313-23 ;

2º Nombre d'employeurs assujettis à la participation des employeurs à l'effort de construction effectuant des versements à l'organisme en application de l'article R. 313-6 au minimum de cent ;

3º Montant des versements des employeurs à l'organisme au titre de la participation des employeurs à l'effort de construction supérieur ou égal à dix millions d'euros *[rédaction applicable jusqu'au 30 juin 2012, issue du Décr. nº 2012-721 du 9 mai 2012, art. 8-2º : « trois millions d'euros »]*. Pour les organismes dont l'activité porte essentiellement sur les territoires présentant une situation particulièrement difficile sur le plan du logement mentionnés au VI de l'article R. 313-19-3, ce montant est réduit à un million d'euros ;

4º Respect des dispositions comptables et financières mentionnées à la sous-section 2 de la présente section ;

5º Approbation de leurs comptes annuels (bilan, compte de résultat, annexe) selon les modalités prévues à l'article R. 612-2 du code de commerce ;

6º Publication, dans les mêmes conditions que celles applicables aux associations soumises à l'article L. 612-4 du code de commerce, de leurs comptes annuels, du rapport de gestion et du rapport du commissaire aux comptes sur leurs comptes annuels ;

7º Établissement annuel du rapport de gestion mentionné au deuxième alinéa de l'article R. 612-2 du code de commerce dans les conditions, notamment de forme et de contenu, définies par recommandation de l'Union d'économie sociale du logement ;

8° Transmission annuelle de la composition de leurs organes dirigeants et de leurs statuts ainsi que de toute modification qui leur est apportée au directeur régional de l'environnement, de l'aménagement et du logement du siège social de l'organisme et à l'Agence nationale pour la participation des employeurs à l'effort de construction ;

9° Application des mesures correctrices demandées par l'Agence nationale pour la participation des employeurs à l'effort de construction à l'issue d'un contrôle ;

10° Respect des recommandations de l'Union d'économie sociale du logement prises sur le fondement des 3° à 6° de l'article L. 313-19.

Art. R. 313-25 Les organismes collecteurs agréés sont tenus d'utiliser sous leur responsabilité les ressources de la participation des employeurs à l'effort de construction conformément aux dispositions du présent chapitre.

Ils rendent compte du montant de leurs ressources et de l'utilisation de ces ressources à l'Agence nationale pour la participation des employeurs à l'effort de construction et lui transmettent les documents et informations déterminés par elle en application de l'article L. 313-7.

Ils publient chaque année un document décrivant les conditions d'emploi des ressources de la participation des employeurs à l'effort de construction et, le cas échéant, des ressources de la participation supplémentaire des employeurs à l'effort de construction ainsi que les sommes qui leur sont consacrées, dans des conditions de forme, de contenu, de délai et de modalités de publication et de diffusion définies par arrêté du ministre chargé du logement.

Art. R. 313-26 Il est interdit à tout organisme collecteur agréé :

1° De subordonner la passation d'un marché de travaux, de fournitures ou de prestations intellectuelles au versement par l'entreprise de la participation des employeurs à l'effort de construction à l'organisme, ou de faire figurer dans le marché une clause prévoyant un tel versement ;

2° D'accorder un avantage matériel quelconque direct ou indirect à une personne qui est intervenue au nom de l'entreprise dans les versements qui sont faits à l'organisme par cette dernière au titre de la participation des employeurs ;

3° De démarcher une entreprise afin qu'elle verse à l'organisme la participation des employeurs à l'effort de construction, lorsque ce démarchage est rémunéré par une commission, des honoraires ou le paiement prévu par une convention de prestation de services quelle que soit la forme de celle-ci.

Art. R. 313-27 Le directeur régional de l'environnement, de l'aménagement et du logement de la région du siège social des organismes mentionnés au 1° de l'article R. 313-22 est convoqué et peut assister à toutes les séances des assemblées générales et du conseil d'administration. Il reçoit les documents nécessaires à l'examen des points fixés à l'ordre du jour de ces instances. Il peut se faire représenter au sein de ces instances. A sa demande, il peut se faire communiquer tout document. Il peut se faire assister par le directeur régional de l'environnement, de l'aménagement et du logement d'une région autre que celle du siège social de l'organisme, et dans laquelle ce dernier réalise une part substantielle de son activité, ou son représentant.

Art. R. 313-28 I. – Les versements qui seraient faits à des organismes par des employeurs postérieurement à la date d'effet d'une décision de retrait d'agrément prononcée par le ministre chargé du logement sur le fondement de l'article L. 313-13 ne sont pas libératoires de l'obligation prévue à l'article L. 313-1, sauf lorsque l'employeur ne connaissait pas ou ne pouvait raisonnablement connaître ladite décision.

II. – En cas d'irrégularité grave dans l'emploi des fonds, de faute grave dans la gestion, de carence dans la réalisation de l'objet social ou de non-respect des conditions d'agrément, le ministre chargé du logement peut prononcer une sanction pécuniaire, qui ne peut excéder deux millions d'euros, à l'encontre d'un organisme mentionné au

2° de l'article R. 313-22. Son montant est fixé en fonction de la gravité des faits reprochés ainsi que de la situation financière et de la taille de l'organisme intéressé. L'organisme doit, au préalable, avoir été mis en mesure de présenter ses observations. Son produit est recouvré comme en matière d'impôts directs.

SOUS-SECTION 2 DISPOSITIONS COMPTABLES ET FINANCIÈRES APPLICABLES AUX ORGANISMES À CARACTÈRE PROFESSIONNEL OU INTERPROFESSIONNEL

(Décr. n° 2012-721 du 9 mai 2012, art. 2)

Art. R. 313-29-1 Les ressources des organismes mentionnés au 1° de l'article R. 313-22 sont composées :

1° Des ressources de la participation des employeurs à l'effort de construction telles que définies à l'article L. 313-3. Appréciées au niveau d'un organisme, les ressources de la participation des employeurs à l'effort de construction incluent les transferts de ressources de la participation des employeurs à l'effort de construction reçus d'autres organismes collecteurs agréés ou de l'Union d'économie sociale du logement prévus par l'article R. 313-18. Elles n'incluent pas les emprunts souscrits par l'Union d'économie sociale du logement mais incluent les emprunts souscrits :

a) Auprès de l'Union d'économie sociale du logement en répercussion des emprunts souscrits par cette dernière ;

b) Auprès de l'Union d'économie sociale du logement ou de tout établissement financier pour des emprunts qui n'ont pas une durée supérieure à un an.

Le service de ces emprunts peut être imputé sur les ressources de la participation des employeurs à l'effort de construction.

Hormis ces cas, les organismes mentionnés au 1° de l'article R. 313-22 ne sont pas autorisés à recourir à l'emprunt ;

2° Des ressources de la participation supplémentaire des employeurs à l'effort de construction telles que définies à l'article R. 313-29-2 ;

3° Des ressources de la participation des employeurs agricoles à l'effort de construction telle que définie à l'article L. 716-2 du code rural ;

4° De ressources de fonctionnement.

Décret n° 2012-721 du 9 mai 2012,

Portant diverses dispositions relatives à la participation des employeurs à l'effort de construction pris en application de l'article L. 313-36 du code de la construction et de l'habitation.

Art. 8 [...] 6° Les organismes collecteurs agréés mentionnés au 1° de l'article R. 313-22 du code de la construction et de l'habitation affectent à l'ouverture de l'exercice 2012 une dotation exceptionnelle à la section comptable correspondant à la participation supplémentaire à l'effort de construction.

A l'actif, cette dotation est constituée :

— de l'actif net de l'ensemble des prêts accordés en application des articles R. 313-31-1 et R. 313-33-3 du code de la construction et de l'habitation dans leur rédaction antérieure au présent décret ;

— de l'actif net des titres de sociétés commerciales détenus au 31 décembre 2011 et de l'encours à cette date des prêts à ces mêmes sociétés accordés en application du 1° et du 2° de l'article R. 313-33-3 du même code dans sa rédaction antérieure au présent décret.

Au passif, cette dotation est constituée en priorité des dettes et provisions de la section comptable correspondant aux articles R. 313-31-1 et R. 313-33-3 du même code dans leur rédaction antérieure au présent décret ; le solde permettant d'équilibrer actif et passif constitue les fonds propres de cette section comptable.

Le solde des actifs et des passifs de la section comptable correspondant aux articles R. 313-31-1 et R. 313-33-3 du même code dans leur rédaction antérieure au présent décret constitue des ressources de la participation des employeurs à l'effort de construction.

Art. R. 313-29-2 Les ressources de la participation supplémentaire des employeurs à l'effort de construction des organismes mentionnés au 1o de l'article R. 313-22 sont composées :

1o Des versements des employeurs non soumis à l'article L. 313-1 du présent code ou à l'article L. 716-2 du code rural ;

2o De la part des versements des employeurs soumis à l'article L. 313-1 qui excède le montant minimum obligatoire, lorsqu'un contrat conclu entre l'organisme et l'employeur précise que le versement n'intervient pas au titre de l'obligation prévue à l'article L. 313-1 ;

3o Des retours de prêts consentis à partir des ressources de la participation supplémentaire des employeurs à l'effort de construction.

Sont déduits de ces ressources les remboursements aux employeurs des versements au titre de la participation supplémentaire antérieurement réalisés sous forme de prêts.

Les versements des employeurs effectués au titre du présent article peuvent prendre la forme de subventions ou de prêts sans intérêts.

Art. R. 313-29-3 Les ressources de la participation supplémentaire des employeurs à l'effort de construction des organismes mentionnés au 1o de l'article R. 313-22 peuvent être utilisées pour les emplois suivants :

1o A des emplois de même nature que les emplois de la participation des employeurs à l'effort de construction définis à l'article R. 313-19-1, aux III à VI de l'article R. 313-19-2 et aux I, III, V et VI de l'article R. 313-19-3. Les dispositions de la sous-section 3 de la section II du présent chapitre ne sont pas applicables à ces emplois, dont les modalités de mise en œuvre peuvent être déterminées, dans le respect des dispositions réglementaires, par l'Union d'économie sociale du logement ;

2o A la souscription de titres de sociétés commerciales dont les dispositions statutaires et les modalités particulières de contrôle et de financement respectent les règles fixées par les clauses types des statuts mentionnées au 2o de l'article R. 313-23 ;

3o A des prêts d'une durée au moins égale à un an aux sociétés commerciales mentionnées au 2o.

Art. R. 313-29-4 Les ressources de fonctionnement des organismes mentionnés au 1o de l'article R. 313-22 sont composées de toutes les ressources autres que celles de la participation des employeurs à l'effort de construction, de la participation supplémentaire des employeurs à l'effort de construction et de la participation des employeurs agricoles à l'effort de construction. Elles comportent notamment :

1o Les produits financiers constatés sur les emplois des ressources de la participation des employeurs à l'effort de construction, des ressources de la participation supplémentaire des employeurs à l'effort de construction et des ressources de la participation des employeurs agricoles à l'effort de construction réalisés sous forme de prêts ou de souscriptions de titres ;

2o Les produits financiers constatés sur le placement de leurs disponibilités en application de l'article R. 313-29-7 ;

3o Les prélèvements sur les ressources de la participation des employeurs à l'effort de construction autorisés dans des conditions fixées par arrêté du ministre chargé du logement pour couvrir les investissements et les charges nécessaires au fonctionnement de l'organisme pour assurer la collecte et l'emploi desdites ressources.

Art. R. 313-29-5 Les ressources de fonctionnement servent au financement des investissements et des charges nécessaires au fonctionnement de l'organisme pour assurer la collecte et l'emploi des ressources.

Les rémunérations des dirigeants ne peuvent être financées que dans la mesure où elles correspondent à un travail effectif et ne sont pas excessives eu égard à l'importance du service rendu. Ces conditions sont appréciées au regard des recommandations de l'Union d'économie sociale du logement. Les rémunérations non finançables sont déduites du montant maximal du prélèvement autorisé en application du 3° de l'article R. 313-29-4.

Art. R. 313-29-6 Le résultat de l'exercice clos des organismes mentionnés au 1° de l'article R. 313-22, augmenté du solde du report à nouveau s'il est créditeur, est affecté dans les conditions suivantes :

1° S'il est positif, il est affecté en priorité au compte de report à nouveau dans la limite du solde débiteur de ce compte ;

a) Lorsque le surplus éventuel est inférieur à la somme totale :

– des prélèvements mentionnés au 3° de l'article R. 313-29-4 ;

– des plus-values sur les cessions d'actifs financés à partir des ressources de la participation des employeurs à l'effort de construction, autres que les plus-values sur valeurs mobilières de placement ; et

– des surplus du produit net de la liquidation excédant le montant du capital social des sociétés mentionnées à l'article L. 313-27,

ce surplus est intégralement affecté à une réserve intégrée aux ressources de la participation des employeurs à l'effort de construction ;

b) Lorsque le surplus éventuel est supérieur à la somme mentionnée au précédent alinéa, cette somme ainsi qu'une fraction égale à 50 % de la différence entre le surplus éventuel et ladite somme est affectée à une réserve intégrée aux ressources de la participation des employeurs à l'effort de construction. L'assemblée générale décide d'affecter le solde à la réserve précitée ou à une réserve destinée aux ressources de la participation supplémentaire des employeurs à l'effort de construction ;

2° S'il est négatif, il est affecté en report à nouveau débiteur ou, sur autorisation du ministre chargé du logement, en diminution des comptes de réserves.

Art. R. 313-29-7 Les disponibilités financières des organismes mentionnés au 1° de l'article R. 313-22 sont déposées ou placées dans les conditions prévues aux articles R. 423-74 et R. 423-75.

Art. R. 313-29-8 Si le niveau de trésorerie de chaque organisme mentionné au 1° de l'article R. 313-22 à la clôture de l'exercice, après déduction des versements des employeurs en application de l'article L. 716-2 du code rural et des 1°, 2° et 3° de l'article R. 313-29-2 *[,]* est supérieur à une fraction des versements des employeurs en application de l'article L. 313-1, l'excédent est versé à l'un des fonds de l'Union d'économie sociale du logement sous l'une des formes mentionnées au troisième ou quatrième alinéa du V de l'article L. 313-20.

L'Union d'économie sociale du logement consacre ces sommes exclusivement à des emplois sous forme de prêts.

La fraction des versements des employeurs mentionnée au premier alinéa du présent article, ainsi que la forme du versement au fonds, sont déterminées par le conseil de surveillance de l'Union d'économie sociale du logement.

● SOUS-SECTION 3 *[ABROGÉE]* DISPOSITIONS PARTICULIÈRES À CERTAINS ORGANISMES COLLECTEURS

(Abrogée par Décr. n° 2012-721 du 9 mai 2012, art. 2)

Art. R. 313-34 *Abrogé par Décr. n° 2012-721 du 9 mai 2012, art. 2.*

Art. R. 313-34-1 *(Abrogé par Décr. nº 2012-721 du 9 mai 2012, art. 2)* (Décr. nº 93-1215 du 28 oct. 1993, art. 1er) ***Une commission consultative est créée dans chaque*** (Décr. nº 2010-1463 du 1er déc. 2010, art. 87) ***« chambre de commerce et d'industrie territoriale » habilitée à collecter la participation des employeurs à l'effort de construction.***

1º La composition de cette commission est la suivante :

a) Cinq représentants des salariés désignés par les organisations syndicales de salariés représentatives au plan national ;

b) Cinq représentants des employeurs :

– quatre désignés par le Conseil national du patronat français (CNPF) ;

– un désigné par la Confédération générale des petites et moyennes entreprises (CGPME) ;

c) Cinq membres représentant l'organisme collecteur, nommés pour trois ans par l'organe délibérant de celui-ci.

Le directeur départemental de l'équipement ou son représentant assiste aux réunions de la commission.

La non-désignation ou le retrait par les organisations syndicales de salariés et d'employeurs de représentants n'affecte pas la validité de la composition ou des travaux de la commission.

2º La commission est obligatoirement consultée sur l'orientation générale de la politique d'investissement au titre de la participation des employeurs à l'effort de construction par l'organisme collecteur, sur les rapports relatifs à l'activité des sociétés filiales immobilières dans lesquelles la participation des employeurs a été investie, ainsi que sur le budget et les comptes afférents à l'activité de collecte et d'emploi des fonds de la participation.

3º Le président est élu par la commission pour une durée maximale de trois ans, éventuellement renouvelable, parmi les membres nommés par l'organisme collecteur.

La commission se réunit, sur convocation de son président, au moins trois fois par an. Les convocations précisent l'ordre du jour de chaque réunion et sont envoyées aux membres de la commission au minimum huit jours avant la date de la réunion. Le président communique aux membres les documents nécessaires à leur information sur chacun des points inscrits à l'ordre du jour.

Le président porte à la connaissance des membres les rapports d'organismes de contrôle sur la collecte et l'utilisation du produit de la participation des employeurs, ainsi que les réponses apportées à ces rapports.

Les dispositions de l'art. R. 313-34-1 dans sa rédaction antérieure à la publication du Décr. nº 2012-721 du 9 mai 2012 s'appliquent aux chambres de commerce et d'industrie jusqu'au 30 juin 2012 (Décr. préc., art. 8).

Art. R. 313-35 *Abrogé par Décr. nº 2012-721 du 9 mai 2012, art. 2.*

SECTION IV AGENCE NATIONALE POUR LA PARTICIPATION DES EMPLOYEURS À L'EFFORT DE CONSTRUCTION

(Décr. nº 2010-1617 du 23 déc. 2010)

Art. R. 313-35-1 L'agence est administrée par un conseil d'administration dont la composition est la suivante :

1º Cinq représentants de l'État :

a) Deux représentants du ministre chargé du logement nommés par ce dernier ;

b) Un représentant du ministre chargé de l'économie nommé par ce dernier ;

c) Un représentant du ministre chargé du budget nommé par ce dernier ;

d) Le chef de la mission interministérielle d'inspection du logement social ;

2º Trois personnalités désignées par le ministre chargé du logement en raison de leurs compétences en matière de logement.

Le mandat des administrateurs est de trois ans. Les membres démissionnaires, décédés ou qui perdent la qualité au titre de laquelle ils ont été nommés sont remplacés. Leurs remplaçants sont désignés pour la durée du mandat restant à courir.

Les administrateurs mentionnés au 1o peuvent disposer d'un suppléant désigné dans les mêmes conditions ou, pour l'administrateur mentionné au *d* du 1o, proposé par ce dernier parmi ses collaborateurs et nommé conjointement par le ministre chargé du logement et le ministre chargé de l'économie.

Les membres du conseil d'administration de l'Agence nationale pour la participation des employeurs à l'effort de construction en fonction à la date d'entrée en vigueur du Décr. no 2010-1617 du 23 déc. 2010 conservent leur mandat jusqu'à la première réunion du conseil d'administration constitué conformément aux dispositions du décret précité (Décr. préc., art. 2).

Art. R. 313-35-2 Le conseil d'administration détermine les orientations de l'activité de l'agence. Il règle par ses délibérations les affaires de l'agence.

Le conseil d'administration :

– adopte *(Décr. no 2012-1247 du 7 nov. 2012, art. 2)* « le budget » annuel et ses modificatifs ;

– arrête les comptes annuels, l'affectation des résultats et les règles générales d'emploi des disponibilités et réserves ;

– adopte son règlement intérieur ;

– approuve le rapport annuel d'activité de l'agence ;

– détermine les conditions générales de passation, de financement et de contrôle des marchés, conventions et contrats de toute nature conclus par l'agence et approuve lesdits marchés, conventions et contrats dont le montant excède un seuil qu'il fixe ;

– détermine les conditions générales de recrutement, d'emploi et de rémunération des personnels de l'agence.

Au titre des missions particulières de l'agence, le conseil d'administration :

1o Délibère sur les avis de l'agence concernant l'agrément aux fins de collecter mentionné à l'article L. 313-1 ;

2o Délibère sur les décisions de mise en demeure, les avis et les propositions mentionnés aux articles L. 313-13 à L. 313-16-3 ;

3o Approuve le programme annuel de contrôle et est informé de son exécution ainsi que, le cas échéant, des compléments qui lui sont apportés en application de l'article R. 313-35-6 ou sur demande du ministre chargé du logement ;

4o Approuve le rapport annuel d'activité de contrôle ;

5o Approuve le programme annuel d'études et est informé de son exécution ainsi que, le cas échéant, des compléments qui lui sont apportés par décision du directeur général ou sur demande du ministre chargé du logement, du ministre chargé de l'économie ou du ministre chargé du budget ;

6o Approuve le rapport annuel sur les emplois de la participation des employeurs à l'effort de construction et sur la situation financière des organismes gestionnaires de la participation des employeurs à l'effort de construction ;

7o Approuve les indicateurs et les objectifs permettant d'apprécier la performance des collecteurs en termes de gestion ; ces indicateurs peuvent être complétés à la demande du ministre chargé du logement, du ministre chargé de l'économie ou du ministre chargé du budget ;

8o Approuve le rapport annuel de suivi des indicateurs permettant d'apprécier la performance des collecteurs en termes de gestion ;

9o Autorise le directeur général à saisir l'Autorité des normes comptables pour la mise en place des adaptations comptables sectorielles applicables aux organismes mentionnés au deuxième alinéa de l'article L. 313-18 ;

10o Détermine le montant du prélèvement annuel opéré au profit du fonds de garantie mentionné à l'article L. 313-10 et décide d'accorder des concours à partir de ce fonds.

Art. R. 313-35-3 Les délibérations relatives *(Décr. no 2012-1247 du 7 nov. 2012, art. 2)* « au budget » et à ses modificatifs sont exécutoires dans les conditions fixées à l'article 1er du décret no 99-575 du 8 juillet 1999 relatif aux modalités d'approbation de certaines décisions financières des établissements publics de l'État.

Les délibérations relatives aux conditions générales qui régissent les marchés, conventions et contrats de toute nature conclus par l'agence et au règlement intérieur sont exécutoires dans le délai d'un mois à compter de la date de leur transmission aux ministres représentés au conseil d'administration, à moins que l'un de ces ministres n'y fasse opposition ou ne demande qu'il soit sursis à leur application.

Les autres délibérations sont exécutoires de plein droit.

Art. R. 313-35-4 Le conseil d'administration se réunit au moins une fois par trimestre sur convocation de son président. Il est également réuni de plein droit, sur convocation du président, à la demande d'au moins un tiers de ses membres ou d'au moins un des ministres représentés au conseil d'administration.

L'ordre du jour est arrêté par le président et peut être complété par toute question dont un ou plusieurs membres du conseil demandent l'inscription. La convocation comportant l'ordre du jour et les documents nécessaires à l'examen des points qui y sont inscrits sont transmis aux administrateurs dix jours au moins avant la date de la réunion du conseil.

En cas d'urgence, notamment dans le cas prévu au III de l'article L. 313-13, le délai de transmission de la convocation peut être réduit à cinq jours et le délai de transmission des documents nécessaires à l'examen des points qui y sont inscrits peut être réduit à deux jours.

Un administrateur peut, en cas d'empêchement, donner mandat à un autre administrateur pour le représenter. Un administrateur ne peut disposer que d'un seul mandat de représentation.

Le conseil délibère valablement si au moins quatre de ses membres sont présents ou représentés. Si ce quorum n'est pas atteint, le conseil est convoqué avec le même ordre du jour dans un délai minimum de quinze jours ; il délibère alors sans condition de quorum.

Les délibérations sont prises à la majorité des membres présents ou représentés. En cas de partage égal des voix, celle du président est prépondérante.

Les membres du conseil d'administration sont tenus au secret des délibérations.

Le directeur général et le *(Décr. no 2012-1247 du 7 nov. 2012, art. 2)* « contrôleur budgétaire » participent avec voix consultative aux réunions du conseil d'administration.

Peuvent être entendues par le conseil d'administration des personnalités invitées par le président en raison de leur compétence.

Art. R. 313-35-5 Le président du conseil d'administration de l'agence est nommé par décret, pour une durée de trois ans, parmi les personnalités mentionnées au 2o de l'article R. 313-35-1.

Sa fonction cesse de plein droit lorsqu'il atteint l'âge de soixante-dix ans.

Il transmet les délibérations du conseil d'administration prises en application du 1o et du 2o de l'article R. 313-35-2.

Il veille à la diffusion, selon des modalités appropriées, du résultat des études, des évaluations et de l'activité de contrôle effectuées par l'agence ainsi que des informations de caractère général et statistiques recueillies par l'agence pour l'exécution de ses missions.

Le conseil d'administration élit pour trois ans un vice-président chargé de suppléer le président en cas d'empêchement de celui-ci ou de vacance du poste de président.

Le président du conseil d'administration ne peut prendre ou conserver aucun intérêt, occuper aucune fonction ni dans les organismes soumis au contrôle de l'agence en application de l'article L. 313-7, ni dans les organismes d'habitation à loyer modéré et les sociétés d'économie mixte exerçant à titre principal une activité de construction, d'acquisition ou de gestion de logements sociaux.

Art. R. 313-35-6 Il est créé un comité permanent, présidé par le président de l'agence qui le convoque et en fixe l'ordre du jour.

Outre le président, y participent avec voix délibérative un des administrateurs mentionnés au *a* du 1o de l'article R. 313-35-1, l'administrateur mentionné au *b* du 1o du même article ou leurs suppléants ainsi que l'une des personnalités mentionnées au 2o du même article.

Les membres du comité permanent sont nommés par arrêté conjoint des ministres chargés du budget, de l'économie et du logement.

Le comité permanent arrête le projet de programme annuel de contrôle mentionné au 3o de l'article R. 313-35-2 et examine le rapport annuel d'activité de contrôle mentionné au 4o du même article, antérieurement à leur présentation au conseil d'administration.

Il peut décider, si l'urgence le justifie, de compléter le programme annuel de contrôle en cours d'année, une information étant alors faite au conseil d'administration suivant de l'agence.

Il définit la doctrine en matière de contrôle et de suites à donner aux constatations.

Il approuve les rapports définitifs portant sur les contrôles effectués par l'agence. Au vu des rapports, il prépare les projets de délibérations soumis au conseil d'administration en application du 2o de l'article R. 313-35-2 et arrête les autres suites à donner aux contrôles. Il est informé des suites effectivement données aux rapports.

Il peut être consulté par le président de l'agence sur tout sujet.

Le directeur général et le *(Décr. no 2012-1247 du 7 nov. 2012, art. 2)* « contrôleur budgétaire » participent avec voix consultative aux séances du comité permanent. Peuvent également participer à titre consultatif à tout ou partie des travaux du comité permanent des personnalités invitées par le président en raison de leur compétence.

Les membres du conseil d'administration de l'Agence nationale pour la participation des employeurs à l'effort de construction en fonction à la date d'entrée en vigueur du Décr. no 2010-1617 du 23 déc. 2010 conservent leur mandat jusqu'à la première réunion du conseil d'administration constitué conformément aux dispositions du décret précité (Décr. préc., art. 2).

Art. R. 313-35-7 Le fonctionnement de l'agence est assuré par un directeur général nommé pour une période de trois ans par le ministre chargé du logement, après avis du conseil d'administration.

Le directeur général dirige l'ensemble des services.

Il représente l'agence en justice et dans tous les actes de la vie civile. Dans les rapports avec les tiers, il engage l'agence pour tout acte entrant dans son objet.

Il prépare les réunions du conseil d'administration.

Il arrête le rapport provisoire de contrôle et le transmet aux organismes contrôlés qui disposent d'un délai de deux mois pour y répondre. Il assure l'exécution des décisions du conseil d'administration et du comité permanent.

Il organise la mission d'assistance à l'administration pour l'élaboration des règles applicables aux organismes collecteurs agréés mentionnée au *f* de l'article L. 313-7.

Il assure la diffusion auprès des organismes collecteurs des recommandations de l'agence sur les modalités d'application des normes comptables qui leur sont applicables.

Si l'urgence le justifie, il peut décider de compléter le programme annuel d'études en cours d'année, une information étant alors faite au conseil d'administration suivant de l'agence.

Il fait tous actes utiles au fonctionnement de l'agence en dehors des attributions réservées au conseil d'administration et au président.

Il signe les contrats.

Il a autorité sur l'ensemble des services de l'établissement, recrute et gère les personnels.

Il est l'ordonnateur des dépenses et des recettes de l'agence.

Il liquide les dépenses de l'agence et met en recouvrement les recettes ; il donne tous reçus, quittances et décharges.

Il rend compte de sa gestion au conseil d'administration.

Le directeur général ne peut prendre ou conserver aucun intérêt, occuper aucune fonction ni dans les organismes soumis au contrôle de l'agence en application de l'article L. 313-7, ni dans les organismes d'habitation à loyer modéré et les sociétés d'économie mixte exerçant à titre principal une activité de construction, d'acquisition ou de gestion de logements sociaux.

Art. R. 313-35-8 Le personnel de l'agence est constitué par des agents contractuels et par des fonctionnaires détachés de leur administration d'origine.

Art. R. 313-35-9 La comptabilité de l'agence est tenue et ses opérations comptables sont exécutées suivant les usages du commerce.

Art. R. 313-35-10 L'agence est soumise au *(Décr. nº 2012-1247 du 7 nov. 2012, art. 2)* « contrôle budgétaire prévu par le décret nº 2012-1246 du 7 novembre 2012 relatif à la gestion budgétaire et comptable publique ».

SECTION V UNION D'ÉCONOMIE SOCIALE DU LOGEMENT

(Décr. nº 2012-721 du 9 mai 2012, art. 3)

Art. R. 313-36 Lorsqu'elle est consultée en application de l'article L. 313-13, l'Union d'économie sociale du logement rend son avis dans le délai d'un mois. A défaut d'avis rendu à l'expiration de ce délai, la sanction peut être prononcée par le ministre.

Art. R. 313-37 Les trois commissaires du Gouvernement représentant l'État auprès de l'Union d'économie sociale du logement ainsi que leurs suppléants sont désignés nominativement, respectivement par le ministre chargé du logement, par le ministre chargé de l'économie et par le ministre chargé du budget.

Art. R. 313-37-1 L'Union répartit des objectifs annuels d'emploi des fonds de la participation des employeurs à l'effort de construction, entre les organismes mentionnés au 1º de l'article R. 313-22, respectant les enveloppes minimales et maximales consacrées annuellement à chaque emploi ou catégorie d'emplois fixées par décret. Elle assure le suivi de ces enveloppes et leur respect, le cas échéant par révision des objectifs ou par modification des modalités de mise en œuvre des emplois définies par recommandations.

Art. R. 313-37-2 L'Union fixe, par recommandations prises sur le fondement du dernier alinéa du 6º de l'article L. 313-19, après avis de l'Agence nationale de la participation des employeurs à l'effort de construction, les objectifs, les indicateurs et les résultats attendus en termes d'amélioration de la gestion des associés collecteurs. Les résultats obtenus sont présentés annuellement au conseil de surveillance de l'Union.

Art. R. 313-38 Toute augmentation du capital de l'Union d'économie sociale du logement par incorporation des réserves, bénéfices ou primes d'émission est interdite, sauf dérogation accordée par le ministre chargé du logement.

Art. R. 313-38-1 Toute constitution ou dissolution de structure de coopération ou de société filiale, toute adhésion ou retrait d'une structure de coopération, toute opération de souscription, acquisition ou de cession de titres par l'Union fait l'objet d'un avis conforme de son conseil de surveillance. Un rapport sur l'activité des structures de coopération et des sociétés filiales de l'Union est présenté chaque année au conseil de surveillance.

Art. R. 313-39 Le plafond du montant annuel du prélèvement pour frais de fonctionnement prévu à l'article L. 313-25 est fixé par arrêté du ministre chargé du logement.

Art. R. 313-40 Les disponibilités financières du fonds d'intervention et du fonds d'interventions sociales de l'Union d'économie sociale du logement en attente d'emploi sont déposées ou placées dans les conditions prévues aux articles R. 423-74 et R. 423-75.

Art. R. 313-41 Les règles de gestion et de fonctionnement du fonds de garantie universelle des risques locatifs sont fixées par les articles R. 426-1 à R. 426-11 du code des assurances.

SECTION VI DISPOSITIONS DIVERSES

(Décr. nº 2012-721 du 9 mai 2012, art. 4)

Art. R. 313-42 Le versement prévu à l'article L. 313-32-1, effectué par les organismes mentionnés au 2º de l'article R. 313-22 aux organismes collecteurs associés de l'Union d'économie sociale du logement, s'effectue sous forme de subvention.

Art. R. 313-43 Le contrôle du respect des dispositions du présent chapitre par les organismes mentionnés au 2º de l'article R. 313-22 est assuré, sous l'autorité du ministre chargé du logement et du ministre chargé de l'économie, par la mission interministérielle d'inspection du logement social.

Art. R. 313-44 Le représentant de l'État dans le département d'implantation des logements locatifs appartenant aux sociétés mentionnées à l'article L. 313-27 peut demander, soit à chaque organe délibérant des organismes collecteurs détenteurs de parts ou d'actions de ces sociétés, soit à l'organe délibérant de ces sociétés selon la forme des sociétés, de délibérer une seconde fois, lorsqu'il est envisagé de réaliser une cession de logements dans les conditions dérogatoires mentionnées dans les clauses types des sociétés. Cette demande doit intervenir dans le mois qui suit la réception, par le représentant de l'État, de la délibération autorisant la cession délivrée par lesdits organes délibérants.

Art. R. 313-45 Le versement effectué par la Société nationale des chemins de fer français à la société immobilière des chemins de fer en application de l'article L. 313-1 s'opère sous forme de prêts sans intérêts ou de subvention.

SECTION VII *[ABROGÉE]* DISPOSITIONS TRANSITOIRES MAINTENUES POUR LES OPÉRATIONS ENTREPRISES AVANT LE 10 NOVEMBRE 1966

(Abrogée par Décr. nº 2007-891 du 15 mai 2007)

Art. *R. 313-46 à *R. 313-51 *Abrogés par Décr. nº 2007-891 du 15 mai 2007.*

SECTION VIII *[ABROGÉE]*

(Abrogée par Décr. nº 2012-721 du 9 mai 2012, art. 5)

Art. *R. 313-52 et *R. 313-53 *Abrogés par Décr. nº 2007-891 du 15 mai 2007.*

Art. *R. 313-54 *Abrogé par Décr. nº 2012-721 du 9 mai 2012, art. 5.*

Art. *R. 313-55 et *R. 313-56 *Abrogés par Décr. nº 2007-891 du 15 mai 2007.*

SECTION IX *[ABROGÉE]*

(Décr. nº 97-143 du 14 févr. 1997)
(Abrogée par Décr. nº 2012-721 du 9 mai 2012, art. 5)

Art. R. 313-57 à R. 313-63 *Abrogés par Décr. nº 2012-721 du 9 mai 2012, art. 5.*

CHAPITRE IV LOGEMENT DES FONCTIONNAIRES

COMMENTAIRE

L'État a développé des mécanismes spécifiques d'aide destinés à ses agents ainsi qu'aux personnels des collectivités territoriales.

Il s'agit principalement de prêts complémentaires bénéficiant de la garantie de l'État, réservés aux fonctionnaires.

De même, des conventions peuvent être passées entre les ministres avec des organismes et des sociétés de construction qui s'engagent à réserver, en contrepartie de la contribution de l'État, des logements destinés à être loués aux fonctionnaires.

Il existe également une commission centrale du logement des fonctionnaires et agents civils de l'État, composée paritairement, organisme consultatif dans ce domaine.

Enfin, le code contient des dispositions spécifiques au logement des personnels militaires et au logement des personnels de l'aviation civile et de la météorolcgie hors de la métropole. ❑

SECTION PREMIÈRE DISPOSITIONS GÉNÉRALES

Art. R. 314-1 **Des prêts complémentaires en vue de la construction de logements et bénéficiant de la garantie de l'État sont réservés aux fonctionnaires titulaires civils et militaires de l'État et des établissements publics de l'État à l'exclusion des établissements à caractère industriel et commercial, aux magistrats de l'ordre judiciaire, aux ouvriers tributaires du décret nº 65-836 du 24 septembre 1965, aux agents temporaires et auxiliaires de l'État et des établissements publics susmentionnés rémunérés dans les mêmes conditions que les fonctionnaires titulaires ainsi qu'aux personnels des départements et des communes et des établissements publics en dépendant, affiliés à la caisse de retraite des agents des collectivités locales ou à des caisses intercommunales ou interdépartementales de retraite, en activité de service. Les prêts complémentaires peuvent faire l'objet en ce qui concerne les fonctionnaires et agents de l'État et des établissements publics de l'État sus-indiqués de bonifications d'intérêt permettant d'abaisser le taux de ces prêts.** — *V. note ss. art. R. 314-3.*

V. Arr. 22 juin 1972 (JO 29 juin) portant attribution aux fonctionnaires des prêts complémentaires, mod. par Arr. 7 mars 1973 (JO 28 mars), Arr. 21 déc. 1977 (JO 28 déc.), Arr. 3 oct. 1984 (JO 23 oct.) et Arr. 4 sept. 1985 (JO 17 sept.). — Circ. 20 sept. 1972 (JO 25 oct.).
Circ. 7 déc. 1990 (JO 9 déc.) : protocoles d'occupation du patrimoine social.

Les prêts complémentaires réservés aux fonctionnaires ne constituent pas des prêts aidés par l'État au sens des dispositions issues de la loi du 3 janv. 1977 et ne peuvent dès lors ouvrir droit à l'exonération prévue à l'art. 1384 A CGI. • CAA Nantes, 18 févr. 1993, *Chedefaux* : req. *nº 92NT00117.*

Art. R. 314-2 **Le montant des prêts complémentaires susceptibles d'être accordés aux fonctionnaires est fixé par décret en application de l'article R. 314-1. Il ne peut dépasser 35 p. 100 du coût de la construction maximum correspondant à la prime forfaitaire retenue.**

Le taux des prêts complémentaires susceptibles d'être accordés pour faire bénéficier les intéressés de bonifications d'intérêt est fixé par arrêté. Des arrêtés conjoints du ministre chargé des finances et du ministre de la construction et de l'habitation fixent les conditions d'application du présent article et de l'article précédent. – *V. note ss. art. R. 314-3.*

Art. R. 314-3 **Le ministre chargé des finances est autorisé à conclure, pour l'application de l'article R. 314-1 prévoyant la possibilité de prêts complémentaires aux fonctionnaires, toutes conventions utiles et, notamment, le cas échéant, l'obligation d'une assurance sur la vie des emprunteurs.**

Sont autorisées au sens de l'art. 61 de la loi org. nº 2001-692 du 1er août 2001 relative aux lois de finances les garanties accordées par l'État aux prêts consentis par le Crédit foncier de France et le Comptoir des entrepreneurs, devenu Entenial, pour la construction de logements à usage principal d'habitation, en application des art. R. 314-1 à R. 314-3 CCH (L. nº 2003-1312 du 30 déc. 2003, art. 80-I-5º).

Art. R. 314-4 *(Décr. nº 2004-246 du 19 mars 2004, art. 1er-I)* **Des conventions peuvent être conclues par l'État et ses établissements publics n'ayant pas le caractère industriel et commercial avec des organismes ou sociétés de construction ou de construction et de gestion de logements ainsi qu'avec des organismes gestionnaires de la participation des employeurs à l'effort de construction qui s'engagent, en contrepartie d'une contribution financière revêtant la forme de prêts ou de subventions, à réserver des logements destinés à être loués à des agents de l'État ou de ces établissements publics.**

Ces conventions doivent être conformes à une convention type déterminée par arrêté conjoint des ministres des finances et du logement. Elles sont signées, au nom de l'État, par les ministres qui peuvent déléguer ce pouvoir au représentant de l'État dans le département et, au nom des établissements publics, par les autorités habilitées en vertu de leurs statuts. – *V. Arr. 7 mars 2005 (JO 27 mars).*

V. Circ. nº 93-14 du 26 mars 1993, mod. par Circ. nº 95-87 du 29 nov. 1995 (Équipement), Mon. TP 9 févr. 1996, Suppl. textes, p. 287.

Art. R. 314-4-1 *Abrogé par Décr. nº 2004-246 du 19 mars 2004, art. 1er-I.*

Art. R. 314-5 *(Décr. nº 2004-246 du 19 mars 2004, art. 1er-II)* **L'octroi de la contribution financière prévue à l'article R. 314-4 ne fait pas obstacle à l'attribution des aides prévues par le présent code.**

Art. R. 314-6 *Abrogé par Décr. nº 2004-246 du 19 mars 2004, art. 1er-IV.*

Art. R. 314-7 **Des terrains domaniaux affectés au département chargé des armées peuvent être loués pour une durée supérieure à dix-huit ans :**

***a*) A des particuliers et organismes immobiliers quelconques, en vue de la réalisation d'immeubles à usage de logements réservés aux fonctionnaires civils et militaires et construits en application de l'article R. 314-1.**

***b*) A des organismes d'habitations à loyer modéré, en vue de la réalisation soit de logements destinés aux fonctionnaires et militaires par application du livre IV du présent code, soit de logements réservés en totalité ou en partie aux personnels civils ou militaires du département chargé des armées et réalisés par tout autre mode de financement.**

Les conventions à intervenir en ce qui concerne ces derniers logements peuvent comporter des avantages ou garanties prévus dans les conventions passées en vertu des dispositions du présent chapitre.

SECTION II LOGEMENT DES PERSONNELS CIVILS DE L'ÉTAT

Art. R. 314-8 à R. 314-15 *Abrogés par Décr. nº 2004-246 du 19 mars 2004, art. 1er-IV.*

SECTION III LOGEMENT DES PERSONNELS MILITAIRES

Art. R. 314-16 Les conventions prévues par *(Décr. nº 2004-246 du 19 mars 2004, art. 1er-III)* « l'article R. 314-4 » et concernant les logements réservés aux personnels militaires ainsi que les avenants aux conventions déjà conclues sont, sauf en cas de délégation aux préfets donnée en application du décret nº 68-1070 du 29 novembre 1968, signés par le ministre de la défense sur proposition d'une commission dite « Commission d'études pour le logement des personnels militaires », présidée par ledit ministre et composée de :

– deux représentants du ministre chargé de la construction et de l'habitation ;
– deux représentants du ministre chargé des finances ;
– deux représentants du ministre de la défense.

Indépendamment du visa du *(Décr. nº 2012-1247 du 7 nov. 2012, art. 2)* « contrôleur budgétaire » pour le département des armées, ces conventions doivent être communiquées au préalable au ministre chargé des finances et au ministre chargé de la construction et de l'habitation, qui disposent d'un délai d'un mois pour y faire opposition le cas échéant.

La commission peut convoquer toute personne qu'elle juge nécessaire d'entendre, notamment les représentants des administrations intéressées aux programmes de construction de logements.

Art. R. 314-17 La commission instituée à l'article R. 314-16 est chargée notamment :

1º D'assurer en fonction des besoins la coordination des programmes et éventuellement d'en provoquer l'élaboration ;

2º D'étudier et de préparer les conventions à conclure avec les organismes ou personnes en mesure de réaliser les programmes ;

3º De suivre les conditions de réalisation des programmes.

Les services du ministère chargé de la construction et de l'habitation apportent leur concours à l'accomplissement des tâches confiées à la commission par la présente section.

Art. R. 314-18 Les conventions prévues à l'article R. 314-16 fixent notamment :

1º Le montant et les modalités de la contribution de l'État ;

2º Le nombre, les caractéristiques et la situation des logements réservés aux fonctionnaires ou agents de l'État et des établissements publics de l'État ;

3º Les conditions de réalisation et de contrôle du programme ;

4º Les conditions d'attribution et de location des logements réservés ;

5º La durée de la garantie d'occupation desdits logements.

Art. R. 314-19 Dans les territoires d'outre-mer, l'administration militaire peut assurer elle-même la construction des logements nécessaires à ses personnels, à l'aide de crédits qui lui sont accordés à cet effet.

La gestion, l'entretien et le gardiennage des immeubles à destination de logements et construits par l'État au moyen de crédits ouverts à cet effet au titre de la défense en application du présent article peuvent être confiés à des *(Décr. n° 2008-566 du 18 juin 2008)* « offices publics de l'habitat » ou à des sociétés d'habitations à loyer modéré, aux conditions fixées par des contrats de gérance établis à la diligence de l'administration des services fiscaux (domaines).

La cession de ces immeubles peut être consentie à ces organismes. L'opération est réalisée à l'amiable par les soins de l'administration des services fiscaux (domaines) dans les formes fixées pour la vente des biens de l'État. Le règlement du prix est effectué dans les conditions d'intérêt et d'amortissements prévues pour les prêts consentis en application de la législation sur les habitations à loyer modéré.

SECTION IV LOGEMENT DES PERSONNELS DE L'AVIATION CIVILE ET DE LA MÉTÉOROLOGIE HORS DE LA MÉTROPOLE

Art. R. 314-20 La construction, l'aménagement ou la gérance des logements destinés aux personnels de l'aéronautique civile et de la météorologie relevant du ministre chargé de l'aviation civile, en service en dehors du territoire de la France métropolitaine, peuvent être assurés dans les conditions définies aux articles ci-après.

Art. R. 314-21 Le ministre chargé de l'aviation civile est autorisé :

a) A assurer lui-même la construction ou l'aménagement des logements concernés par l'article R. 314-20 par imputation sur les crédits d'équipement mis à sa disposition ;

b) A passer, le cas échéant, avec des organismes d'habitations à loyer modéré ou avec des organismes immobiliers publics ou privés toutes conventions ayant le même objet.

Ces conventions sont signées par le ministre chargé de l'aviation civile et par le ministre chargé des finances après accord du ministre chargé des départements et territoires d'outre-mer. Dans les départements d'outre-mer, les dispositions desdites conventions concernant des organismes d'habitations à loyer modéré doivent également recevoir l'accord du ministre chargé de la construction et de l'habitation.

Art. R. 314-22 En cas de besoin, le ministre chargé de l'aviation civile est autorisé à apporter aux organismes ou sociétés mentionnés à l'article R. 314-21 une aide financière exceptionnelle comportant une participation aux frais de construction. Cette participation est :

– soit imputée sur les crédits d'équipements, mis à sa disposition ;
– soit constituée suivant les modalités prévues à l'article R. 314-25.

Art. R. 314-23 La cession des immeubles ou de partie des immeubles d'habitation construits par l'État en application de la présente section peut être consentie au profit d'organismes ou de sociétés immobiliers qui s'engagent à réserver des locaux d'habitation aux personnels concernés par l'article R. 314-20 et à pratiquer les tarifs de location homologués par l'autorité administrative et conformes aux dispositions en vigueur dans le territoire considéré.

L'opération est réalisée à l'amiable par les soins de l'administration des services fiscaux (domaines) dans les formes fixées pour la vente des biens de l'État.

Le règlement du prix peut être effectué dans les conditions d'intérêt et d'amortissements prévues pour les prêts consentis en application de la législation sur les habitations à loyer modéré.

Art. R. 314-24 Les immeubles destinés au logement des personnels de l'aviation civile et de la météorologie dans les territoires d'outre-mer et construits avec l'aide financière de l'État doivent lui revenir en totalité ou en partie pour une valeur au moins égale à celle de sa participation.

Art. R. 314-25 Si la convention passée entre l'État et l'organisme constructeur public ou privé comporte le retour à l'État des logements construits en application de cette convention, l'administration des services fiscaux (domaines) est autorisée à se dessaisir au profit dudit organisme d'immeubles bâtis ou non bâtis appartenant à l'État :

– soit au moyen d'une cession dont le prix peut ne pas être effectivement versé, mais s'ajoute à la participation de l'État prévue à l'article R. 314-22 pour le calcul de ladite participation ;

– soit au moyen d'une location pouvant excéder dix-huit ans, dont le loyer peut ne pas être effectivement versé mais s'ajoute à la participation de l'État mentionnée audit article pour le calcul de cette participation ;

– soit sous la forme d'un apport entraînant participation de l'État au capital social du cessionnaire.

Ces diverses opérations sont réalisées à l'amiable.

Art. R. 314-26 A défaut de gestion directe, la gérance des immeubles d'habitation concernés par l'article R. 314-20 et appartenant à l'État peut être confiée à l'amiable par l'administration des services fiscaux (domaines) à des organismes publics ou privés.

Art. R. 314-27 Les décrets pris pour l'application de la présente section doivent être approuvés en ce qui concerne les organismes d'habitations à loyer modéré dans les départements d'outre-mer par le ministre chargé de la construction et de l'habitation.

Les textes fixant les conditions d'application de ladite section dans les différents territoires ne peuvent être modifiés que par décrets en Conseil d'État.

CHAPITRE V ÉPARGNE-LOGEMENT – DISPOSITIONS TRANSITOIRES APPLICABLES À L'ÉPARGNE-CONSTRUCTION ET À L'ÉPARGNE-CRÉDIT

SECTION PREMIÈRE COMPTES D'ÉPARGNE-LOGEMENT

SOUS-SECTION 1 OUVERTURE ET FONCTIONNEMENT DES COMPTES D'ÉPARGNE-LOGEMENT

Art. *R. 315-1 Les comptes d'épargne-logement peuvent être ouverts au nom de personnes physiques par les caisses d'épargne ainsi que par les banques et organismes de crédit ayant passé avec l'État une convention à cet effet.

V. ss. art. R. 315-6.

Art. *R. 315-2 Les sommes inscrites aux comptes d'épargne-logement portent intérêt, à un taux fixé par arrêté du ministre chargé des finances *(Décr. nº 92-358 du 1er avr. 1992, art. 4)* « et du ministre chargé de la construction et de l'habitation ».

Au 31 décembre de chaque année l'intérêt s'ajoute au capital et devient lui-même productif d'intérêt.

V. ss. art. R. 315-6.

Art. *R. 315-3 Il est délivré aux titulaires de comptes d'épargne-logement un livret mentionnant les opérations effectuées à leur compte.

Le montant du dépôt minimum auquel est subordonnée l'ouverture d'un compte d'épargne-logement et le montant minimum des versements ultérieurs sont fixés par

arrêté du ministre chargé des finances *(Décr. nº 92-358 du 1er avr. 1992, art. 4)* **« et du ministre chargé de la construction ».** – *V. ci-dessous.*

Les sommes inscrites au compte sont remboursables à vue. Toutefois, le retrait de fonds qui aurait pour effet de réduire le montant du dépôt à un montant inférieur au dépôt minimum prévu à l'alinéa précédent entraîne la clôture du compte.

V. ss. art. R. 315-6.

Arrêté du 1er avril 1992,

Fixant les conditions des opérations d'épargne-logement propres au régime des plans et des comptes d'épargne-logement (JO 3 avr.).

Art. 1er Le montant du dépôt minimum auquel est subordonnée l'ouverture d'un compte d'épargne-logement et le montant minimum des versements ultérieurs prévus à l'article R. 315-3 du code de la construction et de l'habitation sont fixés respectivement à *(Arr. du 3 sept. 2001, art. 3-XXIII)* « 300 € et 75 € ».

....

Art. 5 Les dispositions de l'article 1er du présent arrêté sont applicables à compter du 31 décembre 1992 à l'ensemble des comptes d'épargne-logement.

Art. *R. 315-4 **Le montant maximum des sommes qui peuvent être portées à un compte d'épargne-logement est fixé par arrêté du ministre chargé des finances** *(Décr. nº 92-358 du 1er avr. 1992, art. 4)* **« et du ministre chargé de la construction et de l'habitation ».**

V. ss. art. R. 315-6.

Arrêté du 1er avril 1992,

Fixant les conditions des opérations d'épargne-logement propres au régime des plans et des comptes d'épargne-logement (JO 3 avr.).

Art. 2 Le montant maximum des dépôts qui, en application de l'article R. 315-4 du code de la construction et de l'habitation, peuvent être effectués sur un plan d'épargne-logement est fixé à *(Arr. du 3 sept. 2001, art. 3-XXIII)* « 61 200 € ».

....

Art. 6 Les dispositions de l'article 2 sont applicables aux plans ouverts à compter du 1er avril 1992 ainsi qu'aux plans d'épargne-logement qui, à cette date, ne sont pas encore venus à terme.

Art. *R. 315-5 **Nul ne peut être titulaire simultanément de plusieurs comptes d'épargne-logement, sous peine de perdre la totalité des intérêts acquis ainsi que la vocation à bénéficier du prêt et de la prime d'épargne prévus aux sous-sections 2 et 3.**

V. ss. art. R. 315-6.

Art. *R. 315-6 **Les livrets d'épargne-logement et les droits appartenant à leurs titulaires ne peuvent être remis en nantissement.**

Les dispositions des art. R. 315-1 à R. 315-6 sont applicables en Nouvelle-Calédonie et en Polynésie française (Décr. nº 2001-383 du 3 mai 2001, art. 1er et 2).

SOUS-SECTION 2 ATTRIBUTION DE PRÊTS

Art. *R. 315-7 Les titulaires d'un compte d'épargne-logement peuvent, sous réserve des dispositions de l'article R. 315-13, obtenir un prêt lorsque ce compte est ouvert depuis dix-huit mois au moins et lorsque le montant des intérêts acquis s'élève au moins à un montant fixé par arrêté du ministre chargé des finances *(Décr. nº 92-358 du 1er avr. 1992, art. 4)* « et du ministre chargé de la construction et de l'habitation », en fonction du minimum exigé pour l'ouverture du compte ainsi que du taux d'intérêt appliqué aux dépôts.

Toutefois ce montant est abaissé à 22,5 € lorsque le prêt est destiné au financement de travaux de réparation ou d'amélioration dont la nature est fixée par l'arrêté du ministre chargé des finances et du ministre chargé de la construction et de l'habitation prévu à l'article R. 315-8.

Sur la demande du titulaire du compte, l'organisme auprès duquel le compte est ouvert délivre une attestation indiquant que ces deux conditions sont remplies ; cette attestation permet au titulaire du compte de bénéficier d'une priorité pour l'attribution des primes et prêts spéciaux prévus par les articles L. 311-1 à L. 311-7 s'il satisfait aux conditions exigées pour leur attribution.

V. Circ. du 14 juin 1982 (JONC 30 juin). – Arr. du 15 mars 1976, mod. par Arr. du 27 avr. 1982 (JO 30 avr.), Arr. du 3 sept. 2001 (JO 10 et 11 sept.).

Pour l'application en Nouvelle-Calédonie et en Polynésie française de l'art. R. 315-7, le troisième alinéa de ce texte est remplacé par les dispositions suivantes : « Sur la demande du titulaire du compte, l'organisme auprès duquel le compte est ouvert délivre une attestation indiquant que ces deux conditions sont remplies. » (Décr. nº 2001-383 du 3 mai 2001, art. 1er et 2-I).

Art. *R. 315-8 *(Décr. nº 85-638 du 26 juin 1985)* Les prêts d'épargne-logement ne peuvent être attribués que pour les objets définis à l'article L. 315-2.

La nature des travaux de réparation ou d'amélioration susceptibles de donner lieu à l'attribution de prêts est fixée par arrêté du ministre chargé des finances *(Décr. nº 92-358 du 1er avr. 1992, art. 4)* « et du ministre chargé de la construction et de l'habitation ».

Peuvent bénéficier d'un prêt d'épargne-logement en application du deuxième alinéa de l'article L. 315-1 les résidences utilisées à titre personnel et familial pour le repos et les loisirs. Les locations occasionnelles et de durée limitée ne font pas perdre le droit au prêt.

Les résidences de tourisme qui, en application du deuxième alinéa de l'article L. 315-1, peuvent bénéficier de prêts d'épargne-logement sont les résidences dont les normes sont arrêtées par le ministre chargé du tourisme en application du décret nº 66-871 du 13 juin 1966.

Un bénéficiaire de prêt d'épargne-logement attribué en application d'un des deux alinéas de l'article L. 315-1 ne peut bénéficier d'un prêt afférent au financement de logements prévus à l'autre alinéa du même article aussi longtemps que le premier prêt n'a pas été intégralement remboursé.

Pour l'application en Nouvelle-Calédonie et en Polynésie française de l'art. R. 315-8, au quatrième alinéa de ce texte, les mots : « le ministre chargé du tourisme en application du décret nº 66-871 du 13 juin 1966 » sont remplacés par les mots : « les autorités de la Nouvelle-Calédonie et de la Polynésie française » (Décr. nº 2001-383 du 3 mai 2001, art. 1er et 2-II).

Art. *R. 315-9 Le taux d'intérêt des prêts est égal au taux d'intérêt servi aux dépôts effectués au compte d'épargne-logement.

L'emprunteur supporte en sus des intérêts, le remboursement des frais financiers et des frais de gestion dans la limite d'un maximum fixé par arrêté du ministre chargé des finances.

(Décr. nº 2011-209 du 25 févr. 2011, art. 1er) « En cas d'utilisation, en un prêt unique, de droits à prêts acquis au titre d'un ou de plusieurs comptes d'épargne-logement, le

taux de ce prêt unique est égal à la moyenne pondérée des taux des prêts qui auraient été consentis au titre de ces différents comptes d'épargne-logement ; ces taux sont pondérés par les montants des prêts de même durée qui résultent des droits acquis et utilisés sur le ou lesdits comptes d'épargne-logement. »

Toutes sommes exigibles, en principal, intérêts ou accessoires, et demeurées impayées, portent intérêt au taux résultant des *(Décr. nº 2011-209 du 25 févr. 2011, art. 1er)* **« trois » alinéas précédents majoré de trois points.**

V. ss. art. R. 315-15.

Concernant les taux d'intérêt des dépôts et des prêts d'épargne-logement et concernant le montant de la prime propre au régime des plans d'épargne-logement, V., pour les contrats signés : à compter du 2 mai 1977, Arr. du 28 avr. 1977 (JO 30 avr. ; Rect. 8 mai) ; à compter du 1er janv. 1981, Arr. du 16 déc. 1980 (JO 21 déc.), mod. par Arr. du 3 sept. 2001 (JO 10 et 11 sept.) ; à compter du 15 juin 1983, Arr. du 11 juin 1983 (JO 15 juin), mod. par Arr. du 30 déc. 1983 (JO 31 déc.), Arr. du 3 sept. 2001 (JO 10 et 11 sept.) ; à compter du 16 août 1984, Arr. du 13 et 16 août 1984 (JO 14 et 25 août) ; à compter du 1er juill. 1985, Arr. du 28 juin 1985 (JO 30 juin) ; à compter du 15 mai 1986, Arr. du 14 mai 1986 (JO 18 mai), Arr. du 4 févr. 1994 (JO 5 févr.) ; à compter du 23 janv. 1997, Arr. du 20 janv. 1997 (JO 21 janv.) ; à compter du 16 juin 1998, Arr. du 6 juin 1998 (JO 7 juin) ; à compter du 26 juill. 1999, Arr. du 23 juill. 1999 (JO 24 juill.), Arr. du 29 juin 2000 (JO 30 juin) et Arr. du 29 juill. 2003 (JO 30 juill.) ; à compter du 1er mars 2011, Arr. du 25 févr. 2011 (JO 26 févr.).

Arr. 15 mars 1976 (JO 17 mars) relatif aux conditions des opérations d'épargne-logement, mod. par Arr. du 27 avr. 1982 (JO 30 avr.), Arr. du 3 sept. 2001 (JO 10 et 11 sept.). – Arr. du 15 mars 1976 (JO 17 mars) fixant les conditions des opérations d'épargne-logement propres au régime des plans d'épargne-logement, mod. par Arr. du 3 sept. 2001 (JO 10 et 11 sept.). – Arr. du 1er avr. 1992 (JO 3 avr.), mod. par Arr. du 3 sept. 2001 (JO 10 et 11 sept.) : même objet.

Concernant le régime de l'épargne-logement, V. Circ. du 11 juill. 1986 (JO 24 juill.) ; Circ. du 23 avr. 1992 (JO 14 mai) ; Circ. du 16 mars 1994 (JO 2 avr.) ; Circ. 4 juin 1996 (JO 14 juin) ; Circ. du 28 janv. 1997 (JO 6 févr.), mod. par Circ. du 10 mars 1997 (JO 20 mars) ; Circ. du 24 juin 1998 (JO 1er juill.) ; Circ. du 23 juill. 1999 (JO 24 juill.) ; Circ. du 4 juill. 2000 (JO 14 juill.).

Le Décr. nº 2011-209 du 25 févr. 2011 est applicable en Nouvelle-Calédonie et en Polynésie française dans les conditions prévues par le Décr. nº 2001-383 du 3 mai 2001 (Décr. nº 2011-1255 du 7 oct. 2011, art. 1er).

Art. *R. 315-10 **Les prêts sont amortissables en deux années au moins et quinze années au plus ; le remboursement anticipé des prêts est toujours possible.**

V. ss. art. R. 315-15.

Art. *R. 315-11 *(Décr. nº 85-638 du 26 juin 1985, art. 2)* **Pour la construction, l'acquisition, les travaux d'extension, de réparation ou d'amélioration d'un même logement, le prêt ou, le cas échéant, le montant cumulé des prêts consentis au titre de l'épargne-logement ne peut excéder un montant fixé par arrêté du ministre chargé des finances** *(Décr. nº 92-358 du 1er avr. 1992, art. 4)* **« et du ministre chargé de la construction et de l'habitation ».** – *V. ci-dessous.*

Lorsqu'un même emprunteur obtient plusieurs prêts d'épargne-logement, l'encours des capitaux prêtés ne doit à aucun moment dépasser le maximum fixé par ledit arrêté. – *V. ci-dessous.*

V. ss. art. R. 315-15.

Arrêté du 1er avril 1992,

Fixant les conditions des opérations d'épargne-logement propres au régime des plans et des comptes d'épargne-logement (JO 3 avr.).

Art. 3 Le montant maximum des prêts d'épargne-logement prévu à l'article R. 315-11 du code de la construction et de l'habitation susceptibles d'être attribués aux souscripteurs d'un plan d'épargne-logement est fixé à *(Arr. du 3 sept. 2001, art. 3-XXIII)* « 92 000 € ».

....

Art. 7 Les dispositions des articles 3 et 4 du présent arrêté sont applicables aux demandes de prêt déposées à compter de la date de sa publication (*JO 3 avr.*).

Art. *R. 315-12 *(Décr. nº 93-590 du 27 mars 1993, art. 1er)* **Sous réserve des dispositions des articles R. 315-10 et R. 315-11, le montant et la durée maximum des prêts sont fixés de telle sorte que le total des intérêts à payer par l'emprunteur soit égal au total des intérêts acquis à la date de la demande du prêt et pris en compte pour le calcul du montant du prêt multiplié par un coefficient au minimum égal à 1.**

Le coefficient maximum de conversion des intérêts est fixé à 1,5 en matière de comptes d'épargne-logement à l'exception des prêts destinés au financement de la souscription de parts de sociétés civiles de placement immobilier pour lesquels le coefficient maximum de conversion des intérêts est fixé à 1.

Lors de l'ouverture d'un compte d'épargne, les coefficients en vigueur et les barèmes en résultant doivent être mentionnés sur le livret délivré au titulaire.

V. ss. art. R. 315-15.

V. Circ. 29 avr. 1993 (Mon. TP 11 juin 1993, Suppl. textes, p. 321) : régime de l'épargne-logement.

Art. *R. 315-13 *(Décr. nº 85-638 du 26 juin 1985, art. 3)* **« Pour la détermination du prêt, il peut être tenu compte des intérêts acquis aux comptes d'épargne-logement du conjoint, des ascendants, descendants, oncles, tantes, frères, sœurs, neveux et nièces du bénéficiaire ou de son conjoint, des conjoints des frères, sœurs, ascendants et descendants du bénéficiaire ou de son conjoint. »**

Chacun de ces comptes doit être ouvert depuis un an au moins et l'un quelconque d'entre eux doit, à défaut de celui du bénéficiaire, être ouvert depuis dix-huit mois au moins.

V. ss. art. R. 315-15.

V. Circ. 23 avr. 1992 (JO 14 mai) relative au régime de l'épargne-logement.

Art. *R. 315-14 **Une garantie hypothécaire et une assurance sur la vie peuvent être exigées pour le remboursement des prêts.**

V. ss. art. R. 315-15.

Art. *R. 315-15 **En cas de décès du titulaire d'un compte d'épargne-logement, les héritiers ou légataires peuvent obtenir le prêt et la prime d'épargne dans les mêmes conditions que le titulaire du compte. Ces droits peuvent faire l'objet d'un partage, indépendamment du partage des capitaux inscrits au compte.**

Les dispositions des art. R. 315-7 à R. 315-15 sont applicables en Nouvelle-Calédonie et en Polynésie française, sous réserve des adaptations prévues aux art. R. 315-7 et R. 315-8 [V. notes ss. ces art.] (Décr. nº 2001-383 du 3 mai 2001, art. 1er et 2).

SOUS-SECTION 3 PRIME D'ÉPARGNE

Art. *R. 315-16 *(Décr. nº 94-123 du 11 févr. 1994, art. 1er)* **« Les bénéficiaires des prêts concernés par la sous-section 2 reçoivent de l'État une prime d'épargne versée au moment de la réalisation du prêt.**

« La prime d'épargne versée au souscripteur d'un compte d'épargne-logement ouvert avant le 1er juillet 1985 est égale à la somme des intérêts acquis au 16 février 1994 et d'une fraction des intérêts acquis à compter de cette dernière date.

« La prime d'épargne versée au souscripteur d'un compte d'épargne-logement ouvert entre le 1er juillet 1985 et le 15 mai 1986 est égale à la somme des neuf treizièmes des intérêts acquis au 16 février 1994 et d'une fraction des intérêts acquis à compter de cette dernière date.

« La prime d'épargne versée au souscripteur d'un compte d'épargne-logement ouvert entre le 15 mai 1986 et le 16 février 1994 est égale à la somme des cinq onzièmes des intérêts acquis au 16 février 1994 et d'une fraction des intérêts acquis à compter de cette dernière date.

« La fraction, mentionnée aux alinéas qui précèdent, des intérêts acquis à compter du 16 février 1994 est fixée de manière uniforme pour l'ensemble des comptes d'épargne-logement par arrêté du ministre chargé des finances et du ministre chargé du logement. » – *V. Arr. du 28 juin 1985 (D. et ALD 1985. 352 ; JO 30 juin), Arr. du 14 mai 1986, art. 2 (D. et ALD 1986. 375 ; JO 18 mai), Arr. du 4 févr. 1994 (JO 5 févr.) et Circ. du 16 mars 1994 (JO 2 avr.).*

Toutefois la prime d'épargne ne peut pas dépasser par opération de prêt un montant fixé par arrêté du ministre chargé des finances, du ministre chargé de la construction et de l'habitation.

Toute infraction aux dispositions de la présente section est susceptible d'entraîner la répétition de la prime, sans préjudice de l'intérêt sur les versements indus à un taux annuel égal au double du taux d'intérêt servi aux dépôts en vigueur au moment où la prime a été payée à son bénéficiaire.

Pour l'application en Nouvelle-Calédonie et en Polynésie française de l'art. R. 315-16, le premier alinéa de ce texte est complété par les mots : « selon les modalités définies par conventions entre l'État et, d'une part, la Nouvelle-Calédonie, d'autre part, la Polynésie française » (Décr. no 2001-383 du 3 mai 2001, art. 1er et 2-III).

V. Arr. du 4 févr. 1994 (JO 5 févr.) : taux d'intérêt des dépôts et des prêts d'épargne-logement ; montant de la prime propre au régime des plans et des comptes d'épargne-logement. – Circ. 16 mars 1994 (JO 2 avr.) : régimes de l'épargne-logement.

Art. *R. 315-17 Les dispositions du troisième alinéa de l'article R. 315-9 et du dernier alinéa de l'article R. 315-16 sont applicables aux prêts et aux primes d'épargne attribués au titre des comptes d'épargne-logement ouverts postérieurement au 15 mars 1976.

Le taux d'intérêt applicable en cas d'exigibilité ou de répétition d'un prêt ou d'une prime attribué au titre des comptes d'épargne-logement ouverts jusqu'à cette date est de 6 p. 100 l'an.

Les dispositions de l'art. R. 315-17 sont applicables en Nouvelle-Calédonie et en Polynésie française (Décr. no 2001-383 du 3 mai 2001, art. 1er et 2).

SOUS-SECTION 4 GESTION ET CONTRÔLE DES OPÉRATIONS

Art. *R. 315-18 Les fonds des comptes d'épargne-logement non employés à des opérations de prêt concernées par la sous-section 2 doivent être affectés à des emplois intéressant la construction de logements.

V. ss. art. R. 315-23.

Art. *R. 315-19 Les dispositions du code des caisses d'épargne sont applicables aux comptes d'épargne-logement ouverts par les caisses d'épargne en tout ce qui n'est pas contraire aux dispositions des articles L. 315-1 à L. 315-7 et de la présente section.

Le ministre chargé des finances est autorisé à passer avec la Caisse des dépôts et consignations et les autres organismes intéressés les conventions nécessaires à la réalisation des opérations prévues par les articles L. 315-1 à L. 315-7.

Les modalités de gestion des fonds et d'octroi des prêts concernant les comptes d'épargne-logement ouverts dans les caisses d'épargne sont fixées dans une convention

passée entre le ministre chargé des finances, la Caisse des dépôts et consignations et les établissements intéressés.

Les dispositions de l'art. R. 315-19 sont applicables en Nouvelle-Calédonie et en Polynésie française, à l'exception du premier alinéa de ce texte (Décr. n° 2001-383 du 3 mai 2001, art. 1er et 2).

Art. *R. 315-20 **Les banques et organismes de crédit doivent être spécialement habilités par une convention passée avec le ministre chargé des finances à tenir des comptes d'épargne-logement.**

De telles conventions peuvent être passées soit avec des organismes soumis aux dispositions de la loi n° 52-332 du 24 mars 1952 relative aux entreprises de crédit différé, soit avec des banques et organismes de crédit justifiant à leur bilan d'un montant minimum de capitaux propres dans des conditions fixées par un arrêté du ministre chargé des finances, soit avec des banques et organismes de crédit qui acceptent de se soumettre aux modalités de gestion des fonds et d'octroi des prêts de l'épargne-logement fixées pour les caisses d'épargne.

V. ss. art. R. 315-23.

V. Arr. du 15 mars 1976 (cité ss. art. R. 315-9) fixant les conditions des opérations d'épargne-logement.

Art. *R. 315-21 **Les conventions mentionnées à l'article précédent comportent l'engagement des organismes intéressés de se conformer aux règles fixées dans la présente section. Elles précisent notamment les conditions du versement par l'État de la prime d'épargne prévue à la sous-section 3 ainsi que les dispositions concernant l'emploi des fonds, la comptabilité et le contrôle des opérations et l'information des déposants.**

V. ss. art. R. 315-23.

Art. *R. 315-22 **Le fonctionnement des comptes d'épargne-logement est soumis à la surveillance des commissaires contrôleurs des assurances et au contrôle de l'inspection générale des finances.**

V. ss. art. R. 315-23.

Art. *R. 315-23 *Abrogé par Décr. n° 80-1031 du 16 déc. 1980, art. 7.*

SECTION II PLANS CONTRACTUELS D'ÉPARGNE-LOGEMENT

BIBL. ► J. Hugot et A. Rossignol, Plans d'épargne-logement, *J.-Cl. constr., fasc. 62-3.*

Art. *R. 315-24 **Il est institué une catégorie particulière de comptes d'épargne-logement sous la forme de plans contractuels d'épargne à terme déterminé.**

V. ss. art. R. 315-33. — V. Circ. 11 juill. 1986 (JO 24 juill.) et Circ. 23 avr. 1992 (JO 14 mai) relatives au régime de l'épargne-logement.

SOUS-SECTION 1 MISE EN PLACE ET FONCTIONNEMENT DES PLANS D'ÉPARGNE-LOGEMENT

Art. *R. 315-25 **Les plans d'épargne-logement font l'objet d'un contrat constaté par un acte écrit.**

Ce contrat est passé entre une personne physique et un des établissements mentionnés à l'article R. 315-1. Il engage le déposant et l'établissement qui reçoit les dépôts et précise leurs obligations et leurs droits.

Les opérations effectuées sont retracées dans un compte ouvert spécialement au nom du souscripteur dans la comptabilité de l'établissement qui reçoit les dépôts.

V. ss. art. R. 315-33.

Art. *R. 315-26 Nul ne peut souscrire concurremment plusieurs plans d'épargne-logement sous peine de perdre la totalité des intérêts acquis ainsi que la vocation à bénéficier du prêt et de la prime d'épargne mentionnés aux sous-sections 2 et 3.

Le titulaire d'un compte d'épargne-logement ouvert en application de la section I peut souscrire un plan d'épargne-logement à la condition que ce plan soit domicilié dans le même établissement.

V. ss. art. R. 315-33.

Art. *R. 315-27 La souscription d'un plan d'épargne-logement est subordonnée au versement d'un dépôt initial qui ne peut être inférieur à un montant fixé par arrêté du ministre chargé des finances *(Décr. nº 92-358 du 1er avr. 1992, art. 4)* « et du ministre chargé de la construction et de l'habitation ».

Le souscripteur s'engage à effectuer chaque année, à échéances régulières, mensuelles, trimestrielles ou semestrielles, des versements d'un montant déterminé par le contrat.

Un ou plusieurs versements peuvent être majorés sans que le montant maximum des dépôts fixé par l'arrêté prévu à l'article R. 315-4 puisse être dépassé au terme du plan d'épargne-logement.

Un ou plusieurs versements peuvent être effectués pour un montant inférieur à ce qui est prévu au contrat, à la condition que le total des versements de l'année ne soit pas inférieur à un montant fixé par arrêté du ministre chargé des finances, du ministre chargé de la construction et de l'habitation et du ministre chargé des postes et télécommunications.

V. ss. art. R. 315-33.

Art. *R. 315-28 *(Décr. nº 92-358 du 1er avr. 1992, art. 1er)* I. – Le contrat fixe la durée du plan d'épargne-logement. Cette durée ne peut être inférieure à quatre ans à compter du versement initial, sauf en ce qui concerne les plans ouverts entre le 1er janvier 1981 et le 31 mars 1992 inclus, pour lesquels elle ne peut être inférieure à cinq ans.

Des avenants au contrat initial peuvent, sous réserve des dispositions du II, proroger la durée du plan d'épargne-logement, pour une année au moins, ou la réduire en respectant les limites fixées à l'alinéa qui précède.

II. – La durée d'un plan d'épargne-logement ne peut être supérieure à dix ans.

Toutefois cette disposition ne s'applique pas aux plans d'épargne-logement qui, en vertu du contrat initial ou d'avenants à ce contrat, conclus avant le 1er avril 1992, ont une durée supérieure à dix ans. Ces plans demeurent valables jusqu'à l'expiration du contrat initial ou du dernier avenant et ne peuvent faire l'objet d'aucune prorogation.

Les contrats en cours au 1er avril 1992 d'une durée inférieure à dix ans, soit en vertu du contrat initial, soit en vertu d'avenants, ne peuvent faire l'objet d'aucun avenant ayant pour effet de porter la durée totale du plan à plus de dix ans.

V. ss. art. R. 315-33.

Art. *R. 315-29 Les sommes inscrites au compte du souscripteur d'un plan d'épargne-logement portent intérêt, à un taux fixé par arrêté du ministre chargé des finances *(Décr. nº 92-358 du 1er avr. 1992, art. 4)* « et du ministre chargé de la construction et de l'habitation ».

Au 31 décembre de chaque année, l'intérêt s'ajoute au capital et devient lui-même productif d'intérêt. La capitalisation des intérêts ne peut avoir pour conséquence de réduire le montant du versement annuel minimum prévu à l'article R. 315-27, alinéa 4.

V. ss. art. R. 315-33.

Pour le taux d'intérêt des dépôts et des prêts (plans d'épargne-logement), V. Arr. 15 mars 1976, mod. par Arr. 3 sept. 2001 (JO 10 et 11 sept.) et Arr. et Circ. cités ss. art. R. 315-9.

Art. *R. 315-30 **Les versements et les intérêts capitalisés acquis demeurent indisponibles jusqu'à la date où le retrait définitif des fonds prévu à la sous-section 3 devient possible.**

V. ss. art. R. 315-33 et R. 315-39.

Art. *R. 315-31 **Lorsque le total des versements d'une année est inférieur au montant fixé par l'arrêté prévu au dernier alinéa de l'article R. 315-27, ou lorsque les sommes inscrites au crédit du compte d'un souscripteur font l'objet d'un retrait total ou partiel au cours de la période d'indisponibilité des fonds, le contrat d'épargne-logement est résilié de plein droit et le souscripteur perd le bénéfice des dispositions de la présente section.**

(Décr. nº 80-1031 du 16 déc. 1980, art. 2) **« Toutefois, si le retrait intervient après l'écoulement de la période minimale prévue au contrat, le bénéfice de la présente section lui est conservé pour cette période et les périodes de douze mois consécutives. »**

(Décr. nº 92-358 du 1er avr. 1992, art. 2) **« Si le retrait intervient entre la quatrième et la cinquième année d'un plan d'épargne-logement ouvert antérieurement au 1er avril 1992, le bénéfice de la présente section est conservé pour la période de quatre ans.**

« Si le retrait intervient entre la troisième et la quatrième année, le bénéfice de la présente section est conservé pour la période de trois ans ; la prime versée par l'État est, dans ce cas, réduite dans une proportion fixée par arrêté du ministre chargé des finances et du ministre chargé du logement. » *– V. antérieurement au Décr. du 1er avr. 1992, Arr. du 16 août 1984 (JO 25 août), Arr. du 11 juin 1983, art. 3 (JO 15 juin) et Circ. du 17 juin 1983 (JONC 19 juin). – V. aussi Arr. du 4 févr. 1994 (JO 5 févr.), Arr. du 20 janv. 1997 (JO 21 janv.) et Circ. du 28 janv. 1997 (JO 6 févr.), mod. par Circ. du 10 mars 1997 (JO 20 mars).*

V. ss. art. R. 315-39.

Les dispositions de l'art. R. 315-31 sont applicables en Nouvelle-Calédonie et en Polynésie française, à l'exception du troisième alinéa de ce texte (Décr. nº 2001-383 du 3 mai 2001, art. 1er et 2).

Art. *R. 315-32 **Lorsque le contrat de souscription d'un plan d'épargne-logement est résilié en application de l'article R. 315-31, le souscripteur se voit offrir la possibilité :**

***a*) Soit de retirer les sommes déposées au titre du plan d'épargne-logement, les intérêts versés au souscripteur étant alors évalués par application à l'ensemble de ses dépôts du taux en vigueur en matière de compte d'épargne-logement à la date de la résiliation, lorsque celle-ci intervient moins de deux ans après la date de versement du dépôt initial et au taux fixé par le contrat, lorsque la résiliation intervient plus de deux ans après la date de versement du dépôt initial ;**

***b*) Soit de demander la transformation du plan d'épargne-logement en compte d'épargne-logement au sens de la section I, les intérêts acquis par le souscripteur faisant alors l'objet d'une nouvelle évaluation par application à l'ensemble de ses dépôts du taux en vigueur en matière de compte d'épargne-logement à la date de la transformation.**

(Décr. nº 83-488 du 11 juin 1983, art. 2) **« Cette transformation ne peut avoir pour effet de permettre un dépassement du montant maximum fixé par l'arrêté prévu à l'article R. 315-4. Dans cette éventualité, seuls font l'objet d'un transfert au compte d'épargne-logement les intérêts calculés sur les dépôts effectués par le souscripteur dans la limite de ce montant ; le surplus en capital et intérêts est remis à la disposition du souscripteur. »** *– V. Circ. du 17 juin 1983 (JONC 19 juin).*

Arr. du 20 janv. 1997 (JO 21 janv.) : taux d'intérêt des dépôts et des prêts d'épargne-logement et montant de la prime.

Art. *R. 315-33 Lorsque la transformation ci-dessus entraîne le transfert des sommes déposées au titre du plan d'épargne-logement à un compte d'épargne-logement au sens de la section I dont le souscripteur est déjà titulaire, ce transfert ne peut avoir pour effet de permettre un dépassement du montant maximum fixé par l'arrêté prévu à l'article R. 315-4.

Dans cette éventualité, le transfert est limité à la différence entre le montant maximum des dépôts autorisé et le montant des sommes inscrites au compte d'épargne-logement. Le surplus en capital et intérêts est remis à la disposition du souscripteur. Une attestation d'intérêts acquis, calculés selon les modalités fixées à l'article R. 315-32 *b*, sur les sommes excédentaires est délivrée au souscripteur. Ces intérêts acquis sont pris en considération pour la détermination du montant du prêt d'épargne-logement auquel il peut prétendre.

Les dispositions des art. R. 315-24 à R. 315-33 sont applicables en Nouvelle-Calédonie et en Polynésie française, à l'exception du troisième alinéa de l'art. R. 315-31 [V. note ss. cet art.] (Décr. nº 2001-383 du 3 mai 2001, art. 1er).

SOUS-SECTION 2 ATTRIBUTION DE PRÊTS

Art. *R. 315-34 Lorsque le plan d'épargne-logement est venu à terme, le souscripteur peut demander et obtenir un prêt.

(Décr. nº 2011-209 du 25 févr. 2011, art. 1er) « Pour les plans ouverts à compter du 1er mars 2011, le prêt d'épargne-logement ne peut être consenti au-delà d'un délai de cinq ans à compter de l'arrivée à terme du plan fixée contractuellement en application de l'article R.* 315-28.

« Le souscripteur » peut d'autre part obtenir une attestation lui permettant de bénéficier d'une priorité pour l'attribution des primes et des prêts spéciaux prévus par les articles L. 311-1 à L. 311-3, L. 311-5, L. 311-6, L. 311-9, L. 312-1 et R. 324-1 s'il satisfait aux conditions exigées pour leur attribution.

Les dispositions de l'art. R. 315-34 sont applicables en Nouvelle-Calédonie et en Polynésie française, à l'exception du deuxième alinéa de ce texte (Décr. nº 2001-383 du 3 mai 2001, art. 1er et 2).

Pour le taux d'intérêt des dépôts et des prêts (plans d'épargne-logement), V. les arrêtés et circulaires cités ss. art. R. 315-9. — V. Circ. 8 juill. 1985 (JO 18 juill.).

Le Décr. nº 2011-209 du 25 févr. 2011 est applicable en Nouvelle-Calédonie et en Polynésie française dans les conditions prévues par le Décr. nº 2001-383 du 3 mai 2001 (Décr. nº 2011-1255 du 7 oct. 2011, art. 2-I).

Art. *R. 315-35 *(Décr. nº 85-638 du 26 juin 1985, art. 4)* « Pour la détermination du prêt prévu au premier alinéa de l'article précédent, il peut être tenu compte des intérêts acquis sur les plans et comptes d'épargne-logement du conjoint, des ascendants, descendants, oncles, tantes, frères, sœurs, neveux et nièces du bénéficiaire ou de son conjoint, des conjoints des frères, sœurs, ascendants et descendants du bénéficiaire ou de son conjoint. »

Chacun de ces plans d'épargne-logement doit être venu à terme.

Pour bénéficier des dispositions du présent article, le prêt doit être consenti par l'établissement où est domicilié le plan d'épargne-logement comportant le montant d'intérêts acquis le plus élevé lorsque les divers plans d'épargne-logement concernés ne sont pas souscrits dans le même établissement.

Pour le taux d'intérêt des dépôts et des prêts (plans d'épargne-logement), V. les arrêtés et circulaires cités ss. art. R. 315-9.

V. ss. art. R. 315-38.

Art. *R. 315-36 **Le taux d'intérêt du prêt est égal au taux d'intérêt servi aux dépôts effectués dans le cadre du plan d'épargne-logement.** – *V. Arr. cités ss. art. R. 315-9.*

V. ss. art. R. 315-38.

Art. *R. 315-37 **Le total des intérêts acquis pris en compte pour le calcul du montant du prêt, en application de l'article R. 315-12, est évalué à la date de venue à terme du plan d'épargne-logement.**

(Décr. nº 93-590 du 27 mars 1993, art. 2) **« Le coefficient maximum de conversion des intérêts prévu au deuxième alinéa dudit article est fixé à 2,5 en matière de plans d'épargne-logement à l'exception des prêts destinés au financement de la souscription de parts des sociétés civiles de placement immobilier pour lesquels le coefficient maximum de conversion des intérêts est fixé à 1,5. »** – *V. ss. art. R. 315-31 et textes cités ss. art. R. 315-9.*

V. ss. art. R. 315-38.

Art. *R. 315-38 **L'attribution du prêt consenti au titre du plan d'épargne-logement ne fait pas d'obstacle à l'octroi, en vue du financement d'une même opération, du prêt consenti en application de l'article R. 315-7.**

Toutefois, le montant cumulé des prêts ainsi consenti ne devra pas être supérieur au montant maximum fixé par l'arrêté prévu à l'article R. 315-11.

Le cumul des prêts n'est possible que si ces prêts sont consentis par le même établissement.

Les dispositions des art. R. 315-34 à R. 315-38 sont applicables en Nouvelle-Calédonie et en Polynésie française, à l'exception du deuxième alinéa de l'art. R. 315-34 [V. note ss. cet art.] (Décr. nº 2001-383 du 3 mai 2001, art. 1er).

Arrêté du 1er avril 1992,

Fixant les conditions des opérations d'épargne-logement propres au régime des plans et des comptes d'épargne-logement (JO 3 avr.).

Art. 4 Le montant maximum des prêts d'épargne-logement fixé à l'article 3 ci-dessus *[V. ss. art. R. 315-11]* est également applicable aux prêts attribués dans les conditions prévues à l'article R. 315-38 du code de la construction et de l'habitation.

....

Art. 7 Les dispositions des articles 3 et 4 du présent arrêté sont applicables aux demandes de prêt déposées à compter de la date de sa publication *(JO 3 avr.)*.

SOUS-SECTION 3 RETRAIT DES FONDS ET PRIMES D'ÉPARGNE

Art. R.* 315-39 *(Décr. nº 2011-209 du 25 févr. 2011, art. 1er)* **Le retrait des fonds après l'arrivée à terme laisse subsister le droit au prêt pendant un an dans la limite, pour les plans ouverts à compter du 1er mars 2011, du délai de cinq ans maximum prévu à l'article R.* 315-34.**

Les sommes inscrites au compte du souscripteur continuent à porter intérêt au taux fixé dans les conditions prévues à l'article R.* 315-29 durant la période comprise entre la date d'arrivée à terme du plan d'épargne-logement et celle du retrait effectif des fonds.

Pour les plans ouverts à compter du 1er mars 2011, la rémunération de l'épargne dans les conditions mentionnées à l'alinéa précédent est acquise dans la limite d'une durée de cinq ans à compter de l'arrivée à terme du plan fixée contractuellement en

application de l'article R.* 315-28. A l'issue de cette échéance, et en l'absence de retrait des fonds, le plan d'épargne-logement devient un compte sur livret ordinaire qui n'est plus soumis aux dispositions de la présente section.

Le Décr. n° 2011-209 du 25 févr. 2011 est applicable en Nouvelle-Calédonie et en Polynésie française dans les conditions prévues par le Décr. n° 2001-383 du 3 mai 2001 (Décr. n° 2011-1255 du 7 oct. 2011, art. 2-I).

Art. *R. 315-40 *(Décr. n° 2003-370 du 18 avr. 2003, art. 1er)* **« Pour les plans ouverts avant le 1er janvier 1981, les souscripteurs d'un plan d'épargne logement reçoivent de l'État, lors du retrait des fonds, une prime d'épargne égale au montant des intérêts acquis.**

« Pour les plans ouverts entre le 1er janvier 1981 et le 11 décembre 2002, cette prime est égale à un pourcentage, déterminé par arrêté du ministre chargé des finances et du ministre chargé du logement, des intérêts acquis à la date de venue à terme du plan.

« Pour les plans ouverts à compter du 12 décembre 2002, la prime d'épargne mentionnée à l'alinéa précédent est attribuée aux souscripteurs d'un plan d'épargne logement qui donne lieu à l'octroi du prêt mentionné à l'article R. 315-34, lors du versement de ce prêt. »

(Décr. n° 2011-209 du 25 févr. 2011, art. 1er) **« Pour les plans ouverts à compter du 1er mars 2011, la prime d'épargne mentionnée à l'alinéa précédent est, en outre, subordonnée à l'octroi d'un prêt d'un montant minimum de 5 000 euros. »**

(Décr. n° 83-488 du 11 juin 1983, art. 3) **« En outre, il est versé au souscripteur d'un plan d'épargne-logement bénéficiaire d'un prêt prévu à l'article R. 315-34 pour le financement des dépenses de construction, d'acquisition ou d'amélioration d'un logement destiné à son habitation personnelle une majoration de prime égale à un pourcentage par personne à charge du montant des intérêts acquis pris en compte pour le calcul du montant du prêt, déterminé par** *(Décr. n° 2011-209 du 25 févr. 2011, art. 1er)* **« arrêté du ministre chargé de l'économie, du ministre chargé du budget et du ministre chargé du logement** *[V. Arr. 25 févr. 2011, JO 26 févr.]* **». Seules ouvrent droit au bénéfice de cette majoration les personnes à charge vivant habituellement au foyer du bénéficiaire ».**

(Décr. n° 83-488 du 11 juin 1983, art. 4) **« La prime d'épargne et le montant de la majoration ne peuvent pas dépasser un montant fixé par** *(Décr. n° 2011-209 du 25 févr. 2011, art. 1er)* **« arrêté du ministre chargé de l'économie, du ministre chargé du budget et du ministre chargé du logement ».** *– V. Arr. 25 févr. 2011, JO 26 févr.*

Pour son application en Nouvelle-Calédonie et en Polynésie française, le premier alinéa de l'art. L. 315-40 est complété par les mots : « selon les modalités définies par conventions entre l'État et, d'une part, la Nouvelle-Calédonie, d'autre part, la Polynésie française » (Décr. n° 2001-383 du 3 mai 2001, art. 1er et 2-IV).

L'art. R. 315-40 dans sa rédaction issue du Décr. du 18 avr. 2003 préc. est applicable à la Nouvelle-Calédonie et à la Polynésie française, suivant les modalités prévues par le décret du 3 mai 2001 susvisé.

Pour le taux d'intérêt des dépôts et des prêts (plans d'épargne-logement), V. les arrêtés et circulaires cités ss. art. R. 315-9.

Le Décr. n° 2011-209 du 25 févr. 2011 est applicable en Nouvelle-Calédonie et en Polynésie française dans les conditions prévues par le Décr. n° 2001-383 du 3 mai 2001 (Décr. n° 2011-1255 du 7 oct. 2011, art. 2-I).

V., sur les conditions d'application des Arr. du 25 févr. 2011 (JO 26 févr.) à la Nouvelle-Calédonie et à la Polynésie française, Arr. 7 oct. 2011 (JO 9 oct.).

Art. R. 315-40-1 *(Décr. n° 83-488 du 11 juin 1983, art. 5)* **Pour bénéficier de la majoration de prime prévue à l'article précédent, les souscripteurs d'un plan d'épargne-logement antérieur au 15 juin 1983 doivent souscrire, avant le 31 décembre 1983, un avenant majorant les versements mensuels, trimestriels ou semestriels d'un**

pourcentage minimum, fixé par l'arrêté prévu à l'article précédent dans la limite de 30 p. 100 du montant contractuel en vigueur à la date de publication du présent décret. Les versements ne peuvent être inférieurs à un montant fixé par le même arrêté.

Si le plan d'épargne-logement vient à terme avant le 15 juin 1984, le bénéfice de la majoration est subordonné à la prorogation d'un an du terme du contrat.

• SOUS-SECTION 4 DISPOSITIONS DIVERSES OU PARTICULIÈRES AUX DÉPARTEMENTS D'OUTRE-MER, À SAINT-PIERRE-ET-MIQUELON ET À MAYOTTE

(Décr. no 2006-1215 du 3 oct. 2006).

Art. *R. 315-41 **Les dispositions de la section I sont applicables aux plans d'épargne-logement, pour autant qu'il n'y est pas dérogé par la présente section.**

V. ss. art. R. 315-42.

V. Arr. 15 mars 1976, mod. par Arr. 3 sept. 2001 (JO 10 et 11 sept.) fixant les conditions des opérations d'épargne-logement, cité ss. art. R. 315-9.

Art. R. 315-41-1 *(Décr. no 80-1031 du 16 déc. 1980, art. 6)* **Les souscripteurs de plans d'épargne-logement ouverts antérieurement au 1er janvier 1981 dont le contrat n'a pas atteint le terme fixé soit à l'origine, soit par avenant de prorogation, ou dont le terme est intervenu depuis moins d'un an et qui n'ont pas encore retiré leurs fonds, peuvent prétendre au bénéfice des dispositions applicables aux contrats souscrits à compter du 1er janvier 1981.**

Leur option est constatée par un avenant qui doit intervenir entre le 1er février 1981 et le 31 décembre de la même année. Cet avenant prend effet du jour de sa signature.

Art. R. 315-42 **Le décret en Conseil d'État prévu pour l'application de la section I et de la présente section est pris sur le rapport du ministre chargé des finances, du ministre chargé de la construction et de l'habitation et du ministre chargé des postes et télécommunications.**

Sous réserve des adaptations prévues à l'art. R. 315-40 [V. note ss. cet art.], les dispositions des art. R. 315-39, R. 315-40, R. 315-41 et R. 315-42 sont applicables en Nouvelle-Calédonie et en Polynésie française (Décr. no 2001-383 du 3 mai 2001, art. 1er et 2).

Art. R. 315-43 *Abrogé par Décr. no 2011-209 du 25 févr. 2011, art. 1er.*

• SECTION III DISPOSITIONS TRANSITOIRES

• SOUS-SECTION 1 COMPTES D'ÉPARGNE-CRÉDIT

Art. *R. 315-44 à *R. 315-68 *Abrogés par Décr. no 80-1031 du 16 déc. 1980, art. 7. – V. L. no 80-30 du 18 janv. 1980, art. 54-II (JO 19 janv.) et Circ. 16 févr. 1982, art. VII-1 (JO 3 mars).*

• SOUS-SECTION 2 ÉPARGNE-CONSTRUCTION

Art. **R. 315-69 **Les comptes d'épargne-construction ouverts par les caisses d'épargne ordinaires** *(Abrogé par Décr. no 2005-1068 du 30 août 2005, art. 16-1o) « ou par la caisse nationale d'épargne »* **fonctionnent dans les conditions prévues par les textes**

régissant ces organismes en tout ce qui n'est pas contraire aux dispositions des articles L. 315-19 à L. 315-32 et de la présente sous-section.

Les dispositions particulières, nécessaires en ce qui concerne les comptes ouverts auprès des organismes avec lesquels la Caisse des dépôts et consignations a conclu un accord, sont réglées par cet accord.

Les fonds disponibles sont placés auprès du Crédit foncier de France. Celui-ci peut émettre dans le public des obligations revalorisables conformément à l'article L. 315-26 pour un montant fixé chaque année par le ministre chargé des finances.

Les modifications apportées par le Décr. no 2005-1068 du 30 août 2005 sont entrées en vigueur le 31 déc. 2005 (Décr. préc., art. 21).

Art. **R. 315-70 Le taux d'intérêt applicable aux comptes d'épargne-construction est fixé par arrêté conjoint du ministre chargé des finances et du ministre chargé de la construction et de l'habitation, après avis de la commission de surveillance de la Caisse des dépôts et consignations.

Les variations de ce taux ont lieu par fraction indivisible de 0,25 p. 100.

Art. **R. 315-71 Le taux d'intérêt alloué par la Caisse des dépôts et consignations pour les sommes qui lui sont remises au titre de l'épargne-construction est celui versé aux déposants, augmenté de 0,50 p. 100, en vue de permettre aux caisses d'épargne et autres organismes agréés de faire face à leurs frais de gestion.

Art. **R. 315-72 La Caisse des dépôts et consignations crée un fonds de réserve de l'épargne-construction auquel sont affectés, notamment :

1o L'excédent du revenu des placements effectués par la Caisse des dépôts et consignations et du compte courant avec le Trésor sur les intérêts servis chaque année aux caisses d'épargne et aux organismes agréés ;

2o Le produit des revalorisations des placements effectués auprès du Crédit foncier de France ;

3o Les intérêts et les primes d'amortissement provenant de ce fonds lui-même ;

4o Les retenues d'intérêts imposées aux titulaires de plusieurs comptes, en application de l'article L. 315-25 ;

5o Le montant des sommes prescrites à l'égard des déposants ;

6o Le cas échéant, les versements provenant de la mise en jeu de la garantie de l'État.

Art. **R. 315-73 Peuvent seules être imputées sur le fonds de réserve de l'épargne-construction :

1o Les bonifications d'épargne prévues à l'article L. 315-21 ;

2o Après avis de la commission de surveillance de la Caisse des dépôts et consignations :

a) Les pertes, soit en capital, soit en intérêts, qui viendraient à résulter, pour la Caisse des dépôts et consignations ou le Crédit foncier de France, de la gestion ou du placement, notamment en obligations et en prêts, des fonds provenant des comptes d'épargne-construction ;

b) Les sommes à prélever, soit à titre définitif, soit à titre d'avances, pour faire face aux pertes constatées par les caisses d'épargne ou les autres organismes agréés dans la gestion des comptes d'épargne-construction.

Art. **R. 315-74 Une commission instituée auprès du ministre chargé des finances, et qui se réunit au moins une fois par an, a qualité pour formuler toutes suggestions ou tous vœux ayant pour objet l'épargne-construction. Les administrations intéressées peuvent, de leur côté, provoquer l'avis de la commission sur toutes questions ayant le même objet.

Cette commission est composée comme suit :

– deux membres de l'Assemblée nationale et un membre du Sénat désignés par ces assemblées, sur la proposition des commissions des finances ;

– une personne qualifiée par sa compétence en matière d'institutions de prévoyance, désignée par le ministre chargé des finances ;

– une personne qualifiée par sa compétence en matière de construction, désignée par le ministre chargé de la construction et de l'habitation ;

– le président de la commission supérieure et le président de la conférence générale des caisses d'épargne ;

– le gouverneur du Crédit foncier de France ou son suppléant ;

– le directeur général de la Caisse des dépôts et consignations ou son suppléant ;

– le directeur de la caisse nationale d'épargne ou son suppléant ;

– deux représentants des organismes agréés mentionnés à l'article L. 315-19 désignés par le comité consultatif du secteur financier ;

– le directeur du budget ou son suppléant ;

– le directeur du Trésor ou son suppléant ;

– deux représentants du ministre chargé de la construction et de l'habitation ;

– un représentant du ministre chargé des finances ;

– un représentant du ministre chargé de l'agriculture.

La commission élit son président et un vice-président.

Un administrateur civil du ministère chargé des finances remplit les fonctions de secrétaire, avec voix consultative.

Art. **R. 315-75 La bonification d'épargne prévue à l'article L. 315-21 est acquise au déposant, pour chaque somme déposée, lors de son remboursement effectué pour l'un des investissements prévus audit article.

L'utilisation cumulée de plusieurs comptes peut être faite en vue de la construction d'un seul logement lorsque les titulaires de ces comptes sont au nombre des personnes énumérées à l'article 10, 7°, de la loi n° 48-1360 du 1er septembre 1948 modifiée.

Art. **R. 315-76 Pour le calcul de la bonification, chaque somme versée est multipliée par l'indice du coût de la construction à l'époque du retrait et divisée par le même indice à l'époque du versement. Dans le cas où la somme ainsi trouvée est supérieure au montant versé, la différence constitue la bonification d'épargne.

Dans la métropole, l'indice du coût de la construction est établi trimestriellement par l'Institut national de la statistique et des études économiques. Il est publié au *Journal officiel*. Il est applicable aux versements et retraits opérés dans les trois mois suivant l'expiration du trimestre qu'il concerne.

Dans les départements d'outre-mer, si les prix ne sont pas constatés par l'Institut national de la statistique et des études économiques, les variations du coût de la construction sont constatées dans les conditions qui sont fixées par arrêté préfectoral.

Les intérêts des fonds déposés sont considérés comme des versements effectués le 31 décembre de l'année au cours de laquelle ils ont été produits ; ceux correspondant à l'année de liquidation du compte ne donnent pas lieu à bonification d'épargne.

V. Décr. n° 2009-1568 du 15 déc. 2009 (JO 17 déc.) relatif à l'indice national de la construction.

Art. **R. 315-77 Tout remboursement partiel effectué sur le compte d'épargne-construction porte, quel que soit le motif du retrait, sur les sommes les plus anciennement versées. Lorsqu'il a pour objet l'un des investissements prévus à l'article L. 315-20, il ne peut être inférieur à un minimum fixé par arrêté du ministre chargé de la construction et de l'habitation et du ministre chargé des finances.

Art. **R. 315-78 Les demandes de remboursement, présentées en vue d'un investissement dans la construction, doivent être établies selon un modèle fixé par arrêté du ministre chargé de la construction et de l'habitation et du ministre chargé des finances.

La somme dont le remboursement est demandé peut faire l'objet de plusieurs retraits partiels, dont le premier ne peut intervenir qu'à l'expiration d'un délai de trois mois à compter de la date de la demande et dont chacun est liquidé dans les conditions prévues à l'article précédent.

Art. **R. 315-79 Le premier retrait effectué en vue d'un investissement dans la construction ne peut intervenir, sauf s'il a pour objet l'acquisition préalable d'un terrain en vue d'une opération de construction, que sur présentation d'une copie conforme du permis de construire.

Dans les communes où il n'existe pas de permis de construire ou une réglementation équivalente, l'épargnant doit justifier par la production de toutes pièces utiles de l'usage qu'il entend faire des sommes demandées.

Dans le cas où les travaux prévus comportent la remise en état d'habitabilité d'un logement existant, il peut être suppléé au permis de construire par une attestation du maire, certifiant la nécessité de cette remise en état.

Dans le cas où la construction n'est pas entreprise directement par l'épargnant, le premier retrait est subordonné à la production d'une copie certifiée conforme d'un extrait du contrat intervenu avec le maître de l'œuvre en vue de la construction d'un logement au profit de l'épargnant.

Art. **R. 315-80 Jusqu'à présentation des justifications mentionnées à l'article R. 315-81, les retraits ne peuvent excéder un pourcentage du montant du compte et de la bonification y afférente, qui sera fixé par arrêté des ministres intéressés, sans pouvoir être inférieur au montant nominal des versements.

Toutefois, le montant des retraits peut atteindre l'intégralité du montant du compte et de la bonification y afférente, lorsque la demande de remboursement est assortie, soit d'une caution donnée par l'employeur du titulaire du compte, ou de toute autre caution solvable, soit lorsque le remboursement est effectué par l'intermédiaire d'un organisme d'habitations à loyer modéré.

Si le retrait intervient en vue de l'acquisition préalable d'un terrain à bâtir, le montant de ce retrait ne peut excéder la valeur nominale des versements effectués depuis la création du compte. La bonification y afférente sera versée ultérieurement sur présentation d'une copie conforme du permis de construire ou de l'un des autres documents mentionnés à l'article R. 315-79.

Art. **R. 315-81 Le versement du reliquat du compte et de la bonification y afférente est subordonné à la production par l'intéressé du certificat de conformité institué par la législation relative au permis de construire et des mémoires justificatifs des travaux.

Dans le cas où les travaux exécutés n'exigent pas le permis de construire, un certificat du maire attestant l'exécution des travaux peut tenir lieu du certificat de conformité.

Dans le cas où la construction n'est pas entreprise directement par l'épargnant, celui-ci doit justifier, par la production de toutes pièces utiles, de l'utilisation des sommes retirées aux fins prévues dans sa demande.

Art. **R. 315-82 Les travaux doivent être entrepris dans un délai de six mois à compter du premier retrait effectué en vue d'un investissement dans la construction.

Les justifications prévues à l'article R. 315-81 doivent être fournies dans un délai de deux ans à compter de la même date.

A défaut de l'observation de l'un ou de l'autre de ces délais, la Caisse des dépôts et consignations peut poursuivre le remboursement de la bonification d'épargne indûment versée, augmentée des intérêts au taux légal courus depuis la même date.

CHAPITRE VI CONTRÔLE

Art. R. 316-1 Le délai maximum prévu à l'article L. 316-1 et durant lequel les bénéficiaires d'une aide à la construction d'un logement doivent justifier de son occupation est d'un an.

L'autorité administrative compétente pour accorder un délai supplémentaire dans les cas prévus audit article, alinéa 2, est le ministre chargé de la construction et de l'habitation.

Art. R. 316-2 Les agents du ministère chargé de la construction et de l'habitation auxquels les administrations fiscales et les services déconcentrés du Trésor sont habilités à fournir les renseignements prévus à l'article L. 316-2 doivent avoir un grade au moins équivalent à celui d'inspecteur adjoint des impôts et être commissionnés à cet effet par le ministre chargé de la construction et de l'habitation ou par le directeur départemental de l'équipement.

Art. R. 316-3 Les programmes de construction de logements réalisés par les services publics civils ou militaires ou les entreprises nationales sont placés sous le contrôle technique du ministre chargé de la construction et de l'habitation. Les prix de revient de ces constructions ne peuvent excéder de plus de 25 p. 100 les prix de revient fixés pour les logements construits par les organismes d'habitations à loyer modéré. Toutefois, des dérogations peuvent être exceptionnellement accordées par le ministre chargé de la construction et de l'habitation.

CHAPITRE VII AVANCES AIDÉES PAR L'ÉTAT POUR LA CONSTRUCTION, L'ACQUISITION ET L'AMÉLIORATION DE LOGEMENTS EN ACCESSION À LA PROPRIÉTÉ

(Décr. n° 95-1064 du 29 sept. 1995)

Concernant le montant de la subvention de l'État aux établissements de crédit qui distribuent l'avance aidée par l'État pour la construction, l'acquisition et l'amélioration de logements en accession à la propriété, V. Arr. 31 déc. 2003, modifiant l'Arr. du 5 oct. 1995 modifié (JO 1er janv. 2004), étant précisé que l'Arr. du 31 déc. 2003 est entré en vigueur immédiatement à compter de sa publication au JO, soit le 1er janv. 2004 (Décr. n° 2003-1369 du 31 déc. 2003, JO 1er janv. 2004).

*Concernant les conditions d'octroi de l'avance aidée par l'État pour l'acquisition d'une résidence principale en accession à la propriété, V. Arr. 2 oct. 1995 (JO 3 oct.), mod. par Arr. 24 oct. 1996 (JO 31 oct.), par Arr. 30 oct. 1997 (JO 31 oct.), par Arr. 29 déc. 1999 (JO 31 déc.), par Arr. 29 sept. 2000 (JO 1er oct.), par Arr. 26 déc. 2000 (JO 30 déc.), par Arr. 4 oct. 2001 (JO 6 oct.), par Arr. 16 oct. 2003 (JO 19 oct.), par Arr. 31 déc. 2003 (JO 1er janv. 2004), étant précisé que l'Arr. du 31 déc. 2003 est entré en vigueur immédiatement à compter de sa publication au JO, soit le 1er janv. 2004 (Décr. n° 2003-1369 du 31 déc. 2003, JO 1er janv. 2004), par Arr. 3 août 2010 (JO 5 août). — **C. consom.** — Arr. 25 janv. 1996 (JO 26 janv.) : prêt à taux zéro ; réduction à titre temporaire du montant minimal des travaux d'amélioration. — Circ. 6 nov. 1995 (Logement Économie), Mon. TP 24 nov. 1995, Suppl. textes, p. 284 : nouveau régime d'aide à l'accession en propriété pour l'acquisition d'une résidence principale. — Circ. n° 97/29 du 19 mars 1997, Mon. TP 25 avr. 1997, Suppl. textes, p. 389 : conséquences du prêt à 0 % sur l'assiette de la TLE et des taxes assimilées.*

BIBL. ▶ HEUGAS-DARRASPEN, *RDI 1996. 1* (réforme de l'accession aidée). - DE ROCCA, *AJPI 1996. 202 s.* (taxe de publicité foncière et prêt à taux zéro).

COMMENTAIRE

L'avance aidée par l'État, appelée prêt à taux zéro, s'est substituée depuis le 1er octobre 1995 au prêt PAP. Ce régime de prêt a pris fin depuis le 1er février

2005. Il a été remplacé à cette date par un nouveau prêt à taux zéro organisé et réglementé aux articles R. 318-1 et suivants créés par le décret nº 2005-69 du 31 janvier 2005 (V. chapitre VIII), auquel a succédé le PTZ+ depuis le 1er janvier 2011.

Dans le cadre d'une déclaration faite, devant le Sénat, le 11 octobre 1995, le gouvernement constatait la nécessité de procéder à une réforme d'envergure en matière d'aide à l'accession à la propriété du logement. Ayant constaté que le prêt aidé pour l'accession à la propriété (PAP) était un produit tout à la fois coûteux et trop contingenté, le prêt à taux zéro était présenté comme devant correspondre aux objectifs de la réforme entreprise.

Il s'agit d'une aide distribuée par les établissements de crédit conventionnés à cet effet sous forme d'avance remboursable ne portant pas intérêt.

L'État verse une subvention à ces établissements pour compenser l'absence d'intérêt. L'aide est attribuée aux personnes physiques qui acquièrent un logement en vue de l'occuper à titre de résidence principale et qui n'ont pas été propriétaires de leur résidence principale au cours des deux années précédentes.

A la différence du PAP, l'avance remboursable n'est pas contingentée et permet donc à tous les ménages d'en bénéficier, dès lors que leur solvabilité est suffisante pour en assurer le remboursement. Les étrangers qui résident en France et y sont assujettis à l'impôt sur le revenu, peuvent bénéficier de ce financement dès lors que par ailleurs, ils satisfont aux autres conditions d'obtention du prêt à taux zéro.

Le décret nº 95-1064 du 29 septembre 1995 a été l'objet de modifications et de précisions (V. les textes cités ci-dessus) et en dernier lieu, il a même été question de le supprimer dans le cadre du projet de loi de finances pour 2005. Il semble toutefois que ce projet de suppression soit abandonné.

Ce prêt est applicable dans les DOM pour financer l'acquisition de logements évolutifs sociaux (LES). Les modalités d'application de ce financement sont précisées par les articles R. 317-18 à R. 317-24 et par l'arrêté du 29 avril 1997. ❑

Art. R. 317-1 *(Décr. nº 95-1064 du 29 sept. 1995)* **Il est créé une aide pour l'accession à la propriété destinée aux personnes physiques qui acquièrent un logement en vue de l'occuper à titre de résidence principale** *(Décr. nº 97-1000 du 30 oct. 1997)* **« et qui n'ont pas été propriétaires de leur résidence principale au cours des deux dernières années précédant l'offre de prêt ».** *(Décr. nº 2000-104 du 8 févr. 2000, art. 1er)* **« Toutefois, cette dernière condition n'est pas applicable aux personnes qui acquièrent un logement adapté en vue de son occupation à titre de résidence principale par une personne handicapée physique. Cette condition n'est pas non plus applicable aux personnes qui sont indemnisées au titre de leur logement soit dans le cadre de la loi nº 82-600 du 13 juillet 1982 relative à l'indemnisation des victimes de catastrophes naturelles, soit en application de l'article L. 122-7 du code des assurances pour des dommages causés par les effets du vent dû aux tempêtes, ouragans ou cyclones, dès lors qu'elles présentent une demande d'aide dans le délai de deux ans suivant la date de publication de l'arrêté de constatation de l'état de catastrophe naturelle ou de la survenue du sinistre et qu'elles attestent que les dommages affectant leur logement nécessitent la réalisation sur un autre site d'une nouvelle construction. » Cette aide est mise en place par les établissements de crédit conventionnés à cet effet sous forme d'avance remboursable ne portant pas intérêt. L'État verse une subvention aux établissements de crédit destinée à compenser l'absence d'intérêt.**

Les dispositions de l'art. 1er du Décr. nº 2000-104 du 8 févr. 2000 sont applicables aux offres de prêts émises à compter du 9 févr. 2000, date de publication de ce texte (Décr. préc., art. 10).

Concernant le plafond des taux d'intérêt de retard pour les avances prévues à l'art. R. 317-1, V. App., vº Crédit immobilier, C. consom., art. R. 312-3.

Les conditions de remboursement et de compensation du coût de l'absence d'intérêt des avances aidées par l'État prévues à l'art. R. 317-1 CCH en vigueur au troisième trimestre 1996 s'appliquent aux avances ayant fait l'objet d'une offre de prêt émise jusqu'au 31 oct. 1996 (Arr. du 30 sept. 1996, JO 30 oct.).

Les dispositions du Décr. nº 97-1000 du 30 oct. 1997 sont applicables aux offres de prêts émises à compter du 1er nov. 1997 (Décr. préc., art. 5).

Vu l'urgence, entrent en vigueur immédiatement les dispositions du Décr. nº 97-1000 du 30 oct. 1997 et de son arrêté d'application du 30 oct. 1997 modifiant l'arrêté du 2 oct. 1995 modifié relatif aux conditions d'octroi de l'avance aidée par l'État pour l'acquisition d'une résidence principale en accession à la propriété (Décr. préc., art. 6).

V. Circ. nº 97/92 du 4 nov. 1997 relative à l'application du Décr. nº 97-1000 du 30 oct. 1997 (BOMELT nº 97/21, rect. par BOMELT nº 97/24).

Pour une dérogation aux dispositions de l'art. R. 317-1, V. Décr. nº 2001-972 du 25 oct. 2001, art. 1er.

COMMENTAIRE

La circulaire du 4 novembre 1997 (citée ss. art. R. 317-1) précise les modalités d'application du décret nº 97-1000 du 30 octobre 1997 limitant l'octroi du prêt aux personnes physiques n'ayant pas été propriétaires de leur résidence principale au cours des années précédant l'offre de prêt.

Cette condition n'est pas applicable aux personnes qui acquièrent un logement adapté en vue de son occupation à titre de résidence principale par une personne handicapée physique (Circ. nº 2000-42, 13 juin 2000 : *BOMELT nº 2000/13, p. 655*), aux personnes victimes de catastrophes naturelles et indemnisées pour la perte de leur logement soit dans le cadre de la loi nº 82-600 du 13 juill. 1982, soit de l'article L. 122-7 du code des assurances. En outre, des dérogations peuvent être accordées par les services du ministère de l'économie, des finances et de l'industrie, par exemple en cas d'expropriation pour cause d'utilité publique, si les expropriés remplissent les conditions posées par l'article L. 14-2 du code de l'expropriation pour bénéficier d'un droit de préférence pour l'octroi de prêts spéciaux au titre de l'aide à la construction (Rép. min. nº 68127 : *JOAN Q 21 janv. 2002, p. 303*).

Ne sont pas considérés, au sens de l'article R. 317-1, comme étant propriétaires, les nus-propriétaires, les usufruitiers, les titulaires d'un droit d'usage et d'habitation, les preneurs d'un bail à construction ou d'un bail emphytéotique, ainsi que les signataires d'un contrat de location-accession pendant la période précédant la levée de l'option.

Le personnel militaire astreint professionnellement à occuper périodiquement un logement de fonction peut bénéficier d'un prêt à taux zéro à la double condition de signer un engagement d'occupation et que l'astreinte n'excède pas quatre mois par an (Rép. min. nº 44787 : *JOAN Q 13 janv. 1977, p. 144*). ❑

Art. R. 317-2 *(Décr. nº 95-1064 du 29 sept. 1995)* **L'avance prévue à l'article R. 317-1 peut être accordée pour financer les opérations suivantes :**

1º La construction de logements, accompagnée, le cas échéant, de l'acquisition de droits de construire ou de terrains destinés à la construction de ces logements, ou l'acquisition de ces logements en vue de leur première occupation ; l'aménagement à usage de logement de locaux non destinés à l'habitation est assimilé à la construction de logements ;

2º L'acquisition de logements en vue de leur amélioration et les travaux d'amélioration correspondants, le montant de ces travaux devant être au moins égal à une fraction du coût total de l'opération, fixée par arrêté conjoint du ministre chargé de l'économie et des finances, du ministre chargé du budget et du ministre chargé du logement *[V. Arr. du 25 janv. 1996, JO 26 janv.]* **;**

3º *(Décr. nº 95-1144 du 31 oct. 1995, art. 2)* **« L'acquisition de logements faisant l'objet d'un contrat régi par les dispositions de la loi nº 84-595 du 12 juillet 1984 définissant la location-accession à la propriété immobilière** *[V. App., vº Location-accession]*,

prévoyant un paiement fractionné du prix et dont la durée n'excède pas huit ans lorsque cette acquisition porte sur des opérations mentionnées au 1o ou au 2o du présent article ». Dans ce cas, l'avance est versée à la date de la levée d'option.

Ces opérations comprennent la construction ou l'acquisition simultanée des dépendances de ces logements, dans des limites fixées par arrêté du ministre chargé du logement. – *V. Arr. du 2 oct. 1995 mod., pris en application de l'art. R. 317-2, cité en tête de chapitre.*

COMMENTAIRE

Le prêt peut être accordé pour financer certaines opérations : l'acquisition ou la construction d'un logement neuf, y compris les annexes et garages en vue de la première occupation, ainsi que la transformation en logement d'un local non destiné à l'habitation (Circ. 6 nov. 1995, annexe III, al. 1er, citée ss. art. R. 317-1).

Sera, en revanche exclu, le financement d'immeubles ne comportant pas de fondations tels que les habitations mobiles, les caravanes, les péniches (Circ. 6 nov. 1995, annexe II, al. 2).

Décret no 2001-972 du 25 octobre 2001,

Relatif à l'aide pour l'accession à la propriété à la suite de la catastrophe survenue à Toulouse le 21 septembre 2001.

Art. 1er Par dérogation aux dispositions de l'article R. 317-1 du code de la construction et de l'habitation, l'aide pour l'accession à la propriété prévue à ce même article peut être accordée aux personnes qui ont été propriétaires de leur résidence principale au cours des deux dernières années précédant l'offre de prêt, dès lors qu'elles attestent que les dommages causés à leur logement par la catastrophe survenue le 21 septembre 2001 à Toulouse nécessitent la réalisation ou l'acquisition d'un autre logement et que leur demande est présentée avant le 31 décembre 2002.

Art. 2 Par dérogation aux dispositions du 2o de l'article R. 317-2 du code de la construction et de l'habitation, l'avance prévue à l'article R. 317-1 du même code peut être accordée pour financer l'acquisition de logements sans travaux d'amélioration ou sans que la quotité fixée par l'arrêté prévu à l'article R. 317-2 soit atteinte, dès lors que les personnes attestent que les dommages causés à leur logement par la catastrophe survenue le 21 septembre 2001 à Toulouse nécessitent qu'elles habitent un autre logement et que leur demande est présentée avant le 31 décembre 2002.

V. Circ. no 2001-86 du 14 nov. 2001 (BOMELT no 2001/23, p. 78) et Arr. 3 janv. 2002 (JO 12 janv.).

SECTION PREMIÈRE CONDITIONS D'ATTRIBUTION DE L'AVANCE

Art. R. 317-3 *(Décr. no 95-1064 du 29 sept. 1995)* **Pour les opérations** *(Décr. no 97-1000 du 30 oct. 1997)* **« visées » à l'article R. 317-2, les bénéficiaires de l'avance sont les personnes physiques** *(Décr. no 97-1000 du 30 oct. 1997)* **« mentionnées à l'article R. 317-1 et » dont l'ensemble des ressources est au plus égal à un montant déterminé, en fonction de la composition familiale et de la localisation du logement, par arrêté conjoint du ministre chargé de l'économie et des finances, du ministre chargé du budget et du ministre chargé du logement. Cet arrêté fixe également les modalités générales de contrôle de ces ressources.** – *V. Arr. du 2 oct. 1995 mod., cité en tête de chapitre (JO 3 oct.).*

(Décr. no 97-1000 du 30 oct. 1997) **« Chacune des personnes physiques composant le ménage accédant à la propriété doit fournir les pièces justificatives attestant de son**

lieu de résidence principale et apporter la preuve qu'elle n'en a pas été propriétaire au cours des deux dernières années précédant l'offre de prêt. »

Concernant l'entrée en vigueur du Décr. n° 97-1000 du 30 oct. 1997 et de son arrêté d'application, V. note ss. art. R. 317-1.

COMMENTAIRE

La circulaire du 4 novembre 1997 (citée ss. art. R. 317-1) précise la nature des pièces justificatives qui doivent être jointes à la demande de prêt.

Les plafonds de ressources annuelles des demandeurs sont définis par le premier arrêté du 2 octobre 1995 (cité au même endroit).

Suite à l'adoption d'un nouveau calendrier des déclarations fiscales, les dates de référence pour l'appréciation des ressources des emprunteurs ont été modifiées.

Désormais, le montant total des ressources à prendre en compte s'entend de la somme des revenus fiscaux de référence de :
– l'avant-dernière année précédant (N-2) celle de l'offre de l'avance lorsque cette dernière intervient entre le 1er janvier et le 31 mai ;
– l'année précédant (N-1) celle de l'offre de l'avance lorsque cette dernière intervient entre le 1er juin et le 31 décembre (CGI, art. 244 *quater* J, mod par L. fin. rect. 2007, n° 2007-1824 du 25 déc. 2007, art. 26). ❑

Art. R. 317-4 *(Décr. n° 95-1064 du 29 sept. 1995)* **Il ne peut être accordé qu'une avance par opération et par ménage.**

COMMENTAIRE

Le demandeur doit fournir une déclaration sur l'honneur selon le modèle figurant à l'annexe III du premier arrêté du 2 octobre 1995.

Dans le cadre de cette réglementation, il n'est pas opéré de distinction entre les ménages mariés et ceux vivant en concubinage (Rép. min. n° 29934 : *JCAN Q 25 déc. 1995, p. 5488*). ❑

Art. R. 317-5 *(Décr. n° 95-1064 du 29 sept. 1995)* **Pour l'application de l'article R. 317-1, sont considérés comme résidences principales les logements occupés au moins huit mois par an** *(Décr. n° 2002-848 du 3 mai 2002, art. 1er)* **« , sauf obligation professionnelle, raison de santé ou cas de force majeure, » par les personnes accédant à la propriété, visées à l'article R. 317-3.**

Cette occupation doit être effective dans le délai maximum d'un an suivant, soit la déclaration d'achèvement des travaux, soit l'acquisition du logement si celle-ci est postérieure à ladite déclaration.

Ce délai peut être porté à six ans lorsque le logement est destiné à être occupé par le bénéficiaire de l'avance dès sa mise à la retraite, à condition qu'il soit loué dans des conditions prévues par arrêté conjoint du ministre chargé de l'économie et des finances et du ministre chargé du logement.

Par dérogation aux dispositions du premier alinéa du présent article et tant que l'avance n'est pas totalement remboursée, lorsque les bénéficiaires de l'avance définie à l'article R. 317-1 du présent chapitre ne peuvent plus, pour des raisons professionnelles ou familiales, destiner leur logement à leur résidence principale, ils peuvent le donner en location, dans des conditions fixées par arrêté conjoint du ministre chargé de l'économie et des finances et du ministre chargé du logement. *— V. Arr. du 2 oct. 1995, mod., cité en tête de chapitre.*

(Décr. n° 97-1000 du 30 oct. 1997) **« Par dérogation aux dispositions du premier alinéa du présent article et de l'article R. 317-1, les bénéficiaires de l'avance qui ne peuvent plus, pour des raisons professionnelles, destiner leur logement à leur résidence**

principale peuvent solliciter l'octroi d'une avance pour l'acquisition d'une nouvelle résidence principale, sous réserve du remboursement préalable du capital restant dû de l'avance initiale. La nouvelle avance est octroyée dans les conditions du présent chapitre appréciées à la date de la nouvelle demande.

« L'établissement de crédit qui a octroyé la première avance reverse à l'organisme visé à l'article R. 312-3-1 du présent code, pour le compte de l'État, une fraction de la subvention destinée à compenser l'absence d'intérêt, déterminée en fonction de la durée résiduelle de l'avance au moment de son remboursement anticipé. »

V. notes ss. art. R. 317-6.

COMMENTAIRE

L'occupation du logement à titre de résidence principale doit être effective.

L'article 5 du premier arrêté du 2 octobre 1995 (cité avant art. R. 317-1) précise que les logements acquis avec l'aide de l'État ne peuvent être :

– ni transformés en locaux commerciaux ou professionnels ;
– ni affectés à la location saisonnière ou en meublé ;
– ni utilisés comme résidence secondaire ;
– ni occupés à titre d'accessoire d'un contrat de travail ;
– ni détruits sans qu'il soit procédé à leur reconstruction dans un délai de quatre ans à compter de la date du sinistre.

Sous certaines conditions tenant aux ressources du locataire ainsi qu'au loyer, l'article 6 du premier arrêté du 2 octobre 1995 autorise le bénéficiaire de l'avance, lorsque celle-ci n'est pas encore totalement remboursée, à donner le logement en location s'il ne peut plus, pour des raisons professionnelles ou familiales, l'occuper à titre de résidence principale (Circ. 6 nov. 1995 citée avant art. R. 317-1). ❑

Art. R. 317-6 *(Décr. nº 95-1064 du 29 sept. 1995)* **Toute mutation entre vifs des logements financés avec l'aide de l'avance prévue à l'article R. 317-1 du présent code entraîne le remboursement intégral du capital restant dû de l'avance, au plus tard au moment de l'accomplissement des formalités de publicité foncière.**

Chaque mutation doit être signalée à l'établissement prêteur dans le même délai.

(Décr. nº 97-1000 du 30 oct. 1997) **« Par dérogation aux dispositions du premier alinéa, les bénéficiaires de l'avance prévue à l'article R. 317-1 du présent code peuvent en conserver le bénéfice lorsqu'ils acquièrent, conformément aux dispositions de l'article R. 317-2, un autre logement en vue de l'occuper à titre de résidence principale. »**

Concernant l'entrée en vigueur du Décr. nº 97-1000 du 30 oct. 1997 et de son arrêté d'application, V. note ss. art. R. 317-1.

V. Circ. nº 97/92 du 4 nov. 1997 relative à l'application du Décr. nº 97-1000 du 30 oct. 1997 (BOMELT nº 97/21, rect. par BOMELT nº 97/24).

COMMENTAIRE

Toute mutation entre vifs de logements financés avec le prêt à taux zéro entraîne le remboursement intégral des sommes encore dues. Il est possible, en cas de mutation, d'obtenir un transfert du prêt initial pour acquérir une nouvelle résidence principale. ❑

Art. R. 317-7 *(Décr. nº 2002-848 du 3 mai 2002, art. 2)* **Les personnes bénéficiant de l'avance définie à l'article R. 317-1 ne peuvent bénéficier pour un même logement des dispositions des articles R. 321-12 à R. 321-22 et R. 331-32 à R. 331-62. Toutefois, cette disposition n'est pas applicable pour les travaux d'accessibilité de l'immeuble et d'adaptation du logement aux besoins des personnes handicapées ou à mobilité réduite, lorsque le handicap survient postérieurement à l'entrée dans les lieux.**

V. Circ. nº 2002-42 du 21 juin 2002 (BOMELT nº 2002/12, p. 25).

COMMENTAIRE

L'article 2 du décret nº 2002-848 du 3 mai 2002 assouplit la règle de non-cumul du prêt à taux zéro avec l'octroi d'une subvention ANAH en cas de handicap survenant postérieurement à l'entrée dans les lieux (circulaire nº 2002-42 du 21 juin 2002 relative à la mise en œuvre de ce décret, *BOMELT 10 juill. 2002, p. 25*).

L'emprunteur peut également bénéficier d'un prêt conventionné, d'un PAS, d'un PEL ou d'un prêt non réglementé (Circ. 6 nov. 1995, citée avant art. R. 317-1).

Le cumul du prêt à taux zéro est possible avec le prêt 1 % logement : *Rép. min. nº 2127, 2 déc. 2002, JOAN, p. 4635.*

En revanche, l'acquéreur ayant obtenu un prêt social de location-accession (PSLA) ne peut, selon l'article R. 331-76-5-1, bénéficier de l'octroi d'un prêt à taux zéro. ❑

SECTION II CARACTÉRISTIQUES FINANCIÈRES DE L'AVANCE

Art. R. 317-8 *(Décr. nº 95-1064 du 29 sept. 1995)* **Le montant de l'avance ne peut excéder 20 p. 100 du coût de l'opération retenu dans la limite d'un prix maximal déterminé en fonction de la composition familiale du ménage bénéficiaire et de la localisation du logement.**

(Décr. nº 2000-1338 du 26 déc. 2000, art. 1er) **« Le taux mentionné à l'alinéa précédent est porté à 30 % dans les zones urbaines sensibles et dans les zones franches urbaines mentionnées à l'article 42 de la loi nº 95-115 du 4 février 1995 d'orientation pour l'aménagement et le développement du territoire. »** – *V. ce texte App., vº Zones prioritaires d'aménagement du territoire.*

Les conditions d'application du présent article sont fixées par arrêté conjoint du ministre chargé de l'économie et des finances, du ministre chargé du budget et du ministre chargé du logement. – *V. Arr. du 2 oct. 1995 mod., cité en tête de chapitre.*

Les dispositions du Décr. nº 2000-1338 du 26 déc. 2000 sont applicables aux offres de prêt émises à compter du 1er janv. 2001 (Décr. préc., art. 2).

COMMENTAIRE

Les **éléments à prendre en compte pour calculer le coût de l'opération** sont les suivants :

– la charge foncière qui comprend le prix du terrain (à l'exclusion des frais d'acquisition), les honoraires du géomètre, les dépenses relatives aux travaux d'aménagement du terrain et les honoraires y afférents, démolitions, mouvements de terre, VRD, branchements, les frais de notaire sont en revanche exclus ;

– le prix de revient de la construction ou du bâtiment ;

– les honoraires correspondants ;

– la TVA afférente à l'ensemble de l'opération (Circ. 6 nov. 1995, annexe III citée avant art. R. 317-1). ❑

Art. R. 317-9 *(Décr. nº 95-1064 du 29 sept. 1995)* **Le montant de l'avance ne peut être supérieur à 50 p. 100 du montant du ou des autres prêts, d'une durée supérieure à deux ans, concourant au financement de l'opération.**

COMMENTAIRE

La circulaire du 6 novembre 1995 (citée avant art. R. 317-1) fournit des exemples de calcul du montant du prêt à taux zéro. ❑

Art. R. 317-10 *(Décr. nº 95-1064 du 29 sept. 1995)* **Les conditions de remboursement de l'avance sont déterminées en fonction des ressources du bénéficiaire et tiennent**

compte des modalités de remboursement des prêts immobiliers consentis par l'établissement de crédit pour la même opération. Un arrêté conjoint du ministre chargé de l'économie et des finances, du ministre chargé du budget et du ministre chargé du logement fixe les conditions d'application du présent article. – *V. Arr. du 2 oct. 1995 mod., cité en tête de chapitre.*

COMMENTAIRE

Les conditions de remboursement sont fixées en fonction des ressources du bénéficiaire : le remboursement de l'avance comporte une période unique lorsque l'amortissement ne donne lieu à aucun différé ou deux périodes lorsqu'il y a un différé sur une fraction du prêt ou sur la totalité de son montant (premier Arr. du 2 oct. 1995 mod. par Arr. du 30 oct. 1997 cité ss. art. R. 317-1).

La période d'amortissement de l'avance remboursable a été modifiée par l'arrêté du 16 octobre 2003, ces dispositions étant reconduites pour les offres émises à compter du 1er janvier 2004 (Arr. du 31 déc. 2003, art. 3, *JO 1er janv. 2004*). ☐

Art. R. 317-11 *(Décr. no 95-1064 du 29 sept. 1995)* **L'établissement prêteur apprécie sous sa propre responsabilité la solvabilité et les garanties de remboursement présentées par les ménages demandant l'octroi de l'avance.**

Art. R. 317-12 *(Décr. no 95-1064 du 29 sept. 1995)* **L'avance est versée au vendeur ou au cocontractant de l'acquéreur par l'établissement de crédit pour le compte du bénéficiaire.**

Si l'acquéreur, bénéficiaire du prêt, réalise lui-même les travaux de construction ou de réhabilitation, son montant lui est versé directement sur présentation des factures : Rép. min. 11 sept. 1997 : *JO Sénat Q. 1997, p. 2393.*

SECTION III CONVENTIONS AVEC LES ÉTABLISSEMENTS DE CRÉDIT

COMMENTAIRE

Les établissements de crédit qui distribuent le prêt à taux zéro concluent une convention avec l'État qui leur verse une subvention destinée à compenser l'absence d'intérêt.

Depuis le 1er janvier 2004, la subvention compensatrice de l'absence d'intérêt est calculée en appliquant, au montant de l'avance, les taux de subventions maxima par tranche fixés par un tableau établi en fonction du revenu fiscal de référence (Arr. du 2 oct. 1995, mod. en dernier lieu par Arr. du 31 déc. 2003, *JO 1er janv. 2004*). ☐

Art. R. 317-13 *(Décr. no 95-1064 du 29 sept. 1995)* **Seuls les établissements de crédit ayant passé une convention avec l'État, conforme à une convention type approuvée par arrêté conjoint du ministre chargé de l'économie et des finances et du ministre chargé du logement, sont habilités à accorder les avances prévues à l'article R. 317-1.**

Cette convention est signée au nom de l'État par le ministre chargé de l'économie et des finances. – *V. Arr. du 2 oct. 1995 mod., cité en tête de chapitre.*

Art. R. 317-14 *(Décr. no 95-1064 du 29 sept. 1995)* **Le ministre chargé de l'économie et des finances et le ministre chargé du logement sont autorisés à confier la gestion de la subvention versée par l'État en application de l'article R. 317-1 à l'organisme mentionné à l'article R. 312-3-1 du présent code. Les relations entre l'État et cet organisme sont définies par une convention approuvée par arrêté conjoint du ministre chargé de l'économie et des finances, du ministre chargé du budget et du ministre chargé**

du logement qui précise notamment les conditions dans lesquelles cet organisme participe au contrôle de l'application des dispositions du présent chapitre.

Les établissements de crédit doivent conclure avec l'organisme gestionnaire de la subvention une convention conforme à une convention type approuvée par arrêté conjoint du ministre chargé de l'économie et des finances et du ministre chargé du logement. – *V. Arr. du 2 oct. 1995 mod., cité en tête de chapitre.*

SECTION IV GARANTIE DES PRÊTS

Art. R. 317-15 *(Décr. nº 95-1064 du 29 sept. 1995)* **Les avances prévues à l'article R. 317-1 peuvent bénéficier de la garantie de l'État mentionnée au troisième alinéa de l'article L. 312-1 du code de la construction et de l'habitation, dans les conditions prévues aux articles R. 312-3-1 à R. 312-3-3.**

Cette garantie est obligatoire lorsque l'établissement de crédit accorde, en complément de l'avance, un prêt conventionné garanti par l'État en application de l'article R. 312-3-1.

SECTION V CONTRÔLE

Art. R. 317-16 *(Décr. nº 95-1064 du 29 sept. 1995)* **Le contrôle des conditions d'application des dispositions du présent chapitre est exercé par le ministre chargé de l'économie et des finances, le ministre chargé du budget et le ministre chargé du logement.** – *V. Arr. du 2 oct. 1995 mod., cité en tête de chapitre.*

COMMENTAIRE

Les conditions d'attribution de l'avance sont contrôlées par des agents commissionnés par le directeur du Trésor et le directeur de l'habitat et de la construction (1er arr. du 2 oct. 1995, art. 18, cité avant art. R. 317-1).

Ces contrôles sont inopinés et obéissent au principe du contradictoire.

Art. R. 317-17 *(Décr. nº 95-1064 du 29 sept. 1995)* **Si, pendant la durée de remboursement de l'avance, et tant que celle-ci n'est pas intégralement remboursée, les conditions fixées par le présent chapitre ne sont pas respectées, l'organisme mentionné à l'article R. 312-3-1 exige de l'établissement de crédit, pour le compte de l'État, dans un délai d'un mois, le remboursement de la subvention indûment perçue majorée de 10 p. 100.** *(Décr. nº 2003-1391 du 31 déc. 2003)* **« L'établissement de crédit doit prévoir, dans son contrat de prêt, de faire supporter les conséquences de ce remboursement au bénéficiaire en cas de non-respect par celui-ci des conditions fixées par le présent chapitre.**

« Par exception, lorsque les conditions relatives à la justification des ressources déclarées par le bénéficiaire ne sont pas respectées par celui-ci, le ministre chargé du logement, saisi par l'organisme mentionné à l'article R. 312-3-1, exige du bénéficiaire le remboursement de l'avantage indu majoré de 25 %.

« Les modalités d'application du présent article sont fixées par arrêté conjoint du ministre chargé de l'économie, des finances et de l'industrie, du ministre chargé du budget et du ministre chargé du logement. »

Les dispositions des art. R. 317-1 à R. 317-17 sont applicables à compter du 1er oct. 1995.

Le Décr. nº 2003-1391 du 31 déc. 2003 est entré en vigueur immédiatement à compter de sa publication au JO, soit le 1er janv. 2004 (Décr. nº 2003-1369 du 31 déc. 2003, JO 1er janv. 2004).

COMMENTAIRE

Dès lors que le bénéficiaire du prêt ne respecte pas les conditions d'attribution de l'avance et ceci jusqu'à son remboursement intégral, la « société de gestion du fonds de garantie de l'accession sociale à la propriété » (SGFGAS) doit exiger de l'établissement de crédit le remboursement de la subvention versée par l'État compensant l'absence d'intérêt avec une majoration de 10 %. Le contrat de prêt conclu entre l'établissement de crédit et le bénéficiaire fera supporter à ce dernier les conséquences de ce remboursement.

Pour les offres émise à compter du 1er janvier 2004, il existe deux sortes de sanctions (Décr. no 2003-1391 du 31 déc. 2003, art. 1er, *JO 1er janv.*) :
– le remboursement de la subvention indûment perçue majorée de 10 % en cas de non-respect des conditions du prêt.
– le remboursement de l'avantage indu, majoré de 25 %, en cas de non-respect des conditions relatives à la justification des ressources déclarées par le bénéficiaire du prêt.

En outre, l'annexe III du premier arrêté du 2 octobre 1995 (citée avant art. R. 317-1) organise des sanctions pénales à l'encontre de l'emprunteur qui aurait fait de fausses déclarations. ❑

SECTION VI DISPOSITIONS SPÉCIFIQUES AUX DÉPARTEMENTS D'OUTRE-MER

(Décr. no 97-431 du 29 avr. 1997)

Art. R. 317-18 **Les dispositions du présent chapitre sont applicables aux avances accordées pour financer des logements situés dans les départements d'outre-mer dans les conditions fixées à la présente section.**

COMMENTAIRE

Le décret no 97-431 du 29 avril 1997 (qui a modifié les articles R. 317-18 à R. 317-24) étend aux départements d'outre-mer l'application des avances sans intérêt accordées aux personnes physiques pour l'acquisition d'une résidence principale. ❑

Art. R. 317-19 **Pour les opérations mentionnées à l'article R. 317-2, les bénéficiaires de l'avance sont les personnes physiques dont l'ensemble des ressources est au plus égal à un montant déterminé, en fonction de la composition familiale et de la localisation du logement, par arrêté conjoint du ministre chargé de l'économie et des finances, du ministre chargé de l'outre-mer, du ministre chargé du logement et du ministre chargé du budget.**

V. Arr. du 20 févr. 1996 relatif aux aides de l'État à l'acquisition-amélioration de logements à vocation très sociale et à l'amélioration des logements dans les départements d'outre-mer (JO 5 avr.), mod. par Arr. du 22 mai 1997 (JO 3 juin) et par Arr. du 1er sept. 2003 (JO 17 sept.).

V. Arr. du 29 avr. 1997 relatif aux conditions d'octroi de l'avance aidée par l'État (JO 2 mai), mod. par Arr. du 26 nov. 2002 (JO 13 déc.).

V. Arr. du 29 avr. 1997 relatif aux aides de l'État pour l'accession très sociale dans les départements d'outre-mer (JO 2 mai), mod. par Arr. du 18 mai 2005 (JO 27 mai) et par Arr. du 20 sept. 2012 (JO 29 sept.).

V. aussi Arr. du 22 mai 1997 relatif aux aides de l'État pour la réalisation d'opérations groupées de logements sociaux en accession à la propriété (JO 3 juin), mod. par Arr. du 6 sept. 2004 (JO 16 sept.) et Arr. du 22 mai 1997 relatif aux aides de l'État pour la réalisation de logements d'insertion par les accédants à la propriété avec l'assistance d'un maître d'ouvrage (JO 2 juin).

COMMENTAIRE

Pour les opérations mentionnées à l'article R. 317-2, les bénéficiaires de l'avance sont les personnes physiques dont l'ensemble des ressources est au plus égal à un montant déterminé, en fonction de la composition familiale et de la localisation du logement, par arrêté conjoint du ministre chargé de l'économie et des finances, du ministre chargé de l'outre-mer et du ministre chargé du budget.

Art. R. 317-20 **Pour les ménages dont les ressources sont supérieures à 70 % des plafonds de ressources prévus à l'article R. 317-19, le montant de l'avance ne peut excéder 25 % du coût total de l'opération retenu dans la limite d'un prix maximal déterminé en fonction de la composition familiale du ménage bénéficiaire et de la localisation du logement.**

Pour les ménages dont les ressources sont au plus égales à 70 % du plafond de ressources prévu à l'article R. 317-19 le montant de l'avance ne peut excéder 40 % du coût de l'opération retenu dans la limite d'un coût maximal déterminé en fonction de la composition familiale du ménage bénéficiaire et de la localisation du logement.

Les quotités de l'avance aidée prévues au présent article sont majorées de 5 % dans les zones franches urbaines définies au B du 3 de l'article 42 de la loi no 95-115 modifiée du 4 février 1995 d'orientation pour l'aménagement et le développement du territoire *[V. App., vo Zones prioritaires d'aménagement du territoire].*

Les conditions d'application du présent article sont fixées par arrêté conjoint du ministre chargé de l'économie et des finances, du ministre chargé de l'outre-mer, du ministre chargé du logement et du ministre chargé du budget.

V. Arr. du 20 févr. 1996 relatif aux aides de l'État à l'acquisition-amélioration de logements à vocation très sociale et à l'amélioration des logements dans les départements d'outre-mer (JO 5 avr.), mod. par Arr. du 22 mai 1997 (JO 3 juin) et par Arr. du 1er sept. 2003 (JO 17 sept.).

V. Arr. du 29 avr. 1997 relatif aux conditions d'octroi de l'avance aidée par l'État (JO 2 mai).

V. Arr. du 29 avr. 1997 relatif aux aides de l'État pour l'accession très sociale dans les départements d'outre-mer (JO 2 mai), mod. par Arr. du 18 mai 2005 (JO 27 mai) et par Arr. du 20 sept. 2012 (JO 29 sept.).

V. aussi Arr. du 22 mai 1997 relatif aux aides de l'État pour la réalisation d'opérations groupées de logements sociaux en accession à la propriété mod. et Arr. du 22 mai 1997 relatif aux aides de l'État pour la réalisation de logements d'insertion par les accédants à la propriété avec l'assistance d'un maître d'ouvrage, cités ss. art. R. 317-19.

Art. R. 317-21 **Les dispositions de l'article R. 317-9 ne s'appliquent pas à la présente section.**

Art. R. 317-22 **Les conditions de remboursement de l'avance sont déterminées en fonction des ressources du bénéficiaire et tiennent compte des modalités de remboursement des prêts immobiliers consentis par l'établissement de crédit pour la même opération.**

Un arrêté conjoint du ministre chargé de l'économie et des finances, du ministre chargé de l'outre-mer, du ministre chargé du logement et du ministre chargé du budget fixe les conditions d'application du présent article.

V. Arr. du 20 févr. 1996 relatif aux aides de l'État à l'acquisition-amélioration de logements à vocation très sociale et à l'amélioration des logements dans les départements d'outre-mer (JO 5 avr.), mod. par Arr. du 22 mai 1997 (JO 3 juin) et Arr. du 1er sept. 2003 (JO 17 sept.).

V. Arr. du 29 avr. 1997 relatif aux conditions d'octroi de l'avance aidée par l'État (JO 2 mai).

V. Arr. du 29 avr. 1997 relatif aux aides de l'État pour l'accession très sociale dans les départements d'outre-mer (JO 2 mai), mod. Arr. du 18 mai 2005 (JO 27 mai) et par Arr. du 20 sept. 2012 (JO 29 sept.).

V. aussi Arr. du 22 mai 1997 relatif aux aides de l'État pour la réalisation d'opérations groupées de logements sociaux en accession à la propriété mod. et Arr. du 22 mai 1997 relatif aux aides de l'État pour la réalisation de logements d'insertion par les accédants à la propriété avec l'assistance d'un maître d'ouvrage, cités ss. art. R. 317-19.

Art. R. 317-23 Le ministre chargé de l'économie et des finances, le ministre chargé de l'outre-mer et le ministre chargé du logement sont autorisés à confier la gestion de la subvention versée par l'État en application de l'article R. 317-1 à l'organisme mentionné à l'article R. 312-3-1 du présent code.

Les relations entre l'État et cet organisme sont définies par une convention, approuvée par arrêté conjoint du ministre chargé de l'économie et des finances, du ministre chargé de l'outre-mer, du ministre chargé du logement et du ministre chargé du budget, qui précise notamment les conditions dans lesquelles cet organisme participe au contrôle des dispositions d'application de la présente section.

Art. R. 317-24 La garantie prévue au deuxième alinéa de l'article R. 317-15 est obligatoire lorsque l'établissement de crédit accorde, en complément de l'avance, un *(Décr. no 2003-806 du 25 août 2003, art. 3)* « prêt conventionné garanti par l'État en application de l'article R. 312-3-1 ».

SECTION VII MISE EN EXTINCTION DE L'AVANCE

(Décr. no 2005-70 du 31 janv. 2005, art. 1er)

Art. R. 317-25 Les établissements de crédit conventionnés pour délivrer les avances prévues à l'article R. 317-1 ne peuvent plus émettre d'offre de prêt à compter du 1er février 2005.

Les offres de prêt antérieures à cette date n'ayant pas fait l'objet d'une acceptation avant le 1er juin 2005 seront frappées de caducité.

COMMENTAIRE

Depuis le 1er février 2005, les établissements de crédit ne peuvent plus émettre d'offres de prêts soumis au dispositif réglementé par le décret no 95-1064 du 29 septembre 1995. Les offres de prêts émises avant cette date doivent être acceptées avant le 1er juin 2005. Le prêt à taux zéro est dorénavant soumis à la réglementation résultant du décret no 2005-69 du 31 janvier 2005 créant un chapitre VIII (art. R. 318-1 s.).

CHAPITRE VIII AVANCES REMBOURSABLES SANS INTÉRÊT POUR LA CONSTRUCTION, L'ACQUISITION ET L'AMÉLIORATION DE LOGEMENTS EN ACCESSION À LA PROPRIÉTÉ

(Décr. no 2005-69 du 31 janv. 2005)

V. Arr. 31 janv. 2005 relatif aux conditions d'application de dispositions concernant les avances remboursables sans intérêt pour l'acquisition ou la construction de logements en accession à la propriété (JO 1er févr.), mod. par Arr. 19 janv. 2006 (JO 26 janv.), Arr. 23 déc. 2006 (JO 31 déc.), Arr. 2 avr. 2008 (JO 10 avr.), Arr. 22 déc. 2008 (JO 31 déc.) ; Circ. no 2007-42 du 10 juill. 2007 relative à la majoration du prêt à 0 % (BOMELT no 2007/14, p. 54).

BIBL. ► HEUGAS-DARRASPEN, *RDI 2005. 110* (refondation du prêt à taux zéro). – *L'Observateur de l'immobilier, no 64/65, mai 2005* (la nouvelle accession à la propriété : le nouveau prêt à 0 %) ; *JCP N 2009. 1019* (dossier – Loi de finances pour 2009, amélioration du crédit d'impôt au titre des prêts de première accession à la propriété sans intérêt) ; *RDI 2009. 640* (réduction d'impôt « Scellier », « Verdissement » de l'avance remboursable sans intérêt) ; *Dr. fiscal 2010. 55* (prorogation et aménagement du crédit d'impôt « prêt à taux zéro ») ; *RDI 2011. 475* (Réforme de l'épargne logement : à l'aune des contraintes budgétaires et financières ?).

V. Circ. du 21 oct. 2008 relatives au nouveau prêt à 0 % et au dispositif d'aide à l'accession Pass-Foncier (BOMELT n° 2008/20, p. 77).

V. Circ. du 30 janv. 2009 relative à la programmation des aides pour le logement et à la mise en œuvre du volet logement du plan de relance (Mon. TP 6 mars 2009, textes officiels, p. 9) et Circ. n° C 2009-01 du 20 févr. 2009 relatives aux orientations pour la programmation 2009 de l'action et des crédits gérés par l'Anah (BOMEEDDAT n° 2009/8, p. 35).

COMMENTAIRE

Proposé depuis le 1er février 2005 en substitution du PAP, le prêt à taux zéro est à son tour remplacé par un prêt à taux zéro renforcé dit « PTZ + » depuis le 1er janvier 2011 (V. art. L. 31-10-1 s. et R. 31-10-1 s.).

La création du PTZ + supplée également la disparition de deux dispositifs instaurés dans le but de favoriser l'accession à la propriété : le Pass-Foncier, arrivé à échéance le 31 décembre 2010, et le crédit d'impôt sur les intérêts d'emprunt immobilier (CGI, art. 200 *quaterdecies* mod. par l'article 90 de la loi n° 2010-1657 du 29 déc. 2010 de finances pour 2011). C'est en effet devant l'échec de ces mesures coûteuses et peu efficaces, qu'il a été décidé de refonder le prêt à taux zéro en l'ouvrant à tous les primo-accédants sans condition de ressources.

L'ancien PTZ et le crédit d'impôt ne disparaissent pas rétroactivement. Les prêts déjà consentis sont maintenus selon les principes des articles R. 318-1 et suivants. Des dispositions transitoires ont été prévues pour le crédit d'impôt. Ce dernier continue à s'appliquer aux opérations pour lesquelles chacun des prêts concourant à leur financement a fait l'objet d'une offre de prêt émise avant le 1er janvier 2011, sous réserve que l'acquisition du logement achevé ou en l'état futur d'achèvement intervienne au plus tard le 30 septembre 2011 ou, s'agissant d'opérations de construction de logements, que la déclaration d'ouverture de chantier intervienne au plus tard à la même date (CGI, art. 200 *quaterdecies* X créé par loi n° 2010-1657 du 29 déc. 2010 de finances pour 2011).

La principale innovation du PTZ + est l'abandon des conditions de ressources comme critère d'éligibilité. Mais dans l'ensemble, le PTZ + reprend les principales caractéristiques de son prédécesseur. Ainsi, la délivrance de ces prêts reste réservée aux organismes de crédit qui ont passé une convention avec l'État. A leur égard, l'absence d'intérêt continue à être compensée par un crédit d'impôt. S'agissant du prêt en lui-même, les opérations éligibles sont analogues à celles qui pouvaient être financées par l'ancien PTZ. Son montant est calculé au regard du coût de l'opération, du nombre de personnes composant le foyer, des revenus, de la localisation du logement, de son caractère neuf ou ancien de ses performances environnementales et enfin de son appartenance au patrimoine d'un organisme HLM ou d'une SEM.

Art. R. 318-1 La condition prévue au *c* du I de l'article 244 *quater* J du code général des impôts est remplie lorsque la résidence principale du bénéficiaire de l'avance remboursable a été rendue inhabitable de façon définitive du fait d'une catastrophe entraînant l'application :

– soit de la loi n° 82-600 du 13 juillet 1982 relative à l'indemnisation des victimes de catastrophes naturelles ;

– soit de l'article L. 122-7 du code des assurances pour des dommages causés par les effets du vent dû aux tempêtes, ouragans ou cyclones ;

– soit du premier alinéa de l'article L. 128-1 du code des assurances pour des dommages dus à des catastrophes technologiques.

La demande d'avance doit être présentée dans le délai de deux ans suivant la date de publication de la décision de constatation de l'état de catastrophe ou la survenance du sinistre et être accompagnée d'une attestation selon laquelle les dommages affectant le logement nécessitent la réalisation sur un autre site d'une nouvelle construction ou l'acquisition d'un nouveau logement.

Art. R. 318-2 L'avance peut être accordée pour financer les opérations suivantes :

1° La construction d'un logement, accompagnée, le cas échéant, de l'acquisition de droits de construire ou de terrains destinés à la construction de ce logement, ou l'acquisition d'un logement en vue de sa première occupation ; l'aménagement à usage de logement de locaux non destinés à l'habitation est assimilé à la construction d'un logement ;

2° L'acquisition d'un logement ayant déjà été occupé et, le cas échéant, les travaux d'amélioration nécessaires ;

3° L'acquisition d'un logement faisant l'objet d'un contrat régi par les dispositions de la loi n° 84-595 du 12 juillet 1984 *[V. App., v° Location-Accession]* définissant la location-accession à la propriété immobilière lorsque cette acquisition porte sur des opérations mentionnées au 1° ou au 2° du présent article. Dans ce cas, l'avance est accordée au vu des ressources de l'accédant à la date de la levée d'option.

Ces opérations peuvent comprendre la construction ou l'acquisition simultanée de dépendances dont la liste est fixée par arrêté conjoint du ministre chargé du logement et du ministre chargé de l'économie et des finances *[V. Arr. 31 janv. 2005, JO 1er févr.]*.

Sont qualifiés de « neufs », au sens du présent chapitre, les logements mentionnés au 1°, ainsi que ceux mentionnés au 3° lorsque l'emprunteur est le premier occupant à la date de la levée d'option. Les autres logements sont qualifiés d'« anciens ».

Art. R. 318-3 *(Abrogé par Décr. n° 2010-912 du 3 août 2010)* ***Les logements anciens au sens de l'article R. 318-2 doivent, le cas échéant après réalisation de travaux, répondre aux normes minimales de surface et d'habitabilité définies en annexe au présent code*** [V. annexe 3]. ***Le respect de cette condition est apprécié au jour de l'entrée dans les lieux de l'emprunteur.***

Lorsque l'acquisition porte sur des immeubles achevés depuis plus de vingt ans, un état des lieux relatif à la conformité du logement aux normes de surface et d'habitabilité est établi dans les mêmes conditions que celui prévu à l'article R. 331-69 par un professionnel indépendant de la transaction et titulaire d'une assurance professionnelle. Cet état des lieux est conservé au dossier de prêt. Si des travaux de mise aux normes sont nécessaires, l'octroi de l'avance est subordonné à leur réalisation.

Les dispositions du Décr. n° 2010-912 du 3 août 2010 sont applicables aux avances remboursables émises à compter du 1er juill. 2010.

Les immeubles anciens, dont l'acquisition est financée par le prêt, devront, après exécution de travaux qui pourront eux-mêmes bénéficier de ce financement, satisfaire à des normes de confort et d'habitabilité. Rép. min. n° 51570 : *JOAN Q 11 janv. 2005, p. 395.*

SECTION PREMIÈRE CONDITIONS D'ATTRIBUTION DE L'AVANCE

Art. R. 318-4 L'emprunteur doit, au moment de la demande d'avance, fournir les pièces justificatives attestant de son lieu de résidence principale et apporter la preuve qu'il n'en a pas été propriétaire au cours des deux dernières années précédant l'offre d'avance.

L'attribution de l'avance est déterminée en fonction du montant total des ressources de l'ensemble des personnes destinées à occuper le logement financé, du nombre de ces personnes et de la localisation du logement selon les zones A, B ou C mentionnées aux articles 2 *duodecies*, 2 *duodecies* A et 2 *terdecies* A de l'annexe III au code général des impôts.

(Décr. n° 2006-93 du 31 janv. 2006, art. 1er) « Le montant total de ces ressources ne peut excéder » *(Décr. n° 2007-535 du 10 avr. 2007)* « des plafonds fixés par décret » *[.]*

Ndlr. *Pour mémoire, les plafonds applicables jusqu'à la publication du Décr. n° 2007-535 du 10 avr. 2007 étaient les suivants :*

Nombre de personnes destinées à occuper le logement	Zone A (en euros)	Zones B ou C (en euros)
1 personne	25 000	18 950
2 personnes	35 000	25 270
3 personnes	40 000	29 230
4 personnes	45 500	32 390
5 personnes et plus	51 900	35 540

La personne souhaitant bénéficier d'un prêt à taux zéro ne doit pas être déjà propriétaire de sa résidence principale. Ce critère de primo-accesssion n'est pas rempli s'agissant du rachat d'une soulte. En effet, si une personne souhaite racheter une soulte, c'est qu'elle est déjà propriétaire, pour partie, du bien immobilier. Rép. min. n° 74143 : *JOAN Q 20 déc. 2005, p. 11797.*

Art. R. 318-5 *(Décr. n° 2010-912 du 3 août 2010)* **« Pour l'appréciation des plafonds fixés à l'article R. 318-4, dans le cas visé au douzième alinéa de l'article 244 *quater* J du code général des impôts, pour le calcul du revenu fiscal de référence au sens du 1° du IV de l'article 1417, les revenus du foyer fiscal qui ne peuvent être individualisés sur l'avis d'imposition sont affectés pour moitié au contribuable et pour moitié au conjoint ou en totalité au contribuable en l'absence de conjoint. »**

Un arrêté conjoint des ministres chargés du logement et de l'économie et des finances précise les documents fiscaux, le cas échéant par catégorie de contribuables, ainsi que les autres documents et déclarations qui doivent être fournis par l'emprunteur à l'appui de sa demande d'avance et les conditions dans lesquels ces documents doivent être transmis *[V. Arr. du 31 janv. 2005, JO 1er févr., mod. par Arr. du 2 avr. 2008, JO 10 avr.].*

Les dispositions du Décr. n° 2010-912 du 3 août 2010 sont applicables aux avances remboursables émises à compter du 1er juill. 2010.

Un étudiant qui a été rattaché au foyer fiscal de ses parents ne peut fournir un avis d'imposition sur le revenu pour justifier de ses ressources ; il ne lui est donc pas possible dans ces conditions de solliciter un prêt à taux zéro. L'option fiscale étant irrévocable pour l'année considérée, la solution envisageable pour cet étudiant consisterait donc à différer son projet d'un an. Rép. min. n° 70923 : *JOAN Q 27 déc. 2005, p. 12073.*

Art. R. 318-6 **Il ne peut être accordé qu'une avance par opération au sens de l'article R. 318-2.**

Tant que l'avance sans intérêt n'est pas intégralement remboursée, un logement acquis avec l'aide de l'État ne peut être :

– ni transformé en locaux commerciaux ou professionnels ;

– ni affecté à la location saisonnière ou en meublé ;

– ni utilisé comme résidence secondaire ;

– ni utilisé à titre d'accessoire du contrat de travail.

En cas de destruction du logement avant le terme prévu au deuxième alinéa, le maintien de l'avance est subordonné à sa reconstruction dans un délai de quatre ans à compter de la date du sinistre.

Art. R. 318-7 **Est considéré comme résidence principale, au sens du présent chapitre, un logement occupé au moins huit mois par an, sauf en cas d'obligation professionnelle, raison de santé ou cas de force majeure, par l'emprunteur et les personnes visées au deuxième alinéa de l'article R. 318-4.**

Tant que l'avance n'est pas totalement remboursée, l'emprunteur ne peut proposer le logement à la location que dans les conditions suivantes :

– la location, d'une durée maximale de six ans, doit résulter de la survenance de l'un des faits suivants : mobilité professionnelle entraînant un trajet de plus de 70 km

entre le nouveau lieu de travail et le logement financé ; décès ; divorce ; dissolution d'un pacte civil de solidarité ; invalidité ou incapacité reconnue par *(Décr. nº 2006-1787 du 23 déc. 2006)* « la délivrance d'une carte d'invalidité définie à l'article L. 241-3 du code de l'action sociale et des familles » ; chômage d'une durée supérieure à un an attestée par l'inscription à l'*(Décr. nº 2008-1010 du 29 sept. 2008, art. 7)* « institution mentionnée à l'article L. 5312-1 du code du travail » ;

– le logement ne peut être loué qu'à un locataire dont les ressources, à la date d'entrée dans les lieux, satisfont aux conditions prévues par l'article R. 318-4 déterminées dans les conditions de l'article R. 318-5 ;

– les loyers annuels ne peuvent excéder 5 % du coût de l'opération, limité au prix maximum d'opération mentionné à l'article R. 318-10, ce dernier étant révisé au moment de la mise en location en fonction des variations de la moyenne sur quatre trimestres de l'indice national mesurant le coût de la construction publié par l'Institut national de la statistique et des études économiques (INSEE) ;

– l'évolution du loyer mensuel obéit aux révisions prévues par la loi nº 89-462 du 6 juillet 1989 tendant à améliorer les rapports locatifs *[V. C. baux, l'art. 17 d de la loi du 6 juill. 1989. – **C. baux**]* ;

– la location fait l'objet d'une déclaration par l'emprunteur à l'établissement de crédit ainsi que, le cas échéant, à l'organisme payeur de l'allocation personnalisée au logement prévue aux articles R. 351-1 et suivants du présent code.

L'occupation d'un logement ayant bénéficié d'une avance sans intérêt doit être effective dans le délai maximum d'un an suivant soit la déclaration d'achèvement des travaux, soit l'acquisition du logement si celle-ci est postérieure. Ce délai peut être porté à six ans lorsque le logement est destiné à être occupé par l'emprunteur à compter de la date de son départ à la retraite, à condition que le logement soit loué pendant ce délai dans les conditions prévues aux six alinéas précédents.

Les dispositions du Décr. nº 2006-1787 du 23 déc. 2006 sont applicables aux offres de prêt émises à compter du 1er janv. 2007 (Décr. préc., art. 2).

D'une manière générale, les logements occupés plus de huit mois par an sont considérés comme des résidences principales et donc peuvent être acquis au moyen du prêt à taux zéro. Toutefois, cette obligation ne s'applique pas aux ménages, qui pour des raisons professionnelles, sont amenés à vivre durablement éloignés de leur domicile, tels les militaires, les marins, les pêcheurs et les routiers. Rép. min. nº 57959 : *JOAN Q 3 mai 2005, p. 4672.* – V. aussi, Rép. min. nº 44787 : *JOAN Q 13 janv. 1997, p. 144.* ♦ L'art. R. 31-10-6 prévoit désormais que le principe de résidence dans le logement financé à l'aide d'un PTZ + au moins huit mois par an ne s'applique pas en cas d'obligations liées à l'activité professionnelle caractérisée, notamment, par la nécessité absolue de service, découlant de dispositions statutaires ou d'obligations figurant dans le contrat de travail contraignant l'emprunteur à résider dans un logement qui n'est pas le logement financé avec le prêt. Tel est le cas des gendarmes, qui sont astreints à occuper un logement par nécessité absolue de service ou de certains pompiers, contraints de résider sur le lieu de travail. Rép. min. nº 62758 : *JOAN 20 sept. 2011. 10134.*

Art. R. 318-8 Toute mutation entre vifs des logements financés avec l'aide de l'avance prévue à l'article R. 318-1 du présent chapitre entraîne le remboursement intégral du capital de l'avance restant dû, au plus tard au moment de l'accomplissement des formalités de publicité foncière de la mutation. La mutation doit être déclarée à l'établissement de crédit dès la signature de l'acte authentique qui la constate.

Toutefois, l'emprunteur peut conserver le bénéfice de l'avance, sous la forme d'un transfert du capital restant dû, s'il acquiert un autre logement répondant aux critères définis à l'article R. 318-2 en vue de l'occuper à titre de résidence principale. Cette disposition est applicable aux bénéficiaires de l'avance prévue à l'article R. 317-1.

Art. R. 318-9 L'emprunteur ne peut bénéficier des dispositions des articles R. 321-12 à R. 321-22 que pour les travaux d'accessibilité de l'immeuble et d'adaptation du logement aux besoins des personnes handicapées ou à mobilité réduite, lorsqu'une

personne occupant le logement est atteinte d'un handicap postérieurement à l'entrée dans les lieux.

COMMENTAIRE

Si le handicap est postérieur à l'entrée dans les lieux, les travaux nécessités par cette situation sont compatibles avec les subventions de l'ANAH. ❑

SECTION II CARACTÉRISTIQUES FINANCIÈRES DE L'AVANCE

Art. *R. 318-10 *(Décr. nº 2006-1787 du 23 déc. 2006)* **Le montant de l'avance est égal au montant de base de l'avance éventuellement majoré.**

1º Le montant de base de l'avance est égal à la moins élevée des sommes résultant des deux calculs suivants :

a) **20 % du coût de l'opération retenu dans la limite d'un montant maximum déterminé en fonction du nombre de personnes destinées à occuper le logement, de la localisation du logement selon le zonage mentionné à l'article R. 318-4 et du caractère neuf ou ancien du logement. Le montant maximum susmentionné est fixé par décret en fonction de la composition du ménage, de la localisation du logement et du caractère neuf ou ancien du logement.** *(Abrogé par Décr. nº 2010-912 du 3 août 2010) (Décr. nº 2008-1365 du 19 déc. 2008)* ***« Ce taux est porté à 30 % pour les logements neufs. »***

(Décr. nº 2010-912 du 3 août 2010) **« Ce taux est porté à 30 % dans les zones urbaines sensibles et dans les zones franches urbaines mentionnées à l'article 42 de la loi nº 95-115 du 4 février 1995** *[V. App., vº Zones prioritaires d'aménagement du territoire]* **d'orientation pour l'aménagement et le développement du territoire. »**

b) **50 % du montant du ou des autres prêts, d'une durée supérieure à deux ans, concourant au financement de l'opération.** *(Abrogé par Décr. nº 2010-912 du 3 août 2010) (Décr. nº 2008-1365 du 19 déc. 2008)* ***« Ce taux est porté à 100 % pour les logements neufs. »***

2º Lorsque l'emprunteur est éligible à la majoration mentionnée au seizième alinéa du I de l'article 244 *quater* J du code général des impôts, le montant de base de l'avance est majoré d'un montant dépendant du nombre de personnes destinées à occuper le logement et de son lieu d'implantation. Le montant de la majoration est fixé par décret en fonction de la composition du ménage et de la localisation du logement.

(Décr. nº 2009-1296 du 27 oct. 2009) **« 3º Lorsque l'emprunteur est éligible à la majoration mentionnée au dix-septième alinéa du I de l'article 244 *quater* J du code général des impôts, le montant de base de l'avance est majoré d'un montant dépendant du nombre de personnes destinées à occuper le logement. Le montant de la majoration est fixé par décret en fonction du nombre de personnes destinées à occuper le logement** *[V. art. R. 318-30-3º]*.

« La ou les majorations ne peuvent avoir pour effet de porter le montant de l'avance et du ou des autres prêts, d'une durée supérieure à deux ans, concourant au financement de l'opération au-delà du coût total de l'opération défini à l'article R.* 318-11. »

Les dispositions du Décr. nº 2006-1787 du 23 déc. 2006 sont applicables aux offres de prêt émises à compter du 1er janv. 2007 (Décr. préc., art. 2). — Celles du Décr. nº 2008-1365 du 19 déc. 2008 sont applicables aux avances remboursables émises à compter du 15 janv. 2009 (Décr. préc., art. 5).

Les dispositions du Décr. nº 2010-912 du 3 août 2010 sont applicables aux avances remboursables émises à compter du 1er janv. 2011.

Art. *R. 318-10-1 *(Décr. nº 2006-1787 du 23 déc. 2006)* Les conditions fixées par le seizième alinéa du I de l'article 244 *quater* J du code général des impôts à l'octroi de la majoration prévues par ces dispositions s'entendent comme il suit :

a) Sont considérés comme des logements neufs, au sens de ces dispositions, les logements répondant à la définition fixée au sixième alinéa de l'article R. 318-2 ;

b) La condition relative à l'aide à l'accession sociale à la propriété attribuée par une ou plusieurs collectivités territoriales ou par un groupement de collectivités territoriales du lieu d'implantation du logement est remplie lorsque cette aide revêt l'une des formes suivantes :

– une subvention, sous réserve que le montant de la subvention soit supérieur ou égal à un seuil fixé par décret en fonction du nombre de personnes destinées à occuper le logement et de la localisation du logement ;

– une bonification permettant l'octroi d'un prêt ne portant pas intérêt ou portant intérêt à un taux réduit par rapport aux conditions du marché, sous réserve que le coût de la bonification supporté par la collectivité soit supérieur ou égal au seuil mentionné à l'alinéa précédent.

Dans le cas où l'emprunteur bénéficie de plusieurs aides sous la forme de subventions ou de bonifications mentionnées aux deux alinéas précédents, le dépassement du seuil susmentionné est apprécié en prenant en compte le total de ces aides ;

– une mise à disposition par bail emphytéotique ou bail à construction du terrain d'implantation du logement, sous réserve que le bail ne prévoie pas le versement d'un loyer ou d'une redevance supérieur à 15 euros par an.

L'emprunteur apporte la preuve de l'octroi de l'aide et, le cas échéant, du dépassement du seuil ci-dessus mentionné au moyen de documents définis par arrêté et établis par la collectivité ou le groupement de collectivités territoriales du lieu d'implantation du logement ;

c) La condition relative aux ressources de l'emprunteur est déterminée en fonction du montant total des ressources de l'ensemble des personnes destinées à occuper le logement financé, du nombre de ces personnes et de la localisation du logement, les ressources étant appréciées dans les conditions prévues aux neuvième à douzième alinéas du I de l'article 244 *quater* J du code général des impôts et à l'article R. 318-5. Le montant total de ces ressources ne peut excéder des plafonds définis par décret.

Les dispositions du Décr. nº 2006-1787 du 23 déc. 2006 sont applicables aux offres de prêt émises à compter du 1er janv. 2007 (Décr. préc., art. 2).

V. Circ. nº 2007-42 du 10 juill. 2007 relative à la majoration du prêt à 0 % (BOMELT nº 2007/14, p. 54).

V. Circ. 11 juin 2009 relative au versement des subventions aux collectivités territoriales et à leurs groupements soutenant l'accession populaire à la propriété dans le cadre d'un Pass-foncier (BOMEEDDM nº 2009/12, p. 106).

Art. R. 318-11 I. – Le coût total de l'opération, toutes taxes comprises, comprend :

– la charge foncière ou la charge immobilière, *(Abrogé par Décr. nº 2010-912 du 3 août 2010) « y compris les frais d'état des lieux, »* les honoraires de géomètre et les taxes afférentes, à l'exclusion des frais d'acte notarié et des droits d'enregistrement pour les terrains à bâtir ou les immeubles anciens ;

– les honoraires de négociation restant, le cas échéant, à la charge de l'acquéreur ;

– le coût des travaux, y compris les honoraires liés à leur réalisation *(Décr. nº 2009-344 du 30 mars 2009)* « , à l'exception des montants financés au moyen de l'avance prévue au chapitre IX du présent titre » ;

– les frais relatifs à l'assurance de responsabilité mentionnée à l'article L. 241-1 du code des assurances ou à l'assurance de dommages mentionnée à l'article L. 242-1 du même code ;

— les taxes afférentes à la construction mentionnées aux articles 1585 A, 1599 *octies*, 1599 B et 1599-0B du code général des impôts et de l'article L. 142-2 du code de l'urbanisme.

II. — Lorsque l'acquisition est accompagnée de travaux, ceux-ci doivent être réalisés dans un délai de trois ans à compter de la date d'émission de l'offre d'avance. L'emprunteur doit transmettre, dès réception, les factures correspondantes à l'établissement de crédit ayant accordé l'avance. Les factures sont conservées au dossier de prêt.

Art. R. 318-12 *(Décr. nº 2008-1365 du 19 déc. 2008)* « Les conditions de remboursement de l'avance sont déterminées à la date d'émission de l'offre d'avance en fonction de la localisation du logement, selon le zonage mentionné à l'article R. 318-4, du caractère neuf ou ancien du logement, et des ressources de l'emprunteur, déterminées dans les conditions prévues aux alinéas 8 à 13 du I de l'article 244 *quater* J du code général des impôts et à l'article R. 318-5 ci-dessus. Elles tiennent également compte des modalités de remboursement des prêts immobiliers consentis, le cas échéant, pour la même opération. »

Le remboursement de l'avance s'effectue, selon les ressources de l'emprunteur, soit en une seule période lorsque l'amortissement ne donne lieu à aucun différé, soit en deux périodes lorsqu'il y a un différé sur une fraction ou sur la totalité de son montant. Dans ce dernier cas, les sommes ayant fait l'objet d'un différé sont remboursées au cours de la seconde période. Pour chaque période, le remboursement s'effectue par mensualités constantes. La fraction de l'avance faisant l'objet du différé et la durée de la seconde période de remboursement sont fixées *(Décr. nº 2006-1787 du 23 déc. 2006)* « par décret » *[.]*

Lorsque l'emprunteur bénéficie d'une avance assortie d'un différé de remboursement, la durée de ce différé ne peut excéder la plus longue des durées des prêts contractés, le cas échéant, pour la même opération.

La durée de la période de remboursement ou, s'il y a lieu, de différé, peut être réduite à la demande de l'emprunteur, sans pouvoir être inférieure à six ans.

Les dispositions du Décr. nº 2006-1787 du 23 déc. 2006 sont applicables aux offres de prêt émises à compter du 1er janv. 2007 (Décr. préc., art. 2). — Celles du Décr. nº 2008-1365 du 19 déc. 2008 sont applicables aux avances remboursables émises à compter du 15 janv. 2009 (Décr. préc., art. 5).

Art. R. 318-13 L'établissement de crédit apprécie sous sa propre responsabilité la solvabilité et les garanties de remboursement présentées par l'emprunteur demandant l'avance.

SECTION III COMPENSATION PAR L'ÉTAT DE L'ABSENCE D'INTÉRÊTS

Art. R. 318-14 Le montant du crédit d'impôt accordé à l'établissement de crédit pour compenser l'absence d'intérêts de l'avance est calculé en appliquant au montant de l'avance un taux S, fixé en fonction des ressources de l'emprunteur déterminées dans les conditions prévues aux alinéas huit à treize du I de l'article 244 *quater* J du code général des impôts et à l'article R. 318-5 ci-dessus, conformément aux dispositions de l'article R. 318-16.

Toutefois, lorsque la durée de la période de remboursement ou, s'il y a lieu, de différé est réduite à la demande de l'emprunteur ou plafonnée en fonction de la plus longue des durées de prêts contractés pour la même opération, le montant du crédit d'impôt tient compte de cette réduction, conformément aux dispositions de l'article R. 318-16. Dans ce cas, le calcul est effectué en arrondissant la durée de cette période au multiple de six mois inférieur.

Art. R. 318-15 La durée de la période de remboursement ou, s'il y a lieu, de différé, ne peut excéder les durées *(Décr. nº 2006-1787 du 23 déc. 2006)* « fixées par décret en fonction des ressources de l'emprunteur » *(Décr. nº 2008-1365 du 19 déc. 2008)* « , de la localisation du logement selon le zonage mentionné à l'article R. 318-4, ainsi que du caractère neuf ou ancien du logement. »

Les dispositions du Décr. nº 2006-1787 du 23 déc. 2006 sont applicables aux offres de prêt émises à compter du 1er janv. 2007 (Décr. préc., art. 2). – Celles du Décr. nº 2008-1365 du 19 déc. 2008 sont applicables aux avances remboursables émises à compter du 15 janv. 2009 (Décr. préc., art. 5).

Art. R. 318-16 Le taux S prévu à l'article R. 318-14 est obtenu en arrondissant à la quatrième décimale le résultat de la formule :

X x (1 + *Y*)

dans laquelle :

X est la somme des valeurs, actualisées à un taux d'intérêt T 1, des écarts entre les mensualités d'une avance de 1 € et les mensualités constantes d'un prêt de référence de 1 €, de même durée, accordé au taux d'intérêt T 2. Le taux T 1 est égal au taux mensuel équivalent à un taux annuel T 0 augmenté de 0,35 point. Le taux T 2 est égal au taux mensuel équivalent au même taux annuel T 0 majoré de 1,10 point. Le taux T 0 est le taux annuel de rendement de l'emprunt d'État de même durée moyenne de remboursement que l'avance ;

Y est égal à la différence entre, d'une part, la somme des intérêts d'un prêt de 1 € consenti sur cinq annuités constantes au taux annuel de rendement de l'emprunt d'État à trois ans, majoré de 0,35 point et, d'autre part, la moitié des intérêts d'un prêt de 1 € consenti sur un an au taux annuel de rendement de l'emprunt d'État à un an, majoré de 0,35 point.

Le taux S est applicable aux avances faisant l'objet d'une offre de prêt au cours du même trimestre.

Art. R. 318-17 En cas de remboursement anticipé partiel ou total de l'avance, les fractions de crédit d'impôt restant à imputer ne peuvent plus être utilisées. Les conditions d'application du présent article sont précisées par le ministre chargé de l'économie et des finances.

SECTION IV CONVENTIONS AVEC LES ÉTABLISSEMENTS DE CRÉDIT

Art. R. 318-18 Seuls les établissements de crédit ayant passé une convention avec l'État, conforme à une convention type approuvée par arrêté conjoint du ministre chargé de l'économie et des finances et du ministre chargé du logement, sont habilités à accorder les avances prévues au premier alinéa du I de l'article 244 *quater* J *[V. Arr. 23 déc. 2009 (JO 31 déc.) et son annexe]*.

Cette convention est signée au nom de l'État par le ministre chargé de l'économie et des finances.

Art. R. 318-19 Le ministre chargé de l'économie et des finances et le ministre chargé du logement sont autorisés à confier la gestion et le suivi des crédits d'impôt dus au titre des avances remboursables à l'organisme mentionné à l'article R. 312-3-1 du présent code. Les relations entre l'État et cet organisme sont définies par une convention approuvée par arrêté conjoint du ministre chargé de l'économie et des finances et du ministre chargé du logement qui précise notamment les conditions dans lesquelles cet organisme participe au contrôle de l'application des dispositions du présent chapitre *[V. les deux Arr. du 23 déc. 2009, JO 31 déc.]*.

Dans ce cas, les établissements de crédit doivent conclure avec cet organisme une convention, conforme à une convention type approuvée par arrêté conjoint du ministre chargé de l'économie et des finances et du ministre chargé du logement.

SECTION V GARANTIE DES PRÊTS

Art. R. 318-20 Les avances prévues au premier alinéa du I de l'article 244 *quater* J peuvent bénéficier de la garantie mentionnée au troisième alinéa de l'article L. 312-1 du présent code, dans les conditions prévues aux articles R. 312-3-1 à R. 312-3-3.

Lorsque l'établissement de crédit accorde, en complément de l'avance, un prêt conventionné garanti en application de l'article R. 312-3-1, l'octroi de l'avance est subordonné à celui de la garantie mentionnée à l'alinéa précédent.

SECTION VI CONTRÔLE

Art. R. 318-21 Le contrôle des conditions d'application des dispositions du présent chapitre est exercé par le ministre chargé de l'économie et des finances et le ministre chargé du logement.

Les contrôles qui peuvent, le cas échéant, être confiés à l'organisme mentionné à l'article R. 312-3-1 en application de l'article R. 318-19 doivent être effectués par des agents commissionnés à cet effet par les ministres chargés du logement et de l'économie et des finances.

Art. R. 318-22 I. – Dans le cas où les conditions relatives à la justification des ressources déclarées par l'emprunteur, prévues aux alinéas huit à treize du I de l'article 244 *quater* J du code général des impôts et à l'article R. 318-5 ci-dessus, n'ont pas été respectées par lui et afin de permettre à l'État d'ordonner le remboursement de l'avantage dont l'emprunteur a indûment bénéficié, l'établissement de crédit communique au ministre chargé du logement ou, le cas échéant, à l'organisme mentionné à l'article R. 312-3-1, au plus tard le 31 mars, les informations nominatives concernant les offres d'avance qu'il a faites l'année précédente et concernant :

– les emprunteurs qui ne lui ont pas transmis, après relance de sa part, le ou les avis d'imposition requis ;

– les emprunteurs dont le ou les avis d'imposition font apparaître, par rapport aux revenus fiscaux de référence déclarés, un écart justifiant une réduction de l'avantage dont ils ont bénéficié, à moins que l'avance n'ait fait l'objet d'une régularisation avec l'emprunteur avant cette date dans les conditions fixées par l'arrêté prévu à l'article R. 318-5.

II. – Au vu des informations communiquées par l'établissement de crédit, le ministre chargé du logement ou, le cas échéant, l'organisme mentionné à l'article R. 312-3-1 invite le bénéficiaire de l'avance, par lettre recommandée avec accusé de réception, à faire part de ses observations dans un délai de deux mois.

A l'expiration du délai, le ministre chargé du logement, le cas échéant sur proposition de l'organisme mentionné à l'article R. 312-3-1, demande le remboursement de l'avantage indûment perçu par l'emprunteur. Le titre exécutoire porte :

– dans le cas mentionné au deuxième alinéa du présent article, sur le reversement d'une somme équivalente à celle du crédit d'impôt dont l'établissement de crédit a bénéficié en contrepartie de l'avance accordée à l'emprunteur, majorée de 25 % ;

– dans le cas mentionné au troisième alinéa du présent article, sur le reversement d'une somme égale à la différence, majorée de 25 %, entre la somme correspondant au crédit d'impôt dont l'établissement de crédit a bénéficié en contrepartie de l'avance accordée à l'emprunteur et celle correspondant à celui dont il aurait bénéficié si le revenu fiscal de référence figurant sur l'avis d'imposition au titre de l'année précédant l'offre de prêt avait été pris en compte pour l'attribution de l'avance. Si la durée de la période de remboursement, ou, s'il y lieu, de différé, a été réduite en application des dispositions de l'article R. 318-12, la somme correspondant au crédit d'impôt dont l'établissement de crédit aurait bénéficié si le revenu fiscal de référence figurant sur l'avis d'imposition au titre de l'année précédant l'offre de prêt avait été pris en compte pour l'attribution de l'avance est calculée sur la base de la durée de remboursement ou, s'il y a lieu, de différé, la plus proche de celle retenue par l'emprunteur.

La créance est recouvrée au profit de l'État par les comptables du Trésor, selon les modalités prévues pour les créances étrangères à l'impôt et au domaine.

L'établissement de crédit informe l'emprunteur de ces dispositions dès l'émission de l'offre de prêt.

Art. R. 318-23 Dans les situations prévues à la première phrase du 1 et au 2 du II de l'article 199 *ter* I du code général des impôts et si l'offre d'avance faite à l'emprunteur le mentionnait expressément, l'établissement de crédit peut prévoir de rendre immédiatement exigible le remboursement par l'emprunteur de l'avance sans intérêt. Dans tous les cas, il doit indiquer dans le contrat de prêt les conditions générales de l'avance remboursable et les obligations d'information incombant à l'emprunteur, notamment en cas de changement de situation.

SECTION VII DISPOSITIONS PARTICULIÈRES AUX DÉPARTEMENTS D'OUTRE-MER

(Décr. no 2006-1717 du 23 déc. 2006)

Art. R. 318-24 Les dispositions du présent chapitre sont applicables aux avances remboursables sans intérêt accordées pour financer les logements situés dans les départements d'outre-mer sous réserve des dispositions des articles R. 318-25 à R. 318-27 ci-après.

Les dispositions du Décr. no 2006-1717 du 23 déc. 2006 sont applicables aux offres de prêt émises à compter du 1er janv. 2007 (Décr. préc., art. 2).

Art. R. 318-25 Pour les ménages dont les ressources sont au plus égales à 60 % du plafond de ressources prévu à l'article R. 318-4 pour la zone B, le montant de l'avance *(Décr. no 2007-535 du 10 avr. 2007)* « de base » est égal à la moins élevée des sommes résultant des deux calculs suivants :

40 % du coût de l'opération retenu dans la limite d'un montant maximal déterminé selon les conditions de l'article R. 318-10. Ce taux est porté à 50 % dans les zones urbaines sensibles et dans les zones franches urbaines mentionnées à l'article 42 de la loi no 95-115 du 4 février 1995 d'orientation pour l'aménagement et le développement du territoire ;

50 % du montant du ou des *(Décr. no 2007-535 du 10 avr. 2007)* « autres » prêts d'une durée supérieure à deux ans concourant au financement de l'opération.

(Décr. no 2007-535 du 10 avr. 2007) « Les dispositions du 2o de l'article R. 318-10 sont applicables aux avances prévues au présent article. »

Les dispositions du Décr. no 2006-1717 du 23 déc. 2006 sont applicables aux offres de prêt émises à compter du 1er janv. 2007 (Décr. préc., art. 2).

Art. R. 318-26 Lorsque les ménages ont des ressources au plus égales à 60 % du plafond de ressources prévu à l'article R. 318-4 pour la zone B, les durées de la période de remboursement ou, s'il y a lieu, de la période de différé prévues à ces mêmes articles sont majorées de trois années pour chaque tranche de revenu fiscal de référence excepté pour la tranche la plus élevée.

Les dispositions du Décr. no 2006-1717 du 23 déc. 2006 sont applicables aux offres de prêt émises à compter du 1er janv. 2007 (Décr. préc., art. 2).

Art. R. 318-27 **Pour l'application de l'article R. 318-3, les logements doivent respecter les normes de surface et d'habitabilité prévues à l'annexe du décret n° 2005-69 du 31 janvier 2005, à l'exception de celles concernant l'eau chaude (article 2.5) et le chauffage (article 2.6).**

Les dispositions du Décr. n° 2006-1717 du 23 déc. 2006 sont applicables aux offres de prêt émises à compter du 1er janv. 2007 (Décr. préc., art. 2).

SECTION VIII CONDITIONS FINANCIÈRES RELATIVES AUX AVANCES REMBOURSABLES SANS INTÉRÊT POUR L'ACQUISITION OU LA CONSTRUCTION DE LOGEMENTS EN ACCESSION À LA PROPRIÉTÉ ET MODIFIANT LE CODE DE LA CONSTRUCTION ET DE L'HABITATION

(Décr. n° 2006-1790 du 23 déc. 2006)

Art. R. 318-28 **Les zones A, B ou C mentionnées dans la présente section sont celles mentionnées aux articles 2 *duodecies*, 2 *duodecies* A et 2 *terdecies* A de l'annexe III au code général des impôts.**

Art. R. 318-29 *(Décr. n° 2006-1790 du 23 déc. 2006 ; Décr. n° 2007-464 du 27 mars 2007)* **Les plafonds visés à l'article R. 318-4 sont définis par le tableau suivant :**

Nombre de personnes destinées à occuper le logement

Nombre de personnes destinées à occuper le logement	Zone A (en euros)	Zones B et C (en euros)
1 personne	31 250	23 688
2 personnes	43 750	31 588
3 personnes	50 000	36 538
4 personnes	56 875	40 488
5 personnes et plus	64 875	44 425

Les dispositions du Décr. n° 2007-464 du 27 mars 2007 sont applicables aux offres de prêt émises à compter du 1er avr. 2007 (Décr. préc., art. 5).

Art. R. 318-30 **1° Le montant maximum mentionné au *a* du 1° de l'article R. 318-10 est défini par le tableau suivant :**

(En euros)

Nombre de personnes destinées à occuper le logement	Logement ancien			Logement neuf	
	Zone A	Zone B	Zone C	Zone A	Zones B et C
1	72 000	44 000	41 250	80 000	55 000
2	101 250	66 000	61 875	112 500	82 500
3	112 500	76 000	71 250	125 000	95 000
4	123 750	86 000	80 625	137 500	107 500
5	135 000	96 000	90 000	150 000	120 000
6 et plus	146 250	106 000	99 375	162 500	132 500

(Décr. n° 2008-1366 du 19 déc. 2008) **« Pour les avances remboursables émises jusqu'au** *(Décr. n° 2009-1691 du 30 déc. 2009, art. 1er)* **« 30 juin 2010 », le montant**

maximum mentionné au *a* du 1o de l'article R. 318-10 est défini par le tableau suivant :

	Logement ancien			Logement neuf		
Nombre de personnes destinées à occuper le logement	Zone A	Zone B	Zone C	Zone A	Zone B	Zone C
1	72 000	44 000	41 250	107 000	88 000	69 000
2	101 250	66 000	61 875	150 000	126 500	103 000
3	112 500	76 000	71 250	167 000	143 000	119 000
4	123 750	86 000	80 625	183 500	159 000	134 500
5	135 000	96 000	90 000	200 500	175 500	150 000
6 et plus	146 250	106 000	99 375	217 000	191 500	165 500

« 2o Le montant mentionné au 2o de l'article R. 318-10 est défini par le tableau suivant :

(En euros)

Nombre de personnes destinées à occuper le logement	Zone A	Zones B et C
3 et moins	12 500	10 000
4 et plus	15 000	12 500

(Décr. no 2009-1297 du 27 oct. 2009) **« 3o Le montant mentionné au 3o de l'article R.* 318-10 est défini par le tableau suivant :**

Nombre de personnes destinées à occuper le logement	Montant
3 et moins	15 000
4 et plus	20 000

Les dispositions du Décr. no 2006-1790 du 23 déc. 2006 sont applicables aux offres de prêt émises à compter du 1er janv. 2007 (Décr. préc., art. 2). — Celles du Décr. no 2008-1366 du 19 déc. 2008 sont applicables aux avances remboursables émises à compter du 15 janv. 2009 (Décr. préc., art. 5). — Celles du Décr. no 2009-1691 du 30 déc. 2009 sont applicables aux avances remboursables émises à compter du 1er janv. 2010 (Décr. préc., art. 3).

Art. R. 318-31 *(Décr. no 2006-1790 du 23 déc. 2006 ; Décr. no 2007-464 du 27 mars 2007 ; Décr. no 2008-734 du 25 juill. 2008)* **1o Le seuil mentionné au *b* de l'article R. 318-10-1 est défini par le tableau suivant :**

(En euros)

Nombre de personnes destinées à occuper le logement	Zone A	Zones B et C
3 et moins	4 000	3 000
4 et plus	5 000	4 000

2° Les plafonds visés au *c* de l'article R. 318-10-1 sont définis par le tableau suivant :

(En euros)

Nombre de personnes destinées à occuper le logement	Paris et communes limitrophes (en euros)	Reste de l'Île-de-France (en euros)	Autres régions (en euros)
1 personne	23 553	23 553	20 477
2 personnes	35 200	35 200	27 345
3 personnes	46 144	42 314	32 885
4 personnes	55 093	50 683	39 698
5 personnes	65 548	60 000	46 701
6 personnes	73 759	67 517	52 630
Par personne supplémentaire	8 218	7 523	5 871

Les dispositions du Décr. n° 2007-464 du 27 mars 2007 sont applicables aux offres de prêt émises à compter du 1er avr. 2007 (Décr. préc., art. 5).

Art. R. 318-32 *(Décr. n° 2006-1790 du 23 déc. 2006 ; Décr. n° 2007-464 du 27 mars 2007 ; Décr. n° 2009-1297 du 27 oct. 2009)* **La fraction de l'avance faisant l'objet du différé et la durée de la seconde période de remboursement mentionnées à l'article R. 318-12 sont définies par le tableau suivant :**

Revenu fiscal de référence	Fraction de l'avance avec différé	Durée de la période 2	
		Avance ne faisant l'objet d'aucune des majorations mentionnées aux seizième et dix-septième alinéa du I de l'article 244 *quater* J du code général des impôts	Avance faisant l'objet d'une ou plusieurs des majorations mentionnées au seizième et dix-septième alinéas du I de l'article 244 *quater* J du code général des impôts
Moins de 15 801 euros	100 %	48 mois	72 mois
De 15 801 à 19 750 euros	75 %	36 mois	54 mois
De 19 751 à 23 688 euros	50 %	24 mois	36 mois
23 689 euros et plus	aucune	–	–

(Décr. n° 2008-1366 du 19 déc. 2008) **« Pour les avances remboursables émises jusqu'au** *(Décr. n° 2009-1691 du 30 déc. 2009, art. 2)* **« 31 décembre 2010 », la fraction de l'avance faisant l'objet du différé et la durée de la seconde période de remboursement mentionnées à l'article R. 318-12 sont définies par les deux tableaux suivants :**

« Pour un logement neuf localisé en zone A :

REVENU FISCAL DE RÉFÉRENCE	FRACTION de l'avance avec différé	DURÉE DE LA PÉRIODE 2	
		Avance ne faisant l'objet d'aucune des majorations mentionnées aux quinzième, seizième et dix-septième alinéas du I de l'article 244 *quater* J du code général des impôts	Avance faisant l'objet d'une ou plusieurs des majorations mentionnées aux quinzième, seizième et dix-septième alinéas du I de l'article 244 *quater* J du code général des impôts
Moins de 23 689 €	100 %	8 ans	12 ans
De 23 689 à 43 750 €	50 %	4 ans	6 ans
43 751 € et plus	0 %	—	—

« Pour un logement neuf localisé en zone B ou C ou pour tout logement ancien : »

REVENU FISCAL DE RÉFÉRENCE	FRACTION de l'avance avec différé	DURÉE DE LA PÉRIODE 2		
		Avance accordée pour un logement ancien	Avance accordée pour un logement neuf	
			Avance ne faisant l'objet d'aucune des majorations mentionnées aux quinzième, seizième et dix-septième alinéas du I de l'article 244 *quater* J du code général des impôts	Avance faisant l'objet d'une ou plusieurs des majorations mentionnées aux quinzième, seizième et dix-septième alinéas du I de l'article 244 *quater* J du code général des impôts
Moins de 15 801 €	100 %	4 ans	8 ans	12 ans
De 15 801 à 19 750 €	75 %	3 ans	6 ans	9 ans
De 19 751 à 23 688 €	50 %	2 ans	4 ans	6 ans
23 689 € et plus	0 %	—	—	—

Les dispositions du Décr. no 2007-464 du 27 mars 2007 sont applicables aux offres de prêt émises à compter du 1er avr. 2007 (Décr. préc., art. 5). — Celles du Décr. no 2008-1366 du 19 déc. 2008 sont applicables aux avances remboursables émises à compter du 15 janv. 2009 (Décr. préc., art. 5). — Celles du Décr. no 2009-1691 du 30 déc. 2009 sont applicables aux avances remboursables émises à compter du 1er janv. 2010 (Décr. préc., art. 3).

Art. R. 318-33 *(Décr. no 2006-1790 du 23 déc. 2006 ; Décr. no 2007-464 du 27 mars 2007 ; Décr. no 2009-1297 du 27 oct. 2009)* **La durée mentionnée à l'article R. 318-15 est définie par le tableau suivant :**

Revenu fiscal de référence	Durée de la période 1	
	Avance ne faisant l'objet d'aucune des majorations mentionnées aux seizième et dix-septième alinéas du I de l'article 244 *quater* J du code général des impôts	Avance faisant l'objet d'une ou plusieurs des majorations mentionnées aux seizième et dix-septième alinéas du I de l'article 244 *quater* J du code général des impôts
Moins de 15 801 euros	18 ans	18 ans
De 15 801 à 19 750 euros	18 ans	18 ans
De 19 751 à 23 688 euros	15 ans	15 ans
De 23 689 à 31 588 euros	8 ans	12 ans
31 589 euros et plus	6 ans	9 ans

(Décr. no 2008-1366 du 19 déc. 2008) **« Pour les avances remboursables émises jusqu'au** *(Décr. no 2009-1691 du 30 déc. 2009, art. 2)* **« 31 décembre 2010 », la durée mentionnée à l'article R. 318-15 est définie par les deux tableaux suivants :**

« Pour un logement neuf localisé en zone A :

REVENU FISCAL DE RÉFÉRENCE	DURÉE DE LA PÉRIODE 1	
	Avance accordée pour un logement neuf	
	Avance ne faisant l'objet d'aucune des majorations mentionnées aux quinzième, seizième et dix-septième alinéas du I de l'article 244 *quater* J du code général des impôts	Avance faisant l'objet d'une ou plusieurs des majorations mentionnées aux quinzième, seizième et dix-septième alinéas du I de l'article 244 *quater* J du code général des impôts
Moins de 23 689 €	18 ans	18 ans
De 23 689 à 43 750 €	15 ans	15 ans
43 751 € et plus	12 ans	16 ans

« Pour un logement neuf localisé en zone B ou C ou pour tout logement ancien : »

REVENU FISCAL DE RÉFÉRENCE	DURÉE DE LA PÉRIODE 1		
	Avance accordée pour un logement ancien	Avance accordée pour un logement neuf	
		Avance ne faisant l'objet d'aucune des majorations mentionnées aux quinzième, seizième et dix-septième alinéas du I de l'article 244 *quater* J du code général des impôts	Avance faisant l'objet d'une ou plusieurs des majorations mentionnées aux quinzième, seizième et dix-septième alinéas du I l'article 244 *quater* J du code général des impôts
Moins de 15 801 €	18 ans	18 ans	18 ans
De 15 801 à 19 750 €...	18 ans	18 ans	18 ans
De 19 751 à 23 688 €...	15 ans	15 ans	15 ans
De 23 689 à 31 588 €...	8 ans	12 ans	16 ans
31 589 € et plus	6 ans	9 ans	12 ans

Les dispositions du Décr. n° 2007-464 du 27 mars 2007 sont applicables aux offres de prêt émises à compter du 1er avr. 2007 (Décr. préc., art. 5). – Celles du Décr. n° 2008-1366 du 19 déc. 2008 sont applicables aux avances remboursables émises à compter du 15 janv. 2009 (Décr. préc., art. 5). – Celles du Décr. n° 2009-1691 du 30 déc. 2009 sont applicables aux avances remboursables émises à compter du 1er janv. 2010 (Décr. préc., art. 3).

SECTION IX DISPOSITIONS DIVERSES

(Décr. n° 2009-1297 du 27 oct. 2009)

Art. R. 318-34 Le niveau élevé de performance énergétique globale permettant le bénéfice de la majoration de l'avance remboursable sans intérêt prévue au dix-septième alinéa du I de l'article 244 *quater* J du code général des impôts est atteint par les logements neufs bénéficiant du label "bâtiment basse consommation énergétique, BBC 2005" mentionné au 5° de l'article 2 de l'arrêté du 3 mai 2007 relatif au contenu et aux conditions d'attribution du label "haute performance énergétique". L'emprunteur justifie de l'obtention de ce label dans des conditions fixées par arrêté *[V. Arr. du 19 nov. 2009, JO 29 nov.]*.

COMMENTAIRE

Les modalités de justification de l'obtention du label diffèrent selon que l'immeuble est bâti ou à bâtir au moment de la souscription du prêt à taux zéro.

Lorsque le prêt a été accordé pour l'achat d'un immeuble neuf, l'acquéreur doit fournir à l'établissement prêteur le certificat mentionnant l'attribution du label délivré par un organisme de certification.

Lorsque le prêt a été accordé dans le cadre d'une construction de maison individuelle ou d'une vente en l'état futur d'achèvement, l'accédant fournit d'abord une attestation provisoire. Cette dernière consiste soit en une mention portée au contrat précisant que le logement sera titulaire du label BBC 2005 si le contrat est un CCMI ou une VEFA au sens du code de la construction et de l'habitation, soit en un engagement souscrit par l'emprunteur envers un organisme de certification dans le cas contraire. Puis, au plus tard un an après la date de déclaration d'achèvement, l'accédant devra fournir le certificat d'attribution du label. ❑

CHAPITRE IX AVANCE REMBOURSABLE SANS INTÉRÊT DESTINÉE AU FINANCEMENT DE TRAVAUX DE RÉNOVATION AFIN D'AMÉLIORER LA PERFORMANCE ÉNERGÉTIQUE DES LOGEMENTS ANCIENS

(Décr. nº 2009-344 du 30 mars 2009)

SECTION PREMIÈRE CONDITIONS D'ATTRIBUTION DE L'AVANCE

Art. *R. 319-1 **L'avance remboursable sans intérêt peut être octroyée pour financer les travaux d'économie d'énergie, mentionnés aux 1 et 2 du I de l'article 244 *quater* U du code général des impôts, effectués :**

a) **Soit pour le compte de l'emprunteur dans un logement dont il est propriétaire ;**

b) **Soit pour le compte du syndicat de copropriété, dont est membre l'emprunteur, sur les parties et équipements communs ou sur les parties privatives à usage commun de la copropriété dont fait partie un logement dont est propriétaire l'emprunteur ;**

c) **Soit concomitamment pour le compte de l'emprunteur dans un logement dont il est propriétaire et pour le compte du syndicat de copropriété, dont est membre l'emprunteur, sur les parties et équipements communs ou sur les parties privatives à usage commun de la copropriété dont fait partie ce logement.**

COMMENTAIRE

Annoncé dans le cadre du Grenelle de l'environnement et prévu par l'article 99 de la loi de finances pour 2009 (L. nº 2008-1425 du 27 déc. 2008, *JO 28 déc.*) « l'éco-prêt à taux zéro » est effectif depuis le 1er avril 2009. Ce nouveau prêt permet de financer des travaux d'économie d'énergie réalisés dans des logements achevés depuis le 1er janvier 1990.

S'agissant d'une mesure environnementale et non sociale, les conditions d'octroi du prêt ne tiennent pas aux ressources du demandeur mais à l'immeuble et à la nature des travaux réalisés. Ainsi, le logement doit être destiné à la résidence principale de son occupant, peu important qu'il soit loué ou en copropriété. L'emprunteur doit maintenir cette affectation pendant toute la durée du prêt, sous peine de devoir le rembourser de manière anticipée. Les travaux éligibles au prêt sont détaillés à l'article R. 319-16. Il s'agit soit d'une opération de rénovation comprenant aux moins deux types de travaux parmi un liste comprenant des travaux d'isolation thermique, d'installation d'équipements de chauffage et de production d'eau chaude utilisant une source d'énergie renouvelable, soit plus globalement de travaux améliorant la performance énergétique du bâtiment, soit enfin, de travaux de réhabilitation du système d'assainissement non collectif par des dispositifs ne consommant pas d'énergie.

D'un montant maximal de 30 000 euros, l'avance est remboursable en 10 ans, mais sa durée peut être réduite à 3 ans ou portée à 15 ans (V. art. R. 319-8 et R. 319-22).

Ce dispositif n'est en principe pas cumulable avec le crédit d'impôt prévu par l'article 200 *quater* du code général des impôts. Cependant à titre dérogatoire, cette interdiction ne s'applique pas aux bénéficiaires d'une avance émise avant le 1er janvier 2011 lorsque le montant des revenus du foyer fiscal de l'emprunteur n'excède pas 45 000 euros l'avant-dernière année précédant celle de l'offre de l'avance (art. 244 *quater* U **CGI**). ❑

L'éco PTZ peut être consenti à un nu-propriétaire ou à un usufruitier. Mais il ne peut y avoir qu'un seul éco-prêt par logement. Dès lors, si ces derniers peuvent être co-emprunteurs, ils ne peuvent bénéficier chacun d'un éco-prêt à taux zéro pour le même logement. *Rép. min. nº 54456 : *JOAN Q 29 juin 2010, p. 7261*.

Art. *R. 319-2 L'utilisation en tant que résidence principale est appréciée, pour l'emprunteur ou, lorsque le logement est donné en location ou mis à disposition gratuitement, pour les personnes destinées à occuper le logement, dans les conditions mentionnées au premier alinéa de l'article R. 318-7.

L'utilisation en tant que résidence principale doit être effective au plus tard dans un délai de six mois suivant la date de clôture de l'avance. La date de clôture de l'avance est, au sens du présent chapitre, la date à laquelle l'emprunteur transmet tous les éléments justifiant des travaux réalisés conformément au 5 du I de l'article 244 *quater* U du code général des impôts, dans la limite du délai prévu à ce même 5. Pour l'appréciation de ce délai, la date d'octroi de l'avance est la date de l'émission de l'offre de prêt.

La notion de résidence principale s'entend au sens de l'article R. 318-7 du CCH. Dès lors, les logements qui constituent l'habitation unique en France de ressortissants français établis hors de France sont éligibles s'ils sont occupés au moins huit mois dans l'année à titre de résidence principale ou s'ils sont destinés à l'être dans un délai de six mois de la date de la clôture de l'avance remboursable. * Rép. min. nº 08233 : *JO Sénat Q. 18 févr. 2010, p. 380.*

Art. *R. 319-3 Tant que l'avance n'est pas intégralement remboursée, un logement bénéficiant de celle-ci ne peut être :

– ni transformé en locaux commerciaux ou professionnels ;
– ni affecté à la location saisonnière ;
– ni utilisé comme résidence secondaire.

La survenance d'une de ces situations entraîne le remboursement intégral du capital de l'avance restant dû. Elle doit être signalée sans délai à l'établissement de crédit.

En cas de destruction du logement avant le terme prévu au premier alinéa, le maintien de l'avance est subordonné à sa reconstruction dans un délai de quatre ans à compter de la date du sinistre.

Art. *R. 319-4 Toute mutation entre vifs des logements ayant bénéficié de l'avance entraîne le remboursement intégral du capital de l'avance restant dû, au plus tard au moment de l'accomplissement des formalités de publicité foncière de la mutation. La mutation doit être déclarée à l'établissement de crédit dès la signature de l'acte authentique qui la constate.

SECTION II CARACTÉRISTIQUES FINANCIÈRES DE L'AVANCE

Art. *R. 319-5 Le montant de l'avance est égal au montant des dépenses afférentes aux travaux visés à l'article R. 319-1, dans la limite d'un plafond. Toutefois, ce montant peut être réduit à la demande de l'emprunteur. Une même avance ne peut financer que la part des dépenses revenant à un unique logement. La liste des dépenses qui peuvent être prises en compte est fixée par décret.

Le plafond mentionné à l'alinéa précédent est fixé par décret en fonction de la nature des travaux, suivant la classification prévue au 2 du I de l'article 244 *quater* U du code général des impôts.

Art. *R. 319-6 Le versement de l'avance par l'établissement de crédit peut s'effectuer en une ou plusieurs fois, sur la base du descriptif et des devis détaillés des travaux envisagés prévus au 5 du I de l'article 244 *quater* U du code général des impôts ou sur la base des factures de travaux effectivement réalisés transmises par l'emprunteur à tout moment avant la date de clôture de l'avance.

Le versement sur factures peut conduire, dans le respect des conditions du présent chapitre et sous réserve d'acceptation par l'établissement de crédit, au dépassement du montant initialement prévu par le descriptif et les devis.

Aucun versement ne peut intervenir au titre de l'avance après un délai de trois mois suivant la date de clôture de l'avance.

Art. *R. 319-7 L'établissement de crédit apprécie sous sa propre responsabilité la solvabilité et les garanties de remboursement présentées par l'emprunteur.

Art. *R. 319-8 Les conditions de remboursement de l'avance sont déterminées à la date d'émission de l'offre d'avance.

Le remboursement de l'avance s'effectue par mensualités constantes sur la durée de la période de remboursement.

(Décr. nº 2012-719 du 7 mai 2012) « La durée de la période de remboursement est la durée mentionnée au 9 du I de l'article 244 *quater* U du code général des impôts.

« Toutefois, » la durée de la période de remboursement peut être inférieure, à la demande de l'emprunteur, dans la limite d'une durée minimum fixée par décret.

(Abrogé par Décr. nº 2012-719 du 7 mai 2012) ***« La durée de la période de remboursement peut être supérieure, à la demande de l'emprunteur et sous réserve d'acceptation par l'établissement de crédit, dans la limite d'une durée maximum fixée par décret. »***

Les dispositions du Décr. nº 2012-719 du 7 mai 2012 s'appliquent aux offres d'avances émises à compter du 1er avr. 2012 (Décr. préc., art. 3).

SECTION III COMPENSATION PAR L'ÉTAT DE L'ABSENCE D'INTÉRÊTS

Art. *R. 319-9 Le montant du crédit d'impôt accordé à l'établissement de crédit pour compenser l'absence d'intérêts de l'avance est calculé en appliquant au montant de l'avance un taux S, fixé en fonction de la durée de la période de remboursement, conformément aux dispositions de l'article R. 319-10.

Pour ce calcul, la durée de la période de remboursement, déterminée conformément aux dispositions de l'article R. 319-8, est arrondie au multiple de six mois inférieur.

Art. *R. 319-10 Le taux S prévu à l'article R. 319-9 est obtenu en arrondissant à la quatrième décimale le résultat de la formule :

$$X \times (1 + Y)$$

dans laquelle :

X est égal à la somme des valeurs, actualisées à un taux d'intérêt T 1, des écarts entre les mensualités d'une avance de 1 euro d'une durée D et les mensualités constantes d'un prêt de référence de 1 euro, de même durée, accordé au taux d'intérêt T 2. Le taux T 1 est égal au taux mensuel équivalent à un taux annuel T 0 augmenté de 0,35 %. Le taux T 2 est égal au taux mensuel équivalent au même taux annuel T 0 augmenté de 1,35 %. Le taux T 0 est le taux annuel de rendement de l'emprunt d'État de même durée moyenne de remboursement que l'avance *(Abrogé par Décr. nº 2012-719 du 7 mai 2012)* ***« , dans la limite de 60,5 mois »*** ;

Y est égal à la différence entre, d'une part, la somme des intérêts d'un prêt de 1 euro consenti sur cinq annuités constantes au taux annuel de rendement de l'emprunt d'État à trois ans, augmenté de 0,35 % et, d'autre part, la moitié des intérêts d'un prêt de 1 euro consenti sur un an au taux annuel de rendement de l'emprunt d'État à un an, augmenté de 0,35 % ;

D étant la durée du remboursement de l'avance pour laquelle le taux S est calculé *(Abrogé par Décr. nº 2012-719 du 7 mai 2012)* ***« , dans la limite de 120 mois »***.

Le taux S est applicable aux avances faisant l'objet d'une offre de prêt au cours du même trimestre.

Les dispositions du Décr. nº 2012-719 du 7 mai 2012 s'appliquent aux offres d'avances émises à compter du 1er avr. 2012 (Décr. préc., art. 3).

SECTION IV CONVENTIONS AVEC LES ÉTABLISSEMENTS DE CRÉDIT

Art. *R. 319-11 Seuls les établissements de crédit ayant passé une convention avec l'État, conforme à une convention type approuvée par arrêté conjoint des ministres chargés de l'économie, du logement et de l'environnement, sont habilités à accorder les avances.

La convention est signée, au nom de l'État, par le ministre chargé de l'économie.

V. Arr. 4 mai 2009 relatif aux conditions dans lesquelles les établissements de crédit peuvent distribuer les avances remboursables ne portant pas intérêt destinées au financement de travaux de rénovation afin d'améliorer la performance énergétique des logements, dénommées « éco-prêts à taux zéro » (JO 16 juin).

Art. *R. 319-12 Les ministres chargés de l'économie, du budget, du logement et de l'environnement sont autorisés à confier la gestion et le suivi des crédits d'impôt dus au titre des avances à l'organisme mentionné au cinquième alinéa de l'article L. 312-1. Les relations entre l'État et cet organisme sont définies par une convention approuvée par arrêté conjoint des ministres chargés de l'économie, du budget, du logement et de l'environnement qui précise notamment les conditions dans lesquelles cet organisme participe au contrôle de l'application des dispositions du présent chapitre. *[V. Arr. 4 mai 2009 relatif aux conditions dans lesquelles la Société de gestion du fonds de garantie de l'accession sociale à la propriété participe au contrôle de l'application des dispositions du chapitre IX CCH (JO 16 juin).]*

Dans ce cas, les établissements de crédit doivent conclure avec cet organisme une convention, conforme à une convention type approuvée par arrêté conjoint des ministres chargés de l'économie, du logement et de l'environnement qui précise notamment les obligations déclaratives des établissements de crédit en vue de permettre à l'État l'évaluation de l'efficacité de l'avance au regard des objectifs qu'elle poursuit. *[V. Arr. 4 mai 2009 portant approbation de la convention signée entre l'État et la Société de gestion du fonds de garantie de l'accession sociale à la propriété pour la distribution des avances remboursables ne portant pas intérêt destinées au financement de travaux de rénovation afin d'améliorer la performance énergétique des logements, dénommées « éco-prêts à taux zéro » (JO 16 juin).]*

SECTION V CONTRÔLE

Art. *R. 319-13 Le contrôle des conditions d'application des dispositions du présent chapitre est exercé par les ministres chargés de l'économie, du budget et du logement.

Les contrôles qui peuvent, le cas échéant, être confiés à l'organisme mentionné à l'article R. 319-12 en application du même article doivent être effectués par des agents commissionnés à cet effet par les ministres chargés du logement et de l'économie.

Art. *R. 319-14 I. – Pour l'application de la deuxième phrase du 1 du II de l'article 199 *ter* S du code général des impôts, le montant de l'avantage indûment perçu est égal à la différence, majorée de 25 %, entre le montant du crédit d'impôt correspondant à l'avance effectivement versée et le montant du crédit d'impôt correspondant à l'avance dont aurait dû bénéficier l'emprunteur. Dans le cas où le résultat de cette dernière soustraction est négatif ou nul, il n'existe pas d'avantage indûment perçu à rembourser. Le montant du crédit d'impôt correspondant à l'avance dont aurait dû bénéficier l'emprunteur est calculé dans les conditions des articles R. 319-5 et R. 319-9, sur la base du même taux S et des éléments justifiant des travaux effectivement réalisés, et non du montant de l'avance effectivement versé.

II. – Pour permettre l'application de la deuxième phrase du 1 du II de l'article 199 *ter* S du code général des impôts, l'établissement de crédit a l'obligation :

a) De relancer les emprunteurs qui, deux mois avant l'expiration du délai prévu au 5 du I de l'article 244 *quater* U du code général des impôts, n'ont pas transmis la totalité des éléments justifiant que les travaux ont été effectivement réalisés. Cette relance mentionne impérativement le montant maximum du remboursement de l'avantage auquel est susceptible de s'exposer l'emprunteur ;

b) De proposer une régularisation à l'emprunteur qui, à la date de clôture de l'avance, apparaît comme redevable d'un avantage indûment perçu. La proposition doit être formulée au plus tard deux mois après la date de clôture. La régularisation prend la forme d'un paiement direct, par l'emprunteur, de l'avantage indûment perçu à l'établissement de crédit et doit avoir lieu dans les deux mois qui suivent la proposition de régularisation. Dans ce cas, la majoration de 25 % prévue au I ne s'applique pas ;

c) De communiquer au ministre chargé du logement ou, le cas échéant, à l'organisme mentionné à l'article R. 319-12, au plus tard six mois après la date de clôture, les informations nominatives et techniques concernant les avances qui font encore apparaître un avantage indûment perçu qui n'a pas pu être régularisé.

La relance et la proposition mentionnées aux *a* et *b* sont effectuées par lettre, dont une copie est fournie à l'organisme mentionné à l'article R. 319-12, et invitent l'emprunteur à y répondre par lettre recommandée avec accusé de réception.

Les conventions mentionnées à l'article R. 319-11 prévoient des pénalités financières pour ceux des établissements de crédit qui ne respecteraient pas les obligations du présent II au titre du manque à gagner pour l'État relatif à la non-récupération d'un avantage indu ou du coût de gestion relatif à la relance et à la régularisation des emprunteurs.

III. — Au vu des informations communiquées par l'établissement de crédit, le ministre chargé du logement, le cas échéant sur proposition de l'organisme mentionné à l'article R. 319-12, demande le remboursement de l'avantage indûment perçu par l'emprunteur. Le titre exécutoire porte sur le montant calculé au I du présent article.

La créance est recouvrée au profit de l'État par les comptables du Trésor, selon les modalités prévues pour les créances étrangères à l'impôt et au domaine.

L'établissement de crédit informe l'emprunteur de ces dispositions dès l'émission de l'offre de prêt.

Art. *R. 319-15 Dans les situations prévues à la première phrase du 1 et au 2 du II de l'article 199 *ter* S du code général des impôts et si l'offre d'avance faite à l'emprunteur le mentionnait expressément, l'établissement de crédit peut prévoir de rendre immédiatement exigible le remboursement par l'emprunteur de l'avance. Dans tous les cas, il doit indiquer dans le contrat de prêt les conditions générales de l'avance remboursable et les obligations d'information incombant à l'emprunteur, notamment en cas de changement de situation.

SECTION VI MODALITÉS D'ATTRIBUTION DE L'AVANCE

(Décr. nº 2009-346 du 30 mars 2009)

Pour les avances émises jusqu'au 30 juin 2009, il est admis que, par dérogation au premier alinéa de l'art. R. 319-16, les travaux peuvent avoir été commencés depuis le 1er mars 2009 (Décr. nº 2009-346 du 30 mars 2009).

Art. R. 319-16 L'avance peut être accordée pour financer les travaux d'économie d'énergie, réalisés par des professionnels sur un logement situé sur le territoire national et n'ayant pas été commencés avant l'émission de l'avance, suivants :

1º Soit des travaux correspondant à une combinaison d'au moins deux actions efficaces d'amélioration de la performance énergétique du logement ou du bâtiment concerné, parmi les actions suivantes :

a) Travaux d'isolation thermique des toitures ;

b) Travaux d'isolation thermique des murs donnant sur l'extérieur ;

c) Travaux d'isolation thermique des parois vitrées et portes donnant sur l'extérieur ;

d) Travaux d'installation, de régulation ou de remplacement de systèmes de chauffage, le cas échéant associés à des systèmes de ventilation économiques et performants, ou de production d'eau chaude sanitaire ;

e) Travaux d'installation d'équipements de chauffage utilisant une source d'énergie renouvelable ;

f) Travaux d'installation d'équipements de production d'eau chaude sanitaire utilisant une source d'énergie renouvelable.

Un arrêté conjoint des ministres en charge de l'économie, du logement, de l'environnement et du budget définit pour chacune de ces actions les caractéristiques techniques des équipements, produits et ouvrages pouvant être financés ainsi que le type de combinaison ouvrant droit à l'attribution d'une avance remboursable ;

2o Soit des travaux permettant d'atteindre une performance énergétique globale minimale du logement en limitant la consommation d'énergie du bâtiment pour le chauffage, l'eau chaude sanitaire, le refroidissement, l'éclairage et les auxiliaires en dessous d'un seuil défini par un arrêté conjoint des ministres en charge de l'économie, du logement, de l'environnement et du budget ;

3o Soit des travaux de réhabilitation de systèmes d'assainissement non collectif par des dispositifs ne consommant pas d'énergie. Un arrêté conjoint des ministres en charge de l'économie, du logement, de l'environnement et du budget définit les caractéristiques techniques de ces systèmes ouvrant droit à l'attribution d'une avance remboursable.

V. Arr. du 30 mars 2009 (JO 31 mars), mod. par Arr. du 3 mai 2012 (JO 8 mai) ; et, pour l'outre-mer, V. Arr. du 25 mai 2011 (JO 17 juin), mod. par Arr. du 3 mai 2012 (JO 8 mai).

Art. R. 319-17 Les dépenses afférentes aux travaux mentionnées à l'article R. 319-5 sont :

– le coût de la fourniture et de la pose des équipements, produits et ouvrages nécessaires à la réalisation des travaux d'économie d'énergie visés à l'article R. 319-16 ;

– le coût de la dépose et de la mise en décharge des ouvrages, produits et équipements existants ;

– les frais de maîtrise d'œuvre et des études relatives aux travaux ;

– les frais de l'assurance maître d'ouvrage éventuellement souscrite par l'emprunteur ;

– le coût des travaux induits, indissociablement liés aux travaux d'économies d'énergie visés à l'article R. 319-16.

Art. R. 319-18 Les travaux induits, indissociablement liés aux travaux d'économies d'énergie, visés à l'article R. 319-17 sont :

a) Pour les travaux d'isolation thermique performants des toitures : les éventuelles modifications ponctuelles de l'installation électrique, des réseaux intérieurs, la plâtrerie et des peintures consécutives aux travaux d'isolation, les travaux liés au maintien de l'étanchéité de la toiture et de reprise d'étanchéité des points singuliers défaillants de la toiture, l'équilibrage des réseaux de chauffage et l'installation éventuelle de systèmes de régulation du chauffage et d'un système de ventilation permettant d'assurer un renouvellement d'air minimal ;

b) Pour les travaux d'isolation thermique performants des murs donnant sur l'extérieur : les éventuelles modifications de l'installation électrique, des réseaux intérieurs, de la plâtrerie et des peintures consécutives aux travaux d'isolation par l'intérieur, les travaux de ravalement de façade consécutifs aux travaux d'isolation par l'extérieur, l'équilibrage des réseaux de chauffage et l'installation éventuelle de systèmes de régulation du chauffage et d'un système de ventilation permettant d'assurer un renouvellement d'air minimal ;

c) Pour les travaux d'isolation thermique performants des parois vitrées et portes donnant sur l'extérieur : la fourniture, la pose et la motorisation éventuelles des fermetures, les éventuelles modifications de la plâtrerie et des peintures consécutives à ces travaux et l'installation éventuelle d'un système de ventilation permettant d'assurer un renouvellement d'air minimal ;

d) Pour les travaux d'installation, de régulation ou de remplacement de systèmes de chauffage ou de production d'eau chaude sanitaire performants : les éventuels travaux d'adaptation des émetteurs de chaleur à eau chaude et des réseaux de distribution, l'isolation et l'équilibrage des réseaux de chauffage, les éventuels travaux d'adaptation des systèmes d'évacuation des produits de la combustion, les éventuels travaux de forage et de terrassement, en cas d'installation d'un système de chauffage utilisant la géothermie, les éventuelles modifications ponctuelles de l'installation électrique et l'installation éventuelle d'un système de ventilation permettant d'assurer un renouvellement d'air minimal ;

e) Pour les travaux d'installation d'équipements de chauffage utilisant une source d'énergie renouvelable : les éventuels travaux d'adaptation des émetteurs de chaleur à eau chaude et des réseaux de distribution, les éventuels travaux d'adaptation des systèmes d'évacuation des produits de la combustion ;

f) Pour les travaux d'installation d'équipements de production d'eau chaude sanitaire utilisant une source d'énergie renouvelable : les éventuelles modifications de la couverture du bâtiment, de l'installation électrique et de la plomberie consécutives aux travaux ;

g) Pour les travaux de réhabilitation de systèmes d'assainissement non collectif par des dispositifs ne consommant pas d'énergie : les éventuels travaux de terrassement nécessaire à l'exécution des travaux, les éventuels travaux d'adaptation des réseaux extérieurs d'évacuation des eaux usées brutes, les éventuels travaux de remise en état suite à la dégradation due aux travaux, les éventuelles modification ou installation de systèmes de ventilation statique extérieure permettant d'assurer l'aération des dispositifs de l'installation.

Art. R. 319-19 Préalablement à la réalisation des travaux, l'emprunteur fournit à l'appui de sa demande d'avance les éléments suivants :

– la date d'achèvement du logement qui fait l'objet des travaux ;

– un justificatif de l'utilisation en tant que résidence principale du logement qui fait l'objet des travaux. Si le logement ne fait pas encore l'objet d'une telle utilisation, l'emprunteur s'engage à rendre effective l'utilisation en tant que résidence principale dans les six mois qui suivent la date de clôture de l'avance ;

– le dernier avis d'imposition disponible portant mention du revenu fiscal de référence, au sens du 1° du IV de l'article 1417 du code général des impôts, du foyer fiscal de l'emprunteur lorsque celui-ci relève du 1° ou du 3° du 3 du I de l'article 244 *quater* U du même code ;

– le descriptif des travaux prévus et l'ensemble des devis détaillés associés, justifiant du respect des modalités d'attribution définies à l'article R. 319-16 ;

– le montant prévisionnel des dépenses de travaux d'économie d'énergie.

Les modalités de justification de ces éléments sont définies par un arrêté conjoint des ministres en charge de l'économie, du logement, de l'environnement et du budget.

Art. R. 319-20 L'emprunteur transmet dans le délai prévu au 5 du I de l'article 244 *quater* U du code général des impôts le descriptif des travaux réalisés, l'ensemble des factures détaillées associées et le montant définitif des travaux réalisés, et justifie du respect des dispositions définies à l'article R. 319-16.

Le cas échéant, l'emprunteur transmet les justificatifs confirmant l'utilisation en tant que résidence principale du logement.

Les modalités de justification de ces éléments sont définies par un arrêté conjoint des ministres en charge de l'économie, du logement, de l'environnement et du budget.

SECTION VII PLAFONDS FINANCIERS RELATIFS AUX AVANCES REMBOURSABLES SANS INTÉRÊT

(Décr. no 2009-346 du 30 mars 2009)

Art. R. 319-21 Le plafond mentionné à l'article R. 319-5 est défini comme suit :

1o Pour les travaux comportant deux, et seulement deux, des six actions prévues au 1o de l'article R. 319-16 : 20 000 € ;

1o *bis* Pour les travaux comportant au moins trois des six actions prévues au 1o de l'article R. 319-16 : 30 000 € ;

2o Pour les travaux prévus au 2o de l'article R. 319-16 : 30 000 € ;

3o Pour les travaux prévus au 3o de l'article R. 319-16 : 10 000 €.

Art. R. 319-22 *(Abrogé par Décr. no 2012-720 du 7 mai 2012)* ***« La durée de base de la période de remboursement mentionnée au troisième alinéa de l'article R. 319-8 est égale à 120 mois. »***

La durée minimum mentionnée au quatrième alinéa de l'article R. 319-8 est égale à 36 mois.

(Abrogé par Décr. no 2012-720 du 7 mai 2012) ***« La durée maximum mentionnée au cinquième alinéa de l'article R. 319-8 est égale à 180 mois. »***

Les dispositions du Décr. no 2012-720 du 7 mai 2012 s'appliquent aux offres d avances émises à compter du 1er avr. 2012 (Décr. préc., art. 2).

CHAPITRE X PRÊT NE PORTANT PAS INTÉRÊT CONSENTI POUR FINANCER LA PRIMO-ACCESSION À LA PROPRIÉTÉ

(Décr. no 2010-1704 du 30 déc. 2010, art. 1er-B)

Décret no 2010-1704 du 30 décembre 2010,

Relatif aux prêts ne portant pas intérêt consentis pour financer la primo-accession à la propriété.

Art. 2 Les dispositions du présent décret sont applicables aux offres de prêts émises à compter du 1er janvier 2011.

A titre transitoire, les dispositions des articles R. 318-1, R. 318-2, R. 318-6, R 318-7, R. 318-11 et R. 318-23 sont applicables aux offres de prêt émises jusqu'au 31 mai 2011 en substitution des dispositions des articles R. 31-10-2, R. 31-10-3, R. 31-10-7 et R. 31-10-8 ainsi que des 2o à 5o de l'article R. 31-10-6.

Jusqu'à la publication de l'arrêté prévu à l'article R. 304-1 du code de la construction et de l'habitation, les zones A *bis*, A, B1, B2 et C sont celles définies à l'article 2 *terdecies* B de l'annexe III au code général des impôts.

Arrêté du 30 décembre 2010,

Relatif aux conditions d'application de dispositions concernant les prêts ne portant pas intérêt consentis pour financer la primo-accession à la propriété (JO 31 déc.)

Art. 12 Les dispositions du présent arrêté sont applicables sont applicables aux offres de prêts émises à compter du 1er janvier 2011.

A titre transitoire, les dispositions applicables aux avances remboursables sans intérêt mentionnées aux articles R. 318-1 et suivants du code de la construction et de l'habitation sont applicables aux offres de prêt émises jusqu'au 31 mai 2011 en substitution des dispositions des articles 3, 4, 5 et 10.

Art. R. 31-10-1 Les établissements de crédit qui consentent les prêts ne portant pas intérêt mentionnés à l'article L. 31-10-1 apprécient sous leur propre responsabilité la solvabilité et les garanties de remboursement présentées par les emprunteurs.

V. Arr. du 30 déc. 2010 (JO 31 déc.), mod. par Arr. du 3 mai 2012 (JO 8 mai).

SECTION PREMIÈRE **CONDITIONS DU PRÊT**

Art. R. 31-10-2 Les prêts mentionnés au présent chapitre sont consentis pour le financement des opérations suivantes :

1o La construction d'un logement, accompagnée, le cas échéant, de l'acquisition de droits de construire ou de terrains destinés à la construction de ce logement, ou l'acquisition d'un logement en vue de sa première occupation ; l'aménagement à usage de logement de locaux non destinés à l'habitation est assimilé à la construction d'un logement. *(Décr. no 2011-2059 du 30 déc. 2011, art. 1er-1o)* « L'acquisition d'un logement en vue de sa première occupation après la réalisation de travaux concourant à la production ou à la livraison d'un immeuble neuf au sens du 2o du 2 du I de l'article 257 du code général des impôts est également assimilée à la construction d'un logement ; »

2o L'acquisition d'un logement ayant déjà été occupé ;

3o L'acquisition d'un logement faisant l'objet d'un contrat régi par les dispositions de la loi no 84-595 du 12 juillet 1984 définissant la location-accession à la propriété immobilière *[V. App., vo Location-accession]* lorsque cette acquisition porte sur des opérations mentionnées au 1o ou au 2o ;

Les opérations des 1o et 2o peuvent, le cas échéant, être réalisées :

– lorsque l'emprunteur détient l'usufruit d'un logement ou d'un terrain, par l'acquisition de la nue-propriété de celui-ci ;

– lorsque l'emprunteur détient la nue-propriété d'un logement ou d'un terrain, par l'acquisition de l'usufruit de celui-ci ;

– lorsque l'emprunteur détient des parts indivises d'un logement ou d'un terrain, par l'acquisition de la totalité des autres parts de celui-ci ;

– lorsque l'emprunteur détient des parts de société civiles immobilières d'attribution, par l'acquisition de la totalité des autres parts correspondant à un unique lot d'habitation ;

– par la souscription d'un bail emphytéotique ou à construction, dès lors que le contrat de bail prévoit une clause de transfert à terme de la propriété du terrain à l'emprunteur.

Les opérations du présent article peuvent comprendre des travaux. Elles peuvent également comprendre la construction ou l'acquisition simultanée de dépendances dont la liste est fixée par arrêté des ministres chargés du logement, de l'économie et du budget.

Sont qualifiés de "neufs", au sens du présent chapitre, les logements mentionnés au 1o, ainsi que ceux mentionnés au 3o lorsque l'emprunteur est le premier occupant à la date de la levée d'option. Les autres logements sont qualifiés d'"anciens" *(Décr. no 2011-2059 du 30 déc. 2011, art. 1er-2o)* « et sont soumis à la condition de vente du parc social à ses occupants mentionnée aux articles L. 31-10-2 et L. 31-10-3. L'emprunteur justifie du respect de cette condition dans des conditions fixées par arrêté des ministres chargés du logement, de l'économie et du budget ».

Les dispositions du Décr. nº 2011-2059 du 30 déc. 2011 sont applicables aux offres de prêts émises à compter du 1er janv. 2012, à l'exception des dispositions du 1º de l'art. 1er, qui sont applicables aux offres de prêts émises à compter du 1er juin 2012 (Décr. préc., art. 3).

Art. R. 31-10-3 **Pour l'appréciation de la condition de propriété mentionnée à l'article L. 31-10-3, la détention du seul usufruit ou de la seule nue-propriété de la résidence principale ne vaut pas propriété de celle-ci.**

La condition prévue au *c* de l'article L. 31-10-3 est remplie lorsque la résidence principale de l'emprunteur a été rendue inhabitable de façon définitive du fait d'une catastrophe entraînant l'application :

– soit de la loi nº 82-600 du 13 juillet 1982 relative à l'indemnisation des victimes de catastrophes naturelles ;

– soit de l'article L. 122-7 du code des assurances pour des dommages causés par les effets du vent dû aux tempêtes, ouragans ou cyclones ;

– soit du premier alinéa de l'article L. 128-1 du code des assurances pour des dommages dus à des catastrophes technologiques ;

– soit des articles L. 15-6 et L. 15-8 du code de l'expropriation pour cause d'utilité publique dans les cas visés aux articles L. 561-1 à L. 561-5 ainsi qu'à l'article L. 515-16 du code de l'environnement.

La demande de prêt doit être présentée dans le délai de deux ans suivant la date de publication de la décision de constatation de l'état de catastrophe ou la survenance du sinistre et être accompagnée d'un justificatif attestant la nécessité d'une nouvelle construction ou l'acquisition sur un autre site d'un nouveau logement.

Art. R. 31-10-3-1 *(Décr. nº 2011-2059 du 30 déc. 2011, art. 1er-3º)* **Remplissent la condition de ressources mentionnée à l'article L. 31-10-2 les personnes physiques dont le montant total des ressources, mentionné au *c* de l'article L. 31-10-4, est inférieur au plafond fixé, en fonction du nombre des personnes mentionnées au *b* de l'article L. 31-10-4 et de la localisation du logement, dans le tableau ci-après :**

NOMBRE DE PERSONNES	ZONE A	ZONE B1	ZONE B2	ZONE C
1	36 000 €	26 000 €	20 000 €	18 500 €
2	50 400 €	36 400 €	28 000 €	25 900 €
3	61 200 €	44 200 €	34 000 €	31 450 €
4	72 000 €	52 000 €	40 000 €	37 000 €
5	82 800 €	59 800 €	46 000 €	42 550 €
6	93 600 €	67 600 €	52 000 €	48 100 €
7	104 400 €	75 400 €	58 000 €	53 650 €
8 et plus	115 200 €	83 200 €	64 000 €	59 200 €

Le tableau du présent art. est issu du Décr. nº 2012-1531 du 29 déc. 2012, art. 1er-1º, dont les dispositions sont applicables aux offres de prêts émises à compter du 1er janv. 2013 (Décr. préc., art. 3).

Art. R. 31-10-3-2 *(Décr. nº 2012-1531 du 29 déc. 2012, art. 1er-2º)* **Lorsqu'ils sont situés sur le territoire métropolitain, les logements satisfaisant la condition de performance énergétique mentionnée à l'article L. 31-10-2 s'entendent :**

1º Sous réserve du 2º :

***a)* Soit de ceux qui bénéficient du label "bâtiment basse consommation énergétique, BBC 2005" mentionné au 5º de l'article 2 de l'arrêté du 3 mai 2007 relatif au contenu et aux conditions d'attribution du label "haute performance énergétique" ;**

***b)* Soit de ceux qui respectent les caractéristiques thermiques et conditions mentionnées au I de l'article R. 111-20, selon les prescriptions fixées par l'arrêté prévu au II du même article ;**

2o Pour les logements résultant de l'aménagement de locaux non destinés à l'habitation et pour les logements acquis en vue de leur première occupation après la réalisation de travaux concourant à la production ou à la livraison d'un immeuble neuf au sens du 2o du 2 du I de l'article 257 du code général des impôts :

a) Soit de ceux qui bénéficient du label "haute performance énergétique rénovation, HPE rénovation 2009" ou du label "bâtiment basse consommation énergétique rénovation, BBC rénovation 2009" mentionnés aux 1o et 2o de l'article 2 de l'arrêté du 29 septembre 2009 relatif au contenu et aux conditions d'attribution du label "haute performance énergétique rénovation" ;

b) Soit de ceux qui respectent les exigences de performance énergétique globale, pour au moins deux des quatre catégories suivantes :

– isolation de la toiture ou des murs donnant sur l'extérieur ;

– fenêtres ;

– système de chauffage ;

– système de production d'eau chaude sanitaire.

L'emprunteur justifie de la performance énergétique du logement dans des conditions fixées par arrêté des ministres chargés du logement, de l'économie et du budget.

Les dispositions du Décr. no 2012-1531 du 29 déc. 2012 sont applicables aux offres de prêts émises à compter du 1er janv. 2013 (Décr. préc., art. 3).

Art. R. 31-10-4 L'emprunteur doit, au moment de la demande du prêt, fournir les pièces justificatives permettant à l'établissement de crédit de vérifier qu'il satisfait aux conditions du prêt. Il doit, notamment, apporter la preuve qu'il n'a pas été propriétaire de sa résidence principale au cours des deux années précédant l'offre de prêt.

Sans préjudice des dispositions de l'alinéa précédent, un arrêté des ministres chargés du logement, de l'économie et du budget précise les principaux documents et déclarations qui doivent être fournis par l'emprunteur à l'appui de sa demande de prêt ainsi que les conditions dans lesquelles ces documents doivent être transmis.

Les zones géographiques mentionnées au *d* de l'article L. 31-10-4 sont les zones A, B1, B2 et C définies à l'article R. 304-1.

Art. R. 31-10-5 Dans le cas mentionné à la deuxième phrase du *a* de l'article L. 31-10-5, les revenus du foyer fiscal qui ne peuvent être individualisés sur l'avis d'imposition sont affectés forfaitairement pour moitié au contribuable et pour moitié au conjoint ou en totalité au contribuable en l'absence de conjoint.

● SECTION II **MAINTIEN DU PRÊT**

Art. R. 31-10-6 Tant que le prêt n'est pas intégralement remboursé, les conditions de son maintien prévues à l'article L. 31-10-6 sont précisées au présent article.

1o Le logement doit être effectivement occupé à titre de résidence principale par l'emprunteur et les personnes mentionnées au *b* de l'article L. 31-10-4 dans le délai maximum d'un an suivant soit la déclaration d'achèvement des travaux, soit l'acquisition du logement si celle-ci est postérieure. Ce délai est porté à six ans lorsque le logement est destiné à être occupé par l'emprunteur à compter de la date de son départ à la retraite, à condition que le logement soit loué pendant ce délai dans les conditions de ressources, de loyer et de déclaration prévues au 2o.

Est considéré comme résidence principale, au sens du présent chapitre, un logement occupé au moins huit mois par an, sauf :

– en cas de force majeure ;

– pour raison de santé ;

– en cas d'obligation liée à l'activité professionnelle, caractérisée par des déplacements réguliers ; par la nécessité absolue de service découlant de dispositions statutaires ou obligation figurant dans le contrat de travail contraignant l'emprunteur à résider dans un logement qui n'est pas le logement financé avec le prêt ; par l'éloignement entre le logement financé et le lieu de l'activité, dans la limite d'une durée de trois ans lorsque le logement n'est pas occupé par l'une des personnes mentionnées au b de l'article L. 31-10-4 ;

– en cas *[de]* mise en location du logement dans les conditions prévues au 2°.

2° Le logement ne peut être proposé à la location que dans les conditions suivantes :

– la location doit résulter de la survenance pour l'emprunteur de l'un des faits suivants : mobilité professionnelle lorsque la distance séparant le nouveau lieu de l'activité et le logement financé est au moins de 50 km ou entraîne un temps de trajet aller au moins égal à 1 h 30 ; décès ; divorce ; dissolution d'un pacte civil de solidarité ; chômage d'une durée supérieure à un an attestée par l'inscription sur la liste des demandeurs d'emploi mentionnée à l'article L. 5411-1 du code du travail ; ou de la survenance pour l'une des personnes mentionnées au *b* de l'article L. 31-10-4 d'une invalidité reconnue soit par la décision de la commission des droits et de l'autonomie des personnes handicapées mentionnée à l'article L. 146-9 du code de l'action sociale et des familles, soit par délivrance par cette commission de la carte d'invalidité prévue à l'article L. 241-3 du même code ;

– la location est d'une durée maximale de six ans ;

– les ressources du locataire, à la date de la signature du contrat de location, n'excèdent pas les plafonds applicables pour la location d'un logement locatif social financé dans les conditions fixées à la sous-section 3 de la section Ire du chapitre unique du titre III du livre III ;

– le montant du loyer n'excède pas les plafonds applicables pour la location d'un logement locatif social financé dans les conditions fixées à la sous-section 3 de la section Ire du chapitre unique du titre III du livre III ;

– la location fait l'objet d'une déclaration par l'emprunteur à l'établissement de crédit ainsi que, le cas échéant, à l'organisme payeur de l'allocation personnalisée au logement prévue aux articles R. 351-1 et suivants.

3° Le logement ne peut être ni affecté à la location saisonnière ou en meublé, ni utilisé comme résidence secondaire, ni utilisé à titre d'accessoire du contrat de travail.

4° Le logement peut être utilisé à titre accessoire pour un usage commercial ou professionnel par l'une des personnes mentionnées au *b* de l'article L. 31-10-4 dès lors que la surface affectée à cette activité n'excède pas 15 % de la surface financée initialement par le prêt. L'établissement de crédit est informé par l'emprunteur de l'exercice de cette activité dans des conditions définies par un arrêté des ministres chargés du logement, de l'économie et du budget.

5° En cas de destruction, le logement doit être reconstruit dans un délai de quatre ans à compter de la date du sinistre.

6° La mutation entre vifs du logement entraîne le remboursement intégral du capital restant dû, au plus tard au moment de l'accomplissement des formalités de publicité foncière de la mutation. La mutation doit être déclarée à l'établissement de crédit dès la signature de l'acte authentique qui la constate.

Toutefois, l'emprunteur peut bénéficier du transfert du capital restant dû prévu à l'article L. 31-10-6 pour le financement d'une opération d'acquisition ou de construction d'une nouvelle résidence principale mentionnée à l'article R. 31-10-2 *(Décr. n° 2011-2059 du 30 déc. 2011, art. 1er-4°)* « dans sa rédaction en vigueur à la date du transfert ». L'établissement de crédit peut refuser le transfert s'il a pour effet de dégrader significativement le niveau de garantie dont il dispose.

Les dispositions du Décr. n° 2011-2059 du 30 déc. 2011 sont applicables aux offres de prêts émises à compter du 1er janv. 2012 (Décr. préc., art. 3).

Art. R. 31-10-7 Les ajustements du montant ou des conditions du prêt prévues au *a* de l'article L. 31-10-7 que peut prévoir l'offre de prêt sont alternativement :

1° La réduction du montant du prêt ne portant pas intérêt sans modification de sa durée, sous la forme d'une exigibilité anticipée du capital restant dû, au prorata de la reprise imputable à l'accédant ;

2° La perception d'intérêts, à un taux fixé dans l'offre, sur le capital courant jusqu'à remboursement total du prêt ne portant pas intérêt, au prorata de la reprise imputable à l'accédant ;

En complément, l'offre de prêt peut prévoir la perception d'intérêts, à un taux fixé dans l'offre, sur le capital ayant couru entre le début de la première période de remboursement et la mise en œuvre du 1° ou du 2°, au prorata de la reprise imputable à l'accédant.

La reprise imputable à l'accédant s'entend de la part de crédit d'impôt mentionnée à l'article 244 *quater* V du code général des impôts reversée par l'établissement de crédit à l'État du fait d'une justification initiale erronée de la part de l'accédant ou d'une justification provisoire non confirmée dans le délai prévu.

L'équivalent actuariel du taux fixé dans l'offre mentionné aux troisième et quatrième alinéas ne peut excéder de plus de 50 points de base le taux de référence i augmenté de la prime p afférents au prêt initialement consenti, tels que définis à l'article 49 *septies* ZZH de l'annexe III au code général des impôts.

SECTION III **MONTANT DU PRÊT**

Art. R. 31-10-8 Le coût total de l'opération, toutes taxes comprises, mentionné à l'article L. 31-10-8, comprend :

– la charge foncière ou la charge immobilière, les honoraires de géomètre et les taxes afférentes, à l'exclusion des frais d'acte notarié et des droits d'enregistrement pour les terrains à bâtir ou les immeubles anciens ;

– les coûts d'aménagement et de viabilisation du terrain et les honoraires afférents ;

– le coût des travaux, y compris les honoraires liés à leur réalisation ou leur certification, à l'exception des montants financés au moyen de l'avance prévue au chapitre IX ;

– les honoraires de négociation restant, le cas échéant, à la charge de l'acquéreur ;

– les frais relatifs à l'assurance de responsabilité mentionnée à l'article L. 241-1 du code des assurances ou à l'assurance de dommages mentionnée à l'article L. 242-1 du même code ;

– les taxes afférentes à la construction mentionnées aux articles 1585 A, 1599 *octies*, 1599 B et 1599-0 B du code général des impôts et de l'article L. 142-2 du code de l'urbanisme.

Si le terrain destiné à la construction a été acquis depuis moins de deux ans à la date d'émission de l'offre de prêt, sa valeur d'acquisition peut être prise en compte dans le coût de l'opération et refinancée.

En cas d'acquisition d'un bien dont une partie est destinée à un autre usage que l'habitation à titre de résidence principale de l'emprunteur, le coût d'opération ne concerne que les surfaces affectées au logement.

L'emprunteur justifie du coût total de l'opération dans des conditions fixées par arrêté des ministres chargés du logement, de l'économie et du budget. Lorsque l'opération comprend des travaux, ceux-ci doivent être achevés dans un délai fixé par cet arrêté à compter de la date d'émission de l'offre de prêt.

Art. R. 31-10-9 La quotité mentionnée à l'article L. 31-10-9 :

1o Est fixée, pour un logement neuf, en fonction de sa localisation, dans le tableau ci-après :

ZONE A	ZONE B1	ZONE B2	ZONE C
33 %	26 %	21 %	18 %

Toutefois, pour un logement situé sur le territoire métropolitain, *(Décr. no 2012-1531 du 29 déc. 2012, art. 1er-4o)* « lorsqu'il ne respecte pas la condition de performance énergétique mentionnée à l'article L. 31-10-2 », la quotité est fixée dans le tableau ci-après :

ZONE A	ZONE B1	ZONE B2	ZONE C
26 %	21 %	16 %	14 %

(Décr. no 2011-2059 du 30 déc. 2011, art. 1er-6o) « 2o Est égale, pour un logement ancien, à 10 %. »

V. Arr. du 30 déc. 2010, art. 7 à 9 (JO 31 déc.), mod. par Arr. du 30 déc. 2011 (JO 31 déc.), Arr. du 29 déc. 2012 (JO 30 déc.).

Le premier tableau du présent art. résulte du Décr. no 2012-1531 du 29 déc. 2012, art. 1er-3o. Le second résulte du Décr. no 2011-2059 du 30 déc. 2011, art. 1er-5o.

Les dispositions du Décr. no 2011-2059 du 30 déc. 2011 sont applicables aux offres de prêts émises à compter du 1er janv. 2012 (Décr. préc., art. 3). Celles du Décr. no 2012-1531 du 29 déc. 2012 sont applicables aux offres de prêts émises à compter du 1er janv. 2013 (Décr. préc., art. 3).

Le label BBC est délivré pour un bâtiment entier et vaut donc pour tous les logements qui le composent. La simple fourniture du certificat suffit à répondre aux exigences réglementaires. * Rép. min. no 123630 : *JOAN Q. 27 déc. 2011. 13591.*

Art. R. 31-10-10 Le plafond, prévu à l'article L. 31-10-10, dans la limite duquel est retenu le coût total de l'opération est fixé, en fonction du nombre des personnes mentionnées au *b* de l'article L. 31-10-4, du caractère neuf ou ancien du logement et de sa localisation, dans le tableau ci-après :

NOMBRE de personnes	NEUF				ANCIEN			
	ZONE A	ZONE B1	ZONE B2	ZONE C	ZONE A	ZONE B1	ZONE B2	ZONE C
1	156 000 €	117 000 €	86 000 €	79 000 €	124 000 €	93 000 €	86 000 €	79 000 €
2	218 000 €	164 000 €	120 000 €	111 000 €	174 000 €	130 000 €	120 000 €	111 000 €
3	265 000 €	199 000 €	146 000 €	134 000 €	211 000 €	158 000 €	146 000 €	134 000 €
4	312 000 €	234 000 €	172 000 €	158 000 €	248 000 €	186 000 €	172 000 €	158 000 €
5 et plus	359 000 €	269 000 €	198 000 €	182 000 €	285 000 €	214 000 €	198 000 €	182 000 €

SECTION IV DURÉE DU PRÊT

Art. R. 31-10-11 La fraction du prêt faisant l'objet d'un différé de remboursement et la durée de chacune des périodes de remboursement sont fixées, en fonction del'appartenance à l'une des tranches mentionnées à l'article L. 31-10-12, dans le tableau ci-après :

TRANCHE	CAPITAL différé	DURÉE de la période 1	DURÉE de la période 2
1	100 %	14 ans	11 ans
2	100 %	5 ans	20 ans
3	0 %	20 ans	—
4	0 %	16 ans	—
5	0 %	12 ans	—

(Décr. n° 2011-2059 du 30 déc. 2011, art. 1er-8°) « L'appartenance à l'une des tranches mentionnées à l'article L. 31-10-12 est déterminée par la correspondance entre les limites de tranche et le montant total des ressources mentionné au *c* de l'article L. 31-10-4 divisé par le coefficient familial apprécié selon les modalités fixées à l'article L. 31-10-12. »

TRANCHE	NEUF				ANCIEN			
	Zone A	Zone B1	Zone B2	Zone C	Zone A	Zone B1	Zone B2	Zone C
1	≤ 23 000 €	≤ 18 000 €	≤ 14 000 €	≤ 11 500 €	≤ 20 500 €	≤ 16 000 €	≤ 12 500 €	≤ 11 500 €
2	≤ 25 500 €	≤ 19 500 €	≤ 15 000 €	≤ 13 000 €	≤ 23 000 €	≤ 18 000 €	≤ 14 000 €	≤ 13 000 €
3	≤ 28 500 €	≤ 21 500 €	≤ 16 500 €	≤ 14 000 €	≤ 25 500 €	≤ 19 500 €	≤ 15 000 €	≤ 14 000 €
4	≤ 31 000 €	≤ 23 500 €	≤ 18 000 €	≤ 15 000 €	≤ 28 500 €	≤ 21 500 €	≤ 16 500 €	≤ 15 000 €
5	≤ 36 000 €	≤ 26 000 €	≤ 20 000 €	≤ 18 500 €	≤ 36 000 €	≤ 26 000 €	≤ 20 000 €	≤ 18 500 €

Les tableaux du présent art. résultent du Décr. n° 2012-1531 du 29 déc. 2012, art. 1er-6°, dont les dispositions sont applicables aux offres de prêts émises à compter du 1er janv. 2013 (Décr. préc., art. 3).

Les dispositions du Décr. n° 2011-2059 du 30 déc. 2011 sont applicables aux offres de prêts émises à compter du 1er janv. 2012, à l'exception des dispositions du 1° de l'art. 1er, qui sont applicables aux offres de prêts émises à compter du 1er juin 2012 (Décr. préc., art. 3).

SECTION V GARANTIE DU PRÊT

Art. R. 31-10-12 Le prêt peut bénéficier de la garantie mentionnée au troisième alinéa de l'article L. 312-1, dans les conditions prévues aux articles R. 312-3-1 à R. 312-3-3.

Lorsque l'établissement de crédit consent un prêt conventionné garanti en application de l'article R. 312-3-1 en complément du prêt ne portant pas intérêt, ce dernier doit bénéficier de la garantie mentionnée à l'alinéa précédent.

TITRE DEUXIÈME AMÉLIORATION DE L'HABITAT

CHAPITRE PREMIER AGENCE NATIONALE DE L'HABITAT

(Décr. nº 2001-351 du 20 avr. 2001, art. 1er)

V. Circ. nº 2001-28 du 3 mai 2001 (BOMELT nº 2001/9).

COMMENTAIRE

En conséquence de la réforme opérée par la loi SRU du 13 décembre 2000, le décret nº 2001-351 du 20 avril 2001 est venu repréciser le statut et les missions de l'agence nationale pour l'amélioration de l'habitat, devenue agence nationale de l'habitat depuis la loi du 13 juillet 2006 portant engagement national pour le logement.

L'ANAH reste un établissement public administratif placé sous la tutelle de l'État.

Dans chaque département, les commissions d'amélioration de l'habitat sont chargées de délivrer les subventions.

L'ANAH est chargée de délivrer la prime à l'amélioration de l'habitat. Son action est étendue vers les propriétaires-occupant ainsi qu'aux syndicats de copropriétaires lorsque les travaux portent sur les parties communes d'un immeuble faisant l'objet d'un plan de sauvegarde.

SECTION PREMIÈRE ORGANISATION ET FONCTIONNEMENT DE L'AGENCE

SOUS-SECTION 1 DISPOSITIONS GÉNÉRALES

V. Arr. 23 déc. 2004 portant approbation des règlements intérieurs du conseil d'administration et du comité restreint de l'ANAH (JO 4 janv. 2005).

Art. R. 321-1 *(Décr. nº 2009-1625 du 24 déc. 2009, art. 1er)* **L'Agence nationale de l'habitat est un établissement public administratif de l'État.**

Elle est placée sous la tutelle des ministres chargés du logement, du budget et de l'économie.

Elle comprend, outre un conseil d'administration, un comité financier, une commission nationale pour la lutte contre l'habitat indigne, une commission des recours et un comité d'évaluation et de suivi.

Art. R. 321-2 *(Décr. nº 2005-416 du 3 mai 2005, art. 1er-I)* **Dans le cadre de sa mission définie à l'article L. 321-1, l'agence apporte son aide financière sous forme de subventions aux bénéficiaires mentionnés** *(Décr. nº 2009-1625 du 24 déc. 2009, art. 1er)* **« à l'article R. 321-12 » ou de dotations aux établissements publics de coopération intercommunale ainsi qu'aux départements ayant conclu la convention prévue à l'article L. 321-1-1. Elle peut se voir confier la gestion des aides des collectivités territoriales et des établissements publics de coopération intercommunale mentionnées aux articles L. 312-2-1 et L. 321-1-1** *(Décr. nº 2005-1449 du 25 nov. 2005, art. 1er-I)* **« ainsi que, à titre accessoire, celle d'aides ayant le même objet, non régies par le présent code, pour le compte d'autres personnes morales de droit public ».**

Art. R. 321-3 *Abrogé par Décr. nº 2009-1625 du 24 déc. 2009, art. 8.*

Art. R. 321-4 *(Décr. nº 2009-1625 du 24 déc. 2009, art. 1er)* L'agence est gérée par un conseil d'administration.

I. – Le conseil d'administration comprend trois collèges composés chacun des huit membres suivants :

1) Collège des représentants de l'État et de ses établissements publics :

1º Deux représentants du ministre chargé du logement ;

2º Un représentant du ministre chargé de l'économie ;

3º Un représentant du ministre chargé du budget ;

4º Un représentant du ministre chargé de l'environnement ;

5º Un représentant du ministre chargé de la santé ;

6º Un représentant du ministre chargé de l'intérieur et des collectivités territoriales ;

7º Un représentant de l'Agence nationale de rénovation urbaine (ANRU) désigné par elle ;

2) Collège des élus et des représentants locaux :

1º Un député, sur proposition de l'Assemblée nationale ;

2º Un sénateur, sur proposition du Sénat ;

3º Deux représentants des maires, sur proposition de l'Association des maires de France ;

4º Deux représentants des présidents d'établissements publics de coopération intercommunale, sur proposition de l'Assemblée des communautés de France ;

5º Deux représentants des présidents de conseils généraux, sur proposition de l'Assemblée des départements de France ;

3) Collège des personnalités qualifiées :

1º Deux représentants de l'*(Décr. nº 2012-721 du 9 mai 2012, art. 6)* « Union d'économie sociale du logement », sur proposition de cette dernière ;

2º Un représentant des propriétaires ;

3º Un représentant des locataires ;

4º Un représentant des professionnels de l'immobilier ;

5º Deux personnes qualifiées pour leurs compétences dans le domaine du logement ;

6º Une personne qualifiée pour ses compétences dans le domaine social.

Les membres de ces trois collèges, ainsi qu'un nombre égal de suppléants, sont nommés pour un mandat de trois ans renouvelable. Les membres titulaires ou suppléants démissionnaires, décédés ou qui perdent la qualité au titre de laquelle ils ont été nommés sont remplacés par de nouveaux membres nommés, selon les mêmes modalités, pour la durée du mandat du conseil d'administration restant à courir.

Des vice-présidents, au moins un par collège, sont élus pour la durée de leur mandat d'administrateur. Ils sont rééligibles une fois. Un vice-président issu du collège des représentants de l'État et de ses établissements publics ou, à défaut, un autre vice-président, supplée le président en cas d'absence ou d'empêchement.

Aucune délégation de pouvoir ni de signature ne peut être attribuée aux vice-présidents.

II. – Le conseil d'administration est réuni, sur convocation de son président, au moins deux fois par an et, de plein droit, à la demande de la majorité des membres du conseil ou de l'un des ministres de tutelle, dans le mois suivant la demande.

L'ordre du jour des réunions est défini par l'autorité qui les convoque.

Le directeur général de l'agence, le représentant *(Décr. nº 2012-1247 du 7 nov. 2012, art. 2)* « du contrôleur budgétaire » de l'État et l'agent comptable assistent avec voix consultative aux séances du conseil d'administration et, le cas échéant, à celles du comité financier mentionné à l'article R. 321-6-1.

Sauf urgence, l'ordre du jour est communiqué aux membres du conseil d'administration au moins douze jours avant la réunion.

1. Aucun texte ne dispense le recours contre une décision du comité restreint, rejetant un recours gracieux contre un ordre de recette, du ministère d'avocat. • CE 26 janv. 1990, *Mortier : req. n° 77002.*

2. Une délégation de pouvoirs du conseil d'administration au comité restreint est innopposable aux tiers dès lors qu'elle n'a fait l'objet d'aucune publication. • CAA Lyon, 10 nov. 1992, *Abeille*, req. n° 90LY00769 : *Lebon T. 1098*.

Art. R. 321-5 *(Décr. n° 2009-1625 du 24 déc. 2009, art. 1er)* **I. — Le conseil d'administration exerce les attributions suivantes :**

1° Il vote le budget et approuve les comptes de l'agence ;

2° Il arrête son règlement intérieur et délibère sur les moyens de fonctionnement que l'agence met à la disposition des comités ou commissions mentionnés à la présente sous-section ;

3° Il établit le règlement général de l'agence, qui, une fois approuvé, est publié au *Journal officiel* de la République française ;

4° Il détermine les dépenses qui peuvent être subventionnées, le régime des aides et les contreparties demandées aux bailleurs ;

5° Il définit les programmes d'actions de l'agence dans le cadre des orientations générales fixées par le ministre chargé du logement ;

6° Il arrête au moins une fois par an les objectifs et le montant maximal des aides de l'agence pouvant être engagées en faveur de l'amélioration de l'habitat privé, y compris celles susceptibles d'être déléguées en application de l'article L. 301-3 ; il répartit entre les régions le montant des aides concernées ; il fixe pour chaque région les objectifs et le montant des aides en faveur de l'amélioration de l'habitat privé pouvant faire l'objet d'engagements pluriannuels dans le cadre des conventions mentionnées aux articles L. 321-1-1, L. 303-1 et R. 327-1 ;

7° Il arrête au moins une fois par an les objectifs et le montant maximal des aides de l'agence pouvant être engagées en faveur de l'amélioration des structures d'hébergement mentionnées au III de l'article R. 321-12 et répartit entre les régions le montant des aides concernées ;

8° Il arrête au moins une fois par an le montant maximal des aides de l'agence pouvant être engagées en faveur des opérations prévues aux IV et V de l'article L. 321-12 ;

9° *a)* Il prend les sanctions prévues à l'article L. 321-2 en application de la procédure définie à l'article R. 321-21 ;

***b)* Il statue sur les recours déposés par les demandeurs de subvention mentionnés aux I et II de l'article R. 321-12, contre les décisions émanant des délégués de l'agence dans le département ou des délégataires de compétence ; il peut déléguer ces pouvoirs au directeur général de l'agence ;**

***c)* Il délibère sur les rapports annuels relatifs aux recours et aux contrôles établis par le directeur général de l'agence ;**

10° Il approuve les contrats d'objectifs entre l'agence et l'État ;

11° Il approuve la convention entre l'agence et l'*(Décr. n° 2012-721 du 9 mai 2012, art. 6)* **« Union d'économie sociale du logement » prise en application de l'article L. 313-3 ainsi que la convention entre l'agence et le ministère chargé du logement mentionnée à l'article R. 321-9 ; il approuve les transactions et autorise le directeur général à les signer ;**

12° Il approuve les conventions nécessaires à l'exercice des missions de l'agence ainsi que les clauses types des conventions passées entre l'agence et les établissements publics de coopération intercommunale ou les départements en application des articles L. 321-1-1, L. 301-1 et R. 327-1 ; ces clauses types prévoient notamment des modalités de traitement et d'instruction des dossiers de demandes d'aides, identiques à celles de la convention mentionnée à l'article R. 321-9 ;

13° Il approuve le rapport annuel d'activités ;

14° Il approuve les transactions et autorise le directeur général à les signer. Il fixe également le seuil en deçà duquel le directeur général est habilité de plein droit à signer

les contrats et conventions et les marchés. Au-delà du seuil précité, il délibère pour approuver leur passation et autorise expressément le directeur général à les signer ;

15o Il accepte les dons et legs.

II. — Le conseil d'administration ne peut délibérer que si la moitié de ses membres sont présents ou représentés. Si le quorum n'est pas atteint, le conseil est convoqué à nouveau sur le même ordre du jour, dans un délai maximum d'un mois ; il délibère alors valablement quel que soit le nombre de membres présents ou représentés.

En cas de partage égal des voix, celle du président est prépondérante.

Les délibérations en application des 4o, 7o et 8o ci-dessus lorsqu'elles portent sur des mesures relatives à la lutte contre l'habitat indigne ou à l'humanisation des structures d'hébergement mentionnées au III, au IV et au V de l'article R. 321-12 devront, pour être adoptées, réunir la majorité des voix au sein du conseil d'administration et au sein du collège des représentants de l'État et de ses établissements publics.

V. Décr. no 2012-447 du 2 avr. 2012 relatif au règlement des aides du fonds d'aide à la rénovation thermique des logements privés (FART), JO 4 avr.

En étant publié au *Bulletin officiel* du ministère de l'équipement, du logement et du tourisme, le règlement intérieur du comité restreint de l'ANAH a bénéficié d'une publicité suffisante. • CE 2 juin 1999, *GIE du groupe Victoire : req. no 191235.*

Art. R. 321-6 Les délibérations du conseil d'administration sont exécutoires un mois après leur réception par le ministre chargé du logement et *(Décr. no 2009-1625 du 24 déc. 2009, art. 1er)* « les ministres chargés du budget et de l'économie », sauf opposition motivée des ministres dans ce délai.

En cas d'opposition des ministres, le président soumet à un nouvel examen du conseil d'administration la délibération modifiée pour tenir compte des motifs invoqués par les ministres. A défaut d'approbation par le conseil d'administration dans le délai d'un mois, la délibération modifiée peut être rendue exécutoire par décision conjointe des ministres de tutelle.

(Décr. no 2012-1247 du 7 nov. 2012, art. 27) « Par dérogation aux deux premiers alinéas, les délibérations portant sur le budget et le compte financier sont exécutoires dans les conditions prévues par le titre III du décret no 2012-1246 du 7 novembre 2012 relatif à la gestion budgétaire et comptable publique. » Les délibérations relatives aux emprunts et aux acquisitions ou aliénations d'immeubles, ainsi que celles relatives aux règlements intérieurs mentionnés au 2o de l'article R. 321-5 ne sont exécutoires qu'après approbation expresse des ministres de tutelle. Les délibérations relatives au règlement général mentionné au 3o de l'article R. 321-5 ne sont exécutoires qu'après approbation expresse des ministres de tutelle et du ministre chargé de l'outre-mer.

En cas d'urgence déclarée par le conseil d'administration, les ministres de tutelle peuvent autoriser conjointement l'exécution immédiate d'une délibération, quel que soit son objet.

Art. R. 321-6-1 *(Décr. no 2009-1625 du 24 déc. 2009, art. 1er)* I. — Le comité financier mentionné à l'article R. 321-1 est composé de membres nommés par le conseil d'administration parmi ses membres titulaires et suppléants. Pour chaque membre titulaire du comité financier, il est nommé un membre suppléant appartenant au même collège du conseil d'administration.

Ce comité est constitué de l'ensemble des administrateurs représentant les ministres en charge de l'économie, du budget et du logement, d'un administrateur représentant l'Association des maires de France, d'un administrateur représentant l'Assemblée des départements de France, d'un administrateur représentant l'Assemblée des communautés de France et de trois administrateurs représentant les personnalités qualifiées dont deux sont issus de l'*(Décr. no 2012-721 du 9 mai 2012, art. 6)* « Union d'économie sociale du logement ».

Il est présidé par le président du conseil d'administration.

II. – L'avis du comité financier peut être demandé par le président du conseil d'administration sur les projets de délibération de ce conseil, portant sur les engagements financiers de l'agence, son budget, sa capacité financière d'engagements annuels et pluriannuels, le régime des aides et les contreparties demandées aux bailleurs.

III. – Ses modalités de fonctionnement, notamment le délai dans lequel il rend ses avis, sont définies par son règlement intérieur, qu'il adopte et soumet à l'approbation du conseil d'administration.

Le relevé de conclusions de ses réunions est communiqué aux membres du conseil d'administration.

Le directeur général de l'agence, l'agent comptable et le représentant *(Décr. nº 2012-1247 du 7 nov. 2012, art. 2)* « du contrôleur budgétaire » de l'État assistent aux réunions du comité avec voix consultative.

Art. R. 321-6-2 *(Décr. nº 2009-1625 du 24 déc. 2009, art. 1er)* Le comité d'évaluation et de suivi mentionné à l'article R. 321-1 est composé, au plus, de dix personnalités qualifiées, dont au moins deux représentants de l'*(Décr. nº 2012-721 du 9 mai 2012, art. 6)* « Union d'économie sociale du logement », toutes nommées par le ministre chargé du logement pour un mandat de trois ans renouvelable après information des autres ministres de tutelle.

Le comité d'évaluation et de suivi est chargé d'apprécier la mise en œuvre par l'agence des missions définies à l'article L. 321-1, notamment à travers l'évaluation des programmes d'action mentionnés à l'article R. 321-10, ainsi que sa participation au programme national de requalification des quartiers anciens dégradés mentionné à l'article 25 de la loi nº 2009-323 du 25 mars 2009 *[V. App., vº Rénovation urbaine, ss. L. nº 2003-710 du 1er août 2003, art. 10-1]*.

Ce comité est chargé également d'apprécier la mise en œuvre par les établissements publics de coopération intercommunale et les départements des conventions prévues à l'article L. 321-1-1.

Il peut être saisi de demandes d'évaluation et de suivi par le conseil d'administration, son président ou les ministres de tutelle.

Son fonctionnement est régi par un règlement intérieur qu'il adopte dans les trois mois suivant la nomination de ses membres et soumet à l'approbation du conseil d'administration.

Le directeur général de l'agence assiste aux séances du comité avec voix consultative.

Les conclusions du comité d'évaluation et de suivi sont communiquées au conseil d'administration et aux ministres de tutelle qui peuvent chacun décider de les rendre publics. Elles sont également communiquées au directeur général de l'agence. Son secrétariat est assuré par l'agence.

Art. R. 321-6-3 *(Décr. nº 2009-1625 du 24 déc. 2009, art. 1er)* La commission des recours mentionnée à l'article R. 321-1 est composée d'un représentant du ministre chargé du logement, d'un représentant du ministre chargé de l'économie, d'un représentant des présidents d'établissements publics de coopération intercommunale, d'un représentant des présidents de conseils généraux, d'un représentant des propriétaires et d'un représentant des locataires ainsi que d'un représentant de l'*(Décr. nº 2012-721 du 9 mai 2012, art. 6)* « Union d'économie sociale du logement ». Les membres de la commission sont nommés par le ministre chargé du logement.

La commission des recours est chargée de donner un avis préalable aux décisions du conseil d'administration ou du directeur général de l'agence statuant sur les sanctions prévues à l'article L. 321-2.

Elle est également chargée de donner, sous réserve du respect des délibérations budgétaires votées par le conseil d'administration, un avis préalable aux décisions du conseil d'administration ou du directeur général de l'agence statuant sur les recours mentionnés au *b* du 9o de l'article R. 321-5.

La commission est présidée par le directeur général de l'agence ou son représentant. Son secrétariat est assuré par l'agence.

Les modalités de fonctionnement de cette commission sont définies par son règlement intérieur, qu'elle adopte et soumet à l'approbation du conseil d'administration.

Art. R. 321-6-4 *(Décr. no 2009-1625 du 24 déc. 2009, art. 1er)* La Commission nationale pour la lutte contre l'habitat indigne mentionnée à l'article R. 321-1 est constituée d'un représentant de l'agence, d'un représentant des ministres en charge de la santé, de l'action sociale, du logement, d'un représentant de l'*(Décr. no 2012-721 du 9 mai 2012, art. 6)* « Union d'économie sociale du logement », d'un représentant des services communaux d'hygiène et de santé mentionnés au troisième alinéa de l'article L. 1422-1 du code de la santé publique et d'une personnalité qualifiée en matière de lutte contre l'habitat indigne. Ses membres sont désignés par le ministre chargé du logement.

Cette commission est chargée de rendre des avis sur le financement par l'agence des opérations prévues aux IV et V de l'article R. 321-12, le versement du solde de l'aide de l'agence pour ces opérations et, le cas échéant, sur le reversement du montant total ou partiel des sommes déjà perçues par le bénéficiaire conformément au deuxième alinéa de l'article R. 522-6 et à l'article R. 523-3. Lorsqu'il prend des décisions relevant de la compétence de la Commission nationale pour la lutte contre l'habitat indigne, le directeur général de l'agence ne peut passer outre aux avis de cette commission qu'avec l'accord du conseil d'administration.

La commission est présidée par le membre nommé en tant que personnalité qualifiée en matière de lutte contre l'habitat indigne. Son secrétariat est assuré par l'agence. Ses modalités de fonctionnement sont définies par un règlement intérieur, approuvé par le conseil d'administration.

Art. R. 321-6-5 *(Décr. no 2009-1625 du 24 déc. 2009, art. 1er)* Les membres du conseil d'administration et des commissions ou comités mentionnés à la présente sous-section exercent leurs fonctions à titre gratuit. Ils peuvent bénéficier, pour leur participation aux séances du conseil ou du comité ou de la commission dont ils sont membres, du remboursement de leurs frais dans les conditions prévues par la réglementation applicable aux fonctionnaires de l'État.

Ils ne peuvent en aucun cas prêter leur concours à l'agence à titre onéreux.

Ils ne peuvent prendre part aux délibérations portant sur une affaire dans laquelle ils ont un intérêt personnel direct ou indirect.

Ils sont, ainsi que toute personne assistant aux séances du conseil d'administration, des comités ou des commissions visés à la présente sous-section, tenus au secret des délibérations et débats auxquels ils participent ou assistent.

Ils déclarent les fonctions qu'ils occupent et les intérêts qu'ils détiennent dans les organismes, sociétés et associations qui bénéficient ou ont vocation à bénéficier des concours financiers accordés par l'agence. Ces déclarations sont faites aux ministres de tutelle et communiquées au président du conseil d'administration.

Art. R. 321-7 *(Décr. no 2009-1625 du 24 déc. 2009, art. 1er)* Le directeur général de l'agence est nommé par le ministre chargé du logement.

I. — Il prépare les délibérations du conseil d'administration ainsi que les travaux des comités ou commissions prévus aux articles R. 321-6-1 à R. 321-6-4. Il assure l'exécution des délibérations, en particulier par les instructions qu'il transmet à cet effet aux délégués de l'agence mentionnés à l'article R. 321-11 et aux présidents des établissements publics de coopération intercommunale et des conseils généraux des départements ayant conclu la convention mentionnée à l'article L. 321-1-1.

II. – Il conclut les conventions mentionnées aux articles L. 312-2-1 et L. 321-1-1. Il établit le rapport annuel d'activités prévu au 13° de l'article R. 321-5 et le transmet, après approbation du conseil d'administration, aux ministres de tutelle.

III. – Il peut recevoir délégation du conseil d'administration pour exercer les pouvoirs mentionnés aux *a* et *b* du 9° de l'article R. 321-5.

IV. – Il est l'ordonnateur des recettes et des dépenses de l'agence, y compris des dépenses réalisées en application des conventions prévues aux articles L. 312-2-1 et L. 321-1-1.

Sur avis de la Commission nationale pour la lutte contre l'habitat indigne, il attribue les subventions aux bénéficiaires mentionnés aux IV et V de l'article R. 321-12, dans la limite des autorisations d'engagements visées au 8° de l'article R. 321-5. Dans les cas prévus au deuxième alinéa de l'article R. 522-6 et à l'article R. 523-3, et sur avis de la Commission nationale de lutte contre l'habitat indigne, il décide du versement du solde de l'aide de l'agence et, le cas échéant, du reversement total ou partiel des sommes déjà perçues par le bénéficiaire.

V. – Il représente l'agence dans tous les actes de la vie civile et en justice, y compris pour les décisions prises au nom de l'agence par les présidents des établissements publics de coopération intercommunale et des conseils généraux des départements ayant conclu la convention mentionnée à l'article L. 321-1-1.

VI. – Il nomme aux emplois de l'agence et a autorité sur le personnel.

VII. – Il passe les contrats et conventions ainsi que les marchés n'excédant pas un seuil fixé par délibération du conseil d'administration. Il signe les marchés dépassant ce seuil par autorisation expresse du conseil d'administration. Il est la personne représentant le pouvoir adjudicateur.

VIII. – Il peut déléguer sa signature à des agents de l'agence. Il peut déléguer ses pouvoirs aux délégués mentionnés à l'article R. 321-11, notamment ses pouvoirs d'ordonnateur et ses pouvoirs de représentant du pouvoir adjudicateur, pour prendre les actes nécessaires à l'exercice de leurs attributions dans des limites qu'il détermine.

Art. R. 321-8 *(Décr. n° 2012-1247 du 7 nov. 2012, art. 27)* « L'agence est soumise aux dispositions des titres Ier et III du décret n° 2012-1246 du 7 novembre 2012 relatif à la gestion budgétaire et comptable publique ainsi qu'aux dispositions des articles L. 301-3, L. 301-5-1, L. 301-5-2, L. 312-2-1 et L. 321-1-1. »

(Décr. n° 2005-416 du 3 mai 2005, art. 1er-V) « Lorsque les aides de l'agence sont payées par un établissement public de coopération intercommunale ou un département dans le cadre d'une convention de délégation de compétence prévue à l'article L. 321-1-1, les pièces justificatives des paiements effectués sont conservées par le comptable de l'établissement public de coopération intercommunale ou du département qui produit une attestation certifiant que les paiements effectués par lui sont accompagnés des pièces justificatives correspondantes et qu'il est en possession de toutes les pièces afférentes aux opérations prévues par la convention de délégation. Cette attestation est communiquée à l'agence.

« Lorsque l'agence est autorisée, par une convention conclue avec une collectivité territoriale ou un établissement public de coopération intercommunale en application de l'article L. 321-1-1 ou de l'article L. 312-2-1, à exécuter les dépenses résultant des décisions d'attribution d'aides apportées sur son budget propre par le mandant et à recouvrer les produits des reversements, elle peut bénéficier du versement d'une avance d'un montant équivalent, au maximum, aux dépenses prévues. Ce montant est fixé par la collectivité territoriale ou l'établissement public de coopération intercommunale mandant dans la limite d'un plafond inscrit dans la convention.

« Le paiement des avances ultérieures ou le remboursement de débours de l'agence s'effectue selon un échéancier prévu à la convention, au vu d'un décompte détaillé des opérations, d'un certificat de l'ordonnateur de l'agence attestant de la réalisation des opérations et d'une attestation du comptable de l'agence certifiant que les paiements effectués par lui sont appuyés des pièces justificatives correspondantes.

« La convention conclue entre l'agence et la collectivité territoriale ou l'établissement public de coopération intercommunale prévoit la périodicité, au moins annuelle, et les modalités de reddition des comptes dans des délais permettant au comptable de la collectivité territoriale ou de l'établissement public de coopération intercommunale de produire son compte de gestion. »

L'agence est soumise au contrôle de l'inspection générale du ministère chargé du logement.

Art. R. 321-9 Une convention passée entre le ministre chargé du logement et l'agence fixe les conditions dans lesquelles les services du ministère apportent leur concours à l'agence, notamment pour l'instruction et le traitement des dossiers *(Décr. nº 2009-1625 du 24 déc. 2009, art. 1er)* « de demande d'aides à l'amélioration du parc privé, d'opérations de lutte contre l'habitat indigne et d'opérations d'amélioration d'établissements d'hébergement.

« Cette convention définit notamment les modalités de traitement et d'instruction des dossiers de demandes d'aides par les services instructeurs. »

SOUS-SECTION 2 ORGANISATION ET FONCTIONNEMENT DE LA COMMISSION D'AMÉLIORATION DE L'HABITAT

Art. R. 321-10 *(Décr. nº 2009-1090 du 4 sept. 2009)* « I. – Dans chaque département, une commission locale d'amélioration de l'habitat est consultée, dans son ressort territorial, sur :

« 1º Le programme d'actions établi par le délégué de l'agence dans le département mentionné à l'article R. 321-11, dans le cadre défini par le règlement général de l'agence ;

« 2º Le rapport annuel d'activité établi par le délégué de l'agence dans le département avant transmission au délégué de l'agence dans la région pour l'élaboration *(Décr. nº 2009-1625 du 24 déc. 2009, art. 1er)* « du rapport mentionné au 13º » de l'article R. 321-5 ;

« 3º Toute convention intéressant l'amélioration de l'habitat et engageant l'agence ;

« 4º Les demandes de subvention, pour lesquelles le règlement intérieur prévoit que l'avis de la commission est requis ;

« 5º Les décisions de retrait et de reversement prises en application de l'article R. 321-21 et les recours gracieux.

« Elle est destinataire, au moins une fois par an, d'un état récapitulatif des décisions d'attribution ou de rejet prononcées par le délégué de l'agence. »

(Décr. nº 2005-416 du 3 mai 2005, art. 1er-VI) « La commission est composée des membres suivants : »

(Décr. nº 2009-1625 du 24 déc. 2009, art. 1er) « *a)* Le délégué de l'agence dans le département ou son représentant ;

« *b)* Le trésorier-payeur général ou son représentant ;

« *c)* Un représentant des propriétaires ;

« *d)* Un représentant des locataires ;

« *e)* Une personne qualifiée pour ses compétences dans le domaine du logement ;

« *f)* Une personne qualifiée pour ses compétences dans le domaine social ;

« *g)* Deux représentants des associés collecteurs de l' » *(Décr. nº 2012-721 du 9 mai 2012, art. 6)* « Union d'économie sociale du logement ».

(Décr. nº 2009-1090 du 4 sept. 2009) « Les membres de la commission mentionnés aux *c, d, e, f* et *g* » ainsi qu'un nombre égal de membres suppléants sont nommés pour trois ans par arrêté du préfet. Leur mandat est renouvelable. La commission est présidée par le membre mentionné au *a* *(Décr. nº 2009-1625 du 24 déc. 2009, art 1er)* « , qui a voix prépondérante en cas de partage des voix ».

Sur proposition du *(Décr. nº 2009-1090 du 4 sept. 2009)* « délégué de l'agence dans le département » mentionné à l'article R. 321-11, la commission arrête son règlement intérieur *(Décr. nº 2009-1625 du 24 déc. 2009, art. 1er)* « dans le respect des dispositions prévues par le règlement général de l'agence ».

II. – *(Décr. nº 2009-1090 du 4 sept. 2009)* « Lorsqu'un département ou un établissement public de coopération intercommunale a conclu la convention mentionnée à l'article L. 321-1-1, la commission dont la composition est fixée au I est présidée de plein droit, selon le cas, par le président du conseil général ou son représentant ou par le président de l'établissement public de coopération intercommunale ou son représentant. »

Toutefois, le département ou l'établissement public coopération intercommunale peut décider que, pour la durée de la convention, la commission locale d'amélioration de l'habitat sera composée de membres choisis et désignés par le président du conseil général ou le président de l'établissement public de coopération intercommunale. *(Décr. nº 2009-1625 du 24 déc. 2009, art. 1er)* « La commission comprend au minimum les membres mentionnés au I du présent article. » Le mandat des membres de la commission ne peut excéder six ans. La composition de la commission est notifiée au préfet du département et au *(Décr. nº 2009-1090 du 4 sept. 2009)* « délégué de l'agence dans le département ». Il en est de même des changements ultérieurs intervenant dans la composition de la commission.

(Décr. nº 2009-1090 du 4 sept. 2009) « La commission est consultée, dans son ressort territorial, sur :

« 1º Le programme d'actions établi, dans le cadre défini par le règlement général de l'agence, par le président de l'établissement public de coopération intercommunale ou le président du conseil général ayant conclu la convention mentionnée à l'article L. 321-1 ;

« 2º Le rapport annuel d'activité établi par le président de l'établissement public de coopération intercommunale ou le président du conseil général, avant transmission au délégué de l'agence ;

« 3º Toute convention intéressant l'amélioration de l'habitat et engageant l'agence ;

« 4º Les demandes de subvention pour lesquelles le règlement intérieur prévoit que l'avis de la commission est requis ;

« 5º Les décisions de retrait et de reversement prises en application de l'article R. 321-21 et les recours gracieux.

« Elle est destinataire, au moins une fois par an, d'un état récapitulatif des décisions d'attribution ou de rejet prononcées par le président de l'établissement public de coopération intercommunale ou du conseil général. »

Elle établit son règlement intérieur *(Décr. nº 2009-1625 du 24 déc. 2009, art. 1er)* « dans le respect des dispositions prévues par le règlement général de l'agence » et le notifie au préfet dans le mois qui suit son adoption.

III. – Dans les commissions mentionnées aux I et II ci-dessus, en cas de partage égal des voix, celle du président est prépondérante.

Lorsqu'une personne siégeant dans l'une des commissions mentionnées aux I et II ci-dessus a un intérêt direct ou indirect aux opérations susceptibles d'être financées par l'agence, elle s'abstient de participer à la délibération de la commission.

(Décr. nº 2009-1625 du 24 déc. 2009, art. 1er) « Les membres des commissions mentionnées aux I et II ci-dessus déclarent les fonctions qu'ils occupent et les intérêts

qu'ils détiennent dans les organismes, sociétés et associations qui bénéficient ou ont vocation à bénéficier des concours financiers accordés par l'agence. Ces déclarations sont faites au délégué de l'agence dans le département. »

Les dispositions issues du Décr. n° 2009-1090 du 4 sept. 2009 sont applicables à compter du 5 oct. 2009 (Décr. préc., art. 10-I).

Le mandat des membres des commissions définies au présent art. nommés antérieurement à l'entrée en vigueur du Décr. n° 2009-1090 du 4 sept. 2009 continue à courir jusqu'à son terme, tel qu'il ressort des dispositions de l'avant-dernier al. du I (Décr. préc., art. 10-II).

Dans la mesure où la décision d'attribution d'une subvention est prise par la commission locale, dans la limite des autorisations d'engagement notifiées par le directeur général de l'ANAH, la décision de refus d'une telle subvention n'est pas au nombre de celles qui, au sens de l'art. 1er de la loi du 11 juill. 1979, refusent un avantage dont l'attribution constitue un droit pour les personnes qui remplissent les conditions légales pour l'obtenir. Elle n'a donc pas à être motivée. • CAA Douai, 8 juin 2006, *ANAH : req. n° 05DA01058.* ♦ Les dérogations éventuelles aux orientations fixées par le conseil d'administration de l'ANAH sont soumises au contrôle restreint. • Même arrêt. ♦ Aucune disposition, ni aucun principe, n'impose la publication de l'arrêté préfectoral de désignation des membres de la commission qui ne présente pas un caractère réglementaire. • CAA Lyon, 8 nov. 2011, *M. B. : req. n° 10LY00183.*

Art. R. 321-10-1 *(Décr. n° 2005-416 du 3 mai 2005, art. 1er-VII)* **Lorsqu'une convention mentionnée à l'article L. 321-1-1 a été signée, le président, selon le cas, du conseil général ou de l'établissement public de coopération intercommunale :**

(Décr. n° 2009-1090 du 4 sept. 2009) **« 1° Établit le programme d'actions intéressant son ressort mentionné à l'article R. 321-10 ;**

« 2° En application de ce programme décide de l'attribution des subventions aux bénéficiaires mentionnés aux I et II de l'article R. 321-12, dans la limite des autorisations d'engagement annuelles prévues dans la convention mentionnée aux articles L. 301-5-1 ou L. 301-5-2, ou prononce le rejet des demandes d'aides ;

« 3° Décide du reversement et du retrait des subventions en application de l'article R. 321-21, après avis de la commission mentionnée au II de l'article R. 321-10 ;

« 4° Assure le fonctionnement de la commission mentionnée au II de l'article R. 321-10. »

Les dispositions issues du Décr. n° 2009-1090 du 4 sept. 2009 sont applicables à compter du 5 oct. 2009 (Décr. préc., art. 10-I).

Art. R.* 321-11 *(Décr. n° 2009-1090 du 4 sept. 2009, en vigueur le 5 oct. 2009)* **I. – Le délégué de l'agence dans la région ou le délégué de l'agence en Corse :**

1° Dans les limites et selon les programmes d'actions définis par le conseil d'administration de l'agence, recense sur l'ensemble du territoire régional les engagements pluriannuels de l'agence dans le cadre des délégations de compétence et d'opérations programmées des territoires non couverts par une délégation de compétence et fixe le cadre budgétaire pluriannuel de conclusion ou de renouvellement de délégations de compétence ou d'opérations programmées. Il présente ces engagements et cette programmation au comité régional de l'habitat mentionné à l'article L. 364-1 ; il les transmet au directeur général de l'agence avec l'avis émis par le comité régional de l'habitat ;

2° En fonction des documents mentionnés au 1°, répartit les dotations de l'agence entre les départements et, lorsque des conventions mentionnées aux articles L. 301-5-1 et L. 301-5-2 ont été conclues, entre les délégataires signataires de ces conventions ;

3° Établit au niveau régional le rapport annuel transmis au directeur général de l'agence pour l'élaboration *(Décr. n° 2009-1625 du 24 déc. 2009, art. 1er)* **« du rapport mentionné au 13° » de l'article R. 321-5 ;**

(Décr. nº 2009-1625 du 24 déc. 2009, art. 1er) « 4º Il est l'ordonnateur délégué pour les programmes d'intervention et les crédits qui lui sont délégués par le directeur général. »

Le délégué de l'agence dans la région ou le délégué de l'agence en Corse peut nommer un délégué adjoint auquel il peut déléguer sa signature. L'un et l'autre peuvent déléguer leur signature aux personnes placées sous leur autorité pour l'exercice des différentes attributions mentionnées ci-dessus, à l'exception de la fixation du cadre budgétaire pluriannuel de conclusion ou de renouvellement des délégations de compétence ou d'opérations programmées et l'établissement du rapport annuel d'activité. Ces délégations doivent être publiées au recueil des actes administratifs de la préfecture de région.

Le délégué de l'agence dans la région ou le délégué de l'agence en Corse transmet au directeur général de l'agence une copie des actes relatifs à ces délégations de signatures.

II. — Le délégué de l'agence dans le département :

1º Établit, sous réserve des conventions signées en application des articles L. 301-5-1, L. 301-5-2 et L. 321-1-1, le rapport annuel d'activité de l'agence dans le département ;

2º Décide de l'attribution des subventions aux bénéficiaires mentionnés au III de l'article R. 321-12 dans la limite des autorisations d'engagement notifiées par le délégué de l'agence dans la région, ou prononce le rejet des demandes d'aides*[.]* *(Décr. nº 2009-1625 du 24 déc. 2009, art. 1er)* « Il est l'ordonnateur délégué pour les programmes d'intervention et les crédits qui lui sont délégués par le directeur général ou par le délégué de l'agence dans la région » ;

3º Décide du retrait, de l'annulation et, le cas échéant, du reversement des subventions aux bénéficiaires mentionnés au III de l'article R. 321-12 ;

4º Sur les territoires non couverts par une convention mentionnée à l'article L. 321-1-1 et dans les conditions prévues au I de l'article R. 321-10 :

a) Établit le programme d'actions de l'agence dans le département ;

b) Décide, en application de ce programme, de l'attribution des subventions aux bénéficiaires mentionnés aux I et II de l'article R. 321-12, dans la limite des autorisations d'engagement notifiées par le délégué de l'agence dans la région ou prononce le rejet des demandes d'aides ;

c) Décide du retrait et du reversement des subventions avant le versement du solde, dans les conditions prévues par le règlement général de l'agence ;

d) Assure le fonctionnement de la commission mentionnée au I de l'article R. 321-10 ;

5º Sur les territoires couverts par une convention mentionnée à l'article L. 321-1-1, assure les missions confiées à l'agence aux termes des conventions signées en application des articles L. 301-5-1, L. 301-5-2 et L. 321-1-1 ;

6º Assure les missions confiées à l'agence aux termes des conventions signées en application de l'article L. 312-2-1.

Le délégué de l'agence dans le département peut nommer un délégué adjoint auquel il peut déléguer sa signature. L'un et l'autre peuvent déléguer leur signature aux personnes placées sous leur autorité pour l'exercice des différentes attributions mentionnées ci-dessus, à l'exception de l'établissement du programme d'actions et du rapport annuel d'activité. Ces délégations doivent être publiées au recueil des actes administratifs de la préfecture du département.

Le délégué de l'agence dans le département transmet au directeur général de l'agence une copie des actes relatifs à ces délégations de signatures.

La lettre par laquelle le délégué local de l'ANAH porte à la connaissance d'un bénéficiaire le montant des subventions qui lui sont attribuées par la commission départementale de l'habitat ne constitue qu'un document d'information et non une décision administrative dont celui-ci peut utilement se prévaloir. • CAA Lyon, 27 sept. 1995, *ANAH c/ SCI Le Burie* : *req. nº 93LY01248.*

SECTION II CONDITIONS D'ATTRIBUTION DES AIDES

SOUS-SECTION 1 DISPOSITIONS GÉNÉRALES

(Décr. n° 2010-1233 du 20 oct. 2010)

Art. R. 321-12 *(Décr. n° 2005-1449 du 25 nov. 2005, art. 1er-VII)* « I. – » L'agence peut accorder des subventions :

1° Aux propriétaires ou à tout autre titulaire d'un droit réel conférant l'usage des locaux pour des logements qu'ils donnent à bail *(Décr. n° 2005-1449 du 25 nov. 2005, art. 1er-VII)* « ou, dans des conditions fixées par le règlement général de l'agence, qu'ils mettent à disposition d'autrui » et qui sont occupés dans les conditions prévues à l'article R. 321-20 ;

2° Aux propriétaires ou à tout autre titulaire d'un droit réel conférant l'usage des locaux pour les logements qu'ils occupent eux-mêmes dans les conditions prévues à l'article R. 321-20 ;

3° Aux personnes qui assurent la charge effective des travaux dans des logements occupés dans les conditions prévues à l'article R. 321-20 par leurs ascendants ou descendants ou ceux de leur conjoint, de leur concubin au sens de l'article 515-8 du code civil ou du cosignataire d'un pacte civil de solidarité défini à l'article 515-1 du code civil lorsque ces derniers ont la qualité de propriétaires ou de titulaires d'un droit réel conférant l'usage des locaux ;

4° *(Décr. n° 2005-1449 du 25 nov. 2005, art. 1er-VII)* « Aux communes ou à leurs groupements qui se substituent aux propriétaires ou exploitants défaillants pour les mesures qu'ils exécutent en leur lieu et place sur l'immeuble en application des articles L. 1331-29 du code de la santé publique et L. 123-3, L. 129-2 et L. 511-2 du présent code, dans les conditions fixées par le règlement général de l'agence ; »

5° Aux locataires qui effectuent des travaux en application des articles 1er et 4 de la loi n° 67-561 du 12 juillet 1967 modifiée relative à l'amélioration de l'habitat *(Décr. n° 2005-1449 du 25 nov. 2005, art. 1er-VII)* « ou qui effectuent, avec l'accord exprès de leur bailleur, des travaux d'accessibilité ou d'adaptation au handicap de leur logement ; »

6° Aux organismes agréés dans les conditions prévues *(Décr. n° 2009-1625 du 24 déc. 2009, art. 1er)* « à l'article L. 365-2 » ;

7° Aux syndicats de copropriétaires lorsque les travaux portent sur les parties communes et équipements communs d'un immeuble en copropriété faisant l'objet du plan de sauvegarde prévu à l'article L. 615-1 ou situé dans le périmètre d'une opération programmée d'amélioration de l'habitat prévue à l'article 6 de la loi n° 90-449 du 31 mai 1990 *[V. cet art., App., v° Loi « Besson »]* modifiée visant la mise en œuvre du droit au logement. *(Décr. n° 2009-1090 du 4 sept. 2009)* « L'attribution de cette subvention peut être cumulée, pour les mêmes travaux, avec des aides individuelles aux copropriétaires. Le règlement général de l'agence fixe les modalités de ce cumul. Le montant total des aides versées ne peut pas dépasser le montant maximum qui peut être versé au seul syndicat de copropriétaires. »

(Décr. n° 2005-1449 du 25 nov. 2005, art. 1er-VII) « Ces dispositions s'appliquent également lorsqu'un arrêté d'insalubrité pris en application des articles L. 1331-26 et suivants du code de la santé publique *[V. App., v° Salubrité]*, une notification de travaux prise en application de l'article L. 1334-2 du même code, un arrêté de péril pris en application des articles L. 511-1 et suivants du présent code, ou un arrêté pris en application des articles L. 129-1 et suivants a été notifié au syndicat de copropriétaires et pour l'ensemble des mesures prescrites sur l'immeuble par lesdits arrêtés *(Décr. n° 2009-1090 du 4 sept. 2009)* « , ou lorsque la subvention est attribuée, selon des

modalités définies par le règlement général de l'agence, en vue de réaliser des travaux nécessaires pour mettre fin au caractère indigne, au sens de l'article 4 de la loi nº 90-449 du 31 mai 1990 visant à la mise en œuvre du droit au logement, des logements ou des bâtiments dans lesquels ils sont situés », ou lorsque les travaux portant sur les parties communes et équipements communs tendent à permettre l'accessibilité de l'immeuble. »

(Décr. nº 2005-1449 du 25 nov. 2005, art. 1er-VII) « 8º Aux syndicats de copropriétaires lorsqu'un administrateur provisoire a été désigné par le président du tribunal de grande instance, conformément aux dispositions de l'article 29-1 de la loi nº 65-557 du 10 juillet 1965 fixant statut de la copropriété, pour le financement des travaux nécessaires au fonctionnement normal de la copropriété ;

« 9º Aux maîtres d'ouvrage, personnes physiques ou morales, publiques ou privées, pour la participation au financement des prestations prévues à l'article R. 321-16. »

(Décr. nº 2009-1090 du 4 sept. 2009) « 10º Aux établissements publics d'aménagement mentionnés à l'article L. 321-1 du code de l'urbanisme, pour l'amélioration des logements qu'ils acquièrent dans le cadre d'un dispositif coordonné d'intervention immobilière et foncière définissant, notamment, les modalités de financement, les durées de portage prévisionnelles des logements et des contreparties sous forme de droits de réservation, qui a été approuvé par les ministres en charge de l'urbanisme et du logement ; l'aide accordée peut être assortie de dérogations aux règles d'occupation des locaux définies à l'article R. 321-20.

« 11º Aux organismes d'habitation à loyer modéré mentionnés à l'article L. 411-2 du code de la construction et de l'habitation et aux sociétés d'économie mixte ayant pour objet statutaire la construction ou la gestion de logements ou la restructuration urbaine, pour l'amélioration des logements qu'ils acquièrent en vue de leur revente, des logements acquis dans les copropriétés faisant l'objet du plan de sauvegarde prévu à l'article L. 615-1 ; les modalités de financement et les contreparties sociales exigées pour le financement de ces opérations, notamment pour ce qui concerne les conditions de revente, sont fixées par le conseil d'administration. L'aide accordée peut être assortie de dérogations aux règles d'occupation des locaux définies à l'article R. 321-20. »

(Décr. nº 2005-1449 du 25 nov. 2005, art. 1er-VII) « II. – L'agence peut également accorder, à titre exceptionnel et dans des conditions fixées par le règlement général de l'agence, des subventions portant sur des travaux réalisés dans des locaux à usage d'habitation inclus dans un bail commercial, soit au titulaire de ce bail commercial, soit au propriétaire des murs. »

Pour l'application *(Décr. nº 2009-1625 du 24 déc. 2009, art. 1er)* « du I et du II » du présent article, sont assimilés aux propriétaires les titulaires d'un contrat leur donnant vocation à l'attribution à terme de la propriété du logement ainsi que les porteurs de parts ou d'actions de sociétés donnant vocation à l'attribution en propriété du logement.

Dans les cas mentionnés aux 2º et 3º *(Décr. nº 2009-1625 du 24 déc. 2009, art. 1er)* « du I », la subvention n'est attribuée que pour des logements occupés par des personnes dont l'ensemble des ressources répond aux conditions définies, après avis du conseil d'administration, par arrêté du ministre chargé des finances et du ministre chargé du logement. Cet arrêté fixe notamment les plafonds de ressources qui sont révisés chaque année par l'agence en fonction de l'évolution de l'indice des prix à la consommation hors tabac. Ces conditions de ressources sont également applicables aux personnes mentionnées au 3º qui, supportant la charge des travaux à effectuer dans des logements occupés par leurs proches, sollicitent le bénéfice de l'aide. – *V. Arr. 31 déc. 2001 (JO 3 janv.), mod. par Arr. 11 déc. 2007 (JO 22 déc.).*

(Décr. nº 2009-1090 du 4 sept. 2009 ; Décr. nº 2009-1625 du 24 déc. 2009, art. 1er) « III. – L'agence peut accorder des aides, dans les conditions prévues par son règlement général, aux organismes visés à l'article R. 331-14 et aux centres communaux et intercommunaux d'action sociale, propriétaires ou titulaires d'un droit réel immobilier

sur les établissements d'hébergement visés au 8o du I de l'article L. 312-1 du code de l'action sociale et des familles assurant ou non l'accueil de jour, ou aux structures dénommées "lits halte soins santé" visés au 9o du I du même article, ou aux établissements d'hébergement destinés aux personnes sans domicile visés à l'article L. 322-1 du même code, et faisant l'objet d'une convention avec l'État ou une collectivité territoriale, en vue de la réalisation de travaux d'amélioration et d'humanisation.

« L'agence peut accorder, à titre exceptionnel, des subventions à un gestionnaire non propriétaire de l'établissement d'hébergement pour des travaux ne dépassant pas un montant fixé par son règlement général, sous réserve de disposer d'un bail l'y autorisant.

« IV. — L'agence peut accorder aux collectivités territoriales, à leurs groupements, aux sociétés de construction dans lesquelles l'État détient la majorité du capital, et à tout organisme ayant vocation à être bénéficiaire de l'expropriation ainsi qu'aux concessionnaires des opérations d'aménagement mentionnées à l'article L. 300-4 du code de l'urbanisme, des subventions pour la réalisation d'opérations visées à l'article L. 522-1, alinéa 2.

« V. — L'agence peut accorder aux collectivités territoriales, à leurs groupements, aux sociétés de construction dans lesquelles l'État détient la majorité du capital, et à tout organisme ayant vocation à être bénéficiaire de l'expropriation ainsi qu'aux concessionnaires des opérations d'aménagement mentionnées à l'article L. 300-4 du code de l'urbanisme, des subventions :

« 1o Pour la réalisation d'opérations de traitement, par appropriation publique, d'immeubles dans le cadre d'opérations de restauration immobilière prévues aux articles L. 313-4 et suivants du code de l'urbanisme ayant fait l'objet d'une déclaration d'utilité publique et destinés à la production de logements dans un objectif de mixité sociale ;

« 2o Pour la réalisation d'opérations visées aux articles L. 522-1, alinéa 1, et R. 523-1 et suivants. »

Ndlr. *Selon l'art. 1er-VII du Décr. no 2005-1449 du 25 nov. 2005 (JO 26 nov.), l'art. R. 321-12 « est complété » par les 8o, 9o et le II. Toutefois, par souci de cohérence, nous nous sommes permis d'insérer ces trois paragraphes après le 7o.*

V. Instr. no 2002-04 du 27 mai 2002 relative aux aides de l'ANAH aux travaux réalisés dans les parties communes des immeubles situés dans le périmètre d'une OPAH « copropriétés dégradées » (BOMELT 2002/20, p. 62) ; Instr. no I-2002-03 du 8 nov. 2002 relative à l'appréciation des plafonds de ressources des propriétaires occupants ou assimilés bénéficiaires des aides de l'ANAH au titre de l'art. R. 321-12 (BOMELT 2002/24, p. 205) ; Circ. no 2002-79 C-2002-01 du 16 déc. 2002 relative aux plafonds de ressources applicables en 2003 (BOMELT no 2003/1, p. 75, rect. BOMELT no 2003/4, p. 42) ; Circ. no 2003-74 du 5 déc. 2003 relative aux plafonds de ressources applicables en 2004 (BOMELT no 2004/2, p. 95) ; Circ. no 2004-02 du 10 déc. 2004 relative aux plafonds de ressources applicables en 2005 (BOMELT no 2005/1, p. 32) ; Circ. no 2005-92 du 12 déc. 2005 relative aux plafonds de ressources applicables en 2006 (BOMELT no 2006/3, p. 57) ; Circ. no 2006-102 du 22 déc. 2006 relative aux plafonds de ressources applicables en 2007 (BOMELT no 2007/6, p. 121) ; Circ. no 2008-02 du 14 févr. 2008 relative aux plafonds de ressources applicables en 2008 (BOMELT no 2008/4, p. 102) ; Circ. no 2008-04 du 18 déc. 2008 relative aux plafonds de ressources applicables en 2009 (BOMEEDDAT no 2009/4, p. 31) ; Circ. no 2009-02 du 23 déc. 2009 relative aux plafonds de ressources applicables en 2010 (BOMEEDDM no 2010/3, p. 23) ; Circ. no C-2010-02 du 26 nov. 2010 relative aux plafonds de ressources applicables en 2011 (BOMEDDTL no 2010/23, p. 101) ; Circ. du 6 déc. 2011 relative aux plafonds de ressources applicables en 2012 (BOMEDDTL no 2012/1, p. 64).

V. aussi Instr. no I-2007-03 du 31 déc. 2007 relative aux subventions de l'Anah dans le cadre de la lutte contre l'habitat indigne (BOMELT no 2008/3, p. 72) et Arr. 15 juill. 2003 relatif aux plafonds de ressources opposables à certains bénéficiaires des subventions de l'ANAH en cas de certaines situations exceptionnelles (JO 1er août 2003).

V. enfin Instr. no 2007-01 du 14 sept. 2007 relative aux hôtels meublés (BOMELT no 2007/22, p. 46).

Dans la mesure où les bénéficiaires de l'aide ne donnent pas à bail les immeubles subventionnés, ils doivent reverser la subvention. Une décision de reversement ne méconnaît pas le principe d'égalité des citoyens devant le service public. • CE 30 juin 1995, *Mortier,* req. nº 116040 : *Gaz. Pal. 29-30 déc. 1995, p. 21.*

Art. R. 321-13 *(Décr. nº 2009-1625 du 24 déc. 2009, art. 1er)* **Sous réserve de l'application des dispositions des 4º, 9º, 10º, 11º du I ainsi que des III, IV et V de l'article R. 321-12, et exception faite de l'établissement de gestion immobilière du Nord-Pas-de-Calais institué par l'article 191 de la loi nº 2000-1028** *[2000-1208]* **du 13 décembre 2000 relative à la solidarité et au renouvellement urbains, les collectivités publiques et leurs établissements publics, les établissements publics d'aménagement prévus à l'article L. 321-1 du code de l'urbanisme, les organismes d'habitations à loyer modéré mentionnés à l'article L. 411-2 et les sociétés d'économie mixte ayant pour objet statutaire la construction ou la gestion de logements ou la restructuration urbaine ne peuvent bénéficier de l'aide de l'agence.**

Art. R. 321-14 **Les immeubles ou les logements doivent être achevés depuis quinze ans au moins à la date de la notification de la décision d'octroi de subvention.**

Toutefois, ce délai est ramené à dix ans lorsque les travaux portent sur les parties communes d'un immeuble faisant l'objet du plan de sauvegarde prévu à l'article L. 615-1.

Ces délais peuvent ne pas être exigés lorsque les travaux envisagés tendent soit à réaliser l'adaptation des logements aux besoins spécifiques des personnes handicapées ou des personnes âgées, soit à améliorer les logements occupés par les personnes appelées à travailler la nuit, soit à économiser l'énergie.

A titre exceptionnel, des dérogations à la condition de délai énoncée au premier alinéa peuvent être accordées par *(Décr. nº 2009-1625 du 24 déc. 2009, art. 1er)* **« le délégué de l'agence dans le département »** *(Décr. nº 2005-416 du 3 mai 2005, art. 1er-X)* **« ou par le président de l'établissement public de coopération intercommunale ou du conseil général ayant conclu la convention mentionnée à l'article L. 321-1-1 », en fonction de l'urgence et de l'intérêt des travaux à réaliser et selon des critères définis par le règlement général de l'agence.**

(Décr. nº 2009-1625 du 24 déc. 2009, art. 1er) **« La condition de délai énoncée au premier alinéa ne s'applique pas aux opérations et aux bénéficiaires des aides de l'agence mentionnés aux III, IV et V de l'article R. 321-12. »**

Art. R. 321-15 *(Décr. nº 2009-1625 du 24 déc. 2009, art. 1er)* **« Les dépenses qui peuvent donner lieu à subvention pour les différentes catégories de bénéficiaires et d'opérations mentionnés à l'article R. 321-12 sont déterminées par le conseil d'administration. Pour les opérations mentionnées aux IV et V de l'article R. 321-12, elles le sont dans le respect des dispositions prévues aux articles D.* 522-2 et R. 523-1. »**

Ne peuvent faire l'objet d'aucune aide de l'agence les travaux destinés exclusivement à l'embellissement des locaux et les travaux de petit entretien au sens de l'article 1er du décret nº 98-331 du 30 avril 1998 relatif à la nature des travaux d'amélioration, de transformation ou d'aménagement de logements locatifs sociaux soumis au taux réduit de taxe sur la valeur ajoutée et modifiant le code de la construction et de l'habitation *[V. art. R. 326-1 à R. 326-5]*. *(Décr. nº 2005-1449 du 25 nov. 2005, art. 1er-IX)* **« Toutefois, la totalité des mesures prescrites sur un immeuble par un arrêté pris en application des articles L. 1331-26 et suivants et L. 1334-1 et suivants du code de la santé publique, ou des articles L. 123-3, L. 129-1 et suivants et L. 511-1 et suivants du présent code peuvent faire l'objet d'une subvention de l'agence. » Sont également exclus de l'aide les travaux de réhabilitation lourde qui, ayant pour effet d'apporter une modification importante au gros œuvre ou d'accroître sensiblement le volume ou la surface habitable des locaux d'habitation** *(Décr. nº 2009-1625 du 24 déc. 2009, art. 1er)* **« ou**

d'hébergement », équivalent à des travaux de construction ou de reconstruction, à moins qu'ils ne soient réalisés sur un immeuble faisant l'objet d'un arrêté d'insalubrité pris en application des articles L. 1331-26 et suivants du code de la santé publique ou d'un arrêté de péril pris en application des articles L. 511-1 et suivants du présent code ou qu'ils constituent la transformation en logements de locaux affectés à un autre usage *(Décr. nº 2009-1625 du 24 déc. 2009, art. 1er)* « ou qu'ils constituent des travaux indispensables à l'adaptation des logements aux besoins spécifiques des personnes handicapées.

« Les dispositions du deuxième alinéa du présent article ne s'appliquent pas aux opérations et aux bénéficiaires des aides mentionnés aux IV et V de l'article R. 321-12. »

Art. R. 321-16 *(Décr. nº 2009-1625 du 24 déc. 2009, art. 1er)* L'agence peut participer, sous forme de subventions ou par voie de convention, à des diagnostics, à des études, et à toute prestation contribuant à la préparation, à la mise en œuvre, au suivi et à l'évaluation des opérations qu'elle peut financer. Les modalités et conditions de cette participation, et notamment les conditions d'attribution et de versement des subventions, sont fixées par le règlement général de l'agence.

Art. R. 321-17 Le montant de la subvention versée par l'agence ne peut avoir pour effet de porter le montant des aides publiques directes à plus de 80 % du *(Décr. nº 2005-1449 du 25 nov. 2005, art. 1er-XI ; Décr. nº 2009-1625 du 24 déc. 2009, art. 1er)* « coût global de l'opération », sauf cas exceptionnels répondant à des critères fixés par le règlement général de l'agence.

Le conseil d'administration fixe le montant maximum de la subvention par application d'un taux déterminé à la dépense subventionnable ou de manière forfaitaire. Il définit les conditions dans lesquelles *(Décr. nº 2005-1449 du 25 nov. 2005, art. 1er-XI ; Décr. nº 2009-1625 du 24 déc. 2009, art. 1er)* « les dépenses subventionnables peuvent » être *(Décr. nº 2005-1449 du 25 nov. 2005, art. 1er-XI ; Décr. nº 2009-1625 du 24 déc. 2009, art. 1er)* « plafonnées » ou celles dans lesquelles la subvention peut être modulée en fonction *(Décr. nº 2009-1625 du 24 déc. 2009, art. 1er)* « notamment » de critères de ressources des demandeurs, de critères géographiques ou de conditions spécifiques de location. *(Décr. nº 2009-1625 du 24 déc. 2009, art. 1er)* « Le taux de subvention peut être majoré, dans des conditions fixées par le conseil d'administration, lorsque la convention signée entre le propriétaire bailleur bénéficiaire de l'aide et l'agence en application des articles L. 321-4 et L. 321-8 accorde à cette dernière un droit de réservation d'un candidat locataire pendant toute ou partie de la durée de la convention.

« Le règlement général de l'agence peut prévoir les conditions et modalités dans lesquelles l'attribution de la subvention est subordonnée à l'octroi à celle-ci d'un droit de réservation sur tout ou partie des logements objets d'une aide en application des articles L. 321-4 et L. 321-8.

« Le règlement général de l'agence peut prévoir un montant de demande de subvention ou un montant de travaux en dessous duquel le dossier est irrecevable. »

Ne donnent pas lieu au bénéfice de subventions les travaux qui ont fait l'objet depuis moins de *(Décr. nº 2009-1090 du 4 sept. 2009)* « cinq » ans ou font l'objet des concours financiers prévus par la réglementation relative aux aides de l'État pour la construction, l'acquisition et l'amélioration des logements en accession à la propriété et celles relatives aux habitations à loyer modéré.

V. note ss. art. R. 321-18.

Art. R. 321-17-1 *(Décr. nº 2009-1625 du 24 déc. 2009, art. 1er)* L'agence peut, dans le cadre de la convention mentionnée au 11º de l'article R. 321-5, déléguer à l'*(Décr. nº 2012-721 du 9 mai 2012, art. 6)* « Union d'économie sociale du logement » ou à l'un de ses associés collecteurs la gestion de ses droits de réservation.

Art. R. 321-18 La demande de subvention est présentée par l'une des personnes mentionnées à l'article R. 321-12 ou par son mandataire *(Décr. nº 2009-1625 du 24 déc. 2009, art. 1er)* « , qui en reçoit récépissé. »

Le règlement général de l'agence précise les renseignements et pièces qui doivent être fournis à l'appui de la demande, détermine les modalités permettant d'assurer la confidentialité des informations recueillies et fixe les règles d'instruction des dossiers, en particulier celles relatives à la réception et aux délais d'instruction des demandes ainsi qu'à la notification des décisions.

(Décr. nº 2009-1625 du 24 déc. 2009, art. 1er) « Pour les opérations et bénéficiaires mentionnés aux I et II de l'article R. 321-12, aucune aide ne peut être accordée si les travaux ont commencé avant le dépôt de la demande de subvention. Toutefois, le délégué de l'agence dans le département ou le président de l'établissement public de coopération intercommunale ou du conseil général ayant conclu la convention mentionnée à l'article L. 321-1-1 peut, à titre exceptionnel, déroger à cette disposition, notamment en cas de travaux réalisés d'office par la commune ou l'État en application des articles L. 1331-29 et L. 1334-2 du code de la santé publique, ou des articles L. 129-2 et L. 511-2 du présent code et en cas d'application de l'article L. 125-1 du code des assurances relatif aux dommages causés par des catastrophes naturelles ou de l'article L. 122-7 du même code relatif aux dommages causés par les effets du vent dus aux tempêtes, ouragans et cyclones.

« Pour les opérations et bénéficiaires mentionnés au III de l'article R. 321-12, aucune aide ne peut être accordée si les travaux ont commencé avant que le délégué de l'agence dans le département n'en ait donné l'autorisation dans les conditions fixées par le règlement général de l'agence. »

La décision d'octroi de subvention mentionne *(Décr. nº 2005-1449 du 25 nov. 2005, art. 1er-XII)* « les caractéristiques principales du projet, » le montant de la subvention, les conditions de son versement et les dispositions relatives à son reversement éventuel *(Décr. nº 2005-1449 du 25 nov. 2005, art. 1er-XII)* « ainsi que le comptable assignataire ».

(Décr. nº 2009-1625 du 24 déc. 2009, art. 1er) « Toute demande qui n'a pas donné lieu à la notification d'une décision, au sens du présent article, dans un délai de quatre mois à compter du récépissé, est réputée rejetée. Si le dossier est incomplet, le responsable de l'instruction du dossier demande à la personne sollicitant la subvention ou à son mandataire de lui adresser les pièces manquantes en précisant le délai de réponse au-delà duquel le dossier sera classé sans suite. Le délai d'instruction de la demande de subvention ne court qu'à compter de la réception des pièces nécessaires à l'instruction du dossier. »

(Décr. nº 2005-1449 du 25 nov. 2005, art. 1er-XII ; Décr. nº 2009-1625 du 24 déc. 2009, art. 1er) « La subvention est versée, sur déclaration d'achèvement de l'opération, après vérification de la conformité des opérations réalisées avec les caractéristiques du projet sur lesquelles la décision d'attribution a été fondée. La subvention est versée sur présentation des justificatifs précisés par le règlement général de l'agence, en particulier des factures des entreprises, sauf cas exceptionnels dus, notamment, à la défaillance de l'entreprise chargée des travaux. »

(Décr. nº 2009-1090 du 4 sept. 2009) « Par dérogation aux dispositions de l'alinéa précédent, des acomptes peuvent être versés, au fur et à mesure de l'avancement du projet sans pouvoir excéder 70 % du montant prévisionnel de la subvention, dans les conditions définies par le règlement général de l'agence.

« Dans les conditions définies par le règlement général de l'agence, une avance peut être versée, sans excéder 70 % du montant prévisionnel de l'aide, aux propriétaires occupants et assimilés au sens des 2º et 3º du I de l'article R. 321-12 ainsi que, sans excéder 40 % du montant prévisionnel de l'aide, aux syndicats de copropriétaires définis au 7º du I et aux établissements mentionnés au III du même article.

« Le remboursement de l'avance s'impute sur le montant des acomptes ou le règlement du solde. Les travaux débutent alors dans un délai de six mois à compter

de la date de la notification de la décision attributive de subvention, sauf cas exceptionnels prévus au règlement général de l'agence. Dans le cas où les travaux ne sont pas engagés dans ce délai ou si la décision d'attribution de la subvention est retirée ou annulée, l'avance déjà perçue donne lieu à remboursement dans les conditions prévues à l'article R. 321-21. »

(Décr. nº 2005-1449 du 25 nov. 2005, art. 1er-XII) **« Par exception aux dispositions du présent article, des travaux définis par le conseil d'administration de l'agence peuvent être réalisés par les propriétaires occupants, sous réserve d'un encadrement technique des travaux durant leur exécution et de la production de justificatifs des dépenses engagées, dans des conditions définies par le règlement général de l'agence. »**

V. note nº 2002-21 du 14 nov. 2002 relative à la mise en œuvre du principe de l'écrêtement des aides publiques et à l'exigence d'un plan de financement (BOMELT nº 2003/1, p. 81).

Il semblerait que le Décr. nº 2009-1625 du 24 déc. 2009 susvisé ait visé de manière erronée, à son art. 1er-18º, l'art. R. 318-18. Par souci de cohérence, les modifications ont été reportées sur l'art. R. 321-18.

Dès lors que les travaux ont été réalisés avant l'obtention de la prime et qu'aucune dérogation n'a été accordée, la prime peut être refusée. • CE 8 févr. 1991, *Guiziou : ♖ req. nº 105084.* ♦ Le refus de subventionner l'acquisition de matériaux par le propriétaire lui-même n'est pas contraire au principe de libre concurrence. • CAA Bordeaux, 17 oct. 2006, *ANAH : ♖ req. nº 03BX01624.* ♦ La décision par laquelle la commission décide de l'octroi d'une subvention a le caractère d'une décision créatrice de droits, alors même que le versement effectif de la subvention est soumis à la justification que les conditions posées lors de son octroi sont satisfaites ; il s'ensuit que la décision par laquelle la commission, après s'être bornée à constater que des justificatifs exigés n'avaient pas été produits ou n'étaient pas suffisants, sans prendre parti sur le respect des conditions souscrites par le demandeur, refuse de verser la subvention et, le cas échéant, ordonne le reversement des avances versées, est au nombre des décisions qui doivent être motivées. • CAA Douai, 13 août 2012, *SCI MIKA : ♖ req. nº 11DA01102.*

Art. R. 321-19 *(Décr. nº 2009-1625 du 24 déc. 2009, art. 1er)* **Le règlement général de l'agence détermine, pour les différentes catégories de bénéficiaires et d'opérations mentionnés à l'article R. 321-12, les conditions et modalités dans lesquelles le bénéficiaire d'une subvention justifie du commencement, de la réalisation et de l'achèvement de l'opération.**

Il fixe le délai dans lequel doit intervenir le commencement de l'opération ainsi que la liste des pièces que le bénéficiaire d'une subvention doit produire pour obtenir son versement et les délais dans lesquels ces pièces doivent être transmises à l'agence.

Il fixe également les critères, conditions et limites dans lesquels ces délais peuvent être prolongés par l'autorité qui a octroyé l'aide, sur demande motivée du bénéficiaire de la subvention, notamment lorsque des circonstances extérieures à la volonté de l'intéressé ont fait obstacle à la réalisation de l'opération.

En cas de non-respect de ces délais, éventuellement prolongés, la décision d'octroi de la subvention devient caduque et le bénéficiaire est tenu de rembourser les sommes déjà perçues.

[Jurisprudence rendue sous l'empire de l'ancien art. R. 321-19 mais transposable au régime actuel]

1. Achèvement des travaux. Les subventions prévisionnelles qui sont accordées par l'ANAH ne créent de droits au profit de leurs bénéficiaires que pour autant que ceux-ci justifient, après l'achèvement des travaux, que les prévisions que comportait leur demande d'aide, se trouvent effectivement réalisées. L'aide étant globalement accordée pour un projet déterminé, le bénéficiaire ne saurait invoquer un droit à paiement proportionnel, en cas d'exécution partielle des travaux convenus. • CAA Nancy, 19 nov. 1998, *ANAH : ♖ req. nº 94NC00981.* ♦ La subvention accordée doit être annulée dès lors que les travaux prévus n'ont pas été achevés dans le délai imparti et que les travaux effectivement réalisés n'ont été que partiellement exécutés par une entreprise. • CAA Nantes, 28 févr. 2001,

ANAH : req. nº 99NT01111. ◆ Le retrait de la subvention pour un retard de justification d'un peu plus de deux mois constitue une mesure disproportionnée. • CAA Paris, 7 avr. 2005, *M. X : req. nº 01PA02743.* ◆ Le bénéficiaire ne peut utilement se prévaloir du comportement du maître d'œuvre et des entrepreneurs qu'il avait engagés pour la réalisation des travaux pour s'exonérer de la justification de l'achèvement des travaux alors même qu'un délai de prolongation lui a été accordé. • CAA Bordeaux, 25 mars 2003, *M. Ringuet : req. nº 00BX0080.*

2. Retrait de la subvention. La décision par laquelle la commission locale de l'ANAH attribue une subvention est, par nature, créatrice de droits pour son bénéficiaire ; il suit de là, d'une part que les décisions ayant pour effet de retirer ce droit à la subvention doivent être motivées en application de l'art. 1er de la loi du 11 juill. 1979 et d'autre part, que ces mesures doivent intervenir au terme d'une procédure contradictoire, conformément à l'art. 8 du décret du 28 nov. 1983. • CAA Nancy, 23 avr. 1998, *Leprince : req. nº 95NC00174.* ◆ En cas de manœuvres frauduleuses, les décisions portant attribution des subventions peuvent être retirées sans que le requérant puisse se prévaloir de leur caractère créateur de droit. • CAA Marseille, 25 oct. 2004, *M. X. : req. nº 02MA00756.* ◆ Une décision annulant une subvention sur le motif « travaux exécutés avant autorisation écrite de la délégation » est entachée d'illégalité au regard de la loi du 11 juill. 1979. En effet, cette motivation ne comporte aucune considération de droit et le fondement juridique de cette décision n'est en outre précisé en aucun autre paragraphe de la correspondance sus-évoquée. • CAA Nancy, 13 janv. 2000, *Levy : req. nº 98NC01147.* ◆ L'annulation d'une décision de retrait d'une subvention obligeant l'ANAH à statuer à nouveau sur la demande, le juge administratif peut prononcer une injonction de prendre une nouvelle décision dans un délai déterminé et d'assortir cette injonction d'une astreinte. • Même arrêt. ◆ Aucun texte ni principe général du droit n'impose la convocation de l'intéressé lors de la séance au cours de laquelle la commission d'amélioration de l'habitat décide le reversement de la subvention. • CAA Bordeaux, 18 juin 2002, *Pinlon : req. nº 98BX00642.* ◆ La décision d'annulation de la subvention et de reversement des sommes perçues n'a pas le caractère d'une punition tendant à empêcher la réitération des agissements qu'elle vise et a pour objet la seule réparation pécuniaire d'un préjudice ; elle n'a par suite trait, ni à une accusation en matière pénale, ni à des droits et obligations de caractère civil au sens des stipulations de l'art. 6, § 1, Conv. EDH (V. ce texte au **C. pr. pén.**). • CAA Douai, 8 juill. 2003, *SCI MB : req. nº 01DA01155.* ◆ Le requérant ne peut opposer à cette décision, qui ne constitue pas une sanction, le non-respect du principe de proportionnalité. • CAA Nancy, 4 août 2006, *M. X. : req. nº 04NC01047.*

3. Force majeure. Si les bénéficiaires des subventions sont placés vis-à-vis de l'ANAH dans une situation réglementaire et non contractuelle, cette situation ne fait pas obstacle à ce que ces usagers puissent, le cas échéant, invoquer un cas de force majeure ayant rendu impossible l'exécution des engagements auxquels était subordonné le versement de l'aide financière de l'agence. • CE 29 oct. 2003, *M. et Mme Sénéchal,* req. nº 232250 : *Lebon T. 854 ; AJDA 2004. 791 ; Constr.-Urb. 2004, nº 34, obs. Cornille.* ◆ Le requérant ne peut invoquer un cas de force majeure qui aurait rendu impossible l'exécution des travaux, se prévalant à ce titre, de ce que la rédaction d'un règlement de copropriété n'a pu intervenir, ce qui l'a empêché d'obtenir le prêt supplémentaire nécessaire à l'achèvement des travaux, dès lors qu'il n'établit pas que cet événement était imprévisible au moment où la demande de subvention a été effectuée et, *a fortiori*, où l'aide a été versée. • CE 13 déc. 2005, *SCI des Canadiens,* req. nº 261718 : *Lebon T. 1067.* ◆ Le « saccage » par les locataires des logements loués ne constitue pas un cas de force majeure dès lors qu'il est constant que le requérant n'a pas veillé à ce que ses locataires souscrivent personnellement une assurance au titre des risques locatifs. • CAA Douai, 6 juill. 2006, *SCI du Fort : req. nº 05DA01050.*

Art. R. 321-20 *(Décr. nº 2009-1625 du 24 déc. 2009, art. 1er)* **I. — Pour les opérations et bénéficiaires mentionnés aux I et II de l'article R. 321-12, les locaux pour lesquels la subvention est accordée doivent être occupés pendant une durée et selon des critères déterminés par le règlement général de l'agence. Le logement ou le local d'habitation inclus dans un bail commercial doit être occupé à titre de résidence principale, au moins huit mois par an, sauf obligation professionnelle, raison de santé affectant un ou plusieurs occupants du logement, ou cas de force majeure.**

Tout changement d'occupation ou d'utilisation ou toute mutation de propriété des logements ou locaux d'habitation inclus dans un bail commercial intervenant pendant

la période mentionnée au premier alinéa doit être déclaré par le bénéficiaire de la subvention au délégué de l'agence dans le département dans un délai de deux mois suivant l'événement. En outre, à l'occasion d'une mutation de propriété, les cédants, les donataires ou leurs ayants droit sont tenus d'informer le notaire de l'octroi de la subvention.

II. – Les locaux pour lesquels une subvention est accordée aux bénéficiaires mentionnés au III de l'article R. 321-12 font l'objet d'une convention conclue entre le bénéficiaire, l'agence et l'État. Cette convention comporte en annexe le projet social relatif notamment aux modalités d'accueil et de gestion, à la situation et à l'accompagnement social des personnes accueillies. Le règlement général de l'agence fixe le contenu de cette convention et la durée minimum pendant laquelle le bénéficiaire de la subvention s'engage à maintenir à l'établissement financé sa vocation d'hébergement, en fonction du montant de la subvention.

III. – Le règlement général de l'agence précise les modalités selon lesquelles les bénéficiaires de la subvention justifient que les locaux sont occupés ou utilisés conformément aux dispositions de la présente section.

Il fixe également les conditions particulières applicables aux locaux visés au II de l'article R. 321-12, et à l'utilisation des terrains et immeubles acquis dans le cadre des opérations mentionnées aux IV et V de l'article R. 321-12, dans le respect des dispositions des articles R. 522-4 et R. 523-2.

Art. R. 321-21 *(Décr. nº 2009-1625 du 24 déc. 2009, art. 1er)* I. – En ce qui concerne les aides versées par l'agence :

Le conseil d'administration ou, par délégation, le directeur général de l'agence exerce le pouvoir de sanction prévu à l'article L. 321-2. Il peut, notamment, prononcer une sanction pécuniaire en cas de fausse déclaration ou de manœuvre frauduleuse. L'avis de la commission des recours n'est pas requis pour les opérations mentionnées aux III, IV et V de l'article R. 321-12.

La commission examine la demande de sanction formulée par le conseil d'administration ou par le directeur général de l'agence. Elle notifie les griefs à la personne concernée et l'invite à présenter ses observations écrites. La notification est faite par tout moyen permettant de lui donner date certaine. Dans le délai d'un mois commençant à courir le lendemain du jour de la notification, le bénéficiaire de l'aide peut adresser des observations écrites à la commission des recours. La date limite au-delà de laquelle celles-ci ne sont pas prises en considération est déterminée conformément aux prescriptions de l'article 16 de la loi nº 2000-321 du 12 avril 2000 relative aux droits des citoyens dans leurs relations avec les administrations. Dans le même délai, le bénéficiaire de l'aide peut demander à présenter des observations orales, en se faisant assister, le cas échéant, par un conseil de son choix ou en se faisant représenter.

Le retrait de l'aide versée par l'agence est prononcé et le reversement des sommes perçues exigé s'il s'avère que celle-ci a été obtenue à la suite de fausses déclarations ou de manœuvres frauduleuses.

Le retrait et le reversement total ou partiel peuvent également être prononcés en cas de non-respect des prescriptions de la présente section ou des conventions conclues en application des articles L. 321-4 et L. 321-8, ou de toute autre convention liée au bénéfice des aides de l'agence, selon les modalités fixées par le règlement général de l'agence. Ce règlement prévoit une procédure de communication préalable et des éléments de calcul sur le montant du reversement et son actualisation indexée sur l'évolution de l'indice de référence des loyers mentionné à l'article 17 de la loi nº 89-462 du 6 juillet 1989 tendant à améliorer les rapports locatifs [*V.* ***C. baux***].

Ces décisions sont prises à tout moment, avant ou après le versement du solde de la subvention.

Lorsqu'elles sont prononcées avant le versement du solde de la subvention, elles sont prises par l'organisme ayant décidé de l'attribution de la subvention, qui peut être, selon le cas, l'agence ou l'autorité à laquelle cette compétence a été déléguée.

Lorsqu'elles sont prononcées après le versement du solde de la subvention, elles sont prises par l'agence.

Le recouvrement des sommes dues en application du I du présent article est effectué selon les règles applicables à l'organisme ou à la collectivité qui prononce le reversement, en tenant compte, le cas échéant, des dispositions particulières prévues par les conventions prises en application de l'article L. 321-1-1.

II. – Pour les aides versées par les collectivités territoriales ou les établissements publics de coopération intercommunale, financées sur leur budget propre et dont la gestion est confiée à l'agence en application des articles L. 312-2-1 ou L. 321-1-1, la convention peut prévoir leur recouvrement par l'agence selon les règles applicables au recouvrement des sommes dues aux établissements publics nationaux à caractère administratif ; les frais de recouvrement supportés par l'agence sont alors mis à la charge du mandant. Les décisions de remise gracieuse et d'admission en non-valeur sont, le cas échéant, adoptées par l'assemblée délibérante de la collectivité territoriale ou de l'établissement public de coopération intercommunale.

Une erreur affectant les déclarations de surface doit être regardée comme une manœuvre frauduleuse, compte tenu de l'importance de l'écart entre les surfaces réelles et les surfaces déclarées. Dans ces conditions, la décision portant octroi de la subvention pouvait être retirée à tout moment sans que les requérants puissent se prévaloir de son caractère créateur de droits. • CAA Marseille, 15 mars 2004, *M. X. :* ♙ *req. n° 01MA02507.* ◆ Le fait que le bénéficiaire ait pratiqué des loyers supérieurs au plafond qu'il s'était engagé à respecter justifie un retrait de la subvention. • CAA Lyon, 19 juin 2012, *SCI La courtisane :* ♙ *req. n° 11LY03000.*

Art. R. 321-21-1 *(Décr. n° 2005-416 du 3 mai 2005, art. 1er-XIV)* Les dispositions des articles R. 321-12 à R. 321-21 sont applicables aux décisions prises par le président de l'établissement public de coopération intercommunale ou du conseil général, par délégation de l'agence en application des conventions mentionnées à l'article L. 321-1-1.

La convention mentionnée à l'article L. 321-1-1 prévoit les conditions dans lesquelles le taux prévu au 2e alinéa de l'article R. 321-17 peut être majoré, dans la limite maximale de 10 points, en fonction de critères liés aux revenus des demandeurs, fixés par l'arrêté mentionné au dernier alinéa de l'article R. 321-12, de critères géographiques ou des conditions de location acceptées par les propriétaires, notamment du niveau des loyers pratiqués après réhabilitation. Lorsque l'aide de l'agence est fixée de façon forfaitaire en application du même article, elle peut être majorée dans la limite maximale de 25 %, dans les conditions fixées ci-dessus.

La convention peut également prévoir des adaptations à la liste des travaux dressée par le conseil d'administration de l'agence en application du 4° de l'article R. 321-5, dans le respect du second alinéa de l'article R. 321-15. Elle précise les conditions dans lesquelles le plafond des travaux éligibles peut être majoré, dans la limite maximale de 25 %.

Art. R. 321-22 Dans les départements d'outre-mer, *(Décr. n° 2009-1625 du 24 déc. 2009, art. 1er)* « ainsi qu'à Mayotte et à Saint-Pierre-et-Miquelon, » les dispositions des 2° et 3° *(Décr. n° 2009-1625 du 24 déc. 2009, art. 1er)* « du I, ainsi que des III, IV et V » de l'article R. 321-12 ne s'appliquent pas. L'aide de l'agence ne peut être accordée dans les cas visés au 4° du même article R. 321-12 que lorsque les logements sont donnés à bail.

SOUS-SECTION 2 SANCTIONS PÉCUNIAIRES APPLICABLES À L'ENCONTRE DES BÉNÉFICIAIRES DES AIDES AYANT CONTREVENU AUX RÈGLES OU AUX CONVENTIONS CONCLUES

(Décr. nº 2010-1233 du 20 oct. 2010)

Art. R. 321-22-1 Le montant de la sanction applicable, en vertu de l'article L. 321-2, aux propriétaires bailleurs et aux personnes mentionnés au 1º du I de l'article R. 321-12 ne peut dépasser la moitié de l'aide accordée ou une somme équivalant à deux ans du loyer maximal prévu par la convention en cas de non-respect du loyer maximal et en cas de mutation sans poursuite expresse des engagements relatifs aux conditions d'occupation du logement ou une somme équivalant à neuf mois du loyer maximal prévu par la convention lorsque le bailleur n'exécute pas les autres engagements prévus par la convention, cette dernière somme pouvant être doublée dans le cas où le bailleur ne respecte pas plusieurs de ses obligations contractuelles pour le même logement.

Art. R. 321-22-2 Le montant de la sanction applicable, en vertu de l'article L. 321-2, aux propriétaires occupants et aux personnes mentionnés aux 2º et 3º du I de l'article R. 321-12 est fixé comme suit :

a) Lorsque le bénéficiaire a sollicité et obtenu une aide qu'il savait indue, ce montant ne peut excéder 50 % du montant de l'aide ;

b) Lorsque le bénéficiaire a sollicité et obtenu une aide indue, et que seule une négligence peut lui être imputée, ce montant ne peut excéder 25 % du montant de l'aide.

Art. R. 321-22-3 Le montant de la sanction est fixé en tenant compte du niveau des ressources du bénéficiaire, sur la base du revenu fiscal de référence du dernier avis d'imposition communiqué à l'agence.

Art. R. 321-22-4 Le règlement général de l'agence précise les modalités d'application de la présente sous-section.

SECTION III CONVENTIONS CONCLUES ENTRE L'AGENCE ET LES BAILLEURS

(Décr. nº 2006-1200 du 29 sept. 2006)

SOUS-SECTION 1 DISPOSITIONS COMMUNES AUX LOGEMENTS FAISANT L'OBJET D'UNE CONVENTION AVEC L'AGENCE

Art. R. 321-23 Les conventions passées entre l'agence et les bailleurs de logements en application des dispositions des articles L. 321-4 et L. 321-8 doivent être conformes à des conventions types reproduites en annexe au présent article. Elles s'appliquent aux logements à usage locatif appartenant à des personnes physiques ou morales. – *V. Annexe 4.*

Lors de leur entrée en vigueur, les logements doivent être en conformité avec les caractéristiques du logement décent définies par le décret nº 2002-120 du 30 janvier 2002.

Art. R. 321-24 *(Décr. nº 2010-122 du 5 févr. 2010)* La prise d'effet des conventions mentionnées aux articles L. 321-4 et L. 321-8 intervient à compter de la prise d'effet du premier bail conclu pour leur application, ce premier bail s'entendant comme le premier contrat de bail conclu par le propriétaire, ou comme un renouvellement du bail conclu par le propriétaire dans les conditions prévues par les alinéas 4 et 5 de l'article 10 de la loi nº 89-462 du 6 juillet 1989 *[V. C. **baux**]*. La prise d'effet du bail intervient au plus tôt dans les deux mois qui précèdent la date d'enregistrement de la demande de conventionnement.

En cas de convention unique portant sur plusieurs logements, la prise d'effet de la convention doit être distinguée pour chacun des logements et intervient dans les conditions mentionnées au premier alinéa.

Un ou plusieurs logements faisant l'objet de la convention prévue au deuxième alinéa du présent article peuvent faire l'objet d'un droit de réservation au profit de l'Agence nationale de l'habitat dans le cadre d'une convention de réservation dont les clauses types sont arrêtées par le règlement général de l'agence.

Art. R. 321-25 *(Décr. nº 2010-122 du 5 févr. 2010)* En cas de décès du propriétaire ou de mutation de propriété des logements conventionnés pour lesquels des travaux d'amélioration ont bénéficié d'une subvention de l'agence, lorsque les engagements de la convention ne sont pas poursuivis, la subvention est reversée dans les conditions prévues par le règlement général de l'agence.

Art. R. 321-26 Les logements faisant l'objet d'une convention avec l'agence sont loués à des personnes dont les ressources annuelles n'excèdent pas le plafond déterminé dans les conventions prises en application des articles L. 321-4 et L. 321-8.

Art. R. 321-27 Le loyer maximal applicable aux logements conventionnés ainsi que les conditions de son évolution sont fixés par la convention.

La valeur de ce loyer est fixée au mètre carré de surface habitable au sens de l'article R. 111-2, augmentée de la moitié, dans la limite de 8 mètres carrés par logement, de la surface des annexes définies par l'arrêté pris en application de l'article R. 353-16.

Art. R. 321-28 Le bailleur précise sur la quittance le montant du loyer principal dû, des loyers accessoires s'il y a lieu, des charges locatives et le cas échéant le montant de l'aide personnalisée au logement, lorsque celle-ci est versée directement au bailleur conformément à l'article L. 351-9. En application du même article, pour chaque appel de loyer, le bailleur déduit s'il y a lieu du montant du loyer le montant de l'aide personnalisée au logement qu'il perçoit pour le compte du locataire.

La quittance doit comporter le montant du loyer maximal du logement.

Art. R. 321-29 *(Décr. nº 2010-122 du 5 févr. 2010)* « Le bailleur s'engage dans la convention à fournir à tout moment à la demande du délégué de l'agence dans le département toutes les informations et tous les documents nécessaires au plein exercice du contrôle de l'agence. Le délégué de l'agence dans le département peut procéder ou faire procéder à tout contrôle sur pièces pour la vérification du respect des obligations réglementaires et conventionnelles dans les conditions fixées par le règlement général de l'Agence nationale de l'habitat. »

(Décr. nº 2006-1200 du 29 sept. 2006) « Lorsque l'agence a connaissance de l'inexécution par le bailleur des engagements prévus par la convention et que celle-ci a donné lieu à la délivrance du document mentionné à l'article R. 321-30, l'agence informe l'administration fiscale de cette situation. »

Art. R. 321-30 *(Décr. nº 2010-122 du 5 févr. 2010)* Un document récapitulant les engagements du bailleur accompagne la convention. Ce document, obligatoirement signé du bailleur, est contresigné par le délégué de l'agence dans le département ou, lorsqu'il a été signataire de la convention mentionnée à l'article L. 321-4 ou L. 321-8, par le président du conseil général ou de l'établissement public de coopération intercommunale pour les logements situés dans un territoire concerné par la convention mentionnée à l'article L. 321-1-1. La signature de ce document vaut attestation du respect des conditions de location par le bailleur. Le bailleur communique en outre la copie du premier bail conclu en application de la convention, ainsi que la copie de l'avis d'imposition requis du ou des titulaires du bail. L'Agence nationale de l'habitat conserve la faculté de procéder à tous contrôles, pendant la durée de la convention, sur l'exactitude des renseignements fournis par le bailleur dans les conditions prévues au règlement général de l'agence.

Art. R. 321-30-1 *(Décr. nº 2010-122 du 5 févr. 2010)* Si, postérieurement à la signature d'une convention visée aux articles L. 321-4 ou L. 321-8, le bailleur bénéficie d'une nouvelle aide à la réalisation de travaux attribuée par le délégué de l'agence dans le département ou le président du conseil général ou de l'établissement public de coopération intercommunale pour les logements situés sur un territoire concerné par la convention mentionnée à l'article L. 321-1-1, ladite convention et ses effets sont prorogés pour une durée de neuf ans par avenant à compter de sa signature.

Art. R. 321-30-2 *Abrogé par Décr. nº 2010-1233 du 20 oct. 2010.*

SOUS-SECTION 2 DISPOSITIONS PARTICULIÈRES APPLICABLES À CERTAINS LOGEMENTS CONVENTIONNÉS EN APPLICATION DE L'ARTICLE L. 321-8

Art. R. 321-31 L'entrée en vigueur des conventions conditionne l'ouverture du droit à l'aide personnalisée au logement pour les locataires qui remplissent les conditions d'octroi de cette aide. L'agence, ou, lorsqu'une convention mentionnée à l'article L. 321-1-1 a été conclue, le délégataire, informe les organismes chargés de la liquidation et du paiement de l'aide personnalisée au logement de l'entrée en vigueur des conventions.

Art. R. 321-32 *(Décr. nº 2010-122 du 5 févr. 2010)* « Lorsqu'à la date de signature par le bailleur de la convention le logement concerné est occupé par un occupant de bonne foi pouvant se prévaloir des dispositions de la loi nº 48-1360 du 1er septembre 1948 modifiée *[V. C.* ***baux****]*, et lorsqu'à la date de signature par le bailleur d'une convention portant sur un logement pour lequel n'a pas été versée une aide de l'Agence nationale de l'habitat, le logement concerné est l'objet d'un bail en cours de validité, le propriétaire doit leur proposer un bail conforme aux stipulations de la convention. Au projet de bail doit être annexée une copie de la convention et du barème de l'aide personnalisée au logement. Ces documents sont notifiés au locataire ou à l'occupant de bonne foi par lettre recommandée avec accusé de réception ou par acte extrajudiciaire. »

(Décr. nº 2006-1200 du 29 sept. 2006) « Le locataire ou l'occupant de bonne foi dispose d'un délai de six mois pour accepter le bail. En cas d'acceptation dans ce délai du nouveau bail, le locataire ou l'occupant de bonne foi continue à occuper les lieux jusqu'à l'entrée en vigueur de celui-ci aux conditions conventionnelles ou légales applicables à la date de son acceptation.

« En cas de refus du bail proposé, les dispositions de l'article L. 353-7 prévues en pareil cas s'appliquent. »

Art. R. 321-33 Les bailleurs sont tenus envers les organismes chargés de la liquidation et du paiement de l'aide personnalisée au logement de fournir toutes les informations et justifications nécessaires à l'établissement du droit à l'aide personnalisée au logement, ainsi qu'à la liquidation et aux versements de celle-ci, dans les conditions définies par les directives du conseil de gestion du Fonds national d'aide au logement, conformément aux dispositions de la convention nationale prévue à l'article L. 351-8.

Art. R. 321-34 Le bailleur renseigne dès l'entrée en vigueur de la convention pour chaque locataire demandeur de l'aide personnalisée au logement la partie de l'imprimé de demande d'aide personnalisée au logement qui le concerne.

En outre, il fait part dans un délai maximum d'un mois aux organismes liquidateurs de l'aide personnalisée au logement des modifications affectant la situation locative du bénéficiaire.

Art. R. 321-35 Lorsque l'organisme liquidateur de l'aide personnalisée au logement verse au bailleur des rappels d'aide personnalisée pour le compte de locataires, le bailleur affecte ces sommes au compte de ces derniers. Si après affectation il en résulte un surplus, le bailleur le reverse au locataire dans le délai d'un mois.

Art. R. 321-36 En cas d'impayé de loyer, le bailleur doit poursuivre le recouvrement de sa créance en notifiant au locataire défaillant par lettre recommandée avec accusé de réception le montant de cette créance.

Lorsque le locataire bénéficiaire de l'aide personnalisée au logement se trouve en situation d'impayés dans les conditions définies aux articles R. 351-30 et R. 351-31, le bailleur saisit, en application des dispositions de ces articles, la commission départementale des aides publiques au logement dès qu'un impayé de loyer est constitué en justifiant des démarches entreprises auprès du locataire défaillant. Il doit également informer le locataire de cette saisine.

Il fournit également à la commission départementale des aides publiques au logement une copie du bail lorsque celle-ci le lui demande et l'informe lorsqu'une procédure d'expulsion d'un bénéficiaire d'aide personnalisée au logement est engagée pour non-paiement du loyer.

La commission départementale des aides publiques au logement décide du maintien ou de la suspension de l'aide personnalisée au logement et en informe le bailleur et le bénéficiaire.

CHAPITRE II PRIMES DE L'ÉTAT

SECTION PREMIÈRE *[ABROGÉE]* HABITAT AUTRE QUE LOCATIF

(Abrogée par Décr. nº 2001-351 du 20 avr. 2001, art. 3, à compter du 3 janv. 2002)

La section Ire du chapitre II du titre II du livre III du code de la construction et de l'habitation (partie Réglementaire) est abrogée. Cette abrogation prend effet à compter du 3 janv. 2002, date de publication de l'arrêté du 28 déc. 2001 approuvant le règlement général de l'Agence nationale de l'habitat. Toutefois, les décisions d'octroi de prime ou de subvention intervenues en application de ces dispositions avant la prise d'effet de leur abrogation restent régies par les dispositions alors en vigueur (Décr. nº 2001-351 du 20 avr. 2001, art. 3). V. ***CCH****, éd. antérieures.*

Art. R. 322-1 à R. 322-17 *Abrogés par Décr. nº 2001-351 du 20 avr. 2001, art. 3, à compter du 3 janv. 2002.*

SECTION II *[ABROGÉE]* HABITAT LOCATIF

(Abrogée par Décr. nº 2001-351 du 20 avr. 2001, art. 4)

La section II du chapitre II du titre II du livre III du code de la construction et de l'habitation (partie Réglementaire) est abrogée. Toutefois, les décisions d'octroi de prime intervenues en application de ces dispositions avant la prise d'effet de leur abrogation restent régies par les dispositions alors en vigueur (Décr. nº 2001-351 du 20 avr. 2001, art. 4). V. ***CCH****, éd. antérieures.*

Art. R. 322-18 à R. 322-37 *Abrogés par Décr. nº 2001-351 du 20 avr. 2001, art. 4.*

CHAPITRE III SUBVENTIONS DE L'ÉTAT

SECTION PREMIÈRE SUBVENTIONS À L'AMÉLIORATION DES LOGEMENTS LOCATIFS SOCIAUX

(Décr. nº 87-1113 du 24 déc. 1987)

V. Circ. nº 88-01 du 6 janv. 1988, Mon. TP 22 janv. 1988, Suppl. textes, p. 31 ; Circ. nº 88-02 du 4 janv. 1988, Mon. TP 12 févr. 1988, Suppl. textes, p. 21 ; Circ. 1er févr. 1988 relative au bouclage des aides au logement, Mon. TP 5 févr. 1988, Suppl. textes, p. 28. — V. aussi Circ. nº 98-06 du 12 janv. 1998 relative à la programmation des financements aidés pour 1998 (BOMELT nº 98/3).

V. aussi Circ. nº 2004-52 du 17 sept. 2004 relative aux prêts à l'amélioration de la Caisse des dépôts et consignations pour la réhabilitation des logements locatifs sociaux - PAM - (BOMELT nº 2004/18, p. 39 ; Mon. TP 1er oct. 2004, Suppl. textes p. 382), mod. par Circ. nº 2004-55 du 21 oct. 2004 (BOMELT nº 2004/21, p. 89).

Concernant les majorations des subventions lorsqu'elles sont accordées par l'Agence nationale pour la rénovation urbaine, V. Décr. nº 2004-1005 du 24 sept. 2004 (JO 25 sept.). — A propos de cette agence, V. L. nº 2003-710 du 1er août 2003, art. 10 s., App., vº Rénovation urbaine.

Art. R. 323-1 *(Décr. nº 87-1113 du 24 déc. 1987)* **Peuvent bénéficier d'une subvention de l'État, lorsqu'ils exécutent des travaux d'amélioration dans les logements à usage locatif dont ils sont propriétaires ou gestionnaires :**

1º Les organismes d'habitations à loyer modéré ;

2º Les établissements publics à caractère administratif sous tutelle des collectivités locales et gestionnaires de logements ;

3º Les communes ne disposant pas d'établissements publics administratifs placés sous leur tutelle et gestionnaires de logements ;

4º Les houillères de bassin ;

5º Les sociétés d'économie mixte ayant dans leur objet statutaire la réalisation de logements ;

(Décr. nº 2001-336 du 18 avr. 2001, art. 1er) **« 6º » La société immobilière du chemin de fer ;**

(Décr. nº 2001-336 du 18 avr. 2001, art. 1er) **« 7º » Les sociétés minières et immobilières gérant le patrimoine immobilier des mines de fer ;**

(Décr. nº 2001-336 du 18 avr. 2001, art. 1er) **« 8º » Les personnes morales propriétaires de cités familiales ;**

(Décr. nº 2001-336 du 18 avr. 2001, art. 1er) **« 9º »** *(Décr. nº 90-152 du 16 févr. 1990, art. 1er ; Décr. nº 2009-1684 du 30 déc. 2009, art. 2)* **« Les organismes bénéficiant de l'agrément relatif à la maîtrise d'ouvrage prévu à l'article L. 365-2 ».**

Art. R. 323-2 *(Décr. nº 87-1113 du 24 déc. 1987)* **L'octroi de la subvention est subordonné à la passation d'une convention telle que définie au 3º de l'article L. 351-2.** *(Décr. nº 2005-1030 du 25 août 2005, art. 1er)* **« La conclusion de la convention intervient au plus tard lors du versement du premier acompte prévu à l'article R. 323-9. »**

Art. R. 323-3 *(Décr. nº 87-1113 du 24 déc. 1987)* **Peuvent faire l'objet d'une subvention :**

1º Dans les logements et les immeubles achevés depuis au moins quinze ans, sauf dérogation accordée à titre exceptionnel par le représentant de l'État dans le département, les travaux ayant pour effet de mettre les logements en conformité avec les normes minimales d'habitabilité ;

2º Dans les logements et immeubles existant au 1er juillet 1981, les travaux destinés à économiser l'énergie ;

3º Dans les logements et immeubles existants :

a) Les travaux destinés à la réalisation d'économies de charges, au renforcement de la sécurité des biens et des personnes dans les immeubles, y compris les travaux de renforcement des portes d'entrée des logements, ainsi que les travaux destinés à l'amélioration du confort dans les logements ;

b) D'autres travaux destinés à l'amélioration de la vie quotidienne, y compris les travaux *(Décr. nº 2002-848 du 3 mai 2002, art. 3)* « d'accessibilité de l'immeuble et » d'adaptation des logements aux besoins des personnes handicapées et des personnes âgées.

Ces travaux sont définis par arrêté du ministre chargé de la construction et de l'habitation. – *V. Arr. du 30 déc. 1987 (JO 16 janv. 1988, p. 779). – Circ. nº 88-01 du 6 janv. 1988, Mon. TP 22 janv. 1988, Suppl. textes, p. 31.*

Art. R. 323-4 *(Décr. nº 87-1113 du 24 déc. 1987)* Ne donnent pas lieu à l'attribution de la subvention prévue à l'article R. 323-1 les travaux qui bénéficient de concours financiers de l'État sous forme de bonifications d'intérêt, de subventions ou prêts prévus à l'article R. 331-1, ou de subventions prévues à *(Décr. nº 2001-336 du 18 avr. 2001, art. 2-I)* « l'article R. 321-2 ».

(Décr. nº 2001-336 du 18 avr. 2001, art. 2-II) « Sont également exclus du bénéfice de la subvention prévue à l'article R. 323-1 les logements ayant bénéficié depuis moins de cinq ans d'une décision de subvention prévue à l'article R. 321-2. »

Art. R. 323-5 *(Décr. nº 97-1262 du 29 déc. 1997)* La décision de subvention qui vaut décision favorable au sens des dispositions du *a* du 7º *bis* de l'article 257 du code général des impôts est prise par le représentant de l'État dans le département. *(Décr. nº 2005-1030 du 25 août 2005, art. 2)* « Elle est accordée au vu d'un dossier joint à la demande et dont la composition est fixée par un arrêté conjoint des ministres chargés du logement et des finances. – *V. Arr. 26 août 2005 ainsi que son Annexe I (JO 28 août).*

« Lorsque les maîtres d'ouvrage mentionnés aux 1º et 5º de l'article R. 323-1 présentent une demande portant sur tout ou partie de leur programme annuel correspondant à des travaux mentionnés à l'article R. 323-3, une décision unique de subvention peut être prise par le représentant de l'État dans le département. »

V. note ss. l'art. R. 323-7.

Art. R. 323-6 *(Décr. nº 87-1113 du 24 déc. 1987)* Pour déterminer le montant de la subvention, le montant des travaux pris en considération ne peut excéder *(Décr. nº 91-1136 du 30 oct. 1991, art. 1er ; Décr. nº 2001-861 du 18 sept. 2001, art. 1er)* « 13 000 € » par logement *(Décr. nº 93-98 du 20 janv. 1993, art. 1er)* « pouvant être porté à *(Décr. nº 2001-861 du 18 sept. 2001, art. 1er)* « 20 000 € » en cas d'augmentation de la surface habitable d'au moins 10 p. 100 dans les logements achevés au 31 décembre 1960 ». Toutefois, le représentant de l'État dans le département peut accorder des dérogations à ce montant de travaux pour des opérations réalisées sur des immeubles dégradés et pour des opérations de restructuration interne des immeubles ou de reprise de l'architecture extérieure.

Art. R. 323-7 *(Décr. nº 87-1113 du 24 déc. 1987)* Le taux de la subvention *(Décr. nº 97-1262 du 29 déc. 1997)* « est au plus égal à 10 % du coût prévisionnel des travaux, sauf pour les opérations réalisées en Corse, où il est au plus égal à 20 % du coût prévisionnel des travaux » dans les limites définies à l'article R. 323-6.

(Décr. nº 2002-848 du 3 mai 2002, art. 4) « Ce taux peut être porté à 15 % du coût prévisionnel des travaux, sauf pour les opérations réalisées en Corse où il est au plus égal à 25 % du coût prévisionnel des travaux, dans les limites susvisées :

« *a)* Pour les travaux d'installation de chauffe-eau solaires et de capteurs photovoltaïques ;

« *b)* Pour les travaux d'installation de vitres, de fenêtres ou de baies dont les caractéristiques thermiques permettent d'atteindre ou de dépasser des caractéristiques thermiques fixées par arrêté du ministre chargé du logement ;

« *c)* Pour le surcoût résultant de la réalisation de travaux d'installation sur les parois opaques de parois de doublage acoustique mince dont les caractéristiques techniques sont précisées par arrêté du ministre chargé du logement. » – *V. Circ. nº 2002-42 du 21 juin 2002 (BOMELT nº 2002/12, p. 25).*

Ce taux *(Décr. nº 97-1262 du 29 déc. 1997, art. 2-II)* « peut être porté au plus à 25 p. 100 du coût prévisionnel des travaux, sauf pour les opérations réalisées en Corse, où il est au plus égal à 30 % du coût prévisionnel des travaux, » dans les limites susvisées :

a) Pour la réalisation de travaux destinés à améliorer la sécurité dans les immeubles, y compris les travaux de renforcement des portes d'entrée des logements, à condition qu'une collectivité locale participe à ces travaux pour un montant équivalent ;

b) Pour des opérations à caractère expérimental ;

c) Pour des opérations « habitat et vie sociale » ou pour des opérations réalisées dans le cadre des actions pour le développement social des quartiers *(Décr. nº 97-1262 du 29 déc. 1997)* « ou pour des opérations réalisées dans les grands ensembles et quartiers mentionnés au I de l'article 1466 A du code général des impôts ; il en est de même pour la réalisation de loges de gardien » ;

d) *(Décr. nº 94-977 du 4 nov. 1994, art. 1er)* « Pour des opérations dont le maître d'ouvrage est une commune de moins de 5 000 habitants, lorsque l'importance des travaux et les conditions d'équilibre financier de l'opération le justifient. »

(Décr. nº 2000-104 du 8 févr. 2000, art. 3) « *e)* Pour la réalisation de travaux effectués dans les logements-foyers pour travailleurs migrants mentionnés au 3º de l'article R. 351-55 lorsque, à l'issue des travaux, le nouveau statut de ces logements-foyers est celui des résidences sociales mentionnées au 2º de l'article R. 351-55. »

En outre, le représentant de l'État dans le département peut, à titre exceptionnel, porter le taux de la subvention au plus à 40 p. 100 du coût prévisionnel des travaux, dans les limites définies à l'article R. 323-6, *(Décr. nº 97-1262 du 29 déc. 1997)* « lorsque le maître d'ouvrage, bénéficiaire de la subvention, rencontre des difficultés financières particulières ».

(Décr. nº 2001-336 du 18 avr. 2001, art. 3) « Ce taux peut également être porté au plus à 40 % du coût prévisionnel des travaux, pour les travaux d'adaptation des logements mentionnés au *b* de l'article R. 323-3. »

Les dispositions du Décr. nº 97-1262 du 29 déc. 1997 sont applicables à compter du 1er janv. 1998 (Décr. préc., art. 3).

Concernant l'application du taux réduit de TVA aux opérations de réhabilitation du parc locatif social ou d'acquisition-amélioration de logements locatifs sociaux bénéficiant d'une subvention de l'État (PALULOS ou subvention locative aidée), V. Circ. nº 98-52 du 11 mai 1998 (BOMELT nº 98/10).

Art. R. 323-7-1 *(Décr. nº 2005-416 du 3 mai 2005, art. 2)* Lorsque la décision d'octroi de subvention est prise par le président de l'établissement public de coopération intercommunale ou le président du conseil général en application de l'article R. 323-12-1, les taux de subvention prévus à l'article R. 323-7 peuvent être majorés dans la limite de 5 points dans certains secteurs géographiques déterminés dans la convention mentionnée aux articles L. 301-5-1 et L. 301-5-2, quand des particularités locales et démographiques ou la situation du marché du logement entraînent des coûts d'opération de nature à rendre cette majoration nécessaire pour assurer leur équilibre financier.

Art. R. 323-8 *(Décr. nº 87-1113 du 24 déc. 1987)* La décision d'octroi de subvention doit être antérieure au début des travaux, sauf dérogation accordée à titre exceptionnel par le représentant de l'État dans le département.

Les travaux doivent être commencés dans un délai de six mois à compter de la décision d'octroi de la subvention et doivent être achevés dans un délai de deux ans à compter de cette même date. Une prorogation de ce délai peut être accordée par le représentant de l'État dans le département, dans la limite d'un an.

Art. R. 323-9 *(Décr. nº 87-1113 du 24 déc. 1987)* La subvention est versée dans les conditions suivantes :

– des acomptes peuvent, dans la limite de 20 p. 100 de son montant, être versés aux organismes bénéficiaires, après passation des marchés et sur constatation du début des travaux ;

– des acomptes peuvent ensuite être versés au fur et à mesure de l'exécution des travaux ou de la livraison des fournitures ;

– le montant total des acomptes ne peut dépasser 80 p. 100 du montant de la subvention ;

– le règlement pour solde est subordonné à la justification de la réalisation des travaux et de la conformité de leurs caractéristiques avec celles mentionnées dans la décision d'attribution.

Art. R. 323-10 *(Décr. nº 87-1113 du 24 déc. 1987)* Un prêt complémentaire à la subvention peut être consenti par les caisses d'épargne, la Caisse des dépôts et consignations ou tout autre établissement habilité à consentir des prêts aux collectivités locales. – *V. Circ. nº 88-01 du 6 janv. 1988, Mon. TP 22 janv. 1988, Suppl. textes, p. 31.*

Art. R. 323-11 *(Décr. nº 87-1113 du 24 déc. 1987)* Le remboursement de la subvention peut être exigé si l'une des conditions définies par la présente section n'est pas respectée.

Art. R. 323-12 *(Décr. nº 87-1113 du 24 déc. 1987)* La présente section n'est pas applicable aux départements d'outre-mer.

Art. R. 323-12-1 *(Décr. nº 2005-308 du 1er avr. 2005, art. 1er)* Lorsqu'un établissement public de coopération intercommunale ou un département a conclu avec l'État une convention de délégation de compétence en application des articles L. 301-5-1 ou L. 301-5-2, son représentant est substitué au représentant de l'État dans le département pour prendre toutes les décisions relatives aux aides prévues par la présente section concernant les logements et les immeubles situés dans le périmètre de la convention de délégation. Cette convention prévoit si l'instruction des demandes de décision favorable mentionnée à l'article R. 323-5 est assurée par la direction départementale de l'équipement en application de l'article 112 de la loi du 13 août 2004 relative aux libertés et responsabilités locales ou par le délégataire.

SECTION II DISPOSITIONS RELATIVES AUX DÉPARTEMENTS D'OUTRE-MER

(Décr. nº 2001-1322 du 27 déc. 2001)

SOUS-SECTION UNIQUE SUBVENTIONS À L'AMÉLIORATION DES LOGEMENTS SOCIAUX LOCATIFS DANS LES DÉPARTEMENTS D'OUTRE-MER

Art. R. 323-13 *(Décr. nº 2001-1322 du 27 déc. 2001, art. 2)* Peuvent bénéficier de subventions à l'amélioration de l'habitat lorsqu'ils exécutent des travaux dans des immeubles à usage locatif dont ils sont propriétaires ou gestionnaires :

1. Les collectivités locales ne disposant pas d'établissement public administratif sous leur tutelle et gestionnaires de logements ;

2. Les établissements publics à caractère administratif sous tutelle des collectivités locales et gestionnaires de logements ;

3. Les organismes HLM énumérés à l'article L. 411-2 ;

4. Les sociétés d'économie mixte ayant pour objet statutaire la réalisation de logements ;

5. Les sociétés d'économie mixte de construction constituées dans les départements d'outre-mer en application de la loi nº 46-860 du 30 avril 1946 tendant à l'établissement et à l'exécution de plans d'équipement et de développement économique et social des territoires et départements d'outre-mer.

Les subventions ouvrent droit à un prêt complémentaire de la Caisse des dépôts et consignations.

V. Arr. du 26 juill. 1977 (JO 28 juill.) relatif au financement des travaux d'amélioration de l'habitat par les collectivités locales, les établissements publics et les sociétés d'économie mixte, mod. par Arr. du 22 févr. 1978 (JO 1er mars), Arr. du 17 déc. 1985 (JO 24 janv. 1986) et Arr. du 30 mars 1995 (JO 7 mai).

V. Arr. du 27 déc. 2001 (JO 29 déc.) relatif aux conditions du financement des travaux d'amélioration des logements locatifs sociaux dans les départements d'outre-mer.

Art. R. 323-14 Les bénéficiaires de subventions mentionnées à l'article R. 323-13 doivent s'engager pour une période minimale de dix ans :

1. A conserver les logements améliorés dans leur patrimoine ;

2. A préserver l'usage d'habitation des logements ;

3. A faire occuper les logements, lorsqu'ils sont devenus vacants, par des personnes dont les ressources sont au plus égales à un montant déterminé dans les conditions fixées par arrêté des ministres chargés de la construction et de l'habitation et des finances ;

4. A percevoir des loyers au plus égaux à des plafonds fixés par arrêté des ministres susmentionnés.

Art. R. 323-15 *(Décr. nº 2001-1322 du 27 déc. 2001, art. 4)* Les logements et immeubles sur lesquels portent les travaux doivent avoir été achevés depuis au moins quinze ans, sauf dérogation accordée par le représentant de l'État dans le département, pour les travaux destinés à économiser l'énergie, à la réalisation d'économies de charges, au renforcement de la sécurité des biens et des personnes dans les immeubles, à l'amélioration de la vie quotidienne ou à conforter les bâtiments vis-à-vis des risques sismiques.

Art. R. 323-16 Ne donnent pas lieu à l'attribution de subventions les travaux qui bénéficient de concours financiers de l'État sous forme de bonifications d'intérêt, de primes à la construction convertibles ou non en bonifications d'intérêt, de prêts bonifiés à moyen et long terme du crédit agricole mutuel ou de subventions de l'Agence nationale de l'habitat.

V. Arr. du 26 juill. 1977 (JO 28 juill.).

Art. R. 323-17 Peuvent seuls donner lieu à l'attribution de subventions les travaux définis par arrêté du ministre chargé de la construction et de l'habitation et ayant pour effet de mettre les logements en conformité avec les normes minimales d'habitabilité ou d'en améliorer la qualité. – *V. art. R. 323-5.*

Art. R. 323-18 *(Décr. nº 2001-1322 du 27 déc. 2001, art. 5)* La décision d'octroi de subvention doit être antérieure au début des travaux, sauf dérogation accordée par le représentant de l'État dans le département.

Art. R. 323-19 Les travaux doivent être commencés dans un délai d'un an à compter de la date de la décision d'octroi de subvention.

Art. R. 323-20 Les travaux doivent être achevés dans un délai de deux ans à compter de la date de la décision d'octroi de subvention.

(Décr. nº 2001-1322 du 27 déc. 2001, art. 6) « Une prorogation de ce délai peut être accordée par le représentant de l'État dans le département dans la limite d'un an. »

Art. R. 323-21 *(Décr. nº 85-435 du 16 avr. 1985)* Le remboursement de la subvention peut être exigé si l'une des conditions définies par la présente sous-section n'est pas respectée.

Art. R. 323-22 *(Décr. nº 2005-1373 du 27 oct. 2005, art. 1er)* Lorsqu'un établissement public de coopération intercommunale ou un département a conclu avec l'État une convention de délégation de compétence en application des articles L 301-5-1 ou L. 301-5-2, son représentant est substitué au représentant de l'État dans le département pour prendre toutes les décisions relatives aux aides prévues par la présente section concernant les logements et les immeubles situés dans le périmètre de la convention de délégation. Cette convention prévoit si l'instruction des demandes de subvention est assurée par la direction départementale de l'équipement en application de l'article 112 de la loi nº 2004-809 du 13 août 2004 relative aux libertés et responsabilités locales ou par le délégataire.

CHAPITRE IV *[ABROGÉ]* AIDE À L'HABITAT RURAL

(Abrogé par Décr. nº 2001-351 du 20 avr. 2001, art. 4)

***NDLR.** Le chapitre IV du titre II du livre III du code de la construction et de l'habitation (partie Réglementaire) est abrogé.*

*Toutefois, les décisions d'octroi de prime intervenues en application de ces dispositions avant la publication du présent décret restent régies par ces mêmes dispositions (Décr. nº 2001-351 du 20 avr. 2001, art. 4). – V. **CCH**, éd. antérieures.*

SECTION PREMIÈRE *[ABROGÉE]* RÉGIME GÉNÉRAL

(Abrogée par Décr. nº 2001-351 du 20 avr. 2001, art. 4)

Art. *R. 324-1 à *R. 324-19 *Abrogés par Décr. nº 2001-351 du 20 avr. 2001, art. 4.*

SECTION II *[ABROGÉE]* AIDE PRÉVUE PAR LE CODE RURAL

(Abrogée par Décr. nº 79-977 du 20 nov. 1979, art. 2)

CHAPITRE V RESTAURATION IMMOBILIÈRE

Art. *R. 325-1 Dans le cadre déterminé à l'article R. 311-1, et dans les limites et conditions fixées par le présent chapitre, des primes à la construction peuvent être accordées aux personnes physiques ou morales qui entreprennent des travaux de remise en état ou de restauration d'immeubles à usage principal d'habitation en application de l'article L. 313-4 du code de l'urbanisme.

Ces primes ne peuvent être accordées pour des logements qui sont utilisés comme résidence secondaire ou dont le titre d'occupation est un accessoire du contrat de travail.

Sont exclus du bénéfice des primes les travaux entrepris avec le concours de l'Agence nationale de l'habitat.

Art. *R. 325-2 Les primes ne sont accordées que pour les travaux entrepris après le dépôt de la demande.

Art. *R. 325-3 Le montant des prêts spéciaux consentis pour les opérations qui auront bénéficié des primes prévues à l'article R. 325-1 peut atteindre les deux tiers du coût des travaux retenus, dans les limites fixées par arrêté du ministre chargé de la construction et de l'habitation et du ministre chargé des finances, abstraction faite de la partie de ce coût relative à la surface qui excède le maximum fixé à l'article R. 325-4.

Cet arrêté fixe également le montant des primes, leurs caractéristiques, celles des prêts spéciaux et les conditions de location applicables à ces opérations.

Art. *R. 325-4 Les travaux prévus à l'article R. 325-1 ne donnent lieu à l'octroi de primes que dans la limite de 150 mètres carrés de surface habitable pour chacun des logements créés ou aménagés.

La surface habitable mentionnée à l'alinéa précédent est celle qui est définie à l'article R. 111-2.

Art. *R. 325-5 Sous réserve des dispositions du présent chapitre, les articles R. 311-8 à R. 311-22, R. 311-37, alinéas 1 et 2, R. 311-40, R. 311-48 et R. 311-49 sont applicables aux primes prévues à l'article R. 325-1.

Art. *R. 325-6 Les primes ne peuvent être attribuées ou maintenues que si les ressources des bénéficiaires ou des personnes qui occupent ou occuperont le logement créé ou restauré n'excèdent pas des plafonds fixés par arrêté du ministre chargé de la construction et de l'habitation et du ministre chargé des finances.

CHAPITRE VI AMÉLIORATION, TRANSFORMATION OU AMÉNAGEMENT DE LOGEMENTS LOCATIFS SOCIAUX CONVENTIONNÉS

(Décr. nº 98-331 du 30 avr. 1998)

Art. R. 326-1 *à* R. 326-5 *Abrogés par Décr. nº 2000-598 du 28 juin 2000, art. 2.*

CHAPITRE VII PROGRAMME D'INTÉRÊT GÉNÉRAL

(Décr. nº 2005-1449 du 25 nov. 2005, art. 2)

Art. R. 327-1 Le représentant de l'État dans le département ou, lorsqu'une convention de délégation de compétence a été signée en application des articles L. 301-5-1 ou L. 301-5-2, le président de l'autorité délégataire peut décider le lancement d'un programme d'intérêt général d'amélioration de l'habitat, dont il définit la durée et le périmètre d'intervention, qui a pour objectif l'amélioration des conditions d'habitat dans des ensembles d'immeubles ou de logements. Le programme peut comprendre des mesures de nature technique et des interventions à caractère social.

La mise en œuvre du programme d'intérêt général *(Décr. nº 2009-1625 du 24 déc. 2009, art. 2)* « fait » l'objet d'une convention entre l'État, l'Agence nationale de l'habitat et une ou plusieurs collectivités territoriales ou établissement public de coopération intercommunale compétent en matière d'habitat.

(Décr. n° 2009-1625 du 24 déc. 2009, art. 2) **« Par dérogation aux deux premiers alinéas, l'agence peut, en cas d'urgence, notamment dans des cas de catastrophe naturelle, et après délibération du conseil d'administration, décider de financer un tel programme en tant que maître d'ouvrage. »**

TITRE TROISIÈME SUBVENTIONS ET PRÊTS POUR LA CONSTRUCTION, L'ACQUISITION ET L'AMÉLIORATION D'HABITATIONS DONNANT LIEU À L'AIDE PERSONNALISÉE AU LOGEMENT

CHAPITRE UNIQUE

SECTION PREMIÈRE SUBVENTIONS ET PRÊTS POUR LA CONSTRUCTION, L'ACQUISITION ET L'AMÉLIORATION DES LOGEMENTS LOCATIFS AIDÉS

V. Circ. n° 88-01 du 6 janv. 1988, relative au financement des logements locatifs aidés, Mon. TP 22 janv. 1988, Suppl. textes, p. 31. – Circ. n° 92-50 du 14 oct. 1992, Mon. TP 13 nov. 1992, Suppl. textes, p. 294. – Circ. 8 déc. 1995 (logement) (Mon. TP 15 déc. 1995, Suppl. textes, p. 263) : marge d'adaptation des paramètres nationaux dans la nouvelle réglementation des prêts locatifs aidés. – Circ. n° 95-63 du 2 août 1995 (BOMELT n° 95/23) relative aux maîtrises d'œuvre urbaine et sociale pour l'accès au logement des personnes défavorisées. – Décr. n° 96-860 du 2 oct. 1996 relatif aux subventions et aux prêts pour la construction des logements sociaux modifiant les art. R. 331-1, R. 331-6, R. 331-14, R. 331-15, R. 331-17 et R. 331-20. – Circ. du 28 sept. 1996, relative aux nouvelles modalités d'octroi des aides à la pierre de l'État aux opérations de construction de logements locatifs sociaux PLA neufs, Mon. TP 4 oct. 1996, Suppl. textes, p. 289. – Circ. du 11 oct. 1996, relative à la réforme du financement des logements PLA neufs, Mon. TP 18 oct. 1996, Suppl. textes, p. 329. – Circ. du 29 oct. 1996 (même objet), Mon. TP 22 nov. 1996, Suppl. textes, p. 312. – Instr. du 18 févr. 1997 (TVA à taux réduit sur la construction ou la livraison d'immeubles d'habitation neufs destinés à un usage locatif ou à caractère social), Mon. TP 21 mars 1997, Suppl. textes, p. 367.

COMMENTAIRE

Le décret n° 99-794 du 14 septembre 1999 a mis en place le prêt locatif à usage social (PLUS).

L'objectif du PLUS est double :

– donner aux bailleurs sociaux les moyens, notamment juridiques, de répondre aux exigences de mixité sociale en leur permettant d'accueillir dans les mêmes immeubles des ménages avec des ressources différenciées ;

– faire baisser les loyers des opérations neuves et des opérations d'acquisition-amélioration.

Désormais le dispositif de financement du logement locatif social par des prêts de la Caisse des dépôts et consignations comporte deux produits distincts :

– le prêt locatif à usage social (PLUS) se substitue à la fois au PLA et au PLA à loyer minoré, et devient le dispositif principal de financement du logement social ; il comporte un taux de subvention de base et des taux adaptés à la nature de certaines opérations particulières (opérations à caractère expérimental, etc.) ;

– le prêt locatif aidé d'intégration (PLA I) ; il concerne les logements adaptés aux besoins des ménages qui connaissent des difficultés d'insertion particulières ; sa définition est précisée au deuxième alinéa de l'article R. 331-1 du code de la construction et de l'habitation (CCH).

Par ailleurs, le décret nº 2001-207 du 6 mars 2001 permet aux opérateurs privés d'intervenir dans le secteur social par le biais du prêt locatif social (PLS) qui se substitue au PPLS du Crédit foncier de France (cf. sous-section 3).

Enfin la sous-section 4 regroupe les dispositions relatives au foncier et à l'acquisition d'immeubles. ❑

• SOUS-SECTION 1 DISPOSITIONS COMMUNES

Art. R. 331-1 *(Décr. nº 2001-336 du 18 avr. 2001, art. 4-I)* **« I. – »** *(Décr. nº 87-1112 du 24 déc. 1987)* **Dans les limites et conditions fixées par la présente section, des subventions et des prêts définis par les sous-sections 2 et 3 ci-après peuvent être accordés pour financer :**

1º L'acquisition de droits de construire ou de terrains destinés à la construction de logements à usage locatif et la construction de ces logements ;

2º La construction de logements à usage locatif ;

3º *(Décr. nº 2001-336 du 18 avr. 2001, art. 4-II)* **« L'acquisition de logements et d'immeubles destinés à l'habitation ainsi que, le cas échéant, les travaux d'amélioration correspondants ; »**

4º L'acquisition de locaux ou d'immeubles non affectés à l'habitation et leur transformation ou aménagement en logements ;

5º Les terrains, droits immobiliers, logements ou immeubles acquis par des organismes d'habitations à loyer modéré, des sociétés d'économie mixte ou des collectivités locales ou leurs groupements ainsi que les travaux de construction, de transformation ou d'amélioration à réaliser sur ces terrains, logements ou immeubles, à condition que les biens concernés aient été acquis depuis moins de dix ans à la date de la demande du prêt et qu'ils n'aient pas précédemment bénéficié de financement au titre du chapitre Ier du titre Ier du livre III ou du livre IV (première partie) ;

6º Les travaux d'amélioration exécutés sur des immeubles ou des logements cédés à bail emphytéotique par l'État, des collectivités locales ou leurs groupements ;

7º Les travaux de transformation ou d'aménagement en logements de locaux ou d'immeubles non affectés à cet usage ;

8º La réalisation des dépendances de ces immeubles ou de ces logements, et notamment les garages, jardins, locaux collectifs à usage commun, annexes dans des limites fixées par arrêté du ministre chargé de la construction et de l'habitation ;

9º La réalisation d'opérations de logements-foyers à usage locatif tels que définis aux articles R. 351-55 et R. 351-56 ;

(Décr. nº 2000-104 du 8 févr. 2000, art. 4-I) **« 10º L'acquisition de logements dans le cadre des dispositions prévues à l'article L. 261-3 ».**

(Décr. nº 2001-336 du 18 avr. 2001, art. 4-III) **« II. – Lorsque les logements concernés sont adaptés aux besoins des ménages qui rencontrent des difficultés d'insertion particulières, des subventions et des prêts définis par la sous-section 2 peuvent être accordés dans les limites et conditions fixées par la présente section pour financer les opérations et travaux précisés ci-dessus à l'exception de ceux mentionnés au 9º autres que les résidences sociales mentionnées au 2 de l'article R. 351-55. Le coût d'acquisition de ces logements ne doit pas excéder un pourcentage de la valeur de base des opérations d'acquisition-amélioration multiplié par la surface utile de l'opération fixé par arrêté des ministres chargés du logement et des finances pour des zones géographiques déterminées. »**

V. Arr. du 30 juin 1994 (JO 2 juill., p. 9584) modifiant Arr. du 4 janv. 1988, modifié (subventions de l'État pour la construction, l'acquisition ou l'amélioration de logements locatifs aidés).

V. Circ. nº 94-55 du 4 juill. 1994 (Mon. TP 15 juill. 1994, Suppl. textes, p. 227) : PLA à financement très social ; Circ. nº 2006-45 du 4 juill. 2006 relative aux résidences sociales (BOMELT nº 2006/14, p. 95).

V. Arr. du 5 mai 1995 (JO 7 mai) relatif aux subventions de l'État et aux prêts pour la construction, l'acquisition et l'amélioration des logements locatifs aidés, mod. par Arr. du 28 mai 1997 (JO 31 mai), Arr. du 6 mars 2001 (JO 7 mars), Arr. du 18 juill. 2006 (JO 20 juill.) et Arr. du 17 oct. 2011 (JO 28 déc.).

V. Circ. nº 88-01 du 6 janv. 1988 relative au financement des logements locatifs aidés (Mon. TP 22 janv. 1988, Suppl. textes, p. 31) ; Circ. nº 92-50 du 14 oct. 1992 (Mon. TP 13 nov. 1992, Suppl. textes, p. 294) ; Circ. 14 déc. 1992 sur la programmation des aides à la pierre en 1993 (Mon. TP 8 janv. 1993, Suppl. textes, p. 203) ; Circ. nº 87-92 du 24 nov. 1987 (Mon. TP 12 févr. 1988, Suppl. textes, p. 24) : prix de référence (mesures de déconcentration), mod. par Circ. nº 89-65 du 8 nov. 1989 (Mon. TP 23 févr. 1990, Suppl. textes, p. 23) ; Circ. nº 91-47 du 1er juill. 1991, Mon. TP 19 juill. 1991, Suppl. textes, p. 243 : coefficient de qualité du prix de référence des logements PLA et PAP. ; Circ. nº 91-16 du 28 août 1991, Mon. TP 20 sept. 1991, Suppl. textes, p. 372 : incidences de la suppression de la délégation du Trésor sur les décisions des prêts PAP et PLA.-CFF ; Circ. 1er oct. 1991, Mon. TP 11 oct. 1991, Suppl. textes, p. 302 : fonds pour l'aménagement de l'Ile-de-France ; Circ. 14 déc. 1992 : programmation des aides à la pierre en 1993 (Mon. TP 8 janv. 1993, Suppl. textes, p. 201 s.). – Décr. nº 93-1053 du 1er sept. 1993 (JO 8 sept.) : attribution à titre exceptionnel des prêts PAP diffus aux acquéreurs de logements en programme groupé.

V. Circ. nº 99-71 du 14 oct. 1999 : PLUS (BOMELT nº 99/20).

V. aussi, concernant la mise en œuvre du Décr. nº 2000-104 du 8 févr. 2000, Circ. nº 2000-42 du 13 juin 2000, (BOMELT nº 2000/13), et concernant la mise en œuvre du Décr. nº 2001-336 du 18 avr. 2001, Circ. nº 2001-59 du 9 août 2001 (BOMELT 2001/16, p. 64 ; Mon. TP, 28 sept. 2001, Suppl. textes, p. 323).

Art. R. 331-2 *(Décr. nº 87-1112 du 24 déc. 1987)* **Les occupants des logements financés à l'aide de ces subventions et prêts définis par les sous-sections 2 et 3 ci-après peuvent bénéficier de l'aide personnalisée au logement, dans les conditions prévues par le titre V du livre III du présent code (première partie).**

Art. R. 331-3 *(Décr. nº 87-1112 du 24 déc. 1987)* **L'octroi des subventions et des prêts prévus à l'article R. 331-1 et définis par les sous-sections 2 et 3 ci-après est subordonné à l'obtention d'une décision favorable du ministre chargé de la construction et de l'habitation prise dans les conditions prévues à l'article R. 331-6.**

Art. R. 331-4 *(Décr. nº 87-1112 du 24 déc. 1987)* **Pour pouvoir faire l'objet d'une décision favorable, les demandeurs de subventions et de prêts doivent s'engager à ce que, pendant une durée minimale de quinze ans, les logements ne soient :**

***a*) Ni transformés en locaux commerciaux ou professionnels ;**

***b*) Ni affectés à la location en meublé, à l'exception des logements-foyers tels que définis aux articles R. 351-55 et R. 351-56, ni affectés à la location saisonnière ;**

***c*) Ni utilisés comme résidence secondaire ;**

***d*) Ni occupés à titre d'accessoire d'un contrat de travail ou en raison de l'exercice d'une fonction ;**

***e*) Ni détruits sans qu'il soit procédé à leur reconstruction dans un délai de quatre ans à compter du sinistre.**

V. Arr. du 26 févr. 1988 (JO 20 mars). – Circ. nº 88-01 du 6 janv. 1988, Mon. TP 22 janv. 1988, Suppl. textes, p. 31.

Art. R. 331-5 *(Décr. nº 87-1112 du 24 déc. 1987)* **Ne peuvent donner lieu au bénéfice des subventions et des prêts définis par la présente section :**

***a*) Les logements faisant l'objet d'une autre aide de l'État à l'investissement que celle prévue par la présente section sauf dispositions contraires expresses ;**

b) *(Décr. nº 2000-104 du 8 févr. 2000, art. 5)* « Les logements mentionnés à l'article R. 331-1, sauf ceux visés au 10º du premier alinéa dudit article, dont les travaux ont commencé avant :

« – l'acquisition, par le demandeur, du droit d'utiliser le terrain d'implantation du logement projeté ;

« – ou l'obtention de la décision favorable prise dans les conditions prévues à l'article R. 331-6 sauf dérogation du représentant de l'État dans le département ».

Art. R. 331-6 *(Décr. nº 87-1112 du 24 déc. 1987)* L'instruction de la demande de décision favorable prévue à l'article R. 331-3 est assurée par le directeur départemental de l'équipement *(Décr. nº 2005-1030 du 25 août 2005, art. 3-I)* « au vu d'un dossier joint à la demande et dont la composition est fixée par un arrêté conjoint des ministres chargés du logement et des finances » ; la décision est prise par le représentant de l'État dans le département et notifiée au demandeur. – *V. Arr. 26 août 2005 ainsi que son Annexe II (JO 28 août), mod. par Arr. 19 janv. 2006 (JO 31 janv.).*

(Décr. nº 2005-1030 du 25 août 2005, art. 3-II) « Lorsque les maîtres d'ouvrage mentionnés aux 1º et 2º de l'article R. 331-14 présentent une demande portant sur tout ou partie de leur programme annuel d'investissement correspondant à des opérations mentionnées à l'article R. 331-1, une décision unique de subvention peut être prise par le représentant de l'État dans le département. »

Lorsqu'une réponse du représentant de l'État dans le département n'est pas intervenue dans un délai maximum de quatre mois à compter de la date de la demande de décision favorable, cette demande est réputée rejetée. – *V. Circ. nº 88-01 du 6 janv. 1988, Mon. TP 22 janv. 1988, Suppl. textes, p. 31.*

(Décr. nº 96-860 du 2 oct. 1996) « La décision favorable ne peut être prise qu'après la passation, par le demandeur, d'une convention prévue au 3º de l'article L. 351-2. *(Décr. nº 2001-336 du 18 avr. 2001, art. 5)* « Toutefois, pour les opérations financées dans les conditions de l'article R. 331-14 et bénéficiant de subventions prévues aux 2º et 3º de l'article R. 331-15, la conclusion de la convention peut intervenir, au plus tard, lors du versement du premier acompte prévu à l'article R. 331-16. »

« Pour les opérations de construction, le nombre de logements pouvant faire l'objet de décisions favorables du préfet ne peut excéder la limite qui lui a été notifiée par le ministre chargé du logement. »

Art. R. 331-7 *(Décr. nº 87-1112 du 24 déc. 1987)* Si les travaux ne sont pas commencés dans un délai de dix-huit mois à compter de la date de la décision favorable, le représentant de l'État dans le département peut rapporter cette décision.

Dans un délai de quatre ans à compter de la date de la décision favorable, le bénéficiaire est tenu de justifier au représentant de l'État dans le département que la déclaration d'achèvement des travaux prévue à l'article *(Décr. nº 2007-18 du 5 janv. 2007, art. 16-VII)* « L. 462-1 » du code de l'urbanisme a été déposée. Dans le cas de travaux d'amélioration, le bénéficiaire est tenu de déclarer l'achèvement des travaux au représentant de l'État dans le département dans le même délai. Une prorogation de ce délai, qui ne pourra être supérieure à deux ans, peut être accordée par le représentant de l'État dans le département.

La non-observation de ces dispositions entraîne la caducité de la décision favorable.

La modification issue du Décr. nº 2007-18 du 5 janv. 2007 est entrée en vigueur le 1er oct. 2007 (Décr. préc., art. 26, mod. par Décr. nº 2007-817 du 11 mai 2007, art. 4).

Art. R. 331-8 *(Décr. nº 87-1112 du 24 déc. 1987)* Les logements construits à l'aide des subventions ou des prêts prévus à l'article R. 331-1 doivent présenter un niveau minimum de qualité.

(Décr. nº 90-151 du 16 févr. 1990, art. 2) « Les logements acquis ou améliorés à l'aide de ces subventions ou prêts doivent respecter des normes minimales d'habitabilité. » *(Décr. nº 2001-336 du 18 avr. 2001, art. 6)* « Pour les opérations mentionnées au 9º de

l'article R. 331-1, le montant des travaux d'amélioration doit être au moins égal à une fraction du prix de revient prévisionnel défini à l'article R. 331-9, fixée par arrêté des ministres chargés du logement et des finances. Toutefois, cette disposition n'est pas applicable aux résidences sociales mentionnées au 2 de l'article R. 351-55. »

Un arrêté du ministre chargé de la construction et de l'habitation fixe les modalités d'application du présent article.

Art. R. 331-9 *(Décr. nº 87-1112 du 24 déc. 1987)* **I. — Le prix de revient prévisionnel d'une opération de construction neuve, établi à la date de la demande de décision favorable, comprend trois éléments :**

1º *(Décr. nº 95-637 du 5 mai 1995, art. 2)* **« La charge foncière » ;**

2º Le prix de revient du bâtiment ;

3º Les honoraires des architectes et techniciens.

II. — Le prix de revient prévisionnel d'une opération d'acquisition et d'amélioration établi à la date de la demande de décision favorable comprend trois éléments :

1º La charge immobilière ;

2º Le coût des travaux ;

3º Les honoraires des architectes et techniciens.

Un arrêté du ministre chargé de la construction et de l'habitation définit les modalités d'application du présent article. *— V. ss. art. R. 331-28 et Circ. nº 88-01 du 6 janv. 1988, Mon. TP 22 janv. 1988, Suppl. textes, p. 31.*

Art. R. 331-10 *(Décr. nº 95-637 du 5 mai 1995, art. 3)* **Pour le calcul du montant de la subvention de l'État ou du prêt, des valeurs de base sont fixées par mètre carré de surface utile en construction neuve et en acquisition-amélioration.**

La surface utile à prendre en compte est égale à la surface habitable du logement telle que définie à l'article R. 111-2 du présent code augmentée de la moitié de la surface des annexes dans les conditions fixées par arrêté du ministre du logement.

Ces valeurs de base sont fixées par arrêté conjoint des ministres chargés de la construction et de l'habitation et des finances. Elles sont actualisées au 1er janvier de chaque année en fonction de la variation annuelle de l'indice du coût de la construction.
— Dispositions nouvelles applicables à compter du 1er juill. 1996 (Décr. nº 96-55 du 24 janv. 1996, art. 3). — V. ss. art. R. 331-28, et Circ. nº 88-01 du 6 janv. 1988, Mon. TP 22 janv. 1988, Suppl. textes, p. 31.

Arrêté du 9 mai 1995,

Pris en application de l'article R. 353-16 et de l'article R. 331-10 du code de la construction et de l'habitation (JO 11 mai).

Art. 1er Pour la définition de la surface utile visée à l'article R. 331-10 et au 2º de l'article R. 353-16 du code de la construction et de l'habitation, les surfaces annexes sont les surfaces réservées à l'usage exclusif de l'occupant du logement et dont la hauteur sous plafond est au moins égale à 1,80 mètre. Elles comprennent les caves, les sous-sols, les remises, les ateliers, *(Arr. du 24 juill. 1997)* « les séchoirs et celliers extérieurs au logement », les celliers, les resserres, les combles et greniers aménageables, les balcons, les loggias et les vérandas *(Arr. du 10 mai 1996)* « et dans la limite de 9 mètres carrés les parties de terrasses accessibles en étage ou aménagées sur ouvrage enterré ou à moitié enterré ».

V. Note d'information de la Direction de l'habitat et de la construction (Mon. TP 19 mai 1995, p. 320) : de la surface corrigée à la surface utile.

Art. R. 331-11 *Abrogé par Décr. nº 95-637 du 5 mai 1995, art. 4, à compter du 1er juill. 1996. — V. Arr. du 4 janv. 1988 (JO 17 janv.), mod. par Arr. du 16 févr. 1990 (JO 17 févr.).*

Le Décr. n° 96-55 du 24 janv. 1996, art. 3, est venu reporter la date d'entrée en vigueur de l'abrogation prévue au Décr. n° 95-637 du 5 mai 1995, art. 4.

Art. R. 331-12 *(Décr. n° 87-1112 du 24 déc. 1987)* **Les subventions ou prêts prévus à l'article R. 331-1 sont attribués pour des logements destinés à être occupés par des personnes dont l'ensemble des ressources, à la date d'entrée dans les lieux, est au plus égal à un montant déterminé par arrêté conjoint des ministres chargés de la construction et de l'habitation et des finances.** *(Décr. n° 90-151 du 16 févr. 1990, art. 3)* **« Toutefois, pour les logements mentionnés au** *(Décr. n° 2001-336 du 18 avr. 2001, art. 7-I)* **« II de l'article R. 331-1 », le plafond de ressources à l'entrée dans les lieux ne peut excéder 60 p. 100 du montant déterminé par l'arrêté précité, sauf dérogation accordée par le représentant de l'État dans le département ».** *(Décr. n° 2000-104 du 8 févr. 2000, art. 6)* **« Ce plafond est fixé par arrêté conjoint des ministres chargés de la construction et de l'habitation et des finances. »** *— V. note ss. art. R. 331-28. — Concernant les plafonds des ressources des bénéficiaires de la législation sur les HLM et des nouvelles aides de l'État en secteur locatif, V. note de rédaction ss. art. L. 441-1.*

(Décr. n° 2001-336 du 18 avr. 2001, art. 7-II) **« Pour les opérations financées dans les conditions de l'article R. 331-14 autres que celles prévues au II de l'article R. 331-1 et qui bénéficient de subventions prévues aux 2° et 3° de l'article R. 331-15 :**

« I. — 30 % au moins des logements sont obligatoirement attribués à des personnes dont l'ensemble des ressources est inférieur ou égal à 60 % du montant déterminé par l'arrêté précité ; toutefois, cette obligation n'est pas applicable aux opérations comportant un seul logement et, pour les autres opérations comportant moins de 10 logements, le nombre minimal de logements obligatoirement attribués à ces personnes s'obtient en arrondissant à l'unité la plus proche le résultat de l'application du pourcentage de 30 % ;

« II. — 10 % au plus des logements des opérations ainsi financées par un même maître d'ouvrage peuvent être attribués à des personnes dont l'ensemble des ressources est supérieur de 20 % au plus au montant déterminé par l'arrêté précité ; pour les opérations comportant moins de 10 logements, le nombre de logements susceptible d'être attribués à ces personnes s'obtient en arrondissant à l'unité la plus proche le résultat de l'application du pourcentage de 10 %. »

(Décr. n° 99-794 du 14 sept. 1999) **« Pour les opérations ne bénéficiant pas de subventions prévues à l'article R. 331-15 et réalisées par les maîtres d'ouvrage mentionnés aux 1° et 2° de l'article R. 331-14 à l'aide de prêts mentionnés audit article, le représentant de l'État dans le département peut accorder une dérogation aux plafonds de ressources prévus à la première phrase du présent article dans les conditions fixées par l'arrêté précité. La dérogation est inscrite dans la convention conclue entre l'État et le bailleur en application de l'article L. 351-2.**

« Les bailleurs doivent être en mesure de justifier du respect des règles découlant du présent article.

« Les modalités de détermination et de contrôle des ressources sont également fixées par l'arrêté précité. »

(Décr. n° 2011-1191 du 26 sept. 2011) **« Les dispositions prévues à la deuxième phrase du premier alinéa et aux alinéas suivants du présent article ne s'appliquent pas aux logements dont le loyer est fixé en application des dispositions du 5° de l'article R. 353-16 et de celles de l'article R. 353-70-1. »**

Art. R. 331-13 *(Décr. n° 87-1112 du 24 déc. 1987)* **Le ministre chargé des finances est autorisé à passer avec la Caisse des dépôts et consignations et le Crédit foncier de France** *(Décr. n° 99-748 du 1er sept. 1999, art. 2)* **« ou avec tout établissement ayant acquis la qualité de créancier au titre des prêts et habilité à assurer ou à faire assurer par un tiers la gestion et le recouvrement de ces prêts » les conventions nécessaires à l'application de la présente section.**

Loi nº 2000-321 du 12 avril 2000,

Relative aux droits des citoyens dans leurs relations avec les administrations.

Art. 10 Les budgets et les comptes des autorités administratives mentionnées à l'article 1er et dotées de la personnalité morale sont communicables à toute personne qui en fait la demande, dans les conditions prévues par la loi nº 78-753 du 17 juillet 1978 précitée.

La communication de ces documents peut être obtenue tant auprès de l'autorité administrative concernée que de celles qui les détiennent.

L'autorité administrative qui attribue une subvention doit, lorsque cette subvention dépasse un seuil défini par décret, conclure une convention avec l'organisme de droit privé qui en bénéficie, définissant l'objet, le montant et les conditions d'utilisation de la subvention attribuée. *(L. nº 2003-590 du 2 juill. 2003, art. 94)* « Cette disposition ne s'applique pas aux organismes qui bénéficient de subventions pour l'amélioration, la construction, l'acquisition et l'amélioration des logements locatifs sociaux prévues au livre III du code de la construction et de l'habitation. »

Lorsque la subvention est affectée à une dépense déterminée, l'organisme de droit privé bénéficiaire doit produire un compte rendu financier qui atteste de la conformité des dépenses effectuées à l'objet de la subvention. Le compte rendu financier est déposé auprès de l'autorité administrative qui a versé la subvention dans les six mois suivant la fin de l'exercice pour lequel elle a été attribuée.

Le budget et les comptes de tout organisme de droit privé ayant reçu une subvention, la convention prévue au présent article et le compte rendu financier de la subvention doivent être communiqués à toute personne qui en fait la demande par l'autorité administrative ayant attribué la subvention ou celles qui les détiennent, dans les conditions prévues par la loi nº 78-753 du 17 juillet 1978 précitée.

Les organismes de droit privé ayant reçu annuellement de l'ensemble des autorités administratives une subvention supérieure à un montant fixé par décret doivent déposer à la préfecture du département où se trouve leur siège social leur budget, leurs comptes, les conventions prévues au présent article et, le cas échéant, les comptes rendus financiers des subventions reçues pour y être consultés.

(Ord. nº 2005-856 du 28 juill. 2005, art. 6) « La formalité de dépôt en préfecture, prévue à l'alinéa précédent, n'est pas exigée des organismes ayant le statut d'association ou de fondation. Les fondations sont soumises aux obligations de publicité prévues pour les associations au premier alinéa de l'article L. 612-4 du code de commerce. » – *Dispositions applicables aux exercices comptables des associations et fondations ouverts à compter du 1er janv. 2006 (Ord. nº 2005-856 du 28 juill. 2005, art. 9).*

Concernant la présentation de la loi nº 2003-590 du 2 juill. 2003 urbanisme et habitat, V. Circ. nº 2003-48 du 31 juill. 2003 (BOMELT nº 2003/15, p. 78) et Circ. nº 2003-52 du 12 août 2003 (BOMELT nº 2003/16, p. 161).

Art. R. 331-13-1 *(Décr. nº 2005-308 du 1er avr. 2005, art. 2)* **Lorsqu'un établissement public de coopération intercommunale ou un département a conclu avec l'État une convention de délégation de compétence en application des articles L. 301-5-1 ou L. 301-5-2, son représentant est substitué au représentant de l'État dans le département pour prendre toutes les décisions relatives aux aides prévues par la présente section concernant la réalisation de logements ou d'immeubles situés dans le périmètre de la convention de délégation. Cette convention prévoit si l'instruction des demandes de décision favorable mentionnée à l'article R. 331-6 est assurée par la direction départementale de l'équipement en application de l'article 112 de la loi du 13 août 2004 relative aux libertés et responsabilités locales ou par le délégataire.**

SOUS-SECTION 2 DISPOSITIONS APPLICABLES AUX SUBVENTIONS DE L'ÉTAT ET AUX PRÊTS DE LA CAISSE DES DÉPÔTS ET CONSIGNATIONS

(Décr. nº 96-860 du 2 oct. 1996)

Art. R. 331-14 *(Décr. nº 99-794 du 14 sept. 1999, art. 3)* **« La décision favorable portant octroi de subvention de l'État, prise dans les conditions prévues aux articles R. 331-3 et R. 331-6, porte agrément de l'opération. Elle ouvre droit à des prêts accordés par la Caisse des dépôts et consignations.**

« Pour les opérations ne bénéficiant pas de subventions prévues à l'article R. 331-15, la décision favorable, prise dans les conditions prévues aux articles R. 331-3 et R. 331-6, porte agrément de l'opération. Elle ouvre droit à des prêts accordés par la Caisse des dépôts et consignations. »

(Décr. nº 96-860 du 2 oct. 1996) **« Ces subventions et ces prêts peuvent être attribués à :**

« 1º Des *(Décr. nº 2008-566 du 18 juin 2008)* **« offices publics de l'habitat », des sociétés anonymes d'habitations à loyer modéré ;**

« 2º Des sociétés d'économie mixte ayant pour objet statutaire la réalisation de logements ; »

(Décr. nº 2007-16 du 5 janv. 2007) **« 3º Des collectivités territoriales ou leurs groupements, sauf pour les opérations de construction que l'un des organismes mentionnés au 1º et 2º du présent article est en mesure de réaliser sur leur territoire, dès lors que ces collectivités ou groupements n'ont pas conclu les conventions prévues aux articles L. 301-5-1 et L. 301-5-2.**

« 4º Des organismes » *(Décr. nº 2009-1684 du 30 déc. 2009, art. 2)* **« bénéficiant de l'agrément relatif à la maîtrise d'ouvrage prévu à l'article L. 365-2 »** *(Décr. nº 2007-16 du 5 janv. 2007)* **« , sous réserve que les opérations réalisées comprennent majoritairement des logements mentionnés au II de l'article R. 331-1** *[.]* **»**

V. Arr. du 5 mai 1995 (JO 7 mai) relatif aux subventions de l'État et aux prêts pour la construction, l'acquisition et l'amélioration des logements locatifs aidés, mod. par Arr. du 28 mai 1997 (JO 31 mai), Arr. du 6 mars 2001 (JO 7 mars), Arr. du 18 juill. 2006 (JO 20 juill.) et Arr. du 17 oct. 2011 (JO 28 déc.). – Circ. du 28 mars 1996 (financement des opérations de logement d'urgence), Mon. TP 17 mai 1996, Suppl. textes, p. 324. – Circ. nº 98-08 du 12 janv. 1998 (actualisation des valeurs de base pour le calcul de l'assiette des subventions et des prêts), BOMELT nº 98/3 ; Circ. nº 99-89 du 17 déc. 1999 (même objet), BOMELT nº 2000/1 ; Circ. nº 2002-3 du 24 janv. 2002 (même objet), BOMELT nº 2002/3, p. 94, rect. BOMELT nº 2002/7, p. 53 ; Circ. nº 2002-75 du 18 déc. 2002 (même objet), BOMELT nº 2002/24, p. 192 ; Circ. nº 2003-77 du 22 déc. 2003 (même objet), BOMELT nº 2004/24, p. 279 ; Circ. nº 2005-84 du 12 déc. 2005 (même objet), BOMELT nº 2005/24, p. 331 ; Circ. nº 2006-91 du 12 déc. 2006 (même objet), BOMELT nº 2006/24, p. 361 ; Circ. UHC/FB3 du 20 déc. 2007 (même objet), BOMELT nº 2008/24, p. 190 ; Circ. UP/FL3 du 29 déc. 2008 (même objet), BOMELT nº 2009/3, p. 18 ; Circ. UP/FL3 du 22 déc. 2009 (même objet), BOMEEDDM nº 2010/1 du 25 janv. 2010, p. 15 ; Circ. 23 déc. 2010 (même objet), BOMEDDTL nº 2010/24, p. 113 ; Circ. du 19 déc. 2011 (même objet), BOMEDDTL nº 2011/24, p. 399. – Circ. 27 mars 1998 (réglementation de la surface utile appliquée aux opérations PLA-CDC, majoration de subvention ou de loyer), Mon. TP 22 mai 1998, Suppl. textes, p. 397.

Décret nº 2007-896 du 15 mai 2007,

Relatif à l'attribution de prêts pour la construction, l'acquisition et l'amélioration de logements locatifs.

Art. 2 I. — Lorsque les organismes mentionnés aux 1º et 2º de l'article R. 331-14 du code de la construction et de l'habitation achètent, dans les conditions prévues au 3º du I de l'article R. 331-1, des logements achevés depuis plus de cinq ans appartenant aux sociétés immobilières mentionnées à l'article L. 411-5 du même code et bénéficiant ou ayant fait l'objet d'une convention dans les conditions des 3° et 4° de l'article L. 351-2 de ce même code, les conditions ci-après sont applicables.

La quotité du prêt mentionné à l'article R. 331-17 du code susmentionne peut être inférieure par opération à 30 % du prix de revient de l'opération défini à l'article R. 331-9 du même code et la condition prévue au *a* de l'article R. 331-5 du même code ne s'applique pas.

Outre les conditions mentionnées à l'article R. 331-19 du même code, l'octroi du prêt est subordonné à la conclusion d'une convention entre l'État, la commune sur le territoire de laquelle sont situés les logements et le demandeur, dans laquelle ce dernier s'engage à ce qu'au moins un tiers des logements soient destinés à être occupés par des personnes dont les ressources n'excèdent pas les plafonds prévus au deuxième alinéa de l'article R. 331-12 du code précité et qu'un tiers au plus soient occupés par des personnes dont les ressources n'excèdent pas les plafonds prévus au II de l'article R. 331-17 du même code. Les logements restants sont destinés à être occupés par des ménages dont les ressources ne dépassent pas celles prévues au premier alinéa de l'article R. 331-12 du même code.

II. — Les opérations mentionnées au I doivent être réalisées dans la période de six ans à compter de l'entrée en vigueur du présent décret.

III. — Les autres dispositions de la sous-section 3 de la section première du chapitre unique du titre III du livre III du code de la construction et de l'habitation restent applicables.

Art. R. 331-15 *(Décr. n° 87-1112 du 24 déc. 1987)* **Le montant de la subvention de l'État est déterminé selon les modalités suivantes :**

1° *(Décr. n° 95-637 du 5 mai 1995, art. 5)* **« L'assiette de la subvention de l'État est égale, à la date de la décision d'octroi, au produit de la valeur de base prévue à l'article R. 331-10 du présent code par la superficie de l'opération, exprimée en mètre carré de surface utile définie à l'article R. 331-10 du présent code en construction neuve et en acquisition-amélioration, majorée ou minorée en fonction de sa structure et notamment de la taille moyenne des logements, selon des modalités fixées par arrêté conjoint des ministres chargés de la construction et de l'habitation et des finances.**

(Décr. n° 97-575 du 28 mai 1997) **« L'assiette de la subvention de l'État ainsi définie est majorée, le cas échéant, en fonction de la qualité des logements et des sujétions rencontrées par l'opération, dans la limite de 30 % et dans des conditions fixées par arrêté du ministre chargé de la construction et de l'habitation. »**

« L'assiette de la subvention de l'État peut être majorée d'un coût forfaitaire pour création de garages dont les montants unitaires sont fixés par arrêté conjoint des ministres chargés de la construction et de l'habitation et des finances et actualisés au 1er janvier de chaque année en fonction de la variation annuelle de l'indice du coût de la construction ». — *Entrée en vigueur le 1er juill. 1996 (Décr. n° 96-55 du 24 janv. 1996, art. 3).*

2° *(Décr. n° 99-794 du 14 sept. 1999, art. 4-II)* **« *a*) Une subvention peut être octroyée aux opérations de construction. Le taux de subvention est au plus égal à :**

« 5 % de l'assiette définie au 1° pour les opérations de construction. A titre exceptionnel, le préfet peut, par dérogation, porter ce taux à 6,5 % au plus ;

(Décr. n° 2001-336 du 18 avr. 2001, art. 9-II) **« 8 % de cette assiette pour des opérations réalisées par des maîtres d'ouvrage ayant conclu avec l'État un contrat de relance par lequel ils contribuent à l'accroissement de la production de logements locatifs sociaux dans le département ou la région concernés ; ce même taux est applicable pour des opérations à caractère expérimental ; »**

« 12 % de cette assiette pour des opérations de relogement liées à des démolitions et pour la réalisation de logements-foyers dénommés résidences sociales par des maîtres d'ouvrage ayant, avant le 1er janvier 1998, choisi de les gérer sous la forme d'une activité parahôtelière soumise à la taxe sur la valeur ajoutée ;

« 20 % de cette assiette pour les opérations de construction mentionnées au *(Décr. nº 2001-336 du 18 avr. 2001, art. 9-I)* « II de l'article R. 331-1 » et adaptées aux besoins de ménages qui rencontrent des difficultés d'insertion particulières. »

(Décr. nº 2000-104 du 8 févr. 2000, art. 8-I) « *b*) Par dérogation au *a*, pour les opérations réalisées en Corse, le taux de subvention est au plus égal à :

« 14,5 % de l'assiette définie au 1º. A titre exceptionnel, le préfet peut, par dérogation, porter ce taux à 17,5 % au plus ;

« 12 % de cette assiette pour la réalisation de logements-foyers dénommés résidences sociales par des maîtres d'ouvrage ayant, avant le 1er janvier 1998, choisi de les gérer sous la forme d'une activité parahôtelière soumise à la taxe sur la valeur ajoutée ;

(Décr. nº 2001-336 du 18 avr. 2001, art. 9-III) « 17,5 % de cette assiette pour des opérations réalisées par des maîtres d'ouvrage ayant conclu avec l'État un contrat de relance par lequel ils contribuent à l'accroissement de la production de logements locatifs sociaux dans le département concerné ou la région ; ce même taux est applicable pour des opérations à caractère expérimental ; »

« 20 % de cette assiette pour les opérations de relogement liées à des démolitions ;

« 30 % de cette assiette pour les opérations de construction mentionnées au dernier alinéa de l'article R. 331-1 et adaptées aux besoins de ménages qui rencontrent des difficultés d'insertion particulières. »

3º *(Décr. nº 99-794 du 14 sept. 1999, art. 4-II)* « *a*) Une subvention peut être octroyée aux opérations autres que celles prévues au 2º. Le taux de subvention est au plus égal à :

« 10 % de l'assiette définie au 1º ; dans ce cas, le montant de la subvention ne peut dépasser 13 % du prix de revient de l'opération. A titre exceptionnel, le préfet peut, par dérogation, porter ce taux à 11,5 % au plus, avec un montant de subvention ne pouvant excéder 13 % du prix de revient de l'opération ;

« 12 % de cette assiette pour des opérations de relogement liées à des démolitions et pour la réalisation de logements-foyers dénommés résidences sociales par des maîtres d'ouvrage ayant, avant le 1er janvier 1998, choisi de les gérer sous la forme d'une activité parahôtelière soumise à la taxe sur la valeur ajoutée ;

(Décr. nº 2001-336 du 18 avr. 2001, art. 9-IV) « 15 % de cette assiette pour des opérations réalisées par des maîtres d'ouvrage ayant conclu avec l'État un contrat de relance par lequel ils contribuent à l'accroissement de la production de logements locatifs sociaux dans le département ou la région concernés ; ce même taux est applicable pour des opérations à caractère expérimental ; »

« 20 % de cette assiette pour des opérations mentionnées au dernier alinéa de l'article R. 331-1 et adaptées aux besoins de ménages qui rencontrent des difficultés d'insertion particulières, avec un montant de subvention ne pouvant excéder 25 % du prix de revient de l'opération. A titre exceptionnel, le préfet peut, par dérogation, porter ce taux à 25 % au plus, avec un montant de subvention ne pouvant excéder 25 % du prix de revient de l'opération. »

(Décr. nº 2000-104 du 8 févr. 2000, art. 8-II) « *b*) Par dérogation au *a*, pour les opérations réalisées en Corse autres que celles prévues au 2º, le taux de subvention est au plus égal à :

« 17 % de l'assiette définie au 1º ; dans ce cas, le montant de la subvention ne peut dépasser 18 % du prix de revient de l'opération. A titre exceptionnel, le préfet peut porter ce taux à 18,5 % au plus avec un montant de subvention ne pouvant excéder 21 % du prix de revient de l'opération ;

« 12 % de cette assiette pour la réalisation de logements-foyers dénommés résidences sociales par des maîtres d'ouvrage ayant, avant le 1er janvier 1998, choisi de les gérer sous la forme d'une activité parahôtelière soumise à la taxe sur la valeur ajoutée ;

(Décr. nº 2001-336 du 18 avr. 2001, art. 9-V et VI) « 20 % de cette assiette pour des opérations de relogement liées à des démolitions ;

« 22 % de cette assiette pour des opérations réalisées par des maîtres d'ouvrage ayant conclu avec l'État un contrat de relance par lequel ils contribuent à l'accroissement de la production de logements locatifs sociaux dans le département concerné ou la région ; ce même taux est applicable pour des opérations à caractère expérimental ; »

30 % pour les opérations mentionnées au dernier alinéa de l'article R. 331-1 et adaptées aux besoins de ménages qui rencontrent des difficultés d'insertion particulières, avec un montant de subvention ne pouvant excéder 35 % du prix de revient de l'opération. A titre exceptionnel, le préfet peut, par dérogation, porter ce taux à 35 % au plus, avec un montant de subvention ne pouvant excéder 35 % du prix de revient de l'opération. »

(Décr. nº 96-860 du 2 oct. 1996, art. 5) « 4º La subvention de l'État ne peut donner lieu à l'attribution d'une subvention complémentaire.

« Un arrêté conjoint des ministres chargés de la construction et de l'habitation et des finances fixe les conditions d'application du présent article. » *— V. Arr. du 4 janv. 1988 (JO 17 janv.), mod. par Arr. du 16 févr. 1990 (JO 17 févr.) ; Arr. du 3 sept. 1993 (JO 15 sept.) ; Arr. du 5 mai 1995 (JO 7 mai) : subventions de l'État et prêts pour la construction, l'acquisition et l'amélioration des logements locatifs aidés, cité ss. art. R. 331-14. — V. aussi Circ. nº 88-01 du 6 janv. 1988, Mon. TP 22 janv. 1988, Suppl. textes, p. 31, abrogée pour partie par Circ. nº 97-51 du 29 mai 1997 (BOMELT nº 97/13). — V. également Circ. nº 98-06 du 12 janv. 1998 : programmation des financements aidés pour 1998 (BOMELT nº 98/3).*

Concernant les majorations des taux de subventions prévues aux 2º et 3º de l'art. R. 331-15, lorsque ces subventions sont accordées par l'Agence nationale pour la rénovation urbaine, V. Décr. nº 2004-1005 du 24 sept. 2004 (JO 25 sept.). — A propos de cette agence, V. L. nº 2003-710 du 1er août 2003, art. 10 s., App., vº Rénovation urbaine.

Art. R. 331-15-1 *(Décr. nº 2005-416 du 3 mai 2005, art. 3)* Lorsque la décision d'octroi de l'aide est prise par le président de l'établissement public de coopération intercommunale ou le président du conseil général en application de l'article R. 331-13-1 :

1º Une majoration de l'assiette de subvention prévue au second alinéa du 1º de l'article R. 331-15 peut être appliquée dans les conditions prévues par les conventions de délégation de compétence conclues en application des articles L. 301-5-1 ou L. 301-5-2 ;

2º Les taux d'aide prévus aux 2º et 3º de l'article R. 331-15 peuvent être majorés dans la limite de 5 points de l'assiette définie au 1º du même article, dans certains secteurs géographiques déterminés dans la convention mentionnée aux articles L. 301-5-1 et L. 301-5-2, quand des particularités locales et démographiques ou la situation du marché du logement rendent cette majoration nécessaire pour assurer l'équilibre financier de l'opération.

Art. R. 331-16 *(Décr. nº 87-1112 du 24 déc. 1987)* La subvention est versée dans les conditions suivantes :

— un acompte peut, dans la limite de 30 p. 100 de son montant être versé aux organismes bénéficiaires, après passation des marchés et sur constatation du commencement d'exécution de l'opération ;

— un ou des acomptes peuvent ensuite être versés, au fur et à mesure de l'exécution des travaux ou de la livraison des fournitures ;

— le montant total des acomptes ne peut dépasser 80 p. 100 du montant de la subvention ;

— le règlement pour solde est subordonné à la justification de la réalisation des travaux. Il est versé dans la limite du montant de la subvention recalculée conformément à l'article R. 331-15. *— V. Arr. du 4 janv. 1988 (JO 17 janv.).*

V. Arr. du 5 mai 1995 (JO 7 mai) : subventions de l'État et prêts pour la construction, l'acquisition et l'amélioration des logements locatifs aidés, cité ss. art. R. 331-14.

SOUS-SECTION 3 DISPOSITIONS APPLICABLES AUX AUTRES PRÊTS LOCATIFS SOCIAUX

(Décr. nº 2001-207 du 6 mars 2001)

V. Circ. nº 2003-79 du 30 déc. 2003 relative aux prêts locatifs sociaux (BOMELT nº 2004/1, p. 74), Circ. nº 2005-58 du 19 sept. 2005 relative à l'utilisation et à la programmation des PLS (BOMELT nº 2005/20, p. 41).

Art. R. 331-17 *(Décr. nº 2007-896 du 15 mai 2007)* **« I. — » La Caisse des dépôts et consignations ainsi que les établissements de crédit qui ont conclu avec celle-ci une convention sous l'égide de l'État sont habilités à consentir les prêts prévus à l'article R. 331-1 et régis par la présente sous-section.**

(Décr. nº 2007-896 du 15 mai 2007) **« II. — Les logements financés dans les conditions de la présente sous-section sont attribués à des ménages dont l'ensemble des ressources, à la date d'entrée dans les lieux, est au plus égal à un montant déterminé par arrêté conjoint des ministres chargés du logement et des finances. »**

Art. R. 331-18 *(Décr. nº 2006-890 du 18 juill. 2006)* **« Ces prêts peuvent être attribués à des personnes morales ou physiques qui s'engagent à assurer elles-mêmes la gestion de ces logements ou à la confier à des personnes ou organismes agréés par arrêté du ministre chargé du logement. »** *(Décr. nº 2008-29 du 8 janv. 2008)* **« Les prêts consentis par la Caisse des dépôts et consignations ne peuvent l'être qu'à des personnes morales respectant les conditions ci-dessus. »**

V. Arr. du 5 mai 1995, mod., relatif aux subventions de l'État et prêts pour la construction, l'acquisition et l'amélioration des logements locatifs aidés, mentionné ss. art. R. 331-14, et Arr. du 18 juill. 2006 (JO 20 juill.).

Art. R. 331-19 *(Décr. nº 2005-1473 du 29 nov. 2005, art. 1er)* **« L'octroi du prêt est subordonné à l'obtention de la décision favorable prise dans les conditions prévues aux articles R. 331-3 et R. 331-6 et à la passation par le demandeur d'une convention prévue aux 3º ou 5º de l'article L. 351-2 dont la durée est au moins égale à la durée initiale de la part de prêt qui ne finance pas la charge foncière sans pouvoir être inférieure à quinze ans »** *(Décr. nº 2010-48 du 13 janv. 2010)* **« ni supérieure à quarante ans** *[ancienne rédaction : ni supérieure à trente ans.]*. **»** *(Décr. nº 2005-1030 du 25 août 2005, art. 4)* **« La conclusion de la convention intervient au plus tard lors de la signature du contrat de prêt. »**

Le dépôt de la demande de prêt doit être effectué auprès de l'établissement prêteur dans un délai maximum de six mois après la date de la décision favorable précitée, faute de quoi ladite décision est frappée de caducité.

Art. R. 331-20 *(Décr. nº 2002-849 du 3 mai 2002, art. 1er)* **I. — La quotité minimum des prêts accordés par les établissements de crédit aux bénéficiaires mentionnés à l'article R. 331-18 ne peut être inférieure à 50 %** *(Décr. nº 2010-48 du 13 janv. 2010)* **« du prix de revient de l'opération défini à l'article R. 331-9 ».**

II. — Toutefois, la quotité peut être ramenée à 30 % pour la réalisation des programmes de logements locatifs de l'association mentionnée à l'article L. 313-34. Dans ce cas, le montant de la subvention consentie *(Décr. nº 2012-721 du 9 mai 2012, art. 6)* **« à partir des ressources de la participation des employeurs à l'effort de construction mentionnées à l'article L. 313-3 » est pris en compte dans le calcul de cette quotité.**

III. — L'établissement prêteur apprécie les sûretés nécessaires à la garantie de ses créances.

Art. R. 331-21 Les prêts régis par la présente sous-section peuvent être transférés aux personnes et organismes mentionnés à l'article R. 331-18 sous réserve de l'accord du représentant de l'État dans le département et de l'établissement prêteur.

Art. R. 331-22 et R. 331-23 *Abrogés par Décr. nº 2001-207 du 6 mars 2001, art. 1er.*

SOUS-SECTION 4 DISPOSITIONS RELATIVES AU FONCIER ET À L'ACQUISITION D'IMMEUBLES BÂTIS

Art. R. 331-24 *(Décr. nº 95-637 du 5 mai 1995, art. 8)* I. – Des subventions foncières peuvent être accordées :

1º Aux collectivités locales et aux groupements de collectivités locales lorsqu'ils acquièrent ou ont *[acquis] (Décr. nº 2005-308 du 1er avr. 2005, art. 3-I)* « depuis moins de cinq ans » à la date de la demande de décision favorable à l'octroi de la subvention un terrain ou un immeuble et s'engagent à le céder en toute propriété ou à bail emphytéotique ou à construction à l'une des personnes visées à l'article R. 331-14 pour la réalisation de travaux de construction, de transformation et d'aménagement, ou d'amélioration répondant aux conditions prévues aux articles R. 331-8 et R. 331-9.

2º *(Décr. nº 96-55 du 24 janv. 1996, art. 1er)* « Aux bénéficiaires visés à l'article R. 331-14 lorsqu'ils acquièrent ou ont *[acquis] (Décr. nº 2005-308 du 1er avr. 2005, art. 3-I)* « depuis moins de cinq ans » à la date de la demande de décision favorable à l'octroi de la subvention un terrain ou un immeuble, et s'engagent à réaliser des travaux de construction, de transformation et d'aménagement ou d'amélioration répondant aux conditions prévues aux articles R. 331-8 et R. 331-9 ». *– Entrée en vigueur à compter du 1er juill. 1996.*

II. – Des opérations peuvent bénéficier d'une subvention foncière lorsque la charge foncière en construction neuve ou le coût global de l'opération en acquisition-amélioration dépasse la valeur foncière de référence multipliée par la surface utile de l'opération. La valeur foncière de référence servant à fixer le seuil de déclenchement de la subvention foncière est exprimée en *(Décr. nº 2002-848 du 3 mai 2002, art. 5)* « euros » par mètre carré de surface utile définie à l'article R. 331-10 du présent code pour les opérations de construction neuve et d'acquisition-amélioration. Une fraction du dépassement au moins égale à 20 p. 100 de son montant doit être prise en charge par une collectivité locale ou un groupement de collectivités locales. *(Décr. nº 2005-308 du 1er avr. 2005, art. 3-II)* « Cette fraction du dépassement n'est pas exigée lorsque la décision de subvention est prise dans les conditions de l'article R. 331-13-1. »

Le montant de la subvention de l'État ne peut dépasser :

– pour les opérations de construction neuve ou assimilées :

– ni 50 p. 100 du dépassement ;

– ni le montant de la valeur foncière de référence multiplié par la surface utile de l'opération ;

– pour les opérations d'acquisition-amélioration ou assimilées :

– ni 50 p. 100 du dépassement ;

– ni 20 p. 100 du montant de la valeur foncière de référence multiplié par la surface utile de l'opération ;

– pour les opérations d'acquisition-amélioration ou assimilées portant sur des immeubles déclarés insalubres en application de la loi nº 70-612 du 10 juillet 1970 :

– ni 75 p. 100 du dépassement ;

– ni 30 p. 100 du montant de la valeur foncière de référence multiplié par la surface utile de l'opération.

(Décr. nº 2001-336 du 18 avr. 2001, art. 10) « Toutefois, lorsqu'une fraction du dépassement au moins égale à 40 % est prise en charge par une collectivité locale ou un groupement de collectivités locales, le montant de la subvention de l'État peut

atteindre 60 % de ce dépassement limité à 2 fois le montant de la valeur foncière de référence multiplié par la surface utile de l'opération en construction neuve et à 0,4 fois le montant de la valeur foncière de référence multiplié par la surface utile de l'opération pour les opérations d'acquisition-amélioration ou assimilées. »

Les modalités de détermination et d'octroi de la subvention sont fixées par arrêté conjoint des ministres chargés de la construction et de l'habitation et des finances. *— V. Arr. du 4 janv. 1988 (JO 17 janv., p. 821), mod. par Arr. du 16 févr. 1990 (JO 17 févr.). — Dispositions nouvelles de l'art. R. 331-24 applicables à compter du 1er juill. 1996.*

V. Circ. no 89-80 du 14 déc. 1989 (Mon. TP 23 mars 1990, Suppl. textes, p. 8) : subventions de l'État dites « surcharge foncière » ; Circ. 1er oct. 1991, Équip. (Mon. TP, 11 oct. 1991, Suppl. textes, p. 302) : même objet ; Circ. no 90-39 du 11 mai 1990 (Mon. TP 27 juill. 1990, Suppl. textes, p. 22) : modalités d'attribution des subventions foncières dans le cadre du programme d'actions immédiates pour l'Ile-de-France ; Circ. no 91-48 du 9 juill. 1991, Équip. (Mon. TP 11 oct. 1991, Suppl. textes, p. 302) : même objet. — Arr. du 5 mai 1995 (JO 7 mai) : subventions de l'État et prêts pour la construction, l'acquisition ou l'amélioration des logements locatifs aidés, cité ss. art. R. 331-14.

V. Décr. no 2004-1005 du 24 sept. 2004 pris pour l'application du premier alinéa de l'article 14 de la loi no 2003-710 du 1er août 2003 d'orientation et de programmation pour la ville et la rénovation urbaine et relatif aux majorations des subventions accordées par l'Agence nationale pour la rénovation urbaine (JO 25 sept.). — A propos de cette agence, V. L. no 2003-710 du 1er août 2003, art. 10 s., App,. vo Rénovation urbaine.

Aucune disposition du CCH n'autorise l'État ou une région à appliquer à la charge foncière réelle, pour le calcul de la subvention, un abattement correspondant à la différence entre le prix de revient prévisionnel du bâtiment et son prix de référence. • CAA Paris, 17 mai 2001, *SA HLM La campinoise d'habitation : req. no 98PA01426.*

Art. R. 331-24-1 *(Décr. no 2005-416 du 3 mai 2005, art. 4)* **Lorsque la décision d'octroi de subvention est prise par le président de l'établissement public de coopération intercommunale ou le président du conseil général en application de l'article R. 331-13-1, le montant de la subvention prévue au II de l'article R. 331-24 peut atteindre 75 % du dépassement défini au II du même article, limité à deux fois le montant de la valeur foncière de référence multiplié par la surface utile de l'opération en construction neuve et à 0,4 fois le montant de la valeur foncière de référence multiplié par la surface utile de l'opération en acquisition-amélioration.**

Art. R. 331-25 *(Décr. no 87-1112 du 24 déc. 1987)* **En cas de réalisation d'opérations prévues à l'article R. 331-1 (1o, 3o et 4o), une subvention de l'État peut être accordée, dans les conditions fixées ci-après, pour permettre l'acquisition de terrains destinés à la construction ou l'acquisition d'immeubles en vue de leur amélioration. Cette subvention ouvre droit à l'octroi d'un prêt de la Caisse des dépôts et consignations.**

La subvention au titre de l'acquisition peut être attribuée :

— soit aux collectivités locales et à leurs groupements s'ils s'engagent à céder le terrain ou l'immeuble en toute propriété ou à bail emphytéotique, ou à construction à un organisme d'habitations à loyer modéré ou à une société d'économie mixte pour la réalisation de travaux de construction ou d'amélioration ;

— soit aux organismes d'habitations à loyer modéré ou aux sociétés d'économie mixte, après avis de la commune concernée, s'ils s'engagent à commencer des travaux de construction ou d'amélioration dans un délai de trois ans à compter de la date de décision favorable de subvention. Cette décision est prise dans les conditions prévues à l'article R. 331-6. *(Décr. no 95-637 du 5 mai 1995, art. 9)* **« Le montant de la subvention ne peut excéder 12 p. 100** *[à compter du 1er juill. 1996]* **du coût de l'acquisition dans la limite d'un plafond réglementaire ». La subvention est versée sur justification de l'acte d'acquisition.**

Si la déclaration d'ouverture du chantier n'est pas intervenue dans un délai de trois ans à compter de la décision d'octroi de la subvention, le représentant de l'État dans le département exige le remboursement de la subvention majorée d'une indemnité fixée

par arrêté conjoint des ministres chargés de la construction et de l'habitation, et des finances.

Un arrêté des ministres précités fixe les conditions d'application du présent article. *– V. Arr. du 4 janv. 1988 (JO 17 janv., p. 822), mod. par Arr. du 16 févr. 1990 (JO 17 févr.) et Circ. nº 88-01du 6 janv. Mon. TP 22 janv. 1988, Suppl. textes, p. 31 ; 1988, Arr. du 5 mai 1995 (JO 7 mai) : subventions de l'État et prêts pour la construction, l'acquisition et l'amélioration des logements locatifs aidés, cité ss. art. R. 331-14.*

SOUS-SECTION 5 SANCTIONS

Art. R. 331-26 *(Décr. nº 2005-1030 du 25 août 2005, art. 5)* **Le remboursement de la subvention peut être exigé si l'une des conditions définies par la présente section n'est pas respectée.**

Le reversement est exigé de plein droit s'il s'avère que l'aide a été obtenue à la suite de fausses déclarations ou de manœuvres frauduleuses.

Art. R. 331-27 *Abrogé par Décr. nº 2002-392 du 22 mars 2002, art. 2.*

SOUS-SECTION 6 DÉPARTEMENTS D'OUTRE-MER

Art. R. 331-28 *(Décr. nº 87-1112 du 24 déc. 1987)* **La présente section n'est pas applicable aux départements d'outre-mer.**

Les dispositions des art. R. 331-1 à R. 331-28 sont entrées en vigueur à compter du 1er janv. 1988 (Décr. 24 déc. 1987, art. 3).

V. Arr. du 5 mai 1995, relatif aux subventions de l'État et aux prêts pour la construction, l'acquisition et l'amélioration des logements locatifs aidés mod., cité ss. art. R. 331-14.

Arr. du 24 févr. 1978 (JO 11 mars) relatif aux prix témoins des logements améliorés ou acquis et améliorés à usage locatif bénéficiant de subventions ou de prêts aidés par l'État. – Abrogé par Arr. du 5 mai 1995, relatif aux subventions de l'État et aux prêts pour la construction, l'acquisition et l'amélioration des logements locatifs aidés.

Arr. du 24 févr. 1978 (JO 11 mars) relatif aux caractéristiques techniques et aux prix de revient des immeubles bâtis, améliorés ou acquis et améliorés avec l'aide de l'État pour y aménager des logements locatifs, mod. par Arr. du 16 sept. 1979 (JO 7 oct.), Arr. du 23 janv. 1980 (JO 15 févr.), Arr. du 20 févr. 1981 (JONC 4 mars), Arr. du 8 janv. 1982 (JONC 27 janv.), Arr. du 24 août 1982 (JO 26 août), Arr. du 5 janv. 1983 (JO 12 janv.), Arr. du 30 déc. 1983 (JO 5 janv. 1984), Arr. du 3 sept. 1984 (JO 12 sept.), Arr. du 17 janv. 1985 (JO 24 janv.), Arr. du 31 janv. 1986 (JO 19 févr.), Arr. du 13 févr. 1987 (JO 7 mars), Arr. du 26 févr. 1988 (JO 20 mars), Arr. du 21 mars 1989 (JO 9 avr.), Arr. du 14 mars 1990 (JO 1er avr.), Arr. du 25 févr. 1991 (JO 19 mars), Arr. du 9 mars 1992 (JO 1er avr.), Arr. du 27 janv. 1993 (JO 14 févr.), Arr. du 20 sept. 1993 (JO 2 oct.), Arr. du 20 déc. 1993 (JO 29 déc.), Arr. du 20 déc. 1994 (JO 31 déc.), Arr. du 27 juill. 1995 (JO 20 août), Arr. du 26 janv. 1996 (JO 28 févr.).

Arr. du 17 mars 1978 relatif à l'attribution d'une fraction du prêt locatif aidé pour l'acquisition de terrains, de droits de construire, d'immeubles et de logements (JO 25 mars), mod. par Arr. du 11 sept. 1981 (JO 13 sept. ; Rect. JONC 27 sept.), Arr. du 13 sept. 1983 (JO 25 sept.).

Arr. du 31 déc. 1980 relatif aux plafonds de ressources des bénéficiaires des nouvelles aides de l'État dans le secteur de l'accession à la propriété (JONC 21 janv. 1981), mod. par Arr. du 31 déc. 1981 (JO 6 janv. 1982), Arr. du 11 janv. 1983 (JONC 15 janv.), Arr. du 5 juill. 1983 (JO 7 juill.), Arr. du 29 janv. 1985 (JO 2 févr.), Arr. du 16 févr. 1990 (JO 17 févr.), Arr. du 29 janv. 1991 (JO 31 janv.), Arr. du 15 déc. 1992 (JO 3 janv. 1993), Arr. du 15 juin 1993 (JO 16 juin), Arr. du 21 déc. 1993 (JO 31 déc.), Arr. du 21 oct. 1994 (JO 30 oct.). – Pour les logements locatifs, V. Arr. du 29 juill. 1987 (JO 19 août), mod. par Arr. du 28 févr. 1990 (JO 21 mars), Arr. du 12 août 1992 (JO 3 sept.), Arr. du 10 nov. 1993 (JO 1er déc.), Arr. du 11 mars 1994 (JO 12 mars), Arr. du 26 juin 1998 (JO 28 juin), Arr. du 11 déc. 1998 (JO 17 déc.), Arr. du 13 août 1999 (JO 25 août), Arr.

du 13 juin 2000 (JO 21 juin), Arr. du 3 mai 2001 (JO 12 mai), Arr. du 19 nov. 2001 (JO 27 nov.), Arr. du 28 déc. 2001 (JO 1er janv. 2002), Arr. du 20 août 2007 (JO 26 oct.), Arr. du 3 déc. 2007 (JO 13 déc.), Arr. du 29 mai 2009 (JO 12 juin), Arr. du 30 avr. 2010 (JO 5 juin), Arr. du 28 déc. 2010 (JO 31 déc.), Arr. du 22 déc. 2011 (JO 28 déc.), Arr. du 28 déc. 2012 (JO 30 déc.).

Arr. du 5 juill. 1983 (JO 7 juill.) relatif aux prêts aidés par l'État pour la construction de logements neufs à usage locatif ou en accession à la propriété bénéficiant du label Haute performance énergétique ou du label solaire, mod. par Arr. du 13 févr. 1987 (JO 7 mars).

Arr. du 26 mars 1985 (JO 26 avr.) relatif aux caractéristiques techniques et aux prix des logements neufs à usage locatif bénéficiant de subventions ou de prêts aidés de l'État, mod. par Arr. du 31 janv. 1986 (JO 19 févr.), Arr. du 13 févr. 1987 (JO 7 mars), Arr. du 26 févr. 1988 (JO 20 mars), Arr. du 21 mars 1989 (JO 9 avr.), Arr. du 14 mars 1990 (JO 1er avr.), Arr. du 29 juin 1990 (JO 3 août), Arr. du 25 févr. 1991 (JO 19 mars), Arr. du 5 nov. 1991 (JO 28 nov.), Arr. du 9 mars 1992 (JO 1er avr.), Arr. du 14 déc. 1992 (JO 24 déc.), Arr. du 27 janv. 1993 (JO 14 févr.), Arr. du 20 déc. 1993 (JO 29 déc.), Arr. du 20 déc. 1994 (JO 31 déc.), Arr. du 31 janv. 1995 (JO 25 févr.), Arr. du 27 juill. 1995 (JO 20 août), Arr. du 26 janv. 1996 (JO 28 févr.).

Circ. no 85-97 du 31 déc. 1985 sur l'organisation du contrôle des organismes HLM ou autres recourant aux prêts aidés par l'État (Mon. TP 14 févr. 1986, p. 30) ; Circ. du 11 juin 1987 (Mon. TP 26 juin 1987, Suppl. textes, p. 26) : mesures complémentaires d'allégement des remboursements d'emprunts PLA à taux fixe ; Circ. no 87-43 du 13 mai 1987 (Mon. TP 26 juin 1987, Suppl. textes, p. 26) : utilisation des crédits d'aide à la pierre de catégorie II à des opérations de logement très sociales ; Circ. no 87-532 du 24 juin 1987 (Mon. TP 3 juill. 1987, Suppl. textes, p. 29) : mesures d'accompagnement ; Circ. no 95-55 du 10 juill. 1995 (BOMELT no 95/21) : prise en compte de certains frais dans le prix de revient de certaines opérations de prêts locatifs aidés.

Art. R. 331-29 à R. 331-31 *Abrogés par Décr. no 87-1112 du 24 déc. 1987.*

SECTION II PRÊTS AIDÉS PAR L'ÉTAT POUR LA CONSTRUCTION, L'ACQUISITION ET L'AMÉLIORATION DES LOGEMENTS EN ACCESSION À LA PROPRIÉTÉ

V. Décr. no 83-706 du 29 juill. 1983 (JO 30 juill.) fixant les caractéristiques des prêts aidés par l'État pour la construction, l'acquisition et l'amélioration des logements en accession à la propriété (à compter du 1er août 1983).

Arr. du 29 juill. 1977 (JO 19 août) relatif aux prix témoins et prix de vente des logements en accession à la propriété financés au moyen de prêts aidés par l'État, mod. par Arr. du 16 sept. 1977 (JO 4 oct.), Arr. du 24 févr. 1978 (JO 11 mars), Arr. du 2 févr. 1979 (JO 28 févr.), Arr. du 13 mars 1979 (JO 31 mars), Arr. du 23 janv. 1980 (JO 15 févr.), Arr. du 31 déc. 1980 (JO 21 janv. 1981), Arr. du 8 janv. 1982 (JONC 27 janv.), Arr. du 24 août 1982 (JO 26 août), Arr. du 10 nov. 1982 (JO 19 nov.), Arr. du 5 janv. 1983 (JO 12 janv.), Arr. du 30 déc. 1983 (JO 5 janv. 1984), Arr. du 3 sept. 1984 (JO 12 sept.), Arr. du 29 janv. 1985 (JO 2 févr.), Arr. du 26 févr. 1987 (JO 14 mars), Arr. du 26 févr. 1988 (JO 19 avr.), Arr. du 28 mars 1989 (JO 18 mai), Arr. du 4 avr. 1990 (JO 29 avr.), Arr. du 29 janv. 1991 (JO 31 janv.), Arr. du 11 juin 1992 (JO 24 juin), Arr. du 27 janv. 1993 (JO 14 févr.), Arr. du 3 sept. 1993 (JO 24 sept.).

Arr. du 29 juill. 1977 (JO 20 août) relatif aux prêts aidés par l'État pour la construction de logements en accession à la propriété, mod. par Arr. du 16 sept. 1977 (JO 4 oct.), Arr. du 12 janv. 1978 (JO 19 janv.), Arr. du 24 févr. 1978 (JO 11 mars), Arr. du 27 déc. 1978 (JO 30 déc.), Arr. du 2 févr. 1979 (JO 28 févr.), Arr. du 13 mars 1979 (JO 31 mars), Arr. du 22 janv. 1980 (JO 24 janv.), Arr. du 23 janv. 1980 (JONC 15 févr.), Arr. du 16 mai 1980 (JO 17 mai), Arr. du 29 déc. 1980 (JO 30 déc.), Arr. du 31 déc. 1980 (JO 21 janv. 1981), Arr. du 29 juin 1981 (JO 30 juin), Arr. du 31 déc. 1981 (JO 6 janv. 1982), Arr. du 8 janv. 1982 (JONC 27 janv.), Arr. du 24 août 1982 (JO 26 août), Arr. du 10 nov. 1982 (JO 19 nov.), Arr. du 30 déc. 1982 (JO 8 janv. 1983), Arr. du 5 janv. 1983 (JO 12 janv.), Arr. du 29 juill. 1983 (JO 30 juill.), Arr. du 6 déc. 1983 (JO 7 déc.), Arr. du 27 avr. 1984 (JO 29 mars), Arr. du 6 août 1984 (JO 7 août), Arr. du 3 sept. 1984 (JO 12 sept.), Arr. du 25 oct. 1984 (JO 26 oct.), Arr. du 29 janv. 1985 (JO 1er févr.), Arr. du 7 août 1985 (JO 8 août), Arr. du 20 janv. 1986 (JO 23 janv.), Arr. du 12 mars 1986 (JO 19 mars), Arr. du 15 mai 1986 (JO 27 mai), Arr. du 24 mars 1987 (JO 7 avr.), Arr. du 20 juill. 1987 (JO 21 juill.), Arr. du 12 janv. 1988

(JO 24 janv.), Arr. du 5 avr. 1988 (JO 26 avr.), Arr. du 1er févr. 1989 (JO 28 févr.), Arr. du 16 févr. 1990 (JO 17 févr.), Arr. du 29 janv. 1991 (JO 31 janv.), Arr. du 9 oct. 1991 (JO 20 oct.), Arr. du 15 juin 1993 (JO 16 juin), Arr. du 8 sept. 1993 (JO 9 sept.). – Circ. du 20 mai 1986 [équipement] (Mon. TP 20 juin 1986, Suppl. textes, p. 20).

Arr. du 13 mars 1979 relatif aux prix témoins et prix de vente des logements acquis et améliorés en accession à la propriété bénéficiant des prêts aidés par l'État (JO 31 mars), mod. par Arr. du 20 févr. 1981 (JO 4 mars), Arr. du 8 janv. 1982 (JO 27 janv.), Arr. du 24 août 1982 (JO 26 août), Arr. du 5 janv. 1983 (JO 12 janv.), Arr. du 30 déc. 1983 (JO 5 janv. 1984), Arr. du 3 sept. 1984 (JO 12 sept.), Arr. du 29 janv. 1985 (JO 2 févr.), Arr. du 26 févr. 1987 (JO 14 mars), Arr. du 26 févr. 1988 (JO 19 avr.), Arr. du 28 mars 1989 (JO 18 mai), Arr. du 4 avr. 1990 (JO 29 avr.), Arr. du 29 janv. 1991 (JO 31 janv.), Arr. du 11 juin 1992 (JO 29 juin), Arr. du 27 janv. 1993 (JO 14 févr.), Arr. du 3 sept. 1993 (JO 24 sept.).

Arr. du 13 mars 1979 relatif aux caractéristiques techniques et aux prix des immeubles bâtis, acquis et améliorés avec l'aide de l'État pour y aménager des logements en accession à la propriété (JO 31 mars), mod. par Arr. du 20 févr. 1981 (JONC 4 mars), Arr. du 8 janv. 1982 (JONC 23 janv.), Arr. du 24 août 1982 (JO 26 août), Arr. du 5 janv. 1983 (JO 12 janv.), Arr. du 30 déc. 1983 (JO 4 janv. 1984), Arr. du 3 sept. 1984 (JO 12 sept.), Arr. du 17 janv. 1985 (JO 25 janv.), Arr. du 31 janv. 1986 (JO 19 févr.), Arr. du 13 févr. 1987 (JO 7 mars), Arr. du 26 févr. 1988 (JO 20 mars), Arr. du 21 mars 1989 (JO 9 avr.), Arr. du 14 mars 1990 (JO 1er avr.), Arr. du 29 janv. 1991 (JO 31 janv.), Arr. du 9 mars 1992 (JO 1er avr.), Arr. du 27 janv. 1993 (JO 14 févr.), Arr. du 20 sept. 1993 (JO 2 oct.), Arr. du 20 déc. 1994 (JO 31 déc.), Arr. du 27 juill. 1995 (JO 20 août).

Arr. du 5 juill. 1983 (JO 7 juill.) relatif aux prêts aidés par l'État pour le financement de chauffe-eau solaires.

Arr. du 20 juin 1979 relatif aux prêts aidés par l'État pour l'agrandissement des logements existants, ou l'aménagement à usage de logements de locaux non destinés à l'habitation (JO 26 juin), mod. par Arr. du 16 août 1984 (JO 19 août) et Arr. du 18 avr. 1991 (JO 7 mai). – Instr. no 2184-78 du 20 févr. 1978 relative aux modalités de gestion des nouvelles aides au logement (non publiée au JO). – Circ. C/46/84 du 23 mars 1984 (finances) relative aux PAP à taux fixes et aux PAP à taux révisables (Mon. TP 20 avr. 1984, Suppl. textes, p. 43).

Arr. du 31 déc. 1980 (JONC 21 janv. 1981) relatif aux plafonds de ressources des bénéficiaires des nouvelles aides de l'État en accession à la propriété, mod. par Arr. du 7 janv. 1982 (JO 6 janv.), Arr. du 11 janv. 1982 (JO 15 janv.), Arr. du 5 juill. 1983 (JO 7 juill.), Arr. du 29 janv. 1985 (JO 31 janv.), Arr. du 16 févr. 1990 (JO 17 févr.), Arr. du 29 janv. 1991 (JO 31 janv.), Arr. du 15 déc. 1992 (JO 3 janv. 1993), Arr. du 15 juin 1993 (JO 16 juin), Arr. du 21 déc. 1993 (JO 31 déc.), Arr. du 21 oct. 1994 (JO 30 oct.). – Circ. du 9 juill. 1987 [équipement] : emprunteurs immobiliers en difficulté (Mon. TP 31 juill. 1987, Suppl. textes, p. 43). – Circ. no 91-53 du 28 oct. 1991 (Mon. TP 24 janv. 1992, Suppl. textes, p. 324) : acquisition par les bailleurs sociaux de logements des accédants PAP en difficulté grave pour leur maintien dans le logement en qualité de locataire.

Arr. du 5 juill. 1983 (JO 7 juill.) relatif au financement des opérations de logements neufs à usage locatif ou en accession à la propriété aidées par l'État et bénéficiant du label Haute performance énergétique ou du label Solaire, mod. par Arr. du 13 févr. 1987 (JO 7 mars), Arr. du 12 janv. 1988 (JO 24 janv.).

Arr. du 5 juill. 1983 (JO 7 juill.) relatif aux prêts aidés par l'État pour le financement de chauffe-eau solaires.

Arr. du 26 mars 1985, modifiant l'arrêté du 29 juill. 1977 relatif aux caractéristiques techniques et aux prix des logements neufs en accession à la propriété financés au moyen de prêts aidés par l'État (JO 26 avr.), mod. par Arr. du 31 janv. 1986 (JO 19 févr.), Arr. du 13 févr. 1987 (JO 7 mars), Arr. du 26 févr. 1988 (JO 20 mars).

COMMENTAIRE

La mise en place en 1977 de prêts aidés pour l'accession à la propriété (PAP) a eu pour but de simplifier le système de financement en matière d'accession à la propriété. Toutefois ce prêt a été remplacé par une aide publique, accordée sous conditions de ressources, aux personnes accédant à la propriété de leur logement, sous la forme d'avances remboursables sans intérêt (cf. chapitre VII, titre Ier). ❑

Décret nº 93-1053 du 1er septembre 1993,

Relatif aux prêts aidés à l'accession à la propriété prévus par la section II du titre III du livre III du code de la construction et de l'habitation.

Art. 1er Les personnes physiques qui acquièrent des logements neufs ou en l'état futur d'achèvement par acte notarié signé au plus tard le 1er septembre 1994 peuvent bénéficier de prêts aidés à l'accession à la propriété prévus par la section II du titre III du livre III du code de la construction et de l'habitation dans les mêmes conditions que pour les opérations dont elles assurent elles-mêmes la maîtrise d'ouvrage (secteur diffus).

Art. R. 331-31-1 *(Décr. nº 99-748 du 1er sept. 1999, art. 1er)* Pour l'application de la présente section, on entend par « établissement prêteur » l'établissement ayant octroyé le prêt ou les établissements ayant acquis à la qualité de créancier au titre des prêts et habilités à assurer ou à faire assurer par un tiers la gestion et le recouvrement de ces prêts.

Art. R. 331-32 *(Décr. nº 79-493 du 20 juin 1979, art. 1er)* Dans les limites et conditions fixées par la présente section, des prêts aidés par l'État, destinés à l'accession à la propriété, peuvent être accordés pour financer :

— l'acquisition des droits de construire ou de terrains destinés à la construction de logements, la construction de ces logements et leur acquisition ; sont assimilés à la construction de logements l'agrandissement de logements existants, par extension ou surélévation, et l'aménagement à usage de logement de locaux non destinés à l'habitation ;

— l'acquisition de logements en vue de leur amélioration et les travaux d'amélioration correspondants ;

— la réalisation des dépendances de ces logements, et notamment les garages, jardins, locaux collectifs à usage commun, annexes, dans les limites fixées par arrêté du ministre chargé de la construction et de l'habitation.

Art. R. 331-33 Les occupants des logements financés à l'aide de ces prêts bénéficient de l'aide personnalisée au logement dans les conditions prévues par le livre III, titre V, du présent code (première partie) et de l'article L. 431-6 et par les textes pris pour leur application.

Si les occupants d'un logement financé à l'aide de ce type de prêt bénéficient de l'aide personnalisée au logement dans les conditions notamment du titre V du livre troisième du code de la construction, un litige relatif à un prêt à l'accession à la propriété est distinct de celui en matière d'aide personnalisée au logement et ne peut en conséquence être tranché à ce titre par un juge statuant seul en application des dispositions de l'art. L. 4-1 du code des TA et CAA. • CAA Paris, 7 mars 2000, *Cacheux : req. nº 98PA01543.*

SOUS-SECTION 1 CONDITIONS D'OCTROI DES PRÊTS

Art. R. 331-34 L'octroi des prêts prévus à l'article R. 331-32 est subordonné à l'obtention d'une décision favorable du ministre chargé de la construction et de l'habitation. – *V. art. R. 331-3.*

Art. R. 331-35 Pour pouvoir faire l'objet d'une décision favorable, les demandeurs de prêts aidés doivent s'engager à ce que, pendant la durée de remboursement du prêt, les logements ne soient :

a) Ni transformés en locaux commerciaux ou professionnels ;

b) *(Décr. nº 90-635 du 18 juill. 1990, art. 2)* « Ni affectés à la location saisonnière ou en meublé, à l'exception du cas mentionné à l'article R. 331-41 *bis* » ;

c) Ni utilisés comme résidence secondaire ;

d) Ni occupés à titre d'accessoire d'un contrat de travail ;

e) Ni détruits sans qu'il soit procédé à leur reconstruction dans un délai de quatre ans à compter du sinistre.

Un arrêté des ministres chargés de la construction et de l'habitation, de l'agriculture et des finances fixe les exceptions aux *b* et *d* en milieu rural.

Art. R. 331-36 Ne peuvent donner lieu au bénéfice des prêts définis par la présente section :

a) Les logements faisant l'objet d'une autre aide de l'État à l'investissement que celle prévue par la présente section sauf dispositions contraires expresses ;

b) Les logements dont les travaux ont commencé avant :

– l'acquisition par le demandeur du droit d'utiliser le terrain d'implantation du logement projeté ;

– ou l'obtention de la décision favorable du ministre chargé de la construction et de l'habitation prévue à l'article R. 331-34 sauf dérogation dudit ministre.

Art. R. 331-37 *(Décr. nº 84-786 du 16 août 1984, art. 4)* Les prêts prévus à l'article R. 331-32 sont accordés :

1º A tous les bénéficiaires par le Crédit foncier de France agissant seul ou avec le concours du Comptoir des entrepreneurs et par les établissements de crédit agréés à cet effet ;

2º Aux organismes d'habitations à loyer modéré, par les caisses d'épargne dans les limites et conditions prévues par le décret nº 71-276 du 7 avril 1971 relatif au régime des caisses d'épargne.

Art. R. 331-38 Pour l'application de la présente section, le ministre chargé des finances est autorisé à passer avec les établissements prêteurs les conventions nécessaires. – *V. art. R. 331-54-2.*

Il ressort des dispositions de l'art. R. 331-38 que le ministre de l'économie et des finances, compétent pour passer les conventions relatives à l'octroi des prêts aidés à l'accession à la propriété, est également compétent pour modifier ou résilier ces conventions. • CAA Paris, 3 avr. 2001, *Comité d'entreprise du Comptoir des entrepreneurs : req. nº 97PA02180.*

Art. R. 331-39 Peuvent bénéficier des prêts prévus à l'article R. 331-32, sous réserve des dispositions de l'article R. 331-50, aux conditions fixées par les articles R. 331-53 et R. 331-54 :

1º Les personnes physiques qui, pour leur habitation familiale, construisent ou acquièrent des logements neufs et celles qui acquièrent des logements existants en vue de leur amélioration ; sont assimilées à une acquisition immobilière la souscription ou l'acquisition de parts ou d'actions des sociétés régies par le livre II, titre Ier, chapitres II et III, du présent code (première partie) ;

2º Les organismes d'habitations à loyer modéré, les sociétés sous leur égide et les sociétés d'économie mixte de construction qui construisent des logements ou acquièrent des logements existants en vue de leur amélioration, après qu'ils ont vendu les logements ou cédé les parts ou actions représentatives de leur propriété à des personnes répondant aux conditions fixées par les articles R. 331-40 et R. 331-42 ;

3º Les sociétés anonymes de crédit immobilier en vue de faire bénéficier de ces prêts les personnes mentionnées au 1º du présent article ;

4º Les sociétés coopératives de production d'habitations à loyer modéré dans les mêmes conditions qu'à l'alinéa précédent, en secteur diffus mentionné à l'article

R. 331-48 et lorsqu'elles sont liées aux bénéficiaires des prêts par un contrat de prestation de services.

V. Instr. nº 2184-78 du 20 févr. 1978 relative aux modalités de gestion des nouvelles aides au logement (non publiée au JO).

Art. R. 331-40 **Sous réserve des dispositions prévues à l'article R. 331-41, les logements financés à l'aide des prêts prévus à l'article R. 331-32 doivent être occupés à titre de résidence principale au moins huit mois par an, sauf cas de force majeure, par des personnes physiques accédant à la propriété mentionnées à l'article R. 331-39 ou par leurs ascendants, leurs descendants ou ceux de leur conjoint.**

Cette occupation doit être effective dans le délai maximum d'un an suivant, soit la déclaration d'achèvement des travaux, soit l'acquisition des logements si celle-ci est postérieure à ladite déclaration. *(Décr. nº 91-1017 du 30 sept. 1991, art. 1er)* **« Ce délai peut être porté à six ans lorsque le logement est destiné à être occupé par le bénéficiaire du prêt dès sa mise à la retraite ou dès son retour d'un département ou territoire d'outre-mer ou de l'étranger, à condition qu'il soit loué en application du 2º de l'article R. 331-41. »**

V. Circ. nº 79-51 du 5 juin 1979 relative aux nouveaux prêts aidés (BOMELT nº 79/26) mod. par Circ. nº 80-09 du 28 janv. 1980 (BOMELT nº 80/5) ; Circ. nº 91-70 du 8 oct. 1991 (Mon. TP 29 nov. 1991, Suppl. textes, p. 293) : conditions d'occupation des logements acquis à l'aide de prêts aidés à l'accession à la propriété (PAP) par les personnels militaires.

1. Si l'intéressé ne justifie pas d'une occupation effective dans les conditions prévues par l'art. R. 331-40, il peut faire l'objet des sanctions prévues à l'art. R. 331-60. • CE 25 avr. 1986, *Min. de l'urbanisme et du logement c/ Marsac : req. nº 61452.*

2. L'accomplissement d'un mandat électif ne saurait constituer une raison professionnelle susceptible de dispenser de l'obligation souscrite au titre de l'art. R. 331-40. • CE 27 mai 1991, *Min. de l'équipement et du logement c/ Michel : req. nº 100907.*

3. Sur la non-réalisation de la condition posée par l'art. R. 331-40 lorsque l'épouse de l'intéressé a obtenu un prêt conventionné pour la construction d'un logement dans un autre département. • CE 17 janv. 1994, *Joubert : req. nº 133476.*

Art. R. 331-41 *(Décr. nº 83-594 du 5 juill. 1983, art. 2)* **Les personnes physiques accédant à la propriété mentionnées à l'article R. 331-39 qui ne peuvent satisfaire aux dispositions de l'article R. 331-40 doivent louer leur logement :**

1º *(Décr. nº 91-1017 du 30 sept. 1991, art. 2)* **« Après déclaration au représentant de l'État dans le département et à l'établissement prêteur, pour une durée maximum de six ans lorsque la cessation d'occupation est due à des raisons professionnelles ou familiales ;**

« 2º Après déclaration au représentant de l'État dans le département et à l'établissement prêteur, pour une durée maximum de six ans comprise entre la date de déclaration d'achèvement des travaux ou d'acquisition du logement et celle de l'occupation régulière par le bénéficiaire du prêt après sa mise à la retraite par limite d'âge ou pour motif économique ou son retour d'un département ou d'un territoire d'outre-mer ou de l'étranger.

« Dans les cas prévus aux 1º et 2º ci-dessus, ces loyers doivent respecter des maxima fixés par arrêté des ministres chargés de la construction et de l'habitation et des finances. Une prorogation de la durée autorisée de location peut être accordée dans la limite de six ans par le représentant de l'État dans le département au vu de justificatifs » ;

3º Après passation d'une convention régie par le livre III, titre V, chapitre III du présent code (première partie) et conforme à une convention type définie par décret lorsqu'elles occupent un logement lié à l'exercice d'une fonction ou à leur statut.

V. Arr. du 1er mars 1979 (JO 8 avr.) relatif au prix maximum du loyer des logements financés en application de l'art. L. 351-2 (1º) et loués en application de l'art. R. 331-41 (1º et 2º) CCH. — Circ.

nº 91-70 du 8 oct. 1991, Mon. TP 29 nov. 1991, Suppl. textes, p. 293 : conditions d'occupation des logements acquis à l'aide de prêts PAP par les personnels militaires.

Art. R. 331-41 *bis* *(Décr. nº 90-635 du 18 juill. 1990, art. 3)* **Les personnes physiques accédant à la propriété mentionnées à l'article R. 331-39, qui passent un contrat conforme à l'article L. 443-1 du code de l'action sociale et des familles** *[art. abrogé par L. 2002-73 du 17 janv. 2002, art. 51]*, **à titre onéreux, de personnes âgées ou handicapées adultes, doivent respecter le loyer maximum fixé en application de l'arrêté prévu à l'article R. 331-41 et calculé au *prorata* de la surface habitable louée.**

Art. R. 331-42 **Les prêts prévus à l'article R. 331-32 sont attribués pour des logements destinés à être occupés par des personnes dont l'ensemble des ressources est au plus égal à un montant déterminé par arrêté des ministres chargés de la construction et de l'habitation et des finances.**

Cet arrêté fixe également les modalités de contrôle des ressources.

V. Arr. du 31 déc. 1980 relatif aux plafonds de ressources des bénéficiaires des nouvelles aides de l'État dans le secteur de l'accession à la propriété, cité ss. art. R. 331-28. — Arr. du 15 déc. 1992 (JO 3 janv. 1993), Arr. du 21 déc. 1993 (JO 31 déc.), Arr. du 21 oct. 1994 (JO 30 oct.).

Art. R. 331-43 **Sans préjudice des dispositions prévues à l'article L. 341-1, toute mutation entre vifs des logements financés à l'aide des prêts prévus à l'article R. 331-32 doit être signalée au représentant de l'État dans le département et à l'établissement prêteur dans le délai de trois mois qui suit l'acte la constatant.**

(Décr. nº 84-786 du 16 août 1984, art. 5) **« Si la mutation intervient au profit d'une personne occupant le logement à titre de résidence principale et remplissant les conditions de ressources fixées à l'article R. 331-42, le nouveau propriétaire peut obtenir le transfert du prêt à son profit. »**

V. Arr. du 11 sept. 1985 (JO 22 sept.) relatif au transfert des prêts aidés par l'État en accession à la propriété.

Art. R. 331-44 **L'instruction de la demande de décision favorable est assurée par le directeur départemental de l'équipement ; la décision est prise par le représentant de l'État dans le département et notifiée au demandeur.**

Lorsqu'une réponse du préfet n'est pas intervenue dans un délai maximum de quatre mois à compter de la date de la demande de décision favorable, cette demande est réputée rejetée.

La demande de prêt doit être effectuée auprès de l'un des établissements prêteurs mentionnés à l'article R. 331-37 dans un délai maximum de six mois après la date de la décision favorable, faute de quoi ladite décision est frappée de caducité.

Art. R. 331-45 *Abrogé par Décr. nº 85-1004 du 19 sept. 1985, art. 1er, à compter du 24 sept. 1985.*

Art. R. 331-46 **La créance en principal, intérêts et accessoires, des prêts prévus à l'article R. 331-32 est garantie suivant les règles propres à chaque établissement prêteur par l'une ou plusieurs des sûretés suivantes :**

— une hypothèque ;

— une caution ;

— la garantie d'une collectivité locale, d'un établissement public groupant des collectivités locales, *(Décr. nº 2010-1463 du 1er déc. 2010, art. 87)* **« d'une chambre de commerce et d'industrie territoriale », du fonds de garantie prévu à l'article L. 431-1 ou de l'État, en application de l'article L. 312-1.**

L'établissement prêteur apprécie les sûretés nécessaires à la garantie de ses créances.

Art. R. 331-47 *(Décr. nº 83-594 du 5 juill. 1983, art. 3)* **« Si les travaux ne sont pas commencés dans les délais suivants à compter de la date de la décision favorable :**

« Neuf mois pour les opérations visées à l'article R. 331-48 ;

« Douze mois pour les opérations visées à l'article R. 331-49 ; le préfet peut rapporter cette décision.

« Le bénéficiaire est tenu de justifier au préfet que la déclaration d'achèvement des travaux prévue à l'article » *(Décr. nº 2007-18 du 5 janv. 2007, art. 16-VII)* « L. 462-1 » *(Décr. nº 83-594 du 5 juill. 1983, art. 3)* « du code de l'urbanisme a été déposée dans les délais suivants à compter de la décision favorable :

« Deux ans pour les opérations visées à l'article R. 331-48 ;

« Trois ans pour les opérations visées à l'article R. 331-49.

« Dans le cas de travaux d'amélioration, le bénéficiaire est tenu de déclarer l'achèvement des travaux au préfet dans les délais suivants à compter de la date de la décision favorable :

« Dix-huit mois pour les opérations visées à l'article R. 331-48 ;

« Trente mois pour les opérations visées à l'article R. 331-49.

« Une prorogation de ces délais peut être accordée par le préfet dans la limite de deux ans ».

(Décr. nº 91-452 du 10 mai 1991, art. 1er) « Toutefois, au vu de justificatifs présentés par l'accédant pour raisons professionnelles ou familiales, une prorogation supplémentaire de ces délais peut être accordée par le représentant de l'État dans le département. »

La non-observation de ces dispositions entraîne la nullité de la décision favorable.

La modification issue du Décr. nº 2007-18 du 5 janv. 2007 est entrée en vigueur le 1er oct. 2007 (Décr. préc., art. 26, mod. par Décr. nº 2007-817 du 11 mai 2007, art. 4).

Art. R. 331-48 Lorsque les logements sont construits ou acquis et améliorés, par les personnes physiques mentionnées à l'article R. 331-39, 1º, qui assurent elles-mêmes la maîtrise d'ouvrage, ces logements, pour pouvoir faire l'objet d'une décision favorable, doivent :

– s'ils sont neufs, satisfaire à des conditions de surface minimale et maximale, déterminées en fonction de la situation de famille des bénéficiaires des prêts ;

– s'ils sont acquis et améliorés, respecter, après amélioration, des normes minimales d'habitabilité, le montant des travaux d'amélioration devant être au moins égal à une fraction du coût total de l'opération, fixée par arrêté des ministres chargés de la construction et de l'habitation et des finances.

(Décr. nº 79-493 du 20 juin 1979, art. 2) « Un arrêté du ministre chargé de la construction et de l'habitation fixe les modalités d'application des dispositions qui précèdent. Un arrêté du ministre chargé de la construction et de l'habitation fixe les conditions dans lesquelles les opérations d'agrandissement de logements existants, par extension ou surélévation, ou d'aménagement à usage de logement de locaux non destinés à l'habitation peuvent faire l'objet d'une décision favorable, lorsqu'elles sont réalisées par des personnes physiques propriétaires des logements ou locaux et assurant elles-mêmes la maîtrise d'ouvrage des travaux. »

(Décr. nº 84-786 du 16 août 1984, art. 6) « Sont assimilés à des propriétaires les titulaires de contrat leur donnant vocation à l'attribution à terme de la propriété du logement qu'ils occupent ainsi que les porteurs de parts ou d'actions de sociétés leur donnant vocation à l'attribution en propriété du logement qu'ils occupent. »

V. Arr. du 11 mai 1990 (JO 10 juin) relatif aux normes de surface et d'habitabilité des logements financés au moyen de prêts aidés par l'État pour l'accession à la propriété (secteur diffus).

Art. R. 331-49 Les logements qui ne sont pas réalisés dans les conditions fixées à l'article R. 331-48 doivent satisfaire aux prescriptions des articles R. 331-50 à R. 331-52.

Art. R. 331-50 Les logements ne peuvent être acquis en vue de leur amélioration que par des organismes d'habitations à loyer modéré, ou, dans des conditions fixées par arrêté du ministre chargé de la construction et de l'habitation, par les personnes qui

ont préalablement passé une convention régie par le livre III, titre V, chapitre III, du présent code (première partie) et conforme à une convention type définie par décret.

Art. R. 331-51 **Les logements neufs doivent présenter un niveau minimum de qualité.**

Les logements acquis et améliorés doivent respecter, après amélioration, des normes minimales d'habitabilité, le montant des travaux d'amélioration devant être au moins égal à une fraction du prix prévisionnel et de vente des logements, défini à l'article R. 331-52, fixée par arrêté des ministres chargés de la construction et de l'habitation et des finances.

Un arrêté du ministre chargé de la construction et de l'habitation fixe les modalités d'application du présent article.

Art. R. 331-52 **Une opération de construction neuve ou d'acquisition-amélioration ne peut faire l'objet d'une décision favorable que si les dispositions suivantes sont respectées :**

1o Le prix de vente prévisionnel de l'opération défini à la date de la demande de décision favorable prévue à l'article R. 331-44 ne peut être supérieur au prix de réference de l'opération.

Toutefois des dépassements du prix de réference peuvent être autorisés pour des opérations à caractère expérimental ou pour des opérations soumises à des contraintes architecturales spécifiques.

Le prix de vente prévisionnel de l'opération est égal à la somme des prix de vente prévisionnels des logements. Ceux-ci devront être portés à la connaissance de tous les candidats acquéreurs.

2o Le prix de référence de l'opération est calculé en fonction des caractéristiques techniques des logements, de leur qualité, de leur localisation et des frais annexes, suivant des règles fixées par un arrêté du ministre chargé de la construction et de l'habitation.

Le prix de réference est modulé, pour tenir compte de la rémunération du constructeur et du régime fiscal qui lui est applicable, selon des modalités fixées par arrêté des ministres chargés de la construction et de l'habitation et des finances.

3o Le prix de référence de l'opération ne peut s'écarter de plus de 33 p. 100 de la somme des prix témoins des logements composant l'opération.

4o Les prix témoins des logements sont fixés par arrêté des ministres chargés de la construction et de l'habitation et des finances et révisés annuellement, dans les mêmes formes, compte tenu de l'évolution des coûts et de l'amélioration de la productivité.

5o Le prix de vente toutes taxes comprises de chaque logement est au plus égal au prix de vente prévisionnel de ce logement majoré d'un montant déterminé en fonction des variations constatées d'un indice représentatif du coût du bâtiment, entre la date de la demande de décision favorable prévue à l'article R. 331-44 et la date de conclusion de la vente, suivant des modalités fixées par arrêté des ministres chargés de la construction et de l'habitation et des finances.

Pour l'application du présent article sont assimilés à un prix de vente le prix de souscription ou de cession de parts ou d'actions donnant vocation à l'attribution en propriété d'un logement, modulé en fonction des appels de fonds supplémentaires prévisionnels.

V. Arr. du 29 juill. 1977 (JO 19 août) relatif aux prix témoins et prix de vente des logements en accession à la propriété financés au moyen de prêts aidés par l'État, modifié par Arr. du 16 sept. 1977 (JO 4 oct.), Arr. du 24 févr. 1978 (JO 11 mars), Arr. du 2 févr. 1979 (JO 28 févr.), Arr. du 3 mars 1979 (JO 31 mars), Arr. du 23 janv. 1980 (JO 15 févr.), Arr. du 31 déc. 1980 (JO 21 janv. 1981), Arr. du 8 janv. 1982 (JONC 27 janv.), Arr. du 24 août 1982 (JO 26 août). Arr. du 10 nov. 1982 (JO 19 nov.), Arr. du 5 janv. 1983 (JO 12 janv.), Arr. du 30 déc. 1983 (JO 4 janv. 1984), Arr. du 3 sept. 1984 (JO 12 sept.), Arr. du 29 janv. 1985 (JO 2 févr.), Arr. du 26 févr. 1987 (JO 14 mars), Arr. du 26 févr. 1988 (JO 19 avr.), Arr. du 28 mars 1989 (JO 18 mai), Arr. du 4 avr. 1990 (JO 29 avr.), Arr. du 29 janv. 1991 (JO 31 janv.), Arr. du 11 juin 1992 (JO 24 juin), Arr. du 27 janv. 1993 (JO 14 févr.), Arr. du 3 sept. 1993 (JO 24 sept.).

Arr. du 13 mars 1979 relatif aux prix témoins et prix de vente des logements acquis et améliorés en accession à la propriété (JO 31 mars ; Rect. JO 11 avr.), mod. par Arr. du 20 févr. 1981 (JO 4 mars), Arr. du 8 janv. 1982 (JO 27 janv.), Arr. du 24 août 1982 (JO 26 août), Arr. du 5 janv. 1983 (JO 12 janv.), Arr. du 30 déc. 1983 (JO 5 janv. 1984), Arr. du 3 sept. 1984 (JO 12 sept.), Arr. du 29 janv. 1985 (JO 2 févr.), Arr. du 26 févr. 1987 (JO 14 mars), Arr. du 26 févr. 1988 (JO 19 avr.), Arr. du 28 mars 1989 (JO 18 mai), Arr. du 4 avr. 1990 (JO 29 avr.), Arr. du 29 janv. 1991 (JO 31 janv.), Arr. du 11 juin 1992 (JO 24 juin), Arr. du 27 janv. 1993 (JO 14 févr.), Arr. du 3 sept. 1993 (JO 24 sept.). – Circ. nº 80-123 du 21 juill. 1980 relative à la gestion des prêts aidés (BOMELT nº 80-38).

Arr. du 13 mars 1979 relatif aux caractéristiques techniques et aux prix des immeubles bâtis, acquis et améliorés avec l'aide de l'État pour y aménager des logements en accession à la propriété (JO 31 mars), mod. par Arr. du 20 févr. 1981 (JONC 4 mars), Arr. du 8 janv. 1982 (JONC 23 janv.), Arr. du 24 août 1982 (JO 26 août), Arr. du 5 janv. 1983 (JO 12 janv.), Arr. du 30 déc. 1983 (JO 4 janv. 1984), Arr. du 3 sept. 1984 (JO 12 sept.), Arr. du 17 janv. 1985 (JO 25 janv.), Arr. du 31 janv. 1986 (JO 19 févr.), Arr. du 13 févr. 1987 (JO 7 mars), Arr. du 26 févr. 1988 (JO 20 mars), Arr. du 21 mars 1989 (JO 9 avr.), Arr. du 14 mars 1990 (JO 1er avr.), Arr. du 29 janv. 1991 (JO 31 janv.), Arr. du 9 mars 1992 (JO 1er avr.), Arr. du 27 janv. 1993 (JO 14 févr.), Arr. du 20 sept. 1993 (JO 2 oct.), Arr. du 20 déc. 1994 (JO 31 déc.), Arr. du 7 juill. 1995 (JO 20 août).

Arr. du 26 mars 1985 (JO 26 avr.) relatif aux caractéristiques techniques et aux prix des logements neufs en accession à la propriété financés au moyen de prêts aidés par l'État, mod. par Arr. du 31 janv. 1986 (JO 19 févr.), Arr. du 13 févr. 1987 (JO 7 mars), Arr. du 26 févr. 1988 (JO 20 mars), Arr. du 21 mars 1989 (JO 9 avr.), Arr. du 14 mars 1990 (JO 1er avr.), Arr. du 29 juin 1990 (JO 3 août), Arr. du 29 janv. 1991 (JO 31 janv.), Arr. du 9 mars 1992 (JO 1er avr.), Arr. du 14 déc. 1992 (JO 24 déc.), Arr. du 27 janv. 1993 (JO 14 févr.), Arr. du 20 sept. 1993 (JO 2 oct.), Arr. du 20 déc. 1994 (JO 31 déc.), Arr. du 27 juill. 1995 (JO 20 août).

Arr. du 26 mars 1985 (JO 26 avr.) relatif aux caractéristiques techniques et aux prix des logements neufs à usage locatif bénéficiant de subventions ou de prêts aidés par l'État, mod. par Arr. du 26 févr. 1988 (JO 20 mars), Arr. du 21 mars 1989 (JO 9 avr.), Arr. du 14 mars 1990 (JO 1er avr.), Arr. du 29 juin 1990 (JO 3 août), Arr. du 25 févr. 1991 (JO 19 mars), Arr. du 5 nov. 1991 (JO 28 nov.), Arr. du 9 mars 1992 (JO 1er avr.), Arr. du 14 déc. 1992 (JO 24 déc.), Arr. du 27 janv. 1993 (JO 14 févr.), Arr. du 20 sept. 1993 (JO 2 oct.), Arr. du 20 déc. 1993 (JO 29 déc.), Arr. du 20 déc. 1994 (JO 31 déc.), Arr. du 27 juill. 1995 (JO 20 août).

Circ. nº 91-47 du 1er juill. 1991, Log., (Mon. TP 19 juill. 1991, p. 243) : coefficient de qualité du prix de référence des logements PLA et PAP (applic. Arr. du 29 juin 1990 et 29 janv. 1991, mod. 2 Arr. du 26 mars 1985).

Circ. nº 93-10 du 28 janv. 1993 (Mon. TP 30 juill. 1993, Suppl. textes, p. 202) : fonds départemental d'aide aux accédants PAP en difficulté.

Circ. 19 déc. 2007 relative aux nouvelles conditions d'utilisation des ressources disponibles dans les fonds départementaux d'aide aux accédants PAP (BOMELT nº 2008/1, p. 40).

Aucune disposition législative ou réglementaire ne prévoit que le prix de vente des logements sociaux doit être fixé à un prix inférieur à celui prévu par les dispositions de l'art. R. 331-52. • CAA Nantes, 29 déc. 2000, *Houtteville* : *req. nº 99NT01222*.

SOUS-SECTION 2 CARACTÉRISTIQUES DES PRÊTS

Art. R. 331-53 *(Décr. nº 90-150 du 16 févr. 1990, art. 1er)* **Pour les logements réalisés dans les conditions prévues à l'article R. 331-48, les prêts aidés par l'État peuvent atteindre 90 p. 100 du prix de revient de l'opération. Toutefois, leurs montants ne peuvent dépasser des plafonds de prêts déterminés en fonction de la composition du ménage du bénéficiaire et de la localisation des logements.**

Pour les logements réalisés dans les conditions prévues à l'article R. 331-49, les prêts aidés par l'État peuvent atteindre 90 p. 100 du prix de vente du logement défini à l'article R. 331-52-5º. Toutefois, leurs montants ne peuvent dépasser des plafonds de prêts déterminés en fonction de la composition du ménage du bénéficiaire et de la localisation des logements.

Les modalités d'application du présent article sont fixées par arrêté des ministres chargés de la construction et de l'habitation et des finances.

V. Circ. n° 79-51 du 5 juin 1979 relative aux nouveaux prêts aidés (BOMELT n° 79/26), mod. par Circ. n° 80-09 du 28 janv. 1980 (BOMELT n° 80/5) ; Circ. n° 90-19 du 9 mars 1990 (Mon. TP 22 juin 1990, Suppl. textes, p. 8) : application des nouvelles mesures réglementaires relatives aux prêts à l'accession à la propriété.

Art. R. 331-53-1 *(Décr. n° 90-150 du 16 févr. 1990, art. 2)* **Le prêt mentionné à l'article R. 331-32 ne peut être attribué qu'aux personnes justifiant d'un apport personnel d'au moins 10 p. 100 du prix de revient des opérations mentionnées à l'article R. 331-48 ou du prix de vente du logement défini à l'article R. 331-52-5°. L'apport personnel ne peut être constitué par emprunt.**

Art. R. 331-54 *(Décr. n° 84-316 du 27 avr. 1984)* **Les prêts sont consentis à taux fixes ou à taux révisables. Ils sont accordés pour une durée maximum de vingt ans, non compris la durée du préfinancement prévu à l'article R. 331-57.**

(Décr. n° 91-114 du 29 janv. 1991) **« Les prêts à taux fixes sont consentis à annuités constantes et peuvent être précédés d'une période d'anticipation.**

« Les prêts à taux révisables sont consentis à annuités progressives et assortis d'un différé d'amortissement de deux ans. »

(Décr. n° 87-562 du 20 juill. 1987, art. 1er) **« Les caractéristiques financières de ces prêts sont, nonobstant les dispositions de l'article R. 331-54-1, fixées par arrêté des ministres chargés de la construction et de l'habitation et des finances, en tenant compte du coût des ressources concourant à leur financement et du niveau de l'aide de l'État prévue à l'article R. 331-56. »**

Le remboursement anticipé, total ou partiel du prêt, est autorisé selon les modalités fixées par arrêté des ministres chargés de la construction et de l'habitation et des finances.

V. Arr. du 7 sept. 1978 relatif aux conditions de remboursement des prêts aidés par l'État pour la construction, l'acquisition et l'amélioration des logements en accession à la propriété (JO 25 oct. ; Rect. JO 8 nov.), mod. par Arr. du 7 avr. 1983 (JO 12 avr.), par Arr. du 26 févr. 1993 (JO 5 mars) et Arr. du 2 juill. 1999 (JO 6 juill.).

A compter du 1er janv. 1983, les taux d'intérêt des prêts aidés par l'État pour la construction, l'acquisition et l'amélioration des logements destinés à l'accession à la propriété ont été de 9,95 p. 100 pendant cinq ans, de 12,55 p. 100 pendant deux ans et de 13,70 p. 100 pendant les années suivantes. — Ces prêts étaient assortis d'un différé d'amortissement de deux ans. — Pendant la période d'amortissement, les charges progressaient au rythme de 4 p. 100 par an (V. Décr. n° 82-1224 du 30 déc. 1982, art. 1er, JO 8 janv. 1983).

Art. R. 331-54-1 *(Décr. n° 84-316 du 27 avr. 1984, art. 2)* **Lorsqu'ils sont consentis à taux révisables, les prêts sont soumis aux conditions suivantes :**

1° Les taux des périodes successives des prêts sont périodiquement révisés en fonction d'un indice tenant compte du coût des ressources concourant à leur financement ;

2° La première révision des taux ne peut intervenir qu'à l'issue du différé d'amortissement ;

3° La première annuité de la période d'amortissement ne peut être majorée du fait de la révision des taux ;

4° *(Décr. n° 87-562 du 20 juill. 1987, art. 2)* **« Sans préjudice des dispositions du 3° ci-dessus, aucune annuité, à l'exception de la dernière, ne peut être, au cours de la période d'amortissement et par rapport à l'annuité précédente ni supérieure, ni inférieure à un taux fixé par arrêté des ministres chargés de la construction et de l'habitation et des finances. »**

Un arrêté des ministres chargés de la construction et de l'habitation et des finances définit les conditions d'application du présent article.

Art. R. 331-54-1 *bis* *(Décr. n° 2001-560 du 27 juin 2001, art. 1er)* **Par dérogation aux dispositions des articles R. 331-54, R. 331-54-1 et R. 331-54-2, le taux d'intérêt des**

prêts à taux révisables, prévus à l'article R. 331-54-1, peut être converti en taux fixe et réduit, et la progressivité des annuités peut être abaissée ou supprimée en augmentant, le cas échéant, la durée initiale des prêts dans les conditions prévues par des conventions conclues sur le fondement des articles R. 331-38 et R. 331-39.

Art. R. 331-54-2 *(Décr. nº 98-192 du 19 mars 1998)* Par dérogation aux dispositions de l'article R. 331-54 et dans les conditions précisées par les conventions prévues à l'article R. 331-38 ou par des conventions passées par le ministre chargé des finances avec les organismes visés à l'article R. 331-39, la progressivité des annuités et le taux d'intérêt des prêts aidés par l'État destinés à l'accession à la propriété peuvent être réduits, sans augmentation de la durée initiale et en accord avec le titulaire du prêt.

Art. R. 331-54-3 *(Décr. nº 99-748 du 1er sept. 1999, art. 5)* Dans le but d'améliorer l'efficacité de la gestion et du recouvrement, les conventions conclues sur le fondement des articles R. 331-38 et R. 331-39 peuvent prévoir, en plus des dispositions mentionnées ci-dessus, un allongement de la durée du prêt initial.

Art. R. 331-55 Lorsque la première échéance de remboursement du prêt ou de paiement du logement intervient dans un délai minimum avant l'achèvement de la construction ou des travaux d'amélioration, les accédants à la propriété peuvent demander, selon le cas, à l'établissement prêteur ou aux organismes énumérés à l'article R. 331-39 (2º et 3º), de différer le paiement des intérêts échus pour une durée de six mois ou un an.

Les modalités d'application du présent article sont fixées par arrêté des ministres chargés de la construction et de l'habitation et des finances.

SOUS-SECTION 3 MODALITÉS DE L'AIDE

Art. R. 331-56 *(Décr. nº 84-786 du 16 août 1984, art. 7 ; Décr. nº 84-950 du 25 oct. 1984, art. 2)* « Pour les prêts mentionnés à l'article R. 331-32, l'aide de l'État est consentie aux établissements visés à l'article R. 331-37 sous forme de bonification d'intérêts suivant les modalités précisées par les conventions prévues à l'article R. 331-38. »

(Décr. nº 81-1231 du 31 déc. 1981) « La rémunération des sociétés de crédit immobilier et des sociétés coopératives de production d'habitations à loyer modéré, pour les prêts distribués à ce titre dans les conditions définies à l'article R. 331-39, alinéas 3 et 4, est assurée par une bonification égale à 0,60 p. 100 du montant du prêt pendant dix ans. »

SOUS-SECTION 4 PRÉFINANCEMENT

Art. R. 331-57 *(Décr. nº 83-292 du 7 avr. 1983, art. 1er)* Une fraction du prêt prévu à l'article R. 331-32 peut être accordée aux conditions définies à l'article R. 331-58 :

1. Aux personnes physiques ou morales qui construisent ou acquièrent et améliorent des logements du secteur groupé mentionnés à l'article R. 331-49 ; ces logements doivent être destinés à faire l'objet d'une mutation ou d'une cession de parts ou d'actions et satisfaire aux conditions prévues aux articles R. 331-49 à R. 331-52 ;

2. Aux personnes physiques ou morales qui achètent des droits de construire ou des terrains en vue de l'aménagement de parcelles destinées à être ultérieurement cédées.

Ces opérations d'aménagement doivent répondre aux conditions définies par *(Décr. nº 2007-18 du 5 janv. 2007, art. 16-VIII)* « le *a* de l'article R. 421-19 et le *b* de l'article R. 442-1 du code de l'urbanisme » et être destinées à titre principal à l'implantation

de logements réalisés par des personnes physiques dans les conditions fixées par le premier alinéa de l'article R. 331-48 du présent code. En outre, pour bénéficier de ce préfinancement, les requérants doivent préalablement souscrire près du préfet du département un engagement portant sur :

La définition des prestations à réaliser ;

Un tableau des prix de vente prévisionnels des parcelles ;

Un délai d'exécution d'une durée maximale de trois ans calculée à compter de la date de la décision d'octroi du préfinancement.

Le prix de vente, toutes taxes comprises, de chaque parcelle sera au plus égal à son prix de vente prévisionnel majoré d'un pourcentage égal aux trois quarts de la variation constatée entre le dernier indice Travaux publics TP 01 publié, d'une part, à la date de la demande de décision de préfinancement et, d'autre part, s'il est supérieur, à la date de la conclusion de la vente de cette parcelle.

La modification issue du Décr. n° 2007-18 du 5 janv. 2007 est entrée en vigueur le 1er oct. 2007 (Décr. préc., art. 26, mod. par Décr. n° 2007-817 du 11 mai 2007, art. 4).

Art. R. 331-58 *(Décr. n° 83-292 du 7 avr. 1983, art. 2)* **Un arrêté conjoint des ministres chargés des finances et de la construction et de l'habitation définit les conditions du préfinancement visé à l'article R. 331-57, sans toutefois porter atteinte aux effets découlant de l'application de dispositions antérieures en cours d'application. Pour ce préfinancement, l'aide de l'État est consentie dans les conditions définies au premier alinéa de l'article R. 331-56.**

V. Arr. du 7 avr. 1983 (JO 12 avr.) : préfinancement prévu à l'art. R. 331-58.

Art. R. 331-59 *(Décr. n° 84-786 du 16 août 1984, art. 8)* **Le préfinancement peut être transféré aux acquéreurs de logements ou, le cas échéant, maintenu en faveur des organismes mentionnés à l'article R. 331-39 ou des sociétés régies par le livre II, titre Ier, chapitres II et III du présent code (première partie). Dans ce cas, le préfinancement ainsi que le solde du prêt qui est alors débloqué pour tout ou partie sont soumis aux conditions fixées par les articles R. 331-53 et R. 331-54.**

A défaut du transfert ou du maintien susmentionnés le remboursement du préfinancement devient immédiatement exigible.

La demande de transfert ou de maintien du préfinancement doit être présentée dans un délai maximum de trois ans suivant la déclaration d'achèvement des travaux. Ce délai peut être prolongé par décision conjointe des ministres chargés de la construction et de l'habitation et des finances.

(Décr. n° 84-950 du 25 oct. 1984, art. 3) **« Le préfinancement obtenu en application du paragraphe 2 du premier alinéa de l'article R. 331-57 est remboursé au fur et à mesure de la vente de chacune des parcelles. »**

V. Arr. du 25 oct. 1984 (JO 26 oct.) : autorisations de transfert ou de maintien du préfinancement. – V. Instr. n° 2184-78 du 20 févr. 1978 relative aux modalités de gestion des nouvelles aides au logement (non publiée au JO).

SOUS-SECTION 4 *BIS* RÉGIME DU FINANCEMENT DES LOGEMENTS N'AYANT PAS FAIT L'OBJET DU TRANSFERT OU DU MAINTIEN DU PRÉFINANCEMENT DANS LES CONDITIONS DÉFINIES À L'ARTICLE R. 331-59 DU CCH

(Décr. n° 83-594 du 5 juill. 1983, art. 4)

Art. R. 331-59-1 **Dans les limites et conditions fixées par la présente section, sauf dispositions contraires expresses prévues par la présente sous-section, les prêts aidés par l'État visés à l'article R. 331-32 peuvent être accordés pour financer des logements visés à l'article R. 331-49 dont le préfinancement n'aurait pas été transféré ou**

maintenu dans les conditions définies à l'article R. 331-59 et qui seraient loués conformément aux dispositions de la présente sous-section.

Art. R. 331-59-2 Peuvent bénéficier des prêts prévus à l'article R. 331-32 sous réserve des dispositions de l'article R. 331-50, aux conditions fixées par les articles R. 331-54 et R. 331-59-5, les personnes physiques ou morales qui construisent ou acquièrent les logements ou les parts de sociétés représentatives des logements visés ci-dessus et qui louent ces logements à des personnes physiques.

L'octroi de ces prêts est subordonné à la passation par le demandeur d'une convention régie par le livre III, titre V, chapitre III du présent code (première partie) et conforme à une convention type définie par décret.

Art. R. 331-59-3 L'occupation des logements visés par la présente sous-section par des personnes physiques au titre de leur résidence principale, doit être effective dans le délai de trois mois calculé à compter de la date du contrat de location.

Art. R. 331-59-4 Les dispositions des articles R. 331-39 (1o), R. 331-41 ne sont pas applicables aux logements visés par la présente sous-section.

Art. R. 331-59-5 Par dérogation aux dispositions de l'article R. 331-59, sur autorisation conjointe du ministre chargé de la construction et de l'habitation et du ministre chargé des finances, le préfinancement relatif aux logements visés à l'article R. 331-59-1 est maintenu ou transféré aux bénéficiaires des prêts visés à l'article R. 331-59-2. Dans ce cas, il est soumis ainsi que le solde du prêt qui est alors débloqué aux conditions fixées par l'article R. 331-54.

Art. R. 331-59-6 *(Décr. no 90-150 du 16 févr. 1990, art. 3)* Le prêt accordé est au plus égal à 90 p. 100 du prix de vente de chaque logement concerné résultant de l'application des dispositions de l'article R. 331-52 à la date de la décision de maintien ou de transfert. Toutefois, il est limité au montant du prêt que pourrait obtenir un ménage dont la composition correspond au type de logement susvisé.

Art. R. 331-59-7 Le prêt visé à l'article R. 331-59-6 peut être transféré à tout moment pour le montant de son capital restant dû, en cas de vente du logement :

– à une personne physique, dans les conditions fixées aux articles R. 331-42 et R. 331-43, sur autorisation du préfet et avec l'accord de l'établissement prêteur ;

– à une personne physique ou morale destinant le logement à la location dans les conditions définies à l'article R. 331-59-2, sur autorisation du ministre chargé de la construction et de l'habitation et du ministre chargé des finances et avec l'accord de l'établissement prêteur.

SOUS-SECTION 4 *TER* RÉGIME DES OPÉRATIONS D'ACCESSION À LA PROPRIÉTÉ AIDÉE COMPORTANT UN CONTRAT DE LOCATION-ACCESSION À LA PROPRIÉTÉ IMMOBILIÈRE RÉGI PAR LA LOI no 84-595 DU 12 JUILLET 1984 DÉFINISSANT LA LOCATION-ACCESSION À LA PROPRIÉTÉ IMMOBILIÈRE

(Décr. no 84-1081 du 4 déc. 1984)

Art. R. 331-59-8 Dans les limites et conditions fixées par la présente section, sauf dispositions contraires expresses prévues par la présente sous-section, les prêts aidés par l'État destinés à l'accession à la propriété définis à l'article R. 331-32 peuvent être accordés pour financer des logements faisant l'objet d'un contrat régi par les dispositions de la loi no 84-595 du 12 juillet 1984 prévoyant un paiement fractionné du prix et dont la durée n'excède pas huit ans.

Art. R. 331-59-9 Peuvent bénéficier des prêts visés à l'article R. 331-59-8 les personnes physiques ou morales qui construisent ou acquièrent et améliorent des logements dont le transfert de propriété est prévu au profit de personnes physiques dans les conditions prévues audit article.

Art. R. 331-59-10 Les prêts visés à l'article R. 331-59-8 ne peuvent être attribués que pour les logements n'ayant pas fait l'objet d'occupation depuis l'achèvement des travaux de construction ou d'amélioration.

Toutefois, cette disposition ne s'applique pas aux logements ayant fait l'objet d'une première occupation au titre d'un contrat conforme aux dispositions de l'article R. 331-59-8.

Art. R. 331-59-11 Les prêts prévus à l'article R. 331-59-8 sont attribués pour des logements destinés à être occupés par des personnes dont l'ensemble des ressources, à la date du contrat de location-accession, est au plus égal à un montant déterminé par arrêté des ministres chargés de la construction et de l'habitation et des finances.

Arr. du 31 déc. 1980 (JONC 21 janv. 1981) relatif aux plafonds de ressources des bénéficiaires des nouvelles aides de l'État dans le secteur de l'accession à la propriété, cité ss. art. R. 331-28, mod. en dernier lieu par Arr. du 15 déc. 1992 (JO 3 janv. 1993), Arr. du 21 déc. 1993 (JO 31 déc.) et Arr. du 21 oct. 1994 (JO 30 oct.).

Art. R. 331-59-12 Le prêt accordé est au plus égal à 90 p. 100 du prix de vente prévisionnel défini à l'article R. 331-52 (1°) majoré, selon les dispositions prévues au 5° dudit article, entre la date de la demande de décision favorable et la date de la décision de maintien prévue à l'article R. 331-59-13.

Toutefois, lorsque la vente du logement est soumise à la taxe sur la valeur ajoutée et que le vendeur exerce le droit à déduction prévu à l'article 271-I du code général des impôts, le prêt accordé est au plus égal à 90 p. 100 du prix visé à l'alinéa précédent majoré du montant de la taxe sur la valeur ajoutée grevant la différence entre, d'une part, le prix déterminé :

– soit pour la date à compter de laquelle l'indemnité majorée prévue par l'article 11 (alinéa 3) de la loi n° 84-595 du 12 juillet 1984 est susceptible d'être demandée ;

– soit pour la date d'expiration du délai de cinq ans mentionné à l'article 257-7-2° du code général des impôts ;

– soit pour la date correspondant au terme du contrat si elle est antérieure, et, d'autre part, le prix visé au premier alinéa.

Dans ce cas, le prêt est versé en deux fractions successives. La première, versée au moment de la décision de maintien, est au plus égale à 90 p. 100 du prix visé au premier alinéa, diminué du montant de la taxe sur la valeur ajoutée effectivement déduite en application de l'article 271-I du code général des impôts. La seconde, versée :

– soit à la date de la levée d'option ;

– soit à la date à compter de laquelle l'indemnité majorée prévue à l'article 11 de la loi n° 84-595 du 12 juillet 1984 est susceptible d'être demandée ;

– soit au plus tard le 25 du mois suivant celui de l'expiration du délai de cinq ans mentionné à l'article 257-7-2° du code général des impôts,

est au plus égale à 90 p. 100 du montant de la taxe sur la valeur ajoutée effectivement payée par le vendeur.

Art. R. 331-59-13 Par dérogation aux dispositions de l'article R. 331-59 et sur autorisation du préfet, le préfinancement relatif aux logements visés à l'article R. 331-59-8 est maintenu aux bénéficiaires des prêts visés à l'article R. 331-59-9.

L'attribution du prêt est subordonnée à la production, à l'appui de la demande de maintien susvisée, d'un tableau indiquant le prix définitif du logement toutes taxes comprises à chaque date anniversaire du contrat et figurant dans le contrat de location-accession visé à l'article R. 331-59-8. Ce prix est au plus égal au prix visé au premier alinéa de l'article R. 331-59-12 corrigé selon des modalités fixées par le ministre chargé de la construction et de l'habitation destinées à tenir compte des conditions financières de réalisation de l'opération. Il ne pourra être rectifié qu'en application de dispositions modifiant le taux de la taxe sur la valeur ajoutée applicable à l'opération.

Art. R. 331-59-14 Lors de la levée d'option par l'accédant ou du transfert de propriété à un autre acquéreur, le prêt est soit transféré pour le montant du capital restant dû à l'accédant ou l'acquéreur, soit maintenu à l'organisme s'il en assure la gestion.

Toutefois, le montant du prêt transféré au bénéfice de l'accédant ou maintenu à l'organisme ne peut excéder la différence entre, d'une part, le prix du logement à la date de la levée d'option et, d'autre part, le montant de la fraction de la redevance imputable sur le prix.

Art. R. 331-59-15 Si le prêt n'est pas transféré ou maintenu conformément aux dispositions de l'article R. 331-59-14, il peut être maintenu au bénéficiaire initial.

Celui-ci est alors tenu soit de consentir un nouveau contrat conforme aux dispositions de l'article R. 331-59-8, soit de louer le logement sous réserve de la passation d'une convention conforme à la convention type annexée à l'article R. 353-200 du code de la construction et de l'habitation.

Art. R. 331-59-16 La redevance prévue au contrat comporte une partie correspondant au droit de l'accédant à la jouissance du logement et une partie correspondant au paiement anticipé du prix. Elle peut être révisée à chaque date anniversaire du contrat dans la limite des variations constatées de l'indice prévu à l'article 7 de la loi nº 84-595 du 12 juillet 1984 *[V. App., vº Location-accession]*.

La partie de la redevance correspondant à la jouissance du logement ne peut, pour la première année d'occupation, dépasser les valeurs fixées par le ministre chargé de la construction et de l'habitation. Son montant peut être révisé à chaque date anniversaire du contrat dans la limite des variations constatées de l'indice visé au premier alinéa ci-dessus.

Circ. nº 85-77 du 19 sept. 1985(Mon. TP 6 déc. 1985, Suppl. textes, p. 30), modifiée par Circ. nº 86-68 du 14 oct. 1986, relative aux valeurs maximales pour la fixation de la partie de la redevance mentionnée à l'art. R. 331-59-16 (Mon. TP 31 oct. 1986, Suppl. textes, p. 20).

Art. R. 331-59-17 Les dispositions des articles R. 331-39 (1º et 3º), R. 331-48, R. 331-53, R. 331-55, R. 331-59-1 à R. 331-59-7 et, pour ce qui concerne la période précédant le transfert de propriété, les dispositions de l'article R. 331-41 ne sont pas applicables aux logements visés par la présente sous-section.

Il en est de même des dispositions de l'article R. 331-42, à l'exception du cas où le transfert de propriété du logement intervient au bénéfice d'un acquéreur autre que l'accédant titulaire du contrat de location-accession.

SOUS-SECTION 5 SANCTIONS

Art. R. 331-60 Si, pendant la durée de remboursement du prêt, les conditions fixées à la présente section ne sont pas respectées, l'État cesse d'accorder les aides prévues à l'article R. 331-56 et exige du bénéficiaire du prêt ou, le cas échéant, de la personne physique accédant à la propriété le remboursement des aides déjà attribuées en vue de la construction du logement, majoré d'une indemnité complémentaire fixée par arrêté des ministres chargés de la construction et de l'habitation, et des finances.

V. Arr. du 7 sept. 1978 relatif aux conditions de remboursement des prêts aidés par l'État pour la construction, l'acquisition et l'amélioration des logements en accession à la propriété (JO 25 oct.), mod. par Arr. du 7 avr. 1983 (JO 12 avr.).

Art. R. 331-61 Le contrôle des conditions de réalisation des opérations bénéficiant des prêts prévus à l'article R. 331-32 est exercé par le ministre chargé de la construction et de l'habitation, et le ministre chargé des finances.

● SOUS-SECTION 5 *bis* DISPOSITIONS RELATIVES À LA MISE EN EXTINCTION DES PRÊTS AIDÉS PAR L'ÉTAT À L'ACCESSION À LA PROPRIÉTÉ

Art. R. 331-61-1 *(Décr. nº 95-1144 du 31 oct. 1995)* A compter du 1er novembre 1995, les prêts prévus à la présente section ne peuvent plus faire l'objet de la décision favorable d'octroi mentionnée à l'article R. 331-34.

Art. R. 331-61-2 *(Décr. nº 95-1144 du 31 oct. 1995)* A compter du 1er juillet 1996, les établissements prêteurs mentionnés à la présente section ne peuvent plus émettre d'offre de prêts mentionnés à l'article R. 331-32 à des personnes physiques qui assurent elles-mêmes la maîtrise d'ouvrage. Les offres de prêts antérieures à cette date seront frappées de caducité après le 31 octobre 1996.

● SOUS-SECTION 6 DÉPARTEMENTS D'OUTRE-MER

Art. R. 331-62 Les dispositions de la présente section ne sont pas applicables aux départements d'outre-mer.

● SECTION III PRÊTS CONVENTIONNÉS DES BANQUES ET ÉTABLISSEMENTS FINANCIERS POUR LA CONSTRUCTION, L'ACQUISITION ET L'AMÉLIORATION DE LOGEMENTS

COMMENTAIRE

Les prêts conventionnés sont versés par les banques ou d'autres établissements ayant signé une convention avec l'État ou avec la Société de gestion du fonds de garantie de l'accession sociale à la propriété (SGFGAS). Ce prêt n'est pas subordonné à des conditions de ressources, mais seulement au respect de normes relatives au logement et à un taux plafond. Il ne s'agit pas d'un prêt aidé par l'État mais d'un prêt à taux réduit. ❑

Art. R. 331-63 *(Décr. nº 82-90 du 26 janv. 1982, art. 1er)* **Des prêts conventionnés peuvent être accordés, dans les conditions fixées par la présente section pour financer :**

1º *(Décr. nº 84-703 du 17 juill. 1984, art. 1er)* **« L'acquisition de droits de construire ou de terrains destinés à la construction de logements, la construction de ces logements ou leur acquisition ; sont assimilés à la construction de logements l'aménagement à usage de logement de locaux non destinés à l'habitation et l'agrandissement de logements existants, par extension ou surélévation » ;** *(Abrogé par Décr. nº 2011-612 du 31 mai 2011, art. 1er) (Décr. nº 2001-911 du 4 oct. 2001, art. 1-I)* ***« si les terrains destinés à la construction ont été acquis depuis moins de trois ans à la date d'émission de l'offre de prêt, leur valeur peut être prise en compte dans le coût de l'opération ou refinancée par un prêt conventionné ; »***

2º *Abrogé par Décr. du 18 mars 1993, art. 2, à compter du 1er juill. 1993 ;*

3º *(Décr. nº 91-1111 du 25 oct. 1991, art. 1er-I)* **« L'acquisition de logements existants et, le cas échéant, les travaux d'amélioration nécessaires » ;**

4º *(Décr. nº 85-325 du 8 mars 1985, art. 2)* **« Les travaux d'amélioration de logements achevés depuis au moins dix ans et les travaux destinés à réduire les dépenses d'énergie**

dans des logements existants au 1er juillet 1981 ou ayant fait l'objet, avant cette date, d'une demande de permis de construire.

« Un arrêté conjoint des ministres chargés des finances et du logement fixe le montant minimal des travaux visés au 4o du présent article » *[Ce montant est fixé à 25 000 F (Arr. du 8 mars 1985, JO 12 mars)]* ;

5o *(Décr. no 86-1364 du 30 déc. 1986, art. 1er ; Décr. no 91-1111 du 25 oct. 1991, art. 1er-II ; Décr. no 2001-911 du 4 oct. 2001, art. 1-II)* **« Le remboursement anticipé total d'un prêt conventionné à annuités progressives consenti dans le cadre des 1o et 3o du présent article. »**

V. note ss. art. R. 331-76-7.

V. Arr. du 4 oct. 2001 (JO 6 oct.) relatif aux conditions d'octroi des prêts conventionnés, mod. par Arr. du 16 oct. 2003 (JO 19 oct.), Arr. du 31 janv. 2005 (JO 1er févr.), Arr. du 27 mars 2007 (JO 29 mars), Arr. du 21 oct. 2008 (JO 28 oct.), Arr. du 3 août 2010 (JO 5 août) et Arr. du 31 mai 2011 (JO 1er juin).

Art. R. 331-64 *(Décr. no 85-325 du 8 mars 1985, art. 3)* **Les occupants des logements faisant l'objet des prêts conventionnés ont droit à l'aide personnalisée au logement dans les conditions prévues par les titres préliminaires et III à V du présent livre (1re et 2e parties), sauf** *(Décr. 18 mars 1993, art. 3)* **« lorsqu'ils réalisent des travaux d'amélioration de leur résidence principale en application du 4o de l'article R. 331-63 » ou lorsqu'en application de l'article R. 331-67 l'octroi des prêts n'a pas été précédé de la passation d'une convention régie par le titre V, chapitre III, du présent livre (1re partie).** – *Disposition du décret du 18 mars 1993 en vigueur le 1er juill. 1993.*

SOUS-SECTION 1 CONDITIONS D'OCTROI

V. Arr. 4 oct. 2001 mod. relatif aux conditions d'octroi des prêts conventionnés cité ss. art. R. 331-63, mod. par Arr. 16 oct. 2003 (JO 19 oct.), Arr. 31 janv. 2005 (JO 1er févr.), Arr. 25 août 2005 (JO 2 sept. 2005), Arr. 27 mars 2007 (JO 29 mars), Arr. 21 oct. 2008 (JO 28 oct.), Arr. 3 août 2010 (JO 5 août) et Arr. 31 mai 2011 (JO 1er juin).

Art. R. 331-65 *(Décr. no 2000-711 du 27 juill. 2000, art. 1er ; Décr. no 2011-612 du 31 mai 2011, art. 2)* **« Les établissements de crédit qui ont passé avec l'État ou avec la Société de gestion mentionnée au dernier alinéa de l'article L. 312-1 agissant pour le compte de l'État une convention conforme à une convention type, approuvée par arrêté du ministre chargé de l'économie et reproduite en annexe du présent code, sont habilités à consentir des prêts conventionnés. »** – *V. Annexe 6.*

(Décr. no 2000-711 du 27 juill. 2000, art. 1er ; Décr. no 2011-612 du 31 mai 2011, art. 2) **« Cette société est substituée dans les droits et obligations du Crédit foncier de France au titre des conventions conclues antérieurement à la date de publication du décret no 2000-711 du 27 juillet 2000 relatif aux prêts conventionnés et modifiant l'article R. 331-65 du code de la construction et de l'habitation avec les établissements de crédit consentant des prêts conventionnés, y compris sur les prêts accordés antérieurement. »**

V. Arr. du 22 nov. 1977 (JO 26 nov.) fixant les conditions dans lesquelles des banques ou établissements peuvent être habilités à consentir des prêts conventionnés, mod. par Arr. du 26 janv. 1982 (JO 27 janv.), Arr. du 30 août 1985 (JO 4 sept.), Arr. du 5 mars 1986 (JO 13 mars), Arr. du 29 juill. 1986 (JO 2 août), Arr. du 23 juill. 1992 (JO 25 juill.), Arr. du 1er mars 1993 (JO 10 mars) et Arr. du 14 août 2000 (JO 8 sept.).

Les modifications apportées par le Décr. no 2005-1068 du 30 août 2005 sont entrées en vigueur le 31 déc. 2005 (Décr. préc., art. 21).

Celles apportées par le Décr. no 2011-612 du 31 mai 2011 sont applicables aux offres de prêt émises à compter du 1er juin 2011 (Décr. préc., art. 5).

Art. R. 331-66 Peuvent bénéficier de ces prêts :

1o *(Décr. no 91-1111 du 25 oct. 1991, art. 2)* « Les personnes physiques qui construisent ou acquièrent des logements neufs ou celles qui acquièrent des logements existants et, le cas échéant, les améliorent. »

Sont assimilées à une acquisition immobilière la souscription ou l'acquisition de parts ou d'actions des sociétés régies par le livre II, titre Ier, chapitres II ou III du présent code (première partie).

2o *(Décr. no 82-90 du 26 janv. 1982, art. 2)* « Les personnes physiques, propriétaires d'un logement et qui réalisent, dans ce logement, des travaux d'amélioration ou des travaux destinés à réduire les dépenses d'énergie. »

3o *(Décr. no 86-1364 du 30 déc. 1986, art. 2)* « En ce qui concerne les opérations visées au 5o de l'article R. 331-63, les personnes qui bénéficient de l'aide personnalisée au logement au titre du prêt faisant l'objet du remboursement anticipé. »

(Décr. 18 mars 1993, art. 4) « Toutefois, les personnes physiques dont les revenus sont inférieurs aux plafonds de ressources mentionnés à l'article R. 312-3-1 ne peuvent bénéficier de ces prêts que si la garantie de l'État mentionnée au troisième alinéa de l'article L. 312-1 est accordée à ces derniers. » – *Cette disposition est entrée en vigueur le 21 juin 1993 (Décr. 18 mars 1993, art. 4).*

(Décr. no 2011-612 du 31 mai 2011, art. 3) « Pour pouvoir bénéficier d'un prêt conventionné, le demandeur doit s'engager à ce que, pendant toute la durée d'amortissement du prêt, le logement respecte les conditions prévues aux articles L. 31-10-6 et R. 31-10-6. »

(Décr. no 90-635 du 18 juill. 1990, art. 4) « Les personnes physiques accédant à la propriété au moyen d'un prêt conventionné peuvent passer un contrat conforme à l'article L. 443-1 du code de l'action sociale et des familles *[art. abrogé par L. 2002-73 du 17 janv. 2002, art. 51]*, à titre onéreux, de personnes âgées ou handicapées adultes. »

(Décr. no 83-596 du 5 juill. 1983, art. 2) « Peuvent également bénéficier de ces prêts : les syndicats de copropriétaires qui réalisent les travaux visés au 4o de l'article R. 331-63 dans des immeubles où les logements appartenant à des personnes physiques et à usage de résidence principale représentent la moitié au moins du nombre total de voix. »

V. note ss. art. R. 331-76-7.

V. Arr. du 18 mars 1993 (JO 19 mars) ; Arr. du 21 déc. 1993 (JO 31 déc.) : plafonds de ressources d'éligibilité aux prêts conventionnés.

Les modifications apportées par le Décr. no 2011-612 du 31 mai 2011 sont applicables aux offres de prêt émises à compter du 1er juin 2011 (Décr. préc., art. 5).

Art. R. 331-67 *(Décr. no 84-317 du 27 avr. 1984)* Les établissements prêteurs ont la faculté de consentir également ces prêts aux personnes physiques ou morales qui destinent un ou des logements à la location. L'octroi de ces prêts n'est pas subordonné à la passation d'une convention régie par le titre V, chapitre III, du présent livre (1re partie) *(Décr. no 91-1111 du 25 oct. 1991, art. 3)* « sauf lorsque ces prêts financent les opérations visées à l'article R. 331-63 (3o) ». *(Décr. 18 mars 1993, art. 5)* « Ces prêts ne peuvent pas bénéficier de la garantie de l'État mentionnée au troisième alinéa de l'article L. 312-1. »

V. Circ. no 79-05 du 11 janv. 1979 relative au conventionnement des logements à usage locatif appartenant à des personnes bénéficiant de prêts conventionnés (BOMELT no 79/3).

Art. R. 331-68 *Abrogé par Décr. no 2001-911 du 4 oct. 2001, art. 3.*

V. note ss. art. R. 331-76-7.

Art. R. 331-69 *Abrogé par Décr. no 2010-913 du 3 août 2010.*

Art. R. 331-70 *(Décr. no 2011-612 du 31 mai 2011, art. 4)* « En ce qui concerne les opérations mentionnées à l'article R. 331-67 », le demandeur doit s'engager à ce que, pendant toute la durée d'amortissement du prêt, le logement financé au moyen de ce prêt ne soit :

a) Ni transformé en local commercial et professionnel ;

b) *(Décr. nº 90-635 du 18 juill. 1990, art. 5)* « Ni affecté à la location saisonnière ou en meublé plus de quatre mois par an à l'exception du cas mentionné au cinquième alinéa de l'article R. 331-66 » ;

c) Ni utilisé comme résidence secondaire ;

d) Ni occupé à titre d'accessoire à un contrat de travail.

Toute violation de cet engagement entraîne le remboursement du prêt.

V. note ss. art. R. 331-76-7.

SOUS-SECTION 2 CARACTÉRISTIQUES

Art. R. 331-71 *(Décr. nº 2001-911 du 4 oct. 2001, art. 6)* Les prêts conventionnés peuvent financer l'intégralité du coût de l'opération tel que défini par arrêté conjoint des ministres chargés de l'économie et du logement.

V. note ss. art. R. 331-76-7.

Art. R. 331-72 *(Décr. nº 2001-911 du 4 oct. 2001, art. 7)* Les prêts conventionnés sont exclusifs de tout autre prêt à l'exception des prêts suivants :

1. *(Décr. nº 2005-70 du 31 janv. 2005, art. 3)* « L'avance aidée par l'État mentionnée aux articles R. 317-1 et R. 318-1 » ;

2. Les prêts d'épargne logement prévus aux articles L. 315-1 et L. 315-2 ;

3. Les prêts consentis au titre de la participation des employeurs à l'effort de construction définie à l'article L. 313-1 ;

4. Les prêts complémentaires prévus à l'article R. 314-1 et suivants ;

5. Les prêts à taux fixe dont le taux est inférieur ou égal à celui d'un prêt obtenu au titre d'un compte épargne logement à partir d'intérêts acquis au taux de rémunération des dépôts en vigueur à la date de l'émission de l'offre de ces prêts ;

6. Les prêts à court terme consentis dans l'attente de la vente du précédent logement ;

7. Les compléments de prêts accordés aux Français rapatriés d'outre-mer titulaires de titres d'indemnisation prévus par la loi nº 78-1 du 2 janvier 1978 relative à l'indemnisation des Français rapatriés d'outre-mer dépossédés de leurs biens*[;]*

(Décr. nº 2009-346 du 30 mars 2009) « 8. L'avance aidée par l'État mentionnée à l'article R. 319-1*[;]* »

(Décr. nº 2010-1704 du 30 déc. 2010, art. 1er-D) « 9. Le prêt ne portant pas intérêt mentionné à l'article R. 31-10-1. »

V. note ss. art. R. 331-76-7.

Art. R. 331-73 *(Décr. nº 2001-911 du 4 oct. 2001, art. 8)* Les établissements de crédit doivent proposer au moins un barème de prêt à taux fixe et à montants d'échéance constants ainsi qu'un barème de prêt à taux révisable.

Les établissements de crédit peuvent également proposer des prêts mixtes comportant des parties à taux fixe ou à taux révisable, de durées éventuellement différentes ainsi que, dans les conditions prévues par le contrat de prêt, des prêts modulables.

Dans le cas de prêts conventionnés supplémentaires, leur date d'échéance finale peut être différente de celle du prêt initial, sous réserve des dispositions prévues à l'article R. 331-76.

V. note ss. art. R. 331-76-7.

Art. R. 331-74 *(Décr. 18 mars 1993, art. 8)* **Le taux d'intérêt des prêts conventionnés ne peut excéder un taux maximum qui résulte de l'addition d'un taux de référence et d'une marge, variable en fonction des caractéristiques du prêt.**

Les modalités de détermination et de révision du taux de référence et le niveau de la marge sont fixés par arrêté du ministre chargé de l'économie.

Toutefois, le niveau de la marge des prêts conventionnés bénéficiant de la garantie de l'État mentionnée au troisième alinéa de l'article L. 312-1 est fixé par arrêté conjoint du ministre chargé de l'économie et des finances et du ministre chargé du logement.

Le taux de référence est publié par *(Décr. n° 2000-711 du 27 juill. 2000, art. 2)* **« la Société de gestion du fonds de garantie de l'accession sociale à la propriété (SGFGAS) ».**

V. Arr. 18 mars 1993 (JO 19 mars).

V. Décr. n° 96-554 du 17 juin 1996 (JO 22 juin) : plafond des taux d'intérêt de retard pour les avances aidées par l'État.

Art. R. 331-75 *(Décr. n° 2001-911 du 4 oct. 2001, art. 9)* **« Lorsque les prêts sont consentis à taux révisable, ils sont soumis aux trois conditions suivantes :**

« 1° Le taux moyen du prêt avant la mise en jeu des clauses de révision ne peut excéder le taux maximum mentionné à l'article R. 331-74 ;

« 2° La révision du taux ou la modification de l'échéance de remboursement ne peut intervenir qu'une fois par an et au plus tôt à la première date anniversaire de la date d'acceptation de l'offre ; à chaque révision ou modification, l'établissement de crédit fournit gratuitement à l'emprunteur un nouveau tableau d'amortissement qui s'impose jusqu'à la révision suivante ;

« 3° L'établissement de crédit limite l'impact des variations du taux d'intérêt pour l'emprunteur :

« ***a)*** **Soit par un plafond de la variation du taux par rapport au taux initial, variation qui ne peut dépasser une valeur définie par l'arrêté mentionné ci-dessous ;**

« ***b)*** **Soit par la définition d'un dispositif de plafonnement du montant de l'échéance de remboursement à la hausse avec ajustement résiduel sur la durée du prêt ;**

« ***c)*** **Soit par la définition d'une limitation de la durée du prêt avec ajustement résiduel sur le montant de l'échéance de remboursement.**

« Les deux dispositifs prévus en ***b*** **et** ***c*** **peuvent être combinés à l'intérieur d'un même contrat de prêt.**

« Le capital restant dû ne doit en aucun cas dépasser le capital initial.

« Les modalités d'application de cet article sont définies par arrêté conjoint des ministres chargés de l'économie et du logement. »

(Décr. n° 85-933 du 30 août 1985, art. 2) **« La convention type prévue à l'article R. 331-65 précise les modalités d'application du présent article. »**

V. note ss. art. R. 331-76-7.

Art. R. 331-76 *(Décr. n° 2001-911 du 4 oct. 2001, art. 10)* **La durée initiale d'amortissement des prêts est fixée à cinq ans au minimum et** *(Décr. n° 2004-286 du 26 mars 2004, art. 1er)* **« trente ans au maximum ». Les contrats de prêt peuvent prévoir que la durée peut être rallongée au cours de la période de remboursement** *(Décr. n° 2004-286 du 26 mars 2004, art. 1er)* **« jusqu'à un maximum de trente-cinq ans », ou réduite sans durée minimale. A la fin de la dernière année de prolongation, l'emprunteur est dégagé du règlement de toutes charges financières, à l'exception de dettes résultant d'un arriéré éventuel.**

V. note ss. art. R. 331-76-7.

● SOUS-SECTION 2 *BIS* CONDITIONS D'OCTROI DES PRÊTS CONVENTIONNÉS POUR LES OPÉRATIONS DE LOCATION-ACCESSION À LA PROPRIÉTÉ IMMOBILIÈRE RÉGIES PAR LA LOI N° 84-595 DU 12 JUILLET 1984 DÉFINISSANT LA LOCATION-ACCESSION À LA PROPRIÉTÉ *(Décr. nº 2004-286 du 26 mars 2004, art. 2-I).*

(Décr. nº 85-434 du 16 avr. 1985)

V. Circ. nº 2004-11 du 26 mai 2004 relative à la mise en œuvre du nouveau dispositif de location-accession-prêt social de location accession (PSLA) (BOMELT 2004/12, p. 98), mod. par Circ. nº 2006-10 du 20 févr. 2006 (BOMELT 2006/5, p. 40 ; Mon. TP 3 mars 2006, Suppl. textes, p. 452).

Art. R. 331-76-1 **Dans les limites et conditions fixées par la présente section, les prêts conventionnés définis au** *(Décr. nº 91-1111 du 25 oct. 1991, art. 7)* **« premier alinéa » de l'article R. 331-63 peuvent être accordés pour financer des logements faisant l'objet d'un contrat régi par la loi nº 84-595 du 12 juillet 1984 définissant la location-accession à la propriété immobilière et prévoyant le paiement fractionné du prix** *[V. App., vº Location-accession].*

La redevance prévue au contrat comporte une partie correspondant au droit de l'accédant à la jouissance du logement et une partie correspondant au paiement anticipé du prix.

Art. R. 331-76-2 *(Décr. nº 91-1111 du 25 oct. 1991, art. 8)* **Peuvent bénéficier des prêts visés à l'article R. 331-76-1 les personnes physiques ou morales qui construisent des logements dont le transfert de propriété est prévu au profit de personnes physiques.**

Art. R. 331-76-3 *(Décr. nº 91-1111 du 25 oct. 1991, art. 9)* **« Les prêts visés à l'article R. 331-76-1 ne peuvent être attribués que pour les logements n'ayant pas été occupés depuis l'achèvement des travaux de construction. »**

Toutefois, cette disposition ne s'applique pas aux logements ayant fait l'objet d'une première occupation au titre d'un contrat conforme aux dispositions de l'article R. 331-76-1.

Art. R. 331-76-4 *(Décr. nº 2001-911 du 4 oct. 2001, art. 11)* **« Le prêt conventionné peut financer l'intégralité du coût de l'opération défini par l'arrêté mentionné à l'article R. 331-71. »**

Lors du transfert de propriété au bénéfice du titulaire du contrat de location-accession ou, à défaut, à un autre acquéreur, le prêt peut être transféré pour le montant du capital restant dû. Toutefois, lorsque le transfert a lieu au bénéfice du titulaire du contrat, le montant du prêt ne peut excéder la différence entre le prix du logement et le montant de la fraction de la redevance imputable sur le prix.

V. note ss. art. R. 331-76-7.

Art. R. 331-76-5 **Si le prêt n'est pas transféré conformément aux dispositions de l'article R. 331-76-4, il peut être maintenu au bénéficiaire initial.**

Celui-ci est alors tenu soit de consentir un nouveau contrat conforme aux dispositions de l'article R. 331-76-1, soit de louer le logement ; dans ce cas, la location n'est pas subordonnée à la passation d'une convention régie par le titre V, chapitre III, du présent livre (1re partie).

Art. R. 331-76-5-1 *(Décr. nº 2004-286 du 26 mars 2004, art. 2-II)* **I. – Les dispositions de la présente sous-section sont également applicables aux prêts consentis à des personnes morales, après décision d'agrément du représentant de l'État dans le département, en vue de la construction ou de l'acquisition de logements neufs faisant l'objet d'un contrat de location-accession régi par la loi nº 84-595 du 12 juillet 1984 définissant la location-accession à la propriété** *[V. App., vº Location-accession]* **et destinés à être occupés à titre de résidence principale par des personnes dont les revenus, à**

la date de signature du contrat préliminaire ou, à défaut, du contrat de location-accession, sont inférieurs *(Décr. nº 2009-392 du 7 avr. 2009)* **« aux plafonds de ressources fixés à l'article R. 318-29 ».**

Les prêts visés à l'alinéa précédent peuvent faire l'objet d'une convention de refinancement conclue sous l'égide de l'État entre les établissements de crédits distributeurs et la Caisse des dépôts et consignations.

(Décr. nº 2009-392 du 7 avr. 2009) **« L'accédant peut, au moment de la levée d'option, bénéficier des dispositions du présent article et de celles des articles** *(Décr. nº 2010-1704 du 30 déc. 2010, art. 1er-E)* **« R. 31-10-1** *[Ancienne rédaction : R. 318-1]* **» et suivants. »**

II. — Pour obtenir la décision d'agrément, le vendeur conclut avec l'État une convention qui prévoit le respect des conditions suivantes :

— la partie de la redevance correspondant au droit de l'accédant à la jouissance du logement n'excède pas des plafonds de loyer fixés par arrêté ; elle peut être révisée à chaque date anniversaire du contrat, *(Décr. nº 2007-1803 du 20 déc. 2007)* **« dans la limite de la variation annuelle de l'indice de référence des loyers, » à partir du dernier indice publié à la date de signature du contrat ;**

— le prix de vente du logement n'excède pas un plafond fixé par arrêté ; ce prix de vente, non révisable, est minoré, *(Décr. nº 2009-392 du 7 avr. 2009)* **« à chaque date anniversaire de l'entrée dans les lieux », d'un pourcentage défini par arrêté ;**

— le vendeur dispose de l'engagement d'un établissement de crédit de proposer à l'accédant un ou plusieurs prêts conventionnés qui permettent de financer le transfert de propriété et dont la charge totale de remboursement mensuelle n'excède pas, au moment de la levée d'option, le montant de la redevance versée au titre du mois précédant le transfert de propriété ;

— le vendeur offre à l'accédant, en cas de levée d'option, une garantie de relogement sous condition de ressources et une garantie de rachat mentionnées dans le contrat de location-accession et dans l'acte constatant le transfert de propriété lorsque des conditions définies par arrêté sont réunies.

Le vendeur transmet au représentant de l'État dans le département, dans le délai maximum de *(Décr. nº 2011-967 du 16 août 2011)* **« dix-huit mois** *[ancienne rédaction : douze mois]* **» à compter de la déclaration d'achèvement des travaux, les contrats de location-accession signés ainsi que les justifications des conditions de ressources des accédants. Au vu des documents communiqués, le représentant de l'État notifie au vendeur la liste des logements bénéficiant à titre définitif de l'agrément.**

(Décr. nº 2011-967 du 16 août 2011) **« Les dispositions de la convention ne sont pas applicables aux logements n'ayant pu faire l'objet d'un contrat de location-accession à l'expiration du délai prévu à l'alinéa précédent. Ces logements peuvent dans ce cas faire l'objet d'une mise en location dans les conditions fixées au II de l'article R. 331-17. Cette mise en location est subordonnée à la passation de l'une des conventions mentionnées aux articles R. 353-1, R. 353-58 et R. 353-90. »**

Ne peuvent donner lieu au bénéfice des prêts de la présente sous-section les logements dont les travaux ont commencé avant l'obtention de la décision d'agrément, sauf s'ils portent sur des logements qui ont fait l'objet du contrat mentionné à l'article L. 261-3.

V. Arr. du 26 mars 2004 (JO 27 mars, rect. JO 10 avr.), mod. par Arr. du 20 déc. 2007 (JO 22 déc.), Arr. du 7 avr. 2009 (JO 9 avr.), Arr. du 29 déc. 2009 (JO 31 déc.), Arr. du 26 mai 2011 (JO 1er juin) et Arr. du 27 déc. 2011 (JO 30 déc.).

COMMENTAIRE

PRÊT SOCIAL DE LOCATION-ACCESSION.

Le décret nº 2004-286 du 26 mars 2004 met en place un nouveau dispositif de location-accession qui est destiné à la réalisation de logements neufs pour des ménages dont les ressources sont inférieures aux plafonds du prêt à l'accession sociale : le prêt social de location-accession (PSLA). Le PSLA est accordé à tout opérateur personne morale signataire d'une convention avec l'État par laquelle il s'engage à respecter un ensemble d'obligations. ❑

Art. R. 331-76-5-2 *(Décr. nº 2004-286 du 26 mars 2004, art. 2-II)* **L'établissement de crédit qui accorde un prêt au vendeur dans les conditions de l'article R. 331-76-5-1 peut déroger, pour ce prêt, en tout ou partie aux dispositions des 2º et 3º de l'article R. 331-75.**

Le prêt accordé au vendeur en application de l'article R. 331-76-5-1 peut être transférable à l'acquéreur, dans les conditions de l'article R. 331-76-4 ; dans ce cas, les dispositions du 3º de l'article R. 331-75 sont applicables, postérieurement à la levée d'option, au prêt transféré à l'accédant et la révision du taux ou la modification de l'échéance mentionnées au 2º du même article peuvent intervenir deux fois par an.

Art. R. 331-76-5-3 *(Décr. nº 2007-104 du 26 janv. 2007)* **« I** *[. –]* **»** *(Décr. nº 2004-286 du 26 mars 2004, art. 2-II)* **« L'instruction de la demande de décision d'agrément est assurée par le directeur départemental de l'équipement ; la décision est prise par le représentant de l'État dans le département et notifiée au demandeur. »**

(Décr. nº 2007-104 du 26 janv. 2007) **« II. – Lorsqu'un établissement public de coopération intercommunale ou un département a conclu avec l'État une convention de délégation de compétence en application des articles L. 301-5-1 ou L. 301-5-2, son représentant est substitué au représentant de l'État dans le département pour prendre toutes les décisions prévues par la présente sous-section concernant les logements situés dans le périmètre de la convention de délégation. »**

Art. R. 331-76-5-4 *(Décr. nº 2004-286 du 26 mars 2004, art. 2-II)* **Les conditions d'application des dispositions de la présente sous-section sont précisées par arrêté conjoint du ministre chargé de l'économie, des finances et de l'industrie, du ministre chargé du budget et du ministre chargé du logement.** *– V. Arr. du 26 mars 2004 (JO 27 mars, rect. JO 10 avr.), mod. par Arr. du 20 déc. 2007 (JO 22 déc.), Arr. du 7 avr. 2009 (JO 9 avr.), Arr. du 29 déc. 2009 (JO 31 déc.), Arr. du 26 mai 2011 (JO 1er juin) et Arr. du 27 déc. 2011 (JO 30 déc.).*

● SOUS-SECTION 3 CONTRÔLE

(Décr. nº 2001-911 du 4 oct. 2001, art. 12 ; Décr. nº 2003-806 du 25 août 2003, art. 1er)

Art. R. 331-76-6 **Le contrôle des conditions d'application des dispositions de la présente section est exercé, pour le compte de l'État, par la société de gestion mentionnée au troisième alinéa de l'article L. 312-1. La convention type prévue à l'article R. 331-65 précise les mesures susceptibles d'être mises en œuvre en cas de non-respect de ces dispositions par l'établissement de crédit ou par l'emprunteur. Le contrôle obéit au principe du contradictoire.**

V. note ss. art. R. 331-76-7.

Art. R. 331-76-7 **En cas de non-respect des dispositions de la présente section par l'établissement de crédit, la société de gestion du fonds de garantie de l'accession sociale à la propriété (SGFGAS) informe les ministres chargés de l'économie et du logement des mesures qu'elle estime adaptées à la gravité des faits relevés. Le ministre des finances prononce les mesures éventuelles.**

Les dispositions du Décr. nº 2001-911 du 4 oct. 2001 sont applicables aux offres de prêts émises à compter du 1er nov. 2001 (Décr. nº 2001-911 du 4 oct. 2001, art. 13).

SOUS-SECTION 4 DÉPARTEMENTS D'OUTRE-MER

(Décr. nº 2003-806 du 25 août 2003, art. 1er)

Art. R. 331-77 La présente section est applicable, dans les conditions de la présente sous-section, aux prêts conventionnés accordés dans les départements d'outre-mer, à l'exception des articles R. 331-63 (5º), R. 331-64, R. 331-67 et du troisième alinéa de l'article R. 331-74. Pour l'application de l'article R. 331-65, la convention type est adaptée aux conditions d'octroi des allocations de logement prévues par le code de la sécurité sociale.

Art. R. 331-77-1 Les prêts conventionnés prévus à l'article R. 331-63 ne peuvent être accordés que s'ils bénéficient de la garantie de l'État mentionnée au troisième alinéa de l'article L. 312-1.

Art. R. 331-77-2 Pour l'application de l'article R. 331-74, le niveau de la marge des prêts conventionnés bénéficiant de la garantie de l'État est fixé par arrêté conjoint du ministre chargé de l'économie et des finances, du ministre chargé de l'outre-mer et du ministre chargé du logement.

Le niveau de la marge prévu à l'art. R. 331-77-2 est calculé selon les dispositions prévues par l'Arr. du 18 mars 1993 modifié (JO 19 mars) fixant la marge des prêts mentionnée à l'art. R. 331-74, à l'exception de la diminution de 0,6 point qui n'est pas applicable dans les départements d'outre-mer (Arr. 25 août 2003, JO 28 août, mod. par Arr. 10 sept. 2007, JO 31 oct.).

SECTION IV PRÊTS À TAUX PRÉFÉRENTIEL ET RÉVISABLE POUR LA CONSTRUCTION, L'ACQUISITION ET L'AMÉLIORATION DES LOGEMENTS LOCATIFS

Art. R. 331-78 *(Décr. nº 84-951 du 25 oct. 1984 ; Décr. nº 98-796 du 2 sept. 1998, art. 1er)* Dans les limites et conditions fixées par la section I (sous-sections 1 à 5), sauf dispositions expresses particulières de la présente section, des prêts à taux préférentiel et révisable, peuvent être accordés pour financer :

L'acquisition de droits de construire ou de terrains destinés à la construction de logements à usage locatif et la construction de ces logements ;

L'acquisition de logements et d'immeubles destinés à l'habitation en vue de leur amélioration ainsi que les travaux d'amélioration correspondants ;

Par assimilation, l'acquisition de locaux ou d'immeubles non affectés à l'habitation et leur transformation ou aménagement en logements ;

Les travaux d'amélioration exécutés sur des immeubles ou des logements cédés à bail emphytéotique par l'État, des collectivités locales ou leurs groupements, ainsi que les travaux de transformation ou d'aménagement en logements de locaux ou d'immeubles non affectés à cet usage ;

La réalisation des dépendances de ces immeubles ou de ces logements, et notamment les garages, jardins, locaux collectifs à usage commun, annexes, dans des limites fixées par arrêté du ministre chargé de la construction et de l'habitation ;

La réalisation des opérations de logements-foyers à usage locatif tels que définis à l'article R. 331-55.

Art. R. 331-79 *(Décr. nº 84-951 du 25 oct. 1984)* Les occupants des logements financés à l'aide de ces prêts bénéficient de l'aide personnalisée au logement dans les conditions prévues par le livre III, titre V, du présent code (1re partie) et de l'article L. 431-6.

Art. R. 331-80 *(Décr. nº 84-951 du 25 oct. 1984)* Les prêts prévus à l'article R. 331-78 sont accordés par la caisse de prêts aux organismes d'habitations à loyer modéré.

Ils peuvent être attribués aux organismes visés aux 1o et 2o de l'article R. 331-8. Leur octroi est subordonné à la passation par le demandeur d'une convention régie par les articles L. 353-1 à L. 353-13 et portant sur l'ensemble des logements financés par les prêts visés à l'article R. 331-78.

Art. R. 331-81 *(Décr. no 84-951 du 25 oct. 1984)* L'octroi des prêts prévus à l'article R. 331-78 est subordonné à l'obtention d'une décision favorable du ministre chargé de la construction et de l'habitation.

Art. R. 331-82 *Abrogé par Décr. no 98-796 du 2 sept. 1998, art. 2.*

Art. R. 331-83 *(Décr. no 84-951 du 25 oct. 1984)* Les dispositions des articles R. 331-3, R. 331-6, R. 331-7, R. 331-8 (3o) et R. 331-8, dernier alinéa, R. 331-9, R. 331-21 (2o et 3o), R. 331-22, R. 331-24, R. 331-25 et R. 331-27 ne sont pas applicables aux opérations dont le financement est assuré au moyen des prêts visés à l'article R. 331-78.

Art. R. 331-84 *(Décr. no 84-951 du 25 oct. 1984)* Les dispositions de la présente section ne sont pas applicables aux départements d'outre-mer.

SECTION V SUBVENTIONS POUR LA CRÉATION D'ÉTABLISSEMENTS D'HÉBERGEMENT ET DE RÉSIDENCES HÔTELIÈRES À VOCATION SOCIALE

(Décr. no 2009-1293 du 26 oct. 2009)

SOUS-SECTION 1 CRÉATION DE RÉSIDENCES HÔTELIÈRES À VOCATION SOCIALE

Art. R. 331-85 Dans les limites et conditions fixées par la présente sous-section, des subventions peuvent être attribuées pour financer :

1. L'acquisition de droits de construire ou de terrains destinés à la construction de résidences hôtelières à vocation sociale telles que définies à l'article L. 631-11 ;
2. La construction de ces résidences ;
3. L'acquisition de locaux ou d'immeubles ainsi que, le cas échéant, les travaux d'amélioration, de transformation et d'aménagement en vue d'y réaliser ces résidences ;
4. Les travaux de transformation ou d'aménagement de locaux ou d'immeubles non affectés à cet usage en vue d'y réaliser ces résidences.

Art. R. 331-86 Les subventions prévues à l'article R. 331-85 peuvent être accordées aux organismes mentionnés à l'article R. 331-14 ainsi qu'aux sociétés mentionnées au deuxième alinéa du I de l'article R. 313-19-2.

Art. R. 331-87 Pour bénéficier de la subvention prévue à l'article R. 331-85, le maître d'ouvrage de l'opération conclut une convention avec le représentant de l'État dans le département et, le cas échéant, le délégataire mentionné aux articles L. 301-5-1 et L. 301-5-2 ainsi qu'avec l'exploitant, qui prévoit que la résidence ainsi financée conserve sa vocation d'hébergement pendant une durée minimum de dix-huit ans. La convention est conforme à une convention type définie par arrêté du ministre chargé du logement.

Art. R. 331-88 La convention précise :

– la durée pendant laquelle le maître d'ouvrage s'engage à maintenir sous le statut de résidence le bâtiment bénéficiant de la subvention ;

– les conditions de dévolution du ou des biens en cas de cessation d'activité du propriétaire avant l'issue de la période d'engagement définie ci-dessus ;

— les conditions de remboursement de la subvention octroyée en cas de non-respect des engagements prévus, notamment en termes de durée. Le montant de la subvention à rembourser est calculé *prorata temporis* de la durée d'engagement restant à couvrir ;

— la nature des contrats passés avec les résidents suivant le mode d'occupation.

Le cahier des charges de la résidence défini à l'article R. 631-18 est annexé à la convention.

Art. R. 331-89 Le prix de revient peut comprendre, en sus des éléments définis à l'article R. 331-9, le prix de rachat du fonds de commerce lorsque l'opération est issue de la reconversion d'un hôtel existant.

Art. R. 331-90 Le montant de la subvention destinée à financer la création de la résidence ne peut être supérieur à 50 % du produit du prix de revient prévisionnel tel que défini à l'article R. 331-89 par la quotité de logements réservés au sein de la résidence dans les conditions prévues au deuxième alinéa de l'article L. 631-11. Cette subvention ne peut se cumuler avec une autre aide de l'État à l'investissement.

Art. R. 331-91 Le montant de la subvention est plafonné à 60 000 € par logement créé lorsque l'opération est réalisée en zone A et à 40 000 € lorsque l'opération est réalisée dans les autres zones, mentionnées à l'article 2 *duodecies* de l'annexe III du code général des impôts.

Art. R. 331-92 La décision de subvention est prise par le représentant de l'État dans le département au vu de la présentation du dossier du projet d'opération qui comporte le projet de convention, la demande ou la décision d'octroi des agréments de la résidence et de l'exploitant prévus aux articles R. 631-9 et R. 631-12, le plan de financement prévisionnel et l'échéancier prévisionnel de réalisation de l'opération.

Art. R. 331-93 Lorsqu'un établissement public de coopération intercommunale ou un département a conclu avec l'État une convention de délégation de compétence en application des articles L. 301-5-1 ou L. 301-5-2, son représentant est substitué au représentant de l'État dans le département pour prendre toutes les décisions relatives aux aides prévues par la présente sous-section concernant la réalisation des opérations mentionnées à l'article R. 331-85 situées dans le périmètre de la convention de délégation. Le dossier de demande de subvention comprend les pièces mentionnées à l'article R. 331-92 ainsi que les décisions d'agrément de la résidence et de l'exploitant prévues aux articles R. 631-9 et R. 631-12 prises par le représentant de l'État dans le département.

Art. R. 331-94 La subvention est versée dans les conditions suivantes :

— une avance peut être versée au bénéficiaire de la décision de subvention, sans pouvoir excéder 40 % du montant prévisionnel de la subvention ;

— des acomptes peuvent ensuite être versés au fur et à mesure de l'exécution des travaux ou de la livraison des fournitures ;

— le montant total des acomptes ne peut dépasser 80 % du montant de la subvention.

Le règlement pour solde est subordonné à la justification de la réalisation des travaux et de la conformité de leurs caractéristiques avec celles qui sont mentionnées dans la décision attributive de subvention. Le solde ne pourra être versé qu'après la mise en service de la résidence.

Dans le cas où les travaux ne sont pas engagés dans un délai de deux ans à compter de la date de la décision de subvention, l'avance déjà perçue donne lieu à remboursement et la décision attributive de la subvention peut être rapportée.

Art. R. 331-95 Le remboursement de la subvention peut être exigé si l'une des conditions définies par la présente sous-section n'est pas respectée.

Le remboursement est exigé de plein droit s'il s'avère que l'aide a été obtenue à la suite de fausses déclarations ou de manœuvres frauduleuses.

SOUS-SECTION 2 CRÉATION D'ÉTABLISSEMENTS D'HÉBERGEMENT

Art. R. 331-96 La création d'établissements d'hébergement peut faire l'objet d'une subvention dans les limites et conditions fixées par la présente sous-section.

Art. R. 331-97 Cette subvention peut être accordée aux organismes suivants titulaires d'un droit réel immobilier :
– les organismes mentionnés à l'article R. 331-14 ;
– les centres communaux et intercommunaux d'action sociale.

Art. R. 331-98 La subvention peut être attribuée pour financer la réalisation des opérations suivantes :

1. L'acquisition de droits de construire ou de terrains destinés à la construction d'établissements d'hébergement et la construction de ces établissements d'hébergement ;
2. La construction d'établissements d'hébergement ;
3. L'acquisition de locaux ou d'immeubles ainsi que, le cas échéant, les travaux d'amélioration, de transformation et d'aménagement en vue d'y réaliser des établissements d'hébergement ;
4. Les travaux de transformation ou d'aménagement de locaux ou d'immeubles non affectés à cet usage en vue d'y réaliser des établissements d'hébergement ;
5. La réalisation des dépendances de ces immeubles.

Ces établissements d'hébergement sont les établissements prévus au 8° du I de l'article L. 312-1 du code de l'action sociale et des familles, les lits halte soins santé prévus au 9° de ce même article ainsi que les établissements d'hébergement destinés aux personnes sans domicile visés à l'article L. 322-1 du même code et faisant l'objet d'une convention avec l'État ou une collectivité territoriale.

Art. R. 331-99 Les établissements d'hébergement mentionnés à l'article R. 331-98 doivent respecter les caractéristiques techniques des logements-foyers prévues par l'arrêté mentionné à l'article R. 331-8.

L'assiette de la subvention est calculée dans les conditions prévues au 1° de l'article R. 331-15 pour les logements-foyers mentionnés au 2° de l'article R. 351-55.

Art. R. 331-100 Le prix de revient prévisionnel d'une opération peut comprendre, outre les éléments prévus à l'article R. 331-9, l'assistance à maîtrise d'ouvrage et le prix de rachat du fonds de commerce lorsque l'opération est issue de la reconversion d'un hôtel existant.

Art. R. 331-101 Les taux de subvention sont ceux applicables aux logements mentionnés au II de l'article R. 331-1. La subvention ne peut pas se cumuler avec une autre aide de l'État à l'investissement.

La décision de subvention ouvre droit à des prêts accordés par la Caisse des dépôts et consignations.

Décret n° 2009-1293 du 26 octobre 2009,

Relatif au financement des résidences hôtelières à vocation sociale et à la création d'établissements d'hébergement.

Art. 3 A compter de la date de publication du présent décret *[soit le 27 oct. 2009]*, les taux de subvention mentionnés à l'article R. 331-101 du code de la construction et de l'habitation peuvent être portés à 50 % de l'assiette de subvention pour les dossiers déposés jusqu'au 31 décembre 2010. Le préfet de la région dans laquelle se trouve l'opération concernée peut autoriser une dérogation à ce taux maximum de la subvention. Le taux de subvention est alors décidé par le préfet de département en fonction de l'optimisation des coûts de fonctionnement. Il peut être porté à 80 %, sans pouvoir excéder 80 % du prix de revient de l'opération défini à l'article R. 331-100 du même code.

Art. R. 331-102 Le montant de la subvention est plafonné à 80 000 € par place créée lorsque l'opération est réalisée en zone A, à 60 000 € en zone B et à 48 000 € en zone C, mentionnées à l'article 2 *duodecies* de l'annexe III du code général des impôts.

Art. R. 331-103 Pour bénéficier de la subvention prévue à l'article R. 331-96, le maître d'ouvrage de l'opération conclut une convention avec le représentant de l'État dans le département et, le cas échéant, le délégataire mentionné à l'article R. 331-106 ainsi qu'avec le gestionnaire, qui prévoit que l'établissement ainsi financé conserve sa vocation d'hébergement pendant une durée minimum de quarante ans, portée à cinquante ans si le montant des travaux par place dépasse 100 000 €. La convention est conforme à une convention type définie par arrêté du ministre chargé du logement.

Art. R. 331-104 La convention mentionnée à l'article R. 331-103 comprend, outre l'identité et les coordonnées des personnes liées par la convention, la désignation du projet et de ses caractéristiques :

– la durée pendant laquelle le maître d'ouvrage s'engage à maintenir sa vocation d'hébergement au bâtiment bénéficiant de la subvention ;

– le projet social relatif notamment au public accueilli, au cadre bâti, aux modalités d'accueil et de gestion, à la durée de séjour, à la situation et à l'accompagnement social des personnes accueillies ;

– le montant prévisionnel des crédits de fonctionnement de la future structure ainsi qu'une lettre d'engagement des financeurs ;

– les conditions de dévolution du bien en cas de cessation d'activité avant l'issue de la période d'engagement définie à l'article R. 331-103 ;

– les conditions de remboursement de la subvention accordée en cas de non-respect des engagements pris. Le montant de la subvention à rembourser est calculé *prorata temporis* de la durée d'engagement restant à couvrir.

Est annexé, le cas échéant, à la convention le contrat de location entre le bailleur propriétaire de la structure d'hébergement et le gestionnaire qui précise le montant du loyer et sa composition selon les postes de dépense définis à l'article R. 353-165-4.

Art. R. 331-105 La décision de subvention est prise par le représentant de l'État dans le département au vu de la présentation du dossier du projet d'opération qui comporte, outre les éléments prévus par l'arrêté mentionné à l'article R. 331-6, le projet de convention mentionnée à l'article R. 331-103.

Art. R. 331-106 Lorsqu'un établissement public de coopération intercommunale ou un département a conclu avec l'État une convention de délégation de compétence en application des articles L. 301-5-1 ou L. 301-5-2, son représentant est substitué au représentant de l'État dans le département pour prendre toutes les décisions relatives aux aides prévues par la présente sous-section concernant la réalisation des opérations mentionnées à l'article R. 331-98 situées dans le périmètre de la convention de délégation.

Art. R. 331-107 La subvention est versée dans les conditions suivantes :

– une avance peut être versée au bénéficiaire de la décision attributive de subvention, sans pouvoir excéder 40 % du montant prévisionnel de la subvention ;

– des acomptes peuvent ensuite être versés au fur et à mesure de l'exécution des travaux ou de la livraison des fournitures desquels est déduite l'avance ;

– le montant total des acomptes ne peut dépasser 80 % du montant de la subvention.

Le règlement pour solde est subordonné à la justification de la réalisation des travaux et de la conformité de leurs caractéristiques avec celles mentionnées dans la décision attributive de subvention.

Lorsque les travaux ne sont pas engagés dans un délai de dix-huit mois à compter de la date de la décision de subvention, l'avance déjà perçue donne lieu à remboursement et la décision attributive de la subvention peut être rapportée.

Art. R. 331-108 Le remboursement de la subvention peut être exigé si l'une des conditions définies par la présente sous-section n'est pas respectée.

Le remboursement est exigé de plein droit s'il s'avère que l'aide a été obtenue à la suite de fausses déclarations ou de manœuvres frauduleuses.

Art. R. 331-109 Pour financer la réalisation des opérations prévues à l'article R. 331-98, le montant de toutes les aides publiques confondues ne peut excéder 100 % du prix de revient prévisionnel de l'opération mentionné à l'article R. 331-100.

Art. R. 331-110 La présente sous-section n'est pas applicable aux départements d'outre-mer.

TITRE QUATRIÈME REVERSEMENT DE L'AIDE DE L'ÉTAT

CHAPITRE UNIQUE

Réservé.

TITRE CINQUIÈME AIDE PERSONNALISÉE AU LOGEMENT. – FONDS NATIONAL D'AIDE AU LOGEMENT *(Décr. nº 2005-1733 du 30 déc. 2005, art. 1er-I).*

CHAPITRE PREMIER DISPOSITIONS GÉNÉRALES

SECTION PREMIÈRE AIDE PERSONNALISÉE

SOUS-SECTION 1 CHAMP D'APPLICATION DE L'AIDE PERSONNALISÉE AU LOGEMENT

Art. R. 351-1 L'aide personnalisée au logement instituée par l'article L. 351-1 est attribuée, pour leur résidence principale, aux personnes qui occupent :

– soit le logement dont elles sont propriétaires et qui a été ou construit, ou amélioré, ou acquis et amélioré dans les conditions définies par l'article L. 351-2 (1º).

Pour l'application du présent chapitre, sont assimilés à des propriétaires les titulaires d'un contrat leur donnant vocation à l'attribution à terme de la propriété du logement qu'ils occupent, ainsi que les porteurs de parts ou d'actions de sociétés donnant vocation à l'attribution en propriété du logement qu'ils occupent.

– soit un logement à usage locatif, faisant l'objet d'une convention intervenue en vertu des articles L. 351-2 (2°, 3° ou 4°), L. 352-1 ou L. 431-6 *(Décr. n° 84-12 du 4 janv. 1984, art. 1er)* **« ou d'un contrat d'amélioration intervenu en vertu de l'article 59 de la loi n° 82-526 du 22 juin 1982 relative aux droits et obligations des locataires et des bailleurs. »**

– *(Décr. n° 84-1160 du 21 déc. 1984, art. 1er)* **« soit un logement faisant l'objet d'un contrat de location-accession conclu dans les conditions prévues par la loi n° 84-595 du 12 juillet 1984 définissant la location-accession à la propriété immobilière et qui a été construit ou acquis dans les conditions définies par l'article L. 351-2 (6°) ».**

(Décr. n° 95-709 du 9 mai 1995, art. 1er) **« La notion de résidence principale doit être entendue au sens du logement effectivement occupé au moins huit mois par an** *(Décr. n° 2000-635 du 7 juill. 2000, art. 1er)* **« , sauf obligation professionnelle, raison de santé ou cas de force majeure, » soit par le bénéficiaire ou son conjoint, soit par une des personnes à charge au sens de l'article R. 351-8. »**

(Décr. n° 92-1048 du 28 sept. 1992, art. 1er) **« Le logement mis à la disposition d'un requérant par un de ses ascendants ou de ses descendants n'ouvre pas droit au bénéfice de l'aide ».** – *Applicable aux demandes d'aide personnalisée déposées à compter du 1er janv. 1993 (Décr. du 28 sept. 1992, art. 9-I).*

Les dispositions du Décr. n° 2000-635 du 7 juill. 2000 sont applicables à compter du 1er juill. 2000 (Décr. préc., art. 7).

Sur la notion de résidence principale, V. art. L. 351-2 et R. 331-40 de ce code.

Pour les logements locatifs, V. Arr. du 29 juill. 1987 (JO 19 août) relatif aux plafonds de ressources des bénéficiaires de la législation sur les HLM et des nouvelles aides de l'État en secteur locatif, mod. par Arr. du 28 févr. 1990 (JO 21 mars), Arr. du 12 août 1992 (JO 3 sept.), Arr. du 10 nov. 1993 (JO 1er déc.), Arr. du 11 mars 1994 (JO 12 mars), Arr. du 26 juin 1998 (JO 28 juin), Arr. du 11 déc. 1998 (JO 17 déc.), Arr. du 13 août 1999 (JO 25 août), Arr. du 13 juin 2000 (JO 21 juin), Arr. du 3 mai 2001 (JO 12 mai), Arr. du 19 nov. 2001 (JO 27 nov.), Arr. du 28 déc. 2001 (JO 1er janv. 2002), Arr. du 20 août 2007 (JO 26 oct.), Arr. du 3 déc. 2007 (JO 13 déc.), Arr. du 29 mai 2009 (JO 12 juin), Arr. du 30 avr. 2010 (JO 5 juin), Arr. du 28 déc. 2010 (JO 31 déc.) et Arr. du 22 déc. 2011 (JO 28 déc.).

1. Le militaire, bénéficiaire d'une APL, qui se trouve affecté outre-mer, ne remplit plus les conditions à l'octroi de l'aide à partir de son affectation. • CE 11 mai 1990, *Pin : ⇧ req. n° 92175.* ♦ Un demandeur effectuant son service national en qualité de sous-marinier, qui ne séjourne à terre que pendant une période de deux mois succédant à une période de même durée en mer ne satisfait pas à la condition d'occupation. • CAA Marseille, 19 nov. 1998, *Huguet : ⇧ req. n° 97MA10788.*

2. La circonstance que l'intéressée aurait acquitté au moins pour partie ses loyers et facture d'eau et d'électricité n'est pas de nature à permettre de regarder son logement comme effectivement occupé. • CAA Lyon, 19 juill. 1996, *Beix : req. n° 95LY01437.*

3. Si l'intéressé quitte la résidence principale pour laquelle il a obtenu une aide et dénonce le bail correspondant, il perd ses droits à l'APL. • CAA Lyon, 23 nov. 1994, *Min. du logement c/ Cassan : ⇧ req. n° 94LY00902.*

4. Un local doit être regardé comme un logement dès lors qu'il est normalement destiné, en raison de son agencement, à être utilisé par un même occupant, sauf, le cas échéant, à ce que lui soit rattaché, pour le calcul de l'aide personnalisée au logement, un autre local, pourtant distinct, mais situé dans le même immeuble et occupé par un enfant à charge du bénéficiaire de l'aide. • CAA Lyon, 6 févr. 2001, *Kheniche : ⇧ req. n° 96LY00807.*

Art. R. 351-1-1 *(Décr. n° 81-677 du 29 juin 1981, art. 1er)* **Lorsque le conjoint ou le ou les enfants à charge du bénéficiaire occupent à titre de résidence principale un local indépendant du local occupé par le bénéficiaire et situé dans le même bâtiment, ces deux locaux sont assimilés au logement prévu à l'article R. 351-1.**

SOUS-SECTION 2 CONDITIONS GÉNÉRALES D'ATTRIBUTION DE L'AIDE PERSONNALISÉE AU LOGEMENT

Art. R. 351-2 *(Décr. no 79-571 du 30 juin 1979, art. 1er)* « L'aide personnalisée est accordée au propriétaire qui est titulaire de l'un des prêts définis par les articles R. 331-32 et suivants et qui supporte les charges afférentes à ce prêt ».

(Décr. no 95-709 du 9 mai 1995, art. 2) « Sous réserve des dispositions prévues au dernier alinéa de l'article L. 351-3-1, le droit à l'aide personnalisée est ouvert :

« – soit, si le propriétaire occupe le logement à la date de la première échéance due au titre de ce prêt :

« – en cas de périodicité mensuelle, à compter du premier jour du mois civil suivant celui de ladite échéance ;

« – en cas de périodicité supérieure au mois, à compter du premier jour du mois civil suivant le premier mois de la période couverte par ladite échéance ;

« – soit, si le propriétaire n'occupe pas le logement à la date de la première échéance due au titre de ce prêt ou si l'entrée dans les lieux se situe au cours de la période couverte par ladite échéance, à compter du premier jour du mois civil suivant celui au cours duquel se situe l'entrée dans les lieux. »

(Décr. no 78-777 du 3 juill. 1978, art. 1er) Sont pris en considération pour le calcul de l'aide personnalisée :

a) Les charges d'intérêts, ou les charges d'intérêts et d'amortissement et les charges accessoires au principal de la dette afférente aux prêts susmentionnés et aux prêts complémentaires définis par arrêté conjoint des ministres chargés du budget et de la construction et de l'habitation ;

(Décr. no 81-677 du 29 juin 1981, art. 2) « Lorsque le prêt ouvrant droit à l'aide personnalisée est un prêt aidé par l'État en accession à la propriété accordé pour l'agrandissement ou un prêt conventionné accordé pour l'amélioration du logement, le prêt souscrit antérieurement aux fins de construction ou d'acquisition dudit logement est assimilé à un prêt complémentaire. »

b) Le versement des primes d'assurance accessoires aux contrats de prêts, notamment de l'assurance vie, de l'assurance couvrant les risques d'invalidité, de l'assurance pour pertes pécuniaires résultant du report d'échéances de sommes dues en cas de chômage, contractées par le bénéficiaire en garantie de l'exécution des engagements souscrits.

V. Dir. no 2 du Fonds national de l'habitation (BOMELT, fasc. spécial, no 78-35 bis), modifiée en 1982.

V. Arr. du 22 août 1986 (JO 26 août) relatif à la fixation des justifications nécessaires à l'attribution de l'aide personnalisée au logement et à son renouvellement, mod. par Arr. du 30 juin 1991 (JO 23 juill.), Arr. du 26 déc. 2005 (JO 11 janv. 2006) et Arr. du 26 juin 2008 (JO 27 juin).

1. L'octroi de l'APL est subordonné à la condition que le bénéficiaire supporte personnellement la charge des emprunts contractés. Tel n'est pas le cas d'une personne dont les parents prennent en charge le remboursement des annuités en capital des intérêts afférents au prêt. • CE 25 févr. 1987, *Bancel : Lebon 73 ; D. 1987. IR 83.* ◆ Pour un exemple de détermination de la personne qui supporte réellement la charge de remboursement de l'emprunt. • CAA Paris, 6 févr. 2003, *Min. de l'équipement : req. no 98PA01849.*

2. Dans le cas et dans la mesure où les échéances du prêt sont prises en charge par un organisme d'assurance qui couvre les assurances accessoires au contrat de prêt, le propriétaire ne peut être regardé comme supportant les charges afférentes à ce prêt. • CE 22 juin 1988, *Min. de l'urbanisme et du logement c/ Faure : Lebon 257 ; Gaz. Pal. 1989. Somm. 133.*

3. Une indemnité d'assurance pour incapacité temporaire de travail, calculée de manière à assurer le remboursement des échéances du prêt par substitution aux ressources que l'intéressé aurait dû normalement consacrer au remboursement, fait peser les charges afférentes au prêt sur la compagnie d'assurances. • CAA Nancy, 12 oct. 1995, *Cassagranda : req. no 93NC00668.*

Art. R. 351-2-1 *(Décr. nº 84-1160 du 21 déc. 1984, art. 2)* **L'aide personnalisée est accordée à l'accédant titulaire d'un contrat de location-accession lorsque le vendeur est titulaire d'un prêt défini par les articles R. 331-59-8 et suivants** *(Décr. nº 85-932 du 30 août 1985, art. 14)* **« ou d'un prêt défini par les articles R. 331-76-1 et suivants » et supporte les charges afférentes à ce prêt.**

(Décr. nº 95-709 du 9 mai 1995, art. 3) **« Sous réserve des dispositions prévues au dernier alinéa de l'article L. 351-3-1, le droit à l'aide personnalisée est ouvert :**

« – soit, si l'accédant occupe le logement à la date de la première échéance due au titre du contrat de location-accession :

« – en cas de périodicité mensuelle, à compter du premier jour du mois civil suivant celui de ladite échéance ;

« – en cas de périodicité supérieure au mois, à compter du premier jour du mois civil suivant le premier mois de la période couverte par ladite échéance ;

« – soit, si l'accédant n'occupe pas le logement à la date de la première échéance due au titre du contrat de location-accession ou si l'entrée dans les lieux se situe au cours de la période couverte par ladite échéance, à compter du premier jour du mois civil suivant celui au cours duquel se situe l'entrée dans les lieux. »

Est pris en considération pour le calcul de l'aide personnalisée le montant de la redevance telle que définie au premier alinéa de l'article R. 331-59-16 *(Décr. nº 2004-286 du 26 mars 2004, art. 3)* **« et au II de l'article R. 331-76-5-1 » du code de la construction et de l'habitation.**

Art. R. 351-3 *(Décr. nº 95-709 du 9 mai 1995, art. 4-I)* **« Sous réserve des dispositions prévues au deuxième alinéa du présent article et de celles prévues au dernier alinéa de l'article L. 351-3-1, le droit à l'aide personnalisée est ouvert :**

« – au locataire d'un logement conventionné, en application de la section I du chapitre III du titre V du livre III de la première partie du code de la construction et de l'habitation, qui est titulaire d'un bail conforme aux stipulations de la convention, à compter du premier jour du mois civil suivant celui de la première échéance du loyer prévue par ce bail ;

« – au locataire ou à l'occupant de bonne foi d'un logement conventionné, en application de la section II du chapitre III du titre V du livre III de la première partie du code de la construction et de l'habitation, soit à compter du premier jour du mois civil suivant celui du nouveau loyer notifié par le bailleur s'il s'agit d'un locataire ou occupant de bonne foi dans les lieux, soit à compter du premier jour du mois civil suivant celui de la première échéance du loyer prévu par l'engagement de location s'il s'agit d'un nouveau locataire. »

(Décr. nº 79-571 du 30 juin 1979, art. 2) **« L'aide personnalisée est maintenue, après expiration ou résiliation de la convention, au locataire ou à l'occupant qui acquitte un loyer et qui justifie des conditions prévues à l'article L. 353-9. »**

(Décr. nº 95-709 du 9 mai 1995, art. 4-II) **« Sous réserve des dispositions prévues au deuxième alinéa du présent article et de celles prévues au dernier alinéa de l'article L. 351-3-1, le droit à l'aide personnalisée est ouvert au locataire d'un logement ayant fait l'objet d'un contrat d'amélioration en application de l'article 59 de la loi nº 82-526 du 22 juin 1982 et titulaire d'un contrat de location conforme aux stipulations du contrat d'amélioration, à compter du premier jour du mois civil suivant celui de la première échéance du loyer prévu par le contrat de location. »**

V. Dir. nº 2 du Fonds national de l'habitation (BOMELT, nº 78/35 bis), modifiée en 1982.

1. L'organisme a compétence liée pour rejeter une demande lorsque le bail n'a pu être rendu conforme à la convention prévue par l'art. L. 351-2, 3º. • CE 15 févr. 1991, *Michaux : req. nº 71014.*

2. Le droit à l'attribution de l'APL est subordonné à la publication par le bailleur de la convention. • CE 8 juill. 1994, *de Boisgelin-Lempereur : req. nº 124354.*

Art. R. 351-4 *(Décr. nº 2008-608 du 26 juin 2008)* **L'aide personnalisée est calculée au 1er janvier de chaque année, sous réserve des cas prévus aux articles R. 351-10 à R. 351-16 *bis* et R. 351-17-1.**

Elle est versée soit pendant une période de douze mois débutant le 1er janvier, soit à compter de l'ouverture du droit jusqu'au 31 décembre suivant. Dans ce dernier cas, elle est calculée et servie proportionnellement au nombre de mois pendant lesquels le droit est ouvert.

La modification des droits consécutive à l'arrivée au foyer d'un concubin doit être appréciée en se référant aux dispositions de l'art. R. 351-4-1 qui concernent la modification des droits résultant d'une modification de la composition du foyer, indépendamment de l'évolution éventuelle des ressources de chacun de ses membres, et non les dispositions de l'art. R. 351-4 qui ne concernent que l'hypothèse d'une modification des ressources. • CAA Nancy, 31 juill. 1997, *Min. de l'équipement : req. nº 96NC00502.*

Art. R. 351-4-1 *(Décr. nº 95-709 du 9 mai 1995, art. 5)* **En application du dernier alinéa de l'article L. 351-3-1 et par dérogation aux dispositions des articles R. 351-2, R. 351-2-1 et R. 351-3, en cas de déménagement, de conclusion ou de résiliation des conventions mentionnées à l'article L. 351-2, le droit à l'aide personnalisée peut être ouvert, dans des conditions fixées par directive du** *(Décr. nº 2005-1733 du 30 déc. 2005, art. 2)* **« Fonds national d'aide au logement », à compter du premier jour du mois civil au cours duquel les conditions d'ouverture du droit sont réunies ; il peut être éteint dans les mêmes conditions le dernier jour du mois civil au cours duquel les conditions d'ouverture du droit cessent d'être réunies.** — *V. art. R. 351-5.*

Les dispositions du Décr. nº 2005-1733 sont applicables à compter du 1er janv. 2006 (Décr. préc., art. 10).

1. Pour déterminer le montant de l'APL pour une période définie à l'art. R. 351-4, il y a lieu de prendre en considération non seulement les ressources du bénéficiaire perçues pendant l'année civile précédant ladite période mais également celle de son conjoint ou de la personne vivant maritalement avec elle sans qu'y fasse obstacle la circonstance que leur vie commune n'aurait pas commencée. • CAA Paris, 6 déc. 1994, *Min. du logement c/ Carpentier : req. nº 94PA00215.*

2. Pour le calcul de l'aide due à une personne au titre d'une période au cours de laquelle elle était mariée, l'administration est fondée à prendre en compte les ressources perçues par elle et son conjoint au cours de l'année précédente, alors même qu'ils n'étaient pas encore mariés au cours de ladite année. • CE 24 juin 1994, *Tourtin,* req. nº 110651 : *Lebon T. 1028.*

3. Ces dispositions ne s'appliquent pas à l'ensemble des cas où l'allocataire de l'APL quitte son logement et ne concernent que certaines hypothèses, en particulier celle où le bénéficiaire quitte un logement éligible à l'APL pour un autre logement aidé en vue d'éviter dans ces cas l'interruption du versement de l'aide. • CE 25 avr. 2007, *CAF de l'Aube,* req. nº 291141 : *Lebon T. 933 ; AJDA 2007. 1319.*

Art. R. 351-5 *(Décr. nº 97-78 du 30 janv. 1997, art. 1er ; Décr. nº 97-79 du 30 janv. 1997, art. 1er)* **« I. — Les ressources prises en considération pour le calcul de l'aide personnalisée sont celles perçues par le bénéficiaire, son conjoint et les personnes vivant habituellement au foyer. Sont considérées comme vivant habituellement au foyer les personnes y ayant résidé plus de six mois au cours de l'année civile précédant la période de paiement prévue par l'article R. 351-4 et qui y résident encore au moment de la demande ou au début de la période de paiement. »**

(Décr. nº 2008-608 du 26 juin 2008) **« Sont retenues les ressources perçues pendant l'année civile de référence. L'année civile de référence est l'avant-dernière année précédant la période de paiement prévue à l'article R. 351-4. Ces ressources sont appréciées selon les dispositions qui figurent ci-dessous et après application le cas échéant des dispositions des articles R. 351-6, R. 351-7-1, R. 351-7-2 et R. 351-10 à R. 351-14-1, sauf dans les cas prévus à l'article R. 351-7 où sont retenues les ressources évaluées forfaitairement conformément aux dispositions dudit article. »**

(Décr. nº 97-78 du 30 janv. 1997, art. 1er) II. – Les ressources prises en considération s'entendent du total des revenus nets catégoriels retenus pour l'établissement de l'impôt sur le revenu d'après le barème, des revenus taxés à un taux proportionnel ou soumis à un prélèvement libératoire de l'impôt sur le revenu, ainsi que des revenus perçus hors de France ou versés par une organisation internationale.

Est également prise en considération, suivant les règles applicables en matière d'imposition aux traitements et salaires prévues au deuxième alinéa du 3º de l'article 83 et au 5 (*a*) de l'article 158 du code général des impôts, l'indemnité journalière mentionnée au 2º de l'article L. 431-1 du code de la sécurité sociale.

(Décr. nº 2008-608 du 26 juin 2008) « Sont également prises en compte les rémunérations mentionnées à l'article 81 *quater* du code général des impôts suivant les règles applicables en matière d'imposition aux traitements et salaires prévues au deuxième alinéa du 3º de l'article 83 et au 5 *(a)* de l'article 158 du code général des impôts. »

Ne sont pas déduits du décompte des ressources les déficits constatés au cours d'une année antérieure à celle qui est prise en considération et qui font l'objet d'un report, en vertu de l'article 156-I du code général des impôts.

Sont déduits de ce décompte :

– les créances alimentaires mentionnées au 2º du II de l'article 156 du code général des impôts *(Décr. nº 2007-1589 du 8 nov. 2007 en vigueur le 1er juill. 2007)* « et majorées dans les conditions prévues au 7 de l'article 158 du code général des impôts » ;

– l'abattement mentionné à l'article 157 *bis* du code général des impôts *(Décr. nº 97-79 du 30 janv. 1997, art. 1er)* « pour les personnes nées avant le 1er janvier 1931 et pour les personnes » invalides.

Sont exclus de ce décompte :

– les arrérages des rentes viagères constituées en faveur d'une personne handicapée et mentionnés à l'article 199 *septies* du code général des impôts [:] – *Les dispositions du Décr. nº 97-78 sont entrées en vigueur le 1er juill. 1997 (Décr. préc., art. 2). – Par dérogation à l'art. R. 351-4, les dispositions du Décr. nº 97-79 du 30 janv. 1997 sont applicables à compter du 1er févr. 1997 (Décr. préc., art. 11).*

(Décr. nº 88-516 du 3 mai 1988, art. 1er ; Décr. nº 97-78 du 30 janv. 1997, art. 1er) « III. – Lorsque les ressources ne provenant pas d'une activité salariée ne sont pas connues au moment de la demande ou du réexamen du droit, il est tenu compte des dernières ressources connues et déterminées dans les conditions prévues au présent article. Ces ressources sont revalorisées par application du taux d'évolution en moyenne annuelle de l'indice général des prix à la consommation des ménages pour l'année civile de référence figurant dans le rapport économique et financier annexé au projet de loi de finances ». – *Entrée en vigueur pour l'appréciation des ressources de l'année civile de référence à compter du 1er juill. 1988.*

(Décr. nº 81-677 du 29 juin 1981, art. 3 ; Décr. nº 97-78 du 30 janv. 1997, art. 1er) « IV. – Ne sont prises en compte que pour la fraction dépassant le plafond individuel prévu à *(Décr. nº 2007-1589 du 8 nov. 2007 en vigueur le 1er juill. 2007)* « l'article L. 815-9 du code de la sécurité sociale et multiplié par 1,25 » les ressources de chacune des personnes vivant habituellement au foyer qui sont :

« Soit ascendants du bénéficiaire ou de son conjoint âgés d'au moins soixante-cinq ans ou d'au moins soixante ans en cas d'inaptitude au travail ;

« Soit « grands infirmes » au sens de l'article 169 du code de la famille et de l'aide sociale et qui sont ascendants, descendants ou collatéraux aux deuxième et troisième degrés du bénéficiaire ou de son conjoint ;

« Soit enfants du bénéficiaire ou de son conjoint. »

Décret no 97-289 du 28 mars 1997,

Relatif au calcul de l'aide personnalisée au logement et modifiant le code de la construction et de l'habitation.

Art. 21 Lorsque l'aide personnalisée des bénéficiaires dont les revenus nets catégoriels définis à l'article R. 351-5 du code de la construction et de l'habitation sont inférieurs ou égaux à :

6 585,80 € pour les personnes seules ou les ménages sans personne à charge ;

8 166,39 € pour les ménages ayant des personnes à charge, calculée le premier mois de l'entrée en vigueur du présent décret *[V. ci-dessous, art. 23]*, y compris la compensation prévue à l'article 20 ci-dessus, est inférieure à l'aide calculée dans les conditions réglementaires applicables le mois précédent d'un montant supérieur à 3,81 €, ces ménages bénéficient, jusqu'au 30 juin 1998, d'une compensation forfaitaire égale à ce montant minoré de 3,81 €.

La compensation prévue au présent article est versée uniquement aux personnes qui ont bénéficié de l'aide personnalisée au logement au titre du mois précédant l'entrée en vigueur du présent décret ; elle cesse d'être due en cas de déménagement.

Art. 22 Lorsque l'aide personnalisée des bénéficiaires dont les revenus nets catégoriels définis à l'article R. 351-5 du code de la construction et de l'habitation sont :

Supérieurs à 6 585,80 € et inférieurs à 8 166,39 € pour les personnes seules ou les ménages sans personne à charge ;

Supérieurs à 8 166,39 € et inférieurs à 9 220,12 € pour les ménages ayant des personnes à charge, calculée le premier mois de l'entrée en vigueur du présent décret *[V. ci-dessous, art. 23]*, y compris la compensation prévue à l'article 20 ci-dessus, est inférieure à l'aide calculée dans les conditions réglementaires applicables le mois précédent d'un montant supérieur à 7,62 €, ces ménages bénéficient, jusqu'au 30 juin 1998, d'une compensation forfaitaire égale à ce montant minoré de 7,62 €.

La compensation prévue au présent article est versée uniquement aux personnes qui ont bénéficié de l'aide personnalisée au logement au titre du mois précédant l'entrée en vigueur du présent décret ; elle cesse d'être due en cas de déménagement.

Art. 23 Les dispositions du présent décret sont applicables à compter du 1er avril 1997.

Concernant le calcul de l'APL, V. Arr. du 3 juill. 1978 (JO 23 juill.), mod. par Arr. du 30 juin 1979 (JO 9 juill.), Arr. du 20 mai 1980 (JO 22 mai), Arr. du 29 juin 1981 (JO 30 juin), Arr. du 13 août 1982 (JO 15 août), Arr. du 30 juin 1983 (JO 13 juill.), Arr. du 10 août 1984 (JO 22 août), Arr. du 30 août 1985 (JO 3 sept.), Arr. du 22 août 1986 (JO 26 août), Arr. du 14 août 1987 (JO 15 août), Arr. du 22 févr. 1988 (JO 3 mars), Arr. du 4 mai 1988 (JO 7 mai), Arr. du 10 oct. 1988 (JO 13 oct.), Arr. du 15 nov. 1989 (JO 17 nov.), Arr. du 1er oct. 1990 (JO 10 oct.), Arr. du 18 nov. 1991(JO 20 nov.), Arr. du 28 sept. 1992 (JO 30 sept.), Arr. du 23 nov. 1994 (JO 27 nov.), Arr. du 30 janv. 1997 (JO 31 janv.), Arr. du 28 mars 1997 (JO 29 mars), Arr. du 10 sept. 1997 (JO 11 sept.), Arr. du 11 sept. 1998 (JO 13 sept.), Arr. du 28 juin 1999 (JO 29 juin), Arr. du 7 juill. 2000 (JO 8 juill.), Arr. du 26 déc. 2000 (JO 28 déc.), Arr. du 30 juill. 2001 (JO 31 juill.), Arr. du 20 mars 2002 (JO 23 mars), Arr. du 23 déc. 2002 (JO 28 déc.), Arr. du 30 avr. 2004 (JO 6 mai), Arr. du 7 déc. 2005 (JO 8 déc.), Arr. du 23 déc. 2006 (JO 30 déc.), à compter du 1er juill. 2007 par Arr. du 8 nov. 2007 (JO 10 nov.), Arr. du 26 déc. 2007 (JO 5 janv.), Arr. du 26 juin 2008 (JO 27 juin), Arr. du 22 déc. 2008 (JO 31 déc.), Arr. du 30 déc. 2009 (JO 31 déc.), Arr. du 29 déc. 2010 (JO 31 déc.), Arr. du 28 déc. 2011 (JO 30 déc.), Arr. du 28 déc. 2012 (JO 30 déc.). — V. aussi Dir. no 2 du Fonds national de l'habitation (BOMELT no 78/35 bis).

Les dispositions issues de l'Arr. du 26 déc. 2007 (JO 5 janv.) sont applicables pour les prestations dues à compter du mois de janv. 2008 (Arr. préc., art. 6).

1. Les revenus perçus en Polynésie française, où l'impôt sur le revenu institué par le CGI n'est pas applicable, doivent être regardés comme des revenus perçus hors de France au sens de l'art. R. 351-5. • CAA Nancy, 26 mars 1998, *Min. du logement c/ Rock-Foster : req. no 97NC00395.*

2. La section des aides publiques au logement est en droit de refuser de prendre en compte une déduction pour frais professionnels opérée par l'intéressé pour la détermination de son revenu net imposable dès lors qu'aucune circonstance ne justifie le choix d'une résidence aussi éloignée de son lieu de travail. • CE 14 déc. 1992, *Min. de l'équipement c/ Pateyron*, req. nº 102738 : *Lebon T. 1098*.

Art. R. 351-6 *(Décr. nº 88-516 du 3 mai 1988, art. 2-1)* **Les ressources déterminées dans les conditions prévues à l'article R. 351-5 sont diminuées d'un abattement forfaitaire lorsque les deux conjoints ont exercé une activité professionnelle productrice de revenus au cours de l'année civile de référence et que chacun des deux revenus correspondants a été au moins égal à douze fois la base mensuelle de calcul des allocations familiales en vigueur** *(Décr. nº 2008-608 du 26 juin 2008)* **« au 1er janvier de ladite année ».**

Sur les modalités de calcul de l'abattement forfaitaire, V. Arr. du 3 juill. 1978 (JO 23 juill.) modifié, cité ss. art. R. 351-5, relatif au calcul de l'aide personnalisée au logement. — Directive nº 2 du Fonds national de l'habitation (BOMELT nº 78/35 bis) mod. en 1982.

V. aussi Décr. nº 97-289 du 28 mars 1997, art. 20, ss. art. R. 351-5.

Art. R. 351-7 *(Décr. nº 2009-1688 du 30 déc. 2009, art. 2-I)* **« I. — Il est procédé à une évaluation forfaitaire des ressources de la personne et de son conjoint ou concubin lorsque les conditions ci-après sont réunies :**

« 1º D'une part,

« — soit, à l'ouverture du droit, lorsque le total des ressources de la personne et de son conjoint ou concubin perçu au cours de l'année civile de référence et apprécié selon les dispositions de l'article R. 351-5 est au plus égal à 1 015 fois le salaire minimum de croissance horaire en vigueur au 31 décembre de cette année ;

« — soit, à l'occasion du premier renouvellement du droit, lorsque les ressources lors de l'ouverture du droit ont déjà fait l'objet d'une évaluation forfaitaire ;

« — soit, à l'occasion du renouvellement du droit autre que le premier, lorsqu'au cours de l'année civile de référence ni le bénéficiaire, ni son conjoint, ni son concubin n'a disposé de ressources appréciées selon les dispositions de l'article R. 351-5 ;

« 2º D'autre part, le bénéficiaire, son conjoint ou son concubin perçoit une rémunération.

« Ces dispositions ne sont pas applicables aux personnes qui perçoivent le revenu de solidarité active mentionné à l'article L. 262-2 du code de l'action sociale et des familles sans que les ressources du foyer entendues au sens de l'article L. 262-3 du même code excèdent le montant forfaitaire du revenu de solidarité active. Elles ne sont pas non plus applicables aux personnes qui perçoivent l'allocation mentionnée à l'article L. 821-1 du code de la sécurité sociale. »

(Décr. nº 2000-635 du 7 juill. 2000, art. 3) **« La condition relative à l'existence d'une activité professionnelle rémunérée** *(Décr. nº 2001-1037 du 5 nov. 2001, art. 1er)* **« , à la perception »** *(Décr. nº 2009-1688 du 30 déc. 2009, art. 2-II)* **« du revenu de solidarité active mentionné à l'article L. 262-2 du code de l'action sociale et des familles et au niveau de ressources du foyer au sens de l'article L. 262-3 du code de l'action sociale et des familles »** *[V. **CASF**]* *(Décr. nº 2001-1037 du 5 nov. 2001, art. 1er)* **« ou à celle de l'allocation mentionnée à l'article L. 821-1 du code de la sécurité sociale » est appréciée au cours du mois civil précédant l'ouverture du droit ou du mois de** *(Décr. nº 2008-608 du 26 juin 2008)* **« novembre » précédant le renouvellement du droit. »**

(Décr. nº 97-79 du 30 janv. 1997) **II. — L'évaluation forfaitaire correspond soit à 12 fois la rémunération mensuelle perçue par l'intéressé le mois civil qui précède l'ouverture du droit ou le mois de** *(Décr. nº 2008-608 du 26 juin 2008)* **« novembre » précédant le renouvellement du droit, affectée des déductions prévues au deuxième alinéa du 3º de l'article 83 et au 5 (*a*) de l'article 158 du code général des impôts, soit, s'il s'agit d'une personne exerçant une activité professionnelle en qualité d'employeur ou de travailleur indépendant, à** *(Décr. nº 2007-1589 du 8 nov. 2007 en*

vigueur le 1er juill. 2007) **« 1 500 » fois le salaire minimum de croissance horaire en vigueur** *(Décr. n° 2008-608 du 26 juin 2008)* **« au 1er juillet qui précède l'ouverture ou le renouvellement du droit ».**

Le montant des ressources ainsi déterminé est affecté des déductions et abattements fixés par le II de l'article R. 351-5. – *V. Arr. du 14 août 1987, mod. par Arr. du 10 oct. 1988 (JO 13 oct.).*

III. – *(Décr. n° 2008-608 du 26 juin 2008)* **« Les dispositions du I et du II ne sont pas applicables :**

« 1° Au bénéficiaire isolé âgé de moins de vingt-cinq ans, s'il exerce une activité professionnelle non salariée ou, s'il est salarié, s'il perçoit un salaire mensuel net fiscal inférieur à un montant fixé par arrêté conjoint des ministres en charge de la sécurité sociale, du logement, du budget et de l'agriculture ;

« 2° Au couple dont l'un des membres au moins est âgé de moins de vingt-cinq ans et exerce une activité professionnelle, si aucun des deux membres du couple n'est salarié ou, dans le cas contraire, si le salaire ou l'addition des deux salaires mensuels nets fiscaux est inférieur à un montant fixé par l'arrêté visé à l'alinéa précédent.

« Les salaires mensuels visés aux deux alinéas précédents sont ceux du mois civil précédant l'ouverture du droit ou du mois de novembre précédant le renouvellement du droit. »

(Décr. n° 2009-1688 du 30 déc. 2009, art. 2-III) **« Les montants visés aux deuxième et troisième alinéas sont revalorisés au 1er janvier de chaque année, conformément à l'évolution en moyenne annuelle de l'indice général des prix à la consommation des ménages hors tabac pour l'année civile précédente figurant dans le rapport économique et financier annexé au projet de loi de finances. »**

(Décr. n° 2008-608 du 26 juin 2008) **« La condition d'âge visée au deuxième et au troisième alinéas est examinée le premier jour du mois de l'ouverture du droit ou le 1er janvier lors du renouvellement.**

« La condition relative à l'existence d'une activité professionnelle rémunérée visée aux 1° et 2° est appréciée au cours du mois civil précédant l'ouverture du droit ou du mois de novembre précédant le renouvellement du droit. »

Par dérogation à l'art. R. 351-4, les dispositions du Décr. n° 97-79 du 30 janv. 1997 sont applicables à compter du 1er févr. 1997 (Décr. préc., art. 11).

Les dispositions de l'art. 1er du Décr. n° 99-541 du 28 juin 1999 sont applicables à compter du 1er juill. 1999 (Décr. préc., art. 4).

Les dispositions du Décr. n° 2000-635 du 7 juill. 2000 sont applicables à compter du 1er juill. 2000, à l'exception des dispositions de l'art. 3 qui créent un III à l'art. R. 351-7, lesquelles sont entrées en vigueur le 1er oct. 2000 (Décr. préc., art. 7).

Les dispositions du Décr. n° 2001-1037 du 5 nov. 2001 sont entrées en vigueur le 1er déc. 2001 (Décr. préc., art. 10 ; JO 10 nov.).

Sur les notions de « bénéficiaire » et de « conjoint », V. Dir. n° 2 du Fonds national de l'habitation, (BOMELT n° 78/35 bis).

Les dispositions du Décr. n° 2009-1688 du 30 déc. 2009 sont applicables au calcul des prestations versées à compter du mois de juillet 2009 (Décr. préc., art. 11).

Dans l'hypothèse où le demandeur ne percevait pas de revenus imposables au cours de l'année civile de référence, c'est à la date à laquelle des droits éventuels sont ouverts qu'il convient de se placer pour évaluer ses revenus. • CAA Lyon, 1er mars 1994, *Min. de l'équipement c/ Jacquot : req. n° 93LY00403.* ◆ Peut être prise en compte une rémunération mensuelle en tant qu'élève-ingénieur d'une école d'État, quand bien même elle serait calculée au prorata du temps de présence de l'intéressé dans l'école. • Même arrêt. ◆ Les ressources prises en considération sont les revenus nets catégoriels retenus pour l'établissement de l'impôt. Commet une erreur de droit la section des aides publiques au logement qui inclus dans les ressources la part du salaire d'apprenti de l'intéressé exonérée d'impôt sur le revenu. • CAA Nancy, 21 juin 2004, *M. X.*, req. n° 00NC00771 : *Gaz. Pal. 2005, n° 79, 21.*

Art. R. 351-7-1 *(Décr. nº 94-1018 du 23 nov. 1994, art. 1er)* **Lorsque le prêt ouvrant droit à l'aide personnalisée est un prêt aidé par l'État en accession à la propriété ou un prêt conventionné accordé pour la construction, l'acquisition ou l'acquisition-amélioration du logement :**

I. – A compter du 1er janvier 1983, si les ressources du bénéficiaire et de son conjoint déterminées en application des articles R. 351-5, 6 et 7 sont inférieures :

1. Pour les contrats de prêt signés postérieurement au 31 décembre 1982, à un montant forfaitaire ;

2. Pour les contrats de prêt signés postérieurement au 30 juin 1987, à un montant déterminé par le produit d'un coefficient et des charges mensuelles de prêt déclarées, les ressources du bénéficiaire et de son conjoint sont réputées égales à ce montant sauf lorsqu'il y a lieu d'appliquer les dispositions des articles *(Décr. nº 95-709 du 9 mai 1995, art. 6)* **« R. 351-10, 12, 13, 13-1, 14 et 14-1 ».**

(Décr. nº 2000-635 du 7 juill. 2000, art. 4) **« Le montant et le coefficient visés respectivement aux 1 et 2 ci-dessus sont fixés par arrêté conjoint des ministres chargés de la sécurité sociale, du budget, de l'agriculture et du logement. »** *– V. Arr. du 14 août 1987, art. 10, mod. par Arr. du 10 oct. 1988 (JO 13 oct.).*

II. – A compter du 1er janvier 1995, pour les contrats de prêt signés postérieurement au 31 décembre 1994, si les ressources du bénéficiaire et de son conjoint déterminées en application des articles R. 351-5, 6 et 7 sont inférieures au montant visé au 2 ci-dessus, celles-ci sont réputées égales à ce montant, sauf lorsque, postérieurement à la date de signature du contrat de prêt et pendant la période d'accession en cours, il y a lieu d'appliquer les dispositions des articles *(Décr. nº 95-709 du 9 mai 1995, art. 6)* **« R. 351-10, 12, 13, 13-1, 14 et 14-1 ».**

(Décr. nº 2000-635 du 7 juill. 2000, art. 4 ; Décr. nº 2009-1688 du 30 déc. 2009, art. 3) **« III. – Les dispositions du I et du II ne s'appliquent pas lorsque postérieurement à la date de signature du contrat de prêt et pendant la période d'accession en cours, le bénéficiaire ou son conjoint se trouve dans l'obligation de cesser son activité professionnelle et est admis au bénéfice d'une pension d'invalidité, d'une rente d'accident du travail ou de l'allocation aux adultes handicapés. »**

Les dispositions du Décr. nº 2000-635 du 7 juill. 2000 sont applicables à compter du 1er juill. 2000, à l'exception des dispositions de l'art. 4 qui ont abrogé la dernière phrase du 2 du I de l'art R. 351-7-1, lesquelles sont entrées en vigueur le 1er oct. 2000 (Décr. préc., art. 7).

Concernant le calcul de l'APL, V. Arr. du 3 juill. 1978 mod., cité ss. art. R. 351-5.

V. Circ. nº 95-84 du 31 oct. 1995, Mon. TP 8 déc. 1995, Suppl. textes, p. 255 : application des dispositions concernant le revenu minimal à prendre en considération pour le calcul de l'aide personnalisée au logement et de l'allocation de logement en accession à la propriété.

V. aussi Circ. nº 98-111 du 7 déc. 1998 : cas de dérogation pérenne (BOMELT nº 98/24, rect. nº 99/2).

Art. R. 351-7-2 *(Décr. nº 2008-1530 du 22 déc. 2008)* **Lors de l'ouverture du droit ou en début de période de paiement, lorsque le demandeur occupe un logement à usage locatif, qu'il poursuit des études ainsi que, le cas échéant, son conjoint, et que les ressources du ménage au titre de l'année civile de référence, appréciées conformément aux dispositions des articles R. 351-5 à R. 351-7, sont inférieures à un montant minimal de ressources, les ressources du bénéficiaire ou du ménage sont réputées égales à ce montant. Un montant inférieur à ce dernier est appliqué lorsque le demandeur est titulaire d'une bourse de l'enseignement supérieur qui n'est pas assujettie à l'impôt sur le revenu.**

Ces montants, fixés par arrêté conjoint des ministres chargés du logement, du budget, de la sécurité sociale et de l'agriculture évoluent le 1er janvier de chaque année comme l'indice de référence des loyers défini à l'article 17 de la loi nº 89-462 du 6 juillet 1989 tendant à améliorer les rapports locatifs et portant modification de la loi nº 86-1290 du 23 décembre 1986. Ils sont arrondis à la centaine d'euros la plus proche.

L'autorité réglementaire, habilitée par l'art. L. 351-3 à définir le barème en fonction duquel est calculé le montant de l'APL n'excède pas ses pouvoirs en prévoyant que, dans certains cas, les ressources du bénéficiaire de l'aide seraient réputées au moins égales à un montant forfaitaire fixé par voie réglementaire. • CE 10 juin 1991, *Min. de l'équipement c/ Mpondo Mandengue,* req. nº 108287 : *Lebon 230*.

Art. R. 351-8 *(Décr. nº 91-1178 du 18 nov. 1991, art. 3)* **Sont considérés comme personnes à charge au sens des titres III à V du présent livre, sous réserve qu'ils vivent habituellement au foyer :**

(Décr. nº 2000-395 du 9 mai 2000, art. 1er) **« 1º Les enfants ouvrant droit aux prestations familiales et ceux qui, bien que n'ouvrant pas droit à ces prestations, doivent être considérés comme à charge au sens des 1º et 2º de l'article L. 512-3 et de l'article L. 513-1 du code de la sécurité sociale et ont un âge inférieur à l'âge limite fixé au premier alinéa de l'article D. 542-4 du code de la sécurité sociale en application du dernier alinéa de l'article L. 512-3 du même code ; »** — *Les dispositions du 1º sont applicables à compter du 1er janv. 2000, pour les enfants nés à compter du 1er janv. 1980 (Décr. nº 2000-395 du 9 mai 2000, art. 2). — V. Circ. nº 2000-23 du 14 janv. 2000 relatif au relèvement des limites d'âge à vingt et un an pour le calcul de l'allocation de logement familiale (Mon. TP 10 mars 2000, Suppl. textes p. 448).*

2º *a*) Les ascendants du bénéficiaire ou de son conjoint qui sont âgés d'au moins soixante-cinq ans ou de soixante ans en cas d'inaptitude au travail et dont les ressources déterminées dans les conditions prévues à l'article R. 351-5 n'excèdent pas *(Décr. nº 2007-1589 du 8 nov. 2007 en vigueur le 1er juill. 2007)* **« le plafond individuel prévu à l'article L. 815-9 du code de la sécurité sociale en vigueur au 31 décembre de l'année de référence multiplié par 1,25 » ;**

***b*) Les ascendants, descendants ou collatéraux au deuxième ou au troisième degré du bénéficiaire ou de son conjoint qui sont atteints d'une infirmité entraînant une incapacité permanente au moins égale à un pourcentage fixé par décret ou qui sont, compte tenu de leur handicap, dans l'impossibilité reconnue par la commission technique d'orientation et de reclassement professionnel, prévue par l'article L. 5213-2 du code du travail, de se procurer un emploi et dont les ressources déterminées dans les conditions prévues à l'article R. 351-5 n'excèdent pas** *(Décr. nº 2007-1589 du 8 nov. 2007 en vigueur le 1er juill. 2007)* **« le plafond individuel prévu à l'article L. 815-9 du code de la sécurité sociale en vigueur au 31 décembre de l'année de référence multiplié par 1,25 ».**

V. Dir. nº 2 du Fonds national de l'habitation (BOMELT nº 78/35 bis), modifiée en 1982.

1. L'enfant qui fait l'objet d'une prise en charge partagée et d'une garde alternée entre son père et sa mère ne remplit plus la condition de vie habituelle et ne peut être considéré comme personne à charge. • CAA Nancy, 22 avr. 1999, *Min. de l'équipement c/ Arich :* *req. nº 96NC00235.*

2. Des enfants, enlevés par leur père et vivant à l'étranger, ne peuvent être regardés comme étant à la charge de leur mère malgré l'ordre du tribunal de les restituer à la mère qui en avait obtenu la garde. • CE 18 oct. 1993, *Min. de l'équipement c/ Buret :* *req. nº 134323.*

3. Tout enfant soumis à l'obligation scolaire et demeurant chez ses parents doit être considéré comme étant à leur charge pour le calcul du taux de l'APL. L'APL et les prestations familiales étant accordées en vertu de législations distinctes et suivant des procédures indépendantes, la suppression du versement des allocations familiales pour manquement d'un enfant à l'obligation scolaire est, en elle-même, sans influence sur le droit de ses parents au bénéfice de l'APL. • CAA Nancy, 10 déc. 1999, *Caisse d'allocations familiales de Lille : req. nº 95NC00431.*

Art. R. 351-9 **L'aide personnalisée est attribuée sur demande de l'intéressé, conforme à un modèle type, introduite auprès de l'organisme payeur défini à l'article R. 351-26.**

La demande doit être assortie de justifications définies par arrêté conjoint des ministres chargés des finances, de la construction et de l'habitation, de l'agriculture et de la sécurité sociale.

(Décr. nº 86-982 du 22 août 1986, art. 3) **« Le même arrêté précise celles de ces justifications qui doivent être produites chaque année et, parmi celles-ci, celles dont la non-présentation avant la date fixée par ledit arrêté entraîne la suspension du paiement de l'aide personnalisée. »**

V. Arr. du 22 août 1986 (JO 26 août) : justifications nécessaires pour bénéficier de l'aide personnalisée au logement, mod. par Arr. du 30 juin 1991 (JO 23 juill.), Arr. du 26 déc. 2005 (JO 11 janv. 2006) et Arr. du 26 juin 2008 (JO 27 juin).

SOUS-SECTION 3 CONDITIONS PARTICULIÈRES

Art. R. 351-10 *(Décr. nº 88-516 du 3 mai 1988, art. 2-II ; Décr. nº 2009-1688 du 30 déc. 2009, art. 3)* **« Lorsque le bénéficiaire ou son conjoint apporte la preuve de sa cessation d'activité professionnelle au début ou au cours de la période de paiement et de son admission au bénéfice d'une pension de retraite ou d'invalidité ou d'une rente d'accident de travail ou de l'allocation aux adultes handicapés, les ressources déterminées dans les conditions prévues à l'article R. 351-5 et perçues par l'intéressé au cours de l'année civile de référence sont affectées d'un abattement égal à 30 p. 100 des revenus d'activité professionnelle et des indemnités de chômage. Cette mesure s'applique à partir du premier jour du mois civil suivant celui au cours duquel survient le changement de situation et, sous réserve des dispositions de l'alinéa 2, tant que les ressources perçues par l'intéressé au cours de l'année civile de référence comprennent des revenus d'activité. »**

(Décr. nº 83-176 du 7 mars 1983) **« Lorsque le bénéficiaire ou son conjoint reprend une activité professionnelle rémunérée, l'abattement prévu au premier alinéa est supprimé à partir du premier jour du mois civil au cours duquel intervient la reprise d'activité ».**

V. Dir. nº 2 du Fonds national de l'habitation (BOMELT, fasc. spécial, nº 78/35 bis), modifiée en 1982.

Art. R. 351-11 *(Décr. nº 2001-1037 du 5 nov. 2001, art. 2)* **Lorsque le bénéficiaire justifie qu'en raison d'obligations professionnelles, lui-même ou, le cas échéant, son conjoint est contraint d'occuper de manière habituelle un logement distinct de celui de son ou de leur lieu de résidence principale et qu'il supporte des charges de loyer supplémentaires afférentes à ce logement, il est procédé à un abattement forfaitaire sur les ressources de la personne ou du ménage déterminées dans les conditions prévues aux articles R. 351-5 et R. 351-7.**

L'abattement est appliqué à compter du premier jour du mois civil suivant celui au cours duquel le bénéficiaire doit supporter ces charges. Il est supprimé à compter du premier jour du mois civil au cours duquel le bénéficiaire cesse de les supporter.

Le montant de cet abattement est fixé par un arrêté conjoint des ministres chargés de la sécurité sociale, du budget, de l'agriculture et du logement. – *Entrée en vigueur le 1er déc. 2001 (Décr. nº 2001-1037 du 5 nov. 2001, art. 10 ; JO 10 nov.).*

V. Dir. nº 2 du fonds national de l'habitation, modifiée, citée ss. art. R. 351-10.

Concernant le calcul de l'APL, V. Arr. 3 juill. 1978 mod., cité ss. art. R. 351-5.

Art. R. 351-12 *(Décr. nº 85-932 du 30 août 1985, art. 1er)* **Il n'est pas tenu compte, à partir du premier jour du mois civil suivant celui au cours duquel survient l'événement ou le changement de situation, sous réserve que la preuve en soit apportée :**

Des ressources du conjoint du bénéficiaire :

– soit décédé ;

– soit absent du domicile en raison d'une décision de justice prononçant le divorce ;

— soit absent du domicile en raison d'une décision de justice autorisant la résidence séparée ou homologuant, en cas de demande conjointe en divorce, la convention temporaire passée à ce sujet entre les époux ;

— soit absent du domicile en raison d'une séparation de fait des époux ;

Des revenus d'activité professionnelle ni des indemnités de chômage perçues par le conjoint du bénéficiaire :

— soit détenu, les ressources du conjoint étant toutefois prises en considération s'il est placé dans le régime de semi-liberté ;

— soit cessant toute activité professionnelle pour se consacrer à un enfant de moins de trois ans ou à plusieurs enfants.

Lorsque l'une des situations mentionnées au présent article prend fin, il est tenu compte :

Des ressources perçues par le conjoint du bénéficiaire à partir du premier jour du mois au cours duquel la vie commune est reprise ;

Des revenus d'activité professionnelle ou des indemnités de chômage à partir du premier jour du mois au cours duquel :

— soit la période de détention expire ;

— soit les conditions relatives à l'âge ou au nombre d'enfants auxquels l'intéressé se consacre ne sont plus remplies ou il reprend une activité professionnelle.

Art. R. 351-13 *(Décr. n° 85-932 du 30 août 1985, art. 2)* **« Lorsque le bénéficiaire ou son conjoint se trouve, depuis au moins deux mois consécutifs à la date d'effet de la demande ou pendant au moins deux mois consécutifs au cours de la période de paiement, en chômage total et perçoit** *(Décr. n° 94-817 du 19 sept. 1994, art. 1er)* **« l'allocation d'assurance » prévue à** *(Décr. n° 2009-1688 du 30 déc. 2009, art. 4-I)* **« l'article L. 5422-1 du code du travail » ou se trouve en chômage partiel et perçoit l'allocation spécifique prévue à** *(Décr. n° 2009-1688 du 30 déc. 2009, art. 4-II)* **« l'article L. 5122-1 du code du travail », les revenus d'activité professionnelle perçus par l'intéressé pendant l'année civile de référence sont affectés d'un abattement de 30 p. 100. Cette mesure s'applique à compter** *(Décr. n° 2004-705 du 15 juill. 2004, art. 3, en vigueur le 1er août 2004)* **« du premier jour du deuxième mois civil » suivant celui au cours duquel est intervenu le changement de situation ».** *(Décr. n° 88-966 du 10 oct. 1988, art. 2)* **« Le nombre minimal d'heures de chômage partiel requis pour bénéficier de l'abattement de 30 p. 100 est de quarante heures sur une période de deux mois consécutifs ».** *— Application à compter du 1er juill. 1988.*

(Décr. n° 92-1048 du 28 sept. 1992, art. 1er) **« La rémunération perçue par les personnes relevant des** *(Décr. n° 2009-1688 du 30 déc. 2009, art. 4-III)* **« conventions conclues en application de l'article L. 1233-68 du code du travail » est assimilée, pendant la durée de la formation et pour l'application des dispositions de l'alinéa précédent, à l'allocation de chômage à laquelle elle s'est substituée lors de l'entrée en formation ».** *— Applicable aux prestations échues à compter du mois de juillet 1992 (Décr. 28 sept. 1992, art. 9-II).*

(Décr. n° 83-176 du 7 mars 1983) **Lorsque l'intéressé reprend une activité professionnelle rémunérée, l'abattement est supprimé à partir du premier jour du mois civil au cours duquel intervient la reprise d'activité.**

Il appartient au bénéficiaire de justifier que les conditions prévues par le présent article sont remplies.

1. Un stage de formation professionnelle, donnant lieu à une indemnité mensuelle à la place de l'allocation de base, ne peut être regardé comme une activité professionnelle rémunérée. • CE 31 mars 1995, *Min. de l'équipement c/ Lebras,* req. n° 119870 : *Lebon T. 890 ; Gaz. Pal. 31 mai-1er juin 1995, n° 150-152, p. 7.*

2. En qualité de stagiaire de la formation professionnelle, l'intéressé n'est pas en situation de chômage total ou partiel et l'indemnité reçue est distincte de l'allocation de chômage. En conséquence, il n'y a pas lieu d'accorder l'abattement de 30 %. • CAA Nancy, 12 oct. 1995, *Cuignet : req. n° 93NC00637.*

Art. R. 351-13-1 *(Décr. nº 90-880 du 28 sept. 1990, art. 4)* **Lorsque le bénéficiaire ou son conjoint justifie d'une interruption de travail supérieure à six mois, dans les conditions mentionnées à l'article R. 324-1 du code de la sécurité sociale, il est procédé, à compter du premier jour du mois civil suivant celui au cours duquel est intervenu le changement de situation, à un abattement de 30 p. 100 sur les revenus d'activité professionnelle et les indemnités de chômage perçues par l'intéressé au cours de l'année civile de référence.**

Cette mesure est applicable jusqu'au dernier jour du mois civil précédant celui au cours duquel la situation considérée prend fin.

Art. R. 351-14 *(Décr. nº 94-817 du 19 sept. 1994, art. 2)* **« Lorsque le bénéficiaire ou son conjoint est en chômage total depuis au moins deux mois consécutifs à la date d'effet de la demande ou pendant au moins deux mois consécutifs au cours de la période de paiement et :**

« – s'il ne bénéficie pas ou ne bénéficie plus d'une indemnisation dans les conditions mentionnées par l'article R. 351-13 ci-dessus, ou

« – si son indemnisation a atteint le montant minimum prévu par l'accord mentionné à » *(Décr. nº 94-817 du 19 sept. 1994, art. 2 ; Décr. nº 2009-1688 du 30 déc. 2009, art. 5)* **« l'article L. 5422-20 du code du travail, après application du taux dégressif prévu à l'article L. 5422-3 du même code, ou**

« – s'il perçoit soit l'allocation de solidarité spécifique prévue par les articles L. 5423-1 à L. 5423-3 du code du travail, soit l'allocation temporaire d'attente prévue par l'article L. 5423-8 du code du travail »,

(Décr. nº 94-817 du 19 sept. 1994, art. 2) **« il n'est pas tenu compte des revenus d'activité professionnelle ni des indemnités de chômage perçus par l'intéressé durant l'année civile de référence.**

« Les droits sont examinés sur cette nouvelle base à compter du premier jour du mois civil suivant celui au cours duquel sont intervenus le changement de situation, la cessation du versement ou la diminution du montant de l'allocation d'assurance, ou l'admission soit à l'allocation de solidarité spécifique soit à » *(Décr. nº 2009-1688 du 30 déc. 2009, art. 5)* **« l'allocation temporaire d'attente. »**

(Décr. nº 83-176 du 7 mars 1983) **« Lorsque l'intéressé reprend une activité professionnelle rémunérée, il est tenu compte de ses ressources à partir du premier jour du mois civil au cours duquel intervient la reprise d'activité.**

« Il appartient au bénéficiaire de justifier que les conditions prévues par le présent article sont remplies. »

Les allocataires de l'aide personnalisée au logement qui bénéficiaient au 31 mai 2009 des dispositions du dernier alinéa du présent art. dans sa rédaction antérieure au Décr. nº 2009-1688 du 30 déc. 2009 en conservaient le bénéfice jusqu'au 30 sept. 2009 inclus (V. Décr. préc., art. 11-III).

1. L'art. R. 351-14 dispose des conditions sous lesquelles il n'est pas tenu compte, pour l'attribution de l'APL, des revenus d'activité professionnelle ou des indemnités de chômage perçus par le bénéficiaire lorsque celui-ci ou son conjoint sont au chômage. Il résulte de ces dispositions que pour bénéficier d'une telle neutralisation de ressources, l'intéressé bénéficiaire doit être à la recherche d'un emploi. En conséquence, lorsque l'attributaire a été radié des listes de demandeurs d'emploi de l'Agence nationale pour l'emploi, la caisse d'allocations familiales est en droit de procéder à un nouveau calcul du montant de l'APL. • CAA Paris, 4 nov. 1999, *Secrétaire d'État au logement c/ Pothin : req. nº 98PA00702.*

2. La personne qui déclare exercer une activité professionnelle non salariée ne peut prétendre au bénéfice des dispositions du premier alinéa de l'art. R. 351-14. • CE 20 janv. 1999, *Caisse d'allocations familiales des Bouches-du-Rhône : req. nº 179619.*

3. Si l'indemnisation du demandeur n'atteint pas le montant minimum auquel renvoie l'art. R. 351-14, il ne peut bénéficier de la neutralisation. • CAA Nancy, 1er juil. 1999, *Min. de l'équipement c/ Garcia : req. nº 96NC00930.*

Art. R. 351-14-1 *(Décr. nº 2009-1688 du 30 déc. 2009, art. 6)* Lorsque la personne ou l'un des conjoints ou concubins perçoit le revenu de solidarité active mentionné à l'article L. 262-2 du code de l'action sociale et des familles et que les ressources du foyer entendues au sens de l'article L. 262-3 du même code n'excèdent pas le montant forfaitaire mentionné au 2º de l'article L. 262-2 de ce code, il n'est pas tenu compte des revenus d'activité professionnelle ni des indemnités de chômage perçus par l'intéressé durant l'année civile de référence. Les droits sont examinés sur cette nouvelle base à compter du premier jour du mois civil suivant celui au cours duquel ces conditions sont réunies et jusqu'au dernier jour du mois civil au cours duquel ces conditions cessent d'être réunies.

Les dispositions du Décr. nº 2009-1688 du 30 déc. 2009 sont applicables au calcul des prestations versées à compter du mois de juillet 2009 (Décr. préc., art. 11).

Art. R. 351-15 *(Décr. nº 85-932 du 30 août 1985, art. 4)* Le montant de l'aide personnalisée est révisé en cours de période de paiement lorsque, en application d'un avenant à la convention, un nouveau loyer est notifié.

V. Dir. nº 2 du Fonds national de l'habitation modifiée, citée ss. art. R. 351-10.

Art. R. 351-16 *(Décr. nº 83-176 du 7 mars 1983, art. 8)* Le montant de l'aide personnalisée est révisé en cours de période de paiement *(Décr. nº 2000-635 du 7 juill. 2000, art. 5)* « lors de la formation d'un couple, » lors de la naissance ou de l'arrivée au foyer d'une personne à charge au sens de l'article R. 351-8. Cette révision prend effet le premier jour du mois civil suivant celui au cours duquel est intervenu l'événement.

Le montant de l'aide personnalisée est révisé en cours de période de paiement en cas de décès ou de départ du foyer d'une personne à charge au sens de l'article R. 351-8. Cette révision prend effet respectivement le premier jour du mois civil qui suit le décès ou le premier jour du mois civil au cours duquel survient le départ.

Les dispositions du Décr. nº 2000-635 du 7 juill. 2000 sont applicables à compter du 1er juill. 2000 (Décr. préc., art. 7).

Art. R. 351-16 *bis* *(Décr. nº 78-777 du 3 juill. 1978, art. 2)* Le montant de l'aide personnalisée versée au bénéficiaire qui occupe le logement dont il est propriétaire est révisé en cours de période de paiement lorsque la période de remboursement du prêt ouvrant droit à l'aide personnalisée fait suite à une période de différé d'amortissement.

(Décr. nº 85-932 du 30 août 1985, art. 5) « Le montant de l'aide personnalisée est recalculé en cours de période de paiement lors de chaque révision :

« – de la redevance lorsque l'accédant est titulaire d'un contrat de location-accession ;

« – des charges de remboursement faisant suite à une période de différé d'amortissement lorsque le propriétaire est titulaire d'un prêt aidé par l'État à taux révisable défini à l'article R. 331-54-1 ou d'un prêt conventionné à taux révisable défini à l'article R. 331-75. »

Art. R. 351-17 L'aide personnalisée ne peut être attribuée au profit d'un même bénéficiaire ou d'une même famille au titre de plusieurs logements.

(Décr. nº 90-635 du 18 juill. 1990, art. 6-I) « L'aide personnalisée et l'allocation de logement prévue aux articles L. 542-1 et L. 831-1 du code de la sécurité sociale ne peuvent être cumulées ni au profit du même bénéficiaire ou de la même famille, ni au titre d'un même logement sauf dans le cas où les personnes physiques accédant à la propriété mentionnées aux articles R. 331-39 et R. 331-66 passent un contrat conforme à l'article L. 443-1 du code de l'action sociale et des familles *[art. abrogé par L. 2002-73 du 17 janv. 2002, art. 51]*, à titre onéreux, de personnes âgées ou handicapées adultes. »

Lorsque les conditions d'ouverture du droit à l'aide personnalisée sont remplies au titre d'un logement, seule cette aide est attribuée pour ce logement.

(Décr. nº 81-677 du 29 juin 1981, art. 10 et 11) « Toutefois, en cas de séparation légale ou de fait des conjoints entraînant la création de deux foyers distincts et l'occupation de deux résidences principales constatées par l'organisme payeur lors de l'ouverture du droit ou du début de la période de paiement, l'aide personnalisée peut être accordée à chacun des conjoints, même si l'autre conjoint bénéficie de l'aide personnalisée ou de l'allocation de logement. »

« Lorsqu'une personne bénéficie de l'allocation de logement au titre de l'acquisition du logement qu'elle occupe et qu'il lui est accordé un prêt aidé par l'État en accession à la propriété pour l'agrandissement dudit logement ou un prêt conventionné pour son amélioration, seule l'aide personnalisée lui est attribuée dans les conditions prévues à l'article R. 351-2 (2e alinéa, *a*) et le droit à l'allocation de logement est éteint à compter de l'ouverture du droit à l'aide personnalisée ».

(Décr. nº 90-635 du 18 juill. 1990, art. 6-II) « Lorsque plusieurs personnes ou ménages constituant des foyers distincts occupent le même logement et qu'ils sont copropriétaires du logement et cotitulaires du prêt ouvrant droit à l'aide personnalisée ou cotitulaires du bail ou de l'engagement de location ou qu'ils ont passé un contrat conforme à l'article L. 443-1 du code de l'action sociale et des familles *[art. abrogé par L. 2002-73 du 17 janv. 2002, art. 51]*, à titre onéreux, de personnes âgées ou handicapées adultes, l'aide personnalisée peut être accordée à chacune de ces personnes ou ménages. »

V. Arr. du 3 juill. 1978 (JO 23 juill.) modifié relatif au calcul de l'aide personnalisée au logement, cité ss. art. R. 351-5.

Art. R. 351-17-1 *(Décr. nº 83-176 du 7 mars 1983, art. 9)* Lorsque la séparation prévue à l'article R. 351-17 (4e alinéa) intervient en cours de période de paiement, le droit à l'aide personnalisée du bénéficiaire est réexaminé en fonction de la nouvelle situation et la révision du droit prend effet le premier jour du mois civil suivant celui au cours duquel la séparation a eu lieu.

SOUS-SECTION 4 CALCUL DE L'AIDE PERSONNALISÉE AU LOGEMENT

V. Arr. du 3 juill. 1978 modifié relatif au calcul de l'APL, cité ss. art. R. 351-5 ; Arr. du 30 juin 1979 relatif au calcul de l'APL attribuée aux personnes résidant dans un logement-foyer, cité ss. art. R. 351-60.

§ 1er DISPOSITIONS RELATIVES AUX LOCATAIRES

(Décr. nº 97-289 du 28 mars 1997)

Art. R. 351-17-2 Le montant mensuel de l'aide personnalisée au logement est égal à la différence entre la dépense de logement éligible et une participation personnelle du ménage.

V. NDLR ss. art. R. 351-17-3.

Art. R. 351-17-3 La dépense de logement éligible comprend le loyer principal retenu dans la limite d'un plafond, ainsi qu'un montant forfaitaire au titre des charges. Le plafond de loyer est fixé en fonction de la zone géographique et, sauf dans le cas où le logement occupé est une chambre, de la composition familiale.

Dans le cas du calcul de l'aide personnalisée des colocataires prévu au sixième alinéa de l'article R. 351-17, le loyer principal retenu représente le quotient du loyer effectivement payé par le nombre de cotitulaires du bail ou de l'engagement de location, le résultat étant pris en compte dans la limite du plafond de loyer qui correspond à la situation familiale de chacun des colocataires ; le montant forfaitaire de charges est celui qui correspond à la situation familiale de chacune des personnes ou ménages concernés.

V. Arr. du 3 juill. 1978 (JO 23 juill.) modifié relatif au calcul de l'aide personnalisée au logement, cité ss. art. R. 351-5.

Les dispositions du Décr. no 97-289 du 28 mars 1997 sont applicables à compter du 1er avr. 1997 (V. Décr. préc., art. 23, ss. art. R. 351-5).

Art. R. 351-17-4 *(Décr. no 2000-1273 du 26 déc. 2000, art. 1er)* La participation personnelle est la somme d'une participation minimale et du résultat de l'application d'un taux de participation aux ressources du bénéficiaire diminuées, dans la limite du montant desdites ressources, d'un montant fixé forfaitairement. *(Décr. no 2009-1688 du 30 déc. 2009, art. 7, en vigueur le 1er janv. 2012)* « Ce forfait est calculé par référence d'une part au montant forfaitaire mentionné au 2o de l'article L. 262-2 du code de l'action sociale et des familles *[V.* ***CASF****]* et d'autre part aux bases de calcul mentionnées à l'article L. 551-1 du code de la sécurité sociale *[V.* ***CSS****]*, selon des pourcentages fixés par arrêté conjoint des ministres chargés du logement, du budget, de la sécurité sociale et de l'agriculture. »

La participation minimale est définie par le même arrêté.

Les ressources sont appréciées conformément à l'article R. 351-5 et arrondies aux *(Décr. no 2002-1537 du 23 déc. 2002, art. 1er)* « 100 € » supérieurs.

Art. R. 351-17-5 *(Décr. no 2000-1273 du 26 déc. 2000, art. 2)* Le taux de participation prévu à l'article R. 351-17-4 est obtenu par l'addition de :

– un premier taux qui est fonction de la taille du ménage ;

– un second taux qui croît quand le loyer augmente dans la limite d'un plafond ; il est obtenu par l'application de taux croissants à des tranches successives de loyer ; ces tranches sont déterminées en proportion d'un loyer de référence fixé en fonction de la composition familiale.

Les loyers de référence et les modalités de calcul du taux de participation sont déterminés par arrêté conjoint des ministres en charge du logement, du budget, de la sécurité sociale et de l'agriculture.

NDLR. *V. Arr. du 3 juill. 1978 modifié, cité ss. art. R. 351-5.*

§ 2 DISPOSITIONS RELATIVES AUX PROPRIÉTAIRES

(Décr. no 97-289 du 28 mars 1997)

Art. R. 351-18 Le montant de l'aide personnalisée est obtenu par l'application de la formule :

$$APL = K\ (L + C - L^{o})$$

dans laquelle :

a) APL représente le montant mensuel de l'aide personnalisée ;

b) K représente le coefficient de prise en charge défini à l'article R. 351-19 ;

c) L représente pour une période d'un mois *(Décr. no 97-289 du 28 mars 1997)* « la somme prise en compte au titre des opérations d'accession, d'amélioration ou de location-accession prévues par l'article R. 351-1, dans la limite de la mensualité plafond fixée à l'article R. 351-22-1 » ;

d) C représente le montant forfaitaire des charges défini à l'article *(Décr. no 97-289 du 28 mars 1997)* « R. 351-22-1 » ;

e) **L_o représente le loyer** *(Décr. nº 97-289 du 28 mars 1997)* **« minimal tel que défini à l'article R. 351-21 qui doit rester à la charge du propriétaire compte tenu des ressources déterminées conformément à l'article R. 351-5 et de la composition de la famille ».** – *V. Arr. du 10 oct. 1988 (JO 13 oct.).*

1. En vue de déterminer le plafond des charges d'emprunt prises en compte, les arrêtés ministériels peuvent fixer des « mensualités de référence » d'un niveau différent selon la date de signature des contrats de prêts consentis pour l'acquisition d'un logement. • CE 31 oct. 1986, *Min. de l'urbanisme c/ Lamberet : Lebon T. 348.*

2. La section des aides publiques au logement ne tient d'aucun texte législatif ou reglementaire le pouvoir de rehausser le montant de l'aide versée aux allocataires, montant qui est déterminé au moyen du barème défini par les art. R. 351-18 et R. 351-19 CCH. En conséquence la section ne peut que rejeter la demande d'un allocataire tendant à l'augmentation du montant de l'aide. • CAA Paris, 7 mai 1998, *Hériard : req. nº 97PA00322.*

Les dispositions du Décr. nº 97-289 du 28 mars 1997 sont applicables à compter du 1er avr. 1997 (V. Décr. préc., art. 23, ss. art. R. 351-5).

Art. R. 351-19 *(Décr. nº 87-669 du 14 août 1987, art. 5)* **Le coefficient K, au plus égal à 0,95, est déterminé** *(Décr. nº 97-79 du 30 janv. 1997)* **« pour chaque intervalle de ressources de** *(Décr. nº 2002-1537 du 23 déc. 2002, art. 1er)* **« 100 € » en appliquant »** *(Décr. nº 97-289 du 28 mars 1997)* **« la formule suivante :**

$$K = 0{,}95 - \frac{R}{CM \times N}$$

dans laquelle : »

R représente *(Décr. nº 97-79 du 30 janv. 1997)* **« la limite supérieure de l'intervalle dans lequel se situent les ressources appréciées conformément à l'article R. 351-5 ; »**

CM est un coefficient multiplicateur fixé par arrêté conjoint des ministres chargés du logement, du budget, de la sécurité sociale et de l'agriculture ;

N représente le nombre de parts déterminé par les coefficients suivants :

– *(Décr. nº 88-966 du 10 oct. 1988, art. 3)* **« bénéficiaire isolé : 1,40 ;**

– « ménage sans personne à charge : 1,80 » ;

– bénéficiaire isolé ou ménage ayant une personne à charge : 2,50 ;

– bénéficiaire isolé ou ménage ayant deux personnes à charge : 3 ;

– bénéficiaire isolé ou ménage ayant trois personnes à charge : 3,7 ;

– bénéficiaire isolé ou ménage ayant quatre personnes à charge : 4,3.

Ce dernier coefficient est majoré de 0,50 par personne à charge supplémentaire. – *V. Arr. du 10 oct. 1988 (JO 13 oct.).*

(Décr. nº 88-966 du 10 oct. 1988, art. 3-III) **« Le coefficient K est arrondi à deux décimales par défaut. »**

Par dérogation à l'art. R. 351-4, les dispositions du Décr. nº 97-79 du 30 janv. 1997 sont applicables à compter du 1er févr. 1997 (Décr. préc., art. 11).

Les dispositions du Décr. nº 97-289 du 28 mars 1997 sont applicables à compter du 1er avr. 1997 (V. Décr. préc., art. 23, ss. art. R. 351-5).

V. note ss. art. R. 351-17-4.

Concernant le calcul de l'APL, V. Arr. du 3 juill. 1978 mod., cité ss. art. R. 351-5.

Art. R. 351-19-1 *Abrogé par Décr. nº 97-289 du 28 mars 1997, art. 9.*

Art. R. 351-20 *Abrogé par Décr. nº 97-289 du 28 mars 1997, art. 10.*

V. Arr. du 3 juill. 1978 (JO 23 juill.) modifié relatif au calcul de l'aide personnalisée au logement, cité ss. art. R. 351-5.

Sur un litige né du non-versement des loyers au bailleur, situation ultérieurement régularisée, V. • CE 15 avr. 1996, *Tenret : req. no 122549.*

Art. R. 351-20-1 *(Décr. no 81-677 du 29 juin 1981, art. 14)* **Lorsque le prêt ouvrant droit à l'aide personnalisée est un prêt conventionné accordé pour l'amélioration du logement et que le prêt souscrit antérieurement pour l'acquisition dudit logement est assimilé à un prêt complémentaire dans les conditions prévues à l'article R. 351-2 (2e alinéa, *a*), la mensualité de référence est celle prévue pour les logements acquis et améliorés à l'aide d'un prêt conventionné.**

Art. R. 351-21 *(Décr. no 85-932 du 30 août 1985, art. 11)* **Le loyer** *(Décr. no 97-289 du 28 mars 1997)* **« minimal » L^o est obtenu par l'application de pourcentages à des tranches de ressources dont les limites inférieures et supérieures sont affectées du coefficient N prévu à l'article R. 351-19.**

Les pourcentages et les tranches de ressources sont fixés par arrêté conjoint des ministres chargés de la sécurité sociale, du budget, de l'agriculture et du logement en distinguant :

— les logements construits, ou agrandis, ou aménagés à partir de locaux non destinés à l'habitation, ou acquis et améliorés, occupés par leur propriétaire *(Décr. no 86-982 du 22 août 1986, art. 4)* **« ou par l'accédant titulaire d'un contrat de location-accession » ;**

— les logements existants améliorés et occupés par leur propriétaire.

Dans le second cas, le loyer minimum ainsi obtenu est majoré d'un montant égal au produit d'une valeur numérique fixée par arrêté conjoint des ministres chargés de la sécurité sociale, du budget, de l'agriculture et du logement et du coefficient N prévu à l'article R. 351-19.

Le résultat est divisé par douze.

(Décr. no 97-79 du 30 janv. 1997) **« Le loyer minimum L^o est déterminé pour chaque intervalle de ressources de** *(Décr. no 2002-1537 du 23 déc. 2002, art. 1er)* **« 100 € » mentionné à l'article R. 351-19. Les pourcentages et le coefficient N prévus au premier alinéa du présent article sont appliqués à la limite supérieure de l'intervalle dans lequel se situent les ressources appréciées conformément à l'article R. 351-5. »**

Par dérogation à l'art. R. 351-4, les dispositions du Décr. no 97-79 du 30 janv. 1997 sont applicables à compter du 1er févr. 1997 (Décr. préc., art. 11).

Les dispositions du Décr. no 97-289 du 28 mars 1997 sont applicables à compter du 1er avr. 1997 (Décr. préc., art. 23, ss. art. R. 351-5).

Les dispositions du Décr. no 2001-1037 du 5 nov. 2001 entrent en vigueur le 1er janv. 2002 (Décr. préc., art. 10 ; JO 10 nov.).

V. note ss. art. R. 351-17-4.

V. Arr. du 3 juill. 1978 mod., cité ss. art. R. 351-5.

Art. R. 351-21-1 *Abrogé par Décr. no 97-289 du 28 mars 1997, art. 12.*

Art. R. 351-21-2 *(Décr. no 87-669 du 14 août 1987, art. 6 ; Décr. no 99-541 du 28 juin 1999, art. 3)* **I. — A compter du 1er juillet 1987 et pour les contrats de prêt signés avant le 1er juillet 1999, la mensualité nette, obtenue en déduisant des charges mensuelles de prêts déclarées le montant de l'aide personnalisée due aux propriétaires, doit être au moins égale à un minimum déterminé par le produit d'un coefficient fixé par arrêté conjoint des ministres chargés du logement, du budget, de la sécurité sociale et de l'agriculture et des ressources prises en compte pour le calcul de l'APL déterminées en application des articles R. 351-5, R. 351-7 ou R. 351-7-1.** *— V. Arr. du 14 août 1987, art. 12.*

Lorsque la mensualité nette est inférieure au minimum, il est appliqué au montant mensuel de l'aide personnalisée un abattement égal à la différence constatée. *— V. Arr. du 10 oct. 1988 (JO 13 oct.).*

(Décr. nº 99-541 du 28 juin 1999, art. 3-III) « II. – **Pour les contrats de prêt signés à compter du 1er juillet 1999, la mensualité nette, majorée du montant forfaitaire des charges pris en compte pour le calcul de l'aide personnalisée, doit être au moins égale à un minimum déterminé par le produit d'un coefficient fixé par l'arrêté susmentionné et des ressources prises en compte pour le calcul de l'aide.**

« Lorsque la mensualité nette augmentée du montant forfaitaire des charges est inférieure au minimum, il est appliqué au montant mensuel de l'aide personnalisée un abattement égal à la différence constatée. »

Les dispositions de l'art. 3 du Décr. nº 99-541 du 28 juin 1999 sont applicables à compter du 1er juill. 1999 (Décr. préc., art. 4).

Art. R. 351-21-3 *(Décr. nº 87-669 du 14 août 1987, art. 7)* **A compter du 1er juillet 1987, pour les bénéficiaires titulaires d'un prêt aidé par l'État en accession à la propriété dont le contrat de prêt a été signé entre le 1er juillet 1981 et le 31 décembre 1984, lorsque, lors du renouvellement des droits ou en cours de période de paiement, la mensualité nette Mn définie ci-dessous est supérieure au produit yR défini ci-dessous, le montant de l'aide personnalisée calculé conformément à l'article R. 351-18 est majoré d'un supplément calculé au moyen de la formule suivante :**

a × K (Mn – yR) dans laquelle :

a est un coefficient fixé par arrêté conjoint des ministres chargés du logement, du budget, de la sécurité sociale et de l'agriculture ;

K est le coefficient défini à l'article R. 351-19 pour le cas où le bénéficiaire est propriétaire ;

Mn est la mensualité nette obtenue en déduisant l'aide personnalisée calculée conformément à l'article R. 351-18 des charges mensuelles de prêts déclarées prises en compte dans la limite d'un plafond fixé par arrêté conjoint des ministres chargés du logement, du budget, de la sécurité sociale et de l'agriculture ;

y est un coefficient fixé par arrêté conjoint des ministres chargés du logement, du budget, de la sécurité sociale et de l'agriculture ;

R représente les ressources *(Décr. nº 97-289 du 28 mars 1997)* « **déterminées dans les conditions fixées à l'article R. 351-19** ».

Le produit yR ne peut être inférieur à un montant fixé par arrêté conjoint des ministres chargés du logement, du budget, de la sécurité sociale et de l'agriculture. – *V. Arr. du 14 août 1987, art. 13, mod. par Arr. du 22 févr. 1988 (JO 3 mars). – V. Circ. nº 88-13 du 25 févr. 1988 relative aux mesures en faveur des accédants à la propriété ayant souscrit des prêts PAP à taux élevé, Mon. TP 18 mars 1988, Suppl. textes, p. 8.*

Les dispositions du Décr. nº 97-289 du 28 mars 1997 sont applicables à compter du 1er avr. 1997 (V. Décr. préc., art. 23, ss. art. R. 351-5).

Art. R. 351-21-4 *(Décr. nº 97-289 du 28 mars 1997)* **Dans le cas du calcul de l'aide personnalisée des copropriétaires prévu au sixième alinéa de l'article R. 351-17 :**

– l'élément L représente le quotient de la somme prise en compte au titre des charges mentionnées à l'article R. 351-2 par le nombre de copropriétaires, cotitulaires du prêt ouvrant droit à l'aide personnalisée, le résultat étant pris en compte dans la limite de la mensualité plafond prévue à l'article R. 351-22-1 qui correspond à la situation familiale de chacun des intéressés ;

– il est fait application à chaque personne ou ménage concerné du coefficient N prévu à l'article R. 351-19 et de l'élément C prévu à l'article R. 351-22-1 qui correspondent à sa situation familiale.

Les dispositions du Décr. nº 97-289 du 28 mars 1997 sont applicables à compter du 1er avr. 1997 (V. Décr. préc., art. 23, ss. art. R. 351-5).

Concernant le calcul de l'APL, V. Arr. du 3 juill. 1978 mod., cité ss. art. R. 351-5.

§ 3 DISPOSITIONS COMMUNES AUX LOCATAIRES ET AUX PROPRIÉTAIRES

(Décr. nº 97-289 du 28 mars 1997)

Art. R. 351-22 **Lorsque le montant de l'aide personnalisée est inférieur à une somme fixée par arrêté conjoint des ministres chargés des finances, de la construction et de l'habitation, de l'agriculture et de la sécurité sociale, il n'est pas procédé à son versement.** – *V. par exemple Arr. du 10 août 1984 ; Arr. du 30 août 1985.*

(Décr. nº 94-1018 du 23 nov. 1994, art. 2) **« Les organismes payeurs définis à l'article R. 351-26 sont autorisés à abandonner la mise en recouvrement des sommes indûment payées lorsque leur montant est inférieur à une somme. »** *(Décr. nº 2011-99 du 24 janv. 2011, art. 4)* **« égale à 0,68 % du plafond mentionné à l'article L. 241-3 du code de la sécurité sociale, arrondie à l'euro supérieur ».**

A supposer que l'action en paiement auprès de la caisse d'allocations familiales n'ait pas été prescrite, c'est à bon droit que la section des aides publiques au logement rejette la demande de l'intéressé, si le montant mensuel des droits de ce dernier est inférieur à la somme minimum fixée par arrêté interministériel. • CE 1er mars 1991, *Hochard : req. nº 111871.*

Art. R. 351-22-1 *(Décr. nº 97-289 du 28 mars 1997)* **Les plafonds de loyers et de mensualités, le montant forfaitaire des charges ainsi que les zones géographiques à l'intérieur desquelles sont déterminés ces plafonds sont fixés par arrêté conjoint des ministres en charge du logement, du budget, de la sécurité sociale et de l'agriculture.**

Les dispositions du Décr. nº 97-289 du 28 mars 1997 sont applicables à compter du 1er avr. 1997 (Décr. préc., art. 23 ss. art. R. 351-5).

Art. R. 351-22-2 *Abrogé par Décr. nº 2001-1037 du 5 nov. 2001, art. 7, à compter du 1er janv. 2002.*

SOUS-SECTION 5 PRIME DE DÉMÉNAGEMENT

Art. R. 351-23 *(Décr. nº 88-966 du 10 oct. 1988, art. 6)* **« La prime de déménagement est attribuée aux personnes ou ménages ayant à charge au moins trois enfants nés ou à naître et qui s'installent dans un logement donnant vocation à l'aide personnalisée au cours d'une période comprise entre le premier jour du mois civil suivant le troisième mois de grossesse au titre d'un enfant de rang trois ou plus et le dernier jour du mois précédant celui au cours duquel ledit enfant atteint son deuxième anniversaire ».**

Cette prime est due si le droit à l'aide personnalisée est ouvert dans un délai de six mois à compter de la date d'emménagement même lorsqu'en application de l'article R. 351-22 il n'est pas procédé au versement de l'aide personnalisée.

V. Arr. du 3 juill. 1978 (JO 23 juill.) modifié, cité ss. art. R. 351-5. – Dir. nº 3 du Fonds national de l'habitation relative à la prime de déménagement (BOME, fasc. spécial, nº 78-35 bis), modifiée en 1982.

Art. R. 351-24 **La demande, conforme à un modèle type, doit être déposée auprès de l'organisme payeur de l'aide personnalisée six mois au plus tard après la date de l'emménagement dans la résidence définitive.**

Est interdit le cumul de la prime de déménagement avec toute allocation, quelle qu'en soit l'origine, destinée à couvrir des frais de déménagement. Toutefois, lorsque le montant de cette allocation est inférieur à celui de la prime de déménagement à laquelle ouvre droit l'aide personnalisée, la différence est versée par l'organisme payeur.

V. Dir. nº 3 du Fonds national de l'habitation, préc.

Il importe peu que l'intéressé ait fait transporter ses meubles à une date postérieure à celle de son installation. • CE 10 avr. 1991, *Min. de l'équipement c/ Cauveau*, req. nº 83127 : *Lebon 127*.

Art. R. 351-25 **Le montant de la prime de déménagement à laquelle ouvre droit l'aide personnalisée est fixé dans la double limite des dépenses justifiées réellement engagées par le bénéficiaire et d'un plafond fixé, en fonction de la composition de la famille, par arrêté conjoint des ministres chargés des finances, de la construction et de l'habitation, de l'agriculture et de la sécurité sociale.**

V. Dir. nº 3 du Fonds national de l'habitation, préc.

SOUS-SECTION 6 MODALITÉS DE LIQUIDATION ET DE VERSEMENT

Art. R. 351-26 **L'aide personnalisée et la prime de déménagement sont liquidées et payées par la caisse d'allocations familiales compétente en fonction de la résidence du bénéficiaire, y compris lorsque celui-ci relève ou est susceptible de relever, au titre des prestations familiales, de l'un des organismes et services énumérés par le décret nº 71-612 du 15 juillet 1971 pris en application de l'article 26 de l'ordonnance nº 67-706 du 21 août 1967** *[V., pour les personnels de l'État et des collectivités publiques,* **CSS***, art. L. 755-10 et D. 755-4 et, pour les salariés agricoles,* **C. rur.***, art. L. 742-1 et R. 742-1]*. **Dans ce dernier cas, les organismes et services précités et les caisses d'allocations familiales sont tenus d'échanger les renseignements administratifs nécessaires à la liquidation et au paiement de l'aide personnalisée.**

Lorsque le bénéficiaire relève ou est susceptible de relever du régime agricole des prestations familiales, l'organisme payeur est la caisse de mutualité sociale agricole compétente. — *V. art. L. 351-8.*

V. Convention entre le Fonds national de l'habitation, la Caisse nationale des allocations familiales et la Caisse centrale d'allocations familiales mutuelles (BOMELT, fasc. spécial, nº 78/35 bis). — Directive nº 4 du Fonds national de l'habitation (BOMELT, fasc. spécial, nº 78/35 bis). — Directive du 28 avr. 1978 relative au versement par les caisses d'allocations familiales de l'aide personnalisée au logement (BOMELT nº 78/35 bis).

La caisse d'allocations familiales des Côtes-du-Nord a seule qualité pour demander le remboursement de la somme versée indûment pour un logement situé dans le département des Côtes-du-Nord. Les allocataires ayant déménagé pour aller habiter dans le département de la Somme, la caisse d'allocations familiales de ce département était incompétente pour saisir le tribunal administratif d'une demande tendant à la condamnation au remboursement des allocataires. • CAA Douai, 28 oct. 1999, *Lemarchand* : *req. nº 96DA02430.*

Art. R. 351-27 **L'aide personnalisée est versée selon les modalités techniques précisées par les conventions nationales prévues à l'article L. 351-8 :**

— *(Décr. nº 80-391 du 2 juin 1980, art. 3-I)* **« Au bailleur ou au gestionnaire répondant aux conditions fixées par l'arrêté du 9 mars 1978 relatif à l'agrément des personnes ou organismes habilités à gérer des immeubles faisant l'objet d'une convention régie par le titre V de la loi nº 77-1 du 3 janvier 1977 », lorsque le bénéficiaire est locataire ; ce versement peut faire l'objet d'avances dans des cas et selon des conditions définies par arrêté conjoint des ministres chargés de la sécurité sociale, de l'agriculture, des finances et de la construction et de l'habitation ;**

— à l'établissement habilité à cette fin lorsque le bénéficiaire est propriétaire du logement ; cet établissement est l'établissement prêteur, lorsque le bénéficiaire est un propriétaire qui a contracté un prêt unique entrant dans le champ d'application de l'article R. 351-2 et, lorsque le propriétaire a contracté plusieurs prêts, l'établissement qui a accordé le prêt principal répondant aux critères dudit article R. 351-2, sauf si

le propriétaire a donné mandat à un autre établissement répondant à des caractéristiques définies par arrêté conjoint des ministres chargés des finances, de la construction et de l'habitation, de l'agriculture et de la sécurité sociale, auquel cas l'aide personnalisée est versée à cet établissement.

(Décr. nº 80-391 du 2 juin 1980, art. 3-II) « Lorsque le bénéficiaire est locataire d'un logement compris dans un patrimoine conventionné comportant moins de dix logements, l'aide personnalisée est versée au bailleur ou au gestionnaire, s'il en fait la demande ; dans le cas contraire, elle est versée au locataire. »

(Décr. nº 90-880 du 28 sept. 1990, art. 5) « Dans les cas de sous-location prévus aux articles L. 353-20, L. 442-8-1 et L. 442-8-4, le préfet peut autoriser après accord du bailleur le versement de l'aide personnalisée au logement aux personnes morales locataires qui en font la demande. »

En outre, elle est versée directement au bénéficiaire qui est dans l'une des situations suivantes :

– locataire ou occupant de bonne foi dans le cas prévu par l'article L. 353-9 ;

– propriétaire qui a contracté plusieurs prêts et qui n'a pas donné mandat à un établissement habilité, lorsque aucune des mensualités de remboursement de ces prêts n'est supérieure ou égale pour la première année au montant de l'aide personnalisée ;

– *(Décr. nº 90-635 du 18 juill. 1990, art. 7)* « personnes mentionnées à l'article L. 351-15 ».

(Décr. nº 84-1160 du 21 déc. 1984, art. 6) « Pour l'application du présent article :

« – sont considérés comme établissement habilité le vendeur, en cas de vente à terme, ou de location-accession, et les sociétés faisant l'objet des dispositions des articles L. 212-1 à L. 212-13 et L. 213-1 à L. 213-15 lorsqu'elles ont été bénéficiaires du prêt principal ;

« – est assimilé *[sont assimilés]* au propriétaire l'accédant titulaire d'un contrat de location-accession, et le porteur de parts ou d'actions de sociétés donnant vocation à l'attribution en propriété du logement qu'il occupe dès lors qu'il bénéficie directement d'un prêt entrant dans le champ d'application de l'article R. 351-2. »

V. Arr. du 20 oct. 1980 (JO 31 oct.) relatif au versement d'avances sur aide personnalisée au logement au secteur locatif.

Art. R. 351-28 Lorsque le bénéficiaire de l'aide personnalisée est un locataire, son versement intervient mensuellement à terme échu.

Lorsque le bénéficiaire est un propriétaire, l'aide personnalisée est versée :

– à l'établissement habilité, selon la même périodicité que le paiement des charges d'emprunt en cas de prêt unique ;

– à l'établissement habilité ou au bénéficiaire, mensuellement, à terme échu, ou selon la périodicité la plus courte de celles prévues par les différents contrats de prêts.

(Décr. nº 84-1160 du 21 déc. 1984, art. 7) « Lorsque le bénéficiaire est un accédant titulaire d'un contrat de location-accession, l'aide personnalisée est versée selon la même périodicité que le paiement de la redevance. »

Art. R. 351-28-1 *(Décr. nº 2009-881 du 21 juill. 2009)* Les dispositions des articles D. 553-1, D. 553-2 et D. 553-4 du code de la sécurité sociale sont applicables au recouvrement des indus prévu à l'article L. 351-11.

Le présent art. est applicable aux indus notifiés à compter du 23 juill. 2009 ainsi qu'aux indus en cours de recouvrement à cette date (Décr. préc., art. 3).

Arrêté du 10 juillet 2007,

Relatif au montant des plafonds de certaines prestations familiales et aux tranches du barème applicable au recouvrement des indus et à la saisie des prestations (JO 12 juill.).

. . . .

Art. 4 I. — Pour l'application, à compter du 1er juillet 2007, des dispositions du II de l'article D. 553-1 du code de la sécurité sociale :

a) Les tranches de revenus pour lesquelles sont effectuées les retenues sont fixées à :

25 % sur la tranche de revenus comprise entre 231 € et 345 € ;

35 % sur la tranche de revenus comprise entre 346 € et 516 € ;

45 % sur la tranche de revenus comprise entre 517 € et 690 € ;

45 % sur la tranche de revenus comprise entre 517 € et 690 € ;

60 % sur la tranche de revenus supérieure à 691 €.

b) La retenue forfaitaire opérée sur la tranche de revenus inférieure à 231 € s élève à 37 €.

c) Le revenu mensuel pondéré est réputé être égal à 1 034 € lorscue les informations relatives aux revenus de l'allocataire, de son conjoint, de son partenaire d'un pacte civil de solidarité ou concubin ne sont pas en possession de l'organisme débiteur de prestations familiales.

II. — Les dispositions des *a* et *b* du I ci-dessus sont applicables au III de l'article R. 351-28-1 du code de la construction et de l'habitation à compter du 1er juillet 2007.

Art. R. 351-28-2 *Abrogé par Décr. no 2009-881 du 21 juill. 2009.*

● SOUS-SECTION 7 DISPOSITIONS DIVERSES

Art. R. 351-29 *(Décr. no 2000-635 du 7 juill. 2000, art. 6)* **Pour l'application de la présente section :**

— est assimilé au conjoint mentionné *(Décr. no 2001-1037 du 5 nov. 2001, art. 4)* **« aux articles R. 351-1, R. 351-1-1, R. 351-5 à R. 351-8, R. 351-10 à R. 351-14-1 »** *(Décr. no 2009-881 du 21 juill. 2009)* **« et R. 351-17 », la personne vivant en concubinage avec le bénéficiaire de l'aide personnalisée au logement ou le partenaire lié à celui-ci par un pacte civil de solidarité ;**

— la notion de couple mentionnée à l'article R. 351-16 s'applique aux personnes mariées, vivant en concubinage ou liées par un pacte civil de solidarité.

Les dispositions du Décr. no 2000-635 du 7 juill. 2000 sont applicables à compter du 1er juill. 2000 (Décr. préc., art. 7).

Les dispositions du Décr. no 2001-1037 du 5 nov. 2001 entrent en vigueur le 1er déc. 2001 (Décr. préc., art. 10 ; JO 10 nov.).

Les dispositions du Décr. no 2009-881 du 21 juill. 2009 sont applicables aux indus notifiés à compter du 23 juill. 2009 ainsi qu'aux indus en cours de recouvrement à cette date (Décr. préc., art. 3).

Art. R. 351-30 *(Décr. no 86-982 du 22 août 1986, art. 5)* **Lorsque le bénéficiaire ne règle pas la part de dépense de logement restant à sa charge, son cas est soumis à** *(Décr. no 2005-260 du 23 mars 2005, art. 3-III)* **« la** *(Décr. no 2005-588 du 27 mai 2005, art. 1er-I)* **« commission » départementale des aides publiques au logement » par le bailleur ou l'établissement habilité percevant l'aide personnalisée pour son compte.**

En secteur locatif, l'impayé est constitué soit lorsque trois termes nets consécutifs sont totalement impayés, soit lorsque le locataire est débiteur à l'égard du bailleur d'une somme au moins égale à deux fois le montant mensuel brut du loyer et des charges. Dans le secteur de l'accession à la propriété, l'impayé est constitué, en cas de périodicité

trimestrielle lorsque deux échéances de prêt nettes consécutives sont totalement impayées ou lorsque l'emprunteur est débiteur à l'égard de l'établissement habilité d'une somme au moins égale à une échéance de prêt brute et en cas de périodicité mensuelle lorsque trois échéances de prêt nettes consécutives sont totalement impayées ou lorsque l'emprunteur est débiteur à l'égard de l'établissement habilité d'une somme au moins égale à deux échéances de prêt brutes.

Le bailleur ou l'établissement habilité doit, dans un délai de trois mois après la constitution de l'impayé défini à l'alinéa précédent, porter la situation du bénéficiaire défaillant à la connaissance de la *(Décr. no 2005-588 du 27 mai 2005, art. 1er-I)* « commission » des aides publiques au logement du conseil départemental de l'habitat et justifier qu'il poursuit par tous les moyens le recouvrement de sa créance. *(Décr. no 92-1048 du 28 sept. 1992, art. 4)* « Lorsque la *(Décr. no 2005-588 du 27 mai 2005, art. 1er-I)* « commission » départementale des aides publiques au logement a connaissance d'une situation d'impayé qui ne lui a pas été signalée, elle peut s'en saisir ». – *Application aux prestations échues à compter du mois de juillet 1992 (Décr. no 92-1048 du 28 sept. 1992, art. 9-II).*

(Décr. no 90-880 du 28 sept. 1990, art. 6) « Sauf en cas de mauvaise foi avérée, le versement de l'aide personnalisée au logement (APL) est maintenu sur décision de la *(Décr. no 2005-588 du 27 mai 2005, art. 1er-I)* « commission » départementale des aides publiques au logement (*(Décr. no 2005-588 du 27 mai 2005, art. 1er-I)* « CDAPL ») dans les conditions suivantes :

« I. – *Locatif.* – Compte tenu de la situation du bénéficiaire, la *(Décr. no 2005-588 du 27 mai 2005, art. 1er-I)* « CDAPL » décide :

« – soit de renvoyer le dossier au bailleur aux fins de mettre en place, dans un délai de six mois au plus, un plan d'apurement de la dette. Si la *(Décr. no 2005-588 du 27 mai 2005, art. 1er-I)* « CDAPL » approuve ce plan, elle maintient le versement de l'APL sous réserve de la reprise du paiement du loyer et de la bonne exécution du plan d'apurement. A défaut de réception du plan d'apurement dans le délai précité ou d'approbation du plan par la *(Décr. no 2005-588 du 27 mai 2005, art. 1er-I)* « CDAPL » et après mise en demeure du bailleur, la *(Décr. no 2005-588 du 27 mai 2005, art. 1er-I)* « CDAPL » peut soit suspendre le versement de l'APL, soit saisir le dispositif mentionné ci-dessous qui doit faire connaître sa décision dans un délai maximum de six mois ; il en est de même en cas de mauvaise exécution du plan d'apurement ou de constitution d'un nouvel impayé ;

« – soit de saisir directement un fonds local d'aide au logement, et notamment le fonds de solidarité pour le logement prévu à l'article 6 de la loi no 90-449 du 31 mai 1990 ou tout autre dispositif ou organisme à vocation analogue, en lui demandant de faire connaître sa décision à la *(Décr. no 2005-588 du 27 mai 2005, art. 1er-I)* « CDAPL » dans un délai maximum de douze mois. Le bailleur, informé de cette saisine par la *(Décr. no 2005-588 du 27 mai 2005, art. 1er-I)* « CDAPL », doit faire part de ses propositions au dispositif d'aide. Au vu de cette décision, la *(Décr. no 2005-588 du 27 mai 2005, art. 1er-I)* « CDAPL » maintient le versement de l'APL sous réserve de la reprise du paiement du loyer et du respect des conditions fixées par le dispositif d'aide. Si le dispositif d'aide n'a pas fait connaître sa décision dans le délai précité, et après mise en demeure, la *(Décr. no 2005-588 du 27 mai 2005, art. 1er-I)* « CDAPL » suspend le versement de l'APL. Il en est de même en cas de non-respect des conditions fixées par le dispositif ou de constitution d'un nouvel impayé.

« L'exécution régulière du plan d'apurement est vérifiée tous les douze mois par la *(Décr. no 2005-588 du 27 mai 2005, art. 1er-I)* « CDAPL ».

(Décr. no 2005-588 du 27 mai 2005, art. 1er-II) « Toutefois, en cas de difficultés dans la mise en place du plan d'apurement ou dans l'exécution de celui-ci, dès lors que le locataire s'acquitte du paiement du loyer, la commission peut décider du maintien du versement de l'APL.

« Dans les cas de mauvaise foi avérée, lorsque la commission suspend le versement de l'APL pour non-respect du plan d'apurement, elle est habilitée à décider le remboursement par le bénéficiaire de l'aide versée postérieurement à l'interruption de l'exécution du plan.

« II. – *Accession.* – Lorsque le bénéficiaire accédant à la propriété se trouve en situation d'impayé, le versement de l'APL est maintenu selon les dispositions prévues au I.

« III. – *Locatif et accession.* – Si un dispositif d'aide a été saisi préalablement ou parallèlement à la *(Décr. nº 2005-588 du 27 mai 2005, art. 1er-I)* « CDAPL », celle-ci maintient le versement de l'APL et suspend l'examen du dossier pendant le délai qu'elle estime nécessaire à l'élaboration d'un plan d'apurement de la dette par le dispositif. A défaut de réception d'un plan d'apurement dans le délai précité ou d'approbation de la *(Décr. nº 2005-588 du 27 mai 2005, art. 1er-I)* « CDAPL », et après mise en demeure, la *(Décr. nº 2005-588 du 27 mai 2005, art. 1er-I)* « CDAPL » peut soit suspendre l'APL, soit renvoyer le dossier à l'établissement prêteur ou au bailleur aux fins de mettre en place un plan d'apurement dans un délai qu'elle fixe.

« L'exécution régulière du plan d'apurement est vérifiée tous les douze mois par la *(Décr. nº 2005-588 du 27 mai 2005, art. 1er-I)* « CDAPL ».

(Décr. nº 2005-588 du 27 mai 2005, art. 1er-III) « Lorsqu'une procédure de surendettement a été engagée, préalablement ou parallèlement à la saisine de la CDAPL, devant la commission prévue à l'article L. 331-1 du code de la consommation, le versement de l'aide est maintenu pendant le délai prévu pour l'orientation du dossier de surendettement. A réception du plan conventionnel de redressement, la CDAPL maintient le versement de l'APL sous réserve de la reprise du paiement du loyer ou de l'échéance d'emprunt et du respect des conditions prévues par la commission de surendettement. »

« Si le bailleur ne saisit pas la *(Décr. nº 2005-588 du 27 mai 2005, art. 1er-I)* « commission » dans les délais susmentionnés ou n'apporte pas les justifications prévues au troisième alinéa, il pourra être fait application des dispositions de l'article L. 351-13 du présent code. En outre, la *(Décr. nº 2005-588 du 27 mai 2005, art. 1er-I)* « CDAPL » est habilitée à décider que le bailleur ou l'établissement habilité devra rembourser à l'organisme payeur tout ou partie de l'aide personnalisée depuis la défaillance du bénéficiaire. » *(Décr. nº 92-1048 du 28 sept. 1992, art. 5)* « Le bailleur ou l'établissement habilité ne pourra se retourner vers le bénéficiaire pour lui réclamer l'aide personnalisée que la *(Décr. nº 2005-588 du 27 mai 2005, art. 1er-I)* « CDAPL » lui demande de rembourser ». – *Applicable aux prestations échues à compter du mois de juillet 1992 (Décr. nº 92-1048 du 28 sept. 1992, art. 9-II).*

Les organismes payeurs saisissent la *(Décr. nº 2005-588 du 27 mai 2005, art. 1er-I)* « commission » des cas dont ils ont connaissance dans lesquels le bénéficiaire n'est pas à jour de ses obligations.

1. Champ d'application. A partir du moment où l'allocataire cesse de remplir une des conditions réglementaires du bénéfice de l'aide, la suspension du versement de celle-ci n'a pas à être précédée d'un plan d'apurement prévu par les dispositions de l'art. R. 351-30 qui régissent les mécanismes de suspension uniquement dues au défaut de règlement, par le bénéficiaire, notamment de la part de loyer restant à sa charge. • CAA Paris, 9 nov. 2000, *Traoré : req. nº 98PA00996.*

2. Compétence. Seule la section des aides publiques au logement est compétente pour décider de la suspension du versement de l'APL, décision qui ne peut avoir d'effet rétroactif. En conséquence aucun indu n'a pu être constitué alors que le plan d'apurement n'ayant pas été concrétisé, la caisse a notifié l'indu sans que la section des aides publiques ait été saisie. • CAA Douai, 6 avr. 2000, *CAF de Maubeuge : req. nº 97DA02112.*

3. Détermination de l'impayé. Pour la détermination de l'impayé et par suite la fixation du point de départ du délai de trois mois imparti au bailleur pour saisir la section départementale des aides publiques au logement, le montant des charges locatives récupérables éventuellement comprises dans la somme dont le locataire est débiteur vis-à-vis de son bailleur ne peut s'entendre, compte tenu de l'objectif d'apurement de la dette des bénéficiaires de l'APL qui est poursuivi, que comme le montant total réel de ces charges, telles que celles-ci sont définies à l'art. L. 442-3 du code et le décret pris pour son application. A cet égard, il n'y a pas lieu d'exclure du montant de ces charges récupérables celles qui ne seraient perçues par le bailleur que pour le compte de tiers, ni de se référer à la notion de « montant forfaitaire des charges » retenue aux art. R. 351-18 et R. 351-20 CCH pour le seul besoin de l'application de la formule de calcul du montant de l'APL. • CAA Nantes, 29 mars 2000, *SA d'HLM Le Logis Drouais : req. nº 98NT00815.* ♦ Une société d'HLM ne peut utilement faire valoir que le fait que le montant des charges à prendre en compte est constitué par le montant réel des charges dues par le locataire conduirait à accroître le risque d'impayés pour les seuls locataires habitant en logements collectifs. • Même arrêt.

4. Prise en compte de la situation du bénéficiaire. La section des aides publiques au logement, saisie d'une situation d'impayé concernant un bénéficiaire de l'APL, a la faculté d'opter, sous le contrôle du juge, entre le maintien de l'aide personnalisée au logement et la saisie directe d'un fonds local d'aide au logement. Commet une erreur manifeste d'appréciation la section qui opte pour le maintien de l'APL dans l'attente de la régularisation de la situation alors que compte tenu de la situation de l'intéressé, qui était chômeur en fin de droits, elle devait saisir un fonds d'aide au logement. • CAA Marseille, 24 févr. 1998, *Min. de l'équipement :* ⚖ *req. nº 96MA02760.* ♦ Même chose à l'égard d'allocataires au chômage. • CAA Marseille, 6 mai 1999, *Min. de l'équipement :* ⚖ *req. nº 97MA01775.* ♦ Même chose à l'égard d'une personne ne disposant que du revenu minimum d'insertion avec une personne à charge. • CAA Nancy, 9 mai 1996, *Pauquet :* ⚖ *req. nº 94NC00774.* ♦ La section ne commet pas d'erreur manifeste d'appréciation en décidant de la suspension du versement compte tenu de la situation de l'intéressé et notamment du montant des ressources, constitué d'une rente d'invalidité et d'allocations perçues des ASSEDIC, au regard des charges supportées par l'intéressé. • CAA Paris, 6 déc. 1994, *Min. de l'équipement c/ Mayot : req. nº 93PA00382.*

5. Notion de Fonds d'aide au logement. La commission d'examen des situations de surendettement des particuliers ne constitue pas un organisme à vocation analogue à celle du Fonds local d'aide au logement. • CAA Lyon, 27 sept. 1994, *Min. de l'équipement c/ Caradec,* req. nº 93LY00218 : ⚖ *Lebon T. 1029* ✎.

6. Décision de suspension du versement de l'aide. Lorsque le bénéficiaire ne respecte pas le plan d'apurement de la dette dans le délai fixé par la section des aides publiques au logement, celle-ci est tenue de suspendre le versement de l'aide. • CAA Nancy, 16 juin 1994, *Mainy :* ⚖ *req. nº 93NC00467.* ♦ Il ne peut y avoir de décision de suspension du versement avant l'expiration du délai fixé pour l'adoption d'un plan d'apurement. • CAA Lyon, 25 juin 2002, *Diaz : req. nº 97LY02385.* ♦ Le bénéficiaire de l'aide qui n'a pas respecté le plan d'apurement de sa dette ne peut utilement exciper de ses difficultés financières. • CAA Paris, 11 mai 2000, *Chanvry : req. nº 96PA01787.* ♦ La circonstance que la résiliation du bail se trouve suspendue est sans incidence sur la légalité de la décision prescrivant la suspension du versement de l'APL. • CAA Paris, 2 déc. 1999, *Cheddad : req. nº 98PA02651.* ♦ Les décisions de suspension du versement ne peuvent entrer en vigueur qu'à partir de leur notification aux intéressés. Elles ne peuvent donc, sous peine d'illégalité, porter la mention qu'elles prendront effet à une date antérieure. • CAA Paris, 21 nov. 1996, *Thioubou :* ⚖ *req. nº 95PA03590.*

Art. R. 351-30-1 *(Décr. nº 2005-588 du 27 mai 2005, art. 2)* Pour le bénéfice de l'aide personnalisée au logement, le protocole d'accord, conclu en application de l'article L. 353-15-2 entre l'organisme bailleur et l'occupant d'un logement dont le bail a été résilié par décision judiciaire pour défaut de paiement de loyer et de charges, est signé après approbation du plan d'apurement par la commission prévue à l'article L. 351-14.

La commission fixe les modalités du versement du rappel de l'aide pendant la période comprise entre l'interruption du versement par l'organisme payeur et la signature du protocole.

Ces modalités doivent tenir compte de la situation financière du bénéficiaire et du plan de résorption de la dette établi avec le bailleur. A ce titre, la commission décide du versement du rappel d'aide :

— soit en une seule fois si le montant du rappel ou de la dette sont peu élevés ;

– soit par versements semestriels échelonnés sur la durée du plan d'apurement et sous réserve de sa bonne exécution. Dans ce cas, le premier versement est effectué trois mois après la reprise du paiement par l'occupant des échéances prévues par le protocole.

En cas de non-respect par l'occupant des engagements contenus dans le protocole, le bailleur est tenu d'en informer la commission qui suspend le versement du rappel. Sauf en cas de mauvaise foi avérée, la CDAPL maintient l'aide personnalisée au logement pendant une durée, qui ne peut excéder six mois, pour permettre la négociation d'un nouveau plan d'apurement entre le bailleur et l'occupant. Ce nouveau plan d'apurement fait l'objet d'un avenant au protocole, la durée totale de ce dernier ne pouvant être supérieure à cinq ans. Si la commission ne reçoit pas le plan d'apurement dans le délai précité, ou si elle ne l'approuve pas, le versement de l'aide est suspendu.

Les dispositions de cet article s'appliquent également aux baux des logements appartenant à l'établissement public de gestion immobilière du Nord-Pas-de-Calais créé par l'article 191 de la loi n° 2000-1208 du 13 décembre 2000 relative à la solidarité et au renouvellement urbains *[V. App., v° Loi SRU]*, ainsi qu'aux baux des logements appartenant à des organismes concourant aux objectifs de la politique d'aide au logement visés à l'article L. 365-1 du code de la construction et de l'habitation.

Art. R. 351-31 *(Décr. n° 90-880 du 28 sept. 1990, art. 7)* I. – *Locatif.* – Dans le cas où le bénéficiaire perçoit directement l'aide personnalisée au logement (APL) en application de l'article R. 351-27 et s'il se trouve en situation d'impayé au sens de l'article R. 351-30, le bailleur peut obtenir de l'organisme payeur le versement entre ses mains de cette aide en lieu et place du bénéficiaire.

A réception de la demande, l'organisme payeur en informe la *(Décr. n° 2005-588 du 27 mai 2005, art. 4)* « CDAPL » et le bénéficiaire et lui notifie son intention de procéder au versement au bailleur des mensualités d'APL, sauf si l'intéressé justifie par tous moyens avoir soldé sa dette de loyer avant l'expiration d'un délai d'un mois à compter de cette notification.

Le versement de l'APL est effectué entre les mains du bailleur à compter de l'expiration du délai d'un mois.

Sauf en cas de mauvaise foi avérée, le versement de l'aide est maintenu sur décision de la *(Décr. n° 2005-588 du 27 mai 2005, art. 4)* « commission » départementale des aides publiques au logement (*(Décr. n° 2005-588 du 27 mai 2005, art. 4)* « CDAPL ») dans les conditions prévues à l'article R. 351-30.

L'exécution régulière du plan d'apurement est vérifiée tous les douze mois par la *(Décr. n° 2005-588 du 27 mai 2005, art. 4)* « CDAPL ».

Au terme du plan d'apurement, le versement de l'aide au bénéficiaire est repris si celui-ci est à jour vis-à-vis de son bailleur. Toutefois, sur demande du bailleur et du bénéficiaire, la *(Décr. n° 2005-588 du 27 mai 2005, art. 4)* « CDAPL » peut décider de reconduire, pour une période qu'elle fixe, le versement de l'APL entre les mains du bailleur.

II. – *Accession.* – Lorsque le bénéficiaire se trouve en situation d'impayé au sens de l'article R. 351-30, le prêteur peut obtenir de l'organisme payeur le versement entre ses mains de cette aide au lieu et place du bénéficiaire selon les dispositions prévues au I.

Art. R. 351-32 Un décret fixe les modalités d'application de la présente section aux personnes résidant dans les départements d'outre-mer ainsi qu'aux Français établis hors de France.

SECTION II FONDS NATIONAL D'AIDE AU LOGEMENT *(Décr. no 2005-1733 du 30 déc. 2005, art. 1er-II).*

Art. R. 351-33 Le *(Décr. no 2005-1733 du 30 déc. 2005, art. 2)* « Fonds national d'aide au logement », institué par l'article L. 351-6, est doté de l'autonomie financière.

Il est administré par un conseil de gestion assisté d'un secrétariat qui est placé sous l'autorité du ministre chargé de la construction et de l'habitation.

La Caisse des dépôts et consignations assure la gestion financière du *(Décr. no 2005-1733 du 30 déc. 2005, art. 2)* « Fonds national d'aide au logement » dans les conditions fixées par un protocole passé entre le *(Décr. no 2005-1733 du 30 déc. 2005, art. 2)* « Fonds national d'aide au logement » et la Caisse des dépôts et consignations, après décision du conseil de gestion, et approuvé par le ministre chargé des finances.

Les dispositions du Décr. no 2005-1733 sont applicables à compter du 1er janv. 2006 (Décr. préc., art. 10).

Le Fonds national de l'habitation ne dispose pas d'une autonomie administrative complète. Il ne peut être considéré comme un établissement public mais constitue un simple organisme à caractère administratif. • T. confl. 23 oct. 1989, *Caisse d'allocations familiales de Montbéliard c/ Ricateau,* req. no 2580 : *Lebon T. 773.*

SOUS-SECTION 1 ORGANISATION

Art. R. 351-34 *(Décr. no 95-709 du 9 mai 1995, art. 7)* Le conseil de gestion du *(Décr. no 2005-1733 du 30 déc. 2005, art. 2)* « Fonds national d'aide au logement » est constitué comme suit :

– trois représentants du ministre chargé du logement ;
– un représentant du ministre chargé du budget ;
– un représentant du ministre chargé des finances ;
– deux représentants du ministre chargé de la sécurité sociale ;
– un représentant du ministre chargé de l'agriculture ;
– le directeur général de la Caisse des dépôts et consignations ou son représentant ;
– le président du conseil d'administration de la Caisse nationale des allocations familiales ou son représentant ;
– le président du conseil central d'administration de la mutualité sociale agricole ou son représentant ;
– le président du conseil d'administration de l'agence centrale des organismes de sécurité sociale ou son représentant.

Il est présidé par l'un des représentants du ministre chargé du logement.

Les dispositions du Décr. no 2005-1733 sont applicables à compter du 1er janv. 2006 (Décr. préc., art. 10).

Art. R. 351-35 Le conseil de gestion se réunit au moins *(Décr. no 95-709 du 9 mai 1995, art. 8)* « une fois par an », sur convocation du président.

Il établit son règlement intérieur.

SOUS-SECTION 2 ATTRIBUTIONS

Art. R. 351-36 Le conseil de gestion adopte les directives prévues par l'article L. 351-8, alinéa 1, l'objet de ces directives étant de rendre efficaces les modalités de liquidation et de paiement de l'aide personnalisée et de coordonner à cette fin les relations entre les organismes payeurs, les bénéficiaires et, le cas échéant, les bailleurs ou les établissements habilités auxquels l'aide est versée.

Le conseil de gestion peut faire toutes propositions relatives à l'application et à l'adaptation de la réglementation.

Ces directives ainsi que la décision prévue au dernier alinéa de l'article R. 351-33 doivent faire l'objet d'une approbation de la part des ministres chargés des finances, de la construction et de l'habitation, de l'agriculture et de la sécurité sociale.

L'approbation d'un ministre est réputée acquise si celui-ci ne fait pas d'observation dans un délai d'un mois à compter de la date à laquelle les projets de directives ou de décision lui ont été transmis.

Les directives du *(Décr. nº 2005-1733 du 30 déc. 2005, art. 2)* « Fonds national d'aide au logement » sont adressées aux organismes concernés par l'intermédiaire du ministre de tutelle compétent.

Les dispositions du Décr. nº 2005-1733 sont applicables à compter du 1er janv. 2006 (Décr. préc., art. 10).

Art. R. 351-37 Le conseil de gestion est consulté par le président sur les conventions et les accords particuliers prévus par l'article L. 351-8, alinéas 2 et 3.

Il peut être saisi de toute question relative à la gestion et au financement de l'aide personnalisée *(Décr. nº 2005-1733 du 30 déc. 2005, art. 3)* « et de l'allocation de logement relevant du titre III du livre VIII du code de la sécurité sociale ».

V. Dir. 30 oct. 1987 FNH (BOMELT 10 mai 1988). – Directive 21 oct. 1992 (JO 28 nov.), se substituant à la précédente.

V. ss. art. L. 351-14.

Les dispositions du Décr. nº 2005-1733 sont applicables à compter du 1er janv. 2006 (Décr. préc., art. 10).

Art. R. 351-38 Chaque année, sur proposition du président, le conseil de gestion adopte :

(Décr. nº 95-709 du 9 mai 1995, art. 9) « pour l'exercice à venir, et au plus tard au *(Décr. nº 2008-1530 du 22 déc. 2008)* « 30 avril », l'état prévisionnel des recettes et des dépenses afférentes aux obligations de toute nature incombant au fonds » ;

– le compte financier et le rapport d'activité concernant l'exercice écoulé.

Art. R. 351-39 L'état prévisionnel des recettes et des dépenses, adopté par le conseil de gestion, est approuvé par les ministres chargés des finances, de la construction et de l'habitation, de l'agriculture et de la sécurité sociale.

L'approbation d'un ministre est réputée acquise si celui-ci ne fait pas d'observation dans un délai de *(Décr. nº 95-709 du 9 mai 1995, art. 10)* « trente jours à compter de la réception des documents afférents à l'état prévisionnel ».

SOUS-SECTION 3 DISPOSITIONS FINANCIÈRES

Art. R. 351-40 Pour la gestion financière du *(Décr. nº 2005-1733 du 30 déc. 2005, art. 4-I)* « Fonds national d'aide au logement », la Caisse des dépôts et consignations ouvre dans ses écritures un compte particulier où elle enregistre les opérations de dépenses et de recettes du fonds.

Elle assure la gestion des fonds qui lui sont confiés à ce titre et met à la disposition des organismes payeurs, dans les conditions fixées par les conventions prévues à l'article L. 351-8, les fonds nécessaires au service et à la gestion de l'aide personnalisée *(Décr. nº 2005-1733 du 30 déc. 2005, art. 4-II)* « et de l'allocation de logement relevant du titre III du livre VIII du code de la sécurité sociale ».

Les dispositions du Décr. nº 2005-1733 sont applicables à compter du 1er janv. 2006 (Décr. préc., art. 10).

Art. R. 351-41 **La Caisse des dépôts et consignations adresse au président du conseil de gestion tous les éléments financiers et comptables permettant l'établissement des documents énumérés à l'article R. 351-38.**

Art. R. 351-42 **I. – Les recettes du** *(Décr. nº 2005-1733 du 30 déc. 2005, art. 5-I)* **« Fonds national d'aide au logement » sont les suivantes :**

1º La contribution de l'État ;

2º La contribution du Fonds national des prestations familiales, géré par la caisse nationale des allocations familiales ;

(Décr. nº 2009-1688 du 30 déc. 2009, art. 8) **« 3º »** *(Décr. nº 2005-1733 du 30 déc. 2005, art. 5-II)* **« Le produit des prélèvements mis à la charge des employeurs mentionné au *b* de l'article L. 351-7 ; »**

(Décr. nº 2009-1688 du 30 déc. 2009, art. 8) **« 4º »** *(Décr. nº 2008-1530 du 22 déc. 2008)* **« Une fraction du droit de consommation mentionnée au *d* de l'article L. 351-7 du présent code ; »**

(Décr. nº 2009-1688 du 30 déc. 2009, art. 8) **« 5º »** *(Décr. nº 2005-1733 du 30 déc. 2005, art. 5-II)* **« Les revenus des fonds placés ; »**

(Décr. nº 2009-1688 du 30 déc. 2009, art. 8) **« 6º »** *(Décr. nº 2005-1733 du 30 déc. 2005, art. 5-II)* **« Les recettes accidentelles et diverses ».**

II. – Les dépenses sont les suivantes :

1º Les sommes versées au titre des prestations prévues par l'article L. 351-6 ;

(Décr. nº 2005-1733 du 30 déc. 2005, art. 5-III) **« 2º Les dépenses de gestion exposées pour liquider et payer les prestations pour le compte du Fonds national d'aide au logement ainsi que pour le recouvrement du produit des prélèvements mis à la charge des employeurs mentionné au *b* de l'article L. 351-7. »**

3º Les dépenses du *(Décr. nº 95-709 du 9 mai 1995, art. 11)* **« Conseil national de l'habitat » ;**

4º Les frais de fonctionnement du *(Décr. nº 2005-1733 du 30 déc. 2005, art. 5-I)* **« Fonds national d'aide au logement » ;**

5º Les frais de procédure ;

6º Les dépenses accidentelles et diverses.

Les dispositions du Décr. nº 2005-1733 sont applicables à compter du 1er janv. 2006 (Décr. préc., art. 10).

Art. R. 351-43 **La caisse nationale des allocations familiales, la** *(Décr. nº 2009-1688 du 30 déc. 2009, art. 10)* **« caisse centrale de la Mutualité sociale agricole » adressent au** *(Décr. nº 2005-1733 du 30 déc. 2005, art. 6)* **« Fonds national d'aide au logement », au mois d'octobre de chaque année, un état prévisionnel des dépenses d'aide personnalisée au logement et** *(Décr. nº 2008-1530 du 22 déc. 2008)* **« de l'allocation de logement relevant du titre III du livre VIII du code de la sécurité sociale, ainsi qu' » un état prévisionnel des frais de gestion pour l'exercice suivant.**

Les dispositions du Décr. nº 2005-1733 sont applicables à compter du 1er janv. 2006 (Décr. préc., art. 10).

Art. R. 351-44 *(Décr. nº 2005-1733 du 30 déc. 2005, art. 7-I)* **« Le Fonds national d'aide au logement verse à l'Agence centrale des organismes de sécurité sociale pour le compte de la Caisse nationale des allocations familiales, ainsi qu'à la Caisse centrale de la mutualité sociale agricole, sa contribution au financement des prestations que ces organismes règlent pour son compte ainsi que les frais de gestion à charge dans les conditions définies ci-après. »**

(Décr. nº 2008-1530 du 22 déc. 2008) **« Ces versements s'effectuent sous la forme d'acomptes. Ces acomptes sont établis à partir : »**

(Décr. nº 2005-1733 du 30 déc. 2005, art. 7-III) « – d'une part, des dépenses ressortant à l'état prévisionnel prévu à l'article R. 351-38 tant en ce qui concerne l'aide personnalisée au logement et l'allocation de logement relevant du titre III du livre VIII du code de la sécurité sociale qu'en ce qui concerne les frais de gestion ; »

(Décr. nº 2008-1530 du 22 déc. 2008) « – d'autre part, du montant prévisionnel » *(Décr. nº 2009-1688 du 30 déc. 2009, art. 9)* « des contributions prévues au I (2º, 3º et 4º) de l'article R. 351-42 ».

(Décr. nº 2008-1530 du 22 déc. 2008) « Les modalités de versement sont précisées par conventions conclues en application de l'article L. 351-8. Celles-ci fixent notamment l'échéancier des versements, ainsi que les modalités de versements complémentaires liés aux opérations de fin de gestion de l'État.

« Le montant de l'acompte » pourra être revisé *[révisé]* en cours d'année en cas d'accroissement substantiel et imprévisible des charges des organismes payeurs dans des conditions et sur des bases définies par arrêté conjoint des ministres chargés des finances, de la construction et de l'habitation, de l'agriculture et de la sécurité sociale.

Une liquidation annuelle des recettes et dépenses du *(Décr. nº 2005-1733 du 30 déc. 2005, art. 7-III)* « Fonds national d'aide au logement » est assurée par la Caisse des dépôts et consignations au vu des états prévus à l'article R. 351-45.

Le règlement du solde de liquidation en faveur ou à la charge soit de la caisse nationale des allocations familiales, soit de la *(Décr. nº 2009-1688 du 30 déc. 2009, art. 9)* « caisse centrale de la mutualité *[Mutualité]* sociale agricole », est effectué concomitamment au versement *(Décr. nº 2008-1530 du 22 déc. 2008)* « du deuxième acompte » prévu par l'alinéa 2.

Les acomptes décomptés au profit de la caisse nationale des allocations familiales ainsi que le solde de la liquidation *(Décr. nº 2008-1530 du 22 déc. 2008)* « annuelle » en sa faveur ou à sa charge sont, suivant le cas, crédités ou débités par la Caisse des dépôts et consignations au compte unique de disponibilités courantes ouvert dans ses écritures au nom de l'agence centrale des organismes de sécurité sociale.

Les dispositions du Décr. nº 2005-1733 sont applicables à compter du 1er janv. 2006 (Décr. préc., art. 10).

Art. R. 351-45 La caisse nationale des allocations familiales et la *(Décr. nº 2009-1688 du 30 déc. 2009, art. 10)* « caisse centrale de la Mutualité sociale agricole » font connaître *(Décr. nº 2005-1733 du 30 déc. 2005, art. 8-I)* « au Fonds national d'aide au logement » :

1º *(Décr. nº 2008-1530 du 22 déc. 2008)* « Chaque mois, » le montant des sommes effectivement payées au titre de l'aide personnalisée au logement *(Décr. nº 2005-1733 du 30 déc. 2005, art. 8-II)* « et de l'allocation de logement relevant du titre III du livre VIII du code de la sécurité sociale » *(Décr. nº 2008-1530 du 22 déc. 2008)* « au cours du mois précédent » ;

2º Au cours du premier trimestre de chaque année, le montant total des sommes effectivement payées au cours de l'année précédente au titre de l'aide personnalisée et *(Décr. nº 2005-1733 du 30 déc. 2005, art. 8-III)* « de l'allocation de logement relevant du titre III du livre VIII du code de la sécurité sociale, ainsi qu'au titre des » frais de gestion exposés pendant la même période.

Les dispositions du Décr. nº 2005-1733 sont applicables à compter du 1er janv. 2006 (Décr. préc., art. 10).

SOUS-SECTION 4 DISPOSITIONS TRANSITOIRES

Art. R. 351-46 *Abrogé par Décr. nº 90-880 du 28 sept. 1990, art. 8.*

SECTION III SECTION DÉPARTEMENTALE DES AIDES PUBLIQUES AU LOGEMENT *(Décr. nº 2005-260 du 23 mars 2005, art. 3-I).*

(Décr. nº 84-702 du 30 juin 1984, art. 4)

V. Circ. nº 95-51 du 31 juill. 1995 (BOMELT nº 95/24, Mon. TP 22 sept. 1995, Suppl. textes, p. 316 : section des aides publiques au logement), mod. par Circ. nº 2005-44 du 13 juill. 2005 (BOMELT nº 2005/16, p. 51). — Sur la compétence de la section des aides publiques au logement, V. les annotations ss. art. R. 351-37.

Les décisions de la Section des aides publiques au logement relèvent de la compétence de la juridiction administrative (V. annotations ss. art. L. 351-14).

Art. R. 351-47 *(Décr. nº 2005-260 du 23 mars 2005, art. 3-II)* **« Les compétences prévues à l'article L. 351-14 sont exercées par une commission dénommée :** *(Décr. nº 2005-588 du 27 mai 2005, art. 4)* **« commission » départementale des aides publiques au logement ». Dans les conditions déterminées par l'article R. 351-49, cette** *(Décr. nº 2005-588 du 27 mai 2005, art. 4)* **« commission » :**

1. Décide, selon les modalités fixées par les articles *(Décr. nº 2005-588 du 27 mai 2005, art. 3)* **« R. 351-30 à R. 351-31 » et R. 351-64, du maintien du versement de l'aide personnalisée au logement lorsque le bénéficiaire ne règle pas la part de dépense de logement restant à sa charge ;**

2. Statue, selon les modalités fixées par l'article R. 351-50, sur les demandes de remise de dettes présentées à titre gracieux par les bénéficiaires de l'aide personnalisée au logement en cas de réclamation d'un trop-perçu effectuée par l'organisme payeur ;

3. Statue, selon les modalités fixées par les articles R. 351-50 et R. 351-51, sur les contestations des décisions des organismes ou services chargés du paiement de l'aide personnalisée au logement ou de la prime de déménagement.

Elle formule en outre des recommandations concernant les mesures susceptibles de faciliter la régularisation de la situation des bénéficiaires d'aide à la personne défaillants.

V. ss. art. L. 351-14.

Art. R. 351-48 *(Décr. nº 86-982 du 22 août 1986, art. 8 ; Décr. nº 2005-260 du 23 mars 2005, art. 3-III)* **« La** *(Décr. nº 2005-588 du 27 mai 2005, art. 4)* **« commission » départementale des aides publiques au logement » est présidée par le préfet** *(Décr. nº 95-638 du 6 mai 1995, art. 2)* **« ou son remplaçant ».**

(Décr. nº 90-880 du 28 sept. 1990, art. 9) **« Elle est composée du trésorier-payeur général, du directeur départemental de l'équipement, du chef du service régional du travail, de l'emploi et de la politique sociale agricoles compétent, du directeur départemental des affaires sanitaires et sociales, du président du conseil d'administration de la caisse d'allocations familiales concernée, du président du conseil d'administration de la caisse de mutualité sociale agricole compétente ou de leurs représentants respectifs, de deux représentants des usagers désignés par le préfet sur proposition des organisations les plus représentatives au niveau du département, d'un représentant désigné par le conseil général et d'un représentant de l'union départementale des associations familiales. »**

(Décr. nº 2005-260 du 23 mars 2005, art. 3-IV) **« Son secrétariat est assuré par les services départementaux du ministère chargé du logement. »**

Sur la composition et le fonctionnement de la commission, V. Dir. nº 1 du Fonds national de l'habitation modifiée par la Dir. nº 1 bis (BOMELT, fasc. spécial, nº 78/35 bis).

V. également Arr. du 14 févr. 1996 (JO 29 févr.) fixant la liste des instances ouvrant droit au congé de représentation prévue à l'art. R. 225-81 C. trav.

Art. R. 351-49 *(Décr. nº 95-638 du 6 mai 1995, art. 3)* **La** *(Décr. nº 2005-588 du 27 mai 2005, art. 4)* **« commission »** *(Décr. nº 2005-260 du 23 mars 2005, art. 3-V)*

« départementale des aides publiques au logement » délibère valablement lorsque quatre au moins de ses membres, dont le président, sont présents. Ses décisions sont prises à la majorité des voix des membres présents ou représentés, sauf dans le cas d'une délibération portant délégation en application de l'article R. 351-52 où la décision est prise à la majorité des membres composant la *(Décr. nº 2005-588 du 27 mai 2005, art. 4)* « commission » *(Décr. nº 2005-260 du 23 mars 2005, art. 3-V)* « départementale des aides publiques au logement ». En cas de partage égal des voix, celle du président est prépondérante.

La *(Décr. nº 2005-588 du 27 mai 2005, art. 4)* « commission » *(Décr. nº 2005-260 du 23 mars 2005, art. 3-V)* « départementale » des aides publiques au logement peut, avant de statuer, demander toute enquête ou supplément d'information nécessaire ou, à l'initiative de son président, auditionner toute personne.

La notification de la décision fait normalement partir le délai de recours devant la Commission. Ce recours est de deux mois (V. Directive nº 1, préc. ; V. art. R. 351-50).

Art. R. 351-50 *(Décr. nº 95-638 du 6 mai 1995, art. 3)* Lorsqu'elle est saisie d'une demande gracieuse de remise de dettes ou d'un recours administratif contestant une décision d'un organisme ou service chargé du paiement de l'aide personnalisée au logement ou de la prime de déménagement, la *(Décr. nº 2005-588 du 27 mai 2005, art. 4)* « commission » *(Décr. nº 2005-260 du 23 mars 2005, art. 3-V)* « départementale des aides publiques au logement » en accuse réception, soit par la délivrance d'un récépissé, soit par lettre dans les quinze jours, en indiquant les délais et voies de recours.

La *(Décr. nº 2005-588 du 27 mai 2005, art. 4)* « commission » notifie sa décision à la personne intéressée dans un délai de deux mois par lettre recommandée avec demande d'avis de réception. La notification comporte l'indication de la possibilité d'un recours contentieux devant le tribunal administratif dans le ressort duquel est situé le logement ayant donné lieu à la décision et du délai dans lequel ce recours contentieux doit être exercé.

Lorsque la décision de la *(Décr. nº 2005-588 du 27 mai 2005, art. 4)* « commission » *(Décr. nº 2005-260 du 23 mars 2005, art. 3-V)* « départementale des aides publiques au logement » n'a pas été portée à la connaissance de l'intéressé dans ce délai de deux mois, l'intéressé peut considérer sa demande gracieuse ou son recours administratif comme rejeté tacitement et se pourvoir devant le tribunal administratif.

Le délai de deux mois prévu aux alinéas précédents court à compter de la réception de la demande gracieuse ou du recours administratif par la *(Décr. nº 2005-588 du 27 mai 2005, art. 4)* « commission » *(Décr. nº 2005-260 du 23 mars 2005, art. 3-V)* « départementale des aides publiques au logement ». Toutefois, si un document est produit par l'intéressé après le dépôt de sa demande gracieuse ou de son recours administratif, le délai ne court qu'à dater de la réception de ce document.

Art. R. 351-51 *(Décr. nº 95-638 du 6 mai 1995, art. 3)* Les contestations des décisions prises en matière d'aide personnalisée au logement ou de prime de déménagement par les organismes ou services payeurs sont portées sous forme de recours administratifs devant la *(Décr. nº 2005-588 du 27 mai 2005, art. 4)* « commission » *(Décr. nº 2005-260 du 23 mars 2005, art. 3-V)* « départementale des aides publiques au logement » dans le ressort de laquelle est situé le logement au titre duquel la décision a été prise.

La *(Décr. nº 2005-588 du 27 mai 2005, art. 4)* « commission » doit être saisie dans le délai de deux mois à compter de la notification de la décision de l'organisme ou service payeur que l'intéressé entend contester. Les recours sont adressés au secrétariat de la *(Décr. nº 2005-588 du 27 mai 2005, art. 4)* « commission ». Ils sont rédigés sur papier libre et accompagnés d'un exemplaire de la décision faisant l'objet du recours administratif. Ils comportent un exposé sommaire des motifs invoqués à leur appui.

La notification de la décision de l'organisme ou service payeur comporte la mention de la possibilité, dans les conditions prévues à l'article R. 351-50, d'un recours administratif auprès de la *(Décr. nº 2005-588 du 27 mai 2005, art. 4)* « commission »

(Décr. nº 2005-260 du 23 mars 2005, art. 3-V) « départementale des aides publiques au logement » compétente ainsi que l'adresse du secrétariat de cette commission.

Art. R. 351-52 *(Décr. nº 95-638 du 6 mai 1995, art. 3)* La *(Décr. nº 2005-588 du 27 mai 2005, art. 4)* « commission » *(Décr. nº 2005-260 du 23 mars 2005, art. 3-V)* « départementale des aides publiques au logement » peut déléguer par voie de convention tout ou partie des compétences mentionnées aux 2 et 3 de l'article R. 351-47 aux organismes ou services chargés dans le département du paiement de l'aide personnalisée au logement et de la prime de déménagement. La convention énonce précisément les compétences déléguées. Notamment lorsque le montant des sommes contestées ou faisant l'objet d'une demande de remise de dettes constitue un critère de délégation, elle indique ce montant.

La convention détermine les modalités de l'exercice des compétences déléguées. Elle rappelle que l'organisme ou service délégataire est substitué à la *(Décr. nº 2005-588 du 27 mai 2005, art. 4)* « commission » *(Décr. nº 2005-260 du 23 mars 2005, art. 3-V)* « départementale des aides publiques au logement » et à son secrétariat pour l'application des articles R. 351-50 et R. 351-51. Elle prévoit notamment que les demandes gracieuses ou recours administratifs sont adressés directement à l'organisme ou service délégataire et que ce dernier recueille, préalablement à toute décision, l'avis de la commission de recours amiable prévue à l'article R. 142-1 du code de la sécurité sociale. Elle fixe les conditions de sa dénonciation par l'une ou l'autre des parties, notamment le délai de préavis.

La convention de délégation est approuvée par arrêté préfectoral après délibération de la *(Décr. nº 2005-588 du 27 mai 2005, art. 4)* « commission » *(Décr. nº 2005-260 du 23 mars 2005, art. 3-V)* « départementale des aides publiques au logement » dans les conditions fixées au premier alinéa de l'article R. 351-49.

Sur la délégation éventuelle du préfet au directeur départemental de l'équipement, V. Dir. nº 1 du Fonds national de l'habitation, préc.

Art. R. 351-53 *Abrogé par Décr. nº 95-638 du 6 mai 1995, art. 3.*

Art. R. 351-54 *Abrogé par Décr. nº 84-702 du 30 juin 1984, art. 3.*

SECTION IV DISPOSITIONS PARTICULIÈRES AUX LOGEMENTS-FOYERS

(Décr. nº 79-296 du 11 avr. 1979)

SOUS-SECTION 1 CONDITIONS D'ASSIMILATION DES LOGEMENTS-FOYERS AUX LOGEMENTS À USAGE LOCATIF

Art. R. 351-55 Sont considérés comme logements-foyers pour l'application du titre V du livre III de la première partie du code de la construction et de l'habitation les établissements à caractère social qui assurent le logement dans des immeubles comportant à la fois des locaux privatifs et des locaux communs meublés ainsi que, le cas échéant, diverses prestations annexes telles que blanchissage, service de soins ou services sociaux éducatifs moyennant une redevance.

(Décr. nº 94-1130 du 23 déc. 1994, art. 1er) « Toutefois, la présente sous-section ne s'applique que :

« 1. Aux logements-foyers hébergeant à titre principal des personnes handicapées ou des personnes âgées ;

« 2. Aux logements-foyers, dénommés « résidences sociales », destinés aux personnes ou familles éprouvant, au sens de l'article 1er de la loi nº 90-449 du 31 mai 1990

visant à la mise en œuvre du droit au logement, des difficultés particulières pour accéder à un logement décent et indépendant ;

« 3. Aux logements-foyers hébergeant à titre principal des jeunes travailleurs ou des travailleurs migrants et ayant fait l'objet d'une convention, prévue à l'article L. 353-2, signée avant le 1er janvier 1995. »

Sur le financement des logements-foyers à usage locatif, V. art. R. 331-1-1 (Décr. no 84-786 du 16 août 1984).

V. Circ. no 91-12 du 7 févr. 1991 (Mon. TP 12 avr. 1991, Suppl. textes, p. 375) : conventionnement des logements-foyers de jeunes travailleurs ; Circ. no 2006-45 du 4 juill. 2006 relative aux résidences sociales (BOMELT no 2006/14, p. 95).

Art. R. 351-56 **Peuvent être assimilés à des logements à usage locatif en application du 5o de l'article L. 351-2 :**

1o Les logements-foyers existants dont la construction a été financée :

Soit dans les conditions prévues par les articles L. 313-1, L. 411-1, R. 311-1 et R. 431-49 ; lorsque des crédits collectés au titre de la participation des employeurs à l'effort de construction ont constitué le seul financement entrant dans le champ d'application des articles précités, le montant de ces crédits doit représenter au moins 20 p. 100 du coût de la construction ;

Soit au moyen de subventions accordées sur le budget du ministère chargé de la santé, représentant au moins 20 p. 100 du coût de la construction ;

2o Les logements-foyers existants dont l'amélioration ou l'acquisition suivie d'une amélioration est financée :

Soit dans les conditions prévues par le titre III, chapitre Ier, section I, du présent livre ;

Soit dans les conditions prévues par le titre II, chapitre III, section I, du présent livre ;

Soit au moyen de crédits collectés au titre de la participation des employeurs à l'effort de construction dans les conditions prévues par l'article L. 313-1 (alinéa 3) dans le cadre d'une opération ayant fait l'objet d'un agrément des ministres chargés du logement et des travailleurs immigrés ;

Soit au moyen de subventions accordées sur le budget du ministère chargé de la santé *(Décr. no 2009-1625 du 24 déc. 2009, art. 3)* **« ou de la Caisse nationale de solidarité pour l'autonomie » représentant au moins 20 p. 100 du coût des travaux d'amélioration subventionnables ou du coût de l'opération d'acquisition-amélioration.**

(Décr. no 85-977 du 12 sept. 1985) **« Il en est de même des immeubles améliorés ou acquis et améliorés aux fins de transformation en logements-foyers avec le bénéfice des financements mentionnés ci-dessus » ;**

3o Les logements-foyers neufs dont la construction est financée :

Soit dans les conditions prévues par le titre III, chapitre Ier, section I, du présent livre ;

Soit au moyen de subventions accordées sur le budget du ministère chargé de la santé représentant au moins 20 p. 100 du coût de la construction.

(Décr. no 2009-1625 du 24 déc. 2009, art. 3) **« 4o Les établissements d'hébergement mentionnés au III de l'article R. 321-12 dès lors que leurs caractéristiques techniques respectent celles des logements-foyers prévues par l'arrêté mentionné à l'article R. 331-8 et que la convention prévue à l'article R. 321-20 est remplacée par la convention prévue à l'article R. 353-165-2. »**

V. Arr. du 21 mars 1978 (JO 6 avr.) relatif aux caractéristiques techniques et au prix des logements-foyers à usage locatif bénéficiant de subventions ou de prêts aidés par l'État, mod. par Arr. du 13 mars 1979 (JO 31 mars), Arr. du 31 août 1979 (JO 7 oct.), Arr. du 23 janv. 1980 (JO 15 févr.), Arr. du 31 déc. 1980 (JONC 21 janv. 1981), Arr. du 8 janv. 1982 (JONC 23 janv.), Arr. du 24 août 1982 (JO 26 juill.), Arr. du 10 nov. 1982 (JO 19 nov.), Arr. du 5 janv. 1983 (JO 12 janv.), Arr. du 5 juill. 1983 (JO 7 juill.), Arr. du 30 déc. 1983 (JO 5 janv. 1984), Arr. du 17 janv. 1985 (JO 24 janv.), Arr. du 6 déc. 1985 (JO 22 déc.), Arr. du 31 janv. 1986 (JO 19 févr.), Arr. du 13 févr.

1987 (JO 7 mars), Arr. du 26 févr. 1988 (JO 20 mars), Arr. du 21 mars 1989 (JO 9 avr.), Arr. du 14 mars 1990 (JO 1er avr.), Arr. du 25 févr. 1991 (JO 19 mars), Arr. du 9 mars 1992 (JO 1er avr.), Arr. du 27 janv. 1993 (JO 14 févr.), Arr. du 20 sept. 1993 (JO 2 oct.), Arr. du 20 déc. 1993 (JO 29 déc.), Arr. du 20 déc. 1994 (JO 31 déc.), Arr. 27 juill. 1995 (JO 20 août), Arr. du 26 janv. 1996 (JO 28 févr.). — Pour les logements-foyers bénéficiant du label Haute performance énergétique ou du label solaire, V. Arr. du 5 juill. 1983 (JO 7 juill.), mod. par Arr. du 13 févr. 1987 (JO 7 mars).

Arr. du 31 août 1979 relatif aux caractéristiques techniques et prix des immeubles bâtis, améliorés ou acquis et améliorés avec l'aide de l'État pour y aménager des logements-foyers à usage locatif (JO 7 oct.), mod. par Arr. du 17 janv. 1985 (JO 24 janv.), Arr. du 20 sept. 1993 (JO 2 oct.).

Arr. du 5 mai 1995 (JO 7 mai) relatif aux subventions de l'État et aux prêts pour la construction, l'acquisition et l'amélioration des logements locatifs aidés, mod. par Arr. du 28 mai 1997 (JO 31 mai), Arr. du 6 mars 2001 (JO 7 mars), Arr. du 18 juill. 2006 (JO 20 juill.) et Arr. du 17 oct. 2011 (JO 28 déc.)

Arr. du 21 mars 1978 (JO 6 avr.) relatif aux prix témoins des logements-foyers à usage locatif bénéficiant de subventions ou de prêts aidés par l'État, mod. par Arr. du 13 mars 1979 (JO 31 mars), Arr. du 31 août 1979 (JO 7 oct.), Arr. du 23 janv. 1980 (JO 15 févr.), Arr. du 31 déc. 1980 (JO 21 janv. 1981), Arr. du 8 janv. 1982 (JO 27 janv.), Arr. du 24 août 1982 (JO 26 août), Arr. du 10 nov. 1982 (JO 19 nov.), Arr. du 5 janv. 1983 (JO 12 janv.), Arr. du 30 déc. 1983 (JO 5 janv. 1984), Arr. du 29 janv. 1985 (JO 2 févr.), Arr. du 6 déc. 1985 (JO 22 déc.), Arr. du 26 févr. 1987 (JO 14 mars), Arr. 26 févr. 1988 (JO 19 avr.), Arr. du 28 mars 1989 (JO 18 mai), Arr. du 4 avr. 1990 (JO 29 avr.), Arr. du 27 févr. 1991 (JO 19 mars), Arr. du 11 juin 1992 (JO 24 juin), Arr. du 7 janv. 1994 (JO 16 févr.).

Circ. no 88-54 du 26 mai 1988, Mon. TP 15 juill. 1988, Suppl. textes, p. 6 (caractéristiques techniques et prix de référence des logements-foyers à usage locatif).

Art. R. 351-57 **Sont assimilés à des logements locatifs en application du 5o de l'article L. 351-2 les logements-foyers qui répondent à l'une des conditions fixées à l'article R. 351-56 et font l'objet d'une convention passée dans les conditions prévues au titre V, chapitre III, section VII, du présent livre.**

SOUS-SECTION 2 CONDITIONS D'OCTROI DE L'AIDE PERSONNALISÉE AU LOGEMENT AUX PERSONNES RÉSIDANT DANS UN LOGEMENT-FOYER

(Décr. no 79-298 du 11 avr. 1979)

Art. R. 351-58 *(Décr. no 90-906 du 1er oct. 1990, art. 2)* **L'aide personnalisée au logement est attribuée aux personnes résidant dans les logements-foyers visés au 5o de l'article L. 351-2 qui répondent aux conditions prévues à l'article R. 351-55 et font l'objet d'une convention passée dans les conditions prévues au titre V, chapitre III, section VII du présent livre.**

Art. R. 351-59 *(Décr. no 95-709 du 9 mai 1995, art. 12)* **Les logements-foyers visés au deuxième alinéa du I et du II de l'article L. 351-3-1 sont, outre les logements-foyers de jeunes travailleurs, les logements-foyers dénommés « résidences sociales » et les logements-foyers hébergeant à titre principal des travailleurs migrants mentionnés aux 2o et 3o du deuxième alinéa de l'article R. 351-55.**

Art. R. 351-60 **Le montant de l'aide personnalisée est obtenu par application de la formule : APL = K (E — Eo) dans laquelle :**

***a)* APL représente le montant mensuel de l'aide personnalisée ;**

***b)* K représente le coefficient de prise en charge défini à l'article** *(Décr. no 90-906 du 1er oct. 1990, art. 3)* **« R. 351-61 ou R. 351-61-1 » ;**

***c)* E représente l'équivalence de loyer et de charges locatives telle que définie aux articles R. 353-156 à R. 353-160, prise en compte dans la limite d'une équivalence de loyer et de charges locatives de référence fixée** *(Décr. no 2008-608 du 26 juin 2008)*

« par arrêté conjoint des ministres chargés du logement, du budget, de la sécurité sociale et de l'agriculture » ;

d) **E^{o} représente l'équivalence de loyer et de charges locatives minima, telle que définie à l'article** *(Décr. nº 90-906 du 1er oct. 1990, art. 3)* **« R. 351-62 ou R. 351-62-1 », prise en compte pour le calcul de l'aide personnalisée.**

V. Arr. du 30 juin 1979 relatif au calcul de l'aide personnalisée au logement attribuée aux personnes résidant dans un logement-foyer (JO 10 juill.), mod. par Arr. du 20 mai 1980 (JO 22 mai), Arr. du 29 juin 1981 (JO 30 juin), Arr. du 13 août 1982 (JO 15 août), Arr. du 30 juin 1983 (JO 13 juill.), Arr. du 10 août 1984 (JO 22 août), Arr. du 30 août 1985 (JO 3 sept.), Arr. du 22 août 1986 (JO 26 août), Arr. du 14 août 1987 (JO 15 août), Arr. du 10 oct. 1988 (JO 13 oct.), Arr. du 15 nov. 1989 (JO 17 nov.), Arr. du 1er oct. 1990 (JO 10 oct.), Arr. du 18 nov. 1991 (JO 20 nov.), Arr. du 28 sept. 1992 (JO 30 sept.), Arr. du 23 nov. 1994 (JO 27 nov.), Arr. du 30 janv. 1997 (JO 31 janv.), Arr. du 10 sept. 1997 (JO 11 sept.), Arr. du 11 sept. 1998 (JO 13 sept.), Arr. du 28 juin 1999 (JO 29 juin), Arr. du 7 juill. 2000 (JO 8 juill.), Arr. du 30 juill. 2001 (JO 31 juill.), Arr. du 23 déc. 2002 (JO 28 déc.), Arr. du 30 avr. 2004 (JO 6 mai), Arr. du 7 déc. 2005 (JO 8 déc.), Arr. du 23 déc. 2006 (JO 30 déc.), Arr. du 8 nov. 2007 (JO 10 nov.), Arr. du 28 déc. 2009 (JO 30 déc.), Arr. du 29 déc. 2010 (JO 31 déc.), Arr. du 28 déc. 2011 (JO 30 déc.), Arr. du 28 déc. 2012 (JO 30 déc.).

Art. R. 351-61 *(Décr. nº 87-669 du 14 août 1987, art. 9)* **Le coefficient K, au plus égal à 0,95, est déterminé** *(Décr. nº 97-79 du 30 janv. 1997)* **« pour chaque intervalle de ressources de** *(Décr. nº 2002-1537 du 23 déc. 2002, art. 1er)* **« 100 € » en appliquant la formule : »**

$$K = 0{,}95 - \frac{R - (r \times N)}{CM \times N}$$

dans laquelle :

R représente *(Décr. nº 97-79 du 30 janv. 1997)* **« la limite supérieure de l'intervalle dans lequel se situent les ressources appréciées conformément à l'article R. 351-5 ; »**

r est un coefficient fixé par arrêté conjoint des ministres chargés du logement, du budget, de la sécurité sociale et de l'agriculture ;

CM est un coefficient multiplicateur fixé par arrêté conjoint des ministres chargés du logement, du budget, de la sécurité sociale et de l'agriculture ;

N représente le nombre de parts déterminé par les coefficients suivants :

– bénéficiaire isolé : 1,40 ;

– ménage sans personne à charge : 1,80 ;

– bénéficiaire isolé ou ménage ayant une personne à charge : 2,50 ;

(Décr. nº 97-289 du 28 mars 1997) **« – bénéficiaire isolé ou ménage ayant deux personnes à charge : 3 ;**

– bénéficiaire isolé ou ménage ayant trois personnes à charge : 3,7 ;

– bénéficiaire isolé ou ménage ayant quatre personnes à charge : 4,3.

Ce dernier coefficient est majoré de 0,50 par personne à charge supplémentaire. »

(Décr. nº 88-966 du 10 oct. 1988, art. 3-III) **« Le coefficient K est arrondi à deux décimales par défaut. »**

Par dérogation à l'art. R. 351-4, les dispositions du Décr. nº 97-79 du 30 janv. 1997 sont applicables à compter du 1er févr. 1997 (Décr. préc., art. 11).

Les dispositions du Décr. nº 97-289 du 28 mars 1997 sont applicables à compter du 1er avr. 1997 (V. Décr. préc., art. 23, ss. art. R. 351-5).

Les dispositions du Décr. nº 2002-1537 du 23 déc. 2002 sont applicables aux prestations dues à compter du mois de juill. 2002 (Décr. préc., art. 3).

V. Arr. du 30 juin 1979 relatif au calcul de l'aide personnalisée au logement attribuée aux personnes résidant dans un logement-foyer, cité ss. art. R. 351-60.

Art. R. 351-61-1 *(Décr. nº 90-906 du 1er oct. 1990, art. 4 ; Décr. nº 95-709 du 9 mai 1995, art. 13)* **Pour les logements-foyers de jeunes travailleurs conventionnés à compter du 1er octobre 1990 et pour les logements-foyers dénommés résidences sociales et**

mentionnés aux articles R. 331-1 et 351-55 conventionnés à compter du 1er janvier 1995, en application du 5o de l'article L. 351-2, à l'exception de ceux mentionnés aux 2o et 3o de l'article R. 351-56, le coefficient K est déterminé *(Décr. no 97-79 du 30 janv. 1997)* **« pour chaque intervalle de ressources de** *(Décr. no 2002-1537 du 23 déc. 2002, art. 1er)* **« 100 € » en appliquant la formule : »**

$$K = 0{,}9 - \frac{R}{CM \times N}$$

dans laquelle :

R représente les ressources déterminées conformément à l'article R. 351-61 ;

CM est un coefficient multiplicateur fixé par arrêté conjoint des ministres chargés du logement, du budget, de la sécurité sociale et de l'agriculture ;

N représente le nombre de parts, égal à 1,2 si le bénéficiaire est un isolé, 1,5 s'il s'agit d'un ménage sans personne à charge, *(Décr. no 97-289 du 28 mars 1997)* **« 2,5 si le ménage ou la personne isolée a une personne à charge ; 3 si le ménage ou la personne isolée a deux personnes à charge ; 3,7 si le ménage ou la personne isolée a trois personnes à charge ; 4,3 si le ménage ou la personne isolée a quatre personnes à charge.**

« Ce dernier coefficient est majoré de 0,5 par personne à charge supplémentaire. »

Le coefficient K est arrondi à deux décimales par défaut.

Par dérogation à l'art. R. 351-4, les dispositions du Décr. no 97-79 du 30 janv. 1997 sont applicables à compter du 1er févr. 1997 (Décr. préc., art. 11).

Les dispositions du Décr. no 97-289 du 28 mars 1997 sont applicables à compter du 1er avr. 1997 (V. Décr. préc., art. 23, ss. art. R. 351-5).

V. note ss. art. R. 351-61.

Art. R. 351-62 *(Décr. no 85-932 du 30 août 1985, art. 13)* **L'équivalence de loyer et de charges minima est obtenue par l'application de pourcentages à des tranches de ressources dont les limites inférieures et supérieures sont affectées du coefficient N prévu à l'article R. 351-61.**

Les pourcentages et les tranches de ressources sont fixés par arrêté conjoint des ministres chargés de la sécurité sociale, du budget, de l'agriculture et du logement.

L'équivalence de loyer et de charges minima ainsi obtenue est majorée d'un montant égal au produit d'une valeur numérique fixée par arrêté conjoint des ministres chargés de la sécurité sociale, du budget, de l'agriculture et du logement et du coefficient N prévu à l'article R. 351-61.

Le résultat est divisé par douze.

(Décr. no 97-79 du 30 janv. 1997) **« L'équivalence de loyer et de charges minima est déterminée pour chaque intervalle de ressources de** *(Décr. no 2002-1537 du 23 déc. 2002, art. 1er)* **« 100 € » mentionné à l'article R. 351-61. Les pourcentages et le coefficient N prévus au premier alinéa du présent article sont appliqués à la limite supérieure de l'intervalle dans lequel se situent les ressources appréciées conformément à l'article R. 351-5. »**

Par dérogation à l'art. R. 351-4, les dispositions du Décr. no 97-79 du 30 janv. 1997 sont applicables à compter du 1er févr. 1997 (Décr. préc., art. 11).

Les dispositions du Décr. no 2001-1037 du 5 nov. 2001 entrent en vigueur le 1er janv. 2002 (Décr. préc., art. 10 ; JO 10 nov.).

V. note ss. art. R. 351-61.

V. Arr. du 30 juin 1979 relatif au calcul de l'aide personnalisée au logement attribuée aux personnes résidant dans un logement-foyer, cité ss. art. R. 351-60.

Art. R. 351-62-1 *(Décr. no 90-906 du 1er oct. 1990, art. 6 ; Décr. no 95-709 du 9 mai 1995, art. 14)* **Pour les logements-foyers de jeunes travailleurs conventionnés à compter du 1er octobre 1990 et pour les logements-foyers dénommés résidences sociales et mentionnés aux articles R. 331-1 et R. 351-55 conventionnés à compter du 1er janvier**

1995, en application du 5o de l'article L. 351-2, à l'exception de ceux qui sont mentionnés aux 2o et 3o de l'article R. 351-56, l'équivalence de loyer et de charges locatives minima est obtenue par l'application de pourcentages à des tranches dont les limites inférieures et supérieures sont affectées du coefficient N prévu à l'article R. 351-61-1.

Les pourcentages et les tranches de ressources sont fixés par arrêté conjoint des ministres chargés du logement, du budget, de la sécurité sociale et de l'agriculture.

L'équivalence de loyer et de charges minima ainsi obtenue est majorée d'un montant égal à une valeur numérique fixée par arrêté conjoint des ministres chargés du logement, du budget, de la sécurité sociale et de l'agriculture.

(Décr. no 97-79 du 30 janv. 1997) **« L'équivalence de loyer et de charges minima est déterminée pour chaque intervalle de ressources de** *(Décr. no 2002-1537 du 23 déc. 2002, art. 1er)* **« 100 € » mentionné à l'article R. 351-61-1. Les pourcentages et le coefficient N prévus au premier alinéa du présent article sont appliqués à la limite supérieure de l'intervalle dans lequel se situent les ressources appréciées conformément à l'article R. 351-5. »**

Par dérogation à l'art. R. 351-4, les dispositions du Décr. no 97-79 du 30 janv. 1997 sont applicables à compter du 1er févr. 1997 (Décr. préc., art. 11).

Les dispositions du Décr. no 2001-1037 du 5 nov. 2001 entrent en vigueur le 1er janv. 2002 (Décr. préc., art. 10 ; JO 10 nov.).

V. note ss. art. R. 351-61.

Art. R. 351-62-2 *(Décr. no 88-966 du 10 oct. 1988, art. 7 ; Décr. no 90-906 du 1er oct. 1990, art. 5)* **La dépense nette de logement, obtenue en déduisant de l'équivalence de loyer et de charges locatives prise en compte (E) le montant mensuel de l'aide personnalisée obtenu par l'application de la formule prévue à l'article R. 351-60, doit être au moins égale à un minimum forfaitaire (M) dont le montant est fixé par arrêté conjoint des ministres chargés du logement, du budget, de la sécurité sociale et de l'agriculture. Lorsque la dépense nette de logement est inférieure au minimum forfaitaire, il est appliqué au montant mensuel de l'aide personnalisée un abattement égal à la différence constatée.** – *Ancien art. R. 351-62-1.*

Art. R. 351-63 L'aide personnalisée est versée au gestionnaire du logement-foyer selon les modalités techniques prévues par un avenant à la convention conclue entre le *(Décr. no 2005-1733 du 30 déc. 2005, art. 9)* **« Fonds national d'aide au logement », d'une part, la caisse nationale des allocations familiales et la** *(Décr. no 2009-1688 du 30 déc. 2009, art. 10)* **« caisse centrale de la Mutualité sociale agricole », d'autre part.**

Les dispositions du Décr. no 2005-1733 sont applicables à compter du 1er janv. 2006 (Décr. préc., art. 10).

Art. R. 351-64 *(Décr. no 86-982 du 22 août 1986, art. 10)* **Lorsque le bénéficiaire ne règle pas la part de dépense de logement restant à sa charge, son cas est soumis à** *(Décr. no 2005-260 du 23 mars 2005, art. 3-III)* **« la** *(Décr. no 2005-588 du 27 mai 2005, art. 4)* **« commission » départementale des aides publiques au logement » par le gestionnaire percevant l'aide personnalisée pour son compte.**

L'impayé est constitué soit lorsque trois termes nets consécutifs sont totalement impayés, soit lorsque le résident est débiteur à l'égard du gestionnaire d'une somme au moins égale à deux fois le montant mensuel brut de la redevance.

Le gestionnaire doit, dans un délai de trois mois après la constitution de l'impayé défini à l'alinéa précédent, porter la situation du bénéficiaire défaillant à la connaissance de *(Décr. no 2005-260 du 23 mars 2005, art. 3-III ; Décr. no 2005-588 du 27 mai 2005, art. 4)* **« la commission départementale des aides publiques au logement » et justifier qu'il poursuit par tous les moyens le recouvrement de sa créance.**

(Décr. no 90-880 du 28 sept. 1990, art. 10) **« Sauf en cas de mauvaise foi avérée, le versement de l'aide personnalisée au logement (APL) est maintenu sur décision de la** *(Décr. no 2005-588 du 27 mai 2005, art. 4)* **« commission » départementale des aides**

publiques au logement (*(Décr. nº 2005-588 du 27 mai 2005, art. 4)* « CDAPL ») dans les conditions prévues à l'article R. 351-30. »

Si le gestionnaire ne saisit pas la *(Décr. nº 2005-588 du 27 mai 2005, art. 4)* « commission » dans les délais susmentionnés ou n'apporte pas les justifications prévues au troisième alinéa, celle-ci est habilitée à décider que le gestionnaire devra rembourser à l'organisme payeur tout ou partie de l'aide personnalisée versée depuis la défaillance du bénéficiaire. *(Décr. nº 92-1048 du 28 sept. 1992, art. 8)* « Le gestionnaire ne pourra se retourner vers le bénéficiaire pour lui réclamer l'aide personnalisée que la *(Décr. nº 2005-588 du 27 mai 2005, art. 4)* « commission » départementale des aides publiques au logement lui demande de rembourser ». *— Application aux prestations échues à compter du mois de juillet 1992.*

Les organismes payeurs saisissent la *(Décr. nº 2005-588 du 27 mai 2005, art. 4)* « commission » des cas dont ils ont connaissance dans lesquels le bénéficiaire n'est pas à jour de ses obligations.

Art. R. 351-65 **L'abattement prévu à l'article R. 351-11 est applicable aux ressources prises en considération pour le calcul de l'aide personnalisée due à compter de la date d'ouverture du droit ou de son renouvellement aux personnes isolées résidant en logement-foyer lorsqu'elles apportent la preuve qu'elles assument ou contribuent à assumer financièrement des charges familiales.**

Art. R. 351-66 *(Décr. nº 2001-1037 du 5 nov. 2001, art. 6)* **Les articles R. 351-4 à R. 351-16, R. 351-17, R. 351-17-1, R. 351-22 à R. 351-26, R. 351-28 à R. 351-29 et R. 351-32 sont applicables aux personnes résidant dans un logement foyer.** *— Entrée en vigueur de cet art. le 1er déc. 2001 (Décr. nº 2001-1037 du 5 nov. 2001, art. 10 ; JO 10 nov.).*

CHAPITRE II DISPOSITIONS PARTICULIÈRES AUX BÂTIMENTS INSALUBRES ET À LA RESTAURATION IMMOBILIÈRE

Réservé.

CHAPITRE III RÉGIME JURIDIQUE DES LOGEMENTS LOCATIFS CONVENTIONNÉS

SECTION PREMIÈRE CONVENTIONS CONCLUES ENTRE L'ÉTAT ET LES ORGANISMES D'HABITATIONS À LOYER MODÉRÉ

(Décr. nº 79-444 du 7 juin 1979)

BIBL. ▸ DERREZ, *Ann. Loyers 2000. 441* (logements locatifs conventionnés : modification des conventions conclues entre l'État et les bailleurs sociaux).

Art. R. 353-1 *(Décr. nº 99-864 du 7 oct. 1999, art. 1er)* **Les conventions conclues en application des dispositions de l'article L. 351-2 (2º et 3º) entre l'État et les organismes d'habitations à loyer modéré doivent être conformes à l'une des conventions types annexées au présent article.** *— V. Annexe 7.*

V. aussi ss. art. L. 351-2, Décr. nº 85-1232 du 5 nov. 1985, relatif aux conventions conclues, en application de l'art. L. 351-2 (2º et 3º) CCH, entre l'État et les organismes d'HLM signataires d'un accord-cadre ayant pour objet la définition d'une nouvelle politique des loyers. — V. également les annexes aux art. 1er et 5 de ce décret, Annexe 29.

Art. R. 353-2 *(Décr. no 99-864 du 7 oct. 1999, art. 1er)* **La convention type figurant en annexe I à l'article R. 353-1** *[V. Annexe 7]* **s'applique aux logements à usage locatif appartenant aux organismes d'habitations à loyer modéré, ou gérés par eux et appartenant aux collectivités locales.** *(Décr. no 2011-967 du 16 août 2011)* **« Elle s'applique également aux logements financés à l'aide d'un prêt prévu à l'article R. 331-76-5-1 qui n'ont pu faire l'objet d'un contrat de location-accession dans le délai mentionné au sixième alinéa du II du même article. »**

La convention type figurant en annexe II à l'article R. 353-1 *[V. Annexe 7]* **s'applique aux cités de promotion familiale appartenant aux bailleurs mentionnés à l'alinéa ci-dessus lorsqu'elles constituent des ensembles de logements destinés à recevoir principalement des personnes en provenance de l'habitat insalubre et dans lesquels est exercée une action socio-éducative destinée à favoriser leur insertion sociale et leur promotion dans un habitat définitif.**

Art. R. 353-3 *(Décr. no 99-864 du 7 oct. 1999, art. 1er)* **La signature des conventions conditionne l'ouverture du droit à l'aide personnalisée au logement pour les locataires qui remplissent les conditions d'octroi de cette aide.**

Art. R. 353-4 *(Décr. no 99-864 du 7 oct. 1999, art. 1er ; Décr. no 2002-844 du 3 mai 2002, art. 1er-I)* **« I — ». Les conventions ont une durée d'au moins neuf ans. Elles prennent effet, en application de l'article L. 353-17, à compter de leur signature.**

La durée des conventions fixée à l'origine ou modifiée par avenant ne peut être inférieure à la durée la plus longue restant à courir pour l'amortissement intégral des prêts du ou des programmes concernés. *(Décr. no 2002-844 du 3 mai 2002, art. 1er-II)* **« Toutefois, lorsque l'opération est financée dans les conditions prévues à la sous-section 3 de la section I du chapitre unique du titre III du présent livre, cette durée ne peut être inférieure à quinze ans, »** *(Décr. no 2010-48 du 13 janv. 2010)* **« ni supérieure à quarante ans. »**

(Décr. no 2002-844 du 3 mai 2002, art. 1er-III et IV) **« Les conventions sont renouvelées par tacite reconduction par périodes triennales. Elles peuvent être résiliées par chacune des parties. La résiliation prend effet au terme de la convention initiale ou au terme de chaque période de renouvellement. La résiliation à l'initiative de l'une des parties est notifiée au cocontractant au moins six mois avant la date d'expiration de la convention initiale ou renouvelée, par acte authentique (acte notarié ou acte d'huissier de justice) ou par acte administratif.**

« La résiliation est publiée au fichier immobilier ou inscrite au livre foncier par le préfet, *(Décr. no 2006-569 du 17 mai 2006)* **« ou, lorsqu'un établissement public de coopération intercommunale ou un département a signé une convention mentionnée aux articles L. 301-5-1 et L. 301-5-2, par le président de l'établissement public de coopération intercommunale ou du conseil général, » qu'elle émane de celui-ci ou du bailleur. Les frais correspondants sont à la charge du bailleur.**

« II. — En cas d'acquisition ou de convention sans travaux, il est procédé à un bilan de l'occupation sociale des logements sur la base des éléments recueillis lors de l'enquête prévue à l'article L. 441-9 ou à l'article L. 442-5 et dans des conditions définies par arrêté du ministre chargé du logement. »

Art. R. 353-5 *(Décr. no 99-864 du 7 oct. 1999, art. 1er) (Décr. no 2012-1463 du 26 déc. 2012, art. 2-I)* **« La publication au fichier immobilier des conventions et de leur résiliation » ou leur inscription au livre foncier, ainsi que celle des éventuels avenants, se fait à l'initiative** *(Décr. no 2006-569 du 17 mai 2006)* **« du préfet, ou, lorsqu'un établissement public de coopération intercommunale ou un département a signé une convention mentionnée aux articles L. 301-5-1 et L. 301-5-2, à l'initiative du président de l'établissement public de coopération intercommunale ou du conseil général ». Les frais sont à la charge de l'organisme.**

Art. R. 353-6 *(Décr. no 99-864 du 7 oct. 1999, art. 1er)* Le remboursement, anticipé ou non, d'un des prêts utilisés pour financer l'opération ainsi que le reversement d'un complément d'impôt en application de l'article 284 du code général des impôts ou le reversement d'une subvention sont sans effet sur la durée des conventions.

Art. R. 353-7 *(Décr. no 99-864 du 7 oct. 1999, art. 1er)* Les réservations de logements au bénéfice de l'État mentionnées par les dispositions de la section I du chapitre Ier du titre IV du livre IV sont prévues par la convention visée à l'article R. 353-1.

Art. R. 353-8 *(Décr. no 99-864 du 7 oct. 1999, art. 1er)* Par dérogation à l'article R. 353-7, lorsque la convention est relative à une cité de promotion familiale, la totalité des logements conventionnés est réservée principalement au profit de personnes ou de familles en provenance d'habitat insalubre.

Art. R. 353-9 *(Décr. no 99-864 du 7 oct. 1999, art. 1er)* Le bailleur est tenu de fournir aux organismes chargés de la liquidation et du paiement de l'aide personnalisée au logement, toutes les informations et justifications nécessaires à l'établissement du droit à l'aide personnalisée au logement, à la liquidation et au versement de celle-ci, dans les conditions définies par la convention.

Art. R. 353-10 *(Décr. no 99-864 du 7 oct. 1999, art. 1er)* Les logements conventionnés sont loués nus à titre de résidence principale ; ils ne peuvent faire l'objet de locations meublées, sous réserve des dispositions de l'article L. 442-8 ; ils ne peuvent faire l'objet de sous-location, en nu ou en meublé, sous réserve des dispositions des articles L. 442-8-1 à L. 442-8-4.

Art. R. 353-11 *(Décr. no 99-864 du 7 oct. 1999, art. 1er)* Lors de leur mise en service et au fur et à mesure de leur vacance, les logements sont loués à des personnes dont les ressources annuelles n'excèdent pas le plafond déterminé dans les conditions prévues par l'article R. 331-12. *(Décr. no 2002-848 du 3 mai 2002, art. 6)* « Toutefois, les logements financés dans les conditions prévues par la section III du chapitre unique du titre III du présent livre peuvent être loués à des personnes dont les ressources annuelles n'excèdent pas le plafond fixé pour l'attribution d'un logement financé à l'aide d'un prêt prévu à l'article R. 331-17. » *– V. Circ. no 2002-42 du 21 juin 2002 (BOMELT no 2002/12, p. 25).*

Art. R. 353-12 *(Décr. no 99-864 du 7 oct. 1999, art. 1er)* Lorsque la convention est relative à une cité de promotion familiale, le locataire ne bénéficie plus du droit au maintien dans les lieux, en application de l'article L. 353-15, après refus d'offre de relogement en habitat définitif dans les conditions fixées par la convention.

Art. R. 353-13 *à* R. 353-15 *Abrogés par Décr. no 99-864 du 7 oct. 1999, art. 1er.*

Art. R. 353-16 *(Décr. no 95-708 du 9 mai 1995, art. 1er)* 1o Le loyer maximum applicable aux logements conventionnés, ainsi que les conditions de son évolution sont fixés par les conventions.

2o *(Décr. no 2002-840 du 3 mai 2002, art. 1er-I)* « Pour les conventions conclues postérieurement au 1er juillet 1996, y compris celles conclues lors de l'acquisition des logements, le loyer maximum de chaque logement est le produit des trois éléments suivants : »

a) La surface utile du logement ;

b) Le prix au mètre carré applicable à l'ensemble des logements de l'immeuble ou de l'ensemble immobilier qui fait l'objet de la convention, établi en tenant compte des caractéristiques de ce dernier, notamment de sa localisation, de la qualité de sa construction et de la taille moyenne des logements ;

c) Le coefficient propre au logement, établi en tenant compte notamment de sa taille et de sa situation dans l'immeuble ou l'ensemble immobilier.

La surface utile est égale à la surface habitable du logement, telle qu'elle est définie à l'article R. 111-2, augmentée de la moitié de la surface des annexes définies par un arrêté du ministre chargé du logement. – *V. NOTA ss. art. R. 331-10.*

La somme des résultats du produit, pour chaque logement, du coefficient par la charge utile ne doit pas excéder la surface utile totale de l'immeuble ou de l'ensemble immobilier qui fait l'objet de la convention.

La convention mentionne la surface utile totale de l'immeuble ou de l'ensemble immobilier et le coefficient applicable à chaque logement.

Les annexes qui n'entrent pas dans le calcul de la surface utile peuvent donner lieu à la perception d'un loyer accessoire, dans les limites et conditions fixées par la convention.

3o *(Décr. no 2002-840 du 3 mai 2002, art. 1er-II)* **« Par dérogation au 2o ci-dessus, le loyer maximum des logements conventionnés à l'occasion de travaux d'amélioration ou des logements conventionnés sans travaux pendant le cours de leur exploitation est fixé au mètre carré de surface corrigée, telle que celle-ci résulte des dispositions de l'article R. 442-1, du décret no 48-1766 du 22 novembre 1948 et de l'article 4 du décret no 60-1063 du 1er octobre 1960 modifié** *(Décr. no 2007-316 du 8 mars 2007 ; Décr. no 2009-1486 du 3 déc. 2009, en vigueur le 1er janv. 2010)* **« , sauf en cas de signature d'une convention d'utilité sociale telle que prévue à l'article L. 445-1 fixant le montant maximal des loyers au mètre carré de surface utile. »**

(Décr. no 2002-840 du 3 mai 2002, art. 1er-III) **« 4o Le loyer maximum est majoré dans des limites fixées par décret pour les catégories de logements nouvellement conventionnés suivantes :**

« ***a)*** **Les logements déjà occupés lors du conventionnement, lorsque les occupants sont des ménages dont les ressources sont supérieures aux plafonds mentionnés à la première phrase de l'article R. 331-12 ;**

« ***b)*** **Les logements financés par des prêts locatifs à usage social, quand les logements sont attribués, dans les conditions fixées au II de l'article R. 331-12, à des ménages dont les ressources sont supérieures aux plafonds mentionnés au** ***a*** **ci-dessus. »**

(Décr. no 2011-1191 du 26 sept. 2011) **« 5o Le loyer maximum des logements financés en prêt locatif aidé d'intégration, occupés ou devant être occupés par des ménages dont les ressources n'excèdent pas celles correspondant à un prêt locatif à usage social, peut être majoré dans la limite du loyer maximum des logements financés en prêt locatif à usage social. Les conditions d'application de cette majoration de loyer, pour les logements financés en prêt locatif aidé d'intégration, sont définies par arrêté préfectoral en tenant compte notamment de la situation des occupants et des caractéristiques des logements occupés. »**

Les dispositions du Décr. no 2002-840 du 3 mai 2002 sont applicables aux conventions entrées en vigueur postérieurement à la date du 5 mai 2002 (Décr. préc., art. 2).

Les dispositions du Décr. no 2007-316 du 8 mars 2007 peuvent être modifiées par décret en Conseil d'État (Décr. préc., art. 5).

V. Circ. no 79-98 du 10 oct. 1979, annexe no 3 (BOMELT no 79/42). – Arr. du 9 mai 1995 (Nota ss. art. R. 331-10) : surfaces annexes pour le calcul de la surface utile. – Note de la Direction de l'habitat et de la construction, Mon. TP 19 mai 1995, Suppl. textes, p. 320 : de la surface corrigée à la surface utile.

La date d'entrée en vigueur des dispositions issues du Décr. no 2009-1486 du 3 déc. 2009 est celle du Décr. no 2009-1682 du 30 déc. 2009 relatif au supplément de loyer de solidarité (Décr. no 2009-1486 du 3 déc. 2009, art. 14).

Art. R. 353-17 *(Décr. no 95-708 du 9 mai 1995, art. 2)* **Le loyer pratiqué est fixé au mètre carré de surface corrigée ou de surface utile, selon les mêmes modalités que le loyer maximum fixé par la convention. Il peut être modifié le 1er janvier et le 1er juillet de chaque année selon les modalités fixées par la convention. Le nouveau loyer doit être notifié au locataire dans les conditions fixées par la convention.** – *Entrée en vigueur le 1er juill. 1996.*

Art. R. 353-18 *(Décr. nº 79-444 du 7 juin 1979)* **Le loyer est payable par fraction mensuelle à terme échu, sauf disposition transitoire prévue par la convention.**

V. Circ. nº 79-98 du 10 oct. 1979, Annexe nº 3 (BOMELT nº 79-42), préc.

Art. R. 353-19 *(Décr. nº 79-444 du 7 juin 1979)* **A compter de la signature de la convention ou de la date d'achèvement des travaux d'amélioration, le bailleur est tenu, dans les conditions définies par la convention, de notifier aux locataires dans les lieux ou réintégrés à la suite d'un relogement temporaire, un loyer applicable de plein droit dès sa notification.**

Un décompte détaillé de surface corrigée, conforme à l'annexe au présent article, est joint à cette notification. Il doit être également remis à tout nouveau locataire.

(Décr. nº 95-708 du 9 mai 1995, art. 3) **« Pour les logements soumis au régime de la surface utile, un décompte de la surface utile du logement et des annexes donnant lieu à perception d'un loyer accessoire, conforme à une annexe au décret pris en application du présent article, est joint à la notification du loyer. Ce décompte doit être également remis à tout nouveau locataire** *[entrée en vigueur le 1er juill. 1996]*. **»**

Décret nº 97-56 du 21 janvier 1997,

Modifiant le code de la construction et de l'habitation en ce qui concerne les conventions conclues entre l'État et les bailleurs de logements (JO 23 janv.).

Art. 1er L'annexe prévue à l'article 1er du décret du 22 juillet 1996 susvisé figure en annexe au présent décret.

Le décompte de la surface utile du logement et des annexes donnant lieu à perception d'un loyer accessoire, prévu à l'art. R. 353-19, est conforme à l'annexe au présent article (Décr. nº 96-656 du 22 juill. 1996, art. 1er).

ANNEXE

MODÈLE DE DÉCOMPTE DE SURFACE UTILE

Situation de l'immeuble : ....
Numéro du logement porté dans la convention : ....
Numéro de la convention : ....
Année de la convention : ....
Nom du bailleur et siège social : ....
Loyer maximum fixé par la convention : .... € par m² et par mois.
Liste des annexes faisant partie de la surface utile, conforme à l'arrêté du ministre du logement pris en application du 2º de l'article R. 353-16 :
Décompte des surfaces et des coefficients propres au logement :

DÉSIGNATION du logement	SURFACE habitable	SURFACE des annexes	SURFACE UTILE (somme de la colonne 1 et de la moitié de la colonne 2	COEFFICIENT propre au logement	BASE DU CALCUL du loyer (col. 4 × col. 5)	LOYER maximum du logement (col. 6 × €/m²)
Col. 1	Col. 2	Col. 3	Col. 4	Col. 5	Col. 6	Col. 7

[Il semble qu'une erreur se soit glissée dans la quatrième colonne du tableau ci-dessus. Il convient en réalité de lire : SURFACE UTILE (somme de la colonne **2** et de la moitié de la colonne **3**).]

Montant du loyer maximum du logement : .... €
(col. 6 × .... €/m²/mois).

Ce loyer maximum est révisé chaque année au 1er juillet en fonction des variations de la moyenne sur quatre trimestres de l'indice du coût de la construction publié par l'INSEE. Cette moyenne est celle de l'indice à la date de référence et des indices des trois trimestres qui la précèdent. La date de référence de l'indice est celle du quatrième trimestre de l'année précédente.

ANNEXES SUSCEPTIBLES de donner lieu à perception d'un loyer accessoire (dernier alinéa du 2° de l'article R. 353-16)	LOYER MAXIMUM conventionné de l'annexe

Ce sont les annexes ou parties d'annexe qui n'entrent pas dans le calcul de la surface utile, soit les emplacements réservés au stationnement des véhicules, les terrasses, cours et jardins, faisant l'objet d'une jouissance exclusive.

L'évolution du loyer maximum des annexes donnant lieu à perception d'un loyer accessoire est la même que celle du logement.

Art. R. 353-20 *(Décr. n° 99-864 du 7 oct. 1999, art. 2)* **Le préfet** *(Décr. n° 2006-569 du 17 mai 2006)* **« ou, lorsqu'un établissement public de coopération intercommunale ou un département a signé une convention mentionnée aux articles L. 301-5-1 et L. 301-5-2, le président de l'établissement public de coopération intercommunale ou du conseil général, » transmet aux organismes chargés de la liquidation et du paiement de l'aide personnalisée au logement une copie de la présente convention et de ses avenants éventuels.**

Art. R. 353-21 *(Décr. n° 99-864 du 7 oct. 1999, art. 2)* **Pour l'exécution des travaux nécessitant l'évacuation temporaire des lieux, le bailleur doit mettre provisoirement à la disposition du locataire un logement répondant à des conditions définies par les conventions.**

Les travaux font l'objet d'une attestation d'exécution conforme établie par *(Décr. n° 2006-569 du 17 mai 2006)* **« le préfet, ou, lorsqu'un établissement public de coopération intercommunale ou un département a signé une convention mentionnée aux articles L. 301-5-1 et L. 301-5-2, par le président de l'établissement public de coopération intercommunale ou du conseil général ».**

Art. R. 353-22 *(Décr. n° 99-864 du 7 oct. 1999, art. 2)* **Les pénalités financières prévues par la convention sont recouvrées au profit de l'État, comme les créances étrangères à l'impôt et aux domaines.**

Art. R. 353-23 à R. 353-25 *Abrogés par Décr. n° 99-864 du 7 oct. 1999, art. 3.*

Art. R. 353-26 à R. 353-31 *Abrogés par Décr. n° 79-444 du 7 juin 1979.*

SECTION II **CONVENTIONS CONCLUES ENTRE L'ÉTAT ET LES BAILLEURS DE LOGEMENTS EN APPLICATION DE L'ARTICLE L. 351-2 (4°)**

Art. R. 353-32 **Les conventions passées entre l'État et les bailleurs de logements en application des dispositions de l'article L. 351-2 (4°) relatif à des logements faisant l'objet de travaux d'amélioration doivent être conformes à la convention type reproduite en annexe au présent code.** – *V. Annexe 8.*

V. Lettre-circ. du 20 juill. 1979 relative au conventionnement des logements appartenant à des bailleurs privés (BOMELT nº 79-38). – Circ. nº 79-06 du 11 janv. 1979 relative à la mise en place du conventionnement des logements appartenant à des bailleurs privés (BOMELT nº 79-3).

Art. R. 353-33 Ces conventions s'appliquent aux logements à usage locatif appartenant à des personnes physiques ou morales, bailleurs de logements, lorsqu'ils font l'objet de travaux d'amélioration financés, soit sans aide spécifique de l'État, soit au moyen des subventions octroyées par l'Agence nationale de l'habitat, et achevés postérieurement au 4 janvier 1977.

Les travaux doivent conduire à mettre les logements en conformité totale avec des normes minimales d'habitabilité définies par arrêté du ministre chargé de la construction et de l'habitation.

A titre exceptionnel, les conventions peuvent porter sur des logements qui, en raison d'impératifs techniques tenant à la structure de l'immeuble, ne peuvent répondre à l'ensemble desdites normes.

V. Arr. du 10 janv. 1979 (JO 18 févr.), relatif à la nature des travaux d'amélioration exécutés par les bailleurs sur des logements locatifs faisant l'objet d'une convention en application de l'art. L. 351-2 (4º) de ce code. – Circ. nº 79-06 du 11 janv. 1979 relative à la mise en place du conventionnement des logements appartenant à des bailleurs privés, préc.

Art. R. 353-34 *Abrogé par Décr. nº 2004-1403 du 23 déc. 2004, art. 4.*

Art. R. 353-35 La signature des conventions conditionne l'ouverture du droit à l'aide personnalisée au logement pour les locataires qui remplissent les conditions d'octroi de cette aide.

Art. R. 353-36 Les conventions, qui ont une durée d'au moins neuf ans, prennent effet à leur date de publication au fichier immobilier ou d'inscription au livre foncier.

Les conventions sont renouvelées par tacite reconduction pour des périodes triennales sous réserve de dénonciation expresse par l'une ou l'autre partie.

Selon le cas, la dénonciation est notifiée par acte administratif, notarié ou extrajudiciaire, au moins six mois avant la date d'expiration de la période.

A l'expiration de la durée de la convention, ou après sa dénonciation dans les conditions fixées par le présent article, une nouvelle convention peut être conclue dans les conditions prévues par la présente section.

Art. R. 353-37 Les logements conventionnés sont loués nus à des personnes physiques, à titre de résidence principale, et occupés au moins huit mois par an. Ils ne peuvent faire l'objet de sous-location *(Décr. nº 90-635 du 18 juill. 1990, art. 8)* « sauf au profit de personnes ayant passé avec le locataire un contrat conforme à l'article L. 443-1 du code de l'action sociale et des familles *[art. abrogé par L. 2002-73 du 17 janv. 2002, art. 51]*, à titre onéreux, de personnes âgées ou handicapées adultes » et doivent répondre aux conditions d'occupation suffisante telles que définies par l'article L. 621-2.

Art. R. 353-38 Au moins quinze jours avant la date de signature du bail en cas de vacance du logement, le bailleur adresse au candidat locataire une lettre portant réservation du logement pendant un délai minimum de quinze jours. Dans le cas où le logement est disponible à plus brève échéance, ce délai peut être ramené à huit jours francs.

Le bailleur est tenu de proposer un bail conforme à la convention auquel sont annexés une copie de ladite convention ainsi que des éléments du barème de l'aide personnalisée au logement.

Art. R. 353-39 Le bail est conclu pour une durée de trois ans. Toutefois, s'il est conclu au cours de la première période triennale de la convention, sa durée est limitée à la durée restant à courir jusqu'à l'expiration de ladite période.

Pendant la durée de la convention en cours au moment de la conclusion du bail et sous réserve des dispositions de l'article R. 353-41, il est reconduit tacitement à la volonté du locataire seul pour des périodes également de trois ans, dans la mesure où ce dernier se conforme aux obligations de l'article 1728 du code civil rappelées dans le bail.

(Décr. nº 80-429 du 16 juin 1980, art. 1er) « Au cours de chaque période triennale, le locataire peut résilier le bail à tout moment, sous réserve d'un préavis de trois mois ramené à un mois en cas de changement de résidence pour raisons familiales graves ou raisons professionnelles. »

Le congé est donné par lettre recommandée, le préavis partant de la date d'envoi et le cachet de la poste faisant foi. Lorsque le délai de préavis vient à expiration dans le courant d'un mois, le bail produit effet jusqu'au dernier jour du mois.

Sous réserve des dispositions de l'article R. 353-51, en cas de vacance intervenant au cours d'une période triennale, le nouveau locataire est substitué de plein droit à l'ancien locataire.

Art. R. 353-40 *(Décr. nº 2004-1403 du 23 déc. 2004, art. 1er)* Le loyer maximum applicable aux logements conventionnés ainsi que les conditions de son évolution sont fixés par la convention.

La valeur de ce loyer est fixée au mètre carré de surface habitable au sens de l'article R.* 111-2 du présent code, augmentée de la moitié, dans la limite de 8 mètres carrés par logement, de la surface des annexes définies par l'arrêté pris en application des articles R. 353-16 et R. 331-10.

V. Circ. nº 79-06 du 11 janv. 1979 relative à la mise en place du conventionnement, préc. (BOMELT nº 79-3).

Art. R. 353-41 *(Décr. nº 95-42 du 11 janv. 1995, art. 2)* Les loyers pratiqués, dont la valeur est fixée par mètre carré de surface *(Décr. nº 2004-1403 du 23 déc. 2004, art. 2)* « habitable » calculée dans les conditions définies à l'article R. 353-40, peuvent être révisés au cours de la période triennale, le 1er juillet de chaque année, en fonction des variations de la moyenne sur quatre trimestres de l'indice du coût de la construction publié par l'Institut national de la statistique et des études économiques, dans la limite du loyer maximum tel que défini à l'article R. 353-40 selon les modalités fixées par les conventions.

A l'expiration de chaque période triennale, les loyers peuvent faire l'objet d'un réajustement dans la limite du loyer maximum.

Toutefois, au cours de la première période triennale, le bail peut fixer le montant du loyer applicable chaque 1er juillet de ladite période ; ce montant peut être révisé en fonction des variations de la moyenne sur quatre trimestres de l'indice du coût de la construction selon les modalités fixées par les conventions.

Pour l'application du présent article, la moyenne est celle de l'indice du coût de la construction à la date de référence fixée dans la convention et des indices des trois trimestres qui la précèdent. — *Entrée en vigueur le 1er janv. 1995.*

Art. R. 353-42 Le loyer est payable par fraction mensuelle à terme échu sauf convention expresse du bail qui peut prévoir le paiement par terme à échoir, jusqu'à une date qui est fixée par les conventions.

(Décr. nº 80-429 du 16 juin 1980, art. 4) « Le bailleur remet au locataire un document conforme aux prescriptions de la convention, faisant clairement apparaître le montant du loyer et des sommes accessoires, et, en cas de versement de l'aide personnalisée au logement, également celui de cette aide.

« Il est tenu de remettre sur la demande du locataire et après paiement intégral du loyer et des sommes accessoires une quittance ou un reçu des sommes versées. »

V. Circ. nº 79-06 du 11 janv. 1979, préc.

Art. R. 353-43 Les conventions fixent les conditions dans lesquelles il est demandé au locataire, lors de la signature du bail, un cautionnement, qui peut être au plus équivalent à deux mois de loyer en principal, révisable en fonction de l'évolution de celui-ci. Elles fixent également les conditions dans lesquelles ce cautionnement lui est restitué à son départ.

Art. R. 353-44 Les charges récupérables correspondent à des prestations, taxes locatives et fournitures individuelles et doivent être limitativement énumérées dans le bail.

Elles peuvent faire l'objet de provisions et doivent, en ce cas, donner lieu à régularisation annuelle. Les demandes de provisions sont justifiées par la communication des résultats antérieurs arrêtés lors de la précédente régularisation annuelle, ou par celle de budgets prévisionnels.

Quinze jours avant l'échéance du remboursement ou de la régularisation annuelle des charges, le bailleur en communique le décompte, par nature de charges, ainsi que le mode de répartition entre tous les locataires de l'immeuble.

Pendant un délai d'un mois à compter de l'envoi de ce décompte, les pièces justificatives sont tenues à la disposition des locataires ou de leurs représentants. Lorsqu'ils en font la demande, toutes explications utiles sur les dépenses de gestion leur sont présentées.

Art. R. 353-45 Un constat de l'état du local dressé contradictoirement à l'entrée dans les lieux doit être annexé au bail. A la sortie un constat est établi dans les mêmes conditions.

Art. R. 353-46 En application des dispositions de l'article L. 353-7, à la date d'entrée en vigueur de la convention, le bailleur propose au locataire ou occupant de bonne foi dans les lieux un projet de bail auquel sont annexés une copie de ladite convention ainsi que des éléments du barème de l'aide personnalisée au logement.

Le locataire dispose d'un délai de six mois pour accepter ce projet de bail qui reproduit en caractères très apparents le texte intégral de l'article L. 353-7 et qui fait l'objet d'une notification aux intéressés dans les conditions fixées par les conventions.

Le bail prend effet à compter de la date d'achèvement des travaux.

V. Circ. n° 79-06 du 11 janv. 1979, relative à la mise en place du conventionnement, préc.

Art. R. 353-47 Pour les logements régis par la loi n° 48-1360 du 1er septembre 1948 modifiée *[V. C.* ***baux****]*, le projet de bail mentionné à l'article R. 353-46 doit en outre reproduire, en caractères très apparents, le texte intégral de l'article L. 353-9.

Art. R. 353-48 Les bailleurs sont tenus envers les organismes chargés de la liquidation et du paiement de l'aide personnalisée au logement de fournir toutes les informations et justifications nécessaires à l'établissement du droit à l'aide personnalisée au logement, ainsi qu'à la liquidation et aux versements de celle-ci, dans les conditions définies par les directives du conseil de gestion du *(Décr. n° 2005-1733 du 30 déc. 2005, art. 9)* « Fonds national d'aide au logement », conformément aux dispositions de la convention nationale prévue à l'article L. 351-8.

Les dispositions du Décr. n° 2005-1733 sont applicables à compter du 1er janv. 2006 (Décr. préc., art. 10).

Art. R. 353-49 A la date d'entrée en vigueur des conventions, aucun plafond de ressources n'est exigé des locataires déjà dans les lieux.

Au fur et à mesure des vacances, les logements sont loués à des personnes dont les ressources annuelles n'excèdent pas le plafond déterminé conformément à l'article R. 331-20.

Art. R. 353-50 Les conventions fixent le pourcentage des logements conventionnés qui, au fur et à mesure des vacances, sont réservés à des familles ou à des occupants sortant, soit d'habitat insalubre ou surpeuplé, soit d'une cité de transit ou provisoire ou d'un centre d'hébergement ; elles fixent également les conditions d'exonération de cette obligation.

Art. R. 353-51 En application de l'article L. 353-5, les logements conventionnés doivent être maintenus à usage locatif pendant toute la durée de la convention. Toutefois, les conventions fixent les conditions dans lesquelles le propriétaire des logements conventionnés peut les occuper ou les faire occuper par son conjoint, ses ascendants ou descendants, à titre de résidence principale.

Art. R. 353-52 En cas de mutation à titre gratuit ou onéreux d'un ou de plusieurs logements conventionnés, le ou les nouveaux propriétaires notifient leur identification aux locataires et aux organismes liquidateurs de l'aide personnalisée au logement dans les conditions prévues par les articles 5 ou 6 du décret n° 55-22 du 4 janvier 1955 modifié.

Art. R. 353-53 Pour l'exécution des travaux ne nécessitant pas le départ des occupants, le bailleur se conforme, selon le cas, aux dispositions de l'article 14 modifié de la loi n° 48-1360 du 1er septembre 1948 *[V. C.* ***baux****]* ou de l'article 2 modifié de la loi n° 67-561 du 12 juillet 1967 sur l'amélioration de l'habitat.

Art. R. 353-54 Lorsque les travaux rendent inhabitable ce qui est nécessaire au logement de l'occupant et de sa famille et nécessitent l'évacuation temporaire des lieux, le bailleur met provisoirement à la disposition des occupants concernés des logements répondant aux conditions prévues par l'article 13 *bis* de la loi n° 48-1360 du 1er septembre 1948 précitée *[V. C.* ***baux****]*.

Art. R. 353-55 Les conventions peuvent être révisées tous les trois ans à la demande de l'une ou l'autre partie.

Art. R. 353-56 Les conventions fixent les cas de résiliation aux torts du bailleur, pour lesquels il peut être fait application des dispositions de l'article L. 353-6.

Elles fixent également les sanctions encourues pour non-respect des engagements contractuels.

Art. R. 353-57 Le ministre chargé de la construction et de l'habitation ou son représentant s'assure de la publication des conventions au fichier immobilier ou leur inscription au livre foncier et en informe les organismes chargés de la liquidation et du paiement de l'aide personnalisée au logement.

V. Circ. n° 79-06 du 11 janv. 1979 relative à la mise en place du conventionnement, préc.

SECTION III CONVENTIONS CONCLUES ENTRE L'ÉTAT ET LES SOCIÉTÉS D'ÉCONOMIE MIXTE DE CONSTRUCTION IMMOBILIÈRE NE DEMANDANT PAS À BÉNÉFICIER DES DISPOSITIONS DE L'ARTICLE L. 353-18

(Décr. n° 80-416 du 10 juin 1980)

BIBL. ► DERREZ, *Ann. Loyers 2000. 441* (logements locatifs conventionnés : modification des conventions conclues entre l'État et les bailleurs sociaux).

Art. R. 353-58 *(Décr. n° 99-865 du 7 oct. 1999, art. 1er)* Les conventions conclues en application des dispositions de l'article L. 351-2 (2° ou 3°) entre l'État et les sociétés d'économie mixte de construction immobilière, pour les logements ne bénéficiant pas des dispositions de l'article L. 353-18, doivent être conformes à l'annexe de l'article R. 353-59. – *V. Annexe 9.*

Art. R. 353-59 *(Décr. nº 99-865 du 7 oct. 1999, art. 1er)* La convention type jointe en annexe au présent article *[V. Annexe 9]* s'applique :

(Décr. nº 2011-967 du 16 août 2011) « – aux logements appartenant aux sociétés d'économie mixte de construction immobilière financés à l'aide d'un prêt prévu à l'article R. 331-76-5-1 qui n'ont pu faire l'objet d'un contrat de location-accession dans le délai mentionné au sixième alinéa du II du même article ; »

– aux logements à usage locatif appartenant aux sociétés d'économie mixte de construction immobilière et ne bénéficiant pas des dispositions de l'article L. 353-18 ;

– ou aux logements à usage locatif gérés par ces sociétés, lorsqu'ils ont été construits, acquis ou améliorés dans les conditions fixées ci-dessous :

– avec le concours financier de l'État conformément à l'article L. 351-2 (2º) ;

– à compter du 5 janvier 1977 au moyen de subventions ou de prêts visés aux sections I, III et IV du chapitre unique du titre III du présent livre ;

– ayant bénéficié d'une décision favorable dans les conditions prévues aux articles R. 331-3 et R. 331-6 et mentionnés aux 2 et 3 du I de l'article 278 *sexies* du code général des impôts ;

– ayant bénéficié d'une subvention de l'État définie par les articles R. 323-1 à R. 323-11.

Art. R. 353-60 *(Décr. nº 99-865 du 7 oct. 1999, art. 1er)* La signature des conventions conditionne l'ouverture du droit à l'aide personnalisée au logement pour les locataires qui remplissent les conditions d'octroi de cette aide.

Art. R. 353-61 *(Décr. nº 99-865 du 7 oct. 1999, art. 1er ; Décr. nº 2002-845 du 3 mai 2002, art. 1er-I)* « I. – ». Les conventions ont une durée d'au moins neuf ans. Elles prennent effet en application de l'article L. 353-19 à la date de leur signature.

La durée des conventions fixée à l'origine ou modifiée par avenant ne peut être inférieure à la durée la plus longue restant à courir pour l'amortissement intégral des prêts du ou des programmes concernés. *(Décr. nº 2002-845 du 3 mai 2002, art. 1er-II)* « Toutefois, lorsque l'opération est financée dans les conditions prévues à la sous-section 3 de la section I du chapitre unique du titre III du présent livre, cette durée ne peut être inférieure à quinze ans, » *(Décr. nº 2010-48 du 13 janv. 2010)* « ni supérieure à quarante ans. »

(Décr. nº 2002-845 du 3 mai 2002, art. 1er-III et IV) « Les conventions sont renouvelées par tacite reconduction par périodes triennales. Elles peuvent être résiliées par chacune des parties. La résiliation prend effet au terme de la convention initiale ou au terme de chaque période de renouvellement. La résiliation à l'initiative de l'une des parties est notifiée au cocontractant au moins six mois avant la date d'expiration de la convention initiale ou renouvelée, par acte authentique (acte notarié ou acte d'huissier de justice) ou par acte administratif.

« La résiliation est publiée au fichier immobilier ou inscrite au livre foncier par le préfet, *(Décr. nº 2006-569 du 17 mai 2006)* « ou, lorsqu'un établissement public de coopération intercommunale ou un département a signé une convention mentionnée aux articles L. 301-5-1 et L. 301-5-2, par le président de l'établissement public de coopération intercommunale ou du conseil général, » qu'elle soit de son initiative ou qu'elle émane du bailleur. Les frais correspondants sont à la charge du bailleur.

Le remboursement, anticipé ou non, d'un des prêts utilisés pour financer l'opération ainsi que le reversement d'un complément d'impôt en application de l'article 284 du code général des impôts ou le reversement d'une subvention sont sans effet sur la durée des conventions.

(Décr. nº 2002-845 du 3 mai 2002, art. 1er-III et IV) « II. – Dans le cas d'une acquisition ou d'une convention sans travaux faisant suite à une nouvelle acquisition, lorsque les loyers ne sont pas établis sur la base de la surface corrigée, résultant de l'application du décret nº 48-1766 du 22 novembre 1948 *[V. **C. baux**]* et de l'article 4 du décret

n° 60-1063 du 1er octobre 1960, il est procédé à un bilan de l'occupation sociale des logements sur la base des éléments recueillis lors de l'enquête prévue à l'article L. 441-9 ou à l'article L. 442-5 et dans des conditions définies par arrêté du ministre chargé du logement. »

Art. R. 353-62 *(Décr. n° 99-865 du 7 oct. 1999, art. 1er)* Les réservations de logements au bénéfice de l'État mentionnées par les dispositions de la section I du chapitre Ier du titre IV du livre IV sont prévues par la convention visée à l'article R. 353-59.

Art. R. 353-63 *(Décr. n° 99-865 du 7 oct. 1999, art. 1er)* Le bailleur est tenu de fournir aux organismes chargés de la liquidation et du paiement de l'aide personnalisée au logement toutes les informations et justifications nécessaires à l'établissement du droit à l'aide personnalisée au logement, à la liquidation et au versement de celle-ci, dans les conditions définies par la convention.

Art. R. 353-64 *(Décr. n° 99-865 du 7 oct. 1999, art. 1er)* Les logements conventionnés sont loués nus, à titre de résidence principale ; ils ne peuvent faire l'objet de sous-location, sous réserve des dispositions de l'article L. 353-20. Ils peuvent toutefois être sous-loués au profit de personnes ayant passé avec le locataire un contrat conforme à l'article L. 443-1 du code de l'action sociale et des familles *[art. abrogé par L. 2002-73 du 17 janv. 2002, art. 51]*.

Art. R. 353-65 *(Décr. n° 99-865 du 7 oct. 1999, art. 1er)* Lors de leur mise en service et au fur et à mesure de leur vacance, les logements sont loués à des personnes dont les ressources annuelles n'excèdent pas le plafond déterminé dans les conditions prévues par l'article R. 331-12. Toutefois, ces plafonds ne s'appliquent pas aux logements financés dans les conditions prévues par la section III du chapitre unique du titre III du présent livre.

Art. R. 353-66 *(Décr. n° 99-865 du 7 oct. 1999, art. 1er)* Le bailleur ou les personnes morales locataires mentionnées au premier alinéa de l'article L. 353-20 sont tenus de proposer respectivement un contrat de location ou de sous-location conforme à la convention aux futurs occupants.

Art. R. 353-67 *(Décr. n° 99-865 du 7 oct. 1999, art. 1er)* Le contrat de location est conclu pour une durée de trois ans.

Pendant la durée de la convention, le contrat de location est reconduit tacitement, pour des périodes de trois ans, si le locataire s'est conformé aux obligations de l'article 7 de la loi du 6 juillet 1989 *[V. C.* ***baux****]*, sauf dénonciation expresse du locataire dans les conditions de l'article 15-I, deuxième et troisième alinéas, de la loi du 6 juillet 1989 précitée et dans les conditions de l'article L. 353-19-1.

Six mois avant la date d'expiration de la convention, le bailleur peut proposer au locataire un contrat de location prenant effet à la date d'expiration de la convention ou à la date d'expiration du contrat de location si cette dernière date est postérieure à la date d'expiration de la convention.

Art. R. 353-68 *(Décr. n° 99-865 du 7 oct. 1999, art. 1er)* En application de l'article L. 353-19, les dispositions de la convention s'appliquent de plein droit, à la date d'entrée en vigueur de celle-ci ou à la date d'achèvement des travaux lorsqu'elle en prévoit, aux titulaires de baux en cours ou aux bénéficiaires du droit au maintien dans les lieux.

Art. R. 353-69 *(Décr. n° 99-865 du 7 oct. 1999, art. 1er)* Pour les logements régis par la loi n° 48-1360 du 1er septembre 1948 *[V. C.* ***baux****]*, le projet de contrat de location mentionné à l'article R. 353-67 doit en outre reproduire, en caractères très apparents, le texte intégral de l'article L. 353-9.

Art. R. 353-70 *(Décr. nº 99-865 du 7 oct. 1999, art. 1er)* Le montant mensuel du loyer maximum applicable aux logements conventionnés, résultant de l'application des 1º et 2º de l'article R. 353-16, ainsi que les conditions de son évolution sont fixés par la convention.

Le loyer maximum des logements pour lesquels une convention a été signée avant le 1er juillet 1996 est fixé au mètre carré de surface corrigée, telle qu'elle résulte des dispositions de l'article R. 442-1 et du décret nº 48-1766 du 22 novembre 1948, modifié notamment par le décret nº 60-1063 du 1er octobre 1960 *[V. **C. baux**]*. Par dérogation à l'alinéa précédent, la signature, à partir du 1er juillet 1996, d'une nouvelle convention ou d'un avenant portant sur les logements conventionnés avant cette date n'entraîne pas de modification des modalités de fixation de leur loyer.

Art. R. 353-70-1 *(Décr. nº 2011-1191 du 26 sept. 2011)* Le loyer maximum des logements financés en prêt locatif aidé d'intégration, occupés ou devant être occupés par des ménages dont les ressources n'excèdent pas celles correspondant à un prêt locatif à usage social, peut être majoré dans la limite du loyer maximum des logements financés en prêt locatif à usage social. Les conditions d'application de cette majoration de loyer, pour les logements financés en prêt locatif aidé d'intégration, sont définies par arrêté préfectoral en tenant compte notamment de la situation des occupants et des caractéristiques des logements occupés.

Art. R. 353-71 *(Décr. nº 2002-845 du 3 mai 2002, art. 2)* « Les loyers pratiqués, dont la valeur est fixée au mètre carré de surface corrigée ou de surface utile calculée selon les mêmes modalités que les loyers maximums définis par la convention, peuvent être révisés au cours du bail en application de l'article 17 *d* de la loi nº 89-462 du 6 juillet 1989 *[V. **C. baux**]*. »

(Décr. nº 99-865 du 7 oct. 1999, art. 1er) « Les loyers pratiqués peuvent être réévalués à chaque renouvellement du contrat de location selon les modalités définies par l'article 17 *c* de la loi modifiée du 6 juillet 1989, » *(Décr. nº 2002-845 du 3 mai 2002, art. 2)* « dans la limite du loyer maximum défini par la convention ».

Art. R. 353-72 *(Décr. nº 2012-1463 du 26 déc. 2012, art. 2-I)* « La publication au fichier immobilier des conventions et de leur résiliation » *(Décr. nº 2002-845 du 3 mai 2002, art. 3)* « ou leur inscription au livre foncier, ainsi que celle des éventuels avenants, se fait à l'initiative » *(Décr. nº 2006-569 du 17 mai 2006)* « du préfet, ou, lorsqu'un établissement public de coopération intercommunale ou un département a signé une convention mentionnée aux articles L. 301-5-1 et L. 301-5-2, à l'initiative du président de l'établissement public de coopération intercommunale ou du conseil général ». Les frais sont à la charge du bailleur. »

(Décr. nº 99-865 du 7 oct. 1999, art. 1er) « Le préfet *(Décr. nº 2006-569 du 17 mai 2006)* « ou, lorsqu'un établissement public de coopération intercommunale ou un département a signé une convention mentionnée aux articles L. 301-5-1 et L. 301-5-2, le président de l'établissement public de coopération intercommunale ou du conseil général, » transmet aux organismes chargés de la liquidation et du paiement de l'aide personnalisée au logement une copie de la présente convention et de ses avenants éventuels. »

Art. R. 353-73 *(Décr. nº 99-865 du 7 oct. 1999, art. 1er)* Les pénalités financières prévues par la convention sont recouvrées au profit de l'État, comme les créances étrangères à l'impôt et aux domaines.

Art. R. 353-74 à R. 353-88 *Abrogés par Décr. nº 99-865 du 7 oct. 1999, art. 2.*

SECTION IV CONVENTIONS CONCLUES ENTRE L'ÉTAT ET LES PERSONNES PHYSIQUES OU MORALES AUTRES QUE LES ORGANISMES D'HLM ET LES SOCIÉTÉS D'ÉCONOMIE MIXTE EN APPLICATION DE L'ARTICLE L. 351-2 (2º ET 3º) *(Décr. nº 2002-846 du 3 mai 2002, art. 1er).*

(Décr. nº 97-535 du 28 mai 1997)

Art. R. 353-89 Les conventions conclues entre l'État et les personnes physiques ou morales autres que les organismes d'HLM et les sociétés d'économie mixte en application des dispositions de l'article L. 351-2 (2º et 3º) doivent être conformes à l'une des conventions types annexées à l'article R. 353-90.

Art. R. 353-90 La convention type jointe en annexe I au présent article s'applique aux logements à usage locatif bénéficiant d'une décision favorable prise dans les conditions prévues aux articles R. 331-3 et R. 331-6 et mentionnés au 2 et au 3 du I de l'article 278 *sexies* du code général des impôts, à l'exception des logements mentionnés au *(Décr. nº 2002-846 du 3 mai 2002, art. 2)* « II de l'article R. 331-1 ».

La convention type jointe en annexe II au présent article s'applique aux logements à usage locatif répondant à l'une des conditions suivantes :

1º Logements financés dans les conditions prévues par le chapitre Ier du titre Ier du présent livre, par le titre II de la loi du 13 juillet 1928, ainsi que par l'article 269 du code de l'urbanisme et de l'habitation ;

2º Logements définis au *(Décr. nº 2002-846 du 3 mai 2002, art. 2)* « II de l'article R. 331-1 » et construits, améliorés, acquis et améliorés par les maîtres d'ouvrage mentionnés au 3º de l'article R. 331-14 ;

3º Logements ayant bénéficié d'une décision favorable prise dans les conditions prévues aux articles R. 331-3 et R. 331-6 et faisant l'objet de prêts mentionnés aux articles R. 331-17 à R. 331-23 pour leur amélioration, leur acquisition ou leur acquisition-amélioration ;

4º Logements donnant lieu pour leur amélioration à une subvention de l'État définie par les articles R. 323-1 à R. 323-11. – *V. Annexe 10.*

(Décr. nº 2002-846 du 3 mai 2002, art. 2) « 5º Logements acquis et le cas échéant améliorés par les collectivités locales ou leurs groupements, financés dans les conditions de l'article R. 331-14 autres que celles prévues au II de l'article R. 331-1 et bénéficiant de subventions prévues aux 2º et 3º de l'article R. 331-15 ;

« 6º Logements appartenant aux bailleurs autres que les sociétés d'économie mixte et mentionnés au quatrième alinéa de l'article 41 *ter* de la loi nº 86-1290 du 23 décembre 1986 tendant à favoriser l'investissement locatif, l'accession à la propriété de logements sociaux et le développement de l'offre foncière *[V. App., vº Rapports locatifs]* ;

« 7º Logements appartenant à l'association foncière mentionnée à l'article L. 313-34 ou à l'une de ses filiales ; »

(Décr. nº 2011-967 du 16 août 2011) « 8º Logements financés à l'aide d'un prêt prévu à l'article R. 331-76-5-1 qui n'ont pu faire l'objet d'un contrat de location-accession dans le délai mentionné au sixième alinéa du II du même article. »

Art. R. 353-91 La signature des conventions conditionne l'ouverture du droit à l'aide personnalisée au logement pour les locataires qui remplissent les conditions d'octroi de cette aide.

Art. R. 353-92 Les conventions, qui ont une durée d'au moins neuf ans, prennent effet à leur date de publication au fichier immobilier ou d'inscription au livre foncier.

La durée de la convention initiale ne peut être inférieure à la durée la plus longue restant à courir pour l'amortissement intégral des prêts du ou des programmes concernés.

(Décr. nº 2002-846 du 3 mai 2002, art. 3) « Toutefois :

« – lorsque l'opération est financée dans les conditions prévues au premier alinéa de l'article R. 353-90 ou aux articles R. 331-17 à R. 331-21, cette durée ne peut être ni inférieure à quinze ans, » *(Décr. nº 2010-48 du 13 janv. 2010)* « ni supérieure à quarante ans » ;

(Décr. nº 2002-846 du 3 mai 2002, art. 3) « – lorsque l'opération est réalisée par l'association foncière mentionnée à l'article L. 313-34 ou par l'une de ses filiales, cette durée est égale à vingt ans.

« Les conventions sont renouvelées par tacite reconduction par périodes triennales prenant effet à compter de leur date d'expiration, sauf résiliation expresse notifiée six mois avant cette date. *(Décr. nº 2006-569 du 17 mai 2006)* « La résiliation à l'initiative de l'une des parties est notifiée au cocontractant au moins six mois avant la date d'expiration de la convention initiale ou renouvelée, par acte authentique ou par acte administratif. »

« Quelle que soit la partie à l'initiative de la résiliation, le préfet *(Décr. nº 2006-569 du 17 mai 2006)* « ou, lorsqu'un établissement public de coopération intercommunale ou un département a signé une convention mentionnée aux articles L. 301-5-1 et L. 301-5-2, le président de l'établissement public de coopération intercommunale ou du conseil général, » publie la résiliation au fichier immobilier ou l'inscrit au livre foncier, par acte authentique ou administratif. Les frais sont à la charge du bailleur. »

(Décr. nº 97-535 du 28 mai 1997, art. 1er) « Le remboursement, anticipé ou non, d'un des prêts utilisés pour financer l'opération ainsi que le reversement d'un complément d'impôt en application de l'article 284 (2º et 3º) du code général des impôts sont sans effet sur la durée de la convention. »

Art. R. 353-93 Lors de leur mise en service et au fur et à mesure de leur vacance, les logements sont loués à des personnes dont les ressources annuelles n'excèdent pas le plafond déterminé dans les conditions prévues par l'article R. 331-12.

Art. R. 353-93-1 *(Décr. nº 2002-846 du 3 mai 2002, art. 4)* Dans le cas d'une acquisition ou d'une convention sans travaux faisant suite à une nouvelle acquisition, lorsque les loyers ne sont pas établis sur la base de la surface corrigée, résultant de l'application du décret nº 48-1366 du 22 novembre 1948 et de l'article 4 du décret nº 60-1063 du 1er octobre 1960, il est procédé sur la base des éléments recueillis lors de l'enquête prévue à l'article L. 441-9 ou à l'article L. 442-5 à un bilan de l'occupation sociale des logements dans des conditions définies par arrêté du ministre chargé du logement.

Art. R. 353-94 Le bailleur ou les personnes morales locataires visées à l'article L. 353-20 sont tenus de proposer respectivement un contrat de location ou de sous-location conforme à la convention aux futurs occupants ; une copie de la convention et un formulaire de demande d'aide personnalisée au logement sont annexés au contrat de bail.

Art. R. 353-95 Le contrat de location est conclu pour une durée de trois ans.

Pendant la durée de la convention, le contrat de location est reconduit tacitement, pour des périodes de trois ans, si le locataire s'est conformé aux obligations de l'article 7 de la loi du 6 juillet 1989, sauf dénonciation expresse du locataire dans les conditions de l'article 15-I, 2e et 3e alinéas, de la loi du 6 juillet 1989 précitée. – ***C. baux***.

Six mois avant la date d'expiration de la convention, le bailleur peut proposer au locataire un contrat de location, prenant effet à la date d'expiration de la convention ou à la date d'expiration du bail si cette dernière intervient ultérieurement.

Art. R. 353-96 En application des dispositions de l'article L. 353-7 à la date d'entrée en vigueur de la convention, le bailleur propose au locataire ou occupant de bonne foi dans les lieux un projet de bail auquel sont annexés une copie de ladite convention ainsi que des éléments du barème de l'aide personnalisée au logement.

Le locataire dispose d'un délai de six mois pour accepter ce projet de bail qui reproduit en caractères très apparents le texte intégral de l'article L. 353-7 précité et qui fait l'objet d'une notification aux intéressés dans les conditions fixées par les conventions. S'il refuse, et sous réserve des dispositions de la loi nº 67-561 du 12 juillet 1967 *[V. **C. baux**]*, il n'est rien changé aux stipulations du bail en cours. Dans ce cas, le locataire n'a pas droit à l'aide personnalisée au logement et le propriétaire peut demander une révision de ses engagements conventionnels ou le report de leurs effets jusqu'à l'expiration du bail.

(Décr. nº 2002-846 du 3 mai 2002, art. 5) « Le bail entre en vigueur :

« – à compter de la date d'achèvement des travaux si la convention en prévoit ;

« – en l'absence de travaux, à la date de son acceptation par le locataire ou l'occupant de bonne foi, après publication de la convention au fichier immobilier ou son inscription au livre foncier. »

Art. R. 353-97 *(Décr. nº 2002-846 du 3 mai 2002, art. 6)* Pour les logements dont la construction, l'acquisition, l'acquisition-amélioration ou l'amélioration seule a été financée dans les conditions du livre III ou du livre IV du présent code, et qui font l'objet de travaux d'amélioration justifiés pour tout ou partie par des considérations de sécurité, de salubrité ou de mise aux normes minimales d'habitabilité, le bailleur informe les locataires et occupants concernés des nouvelles modalités du bail entrant de plein droit en vigueur à compter de la date d'achèvement des travaux.

Ce nouveau bail reproduit en caractères très apparents le texte intégral de l'article L. 353-8 et fait l'objet d'une notification aux intéressés dans les conditions fixées par les conventions.

Art. R. 353-98 Pour l'exécution des travaux ne nécessitant pas le départ des occupants, le bailleur se conforme, selon le cas, aux dispositions de l'article 14 modifié de la loi nº 48-1360 du 1er septembre 1948 ou de l'article 2 modifié de la loi nº 67-561 du 12 juillet 1967. – ***C. baux***.

Art. R. 353-99 Lorsque les travaux rendent inhabitable ce qui est nécessaire au logement de l'occupant et de sa famille et nécessitent l'évacuation temporaire des lieux, le bailleur met provisoirement à la disposition des occupants concernés des logements répondant aux conditions prévues par l'article 13 *bis* de la loi nº 48-1360 du 1er septembre 1948. – ***C. baux***.

Art. R. 353-100 Pour les logements régis par la loi nº 48-1360 du 1er septembre 1948 *[V. **C. baux**]*, le projet de bail mentionné à l'article R. 353-95 doit en outre reproduire, en caractères très apparents, le texte intégral de l'article L. 353-9.

Art. R. 353-101 Les bailleurs sont tenus envers les organismes chargés de la liquidation et du paiement de l'aide personnalisée au logement, de fournir toutes les informations et justifications nécessaires à l'établissement du droit à l'aide personnalisée au logement, ainsi qu'à la liquidation et au versement de celle-ci, dans les conditions définies par les directives du conseil de gestion du *(Décr. nº 2005-1733 du 30 déc. 2005, art. 9)* « fonds national d'aide au logement », conformément aux dispositions de la convention nationale prévue à l'article L. 351-8.

Les dispositions du Décr. nº 2005-1733 sont applicables à compter du 1er janv. 2006 (Décr. préc., art. 10).

Art. R. 353-102 *(Décr. nº 2002-846 du 3 mai 2002, art. 7) (Décr. nº 2012-1463 du 26 déc. 2012, art. 2-I)* « La publication au fichier immobilier des conventions et de leur résiliation » ou leur inscription au livre foncier, ainsi que celle des éventuels avenants, se fait à l'initiative *(Décr. nº 2006-569 du 17 mai 2006)* « du préfet, ou, lorsqu'un établissement public de coopération intercommunale ou un département a signé une convention mentionnée aux articles L. 301-5-1 et L. 301-5-2, à l'initiative du président de l'établissement public de coopération intercommunale ou du conseil général ». Les frais sont à la charge du bailleur.

Le préfet *(Décr. nº 2006-569 du 17 mai 2006)* « ou, lorsqu'un établissement public de coopération intercommunale ou un département a signé une convention mentionnée aux articles L. 301-5-1 et L. 301-5-2, le président de l'établissement public de coopération intercommunale ou du conseil général, » transmet aux organismes chargés de la liquidation et du paiement de l'APL une photocopie de la présente convention, de ses avenants éventuels ainsi que l'état prouvant qu'elle ou ils ont bien fait l'objet d'une publication au fichier immobilier (ou d'une inscription au livre foncier).

Art. R. 353-103 Les pénalités financières prévues par la convention sont recouvrées au profit de l'État, comme les créances étrangères à l'impôt aux domaines.

Les dispositions du Décr. nº 97-535 du 28 mai 1997 (JO 29 mai) s'appliquent aux conventions signées à compter du premier jour du mois suivant sa publication (Décr. préc., art. 2).

Art. R. 353-104 à R. 353-118 *Abrogés par Décr. nº 97-535 du 28 mai 1997.*

SECTION V

Néant.

SECTION VI DISPOSITIONS PARTICULIÈRES RELATIVES AUX CONVENTIONS PASSÉES ENTRE L'ÉTAT ET LES BAILLEURS DE LOGEMENTS BÉNÉFICIAIRES DE PRÊTS CONVENTIONNÉS EN APPLICATION DE LA SECTION III DU CHAPITRE UNIQUE DU TITRE III DU LIVRE III DU CODE DE LA CONSTRUCTION ET DE L'HABITATION

(Décr. nº 78-1307 du 29 déc. 1978)

Art. R. 353-126 Les conventions passées, en application des dispositions de l'article L. 351-2 (3º) et de l'article R. 331-67 du code de l'habitation et de la construction entre l'État, d'une part, et les personnes morales ou physiques bénéficiant de prêts conventionnés, d'autre part, doivent être conformes aux conventions types annexées au présent décret *[à la présente section]. – V. les annexes 1, 2 et 3 au Décr. nº 78-1307 du 29 déc. 1978 (JONC 9 janv. 1979, p. 248 s.), Annexe 11.*

V. Lettre-circ. du 20 juill. 1979 relative au conventionnement des logements appartenant à des bailleurs privés (BOMELT nº 79/38) ; Lettre-circ. nº 80-363 du 11 juill. 1980 relative au conventionnement (BOMELT nº 80/30).

Art. R. 353-127 Ces conventions s'appliquent aux logements à usage locatif appartenant à des personnes morales ou physiques lorsque ces logements bénéficient de prêts conventionnés dans les conditions définies par les articles R. 331-63 à R. 331-77 du code précité :

a) Soit pour leur construction ou leur acquisition s'il s'agit de logements non encore mis en service (annexe nº 1) ;

b) Soit pour leur acquisition et leur amélioration (annexe nº 2) ;

c) Soit pour leur amélioration lorsque les logements font partie d'un programme d'intérêt général approuvé par le représentant de l'État dans le département et dont les travaux sont financés à titre principal par le prêt conventionné (annexe nº 3). *– V. Annexe 11.*

Art. R. 353-128 Les travaux d'amélioration doivent conduire à mettre les logements en conformité totale avec des normes minimales d'habitabilité définies par arrêté du 1er mars 1978.

A titre exceptionnel, les conventions peuvent porter sur des logements qui en raison d'impératifs techniques tenant à la structure de l'immeuble ne pourront répondre à l'ensemble desdites normes.

Art. R. 353-129 La signature des conventions conditionne l'ouverture du droit à l'aide personnalisée au logement pour les locataires qui remplissent les conditions d'octroi de cette aide.

Art. R. 353-130 Les conventions qui ont une durée d'au moins neuf ans prennent effet à leur date de publication au fichier immobilier ou d'inscription au livre foncier.

Les conventions sont renouvelées par tacite reconduction pour des périodes triennales, sous réserve de dénonciation expresse par l'une ou l'autre partie. Selon le cas, la dénonciation est notifiée par acte administratif, notarié ou extrajudiciaire, au moins six mois avant la date d'expiration de la période.

Après sa dénonciation dans les conditions fixées à l'alinéa 2 du présent article, une nouvelle convention peut être conclue dans les conditions du présent décret.

Art. R. 353-131 Les logements conventionnés sont loués nus à des personnes physiques, à titre de résidence principale et occupés au moins huit mois par an. Ils ne peuvent faire l'objet de sous-location, *(Décr. no 90-635 du 18 juill. 1990 art. 8)* « sauf au profit de personnes ayant passé avec le locataire un contrat conforme à l'article L. 443-1 du code de l'action sociale et des familles *[art. abrogé par L. 2002-73 du 17 janv. 2002, art. 51]* ». Ils doivent répondre aux conditions d'occupation suffisante, telles que définies par l'article L. 621-2 du code de la construction et de l'habitation.

Art. R. 353-132 Au moins quinze jours avant la date de signature du bail, en cas de vacance du logement, le bailleur adresse au candidat locataire une lettre portant réservation du logement pendant un délai minimum de quinze jours. Dans le cas où le logement est disponible à plus brève échéance, ce délai peut être ramené à huit jours francs.

Le bailleur est tenu de proposer un bail conforme à la convention, auquel sont annexés une copie de ladite convention ainsi que les éléments du barème de l'aide personnalisée au logement.

Art. R. 353-133 Le bail est conclu pour une durée de trois ans. Toutefois, s'il est conclu au cours des trois premières années de la convention, sa durée est limitée à la durée restant à courir jusqu'au 30 juin suivant la troisième année de la date de signature de la convention.

Pendant la durée de la convention en cours au moment de la conclusion du bail et sous réserve des dispositions de l'article R. 353-135 ci-dessous, il est reconduit tacitement à la volonté du locataire seul pour des périodes également de trois ans, dans la mesure où ce dernier se conforme aux obligations de l'article 1728 du code civil rappelées dans le bail.

Au cours de chaque période triennale, le locataire peut résilier le bail à tout moment, sous réserve d'un préavis de trois mois ramené à un mois en cas de changement de résidence pour raisons professionnelles ou familiales graves.

Le congé est donné par lettre recommandée, le préavis partant de la date d'envoi et le cachet de la poste faisant foi. Lorsque le délai de préavis vient à expiration dans le courant d'un mois, le bail produit effet jusqu'au dernier jour du mois.

Sous réserve des dispositions de l'article R. 353-147 ci-dessous, en cas de vacance intervenant au cours d'une période triennale, le nouveau locataire est substitué de plein droit à l'ancien locataire.

Six mois avant la date d'expiration de la convention, le bailleur est tenu de proposer dans des conditions fixées par les conventions au locataire qui exécute les obligations de l'article 1728 du code civil, un projet de bail prenant effet à ladite date d'expiration sous réserve qu'une nouvelle convention ne soit pas conclue.

Art. R. 353-134 *(Décr. nº 96-656 du 22 juill. 1996)* Le loyer maximum applicable aux logements conventionnés, résultant de l'application du 1º et du 2º de l'article R. 353-16, ainsi que les conditions de son évolution sont fixés par la convention.

Le loyer maximum des logements pour lesquels une convention a été signée avant le 1er juillet 1996 est fixé au mètre carré de surface corrigée, telle qu'elle résulte des dispositions de l'article R. 442-1 et du décret nº 48-1766 du 22 novembre 1948 modifié, notamment par le décret nº 60-1063 du 1er octobre 1960. Par dérogation à l'alinéa précédent, la signature, à partir du 1er juillet 1996, d'une nouvelle convention ou d'un avenant portant sur ces logements n'entraîne pas de modification des modalités de fixation de leur loyer.

Art. R. 353-135 *(Décr. nº 95-42 du 11 janv. 1995, art. 5-I)* Les loyers pratiqués, *(Décr. nº 96-656 du 22 juill. 1996)* « dont la valeur est fixée au mètre carré de surface corrigée ou de surface utile calculée selon les mêmes modalités que les loyers maxima définis à l'article R. 353-134 », peuvent être révisés au cours de la période triennale, le 1er juillet de chaque année, en fonction des variations de la moyenne sur quatre trimestres de l'indice du coût de la construction publié par l'Institut national de la statistique et des études économiques, dans la limite du loyer maximum tel que défini à l'article précité selon les modalités fixées par les conventions.

A l'expiration de chaque période triennale, les loyers peuvent faire l'objet d'un réajustement dans la limite du loyer maximum.

Toutefois, au cours de la première période triennale, le bail peut fixer le montant du loyer applicable chaque 1er juillet de ladite période ; ce montant peut être révisé en fonction des variations de la moyenne sur quatre trimestres de l'indice du coût de la construction selon des modalités fixées par les conventions.

Pour l'application du présent article, la moyenne est celle de l'indice du coût de la construction à la date de référence fixée dans la convention et des indices des trois trimestres qui la précèdent. – *Entrée en vigueur le 1er janv. 1995.*

Art. R. 353-136 Le loyer est payable par fraction mensuelle à terme échu sauf convention expresse du bail qui peut prévoir le paiement par terme à échoir, jusqu'à une date qui est fixée par les conventions.

Le bailleur remet au preneur un document faisant apparaître le montant du loyer, des sommes accessoires, et en cas de versement de l'aide personnalisée au bailleur, également celui de cette aide.

Art. R. 353-137 Les conventions fixent les conditions dans lesquelles il est demandé au locataire, lors de la signature du bail, un cautionnement qui peut être au plus équivalent à deux mois de loyer en principal, révisable en fonction de l'évolution de celui-ci. Elles fixent également les conditions dans lesquelles ce cautionnement lui est restitué à son départ.

Art. R. 353-138 Les charges récupérables correspondent à des prestations, taxes locatives et fournitures individuelles et doivent être limitativement énumérées dans le bail.

Elles peuvent faire l'objet de provisions et doivent, en ce cas, donner lieu à régularisation annuelle. Les demandes de provisions sont justifiées par la communication des résultats antérieurs arrêtés lors de la précédente régularisation annuelle, ou par celle de budgets prévisionnels.

Quinze jours avant l'échéance du remboursement ou de la régularisation annuelle des charges, le bailleur en communique le décompte, par nature de charges, ainsi que le mode de répartition entre tous les locataires de l'immeuble.

Pendant un délai d'un mois à compter de l'envoi de ce décompte, les pièces justificatives sont tenues à la disposition des locataires ou de leurs représentants. Lorsqu'ils en font la demande, toutes explications utiles sur les dépenses de gestion leur sont présentées.

Art. R. 353-139 Un constat de l'état du local, dressé contradictoirement à l'entrée dans les lieux, doit être annexé au bail. A la sortie, un constat est établi dans les mêmes conditions.

Art. R. 353-140 En application des dispositions de l'article L. 353-7 du code précité, à la date d'entrée en vigueur de la convention passée en application de l'article R. 353-127 (*b* et *c*), le bailleur propose au locataire ou occupant de bonne foi dans les lieux un projet de bail auquel sont annexés une copie de ladite convention ainsi que des éléments du barème de l'aide personnalisée au logement.

Le locataire dispose d'un délai de six mois pour accepter ce projet de bail qui reproduit en caractères très apparents le texte intégral de l'article L. 353-7 précité et qui fait l'objet d'une notification aux intéressés dans les conditions fixées par les conventions.

Sous réserve des dispositions de l'article R. 353-141 ci-dessous, le bail prend effet à compter de la date d'achèvement des travaux.

Art. R. 353-141 Pour les logements dont la construction a été financée dans les conditions prévues au livre III (titre Ier) ou au livre IV du code de la construction et de l'habitation et dans le cas où ces logements font l'objet de travaux justifiés par des considérations de sécurité, de salubrité, ou de mise aux normes minimales d'habitabilité, le bailleur présente aux locataires concernés un projet de bail, conforme aux dispositions prévues à l'alinéa 1er de l'article R. 353-140 ci-dessus, et entrant en vigueur après l'achèvement des travaux.

Ce projet de bail reproduit en caractères très apparents le texte intégral de l'article L. 353-8 et fait l'objet d'une notification aux intéressés dans les conditions fixées par les conventions.

Art. R. 353-142 Pour les logements régis par la loi no 48-1360 du 1er septembre 1948 *[V. **C. baux**]*, le projet de bail mentionné à l'article R. 353-140 ci-dessus doit en outre reproduire, en caractères très apparents, le texte intégral de l'article L. 353-9 du code précité.

Art. R. 353-143 Pour l'exécution des travaux ne nécessitant pas le départ des occupants, le bailleur se conforme, selon le cas, aux dispositions de l'article 14 modifié de la loi no 48-1360 du 1er septembre 1948 susvisée *[V. **C. baux**]* ou de l'article 2 modifié de la loi no 67-561 du 12 juillet 1967 susvisée.

Art. R. 353-144 Lorsque les travaux rendent inhabitable ce qui est nécessaire au logement de l'occupant et de sa famille et nécessitent l'évacuation temporaire des lieux, le bailleur met provisoirement à la disposition des occupants concernés des logements répondant aux conditions prévues par l'article 13 *bis* de la loi no 48-1360 du 1er septembre 1948 *[V. **C. baux**]*.

Art. R. 353-145 Les bailleurs sont tenus envers les organismes chargés de la liquidation et du paiement de l'aide personnalisée au logement, de fournir toutes les informations et justifications nécessaires à l'établissement du droit à l'aide personnalisée au logement, ainsi qu'à la liquidation et au versement de celle-ci, dans les conditions définies par les directives du conseil de gestion du *(Décr. no 2005-1733 du*

30 déc. 2005, art. 9) « Fonds national d'aide au logement », conformément aux dispositions de la convention nationale prévue à l'article L. 351-8 du code précité.

Les dispositions du Décr. nº 2005-1733 sont applicables à compter du 1er janv. 2006 (Décr. préc., art. 10).

Art. R. 353-146 En application de l'article L. 353-5 du code précité, les logements conventionnés doivent être maintenus à usage locatif pendant toute la durée de la convention. Toutefois, lorsque le propriétaire est une personne physique, les conventions fixent les conditions dans lesquelles ledit propriétaire peut occuper ou faire occuper par son conjoint, ses ascendants ou descendants, à titre de résidence principale, les logements conventionnés.

Art. R. 353-147 En cas de mutation d'un ou de plusieurs logements conventionnés, le ou les nouveaux propriétaires notifient leur identification aux locataires et aux organismes liquidateurs de l'aide personnalisée au logement dans les conditions prévues par les articles 5 ou 6 du décret nº 55-22 du 4 janvier 1955 modifié.

Art. R. 353-148 Lorsque la vente d'un appartement et de ses locaux accessoires, situés dans un immeuble ou partie d'immeuble ayant fait l'objet d'une convention, est la première, depuis la division par appartements dudit immeuble, à porter sur ces seuls biens, le locataire dans les lieux est admis à faire valoir le droit de préférence prévu par l'article 10 de la loi nº 75-1351 du 31 décembre 1975 et son décret d'application, dans les conditions définies par les conventions.

Art. R. 353-149 Lorsque la convention porte sur plus de dix logements et dans le cas où ce programme fait l'objet d'une mise en copropriété, la gestion des logements conventionnés devra obligatoirement en être confiée à l'une des personnes mentionnées à l'arrêté du 9 mars 1978 portant agrément de personnes ou organismes habilités à gérer des immeubles faisant l'objet d'une convention régie par les articles L. 353-1 à L. 353-13 du code précité.

Art. R. 353-150 Sous réserve des dispositions de l'article R. 353-148 ci-dessus, les conventions peuvent être révisées tous les trois ans à la demande de l'une ou l'autre partie. Les frais de publication sont pris en charge par la partie qui sollicite la révision.

Art. R. 353-151 Les conventions fixent les cas de résiliation aux torts du bailleur pour lesquels il peut être fait application des dispositions de l'article L. 353-6 du code précité.

Elles fixent également les sanctions encourues pour non-respect des engagements contractuels.

Art. R. 353-152 Le ministre chargé du logement ou son représentant s'assure de la publication des conventions au fichier immobilier ou de leur inscription au livre foncier, et en informe les organismes chargés de la liquidation et du paiement de l'aide personnalisée au logement.

Art. R. 353-153 *Néant.*

SECTION VII CONVENTIONS PASSÉES ENTRE L'ÉTAT, L'ORGANISME PROPRIÉTAIRE ET L'ORGANISME GESTIONNAIRE EN APPLICATION DE L'ARTICLE L. 353-13 PORTANT SUR LES LOGEMENTS-FOYERS VISÉS PAR L'ARTICLE L. 351-2 (5º)

(Décr. nº 79-297 du 11 avr. 1979)

Art. R. 353-154 *(Décr. nº 2011-356 du 30 mars 2011)* Les articles L. 353-1 à L. 353-13 sont applicables aux logements-foyers, assimilés à des logements à usage locatif et conventionnés à l'aide personnalisée au logement en application de l'article L. 351-2 et de la section IV du chapitre Ier du présent titre, sous réserve des dispositions de la présente section.

Art. R. 353-155 *(Décr. no 2011-356 du 30 mars 2011)* Pour pouvoir être conventionnés, les logements-foyers doivent répondre aux caractéristiques mentionnées à l'article L. 633-1 et être loués à titre de résidence principale, qu'ils soient loués meublés ou non meublés.

Art. R. 353-156 *(Décr. no 2011-356 du 30 mars 2011)* La convention prévue à l'article L. 353-2 définit la part de la redevance qui, contrepartie de l'occupation du logement, est assimilable au loyer et aux charges locatives récupérables. Cette part de la redevance est seule prise en compte pour l'application du barème de l'aide personnalisée au logement.

Art. R. 353-157 *(Décr. no 2011-356 du 30 mars 2011)* La part de la redevance mensuelle prise en compte pour le calcul de l'aide personnalisée au logement, assimilable au loyer et aux charges locatives récupérables, acquittée par le résident, à l'exclusion des autres dépenses liées le cas échant à d'autres prestations, ne doit pas excéder un maximum fixé par la convention.

Ce maximum est révisé, en application de l'article L. 353-9-2, au 1er janvier de chaque année en fonction de l'indice de référence des loyers prévu au *d* de l'article 17 de la loi du 6 juillet 1989 tendant à améliorer les rapports locatifs et portant modification de la loi no 86-1290 du 23 décembre 1986. – *V. **C. baux**.*

La redevance pratiquée peut, dans la limite de ce maximum et de l'indice de référence des loyers, être réactualisée au 1er janvier de chaque année, dans les conditions prévues à l'article L. 353-9-3.

Cette redevance peut, en outre, dans la limite de ce maximum, après que le gestionnaire aura recueilli l'avis du préfet, être majorée chaque année le 1er janvier en cas d'amélioration notable du service rendu.

Art. R. 353-158 *(Décr. no 2011-356 du 30 mars 2011)* La part de redevance mentionnée à l'article R. 353-156 est calculée sur la base de deux éléments dont l'un est équivalent au loyer et l'autre équivalent aux charges locatives récupérables.

I. – En ce qui concerne l'élément équivalent au loyer, la participation du résident aux charges financières annuelles afférentes à l'immeuble recouvre :

a) Le remboursement :

– des charges afférentes à l'ensemble des dépenses effectuées pour la construction, l'amélioration ou l'acquisition-amélioration du logement-foyer ;

– des frais généraux du propriétaire ;

– des charges de renouvellement des composants immobilisés ;

– du montant de la prime d'assurance de l'immeuble ;

– de la taxe foncière sur les propriétés bâties ;

b) Les frais de fonctionnement relatifs au foyer, à savoir :

– les frais de siège du gestionnaire ;

– les frais fixes de personnel administratif ;

– toutes dépenses de menu entretien au sens des articles 1754 et 1755 du code civil ;

– les charges de gros entretien et frais de personnel et fournitures afférents à ces travaux.

II. – L'élément équivalent aux charges locatives récupérables, sommes accessoires au loyer principal, et pris en compte forfaitairement, est exigible en contrepartie des charges dont la liste est énumérée par le décret du 26 août 1987 pris en application de l'article 18 de la loi no 86-1290 du 23 décembre 1986 tendant à favoriser l'investissement locatif, l'accession à la propriété de logements sociaux et le développement de l'offre foncière et fixant la liste des charges récupérables. – *V. **C. baux**.*

Lorsque les logements sont équipés de compteurs individuels, d'eau chaude et d'eau froide, dont les consommations sont relevables de l'extérieur, les consommations d'eau peuvent n'être prises en charge forfaitairement au titre de l'élément équivalent aux charges locatives récupérables qu'à hauteur de 165 litres par jour et par personne. Au-delà de ce maximum, les consommations réelles supplémentaires sont facturées au résident au titre des prestations par facturation séparée, au prix pratiqué par le fournisseur.

Ces modalités de facturation d'eau, pour être applicables, font l'objet d'une inscription au règlement intérieur de l'établissement et dans le contrat d'occupation.

Pour les résidences sociales, lorsque ces modalités de facturation des consommations d'eau sont mises en application, la participation aux charges supplémentaires mentionnée à l'article R. 633-9 ne peut être demandée au résident au titre de cette consommation.

Art. R. 353-159 *(Décr. no 2011-356 du 30 mars 2011)* I. — Pour l'application de l'article L. 353-2 :

1o Sont assimilés au bailleur : le propriétaire du logement-foyer, s'il en assure la gestion ou, le cas échéant, le gestionnaire ayant conclu avec le propriétaire une convention de location qui ne comporte pas de clauses contradictoires à la convention ouvrant droit à l'aide personnalisée au logement.

Dans le cas d'un logement-foyer mentionné aux 2 et 3 de l'article R. 351-55, dénommé résidence sociale, le gestionnaire ou le propriétaire, s'il en assure lui-même la gestion, doit au préalable avoir reçu l'agrément de gestionnaire de résidence sociale ou l'agrément d'intermédiation locative et de gestion locative sociale mentionné à l'article L. 365-4. Cet agrément n'est pas requis lorsque l'établissement est géré par un organisme prévu à l'article L. 411-2 ou à l'article L. 481-1 ;

2o Est assimilée au locataire et dénommée résident : toute personne physique titulaire d'un contrat d'occupation passé avec le gestionnaire en application de l'article L. 633-2 et dans les conditions prévues à la présente section.

II. — La signature d'une convention conditionne l'ouverture du droit à l'aide personnalisée au logement pour les résidents du logement-foyer qui remplissent les conditions d'octroi de cette aide.

III. — La convention ouvrant droit à l'aide personnalisée au logement conclue en application de l'article L. 353-2 doit être conforme à l'une des conventions types annexées au présent article. — *V. Annexe 12.*

IV. — La convention est publiée *(Décr. no 2012-1462 du 26 déc. 2012, art. 35-IV-3o)* « au fichier immobilier » ou inscrite au livre foncier, à l'initiative du préfet, ou, lorsqu'un établissement public de coopération intercommunale ou un département a signé la convention mentionnée aux articles L. 301-5-1 et L. 301-5-2, du président de l'établissement public de coopération intercommunale ou du conseil général. Il en va de même des éventuels avenants.

Les frais de publication ou d'inscription sont à la charge du propriétaire.

Par dérogation à l'article L. 353-3, la convention prend effet à sa date de signature.

Art. R. 353-160 *(Décr. no 2011-356 du 30 mars 2011)* Les conventions types mentionnées au III de l'article R. 353-159 déterminent, dans les conditions prévues à l'article L. 353-2, la durée et les conditions de renouvellement et de dénonciation des conventions. — *V. Annexe 12.*

Art. R. 353-161 *(Décr. no 2011-356 du 30 mars 2011)* Pendant la durée de la convention ouvrant droit à l'aide personnalisée au logement, le préfet du département d'implantation du logement-foyer est tenu informé des modifications apportées à la convention de location conclue entre le propriétaire et le gestionnaire de l'établissement. Ces modifications ne peuvent conduire à remettre en cause les engagements pris dans la convention ouvrant droit à l'aide personnalisée au logement.

Art. R. 353-162 *(Décr. nº 2011-356 du 30 mars 2011)* Lorsque la convention ouvrant droit à l'aide personnalisée au logement a été signée par un établissement public de coopération intercommunale ou un département signataire d'une convention mentionnée aux articles L. 301-5-1 et L. 301-5-2, le président de l'établissement public de coopération intercommunale ou le président du conseil général adresse au préfet une copie de la convention.

Une copie de la convention est également tenue à la disposition permanente des résidents, dans les conditions précisées par ladite convention.

Art. R. 353-163 *(Décr. nº 2011-356 du 30 mars 2011)* I. — Lors de leur mise en service et au fur et à mesure de leur vacance, les logements sont loués à des personnes dont les ressources annuelles n'excèdent pas le plafond déterminé dans les conditions prévues à l'article R. 331-12. Toutefois, les logements financés dans les conditions prévues par la section III du chapitre unique du titre III du présent livre peuvent être loués à des personnes dont les ressources annuelles n'excèdent pas le plafond fixé pour l'attribution d'un logement financé à l'aide d'un prêt prévu à l'article R. 331-17.

II. — Le préfet peut réserver une part des logements à usage privatif dont le pourcentage est inscrit dans la convention. Ce pourcentage doit tenir compte des besoins recensés par le plan départemental d'action pour le logement des personnes défavorisées. Dans ce cadre, il propose au gestionnaire des candidats pour ces logements, dans le respect des conditions spécifiques d'admission prévues par ladite convention.

Pour répondre à ces obligations, le gestionnaire signale les logements devenus vacants aux services préfectoraux et, le cas échéant, aux délégataires des droits à réservation du préfet en application de l'article L. 441-1.

Les modalités de gestion des réservations et des attributions sont déterminées par la convention.

Art. R. 353-164 *(Décr. nº 2011-356 du 30 mars 2011)* Lorsque l'établissement doit faire l'objet de travaux d'amélioration, le gestionnaire doit informer les résidents conformément aux dispositions de la convention ouvrant droit à l'aide personnalisée au logement.

Si les travaux nécessitent l'évacuation temporaire des résidents, le gestionnaire est tenu de les reloger temporairement et, en cas de diminution des capacités d'accueil, de proposer des solutions de relogement. Les modalités de ces relogements, déterminées en accord avec le préfet ou son délégataire, sont précisées dans la convention type. *— V. Annexe 12.*

Un mois avant la date d'achèvement des travaux, le gestionnaire notifie par lettre recommandée avec accusé de réception aux résidents dans les lieux ou à ceux susceptibles d'être réintégrés à la suite d'un relogement temporaire le montant de la nouvelle redevance qui s'appliquera à cette date.

Art. R. 353-165 *(Décr. nº 2011-356 du 30 mars 2011)* I. — Sans préjudice des dispositions des articles L. 353-6 et L. 353-12, en cas de non-respect par le bailleur au sens du I de l'article R. 353-159, des engagements prévus par la convention, le préfet peut, après avoir mis le gestionnaire en mesure de présenter ses observations, prononcer des pénalités, dans les conditions précisées par la convention.

II. — En cas de non-respect par le gestionnaire d'un logement-foyer dénommé résidence sociale des engagements prévus dans la convention conditionnant le bénéfice de l'aide personnalisée au logement, l'autorité administrative compétente peut retirer l'agrément d'intermédiation locative et de gestion locative sociale mentionné aux articles L. 365-4 et R. 365-8.

SECTION VIII CONVENTIONS CONCLUES EN APPLICATION DE L'ARTICLE L. 351-2 (3°) ENTRE L'ÉTAT ET LES PERSONNES PHYSIQUES BÉNÉFICIAIRES D'UN PRÊT AIDÉ À L'ACCESSION À LA PROPRIÉTÉ ET MENTIONNÉES À L'ARTICLE R. 331-41 (3°)

(Décr. nº 84-668 du 17 juill. 1984)

Art. R. 353-166 Les conventions conclues en application de l'article L. 351-2 (3°) entre l'État et les personnes physiques bénéficiaires d'un prêt aidé à l'accession à la propriété et mentionnées à l'article R. 331-41 (3°) doivent être conformes à la convention type reproduite en annexe du présent code. – *V. Annexe 13.*

Art. R. 353-167 Les conventions se renouvellent pour des périodes triennales, sous réserve de dénonciation expresse par l'une ou l'autre partie. Selon le cas, la dénonciation est notifiée par acte administratif, notarié ou extrajudiciaire, au moins six mois avant leur date d'expiration.

Art. R. 353-168 Les logements sont loués nus à des personnes physiques, à titre de résidence principale, et occupés au moins huit mois par an. Ils ne peuvent faire l'objet de sous-location *(Décr. nº 90-635 du 18 juill. 1990, art. 8)*, « sauf au profit de personnes ayant passé avec le locataire un contrat conforme à l'article L. 443-1 du code de l'action sociale et des familles *[art. abrogé par L. 2002-73 du 17 janv. 2002, art. 51]* ».

Les logements sont loués à des personnes dont les ressources annuelles n'excèdent pas le plafond déterminé en application de l'article R. 331-20.

Art. R. 353-169 Le bailleur est tenu de proposer au locataire un contrat de location conforme à la convention.

Le contrat de location est conclu pour une durée de trois ans. Toutefois, s'il est conclu avant le 30 juin suivant le troisième anniversaire de la prise d'effet de la convention, sa durée est égale à la période restant à courir jusqu'à la date du 30 juin mentionnée ci-dessus. Pendant la durée de la convention, sous réserve du respect des obligations définies par l'article 18 de la loi nº 82-526 du 22 juin 1982, le contrat de location se renouvelle pour des périodes triennales, sauf refus du locataire notifié dans les conditions prévues par la convention. En cas de vacance intervenant au cours du contrat de location, le nouveau locataire est substitué de plein droit à l'ancien locataire.

Art. R. 353-170 Le locataire peut donner congé à tout moment, dans les conditions définies par la convention.

Art. R. 353-171 Le bailleur peut demander au locataire, lors de la signature du contrat de location, le versement d'un dépôt de garantie qui ne peut être supérieur à deux mois de loyer en principal.

Art. R. 353-172 Le loyer maximum applicable aux logements conventionnés dont la valeur est déterminée par mètre carré de surface habitable, ainsi que les conditions de son évolution, sont fixés par la convention.

Art. R. 353-173 Le loyer pratiqué, dont la valeur est fixée au mètre carré de surface habitable, peut évoluer selon les modalités fixées par la convention et dans la limite des dispositions prises en application du titre IV de la loi nº 82-526 du 22 juin 1982 *[abrogée]*. – *V. L. nº 86-1290 du 23 déc. 1986, art. 15 s. ; L. nº 89-462 du 6 juill. 1989, art. 15 s.*

Art. R. 353-174 Le loyer est payable par fraction mensuelle à terme échu.

Art. R. 353-175 Le bailleur est tenu, envers les organismes chargés du paiement de l'aide personnalisée au logement, de fournir toutes les informations et justifications

nécessaires à l'établissement du droit à l'aide personnalisée au logement, à la liquidation et au versement de celle-ci, dans les conditions définies par la convention.

Art. R. 353-176 **Les conventions peuvent être révisées à la demande de l'une ou l'autre partie.**

Art. R. 353-177 **La convention fixe les sanctions encourues pour le non-respect des engagements contractuels.**

Art. R. 353-178 **Le préfet s'assure de la publication des conventions au fichier immobilier ou de leur inscription au livre foncier.**

Art. R. 353-179 *à* R. 353-188 *Néant.*

SECTION IX CONVENTIONS CONCLUES EN APPLICATION DE L'ARTICLE L. 351-2 (3o) ENTRE L'ÉTAT ET LES SOCIÉTÉS D'ÉCONOMIE MIXTE AYANT POUR OBJET STATUTAIRE LA RÉNOVATION URBAINE ET LA RESTAURATION IMMOBILIÈRE DANS LE CADRE DES OPÉRATIONS QUI LEUR SONT CONFIÉES PAR LES COLLECTIVITÉS PUBLIQUES

(Décr. no 81-103 du 4 févr. 1981)

Art. R. 353-189 **Les conventions passées en application des dispositions de l'article L. 351-2 (3o) entre l'État et les sociétés anonymes d'économie mixte ayant pour objet statutaire la rénovation urbaine et la restauration immobilière dans le cadre des opérations qui leur sont confiées par les collectivités publiques doivent être conformes à la convention type annexée à l'article R. 353-190.**

Seules peuvent bénéficier des dispositions de la présente section les sociétés qui, pour la durée de leur intervention, ont obtenu de la collectivité locale la garantie de l'équilibre d'exploitation du programme qui leur a été confié.

Art. R. 353-190 **La convention ci-annexée s'applique aux logements à usage locatif appartenant aux sociétés anonymes d'économie mixte mentionnées à l'article R. 353-189 lorsqu'ils donnent lieu à des prêts aidés par l'État définis par les articles R. 331-1 à R. 331-31 :**

***a*) Soit pour leur construction ;**

***b*) Soit pour leur acquisition et amélioration.** — *V. la convention publiée au JO du 5 févr. 1991 (p. 458) en annexe au Décr. no 81-103 du 4 févr. 1981, mod. par L. no 83-440 du 2 juin 1983, art. 6 (JO 3 juin, p. 1666), Décr. no 90-635 du 18 juill. 1990 (JO 19 juill., p. 8566 ; D. et ALD 1990. 342). — V. Annexe 14.*

Art. R. 353-191 **Les dispositions des articles R. 353-60 à R. 353-61, R. 353-66 à R. 353-68, R. 353-70 à R. 353-76, R. 353-79 à R. 353-81 et R. 353-83 à R. 353-88 sont applicables à la convention annexée à l'article R. 353-190.**

Art. R. 353-192 **La gestion des logements faisant l'objet d'une convention annexée à l'article R. 353-190 sera assurée selon les modalités prévues par la convention type annexée à l'article R. 353-190.**

Art. R. 353-193 **Les conventions fixent le pourcentage des logements conventionnés que les bailleurs s'engagent à réserver lors de la mise en location des logements et au fur et à mesure des vacances au profit des personnes et des familles répondant à des critères de priorité définis par arrêté préfectoral.**

Ces familles sont désignées par le représentant de l'État dans le département sur la base d'une liste établie par les services préfectoraux à partir des demandes de logement déposées à la mairie du domicile du demandeur ou auprès des bailleurs.

Art. R. 353-194 Un pourcentage de l'ensemble des logements conventionnés doit être occupé par les personnes ou les familles dont les ressources sont inférieures à un montant déterminé par le représentant de l'État dans le département. Ce pourcentage est fixé par les conventions.

Art. R. 353-195 Les conventions fixent les conditions d'occupation des logements, conformément à celles prévues par l'article R. 441-3.

Lors de la mise en service et au fur et à mesure des vacances, les logements sont loués à des personnes dont les ressources annuelles n'excèdent pas le plafond déterminé dans les conditions prévues par l'article R. 331-20.

Art. R. 353-196 Lorsque le programme a pour objet principal le relogement de personnes ou de familles rendu nécessaire par la réalisation d'une opération d'aménagement urbain qui lui a été confiée par ailleurs par une collectivité locale, le bailleur, en application des obligations qui lui incombent pour la réalisation de cette opération, procédera en priorité au relogement des personnes dont le logement est compris dans le périmètre de cette opération.

Dans ce cas, les conventions fixent les conditions d'exonération à l'obligation de réservation définie à l'article R. 353-193 et à la mise en œuvre du pourcentage mentionné à l'article R. 353-194.

Les personnes qui bénéficient d'un relogement prioritaire dans les conditions de l'alinéa 1er ci-dessus ne sont pas soumises au plafond de ressources prévu à l'article R. 331-20.

Art. R. 353-197 En application des dispositions de l'article L. 353-7, à la date d'entrée en vigueur de la convention, le bailleur propose au locataire ou occupant de bonne foi dans les lieux un projet de bail auquel sont annexés une copie de ladite convention ainsi que des éléments du barème de l'aide personnalisée au logement.

Le locataire dispose d'un délai de six mois pour accepter ce projet de bail qui reproduit en caractères très apparents le texte intégral de l'article L. 353-7 et qui fait l'objet d'une notification aux intéressés dans les conditions fixées par les conventions.

Pour les logements mentionnés à l'article R. 353-190 *b*) le bail prend effet à compter de la date d'achèvement des travaux.

Art. R. 353-198 Pour les logements mentionnés au dernier alinéa de l'article R. 353-197, dont la construction a été financée dans les conditions prévues à l'article R. 311-1 (alinéas 2, 3 et 4), de la loi du 21 juillet 1950 et de *[l'article 269 du code de l'urbanisme et de l'habitation]*, et dans le cas où ces logements font l'objet de travaux justifiés par des considérations de sécurité, de salubrité ou de mise aux normes minimales d'habitabilité, le bailleur présente aux locataires concernés un projet de bail, conforme aux dispositions prévues à l'alinéa 1er dudit article, et entrant en vigueur après l'achèvement des travaux.

Ce projet de bail reproduit en caractères très apparents le texte intégral de l'article L. 353-8 et fait l'objet d'une notification aux intéressés dans les conditions fixées par les conventions.

Art. R. 353-199 Pour les logements régis par la loi no 48-1360 du 1er septembre 1948 *[V. C. **baux**]* le projet de bail mentionné à l'article R. 353-197 doit, en outre, reproduire, en caractères très apparents, le texte intégral de l'article L. 353-9.

SECTION X CONVENTIONS CONCLUES EN APPLICATION DE L'ARTICLE L. 351-2 (3°) ENTRE L'ÉTAT ET LES PERSONNES PHYSIQUES OU MORALES BÉNÉFICIAIRES DE PRÊTS PRÉVUS PAR LA SOUS-SECTION 4 *BIS* DE LA SECTION II DU CHAPITRE Ier DU TITRE III DU LIVRE III

(Décr. n° 83-1001 du 22 nov. 1983)

Art. R. 353-200 Les conventions conclues en application de l'article L. 351-2 (3°) entre l'État et les personnes physiques ou morales bénéficiaires de prêts prévus par la sous-section 4 *bis* de la section II du chapitre Ier du titre III du livre III doivent être conformes à la convention type reproduite en annexe du présent code. – *V. Annexe 15.*

Les conventions ne peuvent être conclues que pour des logements vacants.

Art. R. 353-201 Les conventions se renouvellent pour des périodes triennales, sous réserve de dénonciation expresse par l'une ou l'autre partie. Selon le cas, la dénonciation est notifiée par acte administratif, notarié ou extrajudiciaire, au moins six mois avant leur date d'expiration.

Art. R. 353-202 Les logements sont loués nus à des personnes physiques, à titre de résidence principale, et occupés au moins huit mois par an. Ils ne peuvent faire l'objet de sous-location, *(Décr. n° 90-635 du 18 juill. 1990, art. 8)* « sauf au profit de personnes ayant passé avec le locataire un contrat conforme à l'article L. 443-1 du code de l'action sociale et des familles *[art. abrogé par L. 2002-73 du 17 janv. 2002, art. 51]* ».

Les logements sont loués à des personnes dont les ressources annuelles n'excèdent pas le plafond déterminé en application de l'article R. 331-42.

Art. R. 353-203 Le bailleur est tenu de proposer au locataire un contrat de location conforme à la convention.

Art. R. 353-204 Lorsque le bailleur n'est pas un organisme d'habitations à loyer modéré, le contrat de location est conclu pour une durée de trois ans. Toutefois, s'il est conclu avant le 30 juin suivant le troisième anniversaire de la prise d'effet de la convention, sa durée est égale à la période restant à courir jusqu'à la date du 30 juin mentionnée ci-dessus. Pendant la durée de la convention, sous réserve du respect des obligations définies par l'article 18 de la loi n° 82-526 du 22 juin 1982 *[V. L. n° 86-1290 du 23 déc. 1986, art. 7 ; L. n° 89-462 du 6 juill. 1989, art. 7]*, le contrat de location se renouvelle pour des périodes triennales, sauf refus du locataire notifié dans les conditions prévues par la convention. En cas de vacance intervenant au cours du contrat de location, le nouveau locataire est substitué de plein droit à l'ancien locataire.

Lorsque le bailleur est un organisme d'habitations à loyer modéré, les dispositions de l'article L. 353-15 sont applicables aux locataires.

Art. R. 353-205 Une copie de la convention doit être tenue en permanence à la disposition des locataires, ou de leurs associations, dans les conditions fixées par la convention.

Art. R. 353-206 Le locataire peut donner congé à tout moment, dans les conditions définies par la convention.

Art. R. 353-207 Le bailleur peut demander au locataire, lors de la signature du contrat de location, le versement d'un dépôt de garantie qui ne peut être supérieur à deux mois de loyer en principal.

Art. R. 353-208 *(Décr. n° 96-656 du 22 juill. 1996)* Le loyer maximum applicable aux logements conventionnés, dont la valeur est fixée, pour les organismes d'habitations à loyer modéré, au mètre carré de surface utile, résultant de l'application du 1° et du

2° de l'article R. 353-16, ou, pour les autres bailleurs, au mètre carré de surface habitable, ainsi que les conditions de son évolution sont fixés par la convention.

Art. R. 353-209 Les loyers pratiqués, *(Décr. n° 96-656 du 22 juill. 1996)* « dont la valeur est fixée, selon les cas, au mètre carré de surface utile ou au mètre carré de surface habitable selon les mêmes modalités que les loyers maxima définis à l'article R. 353-208 », peuvent évoluer selon les modalités fixées par la convention et dans la limite des dispositions prises en application du titre IV de la loi n° 82-526 du 22 juin 1982.– *V. App., v° Rapports locatifs, L. n° 86-1290 du 23 déc. 1986, art. 15 s. ; L. n° 89-462 du 6 juill. 1989, art. 16 s.*

Art. R. 353-210 Le loyer est payable par fraction mensuelle à terme échu.

Art. R. 353-211 Les bailleurs sont tenus, envers les organismes chargés du paiement de l'aide personnalisée au logement, de fournir toutes les informations et justifications nécessaires à l'établissement du droit à l'aide personnalisée au logement, à la liquidation et au versement de celle-ci, dans les conditions définies par la convention.

Art. R. 353-212 Les conventions peuvent être révisées à la demande de l'une ou l'autre partie.

Art. R. 353-213 La convention fixe les sanctions encourues pour le non-respect des engagements contractuels.

Art. R. 353-214 Le préfet s'assure de la publication des conventions au fichier immobilier ou de leur inscription au livre foncier.

TITRE SIXIÈME ORGANISMES CONSULTATIFS ET ORGANISMES CONCOURANT AUX OBJECTIFS DE LA POLITIQUE D'AIDE AU LOGEMENT

(Décr. n° 2009-1684 du 30 déc. 2009, art. 1er-I).

CHAPITRE PREMIER CONSEIL NATIONAL DE L'HABITAT

(Décr. n° 83-465 du 8 juin 1983 ; Décr. n° 84-702 du 30 juin 1984)

COMMENTAIRE

Le décret n° 83-465 du 8 juin 1983 a substitué aux Conseil national de l'aide personnalisée au logement et Conseil national de l'accession à la propriété le **Conseil national de l'habitat**.

Cette instance permet à la politique du logement de s'appuyer sur la concertation avec les organisations représentatives du secteur, en particulier celle des locataires, des propriétaires et des gestionnaires. ❑

Art. R. 361-1 Il est institué auprès du ministre chargé de la construction et de l'habitation un Conseil national de l'habitat.

Art. R. 361-2 *(Décr. n° 2006-1502 du 30 nov. 2006)* Le ministre chargé du logement peut recueillir l'avis du Conseil national de l'habitat sur toute question relative à la politique du logement.

Le Conseil national de l'habitat est consulté sur le barème de l'aide personnalisée au logement, sur sa révision annuelle et, d'une façon générale, sur toute mesure relative à ses modalités de financement et de versement.

Il est également consulté sur les mesures destinées à favoriser la mixité sociale ou à réhabiliter l'habitat existant ainsi que sur les modifications des régimes d'aides directes ou indirectes de l'État à l'accession à la propriété.

Les dispositions du décret du 26 sept. 1989 qui ont pour objet de modifier les conditions de garantie incluses dans les contrats de construction de maisons individuelles n'entrent pas dans le champ de compétence du conseil national de l'habitat. • CE 28 mars 1994, *Union fédérale des consommateurs,* req. nº 111743 : *Lebon 167*. ◆ La compétence consultative du conseil national de l'habitat ne s'étend pas aux questions relatives aux conditions d'attribution des logements relevant de la législation sur les habitations à loyer modéré. • CE 15 déc. 2000, *Féd. nationale des familles de France,* req. nº 213439 : *Lebon 611*.

Art. R. 361-3 Le président et le vice-président du Conseil national de l'habitat sont nommés par le ministre chargé de la construction et de l'habitation après consultation du ministre chargé des affaires sociales. Le vice-président est choisi parmi les membres du Conseil national de l'habitat énumérés à l'article R. 361-4 ci-après.

Art. R. 361-4 Le Conseil national de l'habitat comprend, outre son président :

a) Pour l'administration :

– deux membres représentant le ministre chargé de la construction et de l'habitation ;

– un membre représentant le garde des sceaux, ministre de la Justice ;

– un membre représentant le ministre de l'Intérieur et de la Décentralisation ;

– un membre représentant le ministre chargé de l'économie ;

– un membre représentant le ministre chargé du budget ;

– un membre représentant le ministre chargé de la consommation ;

– trois membres représentant le ministre chargé des affaires sociales dont un en sa qualité de ministre chargé des personnes immigrées ;

– un membre représentant le ministre chargé de l'agriculture ;

– un membre représentant le ministre chargé des droits de la femme.

b) Pour les élus de la nation et des collectivités locales, huit membres, à savoir :

– un député désigné par l'Assemblée nationale ;

– un sénateur désigné par le Sénat ;

– deux conseillers généraux désignés par l'Association des présidents des conseils généraux de France ;

– trois maires désignés par l'Association des maires de France ;

– un président de conseil régional désigné par le ministre chargé de la construction et de l'habitation.

c) Pour les constructeurs, les maîtres d'œuvre et les entreprises du bâtiment, les gestionnaires de logements, les établissements financiers, les organismes d'allocations familiales, le notariat, trente et un membres représentant respectivement :

– le Conseil national de l'ordre des architectes ;

– le Conseil supérieur de l'ordre des géomètres experts ;

– le Conseil supérieur du notariat ;

– l'Union nationale des fédérations d'organismes d'HLM ;

– la Fédération nationale des *(Décr. nº 2008-566 du 18 juin 2008)* « offices publics de l'habitat » ;

– la Fédération nationale des sociétés anonymes et fondations d'HLM ;

– la Fédération des sociétés de crédit immobilier de France ;

– la Fédération nationale des sociétés coopératives d'HLM ;

– la Fédération nationale des sociétés d'économie mixte, de construction, d'aménagement et de rénovation ;

– l'Union nationale interprofessionnelle du logement ;
– la Fédération nationale des promoteurs constructeurs ;
– le Syndicat national des constructeurs de maisons individuelles ;
– la Confédération nationale des administrateurs de biens ;
– la Fédération nationale des centres pour la protection, l'amélioration, la conservation et la transformation de l'habitat ancien ;
– la Fédération nationale des agents immobiliers ;
– la Fédération nationale du bâtiment ;
– la Confédération de l'artisanat et des petites entreprises du bâtiment ;
– la Fédération nationale de l'habitat rural et de l'aménagement du territoire rural ;
– l'Union nationale de la propriété immobilière ;
– la Caisse nationale des allocations familiales (deux membres) ;
– la Caisse centrale d'allocations familiales mutuelles agricoles ;
– la Banque de France ;
– le Crédit foncier de France ;
– la Caisse des dépôts et consignations ;
– la Caisse nationale de crédit agricole ;
– la Confédération nationale du crédit mutuel ;
– l'Union nationale des caisses d'épargne de France ;
– l'Association française des banques ;
– *(L. nº 2009-715 du 18 juin 2009, art. 2)* « l'organe central des caisses d'épargne et des banques populaires » ;
– la Fédération française des sociétés d'assurances.

d) Pour les usagers, douze membres représentant :
– l'Union nationale des associations familiales ;
– la Fédération nationale des associations familiales rurales ;
– la Confédération générale du logement ;
– la Confédération nationale du logement ;
– l'Union féminine, civique et sociale ;
– la Confédération syndicale des familles ;
– la Confédération syndicale du cadre de vie ;
– la Confédération générale du travail ;
– la Confédération générale du travail Force ouvrière ;
– la Confédération française démocratique du travail ;
– la Confédération française des travailleurs chrétiens ;
– la Confédération générale des cadres.

(Décr. nº 99-236 du 24 mars 1999, art. 1er-II) « *e*) Pour les associations d'insertion et de défense des personnes en situation d'exclusion par le logement, quatre membres, à savoir :

« – deux membres représentant l'Union nationale interfédérale des œuvres et organismes privés sanitaires et sociaux ;

« – un membre représentant Aide à toute détresse Quart-Monde (ATD Quart-Monde) ;

« – un membre représentant Droit au logement (DAL). »

(Décr. nº 99-236 du 24 mars 1999, art. 1er-I) « *f*) » Six personnalités choisies en raison de leur compétence par le ministre chargé de la construction et de l'habitation.

(Décr. nº 99-236 du 24 mars 1999, art. 1er-III) « Les membres mentionnés aux *c*, *d* et *e* du présent article sont désignés par l'organisme qu'ils représentent. Des suppléants des membres mentionnés aux *b*, *c*, *d* et *e* sont désignés en nombre égal et dans les mêmes conditions que les titulaires ».

Art. R. 361-5 Pour l'étude de certaines questions particulières, le Conseil national peut s'adjoindre avec voix consultative, des personnalités choisies en raison de leur compétence et de leur activité.

Un représentant de chacun des départements ministériels non mentionnés au *a* de l'article R. 361-4 peut être appelé à prendre part, avec voix délibérative, à l'examen des questions qui concernent son département.

Art. R. 361-6 A l'exception des représentants des ministres mentionnés au *a* de l'article R. 361-4 ci-dessus, les membres du Conseil national de l'habitat et leurs suppléants sont nommés pour trois ans par arrêté du ministre chargé de la construction et de l'habitation. Leur mandat est renouvelable. Toute personne ayant perdu la qualité en raison de laquelle elle a été nommée cesse d'appartenir au Conseil national. Son remplaçant est nommé pour la durée du mandat restant à courir.

Art. R. 361-7 Le Conseil national de l'habitat se réunit au moins une fois par an.

Il comprend un bureau, une commission permanente, et des commissions spécialisées.

Art. R. 361-8 Le bureau est composé du président, du vice-président et des présidents des commissions spécialisées. Un fonctionnaire, nommé par le ministre chargé de la construction et de l'habitation, exerce les fonctions de secrétaire général.

Le bureau organise les travaux du conseil et des commissions.

Art. R. 361-9 La commission permanente est spécialement chargée de suivre les évolutions constatées dans les domaines de la compétence du Conseil. Elle est consultée, en cas d'urgence, sur les textes réglementaires intéressant ces domaines.

Elle est présidée par le président du Conseil national de l'habitat.

Cette commission est composée :

– de deux représentants du ministre chargé de la construction et de l'habitation ;
– du représentant du ministre chargé de l'économie ;
– du représentant du ministre chargé du budget ;
– de deux représentants du ministre chargé des affaires sociales ;
– du représentant de l'Union nationale des fédérations d'organismes d'HLM ;
– du représentant de l'Union nationale interprofessionnelle du logement ;
– du représentant de la Fédération nationale des promoteurs constructeurs ;
– du représentant du Syndicat national des constructeurs de maisons individuelles ;
– du représentant du Crédit foncier de France ;
– du représentant de la Caisse des dépôts et consignations ;
– du représentant de l'Union nationale des caisses d'épargne de France ;
– du représentant de l'Association française des banques ;
– du représentant de la Confédération générale du logement ;
– du représentant de la Caisse nationale des allocations familiales ;
– du représentant de la Confédération nationale du logement ;
– d'un maire ;
– d'un conseiller général.

Art. R. 361-10 Chacune des commissions spécialisées comprend :

a) Les membres du Conseil national mentionnés au *a* de l'article R. 361-4 ;

b) Des membres désignés en conformité avec le règlement intérieur prévu à l'article R. 361-20, par ledit Conseil.

Chaque commission élit son président pour un an renouvelable.

Art. R. 361-11 Pour l'étude des problèmes ressortissant à la compétence de plusieurs commissions, le président du Conseil national peut constituer soit à son initiative, soit à la demande du Conseil des commissions temporaires composées de membres des commissions intéressées et dont il désigne le président.

Art. R. 361-12 Le secrétariat du Conseil national est assuré, sous la direction du secrétaire général mentionné à l'article R. 361-8, par la direction de la construction du ministère de l'Urbanisme et du Logement. Il prête son concours au fonctionnement des commissions définies aux articles R. 361-9 et R. 361-10.

Art. R. 361-13 Le Conseil national, son bureau et ses commissions sont convoqués par leur président respectif soit à l'initiative de ce dernier, soit à la demande du ministre chargé de la construction et de l'habitation.

Le Conseil national, sa commission permanente et son bureau ne peuvent valablement délibérer que si la majorité des membres la composant est présente ou représentée. Les délibérations sont prises à la majorité des suffrages. En cas de partage égal, la voix du président est prépondérante.

Art. R. 361-14 Toute personne qui, sans excuse valable, a été absente à trois séances consécutives des commissions peut être déclarée démissionnaire d'office par le ministre chargé de la construction et de l'habitation. Le siège vacant est pourvu dans un délai de quatre mois.

Art. R. 361-15 Chaque commission peut faire des propositions sur les questions entrant dans les attributions qui lui sont conférées par le règlement intérieur. Le président du Conseil national ou le ministre chargé de la construction et de l'habitation peut demander que ces propositions fassent l'objet d'une délibération du Conseil national.

Art. R. 361-16 Chaque affaire soumise au Conseil national ou à l'une de ses commissions fait l'objet d'un rapport. Les rapports sont présentés soit par un membre de la formation délibérante, soit par un rapporteur désigné par le président de cette formation.

Ces rapporteurs ont voix délibérative pour les affaires qu'ils rapportent.

Art. R. 361-17 Les rapporteurs peuvent bénéficier d'indemnités de vacations dans les conditions fixées par arrêté conjoint du ministre chargé de la construction et de l'habitation et du ministre chargé du budget.

Art. R. 361-18 Les membres du Conseil national peuvent bénéficier du remboursement de leurs frais de déplacement dans les conditions prévues par le décret no 68-724 du 7 août 1968 fixant les conditions de remboursement des frais occasionnés par les déplacements des agents de l'État et autres personnes qui collaborent aux conseils, comités, commissions et autres organismes consultatifs qui apportent leurs concours à l'État.

V. Arr. du 14 févr. 1996 (JO 29 févr.) fixant la liste des instances ouvrant droit au congé de représentation prévue à l'art. R. 3142-34. — ***C. trav.***

Art. R. 361-19 Les frais de fonctionnement du Conseil national, notamment les dépenses de secrétariat et les vacations versées aux rapporteurs, sont supportés par le ministère de l'Urbanisme et du Logement.

Art. R. 361-20 Le Conseil national établit un règlement intérieur qui est soumis à l'approbation du ministre chargé de la construction et de l'habitation.

CHAPITRE II COMITÉ RÉGIONAL DE L'HABITAT

(Décr. no 2005-260 du 23 mars 2005)

V. Circ. no 2005-35 du 27 mai 2005 portant application du Décr. no 2005-260 du 23 mars 2005 relatif aux comités régionaux de l'habitat.

SECTION PREMIÈRE COMPÉTENCES

Art. R. 362-1 Le comité régional de l'habitat émet chaque année, sur la base d'un rapport présenté par le préfet de région, un avis sur :

1o La satisfaction des besoins en logement des différentes catégories de population ;

2o Les orientations de la politique de l'habitat dans la région et des actions engagées par l'État et les collectivités territoriales ;

3o La programmation annuelle *(Décr. no 2009-1625 du 24 déc. 2009, art. 4)* « et pluriannuelle » des différentes aides publiques au logement dans la région et la coordination de ces financements, en particulier ceux de l'État, de ses établissements publics, des collectivités territoriales et de leurs groupements et de la participation des employeurs à l'effort de construction ;

4o Les modalités d'application dans la région des principes qui régissent l'attribution des logements locatifs sociaux ;

5o Les politiques menées dans la région en faveur du logement des populations défavorisées et des populations immigrées.

Art. R. 362-2 Le comité régional de l'habitat est également consulté :

1o Sur le projet de répartition des crédits publics entre les établissements publics de coopération intercommunale et les départements en application du troisième alinéa de l'article L. 301-3, établi chaque année par le préfet de région ;

2o Sur les projets de programmes locaux de l'habitat établis en application de l'article L. 302-2 ;

3o Au vu des bilans triennaux prévus à l'article L. 302-9, sur les projets d'arrêtés prévus à l'article L. 302-9-1 ;

4o Sur toute création, dissolution ou modification de compétences des organismes d'habitations à loyer modéré exerçant ou demandant à être autorisés à exercer leur activité dans la région. Toutefois, l'avis du comité n'est requis ni pour le retrait temporaire d'une ou plusieurs compétences décidé en application des articles L. 422-7, R. 421-13 ou R. 421-60, ni pour la dissolution prononcée en application des articles L. 422-7, L. 422-8 ou L. 422-9 ;

(Décr. no 2007-1677 du 28 nov. 2007) « 5o Sur les projets de plans départementaux d'action pour le logement des personnes défavorisées ; »

(Décr. no 2009-1684 du 30 déc. 2009, art. 2) « 6o Sur les demandes ou modifications des agréments relatifs à la maîtrise d'ouvrage visé à l'article L. 365-2. »

(Décr. no 2009-1625 du 24 déc. 2009, art. 4) « 7o Sur le bilan, présenté par le délégué régional de l'Agence nationale de l'habitat ou son représentant, de l'utilisation des aides régionales versées au parc privé et de celles participant à la lutte contre l'habitat indigne au sein de ce parc, ainsi que de celle des aides aux établissements d'hébergement visées au III de l'article R. 321-12. »

(Décr. no 2010-1112 du 23 sept. 2010, art. 9) « 8o Sur les demandes présentées au ministre chargé du logement en vue d'obtenir l'agrément prévu au X de l'article 199 *septvicies* du code général des impôts. »

Le comité régional de l'habitat peut déléguer tout ou partie des compétences prévues aux *(Décr. no 2007-1677 du 28 nov. 2007 ; Décr. no 2009-1625 du 24 déc. 2009, art. 4)* « 2o à 7o » du présent article à son bureau ou aux commissions spécialisées mentionnées à l'article R. 362-11.

SECTION II **COMPOSITION ET FONCTIONNEMENT**

Art. R. 362-3 Le comité régional de l'habitat est présidé par le préfet de région qui peut se faire représenter. Les préfets de département, ou leur représentant, assistent de droit, avec voix consultative, aux séances du comité régional de l'habitat.

Les membres du comité régional de l'habitat sont répartis en trois collèges :

1o Un collège de représentants des collectivités territoriales et de leurs groupements ;

2o Un collège de professionnels intervenant dans les domaines du logement, de l'immobilier, de la construction ou de la mise en œuvre des moyens financiers correspondants ;

3o Un collège de représentants d'organisations d'usagers, de bailleurs privés, d'associations d'insertion et de défense des personnes en situation d'exclusion par le logement, des partenaires sociaux associés à la gestion de la participation des employeurs à l'effort de construction et de personnalités qualifiées.

Aucun collège ne peut comprendre plus de la moitié des membres du comité.

Art. R. 362-4 Les membres du comité régional de l'habitat sont nommés pour une période de six ans renouvelable par arrêté du préfet de région. Le mandat prend fin si son titulaire perd la qualité au titre de laquelle il a été désigné. Celui-ci est alors remplacé pour la durée du mandat restant à courir.

Des suppléants des membres appartenant aux collèges mentionnés aux 2o et 3o de l'article R. 362-3 peuvent être désignés dans les mêmes conditions que les titulaires.

Art. R. 362-5 Les membres du comité régional de l'habitat mentionnés au 1o de l'article R. 362-3 sont les suivants :

1o Le président du conseil régional ou, en Corse, le président du conseil exécutif de Corse, ou son représentant ;

2o Les présidents des conseils généraux, ou leur représentant ;

3o Les présidents des communautés urbaines, des communautés d'agglomération et des syndicats d'agglomération nouvelle compétents en matière de programme local de l'habitat, ou leur représentant ;

4o Les présidents des communautés de communes ayant conclu une convention de délégation de compétence avec l'État en application de l'article L. 301-5-1 du code de la construction et de l'habitation, ou leur représentant.

Art. R. 362-6 Le préfet de région établit la liste des catégories de professionnels mentionnés au 2o de l'article R. 362-3 et le nombre de représentants par catégorie, en fonction de la situation de l'habitat et de l'importance de l'activité exercée par ces professionnels dans la région. Sur proposition, le cas échéant, des organisations professionnelles, il arrête la liste des membres de ce collège.

Art. R. 362-7 Le préfet de région établit la liste des catégories d'associations ou d'organismes mentionnés au 3o de l'article R. 362-3 et le nombre de représentants par catégorie. Il arrête la liste des membres de ce collège après y avoir adjoint, en tant que de besoin, des personnalités compétentes dans le domaine de l'habitat.

Art. R. 362-8 Le comité régional de l'habitat se réunit au moins une fois par an sur convocation de son président.

Le président peut inviter à assister à une séance toute personne dont l'audition lui paraît utile.

Art. R. 362-9 En cas de partage égal des voix au sein du comité régional de l'habitat ou du bureau, la voix du président est prépondérante.

Art. R. 362-10 Le comité régional de l'habitat crée en son sein un bureau comprenant au moins, outre le président ou son représentant, deux membres de chacun des collèges définis à l'article R. 362-3. Des suppléants sont désignés dans les mêmes conditions que les titulaires. Le bureau organise les travaux du comité et, le cas échéant, des commissions prévues à l'article R. 362-11 et propose au comité un règlement intérieur. Le président ou le bureau peut saisir le comité de toute question entrant dans les compétences énumérées aux articles R. 362-1 et R. 362-2.

Le bureau rend compte de son activité au comité régional de l'habitat.

Art. R. 362-11 Le comité régional de l'habitat peut créer en son sein des commissions spécialisées. Il en fixe les attributions, qui peuvent porter sur un ou plusieurs domaines de compétence ou sur un territoire déterminé, la durée, la composition et les règles de fonctionnement. Chaque commission, présidée par le préfet de région ou son

représentant ou par un préfet de département ou son représentant, comprend au moins deux membres de chacun des collèges définis à l'article R. 362-3 et peut entendre des personnes qualifiées extérieures au comité régional de l'habitat.

Art. R. 362-12 **Le secrétariat du comité, du bureau et des commissions est assuré par les services de l'État compétents en matière de logement.**

Décret nº 2005-260 du 23 mars 2005,

Relatif au comité régional de l'habitat.

Art. 2 Dans chaque département, la commission spécialisée des rapports locatifs, dans sa composition existant au jour de l'entrée en vigueur du présent décret, demeure en fonction. Les dispositions de l'article R. 362-20, dans sa rédaction antérieure à l'entrée en vigueur du présent décret, lui demeurent applicables.

Ancien art. R. 362-20 (Décr. nº 90-779 du 31 août 1990, art. 2) *Les représentants des organisations professionnelles de bailleurs, de locataires et de gestionnaires nommés au Conseil départemental de l'habitat au titre des a, 2º et 3º de l'article R. 362-10, forment la commission spécialisée des rapports locatifs.*

Les deux derniers alinéas de l'article R. 362-18 s'appliquent à la commission. La conclusion des accords collectifs de location négociés par secteur locatif, entre une ou plusieurs organisations de bailleurs et de locataires, s'opère au sein de la commission spécialisée des rapports locatifs.

CHAPITRES III à IV

Néant.

CHAPITRE V ORGANISMES CONCOURANT AUX OBJECTIFS DE LA POLITIQUE D'AIDE AU LOGEMENT

(Décr. nº 2009-1684 du 30 déc. 2009, art. 1er-II)

SECTION PREMIÈRE DÉFINITION DES ACTIVITÉS CONDUITES EN FAVEUR DU LOGEMENT ET DE L'HÉBERGEMENT DES PERSONNES DÉFAVORISÉES

Art. R. 365-1 1º Les activités de maîtrise d'ouvrage mentionnées à l'article L. 365-2 recouvrent :

a) Les opérations concourant au développement de l'offre de logement et de l'hébergement mentionnées aux articles R. 331-1 et R. 331-96 ;

b) Les opérations d'amélioration de logements et d'établissements d'hébergement mentionnées aux articles R. 321-12 et R. 323-1 ;

c) Les opérations d'amélioration de logements réalisées par l'attributaire suite à une réquisition mentionnée à l'article L. 642-1 ;

d) La conclusion en qualité de preneur d'un bail à réhabilitation mentionné à l'article L. 252-1 ;

e) La conclusion d'un bail dans le cadre d'une convention d'usufruit mentionné à l'article L. 253-1 ;

f) L'acquisition d'un fonds de commerce d'hôtel meublé dans les conditions prévues à l'article R. 381-5.

2o Les activités d'ingénierie sociale, financière et technique mentionnées à l'article L. 365-3 consistent en :

a) L'accueil, le conseil, l'assistance administrative et financière, juridique et technique des personnes physiques, propriétaires ou locataires, dont les revenus sont inférieurs à un montant fixé par voie réglementaire, en vue de l'amélioration de leur logement ou de l'adaptation de celui-ci au handicap et au vieillissement ;

b) L'accompagnement social effectué pour faciliter l'accès ou le maintien dans le logement, réalisé principalement dans le cadre du plan départemental d'action pour le logement des personnes défavorisées. Cet accompagnement consiste notamment en :

– l'aide à la définition d'un projet de logement adapté aux besoins et aux ressources des personnes concernées ;

– l'aide à l'installation dans un logement par l'assistance à l'ouverture des droits, la mobilisation des aides financières existantes, l'aide à l'appropriation du logement et, le cas échéant, l'assistance à la réalisation des travaux nécessaires pour conférer au logement un caractère décent ;

– l'aide au maintien dans les lieux, notamment par l'apport d'un soutien dans la gestion du budget, l'entretien du logement et la bonne insertion des occupants dans leur environnement.

A ce titre, les organismes mentionnés au 8o du I de l'article L. 312-1 et à l'article L. 322-1 du code de l'action sociale et des familles, ainsi que ceux qui participent au dispositif de l'article L. 345-2 du même code sont considérés comme détenteurs de l'agrément mentionné à l'article L. 365-3 pour les activités qu'ils exercent.

c) L'assistance aux personnes qui forment un recours amiable devant la commission de médiation ou un recours contentieux devant le tribunal administratif aux fins de reconnaissance du droit au logement opposable. *(Décr. no 2010-398 du 22 avr. 2010, art. 1er)* « Les organismes collecteurs agréés associés de l'Union d'économie sociale du logement mentionnés à l'article L. 313-18 bénéficient de plein droit, sur l'ensemble du territoire national, de l'agrément au titre de cette activité »*[;]*

d) La recherche de logements en vue de leur location à des personnes défavorisées ;

e) La participation aux réunions des commissions d'attribution des organismes d'habitations à loyer modéré mentionnée à l'article L. 441-2 ;

3o Les activités d'intermédiation locative et de gestion locative sociale mentionnées à l'article L. 365-4 consistent en :

a) La location :

– de logements auprès d'organismes agréés au titre de l'article L. 365-2 ou d'organismes d'habitations à loyer modéré en vue de leur sous-location à des personnes défavorisées dans les conditions prévues par l'article L. 442-8-1 ;

– de logements à des bailleurs autres que des organismes d'habitations à loyer modéré en vue de leur sous-location à des personnes défavorisées dans les conditions prévues aux articles L. 321-10, L. 321-10-1 et L. 353-20 ;

– de logements en vue de l'hébergement de personnes défavorisées dans les conditions de l'article L. 851-1 du code de la sécurité sociale ;

– auprès d'un organisme d'habitations à loyer modéré d'un hôtel destiné à l'hébergement, mentionnée au 8o de l'article L. 421-1, au onzième alinéa de l'article L. 422-2 ou au 6o de l'article L. 422-3 ;

– de structures destinées à l'hébergement auprès d'un organisme agréé au titre de l'article L. 365-2 ;

b) La gérance de logements du parc privé ou du parc public, selon les modalités prévues à l'article L. 442-9 ;

c) La gestion de résidences sociales mentionnée à l'article R. 353-165-1.

Les organismes exerçant les activités de maîtrise d'ouvrage prévues au 1o sont considérés comme détenteurs de l'agrément mentionné à l'article L. 365-4 pour la gestion des logements dont ils sont propriétaires, preneurs à bail ou attributaires.

SECTION II MODALITÉS D'OBTENTION ET DE RETRAIT DES AGRÉMENTS DÉLIVRÉS POUR L'EXERCICE D'ACTIVITÉS CONDUITES EN FAVEUR DU LOGEMENT ET DE L'HÉBERGEMENT DES PERSONNES DÉFAVORISÉES

Art. R. 365-2 L'agrément relatif à la maîtrise d'ouvrage prévu à l'article L. 365-2 est accordé par arrêté du ministre chargé du logement après avis du comité régional de l'habitat compétent ou de chaque comité régional de l'habitat compétent, lorsque l'organisme exerce son activité dans plusieurs régions. Il peut être délivré à tout organisme à gestion désintéressée, hors organismes d'habitations à loyer modéré et sociétés d'économie mixte, en tenant compte :

1o De ses statuts ;

2o De la compétence en matière de gestion financière et comptable de ses dirigeants et de son personnel, salarié ou bénévole ;

3o De sa situation financière, de sa capacité à mobiliser les ressources financières pour mener ses activités ou le concours que lui apportent des institutions publiques, financières et associatives ;

4o De sa capacité technique et financière à assurer le montage des opérations et l'entretien de son parc ;

5o De sa capacité de gestion locative et sociale, lorsqu'il gère lui-même les logements ;

6o De l'appui qui lui est éventuellement apporté par la fédération ou l'union à laquelle il adhère.

La demande d'agrément comportant la liste des pièces prévue par l'article R. 365-5 est adressée par le représentant légal de l'organisme au ministre chargé du logement par lettre recommandée avec demande d'avis de réception.

Le ministre dispose d'un délai de trois mois à compter de la réception du dossier complet pour se prononcer. L'agrément est délivré sans limitation de durée pour toutes les activités mentionnées au 1o de l'article R. 365-1. Il fixe le territoire sur lequel s'exerce l'activité de l'organisme.

Art. R. 365-3 L'agrément relatif à l'ingénierie sociale, financière et technique prévu à l'article L. 365-3 est délivré par l'autorité mentionnée à l'article R. 365-6 et dans les conditions fixées à cet article, pour une durée de cinq ans renouvelable.

L'agrément peut être délivré pour tout ou partie des activités mentionnées au 2o de l'article R. 365-1 à tout organisme à gestion désintéressée, hors organismes d'habitations à loyer modéré et sociétés d'économie mixte.

Il est accordé après examen des capacités de l'organisme à mener de telles activités en tenant compte :

1o De ses statuts ;

2o De la compétence sociale, financière, technique et juridique de ses dirigeants et de son personnel salarié ou bénévole dans le domaine du logement ou de l'hébergement des personnes défavorisées ;

3o Des moyens en personnel qu'il affecte à chaque activité sur le territoire concerné ;

4o De sa situation financière ;

5o De l'appui qui lui est éventuellement apporté par l'union ou la fédération à laquelle il adhère.

Art. R. 365-4 L'agrément relatif à l'intermédiation locative et à la gestion locative sociale prévu à l'article L. 365-4 est délivré par l'autorité mentionnée à l'article R. 365-6 et dans les conditions fixées à cet article, pour une durée de cinq ans renouvelable.

L'agrément peut être délivré pour tout ou partie des activités mentionnées au 3o de l'article R. 365-1 à tout organisme à gestion désintéressée, hors organismes d'habitations à loyer modéré et sociétés d'économie mixte.

Il est accordé après examen des capacités de l'organisme à mener de telles activités, en tenant compte :

1o De ses statuts ;

2o De la compétence sociale, financière, technique et juridique de ses dirigeants et de son personnel, salarié ou bénévole, dans le domaine du logement ou de l'hébergement des personnes défavorisées ;

3o Des moyens en personnel qu'il affecte à chaque activité sur le territoire concerné ;

4o De sa situation financière ;

5o De l'appui qui lui est éventuellement apporté par l'union ou la fédération à laquelle il adhère.

Art. R. 365-5 A l'appui de sa demande ou du renouvellement de sa demande d'agrément prévu aux articles L. 365-2, L. 365-3, L. 365-4, l'organisme fournit les pièces et renseignements suivants :

1o Ses statuts ;

2o La composition de son conseil d'administration ou de son conseil de surveillance et de son directoire et la description de l'activité professionnelle de chacun des membres de ces conseils ;

3o Pour les sociétés commerciales, la composition de leur capital social ;

4o L'organigramme, la qualification et la part des personnels, salarié et bénévole, ainsi que les activités qu'ils exercent en son sein ;

5o La décision de ses instances dirigeantes de solliciter un ou plusieurs des agréments prévus aux articles L. 365-2, L. 365-3 et L. 365-4 ;

6o Le budget de l'année en cours, le budget prévisionnel du prochain exercice, les comptes financiers des deux derniers exercices clos, sauf s'il a été créé plus récemment ;

7o Un compte rendu d'activités portant sur les actions concernées par l'agrément qu'il a engagées l'année précédente, sauf s'il a été créé plus récemment, et une évolution prévisionnelle de ces activités ;

8o La justification de ses compétences, sur le territoire concerné, au regard de l'activité pour laquelle il souhaite être agréé ;

9o Lorsqu'il est membre d'une union ou d'une fédération, la justification de son adhésion ;

10o Et, dans le cas où il sollicite l'agrément mentionné à l'article L. 365-2 :

a) Un état du patrimoine comprenant le nombre et la localisation des logements détenus, leur typologie, ainsi que leur mode et leur date d'entrée dans leur parc ;

b) Un programme de construction, d'acquisition-amélioration et de rénovation pour les trois prochaines années ainsi qu'une estimation prévisionnelle du coût des travaux ;

c) Une copie de l'avis du comité régional de l'habitat ou de chaque comité régional de l'habitat concerné par la demande d'agrément, saisis par ses soins.

Lorsque l'organisme entend exercer l'activité de gérance prévue au *b* du 3o de l'article R. 365-1, il doit produire la carte professionnelle prévue à l'article 3 de la loi no 70-9 du 2 janvier 1970 réglementant les conditions d'exercice des activités relatives à certaines opérations portant sur les immeubles et les fonds de commerce.

Art. R. 365-6 La demande d'agrément relative à l'ingénierie sociale, financière et technique ou à l'intermédiation locative et à la gestion locative sociale, est adressée par le représentant légal de l'organisme par lettre recommandée avec demande d'avis de réception au préfet du département dans lequel l'organisme exerce son activité. La demande doit comporter la liste des pièces prévue à l'article R. 365-5.

Lorsqu'un organisme souhaite mener son activité dans plusieurs départements d'une même région, il présente sa demande d'agrément au préfet de région, selon les mêmes modalités que définies à l'alinéa précédent. Le préfet de région se prononce sur la demande d'agrément après consultation de chaque préfet de département concerné.

Lorsqu'un organisme bénéficie d'un agrément dans un département et qu'il souhaite étendre son activité à tout ou partie de la région, il présente une nouvelle demande au préfet de région. Celui-ci se prononce après consultation de chaque préfet de département concerné. Le nouvel agrément rend caduc l'agrément précédemment délivré.

Le préfet compétent dispose d'un délai de trois mois à compter de la réception du dossier complet pour se prononcer sur la demande d'agrément.

Art. R. 365-7 Un compte rendu de l'activité concernée et les comptes financiers de l'organisme sont adressés annuellement à l'autorité administrative qui a délivré les agrément *[agréments]* prévus aux articles L. 365-2, L. 365-3 et L. 365-4. Cette dernière peut à tout moment contrôler les conditions d'exercice de l'activité de l'organisme.

Toute modification statutaire est notifiée sans délai à l'autorité administrative.

Art. R. 365-8 L'agrément relatif à l'ingénierie sociale, technique et financière prévu à l'article L. 365-3 ou l'agrément relatif à l'intermédiation locative et gestion locative sociale prévu à l'article L. 365-4 peuvent être retirés à tout moment par l'autorité administrative compétente si l'organisme ne satisfait plus aux conditions de délivrance de l'agrément ou s'il est constaté un manquement grave ou répété à ses obligations. Le retrait est prononcé après avoir mis les dirigeants de l'organisme en mesure de présenter leurs observations.

CHAPITRE VI ORGANISMES D'INFORMATION SUR LE LOGEMENT

(Décr. no 2007-1576 du 6 nov. 2007)

V. Circ. 8 févr. 2008 relative à la création des agences départementales d'information sur le logement (ADIL) (BOMELT no 2008/4, p. 98).

V. Circ. 18 févr. 2008 relative au rôle des agences départementales d'information sur le logement dans la mise en œuvre de la loi no 2007-290 du 5 mars 2007 instituant le droit au logement opposable et portant diverses mesures en faveur de la cohésion sociale (BOMELT no 2008/5, p. 67).

L'Association nationale pour l'information sur le logement et les associations départementales existantes à la date du 8 nov. 2007 disposent d'un délai de deux ans à compter de cette date pour solliciter la délivrance des agréments mentionnés aux art. R. 366-1 et R.* 366-5 du CCH (Décr. no 2007-1576 du 6 nov. 2007, art. 2).*

SECTION PREMIÈRE ASSOCIATION NATIONALE POUR L'INFORMATION SUR LE LOGEMENT

Art. R.* 366-1 La délivrance de l'agrément prévu à l'article L. 366-1 à l'association nationale mentionnée au troisième alinéa du même article est subordonnée au respect, par les statuts de cette association, des clauses reproduites en annexe au présent article *[V. Annexe 16]*.

Art. R.* 366-2 L'agrément de l'Association nationale pour l'information sur le logement est délivré par arrêté du ministre chargé du logement, publié au *Journal officiel* de la République française.

Art. R.* 366-3 La demande d'agrément adressée au ministre chargé du logement par l'association est accompagnée d'une copie de ses statuts et d'un descriptif des moyens humains et matériels dont elle dispose pour la réalisation de son objet social.

Art. R.* 366-4 Saisie d'une demande en ce sens, l'Association nationale pour l'information sur le logement doit fournir au ministre chargé du logement tous éléments lui permettant de s'assurer du respect par elle des conditions ayant justifié la délivrance de son agrément.

En cas de non-respect de ces conditions et après mise en demeure non suivie d'effet au terme d'un délai de quatre mois, le ministre chargé du logement peut, après l'avoir invitée à faire valoir ses observations, retirer son agrément à l'association.

● SECTION II ASSOCIATIONS DÉPARTEMENTALES D'INFORMATION SUR LE LOGEMENT

Art. R.* 366-5 La délivrance de l'agrément ministériel à une association départementale d'information sur le logement visée au troisième alinéa de l'article L. 366-1 est subordonnée au respect, par ses statuts, des clauses reproduites en annexe au présent article *[V. Annexe 17]*.

Art. R.* 366-6 L'agrément d'une association départementale d'information sur le logement est délivré par arrêté du ministre chargé du logement pris après avis de l'Association nationale pour l'information sur le logement et publié au *Journal officiel* de la République française.

Art. R.* 366-7 La demande d'agrément est adressée par l'association au ministre chargé du logement, qui en transmet copie à l'Association nationale pour l'information sur le logement afin de recueillir l'avis prévu à l'article L. 366-1. L'association dispose d'un délai de deux mois pour transmettre son avis au ministre. A défaut de réponse dans ce délai, l'avis de l'association est réputé avoir été rendu.

La demande de l'association est accompagnée d'une copie de ses statuts et de tous les éléments permettant de s'assurer de la réalité de son activité, en particulier la composition de ses instances, un descriptif des moyens humains, matériels et financiers dont elle dispose pour la réalisation de son objet social, ainsi que, s'il s'agit d'une association départementale nouvellement créée, la délibération de l'assemblée générale constitutive.

L'absence de réponse du ministre dans un délai de quatre mois après le dépôt de la demande vaut décision de rejet.

Art. R.* 366-8 Saisie d'une demande en ce sens, l'association départementale doit fournir au ministre chargé du logement ou à l'Association nationale pour l'information sur le logement tous éléments lui permettant de s'assurer du respect par elle des conditions ayant justifié la délivrance de son agrément.

En cas de non-respect de ces conditions, après mise en demeure non suivie d'effet au terme d'un délai de quatre mois, le ministre chargé du logement peut, après avis de l'Association nationale pour l'information sur le logement et après avoir invité l'Association en cause à faire valoir ses observations, retirer son agrément à l'association.

TITRE SEPTIÈME DISPOSITIONS DIVERSES OU PARTICULIÈRES AUX DÉPARTEMENTS D'OUTRE-MER

CHAPITRE PREMIER CONSEIL DÉPARTEMENTAL DE L'HABITAT

(Décr. no 91-162 du 12 févr. 1991)

V. Circ. no 94-92 du 23 déc. 1994, BOMELT no 95-1, relative au comité permanent du Conseil départemental de l'habitat.

SECTION PREMIÈRE COMPÉTENCES

Art. R. 371-1 *(Décr. no 2005-1788 du 29 déc. 2005, art. 1er-I)* Le conseil départemental de l'habitat émet chaque année, sur la base d'un rapport présenté par le préfet de département, un avis sur :

1o La satisfaction des besoins en logement des différentes catégories de population ;

2o Les orientations de la politique de l'habitat dans le département et des actions engagées par l'État et les collectivités territoriales ;

3o La programmation annuelle des différentes aides publiques au logement dans le département et la coordination de ces financements, en particulier ceux de l'État, de ses établissements publics, des collectivités territoriales et de leurs groupements et de la participation des employeurs à l'effort de construction ;

4o Les modalités d'application dans le département des principes qui régissent l'attribution des logements locatifs sociaux ;

5o Les politiques menées dans le département en faveur du logement des populations défavorisées et des populations immigrées.

Art. R. 371-1-1 *(Décr. no 2005-1788 du 29 déc. 2005, art. 1er-II)* Le conseil départemental de l'habitat est également consulté :

1o Sur le projet de répartition des crédits publics entre les établissements publics de coopération intercommunale et le département en application du troisième alinéa de l'article L. 301-3, établi chaque année par le préfet ;

2o Sur les projets de programmes locaux de l'habitat établis en application de l'article L. 302-2 ;

3o Au vu des bilans triennaux prévus à l'article L. 302-9, sur les projets d'arrêtés prévus à l'article L. 302-9-1 ;

4o Sur toute création, dissolution ou modification de compétences des organismes d'habitations à loyer modéré exerçant ou demandant à être autorisés à exercer leur activité dans le département. Toutefois, l'avis du comité n'est requis ni pour le retrait temporaire d'une ou plusieurs compétences décidé en application des articles L. 422-7, R. 421-13 ou R. 421-60, ni pour la dissolution prononcée en application des articles L. 422-7, L. 422-8 ou L. 422-9 ;

(Décr. no 2007-1677 du 28 nov. 2007) « 5o Sur les projets de plans départementaux d'action pour le logement des personnes défavorisées. »

Le conseil départemental de l'habitat peut déléguer tout ou partie des compétences prévues aux *(Décr. no 2007-1677 du 28 nov. 2007)* « 2o à 5o » du présent article à son bureau ou aux commissions spécialisées mentionnées à l'article R. 371-9.

Art. R. 371-2 Le préfet communique une fois par an au Conseil départemental de l'habitat institué dans les départements d'outre-mer un bilan général de l'allocation de logement attribuée dans le département.

SECTION II COMPOSITION ET FONCTIONNEMENT

Art. R. 371-3 *(Décr. no 2001-1183 du 11 déc. 2001, art. 2)* « Le conseil départemental de l'habitat institué dans les départements d'outre-mer est présidé par le président du conseil général. Il est composé, outre son président, de trente-six membres nommés par arrêté préfectoral et répartis en trois groupes de même importance, à savoir : »

1o Pour un tiers, de représentants du Conseil général, du Conseil régional, des communes et des groupements de communes du département désignés dans les conditions fixées à l'article R. 371-5 ;

2o Pour un tiers, de professionnels intervenant dans le département pour la construction, l'amélioration de l'habitat ou la mise en œuvre des moyens financiers correspondants, désignés dans les conditions fixées *(Décr. no 2005-1788 du 29 déc. 2005, art. 1er-III)* « à l'article R. 371-4 », dont un représentant du comité économique et social, un représentant du comité de la culture, de l'éducation et de l'environnement et un représentant de la Caisse d'allocations familiales compétente, désignés, chacun en ce qui le concerne, par le président de ces organismes ;

3o Pour un tiers, de représentants d'organisations d'usagers, de gestionnaires ou de bailleurs privés, d'associations ou d'organismes ayant pour objet le logement ou l'insertion des personnes défavorisées, *(Décr. no 99-1159 du 29 déc. 1999, art. 1er)* « de représentants d'associations de défense des personnes en situation d'exclusion par le logement », de représentants des partenaires sociaux associés à la gestion de la participation des employeurs à l'effort de construction, ainsi que de personnalités ou représentants d'organismes choisis en raison de leurs compétences en matière d'habitat dans les conditions fixées à l'article R. 371-7.

Des suppléants peuvent être nommés dans les mêmes conditions que les titulaires.

(Décr. no 2001-1183 du 11 déc. 2001, art. 2) « Le préfet assiste de droit aux séances du conseil départemental de l'habitat. »

L'art. R. 371-4 est devenu l'art. R. 371-3, et l'anc. art. R. 371-3 est abrogé (Décr. no 2005-1788 du 29 déc. 2005, art. 1er-III).

Art. R. 371-4 *(Décr. no 2005-1788 du 29 déc. 2005, art. 1er-IV)* Le préfet établit la liste des catégories de professionnels à représenter et le nombre de représentants par catégorie en fonction de la situation de l'habitat et de l'importance de l'activité exercée par ces professionnels dans le département.

Sur proposition, le cas échéant, des organisations professionnelles correspondantes, il arrête la liste des membres du groupe des professionnels.

V. ci-dessus, la note ss. art. R. 371-3.

Art. R. 371-5 Les membres du Conseil départemental de l'habitat institué dans les départements d'outre-mer, mentionnés au 1o de l'article R. 371-4, sont désignés, dans la limite de douze dans les conditions suivantes :

a) Quatre conseillers généraux élus par le Conseil général ;

b) Deux conseillers régionaux élus par le Conseil régional ;

c) Le maire de la commune chef-lieu du département et, le cas échéant, le maire de la commune dont la population est la plus importante lorsqu'elle n'est pas le chef-lieu ;

d) S'il y a lieu, un président d'établissement public de coopération intercommunale doté de la compétence en matière de logement, désigné dans les conditions arrêtées par le préfet, par les présidents d'établissements publics de coopération intercommunale dotés de cette compétence dans le département. En cas de partage de voix, le président de l'établissement public de coopération intercommunale dont la population est la plus importante est désigné ;

e) Pour le reste des sièges à pourvoir, des maires ou conseillers municipaux de communes différentes.

Les membres siégeant au titre du *e* sont désignés par l'association départementale des maires ou, à défaut, élus par le collège des maires du département, à la représentation proportionnelle à la plus forte moyenne. Le vote peut avoir lieu par correspondance. Le collège des maires est convoqué par le préfet. Un arrêté préfectoral règle dans chaque département les modalités d'application du présent alinéa.

(Décr. n° 2005-1788 du 29 déc. 2005, art. 1er-V) « Le conseil départemental de l'habitat se réunit en séance plénière au moins une fois par an sur convocation de son président.

« Le président peut inviter à assister à toute séance toute personne dont l'audition lui paraît utile.

« En cas de partage égal des voix au sein du conseil départemental de l'habitat ou du bureau, la voix du président est prépondérante. »

Art. R. 371-6 Le mandat des membres du Conseil mentionnés à l'article R. 371-4 est de *(Décr. n° 2005-1788 du 29 déc. 2005, art. 1er-VI)* « six ans ». Il peut être renouvelé. Il prend fin si son titulaire perd la qualité au titre de laquelle il a été désigné. Celui-ci est alors remplacé dans un délai de trois mois pour la durée du mandat restant à courir.

Art. R. 371-7 Les membres du Conseil départemental de l'habitat siégeant au titre du 3° de l'article R. 371-4 sont désignés par le préfet sur proposition des organisations les plus représentatives dont celui-ci établit la liste. *(Décr. n° 2001-1183 du 11 déc. 2001, art. 3)* « En tant que de besoin, pour porter à douze l'effectif de ce groupe, le préfet nomme, par arrêté préfectoral et après consultation du président du conseil général, des personnalités compétentes dans le domaine de l'habitat. »

Art. R. 371-8 *(Décr. n° 2001-1183 du 11 déc. 2001, art. 5)* Dans les deux mois qui suivent la désignation de ses membres, le conseil est réuni à l'initiative de son président et procède à la désignation de son bureau. Celui-ci comprend le président du conseil départemental de l'habitat et six membres élus à raison de deux au sein de chacun des groupes définis à l'article R. 371-4. Le préfet, ou son représentant, assiste de droit aux réunions du bureau.

Le bureau organise les travaux du conseil et, le cas échéant, *(Décr. n° 2005-1788 du 29 déc. 2005, art. 1er-VII)* « des commissions définies à l'article R. 371-9 », fixe l'ordre du jour des réunions et propose au conseil un règlement intérieur.

Le président, le bureau du conseil départemental de l'habitat ou le préfet peuvent saisir le conseil de toute question entrant dans ses compétences définies à la section I.

(Décr. n° 2005-1788 du 29 déc. 2005, art. 1er-VII) « Le bureau rend compte de son activité au conseil départemental de l'habitat.

« Le secrétariat du conseil, du bureau et des commissions est assuré par les services de l'État compétents en matière de logement. »

L'art. R. 371-9 est devenu l'art. R. 371-8, et l'anc. art. R. 371-8 est abrogé (Décr. n° 2005-1788 du 29 déc. 2005, art. 1er-VII).

Art. R. 371-9 *(Décr. n° 2005-1788 du 29 déc. 2005, art. 1er-VIII)* Le conseil départemental de l'habitat peut créer en son sein des commissions spécialisées. Il en fixe les attributions, qui peuvent porter sur un ou plusieurs domaines de compétence ou sur un territoire déterminé, la durée, la composition et les règles de fonctionnement.

Chaque commission spécialisée comprend au moins deux membres de chacun des groupes définis à l'article R. 371-3. Des suppléants sont désignés dans les mêmes conditions que les titulaires. Des personnes qualifiées extérieures au comité départemental de l'habitat peuvent être entendues.

Les commissions sont présidées par le président du conseil général ou par le membre du conseil général qu'il désigne pour le représenter.

Les représentants des organisations professionnelles de bailleurs, de locataires et de gestionnaires nommés au comité départemental de l'habitat au titre du 2o et du 3o de l'article R. 371-3 forment la commission spécialisée des rapports locatifs.

La conclusion des accords collectifs de location négociés par secteur locatif, entre une ou plusieurs organisations de bailleurs et de locataires, s'opère au sein de la commission spécialisée des rapports locatifs.

La commission rend compte de son activité au conseil départemental de l'habitat.

V. ci-dessus, note ss. art. R. 371-8.

Art. R. 371-10 *Abrogé par Décr. no 2005-1788 du 29 déc. 2005, art. 1er-IX.*

CHAPITRE II SUBVENTIONS ET PRÊTS POUR LA CONSTRUCTION, L'ACQUISITION ET L'AMÉLIORATION DES LOGEMENTS LOCATIFS AIDÉS

(Décr. no 2001-201 du 2 mars 2001)

COMMENTAIRE

Auparavant définie par de simples arrêtés, la réglementation concernant le financement du secteur locatif dans les départements d'outre-mer fait désormais l'objet d'un chapitre spécifique au sein du code de la construction et de l'habitation en conséquence du décret no 2001-201 du 2 mars 2001.

L'aide de l'État prend la forme d'une subvention directe aux organismes de logements sociaux, jusque-là versée globalement à la Caisse des dépôts et consignations pour diminuer la charge des emprunts.

Remplaçant un mécanisme compliqué et peu lisible, l'aide de l'État est versée directement par le préfet aux organismes de logements sociaux.

Outre la plus grande transparence de ce dispositif, l'objectif est également, en diminuant le volume des prêts à contracter, de réduire les montants à garantir par les collectivités locales des départements d'outre-mer. ❑

Décret no 2010-1315 du 2 novembre 2010,

Portant extension à Mayotte de dispositions du code de la construction et de l'habitation relatives aux prêts et subventions pour la construction, l'acquisition et l'amélioration des logements locatifs aidés.

Art. 1er I. — Le chapitre II du titre VII du livre III du code de la construction et de l'habitation est applicable à Mayotte, à l'exception de l'article R. 372-4-1.

II. — Pour l'application de ces dispositions à Mayotte, les termes mentionnés ci-dessous sont remplacés comme suit :

1o "le département" par *(L. no 2010-1487 du 7 déc. 2010, art. 36)* « "le Département de Mayotte" » ;

2o "les départements d'outre-mer" par *(L. no 2010-1487 du 7 déc. 2010, art. 36)* « "le Département de Mayotte" » ;

3o "préfet du département" par "représentant de l'État dans *(L. no 2010-1487 du 7 déc. 2010, art. 36)* « le département »".

III. — En l'absence d'adaptation, les références faites par ces dispositions applicables à Mayotte à des dispositions qui n'y sont pas applicables sont remplacées par les références aux dispositions ayant le même objet applicables localement.

SECTION PREMIÈRE DISPOSITIONS GÉNÉRALES RELATIVES AUX AIDES DE L'ÉTAT

SOUS-SECTION 1 DISPOSITIONS RELATIVES AUX OPÉRATIONS

Art. R. 372-1 Dans les limites et conditions fixées par le présent chapitre, des subventions et des prêts peuvent être accordés dans les départements d'outre-mer pour financer :

1. La construction de logements à usage locatif ;

2. L'acquisition de logements et d'immeubles destinés à l'habitation en vue de leur amélioration ainsi que les travaux d'amélioration correspondants ;

3. L'acquisition de locaux ou d'immeubles non affectés à l'habitation et leur transformation ou aménagement en logements ;

4. L'acquisition de terrains destinés à la construction de logements à usage locatif et la construction de ces logements ;

5. Les terrains et droits immobiliers acquis précédemment par les bénéficiaires visés à l'article R. 372-3, à condition que les biens concernés aient été acquis depuis moins de quinze ans à la date de demande du prêt, et qu'ils n'aient pas bénéficié précédemment d'une aide de l'État ;

6. Les opérations de construction-démolition et reconstruction de logements à usage locatif ;

7. La réalisation d'opérations de logements-foyers à usage locatif.

Sont considérés comme logements-foyers les établissements à caractère social dénommés « résidences sociales » ou hébergeant à titre principal des personnes handicapées ou des personnes âgées et qui assurent le logement de personnes dans des immeubles comportant à la fois des locaux privatifs et des locaux communs meublés ainsi que, le cas échéant, diverses prestations annexes telles que blanchissage, service de soins ou services sociaux éducatifs moyennant une redevance. Un arrêté conjoint du ministre chargé de l'outre-mer, du ministre chargé de l'économie et des finances et du ministre chargé du logement fixe en tant que de besoin des règles particulières d'application.

(Décr. nº 2003-1245 du 22 déc. 2003) « 8. L'acquisition de logements dans le cadre des dispositions prévues à l'article L. 261-3. »

V. Délib. nº 2006-13 du 26 avr. 2006 du conseil d'administration de la CGLLS relative aux organismes d'outre-mer qui ont obtenu une garantie de la CGLLS (BOMELT nº 2006/10, p. 123).

Art. R. 372-2 *(Décr. nº 2006-1767 du 23 déc. 2006)* Pour pouvoir bénéficier des subventions de l'État, les opérations doivent respecter des caractéristiques techniques déterminées par arrêté conjoint du ministre chargé de l'outre-mer, du ministre chargé de l'économie et des finances et du ministre chargé du logement *[V. Arr. 14 mars 2011, JO 20 mars]*. Ce même arrêté définit le prix de revient prévisionnel prévu à l'article R. 372-9 et énumère la liste des travaux d'amélioration, de transformation ou d'aménagement en logements susceptibles d'être éligibles. Le montant des travaux d'amélioration doit être au moins égal à 20 % du prix de revient total de l'opération. Les logements acquis doivent être achevés depuis au moins vingt ans, sauf dérogation du représentant de l'État dans le département.

SOUS-SECTION 2 DISPOSITIONS RELATIVES AUX BÉNÉFICIAIRES DES SUBVENTIONS ET DES PRÊTS

Art. R. 372-3 Les subventions de l'État prévues à l'article R. 372-9 et aux articles R. 372-14 à R. 372-16 ouvrent droit à des prêts accordés par la Caisse des dépôts et consignations.

Ces subventions et ces prêts peuvent être attribués :

1o Aux organismes d'HLM énumérés à l'article L. 411-2 du code susvisé ;

2o Aux sociétés d'économie mixte ayant pour objet statutaire la réalisation de logements ;

3o Aux sociétés d'économie mixte de construction constituées dans les départements d'outre-mer en application de la loi no 46-860 du 30 avril 1946 tendant à l'établissement et à l'exécution de plans d'équipement et de développement économique et social des territoires et départements d'outre-mer.

SOUS-SECTION 3 DISPOSITIONS RELATIVES AUX CONDITIONS GÉNÉRALES D'OCTROI DES AIDES DE L'ÉTAT

Art. R. 372-4 L'octroi des subventions et des prêts prévus par le présent chapitre est subordonné à l'obtention d'une décision favorable de financement du représentant de l'État dans le département.

L'instruction de la demande de décision favorable est assurée par le directeur départemental de l'équipement. La décision est prise par le représentant de l'État dans le département et notifiée au demandeur.

Lorsqu'une réponse du représentant de l'État dans le département n'est pas intervenue dans un délai de deux mois à compter de la date de demande de décision favorable, cette demande est réputée rejetée.

Art. R. 372-4-1 *(Décr. no 2005-1373 du 27 oct. 2005, art. 2)* Lorsqu'un établissement public de coopération intercommunale ou un département a conclu avec l'État une convention de délégation de compétence en application des articles L. 301-5-1 ou L. 301-5-2, son représentant est substitué au représentant de l'État dans le département pour prendre toutes les décisions relatives aux aides prévues par le présent chapitre concernant la réalisation de logements ou d'immeubles situés dans le périmètre de la convention de délégation. Cette convention prévoit si l'instruction des demandes de décision favorable mentionnée à l'article R. 372-4 est assurée par la direction départementale de l'équipement en application de l'article 112 de la loi no 2004-809 du 13 août 2004 relative aux libertés et responsabilités locales ou par le délégataire.

Art. R. 372-5 Pour pouvoir faire l'objet d'une décision favorable, les demandeurs de subventions et de prêts doivent s'engager à ce que, pendant une durée minimale de quinze ans, les logements ne soient :

1. Ni transformés en locaux commerciaux ou professionnels ;

2. Ni affectés à la location en meublé, à l'exception des logements-foyers définis à l'article R. 372-1, ni affectés à la location saisonnière ;

3. Ni utilisés comme résidence secondaire ;

4. Ni occupés à titre d'accessoire d'un contrat de travail ou en raison de l'exercice d'une fonction ;

5. Ni détruits sans qu'il soit procédé à leur reconstruction dans un délai de quatre ans à compter du sinistre.

Art. R. 372-6 Ne peuvent donner lieu au bénéfice des subventions et des prêts définis par le présent chapitre :

– les logements faisant l'objet d'une autre aide de l'État à l'investissement que celle prévue par le présent chapitre, sauf dispositions contraires expresses ;

– les logements dont les travaux ont commencé avant l'obtention de la décision favorable prévue à l'article R. 372-4, sauf dérogation du représentant de l'État dans le département.

Art. R. 372-7 Les subventions et prêts prévus à l'article R. 372-3 sont attribués pour des logements destinés à être occupés par des personnes dont l'ensemble des ressources à la date d'entrée dans les lieux est au plus égal à un montant déterminé par arrêté conjoint du ministre chargé de l'outre-mer, du ministre chargé de l'économie et des finances et du ministre chargé du logement *[V. Arr. 14 mars 2011, JO 20 mars]*. Cet arrêté fixe les modalités de contrôle des ressources. Le loyer applicable aux logements, financés dans les conditions du présent chapitre, fait l'objet d'un arrêté conjoint du ministre chargé de l'outre-mer, du ministre chargé de l'économie et des finances et du ministre chargé du logement. Cet arrêté fixe les modalités de contrôle des loyers. Ces mêmes plafonds de ressources et de loyers sont applicables aux opérations de relogement liées à des démolitions.

Lorsque les logements sont adaptés aux besoins des ménages qui rencontrent des difficultés d'insertion particulières et bénéficient des taux de subventions mentionnés aux alinéas *c* et *d* du deuxième paragraphe de l'article R. 372-9, les plafonds de ressources à l'entrée dans les lieux sont inférieurs de 25 % au moins à ceux déterminés par l'arrêté afférent cité à l'alinéa précédent et les plafonds de loyer ne peuvent excéder 80 % de ceux déterminés par l'arrêté afférent précité au même alinéa.

Art. R. 372-8 Si les travaux ne sont pas commencés dans un délai de dix-huit mois à compter de la date de la décision favorable, le représentant de l'État dans le département peut rapporter cette décision.

Dans un délai de quatre ans à compter de la date de la décision favorable, le bénéficiaire est tenu de justifier au représentant de l'État dans le département que la déclaration d'achèvement des travaux prévue à l'article *(Décr. nº 2007-18 du 5 janv. 2007, art. 16-VII)* « L. 462-1 » du code de l'urbanisme a été déposée. Dans le cas de travaux d'amélioration, le bénéficiaire est tenu de déclarer l'achèvement des travaux au représentant de l'État dans le département dans le même délai. Une prorogation de ce délai, qui ne pourra être supérieure à deux ans, peut être accordée par le représentant de l'État dans le département.

La non-observation de ces dispositions entraîne la caducité de la décision favorable.

La modification issue du Décr. nº 2007-18 du 5 janv. 2007 est entrée en vigueur le 1er oct. 2007 (Décr. préc., art. 26, mod. par Décr. nº 2007-817 du 11 mai 2007, art. 4).

SECTION II DISPOSITIONS APPLICABLES AUX SUBVENTIONS DE L'ÉTAT

SOUS-SECTION 1 DISPOSITIONS RELATIVES À L'ASSIETTE ET AUX TAUX DES SUBVENTIONS

Art. R. 372-9 *(Décr. nº 2009-100 du 30 janv. 2009)* Le montant de la subvention de l'État est déterminé selon les modalités suivantes :

1. L'assiette de la subvention est égale, à la date de la décision favorable de financement, au prix de revient prévisionnel de l'opération pris en compte dans des limites fixées par arrêté conjoint du ministre chargé de l'outre-mer, du ministre chargé

de l'économie et des finances et du ministre chargé du logement. – *V. Arr. 14 mars 2011 (JO 20 mars).*

2. Les taux de subventions *[subvention]* sont au plus égaux à :

a) 27 % de l'assiette définie au premier paragraphe du présent article ;

b) 32,5 % de cette assiette pour les opérations de logements adaptés aux besoins des ménages qui rencontrent des difficultés d'insertion particulières.

Les taux prévus aux *a* et *b* du présent article sont également applicables aux opérations de relogement liées à des démolitions.

Art. R. 372-10 Cette assiette peut être augmentée, par une décision favorable de financement complémentaire, d'un montant égal aux révisions de prix réelles intervenues dans les quatre semestres suivant la décision favorable de financement initiale, dans la limite de l'assiette plafond calculée par application de la formule en vigueur à la date de la décision favorable complémentaire.

Art. R. 372-11 Pour les opérations de logements adaptés aux besoins des ménages qui rencontrent des difficultés d'insertion particulières, une majoration complémentaire de la subvention de l'État peut en outre être accordée. Elle est attribuée par le représentant de l'État dans le département si l'équilibre de l'opération ou des conditions particulières ayant trait à la situation géographique ou aux objectifs sociaux le justifient et lorsqu'une ou plusieurs collectivités locales, leurs groupements, les agences d'insertion ou les caisses d'allocations familiales apportent une aide complémentaire à l'opération.

(Décr. nº 2009-100 du 30 janv. 2009) « Le montant de la majoration de subvention de l'État ne peut excéder un montant fixé par arrêté conjoint du ministre chargé de l'outre-mer, du ministre chargé de l'économie et des finances et du ministre chargé du logement. » – *V. Arr. du 14 mars 2011 (JO 20 mars).*

SOUS-SECTION 2 MODALITÉS DE VERSEMENT DES SUBVENTIONS

Art. R. 372-12 La subvention est *(Décr. nº 2005-1373 du 27 oct. 2005, art. 3)* « versée par l'État ou, pour les logements et les immeubles situés dans le périmètre d'une convention de délégation de compétence signée en application des articles L. 301-5-1 et L. 301-5-2, par l'établissement public de coopération intercommunale délégataire ou le conseil général délégataire » à l'organisme bénéficiaire dans les conditions suivantes :

– un acompte peut, dans la limite de 30 % de son montant, être versé aux organismes bénéficiaires, après passation des marchés et sur constatation du commencement d'exécution des travaux ;

– un ou plusieurs acomptes peuvent être versés, au fur et à mesure de l'exécution des travaux ou de la livraison des fournitures ;

– le montant total des acomptes ne peut excéder 80 % du montant de la subvention ;

– le règlement du solde est subordonné à la justification de la réalisation des travaux. Il est versé dans la limite du montant recalculé conformément à la modification de l'assiette prévue à l'article R. 372-10.

Art. R. 372-13 Lorsque le bénéficiaire des subventions et des prêts ne respecte pas les conditions d'attribution et d'affectation définies par le présent chapitre et ses textes d'application, le représentant de l'État dans le département, après l'avoir mis en demeure de présenter ses observations, peut sans préjudice de la restitution, le cas échéant, de l'aide publique, lui infliger une sanction pécuniaire qui ne peut excéder l'équivalent de dix-huit mois de loyer.

• SOUS-SECTION 3 SUBVENTION DE L'ÉTAT POUR SURCHARGE FONCIÈRE

Art. R. 372-14 *(Décr. nº 2009-100 du 30 janv. 2009)* Les opérations peuvent bénéficier d'une subvention de l'État pour surcharge foncière lorsque la charge foncière prévisionnelle et les honoraires y afférents supportés par l'opération concernée en construction neuve excèdent la charge foncière de référence fixée par arrêté conjoint du ministre chargé de l'outre-mer, du ministre chargé de l'économie et du ministre chargé du logement *[V. Arr. 14 mars 2011, JO 20 mars]*. Elle est attribuée par le représentant de l'État lorsqu'une ou plusieurs collectivités apportent une participation financière à hauteur de 20 % de la différence entre la charge foncière réelle et la charge foncière de référence précitée, dans la limite du plafond prévu à l'article R. 372-15 du même code.

Relèvent de la participation exigée des collectivités :

— les montants consacrés par elles aux travaux de viabilisation des terrains ou des biens immobiliers mis ensuite à disposition pour la réalisation effective de logements sociaux ;

— les montants correspondant à la différence entre le prix de cession de terrains ou de biens immobiliers donnant lieu à la réalisation effective de logements sociaux et leur valeur vénale estimée par France Domaine ;

— dans le cas de mise à disposition par bail emphytéotique, bail à construction ou bail à réhabilitation de terrains ou d'immeubles à un maître d'ouvrage pour la réalisation de logements sociaux, le montant de la différence entre les montants capitalisés du loyer pratiqué pour le terrain ou l'immeuble donné à bail et le montant des loyers estimé par le service France Domaine.

Dans les communes qui s'engagent, par une convention d'action foncière avec l'État, à créer des réserves foncières destinées à la construction de logements sociaux, le taux minimal de la participation des collectivités sera de 10 %.

(Décr. nº 2010-1351 du 9 nov. 2010) « Pour les subventions attribuées avant le 1er janvier 2012, le représentant de l'État peut, à titre dérogatoire, réduire ou supprimer la participation des collectivités territoriales prévue au premier alinéa, si les conditions suivantes sont réunies :

« 1º Il est établi, au vu d'une analyse financière des comptes des collectivités concernées et de leurs perspectives d'évolution transmise par le directeur régional des finances publiques, que la situation financière de ces collectivités est dégradée ;

« 2º En Guadeloupe, en Martinique et à La Réunion, l'opération doit se situer sur le territoire d'une commune ayant conclu avec l'État une convention d'action foncière ;

« 3º En Guyane, l'opération doit se situer sur le territoire d'une commune ayant conclu avec l'État une convention en faveur du logement social. »

Le Décr. nº 2010-1351 du 9 nov. 2010 est applicable à Mayotte et à Saint-Martin (Décr. préc., art. 2).

Art. R. 372-15 *(Décr. nº 2009-100 du 30 janv. 2009)* Le montant de la subvention pour surcharge foncière fixé par le représentant de l'État dans le département ne peut être supérieur à 50 % de la différence entre la charge foncière supportée par l'opération et la charge foncière de référence. Par dérogation, ce taux peut être porté à 60 % dans les communes qui sont engagées par une convention d'action foncière telle que mentionnée à l'article R. 372-14. Le dépassement pris en compte pour le calcul de cette subvention ne peut être supérieur à trois fois le montant de la charge foncière de référence.

Le versement de la subvention peut se faire en une fois aux bénéficiaires visés à l'article R. 372-3, sur justificatif de l'acte d'acquisition pour les dépenses foncières et présentation du devis estimatif pour les autres dépenses.

Art. R. 372-16 *(Décr. nº 2009-100 du 30 janv. 2009)* Lorsque la construction des logements nécessite des fondations spéciales, liées à la nature des sols, la charge foncière supportée par l'opération mentionnée à l'article R. 372-15 peut être majorée pour tenir compte d'une partie des surcoûts générés par ces fondations. Le coût des fondations spéciales pris en compte dans ce cas est limité à un pourcentage du coût de construction, défini par arrêté interministériel. Lorsqu'il y a application du présent alinéa, le plafond de dépassement visé à l'article R. 372-15 peut être majoré du montant pris en compte.

En Guyane, la majoration prévue à l'alinéa précédent du présent article peut être utilisée pour compenser les surcoûts de construction des logements aidés par l'État induits par les frais de transport liés aux contraintes particulières dues à l'éloignement et à l'isolement de certaines communes. La majoration de subvention qui en résulte ne peut être supérieure à un montant maximum par logement de l'opération.

Un arrêté conjoint du ministre chargé de l'outre-mer, du ministre chargé de l'économie et du ministre chargé du logement fixe les conditions d'application du présent article *[V. NDLR ss. art. R. 372-14]*.

SOUS-SECTION 4 DISPOSITIONS RELATIVES À L'ACQUISITION DE TERRAINS

Art. R. 372-17 Pour les opérations prévues à l'article R. 372-1, une subvention de l'État peut être accordée pour permettre l'acquisition de terrains en vue de la construction ou l'acquisition d'immeubles en vue de leur amélioration. Cette subvention ouvre droit à un prêt de la Caisse des dépôts et consignations.

L'assiette de cette subvention ne peut dépasser le montant de l'acquisition des terrains majoré des dépenses suivantes :

– frais d'acquisition ;

– honoraires à verser aux architectes et techniciens pour la conception de l'opération ;

– frais d'études préalables, de sols et de sondages.

Cette assiette ne peut en outre dépasser la charge foncière de référence mentionnée à l'article R. 372-14. Le taux de cette subvention est au plus égal à 36 %. Une subvention complémentaire pour surcharge foncière peut en outre être attribuée dans les conditions définies à la sous-section III du présent chapitre.

Le montant de ces subventions peut être versé en une seule fois aux bénéficiaires visés à l'article R. 372-2, sur justificatif de l'acte d'acquisition.

Art. R. 372-18 Lorsqu'une opération a bénéficié d'une subvention au titre *(Décr. nº 2006-1767 du 23 déc. 2006)* « de la présente sous-section », le montant de cette subvention est déduit du montant de la subvention de l'État au titre des subventions prévues à l'article R. 372-9 ou par la sous-section III du présent chapitre.

Art. R. 372-19 Les travaux de construction doivent être engagés dans un délai de trois ans à compter de la décision favorable de financement pour l'acquisition du terrain.

Si la déclaration d'ouverture du chantier n'est pas intervenue dans ce délai, le représentant de l'État dans le département peut exiger le remboursement de la subvention de l'État.

SECTION III DISPOSITIONS APPLICABLES AUX AUTRES PRÊTS LOCATIFS SOCIAUX

(Décr. nº 2005-350 du 12 avr. 2005)

Art. R. 372-20 La Caisse des dépôts et consignations ainsi que les établissements de crédit qui ont conclu avec celle-ci une convention sous l'égide de l'État sont habilités à consentir les prêts prévus à l'article R. 372-1 et régis par la présente section.

Art. R. 372-21 Ces prêts peuvent être attribués à des personnes morales ou physiques lorsque celles-ci contribuent au financement de l'opération par un financement propre minimum fixé par arrêté conjoint des ministres chargés du logement, de l'outre-mer et des finances et qu'elles s'engagent à assurer elles-mêmes la gestion de ces logements ou à les confier à des personnes et organismes agréés par arrêté du ministre chargé du logement. *(Décr. nº 2009-192 du 18 févr. 2009)* « Les prêts consentis par la Caisse des dépôts et consignations ne peuvent l'être qu'à des personnes morales. »

Arrêté du 12 avril 2005,

Portant sur certains paramètres relatifs aux autres prêts locatifs sociaux applicables dans les départements d'outre-mer (JO 15 avr.).

Art. 1er Les logements financés par les prêts locatifs sociaux mentionnés à l'article R. 372-21 du code de la construction et de l'habitation sont destinés à être occupés par ces personnes dont l'ensemble des ressources à la date d'entrée dans les lieux est égal au montant prévu à l'article R. 372-7 majoré de 30 %.

Art. 2 Les plafonds de loyers des logements financés par les prêts locatifs sociaux prévus à l'article R. 372-21 du même code sont égaux à ceux des logements locatifs mentionnés au premier alinéa de l'article R. 372-7 majorés de 50 %. La surface à prendre en compte pour le calcul des loyers est la même que celle des logements locatifs mentionnés au premier alinéa de l'article R. 372-7.

Art. 3 En application de l'article R. 372-21 du code de la construction et de l'habitation, peuvent bénéficier d'une décision favorable les personnes physiques ou morales qui contribuent au financement de l'opération par un financement propre au moins égal à 10 % du prix de revient prévisionnel mentionné au 1 de l'article R. 372-9.

Art. 4 Les prêts de toute nature ne peuvent être pris en compte au titre de l'apport en financement propre, à l'exception de ceux consentis à l'aide des sommes mentionnées à l'article L. 313-1 du code de la construction et de l'habitation.

Art. 5 Les frais de dossier que l'établissement prêteur peut demander aux emprunteurs sont plafonnés à 700 € lorsque ces derniers sont des personnes physiques et à 1 % du prix de revient prévisionnel lorsque ceux-ci sont des personnes morales.

Art. R. 372-22 L'octroi du prêt est subordonné à l'obtention de la décision favorable prise dans les conditions prévues à la sous-section 3 de la section I du chapitre II du titre VII du livre III du code de la construction et de l'habitation.

Le dépôt de la demande de prêt doit être effectué auprès de l'établissement prêteur dans un délai maximum de six mois après la date de la décision favorable précitée, faute de quoi ladite décision est frappée de caducité.

Art. R. 372-23 I. – La quotité minimum des prêts accordés par les établissements de crédit aux bénéficiaires mentionnés à l'article R. 372-21 ne peut être inférieure à 50 % du prix de revient de l'opération mentionné à l'article R. 372-9.

II. – Toutefois, la quotité peut être ramenée à 30 % pour la réalisation des programmes de logements locatifs de l'association mentionnée à l'article L. 313-34 du code de la construction et de l'habitation. Dans ce cas, le montant de la subvention consentie *(Décr. nº 2012-721 du 9 mai 2012, art. 6)* « à partir des ressources de la participation des employeurs à l'effort de construction mentionnées à l'article L. 313-3 » est pris en compte dans le calcul de cette quotité.

III. – L'établissement prêteur apprécie les sûretés nécessaires à la garantie de ses créances.

Art. R. 372-24 Les prêts régis par la présente section peuvent être transférés aux personnes et organismes mentionnés à l'article R. 372-21 sous réserve de l'accord du représentant de l'État dans le département et de l'établissement prêteur.

TITRE HUITIÈME DISPOSITIONS PARTICULIÈRES À LA RÉGION ÎLE-DE-FRANCE

(Décr. nº 2000-616 du 5 juill. 2000, art. 1er)

COMMENTAIRE

Le décret nº 2000-616 du 15 juillet 2000 a pour objet de redéfinir l'emploi des crédits relatifs aux subventions foncières ou spécifiques financés antérieurement à la loi de finances pour 2000 sur le compte d'affectation spéciale du Fonds d'aménagement pour la région Île-de-France (FARIF).

CHAPITRE UNIQUE SUBVENTIONS SPÉCIFIQUES AUX LOGEMENTS LOCATIFS OU SUBVENTIONS FONCIÈRES

V. Circ. nº 2000-66 du 5 sept. 2000 (BOMELT nº 2000/18).

SECTION PREMIÈRE CONDITIONS D'ATTRIBUTION DES SUBVENTIONS FONCIÈRES AUX LOGEMENTS LOCATIFS SOCIAUX

Art. R. 381-1 Dans l'agglomération de Paris, au sens du recensement général de la population, le délai d'acquisition d'un terrain ou d'un immeuble par les collectivités locales ou leurs groupements, mentionné au 1º du I de l'article R. 331-24 ou par les bénéficiaires visés à l'article R. 331-14, mentionné au 2º du I de l'article R. 331-24 ainsi que le délai de commencement des travaux de construction ou d'amélioration, imparti aux organismes d'habitation à loyer modéré et aux sociétés d'économie mixte, mentionné à l'article R. 331-25, sont portés de trois à cinq ans.

Art. R. 381-2 Dans l'agglomération de Paris, au sens du recensement général de la population et dans les villes nouvelles de la région Île-de-France, le déplafonnement du montant de la subvention foncière prévue au II de l'article R. 331-24 peut être autorisé par le représentant de l'État dans le département.

Dans ce cas, le montant cumulé de la subvention foncière de l'État et de la participation financière des collectivités locales ne peut excéder 80 % du dépassement de la valeur foncière de référence multipliée par la surface utile de l'opération. La participation des collectivités locales doit être au moins égale à celle de l'État, sauf dérogation accordée par le représentant de l'État dans le département dans le cas où la situation financière des collectivités locales ne le permet pas et dans le cas d'acquisition de terrains ou d'immeubles situés sur le territoire de la ville de Paris et appartenant à l'État ou à des organismes dont il a la tutelle ou dont il est actionnaire. Dans ces deux cas, le montant de la subvention de l'État ne peut être supérieur à 60 % du dépassement et celui de la subvention des collectivités locales ne peut être inférieur à 20 % dudit dépassement.

V. Décr. n° 2004-1005 du 24 sept. 2004 pris pour l'application du premier alinéa de l'article 14 de la loi n° 2003-710 du 1er août 2003 d'orientation et de programmation pour la ville et la rénovation urbaine et relatif aux majorations des subventions accordées par l'Agence nationale pour la rénovation urbaine (JO 25 sept.). — A propos de cette agence, V. L. n° 2003-710 du 1er août 2003, art. 10 s., App., v° Rénovation urbaine.

Art. R. 381-3 En région Île-de-France, les dispositions du II de l'article R. 331-24 sont également applicables aux personnes morales ou physiques qui réalisent des opérations bénéficiant des prêts prévus au premier alinéa de l'article R. 331-1 accordés dans les conditions prévues à la sous-section III de la section I du chapitre unique du titre III.

SECTION II SUBVENTIONS SPÉCIFIQUES AUX LOGEMENTS LOCATIFS SOCIAUX

Art. R. 381-4 I. — En région Île-de-France, le financement des opérations mentionnées au deuxième alinéa de l'article R. 331-1 peut être complété par une subvention représentant 10 % du prix de revient de l'opération défini à l'article R. 331-9 limité à 140 % de l'assiette de subvention définie au 1° de l'article R. 331-15.

Les dispositions du présent article sont également applicables aux opérations mentionnées au premier alinéa de l'article R. 331-1, dans la proportion du prix de revient égale à la part des logements qui doit être occupée par des ménages dont les ressources, à l'entrée dans les lieux, ne peuvent excéder 60 % des plafonds fixés par l'arrêté visé à la première phrase de l'article R. 331-12. La même proportion est affectée au plafond de l'assiette de subvention.

II. — *a*) Ce taux de subvention peut être porté à 30 % lorsque ces opérations ne bénéficient pas de la subvention des collectivités locales prévue à l'article R. 331-24 et lorsqu'elles s'intègrent dans un programme de réalisation de logements sociaux prioritaire par son caractère d'urgence ou par la nature des populations à accueillir agréé par le préfet de région.

b) Sous les mêmes conditions, ce taux peut être porté à 42,5 % du prix de revient de l'opération défini à l'article R. 331-9 limité à 200 % de l'assiette de subvention définie au 1° de l'article R. 331-15 :

— pour les opérations d'acquisition-amélioration réalisées en région Ile-de-France par des organismes d'habitation à loyer modéré ou des sociétés d'économie mixte lorsqu'ils ont pour objet de loger, à titre de résidence principale, des ménages sans domicile ou hébergés dans des conditions précaires ;

— pour les opérations de résidences sociales mentionnées au 2° de l'article R. 351-55.

III. — A Paris, le plafond de l'assiette de subvention visé au premier alinéa peut être porté à 200 %. Dans les départements limitrophes, ce plafond peut être porté à 200 % en l'absence de subventions complémentaires des collectivités locales.

IV. — Les subventions prévues au présent article peuvent s'ajouter aux subventions prévues aux articles R. 331-15, R. 331-24, R. 331-25 et au titre VIII du livre III du présent code ainsi qu'aux participations ou subventions des collectivités locales.

Art. R. 381-5 En région Île-de-France, pour l'acquisition de fonds de commerce d'hôtels meublés et, le cas échéant, pour la réalisation des travaux d'amélioration correspondants, une subvention de 30 % maximum des coûts d'acquisition et de travaux, dans la limite de 7 622,45 € par chambre, peut être versée aux organismes *(Décr. n° 2009-1684 du 30 déc. 2009, art. 2)* « bénéficiant de l'agrément relatif à la maîtrise d'ouvrage prévu à l'article L. 365-2 ».

SECTION III SUBVENTION FONCIÈRE AUX LOGEMENTS LOCATIFS INTERMÉDIAIRES

Art. R. 381-6 En région Île-de-France, *(Décr. no 2001-208 du 6 mars 2001, art. 2)* « une subvention foncière peut être versée en complément du prêt prévu à l'article R. 391-1 », dans les conditions de l'article R. 331-24, pour les opérations réalisées par des personnes morales qui s'engagent à louer les logements dans les conditions prévues par le contrat de prêt pendant une durée égale à celle du prêt sans pouvoir être inférieure à quinze ans et sans que cet engagement ne puisse être remis en cause par un remboursement anticipé du prêt.

Les dispositions relatives au déplafonnement de l'assiette de subvention foncière prévue à l'article R. 381-2 sont applicables à ces opérations.

A titre dérogatoire, la demande de subvention foncière peut être déposée après le commencement d'exécution des travaux, dans le délai maximum de six mois à compter de la date d'octroi du prêt.

SECTION IV DISPOSITIONS SPÉCIFIQUES APPLICABLES DANS LES CAS DE DÉLÉGATION DE COMPÉTENCE PRÉVUES AUX ARTICLES L. 301-5-1 ET L. 301-5-2

(Décr. no 2005-308 du 1er avr. 2005, art. 4)

Art. R. 381-7 Lorsqu'un établissement public de coopération intercommunale ou un département a conclu avec l'État une convention de délégation de compétence en application des articles L. 301-5-1 ou L. 301-5-2, son représentant est substitué au représentant de l'État dans le département pour prendre toutes les décisions relatives aux aides prévues par le présent chapitre pour les logements et les immeubles situés dans le périmètre de la convention de délégation.

Art. R. 381-8 Les deux dernières phrases de l'article R. 381-2 ne sont pas applicables lorsqu'un établissement public de coopération intercommunale ou un département a conclu avec l'État une convention de délégation de compétence en application des articles L. 301-5-1 ou L. 301-5-2.

TITRE NEUVIÈME DISPOSITIONS RELATIVES AUX PRÊTS LOCATIFS INTERMÉDIAIRES

(Décr. no 2001-208 du 6 mars 2001)

COMMENTAIRE

Le décret no 2001-208 du 6 mars 2001 réforme les conditions de financement des prêts locatifs intermédiaires (PLI) en leur consacrant un titre spécifique au sein du code de la construction et de l'habitation. Le PLI est soumis à des contraintes de loyers et de ressources des locataires (plafonds PLUS + 50 %). Son usage est limité à des zones géographiques prioritaires (Ile-de-France et grandes métropoles régionales). Le logement intermédiaire joue un rôle important en matière de diversification de l'habitat principalement dans les zones qui connaissent une concentration importante de logements sociaux. ❑

CHAPITRE UNIQUE PRÊTS POUR LA CONSTRUCTION, L'ACQUISITION ET L'AMÉLIORATION D'HABITATIONS

Art. R. 391-1 Dans les limites et conditions fixées par la présente section, des prêts peuvent être accordés pour financer :

1o L'acquisition de droits de construire ou de terrains destinés à la construction de logements à usage locatif et la construction de ces logements ;

2o La construction de logements à usage locatif ;

3o L'acquisition de logements et d'immeubles destinés à l'habitation ainsi que, le cas échéant, les travaux d'amélioration correspondants ;

4o L'acquisition de locaux ou d'immeubles non affectés à l'habitation et leur transformation ou aménagement en logements ;

5o Les travaux de transformation ou d'aménagement en logements de locaux ou d'immeubles non affectés à cet usage ;

6o La réalisation des dépendances de ces immeubles ou de ces logements, notamment les garages, jardins, locaux collectifs à usage commun, annexes dans des limites fixées par l'arrêté mentionné à l'article R. 331-8.

Art. R. 391-2 La Caisse des dépôts et consignations ainsi que les établissements de crédit qui ont conclu avec elle une convention sous l'égide de l'État sont habilités à consentir ces prêts dans les conditions de la présente sous-section.

Art. R. 391-3 Ces prêts peuvent être attribués à des personnes morales ou physiques. Les prêts consentis par la Caisse des dépôts et consignations ne peuvent l'être qu'aux organismes mentionnés aux 1o et 2o de l'article R. 331-14.

Les conditions de distribution, notamment les zones de distribution géographique prioritaires, sont déterminées par arrêté conjoint des ministres chargés du logement et des finances. – *V. Arr. 29 juill. 2004 (JO 31 juill.), mod. par Arr. 26 mai 2011 (JO 1er juin).*

L'établissement prêteur apprécie les sûretés nécessaires à la garantie de ses créances.

Art. R. 391-4 Pour pouvoir bénéficier d'un prêt, les personnes morales ou physiques doivent s'engager pendant une durée égale à la durée initiale du prêt, sans que la durée de cet engagement puisse être inférieure à neuf ans ni supérieure à trente ans, à ce que les logements soient loués conformément aux dispositions des articles R. 391-7 et R. 391-8 ainsi qu'aux dispositions de la loi no 89-462 du 6 juillet 1989 tendant à améliorer les rapports locatifs et portant modification de la loi no 86-1290 du 23 décembre 1986 *[V. C.* ***baux****]* et ne soient :

a) Ni transformés en locaux entièrement commerciaux ou professionnels ;

b) Ni affectés à la location en meublé, ou à la location saisonnière ;

c) Ni utilisés comme résidence secondaire ;

d) Ni occupés à titre d'accessoire d'un contrat de travail ou en raison de l'exercice d'une fonction ;

e) Ni détruits sans qu'il soit procédé à leur reconstruction dans un délai de quatre ans à compter du sinistre.

Art. R. 391-5 Les logements acquis ou acquis et améliorés ou améliorés en application du 5o de l'article R. 391-1 à l'aide de ces prêts doivent respecter les normes minimales d'habitabilité mentionnées à l'article R. 331-8.

Art. R. 391-6 I. – Le prix de revient prévisionnel d'une opération de construction neuve, établi à la date de la demande de prêt, comprend trois éléments :

1o La charge foncière ;

2o Le prix de revient du bâtiment ;

3o Les honoraires des architectes et techniciens.

II. – Pour les autres opérations, le prix de revient prévisionnel établi à la date de la demande de prêt comprend trois éléments :

1o La charge immobilière ;

2o Le coût des travaux ;

3o Les honoraires des architectes et techniciens.

Un arrêté du ministre chargé du logement définit les modalités d'application du présent article.

Art. R. 391-7 Ces prêts sont attribués pour des logements dont le loyer prévu au bail est au plus égal à un montant déterminé par arrêté conjoint des ministres chargés du logement et des finances *[V. Arr. 29 juill. 2004 (JO 31 juill.) mod. par Arr. 26 mai 2011 (JO 1er juin)]*. Ce loyer est exprimé par un montant mensuel par mètre carré de surface utile.

La surface utile à prendre en compte est égale à la surface habitable du logement telle que définie à l'article R. 111-2 augmentée de la moitié de la surface des annexes définies par arrêté du ministre chargé du logement.

Art. R. 391-8 Ces prêts sont attribués pour des logements destinés à être occupés par des personnes dont l'ensemble des ressources, à la date d'entrée dans les lieux, est au plus égal à un montant déterminé par arrêté conjoint des ministres chargés du logement et des finances *[V. Arr. 29 juill. 2004 (JO 31 juill.), mod. par Arr. 26 mai 2011 (JO 1er juin)]*. Les modalités de détermination et de contrôle de ces ressources sont celles prévues à l'article R. 331-12.

Art. R. 391-9 Les prêts régis par la présente section peuvent être transférés aux personnes et organismes mentionnés à l'article R. 391-3 sous réserve de l'accord de l'établissement prêteur.

LIVRE QUATRIÈME HABITATIONS À LOYER MODÉRÉ

TITRE PREMIER DISPOSITIONS GÉNÉRALES

CHAPITRE UNIQUE

V. Arr. du 8 mars 1974 (JO 24 mars) : caractéristiques techniques et prix de revient des habitations à loyer modéré à usage locatif, mod. par Arr. du 26 sept. 1974 (JO 28 sept.), Arr. du 7 oct. 1974 (JO 7 déc.), Arr. du 4 févr. 1975 (JO 28 févr.), Arr. du 18 avr. 1975 (JO 7 mai), Arr. du 20 oct. 1975 (JO 8 nov.), Arr. du 24 nov. 1975 (JO 5 déc.), Arr. du 31 mars 1976 (JO 11 avr.), Arr. du 27 oct. 1976 (JO 7 nov.), Arr. du 24 déc. 1976 (JO 14 janv. 1977), Arr. du 31 janv. 1977 (JO 15 févr.), Arr. du 16 sept. 1977 (JO 2 oct.), Arr. du 24 févr. 1978 (JO 11 mars), Arr. du 22 juin 1979 (JO 12 juill.), Arr. du 3 juill. 1980 (JONC 1er août), Arr. du 2 mars 1982 (JONC 24 mars), Arr. du 30 sept. 1982 (JONC 4 nov.), Arr. du 15 mars 1984 (JO 25 mars), Arr. du 27 mars 1985 (JO 21 avr.).

Arr. du 5 févr. 1975 (JO 28 févr. ; Rect. 25 avr.) : opérations d'accession à la propriété dans le cadre de la législation sur les HLM, mod. par Arr. du 18 avr. 1975 (JO 7 mai), Arr. du 19 sept. 1975 (JO 8 oct.), Arr. du 24 nov. 1975 (JO 5 déc.), Arr. du 31 mars 1976 (JO 11 avr.), Arr. du 27 oct. 1976 (JO 7 nov. ; Rect. 2 déc.), Arr. du 31 janv. 1977 (JO 15 févr.), Arr. du 16 sept. 1977 (JO 2 oct.), Arr. du 24 févr. 1978 (JO 11 mars), Arr. du 22 juin 1979 (JO 12 juill.), Arr. du 3 juill. 1980 (JONC 1er août), Arr. du 20 févr. 1981 (JO 22 févr.), Arr. du 2 mars 1982 (JONC 24 mars), Arr. du 30 sept. 1982 (JONC 4 nov.), Arr. du 15 mars 1984 (JO 25 mars), Arr. du 20 août 1986 (JO 20 sept.).

Circ. du 7 déc. 1990 (JO 9 déc.) : protocoles d'occupation du patrimoine social.

Accord-cadre de l'équipement en gaz des logements sociaux du 3 févr. 1994, Mon. TP 4 mars 1994, Suppl. textes, p. 280. – Déclaration commune sur l'accueil (fonction publique, Union nationale des fédérations d'organismes d'HLM) du 17 nov. 1994, Mon. TP 25 nov. 1994, Suppl. textes, p. 321. – Circ. no 94-86 du 28 nov. 1994 sur les dispositions de la loi sur l'habitat (du 21 juill. 1994) concernant le logement des personnes à faibles ressources, Mon. TP 20 janv. 1995, Suppl. textes, p. 305. – Convention du 17 janv. 1995 entre l'État et l'Union nationale des fédérations d'organismes d'HLM, Mon. TP 27 janv. 1995, Suppl. textes, p. 296 : accueil des plus démunis dans les logements sociaux et réhabilitation de l'ensemble du patrimoine HLM. – Convention de partenariat du 18 janv. 1995 (Fédération nationale du bâtiment, Union nationale des fédérations d'organismes d'HLM), Mon. TP 27 janv. 1995, Suppl. textes, no 4757. – Convention entre la Fédération nationale du bâtiment et l'Union nationale des fédérations d'organismes d'HLM, Mon. TP 18 août 1995, Suppl. textes, p. 183. – Circ. no 96-46 du 8 juill. 1996 (logement) relative à la démolition de logements HLM. – Protocole d'accord du 17 déc. 1997 entre l'État et l'Union nationale des fédérations d'organismes d'HLM, Mon. TP 26 déc. 1997, Suppl. textes, p. 248. – Accord-cadre du 19 janv. 1998 entre l'État et l'Union nationale des fédérations d'organismes d'HLM, Mon. TP 30 janv. 1998, Suppl. textes, p. 366.

Art. R. 411-1 **Les caractéristiques techniques et de prix de revient auxquelles, en application de l'article L. 411-1, doivent répondre les immeubles ou les logements bénéficiant des dispositions du présent livre sont déterminées par arrêté du ministre chargé de la construction et de l'habitation, du ministre chargé des finances, du ministre chargé de la santé et, en ce qui le concerne, du ministre chargé de l'agriculture.**

Les conditions dans lesquelles peuvent être adjoints aux habitations des jardins, dépendances ou annexes sont fixées par arrêté du ministre chargé de la construction et de l'habitation et du ministre chargé des finances. – *V. art. R. 431-37 s.*

Art. R. 411-2 *(Décr. nº 2007-428 du 25 mars 2007)* La notification par le bailleur prévue à l'article L. 411-5-1 est délivrée à chacun des locataires de l'immeuble ou du groupe d'immeubles par voie de lettre recommandée avec avis de réception.

Au plus tard deux mois après l'envoi de la notification, le bailleur propose à l'ensemble des locataires une réunion d'information.

La prévision d'augmentation des loyers jointe à la notification doit être conforme aux dispositions des *c* et *d* de l'article 17 de la loi du 6 juillet 1989 tendant à améliorer les rapports locatifs et portant modification de la loi nº 86-1290 du 23 décembre 1986. – *V.* ***C. baux.***

A l'occasion de l'information du préfet, mentionnée au troisième alinéa de l'article L. 411-5-1, de sa décision de ne pas renouveler la convention existante, le bailleur lui demande de lui indiquer par courrier en retour si l'absence de renouvellement de la convention est susceptible de faire passer la commune au-dessous du seuil fixé par l'article L. 302-5. Si c'est le cas, le préfet en informe le maire de la commune où est situé l'immeuble ou le groupe d'immeubles concerné, dans un délai maximum de trois mois à compter de la réception du courrier du bailleur.

L'avis consultatif mentionné au quatrième alinéa de l'article L. 411-5-1 est donné au plus tard six mois avant la date d'expiration de la convention liant le bailleur à l'État.

Art. R. 411-3 *(Décr. nº 2009-1485 du 2 déc. 2009)* En vue de la constitution et de l'actualisation du répertoire des logements locatifs prévu à l'article L. 411-10, les bailleurs sociaux mentionnés à cet article transmettent chaque année au service statistique ministériel du logement, avant le 1er mars, pour chaque logement locatif sur lequel ils sont titulaires d'un droit réel immobilier ou dont ils sont usufruitiers au 1er janvier de l'année ou au 1er janvier de l'année précédente, les informations suivantes :

a) Identifiant du logement dans le répertoire tenu par l'administration et identifiant interne au système d'information du bailleur ;

b) Informations relatives à l'identité du bailleur *(Décr. nº 2012-1118 du 2 oct. 2012)* « et, le cas échéant, à l'identité du gestionnaire ; »

c) Informations relatives à l'identité du précédent bailleur, en cas d'entrée du logement dans le patrimoine du bailleur au cours de l'année civile précédente ;

(Décr. nº 2012-1118 du 2 oct. 2012) « *d)* Localisation, caractéristiques principales et équipements techniques du logement, y compris, le cas échéant, les éléments de diagnostic de performance énergétique et les informations relatives aux segments de patrimoine mentionnés à l'article R. 445-2-1 ; *[ancienne rédaction : d) Localisation et caractéristiques principales du logement, y compris, le cas échéant, les éléments de diagnostic de performance énergétique ;]* »

e) Année et mode d'entrée dans le patrimoine du bailleur, type de droit du bailleur sur le logement, transfert de propriété ou d'usufruit au cours de l'année civile précédente ;

f) Fusion, éclatement et changement d'usage du logement au cours de l'année civile précédente ;

g) Type de financement initial, numéro et date d'effet de la convention pour les logements conventionnés mentionnés aux 2º et 3º de l'article L. 351-2, et, le cas échéant, catégorie de financement à laquelle est rattaché le logement si les loyers ont été fixés en tenant compte du classement des immeubles ou groupe d'immeubles mentionné à l'article L. 445-1, dans le cadre de la convention d'utilité sociale mentionnée au même article ;

h) Mode d'occupation du logement au 1er janvier de l'année en cours, *(Décr. nº 2012-1118 du 2 oct. 2012)* « dernière date à laquelle le logement a pu être offert à la location et date de prise d'effet du bail en cours *[ancienne rédaction : survenue éventuelle d'un emménagement au cours de l'année civile précédente]* ; »

i) Informations relatives au loyer, avant toute modulation liée à la situation du locataire, et à son mode de calcul ;

j) Données complémentaires pour les logements entrant dans le champ de l'inventaire établi au titre de l'article L. 302-5.

(Décr. nº 2012-1118 du 2 oct. 2012) « *k)* Pour les logements soumis aux dispositions de l'article L. 443-11, informations relatives à la mise en commercialisation effective au cours de l'année civile précédente et conditions financières de la vente du logement ;

« *l)* Informations relatives au contingent d'appartenance pour les logements réservés au sens de l'article R. 441-5. »

La liste détaillée des informations ainsi que leurs modalités de collecte et de transmission sont fixées par arrêté conjoint du ministre chargé du logement et du ministre ayant autorité sur le service statistique ministériel du logement. – *V. Arr. du 5 janv. 2010 (JO 29 janv.), mod. par Arr. du 2 oct. 2012 (JO 4 oct.).*

Les cas où il pourra être dérogé, pour la première collecte suivant la publication du Décr. nº 2012-1118 du 2 oct. 2012 (JO 4 oct.), à l'obligation d'alimentation des informations prévues au présent art. sont fixés dans l'Arr. du 5 janv. 2010 (JO 29 janv.), mod. par Arr. du 2 oct. 2012 (JO 4 oct.).

Art. R. 411-4 *(Décr. nº 2009-1485 du 2 déc. 2009)* Toute personne qui en fait la demande auprès du service statistique ministériel du logement peut obtenir communication, par voie électronique et gratuitement, des informations mentionnées aux *d, e, f, g* et *j* de l'article R. 411-3, pour tout logement locatif figurant dans le répertoire, à l'exclusion des logements des sociétés d'économie mixte qui ne donnent pas lieu au versement de la cotisation prévue à l'article L. 452-4.

Sous réserve des dispositions du troisième alinéa, les personnes morales de droit public autres que celles visées au huitième alinéa de l'article L. 411-10 et les personnes privées chargées d'une mission de service public dans le domaine du logement *[,] (Décr. nº 2012-1118 du 2 oct. 2012)* « de l'aménagement ou de la construction » peuvent, pour les besoins d'une telle mission, obtenir en outre communication, à leur demande et selon les mêmes modalités, des autres informations mentionnées à l'article R. 411-3. *(Décr. nº 2012-1118 du 2 oct. 2012)* « L'association nationale et les associations départementales d'information sur le logement prévues à l'article L. 366-1 ont accès dans les mêmes conditions à ces informations. »

Les bailleurs mentionnés à l'article L. 411-10 et leurs unions, fédérations et associations bénéficient du droit d'accès prévu à l'alinéa précédent, sous réserve, en outre, que le bailleur du logement sur lequel portent les informations demandées n'ait pas manifesté au service statistique ministériel du logement son opposition à une telle divulgation.

Art. R. 411-5 *(Décr. nº 2009-1485 du 2 déc. 2009)* Les personnes qui ont accès aux informations énumérées aux *a, b, c, h (Décr. nº 2012-1118 du 2 oct. 2012)* « , *i, k* et *l* » de l'article R. 411-3 ne peuvent diffuser publiquement ou communiquer à des tiers ni ces informations, ni des résultats agrégés portant sur un effectif inférieur à onze logements, sauf s'ils portent sur l'ensemble d'une commune.

Toutefois, elles peuvent, pour les besoins de leurs missions, confier l'exploitation de ces informations à un prestataire, à condition de conclure avec ce dernier un contrat comportant la règle prévue à l'alinéa précédent et précisant la nature et la durée de la mission confiée. Ce contrat est transmis pour information, dès sa signature, au service statistique ministériel du logement.

En cas de méconnaissance des dispositions du présent article par une personne visée aux deuxième et troisième alinéas de l'article R. 411-4, le service statistique ministériel du logement peut, après avoir mis celle-ci à même de présenter ses observations, refuser de lui communiquer des extraits du répertoire pour une durée qui ne peut excéder vingt-quatre mois.

TITRE DEUXIÈME ORGANISMES D'HABITATIONS À LOYER MODÉRÉ

CHAPITRE PREMIER OFFICES PUBLICS DE L'HABITAT
(Décr. nº 2008-566 du 18 juin 2008).

V., sur le régime antérieur au Décr. nº 2008-566 du 18 juin 2008, éd. 2010. – **CCH.**

BIBL. ► FOUCAULT et ROUVEYRAN, Nouvelle gouvernance pour les offices publics de l'habitat, *Mon. TP 12 sept. 2008, nº 5468, p. 98.*

SECTION PREMIÈRE DISPOSITIONS GÉNÉRALES

(Décr. nº 2008-566 du 18 juin 2008)

Les dispositions de la section première du chapitre Ier du titre II du livre IV du code de la construction et de l'habitation (partie réglementaire) relatives à la nomination, la rémunération et la cessation de fonctions des directeurs généraux des offices publics d'aménagement et de construction, dans leur rédaction en vigueur avant la date d'entrée en vigueur du présent décret, sont applicables, jusqu'à l'entrée en vigueur des dispositions qui seront prises en application de l'article L. 421-12 du code de la construction et de l'habitation, aux contrats et à la cessation de fonctions des directeurs généraux d'offices publics de l'habitat issus de la transformation d'offices publics d'aménagement et de construction (Décr. nº 2008-566 du 18 juin 2008, art. 4).

Art. *R. 421-1 I – Les décrets de création des offices publics de l'habitat sont pris après avis du comité régional de l'habitat de la région dans laquelle l'office aura son siège et du Conseil supérieur des habitations à loyer modéré.

Les offices publics de l'habitat sont dissous dans les mêmes formes, sauf dans le cas prévu à l'article L. 423-1 ou lorsqu'ils sont parties à une fusion en application des dispositions du second alinéa de l'article L. 421-7. L'acte de dissolution fixe les modalités de transfert de leur patrimoine et les conditions budgétaires et comptables de la dissolution. Un liquidateur est désigné par arrêté conjoint du ministre chargé du logement et du ministre chargé des collectivités territoriales. Il a la qualité d'ordonnateur accrédité auprès du comptable de l'office dissous.

II. – Le changement de collectivité territoriale ou d'établissement public de coopération intercommunale de rattachement d'un office public de l'habitat est demandé par les organes délibérants des collectivités ou des établissements publics intéressés, après avis du conseil d'administration de l'office, au préfet du département où l'office aura son siège. Le préfet se prononce dans un délai de trois mois au plus à compter de la réception des demandes, après avis du comité régional de l'habitat de la région où l'office aura son siège. L'absence d'arrêté pris dans ce délai vaut rejet de la demande.

Après le changement de collectivité ou d'établissement public de rattachement, les membres du conseil d'administration font l'objet d'une nouvelle désignation dans les conditions prévues à l'article R. 421-8.

Le mandat des membres représentant les locataires se poursuit. Toutefois, lorsque l'effectif de ces membres est modifié, le conseil d'administration désigne, pour la durée du mandat restant à courir, les représentants des locataires au vu des résultats de la dernière élection, en appliquant la règle de la représentation proportionnelle au plus fort reste, en fonction du nombre de sièges à pourvoir.

III. – La fusion de plusieurs offices publics de l'habitat est demandée par les organes délibérants des collectivités territoriales ou établissements publics de coopération intercommunale intéressés, après avis des conseils d'administration des offices, au préfet du département où l'office au profit duquel la fusion est demandée aura son siège. Le préfet se prononce par arrêté dans un délai de trois mois au plus à compter de la réception des demandes, après avis du comité régional de l'habitat de la région dans laquelle l'office aura son siège. L'absence d'arrêté pris dans ce délai vaut rejet de la demande.

A l'issue de la fusion, les membres du conseil d'administration de l'office résultant de la fusion font l'objet d'une nouvelle désignation dans les conditions prévues à l'article R. 421-8.

Toutefois, il n'est pas procédé à une nouvelle élection des membres représentant les locataires. Les membres élus par les locataires dans les conseils d'administration des offices parties à la fusion désignent parmi eux, dans le délai d'un mois suivant la publication de l'arrêté autorisant la fusion, les représentants des locataires appelés à siéger dans le conseil d'administration jusqu'à la prochaine élection. A défaut, le préfet désigne parmi eux, pour la durée du mandat restant à courir, selon les cas, les trois, quatre ou cinq représentants des locataires élus sur les listes ayant obtenu aux dernières élections le plus fort pourcentage de voix, calculé en comparant le nombre de suffrages recueillis par chaque liste au nombre total des électeurs dans l'ensemble des offices ayant concouru à la fusion.

IV. – Le changement d'appellation d'un office public de l'habitat est demandé par l'organe délibérant de la collectivité territoriale ou de l'établissement public de coopération intercommunale de rattachement, après avis du conseil d'administration de l'office, au préfet du département où l'office public de l'habitat a son siège. Le préfet se prononce dans un délai de trois mois au plus à compter de la réception de la demande, après avis du comité régional de l'habitat de la région dans laquelle l'office a son siège. L'absence d'arrêté pris dans ce délai vaut rejet de la demande.

Toutefois, lorsque le changement d'appellation résulte d'un changement de collectivité territoriale ou d'établissement public de rattachement, en application du II du présent article, l'appellation de l'office est complétée de plein droit par la mention de la nouvelle collectivité territoriale ou du nouvel établissement public de coopération intercommunale de rattachement, en l'absence de demande contraire de changement d'appellation.

V. – Dans tous les actes ou documents destinés aux tiers dans lesquels l'office emploie un nom d'usage, celui-ci est précédé ou suivi immédiatement des mots "office public de l'habitat" ou du sigle "OPH".

Art. *R. 421-2 Dans le cadre de leur objet social défini aux articles L. 421-1 à L. 421-4, les offices publics de l'habitat peuvent :

1o Gérer des immeubles appartenant à d'autres organismes d'habitations à loyer modéré ou des immeubles à usage principal d'habitation appartenant à l'État, à une collectivité territoriale ou à un groupement de collectivités territoriales, à une société d'économie mixte de construction et de gestion de logements sociaux, à des organismes à but non lucratif, à l'association agréée mentionnée à l'article L. 313-34 ou aux sociétés civiles immobilières dont les parts sont détenues à au moins 99 % par cette association ;

2o Réaliser des hébergements de loisirs à vocation sociale tels que des villages de vacances, des maisons familiales de vacances, des terrains aménagés de camping et de caravanage à usage locatif, des habitations légères de loisirs définies par le décret no 80-694 du 4 septembre 1980 et des hébergements gérés par des associations de jeunesse et d'éducation populaire. Ces hébergements ne peuvent être réalisés que pour le compte d'une collectivité territoriale, d'un établissement public de coopération intercommunale ou d'un des organismes d'économie sociale énumérés au deuxième alinéa de l'article 19 *bis* de la loi no 47-1775 du 10 septembre 1947 ou d'un comité d'entreprise.

Les organismes doivent bénéficier, pour un minimum de 30 % du prix de revient des réalisations, de fonds d'aide au tourisme sous la forme de subventions de l'État, des collectivités territoriales, des établissements publics de coopération intercommunale, de prêts aidés par l'État ou de prêts à taux privilégié consentis par le Crédit agricole SA, la Caisse des dépôts et consignations et par les organismes à caractère social énumérés à l'article 6 de l'ordonnance nº 82-283 du 26 mars 1982 ;

3º Acquérir des lots dans les copropriétés mentionnées au 5º de l'article L. 421-3. La revente de ces lots n'est pas soumise aux dispositions du chapitre III du titre IV du livre IV du présent code mais requiert l'avis préalable du service des domaines. La location des lots en attente de leur revente est, par dérogation aux dispositions du titre IV du livre IV du présent code, soumise aux règles mentionnées à l'article 40 de la loi nº 89-462 du 6 juillet 1989 tendant à améliorer les rapports locatifs et portant modification de la loi nº 86-1290 du 23 décembre 1986 *[V. C. **baux**]*. Toutefois, la fixation du loyer ne peut excéder les plafonds de loyers fixés en application du troisième alinéa du *g* du 1º du I de l'article 31 du code général des impôts. En outre, les dispositions du I et du II de l'article 15 de la loi du 6 juillet 1989 sont applicables aux contrats de location qui prennent fin au plus tard à la revente des lots, lorsque le congé émane du bailleur.

Art. *R. 421-3 Les souscriptions, acquisitions ou cessions par un office public de l'habitat de parts ou d'actions émises par les sociétés visées au 10º de l'article L. 421-1 et à l'article L. 421-2 doivent être autorisées par son conseil d'administration, après accord de la collectivité territoriale ou de l'établissement public de coopération intercommunale de rattachement.

Lorsque l'office souscrit ou acquiert des parts ou actions d'une société d'habitations à loyer modéré, ces parts ou actions doivent représenter plus du tiers du capital de cette société.

La souscription ou l'acquisition par un office de parts dans le capital d'une société anonyme coopérative d'intérêt collectif pour l'accession à la propriété doit lui être nécessaire pour l'accomplissement des actions ou opérations qu'il mène conformément aux articles L. 421-1, L. 421-3 et L. 421-4.

Les sociétés civiles immobilières dans le capital desquelles les offices publics de l'habitat peuvent acquérir ou souscrire des parts sont celles qui ont pour objet la réalisation d'immeubles à usage d'habitation ou à usage professionnel et d'habitation destinés à des accédants dont les ressources n'excèdent pas les plafonds fixés en application de l'article R. 443-34.

● SECTION II **ORGANISATION ET FONCTIONNEMENT DU CONSEIL D'ADMINISTRATION**

(Décr. nº 2008-566 du 18 juin 2008)

Art. *R. 421-4 Le nombre des membres du conseil d'administration d'un office public de l'habitat ayant voix délibérative est fixé à vingt-trois ou à vingt-sept, par décision de l'organe délibérant de la collectivité territoriale ou de l'établissement public de coopération intercommunale de rattachement, compte tenu notamment de la répartition géographique du patrimoine de l'office ou de l'importance de son parc.

Toutefois, pour un office propriétaire de moins de 2 000 logements, ce nombre peut être fixé à dix-sept.

A l'occasion de chaque renouvellement de l'organe délibérant de la collectivité territoriale ou de l'établissement public de coopération intercommunale de rattachement de l'office, ainsi qu'à l'issue d'un changement de rattachement ou d'une fusion avec d'autres offices, la collectivité ou l'établissement public peut modifier son choix et opter pour une des solutions prévues aux alinéas précédents.

Le mandat des membres représentant les locataires se poursuit. Toutefois, lorsque l'effectif de ces membres est modifié, le conseil d'administration désigne, pour la durée du mandat restant à courir, les représentants des locataires au vu des résultats de la dernière élection, en appliquant la règle de la représentation proportionnelle au plus fort reste, en fonction du nombre de sièges à pourvoir.

COMMENTAIRE

Le décret nº 2008-566 du 18 juin 2008 fixe la composition des conseils d'administration et l'organisation de la gouvernance des offices publics de l'habitat. La collectivité ou l'établissement public de coopération intercommunale de rattachement dispose de plusieurs options quant au nombre de membres du conseil d'administration : 17, si l'office est propriétaire de moins de 2 000 logements, 23 ou 27 membres. Dans tous les cas, le conseil comporte obligatoirement six membres de l'organe délibérant de rattachement ; c'est parmi ces six membres qu'est élu le président de l'Office (cf. art. L. 421-11). Le préfet est commissaire du Gouvernement et assiste aux réunions du conseil d'administration avec voix consultative.

Art. *R. 421-5 **I. – Lorsque l'effectif des membres ayant voix délibérative est fixé à dix-sept, ils sont ainsi répartis :**

1º Neuf sont les représentants de la collectivité territoriale ou de l'établissement public de coopération intercommunale de rattachement désignés par son organe délibérant, dont six en son sein et trois, qui ne sont pas des élus de la collectivité ou de l'établissement public de rattachement, en qualité de personnalités qualifiées en matière d'urbanisme, de logement, d'environnement et de financement de ces politiques, ou en matière d'affaires sociales. L'une des personnalités qualifiées a la qualité d'élu d'une collectivité territoriale ou d'un établissement public de coopération intercommunale du ressort de compétence de l'office, autre que celle ou celui de rattachement ;

2º Un membre est désigné par la ou les caisses d'allocations familiales du département du siège de l'office ;

3º Un membre est désigné par l'union départementale des associations familiales du département du siège de l'office ;

4º Un membre est désigné par les associés des collecteurs de la participation des employeurs à l'effort de construction dans le département du siège ;

(Décr. nº 2009-1218 du 12 oct. 2009) **« 5º Un membre est désigné par l'organisation syndicale de salariés la plus représentative dans le département du siège ; »**

6º Un membre représente les associations dont l'un des objets est l'insertion ou le logement des personnes défavorisées ;

7º Trois membres sont les représentants des locataires.

II. – Lorsque l'effectif des membres ayant voix délibérative est fixé à vingt-trois, ils sont ainsi répartis :

1º Treize sont les représentants de la collectivité territoriale ou de l'établissement public de coopération intercommunale de rattachement désignés par son organe délibérant, dont six en son sein, les autres représentants, qui ne sont pas des élus de la collectivité ou de l'établissement public de rattachement, étant choisis en qualité de personnalités qualifiées en matière d'urbanisme, de logement, d'environnement et de financement de ces politiques, ou en matière d'affaires sociales. Deux des personnalités qualifiées ont la qualité d'élu d'une collectivité territoriale ou d'un établissement public de coopération intercommunale du ressort de compétence de l'office, autre que celle ou celui de rattachement ;

2º Un membre est désigné par la ou les caisses d'allocations familiales du département du siège de l'office ;

3º Un membre est désigné par l'union départementale des associations familiales du département du siège de l'office ;

4o Un membre est désigné par les associés des collecteurs de la participation des employeurs à l'effort de construction dans le département du siège ;

5o Deux membres sont désignés par les organisations syndicales de salariés les plus représentatives dans le département du siège ;

6o Un membre représente les associations dont l'un des objets est l'insertion ou le logement des personnes défavorisées ;

7o Quatre membres sont les représentants des locataires.

III. – Lorsque l'effectif des membres ayant voix délibérative est fixé à vingt-sept, ils se répartissent ainsi :

1o Quinze sont les représentants de la collectivité territoriale ou de l'établissement public de coopération intercommunale de rattachement désignés par son organe délibérant, dont six en son sein, les autres représentants, qui ne sont pas des élus de la collectivité ou de l'établissement public de rattachement, étant choisis en qualité de personnalités qualifiées en matière d'urbanisme, de logement, d'environnement et de financement de ces politiques, ou en matière d'affaires sociales. Trois des personnalités qualifiées ont la qualité d'élu d'une collectivité territoriale ou d'un établissement public de coopération intercommunale du ressort de compétence de l'office, autre que celle ou celui de rattachement ;

2o Un membre est désigné par la ou les caisses d'allocations familiales du département du siège de l'office ;

3o Un membre est désigné par l'union départementale des associations familiales du département du siège de l'office ;

4o Un membre est désigné par les associés des collecteurs de la participation des employeurs à l'effort de construction dans le département du siège ;

5o Deux membres sont désignés par les organisations syndicales de salariés les plus représentatives dans le département du siège ;

6o Deux membres représentent les associations dont l'un des objets est l'insertion ou le logement des personnes défavorisées ;

7o Cinq membres sont les représentants des locataires.

Art. *R. 421-6 I. – Le membre représentant la ou les caisses d'allocations familiales est désigné par le ou, conjointement, par les conseils d'administration de la ou des caisses d'allocations familiales existant dans le département du siège de l'office.

II. – Le membre représentant les associés des collecteurs de la participation des employeurs à l'effort de construction est désigné par les organisations d'employeurs et les organisations syndicales gestionnaires de ces organismes.

III. – Le ou les membres représentant les organisations syndicales sont désignés par les organisations syndicales de salariés les plus représentatives dans le département du siège. La représentativité des organisations syndicales est appréciée en tenant compte des résultats des dernières élections professionnelles intervenues à la date de la constitution du conseil d'administration.

IV. – Le membre ou les membres représentant les associations dont l'un des objets est l'insertion ou le logement des personnes défavorisées sont désignés par la collectivité territoriale ou l'établissement public de coopération intercommunale de rattachement de l'office.

Art. *R. 421-7 Les administrateurs représentant les locataires sont élus pour quatre ans dans les conditions ci-après :

1o Sont électeurs les personnes physiques :

– locataires qui ont conclu avec l'office un contrat de location d'un local à usage d'habitation au plus tard six semaines avant la date de l'élection et ont toujours la qualité de locataire de l'office ;

– occupants dont le titre de location a été résilié pour défaut de paiement du loyer mais qui sont sans dette à l'égard de l'office six semaines avant la date de l'élection ;

– sous-locataires qui ont conclu avec l'une des associations ou centres visés aux articles L. 442-8-1 et L. 442-8-4 un contrat de sous-location d'un logement de l'office, au plus tard six semaines avant la date de l'élection ; les associations ou centres précités transmettent à l'office la liste de ces sous-locataires au plus tard un mois avant la date de l'élection.

Chaque location, occupation ou sous-location ne donne droit qu'à une voix. Le titulaire de plusieurs locations, occupations ou sous-locations ne peut prétendre à plusieurs voix ;

2° Sont éligibles, à l'exclusion des personnes membres du personnel de l'office en qualité de salarié ou de fonctionnaire, les personnes physiques, âgées de dix-huit ans au minimum et ne tombant pas sous le coup des dispositions de l'article L. 423-12, qui sont locataires d'un local à usage d'habitation et peuvent produire soit la quittance correspondant à la période de location précédant l'acte de candidature, soit le reçu mentionné à l'article 21 de la loi n° 89-462 du 6 juillet 1989 *[V. C. baux]*, soit la décision de justice octroyant les délais de paiement du loyer ou des charges ; chaque contrat de location ne donne droit qu'à une seule candidature ;

3° Au plus tard deux mois avant la date de l'élection, une lettre-circulaire de l'office fournissant toutes indications utiles sur la date des élections, la procédure électorale et les conditions requises des candidats est portée par voie d'affichage à la connaissance des personnes mentionnées au 1°.

Les listes de candidats, présentées par des associations remplissant les conditions prévues à l'article L. 421-9, comportent chacune six noms pour un conseil d'administration de dix-sept membres, huit noms pour un conseil d'administration de vingt-trois membres ou dix noms pour un conseil d'administration de vingt-sept membres. Elles doivent parvenir à l'office au plus tard six semaines avant la date de l'élection. Un mois au moins avant cette dernière date, l'office porte ces listes à la connaissance des personnes mentionnées au 1°. Toute contestation relative à l'inscription sur ces listes est soumise au juge d'instance qui statue dans les conditions prévues par le code électoral. Huit jours au moins avant la date de l'élection, l'office adresse aux personnes mentionnées au 1° les bulletins de vote correspondant à chacune des listes de candidats avec éventuellement pour chacune d'elles l'indication de son affiliation ;

4° Les modalités pratiques de l'élection sont arrêtées par le conseil d'administration. Le scrutin a lieu entre le 15 novembre et le 15 décembre.

Le vote est secret. Il a lieu soit par correspondance, soit par dépôt des bulletins dans une urne, soit simultanément par les deux méthodes, au scrutin de liste à un tour avec représentation proportionnelle au plus fort reste, sans radiation ni panachage.

Le dépouillement du scrutin a lieu au siège de l'office. Il est effectué, en présence d'au moins un représentant de chaque liste de candidats, par un bureau comprenant le président du conseil d'administration et un membre du conseil d'administration ne représentant pas les locataires ou, lorsque l'élection a lieu en période d'administration provisoire de l'office, l'administrateur provisoire et une personne désignée à cette fin par le préfet du département du siège de l'office. Les résultats sont affichés immédiatement dans tous les immeubles de l'office. Un procès-verbal du résultat du scrutin est remis à chaque représentant des listes en présence ainsi qu'au préfet du département du siège de l'office.

Les sièges revenant à chaque liste en fonction du résultat du scrutin sont attribués dans l'ordre des noms figurant sur la liste. Les autres personnes figurant sur la liste succèdent, dans l'ordre où elles y sont inscrites, aux représentants qui cessent leurs fonctions avant l'expiration de la durée normale de leur mandat. Les fonctions d'un nouveau représentant des locataires expirent à la date où auraient normalement cessé celles du représentant qu'il a remplacé. En cas d'épuisement de la liste, il n'est pas procédé à une élection partielle.

Les réclamations contre les opérations électorales sont portées devant le tribunal administratif du lieu du siège de l'office dans les quinze jours suivant le dépouillement. Le tribunal statue dans un délai de trois mois à compter de l'enregistrement de la réclamation au greffe. La décision est notifiée dans les huit jours simultanément à toutes les parties en cause et adressée à leur domicile réel, par lettre recommandée avec accusé de réception, sans préjudice du droit des parties de faire signifier cette décision par voie d'huissier. Si le tribunal ordonne la production d'une preuve, il statue définitivement dans le mois suivant cette décision ;

5° Les représentants des locataires siègent au conseil d'administration à compter de la clôture du dépouillement des élections. En cas d'empêchement pour une durée de plus de trois mois et après en avoir informé le président du conseil d'administration, un représentant des locataires peut se faire remplacer, pendant la durée de l'empêchement et pendant un an au plus, par une personne figurant sur la même liste ;

6° La perte de la qualité de locataire ou le recrutement par l'office de l'administrateur représentant des locataires mettent un terme au mandat d'administrateur du représentant des locataires qui est immédiatement remplacé dans les conditions fixées au 4°.

[Jurisprudence antérieure à la réforme des OPH susceptible de s'appliquer]

1. Procédures préalables. La remise des documents de vote aux locataires par le gardien des immeubles n'affecte pas la légalité des opérations électorales, aucun électeur n'ayant été mis dans l'impossibilité de voter. • CE 14 déc. 1984, *OPHLM de Paris : Lebon T. 665 ; AJPI 1985. 585, obs. Flécher-Bourjol.* ◆ En cas de non-respect de la période d'affichage minimale de deux mois avant la date de l'élection de la lettre circulaire comportant la date du scrutin et les modalités de son organisation, les élections doivent être annulées. • CAA Paris, 6 juin 1989, *Assoc. Nanterre-Maintenant,* req. n° 89PA00416 : *Lebon T. 705 ; Gaz. Pal. 11 août 1990, Pan. dr. adm., p. 6.*

2. Modalités de vote. Le protocole national relatif à l'organisation des élections conclu entre la Fédération nationale des offices et les associations de locataires est dépourvu de toute disposition impérative et n'est destiné qu'à donner des recommandations ; l'invocation de ses dispositions est inopérant dans le contentieux électoral. • CAA Marseille, 2 juill. 2009, *Henriette X : req. n° 07MA03090.* ◆ L'administration a le droit de choisir entre le vote par correspondance ou le dépôt des bulletins dans une urne. • Même arrêt. ◆ Les votes par procuration doivent être annulés dès lors qu'ils ne sont pas autorisés par l'art. R. 421-58 et non prévus par la délibération du conseil d'administration de l'OPHLM fixant les modalités pratiques de l'élection. • CAA Marseille, 12 nov. 1998, *OPHLM de La Seyne-sur-Mer : req. n° 96MA02370.* ◆ L'art. R. 421-58 n'exige pas que les bulletins envoyés par correspondance soient contenus dans des enveloppes portant la signature de l'électeur. • CE 1er juill. 1988, *Adida : Lebon T. 887*. ◆ Aucune disposition n'impose que les bulletins de vote par correspondance soient acheminés par voie postale, les enveloppes pouvant être déposées directement dans la boîte aux lettres de l'office. • CAA Paris, 15 déc. 1998, *Boitard : req. n° 96PA04231.* ◆ La non-prise en compte d'un nombre important de bulletins en raison d'une grève postale est de nature, même en l'absence de manœuvre, à altérer la régularité et la sincérité du scrutin. • CE 8 avr. 1987, *Dourlens,* req. n° 62239 : *Lebon 141*.

3. Contentieux. Une requête tendant à l'annulation d'une décision refusant l'enregistrement d'une liste de candidats ne peut être regardée comme dirigée contre les opérations électorales. • CE 26 juill. 1985, *Théry,* req. n° 55950 : *Lebon T. 642*.

Art. *R. 421-8 I. – Les membres du conseil d'administration, à l'exception des représentants des locataires désignés en application de l'article R. 421-7, font l'objet d'une nouvelle désignation après chaque renouvellement total de l'organe délibérant ou de la date de renouvellement d'une série sortante de l'organe délibérant, selon que l'office est rattaché à une commune ou un établissement public de coopération intercommunale ou à un département. Lors de sa première réunion suivant son renouvellement, l'organe délibérant de la collectivité territoriale ou de l'établissement public de rattachement détermine l'effectif du conseil d'administration dans les conditions prévues à l'article R. 421-4 et désigne ses représentants, ainsi que le représentant des associations dont l'un des objets est l'insertion ou le logement des personnes défavorisées, dans les conditions prévues aux articles R. 421-5 et R. 421-6. L'organe exécutif de la collectivité territoriale ou de l'établissement public de rattachement invite ensuite les autorités chargées de désigner les autres membres du conseil d'administration à faire connaître leurs représentants.

II. – En cas de suspension ou de dissolution de l'organe délibérant de la collectivité territoriale ou de l'établissement public de rattachement de l'office, le mandat des membres du conseil d'administration est prolongé jusqu'à la désignation de leurs successeurs par les autorités habilitées à procéder à cette désignation, dans les conditions prévues au I.

III. – En cas de changement de rattachement de l'office, les membres du conseil d'administration font l'objet d'une nouvelle désignation, à l'exception des représentants des locataires qui sont désignés dans les conditions prévues au III de l'article R. 421-1, dans les conditions prévues au I.

IV. – A l'issue de la fusion de plusieurs offices, les membres du conseil d'administration de l'office résultant de la fusion, à l'exception des représentants des locataires qui sont désignés dans les conditions prévues au III de l'article R. 421-1, font l'objet d'une nouvelle désignation dans les conditions prévues au I.

V. – Si un membre vient à cesser ses fonctions au conseil d'administration avant l'expiration de la durée normale de son mandat ou s'il est déclaré démissionnaire en application, selon les cas, des dispositions de l'article L. 421-13, de l'article L. 423-12, du 6° de l'article R. 421-7 ou de l'article R. 421-9, il est procédé immédiatement à son remplacement, pour la durée du mandat restant à courir.

VI. – Les institutions mentionnées aux 2° et 5° de l'article L. 421-8 peuvent remplacer à tout moment, avant l'expiration de la durée normale de son mandat, le représentant qu'elles ont désigné.

[Jurisprudence antérieure à la réforme des OPH susceptible de s'appliquer]

Les membres représentant le conseil général n'ont plus qualité pour siéger, à la suite d'élections cantonales, sauf pour expédier les affaires courantes. Dès lors le budget primitif a été voté par un conseil d'administration irrégulièrement composé et doit être annulé. • CE 3 juin 1998, *Préfet de la Haute-Corse,* req. n° 169403 : *Lebon T. 760*. ♦ Ne relève pas de l'expédition des affaires courantes la décision de signer avec une entreprise un marché en vue de la construction de quatorze logements. • CAA Paris, 22 nov. 2001, *Office public dptal de l'Essonne,* req. n° 99PA00279 : *AJDI 2002. 245, obs. Brouant*. ♦ Confirmé par • CE 29 janv. 2003, *Office public dptal de l'Essonne,* req. n° 242196 : *Lebon 19*.

Art. *R. 421-9 Ne peuvent être désignées au conseil d'administration les personnes qui se trouvent dans un cas d'incapacité ou d'indignité prévu par les lois électorales, à l'exception des incapacités relatives à la nationalité, ou qui tomberaient sous le coup des dispositions de l'article L. 423-12.

Hormis à titre de représentant du comité d'entreprise, les membres du personnel de l'office ne peuvent être désignés au conseil d'administration.

Sont déclarés démissionnaires d'office les membres du conseil d'administration qui se trouvent dans une des situations visées aux alinéas précédents.

Art. *R. 421-10 Le mandat de tous les administrateurs de l'office public de l'habitat est exercé à titre gratuit.

Toutefois, le conseil d'administration alloue aux administrateurs visés à l'article L. 423-13 une indemnité forfaitaire destinée, selon le cas, à compenser la diminution de leur rémunération ou de leur revenu ou l'augmentation de leurs charges du fait de leur participation aux séances plénières de cette instance.

Le conseil peut également allouer une indemnité de même nature à l'occasion de la participation des administrateurs aux réunions du bureau, des commissions prévues par la loi ou les règlements en vigueur et des commissions formées au sein du conseil d'administration en application de l'article R. 421-14.

Le conseil d'administration peut également décider le remboursement des frais de déplacement des administrateurs.

Un arrêté du ministre chargé du logement et du ministre chargé du budget précise les conditions d'application des règles prévues aux alinéas précédents, en particulier le montant maximum des indemnités pouvant être allouées aux administrateurs.

Les administrateurs fonctionnaires ou agents de l'État bénéficient du régime des autorisations d'absence.

Le conseil d'administration peut en outre décider de la prise en charge des coûts de formation des administrateurs, en vue de l'exercice de leur mission, dans la limite de trois jours de formation par an et par administrateur.

Sans préjudice de l'application des alinéas précédents, les membres du conseil d'administration ne peuvent, en aucun cas, prêter leur concours à titre onéreux à l'établissement ni recevoir de celui-ci des avantages directs ou indirects, sous quelque forme que ce soit, du fait de leurs fonctions.

Décret nº 2008-566 du 18 juin 2008,

Relatif à l'administration des offices publics de l'habitat.

Art. 5 I. — L'entrée en vigueur des dispositions de l'article R. 421-10 du code de la construction et de l'habitation dans leur rédaction issue du présent décret est différée jusqu'à la date d'entrée en vigueur de l'arrêté prévu à cet article.

II. — Les administrateurs des offices publics de l'habitat, ainsi que les administrateurs et les membres des conseils de surveillance des sociétés d'habitations à loyer modéré demeurent régis par les dispositions de l'article R. 421-56 du code de la construction et de l'habitation dans leur rédaction antérieure au présent décret, précisées par celles de l'arrêté du 31 juillet 1985 relatif aux indemnités pouvant être allouées aux administrateurs des offices publics d'habitations à loyer modéré, modifié par l'arrêté du 28 avril 1998, jusqu'à l'entrée en vigueur de l'arrêté qui sera pris en application de l'article R. 421-10 du code précité, dans sa rédaction issue du présent décret.

....

Art. *R. 421-11 Le conseil d'administration élit le président du conseil d'administration, à la majorité absolue des membres en fonction ayant voix délibérative. Il est procédé à une nouvelle élection du président après chaque renouvellement du conseil d'administration dans les cas prévus aux I à IV de l'article R. 421-8, ainsi qu'en cas de cessation anticipée de ses fonctions d'administrateur ou d'empêchement définitif.

[Jurisprudence antérieure à la réforme des OPH susceptible de s'appliquer]

Est proclamé régulièrement élu président du conseil d'administration le candidat qui obtient la majorité des suffrages exprimés alors même qu'une procuration de vote n'a pas été utilisée par un candidat concurrent. • CE 22 oct. 1975, *Gerbet : Lebon T. 1125*.

Art. *R. 421-12 Le bureau de l'office comprend, outre le président du conseil d'administration, président de droit, quatre membres, dont un représentant des locataires, qui sont élus par le conseil d'administration au scrutin majoritaire.

Toutefois, lorsque l'effectif des membres du conseil d'administration ayant voix délibérative est fixé à vingt-trois ou à vingt-sept, en application de l'article R. 421-4, le bureau comprend, outre le président, président de droit, six membres, dont un représentant des locataires, qui sont élus dans les mêmes conditions que celles prévues au premier alinéa.

Ces membres ne peuvent être élus au premier tour de scrutin s'ils n'ont pas réuni la majorité absolue des voix des membres du conseil ayant voix délibérative. En cas de partage égal des voix, celle du président du conseil d'administration est prépondérante.

Le bureau est élu après chaque renouvellement du conseil d'administration dans les conditions prévues aux I à IV de l'article R. 421-8.

Le conseil d'administration peut révoquer le bureau, ou un de ses membres, sans attendre le terme ci-dessus, sous réserve de prendre cette décision à la majorité des trois quarts des membres en fonction ayant voix délibérative et de désigner immédiatement, à la majorité simple des membres ayant voix délibérative, un nouveau bureau ou un nouveau membre selon le cas.

Sur proposition du président, le conseil d'administration confère à un membre du bureau le titre de vice-président. Le vice-président assiste le président dans ses fonctions et le supplée en cas d'absence ou d'empêchement.

Art. *R. 421-13 Le conseil d'administration se réunit au moins trois fois par an, sur convocation de son président.

La convocation du conseil d'administration est de droit lorsqu'elle est demandée par le tiers au moins de ses membres.

L'ordre du jour des délibérations doit être porté à la connaissance des membres du conseil au moins dix jours à l'avance, sauf urgence dûment motivée.

Les décisions sont prises à la majorité des membres du conseil ayant voix délibérative, présents ou représentés, à l'exception des décisions relatives à la nomination du directeur général et à la cessation de ses fonctions qui sont prises à la majorité des deux tiers des membres ayant voix délibérative, présents ou représentés. En cas de partage égal des voix, celle du président est prépondérante.

Le conseil ne peut valablement délibérer que si les deux tiers des membres ayant voix délibérative au moins participent à la séance ou sont représentés. Lorsque le quorum n'est pas atteint, les décisions sur les questions portées à l'ordre du jour de la séance peuvent être prises, après convocation régulière, à la séance suivante à la majorité des membres ayant voix délibérative, présents ou représentés.

Un administrateur ne peut se faire représenter que par un autre administrateur. Chaque administrateur ne peut recevoir qu'un seul mandat.

Art. *R. 421-14 Le conseil d'administration peut former en son sein des commissions chargées d'étudier des questions qu'il détermine expressément.

Les présidents de ces commissions sont désignés par le conseil d'administration en son sein. Chaque commission est convoquée par son président. Elle peut désigner un vice-président qui assiste le président dans ses fonctions et le supplée en cas d'absence ou d'empêchement.

Art. *R. 421-15 La commission prévue à l'article L. 441-2, qui attribue nominativement chaque logement mis ou remis en location, est composée et fonctionne conformément à l'article R. 441-9.

SECTION III ATTRIBUTIONS RESPECTIVES DES ORGANES DIRIGEANTS

(Décr. nº 2008-566 du 18 juin 2008)

Art. *R. 421-16 Le conseil d'administration règle par ses délibérations les affaires de l'office, et notamment :

1º Décide la politique générale de l'office ;

2º Adopte le règlement intérieur de l'office ;

3º Vote le budget, approuve les comptes, se prononce sur l'affectation du résultat et exerce les compétences que lui confèrent les dispositions de la section 1 du

chapitre III du titre II du livre IV (partie réglementaire). Il donne quitus au directeur général ;

4o Décide des programmes de réservation foncière, d'aménagement, de construction et de réhabilitation ;

5o Arrête les orientations en matière de politique des loyers et d'évolution du patrimoine ;

6o Décide des actes de disposition ;

7o Autorise les emprunts et décide des orientations générales en matière de placement de fonds appartenant à l'office, des opérations utiles à la gestion de la dette et des opérations de gestion de trésorerie ;

8o Autorise les souscriptions, acquisitions ou cessions de parts sociales ou d'actions en application des articles L. 421-2 et R. 421-3 ;

9o Autorise les transactions ;

(Décr. no 2009-1218 du 12 oct. 2009) **« 10o Nomme le directeur général et autorise le président du conseil d'administration à signer le contrat et ses avenants entre l'office et le directeur général. Il approuve chaque année le montant de la part variable de la rémunération attribué au directeur général. Il met fin aux fonctions du directeur général, sur proposition du président ; »**

11o Autorise, selon le cas, le président ou le directeur général à ester en justice, en application des articles R. 421-17 ou R. 421-18 ; toutefois, en cas d'urgence, ou lorsqu'il s'agit d'une action en recouvrement d'une créance, le directeur général peut intenter une action en justice sans cette autorisation.

(Décr. no 2009-1218 du 12 oct. 2009) **« Le bureau peut recevoir délégation de compétence pour l'exercice des attributions du conseil d'administration, hormis celles mentionnées aux 1o, 2o, 3o et 5o. Concernant l'exercice des attributions mentionnées au 10o, le conseil d'administration ne peut déléguer au bureau ni l'autorisation donnée au président de signer le contrat et ses avenants entre l'office et le directeur général, ni la décision de mettre fin aux fonctions du directeur général. » Le bureau peut, par délégation du conseil d'administration et dans les limites fixées par lui, être chargé de souscrire les emprunts et de réaliser les opérations utiles à leur gestion, et de recourir aux crédits de trésorerie. Il peut également, dans les mêmes conditions, réaliser les opérations relatives au placement des fonds de l'office. Le bureau rend compte de son activité au conseil d'administration.**

V. Circ. du 22 déc. 2009 relative aux nouvelles dispositions issues du Décr. no 2009-1218 du 12 oct. 2009 applicables aux directeurs généraux des offices publics de l'habitat (BOMEEDDM no 2010/1 du 25 janv. 2010, p. 16).

COMMENTAIRE

Le décret no 2008-566 du 18 juin 2008 précise les attributions respectives des organes dirigeants. Outre la définition de la politique générale de l'office et le vote du budget, le conseil d'administration nomme le directeur général. Il met fin à ses fonctions sur proposition du président. Le directeur général a pour mission essentielle de préparer et d'exécuter les décisions du conseil d'administration. Enfin, c'est le président qui fixe l'ordre du jour du conseil d'administration. ❑

[Jurisprudence antérieure à la réforme des OPH susceptible de s'appliquer]

Le conseil d'administration doit être considéré comme un organisme investi d'un pouvoir de décision. • CE 9 juin 1995, *Moulin,* req. no 86430 : *Lebon 235*. ♦ Il appartient seul au conseil d'administration de déterminer le montant des créances qu'il estime détenir. Le conseil d'administration méconnaît sa compétence en s'estimant lié par le contenu d'une mise en demeure adressée par le préfet, en vue de faire procéder à la rectification des irrégularités constatées lors du contrôle de la MIILOS, relatives aux avantages irréguliers dont aurait bénéficié le directeur général de l'office. • CAA Douai, 20 juin 2006, *OPAC de l'Oise,* req. no 05DA00151 : *AJDA 2006. 1975.*

Art. *R. 421-17 Le président du conseil d'administration fixe l'ordre du jour du conseil d'administration.

Il soumet au conseil d'administration, à l'occasion de l'examen du budget, un rapport sur la politique de l'office pendant l'exercice en voie d'achèvement et pour l'exercice à venir.

Il propose au conseil d'administration la nomination du directeur général et signe son contrat. Le cas échéant, il propose au conseil d'administration la cessation des fonctions du directeur général.

Le président représente l'office auprès des pouvoirs publics, des collectivités territoriales et des établissements publics de coopération intercommunale compétents en matière d'habitat.

Le président représente l'office en justice pour les contentieux dans lesquels les administrateurs ou le directeur général sont mis en cause à titre personnel dans le cadre de leurs fonctions. Il doit rendre compte au conseil d'administration des actions en justice qu'il a introduites à la prochaine séance de ce conseil.

[Jurisprudence antérieure à la réforme des OPH susceptible de s'appliquer]

Le président du conseil d'administration n'est pas compétent pour décider de ne pas renouveler le contrat à durée déterminée du directeur général, cette décision relevant formellement du conseil d'administration. • CAA Nancy, 7 mai 2002, *Bienaimé : req. nº 97NC01494.* ♦ Aucune disposition du code de la construction et de l'habitation ne fait obstacle à ce qu'un directeur d'OPAC soit recruté dans le cadre d'un contrat à durée déterminée d'une année. • Même arrêt. ♦ La décision du président rejetant la demande d'un directeur tendant au retrait de l'acceptation de sa démission est une décision qui fait grief. • CAA Bordeaux, 30 déc. 2003, *M. X. : req. nº 00BX00520.*

Art. *R. 421-18 Les fonctions de directeur général sont incompatibles avec celles de membre du conseil d'administration.

Le directeur général assiste, avec voix consultative, aux séances du conseil d'administration et du bureau dont il prépare et exécute les décisions.

Il passe tous actes et contrats au nom de l'office et le représente dans tous les actes de la vie civile.

Il représente l'office en justice, sauf dans les cas prévus au cinquième alinéa de l'article R. 421-17. Il doit rendre compte au conseil d'administration des actions en justice qu'il a introduites lors de la plus prochaine séance de ce conseil.

Le directeur général préside la commission d'appel d'offres.

Le directeur général est chargé de l'exécution des budgets. Dans les offices publics de l'habitat soumis aux règles de la comptabilité publique, il engage, liquide et ordonnance toutes dépenses et recettes. Il exerce les compétences que lui confèrent les dispositions de la section I du chapitre III du titre II du livre IV (partie réglementaire).

Le directeur général peut, par délégation du conseil d'administration et dans les limites fixées par lui, être chargé de souscrire les emprunts et de réaliser les opérations utiles à leur gestion, et de recourir aux crédits de trésorerie. Il peut également, dans les mêmes conditions, réaliser les opérations relatives au placement des fonds de l'office. Il rend compte de son action en la matière, au conseil d'administration, à la plus prochaine réunion de ce conseil.

Le directeur général a autorité sur les services, recrute, nomme et, le cas échéant, licencie le personnel. Il préside le comité d'entreprise.

Le directeur général peut déléguer sa signature avec l'accord du conseil d'administration aux membres du personnel de l'office exerçant les fonctions de directeur ou de chef de service.

En cas d'absence ou d'empêchement du directeur général, ses pouvoirs sont assumés par l'un des directeurs ou chefs de service, désigné par le conseil d'administration. La prolongation de cet intérim pour une durée supérieure à six mois doit être décidée par le conseil d'administration.

Le directeur général rend compte de sa gestion au conseil d'administration et lui présente un rapport annuel en la matière.

SECTION IV **STATUT DU DIRECTEUR GÉNÉRAL** *(Décr. nº 2008-566 du 18 juin 2008).*

(Décr. nº 2009-1218 du 12 oct. 2009)

V. Circ. du 22 déc. 2009 relative aux nouvelles dispositions issues du Décr. nº 2009-1218 du 12 oct. 2009 applicables aux directeurs généraux des offices publics de l'habitat (BOMEEDDM nº 2010/1 du 25 janv. 2010, p. 16).

Art. R. 421-19 Le contrat par lequel le directeur général d'un office public de l'habitat est recruté peut prévoir une période d'essai dont la durée n'excède pas six mois.

Dès la nomination du directeur général, le président du conseil d'administration de l'office public de l'habitat en informe le ministre chargé du logement.

Art. R. 421-20 I. – La rémunération annuelle brute du directeur général comporte une part forfaitaire et une part variable. Cette rémunération est exclusive de tous avantages annexes en espèces ou en nature autres que ceux mentionnés à l'article R. 421-20-1.

II. – Le contrat conclu entre l'office public de l'habitat et le directeur général détermine le montant de la part forfaitaire. Ce montant est fixé dans la limite d'un plafond calculé, conformément au tableau ci-dessous, en fonction du nombre de logements locatifs gérés par l'office en qualité de propriétaire ou agissant pour le compte de tiers. Dans les logements-foyers ou les centres d'hébergement dont l'office est propriétaire ou qu'il gère pour le compte de tiers, trois lits ou trois places sont comptés comme équivalant à un logement.

NOMBRE DE LOGEMENTS LOCATIFS gérés par l'office (L)	MONTANT MAXIMAL de la part forfaitaire
Inférieur à 2 000	45 000 € + (10 × L) €
Compris entre 2 000 et 5 000 exclus	50 000 € + (7,5 × L) €
Compris entre 5 000 et 10 000 exclus	77 500 € + (2,00 × L) €
Compris entre 10 000 et 15 000 exclus	82 500 € + (1,50 × L) €
Compris entre 15 000 inclus et 30 000 exclus	94 950 € + (0,67 × L) €
Égal ou supérieur à 30 000	97 050 € + (0,60 × L) €

Le nombre de logements locatifs gérés par l'office est apprécié au 31 décembre de l'exercice précédant l'année où le contrat est signé. La vente ou la démolition de ces logements locatifs pendant la durée du contrat du directeur général est sans incidence sur la détermination de la part forfaitaire de la rémunération jusqu'au terme de ce contrat.

En cas d'augmentation du nombre de logements locatifs gérés, apprécié au 31 décembre de chaque année, se traduisant par un changement de tranche, le conseil d'administration, sur proposition de son président, se prononce à nouveau sur le montant de la part forfaitaire.

Le montant de la part forfaitaire de la rémunération et les plafonds figurant dans le tableau ci-dessus évoluent au 1er janvier de chaque année dans les mêmes conditions que la revalorisation des rémunérations des dirigeants des entreprises publiques.

III. – Le contrat mentionne les critères pris en compte pour déterminer la part variable et les modalités de son versement.

La part variable de la rémunération ne peut excéder 15 % de la part forfaitaire.

Les objectifs et indicateurs, déclinant les critères définis au premier alinéa permettant de déterminer la part variable, sont définis chaque année ou pour une période de trois ans au plus par le conseil d'administration, sur proposition du président, et notifiés par écrit au directeur général au plus tard au cours du premier trimestre de l'année au titre de laquelle elle se rapporte ou dans un délai de trois mois à compter de la date d'une nouvelle nomination intervenant en cours d'année.

Le montant annuel de la part variable attribué au directeur général, en fonction de la réalisation des objectifs qui lui ont été fixés, est approuvé par le conseil d'administration, sur proposition de son président.

IV. – Saisis d'une demande du conseil d'administration présentée sous la forme d'une délibération dûment motivée, les ministres chargés du logement et du budget peuvent, par décision conjointe, autoriser, à titre exceptionnel, un dépassement du plafond de la part forfaitaire calculé conformément au tableau figurant au II.

Ils peuvent, dans les mêmes conditions, autoriser, à titre temporaire, un dépassement du taux maximal de la part variable prévu au III.

Le silence gardé par les ministres chargés du logement et du budget pendant quatre mois à compter de leur saisine vaut rejet de la demande de déplafonnement.

V. – Le président du conseil d'administration de l'office public de l'habitat informe, avant le 31 mars de chaque année, le ministre chargé du logement du montant de la rémunération annuelle brute et des avantages annexes mentionnés à l'article R. 421-20-1 qui ont été attribués au directeur général au titre de l'année précédente.

Un arrêté du ministre chargé du logement détermine les modalités d'application de l'alinéa précédent ainsi que les modalités de diffusion, sous forme non nominative, des résultats de cette collecte en veillant à la protection des données à caractère personnel.

Décret no 2009-1218 du 12 octobre 2009,

Relatif aux directeurs généraux des offices publics de l'habitat.

....

Art. 3 L'application des dispositions de l'article R. 421-20 du code de la construction et de l'habitation, dans sa rédaction issue du présent décret, ne peut avoir pour effet de fixer la rémunération annuelle brute des directeurs généraux en fonction dans un office public de l'habitat à la date d'entrée en vigueur du présent décret à un montant inférieur à celui dont ils bénéficiaient à cette même date.

Le montant de cette rémunération annuelle brute évolue chaque année par application du coefficient de revalorisation des rémunérations des dirigeants des entreprises publiques.

Art. R. 421-20-1 Le contrat du directeur général peut également stipuler en faveur de celui-ci les avantages suivants :

1o Lorsque le directeur général n'est pas un fonctionnaire en position de détachement, la prise en charge des cotisations patronales à des régimes collectifs de prévoyance et de retraite complémentaire prévus par un accord collectif conclu au sein de l'office ;

2o Le bénéfice de l'intéressement des salariés à l'entreprise en vertu d'un accord conclu au sein de l'office en application des articles L. 3311-1 et suivants du code du travail ;

3o La disposition d'un véhicule de fonction dans un office qui gère plus de 5 000 logements locatifs.

Le directeur général est remboursé sur justificatifs des frais exposés par lui dans le cadre de ses déplacements et activités liés à ses fonctions.

Art. R. 421-20-2 Le directeur général est assujetti à la législation relative à la sécurité sociale, aux prestations familiales et aux accidents du travail. Il bénéficie des congés pour raison de santé des fonctionnaires territoriaux.

Art. R. 421-20-3 Le directeur général qui souhaite présenter sa démission, ou mettre fin à son détachement avant le terme de cinq ans lorsqu'il est fonctionnaire, adresse à cet effet au président du conseil d'administration une lettre recommandée avec accusé de réception exprimant sa volonté non équivoque de cesser ses fonctions. Il est tenu de respecter un préavis de trois mois, sauf si le président l'en dispense en tout ou partie.

Art. R. 421-20-4 I. – Le licenciement du directeur général est prononcé par le conseil d'administration sur proposition écrite et motivée du président.

Lorsque le directeur général a la qualité de fonctionnaire recruté par voie de détachement, le licenciement emporte fin du détachement. Celle-ci est prononcée, à la demande de l'organisme d'accueil, conformément aux dispositions de l'article 24 du décret nº 85-986 du 16 septembre 1985 modifié relatif au régime particulier de certaines positions des fonctionnaires de l'État et à certaines modalités de mise à disposition et de cessation définitive de fonctions, de l'article 10 du décret nº 86-68 du 13 janvier 1986 modifié relatif aux positions de détachement, hors cadres, de disponibilité et de congé parental des fonctionnaires territoriaux et à l'article 18 du décret nº 88-976 du 13 octobre 1988 modifié relatif au régime particulier de certaines positions des fonctionnaires hospitaliers et à certaines modalités de mise à disposition.

II. – Préalablement à la saisine du conseil d'administration, le président communique par écrit à l'intéressé sa proposition de licenciement et l'informe de son droit à obtenir la communication de son dossier individuel, à présenter ses observations et à être assisté d'un défenseur de son choix.

Sauf dans le cas de licenciement pour faute grave, la cessation de fonctions ne prend effet qu'après un préavis de trois mois pendant lesquels la rémunération est maintenue. Le président peut dispenser l'intéressé d'exécuter tout ou partie du préavis.

Sauf dans le cas de licenciement pour faute grave, le directeur général qui n'a pas la qualité de fonctionnaire recruté par voie de détachement a droit à une indemnité calculée par référence à la rémunération brute de base du dernier mois précédant la notification du licenciement et qui ne peut être inférieure à deux mois de rémunération par année entière d'ancienneté, entendue de date à date, dans la limite de vingt-quatre mois de rémunération. Toute fraction de service égale ou supérieure à six mois est comptée pour un an ; toute fraction de service inférieure à six mois n'est pas prise en compte. Sont pris en compte pour l'ancienneté les services exercés en qualité de directeur général de l'office public de l'habitat ainsi qu'en qualité de directeur général de l'office public d'aménagement et de construction ou de directeur de l'office public d'habitations à loyer modéré préexistant à celui-ci et transformé en office public de l'habitat. L'indemnité est payée en totalité le dernier jour du préavis ou à la date d'effet de la dispense d'exécution du préavis.

L'indemnité calculée en application de l'alinéa précédent est majorée de 25 % si le directeur général a atteint l'âge de cinquante-cinq ans.

III. – Le directeur général, qui n'a pas la qualité de fonctionnaire recruté par voie de détachement et qui est involontairement privé d'emploi, a droit à l'allocation d'assurance dans les conditions prévues par la réglementation en vigueur. La charge de l'indemnisation incombe à l'office public de l'habitat si celui-ci n'adhère pas au régime d'assurance chômage prévu à l'article L. 5422-13 du code du travail.

Art. R. 421-20-5 I. – Un fonctionnaire relevant de l'office public de l'habitat peut être détaché pour occuper l'emploi de directeur général de cet organisme dans les conditions prévues par l'article 9 du décret nº 86-68 du 13 janvier 1986 modifié relatif aux positions de détachement, hors cadres, de disponibilité et de congé parental des fonctionnaires territoriaux.

II. – Lorsqu'il est mis fin au détachement d'un fonctionnaire relevant de l'office sur l'emploi de directeur général, soit à la demande de l'office, soit à la demande du fonctionnaire, celui-ci est réintégré dans son cadre d'emplois ou dans son corps et a droit, le cas échéant en surnombre, à une nouvelle affectation au sein de l'office, dans un emploi correspondant à son grade.

Art. R. 421-20-6 Les dispositions des articles R. 421-19, R. 421-20, du *[des]* 2º et 3º de l'article R. 421-20-1, de l'article R. 421-20-3, du I de l'article R. 421-20-4 et des premier et deuxième alinéas du II de l'article R. 421-20-4 s'appliquent aux fonctionnaires détachés dans l'emploi de directeur général.

SECTION V MODALITÉS PARTICULIÈRES DU CONTRÔLE DE L'ÉTAT SUR LES OFFICES PUBLICS DE L'HABITAT

(Décr. nº 2008-566 du 18 juin 2008)

Art. *R. 421-21 Le préfet peut se faire représenter pour l'exercice des fonctions de commissaire du Gouvernement.

Il assiste, avec voix consultative, aux séances du conseil d'administration. Il reçoit dans les mêmes conditions que les membres du conseil d'administration les convocations, ordres du jour et tous autres documents qui doivent leur être adressés avant chaque séance. Il reçoit également copie des procès-verbaux desdites séances ainsi que des décisions prises par délégation du conseil d'administration.

Pour l'exécution de sa mission, le commissaire du Gouvernement a tous pouvoirs d'investigation sur pièces et sur place.

Il peut demander au conseil d'administration de délibérer sur toute question qu'il juge utile de lui soumettre et, le cas échéant, demander sa réunion. Il y est alors fait droit dans le mois qui suit la demande.

SECTION VI MODALITÉS PARTICULIÈRES RELATIVES À L'OFFICE PUBLIC DE L'HABITAT INTERDÉPARTEMENTAL DE L'ESSONNE, DU VAL-D'OISE ET DES YVELINES

(Décr. nº 2008-566 du 18 juin 2008)

Art. *R. 421-22 Dans tous les cas où les textes législatifs ou réglementaires prévoient que les délibérations du conseil d'administration d'un office public de l'habitat sont soumises au contrôle du préfet, celui-ci est exercé, pour ce qui concerne l'office public de l'habitat interdépartemental de l'Essonne, du Val-d'Oise et des Yvelines par le préfet du département des Yvelines. Le préfet assure le contrôle prévu à l'article R. 451-4.

Par exception aux dispositions des articles R. 421-4, R. 421-5 et R. 421-6, pour l'office public de l'habitat interdépartemental de l'Essonne, du Val-d'Oise et des Yvelines, un collège formé d'un représentant de chaque département de rattachement détermine l'effectif du conseil d'administration et invite chaque collectivité à désigner ses représentants ; dans les conditions prévues à l'article R. 421-6, il désigne le représentant des associations dont l'un des objets est l'insertion ou le logement des personnes défavorisées et invite les autorités chargées de désigner les autres membres du conseil d'administration à faire connaître leurs représentants.

CHAPITRE II ORGANISMES PRIVÉS D'HABITATIONS À LOYER MODÉRÉ

SECTION PREMIÈRE FONDATIONS

Néant.

SECTION II SOCIÉTÉS ANONYMES D'HABITATIONS À LOYER MODÉRÉ

BIBL. ▶ – A. Durance, *AJDI 1983. 439* (le régime juridique et fiscal des sociétés anonymes d'HLM). – A. Giraud, *J.-Cl. adm., fasc. 463* (structures de l'institution HLM). – J. Poli, *J.-Cl. constr., fasc. 165-B* (habitations à loyer modéré).

Art. *R. 422-1 *(Décr. nº 91-385 du 23 avr. 1991, art. 2)* **Les statuts des sociétés anonymes d'habitations à loyer modéré doivent contenir des clauses conformes aux clauses types reproduites en annexe au présent code.** – *V. l'annexe au décret nº 93-747 du 27 mars 1993 (JO 30 mars, p. 5631) : délai de mise en conformité des statuts fixé au 31 déc. 1993 au plus tard, Annexe 18.*

(Décr. nº 92-726 du 29 juill. 1992, art. 14) **« La mise en conformité des statuts avec les dispositions réglementaires qui les modifient doit être faite par la première assemblée générale extraordinaire tenue après la publication desdites dispositions. »**

Par dérogation au second alinéa de l'article R. 422-1, la mise en conformité des statuts des sociétés anonymes d'habitations à loyer modéré avec les clauses types 6, 7, 9, 16 et 17 dans leur rédaction issue du Décr. nº 2004-641 du 1er juill. 2004 doit être faite par l'assemblée générale extraordinaire prévue au V de l'article 51 de la L. nº 2003-710 du 1er août 2003 [V. App., vº Rénovation urbaine] (Décr. préc., art. 11-II).

Sur la motivation obligatoire des décisions refusant d'approuver les statuts, V. Circ. Premier ministre 28 sept. 1987, JO hors série nº 87-872.

COMMENTAIRE

Toute modification des statuts d'une SA d'HLM doit être transmise au préfet du département du siège de la société (V. *Annexes*, art. 14 clauses types annexe 18). ❑

1. Sur la portée des pouvoirs conférés au gouvernement par l'ancien art. 177 C. urb. auquel la loi du 3 avr. 1958 a donné force de loi. • CE 12 déc. 1975, *Union nationale des fédérations d'organismes d'HLM* : *Lebon T. 1125*.

2. Est légale la limite d'âge prévue pour l'exercice des fonctions de président du conseil d'administration. • Même arrêt.

3. Un administrateur provisoire ne peut utiliser les prérogatives prévues par l'art. 6 des statuts types en ce qui concerne la cession d'actions de la société et la modification du capital social : • CE, avis, 11 avr. 1995 : *EDCE 1995, nº 47, p. 452.*

Art. R.* 422-1-1 *(Décr. nº 2004-641 du 1er juill. 2004, art. 1er)* **I. – Dans les assemblées générales des sociétés anonymes d'habitations à loyer modéré, le total des voix dont disposent les actionnaires est égal à dix fois le nombre des actions de la société.**

II. – L'actionnaire de référence mentionné au 1º du I de l'article L. 422-2-1 et les actionnaires mentionnés au 4º du même I disposent ensemble des deux tiers des voix moins une, arrondis le cas échéant à l'entier inférieur.

Il est attribué à chacune des deux catégories un nombre de voix, arrondi le cas échéant à l'entier inférieur, proportionnel au capital détenu par les actionnaires qui la constituent. Les voix restantes sont attribuées selon la règle du plus fort reste. En

cas d'égalité des restes, il est procédé à un tirage au sort par huissier. Toutefois, le nombre des voix attribuées à l'actionnaire de référence ne peut être inférieur à la moitié plus une du total des voix mentionné au I du présent article.

Dans chacune des deux catégories, les voix sont attribuées à chaque actionnaire proportionnellement à la fraction du capital qu'il détient, le nombre de voix attribuées étant, le cas échéant, arrondi à l'entier inférieur. Les voix restantes sont attribuées selon la règle du plus fort reste. En cas d'égalité de restes, il est procédé à un tirage au sort par huissier.

Lorsque l'une des deux catégories ne comporte aucun actionnaire, les voix sont attribuées aux actionnaires de l'autre catégorie selon les modalités définies à l'alinéa précédent.

III. – Les collectivités territoriales et établissements publics mentionnés au 2° du I de l'article L. 422-2-1 et les représentants des locataires mentionnés au 3° du même I disposent ensemble du tiers des voix plus une, arrondi le cas échéant à l'entier supérieur.

Les voix sont réparties entre les deux catégories par les statuts, sans que le nombre de voix attribuées à chacune soit inférieur au dixième du total des voix, arrondi le cas échéant à l'entier supérieur.

Lorsque l'une des deux catégories ne comporte aucun actionnaire, les voix sont attribuées aux actionnaires de l'autre catégorie. Lorsqu'il n'existe d'actionnaire dans aucune des deux catégories, les voix ne sont pas attribuées.

IV. – Au sein de la catégorie mentionnée au 2° du I de l'article L. 422-2-1, un quart des voix, arrondi le cas échéant à l'entier supérieur, est attribué au groupe formé par les régions et le reste au groupe formé par les départements et les établissements publics.

Lorsqu'il n'existe aucun actionnaire de l'un de ces groupes, les voix sont attribuées à l'autre groupe et réparties selon les règles propres à ce dernier groupe.

Deux mois avant la tenue de l'assemblée générale, la société communique aux collectivités et établissements intéressés les informations nécessaires pour arrêter l'état de répartition et les conditions de sa révision périodique en fonction des évolutions du patrimoine de la société et des changements intervenus dans son actionnariat.

V. – Au sein du groupe formé par les régions, les voix sont réparties entre ces collectivités en tenant compte de l'implantation géographique des logements et des lits de logements-foyers détenus par la société, chaque région actionnaire disposant d'au moins une voix. La répartition est arrêtée par décisions concordantes des présidents des conseils régionaux intéressés. Ces présidents désignent un mandataire qui notifie le résultat de la répartition au président du conseil d'administration ou de surveillance de la société.

(Décr. n° 2005-1416 du 16 nov. 2005, art. 1er) « Faute pour le président du conseil d'administration ou de surveillance d'avoir reçu notification de cette répartition, par lettre recommandée avec avis de réception, cinq jours avant la date de l'assemblée générale, il est procédé à cette répartition selon les modalités suivantes. » Il est attribué en premier lieu une voix à chaque région. Les voix restantes sont ensuite réparties entre les régions en attribuant à chacune un nombre de voix, arrondi le cas échéant à l'entier inférieur, proportionnel au nombre de logements et de lits de logements-foyers situés sur son territoire, un lit de logement-foyer comptant pour le tiers d'un logement. Enfin les voix non encore affectées sont attribuées selon la règle du plus fort reste et, en cas d'égalité des restes, par tirage au sort effectué par huissier. *(Décr. n° 2005-1416 du 16 nov. 2005, art. 1er)* « Le président du conseil d'administration ou de surveillance proclame au début de l'assemblée générale les résultats de cette répartition. »

VI. – Au sein du groupe des départements et des établissements publics, les voix sont réparties en tenant compte de l'implantation géographique des logements et logements-foyers détenus par la société, chaque actionnaire ayant au moins une voix.

Pour les départements, sont pris en compte les logements et les lits de logements-foyers situés à l'intérieur de leurs limites territoriales à l'exclusion de ceux qui sont implantés dans le ressort territorial des établissements publics actionnaires mentionnés au 2o du I de l'article L. 422-2-1.

La répartition est arrêtée par décisions concordantes des présidents des conseils généraux et des établissements publics. Ceux-ci désignent un mandataire chargé de notifier le résultat de la répartition au président du conseil d'administration ou de surveillance de la société.

(Décr. no 2005-1416 du 16 nov. 2005, art. 1er) **« Faute pour le président du conseil d'administration ou de surveillance d'avoir reçu notification de cette répartition, par lettre recommandée avec avis de réception, cinq jours avant la date de l'assemblée générale, il est procédé à cette répartition selon les modalités suivantes. » Il est attribué en premier lieu une voix à chaque département et à chaque établissement public. Les voix restantes sont réparties en attribuant à chacun des actionnaires un nombre de voix, arrondi le cas échéant à l'entier inférieur, proportionnel, pour un établissement public, au nombre de logements et de lits de logements-foyers situés dans son ressort territorial et, pour un département, au nombre de logements et de lits de logements-foyers situés à l'intérieur de ses limites territoriales à l'exclusion de ceux situés dans le ressort territorial des établissements publics actionnaires. Un lit de logement-foyer compte pour le tiers d'un logement. Enfin les voix non encore affectées sont attribuées selon la règle du plus fort reste et, en cas d'égalité de restes, par tirage au sort effectué par huissier.** *(Décr. no 2005-1416 du 16 nov. 2005, art. 1er)* **« Le président du conseil d'administration ou de surveillance proclame au début de l'assemblée générale les résultats de cette répartition. »**

VII. — Les voix attribuées à la catégorie des représentants des locataires sont réparties par parts égales, arrondies le cas échéant à l'entier inférieur, entre chacun des représentants des locataires. Les voix restantes sont attribuées au représentant le mieux placé sur la liste ayant obtenu le plus de suffrages.

L'art. R. 422-1-1 CCH est applicable à toute société anonyme d'habitations à loyer modéré à l'issue de l'assemblée générale extraordinaire prévue au V de l'art. 51 de la L. no 2003-710 du 1er août 2003 [V. App., vo Rénovation urbaine] et au plus tard au 3 août 2005 (Décr. no 2004-641 du 1er juill. 2004, art. 11-I).

Les dispositions issues du Décr. no 2004-641 du 1er juill. 2004 peuvent être modifiées par décret en Conseil d'État (Décr. préc., art. 13).

Les SA d'HLM peuvent organiser la représentation de salariés de l'entreprise au sein des conseils de surveillance ou d'administration des sociétés dès lors que leur statut le prévoit (art. L. 225-27 et L. 225-102 C. com.). Cette catégorie ne peut cependant pas constituer l'actionnaire de référence. Rép. min. no 36754 : *JOAN Q 15 févr. 2005, p. 1737.*

Art. R.* 422-1-2 *(Décr. no 2004-641 du 1er juill. 2004, art. 1er)* **Pour l'application du sixième alinéa du I de l'article L. 422-2-1, la collectivité territoriale ou l'établissement public, qui ne détient pas d'action de la société, adresse au président du conseil d'administration ou du conseil de surveillance de la société la demande d'acquisition de l'action à laquelle il a droit.**

La cession est consentie au prix de dix centimes d'euro par l'actionnaire de référence ou l'un des actionnaires le constituant dans les quinze jours de réception de la demande.

Les dispositions issues du Décr. no 2004-641 du 1er juill. 2004 peuvent être modifiées par décret en Conseil d'État (Décr. préc., art. 13).

Art. *R. 422-2 *(Décr. no 92-726 du 29 juill. 1992, art. 15)* **La commission prévue à l'article** *(Décr. no 99-836 du 22 sept. 1999, art. 4)* **« L. 441-2 », qui attribue nominativement chaque logement mis ou remis en location, est composée et fonctionne conformément à l'article** *(Décr. no 99-836 du 22 sept. 1999, art. 4)* **« R. 441-9 ».**

Art. R. 422-2-1 *(Décr. nº 2004-641 du 1er juill. 2004, art. 2-I)* « Dans chaque société anonyme d'habitations à loyer modéré, les trois actionnaires qui représentent les locataires disposent dans les assemblées générales d'un nombre de voix déterminé conformément aux dispositions du VII de l'article R. 422-1-1 et siègent au conseil d'administration ou de surveillance.

« Ces représentants des locataires sont élus pour quatre ans dans les conditions ci-après : »

1º *(Décr. nº 2002-1158 du 13 sept. 2002, art. 6-II)* « Sont électeurs :

« – les personnes physiques qui ont conclu avec la société un contrat de location d'un local à usage d'habitation au plus tard six semaines avant la date de l'élection et ont toujours la qualité de locataire de la société ;

« – les occupants dont le titre de location a été résilié pour défaut de paiement du loyer mais qui sont sans dette à l'égard de la société *(Décr. nº 2004-943 du 2 sept. 2004, art. 11-II)* « six semaines avant la date de l'élection » ;

« – les sous-locataires qui ont conclu avec l'une des associations ou centres visés aux articles *(Décr. nº 2004-943 du 2 sept. 2004, art. 11-III)* « L. 422-8-1 » et L. 442-8-4 un contrat de sous-location d'un logement de la société au plus tard six semaines avant la date de l'élection ; les associations ou centres précités transmettent à *(Décr. nº 2004-943 du 2 sept. 2004, art. 11-III)* « la société » la liste de ces sous-locataires au plus tard un mois avant la date de l'élection. »

(Décr. nº 2004-943 du 2 sept. 2004, art. 11-IV) « Chaque location, occupation ou sous-location ne donne droit qu'à une voix. Le titulaire de plusieurs locations, occupations ou sous-locations ne peut prétendre à plusieurs voix. »

2º Sont éligibles les personnes physiques, âgées de dix-huit ans au minimum et ne tombant pas sous le coup des dispositions de l'article L. 423-12, qui sont locataires d'un local à usage d'habitation et peuvent produire soit la quittance correspondant à la période de location précédant l'acte de candidature, soit le reçu mentionné à l'article 21 de la loi nº 89-462 du 6 juillet 1989 *[V. **C. baux**]*, soit la décision de justice octroyant les délais de paiement du loyer ou des charges ; chaque contrat de location ne donne droit qu'à une seule candidature ;

(Décr. nº 2004-641 du 1er juill. 2004, art. 2-II) « 3º Au plus tard deux mois avant la date de l'élection, une lettre circulaire de la société fournissant toutes indications utiles sur la date des élections, la procédure électorale et les conditions requises des candidats est portée par voie d'affichage à la connaissance des personnes mentionnées au 1º.

« Les listes de candidats, présentées par des associations remplissant les conditions prévues au 3º du I de l'article L. 422-2-1, comportent chacune six noms. Elles doivent parvenir à la société au plus tard six semaines avant la date de l'élection. Un mois au moins avant cette dernière date, la société porte ces listes à la connaissance des personnes mentionnées au 1º. Toute contestation relative à l'inscription sur ces listes est soumise au juge d'instance qui statue dans les conditions prévues par le code électoral. Huit jours au moins avant la date de l'élection, la société adresse aux personnes mentionnées au 1º les bulletins de vote correspondant à chacune des listes de candidats avec, éventuellement, pour chacune d'elles, l'indication de son affiliation.

« 4º Les modalités pratiques de l'élection sont arrêtées par le conseil d'administration ou de surveillance. Le scrutin a lieu entre le 15 novembre et le 15 décembre.

« Le vote est secret. Il a lieu soit par correspondance, soit par dépôt des bulletins dans une urne, soit simultanément par les deux méthodes, au scrutin de liste à un tour avec représentation proportionnelle au plus fort reste, sans radiation ni panachage.

« Le dépouillement du scrutin a lieu au siège de la société. Il est effectué, en présence d'au moins un représentant de chaque liste de candidats, par un bureau comprenant le président en exercice du conseil d'administration ou de surveillance et un membre du conseil d'administration ou de surveillance ne représentant pas les locataires ou, lorsque l'élection a lieu en période d'administration provisoire de la société, l'administrateur provisoire et une personne désignée à cette fin par le préfet du département du siège de la société. Les résultats sont affichés immédiatement dans tous les immeubles de la société. Un procès-verbal du résultat du scrutin est remis à chaque représentant des listes en présence, ainsi qu'au préfet du département du siège de la société.

« Les sièges revenant à chaque liste en fonction du résultat du scrutin sont attribués dans l'ordre des noms figurant sur la liste. Les autres personnes figurant sur la liste succèdent, dans l'ordre où elles y sont inscrites, aux représentants qui cessent leurs fonctions avant l'expiration de la durée normale de leur mandat. Les fonctions du nouveau représentant des locataires expirent à la date où auraient normalement cessé celles du représentant qu'il a remplacé. En cas d'épuisement de la liste, il n'est pas procédé à une élection partielle.

« Les réclamations contre les opérations électorales sont portées devant le tribunal d'instance du lieu du siège de la société dans les quinze jours suivant le dépouillement. Le tribunal statue dans un délai de trois mois à compter de l'enregistrement de la réclamation au greffe. La décision est notifiée dans les huit jours simultanément à toutes les parties en cause et adressée à leur domicile réel, par lettre recommandée avec accusé de réception, sans préjudice du droit des parties de faire signifier cette décision par voie d'huissier. Si le tribunal ordonne la production d'une preuve, il statue définitivement dans le mois suivant cette décision.

« 5° Les représentants des locataires qui détiennent au moins une action participent aux assemblées générales et siègent au conseil d'administration ou de surveillance. Le représentant élu des locataires qui ne détient aucune action s'en voit proposer une par l'actionnaire de référence ou l'un des actionnaires qui le constituent pour le prix de dix centimes d'euro dans les huit jours suivant la proclamation du résultat des élections ou, en cas de remplacement d'un représentant des locataires cessant ses fonctions en cours de mandat, dans les huit jours de cette cessation de fonctions. A défaut d'acceptation de cette offre par l'intéressé dans un délai de quinze jours, la société saisit de la situation le préfet du département de son siège. Le préfet déclare démissionnaire le représentant des locataires, après l'avoir mis à même de présenter ses observations dans le délai de quinze jours. Celui-ci est immédiatement remplacé dans les conditions fixées au 4°.

« 6° En cas d'empêchement pour une durée de plus de trois mois et après en avoir informé le président du conseil d'administration ou de surveillance, un représentant des locataires peut se faire remplacer, pendant la durée de l'empêchement et pendant un an au plus par une personne figurant sur la même liste. Si le remplaçant n'est pas déjà actionnaire, il lui cède temporairement une action pour la durée du remplacement. Le remplaçant s'exprime aux assemblées générales et siège au conseil d'administration ou de surveillance pendant la durée de l'empêchement.

« 7° La perte de la qualité de locataire ou d'actionnaire met un terme aux fonctions du représentant des locataires, qui est immédiatement remplacé dans les conditions fixées au 4°. »

Les dispositions issues du Décr. n° 2004-641 du 1er juill. 2004 peuvent être modifiées par décret en Conseil d'État (Décr. préc., art. 13), tout comme celles du Décr. n° 2004-943 du 2 sept. 2004 (Décr. préc., art. 14).

[Jurisprudence rendue sous l'empire de l'ancien art. R. 422-2-1 mais transposable au régime actuel].

Le désistement d'un candidat d'une liste de candidatures présentées pour l'élection des représentants des locataires au conseil d'administration d'une société d'habitations à loyer modéré, postérieur au délai d'expiration du dépôt des candidatures, est insusceptible d'entacher le scrutin d'irrégularité et de porter atteinte à la validité de l'élection. • Civ. 2e, 30 sept. 1998 : *Bull. civ. III, no 251 ; JCP 1998. 3199.* ♦ Les modalités de l'élection des représentants des locataires au conseil d'administration ou au conseil de surveillance doivent garantir le secret du scrutin dans les conditions prévues par l'art. R. 422-2-1 ; il n'en est pas ainsi lorsque figurent sur un même document des codes permettent d'identifier le votant et de déterminer la liste qu'il a choisie. • Civ. 2e, 18 sept. 2003 : *Bull. civ. II, no 281 ; AJDI 2003. 868, note Rouquet ; Constr.-Urb. 2003, no 267, obs. Sizaire. – Contra :* • Civ. 2e, 3 févr. 2005 : *Bull. civ. II, no 23 ; RDI 2005. 285, obs. Brouant et Carraz ; Loyers et copr. 2005, no 70, obs. Coutant-Lapalus.*

Art. *R. 422-3 **L'activité des sociétés anonymes d'habitations à loyer modéré s'exerce sur le territoire de la région où est situé leur siège social.** *(Décr. no 91-385 du 23 avr. 1991, art. 4)* **« Elles ont également compétence pour intervenir sur le territoire des départements limitrophes à la région de leur siège, après accord de la commune d'implantation de l'opération. »**

Le ministre chargé de la construction et de l'habitation peut, après avis du conseil supérieur des habitations à loyer modéré, agréer spécialement les sociétés dont la qualité de la gestion sur les plans technique et financier a été constatée à l'occasion du contrôle prévu par l'article L. 451-1 pour leur permettre d'étendre leur activité à tout ou partie des régions limitrophes.

(Décr. no 79-197 du 7 mars 1979, art. 5) **« En outre, le ministre chargé de la construction et de l'habitation peut pour une opération déterminée accorder une extension de compétence sur une partie quelconque du territoire, après avis du préfet du département intéressé, à une société anonyme dont la qualité de la gestion a été constatée dans les conditions précisées à l'alinéa précédent. »**

Art. R. 422-3-1 à R. 422-3-4 *[Devenus respectivement les art. R. 422-9-2 à R. 422-9-5 (Décr. no 93-749 du 27 mars 1993, art. 6)].*

Art. *R. 422-4 **Le ministre chargé de la construction et de l'habitation peut, après avis du conseil supérieur des habitations à loyer modéré, agréer spécialement les sociétés anonymes d'habitations à loyer modéré pour leur permettre d'étendre leur activité à l'ensemble du territoire national.**

(Décr. no 92-726 du 29 juill. 1992, art. 16) **« Peuvent solliciter le bénéfice des dispositions du précédent alinéa les sociétés dont la qualité de gestion, sur les plans technique et financier, a été constatée à l'occasion d'un contrôle prévu par l'article L. 451-1 et qui ont construit ou ont en gérance au moins 7 500 logements. »**

(Décr. no 2004-641 du 1er juill. 2004, art. 3) **« Le préfet du département du siège d'une société anonyme d'habitations à loyer modéré peut agréer spécialement cette société pour lui permettre d'intervenir en qualité de prestataire de services de sociétés d'économie mixte dans toutes opérations d'aménagement prévues à l'article L. 300-1 du code de l'urbanisme. »**

Les dispositions issues du Décr. no 2004-641 du 1er juill. 2004 peuvent être modifiées par décret en Conseil d'État (Décr. préc., art. 13).

Sur l'obligation de motiver les décisions refusant l'extension des compétences territoriales et matérielles des sociétés, V. Circ. Premier ministre 28 sept. 1987, JO no hors série 87-872.

Art. *R. 422-5 *(Décr. no 81-717 du 21 juill. 1981, art. 3)* **Les agréments accordés en vertu des dispositions des articles R. 422-3 et R. 422-4 peuvent être retirés en tout ou partie par l'autorité qui les a délivrés si la société bénéficiaire n'est plus en mesure, du point de vue technique ou financier, d'assumer sa mission de façon satisfaisante. Ce retrait est prononcé, après que la société a été invitée à présenter ses observations, selon la même procédure que celle selon laquelle l'agrément a été accordé.**

Sur l'obligation de motiver les décisions prises au titre de l'art. R. 422-5, V. Circ. Premier ministre 28 sept. 1987 (JO no hors série 87-872).

SECTION III SOCIÉTÉS ANONYMES COOPÉRATIVES DE PRODUCTION D'HABITATIONS À LOYER MODÉRÉ ET SOCIÉTÉS ANONYMES COOPÉRATIVES D'INTÉRÊT COLLECTIF D'HABITATIONS À LOYER MODÉRÉ *(Décr. nº 2004-1087 du 14 oct. 2004, art. 1er).*

Art. *R. 422-6 *(Décr. nº 2004-1087 du 14 oct. 2004, art. 2)* **Les statuts des sociétés anonymes coopératives de production d'habitations à loyer modéré doivent contenir des clauses conformes aux clauses types reproduites en annexe au présent code.** *— V. Annexe 19.*

La mise en conformité des statuts avec les dispositions réglementaires qui les modifient doit être faite par la première assemblée générale extraordinaire tenue après la publication desdites dispositions.

Cet art. peut être modifié par Décr. en Conseil d'État (Décr. nº 2004-1087 du 14 oct. 2004, art. 14).

Art. R.* 422-7 *(Décr. nº 2004-1087 du 14 oct. 2004, art. 3)* **Les statuts des sociétés anonymes coopératives d'intérêt collectif d'habitations à loyer modéré doivent contenir des clauses conformes aux clauses types reproduites en annexe au présent code.** *— V. Annexe 20.*

La mise en conformité des statuts avec les dispositions réglementaires qui les modifient doit être faite par la première assemblée générale extraordinaire tenue après la publication desdites dispositions.

Cet art. peut être modifié par Décr. en Conseil d'État (Décr. nº 2004-1087 du 14 oct. 2004, art. 14).

Art. R. 422-7-1 et R. 422-7-2 *Abrogés par Décr. nº 93-749 du 27 mars 1993, art. 2.*

Art. R. 422-7-3 et R. 422-7-4 *Abrogés par Décr. nº 2004-1087 du 14 oct. 2004, art. 4.*
Ces art. peuvent être modifiés par Décr. en Conseil d'État (Décr. nº 2004-1087 du 14 oct. 2004, art. 14).

Art. *R. 422-8 *(Décr. nº 93-749 du 27 mars 1993, art. 4)* **En application de l'article L. 422-13, les demandes des sociétés coopératives de production en vue d'être autorisées à transférer leurs réserves sont adressées au représentant de l'État dans le département du siège social de la société par lettre recommandée avec demande d'avis de réception. Si le représentant de l'État dans le département n'a pas statué sur une demande dans un délai de quatre mois à compter de sa réception, l'autorisation est réputée accordée.**

Art. *R. 422-8-1 *(Décr. nº 79-197 du 7 mars 1979, art. 8)* **L'activité des sociétés anonymes coopératives de production d'habitations à loyer modéré** *(Décr. nº 2004-1087 du 14 oct. 2004, art. 5)* **« et des sociétés anonymes coopératives d'intérêt collectif d'habitations à loyer modéré » s'exerce sur le territoire de la région où est situé leur siège social.** *(Décr. nº 91-385 du 23 avr. 1991, art. 6)* **« Elles ont également compétence pour intervenir sur le territoire des départements limitrophes à la région de leur siège, après accord de la commune d'implantation de l'opération. »**

Le ministre chargé de la construction et du logement peut, après avis du conseil supérieur des habitations à loyer modéré, agréer spécialement les sociétés dont la qualité de la gestion sur les plans technique et financier a été constatée à l'occasion du contrôle prévu par l'article L. 451-1 pour leur permettre d'étendre leur activité à tout ou partie des régions limitrophes.

En outre, le ministre chargé de la construction et du logement peut, pour une opération déterminée, accorder une extension de compétence, sur une partie quelconque du territoire, après avis du représentant de l'État dans le département intéressé à une société dont la qualité de la gestion a été constatée dans les conditions précisées à l'alinéa précédent.

Cet art. peut être modifié dans les conditions prévues à l'art. 2 du Décr. no 97-34 du 15 janv. 1997, reproduit ci-dessus, Avertissement (Décr. no 2004-1087 du 14 oct. 2004, art. 14).

Art. *R. 422-9 *Abrogé par Décr. no 2007-1840 du 24 déc. 2007.*

Art. R. 422-9-1 *(Décr. no 92-726 du 29 juill. 1992, art. 17)* **La commission prévue à l'article** *(Décr. no 99-836 du 22 sept. 1999, art. 4)* **« L. 441-2 », qui attribue nominativement chaque logement mis ou remis en location, est composée et fonctionne conformément à l'article** *(Décr. no 99-836 du 22 sept. 1999, art. 4)* **« R. 441-9 ».**

Cet art. peut être modifié par Décr. en Conseil d'État (Décr. no 2004-1087 du 14 oct. 2004, art. 14).

Art. R. 422-9-2 *à* R. 422-9-5 *Abrogés par Décr. no 2007-1840 du 24 déc. 2007.*

Art. R. 422-9-6 *(Décr. no 94-205 du 4 mars 1994, art. 1er)* **La décision visée au deuxième alinéa de l'article 25 de la loi du 10 septembre 1947 modifiée portant statut de la coopération est prise conjointement par le ministre chargé du logement et le ministre chargé de l'économie sociale.**

La demande de sortie du statut coopératif est adressée conjointement au ministre chargé du logement et au ministre chargé de l'économie sociale.

Elle est accompagnée de tous les éléments permettant d'apprécier que les conditions prévues au premier alinéa de l'article 25 sont réunies, ainsi que des documents suivants :

– le projet de délibération de l'assemblée générale et le projet de modification des statuts ;

– le cas échéant, le rapport de révision datant de moins d'un an ;

– le rapport du commissaire aux comptes portant sur le dernier exercice ;

– un état détaillé de la situation des réserves ;

– la situation des comptes arrêtée à la date de la demande, certifiée par le commissaire aux comptes ;

– le cas échéant, le rapport du commissaire à la fusion et le traité d'apport.

Le ministre chargé du logement, après instruction du dossier, et après avis du Conseil supérieur des habitations à loyer modéré, saisit le Conseil supérieur de la coopération en vue d'obtenir l'avis prévu au deuxième alinéa de l'article 25 de la loi du 10 septembre 1947 modifiée.

Le conseil dispose alors d'un délai d'un mois pour se prononcer. L'avis est transmis au ministre chargé du logement et au ministre chargé de l'économie sociale, qui prennent la décision autorisant ou refusant la sortie de la société du statut coopératif.

La notification à la coopérative concernée est faite par le ministre chargé de l'économie sociale.

La décision autorisant la sortie du statut coopératif vaut agrément de la société en qualité de société anonyme d'habitations à loyer modéré et entraîne pour ladite société l'obligation de mettre ses statuts en conformité avec les clauses types annexées à l'article R. 422-1.

SECTION IV *[ABROGÉE]* SOCIÉTÉS ANONYMES DE CRÉDIT IMMOBILIER

(Abrogée par Décr. no 2007-1595 du 9 nov. 2007 à compter du 1er janv. 2008)

Art. R. 422-10 *à* R. 422-15 *Abrogés par Décr. no 2007-1595 du 9 nov. 2007 à compter du 1er janv. 2008.*

SECTION V DISPOSITIONS COMMUNES AUX SOCIÉTÉS ANONYMES ET AUX SOCIÉTÉS COOPÉRATIVES D'HABITATIONS À LOYER MODÉRÉ

(Décr. no 92-529 du 15 juin 1992, art. 8)

Art. R. 422-16 *(Décr. no 92-529 du 15 juin 1992, art. 9)* **« Conformément à l'article L. 422-5, les sociétés d'habitations à loyer modéré » doivent être agréées par le ministre chargé de la construction et de l'habitation après avis du** *(Décr. no 84-702 du 30 juin 1984, art. 4)* **« conseil départemental de l'habitat » et du conseil supérieur des habitations à loyer modéré.**

(Décr. no 91-385 du 23 avr. 1991, art. 8) **« Le décret en Conseil d'État approuvant les clauses types est pris après avis du Conseil supérieur des habitations à loyer modéré. »**

Les conditions dans lesquelles sont approuvés les emprunts contractés par lesdites sociétés sont fixées par arrêté conjoint du ministre chargé des finances et du ministre chargé de la construction et de l'habitation.

V. note ss. art. R. 422-16-1.

Les sociétés anonymes d'habitations à loyer modéré ne peuvent être agréées qu'après avis du comité départemental et du conseil supérieur des habitations à loyer modéré ; néanmoins, aucun texte législatif ou réglementaire, ni aucun principe général de droit, n'imposent cette consultation lorsqu'il est envisagé de procéder à la dissolution d'une société anonyme d'habitations à loyer modéré en application des dispositions des art. L. 422-7 et L. 423-1. • CE 9 mars 1988, *SA d'HLM « Le gai logis » : ⚖ req no 60244.* – V. note 3 ss. art. L. 422-7.

Art. R.* 422-16-1 *(Décr. no 2004-641 du 1er juill. 2004, art. 5)* **Lorsqu'en application du deuxième alinéa du II de l'article L. 422-2-1 ou du second alinéa du V de l'article 51 de la loi no 2003-710 du 1er août 2003 d'orientation et de programmation pour la ville et la rénovation urbaine** *[V. App., Rénovation urbaine]* **une société anonyme d'habitations à loyer modéré sollicite le renouvellement de l'agrément, la décision est prise par le ministre chargé du logement après avis du Conseil supérieur des habitations à loyer modéré.**

Faute pour la société d'avoir reçu notification de la décision ministérielle dans le délai de trois mois suivant la réception par le ministre de la demande, l'agrément est réputé renouvelé.

Un arrêté du ministre chargé du logement détermine le contenu du dossier de demande de renouvellement de l'agrément.

Les dispositions des art. R. 422-16 et R. 422-16-1 seront modifiées dans les conditions prévues à l'art. 2 du Décr. no 97-34 du 15 janv. 1997 [reproduit ci-dessus, Avertissement] (Décr. no 2004-641 du 1er juill. 2004, art. 13).*

Art. R. 422-17 *(Décr. no 2002-1189 du 19 sept. 2002, art. 11)* **Les sanctions et mesures prévues aux articles L. 422-6, L. 422-7, L. 422-8, L. 422-8-1, L. 422-9 et L. 422-10 sont prises, en ce qui concerne les sociétés anonymes d'habitations à loyer modéré et les sociétés coopératives d'habitations à loyer modéré, par le ministre chargé du logement.**

Pour ces mêmes sociétés, l'approbation prévue au premier alinéa de l'article L. 422-11 est donnée par le ministre chargé du logement, après avis du Conseil supérieur des habitations à loyer modéré. — *Les dispositions de l'art. 11 du Décr. no 2002-1189 du 19 sept. 2002 pourront être modifiées dans les conditions prévues à l'art. 2 du Décr. no 97-94 du 15 janv. 1997 [reproduit ci-dessus, Avertissement] (Décr. no 2002-1189 préc., art. 14).*

Sur la motivation obligatoire des décisions de dissolution, V. Circ. Premier ministre 28 sept. 1987, JO no hors série 87-872.

La circonstance qu'une assemblée générale n'ait pu se réunir faute de quorum n'établit pas l'impossibilité de tenir une assemblée générale. • CE 28 janv. 1976, *Secrétaire d'État auprès du min. de l'aménagement du territoire, de l'équipement, du logement et du tourisme c/ Jouin et a.* : *Lebon 64*.

SECTION VI DISPOSITIONS TRANSITOIRES RELATIVES AUX SOCIÉTÉS ANONYMES COOPÉRATIVES D'HABITATIONS À LOYER MODÉRÉ DE LOCATION-ATTRIBUTION

SOUS-SECTION 1 DISPOSITIONS GÉNÉRALES

Art. *R. 422-18 Les sociétés anonymes coopératives d'habitations à loyer modéré de location-attribution sont des sociétés anonymes à forme coopérative à personnel et capital variables, régies par les titres II et III de la loi nº 66-537 du 24 juillet 1966 *[V. désormais C. com., art. L. 223-1 s. et L. 241-1 s.]*, par la loi nº 47-1775 du 10 septembre 1947 *[**C. com.**]*, le livre IV (1re partie) du présent code et le présent chapitre.

Conformément aux dispositions de l'article 5 de la loi précitée du 10 septembre 1947, les sociétés anonymes coopératives d'habitations à loyer modéré de location-attribution peuvent constituer entre elles des unions de coopératives qui assurent la gestion de services communs.

Art. *R. 422-19 Les sociétés anonymes coopératives d'habitations à loyer modéré de location-attribution ont pour objet de procurer à leurs membres, dans les conditions prévues par les dispositions du présent livre (1re partie) et celles de la présente section, un logement en location avec promesse d'attribution de ce logement en propriété.

Art. *R. 422-20 Le contrat de location-attribution confère le droit à la jouissance d'un logement et le droit à son attribution ultérieure en toute propriété après paiement intégral du prix de revient définitif de ce logement, ces deux droits étant indissolublement liés.

Par ce contrat, le locataire-attributaire s'oblige à :

1º Verser avant l'entrée dans les lieux, et au fur et à mesure des appels de fonds faits par la société, une somme au moins égale au montant exigé par la réglementation sur l'accession à la propriété dans les habitations à loyer modéré et au plus à la différence entre le prix de revient prévisionnel du logement et le montant des emprunts contractés par la société pour la construction dudit logement ; le montant de la somme à verser peut être ultérieurement modifié, s'il y a lieu, en fonction du prix de revient définitif ;

2º Rembourser à la société le montant des amortissements des emprunts contractés ;

3º Acquitter une redevance comprenant les intérêts afférents aux emprunts contractés et la part correspondante au logement dans les diverses charges de la société.

BIBL. ► ARAUD et DURANCE, *AJDI 1983. 18* (l'avenir de la location-vente). – SAINT-ALARY-HOUIN, *ibid. 1983. 9* (l'accession à la propriété d'un logement avec jouissance préalable).

I. RÉGIME JURIDIQUE DU CONTRAT DE LOCATION-ATTRIBUTION

1. Le contrat de location-attribution est un contrat mixte qui n'est pas seulement soumis aux règles du droit applicables en matière de louage d'immeubles. • Civ. 3e, 3 mars 1982 : *Bull. civ. III, nº 58 ; AJDI 1983. 456.*

II. GARANTIE DU LOCATAIRE-ATTRIBUTAIRE

2. Le contrat de location-attribution est un contrat mixte qui n'est pas seulement soumis aux règles du droit applicables en matière de louage d'immeubles. Il en résulte que le locataire-attributaire peut également exercer certaines actions ouvertes aux propriétaires (en l'espèce une action en garantie des vices de construction affectant l'immeuble). • Civ. 3e, 3 mars 1982 : *préc. note 1.* ♦ Comp. • Paris, 23 sept. 1981 : *Gaz. Pal. 1983. Somm. 2.* ♦ Mais les locataires qui ont opté pour l'acquisition de leur logement restent régis, jusqu'à la signature du contrat de vente, par le contrat de bail originaire qui peut être résilié pour défaut de paiement des loyers (L. 16 juill. 1971 et Décr. 22 mars 1972). • Civ. 3e, 17 nov. 1983 : *Bull. civ. III, no 230.*

3. Les locataires-attributaires de maisons individuelles sont recevables, sur le fondement de l'art. 1166 C. civ., à exercer pour la défense de leurs intérêts, l'action en garantie décennale du maître de l'ouvrage dès lors que celui-ci néglige de faire usage de ses droits à l'encontre des architectes et soutient qu'il n'existe pas de désordres susceptibles d'engager la responsabilité des constructeurs, alors que ces désordres sont confirmés par la correspondance échangée entre les parties et par une note émanant de l'entrepreneur. • Civ. 3e, 16 juill. 1986 : *Bull. civ. III, no 111 ; Mon. TP 24 oct. 1986, p. 78.* ♦ Une société coopérative d'HLM, maître de l'ouvrage, conservant l'action en garantie légale et ne la transmettant qu'avec la propriété de la chose, à titre accessoire aux locataires-attributaires qui, bénéficiaires jusque-là d'un bail, peuvent exercer contre les constructeurs et leurs assureurs, avec lesquels ils n'ont aucun lien de droit, une action de nature quasi délictuelle en réparation des troubles de jouissance consécutifs aux vices de construction, une cour d'appel en a exactement déduit, sans enfreindre la règle du non-cumul des responsabilités, que l'action de la société coopérative et celle des locataires-attributaires étaient exercées sur des fondements juridiques différents. • Civ. 3e, 6 déc. 1989 : *JCP N 1990 II. 141.*

4. Le locataire-attributaire d'une maison est, avant l'attribution de ce bien, locataire de la société d'habitations à loyer modéré avec laquelle il a contracté, et tiers aux contrats conclus entre cette personne morale et les locateurs d'ouvrage ayant participé à la construction. En cas de désordres, il dispose contre ceux-ci, non de l'action en garantie décennale, mais de celle en responsabilité délictuelle qui n'est pas soumise à la forclusion de l'art. 2270 modifié C. civ. • Civ. 3e, 14 nov. 1991 : *JCP 1992. 158.*

5. Les locataires attributaires de maisons individuelles construites par une coopérative d'habitations à loyer modéré ne sont ni propriétaires, ni maîtres de l'ouvrage ; ils ne peuvent par conséquent pas fonder sur l'art. 1792 C. civ. une action contre l'entrepreneur et l'architecte en réparation des désordres dus à des infiltrations. • Civ. 3e, 25 janv. 1985 : *JCP 1989. 114.*

6. Les art. 6 et 7 de la loi du 6 juill. 1989, qui indiquent les travaux incombant respectivement aux bailleurs et aux locataires pendant la durée du bail, ne sont pas applicables aux contrats de location-attribution pendant la période antérieure au transfert de propriété. Par conséquent, la société coopérative, qui est tenue envers les locataires-attributaires des obligations du bailleur prévues aux art. 1719, 1720 et 1721 C. civ. et à qui il est demandé de procéder à la réparation de désordres affectant les toitures des pavillons donnés en location-attribution, peut valablement opposer une limitation de garantie stipulée dans le contrat. • Civ. 3e, 20 déc. 1994 : *Bull. civ. III, no 226 ; AJDI 1995. 317 ; ibid. 318, obs. Wertenschlag ; D. 1995. IR 35 ; JCP 1995. IV. 453.*

7. Le bénéficiaire d'un contrat de location-attribution qui est, tant que le transfert de propriété n'est pas intervenu, dans la situation d'un locataire d'immeuble avec promesse d'attribution, peut être tenu aux réparations locatives telles que fixées par une clause limitative. • Civ. 3e, 4 mars 1987 : *RDI 1987. 243, obs. Groslière et Saint-Alary-Houin.*

III. L'OBLIGATION DE PAIEMENT DU LOCATAIRE-ATTRIBUTAIRE

8. L'attribution du logement en priorité n'éteint pas, par elle-même, l'obligation pour le bénéficiaire d'une location-attribution de payer le prix de revient définitif du bien qui peut se trouver définitivement établi ultérieurement. • Civ. 3e, 20 mai 1987 : *Mon. TP 14 août, p. 25 ; JCP 1987. IV. 254.*

9. Dès lors qu'à raison du contrat location-attribution par lui souscrit, un sociétaire d'une société coopérative d'HLM avait, jusqu'au paiement de la dernière échéance, la jouissance de l'immeuble sous des charges et des conditions analogues à celles insérées habituellement dans des baux d'habitation, une cour d'appel en a justement déduit que ce dernier ne devait supporter que les réparations locatives. • Civ. 3e, 26 févr. 1986 : *Bull. civ. III, no 17 ; Gaz. Pal. 1986. 1. Pan. 15.*

Art. *R. 422-21 *(Décr. no 79-197 du 7 mars 1979, art. 10)* **Sous réserve de l'agrément de la société coopérative, tout locataire-attributaire peut céder les droits qu'il détient de son contrat de location-attribution à un candidat de son choix qui doit remplir les conditions d'occupation du logement et de ressources imposées par les articles R. 441-2 et R. 441-3.**

Sauf motif grave et légitime, ces conditions ne sont pas exigées en cas de cession des droits du locataire-attributaire à son conjoint, à ses ascendants, descendants, frères ou sœurs ou à ceux de son conjoint.

En cas de refus d'agrément du candidat présenté dans les conditions prévues à l'alinéa 1er ci-dessus, le contrat de location-attribution est résilié à la demande du locataire-attributaire, à charge pour la société de rembourser les sommes reçues en vue de l'attribution du logement en propriété, à moins que l'intéressé n'opte pour le paiement par anticipation du solde du prix de revient de son logement.

Le prix de cession ou le montant du remboursement des versements effectués par le locataire-attributaire à la société est fixé conformément à l'article R. 422-30 ; les modalités de règlement ont lieu dans les conditions fixées par les statuts.

Art. *R. 422-22 *(Décr. no 2004-943 du 2 sept. 2004, art. 4)* Les immeubles appartenant aux organismes d'habitations à loyer modéré ne peuvent être donnés en gérance qu'aux organismes d'habitations à loyer modéré, aux sociétés d'économie mixte de construction et de gestion de logements locatifs sociaux et aux sociétés anonymes de coordination d'organismes d'habitations à loyer modéré.

Les mandats de gérance prévus à l'alinéa précédent ne peuvent être consentis qu'après que les organismes d'habitations à loyer modéré mandants y ont été autorisés.

La demande d'autorisation est adressée par l'organisme d'habitations à loyer modéré mandant au préfet du département du lieu de situation des immeubles. Le dossier de la demande comporte le projet de mandat et les délibérations du conseil d'administration ou de surveillance du mandant et du mandataire portant approbation de ce projet.

Lorsque le mandataire est doté d'un comptable public, le préfet se prononce après avis du trésorier-payeur général dont dépend le poste comptable du mandataire.

En l'absence de décision du préfet notifiée dans le délai de deux mois à compter de la réception d'une demande présentée en application du présent article, l'autorisation est réputée accordée.

L'organisme d'habitations à loyer modéré titulaire de l'autorisation transmet copie du mandat signé au préfet et, dans le cas prévu au quatrième alinéa, au trésorier-payeur général.

Les dispositions issues du Décr. no 2004-943 du 2 sept. 2004 peuvent être modifiées par décret en Conseil d'État (Décr. préc., art. 14).

Art. *R. 422-23 Après attribution des logements en propriété, la société coopérative peut assurer, pour le compte de ses membres et avec leur accord, la gestion et l'entretien de ces logements.

Art. *R. 422-24 A dater de la onzième année suivant l'achèvement des logements groupés dans une unité coopérative, toute société coopérative peut, à la demande des deux tiers des locataires-attributaires de cette unité et par décision de son assemblée générale extraordinaire, autoriser ces locataires à constituer entre eux une nouvelle société anonyme coopérative de location-attribution. Le transfert des prêts consentis pour la construction des logements en cause et de la garantie donnée par une collectivité locale pour le remboursement de ces prêts est subordonné à l'accord des établissements prêteurs et de la collectivité garante.

Art. *R. 422-25 Pendant le délai de remboursement des emprunts contractés pour la construction des logements composant l'unité coopérative considérée, la société coopérative qui a constitué cette unité peut assurer les opérations de gestion, d'entretien et de grosses réparations incombant à la nouvelle société coopérative.

Une convention conclue entre les deux sociétés coopératives définit les modalités selon lesquelles ces opérations seront effectuées ; à cet effet, une convention type est établie par arrêté du ministre chargé de la construction et de l'habitation et du ministre chargé des finances.

Art. *R. 422-26 Toute personne physique peut être admise comme membre d'une société anonyme coopérative d'habitations à loyer modéré. Nul ne peut être tenu de souscrire plus d'une action.

Un locataire-attributaire ne peut prétendre qu'à un seul logement.

Pour pouvoir prétendre à l'affectation d'un logement, elle doit remplir, au moment de la signature du contrat, les conditions prévues par la réglementation en vigueur pour l'octroi d'une habitation à loyer modéré en location-attribution.

Art. *R. 422-27 Les personnes morales peuvent souscrire des actions d'une société coopérative d'habitations à loyer modéré. Elles ne peuvent être locataire-attributaire.

Art. *R. 422-28 Chaque coopérateur ne dispose que d'une seule voix aux assemblées de sections, et, en l'absence de telles assemblées, aux assemblées générales, quel que soit le nombre des actions dont il est titulaire.

Il peut se faire représenter aux assemblées de sections ou, en l'absence de telles assemblées, aux assemblées générales par un autre coopérateur sans que ce dernier puisse disposer, tant en son nom personnel que comme mandataire, de plus de dix voix.

Art. *R. 422-29 Les fonctions d'administrateur sont gratuites, même pour celui qui serait chargé de la direction générale de la société coopérative.

Toutefois, les frais exposés pour l'exercice de leur mandat peuvent, sur justifications, être remboursés aux administrateurs.

Art. *R. 422-30 En cas de cession ou de résiliation du contrat de location-attribution, le locataire-attributaire ne peut prétendre qu'au paiement ou au remboursement d'une somme égale à celle versée en application de l'article R. 422-20 (1° et 2°), affectée d'un coefficient de réévaluation.

Ce coefficient est égal au rapport entre les valeurs de l'indice officiel du coût de la construction publié par l'Institut national de la statistique et des études économiques au jour de la cession ou de la résiliation du contrat et au jour de sa signature.

Lors de la dissolution d'une communauté de biens, la méthode de calcul de l'art. R. 422-30 s'impose pour l'évaluation de la créance détenue au titre d'un contrat de location-attribution en cours d'exécution. • Civ. 3e, 30 janv. 2002 : *Bull. civ. III, n° 25 ; JCP 2002. IV. 519.*

Art. R. 422-31 et R. 422-32 *Abrogés par Décr. n° 91-385 du 23 avr. 1991, art. 9.*

Art. R. 422-33 *(Décr. n° 91-385 du 23 avr. 1991, art. 10-II)* « Les demandes des sociétés anonymes coopératives d'habitations à loyer modéré de location-attribution tendant à voir autorisés les transferts visés à l'article L. 422-13 sont adressées au représentant de l'État dans le département du siège social de la société par lettre recommandée avec demande d'avis de réception. »

Si le représentant de l'État dans le département n'a pas statué dans un délai de quatre mois sur la demande dont il est saisi, l'approbation est réputée accordée.

Sur la motivation des refus d'autorisation, V. Circ. Premier ministre 28 sept. 1987, JO n° hors série 87-872.

SOUS-SECTION 2 DURÉE D'ACTIVITÉ

Art. R. 422-34 A titre transitoire, les sociétés anonymes coopératives d'habitations à loyer modéré de location-attribution existant au 17 juillet 1971 peuvent poursuivre, dans le cadre des dispositions des articles R. 422-18 à R. 422-30 :

a) Les programmes autres que ceux indiqués aux *b* et *c* ci-dessous qui ont fait l'objet d'un engagement de financement avant le 1er janvier 1976 ;

b) Les programmes pluriannuels qui ont fait l'objet d'un premier engagement de financement avant le 31 décembre 1971 ;

c) Les programmes réalisés dans le cadre du concours de la maison individuelle organisé par décision du ministre chargé de la construction et de l'habitation du 27 mars 1969.

En outre, elles peuvent continuer à assurer la gestion de leurs immeubles jusqu'au terme des contrats de prêts qu'elles auraient conclus pour la réalisation desdits immeubles.

Art. R. 422-35 Pour l'application des dispositions de l'article R. 422-34, l'engagement de financement s'entend de la décision de financement prévue par l'article R. 431-37 de l'arrêté portant bonifications d'intérêts prévu par l'article R. 431-54 ou de la décision provisoire d'octroi de prime à la construction.

Art. R. 422-36 Jusqu'à leur dissolution, les sociétés concernées par l'article R. 422-34 conservent leur caractère d'organismes d'habitations à loyer modéré.

Art. R. 422-36-1 *(Décr. n° 94-205 du 4 mars 1994, art. 2)* La décision visée au deuxième alinéa de l'article 25 de la loi du 10 septembre 1947 modifiée portant statut de la coopération est prise conjointement par le ministre chargé du logement et le ministre chargé de l'économie sociale.

La demande de sortie du statut coopératif est adressée conjointement au ministre chargé du logement et au ministre chargé de l'économie sociale.

Elle est accompagnée de tous les éléments permettant d'apprécier que les conditions prévues au premier alinéa de l'article 25 sont réunies, ainsi que des documents suivants :

– le projet de délibération de l'assemblée générale et le projet de modification des statuts ;

– le cas échéant, le rapport de révision datant de moins d'un an ;

– le rapport du commissaire aux comptes portant sur le dernier exercice ;

– un état détaillé de la situation des réserves ;

– la situation des comptes arrêtée à la date de la demande, certifiée par le commissaire aux comptes ;

– le cas échéant, le rapport du commissaire à la fusion et le traité d'apport.

Le ministre chargé du logement, après instruction du dossier et après avis du Conseil supérieur des habitations à loyer modéré, saisit le Conseil supérieur de la coopération en vue d'obtenir l'avis prévu au deuxième alinéa de l'article 25 de la loi du 10 septembre 1947 modifiée.

Le conseil dispose alors d'un délai d'un mois pour se prononcer. L'avis est transmis au ministre chargé du logement et au ministre chargé de l'économie sociale, qui prennent la décision autorisant ou refusant la sortie de la société du statut coopératif.

La notification à la coopérative concernée est faite par le ministre chargé de l'économie sociale.

La décision autorisant la sortie du statut coopératif vaut agrément de la société en qualité de société anonyme d'habitations à loyer modéré et entraîne pour ladite société l'obligation de mettre ses statuts en conformité avec les clauses types annexées à l'article R. 422-1.

● SOUS-SECTION 3 STATUTS

Art. *R. 422-37 *(Décr. n° 91-385 du 23 avr. 1991, art. 11)* « Les statuts des sociétés anonymes coopératives d'habitations à loyer modéré de location-attribution doivent contenir des clauses conformes aux clauses types reproduites en annexe au présent

code. » — *V. Annexe II au Décr. nº 93-749 du 27 mars 1993 (JO 30 mars), Annexe 21 : mise en conformité au plus tard le 30 juin 1994.*

Lors de l'accomplissement des formalités de publicité auxquelles les statuts et leurs modifications sont soumis, il doit être indiqué par une mention spéciale que le bénéfice de la législation sur les habitations à loyer modéré n'est acquis ou maintenu à la société qu'après l'approbation des statuts par le représentant de l'État dans le département. — *V. les annexes 25 s.*

Sur la motivation obligatoire des décisions refusant d'approuver les statuts, V. Circ. Premier ministre 28 sept. 1987, JO nº hors série 87-872.

Art. *R. 422-38 *(Décr. nº 83-754 du 5 août 1983, art. 4)* **La mise en conformité des statuts avec les dispositions réglementaires qui les modifient doit être faite par la première assemblée générale extraordinaire tenue après la publication desdites dispositions.**

SECTION VII DISPOSITIONS TRANSITOIRES RELATIVES AUX SOCIÉTÉS ANONYMES COOPÉRATIVES D'HABITATIONS À LOYER MODÉRÉ DE LOCATION-COOPÉRATIVE

Art. R. 422-39 **L'assemblée générale des associés des sociétés coopératives de location-coopérative supprimées par la loi nº 71-580 du 16 juillet 1971, article 26-II, dûment convoquée par le conseil d'administration, est réputée avoir choisi la transformation de la société en société anonyme d'habitations à loyer modéré si elle n'a pas décidé de fusionner avec une société anonyme d'habitations à loyer modéré avant le 23 mars 1973.**

Art. R. 422-40 **Les associés des sociétés anonymes coopératives d'habitations à loyer modéré bénéficiaires d'un contrat de location-coopérative qui optent pour l'accession à la propriété sont soumis aux dispositions des articles R. 443-23 à R. 443-33.**

Art. R. 422-41 **Les associés des sociétés anonymes coopératives d'habitations à loyer modéré qui prennent la qualité de locataire sont soumis aux dispositions du présent livre sur les loyers et particulièrement des articles R. 442-6 à R. 442-12.**

Art. R. 422-42 **Les plus-values réalisées lors des cessions effectuées en application de l'article L. 422-16 sont inscrites à un compte spécial du bilan de la société, sur lequel peuvent être imputées les pertes éprouvées du fait du remboursement des apports personnels des locataires-coopérateurs n'ayant pas opté pour l'accession à la propriété ; l'utilisation du solde de ce compte spécial est soumise à l'accord du ministre chargé des finances et du ministre chargé de la construction et de l'habitation.**

CHAPITRE III DISPOSITIONS APPLICABLES À LA GESTION DES DIVERSES CATÉGORIES D'ORGANISMES D'HABITATIONS À LOYER MODÉRÉ

SECTION PREMIÈRE DISPOSITIONS COMMUNES FINANCIÈRES ET COMPTABLES

V. Circ. nº 93-06 du 15 janv. 1993 (Mon. TP 12 mars 1993, Suppl. textes, p. 318) relative à la mise à jour de la procédure des titres de recettes en plusieurs années ; Circ. 13 déc. 1993 (logement) sur l'investissement des produits dégagés par la suppression de l'obligation de dépôt de trésorerie sur le livret A-HLM, Mon. TP 31 déc. 1993, Suppl. textes, p. 174 ; Circ. n° 2005-66 relative à la mise en œuvre de la réforme comptable sur les actifs et les passifs et à la mise à jour de l'instruction budgétaire et comptable M31 applicable aux OPHLM et OPAC à comptabilité public à compter du 1er janv. 2006 (http ://www.colloc.minefi.gouv.fr).

V. Circ. n° 2005-66 du 25 nov. 2005 relative à la mise en œuvre de la réforme comptable sur les actifs et les passifs et à la mise à jour de l'instruction budgétaire et comptable M31 applicable aux OPHLM et aux OPAC à comptabilité publique à compter du 1er janv. 2006 (BOMELT n° 2005/23, p. 97) mod. par Circ. n° 2005-887 du 28 déc. 2005 (BOMELT n° 2006/2, p. 105).

Art. R. 423-1 **Les règles budgétaires, financières et comptables applicables aux organismes d'habitations à loyer modéré, conformément à l'article L. 423-3, sont fixées après avis du conseil supérieur des habitations à loyer modéré.**

V. Instr. n° 92-10 du 27 avr. 1992 (Mon. TP 25 sept. 1992, Suppl. textes, p. 301) : comptabilité des sociétés anonymes d'HLM, des fondations d'HLM et des sociétés coopératives d'HLM.

Art. R. 423-1-1 *(Décr. n° 2011-1151 du 22 sept. 2011)* **A l'appui de la déclaration préalable d'avance en compte courant prévue à l'article L. 423-15, l'organisme fournit aux ministres chargés du logement et de l'économie les pièces suivantes :**

1° La justification de sa participation supérieure à 5 % au capital de la société devant bénéficier de l'avance ;

2° Une copie du contrat d'avance signé comportant une clause suspensive relative à l'absence d'opposition conjointe des deux ministres, dans lequel figurent le montant, la durée et le taux de rémunération ;

3° Une note présentant les justifications de l'avance en compte courant consentie, ainsi que ses conséquences financières ; cette note précise, du point de vue de l'organisme prêteur, sa capacité à remplir sa mission sociale compte tenu de l'avance en cause et, du point de vue de l'emprunteur, la destination sociale des fonds correspondants ; elle comporte, pour chacun d'entre eux, un état prévisionnel d'activité portant sur une période de trois ans.

Art. R. 423-1-2 *(Décr. n° 2011-1151 du 22 sept. 2011)* **A l'appui de la déclaration préalable de prêt participatif prévue à l'article L. 423-16, l'organisme fournit aux ministres chargés du logement et de l'économie les pièces suivantes :**

1° La justification d'une situation de contrôle définie à l'article L. 233-3 du code de commerce sur la société devant bénéficier du prêt participatif ;

2° Une copie du contrat de prêt participatif signé comportant une clause suspensive relative à l'absence d'opposition conjointe des deux ministres, dans lequel figurent le montant, la durée et le taux de rémunération ;

3° Une note présentant les justifications du prêt participatif consenti, ainsi que ses conséquences financières ; cette note précise, du point de vue de l'organisme prêteur, sa capacité à remplir sa mission sociale compte tenu du prêt en cause et, du point de vue de l'emprunteur, la destination sociale des fonds correspondants ; elle comporte, pour chacun d'entre eux, un état prévisionnel d'activité portant sur une période de trois ans.

Art. R. 423-1-3 *(Décr. n° 2011-1151 du 22 sept. 2011)* **La transmission des déclarations préalables d'avance en compte courant ou de prêt participatif, ainsi que des pièces mentionnées, respectivement, aux articles R. 423-1-1 et R. 423-1-2, s'effectue par voie électronique selon des modalités précisées par arrêté des ministres chargés du logement et de l'économie.** – *V. Arr. du 13 févr. 2012 (JO 21 févr.).*

Le délai d'opposition motivée conjointe des deux ministres court à compter de la date de réception de la déclaration complète.

SOUS-SECTION 1 DISPOSITIONS COMMUNES APPLICABLES AUX OFFICES PUBLICS DE L'HABITAT

(Décr. no 2008-648 du 1er juill. 2008)

Art. *R. 423-2 Le conseil d'administration d'un office public de l'habitat qui veut changer de régime budgétaire et comptable prend à cet effet, douze mois au moins avant la date prévue d'entrée en vigueur du nouveau régime, une délibération portant déclaration d'intention afin de pouvoir mettre en œuvre les mesures préparatoires.

Cette délibération est transmise au préfet et au trésorier-payeur général. Dans les six mois à compter de cette transmission, le trésorier-payeur général notifie son avis au président du conseil d'administration et le communique au préfet.

La délibération du conseil d'administration arrêtant le choix de l'office en application de l'article L. 421-17 est adoptée au plus tard le 31 juillet avant l'entrée en vigueur du nouveau régime budgétaire et comptable fixée au 1er janvier de l'année suivante. Si la délibération est adoptée après le 31 juillet, la date d'entrée en vigueur du nouveau régime budgétaire et comptable est reportée au 1er janvier de la deuxième année suivant celle de la délibération.

Art. *R. 423-3 Lorsque l'office opte pour le régime de la comptabilité publique, le président du conseil d'administration joint à la délibération préparatoire prévue au premier alinéa de l'article *R. 423-2 le dernier rapport connu du commissaire aux comptes.

Dès l'ouverture du premier exercice soumis au nouveau régime budgétaire et comptable, le directeur général de l'office transmet au comptable direct du Trésor, nommé en application de l'article *R. 423-20, un état décrivant la situation de trésorerie et la totalité des fonds disponibles.

Selon des modalités fixées par instruction des ministres chargés du logement et du budget et sous réserve des documents nécessaires à l'approbation des comptes du dernier exercice clos, le directeur général de l'office remet au comptable direct du Trésor la balance générale des comptes, le bilan, le compte de résultat et les états de développement des soldes des comptes de tiers du dernier exercice clos.

Le comptable direct du Trésor dispose d'un délai de six mois à compter de la transmission de ces documents pour émettre des réserves sur les opérations figurant en balance d'entrée des comptes du premier exercice soumis au régime de la comptabilité publique et les communiquer au président du conseil d'administration. Ces éventuelles réserves sont jointes au compte financier. Le comptable direct du Trésor a droit d'accès à tout document relatif aux comptes des précédents exercices.

Art. *R. 423-4 Lorsque l'office opte pour le régime de la comptabilité de commerce, le comptable du Trésor fournit au directeur général, un mois avant la clôture du dernier exercice soumis aux règles de la comptabilité publique, toutes informations lui permettant d'établir une situation provisoire au 1er janvier.

Dès l'ouverture du premier exercice d'application du nouveau régime budgétaire et comptable, le comptable direct du Trésor transmet au directeur général un état décrivant la situation de trésorerie et la totalité des fonds disponibles.

Dans les quatre mois suivant la clôture du dernier exercice soumis aux règles de la comptabilité publique, il achève les opérations nécessaires à l'arrêté des comptes de cet exercice et transmet au directeur général et au président du conseil d'administration de l'office la balance générale des comptes, le bilan, le compte de résultat et les états de développement des soldes des comptes de tiers du dernier exercice clos établis selon les procédures et modalités de la comptabilité publique fixées par le ministre chargé du budget.

Les documents comptables, assortis des pièces justificatives, antérieurs à ce changement de régime sont conservés selon des modalités fixées par instruction du ministre chargé du budget. Le directeur général de l'office public de l'habitat a droit d'accès à tout document relatif aux comptes des précédents exercices.

Art. *R. 423-5 L'exercice budgétaire et comptable couvre la période du 1er janvier au 31 décembre d'une même année, sauf dans le cas d'une première mise en exploitation d'un office nouvellement créé ou d'une cessation définitive d'activité.

Art. *R. 423-6 Le conseil d'administration délibère sur les orientations générales du budget dans un délai de deux mois précédant l'examen de celui-ci.

Art. *R. 423-7 Le budget d'un office public de l'habitat est présenté conformément à la nomenclature budgétaire et comptable et selon les modalités fixées par des instructions homologuées par arrêté conjoint des ministres chargés du logement, du budget et des collectivités territoriales pour les offices publics de l'habitat soumis aux règles de la comptabilité publique *[V. Arr. du 24 déc. 2008, JO 31 déc., mod. par Arr. du 22 déc. 2009, JO 31 déc., rect. 13 mars 2010, Arr. du 22 oct. 2010, JO 18 nov., Arr. du 13 déc. 2010, JO 24 déc., Arr. du 20 déc. 2011, JO 31 déc.]* et par arrêté conjoint des ministres chargés du logement, des finances et des collectivités territoriales pour les offices publics de l'habitat soumis aux règles de la comptabilité de commerce.

Le tableau de financement prévisionnel comporte pour l'exercice les prévisions de variation, d'une part, des emplois stables et, d'autre part, des ressources stables.

Le compte financier est constitué d'un bilan, d'un compte de résultat et d'autres documents annexes déterminés par les instructions homologuées mentionnées au premier alinéa.

Lorsque l'office public de l'habitat exerce une activité pour le compte d'un tiers, les opérations correspondantes font l'objet d'un état prévisionnel annexe qui est présenté selon des modalités fixées par les instructions mentionnées au premier alinéa. Ces états sont constitués d'un compte de résultat prévisionnel en équilibre et, le cas échéant, d'un tableau de financement prévisionnel.

Le plan comptable applicable aux offices publics de l'habitat est approuvé par les arrêtés ministériels pris dans les formes prévues au premier alinéa.

Les modalités de tenue des comptes et de présentation du compte financier sont fixées par les instructions homologuées mentionnées au premier alinéa.

Art. *R. 423-8 Les immobilisations sont comptabilisées soit pour leur valeur d'apport, soit pour leur coût d'acquisition, soit pour leur coût de production, soit, en cas d'échange ou de donation, pour leur valeur vénale.

Art. *R. 423-9 Les dotations d'amortissement des immobilisations sont calculées de manière à permettre l'amortissement intégral de la valeur des immobilisations, terrains exclus, sur une période correspondant à leur durée probable d'utilisation.

Pendant cette période, les dotations globales cumulées aux comptes d'amortissement des immobilisations sont au moins égales au montant cumulé des remboursements des emprunts contractés pour le financement de celles-ci. La faculté de différer le remboursement du capital de certains emprunts ne dispense pas les offices de doter pendant cette période les comptes d'amortissements des immobilisations correspondantes.

Sous réserve des dispositions précédentes, le conseil d'administration fixe le rythme d'amortissement des immobilisations en fonction de leur durée probable d'utilisation. A l'issue du remboursement des emprunts correspondants, une dotation est constituée pour l'amortissement restant à effectuer jusqu'à l'amortissement intégral des immobilisations.

Si des dépréciations irréversibles sont constatées en cours d'amortissement, des dotations complémentaires aux comptes d'amortissement sont opérées au moyen d'une dotation exceptionnelle.

Art. *R. 423-10 Les sommes dues à titre de loyers, charges et accessoires par les locataires ayant quitté leur logement et par les locataires dont la dette a une origine antérieure à un an font l'objet, pour leur montant total, de dépréciations pour créances douteuses. Lorsque l'origine de la dette est comprise entre trois mois et un an, les sommes dues font l'objet de dépréciations pour créances douteuses selon les taux et dans les conditions fixées par les instructions susmentionnées.

Ces dépréciations sont calculées sur la base des créances échues et non recouvrées au 31 décembre.

Art. *R. 423-11 L'actif du bilan d'un office public de l'habitat peut faire l'objet d'une révision exceptionnelle dans des conditions fixées par arrêté conjoint des ministres chargés du logement, du budget et des collectivités territoriales pour les offices publics de l'habitat soumis aux règles de la comptabilité publique et par arrêté conjoint des ministres chargés du logement, des finances et des collectivités territoriales pour les offices publics de l'habitat soumis aux règles de la comptabilité de commerce.

Art. *R. 423-12 Le conseil d'administration de l'office délibère sur l'affectation du résultat excédentaire de l'exercice clos, à l'exclusion du résultat afférent aux activités exercées pour le compte de tiers.

Le résultat excédentaire, après déduction des plus-values nettes réalisées lors de la cession des biens immobiliers mentionnés à l'article *(Décr. n° 2009-1218 du 12 oct. 2009)* « L. 443-13 » qui sont affectées sur un compte spécifique pour leur montant total, est affecté par ordre de priorité :

a) Au compte de report à nouveau, dans la limite du solde débiteur de ce compte ;

b) Sur des comptes de réserves spécifiques, pour la part du résultat excédentaire affectée au financement des investissements ;

c) Au compte de report à nouveau.

En cas de résultat déficitaire, le déficit est imputé sur le compte de report à nouveau.

Le résultat de clôture de chaque activité exercée pour le compte d'un tiers est arrêté par délibération du conseil d'administration de l'office et est repris au cours de l'exercice suivant au compte de résultat prévisionnel de l'état prévisionnel annexe correspondant.

SOUS-SECTION 2 DISPOSITIONS PARTICULIÈRES

(Décr. n° 2008-648 du 1er juill. 2008)

§ 1er OFFICE PUBLIC DE L'HABITAT SOUMIS AU RÉGIME DE LA COMPTABILITÉ PUBLIQUE

Art. *R. 423-13 Le budget est l'état des prévisions de recettes et de dépenses de l'office.

La liste des chapitres et articles du budget est fixée par arrêté conjoint des ministres chargés du logement, du budget et des collectivités territoriales *[V. Arr. du 19 déc. 2008, JO 27 déc., mod. par Arr. du 20 déc. 2011, JO 31 déc.]*.

L'état des prévisions de recettes et de dépenses se compose :

a) D'un compte de résultat prévisionnel, dans lequel sont prévues et autorisées les recettes et les dépenses, dénommées respectivement produits et charges, relatives notamment aux opérations d'exploitation ;

b) D'un tableau de financement prévisionnel, dans lequel sont prévues les recettes et les dépenses, dénommées respectivement ressources stables et emplois stables, relatives notamment aux opérations d'investissement ;

c) D'un tableau de calcul de la capacité d'autofinancement prévisionnelle, laquelle est reprise dans le tableau mentionné au *b* ;

d) Des documents annexes établis selon les modalités prévues par les instructions homologuées mentionnées au premier alinéa de l'article R. 423-7 et portant notamment sur l'état de la dette, les dépenses de personnel, les opérations d'investissement et une estimation pluriannuelle du fonds de roulement.

Art. *R. 423-14 Le budget est voté par le conseil d'administration chapitre par chapitre.

Pour l'application du 4o de l'article L. 421-19, le budget est voté en équilibre réel lorsqu'il remplit les conditions suivantes :

a) Les recettes et les dépenses sont évaluées de façon sincère ;

b) Les remboursements en capital des emprunts et opérations assimilées, pour le montant à échoir au cours de l'exercice, à l'exception des remboursements anticipés, sont couverts par les ressources du tableau de financement prévisionnel à l'exclusion du produit des emprunts, des apports en fonds propres ou subventions faits à l'office par l'État, les collectivités territoriales, les établissements publics ou toute autre personne morale et des dépôts de garantie des locataires.

Les états prévisionnels annexes ne sont pas considérés en déséquilibre lorsque leur compte de résultat comporte un excédent.

Art. *R. 423-15 Les dotations budgétaires affectées aux dépenses d'investissement de l'office peuvent comprendre des autorisations de programme et des crédits de paiement.

Les autorisations de programme portant sur des chapitres à caractère limitatif constituent la limite supérieure des dépenses pouvant être engagées pour le financement des investissements. Elles demeurent valables, sans limitation de durée, jusqu'à ce qu'il soit procédé à leur annulation, et peuvent êtres révisées. Elles sont votées par une délibération particulière du conseil d'administration annexée au budget.

Les crédits de paiement correspondant à des chapitres à caractère limitatif constituent la limite supérieure des dépenses pouvant être mandatées pendant l'année pour la couverture des engagements contractés dans le cadre des autorisations de programme correspondantes.

Seuls les crédits de paiement sont pris en compte dans le tableau de financement prévisionnel. Un état joint au budget rend compte de la situation des autorisations de programmes et des crédits de paiement y afférents. Cet état est présenté selon un modèle fixé par les instructions homologuées mentionnées à l'article *R. 423-7.

Art. *R. 423-16 Les décisions modificatives sont préparées et approuvées selon la même procédure et sous la même forme que le budget primitif.

L'ordonnateur est tenu de présenter une décision modificative au conseil d'administration dans un délai d'un mois lorsqu'il constate que :

1o L'un des chapitres revêtant un caractère limitatif en application du 5o ou du 6o de l'article L. 421-19 est insuffisamment doté ;

2o Une dépense engagée sur un compte éventuellement non doté ou insuffisamment doté au budget approuvé est de nature à bouleverser l'économie génerale du budget ;

3o Les évolutions de l'activité de l'office ou du niveau de ses dépenses sont manifestement incompatibles avec le respect de l'économie générale du budget.

L'économie générale du budget est regardée comme bouleversée lorsque notamment l'une au moins des conditions suivantes est remplie :

a) La prévision actualisée de la capacité d'autofinancement est inférieure à la dernière prévision approuvée par le conseil d'administration dans des pourcentages définis par arrêté conjoint des ministres chargés du logement, du budget et des collectivités territoriales *[V. Arr. du 19 déc. 2008, JO 27 déc., mod. par Arr. du 20 déc. 2011, JO 31 déc.]* ;

b) La prévision actualisée du prélèvement sur le fonds de roulement excède le fonds de roulement disponible défini dans les instructions homologuées mentionnées au premier alinéa de l'article *R. 423-7 ou est supérieure à la dernière prévision approuvée par le conseil d'administration, à hauteur d'un pourcentage défini par le même arrêté que celui mentionné au *a)*.

L'abondement de crédits d'un chapitre à caractère limitatif insuffisamment doté est financé, dans le cadre d'une décision modificative, par de nouvelles recettes, par la diminution de crédits d'un autre chapitre à caractère limitatif, par la diminution de crédits non consommés et disponibles d'un chapitre à caractère évaluatif ou par un prélèvement sur le fonds de roulement disponible.

Art. *R. 423-17 L'ordonnateur peut procéder en cours d'exercice à des virements de crédits entre chapitres à caractère évaluatif ou à des virements de crédits de chapitres à caractère limitatif vers des chapitres à caractère évaluatif.

Les virements de crédits entre chapitres décidés par l'ordonnateur sont portés sans délai à la connaissance du comptable du Trésor ainsi qu'à celle du conseil d'administration à sa plus proche séance.

Le contrôle de la disponibilité des crédits par le comptable du Trésor porte sur les crédits revêtant un caractère limitatif en application du 5° ou du 6° de l'article L. 421-19.

En cours d'exercice, le directeur général assure, avec l'aide du comptable du Trésor, un suivi régulier de l'exécution budgétaire par l'établissement d'états comparatifs des recettes et des dépenses par rapport aux prévisions. Il présente au moins une fois par an au conseil d'administration une communication sur le suivi de l'exécution budgétaire.

Art. *R. 423-18 Lorsque l'arrêté des comptes fait apparaître dans l'exécution du budget un déficit égal ou supérieur à 10 % des produits inscrits au compte de résultat, la chambre régionale des comptes, saisie par le préfet, propose à l'office public de l'habitat, dans le délai d'un mois à compter de sa saisine, les mesures nécessaires au rétablissement de l'équilibre budgétaire.

Le seuil mentionné à l'alinéa précédent est ramené à 5 % si l'office bénéficie d'un protocole de prévention, de consolidation ou d'aide au rétablissement de l'équilibre conclu en application de l'article L. 452-1.

Art. *R. 423-19 *(Décr. n° 2008-648 du 1er juill. 2008 ; Décr. n° 2012-1247 du 7 nov. 2012, art. 6)* Le titre Ier du décret n° 2012-1246 du 7 novembre 2012 relatif à la gestion budgétaire et comptable publique est applicable aux offices publics de l'habitat soumis aux règles de la comptabilité publique.

Art. *R. 423-20 Le comptable de l'office public de l'habitat est un comptable direct du Trésor ayant la qualité de comptable principal.

Il est nommé par le ministre chargé du budget, après information préalable du président du conseil d'administration de l'office.

Art. *R. 423-21 Le recouvrement des recettes de l'office public de l'habitat est effectué conformément à l'article L. 1617-5 du code général des collectivités territoriales. Les titres émis peuvent faire l'objet d'une remise gracieuse par le conseil d'administration.

(Décr. n° 2011-2036 du 29 déc. 2011, art. 1er-II, en vigueur le 1er janv. 2012) « Toutefois, le directeur général autorise l'exécution forcée des titres de recettes selon des modalités qu'il arrête après avoir recueilli l'avis du comptable. Cette autorisation peut être permanente ou temporaire et porter sur tout ou partie des titres que l'ordonnateur émet. »

Art. *R. 423-22 Certaines opérations de recettes et de dépenses peuvent, par décision du conseil d'administration, être confiées à des régisseurs de recettes et d'avances, selon les modalités prévues aux articles R. 1617-1 à R. 1617-18 du code général des collectivités territoriales.

Les opérations d'engagement, de liquidation et d'ordonnancement des dépenses sont enregistrées dans la comptabilité administrative tenue par le directeur général selon des modalités fixées par arrêté des ministres chargés des collectivités territoriales, du budget et du logement.

Art. *R. 423-23 L'office public de l'habitat est redevable d'une contribution au fonctionnement du service comptable public, dont le tarif est fixé par arrêté conjoint du ministre chargé du budget et du ministre chargé du logement *[V. Arr. 20 oct. 2009, JO 31 oct., relatif à la contribution au fonctionnement du service comptable public]*

Toutefois, une convention conclue entre l'office et le trésorier-payeur général du lieu du siège de l'office peut prévoir une exonération totale ou partielle de cette contribution lorsque l'office met gratuitement à la disposition du comptable de l'office ces personnels qu'il rémunère et qui sont placés sous l'autorité directe du comptable.

Le comptable public peut réaliser, pour le compte de l'office, des prestations n'ayant pas le caractère obligatoire qui résulte de sa fonction de comptable direct du Trésor. Le conseil d'administration peut alors décider de lui allouer une rémunération spécifique, selon des modalités déterminées par un arrêté interministériel du ministre chargé du budget et du ministre chargé du logement *[V. Arr. du 20 oct. 2009, JO 31 oct., relatif à la rémunération spécifique des services du comptable public des OPH dite « indemnité d'assistance technique »]*.

Les personnels du réseau du Trésor public participant à la gestion des offices publics de l'habitat perçoivent une indemnité de gestion, à la charge de l'État, déterminée à partir des contributions des offices dont ils assurent la gestion comptable. Les catégories de personnels concernés et le montant qui leur est attribuable à ce titre sont fixés par arrêté du ministre chargé du budget *[V. Arr. du 20 oct. 2009, JO 31 oct., relatif à l'indemnité de gestion des personnels de la direction générale des finances publiques participant à la gestion des OPH]*.

Art. *R. 423-24 A l'issue de chaque exercice, le directeur général établit, avec l'aide du comptable public, un rapport sur l'activité de l'office durant l'exercice écoulé. Le rapport d'activité et le compte financier sont présentés au conseil d'administration pour approbation par délibération prise au plus tard le 30 juin de l'année suivant l'exercice auxquels ils se rapportent.

Le rapport d'activité et le compte financier de l'office public de l'habitat sont transmis au préfet et au ministre chargé du logement dans les quinze jours suivant leur approbation. *(Décr. nº 2009-1680 du 30 déc. 2009, art. 4-I)* « La transmission s'effectue de manière dématérialisée par le biais d'une plate-forme informatique sécurisée désignée par arrêté du ministre chargé du logement. » *— V. Arr. du 8 mars 2010 (JO 17 mars).*

Le défaut de transmission du compte financier à l'autorité compétente pendant deux années consécutives est au nombre des irrégularités, fautes graves ou carences mentionnées à l'article L. 421-14.

§ 2 OFFICES PUBLICS DE L'HABITAT SOUMIS AUX RÈGLES DE LA COMPTABILITÉ DE COMMERCE

Art. *R. 423-25 Le budget est voté par le conseil d'administration de l'office public de l'habitat.

I. — Lorsqu'un chapitre revêtant un caractère limitatif en vertu du 4º de l'article L. 421-21 est insuffisamment doté au regard des dépenses à engager, une décision modificative est votée par le conseil d'administration selon la même procédure et dans la même forme que le budget primitif. L'abondement de crédits du chapitre doit être financé soit par de nouvelles recettes, soit par la diminution de crédits disponibles d'un autre chapitre, soit par un prélèvement sur le fonds de roulement disponible.

II. — En cours d'exercice, un suivi régulier de l'exécution budgétaire est assuré par l'établissement d'états comparatifs des recettes et des dépenses par rapport aux prévisions. Une communication sur le suivi de l'exécution budgétaire est présentée au moins une fois par an au conseil d'administration.

Lorsque l'état comparatif fait apparaître un bouleversement de l'économie générale du budget, une décision modificative rétablissant l'équilibre est présentée dans un délai d'un mois au conseil d'administration.

L'économie générale du budget est regardée comme bouleversée lorsque notamment l'une au moins des conditions suivantes est remplie :

a) La prévision actualisée de la capacité d'autofinancement est inférieure à la dernière prévision approuvée par le conseil d'administration dans des pourcentages définis par arrêté conjoint des ministres chargés du logement, du budget et des collectivités territoriales ;

b) La prévision actualisée du prélèvement sur le fonds de roulement excède le fonds de roulement disponible défini dans les instructions homologuées mentionnées au premier alinéa de l'article R. 423-7 ou est supérieure à la dernière prévision approuvée par le conseil d'administration, à hauteur d'un pourcentage défini par le même arrêté que celui mentionné au *a*.

V. sur le modèle des documents de présentation du budget, Arr. 21 janv. 2009 fixant le budget des offices publics de l'habitat soumis aux règles de la comptabilité de commerce (JO 21 févr.).

Art. *R. 423-26 Lorsque l'arrêté des comptes fait apparaître dans l'exécution du budget un déficit égal ou supérieur à 10 % des produits inscrits au compte de résultat, la chambre régionale des comptes, saisie par le préfet, propose à l'office public de l'habitat, dans le délai d'un mois à compter de sa saisine, les mesures nécessaires au rétablissement de l'équilibre budgétaire.

Le seuil mentionné à l'alinéa précédent est ramené à 5 % si l'office bénéficie d'un protocole de prévention, de consolidation ou d'aide au rétablissement de l'équilibre conclu en application de l'article L. 452-1.

Art. *R. 423-27 Le défaut de désignation d'un commissaire aux comptes pendant deux années consécutives est au nombre des irrégularités, fautes graves ou carences mentionnées à l'article L. 421-14.

Art. *R. 423-28 Pour chaque exercice, le compte financier, établi par le directeur général, est transmis au commissaire aux comptes au plus tard le 15 mai de l'année suivante.

Le compte financier, certifié par le commissaire aux comptes et accompagné du rapport du directeur général sur l'activité de l'office durant ce même exercice, est présenté au conseil d'administration.

Le conseil d'administration décide de l'affectation du résultat après avoir approuvé ces documents au plus tard le 30 juin de la même année.

Le compte financier et le rapport du directeur général sont transmis au préfet et au ministre chargé du logement au plus tard le 15 juillet de l'année suivant l'exercice auxquels ils se rapportent. *(Décr. nº 2009-1680 du 30 déc. 2009, art. 4-I)* « La transmission s'effectue de manière dématérialisée par le biais d'une plate-forme informatique sécurisée désignée par arrêté du ministre chargé du logement. » — *V. Arr. du 8 mars 2010 (JO 17 mars).*

Le défaut de transmission des états financiers au préfet et au ministre chargé du logement pendant deux années consécutives est au nombre des irrégularités, fautes graves ou carences mentionnées à l'article L. 421-14.

SOUS-SECTION 3 DISPOSITIONS PARTICULIÈRES APPLICABLES AUX SOCIÉTÉS D'HABITATIONS À LOYER MODÉRÉ OU DE CRÉDIT IMMOBILIER – COMPTABILITÉ *(Décr. nº 92-529 du 15 juin 1992, art. 12).*

Art. R. 423-68 *(Décr. nº 92-529 du 15 juin 1992, art. 13)* Le cadre comptable et la tenue des comptes des sociétés anonymes d'habitations à loyer modéré sont fixés par des instructions conjointes du ministre chargé du logement et du ministre chargé du Trésor, après avis du Conseil supérieur des habitations à loyer modéré.

Art. R. 423-69 Sous réserve des dispositions de l'article R. 423-72, les immobilisations sont comptabilisées pour leur prix de revient.

Le prix de revient des immobilisations comprend les dépenses d'acquisition ainsi que le montant des travaux de construction, d'agrandissement et d'amélioration, à l'exclusion des travaux d'entretien proprement dits. Les frais d'architectes sont compris dans le prix de revient des immobilisations.

Art. R. 423-70 Les dotations de l'exercice aux comptes d'amortissement des constructions qui n'ont pas été données en location-attribution ou en location-vente doivent permettre l'amortissement intégral de la valeur des constructions, terrains exclus, dans une période limitée à la durée de remboursement des emprunts à long terme contractés pour la construction des immeubles en cause.

Si, en cours d'amortissement, il apparaît, en raison de l'état des constructions, que les amortissements effectués ne sont pas suffisants, il est procédé à des amortissements supplémentaires.

La faculté donnée par l'article 2 de la loi nº 47-1686 du 3 septembre 1947 de différer pendant cinq ans l'amortissement des emprunts consentis par l'État au titre de la législation sur les habitations à loyer modéré ne saurait être interprétée comme dispensant les sociétés de doter pendant cette période les comptes d'amortissement des constructions correspondantes.

Art. R. 423-71 La provision pour créances douteuses de loyers doit être au moins égale, après sa dotation de fin d'année, au montant des loyers échus depuis plus d'un an et non recouvrés.

La nature des autres provisions et le montant des dotations annuelles sont fixés par les instructions prévues à l'article R. 423-68.

Art. R. 423-72 Les sociétés d'habitations à loyer modéré désireuses de procéder à la réévaluation de leur actif doivent obtenir au préalable l'accord du ministre chargé de la construction et de l'habitation sur leur projet de réévaluation. Les instructions prévues à l'article R. 423-68 indiquent la forme dans laquelle cet accord est demandé.

Les immeubles donnés en location-attribution ou en location-vente ne peuvent faire l'objet d'une réévaluation.

Art. R. 423-73 Les instructions prévues à l'article R. 423-68 fixent les règles applicables à la tenue des livres de comptabilité.

Elles fixent également les dates auxquelles doivent être dressées la balance générale des comptes et les balances des livres auxiliaires.

Art. R. 423-74 *(Décr. nº 2004-641 du 1er juill. 2004, art. 6)* « Les sociétés d'habitations à loyer modéré déposent leurs fonds auprès du Trésor public, à la Caisse des dépôts et consignations, à la Banque de France, à La Poste ou auprès d'un établissement de crédit ayant obtenu un agrément en vertu des dispositions applicables dans les États membres de la Communauté européenne ou les autres États parties à l'accord sur l'Espace économique européen.

« Elles peuvent également effectuer des dépôts sur un compte à terme ouvert dans les mêmes conditions ou sur un premier livret de la Caisse nationale d'épargne ou des caisses d'épargne et de prévoyance. » — *Les dispositions issues du Décr. n° 2004-641 du 1er juill. 2004 peuvent être modifiées par décret en Conseil d'État (Décr. n° 2004-641 préc., art. 13).*

Art. R. 423-74-1 *Abrogé par Décr. n° 93-1414 du 30 déc. 1993, art. 1er, à compter du 1er janv. 1994.*

Art. R. 423-75 *(Décr. n° 92-529 du 15 juin 1992, art. 16-I)* En dehors des opérations prévues par la législation en vigueur, les sociétés anonymes d'habitations à loyer modéré et les sociétés anonymes coopératives de production *(Décr. n° 2004-1087 du 14 oct. 2004, art. 8)* « , d'intérêt collectif » ou de location-attribution d'habitations à loyer modéré ne peuvent effectuer que des achats *(Décr. n° 2004-641 du 1er juill. 2004, art. 7)* « de titres émis ou garantis par les États membres de la Communauté européenne ou les autres États parties à l'accord sur l'Espace économique européen, ou de parts ou actions d'organismes de placement collectif en valeurs mobilières gérant exclusivement des titres émis ou garantis par les États membres de la Communauté européenne ou les autres États parties à l'accord sur l'Espace économique européen, libellés en euros. »

Cet art. peut être modifié par Décr. en Conseil d'État (Décr. n° 2004-1087 du 14 oct. 2004, art. 14).

Art. R. 423-75-1 *(Décr. n° 91-385 du 23 avr. 1991, art. 15 ; Décr. n° 92-529 du 15 juin 1992, art. 16-II)* « Les sociétés anonymes d'habitations à loyer modéré » *(Décr. n° 2004-1087 du 14 oct. 2004, art. 9)* « , les sociétés anonymes coopératives d'intérêt collectif d'habitations à loyer modéré » et les sociétés anonymes coopératives de production d'habitations à loyer modéré peuvent souscrire ou acquérir des actions ou des parts d'autres sociétés d'habitations à loyer modéré, *(Décr. n° 2004-943 du 2 sept. 2004, art. 2-III)* « de sociétés anonymes de coordination d'organismes d'habitations à loyer modéré, » ou de sociétés d'économie mixte, ou de sociétés ou d'organismes à caractère mutualiste ou coopératif susceptibles de faciliter leur action dans le cadre de la réglementation sur les HLM ». *[Toutefois, les acquisitions ou souscriptions d'actions de sociétés d'HLM sont soumises à l'autorisation préalable du ministre chargé du logement, délivrée après information du Conseil supérieur des HLM (comité permanent), dès lors que l'acquisition ou la souscription s'effectue à un prix supérieur de plus de 50 p. 100 à la valeur nominale des titres (seconde phrase abrogée au plus tard à compter du 31 déc. 1993 par Décr. n° 93-747 du 27 mars 1993, art. 2)].*

(Décr. n° 2005-1439 du 22 nov. 2005, art. 1er-IV) « Les sociétés anonymes d'habitations à loyer modéré peuvent souscrire ou acquérir des parts de sociétés civiles immobilières ayant pour objet la réalisation d'immeubles à usage d'habitation ou à usage professionnel et d'habitation destinés à des accédants dont les ressources n'excèdent pas les plafonds fixés en application de l'article R. 443-34 du code de la construction et de l'habitation. »

Cet art. peut être modifié par Décr. en Conseil d'État (Décr. n° 2004-1087 du 14 oct. 2004, art. 14).

Art. R. 423-76 Le montant total des prêts et investissements immobiliers effectués par une société d'habitations à loyer modéré ou de crédit immobilier doit être au moins égal au montant des sommes restant à amortir sur les prêts consentis par l'État. S'il se trouve inférieur, la différence doit être versée à la Caisse des dépôts et consignations dans le délai d'un mois pour être affectée au remboursement des emprunts correspondants. Toutefois, les organismes peuvent conserver les avances à découvert qui leur auront été accordées par l'État dans les conditions fixées lors de l'attribution de ces avances.

Art. R. 423-77 Les instructions prévues à l'article R. 423-68 fixent la contexture des documents comptables et de l'état détaillé des opérations de l'année prévus à l'article R. 431-15.

Art. R. 423-78 *(Décr. n° 2009-1680 du 30 déc. 2009, art. 4-II)* Dans le mois suivant celui au cours duquel s'est tenue l'assemblée générale ordinaire réunie en application de l'article L. 225-100 du code du commerce, les sociétés d'habitations à loyer modéré adressent au préfet, au ministre chargé du logement et à la Caisse des dépôts et consignations, des copies des documents annuels, soumis conformément à la loi à l'assemblée générale des actionnaires, auxquelles sont joints le procès-verbal de cette assemblée ainsi que les états financiers définis par la réglementation applicable aux sociétés d'habitations à loyer modéré. La transmission s'effectue de manière dématérialisée par le biais d'une plate-forme informatique sécurisée désignée par arrêté du ministre chargé du logement. – *V. Arr. 8 mars 2010 (JO 17 mars).*

En cas de report de l'assemblée générale, la décision de justice accordant un délai supplémentaire est transmise dans les mêmes conditions.

SECTION II DISPOSITIONS DOMANIALES

Art. R. 423-79 L'autorité compétente pour recevoir la communication prévue à l'alinéa premier de l'article L. 423-6 est le ministre chargé de la construction et de l'habitation.

L'autorisation de céder des créances hypothécaires en application de l'alinéa 3 du même article est accordée conjointement par le ministre chargé des finances et le ministre chargé de la construction et de l'habitation.

Sur la motivation obligatoire des refus d'autorisation, V. Circ. Premier ministre 28 sept. 1987, JO nº hors série 87-872.

Art. R. 423-80 En cas d'inobservation des règles posées par l'article L. 423-3, et conformément à l'article L. 423-4, la nullité des actes intervenus est prononcée, les parties appelées par le président du tribunal de grande instance statuant selon la procédure des référés à la requête du ministère public sur demande soit de la partie lésée, soit du préfet, soit du ministre chargé de la construction et de l'habitation.

Art. R. 423-81 Les fonds provenant des aliénations consenties en application des articles L. 423-4 à L. 423-6 peuvent être réinvestis dans la construction de nouveaux logements dans les conditions précisées aux articles ci-après.

Art. R. 423-82 Le réinvestissement par un organisme d'habitations à loyer modéré, dans la construction de nouveaux logements, des fonds provenant de l'aliénation d'un élément de son patrimoine est subordonné, notamment, aux conditions suivantes :

1º Justifier avoir remboursé à l'État ou à tout autre prêteur les dettes contractées pour l'acquisition ou la construction de l'immeuble aliéné ;

2º Avoir effectué sur son patrimoine immobilier existant les grosses réparations urgentes.

Art. R. 423-83 Le ministre chargé de la construction et de l'habitation précise pour chaque organisme l'utilisation des fonds indiqués à l'article précédent et notamment les conditions de leur affectation à la réalisation d'un programme déterminé.

Sur la motivation obligatoire des décisions prises au titre de l'art. R. 423-83, V. Circ. Premier ministre 28 sept. 1987, JO nº hors série 87-872.

Art. *R. 423-84 Le ministre chargé de la construction et de l'habitation et le ministre chargé des finances peuvent déléguer aux préfets le pouvoir qu'ils tiennent de l'article L. 423-4 d'autoriser les *(Décr. nº 2008-566 du 18 juin 2008)* « offices publics de l'habitat » et sociétés d'habitations à loyer modéré à consentir toute aliénation volontaire, toute promesse de vente, tout bail de plus de douze ans ou tout échange d'un élément de leur patrimoine immobilier ainsi que toute constitution d'hypothèque.

SECTION III SOCIÉTÉS ANONYMES DE COORDINATION D'ORGANISMES D'HABITATIONS À LOYER MODÉRÉ

(Décr. nº 2004-943 du 2 sept. 2004, art. 3)

V. note ss. art. R. 423-92.

Art. R.* 423-85 Les sociétés constituées exclusivement entre organismes d'habitations à loyer modéré en application de l'article L. 423-1-1 sont dénommées sociétés anonymes de coordination d'organismes d'habitations à loyer modéré. Les statuts de ces sociétés doivent contenir des clauses conformes aux clauses types reproduites en annexe au présent code. – *V. Annexe 22.*

Le décret en Conseil d'État approuvant ces clauses types est pris après avis du Conseil supérieur des habitations à loyer modéré.

La mise en conformité des statuts avec les dispositions réglementaires qui les modifient doit être faite par la première assemblée générale extraordinaire tenue après la publication desdites dispositions.

Art. R.* 423-86 La création d'une société anonyme de coordination d'organismes d'habitations à loyer modéré est soumise à l'agrément du ministre chargé du logement après avis du conseil départemental de l'habitat et du Conseil supérieur des habitations à loyer modéré.

La décision portant agrément délimite le territoire dans lequel s'exerce l'activité de la société.

Art. R.* 423-87 Le ministre chargé du logement peut agréer spécialement une société anonyme de coordination d'organismes d'habitations à loyer modéré pour lui permettre d'exercer certaines des compétences mentionnées aux alinéas troisième et suivants de l'article L. 422-2 et qui sont communes aux organismes publics et aux sociétés anonymes d'habitations à loyer modéré.

L'agrément spécial est accordé après accord de la ou des collectivités territoriales intéressées ou, le cas échéant, de leur groupement et après avis du conseil départemental de l'habitat et du Conseil supérieur des habitations à loyer modéré.

Art. R.* 423-88 Les sanctions et mesures prévues aux articles L. 422-6, L. 422-7, L. 422-8, L. 422-8-1, L. 422-9 et L. 422-10 sont applicables aux sociétés anonymes de coordination d'organismes d'habitations à loyer modéré et sont prises, en ce qui concerne ces sociétés, par le ministre chargé du logement.

Pour ces mêmes sociétés, l'approbation prévue au premier alinéa de l'article L. 422-11 est donnée par le ministre chargé du logement après avis du Conseil supérieur des habitations à loyer modéré.

Art. R.* 423-89 Dans chaque société anonyme de coordination d'organismes d'habitations à loyer modéré gérant des logements appartenant à ses actionnaires, trois représentants des locataires des logements gérés siègent au conseil d'administration ou de surveillance.

Ces représentants des locataires sont élus pour quatre ans dans les conditions ci-après :

1º Sont électeurs :

– les personnes physiques qui ont conclu avec l'un des actionnaires de la société, au plus tard six semaines avant la date de l'élection, un contrat de location d'un local à usage d'habitation et qui ont toujours la qualité de locataire ;

– les occupants dont le titre de location a été résilié pour défaut de paiement du loyer mais qui sont sans dette à l'égard des actionnaires de la société six semaines avant la date de l'élection ;

– les sous-locataires qui ont conclu avec l'une des associations ou centres mentionnés aux articles L. 442-8-1 et L. 442-8-4 un contrat de sous-location d'un logement appartenant à l'un des actionnaires de la société au plus tard six semaines avant la date de l'élection. Les associations ou centres précités transmettent à la société la liste de ces sous-locataires au plus tard un mois avant la date de l'élection.

Chaque location, occupation ou sous-location ne donne droit qu'à une voix. Le titulaire de plusieurs locations, occupations ou sous-locations ne peut prétendre à plusieurs voix ;

2° Sont éligibles les personnes physiques, âgées de dix-huit ans au moins et ne tombant pas sous le coup des dispositions de l'article L. 423-12, qui sont locataires d'un local à usage d'habitation et peuvent produire soit la quittance correspondant à la période de location précédant l'acte de candidature, soit le reçu mentionné à l'article 21 de la loi n° 89-462 du 6 juillet 1989 *[V. C. **baux**]*, soit la décision de justice octroyant les délais de paiement du loyer ou des charges. Chaque contrat de location ne donne droit qu'à une seule candidature ;

3° Au plus tard deux mois avant la date de l'élection, une lettre-circulaire de la société fournissant toutes indications utiles sur la date des élections, la procédure électorale et les conditions requises des candidats est portée par voie d'affichage à la connaissance des personnes mentionnées au 1°.

Les listes de candidats présentées par des associations remplissant les conditions prévues au 3° du I de l'article L. 422-2-1 comportent chacune six noms. Elles doivent parvenir à la société au plus tard six semaines avant la date de l'élection. Un mois au moins avant cette dernière date, la société porte ces listes à la connaissance des personnes mentionnées au 1°. Toute contestation relative à l'inscription sur ces listes est soumise au juge d'instance qui statue dans les conditions prévues par le code électoral. Huit jours au moins avant la date de l'élection, la société adresse aux personnes mentionnées au 1° les bulletins de vote correspondant à chacune des listes de candidats avec éventuellement pour chacune d'elles l'indication de son affiliation ;

4° Les modalités pratiques de l'élection sont arrêtées par le conseil d'administration ou de surveillance. Le scrutin a lieu entre le 15 novembre et le 15 décembre de l'année où se tiennent les élections des représentants des locataires des organismes d'habitations à loyer modéré.

Le vote est secret. Il a lieu soit par correspondance, soit par dépôt des bulletins dans une urne, soit simultanément par les deux méthodes, au scrutin de liste à un tour avec représentation proportionnelle au plus fort reste, sans radiation ni panachage.

Le dépouillement du scrutin a lieu au siège de la société. Il est effectué, en présence d'au moins un représentant de chaque liste de candidats, par un bureau comprenant le président en exercice du conseil d'administration ou de surveillance et un membre du conseil d'administration ou de surveillance ne représentant pas les locataires ou, lorsque l'élection a lieu en période d'administration provisoire de la société, l'administrateur provisoire et une personne désignée à cette fin par le préfet du département du siège de la société. Les résultats sont affichés immédiatement dans tous les immeubles gérés par la société. Un procès-verbal du résultat du scrutin est remis à chaque représentant des listes en présence, aux actionnaires de la société ainsi qu'au préfet du département du siège de la société.

Les sièges revenant à chaque liste en fonction du résultat du scrutin sont attribués dans l'ordre des noms figurant sur la liste. Les autres personnes figurant sur la liste succèdent, dans l'ordre où elles y sont inscrites, aux représentants qui cessent leurs fonctions avant l'expiration de la durée normale de leur mandat. Les fonctions du nouveau représentant des locataires expirent à la date où auraient normalement cessé celles du représentant qu'il a remplacé. En cas d'épuisement de la liste, il n'est pas procédé à une élection partielle.

Les réclamations contre les opérations électorales sont portées devant le tribunal d'instance du lieu du siège de la société dans les quinze jours suivant le dépouillement. Le tribunal statue dans un délai de trois mois à compter de l'enregistrement de la réclamation au greffe. La décision est notifiée dans les huit jours simultanément à toutes les parties en cause et adressée à leur domicile réel, par lettre recommandée avec accusé de réception, sans préjudice du droit des parties de faire signifier cette décision par voie d'huissier. Si le tribunal ordonne la production d'une preuve, il statue définitivement dans le mois suivant cette décision ;

5o Les représentants des locataires siègent au conseil d'administration ou de surveillance à compter de la clôture du dépouillement des élections. En cas d'empêchement pour une durée de plus de trois mois et après en avoir informé le président du conseil d'administration ou de surveillance, un représentant des locataires peut se faire remplacer, pendant la durée de l'empêchement et pendant un an au plus, par une personne figurant sur la même liste ;

6o La perte de la qualité de locataire met un terme au mandat d'administrateur ou de membre du conseil de surveillance du représentant des locataires qui est immédiatement remplacé dans les conditions fixées au 4o.

Art. R.* 423-90 Jusqu'à la première élection devant se tenir à la date mentionnée au 4o de l'article R. 423-89, les trois représentants des locataires des logements gérés par la société sont désignés chaque année dans les conditions fixées aux alinéas suivants.

Les représentants des locataires aux conseils d'administration ou de surveillance des actionnaires ayant donné des logements en gérance à la société au 1er novembre désignent parmi eux ces trois représentants et en informent le président du conseil d'administration ou de surveillance et le préfet du département du siège de la société au plus tard le 1er décembre.

A défaut, le préfet du département du siège de la société désigne parmi eux les représentants des locataires à raison d'un membre de chacune des trois listes ayant obtenu le plus grand nombre de voix aux dernières élections.

Les représentants ainsi désignés siègent au conseil d'administration ou de surveillance à compter du 1er janvier et pour un an. Toutefois, l'année où se tient l'élection prévue à l'article R. 423-89, leur mandat prend fin à la clôture du dépouillement de cette élection.

Art. R.* 423-91 *(Décr. no 2007-1677 du 28 nov. 2007)* La commission prévue à l'article L. 441-2, qui attribue nominativement chaque logement mis ou remis en location, est composée et fonctionne conformément aux dispositions de l'article R. 441-9.

Art. R.* 423-92 Dans le mois suivant celui au cours duquel s'est tenue l'assemblée générale ordinaire réunie en application de l'article L. 225-100 du code de commerce, la société adresse au préfet et au ministre chargé du logement une copie des documents annuels soumis à l'assemblée générale des actionnaires, le procès-verbal de cette assemblée et les états réglementaires définis par arrêté du ministre chargé du logement.

En cas de report de l'assemblée générale, la décision de justice accordant un délai supplémentaire est transmise dans les mêmes conditions.

Les dispositions issues du Décr. no 2004-943 du 2 sept. 2004 peuvent être modifiées par décret en Conseil d'État, à l'exception de celles figurant aux art. R. 423-86, R.* 423-87 et R.* 423-88 qui seront modifiées dans les conditions prévues à l'art. 2 du Décr. no 97-34 du 15 janv. 1997. — V. ce texte, ci-dessus, Avertissement (Décr. no 2004-943 du 2 sept. 2004, art. 14).*

TITRE TROISIÈME **DISPOSITIONS FINANCIÈRES**

CHAPITRE PREMIER **PRÊTS ET CONCOURS FINANCIERS DIVERS AUX ORGANISMES D'HABITATIONS À LOYER MODÉRÉ**

SECTION PREMIÈRE **PRÊTS ET SUBVENTIONS DE L'ÉTAT**

(Décr. nº 81-166 du 20 févr. 1981)

SOUS-SECTION 1 **DISPOSITIONS GÉNÉRALES**

Art. R. 431-1 Des prêts *(Décr. nº 81-166 du 20 févr. 1981, art. 2)* « et des subventions » de l'État, dont l'objet, le montant maximum et les caractéristiques sont fixés par arrêté conjoint du ministre chargé des finances et du ministre chargé de la construction et de l'habitation, sont accordés aux organismes mentionnés à l'article L. 411-2 par le ministre chargé de la construction et de l'habitation sur proposition d'une commission comprenant :

– un représentant du ministre chargé de la construction et de l'habitation ;
– deux représentants du ministre chargé des finances ;
– un représentant du ministre de l'Intérieur ;
– un représentant du ministre chargé de l'agriculture ;
– un représentant du ministre chargé de la santé ;
– un représentant du directeur général de la Caisse des dépôts et consignations ;
– quatre représentants des organismes d'habitations à loyer modéré élus pour trois ans par lesdits organismes, dans les conditions fixées par arrêté du ministre chargé de la construction et de l'habitation.

Des personnalités qualifiées peuvent être entendues par la commission à titre consultatif.

V. Arr. du 20 févr. 1981 (JO 22 févr.) relatif aux dépassements des prix de revient maxima de base de la charge foncière des HLM à usage locatif. – Arr. du 20 févr. 1981 (JO 22 févr.) relatif à l'attribution d'une fraction du prêt accordé pour la réalisation d'HLM à usage locatif en vue de l'acquisition de terrains et de droits de construire.

Art. R. 431-2 L'octroi des prêts *(Décr. nº 81-166 du 20 févr. 1981, art. 3)* « et des subventions » prévus à l'article précédent ou des bonifications d'intérêts prévues à l'article R. 431-49 peut être subordonné à l'exécution normale, par rapport aux prévisions établies conformément aux directives données par le ministre chargé de la construction et de l'habitation, des constructions précédemment mises en chantier par l'organisme intéressé.

Dans le cadre de programmes pluriannuels, l'octroi des prêts *(Décr. nº 81-166 du 20 févr. 1981, art. 3)* « et des subventions » peut être subordonné à l'utilisation de plans et d'éléments techniques communs à plusieurs organismes.

Art. R. 431-3 Le montant des prêts peut atteindre le montant du prix de revient des logements que les organismes emprunteurs s'engagent à réserver aux fonctionnaires et agents de l'État, civils et militaires, dans leurs immeubles locatifs, dans la limite d'un pourcentage des logements construits qui ne peut, sauf cas exceptionnel, dépasser 20 p. 100 par immeuble.

Les conditions d'application du présent article, et notamment les conventions à passer entre l'État et les organismes d'habitations à loyer modéré ainsi que les conditions dans lesquelles les logements sont attribués par le conseil d'administration de l'organisme, sont fixées par arrêté conjoint du ministre chargé de la construction et de l'habitation et du ministre chargé des finances.

Art. R. 431-4 Le montant des prêts peut atteindre le coût total des opérations d'aménagement de logements destinés à être loués dans des immeubles domaniaux civils et militaires.

Ces opérations d'aménagement peuvent être réalisées par des *(Décr. nº 2008-566 du 18 juin 2008)*« offices publics de l'habitat » ou sociétés anonymes d'habitations à loyer modéré, dans des conditions fixées par des conventions passées avec le ministre chargé des finances et le ministre chargé de la construction et de l'habitation. Les conventions peuvent prévoir la gestion de ces immeubles par lesdits organismes.

Art. R. 431-5 Un arrêté du ministre chargé de la construction et de l'habitation et du ministre chargé des finances fixe le taux des intérêts moratoires en cas de retard dans le cas prévu par l'article L. 431-2.

Le recouvrement des sommes non remboursées dans un délai de trois mois et des intérêts de retard y relatifs est poursuivi par l'agent judiciaire de l'État.

Art. R. 431-6 Les intérêts afférents aux prêts consentis par la Caisse des dépôts et consignations à l'État pour l'application des dispositions du présent livre sont réglés trimestriellement au taux moyen du revenu ressortant de l'ensemble des placements de fonds effectués par la Caisse des dépôts et consignations pour son propre compte et pour le compte de la caisse nationale de prévoyance, de la caisse nationale d'épargne et des caisses d'épargne ordinaires pendant le trimestre précédant la réalisation des prêts à l'exception des emplois à court terme.

Le taux des intérêts afférents à ces prêts ne peut en aucun cas excéder le taux d'intérêt applicable au moment de leur réalisation aux prêts accordés par la Caisse des dépôts et consignations aux départements, communes et établissements publics.

Art. *R. 431-7 Le ministre chargé de la construction et de l'habitation peut, avec l'accord du ministre chargé des finances, consentir aux organismes d'habitations à loyer modéré, pour leurs opérations de construction à usage locatif retenues à un programme de financement sur proposition de la commission mentionnée à l'article R. 431-1, des prêts à taux réduits destinés à assurer le paiement des architectes et techniciens de leurs honoraires d'études et, s'il y a lieu, des dépenses afférentes aux sondages des terrains d'assiette.

Les organismes peuvent obtenir le montant de ces prêts sans apporter la justification de l'apport de la propriété du terrain et de la garantie d'une collectivité locale, et sans constituer une hypothèque au profit de l'État, à charge de régularisation ultérieure, lors de la réalisation des contrats afférents aux prêts principaux accordés pour le financement de la construction proprement dite.

Les prêts prévus ci-dessus ne peuvent être accordés que pour les opérations comportant deux cents logements au moins, à réaliser par un organisme d'habitations à loyer modéré ou par le mandataire commun d'un groupement de maîtres d'ouvrages constitué en application de l'article R. 433-1.

Ils peuvent également être accordés pour des opérations de moindre importance sur proposition de la commission prévue à l'article R. 431-1 au profit d'organismes ne possédant pas un patrimoine en exploitation de cinq cents logements au moins.

En aucun cas le montant de ces prêts ne peut excéder 4 p. 100 du prix de revient prévisionnel des constructions à réaliser. Ils font l'objet de contrats passés entre la Caisse des dépôts et consignations agissant au nom de l'État et l'organisme d'habitations à loyer modéré.

Dans le cas où, pour quelque raison que ce soit, l'opération de construction ne s'est pas réalisée, le prêt consenti doit être remboursé dans un délai de cinq ans à compter de la date du contrat.

Art. **R. 431-8 Les organismes mentionnés à l'article L. 411-2, autres que les sociétés de crédit immobilier, qui désirent obtenir des prêts de l'État dans les conditions prévues par les articles R. 431-1 à R. 431-6, doivent faire parvenir leur demande au directeur général de la Caisse des dépôts et consignations avec les pièces ci-après, certifiées conformes par le président :

1° *a*) En ce qui concerne les offices publics d'habitations à loyer modéré :

– le décret qui les a constitués ;

– les délibérations du conseil d'administration relatives à l'emprunt demandé, avec justification de l'approbation de l'autorité supérieure ;

– la liste des membres du conseil d'administration avec mention de leur qualité ;

– les comptes administratifs des trois exercices précédents, appuyés des délibérations du conseil d'administration qui les ont approuvés ;

– le budget de l'année courante.

b) En ce qui concerne les sociétés d'habitations à loyer modéré :

– les statuts portant mention de l'approbation ministérielle ;

– la liste des membres du conseil d'administration, avec mention de leur qualité et du nombre d'actions possédées par chacun d'eux ;

– les bilans des trois exercices précédents, appuyés des rapports du conseil d'administration et des comptes rendus des assemblées générales qui les ont approuvés.

c) En ce qui concerne les fondations :

– le décret qui les a reconnues d'utilité publique ;

– la liste des membres du conseil d'administration, avec mention de leur qualité ;

– les bilans des trois exercices précédents, appuyés des délibérations du conseil d'administration qui les ont approuvés ;

2° Un état détaillé des recettes et des dépenses effectuées depuis la clôture du dernier exercice ou l'établissement du dernier bilan produit ;

3° Une note relative au fonctionnement de l'organisme donnant, avec communication des plans et devis, les renseignements nécessaires sur les opérations projetées, les ressources que l'organisme peut y consacrer, l'équilibre financier des ressources et des charges probables après exécution du programme et les conditions de location des immeubles ;

4° Un état conforme au modèle déterminé par la commission d'attribution des prêts, donnant la situation de l'organisme à une date aussi rapprochée que possible de celle de la demande.

Dans le cas où ils ont obtenu la garantie du département ou de la commune, les offices publics, les sociétés d'habitations à loyer modéré et les fondations doivent produire une copie de la délibération par laquelle le conseil général ou le conseil municipal a :

a) Autorisé le préfet ou le maire à intervenir au contrat ;

b) Déterminé le montant de l'engagement pris et créé les ressources qui sont spécialement affectées à l'exécution de cet engagement et mises en recouvrement de plein droit en cas de besoin.

A cette délibération sont joints, le cas échéant, les actes autorisant la création des ressources.

Art. **R. 431-9 Tout prêt consenti pour le compte de l'État par la Caisse des dépôts et consignations, par application de l'article R. 431-1, donne lieu à l'établissement d'un contrat qui, en plus des stipulations concernant le montant du prêt et les conditions de réalisation et d'amortissement, doit mentionner notamment les dispositions prévues aux articles R. 431-10 à R. 431-16.

Art. **R. 431-10 A moins que le paiement des annuités ne soit garanti par la commune ou le département, l'organisme qui emprunte s'engage à consentir au profit de l'État, avant toute réalisation, une hypothèque de premier rang sur les immeubles servant de base à la commission d'attribution pour la détermination du montant de l'emprunt. Les frais de cette affectation hypothécaire et de toutes opérations qui en sont la conséquence ou la suite sont à la charge de l'organisme emprunteur.

L'hypothèque est prise pour le compte de l'État par le directeur général de la Caisse des dépôts et consignations ; la mainlevée partielle ou totale des inscriptions est donnée soit par le directeur général de la Caisse des dépôts et consignations, soit par l'agent judiciaire de l'État qui ont qualité pour le faire avec ou sans constatation de paiement.

En cas de garantie départementale ou communale, le contrat fait mention de la délibération prise par le conseil général ou par le conseil municipal et indique, s'il y a lieu, les modalités de cet engagement.

Art. **R. 431-11 Le versement des fonds a lieu en une ou plusieurs fois et sur justification d'emploi dans un délai d'un an à partir du jour où, toutes les formalités hypothécaires étant accomplies, la grosse de l'acte d'affectation hypothécaire est remise à la Caisse des dépôts et consignations. Lorsqu'il n'y a pas hypothèque, le délai d'un an court de la date de la signature du contrat.

La fraction de prêt qui n'a pas été réalisée à l'expiration de ce délai est annulée. Toutefois lorsque l'importance des travaux à exécuter et le montant élevé du prêt le justifient, le délai de réalisation peut être augmenté par la commission d'attribution des prêts.

Les versements prennent valeur du premier jour de la dizaine dans laquelle les fonds ont été mis à la disposition de l'organisme emprunteur.

Art. **R. 431-12 L'ensemble des sommes restant à amortir sur les prêts consentis par l'État ne doit pas dépasser le total des sommes restant dues tant par les débiteurs hypothécaires que par les locataires ou acquéreurs. S'il devient supérieur, la différence doit être versée à la Caisse des dépôts et consignations, lors de la plus proche échéance, pour être affecté à l'amortissement anticipé des emprunts réalisés auprès de ladite caisse.

Art. **R. 431-13 Les remboursements anticipés sont appliqués aux dernières annuités d'amortissement ; toutefois, sur la demande de l'organisme emprunteur, la Caisse des dépôts et consignations peut modifier l'amortissement de manière à répartir différemment les versements ainsi effectués.

Art. **R. 431-14 Pendant toute la durée du remboursement des prêts effectués pour le compte de l'État, les organismes débiteurs ne peuvent, sans l'autorisation préalable de la commission d'attribution des prêts, contracter d'autres emprunts, faire aucun achat de valeurs dont la libération totale ne sera pas immédiate, modifier les conditions de location et d'amortissement des immeubles bâtis ainsi que les conditions des prêts hypothécaires individuels en vigueur au moment de la conclusion du prêt, procéder à l'attribution, à la vente ou à l'échange de terrains ou d'immeubles bâtis.

La commission d'attribution des prêts peut déléguer à la Caisse des dépôts et consignations le pouvoir d'accorder dans les cas dont il s'agit les autorisations nécessaires.

Art. **R. 431-15 L'organisme emprunteur doit fournir à la Caisse des dépôts et consignations :

1o Avant le 31 mars de chaque année, un état conforme au modèle adopté par la commission d'attribution des prêts et donnant la situation détaillée des opérations au 31 décembre précédent ;

2o Avant le 30 juin de chaque année, le compte rendu de l'assemblée générale ordinaire, accompagné du bilan, du détail du compte « Profits et pertes », ainsi que de la copie du rapport du conseil d'administration et des commissaires aux comptes. Les *(Décr. nº 2008-566 du 18 juin 2008)* « offices publics de l'habitat » fournissent annuellement la délibération du conseil d'administration approuvant les comptes administratifs et de gestion de l'année précédente ;

3º Dans le délai d'un mois, le compte rendu des assemblées générales extraordinaires.

Il doit être fourni, en outre, à la Caisse des dépôts et consignations tous autres renseignements qui pourraient être demandés sur la situation financière de l'organisme emprunteur.

Art. **R. 431-16 Le remboursement du capital restant dû devient de plein droit immédiatement exigible :

a) Sans mise en demeure préalable :

1º En cas de retrait de l'approbation ministérielle prévue par la législation sur les habitations à loyer modéré ;

2º En cas de dissolution de l'organisme emprunteur ;

b) Un mois après simple mise en demeure par lettre recommandée :

1º En cas de violation des articles R. 431-12 et R. 431-14 ;

2º A défaut de paiement des annuités dans un délai d'un an ;

3º En cas de non-production des justifications prévues au contrat de prêt.

Art. **R. 431-17 Les sociétés et les unions de sociétés de secours mutuels, ainsi que les dispensaires publics d'hygiène sociale et de préservation antituberculeuse, sont, pour l'application de l'article L. 432-4 du présent code et de l'article 249 du code de la santé publique, assujettis aux dispositions des articles R. 431-8 à R. 431-16.

Art. **R. 431-18 Les organismes d'habitations à loyer modéré ayant obtenu des prêts de l'État par application du présent code sont tenus de verser, à la fin de chaque trimestre, à la Caisse des dépôts et consignations, le montant des remboursements anticipés qu'ils peuvent avoir reçus, au cours du trimestre, de leurs emprunteurs hypothécaires ou locataires acquéreurs. Ces versements, arrondis à un multiple de 0,30 €, doivent être appuyés d'un état nominatif indiquant le nom des emprunteurs ayant opéré des remboursements anticipés, le montant du remboursement effectué par chacun d'eux, la date à laquelle le prêt avait été consenti, ainsi que la durée de ce prêt.

• SOUS-SECTION 2 DISPOSITIONS PARTICULIÈRES AUX SOCIÉTÉS DE CRÉDIT IMMOBILIER

Sur les prêts des sociétés de crédit immobilier en vue de l'acquisition, de l'agrandissement et de l'amélioration des logements, V. Arr. du 26 juill. 1982 (JO 5 août), mod. par Arr. du 11 juill. 1983 (JO 23 juill.). – Circ. nº 77-128 du 26 août 1977 (BOMELT nº 77/73).

Art. **R. 431-19 Les sociétés de crédit immobilier désirant obtenir des prêts de l'État, dans les conditions prévues par les articles R. 431-1 à R. 431-6, doivent faire parvenir leur demande au directeur général de la Caisse des dépôts et consignations avec les pièces ci-après :

1º Deux exemplaires des statuts de la société portant mention de l'approbation ministérielle ;

2º La liste des membres du conseil d'administration et des commissaires de surveillance, avec indication de leurs qualités et domiciles ;

3º La liste des souscripteurs, avec mention du nombre d'actions possédées et du capital versé par chacun d'eux ;

4º Les trois derniers bilans annuels appuyés du compte rendu des assemblées générales qui les ont arrêtés ;

5º Un état détaillé des recettes et des dépenses depuis la date du dernier bilan produit ;

6o Une note exposant le fonctionnement de la société, sa situation financière ainsi que l'état détaillé de ses opérations suivant le modèle déterminé par la commission d'attribution des prêts ;

7o Dans le cas où la société de crédit immobilier a obtenu de la commune ou du département la garantie prévue à l'article L. 431-1, les pièces nécessaires pour établir l'existence de cette garantie.

Il peut être réclamé, en outre, toutes justifications et tous renseignements jugés nécessaires. Les pièces dont la production est prescrite par le présent article doivent être certifiées dans les conditions déterminées par la commission d'attribution des prêts.

Art. **R. 431-20 Tout prêt consenti pour le compte de l'État par la caisse nationale de prévoyance à une société de crédit immobilier, conformément aux dispositions des articles R. 431-1 à R. 431-6 donne lieu à l'établissement d'un contrat qui, en plus des stipulations concernant le montant du prêt et les conditions de réalisation et d'amortissement, doit mentionner notamment les dispositions prévues aux articles R. 431-21 à R. 431-24.

Art. **R. 431-21 Le versement des fonds a lieu en une ou plusieurs fois et sur justification d'emploi, dans un délai maximum de dix-huit mois à partir de la signature du contrat.

La fraction du prêt qui n'a pas été réalisée à l'expiration de ce délai est annulée.

Les versements prennent valeur du premier jour de la dizaine dans laquelle les fonds ont été mis à la disposition de la société.

Art. **R. 431-22 Pour toute avance consentie par une société de crédit immobilier à une société d'habitations à loyer modéré, par application de l'article L. 422-4, *c*, le contrat doit stipuler une règle de remboursement telle que le total des sommes restant dues à la société d'habitations à loyer modéré, par suite de l'emploi de cette avance, ne soit, à aucun moment, inférieur au solde restant dû à la société de crédit immobilier.

Art. **R. 431-23 La société de crédit immobilier doit fournir à la caisse nationale de prévoyance :

1o Avant le 15 février de chaque année, un état établi et certifié dans les mêmes conditions que l'état prévu au 6o de l'article R. 431-19, et donnant la situation détaillée des opérations de la société au 31 décembre précédent ;

2o Avant le 31 mars de chaque année, le compte rendu de l'assemblée générale approuvant les comptes de l'année précédente, accompagné du bilan et du détail du compte « profits et pertes » ainsi que de la copie du rapport du conseil d'administration et des commissaires aux comptes ;

3o Dans le délai d'un mois, le compte rendu des assemblées générales extraordinaires.

Elle doit fournir, en outre, à la caisse nationale de prévoyance tous autres renseignements qui pourraient être demandés sur la situation financière de la société.

Art. **R. 431-24 Le remboursement du capital restant dû devient de plein droit immédiatement exigible :

a) Sans mise en demeure préalable :

1o En cas de retrait de l'agrément ministériel prévu à l'article R. 422-16 ;

2o En cas de dissolution de la société ;

3o En cas de violation de l'article R. 431-22 sans préjudice du retrait de l'agrément ministériel prévu à l'article R. 422-16 ;

b) Un mois après simple mise en demeure par lettre recommandée :

1o A défaut de paiement des annuités dans un délai d'un an ;

2o En cas de non-production des justifications prévues au contrat de prêt.

SOUS-SECTION 3 PRÊTS AUX SOCIÉTÉS COOPÉRATIVES D'HABITATIONS À LOYER MODÉRÉ PAR L'INTERMÉDIAIRE DE LA CAISSE NATIONALE DE PRÉVOYANCE

Art. **R. 431-25 Les prêts consentis pour le compte de l'État par la caisse nationale de prévoyance aux sociétés coopératives d'habitations à loyer modéré sont soumis aux dispositions du présent chapitre.

Art. **R. 431-26 Outre les justifications prévues à l'article R. 431-19, les sociétés coopératives d'habitations à loyer modéré doivent, à l'appui de leurs demandes de prêts, fournir les documents nécessaires pour établir l'existence de la garantie prévue par l'article L. 431-1.

Art. **R. 431-27 Pour l'application de l'article L. 431-1, les sociétés coopératives d'habitations à loyer modéré doivent, lors de leur première demande d'avance, être admises au bénéfice dudit article par décision du ministre chargé de la construction et de l'habitation, après avis du ministre chargé des finances. Lorsqu'une société coopérative d'habitations à loyer modéré, qui a reçu des avances, a enfreint les prescriptions du présent livre (1re et 2e parties), elle est mise en demeure de fournir, dans le délai d'un mois et par écrit, ses observations sur les irrégularités relevées contre elle.

Passé ce délai et faute de justification suffisante, un arrêté pris de concert par le ministre chargé de la construction et de l'habitation et le ministre chargé des finances, après avis du conseil supérieur des habitations à loyer modéré, peut décider qu'elle ne recevra plus aucune avance nouvelle. En ce cas, sans mise en demeure préalable, le remboursement du capital restant dû par elle devient de plein droit immédiatement exigible, à dater de la notification de l'arrêté ministériel.

Art. **R. 431-28 Ce remboursement devient aussi de plein droit immédiatement exigible :

1o En cas de dissolution de la société ;

2o En cas de violation de l'article R. 431-22.

Art. **R. 431-29 Ce remboursement est également exigible mais un mois après simple mise en demeure par lettre recommandée :

1o A défaut de paiement des annuités dans le délai d'un an ;

2o En cas de non-production des justifications prévues au contrat de prêt.

SECTION II *[ABROGÉE]* CAISSE DE GARANTIE DU LOGEMENT SOCIAL

(Abrogée par Décr. no 2001-655 du 20 juill. 2001, art. 2)

Art. R. 431-30 *à* R. 431-38 *Abrogés par Décr. no 2001-655 du 20 juill. 2001, art. 2.*

Art. R. 431-39 *à* R. 431-48 *Abrogés par Décr. no 85-1449 du 30 déc. 1985.*

SECTION III BONIFICATIONS D'INTÉRÊTS

Art. R. 431-49 Des bonifications d'intérêts peuvent être accordées par l'État aux organismes d'habitations à loyer modéré pour les emprunts contractés ou émis par eux en vue de la réalisation de toutes les opérations prévues à l'article L. 411-1 et, notamment, pour les acquisitions foncières et les travaux de grosses réparations ou d'aménagement.

Art. *R. 431-50 Les modalités d'application de l'article R. 431-49 sont fixées par décret pris sur le rapport du ministre chargé de la construction et de l'habitation et du ministre chargé des finances.

Des arrêtés des mêmes ministres déterminent le taux des bonifications prévues par l'article R. 431-49 dans la limite de 3,50 p. 100 par an, pendant vingt-cinq ans. Ce taux peut atteindre au maximum 4,50 p. 100 pendant les dix premières années.

Toutefois, pour les prêts consentis par la caisse de prêts aux organismes d'habitations à loyer modéré, le taux maximum de bonification peut être porté à 6,70 p. 100 au cours des trois premières années et à 3,77 p. 100 pendant les vingt-sept années suivantes.

Art. R. 431-51 Les bonifications prévues à l'article R. 431-49 sont accordées par le préfet pour les sommes provenant d'emprunts contractés par les organismes d'habitations à loyer modéré et de crédit immobilier avec son autorisation, en vue de la construction de logements neufs ou de l'aménagement de locaux existants. Ne peuvent bénéficier de ces bonifications d'intérêts les sommes provenant d'emprunts contractés pour des opérations bénéficiant des prêts consentis par la caisse de prêts aux organismes d'habitations à loyer modéré ou des primes à la construction prévues par l'article R. 311-1.

Art. *R. 431-52 Ces bonifications d'intérêts sont calculées sur le montant des emprunts autorisés dans la mesure où ce montant n'excède pas :

– pour la construction d'immeubles locatifs ou de logements-foyers, le prix de revient, toutes dépenses confondues, déterminé conformément aux dispositions de l'arrêté fixant les caractéristiques techniques et de prix de revient des habitations à loyer modéré à usage locatif ;

– pour les opérations d'accession à la propriété, le plafond des prêts individuels déterminé par arrêté interministériel ;

– pour les autres opérations prévues à l'article L. 411-1, le montant maximum fixé conjointement par le ministre chargé de la construction et de l'habitation et le ministre chargé des finances.

Art. R. 431-53 Les demandes de bonifications d'intérêts doivent être adressées par les organismes d'habitations à loyer modéré, ou de crédit immobilier au directeur départemental de l'équipement compétent dans la commune où doivent être réalisées les opérations. Elles sont établies conformément aux instructions du ministre chargé de la construction et de l'habitation.

Art. R. 431-54 Les arrêtés individuels prévus par l'article R. 431-50 fixent le taux et la durée des bonifications ainsi que le délai dans lequel les travaux devront être achevés.

Art. R. 431-55 Les fonds provenant des emprunts pour lesquels les organismes d'habitations à loyer modéré ont obtenu l'attribution de bonifications sont versés à un compte de dépôt ouvert par la Caisse des dépôts et consignations. Ils ne peuvent être retirés que sur production des justifications demandées par cet établissement.

Art. R. 431-56 Les bonifications sont payées aux organismes bénéficiaires, sur leur demande, par la Caisse des dépôts et consignations dans le mois précédant les échéances prévues aux contrats d'emprunts.

Les sommes nécessaires au service des bonifications sont versées par le Trésor à la Caisse des dépôts et consignations qui les porte au crédit d'un compte spécial que cet établissement ouvre dans ses écritures. Ce compte est débité lors des paiements effectués.

SECTION IV DISPOSITIONS DIVERSES

SOUS-SECTION 1 GARANTIE ET CONCOURS FINANCIERS DIVERS DES COLLECTIVITÉS LOCALES ET DE LEURS ÉTABLISSEMENTS PUBLICS

Art. R. 431-57 Les délibérations des conseils municipaux ou des conseils généraux portant garantie de remboursement des emprunts contractés par les organismes d'habitations à loyer modéré et de crédit immobilier doivent en même temps comporter un vote ferme des ressources nécessaires pour assurer la contribution éventuelle des collectivités garantes pendant toute la durée de l'amortissement desdits emprunts. Lorsqu'il s'agit d'emprunts contractés par des organismes constructeurs d'habitations à loyer modéré la garantie doit faire l'objet d'une délibération distincte pour chaque programme à financer.

Art. R. 431-58 La garantie donnée ne peut comporter aucune restriction ni réserve. En cas de défaillance de l'organisme d'habitations à loyer modéré ou de crédit immobilier garanti, la commune ou le département doit, sur simple notification de la Caisse des dépôts et consignations, poursuivre sans retard la mise en recouvrement des impositions votées à titre de garantie dans la limite nécessaire au versement des sommes dues à l'État, sans exiger que la caisse discute au préalable le débiteur défaillant. Dans le cas où le conseil municipal ou le conseil général refuse d'exécuter son obligation de garantie, l'autorité de tutelle doit obligatoirement recourir à la procédure prévue pour l'inscription d'office des dépenses obligatoires.

Art. R. 431-59 Une convention doit intervenir entre l'organisme garanti et la commune ou le département pour fixer les conditions dans lesquelles s'exerce la garantie. Cette convention, annexée à la délibération du conseil municipal ou du conseil général, doit indiquer que les paiements effectués par le garant ont le caractère d'avances recouvrables.

Elle fixe, s'il y a lieu, les modalités du remboursement desdites avances étant entendu que cette récupération ne peut être exercée qu'autant qu'elle ne met pas obstacle au service régulier des annuités restant encore dues aux établissements prêteurs.

Il doit être spécifié si ces avances portent ou non intérêts.

Art. R. 431-60 La convention indique les conditions dans lesquelles s'exerce le contrôle de l'organisme par la personne morale de droit public garante, et, notamment, les conditions dans lesquelles il est procédé aux vérifications prévues par le décret-loi du 30 octobre 1935.

Elle indique les documents à fournir périodiquement, et, au moins une fois par an, au département ou à la commune, pour lui permettre de suivre le fonctionnement de l'organisme.

Art. **R. 431-61 Les deux cinquièmes du patrimoine des établissements de bienfaisance qui peuvent être employés conformément aux dispositions de l'article L. 431-5 doivent être calculés d'après le cours de la Bourse pour les valeurs mobilières et, pour les immeubles, d'après l'évaluation qui est faite par un expert nommé par le préfet.

Les immeubles affectés aux services d'assistance ne sont pas compris dans cette évaluation et n'entrent pas en ligne de compte.

Les biens mobiliers ou immobiliers provenant de fondations et grevés d'une charge spéciale n'entrent en ligne de compte que sous déduction de la somme nécessaire pour faire face à ces charges.

En aucun cas, la somme dont les bureaux d'aide sociale, hospices et hôpitaux peuvent ainsi disposer ne doit dépasser le montant de leur fortune mobilière.

SOUS-SECTION 2 GARANTIES HYPOTHÉCAIRES

Art. R. 431-62 Les décisions de l'autorité administrative prévues à l'article L. 431-1, alinéas 1 et 3, sont prises par arrêté conjoint du ministre chargé des finances et du ministre chargé de la construction et de l'habitation.

Les décisions prévues au même article, alinéa 2, sont prises par le ministre chargé de la construction et de l'habitation ou son délégué.

SOUS-SECTION 3 MODALITÉS DE GESTION DE PRÊTS

Art. R. 431-63 *(Décr. nº 93-619 du 27 mars 1993, art. 2)* Les organismes d'HLM peuvent recourir au contrat de délégation visé à l'article 1275 du code civil en vue de déléguer un remboursement de prêt, à la condition que l'établissement prêteur déclare expressément et sans réserve qu'il entend décharger l'organisme d'habitations à loyer modéré qui a fait délégation de l'obligation de rembourser ce prêt et qu'ainsi ledit contrat opère novation.

CHAPITRE II PRÊTS AUX AUTRES ORGANISMES ET COLLECTIVITÉS

SECTION PREMIÈRE PRÊTS DE L'ÉTAT AUX COMMUNES

Art. *R. 432-1 Les communes qui ont été régulièrement autorisées à construire des habitations à loyer modéré collectives comprenant des logements pour familles nombreuses et sont par suite appelées à bénéficier, en ce qui concerne ces constructions, de prêts dans les mêmes conditions que les sociétés d'habitations à loyer modéré doivent, pour obtenir des prêts en application de l'article L. 432-1, faire parvenir leur demande au directeur général de la Caisse des dépôts et consignations avec les pièces ci-après :

1º Le décret en Conseil d'État qui autorise la commune à construire des habitations à loyer modéré ;

2º La délibération du conseil municipal revêtue de l'approbation de l'autorité supérieure portant :

a) Vote de l'emprunt et des autres ressources dont la commune aura besoin pour exécuter les opérations projetées ;

b) Création de ressources spécialement affectées au paiement des annuités de l'emprunt et mises en recouvrement de plein droit en cas de besoin, à moins que les annuités de l'emprunt ne soient garanties par des crédits spéciaux votés par le département, ou consentement au profit de l'État d'une hypothèque de premier rang sur les immeubles servant de base à la commission d'attribution pour la détermination du montant de l'emprunt lorsque à défaut de la constitution de ressources spéciales garantissant le remboursement des annuités de prêt, celui-ci reste, conformément aux dispositions de l'article L. 431-1, subordonné à l'inscription d'une hypothèque ;

3º Un état certifié par le receveur municipal et visé par le maire, constatant :

a) Le montant de la taxe foncière, de la taxe d'habitation et de la taxe professionnelle dans la commune ;

b) Les centimes de toute nature que la commune est autorisée à s'imposer pour l'année courante et pour les années suivantes avec leur affectation, leur durée et la date de leur autorisation, alors même qu'ils ne seraient pas recouvrés en totalité ;

4º Un état du passif de la commune, comportant, s'il y a lieu, l'indication des prélèvements à effectuer pour l'avenir sur les revenus ordinaires, par suite d'engagements antérieurs ;

5º Un extrait des comptes administratifs indiquant :

a) Les recettes et les dépenses effectuées pendant les trois derniers exercices clos, avec distinction des opérations ordinaires, des opérations extraordinaires et des opérations supplémentaires ;

b) Pour chacun desdits exercices, l'excédent constaté à la fin de l'exercice antérieur ;

6º Une copie du dernier budget primitif et du dernier budget supplémentaire approuvé ;

7º Une copie de la convention passée entre la commune et l'office public *(Décr. nº 2008-566 du 18 juin 2008)* « de l'habitat » ou la société d'habitations à loyer modéré chargé de la gestion des immeubles, accompagnée d'une note donnant, avec communication des plans et devis, les renseignements nécessaires sur les opérations projetées, les conditions de location, ainsi que l'équilibre financier des ressources et des charges probables après exécution du programme ;

8º Dans le cas où elle a obtenu la garantie du département, la commune doit produire la délibération par laquelle le conseil général a autorisé le préfet à intervenir au contrat, déterminé le montant de l'engagement pris et créé les ressources spécialement affectées à l'exécution de cet engagement et mises en recouvrement de plein droit en cas de besoin. A cette délibération sont joints, le cas échéant, les actes autorisant la création de ressources.

Art. *R. 432-2 Les contrats relatifs aux prêts consentis pour le compte de l'État par la Caisse des dépôts et consignations aux communes mentionnent, notamment, les dispositions prévues aux articles R. 431-14, R. 431-15, alinéa 1er, 1º, R. 431-16.

Ils stipulent, en outre, que les communes sont tenues de fournir à la Caisse des dépôts et consignations, avant le 30 juin de chaque année, une copie certifiée du compte de gestion de l' *(Décr. nº 2008-566 du 18 juin 2008)* « office public de l'habitat » ou de la société d'habitations à loyer modéré chargé de gérer les immeubles.

Art. R. 432-3 *Abrogé par Décr. nº 2005-260 du 23 mars 2005, art. 3-IX.*

SECTION II PRÊTS DE L'ÉTAT AUX ASSOCIATIONS RECONNUES D'UTILITÉ PUBLIQUE ET AUX SOCIÉTÉS ET UNIONS DE SOCIÉTÉS DE SECOURS MUTUELS

Art. **R. 432-4 Les valeurs constituant le cautionnement des sociétés sont estimées au cours moyen de la Bourse de Paris de la veille du jour du dépôt et, à défaut de cours à cette date, au cours moyen du dernier jour où elles ont été cotées.

Art. **R. 432-5 Les prêts consentis pour le compte de l'État par la caisse nationale de prévoyance aux associations reconnues d'utilité publique et aux sociétés et unions de sociétés de secours mutuels sont soumis aux dispositions de la présente sous-section et des articles R. 431-19 à R. 431-29. A l'appui des demandes de prêts, doivent être produits deux exemplaires des statuts ainsi que les autres pièces prévues par l'article R. 431-19, à l'exception de celles qui sont visées aux 3º et 7º dudit article.

Art. **R. 432-6 Lorsqu'une association reconnue d'utilité publique, une société ou une union de sociétés de secours mutuels, admise à bénéficier d'avances de l'État, a enfreint les prescriptions du présent livre, elle est mise en demeure de fournir dans le délai d'un mois et par écrit, ses observations sur les irrégularités relevées contre elle. Passé ce délai, et faute de justification suffisante, un arrêté pris de concert par le ministre chargé de la construction et de l'habitation et le ministre de l'Économie et des Finances, après avis du conseil supérieur des habitations à loyer modéré peut décider qu'elle ne recevra plus aucune avance nouvelle. En ce cas, sans mise en demeure préalable, le remboursement du capital restant dû par elle devient de plein droit immédiatement exigible, à dater de la notification de l'arrêté ministériel.

Art. **R. 432-7 Ce remboursement est également exigible dans les cas prévus par les articles R. 431-28 et R. 431-29 et aux conditions déterminées par lesdits articles.

Art. **R. 432-8 Lorsque, par les soins de l'agent judiciaire de l'État, des sommes non payées, soit par une association, soit par une société ou union de sociétés de secours mutuels, ont dû être prélevées sur le cautionnement, la reconstitution du cautionnement au chiffre de 152,45 € *[1 000 F]* doit être effectuée dans un délai maximum d'un an. Si cette reconstitution n'est pas effectuée dans ledit délai, le remboursement du solde des emprunts devient exigible un mois après simple mise en demeure par lettre recommandée. Le cautionnement est restitué sur justification du remboursement intégral des avances de l'État. Dans les mêmes conditions, il met fin à l'affectation de fonds opérée sur les sociétés ou unions de sociétés de secours mutuels reconnues d'utilité publique ou approuvées.

SECTION III DISPOSITIONS COMMUNES

Art. R. 432-9 Les bénéficiaires des prêts mentionnés au présent chapitre sont soumis au contrôle du ministre chargé des finances et du ministre chargé de la construction et de l'habitation en ce qui concerne les opérations ayant donné lieu auxdits prêts.

CHAPITRE III MARCHÉS DES ORGANISMES D'HABITATIONS À LOYER MODÉRÉ

SECTION PREMIÈRE COORDINATION DES MARCHÉS DES OFFICES PUBLICS ET SOCIÉTÉS D'HABITATIONS À LOYER MODÉRÉ

Art. *R. 433-1 *(Décr. n° 2005-1742 du 30 déc. 2005, art. 50-1°)* Les organismes privés d'habitation à loyer modéré et les sociétés d'économie mixte exerçant une activité de construction ou de gestion de logements sociaux peuvent se grouper pour procéder à des achats, selon des modalités qu'ils déterminent librement.

Art. *R. 433-2 et *R. 433-3 *Abrogés par Décr. n° 2005-1742 du 30 déc. 2005, art. 51-3°.*

Art. R. 433-4 *(Décr. n° 2006-975 du 1er août 2006, art. 3)* Les marchés des *(Décr. n° 2008-566 du 18 juin 2008)* « offices publics de l'habitat » sont soumis aux règles fixées pour les collectivités territoriales et leurs établissements publics par le code des marchés publics.

Les dispositions du Décr. n° 2006-975 du 1er août 2006 sont entrées en vigueur le 1er sept. 2006 (Décr. préc., art. 8).

V. Instruction n° 12-007-M0 du 10 févr. 2012 relative aux marchés des OPH (NOR : BCRZ1200016J).

Dans la mesure où l'art. 256 du C. marchés publ. prescrit que « les soumissions et offres doivent être signées par les entrepreneurs ou fournisseurs qui les présentent », la commission d'appel d'offres d'un OPHLM est tenue de rejeter une offre non signée sans qu'aucune disposition législative ou réglementaire lui fît obligation d'inviter l'entreprise à régulariser a présentation de sa soumission. • CE 10 déc. 1993, *Sté Lopez entreprise*, req. nº 124529 : *D. 1994. Somm. 225, obs. Terneyre*.

SECTION II CONTRATS DES ORGANISMES PRIVÉS D'HABITATIONS À LOYER MODÉRÉ ET DES SOCIÉTÉS D'ÉCONOMIE MIXTE DE CONSTRUCTION ET DE GESTION DE LOGEMENTS SOCIAUX

(Décr. nº 93-746 du 27 mars 1993, art. 2)

Le décret du 27 mars 1993 (art. R. 433-5 à R. 433-23) est en vigueur le 1er sept 1993 ; il n'est pas applicable aux contrats entrant dans le champ d'application défini à l'art. R. 433-5 pour lesquels une consultation est engagée avant cette date (art. 11).

Art. R. 433-5 *(Décr. nº 2005-1742 du 30 déc. 2005, art. 50-2º)* **Les marchés définis aux articles L. 433-1 et L. 481-4 passés par les organismes privés d'habitations à loyer modéré et par les sociétés d'économie mixte exerçant une activité de construction ou de gestion de logements sociaux sont soumis aux dispositions du décret nº 2005-1742 du 30 décembre 2005 fixant les règles applicables aux marchés passés par les pouvoirs adjudicateurs mentionnés à l'article 3 de l'ordonnance nº 2005-649 du 6 juin 2005 relative aux marchés passés par certaines personnes publiques ou privées non soumises au code des marchés publics** *[V. **C. marchés publ.**]*, **sous réserve des dispositions prévues aux articles R. 433-6, R. 433-10, R. 433-18 et R. 433-20 à R. 433-23.**

Art. R. 433-6 *(Décr. nº 2005-1742 du 30 déc. 2005, art. 50-3º)* **Les organismes privés d'habitation à loyer modéré et les sociétés d'économie mixte exerçant une activité de construction ou de gestion de logements sociaux constituent une commission d'appel d'offres dont ils déterminent la composition, les modalités de fonctionnement et les pouvoirs. La commission examine les candidatures et les offres reçues lors de la passation des marchés dont le montant est supérieur aux seuils mentionnés à l'article 7 du décret nº 2005-1742 du 30 décembre 2005 fixant les règles applicables aux marchés passés par les pouvoirs adjudicateurs mentionnés à l'article 3 de l'ordonnance nº 2005-649 du 6 juin 2005 relative aux marchés passés par certaines personnes publiques ou privées non soumises au code des marchés publics** *[V. **C. marchés publ.**]*.

Ces mêmes marchés font en outre l'objet d'un rapport annuel sur leur exécution transmis au conseil d'administration ou de surveillance de l'organisme ou de la société d'économie mixte. Ce rapport comporte pour chaque marché le montant initial du contrat, le montant total des sommes effectivement versées et, le cas échéant, les raisons de l'écart constaté.

Art. R. 433-7 à R. 433-9 *Abrogés par Décr. nº 2005-1742 du 30 déc. 2005, art. 51-3º.*

Art. R. 433-10 *(Décr. nº 2005-1742 du 30 déc. 2005, art. 50-4º)* **Pour les marchés ayant à la fois pour objet la construction et l'exploitation ou la maintenance d'un ouvrage, si l'organisme choisit de recourir à un marché alloti, la construction fait obligatoirement l'objet d'un lot séparé. S'il choisit de recourir à un marché global, celui-ci fait obligatoirement apparaître de manière séparée les prix respectifs de la construction et de l'exploitation ou de la maintenance.**

Art. R. 433-11 à R. 433-17 *Abrogés par Décr. nº 2005-1742 du 30 déc. 2005, art. 51-3º.*

Art. R. 433-18 *(Décr. nº 93-746 du 27 mars 1993, art. 3)* Les contrats entrant dans le champ d'application défini à l'article R. 433-5 donnent lieu à des versements à titre d'avances, d'acomptes ou pour solde dans les conditions fixées ci-après :

— avances : une avance forfaitaire peut être accordée ; ses modalités de versement et de remboursement sont précisées dans le cahier des charges du contrat ;

— acomptes : les prestations qui ont donné lieu à un commencement d'exécution du contrat ouvrent droit à des acomptes. Les modalités de versement des acomptes sont précisées dans le cahier des charges du contrat.

Les règlements d'avances et d'acomptes n'ont pas le caractère de paiements définitifs, leur bénéficiaire en est débiteur jusqu'au paiement du solde du contrat.

Quand le contrat comporte une clause de variation de prix, il fixe la périodicité de mise en œuvre de cette clause, et l'ensemble des modalités relatives à celle-ci.

Art. R. 433-19 *Abrogé par Décr. nº 2005-1742 du 30 déc. 2005, art. 51-3º.*

SECTION III *[ABROGÉE]*

(Abrogée, à compter du 1er sept. 1993, par Décr. nº 93-746 du 27 mars 1993, art. 4)

SECTION IV DISPOSITIONS RELATIVES À CERTAINS CONTRATS PASSÉS PAR LES ORGANISMES PRIVÉS D'HABITATIONS À LOYER MODÉRÉ ET LES SOCIÉTÉS D'ÉCONOMIE MIXTE

(Décr. nº 93-746 du 27 mars 1993, art. 5)

Art. R. 433-20 *(Décr. nº 93-746 du 27 mars 1993, art. 6)* Les contrats de maîtrise d'œuvre des organismes privés d'habitations à loyer modéré et les sociétés d'économie mixte portant sur la réalisation de logements locatifs aidés par l'État à l'aide des prêts mentionnés à l'article R. 331-1 sont passés conformément aux règles prévues par le décret pris pour l'application de l'article 10 de la loi nº 85-704 du 12 juillet 1985 modifiée relative à la maîtrise d'ouvrage publique et à ses rapports avec la maîtrise d'œuvre privée. — *V. App., vº Maîtrise d'ouvrage publique.*

Art. R. 433-21 *(Décr. nº 93-746 du 27 mars 1993, art. 7)* Les concours d'architecture et d'ingénierie organisés par les organismes privés d'habitations à loyer modéré et les sociétés d'économie mixte pour la réalisation de logements locatifs aidés par l'État financés à l'aide des prêts mentionnés à l'article R. 331-1 sont organisés conformément aux règles prévues par le décret pris pour l'application de l'article 11 de la loi du 12 juillet 1985 modifiée relative à la maîtrise d'ouvrage publique et à ses rapports avec la maîtrise d'œuvre privée. — *V. App., vº Maîtrise d'ouvrage publique.*

Art. R. 433-22 *(Décr. nº 93-746 du 27 mars 1993, art. 8)* Pour la réalisation de logements locatifs aidés par l'État financés à l'aide des prêts mentionnés à l'article R. 331-1, soumis aux dispositions de la loi nº 85-704 du 12 juillet 1985 modifiée relative à la maîtrise d'ouvrage publique et à ses rapports avec la maîtrise d'œuvre privée *[V. App., vº Maîtrise d'ouvrage publique]*, les organismes privés d'habitations à loyer modéré et les sociétés d'économie mixte de construction et de gestion de logements sociaux peuvent passer des contrats portant à la fois sur l'établissement des études et l'exécution des travaux dans les conditions prévues par le titre Ier du décret pris pour l'application de l'article 18-1 de la loi du 12 juillet 1985 précitée.

Art. R. 433-23 *(Décr. nº 93-746 du 27 mars 1993, art. 9)* Les contrats passés par les organismes privés d'habitations à loyer modéré et les sociétés d'économie mixte pour la réalisation de logements locatifs aidés par l'État financés à l'aide des prêts

mentionnés à l'article R. 331-1, qui ont pour objet la réalisation d'un ouvrage à titre de recherche, d'essais ou d'expérimentation doivent respecter les règles prévues par le décret pris pour l'application de l'article 18-2 de la loi nº 85-704 du 12 juillet 1985 modifiée relative à la maîtrise d'ouvrage publique et à ses rapports avec la maîtrise d'œuvre privée. – *V. App., vº Maîtrise d'ouvrage publique.*

Art. R. 433-24 *à* R. 433-48 *Abrogés par Décr. nº 93-746 du 27 mars 1993, art. 1er.*

CHAPITRE IV RÉMUNÉRATION ET HONORAIRES DES ARCHITECTES, INGÉNIEURS ET TECHNICIENS

Art. R. 434-1 *à* R. 434-8 *Abrogés par Décr. nº 93-1268 du 29 nov. 1993, art. 32, à compter du 1er mai 1994 (Décr. préc., art. 33).*

TITRE QUATRIÈME RAPPORTS DES ORGANISMES D'HABITATIONS À LOYER MODÉRÉ ET DES BÉNÉFICIAIRES

CHAPITRE PREMIER CONDITIONS D'ATTRIBUTION DES LOGEMENTS ET PLAFONDS DE RESSOURCES. SUPPLÉMENT DE LOYER DE SOLIDARITÉ *(Décr. nº 96-355 du 25 avr. 1996).*

SECTION PREMIÈRE CONDITIONS D'ATTRIBUTION DES LOGEMENTS ET PLAFONDS DE RESSOURCES *(Décr. nº 96-355 du 25 avr. 1996).*

V. Circ. nº 99-86 du 30 nov. 1999 (BOMELT nº 99/23).

Art. *R. 441-1 *(Décr. nº 86-670 du 19 mars 1986, art. 1er)* **Les organismes d'habitations à loyer modéré attribuent les logements visés à l'article L. 441-1 aux bénéficiaires suivants :**

(Décr. nº 2010-1392 du 12 nov. 2010) **« 1º Les personnes physiques séjournant régulièrement sur le territoire français dans des conditions de permanence définies par un arrêté conjoint du ministre chargé de l'immigration, du ministre chargé des affaires sociales et du ministre chargé du logement, dont les ressources n'excèdent pas des limites fixées pour l'ensemble des personnes vivant au foyer, compte tenu des personnes à charge, par arrêté conjoint du ministre chargé du logement, du ministre chargé de l'économie et des finances et du ministre chargé de la santé.** *(Décr. nº 2011-624 du 1er juin 2011)* **« Ces plafonds de ressources sont révisés chaque année au 1er janvier en tenant compte de la variation de l'indice de référence des loyers appréciée par comparaison entre le troisième trimestre de l'antépénultième année et le troisième trimestre de l'année précédente ; »**

« 2º Dans les conditions fixées à l'article L. 442-8-1, les personnes morales mentionnées à cet article pour loger des personnes remplissant les conditions de ressources et de séjour définies au 1º ;

« 3° Dans les conditions fixées à l'article L. 442-8-4, les étudiants, les personnes de moins de trente ans ou les personnes titulaires d'un contrat d'apprentissage ou de professionnalisation qui séjournent régulièrement sur le territoire dans des conditions de permanence définies par l'arrêté prévu au 1°. »

Concernant les plafonds des ressources des bénéficiaires de la législation sur les HLM, et des nouvelles aides de l'État en secteur locatif, V. note de rédaction ss. art. L. 441-1.

Concernant les conditions de séjour des personnes visées au 1°, V. Arr. 15 mars 2010 (JO 27 mars). Sur la réservation et l'attribution des logements sociaux, V. Circ. 26 avr. 1994 (JO 7 juin).

1. Ces dispositions donnent compétence au Gouvernement pour définir une classification des ménages en vue de la fixation des plafonds de ressources applicables. En classant dans la même catégorie, à nombre d'enfants égal, les ménages composés d'un seul parent et les ménages dont les deux parents vivent au foyer, l'arrêté du 29 juill. 1987, eu égard à la situation difficile des familles monoparentales et aux objectifs définis par les dispositions de l'art. L. 441 n'a pas méconnu le principe d'égalité. • CE 15 déc. 2000, *Féd. nationale des familles de France*, req. n° 213439 : *Lebon 611*. ♦ De même le Gouvernement ne porte pas atteinte au principe d'égalité en définissant une modulation des plafonds de ressources différente en fonction des types de logements. • Même arrêt.

2. La CJCE a jugé qu'un État membre manquait à ses obligations communautaires lorsqu'il réserve à ses seuls ressortissants, par diverses dispositions de sa législation, l'accès à la propriété et à la location de logements construits ou restaurés à l'aide de fonds publics. • CJCE 14 janv. 1988, aff. 63/86 : *Commission c/ République italienne.*

Art. R. 441-1-1 *(Décr. n° 99-836 du 22 sept. 1999, art. 1er)* **Pour résoudre des problèmes graves de vacance de logements, faciliter les échanges de logements dans l'intérêt des familles, permettre l'installation d'activités nécessaires à la vie économique et sociale des ensembles d'habitations, ainsi que pour favoriser la mixité sociale dans les grands ensembles et les quartiers mentionnés au I de l'article 1466 A du code général des impôts, le préfet peut** *(Décr. n° 2005-260 du 23 mars 2005, art. 3-X)* **« fixer par arrêté » des règles dérogeant localement et temporairement aux conditions de ressources mentionnées au 1° de l'article R. 441-1. Cet arrêté détermine les plafonds de ressources dérogatoires applicables. Il désigne les immeubles ou les secteurs qui font l'objet de la dérogation ainsi que la durée de celle-ci. Dans les mêmes conditions, les dérogations aux plafonds de ressources peuvent également être accordées, en dehors des grands ensembles et des quartiers mentionnés au I de l'article 1466 A du code général des impôts, pour les logements d'un même immeuble ou ensemble immobilier lorsque ceux-ci sont occupés à plus de 65 % par des ménages bénéficiant de l'aide personnalisée au logement prévue aux articles L. 351-1 et suivants.**

En prévoyant la possibilité pour le préfet de déroger temporairement aux plafonds de ressources, l'art. R. 441-1-1 répond à l'objectif de mixité sociale dont la prise en compte doit être recherchée en plus de l'objectif de satisfaction des besoins des personnes à faible revenu. • CE 27 juill. 2001, *Assoc. Droit au logement*, req. n° 214768 : *AJDI 2002. 54, obs. Brouant*. ♦ Le principe d'égalité ne faisait pas obstacle à ce que, pour des motifs d'intérêt général, le pouvoir réglementaire prévoie la possibilité pour le préfet d'arrêter des règles dérogeant localement et temporairement aux conditions de ressources déterminées au plan national. • Même arrêt.

Art. R. 441-1-2 *(Décr. n° 2005-416 du 3 mai 2005, art. 5)* **Les conventions de délégation de compétence conclues en application des articles L. 301-5-1 ou L. 301-5-2 peuvent prévoir, afin de favoriser la mixité sociale, pour des logements d'un même immeuble situés dans des ensembles immobiliers ou quartiers dans lesquels plus de 20 % des logements locatifs sociaux sont vacants depuis au moins trois mois ou pour des logements situés dans des quartiers classés en zone urbaine sensible définie au 3° de l'article 42 de la loi n° 95-115 du 4 février 1995 d'orientation pour l'aménagement et le développement des territoires** *[V. ce texte, App., v° Zones prioritaires d'aménagement du territoire]* **ou pour les logements d'un même immeuble ou ensemble immobilier lorsqu'ils**

sont occupés à plus de 65 % par des ménages bénéficiant des aides personnelles au logement mentionnées au 5o de l'article L. 301-2, des majorations aux plafonds de ressources fixés par l'arrêté prévu au 1o de l'article R. 441-1 et au premier alinéa de l'article R. 331-12, sans pouvoir dépasser ces derniers de plus de 30 %.

Art. *R. 441-2 *Abrogé par Décr. no 2000-1079 du 7 nov. 2000, art. 2.*

Art. R. 441-2-1 *(Décr. no 2010-431 du 29 avr. 2010)* **Les personnes ou services qui enregistrent les demandes de logement locatif social sont les suivants :**

***a)* Les organismes d'habitations à loyer modéré disposant d'un patrimoine locatif ;**

***b)* Les sociétés d'économie mixte de construction et de gestion de logements sociaux disposant d'un patrimoine locatif conventionné en application de l'article L. 351-2 ;**

***c)* Les sociétés d'économie mixte constituées en application de la loi no 46-860 du 30 avril 1946 ou de la loi no 83-597 du 7 juillet 1983 dans les départements d'outre-mer pour les logements leur appartenant et construits, acquis ou améliorés avec le concours financier de l'État ;**

***d)* Les services de l'État désignés à cette fin par le préfet ;**

***e)* Le département, les communes et les établissements publics de coopération intercommunale compétents lorsqu'ils ont pris une délibération à cet effet ;**

(Décr. no 2011-2057 du 30 sept. 2011, art. 1er) **« *f)* Lorsqu'ils sont bénéficiaires de réservations de logements en application de l'article R. 441-5 et qu'ils ont conclu avec le préfet ou, en Île-de-France, le préfet de région, la convention prévue au III de l'article R. 441-2-5, les employeurs, pour les demandes de leurs salariés, les collecteurs de la participation des employeurs à l'effort de construction, pour les demandes des salariés des entreprises cotisant auprès d'eux, et les organismes à caractère désintéressé. »**

Les services d'enregistrement mentionnés aux alinéas précédents peuvent confier à l'un d'entre eux ou à un mandataire commun sur lequel ils ont autorité la mission d'enregistrer les demandes pour leur compte.

Lorsqu'un département, une commune, un établissement public de coopération intercommunale ou un bénéficiaire de réservations de logements qui n'a pas décidé d'assurer le service d'enregistrement ou un service de l'État qui n'a pas été désigné par le préfet à cette fin est saisi d'une demande de logement social, il oriente le demandeur vers un service susceptible de procéder à l'enregistrement.

Le préfet désigne un service de l'État chargé d'établir, mettre à jour et tenir à la disposition du public la liste et l'adresse des services chargés dans le département d'enregistrer les demandes de logement social.

V. Circ. du 3 janv. 2011 relative à la mise en œuvre de la réforme de la demande de logement locatif social (BOMEDDTL no 2011/3, p. 77).

COMMENTAIRE

Le décret no 2010-431 du 29 avril 2010 réforme la procédure d'enregistrement des demandes de logement locatif social. La loi d'orientation relative à la lutte contre les exclusions de 1998 a en effet prévu la mise en place d'un « numéro unique » départemental d'enregistrement dont le régime a été précisé par un décret du 7 novembre 2000. La réforme multiplie le nombre de services habilités à enregistrer les demandes et instaure, pour la région Île-de-France, un numéro unique régional. Le dispositif a été modifié par le décret no 2011-2057 du 30 décembre 2011 qui permet au préfet, en cas de refus de signature de la convention d'organisation du dispositif par les institutions concernées, de fixer les conditions de participation par arrêté.

Un arrêté ministériel fixe la liste des pièces justificatives qui doivent être fournies. Cette liste étant limitative, aucune autre pièce ne peut être demandée pour l'instruction des demandes. La date de réception de la demande constitue le point de départ pour le délai dit « anormalement long » au-delà duquel les demandeurs peuvent saisir la commission de médiation prévue à l'art. L. 441-2-3. ❑

Est illégale la délibération du conseil municipal qui prévoit, pour les propositions au titre de son contingent de réservation, une priorité au profit des demandeurs résidant ou ayant résidé depuis deux ans au moins dans la commune. • CE 5 oct. 1998, *Cne de Longjumeau,* req. nº 172597 : *Lebon T. 768* ; *LPA 1999, nº 94, obs. Brouant.*

Art. R. 441-2-2 *(Décr. nº 2010-431 du 29 avr. 2010)* **La demande de logement social s'effectue auprès de l'un des services d'enregistrement mentionnés à l'article R. 441-2-1. Elle peut être adressée par voie électronique si le service d'enregistrement a prévu cette faculté.**

Elle est présentée au moyen d'un formulaire dont le modèle est fixé par arrêté du ministre chargé du logement *[V. Arr. 14 juin 2010, JO 7 juill., mod. par Arr. 9 sept. 2010, JO 21 sept.]*. **Le formulaire comprend les rubriques suivantes :**

a) **Identité du demandeur et des autres personnes à loger ;**

b) **Adresse du demandeur et autres coordonnées permettant de le joindre ;**

c) **Situation de famille du demandeur ;**

d) **Situation professionnelle du demandeur et des autres personnes à loger ;**

e) **Ressources du demandeur et des personnes à loger et revenu imposable ;**

f) **Situation actuelle de logement ;**

g) **Motifs de la demande ;**

h) **Type de logement recherché et localisation souhaitée ;**

i) **Le cas échéant, handicap d'une des personnes à loger rendant nécessaire l'adaptation du logement.**

Décret nº 2010-431 du 29 avril 2010,

Relatif à la procédure d'enregistrement des demandes de logement locatif social.

Art. 2 Dès l'entrée en vigueur de l'arrêté ministériel prévu à l'article R. 441-2-2 issu du présent décret, les demandes de logement social sont présentées selon les modalités prévues par ce même article R. 441-2-2. Il ne peut être demandé pour l'instruction de ces demandes d'autres pièces justificatives que celles prévues par cet arrêté. Jusqu'à la mise en service du système national d'enregistrement conforme aux dispositions du présent décret, ces demandes continuent à être enregistrées dans le centre informatique défini au premier alinéa de l'article 3 du décret susvisé du 7 novembre 2000.

L'avertissement en vue du renouvellement des demandes enregistrées dans le centre informatique mentionné au premier alinéa est notifié, selon les modalités prévues à l'article R. 441-2-7 issu du présent décret, par le service qui a procédé à l'enregistrement de la demande puis, après la mise en service du système national d'enregistrement conforme au présent décret, par le gestionnaire du centre informatique mentionné au premier alinéa. Le renouvellement de la demande est présenté par le demandeur selon les modalités définies au troisième alinéa du même article R. 441-2-7. En l'absence de renouvellement dans le délai imparti, le gestionnaire du centre informatique mentionné au premier alinéa, après avoir vérifié cette carence auprès du gestionnaire départemental ou, en Île-de-France, du gestionnaire régional du nouveau système d'enregistrement, procède à la radiation de la demande.

Pour l'application du présent article, la date de la mise en service du système national d'enregistrement est fixée par arrêté du ministre chargé du logement *[V. Arr. 28 mars 2011, JO 6 avr.]*. En cas de désignation d'un système d'enregistrement particulier en application du second alinéa du I de l'article R. 441-2-5 issu du présent décret, la date de sa mise en service est fixée par arrêté du préfet compétent.

Art. 3 Sous réserve des dispositions de l'article 2 du présent décret, le décret susvisé du 7 novembre 2000 est abrogé.

Art. R. 441-2-3 *(Décr. no 2010-431 du 29 avr. 2010)* Dès réception du formulaire renseigné, accompagné de la copie d'une pièce attestant l'identité du demandeur et, s'il y a lieu, de la régularité de son séjour sur le territoire national, la demande fait l'objet d'un enregistrement dans les conditions prévues à l'article R. 441-2-5. Cet enregistrement donne lieu à l'attribution d'un numéro unique départemental ou, en Île-de-France, d'un numéro unique régional.

La date de réception de la demande constitue le point de départ des délais mentionnés à l'article L. 441-1-4.

Aucune condition de résidence préalable ne peut être opposée au demandeur pour refuser l'enregistrement de sa demande.

Art. R. 441-2-4 *(Décr. no 2010-431 du 29 avr. 2010)* Dans les conditions prévues aux deuxième et troisième alinéas de l'article L. 441-2-1, le service d'enregistrement adresse au demandeur une attestation d'enregistrement de la demande. L'attestation comporte les mentions suivantes :

a) Les nom, prénom et adresse du demandeur ;

b) L'indication des nom et adresse du service qui a procédé à l'enregistrement ;

c) Le numéro départemental ou, en Île-de-France, le numéro régional ;

d) La date de réception de la demande et, le cas échéant, de celle de son dernier renouvellement ;

e) La liste des bailleurs disposant de logements sociaux dans les communes demandées ;

f) Les cas dans lesquels la commission de médiation prévue à l'article L. 441-2-3 peut être saisie ;

g) La date à partir de laquelle le demandeur peut saisir la commission de médiation et l'adresse de la commission ;

h) La durée de validité de la demande, les modalités de son renouvellement et les conditions de radiation.

Une annexe à l'attestation indique les pièces justificatives qui doivent être produites lors de l'instruction de la demande et les pièces justificatives complémentaires que le service instructeur peut demander. La liste limitative de ces pièces justificatives, notamment les documents qui permettent, en l'absence d'avis d'imposition, de s'assurer des ressources du demandeur et des personnes à loger, est fixée par l'arrêté prévu à l'article R. 441-2-2.

Art. R. 441-2-5 *(Décr. no 2010-431 du 29 avr. 2010)* I. – Les informations renseignées dans le formulaire de la demande de logement social, ainsi que leurs modifications ultérieures, sont enregistrées dans un système national de traitement automatisé, géré par les services placés sous l'autorité du ministre chargé du logement *(Décr. no 2011-2057 du 30 déc. 2011, art. 2-1o)* « , mis en œuvre en Île-de-France par un gestionnaire régional désigné par le préfet de région et sur le reste du territoire par un gestionnaire départemental désigné par le préfet. » – *V. Arr. 28 mars 2011 (JO 6 avr.).*

(Abrogé par Décr. no 2011-2057 du 30 déc. 2011, art. 2-1o) ***« Le préfet ou, en Île-de-France, le préfet de région peut, par dérogation au premier alinéa, désigner pour enregistrer les demandes de logement social un système particulier de traitement automatisé couvrant le territoire du département ou, en Île-de-France, le territoire de la région. Ce système est commun à tous les bailleurs sociaux et à toutes les autres personnes mentionnées à l'article R. 441-2-1 assurant dans ce territoire le service d'enregistrement. Il doit répondre aux règles fixées aux articles R. 441-2-3, R. 441-2-4 et R. 441-2-6 et être conforme à un cahier des charges arrêté par le ministre chargé du logement*** *[V. Arr. 25 nov. 2010, JO 3 déc.].* ***Ses caractéristiques techniques assurent l'alimentation sans délai, à des fins d'exploitation statistique, du système national de traitement prévu à l'alinéa précédent. »***

II. – Le gestionnaire départemental ou, en Île-de-France, le gestionnaire régional responsable du fonctionnement du système d'enregistrement dans son ressort territorial est chargé notamment d'affecter aux utilisateurs les codes d'accès au système d'enregistrement et de tenir à jour la liste des codes d'accès, de veiller à ce que les procédures d'enregistrement, de renouvellement et de radiation des demandes soient régulièrement mises en œuvre *(Abrogé par Décr. no 2011-2057 du 30 déc. 2011, art. 2-2o)* *« et d'assurer le suivi pour chaque demandeur des délais mentionnés à l'article L. 441-1-4 ».*

III. – Le préfet ou, en Île-de-France, le préfet de région conclut avec les personnes mentionnées à l'article R. 441-2-1 assurant le service d'enregistrement une convention qui fixe les conditions et modalités de mise en œuvre du système d'enregistrement. Cette convention précise notamment l'organisation locale de la gestion du système *(Abrogé par Décr. no 2011-2057 du 30 déc. 2011, art. 2-3o)* *« placée sous la responsabilité du gestionnaire départemental ou du gestionnaire régional. »* *(Décr. no 2011-2057 du 30 déc. 2011, art. 2-3o et 4o)* « Lorsqu'une personne mentionnée au *a*, *b* ou *c* de l'article R. 441-2-1 refuse de signer la convention, le préfet fixe par arrêté les conditions de sa participation au système d'enregistrement*[.]*

« IV. – Le préfet ou, en Île-de-France, le préfet de région peut, par dérogation aux I à III ci-dessus, désigner pour enregistrer les demandes de logement locatif social un système particulier de traitement automatisé couvrant le territoire du département ou, en Île-de-France, le territoire de la région. Ce système est commun à tous les bailleurs sociaux et à toutes les autres personnes mentionnées à l'article R. 441-2-1 assurant dans ce territoire le service d'enregistrement. Il doit répondre aux règles fixées aux articles R. 441-2-3, R. 441-2-4 et R. 441-2-6 et être conforme à un cahier des charges arrêté par le ministre chargé du logement. Ses caractéristiques techniques assurent l'alimentation sans délai, à des fins d'exploitation statistique, du système national de traitement prévu au I. Ce système particulier fait l'objet d'une convention qui précise notamment son organisation locale. »

Art. R. 441-2-6 *(Décr. no 2010-431 du 29 avr. 2010)* Les demandes de logement social et les informations nominatives enregistrées par un service d'enregistrement dans le département ou, en Île-de-France, dans la région sont accessibles, exclusivement pour l'attribution des logements sociaux :

a) Aux bailleurs sociaux disposant de logements locatifs dans le département ou, en Île-de-France, dans la région ;

(Décr. no 2011-2057 du 30 déc. 2011, art. 3-1o) « *b)* Aux services de l'État mentionnés à l'article R. 441-2-1 et à ceux qui effectuent le suivi des attributions de logements réservés par l'État mentionnés à l'article L. 441-1 ainsi qu'aux services de l'État qui assurent le secrétariat de la commission de médiation prévue à l'article L. 441-2-3 et l'exécution de ses décisions*[;]* »

c) Au département, aux communes et aux établissements publics de coopération intercommunale *(Décr. no 2011-2057 du 30 déc. 2011, art. 3-2o)* « en tant qu'ils assurent le service d'enregistrement », pour les demandes d'attribution de logement situé sur leur territoire ;

d) Aux établissements publics de coopération intercommunale qui ont conclu l'accord collectif intercommunal prévu à l'article L. 441-1-1, pour les demandes d'attribution de logement situé sur leur territoire ;

e) *(Décr. no 2011-2057 du 30 déc. 2011, art. 3-3o)* « Aux organismes ou collectivités bénéficiaires de réservation » de logements sociaux qui assurent le service d'enregistrement si les logements sur lesquels ils sont titulaires de droits de réservation sont situés dans le département ou, en Île-de-France, dans la région ;

f) Au mandataire commun mentionné à l'article R. 441-2-1, pour l'exercice de sa mission ;

g) Au gestionnaire départemental ou, en Île-de-France, au gestionnaire régional du système d'enregistrement.

Les demandes et les informations nominatives enregistrées sont également accessibles, pour les besoins de ses missions, au *(Décr. no 2011-2057 du 30 déc. 2011, art. 3-4o)* « service de l'État ou du département qui assure le secrétariat des instances locales du plan départemental d'action pour le logement des personnes défavorisées, mentionnées » à l'article 4 de la loi nº 90-449 du 31 mai 1990 relative à la mise en œuvre du droit au logement *[V. App, vº Droit au logement]*.

Les données non nominatives peuvent être transmises, à des fins d'exploitations statistiques et d'études, à d'autres destinataires dans les conditions définies par l'acte réglementaire qui, en application de la loi nº 78-17 du 6 janvier 1978 modifiée relative à l'informatique, aux fichiers et aux libertés *[V. C. **adm.**]*, autorise le traitement automatisé.

Art. R. 441-2-7 *(Décr. nº 2010-431 du 29 avr. 2010)* La demande de logement social a une durée de validité d'un an à compter de sa présentation initiale ou, le cas échéant, de son dernier renouvellement.

(Décr. nº 2011-2057 du 30 déc. 2011, art. 4) « Un mois au moins avant la date d'expiration de validité de la demande, le demandeur reçoit notification, par lettre recommandée avec accusé de réception ou tout autre moyen permettant d'attester la remise, de la date à laquelle sa demande cessera d'être valide si la demande n'est pas renouvelée. Cette notification l'informe que le défaut de renouvellement dans le délai imparti entraînera la radiation de sa demande. Cette notification peut s'effectuer par voie électronique si le demandeur a accepté cette modalité. Un arrêté du ministre chargé du logement précise les conditions d'application de ces dispositions. »

Pour renouveler sa demande, le demandeur utilise le formulaire prévu à l'article R. 441-2-2 en actualisant les informations contenues dans sa demande initiale ou fournies lors du dernier renouvellement. Le renouvellement de la demande est présenté auprès de l'un des services d'enregistrement mentionnés à l'article R. 441-2-1. Il peut être adressé par voie électronique si le service d'enregistrement a prévu cette faculté.

Toute mise à jour ou correction des informations contenues dans la demande est effectuée sous le numéro d'enregistrement délivré lors de la présentation initiale de la demande, en conservant la date de cette présentation initiale.

Une attestation d'enregistrement du renouvellement de la demande est remise au demandeur dans les conditions prévues à l'article R. 441-2-4.

V. Décr. nº 2010-431 du 29 avr. 2010, art. 2, ss. art. R. 441-2-2.

Art. R. 441-2-8 *(Décr. nº 2010-431 du 29 avr. 2010)* Une demande ne peut faire l'objet d'une radiation du fichier d'enregistrement que pour l'un des motifs suivants, qui demeure inscrit au fichier :

a) Attribution d'un logement social au demandeur ; l'organisme qui a attribué le logement procède à la radiation dès la signature du bail, sous peine des sanctions pécuniaires prévues à l'article L. 451-2-1 ;

b) Renonciation du demandeur adressée par écrit à l'un des services d'enregistrement, qui procède sans délai à la radiation ;

c) Absence de réponse du demandeur à un courrier envoyé à la dernière adresse indiquée par l'intéressé ; le service expéditeur du courrier, après en avoir avisé l'intéressé, procède à la radiation un mois après cet avertissement ;

d) Irrecevabilité de la demande au regard des conditions législatives et réglementaires d'accès au logement social, prononcée par la commission d'attribution d'un organisme bailleur ; l'organisme bailleur, après en avoir avisé l'intéressé, procède à la radiation un mois après cet avertissement ;

e) Absence de renouvellement de la demande dans le délai imparti par la lettre de notification adressée au demandeur en application de l'article R. 441-2-7 ; le gestionnaire du système procède à la radiation.

L'avertissement mentionné aux *c* et *d* ci-dessus est effectué par lettre recommandée avec accusé de réception ou tout autre moyen permettant d'attester de la remise.

Art. R. 441-2-9 *(Décr. nº 2012-718 du 7 mai 2012, en vigueur le 1er janv. 2013)* En cas de radiation du fichier d'enregistrement pour le motif mentionné au *a* de l'article R. 441-2-8, l'organisme qui a attribué le logement saisit l'identifiant du logement dans le répertoire des logements locatifs prévu aux articles L. 411-10 et R. 411-3, en précisant si l'attribution relève de l'accord collectif départemental prévu à l'article L. 441-1-2 ou, le cas échéant, de l'accord collectif intercommunal prévu à l'article L. 441-1-1, si l'attributaire du logement était reconnu prioritaire en application de l'article L. 441-2-3 et si le logement attribué a été imputé sur un contingent de réservations au titre de l'article R. 441-5, en distinguant, au sein des attributions effectuées sur des logements réservés par l'État, celles qui sont prononcées au bénéfice de ses agents civils et militaires. Les attributions imputées sur des logements réservés par l'État pour le logement des fonctionnaires au moyen des conventions prévues aux articles R. 314-4, R. 314-16 ou R. 314-21 et soumis aux dispositions de l'article L. 441-1 sont identifiées lors de cet enregistrement.

Lorsque l'attribution a porté sur un logement ne comportant pas d'identifiant dans le répertoire des logements locatifs, le bailleur précise également sa localisation au sens du *d* de l'article R. 411-3, ses caractéristiques principales, dont sa surface et son type, ainsi que le montant du loyer.

Dans les deux cas, il actualise les informations mentionnées au I de l'article R. 441-2-5 en fonction de la situation de l'attributaire au moment de l'attribution et précise, le cas échéant, s'il est déjà logé dans son parc.

Art. R.* 441-3 *(Décr. nº 2007-1677 du 28 nov. 2007)* Les commissions d'attribution prévues à l'article L. 441-2 procèdent à l'attribution des logements en veillant à la mixité sociale des villes et quartiers selon les critères et au bénéfice, notamment, des demandeurs prioritaires définis aux articles L. 441-1, L. 441-1-1 et L. 441-1-2 ainsi qu'au bénéfice des personnes visées au plan départemental d'action pour le logement des personnes défavorisées.

Sauf en cas d'insuffisance du nombre des candidats, les commissions examinent au moins trois demandes pour un même logement à attribuer. *(Décr. nº 2010-398 du 22 avr. 2010, art. 2)* « Il est fait exception à cette obligation quand elles examinent les candidatures de personnes désignées par le préfet en application du septième alinéa du II de l'article L. 441-2-3. »

(Décr. nº 2011-176 du 15 févr. 2011) « La commission d'attribution peut attribuer le logement en classant les candidats par ordre de priorité, l'attribution du logement étant prononcée au profit du candidat suivant en cas de refus du logement par le candidat classé devant lui. »

Aucune disposition du code ne subordonne l'attribution de logements sociaux à une condition de ressources minimales. Dès lors une SA d'HLM qui a elle-même fixé un critère de sélection des candidats à la location, sous forme de conditions de ressources minimales, ne peut bénéficier d'un dégrèvement de taxe foncière, la vacance des logements n'étant pas indépendante de la volonté du contribuable. • CE 1er déc. 1999, *Sté immobilière Basse-Seine*, req. nº 189656 : *Lebon T. 751*. ♦ Commet une erreur de droit, la commission d'attribution d'un OPHLM refusant l'attribution d'un logement à une personne proposée au titre du contingent préfectoral, au motif de l'insuffisance des ressources du ménage. Compte tenu de la situation prioritaire du demandeur, la commission ne pouvait se fonder sur ce seul motif pour refuser l'attribution d'un logement. • TA Versailles, 6 juill. 2001, *Taga Fosso*, req. nº 010174 : *AJDI 2001. 827, obs. Brouant*.

Art. R.* 441-3-1 *(Décr. nº 2011-176 du 15 févr. 2011)* Lorsque la commission d'attribution utilise, parmi les informations dont elle dispose pour proposer un logement adapté au demandeur selon les critères fixés aux articles L. 441 et L. 441-1, le taux d'effort des personnes qui vivront au foyer, ce taux est calculé selon la méthode définie par arrêté du ministre chargé du logement. – *V. Arr. 10 mars 2011 (JO 18 mars).*

Art. R. 441-4 *(Décr. nº 99-836 du 22 sept. 1999, art. 2)* Les logements construits ou aménagés en vue de leur occupation par des personnes handicapées sont attribués à celles-ci ou, à défaut de candidat, en priorité à des personnes âgées dont l'état le justifie ou à des ménages hébergeant de telles personnes.

Art. R.* 441-5 *(Décr. no 2011-176 du 15 févr. 2011)* Les bénéficiaires des réservations de logements prévues aux cinquième, sixième et septième alinéas de l'article L. 441-1 peuvent être l'État, les collectivités territoriales, leurs établissements publics, les établissements publics de coopération intercommunale, les employeurs, les organismes collecteurs habilités à recueillir la participation des employeurs à l'effort de construction, les chambres de commerce et d'industrie et les organismes à caractère désintéressé.

Ces réservations peuvent porter sur des logements identifiés dans des programmes, sur un flux annuel de logements portant sur un ou plusieurs programmes ou sur l'ensemble du patrimoine de logements locatifs du bailleur, ou sur une combinaison entre ces deux formules. Dans tous les cas, ces réservations s'exercent lors de la première mise en location des logements ou au fur et à mesure qu'ils se libèrent.

Le total des logements réservés par le préfet au bénéfice des personnes prioritaires mentionnées à l'article L. 441-1 ne peut représenter plus de 30 % du total des logements de chaque organisme, dont au plus 5 % au bénéfice des agents civils et militaires de l'État. Un arrêté du préfet peut, à titre exceptionnel, déroger à ces limites pour une durée déterminée, pour permettre le logement des personnels chargés de mission de sécurité publique ou pour répondre à des besoins d'ordre économique.

Le total des logements réservés aux collectivités territoriales, aux établissements publics les groupant et aux chambres de commerce et d'industrie en contrepartie de l'octroi de la garantie financière des emprunts ne peut globalement représenter plus de 20 % des logements de chaque programme.

Des réservations supplémentaires peuvent être consenties par les organismes d'habitations à loyer modéré en contrepartie d'un apport de terrain ou d'un financement à l'État, aux collectivités territoriales, aux établissements publics les groupant et aux chambres de commerce et d'industrie.

Une convention obligatoirement signée entre tout bénéficiaire de réservations et l'organisme bailleur définit les modalités pratiques de leur mise en œuvre, notamment les délais dans lesquels ce bailleur est tenu de signaler la mise en service et la vacance de l'intégralité des logements réservés. Toute convention de réservation de logement signée en application du présent alinéa est communiquée sans délai au préfet du département de l'implantation des logements réservés.

La convention relative aux réservations dont bénéficie l'État définit en outre la nature et les modalités des échanges d'informations nécessaires à sa mise en œuvre. Un arrêté du ministre chargé du logement fixe la liste minimale des matières qui doivent être réglées par cette convention en tenant compte de l'option retenue par le représentant de l'État en application du deuxième alinéa *[V. Arr. du 10 mars 2011, JO 19 mars]*. En cas de non-respect par le bailleur de ses engagements, le préfet peut résilier la convention après une mise en demeure restée sans suite pendant deux mois. A défaut de signature de la convention ou en cas de résiliation de celle-ci, le représentant de l'État dans le département règle par arrêté les modalités pratiques de mise en œuvre des réservations dont bénéficie l'État.

(Décr. no 2012-718 du 7 mai 2012) « La méconnaissance des règles d'attribution et d'affectation des logements prévues dans une convention de réservation relative aux réservations dont bénéficie l'État ou dans l'arrêté préfectoral pris à défaut de convention est passible des sanctions pécuniaires prévues à l'article L. 451-2-1, deuxième alinéa. »

Si des conventions de réservation prévues à l'avant-dernier al. du présent art. entre le représentant de l'État et des bailleurs sociaux n'ont pas été signées et si un arrêté préfectoral n'a pas déjà été pris à défaut de convention, elles sont conclues avant le 1er oct. 2011. Les conventions en vigueur et les arrêtés préfectoraux déjà pris sont mis en conformité avec les dispositions du Décr. no 2010-176 du 15 févr. 2011 avant cette même date (Décr. préc., art. 11).

Ancien art. R. 441-5 (Décr. nº 99-836 du 22 sept. 1999, art. 2) *Les bénéficiaires des réservations de logements prévues au deuxième alinéa de l'article L. 441-1 peuvent être l'État, les collectivités territoriales, leurs établissements publics, les établissements publics de coopération intercommunale, les employeurs, les collecteurs de la participation des employeurs à l'effort de construction, les* (Décr. nº 2010-1463 du 1er déc. 2010, art. 87) *« chambres de commerce et d'industrie territoriales » et les organismes à caractère désintéressé.*

Toute convention de réservation de logement établie en application dudit alinéa est communiquée au préfet du département de l'implantation des logements réservés.

Les conventions comportent indication du délai dans lequel le réservataire propose des candidats à l'organisme ainsi que des modalités d'affectation du logement à défaut de proposition au terme de ce délai.

Le total des logements réservés aux collectivités territoriales, aux établissements publics les groupant et aux (Décr. nº 2010-1463 du 1er déc. 2010, art. 87) *« chambres de commerce et d'industrie territoriales » en contrepartie de l'octroi de la garantie financière des emprunts ne peut globalement représenter plus de 20 % des logements de chaque programme.*

Le préfet peut exercer le droit de réservation qui lui est reconnu par l'article L. 441-1 lors de la première mise en location des logements ou au fur et à mesure qu'ils se libèrent. La réservation donne lieu à une convention avec l'organisme d'habitations à loyer modéré. A défaut, elle est réglée par arrêté du préfet.

Le total des logements réservés par le préfet au bénéfice des personnes prioritaires ne peut représenter plus de 30 % du total des logements de chaque organisme, dont 5 % au bénéfice des agents civils et militaires de l'État [V. Circ. nº 88-53 du 9 mai 1988 (Mon. TP 29 juill. 1988, Suppl. textes, p. 31)]. Un arrêté du préfet peut, à titre exceptionnel, déroger à ces limites pour une durée déterminée, pour permettre le logement des personnels chargés de mission de sécurité publique ou pour répondre à des besoins d'ordre économique.

Des réservations supplémentaires peuvent être consenties par les organismes d'habitations à loyer modéré en contrepartie d'un apport de terrain ou d'un financement à l'État, aux collectivités territoriales, aux établissements publics les groupant et aux (Décr. nº 2010-1463 du 1er déc. 2010, art. 87) *« chambres de commerce et d'industrie territoriales ».*

Les communes qui ont passé une convention de réservation de logements avec un organisme d'HLM ont la faculté de définir, par voie de dispositions de portée générale, les orientations ou règles sur la base desquelles elles entendent proposer des candidats à l'attribution des logements réservés. Ces dispositions peuvent contenir des règles non prévues par le code de la construction et de l'habitation à partir du moment où elles ne sont pas en contradiction avec ce dernier. En particulier la commune peut prévoir que le traitement de la demande des familles qui auront par deux fois refusé une proposition d'attribution de logement sera suspendu pendant une duréede six mois. • CE 5 oct. 1998, *Cne de Longjumeau,* req. nº 172597 : *Lebon T. 768 ; LPA 1999, nº 94, p. 18, obs. Brouant.* ♦ La fixation, à hauteur de 5 %, d'un plafond de réservation au bénéfice des agents de l'État n'est pas contraire aux dispositions de l'art. L. 441-1 lequel n'énumère pas limitativement, parmi les personnes de ressources modestes ou défavorisées pouvant seules accéder aux logements en cause, celles qui doivent être prioritaires pour l'application de cet art. • CE 27 juill. 2001, *Assoc. Droit au logement,* req. nº 214768 : *AJDI 2002. 54, obs. Brouant.* ♦ Le ministre chargé du logement est compétent pour indiquer aux préfets les conditions dans lesquelles ils doivent mettre en œuvre leurs droits de réservation. • CE 30 déc. 2003, *Comité Harkis et vérité : req. nº 244348.*

Art. R.* 441-6 *(Décr. nº 2007-1677 du 28 nov. 2007)* **Lorsque l'emprunt garanti par la commune ou l'établissement public de coopération intercommunale est intégralement remboursé par le bailleur, celui-ci en informe le garant. Les droits à réservation de la commune ou de l'établissement public de coopération intercommunale attachés à la garantie de l'emprunt sont prorogés pour une durée de cinq ans à compter du dernier versement correspondant au remboursement intégral de l'emprunt.**

Art. R. 441-7 et R. 441-8 *Abrogés par Décr. nº 2007-1677 du 28 nov. 2007.*

Art. R. 441-9 *(Décr. nº 2005-1439 du 22 nov. 2005, art. 1er-VII)* **La création, la composition et le fonctionnement de la commission d'attribution prévue à l'arti-**

cle L. 441-2 et mentionnée aux articles *(Décr. n° 2008-566 du 18 juin 2008)* « R. 421-15 », R. 421-63, R. 422-2, R. 422-9-1 *[,] (Décr. n° 2007-1677 du 28 nov. 2007)* « R. 423-91 » et R. 481-1 obéissent aux règles suivantes :

I. – Lorsque l'office ou la société dispose de plus de 2 000 logements locatifs sociaux sur le territoire d'une commune ou d'un établissement public de coopération intercommunale compétent en matière de programme local de l'habitat, le conseil d'administration ou de surveillance crée, à la demande de cette commune ou de cet établissement public, une commission d'attribution compétente sur ce territoire.

En outre, si la dispersion géographique de son parc locatif le justifie, le conseil d'administration ou de surveillance peut décider de créer plusieurs commissions d'attribution dont il détermine le ressort territorial de compétence.

II. – La commission, ainsi que, le cas échéant, les commissions créées en application du I, sont composées :

1° De six membres désignés par le conseil d'administration ou de surveillance dans les conditions fixées au III. Ils élisent en leur sein à la majorité absolue le président de la commission. En cas de partage égal des voix, le candidat le plus âgé est élu ;

2° Du maire de la commune où sont situés les logements à attribuer, ou de son représentant, avec voix délibérative, pour l'attribution de ces logements. Il dispose d'une voix prépondérante en cas de partage égal des voix ;

3° S'il y lieu, pour l'attribution des logements faisant l'objet d'un mandat de gérance conclu en application de l'article L. 442-9 et comprenant l'attribution des logements, du président de la commission d'attribution de l'organisme mandant ou son représentant, avec voix délibérative ;

4° Avec voix consultative :

– d'un représentant *(Décr. n° 2009-1684 du 30 déc. 2009, art. 2)* « des organismes bénéficiant de l'agrément relatif à l'ingénierie sociale, financière et technique prévue à l'article L. 365-3, » désigné dans les conditions prévues par décret ;

– pour l'attribution des logements situés sur le territoire relevant de leur compétence, des présidents des établissements publics de coopération intercommunale compétents en matière de programme local de l'habitat ou leurs représentants ;

– à Paris, Marseille et Lyon, des maires d'arrondissement ou de leurs représentants, pour ce qui concerne les logements à attribuer dans leur arrondissement.

Le président de la commission peut appeler à siéger, à titre consultatif, un représentant des centres communaux d'action sociale ou un représentant du service chargé de l'action sanitaire et sociale du département du lieu d'implantation des logements.

Le préfet du département du siège de l'office ou de la société, ou l'un de ses représentants, assiste, sur sa demande, à toute réunion de la commission. *(Décr. n° 2011-176 du 15 févr. 2011)* « Le préfet est destinataire de la convocation à toute réunion de la commission d'attribution, de son ordre du jour et du procès-verbal des décisions prises lors de la réunion précédente. »

(Décr. n° 2007-1677 du 28 nov. 2007) « III. – Dans le cas d'une commission unique, les six membres mentionnés au 1° du II sont désignés, parmi ses membres, par le conseil d'administration ou le conseil de surveillance de la société ou de l'organisme concerné. L'un des membres a la qualité de représentant des locataires.

« En cas de pluralité de commissions, le conseil d'administration ou le conseil de surveillance de la société ou de l'organisme concerné désigne librement six représentants par commission, dont un représentant des locataires. »

IV. – Le conseil d'administration ou de surveillance définit les orientations applicables à l'attribution des logements. Il établit le règlement intérieur de la commission, qui fixe les règles d'organisation et de fonctionnement de la commission et précise, notamment, les règles de quorum qui régissent ses délibérations. Ce règlement s'applique, le cas échéant, aux commissions créées en application du I du présent article.

La commission se réunit au moins une fois tous les deux mois.

La commission rend compte de son activité au conseil d'administration ou de surveillance au moins une fois par an.

1. L'attribution nominative de logements relève non de l'organisme d'habitations à loyer modéré mais de la commission d'attribution qui doit comprendre, sous peine que la décision d'attribution soit entachée d'illégalité, le maire de la commune où sont implantés les logements attribués. • CAA Paris, 30 déc. 1999, *OPHLM des Hauts-de-Seine,* req. nº 98PA02252 : *AJDI 2000. 949, obs. Brouant et Brouillaud*.

2. Les « orientations qui guident l'attribution des logements » peuvent, compte tenu de la précision des critères litigieux et de leur caractère impératif et nonobstant la possibilité pour la commission d'attribution « d'assouplir ces règles, sans d'ailleurs pouvoir s'en dégager totalement, constituer un acte faisant grief susceptible d'être déféré au juge administratif ». • TA Marseille, 23 avr. 2001, *Assoc. Droit au logement Marseille-Provence,* req. nº 01-1684 : *AJDI 2001. 634, obs. Brouant*. ♦ Ces orientations peuvent être déclarées illégales si elles méconnaissent les dispositions des art. L. 441 s. du CCH ou les critères arrêtés dans le règlement départemental d'attribution. • Même jugement. ♦ Le décr. du 22 sept. 1999 n'a pas eu pour effet de transférer aux organismes bailleurs la fixation des règles d'attribution des logements sociaux. • CE 27 juill. 2001, *Assoc. Droit au logement,* req. nº 214768 : *AJDI 2002. 54, obs. Brouant*.

Art. R. 441-9-1 *(Décr. nº 2009-1684 du 30 déc. 2009, art. 2)* **Le représentant siégeant à la commission d'attribution au titre du deuxième alinéa du 4º du II de l'article R. 441-9 est désigné par les organismes bénéficiant, dans le département, de l'agrément relatif à l'ingénierie sociale, financière et technique prévu à l'article L. 365-3, lorsque cet agrément inclut la participation aux commissions d'attribution.**

A défaut d'accord entre les organismes agréés pour désigner un représentant, celui-ci est désigné par le préfet parmi les personnes proposées par ces organismes.

Le mandat de ce représentant ne peut excéder une durée de cinq ans renouvelable.

Art. R. 441-9-2 *et* R. 441-9-3 *Abrogés par Décr. nº 2009-1684 du 30 déc. 2009, art. 2.*

Art. R. 441-10 *(Décr. nº 99-836 du 22 sept. 1999, art. 2)* **Toute offre de logement doit indiquer le délai de réponse accordé au bénéficiaire de cette offre pour faire connaître son acceptation ou son refus. Ce délai ne peut être inférieur à dix jours. Le défaut de réponse dans le délai imparti équivaut à un refus.**

Est illégale la délibération du conseil municipal qui prévoit, pour les propositions au titre de son contingent de réservation, que les familles prioritaires qui, sans motif valable, n'auront pas répondu à une proposition d'attribution de logement dans un délai de huit jours se verront retirer un certain nombre de « points ». • CE 5 oct. 1998, *Cne de Longjumeau,* req. nº 172597 : *Lebon T. 768 ; LPA 1999, nº 94, obs. Brouant.*

Art. R. 441-11 *(Décr. nº 99-836 du 22 sept. 1999, art. 2)* **Le contrat de location des logements mentionnés à l'article** *[L.]* **441-1 ne peut, en aucun cas, être l'accessoire d'un contrat de travail. Cette interdiction ne s'applique pas aux logements attribués pour nécessité de service par l'organisme bailleur aux personnes affectées au gardiennage des immeubles.**

V. Circ. nº 93-26 du 23 mars 1993 (Mon. TP 4 juin 1993, Suppl. textes, p. 225).

Art. R.* 441-12 *(Décr. nº 2007-1677 du 28 nov. 2007)* **Les bailleurs sociaux transmettent chaque année au préfet les informations statistiques en matière d'attribution de logements locatifs sociaux, arrêtées au 31 décembre de l'année écoulée.**

Ces informations permettent notamment de connaître, pour chaque bailleur :

— le nombre total de logements locatifs gérés, ainsi que le nombre total de logements réservés, au sens de l'article R. 441-5 au bénéfice respectivement de l'État, des

collectivités territoriales *(Décr. nº 2011-176 du 15 févr. 2011)* « , des organismes collecteurs habilités à recueillir la participation des employeurs à l'effort de construction » et des autres réservataires ;

(Décr. nº 2011-176 du 15 févr. 2011) « – le nombre de logements mis en service, le nombre de logements remis en location dans l'année et le nombre de logements restés vacants plus de trois mois pendant l'année, en distinguant les logements non réservés et les logements réservés et, pour ces derniers, en faisant apparaître leur répartition par réservataire ; »

– le nombre de demandes de logement reçues directement ou indirectement dans l'année ;

– les objectifs quantifiés annuels d'attribution en vertu de l'accord collectif départemental prévu à l'article L. 441-1-2 et le cas échéant de l'accord collectif intercommunal prévu à l'article L. 441-1-1, et le nombre d'attributions prononcées en application de ces objectifs *(Décr. nº 2011-176 du 15 févr. 2011)* « en distinguant les attributions de logements non réservés et de logements réservés et, pour ces derniers, en les répartissant par réservataire » ;

– le nombre total des attributions prononcées dans l'année, réparties par réservataires de logement bénéficiant des droits mentionnés à l'article L. 441-1, et, parmi celles-ci, celles qui ont été proposées mais refusées par les demandeurs ;

(Décr. nº 2011-176 du 15 févr. 2011) « – le nombre total des attributions prononcées dans l'année au profit de personnes déjà logées dans le parc du bailleur et, parmi celles-ci, celles qui ont été proposées puis refusées par le demandeur. »

Le préfet transmet ces informations à la commission de médiation prévue à l'article L. 441-2-3, ainsi qu'au comité responsable du plan départemental d'action pour le logement des personnes défavorisées.

Dans les communes de Paris, Lyon et Marseille, les maires d'arrondissement sont également destinataires de ces informations pour les logements situés dans l'arrondissement où ils sont territorialement compétents.

Un arrêté du ministre chargé du logement précise les conditions d'application de ces dispositions et, notamment, le délai dans lequel les informations mentionnées au présent article doivent être transmises par les organismes concernés. – *V. Arr. du 28 nov. 2011 (JO 30 déc.), applicable à compter de l'enquête annuelle portant sur l'année 2011.*

V. Circ. du 16 avr. 2010 relative à l'enquête attributions des logements locatifs sociaux (BOMEEDDM nº 2010/9, p. 148).

Nouvel art. R. 441-12 (Décr. nº 2012-718 du 7 mai 2012, en vigueur le 1er janvier 2014) *I. – L'enregistrement dans le système national prévu au I de l'article R. 441-2-5 des informations mentionnées aux articles R. 441-2-8 et R. 441-2-9 vaut, pour les bailleurs sociaux mentionnés à l'article L. 441-2-5, compte rendu de l'attribution des logements locatifs sociaux prévu au même article.*

II. – Les informations mentionnées au I, extraites sous une forme non nominative du système national d'enregistrement en vue de rendre compte de l'attribution des logements locatifs sociaux, sont enregistrées et consolidées dans une base de données.

III. – Sans préjudice des dispositions des troisième et neuvième alinéas de l'article R. 441-2-6, le préfet transmet annuellement à la commission de médiation prévue à l'article L. 441-2-3 ainsi qu'au comité responsable du plan départemental d'action pour le logement des personnes défavorisées les informations consolidées mentionnées au II concernant leur département.

IV. – Sans préjudice des dispositions des quatrième, cinquième et sixième alinéas de l'article R. 441-2-6, les présidents des établissements publics de coopération intercommunale mentionnés à l'article L. 441-1-1, les maires des communes intéressées et les maires d'arrondissement des communes de Paris, Lyon et Marseille ont accès aux informations consolidées mentionnées au II relatives aux logements situés dans le ressort de leurs compétences.

SECTION II COMMISSION DE MÉDIATION ET DROIT AU LOGEMENT OPPOSABLE

(Décr. nº 2007-1677 du 28 nov. 2007)

COMMENTAIRE

Les décrets nos 2007-1677 du 28 novembre 2007 et 2010-398 du 22 avril 2010 sont venus préciser les conditions de mise en œuvre du droit au logement opposable créé par la loi du 5 mars 2007. Ils détaillent la composition de la commission de médiation, fixent la procédure de saisine et les délais dans lesquels elle est tenue de se prononcer.

Ce délai court à compter de la délivrance d'un accusé de réception par le secrétariat de la commission. À partir du mois de novembre 2010, il courra à la date de la réception du dossier et pourra être suspendu lorsque le formulaire n'est pas rempli correctement ou en l'absence de pièces justificatives obligatoires.

Le délai est de 6 semaines pour une demande d'hébergement. Pour une demande de logement, il est de 3 mois ou 6 mois dans les grandes agglomérations et les départements d'outre-mer.

La commission de médiation désigne les personnes éligibles au regard des critères fixés par l'article L. 441-2-3 et l'article R. 441-14-1. Elle peut, par une décision spécialement motivée, rendre éligible des personnes qui ne répondent qu'incomplètement aux caractéristiques définies.

Depuis le 1er décembre 2008, les demandeurs d'hébergement qui n'ont reçu aucune proposition dans un délai de six semaines, ou de trois mois si la commission a préconisé un accueil dans un logement de transition ou dans un logement-foyer, peuvent saisir la juridiction administrative afin d'obtenir une injonction à l'encontre de l'État. Il en va de même pour les demandeurs de logement à l'issue d'un délai de 3 mois ou 6 mois dans les grandes agglomérations et les départements d'outre-mer, sauf pour ceux reconnus prioritaires à l'issue d'un délai anormalement long pour qui le recours juridictionnel n'est ouvert qu'à compter du 1er janvier 2012. ❑

Art. R.* 441-13 La commission de médiation prévue à l'article L. 441-2-3 est ainsi composée :

— trois représentants de l'État, désignés par le préfet ;

— un représentant du département désigné par *(Décr. nº 2010-398 du 22 avr. 2010, art. 3)* **« le président du conseil général » ;**

— un représentant des établissements publics de coopération intercommunale qui ont conclu l'accord collectif intercommunal mentionné à l'article L. 441-1-1, désigné sur proposition conjointe des présidents des établissements publics de coopération intercommunale concernés. A défaut de proposition commune, ce représentant est tiré au sort par le préfet parmi les personnes proposées ;

— un représentant des communes désigné par l'association des maires du département ou, à défaut, dans les conditions fixées par l'article R. 371-5. Lorsqu'il n'existe aucun accord collectif intercommunal dans le département, le nombre de représentants des communes est de deux. A Paris, ces représentants sont désignés par le *(Décr. nº 2010-398 du 22 avr. 2010, art. 3)* **« maire » de Paris.**

Le préfet désigne, en outre :

— un représentant des organismes d'habitations à loyer modéré ou des sociétés d'économie mixte de construction et de gestion de logements sociaux et un représentant des autres propriétaires bailleurs ;

— un représentant des organismes chargés de la gestion d'une structure d'hébergement, d'un établissement ou d'un logement de transition, d'un logement-foyer ou d'une résidence hôtelière à vocation sociale ;

– un représentant d'une association de locataires affiliée à une organisation siégeant à la commission nationale de concertation mentionnée à l'article 41 de la loi nº 86-1290 du 23 décembre 1986 ;

– deux représentants des associations *(Décr. nº 2009-1684 du 30 déc. 2009, art. 2)* « et organisations » dont l'un des objets est l'insertion ou le logement des personnes défavorisées ;

– une personnalité qualifiée qui assure la présidence et qui dispose d'une voix prépondérante en cas de partage égal des voix.

(Décr. nº 2010-398 du 22 avr. 2010, art. 3) « Un ou plusieurs suppléants sont désignés », dans les mêmes conditions que le titulaire, pour chaque membre, à l'exception de la personnalité qualifiée.

(Décr. nº 2011-176 du 15 févr. 2011) « Les membres de la commission et leurs suppléants sont nommés par arrêté du préfet pour une durée de trois ans, renouvelable une seule fois. Les membres titulaires ou suppléants démissionnaires ou décédés sont remplacés par de nouveaux membres nommés, selon les mêmes modalités, pour la durée du mandat restant à courir. »

Les fonctions de président et de membre de la commission de médiation sont gratuites. Les frais de déplacement sont remboursés dans les conditions prévues par le décret nº 2006-781 du 3 juillet 2006 fixant les conditions et les modalités de règlement des frais occasionnés par les déplacements temporaires des personnels civils de l'État.

La commission élit parmi ses membres *(Décr. nº 2010-398 du 22 avr. 2010, art. 3)* « un ou deux vice-présidents qui exercent » les attributions du président en l'absence de ce dernier.

La commission délibère à la majorité simple. Elle siège valablement, à première convocation, si la moitié de ses membres sont présents, et à seconde convocation, si un tiers des membres sont présents. Un règlement intérieur fixe les règles d'organisation et de fonctionnement de la commission. *(Décr. nº 2010-398 du 22 avr. 2010, art. 3)* « Lorsque plusieurs commissions ont été créées dans le département, elles sont pourvues d'un règlement intérieur unique. »

Le secrétariat de la commission est assuré par un service de l'État désigné par le préfet.

Art. R.* 441-13-1 *(Décr. nº 2010-398 du 22 avr. 2010, art. 4)* Peuvent être agréées dans un département au titre du II de l'article L. 441-2-3 ou du I de l'article L. 441-2-3-1 les associations de défense des personnes en situation d'exclusion qui y mènent de façon significative des actions en faveur du logement des personnes défavorisées.

L'agrément est accordé par le préfet après examen des capacités de l'association à assister les demandeurs en tenant compte :

– de ses statuts ;

– de la compétence sociale et juridique de ses dirigeants et de son personnel salarié ou bénévole ;

– des moyens en personnel affectés à cette activité dans le département ;

– de sa situation financière.

A l'appui de sa demande ou du renouvellement de sa demande d'agrément, l'association fournit les pièces et renseignements suivants :

a) Ses statuts ;

b) La composition de son conseil d'administration ;

c) L'organigramme, la qualification et la part du personnel salarié et bénévole ainsi que les activités qu'ils exercent en son sein ;

d) La décision de ses instances dirigeantes de solliciter l'agrément ;

e) Le budget de l'année en cours, le budget prévisionnel du prochain exercice, les comptes financiers des deux derniers exercices clos, sauf si elle a été créée plus récemment ;

f) Un compte rendu d'activités portant sur les actions concernées par l'agrément qu'elle a engagées l'année précédente, sauf si elle a été créée plus récemment, et une évolution prévisionnelle de ces activités ;

g) La justification de ses compétences pour le territoire concerné, au regard de l'assistance des demandeurs pour l'exercice des recours amiables et juridictionnels mentionnés à l'article L. 300-1.

L'agrément est accordé par le préfet pour une durée de cinq ans renouvelable. Il peut être retiré à tout moment si l'association ne satisfait plus aux conditions de l'agrément ou en cas de manquements graves ou répétés de celle-ci à ses obligations. La décision de retrait ne peut intervenir qu'après que l'association en cause a été mise à même de présenter ses observations.

Art. R.* 441-14 La commission est saisie par le demandeur dans les conditions prévues au II ou au III de l'article L. 441-2-3. La demande, réalisée au moyen d'un formulaire répondant aux caractéristiques arrêtées par le ministre chargé du logement et signée par le demandeur, précise l'objet et le motif du recours, ainsi que les conditions de logement ou d'hébergement du demandeur. Le demandeur fournit, en outre, toutes pièces justificatives de sa situation et mentionne, en particulier, les demandes de logement ou d'hébergement effectuées antérieurement. Il mentionne, le cas échéant, l'existence d'un arrêté d'insalubrité, de péril ou de fermeture administrative affectant son logement ou d'une procédure engagée à cet effet. *(Décr. nº 2010-398 du 22 avr. 2010, art. 5, en vigueur le 24 oct. 2010)* « Les pièces justificatives à fournir obligatoirement sont fixées par l'arrêté précité. La réception du dossier, dont la date fait courir les délais définis aux articles R. 441-15 et R. 441-18, donne lieu à la délivrance par le secrétariat de la commission d'un accusé de réception mentionnant la date du jour de la réception de la demande. Lorsque le formulaire n'est pas rempli complètement ou en l'absence de pièces justificatives obligatoires, le demandeur en est informé par un courrier, qui fixe le délai de production des éléments manquants, délai pendant lequel les délais mentionnés aux articles R. 441-15 et R. 441-18 sont suspendus. »

La commission peut entendre toute personne dont elle juge l'audition utile.

(Décr. nº 2010-398 du 22 avr. 2010, art. 5) « Pour l'instruction des demandes dont la commission est saisie, le préfet peut à la demande de la commission ou de sa propre initiative » faire appel aux services compétents de l'État ou des collectivités territoriales ou à toute personne ou organisme compétent pour faire les constatations sur place ou l'analyse de la situation sociale du demandeur qui seraient nécessaires à l'instruction.

V. Arr. 12 nov. 2009 (JO 18 nov.).

Art. R.* 441-14-1 La commission, saisie sur le fondement du II ou du III de l'article L. 441-2-3, se prononce sur le caractère prioritaire de la demande et sur l'urgence qu'il y a à attribuer au demandeur un logement ou à l'accueillir dans une structure d'hébergement, en tenant compte notamment des démarches précédemment effectuées *(Décr. nº 2010-398 du 22 avr. 2010, art. 6)* « dans le département ou en Île-de-France dans la région ».

Peuvent être désignées par la commission comme prioritaires et devant être logées d'urgence en application du II de l'article L. 441-2-3 les personnes de bonne foi qui satisfont aux conditions réglementaires d'accès au logement social *(Décr. nº 2010-398 du 22 avr. 2010, art. 6)* « qui se trouvent dans l'une des situations prévues au même article et qui répondent aux caractéristiques suivantes » :

— ne pas avoir reçu de proposition adaptée à leur demande dans le délai fixé en application de l'article L. 441-1-4 ;

– être dépourvues de logement. Le cas échéant, la commission apprécie la situation du demandeur au regard du logement ou de l'hébergement dont il peut disposer en vertu de l'obligation d'aliments définie par les articles 205 et suivants du code civil ;

– être logées dans des locaux impropres à l'habitation, ou présentant un caractère insalubre ou dangereux. Le cas échéant, la commission tient compte des droits à hébergement ou à relogement auxquels le demandeur peut prétendre en application des dispositions des articles L. 521-1 et suivants, des articles L. 314-1 et suivants du code de l'urbanisme ou de toute autre disposition ouvrant au demandeur un droit à relogement ;

– avoir fait l'objet d'une décision de justice prononçant l'expulsion du logement ;

– être hébergées dans une structure d'hébergement *(Décr. nº 2010-398 du 22 avr. 2010, art. 6)* « ou une résidence hôtelière à vocation sociale » de façon continue depuis plus de six mois ou logées *(Décr. nº 2010-398 du 22 avr. 2010, art. 6)* « temporairement » dans un logement de transition *(Décr. nº 2010-398 du 22 avr. 2010, art. 6)* « ou un logement-foyer » depuis plus de dix-huit mois, sans préjudice, le cas échéant, des dispositions du IV de l'article L. 441-2-3 ;

– être handicapées, ou avoir à leur charge une personne en situation de handicap, ou avoir à leur charge au moins un enfant mineur, et occuper un logement soit présentant au moins un des risques pour la sécurité ou la santé énumérés à l'article 2 du décret du 30 janvier 2002 ou auquel font défaut au moins deux des éléments d'équipement et de confort mentionnés à l'article 3 du même décret, soit d'une surface habitable inférieure aux surfaces mentionnées au 2º de l'article D. 542-14 du code de la sécurité sociale, ou, pour une personne seule, d'une surface inférieure à celle mentionnée au premier alinéa de l'article 4 du même décret.

(Décr. nº 2010-398 du 22 avr. 2010, art. 6) « La commission peut, par décision spécialement motivée, désigner comme prioritaire et devant être logée en urgence une personne qui, se trouvant dans l'une des situations prévues à l'article L. 441-2-3, ne répond qu'incomplètement aux caractéristiques définies ci-dessus. »

Art. R. 441-15 Lorsqu'elle est saisie au titre du II de l'article L. 441-2-3, la commission de médiation rend sa décision dans un délai de trois mois à compter de la réception de la demande. Dans les départements d'outre-mer et, jusqu'au *(Décr. nº 2010-1275 du 27 oct. 2010)* « 1er janvier 2014 *[ancienne rédaction : « 1er janvier 2011 »]* », dans les départements comportant au moins une agglomération, ou une partie d'une agglomération, de plus de 300 000 habitants, ce délai est de six mois.

Art. R.* 441-16 Les maires des communes concernées par le logement d'un demandeur reconnu prioritaire par la commission de médiation et que le préfet se propose de désigner à certains organismes bailleurs disposent d'un délai de quinze jours pour donner leur avis, à la demande du préfet, sur ce relogement. A l'expiration de ce délai, leur avis est réputé avoir été émis.

Art. R. 441-16-1 A compter du 1er décembre 2008, le recours devant la juridiction administrative prévu au I de l'article L. 441-2-3-1 peut être introduit par le demandeur qui n'a pas reçu d'offre de logement tenant compte de ses besoins et capacités passé un délai de trois mois *(Décr. nº 2009-400 du 10 avr. 2009)* « à compter » de la décision de la commission de médiation le reconnaissant comme prioritaire et comme devant être logé d'urgence. Dans les départements d'outre-mer et, jusqu'au *(Décr. nº 2010-1275 du 27 oct. 2010)* « 1er janvier 2014 *[ancienne rédaction : « 1er janvier 2011 »]* », dans les départements comportant au moins une agglomération, ou une partie d'une agglomération, de plus de 300 000 habitants, ce délai est de six mois.

Art. R.* 441-16-2 *(Décr. nº 2011-176 du 15 févr. 2011)* La commission de médiation, lorsqu'elle détermine en application du II de l'article L. 441-2-3 les caractéristiques du logement devant être attribué en urgence à toute personne reconnue prioritaire, puis le préfet, lorsqu'il définit le périmètre au sein duquel ce logement doit être situé et fixe le délai dans lequel le bailleur auquel le demandeur a été désigné est tenu de le loger dans un logement tenant compte de ses besoins et capacités, apprécient ces derniers en fonction de la taille et de la composition du foyer au sens de l'article L. 442-12, de l'état de santé, des aptitudes physiques ou des handicaps des personnes qui vivront au foyer, de la localisation des lieux de travail ou d'activité et de la disponibilité des moyens de transport, de la proximité des équipements et services nécessaires à ces personnes. Ils peuvent également tenir compte de tout autre élément pertinent propre à la situation personnelle du demandeur ou des personnes composant le foyer.

Le demandeur est tenu d'informer le préfet de département destinataire de la décision de la commission de médiation de tout changement de l'adresse à laquelle le courrier doit lui être adressé, ainsi que de tout changement dans la taille ou la composition du ménage.

Le préfet, lorsqu'il définit le périmètre au sein duquel le logement à attribuer doit être situé, et le bailleur, lorsqu'il propose une offre de logement tenant compte des besoins et capacités du demandeur, apprécient ces derniers à la date à laquelle ils lui proposent un logement, en prenant en considération les changements dans la taille ou la composition du foyer portés à leur connaissance ou survenus postérieurement à la décision de la commission.

Art. R.* 441-16-3 *(Décr. nº 2011-176 du 15 févr. 2011)* Le bailleur auquel le demandeur est désigné informe ce dernier ainsi que, le cas échéant, la personne assurant l'assistance prévue au troisième alinéa du II de l'article L. 441-2-3, dans la proposition de logement qu'il lui adresse, que cette offre lui est faite au titre du droit au logement opposable et attire son attention sur le fait qu'en cas de refus d'une offre de logement tenant compte de ses besoins et capacités il risque de perdre le bénéfice de la décision de la commission de médiation en application de laquelle l'offre lui est faite.

Art. R.* 441-16-4 *(Décr. nº 2011-176 du 15 févr. 2011)* La commission de coordination mentionnée à l'article L. 441-1-1 examine les dossiers des demandeurs déclarés prioritaires par la commission de médiation pour l'attribution en urgence d'un logement en application de l'article L. 441-2-3 lorsque ces personnes relèvent également d'un accord collectif intercommunal.

Art. R. 441-17 Le délai mentionné au *(Décr. nº 2008-1227 du 27 nov. 2008)* « quatrième alinéa du I de l'article L. 441-2-3-1 » est fixé à trois mois.

Art. R. 441-18 Lorsqu'elle est saisie au titre du III de l'article L. 441-2-3, la commission rend sa décision dans un délai qui ne peut dépasser six semaines. Le préfet propose, dans un délai de six semaines au plus *(Décr. nº 2009-400 du 10 avr. 2009)* « à compter de la décision de la commission », une place dans une structure d'hébergement, un logement de transition, *(Décr. nº 2010-398 du 22 avr. 2010, art. 7)* « un logement dans » un logement-foyer ou une résidence hôtelière à vocation sociale aux personnes désignées par la commission de médiation en application du III *(Décr. nº 2009-400 du 10 avr. 2009)* « ou du IV » de l'article L. 441-2-3. *(Décr. nº 2010-398 du 22 avr. 2010, art. 7)* « Toutefois, si la commission préconise un accueil dans un logement de transition ou dans un logement-foyer, le délai est porté à trois mois. Passé le délai applicable, » s'il n'a pas été accueilli dans l'une de ces structures, le demandeur peut exercer le recours contentieux défini au II de l'article L. 441-2-3-1.

(Décr. nº 2011-176 du 15 févr. 2011) « Le préfet informe la personne devant se voir proposer un accueil que la proposition d'hébergement lui est faite au titre du droit à l'hébergement opposable qui lui a été reconnu par la commission et attire son attention sur le fait qu'en cas de refus d'une proposition d'accueil non manifestement inadaptée à sa situation particulière elle risque de perdre le bénéfice de la décision de la commission en application de laquelle la proposition lui est faite. »

Art. R.* 441-18-1 Lorsque, à titre exceptionnel, un logement a été attribué à un demandeur reconnu prioritaire par la commission de médiation ou que celui-ci a été accueilli dans une structure d'hébergement par décision du préfet prise en application des dispositions de l'article L. 441-2-3, qui bénéficiait par ailleurs d'un droit à relogement ou à hébergement en application des articles L. 521-1 et suivants, ledit relogement ou hébergement est sans incidence sur l'application des autres dispositions de ces derniers articles.

Art. R.* 441-18-2 *(Décr. nº 2008-1227 du 27 nov. 2008)* Quand la commission de médiation reconnaît, en application de l'article L. 441-2-3, soit que le demandeur est prioritaire et doit se voir attribuer un logement en urgence, soit qu'il doit être accueilli dans une structure d'hébergement, un établissement ou logement de transition, un logement-foyer ou une résidence hôtelière à vocation sociale, elle informe l'intéressé dans la notification de sa décision du délai, prévu, selon le cas, par l'article R. 441-16-1 ou par l'article R. 441-18, dans lequel une offre de logement adaptée à ses besoins et à ses capacités ou une proposition d'accueil doit lui être faite. *(Décr. nº 2011-176 du 15 févr. 2011)* « Elle l'informe qu'au titre de cette décision il recevra une offre de logement tenant compte de ses besoins et capacités ou une proposition d'accueil dans une structure d'hébergement, un logement de transition, un logement-foyer ou une résidence hôtelière à vocation sociale et qu'en cas de refus de cette offre ou de cette proposition il risque de perdre le bénéfice de la décision en application de laquelle l'offre ou la proposition non manifestement inadaptée à sa situation particulière lui est faite. » Elle porte également à sa connaissance le délai, prévu à l'article R. 778-2 du code de justice administrative, dans lequel il pourra exercer le recours contentieux mentionné à l'article L. 441-2-3-1 du présent code. Le tribunal administratif compétent est indiqué, ainsi que l'obligation de joindre à la requête la décision de la commission.

Art. R.* 441-18-3 *(Décr. nº 2008-1227 du 27 nov. 2008)* Les recours contentieux prévus à l'article L. 441-2-3-1 sont présentés, instruits et jugés dans les conditions prévues au chapitre 8 du titre VII du livre VII du code de justice administrative.

Art. R.* 441-18-4 *(Décr. nº 2010-398 du 22 avr. 2010, art. 8)* La commission de médiation est régulièrement informée par le préfet des relogements et des accueils dans des structures d'hébergement, des logements de transition, des logements-foyers ou des résidences hôtelières à vocation sociale ainsi que des décisions juridictionnelles prises par le juge administratif en cas de recours en annulation dirigé contre ses décisions.

Art. R.* 441-18-5 *(Décr. nº 2010-398 du 22 avr. 2010, art. 8)* Le rapport mentionné au V de l'article L. 441-2-3 comporte, outre le relevé statistique des décisions prises, une analyse de l'activité de la commission.

SECTION III SUPPLÉMENT DE LOYER DE SOLIDARITÉ *(Décr. nº 2007-1677 du 28 nov. 2007).*

(Décr. nº 96-355 du 25 avr. 1996)

SOUS-SECTION 1 DISPOSITIONS APPLICABLES AUX ORGANISMES D'HABITATIONS À LOYER MODÉRÉ

Art. R. 441-19 Les dispositions de la présente sous-section sont applicables aux organismes d'habitations à loyer modéré pour les logements mentionnés au premier alinéa de l'article L. 441-1, à l'exception des logements mentionnés à l'article R. 441-31.

COMMENTAIRE

Le décret no 2008-825 du 21 août 2008 fixe les modalités de calcul du supplément de loyer de solidarité, rendu automatique par la loi ENL du 13 juillet 2006. Le nouveau dispositif vise à accélérer la libération de logements sociaux occupés par des ménages aisés. En conséquence, le supplément de loyer est exigé dès le dépassement de plafond de ressources de 20 %, contre 60 % auparavant. Par ailleurs, le décret revalorise le loyer de référence retenu pour le calcul du surloyer ainsi que les coefficients de dépassement. Ce dispositif est entré en vigueur le 1er janvier 2009.

Art. *R. 441-20 **Le montant mensuel du supplément de loyer est égal au produit de la surface habitable du logement par le coefficient de dépassement du plafond de ressources et par le supplément de loyer de référence mensuel par mètre carré habitable.**

Aucun supplément de loyer n'est exigible lorsque le dépassement du plafond de ressources est inférieur à *(Décr. no 98-1028 du 13 nov. 1998, art. 1er)* **« 20 » p. 100.**

Le montant annuel du supplément de loyer, cumulé avec le montant annuel du loyer principal, est plafonné à 25 p. 100 des ressources de l'ensemble des personnes vivant au foyer. *(Décr. no 2008-825 du 21 août 2008, à compter du 1er janv. 2009)* **« Le programme local de l'habitat peut porter ce plafond jusqu'à 35 % de ces ressources. »**

Ces ressources sont appréciées comme il est dit à l'article R. 441-23.

Art. R. 441-20-1 *(Décr. no 2009-930 du 29 juill. 2009)* **Le plafond par mètre carré de surface habitable telle que définie à l'article R. 111-2, mentionné au deuxième alinéa de l'article L. 441-4, est fixé selon les zones A, B1, B2, telles que précisées par l'arrêté prévu au X de l'article 199 *septvicies* du code général des impôts, et la zone C, qui est constituée du reste du territoire national.**

Le montant de ce plafond est le suivant :

– zone A : 21,65 € ;

– zone B1 : 15,05 € ;

– zone B2 : 12,31 € ;

– zone C : 9,02 €.

Ces montants sont révisés chaque année au 1er janvier en tenant compte de la variation de l'indice de référence des loyers mentionné à l'article 17 de la loi no 89-462 du 6 juillet 1989 tendant à améliorer les rapports locatifs.

Art. *R. 441-21 *(Décr. no 2008-825 du 21 août 2008, en vigueur le 1er janv. 2009)* **Le supplément de loyer de solidarité appliqué par l'organisme d'habitations à loyer modéré est calculé par lui en fonction :**

1o Du coefficient de dépassement du plafond des ressources dont la valeur est de 0,27 lorsque le dépassement est égal à 20 % ; pour chaque dépassement supplémentaire de 1 %, est ajoutée une valeur de :

0,06 au-dessus de 20 % jusqu'à 59 % de dépassement ;

0,08 de 60 % jusqu'à 149 % de dépassement ;

0,1 à partir de 150 % de dépassement.

2o Du supplément de loyer de référence dont le montant mensuel par mètre carré habitable est fixé à :

2,50 € pour les logements situés à Paris et dans les communes limitrophes (zone 1 *bis*) ;

2 € pour les logements situés dans les autres communes de l'agglomération de Paris et dans les communes des zones d'urbanisation et des villes nouvelles de la région d'Île-de-France (zone 1) ;

1 € pour les logements situés dans le reste de la région d'Île-de-France, dans les agglomérations et communautés urbaines de plus de 100 000 habitants, dans les communes rattachées à un établissement public de coopération intercommunale compétent en matière de programme local de l'habitat regroupant plus de 100 000 habitants au dernier recensement partiel connu et dans les zones d'urbanisation et les villes nouvelles hors de la région d'Île-de-France (zone 2) ;

0,25 € pour les logements situés dans les départements d'outre-mer et dans le reste du territoire national (zone 3).

A compter du 1er janvier 2010, ces montants de supplément de loyer de référence sont révisés le 1er janvier de chaque année par indexation sur l'évolution de l'indice de référence des loyers défini à l'article 17 *(d)* de la loi no 89-462 du 6 juillet 1989 tendant à améliorer les rapports locatifs et portant modification de la loi no 86-1290 du 23 décembre 1986.

Pour l'entrée en vigueur de l'art. R. 441-21, V. aussi l'art. 3 du Décr. no 2008-825 du 21 août 2008 reproduit sous l'art. R. 441-24.

Art. R.* 441-21-1 *(Décr. no 2009-1682 du 30 déc. 2009, art. 1er)* Pour l'application de l'article L. 445-1, les zones géographiques se caractérisant par un déséquilibre entre l'offre et la demande de logements sont définies par arrêté du ministre chargé du logement *[V. Arr. 30 déc. 2009, JO 31 déc., renvoyant à l'Arr. 29 avr. 2009, JO 3 mai]*.

La convention d'utilité sociale prévoit, pour les logements appartenant à un organisme mentionné à l'article L. 445-1 situés dans chacune des zones mentionnées au premier alinéa et dans le respect du programme local de l'habitat lorsque celui-ci prévoit des dispositions relatives au supplément de loyer de solidarité, de moduler le coefficient de dépassement du plafond de ressources dans les limites suivantes :

1o La valeur du coefficient de dépassement lorsque le dépassement est égal à 20 % est comprise entre 0,13 et 0,34 ;

2o Pour chaque dépassement supplémentaire de 1 % est ajouté une valeur comprise entre :

0,030 et 0,075 au-dessus de 20 % jusqu'à 59 % de dépassement ;

0,060 et 0,090 de 60 % jusqu'à 149 % de dépassement ;

0,090 et 0,105 à partir de 150 % de dépassement ;

3o Dans chacune des trois tranches, l'organisme peut introduire des paliers intermédiaires et moduler la valeur ajoutée en fonction de ces paliers.

Art. R. 441-22 *Abrogé par Décr. no 2008-825 du 21 août 2008, à compter du 1er janv. 2009.*

Art. *R. 441-23 *(Décr. no 2008-825 du 21 août 2008, en vigueur le 1er janv. 2009)* Le dépassement des plafonds de ressources est déterminé au cours de l'année civile en fonction :

1o – des plafonds de ressources applicables aux logements locatifs sociaux fixés à l'annexe 1 de l'arrêté prévu à la première phrase de l'article R. 331-12 en ce qui concerne la métropole et par l'arrêté prévu à l'article L. 472-1 en ce qui concerne les départements d'outre-mer ;

– des plafonds de ressources majorés applicables aux logements locatifs sociaux financés à l'aide de prêts prévus à l'article R. 331-17, aux logements mentionnés à la deuxième phrase de l'article R. 353-11, ainsi qu'aux logements attribués dans les conditions fixées au II de l'article R. 331-12 ;

(Décr. no 96-355 du 25 avr. 1996) « 2o Des ressources de l'ensemble des personnes vivant au foyer et afférentes à la pénultième année civile. Toutefois, les ressources afférentes à la dernière année civile ou aux douze derniers mois sont prises en compte sur demande du locataire qui justifie qu'elles sont inférieures d'au moins 10 p. 100 à celles de la pénultième année. Les ressources sont évaluées selon les modalités fixées par l'arrêté mentionné au 1o ci-dessus. » *(Décr. no 2009-1682 du 30 déc. 2009, art. 3)* « La modification de la composition du ménage ou de ses ressources telle que prévue à l'article L. 441-3 est prise en compte pour le calcul du dépassement du plafond de ressources du locataire à partir du mois qui suit la survenance de l'événement et sur la base de justificatifs dûment transmis à l'organisme d'habitations à loyer modéré dans le délai de trois mois suivant la survenance de l'événement. En cas de transmission de ces pièces après ce délai, cette modification est prise en compte à partir du mois qui suit cette transmission. »

Art. R. 441-24 et R. 441-25 *Abrogés à compter du 1er janv. 2009 par Décr. no 2008-825 du 21 août 2008.*

Art. *R. 441-26 *(Décr. no 2008-825 du 21 août 2008, en vigueur le 1er janv. 2009)* **La valeur maximale du coefficient de dépassement du plafond de ressources prévue à l'article L. 441-9 est fixée à 14,90.**

Le montant maximum de l'indemnité pour frais de dossier prévue à l'article L. 441-9 est fixé par arrêté du ministre chargé du logement. – *[Montant fixé à 25 € par Arr. 22 oct. 2008, JO 1er nov.].*

Art. R. 441-27 **La nature et les modalités de présentation des renseignements statistiques et financiers mentionnés à l'article L. 441-10 sont fixées par un arrêté du ministre chargé du logement. Ces renseignements sont communiqués annuellement au plus tard le 1er juin au préfet du département du lieu de situation des logements.** – *Pour l'année 2009, V. Arr. du 24 déc. 2008 (JO 16 janv. 2009). – Pour l'année 2010, V. Arr. du 24 juin 2011 (JO 5 juill.). – Pour l'année 2011, V. Arr. du 4 janv. 2012 (JO 7 janv.).*

V. aussi, fixant selon une périodicité annuelle la nature et les modalités de présentation par les bailleurs sociaux des renseignements statistiques relatifs au supplément de loyer de solidarité, Arr. du 21 janv. 2000 (JO 17 févr.), Arr. du 27 janv. 2003 (JO 19 févr.), Arr. du 25 janv. 2007 (JO 10 mars) et Arr. du 29 déc. 2009 (JO 19 janv.).

Art. R. 441-28 **Pour la mise en œuvre de la sanction prévue à l'article L. 441-11, le préfet du département du lieu de situation des logements notifie à l'organisme d'habitations à loyer modéré les manquements retenus à son encontre et le montant de la pénalité susceptible d'être encourue. La notification mentionne que l'organisme dispose d'un mois pour faire valoir ses observations.**

A l'issue de ce délai, le préfet prononce s'il y a lieu la sanction.

Le recouvrement de la pénalité est effectué au profit de l'État dans les conditions fixées par le *(Décr. no 2012-1247 du 7 nov. 2012, art. 6)* **« décret no 2012-1246 du 7 novembre 2012 relatif à la gestion budgétaire et comptable publique ».**

SOUS-SECTION 2 DISPOSITIONS APPLICABLES À D'AUTRES BAILLEURS SOCIAUX

Art. R. 441-29 **Les dispositions de la sous-section 1 sont applicables aux personnes morales autres que les organismes d'habitations à loyer modéré et les sociétés d'économie mixte, pour les logements à usage locatif leur appartenant et ouvrant droit à l'aide personnalisée au logement en application des 2o et 3o de l'article L. 351-2, à l'exception des logements mentionnés à l'article R. 441-31.**

Art. R. 441-30 **Les dispositions de la sous-section 1 sont applicables aux bailleurs des logements n'appartenant pas aux organismes d'habitations à loyer modéré et construits en application du titre II de la loi du 13 juillet 1928 établissant un programme de construction d'habitations à bon marché et de logements en vue de remédier à la crise de l'habitation, à l'exception des logements mentionnés à l'article R. 441-31.**

SOUS-SECTION 3 LOGEMENTS EXONÉRÉS DU SUPPLÉMENT DE LOYER DE SOLIDARITÉ

Art. R. 441-31 **Les dispositions de la présente section ne sont pas applicables :**

1o Aux logements situés dans les communes des zones de revitalisation rurale mentionnées dans le décret pris pour l'application de l'article 1465 A du code général

des impôts *[V. Décr. n° 96-119 du 14 févr. 1996 (JO 15 févr.) définissant les zones de revitalisation rurale]* **;**

2° Aux logements situés dans les grands ensembles et les quartiers d'habitat dégradé mentionnés dans le décret pris pour l'application du I de l'article 1466 A du même code *[V., à compter du 31 déc. 1996, Décr. n° 96-1156 du 26 déc. 1996 (JO 28 déc.)]* **;**

3° *(Décr. n° 2008-825 du 21 août 2008, en vigueur le 1er janv. 2009)* **« Aux logements financés au moyen de prêts conventionnés des banques et établissements financiers appartenant aux bailleurs autres que les organismes d'habitation à loyer modéré et, dans les départements d'outre-mer, aux immeubles à loyer moyen. »**

(Abrogé par Décr. n° 2008-825 du 21 août 2008, à compter du 1er janv. 2009) ***« 4° Aux logements financés au moyen de prêts conventionnés des banques et établissements financiers prévus à la section III du chapitre unique du titre III du livre III ; »***

5° Aux logements ayant bénéficié d'une subvention de l'Agence nationale de l'habitat.

V. Circ. du 29 avr. 1996 (Logement), Mon. TP 10 mai 1996, Suppl. textes, p. 282. – V. également Circ. n° 96-27 du 8 avr. 1996, Mon. TP, Suppl. textes, p. 299 (mobilité dans le parc HLM et contrôle des délibérations relatives aux loyers prises par les organismes d'HLM) ; Instr. du 11 avr. 1997 (contribution sur les logements sociaux, art. 21 de la loi de finances pour 1997 et Décr. n° 97-327 du 9 avr. 1997), Mon. TP 9 mai 1997, Suppl. textes, p. 290 (V. aussi Instr. du 24 sept. 1996, Mon. TP 11 oct. 1996, Suppl. textes, p. 293) ; Circ. n° 97-21 du 24 févr. 1997 (enquête portant sur l'application du supplément de loyer de solidarité et sur l'occupation des logements sociaux), Mon. TP 11 avr. 1997, Suppl. textes, p. 358. – V. Arr. du 19 déc. 1996, JO 19 déc., relatif à la nature et aux modalités de présentation des renseignements statistiques relatifs au supplément de loyer de solidarité pour l'année 1997 ; Arr. du 27 déc. 1996, JO 15 janv. 1997 : enquêtes et renseignements statistiques concernant l'occupation des logements sociaux en 1977 ; Décr. n° 96-1163 du 26 déc. 1996, JO 29 déc. : collecte de renseignements statistiques sur l'occupation des logements sociaux.

Art. *R. 441-32 à *R. 441-38 *Abrogés par Décr. n° 91-385 du 23 avr. 1991, art. 16.*

SECTIONS III *et* IV *[ABROGÉES]*

(Abrogées par Décr. n° 2007-1677 du 28 nov. 2007)

CHAPITRE II **LOYERS ET DIVERS**

SECTION PREMIÈRE **DISPOSITIONS GÉNÉRALES**

Art. R. 442-1 **Le loyer applicable aux logements construits en application de la législation sur les habitations à loyer modéré est calculé conformément aux dispositions des articles 28, 29, 32, 32 *bis* et 36 de la loi n° 48-1360 du 1er septembre 1948, modifiée.** – *V.* ***C. baux***.

Art. R. 442-2 **La fixation des prix de base au mètre carré et des montants minimum et maximum de loyers prévue à l'article L. 442-1 fait l'objet d'un arrêté conjoint du ministre chargé des finances et du ministre chargé de la construction et de l'habitation, pris après avis du conseil supérieur des habitations à loyer modéré.**

L'autorité administrative prévue à l'article L. 442-1, alinéa 3, pour fixer un loyer susceptible de rétablir l'équilibre d'un organisme d'habitations à loyer modéré est constituée par le ministre chargé de la construction et de l'habitation et le ministre chargé des finances agissant par décision conjointe.

V. Arr. du 14 oct. 1963 relatif au prix des loyers des logements construits par les organismes d'HLM depuis le 3 sept. 1947 (JO 16 oct.), mod. par Arr. du 9 août 1968 (JO 25 août), Arr. du 28 févr. 1973 (JO 31 mars) et Arr. du 28 mars 1995 (JO 5 mai).

Art. *R. 442-3 **Les loyers des logements construits en application de la législation sur les habitations à loyer modéré peuvent être révisés dans les conditions fixées par l'article 32 *bis* de la loi nº 48-1360 du 1er septembre 1948 précitée.** – *V. C. **baux**.*

Art. R. 442-3-1 *(Décr. nº 2009-984 du 20 août 2009)* Les personnes présentant une perte d'autonomie physique ou psychique au sens de l'article L. 442-3-1 sont les personnes mentionnées aux 3º et 4º de l'article L. 322-3 du code de la sécurité sociale et les personnes bénéficiant d'une pension d'invalidité versée par un des régimes de sécurité sociale.

Afin de justifier de sa situation, le locataire transmet au bailleur la notification de la prise en charge établie par les services de la caisse primaire d'assurance maladie ou le titre de pension qui leur a été délivré par l'organisme en charge de leur régime d'invalidité.

Art. R. 442-3-2 *(Décr. nº 2009-1141 du 22 sept. 2009)* L'aide à la mobilité prévue aux articles L. 442-3-1 et L. 442-3-2 est attribuée au locataire par le bailleur dans les conditions suivantes :

I. – Lorsque le locataire accepte l'offre d'un nouveau logement, le bailleur propose la prise en charge des dépenses du déménagement effectué par une entreprise de son choix, pour un montant maximum de 1 000 €.

Si le locataire choisit de ne pas recourir à cette prestation, une somme forfaitaire de 400 € destinée à couvrir les frais engendrés par le déménagement lui est versée au plus tard le mois suivant la remise des clés de l'ancien logement.

Ces montants sont révisés chaque année au 1er janvier en fonction de l'évolution du dernier indice connu des prix à la consommation hors loyers et hors tabac.

II. – Les frais d'ouverture ou de fermeture ou de transfert d'abonnements aux réseaux de distribution d'eau, d'électricité, de gaz et de téléphonie sont pris en charge par le bailleur sur justificatifs. Les frais correspondants ne sont pris en charge que pour des prestations identiques à celles souscrites par le locataire dans son logement précédent.

III. – Le nouveau contrat de bail donne lieu au versement d'un dépôt de garantie d'un montant au plus égal au dépôt de garantie de l'ancien logement. Les frais de réparations dont le locataire est redevable lui sont facturés à partir de l'état des lieux établi contradictoirement par les parties lors de la remise des clés.

IV. – Lorsque le logement proposé n'a pas le même niveau de qualité que celui de l'ancien logement en raison de travaux qui y ont été réalisés par le locataire ou pour son compte, en ce qui concerne notamment les revêtements de sol, les revêtements muraux, les équipements sanitaires et ceux relatifs à la sécurité, le bailleur, sur la demande du locataire qui a réalisé ou fait réaliser ces travaux, procède avant l'emménagement à des travaux de remise à niveau dans la limite d'un montant de 1 500 €. Ce montant est majoré de 500 € par personne à charge, au sens des articles 196, 196 A *bis* et 196 B du code général des impôts.

V. – Un accompagnement social est mis en place par le bailleur en cas de nécessité.

Art. R.* 442-3-3 *(Décr. nº 2009-1517 du 8 déc. 2009)* Pour l'application du I de l'article L. 442-3-3, les zones géographiques se caractérisant par un déséquilibre important entre l'offre et la demande sont définies par arrêté du ministre chargé du logement, parmi les zones, définies en application du *h* du 1 du I de l'article 31 du code général des impôts, dans lesquelles la tension sur le marché locatif privé est la plus forte. *– V. Arr. du 8 déc. 2009, JO 10 déc., renvoyant à l'Arr. du 29 avr. 2009, JO 3 mai.*

Art. R.* 442-3-4 *(Décr. nº 2010-1392 du 12 nov. 2010)* Le contrat de location mentionné à l'article L. 442-8-4 peut être renouvelé par période d'un an sous réserve que le ou les locataires répondent, à la date du renouvellement, aux conditions mentionnées à cet article et au 3o de l'article R. 441-1 et rappelées dans le contrat.

Le bailleur, lorsqu'il ne souhaite pas renouveler le contrat, notifie sa décision par lettre recommandée avec demande d'avis de réception ou la signifie par acte d'huissier aux locataires trois mois au moins avant le terme du contrat.

En l'absence de cette notification, le ou les locataires qui souhaitent renouveler le contrat communiquent au bailleur, au plus tard un mois avant son terme, les justificatifs prouvant qu'ils répondent toujours aux conditions pour être logés dans le logement. Lorsque le ou les locataires n'ont pas fourni ces justificatifs dans ce délai, le contrat n'est pas renouvelé.

Lorsque le contrat est conclu avec plusieurs locataires, le remplacement de l'un d'entre eux par un nouveau locataire est sans effet sur la durée du contrat qui se poursuit jusqu'à son terme.

Art. R. 442-4 *(Décr. no 95-496 du 19 avr. 1995, art. 1er)* Les logements-foyers mentionnés au troisième alinéa de l'article L. 442-8 sont les résidences sociales prévues au 2 de l'article R. 351-55.

L'article R. 442-4 est l'ancien article R. 442-5-1 (Décr. no 2005-1439 du 22 nov. 2005, art. 1er-VIII).

Art. R. 442-4-1 *(Décr. no 2010-1564 du 15 déc. 2010)* L'examen contradictoire de la situation des sous-locataires mentionné à l'article L. 442-8-3 a lieu tous les six mois à compter de la date de la signature du bail de sous-location. Il prend la forme d'un entretien entre le bailleur, le locataire principal et le sous-locataire, organisé à l'initiative de la personne morale locataire.

Art. R. 442-5 *(Décr. no 2005-1439 du 22 nov. 2005, art. 1er-VIII)* Le loyer applicable aux logements pris en gérance par les organismes d'habitations à loyer modéré dans les cas mentionnés à l'article L. 442-11 ne peut excéder le plafond prévu au deuxième alinéa de l'article L. 444-5. Ces logements sont donnés en location à des personnes dont l'ensemble des ressources, à la date d'entrée dans les lieux, n'excède pas le plafond fixé pour l'attribution d'un logement financé à l'aide d'un prêt prévu à l'article R. 331-17.

SECTION II DISPOSITIONS APPLICABLES AUX ASSOCIÉS DES SOCIÉTÉS COOPÉRATIVES D'HABITATIONS À LOYER MODÉRÉ DE LOCATION COOPÉRATIVE QUI PRENNENT LA QUALITÉ DE LOCATAIRES

Art. R. 442-6 Les associés des sociétés anonymes coopératives d'habitations à loyer modéré supprimées par l'article 26-1 de la loi no 71-580 du 16 juillet 1971 qui ont bénéficié d'un contrat de location coopérative et qui n'ont pas décidé d'acquérir la propriété de leur logement avant le 23 mars 1973 prennent la qualité de locataires.

Ils sont soumis aux dispositions de la présente section.

Art. R. 442-7 Les paiements effectués antérieurement par les associés à titre d'apport sont affectés d'un coefficient annuel de réévaluation figurant en annexe au présent code. *— V. Annexe 23.*

Art. R. 442-8 Le remboursement de l'apport, réévalué comme il est indiqué à l'article R. 442-7, a lieu, au choix des associés qui ont opté pour la signature d'un bail :

a) Soit par annuités constantes dans un délai qui ne peut excéder neuf ans et qui est égal à la durée du bail ;

b) Soit à l'expiration du bail, qui a alors une durée au plus égale à six ans.

Dans le premier cas, le bail peut être renouvelé une fois à la demande du preneur, sans que la durée totale puisse excéder dix-huit ans et, à l'expiration de ce bail, un engagement de location est proposé au preneur.

Dans le second cas, le bail et le délai de remboursement sont renouvelables de plein droit, chaque année, pour une durée d'un an, sauf dénonciation par le preneur six mois avant leur expiration, et un engagement de location est proposé au preneur à l'expiration de la dernière période de renouvellement.

Art. R. 442-9 Le loyer est fixé par le bail prévu à l'article R. 442-8 *a* et *b*, conformément aux dispositions figurant au contrat de location coopérative.

Pendant la durée du bail, le preneur est dispensé du versement de l'indemnité d'occupation prévue à l'article R. 441-33.

Il peut dénoncer le bail à tout moment moyennant un préavis de six mois. Dans le cas de l'article R. 442-8 *a*, le remboursement a lieu à l'expiration de la durée du bail initial.

Art. R. 442-10 Le bail prévu à l'article R. 442-8 *a* est transmissible en cas de décès. Il est cessible par le preneur à son conjoint, à un de ses ascendants, descendants, frères ou sœurs, ou à un des ascendants, descendants, frères ou sœurs de son conjoint.

Ce bail peut également être cédé par le preneur à une personne qui remplit les conditions de ressources et d'occupation du logement imposées par la réglementation en vigueur sur les habitations à loyer modéré à usage locatif. Dans ce cas, le preneur doit notifier par lettre recommandée avec demande d'avis de réception à la société son intention de céder le bail. A défaut de réponse de la société dans un délai de deux mois à compter de cette notification, le candidat est réputé accepté s'il remplit les conditions susindiquées. La société ne peut refuser son agrément plus de trois fois, sauf motif grave et légitime.

Art. R. 442-11 Les dispositions de l'article précédent sont également applicables au bail prévu à l'article R. 442-8 *b* dans la limite d'une durée de dix-huit ans à compter de la signature du bail initial.

Dans ce cas, les dispositions de l'article R. 442-8 *b* cessent de s'appliquer à l'expiration de cette durée et l'occupant bénéficie d'un engagement de location.

Art. R. 442-12 Le locataire qui bénéficie d'un engagement de location est soumis à l'ensemble des dispositions applicables aux locataires d'habitations à loyer modéré et, notamment, à celles fixées par l'article L. 442-1 et la section I du présent chapitre.

SECTION III ENQUÊTES ET STATISTIQUES RELATIVES À LA CONNAISSANCE DE L'OCCUPATION DES LOGEMENTS

(Décr. nº 96-1163 du 26 déc. 1996)

Art. *R. 442-13 Pour réaliser l'enquête prévue à l'article L. 442-5, *(Décr. nº 2008-825 du 21 août 2008, en vigueur le 1er janv. 2009)* « l'organisme bailleur » demande à chacun de ses locataires communication des avis d'imposition ou de non-imposition à l'impôt sur le revenu et des renseignements ci-après concernant l'ensemble des personnes vivant au foyer :

– nom, prénom, âge et lien de parenté ;

– renseignements permettant de calculer le plafond de ressources applicable ;

– renseignements relatifs à la perception, directement ou en tiers payant, de l'aide personnalisée au logement ou de l'une des allocations de logement prévues par le code de la sécurité sociale, ainsi que du *(Décr. nº 2009-716 du 18 juin 2009, art. 5)* « revenu de solidarité active », de l'allocation *(Décr. nº 2009-716 du 18 juin 2009, art. 5)* « de solidarité aux personnes âgées » ou de l'allocation aux adultes handicapés ;

– nature de l'activité professionnelle ou situation de demandeur d'emploi inscrit *[au]* *(Décr. nº 2009-716 du 18 juin 2009, art. 5)* « Pôle emploi ».

Un arrêté du ministre chargé du logement fixe les modalités d'application du présent article.

V. notes ss. art. L. 442-5.

Art. *R. 442-14 Les renseignements statistiques à fournir par *(Décr. nº 2008-825 du 21 août 2008, en vigueur le 1er janv. 2009)* « l*[es]* organisme*[s]* bailleur*[s]* » au préfet du département du lieu de situation des logements, en application de l'article L. 442-5, concernent :

— les logements locatifs sociaux du bailleur, en distinguant notamment selon que les logements sont ou non conventionnés en application de l'article L. 351-2, selon qu'ils sont vacants ou occupés, selon qu'ils sont donnés en location ou en sous-location ;

— les personnes physiques occupant ces logements, en distinguant notamment selon l'âge et les liens de parenté, selon la composition des ménages et leurs revenus rapportés au plafond de ressources, selon que sont perçues ou non les allocations mentionnées à l'article R. 442-13, selon la nature de l'activité professionnelle ou la situation de demandeur d'emploi inscrit à l'*(Décr. nº 2008-1010 du 29 sept. 2008, art. 7)* « institution mentionnée à l'article L. 5312-1 du code du travail » ;

— le nombre de ménages ayant répondu à l'enquête prévue à l'article R. 442-13.

Ces renseignements statistiques sont établis par zone géographique dans le département en distinguant les zones urbaines sensibles et les zones de redynamisation rurale. Ils sont en outre établis en distinguant les ménages qui ont emménagé au cours des trois dernières années.

Un arrêté du ministre chargé du logement fixe les modalités d'application du présent article, notamment la définition détaillée des renseignements statistiques, leurs modalités de présentation et la date de leur remise au préfet.

V. notes ss. art. L. 442-5.

SECTION IV GÉRANCE D'IMMEUBLES

(Décr. nº 2003-154 du 24 févr. 2003)

SOUS-SECTION 1 DISPOSITIONS GÉNÉRALES

Art. D. 442-15 Tout mandat de gérance d'immeubles qu'accorde ou accepte un organisme d'habitations à loyer modéré est écrit.

Le mandat précise notamment :

1º Le ou les immeubles sur lesquels porte le mandat ;

2º La durée du mandat et les conditions de sa résiliation éventuelle ;

3º Les pouvoirs du mandataire ;

4º Lorsqu'il entre dans les pouvoirs du mandataire de recouvrer des recettes ou de procéder à des dépenses :

a) Les conditions dans lesquelles les fonds nécessaires aux dépenses sont mis à disposition du mandataire ;

b) Les conditions dans lesquelles les sommes encaissées par le mandataire pour le compte du mandant sont reversées à ce dernier ;

c) Dans le cas où le mandant est doté d'un comptable public, le plafond du montant de l'avance permanente dont peut disposer le mandataire ;

5º La rémunération du mandataire et ses modalités de règlement par le mandant ;

6º La périodicité trimestrielle ou semestrielle de la reddition des comptes et ses modalités.

Art. D. 442-16 Avant l'exécution du mandat, le mandataire souscrit une assurance couvrant les conséquences pécuniaires de la responsabilité civile qu'il peut encourir en raison des actes qu'il accomplit au titre du mandat.

Art. D. 442-17 Dans tous les documents qu'il établit au titre du mandat, le mandataire fait figurer la dénomination du mandant et la mention qu'il agit au nom et pour le compte de ce dernier.

Art. D. 442-18 Lorsqu'il entre dans les pouvoirs du mandataire de recouvrer des recettes ou de procéder à des dépenses au nom et pour le compte du mandant, le mandataire tient une comptabilité séparée retraçant l'intégralité des produits et charges constatés et des mouvements de caisse opérés au titre du mandat.

Le mandant met à la disposition du mandataire les fonds nécessaires aux dépenses. Le mandataire ne peut en faire l'avance, sauf cas d'urgence.

Art. D. 442-19 Lorsqu'il entre dans les pouvoirs du mandataire de détenir des fonds appartenant au mandant, le mandataire dépose sans délai l'intégralité de ces fonds sur un compte exclusivement réservé aux opérations du mandat.

Toutefois, les dispositions du présent article ne s'appliquent pas au mandataire doté d'un comptable public.

Art. D. 442-20 Lorsque le mandant est doté d'un comptable public, s'appliquent les dispositions suivantes :

(Décr. no 2009-1686 du 30 déc. 2009, art. 9) « I. – Le comptable public du mandant est consulté sur le projet de mandat. A l'expiration d'un délai d'un mois il est réputé avoir rendu son avis. Le mandant lui transmet l'ampliation du mandat dès sa conclusion. »

II. – *(Décr. no 2004-943 du 2 sept. 2004, art. 12-I)* « Lorsque le mandataire est tenu d'ouvrir le compte mentionné au premier alinéa de l'article R. 442-19, le compte est ouvert auprès de l'État, de la Caisse des dépôts et consignations, de la Banque de France ou auprès d'un établissement de crédit ayant obtenu un agrément en vertu des dispositions applicables dans les États membres de la Communauté européenne ou les autres États parties à l'accord sur l'Espace économique européen. »

III. – Lorsque le mandat stipule que le mandataire dispose d'une avance permanente, l'ordonnateur du mandant fixe le montant de cette avance dans la limite du plafond prévu par le mandat.

IV. – Lorsqu'il entre dans les pouvoirs du mandataire de poursuivre l'exécution forcée et de pratiquer les mesures conservatoires au nom et pour le compte du mandant, l'ordonnateur du mandataire doté d'un comptable public émet les titres de recettes exécutoires et, après autorisation du même ordonnateur, le comptable du mandataire procède aux *(Décr. no 2011-2036 du 29 déc. 2011, art. 1er-II, en vigueur le 1er janv. 2012)* « mesures d'exécution forcée » comme en matière de contributions directes. Le mandataire qui n'est pas doté d'un comptable public ne peut se prévaloir d'un titre exécutoire émis par le mandant. Muni de l'un des titres exécutoires mentionnés aux 1o à 5o de l'article 3 de la loi no 91-650 du 9 juillet 1991 portant réforme des procédures civiles d'exécution, il en poursuit l'exécution forcée selon les règles du droit commun applicable en la matière.

V. – Lorsqu'il entre dans les pouvoirs du mandataire de recouvrer des recettes ou de procéder à des dépenses, la reddition des comptes intervient dans des délais permettant au comptable public du mandant de produire son compte financier.

(Décr. no 2004-943 du 2 sept. 2004, art. 12-II) « La reddition des comptes retrace la totalité des opérations de dépenses et de recettes décrites par nature sans contraction entre elles ainsi que la totalité des opérations de trésorerie par nature. Elle comporte en outre :

« 1o La balance générale des comptes arrêtée à la date de la reddition ;

« 2o Les états de développement des soldes certifiés par le mandataire conformes à la balance générale des comptes ;

« 3o La situation de trésorerie de la période ; »

(Décr. no 2009-1687 du 30 déc. 2009, art. 2 ; Décr. no 2011-2036 du 29 déc. 2011, art. 1er-II, en vigueur le 1er janv. 2012) « 4o L'état des créances demeurées impayées établies par débiteur et par nature de produit. Pour chaque créance impayée, le mandataire précise, le cas échéant, les relances qu'il a accomplies et les mesures d'exécution forcée qu'il a diligentées ;

« 5o Les pièces justificatives des opérations retracées dans la reddition des comptes. Pour les dépenses, ces pièces justificatives, reconnues exactes par la société mandataire, sont celles prévues dans la liste mentionnée à l'article D. 1617-19 du code général des collectivités territoriales et figurant en annexe I à ce code. Pour les recettes, la société mandataire produit les pièces autorisant leur perception et établissant la liquidation des droits. Elle justifie, le cas échéant, leur caractère irrécouvrable au regard des diligences qu'elle a accomplies. »

Les dispositions issues du Décr. no 2004-943 du 2 sept. 2004 peuvent être modifiées par décret en Conseil d'État (Décr. préc., art. 14).

Les modifications apportées par le Décr. no 2005-1068 du 30 août 2005 sont entrées en vigueur le 31 déc. 2005 (Décr. préc., art. 21).

Art. D. 442-21 Lorsque les dispositions du code des marchés publics sont applicables aux contrats du mandant et qu'il entre dans les pouvoirs du mandataire de passer des marchés publics au nom et pour le compte du mandant, *(Décr. no 2009-1686 du 30 déc. 2009, art. 10)* « la personne représentant le pouvoir adjudicateur » est la personne désignée à cet effet par le mandataire ou, à défaut, le représentant légal du mandataire.

(Décr. no 2009-1686 du 30 déc. 2009, art. 10) « La personne représentant le pouvoir adjudicateur » peut, sous sa responsabilité, déléguer sa signature à des personnes placées sous son autorité.

Lorsque le mandataire ne dispose pas d'une commission d'appel d'offres, la commission d'appel d'offres compétente est celle du mandant. Elle est convoquée par le mandant à la demande du mandataire. Le mandataire participe à la séance de la commission avec voix consultative.

• SOUS-SECTION 2 MANDATS SOUMIS À AUTORISATION

Art. D. 442-22 *(Décr. no 2004-943 du 2 sept. 2004, art. 4)* Les immeubles appartenant aux organismes d'habitations à loyer modéré ne peuvent être donnés en gérance qu'aux organismes d'habitations à loyer modéré, aux sociétés d'économie mixte de construction et de gestion de logements locatifs sociaux et aux sociétés anonymes de coordination d'organismes d'habitations à loyer modéré.

Les mandats de gérance prévus à l'alinéa précédent ne peuvent être consentis qu'après que les organismes d'habitations à loyer modéré mandants y ont été autorisés.

La demande d'autorisation est adressée par l'organisme d'habitations à loyer modéré mandant au préfet du département du lieu de situation des immeubles. Le dossier de la demande comporte le projet de mandat et les délibérations du conseil d'administration ou de surveillance du mandant et du mandataire portant approbation de ce projet.

Lorsque le mandataire est doté d'un comptable public, le préfet se prononce après avis du trésorier-payeur général dont dépend le poste comptable du mandataire.

En l'absence de décision du préfet notifiée dans le délai de deux mois à compter de la réception d'une demande présentée en application du présent article, l'autorisation est réputée accordée.

L'organisme d'habitations à loyer modéré titulaire de l'autorisation transmet copie du mandat signé au préfet et, dans le cas prévu au quatrième alinéa, au trésorier-payeur général.

Art. R.* 442-23 Avant d'accepter, en application selon le cas *(Décr. n° 2008-566 du 18 juin 2008)* « du 5° de l'article L. 421-3 », du douzième alinéa de l'article L. 422-2 ou du septième alinéa de l'article L. 422-3, un mandat de gérance portant sur des logements situés dans des copropriétés connaissant des difficultés importantes de fonctionnement, l'organisme d'habitations à loyer modéré adresse simultanément une demande d'autorisation au maire de la commune d'implantation de ces logements et au préfet.

Le dossier de la demande comporte le projet de mandat, la décision du mandant et la délibération du conseil d'administration ou du conseil de surveillance du mandataire portant approbation de ce projet. Il est complété par l'exposé sommaire des difficultés de la copropriété.

A défaut d'opposition du préfet ou du maire notifiée dans le délai de deux mois, l'autorisation est réputée accordée.

SECTION V CONTRIBUTION DU LOCATAIRE AU PARTAGE DES ÉCONOMIES DE CHARGES RÉSULTANT DES TRAVAUX D'ÉCONOMIE D'ÉNERGIE RÉALISÉS PAR LE BAILLEUR

(Décr. n° 2009-1438 du 23 nov. 2009)

SOUS-SECTION 1 CONDITIONS DE LA CONTRIBUTION DU LOCATAIRE

Art. R.* 442-24 La contribution du locataire au partage des économies de charges résultant des travaux d'efficacité énergétique réalisés par le bailleur est exigible à la condition que celui-ci ait engagé une démarche de concertation avec les associations représentatives de locataires présentes dans son patrimoine. Cette concertation porte sur le programme de travaux que le bailleur envisage d'entreprendre, les modalités de leur réalisation, les bénéfices attendus en termes de consommation énergétique des logements et la contribution des locataires, notamment sa durée, au partage des économies de charges résultant de ces travaux.

Art. R.* 442-25 A l'issue des travaux, une ligne supplémentaire en sus des lignes relatives au loyer et aux charges intitulée : "Contribution au partage de l'économie de charges" et la mention des dates de la mise en place et du terme de cette ligne supplémentaire ainsi que de la date d'achèvement des travaux sont inscrites sur chaque avis d'échéance et portées sur chaque quittance remise au locataire.

Le premier avis d'échéance pouvant faire mention de cette ligne supplémentaire est celui du mois civil qui suit la date de fin des travaux.

Art. R.* 442-26 Préalablement à la conclusion d'un nouveau bail avec un autre locataire pendant la durée de versement de la contribution mentionnée à l'article précédent, le bailleur apporte au nouveau locataire les éléments propres à justifier les travaux réalisés et le maintien de cette contribution et l'informe de son terme.

SOUS-SECTION 2 TRAVAUX D'ÉCONOMIE D'ÉNERGIE POUVANT DONNER LIEU À UNE CONTRIBUTION DU LOCATAIRE

Art. R.* 442-27 La contribution du locataire peut être demandée pour financer les travaux d'économie d'énergie suivants :

1o Soit des travaux correspondant à une combinaison d'au moins deux actions d'amélioration de la performance énergétique du logement ou du bâtiment concerné, parmi les actions suivantes :

a) Travaux d'isolation thermique des toitures ;

b) Travaux d'isolation thermique des murs donnant sur l'extérieur ;

c) Travaux d'isolation thermique des parois vitrées donnant sur l'extérieur ;

d) Travaux de régulation ou de remplacement de systèmes de chauffage ou de production d'eau chaude sanitaire ;

e) Travaux d'installation d'équipements de chauffage utilisant une source d'énergie renouvelable ;

f) Travaux d'installation d'équipements de production d'eau chaude sanitaire utilisant une source d'énergie renouvelable,

sous réserve que ces travaux et le niveau minimal de performance énergétique atteint soient conformes, *a minima*, aux exigences définies aux articles R. 131-25 à R. 131-28. Les niveaux minima à atteindre pour chaque catégorie de travaux sont précisés par un arrêté conjoint des ministres chargés de la construction et de l'énergie. – *V. Arr. 23 nov. 2009 (JO 25 nov.).*

2o Soit des travaux conformes *a minima* aux exigences définies aux articles R. 131-25 à R. 131-28 et permettant d'amener la consommation d'énergie du bâtiment pour le chauffage, la ventilation, la production d'eau chaude sanitaire, le refroidissement et l'éclairage des locaux en dessous d'un seuil défini par un arrêté conjoint des ministres en charge de la construction et de l'énergie. – *V. Arr. 23 nov. 2009 (JO 25 nov.).*

SOUS-SECTION 3 CALCUL DE LA CONTRIBUTION DU LOCATAIRE ET CONTRÔLE APRÈS TRAVAUX

Art. R.* 442-28 L'économie de charges sur laquelle est basée la contribution demandée au locataire en contrepartie des travaux d'amélioration énergétique réalisés par le bailleur est calculée par une méthode de calcul conventionnel de la consommation d'énergie résultant d'une étude thermique préalable et prenant en compte les caractéristiques techniques et énergétiques du bâtiment, sa localisation géographique ainsi qu'une occupation conventionnelle de celui-ci.

La contribution peut néanmoins être fixée de manière forfaitaire si l'une au moins des conditions suivantes est remplie :

a) Les caractéristiques constructives du bâtiment sont incompatibles avec la méthode de calcul ;

b) Le bailleur ne possède pas plus de trois logements locatifs dans l'immeuble considéré.

La méthode de calcul et le forfait, qui tient compte des caractéristiques des logements considérés, sont définis par un arrêté conjoint des ministres chargés de la construction et de l'énergie. – *V. Arr. 23 nov. 2009 (JO 25 nov.).*

Art. R.* 442-29 Si le bailleur demande à son locataire une contribution basée sur un calcul de l'économie d'énergie à partir d'une méthode de calcul conventionnel, le maître d'œuvre ou l'entreprise ayant réalisé les travaux ou l'organisme ayant délivré la certification du bâtiment ou un bureau de contrôle lui atteste que ces derniers respectent les prescriptions de l'étude thermique préalable à la réalisation des travaux, pour atteindre la performance visée au 2o de l'article R. 442-27. Si tel n'est pas le cas, une nouvelle estimation de la consommation d'énergie du bâtiment est réalisée conformément au 2o de l'article R. 442-27 afin d'évaluer la contribution du locataire.

V. sur les attestations, Arr. 23 nov. 2009 (JO 25 nov.).

Art. R.* 442-30 Si le bailleur demande à son locataire une contribution forfaitaire, le maître d'œuvre ou l'entreprise ayant réalisé les travaux ou l'organisme ayant délivré la certification du bâtiment ou un bureau de contrôle lui atteste qu'ils sont conformes aux critères définis au 1o de l'article R. 442-27 du code de la construction et de l'habitation.

V. sur les attestations, Arr. 23 nov. 2009, JO 25 nov.

CHAPITRE III ACCESSION À LA PROPRIÉTÉ ET AUTRES CESSIONS – TRANSFORMATIONS D'USAGE – DÉMOLITIONS

(Décr. no 87-477 du 1er juill. 1987)

SECTION PREMIÈRE DISPOSITIONS APPLICABLES AUX BÉNÉFICIAIRES D'OPÉRATIONS D'ACCESSION À LA PROPRIÉTÉ AUTRES QUE LES LOCATAIRES

Art. R. 443-1 La décision administrative prévue à l'article L. 443-1 est prise par arrêté conjoint du ministre chargé de la construction et de l'habitation, du ministre chargé des finances et du ministre chargé de la santé.

Art. R.* 443-2 *(Décr. no 2008-55 du 16 janv. 2008)* I. — La limite mentionnée au neuvième alinéa de l'article L. 411-2 s'applique au rapport, calculé au titre de chaque exercice comptable, entre le nombre de logements vendus, ou ayant fait l'objet d'un contrat de location-accession soumis à la loi no 84-595 du 12 juillet 1984 modifiée définissant la location-accession à la propriété immobilière *[V. App., vo Location-accession]* avec des personnes dont les revenus dépassent les plafonds maximum fixés par l'autorité administrative pour l'attribution des logements locatifs conventionnés dans les conditions définies à l'article L. 351-2 et dont l'accès est soumis à des conditions de ressources, sans toutefois excéder les plafonds prévus à l'article R. 391-8, et l'ensemble des logements vendus par l'organisme, ou ayant fait l'objet d'un contrat de location-accession soumis à la loi no 84-595 du 12 juillet 1984 modifiée définissant la location-accession à la propriété immobilière, pendant l'exercice considéré.

II. — Les garanties mentionnées au neuvième alinéa de l'article L. 411-2 sont la garantie de rachat du logement et la garantie de relogement.

III. — La garantie de rachat peut être demandée, par lettre recommandée avec avis de réception, pendant un délai de quinze ans suivant le transfert de propriété du logement, si, au jour de la demande, les conditions suivantes sont remplies :

a) Le logement est occupé à titre de résidence principale ;

b) La demande visant à bénéficier de la garantie de rachat est faite par l'accédant ou, en cas de décès de celui-ci, par ses descendants directs ou son conjoint occupant le logement au jour du décès et intervient dans un délai d'un an suivant la survenance de l'un des faits générateurs suivants :

— décès de l'accédant, de son conjoint ou d'un descendant direct occupant le logement avec l'accédant ;

— mobilité professionnelle de l'accédant impliquant un trajet de plus de 70 kilomètres entre le nouveau lieu de travail et le logement ;

– chômage de l'accédant d'une durée supérieure à un an attestée par l'inscription à l'*(Décr. nº 2008-1010 du 29 sept. 2008, art. 7)* « institution mentionnée à l'article L. 5312-1 du code du travail » ;

– invalidité reconnue de l'accédant soit par la décision de la commission des droits et de l'autonomie des personnes handicapées, soit par délivrance par cette commission de la carte d'invalidité prévue à l'article L. 241-3 du code de l'action sociale et des familles ;

– divorce de l'accédant ;

– dissolution d'un pacte civil de solidarité dont l'accédant était partie.

L'organisme, ou toute personne morale avec laquelle l'organisme a conclu une convention à cet effet, est tenu de racheter le logement à un prix qui ne peut être inférieur à 80 % du prix de la vente initiale, ou, en cas de location-accession, du prix arrêté lors de la levée de l'option. Toutefois, ce prix de rachat peut être diminué de 1,5 % au plus par année écoulée entre la sixième et la quinzième année suivant celle au cours de laquelle la vente initiale ou, en cas de location-accession, le transfert de propriété a eu lieu.

Ce prix peut, en outre, être minoré des frais des réparations rendues nécessaires du fait de dégradations qui ne relèvent pas de l'usage normal du logement ou de la vétusté de ses installations. Ces frais de réparation sont fixés sur la base du montant le moins élevé des trois devis à produire par l'organisme ou la personne morale mentionnée ci-dessus relatifs aux réparations à effectuer.

IV. – La garantie de relogement peut être demandée, par lettre recommandée avec avis de réception, par l'accédant ou, en cas de décès, par son conjoint, dans les quinze ans qui suivent le transfert de propriété du logement et dans un délai d'un an suivant la survenance de l'un des faits qui conditionnent l'octroi de cette garantie. Elle est soumise aux conditions suivantes :

a) Les conditions d'éligibilité à la garantie de rachat mentionnées au III sont satisfaites. Toutefois, la garantie de relogement ne peut être ouverte si le fait générateur de la revente du logement est la mobilité professionnelle de l'accédant ;

b) Le logement doit avoir fait l'objet d'une promesse de vente au moment où est effectuée la demande de bénéfice de la garantie de relogement ;

c) Les revenus de l'accédant ou, en cas de décès, de son conjoint, n'excèdent pas les plafonds de ressources maximum fixés par l'autorité administrative pour l'attribution des logements locatifs conventionnés dans les conditions définies à l'article L. 351-2 et dont l'accès est soumis à des conditions de ressources.

La garantie de relogement consiste, pour l'organisme ou toute personne morale avec laquelle l'organisme a conclu une convention à cet effet, à proposer à l'accédant ou, en cas de décès à son conjoint, trois offres écrites de relogement dans un logement locatif correspondant à ses besoins et à ses possibilités, dans un délai de trois mois à compter de la demande de mise en jeu de ladite garantie.

Le bénéficiaire de la garantie dispose d'un délai d'un mois à compter de la remise de la dernière offre pour exprimer son accord. A l'expiration de ce délai, la garantie cesse de s'appliquer s'il n'a pas accepté l'une des trois offres qui lui ont été proposées.

V. – Les contrats de vente de logements prévoyant les garanties mentionnées au présent article reproduisent les dispositions du III et du IV.

VI. – Pour l'application du présent article, est assimilée au conjoint la personne vivant en concubinage avec l'accédant ou le partenaire avec lequel l'accédant a conclu un contrat en application de l'article 515-1 du code civil.

VII. – Pour les opérations de location-accession régies par la loi nº 84-595 du 12 juillet 1984 modifiée définissant la location-accession à la propriété immobilière *[V. App., vº Location-accession]* et qui sont assorties d'un prêt mentionné à l'article R. 331-76-5-1, en cas de levée de l'option, les garanties de rachat et de relogement sont celles prévues au II de ce même article.

COMMENTAIRE

Le décret no 2008-55 du 16 janvier 2008 fixe les conditions de mise en œuvre de la sécurisation des accédants à la propriété pour les opérations d'accession à la propriété des organismes HLM. Ceux-ci bénéficient obligatoirement d'une garantie de rachat en cas de difficultés pendant les 15 années qui suivent l'acquisition et d'une garantie de relogement en cas d'échec de l'opération d'accession. Cette sécurisation couvre toutes les opérations d'accession : VEFA, vente d'immeubles achevés et location-accession. ❑

Art. R. 443-3 Les assurances temporaires destinées à garantir des prêts bonifiés par l'État peuvent être contractées auprès de tous les organismes habilités à effectuer des opérations d'assurances, dans les conditions et dans la limite des tarifs de la caisse nationale de prévoyance.

Art. *R. 443-4 Tout changement d'affectation, toute location ou sous-location partielle ou totale, meublée ou non meublée, d'une habitation à loyer modéré par l'accédant à la propriété est subordonné, pendant toute la durée du concours de l'État, à l'autorisation de l'organisme par l'intermédiaire duquel ce concours a été obtenu. Toutefois, n'ont pas à solliciter cette autorisation, sauf en cas de changement d'affectation, les accédants à la propriété justifiant, auprès de l'organisme susmentionné, que l'inoccupation d'un logement ou sa location est motivée par des raisons professionnelles rendant incompatible l'occupation personnelle et familiale de leur logement avec l'exercice de leurs activités professionnelles dans un nouveau lieu de travail. Ils doivent indiquer à l'organisme la date à laquelle le logement cesse d'être leur résidence principale. A l'expiration d'un délai de trois ans à compter de cette date, les intéressés doivent solliciter l'autorisation susmentionnée. Cette autorisation ne pourra être inférieure à trois ans.

Le prix de location ne peut être supérieur au montant des loyers prévus aux articles L. 442-1 à L. 442-9.

Toute infraction aux dispositions du présent article entraîne le remboursement immédiat du montant des concours financiers accordés.

Art. **R. 443-5 Lorsque l'emprunteur, qui n'a pas été admis à contracter l'assurance prévue à l'article L. 443-2, alinéa 1er, en raison de son état de santé ou des risques anormaux que présente sa profession, entend se prévaloir de la faculté qui lui est accordée par l'alinéa 2 dudit article, l'assurance est contractée en son lieu et place par son conjoint ou par un tiers, dans les conditions prévues par les articles L. 131-1 à L. 131-3 et L. 132-1 à L. 132-28 du code des assurances.

Art. **R. 443-6 Lorsque le contrat d'acquisition, de location ou de prêt est résilié, par suite de libération anticipée totale de l'assuré ou pour toute autre cause, la police d'assurance peut être résiliée à la date du dernier jour de la période annuelle d'assurance en cours et, dans ce cas, il est remboursé une somme égale au montant à cette date, de la provision mathématique du contrat calculée d'après le tarif en vigueur au début de l'assurance.

Ce paiement est effectué sur la quittance collective de l'assuré et de l'organisme bénéficiaire de l'assurance.

Art. **R. 443-7 Il ne peut être procédé au transfert du bénéfice d'une assurance, sauf au profit de l'État.

Art. R. 443-8 Les prêts accordés par les sociétés de crédit immobilier sont soumis aux dispositions générales des contrats d'assurance régis par le code des assurances (livre Ier), par les dispositions du présent livre et notamment les articles R. 443-1 et R. 443-7 ainsi que par les dispositions particulières ci-après.

Art. **R. 443-9 Les sociétés d'habitations à loyer modéré ayant obtenu des avances de sociétés de crédit immobilier ne peuvent transférer le bénéfice des assurances souscrites en garantie des prêts hypothécaires consentis au moyen de ces avances qu'au profit de ces dernières sociétés.

Les sociétés de crédit immobilier ne peuvent transporter le bénéfice des assurances transférées à leur profit par les sociétés d'habitations à loyer modéré, ou celui des assurances souscrites directement à leur profit, sauf lorsque la cession des créances hypothécaires garanties par ces assurances est autorisée par la commission d'attribution des prêts, conformément aux dispositions de l'article R. 431-1.

Le transport s'effectue, dans ces divers cas, par avenant à la police d'assurance.

SECTION PREMIÈRE *BIS* DISPOSITIONS APPLICABLES À L'ACCESSION PROGRESSIVE À LA PROPRIÉTÉ

(Décr. nº 2009-98 du 26 janv. 2009)

BIBL. ▶ ZITOUNI, Parution du décret relatif aux statuts des sociétés civiles immobilières d'accession progressive à la propriété (SCIAPP), *RDI 2009. 171*.

Art. R.* 443-9-1 L'associé locataire d'une société civile immobilière d'accession progressive à la propriété bénéficie d'un bail soumis au régime applicable aux locataires d'organismes d'habitation à loyer modéré.

S'il se retire de la société avant d'avoir acquis le logement qu'il occupe, il peut, en conservant les mêmes conditions de bail quel que soit le montant de ses ressources à la date du retrait, rester locataire de la société ou, en cas de dissolution de celle-ci, de l'organisme d'habitation à loyer modéré.

Art. R.* 443-9-2 Dans une société civile immobilière d'accession progressive à la propriété, l'associé gérant, indépendamment des demandes d'acquisition dont il peut être saisi, propose à chaque associé personne physique d'acquérir une ou plusieurs parts sociales attachées au lot représentatif de son logement, au moins une fois par an lors de la convocation de l'assemblée générale ou à l'occasion d'une consultation écrite prévue par les statuts. La proposition précise le prix et les frais d'acquisition à la charge de l'acquéreur et est accompagnée d'un formulaire de demande d'acquisition de parts. A défaut de réponse dans un délai d'un mois, l'associé personne physique est réputé renoncer à l'acquisition de parts.

Les parts sociales sont cédées à l'associé personne physique pour leur valeur nominale sans indexation ni révision. L'associé gérant accomplit les formalités nécessaires au transfert de propriété. Les frais de cession, notamment les droits d'enregistrement, sont à la charge de l'associé personne physique, acquéreur des parts.

La faculté d'acquérir des parts sociales détenues par l'organisme d'habitation à loyer modéré est suspendue tant que l'associé est débiteur vis-à-vis de la société ou de l'organisme d'habitation à loyer modéré HLM, notamment en cas d'impayés de loyer ou de charges.

Art. R.* 443-9-3 L'associé personne physique d'une société civile immobilière d'accession progressive à la propriété peut demander à tout moment le rachat par l'associé gérant de la totalité ou d'une partie de ses parts sociales. Les statuts de la société peuvent prévoir, en fonction des frais à supporter par l'associé gérant, un nombre minimal de parts à racheter lors de chaque transaction. La demande de rachat est adressée par lettre recommandée avec demande d'avis de réception.

Les parts sont rachetées pour leur valeur nominale sans indexation ni révision.

L'associé gérant effectue le paiement de la valeur garantie dans un délai maximal de trois mois à compter de la première présentation de la lettre de demande de rachat. Il peut effectuer une compensation avec les dettes du demandeur afférentes à ses obligations d'associé. L'associé gérant prend en charge l'accomplissement des formalités et le paiement des frais liés à la transaction.

Art. R.* 443-9-4 **Les statuts des sociétés civiles immobilières d'accession progressive à la propriété instituées en application de l'article L. 443-6-2 doivent être conformes aux clauses types annexées au présent article.** – *V. Annexe 24.*

SECTION II DISPOSITIONS APPLICABLES AUX CESSIONS, AUX TRANSFORMATIONS D'USAGE ET AUX DÉMOLITIONS D'ÉLÉMENTS DU PATRIMOINE IMMOBILIER

(Décr. nº 87-477 du 1er juill. 1987)

V. Circ. 1er oct. 1987 [équip. log.] relative à la cession d'éléments du patrimoine immobilier des organismes d'HLM à des accédants, Mon. TP 23 oct. 1987, Suppl. textes, p. 30 ; Circ. nº 88-42 du 2 mai 1988, relative aux cessions, changements d'usage et démolitions concernant des logements HLM, Mon. TP 13 mai 1988, Suppl. textes, p. 19. – Sur le rachat par les bailleurs sociaux des logements des accédants PAP en difficulté grave pour leur maintien dans le logement en qualité de locataire, V. Circ. nº 91-53 du 28 oct. 1991 Mon. TP 24 janv. 1991, Suppl. textes, p. 324. – V. Accord-cadre du 1er mars 1988 (équipement HLM), Mon. TP 18 mars 1988, Suppl. textes, p. 23.

SOUS-SECTION 1 DISPOSITIONS APPLICABLES AUX ÉLÉMENTS DU PATRIMOINE IMMOBILIER AUTRES QUE LES LOGEMENTS-FOYERS *(Décr. nº 2009-1686 du 30 déc. 2009, art. 2).*

Art. *R. 443-10 *(Décr. nº 87-477 du 1er juill. 1987)* **Le délai de dix ans fixé par l'article L. 443-7 court à compter de la date de déclaration d'achèvement des travaux prévue à l'article** *(Décr. nº 2007-18 du 5 janv. 2007, art. 16-VII)* **« L. 462-1 » du code de l'urbanisme ou à compter de la date de l'acte d'acquisition.**

La modification issue du Décr. nº 2007-18 du 5 janv. 2007 est entrée en vigueur le 1er oct. 2007 (Décr. préc., art. 26, mod. par Décr. nº 2007-817 du 11 mai 2007, art. 4).

Art. *R. 443-11 *(Décr. nº 87-477 du 1er juill. 1987)* **Les normes d'habitabilité minimale mentionnées au premier alinéa de l'article L. 443-7 sont fixées en annexe au présent code.** – *V. Annexe 25.*

Art. *R. 443-12 *(Décr. nº 87-477 du 1er juill. 1987)* **Lorsqu'un organisme d'habitations à loyer modéré envisage de vendre, en application du** *(Décr. nº 2009-1686 du 30 déc. 2009, art. 3)* **« troisième » alinéa de l'article L. 443-11, un logement vacant et a recueilli à cet effet les accords et avis prévus à l'article L. 443-7, il en informe ses locataires dans le département.**

Cette publicité mentionne la consistance du bien et le prix proposé.

Elle est assurée :

***a*) Par voie d'affichage au siège social de l'organisme et aux emplacements habituellement utilisés pour l'information des locataires dans les immeubles collectifs appartenant à l'organisme et situés dans le département ;**

***b*) Par une insertion dans deux journaux locaux diffusés dans le département ;**

***c*) Et, s'il s'agit d'une maison individuelle, par l'apposition sur cette maison ou à proximité immédiate d'un écriteau visible de la voie publique.**

L'organisme propriétaire ne peut écarter les demandes d'acquisition émanant de ses locataires dans le département que pour des motifs sérieux et légitimes.

En tout état de cause, il ne peut retenir une demande émanant d'une personne n'ayant pas la qualité de locataire avant l'expiration d'un délai de deux mois courant à compter de l'exécution de l'ensemble des mesures de publicité prévues par les alinéas 2 et 3 du présent article.

V. Circ. nº 95-13 du 9 mai 1995, Mon. TP 21 juill. 1995, Suppl. textes, p. 244.

Art. *R. 443-12-1 *(Décr. nº 2007-1840 du 24 déc. 2007)* Lorsqu'une collectivité territoriale met en vente, en application respectivement des articles L. 443-15-2 et L. 443-15-2-1, un logement conventionné vacant ou, s'il est situé dans un département d'outre-mer, un logement social vacant, les modalités de publicité de la vente sont celles prévues à l'article R. 443-12.

L'information mentionnée au premier alinéa de l'article R. 443-12 est dispensée aux seuls locataires résidant sur le territoire de la collectivité concernée, l'affichage mentionné au *a* du même article est réalisé, selon le cas, soit à la mairie de la commune, soit au siège de l'établissement public de coopération intercommunale concerné ainsi qu'aux emplacements habituellement utilisés pour l'information des locataires dans les immeubles collectifs appartenant à la collectivité et situés sur son territoire.

Art. R. 443-12-2 *(Décr. nº 2009-1686 du 30 déc. 2009, art. 6)* A peine de nullité de la vente d'un logement vacant à une collectivité territoriale ou un groupement de collectivités territoriales, l'acte authentique doit reproduire le texte de l'engagement de cette collectivité ou de ce groupement de mettre le logement pendant au moins quinze ans à la disposition de personnes défavorisées mentionnées au II de l'article L. 301-1.

Le délai mentionné à l'alinéa précédent court à compter de la date du transfert de propriété.

Art. R. 443-13 *(Décr. nº 2009-1686 du 30 déc. 2009, art. 5)* A peine de nullité de la vente d'un logement vacant par un organisme d'habitations à loyer modéré à un organisme qui bénéficie de l'agrément relatif à la maîtrise d'ouvrage prévu à l'article L. 365-2, l'acte authentique doit reproduire le texte de la décision portant agrément.

Art. *R. 443-13-1 *(Décr. nº 95-496 du 19 avr. 1995, art. 2)* Aux indications prévues au dernier alinéa de l'article L. 443-7, l'organisme d'habitations à loyer modéré doit joindre un document précisant à l'acquéreur personne physique qu'il sera redevable, chaque année, de la taxe foncière sur les propriétés bâties, à compter de la première année suivant celle où a eu lieu le transfert de propriété. Il lui adresse en outre, si l'immeuble est soumis aux dispositions de la loi nº 65-557 du 10 juillet 1965 fixant le statut de la copropriété des immeubles bâtis *[V. **C. copr.**]*, un exemplaire de l'état descriptif de division et du règlement de copropriété.

Art. *R. 443-14 *(Décr. nº 87-477 du 1er juill. 1987)* Pour l'application de l'article L. 443-8, l'aide publique pouvant donner lieu à remboursement comprend :

a) Les aides attribuées par l'État ou pour son compte et versées directement à l'organisme vendeur sous forme de primes ou de subventions ;

b) Les aides de l'État destinées à une bonification des prêts accordés pour la construction, l'acquisition ou l'amélioration de l'immeuble vendu ; un arrêté conjoint du ministre chargé de l'économie et des finances et du ministre chargé de la construction et de l'habitation fixe les modalités de calcul de ces aides. – *V. Arr. du 23 juill. 1987 (JO 26 août).*

Ces sommes sont calculées, le cas échéant, pour la quote-part correspondant aux logements mis en vente.

Art. *R. 443-15 *(Décr. nº 87-477 du 1er juill. 1987)* En cas de vente réalisée en application de l'avant-dernier alinéa de l'article L. 443-11, les aides de l'État sont calculées ainsi qu'il est dit à l'article *R. 443-14.

Leur remboursement est en principe immédiatement exigible. Toutefois, le préfet peut, lorsque l'opération risque d'avoir des répercussions défavorables sur la situation financière de l'organisme, autoriser un remboursement en plusieurs fractions. Cet échelonnement ne peut être supérieur à la durée prévue par l'échéancier initial du prêt principal correspondant. – *V. Circ. nº 88-42 du 3 mai 1988, Mon. TP, Suppl. textes, p. 19.*

Art. *R. 443-16 *(Décr. no 87-477 du 1er juill. 1987)* En cas de vente d'un logement ayant fait l'objet de travaux d'amélioration financés avec l'aide de l'État, le délai de cinq ans mentionné au dernier alinéa de l'article L. 443-13 court à compter de la date de déclaration d'achèvement des travaux ou, pour les travaux ne donnant pas lieu à la délivrance d'un permis de construire ou à la déclaration prévue *(Décr. no 2007-18 du 5 janv. 2007, art. 16-XI)* « par l'article L. 421-4 du code de l'urbanisme », de la date de leur réception par le maître d'ouvrage. – *V. Circ. no 88-42 du 3 mai 1988, Mon. TP 13 mai 1988, Suppl. textes, p. 19.*

La modification issue du Décr. no 2007-18 du 5 janv. 2007 est entrée en vigueur le 1er oct. 2007 (Décr. préc., art. 26, mod. par Décr. no 2007-817 du 11 mai 2007, art. 4).

Art. *R. 443-17 *(Décr. no 87-477 du 1er juill. 1987)* En cas de démolition totale ou partielle dans les conditions prévues par l'article L. 443-15-1, le remboursement des aides de l'État calculées ainsi qu'il est dit à l'article *R. 443-14 et des prêts aidés ou consentis par l'État est en principe immédiatement exigible.

Toutefois, le préfet peut, pour tenir compte de la situation financière de l'organisme et de l'intérêt de l'opération au plan économique et social :

a) Exonérer celui-ci en tout ou partie du remboursement des aides ;

b) Autoriser le remboursement échelonné de tout ou partie des aides sur une durée ne pouvant excéder celle prévue par l'échéancier initial du prêt principal correspondant ;

c) Autoriser l'organisme à continuer le remboursement des prêts visés au premier alinéa selon l'échéancier initialement prévu. – *Circ. no 88-42 du 3 mai 1988, préc.*

Décret no 87-477 du 1er juillet 1987,

Modifiant le code de la construction et de l'habitation et relatif aux cessions, transformations d'usage et aux démolitions d'éléments du patrimoine immobilier des organismes d'habitations à loyer modéré.

Art. 3 Les dispositions introduites dans le code de la construction et de l'habitation par l'article 61 de la loi no 86-1290 du 23 décembre 1986 tendant à favoriser l'investissement locatif, l'accession à la propriété de logements sociaux et le développement de l'offre foncière *[art. L. 443-7 à L. 443-15-5]* et les dispositions du présent décret *[art. R. 443-10 à R. 443-17]* entreront en vigueur le 1er juillet 1987.

Toutefois, les dispositions de ce code remplacées par le présent décret continuent de s'appliquer pour toutes les décisions d'aliénation ayant fait l'objet, à cette date, de l'offre de vente prise au vu de la décision d'aliéner prévue par l'article L. 443-9 dans sa rédaction antérieure à la loi no 86-1290 du 23 décembre 1986.

● SOUS-SECTION 2 DISPOSITIONS APPLICABLES AUX LOGEMENTS-FOYERS

(Décr. no 2009-1686 du 30 déc. 2009, art. 7)

Art. R. 443-18 Le délai de dix ans fixé par le premier alinéa de l'article L. 443-15-6 court à compter de la date de déclaration d'achèvement des travaux prévue à l'article L. 462-1 du code de l'urbanisme ou à compter de la date de l'acte d'acquisition.

Art. R. 443-19 Une copie de l'acte authentique de vente d'un logement-foyer par un organisme d'habitations à loyer modéré est notifiée par celui-ci, dès sa signature, au préfet signataire de la convention d'utilité sociale conclue par l'organisme avec l'État.

Il en est de même de tout acte transférant la propriété ou la jouissance de ce logement-foyer ou constatant ledit transfert pris au cours du délai mentionné au troisième alinéa de l'article L. 443-15-6.

Art. R. 443-20 En cas de vente d'un logement-foyer ayant fait l'objet de travaux d'amélioration financés avec l'aide de l'État, le délai de cinq ans mentionné au huitième alinéa de l'article L. 443-15-6 court à compter de la date de déclaration d'achèvement des travaux ou, pour les travaux ne donnant pas lieu à la délivrance d'un permis de construire ou à la déclaration prévue par l'article L. 421-4 du code de l'urbanisme, de la date de leur réception par le maître d'ouvrage.

Art. R. 443-21 I. – Lorsqu'un organisme d'habitations à loyer modéré vend un logement-foyer faisant l'objet d'une convention conclue en application de l'article L. 351-2, celle-ci s'impose de plein droit aux propriétaires successifs de l'établissement.

Par dérogation à l'article R. 353-165-5, la convention peut être renouvelée pour une durée inférieure à trois ans lorsque son terme est fixé à une date postérieure à l'achèvement d'une période de dix ans à compter de la cession de l'établissement par l'organisme d'habitations à loyer modéré.

II. – Si la convention conclue en application de l'article L. 351-2 est dénoncée par le nouveau propriétaire ou par le gestionnaire au cours de la période mentionnée à l'alinéa précédent, les locaux d'habitation à usage privatif situés dans l'établissement demeurent soumis, au moins jusqu'au terme de ladite période, aux règles de la convention telles qu'elles existaient à la date de l'expiration de la convention, pour l'attribution et la fixation de la redevance.

Les dispositions prévues à l'alinéa précédent s'appliquent également en cas de résiliation unilatérale de la convention par l'État, aux torts du bailleur, au cours de la période de dix ans à compter de la cession de l'établissement par l'organisme d'habitations à loyer modéré.

III. – Lorsqu'un organisme d'habitations à loyer modéré vend un logement-foyer ne faisant pas l'objet d'une convention conclue en application de l'article L. 351-2, les locaux d'habitation à usage privatif situés dans l'établissement demeurent attribués, pendant une période d'au moins dix ans à compter de la cession par l'organisme d'habitations à loyer modéré, à des personnes dont les ressources n'excèdent pas le plafond en vigueur au 1er janvier de l'année de ladite cession. Ce plafond est actualisé conformément aux règles qui auraient été applicables si le logement-foyer n'avait pas été cédé.

Dans l'établissement mentionné à l'alinéa précédent, la redevance payée par l'occupant ne peut excéder le montant maximum en vigueur dans cet établissement, à la date de sa cession par l'organisme d'habitations à loyer modéré.

Art. R. 443-21-1 I. – Les dispositions de la présente sous-section sont applicables, aux logements-foyers appartenant aux collectivités territoriales et faisant l'objet d'une convention conclue en application de l'article L. 351-2 ainsi que, dans les départements d'outre-mer et à Saint-Martin, aux logements-foyers appartenant aux communes et construits, acquis ou améliorés à l'aide de subventions de l'État ou de prêts aidés par l'État, dans les conditions définies aux II à IV suivants.

II. – Les notifications prévues à l'article R. 443-19 sont faites au préfet du département d'implantation du logement-foyer.

III. – Lorsqu'une collectivité territoriale vend, sur le territoire métropolitain, un logement-foyer faisant l'objet d'une convention conclue en application de l'article L. 351-2, les mêmes règles que celles prévues aux dispositions des I et II de l'article R. 443-21, en cas de vente d'un logement-foyer conventionné par un organisme d'habitations à loyer modéré, s'appliquent.

IV. – Lorsqu'une collectivité territoriale vend, sur le territoire d'un département d'outre-mer ou de Saint-Martin, un logement-foyer acquis ou amélioré à l'aide de subventions de l'État ou de prêts aidés par l'État, les mêmes règles que celles prévues aux dispositions du III de l'article R. 443-21, en cas de vente, par un organisme d'habitations à loyer modéré, d'un logement-foyer ne faisant pas l'objet d'une convention conclue sur le fondement de l'article L. 351-2, s'appliquent.

Art. R. 443-22 Les montants maximaux de redevance définis en application des articles R. 443-21 et R. 443-21-1 sont révisés chaque année au 1er janvier conformément au mode de calcul prévu à l'article L. 353-9-2.

SECTION III PENSIONNÉS DE GUERRE

Néant.

SECTION IV ACCESSION À LA PROPRIÉTÉ DES ASSOCIÉS DE SOCIÉTÉS ANONYMES COOPÉRATIVES D'HABITATIONS À LOYER MODÉRÉ DE LOCATION-COOPÉRATIVE

Art. R. 443-23 Les associés des sociétés anonymes coopératives d'habitations à loyer modéré de location-coopérative bénéficiaires de contrats de location-coopérative conclus sous l'empire des textes en vigueur avant le 16 juillet 1971 qui optent pour l'accession à la propriété sont soumis aux dispositions de la présente section.

Art. R. 443-24 La valeur du logement cédé est fixée sur la base du prix de revient réel, toutes dépenses confondues, tel qu'il figure dans les écritures de la société, majoré de la fraction non encore amortie par le versement des loyers, des frais d'études et des frais financiers.

En ce qui concerne les immeubles collectifs et les opérations groupées, la répartition du prix de revient réel entre les logements est, si la valeur du logement n'a pas fait l'objet d'une notification individuelle antérieurement au 23 mars 1972, déterminée par le conseil d'administration conformément aux dispositions des statuts.

Cette valeur, constatée à la date de la réception provisoire de l'immeuble, est affectée d'un coefficient de réévaluation figurant en annexe au présent code. – *V. Annexe 26.*

Art. R. 443-25 Les sommes versées par les associés mentionnés à l'article R. 443-23 à titre d'apport, notamment sous forme de souscription d'actions, et au titre d'amortissement du capital compris dans les annuités d'emprunt, sont affectées d'un coefficient annuel de réévaluation figurant en annexe au présent code. – *V. Annexe 27.*

Art. R. 443-26 Les annuités de paiement du prix d'acquisition majorées de la provision pour grosses réparations, des frais de gestion administrative et des charges non récupérables compris dans le loyer principal au 1er janvier 1972 sont comparées à ce loyer et payées dans les conditions suivantes :

a) Cas de paiement en vingt-cinq annuités.

Un paiement différé est autorisé, à la demande de l'acquéreur, pour la fraction d'annuité, majorée comme il est indiqué à l'alinéa 1er, supérieure :

– à 125 p. 100 de la valeur du loyer principal pendant une période de cinq ans à partir du moment où la dette est exigible ;

– à 140 p. 100 de la valeur du loyer principal pendant les cinq années suivantes.

b) Cas de paiement en vingt annuités.

Un paiement différé est autorisé, à la demande de l'acquéreur pour la fraction d'annuité, majorée comme il est indiqué à l'alinéa 1er, supérieure :

– à 135 p. 100 de la valeur du loyer principal pendant une période de cinq ans à partir du moment où la dette est exigible ;

– à 150 p. 100 de la valeur du loyer principal pendant les cinq années suivantes.

c) Cas de paiement en quinze annuités.

Le paiement est fait en quinze versements égaux.

Art. R. 443-27 Jusqu'à la signature du contrat de vente, les rapports de la société et du locataire coopérateur qui a opté pour l'acquisition de son logement continuent d'être régis par le contrat de location coopérative ou le bail. Toutefois, le point de départ du paiement par annuités du prix d'acquisition est, au choix de la société, soit la date de réception par elle de la demande d'acquisition mentionnée à l'article L. 422-16, soit une date unique pour un ensemble de logements qui ne peut être postérieure au 31 décembre 1973.

Les sommes versées par les associés au titre de l'amortissement du capital dans les annuités d'emprunt entre le 1er janvier 1972 et le point de départ du paiement par annuités du prix d'acquisition s'imputent sur la dernière de ces annuités.

Art. R. 443-28 Le transfert de propriété a lieu lors de la signature du contrat de vente. Lorsque l'acquéreur n'acquitte pas le prix au comptant, la société doit inscrire son privilège de vendeur.

Art. R. 443-29 La société est tenue d'établir, avant la signature du premier contrat de vente, un règlement de copropriété conforme à un règlement type qui prévoiera la possibilité de constituer un syndicat coopératif et sera arrêté par le ministre chargé de la construction et de l'habitation. Ce règlement comporte l'état descriptif de division de l'immeuble.

A compter de la signature du contrat de vente, le droit de propriété de l'acquéreur s'exerce dans le cadre de ce règlement.

Les acquéreurs sont tenus de participer aux charges entraînées par les services collectifs et les éléments d'équipement commun ainsi qu'à celles relatives à la conservation, à l'entretien et à l'administration des parties communes, s'il en existe, dans les conditions prévues par ce règlement.

Art. R. 443-30 La provision pour grosses réparations est conservée et utilisée par la société jusqu'au premier transfert de propriété. Elle est alors versée au syndicat des copropriétaires par la société pour le compte des copropriétaires.

Art. R. 443-31 En cas d'aliénation du logement, avant la constatation de l'entier paiement du prix, la société peut renoncer à l'exigibilité du solde du prix si le candidat cessionnaire est le conjoint, l'ascendant, le descendant, le frère ou la sœur de l'acquéreur, ou l'ascendant, le descendant, le frère ou la sœur de son conjoint ou s'il remplit les conditions de ressources et d'occupation du logement imposées par la réglementation en vigueur pour l'accession à la propriété des habitations à loyer modéré.

Art. R. 443-32 Les actions représentatives des droits fixés par le contrat de location coopérative des acquéreurs sont annulées. La signature du contrat de vente vaut annulation des actions.

Art. R. 443-33 Les sociétés anonymes d'habitations à loyer modéré qui ont été substituées aux sociétés anonymes coopératives d'habitations à loyer modéré de location-coopérative supprimées par la loi no 71-580 du 16 juillet 1971 (article 26-I) ou avec lesquelles celles-ci ont fusionné, sont autorisées à percevoir des associés acquéreurs :

a) Une indemnité forfaitaire égale à 0,50 p. 100 du prix de cession, pour la modification des contrats ;

b) Des frais de gestion administrative pendant la période comprise entre la date de signature du contrat de vente et la constatation de l'entier paiement du prix dans la limite de 0,50 p. 100 du prix plafond en vigueur au 1er janvier de l'année en cours pour un logement de même superficie et de même catégorie ;

c) Le remboursement des frais d'établissement du règlement prévu à l'article R. 443-29 qui sont répartis proportionnellement aux valeurs relatives des parties privatives comprises dans les lots, telles que ces valeurs résultent des dispositions de l'article 5 de la loi no 65-557 du 10 juillet 1965 sur la copropriété. – *C. baux*.

SECTION V DISPOSITIONS APPLICABLES AUX OPÉRATIONS RÉALISÉES EN VUE DE LA VENTE DE LOGEMENTS À DES PERSONNES PHYSIQUES *(Décr. no 2002-847 du 3 mai 2002, art. 1er).*

COMMENTAIRE

Le décret no 2002-847 du 3 mai 2002 précise les conditions de vente de logements par les organismes HLM. Les logements sont vendus à des acquéreurs, personnes physiques qui, soit occupent le logement eux-mêmes, soit donnent en location le logement dans le cadre du « régime Besson » dont les locataires seront soumis aux plafonds de ressources institués par ce dispositif.

Art. R. 443-34 *(Décr. no 2004-1275 du 26 nov. 2004, art. 1er)* **« I. – Les logements produits par les organismes d'habitations à loyer modéré dans les conditions définies aux articles L. 421-1 (7e al.), L. 422-2** *(Décr. no 2005-1439 du 22 nov. 2005, art. 1er-IX)* **« (5e al.) » et L. 422-3 (3e al.)** *(Décr. no 2007-1464 du 12 oct. 2007)* **« et cédés à des personnes physiques » sont vendus soit à des acquéreurs qui destinent le logement à leur occupation personnelle dans les conditions du II ci-dessous, soit à des acquéreurs qui le louent dans le cadre des dispositions** *(Décr. no 2007-1464 du 12 oct. 2007)* **« du *l* ou du deuxième alinéa du *m* du 1o du I de l'article 31 » du code général des impôts. »**

II. – Un arrêté conjoint des ministres chargés du logement et des finances détermine le montant maximum des ressources qui ne peut être dépassé par les acquéreurs occupants pour les opérations réalisées par les organismes visés aux articles L. 421-1 et L. 422-2 du code de la construction et de l'habitation.

III. – Cet arrêté détermine également le prix de vente maximum des logements produits dans les conditions définies aux articles L. 421-1 (7e alinéa), L. 422-2 *(Décr. no 2005-1439 du 22 nov. 2005, art. 1er-IX)* **« (5e al.) » et L. 422-3 (3e alinéa) du même code** *(Décr. no 2007-1464 du 12 oct. 2007)* **« et cédés à des personnes physiques ».**

Les dispositions du Décr. no 2002-847 du 3 mai 2002 ne s'appliquent pas aux contrats de réservation conclus avant le 5 mai 2002 (Décr. préc., art. 2).

V. Arr. du 3 mai 2002 relatif à la vente de logements dans les opérations d'accession des organismes d'HLM (JO 5 mai), mod. par Arr. du 26 nov. 2004 (JO 30 nov.), par Arr. du 5 sept. 2007 (JO 25 oct.), par Arr. du 20 oct. 2010 (JO 4 nov.) et par Arr. du 26 déc. 2011 (JO 29 déc.).

Art. R. 443-35 à R. 443-45 *Abrogés par Décr. no 79-712 du 22 août 1979, art. 2.*

CHAPITRE IV

(Décr. no 2007-316 du 8 mars 2007)

Néant.

CHAPITRE V DISPOSITIONS APPLICABLES AUX CONVENTIONS D'UTILITÉ SOCIALE ENTRE L'ÉTAT ET LES ORGANISMES D'HABITATIONS À LOYER MODÉRÉ

(Décr. no 2009-1486 du 3 déc. 2009, en vigueur le 1er janv. 2010).

(Décr. no 2007-316 du 8 mars 2007)

Art. R. 445-1** *(Décr. no 2009-1486 du 3 déc. 2009, en vigueur le 1er janv. 2010)* **La convention d'utilité sociale mentionnée à l'article L. 445-1 est signée, au nom de l'État,**

par le préfet de la région dans laquelle se situe le siège social de l'organisme d'habitations à loyer modéré concerné, sur proposition du préfet du département dans lequel est situé le siège social de l'organisme, après avis, le cas échéant, du ou des préfets des autres départements concernés.

Lorsque l'organisme dispose d'un patrimoine locatif hors de la région de son siège social, le préfet de région recueille l'avis du ou des préfets des autres régions concernées.

La date d'entrée en vigueur du présent art. est celle du Décr. nº 2009-1682 du 30 déc. 2009 relatif au supplément de loyer de solidarité (Décr. nº 2009-1486 du 3 déc. 2009, art. 14).

● SECTION PREMIÈRE **OBJECTIFS ET ORGANISATION DE LA CONVENTION D'UTILITÉ SOCIALE**

(Décr. nº 2009-1486 du 3 déc. 2009, en vigueur le 1er janv. 2010)

Les dispositions issues du Décr. nº 2009-1486 du 3 déc. 2009 peuvent être modifiées par décret en Conseil d'État (Décr. préc., art. 13) et sont entrées en vigueur le 1er janv. 2010, date d'entrée en vigueur du Décr. nº 2009-1682 du 30 déc. 2009 (Décr. nº 2009-1486 du 3 déc. 2009, art. 14).

Art. R.* 445-2 **La convention d'utilité sociale est établie sur la base du plan stratégique de patrimoine.**

Elle comporte le classement de tous les immeubles ou ensembles immobiliers en catégories conformément aux articles *(Décr. nº 2009-1682 du 30 déc. 2009, art. 5)* **« R. 445-2-7 », R. 445-3 et R. 445-4.**

Elle définit :

– la politique patrimoniale et d'investissement de l'organisme, comprenant notamment le plan de mise en vente de logements ;

– la politique sociale de l'organisme, développée dans le cahier des charges de gestion sociale, comprenant notamment le plan d'actions pour l'accueil des populations sortant des dispositifs d'accueil, d'hébergement et d'insertion ;

– la politique de l'organisme pour la qualité du service rendu aux locataires.

Elle prévoit le dispositif de modulation du supplément de loyer de solidarité.

Pour chaque aspect de la politique de l'organisme, elle comporte :

– un état des lieux de l'activité patrimoniale, sociale et de qualité de service ;

– les orientations stratégiques ;

– le programme d'action.

(Abrogé par Décr. nº 2012-12 du 4 janv. 2012, art. 1er) ***« Les dispositions des articles R. 445-2-1 à R. 445-13, à l'exception de l'article R. 445-3, ne sont pas applicables aux logements-foyers. »***

Art. R.* 445-2-1 **Pour les aspects de la politique de l'organisme qui le requièrent et dans les conditions prévues à l'article R. 445-5, le contenu de la convention défini à l'article R. 445-2 est explicité par segment pertinent de patrimoine.**

Chaque immeuble ou ensemble immobilier relève d'une catégorie de classement telle que mentionnée à l'article R. 445-3 et appartient à un segment de patrimoine.

● SECTION II **MODALITÉS D'ÉLABORATION, D'APPROBATION ET D'ÉVALUATION DE LA CONVENTION D'UTILITÉ SOCIALE**

(Décr. nº 2009-1486 du 3 déc. 2009, en vigueur le 1er janv. 2010)

Les dispositions issues du Décr. nº 2009-1486 du 3 déc. 2009 peuvent être modifiées par décret en Conseil d'État (Décr. préc., art. 13) et sont entrées en vigueur le 1er janv. 2010, date d'entrée en vigueur du Décr. nº 2009-1682 du 30 déc. 2009 (Décr. nº 2009-1486 du 3 déc. 2009, art. 14).

Art. R.* 445-2-2 Le conseil d'administration ou, le cas échéant, le directoire de l'organisme d'habitations à loyer modéré approuve, par délibération, le plan stratégique de patrimoine, éventuellement actualisé, mentionné à l'article L. 411-9.

Les plans stratégiques de patrimoine approuvés avant le 1er janvier 2008 font l'objet d'une actualisation pour que leur date d'effet et leur durée soient cohérentes avec celles de la convention.

La délibération approuvant ou actualisant le plan stratégique de patrimoine est transmise au préfet signataire de la convention, au préfet du département dans lequel est situé le siège social de l'organisme et, le cas échéant, au maire de la commune ou au président de l'établissement public de coopération intercommunale ou du conseil général de rattachement de l'organisme.

Art. R.* 445-2-3 Le conseil d'administration ou, le cas échéant, le directoire de l'organisme d'habitations à loyer modéré engage, par une délibération, la procédure d'élaboration de la convention.

Art. R.* 445-2-4 La délibération mentionnée à l'article R. 445-2-3 est transmise au préfet signataire de la convention, au préfet du département dans lequel est situé le siège social de l'organisme, au président de l'établissement public de coopération intercommunale ou du conseil général de rattachement de l'organisme le cas échéant, ainsi qu'aux établissements publics de coopération intercommunale et aux départements associés à l'élaboration de la convention.

Art. R.* 445-2-5 La délibération prévue à l'article R. 445-2-3 précise les modalités de l'association des établissements publics de coopération intercommunale dotés d'un programme local de l'habitat et des départements.

L'association des établissements publics de coopération intercommunale dotés d'un programme local de l'habitat et des départements, prévue au deuxième alinéa de l'article L. 445-1, comprend au moins :

1o La transmission à chaque personne publique associée, pour ce qui concerne les immeubles situés sur son territoire, des états des lieux, des orientations stratégiques, des programmes d'actions et, le cas échéant, si elles ont été adressées, des précisions complémentaires apportées par le préfet relatives aux enjeux et aux objectifs de l'État ;

2o Au moins un mois après la transmission des éléments mentionnés ci-dessus, une réunion de présentation et d'échanges avec les personnes publiques associées.

Le préfet signataire peut demander toute information relative à l'élaboration du projet de convention et à la réalité de la démarche d'association.

Pour la première convention, l'association prend fin à l'adoption du projet de convention et en tout état de cause le 31 mai 2010.

Art. R.* 445-2-6 Le conseil d'administration ou, le cas échéant, le directoire de l'organisme d'habitations à loyer modéré adopte le projet de convention et autorise sa signature.

Art. R.* 445-2-7 Le classement des immeubles ou ensembles immobiliers fait l'objet d'une concertation avec les associations de locataires disposant d'une représentation dans le patrimoine du bailleur et affiliées à une organisation siégeant à la Commission nationale de concertation, les représentants des associations de locataires ayant obtenu plus de 10 % des suffrages exprimés aux dernières élections et les administrateurs élus représentants des locataires.

Art. R.* 445-2-8 Le respect des engagements par l'organisme est évalué deux ans, puis quatre ans après la signature de la convention et à l'issue de la convention.

L'organisme transmet au préfet signataire de la convention tous les éléments nécessaires à cette évaluation.

Si le préfet signataire de la convention constate que l'organisme n'a pas respecté, de son fait, les engagements définis par la convention, il engage la procédure contradictoire aux termes de laquelle il peut proposer au ministre chargé du logement de prononcer, à l'encontre de l'organisme, une pénalité, conformément aux dispositions de l'article L. 445-1.

SECTION III CONTENU ET INDICATEURS DE LA CONVENTION D'UTILITÉ SOCIALE (*Décr. nº 2009-1486 du 3 déc. 2009, en vigueur le 1er janv. 2010*).

Les dispositions issues du Décr. nº 2009-1486 du 3 déc. 2009 peuvent être modifiées par décret en Conseil d'État (Décr. préc., art. 13) et sont entrées en vigueur le 1er janv. 2010, date d'entrée en vigueur du Décr. nº 2009-1682 du 30 déc. 2009 (Décr. nº 2009-1486 du 3 déc. 2009, art. 14).

Art. R.* 445-3 *(Décr. nº 2007-316 du 8 mars 2007)* Le classement des immeubles ou ensembles immobiliers locatifs mentionnés au quatrième alinéa de l'article L. 445-1 porte sur l'ensemble des logements locatifs à l'égard desquels l'organisme d'habitations à loyer modéré dispose d'un droit réel. Les immeubles ou ensembles immobiliers locatifs sont classés en catégories distinctes en fonction du service rendu aux locataires. Les logements-foyers constituent une catégorie autonome.

(Décr. nº 2009-1486 du 3 déc. 2009, en vigueur le 1er janv. 2010) « Si l'organisme fait usage de la faculté de dérogation mentionnée au sixième alinéa de l'article L. 445-2, le classement peut résulter de la classification du patrimoine en fonction du financement principal d'origine et du conventionnement éventuel. »

Chaque immeuble ou ensemble immobilier locatif est identifié au moins par son adresse, le nombre de logements qu'il comporte, la nature du financement principal dont il a bénéficié et la mention, s'il y a lieu, de sa situation en zone urbaine sensible.

Art. R.* 445-4 *(Décr. nº 2007-316 du 8 mars 2007)* L'appréciation du service rendu prend notamment en compte la qualité de la construction et des prestations techniques, la localisation et l'environnement de l'immeuble.

Art. R.* 445-5 *(Décr. nº 2009-1486 du 3 déc. 2009, en vigueur le 1er janv. 2010)* Pour chaque aspect de la politique des organismes mentionné à l'article L. 445-1, la convention fixe les objectifs correspondant à chacun des engagements, selon le tableau ci-dessous. Le respect des engagements et l'atteinte des objectifs sont évalués à l'aide des indicateurs dudit tableau, par département ou par segment de patrimoine.

Les valeurs des indicateurs sont fixées pour la durée de la convention.

ASPECTS DE LA POLITIQUE	ENGAGEMENTS	OBJECTIFS ET INDICATEURS
Développement de l'offre Indicateurs par département	Adapter l'offre de logements locatifs sociaux aux besoins des populations et des territoires en développant le volume de production nouvelle et de reconstitution de logements locatifs sociaux	A.I — Nombre de logements locatifs donnant lieu à des dossiers de financement déposés complets dans les services de l'État ou auprès des délégataires, par an et en cumulé sur les six ans, répartis selon le mode de financement initial : prêt locatif aidé d'intégration, prêt locatif à usage social, prêt locatif social
		A.II — Nombre de logements mis en service par an et en cumulé sur les six ans, répartis selon le mode de financement initial

ASPECTS DE LA POLITIQUE	ENGAGEMENTS	OBJECTIFS ET INDICATEURS
Développement de l'offre d'insertion, d'hébergement et d'accueil temporaire Indicateurs par département	Adapter l'offre de places d'hébergement aux besoins des territoires. Développer le volume de places nouvelles produites par l'organisme	B.I — Nombre de places nouvelles d'hébergement et de logements adaptés donnant lieu à des dossiers de financement déposés complets dans les services de l'État ou auprès des délégataires par an et en cumulé sur les six ans
		B.II — Nombre de places nouvelles d'hébergement et de logements adaptés livrés par an et en cumulé sur les six ans
Dynamique patrimoniale et développement durable Indicateurs par segment	Entretenir et améliorer le patrimoine existant	C.I — Montant en euros (hors taxe) par logement et par an en investissement (travaux de réhabilitation du parc et de remplacement des composants)
		C.II — Montant en euros (hors taxe) par logement et par an en exploitation (dépenses de maintenance qui couvrent l'entretien courant et le gros entretien)
		C.III — Taux de réalisation des diagnostics de performance énergétique établis à l'échelle du bâtiment dans les 18 premiers mois de la convention
		C.IV — Pourcentage des logements rénovés au sens du premier alinéa du II de l'article 5 de la loi nº 2009-967 du 3 août 2009 de programmation relative à la mise en œuvre du Grenelle de l'environnement, en zone urbaine sensible et hors zone urbaine sensible
Mise en vente de logements aux occupants Indicateur par segment	Favoriser l'accession à la propriété des locataires du parc social en augmentant le volume de logements mis effectivement en commercialisation	D.I — Nombre de logements mis effectivement en commercialisation par an et en cumulé sur les six ans
Mutations Indicateurs par département	Fluidifier les parcours résidentiels des locataires en facilitant les mutations internes ou externes	E.I — Nombre de mutations internes rapporté au nombre total des attributions (en pourcentage)
Droit au logement Indicateurs par segment	Assurer la diversité des ménages dans l'occupation et s'engager sur l'accueil de ménages défavorisés	F.I — Pourcentage des logements occupés par des ménages dont les ressources n'excèdent pas 60 % des plafonds prévus au premier alinéa de l'article R. 331-12, en zone tendue, par catégorie de classement, en zone urbaine sensible et hors zone urbaine sensible

ASPECTS DE LA POLITIQUE	ENGAGEMENTS	OBJECTIFS ET INDICATEURS
		F.II — Pourcentage d'attributions de logements aux ménages prioritaires du code de la construction et de l'habitation déclinés par le plan départemental d'actions pour le logement des personnes défavorisées et les accords collectifs
		F.III — Pourcentage d'attributions de logements aux ménages reconnus, par la commission de médiation prévue à l'article L. 441-2-3, comme prioritaires et devant se voir attribuer un logement en urgence, dont part en zone urbaine sensible
		F.IV — Nombre de logements locatifs attribués aux personnes ou ménages sortant d'hébergement ou de logement adapté
		F.V — Pourcentage d'attributions de logements au titre du contingent préfectoral, lorsqu'il est géré en flux
		F.VI — Taux de la vacance (hors vacance technique) supérieure à trois mois (en pourcentage)
Prévention des expulsions Indicateurs par département	Détecter les situations d'impayés et prévenir les expulsions	G.I — Nombre de ménages en impayés de plus de trois mois rapporté au nombre total des ménages en impayés ou retards de paiement, en pourcentage
		G.II — Nombre de ménages bénéficiant de mesures d'accompagnement financées par l'organisme rapporté au nombre de ménages en impayés de plus de trois mois, en pourcentage
		G.III — Nombre de plans d'apurement amiable rapporté au nombre de ménages déclarés en impayés de plus de trois mois en pourcentage
Qualité du service rendu aux locataires Indicateurs par segment	Assurer la qualité du service rendu aux locataires avec les signataires de la convention d'utilité sociale (en particulier lorsque les situations ne relèvent pas du seul organisme mais également de ses partenaires : gestion urbaine de proximité)	H.I — Processus opérationnel de traitement des réclamations : mode de dépôt, lieu de dépôt, accusé de réception, traçabilité, suivi du chaînage des interventions (OUI/NON)
		H.II — Pourcentage des réclamations prises en compte (enregistrement, accusé de réception et réponse au locataire, envoi de l'ordre de service d'intervention) dans un délai de trente jours
		H.III — Bon fonctionnement des ascenseurs et des chaudières collectives : nombre d'arrêts de plus de *n* heures par appareil et par an et typologie des causes d'arrêt (défaillances techniques, usage anormal, malveillance)

ASPECTS DE LA POLITIQUE	ENGAGEMENTS	OBJECTIFS ET INDICATEURS
		H.IV — Bon fonctionnement des ascenseurs et des chaudières collectives : généralisation de l'engagement contractuel avec chaque prestataire d'un nombre de pannes annuel inférieur à 8 par appareil (hors cas d'usage anormal ou de malveillance)
		H.V — Nombre total de logements de l'organisme rapporté à l'effectif de personnel de gardiennage ou de surveillance, selon la définition de l'article R. 127-2
		H.VI — Propreté des parties communes : valeur de l'indice de satisfaction des locataires, en zone urbaine sensible et hors zone urbaine sensible
Performance de la gestion Indicateur par département	Améliorer la performance de la gestion des logements	I.I — Coût de fonctionnement, à savoir dépenses d'exploitation et de personnel, par logement géré

Art. R.* 445-5-1 *(Décr. no 2009-1486 du 3 déc. 2009, en vigueur le 1er janv. 2010)* **Indépendamment des engagements et des objectifs obligatoires mentionnés à l'article R.* 445-5, dans une partie différente de la convention, le préfet signataire de la convention et, le cas échéant, le président de l'établissement public de coopération intercommunale ou du conseil général de rattachement de l'organisme peuvent conjointement avec l'organisme, pour certains aspects de sa politique, fixer des objectifs qui feront l'objet d'une évaluation qualitative dans les conditions prévues au premier alinéa de l'article R. 445-2-8.**

Cette évaluation qualitative ne peut en aucun cas donner lieu à l'application d'une sanction.

Art. R.* 445-5-2 *(Décr. no 2009-1486 du 3 déc. 2009, en vigueur le 1er janv. 2010)* **Les engagements sur la qualité de service mentionnés au sixième alinéa de l'article L. 445-1 portent sur les objectifs précis à atteindre et détaillent les actions à mener par l'organisme d'habitations à loyer modéré en vue d'améliorer l'entretien et la gestion.**

SECTION IV **CAHIER DES CHARGES DE GESTION SOCIALE ET REMISE EN ORDRE DES LOYERS** *(Décr. no 2009-1486 du 3 déc. 2009, en vigueur le 1er janv. 2010).*

Les dispositions issues du Décr. no 2009-1486 du 3 déc. 2009 peuvent être modifiées par décret en Conseil d'État (Décr. préc., art. 13) et sont entrées en vigueur le 1er janv. 2010, date d'entrée en vigueur du Décr. no 2009-1682 du 30 déc. 2009 (Décr. no 2009-1486 du 3 déc. 2009, art. 14).

Art. R.* 445-6 *(Décr. no 2007-316 du 8 mars 2007)* **Le cahier des charges de gestion sociale récapitule les engagements quantifiés d'attribution de logements à des personnes connaissant des difficultés économiques et sociales pris par l'organisme d'habitations à loyer modéré et, en particulier, ceux pris en application des articles L. 441-1-1 et L. 441-1-2, ainsi que les moyens d'accompagnement prévus par l'organisme pour la mise en œuvre de ces engagements. En l'absence de tels engagements, le cahier des charges de gestion sociale peut fixer des engagements de même nature pour la durée de la convention.**

(Décr. no 2009-1486 du 3 déc. 2009, en vigueur le 1er janv. 2010) « Le cahier des charges de gestion sociale dresse la liste des conventions ou arrêtés relatifs aux droits à réservation du préfet prévus à l'article R. 441-5. »

Art. R.* 445-7 *(Décr. no 2009-1486 du 3 déc. 2009, en vigueur le 1er janv. 2010)* Si, au cours de la durée de la convention, le préfet signataire de la convention constate que les objectifs d'occupation sociale prévus au F.I des indicateurs "Droit au logement" ne sont pas respectés dans un segment de patrimoine, il demande à l'organisme de lui faire, dans le délai d'un mois, des propositions tendant à la réalisation des objectifs de la convention, de telle sorte, notamment, que deux tiers des logements attribués dans ces immeubles postérieurement à cette notification le soient à des ménages dont les ressources n'excèdent pas 60 % des plafonds de ressources prévus au premier alinéa de l'article R. 331-12 jusqu'à ce que l'organisme établisse que les objectifs sont à nouveau respectés.

L'indicateur D.I est accompagné d'une prévision du nombre de logements vendus par segment de patrimoine, par an et en cumulé sur les six ans. Les logements mis en commercialisation par l'organisme, pour lesquels il apparaîtrait que les efforts de commercialisation ont été insuffisants, ne sont pas pris dans le décompte des logements. Si, au cours de la durée de la convention, le préfet signataire de la convention constate que le nombre de logements vendus est significativement inférieur à la prévision, il demande à l'organisme de lui faire, dans le délai d'un mois, des propositions tendant à la révision de son plan de mise en vente.

Art. R.* 445-8 I. — Lorsque les plafonds de ressources applicables à un immeuble ou un ensemble immobilier, lors de l'établissement du cahier des charges, n'excèdent pas ceux prévus au premier alinéa de l'article R. 331-12, le cahier des charges peut, afin de favoriser la mixité sociale, fixer un plafond de ressources supérieur dans la limite de 30 %.

II. — Lorsque l'organisme d'habitations à loyer modéré constate que les logements d'un même immeuble ou ensemble immobilier sont occupés à plus de 65 % par des ménages bénéficiant des aides personnelles au logement mentionnées au 5o de l'article L. 301-2, il peut être dérogé, pour la durée restant à courir de la convention, aux plafonds de ressources mentionnés à l'article L. 445-3 dans la limite de ceux applicables aux logements financés dans les conditions de l'article R. 391-8. Cette dérogation est subordonnée à l'accord, réputé donné passé un délai de trois mois après la demande, du représentant de l'État dans le département de situation des logements et, le cas échéant, du représentant de l'établissement public de coopération intercommunale ou du département ayant conclu, en application des articles L. 301-5-1 ou L. 301-5-2, une convention dans le périmètre de laquelle se trouve l'immeuble.

III. — En tout état de cause, les plafonds de ressources fixés dans le cahier des charges de gestion sociale ne peuvent excéder les plafonds applicables aux logements financés dans les conditions de l'article R. 391-8.

Art. R.* 445-9 I. — Le prix au mètre carré fixé en euros dans le cahier des charges pour déterminer le montant maximal des loyers d'un immeuble ou d'un ensemble immobilier est au plus égal à un montant fixé par arrêté du ministre chargé du logement. Un plafond spécifique est fixé par le même arrêté pour les immeubles ou ensembles immobiliers comprenant des logements destinés à des ménages dont les ressources n'excèdent pas les plafonds de ressources prévus au premier alinéa de l'article R. 331-12.

Lorsqu'il est exprimé en euros par mètre carré de surface utile, le prix maximal fixé dans le cahier des charges peut être modulé en fonction de la taille moyenne des logements de l'immeuble ou de l'ensemble immobilier.

II. — Pour l'application des dispositions de la première phrase du quatrième alinéa de l'article L. 445-4, les dispositions du 4o de l'article R. 353-16 s'appliquent au *(Décr.*

nº 2009-1486 du 3 déc. 2009, en vigueur le 1er janv. 2010) « conventionnement d'utilité sociale ».

V. Arr. du 3 juin 2010 (JO 6 juin).

Art. R.* 445-10 Lorsque la réglementation en vigueur à la date d'établissement du cahier des charges de gestion sociale ne prévoit pas de plafond de loyer pour un immeuble ou un ensemble immobilier, le calcul prévu à l'article L. 445-4 du montant maximal de la masse des loyers de l'organisme d'habitations à loyer modéré s'effectue en prenant en compte la somme des loyers pratiqués dans l'immeuble ou l'ensemble immobilier, dans la limite d'un montant mensuel fixé par arrêté du ministre chargé du logement, et exprimé en euros par mètre carré de surface utile, ou de surface corrigée lorsque le loyer pratiqué est exprimé en euros par mètre carré de surface corrigée.

Art. R.* 445-11 *(Décr. nº 2009-1486 du 3 déc. 2009, en vigueur le 1er janv. 2010)* Le prix en euros par mètre carré fixé dans le cahier des charges pour déterminer le montant maximal des loyers d'un immeuble ou d'un ensemble immobilier et le montant du loyer maximal applicable à chaque logement prévus à l'article L. 445-4 sont révisés chaque année au 1er janvier en fonction de l'indice de référence des loyers prévu au d de l'article 17 de la loi nº 89-462 du 6 juillet 1989 tendant à améliorer les rapports locatifs et portant modification de la loi nº 86-1290 du 23 décembre 1986 *[V. **C. baux**]*. La date de l'indice de référence des loyers prise en compte pour cette révision est celle du deuxième trimestre de l'année précédente.

Art. R. 445-11-1 *(Décr. nº 2011-242 du 4 mars 2011)* I. — Dans le cadre de l'élaboration de la convention d'utilité sociale et pour la durée de celle-ci, le conseil d'administration ou, le cas échéant, le directoire de l'organisme d'habitations à loyer modéré définit les immeubles ou ensembles immobiliers où l'expérimentation prévue au dernier alinéa de l'article L. 445-4 est mise en place. Il fixe le taux permettant de calculer la part de ressources de l'ensemble des personnes vivant au foyer au sens de l'article L. 442-12.

Le taux doit être compris entre 10 % et 25 %. Le loyer diminué du montant de l'aide personnalisée au logement est au plus égal au produit du taux ainsi fixé par le montant des ressources de l'ensemble des personnes vivant au foyer au sens de l'article L. 442-12 à concurrence de 120 % du plafond de ressources en vigueur pour l'attribution du logement, seuil à partir duquel vient s'ajouter le supplément de loyer de solidarité mentionné à l'article L. 441-3.

II. — L'expérimentation définie au I s'applique à l'ensemble des locataires des immeubles ou ensembles immobiliers retenus.

III. — Les engagements du cahier des charges de gestion sociale mentionné à l'article L. 445-1 relatifs à l'expérimentation se substituent de plein droit aux engagements de même nature des conventions conclues au titre de l'article L. 351-2.

Dans le cadre de la mise en œuvre de l'expérimentation, la modification des ressources est prise en compte conformément aux dispositions prévues au dernier alinéa de l'article R. 441-23.

SECTION V **SUPPLÉMENT DE LOYER DE SOLIDARITÉ ET CONVENTION D'UTILITÉ SOCIALE** *(Décr. nº 2009-1486 du 3 déc. 2009, en vigueur le 1er janv. 2010).*

Art. R.* 445-12 *(Décr. nº 2007-316 du 8 mars 2007)* Le supplément de loyer de solidarité n'est pas applicable, dans le respect des orientations du programme local de l'habitat prises en application de l'article L. 441-3-1, aux immeubles ou ensembles

immobiliers faisant l'objet des dérogations aux plafonds de ressources mentionnées aux I et II de l'article R. 445-8.

Art. R.* 445-13 *(Décr. nº 2007-316 du 8 mars 2007)* **L'organisme d'habitations à loyer modéré porte sur la quittance de chaque locataire le montant du loyer maximal applicable à son logement.**

Art. R.* 445-14 *(Décr. nº 2009-1682 du 30 déc. 2009, art. 2)* **Le dispositif de modulation du supplément de loyer de solidarité prévu à l'article L. 445-1 est applicable dans les conditions fixées à l'article R. 441-21-1.**

SECTION VI **CONVENTION D'UTILITÉ SOCIALE « ACCESSION »**

(Décr. nº 2011-1201 du 28 sept. 2011)

Art. R. 445-15 **La convention d'utilité sociale "accession" mentionnée au dernier alinéa de l'article L. 445-1 est conclue par les organismes d'habitations à loyer modéré qui ne disposent pas de patrimoine locatif et qui exercent une activité d'accession à la propriété au sens du huitième alinéa de l'article L. 411-2, dans les conditions fixées par la présente section.**

Art. R. 445-16 **La convention d'utilité sociale "accession" est établie sur la base du plan de développement de l'organisme.**

Elle définit :

— la politique de développement de l'organisme, comprenant notamment les territoires d'intervention, les produits envisagés et la cible de clientèle visée ;

— la politique de l'organisme pour la qualité du service rendu aux accédants.

Art. R. 445-17 **Le conseil d'administration ou, le cas échéant, le directoire de l'organisme d'habitations à loyer modéré engage, par une délibération, la procédure d'élaboration de la convention d'utilité sociale "accession".**

Art. R. 445-18 **L'organisme peut associer à l'élaboration de sa convention d'utilité sociale "accession" les communes, les établissements publics de coopération intercommunale dotés d'un programme local de l'habitat et les départements sur les territoires desquels son plan de développement prévoit son intervention.**

La délibération prévue à l'article R. 445-17 précise les modalités de cette association.

Art. R. 445-19 **La délibération mentionnée à l'article R. 445-17 est transmise au préfet signataire de la convention, au préfet du département dans lequel est situé le siège social de l'organisme et aux personnes publiques associées à l'élaboration de la convention.**

Art. R. 445-20 **Le conseil d'administration ou, le cas échéant, le conseil de surveillance de l'organisme d'habitations à loyer modéré adopte le projet de convention et autorise sa signature.**

Art. R. 445-21 **Le respect des engagements par l'organisme est évalué deux ans, puis quatre ans après la conclusion de la convention et à l'issue de la convention.**

L'organisme transmet au préfet signataire de la convention tous les éléments nécessaires à cette évaluation.

Si le préfet signataire de la convention constate que l'organisme n'a pas respecté, de son fait, les engagements définis par la convention, il engage la procédure contradictoire aux termes de laquelle il peut proposer au ministre chargé du

logement de prononcer, à l'encontre de l'organisme, une pénalité, conformément aux dispositions de l'article L. 445-1.

Art. R. 445-22 Pour chaque aspect de la politique des organismes mentionné à l'article R. 445-16, la convention fixe les objectifs correspondant à chacun des engagements, conformément au tableau ci-dessous. Le respect des engagements et l'atteinte des objectifs sont évalués, par région, à l'aide des indicateurs dudit tableau.

Les valeurs des indicateurs sont fixées pour la durée de la convention.

ASPECTS DE LA POLITIQUE	ENGAGEMENTS	OBJECTIFS ET INDICATEURS
Politique sociale	Adapter l'offre de logements sociaux aux besoins des populations et des territoires	FACC. I — Pourcentage minimal de contrats signés par an avec des ménages dont les revenus n'excèdent pas les plafonds applicables aux opérations financées dans les conditions de l'article R. 331-12
Qualité de service	Accompagner les accédants à la propriété dans leur parcours et dans la durée	HACC. I — Proportion de contrats signés par an qui comportent les clauses de garanties prévues aux articles R. 443-2 et à l'article R. 331-76-5-1 sur la totalité des ventes de l'année

Art. R. 445-23 Indépendamment des engagements et des objectifs mentionnés à l'article R. 445-22, le préfet signataire de la convention peut conjointement avec l'organisme, pour certains aspects de sa politique, fixer des objectifs qui feront l'objet d'une évaluation qualitative dans les conditions prévues aux premier et deuxième alinéas de l'article R. 445-21.

Cette évaluation qualitative ne peut en aucun cas donner lieu à l'application d'une pénalité.

SECTION VII CONVENTION D'UTILITÉ SOCIALE POUR LES LOGEMENTS-FOYERS

(Décr. nº 2012-12 du 4 janv. 2012, art. 2)

SOUS-SECTION 1 CONTENU DES CONVENTIONS

Art. R.* 445-24 Lorsque moins de 50 % du patrimoine d'un organisme, exprimé en logements équivalents, comme défini au 4º du B de l'article R. 302-14, relève des articles L. 633-1 et R. 351-55, la convention d'utilité sociale de cet organisme comporte, pour la catégorie autonome des logements-foyers, le tableau de l'article R. 445-26 et, le cas échéant, le tableau de l'article R. 445-27, renseignés.

Lorsque au moins 50 % et moins de 100 % du patrimoine d'un organisme, exprimé en logements équivalents, comme défini au 4º du B de l'article R. 302-14, relève des articles L. 633-1 et R. 351-55, la convention d'utilité sociale de cet organisme comporte une partie intitulée "logements-foyers" définie aux articles suivants de la présente sous-section.

Lorsque la totalité du patrimoine d'un organisme relève des articles L. 633-1 et R. 351-55, sa convention d'utilité sociale "logements-foyers" est constituée des éléments définis aux articles suivants de la présente sous-section.

Décret no 2012-12 du 4 janvier 2012,

Relatif aux conventions d'utilité sociale des organismes d'habitations à loyer modéré pour les logements-foyers.

Art. 3 L'élaboration de la première convention d'utilité sociale "logements-foyers" ou, dans le cas prévu au deuxième alinéa de l'article R. 445-24 du code de la construction et de l'habitation, de la partie de la convention d'utilité sociale intitulée : "logements-foyers" est engagée par délibération du conseil d'administration ou, le cas échéant, du directoire de l'organisme d'habitations à loyer modéré.

Cette délibération, transmise au préfet de région signataire de la convention, au préfet du département dans lequel est situé le siège social de l'organisme, au président de l'établissement public de coopération intercommunale ou du conseil général de rattachement de l'organisme, le cas échéant, ainsi qu'aux établissements publics de coopération intercommunale et aux départements associés à l'élaboration de la convention, précise les modalités de l'association des établissements publics de coopération intercommunale dotés d'un programme local de l'habitat et des départements, prévue au deuxième alinéa de l'article L. 445-1 du code de la construction et de l'habitation. Cette association consiste au moins en la transmission à chaque personne publique associée, pour ce qui concerne les logements-foyers situés sur son territoire, des états des lieux, des orientations stratégiques, des programmes d'actions et, le cas échéant, si elles ont été adressées, des précisions complémentaires apportées par le préfet, relatives aux enjeux et aux objectifs de l'État. Cette transmission doit être effective au moins un mois avant l'adoption de la partie intitulée : "logements-foyers".

Les personnes publiques associées disposent d'un mois pour faire connaître leurs observations.

Le préfet de région signataire peut demander toute information relative à l'élaboration du projet de convention et à la réalité de la démarche d'association.

La convention d'utilité sociale "logements-foyers" mentionnée au troisième alinéa de l'article R. 445-24 du code de la construction et de l'habitation est signée dans un délai de six mois à compter de la publication du présent décret.

Art. 4. Pour la première convention d'utilité sociale et dans les cas prévus aux premier et deuxième alinéas de l'article R. 445-24 du code de la construction et de l'habitation, lorsque la convention d'utilité sociale de l'organisme a été signée avant la date de publication du présent décret, elle est complétée par un avenant dans un délai de six mois à compter de cette même date.

Les signataires de cet avenant sont les mêmes que ceux ayant signé la convention d'utilité sociale.

Art. R.* 445-25 La partie intitulée : "logements-foyers" de la convention d'utilité sociale ou la convention d'utilité sociale "logements-foyers" définit pour chaque organisme la politique patrimoniale et d'investissement ainsi que la politique de prévention des impayés du gestionnaire. Elle peut également définir pour chaque organisme la politique de qualité du service rendu aux résidents.

Pour chacune de ces politiques, elle comporte :

– un état des lieux de la politique concernée ;

– les orientations stratégiques ;

– le programme d'action.

Art. R.* 445-26 La convention fixe, pour les politiques mentionnées à l'article R. 445-25, des objectifs et des indicateurs correspondant à chacun des engagements, conformément au tableau ci-dessous.

Le respect de ces engagements et l'atteinte des objectifs sont évalués, par département, à l'aide des indicateurs ALF.I à GLF.IV dudit tableau.

Les valeurs des indicateurs sont fixées pour la durée de la convention.

ASPECTS DE LA POLITIQUE	ENGAGEMENTS	OBJECTIFS ET INDICATEURS
Développement de l'offre Indicateurs par département	Adapter l'offre de logements-foyers aux besoins des populations et des territoires en développant le volume de production nouvelle	ALF. I. — Nombre de logements équivalents donnant lieu à des dossiers de financement déposés complets dans les services de l'État ou auprès des délégataires, par an et en cumulé sur les six ans
		ALF. II. — Nombre de logements équivalents mis en service par an et en cumulé sur les six ans
Dynamique patrimoniale et développement durable Indicateurs par département	Entretenir et améliorer le patrimoine existant	CLF. I. — Montant en euros (hors taxe) par logement équivalent et par an en investissement (travaux de réhabilitation du parc et d'addition ou de remplacement des composants à la charge du propriétaire)
		CLF. II. — Montant en euros (hors taxe) par logement équivalent et par an en exploitation (dépenses de maintenance qui couvrent le gros entretien) à la charge du propriétaire
		CLF. III. — Pourcentage de logements équivalents rénovés au sens du premier alinéa du II de l'article 5 de la loi n° 2009-967 du 3 août 2009 de programmation relative à la mise en œuvre du Grenelle de l'environnement
Prévention des impayés du gestionnaire Indicateurs par département (s'il y a lieu)	Prévenir, détecter et, le cas échéant, traiter les impayés du gestionnaire	GLF. I. — Existence d'un processus formel de vérification, dès le montage de l'opération, de la capacité du gestionnaire à faire face à ses obligations financières vis-à-vis du propriétaire (OUI/NON)
		GLF. II. — Existence d'un processus formel de suivi des retards de paiement en fonction de l'échéance (OUI/NON)
		GLF. III. — Existence d'un processus opérationnel de traitement des impayés à partir d'une échéance impayée : point téléphonique, courrier de relance simple, relance A/ R, engagement de reprise de paiement, plan d'apurement (OUI/ NON)
		GLF. IV. — Taux de recouvrement des sommes dues par le gestionnaire sur douze mois glissants

Art. R. 445-27 Indépendamment des engagements et des objectifs mentionnés à l'article R. 445-26, la convention peut fixer, avec, le cas échéant, l'accord écrit du gestionnaire, des objectifs et des indicateurs qui portent sur la qualité de service et la performance de la gestion, conformément au tableau ci-dessous.

ASPECTS de la politique	OBJECTIFS ET INDICATEURS par département
Qualité de service	HLF. I. — Existence et description d'un processus opérationnel de traitement des demandes et des réclamations (OUI/ NON)
	HLF. II. — Nombre total de logements équivalents rapporté à l'effectif de gardiennage ou de surveillance
Performance de la gestion	ILF. I. — Coût de fonctionnement, à savoir dépense d'exploitation et de personnel, par logements équivalents gérés

Les valeurs des indicateurs sont fixées pour la durée de la convention.

L'atteinte des objectifs est évaluée à l'aide des indicateurs HLF.I à ILF.I dudit tableau, dans les conditions prévues aux deux premiers alinéas de l'article R. 445-2-8.

Cette évaluation ne peut en aucun cas donner lieu à l'application d'une pénalité.

Art. R. 445-28 Indépendamment des engagements et des objectifs mentionnés aux articles R. 445-26 et R. 445-27, le préfet de région signataire de la convention et, le cas échéant, le président de l'établissement public de coopération intercommunale ou du conseil général de rattachement de l'organisme peuvent, conjointement avec l'organisme, pour certains aspects de sa politique, fixer des objectifs dont les actions destinées à les atteindre feront l'objet d'une évaluation dans les conditions prévues aux deux premiers alinéas de l'article R. 445-2-8.

Cette évaluation ne peut en aucun cas donner lieu à l'application d'une pénalité.

SOUS-SECTION 2 MODALITÉS D'ÉLABORATION, D'APPROBATION ET D'ÉVALUATION DES CONVENTIONS D'UTILITÉ SOCIALE EN TANT QU'ELLES CONCERNENT DES LOGEMENTS-FOYERS

Art. R.* 445-29 Les documents mentionnés aux premier et deuxième alinéas de l'article R. 445-24 sont intégrés à la convention d'utilité sociale de l'organisme établie dans les conditions prévues aux articles R.* 445-2-3 à R.* 445-2-8.

SOUS-SECTION 3 MODALITÉS D'ÉLABORATION, D'APPROBATION ET D'ÉVALUATION DES CONVENTIONS D'UTILITÉ SOCIALE NE CONCERNANT QUE DES LOGEMENTS-FOYERS

Art. R.* 445-30 Le conseil d'administration ou, le cas échéant, le directoire de l'organisme d'habitations à loyer modéré engage, par une délibération, la procédure d'élaboration de la convention d'utilité sociale "logements-foyers".

Art. R.* 445-31 La délibération mentionnée à l'article R. 445-30 est transmise au préfet de région signataire de la convention, au préfet du département dans lequel est situé le siège social de l'organisme, au président de l'établissement public de coopération intercommunale ou du conseil général de rattachement de l'organisme, le cas échéant, ainsi qu'aux établissements publics de coopération intercommunale et aux départements associés à l'élaboration de la convention.

Art. R.* 445-32 La délibération prévue à l'article R. 445-30 précise les modalités de l'association des établissements publics de coopération intercommunale dotés d'un programme local de l'habitat et des départements.

L'association des établissements publics de coopération intercommunale dotés d'un programme local de l'habitat et des départements, prévue au deuxième alinéa de l'article L. 445-1, consiste au moins en la transmission à chaque personne publique associée, pour ce qui concerne les logements-foyers situés sur son territoire, des états des lieux, des orientations stratégiques, des programmes d'actions et, le cas échéant, si elles ont été adressées, des précisions complémentaires apportées par le préfet, relatives aux enjeux et aux objectifs de l'État. Cette transmission doit être effective au moins un mois avant l'adoption du projet de convention par l'organisme.

Les personnes publiques associées disposent d'un mois pour faire connaître leurs observations.

Le préfet de région signataire peut demander toute information relative à l'élaboration du projet de convention et à la réalité de la démarche d'association.

Art. R.* 445-33 Le conseil d'administration ou, le cas échéant, le conseil de surveillance de l'organisme d'habitations à loyer modéré adopte le projet de convention et autorise sa signature.

Art. R.* 445-34 Le respect des engagements par l'organisme est évalué dans les conditions prévues deux ans et quatre après la conclusion de la convention ainsi qu'à son terme.

L'organisme transmet au préfet de région signataire de la convention tous les éléments nécessaires à cette évaluation.

Si le préfet de région signataire de la convention constate que l'organisme n'a pas respecté, de son fait, les engagements définis par la convention, il engage la procédure contradictoire au terme de laquelle il peut proposer au ministre chargé du logement de prononcer, à l'encontre de l'organisme, une pénalité, conformément aux dispositions de l'article L. 445-1. Le montant principal de cette pénalité est calculé par logement équivalent sur lequel l'organisme détient un droit réel.

TITRE CINQUIÈME CONTRÔLE, REDRESSEMENT DES ORGANISMES ET GARANTIE DE L'ACCESSION SOCIALE À LA PROPRIÉTÉ *(Décr. nº 2000-655 du 20 juill. 2001, art. 1er-I).*

V. Circ. nº 85-97 du 31 déc. 1985 [Urb. log.] (Mon. TP 14 févr. 1986) sur l'organisation du contrôle des organismes d'HLM recourant aux prêts aidés par l'État.

CHAPITRE PREMIER CONTRÔLE

(Décr. nº 2002-392 du 22 mars 2002)

SECTION PREMIÈRE CONTRÔLE À L'INITIATIVE DE L'ÉTAT

Art. *R. 451-1 Le contrôle prévu à l'article L. 451-1 est exercé par le ministre chargé du logement et par le ministre chargé de l'économie.

Art. *R. 451-2 Les agents de l'État chargés d'effectuer les contrôles sur place sont habilités à cet effet soit par arrêté du ministre chargé du logement, soit par arrêté du ministre chargé de l'économie, soit par arrêté du ministre chargé du budget. L'arrêté fixe la durée de l'habilitation.

Il peut être mis fin à l'habilitation pour raison de service. Il peut aussi y être mis fin en raison du comportement de l'agent dans l'exercice de ses fonctions, après que cet agent a été mis à même de présenter ses observations.

Les arrêtés relatifs aux habilitations sont publiés au *Journal officiel* de la République française.

Art. *R. 451-3 Lorsqu'un organisme doit faire l'objet d'un contrôle sur place, son président ou dirigeant en est averti. L'avertissement mentionne que l'organisme a la faculté de se faire assister de tout conseil de son choix pendant le déroulement du contrôle sur place.

L'avertissement est notifié au président ou dirigeant de l'organisme soit par pli recommandé adressé au siège social de l'organisme avec demande d'avis de réception postal, soit par remise à ce siège contre récépissé.

Les opérations de contrôle sur place ne peuvent être engagées qu'à l'expiration d'un délai de huit jours. Ce délai commence à courir le lendemain du jour de la notification du pli contenant l'avertissement. En cas de notification par lettre recommandée avec demande d'avis de réception postal, ce délai a pour point de départ le lendemain du jour de la présentation du pli au siège de l'organisme.

Lorsque l'urgence le justifie, le ministre chargé du logement peut décider que les opérations de contrôle sur place seront engagées une heure après la remise de l'avertissement. Il est fait mention de cette décision dans l'avertissement qui est notifié à l'organisme.

Art. *R. 451-4 En application du septième alinéa de l'article L. 451-1, les agents chargés du contrôle sur place ont accès à tous fichiers ou dossiers ainsi qu'à tous documents, renseignements ou justificatifs et peuvent en prendre ou en demander copie aux frais de l'organisme. Si ces données sont conservées sur des supports informatiques, ils peuvent demander qu'elles soient transcrites dans des documents utilisables pour des besoins du contrôle. Ils ont aussi accès aux logiciels qui permettent de les traiter.

Art. *R. 451-5 Lorsque le contrôle s'est conclu par un rapport, celui-ci est notifié au président ou dirigeant de l'organisme soit par pli recommandé adressé au siège social de l'organisme avec demande d'avis de réception postal, soit par remise à ce siège contre récépissé.

Dans le délai d'un mois commençant à courir le lendemain du jour de la notification du rapport, le président ou le dirigeant de l'organisme contrôlé peut adresser des observations écrites à la personne qui lui a communiqué celui-ci. En cas de notification de ce rapport par lettre recommandée avec demande d'avis de réception postal, ce délai commence à courir le lendemain du jour de la présentation du pli au siège de l'organisme. La date limite au-delà de laquelle ces observations ne seront pas prises en considération pour rédiger le rapport définitif mentionné à l'article R. 451-6 est déterminée conformément aux prescriptions de l'article 16 de la loi nº 2000-321 du 12 avril 2000.

Art. *R. 451-6 Le rapport définitif de contrôle comprend le rapport mentionné à l'article R.* 451-5, les observations du président ou dirigeant de l'organisme produites dans le délai et les conditions mentionnés au même article et, en tant que de besoin, les réponses qui y ont été apportées par le contrôleur.

Le rapport définitif est adressé au président ou dirigeant de l'organisme, au ministre chargé du logement, au ministre chargé de l'économie et au préfet du département du siège de l'organisme.

Le président du directoire, le président du conseil de surveillance, le président du conseil d'administration ou de l'organe délibérant est tenu de communiquer immédiatement le rapport définitif à chaque membre de ces instances et d'inscrire son examen à la plus proche réunion pour être soumis à délibération. La délibération est adressée dans les quinze jours suivant son adoption au préfet du département du siège de l'organisme.

Art. R.* 451-7 La mise en demeure mentionnée au dernier alinéa de l'article L. 451-1 est effectuée par le préfet du département du siège de l'organisme. L'organisme informe le préfet des suites données à la mise en demeure.

(Décr. no 2007-892 du 15 mai 2007) « Lorsque la mise en demeure concerne l'exploitant d'une résidence hôtelière à vocation sociale mentionnée à l'article L. 631-11, le préfet du département d'implantation de la résidence en transmet une copie au propriétaire de la résidence. Le préfet informe le propriétaire des suites données par l'exploitant à la mise en demeure. Si l'exploitant ne rectifie pas, dans le délai déterminé par l'administration, les défaillances et carences constatées à l'occasion du contrôle, la clause de résiliation du contrat de louage ou mandat conclu entre le propriétaire et l'exploitant peut être mise en œuvre en application de l'article R. 631-16 ; dans ce cas, le préfet retire l'agrément de l'exploitant. Le retrait de cet agrément est également prononcé par le préfet si le propriétaire s'abstient de mettre en œuvre cette clause de résiliation. Dans ce dernier cas, le propriétaire concerné doit être mis en mesure de présenter ses observations préalablement au retrait d'agrément.

« Lorsque le propriétaire et l'exploitant d'une résidence hôtelière à vocation sociale sont la même personne morale et que cette personne morale ne rectifie pas, dans le délai déterminé par l'administration, les défaillances et carences constatées à l'occasion du contrôle, le préfet, après avoir reçu les observations de la personne morale concernée, retire l'agrément qu'il a donné à l'exploitant de la résidence en application de l'article R. 631-14.

« Le propriétaire de la résidence prend les dispositions nécessaires pour assurer le respect des engagements pris au titre des articles R. 631-22 à R. 631-26 ainsi que la continuité de l'exploitation de la résidence au bénéfice des occupants de celle-ci, et propose, dans les trois mois suivant la notification du retrait de l'agrément mentionné dans les deux alinéas ci-dessus, l'agrément d'un nouvel exploitant en application des dispositions de l'article R. 631-14. »

SECTION II INFRACTIONS AUX RÈGLES D'ATTRIBUTION ET D'AFFECTATION

Art. R.* 451-8 I. – En cas d'infraction aux règles d'attribution ou d'affectation des logements prévues par le présent code, le préfet du département du lieu de situation du local notifie au président ou dirigeant de l'organisme les griefs formulés contre ce dernier et l'invite à présenter ses observations écrites. La notification est faite soit par pli recommandé adressé au siège social de l'organisme avec demande d'avis de réception postal, soit par remise à ce siège contre récépissé.

Dans le délai d'un mois commençant à courir le lendemain du jour de la notification mentionnée ci-dessus, le président ou le dirigeant de l'organisme peut adresser des observations écrites au préfet. La date limite au-delà de laquelle celles-ci ne sont pas prises en considération est déterminée conformément aux prescriptions de l'article 16 de la loi no 2000-321 du 12 avril 2000. Dans le même délai, le président ou le dirigeant de l'organisme peut demander à présenter des observations orales, en se faisant assister, le cas échéant, par un conseil de son choix ou en se faisant représenter.

II. – Les sanctions prévues au second alinéa de l'article L. 451-2-1 sont, s'il y a lieu, prononcées par arrêté du préfet. Elles donnent lieu à l'émission d'un titre de perception exécutoire, établi par le préfet et recouvré au profit de l'État par les comptables du Trésor, selon les modalités prévues pour les créances étrangères à l'impôt et au domaine.

SECTION III CONTRÔLE À LA DEMANDE DES DÉPARTEMENTS ET DES COMMUNES

Art. R.* 451-9 Indépendamment des mesures de contrôle prévues à l'article R. 451-1, les départements et les communes peuvent faire contrôler les opérations et les écritures des organismes d'habitations à loyer modéré dont ils ont garanti les emprunts.

Ce contrôle est exercé par les agents désignés à cet effet par le préfet.

Les rapports établis par ces agents sont communiqués au président de l'organisme. Copie de ces rapports et de la réponse du président est transmise au ministre chargé du logement ainsi qu'au ministre chargé de l'économie.

SECTION IV AVIS PRÉALABLE À CERTAINES OPÉRATIONS IMMOBILIÈRES

Art. R.* 451-10 *(Décr. no 2006-1792 du 23 déc. 2006, art. 12)* « L'avis prévu à l'article L. 451-5, qui porte sur la valeur vénale du bien immobilier, est donné par le trésorier-payeur général ».

Cet avis doit être formulé dans le délai d'un mois à compter de la date de la réception d'une demande d'avis en état, à défaut de quoi, il peut être procédé à la réalisation de l'opération.

Il est mis fin, à la date de publication du Décr. no 2002-392 du 22 mars 2002 (JO du 23), aux habilitations au contrôle sur place délivrés antérieurement à cette date aux agents de la mission interministérielle d'inspection du logement social créée par le Décr. no 93-236 du 22 févr. 1993 (Décr. no 2002-392 du 22 mars 2002, art. 3).

CHAPITRE II CAISSE DE GARANTIE DU LOGEMENT LOCATIF SOCIAL ET REDRESSEMENT DES ORGANISMES

(Décr. no 2001-655 du 20 juill. 2001, art. 1er-III)

SECTION PREMIÈRE DISPOSITIONS GÉNÉRALES

BIBL. ▸ WERTENSCHLAG, La caisse de garantie du logement locatif social, *AJDI 2002. 23 s.*

COMMENTAIRE

Pris en application de l'article 163 de la loi du 13 décembre 2000, le décret du 20 juillet 2001 organise l'administration et le fonctionnement de la Caisse de Garantie du Logement Locatif Social (CGLLS). Cette dernière se substitue à la Caisse de Garantie du Logement Social (CGLS) et a principalement pour objet de garantir des prêts au logement locatif social et de contribuer, notamment par des concours financiers, à la prévention des difficultés et au redressement des organismes HLM et des SEM.

Art. R. 452-1 La caisse de garantie du logement locatif social, établissement public national à caractère administratif, est placée sous la tutelle conjointe du ministre chargé du logement et du ministre chargé de l'économie. La caisse doit, en application des articles L. 511-1 et L. 511-9 du code monétaire et financier, être agréée par *(Ord. no 2010-76 du 21 janv. 2010, art. 18)* « l'Autorité de contrôle prudentiel ».

Le siège de la caisse est fixé par le conseil d'administration à Paris ou dans un département limitrophe.

V. Délib. n° 2006-27 du 5 juill. 2006 relative au projet de convention à passer avec l'Agence nationale pour la rénovation urbaine (ANRU) et la CGLLS (BOMELT n° 2006/17, p. 125).

Art. R. 452-2 **La caisse dont l'objet et les missions sont définis à l'article L. 452-1 du présent code remplit une mission d'intérêt public au sens de l'article L. 516-1 du code monétaire et financier.**

Art. R. 452-3 **La garantie de la caisse ne peut être accordée qu'à des prêts consentis par la Caisse des dépôts et consignations en vue de la construction, de l'acquisition ou de l'amélioration des logements locatifs sociaux. La liste des catégories dont relèvent ces prêts et de leurs bénéficiaires ainsi que les règles de fonctionnement, de dotation et de solvabilité du fonds de garantie sont déterminées par arrêté conjoint du ministre chargé du logement, du ministre chargé de l'économie et du ministre chargé du budget.** *— V. Arr. 18 mars 2002 (JO 23 mars), mod. par Arr. 21 déc. 2006 (JO 29 déc.), mod. par Arr. 11 sept. 2009 (JO 6 oct.).*

SECTION II ORGANISATION ET ADMINISTRATION

Art. R. 452-4 **La caisse est administrée par un conseil d'administration et dirigée par un directeur général.**

V. Arr. 21 déc. 2004 portant création d'un comité technique paritaire central auprès du directeur général de la CGLLS (JO 29 déc.) et Arr. 21 déc. 2004, fixant les modalités de la consultation du personnel organisée afin de déterminer la représentativité des organisations syndicales appelées à être représentées au sein du comité technique paritaire central de la caisse de garantie du logement locatif social (JO 29 déc.).

Art. R. 452-5 *(Décr. n° 2004-1251 du 23 nov. 2004, art. 2)* **« Le conseil d'administration de la caisse comprend, outre le directeur général de l'Agence nationale pour la rénovation urbaine, neuf administrateurs nommés par arrêté conjoint du ministre chargé du logement, du ministre chargé de l'économie et du ministre chargé du budget : »**

— deux représentants du ministre chargé du logement ;

— un représentant du ministre chargé de l'économie ;

— un représentant du ministre chargé du budget ;

(Décr. n° 2003-424 du 7 mai 2003, art. 1er) **« — trois représentants de l'union mentionnée à l'article L. 452-2, désignés par elle »** *[V. la note ci-dessous]* **;**

— un représentant de la Fédération nationale des sociétés d'économie mixte, désigné par cette fédération ;

— une personnalité qualifiée désignée, à raison de ses compétences dans le domaine du logement, par le ministre chargé du logement après avis des représentants de l'Union nationale des fédérations d'organismes d'habitations à loyer modéré.

Les administrateurs sont nommés pour une durée de trois ans. Leur mandat est renouvelable.

Les administrateurs qui, en cours de mandat, n'occupent plus les fonctions à raison desquelles ils ont été désignés sont réputés démissionnaires.

En cas de vacance, pour quelque cause que ce soit, le conseil d'administration est complété dans le délai d'un mois à compter de la constatation de la vacance. Les nouveaux administrateurs sont nommés selon les mêmes modalités que ceux qu'ils remplacent et pour la durée du mandat restant à courir.

Art. R. 452-6 **Le conseil d'administration élit en son sein un président parmi les représentants de l'Union nationale des fédérations d'organismes d'habitations à loyer modéré. Il est élu pour la durée de son mandat d'administrateur.**

En cas d'empêchement du président du conseil d'administration, ses fonctions sont exercées par un des représentants du ministre chargé du logement que le ministre désigne à cet effet.

La même règle s'applique en cas de vacance de la présidence. L'élection du nouveau président doit intervenir dans le délai d'un mois.

Le président convoque le conseil d'administration et fixe l'ordre du jour.

Lorsque le président le demande en séance, une seconde délibération est de droit. La seconde délibération doit intervenir dans le délai de deux mois à compter de la demande. A défaut, la délibération initiale est réputée confirmée.

Art. R. 452-7 Le conseil d'administration se réunit au moins trois fois par an. Il se réunit de droit dans le délai de deux mois à la demande de deux administrateurs ou à la demande conjointe du ministre chargé du logement, du ministre chargé de l'économie et du ministre chargé du budget, sur un ordre du jour que les demandeurs déterminent.

Art. R. 452-8 Un administrateur absent peut donner mandat à un autre administrateur de le représenter au conseil d'administration. Un administrateur ne peut détenir plus d'un mandat.

Le conseil d'administration ne délibère valablement que lorsque la moitié des administrateurs sont présents ou représentés. Le conseil d'administration prend ses décisions à la majorité des voix des administrateurs présents ou représentés.

Art. R. 452-9 Le directeur général participe aux séances du conseil d'administration avec voix consultative. Il peut être accompagné d'agents de la caisse dont il juge la présence utile.

Le directeur général de la comptabilité publique ou son représentant, le chef de la mission interministérielle d'inspection du logement social ou son représentant et l'agent comptable assistent aux séances du conseil d'administration avec voix consultative.

Des experts, notamment issus des organisations professionnelles représentant les organismes d'habitations à loyer modéré et les sociétés d'économie mixte, peuvent être appelés par le président à participer aux séances du conseil d'administration avec voix consultative.

Art. R. 452-10 Le conseil d'administration règle par ses délibérations les affaires de la caisse.

Il détermine les orientations de son activité, en particulier en matière de maîtrise des risques liés aux garanties et aux concours financiers à la prévention et au redressement, d'attribution des garanties des prêts au logement locatif social et d'attribution des concours financiers à la prévention et au redressement. *(Décr. nº 2004-1251 du 23 nov. 2004, art. 3-I)* « Il fixe les orientations générales relatives à l'octroi des concours financiers destinés à favoriser la réorganisation des organismes d'habitations à loyer modéré *(Décr. nº 2006-1562 du 8 déc. 2006, art. 1er)* « ou des sociétés d'économie mixte » et leur regroupement. »

Il est notamment compétent pour :

1º Adopter le budget et ses modifications ;

2º Arrêter les comptes annuels ;

3º *(Décr. nº 2004-1251 du 23 nov. 2004, art. 3-II)* « Donner un avis sur le taux de la cotisation, le montant des réductions prévues à l'article L. 452-4 et sur la fraction des cotisations additionnelles affectée au versement d'une contribution à l'Agence nationale pour la rénovation urbaine ; »

4º Décider des emprunts ;

5° Décider des remises gracieuses et admissions en non-valeur ;

6° Décider du placement des fonds de la caisse dans les limites et conditions fixées par le règlement comptable et financier ;

7° Prendre toutes décisions afférentes à l'exécution des contrats auxquels donnent lieu les interventions de la caisse, notamment l'octroi de délais et l'action en justice ;

8° Fixer la rémunération perçue par la caisse en contrepartie des garanties qu'elle accorde et les conditions d'octroi de ces garanties ;

9° Statuer sur les demandes de garantie ;

10° Fixer les conditions d'octroi des concours financiers aux organismes d'habitations à loyer modéré et aux sociétés d'économie mixte en vue de contribuer à leur redressement ou à la prévention de leurs difficultés financières ;

11° Statuer sur les demandes de concours financiers mentionnés au 10° ci-dessus ;

12° Attribuer les subventions mentionnées *(Décr. n° 2004-1251 du 23 nov. 2004, art. 3-III ; Décr. n° 2011-1025 du 26 août 2011, art. 1er-I)* « au sixième alinéa » de l'article L. 452-1, en fixant les contreparties demandées aux bénéficiaires ;

13° Délibérer sur le rapport annuel de gestion du directeur général ;

14° Délibérer sur le rapport annuel du directeur général relatif à la mesure et à la surveillance des risques auxquels la caisse est exposée ;

15° Procéder à l'examen de l'activité et des résultats du contrôle interne ;

16° Délibérer sur le compte rendu du comité d'audit, désigner les membres de ce comité, en fixer les modalités de fonctionnement ainsi que les conditions dans lesquelles les commissaires aux comptes et toute personne appartenant à la caisse sont associés à ses travaux ;

17° Délibérer lorsque le commissaire du Gouvernement le saisit en cas de difficultés ou lui adresse une recommandation ;

18° Désigner le ou les commissaires aux comptes et délibérer sur leurs rapports ;

(Abrogé par Décr. n° 2011-1025 du 26 août 2011, art. 1er-I) (Décr. n° 2009-1680 du 30 déc. 2009, art. 1er) « ***19° Fixer les modalités d'octroi des concours financiers attribués au titre du fonds mentionné à l'article L. 452-1-1 dans les conditions définies à l'article R. 452-24-1 ;***

« ***20° Statuer sur les demandes de concours financiers mentionnés au 19° ci-dessus.*** »

Le conseil d'administration arrête son règlement intérieur.

Le conseil d'administration peut déléguer, dans les conditions et limites qu'il fixe, tout ou partie des attributions mentionnées aux 5°, 6° et 7° du présent article au directeur général.

Le conseil d'administration peut déléguer, dans les conditions et limites qu'il fixe, tout ou partie des attributions mentionnées au 9° du présent article au directeur général. Il fixe les cas dans lesquels le directeur général statue sur avis conforme du comité des aides prévu à l'article R. 452-16.

Le conseil d'administration peut déléguer, dans les conditions et limites qu'il fixe, tout ou partie des attributions mentionnées au 11° du présent article au directeur général statuant sur avis conforme de ce comité des aides.

Les dispositions du Décr. n° 2006-1562 du 8 déc. 2006 sont entrées en vigueur le 1er janv. 2007 (Décr. préc., art. 3).

V. Délib. de la CGLLS n° 2004-24 du 30 juin 2004 approuvant la note sur la démarche d'aide de la CGLLS à la prévention des difficultés financières des organismes (BOMELT n° 2005/15, p. 67) ; n° 2004-42 du 3 nov. 2004 relative au seuil de recouvrement et de remboursement de la cotisation et de la cotisation additionnelle (BOMELT n° 2005/6, p. 74) ; n° 2005-07 du 16 févr. 2005 approuvant la note sur la procédure d'aide de la CGLLS aux organismes en difficulté (BOMELT n° 2005/15, p. 69) ; n° 2005-08 du 16 févr. 2005 relative à la démarche de consolidation des organismes de logement social (BOMELT n° 2005/6, p. 80) ; n° 2005-42 du 19 oct. 2005 du conseil d'administration de la CGLLS (BOMELT n° 2005/23, p. 156), nos 2005-56, 2005-57 et 2005-61 du 21 déc. 2005 du conseil d'administration de la CGLLS (BOMELT n° 2006/2, p. 123), n° 2006-13 du 26 avr. 2006 du conseil d'administration de la CGLLS (BOMELT n° 2006/10, p. 123) ; Délib. nos 2006-41 et 2006-42 du

18 oct. 2006 (BOMELT no 2006/23, p. 139) ; Délib. no 2006-43 du 18 oct. 2006 (BOMELT no 2006/23, p. 140) ; Délib. no 2006-40 du 3 nov. 2006 (BOMELT no 2006/23, p. 141).

Art. R. 452-11 Le conseil d'administration est assisté d'un comité d'audit composé de trois membres. Sous la responsabilité du conseil d'administration, le comité d'audit est notamment chargé de vérifier la clarté des informations fournies, de porter une appréciation sur la pertinence des méthodes comptables et sur la qualité du contrôle interne, et de faire toutes propositions tendant à l'amélioration de ce dernier.

Le comité d'audit rend compte de ses travaux au conseil.

Art. R. 452-12 *(Décr. no 2012-1247 du 7 nov. 2012, art. 27)* « Les délibérations du conseil d'administration relatives au budget et au compte financier sont exécutoires dans les conditions prévues par le titre III du décret no 2012-1246 du 7 novembre 2012 relatif à la gestion budgétaire et comptable publique. »

Les délibérations du conseil d'administration relatives aux subventions mentionnées *(Décr. no 2004-1251 du 23 nov. 2004, art. 4-I ; Décr. no 2011-1025 du 26 août 2011, art. 1er-II)* « au sixième alinéa » de l'article L. 452-1 deviennent exécutoires après approbation expresse par le ministre chargé du logement *(Décr. no 2004-1251 du 23 nov. 2004, art. 4-I)* « et le ministre chargé de l'économie ».

(Décr. no 2004-1251 du 23 nov. 2004, art. 4-II) « Les décisions de la commission prévue à l'article L. 452-2-1, dénommée commission de réorganisation, relatives à des conventions entre la caisse et l'Union nationale des fédérations d'organismes d'habitations à loyer modéré ou les fédérations d'organismes d'habitations à loyer modéré *(Décr. no 2006-1562 du 8 déc. 2006, art. 1er)* « ou la fédération groupant les sociétés d'économie mixte » sont soumises à la même procédure. »

Les délibérations du conseil d'administration décidant de recourir à l'emprunt deviennent exécutoires après approbation expresse par le ministre chargé de l'économie.

Les dispositions du Décr. no 2006-1562 du 8 déc. 2006 sont entrées en vigueur le 1er janv. 2007 (Décr. préc., art. 3).

Art. R. 452-13 Le directeur général de la caisse est nommé, pour une durée de trois ans renouvelable, par arrêté conjoint du ministre chargé du logement, du ministre chargé de l'économie et du ministre chargé du budget, après avis du président du conseil d'administration.

Les fonctions de directeur général sont incompatibles avec celles de membre du conseil d'administration et du comité d'audit.

Le directeur général ne peut prendre ou conserver aucun intérêt, occuper aucune fonction ni dans les organismes d'habitations à loyer modéré et les sociétés d'économie mixte, ni dans les associations ou organismes, quel qu'en soit le statut, exerçant une activité de construction ou de gestion de logements locatifs sociaux, ni dans l'union, les fédérations et associations mentionnées à l'article L. 452-1.

Art. R. 452-14 Le directeur général dirige la caisse. A ce titre :

1o Il prépare les décisions du conseil d'administration *(Décr. no 2004-1251 du 23 nov. 2004, art. 5)* « et de la commission » et donne son avis sur l'ordre du jour des séances ;

(Décr. no 2011-1025 du 26 août 2011, art. 2) « 2o Il exécute les décisions du conseil d'administration et de la commission visée à l'article L. 452-2-1 et peut, à cette fin, recevoir les délégations nécessaires du conseil d'administration ; »

3o Il instruit les demandes de garantie et les demandes de concours financier ;

4o Il recrute le personnel et a autorité sur lui ;

5o Il passe les contrats ;

6o Il représente la caisse en justice et dans tous les actes de la vie civile. Dans les rapports avec les tiers, il engage la caisse pour tout acte entrant dans son objet ;

7o Il est l'ordonnateur des dépenses et des recettes de la caisse ;

8° Il crée des régies d'avances et des régies de recettes, sur avis conforme de l'agent comptable ;

9° Il est le responsable du contrôle interne. A ce titre, il élabore et tient à jour les manuels de procédures relatifs aux différentes activités de la caisse et la documentation qui précise les moyens destinés à assurer le bon fonctionnement du contrôle interne. Il établit un rapport annuel relatif aux conditions dans lesquelles le contrôle interne est assuré ;

10° Il établit un rapport annuel relatif à la mesure et à la surveillance des risques auxquels la caisse est exposée et un rapport de gestion ;

(Décr. n° 2011-1025 du 26 août 2011, art. 2) « 11° Il exécute les décisions de la commission visée à l'article L. 452-1-1 »*[.]*

Le directeur général peut déléguer sa signature à des agents de la caisse dans les conditions et limites qu'il détermine. Il en informe le conseil d'administration.

V. Décis. du 16 déc. 2004 relative aux délégations de signature aux agents de la CGLLS (BOMELT n° 2005/6, p. 35).

Art. R. 452-15 Le directeur général propose l'ordre du jour des séances du comité des aides. Il y rapporte les dossiers et les projets d'attribution de concours financiers. Il peut être accompagné d'agents de la caisse dont il juge la présence utile.

Art. R. 452-16 Le comité des aides comprend le président du conseil d'administration et *(Décr. n° 2004-1251 du 23 nov. 2004, art. 6-I)* « sept » autres membres nommés à raison :

– de deux par le ministre chargé du logement, dont l'un ayant la qualité d'administrateur ;

– d'un par le ministre chargé de l'économie ;

– de trois par le président de l'Union nationale des fédérations d'organismes d'habitations à loyer modéré ;

– d'un par le président de la Fédération nationale des sociétés d'économie mixte.

Les membres du comité des aides sont nommés pour une durée de trois ans. Leur mandat est renouvelable.

Les membres du comité des aides qui, en cours de mandat, n'occupent plus les fonctions à raison desquelles ils ont été désignés sont réputés démissionnaires.

En cas de vacance, pour quelque cause que ce soit, le comité des aides est complété dans le délai d'un mois à compter de la constatation de la vacance. Les nouveaux membres sont nommés selon les mêmes modalités que ceux qu'ils remplacent et pour la durée du mandat restant à courir.

Le comité des aides est présidé par le président du conseil d'administration. En cas de vacance de la présidence ou d'empêchement du président du conseil d'administration, la présidence du comité des aides est exercée par un des représentants du ministre chargé du logement ayant la qualité d'administrateur et que le ministre désigne à cet effet.

(Décr. n° 2004-1251 du 23 nov. 2004, art. 6-III) « Un membre du comité des aides absent peut donner mandat à un autre membre de le représenter à ce comité. Un membre ne peut détenir plus d'un mandat.

« Le comité des aides ne délibère valablement que lorsque cinq au moins de ses membres sont présents ou représentés.

« Le comité des aides rend ses avis à l'unanimité des membres présents ou représentés. »

Art. R. 452-16-1 Le directeur général de la comptabilité publique ou son représentant, le chef de la mission interministérielle d'inspection du logement social ou son représentant et l'agent comptable participent aux séances du comité des aides avec voix consultative.

Des experts, notamment issus des organisations professionnelles représentant les organismes d'habitations à loyer modéré et les sociétés d'économie mixte, peuvent être appelés à participer aux séances du comité des aides avec voie consultative par le président ou par le directeur général.

Cet art. est l'ancien art. R. 452-17, renuméroté par le Décr. nº 2004-1251 du 23 nov. 2004, art. 7.

Art. R. 452-17 *(Décr. nº 2004-1251 du 23 nov. 2004, art. 8)* **La commission de réorganisation est présidée par le président du conseil d'administration et comprend** *(Décr. nº 2006-1562 du 8 déc. 2006, art. 1er)* **« neuf » autres membres nommés à raison :**

– de deux par le ministre chargé du logement ;

– d'un par le ministre chargé de l'économie ;

– de quatre par le président de l'Union nationale des fédérations d'organismes d'habitations à loyer modéré, dont l'un est désigné pour remplacer le président de la commission en cas d'empêchement ou de vacance de la présidence ;

(Décr. nº 2006-1562 du 8 déc. 2006, art. 1er) **« – d'un par le président de la fédération groupant les sociétés d'économie mixte. »**

– d'un désigné par le directeur général de l'Agence nationale pour la rénovation urbaine.

Les membres de la commission sont nommés pour une durée de trois ans. Leur mandat est renouvelable.

Les membres de la commission qui, en cours de mandat, n'occupent plus les fonctions en raison desquelles ils ont été désignés sont réputés démissionnaires.

En cas de vacance, pour quelque cause que ce soit, la commission est complétée dans le délai d'un mois à compter de la constatation de la vacance. Les nouveaux membres sont nommés selon les mêmes modalités que ceux qu'ils remplacent et pour la durée du mandat restant à courir.

La commission ne délibère valablement que si la moitié des membres sont présents ou représentés. Un membre absent peut donner mandat à un autre membre de le représenter à la commission. Un membre ne peut détenir plus d'un mandat.

La commission prend ses décisions à la majorité des voix des membres présents ou représentés.

La commission rend compte de ses décisions au conseil d'administration au moins une fois par an.

Le représentant de la fédération groupant les sociétés d'économie mixte qui sera désigné pour la première application du cinquième alinéa de l'art. R. 452-17 du code de la construction et de l'habitation issu de l'art. 1er du présent décret siégera pour la durée restant à courir du mandat des autres membres de la commission de réorganisation (Décr. nº 2006-1562 du 8 déc. 2006, art. 2).

Les dispositions du Décr. nº 2006-1562 du 8 déc. 2006 sont entrées en vigueur le 1er janv. 2007 (Décr. préc., art. 3).

Art. R. 452-17-1 *(Décr. nº 2004-1251 du 23 nov. 2004, art. 8)* **Le président convoque la commission et fixe l'ordre du jour. La commission statue dans le cadre des orientations générales déterminées par le conseil d'administration. Elle fixe les conditions d'octroi des concours financiers et établit, à cette fin, ses règles de procédure.**

Le directeur général prépare et exécute les décisions de la commission. Il donne son avis sur l'ordre du jour des séances et y participe avec voix consultative. Il peut être accompagné d'agents de la caisse dont il juge la présence nécessaire.

V. Délib. de la CGLLS nº 2005-06 du 16 févr. 2005 relative aux orientations générales de la commission de réorganisation (BOMELT nº 2005/6, p. 79).

V. aussi décision CR nº 2005-06 du 5 oct. 2005 de la CGLLS, portant modification de la décision CR 2005-02 sur l'adoption du règlement intérieur, pour permettre à la Fédération des SEM d'assister aux débats lorsqu'une SEM est concernée (BOMELT nº 2005/23, p. 87).

V. également Délib. nº 2006-03 du 22 févr. 2006 du conseil d'administration de la CGLLS, approuvant la note proposant les règles de prise en charge des dépenses informatiques par la commission de réorganisation (BOMELT nº 2006/7, p. 115), Délib. nº 2006-41 du 18 oct. 2006 du conseil d'administration de la CGLLS relative à la prise en compte des dépenses immobilières hors logement par la commission de réorganisation (BOMELT nº 2006/23, p. 139) ; Délib. nº 2006-42 du 18 oct. 2006 du conseil d'administration de la CGLLS relative à la prise en charge des études juridiques par la commission de réorganisation (BOMELT nº 2006/23, p. 139) ; Délib. nº 2006-43 du 18 oct. 2006 du conseil d'administration de la CGLLS relative à la prise en charge des dépenses d'ingénierie par la commission de réorganisation (BOMELT nº 2006/23, p. 140) ; Délib. nº 2006-40 du 3 nov. 2006 du conseil d'administration de la CGLLS relative à l'aide apportée par la commission de réorganisation à l'occasion des cessions de patrimoine entre organismes (BOMELT nº 2006/23, p. 141).

V. enfin Décision de la commission de réorganisation du 16 mars 2005 approuvant son règlement intérieur (BOMELT nº 2006/7, p. 73).

Art. R. 452-17-2 *(Décr. nº 2004-1251 du 23 nov. 2004, art. 8)* **Le directeur général de la comptabilité publique ou son représentant, le chef de la mission interministérielle d'inspection du logement social ou son représentant et l'agent comptable assistent aux séances de la commission avec voix consultative. Des experts peuvent être appelés par le président à participer aux séances.**

Art. R. 452-18 **Les membres du conseil d'administration,** *(Décr. nº 2004-1251 du 23 nov. 2004, art. 9)* **« de la commission de réorganisation »** *[,]* **du comité des aides et du comité d'audit, les personnes participant à leurs séances et les personnes qui, à un titre quelconque, participent à la direction ou à la gestion de la caisse ou qui sont employées par elle, sont tenus au secret professionnel dans les conditions et sous les peines prévues à l'article L. 511-33 du code monétaire et financier.**

Art. R. 452-19 **Les fonctions de président du conseil d'administration, de membre du conseil d'administration,** *(Décr. nº 2004-1251 du 23 nov. 2004, art. 10)* **« de la commission de réorganisation »** *[,]* **du comité des aides et du comité d'audit sont gratuites. Les frais de déplacement et de séjour des membres du conseil d'administration,** *(Décr. nº 2004-1251 du 23 nov. 2004, art. 10)* **« de la commission de réorganisation »** *[,]* **du comité des aides et du comité d'audit ne sont pas remboursés.**

Les membres du conseil d'administration, *(Décr. nº 2004-1251 du 23 nov. 2004, art. 10)* **« de la commission de réorganisation »** *[,]* **du comité des aides et du comité d'audit ne peuvent en aucun cas prêter leur concours à titre onéreux à la caisse.**

Art. R. 452-20 **Les membres du conseil d'administration,** *(Décr. nº 2004-1251 du 23 nov. 2004, art. 11)* **« de la commission de réorganisation »** *[,]* **et du comité des aides doivent déclarer au commissaire du Gouvernement les intérêts qu'ils ont et les fonctions qu'ils occupent dans les organismes d'habitations à loyer modéré et les sociétés d'économie mixte, dans les associations ou organismes, quel qu'en soit le statut, exerçant une activité de construction ou de gestion de logements locatifs sociaux, et dans les associations mentionnées à l'article L. 452-1.**

Ces déclarations sont communiquées au conseil d'administration et aux commissaires aux comptes.

SECTION III **RÉGIME FINANCIER**

Art. R. 452-21 *(Décr. nº 2012-1247 du 7 nov. 2012, art. 27)* **« La Caisse de garantie du logement locatif social est soumise aux dispositions des titres Ier et III du décret nº 2012-1246 du 7 novembre 2012 relatif à la gestion budgétaire et comptable publique. »**

Le compte financier peut comprendre plusieurs sections.

Le plan comptable est adapté au caractère d'établissement de crédit de la caisse.

Un arrêté conjoint du ministre chargé du logement, du ministre chargé de l'économie et du ministre chargé du budget fixe le règlement comptable et financier de la caisse. *– V. Arr. 4 mars 2003 (JO 15 mars).*

Art. R. 452-22 L'agent comptable de la caisse est nommé par arrêté conjoint du ministre chargé du logement et du ministre chargé du budget.

Art. R. 452-23 *(Décr. nº 2012-1247 du 7 nov. 2012, art. 27)* « Par dérogation au décret nº 2012-1246 du 7 novembre 2012 relatif à la gestion budgétaire et comptable publique, les fonds de la caisse peuvent, sur autorisation délivrée par le ministre chargé de l'économie et le ministre chargé du budget, être déposés auprès de la Caisse des dépôts et consignations. » Ils peuvent être placés en valeurs d'État ou en valeurs garanties par l'État et, dans les limites et conditions fixées par le règlement comptable et financier, en valeurs non garanties par l'État. Le produit de ces placements est affecté au financement des dépenses incombant à la caisse.

Art. R. 452-24 Les ressources de la caisse comprennent les ressources énumérées à l'article L. 452-3 et, d'une manière générale, toutes les recettes autorisées par les lois et règlements.

Les dépenses de la caisse comprennent toutes celles nécessaires à son activité.

Art. R. 452-24-1 *(Abrogé par Décr. nº 2011-1025 du 26 août 2011, art. 1er-III)* (Décr. nº 2009-1680 du 30 déc. 2009, art. 2) ***Les concours financiers attribués au titre du fonds prévu à l'article L. 452-1-1 financent, dans la limite des ressources de ce fonds, des projets présentés par les organismes bénéficiaires des concours prévus au deuxième alinéa de l'article L. 452-1, visant à la réalisation soit d'opérations de réhabilitation et de travaux destinés à l'amélioration de la qualité de service des logements locatifs sociaux, soit d'opérations programmées dans les zones A et B1 définies pour l'application de l'article 2 terdecies B de l'annexe III au code général des impôts et pouvant bénéficier des subventions mentionnées au premier alinéa de l'article R. 331-14 et à l'article R. 372-7.***

Art. R. 452-25 Le taux de la cotisation et le montant des réductions prévus à l'article L. 452-4 sont fixés par arrêté du ministre chargé du logement, du ministre chargé de l'économie et du ministre chargé du budget après avis du conseil d'administration de la caisse.

(Décr. nº 2009-1680 du 30 déc. 2009, art. 3-I) « En application de l'article L. 452-5, un arrêté du ministre chargé du logement et du ministre chargé de l'économie fixe le modèle des déclarations nécessaires à l'établissement des cotisations et du prélèvement prévus aux articles L. 452-4, L. 452-4-1 et L. 423-14. » – *V. Arr. du 15 mars 2001 (JO 20 mars), Arr. du 8 févr. 2002 (JO 16 févr.), Arr. du 19 févr. 2003 (JO 16 mars) et Arr. du 18 août 2004 (JO 19 sept.) ; Arr. du 18 janv. 2005 (JO 8 févr.) ; Arr. du 26 janv. 2006 (JO 3 févr.), Arr. du 8 févr. 2007 (JO 14 févr.), Arr. du 14 févr. 2008 (JO 22 févr.), Arr. du 6 avr. 2009 (JO 21 avr.), Arr. du 16 févr. 2010 (JO 2 mars), Arr. du 9 févr. 2011 (JO 15 févr.), Arr. du 26 déc. 2011 (JO 31 déc.), Arr. du 23 mars 2012 (JO 5 avr.).*

Art. R. 452-25-1 *(Décr. nº 2004-640 du 30 juin 2004, art. 1er)* Pour le calcul de la différence entre produits et charges de l'exercice entrant dans l'établissement de l'autofinancement net servant d'assiette à la part variable de la cotisation additionnelle prévue au *b* de l'article L. 452-4-1 ne sont pas pris en compte, outre les dotations aux amortissements et provisions et leurs reprises :

– la quote-part des subventions d'investissement réintégrables dans les résultats de l'exercice ;

– les produits et charges afférents à la cession ou à la mise au rebut d'immobilisations ;

– les subventions reçues au titre d'un protocole de redressement conclu en application du *(Décr. nº 2011-1025 du 26 août 2011, art. 1er-IV)* « troisième » alinéa de l'article L. 452-1.

(Décr. nº 2007-1689 du 29 nov. 2007) « – les subventions publiques versées par l'Agence nationale pour la rénovation urbaine au titre de l'équilibre des opérations de démolitions réalisées en application du quatrième alinéa de l'article 10 de la loi

nº 2003-710 du 1er août 2003 d'orientation et de programmation pour la ville et la rénovation urbaine modifiée *[V. App., vº Rénovation urbaine]* ;

« – les indemnités d'assurance reçues à la suite de sinistres ayant conduit à la destruction accidentelle d'immobilisations corporelles en cas de catastrophe naturelle ou technologique ainsi que des dommages consécutifs aux tempêtes, ouragans et cyclones en application respectivement des articles L. 125-1, L. 128-1 et L. 122-7 du code des assurances. »

Pour le calcul de l'autofinancement net, les remboursements d'emprunts à déduire de la différence entre produits et charges de l'exercice sont les remboursements en capital. Ceux-ci comprennent s'il y a lieu, lorsque l'organisme a bénéficié d'un prêt visé à l'article L. 351-2-2 contracté avant le 1er janvier 1997, la variation de la somme mentionnée à cet article, dans la mesure strictement nécessaire à la déduction des annuités d'emprunt effectivement dues au cours de l'exercice au titre de ce contrat de prêt.

V. Délib. de la CGLLS nº 2005-23 du 6 avr. 2005 différant la date d'application des intérêts de retard et des pénalités sur la cotisation additionnelle pour 2005 (BOMELT nº 2005/15, p. 79) et nº 2005-25 du 30 juin 2005 (même objet) (BOMELT nº 2005/15, p. 87).

Art. R. 452-25-2 *(Décr. nº 2005-741 du 1er juill. 2005, art. 1er)* Lorsque le contrôle des *(Décr. nº 2009-1680 du 30 déc. 2009, art. 3-II)* « cotisations et du prélèvement prévus aux articles L. 452-4, L. 452-4-1 et L. 423-14 » a lieu sur place, il est effectué par la mission interministérielle d'inspection du logement social dans les conditions prévues aux articles R. 451-1 à R. 451-6 sous réserve des dispositions ci-après.

Avant le début de l'intervention sur place, un avis est adressé au redevable soit par pli recommandé adressé au siège social de l'organisme avec demande d'avis de réception postal, soit par remise à ce siège contre récépissé. L'avis mentionne les années sur lesquelles porte le contrôle et indique que le redevable a la faculté de se faire assister par un conseil de son choix.

Les opérations de contrôle sur place ne peuvent être engagées qu'à l'expiration d'un délai de huit jours ayant pour point de départ le lendemain du jour soit de la remise contre récépissé du pli contenant l'avis soit, en cas de pli recommandé, de la réception de ce pli ou, à défaut, de l'expiration du délai de mise en instance prévu par la réglementation postale.

Les agents de la mission interministérielle consignent leurs constatations dans un rapport particulier. Après avoir recueilli les observations de l'organisme contrôlé selon les modalités prévues à l'article R. 451-5, ils rédigent un rapport définitif de contrôle dans la forme prévue au premier alinéa de l'article R. 451-6 et le transmettent à la caisse qui lui donne la suite utile. Ce rapport contient l'ensemble des éléments nécessaires, en droit et en fait, pour permettre à la caisse d'adresser à cet organisme une proposition de rectification. La mission transmet toute information utile à la caisse, en particulier lorsque celle-ci est partie à une procédure contentieuse consécutive à un contrôle sur place.

Art. R. 452-25-3 *(Décr. nº 2005-741 du 1er juill. 2005, art. 1er)* Lorsque la procédure prévue à l'article L. 57 du livre des procédures fiscales est mise en œuvre, la proposition de rectification des *(Décr. nº 2009-1680 du 30 déc. 2009, art. 3-II)* « cotisations et du prélèvement prévus aux articles L. 452-4, L. 452-4-1 et L. 423-14 » ainsi que la réponse aux observations de l'organisme contrôlé sont signées par le directeur général de la caisse ou, par délégation, par un agent de la caisse, dûment habilité, appartenant à un corps de catégorie A de la fonction publique de l'État ou de niveau équivalent.

(Décr. nº 2009-1680 du 30 déc. 2009, art. 3-III) « Lorsque l'organisme n'a pas déposé dans le délai légal les déclarations nécessaires à l'établissement des cotisations et du prélèvement prévus aux articles L. 452-4, L. 452-4-1 et L. 423-14 et n'a pas régularisé sa situation dans les trente jours de la notification d'une première mise en demeure, il est taxé d'office aux cotisations et au prélèvement mentionnés aux articles L. 452-4,

L. 452-4-1 et L. 423-14 selon les modalités prévues à l'article L. 76 du livre des procédures fiscales. » La notification est signée par le directeur général de la caisse ou, par délégation, par un agent de la caisse, dûment habilité, appartenant à un corps de catégorie A de la fonction publique de l'État ou de niveau équivalent.

Art. R. 452-25-4 *(Décr. nº 2005-741 du 1er juill. 2005, art. 1er)* Le droit de reprise de la caisse s'exerce dans les conditions prévues à l'article L. 176 du livre des procédures fiscales.

Art. R. 452-25-5 *(Décr. nº 2005-741 du 1er juill. 2005, art. 1er)* Les cotisations supplémentaires et les pénalités correspondantes prévues aux articles 1727 et suivants du code général des impôts sont recouvrées au moyen d'un titre rendu exécutoire par le directeur général de la caisse ou, par délégation, par un agent de la caisse, dûment habilité, appartenant à un corps de catégorie A de la fonction publique de l'État ou de niveau équivalent.

Art. R. 452-25-6 *(Décr. nº 2005-741 du 1er juill. 2005, art. 1er)* Les réclamations relatives aux *(Décr. nº 2009-1680 du 30 déc. 2009, art. 3-IV)* « cotisations et au prélèvement prévus aux articles L. 452-4, L. 452-4-1 et L. 423-14 » sont présentées et instruites comme en matière de taxe sur la valeur ajoutée sous réserve des dispositions ci-après.

Les réclamations relatives à l'assiette des cotisations sont adressées au directeur général de la caisse.

Les réclamations relatives à leur recouvrement sont adressées à l'agent comptable de la caisse.

Art. R. 452-25-7 *(Décr. nº 2005-741 du 1er juill. 2005, art. 1er)* Les contestations relatives aux *(Décr. nº 2009-1680 du 30 déc. 2009, art. 3-IV)* « cotisations et au prélèvement prévus aux articles L. 452-4, L. 452-4-1 et L. 423-14 » sont portées devant le tribunal administratif.

● SECTION IV CONTRÔLE EXTERNE

V. Arr. 2 oct. 2002 fixant les modalités du contrôle financier sur la CGLLS (JO 12 oct.).

Art. R. 452-26 La caisse est soumise au contrôle de *(Ord. nº 2010-76 du 21 janv. 2010, art. 18)* « l'Autorité de contrôle prudentiel », qui s'exerce dans les conditions déterminées au chapitre III du titre Ier du livre VI du code monétaire et financier.

Art. R. 452-27 En application de l'article L. 511-32 du code monétaire et financier, la caisse est dotée d'un commissaire du Gouvernement, qui est nommé et exerce ses fonctions dans les conditions que déterminent les articles D. 615-1 et suivants du code monétaire et financier.

Le commissaire du Gouvernement veille notamment à ce que la caisse respecte les dispositions législatives et réglementaires qui la régissent et exerce son activité en conformité avec la mission d'intérêt public qui lui a été confiée. A cette fin, il peut saisir le conseil d'administration en cas de difficultés et lui adresser des recommandations.

Le commissaire du Gouvernement peut s'opposer à toute délibération ou décision engageant la caisse dans la mise en œuvre de sa mission d'intérêt public et demander une seconde délibération. Il dispose à cet effet d'un délai de quinze jours. Sa demande doit être motivée. Si, après une seconde délibération, le désaccord subsiste, le commissaire du Gouvernement peut opposer un refus motivé à cette décision.

Il a accès aux séances du conseil d'administration, *(Décr. nº 2004-1251 du 23 nov. 2004, art. 12)* « de la commission de réorganisation » *[,]* du comité des aides et du comité d'audit.

Art. R. 452-28 Le ou les commissaires aux comptes de la caisse sont désignés et exercent leur contrôle dans les conditions et pour la durée que déterminent les articles L. 511-38 et L. 511-39 du code monétaire et financier.

V. Délib. n° 2006-27 du 5 juill. 2006 relative au projet de convention à passer avec l'Agence nationale pour la rénovation urbaine (ANRU) et la CGLLS (BOMELT n° 2006/17, p. 125).

SECTION V FONDS DE PÉRÉQUATION

(Décr. n° 2011-1025 du 26 août 2011, art. 3)

Art. R. 452-29 La commission qui arrête les emplois du fonds prévu à l'article L. 452-1-1 est présidée par un représentant du ministre chargé du logement désigné en son sein.

Elle comprend six membres :

– deux représentants du ministre chargé du logement ;
– un représentant du ministre chargé de l'économie ;
– un représentant du ministre chargé du budget ;
– un représentant du ministre chargé de la ville ;
– le directeur général de l'Agence nationale pour la rénovation urbaine.

Les membres sont nommés pour une durée de trois ans par un arrêté conjoint des ministres chargés du logement, de la ville, de l'économie et du budget. Leur mandat est renouvelable.

En cas de vacance, pour quelque cause que ce soit, la commission est complétée dans le délai d'un mois à compter de la constatation de la vacance. Les nouveaux membres sont nommés selon les mêmes modalités que ceux qu'ils remplacent et pour la durée du mandat restant à courir.

La commission ne délibère valablement que si la moitié des membres sont présents ou représentés. Un membre absent peut donner mandat à un autre membre de le représenter à la commission. Un membre ne peut pas détenir plus d'un mandat.

La commission se réunit au moins une fois par an et prend ses décisions à la majorité des voix des membres présents ou représentés. En cas de partage égal des voix, la voix du président est prépondérante.

Art. R. 452-30 La commission délibère annuellement sur la fraction des montants perçus par le fonds qui est affectée à l'Agence nationale pour la rénovation urbaine et sur la fraction qui est affectée au développement et à l'amélioration du parc de logements locatifs sociaux.

Art. R. 452-31 Les membres de la commission, les personnes participant à ses séances et à la gestion du fonds sont tenus à l'obligation de réserve.

Art. R. 452-32 Les fonctions de président et de membre de la commission sont gratuites. Les frais de déplacement et de séjour des membres de la commission ne sont pas remboursés.

Art. R. 452-33 Pour la gestion financière du fonds, la Caisse de garantie du logement locatif social ouvre dans ses écritures un compte spécifique où elle enregistre les opérations de recettes et de dépenses.

Art. R. 452-34 Les organismes soumis au prélèvement prévu à l'article L. 423-14 déclarent par voie électronique à la Caisse de garantie du logement locatif social les éléments nécessaires au calcul du prélèvement auquel ils sont soumis. La date de commencement de la période de déclaration est fixée par arrêté conjoint du ministre chargé de l'économie et du ministre chargé du logement *[V. Arr. 31 août 2011, JO 2 sept.]*. La durée de la période de déclaration est de quarante-cinq jours.

Le ministre chargé du logement arrête les taux de contribution du barème sur la base des déclarations reçues par la Caisse de garantie du logement locatif social à la date de clôture de la période de déclaration *[V. Arr. 30 nov. 2011, JO 7 déc.]*.

Art. R. 452-35 Lorsque l'option de groupe, au sens des dispositions des dixième à treizième alinéas de l'article L. 423-14, est choisie, la tête de groupe déclare le périmètre du groupe par voie électronique durant les vingt premiers jours de la période de déclaration et justifie par là même de son appartenance au groupe. La tête de groupe doit être en mesure de justifier du choix de l'option groupe par ses filiales pour la période de cinq ans qui s'ouvre à compter de la déclaration.

Le périmètre du groupe déclaré est arrêté sur la base des sociétés contrôlées à la date de clôture du dernier des cinq exercices déclarés. Seules sont comptabilisées, pour établir le contrôle conjoint au sens de l'article L. 233-16 du code de commerce, les parts détenues par les organismes d'habitations à loyer modéré et par les sociétés d'économie mixte de construction et de gestion de logements sociaux.

Seuls les organismes assujettis au prélèvement peuvent entrer dans la composition d'un groupe. Un organisme ne peut se déclarer membre que d'un seul groupe.

En cas de déclaration rectificative d'un membre du groupe après la période de déclaration, les données consolidées du groupe sont rectifiées par la tête de groupe. Si l'addition des montants des sommes versés par les membres du groupe est insuffisante, la tête de groupe est redevable du complément de prélèvement, ainsi que des éventuelles pénalités, à verser à la Caisse de garantie du logement locatif social.

Art. R. 452-36 Pour la détermination du prélèvement prévu à l'article L. 423-14 :

– les emprunts contractés pour financer les opérations de location-accession à la propriété immobilière, visés à l'article R. 331-76-5-1, ne sont pas assimilés à des ressources de long terme pour la détermination du potentiel financier. Cette disposition s'applique pendant la période comprise entre la date de réalisation de l'emprunt et la date à laquelle l'accédant exerce la faculté qui lui est reconnue d'acquérir la propriété de l'immeuble ;

– les droits réels acquis, sous quelque forme que ce soit, sur des logements sociaux d'un autre organisme d'habitations à loyer modéré ou d'une société d'économie mixte de construction et de gestion de logements sociaux, au cours des cinq exercices précédents, ne rentrent pas dans le calcul du taux de croissance moyen visé au deuxième alinéa de l'article L. 423-14 ;

– en cas de déclaration rectificative se traduisant par un trop-versé de l'organisme, le montant correspondant est considéré comme une somme à valoir sur son prélèvement de l'année suivante.

SECTION VI FONDS NATIONAL D'ACCOMPAGNEMENT VERS ET DANS LE LOGEMENT

(Décr. nº 2012-415 du 23 mars 2012, art. 2)

Art. R. 452-37 La caisse de garantie du logement locatif social assure la gestion financière du Fonds national d'accompagnement vers et dans le logement et le secrétariat du comité de gestion du fonds dans les conditions fixées par une convention passée entre le ministre chargé du logement, le ministre chargé de la lutte contre la précarité et l'exclusion et la caisse de garantie du logement locatif social.

Pour la gestion financière du Fonds national d'accompagnement vers et dans le logement, la caisse de garantie du logement locatif social agit au nom et pour le compte de l'État. Elle ouvre un compte de dépôt de fonds au Trésor public.

La caisse adresse au président du comité de gestion tous documents et justificatifs afférents à la gestion du fonds dans les conditions fixées par la convention mentionnée au premier alinéa.

CHAPITRE III GARANTIE DES OPÉRATIONS D'ACCESSION À LA PROPRIÉTÉ

(Décr. nº 2003-537 du 20 juin 2003)

NDLR. *Les dispositions du Décr. nº 2003-537 du 20 juin 2003 s'appliquent aux risques encourus par les organismes d'habitations à loyer modéré au titre des opérations de promotion et de vente d'immeubles lorsque sont intervenus après le 1er juill. 2003, soit la décision d'affecter le terrain à une de ces opérations ; soit l'achat du terrain, sauf dans le cas où une délibération de l'autorité compétente autorisant l'achat du terrain en fonction d'un programme déterminé et de conditions économiques précises est intervenue avant cette date ; soit la constitution de droits réels immobiliers tels les droits de construire ou les baux à statut particulier (Décr. préc., art. 3).*

Art. R. 453-1 La convention de garantie, prévue à l'article L. 453-1, couvre exclusivement les risques financiers encourus par l'organisme d'habitations à loyer modéré dans les opérations de promotion et de vente d'immeubles d'habitation, pouvant comporter à titre accessoire des locaux commerciaux ou professionnels, effectués directement par lui ou indirectement par le biais de sociétés civiles constituées sous son égide, portant sur :

– la vente d'immeubles à construire ;

– la vente d'immeubles neufs achevés ;

– l'acquisition d'immeubles en vue de leur revente après réalisation de travaux d'amélioration ;

– la vente de parts de sociétés constituées en vue de l'attribution d'immeubles aux associés par fractions divises et de parts de sociétés civiles coopératives de construction ;

– la location-accession d'immeubles neufs achevés ou en construction.

La convention de garantie ne couvre pas les risques financiers encourus dans les opérations de vente de locaux commerciaux ou professionnels, accessoires à des programmes de logements locatifs.

Art. R. 453-2 La convention de garantie fixe l'encours maximum prévisionnel de production en accession à la propriété de l'organisme d'habitations à loyer modéré à garantir. L'encours de production en accession s'entend comme la somme du prix d'achat des terrains majoré des frais annexes y afférents pour les opérations non encore lancées par ordre de service et du prix de revient des opérations lancées par ordre de service, déduction faite du montant des ventes effectuées par acte notarié et de 80 % du montant des réservations signées n'ayant pas encore donné lieu à un acte de vente. L'ensemble des montants est considéré hors taxes.

Pour la location-accession, le pourcentage prévu à l'alinéa précédent est égal à 95 % et s'applique pendant la période préalable à la levée de l'option, au montant du prix de vente mentionné dans le contrat régi par l'article 5 de la loi nº 84-595 du 12 juillet 1984 définissant la location-accession à la propriété immobilière. *(Décr. nº 2004-1276 du 26 nov. 2004, art. 1er)* « Toutefois, les opérations de location-accession bénéficiant de la décision d'agrément mentionnée au I de l'article R. 331-76-5-1 ne sont intégrées dans l'encours de production que jusqu'à l'obtention du prêt mentionné au I de l'article R. 331-76-5-1, et uniquement à hauteur du prix d'achat du terrain majoré des frais annexes y afférents. »

Pour les opérations menées dans le cadre de sociétés civiles l'engagement de l'organisme est calculé au prorata de ses parts dans la société et s'applique dans les mêmes conditions qu'aux paragraphes précédents.

Art. R. 453-3 La convention de garantie fixe pour la durée de son application les conditions d'engagement de la société de garantie au vu :

– des fonds propres de l'organisme d'habitations à loyer modéré, venant en couverture de l'activité de vente mentionnée au premier alinéa de l'article L. 453-1, qui ne peuvent être inférieurs à 20 % de l'encours de production en accession défini à l'article R. 453-2 ;

– et de la perte sur fonds propres qui s'apprécie en fonction du résultat cumulé de l'organisme sur les cinq derniers exercices comptables relatifs à l'activité de vente susmentionnée.

Pour l'application de l'art. R. 453-3, le résultat cumulé de l'organisme est effectué, pour les années 2003 à 2007, à partir de l'exercice clos le 31 déc. 2003 (Décr. n° 2003-537 du 20 juin 2003, art. 2).

Art. R. 453-4 I. – La convention de garantie fixe le seuil déclenchant la mise en œuvre de la garantie, ce seuil ne pouvant être inférieur à 50 % des fonds propres moyens sur les cinq dernières années venant en couverture de l'activité de vente. Lorsque l'activité de l'organisme est susceptible de présenter des risques spécifiques, la convention indique le seuil majoré déterminé par le conseil d'administration de la société de garantie selon des critères qu'il définit. – *Pour l'application de l'art. R. 453-4-I, le résultat cumulé de l'organisme est effectué, pour les années 2003 à 2007, à partir de l'exercice clos le 31 déc. 2003 (Décr. n° 2003-537 du 20 juin 2003, art. 2).*

II. – La convention de garantie prévoit les conditions dans lesquelles la société de garantie verse, après constat de la perte sur fonds propres et lorsque celle-ci dépasse le seuil de versement défini au I, une fraction de cette perte comprise dans les limites fixées à l'article L. 453-1.

Art. R. 453-5 La convention de garantie indique les modalités de versement du concours, ainsi que, le cas échéant, de son remboursement, dans des conditions déterminées par le conseil d'administration de la société de garantie, lorsque l'organisme retrouve des moyens financiers suffisants.

Art. R. 453-6 La convention de garantie précise par quels moyens la société de garantie apprécie le risque ainsi que les modalités de recours à des experts. La convention précise également les modalités de communication périodique des documents, prévus au dernier alinéa de l'article L. 453-1, à la société de garantie ou aux experts précités.

La convention de garantie fixe, le cas échéant, des conditions plus restrictives d'engagement pour l'activité nouvelle, en cas de pertes apparues au compte de résultat du fait de l'activité de vente ou dans des cas spécifiques déterminés par le conseil d'administration.

Art. R. 453-7 *(Décr. n° 2007-1941 du 26 déc. 2007)* « I. – La convention de garantie ne peut avoir pour effet de porter l'engagement total de la société, pour l'ensemble des organismes garantis, à un niveau qui atteindrait plus de dix fois le montant de ses capitaux propres, auxquels, le cas échéant, s'ajoute le montant de titres subordonnés à durée indéterminée.

« L'engagement total de la société est calculé selon la formule suivante :

$$\text{maximum sur les quatre derniers trimestres de l'encours réel} \times \frac{\text{moyenne de l'encours réel sur les quatre derniers trimestres}}{\text{moyenne de l'encours réel sur quatre trimestres un an auparavant}} \times \frac{\text{encours réel au dernier trimestre}}{5 \times (\text{somme des fonds propres dédiés})}$$

« où :

« – le maximum sur les quatre derniers trimestres de l'encours réel représente la valeur maximale, observée sur les quatre derniers trimestres précédant la date du calcul, de la somme des encours réels totaux déclarés par les organismes garantis ;

« – la moyenne de l'encours réel sur les quatre derniers trimestres représente la valeur moyenne, sur les quatre derniers trimestres précédant la date du calcul, de la somme des encours réels totaux déclarés par les organismes garantis ;

« – la moyenne de l'encours réel sur quatre trimestres un an auparavant représente la valeur moyenne, sur les quatre trimestres précédant de un an la date du calcul, de la somme des encours réels totaux déclarés par les organismes garantis ;

« – l'encours réel au dernier trimestre représente la somme, au dernier trimestre, des encours réels totaux déclarés par les organismes garantis ;

« – la somme des fonds propres dédiés représente la somme, pour tous les organismes ayant signé une convention de garantie, des fonds propres, tels que définis au 2 de l'annexe au chapitre III du titre V du livre IV du code de la construction et de l'habitation.

« L'encours de production en accession est défini à l'article R. 453-2.

« L'encours réel ressort du tableau de bord périodique visé au 5 de l'annexe au chapitre III du titre V du livre IV du code de la construction et de l'habitation ; il s'entend comme la valeur du risque lié aux opérations réellement engagées par les organismes ayant signé une convention de garantie.

« Le conseil d'administration de la société délibérera sur la valeur de son risque, évalué trimestriellement. Il apportera les modifications éventuellement nécessaires aux conditions d'engagement de la garantie. »

II. – Dans le cadre de sa mission, le commissaire du Gouvernement, mentionné à l'article L. 453-1, peut se faire remettre par la société tout document ou tout rapport d'inspection interne et se faire communiquer tout renseignement nécessaire à son exercice. Il peut demander au ministre chargé du logement ou au ministre chargé des finances de procéder aux contrôles qu'il juge utiles sur la société ou sur tout établissement qui lui est affilié.

Il peut s'opposer à toute délibération engageant la société dans la mise en œuvre de sa mission de garantie et demander une seconde délibération. Il dispose, à cet effet, d'un délai d'un mois, à compter de la date du conseil d'administration ayant adopté la première délibération, pour notifier son opposition à la société. La confirmation de la décision prise en première délibération ne peut être acquise qu'à la majorité des membres composant le conseil d'administration.

Art. R. 453-8 La convention de garantie mentionnée au I de l'article L. 453-1 comprend les clauses types qui figurent en annexe au présent chapitre. – *V. Annexe 28.*

TITRE SIXIÈME ORGANISMES CONSULTATIFS

CHAPITRE UNIQUE

SECTION PREMIÈRE CONSEIL SUPÉRIEUR DES HABITATIONS À LOYER MODÉRÉ

COMMENTAIRE

Le décret no 2001-645 du 18 juillet 2001 simplifie les dispositions relatives aux organismes consultatifs en fusionnant le Conseil supérieur des HLM et le comité permanent. Par ailleurs, les domaines de consultation du Conseil sont élargis : outre les règlements à prendre pour l'application du livre IV du code de la construction et de l'habitation, il est saisi lorsqu'un texte le prévoit et en tant que de besoin.

Art. R.* 461-1 *(Décr. nº 2001-645 du 18 juill. 2001, art. 1er)* Un Conseil supérieur des habitations à loyer modéré siège auprès du ministre chargé de la construction et de l'habitation. Outre les cas où son avis doit être recueilli en application de dispositions du présent code, il peut être consulté par le ministre chaque fois que celui-ci l'estime nécessaire.

Art. R.* 461-2 *(Décr. nº 2001-645 du 18 juill. 2001, art. 1er)* Le Conseil supérieur des habitations à loyer modéré est composé comme suit :

1º Le directeur général de l'urbanisme, de l'habitat et de la construction ou son représentant ;

2º Le chef de la mission interministérielle d'inspection du logement social ou son représentant ;

3º Le directeur du Trésor ou son représentant ;

4º Le directeur général de la comptabilité publique ou son représentant ;

5º Le directeur général des collectivités locales ou son représentant ;

6º Le *(Décr. nº 2010-95 du 25 janv. 2010, art. 6)* « directeur général de la cohésion sociale » ou son représentant ;

7º Le directeur général de la Caisse des dépôts et consignations ou son représentant ;

8º Le président de la Fédération nationale des offices publics *(Décr. nº 2008-566 du 18 juin 2008)* « de l'habitat » ou son représentant ;

9º Le président de la Fédération nationale des sociétés anonymes et fondations d'habitations à loyer modéré ou son représentant ;

10º Le président de la Fédération nationale des sociétés coopératives d'habitations à loyer modéré ou son représentant ;

(Abrogé par Décr. nº 2007-1595 du 9 nov. 2007, à compter du 1er janv. 2008) ***« 11º Le président de la chambre syndicale des sociétés anonymes de crédit immobilier ou son représentant ; »***

12º Le président de l'Union nationale des fédérations d'organismes d'habitations à loyer modéré ou son représentant.

Le conseil peut, en outre, appeler à participer, avec voix consultative, à ses délibérations, toute personne dont la présence lui paraît utile à l'examen des questions soumises à l'ordre du jour.

Le conseil supérieur est placé sous la présidence du directeur général de l'urbanisme, de l'habitat et de la construction ou de son représentant. Le président a voix prépondérante en cas de partage égal des voix.

Art. R.* 461-3 *(Décr. nº 2001-645 du 18 juill. 2001, art. 1er)* Le conseil supérieur délibère valablement dès lors que la moitié de ses membres sont présents ou représentés.

Les avis du conseil supérieur sont rendus à la majorité des membres présents ou représentés.

Le secrétariat du conseil est assuré par la direction générale de l'urbanisme, de l'habitat et de la construction. Le secrétariat adresse aux membres du conseil les convocations aux réunions huit jours au moins avant la date de celles-ci, sauf urgence. Il établit le compte rendu des débats, qui est annexé aux avis.

Art. R. 461-4 à R. 461-7 *Abrogés par Décr. nº 2001-645 du 18 juill. 2001, art. 1er.*

SECTION II COMITÉS RÉGIONAUX DES HABITATIONS À LOYER MODÉRÉ

Art. R. 461-8 Il peut être créé des comités régionaux des habitations à loyer modéré dans des conditions définies par décret en Conseil d'État.

Art. R. 461-9 à R. 461-15 *Réservés.*

SECTION III COMITÉS DÉPARTEMENTAUX DES HABITATIONS À LOYER MODÉRÉ

SOUS-SECTION 1 DISPOSITIONS GÉNÉRALES – CRÉATION – RÔLE

Art. R. 461-16 à R. 461-30 *Abrogés par Décr. nº 84-702 du 30 juin 1984, art. 3. – Pour les DOM, V. art. 6 du décret (JO 24 juill.).*

TITRE SEPTIÈME DISPOSITIONS PARTICULIÈRES À CERTAINES PARTIES DU TERRITOIRE

CHAPITRE PREMIER DÉPARTEMENTS DU HAUT-RHIN, DU BAS-RHIN ET DE LA MOSELLE

Néant.

CHAPITRE II DÉPARTEMENTS D'OUTRE-MER

Art. R. 472-1 *(Décr. nº 99-836 du 22 sept. 1999, art. 3)* « Les dispositions de la section I du chapitre Ier du titre IV du présent livre sont applicables dans les départements d'outre-mer aux organismes d'habitations à loyer modéré, aux sociétés d'économie mixte constituées en application de la loi nº 46-860 du 30 avril 1946 et aux sociétés d'économie mixte locales pour les logements à usage locatif leur appartenant ou gérés par eux et construits, acquis ou améliorés avec le concours financier de l'État. Toutefois, pour l'application des dérogations aux plafonds de ressources prévues à la dernière phrase de l'article R. 441-1-1, la proportion de 65 % est celle des ménages bénéficiant de l'allocation de logement prévue à l'article L. 542-1 du code de la sécurité sociale ou de l'allocation de logement prévue à l'article L. 831-1 du même code. »

(Décr. nº 96-355 du 25 avr. 1996) « Les dispositions de la sous-section 1 de la *(Décr. nº 2009-1682 du 30 déc. 2009, art. 4)* « section III » du chapitre Ier du titre IV du présent livre sont applicables dans les départements d'outre-mer aux organismes d'habitations à loyer modéré, aux sociétés d'économie mixte constituées en application de la loi nº 46-860 du 30 avril 1946 et aux sociétés d'économie mixte locales pour les logements à usage locatif leur appartenant ou gérés par eux et construits, acquis ou améliorés avec le concours financier de l'État, à l'exception des logements prévus à l'article R. 441-31. »

Art. R. 472-2 *(Décr. nº 96-1163 du 26 déc. 1996)* Les dispositions de la section III du chapitre II du titre IV du présent livre sont applicables dans les départements d'outre-mer aux organismes d'habitations à loyer modéré, aux sociétés d'économie mixte constituées en application de la loi nº 46-860 du 30 avril 1946 et aux sociétés d'économie mixte locales pour les logements à usage locatif leur appartenant ou gérés par eux et construits, acquis ou améliorés avec le concours financier de l'État.

Art. R.* 472-2-1 *(Décr. nº 2009-98 du 26 janv. 2009)* Les dispositions de la section I *bis* du chapitre III du titre IV du présent livre sont applicables dans les départements d'outre-mer aux sociétés d'économie mixte pour les logements à usage locatif leur appartenant et construits, acquis ou améliorés avec le concours financier de l'État.

Pour l'application de l'article R. 443-9-1, le bail dont bénéficie l'associé locataire est soumis au régime applicable aux locataires des logements mentionnés au premier alinéa.

Art. R.* 472-3 *(Décr. nº 2007-316 du 8 mars 2007)* Les dispositions du chapitre V du titre IV du présent livre sont applicables dans les départements d'outre-mer aux organismes d'habitations à loyer modéré, aux sociétés d'économie mixte constituées en application de la loi nº 46-860 du 30 avril 1946 tendant à l'établissement, au financement et à l'exécution de plans d'équipement et de développement des territoires relevant du ministère de la France d'outre-mer et aux sociétés d'économie mixte locales, pour les logements à usage locatif leur appartenant et construits, acquis ou améliorés avec le concours financier de l'État.

Pour l'application de ces dispositions :

— la surface utile est la surface financée définie par l'arrêté prévu à l'article R. 372-2 déterminant les caractéristiques techniques à respecter pour bénéficier des subventions de l'État ;

— aux articles R. 445-7, R. 445-8 et R. 445-10, les références aux plafonds de ressources prévus au premier alinéa de l'article R. 331-12 sont remplacées par les références aux plafonds prévus au premier alinéa de l'article R. 372-7. La référence à 60 % de ces plafonds est remplacée par les plafonds de ressources prévus au deuxième alinéa de l'article R. 372-7 ;

— les arrêtés mentionnés aux articles R. 445-9 et R. 445-10 applicables dans les départements d'outre-mer et fixant des plafonds de loyer sont signés conjointement par les ministres chargés de l'outre-mer, de l'économie et des finances, et du logement.

Les dispositions du Décr. nº 2007-316 du 8 mars 2007 peuvent être modifiées par décret en Conseil d'État (Décr. préc., art. 5).

Art. R. 472-4 *(Décr. nº 2010-58 du 15 janv. 2010, art. 2)* Les plafonds de loyers et de ressources mentionnés au 2º du 1 de l'article L. 472-1-9 sont ceux fixés aux I et II de l'article 46 AG *sexdecies* de l'annexe III au code général des impôts.

TITRE HUITIÈME DISPOSITIONS PARTICULIÈRES AUX SOCIÉTÉS D'ÉCONOMIE MIXTE DE CONSTRUCTION ET DE GESTION DE LOGEMENTS SOCIAUX *(Décr. nº 2009-1686 du 30 déc. 2009, art. 12).*

Art. R. 481-1 *(Décr. nº 92-726 du 29 juill. 1992, art. 20)* Dans les sociétés d'économie mixte gérant des logements faisant l'objet de conventions régies par le chapitre III du titre V du livre III du présent code, la commission prévue à l'article *(Décr. nº 99-836 du 22 sept. 1999, art. 4)* « L. 441-2 », qui attribue nominativement chacun de ces logements lorsqu'ils sont mis ou remis en location, est composée et fonctionne conformément à l'article *(Décr. nº 99-836 du 22 sept. 1999, art. 4)* « R. 441-9 ».

Art. R. 481-2 *(Décr. nº 92-726 du 29 juill. 1992, art. 21)* Pour les sociétés d'économie mixte gérant des logements faisant l'objet de conventions régies par le chapitre III du titre V du livre III du présent code, les dispositions de la section 1 du chapitre Ier du titre IV du présent livre se substituent, en ce qui concerne ces logements conventionnés, aux dispositions ayant le même objet de la section III du chapitre III du titre V du livre III du présent code (deuxième partie).

Art. R. 481-3 *(Décr. nº 93-746 du 27 mars 1993, art. 10)* Les contrats des sociétés d'économie mixte de construction et de gestion de logements sociaux sont soumis aux dispositions des articles R. 433-5 à R. 433-23, dans les conditions fixées par ces articles.

Art. R. 481-4 *(Décr. nº 96-355 du 25 avr. 1996, art. 3)* Les dispositions de la sous-section 1 de la *(Décr. nº 2009-1682 du 30 déc. 2009, art. 4)* « section III » du chapitre Ier du titre IV du présent livre sont applicables aux sociétés d'économie mixte, pour les logements à usage locatif leur appartenant et ouvrant droit à l'aide personnalisée au logement en application des 2º et 3º de l'article L. 351-2, à l'exception des logements prévus à l'article R. 441-31.

Art. R. 481-5 *Abrogé par Décr. nº 2008-825 du 21 août 2008, à compter du 1er janv. 2009.*

Art. R.* 481-5-1 *(Décr. nº 2007-316 du 8 mars 2007)* Les dispositions du chapitre V du titre IV du présent livre sont applicables aux sociétés d'économie mixte, pour les logements à usage locatif leur appartenant et ouvrant droit à l'aide personnalisée au logement, en application des 2º et 3º de l'article L. 351-2.

Les dispositions du Décr. nº 2007-316 du 8 mars 2007 peuvent être modifiées par décret en Conseil d'État (Décr. préc., art. 5).

Art. D. 481-5-2 *(Décr. nº 2009-1687 du 30 déc. 2009, art. 3)* Tout mandat de gérance de logements qu'accepte une société d'économie mixte de construction et de gestion de logements sociaux est écrit.

Le mandat précise notamment :

1º Le ou les immeubles à usage d'habitation sur lesquels porte le mandat ;

2º La durée du mandat et les conditions de sa résiliation éventuelle ;

3º Les pouvoirs de la société mandataire ;

4º Lorsqu'il entre dans les pouvoirs de la société mandataire de recouvrer des recettes ou de procéder à des dépenses :

a) Les conditions dans lesquelles les fonds nécessaires aux dépenses sont mis à disposition de la société mandataire ;

b) Les conditions dans lesquelles les sommes encaissées par la société mandataire pour le compte du mandant sont reversées à ce dernier ;

c) Dans le cas où le mandant est doté d'un comptable public, le plafond du montant de l'avance permanente dont peut disposer la société mandataire ;

5º La rémunération de la société mandataire et ses modalités de règlement par le mandant ;

6º La périodicité trimestrielle ou semestrielle de la reddition des comptes et ses modalités.

Art. D. 481-5-3 *(Décr. nº 2009-1687 du 30 déc. 2009, art. 3)* Avant l'exécution du mandat, la société mandataire souscrit une assurance couvrant les conséquences pécuniaires de la responsabilité civile qu'elle peut encourir en raison des actes qu'elle accomplit au titre du mandat.

Art. D. 481-5-4 *(Décr. nº 2009-1687 du 30 déc. 2009, art. 3)* Dans tous les documents qu'elle établit au titre du mandat, la société mandataire fait figurer la dénomination du mandant et la mention qu'elle agit au nom et pour le compte de ce dernier.

Art. D. 481-5-5 *(Décr. nº 2009-1687 du 30 déc. 2009, art. 3)* Lorsqu'il entre dans les pouvoirs de la société mandataire de recouvrer des recettes ou de procéder à des dépenses au nom et pour le compte du mandant, elle tient une comptabilité séparée retraçant l'intégralité des produits et charges constatés et des mouvements de caisse opérés au titre du mandat.

Le mandant met à la disposition de la société mandataire les fonds nécessaires aux dépenses. La société mandataire ne peut en faire l'avance, sauf cas d'urgence.

Art. D. 481-5-6 *(Décr. nº 2009-1687 du 30 déc. 2009, art. 3)* Lorsqu'il entre dans les pouvoirs de la société mandataire de détenir des fonds appartenant au mandant, elle dépose sans délai l'intégralité de ces fonds sur un compte exclusivement réservé aux opérations du mandat.

Art. D. 481-5-7 *(Décr. nº 2009-1687 du 30 déc. 2009, art. 3)* Lorsque le mandant est doté d'un comptable public, s'appliquent les dispositions suivantes :

I. — Le comptable public du mandant est consulté sur le projet de mandat. A l'expiration d'un délai d'un mois il est réputé avoir donné son avis. Le mandant lui transmet l'ampliation du mandat dès sa conclusion.

II. — Lorsque la société mandataire est tenue d'ouvrir le compte mentionné à l'article R. 481-5-6, le compte est ouvert auprès de l'État, de la Caisse des dépôts et consignations, de la Banque de France ou auprès d'un établissement de crédit ayant obtenu un agrément en vertu des dispositions applicables dans les États membres de la Communauté européenne ou les autres États parties à l'accord sur l'Espace économique européen.

III. — Lorsque le mandat stipule que la société mandataire dispose d'une avance permanente, l'ordonnateur du mandant fixe le montant de cette avance dans la limite du plafond prévu par le mandat.

IV. — Lorsqu'il entre dans les pouvoirs de la société mandataire de poursuivre l'exécution forcée et de pratiquer les mesures conservatoires au nom et pour le compte du mandant, la société mandataire ne peut se prévaloir d'un titre exécutoire émis par le mandant. Elle en poursuit l'exécution forcée selon les règles du droit commun applicable en la matière, en se munissant de l'un des titres exécutoires mentionnés aux 1º à 5º de l'article 3 de la loi nº 91-650 du 9 juillet 1991 portant réforme des procédures civiles d'exécution. — *V. **C. pr. civ.***

V. — Lorsqu'il entre dans les pouvoirs de la société mandataire de recouvrer des recettes ou de procéder à des dépenses, la reddition des comptes intervient dans des délais permettant au comptable public du mandant de produire son compte financier.

La reddition des comptes retrace la totalité des opérations de dépenses et de recettes décrites par nature sans contraction entre elles ainsi que la totalité des opérations de trésorerie par nature. Elle comporte en outre :

1º La balance générale des comptes arrêtée à la date de la reddition ;

2º Les états de développement des soldes certifiés par la société mandataire conformes à la balance générale des comptes ;

3º La situation de trésorerie de la période ;

4º L'état des créances demeurées impayées établies par débiteur et par nature de produit. Pour chaque créance impayée, le mandataire précise, le cas échéant, les relances qu'il a accomplies et les poursuites qu'il a diligentées ;

5º Les pièces justificatives des opérations retracées dans la reddition des comptes. Pour les dépenses, ces pièces justificatives, reconnues exactes par la société mandataire, sont celles prévues dans la liste mentionnée à l'article D. 1617-19 du code général des collectivités territoriales et figurant en annexe I à ce code. Pour les recettes, la société mandataire produit les pièces autorisant leur perception et établissant la liquidation des droits. Elle justifie, le cas échéant, leur caractère irrécouvrable au regard des diligences qu'elle a accomplies.

Art. D. 481-5-8 *(Décr. nº 2009-1687 du 30 déc. 2009, art. 3)* Lorsque les dispositions du code des marchés publics sont applicables aux contrats du mandant et qu'il entre dans les pouvoirs de la société mandataire de passer des marchés publics au nom et pour le compte du mandant, la personne représentant le pouvoir adjudicateur est la personne désignée à cet effet par le mandataire ou, à défaut, le représentant légal du mandataire.

Cette personne peut, sous sa responsabilité, déléguer sa signature à des personnes placées sous son autorité.

Art. R.* 481-6 *(Décr. n° 2002-1158 du 13 sept. 2002, art. 10)* Le conseil d'administration ou le conseil de surveillance des sociétés d'économie mixte gérant des logements sociaux comprend au moins un représentant des locataires, lorsque cette société gère moins de 300 logements sociaux, et au moins deux représentants des locataires dans les autres cas.

Sont électeurs et éligibles les personnes visées aux 1° et 2° de l'article R. 422-2-1, aux conditions prévues par ces dispositions, dès lors qu'elles occupent :

– un logement faisant l'objet des conventions régies par le chapitre III du titre V du livre III du présent code ;

– un logement construit, acquis ou amélioré avec le concours financier de l'État, dans les départements d'outre-mer, pour les sociétés d'économie mixte visées à l'article L. 472-1-1 et pour les sociétés d'économie mixte locales.

(Décr. n° 2004-641 du 1er juill. 2004, art. 9) « Le ou les représentants des locataires sont élus pour quatre ans dans les conditions prévues aux 3° et 4° de l'article R. 422-2-1 sous réserve des dispositions suivantes. Chaque liste comprend un nombre de candidats double du nombre des sièges à pourvoir. Les représentants des locataires siègent au conseil d'administration ou de surveillance à compter de la proclamation du résultat des élections.

« En cas d'empêchement pour une durée de plus de trois mois et après en avoir informé le président du conseil d'administration ou de surveillance, un représentant des locataires peut se faire remplacer, pendant la durée de l'empêchement et pendant un an au plus, par une personne figurant sur la même liste. La perte de la qualité de locataire met un terme aux fonctions du représentant des locataires, qui est immédiatement remplacé dans les conditions fixées au 4° du même article R. 422-2-1. »

Les dispositions issues du Décr. n° 2004-641 du 1er juill. 2004 peuvent être modifiées par décret en Conseil d'État (Décr. préc., art. 13).

Les élections prévues à l'art. 10 du Décr. n° 2002-1158 auront lieu pour la première fois à partir du 1er janv. 2003 (Décr. préc., art. 11).

Art. R.* 481-7 *(Décr. n° 2008-55 du 16 janv. 2008)* Les dispositions de l'article R. 443-2 sont applicables aux sociétés d'économie mixte pour les opérations d'accession sociale qu'elles réalisent dans le cadre du service d'intérêt général défini au neuvième alinéa de l'article L. 411-2.

Art. R.* 481-8 *(Décr. n° 2009-98 du 26 janv. 2009)* Les dispositions de la section I *bis* du chapitre III du titre IV du présent livre sont applicables aux sociétés d'économie mixte pour les logements faisant l'objet de conventions régies par le chapitre III du titre V du livre III.

Art. R. 481-8-1 *(Décr. n° 2009-1686 du 30 déc. 2009, art. 8)* I. – Les dispositions de la sous-section 1 de la section 2 du chapitre III du titre IV du livre IV, sont, à l'exception de l'article R. 443-12-1, applicables :

1° Aux logements locatifs acquis par les sociétés d'économie mixte d'un organisme d'habitations à loyer modéré ;

2° Aux logements locatifs faisant l'objet des conventions conclues en application de l'article L. 351-2 ;

3° Dans les départements d'outre-mer et à Saint Martin *[Saint-Martin]*, aux logements locatifs sociaux des sociétés d'économie mixte construits, acquis ou améliorés à l'aide de prêts aidés par l'État.

II. – Lorsqu'une société d'économie mixte met en vente, en application de l'article L. 443-15-2, un logement conventionné vacant ou, s'il est situé dans un département

d'outre-mer ou à Saint Martin *[Saint-Martin]*, **un logement social vacant, les modalités de publicité de la vente sont celles prévues à l'article R. 443-12.**

Art. R. 481-8-2 *(Décr. nº 2009-1686 du 30 déc. 2009, art. 8)* **I. – Les dispositions des articles R. 443-18, R. 443-19, R. 443-20, des I et II de l'article R. 443-21 21** *[R. 443-21]* **et de l'article R. 443-22 sont applicables à la vente par une société d'économie mixte d'un logement-foyer faisant l'objet d'une convention conclue en application de l'article L. 351-2 sur le territoire métropolitain.**

II. – Les dispositions des articles R. 443-18, R. 443-19, R. 443-20, du III de l'article R. 443-21 21 *[R. 443-21]* **et de l'article R. 443-22 sont applicables à la vente par une société d'économie mixte d'un logement-foyer acquis ou améliorés à l'aide de subventions de l'État ou de prêts aidés par l'État dans un département d'outre-mer ou à Saint-Martin.**

III. – Les montants maximaux de redevance définis en application des II et III de l'article R. 443-21 sont révisés chaque année au 1er janvier conformément au mode de calcul prévu à l'article L. 353-9-2.

Art. R. 481-9 *(Décr. nº 2009-984 du 20 août 2009)* **Les personnes présentant une perte d'autonomie physique ou psychique au sens de l'article L. 482-1 sont les personnes définies à l'article R. 442-3-1.**

Art. R.* 481-10 *(Décr. nº 2009-1141 du 22 sept. 2009)* **L'aide à la mobilité prévue aux articles L. 482-1 et L. 482-2 répond aux caractéristiques définies à l'article R. 442-3-2.**

Art. R.* 481-11 *(Décr. nº 2009-1517 du 8 déc. 2009)* **Les zones géographiques mentionnées au I de l'article L. 482-3 sont celles définies à l'article R.* 442-3-3.**

Art. R.* 481-12 *(Décr. nº 2009-1438 du 23 nov. 2009)* **Les dispositions de la section V du chapitre II du titre IV du livre IV sont applicables aux sociétés d'économie mixte pour les logements faisant l'objet de convention***[s]* **régies par l'article L. 351-2.**

Art. R.* 481-13 *(Décr. nº 2010-1392 du 12 nov. 2010)* **Les dispositions de l'article R.* 442-3-4 sont applicables aux sociétés d'économie mixte pour les logements faisant l'objet de conventions régies par le chapitre III du titre V du livre III.**

TITRE NEUVIÈME DISPOSITIONS PARTICULIÈRES RELATIVES AU MAINTIEN DU CARACTÈRE DE LOGEMENT SOCIAL

(Décr. nº 2002-995 du 9 juill. 2002)

CHAPITRE UNIQUE

COMMENTAIRE

Le décret nº 2002-995 du 9 juillet 2002 précise, en application des articles L. 411-3 et L. 411-4 du code de la construction et de l'habitation, les conditions dans lesquelles les logements vendus par les organismes d'HLM conservent leur dimension sociale. Il indique également la façon dont les logements locatifs sociaux appartenant aux sociétés d'économie mixte (SEM) conservent leur caractère social après l'expiration de la convention ouvrant droit à l'APL dont ils faisaient l'objet.

Art. R.* 491-1 Les logements auxquels s'appliquent les dispositions de l'article L. 411-3 ne sont donnés en location qu'à des personnes dont les ressources n'excèdent pas le plafond en vigueur au 1er janvier de l'année de la cession de ces logements par l'organisme d'habitation à loyer modéré, ce plafond étant actualisé conformément aux règles qui auraient été applicables si ces logements n'avaient pas été cédés.

Art. R.* 491-2 Dans les logements auxquels s'appliquent les dispositions de l'article L. 411-3, le loyer ne peut excéder le montant maximum en vigueur dans ces logements à la date de leur cession par l'organisme d'habitations à loyer modéré ou à la date d'expiration de la convention, si le logement faisait l'objet lors de sa cession d'une convention conclue en application de l'article L. 351-2.

Art. R.* 491-3 Les logements auxquels s'appliquent les dispositions de l'article L. 411-4 ne sont donnés en location qu'à des personnes dont les ressources n'excèdent pas le plafond en vigueur à la date d'expiration de la convention conclue en application de l'article L. 351-2, ce plafond étant actualisé conformément aux règles qui auraient été applicables si ces logements étaient demeurés conventionnés.

Art. R.* 491-4 Dans les logements auxquels s'appliquent les dispositions de l'article L. 411-4, le loyer ne peut excéder le montant maximum résultant des clauses de la convention conclue en application de l'article L. 351-2 à la date de son expiration.

Art. R. 491-5 *(Décr. nº 2009-1686 du 30 déc. 2009, art. 13)* Le montant maximum de loyer prévu aux articles R. 491-2 et R. 491-4 est actualisé au 1er janvier de chaque année conformément au mode de calcul prévu à l'article L. 353-9-2.

Art. R.* 491-6 Dans les logements mentionnés aux articles L. 411-3 et L. 411-4, les baux successifs mentionnent la date de cession par l'organisme d'habitation à loyer modéré ou la date d'expiration de la convention justifiant l'assujettissement du logement aux dispositions de ces articles, le montant du loyer maximum déterminé en application des articles R. 491-2, R. 491-4 et R. 491-5, ainsi que les modalités de son actualisation.

LIVRE CINQUIÈME BÂTIMENTS MENAÇANT RUINE ET BÂTIMENTS INSALUBRES

TITRE PREMIER BÂTIMENTS MENAÇANT RUINE

BIBL. ► V. *bibliographie figurant au-dessus de l'art. L. 511-1.*

CHAPITRE UNIQUE

COMMENTAIRE

Le décret nº 2006-1359 du 8 novembre 2006 a été pris en application de l'ordonnance du 15 décembre 2005 relative à la lutte contre l'habitat insalubre ou dangereux. Il définit, concernant les « bâtiments menaçant ruine », trois sections.

La section I précise les modalités de la procédure contradictoire instituée, prévoit la coordination des arrêtés de péril avec les législations relatives à la protection du patrimoine et des sites et indique le contenu des frais mis à la charge des propriétaires lorsque, du fait de leur défaillance, le maire a dû faire exécuter les travaux d'office.

La section II est relative aux immeubles en copropriété. Elle définit les modalités de notification des arrêtés de péril lorsqu'ils intéressent les seules parties communes d'un immeuble en copropriété, les modalités de substitution aux copropriétaires défaillants et les conditions dans lesquelles la commune peut faire valoir le privilège immobilier spécial dont elle bénéficie.

Enfin la section III renvoie à un arrêté interministériel pour le détail d'un certain nombre de formalités. □

SECTION PREMIÈRE DISPOSITIONS GÉNÉRALES

(Décr. nº 2006-1359 du 8 nov. 2006, art. 1er)

Art. R. 511-1 **Lorsque les désordres affectant des murs, bâtiments ou édifices sont susceptibles de justifier le recours à la procédure prévue à l'article L. 511-2, le maire en informe, en joignant tous éléments utiles en sa possession, le propriétaire et les titulaires de droits réels immobiliers et les invite à présenter leurs observations dans un délai qu'il fixe et qui ne peut être inférieur à un mois.**

Le maire est réputé avoir satisfait à cette obligation lorsqu'il a informé les propriétaires et titulaires de droits réels immobiliers tels qu'ils figurent au fichier immobilier de la conservation des hypothèques ou au livre foncier.

Ancien art. R. 511-1 *Dans le cas prévu par l'article L. 511-1, l'arrêté du maire prescrivant la réparation ou la démolition d'un bâtiment menaçant ruine et les rapports d'experts nommés comme il est dit à l'article L. 511-2, sont transmis immédiatement au tribunal administratif. Dans les huit jours qui suivent le dépôt au greffe, le tribunal, s'il y a désaccord entre les deux experts, désigne un homme de l'art pour procéder à la même opération.*

Dans le cas d'une constatation unique, le tribunal administratif peut ordonner telles vérifications qu'il croit nécessaires.

Notification de la décision du tribunal est faite au propriétaire par la voie administrative.

Recours contre la décision peut être porté devant le Conseil d'État.

1. Transmission de l'arrêté du maire. Est régulière la saisine du tribunal effectuée plusieurs mois après la date de l'arrêté de péril. • CE 3 mai 1967, *Pétrone : Lebon T. 720* ✐. ♦ La circonstance que le maire ait transmis au tribunal administratif l'arrêté de péril non imminent sans attendre la date fixée pour l'expertise n'est pas de nature à avoir vicié la procédure dès lors qu'à la date où le tribunal a statué, il disposait du rapport d'expertise établi par l'expert de la commune ainsi d'ailleurs que du rapport établi contradictoirement. • CAA Paris, 25 mai 2000, *Lefebvre : req. nº 97PA02377.* ♦ Le maire est compétent pour transmettre l'arrêté de péril au tribunal jusqu'à l'installation de son successeur. • CAA Nancy, 9 mai 1990, *Kleinclauss : req. nº 89NC01359.* ♦ Lorsqu'en application de ces dispositions le maire transmet au tribunal administratif un arrêté de péril, demandant ainsi au tribunal d'homologuer cet arrêté, il doit être regardé comme présentant une requête au sens du code des tribunaux administratifs et des cours administratives d'appel. L'enregistrement de l'arrêté au greffe du tribunal administratif doit donc donner lieu au versement par la commune du droit de timbre. • CE 28 sept. 1994, *Maire de la Cne de Laneuvelle*, req. nº 158924 : *Lebon 416* ✐ *; RFDA 1995. 1112, concl. Abraham* ✐.

2. Nouvelle expertise ordonnée par le tribunal. Si, lorsqu'il est saisi d'un litige relatif à un arrêté de péril, le tribunal administratif peut toujours, s'il le juge utile, ordonner une nouvelle expertise, il n'est tenu de prescrire une telle mesure d'instruction qu'au cas où, le propriétaire ayant usé de la faculté de désigner, dans le délai qui lui est imparti par la sommation jointe à la notification de l'arrêté, un expert chargé de procéder contradictoirement avec l'expert de l'administration à la constatation de l'état du bâtiment, les deux experts ont déposé des rapports faisant apparaître un désaccord. • CE 12 juin 1989, *Latchague*, req. nº 78512 : *Lebon T. 819* ✐. ♦ En estimant que l'accord entre les experts sur le constat des désordres et sur la nature des solutions alternatives susceptibles d'y mettre fin, et non sur les mesures à ordonner pour remédier à l'état de péril constaté, valait accord au sens des dispositions de l'art. R. 511-1 le juge commet une erreur de droit. En raison du désaccord entre l'expert du propriétaire qui préconisait la consolidation de l'immeuble frappé par l'arrêté de péril et celui désigné par l'administration qui estimait préférable sa démolition, le tribunal doit prescrire une nouvelle expertise. • CE 21 avr. 2000, *Nghiem,* req. nº 198360 : *Lebon T. 857* ✐.

3. Notification de la décision du tribunal. Le défaut de mention des délais et voies de recours dans la notification de la décision du tribunal n'a pas pour effet de rendre inopposable ledélai contentieux de deux mois. • CAA Nantes, 10 mars 2000, *Lavaud : req. nº 97NT01890.* ♦ La notification de la décision par laquelle un tribunal homologue un arrêté de péril doit être regardée comme une signification au sens de l'art. R. 226 C. trib. adm. relatif à la tierce opposition. • CAA Paris, 11 déc. 1997, *Iggui : req. nº 96PA02098.*

Art. R. 511-2 Avant d'ordonner la réparation ou la démolition d'un immeuble menaçant ruine en application de l'article L. 511-2, le maire sollicite l'avis de l'architecte des Bâtiments de France dans les cas où cet immeuble est :

1º Soit inscrit au titre des monuments historiques en application de l'article L. 621-25 du code du patrimoine ;

2º Soit situé dans le champ de visibilité d'un immeuble classé ou inscrit au sens de l'article L. 621-2 du même code ;

3º Soit situé dans une zone de protection créée conformément aux articles L. 642-1 et L. 642-2 du même code ;

4º Soit protégé au titre des articles L. 341-1, L. 341-2 ou L. 341-7 du code de l'environnement.

L'avis est réputé émis en l'absence de réponse dans le délai de quinze jours.

Dans les mêmes cas, lorsque le maire fait application de la procédure prévue à l'article L. 511-3, il en informe l'architecte des Bâtiments de France en même temps qu'il adresse l'avertissement au propriétaire.

Art. R. 511-2-1 *(Décr. nº 2007-1327 du 11 sept. 2007, art. 5, en vigueur le 1er oct. 2007)* Dans un secteur sauvegardé créé en application de l'article L. 313-1 du code de l'urbanisme, l'arrêté du maire prescrivant la réparation ou la démolition du bâtiment menaçant ruine ne peut être pris qu'après avis de l'architecte des Bâtiments de France. Cet avis est réputé délivré en l'absence de réponse dans le délai de huit jours.

L'architecte des Bâtiments de France est invité à assister à l'expertise prévue à l'article L. 511-2.

Si la procédure de péril a été engagée avant la délimitation du secteur sauvegardé, l'architecte des Bâtiments de France est informé de l'état de la procédure et invité à assister à l'expertise si celle-ci n'a pas encore eu lieu.

En cas de péril imminent donnant lieu à application de la procédure prévue à l'article L. 511-3, le maire en informe l'architecte des Bâtiments de France en même temps qu'il adresse l'avertissement au propriétaire.

Art. R. 511-3 L'arrêté de péril pris en application de l'article L. 511-2 est assorti d'un délai d'exécution qui ne peut être inférieur à un mois.

Art. R. 511-4 Les arrêtés pris en application des articles L. 511-2 et L. 511-3 ainsi que ceux qui constatent la cessation du péril et prononcent la mainlevée de l'interdiction d'habiter sont, sans préjudice de la transmission prévue par l'article L. 2131-1 du code général des collectivités territoriales, communiqués au président de l'établissement public de coopération intercommunale compétent en matière d'habitat, aux organismes payeurs des aides personnelles au logement ainsi qu'au gestionnaire du fonds de solidarité pour le logement du département lorsque le bâtiment menaçant ruine est à usage total ou partiel d'habitation.

Art. R. 511-5 La créance de la commune sur les propriétaires ou exploitants née de l'exécution d'office des travaux prescrits en application des articles L. 511-2 et L. 511-3 comprend le coût de l'ensemble des mesures que cette exécution a rendu nécessaires, notamment celui des travaux destinés à assurer la sécurité de l'ouvrage ou celle des bâtiments mitoyens, les frais exposés par la commune agissant en qualité de maître d'ouvrage public et, le cas échéant, la rémunération de l'expert nommé par le juge administratif.

SECTION II DISPOSITIONS PARTICULIÈRES AUX BÂTIMENTS EN COPROPRIÉTÉ

(Décr. no 2006-1359 du 8 nov. 2006, art. 1er)

Art. R. 511-6 Lorsque des désordres affectant les seules parties communes d'un immeuble en copropriété sont susceptibles de justifier le recours à la procédure prévue à l'article L. 511-2, l'information prévue par l'article R. 511-1 est faite au syndicat des copropriétaires pris en la personne du syndic, qui la transmet aux copropriétaires dans un délai qui ne peut excéder vingt et un jours.

Le syndic dispose alors, pour présenter des observations, d'un délai qui ne peut être inférieur à deux mois à compter de la date à laquelle il a reçu l'information faite par le maire.

Art. R. 511-7 Lorsque l'arrêté de péril concerne les parties communes d'un immeuble en copropriété et n'a pas été exécuté dans le délai fixé, la mise en demeure prévue par le IV de l'article L. 511-2 est adressée au syndicat des copropriétaires, pris en la personne du syndic de copropriété qui, dans le délai de vingt et un jours à compter de la réception, la transmet à tous les copropriétaires.

Art. R. 511-8 Lorsque l'inexécution de l'arrêté de péril résulte de la défaillance de certains copropriétaires, le syndic en informe le maire en lui indiquant les démarches entreprises pour faire réaliser les travaux prescrits et en lui fournissant une attestation de défaillance. — *V. Arr. 3 mai 2007 (JO 12 mai).*

Sont réputés défaillants au sens de l'alinéa précédent les copropriétaires qui, après avoir été mis en demeure de le faire par le syndic, n'ont pas répondu ou n'ont répondu que partiellement aux appels de fonds destinés à financer les travaux prescrits dans le délai de quinze jours à compter de la sommation de payer.

Art. R. 511-9 La commune dispose d'un délai d'un mois pour décider de se substituer aux copropriétaires défaillants. En ce cas, sa décision est notifiée par le maire au syndicat des copropriétaires, pris en la personne du syndic, ainsi qu'aux copropriétaires défaillants, auxquels sont notifiées les sommes versées pour leur compte.

Lorsque tous les copropriétaires sont défaillants, la commune ne peut recourir à la procédure de substitution.

Art. R. 511-10 Lorsque la commune a recouvré la totalité de la créance qu'elle détient sur un copropriétaire défaillant auquel elle s'est substituée, elle en informe le syndic de copropriété. A défaut, lorsqu'un lot appartenant à un copropriétaire défaillant fait l'objet d'une mutation, le syndic notifie sans délai cette mutation à la commune afin de lui permettre de faire valoir ses droits auprès du notaire qui en est chargé.

SECTION III AUTRES DISPOSITIONS

(Décr. nº 2006-1359 du 8 nov. 2006, art. 1er)

Art. R. 511-11 Les notifications et formalités prévues par les articles L. 511-1-1, L. 511-2, R. 511-1, R. 511-6, R. 511-7, R. 511-8, R. 511-9 et R. 511-10 sont effectuées par lettre remise contre signature.

Art. R. 511-12 Les modalités d'application des articles R. 511-5, R. 511-6, R. 511-8 et R. 511-9 sont précisées en tant que de besoin par un arrêté conjoint du ministre de la justice, du ministre chargé du logement et du ministre chargé de la santé.

Art. D. 511-13 *(Décr. nº 2011-121 du 28 janv. 2011, art. 57)* Lorsque les désordres affectant des monuments funéraires sont susceptibles de justifier le recours à la procédure prévue à l'article L. 511-4-1, le maire en informe, en joignant tous éléments utiles en sa possession, les personnes titulaires de la concession ou leurs ayants droit et les invite à présenter leurs observations dans un délai qu'il fixe et qui ne peut être inférieur à un mois.

Art. D. 511-13-1 *(Décr. nº 2011-121 du 28 janv. 2011, art. 57)* Avant d'ordonner la réparation ou la démolition d'un monument funéraire menaçant ruine en application de l'article L. 511-4-1, le maire sollicite l'avis de l'architecte des Bâtiments de France dans les cas où ce monument funéraire est :

1º Soit inscrit au titre des monuments historiques en application de l'article L. 621-25 du code du patrimoine ;

2º Soit situé dans le champ de visibilité d'un immeuble classé ou inscrit au sens de l'article L. 621-30-1 du même code ;

3º Soit situé dans une aire de mise en valeur créée conformément aux articles L. 642-1 et L. 642-2 du même code ou dans une zone de protection mentionnée à l'article L. 642-8 de ce code ;

4º Soit protégé au titre des articles L. 341-1, L. 341-2 ou L. 341-7 du code de l'environnement.

L'avis est réputé émis en l'absence de réponse dans le délai de quinze jours.

Art. D. 511-13-2 *(Décr. nº 2011-121 du 28 janv. 2011, art. 57)* Dans un secteur sauvegardé créé en application de l'article L. 313-1 du code de l'urbanisme, l'arrêté du maire prescrivant la réparation ou la démolition du monument funéraire menaçant ruine ne peut être pris qu'après avis de l'architecte des Bâtiments de France. Cet avis est réputé délivré en l'absence de réponse dans le délai de huit jours.

L'architecte des Bâtiments de France est invité à assister à l'expertise prévue à l'article L. 511-4-1.

Si la procédure de péril a été engagée avant la délimitation du secteur sauvegardé, l'architecte des Bâtiments de France est informé de l'état de la procédure et invité à assister à l'expertise si celle-ci n'a pas encore eu lieu.

Art. D. 511-13-3 *(Décr. nº 2011-121 du 28 janv. 2011, art. 57)* L'arrêté de péril pris en application de l'article L. 511-4-1 est assorti d'un délai d'exécution qui ne peut être inférieur à un mois.

Art. D. 511-13-4 *(Décr. nº 2011-121 du 28 janv. 2011, art. 57)* La créance de la commune sur les personnes titulaires de la concession ou leurs ayants droit née de l'exécution d'office des travaux prescrits en application de l'article L. 511-4-1 comprend le coût de l'ensemble des mesures que cette exécution a rendu nécessaires, notamment celui des travaux destinés à assurer la sécurité de l'ouvrage ou celle des monuments mitoyens et les frais exposés par la commune agissant en qualité de maître d'ouvrage public.

Art. D. 511-13-5 *(Décr. nº 2011-121 du 28 janv. 2011, art. 57)* Les notifications et formalités prévues par les articles L. 511-4-1 et D. 511-13, sont effectuées par lettre remise contre signature.

TITRE DEUXIÈME BÂTIMENTS INSALUBRES

CHAPITRE PREMIER RELOGEMENT DES HABITANTS

Art. *R. 521-1 L'organisme d'habitations à loyer modéré qui assure le relogement d'un occupant de bonne foi d'un immeuble déclaré insalubre ou en état de péril doit, par lettre recommandée avec demande d'avis de réception et dans un délai de deux mois à compter du relogement, notifier au propriétaire :

– le nom de l'occupant relogé et la date du relogement ;

– le type du logement et la catégorie de l'immeuble auxquels peut prétendre l'occupant, compte tenu de la composition de sa famille et de ses ressources ;

– le prix de revient de ce logement (bâtiment, honoraires et charge foncière) tel qu'il est fixé en application de l'article R. 431-39 pour la commune où le relogement a été effectué ;

– le montant de la contribution due en application de l'article L. 521-1, alinéa 2. *– V. art. L. 521-1.*

Art. *R. 521-2 Cette contribution est fixée suivant les taux ci-après :

– pour Paris, les communes de la région d'Île-de-France et les communes de 100 000 habitants et au-dessus, à 15 p. 100 du prix de revient déterminé comme ci-dessus ;

– pour les communes de 50 000 à 99 999 habitants, à 12 p. 100 de ce prix ;

– pour les communes de 30 000 à 49 999 habitants, à 10 p. 100 de ce prix ;

– pour les communes de 10 000 à 29 999 habitants, à 7 p. 100 de ce prix ;

– pour les communes de moins de 10 000 habitants, à 5 p. 100 de ce prix.

Toutefois, après avis des services fiscaux (domaines), le représentant de l'État dans le département peut, compte tenu notamment du prix du terrain sur lequel était construit l'immeuble déclaré insalubre ou en état de péril, des caractéristiques du relogement et des circonstances propres à l'agglomération considérée, établir des taux différents.

Art. *R. 521-3 L'hypothèque légale garantissant le paiement de la contribution est inscrite par l'organisme pour le montant de cette dernière, tel qu'il a été notifié selon les conditions définies aux articles R. 521-1 et R. 521-2.

Art. *R. 521-4 En cas de désaccord sur les éléments servant de base au calcul de la contribution, le propriétaire peut saisir la juridiction compétente dans un délai d'un mois à compter de la réception de la notification du montant de la contribution.

Le juge peut, à tout moment de la procédure, concilier les parties.

Art. *R. 521-5 Toute aliénation volontaire, totale ou partielle intervenant au profit de personnes autres que celles qui sont énumérées à l'article L. 521-1, alinéa 3, ou toute reconstruction d'un immeuble déclaré insalubre ou en état de péril, dont un ou plusieurs occupants de bonne foi sont relogés par un organisme d'habitations à loyer modéré, doit faire l'objet de la part du propriétaire, d'une notification, par lettre recommandée avec demande d'avis de réception, à l'organisme ayant assuré le relogement.

Cette notification doit être effectuée dans le délai maximum d'un mois après la publication au fichier immobilier de l'acte translatif de propriété en cas d'aliénation et dans le délai maximum d'un mois après la délivrance du permis de construire en cas de reconstruction.

Dans le premier cas, elle doit indiquer les nom et adresse de l'acquéreur.

Si le propriétaire de l'immeuble insalubre n'a pas procédé dans le délai imparti à la notification exigée par l'alinéa premier, l'acquéreur dudit immeuble est tenu de faire personnellement cette notification dans un délai d'un mois courant du jour d'expiration du délai précédent.

Art. *R. 521-6 La contribution doit être acquittée dans un délai d'un an à partir soit de la notification prévue à l'article R. 521-5, soit de la date la plus tardive à laquelle cette notification aurait dû être faite. Elle porte intérêts au taux légal à compter de l'expiration de ce délai.

Art. *R. 521-7 Si le propriétaire paie la contribution dans un délai de quatre mois à partir de la notification prévue à l'article R. 521-5, les frais de radiation de l'hypothèque légale garantissant ce paiement sont supportés par l'organisme.

CHAPITRE II **FINANCEMENT DES OPÉRATIONS DE RÉSORPTION DE L'HABITAT INSALUBRE IRRÉMÉDIABLE OU DANGEREUX** *(Décr. nº 2009-1624 du 24 déc. 2009).*

Art. D.* 522-1 *(Décr. nº 2009-1624 du 24 déc. 2009)* Les opérations mentionnées au deuxième alinéa de l'article L. 522-1, que les collectivités locales et établissements publics réalisent directement ou font réaliser par une personne morale en vertu d'une convention, bénéficient d'une subvention de l'État ou de l'Agence nationale de l'habitat.

Art. D.* 522-2 *(Décr. nº 2009-1624 du 24 déc. 2009)* La dépense éligible à une subvention est établie à partir d'un état prévisionnel du déficit de l'opération faisant apparaître, en dépenses, l'ensemble des coûts d'études et de diagnostic, d'appropriation des immeubles, de libération des sols, d'accompagnement social, de mise en œuvre du relogement, le cas échéant à titre temporaire, de maîtrise d'ouvrage et de maîtrise d'œuvre, conduite d'opération et, en recettes, le produit des charges foncières.

Lorsque ce déficit est subventionné par l'Agence nationale de l'habitat, les éléments d'assiette de la subvention sont déterminés conformément à son règlement général.

Art. D.* 522-3 *(Décr. nº 2009-1624 du 24 déc. 2009)* **La subvention de l'État ou de l'Agence nationale de l'habitat est au maximum égale à 70 % du déficit de l'opération prévu par l'état prévisionnel.**

Art. R. 522-4 *(Décr. nº 2009-1625 du 24 déc. 2009, art. 5)* **Les opérations, mentionnées à l'article L. 522-1, sont éligibles à des subventions versées par l'État ou l'Agence nationale de l'habitat, lorsqu'elles sont destinées prioritairement à la production de logements dans un objectif de mixité sociale ou à la constitution de réserves foncières destinées, pour un pourcentage de 80 % de la** *(Décr. nº 2011-2054 du 29 déc. 2011, art. 6, en vigueur le 1er mars 2012)* **« surface de plancher** *[ancienne rédaction : surface hors œuvre nette]* **», à la production de logements dans un objectif de mixité sociale.**

Les communes ou les établissements publics de coopération intercommunale compétents en matière de plan local d'urbanisme mènent les procédures de modification du document d'urbanisme concerné, nécessaires à la prise en compte de ces réserves foncières pour l'attribution de subventions dans le cadre des opérations mentionnées à l'article L. 522-1.

Art. D.* 522-5 **Si l'affectation définitive de tout ou partie des terrains entraîne dans un délai de dix ans la perception de recettes supérieures à celles qui ont été ou pouvaient être prévues auparavant, le bénéficiaire de la subvention doit reverser la différence à l'État** *(Décr. nº 2009-1624 du 24 déc. 2009)* **« ou à l'Agence nationale de l'habitat » et aux collectivités ou établissements publics intéressés dans la proportion des apports qu'ils ont effectués et des subventions qu'ils ont accordées.**

Art. R. 522-6 *(Décr. nº 2009-1625 du 24 déc. 2009, art. 5)* **Si à l'expiration d'un délai de deux ans à compter de la décision d'octroi de la subvention, aucun acompte n'a été demandé au titre de l'opération, la décision est caduque. En cas de réalisation non conforme à l'objet de l'opération ou de non-achèvement, dans un délai de huit ans à compter de la décision d'octroi de la subvention, des acquisitions, des relogements et de la réalisation des logements ayant donné lieu à la décision de financement, l'autorité publique qui a attribué la subvention se prononce sur le versement du solde et, le cas échéant, sur le reversement total ou partiel des acomptes déjà versés.**

Art. R. 522-7 *(Décr. nº 2009-1625 du 24 déc. 2009, art. 5)* **Pour les opérations visées au premier alinéa de l'article L. 522-1 :**

1º La charge financière de l'acquisition est établie à partir d'un état prévisionnel du déficit de l'opération faisant apparaître, en dépenses, l'ensemble des coûts d'étude et de diagnostic, d'appropriation des immeubles, de libération des sols, d'accompagnement social, de mise en œuvre du relogement, le cas échéant à titre temporaire, de maîtrise d'ouvrage et de maîtrise d'œuvre, de conduite d'opération et, en recettes, le produit des charges foncières ;

2º Les dispositions des articles D.* 522-5 et R. 522-6 sont applicables.

CHAPITRE III FINANCEMENT DES OPÉRATIONS DE TRAITEMENT DE L'HABITAT INSALUBRE REMÉDIABLE OU DANGEREUX

(Décr. nº 2009-1625 du 24 déc. 2009, art. 6)

Art. R. 523-1 **Les opérations de traitement, par appropriation publique, d'immeubles faisant l'objet d'un arrêté d'insalubrité remédiable prévu au II de l'article L. 1331-28 du code de la santé publique** *[V. App., vº Salubrité]*, **d'un arrêté de péril en application de l'article R. 511-2 ou de prescriptions en application de l'article L. 123-3 peuvent bénéficier, après avis de la commission prévue à l'article R. 321-6-4, d'une subvention**

de l'Agence nationale de l'habitat selon des modalités prévues par son règlement général.

Le prix d'acquisition est évalué par le service des domaines, minoré du coût des mesures prescrites et des charges afférentes non réalisées par le vendeur.

Art. R. 523-2 Les opérations mentionnées à l'article R. 523-1 sont éligibles à des subventions de l'Agence nationale de l'habitat lorsqu'elles sont destinées prioritairement à la production de logements dans un objectif de mixité sociale.

Art. R. 523-3 Les dispositions prévues à l'article R. 522-6 s'appliquent aux opérations mentionnées à l'article R. 523-1.

TITRE TROISIÈME DISPOSITIONS SPÉCIALES AUX DÉPARTEMENTS D'OUTRE-MER

CHAPITRE UNIQUE

Art. R. 531-1 Les dispositions des articles L. 522-1 et L. 522-2 sont applicables dans les départements de la Guadeloupe, de la Guyane, de la Martinique et de la Réunion, sous réserve des adaptations prévues à la présente section.

Art. R. 531-2 La procédure prévue à l'article 13 de la loi n° 70-612 du 10 juillet 1970 tendant à faciliter la suppression de l'habitat insalubre peut être également poursuivie au profit des sociétés immobilières créées en application de la loi n° 46-860 du 30 avril 1946 en tant qu'elle concerne l'équipement et le développement des départements d'outre-mer.

Art. R. 531-3 Pour l'application de l'article 18 de la loi n° 70-612 du 10 juillet 1970 précitée fixant l'indemnité due, la date du 1er juin 1970 est remplacée par celle du 11 septembre 1973.

LIVRE SIXIÈME DISPOSITIONS PERMETTANT DE FAIRE FACE À DES DIFFICULTÉS PARTICULIÈRES DE LOGEMENT

TITRE PREMIER DISPOSITIONS GÉNÉRALES

CHAPITRE PREMIER PRINCIPE

Néant.

CHAPITRE II OCCUPATION DU DOMAINE PUBLIC

Art. R. 612-1 Les conventions prévues à l'article L. 612-1 entre la Société nationale des chemins de fer français et des personnes publiques ou privées les autorisant à construire sur les terrains appartenant à l'État et affectés au chemin de fer et à ses dépendances doivent recevoir l'accord du ministre chargé de la construction et de l'habitation et du ministre chargé des finances. Elles sont ensuite soumises au ministre chargé des chemins de fer.

CHAPITRE III DISPOSITIONS DIVERSES – SURSIS À L'EXÉCUTION DE DÉCISIONS DE JUSTICE

Néant.

CHAPITRE IV RÉQUISITION DE TERRAINS

Néant.

CHAPITRE V MESURES DE SAUVEGARDE

(Décr. nº 97-122 du 11 févr. 1997)

Art. R. 615-1 La commission mentionnée à l'article L. 615-1 comprend, outre les personnes mentionnées à l'article L. 615-3, au maximum dix membres, parmi lesquels des représentants des services de l'État et des organismes publics concernés et des personnalités qualifiées.

La commission peut se faire assister par toute personne dont les compétences sont jugées utiles à l'exécution de sa mission.

Art. R. 615-2 La commission mentionnée à l'article L. 615-1, après avoir entendu les personnes intéressées, prend acte des engagements souscrits, le cas échéant sous forme conditionnelle, par les différentes parties. Sur ces bases, elle prépare une proposition contenant les mesures de sauvegarde préconisées, les aides envisagées et l'échéancier d'exécution.

Art. R. 615-3 Le plan de sauvegarde, approuvé par arrêté du préfet, est notifié par lettre recommandée avec accusé de réception :

– aux collectivités publiques et organismes publics concernés ;

– à chaque occupant tel que visé à l'article L. 615-4-1 ;

– aux propriétaires lorsque ceux-ci ne sont pas occupants au sens de ce même article ;

– au syndic ou à l'administrateur provisoire du syndicat, si le groupe d'immeubles bâtis ou l'ensemble immobilier est soumis à la loi du 10 juillet 1965 fixant le statut de la copropriété des immeubles bâtis ; – *V.* ***C. copr.***

– au gérant de la société d'attribution ;

– au gestionnaire de l'association syndicale ou foncière ;

– le cas échéant, aux autres personnes parties aux engagements contenus dans le plan.

Il est transmis au procureur de la République et peut être consulté à la mairie pendant sa durée de validité.

Art. R. 615-4 Le préfet désigne, parmi les membres de la commission ou à l'extérieur de celle-ci, un coordonnateur chargé de veiller au bon déroulement du plan de sauvegarde.

Le coordonnateur réunit les parties aux dates fixées par l'échéancier. Il peut adresser des mises en demeure aux parties qui ne respectent pas dans les délais prévus les engagements contenus dans le plan de sauvegarde.

Il établit un rapport de sa mission.

Art. R. 615-5 Le préfet transmet, le cas échéant avec ses observations, le rapport du coordonnateur au procureur de la République, ainsi qu'à la commission de surendettement des particuliers.

V. notes ss. art. L. 615-1.

TITRE DEUXIÈME DISPOSITIONS TENDANT À FACILITER ET À ORIENTER LA RÉPARTITION DES LOGEMENTS EXISTANTS

CHAPITRE PREMIER SERVICE MUNICIPAL DU LOGEMENT

Art. R. 621-1 Les communes où peut être créé, à titre provisoire et sur proposition des maires, un service municipal du logement sont désignées par arrêté contresigné du ministre de l'Intérieur, du ministre chargé des finances et du ministre chargé de la construction et de l'habitation.

V. L. nº 83-8 du 7 janv. 1983 (D. et ALD 1983. 99) relative à la répartition des compétences entre les communes, les départements, les régions et l'État (art. 76), App., vº Pauvreté et exclusion.

Art. R. 621-2 Un arrêté du ministre chargé des finances, du ministre de l'Intérieur et du ministre chargé de la construction et de l'habitation peut mettre fin, après avis des maires concernés, au remboursement des dépenses d'organisation et de fonctionnement du service municipal du logement.

Art. R. 621-3 Il est institué auprès de chaque service municipal du logement un comité consultatif municipal du logement chargé de donner son avis sur les questions relatives aux logements qui sont soumises par le maire.

La composition du comité consultatif municipal du logement est fixée par arrêté du ministre de l'intérieur, du ministre chargé de la construction et de l'habitation et du ministre chargé de la santé.

CHAPITRE II DISPOSITIONS TRANSITOIRES RELATIVES AUX DROITS ET OBLIGATIONS DE LA BOURSE D'ÉCHANGE DE LOGEMENTS

Réservé.

CHAPITRE III *[ABROGÉ]* AIDE AUX ASSOCIATIONS, CENTRES COMMUNAUX ET INTERCOMMUNAUX D'ACTION SOCIALE, AUTRES ORGANISMES À BUT NON LUCRATIF ET UNIONS D'ÉCONOMIE SOCIALE PRATIQUANT LA SOUS-LOCATION OU LA GESTION IMMOBILIÈRE

(Abrogé par Décr. nº 2009-1684 du 30 déc. 2009, art. 2)

V. Circ. nº 98-105 du 20 nov. 1998 (BOMELT nº 98/23).

Art. R. 623-1 à R. 623-7 *Abrogés par Décr. nº 2009-1684 du 30 déc. 2009, art. 2.*

TITRE TROISIÈME DISPOSITIONS TENDANT À MAINTENIR OU À AUGMENTER LE NOMBRE DES LOGEMENTS

CHAPITRE PREMIER DISPOSITIONS GÉNÉRALES *(Décr. nº 2007-1660 du 23 nov. 2007).*

SECTION PREMIÈRE AIDE FINANCIÈRE DE L'ÉTAT

Art. R. 631-1 Le montant des primes susceptibles d'être accordées en application des articles L. 631-1 à L. 631-3 ainsi que les conditions dans lesquelles elles sont versées sont déterminés par arrêté conjoint du ministre chargé des finances et du ministre chargé de la construction et de l'habitation et, en ce qui concerne les primes allouées en application de l'article L. 631-3, du ministre de l'intérieur.

Art. R. 631-2 Le bénéfice de la prime de déménagement et de réinstallation prévue par l'article L. 631-1 est réservé aux personnes dont les ressources annuelles sont inférieures à la base de calcul des prestations familiales.

Lorsque le demandeur vit avec son conjoint ou avec une ou plusieurs personnes à charge ou titulaires de la carte d'économiquement faible, le plafond des ressources annuelles est augmenté de 50 p. 100 pour chacune des personnes se réinstallant avec le demandeur.

Art. R. 631-3 La prime de déménagement et de réinstallation est attribuée aux personnes mentionnées à l'article R. 631-2 qui transfèrent leur résidence principale dans une commune autre que celle définie à l'article L. 631-1.

Lorsque le demandeur libère un logement insuffisamment occupé au sens de l'article 10 (7°) de la loi n° 48-1360 du 1er septembre 1948 modifiée *[V.* ***C. baux****]*, le bénéfice de l'aide financière de l'État lui est également accordé s'il transfère sa résidence principale dans un local suffisamment occupé situé dans la même commune ou dans une autre commune indiquée à l'article L. 631-1.

En matière d'échanges de locaux d'habitations à loyer modéré ayant pour objet une meilleure utilisation familiale de ces locaux, la prime est attribuée aux demandeurs définis à l'article R. 631-2 qui libèrent un logement insuffisamment occupé au regard des conditions d'occupation définies, pour les échanges imposés, par l'arrêté du 2 novembre 1955 et, pour les échanges volontaires, par le titre IV, chapitre Ier, du présent livre (2e partie).

En cas d'échange d'un logement dans un immeuble appartenant à un organisme d'habitations à loyer modéré contre un logement relevant de la loi précitée n° 48-1360 du 1er septembre 1948 et situé dans la même commune ou dans une autre commune indiquée à l'article L. 631-1, le locataire ou occupant du local d'habitations à loyer modéré ne peut bénéficier de la prime que si le local de réinstallation comporte un nombre de pièces habitables inférieur à celui du local libéré.

● SECTION II **COMMUNES OÙ SÉVIT UNE CRISE DE LOGEMENT**

Art. R. 631-4 Les dérogations prévues à l'article L. 631-7, alinéa 2, sont accordées par le préfet après avis du maire et du directeur départemental de l'équipement.

La décision administrative prévue au même article, alinéa 3, est prise par le préfet.

L'omission des avis prévus est une cause d'annulation de la décision. • CE 4 mars 1959, *Secrétaire d'État à la reconstruction c/ Congrégation Bon-Pasteur à Angers : Lebon 154.* ♦ L'exigence de l'avis du directeur départemental de l'équipement ne fait pas obstacle à ce que celui-ci signe la décision de dérogation au nom du préfet lorsqu'il a reçu de ce dernier une délégation régulière à cet effet. • CE 21 déc. 1973, *d'Ormoy : Lebon 743 ; AJDA 1974. 91.* ♦ Ces dispositions ne sont pas applicables pour les refus d'autorisation. • CAA Paris, 29 juin 1999, *Synd. des copropriétaires du 7, rue Henner : req. n° 97PA02085.*

Art. R. 631-5 La décision d'extension à d'autres communes prévue à l'article L. 631-9 est prise par arrêté *(Décr. n° 2006-1090 du 30 août 2006)* « du préfet après avis du maire ».

V. Circ. 3 oct. 1972 relative aux changements d'affectation et aux démolitions de locaux (BOMELT 1972, n° 86-91).

Art. R. 631-6 *(Décr. n° 95-37 du 5 janv. 1995)* La déclaration d'affectation temporaire à l'habitation de locaux régulièrement affectés à un autre usage, prévue au premier alinéa de l'article L. 631-7-1, est faite soit par le propriétaire des locaux ou son mandataire, soit par une personne justifiant d'un titre l'habilitant à affecter les locaux à l'habitation.

Cette déclaration comporte :

1. Le nom ou la dénomination du propriétaire et son domicile ou son siège social ;

2. Si le déclarant n'est pas le propriétaire, le nom ou la dénomination du déclarant et son domicile ou son siège social, la mention de sa qualité de mandataire ou de personne justifiant d'un titre l'habilitant à affecter les locaux à l'habitation. Le mandat ou le titre est joint à la déclaration ;

3. L'adresse des locaux et leur localisation dans l'immeuble. Le plan des locaux est joint à la déclaration ;

4. La nature de la dernière affectation des locaux et le nom ou la dénomination des occupants ;

5. L'attestation sur l'honneur par le déclarant que les locaux sont régulièrement affectés à un usage autre que l'habitation à la date de dépôt de la déclaration et que les énonciations de la déclaration sont sincères.

Art. R. 631-7 *(Décr. nº 95-37 du 5 janv. 1995)* **La déclaration de retour des locaux à leur affectation antérieure, prévue au deuxième alinéa de l'article L. 631-7-1, est faite soit par le propriétaire des locaux ou son mandataire, soit par une personne justifiant d'un titre l'habilitant à redonner aux locaux leur affectation antérieure.**

Cette déclaration comporte :

1. Le nom ou la dénomination du propriétaire et son domicile ou son siège social ;

2. Si le déclarant n'est pas le propriétaire, le nom ou la dénomination du déclarant et son domicile ou son siège social, la mention de sa qualité de mandataire ou de personne justifiant d'un titre l'habilitant à redonner aux locaux leur affectation antérieure. Le mandat ou le titre est joint à la déclaration ;

3. L'adresse des locaux et leur localisation dans l'immeuble. Le plan des locaux est joint à la déclaration.

Art. R. 631-8 *(Décr. nº 95-37 du 5 janv. 1995)* **Les déclarations mentionnées aux articles R. 631-6 et R. 631-7 sont adressées, par pli recommandé avec avis de réception postal, au maire de la commune de situation des locaux ou déposées, contre décharge, à la mairie.**

Accompagnées d'une copie de cet avis de réception postal ou de cette décharge, elles sont adressées, par pli recommandé avec avis de réception postal, au préfet du département de situation des locaux ou déposées contre décharge à la préfecture. Elles sont réputées faites à la date de la réception du pli recommandé par le préfet ou de la décharge donnée par la préfecture.

SECTION III RÉSIDENCES HÔTELIÈRES À VOCATION SOCIALE

(Décr. nº 2007-892 du 15 mai 2007)

V. Circ. 8 avr. 2008 relative aux résidences hôtelières à vocation sociale (BOMELT nº 2008/8 du 10 mai 2008, p. 207).

SOUS-SECTION 1 AGRÉMENT

(Décr. nº 2007-892 du 15 mai 2007)

Art. *R. 631-9 L'agrément d'une résidence hôtelière à vocation sociale est délivré par le représentant de l'État dans le département d'implantation de la résidence, sur demande du propriétaire de l'immeuble ou du terrain, ou du maître d'ouvrage de l'opération.

La délivrance de cet agrément est subordonnée aux conditions suivantes :

1o Existence, non satisfaite par l'offre locale de logements ou de structures d'hébergement, de besoins en logements des personnes mentionnées au II de l'article L. 301-1 ;

2o Présentation par le demandeur d'un plan prévisionnel de financement de la construction ou de l'acquisition de la résidence ou, le cas échéant, des travaux nécessaires à la transformation d'un immeuble existant en résidence. Cette dernière condition n'est pas applicable lorsque le demandeur est propriétaire d'un immeuble existant satisfaisant à l'ensemble des normes mentionnées à l'article R. 631-21, ce qu'il lui appartient alors de justifier dans les conditions prévues à l'article R. 631-10.

Art. *R. 631-10 En vue de la délivrance de l'agrément d'une résidence hôtelière à vocation sociale, le propriétaire de l'immeuble ou du terrain, ou le maître d'ouvrage de l'opération transmet au représentant de l'État dans le département d'implantation de la résidence un dossier dont la composition est arrêtée par le ministre chargé du logement. — *V. Arr. 11 juill. 2007 (JO 20 sept.).*

Les demandes de dérogations mentionnées à l'avant-dernier alinéa de l'article R. 631-21 sont, le cas échéant, jointes à la demande d'agrément de la résidence.

Le propriétaire de l'immeuble s'engage à produire, soit au moment de la demande d'agrément lorsque des travaux de mise aux normes ne sont pas nécessaires, soit, au plus tard, avant la mise en location de la résidence dans les autres cas, un certificat de conformité aux règles, normes techniques et préconisations mentionnées respectivement aux articles R. 631-20 et R. 631-21. Le certificat de conformité est établi par un contrôleur technique ou un technicien de la construction qualifié, indépendant du propriétaire et couvert par une assurance pour cette activité. Lorsque des travaux ont été nécessaires pour l'application du *d* de l'article R. 631-21, le respect des performances techniques est attesté par la production d'un état descriptif du logement selon les modalités prévues au 2o de l'article 2 *quindecies* C de l'annexe III au code général des impôts.

Art. *R. 631-11 Le représentant de l'État dans le département d'implantation d'une résidence hôtelière à vocation sociale statue sur l'agrément de la résidence dans les trois mois suivant la réception du dossier prévu à l'article R. 631-10. La demande d'agrément est tacitement rejetée si aucune décision n'est notifiée au demandeur avant l'expiration de ce délai.

Les dérogations accordées par le représentant de l'État dans le département d'implantation de la résidence au titre de l'avant-dernier alinéa de l'article R. 631-21 sont annexées à l'agrément de la résidence.

Art. *R. 631-12 L'agrément de l'exploitant d'une résidence hôtelière à vocation sociale est délivré par le représentant de l'État dans le département d'implantation de la résidence sur demande du propriétaire de l'immeuble ou du terrain, ou du maître d'ouvrage de l'opération.

La délivrance de cet agrément est subordonnée aux conditions suivantes :

1o Présentation par la personne physique ou morale susceptible d'assurer l'exploitation de la résidence, dans les conditions définies dans le dossier mentionné à l'article R. 631-14, de références professionnelles en matière de gestion d'hôtels, de structures para-hôtelières ou de structures adaptées au logement ou à l'hébergement des personnes mentionnées au II de l'article L. 301-1, ou de garanties qu'elle pourra disposer de personnels disposant de ces références ;

2o Présentation par la personne physique ou morale concernée de conditions prévisionnelles d'exploitation de la résidence compatibles avec les contraintes pesant sur cette exploitation, compte tenu notamment des dispositions des articles R. 631-22 et R. 631-23.

Ne peuvent être agréées les personnes physiques tombant sous le coup des interdictions prévues aux articles L. 241-3 et L. 241-4, et les personnes morales comptant parmi leurs dirigeants ou administrateurs au moins une personne physique tombant sous le coup de ces interdictions.

L'agrément de l'exploitant de la résidence est délivré pour une durée de neuf ans à compter du jour où la résidence est mise en location. Cet agrément est renouvelé tacitement par période de neuf ans sous réserve des dispositions des I et III de l'article R. 631-13.

Art. *R. 631-13 I. — Le propriétaire d'une résidence hôtelière à vocation sociale qui décide de changer l'exploitant de la résidence informe de sa décision le représentant de l'État dans le département d'implantation de la résidence et transmet à ce dernier, au plus tard six mois avant la date de prise d'effet du changement d'exploitant, un dossier conforme à celui prévu à l'article R. 631-14 à l'effet d'obtenir l'agrément du nouvel exploitant.

II. — Le propriétaire d'une résidence hôtelière à vocation sociale qui décide de ne plus soumettre l'immeuble au statut de résidence hôtelière à vocation sociale informe de sa décision le représentant de l'État dans le département d'implantation de la résidence au plus tard six mois avant la date d'effet du changement de statut.

III. — L'exploitant d'une résidence hôtelière à vocation sociale qui décide d'abandonner l'exploitation de celle-ci informe de sa décision, au plus tard six mois avant sa date d'effet, le propriétaire de la résidence et le représentant de l'État dans le département d'implantation de la résidence. Sauf s'il décide de mettre en œuvre les dispositions prévues au II du présent article, le propriétaire propose au représentant de l'État l'agrément d'un nouvel exploitant en application des dispositions de l'article R. 631-14.

Art. *R. 631-14 En vue de la délivrance de l'agrément de l'exploitant d'une résidence hôtelière à vocation sociale, le propriétaire de l'immeuble ou du terrain, ou le maître d'ouvrage de l'opération transmet au représentant de l'État dans le département d'implantation de la résidence un dossier dont la composition est arrêtée par le ministre chargé du logement. — *V. Arr. 11 juill. 2007 (JO 20 sept.).*

Art. *R. 631-15 Le représentant de l'État dans le département d'implantation d'une résidence hôtelière à vocation sociale statue sur l'agrément de l'exploitant de la résidence dans les trois mois suivant la réception du dossier mentionné à l'article R. 631-14. La demande d'agrément est tacitement rejetée si aucune décision n'est notifiée au demandeur avant l'expiration de ce délai.

Le cahier des charges prévu à l'article R. 631-18 est annexé à l'agrément de l'exploitant de la résidence et au contrat de louage ou mandat mentionné à l'article R. 631-16.

Art. *R. 631-16 L'agrément de l'exploitant d'une résidence hôtelière à vocation sociale n'est délivré que si le contrat de louage ou mandat conclu entre le propriétaire et cet exploitant contient une clause qui en prévoit la résiliation par le propriétaire :

— lorsque l'exploitant ne respecte pas une des clauses du cahier des charges visé à l'article R. 631-18 ;

— lorsque l'exploitant ne rectifie pas dans le délai imparti les irrégularités ou carences constatées à l'occasion d'un contrôle de l'administration mené dans les conditions prévues par l'article L. 451-1.

Art. *R. 631-17 Lorsque le contrat de louage ou mandat est résilié dans les cas prévus aux deuxième et troisième alinéas de l'article R. 631-16, le propriétaire de la résidence hôtelière à vocation sociale en informe dans les quarante-huit heures le représentant de l'État dans le département d'implantation de la résidence. Le représentant de l'État retire sans délai l'agrément de l'exploitant de la résidence et notifie ce retrait au propriétaire de la résidence et à l'exploitant.

Le propriétaire de la résidence prend les dispositions nécessaires pour assurer le respect des engagements pris au titre des articles R. 631-22 à R. 631-26 ainsi que la continuité de l'exploitation de la résidence au bénéfice des occupants de celle-ci, et propose, dans les trois mois suivant la notification du retrait de l'agrément mentionnée à l'alinéa ci-dessus, l'agrément d'un nouvel exploitant en application des dispositions de l'article R. 631-14.

Art. *R. 631-18 Les conditions de fonctionnement et les modalités d'exploitation de chaque résidence hôtelière à vocation sociale sont définies dans un cahier des charges arrêté par le représentant de l'État dans le département d'implantation de la résidence.

Ce cahier précise également :

– les conditions de mise en œuvre des réservations de logements en faveur des personnes mentionnées au II de l'article L. 301-1 ;

– les modalités d'appréciation du respect par l'exploitant du pourcentage des logements de la résidence réservés aux personnes mentionnées au II de l'article L. 301-1 ;

– les modalités d'appréciation du respect par l'exploitant du prix de nuitée maximal tel qu'il est défini par les dispositions de l'article R. 631-22.

Art. *R. 631-19 Lorsqu'une résidence hôtelière à vocation sociale est placée sous le statut de la copropriété des immeubles bâtis défini par la loi n° 65-557 du 10 juillet 1965 *[V. **C. copr.**]*, le règlement de copropriété prévoit expressément :

– que l'exploitation de l'ensemble de la résidence est assurée par une seule personne physique ou morale, liée par un contrat de louage ou mandat aux copropriétaires ;

– que les décisions prévues aux I et II de l'article R. 631-13 et les dispositions mentionnées au deuxième alinéa de l'article R. 631-17 sont prises par l'assemblée générale des copropriétaires selon les règles fixées par la loi du 10 juillet 1965 précitée.

Pour l'application du premier alinéa de l'article R. 631-17, le règlement de copropriété prévoit en outre que le syndic informe, dans les quarante-huit heures, le représentant de l'État dans le département d'implantation de la résidence de la résiliation des contrats de louage ou mandat.

SOUS-SECTION 2 NORMES TECHNIQUES

(Décr. n° 2007-892 du 15 mai 2007)

Art. *R. 631-20 L'agrément comme résidence hôtelière à vocation sociale d'un immeuble nouveau est délivré en application des dispositions de l'article R. 631-9 sous réserve que :

a) Le bâtiment satisfasse aux règles définies aux articles R. 111-5, R. 111-11 à R. 111-14, R. 111-16, R. 111-18, R. 111-18-1, R. 111-18-3 et R. 111-20 ;

b) Les locaux communs et de réception de la résidence permettent à son exploitant de proposer au moins trois des quatre prestations définies au *b* du 4° de l'article 261 D du code général des impôts ;

c) Chaque logement de la résidence soit d'une superficie minimale de 14 m², dispose d'un coin cuisine équipé et satisfasse aux règles définies aux articles R. 111-3 à R. 111-6, R. 111-8 à R. 111-10, R. 111-15 et R. 111-16, ainsi qu'aux articles R. 111-18-2 et R. 111-18-3.

Lorsque des préconisations spécifiques relatives à la protection contre les risques d'incendie dans la résidence sont prévues, notamment en fonction des conditions d'occupation de la résidence, ces préconisations sont annexées à l'agrément de la résidence délivré en application de l'article R. 631-9.

Art. *R. 631-21 L'agrément comme résidence hôtelière à vocation sociale d'un immeuble rénové ou réhabilité est délivré en application des dispositions de l'article R. 631-9 sous réserve que :

a) Le bâtiment satisfasse aux règles définies aux articles R. 111-18-8 à R. 111-18-11 ;

b) Les locaux communs et de réception de la résidence permettent à son exploitant de proposer au moins trois des quatre prestations définies au *b* du 4o de l'article 261 D du code général des impôts ;

c) Chaque logement de la résidence réponde aux caractéristiques du logement décent définies par les articles 2 et 3 du décret no 2002-120 du 30 janvier 2002 relatif aux caractéristiques du logement décent pris pour l'application de l'article 187 de la loi no 2000-1208 du 13 décembre 2000 relative à la solidarité et au renouvellement urbains ;

d) Chaque logement soit d'une superficie minimale de 14 m², dispose d'un coin cuisine équipé et satisfasse aux performances techniques fixées par l'arrêté des ministres chargés du budget et du logement visé au II de l'article 2 *quindecies* B de l'annexe III au code général des impôts.

Le représentant de l'État dans le département d'implantation d'une résidence peut, sur demande motivée du propriétaire de l'immeuble ou du maître d'ouvrage de l'opération et, après avis de la Commission nationale des résidences hôtelières à vocation sociale, autoriser une dérogation sur le bâtiment ou tout ou partie des logements de la résidence à certaines des règles, normes et performances techniques mentionnées respectivement aux *a* et *d* ci-dessus.

Lorsque des préconisations spécifiques relatives à la protection contre les risques d'incendie dans la résidence sont prévues, notamment en fonction des conditions d'occupation de la résidence, ces préconisations sont annexées à l'agrément de la résidence délivré en application de l'article R. 631-9.

SOUS-SECTION 3 LOGEMENT DES PERSONNES MENTIONNÉES AU II DE L'ARTICLE L. 301-1

(Décr. no 2007-892 du 15 mai 2007)

Art. *R. 631-22 Le prix de nuitée maximal applicable à chacun des logements que l'exploitant d'une résidence hôtelière à vocation sociale s'engage à réserver aux personnes mentionnées au II de l'article L. 301-1 est fixé dans l'agrément de la résidence prévu à l'article R. 631-9.

Ce prix de nuitée maximal ne peut être supérieur à 20 euros. Ce montant est révisé annuellement, au 1er janvier, par référence à l'indice de référence des loyers défini par le décret no 2005-1615 du 22 décembre 2005 relatif à l'indice de référence des loyers prévu par l'article 35 de la loi no 2005-841 du 26 juillet 2005 *[L'IRL issu de la L. no 2005-841 du 26 juill. 2005 a été remplacé par celui mis en place par la L. no 2008-111 du 8 févr. 2008, V.* ***C. baux****, App., vo Révision du loyer]*. L'agrément mentionné dans le premier alinéa du présent article prévoit la dégressivité de ce prix de nuitée maximal en cas de location à la semaine ou au mois par une même personne d'un logement réservé.

Art. *R. 631-23 Le pourcentage des logements d'une résidence hôtelière à vocation sociale réservés aux personnes mentionnées au II de l'article L. 301-1 est fixé dans le cahier des charges prévu à l'article R. 631-18.

Ce pourcentage ne peut être inférieur à 30 % du total des logements de la résidence, ce pourcentage étant apprécié sur l'année civile dans les conditions définies par le cahier des charges mentionné à l'article R. 631-18. Au regard notamment de la part prise par l'État dans le financement de la résidence, ce pourcentage peut être supérieur ; dans ce cas, il est fixé par un accord conclu entre le représentant de l'État dans le département où est implantée la résidence, le propriétaire de cette dernière et l'exploitant et est mentionné au cahier des charges de la résidence.

Art. *R. 631-24 Le représentant de l'État dans le département d'implantation d'une résidence hôtelière à vocation sociale adresse à l'exploitant de la résidence la liste des collectivités territoriales, associations, organismes et personnes morales habilités à désigner des personnes au titre de la mise en œuvre du contingent de réservations défini à l'article R. 631-23.

● SOUS-SECTION 4 DISPOSITIONS DIVERSES

Art. *R. 631-25 Des droits de réservation sur une partie des logements d'une résidence hôtelière à vocation sociale peuvent être obtenus en contrepartie :

— des aides ou financements directs ou indirects que les établissements publics de l'État à caractère industriel et commercial, les collectivités territoriales et leurs groupements ainsi que toute personne morale de droit privé ont apporté aux travaux de création de la résidence ou apportent à son fonctionnement ;

— *(Décr. nº 2012-721 du 9 mai 2012, art. 6)* « des aides versées à partir des ressources de la participation des employeurs à l'effort de construction en application du I de l'article R. 313-19-3 et du I de l'article R. 313-20-3. »

Le nombre, la durée et les modalités de mise en œuvre de ces droits de réservation et de la tarification applicable aux logements concernés sont définis dans une convention conclue entre le propriétaire de l'immeuble ou du terrain ou le maître d'ouvrage de l'opération et la personne contribuant au financement de la construction, l'acquisition, la reconstruction, l'aménagement ou l'amélioration de la résidence, ou entre l'exploitant de la résidence et la personne contribuant au financement du fonctionnement de celle-ci. Lorsque les financements apportés concernent à la fois l'investissement dans la résidence et le fonctionnement de celle-ci, la convention est conclue entre le propriétaire de l'immeuble ou du terrain ou le maître d'ouvrage de l'opération, l'exploitant de la résidence et la personne apportant les financements.

Les conventions mentionnées à l'alinéa précédent sont transmises au représentant de l'État dans le département d'implantation de la résidence.

Art. *R. 631-26 En sus du contingent de réservations mentionné à l'article R. 631-23, l'État et ses établissements publics n'ayant pas de caractère industriel et commercial peuvent réserver dans une résidence hôtelière à vocation sociale des logements destinés à être loués à leurs agents en contrepartie d'une contribution financière revêtant la forme de prêts ou de subventions.

Le nombre, la durée et les modalités de mise en œuvre des droits de réservation obtenus ainsi que la tarification applicable aux logements réservés sont définis dans une convention établie suivant les modalités mentionnées à l'article R. 631-25. La convention est signée, au nom de l'État, par les ministres qui peuvent déléguer ce pouvoir au représentant de l'État dans le département et, au nom des établissements publics, par les autorités habilitées en vertu de leurs statuts.

Art. *R. 631-27 Il est créé une Commission nationale des résidences hôtelières à vocation sociale, dont la composition et les règles de fonctionnement sont fixées par arrêté conjoint des ministres chargés de l'intérieur, du logement *(Abrogé par Décr. nº 2012-721 du 9 mai 2012, art. 6)* « *, de l'économie* » et du budget. — *V. Arr. du 19 déc. 2007 (JO 31 janv.).*

Cette commission rend les avis prévus à l'article R. 631-21. Elle réalise une évaluation annuelle du fonctionnement des résidences hôtelières à vocation sociale.

(Décr. nº 2012-721 du 9 mai 2012, art. 6) « Son secrétariat est assuré par la direction de l'habitat, de l'urbanisme et des paysages. »

CHAPITRE II MESURES RELATIVES À LA PROTECTION DES OCCUPANTS DE CERTAINS MEUBLÉS

(Décr. nº 2007-1660 du 23 nov. 2007)

Néant.

CHAPITRE III MESURES RELATIVES À LA PROTECTION DES PERSONNES LOGÉES EN LOGEMENT-FOYER

(Décr. nº 2007-1660 du 23 nov. 2007)

Art. R. 633-1 Les locaux communs affectés à la vie collective mentionnés à l'article L. 633-1 sont des locaux accessibles, dans les conditions définies par le règlement intérieur, et le cas échéant par le contrat, à toute personne logée dans l'établissement, et affectés à des activités telles que les services socio-éducatifs, les services de soins, la restauration, les activités d'animation, de formation ou de loisirs.

Art. R. 633-2 Le contrat prévu à l'article L. 633-2 précise le montant à acquitter pour le logement et les charges, celui des prestations obligatoires, lorsqu'elles existent, ainsi que le montant des prestations que l'établissement propose à titre facultatif.

Il précise également les conditions d'admission dans l'établissement.

Le règlement intérieur est annexé au contrat et paraphé par la personne logée ou son représentant.

Art. R. 633-3 I. — La personne logée ou son représentant peut résilier à tout moment son contrat sous réserve d'un délai de préavis de 8 jours.

II. — Le gestionnaire ou le propriétaire peut résilier le contrat dans l'un des cas prévus à l'article L. 633-2 sous réserve d'un délai de préavis :

a) D'un mois en cas d'inexécution par la ou les personnes titulaires du contrat d'une obligation leur incombant au titre de ce contrat ou en cas de manquement grave ou répété au règlement intérieur. La résiliation peut être décidée pour impayé, lorsque trois termes mensuels consécutifs, correspondant au montant total à acquitter pour le logement, les charges et les prestations obligatoires et facultatives, sont impayés ou bien, en cas de paiement partiel, lorsqu'une somme au moins égale à deux fois le montant mensuel à acquitter pour le logement et les charges reste due au gestionnaire.

b) De trois mois lorsque la personne logée cesse de remplir les conditions d'admission dans l'établissement telles qu'elles sont précisées dans le contrat ou lorsque l'établissement cesse son activité.

III. — La résiliation du contrat est signifiée par huissier de justice ou notifiée par courrier écrit remis contre décharge ou par lettre recommandée avec avis de réception.

IV. — Lorsque la résiliation émane du gestionnaire, la personne logée est redevable, pendant le préavis, des sommes correspondant à la seule période d'occupation effective des lieux. Si la résiliation émane de la personne logée ou de son représentant, celle-ci est redevable des sommes correspondant à toute la durée du préavis.

Art. R. 633-4 La personne logée a droit pour tout paiement à la remise gratuite d'une quittance, ou en cas de règlement partiel, d'un reçu.

La quittance atteste le paiement du montant à acquitter pour le logement, les charges et les prestations obligatoires. Une facture établie séparément atteste, s'il y a lieu, le paiement du montant à acquitter pour les prestations annexes proposées par l'établissement à titre facultatif.

Art. R. 633-5 Dans tous les logements-foyers logeant plus de quinze ménages titulaires d'un contrat mentionné à l'article L. 633-2, le gestionnaire du logement-foyer prend les mesures nécessaires pour constituer le conseil de concertation prévu à l'article L. 633-4 et le réunit dans un délai de deux mois suivant sa constitution. Le conseil fixe ses règles de fonctionnement ; il est présidé par le gestionnaire ou son représentant.

Art. R. 633-6 Le conseil de concertation comprend un ou plusieurs représentants du gestionnaire et du propriétaire si ce dernier n'est pas le gestionnaire et des représentants des ménages titulaires d'un contrat mentionné à l'article L. 633-2. Les représentants des ménages sont en nombre au moins égal aux représentants du gestionnaire et du propriétaire. Ils sont au nombre :

– au moins de deux dans les établissements logeant jusqu'à 99 ménages titulaires d'un contrat ;

– au moins de quatre dans les établissements logeant 100 à 199 de ces ménages ;

– et au moins de six dans les établissements logeant au moins 200 de ces ménages.

Lorsque le nombre de représentants élus des ménages est inférieur à ces chiffres, le conseil de concertation siège en présence de ces représentants, le nombre de représentants du gestionnaire étant alors au plus égal à ce chiffre.

Art. R. 633-7 I. – Dans les logements-foyers logeant de quinze à trente ménages titulaires d'un contrat, le règlement intérieur définit les modalités de désignation des représentants de ces ménages.

II. – Dans les logements-foyers logeant plus de trente ménages titulaires d'un contrat, les représentants de ces ménages sont élus par vote à bulletin secret pour une durée d'un an au moins et de trois ans au plus dans les conditions fixées par le règlement intérieur.

Sont éligibles les personnes titulaires d'un contrat en cours de validité avec l'établissement. Chaque ménage titulaire d'un contrat dispose d'une voix.

Sont élus les candidats ayant obtenu le plus grand nombre de voix. A égalité de voix, il est procédé par tirage au sort entre les intéressés.

Le représentant des ménages au conseil de concertation qui n'est plus titulaire d'un contrat mentionné à l'article L. 633-2 est remplacé dans les conditions fixées par le règlement intérieur de l'établissement.

Des suppléants peuvent être élus dans les mêmes conditions.

Art. R. 633-8 En l'absence de tout candidat, le gestionnaire dresse un constat de carence.

Art. R. 633-9 La personne logée peut héberger temporairement un ou des tiers dans les conditions prévues au règlement intérieur.

Le règlement intérieur prévoit la durée maximum de l'hébergement, qui ne peut excéder trois mois dans l'établissement pour une même personne hébergée. Il indique, en tenant compte de la vocation de l'établissement, des caractéristiques des logements et des conditions de sécurité, le nombre maximum de personnes pouvant être hébergées dans le logement ainsi que la durée maximale d'hébergement de tiers par une même personne logée, qui ne peut excéder six mois par an. Il prévoit l'obligation, pour la personne logée, d'informer le gestionnaire de l'arrivée des personnes qu'il héberge, en lui déclarant préalablement leur identité. Il reproduit intégralement les articles L. 622-1 à L. 622-7 du code de l'entrée et de séjour des étrangers et du droit d'asile.

Le règlement intérieur peut prévoir que la personne logée titulaire du contrat acquitte un montant forfaitaire correspondant à une participation aux charges supplémentaires occasionnées par l'hébergement d'un ou plusieurs tiers ; les dispositions tarifaires applicables sont annexées au règlement intérieur.

TITRE QUATRIÈME MISE EN ŒUVRE DU DROIT AU LOGEMENT PAR LA RÉQUISITION *(Décr. nº 99-340 du 29 avr. 1999, art. 1er-I).*

CHAPITRE PREMIER RÉQUISITION *(Décr. nº 99-340 du 29 avr. 1999, art. 1er-II).*

SECTION PREMIÈRE LOCAUX D'HABITATION

V. Instruction générale du 13 nov. 1981 relative au règlement des indemnités de réquisitions de biens et de services dans le cadre de l'ordonnance du 6 janv. 1959 (JONC 17 nov.).

Art. R. 641-1 Pour l'application du présent livre, est présumé constituer la résidence principale de son détenteur le local que celui-ci occupe de façon effective et continue avec sa famille.

L'intéressé peut justifier par tous moyens en sa possession d'une résidence principale autre que celle qui résulte de cette présomption.

Art. R. 641-2 Sont considérés comme vacants :

1º Les locaux dont le bail est expiré, non reconduit et dont les occupants ne bénéficient pas du droit au maintien dans les lieux ;

2º Les locaux dont le bail est résilié par accord amiable ou décision de justice ;

3º Les locaux dont les occupants ont été condamnés à vider les lieux.

Le maintien sans titre dans les lieux de tout occupant ne fait pas perdre au local sa qualité de local vacant.

1. Notion de logement vacant. Est vacant l'appartement inhabité qui n'a pas fait l'objet d'un bail. • CE 14 mars 1947, *Créancé : Lebon 111.* ♦ ... Le local dont le propriétaire a reçu un congé et occupé par un occupant sans titre. • CE 6 nov. 1946, *Francotte : Lebon 257.* ♦ ... La réquisition ne pouvant être prononcée au profit de ce dernier. • CE 15 juill. 1949, *Sté immob. Monceau : Lebon 360.* ♦ ... Un local demeuré inoccupé plusieurs mois même s'il avait fait l'objet d'une demande de transformation. • CE 16 oct. 1963, *Albrechts : Lebon T. 979.* ♦ ... Un local sur lequel porte une promesse de vente. • CE 13 mars 1964, *Dequet : Lebon 185 ; AJDA 1964. 315, concl. Dutheillet de Lamothe.* ♦ ... Un local occupé par un sous-locataire alors que le locataire a reçu congé et l'a accepté. • CE 21 janv. 1949, *Baillif : Lebon 30 ; Gaz. Pal. 1949. 1. 91.* ♦ ... Un local dont le locataire a cessé de payer le loyer et a déménagé son mobilier même s'il n'a pas remis les clefs au propriétaire. • CE 21 mars 1979, *Baltzer : req. nº 9654.*

2. Absence de caractère vacant. N'est pas vacant un appartement en instance de vente. • CE 2 déc. 1949, *Christophe : Lebon 527.* ♦ ... Un appartement abandonné depuis quelques jours. • CE 21 mai 1951, *Senet : Lebon 279.* ♦ ... Un immeuble sinistré. • CE 19 mars 1952, *Guibert : Lebon 168.*

3. Le bail ne fait obstacle à une réquisition que s'il a acquis date certaine avant la réquisition. • CE 3 janv. 1947, *De Montesquiou-Fezensac : Lebon 5 ; JCP 1947. II. 3506, concl. Bayot.*

Art. R. 641-3 Sont considérés comme inoccupés :

1º Les locaux demeurés effectivement inhabités depuis six mois au moins ;

2º Les locaux qui ne constituent pas pour leur détenteur le lieu de sa résidence principale.

1. Une résidence secondaire est inoccupée même si à la date de la réquisition elle n'était pas restée inhabitée depuis six mois. • CE 13 juill. 1963, *Peltier : AJDA 1963. 636, obs. J. G.*

2. Ne peuvent être regardés comme inoccupés : un logement que le locataire n'occupe pas en raison d'une réquisition irrégulière. • CE 25 nov. 1949, *Drouillard : Lebon 515.* ◆ ... Un logement dont l'occupant vient de décéder. • CE 9 avr. 1949, *Union de la propriété bâtie de France : JCP 1950. II. 5323, note Fréjaville.* ◆ ... Un logement que son propriétaire tente de récupérer après mainlevée d'une réquisition antérieure. • CE 19 déc. 1952, *Morel : Lebon 519.* ◆ ... Un logement non occupé à la suite d'une hospitalisation. • CE 12 mai 1961, *Min. de la construction c/ Sté immob. de la rue Erard : AJDA 1961. 275.*

Art. R. 641-4 Sont considérés comme insuffisamment occupés les locaux comportant un nombre de pièces habitables, au sens de l'article 28 de la loi nº 48-1360 du 1er septembre 1948 modifiée *[V. C. **baux**]*, non compris les cuisines, supérieur de plus de deux au nombre de personnes qui y ont effectivement leur résidence principale.

Ne sont pas considérées comme pièces habitables pour l'application du présent article les pièces effectivement utilisées pour l'exercice d'une fonction publique élective ou d'une profession et indispensables à l'exercice de cette fonction ou profession.

Pour la détermination des conditions d'occupation prévues au présent article, peuvent seuls être compris au nombre des personnes ayant effectivement leur résidence principale dans le local considéré :

– l'occupant et son conjoint ;
– leurs parents et alliés ;
– les personnes à leur charge ;
– les personnes à leur service et affiliées de ce fait à une caisse d'assurances sociales et de compensation d'allocations familiales ;
– les personnes titulaires d'un contrat de sous-location.

Art. R. 641-5 Tout propriétaire, locataire, sous-locataire, bénéficiaire d'une réquisition ou occupant, à quelque titre que ce soit, un local à usage d'habitation ou professionnel, doit déclarer au service municipal du logement le nombre total des pièces du logement dont il est détenteur, ainsi que les noms des personnes qui y ont leur résidence principale. Les conditions de dépôt de cette déclaration sont fixées par arrêté préfectoral.

Cette déclaration peut être exigée périodiquement sur décision du préfet.

L'absence de déclaration ne dispense pas de la formalité de préavis. • CE 9 déc. 1949, *Union de la propriété bâtie de France : Lebon 544.*

Art. R. 641-6 Tout propriétaire ou gérant d'un local à usage d'habitation ou professionnel vacant, tout propriétaire ou gérant et tout locataire d'un logement dont la vacance doit survenir à une date ferme en raison d'un congé ou de l'expiration d'un bail est, dans les localités où existe un service municipal du logement, astreint à en faire la déclaration audit service, sauf au cas où l'occupant bénéficie du droit au maintien dans les lieux.

La déclaration est faite, pour les locaux déjà vacants, dans les huit jours suivant la création d'un service municipal du logement, pour les autres locaux, dans les huit jours qui suivent le congé ou un mois avant l'expiration du bail.

Art. R. 641-7 Sauf dans le cas où il s'agit de locaux insuffisamment occupés, la réquisition porte sur la totalité du local, qu'il soit meublé ou non meublé.

La réquisition peut toutefois porter sur toute partie d'un local qui, par sa disposition de fait, est normalement susceptible d'une utilisation séparée, même si l'autre partie n'est ni vacante, ni inoccupée.

S'il s'agit de locaux insuffisamment occupés, la réquisition s'applique à l'usage privatif des pièces habitables en excédent et à l'usage en commun, dans la mesure indispensable, des annexes.

Art. R. 641-8 Les conclusions de toute enquête proposant une attribution d'office font l'objet, à la diligence du maire, d'un affichage à la porte du local considéré. La décision d'attribution d'office est prise, au plus tard, dans le délai d'un mois à dater de l'affichage.

Les conditions de vacance ou d'inoccupation du local doivent être appréciées au moment de l'affichage ou de la notification de la décision d'attribution d'office au cas de défaut d'affichage ou d'inobservation du délai prévu à l'alinéa précédent.

Les maires des communes où il n'existe pas de service municipal ou intercommunal du logement sont autorisés à faire assermenter, dans les conditions prévues à l'article 19 de la loi nº 52-432 du 28 avril 1952, un ou plusieurs agents communaux qui jouissent des prérogatives et sont soumis aux obligations mentionnées aux articles L. 651-6 et L. 651-7.

L'absence d'affichage n'entraîne pas la nullité de l'arrêté de réquisition. • CE 13 juill. 1962, *Min. de la construction c/ Stern : Lebon T. 1096.*

Art. R. 641-9 Les conclusions de l'enquête du contrôleur assermenté proposant une attribution d'office sont affichées à la diligence du maire à la porte du local considéré. Il est procédé, en même temps, à l'établissement d'un certificat d'affichage.

Les contestations peuvent être présentées au service du logement ou au maire, à défaut de service du logement, dans un délai de huit jours à compter de l'affichage.

Si la contestation n'est pas reconnue sérieuse, le préfet est immédiatement saisi par le service du logement ou le maire d'une proposition de réquisition.

Art. R. 641-10 Les réquisitions des locaux vacants, inoccupés ou insuffisamment occupés sont notifiées aux frais du bénéficiaire, par le préfet, au prestataire, au bénéficiaire et au propriétaire par plis recommandés avec demande d'avis de réception.

Au cas d'indivision, la notification à l'un des indivisaires vaut à l'égard de tous les indivisaires.

A défaut d'adresse connue du prestataire ou du propriétaire ou à défaut de retour dans les dix jours de l'avis de réception du pli recommandé, la notification est remplacée à l'égard de l'intéressé par l'affichage d'une ampliation de l'ordre de réquisition à la mairie du lieu de la situation de l'immeuble et à la porte du local réquisitionné. Chacune de ces formalités est effectuée par les soins du service du logement ou, à défaut de service du logement, par la mairie et donne lieu à l'établissement par le maire d'un certificat d'affichage qui tient lieu d'avis de réception.

Dès leur retour, les avis de réception sont transmis au service du logement ou, à défaut de service du logement, à la mairie de la situation de l'immeuble. A défaut de contestation reconnue sérieuse, le service saisi fixe alors le jour et l'heure auxquels aura lieu la tentative amiable de prise de possession du local.

A défaut de retour d'un des avis de réception dans le délai de dix jours, il peut être procédé à cette fixation au terme de ce délai.

Le service du logement ou, à défaut de service du logement, le maire du lieu de la situation de l'immeuble indique au prestataire, par pli recommandé avec demande d'avis de réception, le jour et l'heure précités et l'invite à mettre amiablement le bénéficiaire en possession des lieux. Ces jour et heure sont, dans les mêmes conditions, portés à la connaissance du bénéficiaire et à celle du propriétaire.

A défaut d'adresse connue du prestataire ou du propriétaire ces jour et heure sont publiés par affichage à la porte du local réquisitionné et à la mairie.

La prise de possession amiable du local réquisitionné ne peut intervenir avant l'expiration d'un délai de dix jours francs à dater de l'émission de l'ordre de réquisition.

Les notifications prévues au présent article peuvent, aussi bien qu'au propriétaire, être valablement adressées à son représentant ou au gérant de l'immeuble, lequel est réputé avoir qualité pour les recevoir.

V. Arr. du 20 mars 1947 (JO 26 avr. ; BLD 1947. 385), mod. notamment par Arr. du 27 janv. 1958 (JO 28 janv.), Arr. du 17 mars 1959 (JO 26 mars ; BLD 1959. 799) et Arr. du 26 août 1960 (JO 1er sept. ; BLD 1960. 689).

L'absence de mention de la qualité des bénéficiaires des ordres de réquisition ne vicie pas la procédure. • CE 6 juill. 1960, *Banque régionale d'escompte et de dépôt : Lebon T. 1116.*

Art. R. 641-11 La tentative amiable de prise de possession des biens réquisitionnés est effectuée en présence du contrôleur assermenté du service du logement ou, à défaut de service du logement, du maire ou de son représentant.

En cas d'exécution amiable de l'ordre de réquisition, il est dressé par les parties ou par ministère d'huissier un état des lieux réquisitionnés et, s'il y a lieu, un inventaire descriptif des biens mobiliers.

Un exemplaire de l'état des lieux et, éventuellement de l'inventaire, est remis à chacune des parties et à l'agent du service du logement ou, à défaut de service du logement, au maire ou à son représentant, qui le transmet immédiatement au préfet.

Art. R. 641-12 En cas d'opposition ou d'absence du prestataire à la tentative amiable d'exécution ou si le propriétaire (ou son représentant ou le gérant) élève une contestation sérieuse, le préfet est immédiatement saisi par le service du logement ou par le maire ; il rapporte son ordre de réquisition ou en poursuit l'exécution.

Dans ce dernier cas, la date de prise de possession est fixée et notifiée au bénéficiaire et au prestataire dans les conditions prévues à l'article R. 641-10. A défaut d'adresse connue du prestataire, la date de prise de possession est publiée ainsi qu'il est prévu à l'article R. 641-10, alinéa 6.

La prise de possession est effectuée en présence d'un agent du service du logement ou, à défaut de service du logement, du maire ou de son représentant et avec l'assistance du commissaire de police ou de l'autorité qui en tient lieu.

En cas d'absence du prestataire ou de son représentant ou de désaccord des parties, il est obligatoirement procédé, par ministère d'huissier, aux frais du bénéficiaire, à la constatation de l'état des lieux et, s'il y a lieu, à la confection de l'inventaire descriptif des biens mobiliers.

L'exécution forcée de l'ordre de réquisition ne peut intervenir avant l'expiration d'un délai de dix jours francs à dater de la tentative amiable de prise de possession.

Art. R. 641-13 Le préfet peut requérir, pour l'exécution de la réquisition, le concours des représentants de la force publique qui procèdent, en cas de besoin, à l'expulsion des occupants du local ou des pièces réquisitionnées.

Il peut également requérir le concours de la force publique pour expulser les anciens bénéficiaires de la réquisition ou les occupants du fait de ceux-ci en cas de levée de réquisition.

Art. R. 641-14 Lorsqu'un logement réquisitionné est meublé, le prestataire peut exceptionnellement être astreint à laisser les lieux garnis des meubles meublants d'usage courant indispensables.

Les meubles en surplus, qui ne sont pas enlevés par le prestataire, sont entreposés dans une pièce ou dépendance fermée, sur la porte de laquelle sont apposés les scellés par les soins du commissaire de police ou de l'autorité qui en tient lieu, à la demande du prestataire, ou d'office, s'il est absent lors de la prise de possession.

Si l'importance du mobilier non réquisitionné empêche un usage normal des locaux, il peut être procédé, sur ordonnance du président du tribunal de grande instance, statuant en référé, au transfert de tout ou partie de ce mobilier, dans un local désigné dans la même agglomération, sur la proposition du prestataire ou du bénéficiaire et, à défaut, dans un garde-meubles. L'ordonnance de référé désigne la partie qui supportera les frais de transfert et d'entrepôt de ce mobilier.

Il en est de même, à défaut d'accord amiable, si, au moment de la prise de possession, le mobilier non réquisitionné ne peut être resserré dans une pièce ou dépendance fermée et le local utilisé normalement par le bénéficiaire. Le commissaire de police ou l'autorité qui en tient lieu appose les scellés sur les portes donnant accès au logement et se fait remettre les clés. Le bénéficiaire est installé dans les lieux lors de l'enlèvement du mobilier. Pour le calcul de la prestation, la réquisition est en tout état de cause considérée comme portant sur la totalité du logement. Sauf dans l'hypothèse prévue à l'alinéa 3, le bénéficiaire d'une réquisition ne peut faire sortir les meubles des lieux sans l'agrément de celui à qui ils appartiennent.

Art. R. 641-15 Le propriétaire des biens meubles non réquisitionnés, entreposés dans les locaux réquisitionnés, peut retirer contre reçu régulier, tout ou partie de ces biens et contrôler leur état matériel.

Le cas échéant, les scellés apposés à la porte de la pièce ou dépendance fermée où sont entreposés les meubles sont levés et réapposés aux frais du prestataire par les soins du commissaire de police ou de l'autorité qui en tient lieu.

En cas d'opposition du bénéficiaire, le président du tribunal de grande instance de la situation des lieux fixe, par ordonnance sur requête, les conditions d'exercice de ce droit de retrait ou de contrôle.

Art. R. 641-16 Lorsqu'une réquisition a été prononcée sur un local sous scellés, le bénéficiaire est habilité à demander la levée des scellés quelle que soit la cause de leur apposition.

Il est procédé à cette levée dans les formes et suivant les règles fixées aux titres III et IV du livre II de la deuxième partie du code de procédure civile *[C. pr. civ., art. 1316 à 1327]*.

Les frais de procédure sont à la charge du bénéficiaire.

Art. R. 641-17 Sont susceptibles de bénéficier de la prorogation exceptionnelle de la durée totale des attributions d'office prévue à l'article L. 641-1, alinéa 4, les attributaires dont les ressources n'excèdent pas le plafond fixé pour bénéficier d'une location au titre de la législation sur les habitations à loyer modéré et qui peuvent justifier, en outre, que leur relogement sera assuré avant l'expiration du délai de prorogation soit par la réalisation d'une promesse de location, soit par l'achèvement d'une opération de construction ou l'exercice d'un droit de reprise ou qui établissent l'existence d'un local de repli dont l'occupation est subordonnée à la mise à la retraite de l'intéressé, devant intervenir avant l'expiration du délai de prorogation.

Peuvent également bénéficier de cette prorogation, aux mêmes conditions de ressources, les attributaires qui s'engagent à accepter le relogement qui leur serait proposé avant l'expiration du délai de prorogation, par quelque organisme que ce soit.

Art. R. 641-18 Le préfet a qualité pour statuer sur les demandes de prorogation, qui doivent lui être adressées, accompagnées de toutes justifications utiles, dans un délai minimum de six mois avant la date d'expiration des réquisitions.

Art. R. 641-19 Le délai supplémentaire prévu à l'article L. 641-1, alinéa 4, ne peut être accordé au bénéficiaire de l'attribution d'office lorsque le propriétaire notifie qu'il entre dans une des catégories prévues à l'article L. 641-2.

Art. R. 641-20 Lorsque le propriétaire d'un immeuble ayant fait, en tout ou partie, l'objet d'une réquisition de logement, n'en assure pas la gestion, le préfet le met en demeure, par lettre recommandée avec demande d'avis de réception, d'assurer cette gestion. A l'expiration d'un délai de quinze jours à compter de cette mise en demeure, il demande au président du tribunal de grande instance, statuant en référé, de désigner un administrateur provisoire.

Cet administrateur est, notamment, habilité à percevoir le montant des loyers ou redevances d'occupation dus au propriétaire par le ou les locataires et attributaires d'office, à faire exécuter, aux frais du propriétaire, les travaux urgents, strictement indispensables, et, si besoin est, à faire assurer la garde de l'immeuble.

Au cas où l'immeuble en cause aurait préalablement fait l'objet de travaux de remise en état d'habitabilité sommaire ou d'aménagements provisoires, au titre de l'ordonnance no 45-609 du 10 avril 1945 relative aux travaux préliminaires à la reconstruction, l'administrateur provisoire a également qualité pour verser au Trésor, en remboursement du coût des travaux mentionnés ci-dessus, les sommes demeurant entre ses mains après acquit du coût des dépenses prévues à l'alinéa précédent.

Art. R. 641-21 Les levées de réquisition sont notifiées par lettre recommandée, aux frais du bénéficiaire, par le préfet au prestataire, au bénéficiaire et au propriétaire ou à son représentant ou au gérant de l'immeuble.

Les levées de réquisition peuvent éventuellement être limitées aux meubles réquisitionnés, notamment lorsque le prestataire a donné congé au propriétaire des locaux réquisitionnés dont il était locataire.

Lorsque l'ancien bénéficiaire de la réquisition se maintient dans les lieux à l'expiration de la période pour laquelle la réquisition a été émise, ou après notification de la levée de celle-ci, le prestataire et, s'il le juge utile, le préfet peuvent saisir le procureur de la République. Ce dernier, conformément aux dispositions de l'article L. 641-9, dernier alinéa, peut requérir du président du tribunal de grande instance du lieu de l'immeuble, statuant en référé, l'application des sanctions édictées audit alinéa.

1. Le refus injustifié de l'administration d'assurer l'évacuation des lieux à la suite de l'annulation d'une mesure de réquisition ouvre droit à une indemnité. • CE 23 févr. 1951, *Héritier : Lebon 111*.

2. L'action en expulsion ne peut être valablement dirigée contre l'État.• T. confl. 29 mai 1967, *Barsi : JCP 1967. II. 15178, note R. L.*

3. Ni la circonstance que l'administration n'ait pas réussi à reloger la bénéficiaire de la réquisition, ni celle que le préfet n'ait pas usé de la faculté de saisir le procureur de la République par application de l'art. R. 614-21, à supposer qu'elles soient directement à l'origine du préjudice allégué par la société propriétaire, ne sont susceptibles d'engager la responsabilité sans faute de la puissance publique. • CE 14 janv. 1987, *Sté Marceau immobilier : Lebon T. 922 ; D. 1988. Somm. 62, obs. Moderne et Bon.*

Art. R. 641-22 Il est dressé, en fin de réquisition, aux frais du bénéficiaire, un état des lieux réquisitionnés et, le cas échéant, un inventaire selon les modalités prévues à l'article R. 641-12, alinéa 4.

Au cas où les dispositions des articles R. 641-11 ou R. 641-12 et de l'alinéa précédent concernant l'établissement d'un inventaire et d'un état des lieux n'ont pas été observées, les dommages qui pourraient être constatés dans les locaux faisant l'objet de la réquisition sont, à défaut de preuve contraire, présumés avoir été occasionnés par le bénéficiaire de celle-ci.

SECTION II LOCAUX D'HABITATION ACCESSOIRES À DES LOCAUX COMMERCIAUX

Art. R. 641-23 Les locaux et logements accessoires indiqués à l'article L. 641-12 sont considérés comme vacants lorsque :

1o Le bail est expiré, non reconduit ou non renouvelé, et que les occupants ne bénéficient pas du droit au maintien dans les lieux ;

2o Le bail est résilié par accord amiable ou décision de justice ;

3o Les occupants ont été condamnés à vider les lieux.

Le maintien sans titre dans les lieux de tout occupant ne fait pas perdre au local sa qualité de local vacant.

L'utilisation rare d'un local commercial ne permet pas de le considérer comme occupé. • CE 19 nov. 1965, *Sté La centrale d'achats de maisons de tissus en gros : Lebon 626 ; AJPI 1966. 424, concl. Rigaud.*

Art. R. 641-24 Sont considérés comme inoccupés :

1o Les locaux ou la partie des locaux matériellement divisible du reste dans lesquels aucune activité n'est exercée depuis un an au moins ou qui sont restés effectivement inutilisés pendant la même durée ou dont les conditions d'utilisation équivalent pratiquement à une inutilisation ;

2o Les logements accessoires matériellement divisibles du reste des locaux qui sont demeurés effectivement inhabités ou inutilisés depuis six mois au moins ou dont les conditions d'utilisation pendant cette période équivalent pratiquement à une inutilisation ainsi que ceux qui constituent pour leur détenteur une résidence secondaire.

Art. R. 641-25 En cas d'indivisibilité matérielle du local et du logement accessoire, la réquisition ne peut être prononcée que si chacun de ces locaux peut être considéré comme vacant ou inoccupé aux sens définis par les articles R. 641-23 et R. 641-24. Elle porte sur l'ensemble des locaux.

CHAPITRE II RÉQUISITION AVEC ATTRIBUTAIRE

(Décr. no 99-340 du 29 avr. 1999, art. 1er-III)

SECTION PREMIÈRE PRINCIPES GÉNÉRAUX

Art. R.* 642-1 Les normes minimales de confort et d'habitabilité que l'attributaire des locaux doit respecter lorsqu'il engage des travaux conformément aux dispositions de l'article L. 642-1 sont celles prévues par le décret no 87-149 du 6 mars 1987 fixant les conditions minimales de confort et d'habitabilité auxquelles doivent répondre les locaux mis en location. – *V. App., vo Normes minimales de confort et d'habitabilité.*

Art. R.* 642-2 La déclaration prévue au cinquième alinéa de l'article L. 642-1 permettant aux locaux affectés avant la réquisition à un autre usage que l'habitation de retrouver leur affectation antérieure est adressée au préfet par lettre recommandée avec demande d'avis de réception.

Art. R.* 642-3 Pour être agréé, l'attributaire mentionné au 5o de l'article L. 642-3 doit satisfaire aux conditions suivantes :

a) Avoir pour objet principal l'insertion, l'hébergement, le logement ou l'amélioration des conditions de logement des personnes défavorisées ;

b) Justifier d'une compétence dans le domaine de l'action sociale ainsi que dans celui de la gestion locative et d'une expérience en matière d'insertion sociale ou de logement des personnes défavorisées ;

c) Offrir des garanties suffisantes pour exercer cette activité, par le nombre et la qualité de ses responsables et de son personnel salarié ou bénévole, par sa capacité financière ainsi que par son implantation locale.

En cas de manquement de l'attributaire à l'une de ces conditions, l'agrément peut être retiré par le préfet, après une mise en demeure non suivie d'effet, dans les conditions prévues par l'article 8 du décret no 83-1025 du 28 novembre 1983 concernant les relations entre l'administration et les usagers.

Art. R.* 642-4 Le projet de convention notifié au titulaire du droit d'usage en application de l'article L. 642-4 comporte les indications suivantes :

– la dénomination, la forme juridique et le siège du titulaire du droit d'usage ;

– la désignation des locaux ;

– la durée de la réquisition ;

– la nature et le montant détaillé des travaux à réaliser, pour les parties communes et pour chaque logement ;

– le montant mensuel de l'amortissement des travaux ;

– les règles de calcul des frais de gestion ;

– la surface habitable des locaux et le prix de base du loyer au mètre carré de surface habitable ;

– le mode de calcul de l'indemnité mensuelle versée au titulaire du droit d'usage pendant la durée de la réquisition.

SECTION II PROCÉDURE

Art. R.* 642-5 Les agents de l'État nommés par le préfet pour l'assister dans la procédure de réquisition en application de l'article L. 642-7 prêtent le serment suivant devant le tribunal de grande instance du chef-lieu du département : « Je jure de bien et fidèlement remplir mes missions et de ne rien révéler ou utiliser de ce qui sera porté à ma connaissance à l'occasion de leur exercice ».

Art. R.* 642-6 Les agents mentionnés à l'article R. 642-5 qui effectuent, dans les conditions prévues par l'article L. 642-7, la visite des locaux susceptibles d'être réquisitionnés établissent un procès-verbal décrivant la consistance et l'état des lieux.

A la demande du préfet, un procès-verbal peut également être dressé par un huissier de justice aux frais de l'État.

Art. R.* 642-7 La demande du préfet par laquelle celui-ci sollicite l'avis du maire sur un projet de réquisition, en application des dispositions de l'article L. 642-9, comporte toutes les informations qui lui paraissent susceptibles de fonder la réquisition dans sa commune et notamment : l'importance respective de l'offre et de la demande de logements pour personnes à revenus modestes ou défavorisées, les éléments permettent d'apprécier la réalité de la vacance, la localisation et le nombre de locaux dont la réquisition est envisagée, le titulaire du droit d'usage concerné et la liste des éventuels attributaires.

Art. R.* 642-8 A la réception de la réponse du maire ou, à défaut, à l'expiration d'un délai d'un mois à compter de la date de notification de la demande d'avis, le préfet, s'il décide de réquisitionner les locaux, notifie sa décision au titulaire du droit d'usage.

La notification reproduit les articles L. 642-9 à L. 642-12 du présent code.

SECTION III RELATIONS ENTRE LE TITULAIRE DU DROIT D'USAGE ET L'ATTRIBUTAIRE DE LA RÉQUISITION

Art. R.* 642-9 Pour le calcul de l'indemnité versée par l'attributaire au titulaire du droit d'usage, conformément aux dispositions de l'article L. 642-15, les travaux sont amortis sur la durée totale de la réquisition ; l'amortissement mensuel est égal au montant des travaux divisé par le nombre de mois de la réquisition, le cas échéant déduction faite du montant des subventions dont a pu bénéficier l'attributaire.

Le montant des frais de gestion est fixé en tenant compte du coût réel de gestion de ces logements dans la limite de 8 % du montant des loyers perçus par l'attributaire.

Art. R.* 642-10 Pour exercer son droit de reprise, le titulaire du droit d'usage envoie le préavis prévu à l'article L. 642-18 par lettre recommandée avec demande d'avis de réception.

SECTION IV PLAFONDS DE RESSOURCES ET LOYERS

(Décr. no 99-341 du 29 avr. 1999, art. 1er)

Art. R.* 642-11 Le plafond de ressources prévu à l'article L. 642-5 est fixé à 60 % du plafond de ressources exigé pour l'attribution d'un logement d'habitation à loyer modéré.

Art. R. 642-12 *(Décr. no 2006-1652 du 21 déc. 2006)* Le prix de base mensuel au mètre carré de surface habitable utilisé pour calculer le loyer d'un logement réquisitionné en application de l'article L. 642-1 est :

5,34 €/m² à Paris et dans les communes limitrophes de Paris ;

4,57 €/m² dans le reste de l'agglomération parisienne ;

3,81 €/m² sur le reste du territoire.

Les prix de base au mètre carré ci-dessus sont révisés chaque année au 1er janvier par arrêté du ministre chargé du logement, en fonction de la variation de l'indice de référence des loyers publié par l'Institut national de la statistique et des études économiques en prenant en compte la valeur de cet indice correspondant au deuxième trimestre de l'année précédente.

A compter du 1er janv. 2013, le prix de base mensuel au mètre carré de surface habitable utilisé pour calculer le loyer d'un logement réquisitionné en application de l'art. L. 642-1 est établi comme suit : 5,96 €/m² à Paris et dans les communes limitrophes de Paris ; 5,10 €/m² dans le reste de l'agglomération parisienne ; 4,25 €/m² sur le reste du territoire (Arr. du 14 déc. 2012, JC 28 déc.).

TITRE CINQUIÈME SANCTIONS ET DISPOSITIONS DIVERSES

CHAPITRE UNIQUE

Art. R. 651-1 Les contestations civiles entre bailleurs et locataires et relatives à l'application des articles mentionnés à l'article L. 651-9 sont jugées conformément aux règles de compétence et de procédure instituées par le chapitre V du titre I de la loi no 48-1360 du 1er septembre 1948. – *V.* **C. *baux***.

Art. R. 651-2 *(Décr. no 99-1050 du 14 déc. 1999, art. 2)* I. L'information relative à l'engagement des poursuites et la communication de la décision de confiscation au propriétaire de l'immeuble et au propriétaire du fonds de commerce auxquelles procède le ministère public, ainsi que l'apposition des mentions au registre du commerce et des sociétés et aux registres sur lesquels sont inscrites les sûretés, prévues au II de l'article L. 651-10, sont effectuées selon les modalités définies aux articles R. 51 et R. 51-1 du code de procédure pénale.

II. Lorsque l'autorité administrative saisit le président du tribunal de grande instance ou le magistrat du siège délégué par lui aux fins de désignation d'un administrateur provisoire, sa requête est dispensée de ministère d'avocat.

Une copie de l'ordonnance qui désigne un administrateur provisoire est adressée par le ministère public au propriétaire de l'immeuble et au propriétaire du fonds de commerce dans les conditions prévues au I.

Une copie est également jointe à la réquisition que le ministère public adresse au greffe du tribunal de commerce afin que soit portée au registre du commerce et des sociétés et aux registres sur lesquels sont inscrites les sûretés la mention de cette ordonnance, avec indication de sa date, de la juridiction qui a statué ainsi que de l'identité et de l'adresse de l'administrateur désigné, selon les formes prévues à l'article R. 51-1 du code de procédure pénale.

TITRE SIXIÈME DISPOSITIONS RELATIVES À L'OUTRE-MER

(Décr. nº 2000-1227 du 13 déc. 2000)

CHAPITRE PREMIER DISPOSITIONS PARTICULIÈRES AUX DÉPARTEMENTS D'OUTRE-MER

Néant.

CHAPITRE II DISPOSITIONS RELATIVES À LA POLYNÉSIE FRANÇAISE

Art. R. 662-1 Les articles R. 261-1 à R. 261-7, le premier alinéa de l'article R. 261-8, les articles R. 261-10 à R. 261-14, les articles R. 261-17 et R. 261-18, le *a* de l'article R. 261-19, les articles R. 261-20 à R. 261-33 sont applicables en Polynésie française sous réserve des adaptations suivantes :

– le quatrième alinéa de l'article R. 261-2 est ainsi rédigé :

« Cette personne est désignée par ordonnance sur requête, non susceptible de recours, du président du tribunal de première instance du lieu de l'immeuble, parmi celles que le tribunal commet habituellement. » ;

– à l'article R. 261-3, après les mots : « aux règles de la publicité foncière », sont ajoutés les mots : « applicables localement » ;

– à l'article R. 261-7, les mots : « y compris de ceux qui sont prévus au second alinéa de l'article R. 111-24 du présent code » sont supprimés ;

– le premier alinéa de l'article R. 261-17 est ainsi rédigé :

« La garantie de l'achèvement de l'immeuble résulte soit de l'existence de conditions propres à l'opération, soit de l'intervention, dans les conditions prévues ci-après, d'une banque ou d'un établissement financier habilité à faire des opérations de crédit immobilier. » ;

– à l'article R. 261-24, les mots : « prévue à l'article R. 460-1 du code de l'urbanisme » sont remplacés par les mots : « prévue par les règles applicables localement relatives à la déclaration d'achèvement des travaux ».

APPENDICE

AMIANTE

V. Circ. nº 2003-73 du 10 déc. 2003 (BOMELT nº 2004/11, p. 57).

Code de la santé publique

PREMIÈRE PARTIE : *LÉGISLATIVE*

(Ord. nº 2000-548 du 15 juin 2000)

PREMIÈRE PARTIE **Protection générale de la santé**

....

LIVRE III **Protection de la santé et de l'environnement**

....

TITRE III **Prévention des risques sanitaires liés à l'environnement et au travail** *(Ord. nº 2005-1087 du 1er sept. 2005, art. 2-I).*

....

CHAPITRE IV ***Lutte contre la présence de plomb ou d'amiante*** *(L. nº 2000-1208 du 13 déc. 2000, art. 176).*

V. Circ. interministérielle nº 2006-271 - 2006-48 du 14 juin 2006 relative à la protection de la population contre les risques sanitaires liés à une exposition à l'amiante dans les immeubles bâtis (BOMELT nº 2006/13, p. 119).

Art. L. 1334-13 *(Ord. nº 2005-655 du 8 juin 2005, art. 20)* **Un état mentionnant la présence ou, le cas échéant, l'absence de matériaux ou produits de la construction contenant de l'amiante est produit, lors de la vente d'un immeuble bâti, dans les conditions et selon les modalités prévues aux articles L. 271-4 à L. 271-6 du code de la construction et de l'habitation.**

BIBL. ► ROMI, L'amiante, carrefour entre droit de la santé publique et droit de l'environnement, *Dr. envir. juill.-août 2000, p. 13.*

Art. L. 1334-14 *(L. nº 2009-879 du 21 juill. 2009, art. 105)* **Les organismes réalisant les repérages et les opérations de contrôle communiquent** *(Ord. nº 2010-177 du 23 févr. 2010, art. 7, 24º)* **« au représentant de l'État dans le département » les informations nécessaires à l'observation de l'état du parc immobilier.**

Les dispositions de l'Ord. nº 2010-177 du 23 févr. 2010 entrent en vigueur le 25 févr. 2010 (Ord. nº 2010-177 du 23 févr. 2010, art. 29-II).

Art. L. 1334-15 *(L. nº 2009-879 du 21 juill. 2009, art. 105)* **Le représentant de l'État dans le département peut prescrire au propriétaire ou, à défaut, à l'exploitant d'un immeuble bâti :**

1º La mise en œuvre des mesures nécessaires en cas d'inobservation des obligations prévues à l'article L. 1334-12-1 ;

2º La réalisation d'une expertise visant à déterminer les mesures nécessaires ou à vérifier que les mesures mises en œuvre ou envisagées au titre de ces obligations sont adaptées.

Art. L. 1334-16 *(L. nº 2009-879 du 21 juill. 2009, art. 105)* **En cas d'urgence, le représentant de l'État peut :**

1º Faire réaliser, aux frais du propriétaire ou, à défaut, de l'exploitant de l'immeuble concerné, les repérages et diagnostics mentionnés à l'article L. 1334-12-1 ou l'expertise mentionnée au 2º de l'article L. 1334-15 ;

2° Fixer un délai pour la réalisation des mesures conservatoires nécessaires pour faire cesser l'exposition à l'amiante. Si ces mesures n'ont pas été exécutées à l'expiration du délai, il fait procéder d'office à leur exécution aux frais du propriétaire ou de l'exploitant.

La créance publique est recouvrée comme en matière de contributions directes.

Art. L. 1334-17 *(L. n° 2009-879 du 21 juill. 2009, art. 105)* Les conditions d'application des articles L. 1334-12-1 à L. 1334-16 sont déterminées par décret en Conseil d'État, et en particulier :

1° Les immeubles bâtis et les produits et matériaux concernés ;

2° Les modalités de réalisation des repérages ;

3° Les conditions auxquelles doivent répondre les organismes réalisant les repérages et les opérations de contrôle ainsi que les modalités de contrôle de leur respect ;

4° La nature des mesures à prendre en cas de présence d'amiante*[;]*

(Ord. n° 2010-177 du 23 févr. 2010, art. 7, 25°) « 5° Les conditions dans lesquelles les organismes réalisant les repérages et les opérations de contrôle communiquent au représentant de l'État dans le département les informations mentionnées à l'article L. 1334-14 et au directeur général de l'agence régionale de santé, sur sa demande, les informations nécessaires à l'exercice des missions prévues au 1° de l'article L. 1431-2 et à l'article L. 1435-7. »

Les dispositions de l'Ord. n° 2010-177 du 23 févr. 2010 entrent en vigueur le 25 févr. 2010 (Ord. n° 2010-177 du 23 févr. 2010, art. 29-II).

DEUXIÈME PARTIE : *RÉGLEMENTAIRE*

(Décr. n° 2003-462 du 21 mai 2003)

PREMIÈRE PARTIE **Protection générale de la santé**

....

LIVRE III **Protection de la santé et environnement**

....

TITRE III **Prévention des risques sanitaires liés à l'environnement et au travail**
(Décr. n° 2006-676 du 8 juin 2006, art. 2).

....

CHAPITRE IV *Lutte contre la présence de plomb ou d'amiante et contre les nuisances sonores* *(Décr. n° 2006-1099 du 31 août 2006, art. 1-I).*

....

SECTION II *Prévention des risques liés à l'amiante dans les immeubles bâtis*

(Décr. n° 2011-629 du 3 juin 2011, art. 1er, en vigueur le 1er févr. 2012)

Art. R. 1334-14 I. – Les articles de la présente section s'appliquent, sauf disposition contraire, aux immeubles bâtis dont le permis de construire a été délivré avant le 1er juillet 1997, qu'ils appartiennent à des personnes privées ou publiques.

II. – Dans cette section, on entend par les termes "le propriétaire" :

1° Pour les immeubles mentionnés à l'article R. 1334-15, le ou les propriétaires de l'immeuble bâti ;

2° Pour les parties privatives d'immeubles mentionnées à l'article R. 1334-16, le ou les propriétaires de la partie privative ;

3° Pour les immeubles mentionnés à l'article R. 1334-17, le ou les propriétaires de l'immeuble, ou, en cas de copropriété, le syndicat des copropriétaires ;

4° Pour les immeubles mentionnés à l'article R. 1334-18, le ou les propriétaires de l'immeuble, ou le syndicat des copropriétaires en cas de copropriété.

III. – A défaut que le ou les propriétaires mentionnés au 4o du II du présent article aient pu être identifiés, les obligations leur incombant en application des dispositions de la présente section sont à la charge du ou des exploitants de l'immeuble.

IV. – Les listes A, B et C de matériaux et produits susceptibles de contenir de l'amiante, mentionnées dans la présente section, sont détaillées à l'annexe 13-9 du présent code. *– V. l'annexe 13-9 ss. art. R. 1337-5, App., voAmiante.*

Décret no 2011-629 du 3 juin 2011,

Relatif à la protection de la population contre les risques sanitaires liés à une exposition à l'amiante dans les immeubles bâtis.

Art. 4 I. – Les repérages des flocages, calorifugeages et faux plafonds réalisés préalablement à la date d'entrée en vigueur du présent décret *[le 1er févr. 2012]* en application des dispositions de l'article R. 1334-15 du code de la santé publique dans sa rédaction antérieure au présent décret tiennent lieu du repérage de matériaux ou produits de la liste A exigé par les articles R. 1334-15 à R. 1334-18 du même code dans leur rédaction issue de l'article 1er du présent décret.

II. – Les matériaux de la liste B *[V. l'annexe 13-9 ss. art. R. 1337-5]* n'ayant pas fait l'objet d'un repérage préalablement à la date d'entrée en vigueur du présent décret font l'objet d'un repérage complémentaire effectué :

1o Pour la réalisation de l'état mentionnant la présence ou l'absence de produits contenant de l'amiante mentionné à l'article R. 1334-29-9 du présent décret, lors de la prochaine vente ;

2o En cas de présence de matériaux ou produits de la liste A à la date d'entrée en vigueur du présent décret, en même temps que la prochaine évaluation de leur état de conservation ;

3o Dans les autres cas, avant tous travaux réalisés à titre gratuit ou onéreux, ayant pour conséquence une sollicitation de matériaux ou produits de la liste B, et au plus tard dans les neuf ans à compter de l'entrée en vigueur du présent décret.

Art. 5 Les dossiers techniques constitués préalablement à la date d'entrée en vigueur du présent décret tiennent lieu du "dossier amiante – parties privatives" mentionné à l'article R. 1334-29-4 du code de la santé publique. Ils devront toutefois être mis à jour en cas de découverte d'autres matériaux de la liste A ainsi qu'en cas de travaux sur les matériaux repérés.

Les "dossiers techniques amiante" mentionnés à l'article R. 1334-29-5 du code de la santé publique devront être mis à jour conformément à l'article 4 du présent décret.

Art. 6 Les travaux de retrait ou de confinement d'amiante engagés avant l'entrée en vigueur du présent décret sont réputés satisfaire aux dispositions de l'article R. 1334-29 du code de la santé publique.

Les dérogations accordées en application des dispositions de l'article R. 1334-19 du code de la santé publique dans sa rédaction antérieure au présent décret demeurent valables jusqu'à leur date d'expiration.

....

Art. 8 A l'exception des dispositions des articles 9 et 10, les dispositions du présent décret entrent en vigueur à compter du premier jour du huitième mois suivant la date de sa publication au *Journal officiel* de la République française *[soit le 1er févr. 2012]*.

Art. 9 Jusqu'à la date d'entrée en vigueur du présent décret résultant de l'article 8, les dispositions du premier alinéa de l'article R. 1334-18 du code de la santé publique dans leur rédaction antérieure au présent décret sont remplacées par celles de l'article R. 1334-25 dans leur réaction issue du présent décret. Au cours de cette période, les organismes accrédités en vertu de l'arrêté pris pour l'application des dispositions du premier alinéa de l'article R. 1334-18 précité sont réputés accrédités au sens du présent décret.

Art. 10 I. – Lorsque les travaux ne sont pas achevés dans les délais de prorogation accordés par le préfet en application des dispositions de l'article R. 1334-19 du code de la santé publique dans sa rédaction antérieure au présent décret, le propriétaire d'un immeuble de grande hauteur mentionné à l'article R. 122-2 du code de la construction et de l'habitation ou d'un établissement recevant du public défini à l'article R. 123-2 de ce même code, classé de la première à la troisième catégorie au sens de l'article R. 123-19, peut demander au préfet, dans un délai de deux mois à compter de la publication du présent décret, un délai supplémentaire d'achèvement de ces travaux. L'accusé de réception du préfet vaut autorisation temporaire des travaux pendant le délai d'instruction du dossier.

II. — Le propriétaire assortit cette demande d'un échéancier des travaux faisant notamment apparaître la date prévue de leur achèvement. Cette demande fait également état des éléments suivants :

1o Le nom de l'expert auquel le propriétaire envisage de recourir ;

2o Les contraintes techniques particulières de la réalisation des travaux ;

3o Les conséquences de l'évacuation totale ou partielle du bâtiment, si le délai supplémentaire n'était pas accordé ;

4o Les protocoles d'échantillonnage et de mesures mentionnés au V ;

5o Tout autre élément nécessaire à l'évaluation du risque d'exposition aux fibres d'amiante lors de travaux.

III. — Un expert présentant les qualités de compétence et d'indépendance mentionnées par les dispositions de l'article L. 271-6 du code de la construction et de l'habitation est choisi par le propriétaire après avis du préfet. Cet expert analyse les études de faisabilité du programme de travaux et évalue le délai nécessaire à leur achèvement au regard des échéances proposées et, le cas échéant, des contraintes inhérentes à la continuité du service. Il se prononce sur les dispositions de prévention des risques de diffusion des fibres d'amiante et évalue le risque de diffusion de fibres d'amiante provenant des zones de travaux. Le rapport de l'expert est déposé dans un délai de deux mois à compter de la date de la demande mentionnée au I.

IV. — Au vu des éléments mentionnés aux II et III, et lorsqu'il apparaît que les inconvénients d'une fermeture du bâtiment seraient manifestement supérieurs à ceux induits par la poursuite des travaux, le préfet peut, par arrêté pris après avis du Haut Conseil de la santé publique, accorder un délai supplémentaire d'achèvement des travaux pour la durée strictement nécessaire. Le silence gardé par le préfet pendant plus de quatre mois vaut décision de rejet.

V. — Pendant toute la durée des travaux, le propriétaire fait réaliser par des organismes accrédités des mesures d'empoussièrement à proximité du chantier ainsi que dans les zones de passage du public, dans le but de vérifier que le niveau d'empoussièrement est inférieur à cinq fibres par litre et de prendre, le cas échéant, des actions correctives. Les protocoles d'échantillonnage et de mesures sont annexés aux commandes passées aux laboratoires qui effectuent les mesures. Le propriétaire tient le préfet informé trimestriellement du déroulement des travaux au regard de l'échéancier et des mesures mentionnées précédemment.

Si le niveau d'empoussièrement dépasse cinq fibres par litre, le propriétaire suspend les travaux et prévient le préfet sans délai. Il le tient informé des actions correctives mises en place immédiatement pour revenir à une situation normale dans les plus brefs délais. Une nouvelle mesure est effectuée, une fois que le maître d'œuvre s'est assuré de la réalisation des actions de correction requises. Seul un constat de concentrations inférieures à cinq fibres par litre permet la reprise des travaux. Dans le cas contraire, le préfet ordonne l'arrêt des travaux dans l'attente d'une solution permettant de satisfaire cette exigence.

VI. — En cas d'inobservation des conditions de réalisation des travaux telles que définies aux alinéas précédents et du délai d'achèvement ainsi révisé, le propriétaire est puni d'une amende prévue pour les contraventions de cinquième classe.

SOUS-SECTION I *Obligations des propriétaires de tout ou partie d'immeubles bâtis en matière de repérage*

V. les dispositions transitoires et finales ss. art. R. 1334-14.

Art. R. 1334-15 **Les propriétaires d'immeubles d'habitation ne comportant qu'un seul logement font réaliser, pour constituer l'état prévu à l'article L. 1334-13 en cas de vente, un repérage des matériaux et produits des listes A et B** *[V. l'annexe 13-9 ss. art. R. 1337-5]* **contenant de l'amiante.**

Art. R. 1334-16 Les propriétaires des parties privatives d'immeubles collectifs d'habitation y font réaliser un repérage des matériaux et produits de la liste A *[V. l'annexe 13-9 ss. art. R. 1337-5]* contenant de l'amiante.

Ils font également réaliser un repérage des matériaux et produits de la liste B *[V. l'annexe 13-9 ss. art. R. 1337-5]* contenant de l'amiante, pour constituer l'état prévu à l'article L. 1334-13 en cas de vente.

Art. R. 1334-17 Les propriétaires des parties communes d'immeubles collectifs d'habitation y font réaliser un repérage des matériaux et produits des listes A et B *[V. l'annexe 13-9 ss. art. R. 1337-5]* contenant de l'amiante.

Art. R. 1334-18 Les propriétaires des immeubles bâtis autres que ceux mentionnés aux articles R. 1334-15 à R. 1334-17 y font réaliser un repérage des matériaux et produits des listes A et B *[V. l'annexe 13-9 ss. art. R. 1337-5]* contenant de l'amiante.

Art. R. 1334-19 Les propriétaires des immeubles bâtis mentionnés à l'article R. 1334-14 font réaliser, préalablement à la démolition de ces immeubles, un repérage des matériaux et produits de la liste C *[V. l'annexe 13-9 ss. art. R. 1337-5]* contenant de l'amiante.

SOUS-SECTION 2 *Établissement des repérages et rapports de repérage*

V. les dispositions transitoires et finales ss. art. R. 1334-14.

Art. R. 1334-20 I. – On entend par "repérage des matériaux et produits de la liste A *[V. l'annexe 13-9 ss. art. R. 1337-5]* contenant de l'amiante" la mission qui consiste à :

1° Rechercher la présence des matériaux et produits de la liste A accessibles sans travaux destructifs ;

2° Identifier et localiser les matériaux et produits qui contiennent de l'amiante ;

3° Évaluer l'état de conservation des matériaux et produits contenant de l'amiante.

II. – Lorsque la recherche révèle la présence de matériaux ou produits de la liste A, et si un doute persiste sur la présence d'amiante dans ces matériaux ou produits, un ou plusieurs prélèvements de matériaux ou produits sont effectués par la personne réalisant la recherche. Ces prélèvements font l'objet d'analyses selon les modalités définies à l'article R. 1334-24.

III. – A l'issue du repérage, la personne qui l'a réalisé établit un rapport de repérage qu'elle remet au propriétaire contre accusé de réception.

IV. – En fonction du résultat de l'évaluation de l'état de conservation, le rapport de repérage préconise :

1° Soit une évaluation périodique de l'état de conservation des matériaux et produits contenant de l'amiante mentionnés au I ;

2° Soit une mesure d'empoussièrement dans l'air ;

3° Soit des travaux de confinement ou de retrait de l'amiante.

V. – Un arrêté conjoint des ministres chargés de la construction, de la santé et du travail précise les critères d'évaluation de l'état de conservation des matériaux et produits et le contenu du rapport de repérage.

Art. R. 1334-21 I. – On entend par "repérage des matériaux et produits de la liste B *[V. l'annexe 13-9 ss. art. R. 1337-5]* contenant de l'amiante" la mission qui consiste à :

1° Rechercher la présence des matériaux et produits de la liste B accessibles sans travaux destructifs ;

2° Identifier et localiser les matériaux et produits qui contiennent de l'amiante ;

3° Évaluer l'état de conservation des matériaux et produits contenant de l'amiante et leur risque de dégradation lié à leur environnement.

II. – Lorsque la recherche révèle la présence de matériaux ou produits de la liste B et si un doute persiste sur la présence d'amiante dans ces matériaux ou produits, un ou plusieurs prélèvements de matériaux ou produits sont effectués par la personne réalisant la recherche. Ces prélèvements font l'objet d'analyses selon les modalités définies à l'article R. 1334-24.

III. – A l'issue du repérage, la personne qui l'a réalisé établit un rapport de repérage qu'elle remet au propriétaire contre accusé de réception.

IV. – Si l'état de certains matériaux ou produits contenant de l'amiante est dégradé ou présente un risque de dégradation rapide, le rapport de repérage émet des recommandations de gestion adaptées aux besoins de protection des personnes.

V. – Un arrêté conjoint des ministres chargés de la construction, de la santé et du travail précise les critères d'évaluation de l'état de conservation des matériaux et produits et du risque de dégradation lié à l'environnement ainsi que le contenu du rapport de repérage.

Art. R. 1334-22 I. – On entend par "repérage des matériaux et produits de la liste C *[V. l'annexe 13-9 ss. art. R. 1337-5]* contenant de l'amiante" la mission qui consiste à :

1° Rechercher la présence des matériaux et produits de la liste C ;

2° Rechercher la présence de tout autre matériau et produit réputé *[réputés]* contenir de l'amiante dont la personne qui effectue le repérage aurait connaissance ;

3° Identifier et localiser les matériaux et produits qui contiennent de l'amiante.

II. – Lorsque la recherche révèle la présence de matériaux ou produits de la liste C ou de tout autre matériau et produit réputé [réputés] contenir de l'amiante et si un doute persiste sur la présence d'amiante dans ces matériaux ou produits, un ou plusieurs prélèvements de matériaux ou produits sont effectués par la personne réalisant la recherche. Ces prélèvements font l'objet d'analyses selon les modalités définies à l'article R. 1334-24.

III. – A l'issue du repérage, la personne qui l'a réalisé établit un rapport de repérage qu'elle remet au propriétaire contre accusé de réception.

IV. – Un arrêté conjoint des ministres chargés de la construction, de la santé et du travail précise notamment le contenu du rapport de repérage.

SOUS-SECTION 3 *Compétences des personnes et des organismes qui effectuent les repérages, les mesures d'empoussièrement et les analyses des matériaux et produits*

V. les dispositions transitoires et finales ss. art. R. 1334-14.

Art. R. 1334-23 Les repérages prévus aux articles R. 1334-20 à R. 1334-22 ainsi que l'évaluation périodique de l'état de conservation prévue à l'article R. 1334-27 et l'examen visuel prévu à l'article R. 1334-29-3 sont réalisés par des personnes répondant aux conditions posées par les dispositions de l'article L. 271-6 du code de la construction et de l'habitation.

Lorsque le résultat de l'évaluation de l'état de conservation conduit aux préconisations prévues aux 2° ou 3° du IV de l'article R. 1334-20, la personne ayant effectué le repérage des matériaux et produits de la liste A *[V. l'annexe 13-9 ss. art. R. 1337-5]* dans un immeuble bâti mentionné à l'article R. 1334-17 ou à l'article R. 1334-18 transmet une copie du rapport de repérage au préfet du département du lieu d'implantation de l'immeuble bâti. Un arrêté des ministres chargés de la construction et de la santé précise les modalités de cette transmission.

Comme prévu à l'article R. 271-2-1 du code de la construction et de l'habitation, les personnes mentionnées au premier alinéa adressent aux ministres chargés de la construction et de la santé un rapport annuel d'activité.

Art. R. 1334-24 Les analyses de matériaux et produits susceptibles de contenir de l'amiante sont réalisées par un organisme accrédité répondant aux exigences définies par un arrêté du ministre chargé de la santé. Cet arrêté précise notamment les compétences des personnes chargées d'effectuer les analyses et les méthodes qui doivent être mises en œuvre pour vérifier la présence d'amiante dans le matériau ou le produit.

Les organismes accrédités adressent au ministre chargé de la santé un rapport d'activité portant sur l'année écoulée, dont les modalités et le contenu sont définis par arrêté du ministre chargé de la santé.

Art. R. 1334-25 Les mesures d'empoussièrement dans l'air comprennent l'activité de prélèvement d'air et celle d'analyse et de comptage des fibres d'amiante. Elles sont réalisées selon des modalités définies par arrêté des ministres chargés de la construction, de la santé et du travail. – *V. Arr. 19 août 2011 (JO 1er sept.).*

Ces mesures sont réalisées par des organismes accrédités qui adressent au ministre chargé de la santé un rapport annuel d'activité. Un arrêté des ministres chargés de la santé et du travail définit les modalités et conditions d'accréditation de ces organismes, notamment les compétences des personnes chargées d'effectuer les mesures ainsi que le contenu et les conditions de transmission du rapport annuel d'activité. — *V. Arr. 19 août 2011 (JO 1er sept.), en vigueur le 1er janv. 2013.*

SOUS-SECTION 4 *Obligations issues des résultats des repérages*

V. les dispositions transitoires et finales ss. art. R. 1334-14.

Art. R. 1334-26 Les articles de la présente sous-section s'appliquent aux propriétaires des immeubles bâtis mentionnés aux articles R. 1334-16 à R. 1334-18.

Art. R. 1334-27 Le propriétaire met en œuvre les préconisations mentionnées à l'article R. 1334-20 selon les modalités suivantes :

1o L'évaluation périodique de l'état de conservation des matériaux et produits de la liste A *[V. l'annexe 13-9 ss. art. R. 1337-5]* contenant de l'amiante est effectuée dans un délai maximal de trois ans à compter de la date de remise au propriétaire du rapport de repérage ou des résultats de la dernière évaluation de l'état de conservation ou à l'occasion de toute modification substantielle de l'ouvrage ou de son usage. La personne ayant réalisé cette évaluation en remet les résultats au propriétaire contre accusé de réception ;

2o La mesure d'empoussièrement dans l'air est effectuée dans les conditions définies à l'article R. 1334-25, dans un délai de trois mois à compter de la date de remise au propriétaire du rapport de repérage ou des résultats de la dernière évaluation de l'état de conservation. L'organisme qui réalise les prélèvements d'air remet les résultats des mesures d'empoussièrement au propriétaire contre accusé de réception ;

3o Les travaux de confinement ou de retrait de l'amiante sont mis en œuvre selon les modalités prévues à l'article R. 1334-29.

Art. R. 1334-28 Si le niveau d'empoussièrement mesuré dans l'air en application de l'article R. 1334-27 est inférieur ou égal à la valeur de cinq fibres par litre, le propriétaire fait procéder à l'évaluation périodique de l'état de conservation des matériaux et produits de la liste A *[V. l'annexe 13-9 ss. art. R. 1337-5]* contenant de l'amiante prévue à l'article R. 1334-20, dans un délai maximal de trois ans à compter de la date de remise des résultats des mesures d'empoussièrement ou à l'occasion de toute modification substantielle de l'ouvrage ou de son usage.

Si le niveau d'empoussièrement mesuré dans l'air en application de l'article R. 1334-27 est supérieur à cinq fibres par litre, le propriétaire fait procéder à des travaux de confinement ou de retrait de l'amiante selon les modalités prévues à l'article R. 1334-29.

Art. R. 1334-29 Les travaux de retrait ou de confinement mentionnés à la présente sous-section sont achevés dans un délai de trente-six mois à compter de la date à laquelle sont remis au propriétaire le rapport de repérage ou les résultats des mesures d'empoussièrement ou de la dernière évaluation de l'état de conservation.

Pendant la période précédant les travaux, des mesures conservatoires appropriées sont mises en œuvre afin de réduire l'exposition des occupants et de la maintenir au niveau le plus bas possible, et, dans tous les cas, à un niveau d'empoussièrement inférieur à cinq fibres par litre. Les mesures conservatoires ne doivent conduire à aucune sollicitation des matériaux et produits concernés par les travaux.

Le propriétaire informe le préfet du département du lieu d'implantation de l'immeuble concerné, dans un délai de deux mois à compter de la date à laquelle sont remis le rapport de repérage ou les résultats des mesures d'empoussièrement ou de la dernière évaluation de l'état de conservation, des mesures conservatoires mises en œuvre, et, dans un délai de douze mois, des travaux à réaliser et de l'échéancier proposé.

Art. R. 1334-29-1 Dans les communes présentant des zones naturellement amiantifères, il peut être dérogé aux obligations de mesures d'empoussièrement et, le cas échéant, de travaux prévus aux articles R. 1334-27 et R. 1334-28 ainsi qu'aux obligations de mesures d'empoussièrement à l'issue des travaux, prévues à l'article R. 1334-29-3. La liste des communes concernées et les modalités de cette dérogation sont définies, le cas échéant, par arrêté des ministres chargés de l'environnement et de la santé, pris après avis du Haut Conseil de la santé publique.

Art. R. 1334-29-2 I. – Par dérogation aux dispositions de l'article R. 1334-29, le délai d'achèvement des travaux peut, à la demande du propriétaire, être prorogé pour les travaux concernant les immeubles de grande hauteur mentionnés à l'article R. 122-2 du code de la construction et de l'habitation et les établissements recevant du public définis à l'article R. 123-2 de ce même code, classés de la première à la troisième catégorie au sens de l'article R. 123-19, lorsque les matériaux et produits de la liste A *[V. l'annexe 13-9 ss. art. R. 1337-5]* contenant de l'amiante y ont été utilisés à des fins de traitement généralisé.

II. – La demande de prorogation doit être adressée par le propriétaire au préfet du département du lieu d'implantation de l'immeuble, dans un délai de vingt-sept mois à compter de la date de remise du rapport de repérage ou des résultats des mesures d'empoussièrement ou de l'évaluation de l'état de conservation qui ont conclu à la nécessité de réaliser des travaux, sauf lorsque des circonstances imprévisibles, dûment justifiées, ne permettent pas le respect de ce délai.

III. – La prorogation est accordée, pour une durée maximale de trente-six mois, par arrêté du préfet pris après avis du Haut Conseil de la santé publique, en tenant compte des risques spécifiques à l'immeuble ou à l'établissement concerné, de l'occupation du site et des mesures conservatoires mises en œuvre en application du deuxième alinéa de l'article R. 1334-29. Le silence gardé pendant plus de quatre mois par le préfet vaut décision de rejet de la demande.

IV. – La prorogation peut être renouvelée une fois dans les mêmes conditions et pour la durée strictement nécessaire au vu des éléments transmis au préfet, lorsque, du fait de circonstances exceptionnelles, les travaux ne peuvent être achevés dans les délais fixés par la première prorogation.

Art. R. 1334-29-3 I. – A l'issue des travaux de retrait ou de confinement de matériaux et produits de la liste A mentionnés à l'article R. 1334-29, le propriétaire fait procéder par une personne mentionnée au premier alinéa de l'article R. 1334-23, avant toute restitution des locaux traités, à un examen visuel de l'état des surfaces traitées. Il fait également procéder, dans les conditions définies à l'article R. 1334-25, à une mesure du niveau d'empoussièrement dans l'air après démantèlement du dispositif de confinement. Ce niveau doit être inférieur ou égal à cinq fibres par litre. L'organisme qui réalise les prélèvements d'air remet les résultats des mesures d'empoussièrement au propriétaire contre accusé de réception.

II. – Si les travaux ne conduisent pas au retrait total des matériaux et produits de la liste A *[V. l'annexe 13-9 ss. art. R. 1337-5]* contenant de l'amiante, il est procédé à une évaluation périodique de l'état de conservation de ces matériaux et produits résiduels dans les conditions prévues par l'arrêté mentionné à l'article R. 1334-20, dans un délai maximal de trois ans à compter de la date à laquelle sont remis les résultats du contrôle ou à l'occasion de toute modification substantielle de l'ouvrage ou de son usage.

III. – Lorsque des travaux de retrait ou de confinement de matériaux ou produits de la liste B *[V. l'annexe 13-9 ss. art. R. 1337-5]* contenant de l'amiante sont effectués à l'intérieur de bâtiments occupés ou fréquentés, le propriétaire fait procéder, avant toute restitution des locaux traités, à l'examen visuel et à la mesure du niveau d'empoussièrement dans l'air mentionnée au premier alinéa du présent article.

SOUS-SECTION 5 *Constitution et communication des documents et informations relatifs à la présence d'amiante*

V. les dispositions transitoires et finales ss. art. R. 1334-14.

Art. R. 1334-29-4 I. – Les propriétaires des parties privatives d'immeubles collectifs d'habitation constituent, conservent et actualisent un dossier intitulé "dossier amiante – parties privatives" comprenant les informations et documents suivants :

1° Le rapport de repérage des matériaux et produits de la liste A *[V. l'annexe 13-9 ss. art. R. 1337-5]* contenant de l'amiante ;

2° Le cas échéant, la date, la nature, la localisation et les résultats des évaluations périodiques de l'état de conservation, des mesures d'empoussièrement, des travaux de retrait ou de confinement de matériaux et produits de la liste A *[V. l'annexe 13-9 ss. art. R. 1337-5]* contenant de l'amiante ou des mesures conservatoires mises en œuvre.

II. – Le "dossier amiante – parties privatives" mentionné au I ci-dessus est :

1° Tenu par le propriétaire à la disposition des occupants des parties privatives concernées. Ceux-ci sont informés de l'existence et des modalités de consultation de ce dossier ;

2° Communiqué par le propriétaire à toute personne physique ou morale appelée à organiser ou effectuer des travaux dans l'immeuble bâti. Une attestation écrite de cette communication est conservée par les propriétaires ;

3° Communiqué par le propriétaire aux personnes suivantes, sur leur demande et dans le cadre de leurs attributions respectives :

a) Agents ou services mentionnés au premier alinéa de l'article L. 1312-1, à l'article L. 1421-1 et au troisième alinéa de l'article L. 1422-1 ;

b) Inspecteurs et contrôleurs du travail ;

c) Agents du service de prévention des organismes de sécurité sociale ;

d) Agents du ministère chargé de la construction mentionnés à l'article L. 151-1 du code de la construction et de l'habitation.

Art. R. 1334-29-5 I. – Les propriétaires mentionnés aux articles R. 1334-17 et R. 1334-18 constituent et conservent un dossier intitulé "dossier technique amiante" comprenant les informations et documents suivants :

1° Les rapports de repérage des matériaux et produits des listes A et B *[V. l'annexe 13-9 ss. art. R. 1337-5]* contenant de l'amiante ;

2° Le cas échéant, la date, la nature, la localisation et les résultats des évaluations périodiques de l'état de conservation, des mesures d'empoussièrement, des travaux de retrait ou de confinement de matériaux et produits contenant de l'amiante et des mesures conservatoires mises en œuvre ;

3° Les recommandations générales de sécurité à l'égard de ces matériaux et produits, notamment [les] procédures d'intervention, y compris les procédures de gestion et d'élimination des déchets ;

4° Une fiche récapitulative.

Le "dossier technique amiante" est tenu à jour par le propriétaire et intègre les éléments relatifs aux matériaux et produits contenant de l'amiante découverts à l'occasion de travaux ou d'opérations d'entretien.

Un arrêté conjoint des ministres chargés de la construction, de la santé et du travail précise les modalités d'application du présent article et définit le contenu de la fiche récapitulative et les recommandations générales de sécurité mentionnés aux 3° et 4° du présent I.

II. – Le "dossier technique amiante" mentionné au I est :

1° Tenu par le propriétaire à la disposition des occupants de l'immeuble bâti concerné, des employeurs, des représentants du personnel et des médecins du travail lorsque l'immeuble comporte des locaux de travail. Ces personnes sont informées des modalités de consultation du dossier ;

2° Communiqué par le propriétaire aux personnes et instances suivantes, sur leur demande et dans le cadre de leurs attributions respectives :

a) Agents ou services mentionnés au premier alinéa de l'article L. 1312-1, aux articles L. 1421-1 et L. 1435-7 et au deuxième alinéa de l'article L. 1422-1 ;

b) Inspecteurs et contrôleurs du travail ;

c) Inspecteurs d'hygiène et sécurité ;

d) Agents du service de prévention des organismes de sécurité sociale et de l'organisme professionnel de prévention du bâtiment et des travaux publics ;

e) Agents du ministère chargé de la construction mentionnés à l'article L. 151-1 du code de la construction et de l'habitation ;

f) Inspecteurs de la jeunesse et des sports ;

g) Personnes chargées de l'inspection des installations classées et des installations nucléaires de base mentionnées à l'article L. 514-5 du code de l'environnement ;

h) Commission consultative départementale de sécurité et d'accessibilité ;

i) Toute personne physique ou morale appelée à effectuer des travaux dans l'immeuble bâti.

Le propriétaire conserve une attestation écrite de la communication du dossier à ces personnes.

III. – La fiche récapitulative du "dossier technique amiante" est communiquée par le propriétaire dans un délai d'un mois après sa constitution ou sa mise à jour aux occupants de l'immeuble bâti et, si cet immeuble comporte des locaux de travail, aux employeurs.

Art. R. 1334-29-6 Le rapport du repérage des matériaux et produits de la liste C *[V. l'annexe 13-9 ss. art. R. 1337-5]* contenant de l'amiante prévu à l'article R. 1334-22 est communiqué à toute personne physique ou morale appelée à organiser ou effectuer des travaux de démolition dans l'immeuble.

Art. R. 1334-29-7 L'état mentionnant la présence ou l'absence de matériaux et produits contenant de l'amiante prévu à l'article L. 1334-13 est constitué :

1o Dans le cas de vente d'immeubles d'habitation ne comportant qu'un seul logement : du rapport de repérage des matériaux et produits des listes A et B *[V. l'annexe 13-9 ss. art. R. 1337-5]* contenant de l'amiante ;

2o Dans le cas de vente de tout ou partie d'immeubles collectifs d'habitation :

a) Des rapports de repérage des matériaux et produits des listes A et B contenant de l'amiante relatifs aux parties privatives, objet de la vente ;

b) De la fiche récapitulative relative aux parties communes du "dossier technique amiante" mentionné à l'article R. 1334-29-5 ;

3o Dans le cas de vente d'autres immeubles : de la fiche récapitulative du "dossier technique amiante" mentionné à l'article R. 1334-29-5.

SOUS-SECTION 6 *Intervention du représentant de l'État dans le département*

V. les dispositions transitoires et finales ss. art. R. 1334-14.

Art. R. 1334-29-8 En application du 1o de l'article L. 1334-15, en cas d'inobservation des obligations de repérage définies aux articles R. 1334-17 à R. 1334-19, de réalisation de mesures d'empoussièrement, de surveillance de l'état de conservation des matériaux, de mise en œuvre de mesures conservatoires, de réalisation de travaux de retrait ou de confinement ou de transmission d'information, le préfet peut prescrire au propriétaire de tout ou partie d'un immeuble collectif d'habitation mentionné à l'article R. 1334-17 ou d'un immeuble bâti mentionné à l'article R. 1334-18 de mettre en œuvre ces obligations dans des délais qu'il fixe.

Art. R. 1334-29-9 I. – En application du 2o de l'article L. 1334-15, le préfet peut exiger la réalisation, aux frais du propriétaire de l'immeuble, d'une expertise ayant pour objet de vérifier que les mesures envisagées ou mises en œuvre au titre des obligations mentionnées au 1o du même article sont adaptées et de déterminer les éventuelles mesures complémentaires nécessaires. Cette expertise est effectuée par un organisme expert indépendant sélectionné par le propriétaire en accord avec le préfet et avec le directeur général de l'agence régionale de santé.

II. – L'expertise mentionnée au I peut notamment porter sur :

1o La vérification du respect des obligations de repérage, de surveillance et de mesures d'empoussièrement ;

2o La vérification de la conformité à la réglementation des rapports et des documents constitués ;

3o La vérification du caractère approprié et de la mise en œuvre des éventuelles mesures conservatoires ;

4o L'évaluation de la pertinence des travaux proposés et, le cas échéant, la vérification des conditions de leur mise en œuvre ;

5o L'évaluation de la pertinence des échéanciers de travaux proposés ;

6° L'émission de recommandations relatives notamment à :

a) La réalisation de repérages ou de mesures d'empoussièrement complémentaires ;

b) La mise en place de mesures conservatoires complémentaires.

III. – Lorsque l'expertise mentionnée au présent article s'accompagne de repérages de matériaux et produits contenant de l'amiante, de mesures d'empoussièrement ou d'analyses de matériaux, l'organisme les fait réaliser par des personnes et organismes disposant des qualifications mentionnées aux articles R. 1334-23 à R. 1334-25.

CHAPITRE VII ***Dispositions pénales*** *(Décr. n° 2006-676 du 8 juin 2006, art. 1er).*

....

SECTION II ***Exposition à l'amiante dans les immeubles bâtis***

V. Circ. interministérielle n° DGS/2006/271 du 14 juin 2006 relative à la protection de la population contre les risques sanitaires liés à une exposition à l'amiante dans les immeubles bâtis (BOMELT n° 2006/13, p. 119).

Art. R. 1337-2 *(Décr. n° 2011-629 du 3 juin 2011, art. 3, en vigueur le 1er févr. 2012)* Dans cette section, les termes "le propriétaire" désignent les personnes définies au II et au III de l'article R. 1334-14.

Art. R. 1337-2-1 *(Décr. n° 2011-629 du 3 juin 2011, art. 3, en vigueur le 1er févr. 2012)* Le fait, pour les propriétaires des immeubles mentionnés aux articles R. 1334-16 à R. 1334-18, de ne pas faire réaliser, à l'issue des travaux, l'examen visuel et la mesure du niveau d'empoussièrement exigés à la première phrase de l'article R. 1334-29-3 est puni de l'amende prévue pour les contraventions de la troisième classe

Art. R. 1337-3 *(Décr. n° 2011-629 du 3 juin 2011, art. 3, en vigueur le 1er févr. 2012)* Est puni de l'amende prévue pour les contraventions de la cinquième classe le fait, pour les propriétaires des immeubles mentionnés à l'article R. 1334-14, de ne pas satisfaire à l'une des obligations définies au premier alinéa de l'article R. 1334-16, aux articles R. 1334-17 à R. 1334-19 et à l'article R. 1334-29-6.

Art. R. 1337-3-1 *(Décr. n° 2011-629 du 3 juin 2011, art. 3, en vigueur le 1er févr. 2012)* Est puni de l'amende prévue pour les contraventions de la cinquième classe le fait, pour les propriétaires mentionnés à l'article R. 1334-16, de ne pas satisfaire à l'une des obligations définies aux articles R. 1334-27 à R. 1334-29, à l'article R. 1334-29-2, aux premier et deuxième alinéas de l'article R. 1334-29-3 et à l'article R. 1334-29-4.

Art. R. 1337-3-2 *(Décr. n° 2011-629 du 3 juin 2011, art. 3, en vigueur le 1er févr. 2012)* Est puni de l'amende prévue pour les contraventions de la cinquième classe le fait, pour les propriétaires des parties communes des immeubles collectifs d'habitation mentionnés à l'article R. 1334-17 et des bâtiments mentionnés à l'article R. 1334-18, de ne pas satisfaire à l'une des obligations définies aux articles R. 1334-27 à R. 1334-29-2, aux premier et deuxième alinéas de l'article R. 1334-29-3 et à l'article R. 1334-29-5.

Art. R. 1337-4 *(Décr. n° 2011-629 du 3 juin 2011, art. 3, en vigueur le 1er févr. 2012)* Est puni de l'amende prévue pour les contraventions de la cinquième classe le fait, pour une personne chargée des repérages mentionnés aux articles R. 1334-20 à R. 1334-22, de l'évaluation de l'état de conservation périodique mentionnée au deuxième alinéa de l'article R. 1334-27, ou de l'examen visuel mentionné à l'article R. 1334-29-3, de ne pas respecter les critères de compétence, d'organisation et de moyens ou les conditions d'assurance, d'impartialité et d'indépendance exigés à l'article L. 271-6 du code de la construction et de l'habitation.

Art. R. 1337-5 La récidive des contraventions prévues *(Décr. n° 2011-629 du 3 juin 2011, art. 3, en vigueur le 1er févr. 2012)* « aux articles R. 1337-3 et R. 1337-4 » est punie conformément aux dispositions des articles 132-11 et 132-15 du code pénal. – *[anc. art. 11-IV, Décr. n° 96-97 du 7 févr. 1996].*

ANNEXE 13-9

PROGRAMMES DE REPÉRAGE DE L'AMIANTE MENTIONNÉS AUX ARTICLES R. 1334-20, R. 1334-21 ET R. 1334-22

(Décr. nº 2011-629 du 3 juin 2011, en vigueur le 1er févr. 2012)

Liste A mentionnée à l'article R. 1334-20

COMPOSANT À SONDER OU À VÉRIFIER
Flocages
Calorifugeages
Faux plafonds

Liste B mentionnée à l'article R. 1334-21

COMPOSANT DE LA CONSTRUCTION	PARTIE DU COMPOSANT À VÉRIFIER OU À SONDER
1. Parois verticales intérieures	
Murs et cloisons « en dur » et poteaux (périphériques et intérieurs). Cloisons (légères et préfabriquées), gaines et coffres.	Enduits projetés, revêtements durs (plaques menuiserie, amiante-ciment) et entourages de poteaux (carton, amiante-ciment, matériau sandwich, carton + plâtre), coffrage perdu. Enduits projetés, panneaux de cloisons.
2. Planchers et plafonds	
Plafonds, poutres et charpentes, gaines et coffres. Planchers.	Enduits projetés, panneaux collés ou vissés. Dalles de sol.
3. Conduits, canalisations et équipements intérieurs	
Conduits de fluides (air, eau, autres fluides...). Clapets/volets coupe-feu. Portes coupe-feu. Vide-ordures.	Conduits, enveloppes de calorifuges. Clapets, volets, rebouchage. Joints (tresses, bandes). Conduits.
4. Éléments extérieurs	
Toitures. Bardages et façades légères. Conduits en toiture et façade.	Plaques, ardoises, accessoires de couverture (composites, fibres-ciment), bardeaux bitumineux. Plaques, ardoises, panneaux (composites, fibres-ciment). Conduits en amiante-ciment : eaux pluviales, eaux usées, conduits de fumée.

Liste C mentionnée à l'article R. 1334-22

COMPOSANT DE LA CONSTRUCTION	PARTIE DU COMPOSANT À VÉRIFIER OU À SONDER
1. Toiture et étanchéité	
Plaques ondulées. Ardoises. Éléments ponctuels. Revêtements bitumineux d'étanchéité. Accessoires de toitures.	Plaques en fibres-ciment. Ardoises composite, ardoises en fibres-ciment. Conduits de cheminée, conduits de ventilation... Bardeaux d'asphalte ou bitume (« shingle »), pare-vapeur, revêtements et colles. Rivets, faîtages, closoirs...

COMPOSANT DE LA CONSTRUCTION	PARTIE DU COMPOSANT À VÉRIFIER OU À SONDER
2. Façades	
Panneaux-sandwichs. Bardages. Appuis de fenêtres.	Plaques, joints d'assemblage, tresses.... Plaques et « bacs » en fibres-ciment, ardoises en fibres-ciment, isolants sous bardage. Éléments en fibres-ciment.
3. Parois verticales intérieures et enduits	
Murs et cloisons. Poteaux (périphériques et intérieurs). Cloisons légères ou préfabriquées. Gaines et coffres verticaux. Portes coupe-feu, portes pare-flammes.	Flocages, enduits projetés, revêtements durs (plaques planes en fibres-ciment), joints de dilatation. Flocages, enduits projetés, joints de dilatation, entourage de poteaux (carton fibres-ciment, matériau sandwich, carton + plâtre), peintures intumescentes, panneaux de cloisons, jonction entre panneaux préfabriqués et pieds/têtes de cloisons : tresse, carton, fibres-ciment. Flocage, enduits projetés ou lissés ou talochés ayant une fonction coupe-feu, panneaux. Vantaux et joints.
4. Plafonds et faux plafonds	
Plafonds. Poutres et charpentes (périphériques et intérieures). Interfaces entre structures. Gaines et coffres horizontaux. Faux plafonds.	Flocages, enduits projetés, panneaux collés ou vissés, coffrages perdus (carton-amiante, fibres-ciment, composite). Flocages, enduits projetés, peintures intumescentes. Rebouchage de trémies, jonctions avec la façade, calfeutrements, joints de dilatation. Flocages, enduits projetés, panneaux, jonction entre panneaux. Panneaux et plaques.
5. Revêtements de sol et de murs	
Revêtements de sol (l'analyse doit concerner chacune des couches du revêtement). Revêtement de murs	Dalles plastiques, colles bitumineuses, les plastiques avec sous-couche, chape maigre, calfeutrement des passages de conduits, revêtement bitumineux des fondations. Sous-couches des tissus muraux, revêtements durs (plaques menuiserie, fibres-ciment), colles des carrelages.
6. Conduits, canalisations et équipements	
Conduits de fluides (air, eaux, autres fluides). Conduits de vapeur, fumée, échappement. Clapets/volets coupe-feu. Vide-ordures.	Calorifugeage, enveloppe de calorifuge, conduits en fibres-ciment. Conduit en fibres-ciment, joints entre éléments, mastics, tresses, manchons. Clapet, volet, rebouchage. Conduit en fibres-ciment.
7. Ascenseurs et monte-charge	
Portes palières. Trémie, machinerie.	Portes et cloisons palières. Flocage, bourre, mur/plancher, joint mousse.

COMPOSANT DE LA CONSTRUCTION	**PARTIE DU COMPOSANT À VÉRIFIER OU À SONDER**
8. Équipements divers	
Chaudières, tuyauteries, étuves, groupes électrogènes, convecteurs et radiateurs, aérothermes...	Bourres, tresses, joints, calorifugeages, peinture anticondensation, plaques isolantes (internes et externes), tissu amiante.
9. Installations industrielles	
Fours, étuves, tuyauteries...	Bourre, tresses, joints, calorifugeages, peinture anticondensation, plaques isolantes, tissu amiante, freins et embrayages.
10. Coffrages perdus	
Coffrages et fonds de coffrages perdus.	Éléments en fibres-ciment.

Ancien art. R. 1337-5 ***La récidive des contraventions prévues à l'article*** (Décr. nº 2006-676 du 8 juin 2006, art. 1er) ***« R. 1337-3 » est punie conformément aux dispositions des articles 132-11 et 132-15 du code pénal.*** – [anc. art. 11-IV, Décr. nº 96-97 du 7 févr. 1996].

ANNEXE 13-9

(Décr. nº 2003-462 du 21 mai 2003)

COMPOSANT de la construction	PARTIE DU COMPOSANT à vérifier ou à sonder
1. *Parois verticales intérieures et enduits* Murs	Flocage. Projections et enduits. Revêments durs (plaques menuiserie, amiante-ciment).
Poteaux	Flocage. Enduits projetés. Entourages de poteaux (carton, amiante-ciment, matériau sandwich, carton + plâtre).
Cloisons, gaines et coffres verticaux.	Flocages, enduits projetés, panneaux de cloisons.
2. *Planchers, plafonds et faux plafonds* Plafonds, gaines et coffres verticaux, poutres et charpentes. Faux plafonds. Planchers.	Flocages, enduits projetés, panneaux collés ou vissés. Panneaux. Dalles de sol.
3. *Conduits, canalisations et équipements* Conduits de fluides (air, eau, autres fluides...). Clapets/volets coupe-feu. Portes coupe-feu. Vide-ordures.	Conduits, calorifuges, enveloppes de calorifuges. Clapets, volets, rebouchage. Joints (tresses, bandes). Conduits.
4. *Ascenseur, monte-charge.* Trémies.	Flocage.

V. Décr. nº 96-98 du 7 févr. 1996 : protection des travailleurs contre les risques liés à l'inhalation de poussières d'amiante (JO 8 févr.), mod. par Décr. nº 2001-840 du 13 sept. 2001 (JO 18 sept.) et par Décr. nº 2002-1528 du 24 déc. 2002 (JO 28 déc.).

V. Arr. du 14 mai 1996 (JO 23 mai) : règles techniques que doivent respecter les entreprises effectuant des activités de confinement et de retrait de l'amiante [ce texte a été modifié par Arr. du 14 mai 1997 (JO 23 mai), lequel a été annulé par une décision du Conseil d'État : CE 3 oct. 1997, Sté ATMF et a. : req. n° 188369], mod. par Arr. du 26 déc. 1997 (JO 28 déc.).

V. Arr. du 12 juill. 1996 (JO 14 juill.) : création d'une commission interministérielle pour la prévention et la protection contre les risques liés à l'amiante.

V. Arr. du 28 nov. 1997 (JO 6 déc.) : compétence des organismes procédant à l'identification d'amiante dans les flocages, calorifugeages et faux plafonds.

Concernant la protection de la population, V. Circ. n° 96-290 du 26 avr. 1996 (Mon. TP 5 juill. 1996, Suppl. textes, p. 289) ; Circ. n° 96-71 du 18 sept. 1996 (Mon. TP 10 oct. 1996, Suppl. textes, p. 313) et Circ. n° 98-589 du 25 sept. 1998 (Mon. TP 9 oct. 1998, Suppl. textes, p. 360).

V. également, Circ. n° 96-60 du 19 juill. 1996 (Mon. TP 13 sept. 1996, Suppl. textes, p. 293) : élimination des déchets générés lors des travaux relatifs aux flocages et aux calorifugeages contenant de l'amiante dans le bâtiment.

V. aussi Circ. n° 98-60 du 22 mai 1998 relative aux aides financières relatives aux travaux de traitement des matériaux contenant de l'amiante dans l'habitation (BOMELT n° 98/12).

ANTENNES ET CÂBLE

1 DROIT À L'ANTENNE ET AU TRÈS HAUT DÉBIT

Loi n° 66-457 du 2 juillet 1966,

Relative à l'installation d'antennes réceptrices de radiodiffusion (JO 3 juill. ; BLD 1966. 289)

BIBL. ► ATIAS, *IRC juin 1998. 17* (télévision et copropriété). – GIL, *Administrer mars 2007. 11* (droit à l'antenne). – CHARDIN, *JCP N 1992. Prat. 2094* (commentaire de la loi de 1990). – LAFOND, *Administrer nov. 1993. 6* (même objet). – MAES, *IRC juill.-août 1998. 27* (la télévision en pleine mutation). – VIGNERON, *Loyers et copr. 1991, Chron. n° 10 ; ibid. 1993, Chron. n° 10, ibid. 1999, Chron. n° 11 ; IRC nov. 1998. 8 ; ibid. mai 2001. 8* (droit à l'antenne). – VIAL-PEDROLETTI, *Loyers et copr. 2001, n° 250* (loi du 17 juill. 2001).

► *Câble et parabole :* ALLEMAND, *JCP N 1996. Prat. 3809.* – BARNIER-SZTABOWICZ, *Administrer janv. 1996. 12.* – LOISELET et DAIGREMONT, *AJPI 1993. 486.* – VICHROVA, *IRC déc. 1996. 26.*

► *Très haut débit et numérique :* PINET, SOUIED et SABATIÉ, *Rev. bleue nov. 2008. 78.*

Art. 1er *[I. –] (L. n° 2001-624 du 17 juill. 2001, art. 20)* **« Le propriétaire d'un immeuble ne peut, nonobstant toute convention contraire, même antérieurement conclue, s'opposer, sans motif sérieux et légitime à l'installation, à l'entretien ou au remplacement** *(L. n° 2004-669 du 9 juill. 2004, art. 123-I-1°)* **« ainsi qu'au raccordement au réseau interne à l'immeuble », aux frais d'un ou plusieurs locataires ou occupant***[s]* **de bonne foi, que ces derniers soient personnes physiques ou morales, d'une antenne extérieure réceptrice de radiodiffusion ou réceptrice et émettrice de télécommunication fixe. »**

(L. n° 92-653 du 13 juill. 1992, art. 6) **« L'offre, faite par le propriétaire, de raccordement soit à une antenne collective, soit à un réseau interne à l'immeuble qui fournissent un service collectif dont le contenu et la tarification sont définis par un accord collectif pris en application de l'article 42 de la loi n° 86-1290 du 23 décembre 1986 tendant à favoriser l'investissement locatif, l'accession à la propriété de logements sociaux et le développement de l'offre foncière »** *(L. n° 90-1170 du 29 déc. 1990, art. 25-II)* **« constitue, notamment, un motif sérieux et légitime de s'opposer à l'installation ou au remplacement d'une antenne individuelle ».** — *V. Arr. du 25 nov. 1966 (JO 11 déc.) : conditions auxquelles*

doivent satisfaire les antennes collectives, mod. [spécifications techniques : annexe] par Arr. du 8 mai 1969 (JO 28 mai), Arr. du 16 févr. 1977 (JONC 14 juin) et Arr. du 27 mars 1993 (JO 28 mars).

(L. n° 92-653 du 13 juill. 1992, art. 7) **« Les modalités de remplacement d'une antenne collective** *(L. n° 2004-669 du 9 juill. 2004, art. 123-I-4°)* **« par un autre mode de réception des programmes » sont déterminées par un accord collectif pris en application de l'article 42 de la loi n° 86-1290 du 23 décembre 1986, précitée. »**

Toutefois, le propriétaire d'un immeuble ne peut s'opposer, sans motif sérieux et légitime, à l'installation, au remplacement ou à l'entretien des antennes individuelles, émettrices et réceptrices, nécessaires au bon fonctionnement de stations du service amateur *(L. n° 2004-669 du 9 juill. 2004, art. 123-I-5°)* **« autorisées » conformément à la réglementation en vigueur. Les bénéficiaires sont responsables, chacun en ce qui le concerne, des travaux d'installation, d'entretien ou de remplacement et des conséquences que pourrait comporter la présence des antennes en cause.**

(L. n° 2008-776 du 4 août 2008, art. 109-II) **« II.– Le propriétaire d'un immeuble ne peut, nonobstant toute convention contraire, même antérieurement conclue, s'opposer sans motif sérieux et légitime au raccordement à un réseau de communications électroniques à très haut débit en fibre optique ouvert au public ainsi qu'à l'installation, à l'entretien ou au remplacement des équipements nécessaires, aux frais d'un ou plusieurs locataires ou occupants de bonne foi.**

« Constitue notamment un motif sérieux et légitime de s'opposer au raccordement à un réseau de communications électroniques à très haut débit en fibre optique ouvert au public la préexistence de lignes de communications électroniques en fibre optique permettant de répondre aux besoins spécifiques du demandeur. Dans ce cas, le propriétaire peut demander que le raccordement soit réalisé au moyen desdites lignes, dans les conditions prévues par l'article L. 34-8-3 du code des postes et des communications électroniques.

« Constitue également un motif sérieux et légitime de s'opposer au raccordement à un réseau de communications électroniques à très haut débit en fibre optique ouvert au public la décision prise par le propriétaire, dans un délai de six mois suivant la demande du ou des locataires ou occupants de bonne foi, d'installer des lignes de communications électroniques à très haut débit en fibre optique en vue d'assurer la desserte de l'ensemble des occupants de l'immeuble dans des conditions satisfaisant les besoins spécifiques du demandeur. Dans ce cas, une convention est établie entre le propriétaire de l'immeuble et l'opérateur dans les conditions prévues par l'article L. 33-6 du code des postes et des communications électroniques.

« Lorsqu'elles sont réalisées par un opérateur de communications électroniques exploitant un réseau ouvert au public, les opérations d'installation mentionnées au premier alinéa du présent II se font aux frais de cet opérateur.

« Le présent II est applicable à tous les immeubles à usage d'habitation ou à usage mixte, quel que soit leur régime de propriété. » *– V. Décr. n° 2009-53 du 15 janv. 2009, App., v° Antennes et câbles.*

La L. n° 2004-669 du 9 juill. 2004 est applicable à Mayotte (L. préc., art. 140).

Sur l'exploitation des réseaux sous le régime de la déclaration préalable en cas de rejet de l'offre de raccordement par les locataires, V. L. n° 86-1067 du 30 sept. 1986, art. 43. – ***C. pén.***

Sur la compétence du tribunal d'instance en matière de contestations relatives à l'application de l'art. 1er, V. Décr. n° 2009-53 du 15 janv. 2009, art. 2-IV, et COJ, art. R. 221-22-1 et R. 221-48. – ***C. pr. civ.***

V. ***C. baux****, Copropriété, App., la recommandation n° 19 de la Commission relative à la copropriété, relative à l'installation d'un réseau câblé ou d'une antenne distribuant des services de télévision dans les immeubles soumis au statut de la copropriété.*

1. Champ d'application de la loi. Le « droit à l'antenne » reconnu par la loi de 1966 s'applique également aux antennes de télévision quel qu'en soit le type. • Paris, 17 déc. 1997 : *Gaz. Pal. 1999. 1. Somm. 16.*

2. Convention contraire. Pour un exemple d'inefficacité d'une clause de règlement général de location (à propos de la pose d'une antenne parabolique), V. • Paris, 25 oct. 1996 : *Loyers et copr. 1997, n° 1, obs. Vial-Pedroletti.* ♦ Le bailleur ne peut, se rapportant aux dispositions du bail, subordonner l'installation d'une antenne parabolique à l'octroi d'une autorisation. • Paris, 5 févr. 1998 : *Loyers et copr. 1998, n° 179 (2e esp.), obs. Vial-Pedroletti.* ♦ Dans le même sens, concernant une clause du règlement de copropriété ou une décision d'assemblée générale, V. • Paris, 30 mai 2001 : *Loyers et copr. 2001, n° 233.*

3. Motif sérieux et légitime. L'offre de raccordement à un réseau câblé ou à une antenne hertzienne ne peut constituer un motif sérieux et légitime de refuser à un locataire l'installation d'une antenne parabolique individuelle dès lors que les prestations fournies ne sont pas comparables. • Paris, 8e ch. A, 28 mars 1995 : *D. 1996. Somm. 379, obs. CRDP Nancy 2 ; Loyers et copr. 1995, n° 411 ; Rev. huiss. 1996. 97* • Paris, 8e ch. B, 5 févr. 1998 (2e esp.) : *préc. note 2.* ♦ *Contra*, jugeant que le locataire ne saurait invoquer une quelconque atteinte au droit à l'information, alors que l'immeuble est relié à un système câblé de télévision : • Besançon, 2 févr. 2000 : *Loyers et copr. 2001, n° 140, obs. crit. Vial-Pedroletti.* ♦ Pour un exemple de prestations comparables fournies par le câble, V. • Paris, 10 févr. 2000 : *AJDI 2000. 434*. ♦ Précisant que la position des tribunaux est moins stricte lorsque le raccordement au câble correspond à un service collectif dont le contenu et la tarification sont définis par un accord collectif propriétaires-locataires pris en application de l'art. 42 de la loi n° 86-1290 du 23 déc. 1986 [V. ce texte, App., v° *Rapports locatifs*] : Rép. min. n° 1163 : *JO Sénat Q, 23 oct. 1997, p. 2919.* ♦ Si la circonstance que certaines chaînes ne sont pas agréées par le CSA rend légitime le refus par la copropriété de faire figurer ces chaînes parmi celles qui seront captées par l'antenne collective, en revanche, elle ne constitue pas un motif sérieux et légitime au sens de l'art. 1er de la loi de 1966. • Versailles, 13 oct. 1998 : *JCP 1999. II. 10030, obs. Da Silva-Farge ; Loyers et copr. 1999, n° 100, obs. Vigneron.* ♦ En revanche, l'atteinte à l'harmonie et à l'esthétique constitue un motif sérieux et légitime de s'opposer à l'installation d'une antenne parabolique sur la façade. • Paris, 8e ch. A, 28 mars 1995 : *préc.* ♦ Une telle atteinte à l'harmonie et à l'esthétique de l'immeuble ne peut plus être invoquée si l'antenne est posée sur la toiture. • Paris, 8e ch. A, 28 mars 1995 : *préc.* ♦ Comp., jugeant que n'étant pas copropriétaire, le locataire n'a aucun droit sur le toit, partie commune, mais qu'il peut prévoir une installation de taille réduite à mettre en place sur son balcon ou sur sa fenêtre qui ne nécessiterait aucune autorisation : • Paris, 8e ch. D, 6 mars 1997 : *Loyers et copr. 1997, n° 157 ; Rev. loyers 1998. 293, obs. crit. Rémy.* ♦ Jugeant que posée sur le plancher du balcon et ne dépassant que de quelques centimètres la rambarde, l'antenne ne nuit pas à l'esthétique de l'immeuble, V. • Paris, 5 févr. 1998 : *Loyers et copr. 1998, n° 179 (1re esp.), obs. Vial-Pedroletti.* – Comp. : • Versailles, 27 oct. 2000 : *BICC 2001, n° 375 ; Loyers et copr. 2001, n° 234.* ♦ Concernant le respect de l'esthétique et de la sécurité, V. aussi : Rép. min. n° 22440 : *JOAN Q, 13 mars 1995, p. 1384.* ♦ V. également, à propos d'une antenne parabolique posée ou fixée sur le sol d'un balcon, • Paris, 6e ch. B, 25 oct. 1996 : *préc. note 2.*

Le risque de détérioration du complexe d'étanchéité de la toiture-terrasse constitue un motif sérieux et légitime de refus de réinstallation d'une antenne. • Paris, 11 févr. 1999 : *Loyers et copr. 1999, n° 143* • 10 févr. 2000 : *préc.* ♦ En revanche, l'installation sur le toit d'une antenne parabolique motorisée individuelle ne saurait être refusée dès lors que le bailleur ne rapporte pas la preuve, lui incombant, de l'existence de risques d'incendie. • Civ. 3e, 21 juin 2000 : *Bull. civ. III, n° 125 ; D. 2000. IR 206 ; Rev. loyers 2000. 446.* ♦ A propos d'une antenne parabolique sur le balcon, estimant qu'indépendamment du caractère inesthétique de l'installation, le bailleur peut s'y opposer pour un motif de sécurité, V. • Besançon, 2 févr. 2000 : *préc.*

L'opposition du syndicat des copropriétaires à l'installation d'une antenne parabolique par l'un des copropriétaires sur une terrasse (partie commune), assortie de l'autorisation d'installer l'antenne sur le toit de l'immeuble, préservant ainsi les droits de la personne désirant procéder à une telle installation est fondée comme reposant sur un motif sérieux et légitime. • Paris, 16 déc. 1999 : *D. 2000. IR 213 ; RDI 2000. 248, obs. Capoulade ; AJDI 2000. 258 ; Loyers et copr. 2000, n° 94, obs. Vigneron.*

Est valable, la soumission de l'autorisation d'installer une antenne parabolique à la condition que l'installation soit effectuée par un professionnel agréé, sous la surveillance de l'architecte de l'immeuble, les câbles devant passer dans les gaines existantes. • Civ. 3e, 9 févr. 2000 : *Bull. civ. III, n° 30 ; RDI 2000. 247, obs. Capoulade ; Loyers et copr. n° 120, obs. Vigneron ; Administrer avr. 2000. 50, note Capoulade.* ♦ V. aussi, jugeant valable la décision d'assemblée générale de subordonner l'installation d'antennes paraboliques individuelles à une demande préalable auprès du syndic et à l'intervention d'un professionnel, ces exigences correspondant respectivement à un intérêt légitime d'esthétique pour l'ensemble des occupants et à un impératif de sécurité, • Grenoble, 17 févr. 1999 : *JCP 2000. IV. 1569.* – V. encore • Versailles, 27 oct. 2000 : *préc.*

4. Condamnant un syndicat ayant fait obstacle sans motif à la demande d'un copropriétaire d'installer une antenne parabolique sur le toit de l'immeuble à lui verser des dommages-intérêts, V. • TGI Créteil, 9 févr. 1998 : *Gaz. Pal. 1998. 2. Somm. 432.*

5. Le propriétaire destinataire d'une information ne respectant pas les prescriptions de l'art. 1er du décr. no 67-1171 du 22 déc. 1967 est fondé à se prévaloir d'un motif sérieux et légitime. • Versailles, 3 avr. 1998 : *Gaz. Pal. 1998. 2. Somm. 626 ; Rev. loyers 1999. 194, obs. Teilliais.* – V. aussi • Paris, 8e ch. D, 6 mars 1997 : *préc. note 3* • Paris, 23e ch. B, 16 déc. 1999 : *préc. note 3* • 27 juin 2001 : *D. 2001. IR 2723 ; Loyers et copr. 2002, no 15.*

Art. 2 *(L. no 90-1170 du 29 déc. 1990, art. 25-III)* **Le propriétaire qui a installé à ses frais une antenne collective ou un réseau interne à l'immeuble fournissant un service collectif est fondé à demander à chaque usager acceptant de se raccorder à cette antenne collective ou à ce réseau interne, à titre de frais de branchement et d'utilisation, une quote-part des dépenses d'installation, d'entretien et de remplacement.** – *La L. no 2004-669 du 9 juill. 2004 est applicable à Mayotte (L. préc., art. 140).*

Le locataire qui n'accepte pas d'être raccordé à un câble d'antenne collective de télévision n'est pas tenu de s'acquitter d'une quote-part des frais d'installation. • Civ. 3e, 29 janv. 2002 : *AJDI 2002. 299, obs. Rouquet ; Loyers et copr. 2002, no 142, obs. Vial-Pedroletti ; Administrer juin 2002. 41, obs. Canu.* ♦ Comp., jugeant que viole l'art. 42 de la loi no 86-1290 du 23 déc. 1986 [V. ce texte, App., *vo Rapports locatifs*], et l'art. 1er, al. 4, de la L. no 66-457 du 2 juill. 1966, le tribunal qui ordonne la restitution à un locataire d'une somme correspondant au coût de l'installation d'un raccordement collectif au câble, alors qu'un accord proposé par le bailleur et approuvé par la majorité des locataires s'impose à tous : • Civ. 3e, 28 juin 2000 : *Bull. civ. III, no 131 ; D. 2000. IR 227 ; Rev. loyers 2000. 447 ; Loyers et copr. 2001, no 1, obs. Vial-Pedroletti ; Administrer oct. 2001. 56, obs. Canu.*

Art. 3 Le propriétaire peut, après un préavis de deux mois, raccorder les récepteurs individuels à l'antenne collective et déposer les antennes extérieures précédemment installées par des locataires ou occupants de bonne foi, lorsqu'il prend en charge les frais d'installation et de raccordement de l'antenne collective et les frais de démontage des antennes individuelles.

Art. 4 La présente loi est applicable aux immeubles qui se trouvent en indivision ou qui sont soumis au régime de la copropriété.

Les indivisaires, les copropriétaires et les membres des sociétés de construction peuvent, lorsqu'ils sont occupants, se prévaloir des dispositions de la présente loi.

1. La loi de 1966 ne s'applique pas qu'aux immeubles en indivision ou en copropriété (à propos d'un bailleur HLM). • Civ. 3e, 21 juin 2000 : *Bull. civ. III, no 125 ; D. 2000. IR 206 ; Rev. loyers 2000. 446 ; Loyers et copr. 2001, no 1, obs. Vial-Pedroletti.* ♦ V. déjà, jugeant que les dispositions de la loi du 2 juill. 1966 sont applicables, d'une façon générale, à tous les immeubles, y compris aux HLM. • Dijon, 13 janv. 1993 : *Rev. loyers 1994. 450, note Gallet.*

La loi de 1966 et son décret d'application du 22 déc. 1967 sont applicables aux *lotissements.* • Civ. 3e, 25 sept. 2002 : *D. 2002. IR 2778.*

2. Pour des exemples d'application de la législation relative au « droit à l'antenne » opposant le syndicat de copropriété à un copropriétaire désireux d'installer une antenne individuelle, V. • Paris, 17 déc. 1997 : *Gaz. Pal. 1999. 1. Somm. 16* • 18 nov. 1998 : *Loyers et copr. 1999, no 72, obs. Vigneron.*

3. Articulation de la loi de 1966 avec la loi no 65-557 du 10 juill. 1965 sur la copropriété. BIBL. Allemand, *AJDI 2000. 190* (service collectif audiovisuel dans les copropriétés). ♦ Jugeant que l'art. 25 *j* de la loi du 10 juill. 1965 ne saurait prévaloir sur les dispositions de la loi du 2 juill. 1966 qui consacre une liberté individuelle au droit à l'antenne émettrice et réceptrice d'une station d'amateur et interdit toute action illégitime susceptible d'y porter atteinte et entend précisément déroger aux règles ordinaires de la copropriété, V. • Aix-en-Provence, 30 mars 1995 : *Bull. Aix 1995, no 2, p. 299 ; Loyers et copr. 1995, no 383.* – V. aussi • Versailles, 13 oct. 1998 : *JCP 1999. II. 10030, obs. Da Silva Farge ; Loyers et copr. 1999, no 100, obs. Vigneron.*

Aucune disposition de la loi de 1966, transposable aux copropriétés, ni aucune autre disposition légale n'autorise un syndicat à imposer aux personnes se raccordant au réseau câblé interne à l'immeuble un abonnement à un ensemble de chaînes, nul ne pouvant être contraint de s'abonner à des programmes télévisuels. • Civ. 3e, 1er déc. 1999 : *Loyers et copr. 2000, no 47, obs. Vigneron ; Administrer août-sept. 2000. 38, note Bouyeure ; JCP N 2000, no 15, p. 643, note Djigo ; AJDI 2000. 260*.

La loi de 1966 n'accorde sa protection exorbitante du droit commun de la copropriété qu'à des particuliers dans le cadre de leurs propres exigences culturelles individuelles confrontées à l'évolution de la technologie et non à des commerçants qui voudraient n'en invoquer le bénéfice qu'à un usage strictement professionnel. • Aix-en-Provence, 7 avr. 1998 : *Loyers et copr. 1998, no 193, obs. Vigneron ; IRC févr. 1999. 15, obs. Ritschy.*

Art. 5 La présente loi entrera en vigueur le 1er janvier 1967. Le décret no 53-987 du 30 septembre 1953, pris en vertu de la loi no 53-611 du 11 juillet 1953, sera abrogé à cette date.

Art. 6 Un décret en Conseil d'État déterminera les conditions d'application de la présente loi. – *V. Décr. no 67-1171 du 22 déc. 1967.*

Art. 7 *(L. no 93-1 du 4 janv. 1993, art. 2)* La présente loi est applicable dans les territoires de la Nouvelle-Calédonie, de la Polynésie française, des îles Wallis-et-Futuna et à Mayotte.

Décret no 67-1171 du 22 décembre 1967,

Fixant les conditions d'application de la loi no 66-457 du 2 juillet 1966 relative à l'installation d'antennes réceptrices de radiodiffusion (JO 28 déc. ; BLD 1968. 69).

Art. 1er *(Décr. no 93-533 du 27 mars 1993, art. 1er)* « Avant de procéder aux travaux d'installation, d'entretien ou de remplacement d'une antenne réceptrice de radiodiffusion sonore ou de télévision, ou d'une antenne émettrice et réceptrice d'une station d'amateur, ou aux travaux de raccordement à un réseau câblé mentionnés par l'article 1er de la loi no 66-457 du 2 juillet 1966 susvisée, le locataire ou l'occupant de bonne foi doit en informer le propriétaire par lettre recommandée avec demande d'avis de réception. Une description détaillée des travaux à entreprendre est jointe à cette notification, assortie s'il y a lieu d'un plan ou d'un schéma, sauf si l'établissement de ce plan a été rendu impossible du fait du propriétaire. La notification doit indiquer également la nature du ou des services de radiodiffusion sonore ou de télévision dont la réception serait obtenue à l'aide de ladite antenne individuelle ou dudit raccordement. »

Si l'immeuble est soumis au statut des immeubles en copropriété, la notification est faite au bailleur et au syndic.

Si l'immeuble appartient à une société, la notification est faite au représentant légal de celle-ci, et le cas échéant, au porteur de parts qui a consenti le bail.

Si l'immeuble est indivis, la notification est faite à l'un des indivisaires, à charge pour lui d'informer sans délai ses coïndivisaires.

1. Absence d'autorisation préalable. Au regard du décret du 22 déc. 1967, le propriétaire n'a pas à donner son autorisation à l'installation ; il peut seulement y opposer un valable motif de refus. • Paris, 5 févr. 1998 : *Loyers et copr. 1998, no 179 (1re esp.), obs. Vial-Pedroletti.* ◆ *Contra*, confirmant la décision ayant condamné le locataire à enlever l'antenne parabolique qu'il a installée sans aucune autorisation : • Besançon, 2 févr. 2000 : *Loyers et copr. 2001, no 140, obs. crit. Vial-Pedroletti.* – V. notes 2 et 3 ss. L. no 66-457 du 2 juill. 1966, art. 1er.

2. Forme de l'information donnée au propriétaire. Sur les conséquences de l'information délivrée au propriétaire : par lettre simple, V. note 1 ss. art. 2. ◆ ... Sans respecter les autres prescriptions de l'art. 1er, V. note 5 ss. L. no 66-457 du 2 juill. 1966, art. 1er.

3. Impossibilité d'établir un plan ou un schéma des travaux. Pour un exemple d'absence de communication de ces éléments au syndicat des copropriétaires en raison de l'impossibilité pour le copropriétaire demandeur d'avoir accès aux parties communes, V. • Paris, 18 nov. 1998 : *Loyers et copr 1999, no 72, obs. Vigneron ; IRC févr. 2000. 12, obs. Ritschy.*

Art. 2 *(Décr. nº 93-533 du 27 mars 1993, art. 2)* Le propriétaire qui entend s'opposer à l'installation ou au remplacement de l'antenne individuelle ou aux travaux de raccordement à un réseau câblé doit, à peine de forclusion, saisir dans le délai de trois mois la juridiction compétente. Il peut, s'agissant de réception de radiodiffusion sonore ou de télévision, faire dans le même délai une proposition de raccordement, soit à une antenne collective, soit à un réseau interne à l'immeuble raccordé à un réseau câblé, qui fournissent un service collectif dont le contenu et la tarification sont définis par un accord entre propriétaire et locataires pris en application de l'article 42 de la loi du 23 décembre 1986 susvisée.

Si le propriétaire n'a pas effectué le raccordement dans le délai de trois mois à compter de la proposition de raccordement, le locataire ou l'occupant de bonne foi pourra procéder à l'exécution des travaux qui ont fait l'objet de la notification prévue à l'article 1er.

1. Délai de forclusion. Pour des exemples de forclusion, V. • Colmar, 21 mars 1996 : *BICC août 1996, nº 25 ; Rev. huiss. 1996. 1150* • Aix-en-Provence, 30 mars 1995 : *Loyers et copr. 1995, nº 383 ; Bull. Aix 1995, nº 2, p. 299.* ◆ En ce sens qu'une décision d'assemblée générale de copropriété ne saurait revenir sur un droit acquis par forclusion, V. Aix-en-Provence, 30 mars 1995 : *préc.* – V. aussi • Paris, 18 nov. 1998 : *Loyers et copr. 1999, nº 72, obs. Vigneron ; IRC févr. 2000. 12, obs. Ritschy.*

Jugeant que faute d'avoir informé le propriétaire par lettre recommandée avec demande d'avis de réception de la pose d'une antenne parabolique, le locataire ne peut lui opposer la forclusion de son action, V. • Paris, 5 févr. 1998 : *Loyers et copr. 1998, nº 179 (2e esp.), obs. Vial-Pedroletti.*

L'interruption du délai de forclusion par la saisine de la juridiction compétente vaut tant pour celui contre laquelle court cette forclusion que pour celui auquel elle profite. • Paris, 6 mars 1997 : *Loyers et copr. 1997, nº 157 ; Rev. loyers 1998. 293, obs. Rémy.*

L'assemblée générale des copropriétaires ne s'étant pas opposée à la demande du locataire d'installer une antenne de réception de télévision par satellite, mais ayant seulement soumis la réalisation de ce projet à certaines conditions destinées à garantir l'intégrité de l'immeuble, le syndicat n'était pas tenu de saisir le tribunal d'instance dans le délai de l'art. 2. • Civ. 3e, 9 févr. 2000 : *Bull. civ. III, nº 30 ; RDI 2000. 247, obs. Capoulade ; Loyers et copr. 2000, nº 120, obs. Vigneron ; Administrer avr. 2000. 50, note Capoulade.*

2. Respect de la sécurité et de l'esthétique de l'immeuble. V. Rép. min. nº 22420, *JOAN Q, 13 mars 1995, p. 1384.* ◆ Concernant l'esthétique, V. note 3 ss. L. nº 66-457 du 2 juill. 1966, art. 1er.

3. Tribunal compétent. La demande d'opposition d'un syndicat des copropriétaires doit être présentée devant le tribunal d'instance. • Colmar, 21 mars 1996 : *préc. note 1* • Paris, 17 déc. 1997 : *Gaz. Pal. 1999. 1. Somm. 16.*

Art. 3 La quote-part des dépenses d'installation, de remplacement et d'entretien susceptible d'être perçue en vertu de l'article 2 de la loi susvisée est égale au quotient du total des frais exposés par le nombre total des branchements de l'installation. Seuls ceux qui utilisent leur branchement sont appelés à verser leur quote-part des dépenses d'installation lors du raccordement. Les raccordements ultérieurs donnent lieu au règlement dans les mêmes conditions.

Art. 4 Les contestations relatives à l'application de la loi susvisée sont portées devant le tribunal d'instance du lieu de la situation de l'immeuble et jugées suivant les règles de procédure en vigueur devant cette juridiction.

Décret nº 2009-53 du 15 janvier 2009,

Relatif au droit au très haut débit pris en application du II de l'article 1er de la loi nº 66-457 du 2 juillet 1966 relative à l'installation d'antennes réceptrices de radiodiffusion.

BIBL. ▶ PINET et SOUIED, *Rev. bleue mars 2009. 26.*

Art. 1er Avant de procéder aux travaux de raccordement à un réseau à très haut débit en fibre optique, à l'installation, à l'entretien ou au remplacement de lignes de communications électroniques à très haut débit en fibres optiques, le locataire ou occupant de bonne foi en informe le propriétaire par tout moyen permettant de donner date certaine à la réception de cette information. Il précise éventuellement dans sa demande les besoins spécifiques liés à une utilisation professionnelle. Une description détaillée des travaux à entreprendre est jointe à cette information, assortie d'un plan ou d'un schéma, sauf si l'établissement de ce plan a été rendu impossible du fait du propriétaire.

Dans le cas d'un immeuble en copropriété, l'information est faite au bailleur et au syndic de copropriété représentant le syndicat des copropriétaires.

Si l'immeuble appartient à une société, l'information est faite à son représentant légal.

Si l'immeuble est indivis, l'information est faite à l'un des indivisaires, à charge pour lui d'informer sans délai ses coïndivisaires.

Art. 2 I. – Le propriétaire qui entend s'opposer au raccordement demandé ou au remplacement de lignes de communications électroniques à très haut débit en fibres optiques au motif que l'immeuble est déjà équipé de manière à satisfaire la demande, y compris les éventuels besoins spécifiques liés à une utilisation professionnelle précisés dans cette demande, notifie son opposition au demandeur par tout moyen permettant de donner date certaine à cette notification dans les trois mois suivant la demande. Si les lignes, équipements ou services existants ne permettent pas de répondre aux besoins spécifiques du demandeur, celui-ci peut saisir la juridiction compétente un mois après en avoir informé le propriétaire, en précisant les insuffisances en cause, par tout moyen permettant de donner date certaine à la réception de cette information.

II. – Le propriétaire qui entend s'opposer au raccordement demandé ou au remplacement de lignes de communications électroniques à très haut débit en fibres optiques au motif qu'une décision est en préparation en vue d'installer de telles lignes pour desservir tous les logements ou locaux de l'immeuble de manière à satisfaire la demande, y compris les éventuels besoins spécifiques liés à une utilisation professionnelle précisés dans cette demande, notifie au demandeur son intention de s'opposer, par tout moyen permettant de donner date certaine à cette notification dans les trois mois suivant la demande, en y joignant tous éléments relatifs à ce projet en sa possession et le cas échéant, dans le cas d'un immeuble en copropriété, l'inscription à l'ordre du jour de la prochaine assemblée générale de l'examen d'un tel projet.

Si les lignes, équipements ou services projetés, ne permettent pas de répondre aux besoins spécifiques du demandeur, celui-ci en informe le propriétaire par tout moyen permettant de donner date certaine à cette information, en précisant les insuffisances en cause. Si aucun accord ne peut être trouvé dans un délai de six mois suivant la demande, le demandeur peut saisir la juridiction compétente.

Si le propriétaire n'a pas notifié au demandeur, dans les six mois qui suivent sa demande, la décision ferme de lancement des travaux, ou si lesdits travaux ne sont pas réalisés dans les six mois qui suivent cette décision, ou si le projet a fait l'objet d'une résolution défavorable de l'assemblée générale des copropriétaires, le demandeur peut procéder à l'exécution des travaux qui ont fait l'objet de la notification prévue à l'article 1er. Il en informe le propriétaire.

La conclusion de la convention prévue à l'article L. 33-6 du code des postes et des communications électroniques constitue une décision ferme de lancement des travaux telle que mentionnée à l'alinéa précédent.

III. – En dehors des cas prévus au I et au II, le propriétaire qui entend s'opposer au raccordement demandé, à l'entretien ou au remplacement de lignes de communications électroniques à très haut débit en fibre optique doit, à peine de forclusion, saisir dans le délai de six mois suivant la demande la juridiction compétente après en avoir informé le demandeur par tout moyen permettant de donner date certaine à cette information. En l'absence d'une telle information au terme du même délai, le demandeur peut procéder à l'exécution des travaux qui ont fait l'objet de la notification prévue à l'article 1er.

IV. – Le tribunal d'instance du lieu de la situation de l'immeuble connaît des contestations relatives à l'application du II de l'article 1er de la loi no 66-457 du 2 juillet 1966 susvisée et du présent décret.

....

V. Décr. no 2009-54 du 15 janv. 2009 relatif à la convention entre opérateur et propriétaire portant sur l'installation, la gestion, l'entretien et le remplacement de lignes de communications électroniques à très haut débit en fibre optique dans un immeuble (JO 16 janv.).

V. aussi Arr. du 15 janv. 2010 homologuant la décision no 2009-1106 de l'ARCEP en date du 22 déc. 2009 précisant, en application des art. L. 34-8 et L. 38-8-3 CPCE, les modalités de l'accès aux lignes de communications électroniques à très haut débit en fibre optique et les cas dans lesquels le point de mutualisation peut se situer dans les limites de la propriété privée (JO 17 janv.).

2 LIBERTÉ DE COMMUNICATION

Loi no 86-1067 du 30 septembre 1986,

Relative à la liberté de communication.

Art. 34 *(L. no 2004-669 du 9 juill. 2004, art. 65)* I. – Tout distributeur de services qui met à disposition du public, par un réseau n'utilisant pas des fréquences assignées par le Conseil supérieur de l'audiovisuel, une offre de services de communication audiovisuelle comportant des services de radio ou de télévision, dépose une déclaration préalable auprès du conseil.

Seuls peuvent avoir la qualité de distributeur de services les sociétés, y compris les sociétés d'économie mixte locale, les organismes d'habitations à loyer modéré, les collectivités territoriales et leurs groupements dans les conditions prévues au II, ainsi que les régies prévues par la loi no 46-628 du 8 avril 1946 sur la nationalisation de l'électricité et du gaz.

Toutefois, sont dispensés de cette déclaration les distributeurs de services qui desservent moins de cent foyers.

Toute modification d'éléments de cette déclaration doit être préalablement notifiée au Conseil supérieur de l'audiovisuel.

Le conseil peut, par décision motivée prise dans un délai fixé par voie réglementaire, s'opposer soit à l'exploitation d'une offre de services, soit à une modification de la composition de cette offre, s'il estime qu'elle ne satisfait pas aux conditions et obligations de la présente loi, notamment celles mentionnées aux articles 1er, 3-1, 15 et 34-1 à *[et]* *(L. no 2011-525 du 17 mai 2011, art. 142)* « 34-2 », ou s'il estime qu'elle porte atteinte aux missions de service public assignées par l'article 43-11 aux sociétés nationales de programme et à la chaîne Arte, notamment par la numérotation attribuée au service dans l'offre commerciale.

Un décret en Conseil d'État précise les conditions d'application du présent article, notamment les éléments que doit contenir la déclaration.

II. – Toutefois, les collectivités territoriales et leurs groupements ne peuvent exercer directement ou indirectement l'activité de distributeur de services qu'après avoir constaté une insuffisance d'initiatives privées propres à satisfaire les besoins de la population concernée et en avoir informé le Conseil supérieur de l'audiovisuel. Les interventions des collectivités s'effectuent dans des conditions objectives, transparentes, non discriminatoires et proportionnées. L'insuffisance d'initiatives privées est constatée par un appel d'offres déclaré infructueux ayant visé à satisfaire les besoins de la population concernée en services de communication audiovisuelle.

Les dépenses et les recettes afférentes à l'exercice d'une activité de distributeur de services de communication audiovisuelle sur ces mêmes réseaux par les collectivités territoriales et leurs groupements sont retracées au sein d'une comptabilité distincte.

Les collectivités territoriales et leurs groupements exerçant directement ou indirectement une activité de distributeur de services audiovisuels à la date de la publication de la loi no 2004-669 du 9 juillet 2004 relative aux communications électroniques et aux services de communication audiovisuelle ne sont pas soumises à l'obligation prévue au premier alinéa du présent II de constatation d'une insuffisance d'initiatives privées propres à satisfaire les besoins de la population concernée.

Art. 34-1 *(L. no 2004-669 du 9 juill. 2004, art. 66)* Les éditeurs de services diffusés par voie hertzienne terrestre en application des articles 26 et 30 ainsi que les éditeurs de services qui ne font pas appel à une rémunération de la part des usagers diffusés par voie hertzienne terrestre en mode numérique en application de l'article 30-1 *(L. no 2007-309 du 5 mars 2007, art. 11)* « et qui ont une vocation nationale ou sont normalement reçus dans la zone par voie hertzienne terrestre ne peuvent » s'opposer à la retransmission de leurs services sur le réseau de distribution de télévision interne à un immeuble collectif, à une copropriété ou à un ensemble locatif lorsque ce réseau est raccordé à un réseau de communications électroniques autre que satellitaire ne donnant accès qu'à un nombre limité de services de télévision en raison de contraintes liées à la bande passante utilisée, ni conditionner cette reprise à une rémunération.

Tout distributeur de services qui exploite un réseau interne de distribution de télévision établi dans les conditions définies au premier alinéa du présent article adresse, sur demande de la personne qui lui confie l'exploitation de ce réseau, une proposition commerciale de mise à disposition des services diffusés par voie hertzienne terrestre en application des articles 26 et 30 *(L. no 2007-309 du 5 mars 2007, art. 11)* « qui ont une vocation nationale ou sont » normalement reçus dans la zone. Lorsque le distributeur de services propose une offre en mode numérique, cette proposition concerne également les services qui ne font pas appel à une rémunération de la part des usagers diffusés par voie hertzienne terrestre en mode numérique en application de l'article 30-1 et *(L. no 2007-309 du 5 mars 2007, art. 11)* « qui ont une vocation nationale ou sont » normalement reçus dans la zone.

La proposition mentionnée au deuxième alinéa du présent article ne prend en compte que les frais d'installation, d'entretien ou de remplacement du réseau et n'est pas conditionnée à la souscription d'un abonnement à un ou plusieurs services. Les éditeurs concernés ne peuvent s'opposer au transport de ces chaînes par le réseau du distributeur de services que cette mise à disposition rendrait nécessaire, ni conditionner ce transport à une rémunération.

Les dispositions de la loi no 2004-669 du 9 juill. 2004 sont applicables à Mayotte (L. préc., art. 140).

ASSURANCE

Code des assurances

COMMENTAIRE

Les textes qui suivent ont vocation à résoudre la question de l'assurance des grands chantiers dans un marché qui ne peut proposer une couverture au-delà d'un certain montant. L'article L. 243-9 autorise le plafonnement des assurances obligatoires de responsabilité décennale et de dommages-ouvrage pour des ouvrages destinés à un usage autre que d'habitation. Les articles R. 243-1, R. 243-2 et R. 243-3 admettent le recours à des contrats collectifs et organisent le plafonnement en distinguant selon que le coût total de la construction déclaré par le maître de l'ouvrage se situe en deçà ou au-delà de 150 millions d'euros. Dans le premier cas de figure, le montant de la garantie ne peut être inférieur au coût total de la construction. Dans le second cas, le montant de la garantie ne peut être inférieur à 150 millions d'euros. La modification des seuils ci-dessus mentionnés est envisageable par arrêté ministériel pour tenir compte de l'évolution du coût de la construction et des capacités économiques des marchés de l'assurance et de la réassurance. ❑

PREMIÈRE PARTIE : *LÉGISLATIVE*

....

LIVRE II **Assurances obligatoires**

TITRE IV **L'assurance des travaux de construction** *(Ord. nº 2005-658 du 8 juin 2005, art. 3-I).*

Art. L. 243-9 *(L. nº 2006-1771 du 30 déc. 2006, art. 145)* **Les contrats d'assurance souscrits par les personnes assujetties à l'obligation d'assurance de responsabilité** *(L. nº 2008-735 du 28 juill. 2008, art. 50)* **« ou de dommages » en vertu du présent titre peuvent, pour des travaux de construction destinés à un usage autre que l'habitation, comporter des plafonds de garantie.**

Un décret en Conseil d'État fixe les conditions dans lesquelles les montants de garantie peuvent être plafonnés, en fonction notamment du montant des ouvrages, de leur nature ou de leur destination, de la qualité du maître d'ouvrage et du constructeur et, le cas échéant, du niveau de la couverture d'assurance des différents intervenants à une même construction.

V. art. R. 243-1 s.

BIBL. ▶ COURTIEU, *RCA 2007, nº 69.* – COMOLET et ZANATI, *Gaz. Pal. 2009. 1. Doctr. 1081.* – DESSUET, *RDI 2007. 66* ; *ibid. 2009. 61* ; *ibid. 2009. 90*.

LIVRE IV **Organisations et régimes particuliers d'assurance**

....

TITRE III **Organismes particuliers d'assurance**

CHAPITRE PREMIER *La caisse centrale de réassurance*

....

SECTION III *Opérations de gestion*

....

§ IV *Fonds de compensation des risques de l'assurance de la construction*

Art. L. 431-14 *(L. nº 82-540 du 28 juin 1982, art. 30, codifié par Décr. nº 85-863 du 2 août 1985, art. 4 et 5)* **Il est institué un Fonds de compensation des risques de l'assurance de la construction chargé de contribuer, dans le cadre de conventions qui pourront être conclues à cet effet avec les entreprises d'assurance concernées, à l'indemnisation de sinistres affectant des bâtiments dont les chantiers ont été ouverts avant une date fixée par décret en Conseil d'État, à partir de laquelle les primes correspondantes ne seront plus perçues.**

Le fonds pourra conclure des conventions avec les entreprises d'assurance afin de compenser les incidences financières de l'évolution des coûts de construction sur leurs garanties d'assurance décennale.

Le fonds contribue au financement d'actions de prévention des désordres et de promotion de la qualité dans la construction.

La gestion du fonds est confiée à la caisse centrale de réassurance.

Un décret en Conseil d'État fixe les conditions d'application du présent article. – *V. art. R. 431-48 à R. 431-59.*

V. Instr. 7-Q-2-90 du 29 juin 1990 (C. assur. L'Argus 1992. 252).

BIBL. ▶ BIGOT, *RGAT 1983. 292.* – CORDELIER, *RDI 1988. 17.* – BRAUNSTEIN, Le Fonds de compensation des risques construction, *Argus 1988. 127.* – DURRY, Le nouveau financement du Fonds de compensation des risques de l'assurance construction, *RDI 1986. 91.* – LEGAY, La forme du fonds, *RDI 1989. 75* ; Le fonds de compensation provisoirement remplacé, *Mon. TP 20 janv. 1989, p. 50.*

Sur l'institution par l'art. 42 de la loi n° 89-936 du 29 déc. 1989, d'une contribution additionnelle de 0,40 %, V. Rép. min., JO Sénat, 6 juin 1991 ; *Mon. TP, Suppl. textes, 21 juin 1991, p. 358 ; Rép. min., JOAN Q., 10 juin 1991 ; Mon. TP, Suppl. textes, 12 juill. 1991, p. 274.*

DEUXIÈME PARTIE : ***RÉGLEMENTAIRE***

LIVRE II **Assurances obligatoires**

....

TITRE IV **L'assurance des travaux de bâtiment**

(Décr. n° 78-1093 du 17 nov. 1978)

BIBL. ▶ COULON, Les conséquences du plafonnement de l'assurance-construction sur le dispositif *Spinetta, Constr.-Urb. 2009, étude n° 20.* – DESSUET, Actualité de l'assurance des opérations complexes, *RDI 2009. 61* ; Le décret sur le plafonnement des polices en assurance construction, *RDI 2009. 90* ; L'influence de la crise sur l'assurance-construction, *RDI 2010. 48* ; L'arrêté du 19 novembre 2009 : de nouvelles clauses types en matière d'assurance-construction obligatoire, *RDI 2010. 72*. – LEGUAY, Plus de plafond de garantie en assurance dommages-ouvrage pour les ouvrages à usage d'habitation, *RDI 2009. 552*. – PÉRINET-MARQUET, Plafonds de garantie applicables à l'assurance -construction, *Defrénois 2010. 227.*

Les dispositions du Décr. n° 2008-1466 du 22 déc. 2008 ne s'appliquent qu'aux contrats d'assurance conclus ou aux ouvertures de chantiers intervenues après sa publication (Décr. préc., art. 3).

Art. R. 243-1 *(Décr. n° 2008-1466 du 22 déc. 2008)* Les personnes mentionnées aux articles L. 241-1 et L. 241-2 peuvent satisfaire à l'obligation d'assurance leur incombant en vertu de ces articles en recourant à un contrat d'assurance collectif, en complément d'un ou plusieurs contrats d'assurance garantissant individuellement leur responsabilité dans la limite des plafonds fixés dans ce ou ces contrats.

Ce contrat d'assurance collectif peut être souscrit pour le compte de plusieurs personnes mentionnées à ces articles.

Art. R. 243-2 Les justifications prévues à l'article L. 243-2 doivent être apportées, lors de la déclaration d'ouverture du chantier, à l'autorité compétente pour recevoir cette déclaration.

(Décr. n° 2008-1466 du 22 déc. 2008) « Les justifications prévues au présent article précisent le montant des garanties apportées par chacun des contrats souscrits par ou pour le compte des personnes mentionnées aux articles L. 241-1, L. 241-2, L. 242-1 et L. 242-2 ainsi que les modalités d'articulation de ces différentes garanties entre elles.

« Lorsqu'il est recouru à un ou plusieurs contrats, auxquels s'appliquent les plafonds de garantie prévus à l'article R. 243-3, les justifications comportent en outre la mention du montant du coût de construction de l'ouvrage déclaré préalablement par le maître de l'ouvrage. »

En outre, pendant l'exécution des travaux, le maître de l'ouvrage peut demander à tout intervenant à l'acte de construire de justifier qu'il satisfait aux obligations prévues par les articles L. 241-1 et L. 241-2.

V. art. A. 243-1.

Art. R. 243-3 *(Décr. n° 2008-1466 du 22 déc. 2008)* I. — Le montant de garantie du ou des contrats d'assurance mentionnés à l'article L. 243-9 doit couvrir les personnes mentionnées aux articles L. 241-1, L. 241-2, L. 242-1 et L. 242-2 à hauteur d'un montant minimum par ouvrage. Ce montant ne peut être inférieur, pour cet ouvrage, au coût total de construction déclaré par le maître de l'ouvrage, ou à 150 millions d'euros si ce coût est supérieur à 150 millions d'euros.

Lorsqu'il est recouru à un contrat d'assurance collectif mentionné à l'article R. 243-1, le total des garanties, tel qu'il résulte de ce contrat collectif et des contrats garantissant chacune des personnes assurées par le contrat collectif, doit couvrir le paiement des travaux de réparation des dommages engageant la responsabilité décennale d'une ou de plusieurs de ces personnes, à hauteur du coût total de construction déclaré par le maître de l'ouvrage, ou à 150 millions d'euros si ce coût est supérieur à 150 millions d'euros.

II. – Le montant du plafond de garantie mentionné au I peut être modifié par arrêté conjoint du ministre chargé de l'économie et du ministre chargé de la construction, en tenant compte de l'évolution du coût de la construction et des capacités économiques des marchés de l'assurance et de la réassurance.

. . . .

LIVRE IV **Organisations et régimes particuliers d'assurance**

. . . .

TITRE III **Organismes particuliers d'assurance**

CHAPITRE PREMIER *La caisse centrale de réassurance*

. . . .

SECTION III *Opérations effectuées avec la garantie de l'État*

(Décr. nº 85-864 du 2 août 1985, art. 5 et 6)

. . . .

§ IV *Fonds de compensation des risques de l'assurance de la construction*

(Décr. nº 82-1159 du 30 déc. 1982, art. 1er à 11 et 14 ; Décr. nº 85-864 du 2 août 1985, art. 5 et 6)

Art. R. 431-48 Le fonds de compensation institué par l'article L. 431-14 contribue, dans le cadre des conventions prévues audit article, à l'indemnisation de sinistres affectant des bâtiments dont les chantiers ont été ouverts avant le 1er janvier 1983.

Art. R. 431-49 Pour les sinistres déclarés avant le 1er janvier 1983 et non réglés à cette date, la contribution du fonds de compensation est limitée à la prise en charge de 95 p. 100 au plus des insuffisances éventuelles du montant total des provisions pour sinistres à payer constituées au 31 décembre 1982, augmentées de leurs produits, par rapport au montant total des règlements correspondants.

Pour les sinistres déclarés à compter du 1er janvier 1983, la contribution du fonds s'opère en tenant compte des provisions pour risques en cours ou assimilées éventuellement constituées par les entreprises d'assurance.

La compensation des incidences financières de l'évolution des coûts de la construction prévue au deuxième alinéa de l'article L. 431-14 s'opère en tenant compte du rendement des placements des entreprises d'assurance.

Art. R. 431-50 Le fonds de compensation des risques de l'assurance de la construction fait l'objet, dans les écritures de la caisse centrale de réassurance, d'une comptabilité spéciale.

Les frais de gestion du fonds sont couverts par un prélèvement de la caisse centrale de réassurance sur les recettes du fonds.

Art. R. 431-51 Il est institué auprès du président du *(Décr. nº 93-176 du 5 févr. 1993)* « conseil d'administration de la caisse centrale de réassurance », pour la gestion du fonds de compensation, un comité consultatif présidé par un magistrat de la Cour des comptes ayant au moins le grade de conseiller-maître et composé du *(Décr. nº 93-176 du 5 févr. 1993)* « président du conseil d'administration de la caisse centrale de réassurance », et de trois représentants de l'État nommés, l'un par le ministre chargé de l'économie et des finances, l'autre par le secrétaire d'État chargé du budget, le troisième par le ministre chargé de l'urbanisme.

Siègent au comité cinq représentants des entreprises d'assurance nommés par le ministre chargé de l'économie et des finances sur proposition des organisations professionnelles des entreprises d'assurance et dix représentants des assurés nommés par le ministre chargé de l'urbanisme, dans les conditions suivantes :

1o Six représentants proposés par les organisations professionnelles du bâtiment, soit :

– un au titre des entreprises artisanales ;

– un au titre des autres entreprises ;

– deux au titre des concepteurs, dont un architecte ;

– un au titre des contrôleurs techniques ;

– un au titre des fabricants de matériaux visés à l'article 1792-4 du code civil ;

2o Quatre représentants des maîtres d'ouvrage, dont deux sont proposés par des organisations professionnelles des maîtres d'ouvrage publics et privés et deux par les organisations de consommateurs. – *Entrée en vigueur le 1er janv. 1993.*

Art. R. 431-52 Le comité est obligatoirement consulté sur les conventions prévues à l'article L. 431-14, ainsi que sur les comptes annuels du fonds.

Art. R. 431-53 Un plan de financement des actions prévues au troisième alinéa de l'article L. 431-14 est présenté au comité par le *(Décr. no 93-176 du 5 févr. 1993)* « président du conseil d'administration de la caisse centrale de réassurance » et soumis pour approbation aux ministres intéressés. – *Entrée en vigueur le 1er janv. 1993.*

Art. R. 431-54 *(Décr. no 93-176 du 5 févr. 1993)* « Le président du conseil d'administration de la caisse centrale de réassurance » peut soumettre au comité des affaires d'ordre général ou individuel sur lesquelles il veut solliciter son avis. – *Entrée en vigueur le 1er janv. 1993.*

Art. R. 431-55 Le comité se réunit sur convocation de son président, à l'initiative de ce dernier ou à la demande du *(Décr. no 93-176 du 5 févr. 1993)* « président du conseil d'administration de la caisse centrale de réassurance ». Il peut faire appel à des rapporteurs. Le secrétaire du comité est assuré par la caisse centrale de réassurance. – *Entrée en vigueur le 1er janv. 1993.*

Art. R. 431-56 *(Décr. no 93-176 du 5 févr. 1993)* « Le président du conseil d'administration de la caisse centrale de réassurance » présente chaque année au ministre chargé de l'économie et des finances, après accord du comité, un rapport sur la gestion du fonds. – *Entrée en vigueur le 1er janv. 1993.*

Art. R. 431-57 Les avoirs disponibles du fonds de compensation des risques de l'assurance de la construction sont placés par la caisse centrale de réassurance en actifs mentionnés à l'article R. 332-2. Ces actifs sont soumis aux limitations prévues aux articles R. 332-3 et R. 332-3-1 ; toutefois, pour le calcul de ces limitations, le montant de chacune des catégories d'actifs est rapporté au montant des avoirs disponibles du fonds.

Art. R. 431-58 Le contrôle des opérations ainsi que l'approbation des comptes du fonds sont effectués dans les mêmes conditions que pour les autres activités de la caisse centrale de réassurance.

Art. R. 431-59 Les entreprises artisanales mentionnées *(Décr. no 93-176 du 5 févr. 1993)* « au septième alinéa » de l'article L. 431-14 sont définies au premier alinéa de l'article 1er du décret no 62-235 du 1er mars 1962 modifié par l'article 1er du décret no 76-879 du 21 septembre 1976, et pour les départements du Bas-Rhin, du Haut-Rhin et de la Moselle, à l'article 3 du décret no 73-942 du 3 octobre 1973. – *Entrée en vigueur le 1er janv. 1993.*

TROISIÈME PARTIE : *ARRÊTÉS*

LIVRE II **Assurances obligatoires**

....

TITRE IV L'assurance des travaux de bâtiment

BIBL. ▶ BERTOLASO, L'actualisation des clauses types en assurance-construction : un chantier inachevé, *Constr.-Urb. 2010. Étude 2.* – CHARBONNEAU, Réforme des clauses types des contrats d'assurance obligatoire de construction, *Constr.-Urb. 2010. Focus 1.* – DESSUET, L'arrêté du 19 novembre 2009 : de nouvelles clauses types en matière d'assurance-construction obligatoire, *RDI 2010. 72*. – LEGUAY, Les nouvelles clauses types dommages-ouvrage : une occasion manquée, *RDI 2010. 240*. – PAGÈS-DE VARENNE, Clauses types : l'arrêté du 19 novembre 2009, un débat sans fin !, *Constr.-Urb. 2010. Repère 2.* – DESSUET, La mise à jour 2011 des textes de police DO, CNR et RC décennale : attention danger !, *RDI 2011. 482*.

COMMENTAIRE

En substituant la notion de « travaux de construction » à celle de « travaux de bâtiment » et en intégrant la garantie exceptionnelle des dommages aux existants, l'arrêté du 19 novembre 2009 adapte les clauses types à la modification du domaine de l'assurance obligatoire issue de l'ordonnance du 8 juin 2005. Le pouvoir réglementaire prend également en compte les nouvelles règles relatives au plafonnement de la garantie et aux modalités de répartition de la charge du sinistre, notamment en créant des clauses types spécifiques au contrat collectif de responsabilité décennale. Par ailleurs, l'arrêté fait œuvre novatrice en modifiant le processus de mise en jeu de la garantie dommages-ouvrage en présence de dommages apparus avant expiration de la garantie de parfait achèvement et les modalités de communications des rapports de l'expert. En assurance de responsabilité décennale, une rubrique est dédiée à la définition de l'ouverture de chantier. Enfin, la liste indicative des causes étrangères exclues de la garantie est supprimée et l'inobservation des règles de l'art devient une cause de déchéance de garantie. ❏

Art. A. 243-1 *(Arr. du 19 nov. 2009)* **Tout contrat d'assurance souscrit pour l'application du titre IV du livre II du présent code doit obligatoirement comporter les clauses figurant :**

Aux annexes I et III au présent article, en ce qui concerne l'assurance de responsabilité ;

A l'annexe II au présent article, en ce qui concerne l'assurance de dommages.

Toute autre clause du contrat ne peut avoir pour effet d'altérer d'une quelconque manière le contenu ou la portée de ces clauses, sauf si elle s'applique exclusivement à des garanties plus larges que celles prévues par le titre IV du livre II du présent code.

L'Arr. du 19 nov. 2009 (JO 27 nov.) s'applique aux contrats conclus ou reconduits postérieurement à sa publication (V. Arr. préc., art. 2).

[V. aussi les commentaires et la jurisprudence ss. les art. L. 111-27 s.]

I. ANNEXE I : ASSURANCE DE RESPONSABILITÉ

A. PRISE D'EFFET ET DURÉE DE LA GARANTIE

1. Prohibition des clauses de garantie subséquente. L'arrêté du 27 déc. 1982 qui a imposé l'insertion d'une clause prohibant le régime de la garantie subséquente n'a eu ni pour objet ni pour effet de modifier l'étendue du régime de responsabilité et de l'obligation d'assurance. Il n'y a donc pas lieu de l'annuler. • CE 27 juill. 1984, *Union nationale des synd. français d'architectes : Lebon 274 ; RGAT 1985. 256.* ◆ L'interdiction de stipuler le paiement d'une prime subséquente pour la garantie des sinistres postérieurs à la résiliation du contrat s'applique à toute prime, qu'elle soit provisionnelle ou définitive. • Civ. 3e, 8 oct. 1997 : *RCA 1998, no 36, note Groutel ; RGDA 1997. 1049, note d'Hauteville.*

2. Notion d'ouverture de chantier. L'ouverture de chantier s'entend du commencement effectif des travaux confiés à l'assuré. • Civ. 3e, 13 nov. 2003 : *Bull. civ. III, no 193 ; RDI 2004. 153, note Dessuet ; D. 2003. 3005 ;*

Constr.-Urb. 2004, n° 27, obs. Pagès-de Varenne ; Defrénois 2004. 453 • 18 févr. 2004 : *Bull. civ. III, n° 30 ; D. 2004 IR 603 ; RDI 2004. 153, note Dessuet ; Constr.-Urb. 2004, n° 80, obs. Pagès-de Varenne* • 13 sept. 2005 : *RDI 2006. 35* • 27 sept. 2006 : *RCA 2006, n° 381.* ◆ Cette solution vaut alors même que la police subordonne expressément la garantie à une DROC intervenue entre la prise d'effet et la résiliation du contrat d'assurance. • Civ. 3e, 16 nov. 2011 : *Constr.-Urb. 2012, n° 16, obs. Pagès-de Varenne ; RCA 2012, n° 80, obs. Groutel.* ◆ *Contra*, l'ouverture de chantier s'entend de la DROC (déclaration réglementaire d'ouverture de chantier) par le maître d'ouvrage. • Civ. 1re, 7 mai 2002 : *Bull. civ. I, n° 120 ; RDI 2002. 303, note Leguay ; RCA 2002, n° 267 ; ibid. Chron. 20, par Courtieu* • 23 mars 2004 : *RDI 2004. 343.* ◆ Sur l'ensemble de cette question, V. Bertolaso, Ménard, *Constr.-Urb. 2005. Étude 12* (DROC ou ouverture effective de chantier : le débat n'est pas clos).

B. MONTANT DE L'INDEMNISATION

3. Plafonds de garantie. Les clauses types constituant l'annexe I à l'art. A. 243-1 précisant que ce contrat garantit le paiement des travaux de réparation de l'ouvrage et ne prévoyant pas, en ce qui concerne le coût des travaux, de limitation à cette garantie, l'assureur ne peut invoquer une limitation de garantie figurant dans une police d'assurance de responsabilité décennale. • Civ. 1re, 25 mai 1992 : *Bull. civ. I, n° 151 ; D. 1992. 469, note Dubois ; RGAT 1992. 566 ; RCA 1992, n° 338* • 12 mai 1993 : *Bull. civ. I, n° 161 ; RDI 1992. 397, obs. Leguay ; D. 1993. IR 141* • Civ. 2e, 22 févr. 2007 : *RDI 2007. 121.* ◆ *Contra*, désignation d'un assureur tout en limitant les garanties obligatoires à un plafond déterminé : • BCT 7 déc. 2006 : *RCA 2007, n° 69, obs. Courtieu.* ◆ Depuis la L. n° 2006-1771 du 30 déc. 2006, V. art. L. 243-9 C. assur. et R. 243-1 s. qui légalisent et précisent le régime des plafonds de garantie pour des constructions autres que d'habitation.

4. Inopposabilité au maître d'ouvrage de la créance de prime de l'assureur. Un maître de l'ouvrage exerçant l'action directe en raison de désordres apparus dans la construction contre l'assureur du maître d'œuvre dont il n'était pas le débiteur ne peut se voir opposer par celui-ci la créance de primes qu'il avait sur l'assuré. • Civ. 1re, 28 avr. 1993 : *Bull. civ. I, n° 148 ; D. 1993. IR 519 ; RDI 1993. 395, note Leguay et Dubois.*

5. Franchise : inopposabilité. L'inopposabilité de la franchise prévue au contrat ne concerne que l'assurance obligatoire de la responsabilité du constructeur. Elle ne s'étend pas aux dommages immatériels ouverts, non par l'assurance obligatoire, mais par une garantie complémentaire spéciale. • Civ. 1re, 25 févr. 1992 : *Bull. civ. I, n° 63 ; D. 1992. 469, note Dubois ; RDI 1992. 231 ; ibid. 349 ; RGAT 1992. 324 ; RCA 1992. 211* • 7 oct. 1998 : *RGDA 1999. 142, note d'Hauteville* • Civ. 3e, 23 avr. 1997 : *Bull. civ. III, n° 85 ; RDI 1997. 600, note Leguay et Dubois ; RCA 1997, n° 210 (2e esp.) ; RGDA 1997. 771, note Périnet-Marquet ; RDI 1997. 600, obs. Dubois.* ◆ La clause limitant l'assurance facultative de la responsabilité du sous-traitant aux seuls dommages relevant de la responsabilité décennale du constructeur n'a pas pour effet de soumettre le contrat au régime de l'assurance décennale obligatoire. • Civ. 1re, 7 mai 2002 : *Bull. civ. I, n° 120 ; RDI 2002. 306, note Leguay ; RCA 2002, n° 210, note Groutel.* ◆ Conf. : • Civ. 3e, 12 mars 1997 : *Bull. civ. III, n° 52 ; RCA 1997, n° 210 (1re esp.) ; RGDA 1997. 511, note Karila.* ◆ *Contra*, dans le sens où l'assureur du sous-traitant doit garantir les dommages matériels sans application des clauses de franchise et de plafond de garantie inopposables aux tiers. • Civ. 3e, 31 oct. 2001 : *Bull. civ. III, n° 115 ; RDI 2002. 133, note Durry ; RCA 2002, n° 38, obs. Groutel.* ◆ La franchise obligatoire entre assureur et assuré est inopposable tant au tiers lésé, bénéficiaire de l'indemnité d'assurance qu'à son assureur de dommages subrogé dans ses droits. • Civ. 1re, 4 mars 1986 : *RGAT 1986. 409 ; Gaz. Pal. 1987. 1. 52, note Berly.*

6. Franchise : recouvrement. L'assureur dispose d'un recours contre son assuré aux fins de recouvrement du montant de la franchise sous réserve que la responsabilité décennale de l'assuré soit établie ou reconnue par lui. • Civ. 1re, 19 juin 2001 : *Bull. civ. I, n° 175 ; RDI 2001. 346, note Leguay ; RCA 2001, n° 335, obs. Courtieu.* ◆ Dans l'hypothèse où l'assureur RC décennale a indemnisé un assureur dommages-ouvrage subrogé dans les droits du maître d'ouvrage, le recours contre l'assuré ne peut être exercé qu'une fois le paiement de l'indemnité à l'assureur dommages-ouvrage effectué. Le délai de prescription de l'action récursoire commence alors à courir du jour du paiement. • Civ. 3e, 21 juin 2006 : *Bull. civ. III, n° 154 ; RDI 2006. 424, note Leguay ; RCA 2006, n° 273.*

C. EXCLUSIONS ET CONDITIONS DE LA GARANTIE

7. Activités garanties. Si le contrat d'assurance de responsabilité obligatoire que doit souscrire tout constructeur ne peut comporter des clauses d'exclusion autres que celles prévues par l'annexe

I à l'art. A. 243-1 C. assur., la garantie de l'assureur ne concerne néanmoins que le secteur d'activité professionnelle déclarée par le constructeur. • Civ. 3e, 17 déc. 2003 : *Bull. civ. III, no 235 ; RDI 2004. 62, note Leguay ; ibid. 156, note Dessuet ; D. 2004. IR 104, et les obs. ; JCP 2004. II. 10091, note Pimbert ; Gaz. Pal. 2004. 2483, note Périer ; Defrénois 2005. 67, obs. Périnet-Marquet ; RCA 2004, no 83 (3 arrêts), obs. Durry ; RGDA 2004. 114 (4 esp.), note Karila.* ♦ Ainsi, l'activité déclarée de maçon n'emporte pas celle de couvreur, accomplie sur le chantier. • Civ. 3e, 8 nov. 2006 : *Bull. civ. III, no 218 ; RCA 2007, no 70.* ♦ De même, un assureur peut dénier sa garantie au motif que les désordres procèdent de travaux de surélévation d'un immeuble, alors que le constructeur est assuré pour des missions d'aménagement d'espaces intérieurs de construction. • Civ. 3e, 19 déc. 2006 : *Constr.-Urb. 2007, no 32.* ♦ En revanche, l'activité déclarée de constructeur de maisons individuelles intègre nécessairement la réalisation de fondations. La reprise de fondations, ne constituant pas un secteur particulier du bâtiment devant faire l'objet d'une garantie spécifique, est également intégrée dans l'activité couverte de constructeur de maisons individuelles. • Civ. 3e, 14 avr. 2010 : *Bull. civ. III, no 83 ; RDI 2010. 327, obs. Noguéro.* ♦ Les attestations d'assurance doivent préciser quelles sont les activités garanties au titre du contrat d'assurance et celles qui ne le sont pas. A défaut, la responsabilité délictuelle de l'assureur peut être engagée pour manquement à son obligation de renseignement. • Civ. 3e, 29 mars 2006 : *Bull. civ. III, no 84 ; RDI 2006. 183, note Leguay ; RCA 2006, no 206.*

8. Conditions de garantie. Constitue, non pas une exclusion mais une condition de la garantie, l'exigence que les travaux soient exécutés par l'assuré lui-même et non par un autre. Les juges n'ont pas, en conséquence, à rechercher si la clause du contrat d'assurance est formelle et limitée. • Civ. 1re, 12 févr. 1991 : *RGAT 1991. 386.* ♦ *Contra :* • Civ. 1re, 19 mai 1992 : *RGAT 1992. 572.* ♦ La clause des conditions générales d'une police prévoyant que la garantie s'applique aux travaux de technique courante non traditionnels « sous condition qu'ils soient l'objet d'un agrément de trois ans délivré par le CSTB et que lesdits travaux soient exécutés en conformité des conditions dudit agrément » détermine les conditions de la garantie et ne constitue pas une clause d'exclusion. • Civ. 1re, 26 févr. 1991 : *RGAT 1991. 387* • Civ. 3e, 18 mars 1992 : *RGAT 1992. 322.* ♦ Rappr. : • Civ. 3e, 17 nov. 1987 : *RGAT 1988. 57.* ♦ *Contra* : • Civ. 3e, 7 févr. 1990 : *RGAT 1990. 352.* ♦ Une disposition qui, dans un contrat d'assurance construction, prévoit que la garantie ne sera acquise que pour les travaux commencés postérieurement à sa prise d'effet, constitue une condition de la garantie et non une clause d'exclusion de la garantie. Il appartient au maître d'ouvrage, exerçant l'action directe contre l'assureur, de faire la preuve que cette condition était remplie. • Civ. 1re, 10 mars 1987 : *RGAT 1987. 246.*

9. Exclusions de garantie. En présence d'une clause aux termes de laquelle « l'assuré est déchu de tout droit à garantie en cas d'inobservation volontaire ou inexcusable des règles de l'art, telles qu'elles sont définies par les réglementations en vigueur, les documents techniques unifiés ou les normes établies par les organismes compétents à caractère officiel ou dans le marché de travaux concerné », l'assuré n'est pas fondé à soutenir qu'il s'agit là d'une exclusion « de caractère trop général », violant l'art. L. 113-1 C. assur. Une telle clause ne fait que reproduire les termes de la clause type libellée dans l'annexe I de l'art. A. 243-1 C. assur. • Civ. 1re, 21 mai 1985 : *Bull. civ. I, no 154 ; RGAT 1985. 547 ; JCP 1985. IV. 268* • Civ. 3e, 6 mai 1998 : *RCA 1998, no 364, note Groutel ; RDI 1998. 400, obs. Leguay.* ♦ L'exclusion visant les « phénomènes naturels présentant un caractère catastrophique, tels que tremblements de terre, inondations, tempêtes, ouragans, raz de marée », qui n'est pas limitative, ne vise pas les avalanches et ne dispense pas l'assureur de sa garantie. • Civ. 1re, 25 oct. 1989 : *RGAT 1990. 351.*

D. EXPERTISE

10. Caractère contradictoire et opposabilité. L'assureur n'étant pas un tiers vis-à-vis de son assuré, présent à l'expertise et contre lequel il n'invoque aucune fraude, et ayant été en mesure de discuter les conclusions de l'expert, n'est pas fondé à soutenir que les constatations de l'expert judiciaire lui sont inopposables. • Civ. 1re, 29 nov. 1989 : *RGAT 1990. 198.* ♦ Rappr. : • Civ. 1re, 15 mars 1988 : *Bull. civ. I, no 74.* ♦ L'assureur qui, en connaissance des résultats de l'expertise dont le but était d'établir la réalité et l'étendue du sinistre, a eu la possibilité d'en discuter les conclusions, ne peut, sauf s'il y a eu fraude à son encontre, soutenir qu'elle lui est inopposable. • Civ. 3e, 19 juin 1991 : *RGAT 1991. 878.* ♦ Est opposable aux constructeurs et à leurs assureurs l'expertise réalisée pour le compte de l'assureur de dommages, bien que ceux-ci n'aient pas été présents, dès lors qu'ils avaient été régulièrement convoqués. • Civ. 1re, 17 janv. 1990 : *Bull. civ. I, no 15 ; RGAT 1990. 128 ; RCA 1990. 134 et Chron. Groutel, ibid. 7 ; RDI 1990. 228* • 9 juin 1993 : *D. 1993. IR 173.* ♦ Encourt la cassation l'arrêt qui, après avoir constaté que les constructeurs et leurs assureurs avaient été régulièrement convoqués aux opérations d'expertise et y avaient assisté, rejette les demandes des assurés en retenant que l'expertise n'avait pas les caractéristiques d'une expertise contradictoire, la participation amiable des constructeurs n'étant décidée que par le seul assureur dommages-ouvrage. • Civ. 1re, 7 avr. 1992 : *RCA 1992. 298 ; RGAT 1992. 558.* – Comp. : • Civ. 1re, 19 févr. 1985 : *ibid. 1985. 395* • Civ. 3e, 31 oct. 1989 : *ibid. 1990. 163 et 165.* ◆ Il résulte de l'art. A. 243-1 C. assur. et son annexe II que les opérations de l'expert chargé du constat des dommages à la demande de l'assureur de dommages sont opposables aux réalisateurs, aux fabricants, au contrôleur technique et aux autres assureurs dès lors que l'expert les a consultés pour avis chaque fois qu'il l'estimait nécessaire et les a systématiquement informés du déroulement des différentes phases du constat et du règlement des indemnités. • Civ. 1re, 2 mars 1994 : *Bull. civ. I, no 81 ; RCA 1994, no 234 ; RDI 1994. 271.*

11. Absence de caractère contradictoire et inopposabilité. Si le constructeur et l'architecte ont été invités à assister aux opérations d'expertise qui se sont déroulées en leur absence et si leurs assureurs ont reçu communication du rapport d'expertise, l'expert désigné par l'assureur de dommages à l'ouvrage n'a pas accompli pour autant toutes les formalités imposées par les clauses types figurant à l'annexe II de l'art. A. 243-1 C. assur., dès lors qu'avant de déposer ses rapports il n'a consulté pour avis ni le constructeur et l'architecte ni leurs assureurs respectifs, de sorte que ces rapports n'étaient opposables à aucun d'entre eux. • Civ. 1re, 3 mai 1995 : *Bull. civ. I, no 185 ; RDI 1995. 572 ; RCA 1995, no 284 ; RGAT 1995. 608, note D'Hauteville.* ◆ L'expertise amiable a pour seul objectif l'indemnisation rapide du maître de l'ouvrage par son assureur « dommages-ouvrage ». Encourt la cassation la décision qui, pour accueillir la demande formée par ce dernier contre l'assureur de responsabilité, retient qu'aucune disposition légale ne rend obligatoire une expertise judiciaire sans rechercher si le constructeur avait pu faire valoir son point de vue au cours de l'expertise amiable. • Civ. 3e, 3 oct. 1991 : *Bull. civ. III, no 221 ; RCA 1991. 444.* ◆ Est inopposable à l'assureur du constructeur l'expertise judiciaire ordonnée à propos d'un litige opposant son assuré et le maître de l'ouvrage, sans qu'il ait été mis à même de faire valoir son point de vue sur la garantie. • Civ. 3e, 19 juin 1984 : *RGAT 1985. 265.*

12. Inopposabilité au sous-traitant. L'expertise n'est pas opposable au sous-traitant, lequel n'est pas lié au maître de l'ouvrage par un contrat de louage d'ouvrage. • Civ. 3e, 14 nov. 2001 : *Bull. civ. III, no 129 ; RDI 2002. 129, note Leguay ; ibid. 232, note Tomasin ; RCA 2002, no 78, note Groutel.*

II. ANNEXE II : ASSURANCE DE DOMMAGES

13. Déclaration de sinistre. Pour mettre en œuvre la garantie de l'assurance de dommages obligatoire, l'assuré est tenu de faire, soit par écrit contre récépissé, soit par lettre recommandée avec demande d'avis de réception, une déclaration de sinistre à l'assureur, lequel doit alors désigner un expert ou, en cas de récusation, en faire désigner un par le juge des référés. Ces dispositions, d'ordre public, interdisent à l'assuré de saisir directement une juridiction aux fins de désignation d'un expert. • Civ. 1re, 28 oct. 1997 : *Bull. civ. I, no 293 ; RDI 1998. 114 ; Gaz. Pal. 1998. 1. 255 ; RCA 1998, no 34* et *Chron. no 1, par Groutel ; JCP 1997. II. 22962, rapp. Sargos ; RGDA 1998. 95, note Périnet-Marquet.* – BIBL. Courtieu, *RCA 1998. Chron. 7.* ◆ Cette solution est applicable en cas d'inefficacité des travaux de reprise, si bien que, en présence de nouveaux désordres constitutifs d'une aggravation d'un sinistre déjà déclaré par le passé et à défaut de nouvelle déclaration de sinistre, l'assignation en référé-expertise de l'assureur dommages-ouvrage est irrecevable. • Civ. 3e, 14 mars 2012 : *RDI 2012. 357, obs. Karila ; Constr.-Urb. 2012, no 87, obs. Pagès-de Varenne ; RCA 2012. no 179.* ◆ ... Ou aux fins de condamnation de l'assureur de dommages. • Civ. 1re, 19 mai 1999 : *RDI 1999. 436 ; RCA 1999, no 278, obs. Groutel ; RGDA 1999. 1035, note D'Hauteville.* ◆ La déclaration de sinistre n'est pas recevable au-delà du délai de douze ans suivant la réception de l'ouvrage. • Civ. 3e, 31 mars 2005 : *Bull. civ. III, no 78 ; RDI 2005. 183, note Dessuet ; RGDA 2005. 653, obs. Périer ; Defrénois 2006. 72, obs. Périnet-Marquet.* ◆ L'emploi d'une lettre recommandée est une formalité imposée par les clauses-types, si bien qu'une déclaration faite par télécopie ne remplit pas les exigences requises. • Civ. 3e, 6 juin 2012, no 11-15.567 : *RDI 2012. 458, note Dessuet ; Constr.-Urb. 2012, no 141, obs. Pagès-de Varenne* (arrêt rendu sous l'empire des clauses types dans leur version antérieure à l'Arr. du 19 nov. 2009).

14. Désignation d'un expert. L'art. A. 243-1 C. assur., dans sa rédaction antérieure à l'arrêté du 30 mai 1997, impose à l'assureur dommages-ouvrage de désigner un expert après réception d'une déclaration de sinistre. • Civ. 3e, 16 mars 2004 : *RDI 2004. 250, note Dessuet ; RGDA 2004. 451, note D'Hauteville.* ◆ ... Alors que cet article, dans sa rédaction issue de l'arrêté du

7 févr. 2001, en cas de contestation par l'assuré de la décision de l'assureur dommages-ouvrage de ne pas recourir à l'expertise lorsqu'il estime que la mise en jeu de la garantie est manifestement injustifiée, ne prévoit qu'une simple possibilité pour l'assuré d'obtenir la désignation d'un expert, aucune obligation ne pesant de ce chef sur l'assureur. • Civ. 3e, 17 mars 2004 : *Bull. civ. III, no 55 ; RDI 2004. 249, note Leguay ; D. 2004. IR 994, et les obs. ; Defrénois 2005. 70, obs. Périnet-Marquet ; RGDA 2004. 452, note D'Hauteville.* ◆ L'assuré doit faire preuve de suffisamment de précision dans la description et la localisation des dommages, afin de permettre à l'assureur de remplir ses obligations. • Paris, 12 avr. 2002 : *RCA 2002, no 269.* ◆ Dès lors que l'assureur de dommages du propriétaire d'un ensemble immobilier a reçu une déclaration de sinistre et que, dans les soixante jours, il n'a pas notifié à son assuré le rapport préliminaire de l'expert et ne lui a fait aucune offre d'indemnité, une cour d'appel, statuant en référé, en déduit exactement que l'assureur doit sa garantie, nonobstant la circonstance que l'assuré avait obtenu la désignation d'un expert judiciaire en référé, puis saisi le juge du fond, ces éléments n'étant pas constitutifs d'une contestation sérieuse sur le principe de la garantie de l'assureur. • Civ. 1re, 7 janv. 1997 : *Bull. civ. I, no 4 ; RDI 1997. 262, note Leguay et Dubois ; RCA 1997, no 136.* ◆ L'assureur qui informe l'assuré de son refus de garantie dans un délai de soixante jours, sans lui avoir préalablement notifié son intention de ne pas recourir à l'expertise amiable dans les quinze jours suivant la réception de la déclaration de sinistre s'expose à l'application de l'alinéa 5 de l'article L. 242-1 C. assur. autorisant l'assuré à engager les dépenses nécessaires à la réparation des dommages. • Civ. 3e, 16 déc. 2009 : *Bull. civ. III, no 278 ; RDI 2010. 167, note Dessuet ; Constr.-Urb. 2010, no 21, obs. Pagès-de Varenne ; RCA 2010, no 91, obs. Courtieu.*

15. Communication du rapport d'expertise préliminaire. Il résulte des art. L. 242-1 et A. 243-1, ensemble l'annexe II à ce dernier article, que l'assureur dommages-ouvrage ne peut valablement notifier à son assuré sa décision sur le principe de la mise en jeu de la garantie sans lui avoir préalablement communiqué le rapport préliminaire. • Civ. 3e, 18 févr. 2004 : *Bull. civ. III, no 29 ; D. 2004. 1206, obs. Julien ; RDI 2004. 151, note Leguay ; JCP 2004. II. 10095, note Billemont ; Defrénois 2005. 70, obs. Périnet-Marquet ; RCA 2004, nos 154 et 157, obs. Groutel ; RGDA 2004. 439, note Beauchard et 442, note Karila* • Civ. 3e, 4 janv. 2006 : *Bull. civ. III, no 5.* ◆ Cette solution vaut pour les polices signées avant la publication de l'arrêté du 19 novembre 2009 portant actualisation des clauses-types. • Civ. 3e, 27 mai 2010 : *RDI 2010. 455, obs. Dessuet.* • Civ. 3e, 12 janv. 2011 : *RDI 2011. 176, note Dessuet ; Constr.-Urb. 2011, no 44 obs. Pagès-de Varenne.* ◆ A défaut de communication préalable du rapport préliminaire, le délai de réponse à l'offre de l'assureur ne court pas et l'assuré est en droit d'engager les dépenses nécessaires à la réparation des dommages. • Civ. 1re, 2 juill. 1996 : *Bull. civ. I, no 276 ; RDI 1996. 596.* ◆ Il n'existe aucun fondement légal, réglementaire ou contractuel qui justifie que la garantie du contrat d'assurance soit automatiquement due lorsque l'assureur adresse simultanément à l'assuré le rapport préliminaire de l'expert et sa décision sur le principe de la mise en jeu de la garantie. • CAA Paris, 15 déc. 2008, *Cne de Montereau,* req. no 07PA05030 : *RDI 2009. 314, obs. Karila.*

16. Opposabilité de l'expertise. L'expertise ordonnée par l'assureur dommages-ouvrage n'est pas opposable au sous-traitant qui n'est pas lié au maître d'ouvrage par un contrat de louage d'ouvrage. • Civ. 3e, 3 nov. 2009 : *RCA 2010, no 52.*

Les anciennes clauses types issues de l'Arr. du 7 janv. 1987 sont mentionnées dans les précédentes éditions.

ANNEXES

ANNEXE I

À L'ARTICLE A. 243-1 DU CODE DES ASSURANCES (CLAUSES TYPES APPLICABLES AUX CONTRATS D'ASSURANCE DE RESPONSABILITÉ DÉCENNALE)

Nature de la garantie

Le contrat garantit le paiement des travaux de réparation de l'ouvrage à la réalisation duquel l'assuré a contribué ainsi que des ouvrages existants, totalement incorporés dans l'ouvrage neuf et qui en deviennent techniquement indivisibles, au sens du II de l'article L. 243-1-1 du présent code, lorsque la responsabilité de l'assuré est engagée sur le fondement de la présomption établie par les articles 1792 et suivants du code civil à propos de travaux de construction, et dans les limites de cette responsabilité.

Les travaux de réparation, notamment en cas de remplacement des ouvrages, comprennent également les travaux de démolition, déblaiement, dépose ou démontage éventuellement nécessaires.

Montant de la garantie (clause type applicable aux seuls contrats relevant de l'article L. 243-9 du présent code)

Dans le cas des travaux de construction destinés à un usage autre que l'habitation, le montant de la garantie ne peut être inférieur au coût de la construction déclaré par le maître de l'ouvrage, hormis l'hypothèse où ce coût est supérieur au montant prévu au I de l'article R. 243-3 du présent code, ou lorsqu'il est recouru à un contrat d'assurance collectif mentionné à l'article R. 243-1 du présent code.

Dans ces deux derniers cas, le plafond de garantie est déterminé par les conditions particulières, dans les conditions prévues par l'article R. 243-3 du présent code. Lorsqu'il est recouru à un contrat d'assurance collectif, ce plafond ne saurait être inférieur au montant de la franchise absolue stipulée dans ledit contrat collectif.

Le coût total de la construction s'entend du montant définitif des dépenses de l'ensemble des travaux afférents à la réalisation de l'opération de construction, toutes révisions, honoraires, taxes et s'il y a lieu travaux supplémentaires compris. Ce coût intègre la valeur de reconstruction des existants totalement incorporés dans l'ouvrage neuf et qui en deviennent techniquement indivisibles au sens du II de l'article L. 243-1-1 du présent code. En aucun cas ce coût ne peut comprendre les primes ou bonifications accordées par le maître de l'ouvrage au titre d'une exécution plus rapide que celle prévue contractuellement, ni se trouver amputé des pénalités pour retard infligées à l'entrepreneur responsable d'un dépassement des délais contractuels d'exécution.

Cette garantie est revalorisée selon les modalités prévues aux conditions particulières, pour tenir compte de l'évolution des coûts de construction entre la date de souscription du contrat et celle de la réparation du sinistre.

Durée et maintien de la garantie dans le temps

Le contrat couvre, pour la durée de la responsabilité pesant sur l'assuré en vertu des articles 1792 et suivants du code civil, les travaux ayant fait l'objet d'une ouverture de chantier pendant la période de validité fixée aux conditions particulières.

La garantie afférente à ces travaux est maintenue dans tous les cas pour la même durée, sans paiement de prime subséquente.

L'ouverture de chantier s'entend à date unique applicable à l'ensemble de l'opération de construction. Cette date correspond, soit à la date de la déclaration d'ouverture de chantier, mentionnée au premier alinéa de l'article R. 424-16 du code de l'urbanisme pour les travaux nécessitant la délivrance d'un permis de construire, soit, pour les travaux ne nécessitant pas la délivrance d'un tel permis, à la date du premier ordre de service ou à défaut, à la date effective de commencement des travaux.

Lorsqu'un professionnel établit son activité postérieurement à la date unique ainsi définie, et par dérogation à l'alinéa précédent, cette date s'entend pour lui comme la date à laquelle il commence effectivement ses prestations.

Lorsqu'un professionnel exécute ses prestations antérieurement à la date unique définie à l'alinéa 2 et qu'à cette même date il est en cessation d'activité, l'ouverture du chantier s'entend pour lui à la date de signature de son marché ou à défaut, à celle de tout acte pouvant être considéré comme le point de départ de sa prestation.

Franchise

L'assuré conserve une partie de la charge du sinistre, selon des modalités fixées aux conditions particulières. Il s'interdit de contracter une assurance pour la portion du risque correspondante.

Cette franchise n'est pas opposable aux bénéficiaires des indemnités.

Exclusions

La garantie du présent contrat ne s'applique pas aux dommages résultant exclusivement :

a) Du fait intentionnel ou du dol du souscripteur ou de l'assuré ;

b) Des effets de l'usure normale, du défaut d'entretien ou de l'usage anormal ;

c) De la cause étrangère.

Déchéance

L'assuré est déchu de tout droit à garantie en cas d'inobservation inexcusable des règles de l'art, telles qu'elles sont définies par les réglementations en vigueur, les normes françaises homologuées ou les normes publiées par les organismes de normalisation d'un autre État membre de l'Union européenne ou d'un autre État partie à l'accord sur l'Espace économique européen offrant un degré de sécurité et de pérennité équivalant à celui des normes françaises.

Pour l'application de cette déchéance, il faut entendre par assuré, soit le souscripteur personne physique, soit le chef d'entreprise ou le représentant statutaire de l'entreprise s'il s'agit d'une entreprise inscrite au répertoire des métiers, soit les représentants légaux ou dûment mandatés de l'assuré lorsque celui-ci est une personne morale.

Cette déchéance n'est pas opposable aux bénéficiaires des indemnités.

ANNEXE II

À L'ARTICLE A. 243-1 DU CODE DES ASSURANCES
(CLAUSES TYPES APPLICABLES AUX CONTRATS D'ASSURANCE DE DOMMAGES-OUVRAGE)

Définitions

a) Souscripteur.

La personne, physique ou morale, désignée aux conditions particulières, qui fait réaliser des travaux de construction et qui est, en sa qualité définie aux mêmes conditions particulières, soumise à l'obligation d'assurance prévue par l'article L. 242-1 du présent code, tant pour son propre compte que pour celui des propriétaires successifs.

b) Assuré.

Le souscripteur et les propriétaires successifs de l'ouvrage au bénéfice desquels est souscrit le contrat.

c) Réalisateurs.

L'ensemble des constructeurs désignés aux conditions particulières ou dont l'identité est portée ultérieurement à la connaissance de l'assureur, qui sont mentionnés au 1o de l'article 1792-1 du code civil et sont liés, à ce titre, au maître de l'ouvrage par un contrat de louage d'ouvrage en qualité de concepteur ou de conseil (architecte, technicien ou autre) ou en qualité d'entrepreneur, et qui participent à la réalisation de l'opération de construction.

d) Maître de l'ouvrage.

La personne, physique ou morale, désignée aux conditions particulières, qui conclut avec les réalisateurs les contrats de louage d'ouvrage afférents à la conception et à l'exécution de l'opération de construction.

e) Contrôleur technique (lorsqu'il est désigné un contrôleur technique).

La personne, désignée aux conditions particulières, agréée ou exerçant dans les conditions prévues par l'article L. 111-25 du code de la construction et de l'habitation, et appelée à intervenir, à la demande du maître de l'ouvrage, pour effectuer le contrôle technique des études et des travaux ayant pour objet la réalisation de l'opération de construction.

f) Réception.

L'acte par lequel le maître de l'ouvrage accepte les travaux exécutés, dans les conditions fixées par l'article 1792-6 du code civil.

g) Sinistre.

La survenance de dommages, au sens de l'article L. 242-1 du présent code, ayant pour effet d'entraîner la garantie de l'assureur.

Nature de la garantie

Le contrat a pour objet de garantir, en dehors de toute recherche de responsabilité, le paiement des travaux de réparation des dommages à l'ouvrage réalisé ainsi qu'aux ouvrages existants, totalement incorporés dans l'ouvrage neuf et qui en deviennent techniquement indivisibles, au sens du II de l'article L. 243-1-1 du présent code.

La garantie couvre les dommages, même résultant d'un vice du sol, de la nature de ceux dont sont responsables les constructeurs, au sens de l'article 1792-1 du code civil, les fabricants et les importateurs ou le contrôleur technique, et qui :

— compromettent la solidité des ouvrages constitutifs de l'opération de construction ;

— affectent les ouvrages dans l'un de leurs éléments constitutifs ou l'un de leurs éléments d'équipement, les rendant impropres à leur destination ;

— affectent la solidité de l'un des éléments d'équipement indissociables des ouvrages de viabilité, de fondation, d'ossature, de clos et de couvert, au sens de l'article 1792-2 du code civil.

Les travaux de réparation des dommages comprennent également les travaux de démolition, déblaiement, dépose ou démontage éventuellement nécessaires.

Montant et limite de la garantie

La garantie couvre le coût de l'ensemble des travaux afférents à la remise en état des ouvrages ou éléments d'équipement de l'opération de construction endommagés à la suite d'un sinistre, ainsi que des ouvrages existants, totalement incorporés dans l'ouvrage neuf et qui en deviennent techniquement indivisibles, au sens du II de l'article L. 243-1-1 du présent code.

Pour les constructions destinées à un usage autre que l'habitation, la garantie peut être limitée au montant du coût total de construction déclaré aux conditions particulières ou à un montant inférieur au coût total de construction déclaré aux conditions particulières, si ce coût est supérieur au montant prévu au I de l'article R. 243-3 du présent code, sans toutefois pouvoir être inférieur à ce dernier montant.

Le montant de garantie est revalorisé selon les modalités prévues aux conditions particulières, pour tenir compte de l'évolution générale des coûts de construction entre la date de souscription du contrat et celle de la réparation du sinistre.

Les conditions particulières précisent les modalités de reconstitution de la garantie après sinistre.

Le coût total de la construction déclaré s'entend de celui résultant du montant définitif des dépenses de l'ensemble des travaux afférents à la réalisation de l'opération de construction, toutes révisions, honoraires, taxes et, s'il y a lieu, travaux supplémentaires compris. Ce coût intègre la valeur de reconstruction des existants totalement incorporés dans l'ouvrage neuf et qui en deviennent techniquement indivisibles au sens du II de l'article L. 243-1-1 du présent code. En aucun cas ce coût ne peut toutefois comprendre les primes ou bonifications accordées par le maître de l'ouvrage au titre d'une exécution plus rapide que celle prévue contractuellement ni se trouver amputé des pénalités pour retard infligées à l'entrepreneur responsable d'un dépassement des délais contractuels d'exécution.

Exclusions

La garantie du contrat ne s'applique pas aux dommages résultant exclusivement :

a) Du fait intentionnel ou du dol du souscripteur ou de l'assuré ;

b) Des effets de l'usure normale, du défaut d'entretien ou de l'usage anormal ;

c) De la cause étrangère.

Point de départ et durée de la garantie

a) La période de garantie est précisée aux conditions particulières ; elle commence au plus tôt, sous réserve des dispositions du *b*, à l'expiration du délai de garantie de parfait achèvement défini à l'article 1792-6 du code civil. Elle prend fin à l'expiration d'une période de dix ans à compter de la réception.

b) Toutefois, elle garantit le paiement des réparations nécessaires lorsque :

— avant la réception, après mise en demeure restée infructueuse, le contrat de louage d'ouvrage conclu avec l'entrepreneur est résilié pour inexécution, par celui-ci, de ses obligations ;

— après la réception, et avant l'expiration du délai de la garantie de parfait achèvement au sens de l'article 1792-6 du code civil, lorsque l'entrepreneur n'a pas exécuté ses obligations au titre de cette garantie, après mise en demeure par lettre recommandée avec demande d'avis de réception restée infructueuse.

Obligations réciproques des parties

Les déclarations ou notifications auxquelles il est procédé entre les parties en application de *[des]* paragraphes A (1o, *c)*, A (3o), B (2o, *a)*, B (2o, *c)*, B (3o, *a)*, de la présente clause, sont faites par écrit soit contre récépissé, soit par lettre recommandée avec demande d'avis de réception.

A. OBLIGATIONS DE L'ASSURÉ

1o L'assuré s'engage :

a) A fournir à l'assureur, sur sa demande, la preuve de l'existence des contrats d'assurance de responsabilité décennale souscrits par les réalisateurs et le contrôleur technique ;

b) A lui déclarer les réceptions de travaux, ainsi qu'à lui remettre dans le mois de leur prononcé, le ou les procès-verbaux desdites réceptions, ainsi que le relevé des observations ou réserves demeurées non levées du contrôleur technique ;

c) A lui adresser un dossier technique comportant au moins les plans et descriptifs de l'ensemble des travaux effectivement réalisés, dans le délai maximal d'un mois à compter de leur achèvement ;

d) A lui notifier dans le même délai, le constat de l'exécution des travaux éventuellement effectués au titre de la garantie de parfait achèvement au sens de l'article 1792-6 du code civil ainsi que le relevé des observations ou réserves demeurées non levées du contrôleur technique ;

e) A lui faire tenir la déclaration de tout arrêt de travaux devant excéder trente jours ;

f) A communiquer les avis, observations et réserves du contrôleur technique, simultanément, tant à l'assureur qu'au réalisateur concerné, et à ne pas s'opposer à ce que l'assureur puisse, à ses frais, demander au contrôleur technique, sous son couvert, les informations complémentaires dont il estimerait avoir besoin pour l'appréciation des risques assurés.

Dans le cas où il n'est pas lui-même le maître de l'ouvrage, l'assuré s'engage à obtenir de celui-ci que les avis, observations et réserves du contrôleur technique soient pareillement communiqués à l'assureur et au réalisateur concerné, et que, dans les mêmes conditions, l'assureur puisse demander au contrôleur technique les informations complémentaires dont il estimerait avoir besoin pour l'appréciation des risques assurés.

2o En cas de sinistre susceptible de mettre en jeu les garanties du contrat, l'assuré est tenu d'en faire la déclaration à l'assureur.

La déclaration de sinistre est réputée constituée dès qu'elle comporte au moins les renseignements suivants :

— le numéro du contrat d'assurance et, le cas échéant, celui de l'avenant ;

— le nom du propriétaire de la construction endommagée ;

— l'adresse de la construction endommagée ;

— la date de réception ou, à défaut, la date de la première occupation des locaux ;

— la date d'apparition des dommages ainsi que leur description et localisation ;

— si la déclaration survient pendant la période de parfait achèvement au sens de l'article 1792-6 du code civil, la copie de la mise en demeure effectuée au titre de la garantie de parfait achèvement.

A compter de la réception de la déclaration de sinistre, l'assureur dispose d'un délai de dix jours pour signifier à l'assuré que la déclaration n'est pas réputée constituée et réclamer les renseignements manquants susvisés. Les délais visés à l'article L. 242-1 du présent code commencent à courir du jour où la déclaration de sinistre réputée constituée est reçue par l'assureur.

3o L'assuré s'engage à autoriser l'assureur à constater l'état d'exécution des travaux de réparation des dommages ayant fait l'objet d'une indemnisation en cas de sinistre.

4o Pour permettre l'exercice éventuel du droit de subrogation ouvert au profit de l'assureur par l'article L. 121-12 du code des assurances, l'assuré s'engage également :

a) A autoriser l'assureur à accéder à tout moment au chantier pendant la période d'exécution des travaux de construction, jusqu'à l'expiration du délai de garantie de parfait achèvement au sens de l'article 1792-6 du code civil, et, à cet effet, à prendre les dispositions nécessaires dans les contrats et marchés à passer avec les réalisateurs ayant la responsabilité de la garde du chantier. En cas de sinistre survenant au-delà de la date d'expiration de la garantie de parfait achèvement, l'assuré s'engage à accorder à l'assureur toutes facilités pour acceder aux lieux du sinistre ;

b) En cas de sinistre, à autoriser les assureurs couvrant la responsabilité décennale des réalisateurs, des fabricants au sens de l'article 1792-4 du code civil, et du contrôleur technique à accéder aux lieux du sinistre sur l'invitation qui leur en est faite par la personne désignée au paragraphe B (1o, a) ;

c) A autoriser ladite personne à pratiquer les investigations qui lui apparaîtraient nécessaires en vue de l'établissement, à l'intention de l'assureur, d'un rapport complémentaire qui, reprenant les conclusions du rapport d'expertise défini au paragraphe B (1o, *c* et *b*) en approfondit, en tant que de besoin, l'analyse, en vue notamment de la recherche des faits générateurs du sinistre et des éléments propres à étayer le recours de l'assureur.

B. OBLIGATIONS DE L'ASSUREUR EN CAS DE SINISTRE

1o Constat des dommages, expertise :

a) Sous réserve des dispositions du *d* ci-dessous, les dommages sont constatés, décrits et évalués par les soins d'un expert, personne physique ou morale, désigné par l'assureur.

L'expert peut faire l'objet d'une récusation dans les huit jours de la notification à l'assuré de sa désignation. En cas de seconde récusation par l'assuré, l'assureur fait désigner l'expert par le juge des référés.

Lorsque l'expert est une personne morale, celle-ci fait connaître aux parties le nom de la ou des personnes physiques chargées d'effectuer la mission donnée, en son nom et sous sa responsabilité.

Lors de la première demande de récusation, les délais d'instruction et de règlement de sinistre prévus ci-après par la présente clause-type sont augmentés de dix jours. En cas de désignation de l'expert par le juge des référés, ces mêmes délais sont augmentés de trente jours.

Les opérations de l'expert revêtent un caractère contradictoire. L'assuré peut se faire assister ou représenter. Les observations éventuelles de l'assuré sont consignées dans le rapport de l'expert ;

b) L'assureur s'engage envers l'assuré à donner à l'expert les instructions nécessaires pour que les réalisateurs, les fabricants au sens de l'article 1792-4 du code civil et le contrôleur technique, ainsi que les assureurs couvrant leur responsabilité décennale et celle de l'assuré soient, d'une façon générale, consultés pour avis par ledit expert, chaque fois que celui-ci l'estime nécessaire et, en tout cas, obligatoirement avant le dépôt entre les mains de l'assureur de chacun des deux documents définis en *c*, et soient, en outre, systématiquement informés par lui du déroulement des différentes phases du constat des dommages et du règlement des indemnités ;

c) La mission d'expertise définie en *a* est limitée à la recherche et au rassemblement des données strictement indispensables à la non-aggravation et à la réparation rapide des dommages garantis.

Les conclusions écrites de l'expert sont, en conséquence, consignées au moyen de deux documents distincts :

c. a) un rapport préliminaire, qui comporte l'indication descriptive et estimative des mesures conservatoires jugées nécessaires à la non-aggravation des dommages, compte tenu, s'il y a lieu, des mesures conservatoires prises par l'assuré, ainsi que les indications sommaires sur les circonstances et les caractéristiques techniques du sinistre, permettant à l'assureur de se prononcer dans le délai prévu au paragraphe 2o, *a*, sur le principe de la mise en jeu des garanties du contrat ;

c. b) un rapport d'expertise, exclusivement consacré à la description des caractéristiques techniques du sinistre et à l'établissement des propositions, descriptions et estimations, concernant les différentes mesures à prendre et les différents travaux à exécuter en vue de la réparation intégrale des dommages constatés ;

d) L'assureur n'est pas tenu de recourir à une expertise lorsque, au vu de la déclaration de sinistre :

— il évalue le dommage à un montant inférieur à 1 800 euros

ou

— la mise en jeu de la garantie est manifestement injustifiée.

Lorsqu'il décide de ne pas recourir à une expertise, l'assureur notifie à l'assuré son offre d'indemnité ou sa décision de refus de garantie dans le délai de quinze jours à compter de la réception de la déclaration de sinistre réputée constituée.

En cas de contestation de l'assuré, celui-ci peut obtenir la désignation d'un expert.

La notification reproduit de façon apparente l'alinéa précédent.

2o Rapport préliminaire, mise en jeu des garanties, mesures conservatoires :

a) Dans un délai maximum de soixante jours courant à compter de la réception de la déclaration du sinistre réputée constituée, l'assureur, sauf s'il a fait application des dispositions du deuxième alinéa du *d* du 1o, sur le vu du rapport préliminaire établi par l'expert, notifie à celui-ci sa décision quant au principe de la mise en jeu des garanties du contrat. L'assureur communique à l'assuré ce rapport préliminaire, préalablement ou au plus tard lors de cette notification ;

Toute décision négative de l'assureur, ayant pour effet de rejeter la demande d'indemnisation, doit être expressément motivée.

Si l'assureur ne conteste pas la mise en jeu des garanties du contrat, la notification de sa décision comporte l'indication du montant de l'indemnité destinée à couvrir les dépenses correspondant à l'exécution des mesures conservatoires nécessaires à la non-aggravation des dommages. Cette indemnité tient compte, s'il y a lieu, des dépenses qui ont pu être précédemment engagées par l'assuré lui-même, au titre des mesures conservatoires*[;]*

b) L'assureur prend les dispositions nécessaires pour que l'assuré puisse être saisi du rapport préliminaire en temps utile et, en tout cas, dans un délai compatible avec celui qu'il est lui-même tenu d'observer en vertu du paragraphe *a* ;

c) Faute, pour l'assureur, de respecter le délai fixé au paragraphe *a*, et sur simple notification faite à l'assureur, les garanties du présent contrat jouent pour ce qui concerne le sinistre déclaré, et l'assuré est autorisé à engager les dépenses correspondant à l'exécution des mesures conservatoires nécessaires à la non-aggravation des dommages, dans la limite de l'estimation portée dans le rapport préliminaire de l'expert. Si, dans le même délai, l'assuré n'a pu avoir connaissance du rapport préliminaire, il est autorisé de la même manière à engager les dépenses en cause dans la limite de l'estimation qu'il a pu en faire lui-même.

3o Rapport d'expertise, détermination et règlement de l'indemnité :

a) L'assureur, sauf s'il a fait application des dispositions du deuxième alinéa d du 1o sur le vu du rapport d'expertise, notifie à celui-ci ses propositions quant au montant de l'indemnité destinée au paiement des travaux de réparation des dommages. L'assureur communique à l'assuré ce rapport d'expertise, préalablement ou au plus tard lors de cette notification.

Ces propositions font l'objet d'une actualisation ou d'une révision de prix selon les modalités prévues à cet effet aux conditions particulières ; elles sont obligatoirement ventilées entre les différents postes de dépenses retenus et appuyées des justifications nécessaires, tant en ce qui concerne les quantités que les prix unitaires. Elles comprennent, outre les dépenses de travaux proprement dits, les frais annexes nécessaires à la mise en œuvre desdits travaux, tels qu'honoraires, essais, analyses, ainsi que les taxes applicables. Elles tiennent compte, s'il y a lieu, des dépenses qui ont pu être précédemment engagées ou retenues, ainsi que des indemnités qui ont pu être antérieurement versées au titre des mesures conservatoires ;

b) Au cas où une expertise a été requise, l'assureur prend les dispositions nécessaires pour que l'assuré puisse être saisi du rapport d'expertise en temps utile ;

c) En tout état de cause, l'assuré qui a fait connaître à l'assureur qu'il n'acquiesce pas aux propositions de règlement dont il a été saisi, s'il estime ne pas devoir cependant différer l'exécution des travaux de réparation, reçoit sur sa demande, de l'assureur, sans préjudice des décisions éventuelles de justice à intervenir sur le fond, une avance au moins égale aux trois quarts du montant de l'indemnité qui lui a été notifié selon les modalités définies en *a*. Cette avance, forfaitaire et non revalorisable, et à valoir sur le montant définitif de l'indemnité qui sera mise à la charge de l'assureur, est versée en une seule fois, dans un délai maximum de quinze jours courant à compter de la réception, par l'assureur, de la demande de l'assuré.

L'assuré s'engage à autoriser l'assureur à constater l'exécution des travaux de réparation des dommages ayant fait l'objet d'une avance ;

d) Si l'assuré ayant demandé le bénéfice des dispositions du paragraphe c n'a pas reçu, dans le délai fixé au même paragraphe, les sommes représentatives de l'avance due par l'assureur, il est autorisé à engager les dépenses afférentes aux travaux de réparation qu'il entreprend, dans la limite des propositions d'indemnisation qui lui ont été précédemment notifiées.

4° L'assureur est tenu de notifier à l'assuré, pour l'information de celui-ci, la position définitive que, sur le vu du rapport complémentaire, il estime devoir prendre en ce qui concerne l'exercice du droit de subrogation ouvert à son profit par l'article L. 121-12.

ANNEXE III

À L'ARTICLE A. 243-1 DU CODE DES ASSURANCES (CLAUSES TYPES APPLICABLES AUX CONTRATS COLLECTIFS DE RESPONSABILITÉ DÉCENNALE SOUSCRITS POUR LE COMPTE DE PLUSIEURS PERSONNES ASSUJETTIES À L'OBLIGATION D'ASSURANCE MENTIONNÉE AUX ARTICLES L. 241-1 ET L. 241-2, EN COMPLÉMENT DES CONTRATS INDIVIDUELS GARANTISSANT LA RESPONSABILITÉ DÉCENNALE DE CHACUNE DE CES PERSONNES)

Nature de la garantie

Le contrat garantit le paiement des travaux de réparation de l'ouvrage à la réalisation duquel les assurés, désignés aux conditions particulières, ont contribué ainsi que des ouvrages existants, totalement incorporés dans l'ouvrage neuf et qui en deviennent techniquement indivisibles, au sens du II de l'article L. 243-1-1 II du présent code, lorsque la responsabilité de l'un ou plusieurs des assurés est engagée sur le fondement de la présomption établie par les articles 1792 et suivants du code civil à propos de travaux de construction, et dans les limites de cette responsabilité.

Les travaux de réparation, notamment en cas de remplacement des ouvrages, comprennent également les travaux de démolition, déblaiement, dépose ou démontage éventuellement nécessaires.

Montant de la garantie (clause type applicable aux seuls contrats relevant de l'article L. 243-9 du présent code). Dans le cas des travaux de construction destinés à un usage autre que d'habitation, le montant de la garantie est établi selon les modalités prévues aux conditions particulières et ne peut être inférieur pour l'ouvrage au coût total de la construction déclaré par le maître de l'ouvrage ou au montant prévu au I de l'article R. 243-3 du présent code, si le coût total de la construction déclaré par le maître de l'ouvrage excède ce montant.

Les conditions particulières précisent les modalités de reconstitution de la garantie après sinistre.

Le coût total de la construction s'entend du montant définitif des dépenses de l'ensemble des travaux afférents à la réalisation de l'opération de construction, toutes révisions, honoraires, taxes et s'il y a lieu travaux supplémentaires compris. Ce coût intègre la valeur de reconstruction des existants totalement incorporés dans l'ouvrage neuf et qui en deviennent techniquement indivisibles au sens du II de l'article L. 243-1-1 du présent code. En aucun cas ce coût ne peut comprendre les primes ou bonifications accordées par le maître de l'ouvrage au titre d'une exécution plus rapide que celle prévue contractuellement ni se trouver amputé des pénalités pour retard infligées à l'entrepreneur responsable d'un dépassement des délais contractuels d'exécution.

Cette garantie est revalorisée selon les modalités prévues aux conditions particulières, pour tenir compte de l'évolution des coûts de construction entre la date de souscription du contrat et celle de la réparation du sinistre.

Durée et maintien de la garantie dans le temps

Le contrat couvre, pour la durée de la responsabilité pesant sur les assurés en vertu des articles 1792 et suivants du code civil, les travaux de construction de l'ouvrage désigné aux conditions particulières.

La garantie afférente à ces travaux est maintenue dans tous les cas pour la même durée, sans paiement de prime subséquente.

Franchise au sens du présent contrat

Pour chacun des assurés, le contrat garantit le montant des travaux de réparation au-delà d'une franchise absolue définie aux conditions particulières, laquelle est égale au plafond de garantie des contrats individuels souscrits par chacun des assurés, après ajustement de ce plafond en tant que de besoin.

La franchise est opposable à tous.

L'assuré s'oblige à couvrir la portion du risque constituée par cette franchise par un ou plusieurs contrats individuels d'assurance de responsabilité décennale comportant des garanties au moins équivalentes à celles figurant dans les clauses types mentionnées à l'annexe I de l'article A. 243-1 du présent code. Cette franchise est revalorisée selon les mêmes modalités que celles prévues aux conditions particulières des contrats individuels pour les montants de garanties de ces contrats.

Exclusions

La garantie du présent contrat ne s'applique pas aux dommages résultant exclusivement :

a) Du fait intentionnel ou du dol du souscripteur ou de l'assuré ;

b) Des effets de l'usure normale, du défaut d'entretien ou de l'usage anormal ;

c) De la cause étrangère.

Déchéance

L'assuré est déchu de tout droit à garantie en cas d'inobservation inexcusable des règles de l'art, telles qu'elles sont définies par les réglementations en vigueur, les normes françaises homologuées ou les normes publiées par les organismes de normalisation d'un autre État membre de l'Union européenne ou d'un autre État partie à l'accord sur l'Espace économique européen, offrant un degré de sécurité et de pérennité équivalant à celui des normes françaises.

Pour l'application de cette déchéance, il faut entendre par assuré, soit le souscripteur personne physique, soit le chef d'entreprise ou le représentant statutaire de l'entreprise s'il s'agit d'une entreprise inscrite au répertoire des métiers, soit les représentants légaux ou dûment mandatés de l'assuré lorsque celui-ci est une personne morale.

Cette déchéance n'est pas opposable aux bénéficiaires des indemnités.

CHARGES RÉCUPÉRABLES

Décret no 82-955 du 9 novembre 1982,

Pris en application de l'article L. 442-3 du code de la construction et de l'habitation et fixant la liste des charges récupérables.

Art. 1er La liste des charges récupérables prévue à l'article L. 442-3 du code de la construction et de l'habitation figure en annexe au présent décret.

Art. 2 Pour l'application du présent décret :

a) Il n'y a pas lieu de distinguer entre les services assurés par le bailleur en régie et les services assurés dans le cadre d'un contrat d'entreprise. Le coût des services assurés en régie inclut les dépenses de personnel d'encadrement technique *(Décr. no 2008-1411 du 19 déc. 2008, en vigueur le 1er janv. 2009)* « chargé du contrôle direct du gardien, du concierge ou de l'employé d'immeuble ; ces dépenses d'encadrement sont exigibles au titre des charges récupérables à concurrence de 10 % de leur montant ». Lorsqu'il existe un contrat d'entreprise, le bailleur doit s'assurer que ce contrat distingue les dépenses récupérables et les autres dépenses.

b) Les dépenses de personnel récupérables correspondent à la rémunération et aux charges sociales et fiscales.

c) Le remplacement d'éléments d'équipement n'est considéré comme assimilable aux menues réparations que si son coût est au plus égal au coût de celles-ci.

(Décr. nº 2008-1411 du 19 déc. 2008, en vigueur le 1er janv. 2009) « *d)* Lorsque le gardien ou le concierge d'un immeuble ou d'un groupe d'immeubles assure, conformément à son contrat de travail, l'entretien des parties communes et l'élimination des rejets, les dépenses correspondant à sa rémunération et aux charges sociales et fiscales y afférentes sont exigibles au titre des charges récupérables à concurrence de 75 % de leur montant, y compris lorsqu'un tiers intervient pendant les repos hebdomadaires et les congés prévus dans les clauses de son contrat de travail, ainsi qu'en cas de force majeure, d'arrêt de travail ou en raison de l'impossibilité matérielle ou physique temporaire pour le gardien ou le concierge d'effectuer seul les deux tâches.

« Ces dépenses ne sont exigibles qu'à concurrence de 40 % de leur montant lorsque le gardien ou le concierge n'assure, conformément à son contrat de travail, que l'une ou l'autre des deux tâches, y compris lorsqu'un tiers intervient pendant les repos hebdomadaires et les congés prévus dans les clauses de son contrat de travail, ainsi qu'en cas de force majeure, d'arrêt de travail ou en raison de l'impossibilité matérielle ou physique temporaire pour le gardien ou le concierge d'effectuer seul cette tâche.

« Un couple de gardiens ou de concierges qui assure, dans le cadre d'un contrat de travail commun, l'entretien des parties communes et l'élimination des rejets est assimilé à un personnel unique pour l'application du présent article.

« Les éléments suivants ne sont pas retenus dans les dépenses mentionnées dans les deux premiers alinéas :

« – le salaire en nature ;

« – l'intéressement et la participation aux bénéfices de l'entreprise ;

« – les indemnités et primes de départ à la retraite ;

« – les indemnités de licenciement ;

« – la cotisation à une mutuelle prise en charge par l'employeur ou par le comité d'entreprise ;

« – la participation de l'employeur au comité d'entreprise ;

« – la participation de l'employeur à l'effort de construction ;

« – la cotisation à la médecine du travail.

« *e)* Lorsqu'un employé d'immeuble assure, conformément à son contrat de travail, l'entretien des parties communes ou l'élimination des rejets, les dépenses correspondant à sa rémunération et aux charges sociales et fiscales y afférentes sont exigibles, en totalité, au titre des charges récupérables.

« Les éléments suivants ne sont pas retenus dans les dépenses mentionnées dans l'alinéa précédent :

« – le salaire en nature ;

« – l'intéressement et la participation aux bénéfices de l'entreprise ;

« – les indemnités et primes de départ à la retraite ;

« – les indemnités de licenciement ;

« – la cotisation à une mutuelle prise en charge par l'employeur ou par le comité d'entreprise ;

« – la participation de l'employeur au comité d'entreprise ;

« – la participation de l'employeur à l'effort de construction ;

« – la cotisation à la médecine du travail. »

Sur l'interprétation des dispositions ajoutées par le décret du 26 déc. 1986, V. • Paris, 20 mars 1991 : *Loyers et copr. juill. 1991, p. 3.* – Comp. : Rép. min. nº 43281 : *JOAN Q, 21 oct. 1991, p. 4340.*

Art. 3 Pour l'application du présent décret, les dépenses afférentes à l'entretien courant et aux menues réparations d'installations individuelles, qui figurent au III du tableau annexé, sont récupérables, lorsqu'elles sont effectuées par le bailleur aux lieu et place du locataire.

ANNEXE

Liste des charges récupérables

I. Ascenseurs et monte-charges

1. Dépenses d'électricité ;

2. Dépenses d'exploitation, d'entretien courant, de menues réparations :

a) Exploitation :

Visite périodique, nettoyage et graissage des organes mécaniques ;

Examen semestriel des câbles et vérification annuelle des parachutes ;

Nettoyage annuel de la cuvette, du dessus de la cabine et de la machinerie ;

Dépannage ne nécessitant pas de réparations ou fournitures de pièces ;

Tenue d'un dossier par l'entreprise d'entretien mentionnant les visites techniques, incidents et faits importants touchant l'appareil.

b) Fournitures relatives à des produits ou à du petit matériel d'entretien (chiffons, graisses et huiles nécessaires) et aux lampes d'éclairage de la cabine ;

c) Menues réparations :

De la cabine (boutons d'envoi, paumelles de portes, contacts de porte, ferme-portes automatiques, coulisseaux de cabine, dispositif de sécurité de seuil et cellule photo-électrique) ;

Des paliers (ferme-portes mécaniques, électriques ou pneumatiques, serrures électromécaniques, contacts de porte et boutons d'appel) ;

Des balais du moteur et fusibles.

II. Eau froide, eau chaude et chauffage collectif des locaux privatifs et des parties communes

1. Dépenses relatives :

A l'eau froide et chaude des locataires ou occupants du bâtiment ou de l'ensemble des bâtiments d'habitation concernés ;

A l'eau nécessaire à l'entretien courant des parties communes du ou desdits bâtiments, y compris la station d'épuration ;

A l'eau nécessaire à l'entretien courant des espaces extérieurs ;

Les dépenses relatives à la consommation d'eau incluent l'ensemble des taxes et redevances ainsi que les sommes dues au titre de la redevance d'assainissement, à l'exclusion de celles auxquelles le propriétaire est astreint en application de l'article L. 35-5 du code de la santé publique.

Aux produits nécessaires à l'exploitation, à l'entretien et au traitement de l'eau ;

A l'électricité ;

Au combustible ou à la fourniture d'énergie quelle que soit sa nature.

2. Dépenses d'exploitation, d'entretien courant et de menues réparations :

a) Exploitation et entretien courant :

Nettoyage des gicleurs, électrodes, filtres et clapets des brûleurs ;

Entretien courant et graissage des pompes de relais, jauges, contrôleurs de niveau ainsi que des groupes moto-pompes et pompes de puisards ;

Graissage des vannes et robinets et réfection des presse-étoupes ;

Remplacement des ampoules des voyants lumineux et ampoules de chaufferie ;

Entretien et réglage des appareils de régulation automatique et de leurs annexes ;

Vérification et entretien des régulateurs de tirage ;

Réglage des vannes, robinets et tés ne comprenant pas l'équilibrage ;

Purge des points de chauffage ;

Frais de contrôles de combustion ;

Entretien des épurateurs de fumée ;

Opérations de mise en repos en fin de saison de chauffage, rinçage des corps de chauffe et tuyauteries, nettoyage des chaufferies, y compris leurs puisards et siphons, ramonage des chaudières, carneaux et cheminées ;

Conduite du chauffage ;

Frais de location, d'entretien et de relevé des compteurs généraux et individuels ;
Entretien de l'adoucisseur, du détartreur d'eau, du surpresseur et du détendeur ;
Contrôles périodiques visant à éviter les fuites de fluide frigorigène des pompes à chaleur ;
Vérification, nettoyage et graissage des organes des pompes à chaleur ;
Nettoyage périodique de la face extérieure des capteurs solaires ;
Vérification, nettoyage et graissage des organes des capteurs solaires.
b) Menues réparations dans les parties communes ou sur des éléments d'usage commun :
Réparation de fuites sur raccords et joints ;
Remplacement des joints, clapets et presse-étoupes ;
Rodage des sièges de clapets ;
Menues réparations visant à remédier aux fuites de fluide frigorigène des pompes à chaleur ;
Recharge en fluide frigorigène des pompes à chaleur.

III. Installations individuelles

Chauffage et production d'eau chaude, distribution d'eau dans les parties privatives :
1. Dépenses d'alimentation commune de combustible ;
2. Exploitation et entretien courant, menues réparations :
a) Exploitation et entretien courant :
Réglage de débit et température de l'eau chaude sanitaire ;
Vérification et réglage des appareils de commande, d'asservissement, de sécurité d'aquastat et de pompe ;
Dépannage ;
Contrôle des raccordements et de l'alimentation des chauffe-eau électriques, contrôle de l'intensité absorbée ;
Vérification de l'état des résistances, des thermostats, nettoyage ;
Réglage des thermostats et contrôle de la température d'eau ;
Contrôle et réfection d'étanchéité des raccordements eau froide, eau chaude ;
Contrôle des groupes de sécurité ;
Rodage des sièges de clapets des robinets ;
Réglage des mécanismes de chasses d'eau.
b) Menues réparations :
Remplacement des bilames, pistons, membranes, boîtes à eau, allumage piézo-électrique, clapets et joints des appareils à gaz ;
Rinçage et nettoyage des corps de chauffe et tuyauteries ;
Remplacement des joints, clapets et presse-étoupes des robinets ;
Remplacement des joints, flotteurs et joints cloches des chasses d'eau.

IV. Parties communes intérieures au bâtiment ou à l'ensemble des bâtiments d'habitation

1. Dépenses relatives :
A l'électricité ;
Aux fournitures consommables, notamment produits d'entretien, balais et petit matériel assimilé nécessaires à l'entretien de propreté, sel ;
2. Exploitation et entretien courant, menues réparations :
a) Entretien de la minuterie, pose, dépose et entretien des tapis ;
b) Menues réparations des appareils d'entretien de propreté tels qu'aspirateur.
(Décr. nº 86-1316 du 26 déc. 1986) « 3. Entretien de propreté (frais de personnel). » – *V. note ss. art. 2.*

V. Espaces extérieurs au bâtiment ou à l'ensemble de bâtiments d'habitation (Voies de circulation, aires de stationnement, abords et espaces verts, aires et équipements de jeux)

1. Dépenses relatives :
A l'électricité ;
A l'essence et à l'huile ;

Aux fournitures consommables utilisées dans l'entretien courant : ampoules ou tubes d'éclairage, engrais, produits bactéricides et insecticides, produits tels que graines, fleurs, plants, plantes de remplacement à l'exclusion de celles utilisées pour la réfection de massifs, plates-bandes ou haies.

2. *a)* Exploitation et entretien courant :

Opérations de coupe, désherbage, sarclage, ratissage, nettoyage et arrosage concernant :

Les allées, aires de stationnement et abords ;

Les espaces verts (pelouses, massifs, arbustes, haies vives, plates-bandes) ;

Les aires de jeux ;

Les bassins, fontaines, caniveaux, canalisations d'évacuation des eaux pluviales ;

Entretien du matériel horticole ;

Remplacement du sable des bacs et du petit matériel de jeux.

b) Peinture et menues réparations des bancs de jardin et des équipements de jeux et grillages.

VI. Hygiène

1. Dépenses de fournitures consommables :

Sacs en plastique et en papier nécessaires à l'élimination des rejets ;

Produits relatifs à la désinsectisation et à la désinfection, y compris des colonnes sèches de vide-ordures.

2. Exploitation et entretien courant :

Entretien et vidange des fosses d'aisance ;

Entretien des appareils de conditionnement des ordures.

(Décr. nº 86-1316 du 26 déc. 1986) « 3. Élimination des rejets (frais de personnel). » – *V. note ss. art. 2.*

VII. Équipements divers du bâtiment ou de l'ensemble de bâtiments d'habitation

1. La fourniture d'énergie nécessaire à la ventilation mécanique.

2. Exploitation et entretien courant :

Ramonage des conduits de ventilation ;

Entretien de la ventilation mécanique ;

Entretien des dispositifs d'ouverture automatique ou codée et des interphones ;

Visites périodiques à l'exception des contrôles réglementaires de sécurité, nettoyage et graissage de l'appareillage fixe de manutention des nacelles de nettoyage des façades vitrées.

3. Divers :

Abonnement des postes de téléphone à la disposition des locataires.

VIII. Impositions et redevances

Droit de bail ;

Taxe ou redevance d'enlèvement des ordures ménagères ;

Taxe de balayage.

COHÉSION SOCIALE

Loi nº 2005-32 du 18 janvier 2005,

De programmation pour la cohésion sociale.

....

V. Circ. nº 2005-27 du 4 avr. 2005 relative à la diversification de la maîtrise d'ouvrage et de l'offre de logements dans le cadre de la mise en œuvre du Plan de cohésion sociale (BOMELT nº 2005/8, p. 51) ; Circ. nº 2005-11 du 14 févr. 2005 relative à la mobilisation du parc de logements privés dans le cadre du plan de cohésion sociale (BOMELT nº 2005/4, p. 53) ; Circ. nº 2005-33 du 25 mai 2005 relative à la mise en œuvre du plan de cohésion sociale et aux contrats d'objectif avec les bailleurs sociaux (BOMELT nº 2005/11, p. 100).

TITRE II Dispositions en faveur du logement

CHAPITRE PREMIER *Plan pour l'hébergement*

Art. 81 Pour financer le maintien des capacités existant au 31 décembre 2004 et la création de 5 800 places supplémentaires d'hébergement des personnes et des familles en difficulté, les crédits ouverts, en valeur 2004, par les lois de finances des années 2005 à 2009 sont fixés à *(L. nº 2007-290 du 5 mars 2007, art. 20)* « 4 227 millions d'euros » selon la programmation suivante :

(En millions d'euros valeur 2004)

ANNÉES	2005	2006	2007	2008	2009
Accueil d'urgence et places d'hiver	164	164	214	195	195
Centres d'hébergement et de réinsertion sociale	461	467	508	544	544
Centres d'accueil des demandeurs d'asile	143	151	159	159	159
Total	768	782	881	898	898

Les nouvelles capacités d'hébergement comprennent 1 800 places en centres d'hébergement et de réinsertion sociale, créées à raison de 800 la première année et de 500 chacune des deux années suivantes, et 4 000 places en centres d'accueil des demandeurs d'asile, créées à raison de 2 000 en 2005 et de 1 000 au cours de chacune des deux années suivantes.

(L. nº 2007-290 du 5 mars 2007, art. 20) « Les nouvelles capacités d'hébergement sont renforcées par la transformation de 4 500 places d'hébergement d'urgence en places de centres d'hébergement et de réinsertion sociale, et la transformation de 6 000 places d'hébergement d'urgence en places d'hébergement de stabilisation. »

V. Circ. nº 2007-33 du 4 mai 2007 relative à l'application des dispositions de la loi nº 2007-290 du 5 mars 2007 instituant le droit opposable au logement et portant diverses mesures relatives à la cohésion sociale (BOMELT nº 2007/10, p. 111).

CHAPITRE PREMIER *BIS* *Plan pour l'habitat adapté*

....

Art. 83 *(L. nº 2007-290 du 5 mars 2007, art. 20)* Pour financer le maintien des capacités et la création de 12 000 places en maisons relais au cours des années 2005 à 2007, les crédits ouverts par les lois de finances des années 2005 à 2009 sont fixés à 195 millions d'euros selon la programmation suivante :

(En millions d'euros valeur 2004)

ANNÉES	2005	2006	2007	2008	2009
Montant des crédits	13	19	31	66	66

....

CHAPITRE II

....

Art. 98 V. – L'occupant d'un logement appartenant à un organisme d'habitations à loyer modéré ou à une société d'économie mixte ou géré par eux, dont le bail a été résilié par décision judiciaire pour défaut de paiement de loyer et de charges et qui, à la date de la publication de la présente loi, a apuré sa dette locative et paie l'indemnité d'occupation et les charges telles que fixées par la décision judiciaire, est réputé titulaire d'un bail ouvrant droit à l'aide personnalisée au logement prévue à l'article L. 351-1 du code de la construction et de l'habitation ou aux allocations de logement prévues aux articles L. 542-1, L. 755-21 et L. 831-1 du code de la sécurité sociale. La signature du bail intervient dans les meilleurs délais.

....

VII. – Les dispositions du présent article sont applicables aux baux des logements appartenant à l'Établissement public de gestion immobilière du Nord-Pas-de-Calais créé par l'article 191 de la loi n° 2000-1208 du 13 décembre 2000 relative à la solidarité et au renouvellement urbains.

VIII. – –Les dispositions du présent article sont également applicables aux baux des logements appartenant à des organismes concourant aux objectifs de la politique d'aide au logement visés à l'article L. 365-1 du code de la construction et de l'habitation.

....

CHAPITRE III *Dispositions relatives au parc locatif privé*

Art. 107 Afin de financer la réhabilitation de 200 000 logements à loyers conventionnés ou réglementés et de contribuer à la remise sur le marché de logements vacants, des crédits sont ouverts par les lois de finances des années 2005 à 2009, destinés à l'Agence nationale de l'habitat, en supplément de ceux qui correspondent à son activité régulière. Ces crédits s'élèvent aux montants suivants (valeur 2004) :

1° A 70 millions d'euros en autorisations de programme en 2005 et à 140 millions d'euros en autorisations d'engagement pour chacune des quatre années suivantes ;

2° En crédits de paiement, à 70 millions d'euros en 2005 et à 140 millions d'euros pour chacune des quatre années suivantes.

....

TITRE III Promotion de l'égalité des chances

....

CHAPITRE III *Soutien aux villes en grande difficulté*

Art. 135 II Dans l'ensemble des dispositions législatives et réglementaires, après les mots : « dotation de solidarité urbaine », sont insérés les mots : « et de cohésion sociale ».

....

CHAPITRE VII *Personnes immigrées ou issues de l'immigration*

Art. 151 Le Gouvernement présentera au Parlement, tous les ans à compter de la promulgation de la présente loi, un rapport sur l'exécution de celle-ci et l'évaluation de ses effets, en s'appuyant notamment sur les travaux de l'Observatoire national de la pauvreté et de l'exclusion sociale et de l'Observatoire national des zones urbaines sensibles.

CRÉDIT IMMOBILIER

Code de la consommation

PREMIÈRE PARTIE : ***LÉGISLATIVE***

(L. nº 93-949 du 26 juill. 1993)

LIVRE III **Endettement**

TITRE PREMIER **Crédit**

....

CHAPITRE II ***Crédit immobilier***

RÉP. CIV. vº *Crédit immobilier*, par D. MAZEAUD et S. PIEDELIÈVRE.

BIBL. GÉN. ▶ BEZ, *JCP N 1981. I. 125.* – CALAIS-AULOY et BIHL, *JCP CI 1980. I. 9045.* – CALAIS-AULOY, *JCP 1984. I. 3144.* – DAGOT, *JCP 1980. I. 2973 et 2979.* – FLORES et BIARDEAUD, *D. 2000. Chron. 191* (protection de l'emprunteur : une notion menacée). – GAVALDA, *D. 1980. Chron. 211 ; RDI 1980. 389.* – JESTAZ et GODÉ, *RTD civ. 1979. 850.* – JESTAZ, LANCEREAU et ROUJOU DE BOUBÉE, *RDI 1979. 409.* – LAGARDE, *LPA 16 oct. 2003* (actualité jurisprudentielle). – LANCEREAU, *RDI 1980. 22.* – MEYSSON, *JCP N 1981. I. 17.* – SALATS, *ibid. 1986. I. 208.* – SANTACREU, *ibid. 1982. I. 147.* – Colloque du 17 oct. 1997, *LPA 29 avr. 1998, nº spécial* (crédit immobilier : questions choisies). – Huitièmes « rencontres notariat-université » du 23 nov. 1998, *LPA 29 juin 1999, nº spécial* (crédit immobilier, notaire, banquier et consommateur).

▶ **Clauses abusives :** COLLART-DUTILLEUL, *RDI 1989. 159.*

▶ **Réforme du 31 déc. 1989 :** DELEBECQUE, *D. 1990. Chron. 255.* – PAISANT, *JCP 1990. I. 3457.* – SCHAUFELBERGER, *RDI 1990. 301*. – VION, *Defrénois 1990. 321.*

▶ **Actualité jurisprudentielle :** LAGARDE, *LPA 16 oct. 2003.*

V. Recommandation nº 2004-3 émise par la Commission des clauses abusives relative aux contrats de prêt immobilier (BOCC nº 2004-08).

SECTION I ***Champ d'application***

Art. L. 312-1 **Au sens du présent chapitre, est considérée comme :**

***a*) Acquéreur, toute personne qui acquiert, souscrit ou commande au moyen des prêts mentionnés à l'article L. 312-2 ;**

***b*) Vendeur, l'autre partie à ces mêmes opérations.**

Époux emprunteurs. Lorsqu'un seul des époux a signé le contrat de crédit immobilier, l'autre époux ne peut être poursuivi en qualité de coemprunteur solidaire, à moins qu'il ne soit établi que l'époux signataire a agi comme mandataire de son conjoint, ou qu'il s'agisse d'un emprunt modeste contracté pour les besoins du ménage au sens de l'art. 220 C. civ. • Civ. 1re, 28 sept. 2004 : *CCC 2005, nº 18, note Raymond.*

Art. L. 312-2 **Les dispositions du présent chapitre s'appliquent aux prêts qui, quelle que soit leur qualification ou leur technique, sont consentis de manière habituelle par toute personne physique ou morale en vue de financer les opérations suivantes :**

(L. nº 2010-737 du 1er juill. 2010, art. 20, en vigueur le 1er mai 2011) **« 1º Pour les immeubles à usage d'habitation ou à usage professionnel et d'habitation :**

« *a)* Leur acquisition en propriété ou la souscription ou l'achat de parts ou actions de sociétés donnant vocation à leur attribution en propriété, y compris lorsque ces opérations visent également à permettre la réalisation de travaux de réparation, d'amélioration ou d'entretien de l'immeuble ainsi acquis ;

« *b)* Leur acquisition en jouissance ou la souscription ou l'achat de parts ou actions de sociétés donnant vocation à leur attribution en jouissance, y compris lorsque ces opérations visent également à permettre la réalisation de travaux de réparation, d'amélioration ou d'entretien de l'immeuble ainsi acquis ;

« *c)* Les dépenses relatives à leur réparation, leur amélioration ou leur entretien lorsque le montant du crédit est supérieur à 75 000 € ;

« *d)* Les dépenses relatives à leur construction ; »

2° L'achat de terrains destinés à la construction des immeubles mentionnés au 1° ci-dessus.

La nouvelle rédaction du 1° de l'art. L. 312-2 entre en vigueur le 1er mai 2011. Elle s'applique aux contrats dont l'offre a été émise après la date d'entrée en vigueur (L. n° 2010-737 du 1er juill. 2010, art. 61-I).

BIBL. ► S. Piedelièvre, *Defrénois 2010. 1539* (dispositions de la loi du 1er juill. 2010 relatives au crédit immobilier).

Ancien art. L. 312-2 *Les dispositions du présent chapitre s'appliquent aux prêts qui, quelle que soit leur qualification ou leur technique, sont consentis de manière habituelle par toute personne physique ou morale en vue de financer les opérations suivantes :*

1° Pour les immeubles à usage d'habitation ou à usage professionnel d'habitation :

a) Leur acquisition en propriété ou en jouissance ;

b) La souscription ou l'achat de parts ou actions de sociétés donnant vocation à leur attribution en propriété ou en jouissance ;

c) Les dépenses relatives à leur construction, leur réparation, leur amélioration ou leur entretien lorsque le montant de ces dépenses est supérieur à celui fixé en exécution du dernier alinéa de l'article L. 311-3 ;

2° L'achat de terrains destinés à la construction des immeubles mentionnés au 1° ci-dessus.

1. Notion d'immeuble. Les dispositions relatives au crédit immobilier impliquent que la construction financée ait un caractère immobilier ; ne constitue pas un immeuble une construction reposant sur un cadre de poutrelles métalliques posé sur des parpaings et qui n'est donc pas incorporée au sol. • Aix-en-Provence, 3 mai 2005 : *CCC 2005, n° 211, note Raymond.*

1 bis. Destination de l'immeuble. La loi du 13 juill. 1979 [C. consom., art. L. 312-1 s.] s'applique aux prêts consentis pour financer l'acquisition d'immeubles à usage d'habitation, sans qu'il y ait à distinguer entre les acquisitions destinées à l'habitation effective et celles effectuées dans un but d'investissement. • Crim. 7 août 1990 : *D. 1990. IR 225 ; BID 1991, n° 2, p. 27.* ♦ Les juges du fond ne sont pas tenus de vérifier d'office que la partie qui invoque l'application de la loi de 1979 avait l'intention d'acquérir pour habiter. • Civ. 3e, 10 déc. 1986 : *Bull civ. III, n° 181 ; D. 1987. Somm. 458, obs. Aubert ; D. 1988. Somm. 114, obs. Magnin ; Defrénois 1987. 33978, n° 45, obs. Aubert.*

1 ter. Apurement après la vente du solde restant dû sur le prêt initial. Le prêt consenti après la vente d'un immeuble en vue d'apurer le solde restant dû sur le prêt immobilier initial, accordé pour l'achat de cet immeuble, s'inscrit dans l'opération d'acquisition du bien et est par conséquent soumis aux dispositions des art. L. 312-2 s. • Cass., avis, 20 juin 1997 : *Bull. civ., n° 4.*

1 quater. Immeuble en jouissance à temps partagé. La loi du 13 juill. 1979 [C. consom., art. L. 312-1 s.] est applicable aux acquisitions d'immeubles en jouissance à temps partagé. • Civ. 1re, 27 juin 1995 : *Bull. civ. I, n° 288 ; CCC 1995, n° 191, obs. Raymond.* – Comp. • Paris, 9 mars 1995 : *CCC 1995, n° 155, obs. Raymond* (le contrat souscrit s'analyse en une adhésion à un club ne conférant qu'un droit mobilier pour lequel le crédit relève des art. L. 311-1 à L. 311-7 sur le crédit à la consommation).

2. Propriété agricole. La loi du 13 juill. 1979 [C. consom., art. L. 312-1 s.] n'est pas applicable au prêt destiné à financer l'achat d'une propriété agricole, même si celle-ci comporte accessoirement des bâtiments d'exploitation. • Civ. 1re, 7 oct. 1992 : *D. 1992. IR 252 ; CCC 1993, n° 14, obs. Raymond.*

2 bis. Terrain nu. Ne relève pas de l'art. L. 312-2 l'emprunt souscrit à l'effet de régler une soulte due au titre d'un terrain reçu en donation-partage, destiné à être aussitôt vendu sans construction. • Com. 18 mai 2005 : *Bull. civ. IV, n° 106 ; JCP 2005. IV. 2511 ; Defrénois 2005. 1425, note Piedelièvre.*

3. Destination du crédit. S'agissant des dépenses de construction, de réparation, d'amélioration ou d'entretien d'un immeuble, il faut, pour déterminer les textes applicables, se référer au montant des dépenses et non au montant du prêt. • Civ. 1re, 15 déc. 1993 : *D. 1994. 217, note Davo ; CCC 1994, no 39, obs. Raymond.*

4. Formes de crédit. La loi du 13 juill. 1979 [C. consom., art. L. 312-1 s.] est applicable aux facilités de paiement offertes par une société d'HLM, aboutissant à consentir aux acquéreurs un crédit d'une certaine valeur moyennant des intérêts calculés en fonction de celle-ci. • Civ. 1re, 10 juin 1987 : *D. 1987. Somm. 457, obs. Aubert ; Defrénois 1987. 34056, no 83, obs. Vermelle* • 3 mars 1998 : *CCC 1998, no 106, obs. Raymond.* ♦ ... Au contrat par lequel un établissement de crédit s'engage à faire bénéficier les emprunteurs d'une prorogation du prêt notarié contracté par eux pour parvenir à rembourser un prêt affecté à l'achat d'une maison d'habitation. • Civ. 1re, 20 janv. 1993 : *Bull. civ. I, no 29 ; D. 1993. IR 42 ; JCP E 1993, Pan. 358.* ♦ ... Au crédit relais consenti par une banque dans l'attente de la consolidation d'un prêt demandé et accordé sous réserve de la garantie par une assurance décès-invalidité. • Civ. 1re, 26 janv. 1999 : *CCC 1999, no 63, obs. Raymond.* ♦ V. aussi note 1 ss. art. L. 312-4.

5. Contrat d'architecte. Il résulte des termes des art. L. 312-1, L. 312-2 et L. 312-19 que les honoraires d'architecte relèvent des dispositions du code de la consommation sur le crédit immobilier, dès lors qu'ils sont inclus dans l'estimation globale du prix de la construction. • Civ. 1re, 3 janv. 1996 : *Bull civ. I, no 10 ; D. Affaires 1996. 172.*

6. Épargne-logement. Dans le cadre d'un plan ou compte d'épargne logement la banque est tenue d'accorder à son client, sauf s'il est en situation de surendettement, le prêt auquel elle s'est obligée lors de la conclusion du contrat, dès lors que les conditions légales et réglementaires sont réunies. • Civ. 1re, 3 juin 1997 : *Bull. civ. I, no 181 ; D. 1998. 245, note Heugas-Darraspen.* ♦ Sur les conditions d'obtention d'un prêt lorsque le plan ou compte épargne logement est venu à terme, V. art. L. 315-1 s., R. 315-25 et R. 315-34 CCH.

7. Droit international privé. Dans le cas d'un contrat de prêt immobilier stipulant l'application d'une loi étrangère, l'acte notarié établi en France ayant pour seul objet de constituer les garanties hypothécaires sur des immeubles situés en France, la créance du prêteur est soumise à la loi d'autonomie, tandis que la sûreté immobilière destinée à garantir cette créance est soumise à la loi de situation des biens. • Civ. 1re, 19 janv. 1999 : *D. 1999. IR 292 ; D. Affaires 1999. 371, obs. X. D. ; JCP 1999. II. 10248, note Vignal.*

Art. L. 312-3 Sont exclus du champ d'application du présent chapitre :

1o Les prêts consentis à des personnes morales de droit public ;

2o Ceux destinés, sous quelque forme que ce soit, à financer une activité professionnelle, notamment celle des personnes physiques ou morales qui, à titre habituel, même accessoire à une autre activité, ou en vertu de leur objet social, procurent, sous quelque forme que ce soit, des immeubles ou fractions d'immeubles, bâtis ou non, achevés ou non, collectifs ou individuels, en propriété ou en jouissance ;

3o Les opérations de crédit différé régies par la loi no 52-332 du 24 mars 1952 relative aux entreprises de crédit différé lorsqu'elles ne sont pas associées à un crédit d'anticipation.

1. Activité professionnelle. Constitue une activité professionnelle celle d'une SCI qui a pour objet la mise en location (meublée ou non) d'un ou plusieurs appartements. • Civ. 1re, 10 févr. 1993 : *Bull. civ. I, no 71 ; D. 1993. IR 60 ; CCC 1993, no 81, obs. Raymond.* ♦ ... Ou l'achat d'immeubles de bureaux. • Civ. 1re, 26 mai 1993 : *CCC 1993, no 159, obs. Raymond.* ♦ ... Le nombre des immeubles sur lesquels s'exerce cette activité étant indifférent. • Civ. 1re, 11 oct. 1994 : *JCP E 1994, Pan. 1316.*

En dépit des références à la loi du 13 juill. 1979 [codifiée aux art. L. 312-1 s.] que comportait l'acte de prêt, celui-ci n'est pas soumis au régime du C. consom. dès lors qu'il est constaté que les emprunteurs, cherchant un financement destiné à apurer les dettes de la société dont l'un était gérant, ont à cette fin contracté un prêt en leur nom personnel destiné à servir de crédit relais dans l'attente de la vente de l'immeuble et du fonds de commerce exploité dans cet immeuble. • Civ. 1re, 1er juin 1999 : *Bull. civ. I, no 188 ; D. 1999. IR 176 ; JCP 1999. IV. 2408 ; CCC 1999, no 168, obs. Raymond ; Defrénois 1999. 1338, obs. Aubert.*

2. Fait de l'emprunteur. Il suffit, pour écarter l'application des dispositions du C. consom. en matière de crédit, que l'emprunteur ait voulu prendre auprès du prêteur l'apparence d'un professionnel. • Com. 3 mai 1994 : *CCC 1994, no 183, obs. Raymond.*

3. Application conventionnelle. Si les prêts destinés notamment à financer les besoins d'une activité professionnelle sont exclus du champ d'application des dispositions relatives au crédit immobilier, rien n'interdit aux parties de soumettre volontairement les opérations qu'elles concluent à ces dispositions qui leur sont alors impérativement applicables. • Civ. 1re, 23 mars 1999 : *Bull. civ. I, no 108 ; D. Affaires 1999. 754, obs. C. R. ; JCP 1999. IV. 1938* • 2 oct. 2002 : *Bull. civ. I, no 230 ; D. 2002. AJ 3012 ; RTD civ. 2003. 85, obs. Mestre et Fages*. ♦ Cette soumission doit résulter d'une manifestation de volonté dépourvue d'équivoque et dont la réalité est soumise à l'appréciation souveraine des juges du fond. • Civ. 1re, 1er juin 1999 : *préc. note 1.*

SECTION II *Publicité*

Art. L. 312-4 Toute publicité faite, reçue ou perçue en France, qui, quel que soit son support, porte sur l'un des prêts mentionnés à l'article L. 312-2, doit :

1o Préciser l'identité du prêteur, la nature et l'objet du prêt ;

2o *(L. no 2003-706 du 1er août 2003, art. 87-I-6o)* **« Préciser, si elle comporte un ou plusieurs éléments chiffrés, la durée de l'opération proposée ainsi que le coût total et le taux effectif global annuel du crédit, à l'exclusion de tout autre taux. »** – *Ces dispositions sont applicables aux publicités faites, reçues ou perçues en France ainsi qu'aux contrats de crédits consentis ou renouvelés six mois après la promulgation de la loi no 2003-706 du 1er août 2003 (L. préc., art. 87-II).*

Toutes les mentions obligatoires doivent être présentées de manière parfaitement lisible et compréhensible par le consommateur.

1. Opérations concernées. L'annonce concernant l'acquisition d'un bien immobilier doit contenir les mentions rendues obligatoires par l'art. 4 de la loi de 1979 [C. consom., art. L. 312-4] dès lors qu'elle prévoit la possibilité d'obtenir, pour l'achat d'une maison à un prix déterminé, un prêt sous forme d'un remboursement assimilable à un loyer. • Crim. 4 juill. 1990 : *Bull. crim. no 277 ; D. 1990. IR 225*. ♦ Même solution s'agissant de publicités relatives à l'acquisition d'immeubles de loisirs, le paiement par mensualités proposé impliquant le recours à un prêt. • Crim. 3 oct. 1991 : *Bull. crim. no 330 ; D. 1991. IR 272 ; CCC 1992, no 17, obs. Raymond ; RTD com. 1992. 711, obs. Bouzat*. ♦ Dans le même sens, s'agissant de publicités relatives aux prêts pour la construction de maisons individuelles, V. • Agen, 4 juin 1998 : *JCP 1998. IV. 3480 ; RJDA 1999, no 831.* ♦ Une invitation à racheter des crédits en les globalisant en un crédit nouveau entre dans le champ d'application de l'art. L. 312-4. • TI Saint-Malo, 18 déc. 2001 : *D. 2002. Somm. 2933, obs. J. Franck ; CCC 2002, no 131, note Raymond ; CCE 2002, no 142, note Grynbaum.*

2. Supports concernés : internet. Une page web du site internet d'un intermédiaire financier constitue une publicité soumise aux dispositions de l'art. L. 312-4. • TI Saint-Malo, 18 déc. 2001 : *préc. note 1.*

Art. L. 312-5 Tout document publicitaire ou tout document d'information remis à l'emprunteur et portant sur l'une des opérations visées à l'article L. 312-2 doit mentionner que l'emprunteur dispose d'un délai de réflexion de dix jours, que la vente est subordonnée à l'obtention du prêt et que si celui-ci n'est pas obtenu, le vendeur doit lui rembourser les sommes versées.

Art. L. 312-6 Est interdite toute publicité assimilant les mensualités de remboursement à des loyers ou faisant référence, pour le calcul des échéances, à des prestations sociales qui ne sont pas assurées pendant toute la durée du contrat.

SECTION III *Le contrat de crédit*

Art. L. 312-7 Pour les prêts mentionnés à l'article L. 312-2, le prêteur est tenu de formuler par écrit une offre adressée gratuitement par voie postale à l'emprunteur éventuel ainsi qu'aux cautions déclarées par l'emprunteur lorsqu'il s'agit de personnes physiques.

1. Nature du contrat. Les prêts régis par les art. L. 312-7 s., n'ayant pas la nature de contrat réel, il en résulte que la garantie du risque invalidité souscrite par l'emprunteur, adhérent à une assurance de groupe, a pris effet dès l'acceptation par ce dernier de l'offre de prêt et non au jour de la réitération du contrat en la forme authentique. • Civ. 1re, 27 mai 1998 : *Bull. civ. I, no 186 ; D. 1999. 194, note Bruschi ; ibid. Somm. 28, obs. Jobard-Bachel-*

lier ; *ibid. 2000, Somm. 50, obs. Pizzio* ; *D. Affaires 1998. 1121, obs. S. P.* ; *LPA 16 juill. 1999, p. 23, note Depadt-Sebag.*

2. Crédit relais. En ce sens que le crédit relais [crédit consenti sous forme de découvert en compte] consenti par une banque dans l'attente de la consolidation d'un prêt immobilier demandé et accordé sous réserve de la garantie par une assurance décès-invalidité, doit être précédée d'une offre préalable, V. • Civ. 1re, 26 janv. 1999 : *CCC 1999, no 63, obs. Raymond.*

3. Envoi par voie postale. Est irrégulière la transmission d'une offre de prêt par télécopie. • Paris, 15 sept. 1999 : *D. 1999. AJ 64, obs. C.R* ; *JCP N 2000. 1549, note Raymond* ; *CCC 2000, no 71, obs. Raymond.* ♦ En imposant aux cautions la charge de prouver que l'offre a été adressée par voie postale, une cour d'appel renverse la charge de la preuve et viole l'art. 1315 C. civ. • Civ. 1re, 10 déc. 2002 : *CCC 2003, no 96, note Raymond.*

4. Démarchage à domicile. La directive 85/577/CEE du 20 déc. 1985 sur le démarchage à domicile doit être interprétée en ce sens qu'elle s'applique à un contrat de crédit foncier, de sorte que le consommateur qui a conclu un tel contrat dispose d'un droit de rétractation. • CJCE 13 déc. 2001, aff. C-481/99 : *JCP 2002. I. 168, étude Bernardeau.*

5. Sanction. V. note 3 ss. art L. 312-33.

Art. L. 312-8 L'offre définie à l'article précédent :

1o Mentionne l'identité des parties, et éventuellement des cautions déclarées ;

2o Précise la nature, l'objet, les modalités du prêt, notamment celles qui sont relatives aux dates et conditions de mise à disposition des fonds ;

(L. no 2008-3 du 3 janv. 2008, art. 25-I) **« 2o *bis* Pour les offres de prêts dont le taux d'intérêt est fixe, comprend un échéancier des amortissements détaillant pour chaque échéance la répartition du remboursement entre le capital et les intérêts ;**

« 2o *ter* Pour les offres de prêts dont le taux d'intérêt est variable, est accompagnée d'une notice présentant les conditions et modalités de variation du taux d intérêt et d'un document d'information contenant une simulation de l'impact d'une variation de ce taux sur les mensualités, la durée du prêt et le coût total du crédit. Cette simulation ne constitue pas un engagement du prêteur à l'égard de l'emprunteur quant à l'évolution effective des taux d'intérêt pendant le prêt et à son impact sur les mensualités, la durée du prêt et le coût total du crédit. Le document d'information mentionne le caractère indicatif de la simulation et l'absence de responsabilité du prêteur quant à l'évolution effective des taux d'intérêt pendant le prêt et à son impact sur les mensualités, la durée du prêt et le coût total du crédit ; » *– Entrée en vigueur le 1er oct. 2008 (L. no 2008-3 du 3 janv. 2008, art. 25-II).*

3o Indique, outre le montant du crédit susceptible d'être consenti, et, le cas échéant, celui de ses fractions périodiquement disponibles, son coût total, son taux défini conformément à l'article L. 313-1 ainsi que, s'il y a lieu, les modalités de l'indexation ;

4o Énonce, en donnant une évaluation de leur coût, les stipulations, les assurances et les sûretés réelles ou personnelles exigées, qui conditionnent la conclusion du prêt ;

4o *bis* *(L. no 2010-737 du 1er juill. 2010, art. 21-I)* **« Mentionne que l'emprunteur peut souscrire auprès de l'assureur de son choix une assurance dans les conditions fixées à l'article L. 312-9** *[;]* **»**

5o Fait état des conditions requises pour un transfert éventuel du prêt à une tierce personne ;

6o Rappelle les dispositions de l'article L. 312-10.

(L. no 2008-3 du 3 janv. 2008, art. 25-I) **« Toute modification des conditions d'obtention d'un prêt dont le taux d'intérêt est fixe, notamment » le montant ou le taux du crédit, donne lieu à la remise à l'emprunteur d'une nouvelle offre préalable.** *– Pour les taux d'intérêt variables, V. art. L. 312-14-1 et L. 312-14-2.*

(Abrogé par L. no 2008-3 du 3 janv. 2008, art. 25-I) ***« Toutefois, cette obligation n'est pas applicable aux prêts dont le taux d'intérêt est variable, dès lors qu'a été remise à l'emprunteur avec l'offre préalable une notice présentant les conditions et modalités de variation du taux. »***

Le 4o bis, tel qu'il est issu de la L. no 2010-737 du 1er juill. 2010, s'applique, selon des modalités fixées par décret, à compter du 1er sept. 2010. Il s'applique aux contrats dont l'offre a été émise après la date d'entrée en vigueur (L. préc., art. 61-I). En Nouvelle-Calédonie, en Polynésie française et dans les îles Wallis-et-Futuna, il entre en vigueur le premier jour suivant la date de promulgation de la L. no 2010-1249 du 22 oct. 2010 (L. préc., art. 88-IV).

BIBL. ▸ BOUTEILLER, *RLDA févr. 2008. 30, spéc. 34* (les nouvelles mesures régissant les relations entre les établissements de crédit et leurs clients : loi du 3 janv. 2008). – GOURIO, *LPA 29 juin 1999* (information du consommateur et crédit immobilier). – RAYMOND, *JCP E 2008, no 12-13, p. 17, spéc. p. 24* ; *CCC 2008. étude no 3* (les modifications au droit de la consommation apportées par la loi no 2008-3 du 3 janv. 2008).

1. Mentions légales. Le coût des sûretés réelles et personnelles exigées, et qui conditionnent l'octroi du prêt, doit être mentionné dans l'offre, sauf lorsque le montant de ces charges ne peut être indiqué avec précision avant la signature du contrat. • Civ. 1re, 23 nov. 2004 : *Bull. civ. I, no 289 ; JCP 2005. IV. 1013.*

1 bis. L'apposition sur l'offre de prêt des mentions « lu et approuvé » et « bon pour acceptation », non exigées par la loi, ne démontre pas que le formalisme légal n'aurait pas été respecté, et l'acceptant n'est pas fondé à soulever l'irrégularité de l'offre. • Versailles, 21 avr. 2000 : *BICC 1er févr. 2001, no 151.*

2. Échéancier. Ne satisfait pas aux exigences légales : le tableau établi sur la base d'un prêt de 10 000 F alors que le prêt effectivement souscrit était supérieur, l'emprunteur ne devant pas se voir imposer un calcul pour mesurer l'étendue de son engagement. • Civ. 1re, 2 juill. 1996 : *Bull. civ. I, no 283 ; LPA 2 avr. 1997, p. 16, note Rieubemet ; RJDA 1997, no 386.* ◆ ... Non plus que le tableau qui se contente de détailler les dates des échéances et leur montant global, sans préciser la part du remboursement affecté dans chacune d'entre elles à l'amortissement du capital par rapport à celle couvrant les intérêts. • Civ. 1re, 16 mars 1994 : *D. 1994. IR 85* • 20 juill. 1994 : *Bull. civ. I, no 262 ; D. 1995. Somm. 314, obs. Pizzio* • Versailles, 18 janv. 1996 : *D. Affaires 1996. 514* • Limoges, 13 févr. 1996 : *D. Affaires 1996. 744.* ◆ ... Le tableau qui mentionne pour chaque année, et non pour chaque échéance mensuelle, la part de l'amortissement du capital par rapport à celle couvrant les intérêts. • Civ. 1re, 18 mars 1997 : *Bull. civ. I, no 97.* – Dans le même sens : • Agen, 15 janv. 2002 : *BICC 1er déc. 2002, no 1240.*

3. Ne contient pas d'échéancier détaillé et n'est par conséquent pas régulière l'offre préalable de crédit immobilier qui ne comporte que le nombre des échéances, la simple mention du montant des douze premières mensualités et la seule indication du taux de progressivité. • Civ. 1re, 13 nov. 1997 : *Bull. civ. I, no 311 ; CCC 1998, no 31, obs. Raymond ; D. Affaires 1998. 19, obs. C. R.* – V. L. no 96-314 du 12 avr. 1996, art. 87-I.

4. Ne satisfait pas aux exigences de la loi, l'indication sur l'offre préalable qu'une somme est due au titre de frais de dossier, sans qu'il soit permis à l'emprunteur d'en déterminer l'objet. • Amiens, 9 mars 1998 : *Gaz. Pal. 19-20 nov. 1999. Somm., p. 40.*

5. Crédit différé couplé à un crédit d'anticipation. Est nul le cautionnement d'un contrat de crédit immobilier différé, dès lors que l'information de la caution ne fait aucunement référence au crédit d'anticipation couplé audit crédit différé. • Civ. 1re, 13 juin 1995 : *Bull. civ. I, no 260 ; D. 1995. IR 178.*

6. Charge de la preuve. Une cour d'appel peut, sans inverser la charge de la preuve, estimer que la déclaration de l'emprunteur ne suffit pas à établir que l'échéancier des amortissements était joint à l'offre lorsqu'il l'avait acceptée. • Civ. 1re, 16 mars 1994 : *préc. note 2.*

7. Responsabilité du prêteur. La présentation d'une offre préalable conforme aux exigences de l'art. 5 de la loi du 13 juill. 1979 [C. consom., art. L. 312-7 et L. 312-8] ne dispense pas l'établissement de crédit de son devoir de conseil, notamment lorsque le taux d'endettement est excessif par rapport à la modicité des ressources de l'emprunteur. La responsabilité du prêteur est engagée du fait du défaut de mise en garde du consommateur. • Civ. 1re, 27 juin 1995 : *Bull. civ. I, no 287 ; D. 1995. 621, note Piedelièvre ; LPA 29 nov. 1996, note Arlie.*

8. Modification des conditions du prêt. L'art. L. 312-8 n'exige pas la réitération de l'offre préalable de crédit lorsque seule la durée du prêt est prolongée. • Civ. 1re, 8 oct. 1996 : *Bull. civ. I, no 344 ; D. Affaires 1996. 1251 ; CCC 1996, no 208, obs. Raymond ; Defrénois 1997. 229, note S. Piedelièvre.* ◆ ... Ou lorsque seules les échéances sont modifiées par suite d'un remboursement partiel anticipé. • Civ. 1re, 13 nov. 2002 : *Defrénois 2003. 261, obs. Aubert.* ◆ L'obligation de réitération de l'offre ne saurait viser que les seules situations entraînant, pour l'emprunteur, un alourdissement de ses obligations contractuelles, non celles conduisant à leur allégement. • Bordeaux, 28 févr. 2000 : *BICC 15 janv. 2001, no 77.* ◆ L'art. L. 312-8 n'est pas applicable lorsque les modifications des conditions de l'obtention d'un prêt sont retenues comme mesure de traitement de la situation de surendettement. • Civ. 1re, 4 oct. 2000 : *Bull. civ. I, no 237 ; D. 2000. AJ 403 ; JCP N 2000. 1836, note Gourio ; Defrénois 2001. 248, obs.*

Savaux. ◆ Sur la distinction entre la modification des conditions d'obtention d'un prêt et la modification des conditions de remboursement, V. • Civ. 1re, 6 janv. 1998 : *Bull. civ. I, no 5 ; D. 1998. 503, note Martin ; D. Affaires 1998. 193, obs. C.R.* ◆ Les modifications des conditions d'obtention d'un prêt, notamment le montant ou le taux du crédit donnent lieu à la remise à l'emprunteur d'une nouvelle offre préalable. • Même arrêt. ◆ V. désormais art. L. 312-14-1, issu de la loi no 99-532 du 25 juin 1999.

9. La réduction de la durée d'un contrat de prêt, jointe à l'augmentation du taux d'intérêt, réalise une modification importante des éléments essentiels du contrat, n'emporte pas la novation de la dette des emprunteurs. Pour une analyse des conséquences résultant de cette affirmation en matière de crédit immobilier, V. • Civ. 1re, 2 déc. 1997 : *RJ com. 1999. 115, note Cimar.*

10. Rectification. Sur le pouvoir du juge de rectifier une erreur matérielle figurant dans l'offre de prêt, V. • Civ. 1re, 24 févr. 1998 : *Banque juill.-août 1998. 82, obs. Guillot ; Defrénois 1999. 378, note Mazeaud.*

11. Transfert du prêt. L'art. L. 312-8 ne trouve pas à s'appliquer lorsque, par suite de la mutation entre vifs du logement financé par un prêt pour l'accession à la propriété, l'acquéreur qui a obtenu le transfert du prêt se trouve substitué de plein droit aux obligations de son vendeur à l'égard du prêteur. • Civ. 1re, 13 nov. 1996 : *Bull. civ. I, no 400 ; D. 1997. Somm. 178, obs. Aynès ; Defrénois 1997. 324, note Delebecque.* ◆ Dans le même sens : • Civ. 1re, 18 oct. 2000 : *Bull. civ. I, no 255* (reprise du prêt régulière et prêt poursuivi aux mêmes conditions).

12. Prêt à taux variable. S'agissant de prêts immobiliers stipulant des intérêts à taux variable, aucun échéancier des amortissements ni aucune évaluation du coût total du prêt ne peut être remis aux emprunteurs. • Civ. 1re, 13 avr. 1999 : *Bull. civ. I, no 135.* ◆ Sous l'empire du droit antérieur, il avait été jugé que n'était pas conforme aux dispositions de l'art. L. 312-8 l'offre de prêt à taux variable comportant l'explication détaillée des variations du taux, assortie d'un échéancier prévisionnel, et indiquant qu'un nouveau tableau d'amortissement serait adressé chaque année. • Civ. 1re, 19 nov. 1996 : *Bull. civ. I, no 408 ; D. Affaires 1997. 74 ; CCC 1997, no 33, obs. Raymond ; RJD 1997, no 536 ; Defrénois 1997. 339, note Mazeaud.* ◆ V. désormais art. L. 312-8, § 2o *bis*, issu de L. no 96-314 du 12 avr. 1996.

13. Un prêt notarié qui, stipulé remboursable pour partie à taux fixe sur une première période, puis à taux variable pour la seconde, ne comporte qu'un tableau d'amortissement limité à la seule première période ne contrevient pas aux dispositions légales, dès lors que l'art. L. 312-8-2o envisage expressément ce type de prêt et dans ces cas n'exige plus, depuis la loi du 12 avr. 1996, un échéancier des amortissements. • Versailles, 13 nov. 1998 : *Gaz. Pal. 13-14 août 1999, Somm. p. 13.*

14. Un prêt ne peut être qualifié de prêt à taux variable lorsque la progressivité ne concerne que les échéances du prêt et non l'intérêt lui-même, un taux d'intérêt variable résultant de l'application d'un indice nécessairement extérieur au prêteur. • TGI Carpentras, 12 oct. 1999 : *BICC 15 mai 2000, no 648.*

Loi no 96-314 du 12 avril 1996, *Portant diverses dispositions d'ordre économique et financier (JO 13 avr.).* **Art. 87** I. — Sous réserve des décisions de justice passées en force de chose jugée, les offres de prêts mentionnées à l'article L. 312-7 du code de la consommation et émises avant le 31 décembre 1994 sont réputées régulières au regard des dispositions relatives à l'échéancier des amortissements prévues par le 2o de l'article L. 312-8 du même code, dès lors qu'elles ont indiqué le montant des échéances de remboursement du prêt, leur périodicité, leur nombre ou la durée du prêt, ainsi que, le cas échéant, les modalités de leurs variations. — *L'art. 87-I de la loi du 12 avr. 1996 a été jugé conforme à la Constitution par le Conseil constitutionnel (Décis. no 96-375 DC du 9 avr. 1996, JO 13 avr.).*

BIBL. ▸ GOURIO, *JCP E 1996. I. 576.* – PIEDELIÈVRE, *Defrénois 1997. 446.* – ALEXIS et ROUX, *CCC 2001. Chron. 11* (les lois de validation affectant les intérêts des consommateurs).

1. Le principe de prééminence du droit et la notion de procès équitable (Conv. EDH, art. 6) s'opposent, sauf pour d'impérieux motifs d'intérêt général, à l'ingérence du pouvoir législatif dans l'administration de la justice dans le but d'influer sur le dénouement judiciaire d'un litige dans le sens d'une issue favorable à l'État. • CEDH 28 oct. 1999, *Zielinski c/ France : D. 2000. Somm. 184, obs. Fricero ; LPA 8 juin 2000, note Boujeka ; RFDA 2000. 1254, étude Bolle ; RTD civ. 2000. 436, obs. Marguénaud ; ibid. 629, obs. Perrot.* ◆ Mais tel n'est pas le cas avec la loi du 12 avr. 1996, art. 87-I, où l'intervention du législateur n'a eu pour objet que de limiter, pour l'avenir, la portée d'une interprétation jurisprudentielle et non de trancher un litige dans lequel l'État aurait été partie. • Civ. 1re, 20 juin 2000 : *Bull. civ. I, no 191 (arrêt no 1) ; D. 2000. AJ 341, obs. Rondey ; JCP 2001. II. 10454, note Gourio ; RFDA 2000. 1189, concl. Sainte-Rose, note Mathieu ; LPA 5 mars 2001, note Thioye,* cassant • Dijon, 28 mai 1998 : *D. Affaires 1998. 1436, obs. C.R.* – Même sens : • Civ. 1re, 13 nov. 2002 : *Bull. civ. I, no 268 ; JCP 2003. IV. 1005.* ◆ V., dans le même sens que l'arrêt cassé : • Limoges, 19 nov. 1998 : *Gaz. Pal. 1999. 2. Somm. 735, obs. Vray* • Paris, 25 mars 1999 : *RDI 1999. 447, obs. Heugas-Darraspen* • Poitiers, 27 mars 2001 : *JCP 2002. IV. 2212* (l'art. 87-I doit être jugé dépourvu de portée). ◆ En sens inverse : • TGI Paris, 22 janv. 1999 : *RDI 1999. 447* • TGI Bobigny, 4 févr. 1999 : *D. 1999. IR 86*.

2. D'autre part, la déchéance du droit aux intérêts est une sanction civile dont la loi laisse à la discrétion du juge tant l'application que la détermination du montant ; de ce fait, l'emprunteur qui sollicite la déchéance du droit aux intérêts ne fait valoir qu'une prétention à l'issue incertaine qui n'est, dès lors, pas constitutive d'un droit au regard de l'art. 1er du Protocole additionnel de la Conv. EDH, relatif au respect du droit de propriété, et de l'art. 6-1 de la même convention, relatif au droit à un procès équitable. • Civ. 1re, 20 juin 2000 : *Bull. civ. I, no 191 (arrêt no 2) ; D. 2000. 699, note Niboyet ; JCP 2001. II. 10454, note Gourio ; JCP E 2000. 1663, note S. Piedelièvre ; RFDA 2000. 1189, concl. Sainte-Rose, note Mathieu ; LPA 5 mars 2001, note Thioye* • 13 nov. 2002 : *préc. note 1.* ◆ *Contra,* sur le droit à un procès équitable : • Poitiers, 27 mars 2001 : *préc. note 1.*

3. Sur l'applicabilité de l'art. 87-I à des offres de prêt émises sous l'empire de la loi du 13 juill. 1979, art. 5, avant sa codification à l'art. L. 312-8, V. jurispr. précédant art. L. 111-1.

Art. L. 312-9 **Lorsque le prêteur** *(L. no 2010-737 du 1er juill. 2010, art. 21-II)* **« propose » à l'emprunteur** *(Abrogé par L. no 2010-737 du 1er juill. 2010, art. 21-II) « **ou exige de lui** »* **l'adhésion à un contrat d'assurance** *(L. no 2010-737 du 1er juill. 2010, art. 21-II)* **« de groupe » qu'il a souscrit en vue de garantir en cas de survenance d'un des risques que ce contrat définit, soit le remboursement total ou partiel du montant du prêt restant dû, soit le paiement de tout ou partie des échéances dudit prêt, les dispositions suivantes sont obligatoirement appliquées :**

1o Au contrat de prêt est annexée une notice énumérant les risques garantis et précisant toutes les modalités de la mise en jeu de l'assurance ;

2o Toute modification apportée ultérieurement à la définition des risques garantis ou aux modalités de la mise en jeu de l'assurance est inopposable à l'emprunteur qui n'y a pas donné son acceptation ;

3o Lorsque l'assureur a subordonné sa garantie à l'agrément de la personne de l'assuré et que cet agrément n'est pas donné, le contrat de prêt est résolu de plein droit à la demande de l'emprunteur sans frais ni pénalité d'aucune sorte. Cette demande doit être présentée dans le délai d'un mois à compter de la notification du refus de l'agrément.

(L. no 2010-737 du 1er juill. 2010, art. 21-II) **« Le prêteur ne peut pas refuser en garantie un autre contrat d'assurance dès lors que ce contrat présente un niveau de garantie équivalent au contrat d'assurance de groupe qu'il propose. Toute décision de refus doit être motivée.**

« Le prêteur ne peut pas modifier les conditions de taux du prêt prévues dans l'offre définie à l'article L. 312-7, que celui-ci soit fixe ou variable, en contrepartie de son acceptation en garantie d'un contrat d'assurance autre que le contrat d'assurance de groupe qu'il propose.

« L'assureur est tenu d'informer le prêteur du non-paiement par l'emprunteur de sa prime d'assurance ou de toute modification substantielle du contrat d'assurance. »

Les modifications issues de la L. no 2010-737 du 1er juill. 2010 s'appliquent, selon des modalités fixées par décret, à compter 1er sept. 2010. Elles s'appliquent aux contrats dont l'offre a été émise après la date d'entrée en vigueur (L. préc., art. 61-I). En Nouvelle-Calédonie, en Polynésie française et dans les îles Wallis-et-Futuna, elles entrent en vigueur le premier jour suivant la date de promulgation de la L. no 2010-1249 du 22 oct. 2010 (L. préc., art. 88-IV).

BIBL. ▶ COURTIEU, *RCA 2009. dossier no 8* (assurance des emprunteurs : garanties collectives et situations personnelles). – GOURIO, *LPA 29 juin 1999, p. 11* (information du consommateur et crédit immobilier). – MAYAUX, *JCP N 2007, no 46, p. 31* (la participation aux bénéfices dans les assurances « emprunteurs »). – RIFFARD, *RD banc. fin. nov.-déc. 2007. 97* (éclairages sur les obligations du banquier en matière d'assurance couvrant la défaillance de l'emprunteur). – SAUVAGE, *RD banc. fin. mai-juin 2007. 57* (devoir d'information et de conseil du banquier intermédiaire en assurance emprunteurs).

1. Application aux contrats en cours. Les dispositions de la loi du 13 juill. 1979 (d'où est issu l'art. L. 312-9) selon lesquelles toute modification apportée à la définition des risques garantis et aux modalités de la garantie est inopposable à l'adhérent qui ne l'a pas acceptée s'appliquent aux contrats en cours, dès lors que la modification est intervenue après la date d'entrée en vigueur de la loi. • Civ. 1re, 20 juin 2000 : *Bull. civ. I, no 194 ; CCC 2000, no 133, obs. Raymond.*

2. Notice. Le souscripteur d'une assurance de groupe ne s'acquitte de son obligation d'information qu'en annexant au contrat de prêt une notice claire et précise ; cassation de l'arrêt qui relève que les emprunteurs avaient pris connaissance des conditions du contrat dont ils avaient reçu un exemplaire avant la signature de l'offre de crédit, alors que la notice n'avait pas été annexée au contrat de prêt. • Civ. 1re, 4 nov. 2003 : *RDSS 2004. 224, note Willmann.* ♦ Pour un arrêt ayant retenu que la notice visée à l'art. L. 312-9 doit être annexée au contrat de prêt et non remise au moment de l'offre de prêt, V. • Civ. 1re, 20 janv. 1998 : *Bull. civ. I, no 25 ; D. 1998. IR 48 ; D. Affaires 1998. 284, obs. V. A.-R.*

3. Modification ultérieure de la garantie. Est inopposable à l'assuré qui ne l'a pas acceptée la clause qui, stipulée lors de la souscription par le prêteur d'un nouveau contrat d'assurance collective destiné à se susbstituer à celui qui existait lors de l'adhésion, a pour effet d'exclure de la garantie invalidité les assurés en arrêt de travail lors de la prise d'effet de ce nouveau contrat. • Civ. 1re, 20 juin 2000 : *prec. note 1.* ♦ La disposition de l'art. L. 312-9, 2o, ayant été édictée dans l'intérêt exclusif de l'adhérent au contrat d'assurance collective, seul ce dernier peut s'en prévaloir. • Civ. 1re, 11 juin 2003 : *Bull. civ. I, no 140 ; RDI 2003. 309, obs. L. G. ; RGDA 2003. 520, note Mayaux.*

4. Agrément de l'assuré. Le prêteur doit informer l'emprunteur qu'il peut demander la résolution du contrat de prêt dans les conditions prévues par l'art. L. 312-9, 3o ; il engage sa responsabilité s'il ne fournit pas cette information. • Civ. 1re, 8 juin 1994 : *Bull. civ. I, no 207 ; JCP E 1994, Pan. 1052 ; CCC 1994, no 185, obs. Raymond.*

Art. L. 312-10 **L'envoi de l'offre oblige le prêteur à maintenir les conditions qu'elle indique pendant une durée minimale de trente jours à compter de sa réception par l'emprunteur.**

L'offre est soumise à l'acceptation de l'emprunteur et des cautions, personnes physiques, déclarées. L'emprunteur et les cautions ne peuvent accepter l'offre que dix jours après qu'ils l'ont reçue. L'acceptation doit être donnée par lettre, le cachet de la poste faisant foi.

BIBL. ▶ MONACHON-DUCHÊNE, *JCP 2004. I. 152* (protection du délai de réflexion de l'emprunteur immobilier).

1. Délai d'acceptation de l'offre. Est irrégulière une offre de prêt acceptée par l'emprunteur moins de dix jours après qu'il l'a reçue. • Paris, 15 sept. 1999 : *D. 1999. AJ 64, obs. C.R. ; CCC 2000, no 71, obs. Raymond.* ♦ Est irrégulière une offre de prêt dont l'acceptation n'a pas été donnée dans les formes prescrites par l'art. L. 312-10, mais par déclaration écrite signée par l'emprunteur, une telle déclaration ne faisant pas foi de la date de l'acceptation. • Civ. 1re, 29 oct. 2002 : *Bull. civ. I, no 255 ; D. 2002. AJ 3076, obs. Rondey.*

2. Réitération de l'acceptation. La nullité résultant de la violation de la règle d'ordre public de l'art. L. 312-10, al. 2, ne peut être couverte par la réitération de l'acceptation ; application à une caution qui avait donné son engagement avant l'expiration du délai de dix jours. • Civ. 1re, 30 mars 1994 : *Bull. civ. I, no 130 ; D. 1994. IR 102 ; Defrénois 1994. 1476, note Mazeaud ; CCC 1994, no 129, obs. Raymond.* ♦ L'irrégularité de l'acceptation faite moins de dix jours après la réception d'une offre de prêt immobilier ne peut être couverte par une confirmation. • Civ. 1re, 18 janv. 2000 : *CCC 2000, no 117, obs. Raymond.* ♦ Mais c'est sans violer les dispositions des art. 7 et 36 de la loi de 1979 [art. L. 312-10 et L. 313-16] qu'une cour d'appel estime, par une appréciation souveraine déduite des énonciations de l'acte authentique constatant le crédit, que l'acceptation de l'offre préalable a été donnée après l'expiration du délai de 10 jours. • Civ. 1re, 19 mai 1999 : *Bull. civ. I, no 167 ; D. 1999. IR 170.* ♦ En effet, aucune disposition légale n'interdit à l'emprunteur de renouveler son acceptation après l'expiration de ce délai. • Civ. 1re, 18 janv. 2000 : *préc.* (acceptation résultant, en l'espèce, des énonciations de l'acte authentique ultérieur).

3. Renonciation. Les dispositions de l'art. L. 312-10, al. 2, étant d'ordre public, il n'est donc pas possible d'y renoncer ; dès lors l'emprunteur ayant accepté une offre de crédit immobilier avant l'expiration du délai de dix jours suivant la réception de l'offre peut, deux ans après avoir signé le contrat de prêt, et alors même que celui-ci a été exécuté, assigner la banque prêteuse en nullité de ce dernier. • Civ. 1re, 9 déc. 1997 : *Bull. civ. I, no 368 ; D. 1998. IR 29*. ♦ V. aussi, sur renvoi, • Paris, 15 sept. 1999 : *préc. note 1* (précisant que la seule sanction est la déchéance du droit aux intérêts).

4. Sanction. Si l'inobservation des règles de forme relatives aux modalités d'acceptation de l'offre de prêt immobilier est sanctionnée par la déchéance du droit aux intérêts, la méconnaissance du délai d'acceptation de dix jours l'est par une nullité relative qui se prescrit par cinq ans à compter de l'acceptation de l'offre. • Civ. 1re, 12 juill. 2005 : *CCC 2005, no 212, note Raymond.* ♦ La règle énonçant que l'offre préalable de crédit immobilier ne peut être acceptée par l'emprunteur que dix jours après qu'il l'a reçue, protectrice d'un intérêt privé, ne peut être invoquée que par la personne qu'elle a vocation de protéger, et la violation est sanctionnée par la nullité relative du contrat. • Civ. 1re, 27 févr. 2001 : *Bull. civ. I, no 48 ; D. 2001. AJ 1388, obs. Avena-Robardet*. ♦ ... Ainsi que par la déchéance du droit du prêteur aux intérêts, en application de l'art. L. 312-33, dernier al., à l'exclusion de toute autre sanction (rejet de l'action en responsabilité). • Civ. 1re, 4 déc. 2001 : *D. 2002. IR 256 ; JCP 2002. IV. 1097.*

5. L'action en nullité fondée sur l'art. L. 312-10 se prescrit par cinq ans. • Civ. 1re, 27 févr. 2001 : *préc. note 4.*

6. Exception de nullité. En ce sens que l'exception de nullité pouvant seulement jouer pour faire échec à la demande d'exécution d'un acte juridique qui n'a pas encore été exécuté, elle ne peut donc être invoquée par des emprunteurs ayant déjà commencé à rembourser les fonds prêtés, V. • Civ. 1re, 1er déc. 1998 : *Bull. civ. I, no 338 ; JCP E 1999, no 2, p. 56, obs. Morvan ; RD bancaire et bourse 1999. 29, obs. Crédot et Gérard* • 9 nov. 1999 : *Bull. civ. I, no 298 ; D. 2000. AJ 95 ; JCP 2000. II. 10335, note Seraglini ; CCC no 70, obs. Raymond* • 13 mars 2001 : *Bull. civ. I, no 70 ; CCC 2001, no 113, obs. Raymond* • 3 juill. 2001 : *Bull. civ. I, no 201 ; JCP 2001. I. 370, nos 14 s., obs. Serinet.*

7. Responsabilité du notaire. Engage sa responsabilité le notaire qui rédige l'acte de prêt avant l'expiration du délai légal de l'art. L. 312-10, en violation d'une réglementation d'ordre public. • Civ. 1re, 4 déc. 2001 : *préc. note 4.*

Art. L. 312-11 **Jusqu'à l'acceptation de l'offre par l'emprunteur, aucun versement, sous quelque forme que ce soit, ne peut, au titre de l'opération en cause, être fait par le prêteur à l'emprunteur ou pour le compte de celui-ci, ni par l'emprunteur au prêteur. Jusqu'à cette acceptation, l'emprunteur ne peut, au même titre, faire aucun dépôt, souscrire ou avaliser aucun effet de commerce, ni signer aucun chèque. Si une autorisation de prélèvement sur compte bancaire ou postal est signée par l'emprunteur, sa validité et sa prise d'effet sont subordonnées à celle du contrat de crédit.**

Art. L. 312-12 **L'offre est toujours acceptée sous la condition résolutoire de la non-conclusion, dans un délai de quatre mois à compter de son acceptation, du contrat pour lequel le prêt est demandé.**

Les parties peuvent convenir d'un délai plus long que celui défini à l'alinéa précédent.

1. En application des art. 9 de la loi du 13 juill. 1979 (C. consom., art. L. 312-12) et 1184 C. civ., la résolution judiciaire de la vente d'immeuble entraîne, en raison de son effet rétroactif, la résolution de plein droit du contrat de prêt. • Civ. 1re, 1er déc. 1993 : *JCP 1994. II. 22325, note Jamin ; Defrénois 1994. 823, obs. Mazeaud ; RTD civ. 1994. 859, obs. Mestre* • 13 févr. 1996 : *Bull. civ. I, no 82 ; D. Affaires 1996. 349.* ♦ Déjà en ce sens : • Civ. 1re, 16 déc. 1992 : *Bull. civ. I, no 316 ; Defrénois 1993. 1133, note Honorat.*

2. Le contrat de construction annulé étant censé n'avoir pas été conclu dans le délai fixé par la loi, sa disparition rétroactive entraîne l'annulation de plein droit du prêt souscrit pour assurer globalement le financement de l'achat du terrain et de l'opération de construction. • Civ. 1re, 18 juin 1996 : *Bull. civ. I, no 262 ; D. Affaires 1996. 1122* • 7 juill. 1998 : *Bull. civ. I, no 242 ; D. 1998. IR 207 ; D. Affaires 1998. 1771, obs. C.R.*

3. Renonciation. Les juges du fond ne peuvent rejeter la demande d'annulation du prêt par l'effet de l'annulation de la vente sans relever d'acte positif de nature à caractériser sans équivoque la volonté de l'emprunteur de renoncer à se prévaloir de l'interdépendance des contrats de vente et de prêt. • Civ. 1re, 1er mars 2005 : *Bull. civ. I, no 108 ; D. 2005. AJ 888, obs. Rondey ; AJDI 2005. 746, note Cohet-Cordey ; RTD civ. 2005. 391, obs. Mestre et Fages ; RTD com. 2005. 576, obs. Legeais*. ◆ Dès lors qu'un emprunteur a conservé la somme prêtée après sa restitution par le vendeur à la suite de la résolution judiciaire de la vente, qu'il a disposé des fonds reçus à d'autres fins qu'au remboursement de la banque, cette dernière n'ayant pas été attraite par les parties à l'instance relative à la résolution du contrat, une cour d'appel peut souverainement estimer que l'emprunteur a ainsi manifesté sa volonté de ne pas se prévaloir de l'interdépendance des deux contrats et que, par conséquent, le contrat de prêt n'ayant pas été résolu, l'emprunteur doit rembourser le montant du prêt avec les intérêts. • Civ. 1re, 6 janv. 1998 : *Bull. civ. I, no 6 ; D. 1998. IR 48*.

4. Restitution des intérêts. Par application de l'art. 1153 C. civ., en raison de la résolution du crédit consécutive à l'annulation de la vente, les parties devant être placées dans l'état où elles auraient été si le prêt n'avait pas été souscrit, la banque peut prétendre à des intérêts au taux légal sur la somme avancée, mais seulement depuis la mise en demeure et non depuis la mise des fonds à la disposition des emprunteurs. • Civ. 1re, 26 nov. 2002 : *Bull. civ. I, no 289 ; AJDI 2003. 278, obs. Cohet-Cordey ; RTD com. 2003. 553, obs. D. L.*

5. Prescription. Dès lors que l'annulation du prêt a pour cause, non le vice affectant la vente, mais l'annulation de celle-ci, la prescription de l'action en annulation du prêt ne commence à courir que du jour de l'annulation de la vente. • Civ. 1re, 10 mai 2005 : *Bull. civ. I, no 205 ; D. 2005. IR 1735 ; JCP E 2005. 1676, nos 53 s., obs. A. S. ; RTD com. 2005. 577, obs. D. Legeais*.

Art. L. 312-13 **Lorsque l'emprunteur informe ses prêteurs qu'il recourt à plusieurs prêts pour la même opération, chaque prêt est conclu sous la condition suspensive de l'octroi de chacun des autres prêts. Cette disposition ne s'applique qu'aux prêts dont le montant est supérieur à 10 p. 100 du crédit total.**

Art. L. 312-14 **Lorsque le contrat en vue duquel le prêt a été demandé n'est pas conclu dans le délai fixé en application de l'article L. 312-12, l'emprunteur est tenu de rembourser la totalité des sommes que le prêteur lui aurait déjà effectivement versées ou qu'il aurait versées pour son compte ainsi que les intérêts y afférents ; le prêteur ne peut retenir ou demander que des frais d'étude dont le montant maximum est fixé suivant un barème déterminé par décret.** – *V. C. consom., art. R. 312-1.*

Le montant de ces frais, ainsi que les conditions dans lesquelles ils sont perçus, doivent figurer distinctement dans l'offre.

L'art. L. 312-14 visant seulement le cas où le contrat en vue duquel le prêt a été demandé n'a pas été conclu, suite à l'annulation d'un contrat de prêt, consécutive à celle de la vente, les choses doivent être remises en état comme si le prêt n'avait pas existé, de sorte que le prêteur ne peut prétendre aux intérêts afférents au capital. • Civ. 1re, 7 avr. 1999 : *Bull. civ. I, no 125 ; D. 2000. Somm. 461, obs. Martin ; Defrénois 1999. 756, obs. Aubert.* ◆ Comp., considérant que l'emprunteur est tenu de rembourser la totalité des sommes que le prêteur lui a déjà effectivement versées ou qu'il a versées pour son compte ainsi que les intérêts y afférents au taux légal : • Paris, 3 févr. 1999 : *D. 1999. IR 67*.

Art. L. 312-14-1 *(L. no 99-532 du 25 juin 1999, art. 115-I)* **En cas de renégociation de prêt, les modifications au contrat de prêt initial sont apportées sous la seule forme d'un avenant. Cet avenant comprend, d'une part, un échéancier des amortissements détaillant pour chaque échéance le capital restant dû en cas de remboursement anticipé et, d'autre part, le taux effectif global ainsi que le coût du crédit calculés sur la base des seuls échéances et frais à venir. Pour les prêts à taux variable, l'avenant comprend le taux effectif global ainsi que le coût du crédit calculés sur la base des seuls échéances et frais à venir jusqu'à la date de la révision du taux, ainsi que les conditions et modalités de variation du taux. L'emprunteur dispose d'un délai de réflexion de dix jours à compter de la réception des informations mentionnées ci-dessus.**

BIBL. ▶ MATHEY, *RLDA oct. 2008. 88* (la renégociation des crédits bancaires).

Loi no 99-532 du 25 juin 1999, *Relative à l'épargne et à la sécurité financière.* **Art. 115** II. — Sous réserve des décisions de justice passées en force de chose jugée, les renégociations de prêt antérieures à la publication de la présente loi sont réputées régulières au regard du neuvième alinéa de l'article L. 312-8 du code de la consommation, dès lors qu'elles sont favorables aux emprunteurs, c'est-à-dire qu'elles se traduisent soit par une baisse du taux d'intérêt du prêt, soit par une diminution du montant des échéances du prêt, soit par une diminution de la durée du prêt.

BIBL. ► Gourio, *JCP E 1999, no 39, p. 1524* (nouveau régime des renégociations des prêts au logement). – Martin, *RD bancaire et bourse 1999. 108* (même thème).

1. Portée de la rétroactivité. Jugeant que cet art. ne valide les irrégularités des prêts immobiliers qu'au regard de l'art. L. 312-8, mais pas les autres irrégularités, commises au moment de la renégociation du prêt, V. • TGI Périgueux, 19 oct. 1999 : *CCC 2000, no 14, obs. Raymond.*

2. Modification favorable à l'emprunteur. Il n'y a pas lieu à émission d'une nouvelle offre préalable lorsque la renégociation du prêt n'a porté que sur la réduction du taux d'intérêt et qu'elle était donc favorable aux emprunteurs. • Civ. 1re, 4 mars 2003 : *Bull. civ. I, no 63 ; JCP 2003. II. 10161, note Monachon-Duchêne ; RTD civ. 2003. 521, obs. Gautier.*

3. Le caractère plus favorable de la renégociation doit être apprécié en considération de tous les éléments sur lesquels elle a porté et pas seulement de ceux énumérés à l'art. 115-II de la loi du 25 juin 1999 ; un avenant qui, bien qu'ayant modifié à la baisse le taux d'intérêt, a également mis à la charge des emprunteurs une indemnité en cas de remboursement anticipé, alourdissant ainsi leurs obligations, aurait dû respecter les exigences prévues par l'art. L. 312-8. • Civ. 1re, 6 juill. 2004 : *Bull. civ. I, no 202 ; D. 2004. AJ 2498, obs. Rondey ; JCP 2004. II. 10193, note Nicolas ; JCP E 2004. 1642, note Piedelièvre ; RTD com. 2004. 798, obs. Legeais* (déchéance du droit aux intérêts).

Art. L. 312-14-2 *(L. no 2008-3 du 3 janv. 2008, art. 26-I)* **Pour les prêts dont le taux d'intérêt est variable, le prêteur est tenu, une fois par an, de porter à la connaissance de l'emprunteur le montant du capital restant à rembourser.** — *Entrée en vigueur le 1er oct. 2008 et applicable aux contrats de crédit en cours à cette date (L. no 2008-3 du 3 janv. 2008, art. 26-II).*

SECTION IV *Le contrat principal*

Art. L. 312-15 L'acte écrit, y compris la promesse unilatérale de vente acceptée *(L. no 2011-525 du 17 mai 2011, art. 22-II)* **« et le contrat préliminaire prévu à l'article L. 261-15 du code de la construction et de l'habitation », ayant pour objet de constater l'une des opérations mentionnées à l'article L. 312-2, doit indiquer si le prix sera payé directement ou indirectement, même en partie, avec ou sans l'aide d'un ou plusieurs prêts régis par les sections I à III du présent chapitre.**

1. Seul le contrat de vente lui-même, non le contrat préliminaire, est soumis aux dispositions des art. L. 312-15 et L. 312-17. • Civ. 3e, 20 déc. 1994 : *Bull. civ. III, no 223.* ♦ Les règles édictées par les art. L. 312-15 s. n'exigent pas que la mention des prêts dont l'obtention constitue une condition suspensive de la vente soit conforme aux prescriptions des art. L. 312-2 s. qui ne concernent que les rapports entre prêteurs et emprunteurs. • Limoges, 18 mars 1999 : *BICC 1999, no 1038.*

2. Aucune disposition du code n'exige que les mentions du taux du prêt envisagé, de durée de remboursement et de montant maximum des échéances mensuelles doivent figurer à peine de nullité dans l'acte visé à l'art. L. 312-15. • Cass., avis, 18 mai 1998 : *Bull. civ., no 7 ; D. 1998. IR 222.* ♦ *Contra*, ayant jugé que la loi a pour objet d'obliger les parties à préciser à quelles conditions sera consenti le prêt immobilier sollicité, et non seulement le montant de ce prêt. Doit donc être annulée la vente qui prévoit que l'acquéreur aura recours à un prêt sans préciser le montant maximum des remboursements, et d'une façon générale les conditions précises de taux et d'échéance. • Paris, 30 janv. 1991 : *D. 1991. IR 59.* ♦ Comp. aussi • Paris, 25 sept. 1996 : *cité note 21 ss. art. L. 312-16.*

3. Sur l'absence de mention, V. art. L. 312-17.

Art. L. 312-16 Lorsque l'acte mentionné à l'article L. 312-15 indique que le prix est payé, directement ou indirectement, même partiellement, à l'aide d'un ou plusieurs prêts régis par les sections 1 à 3 et la section V du présent chapitre, cet acte est conclu sous la condition suspensive de l'obtention du ou des prêts qui en assument le financement. La durée de validité de cette condition suspensive ne pourra être inférieure à un mois à compter de la date de la signature de l'acte ou, s'il s'agit d'un acte sous seing privé soumis à peine de nullité à la formalité de l'enregistrement, à compter de la date de l'enregistrement.

Lorsque la condition suspensive prévue au premier alinéa du présent article n'est pas réalisée, toute somme versée d'avance par l'acquéreur à l'autre partie ou pour le compte de cette dernière est immédiatement et intégralement remboursable sans retenue ni indemnité à quelque titre que ce soit. A compter du quinzième jour suivant la demande de remboursement, cette somme est productive d'intérêts au taux légal majoré de moitié.

BIBL. ► Condition suspensive d'obtention du prêt : AYNÈS, *D. 1998. Chron. 283*. – BÉNAC-SCHMIDT, *D. 1990. Chron. 7* ; BERGEL, *JCP N 1988. I. 225*. – STEINMETZ, *RDI 1993. 305*. – WALLUT, *LPA 29 juin 1999, p. 8*.

Refus du prêt par l'acquéreur : CORNILLE et RAFFRAY, *JCP N 1988. I. 93*. – WALLUT, *LPA 29 juin 1999, p. 8*.

A. MISE EN JEU DE LA CONDITION SUSPENSIVE

1o L'OFFRE DE PRÊT

1. Offre régulière et conforme. La condition suspensive de l'obtention d'un prêt est réputée réalisée dès la présentation par un organisme de crédit d'une offre régulière correspondant aux caractéristiques du financement de l'opération stipulées par l'emprunteur dans l'acte visé à l'art. L. 312-15. • Civ. 1re, 9 déc. 1992 : *Bull. civ. I, no 309 ; D. 1993. Somm. 210, obs. Penneau ; JCP 1993. II. 22106, note Gourio ; Defrénois 1993. 317, note Aubert ; CCC 1993, no 43, obs. Leveneur ; ibid. no 80, obs. Raymond.* ◆ Les juges du fond ne peuvent déclarer que la condition suspensive est réalisée sans relever que l'acquéreur avait reçu, dans le délai fixé, une offre de prêt conforme à la convention des parties et à la législation applicable. • Civ. 3e, 18 nov. 1992 : *Bull. civ. III, no 300 ; D. 1993. Somm. 210, obs. Penneau.*

2. Offre non rétractée. La condition suspensive de l'obtention d'un prêt est réputée réalisée dès présentation, par un organisme de crédit, d'une offre non suivie d'une rétractation. • Civ. 1re, 20 janv. 1993 : *Bull. civ. I, no 30 ; JCP 1993. II. 22106, note Gourio ; Defrénois 1993. 1382, note Aubert.* ◆ V. aussi • Civ. 1re, 17 nov. 1998 : *cité note 19.*

3. Offre même non formalisée. Les dispositions de l'art. L. 312-16 étant édictées dans l'intérêt exclusif de l'acquéreur, la condition suspensive doit être réputée réalisée s'il est constaté que la banque avait informé l'acquéreur de l'octroi du crédit dans le délai de la condition suspensive, même si, à cette date, elle n'avait pas encore formalisé l'offre. • Civ. 3e, 24 sept. 2003 : *Bull. civ. III, no 164 ; D. 2003. AJ 2694 ; JCP E 2004. 204, note Piedelièvre ; AJDI 2004. 151, note Prigent ; RTD civ. 2003. 697, obs. Mestre et Fages ; ibid. 2004. 112, obs. Gautier.* ◆ Cependant, dès lors que les juges du fond ont relevé que la condition suspensive d'un prêt ne serait réalisée qu'à l'acceptation par les acquéreurs de l'offre de crédit, et qu'aucun acte de prêt n'avait été formalisé au terme convenu, cette condition doit être considérée comme défaillie et les acquéreurs ne peuvent, par conséquent, exiger que l'acte de vente, devenu caduc, soit réitéré. • Civ. 3e, 30 avr. 1997 : *Bull. civ. III, no 95 ; D. 1997. Somm. 342, obs. Tournafond ; D. Affaires 1997. 696 ; RJDA 1997, no 922 ; Defrénois 1997. 1014, note Mazeaud.*

4. Offre même déclinée. Le prêt doit être considéré comme obtenu, et la condition suspensive comme réalisée, du seul fait de son offre par un établissement bancaire, alors même que le bénéficiaire aurait décliné l'offre. • Civ. 1re, 16 juill. 1991 : *CCC 1991, no 250, obs. Raymond ; Defrénois 1992. 748, note Aubert* • 2 juin 1993 : *Bull. civ. I, no 198 ; D. 1993. IR 154.*

2o LE PRÊT

5. Prêt complémentaire. L'acte dont la validité est subordonnée à l'obtention d'un prêt par les art. L. 312-15 et L. 312-16 est celui en vue duquel le prêt a été demandé ; dès lors que le prêt nécessaire à l'acquisition de l'immeuble a été obtenu, l'acheteur doit conclure la vente et il est fautif s'il refuse de le faire en invoquant la non-obtention d'un prêt ulterieur destiné à l'amélioration de l'immeuble, sauf si la vente a été conventionnellement subordonnée à l'obtention de ce prêt ultérieur. • Civ. 1re, 21 févr. 1989 : *Bull. civ. I, no 91 ; D. 1989. Somm. 340, obs. Aubert.*

6. Prêts multiples. A la différence de l'art. L. 312-13, l'art. L. 312-16 ne fait aucune distinction entre les prêts d'un montant supérieur ou inférieur à 10 % du crédit total ; il en résulte que l'importance relative du prêt complémentaire importe peu, du moment que la condition suspensive est accomplie. • Civ. 1re, 6 janv. 1993 : *Bull. civ. I, no 3 ; D. 1993. IR 28.*

7. Prêt non spécifié. Dès lors que le prêt spécifié dans l'acte de vente n'a pu être obtenu, la condition suspensive a défailli ; les juges ne sauraient reprocher à l'acquéreur d'avoir refusé un prêt équivalent, dès lors que les parties n'étaient pas convenues d'un autre mode de financement susceptible de se substituer au prêt non obtenu. • Civ. 3e, 9 nov. 1988 : *Bull. civ. III, no 159 ; D. 1989. Somm. 340, obs. Aubert ; JCP 1989. II. 21296, obs. Thuillier.*

8. Autres modes d'obtention de la somme. La condition suspensive est réalisée dès lors que l'acquéreur a obtenu, sous quelque qualification ou par quelque technique que ce soit, la somme nécessaire à la réalisation de l'opération prévue par l'accord des parties. • Civ. 1re, 7 avr. 1992 : *Bull. civ. I, no 116 ; Defrénois 1992. 1078, note Aubert.*

9. Location-accession. Lorsque le contrat de location-accession à la propriété indique que l'accédant entend recourir à un ou plusieurs prêts régis par les art. L. 312-1 s. la vente convenue en exécution de ce contrat est nécessairement conclue sous la condition suspensive des prêts indiqués, de sorte que le délai de prescription de l'action en rescision pour lésion ne peut commencer à courir à compter de la date correspondant au dernier versement de la redevance. • Civ. 1re, 20 janv. 1998 : *Bull. civ. I, no 24 ; D. 1998. IR 54 ; D. Affaires 1998. 328, obs. V. A.-R.*

3o ORDRE PUBLIC

10. Principe. Les dispositions de l'art. L. 312-16 sont édictées dans l'intérêt exclusif de l'acquéreur. • Civ. 3e, 24 sept. 2003 : *préc. note 3.* ♦ L'application de l'art. L. 312-16, texte d'ordre public, ne peut être affectée par la stipulation d'obligations contractuelles imposées à l'acquéreur et de nature à accroître les exigences résultant de ce texte. • Civ. 3e, 18 juill. 1986 : *Bull. civ. III, no 126 ; D. 1987. Somm. 460, obs. Aubert ; RTD civ. 1987. 109, obs. Rémy* • Civ. 1re, 11 juill. 1988 : *Bull. civ. I, no 239 ; D. 1989. Somm. 339, obs. Aubert ; Defrénois 1988. 34335, note Morin* • 28 janv. 1992 : *Bull. civ. I, no 35 ; D. 1992. IR 99 ; CCC 1992, no 121, obs. Raymond ; ibid. no 132, obs. Leveneur* • 7 juill. 1993 : *Bull. civ. I, no 252 ; D. 1993. IR 193 ; Defrénois 1994. 358, note Mazeaud.*

11. Aménagements conventionnels. N'ajoute pas aux exigences légales, dont elle ne constitue que la mise en œuvre, une clause qui impose aux bénéficiaires d'une promesse de vente conclue sous condition suspensive de justifier au moyen d'une lettre des établissements de crédit sollicités le refus de prêt. • Civ. 1re, 7 janv. 1997 : *CCC 1997, no 68, note Raymond ; RJDA 1997, no 923.* ♦ ... Une clause précisant que la condition suspensive serait réalisée dès l'acceptation par l'acquéreur de l'offre de prêt, l'offre devant intervenir dans le délai d'un mois et l'acceptation devant intervenir entre le dixième et le quinzième jour suivant la réception de l'offre. • Civ. 3e, 30 avr. 1997 : *préc. note 3.* ♦ ... Une clause de déchéance du droit de demander la restitution de l'acompte versé pour défaut de justification de la demande de prêt, dès lors que la durée de cette clause, étant égale au minimum fixé par la loi pour la condition suspensive, laissait aux acquéreurs le temps nécessaire à l'accomplissement des démarches préparatoires à la demande du crédit (en l'espèce, le prêt demandé – et refusé – était destiné, non au seul financement du terrain à bâtir prévu à la condition suspensive, mais au financement à la fois du terrain et de la construction). • Civ. 1re, 4 juin 1996 : *Bull. civ. I, no 239 ; D. Affaires 1996. 1001 ; RJDA 1997, no 388 ; Defrénois 1997. 758, obs. Mazeaud.* ♦ ... Une clause subordonnant le remboursement de l'indemnité d'immobilisation à la production d'une preuve par l'emprunteur du refus de trois établissements de crédit dans les conditions prévues dans la promesse de vente. • Civ. 3e, 21 juill. 1998 : *CCC 1999, no 46, obs. Raymond.*

12. En revanche, a été jugée contraire aux dispositions d'ordre public de l'art. L. 312-16 une clause obligeant l'acquéreur à déposer ses demandes de crédit dans les dix jours de la signature de l'acte de vente et à en justifier auprès du rédacteur de l'acte dans les quarante-huit heures. • Civ. 1re, 28 janv. 1992 : *préc. note 10.* ♦ Comp. • Civ. 3e, 13 janv. 1999 : *Bull. civ. III, no 14 ; D. Affaires 1999. 588 ; RJDA 1999, no 254 ; Administrer juin 1999. 53, obs. Laurent.* ♦ ... Une clause stipulant que le prêt serait supposé obtenu si sa non-obtention n'était pas notifiée au vendeur dans un délai déterminé, qui assimile ainsi le défaut de notification du refus du prêt à l'obtention du prêt, entraînant de ce fait pour l'acquéreur le non-remboursement des sommes versées d'avance. • Civ. 3e, 18 juill. 1986 : *préc. note 10* • Civ. 1re, 11 juill. 1988 : *préc. note 10.* ♦ Rappr. • Civ. 1re, 9 mai 1996 : *Bull.*

civ. I, n° 196 ; D. 1996. 539, note Bénac-Schmidt (illicéité de la clause faisant obligation à l'acquéreur de signifier au vendeur la non-obtention du prêt dans le délai légal). ♦ ... Une clause selon laquelle, à défaut de réponse de l'organisme prêteur dans le délai convenu, l'indemnité d'immobilisation serait acquise au promettant. • Civ. 1re, 7 juill. 1993 : *préc. note 10.*

13. Renonciation. S'il est interdit de renoncer par avance aux règles de protection établies par la loi sous le sceau de l'ordre public, il est en revanche permis de renoncer aux effets acquis de telles règles. • Civ. 1re, 17 mars 1998 : *Bull. civ. I, n° 120 ; D. 1998. IR 118 ; D. Affaires 1998. 756, obs. S. P. ; JCP 1998. II. 10148, obs. Piedelièvre ; CCC 1998, n° 86, obs. Leveneur.* ♦ Manifeste sans équivoque sa volonté à renoncer à se prévaloir du jeu de la condition suspensive et doit par conséquent payer au constructeur l'indemnité contractuelle de résiliation le bénéficiaire d'un contrat de construction de maison individuelle, qui en dépit du refus que la banque sollicitée avait opposé à sa demande de crédit, a néanmoins poursuivi l'exécution du contrat puis a enfin abandonné son projet de construction. • Même arrêt. ♦ V. aussi note 2 ss. art. L. 312-10.

B. DILIGENCES DE L'ACQUÉREUR

14. Principe. S'il est exact que l'art. L. 312-16 est d'ordre public et subordonne la conclusion de l'acte de vente à l'obtention réelle des prêts, encore faut-il, pour son application, que le bénéficiaire d'une promesse de vente ait fait le nécessaire pour obtenir les crédits en temps voulu. • Civ. 1re, 19 juin 1990 : *Bull. civ. I, n° 175 ; D. 1990. IR 175 ; Defrénois 1990. 1026, obs. Aubert.* ♦ En l'absence de stipulations contractuelles contraires, le bénéficiaire d'une promesse de vente conclue sous condition suspensive d'obtention d'un prêt effectue les diligences requises et n'empêche pas l'accomplissement de la condition, lorsqu'il présente au moins une demande d'emprunt conforme aux caractéristiques stipulées à la promesse et restée infructueuse. • Civ. 3e, 8 déc. 1999 : *Bull. civ. III, n° 240 ; D. 2000. IR 40 ; Defrénois 2000. 254, obs. D. Mazeaud ; CCC 2000, n° 76, note Leveneur ; JCP E 2001. 270, obs. Mainguy ; RTD civ. 2000. 328, obs. Mestre et Fages.*

15. Charge de la preuve. Il appartient au bénéficiaire de la promesse de vente de démontrer qu'il a bien sollicité un prêt conforme aux caractéristiques définies dans la promesse. • Civ. 1re, 13 nov. 1997 : *Bull. civ. I, n° 310 ; D. 1997. IR 264.* ♦ Dans le même sens, V. • Civ. 3e, 13 janv. 1999 : *Bull. civ. III, n° 14* • Civ. 1re, 9 févr. 1999 : *ibid. I, n° 50 ; D. 1999. IR 60 ; D. Affaires 1999. 587, obs. V. A.-R. ; Defrénois 1999. 755, obs. Aubert* • Civ. 3e, 19 mai 1999 : *Bull. civ III, n° 120 ; D. 2000. 692, note Ardeef ; JCP 2000. II. 10336, note Elhoueiss ; CCC 1999, n° 141, obs. Leveneur* (faute de l'emprunteur qui a demandé un prêt supérieur à celui prévu dans la promesse de vente) • Civ. 1re, 7 mai 2002 : *Bull. civ. I, n° 124.* ♦ Il appartient aux accuéreurs, qui s'étaient obligés, dans un délai déterminé, à déposer des demandes de prêt conformes aux prévisions du contrat, de justifier de l'exécution de cette obligation. • Civ. 1re, 13 févr. 2001 : *Bull. civ. I, n° 33 ; JCP E 2002. 640, n° 5, obs. Neau-Leduc.* ♦ Les juges ne sont pas tenus de rechercher d'office si la condition suspensive doit être réputée accomplie en application de l'art. 1178 C. civ. • Civ. 3e, 10 déc. 1986 : *Bull. civ. III, n° 181 ; D. 1987. Somm. 458. obs. Aubert ; D. 1988. Somm. 114, obs. Magnin.* ♦ Sur l'office du juge, V. aussi • Civ. 1re, 13 janv. 1999 : *préc. note 12.*

16. Sanction : réalisation de la condition. Lorsque le maître de l'ouvrage met obstacle à la réalisation de la condition suspensive du contrat de construction, celle-ci doit être, à titre de sanction, réputée accomplie, conformément à l'art. 1178 C. civ. • Civ. 3e, 4 févr. 1987 : *RTD civ. 1988. 542, obs. Mestre* • Civ. 1re, 25 oct. 1994 : *CCC 1995. 22, obs. Raymond.* ♦ Faute pour le bénéficiaire d'une promesse de vente de demander l'octroi d'un prêt conforme aux stipulations de celle-ci, la condition suspensive doit être réputée accomplie par application de l'art. 1178 C. civ. • Civ. 1re, 13 nov. 1997 : *Bull. civ. I, n° 310 ; D. 1997. IR 264.*

17. ... Responsabilité de l'acquéreur. Commet une faute extérieure à l'exécution du contrat l'acquéreur qui incite le vendeur à prolonger la durée de la condition suspensive en lui donnant des assurances mensongères sur l'obtention de son financement. • Versailles, 13 oct. 1989 : *D. 1989. IR 291.* ♦ L'acquéreur engage sa responsabilité dès lors que, par négligence fautive, il laisse le vendeur dans la plus parfaite ignorance des problèmes de financement qu'il rencontre, laissant le notaire poursuivre les formalités relatives à la préparation de l'acte authentique, comme si la vente devait se réaliser, et immobilisant inutilement le bien du vendeur, qui doit en être indemnisé. • Versailles, 1er juin 1990 : *D. 1990. IR 213.*

18. L'acquéreur qui s'adresse à d'autres banques pour obtenir des prêts à de meilleures conditions et qui les obtient après de nombreuses démarches avant la limite fixée pour la levée de l'option, sans pouvoir cependant en justifier dans le délai convenu, ne commet pas de faute et ne peut donc se voir imputer la non-réalisation de la condition suspensive. • Civ. 1re, 7 juill. 1993 : *préc. note 10.*

19. ... Perte de l'indemnité d'immobilisation. Si la condition suspensive d'obtention d'un prêt n'est réputée réalisée que si l'offre de crédit n'a pas été rétractée, les acquéreurs, qui ont versé une indemnité d'immobilisation à l'occasion d'une promesse de vente et auxquels la rétractation de l'offre de crédit a été notifiée après la date ultime prévue pour la réalisation de la vente, doivent être déboutés de leur demande en restitution de cette indemnité dans la mesure où c'est bien de leur fait que la vente n'a pu être régularisée. • Civ. 1re, 17 nov. 1998 : *Bull. civ. I, no 324 ; D. 1999. IR 11 ; D. Affaires 1999. 118, obs. C. R. ; CCC 1999, no 19, note Leveneur ; RJDA 1999, no 88.*

20. Obstacle mis par un tiers. La condition ne peut être réputée accomplie lorsque sa réalisation est empêchée par un autre que le débiteur engagé sous cette condition. • Civ. 1re, 23 nov. 1983 : *Bull. civ. I, no 279 ; RTD civ. 1984. 714, obs. Mestre* (prêt empêché par le refus du père de l'un des acheteurs de se porter caution solidaire).

C. SOMMES VERSÉES D'AVANCE

21. Intérêts. En cas de défaillance de la condition suspensive, toute somme versée d'avance doit être remboursée, mais les intérêts ne courent pas de plein droit à partir de cette date ; ils ne peuvent courir, ainsi qu'il résulte de l'art. 1153 C. civ., qu'à compter de la sommation de restituer. • Civ. 1re, 11 juill. 1988 : *préc. note 10.* ♦ La disposition de l'art. L. 312-16, al. 2, sur la majoration du taux des intérêts n'est applicable qu'en cas de non-réalisation de la condition suspensive, non en cas de nullité de la promesse unilatérale de vente pour défaut d'enregistrement, qui entraîne l'anéantissement du contrat. • Civ. 3e, 20 mars 2002 : *AJDI 2003. 699, note Cohet-Cordey.*

22. Dépôt de garantie. Le dépôt de garantie versé par le candidat acquéreur lors de la signature du contrat préliminaire doit lui être restitué si la vente ne peut se conclure faute d'obtention du crédit sollicité. • Civ. 1re, 3 juill. 1990 : *Bull. civ. I, no 190 ; D. 1990. IR 183* • Civ. 3e, 20 déc. 1994 : *Bull. civ. III, no 223 ; D. 1995. Somm. 282, obs. Magnin.*

Mais il en va autrement et la restitution du dépôt de garantie n'est pas due lorsque les candidats acquéreurs ont déclaré faire leur affaire personnelle de l'obtention du prêt, les art. R. 261-26 et R. 261-31 CCH n'étant alors pas applicables, non plus que l'art. L. 312-16 C. consom., qui ne vise que le seul contrat de vente, à l'exclusion du contrat préliminaire, à moins que les parties ne soient expressément convenues de placer ce contrat préliminaire sous le régime de la condition suspensive d'obtention du prêt ou des dispositions du code de la consommation. • Civ. 3e, 6 févr. 2002 : *Bull. civ. III, no 28 ; BICC 15 avr. 2002, no 356, et la note ; D. 2002. AJ 804, obs. Avena-Robardet.*

23. Honoraires d'architecte. L'intervention de l'architecte n'étant pas exclue des prévisions de la loi de 1979 [C. consom., art. L. 312-16], les sommes versées à celui-ci en vertu d'une convention se rapportant à une opération de construction doivent être remboursées lorsque la condition suspensive n'est pas réalisée. • Crim. 9 nov. 1993 : *Bull. crim. no 331 ; D. 1994. IR 58.* ♦ Dans le même sens : • Civ. 1re, 3 janv. 1996 : *Bull. civ. I, no 10 ; D. Affaires 1996. 172.*

24. Convention des droits de l'homme. Les dispositions de l'art. 17 de la loi du 13 juill. 1979 [C. consom., art. L. 312-16] ne sont pas contraires à l'art. 4, § 2, de la Convention européenne de sauvegarde des droits de l'homme et des libertés fondamentales prohibant le travail forcé et obligatoire, dès lors que le caractère contraignant de la réglementation, édictée en vue de la protection d'un intérêt social, n'est pas abandonné à la volonté discrétionnaire de celui qui contracte. • Crim. 9 nov. 1993 : *préc. note 23.*

D. INDEMNITÉ D'IMMOBILISATION

25. La stipulation d'une indemnité d'immobilisation en cas de non-réalisation de la condition suspensive n'est pas une clause pénale, car elle n'a pas pour objet de faire assurer par l'une des parties l'exécution de son obligation ; le montant d'une telle indemnité ne peut donc être réduit par le juge. • Civ. 3e, 29 juin 1994 : *Bull. civ. III, no 139 ; D. 1994. IR 195* • Paris, 25 mars 1999 : *D. 1999. IR 154.*

26. Les juges du fond ne peuvent rejeter la demande en restitution sans rechercher si cette indemnité n'avait pas été fixée par les parties en tenant compte de la durée d'immobilisation de l'immeuble et si son montant ne devait pas être réduit du fait de la renonciation anticipée des demandeurs au bénéfice de la promesse. • Civ. 3e, 5 déc. 1984 *(2 espèces) : D. 1985. 544, note Bénac-Schmidt ; RTD civ. 1985. 372, obs. Mestre ; ibid. 592 et 594, obs. Rémy.* ♦ Mais cette recherche est inutile dès lors qu'ils relèvent que l'indemnité d'immobilisation serait acquise de plein droit au promettant à titre de dommages-intérêts. • Civ. 3e, 10 déc. 1986 : *JCP 1987. II. 20857, note Paisant.*

27. Le notaire, séquestre d'une indemnité d'immobilisation, ne peut en restituer le montant au bénéficiaire d'une promesse de vente conclue sous condition suspensive d'obtention d'un prêt, que lorsque est établi le non-accomplissement de cette condition. • Civ. 1re, 13 nov. 1997 : *préc. note 15.*

28. Compétence territoriale. La demande qui porte exclusivement sur la restitution d'une indemnité d'immobilisation est une action purement personnelle et mobilière ; le tribunal compétent est celui du lieu où demeure le débiteur, et non celui de la situation de l'immeuble. • Civ. 2e, 23 oct. 1991 : *Bull. civ. II, no 270.*

29. Sur l'indemnité d'immobilisation, V. aussi notes 12 et 19.

E. DURÉE DE LA CONDITION SUSPENSIVE

30. La loi n'imposant à l'acquéreur aucun délai pour demander un prêt, il en résulte que, lorsque les parties n'ont pas fixé de terme, la condition suspensive a la durée de la promesse de vente elle-même. • Paris, 22 sept. 1999 : *BICC 1er mai 2000, no 569.*

F. NULLITÉ DE LA CONDITION SUSPENSIVE

31. La Cour de cassation est d'avis qu'aucune disposition n'exige que les mentions du taux de prêt envisagé, de durée de remboursement et de montant maximum figurent à peine de nullité dans l'acte visé à l'art. L. 312-15. • Cass., avis, 18 mai 1998 : *Bull. civ. no 7 ; D. 1998. IR 222.* ♦ En sens contraire, il était considéré que l'acte de vente ne comportant aucune indication relative au taux d'intérêt, à la durée du prêt devant servir au financement de l'opération, la condition suspensive était nulle pour indétermination de ses éléments essentiels ; la nullité de cette condition suspensive, essentielle et d'ordre public, entraînait celle de l'acte entier : • Paris, 25 sept. 1996 : *D. Affaires 1996. 1349.*

Art. L. 312-17 **Lorsque l'acte mentionné à l'article L. 312-15 indique que le prix sera payé sans l'aide d'un ou plusieurs prêts, cet acte doit porter, de la main de l'acquéreur, une mention par laquelle celui-ci reconnaît avoir été informé que s'il recourt néanmoins à un prêt il ne peut se prévaloir du présent chapitre.**

En l'absence de l'indication prescrite à l'article L. 312-15 ou si la mention exigée au premier alinéa du présent article manque ou n'est pas de la main de l'acquéreur et si un prêt est néanmoins demandé, le contrat est considéré comme conclu sous la condition suspensive prévue à l'article L. 312-16.

1. La mention manuscrite doit figurer dans l'acte relatif à l'une des opérations visées par la loi et constatant l'engagement des parties, ou dans un document séparé mais auquel cet acte se réfère. • Civ. 1re, 16 févr. 1994 : *Bull. civ. I, no 68 ; D. 1994. IR 72.*

2. La mention manuscrite « je renonce au statut protecteur de la loi du 13 juill. 1979 » n'est pas conforme aux exigences de cette loi et ne permet pas de savoir si l'acquéreur a été informé des conséquences de sa renonciation et spécialement du fait que, s'il recourait néanmoins à un prêt, il ne pourrait se prévaloir du bénéfice de la loi. • Paris, 13 mai 1992 : *D. 1992. IR 200.*

3. Dès lors qu'il est établi, nonobstant la mention manuscrite contraire apposée par l'acquéreur sur la promesse d'achat d'un immeuble d'habitation, qu'en réalité le prix de cet immeuble doit être payé à l'aide d'un prêt, l'acte est nécessairement conclu sous la condition suspensive de son obtention. • Civ. 1re, 10 mars 1987 : *Bull. civ. I, no 90 ; D. 1987. 577, note Morin ; D. 1987. Somm. 459, obs. Aubert ; D. 1988. Somm. 114, obs. Magnin ; JCP N 1987. II. 191, note Thuillier. – Contra* : • Civ. 1re, 16 mai 1995 : *Bull. civ. I, no 213* (l'acquéreur qui a porté à l'acte la mention manuscrite prévue à l'art. L. 312-17 ne peut, s'il recourt néanmoins à un prêt, se prévaloir du défaut d'obtention de ce prêt, sauf en cas de fraude à la loi). ♦ Lorsque l'acte ne mentionne pas si le prix sera payé avec ou sans l'aide d'un prêt, la preuve qu'un prêt a été néanmoins demandé peut être rapportée par tous moyens : cette preuve étant faite, le contrat doit être considéré comme conclu sous la condition suspensive prévue à l'art. L. 312-16. • Civ. 3e, 10 déc. 1986 : *préc. note 1 ss. art. L. 312-2.*

4. L'al. 2 de l'art. L. 312-17 ne faisant aucune distinction selon la date de demande du prêt par rapport à celle du contrat, le refus d'un prêt sollicité avant la signature de l'acte de vente d'un immeuble entraîne la restitution à l'acquéreur de l'acompte versé. • Civ. 3e, 24 juin 1987 : *Bull. civ. III, no 132 ; D. 1988. Somm. 407, obs. Aubert.*

Art. L. 312-18 Pour les dépenses désignées au *c* du 1° de l'article L. 312-2, et à défaut d'un contrat signé des deux parties, la condition suspensive prévue à l'article L. 312-16 ne pourra résulter que d'un avis donné par le maître de l'ouvrage par écrit avant tout commencement d'exécution des travaux indiquant qu'il entend en payer le prix directement ou indirectement, même en partie, avec l'aide d'un ou plusieurs prêts.

Art. L. 312-19 Lorsqu'il est déclaré dans l'acte constatant le prêt que celui-ci est destiné à financer des ouvrages ou des travaux immobiliers au moyen d'un contrat de promotion, de construction, de maîtrise d'œuvre ou d'entreprise, le tribunal peut, en cas de contestation ou d'accidents affectant l'exécution des contrats et jusqu'à la solution du litige, suspendre l'exécution du contrat de prêt sans préjudice du droit éventuel du prêteur à l'indemnisation. Ces dispositions ne sont applicables que si le prêteur est intervenu à l'instance ou s'il a été mis en cause par l'une des parties.

BIBL. ▸ PÉRICAUD, *RDI 2002. 355* (suspension du contrat de prêt au profit de l'acquéreur de l'immeuble à construire).

1. Viole, par fausse interprétation de l'art. L. 312-19, la cour d'appel qui retient que ce texte, en disposant que la contestation doit affecter l'exécution des contrats, signifie « qu'elle lui est relative et non contemporaine » et n'impose pas que la contestation intervienne pendant la durée de l'exécution des contrats de promotion, construction, maîtrise d'œuvre ou d'entreprise. • Civ. 1re, 26 mai 1994 : *Bull. civ. I, n° 189 ; D. 1994. IR 162 ; JCP E 1994. Pan. 961 ; CCC 1994, n° 184, obs. Raymond.*

2. Lorsque l'exécution du contrat de construction est sérieusement contestée du fait de l'erreur d'implantation commise par le constructeur, il est légitime que les emprunteurs soient autorisés en référé à suspendre le remboursement du prêt tant que le contrat principal n'est pas exécuté. • TGI Grasse, 5 déc. 1990 : *D. 1991. IR 69*.

Art. L. 312-20 Les dispositions de la présente section ne sont pas applicables aux ventes par adjudication.

SECTION V *Remboursement anticipé du crédit et défaillance de l'emprunteur*

SOUS-SECTION 1 *Remboursement anticipé*

Art. L. 312-21 L'emprunteur peut toujours, à son initiative, rembourser par anticipation, en partie ou en totalité, les prêts régis par les sections 1 à 3 du présent chapitre. Le contrat de prêt peut interdire les remboursements égaux ou inférieurs à 10 p. 100 du montant initial du prêt, sauf s'il s'agit de son solde.

Si le contrat de prêt comporte une clause aux termes de laquelle, en cas de remboursement par anticipation, le prêteur est en droit d'exiger une indemnité au titre des intérêts non encore échus, celle-ci ne peut, sans préjudice de l'application de l'article 1152 du code civil, excéder un montant qui, dépendant de la durée restant à courir du contrat, est fixé suivant un barème déterminé par décret. — *V. C. consom., art. R. 312-2.*

(L. n° 99-532 du 25 juin 1999, art. 97) « Pour les contrats conclus à compter de la date d'entrée en vigueur de la loi n° 99-532 du 25 juin 1999 relative à l'épargne et à la sécurité financière, aucune indemnité n'est due par l'emprunteur en cas de remboursement par anticipation lorsque le remboursement est motivé par la vente du bien immobilier faisant suite à un changement du lieu d'activité professionnelle de l'emprunteur ou de son conjoint, par le décès ou par la cessation forcée de l'activité professionnelle de ces derniers. »

BIBL. ▸ MIRBEAU-GAUVIN, *D. 1995. Chron. 46.* – BARRET-BARNAY, *D. 2002. Chron. 2178* (régularité de la clause d'indemnisation en cas de remboursement anticipé après renégociation du prêt).

1. Clause de remboursement anticipé. Lorsqu'une clause stipule des intérêts compensatoires en cas de remboursement anticipé, il faut et il suffit que les modalités de calcul en soient indiquées dans l'offre pour permettre à l'emprunteur d'avoir connaissance du maximum de ce qu'il pourrait devoir. • Civ. 1re, 30 mars 1994 : *Bull. civ. I, n° 129 ; D. 1994. IR 102* • Civ. 1re, 8 juill. 1994 : *CCC 1994, n° 241, obs. Raymond* • 26 janv. 1999 : *ibid. 1999, n° 64, obs. Raymond.*

2. Mode de fixation de l'indemnité. Par application de l'art. 1129 C. civ., l'emprunteur ne saurait être condamné à payer une indemnité dont le calcul s'effectue par référence à des éléments qui dépendent de la volonté unilatérale du prêteur. • Civ. 1re, 22 juin 1994 : *Bull. civ. I, no 222 ; D. 1995. 368, note Penneau*. ♦ V. dans le même sens, • Civ. 1re, 9 mai 1996 : *D. Affaires 1996. 839 ; CCC 1996, no 136, obs. Leveneur* (prononçant la cassation au visa de l'art. 1129 C. civ. nonobstant les arrêts d'Assemblée plénière du 1er déc. 1995 qui ont déclaré l'art. 1129 non applicable à la détermination du prix. ♦ Sur cette question, V. note 11 ss. art. L. 313-2).

3. Intérêts compensatoires. En cas de remboursement anticipé, les « intérêts compensatoires » demandés à l'emprunteur ne visent qu'à porter la rémunération du prêteur à un montant conforme au taux d'intérêt convenu et ne peuvent, comme tels, être réduits en application de l'art. 1152 C. civ. • Civ. 1re, 7 oct. 1992 : *Bull. civ. I, no 245 ; D. 1992. IR 254 ; RTD com. 1993. 142, obs. Cabrillac et Teyssié* • 2 déc. 1992 : *Bull. civ. I, no 301 ; D. 1993. Somm. 213, obs. Delebecque ; CCC 1993, no 38, obs. Raymond ; ibid., no 41, obs. Leveneur.*

SOUS-SECTION 2 *Défaillance de l'emprunteur*

Art. L. 312-22 En cas de défaillance de l'emprunteur et lorsque le prêteur n'exige pas le remboursement immédiat du capital restant dû, il peut majorer, dans des limites fixées par décret, le taux d'intérêt que l'emprunteur aura à payer jusqu'à ce qu'il ait repris le cours normal des échéances contractuelles. Lorsque le prêteur est amené à demander la résolution du contrat, il peut exiger le remboursement immédiat du capital restant dû, ainsi que le paiement des intérêts échus. Jusqu'à la date du règlement effectif, les sommes restant dues produisent des intérêts de retard à un taux égal à celui du prêt. En outre, le prêteur peut demander à l'emprunteur défaillant une indemnité qui, sans préjudice de l'application des articles 1152 et 1231 du code civil, ne peut excéder un montant qui, dépendant de la durée restant à courir du contrat, est fixé suivant un barème déterminé par décret. – *V. C. consom., art. R. 312-3.*

1. Intérêts de retard. Lorsque le prêteur est amené à demander la résolution du prêt, jusqu'à la date du règlement effectif, les sommes restant dues produisent des intérêts de retard à un taux égal à celui du prêt ; il s'ensuit que le juge n'a pas à procéder à la recherche d'un éventuel accord des parties sur la fixation du taux d'intérêt du solde du prêt en cas de déchéance du terme. • Civ. 1re, 27 nov. 1990 : *Bull. civ. I, no 268 ; D. 1991. IR 3*.

2. Indemnité spéciale. L'indemnité éventuellement prévue en cas de défaillance de l'emprunteur ne peut être due que si le prêteur a demandé la résolution du contrat. • Civ. 1re, 3 juill. 1996 : *Bull. civ. I, no 295 ; D. Affaires 1996. 1090.*

SOUS-SECTION 3 *Dispositions communes*

Art. L. 312-23 Aucune indemnité ni aucun coût autres que ceux qui sont mentionnés aux articles L. 312-21 et L. 312-22 ne peuvent être mis à la charge de l'emprunteur dans les cas de remboursement par anticipation ou de défaillance prévus par ces articles.

Toutefois, le prêteur pourra réclamer à l'emprunteur, en cas de défaillance de celui-ci, le remboursement, sur justification, des frais taxables qui lui auront été occasionnés par cette défaillance à l'exclusion de tout remboursement forfaitaire de frais de recouvrement.

SECTION VI ***La location-vente et la location assortie d'une promesse de vente***

Art. L. 312-24 Sous réserve des dispositions des 1o et 2o de l'article L. 312-3, les contrats de location-vente ou de location assortis d'une promesse de vente relatifs aux immeubles mentionnées au 1o de l'article L. 312-2 sont soumis au présent chapitre, dans des conditions fixées à la présente section.

La L. no 84-595 du 12 juill. 1984 précisait - art. 21 - que les dispositions des art. L. 322-24 à L. 312-31 (ancien chap. III de la loi du 13 juill. 1979) ne sont pas applicables aux contrats de location-accession.

Art. L. 312-25 Toute publicité faite, reçue ou perçue en France, qui, quel que soit son support, porte sur l'un des contrats régis par la présente section, doit préciser l'identité du bailleur, la nature et l'objet du contrat.

Si cette publicité comporte un ou plusieurs éléments chiffrés, elle doit mentionner la durée du bail ainsi que le coût annuel et le coût total de l'opération.

Art. L. 312-26 Pour les contrats régis par la présente section, le bailleur est tenu de formuler par écrit une offre adressée gratuitement par voie postale au preneur éventuel.

Cette offre mentionne l'identité des parties. Elle précise la nature et l'objet du contrat ainsi que ses modalités, notamment en ce qui concerne les dates et conditions de mise à disposition du bien, le montant des versements initiaux et celui des loyers ainsi que les modalités éventuelles d'indexation. Elle rappelle, en outre, les dispositions de l'article L. 312-27.

Pour les contrats de location assortis d'une promesse de vente, elle fixe également :

1o Les conditions de levée de l'option et son coût décomposé entre, d'une part, la fraction des versements initiaux et des loyers prise en compte pour le paiement du prix et, d'autre part, la valeur résiduelle du bien, compte tenu de l'incidence des clauses de révision éventuellement prévues au contrat ;

2o Les conditions et le coût de la non-réalisation de la vente.

Art. L. 312-27 L'envoi de l'offre oblige le bailleur à maintenir les conditions qu'elle indique pendant une durée minimale de trente jours à compter de sa réception par le preneur.

L'offre est soumise à l'acceptation du preneur qui ne peut accepter l'offre que dix jours après qu'il l'a reçue. L'acceptation doit être donnée par lettre, le cachet de la poste faisant foi.

Art. L. 312-28 Jusqu'à l'acceptation de l'offre, le preneur ne peut faire aucun dépôt, souscrire ou avaliser aucun effet de commerce, signer aucun chèque ni aucune autorisation de prélèvement sur compte bancaire ou postal au profit du bailleur ou pour le compte de celui-ci.

Art. L. 312-29 En cas de défaillance du preneur dans l'exécution d'un contrat régi par la présente section, le bailleur est en droit d'exiger, outre le paiement des loyers échus et non réglés, une indemnité qui, sans préjudice de l'application de l'article 1152 du code civil, ne peut excéder un montant dépendant de la durée restant à courir du contrat et fixé suivant un barème déterminé par décret. – *V. C. consom., art. R. 312-4.*

En cas de location-vente, le bailleur ne peut exiger la remise du bien qu'après remboursement de la part des sommes versées correspondant à la valeur en capital de ce bien.

Aucune indemnité ni aucun coût autres que ceux qui sont mentionnés ci-dessus ne peuvent être mis à la charge du preneur. Toutefois, le bailleur pourra réclamer au preneur, en cas de défaillance de celui-ci, le remboursement sur justification des frais taxables qui lui auront été occasionnés par cette défaillance, à l'exclusion de tout remboursement forfaitaire de frais de recouvrement.

Art. L. 312-30 En cas de location assortie d'une promesse de vente, l'acte constatant la levée de l'option est conclu sous la condition suspensive prévue à l'article L. 312-16.

Lorsque cette condition n'est pas réalisée, le bailleur est tenu de restituer toutes sommes versées par le preneur à l'exception des loyers et des frais de remise en état du bien.

A compter du quinzième jour suivant la demande de remboursement cette somme est productive d'intérêts au taux légal majoré de moitié.

Art. L. 312-31 Les dispositions de l'article L. 313-12 sont applicables aux contrats soumis aux dispositions de la présente section.

SECTION VII *Sanctions*

Art. L. 312-32 L'annonceur pour le compte de qui est diffusée une publicité non conforme aux dispositions des articles L. 312-4 à L. 312-6 ou de l'article L. 312-25 sera puni d'une amende de 30 000 €.

Les dispositions des articles L. 121-2 à L. 121-7 sont applicables aux infractions relatives à la publicité relevées dans le cadre du présent chapitre.

Art. L. 312-33 Le prêteur ou le bailleur qui ne respecte pas l'une des obligations prévues aux articles L. 312-7 et L. 312-8, à l'article L. 312-14, deuxième alinéa, ou à l'article L. 312-26 sera puni d'une amende de 3 750 €.

Le prêteur qui fait souscrire par l'emprunteur ou les cautions déclarées ou reçoit de leur part l'acceptation de l'offre sans que celle-ci comporte de date ou dans le cas où elle comporte une date fausse de nature à faire croire qu'elle a été donnée après expiration du délai de dix jours prescrit à l'article L. 312-10, sera puni d'une amende de 30 000 €.

La même peine sera applicable au bailleur qui fait souscrire par le preneur ou qui reçoit de sa part l'acceptation de l'offre sans que celle-ci comporte de date ou dans le cas où elle comporte une date fausse de nature à faire croire qu'elle a été donnée après l'expiration du délai de dix jours prescrit à l'article L. 312-27.

Dans les cas prévus aux alinéas précédents, le prêteur ou le bailleur pourra en outre être déchu du droit aux intérêts, en totalité ou dans la proportion fixée par le juge.

BIBL. ► BOULOC, *Études Calais-Auloy, Dalloz, 2004, p. 81* (la perte du droit aux intérêts). – MAGNIER, *JCP 2004. I. 106* (sanctions du formalisme informatif).

1. Déchéance du droit aux intérêts : ... Domaine. La déchéance du droit aux intérêts est encourue lorsque l'acceptation de l'offre de prêt n'a pas été donnée dans les formes prescrites par l'art. L. 312-10, de sorte que l'acte invoqué ne fait pas foi de la date de cette acceptation. • Civ. 1re, 29 oct. 2002 : *Bull. civ. I, no 255 ; D. 2002. AJ 3076, obs. Rondey ; RDI 2003. 166, obs. H. Heugas-Darraspen ; RTD com. 2003. 149, obs. D. Legeais.* ◆ Application de la déchéance du droit aux intérêts dans le cas de non-conformité de l'échéancier des amortissements : V. • Civ. 1re, 16 mars 1994 : *préc. note 2 ss. art. L. 312-8.* ◆ La déchéance du droit aux intérêts ne peut sanctionner que l'inobservation des obligations prévues aux art. L. 312-7, L. 312-8, L. 312-14, al. 2, et L. 312-26, tous articles qui ne concernent pas les modalités matérielles de signature de l'offre par un membre du personnel de l'établissement de crédit. • Civ. 1re, 6 juin 2000 : *Bull. civ. I, no 177.*

1 bis. ... Étendue. Si, pour le prêteur, la méconnaissance des obligations prévues par l'art. L. 312-8 peut entraîner la déchéance du droit aux intérêts, l'emprunteur reste néanmoins tenu aux intérêts au taux légal depuis la mise en demeure, par application de l'art. 1153, al. 3, C. civ. • Civ. 1re, 18 mars 2003 : *Bull. civ. I, no 84 ; D. 2003. AJ 1036, obs. Rondey ; CCC 2003, no 97, note Raymond ; Gaz. Pal. 2003. Somm. 2574, obs. Piedelièvre ; RTD com. 2003. 554, obs. D. L. ; RDC 2003. 95, obs. Bruschi ; RDI 2004. 94, obs. Heugas-Darraspen.*

1 ter. L'art. L. 312-33 envisage seulement la déchéance du droit aux intérêts, non celle des frais. • Civ. 1re, 18 mars 2003 : *préc. note 1 bis.*

2. ... Pouvoir du juge. La sanction de la déchéance du droit aux intérêts relève du pouvoir discrétionnaire du juge, qui pourra alors, en application de l'art. L. 312-33, prononcer une déchéance totale ou partielle. • Civ. 1re, 18 mars 1997 : *Bull. civ. I, no 97 ; D. 1997. IR 97 ; D. Affaires 1997. 502 ; CCC 1997, no 87, note Raymond.* ◆ La sanction de la déchéance du droit aux intérêts en cas de non-respect des règles de forme est facultative pour les juges du fond. • Civ. 1re, 19 mai 1999 : *CCC 1999, no 167, obs. Raymond (2e esp.)* • 2 juill. 2002 : *Bull. civ. I, no 181 ; JCP 2002. IV. 2474 ; RDI 2003. 166. obs. H. H.-D.* • 9 juill. 2003 : *CCC 2004, no 49, note Raymond (1re esp.)* (à supposer même qu'une irrégularité ait été commise, le juge peut estimer qu'elle ne justifie pas la déchéance du droit aux intérêts). ◆ Déjà en ce sens, V. • Limoges, 13 févr. 1996 : *D. Affaires 1996. 744* • Versailles, 18 janv. 1996 : *D. Affaires 1996. 514.* ◆ Sur les conséquences de ce pouvoir discrétionnaire, V. aussi note 2 ss. L. no 96-314 du 12 avr. 1996, art. 87-I, ss. art. L. 312-8.

3. ... Prescription. La demande tendant à voir constater la déchéance du droit aux intérêts des créanciers en application des art. L. 312-8 et L. 312-33 est soumise à la prescription décennale de l'art. 189 *bis* [art. L. 110-4] C. com. • Civ. 1re, 30 sept. 1997 : *Bull. civ. I, no 262 ; D. 1997. IR 215 ; D. Affaires 1997. 124 ; CCC 1997, no 184, obs. Raymond* • 13 mars 2001 : *Bull. civ. I, no 70 ; CCC 2001, no 113, obs. Raymond* • 9 juill. 2003 : *Bull. civ. I, no 170 ; D. 2003. AJ 2008 ; Dr. et patr., nov. 2003, p. 85, obs. Chauvel ; CCC 2004, no 49. note Raymond (2e esp.).* ◆ Comp., soumettant l'action en déchéance à la prescription trentenaire : • Versailles, 29 janv. 1999 : *D. Affaires 1999. 790, obs. C.R.* ◆ La déchéance du droit aux intérêts, qui ne sanctionne pas une condition de formation du contrat, n'est pas une nullité et ne relève donc pas de l'art. 1304 C. civ. • Civ. 1re, 2 juill. 1996 : *Bull. civ. I, no 283 ; D. Affaires 1996. 1024 ; RJDA 1997, no 386 ; LPA 2 avr. 1997, p. 16, note Rieubernet* • 18 mars 1997 : *préc. note 2* • Versailles, 29 janv. 1999 : *préc.* ◆ La demande tendant à voir constater la déchéance du droit aux intérêts d'un prêt immobilier en application de l'art. L. 312-33, même présentée par voie d'exception, est soumise à la prescription décennale de l'art. 189 *bis* [art. L. 110-4] C. com. • Civ. 1re, 4 mai 1999 : *Bull. civ. I, n° 150 ; D. Affaires 1999. 934, obs. V. A.-R. ; CCC 1999, n° 150, obs. Raymond.* ◆ En sens contraire, considérant que l'action en déchéance du droit aux intérêts, formée en défense à l'action en paiement du prêteur, n'est pas liée à la nullité du contrat de prêt et n'est enfermée dans aucun délai spécifique, V. • Versailles, 18 janv. 1996 : *D. Affaires 1996. 514.*

3 bis. Le point de départ de la prescription décennale de l'action en déchéance du droit aux intérêts doit être fixé au jour où l'obligation du débiteur a été mise à exécution, c'est-à-dire à la date de conclusion du prêt. • Com. 7 janv. 2004 : *RDC 2004. 663, obs. Bruschi.*

3 ter. L'action en déchéance du droit aux intérêts étant distincte par son objet de l'action en nullité pour non-respect du délai de réflexion, l'exercice de celle-ci n'interrompt pas le délai de prescription de celle-là. • Civ. 1re, 9 juill. 2003 : *préc. note 3.*

4. ... Exclusion de la nullité. Il résulte des dispositions de l'art. L. 312-33 que la seule sanction civile de l'inobservation des règles de forme prévues par l'art. L. 312-8 est la perte, en totalité ou en partie, du droit aux intérêts dans la proportion fixée par le juge. • Civ. 1re, 23 mars 1999 : *Bull. civ. I, n° 108 ; D. 2000. Somm. 50, obs. Pizzio ; D. Affaires 1999. 754, obs. C. R. ; CCC 1999, n° 167, obs. Raymond* • 23 nov. 1999 : *Bull. civ. I, n° 321 ; CCC 2000, n° 51, obs. Raymond ; LPA 24 août 2000, note Courtier ; JCP 1999. IV. 1036* • 2 juill. 2002 : *Bull. civ. I, n° 181 ; JCP 2002. IV. 2474.* ◆ La sanction du défaut de communication du tableau d'amortissement à l'emprunteur est la perte, en totalité ou en partie, du droit aux intérêts du prêteur, dans la proportion fixée par le juge et non la nullité du prêt. • Civ. 1re, 9 mars 1999 : *Bull. civ. I, n° 86 ; D. Affaires 1999. 628, obs. C. R. ; JCP N 1999, n° 40, p. 1428, note Piedelièvre.* ◆ Dans le même sens, s'agissant de la sanction de l'inobservation des règles prévues par les art. L. 312-7 (offre formulée par écrit et adressée par voie postale) et L. 312-10 (délai de réflexion), et ce, sans qu'il y ait lieu d'établir l'existence d'un grief né, pour l'emprunteur, de la violation de ces textes : • Paris, 15 sept. 1999 : *D. 1999. AJ 64, obs. C.R. ; CCC 2000, n° 71, obs. Raymond.* ◆ Pour une décision prononçant, en considération du fait que l'emprunteur a bénéficié du prêt pendant de nombreuses années, la réduction des intérêts au taux légal à compter de la date du prêt, ce taux étant soumis aux conditions légales de révision : • TGI Carpentras, 12 oct. 1999 : *BICC 15 mai 2000, n° 648.* ◆ *Contra,* antérieurement, considérant que le non-respect des dispositions de l'art. L. 312-8 était sanctionné non seulement par la déchéance du droit aux intérêts, mais encore par la nullité du contrat de prêt, en raison du caractère d'ordre public de ces dispositions (art. L. 313-16) : • Civ. 1re, 20 juill. 1994 : *Bull. civ. I, n° 262 ; D. 1995. Somm. 314, obs. Pizzio.* ◆ Il avait été jugé également que les art. L. 312-1 s. relevant de l'ordre public de protection, la nullité des contrats souscrits en violation de ces textes était une nullité relative soumise à la prescription quinquennale de l'art. 1304 C. civ. : • Rouen, 12 mars 1997 : *RJDA 1997, n° 805.* ◆ Dans le même sens, V. • Versailles, 29 janv. 1999 : *préc. note 3* • Limoges, 13 févr. 1996 : *préc. note 2.*

Sur la validation législative des offres de prêt non conformes, V. L. n° 96-314 du 12 avr. 1996, art. 87-I, ss. art. L. 312-8.

En ce sens que l'exception de nullité pouvant seulement jouer pour faire échec à la demande d'exécution d'un acte juridique qui n'a pas encore été exécuté, elle ne peut donc être invoquée par des emprunteurs ayant déjà commencé à rembourser les fonds prêtés, V. • Civ. 1re, 1er déc. 1998 : *Bull. civ. I, n° 338 ; JCP E 1999, n° 2, p. 56, obs. Morvan ; RD bancaire et bourse 1999. 29, obs. Crédot et Gérard* • 9 nov. 1999 : *Bull. civ. I, n° 298 ; D. 2000. AJ 95 ; JCP 2000. II. 10335, note Seraglini ; CCC n° 70, obs. Raymond.*

5. ... Compétence. Le juge civil étant compétent pour prononcer la déchéance du droit aux intérêts en application de l'art. L. 312-33, le moyen alléguant la compétence exclusive du juge répressif est sans fondement. • Civ. 1re, 18 mars 1997 : *Bull. civ. I, n° 97 ; D. 1997. IR 97 ; Defrénois 1997. 1131, note Piedelièvre ; CCC 1997, n° 87, note Raymond* • 4 mai 1999 : *Bull. civ. I, n° 143 ; D. 1999. IR 170 ; D. Affaires 1999. 1106* • 27 mai 1999 : *CCC 2000, n° 50, obs. Raymond* (juge du surendettement, en l'espèce).

Art. L. 312-34 **Le prêteur ou le bailleur qui, en infraction aux dispositions de l'article L. 312-11 ou de l'article L. 312-28, accepte de recevoir de l'emprunteur ou du preneur, ou pour le compte d'un de ces derniers, un versement ou un dépôt, un chèque ou un effet de commerce souscrit, endossé ou avalisé à son profit, ou utilise une autorisation de prélèvement sur compte bancaire ou postal, sera puni d'une amende de 30 000 €.**

Art. L. 312-35 Le prêteur, en infraction aux dispositions du premier alinéa de l'article L. 312-14, ou le vendeur, en infraction aux dispositions de l'article L. 312-16, ou le bailleur, en infraction aux dispositions du dernier alinéa de l'article L. 312-30, qui ne restitue pas les sommes visées à ces articles, sera puni d'une amende de 30 000 €.

La même peine sera applicable à celui qui réclame à l'emprunteur ou au preneur ou retient sur son compte des sommes supérieures à celles qu'il est autorisé à réclamer ou à retenir en application des dispositions de l'article L. 312-23 ou des deux derniers alinéas de l'article L. 312-19.

SECTION VIII *Procédure*

Art. L. 312-36 Le tribunal d'instance connaît des actions nées de l'application des articles L. 312-31 et L. 313-12.

Une cour d'appel qui relève que le litige porte sur la contestation de la créance que détient la banque en vertu de deux prêts immobiliers d'un montant supérieur au taux de compétence du tribunal d'instance, et non pas sur la vérification d'une seule créance d'un montant inférieur à ce taux, en déduit justement que le tribunal d'instance est incompétent, l'art. L. 312-36 ne comportant aucune dérogation autre que celle relative aux demandes de délais de grâce. • Civ. 1re, 23 nov. 2004 ⚖ *Bull. civ. I, no 288 ; JCP E 2005, no 3, p. 61*

CHAPITRE III *Dispositions communes*

SECTION I *Le taux d'intérêt*

SOUS-SECTION 1 *Le taux effectif global*

Art. L. 313-1 Dans tous les cas, pour la détermination du taux effectif global du prêt, comme pour celle du taux effectif pris comme référence, sont ajoutés aux intérêts les frais, commissions ou rémunérations de toute nature, directs ou indirects, y compris ceux qui sont payés ou dus à des intermédiaires intervenus de quelque manière que ce soit dans l'octroi du prêt, même si ces frais, commissions ou rémunérations correspondent à des débours réels.

Toutefois, pour l'application des articles L. 312-4 à L. 312-8, les charges liées aux garanties dont les crédits sont éventuellement assortis ainsi que les honoraires d'officiers ministériels ne sont pas compris dans le taux effectif global défini ci-dessus, lorsque leur montant ne peut être indiqué avec précision antérieurement à la conclusion définitive du contrat.

(L. no 2010-737 du 1er juill. 2010, art. 12) « Pour les contrats de crédit entrant dans le champ d'application du chapitre Ier du présent titre, le taux effectif global, qui est dénommé "Taux annuel effectif global", ne comprend pas les frais d'acte notarié. »

En outre, pour les prêts qui font l'objet d'un amortissement échelonné, le taux effectif global doit être calculé en tenant compte des modalités de l'amortissement de la créance.

Un décret en Conseil d'état déterminera les conditions d'application du présent article. – *V. C. consom., art. R. 313-1 s.*

BIBL. ► BEZ, *JCP N 1978. Prat. 6757.* – SALATS, *Defrénois 1978. 593.* – RAFFRAY, *JCP N 1986. Prat. 9631.* – SCHMIDT et LUTZ, *Banque 1986. 863.* – DEVÈZE, *RJ com. 1994. 295.* – CROZE, *ibid. 1994. 285* (stipulation de l'intérêt). – DE LATTOLLAS et MARTY, *RJDA 1997. 684* (même thème).

A. ÉLÉMENTS INCLUS DANS L'ÉVALUATION DU TEG

1. Seuls doivent entrer en compte les éléments formant un tout avec l'acte de prêt. • Com. 3 oct. 1995 : ⚖ *Rev. huiss. 1996. 1378, note Hesbert.* ♦ Il convient de rechercher en quoi la prestation est indépendante de l'opération de crédit, peu important que le service comporte ou non un risque. • Crim. 10 sept. 2003 : ⚖ *RD banc. fin. 2003, no 219, obs. Crédot et Gérard.*

1 bis. Rémunération d'intermédiaires. Les sommes versées à des intermédiaires doivent être prises en compte, même si elles sont stipulées par des actes distincts du prêt. • Crim. 30 janv. 1975, *Desgranges : Bull. crim. no 38 ; D. 1975. IR 60 ; RTD com. 1976. 722 ; Gaz. Pal. 1975. I. 319 ; Defrénois 1975. 696, note Morin ; RS crim. 1975.*

714, obs. Bouzat. ♦ Solution réaffirmée, sur recours contre l'arrêt de la juridiction de renvoi, par • Crim. 8 juin 1977 : *D. 1977. IR 423, obs. Puech ; JCP 1978. II. 18875, note Husset.* – V. aussi : • Crim. 12 nov. 1998 : *Bull. crim. no 297 ; D. 1999. IR 42 ; D. Affaires 1999. 257, obs. X.D. ; RD bancaire et bourse 1999. 68, obs. Crédot et Gérard ; RTD com. 1999. 774, obs. Bouloc ; BRDA 1999, no 3, p. 12.* ♦ ... Qu'elles soient intégralement payées au moment du prêt ou qu'elles le soient ultérieurement par versements échelonnés. • Crim. 5 juin 1989 : *Bull. crim. no 237.*

2. Les juges doivent tenir compte, pour le calcul du TEG, de la commission due à une société de crédit hypothécaire en rémunération d'un « contrat de gestion de prêt », dès lors que ce contrat forme un tout avec le contrat de prêt. • Civ. 1re, 12 juin 1990 : *Bull. civ. I, no 161 ; D. 1990. IR 180 ; RTD com. 1990. 618, obs. Cabrillac et Teyssié.*

3. Assurances. La première prime du contrat d'assurance sur la vie, dont la souscription subordonne l'octroi d'un prêt, entre en compte pour le calcul du TEG ; il n'importe que cette prime ne soit pas encaissée par le prêteur dès lors que l'emprunteur se trouve dans l'obligation de la payer pour obtenir la délivrance de son emprunt. • Crim. 12 oct. 1976 : *Bull. crim. no 288 ; D. 1976. IR 288 ; RTD com. 1977. 144, obs. Cabrillac et Rives-Lange ; Gaz. Pal. 1976. 2. 762.* ♦ Sur l'inclusion des frais d'assurance-incendie, V. • Civ. 1re, 23 nov. 2004 : *Bull. civ. I, no 289 ; JCP E 2005, no 3, p. 61 ; RD banc. fin. 2005, no 6, obs. Crédot et Gérard ; Banque et Droit mars-avr. 2005. 46, obs. Bonneau ; RJDA 2005, no 746.* – Sur cet arrêt, V. aussi Lutz et Berg, *D. 2005. 841.* ♦ ... Des frais d'adhésion à une convention de cautionnement mutualiste, constituant elle-même un investissement avec le prêt garanti, ces frais étant par ailleurs parfaitement déterminables puisque d'un montant de 0,70 % du montant initial du prêt. • Paris, 6 oct. 2005 : *JCP 2005. IV. 3493.* ♦ V. note 5.

4. Impôts et taxes. Les impôts, taxes et droits mis par le contrat à la charge de l'emprunteur doivent être pris en compte pour le calcul du TEG, dès lors qu'ils accroissent les charges de l'emprunt, même si cette obligation a été librement consentie, ne recèle aucune condition potestative et est parfaitement déterminable en fin d'exercice. • Civ. 1re, 21 janv. 1992 : *Bull. civ. I, no 22 (arrêts nos 2 et 3) ; D. 1992. IR 72.* ♦ V. note 7.

4 bis. Frais de souscription de parts sociales. Sur l'inclusion de ces frais, V. • Civ. 1re, 23 nov. 2004 : *préc. note 3.*

4 ter. Frais de notaire et d'hypothèque. Dès lors qu'à la date de l'acte les frais de notaire et d'inscription hypothécaire étaient déterminables, ceux-ci doivent être compris dans le calcul du TEG. • Civ. 1re, 30 mars 2005 : *D. 2005. 2757, note Biardeaud et Flores ; ibid. AJ 1148, obs. Chevrier ; JCP E 2005, no 47, p. 1974, obs. Lassalas-Langlais ; RTD com. 2005. 575, obs. Legeais ; BRDA 2005, no 10, p. 9* (qui casse • Paris, 9 nov. 2001 : *D. 2002. AJ 211, obs. Lienhard).*

B. ÉLÉMENTS EXCLUS

5. Assurances. Les frais d'assurance n'ont pas à être pris en compte pour le calcul du TEG lorsque l'emprunteur a été libre de contracter ou non une assurance décès-invalidité. • Paris, 11 janv. 1982 : *D. 1982. IR 413, obs. Vasseur ; Gaz. Pal. 1982. 1. 131, note Marchi.* – V. note 3.

6. Clauses pénales. Sur l'exclusion des clauses pénales motivées par la défaillance de l'emprunteur, V. • Com. 22 févr. 1977 : *D. 1977. IR 244.*

6 bis. Indemnité de remboursement anticipé. Doit être exclue du calcul du TEG l'indemnité de remboursement anticipé, dont la mise en œuvre est éventuelle et donc étrangère aux frais intervenus dans l'octroi du prêt. • Civ. 1re, 27 sept. 2005 : *D. 2005. AJ 2670, obs. Delpech ; JCP 2005. IV. 3311 ; BRDA 2005, no 21, p. 7.*

7. TVA. Sur l'exclusion de la TVA sur les agios, V. • Bordeaux, 22 janv. 1980 : *JCP 1980. IV. 392.* ♦ V. note 4.

8. Commissions de compte. V. : • Aix-en-Provence, 29 sept. 1990 : *JCP E 1991. I. 91, no 27, obs. Gavalda et Stoufflet* • Com. 14 déc. 2004 : *D. 2005. AJ 276, obs. Avena-Robardet ; RD banc. fin. 2005, no 36, obs. Crédot et Gérard ; Banque et Droit mars-avr. 2005. 47, obs. Bonneau ; BRDA 2005, no 3, p. 9.*

8 bis. Commission d'agrément. V. • Paris, 12 janv. 1996 : *D. 1996. IR 324 ; D. Affaires 1996. 266.*

9. Indexation. L'indexation du capital prêté ne doit pas être prise en compte pour la détermination du TEG. • Civ. 1re, 21 janv. 1992 : *Bull. civ. I, no 22 (arrêt no 3).*

9 bis. Pour l'exclusion des frais de notaire et d'inscription hypothécaire, qui ne relèvent pas de l'activité de l'établissement de crédit prêteur et, pour les seconds, qui ne peuvent être connus avant l'établissement de l'acte notarié, V. • Paris, 9 nov. 2001 : *D. 2002. AJ 211, obs. Lienhard.*

C. MODE DE CALCUL DU TEG

10. Entraînent une majoration du taux de l'intérêt les clauses stipulant, soit que les intérêts à échoir seront retenus sur le montant de la somme prêtée, soit que les intérêts, calculés sur la base d'un taux annuel, seront versés trimestriellement. • Crim. 30 janv. 1975 : *préc. note 1 bis* • Crim. 8 juin 1977 : *préc. note 1 bis.*

11. Le TEG est fonction du temps pendant lequel l'emprunteur a disposé des sommes prêtées ; se conforme aux exigences de la loi l'arrêt qui procède à l'escompte, à intérêts composés et à la date de chaque opération, d'une part du montant du prêt porté au débit du compte de l'emprunteur, d'autre part de tous les versements inscrits au crédit de ce même compte, pour déduire de l'égalité de ces deux calculs le taux effectif global de l'intérêt. • Crim. 30 janv. 1975 : *préc. note 1 bis* • Crim. 9 juin 1977 : *préc. note 1 bis.*

12. En matière de prêt à amortissement échelonné, le TEG doit être calculé selon la méthode des intérêts composés. • Civ. 1re, 9 janv. 1985 : *Bull. civ. I, no 15 ; JCP 1986. II. 20532, note Pitou.*

13. Seule la méthode proportionnelle, qui consiste à multiplier le taux de période par le nombre de périodes comprises dans l'année, peut être utilisée pour calculer le TEG annuel de l'intérêt à partir d'un TEG exprimé suivant une périodicité inférieure à un an. • Civ. 1re, 9 janv. 1985 : *préc. note 12.*

Art. L. 313-2 Le taux effectif global déterminé comme il est dit à l'article L. 313-1 doit être mentionné dans tout écrit constatant un contrat de prêt régi par la présente section.

Toute infraction aux dispositions du présent article sera punie d'une amende de 4 500 €.

BIBL. ► FERRY, *RD bancaire et bourse 1993. 106* (dates de valeur). – GHESTIN, *JCP 1993. I. 3714* (révision des taux d'intérêts). – R. MARTIN, *D. 1991. Chron. 125* (taux de base). – MOULY, *RJDA 1993. 503 ; RD bancaire et bourse 1994. 227* (dates de valeur). – D'ORNANO, *Gaz. Pal. 1988. 2. Doctr. 610.* – SCHMIDT et LUTZ, *RD bancaire et bourse 1988. 143.* – VASSEUR, *D. 1988. Chron. 157* (découvert en compte).

A. DOMAINE D'APPLICATION

1. Sur l'obligation de fixer par écrit le taux d'intérêt conventionnel, appliquée au prêt à intérêt en général, V. **C. civ.**, ss. art. 1907, notes.

Le taux effectif global doit également être mentionné dans l'acte de prorogation du prêt initial. • Com. 15 oct. 1996 : *Bull. civ. IV, no 232 ; D. 1997. Somm. 171, obs. Aynès ; D. Affaires 1996. 1321 ; JCP E 1997. II. 921, note Polland-Dulian.* ♦ Comp., jugeant que dans le cas d'une convention d'ouverture de crédit ayant continué à produire ses effets après la date prévue initialement, aux conditions d'origine, en l'absence de toute modification du taux d'intérêt stipulé dans l'accord initial, dont il n'est pas discuté qu'il s'agissait d'un TEG, l'exigence d'un écrit mentionnant ce taux n'a pas lieu de s'appliquer aux accords de prorogations successivement intervenus. • Com. 9 juill. 2002 : *Bull. civ. IV, no 118 ; D. 2002. AJ 2735* et les obs. ; *Banque et Droit nov.-déc. 2002. 52, obs. Bonneau ; LPA 12 sept. 2002, p. 7, obs. E. C. ; RTD com. 2002. 713, obs. Cabrillac ; RJDA 2003, no 54.* ♦ Une cour d'appel ajoute à l'art. L. 313-2 une restriction qu'il ne comporte pas en jugeant que l'acte notarié à finalité professionnelle n'est pas soumis à l'obligation légale de mentionner le taux effectif global. • Civ. 1re, 22 janv. 2002 : *Bull. civ. I, no 23 ; D. 2002. 2670, note Debet ; RTD civ. 2002. 287, obs. Mestre et Fages ; Banque et Droit mars-avr. 2002. 54, obs. Bonneau ; CCC 2002, no 72, obs. Leveneur.* ♦ En revanche, il importe peu que la mention manuscrite n'indique pas le taux des intérêts du prêt cautionné dès lors qu'en sa qualité de caution, l'épouse avait paraphé et signé l'acte de prêt dans lequel figurait ce taux. • Civ. 1re, 29 oct. 2002 : *Bull. civ. I, no 257 ; JCP E 2002, no 51-52, p. 2033.*

2. Ordre public. Il importe peu, en l'absence de l'écrit prévu par la loi, que le titulaire du compte ait eu la possibilité de connaître, par d'autres modes, le taux appliqué par la banque dans des situations semblables à la sienne. • Com. 13 juin 1995 : *RJDA 1995, no 1397.* ♦ En l'état d'un prêt contracté en Espagne entre une banque espagnole et des emprunteurs de nationalité française, le défaut de la mention du taux effectif global qui a pour objet l'information du consommateur, alors que d'autres informations sont mentionnées dans l'acte espagnol, ne peut être considéré comme contraire aux fondements de l'ordre public français. • Pau, 1er mars 2001 : *D. 2002. Somm. 639, obs. Synvet.*

3. Compte courant. L'obligation de fixer par écrit le TEG est d'application générale et concerne notamment les intérêts afférant au solde débiteur d'un compte courant. • Civ. 1re, 9 févr. 1988 : *Bull. civ. I, no 34 ; JCP 1988. II. 21026, note Gavalda et Stoufflet ; Banque 1988. 590, note Rives-Lange* • Com. 12 avr. 1988 : *D. 1988. 309, concl. Jeol ; JCP 1988. II. 21026, note Gavalda et Stoufflet ; RTD com. 1988. 475, obs. Cabrillac et Teyssié ; RTD* *civ. 1988. 733, obs. Mestre* • 12 févr. 1991 : *JCP 1991. II. 21740, note Amion* • 10 mars 1992 : *D. 1992. IR 115* • 4 mai 1993 : *Bull. civ. IV, n° 162 ; D. 1993. IR 146 ; Rev. jur. com. 1993. 335, note Grua* • 11 juin 2003 : *Bull. civ. IV, n° 94 ; RJDA 2003, n° 1223* • Paris, 24 févr. 1998 : *Gaz. Pal. 11-12 déc. 1998, Somm., p. 24, obs. Piedelièvre* • Rennes, 23 oct. 1998 : *JCP E 2000, n° 27, p. 1077, obs. Lucas.*

4. Prêt à finalité professionnelle. Il ne résulte pas de l'art. L. 313-2, qui s'est borné à reprendre, dans le cadre de la codification à droit constant réalisée par la L. n° 93-949 du 26 juill. 1993, les règles générales, applicables à tous les prêts, figurant jusque-là dans les art. 1er à 7 de la L. n° 66-1010 du 28 déc. 1966 qu'elle abrogeait, que les prêts à finalité professionnelle soient exclus du champ d'application de ce texte. • Com. 5 oct. 2004 : *Bull. civ. IV, n° 180 ; D. 2004. AJ 2711 ; JCP E 2005, n° 4, p. 131, note Piedelièvre ; CCC 2005, n° 2, note Leveneur ; Banque et Droit janv.-févr. 2005. 68, obs. Bonneau ; LPA 11 mai 2005, obs. E. C. ; RJDA 2005, n° 185 ; RTD com. 2005. 153, obs. Legeais.* ◆ Une cour d'appel ajoute à l'art. L. 313-2 une restriction qu'il ne comporte pas en jugeant que l'acte notarié à finalité professionnelle n'est pas soumis à l'obligation légale de mentionner le TEG. • Civ. 1re, 22 janv. 2002 : *Bull. civ. I, n° 23 ; D. 2002. 2670, note Debet ; ibid. AJ 884, obs. A. Lienhard ; RTD civ. 2002. 287, obs. Mestre et Fages ; Banque et Droit mars-avr. 2002. 54, obs. Bonneau ; JCP N 2002, n° 39, p. 1341, note Leveneur ; JCP E 2003, n° 11, p. 466, obs. Stoufflet.* ◆ Si les dispositions de l'art. 4 de la loi du 28 déc. 1966 et du décret du 4 sept. 1985 relatives aux taux d'intérêt effectif global et à son calcul ont effectivement été intégrées, dans le cadre de l'œuvre de codification au code de la consommation, il ne peut en être pour autant conclu qu'elles ne seraient pas applicables à une convention d'ouverture de compte courant d'une société commerciale. • Paris, 26 févr. 1999 : *D. Affaires 1999. 631, obs. X. D. ; RD bancaire et bourse 1999. 119, obs. Crédot et Gérard.* ◆ Outre le fait que ces dispositions permettent le calcul du taux de l'usure, il ne peut être constaté que celles-ci feraient partie du dispositif protecteur des seuls consommateurs dont les dispositions sont regroupées spécifiquement à cette fin au sein de cet ensemble législatif et réglementaire ; ces dispositions, à portée générale, restent en conséquence applicables. • Même arrêt. Dans le même sens, V. • Paris, 9 nov. 2001 : *D. 2002. AJ 211, obs. Lienhard.* ◆ *Contra*, considérant que ces dispositions ne sauraient être invoquées pour un crédit consenti à une société civile immobilière dans le cadre de son activité habituelle d'achat et de revente d'immeubles : • Poitiers, 17 févr. 1998 : *RD bancaire et bourse 1999. 119, obs. Crédot et Gérard.*

4 bis. Cession de créances. Pour des opérations effectuées par bordereaux de cession de créances professionnelles, V. • Com. 29 mars 1994 : *Bull. civ. IV, n° 134 ; D. 1994. 611, note Gavalda ; Rev. jur. com. 1994. 234, note Grua ; Banque juill.-août 1994. 91, obs. Guillot.*

B. MENTION DU TEG

5. Localisation de la mention. La mention du TEG pratiqué peut figurer sur l'offre qui fait corps avec le prêt. • Com. 18 mai 2005 : *Bull. civ. IV, n° 106 ; RD banc. fin. 2005, n° 158, obs. Crédot et Gérard ; Banque et Droit sept.-oct. 2005. 71, obs. Bonneau.* ◆ Le caractère automatique de la variation du TEG en fonction de la modification du taux de base décidée par la banque dans un acte notarié de prêt ne dispense pas celle-ci de faire figurer le taux effectif appliqué sur les relevés reçus par l'emprunteur. • Civ. 1re, 19 oct. 2004 : *Bull. civ. I, n° 229 ; D. 2004. AJ 2932, obs. Avena-Robardet ; JCP E 2004, n° 51, p. 2032, avis Cavarroc ; JCP 2004. II. 10194, note Raby ; CCC 2005, n° 26, obs. Leveneur ; RD banc. fin. 2005, n° 7, obs. Crédot et Gérard ; Banque et Droit janv.-févr. 2005. 66, obs. Bonneau ; RJDA 2005, n° 187 ; RTD com. 2005. 152, obs. Cabrillac ; Defrénois 2005. 602, obs. Dagorne-Labbe.* – Sur cet arrêt, V. aussi Lutz et Berg, *D. 2005. 841.* ◆ Si, pour les découverts en compte, la mention du TEG doit être portée, à titre indicatif, dans la convention d'ouverture de compte ou de crédit ou tout autre document, celle du TEG appliqué doit aussi figurer sur les relevés périodiques du compte. • Com. 5 oct. 2004 : *préc. note 4.* ◆ Le TEG doit également être mentionné dans l'acte de prorogation du prêt initial. • Com. 15 oct. 1996 : *Bull. civ. IV, n° 232 ; D. 1997. Somm. 171, obs. Aynès ; JCP E 1997. II. 921, note Pollaud-Dulian.* ◆ Comp., jugeant que dans le cas d'une convention d'ouverture de crédit ayant continué à produire ses effets après la date prévue initialement, aux conditions d'origine, en l'absence de toute modification du taux d'intérêt stipulé dans l'accord initial, dont il n'est pas discuté qu'il s'agissait d'un TEG, l'exigence d'un écrit mentionnant ce taux n'a pas lieu de s'appliquer aux accords de prorogations successivement intervenus. • Com. 9 juill. 2002 : *Bull. civ. IV, n° 118 ; D. 2002. AJ 2735 ; Banque et Droit nov.-déc. 2002. 52, obs. Bonneau ; LPA 12 sept. 2002, p. 7, obs. E.C. ; RTD com. 2002. 713, obs. Cabrillac ; RJDA 2003, n° 54.* ◆ En revanche, il importe peu que la mention manuscrite n'indique pas le taux des intérêts du prêt cautionné dès lors qu'en sa qualité de caution l'épouse avait paraphé et signé l'acte de prêt dans lequel figurait ce taux. • Civ. 1re, 29 oct. 2002 : *Bull. civ. I, no 257 ; JCP E 2002, no 51-52, p. 2033 ; RDI 2003. 340, obs. Heugas-Darraspen*.

5 bis. Forme de la mention. L'art. L. 313-2 n'impose aucune règle particulière quant à la forme et à l'emplacement dans un contrat de prêt d'argent de la mention du taux effectif global ; la loi est respectée dès lors que les initiales « TEG » figurent au recto du contrat, avec renvoi à des conditions générales. • Civ. 1re, 24 juin 1981 : *D. 1982. 397, note Boizard.* ♦ ... L'inscription au recto du contrat des lettres « TEG », dont le détail est donné au verso, est suffisante. • Civ. 1re, 9 janv. 1985 : *Bull. civ. I, no 15 ; JCP 1986. II. 20532, note Pitou.* ♦ Comp., en ce sens que la seule indication par écrit des éléments composant le taux effectif global, mais non du montant de ce taux, est insuffisante : • Com. 17 oct. 1995 : *Bull. civ. IV, no 381 ; RJDA 1996, no 84.* V. aussi, pour l'insuffisance d'une simple référence au taux bancaire : • Paris, 8 janv. 1992 : *JCP E 1992. Pan. 187.* – V. aussi • Com. 13 déc. 1994 : *Bull. civ. IV, no 381 ; Quot. jur. 16 févr. 1995, p. 3.*

C. VALIDITÉ D'UNE APPROBATION TACITE ?

6. « Fixation par écrit ». Pour la chambre commerciale, la réception sans protestation ni réserve, par le titulaire d'un compte, des relevés qui lui sont adressés ne peut suppléer l'absence de fixation préalable, par écrit, du taux de l'intérêt conventionnel. • Com. 10 mai 1994 : *Bull. civ. IV, no 174 ; D. 1994. 550, note D. Martin ; JCP E 1994. Pan. 907 ; RD bancaire et bourse 1994. 236, obs. Crédot et Gérard* • Versailles, 25 mars 1994 : *Gaz. Pal. 1994. 2. Somm. 745.* ♦ Il en est de même quant au fait que des intérêts au taux conventionnel affecté à l'ouverture de crédit litigieuse ont été antérieurement prélevés sans contestation sur le compte courant préexistant où elle a été inscrite. • Com. 11 juin 2003 : *préc. note 3.* ♦ Comp., jugeant que la reconnaissance de l'obligation de payer des intérêts conventionnels afférents au solde débiteur d'un compte courant peut, en l'absence d'indication dans la convention d'ouverture de compte courant, résulter de la réception sans protestation ni réserve des relevés de compte par l'emprunteur, dès lors que les taux de ces intérêts y sont indiqués : • Com. 18 févr. 2004 : *Bull. civ. IV, no 38 ; JCP E 2004, no 17, p. 642 ; RD banc. fin. 2004, no 111, obs. Crédot et Gérard ; Banque et Droit mai-juin 2004. 48, obs. Bonneau ; LPA 27 juill. 2004, p. 8, obs. E. C. ; RJDA 2004, no 880* • 14 déc. 2004 : *Bull. civ. IV, no 228 ; D. 2005. AJ 276, obs. Avena-Robardet ; JCP E 2005, no 8, p. 330, note Raby ; Banque et Droit mars-avr. 2005. 47, obs. Bonneau ; Defrénois 2005. 602, obs. Dagorne-Labbe ; RJDA 2005, no 608.*

7. « Accord écrit ». Pour la première chambre civile, l'indication du taux d'intérêt sur les relevés de comptes ne peut suppléer l'absence d'un accord écrit mentionnant le taux de l'intérêt conventionnel, lors même que cette indication ne ferait pas l'objet d'une protestation de la part du client. • Civ. 1re, 17 janv. 1995 : *Bull. civ. I, no 36 ; D. 1995. 213, note D. Martin ; Banque avr. 1995. 92, obs. Guillot ; Defrénois 1995. 743, obs. Mazeaud ; RD bancaire et bourse 1995. 79, obs. Crédot et Gérard.*

V. aussi, exigeant qu'outre la mention, à titre indicatif, dans la convention d'ouverture de crédit ou dans tout autre document, du taux effectif global correspondant à des exemples chiffrés, le taux effectif global appliqué figure sur les relevés périodiques de compte. • Com. 9 juill. 1996 : *Bull. civ. IV, no 205 ; D. 1996. IR 191 ; D. Affaires 1996. 1029 ; JCP 1996. II. 22721, note Stoufflet ; Rect., JCP E 1996. I. 893 bis ; RD bancaire et bourse 1996. 194, obs. Crédot et Gérard ; CCC 1996, no 182, note Leveneur.* – Rappr. : • Com. 18 juin 1996 : *Bull. civ. IV, no 183 ; D. Affaires 1996. 1030.* ♦ Le document en question doit avoir été reçu par le titulaire du compte préalablement à la perception d'agios. • Com. 24 juin 1997 : *Bull. civ. IV, no 205 ; D. Affaires 1997. 959 ; RTD com. 1997. 658, obs. Cabrillac ; RJDA 1997, no 1508 ; JCP E 1998, no 6, p. 224, note Bertian de Balanda.* ♦ Reprenant cette solution, des arrêts ultérieurs n'exigent plus qu'« un ou plusieurs exemples chiffrés ». V. • Com. 5 mai 1998 : *Bull. civ. IV, no 148 ; RJDA 1998, no 1146 ; RTD com. 1998. 904, obs. Cabrillac ; JCP E 1999, no 17, p. 762, obs. Gavalda et Stoufflet* • 6 avr. 1999 : *Bull. civ. IV, no 82 ; D. 1999. IR 121 ; D. Affaires 1999. 829, obs. J. F. ; LPA 15 juin 1999, p. 6 ; JCP 1999. II. 10173, note Auckenthaler ; RD bancaire et bourse 1999. 97, obs. Crédot et Gérard.* – Rappr. : • Com. 18 juin 1996 : *Bull. civ. IV, no 183 ; D. Affaires 1996. 1030.* ♦ Comp., imposant simplement ces indications suffisamment exemplaires pour informer, exactement et préalablement, les titulaires du compte sur le TEG des opérations postérieures : • Com. 9 mars 1999 : *Bull. civ. IV, no 54 ; D. Affaires 1999. 757, obs. X. D. ; LPA 13 avr. 1999, p. 8 ; RD bancaire et bourse 1999. 97, obs. Crédot et Gérard.* ♦ V. aussi, considérant que la convention doit contenir des exemples concrets, fussent-ils indicatifs : • Paris, 19 mars 1999 : *JCP E 1999, no 36, p. 1367.*

8. Jurisprudence antérieure. Auparavant, la chambre commerciale avait jugé qu'à défaut de mention ou d'information destinée à attirer l'attention du débiteur et à susciter sa contestation éventuelle, celui-ci ne pouvait être considéré comme ayant approuvé un taux d'intérêt que les documents transmis par la banque ne lui permettaient pas de connaître. • Com. 23 oct. 1990 : *Bull. civ. IV, nº 249 ; D. 1991. 73, note Gavalda ; JCP 1991. II. 21710, note Stoufflet.* ♦ Dans le même sens : • Com. 4 mai 1993 : *Bull. civ. IV, nº 162 ; D. 1993. IR 146 ; Rev. jur. com. 1993. 335, note Grua.* ♦ V. aussi, rappelant que la confirmation d'un acte nul exige à la fois la connaissance du vice l'affectant et l'intention de le réparer. • Com. 29 mars 1994 : *préc. note 3.*

9. Incidence du Décr. 4 sept. 1985 [art. R. 313-1 à R. 313-5]. La loi du 28 déc. 1966 [désormais : C. consom., art. L. 313-2] n'étant pas applicable avant l'entrée en vigueur du décret nº 85-944 du 4 sept. 1985 déterminant le mode de calcul du TEG, l'acceptation tacite du taux des intérêts pouvait alors se déduire de la réception sans protestation ni réserve des relevés de compte par le débiteur. • Com. 9 avr. 1991 : *Bull. civ. IV, nº 122* • 22 mai 1991 : *Bull. civ. IV, nº 168 ; D. 1991. 428, note Gavalda ; JCP E 1991. II. 190, note Stoufflet* • 10 mars 1992 : *Bull. civ. IV, nº 107.* ♦ Mais la réception d'un seul relevé de compte était jugée insuffisante à suppléer l'absence d'écrit fixant le taux. • Com. 9 mars 1993 : *Bull. civ. IV, nº 98 ; D. 1993. IR 94.* ♦ Sur l'incidence à cet égard de l'entrée en vigueur du décret, V. aussi Rives-Lange, *Banque 1991. 92.*

10. Il a été jugé qu'est valable le taux d'intérêt conventionnel, dès lors que la convention prévoyait que le taux d'intérêt serait stipulé dans un document correspondant au concours qui serait mis à la disposition du titulaire du compte, et que son mandataire avait reçu, en conséquence, une lettre fixant ce taux pour le crédit qui lui était consenti, et qu'il avait effectivement utilisé ce crédit dont les conditions avaient été ainsi précisées. • Com. 18 févr. 1997 : *Bull. civ. IV, nº 52 ; D. Affaires 1997. 474.*

D. EFFET DE LA MENTION

11. Dès lors que le taux est mentionné par écrit dans un contrat de prêt d'argent, ni le fait que des intérêts supérieurs aient été payés pendant un certain temps, ni les dispositions relatives à la preuve testimoniale ne peuvent être invoqués pour prouver outre ou contre l'écrit fixant le taux initialement convenu. • Civ. 1re, 24 juin 1981 : *D. 1982. 397, note Boizard ; JCP 1982. II. 19713, note Vasseur ; RTD com. 1981. 809, obs. Cabrillac et Teyssié ; RTD civ. 1982. 429, obs. Rémy.*

E. MENTION D'UN TAUX VARIABLE

12. Détermination du taux. BIBL. Ghestin, *JCP 1993. I. 3714* (crédit à la consommation et nullité des clauses de révision des taux). ♦ L'art. 1129 C. civ. n'étant pas applicable à la détermination du prix, le taux de l'intérêt convenu dans une convention d'ouverture de compte courant peut varier en fonction de l'évolution du taux de base bancaire. • Com. 9 juill. 1996 : *préc. note 6.* ♦ Dans le même sens, précisant qu'une telle clause de variation est soumise aux règles générales de l'abus de droit, V. • Paris, 12 janv. 1996 : *D. 1996. Somm. 324, obs. Mazeaud ; D. Affaires 1996. 266 ; Defrénois 1996. 754, obs. Mazeaud.* – V. aussi • T. com. Nanterre, 27 oct. 1995 : *D. 1996. IR 11 ; D. Affaires 1996. 17.* ♦ Sur la cassation d'un arrêt qui, sur le fondement de l'art. 1129 C. civ., a annulé la clause d'un contrat de prêt prévoyant le paiement d'une indemnité financière de remboursement anticipé en retenant que l'exigibilité de l'indemnité dépendait exclusivement de la volonté du prêteur, V. • Civ. 1re, 14 juin 2000 : *Bull. civ. I, nº 184 ; RTD civ. 2000. 830, obs. Mestre et Fages.* ♦ Dans le même sens, V. • Civ. 1re, 6 mars 2001 : *Bull. civ. I, nº 54 ; D. 2001. AJ 1172, obs. Avena-Robardet ; Defrénois 2001. 696, obs. Savaux.* ♦ *Contra,* considérant qu'en application de l'art. 1129 C. civ., est nulle la clause d'une convention de crédit utilisable par fractions qui prévoit la variabilité du taux d'intérêt selon des données fixées unilatéralement par la banque : • Paris, 13 avr. 1998 : *RJDA 1999, nº 822.* ♦ En ce sens que lorsque le taux d'intérêt conventionnel est déterminé au moment de la formation du contrat, seule la clause de variation qui l'affecte doit être annulée, le taux déterminé à la conclusion du contrat se substituant alors au taux variable, V. • Même arrêt.

Auparavant, la chambre commerciale avait considéré que n'était pas indéterminée, au sens de l'art. 1129 C. civ., l'obligation résultant pour le débiteur principal et ses cautions d'une clause de variabilité du taux d'intérêt conventionnel applicable à une convention de compte courant dès lors que le débiteur principal était informé de l'évolution des taux d'intérêt, tant par des écrits à lui adressés en tant qu'associé de l'établissement de crédit auprès duquel il était titulaire du compte, que par les relevés de son compte portant mention des taux, ce dont il résultait que c'est en connaissance de ceux-ci qu'il avait ordonné sur son compte des inscriptions en débit, et ainsi utilisé, continûment, l'autorisation de découvert qu'il avait obtenue. • Com. 17 oct. 1995 : *RJDA 1996, nº 83 ; RTD com. 1996. 95, obs. Cabrillac.* – V. aussi • Pau, 8 févr. 1993 :

JCP E 1993. I. 302, n° 4, obs. Gavalda et Stoufflet • 18 mai 2000 : *JCP 2001. IV. 1239.*

Comp., dans le sens de l'indétermination, cause de nullité, d'un taux d'intérêt dépendant d'un taux de référence de la banque prêteuse : • Civ. 1re, 2 mai 1990 : *D. 1991. 41, note Gavalda ; JCP 1991. II. 21655, note Stoufflet ; Banque 1990. 1097, obs. Rives-Lange* • Paris, 23 oct. 1991 : *JCP E 1991. Pan. 1300* • Poitiers, 6 mai 1992 : *JCP 1992. IV. 2943.*

S'agissant des clauses de remboursement anticipé, la jurisprudence s'était également prononcée en faveur de l'application de l'art. 1129 C. civ. • Com. 15 déc. 1992 : *Bull. civ. IV, n° 417 ; D. 1993. IR 25 ; Defrénois 1993. 310, obs. Aubert* • Civ. 1re, 22 juin 1994 : *Bull. civ. I, n° 222 ; D. 1995. 368, note A. Penneau* • Paris, 15 sept. 1994 : *D. 1994. IR 236*. – V. D. Martin, *D. 1991. Chron. 125.* ◆ Par un arrêt du 9 mai 1996, la 1re chambre civile a confirmé sa position : • Civ. 1re, 9 mai 1996 : *D. 1997. Somm. 176, obs. Mazeaud ; D. Affaires 1996. 839 ; CCC 1996, n° 136, note Leveneur.* ◆ Comp., sur l'application désormais, par l'Assemblée plénière, d'un critère de validité fondé sur l'absence d'abus de droit et la bonne foi contractuelle (à propos de la détermination du prix dans l'exécution des contrats de location-entretien d'installation téléphonique et des contrats de franchisage), • Cass., ass. plén., 1er déc. 1995 : *Bull. civ., nos 7 et 9 ; D. 1996. 13, concl. Jéol, note Aynès ; D. Affaires 1996. 14 ; JCP 1996. II. 22565, concl. Jéol, note Ghestin ; Gaz. Pal. 1995. 2. 626, concl. Jéol, note de Fontbressin.* – V. aussi Laude, *D. Affaires 1996. 3.* Sur la portée de ces arrêts en matière de prêt, V. Stoufflet, *RD bancaire et bourse 1996. 2* ; Crédot et Gérard, *ibid. 1996. 46* ; Finel, *JCP 1996. I. 3957.*

13. Nullité de la clause de variabilité. Jugé, avant les arrêts d'Assemblée plénière du 1er déc. 1995 (note 11 *in fine*), que la clause prévoyant un taux d'intérêt variant selon le taux bancaire de base, nulle en raison de l'indétermination de son objet, n'étant susceptible ni de confirmation ni de ratification, il est sans intérêt pour la solution du litige de rechercher si le débiteur n'avait pas tacitement accepté l'application du taux bancaire de base. Seule la clause de variabilité doit être annulée, et le taux à substituer est, non le taux légal, mais le taux conventionnel déterminé au moment de la formation du contrat. • Com. 9 juin 1992 : *Bull. civ. IV, n° 228 ; D. 1992. 529, note Gavalda ; JCP 1992. II. 21892, concl. Curti ; JCP N 1992. II. 289, note Hannoun ; Gaz. Pal. 1992. 2. 704, concl. Curti ; Banque 1992. 736, obs. Rives-Lange ; RTD civ. 1993. 351, obs. Mestre* • Civ. 1re, 9 févr. 1994 : *Bull. civ. I, n° 54 ; D. 1994. 605, note Casaux*. – V. aussi Schmidt, *RD bancaire et bourse 1992. 136.*

14. ... Que, si la clause faisant varier le taux de l'intérêt en fonction d'éléments dépendant de la volonté du prêteur est nulle comme contraire aux dispositions de l'art. 1129 C. civ., une telle nullité n'entraîne pas celle du contrat de prêt. • Civ. 1re, 9 févr. 1994 : *préc. note 13.*

15. Le taux d'intérêt annuel d'un emprunt, qui est prévu contractuellement par les parties, constitue la rémunération du banquier et s'analyse en une des caractéristiques principales du prêt dont il fait partie intégrante ; il ne peut donc être assimilé à la majoration conventionnelle qui sanctionne le non-paiement des échéances et relève de la clause pénale qui seule est susceptible de réduction. • Versailles, 7 oct. 1999 : *BICC 2000, n° 934.*

16. Clause pénale. Sur la notion de clause pénale dans les contrats de prêts et la comparaison avec le cas de remboursement anticipé, V. • Com. 9 mai 2001 : *Bull. civ. IV, n° 86 ; D. 2001. AJ 1945*.

17. Indexation en écus. Sur la validité d'un contrat de prêt interne indexé sur l'écu, V. • Civ. 1re, 13 avr. 1999 : *Bull. civ. I, n° 135 ; D. 2000. Somm. 365, obs. Libchaber ; D. Affaires 1999. 870, obs. X. D.* ◆ Sur la distinction entre prêt bancaire de monnaie étrangère et prêt indexé sur une monnaie étrangère, V. • Com. 22 mai 2001 : *Bull. civ. IV, n° 98 ; D. 2001. AJ 2127 ; Defrénois 2001. 1068, obs. Libchaber.*

F. SANCTIONS DE L'OMISSION

18. Nullité relative de la stipulation d'intérêts. La méconnaissance des dispositions d'ordre public de l'art. L. 313-2, édictées dans le seul intérêt de l'emprunteur, est sanctionnée par la nullité relative de la reconnaissance de la stipulation d'intérêts conventionnels ; l'action en nullité s'éteint si elle n'a pas été exercée pendant cinq ans à compter de cette reconnaissance. • Civ. 1re, 21 janv. 1992 : *Bull. civ. I, n° 22 (arrêt n° 1) ; JCP 1992. I. 3591, n° 5, obs. Fabre-Magnan* • Com. 12 mars 2002 : *RJDA 2002, n° 796.* ◆ Comp., jugeant que la reconnaissance de l'obligation de payer des intérêts conventionnels, point de départ de l'action en nullité, peut résulter de la réception sans protestation ni réserve des relevés de compte par l'emprunteur : • Com. 29 mars 1994 : *préc. note 4.* ◆ Toutefois, la nullité de la stipulation d'intérêts peut être soulevée par voie d'exception contre le prêteur, même si l'action en nullité est prescrite en vertu de l'art. 1304 C. civ. • Limoges, 19 sept. 1994 : *Rev. dr. bancaire 1996. 25, obs. Crédot et Gérard.*

19. Le prêteur n'est pas recevable à se prévaloir des dispositions de l'art. 4 [C. consom., art. L. 313-2]. • Civ. 1re, 21 févr. 1995 : *Bull. civ. I, no 97 ; D. 1995. IR 98 ; JCP 1995. IV. 996.*

20. Il n'appartient pas au juge de soulever d'office une nullité relevant soit d'un intérêt privé, soit d'un ordre public de protection. Cette règle s'applique à la nullité résultant de l'inobservation des dispositions de l'art. 4 [C. consom., art. L. 313-2], édictées dans l'intérêt exclusif de l'emprunteur. • Paris, 20 juin 1991 : *Banque 1991. 872, obs. Rives-Lange* • Com. 3 mai 1995 : *Bull. civ. IV, no 128 ; D. 1997. 124, note Eudier*. – Comp. : • TI Vienne, 22 sept. 2000 : *CCC no 181, obs. Raymond.*

21. Les restitutions consécutives à une annulation ne relevant pas de la répétition de l'indu mais seulement des règles de nullité, il en résulte que l'action en restitution de sommes indûment perçues au titre d'intérêts conventionnels non stipulés régulièrement à la convention de compte courant est la conséquence de l'action en nullité de la clause ou des conditions de compte relatives à la stipulation d'intérêts conventionnels, laquelle ne peut être engagée que dans le délai de cinq ans à compter de la reconnaissance de l'obligation de payer les intérêts. • Civ. 1re, 24 sept. 2002 : *Bull. civ. I, no 218 ; D. 2003. 369, note Aubert ; RTD civ. 2003. 284, obs. Mestre et Fages ; JCP 2002. IV. 2702.*

22. Application du taux légal. En matière de prêt d'argent, l'exigence d'un écrit mentionnant le TEG est une condition de validité de la stipulation d'intérêt ; à défaut d'une telle mention, il convient de faire application du taux d'intérêt légal à compter de la date du prêt. • Civ. 1re, 24 juin 1981 : *préc. note 10* • 12 mai 1982 : *Bull. civ. I, no 175* • 21 janv. 1992 : *Bull. civ. I, no 22 (arrêts nos 2 et 3)* • 6 mai 1997 : *Bull. civ. I, no 142* • Com. 25 mars 2003 : *RJDA 2003, no 995.* ♦ Faute d'avoir mentionné le taux d'intérêt dans le contrat, une banque ne peut valablement se prévaloir de l'acceptation tacite du client et ne peut prélever que des intérêts au taux légal. • Com. 10 mai 1994 : *préc. note 5.*

23. Le taux de l'intérêt légal est celui fixé par la loi en vigueur au moment où il est acquis et doit, en conséquence, subir les modifications successives que la loi lui apporte. • Civ. 1re, 21 janv. 1992 : *Bull. civ. I, no 22 (arrêt no 3).* ♦ V. aussi pour l'application du taux légal au solde débiteur du compte courant : • Civ. 1re, 9 févr. 1988 : *préc. note 2* • Paris, 24 févr. 1998 : *préc. note 2.*

24. Annulation de la clause d'indexation. En cas d'annulation de la stipulation d'intérêts conventionnels, la clause d'indexation prévue au contrat, faisant partie intégrante de la stipulation d'intérêts nulle, ne peut s'appliquer au taux légal substitué au taux conventionnel. • Civ. 1re, 22 juill. 1986 : *Bull. civ. I, no 219.*

25. Restitution des excédents d'intérêts. Le prêteur doit restituer les excédents d'intérêts indûment perçus. • Com. 17 mai 1982 : *Bull. civ. IV, no 181.* ♦ L'art. 1906 C. civ. ne s'oppose pas à la répétition de la partie des intérêts illégalement perçue au regard de l'art. 1907 C. civ. et de l'art. 4 de la loi du 28 déc. 1966 [C. consom., art. L. 313-2], selon lesquels le taux légal est seul applicable en l'absence de stipulation écrite. • Com. 9 avr. 1991 : *Bull. civ. IV, no 134 ; D. 1991. 385, note Vasseur ; JCP N 1992. II. 344, note Stoufflet* • 10 mars 1992 : *RJDA 1992, no 722* • 9 nov. 1993 : *D. 1993. IR 257*.

G. DATES DE VALEUR

26. Opérations concernées. **BIBL.** Ferry, *Rev. dr. bancaire 1993. 106.* – Mouly, *RJDA 1993. 503 ; Rev. dr. bancaire 1994. 227.* ♦ En dehors des remises de chèques pour encaissement, la pratique des « dates de valeur » ne permet pas à une banque de faire naître à la charge du titulaire d'un compte courant une obligation de payer des intérêts dès lors que les opérations concernées (remises d'espèces ou retraits) n'impliquent pas que, même pour le calcul des intérêts, les dates de crédit ou de débit soient différées ou avancées. • Com. 6 avr. 1993 : *Bull. civ. IV, no 138 ; D. 1993. 310, note Gavalda ; JCP 1993. II. 22062, note Stoufflet* • 29 mars 1994 : *préc. note 3* • 10 janv. 1995 : *Bull. civ. IV, no 8 ; D. 1995. 229, note Gavalda* • 15 oct. 1996 : *RJDA 1997, no 80.* – V. aussi • Civ. 1re, 10 mars 1998 : *Bull. civ. I, no 96 ; D. Affaires 1998. 761, obs. K.D.* ♦ Il convient de distinguer, parmi les opérations effectuées (compte courant et compte de créances cédées), entre celles qui impliquent que, même pour le calcul des intérêts, les dates de crédit ou de débit soient différées ou avancées, et celles pour lesquelles de tels décalages de date ne sont pas justifiées. • Com. 7 juin 1994 : *Bull. civ. IV, no 201 ; Banque juill.-août 1994. 91, obs. Guillot ; D. 1994. IR 183 ; RTD com. 1994. 758, obs. Cabrillac* • 21 mai 1996 (visant expressément, à titre d'exception, les remises de chèques en vue de leur encaissement) : *RTD com. 1996. 507, obs. Cabrillac*. ♦ Pour un autre arrêt en ce sens, puis sous le visa de l'art. 1131 C. civ., V. • Com. 5 mai 1998 : *préc. note 6.*

Comp., jugeant que, s'agissant de remise de chèques, le fait que les dates de crédit ou de débit soient différées ou avancées est justifié par le délai requis par le traitement des chèques et les nécessaires contrôles auxquels est tenu de procéder l'établissement teneur de compte, celui-ci étant en droit de payer les chèques lors de l'encaissement des sommes correspondantes : • Paris, 5 juill. 1996 : *JCP E 1996. Pan. 1235.* ♦ Dans le même sens, ne distinguant pas selon que le chèque est porté au crédit ou au débit du compte, V. Rép. min. nº 41027 : *JOAN Q, 30 sept. 1996, p. 5173.*

Lorsque les parties ne contestent pas les délais retenus par une banque pour le calcul des dates de valeur, il n'y a pas lieu de soulever d'office la question de savoir si, en fait, l'usage de l'informatique permet de procéder aux opérations de présentation et de vérification des chèques dans des délais qui conduiraient à réduire l'espace de temps séparant leur remise et leur inscription au crédit ou au débit des comptes et à modifier en conséquence les dates de valeur. • Paris, 5 juill. 1996 : *préc.*

27. Responsabilité civile de la banque. Le titulaire d'un compte bancaire est en droit de disposer du montant d'un virement fait à son profit dès que la banque l'a reçu, sans devoir attendre l'écoulement d'un délai supplémentaire. • Com. 27 juin 1995 : *Bull. civ. IV, nº 192 ; D. 1996. 383, note Romani ; D. 1996. Somm. 114, obs. Libchaber ; D. Affaires 1995. 24 ; Banque janv. 1996. 80, obs. Guillot.* ♦ Commet, dès lors, une faute la banque qui rejette un effet tiré sur son client, en raison de l'insuffisance du solde du compte de celui-ci à la date de présentation de l'effet, alors qu'un virement d'un montant suffisant pour assurer le paiement de cet effet était parvenu antérieurement. • Même arrêt.

28. Validité de la pratique du décalage. En ce sens que le décalage ne constitue pas une condition potestative au sens de l'art. 1174 C. civ., V. • Paris, 7 déc. 1994 : *RJDA 1995, nº 462.*

SOUS-SECTION 2 *Le taux d'usure*

Art. L. 313-3 Constitue un prêt usuraire tout prêt conventionnel consenti à un taux effectif global qui excède, au moment où il est consenti, de plus du tiers, le taux effectif moyen pratiqué au cours du trimestre précédent par les établissements de crédit pour des opérations de même nature comportant des risques analogues, telles que définies par l'autorité administrative après avis du Conseil national du crédit. *(L. nº 2010-737 du 1er juill. 2010, art. 1er)* « Les catégories d'opérations pour les prêts aux particuliers n'entrant pas dans le champ d'application des articles L. 312-1 à L. 312-3 sont définies à raison du montant des prêts. » *– V. Arr. du 24 août 2006 (JO 13 sept.).*

Les crédits accordés à l'occasion de ventes à tempérament sont, pour l'application de la présente section, assimilés à des prêts conventionnels et considérés comme usuraires dans les mêmes conditions que les prêts d'argent ayant le même objet.

Les conditions de calcul et de publicité des taux effectifs moyens visés au premier alinéa sont fixées par la voie réglementaire. *– V. C. consom., art. D. 313-6 s.*

(L. nº 2010-737 du 1er juill. 2010, art. 1er) « Des mesures transitoires, dérogeant aux alinéas précédents, peuvent être mises en œuvre par le ministre chargé de l'économie, sur proposition motivée du gouverneur de la Banque de France, pour une période ne pouvant excéder huit trimestres consécutifs, en cas de :

« – variation d'une ampleur exceptionnelle du coût des ressources des établissements de crédit ;

« – modifications de la définition des opérations de même nature mentionnées au premier alinéa. *– V. Arr. du 22 mars 2011 (JO 23 mars).*

« Un comité, présidé par le gouverneur de la Banque de France, est chargé de suivre et d'analyser, notamment au regard du mode de fixation des taux de l'usure, le niveau et l'évolution des taux d'intérêt des prêts aux particuliers. Le comité examine également les modalités de financement des établissements de crédit et analyse le niveau, l'évolution et les composantes de leurs marges. Outre le gouverneur de la Banque de France, le comité comprend un député, un sénateur et le directeur général du Trésor et de la politique économique. Il se réunit à l'initiative de son président au moins une fois par trimestre et pendant deux ans. Il établit un rapport annuel qui est remis au Parlement et au Gouvernement. »

(L. nº 2003-721 du 1er août 2003, art. 32-I) « Les dispositions du présent article et celles des articles L. 313-4 à L. 313-6 ne sont pas applicables aux prêts accordés *(L. nº 2005-882 du 2 août 2005, art. 7-I)* « à une personne physique agissant pour ses besoins professionnels

ou » à une personne morale se livrant à une activité industrielle, commerciale, artisanale, agricole ou professionnelle non commerciale. »

Les dispositions issues de la L. nº 2010-737 du 1er juill. 2010 s'appliquent à compter du premier jour du troisième trimestre civil suivant le jour de sa publication au Journal officiel (L. préc., art. 61-I).

BIBL. ► LE CALVEZ, *D. 2002. Chron. 1891* (les dates de valeur et l'usure). – N. FERRIER, *RTD com. 2005. 219* (régime de l'usure et codification).

► **Loi nº 2003-721 « initiative économique » :** BOULOC, *RD banc. fin. 2003. 387.* – ROBERT, *Dr. pénal 2004, nº 26.* – PIEDELIÈVRE, *JCP E 2003, nº 42, p. 1658.* – CARAMALLI, *LPA 25 août 2003, p. 4.* – LEGEAIS, *RTD com. 2003. 78* (même thème). – V. aussi Circ. CRIM. 2003-15 G3/18-12-2003 *(BOMJ 2003, nº 92, p. 30).*

► **Loi nº 2010-737 du 1er juill. 2010 :** LAGARDE, *RD banc. fin. 2011, nº 46* (taux d'usure et crédit *revolving* : de quelques difficultés pratiques...).

1. Découvert en compte. Les dispositions de la loi s'appliquent à un découvert en compte. • Com. 12 avr. 1988 : *préc. note 2 ss. art. L. 313-2.*

2. Ouverture de crédit. La loi sur l'usure ne s'applique à l'ouverture de crédit que si les fonds mis à la disposition de l'emprunteur sont utilisés. • Com. 17 mai 1982 : *Bull. civ. IV, nº 181.*

3. Crédit-bail. La loi ne permet de retenir la notion d'usure qu'au cas de prêt conventionnel d'argent ou de crédits accordés à l'occasion de ventes à tempérament ; elle est inapplicable à l'opération de leasing ou crédit-bail. • Rouen, 3 juill. 1970 : *D. 1971. 465, note Dessens* • Toulouse, 8 mai 1970 : *JCP 1970. II. 16481, note E. M. B.*

4. Opérations aléatoires. La loi est inapplicable aux prêts aléatoires, tels qu'une rémunération correspondant à un pourcentage d'une plus-value éventuelle dans la vente d'un fonds de commerce. • Paris, 11 mars 1967 : *JCP 1968. II. 15334, note H. B.* ♦ ... Ou un pourcentage de recettes du film financé par le prêt. • Com. 4 oct. 1977 : *Bull. civ. IV, nº 218 ; D. 1978. IR 168, obs. Vasseur.*

5. Emprunts obligataires. **BIBL.** Caramalli, *D. 2002. 1413.* – *Dossier ANSA oct. 2002, nº 3158.*

6. Titres de créance. Pour l'avis du ministre de l'économie estimant que le taux de l'usure ne s'applique pas aux émissions de titres de créance visés à l'art. L. 211-1, I-2 C. mon. fin., V. Rép. min. nº 1827 : *JO Sénat Q, 2 janv. 2003, p. 41 ; D. 2003. 259 ; LPA 15 janv. 2003, p. 18, obs. Caramalli ; JCP E 2003, nº 5, p. 200 ; RD banc. fin. 2003, nº 90, obs. Portier ; BRDA 2003, nº 2, p. 8.*

7. Prêts successifs. Pour caractériser le délit d'usure, le TEG doit être apprécié au moment où chaque prêt est consenti ; des prêts successifs, même consentis par la même société de crédit, ne peuvent donc être appréciés globalement. • Paris, 11 janv. 1982 : *D. 1982. IR 413, obs. Vasseur ; Gaz. Pal. 1982. 1. 131, note Marchi.*

8. Clause pénale. La clause pénale, fixant les dommages et intérêts dus par le débiteur qui n'exécute pas son obligation, ne joue que comme sanction de cette inexécution et n'est donc pas soumise aux dispositions des textes réprimant l'usure. • Com. 22 févr. 1977 : *préc. note 6 ss. art. L. 313-1.*

9. Prêt international. Les offres de prêt émises à l'étranger proposées par des intermédiaires et acceptées en France, de sorte que les contrats ont été formés sur le territoire national, sont soumises à la loi française. • Crim. 28 nov. 1996 : *Bull. crim. nº 437.* – V. aussi : Crédot et Gérard, *LPA*, 15 mai 1989.

10. Preuve. Il appartient aux juges du fond de rechercher le taux effectif global du prêt, puis de le comparer avec le taux de référence publié en application de la loi nº 66-1010 du 28 déc. 1966 (partiellement codifié aux art. L. 313-1 s. C. consom.). • Civ. 1re, 22 avr. 1997 : *Bull. civ. I, nº 124 ; D. Affaires 1997. 698 ; CCC 1997, nº 141, note Raymond.*

Sur la nécessité de se référer au TEG pratiqué au cours du trimestre « précédent », afin de déterminer si le délit est constitué, V. • Crim. 14 janv. 1997 : *CCC 1997, nº 108, obs. Raymond.*

11. Prêt international. **BIBL.** Crédot et Gérard, *LPA 15 mai 1989.* ♦ Les offres de prêt émises à l'étranger proposées par des intermédiaires et acceptées en France, de sorte que les contrats ont été formés sur le territoire national, sont soumises à la loi française. • Crim. 28 nov. 1996 : *Bull. crim. nº 437.* ♦ Pour le rejet de la demande en nullité d'un prêt contracté, à un taux usuraire, entre une banque espagnole et des emprunteurs de nationalité française, la banque ayant, en cours d'instance, renoncé au taux initial puis recalculé sa créance en fonction d'un taux inférieur au seuil de l'usure en France, V. • Pau, 1er mars 2001 : *D. 2002. Somm. 639, obs. Synvet.*

12. Preuve. Il appartient aux juges du fond de rechercher le taux effectif global du prêt, puis de le comparer avec le taux de référence publié en application de la loi nº 66-1010 du 28 déc. 1966 (partiellement codifiée aux art. L. 313-1 s. C. consom.) • Civ. 1re, 22 avr. 1997 : *Bull. civ. I, no 124 ; D. Affaires 1997. 698 ; CCC 1997, no 141, note Raymond.*

Sur la nécessité de se référer au TEG pratiqué au cours du trimestre « précédent », afin de déterminer si le délit est constitué, V. • Crim. 14 janv. 1997 : *CCC 1997, no 108, obs. Raymond.*

13. Date d'appréciation du caractère usuraire. Le délit d'usure doit s'apprécier au moment de la conclusion des différents contrats ou conventions (pour une convention de compte et un découvert en compte). • TGI Sarreguemines, 23 nov. 2001 : *Banque et Droit janv.-févr. 2003. 65, obs. Guillot.* ♦ Le délit d'usure n'est constitué qu'au moment où le prêt est consenti, c'est-à-dire à la date à laquelle le contrat devient parfait. S'agissant d'un crédit à la consommation, en l'absence de clause d'agrément de l'emprunteur, le contrat de prêt devient parfait à la date d'acceptation de l'offre préalable par l'emprunteur et dans le cas d'un crédit immobilier, il convient de retenir la même date : Rép. min. no 27268 : *JO Sénat 8 févr. 2001, p. 523.*

14. Application de la loi dans le temps. Sur l'application dans le temps de la loi « Neiertz » du 31 déc. 1989, qui a modifié l'art. 1er de la loi du 28 déc. 1966, codifié à l'art. L. 313-3 C. consom., V. • Com. 26 mars 2002 : *Bull. civ. IV, no 57 ; D. 2002. AJ 1341, obs. Lienhard ; JCP E 2002, no 22, p. 903, note Gourio ; Banque et Droit juill.-août 2002. 46, obs. Bonneau.*

Art. L. 313-4 **Lorsqu'un prêt conventionnel est usuraire, les perceptions excessives au regard des articles L. 313-1 à L. 313-3 sont imputées de plein droit sur les intérêts normaux alors échus et subsidiairement sur le capital de la créance.**

Si la créance est éteinte en capital et intérêts, les sommes indûment perçues doivent être restituées avec intérêts légaux du jour où elles auront été payées.

1. Absence de nullité. V. notes 14 s. ss. art. L. 313-2. ♦ Une caution solidaire ne saurait invoquer un taux usuraire pour se prétendre libérée de l'obligation principale, laquelle n'est pas annulée de ce seul fait. • Civ. 1re, 19 juill. 1978 : *Gaz. Pal. 1978. 2. Somm. 417.*

2. Restitution. Le prêteur doit restituer les excédents d'intérêts indûment perçus. V. • Com. 17 mai 1982 : *Bull. civ. IV, no 181.*

3. La banque qui a imputé unilatéralement au débit du compte de son client des intérêts que celui-ci n'avait pas payés volontairement ne peut invoquer à son encontre les dispositions de l'art. 1906 C. civ. • Com. 23 oct. 1990 : *D. 1991. 73, note Gavalda ; JCP E 1991. II. 106, note Stoufflet ; Bull. civ. IV, no 249* (V. l'arrêt confirmé • Montpellier, 22 sept. 1988 : *D. 1989. 150, note Gavalda*). ♦ Cet article ne s'oppose pas à la répétition de la partie des intérêts illégalement perçue, au regard de l'art. 1907 C. civ. et de l'art. 4 de la loi du 28 déc. 1966 [C. consom., art. L. 313-2], selon lesquels le taux légal est seul applicable en l'absence de stipulation écrite. • Com. 9 avr. 1991 : *Bull. civ. IV, no 134 ; D. 1991. 385, note Vasseur* • 10 mars 1992 : *RJDA 1992, no 722* • 9 nov. 1993 : *D. 1993. IR 257* • 18 juin 1996 : *D. Affaires 1995. 1030* • Civ. 1re, 8 juin 1994 : *Bull. civ. I, no 205* • Poitiers, 6 mai 1992 : *JCP 1992. IV. 2943.*

4. Sur le pouvoir d'appréciation du juge civil de fixer le taux d'usure dans la limite du taux maximal constaté par le juge pénal, V. • Reims, 29 oct. 1979 : *D. 1981. 355, note Boizard.*

Art. L. 313-5 **Quiconque consent à autrui un prêt usuraire ou apporte sciemment à quelque titre et de quelque manière que ce soit, directement ou indirectement, son concours à l'obtention ou à l'octroi d'un prêt usuraire ou d'un prêt qui deviendrait usuraire au sens de l'article L. 313-3 du fait de son concours est puni d'un emprisonnement de deux ans et d'une amende de 45 000 € ou de l'une de ces deux peines seulement.**

En outre, le tribunal peut ordonner :

1o La publication intégrale, ou par extraits, de sa décision, aux frais du condamné, dans les journaux qu'il désigne, ainsi que l'affichage de cette décision dans les conditions prévues à l'article 51 du code pénal ;

2o La fermeture, provisoire ou définitive, de l'entreprise dont l'une des personnes chargées de l'administration ou de la direction est condamnée en application de l'alinéa premier du présent article, assortie éventuellement de la nomination d'un administrateur ou d'un liquidateur.

3o *(L. no 2008-776 du 4 août 2008, art. 71-II)* **« L'interdiction, suivant les modalités prévues par l'article 131-27 du code pénal, soit d'exercer une fonction publique ou**

d'exercer l'activité professionnelle ou sociale dans l'exercice ou à l'occasion de l'exercice de laquelle l'infraction a été commise, soit d'exercer une profession commerciale ou industrielle, de diriger, d'administrer, de gérer ou de contrôler à un titre quelconque, directement ou indirectement, pour son propre compte ou pour le compte d'autrui, une entreprise commerciale ou industrielle ou une société commerciale. Ces interdictions d'exercice peuvent être prononcées cumulativement. »

En cas de fermeture, le tribunal fixe la durée pendant laquelle le délinquant ou l'entreprise doit continuer à payer à son personnel les salaires, indemnités et rémunérations de toute nature auxquels celui-ci avait droit jusqu'alors ; cette durée ne saurait excéder trois mois.

La prescription de l'action publique en ce qui concerne le délit visé au premier alinéa ci-dessus court à compter du jour de la dernière perception, soit d'intérêt, soit de capital.

1. Prescription. La prescription ayant commencé à courir à compter de la perception des derniers intérêts relatifs aux opérations d'escompte critiquées et non à la date de la clôture du compte courant et de l'apurement du solde, la chambre d'accusation était fondée à retenir l'exception de prescription du délit d'usure et à confirmer l'ordonnance de non-lieu du juge d'instruction. • Crim. 26 sept. 1996 : *Bull. crim. nº 337 ; JCP 1996. IV. 2568 ; RJDA 1996, nº 1502 ; RTD com. 1997. 337, obs. Bouloc.*

2. L'action publique contre l'infraction de délit d'usure se prescrit par trois années à compter du jour de la perception des derniers intérêts relatifs aux opérations critiquées et/ou du dernier remboursement de capital de l'opération critiquée. • TGI Sarreguemines, 23 nov. 2001 : *Banque et Droit janv.-févr. 2003. 65, obs. Guillot,* conf. par • Metz, 21 mars 2002 : *Banque et Droit mai-juin 2003. 64, obs. Guillot.* ♦ L'infraction est prescrite depuis la dénonciation de la convention de compte par la banque dès lors qu'il est constaté qu'à partir de cette date aucun remboursement de capital relatif aux opérations de crédit critiquées n'avaient été perçu. • Même jugement.

3. La prescription du délit d'usure n'est pas suspendue pendant la procédure de règlement judiciaire, le débiteur n'étant pas dans l'impossibilité d'agir en justice. • Crim. 15 mars 1994 : *D. 1994. IR 124.*

4. Le recouvrement de sommes en exécution d'une décision judiciaire ne peut être considéré comme la perception soit d'intérêts, soit de capital au sens du dernier alinéa de l'art. L. 313-5 ; dès lors, les poursuites diligentées contre la caution ne suspendent pas la prescription. • Crim. 2 oct. 2002 : *Bull. crim. nº 179 ; JCP E 2002, nº 50, p. 1986 ; Dr. pénal 2003. Comm. nº 11, obs. Robert ; BRDA 2002, nº 22, p. 11.*

5. Application. Pour la condamnation d'un conseil financier, V. : • Paris, 29 mai 1976 : *Gaz. Pal. 1977. 1. 308, note Guth.* ♦ Pour la relaxe d'un chef d'agence bancaire, V. : • Crim. 2 oct. 2002 : *préc. note 4.*

Art. L. 313-6 *(Abrogé par L. nº 2011-525 du 17 mai 2011, art. 67-I)* ***En tout état de la procédure d'enquête préliminaire ou de la procédure d'instruction ou de jugement, les autorités judiciaires compétentes pourront saisir, si elles l'estiment utile, une commission consultative dont la composition sera fixée par arrêté et qui donnera tous avis tant sur le taux effectif moyen visé à l'alinéa premier de l'article L. 313-3 que sur le taux effectif global pratiqué dans l'espèce considérée.***

Code monétaire et financier

(Ord. nº 2000-1223 du 14 déc. 2000)

Taux de l'intérêt légal

BIBL. ▸ SOLAL, *Gaz. Pal. 1975. 2. Doctr. 726.* – VION, *Defrénois 1975. 1089.*

Art. L. 313-2 Le taux de l'intérêt légal est, en toute matière, fixé par décret pour la durée de l'année civile. — *Taux fixé à 7,82 % jusqu'au 31 déc. 1989 (Décr. nº 89-622 du 6 sept. 1989, JO 7 sept.). — ... 9,36 % pour l'année 1990 (Décr. 4 janv. 1990, JO 5 janv.). — ... 10,26 % pour l'année 1991 (Décr. nº 91-131 du 1er févr. 1991, JO 3 févr.). — ... 9,69 % pour l'année 1992 (Décr. 5 mars 1992, JO 7 mars). — ... 10,40 % pour l'année 1993 (Décr. nº 92-1361 du 24 déc. 1992, JO 30 déc.). — ... 8,40 % pour l'année 1994 (Décr. nº 94-179 du 23 févr. 1994, JO 2 mars). — ... 5,82 % pour l'année 1995 (Décr. nº 95-76 du 23 janv. 1995, JO 25 janv.). — ... 6,65 % pour l'année 1996*

(Décr. nº 96-105 du 8 févr. 1996, JO 11 févr.). – ... 3,87 % pour l'année 1997 (Décr. nº 97-115 du 10 févr. 1997, JO 11 févr.). – ... 3,36 % pour l'année 1998 (Décr. nº 98-62 du 2 févr. 1998, JO 4 févr.). – ... 3,47 % pour l'année 1999 (Décr. nº 99-71 du 3 févr. 1999, JO 5 févr.). – ... 2,74 % pour l'année 2000 (Décr. nº 2000-133 du 16 févr. 2000, JO 18 févr.). – ... 4,26 % pour l'année 2001 (Décr. nº 2001-138 du 12 févr. 2001, JO 15 févr.). – ... 4,26 % pour l'année 2002 (Décr. nº 2002-159 du 8 févr. 2002, JO 10 févr.). – ... 3,29 % pour l'année 2003 (Décr. nº 2003-201 du 10 mars 2003, JO 11 mars). – ... 2,27 % pour l'année 2004 (Décr. 13 févr. 2004, JO 15 févr.). – ... 2,05 % pour l'année 2005 (Décr. nº 2005-130 du 10 févr. 2005, JO 17 févr.). – ... 2,11 % pour l'année 2006 (Décr. nº 2006-117 du 31 janv. 2006, JO 7 févr.). – ... 2,95 % pour l'année 2007 (Décr. nº 2007-217 du 19 févr. 2007, JO 21 févr.). – ... 3,99 % pour l'année 2008 (Décr. nº 2008-166 du 21 févr. 2008, JO 23 févr.). – ... 3,79 % pour l'année 2009 (Décr. nº 2009-138 du 9 févr. 2009, JO 11 févr.). – ... 0,65 % pour l'année 2010 (Décr. nº 2010-127 du 10 févr. 2010, JO 11 févr.). – ... 0,38 % pour l'année 2011 (Décr. nº 2011-137 du 1er févr. 2011, JO 3 févr.). – ... 0,71 % pour l'année 2012 (Décr. nº 2012-182 du 7 févr. 2012, JO 8 févr.).

Il est égal, pour l'année considérée, à la moyenne arithmétique des douze dernières moyennes mensuelles des taux de rendement actuariel des adjudications de bons du Trésor à taux fixe à treize semaines. – *[L. nº 75-619 du 11 juill. 1975, art. 1er].*

Art. L. 313-3 En cas de condamnation pécuniaire par décision de justice, le taux de l'intérêt légal est majoré de cinq points à l'expiration d'un délai de deux mois à compter du jour où la décision de justice est devenue exécutoire, fût-ce par provision. *(Ord. nº 2006-461 du 21 avr. 2006, art. 15)* « Cet effet est attaché de plein droit au jugement d'adjudication sur saisie immobilière, quatre mois après son prononcé. »

Toutefois, le juge de l'exécution peut, à la demande du débiteur ou du créancier, et en considération de la situation du débiteur, exonérer celui-ci de cette majoration ou en réduire le montant. – *[L. nº 75-619 du 11 juill. 1975, art. 3].*

Ces articles sont applicables à Mayotte, en Nouvelle-Calédonie, en Polynésie française et à Wallis-et-Futuna : V. art. L. 733-3, L. 743-3, L. 753-3 et L. 763-3 (JO 16 déc. 2000).

Loi nº 98-657 du 29 juillet 1998, *relative à la lutte contre les exclusions.* **Art. 113** L'établissement financier qui offre ou consent un prêt ou un crédit personnalisé à un mineur sans l'autorisation du juge des tutelles ou, s'agissant des actes de la vie courante, du représentant légal, est redevable d'une amende fiscale d'un montant égal au quintuple du montant de la créance figurant au contrat. Cette amende est recouvrée conformément aux dispositions prévues aux articles 1724 et 1724 A du code général des impôts.

En cas de défaut, ou d'insuffisance de paiement, les dispositions de l'article 1727 du même code sont applicables.

SECTION II *Les cautions*

BIBL. ▶ Défossez, *RD banc. fin. 2003. 247* (cautionnement et protection du consommateur). – Loiseau et Djoudi, *RD banc. fin. 2003. 256* (fonction de la mention manuscrite). – Albiges, *Études Calais-Auloy, Dalloz, 2004, p. 1* (influence du droit de la consommation sur l'engagement de la caution). – Raby, *JCP N 2004, nº 52-53, p. 1940* (la mention manuscrite et le cautionnement notarié).

Art. L. 313-7 La personne physique qui s'engage par acte sous seing privé en qualité de caution pour l'une des opérations relevant des chapitres Ier ou II du présent titre doit, à peine de nullité de son engagement, faire précéder sa signature de la mention manuscrite suivante, et uniquement de celle-ci :

« En me portant caution de X..., dans la limite de la somme de... couvrant le paiement du principal, des intérêts et, le cas échéant, des pénalités ou intérêts de retard et pour la durée de..., je m'engage à rembourser au prêteur les sommes dues sur mes revenus et mes biens si X... n'y satisfait pas lui-même. »

1. Pouvoir des juges. En ce sens qu'en cas d'insuffisance de la mention, la nullité est encourue sans qu'un pouvoir d'appréciation soit reconnu aux juges, V. • Lyon, 21 juin 1995 : *JCP 1997. I. 3991, p. 23, obs. Simler et Delebecque* • Agen, 17 janv. 1996 : *ibid.* • Besançon, 23 janv. 1996 : *ibid.* • Versailles, 30 janv. 1998 : *D. Affaires 1998. 571 ; Rev. huiss. 1999. 471, obs. Teilliais* • Toulouse, 5 mai 1998 : *Banque et droit, mars-avr. 2000. 51, obs. Guillot.* ♦ Comp., jugeant que l'omission de la conjonction de coordination « et » entre, d'une part la formule définissant le montant et la teneur de l'engagement, d'autre part celle relative à la durée de celui-ci, n'affecte ni le sens, ni la portée de la mention manuscrite de telle sorte que la sanction édictée par l'art. L. 313-7 n'était pas encourue : • Civ. 1re, 9 nov. 2004 : *Bull. civ. I, no 254 ; D. 2005. Pan. 2839, obs. Amrani Mekki ; JCP E 2005, no 5, p. 183, note Legeais ; LPA 28-29 mars 2005, p. 5, obs. D. H. ; RJDA 2005, no 442 ; RDC 2005. 403, obs. Houtcieff.*

2. Nature de la nullité. En ce sens que la caution qui a confirmé son obligation, par son exécution volontaire, ne peut plus invoquer la nullité, V. • Paris, 17 mai 1996 : *JCP 1997. I. 3991, p. 23, obs. Simler et Delebecque.* ♦ *Contra*, jugeant que le fait d'avoir réglé quelques mensualités ne vaut pas ratification • Limoges, 20 mai 1997 : *CCC 1998, no 12, obs. Raymond.*

3. Plafond du cautionnement. Viole les art. 1134 et 2015 C. civ., ensemble l'art. L. 313-7 C. consom. une cour d'appel qui, pour condamner une caution à une dette d'un montant supérieur à celui indiqué dans l'acte de cautionnement, considère que la caution ne s'est pas obligée pour une somme déterminée au principal et que son engagement s'étend également aux intérêts et accessoires inclus dans la dette du débiteur principal alors que la clause de l'acte de cautionnement, stipulée conformément aux exigences de l'art. L. 313-7, assignait à l'engagement de la caution un plafond pour la couverture des sommes dues par le débiteur garanti en principal, intérêts et, le cas échéant, pénalités ou intérêts de retard. • Civ. 1re, 7 juill. 1998 : *Bull. civ. I, no 241 ; RJDA 1998, no 1147.*

Art. L. 313-8 **Lorsque le créancier demande un cautionnement solidaire pour l'une des opérations relevant des chapitres Ier ou II du présent titre, la personne physique qui se porte caution doit, à peine de nullité de son engagement, faire précéder sa signature de la mention manuscrite suivante :**

« En renonçant au bénéfice de discussion défini à l'article 2021 du code civil et en m'obligeant solidairement avec X..., je m'engage à rembourser le créancier sans pouvoir exiger qu'il poursuive préalablement X... ».

Acte authentique. Les art. L. 313-7 et L. 313-8 C. consom. sont seulement applicables aux cautionnements consentis par acte sous seing privé. • Civ. 1re, 24 févr. 2004 : *Bull. civ. I, no 60 ; D. 2004. AJ 805, obs. Avena-Robardet ; JCP E 2004, no 36, p. 1340, obs. Simler ; CCC 2004, no 100, obs. Raymond (2e esp.) ; RD banc. fin. 2004, no 112, obs. Legeais ; LPA 17 mai 2004, p. 4, obs. Houtcieff ; RJDA 2004, no 1029 ; Defrénois 2004. 709, note Piedelièvre ; ibid. 1073, note Dagorne-Labbe ; AJDI 2004. 648, obs. Cohet-Cordey ; Dr. et procédures 2004. 205, obs. Picod.* ♦ Déjà jugé que l'absence de référence à « l'acte sous seing privé » dans l'art. L. 313-8, alors que cet acte est expressément visé à l'art. L. 313-7, n'a pas pour effet d'imposer la rédaction de la mention manuscrite prévue à l'art. L. 313-8 dans un acte notarié. • Paris, 1er févr. 2002 : *RJDA 2002, no 681.* ♦ V., dans le même sens, l'avis du Conseil supérieur du notariat, du 4 mai 1990 : *JCP N 1990, Prat. 1471* (similitude de régime entre le cautionnement simple et solidaire).

Art. L. 313-9 **Toute personne physique qui s'est portée caution à l'occasion d'une opération de crédit relevant des chapitres Ier ou II du présent titre doit être informée par l'établissement prêteur de la défaillance du débiteur principal dès le premier incident de paiement caractérisé susceptible d'inscription au fichier institué à l'article L. 333-4. Si l'établissement prêteur ne se conforme pas à cette obligation, la caution ne saurait être tenue au paiement des pénalités ou intérêts de retard échus entre la date de ce premier incident et celle à laquelle elle en a été informée.**

BIBL. ▶ Legeais, *JCP E 1998, no 44, p. 1725* (réforme du cautionnement par la loi du 29 juill. 1998 relative à la lutte contre les exclusions). – Cerles, *Banque et droit, mars-avr. 1999. 3* (même thème). – Seigneur, *LPA 7 mai 1999, p. 12* (même thème). – Crédot, *ibid. 21 mai 1999, p. 27 ; Banque et droit nov.-déc. 1998, p. 3.* – Aubert, *CCC 1999. Chron. 7.* – Gérardin, *LPA 31 mars 2000* (créancier, caution et débiteur surendetté). – Piedelièvre, *Defrénois 2000. 1073* (surendettement et cautionnement). – Lutun, *RD banc. fin. 2003. 262* (information de la caution).

L'établissement prêteur a l'obligation, sous peine de déchéance du droit de percevoir des intérêts, d'aviser la caution de la défaillance du débiteur principal, dès le premier incident de paiement susceptible d'entraîner l'inscription au fichier de la Banque de France. Seuls sont inscrits à ce fichier les incidents de paiement caractérisés (transmission du dossier litigieux au conseil de la banque). • Versailles, 23 janv. 1998 : *D. Affaires 1998. 369, obs. S. P.* ♦ Aussi longtemps que la banque est en pourparlers amiables avec le débiteur, les échéances impayées ne peuvent être inscrites au fichier. • Même arrêt.

Art. L. 313-10 **Un établissement de crédit** *(L. n° 2013-100 du 28 janv. 2013, art. 23)* **« , un établissement de monnaie électronique »** *(Ord. n° 2009-866 du 15 juill. 2009, art. 16)* **« , un établissement de paiement »** *(L. n° 2008-776 du 4 août 2008, art. 81-V)* **« ou un organisme mentionné au 5° de l'article L. 511-6 du code monétaire et financier » ne peut se prévaloir d'un contrat de cautionnement d'une opération de crédit relevant des chapitres Ier ou II du présent titre, conclu par une personne physique dont l'engagement était, lors de sa conclusion, manifestement disproportionné à ses biens et revenus, à moins que le patrimoine de cette caution, au moment où celle-ci est appelée, ne lui permette de faire face à son obligation.**

Les dispositions issues de l'Ord. n° 2009-866 du 15 juill. 2009 sont entrées en vigueur le 1er nov. 2009 (Ord. préc., art. 21).

BIBL. ▶ ARLIE, *LPA 3 oct. 2001, p. 3* (négligence du prêteur, règle de l'accessoire attachée au cautionnement et libération de la caution). – BAKOUCHE, *CCC 2004. Chron. n° 5* (proportionnalité dans le cautionnement à l'épreuve de la loi et de la jurisprudence). – CROCQ, *Mélanges Simler, Dalloz-Litec, 2006, p. 291* (sûretés et proportionnalité). – DE LAENDER, *RD banc. fin. 2003. 259* (exigence de proportionnalité). – JOBARD-BACHELLIER et BRÉMOND, *RTD com. 1999. 327* (droit de la responsabilité et cautionnement d'activités professionnelles). – PESENTI, *LPA 11 mars 2004* (principe de proportionnalité en droit des sûretés). – PICOD, *Études Calais-Auloy, Dalloz, 2004, p. 843* (proportionnalité et cautionnement). – PIETTE, *Dr. et patr., juin 2004, p. 44* (sanction du cautionnement disproportionné). – RAYNAUD, *LPA 21 janv. 2000* (la solvabilité de la caution).

1. Application dans le temps. Les dispositions de la loi du 31 déc. 1989 dont est issu l'art. 7-4 de la loi du 10 janv. 1978 (codifié à l'art. L. 313-10) ne sont pas applicables à un acte conclu avant son entrée en vigueur. • Grenoble, 20 févr. 1996 : *JCP 1997. I. 3991, p. 22, obs. Simler et Delebecque.*

2. Domaine d'application. Les dispositions de l'art. L. 313-10 sont inapplicables dans le cas de cautionnement de prêts n'entrant pas dans le champ d'application du code de la consommation. • Paris, 4 juin 1993 : *D. 1993. IR 243* (exclusion pour le cautionnement donné par un président de société à sa société pour les besoins de l'activité professionnelle de celle-ci) • Paris, 9 avr. 1999 : *CCC 2000, n° 115, obs. Raymond* (exclusion pour le cautionnement d'un prêt à une personne morale se livrant à titre habituel à des activités immobilières). ♦ *Contra*, retenant qu'un établissement de crédit n'est pas fondé à soutenir que l'art. L. 313-10 n'est pas applicable en raison du caractère professionnel du prêt dès lors que les cautionnements souscrits par les cautions n'avaient aucune finalité commerciale : • Douai, 21 nov. 2000 : *D. 2001. AJ 2127, obs. Rondey*. ♦ *Contra* également, pour une application de l'art. L. 313-10 au cautionnement d'un prêt à caractère professionnel, V. • TGI Saintes, 25 oct. 1996 : *BICC 1997, n° 1475 ; Gaz. Pal. 1er-2 sept. 1999, p. 21, obs. Vray.*

3. Cautionnement solidaire. Le caractère manifestement disproportionné de l'engagement des cautions solidaires doit être apprécié au regard des revenus de chacune d'elles. • Civ. 1re, 22 oct. 1996 : *Bull. civ. I, n° 362 ; D. 1997. 515, note Wacogne ; D. 1997. Somm. 166, obs. Aynès ; RTD civ. 1997. 189, obs. Crocq ; JCP 1997. I. 3991, p. 22, obs. Simler et Delebecque ; CCC 1997, n° 11, obs. Raymond ; JCP 1997. II. 22826, note Piedelièvre* • Civ. 1re, 29 oct. 2002 : *RJDA 2003, n° 191.* ♦ Rappr. : • Paris, 27 juin 2000 : *D. 2001. 1382, note Grignon-Derenne ; JCP 2001. I. 315, obs. Simler et Delebecque.* ♦ Comp., en ce sens que le caractère manifestement disproportionné du cautionnement solidaire garantissant un prêt immobilier s'apprécie par référence à l'équilibre général du contrat et doit prendre en considération les autres garanties existantes : • Paris, 7 nov. 2000 : *ibid.* ♦ V. aussi, jugeant que lorsque des époux communs en biens se sont simultanément portés cautions solidaires d'une même dette, le caractère manifestement disproportionné de leur engagement est apprécié, non au regard des revenus de chacun d'eux, mais eu égard aux biens et revenus de la communauté qu'ils ont engagée : • Civ. 1re, 27 mai 2003 : *Bull. civ. I, n° 132 ; RJDA 2003, n° 1000.*

4. Preuve. Conformément à l'art. 1315 C. civ., il appartient à la caution qui entend opposer à la banque créancière les dispositions de l'art. L. 313-10, de rapporter la preuve du caractère manifestement disproportionné de son engagement par rapport à ses biens. • Bordeaux, 26 août 1997 : *JCP E 1998, n° 13, p. 486* • Com. 10 mars 2004 : *RD banc. fin. 2004, n° 116, obs. Legeais.* ♦ Le caractère manifestement disproportionné de l'engagement de la caution doit s'apprécier objectivement, sans égard à la bonne ou mauvaise foi de celle-ci, sauf fraude dont la preuve incombe alors à l'établissement de crédit. • Bordeaux, 26 août 1997 : *préc.* ♦ Afin d'établir l'existence de la fraude, la banque doit justifier qu'elle a, préalablement à la signature du contrat, expressément questionné la caution et qu'elle s'est vu fournir des réponses mensongères et des justificatifs trompeurs sur sa situation de fortune. • Même arrêt.

5. Diligence du banquier. La banque, étant tenue de respecter la proportionnalité de l'engagement de la caution par rapport à ses ressources à la date de conclusion du contrat, doit s'informer activement des capacités financières de celle-ci avant de l'inviter à s'engager (insuffisance des simples déclarations de l'emprunteur ou des réponses à un questionnaire succinct sur la situation de fortune de la caution). • Bordeaux, 26 août 1997 : *préc. note 2 bis.* ♦ L'art. L. 313-10 oblige l'établissement de crédit à interroger la caution sur sa situation financière personnelle et à procéder à une vérification de la proportionnalité de l'engagement de la caution par rapport à ses ressources propres connues de l'établissement de crédit. • Paris, 2 avr. 2002 : *CCC 2002, n° 165, obs. Raymond.* ♦ La banque doit procéder à une vérification objective de la situation de la caution et à une obligation de justification de cette vérification qui doit être réalisée par des moyens qui ne ressortent toutefois pas d'une enquête à caractère inquisitorial. • Même arrêt.

6. Exemples. Pour des exemples d'application de l'art. L. 313-10, V. • Paris, 17 sept. 1993 : *JCP E 1994. I. 408, n° 8, obs. Simler et Delebecque* • Lyon, 13 janv. 1994 : *eod. loc.* • Paris, 30 janv. 1996 : *D. Affaires 1996. 229* (disproportion manifeste entre la somme due par la caution, représentant environ 50 % de son revenu disponible, et les biens et les revenus de celle-ci) • 27 sept. 1996 : *RD bancaire et bourse 1997. 114, obs. Crédot et Gérard* • Douai, 15 sept. 1994 :*Gaz. Pal. 1996. 2. Somm. 150* (caution pour la somme de 115 422 F avec des revenus de 3 500 F par mois) • Civ. 1re, 22 oct. 1996 : *préc. note 2* (cautions pour un montant de 137 150 F avec des revenus mensuels respectifs de 6 380 F et 4 730 F). ♦ Dans le même sens, V. • Chambéry, 5 févr. 1997 : *BICC 1997, n° 937.*

7. Exclusion des financements professionnels. L'art. L. 313-10 n'est pas applicable au P-DG d'une société qui s'est porté caution, avec celle-ci, d'un prêt consenti à une autre société dont il est également P-DG, l'opération étant destinée au financement des besoins d'une activité professionnelle. • Paris, 4 juin 1993 : *D. 1993. IR 243*.

8. Généralisation du principe de proportionnalité. BIBL. Legeais, *LPA 30 sept. 1998, p. 38.* – Molfessis, *Banque et droit, mai-juin 2000. 4.* ♦ Ne sont pas fondées à rechercher la responsabilité de l'établissement de crédit, les cautions qui, ayant respectivement la qualité de président du conseil d'administration et de directeur général de la société bénéficiaire du prêt cautionné, n'ont jamais prétendu ni démontré que le prêteur aurait eu sur leurs revenus, leurs patrimoines et leurs facultés de remboursement raisonnablement prévisibles des informations qu'elles-mêmes auraient ignorées. • Com. 8 oct. 2002 : *Bull. civ. IV, n° 136 ; D. 2003. 414, note Koering ; ibid. Somm. 1284, obs. Brémond ; JCP E 2002, n° 48, p. 1920, note Legeais ; JCP 2003. II. 10017, note Picod ; RD banc. fin. 2002, n° 231, obs. Legeais ; Banque et Droit janv.-févr. 2003. 52, obs. Jacob ; Bull. Joly 2003. 133, note Devèze ; CCC 2003, n° 20, obs. Leveneur ; RTD civ. 2003. 125, obs. Crocq ; Defrénois 2003. 456, note Piedelièvre ; ibid. 411, obs. Théry ; RJ com. 2003. 267, note Pohe ; RJDA 2003, n° 439* • 18 mars 2003 : *RJDA 2003, n° 1109 (2e esp.)* • 17 déc. 2003 : *D. 2004. AJ 208* (qui distingue toutefois entre la caution dirigeante et son épouse). ♦ Comp., retenant la responsabilité d'une banque ayant demandé un aval « sans aucun rapport » avec le patrimoine et les revenus de l'avaliste : • Com. 17 juin 1997 : *Bull. civ. IV, n° 188 ; D. 1998. 208, note Casey ; D. Affaires 1997. 929 ; RTD civ. 1998. 157, obs. Crocq ; Bull. Joly 1997. 866, note Le Cannu ; JCP E 1997. II. 1007, note Legeais ; Dr. sociétés 1997, n° 152, note Bonneau.* ♦ V. aussi, jugeant qu'un établissement de crédit peut engager sa responsabilité pour non-respect du principe de proportionnalité envers une caution extérieure à la société dont les obligations sont garanties : • Com. 25 mars 2003 : *RD banc. fin. 2003, n° 135, obs. Legeais ; JCP E 2004, n° 3, p. 76, obs. Simler.* ♦ Sur l'appréciation du principe de proportionnalité à l'égard d'emprunteurs avertis : • Civ. 1re, 12 juill. 2005 : *D. 2005. 3094, note Parance (2e esp.) ; ibid. AJ 2276, obs. Delpech (1re esp.) ; JCP E 2005, n° 38, p. 1521, note Legeais (4e esp.) ; JCP 2005. II. 10140, note Gourio (2e esp.).* ♦ ... D'emprunteurs profanes : • Civ. 1re, 12 juill. 2005 : *D. 2005. 3094, note Parance (3e esp.) ; ibid. AJ 2276, obs. Delpech (2e esp.) ; JCP E 2005, n° 38, p. 1521, note Legeais (1re esp.) ; JCP 2005. II. 10140, note*

Gourio (2e esp.). ◆ En demandant une garantie manifestement disproportionnée par rapport aux facultés financières de celui qui s'engage, une banque commet une faute dont elle doit réparation au garant. • Aix-en-Provence, 8 oct. 1998 : *BICC 1999, no 1021.* ◆ V. aussi • Lyon, 16 janv. 1998 : *JCP 1999. I. 116, obs. Simler* • Paris, 27 nov. 1998 : *ibid. ; JCP 1999. II. 10092, note Casey.* ◆ *Contra,* dans le cas d'un crédit destiné à financer une activité professionnelle : • Paris, 25 févr. 2000 : *D. 2000. AJ 262, obs. Rondey*. ◆ Comp., jugeant que la caution ne saurait faire état de la disproportion de ses moyens par rapport à l'engagement contracté dès lors que ces dispositions ne peuvent être invoquées que par le créancier, qui se verrait offrir des garanties insuffisantes, et en aucun cas par la caution : • Versailles, 31 oct. 1997 : *D. Affaires 1998. 106, obs. X. D.* ◆ Jugeant qu'il ne peut être reproché à une cour d'appel d'avoir déclaré recevable la demande de crédit-bailleurs contre les cautions, dès lors que celles-ci s'étaient bornées à se prétendre insolvables sans alléguer que la charge de la dette était manifestement disproportionnée avec leur patrimoine et leurs ressources à l'époque des cautionnements, V. • Com. 11 juin 2003 : *D. 2003. AJ 2094 ; Banque et Droit juill.-août 2003. 61, obs. Jacob* (pour des cautions-associées).

9. Délai de forclusion. L'événement qui donne naissance à l'action du créancier contre la caution est l'impossibilité pour le débiteur principal de remplir ses propres obligations. • Toulouse, 18 oct. 1994 : *BICC 1995, no 139 ; RJDA 1995, no 1128.* ◆ Ainsi, lorsque le débiteur a cessé d'honorer ses remboursements lors de sa mise en liquidation judiciaire, l'obligation de la caution naît de la première échéance impayée, et ce indépendamment de la nécessité pour le créancier de déclarer parallèlement sa créance et de la faire admettre par le juge-commissaire. • Même arrêt. ◆ Il résulte de la combinaison des art. L. 311-37 et L. 313-10 que l'événement qui fait courir le délai avant l'expiration duquel la caution peut opposer au créancier l'impossibilité de se prévaloir de la garantie, à raison de la disproportion manifeste de celle-ci à ses biens et revenus, est la demande d'exécution du cautionnement faite par le créancier. • Civ. 1re, 23 mai 2000 : *Bull. civ. I, no 155 ; RTD com. 2000. 998, obs. Bouloc*. ◆ De même que la caution ne peut se prévaloir à l'encontre du créancier des mesures prises en faveur du débiteur principal par un plan judiciaire de redressement, de même le créancier forclos ne peut invoquer ce plan pour prétendre qu'un nouveau délai de forclusion lui serait ouvert à compter du premier incident affectant l'exécution dudit plan. • Civ. 1re, 18 oct. 2000 : *Bull. civ. I, no 258 ; D. 2000. AJ 442, obs. Rondey*.

10. Sanction. BIBL. De Laender, *RD banc. fin. 2003. 259* (exigence de proportionnalité). ◆ Jugeant qu'en application de l'art. L. 313-10 les juges doivent seulement décider que l'établissement de crédit ne peut se prévaloir des cautionnements et non annuler ceux-ci, V. • Civ. 1re, 22 oct. 1996 : *préc. note 3.* ◆ Comp., s'agissant du cautionnement de droit commun : • Civ. 1re, 9 juill. 2003 : *D. 2004. 204, note Picod ; JCP E 2003, nos 45-46, p. 1821, note Casey ; ibid. 2004, no 3, p. 76, obs. Simler* • 6 avr. 2004 : *D. 2004. AJ 1232 ; JCP E 2004, no 24, p. 934 ; Banque et Droit juill.-août 2004. 58, obs. Bonneau ; LPA 10 nov. 2004, p. 8, note Raby ; RJDA 2004, no 1045 ; Defrénois 2005. 339, obs. Théry* • 29 juin 2004 : *D. 2004. Somm. 2707, obs. Aynès ; JCP E 2004, no 38, p. 1416 ; Dr. et patr. nov. 2004. 85, obs. Saint-Alary ; Banque et Droit nov.-déc. 2004. 56, obs. Bonneau ; RJDA 2004, no 1164.* – V. sur cet arrêt, Mathieu, *RD banc. fin. 2004. 345* (la banque créancière et le cautionnement disproportionné).

Art. L. 313-10-1 *(Ord. no 2006-346 du 23 mars 2006, art. 39)* **La garantie autonome définie à l'article 2321 du code civil ne peut être souscrite à l'occasion d'un crédit relevant des chapitres Ier et II du présent titre.**

SECTION III *Rémunération du vendeur*

Art. L. 313-11 **Tout vendeur,** *(L. no 2010-737 du 1er juill. 2010, art. 6-III)* **« personne physique, » salarié ou non d'un organisme bancaire ou de crédit, ne peut, en aucun cas, être rémunéré en fonction du taux du crédit** *(L. no 2010-737 du 1er juill. 2010, art. 6-III)* **« ou du type de crédit » qu'il a fait contracter à l'acheteur d'un bien mobilier ou immobilier.** – *V. C. consom., art. R. 313-10.*

SECTION IV *Délais de grâce*

Art. L. 313-12 **L'exécution des obligations du débiteur peut être, notamment en cas de licenciement, suspendue par ordonnance du juge d'instance dans les conditions prévues aux articles 1244-1 à 1244-3 du code civil. L'ordonnance peut décider que, durant le délai de grâce, les sommes dues ne produiront point intérêt.**

En outre, le juge peut déterminer dans son ordonnance les modalités de paiement des sommes qui seront exigibles au terme du délai de suspension, sans que le dernier versement puisse excéder de plus de deux ans le terme initialement prévu pour le remboursement du prêt ; il peut cependant surseoir à statuer sur ces modalités jusqu'au terme du délai de suspension.

1. Ordre public. Sur l'inefficacité d'une clause d'un contrat de prêt immobilier stipulant l'exigibilité immédiate des sommes restant dues en cas de défaillance de l'emprunteur, V. • Civ. 1re, 24 févr. 1987 : *Bull. civ. I, no 71.* ◆ Fait une exacte application de l'art. L. 313-12, le juge qui ordonne au profit d'un débiteur la suspension pendant deux ans du remboursement des échéances, l'amortissement des sommes restant dues avant le terme initialement prévu, nonobstant la déchéance du terme dont les effets se trouvent par-là même suspendus. • Civ. 1re, 7 janv. 1997 : *Bull. civ. I, no 9 ; CCC 1997, no 53, obs. Raymond ; RJDA 1997, no 677.* ◆ *Contra*, jugeant que l'art. L. 313-12 ne peut être appliqué lorsque la déchéance du terme est acquise et que la totalité du prêt est devenue exigible • Paris, 12 oct. 1994 : *D. 1995 IR 36.* ◆ V. aussi, considérant que la suspension des obligations du débiteur en cas de licenciement peut être ordonnée même lorsque la déchéance du terme est intervenue : • Amiens, 2 mars 1998 : *Gaz. Pal. 1er-2 sept. 1999, p. 15.*

1 bis. Domaine d'application. Les dispositions de l'art. L. 313-12 ne sont applicables qu'en matière de crédit à la consommation et de crédit immobilier, et non au débiteur des ASSEDIC dans le cadre d'une restitution d'indemnités de chômage. • Soc. 27 févr. 2002 : *Gaz. Pal. 19-20 juill. 2002. Pan. 21.*

2. Durée d'amortissement. Dérogatoires au droit commun, l'art. L. 313-12 C. consom., et l'art. 1244, al. 2, C. civ., doivent être d'interprétation stricte : s'ils permettent d'accorder un répit aux débiteurs malheureux et de bonne foi, en les dispensant provisoirement de payer certaines échéances, ils ne sauraient avoir pour effet de ruiner l'autorité des contrats ; ainsi, le juge n'a pas le pouvoir d'allonger la durée d'amortissement d'un prêt d'épargne logement. • Versailles, 31 janv. 1986 : *D. 1986. IR 393, obs. Aubert.*

3. Échéances suspendues. Pour le bénéficiaire d'un crédit immobilier, la première échéance exigible à l'expiration de la période de suspension est celle qui aurait dû être payée à la date à laquelle a été fixé le point de départ du délai de suspension, de sorte que le terme du prêt est reporté d'une durée égale à celle de la suspension accordée ; l'établissement de crédit ne peut donc exiger à l'expiration du délai de suspension le paiement des sommes venues à échéance pendant ce laps de temps. • Limoges, 18 mars 1987 : *D. 1987. Somm. 458, obs. Aubert.*

4. Une cour d'appel, après avoir relevé qu'un emprunteur avait été licencié pour motif économique et que son épouse ne travaillait pas, peut estimer qu'il convient, pour éviter qu'à l'issue du délai de grâce le règlement global et immédiat des échéances suspendues puisse entraîner la résolution du prêt, de déterminer des modalités de paiement desdites échéances jusqu'au terme initialement prévu pour le remboursement du prêt, sa décision ne prorogeant pas la suspension des obligations des emprunteurs au-delà du délai de deux ans. • Civ. 1re, 19 juin 1990 : *D. 1990. IR 198.*

5. HLM. Pour l'application de l'art. L. 313-12 aux crédits accordés par les sociétés d'HLM, V. • Civ. 1re, 10 juin 1987 : *D. 1987. Somm. 457, obs. Aubert ; Defrénois 1987. 34056, obs. Vermelle.*

6. Crédit foncier. Les dispositions d'ordre public de l'art. 14 de la loi du 13 juill. 1979 [C. consom., art. L. 312-12] l'emportent sur celles du décret du 28 févr. 1852 relatif aux sociétés de crédit foncier, disposant que « les juges ne peuvent accorder aucun délai pour le paiement des annuités » ; les emprunteurs des sociétés de crédit foncier peuvent donc obtenir la suspension de l'exécution de leurs obligations. • TGI Laon, 11 déc. 1986 : *D. 1987. Somm. 306.*

SECTION V *Lettres de change et billets à ordre*

Art. L. 313-13 **Les dispositions de l'article 114** *[art. L. 511-5]* **du code de commerce sont applicables aux lettres de change et billets à ordre souscrits ou avalisés par les emprunteurs même majeurs à l'occasion des opérations de crédit régies par le présent titre à l'exception des sections II, IV, VI et VII du chapitre II et des sections I, III et IV à VIII du présent chapitre.**

1. Il résulte de l'art. L. 313-13 que la nullité prévue par l'art. L. 511-5 C. com. applicable aux lettres de change et billets à ordre souscrits ou avalisés par les emprunteurs à l'occasion des opérations de crédit régies par le titre I du livre III du code de la consommation n'est pas applicable aux effets souscrits ou avalisés à l'occasion du contrat principal financé par un crédit soumis au chapitre II de ce titre. • Civ. 1re, 4 févr. 2003 : *RJDA 2003, no 1115.* ◆ Par suite, ayant relevé qu'une banque avait demandé, en sa qualité de tiers porteur, le paiement de traites escomptées par elle émises pour le remboursement de travaux et non pas pour le remboursement des prêts consentis, une cour d'appel a légalement justifié sa décision de rejeter la demande en nullité de ces lettres formée par le client. • Même arrêt. ◆ Pour une lettre de change souscrite à l'occasion d'une opération de construction et non d'une opération de crédit, V. • Com. 23 juin 2004 : *RJDA 2005, no 71.*

2. Pour l'application de l'art. L. 313-13, il importe peu que la souscription d'une lettre de change par un consommateur en remboursement de l'intégralité ou du solde de l'opération de crédit soit contemporaine ou non de l'ouverture de crédit ou du prêt consentis. • Civ. 1re, 30 sept. 1997 : *D. 1997. IR 215 ; D. Affaires 1997. 1214 ; JCP E 1997. Pan. 1183, obs. Bouteiller ; CCC 1997, no 182, obs. Raymond.* ◆ La nullité de cette lettre de change prive, en vertu de l'art. L. 311-37, le tribunal de commerce de toute compétence. • Même arrêt.

SECTION VI *Crédit garanti par une hypothèque rechargeable*

(Ord. no 2006-346 du 23 mars 2006, art. 40)

BIBL. ► CERLES, *RLDA mars 2007. 100* (l'hypothèque rechargeable : neuf mois après). – GOURIO, *RD banc. fin. sept.-oct. 2006. 39, spéc. 42* (l'hypothèque rechargeable). – GRIMALDI, *D. 2006. 1294 ; CCC 2006. Chron. no 14 ; RD banc. fin. mai-juin 2006. 75* (hypothèque rechargeable et prêt viager hypothécaire). – KHAIRALLAH, *Defrénois 2007. 929* (aspects internationaux). – LEGEAIS, *RTD com. 2006. 640* (crédit garanti par une hypothèque rechargeable). – LE MAGUERESSE, *JCP N 2008, no 15, p. 26* (de l'hypothèque rechargeable en matière de vente en l'état futur d'achèvement). – LEPELTIER, *BRDA 2006, no 10, p. 16* (même thème). – PELLIER, *LPA 17 janv. 2008* (réflexions sur la spécificité de l'hypothèque rechargeable). – PRIGENT, *Defrénois 2007. 1268* (analyse et formules). – PROVANSAL, *Gaz. Pal. 2007. 647* (l'hypothèque rechargeable ou le style baroque). – SAVOURÉ, *JCP N 2007, no 19, p. 31.* – THÉRY, *Dr. et patr., mai 2007, p. 42* (l'hypothèque rechargeable).

Art. L. 313-14 **Les dispositions de la présente section s'appliquent aux opérations de crédit consenties à titre habituel par toute personne physique ou morale relevant soit des dispositions du chapitre Ier relatif au crédit à la consommation, soit des dispositions du chapitre II relatif au crédit immobilier du présent titre et garanties par une hypothèque rechargeable au sens de l'article 2422 du code civil.**

Les opérations mentionnées à l'article *(L. no 2010-737 du 1er juill. 2010, art. 59-IV)* **« L. 311-16** *[nouveau]* **» ne peuvent donner lieu à un crédit garanti par une hypothèque rechargeable.**

Art. L. 313-14-1 **Est annexé à l'***(L. no 2010-737 du 1er juill. 2010, art. 59-V)* **«** *[au]* **contrat de crédit » un document intitulé "situation hypothécaire" dont un exemplaire est remis à l'emprunteur dans les mêmes conditions que le contrat de crédit lui-même.**

Ce document comporte :

1o La mention de la durée de l'inscription hypothécaire ;

2o L'identification du bien immobilier, objet de la garantie, et sa valeur estimée à la date de la convention constitutive d'hypothèque ;

3o Le montant maximal garanti prévu par la convention constitutive d'hypothèque ;

4o Le montant de l'emprunt initial souscrit ;

5o Le cas échéant, le montant du ou des emprunts ultérieurement souscrits ;

6o Une évaluation par le prêteur du coût du rechargement de l'hypothèque garantissant le ou les nouveaux crédits ;

7o Une évaluation par le prêteur du coût total de l'hypothèque ;

8o La mention que, sans préjudice de l'application des articles *(L. no 2010-737 du 1er juill. 2010, art. 59-V)* **« L. 311-23 et L. 311-24** *[nouveaux]* **», s'il s'agit d'un crédit à la consommation, ou des articles L. 312-22 et L. 312-23, s'il s'agit d'un crédit immobilier, la défaillance de l'emprunteur peut entraîner la vente du bien hypothéqué selon les dispositions des articles 2464 et suivants du code civil.** – *V. ces art., issus de l'Ord. no 2006-346 du 23 mars 2006 relative aux sûretés, au* ***C. civ.***

Sur l'entrée en vigueur des modifications issues de la L. no 2010-737 du 1er juill. 2010, V. L. préc., art. 61-I.

Art. L. 313-14-2 Le fait pour le prêteur d'accorder un prêt garanti par une hypothèque rechargeable sans saisir l'emprunteur d'une offre préalable de crédit accompagnée d'un document satisfaisant aux conditions fixées par l'article L. 313-14-1 est puni d'une amende de 3 750 €.

En outre, le prêteur est déchu du droit aux intérêts et l'emprunteur n'est tenu qu'au seul remboursement du capital suivant l'échéancier prévu. Les sommes perçues au titre des intérêts sont restituées par le prêteur ou imputées sur le capital restant dû ; elles sont productives d'intérêt au taux légal du jour de leur versement.

SECTION VII *Regroupement de crédits*

(L. n° 2010-737 du 1er juill. 2010, art. 22-II)

Art. L. 313-15 Lorsque les crédits mentionnés à l'article L. 311-2 font l'objet d'une opération de crédit destinée à les regrouper, le nouveau contrat de crédit est soumis au chapitre Ier du présent titre.

Lorsqu'une opération de crédit destinée à regrouper des crédits antérieurs comprend un ou des crédits immobiliers dont la part relative ne dépasse pas un seuil fixé par décret en Conseil d'État, le nouveau contrat de crédit est soumis au chapitre Ier du présent titre. Lorsque cette part relative dépasse ce seuil, le nouveau contrat de crédit est soumis au chapitre II du même titre.

Lorsqu'une opération de crédit est destinée à regrouper des crédits mentionnés à l'article L. 312-2, le nouveau contrat de crédit est également soumis au chapitre II du présent titre.

Le prêteur qui consent une opération de regroupement de crédits comprenant un ou plusieurs contrats de crédit mentionnés à l'article L. 311-16 effectue le remboursement du montant dû au titre de ces crédits directement auprès du prêteur initial. Lorsque l'opération porte sur la totalité du montant restant dû au titre d'un crédit renouvelable, le prêteur rappelle à l'emprunteur la possibilité de résilier le contrat afférent et lui propose d'adresser sans frais la lettre de résiliation signée par l'emprunteur.

Un décret en Conseil d'État précise les modalités selon lesquelles les opérations de crédit mentionnées aux alinéas précédents sont conclues, afin de garantir la bonne information de l'emprunteur.

SECTION VIII *Textes d'application*

Art. L. 313-16 Les conditions d'application du présent titre à l'exception de celles de la section 1 du présent chapitre, sont fixées par décret en Conseil d'État. Toutefois le modèle de l'offre visée aux articles L. 312-7, L. 312-8 et L. 312-26 pourra, en tant que de besoin, être fixé par le comité de la réglementation bancaire. – *Le présent art. est l'ancien art. L. 313-15, renuméroté par la L. n° 2010-737 du 1er juill. 2010, art. 22-I.*

SECTION IX *Dispositions d'ordre public*

Art. L. 313-17 Les dispositions des chapitres Ier et II et des sections 2 à 8 du chapitre III du présent titre sont d'ordre public. – *Le présent art. est l'ancien art. L. 313-16, renuméroté par la L. n° 2010-737 du 1er juill. 2010, art. 22-I.*

Les art. L. 313-7 à L. 313-16 sont applicables dans les territoires d'outre-mer, sous réserve de la consultation de leurs assemblées territoriales, et à Mayotte (L. n° 78-22 du 10 janv. 1978, art. 33 ; L. n° 93-949 du 26 juill. 1993, art. 6).

1. Ordre public. V. note 3 ss. art. L. 312-33 et note 1 ss. art. L. 313-12.

2. En cas d'omission de l'une des mentions exigées par la loi, il importe peu de vérifier si le consommateur contractant en a subi personnellement un préjudice, alors que le législateur a instauré un formalisme d'ordre public, à l'effet d'orienter la rédaction de tous les contrats d'adhésion de même catégorie, sans référence à chaque cas particulier. • Paris, 27 oct. 1987 : *D. 1987. IR 249.*

3. Sanction. Si les dispositions concernant le crédit sont d'ordre public, les nullités sanctionnant les irrégularités relevées sont des nullités relatives. • Paris, 16 mai 1986 : *D. 1986. 465, concl. Paire.* ♦ V. aussi notes 14 s. ss. art. L. 313-2.

CHAPITRE IV *Prêt viager hypothécaire*

(Ord. nº 2006-346 du 23 mars 2006, art. 41)

SECTION I *Définition et champ d'application*

Art. L. 314-1 Le prêt viager hypothécaire est un contrat par lequel un établissement de crédit ou un établissement financier consent à une personne physique un prêt sous forme d'un capital ou de versements périodiques, garanti par une hypothèque constituée sur un bien immobilier de l'emprunteur à usage exclusif d'habitation et dont le remboursement – principal et intérêts *(L. nº 2008-776 du 4 août 2008, art. 68)* « capitalisés annuellement » – ne peut être exigé qu'au décès de l'emprunteur ou lors de l'aliénation ou du démembrement de la propriété de l'immeuble hypothéqué s'ils surviennent avant le décès.

Son régime est déterminé par les dispositions du présent chapitre.

Art. L. 314-2 A peine de nullité, le prêt viager hypothécaire ne peut être destiné à financer les besoins d'une activité professionnelle.

SECTION II *Pratiques commerciales*

Art. L. 314-3 Toute publicité faite, reçue ou perçue en France qui, quel que soit son support, porte sur une opération de prêt viager hypothécaire défini à l'article L. 314-1, est loyale et informative.

A ce titre, elle doit mentionner :

1º L'identité du prêteur, la nature de l'opération proposée, son coût total et le taux effectif global, à l'exclusion de tout autre taux, calculé par tranches de cinq ans, ainsi que les perceptions forfaitaires ;

2º Les modalités du terme de l'opération proposée.

Elle reproduit les deux premiers alinéas de l'article L. 314-7.

Lorsque la publicité est écrite et quel qu'en soit le support, les informations relatives à la nature de l'opération, aux conditions de détermination du taux effectif global et, s'il s'agit d'un taux promotionnel, à la période durant laquelle ce taux s'applique, doivent figurer dans une taille de caractères au moins aussi importante que celle utilisée pour indiquer toute autre information relative aux caractéristiques du financement et s'inscrire dans le corps principal du texte publicitaire.

Sont interdites dans toute publicité :

1º La mention qu'un prêt peut être octroyé sans élément d'information permettant d'apprécier la situation financière et patrimoniale de l'emprunteur ;

2º L'indication de la ressource supplémentaire qu'offre le prêt si elle n'est suivie d'une information sur les modalités du terme de l'opération telles que prévues par les articles L. 314-13 et L. 314-14.

L'offre préalable de crédit doit être distincte de tout support ou document publicitaire.

Art. L. 314-4 Une opération de prêt viager hypothécaire ne peut faire l'objet d'un démarchage au sens du septième alinéa de l'article L. 341-1 du code monétaire et financier.

SECTION III *Le contrat de crédit*

Art. L. 314-5 L'opération de prêt viager hypothécaire est conclue dans les termes d'une offre préalable comportant les mentions suivantes :

1º L'identité des parties et la date d'acceptation de l'offre ;

2º La désignation exacte du bien hypothéqué, conforme aux exigences de la publicité foncière ;

3º La valeur du bien hypothéqué estimée par un expert choisi par les parties et les frais afférents à l'expertise mis à la charge de l'emprunteur ;

4º La nature du prêt ;

5º Les modalités du prêt et, notamment, les dates et les conditions de mise à disposition des fonds ;

6º En cas de versements échelonnés du capital, l'échéancier des versements périodiques distinguant la part du capital de celle des intérêts accumulés sur ces sommes durant la durée prévisionnelle du prêt et permettant à l'emprunteur de connaître le moment où il aura épuisé l'actif net de son logement ;

7º Lorsque le capital est versé en une seule fois, un état des intérêts accumulés sur ces sommes durant la durée prévisionnelle du prêt, permettant à l'emprunteur de connaître le moment où il aura épuisé l'actif net de son logement ;

8º A partir d'exemples représentatifs établis en fonction d'hypothèses relatives, notamment, à la durée du prêt, le coût global du crédit, le taux effectif global défini conformément à l'article L. 313-1 ainsi que, s'il y a lieu, les modalités de l'indexation ;

9º La durée de validité de l'offre.

L'offre reproduit les dispositions des articles L. 314-6 à L. 314-9 et L. 314-13.

Art. L. 314-6 La remise de l'offre oblige le prêteur à maintenir les conditions qu'elle comporte pendant une durée minimale de trente jours à compter de son émission.

Art. L. 314-7 A peine de nullité du contrat, l'acceptation de l'offre ne peut intervenir que dix jours après sa réception par l'emprunteur. Elle fait alors l'objet d'un acte notarié.

Jusqu'à l'acceptation de l'offre par l'emprunteur, aucun versement sous quelque forme que ce soit ne peut être fait, au titre de l'opération en cause, par le prêteur à l'emprunteur ou pour le compte de celui-ci, ni par l'emprunteur au prêteur.

Jusqu'à cette acceptation, l'emprunteur ne peut, au même titre, faire aucun dépôt, souscrire ou avaliser aucun effet de commerce ou signer aucun chèque. Si une autorisation de prélèvement sur compte bancaire ou postal est signée par l'emprunteur, sa validité et sa prise d'effet sont subordonnées à celle du contrat de crédit.

Art. L. 314-8 L'emprunteur doit apporter à l'immeuble hypothéqué tous les soins d'un bon père de famille.

Ainsi qu'il est dit à l'article 1188 du code civil, le débiteur ne peut plus réclamer le bénéfice du terme lorsque par son fait, il a diminué la valeur de la sûreté qu'il avait donnée par le contrat à son créancier.

Le débiteur perd également le bénéfice du terme lorsqu'il change l'affectation du bien hypothéqué ou lorsqu'il refuse au créancier l'accès de l'immeuble hypothéqué pour s'assurer de son bon état d'entretien et de conservation.

SECTION IV *Plafonnement de la dette*

Art. L. 314-9 La dette de l'emprunteur ou de ses ayants droit ne peut jamais excéder la valeur de l'immeuble appréciée lors de l'échéance du terme.

Lorsque le créancier hypothécaire met en jeu sa garantie à l'échéance du terme, si la dette est alors inférieure à la valeur de l'immeuble, la différence entre cette valeur et le montant de la créance est versée, selon le cas, à l'emprunteur ou à ses héritiers.

En cas d'aliénation du bien, la valeur de l'immeuble est égale à la valeur indiquée dans l'acte de cession sous réserve des dispositions de l'article L. 314-14.

SECTION V *Remboursement anticipé*

Art. L. 314-10 L'emprunteur peut toujours, à son initiative, mettre un terme au contrat de prêt qui lui a été consenti en remboursant la totalité des sommes déjà versées en principal et intérêts.

Si l'emprunteur a opté pour un versement du capital en une seule fois, il peut, à son initiative, rembourser une partie des sommes versées. Toutefois, le prêteur peut refuser un remboursement partiel inférieur à un montant fixé par décret en Conseil d'État. *— V. C. consom., art. R. 314-1.*

Dans les cas de remboursement prévus aux deux premiers alinéas, le prêteur est en droit d'exiger une indemnité qui ne peut, sans préjudice de l'application de l'article 1152 du code civil, excéder un montant qui, dépendant de la durée du contrat déjà réalisée, est fixée selon des modalités déterminées par décret en Conseil d'État. *— V. C. consom., art. R. 314-1 et R. 314-2.*

Art. L. 314-11 Le remboursement anticipé ne peut donner lieu à aucune indemnité ni à aucun coût à la charge de l'emprunteur autres que ceux qui sont mentionnés à l'article L. 314-10.

Art. L. 314-12 L'emprunteur peut, en cas de versements périodiques du capital, demander une suspension ou une modification de l'échéancier des versements. Ces aménagements se font au taux conventionnel défini au contrat principal et donnent lieu à l'établissement d'un nouvel état des versements périodiques et des intérêts accumulés sur ces sommes pour la durée prévisionnelle du prêt restant à courir. La part du capital et celle des intérêts doivent apparaître de manière distincte. *(L. nº 2008-776 du 4 août 2008, art. 68)* « Les modifications visant à accélérer les versements peuvent intervenir conformément aux stipulations contractuelles. »

SECTION VI *Terme de l'opération*

Art. L. 314-13 Lors du décès de l'emprunteur ou du dernier vivant des co-emprunteurs, les héritiers peuvent payer la dette plafonnée à la valeur de l'immeuble estimée au jour de l'ouverture de la succession. Il est procédé à cette estimation en tant que de besoin par un expert choisi d'un commun accord par le créancier et l'emprunteur ou désigné sur requête.

A défaut et nonobstant les règles applicables en matière d'acceptation sous bénéfice d'inventaire, le créancier hypothécaire peut à son choix :

– poursuivre la saisie et la vente de l'immeuble dans les conditions du droit commun, auquel cas la dette est plafonnée au prix de la vente ;

– ou se voir attribuer la propriété de l'immeuble par décision judiciaire ou en vertu d'un pacte commissoire alors même que celui-ci constituait la résidence principale de l'emprunteur.

Le créancier hypothécaire dispose de la même option en cas de succession vacante.

Art. L. 314-14 En cas d'aliénation de l'immeuble par l'emprunteur ou ses héritiers, le projet de cession est notifié au créancier hypothécaire.

En cas de contestation par celui-ci de la valeur de l'immeuble retenue dans l'acte de cession, il est procédé à l'estimation du bien par un expert choisi d'un commun accord par le créancier et l'emprunteur ou désigné sur requête.

Si la valeur de l'immeuble s'avère finalement inférieure à cette estimation, la créance du prêteur est alors plafonnée :

– soit au prix d'adjudication de l'immeuble si le créancier hypothécaire fait procéder à la saisie et à la vente du bien en vertu de son droit de suite ;

– soit à la valeur d'expertise de l'immeuble si le créancier hypothécaire demande l'attribution judiciaire du bien ou se prévaut du pacte commissoire par lui conclu.

Les dispositions du présent article s'appliquent également au démembrement de la propriété de l'immeuble hypothéqué.

SECTION VII *Sanctions*

Art. L. 314-15 Le fait pour le prêteur d'accorder un prêt viager hypothécaire sans saisir l'emprunteur d'une offre préalable conforme à l'article L. 314-5 ou dans des conditions non conformes aux articles L. 314-6 et L. 314-7 peut entraîner déchéance du droit aux intérêts en totalité ou dans la proportion fixée par le juge.

Art. L. 314-16 Le fait pour le prêteur d'accorder un prêt viager hypothécaire sans saisir l'emprunteur d'une offre préalable conforme à l'article L. 314-5 ou dans des conditions non conformes aux articles L. 314-6 et L. 314-7 est puni d'une amende de 3 750 €.

La même peine est applicable à l'annonceur pour le compte duquel est diffusée une publicité non conforme aux dispositions de l'article L. 314-3.

Art. L. 314-17 Le fait pour le prêteur de ne pas restituer les sommes dues, en application de l'article L. 314-9, à l'échéance du terme lorsque la dette est inférieure à la valeur de l'immeuble ou de réclamer à l'emprunteur des sommes supérieures à celles dont il est autorisé à demander le versement en application de l'article L. 314-11 est puni d'une amende de 30 000 €.

Art. L. 314-18 Le non-respect des dispositions de l'article L. 314-4 est puni de cinq ans d'emprisonnement et de 375 000 € d'amende.

Art. L. 314-19 Les personnes coupables du délit prévu à l'article L. 314-18 encourent également les peines complémentaires suivantes :

1o L'interdiction des droits civiques, civils et de famille, suivant les modalités prévues par l'article 131-26 du code pénal ;

2o L'interdiction, suivant les modalités prévues par l'article 131-27 du code pénal, d'exercer une fonction publique ou d'exercer une activité professionnelle ou sociale dans l'exercice ou à l'occasion de laquelle l'infraction a été commise, pour une durée de cinq ans au plus ;

3o L'affichage ou la diffusion de la décision prononcée, dans les conditions prévues par l'article 131-35 du code pénal.

SECTION VIII *Textes d'application*

Art. L. 314-20 Les modalités d'application des dispositions du présent chapitre sont fixées par décret en Conseil d'État.

DEUXIÈME PARTIE : *RÉGLEMENTAIRE*

LIVRE III **Endettement**

TITRE PREMIER **Crédit**

....

CHAPITRE II *Crédit immobilier*

SECTION I *Champ d'application*

Néant.

SECTION II *Publicité*

Néant.

SECTION III *Le contrat de crédit*

Art. R. 312-1 Le montant des frais d'études, prévus à l'article L. 312-14, que le prêteur peut demander à l'emprunteur lorsque le contrat en vue duquel le prêt a été demandé n'est pas conclu, est limité à 0,75 % du montant du prêt, sans pouvoir excéder 150 €.

SECTION IV *Le contrat principal*

Néant.

SECTION V *Remboursement anticipé du crédit et défaillance de l'emprunteur*

SOUS-SECTION 1 *Remboursement anticipé*

Art. R. 312-2 L'indemnité éventuellement due par l'emprunteur, prévue à l'article L. 312-21 en cas de remboursement par anticipation, ne peut excéder la valeur d'un semestre d'intérêt sur le capital remboursé au taux moyen du prêt, sans pouvoir dépasser 3 % du capital restant dû avant le remboursement.

Dans le cas où un contrat de prêt est assorti de taux d'intérêts différents selon les périodes de remboursement, l'indemnité prévue à l'alinéa précédent peut être majorée de la somme permettant d'assurer au prêteur, sur la durée courue depuis l'origine, le taux moyen prévu lors de l'octroi du prêt.

1. Est conforme à l'art. 2 la clause du contrat de prêt stipulant les modalités de calcul de la somme due en cas de remboursement anticipé, dès lors qu'une telle clause permet à l'emprunteur de connaître à tout instant le maximum de ce qui pourrait lui être réclamé. • Civ. 1re, 20 mars 1989 : *Bull. civ. I, no 138 ; D. 1989. Somm. 339, obs. Aubert* • 30 mars 1994 : *préc. note 1 ss. art. L. 312-21 C. consom.* • 8 juill. 1994 : *CCC 1994, no 241, obs. Raymond.*

2. Est valable la clause stipulant des intérêts compensatoires ayant pour objet d'assurer au prêteur, sur la durée courue du prêt, un taux de rendement équivalent au taux moyen. • Civ. 1re, 8 juill. 1994 : *préc. note 1.*

3. En cas de remboursement anticipé, les « intérêts compensatoires » demandés à l'emprunteur, en application de l'art. 2, al. 2, ne visent qu'à porter la rémunération du prêteur à un montant conforme au taux d'intérêt convenu et ne peuvent, comme tels, être réduits en application de l'art. 1152 C. civ. • Civ. 1re, 7 oct. 1992 : *Bull. civ. I, no 245 ; D. 1992. IR 254* • 2 déc. 1992 : *Bull. civ. I, no 301 ; D. 1993. Somm. 213, obs. Delebecque ; CCC 1993, no 38, obs. Raymond ; ibid. no 41, obs. Leveneur* • 30 mars 1994 : *préc. note 1.*

4. La disposition de l'art. R. 312-2, al. 2, qui vise le prêt assorti de taux d'intérêt différents selon les périodes de remboursement, n'est pas applicable à un crédit assorti d'un règlement des intérêts différé dans le temps dès lors qu'aucune variation du taux d'intérêt n'est prévue • Civ. 1re, 5 mai 2004 : *Bull. civ. I, no 126 ; AJDI 2004. 560, obs. Cohet-Cordey ; RTD com. 2004. 797, obs. Legeais.*

SOUS-SECTION 2 *Défaillance de l'emprunteur*

Art. R. 312-3 En cas de défaillance de l'emprunteur et lorsque le remboursement immédiat du capital n'est pas demandé, la majoration de taux prévue à l'article L. 312-22 ne peut excéder trois points d'intérêt.

(Décr. no 99-513 du 16 juin 1999, art. 5) « Pour les avances prévues aux articles R. 317-1 et suivants du code de la construction et de l'habitation, il est appliqué un intérêt qui ne peut excéder le plus élevé des taux d'intérêts maximaux des prêts conventionnés garantis par l'État en application de l'article R. 312-3-1 du code de la construction et de l'habitation applicable au moment de l'offre d'avance. »

L'indemnité prévue en cas de résolution du contrat de prêt ne peut dépasser 7 % des sommes dues au titre du capital restant dû ainsi que des intérêts échus et non versés.

SOUS-SECTION 3 *Dispositions communes*

Néant.

SECTION VI *La location-vente et la location assortie d'une promesse de vente*

Art. R. 312-4 L'indemnité, prévue à l'article L. 312-29 en cas de défaillance du preneur dans l'exécution de contrats de location-vente ou de location assortis d'une promesse de vente, ne peut excéder 2 % de la part des versements correspondant à la valeur en capital du bien à effectuer jusqu'à la date prévue du transfert de propriété.

SECTION VII *Sanctions*

Néant.

SECTION VIII *Procédure*

Néant.

CHAPITRE III *Dispositions communes*

SECTION I *Le taux d'intérêt*

SOUS-SECTION 1 *Le taux effectif global*

Art. R. 313-1 *(Décr. no 2011-135 du 1er févr. 2011, art. 1er, en vigueur le 1er mai 2011)* I. – Le calcul du taux effectif global repose sur l'hypothèse que le contrat de crédit restera valable pendant la durée convenue et que le prêteur et l'emprunteur rempliront leurs obligations selon les conditions et dans les délais précisés dans le contrat de crédit. Pour les contrats de crédit comportant des clauses qui permettent des adaptations du taux d'intérêt et, le cas échéant, des frais entrant dans le taux effectif global mais ne pouvant pas faire l'objet d'une quantification au moment du calcul, le taux effectif global est calculé en partant de l'hypothèse que le taux d'intérêt et les autres frais resteront fixes par rapport au niveau initial et s'appliqueront jusqu'au terme du contrat de crédit.

II. — Pour les opérations de crédit destinées à financer les besoins d'une activité professionnelle ou destinées à des personnes morales de droit public ainsi que pour celles mentionnées à l'article L. 312-2, le taux effectif global est un taux annuel, proportionnel au taux de période, à terme échu et exprimé pour cent unités monétaires. Le taux de période et la durée de la période doivent être expressément communiqués à l'emprunteur.

Le taux de période est calculé actuariellement, à partir d'une période unitaire correspondant à la périodicité des versements effectués par l'emprunteur. Il assure, selon la méthode des intérêts composés, l'égalité entre, d'une part, les sommes prêtées et, d'autre part, tous les versements dus par l'emprunteur au titre de ce prêt, en capital, intérêts et frais divers, ces éléments étant, le cas échéant, estimés.

Lorsque la périodicité des versements est irrégulière, la période unitaire est celle qui correspond au plus petit intervalle séparant deux versements. Le plus petit intervalle de calcul ne peut cependant être inférieur à un mois.

Lorsque les versements sont effectués avec une fréquence autre qu'annuelle, le taux effectif global est obtenu en multipliant le taux de période par le rapport entre la durée de l'année civile et celle de la période unitaire. Le rapport est calculé, le cas échéant, avec une précision d'au moins une décimale.

Si le crédit prend la forme d'une ouverture de droits de tirage destinée à financer les besoins d'une activité professionnelle, le taux effectif global est calculé sur la totalité des droits mis à la disposition du client.

III. — Pour toutes les opérations de crédit autres que celles mentionnées au II, le taux effectif global est dénommé "taux annuel effectif global" et calculé à terme échu, exprimé pour cent unités monétaires, selon la méthode d'équivalence définie par la formule figurant en annexe au présent article. La durée de la période doit être expressément communiquée à l'emprunteur. — *V. cette annexe au* ***C. consom.***

Le taux annuel effectif global est calculé actuariellement et assure, selon la méthode des intérêts composés, l'égalité entre, d'une part, les sommes prêtées et, d'autre part, tous les versements dus par l'emprunteur au titre de ce prêt pour le remboursement du capital et le paiement du coût total du crédit au sens du 5° de l'article L. 311-1, ces éléments étant, le cas échéant, estimés.

Les frais d'acte notarié établis en application du décret n° 78-262 du 8 mars 1978 portant fixation du tarif des notaires ne sont pas pris en compte pour le calcul de ce taux.

L'art. R. 313-1, dans sa rédaction issue du Décr. n° 2011-135 du 1er févr. 2011, est applicable en Nouvelle-Calédonie, en Polynésie française et dans les îles Wallis-et-Futuna (Décr. préc., art. 4-I).

1. Évaluation du TEG. V. Bibl. et notes ss. art. L. 313-1 C. consom.

2. Année bancaire. Le taux annuel de l'intérêt doit être déterminé par référence à l'année civile, laquelle comporte 365 ou 366 jours (et non 360, selon l'usage bancaire). • Com. 10 janv. 1995 : *Bull. civ. IV, n° 8 ; D. 1995. 229, note Gavalda ; JCP 1995. II. 22475, note Auckenthaler ; Banque févr. 1995. 93, obs. Guillot* • 18 mars 1997 : *D. Affaires 1997. 506 ; CCC 1997, n° 124, obs. Raymond* • Paris, 12 janv. 1996 : *D. 1996. IR 72 ; D. Affaires 1996. 266.* ◆ V. Plateaux, *Gaz. Pal. 1996. 2. Doctr. 859.*

3. Portée de l'entrée en vigueur du décret du 4 sept. 1985. V. notes 1 s. ss. art. L. 313-2 C. consom.

4. Périodicité non annuelle. V. déjà, jugeant que, lorsque le TEG est exprimé par une périodicité non annuelle, seule la méthode proportionnelle, qui consiste à multiplier le taux par le nombre de périodes comprises dans l'année, peut être utilisée. • Civ. 1re, 9 janv. 1985 : *Bull. civ. I, n° 15 ; JCP 1986. II. 20532, note Pitou.*

Art. R. 313-1-1 *(Décr. n° 2008-449 du 7 mai 2008)* Lorsqu'il s'agit d'une avance réalisée dans le cadre d'un contrat d'affacturage, le taux effectif global est un taux annuel, proportionnel au taux de période et exprimé pour cent unités monétaires.

Le montant de l'avance à prendre en considération pour le calcul du taux effectif global est rapporté, selon la méthode des nombres, à une période d'un jour.

Ce taux est calculé selon la formule figurant en annexe au présent article. — *V. l'annexe au Décr. nº 2008-449 du 7 mai 2008.*

Art. R. 313-2 *(Décr. nº 2011-135 du 1er févr. 2011, art. 1er, en vigueur le 1er mai 2011)* Pour une autorisation de découvert ou une facilité de découvert, lorsque le taux annuel effectif global est calculé avant leur utilisation, le calcul est effectué selon la méthode définie par la formule figurant en annexe au présent code et mentionnée au III de l'article R. 313-1.

Après utilisation d'une autorisation de découvert, d'une facilité de découvert ou d'un dépassement, le taux annuel effectif global est calculé en rapportant le montant du crédit à prendre en considération, selon la méthode des nombres définie par le B de l'annexe du décret nº 2002-928 du 10 juin 2002 pris en application de l'article 1er du décret nº 2002-927 du 10 juin 2002, à une période d'un jour à l'expiration de laquelle il est réputé remboursé en même temps que les agios y afférents. A cet effet, chacun des soldes débiteurs successivement inscrits en compte au cours de l'intervalle séparant deux arrêtés contractuels est multiplié par sa propre durée en jours.

Pour les découverts destinés à financer les besoins d'une activité professionnelle, le taux effectif global est calculé en rapportant le montant du crédit à prendre en considération, selon la méthode des nombres mentionnée à l'alinéa précédent, à une période d'un jour à l'expiration de laquelle il est réputé remboursé en même temps que les agios y afférents. A cet effet, chacun des soldes débiteurs successivement inscrits en compte au cours de l'intervalle séparant deux arrêtés contractuels est multiplié par sa propre durée en jours.

L'art. R. 313-2, dans sa rédaction issue du Décr. nº 2011-135 du 1er févr. 2011, est applicable en Nouvelle-Calédonie, en Polynésie française et dans les îles Wallis-et-Futuna (Décr. préc., art. 4-I).

Art. R. 313-3 Lorsqu'il s'agit d'une opération d'escompte, le taux de période s'entend du rapport qui s'établit entre les intérêts et frais divers dus par l'emprunteur au titre de l'escompte et le montant de l'effet escompté. La période est égale au nombre de jours de calendrier, de la date de négociation exclue jusqu'à la date réelle d'échéance de l'effet incluse ; cette période ne peut être retenue pour une durée inférieure à dix jours.

Art. R. 313-4 Lorsque le montant des opérations mentionnées aux articles R. 313-2 et R. 313-3 est inférieur à un montant fixé par arrêté du ministre chargé de l'économie et des finances, il peut être perçu pour chaque opération un minimum forfaitaire qui n'est pas pris en compte pour déterminer le taux effectif global ; ce minimum doit être porté à la connaissance de l'emprunteur.

V. Arr. du 16 sept. 1986 (D. et ALD 1986. 483), mod. par Arr. du 31 oct. 1996 (JO 8 nov.), Arr. du 3 sept. 2001 (JO 10-11 sept.), qui fixe respectivement les montants à 400 € en moyenne journalière calculée entre deux arrêtés de compte, lorsqu'il s'agit d'un découvert en compte, et à 800 € lorsqu'il s'agit d'une opération d'escompte [anciens montants : 2 500 F et 5 000 F].

Art. R. 313-5 Lorsque l'octroi d'un prêt est subordonné à une phase d'épargne préalable, le taux effectif global est calculé sans tenir compte de cette phase d'épargne.

SOUS-SECTION 2 *Le taux d'usure*

Art. D. 313-6 Les taux effectifs moyens qui ont été pratiqués au cours d'un trimestre civil par les établissements de crédit pour les catégories d'opérations de même nature comportant des risques analogues, telles que définies par l'arrêté du ministre chargé de l'économie et des finances prévu par l'article L. 313-3, sont calculés par la Banque de France. Le ministre chargé de l'économie et des finances fait procéder à la publication au *Journal officiel* de la République française de ces taux ainsi que des seuils de l'usure correspondant qui serviront de référence pour le trimestre suivant ; il procède, le cas échéant, aux corrections des taux observés, conformément aux dispositions du deuxième alinéa de l'article D. 313-7.

Art. D. 313-7 La Banque de France procède chaque trimestre à une enquête, portant sur les prêts en francs français, destinée à collecter auprès des établissements de crédit les données nécessaires au calcul des taux effectifs moyens. Ce calcul est effectué selon une moyenne arithmétique simple des taux effectifs globaux observés. Les prêts dont les taux sont réglementés, administrés ou bonifiés par l'État ne sont pas pris en compte. Pour ce qui concerne les entreprises, les prêts ne sont pas pris en compte pour le calcul du taux effectif moyen lorsqu'ils sont supérieurs à des montants définis par arrêté du ministre chargé de l'économie et des finances. – *V. Arr. du 24 août 2006 (JO 13 sept.)*. – **C. *consom.***

En cas de variation d'une ampleur exceptionnelle du coût des ressources des établissements de crédit, les taux effectifs moyens observés par la Banque de France peuvent être corrigés pour tenir compte de cette variation. Ces taux sont publiés au plus tard dans les quarante-cinq jours suivant la constatation de cette variation.

Art. D. 313-8 Les prêteurs doivent porter à la connaissance des emprunteurs les seuils de l'usure correspondant aux prêts qu'ils leur proposent. Les établissements de crédit tiennent cette information à la disposition de leur clientèle comme pour les conditions générales de banque visées à l'article *(Décr. n° 2005-1007 du 2 août 2005)* « R. 312-1 du code monétaire et financier ».

SECTION III *Rémunération du vendeur*

Art. R. 313-10 Quiconque aura rémunéré ou aura fait rémunérer un vendeur d'un bien mobilier ou immobilier dans des conditions contraires aux dispositions de l'article L. 313-11 sera puni de la peine d'amende prévue pour les contraventions de la cinquième classe.

Sera puni de la même peine tout vendeur qui aura été rémunéré dans les mêmes conditions.

En cas de récidive, la peine d'amende, prévue pour la récidive des contraventions de la cinquième classe sera applicable.

SECTION IV *Délais de grâce*

Néant.

SECTION V *Lettres de change et billets à ordre*

Néant.

SECTION VI *Pouvoirs d'enquête*

Néant.

SECTION VII *Regroupement de crédits* *(Décr. n° 2010-1004 du 30 août 2010).*

Art. R. 313-11 *(Décr. n° 2010-1004 du 30 août 2010)* Le seuil mentionné à l'article L. 313-15 est atteint lorsque la part des crédits immobiliers, au sens des dispositions de l'article L. 312-2, représente 60 % du montant total de l'opération de regroupement de crédits.

Le montant des crédits immobiliers inclut tous les coûts, les intérêts, les commissions, les taxes, les pénalités et autres frais que l'emprunteur est tenu de payer pour le remboursement de ces crédits. Ces frais ne sont inclus dans le montant des crédits immobiliers que pour autant qu'ils figurent dans le montant total de l'opération de regroupement de crédits.

CHAPITRE IV *Prêt viager hypothécaire*

(Décr. n° 2006-1540 du 6 déc. 2006)

Art. R. 314-1 *(Décr. n° 2006-1540 du 6 déc. 2006)* Le montant prévu au deuxième alinéa de l'article L. 314-10 du code de la consommation, en dessous duquel le prêteur est en droit de refuser un remboursement partiel anticipé du prêt par l'emprunteur, est fixé à 10 % du capital versé.

Art. R. 314-2 *(Décr. nº 2006-1540 du 6 déc. 2006)* **L'indemnité éventuellement due par l'emprunteur, prévue au troisième alinéa de l'article L. 314-10 du même code, ne peut être supérieure à un montant correspondant aux modalités suivantes :**

1º Lorsque le montant en capital du prêt est versé en une seule fois :

***a)* Quatre mois d'intérêts sur le capital à rembourser, au taux d'intérêt du prêt figurant dans le contrat de prêt, si la demande de remboursement par anticipation intervient entre la première année du prêt et la fin de la quatrième année ;**

***b)* Deux mois d'intérêts sur le capital à rembourser, au taux d'intérêt du prêt figurant dans le contrat de prêt, si la demande de remboursement par anticipation intervient entre la cinquième année du prêt et jusqu'à la fin de la neuvième année ;**

***c)* Un mois d'intérêts sur le capital à rembourser, au taux d'intérêt du prêt figurant dans le contrat de prêt, si la demande de remboursement intervient à partir de la dixième année ;**

2º Lorsque le montant en capital du prêt est versé périodiquement :

***a)* 5/12 des versements dus au titre de la première année, si la demande de remboursement par anticipation intervient entre la date du premier versement du prêt et la fin de la quatrième année ;**

***b)* 3/12 de la totalité des versements effectués la première année, si la demande de remboursement par anticipation intervient entre la cinquième année du prêt et jusqu'à la fin de la neuvième année ;**

***c)* 2/12 de la totalité des versements effectués la première année, si la demande de remboursement intervient à partir de la dixième année.**

L'année de référence prévue au présent article correspond à une période de 12 mois à compter du versement ou du premier versement en capital du contrat de prêt.

DROIT AU LOGEMENT

1 LOI « BESSON »

Loi nº 90-449 du 31 mai 1990,

Visant à la mise en œuvre du droit au logement (JO 2 juin ; D. et ALD 1990. 259). – V. Circ. nº 90-89 du 7 déc. 1990, Mon. TP, Suppl. textes, 4 janv. 1991, p. 212.

V. Circ. nº 98-92 du 13 oct. 1998 relative aux dispositions sur le logement contenues dans la L. nº 98-657 du 29 juill. 1998 d'orientation relative à la lutte contre les exclusions (BOMELT nº 98/20) ; Circ. nº 2004-58 du 4 nov. 2004, relative aux nouvelles dispositions concernant le FSL contenues dans la L. nº 2004-809 du 13 août 2004 relative aux libertés et responsabilités (BOMELT nº 2004/22).

BIBL. GÉN. ▸ Mettre en œuvre le droit au logement (l'accès au logement : des évolutions en débat), ss. la dir. de R. Ballain et F. Benguigui, *éd. La Documentation Française, 2004.*

▸ **Articles** : BLATTER, Les dispositions relatives au droit commun du louage de la loi nº 90-449 du 31 mai 1990, *AJPI 1990. 520.* – BRANE et KERLANN, Squat et droit au logement, *Gaz. Pal. 1995. 8-12 sept., note sous Civ. 3e, 1er mars 1995.* – DURANCE, *RDI 1990. 313* . – HEUGAS-DARRASPEN, Mise en œuvre du pacte de relance pour la ville, *RDI 1997. 325* ; Accès au logement et maintien dans le logement, *RDI 1999. 1* . – LAUSSINOTTE et ABBÉ PIERRE (Préf.), L'expulsion : de la reconnaissance du droit au logement à la réalité des sans-logis, *TSA éditions.* – MONÉGER, La mise en œuvre du droit au logement, *RDSS 1990. 768* . – RÉMY, Droit au logement contre l'exclusion, *Rev. loyers 1998. 477.* – RICHARD, Pacte de relance pour la ville, *JCP N 1997. I. 4038.* – ROUQUETTE, *AJPI 1990. 761* . – RUBELLIN-DEVICHI, *RTD civ. 1991. 245* . – VIAL-PEDROLETTI, La lutte contre les exclusions, *Loyers et copr. 1998. Chron. nº 11.* – WERTENSCHLAG, Le logement social après la loi du 29 juill. 1998, *AJDI 1998. 903* ; Le volet logement dans la loi nº 98-657 du 29 juillet 1998 d'orientation relative à la lutte contre les exclusions. – ZITOUNI, La décentralisation des FSL par la loi « libertés et responsabilités locales » du 13 août 2004, *AJDI 2004. 867* .

Le logement en question 33e Congrès de la CNAB, *Administrer déc. 1991*. – La famille et le droit au logement, *RTD civ. 1991. 245*.

Art. 1er Garantir le droit au logement constitue un devoir de solidarité pour l'ensemble de la nation.

Toute personne ou famille éprouvant des difficultés particulières, en raison notamment de l'inadaptation de ses ressources ou de ses conditions d'existence, a droit à une aide de la collectivité, dans les conditions fixées par la présente loi, pour accéder à un logement décent et indépendant ou s'y maintenir *(L. no 2004-809 du 13 août 2004, art. 65-I-1o)* « et pour y disposer de la fourniture d'eau, d'énergie et de services téléphoniques ».

Le Conseil national de l'habitat est chargé d'établir chaque année un bilan de l'action engagée qui est rendu public.

Sous réserve de l'entrée en vigueur des dispositions relevant de la loi de finances, les dispositions issues de la L. no 2004-809 du 13 août 2004 sont applicables à compter du 1er janv. 2005 (L. préc., art. 199).

CHAPITRE PREMIER *Des plans départementaux d'action pour le logement des personnes défavorisées*

Art. 2 *(L. no 2004-809 du 13 août 2004, art. 65-I-2o)* Les mesures destinées à permettre aux personnes mentionnées à l'article 1er d'accéder à un logement décent et indépendant ou de s'y maintenir et d'y disposer de la fourniture d'eau, d'énergie et de services téléphoniques font l'objet, dans chaque département, d'un plan départemental d'action pour le logement des personnes défavorisées. *(L. no 2009-323 du 25 mars 2009, art. 69-III)* « Ce plan départemental inclut le plan d'accueil, d'hébergement et d'insertion des personnes sans domicile prévu par l'article **L. 312-5-3** du code de l'action sociale et des familles. » *(L. no 2010-788 du 12 juill. 2010, art. 11-I)* « Il comprend des mesures destinées à lutter contre la précarité énergétique. »

Sous réserve de l'entrée en vigueur des dispositions relevant de la loi de finances, les dispositions issues de la L. no 2004-809 du 13 août 2004 sont applicables à compter du 1er janv. 2005 (L. préc., art. 199).

Art. 3 *(L. no 2004-809 du 13 août 2004, art. 65-I-3o)* « Le plan départemental est élaboré et mis en œuvre par l'État et par le département. Ils y associent les communes ou leurs groupements ainsi que les autres personnes morales concernées, notamment les associations dont l'un des objets est l'insertion ou le logement des personnes défavorisées et les associations de défense des personnes en situation d'exclusion par le logement, les caisses d'allocations familiales, les caisses de mutualité sociale agricole, les distributeurs d'eau et *(L. no 2010-1488 du 7 déc. 2010, art. 4)* « les fournisseurs » d'énergie, les opérateurs de services téléphoniques, les bailleurs publics ou privés et les collecteurs de la participation des employeurs à l'effort de construction.

« Le plan est établi pour une durée minimale de trois ans. »

(L. no 98-657 du 29 juill. 1998, art. 32-III) « En Île-de-France, une » *(L. no 2006-872 du 13 juill. 2006, art. 60-I)* « commission du comité régional de l'habitat prévu à l'article **L. 364-1** » du code de la construction et de l'habitation est chargée d'assurer la coordination des plans départementaux d'action pour le logement des personnes défavorisées. Elle réunit, sous la présidence du représentant de l'État dans la région, le président du conseil régional, les représentants de l'État dans les départements et les présidents de conseils généraux. »

V. note ss. art. 2.

Art. 4 *(L. no 98-657 du 29 juill. 1998, art. 33)* Le plan départemental est établi à partir d'une évaluation *(L. no 2006-872 du 13 juill. 2006, art. 60-II-1o)* « territorialisée » qualitative et quantitative des besoins *(L. no 2006-872 du 13 juill. 2006, art. 60-II, 1o)* « qui tient compte du périmètre des établissements publics de coopération intercommunale compétents en matière d'habitat ». A cet effet, il précise les besoins résultant de l'application de l'article 1er en distinguant les situations des personnes ou des familles dont la difficulté d'accès ou de maintien dans un logement provient de difficultés financières ou du cumul de difficultés financières et de difficultés d'insertion sociale.

(L. nº 2010-769 du 9 juill. 2010, art. 19-II) **« Il prend également en compte les besoins des personnes victimes de violences au sein de leur couple ou au sein de leur famille, menacées de mariage forcé ou contraintes de quitter leur logement après des menaces de violences ou des violences subies effectivement. Le présent alinéa s'applique aussi au conjoint victime lorsque celui-ci est propriétaire de son logement. »**

Il doit accorder une priorité aux personnes et familles sans aucun logement *(L. nº 2004-809 du 13 août 2004, art. 65-I, 4º)* **« , menacées d'expulsion sans relogement, hébergées ou logées temporairement, » ou logées** *(L. nº 2009-323 du 25 mars 2009, art. 84)* **« ou exposées à des situations d'habitat indigne, » ainsi qu'à celles qui sont confrontées à un cumul de difficultés.**

(L. nº 2009-323 du 25 mars 2009, art. 84) **« Constituent un habitat indigne les locaux ou installations utilisés aux fins d'habitation et impropres par nature à cet usage, ainsi que les logements dont l'état, ou celui du bâtiment dans lequel ils sont situés, expose les occupants à des risques manifestes pouvant porter atteinte à leur sécurité physique ou à leur santé. »**

(L. nº 2010-788 du 12 juill. 2010, art. 11-II) **« Est en situation de précarité énergétique au titre de la présente loi une personne qui éprouve dans son logement des difficultés particulières à disposer de la fourniture d'énergie nécessaire à la satisfaction de ses besoins élémentaires en raison de l'inadaptation de ses ressources ou de ses conditions d'habitat. »**

Le plan désigne les instances locales auxquelles sont confiées l'identification des besoins mentionnés au premier alinéa du présent article et, le cas échéant, la mise en œuvre de tout ou partie des actions du plan. La délimitation du périmètre de compétence de ces instances doit tenir compte des structures de coopération intercommunale compétentes en matière d'urbanisme et de logement créées en application des dispositions de la cinquième partie du code général des collectivités territoriales.

(L. nº 2006-872 du 13 juill. 2006, art. 60-II-3º) **« Il fixe, par secteur géographique, en tenant compte des programmes locaux de l'habitat et des bassins d'habitat, les objectifs à atteindre pour assurer aux personnes et familles visées par le plan la mise à disposition durable d'un logement et garantir la mixité sociale des villes et des quartiers. A cette fin, il définit les mesures adaptées concernant :**

« ***a)*** **Le suivi des demandes de logement des personnes et familles visées par le plan ;**

« ***b)*** **La création ou la mobilisation d'une offre supplémentaire de logements conventionnés ;**

« ***c)*** **Les principes propres à améliorer la coordination des attributions prioritaires de logements ;**

« ***d)*** **La prévention des expulsions locatives, ainsi que les actions d'accompagnement social correspondantes.**

« A cette fin, le comité responsable du plan » *(L. nº 2009-323 du 25 mars 2009, art. 59)* **« instaure »** *(L. nº 2006-872 du 13 juill. 2006, art. 60-II-3º)* **« une commission spécialisée de coordination des actions de prévention des expulsions locatives ayant pour mission de délivrer des avis aux instances décisionnelles en matière d'aides personnelles au logement, d'attribution d'aides financières sous forme de prêts ou de subventions et d'accompagnement social lié au logement, en faveur des personnes en situation d'impayés. Lorsque cette commission est créée, les compétences de la commission prévue à l'article L. 351-14 du code de la construction et de l'habitation sont exercées par les organismes payeurs de l'aide personnalisée au logement. Les modalités de fonctionnement et la composition de la commission sont fixées par décret** *[V. Décr. nº 2008-187 du 26 févr. 2008]* **;**

« ***e)*** **Le logement des personnes placées dans des hébergements temporaires ou des logements de transition ;**

« ***f)*** **La contribution des fonds de solidarité pour le logement à la réalisation des objectifs du plan ;**

« ***g)*** **Le repérage des logements indignes et des locaux impropres à l'habitation, et les actions de résorption correspondantes, ainsi que des logements considérés comme non décents à la suite d'un contrôle des organismes payeurs des aides personnelles au logement. »**

(L. nº 2011-725 du 23 juin 2011, art. 8) « En Guadeloupe, en Guyane, en Martinique, *(Ord. nº 2012-576 du 26 avr. 2012, art. 12-II)* « à Mayotte », à La Réunion et à Saint-Martin, font, en sus, l'objet d'un repérage les terrains supportant un habitat informel et les secteurs d'habitat informel, constitués par des locaux ou installations à usage d'habitation édifiés majoritairement sans droit ni titre sur le terrain d'assiette, dénués d'alimentation en eau potable ou de réseaux de collecte des eaux usées et des eaux pluviales ou de voiries ou équipements collectifs propres à en assurer la desserte, la salubrité et la sécurité dans des conditions satisfaisantes. Ce repérage débute dans un délai d'un an à compter de l'entrée en vigueur de la loi nº 2011-717 *[2011-725]* du 23 juin 2011 portant dispositions particulières relatives aux quartiers d'habitat informel et à la lutte contre l'habitat indigne dans les départements et régions d'outre-mer. – *V. ce texte, App., vº Salubrité.*

« Aux fins de leur traitement, le comité responsable du plan met en place un observatoire nominatif des logements et locaux visés au premier alinéa du présent *g*. Cet observatoire comprend, en sus, les terrains et secteurs mentionnés au deuxième alinéa du présent *g*.

« Les autorités publiques compétentes et les organismes payeurs des aides personnelles au logement transmettent au comité les mesures de police arrêtées et les constats de non-décence effectués ainsi que l'identification des logements, installations et locaux repérés comme indignes et non décents.

« Aux fins de mise en œuvre de la politique de lutte contre l'habitat indigne, les comités transmettent chaque année au ministre chargé du logement et, pour la Guadeloupe, la Guyane, la Martinique, *(Ord. nº 2012-576 du 26 avr. 2012, art. 12-II)* « Mayotte », La Réunion et Saint-Martin, au ministre chargé de l'outre-mer, les données statistiques agrégées relatives au stock de locaux, installations ou logements figurant dans l'observatoire ainsi que le nombre de situations traitées au cours de l'année. »

(L. nº 2009-323 du 25 mars 2009, art. 74) « *h)* Une stratégie cohérente de mobilisation de logements dans le parc privé. A cet égard, il définit les actions à mettre en œuvre, dont le recours aux actions d'intermédiation locative, leurs modalités, les objectifs et les moyens alloués, en s'appuyant sur un diagnostic partagé et une consultation de l'ensemble des acteurs concernés. »

(L. nº 2006-872 du 13 juill. 2006, art. 60-II, 4º ; L. nº 2009-323 du 25 mars 2009, art. 69-IV) « Il prend en compte les besoins en logement des personnes et familles hébergées dans des établissements ou services relevant du schéma d'organisation sociale et médico-sociale prévu à l'article L. 312-4 du code de l'action sociale et des familles. » – *V. ce texte, App., vº Pauvreté et exclusion.*

Le plan départemental est rendu public par le président du conseil général et le représentant de l'État dans le département après avis du comité régional de l'habitat *(L. nº 2006-872 du 13 juill. 2006, art. 60-II-5º)* « et, dans les départements d'outre-mer, des conseils départementaux de l'habitat prévus à l'article L. 364-1 du code de la construction et de l'habitation » et du conseil départemental d'insertion. Un comité responsable du plan, coprésidé par le représentant de l'État dans le département et le président du conseil général, est chargé de suivre sa mise en œuvre.

(L. nº 2004-809 du 13 août 2004, art. 65-I, 4º) « Le président du conseil général rend compte annuellement au comité responsable du plan départemental d'action pour le logement des personnes défavorisées du bilan d'activité du fonds de solidarité pour le logement. »

(L. nº 2006-872 du 13 juill. 2006, art. 60-II, 6º) « Le comité responsable du plan dispose de tous les éléments d'information relatifs aux demandes consignées dans le système d'enregistrement départemental prévu à l'article L. 441-2-1 du code de la construction et de l'habitation. Il émet un avis sur les accords prévus aux articles L. 441-1-1 et L. 441-1-2 du même code. »

V. note ss. art. 2.

V. également Circ. 28 mai 2009 relative à la L. nº 2009-323 du 25 mars 2009 - Parc privé (BOMEEDDM nº 2009/12, p. 63).

V. enfin Circ. 31 déc. 2009 relative à la prévention des expulsions locatives (BOMEEDDM n° 2010/4, p. 92).

Art. 5 Des conventions passées entre les partenaires mentionnés à l'article 3 précisent les modalités de mise en œuvre du plan départemental et définissent annuellement les conditions de financement des dispositifs qu'il prévoit.

(L. n° 2010-769 du 9 juill. 2010, art. 19-I) « Des conventions sont également passées avec les bailleurs de logements pour réserver dans chaque département un nombre suffisant de logements, répartis géographiquement, à destination des personnes victimes de violences, protégées ou ayant été protégées par l'ordonnance de protection prévue aux articles 515-9 et suivants du code civil. »

(L. n° 98-657 du 29 juill. 1998, art. 35) « Des conventions spécifiques pour la mise en œuvre du plan départemental peuvent être passées entre les participants aux instances locales mentionnées à l'article 4. »

Art. 6 *(L. n° 2004-809 du 13 août 2004, art. 65-I-5°)* « Il est créé dans chaque département un fonds de solidarité pour le logement.

« Le fonds de solidarité accorde, dans les conditions définies par son règlement intérieur, des aides financières sous forme de cautionnements, prêts ou avances remboursables, garanties ou subventions à des personnes remplissant les conditions de l'article 1er et qui entrent dans un logement locatif ou qui, étant locataires, sous-locataires ou résidents de logements-foyers, se trouvent dans l'impossibilité d'assumer leurs obligations relatives au paiement du loyer, des charges et des frais d'assurance locative, ou qui, occupant régulièrement leur logement, se trouvent dans l'impossibilité d'assumer leurs obligations relatives au paiement des fournitures d'eau, d'énergie et de services téléphoniques.

« Les dettes au titre des impayés de loyer et de facture d'énergie, d'eau et de téléphone peuvent être prises en charge par le fonds de solidarité pour le logement si leur apurement conditionne l'accès à un nouveau logement. »

(L. n° 2000-1208 du 13 déc. 2000, art. 84) « Le fonds de solidarité est également destiné à accorder des aides à des personnes propriétaires occupantes au sens du second alinéa de l'article L. 615-4-1 du code de la construction et de l'habitation, qui remplissent les conditions de l'article 1er de la présente loi et se trouvent dans l'impossibilité d'assumer leurs obligations relatives au paiement de leurs charges collectives, si le logement dont ils ont la propriété ou la jouissance est situé dans un groupe d'immeubles bâtis ou un ensemble immobilier faisant l'objet d'un plan de sauvegarde en application de l'article L. 615-1 du code de la construction et de l'habitation.

« Le fonds de solidarité logement peut, en outre, accorder des aides à ces mêmes propriétaires occupants qui se trouvent dans l'impossibilité d'assumer leurs obligations relatives au remboursement d'emprunts contractés pour l'acquisition de leur logement. »

(L. n° 2000-1208 du 13 déc. 2000, art. 140-IV) « Le fonds de solidarité peut également accorder des aides à des personnes propriétaires occupants, qui remplissent les conditions de l'article 1er de la présente loi et se trouvent dans l'impossibilité d'assurer leurs obligations relatives au paiement de leurs charges collectives, ou aux remboursements d'emprunts contractés pour l'acquisition du logement dont ils ont la propriété ou la jouissance si celui-ci est situé dans le périmètre d'une opération programmée d'amélioration de l'habitat définie à l'article L. 303-1 du code de la construction et de l'habitation, limitée à un groupe d'immeubles bâtis en sociétés d'attribution ou en société coopérative de construction donnant vocation à l'attribution d'un lot ou soumis au régime de la copropriété. »

(L. n° 98-657 du 29 juill. 1998, art. 36) « Le fonds de solidarité prend en charge des mesures d'accompagnement social individuelles ou collectives lorsqu'elles sont nécessaires à l'installation ou au maintien dans un logement des personnes et des familles bénéficiant du plan départemental, qu'elles soient locataires, sous-locataires, propriétaires de leur logement ou à la recherche d'un logement. Il peut aussi accorder une garantie financière aux associations qui mettent un logement à la disposition des personnes défavorisées mentionnées à l'article 1er ou qui leur accordent une garantie. »

Ces aides peuvent être accordées soit directement aux bénéficiaires, soit par l'intermédiaire de fonds locaux de solidarité pour le logement ou d'associations dont l'un des objets est l'insertion ou le logement de personnes défavorisées.

(L. nº 98-657 du 29 juill. 1998, art. 36) « Les instances locales mentionnées à l'article 4 peuvent assurer la mise en œuvre des actions engagées par le fonds de solidarité. »

(L. nº 2004-809 du 13 août 2004, art. 65-I-5º) « Les mesures d'accompagnement social donnent lieu à l'établissement de conventions conclues par le département avec les organismes ou associations qui les exécutent. » *(L. nº 98-657 du 29 juill. 1998, art. 36)* « Les organismes d'habitations à loyer modéré visés à l'article L. 411-2 du code de la construction et de l'habitation peuvent être partie à ces conventions. Ces conventions prévoient les conditions d'évaluation des mesures d'accompagnement social lié au logement et les modalités selon lesquelles le bailleur dans le patrimoine duquel des locataires ont bénéficié de ces mesures est associé à cette évaluation ».

(L. nº 2004-809 du 13 août 2004, art. 65-I-5º) « Le fonds de solidarité peut également accorder une aide destinée à financer les suppléments de dépenses de gestion aux associations, aux centres communaux ou intercommunaux d'action sociale, aux autres organismes à but non lucratif et aux unions d'économie sociale qui sous-louent des logements à des personnes mentionnées à l'article 1er ou qui en assurent la gestion immobilière pour le compte de propriétaires. Cette aide peut aussi être accordée, selon des critères financiers et sociaux définis par le règlement intérieur du fonds de solidarité, aux organismes ci-dessus et aux bailleurs sociaux qui louent directement des logements à des personnes mentionnées à l'article 1er. Elle ne peut porter sur les logements bénéficiant de l'aide aux associations logeant à titre temporaire des personnes défavorisées. »

V. note ss. art. 2.

V. Décr. nº 2002-1540 du 24 déc. 2002 (JO 28 déc.).

V. aussi Décr. nº 2005-971 du 10 août 2005 relatif à la procédure applicable en cas d'impayés des factures d'électricité (JO 11 août).

Loi nº 2004-809 du 13 août 2004,

Relative aux libertés et responsabilités locales.

Art. 65

....

IV. — Les droits et obligations des fonds de solidarité pour le logement ainsi que des fonds et dispositifs d'aide aux impayés d'énergie, d'eau et de téléphone, existant à la date d'entrée en vigueur de la présente loi, sont transférés aux départements.

Les dispositions des règlements intérieurs des fonds de solidarité pour le logement et des fonds et dispositifs d'aide aux impayés d'eau, d'énergie et de téléphone relatives aux conditions d'éligibilité et aux critères d'octroi des aides demeurent en vigueur jusqu'à la publication du nouveau règlement intérieur.

Sous réserve de l'entrée en vigueur des dispositions relevant de la loi de finances, les dispositions issues de la L. nº 2004-809 du 13 août 2004 sont applicables à compter du 1er janv. 2005 (L. préc., art. 199).

Art. 6-1 *(L. nº 2004-809 du 13 août 2004, art. 65-I-6º)* Le règlement intérieur du fonds de solidarité pour le logement définit les conditions d'octroi des aides conformément aux priorités définies à l'article 4, ainsi que les modalités de fonctionnement et de gestion du fonds. Le règlement intérieur est élaboré et adopté par le conseil général après avis du comité responsable du plan départemental d'action pour le logement des personnes défavorisées visé à l'article 4.

Les conditions d'octroi des aides du fonds de solidarité ne peuvent reposer sur d'autres éléments que le niveau de patrimoine ou de ressources des personnes et l'importance et la nature des difficultés qu'elles rencontrent. Le décret en Conseil d'État prévu à l'article 8 détermine la nature des ressources prises en compte.

Les aides accordées par le fonds de solidarité ne peuvent être soumises à aucune condition de résidence préalable dans le département.

L'octroi d'une aide ne peut être subordonné à une contribution financière au fonds ou à une participation aux frais de dossier ou d'instruction de la part d'une collectivité territoriale.

Il ne peut pas non plus être subordonné à une contribution financière au fonds ou à un abandon de créance ou à une participation aux frais de dossier ou d'instruction de la part du bailleur, du distributeur d'eau ou *(L. nº 2010-1488 du 7 déc. 2010, art. 4)* « du fournisseur » d'énergie ou de l'opérateur de services téléphoniques.

Aucune participation aux frais de dossier ou d'instruction ne peut être exigée des personnes ou familles.

Des modalités d'urgence doivent être prévues pour l'octroi et le paiement des aides, dès lors qu'elles conditionnent la signature d'un bail, qu'elles évitent des coupures d'eau, d'énergie ou de services téléphoniques ou qu'elles concernent des personnes et familles assignées aux fins de résiliation de bail.

V. note ss. art. 8.

Pour l'application de la L. nº 90-449 à Mayotte, au premier [NDLR : deuxième] alinéa du présent art., les mots « de son patrimoine ou » [NDLR : « de patrimoine ou »] sont supprimés (Ord. nº 2012-785 du 31 mai 2012, art. 8-1º).

Art. 6-2 *(L. nº 2004-809 du 13 août 2004, art. 65-I-6º)* Le fonds peut être saisi directement par toute personne ou famille en difficulté et, avec son accord, par toute personne ou organisme y ayant intérêt ou vocation. Il peut également être saisi par la commission mentionnée à l'article L. 351-14 du code de la construction et de l'habitation, par l'organisme payeur de l'aide au logement ou par le représentant de l'État dans le département.

(L. nº 2011-156 du 7 févr. 2011, art. 1er, en vigueur le 1er janv. 2012) « La demande d'aide est notifiée par le gestionnaire du fonds au maire et au centre communal ou intercommunal d'action sociale de la commune de résidence du demandeur. Ceux-ci peuvent communiquer au gestionnaire du fonds, avec copie à l'intéressé, le détail des aides déjà fournies ainsi que toute information en leur possession susceptible d'éclairer le gestionnaire du fonds sur les difficultés rencontrées par le demandeur. »

Toute décision de refus doit être motivée.

V. note ss. art. 8.

Dans un délai de six mois après la promulgation de la présente loi, le Gouvernement remet un rapport au Parlement sur les modalités et les conséquences de l'application d'une allocation de solidarité pour l'eau attribuée sous conditions de ressources, directement ou indirectement, aux usagers domestiques des services publics d'eau potable et d'assainissement afin de contribuer au paiement des charges liées aux consommations d'eau au titre de la résidence principale (L. nº 2011-156 du 7 févr. 2011, art. 1er).

Art. 6-3 *(L. nº 2004-809 du 13 août 2004, art. 65-I-6º)* Le financement du fonds de solidarité pour le logement est assuré par le département.

Une convention est passée entre le département, d'une part, et les représentants *(L. nº 2010-1488 du 7 déc. 2010, art. 4)* « de chaque fournisseur d'énergie ou d'eau livrant des consommateurs domestiques », d'autre part, afin de définir le montant et les modalités de leur concours financier au fonds de solidarité pour le logement.

Les autres collectivités territoriales, les établissements publics de coopération intercommunale et les autres personnes mentionnées au premier alinéa de l'article 3 peuvent également participer au financement du fonds de solidarité pour le logement.

V. note ss. art. 8.

V. aussi Décr. nº 2005-971 du 10 août 2005 relatif à la procédure applicable en cas d'impayés des factures d'électricité (JO 11 août).

Art. 6-4 *(L. nº 2004-809 du 13 août 2004, art. 65-I-6º)* **Le département peut confier par convention, sous sa responsabilité et son contrôle, la gestion financière et comptable du fonds de solidarité pour le logement à un organisme de sécurité sociale, une association agréée à cet effet ou un groupement d'intérêt public.**

V. note ss. art. 8.

Art. 7 *(L. nº 2004-809 du 13 août 2004, art. 65-I-6º)* **Le conseil général peut créer des fonds locaux pour l'octroi de tout ou partie des aides du fonds de solidarité pour le logement et en confier la gestion, par convention, aux communes et aux établissements publics de coopération intercommunale qui en font la demande.**

La création d'un fonds de solidarité intercommunal est de droit lorsque la demande en émane d'un établissement public de coopération intercommunale qui a conclu une convention avec l'État dans les conditions définies à l'article L. 301-5-1 du code de la construction et de l'habitation. La convention prévue à l'alinéa précédent prévoit les conditions dans lesquelles les crédits du fonds de solidarité lui sont délégués.

V. note ss. art. 8.

Art. 7-1 *(Ord. nº 2012-576 du 26 avr. 2012, art. 12-III, en vigueur le 1er janv. 2013)* **Pour l'application de l'article 2, le plan d'action pour le logement des personnes défavorisées de Mayotte inclut le plan d'accueil, d'hébergement et d'insertion des personnes sans domicile à compter de la date d'entrée en vigueur de l'article L. 312-5-3 du code de l'action sociale et des familles à Mayotte.**

Pour l'application à Mayotte de la loi nº 90-449 du 31 mai 1990, V. Ord. nº 2012-576 du 26 avr. 2012, art. 12-IV (JO 27 avr.).

Art. 8 *(L. nº 2004-809 du 13 août 2004, art. 65-I-6º)* **Un décret en Conseil d'État, pris après avis du Conseil national de l'habitat, fixe les modalités d'application du présent chapitre.** — *V. Décr. nº 2005-212 du 2 mars 2005 ci-dessous.*

Sous réserve de l'entrée en vigueur des dispositions relevant de la loi de finances, les dispositions issues de la loi nº 2004-809 du 13 août 2004 sont applicables à compter du 1er janv. 2005. Les décrets d'application prévus par la présente loi peuvent être pris dès sa publication (L. préc., art. 199).

CHAPITRE II *Des dispositions permettant d'accroître l'offre de logement en faveur des personnes défavorisées*

Art. 9 *à* 10 *[V. CGI, art. 15 bis, 35 bis, 92-I, 1387 A et 1387 B].*

Art. 11 *à* 27 *[Divers textes modifiés].*

Art. 28 *(Abrogé par L. nº 2000-614 du 5 juill. 2000, art. 10-II)* ***Un schéma départemental prévoit les conditions d'accueil spécifiques des gens du voyage, en ce qui concerne le passage et le séjour, en y incluant les conditions de scolarisation des enfants et celles d'exercice d'activités économiques.***

Toute commune de plus de 5 000 habitants prévoit les conditions de passage et de séjour des gens du voyage sur son territoire, par la réservation de terrains aménagés à cet effet.

Dès la réalisation de l'aire d'accueil définie à l'alinéa ci-dessus, le maire ou les maires des communes qui se sont groupées pour la réaliser pourront, par arrêté, interdire le stationnement des gens du voyage sur le reste du territoire communal.

NDLR. *Cet article 28 a été abrogé par l'art. 10-II de la L. nº 2000-614 du 5 juill. 2000. Cependant, en vertu de ce texte, dans les départements qui ne disposent pas d'un schéma départemental approuvé dans les conditions définies à l'art. 1er de la L. nº 2000-614 du 5 juill. 2000, les deux derniers alinéas de cet article restent en vigueur (V. L. préc., App., vº Gens du voyage).*

Décret no 2005-212 du 2 mars 2005,

Relatif aux fonds de solidarité pour le logement.

Art. 1er Le règlement intérieur du fonds de solidarité pour le logement et les règlements intérieurs des fonds locaux créés en application de l'article 7 de la loi du 31 mai 1990 susvisée précisent les conditions dans lesquelles ces fonds mettent en œuvre les dispositions des articles 6, 6-1 et 6-2 de la loi précitée.

Ils indiquent les modalités selon lesquelles ces fonds coordonnent leur action avec celle des autres organismes intervenant dans leur domaine de compétence, notamment avec celles des commissions de surendettement.

Ils précisent les conséquences de la réception par le fonds des arrêtés d'insalubrité ou de péril, transmis en application des articles L. 1331-28-1 du code de la santé publique et L. 511-2 du code de la construction et de l'habitation, sur l'attribution des aides.

Le règlement intérieur de chaque fonds local est soumis pour avis, avant son adoption, au comité responsable du plan départemental d'action pour le logement des personnes défavorisées.

Le règlement intérieur du fonds de solidarité, la convention de création du fonds local prévue à l'article 7 de la loi du 31 mai 1990 susvisée et le règlement intérieur du fonds local sont publiés au recueil des actes administratifs du département. Le département assure la publicité du règlement et des adresses auxquelles le fonds de solidarité et les fonds locaux peuvent être saisis par tout autre moyen utile.

Art. 2 Les décisions d'un fonds accordant ou refusant une aide sont notifiées aux personnes intéressées.

Art. 3 Les associations habilitées par le conseil général à accorder tout ou partie des aides du fonds de solidarité pour le logement, en application du huitième alinéa de l'article 6 de la loi du 31 mai 1990 susvisée, appliquent les conditions d'attribution des aides prévues par le règlement intérieur du fonds.

Art. 4 Les communes et établissements publics de coopération intercommunale rendent compte chaque année au conseil général de l'activité des fonds locaux qu'ils gèrent selon les modalités définies dans les conventions mentionnées au premier alinéa de l'article 7 de la loi du 31 mai 1990 susvisée.

Art. 5 Les ressources prises en compte par le règlement intérieur du fonds et les règlements intérieurs des fonds locaux pour fixer les conditions d'attribution des aides comprennent l'ensemble des ressources, de quelque nature qu'elles soient, de toutes les personnes composant le foyer, à l'exception de l'aide personnelle au logement, de l'allocation de logement, de l'allocation de rentrée scolaire, de l'allocation d'éducation spéciale et de ses compléments et des aides, allocations et prestations à caractère gracieux.

Art. 6 Les prêts des fonds de solidarité pour le logement ne portent pas intérêt.

Art. 7 Lorsque le département décide, en application de l'article 6-4 de la loi du 31 mai 1990 susvisée, de déléguer la gestion financière et comptable du fonds de solidarité pour le logement, il conclut avec le gestionnaire qu'il a choisi une convention qui fixe sa mission et sa rémunération ainsi que les conditions dans lesquelles les crédits du fonds sont mis à sa disposition.

Art. 8 L'agrément d'une association pour la gestion du fonds de solidarité pour le logement est accordé par le président du conseil général au vu de l'expérience de l'association en matière de logement et en matière financière et comptable et des moyens techniques et humains dont elle dispose. Une association ne peut être agréée que si elle établit chaque année un bilan, un compte de résultat et une annexe selon les modalités prévues à l'article L. 612-1 du code de commerce et si elle a désigné au moins un commissaire aux comptes et un suppléant selon les modalités fixées au même article. La mission du commissaire aux comptes s'étend aux comptes du fonds de solidarité pour le logement tenus par l'association.

Art. 9 La convention de création d'un fonds local mentionnée à l'article 7 de la loi du 31 mai 1990 susvisée peut prévoir que les communes et établissements publics de coopération intercommunale responsables d'un fonds local en délèguent la gestion financière et comptable. Le gestionnaire du fonds local ne peut être que le gestionnaire financier et comptable du fonds départemental de solidarité pour le logement.

Art. 10 I. – Lorsque la gestion financière et comptable est déléguée à un groupement d'intérêt public, celui-ci doit être un groupement du domaine de l'action sanitaire et sociale constitué en application du décret du 7 novembre 1988 susvisé.

II. – *V. Décr. n° 88-1034 du 7 nov. 1988, App., v° Organismes-Institutions.* – ***CASF.***

Art. 11 *V. CGCT, art. R. 1614-40-1 à R. 1614-40-4.* – **CGCT**.

Art. 12 *V. Décr. n° 2007-1688 du 29 nov. 2007, art. 1er à 15, App., v° Pauvreté et exclusion.*

Décret n° 2008-187 du 26 février 2008,

Relatif à la commission spécialisée de coordination des actions de prévention des expulsions locatives.

CHAPITRE PREMIER *Composition de la commission*

Art. 1er Sont membres de droit de la commission spécialisée de coordination des actions de prévention des expulsions locatives coprésidée par le préfet et le président du conseil général ou leurs représentants :

– le préfet ou son représentant ;

– le président du conseil général ou son représentant ;

– un représentant de chacun des organismes payeurs des aides personnelles au logement ;

– le maire de la commune, ou son représentant, sur le territoire de laquelle se trouve le logement des ménages concernés ;

– le président de l'établissement public de coopération intercommunale ou son représentant ayant conclu, en application de l'article L. 301-5-1 du code de la construction et de l'habitation, une convention avec l'État et sur le territoire duquel se trouvent les logements concernés.

Art. 2 Participent, à leur demande, à la commission spécialisée de coordination des actions de prévention des expulsions locatives, avec voix consultative, au moins un représentant :

– des bailleurs sociaux ;

– des propriétaires bailleurs privés ;

– des associations de locataires ;

– des associations dont l'un des objets est l'insertion ou le logement des personnes défavorisées ou la défense des personnes en situation d'exclusion par le logement ;

– des associations locales d'information sur le logement ;

– de la commission de surendettement des particuliers mentionnée aux articles L. 331-1 et suivants du code de la consommation.

Art. 3 Les membres de la commission sont nommés par le préfet et le président du conseil général pour la durée du plan départemental d'action pour le logement des personnes défavorisées, par arrêté commun publié, par le préfet, au recueil des actes administratifs de la préfecture et, par le président du conseil général, au recueil des actes administratifs du département.

CHAPITRE II *Fonctionnement de la commission*

Art. 4 Pour l'application de l'avant-dernière phrase du *d* de l'article 4 de la loi du 31 mai 1990 susvisée, une convention est conclue entre la commission spécialisée de coordination des actions de prévention des expulsions locatives et les organismes chargés dans le département du paiement de l'aide personnalisée au logement et de la prime de déménagement. La convention détermine notamment les conditions pratiques d'organisation des relations entre la commission et les organismes précités.

Art. 5 La commission, en tenant compte des orientations et objectifs de la charte de prévention des expulsions locatives prévue à l'article 121 de la loi du 29 juillet 1998 susvisée, formule des avis auprès des instances décisionnelles désignées ci-après :

– les organismes payeurs des aides personnelles au logement s'agissant du maintien ou de la suspension du versement de ces aides ;

– le fonds de solidarité pour le logement en matière d'aide financière ou d'accompagnement social ;

– le préfet, ou son délégataire, dans le cadre de l'exercice du droit de réservation des logements dans le département au profit des personnes prioritaires prévues à l'article L. 441-1 du code de la construction et de l'habitation.

Les avis de la commission sont pris à la majorité des voix des membres présents ou représentés.

Art. 6 La commission spécialisée de coordination des actions de prévention des expulsions locatives, en tenant compte des orientations et objectifs de la charte de prévention des expulsions locatives prévue à l'article 121 de la loi du 29 juillet 1998 susvisée, formule des recommandations auprès des personnes physiques et des organismes mentionnés ci-après :

– les bailleurs dont les locataires sont en situation d'impayés de loyer en vue d'envisager leur relogement dans des conditions mieux adaptées à leur situation financière ;

– les autres bailleurs, les réservataires de logements ou les instances spécialisées pouvant concourir au relogement des ménages de bonne foi à tout stade de la procédure d'expulsion ;

– les maires ou leurs représentants pour les ménages habitant des logements situés dans leurs communes respectives en vue d'assurer leur relogement ;

– les représentants des établissements publics de coopération intercommunale ou des communes responsables des fonds locaux du fonds de solidarité pour le logement s'agissant des ménages habitant des logements situés sur le territoire respectif de ces établissements ou communes pour aider les locataires en situation d'impayés à apurer leur dette et mettre en place des mesures d'accompagnement social adaptées à leur situation ;

– la commission de surendettement des particuliers afin qu'elle intègre dans ses propositions les plans d'apurement des dettes locatives ;

– les responsables du dispositif départemental en charge de l'hébergement visé au 8° de l'article L. 312-1 du code de l'action sociale et des familles pour les ménages expulsés qui ne sont manifestement pas en situation de se maintenir dans un logement autonome ou expulsés de mauvaise foi.

Art. 7 La commission est informée de la mise en œuvre des suites réservées aux avis qu'elle a émis et de leur suivi par les instances décisionnelles mentionnées à l'article 5 ainsi qu'aux recommandations qu'elle a formulées, par les personnes physiques et les organismes visés à l'article 6.

Art. 8 La commission rend compte de son activité devant le comité responsable du plan. A ce titre, elle établit chaque année un bilan de son activité qui comporte un bilan des suites réservées à ses avis et recommandations.

La commission peut, en outre, émettre toutes suggestions susceptibles d'améliorer les différents dispositifs et actions prévus par le plan départemental d'action pour le logement des personnes défavorisées et formuler tous avis ou suggestions en matière d'action générale susceptibles d'améliorer la prévention des expulsions, notamment dans le cadre de la charte de prévention des expulsions locatives.

Art. 9 La commission spécialisée de coordination des actions de prévention des expulsions locatives adopte un règlement intérieur qui traite :

– des modalités de saisine de la commission ;

– des modalités de traitement, d'instruction et de suivi des dossiers ;

– le cas échéant, du ou des lieux d'implantation de la commission afin de tenir compte de l'organisation territoriale des instances locales du plan départemental d'action pour le logement des personnes défavorisées prévues à l'article 4 de la loi du 31 mai 1990 susvisée.

Art. 10 La commission dispose d'un secrétariat qui peut être assuré par l'État, le conseil général, un organisme payeur des aides personnelles au logement ou un organisme dans lequel l'État et le conseil général sont membres de droit du conseil d'administration.

A l'issue de la réunion de chaque commission, le secrétariat adresse aux instances décisionnelles les avis émis par les membres de la commission.

Art. 11 L'instruction et le suivi des dossiers restent assurés par les services compétents de l'État, des organismes payeurs des aides personnelles au logement et du conseil général.

La commission peut toutefois décider de confier l'instruction et le suivi des dossiers à l'un des organismes payeurs des aides personnelles au logement, un organisme dans lequel l'État et le conseil général sont membres de droit du conseil d'administration ou à un groupement d'intérêt public du domaine de l'action sanitaire et sociale, constitué en application du décret du 7 novembre 1988 susvisé, ayant pour objet la mise en œuvre de tout ou partie des compétences énoncées chapitre Ier de la loi du 31 mai 1990 susvisée. Dans ce cas, les dispositions prévues à l'article 10 du décret du 2 mars 2005 susvisé s'appliquent.

Décret no 2010-817 du 14 juillet 2010,

Instituant un délégué interministériel pour l'hébergement et l'accès au logement des personnes sans abri ou mal logées.

Art. 1er Il est institué, auprès du Premier ministre, un délégué interministériel pour l'hébergement et l'accès au logement des personnes sans abri ou mal logées.

Art. 2 Le délégué interministériel est chargé d'assurer la coordination et le suivi de la mise en œuvre des priorités définies par le Gouvernement en matière d'hébergement et d'accès au logement des personnes sans abri ou mal logées.

Dans l'ensemble de ces domaines, il veille, en lien avec le représentant de l'État dans le département, à la coordination des interventions des différents services et organismes de l'État et à leur articulation avec celles des collectivités territoriales, des associations, des bailleurs sociaux et des professionnels de la construction avec lesquels il favorise le développement de partenariats.

Le délégué interministériel assure le secrétariat général du comité interministériel pour le développement de l'offre de logements et anime les travaux du pôle national de lutte contre l'habitat indigne.

Art. 3 Les départements ministériels concernés par la politique du logement et de l'hébergement des personnes sans abri ou mal logées mettent à la disposition du délégué interministériel les moyens nécessaires à l'accomplissement de sa mission.

Celui-ci peut en outre faire appel aux services et organismes placés sous l'autorité de ces ministères et, en tant que de besoin, aux établissements publics de l'État compétents ainsi qu'au représentant de l'État dans le département.

2 DROIT AU LOGEMENT OPPOSABLE

Code de justice administrative

PREMIÈRE PARTIE : ***LÉGISLATIVE***

CHAPITRE VIII *Le contentieux du droit au logement*

Art. L. 778-1 *(L. nº 2007-290 du 5 mars 2007, art. 9)* Le jugement des litiges relatifs à la garantie du droit au logement prévue par l'article L. 441-2-3 du code de la construction et de l'habitation est régi par l'article L. 441-2-3-1 du même code.

DEUXIÈME PARTIE : ***RÉGLEMENTAIRE***

CHAPITRE VIII *Le contentieux du droit au logement*

(Décr. nº 2008-1227 du 27 nov. 2008)

Art. R. 778-1 Sont présentées, instruites et jugées selon les dispositions du présent code, sous réserve des dispositions particulières du code de la construction et de l'habitation et des dispositions du présent chapitre :

1º Les requêtes introduites par les demandeurs reconnus par la commission de médiation prévue à l'article L. 441-2-3 du code de la construction et de l'habitation comme prioritaires et devant se voir attribuer un logement en urgence, en application des dispositions du II du même article, et qui n'ont pas, passé le délai mentionné à l'article R. 441-16-1 du même code, reçu une offre de logement tenant compte de leurs besoins et de leurs capacités ;

2º Les requêtes introduites par les demandeurs reconnus par la commission de médiation comme prioritaires pour un accueil dans une structure d'hébergement, un établissement ou logement de transition, un logement-foyer ou une résidence hôtelière à vocation sociale, en application des dispositions du III *(Décr. nº 2009-400 du 10 avr. 2009)* « ou du IV » de l'article L. 441-2-3 du code de la construction et de l'habitation, et qui n'ont pas, passé le délai mentionné à l'article R. 441-18 du même code, été accueillis dans l'une de ces structures, logements ou établissements ;

3º Les requêtes introduites par les demandeurs qui, en l'absence de commission de médiation, ont saisi le préfet en application du quatrième alinéa du I de l'article L. 441-2-3-1 du code de la construction et de l'habitation et qui n'ont pas, passé le délai prévu par l'article R. 441-17 du même code, reçu une offre de logement tenant compte de leurs besoins et de leurs capacités.

Code de justice administrative

Art. R. 811-1 Toute partie présente dans une instance devant le tribunal administratif ou qui y a été régulièrement appelée, alors même qu'elle n'aurait produit aucune défense, peut interjeter appel contre toute décision juridictionnelle rendue dans cette instance. – *[C. trib. adm., art. R. 228].*

(Décr. nº 2003-543 du 24 juin 2003, art. 11-II) « Toutefois, dans les litiges énumérés aux 1º, 4º, 5º, 6º, 7º, 8º et 9º de l'article R. 222-13, le tribunal administratif statue en premier et dernier ressort. Il en va de même pour les litiges visés aux 2º et 3º de cet article, sauf pour les recours comportant des conclusions tendant au versement ou à la décharge de sommes d'un montant supérieur au montant déterminé par les articles R. 222-14 et R. 222-15. Cette disposition ne fait pas obstacle à l'application des articles R. 533-1 et R. 541-3.

« Par dérogation aux dispositions de l'alinéa précédent, en cas de connexité avec un litige susceptible d'appel, les décisions portant sur les actions visées au 7º peuvent elles-mêmes faire l'objet d'un appel. » *(Décr. nº 2006-1708 du 23 déc. 2006, en vigueur le 1er janv. 2007)* « Il en va de même pour les décisions statuant sur les recours en matière de taxe foncière lorsqu'elles statuent également sur des conclusions relatives à la taxe professionnelle, à la demande du même contribuable, et que les deux impositions reposent, en tout ou partie, sur la valeur des mêmes biens appréciée la même année. »

(Décr. nº 2008-1227 du 27 nov. 2008) « Le tribunal administratif statue en premier et dernier ressort sur les requêtes mentionnées à l'article R. 778-1. »

Art. R. 778-2 Les requêtes mentionnées à l'article R. 778-1 sont présentées dans un délai de quatre mois à compter de l'expiration des délais prévus aux articles R. 441-16-1, R. 441-17 et R. 441-18 du code de la construction et de l'habitation. Ce délai n'est toutefois opposable au requérant que s'il a été informé, dans la notification de la décision de la commission de médiation ou dans l'accusé de réception de la demande adressée au préfet en l'absence de commission de médiation, d'une part, de celui des délais mentionnés aux articles R. 441-16-1, R. 441-17 et R. 441-18 de ce code qui était applicable à sa demande et, d'autre part, du délai prévu par le présent article pour saisir le tribunal administratif.

A peine d'irrecevabilité, les requêtes doivent être accompagnées, sauf impossibilité justifiée, soit de la décision de la commission de médiation dont se prévaut le requérant, soit, en l'absence de commission, d'une copie de la demande adressée par le requérant au préfet.

Décret nº 2008-1227 du 27 novembre 2008,

Relatif au contentieux du droit au logement opposable.

Art. 3 Par dérogation aux dispositions de l'article R. 778-2 du code de justice administrative, les requêtes mentionnées à l'article R. 778-1 de ce code doivent être présentées au plus tard le *(Décr. nº 2009-400 du 10 avr. 2009)* « 31 décembre 2009 *[Ancienne rédaction : 30 avril 2009]* » lorsque le requérant se prévaut d'une décision de la commission de médiation rendue avant le 1er janvier 2009 ou, en l'absence de commission, a saisi le préfet d'une demande de logement avant cette date et qu'il n'a pas bénéficié de l'information prévue à l'article R. 441-18-2 du code de la construction et de l'habitation.

Art. R. 778-3 Les jugements sont rendus par le président du tribunal administratif ou le magistrat qu'il désigne à cet effet, qui doit avoir atteint au moins le grade de premier conseiller ou une ancienneté de deux ans. Sauf mention expresse contraire dans la décision de désignation, les magistrats désignés au titre de l'article R. 222-13 assurent également ces fonctions.

Art. R. 778-4 Le président du tribunal administratif ou le magistrat qu'il désigne à cet effet statue dans le délai prévu à l'article L. 441-2-3-1 du code de la construction et de l'habitation.

Les décisions prises pour l'instruction des affaires sont notifiées aux parties par tous moyens.

Le président du tribunal administratif ou le magistrat qu'il désigne à cet effet peut, dès l'enregistrement de la requête, par une décision qui tient lieu d'avis d'audience, fixer la date à laquelle l'affaire sera appelée à l'audience.

L'avis d'audience ou la décision prévue à l'alinéa précédent reproduit les dispositions des articles R. 731-1, R. 731-2, R. 731-3, R. 732-1 et R. 732-2 en précisant que l'audience, sauf renvoi à une formation collégiale, se déroule sans conclusions du *(Décr. nº 2009-14 du 7 janv. 2009, en vigueur le 1er févr. 2009)* « rapporteur public ».

Art. R. 778-5 Le juge statue au terme d'une procédure contradictoire écrite ou orale.

Dès qu'il reçoit notification de la requête, le préfet communique au tribunal administratif l'ensemble du dossier constitué pour l'instruction de la demande

correspondante, tant devant la commission départementale de médiation que pour donner suite à la décision de celle-ci.

L'instruction est close soit après que les parties ou leurs mandataires ont formulé leurs observations orales, soit, si ces parties sont absentes ou ne sont pas représentées, après appel de leur affaire à l'audience. *(Décr. nº 2010-164 du 22 févr. 2010, art. 31)* **« Toutefois, afin de permettre aux parties de verser des pièces complémentaires, le juge peut décider de différer la clôture de l'instruction à une date postérieure dont il les avise par tous moyens. »**

L'instruction est rouverte en cas de renvoi à une autre audience.

Les dispositions du Décr. nº 2010-164 du 22 févr. 2010 sont applicables sur l'ensemble du territoire de la République (Décr. préc., art. 56).

Art. R. 778-6 **Les dispositions des articles R. 522-4, R. 522-7, R. 522-9 et R. 522-11 à R. 522-13 sont applicables.**

Art. R. 778-7 *(Décr. nº 2009-400 du 10 avr. 2009)* **A la demande du requérant, la personne assurant l'assistance prévue au deuxième alinéa du I de l'article L. 441-2-3-1 du code de la construction et de l'habitation peut être entendue lors de l'audience.**

Art. R. 778-8 *(Décr. nº 2012-415 du 23 mars 2012, art. 3)* **« Lorsque le président du tribunal administratif ou le magistrat désigné à cet effet constate, d'office ou sur la saisine du requérant, que l'injonction prononcée n'a pas été exécutée, il procède à la liquidation de l'astreinte en faveur du fonds prévu à l'article L. 300-2 du code de la construction et de l'habitation. »**

(Décr. nº 2010-164 du 22 févr. 2010, art. 31) **« Le président du tribunal administratif ou le magistrat désigné à cet effet peut statuer par ordonnance, dans les conditions prévues par le chapitre II du titre IV du livre VII du présent code, après avoir invité les parties à présenter leurs observations sur l'exécution de l'injonction prononcée.**

« Il liquide l'astreinte en tenant compte de la période pendant laquelle, postérieurement à l'expiration du délai imparti par le jugement, l'injonction est demeurée inexécutée par le fait de l'administration. Il peut, eu égard aux circonstances de l'espèce, modérer le montant dû par l'État voire, à titre exceptionnel, déclarer qu'il n'y a pas lieu de liquider l'astreinte. »

Les dispositions du Décr. nº 2010-164 du 22 févr. 2010 sont applicables sur l'ensemble du territoire de la République (Décr. préc., art. 56).

Loi nº 2007-290 du 5 mars 2007,

Instituant le droit au logement opposable et portant diverses mesures en faveur de la cohésion sociale.

Art. 12 **Avant le 1er octobre 2010, le** *(L. nº 2010-704 du 28 juin 2010, art. 21)* **« Conseil économique, social et environnemental » remet au président de la République et au Parlement un rapport d'évaluation relatif à la mise en œuvre du chapitre Ier de la présente loi.**

Art. 13 **Il est institué un comité de suivi de la mise en œuvre du droit au logement opposable. Ce comité associe, dans des conditions prévues par décret** *[V. Décr. nº 2007-295 du 5 mars 2007 ci-dessous]*, **le Haut comité pour le logement des personnes défavorisées, les associations représentatives d'élus locaux et les associations et organisations œuvrant dans le domaine du logement ainsi que celles œuvrant dans le domaine de l'insertion.**

Le comité de suivi de la mise en œuvre du droit au logement opposable remet un rapport annuel au président de la République, au Premier ministre et au Parlement. Le premier rapport est remis le 1er octobre 2007.

Décret no 2007-295 du 5 mars 2007,

Instituant le comité de suivi de la mise en œuvre du droit au logement opposable.

Art. 1er Le comité de suivi de la mise en œuvre du droit au logement opposable est institué auprès du ministre chargé du logement.

Ce comité a pour mission de formuler toute proposition relative à la mise en œuvre du droit au logement opposable, institué par la loi du 5 mars 2007 susvisée.

Il donne son avis sur toute question dont le Gouvernement le saisit.

Il élabore chaque année un rapport qu'il remet au président de la République, au Premier ministre et au Parlement.

Art. 2 Le comité comprend :

a) Les membres et le secrétaire général du Haut Comité pour le logement des personnes défavorisées institué par le décret du 22 décembre 1992 susvisé ;

(Décr. no 2007-1354 du 13 sept. 2007) « *b)* Le président du Conseil national de l'habitat ;

« *c)* » Un membre du *(L. no 2010-704 du 28 juin 2010, art. 21)* « Conseil économique, social et environnemental » ;

(Décr. no 2008-567 du 18 juin 2008) « *d)* Deux membres représentant respectivement :

« – le Conseil national des politiques de lutte contre la pauvreté et l'exclusion sociale ;

« – l'Observatoire national de la pauvreté et de l'exclusion sociale. »

(Décr. no 2008-567 du 18 juin 2008) « *e)* » Six membres représentant respectivement :

– l'Association des maires de France ;

– l'Association des départements de France ;

– l'Association des régions de France ;

– l'Association des maires des grandes villes de France ;

– l'Assemblée des communautés de France ;

– l'Association des communautés urbaines de France ;

(Décr. no 2008-567 du 18 juin 2008) « *f)* Trente-sept membres représentant respectivement : »

– l'Union d'économie sociale pour le logement ;

– l'Union sociale pour l'habitat ;

– la *(Décr. no 2010-1275 du 27 oct. 2010)* « Fédération des entreprises publiques locales » ;

– l'Agence nationale de l'habitat ;

– l'Union nationale de la propriété immobilière ;

– la Fédération nationale des centres PACT-ARIM ;

– la Fédération nationale habitat et développement ;

– l'Union nationale interfédérale des œuvres et organismes privés sanitaires et sociaux ;

– la Fédération nationale des associations d'accueil et de réinsertion sociale ;

– l'Union nationale des associations familiales ;

– l'Union nationale des centres communaux d'action sociale ;

– la Fédération des comités et organismes d'aide aux chômeurs par l'emploi.

(Décr. no 2007-1354 du 13 sept. 2007) « – la Confédération nationale du logement ;

« – la Confédération générale du logement ;

« – la Confédération syndicale des familles ; »

(Décr. no 2008-567 du 18 juin 2008) « – la Confédération de la consommation, du logement et du cadre de vie » ;

(Décr. no 2007-1354 du 13 sept. 2007) « – l'association Force ouvrière consommateurs ;

« – l'association Droit au logement ;

« – la Fédération des associations pour la promotion et l'insertion par le logement ;

« – la Fondation Abbé Pierre ; »

(Décr. no 2008-567 du 18 juin 2008) « – la plate-forme Pour un droit au logement opposable ;

« – Les Enfants de Don Quichotte ;

« – Emmaüs France ;

« – la Croix-Rouge française ;

« – le Secours catholique ;
« – l'association des cités du Secours catholique ;
« – la Fédération nationale de l'entraide protestante ;
« – le Secours populaire français ;
« – la Fondation de l'Armée du salut ;
« – Médecins du monde ;
« – ATD Quart-Monde ;
« – Œuvres hospitalières françaises de l'ordre de Malte ;
« – la Fédération nationale de protection civile ;
« – l'Union nationale des associations gestionnaires de foyers de travailleurs migrants et de résidences sociales ;
« – France terre d'asile ;
« – le collectif “Les Morts de la rue” ;
« – la Fédération nationale des samus ***[SAMU]*** sociaux.
« Peuvent assister en tant que de besoin aux réunions du comité des représentants :
« – du ministre chargé du logement ;
« – du ministre chargé de l'action sociale ;
« – du garde des sceaux, ministre de la justice ;
« – du ministre de l'intérieur ;
« – du » *(Décr. nº 2010-1275 du 27 oct. 2010)* « ministre chargé de l'immigration » ;
(Décr. nº 2008-567 du 18 juin 2008) « – du ministre chargé de l'outre-mer. »

Art. 3 Les membres mentionnés aux *(Décr. nº 2008-567 du 18 juin 2008)* « *c, d, e* et *f* » de l'article 2 sont nommés, sur désignation de l'organisme qu'ils représentent, par arrêté du ministre chargé du logement. Des suppléants sont nommés en nombre égal et dans les mêmes conditions que les titulaires.

Le mandat de ces membres titulaires et suppléants est de cinq ans.

Art. 4 Le comité est présidé par le président du Haut Comité pour le logement des personnes défavorisées.

Art. 5 Les fonctions de président et de membre du comité sont gratuites. Les frais de déplacement sont remboursés dans les conditions prévues par le décret du 3 juillet 2006 susvisé.

Art. 6 Le secrétariat du comité est assuré par la *(Décr. nº 2010-1275 du 27 oct. 2010)* « direction générale de l'aménagement, du logement et de la nature ».

ÉNERGIE

1 AGENCE DE L'ENVIRONNEMENT ET DE LA MAÎTRISE DE L'ÉNERGIE

Code de l'environnement

PREMIÈRE PARTIE : ***LÉGISLATIVE***

(Ord. nº 2000-914 du 18 sept. 2000)

LIVRE PREMIER **Dispositions communes**

TITRE III **Institutions**

BIBL. GÉN. ▸ ADNOT, L'Agence de l'environnement : la grande illusion, Rapport d'information au nom de la commission des finances, *Sénat Doc. 2001, nº 236.* – CALAMAFTE-DOGUET, Les établissements publics à caractère scientifique et technologique, *AJDA 2002. 569* ✎. – COCHET,

Quelle agence pour l'environnement ?, *Combat-Nature, nov. 1991, n° 95.* - DROBENKO (dir.), Structures intercommunales et environnement, *Les cahiers du CRIDEAU n° 14, Pulim 2006.* - FABERON, Droit de la maîtrise de l'énergie, *RJ envir. 1990. 197, 1991. 355 et 1993. 239* ; L'agence de l'environnement et de la maîtrise de l'énergie, *ibid. 1991. 153.* - HECQUARD-THÉRON, La contractualisation des actions et des moyens publics d'intervention, *AJDA 1993. 451* . - PEYRICAL, Les contrats de prestation entre collectivités publiques : réflexions et interrogations, *AJDA 2000. 581* . - ROMI, Les réformes de l'administration de l'environnement en 1990, *RD publ. 1991. 1089* ; Le décret du 26 juillet 1991 relatif à l'agence de l'environnement et de la maîtrise de l'énergie : un retard injustifiable pour un texte sans surprises, *LPA 6 déc. 1991, n° 146.*

▸ **Sur la création de l'Agence européenne pour l'environnement,** V. Rép. min. BOSSON et RAOULT, *JOAN Q, 25 mars 1991, p. 1216.*

CHAPITRE PREMIER *Institutions intervenant dans le domaine de la protection de l'environnement*

SECTION I *Agence de l'environnement et de la maîtrise de l'énergie*

Art. L. 131-3 I. – L'Agence de l'environnement et de la maîtrise de l'énergie est un établissement public de l'État à caractère industriel et commercial.

II. – Cet établissement public exerce des actions, notamment d'orientation et d'animation de la recherche, de prestation de services, d'information et d'incitation dans chacun des domaines suivants :

1° La prévention et la lutte contre la pollution de l'air ;

2° La limitation de la production de déchets, leur élimination, leur récupération et leur valorisation, la protection des sols et la remise en état des sites pollués ;

3° Le réaménagement et la surveillance d'une installation de stockage de déchets ultimes autorisée après le 14 juillet 1992, lorsque ces opérations sont rendues nécessaires du fait d'une défaillance ou d'une insuffisance des garanties de l'exploitant ;

4° La réalisation d'économies d'énergie et de matières premières et le développement des énergies renouvelables, notamment d'origine végétale ;

5° Le développement des technologies propres et économes ;

6° La lutte contre les nuisances sonores.

III. – L'Agence coordonne ses actions avec celles menées par les agences de l'eau dans des domaines d'intérêt commun.

IV. – Pour accomplir ses missions, l'agence dispose d'une délégation dans chaque région.

Art. L. 131-4 Le conseil d'administration de l'agence est composé :

1° De représentants de l'État ;

2° De membres du Parlement ;

3° De représentants de collectivités territoriales ;

4° De personnalités qualifiées, de représentants d'associations de protection de l'environnement agréées au titre de l'article L. 141-1 et de représentants de groupements professionnels intéressés ;

5° De représentants du personnel dans les conditions définies au deuxième alinéa de l'article 4 de la loi n° 83-675 du 26 juillet 1983 relative à la démocratisation du secteur public.

Art. L. 131-5 L'agence est dotée d'un conseil scientifique dont la composition est arrêtée conjointement par les ministres chargés de l'environnement, de la recherche et de l'industrie.

Art. L. 131-5-1 *(L. n° 2012-1509 du 29 déc. 2012, art. 39-III-1°, en vigueur le 1er janv. 2013)* Le produit de la taxe mentionnée à l'article 266 *sexies* du code des douanes est affecté, dans la limite du plafond prévu au I de l'article 46 de la loi n° 2011-1977 du 28 décembre 2011 de finances pour 2012, à l'Agence de l'environnement et de la maîtrise de l'énergie.

Art. L. 131-6 L'agence peut attribuer des subventions et consentir des avances remboursables.

Elle peut percevoir notamment des redevances sur les inventions et procédés nouveaux auxquels elle a contribué, des redevances pour service rendu et le produit de taxes.

Art. L. 131-7 Un décret en Conseil d'État fixe les conditions d'application des articles L. 131-3 à L. 131-6. – *V. art. R. 131-1 s.*

DEUXIÈME PARTIE : ***RÉGLEMENTAIRE***

LIVRE PREMIER **Dispositions communes**

(Décr. nº 2005-934 du 2 août 2005 ; Décr. nº 2005-935 du 2 août 2005)

TITRE III **Institutions**

CHAPITRE PREMIER ***Institutions intervenant dans le domaine de la protection de l'environnement***

SECTION I ***Agence de l'environnement et de la maîtrise de l'énergie***

SOUS-SECTION 1 *Dispositions générales*

Art. R. 131-1 *(Décr. nº 2009-603 du 28 mai 2009)* L'Agence de l'environnement et de la maîtrise de l'énergie, ci-après dénommée "l'agence", est placée sous la tutelle des ministres chargés de l'environnement, de l'énergie et de la recherche.

Art. R. 131-2 Dans le cadre de la politique définie par le Gouvernement *(Décr. nº 2009-603 du 28 mai 2009)* « notamment de lutte contre le changement climatique et d'adaptation aux conséquences de ce changement », l'agence a pour mission de susciter, animer, coordonner, faciliter et, le cas échéant, réaliser toutes opérations ayant pour objet :

1º La prévention et la lutte contre la pollution de l'air ;

2º La limitation de la production de déchets, leur élimination, leur récupération et leur valorisation, et la protection des sols et la remise en état des sites pollués ;

3º Le réaménagement et la surveillance d'une installation de stockage de déchets ultimes, autorisée après le 14 juillet 1992, lorsque ces opérations sont rendues nécessaires du fait d'une défaillance ou d'une insuffisance de garantie de l'exploitant ;

4º La réalisation d'économies d'énergie et de matières premières et le développement des énergies renouvelables, notamment d'origine végétale ;

5º Le développement des technologies propres et économes ;

6º La lutte contre les nuisances sonores.

Art. R. 131-3 I. – Dans les domaines d'activité énumérés à l'article R. 131-2, l'agence est habilitée à entreprendre, notamment, les actions suivantes :

1º L'orientation et l'animation de la recherche technologique ;

2º L'orientation et l'animation d'actions de formation initiale et continue ;

3º Le développement, la démonstration et la diffusion de techniques applicables ;

4º L'exécution de tous travaux, la construction ou l'exploitation d'ouvrages se rapportant à son objet ;

(Décr. nº 2009-603 du 28 mai 2009) « 5º La gestion de dispositifs incitatifs visant à orienter les choix des acteurs économiques vers des produits moins polluants et plus économes en énergies ; » – *Les 5º, 6º et 7º deviennent les 6º, 7º et 8º (Décr. nº 2009-603 du 28 mai 2009, art. 3-I).*

6º Le recueil de données ;

7º L'information et le conseil aux personnes publiques et privées ;

8º La participation à l'élaboration et à la mise en œuvre d'accords de coopération internationale et la gestion de crédits de coopération internationale.

II. – Elle peut effectuer toutes études et recherches et exécuter tous travaux se rapportant à son objet ou contribuer à de telles actions.

III. – Elle peut attribuer des subventions et consentir des avances remboursables aux personnes publiques et privées ainsi que prendre des participations financières se rapportant à son objet.

IV. – Elle informe les administrations concernées, et notamment les agences de l'eau, de ses projets et reçoit de leur part les informations nécessaires à son action, notamment celles recueillies en application des textes législatifs et réglementaires en vigueur.

(Décr. nº 2009-603 du 28 mai 2009) « V. – Pour assurer ses missions sur l'ensemble du territoire, l'agence peut conclure une convention avec les ministres chargés de l'environnement et de l'énergie qui prévoit notamment les modalités de collaboration entre les services centraux et déconcentrés de ces ministres et l'agence. Cette convention peut être complétée par des accords précisant les dispositions d'application régionales définies entre le président de l'agence et les préfets de région. »

SOUS-SECTION 2 *Administration de l'agence*

Art. R. 131-4 *(Décr. nº 2009-603 du 28 mai 2009)* L'agence est administrée par un conseil d'administration de vingt-six membres comprenant :

1º Un représentant du Sénat et un représentant de l'Assemblée nationale désignés par chacune de ces assemblées ;

2º Dix représentants de l'État nommés par décret pris sur le rapport des ministres de tutelle, soit :

a) Deux sur proposition du ministre chargé de l'environnement ;

b) Un sur proposition du ministre chargé de l'énergie ;

c) Un sur proposition du ministre chargé de la recherche ;

d) Un sur proposition du ministre chargé de l'industrie ;

e) Un sur proposition du ministre chargé du logement ;

f) Un sur proposition du ministre chargé de l'agriculture ;

g) Un sur proposition du ministre chargé du budget ;

h) Un sur proposition du ministre chargé de l'intérieur ;

i) Le délégué interministériel au développement durable ;

3º Trois représentants des collectivités territoriales nommés par décret pris sur le rapport des ministres de tutelle, après avis du ministre chargé des collectivités territoriales ;

4º Cinq personnalités qualifiées ou représentants d'associations de protection de l'environnement agréées au titre de l'article L. 141-1 ou représentants de groupements professionnels intéressés, dont trois au titre de l'environnement et deux au titre de l'énergie nommés par décret pris sur le rapport des ministres de tutelle ;

5º Six représentants des salariés élus conformément aux dispositions du décret nº 83-1160 du 26 décembre 1983 portant application de la loi nº 83-675 modifiée relative à la démocratisation du secteur public.

Les membres du conseil d'administration de l'agence en fonction à la date d'entrée en vigueur du présent décret et dont le siège n'est pas affecté par les modifications apportées à l'art. R. 131-4 conservent leur mandat jusqu'à son terme dans les conditions prévues à l'art. R. 131-5. Le président en fonction à la date de publication du présent décret conserve son mandat jusqu'à cette même date. – Le mandat des membres nommés en application du présent décret prend fin à la même date que le mandat des membres maintenus en fonction en application de l'alinéa précédent (Décr. nº 2009-603 du 28 mai 2009, art. 10).

Art. R. 131-5 La durée du mandat des membres du conseil d'administration est de cinq ans. Ce mandat est renouvelable une fois. Le mandat des membres désignés en raison des fonctions qu'ils exercent prend fin à l'expiration de celles-ci. En cas de vacance par suite de démission ou pour toute autre cause, il est pourvu à la désignation du ou des nouveaux membres dans le délai de trois mois. Tout membre désigné pour remplacer un membre du conseil exerce son mandat jusqu'à l'expiration du mandat de son prédécesseur.

Art. R. 131-6 I. – Sur proposition du conseil d'administration, son président est nommé parmi ses membres par décret pris sur le rapport des ministres *(Décr. nº 2009-603 du 28 mai 2009)* « de tutelle ».

II. – Le président du conseil d'administration assure l'exécution des délibérations du conseil d'administration.

III. – Dans le cadre des règles définies par le conseil d'administration, il a qualité pour :

1° Représenter l'agence dans tous les actes de la vie civile, dans ses rapports avec les tiers et dans les relations internationales ;

2° Passer au nom de l'agence tous actes, contrats ou marchés ;

3° Procéder à toutes acquisitions, tout dépôt ou cession de brevets ou de licences ;

4° Représenter l'agence en justice et conclure toutes transactions ;

5° Déterminer l'emploi des fonds disponibles et le placement des réserves, procéder à toutes acquisitions, aliénations et transferts de valeurs ;

6° Procéder à tous achats, ventes ou locations d'immeubles, contracter tous emprunts, constituer nantissement ou hypothèque.

(Décr. n° 2009-603 du 28 mai 2009) « Il informe le commissaire du Gouvernement et le membre du corps du contrôle général économique et financier des actes pris dans le cadre du 5°. »

IV. – Le président du conseil d'administration a autorité sur les services de l'agence et en dirige l'action. À ce titre :

1° Il met en œuvre les programmes opérationnels confiés à l'agence ;

2° Il prend les décisions relatives à l'organisation et au fonctionnement des services ;

3° Il nomme et révoque le personnel de l'agence et a autorité sur lui ;

4° Il est ordonnateur principal des recettes et des dépenses.

V. – Le président du conseil d'administration peut, dans des conditions définies par le conseil d'administration, déléguer une partie de ses pouvoirs à un ou plusieurs directeurs généraux délégués nommés par lui. Il peut déléguer sa signature.

Art. R. 131-7 Les membres du conseil d'administration bénéficient du remboursement, dans les conditions fixées par le décret n° 90-437 du 28 mai 1990 modifié fixant les conditions et les modalités de règlement des frais de déplacement des personnels civils sur le territoire métropolitain de la France lorsqu'ils sont à la charge des budgets de l'État, des établissements publics nationaux à caractère administratif et de certains organismes subventionnés, des frais de déplacement ou de séjour effectivement supportés par eux dans l'exercice de leurs fonctions.

Art. R. 131-8 Le conseil d'administration se réunit au moins quatre fois par an sur convocation de son président et examine toute question inscrite à l'ordre du jour par le président ou par le conseil statuant à la majorité simple. En outre, le président réunit le conseil sur la demande du commissaire du Gouvernement. Le conseil d'administration peut également être convoqué sur la demande du tiers de ses membres dans les conditions prévues au deuxième alinéa de l'article 8 de la loi n° 83-675 du 26 juillet 1983 relative à la démocratisation du secteur public.

Le conseil ne délibère valablement que si la moitié au moins de ses membres sont présents ou représentés par un autre membre du conseil d'administration, un membre du conseil ne pouvant représenter qu'un seul autre membre et sous réserve que celui-ci appartienne à la même catégorie, mentionnée par les 1° à 5° de l'article R. 131-4. Si ce quorum n'est pas atteint, le conseil est à nouveau convoqué avec le même ordre du jour dans un délai de vingt jours : il délibère alors sans condition de quorum.

Les délibérations du conseil sont prises à la majorité des membres présents ou représentés ; en cas de partage égal des voix, celle du président est prépondérante.

Le commissaire du Gouvernement assiste au conseil d'administration avec voix consultative. En cas d'empêchement, il peut se faire représenter par un fonctionnaire placé sous son autorité.

Le *(Décr. n° 2012-1247 du 7 nov. 2012, art. 2)* « contrôleur budgétaire » et l'agent comptable assistent en personne au conseil d'administration avec voix consultative. Le président peut appeler à participer aux séances, avec voix consultative, toute autre personne dont il juge la présence utile.

Le conseil d'administration arrête son règlement intérieur.

Art. R. 131-9 I. – Le conseil d'administration règle par ses délibérations les affaires de l'agence. Ses délibérations portent notamment sur les objets suivants :

1° L'organisation générale de l'agence ;

(Décr. n° 2009-603 du 28 mai 2009) « 2° Le contrat d'objectifs pluriannuel et la convention mentionnée au V de l'article R. 131-3 ; » – *Les 2° à 15° deviennent les 3° à 16° (Décr. n° 2009-603 du 28 mai 2009, art. 5).*

3° Le programme d'activité de l'agence ;

4° *(Décr. n° 2012-1247 du 7 nov. 2012, art. 2)* « Le budget » et les décisions modificatives ;

5° Le rapport annuel d'activité ;

6° Le compte financier et les bilans annuels ;

7° La détermination et l'affectation des résultats ;

8° Les prises, extensions ou cessions de participations financières ;

9° L'approbation des projets de construction, d'achat ou de vente d'immeubles, de constitution d'hypothèques ou de droits réels ;

10° Le régime des contrats et conventions passés par l'agence ;

11° Les conditions générales d'attribution de subventions ou d'avances remboursables aux personnes publiques ou privées ;

12° L'acceptation ou le refus des dons et legs ;

13° Les emprunts ;

14° Les conditions générales de recrutement, d'emploi et de rémunération du personnel ;

15° Les actions en justice et les transactions ;

16° Toutes questions se rapportant à l'objet de l'agence qui lui sont soumises par l'un des ministres de tutelle.

II. – *(Décr. n° 2009-603 du 28 mai 2009)* « Le conseil d'administration fixe également :

« 1° Les montants au-dessus desquels les décisions d'octroi de subventions, contrats, conventions ou marchés, autres que ceux visés aux 9° et 13° du I, ne peuvent être passés qu'avec son autorisation ;

« 2° Les modalités et critères d'attribution des concours financiers de l'agence pour chaque type d'opération. Le conseil fixe en outre les modalités et seuils de saisine des commissions nationales des aides mentionnées à l'article R. 131-15 et des commissions régionales des aides mentionnées à l'article R. 131-18. »

Art. R. 131-10 Les délibérations du conseil d'administration sont transmises par son président au commissaire du Gouvernement, au membre du corps du contrôle général économique et financier et aux ministres de tutelle. Elles sont exécutoires de plein droit si le commissaire du Gouvernement ou le membre du corps du contrôle général économique et financier n'y ont pas fait opposition dans les *(Décr. n° 2009-603 du 28 mai 2009)* « quatorze » jours qui suivent la réception des délibérations.

S'il forme opposition, le commissaire du Gouvernement ou le membre du corps du contrôle général économique et financier en réfère immédiatement, suivant le cas, aux ministères de tutelle ou au ministre chargé du budget, qui doivent se prononcer dans un délai d'un mois. A défaut de décision notifiée dans ce délai, la délibération est exécutoire.

(Décr. n° 2009-603 du 28 mai 2009) « Toutefois, lorsqu'elles portent sur l'organisation générale de l'agence ainsi que sur son programme d'activité et sur les conditions générales d'attribution des subventions, les délibérations ne sont exécutoires qu'après avoir été approuvées par les ministres de tutelle. A défaut d'opposition de l'un des ministres de tutelle dans le délai d'un mois à compter de leur réception, ces délibérations sont réputées approuvées. »

(Décr. n° 2012-1247 du 7 nov. 2012, art. 31) « Les délibérations portant sur le budget et le compte financier sont exécutoires dans les conditions prévues par le titre III du décret n° 2012-1246 du 7 novembre 2012 relatif à la gestion budgétaire et comptable publique. »

Art. R. 131-11 *(Décr. nº 2009-603 du 28 mai 2009)* « Le commissaire du Gouvernement auprès de l'agence est le secrétaire général du ministère chargé de l'environnement ou son représentant. »

Il peut à tout moment se faire communiquer tous documents, pièces ou archives et procéder ou faire procéder à toutes vérifications. Il fait connaître l'avis du Gouvernement sur les problèmes évoqués.

Il peut assister ou se faire représenter par un fonctionnaire placé sous son autorité aux séances du conseil scientifique, de la commission des marchés et des commissions nationales des aides.

Art. R. 131-12 Le directeur scientifique est nommé par le président du conseil d'administration. Il veille à la définition et à la coordination des actions de l'agence en matière scientifique. Il assiste aux réunions du conseil scientifique et en assure le secrétariat.

Il présente au conseil d'administration le rapport sur l'état des connaissances scientifiques et techniques mentionné à l'article R. 131-13.

Art. R. 131-13 Le conseil scientifique est composé de quinze membres au plus, nommés pour cinq ans par arrêté conjoint des ministres chargés de la recherche, de l'environnement et de l'énergie.

Son président est nommé en son sein par arrêté conjoint de ces ministres.

Le président du conseil d'administration peut assister aux séances du conseil scientifique.

Le conseil scientifique est consulté sur les programmes d'études et de recherches entrepris par l'agence ou dans lesquels celle-ci intervient. Il formule toutes propositions concernant le développement de la recherche.

Ses avis sont communiqués au conseil d'administration et aux ministres chargés de l'énergie, de l'environnement et de la recherche.

Chaque année, un rapport, préparé par le directeur scientifique, sur l'état des connaissances scientifiques et techniques lui est soumis en même temps que le rapport d'activité prévu au 4º du I de l'article R. 131-9.

Art. R. 131-14 Une commission des marchés est chargée de formuler un avis préalablement à la passation par l'agence de contrats et marchés de toute nature, dès lors qu'ils sont destinés à l'acquisition de biens, produits ou services, et que leur montant dépasse un seuil fixé par arrêté conjoint des ministres chargés de l'économie, du budget, de l'environnement, de l'énergie et de la recherche. Un arrêté conjoint des mêmes ministres fixe la composition et les modalités de fonctionnement de cette commission.

Art. R. 131-15 I. – Dans les domaines d'activité définis à l'article R. 131-2, le conseil d'administration institue des commissions nationales des aides dont il fixe les compétences respectives. Dans le domaine d'activité qui lui est assigné, chaque commission :

1º Est saisie pour avis des orientations stratégiques de l'agence et des programmes d'action pluriannuels destinés à les mettre en œuvre ; elle est tenue informée au moins une fois par an de leur état d'avancement et des résultats de leurs évaluations ;

2º Est saisie pour avis des modalités et critères d'attribution des concours financiers de l'agence pour chaque type d'opération, ainsi que des dépenses prévisionnelles correspondantes ;

3º Délibère préalablement aux décisions d'attribution de concours financiers, lorsque ceux-ci dépassent un seuil déterminé pour chaque type d'opération par le conseil d'administration en application du 2º du II de l'article R. 131-9.

II. – Le conseil d'administration arrête la composition des commissions nationales des aides et précise leurs modalités de fonctionnement, notamment en ce qui concerne la périodicité des séances et les conditions de quorum.

Chacune d'elles a pour président le président du conseil d'administration ou un membre du personnel de l'agence désigné par lui. Elle comprend un représentant de chacun des ministres de tutelle ainsi que du ministre chargé du budget et des ministres concernés par son domaine d'activité.

Elle comprend en outre entre huit et douze personnalités désignées par le conseil d'administration pour une durée de cinq ans soit en fonction de leur compétence, soit en tant que représentants des collectivités territoriales, des activités professionnelles concernées ou des associations agréées de protection de l'environnement, de défense des consommateurs ou de surveillance de la qualité de l'air. Chaque personnalité peut se faire remplacer par un membre suppléant, désigné dans les mêmes conditions que le titulaire.

(Décr. n° 2012-1247 du 7 nov. 2012, art. 2) « Le contrôleur budgétaire » et l'agent comptable assistent à titre consultatif aux séances des commissions nationales des aides, ainsi que toute personne invitée par leur président.

(Décr. n° 2009-603 du 28 mai 2009) « Les avis des commissions nationales sont rendus à la majorité des membres présents, le président de séance ayant voix prépondérante en cas de partage égal des voix.

« Les décisions d'attribution des concours financiers sont prises par le président de l'agence sous réserve des cas où leur montant excède le seuil fixé au 1° du II de l'article R. 131-9. Dans l'hypothèse où cette décision est contraire à l'avis rendu par la Commission nationale des aides et sous réserve des cas où le conseil d'administration autorise lui-même l'attribution, le président de l'agence est tenu d'en informer le conseil d'administration à l'occasion de sa prochaine séance. »

SOUS-SECTION 3 *Action régionale de l'agence*

Art. R. 131-16 *(Décr. n° 2009-603 du 28 mai 2009)* Le préfet de région est le délégué de l'agence pour ce qui est de son action dans la région *(Décr. n° 2012-509 du 18 avr. 2012, art. 9)* « , notamment dans les conditions fixées aux articles 59-2 et 59-3 du décret n° 2004-374 du 29 avril 2004 modifié relatif aux pouvoirs des préfets, à l'organisation et à l'action de l'État dans les régions et départements ». A ce titre, il préside le comité régional d'orientation et la commission régionale des aides. Il veille à la cohérence et à la coordination des actions de l'agence avec celles conduites par les administrations et les autres établissements publics de l'État en région, conformément au contrat d'objectifs à caractère pluriannuel signé avec le président de l'agence.

Art. R. 131-17 *(Décr. n° 2009-603 du 28 mai 2009)* Pour la mise en œuvre de ses missions, l'agence dispose dans chaque région d'une direction régionale. Les directions régionales peuvent se voir confier des missions à caractère national ou interrégional.

Le directeur régional est un membre du personnel de l'agence. Il est chargé de mettre en œuvre, sous l'autorité du président, l'action territoriale de l'établissement conformément au contrat d'objectifs pluriannuel. Il s'assure de la cohérence de son action avec les orientations définies par le préfet de région, notamment dans le cadre du comité régional d'orientation.

Art. R. 131-18 *(Décr. n° 2009-603 du 28 mai 2009)* I. — La commission régionale des aides est présidée par le préfet de région et, en son absence ou en cas d'empêchement, par le directeur régional de l'agence. Elle comprend, outre le préfet de région et le directeur régional de l'agence, le trésorier-payeur général de région et quatre autres directeurs de services régionaux de l'État désignés par le préfet de région. Elle comprend également six personnalités qualifiées désignées par le préfet de région.

Les directeurs régionaux des services de l'État mentionnés au premier alinéa peuvent se faire représenter.

II. — Le président de la commission peut appeler à siéger avec voix consultative toute personne dont l'avis lui paraît utile.

III. — Le directeur régional de l'agence prépare l'ordre du jour de la commission régionale des aides et y présente les projets de décision.

IV. — La commission régionale des aides examine les projets de concours financiers de l'agence dans les cas définis par le conseil d'administration en application du 2° du II de l'article R. 131-9. Elle est également saisie de tout projet de concours financier qui lui est soumis par le préfet de région. Ses avis sont émis à la majorité des membres présents. Le relevé des avis de la commission est transmis au président de l'agence et au préfet de région.

V. – Les décisions d'attribution des concours financiers soumis à l'avis de la commission régionale sont prises par le président de l'agence. Si ce dernier envisage de prendre une décision contraire à l'avis rendu par la commission régionale des aides, il saisit préalablement la Commission nationale des aides compétente qui statue dans les conditions prévues au II de l'article R. 131-15.

Art. R. 131-19 *(Décr. nº 2009-603 du 28 mai 2009)* L'agence peut entreprendre des actions conjointement avec les collectivités territoriales. Elle conclut à cette fin des conventions de programme. Ces conventions sont signées au nom de l'agence par le président, après avis de la commission nationale ou de la commission régionale des aides en fonction du montant global des opérations envisagées. Elles sont cosignées par le préfet de région.

Chacune des opérations faisant l'objet de la convention est soumise à l'avis de la commission des aides compétente en vertu des dispositions d'application du 2º du II de l'article R. 131-9.

La commission régionale des aides est également tenue informée des autres opérations entrant dans le cadre des conventions passées avec les collectivités territoriales.

Art. R. 131-20 *(Décr. nº 2009-603 du 28 mai 2009)* Un comité régional d'orientation, placé sous la présidence du préfet de région, comprend les préfets de département, le directeur régional de l'agence, les autres membres de la commission régionale des aides, ainsi que le président du conseil régional et les présidents des conseils généraux ou leur représentant.

Le comité régional d'orientation est réuni au moins une fois par an. Il examine l'articulation entre les actions régionales des services de l'État et celles de l'agence ainsi que l'état d'avancement des actions contractualisées entre l'agence et les collectivités territoriales.

Le comité régional d'orientation entend le rapport d'activité du directeur régional, fait le bilan des actions entreprises et émet des recommandations, notamment sur les axes prioritaires des actions futures de l'agence dans la région.

SOUS-SECTION 4 *Dispositions financières et comptables*

Art. R. 131-21 *(Décr. nº 2012-1247 du 7 nov. 2012, art. 31)* L'agence est soumise aux dispositions des titres Ier et III du décret nº 2012-1246 du 7 novembre 2012 relatif à la gestion budgétaire et comptable publique.

Art. R. 131-22 Des comptables secondaires sont nommés par le ministre chargé du budget après avis du président du conseil d'administration.

Art. R. 131-23 Les recettes de l'agence comprennent :

1º Les versements de l'État et des personnes publiques et privées ;

2º Le produit des intérêts et du remboursement des prêts consentis par l'agence ;

3º Les revenus des biens meubles et immeubles de l'agence et le produit de leur aliénation ;

4º Le produit des emprunts et des participations ;

5º Le produit des taxes qui lui est affecté dans les conditions prévues par les lois de finances ;

6º Le produit de redevances pour services rendus et de redevances sur les inventions et procédés nouveaux à la réalisation desquels l'agence aurait contribué ;

7º Les dons et legs ;

8º Le produit des publications ;

9º D'une manière générale, toutes les recettes autorisées par les lois et règlements en vigueur.

Art. R. 131-24 Des régies de dépenses et de recettes peuvent être créées par arrêté conjoint des ministres chargés de la tutelle et du budget dans les conditions fixées par le décret nº 92-681 du 20 juillet 1992 relatif aux régies de recettes et aux régies d'avances des organismes publics.

Art. R. 131-25 Sous réserve des dispositions de l'article R. 131-10, l'agence est également régie par le décret nº 53-707 du 9 août 1953 modifié relatif au contrôle de l'État sur les entreprises publiques nationales et certains organismes ayant un objet d'ordre économique ou social.

Art. R. 131-26 Un arrêté conjoint des ministres de tutelle et du ministre chargé du budget précise, en tant que de besoin, les modalités d'application des articles R. 131-21 à R. 131-23.

2 CHAUFFAGE

Arrêté du 27 août 2012,

Relatif à la répartition des frais de chauffage dans les immeubles collectifs à usage principal d'habitation (JO 5 sept.).

BIBL. ► QUIGNARD, L'individualisation des frais de chauffage, *AJPI 1992. 78.*

Art. 1er Les immeubles, objets de l'article R.* 131-3 du code de la construction et de l'habitation, pour lesquels il est techniquement impossible de mesurer la chaleur utilisée pour le chauffage de chaque local pris séparément sont notamment ceux pour lesquels :

– l'émission de chaleur se fait par dalle chauffante sans mesure possible par local ;

– l'installation de chauffage est équipée d'émetteurs de chaleur montés en série (monotubes en série) ;

– l'installation de chauffage est constituée de systèmes de chauffage à air chaud ;

– l'installation de chauffage est équipée d'émetteurs fonctionnant à la vapeur ;

– l'installation de chauffage est équipée de batteries ou de tubes à ailettes, de convecteurs à eau chaude, ou de ventilo-convecteurs dès lors que chaque local ne dispose pas de boucle individuelle de chauffage.

Art. 2 En application du *f* de l'article R.* 131-3 du code de la construction et de l'habitation, pour évaluer si l'immeuble est soumis à l'obligation d'individualiser les frais de chauffage, le propriétaire de l'immeuble ou, en cas de copropriété, le syndicat des copropriétaires représenté par le syndic calcule la moyenne des consommations annuelles de combustible ou d'énergie nécessaires au chauffage de l'immeuble considéré, hors eau chaude sanitaire, relevées sur les trois dernières années, puis la divise par la surface habitable définie à l'article R.* 111-2 du code de la construction et de l'habitation.

La part des consommations annuelles de combustible ou d'énergie nécessaires à la production d'eau chaude sanitaire ainsi déduite doit être représentative de la consommation réelle d'eau chaude sanitaire de l'immeuble. L'annexe du présent arrêté précise les modalités de réalisation du calcul de la moyenne des consommations annuelles de chauffage sur les trois dernières années.

Cette valeur moyenne est à comparer au seuil de 150 kWh/m^{2}SHAB.an. Toutefois, pour les immeubles collectifs dont moins de 20 % des émetteurs de chaleur sont équipés d'organes de régulation en fonction de la température intérieure de la pièce, ce seuil est porté à 190 kWh/m^{2}SHAB.an.

Dans le cas d'un groupe d'immeubles desservis par une chaufferie commune, et si tous les immeubles ne possèdent pas un compteur en pied d'immeuble, la comparaison ci-dessus est réalisée à l'échelle du groupe d'immeubles. Si la moyenne des consommations annuelles de chauffage sur les trois dernières années est supérieure au seuil mentionné au précédent alinéa, tous les immeubles doivent être équipés d'appareils de mesure compatibles entre eux et gérés par la même entité.

Art. 3 Pour la répartition des frais annuels de combustible ou d'énergie nécessaires au chauffage prévue au II de l'article R.* 131-7 du code de la construction et de l'habitation, s'appliquent les dispositions suivantes :

Le propriétaire de l'immeuble entièrement locatif procède ou fait procéder au relevé des appareils de mesure au moins une fois par an et envoie chaque année, à chaque occupant, un relevé de sa consommation d'énergie pour le chauffage.

En cas de copropriété, le syndicat des copropriétaires représenté par le syndic procède au relevé des appareils de mesure au moins une fois par an et envoie chaque année au propriétaire de chaque local qui l'adresse ou le fait adresser à son tour à son (ses) locataire(s), le cas échéant, un relevé de la consommation d'énergie pour le chauffage dudit local.

Sur ce relevé figureront en outre des "indicateurs de suivi de sa consommation". Il s'agit, *a minima*, de la consommation d'énergie pour le chauffage du local pour la même période de l'année précédente, si elle est disponible, et de la consommation d'énergie moyenne pour le chauffage de l'ensemble de l'immeuble. Cette période inclut *a minima* les mois de fonctionnement de l'installation de chauffage de l'immeuble.

La moyenne des consommations annuelles de chauffage sur les trois dernières années, calculée à l'article 2 du présent arrêté, doit être affichée dans les parties communes de l'immeuble.

Dans le cas d'un groupe d'immeubles desservis par une chaufferie commune, il est possible de prendre en compte les configurations thermiquement défavorables pouvant exister entre ces différents immeubles.

ANNEXE

FACTEURS DE CONVERSION

Les seuils définis à l'article 2 du présent arrêté sont exprimés en kWh d'énergie finale par unité de surface.

La moyenne des consommations annuelles de combustible ou d'énergie nécessaires au chauffage réalisée sur les trois dernières années, définie dans ce même article, doit également être exprimée en kWh d'énergie finale par unité de surface. La présente annexe précise les conversions à effectuer selon le type d'énergie.

En cas d'utilisation de plusieurs combustibles ou énergies pour le chauffage, les conversions nécessaires devront être réalisées pour chacun de ces combustibles ou énergies.

Gaz naturel

a) Dans la majeure partie des cas, les relevés de consommations de gaz naturel figurant sur les factures des fournisseurs de gaz mentionnent des valeurs de consommations en kWh PCS. Dans ce cas, aucune conversion n'est nécessaire et la valeur est divisée par la surface.

b) Si tel n'est pas le cas, et que les relevés sont quantifiés en volume, le propriétaire de l'immeuble ou, en cas de copropriété, le syndicat des copropriétaires représenté par le syndic obtient la consommation en kWh PCS en multipliant la valeur de m^3 (n) mentionnée sur la facture par 12,91. Le résultat ainsi obtenu est divisé par la surface.

Le mètre cube normal, noté m^3 (n), est un volume d'un mètre cube de gaz mesuré dans des conditions normales de température et de pression (à une température de 0°C et à une pression atmosphérique moyenne de 1 013 hectopascals).

Bois

Le propriétaire de l'immeuble ou, en cas de copropriété, le syndicat des copropriétaires représenté par le syndic convertit la quantité de bois en fonction de la nature du bois selon le tableau suivant :

BOIS DE CHAUFFAGE	
Plaquettes d'industrie	2 442 kWh PCS par tonne
Plaquettes forestières	3 064 kWh PCS par tonne
Granulés, briquettes	5 106 kWh PCS par tonne
Bûches	1 865 kWh PCS par stère

Le résultat ainsi obtenu est divisé par la surface.

Réseaux de chaleur

Les relevés de consommations figurant sur les factures remises par les exploitants des réseaux de chaleur mentionnent des valeurs de consommations en kWh. Dans ce cas, aucune conversion n'est nécessaire et la valeur est divisée par la surface.

Autres énergies

Pour les énergies autres que le gaz naturel et le bois, et dans les autres cas que celui d'une fourniture d'énergie par les réseaux de chaleur, si la facture n'est pas déjà exprimée en kWh, il convient de convertir la grandeur représentative de la consommation en kWh PCS à l'aide des tableaux suivants.

GAZ PROPANE OU BUTANE		
	En kWh PCS par tonne	En kWh PCS par litre
Propane	15 042	/
Butane	13 930	7,5

FIOUL DOMESTIQUE	
Pétrole brut, gazole, fioul domestique	10,67 kWh PCS par litre

CHARBON	
Houille	7 511 kWh PCS par tonne
Coke de houille	8 089 kWh PCS par tonne
Agglomérés et briquettes de lignite	9 245 kWh PCS par tonne
Lignite et produits de récupération	4 911 kWh PCS par tonne

3 EAU (INDIVIDUALISATION DES CONTRATS DE FOURNITURE)

BIBL. ▶ CHOSSON et RODRIGUES, *AJDI 2003. 743* (l'individualisation des contrats de fourniture d'eau).

Loi nº 2000-1208 du 13 décembre 2000,

Relative à la solidarité et au renouvellement urbains.

Art. 93 Tout service public de distribution d'eau destinée à la consommation humaine est tenu de procéder à l'individualisation des contrats de fourniture d'eau à l'intérieur des immeubles collectifs *(L. nº 2006-1772 du 30 déc. 2006, art. 61)* « à usage principal » d'habitation et des ensembles immobiliers de logements dès lors que le propriétaire en fait la demande.

(L. nº 2006-1772 du 30 déc. 2006, art. 61) « La souscription d'un contrat individuel avec le service public de distribution d'eau s'impose alors à tout occupant pour bénéficier de la fourniture d'eau. Ce contrat ne concerne pas la fourniture d'eau chaude sanitaire. »

Lorsqu'elle émane d'un propriétaire bailleur, la demande est précédée d'une information complète des locataires sur la nature et les conséquences techniques et financières de l'individualisation des contrats de fourniture d'eau et fait l'objet, s'il y a lieu, d'un accord défini par l'article 42 de la loi nº 86-1290 du 23 décembre 1986 tendant à favoriser l'investissement locatif, l'accession à la propriété de logements sociaux et le développement de l'offre foncière.

Le propriétaire qui a formulé la demande prend en charge les études et les travaux nécessaires à l'individualisation des contrats de fourniture d'eau, notamment la mise en conformité des installations aux prescriptions du code de la santé publique et la pose de compteurs d'eau.

Les conditions d'organisation et d'exécution du service public de distribution d'eau doivent être adaptées pour préciser les modalités de mise en œuvre de l'individualisation des contrats de fourniture d'eau, dans le respect de l'équilibre économique du service conformément à l'article L. 2224-1 du code général des collectivités territoriales. Lorsque la gestion des compteurs des immeubles concernés par l'individualisation n'est pas assurée par la collectivité responsable du service public ou son délégataire, cette gestion est confiée à un organisme public ou privé compétent conformément aux dispositions du code des marchés publics.

Un décret en Conseil d'État précise les conditions d'application du présent article. *– V. Décr. n° 2003-408 du 28 avr. 2003, App., v^o^ Énergie.*

Décret n° 2003-408 du 28 avril 2003,

Pris en application de l'article 93 de la loi n° 2000-1208 du 13 décembre 2000 et relatif à l'individualisation des contrats de fourniture d'eau.

Circ. n° 2004-3 du 12 janv. 2004 relative à l'individualisation des contrats de fourniture d'eau (BOMELT n° 2004/2).

Art. 1er La personne morale, de droit public ou privé, chargée de l'organisation du service public de distribution d'eau adapte les conditions d'organisation et d'exécution de ce service afin de permettre l'individualisation des contrats de fourniture d'eau.

Les règles applicables aux conditions d'organisation et d'exécution de ce service définissent notamment les relations entre l'exploitant du service de distribution d'eau et les abonnés, les modalités de fourniture de l'eau, les obligations du service, les règles applicables aux abonnements, les conditions de mise en service des branchements et compteurs et les modalités de paiement des prestations et fournitures d'eau.

L'adaptation à laquelle la personne morale chargée de l'organisation du service public de distribution d'eau doit procéder porte notamment sur les prescriptions techniques que doivent respecter les installations de distribution d'eau des immeubles collectifs d'habitation et des ensembles immobiliers de logements, et qui sont nécessaires pour procéder à l'individualisation des contrats de fourniture d'eau, dans le respect des dispositions du code de la santé publique.

Ces prescriptions ne peuvent ni imposer la pose d'un seul compteur par logement, ni exiger que les compteurs soient placés à l'extérieur des logements.

Cette adaptation doit intervenir dans un délai de neuf mois à compter de la publication du présent décret.

Art. 2 Le propriétaire de l'immeuble collectif d'habitation ou de l'ensemble immobilier de logements, titulaire du contrat de fourniture d'eau, qui souhaite individualiser ce contrat adresse une demande à cette fin à la personne morale chargée de l'organisation du service public de distribution d'eau.

Cette demande est accompagnée d'un dossier technique qui comprend notamment une description des installations existantes de distribution d'eau en aval du ou des compteurs servant à la facturation au regard des prescriptions mentionnées au troisième alinéa de l'article 1er. Il comprend également, le cas échéant, le projet de programme de travaux destinés à rendre ces installations conformes à ces prescriptions.

Cette demande est adressée par lettre recommandée avec demande d'avis de réception ou par tout autre moyen présentant des garanties équivalentes.

Art. 3 La personne morale chargée de l'organisation du service public de distribution d'eau dispose d'un délai de quatre mois à compter de la date de réception de la demande complète mentionnée à l'article 2 pour vérifier si les installations décrites dans le dossier technique respectent les prescriptions mentionnées au troisième alinéa de l'article 1er. Elle précise au propriétaire, le cas échéant, les modifications à apporter au projet présenté pour respecter ces prescriptions.

Elle peut à cette fin faire procéder à une visite des lieux, sans que le délai de quatre mois mentionné à l'alinéa précédent puisse être prolongé pour ce motif.

Elle peut, en tant que de besoin, demander au propriétaire des éléments d'information complémentaires relatifs à l'installation. La réponse du propriétaire apportant ces éléments d'information déclenche à nouveau le délai de quatre mois mentionné au premier alinéa.

Elle adresse au propriétaire les modèles des contrats destinés à remplacer le ou les contrats en cours, ainsi que les conditions d'organisation et d'exécution du service public de distribution d'eau.

Art. 4 Le propriétaire qui décide de donner suite au projet informe les locataires occupant les logements qui sont concernés et peut conclure avec eux l'accord mentionné à l'article 42 de la loi du 23 décembre 1986 susvisée.

Art. 5 Le propriétaire adresse à la personne morale chargée de l'organisation du service public de distribution d'eau une confirmation de sa demande d'individualisation des contrats de fourniture d'eau. Le dossier technique mentionné à l'article 2 et tenant compte, le cas échéant, des modifications mentionnées à l'article 3 est annexé à cet envoi. Le propriétaire indique également les conditions dans lesquelles les locataires ont été informés du projet et l'échéancier prévisionnel de réalisation des travaux. Cet envoi est adressé par lettre recommandée avec demande d'avis de réception ou par tout autre moyen présentant des garanties équivalentes.

Art. 6 La personne morale chargée de l'organisation du service public procède à l'individualisation des contrats de fourniture d'eau dans un délai de deux mois à compter de la réception de la confirmation de la demande mentionnée à l'article 5 ou, si des travaux sont nécessaires, à compter de la réception des travaux notifiée par le propriétaire. Toutefois, le propriétaire et la personne morale chargée de l'organisation du service public peuvent convenir d'une autre date pour l'individualisation de ces contrats.

V. Rép. min. nº 21771 du 14 juill. 2003, *JOAN* *27 oct. 2003, p. 8218.*

4 GAZ

Code de l'énergie

(Ord. nº 2011-504 du 9 mai 2011, en vigueur le 1er juin 2011)

PREMIÈRE PARTIE : ***LÉGISLATIVE***

LIVRE PREMIER **L'organisation générale du secteur de l'énergie**

TITRE II **Les obligations de service public et la protection des consommateurs**

CHAPITRE PREMIER ***Les obligations de service public assignées aux entreprises du secteur de l'électricité et du gaz***

SECTION II ***Obligations assignées aux entreprises du secteur du gaz***

(Ord. nº 2011-504 du 9 mai 2011, en vigueur le 1er juin 2011)

Art. L. 121-34 Des conventions peuvent être conclues entre les bailleurs publics et privés gérant un parc de plus de 100 logements sociaux et les distributeurs en vue d'améliorer la sécurité des personnes et des installations intérieures de gaz naturel dans les logements concernés, ainsi que la maîtrise de la demande d'énergie.

Les conventions prévues par l'article 6-3 de la loi nº 90-449 du 31 mai 1990 visant à la mise en œuvre du droit au logement *[V. App., vº Droit au logement (Loi « Besson »)]* peuvent prévoir des diagnostics permettant d'assurer la sécurité des installations intérieures de gaz naturel et, le cas échéant, une aide pour leur mise en conformité.

Les modalités d'application du présent article sont précisées par décret en Conseil d'État.

5 PERFORMANCE ÉNERGÉTIQUE

Code de l'énergie

(Ord. nº 2011-504 du 9 mai 2011, en vigueur le 1er juin 2011)

PREMIÈRE PARTIE : ***LÉGISLATIVE***

LIVRE II **La maîtrise de la demande d'énergie et le développement des énergies renouvelables**

TITRE III **La performance énergétique dans l'habitat**

CHAPITRE UNIQUE

(Ord. nº 2011-504 du 9 mai 2011, en vigueur le 1er juin 2011)

Art. L. 231-1 Les dispositions relatives aux caractéristiques thermiques et à la performance énergétique des constructions nouvelles ou des bâtiments ou parties de bâtiments existants sont énoncées aux articles L. 111-9 à L. 111-10-1 du code de la construction et de l'habitation.

Art. L. 231-2 Les dispositions relatives au diagnostic de performance énergétique d'un bâtiment ou partie de bâtiment sont énoncées aux articles L. 134-1 à L. 134-5 du code de la construction et de l'habitation.

Art. L. 231-3 Les dispositions favorisant la performance énergétique et les énergies renouvelables dans l'habitat sont énoncées aux articles L. 128-1 et L. 128-2 du code de l'urbanisme.

Art. L. 231-4 Les dispositions relatives au livret de développement durable sont énoncées aux articles L. 221-27 et L. 221-28 du code monétaire et financier.

Loi nº 2009-967 du 3 août 2009,

Relative à la mise en œuvre du Grenelle de l'environnement.

TITRE PREMIER **Lutte contre le changement climatique**

....

CHAPITRE IV *Énergie*

Art. 18 Pour atteindre l'objectif de réduction des consommations énergétiques, l'État mettra en œuvre divers instruments comprenant notamment l'adaptation des normes de consommation, la mise en œuvre de mécanismes d'incitation, y compris de nature fiscale, en faveur des produits les plus économes en énergie, l'extension de l'étiquetage énergétique, notamment à tous les appareils de grande consommation, le renforcement, après évaluation, du dispositif des certificats d'économie d'énergie et le retrait des produits, procédés, appareils et véhicules les plus consommateurs. Le développement des procédés de construction normés, avec des chartes qualité, pour garantir l'efficacité énergétique des bâtiments, sera encouragé.

Il mettra en place des mécanismes incitatifs pour favoriser la conception et la fabrication de produits et de procédés permettant de réduire les consommations d'énergie et de produire des énergies renouvelables, notamment par les petites et moyennes entreprises. Une partie des sommes collectées au moyen du livret de développement durable pourra être affectée au financement des projets des petites et moyennes entreprises dans le domaine du développement durable. Des mécanismes de garantie de prêts seront mis en place pour soutenir les projets des petites et moyennes entreprises en faveur du développement durable.

Dans l'objectif d'un retrait de la vente à compter de 2010, la France soutiendra les projets d'interdiction des ampoules à forte consommation d'énergie dans le cadre communautaire. En accord avec les professionnels concernés, notamment les distributeurs, l'État s'attachera à anticiper les échéances européennes.

Les objectifs d'efficacité et de sobriété énergétiques exigent la mise en place de mécanismes d'ajustement et d'effacement de consommation d'énergie de pointe. La mise en place de ces mécanismes passera notamment par la pose de compteurs intelligents pour les particuliers, d'abonnement avec effacement des heures de pointe. Cela implique également la généralisation des compteurs intelligents afin de permettre aux occupants de logements de mieux connaître leur consommation d'énergie en temps réel et ainsi de la maîtriser.

L'État étudiera la possibilité d'imposer aux personnes morales employant plus de deux cent cinquante salariés ou agents l'obligation d'établir un bilan de leurs consommations énergétiques et émissions de gaz à effet de serre d'ici à la fin 2013, cette échéance étant ramenée à la fin 2010 pour les sociétés dont les titres sont admis aux négociations sur un marché réglementé. Des campagnes d'information et des mesures d'incitation seront mises en place à destination des petites et moyennes entreprises et autres personnes morales employant entre cinquante et deux cent cinquante salariés ou agents pour qu'elles établissent ces mêmes bilans.

Afin de tenir compte des réalités physiques, du climat et du mode d'habitat, l'État établira une réglementation thermique spécifique applicable aux départements et régions d'outre-mer ainsi qu'aux collectivités d'outre-mer concernées, tenant compte, s'il y a lieu, des risques sismiques.

....

Art. 56 Les départements et les régions d'outre-mer, les collectivités d'outre-mer régies par l'article 74 de la Constitution et la Nouvelle-Calédonie sont appelés à jouer un rôle essentiel dans la politique de la nation en faveur du développement durable et de l'écodéveloppement, au sein de leurs différentes aires géographiques ; la politique de l'État y placera au premier rang de ses priorités leur développement durable, en prenant en compte leurs spécificités sociétales, environnementales, énergétiques et économiques.

Sans préjudice des objectifs qui concernent l'ensemble du territoire national, ni de ceux propres à l'outre-mer définis dans les titres Ier à V, cette ambition pour l'outre-mer poursuit, en outre, les orientations suivantes :

– dans le domaine de l'énergie : parvenir à l'autonomie énergétique, en atteignant, dès 2020, un objectif de 30 % d'énergies renouvelables dans la consommation finale à Mayotte et de 50 % au minimum dans les autres collectivités ; développer les technologies de stockage de l'énergie et de gestion du réseau pour augmenter la part de la production d'énergie renouvelable intermittente afin de conforter l'autonomie énergétique des collectivités territoriales d'outre-mer ; développer, pour la Guadeloupe, la Guyane, la Martinique et La Réunion, des programmes exemplaires, spécifiques pour chacune d'elles, visant à terme l'autonomie énergétique, à l'horizon 2030 ; engager, dans le même temps, un programme de maîtrise des consommations, qui se traduira par l'adoption, dès 2012, d'un plan Énergie-Climat dans chaque collectivité ; adopter une réglementation thermique adaptée qui encourage la production d'eau chaude sanitaire solaire dans les bâtiments neufs et d'électricité photovoltaïque dans ceux qui doivent être climatisés, qui favorise la réduction de la climatisation au profit de l'isolation et de la ventilation naturelle et la production d'électricité photovoltaïque dans ceux qui doivent être climatisés, et mobiliser les pôles de compétitivité concernés sur les enjeux énergétiques de l'outre-mer ; dans les zones enclavées notamment, assurer un égal accès de tous les citoyens à l'électricité et, en particulier pour la Guyane, prendre les mesures d'adaptation nécessaires ; pour la Guyane, étendre les réseaux de transports et de distribution d'électricité et faciliter et accélérer les autorisations de raccordement des unités décentralisées de production électrique ; *[...]*

6 POLLUTION

Code de l'environnement

Mesures techniques nationales de prévention de la pollution atmosphérique et d'utilisation rationnelle de l'énergie

Dispositions générales

Art. L. 224-1 I. – *(L. nº 2010-788 du 12 juill. 2010, art. 180-II)* « Les mesures de prévention et de réduction de la pollution atmosphérique et de l'utilisation rationnelle de l'énergie doivent concourir au respect des normes de la qualité de l'air mentionnées à l'article L. 221-1. L'Agence de l'environnement et de la maîtrise de l'énergie apporte son appui au ministre chargé de l'environnement pour proposer et soutenir ces mesures. » En vue de réduire la consommation d'énergie et de limiter les sources d'émission de substances polluantes nocives pour la santé humaine et l'environnement, des décrets en Conseil d'État définissent :

1º Les spécifications techniques et les normes de rendement applicables à la fabrication, à la mise sur le marché, au stockage, à l'utilisation, à l'entretien et à l'élimination des biens mobiliers autres que les véhicules visés aux articles L. 8-A à L. 8-C du code de la route reproduits à l'article L. 224-5 du présent code ;

2º Les spécifications techniques applicables à la construction, l'utilisation, l'entretien et la démolition des biens immobiliers ;

3º Les conditions de contrôle des opérations mentionnées aux deux alinéas précédents.

II. – Les décrets mentionnés au I peuvent aussi :

1º Imposer aux constructeurs et utilisateurs de contrôler les consommations d'énergie et les émissions de substances polluantes de leurs biens, à leur diligence et à leurs frais ;

2º *(L. nº 2008-757 du 1er août 2008, art. 8-I)* « Prévoir que les chaudières et les systèmes de climatisation dont la puissance excède un seuil fixé par décret font l'objet d'entretiens, de contrôles périodiques ou d'inspections, dont ils fixent les conditions de mise en œuvre. Dans ce cadre » *(L. nº 2005-781 du 13 juill. 2005, art. 27-IV et V)* « , des conseils d'optimisation de l'installation sont, le cas échéant, dispensés aux propriétaires ou gestionnaires *[V. Décr. nº 2010-349 du 31 mars 2010 relatif à l'inspection des systèmes de climatisation et des pompes à chaleur réversibles]* ;

« 3º Prescrire aux entreprises qui vendent de l'énergie ou des services énergétiques l'obligation de promotion d'une utilisation rationnelle de l'énergie et d'incitation à des économies d'énergie dans le cadre de leurs messages publicitaires. » – *V., à compter du*

1er mars 2007, Décr. no 2006-1464 du 28 nov. 2006 relatif à la promotion des économies d'énergie dans les messages publicitaires des entreprises du secteur énergétique (JO 29 nov.) et Arr. du 28 nov. 2006 relatif à la publicité dans le domaine de l'énergie (JO 30 nov.).

(*L. no 2010-788 du 12 juill. 2010, art. 79*) « 4o Prescrire aux fournisseurs d'électricité, de gaz naturel ou de chaleur l'obligation de communiquer périodiquement aux consommateurs finals domestiques un bilan de leur consommation énergétique accompagné d'éléments de comparaison et de conseils pour réduire cette consommation et une évaluation financière des économies éventuelles. »

III. – Un décret en Conseil d'État fixe les conditions dans lesquelles le fioul domestique, le gazole, l'essence et les supercarburants doivent comporter un taux minimal d'oxygène.

IV. – Un décret fixe les conditions dans lesquelles les spécifications des carburants mentionnées au III doivent être redéfinies à compter du 1er janvier 2000.

V. – Pour répondre aux objectifs du présent titre, un décret en Conseil d'État fixe les conditions dans lesquelles certaines constructions nouvelles doivent comporter une quantité minimale de matériaux en bois. – *V. Décr. no 2010-273 du 15 mars 2010 relatif à l'utilisation du bois dans certaines constructions (JO 17 mars) et Arr. 13 sept. 2010 fixant la méthode de calcul du volume de bois incorporé dans certaines constructions (JO 29 sept.), rect. JO 16 oct.*

Art. L. 224-2 Les décrets prévus à l'article L. 224-1 fixent les conditions dans lesquelles les autorités administratives compétentes sont habilitées à :

1o Délivrer et retirer l'agrément des experts ou organismes chargés des contrôles prévus au 1o du II de l'article L. 224-1 ;

2o Prescrire l'obligation d'afficher la consommation énergétique de certains biens sur le lieu de leur vente ou de leur location et préciser les méthodes de mesure (*L. no 2005-781 du 13 juill. 2005, art. 28*) « pour les biens mis en vente, prescrire, le cas échéant, l'affichage de l'évaluation du coût complet, tenant compte de leur consommation en énergie et de leur coût à l'achat, et en préciser les méthodes de détermination » ;

3o *(Abrogé par L. no 2004-1343 du 9 déc. 2004, art. 41-III)* ***« Prescrire l'obligation de fournir une estimation normalisée du montant annuel des frais de consommation d'énergie des logements ou locaux à usage tertiaire proposés à la vente ou à la location et préciser les règles d'élaboration de cette estimation ; »***

4o Prescrire l'obligation d'équiper les immeubles d'habitation ou à usage tertiaire dont le permis de construire a été déposé après le 1er juillet 1997 de dispositifs permettant le choix et le remplacement, à tout moment de la vie du bâtiment, de tout type d'énergie.

Ordonnance no 2000-914 du 18 septembre 2000,

Relative à la partie législative du code de l'environnement.

Art. 13 La présente ordonnance est applicable en Nouvelle-Calédonie, en Polynésie française, dans les territoires des îles Wallis-et-Futuna et des Terres australes et antarctiques françaises et à Mayotte.

Art. L. 224-2-1 (*L. no 2008-757 du 1er août 2008, art. 7-XI*) **Les dépenses correspondant à l'exécution des prélèvements, analyses, expertises ou contrôles nécessaires pour vérifier le respect des spécifications techniques et des normes de rendement applicables à la fabrication, à la mise sur le marché, au stockage, à l'utilisation, à l'entretien et à l'élimination des biens mobiliers visés au 1o du I de l'article L. 224-1 sont à la charge du vendeur de ce bien ou de son détenteur.**

GARANTIE DES RISQUES LOCATIFS

BIBL. ▶ DAMAS, *D. 2008. Pan. 1308* (Loi du 5 mars 2007) ; *AJDI 2009. 274* (loi du 25 mars 2009). – DERREZ, *Ann. loyers 2007. 2676.* – SAMEDI, *Rev. bleue févr. 2007. 38.*

1 GARANTIE DE L'ÉTAT

Loi no 2007-1824 du 25 décembre 2007,

De finances rectificative pour 2007.

Art. 85 I. – La garantie de l'État est accordée au titre des compensations versées en application des contrats d'assurance souscrits par des bailleurs contre le risque de loyers impayés respectant le cahier des charges social mentionné au *g* de l'article *(L. no 2009-323 du 25 mars 2009, art. 8-IX)* « L. 313-3 » du code de la construction et de l'habitation. Ces contrats sont proposés par des entreprises d'assurance de dommages qui ont conclu une convention avec l'Union d'économie sociale du logement.

L'assiette de la garantie de l'État est constituée par les sinistres indemnisés.

II. – La garantie de l'État est accordée au titre des garanties de loyers versées aux bailleurs des secteurs locatifs mentionnés *(L. no 2009-323 du 25 mars 2009, art. 8-IX)* « aux troisième à cinquième alinéas de l'article 41 *ter* de la loi no 86-1290 du 23 décembre 1986 tendant à favoriser l'investissement locatif, l'accession à la propriété de logements sociaux et le développement de l'offre foncière » qui ne souscrivent pas de contrats d'assurance contre les risques de loyers impayés. Ces garanties de loyers et de charges interviennent dans le cadre de conventions conclues avec l'Union d'économie sociale du logement.

L'assiette de la garantie de l'État est constituée par les sinistres constatés.

III. – *(L. no 2008-1443 du 30 déc. 2008, art. 117)* « L'octroi de la garantie de l'État prévue aux I et II est subordonné au respect des conditions d'éligibilité des locataires des logements concernés. Sous réserve du respect des autres conditions d'éligibilité, la garantie de l'État est accordée dans tous les cas où le montant du loyer est inférieur à 50 % des ressources du locataire. »

La garantie de l'État couvre la fraction des sinistres qui excède un seuil qui ne saurait être inférieur à 1,1 % du montant des revenus locatifs concernés, dans la limite d'un plafond.

IV. – Un décret fixe les modalités d'application du présent article, et notamment les conditions d'éligibilité des locataires des logements concernés, ainsi que le seuil et le plafond d'intervention de la garantie de l'État.

Décret no 2009-1623 du 23 décembre 2009,

Relatif à la garantie de l'État au titre de la garantie universelle des risques locatifs pris en application de l'article 85 de la loi no 2007-1824 du 25 décembre 2007 de finances rectificative pour 2007.

Art. 1er Les modalités d'application de la garantie définie au I de l'article 85 de la loi du 25 décembre 2007 de finances rectificative pour 2007 susvisée sont fixées par le présent décret.

Art. 2 L'assiette de la garantie est constituée des sinistres indemnisés conformément au cahier des charges fixé par le décret no 2009-1621 du 23 décembre 2009 fixant le cahier des charges prévu au *g* de l'article L. 313-3 du code de la construction et de l'habitation au titre de la garantie universelle des risques locatifs.

Art. 3 Les locataires éligibles à la garantie de l'État sont les locataires définis comme "locataires éligibles État" par le cahier des charges fixé par le décret nº 2009-1621 du 23 décembre 2009 fixant le cahier des charges prévu au *g* de l'article L. 313-3 du code de la construction et de l'habitation au titre de la garantie universelle des risques locatifs.

Art. 4 Le seuil d'intervention de la garantie de l'État prévu au III de l'article 85 de la loi du 25 décembre 2007 de finances rectificative pour 2007 susvisée est égal à une fraction du montant du loyer et des charges et taxes locatives, y compris leur révision contractuelle, dus par le locataire à l'assuré.

Cette fraction est égale au produit du taux de 55 % par le taux de prime hors taxe perçu par l'entreprise d'assurance. Ce dernier est retenu dans la limite d'un minimum égal à 2 %.

Ce seuil s'apprécie sur la masse des contrats de chaque entreprise d'assurance.

Art. 5 Le plafond d'intervention de la garantie de l'État prévu au III de l'article 85 de la loi du 25 décembre 2007 de finances rectificative pour 2007 susvisée est égal à la totalité de l'assiette garantie.

Art. 6 Les versements de l'État au titre de la garantie de l'État au profit du fonds de garantie universelle des risques locatifs interviennent postérieurement au versement des compensations par l'Union d'économie sociale du logement aux entreprises d'assurances, calculées selon l'approche en trésorerie définie par le cahier des charges fixé par le décret nº 2009-1621 du 23 décembre 2009 fixant le cahier des charges prévu au *g* de l'article L. 313-3 du code de la construction et de l'habitation au titre de la garantie universelle des risques locatifs, dans des conditions fixées par convention conclue entre l'État, représenté par le ministre chargé du logement, et l'Union d'économie sociale du logement.

Ces versements sont effectués annuellement dans un délai de quarante-cinq jours suivant la remise par l'Union d'économie sociale du logement de l'état justificatif définitif et non contesté par l'État des compensations versées au cours de l'année précédente à rembourser.

Art. 7 En ce qui concerne les contrats conclus en application du cahier des charges fixé par le décret du 24 janvier 2007 susvisé antérieurement à l'entrée en vigueur du décret nº 2009-1621 du 23 décembre 2009 fixant le cahier des charges prévu au *g* de l'article L. 313-3 du code de la construction et de l'habitation au titre de la garantie universelle des risques locatifs, les dispositions suivantes s'appliquent.

I. – La garantie de l'État porte sur :

– les montants des loyers et charges et taxes locatives impayés pendant la durée d'occupation du logement, dans la limite de 2 300 € mensuels par logement ;

– le cas échéant, les indemnités d'occupation acquises impayées ;

– les frais d'huissier, d'avocats, d'expulsion selon les honoraires publiés au barreau de la juridiction concernée ;

– les dégradations locatives appréciées au-delà d'un mois de loyer et dans la limite d'un plafond de 7 700 € par sinistre et par logement. Les dégradations locatives sont prises en compte selon l'état des lieux dressé au départ du locataire.

La garantie est conditionnée à la survenue d'un sinistre, défini comme le non-paiement en tout ou partie de deux termes consécutifs de loyers dans les délais prévus au bail constaté le quarante-cinquième jour suivant la date d'exigibilité du premier terme pour ce qui concerne les impayés, et comme des dégradations imputables au locataire et causées durant sa période d'occupation, constatées par comparaison entre les états des lieux d'entrée et de sortie établis contradictoirement ou à défaut par constat d'huissier de justice pour ce qui concerne les dégradations locatives.

II. – Les critères d'éligibilité de la garantie de l'État mentionnés au IV de l'article 85 de la loi du 25 décembre 2007 de finances rectificative pour 2007 susvisée comprennent, d'une part, des critères relatifs au locataire ou au logement, d'autre part, des conditions de solvabilité du locataire.

1º En ce qui concerne les critères relatifs au locataire ou au logement, ce sont ceux fixés par le cahier des charges social approuvé par le décret du 24 janvier 2007 susvisé pour la définition des "locataires éligibles hors 1 % logement", à l'exclusion de tout locataire déjà en place au moment de la souscription du contrat.

2o En ce qui concerne les conditions de solvabilité du locataire, ce sont :

– d'une part, le respect d'un rapport entre le montant des ressources et le montant du loyer et des charges et taxes locatives nets des aides personnelles au logement inférieur ou égal à 50 % ; et

– d'autre part, soit l'absence de contrat de travail à durée indéterminée pour l'un au moins des locataires ; soit, pour les titulaires d'un contrat de travail à durée indéterminée, l'un des deux critères suivants : le respect d'un rapport entre le montant des ressources et le montant du loyer et des charges et taxes locatives nets des aides personnelles au logement supérieur ou égal à 33 % ou l'exigence d'un cautionnement d'une personne physique ou morale attaché au contrat de location que le locataire ne peut pas fournir.

III. – Le seuil indiqué au III de l'article 85 de la loi du 25 décembre 2007 de finances rectificative pour 2007 susvisée est égal, pour les contrats souscrits par les titulaires d'une carte professionnelle mentionnée à l'article 3 de la loi du 2 janvier 1970 susvisée portant la mention « Gestion immobilière », à :

$$\frac{2}{3} \times \frac{1{,}80\ \%}{1{,}09} \times \textit{le montant des loyers et charges et taxes locatives garantis}$$

et, pour les autres contrats, à :

$$\frac{2}{3} \times \frac{2{,}50\ \%}{1{,}09} \times \textit{le montant des loyers et charges et taxes locatives garantis}$$

IV. – Le plafond mentionné au III de l'article 85 de la loi du 25 décembre 2007 de finances rectificative pour 2007 susvisée est de la totalité du montant des garanties définies au présent article.

V. – Le seuil et le plafond sont appréciés sur la masse des contrats de chaque entreprise d'assurance, sur la totalité de la durée de la participation de chaque entreprise d'assurance au dispositif, en distinguant les contrats souscrits par des titulaires d'une carte professionnelle mentionnée à l'article 3 de la loi du 2 janvier 1970 susvisée portant la mention "Gestion immobilière" et les contrats souscrits par les autres souscripteurs.

2 GESTION ET FONCTIONNEMENT

Code des assurances

DEUXIÈME PARTIE : *RÉGLEMENTAIRE*

LIVRE III **Les entreprises**

TITRE III **Régime financier**

CHAPITRE II *Réglementation des placements et autres éléments d'actif*

SECTION I *Éléments d'actif admis en représentation des engagements réglementés*

SOUS-SECTION 1 *Dispositions applicables aux entreprises d'assurance (Décr. no 2008-1154 du 7 nov. 2008).*

....

Art. R. 332-3-4 *(Décr. no 84-1023 du 14 nov. 1984)* Sont admises en représentation des engagements réglementés les créances nettes sur la Caisse centrale de réassurance afférentes aux opérations dans lesquelles cet établissement intervient avec la garantie de l'État.

Sont également admises les créances nettes sur les fonds suivants :

– fonds de garantie prévu par la législation sur les accidents du travail ;

– fonds de garantie mentionné à l'article L. 420-1 *[art. L. 421-1]* ;

– fonds de compensation des risques de l'assurance de la construction *(Décr. n° 91-603 du 27 juin 1991)* « mentionné à l'article L. 431-14 ».

(Décr. n° 2009-1620 du 23 déc. 2009, art. 1er-1°) « – fonds de garantie universelle des risques locatifs créé par l'article L. 313-20 du code de la construction et de l'habitation. »

....

LIVRE IV **Organisations et régimes particuliers d'assurance**

TITRE II **Les fonds de garantie** *(Décr. n° 2004-176 du 17 févr. 2004).*

CHAPITRE VI ***Fonds de garantie universelle des risques locatifs***

(Décr. n° 2009-1620 du 23 déc. 2009, art. 1er, 2°)

Art. R. 426-1 Les opérations relatives, d'une part, aux compensations versées aux entreprises d'assurance en application du premier alinéa du IV de l'article L. 313-20 du code de la construction et de l'habitation et, d'autre part, aux garanties de loyer et de charges au profit des bailleurs, mentionnées au deuxième alinéa du même IV, qui ne souscrivent pas de contrats d'assurance contre le risque de loyers impayés sont retracées dans deux sections comptables au sein du fonds de garantie universelle des risques locatifs mentionné au I du même article L. 313-20.

Chacune de ces sections retrace de façon distincte les comptes de l'Union d'économie sociale du logement, de l'État et de chaque collectivité territoriale, de chaque entreprise d'assurance ou de chaque bailleur participant au dispositif. Les comptes annuels de chacune des sections prennent la forme d'un bilan, d'un compte de résultat et d'une annexe.

Les comptes de chacune de ces sections sont certifiés par le commissaire aux comptes de l'Union d'économie sociale du logement dans le cadre d'une mission distincte de la mission générale de commissariat aux comptes exercée auprès de l'union. Les mouvements entre le compte de l'État au sein d'une section et le compte de l'État au sein de l'autre section sont effectués par l'Union d'économie sociale du logement sur demande écrite conjointe des commissaires du Gouvernement auprès de l'union.

Art. R. 426-2 Le fonds de garantie universelle des risques locatifs doit être à tout moment en mesure de procéder au règlement intégral de ses engagements vis-à-vis, d'une part, des entreprises d'assurance proposant des contrats d'assurance contre le risque de loyers impayés respectant le cahier des charges mentionné au *g* de l'article L. 313-3 du code de la construction et de l'habitation et, d'autre part, des bailleurs mentionnés au deuxième alinéa du IV de l'article L. 313-20 du même code.

Art. R. 426-3 I. – Les provisions techniques mentionnées aux 2°, 2° *bis* et 4° de l'article R. 331-6 sont constituées au sein du fonds de garantie universelle des risques locatifs. Ces provisions doivent être suffisantes pour assurer le règlement intégral des engagements mentionnés à l'article R. 426-2.

II. – Pour ce qui concerne la section du fonds de garantie relative aux compensations, les provisions tiennent notamment compte :

1° Du nombre de logements et du montant des loyers concernés par les contrats d'assurance faisant l'objet d'un engagement de la part de l'Union d'économie sociale du logement à l'égard des entreprises d'assurance au titre des locataires éligibles ;

2° De la définition des compensations de dommages, telle qu'elle résulte des dispositions du cahier des charges mentionné au *g* de l'article L. 313-3 du code de la construction et de l'habitation et des conventions particulières conclues entre l'Union d'économie sociale du logement et les entreprises d'assurance.

III. – Pour ce qui concerne la section du fonds de garantie relative aux garanties de loyer et de charges, les provisions tiennent notamment compte :

1o Du nombre de logements et du montant des loyers faisant l'objet d'un engagement de la part de l'Union d'économie sociale du logement à l'égard des bailleurs au titre des locataires éligibles ;

2o De la définition de la garantie de loyer et charges, telle qu'elle résulte des conventions particulières conclues entre l'Union d'économie sociale du logement et les bailleurs.

Art. R. 426-4 L'Union d'économie sociale du logement doit être à tout moment en mesure de justifier l'évaluation des provisions mentionnées à l'article R. 426-3.

Ces provisions sont évaluées chaque année pour le compte de l'union par un actuaire, membre d'une association d'actuaires reconnue par *(Ord. no 2010-76 du 21 janv. 2010, art. 18)* « l'Autorité de contrôle prudentiel », qui vérifie que les provisions sont constituées de façon suffisamment prudente, en tenant compte notamment de la probabilité des sinistres, du coût moyen des sinistres, du taux de recouvrement estimé sur les sinistres indemnisés ainsi que des éléments énumérés au II et au III de l'article R. 426-3.

Art. R. 426-5 Les provisions mentionnées à l'article R. 426-3 doivent, à tout moment, être représentées par des actifs équivalents situés sur le territoire d'un État membre de la Communauté européenne ou d'un autre État partie à l'accord sur l'Espace économique européen.

Les actifs admis en représentation des engagements du fonds de garantie universelle des risques locatifs sont les suivants :

1o Les obligations et autres valeurs émises ou garanties par un État membre de la Communauté européenne ou par un autre État partie à l'accord sur l'Espace économique européen ;

2o Les titres émis par la Caisse d'amortissement de la dette sociale instituée par l'article 1er de l'ordonnance no 96-50 du 24 janvier 1996 relative au remboursement de la dette sociale ;

3o Les parts ou actions des organismes de placement collectif en valeurs mobilières qui sont investis et exposés à plus de 90 % de leur actif sur :

a) Les titres mentionnés aux 1o et 2o ;

b) *(Décr. no 2011-922 du 1er août 2011, art. 22-4o)* « Les instruments du marché monétaire mentionnés au *b* du I de l'article L. 214-20 » du code monétaire et financier et dont la rémunération ne dépend pas, directement ou indirectement, de la valeur d'un ou plusieurs instruments financiers à terme ;

c) Les dépôts ou liquidités *(Décr. no 2011-922 du 1er août 2011, art. 22-4o)* « mentionnés aux *d* et *f* du I de l'article L. 214-20 » du du code monétaire et financier ;

4o Les versements à venir de l'État, mentionnés à la dernière phrase du troisième alinéa du IV de l'article L. 313-20 du code de la construction et de l'habitation, qui correspondent à la prise en charge de la part des sinistres de loyers impayés qui lui incombe en application de l'article 85 de la loi no 2007-1824 du 25 décembre 2007 de finances rectificative pour 2007 ;

5o Les dépôts auprès d'un établissement de crédit agréé dans un État membre de la Communauté européenne ou dans un autre État partie à l'accord sur l'Espace économique européen ;

6o Les engagements irrévocables de versements à première demande souscrits par les associés collecteurs de l'Union d'économie sociale du logement, ces engagements étant garantis par un nantissement de créances à hauteur de 150 % de leur montant total.

Art. R. 426-6 Lorsqu'elle constate que la valeur des actifs mentionnés à l'article R. 426-5 du fonds de garantie universelle des risques locatifs est inférieure aux provisions, l'Union d'économie sociale du logement procède, dans un délai maximal de trois mois, à des versements exceptionnels à ce fonds.

Art. R. 426-7 Les actifs du fonds de garantie universelle des risques locatifs, à l'exception de ceux mentionnés au 4o de l'article R. 426-5, sont soit inscrits en compte auprès d'un établissement de crédit agréé dans un État membre de la Communauté européenne ou dans un autre État partie à l'accord sur l'Espace économique européen, soit inscrits nominativement dans les comptes de l'organisme émetteur.

Les revenus ou les produits de la vente des actifs du fonds de garantie universelle des risques locatifs sont acquis à ce fonds.

Art. R. 426-8 En cas de liquidation de la première section du fonds de garantie relative aux compensations, et après déduction des engagements résiduels de l'Union d'économie sociale du logement, le montant du solde, y compris les produits financiers sur les sommes apportées au fonds, des comptes de l'Union d'économie sociale du logement, de l'État ainsi que des entreprises d'assurances participant au dispositif et, le cas échéant, des collectivités territoriales est remboursé respectivement à l'Union d'économie sociale du logement, à l'État, aux entreprises d'assurance participant au dispositif et aux collectivités territoriales.

En cas de liquidation de la deuxième section du fonds de garantie relative aux opérations de garanties de loyers et de charges, et après déduction des engagements résiduels de l'Union d'économie sociale du logement, le montant du solde, y compris les produits financiers sur les sommes apportées au fonds, des comptes de l'Union d'économie sociale du logement, de l'État ainsi que des entreprises d'assurance participant au dispositif et, le cas échéant, des collectivités territoriales est remboursé respectivement à l'Union d'économie sociale du logement, à l'État, aux entreprises d'assurance participant au dispositif et aux collectivités territoriales.

Les modalités d'application des alinéas précédents sont fixées par des conventions conclues par l'Union d'économie sociale du logement, respectivement avec l'État, représenté par le ministre chargé du logement, chaque collectivité territoriale et chaque entreprise d'assurance ou chaque bailleur participant au dispositif.

Art. R. 426-9 *(Ord. nº 2010-76 du 21 janv. 2010, art. 18)* « L'Autorité de contrôle prudentiel » contrôle sur pièces et sur place les opérations réalisées par le fonds de garantie universelle des risques locatifs. L'Union d'économie sociale du logement lui communique, à sa demande, tous éléments financiers, comptables ou statistiques relatifs aux opérations mentionnées à l'article R. 426-1. L'autorité de contrôle transmet ses rapports à l'union ainsi qu'au ministre chargé de l'économie, au ministre chargé du budget et au ministre chargé du logement.

(Ord. nº 2010-76 du 21 janv. 2010, art. 18) « L'Autorité de contrôle prudentiel » peut adresser à l'Union d'économie sociale du logement une recommandation portant sur la gestion et le fonctionnement du fonds. Elle transmet également cette recommandation au ministre chargé de l'économie, au ministre chargé du budget et au ministre chargé du logement. L'Union d'économie sociale du logement inscrit, dans les meilleurs délais, l'examen de cette recommandation à l'ordre du jour de son conseil de surveillance. Elle adresse la délibération correspondante, dans les quinze jours suivant son adoption, à l'autorité de contrôle des assurances et des mutuelles ainsi qu'aux ministres précités.

Art. R. 426-10 Lorsqu'elle estime que les droits des entreprises d'assurance sont menacés par l'insuffisante qualité des actifs mobilisés en application de l'article R. 426-5 ou leur insuffisante adéquation aux besoins de liquidité du fonds, *(Ord. nº 2010-76 du 21 janv. 2010, art. 18)* « l'Autorité de contrôle prudentiel » peut, après avoir mis l'Union d'économie sociale du logement en mesure de faire valoir ses observations, limiter les engagements admis au titre du 6º du même article. L'Union d'économie sociale du logement peut demander annuellement à l'autorité de contrôle de réexaminer sa décision. L'autorité de contrôle se prononce dans un délai de trois mois à compter de cette demande après avoir mis l'Union d'économie sociale du logement en mesure de faire valoir ses observations.

L'absence de confirmation explicite de la limitation prévue au premier alinéa, au terme de ce délai de trois mois, vaut levée de cette limitation.

Art. R. 426-11 Le comité d'audit institué auprès du conseil de surveillance de l'Union d'économie sociale du logement vérifie le respect des dispositions comptables applicables au fonds de garantie universelle des risques locatifs, en particulier celles relatives au calcul des provisions, ainsi que la sincérité des informations fournies au conseil de surveillance. Il veille également à la qualité du contrôle interne exercé sur les opérations du fonds. Il formule, le cas échéant, toute proposition d'amélioration du fonctionnement du fonds.

Le conseil de surveillance de l'Union d'économie sociale du logement arrête et approuve les comptes de chacune des sections du fonds dans les mêmes conditions que ceux de l'union et examine le rapport du comité d'audit. La délibération du conseil de surveillance y afférente et le rapport du comité d'audit sont transmis à *(Ord. no 2010-76 du 21 janv. 2010, art. 18)* « l'Autorité de contrôle prudentiel ».

GENS DU VOYAGE

Loi no 2000-614 du 5 juillet 2000,

Relative à l'accueil et à l'habitat des gens du voyage.

Art. 1er I. – Les communes participent à l'accueil des personnes dites gens du voyage et dont l'habitat traditionnel est constitué de résidences mobiles.

II. – Dans chaque département, au vu d'une évaluation préalable des besoins et de l'offre existante, notamment de la fréquence et de la durée des séjours des gens du voyage, des possibilités de scolarisation des enfants, d'accès aux soins et d'exercice des activités économiques, un schéma départemental prévoit les secteurs géographiques d'implantation des aires permanentes d'accueil et les communes où celles-ci doivent être réalisées.

Les communes de plus de 5 000 habitants figurent obligatoirement au schéma départemental. Il précise la destination des aires permanentes d'accueil et leur capacité. Il définit la nature des actions à caractère social destinées aux gens du voyage qui les fréquentent.

Le schéma départemental détermine les emplacements susceptibles d'être occupés temporairement à l'occasion de rassemblements traditionnels ou occasionnels et définit les conditions dans lesquelles l'État intervient pour assurer le bon déroulement de ces rassemblements.

Une annexe au schéma départemental recense les autorisations délivrées sur le fondement de l'article L. 443-3 du code de l'urbanisme. Elle recense également les terrains devant être mis à la disposition des gens du voyage par leurs employeurs, notamment dans le cadre d'emplois saisonniers.

(L. no 2003-239 du 18 mars 2003, art. 54) « Le schéma départemental tient compte de l'existence de sites inscrits ou classés sur le territoire des communes concernées. La réalisation des aires permanentes d'accueil doit respecter la législation applicable, selon les cas, à chacun de ces sites. »

III. – Le schéma départemental est élaboré par le représentant de l'État dans le département et le président du conseil général. Après avis du conseil municipal des communes concernées et de la commission consultative prévue au IV, il est approuvé conjointement par le représentant de l'État dans le département et le président du conseil général dans un délai de dix-huit mois à compter de la publication de la présente loi. Passé ce délai, il est approuvé par le représentant de l'État dans le département. Il fait l'objet d'une publication.

Le schéma départemental est révisé selon la même procédure au moins tous les six ans à compter de sa publication.

IV. – Dans chaque département, une commission consultative, comprenant notamment des représentants des communes concernées, des représentants des gens du voyage et des associations intervenant auprès des gens du voyage, est associée à l'élaboration et à la mise en œuvre du schéma. Elle est présidée conjointement par le représentant de l'État dans le département et par le président du conseil général ou par leurs représentants.

La commission consultative établit chaque année un bilan d'application du schéma. Elle peut désigner un médiateur chargé d'examiner les difficultés rencontrées dans la mise en œuvre de ce schéma et de formuler des propositions de règlement de ces difficultés. Le médiateur rend compte à la commission de ses activités. — *V. Décr. n° 2001-540 du 25 juin 2001, relatif à la composition et au fondement de cette commission (JO 26 juin).*

V. — Le représentant de l'État dans la région coordonne les travaux d'élaboration des schémas départementaux. Il s'assure de la cohérence de leur contenu et de leurs dates de publication. Il réunit à cet effet une commission constituée des représentants de l'État dans les départements, du président du conseil régional et des présidents des conseils généraux, ou de leurs représentants.

....

Art. 10 I. — Les schémas départementaux établis en application de l'article 28 de la loi n° 90-449 du 31 mai 1990 visant à la mise en œuvre du droit au logement *[V. App., v° Loi « Besson »]*, publiés antérieurement à l'entrée en vigueur de la présente loi, font l'objet d'un nouvel examen dans les conditions et délais prévus à l'article 1er ci-dessus.

II. — *V. v° Loi « Besson », note ss. l'article 28 de la loi n° 90-449 du 31 mai 1990.*

V. Circ. n° 2001-49 du 5 juill. 2001 (BOMELT n° 2001/14).

GRENELLE DE L'ENVIRONNEMENT

Loi n° 2009-967 du 3 août 2009,

Relative à la mise en œuvre du Grenelle de l'environnement.

Art. 1er La présente loi, avec la volonté et l'ambition de répondre au constat partagé et préoccupant d'une urgence écologique, fixe les objectifs et, à ce titre, définit le cadre d'action, organise la gouvernance à long terme et énonce les instruments de la politique mise en œuvre pour lutter contre le changement climatique et s'y adapter, préserver la biodiversité ainsi que les services qui y sont associés, contribuer à un environnement respectueux de la santé, préserver et mettre en valeur les paysages. Elle assure un nouveau modèle de développement durable qui respecte l'environnement et se combine avec une diminution des consommations en énergie, en eau et autres ressources naturelles. Elle assure une croissance durable sans compromettre les besoins des générations futures.

Pour les décisions publiques susceptibles d'avoir une incidence significative sur l'environnement, les procédures de décision seront révisées pour privilégier les solutions respectueuses de l'environnement, en apportant la preuve qu'une décision alternative plus favorable à l'environnement est impossible à un coût raisonnable.

Les politiques publiques doivent promouvoir un développement durable. A cet effet, elles concilient la protection et la mise en valeur de l'environnement, le développement économique et le progrès social.

La stratégie nationale de développement durable et la stratégie nationale de la biodiversité sont élaborées par l'État en cohérence avec la stratégie européenne de développement durable et en concertation avec les représentants des élus nationaux et locaux, des employeurs, des salariés et de la société civile, notamment des associations et fondations visées au deuxième alinéa de l'article 49 de la présente loi.

L'État assure le suivi de leur mise en œuvre au sein d'un comité pérennisant la conférence des parties prenantes du Grenelle de l'environnement *[V. C. envir., art. D. 134-1 s.]* et en rend compte chaque année devant le Parlement, auquel il propose les mesures propres à améliorer leur efficacité. Le Gouvernement transmet à celui-ci, au plus tard avant le 10 octobre, un rapport annuel sur la mise en œuvre des engagements prévus par la présente loi, son incidence sur les finances et la fiscalité locales et son impact sur les prélèvements obligatoires au regard du principe de stabilité de la pression fiscale pesant sur les particuliers et les entreprises.

Pour ce qui concerne les régions, les départements et collectivités d'outre-mer, compte tenu de leurs caractéristiques environnementales et de la richesse de leur biodiversité, l'État fera reposer sa politique sur des choix stratégiques spécifiques qui seront déclinés dans le cadre de mesures propres à ces collectivités.

Ces choix comporteront notamment un cadre expérimental pour le développement durable, au titre d'une gouvernance locale adaptée, reposant sur les dispositions du troisième alinéa de l'article 73 de la Constitution.

TITRE PREMIER Lutte contre le changement climatique

Art. 2 I. – La lutte contre le changement climatique est placée au premier rang des priorités. Dans cette perspective, est confirmé l'engagement pris par la France de diviser par quatre ses émissions de gaz à effet de serre entre 1990 et 2050 en réduisant de 3 % par an, en moyenne, les rejets de gaz à effet de serre dans l'atmosphère, afin de ramener à cette échéance ses émissions annuelles de gaz à effet de serre à un niveau inférieur à 140 millions de tonnes équivalent de dioxyde de carbone.

Considérant que la région arctique joue un rôle central dans l'équilibre global du climat de la planète, la France soutiendra la création d'un observatoire scientifique international de l'Arctique.

En outre, afin d'en protéger l'environnement, elle promouvra ou accompagnera, dans le cadre des instances internationales compétentes, l'adaptation de la réglementation internationale aux nouveaux usages de l'océan Arctique rendus possibles par son accessibilité croissante.

La France se fixe comme objectif de devenir l'économie la plus efficiente en équivalent carbone de la Communauté européenne d'ici à 2020. A cette fin, elle prendra toute sa part à la réalisation de l'objectif de réduction d'au moins 20 % des émissions de gaz à effet de serre de la Communauté européenne à cette échéance, cet objectif étant porté à 30 % pour autant que d'autres pays industrialisés hors de la Communauté européenne s'engagent sur des objectifs comparables et que les pays en développement les plus avancés apportent une contribution adaptée. Elle soutiendra également la conclusion d'engagements internationaux contraignants de réduction des émissions. Elle concourra, de la même manière, à la réalisation de l'objectif d'amélioration de 20 % de l'efficacité énergétique de la Communauté européenne et s'engage à porter la part des énergies renouvelables à au moins 23 % de sa consommation d'énergie finale d'ici à 2020.

II. – Les mesures nationales de lutte contre le changement climatique porteront en priorité sur la baisse de la consommation d'énergie des bâtiments et la réduction des émissions de gaz à effet de serre des secteurs des transports et de l'énergie. Ces mesures sont conçues selon une approche conjointe de protection de la qualité de l'air et d'atténuation du changement climatique. La maîtrise de la demande d'énergie constitue la solution durable au problème des coûts croissants de l'énergie pour les consommateurs, notamment pour les ménages les plus démunis particulièrement exposés au renchérissement des énergies fossiles. Le programme d'économies d'énergie dans le secteur du logement comprendra des actions ciblées de lutte contre la précarité énergétique.

Pour la mise en œuvre des objectifs visés au I, les mesures nationales visent à intégrer le coût des émissions de gaz à effet de serre dans la détermination des prix des biens et des services, notamment en :

– améliorant l'information du consommateur sur le coût écologique de ces biens et services ;

– adoptant de nouvelles réglementations ;

– étendant le système européen d'échange des quotas d'émissions de gaz à effet de serre à de nouveaux secteurs, en tenant compte des mesures nationales prises par les autres États membres ;

– mettant aux enchères une partie des quotas alloués aux entreprises en prenant en compte l'impact de cette mise aux enchères sur la concurrence internationale à laquelle sont exposés les secteurs concernés. La part des quotas alloués par la mise aux enchères pourra atteindre, à partir de 2013, 100 % si le secteur concerné est en capacité d'en supporter les conséquences sans subir une perte importante de ses parts de marché, conformément au calendrier fixé par la directive 2003/87/CE du Parlement européen et du Conseil, du 13 octobre 2003, établissant un système d'échange de quotas d'émission de gaz à effet de serre dans la Communauté.

L'État étudiera la création d'une contribution dite "climat-énergie" en vue d'encourager les comportements sobres en carbone et en énergie. Cette contribution aura pour objet d'intégrer les effets des émissions de gaz à effet de serre dans les systèmes de prix par la taxation des consommations d'énergies fossiles. Elle sera strictement compensée par une baisse des prélèvements obligatoires de façon à préserver le pouvoir d'achat des ménages et la compétitivité des entreprises. Au terme de six mois à compter de la promulgation de la présente loi, le résultat de cette étude sera rendu public et transmis au Parlement.

La France soutiendra la mise en place d'un mécanisme d'ajustement aux frontières pour les importations en provenance des pays qui refuseraient de contribuer à raison de leurs responsabilités et capacités respectives à l'effort mondial de réduction des émissions de gaz à effet de serre après 2012.

Les dispositifs incitatifs économiques et les financements publics consacrés à des investissements de production ou de consommation d'énergie tiendront compte des économies d'énergie réalisées et du temps nécessaire à la rentabilisation des investissements concernés. L'efficience de ces mécanismes et dispositifs sera évaluée notamment au regard de leur coût par rapport au volume d'émissions de gaz à effet de serre évitées.

Les dispositifs incitatifs économiques et les financements publics qui auront pour objet la réduction des émissions de gaz à effet de serre devront être justifiés notamment par référence au coût de la tonne de dioxyde de carbone évitée ou définitivement stockée.

CHAPITRE PREMIER *Réduction des consommations d'énergie des bâtiments*

Art. 3 Le secteur du bâtiment, qui consomme plus de 40 % de l'énergie finale et contribue pour près du quart aux émissions nationales de gaz à effet de serre, représente le principal gisement d'économies d'énergie exploitable immédiatement. Un plan de rénovation énergétique et thermique des bâtiments existants et de réduction des consommations énergétiques des constructions neuves, réalisé à grande échelle, réduira durablement les dépenses énergétiques, améliorera le pouvoir d'achat des ménages et contribuera à la réduction des émissions de dioxyde de carbone. Cette amélioration implique le développement et la diffusion de nouvelles technologies dans la construction neuve et la mise en œuvre d'un programme de rénovation accélérée du parc existant, en prenant systématiquement en compte l'objectif d'accessibilité aux personnes présentant un handicap au sens de l'article L. 114 du code de l'action sociale et des familles.

Art. 4 La réglementation thermique applicable aux constructions neuves sera renforcée afin de réduire les consommations d'énergie et les émissions de gaz à effet de serre. Elle s'attachera à susciter une évolution technologique et industrielle significative dans le domaine de la conception et de l'isolation des bâtiments et pour chacune des filières énergétiques, dans le cadre d'un bouquet énergétique équilibré, faiblement émetteur de gaz à effet de serre et contribuant à l'indépendance énergétique nationale.

L'État se fixe comme objectifs que :

a) Toutes les constructions neuves faisant l'objet d'une demande de permis de construire déposée à compter de la fin 2012 et, par anticipation à compter de la fin 2010, s'il s'agit de bâtiments publics et de bâtiments affectés au secteur tertiaire, présentent une consommation d'énergie primaire inférieure à un seuil de 50 kilowattheures par mètre carré et par an en moyenne ; pour les énergies qui présentent un bilan avantageux en termes d'émissions de gaz à effet de serre, ce seuil sera modulé afin d'encourager la diminution des émissions de gaz à effet de serre générées par l'énergie utilisée, conformément au premier alinéa ; ce seuil pourra également être modulé en fonction de la localisation, des caractéristiques et de l'usage des bâtiments ; chaque filière énergétique devra, en tout état de cause, réduire très fortement les exigences de consommation d'énergie définies par les réglementations auxquelles elle est assujettie à la date d'entrée en vigueur de la présente loi. Afin de garantir la qualité de conception énergétique du bâti, la réglementation thermique fixera en outre un seuil ambitieux de besoin maximal en énergie de chauffage des bâtiments ; ce seuil pourra être modulé en fonction de la localisation, des caractéristiques et de l'usage des bâtiments. Une étude de l'Office parlementaire d'évaluation des choix scientifiques et technologiques sera réalisée afin de proposer un niveau pertinent de modulation pour respecter les objectifs fixés au premier alinéa et de mesurer l'impact économique de l'ensemble du dispositif prévu ; cette étude examinera également les questions liées aux facteurs de conversion d'énergie finale en énergie primaire ;

b) Toutes les constructions neuves faisant l'objet d'une demande de permis de construire déposée à compter de la fin 2020 présentent, sauf exception, une consommation d'énergie primaire inférieure à la quantité d'énergie renouvelable produite dans ces constructions, et notamment le bois-énergie ;

c) Les logements neufs construits dans le cadre du programme national de rénovation urbaine prévu par la loi nº 2003-710 du 1er août 2003 d'orientation et de programmation pour la ville et la rénovation urbaine respectent par anticipation les exigences prévues au *a*.

Les normes susmentionnées seront adaptées à l'utilisation du bois comme matériau, en veillant à ce que soit privilégiée l'utilisation de bois certifié et, d'une façon plus générale, des biomatériaux sans conséquence négative pour la santé des habitants et des artisans.

Pour atteindre ces objectifs, les acquéreurs de logements dont la performance énergétique excédera les seuils fixés par la réglementation applicable pourront bénéficier d'un avantage supplémentaire au titre de l'aide à l'accession à la propriété et du prêt à taux zéro.

Art. 5 L'État se fixe comme objectif de réduire les consommations d'énergie du parc des bâtiments existants d'au moins 38 % d'ici à 2020. A cette fin, l'État se fixe comme objectif la rénovation complète de 400 000 logements chaque année à compter de 2013.

I. – Tous les bâtiments de l'État et de ses établissements publics seront soumis à un audit d'ici à 2010. L'objectif est, à partir du diagnostic ainsi établi, d'engager leur rénovation d'ici à 2012 avec traitement de leurs surfaces les moins économes en énergie. Cette rénovation aura pour objectif de réduire d'au moins 40 % les consommations d'énergie et d'au moins 50 % les émissions de gaz à effet de serre de ces bâtiments dans un délai de huit ans.

L'État incitera les collectivités territoriales, dans le respect de leur libre administration, à engager un programme de rénovation de leurs bâtiments en matière d'économie d'énergie dans les mêmes conditions et au même rythme qu'indiqués à l'alinéa précédent. Les politiques engagées par les collectivités territoriales d'outre-mer feront l'objet d'un soutien spécifique afin de tenir compte des risques sismiques.

Si les conditions définies par l'ordonnance nº 2004-559 du 17 juin 2004 sur les contrats de partenariat sont satisfaites, il pourra être fait appel à des contrats de partenariat pour réaliser les travaux de rénovation en matière d'économie d'énergie portant respectivement sur les 50 et 70 millions de mètres carrés de surface des bâtiments de l'État et de ses principaux établissements publics.

Le droit de la commande publique devra prendre en compte l'objectif de réduction des consommations d'énergie visé au premier alinéa, en autorisant le pouvoir adjudicateur à recourir à un contrat de performance énergétique, notamment sous la forme d'un marché global regroupant les prestations de conception, de réalisation et d'exploitation ou de maintenance, dès lors que les améliorations de l'efficacité énergétique sont garanties contractuellement.

II. – L'État se fixe comme objectif la rénovation de l'ensemble du parc de logements sociaux. A cet effet, pour commencer, 800 000 logements sociaux dont la consommation d'énergie est supérieure à 230 kilowattheures d'énergie primaire par mètre carré et par an feront l'objet de travaux avant 2020, afin de ramener leur consommation annuelle à des valeurs inférieures à 150 kilowattheures d'énergie primaire par mètre carré. Ces travaux concerneront en particulier 180 000 logements sociaux situés dans des zones définies par l'article 6 de la loi n° 2003-710 du 1er août 2003 d'orientation et de programmation pour la ville et la rénovation urbaine.

Pour définir les priorités du programme, il sera tenu compte du niveau de charges de chauffage payées par les locataires, du niveau de la consommation annuelle et de l'importance des économies envisagées.

Ce programme de rénovation est ainsi réparti :

ANNÉES	2009	2010	2011 à 2020
Logements sociaux rénovés	40 000	60 000	70 000 par an

A cet effet, une enveloppe de prêts à taux privilégiés sera accordée aux organismes bailleurs de logements sociaux. Des conventions entre l'État et ces organismes définiront les conditions de réalisation du programme et prévoiront les modalités de financement des travaux de rénovation, notamment à partir des économies réalisées grâce à ces travaux de rénovation. A l'appui de ces conventions, l'État pourra attribuer des subventions qui pourront s'élever jusqu'à 20 % du coût des travaux.

Les organismes bailleurs de logements sociaux seront encouragés à recourir aux énergies renouvelables, notamment pour leur permettre des adaptations marginales à la norme fixée au premier alinéa dans le cas d'un patrimoine manifestement difficile à rénover. Un décret fixe les conditions techniques pouvant justifier de telles adaptations et les modalités de compensation applicables aux organismes concernés.

III. – Afin de permettre une rénovation accélérée du parc résidentiel et tertiaire existant en matière d'économie d'énergie, l'État mettra en place des actions spécifiques incluant un ensemble d'incitations financières destinées à encourager la réalisation des travaux. Ainsi :

a) L'État favorisera la conclusion d'accords avec le secteur des banques et des assurances, tout en mobilisant les établissements financiers publics, pour développer le financement des investissements d'économie d'énergie ; ces accords auront pour objet la mise en place de prêts aux particuliers dont les caractéristiques financières permettront le remboursement des annuités d'emprunt au moyen des économies d'énergie réalisées ; de même, l'État encouragera la simplification et l'aménagement des contrats de performance énergétique en vue de faciliter leur diffusion, notamment dans les copropriétés, et s'assurera de l'élaboration de modèles de contrats de performance énergétique adaptés aux différents secteurs (résidentiel, tertiaire, industriel) ; il incitera le secteur des assurances à développer une offre de produits visant à garantir le bon résultat des travaux d'amélioration énergétique des bâtiments résidentiels ;

b) Les modalités d'application du crédit d'impôt sur le revenu en faveur des économies d'énergie et de l'utilisation des énergies renouvelables seront réformées, afin de favoriser la rénovation des logements donnés en location et la réalisation de travaux ou l'acquisition des équipements les plus performants ;

c) Les propriétaires de surfaces importantes affectées aux activités tertiaires, notamment les sociétés foncières, pourront être assujettis au dispositif des certificats d'économie d'énergie.

L'État incitera les bailleurs et les associations de locataires à engager une concertation pour déterminer les modalités de partage des économies d'énergie réalisées par ces investissements. Dans un délai d'un an à compter de la promulgation de la présente loi, le Gouvernement rendra compte au Parlement de l'état de la concertation.

En complément des mesures précitées, l'État prévoira des dispositifs d'incitation financière visant à encourager les propriétaires et les syndicats de copropriétaires à réaliser des travaux de rénovation lourde destinés à accroître la performance énergétique de logements anciens aux caractéristiques thermiques et énergétiques très dégradées. Ces dispositifs privilégieront les financements qui tirent parti des gains réalisés par les économies d'énergie. Une étude analysera par ailleurs les possibilités de mettre en œuvre à terme des obligations de travaux de rénovation.

Le diagnostic de performance énergétique sera adapté à l'outre-mer afin de tenir compte des caractéristiques propres à ces territoires.

L'État encouragera la constitution d'un groupement de l'ensemble des acteurs du plan de rénovation des bâtiments pour suivre et adapter les chantiers de rénovation en matière d'économie d'énergie dans les secteurs résidentiel et tertiaire.

Dans un délai d'une année après la promulgation de la présente loi, l'État remettra à la représentation nationale un rapport mesurant la production en dioxyde de carbone des systèmes de climatisation et leur impact sur l'écosystème et l'environnement, singulièrement dans les collectivités d'outre-mer.

Le plan d'urgence pour l'emploi des jeunes s'orientera en priorité vers les métiers liés à l'environnement, notamment dans le domaine du bâtiment.

Art. 6 L'État incitera les acteurs de la formation professionnelle initiale et continue à engager, en concertation avec les régions, un programme pluriannuel de qualification et de formation des professionnels du bâtiment et de l'efficacité énergétique dans le but d'encourager l'activité de rénovation du bâtiment, dans ses dimensions de performance thermique et énergétique, acoustique et de qualité de l'air intérieur. Ce programme insistera avant tout sur la formation aux techniques de diagnostic préalable, la connaissance des énergies renouvelables et de leurs modalités d'utilisation, l'adaptation des contenus de formations pour privilégier l'isolation et les réseaux de chauffage.

Les programmes publics de recherche dans le domaine du bâtiment seront orientés vers les nouvelles générations de bâtiments faiblement consommateurs d'énergie, ceux producteurs d'énergie à partir de sources renouvelables et les techniques de rénovation performantes en matière d'économie d'énergie.

La France concourt à la création d'une plate-forme européenne sur l'écoconstruction, pour développer les recherches et promouvoir les différentes filières de bâtiments faiblement consommateurs d'énergie.

HANDICAPÉS

Loi no 2005-102 du 11 février 2005,

Pour l'égalité des droits et des chances, la participation et la citoyenneté des personnes handicapées (JO 12 févr.).

Art. 50 Les propriétaires bailleurs peuvent passer des conventions avec les établissements ou services spécialisés afin de :

1o Déterminer les modifications nécessaires à apporter aux logements pour les adapter aux différentes formes de handicap de leurs locataires ;

2o Prévoir une collaboration afin d'intégrer notamment les personnes handicapées physiques dans leur logement sur la base d'un projet personnalisé.

Ces dispositions ne sont pas applicables à Saint-Pierre-et-Miquelon (L. no 2005-102 du 11 févr. 2005, art. 93).

JOUISSANCE D'IMMEUBLE À TEMPS PARTAGÉ

1 CONTRAT DE JOUISSANCE D'IMMEUBLE À TEMPS PARTAGÉ

Code de la consommation

PREMIÈRE PARTIE : ***LÉGISLATIVE***

(L. nº 93-949 du 26 juill. 1993)

LIVRE PREMIER **Information des consommateurs et formation des contrats**

....

TITRE II **Pratiques commerciales**

CHAPITRE PREMIER ***Pratiques commerciales réglementées***

....

SECTION IX ***Contrats d'utilisation de biens à temps partagé, contrats de produit de vacances à long terme, contrats de revente et contrats d'échange***

(L. nº 2009-888 du 22 juill. 2009, art. 32, en vigueur le 1er janv. 2010)

BIBL. ► Bourgeois, *JCP 1999, nº 30, p. 1361*. – Desurvire et Lechau, *AJDI 1998. 1035* (transposition de la directive). – Durand-Pasquier, *Constr.-Urb. 2009. alerte nº 14* (un renforcement de la protection des vacanciers en perspective !). – Martel, *RLDC nov. 2009. 7* (une loi pour la confiance... dans les produits du *timeshare*). – Mésa, *AJDI 2010. 9* (loi du 22 juill. 2009). – Mortier, *Dr. sociétés 2009. repère nº 10* (la réforme du *timeshare* par la L. nº 2009-888 du 22 juill. 2009). – Notté, *JCP E 2009. Actu. 345* (loi du 22 juill. 2009). – Périnet-Marquet, *RDI 1998. 591* (transposition de la directive). – Saint-Halary, *D. 1999. Chron. 147* (jouissance des biens immobiliers à temps partiel et loi du 8 juill. 1998). – Sizaire, *JCP E 1999, nº 11, p. 454* (protection indifférenciée des acquéreurs) ; *IRC déc. 1999. 20* (répartition des charges et occupation effective).

Art. L. 121-60 Est soumis à la présente section tout contrat ou groupe de contrats, conclu à titre onéreux, par lequel un professionnel confère à un consommateur, directement ou indirectement, un droit ou un service d'utilisation de biens à temps partagé, ou concernant des produits de vacances à long terme, ou de revente ou d'échange de tels droits ou services.

Est également soumis à la présente section le contrat de souscription ou de cession de parts ou actions de sociétés d'attribution d'immeubles en jouissance à temps partagé régi par la loi nº 86-18 du 6 janvier 1986 relative aux sociétés d'attribution d'immeubles en jouissance à temps partagé.

Code du tourisme

(Ord. nº 2004-1391 du 20 déc. 2004)

Art. L. 211-24 *(L. nº 2009-888 du 22 juill. 2009, art. 1er)* Les personnes physiques ou morales immatriculées sur le registre mentionné au I de l'article L. 211-18 du présent code peuvent conclure tout contrat de jouissance d'immeuble à temps partagé régi par les articles L. 121-60 et suivants du code de la consommation.

Elles peuvent également prêter concours à la conclusion de tels contrats en vertu d'un mandat écrit.

Pour se livrer à cette dernière activité, elles justifient spécialement, dans les conditions prévues par le présent titre, d'une assurance garantissant les conséquences pécuniaires de leur responsabilité civile professionnelle et d'une garantie financière affectée au remboursement des fonds, effets ou valeurs détenus pour autrui.

Le montant de cette garantie ne peut être inférieur au montant maximal des fonds, effets ou valeurs détenus pour autrui à un moment quelconque, ni à un montant minimal fixé par décret en Conseil d'État.

Les modalités particulières de mise en œuvre et de fonctionnement de cette garantie, le contenu du contrat de mandat et les conditions de la rémunération du mandataire sont définis par décret en Conseil d'État.

Art. L. 121-61 Les contrats mentionnés au premier alinéa de l'article L. 121-60 sont ainsi définis :

1º Le contrat d'utilisation de biens à temps partagé est un contrat d'une durée de plus d'un an par lequel un consommateur acquiert, à titre onéreux, la jouissance d'un ou plusieurs biens immobiliers ou mobiliers, à usage d'habitation, pour des périodes déterminées ou déterminables ;

2º Le contrat de produit de vacances à long terme est un contrat d'une durée de plus d'un an par lequel un consommateur acquiert, à titre onéreux, un droit à hébergement pour une période déterminée ou déterminable assorti de réductions ou d'autres avantages ou services ;

3º Le contrat de revente est un contrat de service par lequel un professionnel, à titre onéreux, assiste un consommateur en vue de la vente, de la revente ou de l'achat d'un droit d'utilisation de biens à temps partagé ou d'un produit de vacances à long terme ;

4º Le contrat d'échange est un contrat à titre onéreux par lequel un consommateur accède à un système d'échange qui lui permet, en contrepartie de son contrat d'utilisation de biens à temps partagé ou de son contrat de produit de vacances à long terme, d'accéder à la jouissance d'un autre bien ou à un autre hébergement ou à d'autres services.

Pour les contrats visés aux 1º et 2º, la détermination de la durée minimale tient compte de toute clause contractuelle de reconduction ou de prorogation tacite les portant à une durée supérieure à un an.

Art. L. 121-62 Toute publicité relative à tout contrat ou groupe de contrats d'utilisation de biens à temps partagé, de produit de vacances à long terme ou de revente ou d'échange indique la possibilité d'obtenir les informations mentionnées aux articles L. 121-63 et L. 121-64. Toute invitation à une manifestation ayant pour objet la vente ou la promotion d'un des produits ou services ci-dessus mentionnés doit indiquer clairement le but commercial et la nature de cette manifestation. Pendant la durée de celle-ci, le professionnel doit mettre à la disposition du consommateur les informations mentionnées aux articles L. 121-63 et L. 121-64.

Les biens à temps partagé et produits de vacances à long terme proposés ne peuvent être présentés ni être vendus comme un investissement.

Art. L. 121-63 En temps utile et avant tout engagement de sa part, le consommateur doit recevoir du professionnel de manière claire et compréhensible, par écrit ou sur un support durable aisément accessible, les informations exactes et suffisantes relatives aux biens ou services pour lesquels il envisage de contracter.

Pour l'ensemble des contrats visés et définis aux articles L. 121-60 et L. 121-61, l'offre indique, conformément aux modèles de formulaire d'information correspondants :

1o L'identité et le domicile du ou des professionnels, ou *[,]* s'il s'agit d'une personne morale, sa dénomination, sa forme juridique et son siège ;

2o La désignation et la description du ou des biens ou services ainsi que de leur situation ;

3o L'objet du contrat ainsi que la nature juridique du ou des droits conférés au consommateur ;

4o La période précise pendant laquelle les droits seront exercés ;

5o La durée du contrat et sa date de prise d'effet ;

6o Le prix principal à payer pour l'exercice du ou des droits conférés par le contrat et l'indication des frais accessoires obligatoires éventuels ;

7o Les services et installations mis à la disposition du consommateur et leur coût ;

8o La durée du droit de rétractation, ses modalités d'exercice et ses effets ;

9o Les informations relatives à la résiliation du contrat, le cas échéant à la résiliation du contrat accessoire, et à leurs effets ;

10o L'interdiction de tout paiement d'avances ;

11o Le fait que le contrat peut être régi par une loi autre que celle de l'État membre de l'Union européenne dans lequel le consommateur a sa résidence ou son domicile habituel ;

12o L'indication de la ou des langues utilisées entre le consommateur et le professionnel concernant toute question relative au contrat ;

13o Le cas échéant, les modalités de résolution extrajudiciaire des litiges ;

14o L'existence, le cas échéant, d'un code de bonne conduite.

Art. L. 121-64 I. – Pour les contrats de jouissance à temps partagé, l'offre visée à l'article L. 121-63 indique en outre :

1o L'existence ou non de la possibilité de participer à un système d'échange et, dans l'affirmative, l'indication du nom de ce système d'échange et de son coût ;

2o Si l'immeuble est en construction, les indications essentielles relatives au permis de construire, à l'état et aux délais d'achèvement du logement et de ses services, au raccordement aux divers réseaux, et aux garanties d'achèvement ou de remboursement en cas de non achèvement.

II. – Pour les contrats de produit de vacances à long terme, l'offre visée à l'article L. 121-63 indique en outre :

1o Les modalités relatives au calendrier de paiement échelonné du prix ;

2o Les indications relatives à l'éventuelle augmentation du coût des annuités.

III. – Pour les contrats de revente, l'offre visée à l'article L. 121-63 indique en outre le prix à payer par le consommateur pour bénéficier des services du professionnel et l'indication des frais complémentaires obligatoires.

Art. L. 121-65 Le professionnel fournit gratuitement au consommateur les informations visées aux articles L. 121-63 et L. 121-64, au moyen de formulaires propres à chacun des contrats cités aux articles L. 121-60 et L. 121-61, et dont les modèles sont déterminés par arrêté conjoint du ministre chargé de la consommation et du ministre de la justice.

Les informations visées aux articles L. 121-63, L. 121-64 et au présent article sont rédigées au choix du consommateur dans la langue ou dans l'une des langues de l'État membre dans lequel il réside ou dont il a la nationalité, à la condition qu'il s'agisse d'une langue officielle de la Communauté européenne.

Art. L. 121-66 Le professionnel remet au consommateur un contrat écrit sur support papier ou sur tout autre support durable. Il est rédigé au choix du consommateur, dans la langue ou dans une des langues de l'État membre dans lequel il réside ou dont il a la nationalité, à condition qu'il s'agisse d'une langue officielle de la Communauté européenne.

En tout état de cause, le contrat est rédigé en langue française dès lors que le consommateur réside en France ou que le professionnel exerce son activité de vente sur le territoire français.

Dans le cas d'un contrat d'utilisation de biens à temps partagé concernant un bien immobilier précis situé sur le territoire d'un État membre, le professionnel remet au consommateur une traduction certifiée conforme du contrat dans la langue ou l'une des langues de cet État membre.

Art. L. 121-67 Les informations visées aux articles L. 121-63 et L. 121-64 font partie intégrante du contrat. Le professionnel ne peut modifier tout ou partie des informations fournies qu'en cas de force majeure ou d'accord formel intervenu entre les parties.

Toute modification doit faire l'objet d'une communication au consommateur avant la conclusion du contrat, par écrit, sur support papier ou sur tout autre support durable et figurer expressément dans ledit contrat.

Avant la signature du contrat, le professionnel attire l'attention du consommateur sur l'existence du droit de rétractation et sa durée, ainsi que sur l'interdiction d'un paiement d'avances pendant le délai de rétractation.

Art. L. 121-68 Le contrat comprend :

1o Les informations visées aux articles L. 121-63 et L. 121-64 ;

2o Le cas échéant, les modifications intervenues sur ces mêmes informations conformément à l'article L. 121-67 ;

3o L'indication de l'identité et du lieu de résidence des parties ;

4o La date et le lieu de sa conclusion, ainsi que la signature des parties ;

5o Un formulaire de rétractation distinct du contrat, conforme à un modèle déterminé par arrêté conjoint du ministre chargé de la consommation et du ministre de la justice.

La ou les pages du contrat relatives à l'existence d'un droit de rétractation et à ses modalités d'exercice ainsi qu'à l'interdiction de paiement d'avance doivent être signées par le consommateur.

Une ou plusieurs copies de l'ensemble du contrat sont remises au consommateur au moment de sa conclusion.

Art. L. 121-69 Le consommateur dispose d'un délai de quatorze jours francs pour se rétracter d'un des contrats visés aux articles L. 121-60 et L. 121-61, sans avoir à indiquer de motif.

Il dispose de ce droit à compter du jour de la conclusion du contrat ou du jour de sa réception, si cette réception est postérieure au jour de la conclusion dudit contrat, sans indemnité ni frais.

Art. L. 121-70 Dans le cas où le professionnel n'a pas rempli et fourni au consommateur sur support papier ou sur tout autre support durable le formulaire de rétractation prévu au 5o de l'article L. 121-68, le consommateur dispose d'un délai de rétractation d'un an et quatorze jours à compter du jour de la conclusion du contrat ou du jour de sa réception.

Si le formulaire de rétractation est remis au consommateur sur support papier ou sur tout autre support durable dans l'année suivant le jour de la conclusion du contrat ou de sa réception, le délai de rétractation de quatorze jours commence à courir à compter du jour de la réception ou de la remise dudit formulaire.

Dans le cas où le professionnel n'a pas fourni au consommateur, par écrit, sur support papier ou sur tout autre support durable, les informations figurant aux articles L. 121-63 et L. 121-64, ainsi que le formulaire d'information correspondant, le consommateur dispose d'un délai de rétractation de trois mois et quatorze jours à compter du jour de la conclusion du contrat ou du jour de sa réception.

Si ces informations sont remises au consommateur dans les trois mois suivant le jour de la conclusion du contrat ou de sa réception, le délai de quatorze jours commence à courir à compter du jour de la réception ou de la remise desdites informations et du formulaire standard d'information.

Art. L. 121-71 Si le consommateur souscrit simultanément un contrat d'utilisation de biens à temps partagé et un contrat d'échange, un seul délai de rétractation s'applique aux deux contrats.

Art. L. 121-72 Les délais prévus par les articles L. 121-69, L. 121-70 et L. 121-71 qui expireraient un samedi, un dimanche ou un jour férié ou chômé sont prorogés jusqu'au premier jour ouvrable suivant.

Art. L. 121-73 Le consommateur qui entend exercer son droit de rétractation notifie sa décision au professionnel avant l'expiration des délais définis aux articles L. 121-69, L. 121-70 et L. 121-71, par lettre recommandée avec demande d'avis de réception ou, à défaut, par tout autre moyen présentant des garanties équivalentes permettant de prouver cet envoi.

Le consommateur peut utiliser, suivant les mêmes formalités de transmission, le formulaire standard de rétractation visé à l'article L. 121-68.

L'exercice de son droit de rétractation par le consommateur met fin à l'obligation des parties d'exécuter le contrat.

Art. L. 121-74 Le professionnel ne peut, directement ou indirectement, faire supporter au consommateur qui exerce son droit de rétractation aucun coût, y compris ceux afférents à d'éventuels services fournis avant l'exercice de son droit de rétractation.

Art. L. 121-75 Le professionnel ne peut demander et recevoir du consommateur, sous quelque forme que ce soit, le paiement d'avance, une constitution de garanties, une reconnaissance de dettes, une réserve d'argent sur des comptes, pour les prestations objets des contrats visés aux articles L. 121-60 et L. 121-61, ou toute autre rémunération pour lui-même ou pour un tiers, avant l'expiration des délais de rétractation définis aux articles L. 121-69, L. 121-70 et L. 121-71 et la conclusion effective desdits contrats.

Ces interdictions valent également lorsqu'il est mis fin, par tout moyen, au contrat de revente.

Art. L. 121-76 En ce qui concerne les contrats de produit de vacances à long terme visés à l'article L. 121-61, le paiement se fait selon un calendrier de paiements échelonnés auquel il est interdit de déroger. Les paiements, y compris toute cotisation, sont divisés en annuités, chacune étant d'égale valeur. Le professionnel envoie une demande de paiement par écrit, sur support papier ou sur tout autre support durable, au moins quatorze jours avant chaque date d'échéance.

A partir de la deuxième annuité, le consommateur peut mettre fin au contrat sans encourir de pénalités, en donnant un préavis au professionnel dans un délai de quatorze jours suivant la réception de la demande de paiement pour chaque annuité.

A partir de la deuxième annuité, le professionnel et le consommateur peuvent convenir de l'indexation du prix sur la base d'un indice en lien avec l'objet du contrat.

Art. L. 121-77 Lorsque le consommateur exerce son droit de rétractation du contrat d'utilisation de biens à temps partagé ou de produit de vacances à long terme, tout contrat accessoire, y compris le contrat d'échange, est résilié de plein droit sans frais ni indemnité.

Le contrat accessoire s'entend d'un contrat par lequel le consommateur acquiert des services liés à un contrat d'utilisation de biens à temps partagé ou un contrat de produit de vacances à long terme, ces services étant fournis par le professionnel ou un tiers sur la base d'un accord entre ce tiers et le professionnel.

Art. L. 121-78 Lorsque le paiement du prix est acquitté en tout ou partie à l'aide d'un crédit accordé au consommateur par le professionnel ou par l'intermédiaire d'un tiers, l'exercice par le consommateur de son droit de rétractation du contrat d'utilisation de biens à temps partagé, du contrat de produit de vacances à long terme, de revente ou d'échange emporte la résiliation de plein droit, sans frais ni indemnité, du contrat de crédit.

Art. L. 121-79 Lorsque la loi applicable au contrat est la loi d'un État membre de l'Union européenne, est réputée non écrite toute clause par laquelle le consommateur renonce aux droits qui lui sont conférés par la présente section.

Art. L. 121-79-1 Lorsque la loi applicable est celle d'un pays tiers, est réputée non écrite toute clause qui prive le consommateur des droits qui lui sont conférés par la présente section, dès lors :

– pour les contrats définis par l'article L. 121-61 et portant sur la jouissance de tout ou partie d'un bien immobilier, que ce bien immobilier est situé sur le territoire d'un État membre de l'Union européenne ;

– pour les autres contrats définis à l'article L. 121-61, que le professionnel exerce une activité commerciale ou professionnelle dans un État membre ou que le professionnel dirige de quelque manière que ce soit son activité vers un État membre et que le contrat rentre dans le cadre de cette activité.

Art. L. 121-79-2 Est puni de 15 000 € d'amende le fait :

1o Pour tout professionnel, de soumettre à un consommateur une offre tendant à la conclusion de tout contrat ou groupe de contrats visés aux articles L. 121-60 et L. 121-61, non conforme aux articles L. 121-63 à L. 121-65 ;

2o Pour tout annonceur, de diffuser ou de faire diffuser pour son compte une publicité non conforme à l'article L. 121-62.

Art. L. 121-79-3 Est puni de 30 000 € d'amende le fait, pour tout professionnel, d'exiger ou de recevoir du consommateur, directement ou indirectement, tout versement ou engagement de versement, à quelque titre et sous quelque forme que ce soit, avant l'expiration des délais de rétractation prévus aux articles L. 121-69, L. 121-70 et L. 121-71.

Est puni d'une peine d'amende identique le fait pour tout professionnel, directement ou indirectement, de faire supporter au consommateur qui exerce son droit de rétractation des coûts, y compris ceux afférents à d'éventuels services fournis avant l'exercice du droit de rétractation.

Art. L. 121-79-4 Les personnes morales coupables de l'une des infractions prévues par les articles L. 121-79-1 et L. 121-79-2 encourent également les peines complémentaires mentionnées à l'article 131-39 du code pénal.

Art. L. 121-79-5 La présente section est d'ordre public. Le non-respect des dispositions prévues aux articles L. 121-63, L. 121-64, L. 121-65, L. 121-66, L. 121-67, L. 121-68 et L. 121-76 est sanctionné par la nullité du contrat.

2 SOCIÉTÉS D'ATTRIBUTION D'IMMEUBLES EN JOUISSANCE À TEMPS PARTAGÉ

Loi no 86-18 du 6 janvier 1986,

Relative aux sociétés d'attribution d'immeubles en jouissance à temps partagé (JO 8 janv. ; D. et ALD 1986. 190).

BIBL. ► ALFANDARI et JEANTIN, La loi du 6 janvier 1986 sur les sociétés d'attribution d'immeubles en jouissance à temps partagé, *RTD com. 1986. 257.* - BOSGIRAUD, Une société pour un habitat de loisirs, *RDI 1986. 151.* - BOUCHET, Le statut des sociétés d'attribution en jouissance à temps partagé, *AJPI 1986. 471.* - CANU, Une loi pour la multipropriété, *Rev. loyers 1986. 297* - DESURVIRE, Directive concernant la protection des acquéreurs pour certains aspects des contrats portant sur l'acquisition d'un droit d'utilisation à temps partiel de biens immobiliers, *Les LPA 1995, 20 janv.* ; Réflexion sur la consistance juridique informelle de biens acquis en multi-jouissance, *Rev. huissiers 1995. 902.* - DYON, La société d'attribution en jouissance à temps partagé, *JCP N 1986. I. 121.* - FRANK

Les SCI d'attribution en jouissance à temps partagé, *Administrer, juin 1986. 2.* – MALINVAUD et JESTAZ, *Droit de la promotion immobilière, 5e éd., 1991, p. 374 s.* – R. MARTIN, L'immeuble à temps partagé (L. no 86-18 du 6 janv. 1986), *Ann. loyers 1987. 41.* – PEISSE, Un statut pour la multipropriété, *Gaz. Pal. 1986. 1. Doctr. 86.* – H. PÉRINET-MARQUET, La directive communautaire sur la jouissance à temps partagé, *RDI 1995. 63.* – SAINT-ALARY-HOUIN, Multipropriété de loisir, *Droit et Ville 1986, no 22, p. 67* (table ronde de l'IEJUC). – SIZAIRE, *JCP N 1999. 9* (immeubles à temps partagé : protection indifférenciée des acquéreurs) ; *Constr.-Urb. 2005. Repère 8* (sociétés d'attribution en jouissance à temps partagé : un engagement de l'associé sans fin). – STEMMER, Modification de l'objet social d'une société d'attribution d'immeuble en jouissance à temps partagé : problème d'application de la loi, note sous Paris, 27 janv. 1995, *Bull. Joly 1995, avr., p. 334.* – ZÉNATI, La loi du 6 janvier 1986 relative aux sociétés d'attribution d'immeubles en jouissance à temps partagé, *RTD civ. 1986. 442.* – SAUGET, Absence de droit de retrait dans les sociétés d'attribution en jouissance, *Bull. Joly 1991. 822.*

CHAPITRE PREMIER *Dispositions communes*

Art. 1er Les sociétés constituées en vue de l'attribution, en totalité ou par fractions, d'immeubles à usage principal d'habitation en jouissance par périodes aux associés auxquels n'est accordé aucun droit de propriété ou autre droit réel en contrepartie de leurs apports sont régies par les dispositions applicables aux sociétés sous réserve des dispositions de la présente loi.

L'objet de ces sociétés comprend la construction d'immeubles, l'acquisition d'immeubles ou de droits réels immobiliers, l'aménagement ou la restauration des immeubles acquis ou sur lesquels portent ces droits réels.

Il comprend aussi l'administration de ces immeubles, l'acquisition et la gestion de leurs éléments mobiliers conformes à la destination des immeubles. Il peut également s'étendre à la fourniture des services, au fonctionnement des équipements collectifs nécessaires au logement ou à l'immeuble et de ceux conformes à la destination de ce dernier, qui lui sont directement rattachés.

La loi du 6 janv. 1986 n'est pas applicable à une société dont les associés ne jouissent de leur droit d'occupation que de façon marginale, • Civ. 3e, 8 oct. 1997 : *Constr.-Urb. 1998, no 5, obs. Sizaire.*

Art. 2 Les sociétés mentionnées à l'article 1er ne peuvent se porter caution.

Art. 3 Les associés sont tenus, envers la société, de répondre aux appels de fonds nécessités par la construction, l'acquisition, l'aménagement ou la restauration de l'immeuble social en proportion de leurs droits dans le capital social et de participer aux charges dans les conditions prévues à l'article 9 de la présente loi.

Si un associé ne satisfait pas à ces obligations, il peut être fait application des deuxième, troisième et quatrième alinéas de l'article L. 212-4 du code de la construction et de l'habitation.

L'associé défaillant ne peut prétendre, à compter de la décision de l'assemblée générale, ni entrer en jouissance de la fraction de l'immeuble à laquelle il a vocation, ni se maintenir dans cette jouissance.

Art. 4 Par dérogation à l'article 1857 du code civil, les associés des sociétés constituées sous la forme de société civile ne répondent des dettes sociales à l'égard des tiers qu'à concurrence de leurs apports.

Art. 5 Le ou les gérants d'une société civile constituée aux fins prévues à l'article 1er de la présente loi sont nommés *(L. no 2009-888 du 22 juill. 2009, art. 32)* **« , pour un mandat d'une durée maximale de trois ans renouvelable, » par une décision des associés représentant plus de la moitié des parts sociales nonobstant toutes dispositions contraires des statuts.**

Les dispositions de la L. no 2009-888 du 22 juill. 2009 sont applicables à Mayotte (L. préc., art. 32).

Art. 6 Le ou les gérants d'une société civile constituée aux fins prévues à l'article 1er de la présente loi sont révocables par une décision des associés représentant plus de la moitié des parts sociales nonobstant toutes dispositions contraires des statuts.

Art. 7 Est réputée non écrite toute clause des statuts prévoyant la désignation d'une personne physique ou morale autre que le représentant de la société pour assumer les missions prévues à l'article 1er de la présente loi.

Art. 8 Un état descriptif de division délimite les diverses parties de l'immeuble social en distinguant celles qui sont communes de celles qui sont à usage privatif.

Les parts ou actions sont réparties entre les associés en fonction des caractéristiques du lot attribué à chacun d'eux, de la durée et de l'époque d'utilisation du local correspondant.

La valeur des droits de tous les associés est appréciée au jour de l'affectation aux lots des groupes de droits sociaux qui leur sont attachés.

Un tableau d'affectation des parts ou actions aux lots et par période est annexé à l'état descriptif de division.

Un règlement précise la destination de l'immeuble et de ses diverses parties et organise les modalités de l'utilisation des équipements collectifs.

Si un document publicitaire, quelle que soit sa forme, fait état d'un service mis à la disposition des associés et destiné à permettre l'échange des périodes de jouissance, la vente des actions ou parts sociales ou la location du lot qui leur est attaché, le règlement mentionne l'existence de ce service. En ce cas, tout acte de souscription ou de cession d'actions ou de parts sociales doit en faire état.

Le règlement indique, en outre, les conditions particulières dont peut être assorti ce service.

Art. 9 A moins qu'elles ne soient individualisées par les lois ou règlements en vigueur, un décret détermine, parmi les charges entraînées par les services collectifs, les éléments d'équipement et le fonctionnement de l'immeuble, les charges communes et les charges liées à l'occupation.

Les associés sont tenus de participer aux charges des deux catégories en fonction de la situation et de la consistance du local, de la durée et de l'époque de la période de jouissance.

Toutefois, lorsque le local sur lequel l'associé exerce son droit de jouissance n'est pas occupé, l'associé n'est pas tenu de participer aux charges de la deuxième catégorie pendant la période correspondante.

Ils sont tenus de participer aux charges relatives au fonctionnement de la société, à la conservation, à l'entretien et à l'administration des parties communes en proportion du nombre des parts ou actions qu'ils détiennent dans le capital social.

Le règlement fixe la quote-part qui incombe, dans chacune des catégories de charges, à chaque groupe particulier de parts ou actions défini en fonction de la situation du local, de la durée et de la période de jouissance.

A défaut, il indique les bases selon lesquelles la répartition est faite.

1. L'associé dont le local est vacant n'est pas tenu de participer aux charges liées à l'occupation ; la société doit être en mesure de produire un décompte des charges ventilant celles-ci par catégories et précisant notamment celles qui sont liées à l'occupation. • Civ. 3e, 23 janv. 2002 : *Bull. civ. III, nº 15 ; D. 2002. 807, obs. Rouquet ; AJDI 2002. 556, obs. Porcheron ; RTD com. 2002. 333, obs. Monsèrié-Bon* • Civ. 3e, 29 mai 2002 : *Bull. civ. III, nº 121 ; RJDA 10/02, nº 1044 ; BPAT 05/02, p. 15.* ♦ L'associé demeure tenu au paiement des charges et ceci même s'il s'est désintéressé de son droit de jouissance pendant plus de vingt ans. • Aix-en-Provence, 5 févr. 2004 : *Constr.-Urb. 2004, nº 121, obs. Cornille.* ♦ Dès lors que la plupart des équipements de loisirs sont fermés et que l'accès général au parc de loisirs était également clos, les associés qui n'ont pu bénéficier des prestations promises lors de l'acquisition des parts de société sont fondés à invoquer l'exception d'inexécution pour refuser de régler les charges correspondant à ces équipements. • Civ. 3e, 2 févr. 2005 : *AJDI 2005. 329, obs. Porcheron.*

2. Le gagnant de parts de multijouissance ne peut ignorer qu'il sera ultérieurement tenu au paiement des charges. • Montpellier, 13 nov. 2002 : *Constr.-Urb. 2003, nº 175, obs. Cornille.*

V. aussi, note ss. art. L. 212-6.

Art. 10 Tout associé peut demander au tribunal de grande instance du lieu de situation de l'immeuble la révision, pour l'avenir, de la répartition des charges visées à l'article 9, si la part correspondant à son lot est supérieure de plus d'un quart ou si la part correspondant au lot d'un autre associé est inférieure de plus d'un quart, dans l'une ou l'autre catégorie de charges, à celle qui résulterait d'une répartition conforme aux dispositions de l'article 9. Si l'action est reconnue fondée, le tribunal procède à la nouvelle répartition des charges.

L'action en révision prévue à l'alinéa 1er ne peut être exercée que dans les cinq ans de l'adoption de l'état descriptif de division, du règlement et des dispositions corrélatives des statuts.

Art. 11 L'état descriptif de division, le règlement et les dispositions corrélatives des statuts doivent être adoptés avant tout commencement des travaux de construction ou, en cas d'acquisition de l'immeuble existant, avant toute entrée en jouissance des associés.

Art. 12 Les sociétés prévues à l'article 1er qui ont pour objet la construction d'immeubles sont tenues de se conformer aux dispositions de l'article L. 212-10 du code de la construction et de l'habitation en ce qu'il impose soit de conclure un contrat de promotion immobilière, soit de confier les opérations constitutives de la promotion immobilière à leur représentant légal ou statutaire.

Les mêmes obligations incombent aux sociétés prévues à l'article 1er qui ont pour objet l'acquisition d'immeubles en vue de l'aménagement ou de la restauration dès lors que le coût global des travaux excède 50 p. 100 du prix d'acquisition des immeubles.

Les sociétés prévues à l'article 1er qui ont pour objet l'acquisition d'immeubles à construire doivent conclure un contrat ou bénéficier d'une cession de contrat conforme aux dispositions des articles L. 261-10 et suivants du code de la construction et de l'habitation. Si la vente a lieu sous la forme de vente en l'état futur d'achèvement, le contrat comporte la garantie d'achèvement prévue par l'article L. 261-11 du même code.

Art. 13 La société, quelle qu'en soit la forme, peut exiger de chaque associé, en début d'exercice, le versement d'une provision au plus égale au montant des charges lui ayant été imparties lors de l'exercice précédent ou, s'il s'agit d'un nouvel associé, ayant été imputées à l'associé précédent au cours du dernier exercice écoulé, pour le même local, la même durée et la même période.

Le règlement peut prévoir, pour le premier exercice à compter de l'achèvement des opérations mentionnées à l'article 1er de la présente loi, le paiement d'avances sur charges.

Les associés se réunissent en assemblée générale au moins une fois par an. Lorsque, conjointement, des associés disposant au moins du cinquième des parts ou actions de la société le demandent, l'assemblée générale est réunie dans un délai de trois mois qui suit la date de cette demande.

Les associés peuvent toujours assister aux assemblées générales et y voter. Les votes par correspondance sont admis. L'avis de convocation à l'assemblée générale, qui doit mentionner les questions portées à l'ordre du jour, est adressé à tous les associés. Sans préjudice de ce qui est dit au premier alinéa de l'article 14, un associé peut se faire représenter à l'assemblée générale par toute personne physique ou morale même non associée. Toute clause contraire des statuts est réputée non écrite.

(L. no 2009-888 du 22 juill. 2009, art. 32) « Dans les quinze jours précédant l'assemblée générale, tout associé peut demander à la société communication des comptes sociaux. A tout moment, tout associé peut également demander communication de la liste des noms et adresses des autres associés ainsi que de la répartition des parts sociales et des droits en jouissance qui y sont attachés. L'envoi des documents communiqués est effectué, le cas échéant, aux frais avancés, dûment justifiés, du demandeur. »

Les dispositions de la L. no 2009-888 du 22 juill. 2009 sont applicables à Mayotte (L. préc., art. 32).

L'art. 13 n'impose aucun formalisme particulier pour procéder aux convocations. Dès lors que les demandeurs ne démontrent pas ne pas avoir reçu chaque année une convocation à l'assemblée générale annuelle, ils ne sont pas fondés à demander l'annulation des assemblées générales. • Paris, 23e ch. B, 30 juin 2005 : *AJDI 2005. 858, note Porcheron*. ♦ Ce sont donc les dispositions de l'art. 40 du décret du 3 juillet 1978 relatif aux sociétés civiles qui trouvent donc à s'appliquer. • Chambéry, 23 janv. 2001 : *JCP N 2001. 1410.*

Art. 14 Les statuts prévoient que chaque ensemble d'associés ayant un droit de jouissance pendant la même période peut, à la majorité, désigner un ou plusieurs associés de cet ensemble pour le représenter à l'assemblée générale. Chaque représentant peut avoir un ou plusieurs suppléants ayant également la qualité d'associé.

Les représentants de période et leurs suppléants sont désignés pour une durée maximum de trois ans, renouvelable ; ils ne peuvent se faire représenter.

Les dispositions du premier alinéa ne sont pas applicables aux décisions mentionnées aux deuxième et dernier alinéas de l'article 16.

Art. 15 Chaque associé dispose d'un nombre de voix proportionnel au nombre de parts ou actions qu'il détient dans le capital social.

Toutefois, en ce qui concerne les décisions relatives aux charges mentionnées au premier alinéa de l'article 9, chaque associé dispose d'un nombre de voix proportionnel à sa participation aux charges.

En outre, lorsque le règlement met à la charge de certains associés seulement les dépenses d'entretien d'une partie de l'immeuble ou les dépenses d'entretien et de fonctionnement d'un élément d'équipement, seuls ces associés ou leurs représentants prennent part au vote sur les décisions qui concernent ces dépenses.

Dans tous les cas, chaque représentant de période ou son suppléant dispose d'un nombre de voix égal au total des voix des associés de la période qu'il représente, sous déduction des voix des associés présents ou représentés en application du quatrième alinéa de l'article 13.

Art. 16 Les décisions de l'assemblée générale sont prises à la majorité des voix des associés présents ou représentés, sous réserve des alinéas suivants et des dispositions des articles 5 et 6 de la présente loi.

La majorité des deux tiers des voix des associés est requise pour la modification des statuts, pour l'établissement ou la modification du règlement, pour les décisions relatives à des actes de disposition affectant des biens immobiliers, pour la dissolution anticipée de la société, pour la fixation des modalités de sa liquidation et pour sa prorogation.

La majorité des deux tiers des voix des associés présents ou représentés est requise pour toutes les décisions relatives à des opérations telles que la transformation d'un ou de plusieurs éléments d'équipement existants, l'adjonction d'éléments nouveaux, l'aménagement ou la création de locaux à usage commun.

Pour les décisions prévues aux deuxième et troisième alinéas, et par dérogation à l'alinéa 1er de l'article 15, l'ensemble des cessionnaires de parts ou actions d'une société d'attribution d'immeubles en jouissance à temps partagé ne peut disposer de moins de 40 p. 100 des voix.

La répartition entre les associés de leurs droits dans le capital, telle qu'elle est définie aux deuxième, troisième et quatrième alinéas de l'article 8, ne peut être modifiée qu'à la majorité des deux tiers des voix des associés. Cette modification doit avoir reçu l'accord de chacun des associés concernés.

Art. 17 Le premier alinéa de l'article 23 de la loi no 65-557 du 10 juillet 1965 fixant le statut de la copropriété des immeubles bâtis ne s'applique pas aux associés des sociétés régies par la présente loi, lorsque ces sociétés sont membres d'un syndicat de copropriété.

Lorsque les sociétés régies par la présente loi sont membres d'un tel syndicat, elles sont représentées à l'assemblée du syndicat par toute personne désignée par l'assemblée générale.

Art. 18 Lorsque les dispositions applicables à la forme sociale choisie n'imposent pas la constitution d'un conseil d'administration ou d'un conseil de surveillance, il est institué un conseil de surveillance. Ce conseil est élu par l'assemblée générale parmi les associés. Les dirigeants sociaux, leur conjoint et leurs préposés ne peuvent en faire partie.

Le conseil de surveillance donne son avis aux dirigeants sociaux ou à l'assemblée générale sur toutes les questions concernant la société, pour lesquelles il est consulté ou dont il se saisit lui-même.

Il reçoit, sur sa demande, communication de tout document intéressant la société.

A défaut de dispositions imposant la nomination d'un commissaire aux comptes, le contrôle de la gestion doit être effectué chaque année par un technicien non associé désigné par l'assemblée à laquelle il rend compte de sa mission.

Art. 19 Les dirigeants sociaux, leur conjoint et leurs préposés ainsi que toute personne physique ou morale les représentant directement ou indirectement ne peuvent ni être représentants de période ni recevoir mandat pour représenter un associé.

Art. 19-1 *(L. no 2009-888 du 22 juill. 2009, art. 32)* Nonobstant toute clause contraire des statuts, un associé peut se retirer totalement ou partiellement de la société, après autorisation donnée par une décision unanime des associés. Ce retrait peut également être autorisé pour justes motifs par une décision de justice, notamment lorsque les parts ou actions que l'associé détient dans le capital social lui ont été transmises par succession depuis moins de deux ans, ou lorsque celui-ci ne peut plus jouir de son bien du fait de la fermeture ou de l'inaccessibilité de la station ou de l'ensemble immobilier concerné.

Les dispositions de la L. no 2009-888 du 22 juill. 2009 sont applicables à Mayotte (L. préc., art. 32).

Art. 20 Toute souscription ou cession de parts ou actions doit faire l'objet d'un acte sous seing privé ou d'un acte notarié qui précise la nature des droits attachés à la part ou action et leur consistance, telles que celles-ci résultent de la localisation de l'immeuble et du local correspondant au lot, et la détermination de la période de jouissance attribuée.

S'il s'agit d'une cession, l'acte précité doit, en outre, préciser la situation comptable du cédant, attestée par la société, et, sauf si la cession a lieu à titre gratuit, le prix à payer au cédant.

L'acte de souscription ou de cession fait également mention du dépôt au rang des minutes d'un notaire soit du contrat de vente d'immeubles à construire, soit du contrat de promotion immobilière, de l'acte en tenant lieu ou de l'acte de cession de l'un de ces contrats.

Doivent être annexés à l'acte de souscription ou de cession les statuts de la société, l'état descriptif de division, le tableau d'affectation des parts ou actions, le règlement prévu à l'article 8, une note sommaire indiquant les caractéristiques techniques de l'immeuble et des locaux et, s'il y a lieu, le bilan du dernier exercice, le montant des charges afférentes au lot pour l'exercice précédent ou, à défaut, le montant prévisionnel de celles-ci et un inventaire des équipements et du mobilier. Cet acte peut se borner à faire référence à ces documents s'ils sont déposés au rang des minutes d'un notaire. En ce cas, une copie de ces documents est remise à l'associé et l'acte de souscription ou de cession doit mentionner cette communication.

Les dispositions du présent article ne s'appliquent pas s'il s'agit d'une souscription effectuée lors de la constitution de la société, sous réserve des dispositions propres à chaque société selon sa forme.

Art. 21 Un état des lieux est établi contradictoirement par l'associé et le gérant de la société ou son représentant dûment désigné à cet effet, lors de la restitution du local au terme de la période de jouissance. L'associé nouvel occupant a, de plein droit, communication de cet état des lieux.

Art. 22 Sauf entre associés, aucun contrat de cession de parts ou actions ne peut être conclu avant l'achèvement de l'immeuble, à moins que n'aient été fournies la garantie exigée en application du deuxième alinéa ci-après et la justification soit d'un contrat de vente d'immeuble à construire soumis aux articles L. 261-10 et suivants du code de la construction et de l'habitation, soit d'un contrat de promotion immobilière ou de l'écrit en tenant lieu.

Sauf entre associés, toute cession volontaire de parts ou actions consentie avant l'achèvement doit comporter la justification d'une garantie destinée à assurer, en cas de défaillance d'un ou plusieurs associés, le règlement des appels de fonds nécessaires au paiement du prix d'acquisition des biens sociaux ou à la réalisation des travaux de construction, d'aménagement ou de restauration. Cette garantie est donnée par un établissement de crédit habilité à se porter caution ou à réaliser des opérations de financement immobilier, par une entreprise d'assurance agréée à cet effet ou par une société de caution mutuelle constituée conformément aux dispositions de la loi du 13 mars 1917 ayant pour objet l'organisation du crédit au petit et au moyen commerce, à la petite et à la moyenne industrie.

Lorsque l'associé cédant est un des organismes précités, il n'a pas à fournir cet engagement.

Les dispositions des premier et deuxième alinéas du présent article sont applicables aux souscriptions de parts ou d'actions effectuées avant l'achèvement de l'immeuble, à l'exception de celles qui ont lieu lors de la constitution de la société.

(L. no 92-1336 du 16 déc. 1992, art. 322) Le représentant de la société qui aura effectué une souscription de parts ou d'actions, ou l'associé qui aura consenti une cession de parts ou d'actions en violation du présent article sera puni d'un emprisonnement de deux ans et d'une amende de 15 000 € ou de l'une de ces deux peines seulement. – *Entrée en vigueur le 1er mars 1994.*

Art. 23 L'associé dispose du droit de louer ou de prêter le local qui lui est attribué en jouissance, pendant la période où il lui est attribué.

Toute clause contraire des statuts ou du règlement est réputée non écrite.

CHAPITRE II *Dispositions propres aux sociétés coopératives d'attribution d'immeubles en jouissance à temps partagé*

Art. 24 Lorsque la société d'attribution d'immeubles en jouissance à temps partagé revêt la forme coopérative, elle doit limiter son objet aux opérations concernant les immeubles compris dans un même programme, comportant une ou plusieurs tranches d'un ensemble immobilier.

Art. 25 Le représentant légal ou statutaire de la société coopérative ne peut entreprendre chaque tranche du programme prévu par les statuts que lorsque les tranches précédentes sont souscrites à concurrence d'au moins 75 p. 100 et que si la souscription de toutes les parts ou actions correspondant aux lots compris dans l'ensemble du programme faisant l'objet d'une même autorisation de construire est garantie.

Cette garantie, qui consiste en l'engagement d'acquérir ou de faire acquérir les parts ou actions qui n'auraient pas été acquises un an après la date de l'acquisition de l'immeuble ou de la réception des ouvrages, ou en l'engagement de supporter ou de faire supporter jusqu'à la souscription toutes les dépenses, y compris les charges, afférentes aux lots non souscrits qui pourraient être imputées aux associés, est donnée par un établissement de crédit habilité à se porter caution ou à réaliser des opérations de financement immobilier, une entreprise d'assurance agréée à l'effet de se porter caution, une société de caution mutuelle constituée conformément aux dispositions de la loi du 13 mars 1917 précitée.

La garantie visée à l'alinéa précédent peut également être consentie par un organisme agréé par l'État dans des conditions déterminées par un décret en Conseil d'État qui précise notamment les règles concernant la capacité de tels organismes à assumer l'engagement de garantie et la compétence et l'expérience professionnelle exigées de leurs dirigeants.

Ce décret fixe, en outre, les statuts types des organismes prévus à l'alinéa précédent, les modalités de leur intervention en garantie et de leur contrôle ainsi que les règles concernant le retrait de l'agrément auquel cette intervention est subordonnée.

Pour chacune de ces tranches, le commencement des travaux est subordonné à un pourcentage de souscription des parts ou des actions correspondant au moins à 50 p. 100

du coût de la tranche. Les souscriptions sont financées par les associés au moyen d'apports personnels ou de prêts et, le cas échéant, par la quote-part correspondante de l'emprunt éventuellement contracté à cette fin par la société.

Les dispositions prévues à l'alinéa premier de l'article L. 213-7 du code de la construction et de l'habitation s'appliquent aux sociétés coopératives visées par le présent chapitre.

Art. 26 La société coopérative qui procède à la construction d'immeubles est tenue de se conformer aux dispositions de l'article L. 213-6 du code de la construction et de l'habitation.

Art. 27 Lorsqu'un associé ne satisfait pas aux obligations auxquelles il est tenu envers la société, il peut être fait application des dispositions des deuxième, troisième, quatrième et cinquième alinéas de l'article L. 213-10 du code de la construction et de l'habitation.

Jusqu'à l'achèvement de chaque tranche du programme mentionné à l'article 24 de la présente loi, la démission et l'exclusion d'un associé sont soumises aux dispositions de l'article L. 213-11 du code de la construction et de l'habitation.

Art. 28 Par dérogation à l'article 9 de la loi nº 47-1775 du 10 septembre 1947 portant statut de la coopération, chaque associé d'une société coopérative dispose d'un nombre de voix proportionnel au nombre de parts ou actions :

a) En ce qui concerne les décisions à prendre pendant la période de construction ;

b) Une fois cette période terminée, en ce qui concerne les décisions relatives aux travaux visés au *c* de l'article 26 de la loi nº 65-557 du 10 juillet 1965 précitée.

En ce qui concerne les décisions relatives aux charges mentionnées au premier alinéa de l'article 9, chaque associé d'une société coopérative dispose d'un nombre de voix proportionnel à sa participation aux charges.

Art. 29 Lorsque la société coopérative est constituée sous la forme de société civile, elle est administrée par un conseil de gérance composé de trois membres au moins nommés dans les conditions prévues par l'article 6 de la loi nº 47-1775 du 10 septembre 1947 précitée.

Par dérogation à l'article 8 de ladite loi, les premiers membres du conseil de gérance peuvent être désignés dans les statuts pour une durée ne pouvant pas excéder trois exercices.

Art. 30 Les sociétés coopératives font procéder périodiquement à l'examen analytique de leur situation financière et de leur gestion dans les conditions prévues par l'article 29 de la loi nº 83-657 du 20 juillet 1983 relative au développement de certaines activités d'économie sociale.

CHAPITRE III *Dispositions diverses*

Art. 31 *(L. nº 92-1336 du 16 déc. 1992, art. 288)* Toute personne qui, ayant reçu ou accepté un ou plusieurs versements, dépôts, souscriptions ou acceptations d'effets de commerce, chèques ou autorisations de prélèvements sur compte bancaire ou postal, à l'occasion de la formation ou de l'exécution d'un contrat de société soumis aux dispositions de la présente loi, aura détourné tout ou partie de ces sommes sera punie des peines de l'abus de confiance prévues par les articles 314-1 et 314-10 du code pénal.

Art. 32 *V. CCH, art. L. 241-3.*

Art. 33 Tout document constatant l'acquisition de parts ou actions de sociétés régies par la présente loi devra faire apparaître clairement que cette acquisition confère seulement la qualité d'associé et non celle de propriétaire de l'immeuble.

Dans toute publicité faite, reçue ou perçue en France, sous quelque forme que ce soit, concernant des opérations d'attribution, en totalité ou par fractions, d'immeubles à usage principal d'habitation en jouissance par périodes aux associés auxquels n'est accordé aucun droit de propriété ou autre droit réel sur les immeubles en contrepartie de leur apport, le recours à toute expression incluant le terme « propriétaire » pour qualifier la qualité des associés est interdit.

Art. 34 Les sociétés déjà constituées à la date de la présente loi en vue des opérations prévues à l'article 1er devront mettre leurs statuts en conformité avec ses dispositions dans les deux ans de cette publication, dans les conditions prévues par les troisième et quatrième alinéas de l'article 499 de la loi nº 66-537 du 24 juillet 1966 sur les sociétés commerciales et sous peine des sanctions prévues par le premier alinéa de l'article 500 et par l'article 501 de ladite loi nº 66-537 du 24 juillet 1966. Toutefois, pour les sociétés de forme civile, la compétence attribuée au président du tribunal de commerce est dévolue au président du tribunal de grande instance.

Les dispositions de l'article 4 ne sont pas applicables aux dettes sociales antérieures à la mise en conformité des statuts.

Art. 35 Les dispositions de l'article 1655 *ter* du code général des impôts ne sont pas applicables aux sociétés dont les statuts sont établis en conformité avec les dispositions de la présente loi.

Art. 36 La présente loi est applicable à la collectivité territoriale de Mayotte. *(L. nº 96-609 du 5 juill. 1996, art. 37-IV)* « Les articles 1er à 23 sont applicables au territoire de la Polynésie française. Pour l'application de l'article 12 au territoire de la Polynésie française, la référence au code de la construction et de l'habitation est remplacée par la référence aux délibérations de l'assemblée de la Polynésie française applicables en la matière ».

V. C. consom., art. L. 121-60 à L. 121-76.

LIBERTÉS ET RESPONSABILITÉS LOCALES

Loi nº 2004-809 du 13 août 2004,

Relative aux libertés et responsabilités locales.

Art. 74 Une expérimentation est engagée dans un délai d'un an à compter de l'entrée en vigueur de la présente loi, pour une durée de quatre ans, afin de permettre aux communes qui en font la demande d'exercer la responsabilité de la politique de résorption de l'insalubrité dans l'habitat.

Peuvent être admises à y participer, à condition d'en avoir fait la demande auprès du représentant de l'État dans le département dans ce délai, Paris et les communes disposant d'un service communal d'hygiène et de santé mentionné au troisième alinéa de l'article L. 1422-1 du code de la santé publique. Un décret fixe la liste des collectivités retenues.

Dans le cadre de l'expérimentation, ces collectivités sont habilitées à mettre en œuvre les procédures de résorption de l'insalubrité et de lutte contre la présence de plomb, respectivement définies aux articles L. 1331-23, L. 1331-24, L. 1331-26 à L. 1331-31 et L. 1336-3, ainsi qu'aux articles L. 1334-1 à L. 1334-6 du même code.

A cette fin, elles signent avec l'État une convention qui fixe :

1º Les objectifs prioritaires de lutte contre le saturnisme infantile et l'insalubrité dans la commune ;

2º Les engagements financiers prévisionnels de la commune et de l'État. A cette fin, les dotations de l'État et de l'Agence nationale de l'habitat sont prévues, en tant que de besoin, dans le cadre des dispositions des articles L. 301-3, L. 301-5-1 et L. 301-5-2 du code de la construction et de l'habitation ;

3º Les conditions de mise en place de dispositifs d'observation de l'habitat insalubre et de l'habitat exposé aux risques d'accessibilité au plomb ;

4º Les conditions dans lesquelles il est rendu compte annuellement de son exécution et les conditions dans lesquelles une évaluation sera effectuée au terme de son application.

A Paris, la convention, conclue avec l'État, précise également les conditions dans lesquelles est assurée l'instruction des dossiers d'insalubrité et de lutte contre le saturnisme.

Pour l'exécution de cette convention, le maire exerce les responsabilités dévolues au préfet par les articles L. 1331-23, L. 1331-24, L. 1331-26 à L. 1331-31, L. 1334-1 à L. 1334-6 ainsi que par l'article L. 1336-3 du code de la santé publique. Les arrêtés et mesures pris en application de ces articles sont notifiés au représentant de l'État dans le département.

Dans les cas mentionnés aux articles L. 1334-4 du code de la santé publique et L. 521-3 du code de la construction et de l'habitation, en cas de défaillance du propriétaire, l'hébergement ou le relogement des occupants est assuré par la commune.

Dans un délai de six mois avant le terme de l'expérimentation, le Gouvernement remet au Parlement un rapport d'évaluation assorti des observations des collectivités concernées.

Sous réserve de l'entrée en vigueur des dispositions relevant de la loi de finances, les dispositions issues de la loi nº 2004-809 du 13 août 2004 sont applicables à compter du 1er janv. 2005. Les décrets d'application prévus par la présente loi peuvent être pris dès sa publication (L. préc., art. 199).

LOCATION-ACCESSION

Loi nº 84-595 du 12 juillet 1984,

Définissant la location-accession à la propriété immobilière (JO 13 juill. ; Rect. 21 juill. ; D. et ALD 1984. 433). – V. Circ. 10 mai 1985 (BOMULTE nº 85-34).

BIBL. ► DAGOT, La location-accession, *Litec, 1985* ; La location-accession à la propriété immobilière. Définition et champ d'application, *JCP N 1984. I. 327.* – DAGOT et LEPELTIER, Le transfert de propriété dans le contrat de location-accession, *JCP N. 1985. I. 49* ; Un nouveau privilège immobilier, le privilège de l'accédant dans le contrat de location-accession, *JCP N 1985. I. 75.* – DAUBLON, Formules de contrat de location-accession à la propriété immobilière, *Defrénois 1985. 81.* – DEBROT et HINFRAY, Location-accession à la propriété immobilière, *Gaz. Pal. 1985. 2. Doctr. 468.* – DURANCE, La location-accession à la propriété immobilière, *AJPI 1984. 591.* – M. GALIMARD, Un financement aidé pour la location-accession, *Journ. spéc. notaires 1985. 441 et 1259.* – GROSLIÈRE et C. SAINT-ALARY-HOUIN, Observations sur la loi du 12 juill. 1984, *RDI 1985. 166.* – LAFOND, *JCP N 1984. I. 327.* – LANCEREAU et SCHAUFELBERGER, Commentaire..., *ALD 1994. 107 et 117* ; *Rect. 140.* – MALINVAUD et JESTAZ, L'accession à la propriété par le contrat de location-accession, *D. 1985. Chron. 273 ; Droit de la promotion immobilière, 5e éd., 1991, p. 417 s.* – PLUVINAGE et HINFRAY, La location-accession, commentaire de la loi et formule du contrat de réservation, *Administrer oct. 1984. 5.* – PORTE, Location-accession à la propriété immobilière, *Ann. loyers 1984. 814.* – C. et R. SAINT-ALARY, La location-accession à la propriété immobilière, *RDI 1985. 1.* – VIGNERON, La loi du 12 juill. 1984 sur la location-accession et le statut de copropriété, *JCP N 1985. I. 115.* – V. numéro spécial de la *Revue de droit immobilier (nº 1 de 1985)* consacré à la Location-accession. – BARRANGOU-POUEYS, L'avenir de la location-accession à la propriété immobilière, *RDI 1988. 175.* – WERTENSCHLAG, Le logement social après la loi du 21 juillet 1994 relative à l'habitat, *JCP N 1994. Prat. nº 3121.*

CHAPITRE PREMIER *Dispositions générales*

Art. 1er Est qualifié de location-accession et soumis aux dispositions de la présente loi le contrat par lequel un vendeur s'engage envers un accédant à lui transférer, par la manifestation ultérieure de sa volonté exprimée par lettre recommandée avec demande d'avis de réception et après une période de jouissance à titre onéreux, la propriété de tout ou partie d'un immeuble moyennant le paiement fractionné ou différé du prix de vente et le versement d'une redevance jusqu'à la date de levée de l'option.

La redevance est la contrepartie du droit de l'accédant à la jouissance du logement et de son droit personnel au transfert de propriété du bien.

Art. 2 Les dispositions de la présente loi s'appliquent aux contrats de location-accession portant sur des immeubles à usage d'habitation ou à usage professionnel et d'habitation, achevés ou en construction à la date de la signature de la convention. Elles ne s'appliquent pas aux contrats prévus par le titre II et l'article 22 de la loi nº 71-579 du 16 juillet 1971 relative à diverses opérations de construction *[CCH, art. L. 212-1 s. et L. 213-5]*.

Art. 3 Le contrat de location-accession peut être précédé d'un contrat préliminaire par lequel, en contrepartie d'un dépôt de garantie effectué par l'accédant à un compte spécial, le vendeur s'engage à réserver à l'accédant un immeuble ou une partie d'immeuble.

Ce contrat doit comporter les indications essentielles prévues à l'article 5, sa durée maximale de validité et l'indication que les fonds déposés en garantie seront, à la signature du contrat, restitués à l'accédant ou imputés sur les premières redevances. Faute d'indication dans le contrat préliminaire, les fonds seront restitués à l'accédant.

Les fonds déposés en garantie ne peuvent excéder *(L. nº 94-624 du 21 juill. 1994, art. 47)* « 5 p. 100 » du montant du prix de l'immeuble faisant l'objet du contrat. Ils sont indisponibles, incessibles et insaisissables jusqu'à la conclusion du contrat de location-accession. Ils sont restitués sans frais à l'accédant si le contrat n'est pas conclu au plus tard trois mois après la signature du contrat préliminaire si l'immeuble est achevé à la date de cette signature, ou dans les deux mois suivant l'achèvement de l'immeuble dans le cas contraire.

Est nulle toute autre promesse de location-accession. — *Sur la faculté de rétractation, V. L. nº 89-1010 du 31 déc. 1989, art. 20 [CCH, art. L. 271-1 nouv.].*

Art. 4 Le contrat de location-accession est conclu par acte authentique et *(Ord. nº 2010-638 du 10 juin 2010, art. 14-II, en vigueur le 1er janv. 2013)* « publié au fichier immobilier *[Ancienne rédaction : publié au bureau des hypothèques]* ».

Il est réputé emporter restriction au droit de disposer au sens et pour l'application du 2º de l'article 28 du décret nº 55-22 du 4 janvier 1955 portant réforme de la publicité foncière.

CHAPITRE II *Contenu du contrat de location-accession*

Art. 5 Le contrat de location-accession doit préciser :

1º la description de l'immeuble ou de la partie d'immeuble faisant l'objet du contrat ainsi que, en annexes ou par référence à des documents déposés chez un notaire, les indications utiles relatives à la consistance et aux caractéristiques techniques de l'immeuble ;

2º le prix de vente du bien, les modalités de paiement ainsi que, le cas échéant, la faculté pour l'accédant de payer par anticipation tout ou partie du prix et les modalités de révision de celui-ci, s'il est révisable. Cette révision ne porte que sur la fraction du prix restant due après chaque versement de la redevance ;

3º l'intention de l'accédant de payer le prix, directement ou indirectement, même en partie, à l'exclusion du versement de la redevance, avec ou sans l'aide d'un ou plusieurs prêts régis par les articles L. 312-2 à L. 313-1 du code de la consommation ;

4º la date d'entrée en jouissance et le délai dans lequel l'accédant devra exercer la faculté qui lui est reconnue d'acquérir la propriété ainsi que les conditions de résiliation anticipée du contrat ;

5º le montant de la redevance mise à la charge de l'accédant, sa périodicité et, le cas échéant, les modalités de sa révision ;

6º les modalités d'imputation de la redevance sur le prix ;

7º les modalités de calcul des sommes visées à l'article 10 ainsi que des indemnités visées aux articles 11 et 13 ;

8º la nature de la garantie visée à l'article 14 et, s'il y a lieu, la raison sociale et l'adresse du garant ;

9º les catégories de charges incombant à l'accédant et une estimation de leur montant prévisionnel pour la première année d'exécution du contrat ;

10o l'absence de maintien de plein droit dans les lieux *(L. no 2005-32 du 18 janv. 2005, art. 102-I-1o)* « sous réserve des dispositions de l'article 9 », en cas de résolution du contrat ou de non-levée de l'option ;

11o les références des contrats d'assurance souscrits en application des articles L. 241-1 et L. 242-1 du code des assurances ainsi que les références des contrats d'assurance garantissant l'immeuble.

BIBL. ▶ V. STORA et HINFRAY, *Gaz. Pal. 13 janv. 1988* (la clause pénale dans les contrats immobiliers).

Art. 6 I. – Lorsque le contrat est signé avant l'achèvement de l'immeuble, il doit comporter la garantie d'achèvement de celui-ci.

Cette garantie, lorsqu'elle est donnée par un des organismes financiers mentionnés à l'article 15, prend la forme :

– soit d'une ouverture de crédit par laquelle celui qui la consent s'oblige à avancer au vendeur ou à payer pour son compte les sommes nécessaires à l'achèvement de l'immeuble ;

– soit d'une convention de cautionnement aux termes de laquelle la caution s'oblige envers l'acquéreur, solidairement avec le vendeur, à payer les sommes nécessaires à l'achèvement de l'immeuble. Cette convention doit stipuler au profit de l'acquéreur le droit d'en exiger l'exécution.

La garantie d'achèvement peut résulter de la qualité du vendeur lorsque celui-ci remplit les conditions fixées par l'article 17.

La garantie d'achèvement prend fin à l'achèvement de l'immeuble.

II. – Lorsque le contrat est signé avant l'achèvement de l'immeuble, aucun versement ne peut être fait au titre de la partie de la redevance correspondant au droit de l'accédant à la jouissance du logement avant la date d'entrée en jouissance. – *V. Circ. no 85-77 du 19 sept. 1985 (BOMULTE no 85/45).*

Art. 7 *(L. no 2008-111 du 8 févr. 2008, art. 9-V)* La révision prévue aux 2o et 5o de l'article 5 ne peut excéder la variation d'un indice de référence des loyers publié par l'Institut national de la statistique et des études économiques chaque trimestre et qui correspond à la moyenne, sur les douze derniers mois, de l'évolution des prix à la consommation hors tabac et hors loyers.

Le présent art. est applicable aux contrats en cours. La variation de l'indice national mesurant le coût de la construction établi suivant des éléments de calcul fixés par le Décr. no 85-487 du 3 mai 1985 relatif au calcul de l'indice national prévu à l'art. 7 de la L. no 84-595 du 12 juill. 1984 définissant la location-accession à la propriété immobilière [abrogé par Décr. no 2009-1568 du 15 déc. 2009 (JO 17 déc.)] est remplacée par la valeur de l'indice de référence des loyers issu de la L. no 2008-111 du 8 févr. 2008 à la date de référence de ces contrats (L. préc., art. 9-VI).

Art. 8 Un état des lieux est établi contradictoirement par les parties, lors de la remise des clés à l'accédant ou lors de la signature du contrat si l'accédant est déjà dans les lieux.

En cas de résiliation du contrat ou lorsque le transfert de propriété prévu au terme du contrat n'a pas lieu, un état des lieux doit être également établi contradictoirement lors de la restitution des clés au vendeur.

A défaut, et huit jours après mise en demeure restée sans effet, l'état des lieux est établi par huissier de justice à l'initiative de la partie la plus diligente, l'autre partie dûment appelée. Les frais sont supportés par moitié par les deux parties.

Loi no 71-579 du 16 juillet 1971,

Relative à diverses opérations de construction (JO 17 juill. ; D. 1971. 317).

....

Art. 30 *bis* *(L. no 84-595 du 12 juill. 1984, art. 38)* Lorsque, par dérogation aux dispositions de l'article 22 *[codifié à l'art. L. 213-5 CCH]*, une société coopérative de construction conclut un contrat régi par la loi no 84-595 du 12 juillet 1984 définissant la location-accession à la propriété immobilière, ce contrat doit comporter l'engagement pris par un tiers, dans des conditions fixées par décret en Conseil d'État, de lever ou faire lever l'option lorsque l'accédant n'exerce pas la faculté d'acquérir stipulée à ce contrat.

Lorsque l'associé n'exerce pas cette faculté, il est réputé démissionnaire d'office.

CHAPITRE III *Garanties des contractants*

SECTION I *Résiliation du contrat*

Art. 9 *(L. n° 2005-32 du 18 janv. 2005, art. 102-I-2°)* « Lorsque le contrat de location-accession est résilié ou lorsque le transfert de propriété n'a pas lieu au terme convenu, l'occupant ne bénéficie d'aucun droit au maintien dans les lieux, sauf stipulations contraires du contrat de location-accession et sous réserve des dispositions figurant à l'article 13.

« Toutefois, lorsque le contrat de location-accession porte sur un logement qui a bénéficié d'une décision d'agrément prise par le représentant de l'État dans le département, dans des conditions prévues par décret, le vendeur est tenu, au plus tard dans un délai de six mois à partir de la date limite fixée pour la levée d'option, de proposer par lettre recommandée avec demande d'avis de réception trois offres de relogement correspondant aux besoins et aux possibilités de l'occupant dès lors que ses revenus n'excèdent pas le niveau de ressources prévu à l'article L. 441-1 du code de la construction et de l'habitation. L'occupant dispose d'un délai d'un mois pour répondre à chacune de ces offres. A défaut d'acceptation des offres de relogement, à l'expiration d'un délai de trois mois à compter de la troisième offre, il est déchu de tout titre d'occupation du logement. En cas d'acceptation d'une offre, si le vendeur est un organisme mentionné à l'article L. 411-2 dudit code, le relogement ne fait pas l'objet de la procédure d'attribution prévue aux articles L. 441-2 et suivants du même code. A compter de la date limite fixée pour la levée d'option et jusqu'au départ des lieux, l'occupant verse une indemnité d'occupation qui ne peut être supérieure au montant de la redevance diminué de la fraction imputable sur le prix de l'immeuble. »

Il reste tenu du paiement des redevances échues et non réglées ainsi que des dépenses résultant des pertes et dégradations survenues pendant l'occupation et des frais dont le vendeur pourrait être tenu en ses lieu et place en application de l'article 28 ou du deuxième alinéa de l'article 32.

Art. 10 Dans les cas visés à l'article 9, le vendeur doit restituer à l'accédant les sommes versées par ce dernier correspondant à la fraction de la redevance imputable sur le prix de l'immeuble. Lorsque le prix de vente est révisable, ces sommes sont révisées dans les mêmes conditions.

Elles doivent être restituées dans un délai maximum de trois mois à compter du départ de l'occupant, déduction faite, le cas échéant, des sommes restant dues au vendeur.

Art. 11 Lorsque le contrat est résilié pour inexécution par l'accédant de ses obligations, le vendeur peut obtenir, sans préjudice des dispositions des articles 9 et 10, une indemnité qui ne peut dépasser 2 p. 100 du prix de l'immeuble objet du contrat.

Lorsque, du fait de l'accédant, le transfert de propriété n'a pas lieu au terme convenu pour une cause autre que celle visée à l'alinéa précédent, le vendeur peut obtenir, sans préjudice des dispositions des articles 9 et 10, une indemnité qui ne peut dépasser 1 p. 100 du prix de l'immeuble objet du contrat. *(L. n° 2005-32 du 18 janv. 2005, art. 102-I-3°)* « Cette indemnité n'est pas due lorsque le contrat porte sur un logement qui a bénéficié d'une décision d'agrément prise par le représentant de l'État dans le département, dans des conditions prévues par décret. »

Toutefois, lorsque le contrat porte sur un immeuble ou une partie d'immeuble achevé depuis moins de cinq ans ou qui, dans les cinq ans de cet achèvement, n'a pas déjà fait l'objet d'une cession à titre onéreux à une personne n'intervenant pas en qualité de marchand de biens, l'indemnité visée aux deux alinéas précédents peut être fixée à 3 p. 100 à compter du 1er janvier de la cinquième année suivant celle de l'achèvement de l'immeuble ou de la partie de l'immeuble faisant l'objet du contrat.

Lorsqu'une telle majoration a été prévue au contrat dans les conditions définies à l'alinéa précédent, le contrat de location-accession est assimilé à une vente pure et simple pour l'application de la taxe sur la valeur ajoutée, à la date à compter de laquelle cette indemnité majorée est susceptible d'être demandée.

Dans ce cas, la taxe est assise sur le prix fixé au contrat pour la date visée à l'alinéa précédent sous réserve que la variation annuelle du prix fixé au contrat n'excède pas, à compter de cette date, celle de l'indice visé à l'article 7.

(L. nº 2004-804 du 9 août 2004, art. 9-VIII) « Les dispositions des deux alinéas précédents ne sont pas applicables aux contrats de location-accession à la propriété immobilière portant sur des logements qui ont fait l'objet d'une décision d'agrément prise, dans des conditions fixées par décret, par le représentant de l'État dans le département. »

Art. 12 Aucune indemnité autre que celle mentionnée à l'article précédent ne peut être mise à la charge de l'accédant. Toutefois, le vendeur pourra demander à l'accédant défaillant le remboursement sur justification des frais taxables qui lui auront été occasionnés par cette défaillance, à l'exclusion de tout remboursement forfaitaire de frais de recouvrement.

Art. 13 Lorsque le contrat est résilié pour inexécution par le vendeur de ses obligations, l'accédant est remboursé dans leur intégralité des sommes visées à l'article 10 et peut obtenir une indemnité qui ne peut être supérieure à 3 p. 100 du prix de l'immeuble objet du contrat.

L'accédant bénéficie d'un droit au maintien dans les lieux pour une durée qui ne peut être inférieure à trois mois à compter de la résiliation ou de la date prévue pour la levée de l'option. Le vendeur ne peut exiger la libération des locaux qu'après remboursement des sommes visées à l'article 10. L'indemnité d'occupation ne peut être supérieure au montant de la redevance diminué de la fraction imputable sur le prix de l'immeuble objet du contrat.

Art. 14 Le remboursement par le vendeur des sommes visées à l'article 10 doit être garanti par un cautionnement, par le privilège de l'accédant ou par une garantie liée à la qualité du vendeur, dans les conditions prévues aux articles suivants. – *V. Circ. nº 85-77 du 19 sept. 1985 (BOMULTE nº 85-45), mod. par Circ. nº 86-68 du 14 oct. 1986 (BOMELATT nº 86-42).*

Art. 15 La garantie de remboursement peut revêtir la forme d'une convention de cautionnement aux termes de laquelle la caution s'oblige envers l'accédant, solidairement avec le vendeur, à rembourser les sommes visées à l'article 10. Cette garantie doit être donnée par une banque, un établissement financier habilité à délivrer des cautions ou à réaliser des opérations de financement immobilier, une entreprise d'assurance agréée à cet effet ou une société de caution mutuelle constituée conformément aux dispositions de la loi du 13 mars 1917 ayant pour objet l'organisation du crédit au petit et au moyen commerce, à la petite et à la moyenne industrie.

La liste des organismes financiers habilités à donner leur garantie est fixée par décret. – *V. Décr. nº 85-534 du 15 mai 1985, App., vº Location-accession.*

Art. 16 La garantie de remboursement peut également revêtir la forme du privilège du 7º de l'article 2374 du code civil à la condition que les sommes correspondant au prix de l'immeuble payables avant le transfert de propriété n'excèdent pas 50 p. 100 de cette valeur et que ce privilège ne soit, à la date du contrat de location-accession, ni primé, ni en concurrence avec un autre privilège ou une hypothèque, dont les causes ne seraient pas éteintes à la même date.

Toutefois, si au plus tard à la date du contrat les créanciers privilégiés ou hypothécaires du vendeur consentent par acte authentique à céder leur rang à l'accédant, celui-ci est réputé venir en premier rang au sens du présent article, encore que les formalités de l'article 2430 du code civil ne soient pas accomplies à la date du contrat.

Art. 17 La garantie de remboursement résulte également de la qualité du vendeur lorsqu'il s'agit d'une société dans laquelle l'État ou une collectivité publique détient la majorité du capital social.

Il en est de même lorsque le vendeur est un organisme visé par l'article L. 411-2 du code de la construction et de l'habitation *[organisme d'HLM]*, bénéficiant d'un agrément délivré par l'État à cet effet. – *V. Arr. du 26 juin 1985, App., v° Location-accession.*

Art. 18 Lorsque la redevance est employée au remboursement de créanciers privilégiés ou hypothécaires du vendeur, l'accédant n'est subrogé de plein droit dans leur sûreté que pour la partie de la redevance imputable sur le prix.

SECTION II *Cession des droits et aliénation de l'immeuble*

Art. 19 L'accédant peut disposer, au bénéfice de tiers, mais pour leur totalité uniquement, des droits qu'il tient du contrat sauf opposition justifiée du vendeur, fondée sur des motifs sérieux et légitimes tels que l'insolvabilité du cessionnaire. Le vendeur peut également s'opposer à la cession lorsque l'acquéreur ne remplit pas les conditions exigées pour l'octroi des prêts ayant assuré le financement de la construction de l'immeuble.

Art. 20 L'aliénation de l'immeuble substitue de plein droit le nouveau propriétaire dans les droits et obligations du vendeur.

Si la garantie de remboursement ne revêt pas la forme du privilège du 7° de l'article 2374 du code civil dans les conditions fixées à l'article 16, l'aliénation est subordonnée à la fourniture, par le nouveau propriétaire, de l'une des autres garanties prévues par la présente loi.

SECTION III *Information et protection de l'accédant*

Art. 21 Les dispositions des articles L. 312-24 à L. 312-31 du code de la consommation ne sont pas applicables aux contrats de location-accession régis par la présente loi.

Art. 22 Avant la signature du contrat de location-accession, le vendeur ne peut exiger ni accepter de l'accédant, au titre de la location-accession, aucun versement, aucun dépôt, aucune souscription ou acceptation d'effets de commerce, aucun chèque ou aucune autorisation de prélèvement sur compte bancaire ou postal au profit du vendeur ou pour le compte de celui-ci, à l'exception des sommes prévues à l'article 3.

Art. 23 Le vendeur doit notifier à l'accédant, par lettre recommandée avec demande d'avis de réception, le projet de contrat de location-accession un mois au moins avant la date de sa signature. La notification oblige le vendeur à maintenir les conditions du projet de contrat jusqu'à cette date.

Le cas échéant, le règlement de copropriété ou le cahier des charges est joint au projet de contrat.

Art. 24 Lorsque le contrat indique que l'accédant entend recourir à un ou plusieurs prêts régis par les articles L. 312-2 à L. 312-23 du code de la consommation, le transfert de propriété est subordonné à la condition suspensive de l'obtention du ou des prêts qui en assurent le financement. Cette condition doit être réalisée à la date d'exigibilité du paiement.

Un organisme prêteur peut refuser l'octroi du ou des prêts pour des motifs sérieux et légitimes tels que l'insolvabilité de l'accédant.

Art. 25 Lorsque le contrat de location-accession indique que le prix sera payé sans l'aide d'un ou plusieurs prêts, cet acte doit porter, de la main de l'accédant ou de son mandataire, une mention par laquelle celui-ci reconnaît avoir été informé que s'il recourt néanmoins à un prêt il ne peut se prévaloir des dispositions de l'article 24.

En l'absence de l'indication prescrite à l'article précédent ou si la mention exigée au premier alinéa du présent article manque ou n'est pas de la main de l'accédant ou de son mandataire, et si un prêt est néanmoins demandé, le transfert de propriété est subordonné à la condition suspensive prévue à l'article précédent.

SECTION IV *Transfert de propriété*

Art. 26 Trois mois avant le terme prévu pour la levée de l'option, le vendeur doit, par lettre recommandée avec demande d'avis de réception, mettre l'accédant en demeure d'exercer dans le délai convenu la faculté qui lui est reconnue d'acquérir la propriété de l'immeuble faisant l'objet du contrat.

La mise en demeure indique à peine de nullité l'état des créances garanties par des inscriptions prises sur l'immeuble. Lorsque le montant de ces créances excède celui du prix restant dû par l'accédant, ce dernier peut renoncer à l'acquisition. Il bénéficie des dispositions de l'article 13.

Le paiement par anticipation de la totalité du prix entraîne également transfert de propriété.

Art. 27 Le transfert de propriété est constaté par acte authentique. L'acte constatant le transfert de propriété emporte adhésion de l'accédant à toutes les organisations visées à l'article 33.

L'accédant est tenu de prendre les lieux dans l'état où ils se trouvent lors du transfert de propriété, sans préjudice, le cas échéant, du droit de mettre en œuvre les garanties liées à la construction de l'immeuble.

Art. 27-1 *(L. no 2005-32 du 18 janv. 2005, art. 102-I-5o)* Après le transfert de propriété d'un logement qui a bénéficié d'une décision d'agrément prise par le représentant de l'État dans le département, dans des conditions prévues par décret, et lorsque la garantie de relogement est mise en œuvre par l'accédant dans des conditions définies par arrêté, les offres de relogement ne font pas l'objet de la procédure d'attribution prévue aux articles L. 441-2 et suivants du code de la construction et de l'habitation dès lors que le vendeur est un organisme mentionné à l'article L. 411-2 dudit code.

CHAPITRE IV *Obligations des parties en matière de gestion et d'entretien de l'immeuble*

Art. 28 L'accédant est tenu des obligations principales suivantes :

– d'user de l'immeuble en bon père de famille et suivant la destination qui lui a été donnée par le contrat de location-accession ;

– de s'assurer pour les risques dont il répond en sa qualité d'occupant ;

– du paiement des charges annuelles telles que les contributions, taxes et impôts.

Avant le transfert de propriété, il ne peut permettre l'occupation à quelque titre que ce soit de l'immeuble objet du contrat sauf accord préalable et écrit du vendeur.

Art. 29 Dès la date d'entrée en jouissance, l'entretien et les réparations de l'immeuble incombent à l'accédant.

Toutefois, le vendeur conserve la charge des réparations relatives aux éléments porteurs concourant à la stabilité ou à la solidité du bâtiment ainsi qu'à tous autres éléments qui leur sont intégrés ou forment corps avec eux, et aux éléments qui assurent le clos, le couvert et l'étanchéité à l'exclusion de leurs parties mobiles.

S'agissant des ventes à terme, il a été indiqué que l'art. 29 n'a pas à être pris en considération, « d'une part, parce qu'il traite des obligations des parties en matière de location-accession et non de leurs droits et d'autre part, parce qu'il n'est pas visé par l'art. 41 ». – V. Rép. min., *JO Sénat, 8 août 1985, p. 1527 ; RDI 1986. 217, obs. crit. J.-C. Groslière et C. Saint-Alary-Houin.*

Art. 30 Le vendeur qui, avant la date de levée de l'option, est contraint de réaliser ou de participer au paiement de travaux d'amélioration d'un montant supérieur à 10 p. 100 du prix de l'immeuble, qui lui seraient imposés dans le cadre de la copropriété et porteraient sur un des éléments visés à l'article 29, peut proposer à l'accédant une modification correspondante des charges visées au 9o de l'article 5 ainsi qu'une réévaluation du prix de l'immeuble compensant la dépense qu'il a faite.

Cette réévaluation de prix ne peut excéder la dépense réellement effectuée éventuellement révisée dans les conditions prévues à l'article 7.

A défaut d'accord entre le vendeur et l'accédant, ce dernier peut mettre fin au contrat. Dans ce cas, les dispositions de l'article 11 ne sont pas applicables.

Art. 31 A compter de la signature du contrat de location-accession, l'accédant peut, en cas de défaillance du vendeur, mettre en œuvre les garanties résultant des articles L. 241-1 et L. 242-1 du code des assurances.

Il peut être autorisé par décision de justice rendue contradictoirement à exécuter les travaux et à percevoir les indemnités dues sur présentation des factures correspondantes.

Art. 32 Pour l'application des dispositions de la loi nº 65-557 du 10 juillet 1965 fixant statut de la copropriété des immeubles bâtis, la signature d'un contrat de location-accession est assimilée à une mutation et l'accédant est subrogé dans les droits et obligations du vendeur, sous réserve des dispositions suivantes :

– le vendeur est tenu de garantir le paiement des charges incombant à l'accédant en application de l'article 29 de la présente loi et l'hypothèque légale, prévue à l'article 19 de la loi nº 65-557 du 10 juillet 1965 précitée, ne peut être inscrite qu'après mise en demeure restée infructueuse adressée par le syndic au vendeur ;

– le vendeur dispose du droit de vote pour toutes les décisions de l'assemblée générale des copropriétaires concernant des réparations mises à sa charge en application de l'article 29 de la présente loi, ou portant sur un acte de disposition visé aux articles 26 ou 35 de la loi nº 65-557 du 10 juillet 1965 précitée. Il exerce également les actions qui ont pour objet de contester les décisions pour lesquelles il dispose du droit de vote ;

– chacune des deux parties au contrat de location-accession peut assister à l'assemblée générale des copropriétaires et y formuler toutes observations sur les questions pour lesquelles elle ne dispose pas du droit de vote.

Art. 33 Pour l'application des dispositions régissant les immeubles ou groupes d'immeubles compris dans le périmètre d'une association syndicale prévue par *(Ord. nº 2004-632 du 1er juill. 2004, art. 61-I)* « l'ordonnance nº 2004-632 du 1er juillet 2004 relative aux associations syndicales de propriétaires », la signature d'un contrat de location-accession est assimilée à une mutation et l'accédant est subrogé dans les droits et obligations du vendeur au sein des organisations juridiques ayant pour objet de recevoir la propriété ou la gestion d'équipements communs dont bénéficie l'immeuble. Toutefois, le vendeur dispose du droit de vote à l'assemblée générale pour les décisions concernant des réparations mises à sa charge en application de l'article 29.

Chacune des deux parties au contrat de location-accession peut assister à l'assemblée générale et y formuler toutes observations sur les questions pour lesquelles elle ne dispose pas du droit de vote.

Art. 34 L'hypothèque légale prévue à l'article L. 322-9, alinéa premier, du code de l'urbanisme, et portant sur un immeuble faisant l'objet d'un contrat de location-accession, ne peut être inscrite que dans les conditions prévues à l'article 32.

CHAPITRE V *Dispositions diverses*

Art. 35 et 36 *[V. C. civ., art. 2103 [art. 2374] et 2111-1].*

Art. 37 *[V. C. urb., art. L. 211-2 et L. 212-2 (modifiés : V. nouvel art. L. 213-1)].*

Art. 38 *V. L. nº 71-579 du 16 juill. 1971, art. 30 bis.*

Art. 39 et 40 *V. CCH, art. L. 351-2 et L. 351-3.*

Art. 41 *Abrogé par L. nº 2005-32 du 18 janv. 2005, art. 102-I-6º*

Art. 42 A défaut de stipulations contraires, tous les droits et taxes du contrat de location-accession et de l'acte constatant le transfert de propriété sont à la charge de l'accédant.

Art. 43 Toute publicité faite, reçue ou perçue en France qui, quel que soit son support, porte sur un contrat régi par la présente loi, doit préciser l'identité du vendeur, la nature et l'objet du contrat.

Art. 44 Les modalités d'application de la présente loi seront définies, en tant que de besoin, par décret en Conseil d'État.

Art. 45 *(Ord. no 2005-870 du 28 juill. 2005, art. 9 ; Ord. no 2012-576 du 26 avr. 2012, art. 10)* Pour l'application à Mayotte de la présente loi :

I. – A l'article 2, les mots : "aux contrats prévus par le titre II et l'article 22 de la loi no 71-579 du 16 juillet 1971 relative à diverses opérations de construction" sont remplacés par les mots : "aux contrats passés par les sociétés constituées en vue de l'attribution d'immeubles aux associés par fraction divise, dont les sociétés ayant pour objet la construction d'immeuble à usage principal d'habitation, et par leurs associés, ainsi qu'au contrat de transfert de propriété passé entre la société coopérative de construction et un associé".

II. – L'article 4 est remplacé par les dispositions suivantes :

"Art. 4. Le contrat de location-accession est conclu par un acte authentique publié au service de la conservation de la propriété immobilière.

"Il constate des clauses d'inalinéabilité *[inaliénabilité]* temporaire et toutes autres restrictions au droit de disposer."

III. – L'article 7 est applicable aux contrats en cours.

IV. – A l'article 15, les mots : "de la loi du 13 mars 1917 ayant pour objet l'organisation du crédit au petit et au moyen commerce, à la petite et à la moyenne industrie" sont remplacés par les mots : "des articles L. 515-4 à L. 515-12 du code monétaire et financier".

V. – L'article 21 est remplacé par les dispositions suivantes :

"Art. 21. Les dispositions relatives à la location-vente et à la location assortie d'une promesse de vente ne sont pas applicables aux contrats de location régis par la présente loi."

VI. – Au premier alinéa des articles 23 et 26, après les mots : "lettre recommandée avec demande d'avis de réception", sont ajoutés les mots : "ou remise contre récépissé".

Décret no 85-534 du 15 mai 1985,

Portant application de l'article 15 de la loi no 84-595 du 12 juillet 1984 définissant la location-accession à la propriété immobilière (JO 22 mai).

Art. 1er Les établissements de crédit et les entreprises d'assurances et de capitalisation régies par le code des assurances sont habilités à donner la garantie visée à l'article 15 de la loi no 84-595 du 12 juillet 1984 définissant la location-accession à la propriété immobilière.

Arrêté du 26 juin 1985,

Fixant les modalités de délivrance de l'agrément des organismes visés à l'article 17 de la loi no 84-595 du 12 juillet 1984 définissant la location-accession à la propriété immobilière (JO 29 juin).

Art. 1er L'agrément prévu à l'article 17 de la loi no 84-595 du 12 juillet 1984 définissant la location-accession à la propriété immobilière est délivré par le commissaire de la République du département dans lequel se trouve établi le siège social de l'organisme d'HLM qui le sollicite.

Art. 2 Peuvent obtenir le bénéfice de cet agrément les organismes visés à l'article L. 411-2 du code de la construction et de l'habitation dont la qualité de la gestion et la capacité financière sont suffisantes.

Art. 3 L'agrément est retiré lorsque l'organisme agréé ne remplit plus les conditions de qualification constatées lors de l'attribution de l'agrément. L'organisme doit être mis à même de présenter ses observations avant la décision de retrait.

LOI SRU

Loi nº 2000-1208 du 13 décembre 2000,

Relative à la solidarité et au renouvellement urbains.

....

Art. 93 *V. vº Énergie (Eau – individualisation des contrats de fourniture).*

....

Art. 191 Il est créé un établissement public régional à caractère industriel et commercial, doté de la personnalité morale et de l'autonomie financière dénommé Établissement public de gestion immobilière du Nord-Pas-de-Calais.

Cet établissement public, rattaché à la région Nord-Pas-de-Calais, a pour objet, sur l'ensemble du territoire régional, d'acquérir et gérer, directement ou indirectement, les immeubles à usage locatif social détenus par des sociétés à participation majoritaire de Charbonnages de France dans le respect, notamment, des droits statutaires des mineurs et de leurs ayants droit. L'établissement public peut prendre toutes participations dans les sociétés précitées. Il peut également contribuer au financement, en association avec d'autres personnes publiques, de toutes actions en faveur de l'habitat social et du renouvellement urbain dans la région Nord-Pas-de-Calais. Pour financer leurs travaux d'amélioration de l'habitat, cet établissement public et ses filiales bénéficient de subventions de l'Agence nationale de l'habitat, en application des articles L. 321-1 et L. 321-2 du code de la construction et de l'habitation. L'établissement public est assujetti à la contribution dénommée présentement « contribution additionnelle à la contribution représentative du droit de bail » et dénommée pour l'année 2001 « contribution sur les revenus tirés de la location des locaux » prévue au premier alinéa de l'article 234 *nonies* du code général des impôts. Les opérations d'acquisition et de prise de participation prévues au présent alinéa sont exonérées du droit de timbre, de droit d'enregistrement et de taxe de publicité foncière.

Les ressources de l'établissement public sont constituées par les produits de la gestion ou de la vente des logements et terrains dont il dispose, des dividendes de ses participations, des subventions, emprunts et dons et legs qu'il reçoit.

L'établissement public peut apporter sa caution ou sa garantie à tout emprunt contracté par les sociétés visées au deuxième alinéa.

L'établissement public est administré par un conseil d'administration composé :

Au titre des collectivités territoriales :

– de membres désignés par le conseil régional de la région Nord-Pas-de-Calais,

– de membres désignés par les conseils généraux des départements du Nord et du Pas-de-Calais,

– de membres désignés par l'association des communes minières des départements du Nord et du Pas-de-Calais,

Au titre des occupants du parc :

– de membres désignés par les fédérations des organisations syndicales de mineurs représentatives parmi les membres de leurs instances dans les départements du Nord et du Pas-de-Calais,

– de membres élus par les locataires,

ainsi que de membres désignés par le représentant de l'État dans la région Nord-Pas-de-Calais parmi des personnes exerçant ou ayant exercé des responsabilités dans le domaine du logement.

Les membres désignés par les collectivités territoriales disposent de la majorité des sièges et les membres représentant les occupants du parc d'au moins un quart des sièges.

Le conseil d'administration élit en son sein un président et désigne un directeur dont il détermine les attributions.

Le conseil d'administration règle par ses délibérations les affaires de l'établissement public. Il définit en particulier la politique de réhabilitation du patrimoine, les conditions d'accès aux logements gérés ainsi que leurs conditions de location et de cession, en coordination avec les autres personnes publiques intervenant localement dans le secteur du logement.

Un décret en Conseil d'État précise les conditions d'application du présent article, et notamment les règles destinées à assurer la vocation sociale du patrimoine immobilier et sa contribution à la mixité de l'habitat. – *V. Décr. no 2002-358 du 15 mars 2002 (JO 16 mars), mod. par Décr. no 2005-260 du 23 mars 2005, art. 4 (JO 24 mars). – V. aussi CCH, art. R. 321-13.*

....

Art. 200 Le préfet présente, tous les deux ans, au comité régional de l'habitat l'état du contingent préfectoral dans le parc social ainsi que le bilan des attributions effectuées sur ce dernier, le bilan de la mise en œuvre de la loi no 98-657 du 29 juillet 1998 d'orientation relative à la lutte contre les exclusions et du respect du principe de la non-discrimination dans le logement.

MAISONS INDIVIDUELLES (NOTICE DESCRIPTIVE)

Arrêté du 27 novembre 1991,

Fixant la notice descriptive prévue par les articles R. 231-4 et R. 232-4 du code de la construction et de l'habitation relatifs au contrat de construction d'une maison individuelle (JO 29 nov.).

Art. 1er La notice descriptive prévue par les articles R. 231-4 et R. 232-4 du code de la construction et de l'habitation doit être conforme au modèle ci-annexé.

Art. 2 La mention concernant le coût des travaux à la charge du maître de l'ouvrage doit être écrite de la main du maître de l'ouvrage et signée par lui lorsque le contrat est régi par les articles L. 231-1 et suivants du code de la construction et de l'habitation.

Art. 3 Les travaux de gros œuvre, de mise hors d'eau et hors d'air visés par le premier alinéa de l'article L. 232-1 sont ceux désignés dans la colonne de la notice prévue à cet effet.

Art. 4 Les dispositions du présent arrêté sont applicables aux notices annexées aux contrats de construction d'une maison individuelle signés après le 30 novembre 1991.

Art. 5 Le directeur de la construction est chargé, etc.

ANNEXE

NOTICE DESCRIPTIVE PRÉVUE PAR LES ARTICLES R. 231-4 ET R. 232-4
DU CODE DE LA CONSTRUCTION ET DE L'HABITATION

Immeuble à construire nº .... rue ....
Commune : .... Département : ....
1. Implantation : ....
2. Caractéristiques techniques de la construction : ....
3. Branchements : ....
Travaux à la charge du maître de l'ouvrage :
Les travaux à la charge du maître de l'ouvrage s'élèvent à la somme de .... €.
Fait à ...., le .... 19 ....
Signature du maître de l'ouvrage Signature de la personne qui se charge de la construction
Mention manuscrite : dans le cas où des travaux sont à la charge du maître de l'ouvrage, celui-ci écrit de sa main : « Les travaux non compris dans le prix convenu qui restent à ma charge s'élèvent à la somme de .... €. »

Signature

PRÉAMBULE

Note explicative

Toute maison individuelle doit être construite dans le respect des articles R. 111-1-1 et suivants (livre Ier, titre Ier, chapitre Ier, section II, Dispositions générales applicables aux bâtiments d'habitation) du code de la construction et de l'habitation relatifs notamment aux règles élémentaires d'hygiène et de sécurité. Ces articles imposent également des dispositions particulières concernant, par exemple, les caractéristiques thermiques des logements.

Les règles de construction relatives à la prévention du risque sismique pouvant varier selon la zone de sismicité dans laquelle est édifiée la construction, il convient de préciser celles qui s'appliquent.

D'autre part, il doit être précisé si le projet se situe dans une zone soumise à une obligation d'isolement acoustique vis-à-vis des bruits extérieurs.

L'attention des constructeurs est appelée sur le problème du traitement des bois en particulier dans les zones affectées par les termites ou autres insectes xylophages. Il leur appartient de se renseigner auprès de la mairie pour savoir si la zone de construction est infestée.

I. Contrat avec fourniture de plan

La présente notice descriptive, visée à l'article R. 231-4 du code de la construction et de l'habitation, comporte la description et les caractéristiques techniques de l'immeuble conforme au plan proposé, et celles des travaux d'adaptation au sol, des raccordements aux réseaux divers ainsi que des équipements intérieurs et extérieurs indispensables à l'implantation et à l'utilisation de cet immeuble.

Elle mentionne le coût total du bâtiment à construire, qui est égal à la somme du prix convenu au contrat et, s'il y a lieu, du coût des travaux dont le maître de l'ouvrage se réserve l'exécution.

La distinction est donc faite entre les éléments compris dans le prix convenu et les éléments non compris dans le prix, pour ces derniers le coût est précisé dans la colonne correspondante.

Aucun des ouvrages ou fourniture mentionnés dans la notice descriptive ne peut être omis ; s'ils ne sont pas compris dans le prix convenu, ils doivent faire l'objet d'une précision de leur coût dans la colonne correspondante.

Si le contrat prévoit des ouvrages ou des fournitures qui ne figurent pas dans la notice, ils doivent faire l'objet d'une annexe à la notice descriptive et leur coût doit y figurer.

L'annexe paraphée par les deux cocontractants doit comporter, avec la même précision que celle de la notice, la description de ces ouvrages ou fournitures ainsi que leur coût (par exemple : isolation acoustique supérieure aux valeurs réglementaires, éléments d'équipement de salle de bains et salle d'eau, balcon, clôture, aménagement d'espace vert, etc.).

II. Contrat sans fourniture de plan

La présente notice descriptive doit être annexée au contrat sans fourniture de plan en application de l'article R. 232-4 du code de la construction et de l'habitation.

Elle comporte la description et les caractéristiques techniques du bâtiment à construire par l'entrepreneur et celles des travaux d'adaptation au sol, et, s'il y a lieu, des raccordements aux réseaux divers, des équipements intérieurs et extérieurs indispensables à l'implantation et à l'utilisation de cet immeuble.

Les travaux correspondant au gros œuvre, hors d'eau et hors d'air sont signalés par un astérisque dans la colonne prévue à cet effet.

Ces travaux correspondent à l'engagement minimum de l'entrepreneur dans le cadre de ce contrat.

***NDLR.** – V. au JO les tableaux relatifs, d'une part, à la définition de la zone de construction, d'autre part, aux indications à donner en fonction des ouvrages et fournitures.*

MAÎTRISE D'OUVRAGE PUBLIQUE

Loi nº 85-704 du 12 juillet 1985,

Relative à la maîtrise d'ouvrage publique et à ses rapports avec la maîtrise d'œuvre privée (JO 13 juill. ; D. et ALD 1985. 401). – V. Circ. nº 86-24 du 4 mars 1986 (BOMELATT nº 86-12).

La loi nº 85-704 du 12 juill. 1985 est applicable à Mayotte aux marchés de l'État, de la collectivité territoriale, des communes et de leurs établissements publics (Ord. nº 92-254 du 4 mars 1992, art. 2, JO 20 mars, ratifiée par L. nº 92-1441 du 31 déc. 1992, JO 1er janv. 1993).

Les dispositions de la loi nº 85-704 du 12 juill. 1985 sont applicables aux associations syndicales autorisées (Ord. nº 2004-632 du 1er juill. 2004, art. 27).

BIBL. ▶ HUET, L'architecture au regard de la loi de la maîtrise d'ouvrage et ses rapports avec la maîtrise d'œuvre privée, *RDI 1986. 237* ; Maîtrise d'œuvre privée et maîtrise d'ouvrage public (interrogations sur les fondements et l'application des décrets du 29 novembre 1993 de la loi « MOP », *RDI 1994. 619.* – GUIBAL, Les contrats d'accompagnement de la maîtrise d'ouvrage public, *Cahiers dr. entrepr. 1995, nº 3, p. 14.* – LIGNIÈRES et NOGUELLOU, La passation des contrats de délégation de maîtrise d'ouvrage publique, *Dr. adm. 2004, pratique nº 11.* – LLORENS, La maîtrise d'ouvrage publique, *RDI 1986. 293* ; Une nouvelle application du mandat en droit administratif : la délégation de maîtrise d'ouvrage publique, *LPA, nº 78, 30 juin 1986, p. 19 s.* – MODERNE, La maîtrise d'œuvre privée, *RDI 1986. 313* ; Les contrats de maîtrise d'œuvre des sociétés d'économie mixte : observations sur une réglementation éclatée, *RFDA 1994. 1071.* – MORAND-DEVILLER, La loi du 12 juillet 1985 relative à la maîtrise d'ouvrage publique et à ses rapports avec la maîtrise d'œuvre privée. Genèse et champ d'application, *RDI 1986. 281.* – NOGUELLOU, La délégation de maîtrise d'ouvrage publique face au droit communautaire, *in* Problèmes actuels de droit communautaire, *LGDJ, éd. Panthéon-Assas, 1998.* – ROUQUETTE, La maîtrise d'ouvrage publique, *AJDA 1985. 596* ; Les décrets d'application de la loi sur la maîtrise d'ouvrage publique, *AJDA 1986. 367.* – RUELLAN et PIQUET, La loi MOP prévoit-elle l'obligation de recourir au concours pour les pouvoirs adjudicateurs non soumis au code des marchés publics ?, *AJDA 2007. 465*. – TERNEYRE, Modification de la loi « maîtrise d'ouvrage publique » : adaptation et mise en conformité avec le droit communautaire, *BJCP 2004. 424.* – THOMAS, La loi sur la maîtrise d'ouvrage publique : analyse, commentaire, *Marchés publics, 1985, nº 207.* – Mission interministérielle sur la qualité des constructions publiques (MIQCP) : Guide des maîtres d'ouvrages publics pour le choix d'un conducteur d'opération ou d'un mandataire, *www.archi.fr/ MIQCP.*

Art. 1er Les dispositions de la présente loi sont applicables à la réalisation de tous ouvrages de bâtiment ou d'infrastructure ainsi qu'aux équipements industriels destinés à leur exploitation dont les maîtres d'ouvrage sont :

1º L'État et ses établissements publics ;

2º*(L. nº 88-1090 du 1er déc. 1988, art. 1er-I)* **« Les collectivités territoriales, leurs établissements publics, les établissements publics d'aménagement de ville nouvelle créés**

en application de l'article L. 321-1 du code de l'urbanisme, leurs groupements ainsi que les syndicats mixtes visés à l'article L. 166-1 du code des communes » ;

3o Les organismes privés mentionnés à l'article L. 64 du code de la sécurité sociale, ainsi que leurs unions ou fédérations ;

4o Les organismes privés d'habitations à loyer modéré, mentionnés à l'article L. 411-2 du code de la construction et de l'habitation, ainsi que les sociétés d'économie mixte, pour *(L. no 88-1090 du 1er déc. 1988, art. 1er-II)* « les logements à usage locatif aidés par l'État et réalisés » par ces organismes et sociétés.

Toutefois, les dispositions de la présente loi ne sont pas applicables :

– aux ouvrages de bâtiment ou d'infrastructure destinés à une activité industrielle dont la conception est déterminée par le processus d'exploitation. Un décret en Conseil d'État détermine les catégories d'ouvrages mentionnés au présent alinéa *[V. Décr. no 86-520 du 14 mars 1986, JO 16 mars ; D. et ALD 1986. 335]* ;

– aux ouvrages d'infrastructure réalisés dans le cadre d'une zone d'aménagement concerté ou d'un lotissement au sens du titre premier du livre III du code de l'urbanisme ;

– *(L. no 91-662 du 13 juill. 1991, art. 18 ; L. no 2009-323 du 25 mars 2009, art. 111)* « aux ouvrages de bâtiment acquis par les organismes énumérés à l'article L. 411-2 du code de la construction et de l'habitation et les sociétés d'économie mixte par un contrat de vente d'immeuble à construire prévu par les articles 1601-1, 1601-2 et 1601-3 du code civil » ;

(L. no 91-662 du 13 juill. 1991, art. 19) « Lorsqu'ils sont destinés à s'intégrer à des constructions relevant d'autres régimes juridiques, les ouvrages édifiés par les organismes énumérés à l'article L. 411-2 du code de la construction et de l'habitation peuvent être dispensés de tout ou partie de l'application de la présente loi. Cette dispense est accordée par décision du représentant de l'État dans le département. »

TITRE PREMIER De la maîtrise d'ouvrage

Art. 2 *(Ord. no 2004-566 du 17 juin 2004, art. 1er-I)* « I ». – Le maître de l'ouvrage est la personne morale, mentionnée à l'article premier, pour laquelle l'ouvrage est construit. Responsable principal de l'ouvrage, il remplit dans ce rôle une fonction d'intérêt général dont il ne peut se démettre.

Il lui appartient, après s'être assuré de la faisabilité et de l'opportunité de l'opération envisagée, d'en déterminer la localisation, d'en définir le programme, d'en arrêter l'enveloppe financière prévisionnelle, d'en assurer le financement, de choisir le processus selon lequel l'ouvrage sera réalisé et de conclure, avec les maîtres d'œuvre et entrepreneurs qu'il choisit, les contrats ayant pour objet les études et l'exécution des travaux.

Lorsqu'une telle procédure n'est pas déjà prévue par d'autres dispositions législatives ou réglementaires, il appartient au maître de l'ouvrage de déterminer, eu égard à la nature de l'ouvrage et aux personnes concernées, les modalités de consultation qui lui paraissent nécessaires.

Le maître de l'ouvrage définit dans le programme les objectifs de l'opération et les besoins qu'elle doit satisfaire ainsi que les contraintes et exigences de qualité sociale, urbanistique, architecturale, fonctionnelle, technique et économique, d'insertion dans le paysage et de protection de l'environnement, relatives à la réalisation et à l'utilisation de l'ouvrage.

Le programme et l'enveloppe financière prévisionnelle, définis avant tout commencement des avant-projets, pourront toutefois être précisés par le maître de l'ouvrage avant tout commencement des études de projet. *(Ord. no 2004-566 du 17 juin 2004, art. 1er-II)* « Lorsque le maître de l'ouvrage décide de réutiliser ou de réhabiliter un ouvrage existant, l'élaboration du programme et la détermination de l'enveloppe financière prévisionnelle peuvent se poursuivre pendant les études d'avant-projets. Il en est de même pour la réalisation d'ouvrages neufs complexes d'infrastructure et de bâtiment, sous réserve que le maître de l'ouvrage l'ait annoncé dès le lancement des consultations. Les conséquences de l'évolution du programme et de l'enveloppe financière prévisionnelle sont prises en compte par voie d'avenant. »

Le maître de l'ouvrage peut confier les études nécessaires à l'élaboration du programme et à la détermination de l'enveloppe financière prévisionnelle à une personne publique ou privée.

(Ord. n° 2004-566 du 17 juin 2004, art. 1er-III) « II. – Lorsque la réalisation, la réutilisation ou la réhabilitation d'un ouvrage ou d'un ensemble d'ouvrages relèvent simultanément de la compétence de plusieurs maîtres d'ouvrage, ces derniers peuvent désigner, par convention, celui d'entre eux qui assurera la maîtrise d'ouvrage de l'opération. Cette convention précise les conditions d'organisation de la maîtrise d'ouvrage exercée et en fixe le terme.

« III. – Lorsque l'État confie à l'un de ses établissements publics la réalisation d'ouvrages ou de programmes d'investissement, il peut décider que cet établissement exercera la totalité des attributions de la maîtrise d'ouvrage. »

Art. 3 Dans la limite du programme et de l'enveloppe financière prévisionnelle qu'il a arrêtés, le maître de l'ouvrage peut confier à un mandataire, dans les conditions définies par la convention mentionnée à l'article 5, l'exercice, en son nom et pour son compte, de tout ou partie des attributions suivantes de la maîtrise d'ouvrage :

1° Définition des conditions administratives et techniques selon lesquelles l'ouvrage sera étudié et exécuté ;

2° Préparation du choix du maître d'œuvre, signature du contrat de maîtrise d'œuvre, après approbation du choix du maître d'œuvre par le maître de l'ouvrage, et gestion du contrat de maîtrise d'œuvre ;

3° Approbation des avant-projets et accord sur le projet ;

4° Préparation du choix de l'entrepreneur, signature du contrat de travaux, après approbation du choix de l'entrepreneur par le maître de l'ouvrage, et gestion du contrat de travaux ;

5° Versement de la rémunération de la mission de maîtrise d'œuvre et des travaux ;

6° Réception de l'ouvrage,

et l'accomplissement de tous actes afférents aux attributions mentionnées ci-dessus.

Le mandataire n'est tenu envers le maître de l'ouvrage que de la bonne exécution des attributions dont il a personnellement été chargé par celui-ci.

Le mandataire représente le maître de l'ouvrage à l'égard des tiers dans l'exercice des attributions qui lui ont été confiées jusqu'à ce que le maître de l'ouvrage ait constaté l'achèvement de sa mission dans les conditions définies par la convention mentionnée à l'article 5. Il peut agir en justice.

Art. 4 *(Ord. n° 2004-566 du 17 juin 2004, art. 2)* I. – Le mandat prévu au présent titre, exercé par une personne publique ou privée, est incompatible avec toute mission de maîtrise d'œuvre, de réalisation de travaux ou de contrôle technique portant sur le ou les ouvrages auxquels se rapporte le mandat, exercée par cette personne directement ou par une entreprise liée.

Par entreprise liée au sens de ces dispositions, on entend toute entreprise sur laquelle le mandataire peut exercer, directement ou indirectement, une influence dominante, ou toute entreprise qui peut exercer une influence dominante sur le mandataire ou toute entreprise qui, comme le mandataire, est soumise à l'influence dominante d'une autre entreprise du fait de la propriété, de la participation financière ou des règles qui la régissent. L'influence dominante est présumée lorsqu'une entreprise, directement ou indirectement, à l'égard d'une autre entreprise détient la majorité du capital souscrit de l'entreprise ou dispose de la majorité des voix attachées aux parts émises par l'entreprise ou peut désigner plus de la moitié des membres de l'organe d'administration, de direction ou de surveillance de l'entreprise.

Ces dispositions ne sont pas applicables lorsque le maître de l'ouvrage ne peut confier le mandat qu'à une personne désignée par la loi.

II. – Le mandataire est soumis à l'obligation d'exécution personnelle du contrat de mandat.

III. – Le mandataire est soumis aux dispositions de la présente loi dans l'exercice des attributions qui lui sont confiées par le maître de l'ouvrage, en application de l'article 3.

IV. – Les règles de passation et d'exécution des contrats signés par le mandataire sont celles applicables au maître de l'ouvrage, sous réserve d'adaptations éventuelles prévues par décret pour tenir compte de l'intervention du mandataire.

Art. 5 *(Ord. nº 2004-566 du 17 juin 2004, art. 3-I)* « Les rapports entre le maître de l'ouvrage et le mandataire sont définis par un contrat écrit qui prévoit, à peine de nullité : »

a) L'ouvrage qui fait l'objet *(Ord. nº 2004-566 du 17 juin 2004, art. 3-II)* « du contrat », les attributions confiées au mandataire, les conditions dans lesquelles le maître de l'ouvrage constate l'achèvement de la mission du mandataire, les modalités de la rémunération de ce dernier, les pénalités qui lui sont applicables en cas de méconnaissance de ses obligations et les conditions dans lesquelles *(Ord. nº 2004-566 du 17 juin 2004, art. 3-II)* « le contrat » peut être résiliée *[résilie]* ;

b) Le mode de financement de l'ouvrage ainsi que les conditions dans lesquelles le maître de l'ouvrage fera l'avance de fonds nécessaires à l'accomplissement *(Ord. nº 2004-566 du 17 juin 2004, art. 3-II)* « du contrat » ou remboursera les dépenses exposées pour son compte et préalablement définies ;

c) Les modalités du contrôle technique, financier et comptable exercé par le maître de l'ouvrage aux différentes phases de l'opération ;

d) Les conditions dans lesquelles l'approbation des avant-projets et la réception de l'ouvrage sont subordonnées à l'accord préalable du maître de l'ouvrage ;

e) Les conditions dans lesquelles le mandataire peut agir en justice pour le compte du maître de l'ouvrage.

Art. 6 *(Ord. nº 2004-566 du 17 juin 2004, art. 4)* I. – Le maître de l'ouvrage peut recourir à l'intervention d'un conducteur d'opération pour une assistance générale à caractère administratif, financier et technique.

II. – La mission de conduite d'opération exercée par une personne publique ou privée est incompatible avec toute mission de maîtrise d'œuvre, de réalisation de travaux ou de contrôle technique portant sur le ou les mêmes ouvrages, exercée par cette personne directement ou par une entreprise liée au sens de l'article 4 de la présente loi.

III. – La mission de conduite d'opération fait l'objet d'un contrat écrit.

TITRE II De la maîtrise d'œuvre

Art. 7 La mission de maîtrise d'œuvre que le maître de l'ouvrage peut confier à une personne de droit privé ou à un groupement de personnes de droit privé doit permettre d'apporter une réponse architecturale, technique et économique au programme mentionné à l'article 2.

Pour la réalisation d'un ouvrage, la mission de maîtrise d'œuvre est distincte de celle d'entrepreneur.

Le maître de l'ouvrage peut confier au maître d'œuvre tout ou partie des éléments de conception et d'assistance suivants :

1º Les études d'esquisse ;

2º Les études d'avant-projets ;

3º Les études de projet ;

4º L'assistance apportée au maître de l'ouvrage pour la passation du contrat de travaux ;

5º Les études d'exécution ou l'examen de la conformité au projet et le visa de celles qui ont été faites par l'entrepreneur ;

6º La direction de l'exécution du contrat de travaux ;

7º L'ordonnancement, le pilotage et la coordination du chantier ;

8º L'assistance apportée au maître de l'ouvrage lors des opérations de réception et pendant la période de garantie de parfait achèvement.

Toutefois, pour les ouvrages de bâtiment, une mission de base fait l'objet d'un contrat unique. Le contenu de cette mission de base, fixé par catégories d'ouvrages conformément à l'article 10 ci-après, doit permettre :

– au maître d'œuvre, de réaliser la synthèse architecturale des objectifs et des contraintes du programme, et de s'assurer du respect, lors de l'exécution de l'ouvrage, des études qu'il a effectuées ;

– au maître de l'ouvrage, de s'assurer de la qualité de l'ouvrage et du respect du programme et de procéder à la consultation des entrepreneurs, notamment par lots séparés, et à la désignation du titulaire du contrat de travaux.

Loi no 2009-323 du 25 mars 2009,

De mobilisation pour le logement et la lutte contre l'exclusion.

Art. 110 Pour la réalisation de logements locatifs aidés par l'État financés avec le concours des aides publiques mentionnées au 1o de l'article L. 301-2 du code de la construction et de l'habitation, soumis à la loi no 85-704 du 12 juillet 1985 relative à la maîtrise d'ouvrage publique et à ses rapports avec la maîtrise d'œuvre privée, les organismes d'habitations à loyer modéré mentionnés à l'article L. 411-2 du code de la construction et de l'habitation et les sociétés d'économie mixte de construction et de gestion de logements sociaux peuvent jusqu'au 31 décembre 2013 conclure, par dérogation aux dispositions des articles 7 et 18 de la loi no 85-704 du 12 juillet 1985 précitée, des contrats portant à la fois sur l'établissement des études et l'exécution des travaux.

Art. 8 Pour les ouvrages de bâtiment, le contenu de la mission de base, fixé conformément à l'article 10 ci-après, peut varier en fonction des différents modes de consultation des entrepreneurs.

Art. 9 La mission de maîtrise d'œuvre donne lieu à une rémunération forfaitaire fixée contractuellement. Le montant de cette rémunération tient compte de l'étendue de la mission, de son degré de complexité et du coût prévisionnel des travaux.

Art. 10 *(L. no 88-1090 du 1er déc. 1988, art. 1er-III)* « Des décrets en Conseil d'État fixent, en distinguant selon qu'il s'agit d'opérations de construction neuve ou d'opérations de réutilisation et de réhabilitation et, le cas échéant, selon les catégories d'ouvrages et les maîtres d'ouvrages *[ouvrage]* » :

1o Le contenu détaillé des éléments de mission de maîtrise d'œuvre ainsi que le contenu détaillé des éléments de mission de maîtrise d'œuvre spécifiques, lorsque les méthodes ou techniques de réalisation ou les produits industriels à mettre en œuvre impliquent l'intervention, dès l'établissement des avant-projets, de l'entrepreneur ou du fournisseur de produits industriels ;

2o Le contenu de la mission de base pour les ouvrages de bâtiment ;

3o *(L. no 88-1090 du 1er déc. 1988, art. 1er-IV)* « Les conditions selon lesquelles les parties déterminent la rémunération prévue à l'article 9 et précisent les conséquences de la méconnaissance par le maître d'œuvre des engagements souscrits sur un coût prévisionnel des travaux ». – *V. Décr. no 93-1268 du 29 nov. 1993, App., vo Maîtrise d'ouvrage publique.*

Art. 11 *(L. no 88-1090 du 1er déc. 1988, art. 1er-V)* Les décrets prévus à l'article 10 fixent également :

a) Les modalités d'organisation des concours d'architecture et d'ingénierie qui ne sont pas régis par les dispositions du code des marchés publics ;

b) Les conditions d'indemnisation de tout concurrent ayant remis une proposition conforme au règlement d'un concours d'architecture et d'ingénierie.

Art. 11-1 *(L. no 2004-1343 du 9 déc. 2004, art. 9-II)* La présente loi n'est pas applicable aux opérations d'entretien, de réparation ou de restauration effectuées sur des immeubles classés en application de la section 1 du chapitre Ier du titre II du livre VI du code du patrimoine.

Art. 12 à 16 *Abrogés par L. no 88-1090 du 1er déc. 1988, art. 1er-VI.*

TITRE III Dispositions diverses et transitoires

Art. 17 Les règles de passation des contrats ayant pour objet l'exécution d'une mission de maîtrise d'œuvre et, notamment, les modalités de choix du maître d'œuvre, sont :

– si le contrat est passé par une société d'économie mixte mentionnée à l'article premier lorsqu'elle réalise des logements aidés par l'État, les règles prévues pour les sociétés anonymes et les sociétés coopératives d'habitations à loyer modéré ;

– si le contrat est passé par un établissement public d'aménagement de ville nouvelle créé en application de l'article L. 321-1 du code de l'urbanisme lorsqu'il n'intervient pas en qualité de mandataire au sens de l'article 3 de la présente loi, les règles applicables aux collectivités locales et à leurs établissements publics.

Art. 18 I. – Nonobstant les dispositions du titre II de la présente loi, le maître de l'ouvrage peut confier par contrat à un groupement de personnes de droit privé ou, pour les seuls ouvrages d'infrastructure, à une personne de droit privé, une mission portant à la fois sur l'établissement des études et l'exécution des travaux, lorsque des motifs d'ordre technique *(L. no 2010-788 du 12 juill. 2010, art. 74)* « ou d'engagement contractuel sur un niveau d'amélioration de l'efficacité énergétique » rendent nécessaire l'association de l'entrepreneur aux études de l'ouvrage. Un décret précise les conditions d'application du présent alinéa en modifiant, en tant que de besoin, pour les personnes publiques régies par le code des marchés publics, les dispositions de ce code.

II. – *(L. no 88-1090 du 1er déc. 1988, art. 1er-VII)* Un décret fixe les conditions dans lesquelles le maître de l'ouvrage peut adapter les dispositions découlant des articles 7, 8, 10 et 11 inclus lorsqu'il confie à des personnes de droit privé des missions portant sur des ouvrages réalisés à titre de recherche, d'essais ou d'expérimentation.

V. L. no 2009-323 du 25 mars 2009, art. 110, ss. L. no 85-704 du 12 juill. 1985, art. 7.

Art. 19 La présente loi ne fait pas obstacle à l'application des dispositions de l'article 97 de la loi no 82-213 du 2 mars 1982 relative aux droits et libertés des communes, des départements et des régions, du second alinéa de l'article 3 de la loi no 82-659 du 30 juillet 1982 portant statut particulier de la région de Corse : compétences, du premier alinéa de l'article 15 de la loi no 82-1153 du 30 décembre 1982 d'orientation des transports intérieurs ainsi que du premier alinéa de l'article 1er et du paragraphe II de l'article 5 de la loi no 83-597 du 7 juillet 1983 précitée.

Les dispositions de la présente loi ne font pas obstacle à ce qu'un concessionnaire continue d'exercer son droit de propriété.

Un décret en Conseil d'État détermine, nonobstant les dispositions des articles 3 à 5 de la présente loi, les conditions d'organisation de la maîtrise d'ouvrage et de répartition des attributions correspondantes, en ce qui concerne les opérations d'aménagement du réseau routier national réalisées dans les régions d'outre-mer en application du quatrième alinéa de l'article 41 de la loi no 84-747 du 2 août 1984 relative aux compétences des régions de Guadeloupe, de Guyane, de Martinique et de la Réunion et en ce qui concerne les travaux de rétablissement de voies de communication rendus nécessaires par la réalisation d'un ouvrage d'infrastructure de transport.

En outre, dans les régions d'outre-mer, le financement des opérations d'aménagement du réseau routier national par la taxe spéciale de consommation prévue à l'article 266 *quater* du code des douanes ne fait pas obstacle à l'application de l'article 2 de la présente loi.

Art. 20 *(Abrogé par L. no 2004-1343 du 9 déc. 2004, art. 9-II)* ***« I. – La présente loi n'est pas applicable aux opérations de restauration des édifices protégés en application de la loi du 31 décembre 1913 modifiée sur les monuments historiques.***

« II. – [Mod. L. 31 déc. 1913, art. 9]. »

Art. 21 I. – *[Abrogations diverses].*

II. – L'article 85 de la loi no 47-1465 du 8 août 1947 relative à certaines dispositions d'ordre financier sera abrogé, en tant qu'il concerne l'État et les établissements publics nationaux, à la date d'entrée en vigueur des dispositions prévues *(L. no 88-1090 du 1er déc. 1988)* « aux articles 10 et 11 ». – *V. CCH, art. L. 311-14.*

....

Art. 29 La présente loi est applicable à Mayotte.

Art. 29-1 *(L. no 2010-1487 du 7 déc. 2010, art. 32)* L'article 1er, à l'exception de ses troisième, quatrième, cinquième, neuvième et dernier alinéas, ainsi que les articles 2 à 11 et 18 et le deuxième alinéa de l'article 19 de la présente loi sont applicables en Nouvelle-Calédonie, en Polynésie française et dans les îles Wallis-et-Futuna aux opérations réalisées pour l'État et ses établissements publics, sous réserve de l'adaptation suivante : au huitième alinéa de l'article 1er, les mots : "au sens du titre Ier du livre III du code de l'urbanisme" sont remplacés par les mots : "au sens de la réglementation applicable localement".

Décret no 93-1268 du 29 novembre 1993,

Relatif aux missions de maîtrise d'œuvre confiées par des maîtres d'ouvrage publics à des prestataires de droit privé (JO 1er déc.).

Art. 1er Les missions de maîtrise d'œuvre confiées par contrat à une personne de droit privé ou à un groupement de personnes de droit privé, en vue de réaliser un ouvrage, par les maîtres d'ouvrages mentionnés à l'article 1er de la loi no 85-704 du 12 juillet 1985 susvisée, sont définies conformément aux dispositions du présent décret.

CHAPITRE PREMIER *Le contenu de la mission de maîtrise d'œuvre*

Art. 2 Les éléments de mission énumérés à l'article 7 de la loi du 12 juillet 1985 susvisée sont précisés, selon les catégories d'ouvrages, s'il s'agit d'ouvrages de bâtiment par la section I et s'il s'agit d'ouvrages d'infrastructure par la section II.

Le maître de l'ouvrage détermine la catégorie à laquelle appartient l'ouvrage. Il peut, en cas de besoin, le scinder en parties d'ouvrage relevant de l'une ou l'autre de ces catégories.

SECTION I *Mission de maîtrise d'œuvre pour les ouvrages de bâtiment*

SOUS-SECTION 1 *Éléments de mission de maîtrise d'œuvre pour les opérations de construction neuve de bâtiment*

Art. 3 Les études d'esquisse ont pour objet :

a) De proposer une ou plusieurs solutions d'ensemble, traduisant les éléments majeurs du programme, d'en indiquer les délais de réalisation et d'examiner leur compatibilité avec la partie de l'enveloppe financière prévisionnelle retenue par le maître de l'ouvrage et affectée aux travaux ;

b) De vérifier la faisabilité de l'opération au regard des différentes contraintes du programme et du site.

Art. 4 Les études d'avant-projet comprennent des études d'avant-projet sommaire et des études d'avant-projet définitif.

I. Les études d'avant-projet sommaire ont pour objet :

a) De préciser la composition générale en plan et en volume ;

b) D'apprécier les volumes intérieurs et l'aspect extérieur de l'ouvrage ;

c) De proposer les dispositions techniques pouvant être envisagées ;

d) De préciser le calendrier de réalisation et, le cas échéant, le découpage en tranches fonctionnelles ;

e) D'établir une estimation provisoire du coût prévisionnel des travaux.

II. Les études d'avant-projet définitif ont pour objet :

a) De déterminer les surfaces détaillées de tous les éléments du programme ;

b) D'arrêter en plans, coupes et façades les dimensions de l'ouvrage, ainsi que son aspect ;

c) De définir les principes constructifs, les matériaux et les installations techniques ;

d) D'établir l'estimation définitive du coût prévisionnel des travaux, décomposés en lots séparés ;

e) De permettre au maître de l'ouvrage d'arrêter définitivement le programme ;

f) De permettre l'établissement du forfait de rémunération dans les conditions prévues par le contrat de maîtrise d'œuvre.

Pour les ouvrages de construction neuve de logements, les études d'avant-projet sommaire et d'avant-projet définitif peuvent être exécutées en une seule phase d'études.

III. Les études d'avant-projet comprennent également l'établissement des dossiers et les consultations relevant de la compétence de la maîtrise d'œuvre et nécessaires à l'obtention du permis de construire et des autres autorisations administratives, ainsi que l'assistance au maître de l'ouvrage au cours de leur instruction.

Art. 5 Les études de projet ont pour objet :

a) De préciser par des plans, coupes et élévations, les formes des différents éléments de la construction, la nature et les caractéristiques des matériaux et les conditions de leur mise en œuvre ;

b) De déterminer l'implantation, et l'encombrement de tous les éléments de structure et de tous les équipements techniques ;

c) De préciser les tracés des alimentations et évacuations de tous les fluides ;

d) D'établir un coût prévisionnel des travaux décomposés par corps d'état, sur la base d'un avant-métré ;

e) De permettre au maître de l'ouvrage, au regard de cette évaluation, d'arrêter le coût prévisionnel de la réalisation de l'ouvrage et, par ailleurs, d'estimer les coûts de son exploitation ;

f) De déterminer le délai global de réalisation de l'ouvrage.

Art. 6 L'assistance apportée au maître de l'ouvrage pour la passation du ou des contrats de travaux sur la base des études qu'il a approuvées a pour objet :

a) De préparer la consultation des entreprises, en fonction du mode de passation et de dévolution des marchés ;

b) De préparer, s'il y a lieu, la sélection des candidats et d'examiner les candidatures obtenues ;

c) D'analyser les offres des entreprises et, s'il y a lieu, les variantes à ces offres ;

d) De préparer les mises au point permettant la passation du ou des contrats de travaux par le maître de l'ouvrage.

Art. 7 L'avant-projet définitif ou le projet servent de base à la mise en concurrence des entreprises par le maître de l'ouvrage.

Lorsque le maître de l'ouvrage retient une offre d'entreprise qui comporte une variante respectant les conditions minimales stipulées dans le dossier de consultation, le maître d'œuvre doit compléter les études du projet pour en assurer la cohérence, notamment en établissant la synthèse des plans et spécifications et, le cas échéant, prendre en compte les dispositions découlant d'un permis de construire modifié.

Art. 8 – I. Les études d'exécution permettent la réalisation de l'ouvrage. Elles ont pour objet, pour l'ensemble de l'ouvrage ou pour les seuls lots concernés :

a) D'établir tous les plans d'exécution et spécifications à l'usage du chantier ainsi que les plans de synthèse correspondants ;

b) D'établir sur la base des plans d'exécution un devis quantitatif détaillé par lot ou corps d'état ;

c) D'établir le calendrier prévisionnel d'exécution des travaux par lot ou corps d'état ;

d) D'effectuer la mise en cohérence technique des documents fournis par les entreprises lorsque les documents pour l'exécution des ouvrages sont établis partie par la maîtrise d'œuvre, partie par les entreprises titulaires de certains lots.

II. Lorsque les études d'exécution sont, partiellement ou intégralement, réalisées par les entreprises, le maître d'œuvre s'assure que les documents qu'elles ont établis respectent les dispositions du projet et, dans ce cas, leur délivre son visa.

Art. 9 La direction de l'exécution du ou des contrats de travaux a pour objet :

a) De s'assurer que les documents d'exécution ainsi que les ouvrages en cours de réalisation respectent les dispositions des études effectuées :

b) De s'assurer que les documents qui doivent être produits par l'entrepreneur, en application du contrat de travaux ainsi que l'exécution des travaux sont conformes audit contrat ;

c) De délivrer tous ordres de service, établir tous procès-verbaux nécessaires à l'exécution du contrat de travaux, procéder aux constats contradictoires et organiser et diriger les réunions de chantier ;

d) De vérifier les projets de décomptes mensuels ou les demandes d'avances présentés par l'entrepreneur, d'établir les états d'acomptes, de vérifier le projet de décompte final établi par l'entrepreneur, d'établir le décompte général ;

e) D'assister le maître de l'ouvrage en cas de différend sur le règlement ou l'exécution des travaux.

Art. 10 L'ordonnancement, la coordination et le pilotage du chantier ont respectivement pour objet :

a) D'analyser les tâches élémentaires portant sur les études d'exécution et les travaux, de déterminer leurs enchaînements ainsi que leur chemin critique par des documents graphiques ;

b) D'harmoniser dans le temps et dans l'espace les actions des différents intervenants au stade des travaux ;

c) Au stade des travaux et jusqu'à la levée des réserves dans les délais impartis dans le ou les contrats de travaux, de mettre en application les diverses mesures d'organisation arrêtées au titre de l'ordonnancement et de la coordination.

Art. 11 L'assistance apportée au maître de l'ouvrage lors des opérations de réception et pendant la période de garantie de parfait achèvement a pour objet :

a) D'organiser les opérations préalables à la réception des travaux ;

b) D'assurer le suivi des réserves formulées lors de la réception des travaux jusqu'à leur levée ;

c) De procéder à l'examen des désordres signalés par le maître de l'ouvrage ;

d) De constituer le dossier des ouvrages exécutés nécessaires à leur exploitation.

SOUS-SECTION 2 *Éléments de mission de maîtrise d'œuvre pour les opérations de réutilisation ou de réhabilitation d'ouvrage de bâtiment*

Art. 12 Les études de diagnostic qui permettent de renseigner le maître de l'ouvrage sur l'état du bâtiment et sur la faisabilité de l'opération ont pour objet :

a) D'établir un état des lieux ;

b) De fournir une analyse fonctionnelle, urbanistique, architecturale et technique du bâti existant ;

c) De permettre d'établir un programme fonctionnel d'utilisation du bâtiment ainsi qu'une estimation financière et d'en déduire la faisabilité de l'opération.

Le maître d'œuvre préconise, éventuellement, des études complémentaires d'investigation des existants.

Art. 13 Les études d'avant-projet comprennent des études d'avant-projet sommaire et des études d'avant-projet définitif.

I. Les études d'avant-projet sommaire ont pour objet :

a) De proposer une ou plusieurs solutions d'ensemble traduisant les éléments majeurs du programme fonctionnel et d'en présenter les dispositions générales techniques envisagées ;

b) D'indiquer des durées prévisionnelles de réalisation ;

c) D'établir une estimation provisoire du coût prévisionnel des travaux des différentes solutions étudiées.

II. Les études d'avant-projet définitif ont pour objet :

a) D'arrêter en plans, coupes et façades, les dimensions de l'ouvrage ainsi que son aspect ;

b) De définir les matériaux ;

c) De permettre au maître de l'ouvrage d'arrêter définitivement le programme et certains choix d'équipements en fonction des coûts d'investissement, d'exploitation et de maintenance ;

d) D'établir l'estimation définitive du coût prévisionnel des travaux, décomposés en lots séparés ;

e) De permettre l'établissement du forfait de rémunération dans les conditions prévues par le contrat de maîtrise d'œuvre.

III. Les études d'avant-projet comprennent également l'établissement des dossiers et les consultations relevant de la compétence de la maîtrise d'œuvre et, le cas échéant, nécessaires à l'obtention du permis de construire et des autres autorisations administratives, ainsi que l'assistance au maître de l'ouvrage au cours de leur instruction.

Art. 14 Les dispositions des articles 5 à 11 sont applicables aux opérations de réutilisation ou de réhabilitation d'ouvrages de bâtiment.

SOUS-SECTION 3 *Mission de base pour les ouvrages de bâtiment*

Art. 15 I. Pour les opérations de construction neuve de bâtiment, la mission de base comporte les études d'esquisse, d'avant-projet, de projet, l'assistance apportée au maître de l'ouvrage pour la passation des contrats de travaux, la direction de l'exécution du contrat de travaux et l'assistance apportée au maître de l'ouvrage lors des opérations de réception et pendant la période de garantie de parfait achèvement.

Font également partie de la mission de base l'examen de la conformité au projet des études d'exécution et leur visa lorsqu'elles ont été faites par un entrepreneur et les études d'exécution lorsqu'elles sont faites par le maître d'œuvre.

II. Pour les opérations de réutilisation ou de réhabilitation de bâtiment, la mission de base comporte les études d'avant-projet, de projet, l'assistance apportée au maître de l'ouvrage pour la passation des contrats de travaux, la direction de l'exécution du contrat de travaux et l'assistance apportée au maître de l'ouvrage lors des opérations de réception et pendant la période de garantie de parfait achèvement.

Font également partie de la mission de base l'examen de la conformité au projet des études d'exécution et leur visa lorsqu'elles ont été faites par un entrepreneur et les études d'exécution lorsqu'elles sont faites par le maître d'œuvre.

Art. 16 Lorsque le maître de l'ouvrage décide de consulter des entrepreneurs ou des fournisseurs de produits industriels dès l'établissement des avant-projets, la mission de base tient compte des éléments de missions spécifiques décrits à l'article 26 pour les lots concernés.

Art. 17 Lorsqu'en cas de défaillance d'un maître d'œuvre, titulaire d'une mission de base, le maître de l'ouvrage confie une mission partielle à un autre maître d'œuvre afin de poursuivre l'opération, l'ensemble des éléments de mission, ceux effectués par le titulaire du premier contrat et ceux confiés au nouveau maître d'œuvre, doit respecter le contenu de la mission de base.

SECTION II *Mission de maîtrise d'œuvre pour les ouvrages d'infrastructure*

Art. 18 Les études préliminaires, dans le cas d'une opération de construction neuve, première étape de la réponse de la maîtrise d'œuvre aux objectifs, données, exigences et contraintes du programme, permettent au maître de l'ouvrage d'arrêter le parti d'ensemble de l'ouvrage et ont pour objet :

a) De préciser les contraintes physiques, économiques et d'environnement conditionnant le projet ;

b) De présenter une ou plusieurs solutions techniques, architecturales, d'implantation et d'insertion dans le paysage pour les ouvrages concernés ainsi qu'une comparaison des différents éléments composant ces solutions, assorties de délais de réalisation et d'examiner leur compatibilité avec la partie affectée aux travaux de l'enveloppe financière prévisionnelle retenue par le maître de l'ouvrage ;

c) De vérifier la faisabilité de l'opération.

Art. 19 Les études de diagnostic, dans le cas d'une opération de réutilisation ou de réhabilitation, permettent de renseigner le maître de l'ouvrage sur l'état de l'ouvrage et sur la faisabilité de l'opération et ont pour objet :

a) D'établir un état des lieux ;

b) De procéder à une analyse technique sur la résistance de la structure et sur les équipements techniques ;

c) De permettre d'établir un programme fonctionnel d'utilisation de l'ouvrage ;

d) De proposer, éventuellement, des méthodes de réparation ou de confortement assorties de délais de réalisation et de mise en œuvre.

Le maître d'œuvre préconise, éventuellement, des études complémentaires d'investigation des existants.

Art. 20 Les études d'avant-projet ont pour objet :

a) De confirmer, compte tenu des études et reconnaissances complémentaires, la faisabilité de la solution retenue et d'en déterminer ses principales caractéristiques ;

b) De proposer une implantation topographique des principaux ouvrages ;

c) De proposer, le cas échéant, une décomposition en tranches de réalisation et de préciser la durée de cette réalisation ;

d) De permettre au maître de l'ouvrage de prendre ou de confirmer la décision de réaliser le projet, d'en arrêter définitivement le programme et d'en déterminer les moyens nécessaires, notamment financiers ;

e) D'établir l'estimation du coût prévisionnel des travaux, en distinguant les dépenses par partie d'ouvrage et nature de travaux et en indiquant l'incertitude qui y est attachée compte tenu des bases d'estimation utilisées ;

f) De permettre l'établissement du forfait de rémunération dans les conditions prévues par le contrat de maîtrise d'œuvre.

Les études d'avant-projet comprennent également l'établissement des dossiers à déposer, le cas échéant, en vue de l'obtention du permis de construire et autres autorisations administratives nécessaires et qui relèvent de la compétence de la maîtrise d'œuvre, ainsi que l'assistance au maître de l'ouvrage au cours de leur instruction.

Art. 21 Les études de projet ont pour objet :

a) De préciser la solution d'ensemble et les choix techniques, architecturaux et paysagers ;

b) De fixer les caractéristiques et dimensions des différents ouvrages de la solution d'ensemble, ainsi que leur implantation topographique ;

c) De préciser les tracés des alimentations et évacuations de tous les fluides ainsi que des réseaux souterrains existants ;

d) De préciser les dispositions générales et les spécifications techniques des équipements répondant aux besoins de l'exploitation ;

e) D'établir un coût prévisionnel des travaux décomposés en éléments techniquement homogènes ;

f) De permettre au maître de l'ouvrage d'arrêter le coût prévisionnel de la solution d'ensemble et, le cas échéant, de chaque tranche de réalisation, d'évaluer les coûts d'exploitation et de maintenance, de fixer l'échéancier d'exécution et d'arrêter, s'il y a lieu, le partage en lots.

Art. 22 L'assistance apportée au maître de l'ouvrage pour la passation du ou des contrats de travaux sur la base des études qu'il a approuvées, a pour objet :

a) De préparer la consultation des entreprises, en fonction du mode de passation et de dévolution des marchés ;

b) De préparer, s'il y a lieu, la sélection des candidats et d'examiner les candidatures obtenues ;

c) D'analyser les offres des entreprises et, s'il y a lieu, les variantes à ces offres ;

d) De préparer les mises au point permettant la passation du ou des contrats de travaux par le maître de l'ouvrage.

Art. 23 L'avant-projet ou le projet servent de base à la mise en concurrence des entreprises par le maître de l'ouvrage.

Lorsque le maître de l'ouvrage retient une offre d'entreprise qui comporte une variante respectant les conditions minimales stipulées dans le dossier de consultation, le maître d'œuvre doit compléter les études du projet pour en assurer la cohérence, notamment en établissant la synthèse des plans et spécifications et, le cas échéant, prendre en compte les dispositions découlant d'un permis de construire modifié.

Art. 24 I. Les études d'exécution permettent la réalisation de l'ouvrage. Elles ont pour objet, pour l'ensemble de l'ouvrage ou pour les seuls lots concernés :

a) D'élaborer les schémas fonctionnels, les notes techniques et de calcul qui précèdent et commandent celles des plans d'exécution ;

b) D'établir tous les plans d'exécution, repérages et spécifications à l'usage du chantier ainsi que les plans de synthèse correspondants ;

c) D'établir, sur la base des plans d'exécution, un devis quantitatif détaillé par lots ;

d) D'établir le calendrier prévisionnel d'exécution des travaux par lots ;

e) D'effectuer la mise en cohérence technique des documents fournis par les entreprises lorsque les documents pour l'exécution des ouvrages sont établis partie par la maîtrise d'œuvre, partie par les entreprises titulaires de certains lots.

II. Lorsque les études d'exécution sont, partiellement ou intégralement, réalisées par les entreprises, le maître d'œuvre s'assure que les documents qu'elles ont établis respectent les dispositions du projet et, dans ce cas, leur délivre son visa.

Art. 25 Les dispositions des articles 9 à 11 sont applicables aux ouvrages d'infrastructure.

SECTION III *Éléments de mission spécifiques de maîtrise d'œuvre*

Art. 26 Lorsque les méthodes ou techniques de réalisation ou les produits industriels à mettre en œuvre impliquent l'intervention, dès l'établissement des avant-projets, de l'entrepreneur ou du fournisseur de produits industriels, le maître de l'ouvrage peut décider de les consulter de façon anticipée pour un ou plusieurs lots de technicité particulière.

Cette consultation intervient soit à l'issue des études d'avant-projet sommaire ou d'avant-projet définitif pour les ouvrages neufs de bâtiment et pour les opérations de réutilisation ou de réhabilitation de bâtiment et d'infrastructure, soit à l'issue des études préliminaires pour les ouvrages neufs d'infrastructure.

L'entrepreneur ou le fournisseur de produits industriels retenu après consultation établit et remet au maître d'œuvre les documents graphiques et écrits définissant les solutions techniques qu'il propose.

Les éléments de mission d'avant-projet et de projet pour les lots concernés sont dans ce cas remplacés ou complétés en tant que de besoin par les dispositions des I et II suivants.

I. Les études spécifiques d'avant-projet pour le ou les lots concernés ont pour objet :

a) D'apprécier les conséquences de la solution technique étudiée par l'entrepreneur ou le fournisseur de produits industriels en s'assurant qu'elle est compatible avec les contraintes du programme et qu'elle est assortie de toutes les justifications et avis techniques nécessaires ;

b) De retenir la solution technique, le cas échéant de la faire adapter, ou d'en proposer le rejet au maître de l'ouvrage ;

c) De permettre l'établissement du forfait de rémunération pour les lots concernés pour les éléments de missions spécifiques dans les conditions prévues par le contrat de maîtrise d'œuvre ;

d) De permettre au maître de l'ouvrage d'arrêter avec l'entrepreneur ou le fournisseur les conditions d'exécution de son contrat.

II. Les études spécifiques de projet pour le ou les lots concernés ont pour objet :

a) De définir de façon détaillée les prescriptions architecturales et techniques à partir des études de l'entrepreneur ou du fournisseur de produits industriels ;

b) De permettre au maître de l'ouvrage d'évaluer les coûts d'exploitation et de maintenance ;

c) De préciser la période de réalisation du ou des lots concernés.

Art. 27 Un arrêté conjoint du ministre chargé de l'équipement et du ministre chargé de l'industrie précise les modalités techniques d'exécution des éléments de mission définis aux articles 3 à 26 ci-dessus.

CHAPITRE II *Le contrat de maîtrise d'œuvre*

Art. 28 Le contrat précise le contenu de la mission, dont les prestations sont définies notamment par référence aux normes homologuées ou à d'autres normes applicables en France en vertu d'accords internationaux dans les conditions prévues au décret nº 84-74 du 26 janvier 1984 modifié fixant le statut de la normalisation.

Le contrat indique les modalités selon lesquelles la rémunération du maître d'œuvre est fixée. Il précise, au plus tard avant le commencement des études de projet, le mode de dévolution des travaux retenus : entrepreneurs séparés, entreprises groupées, entreprise générale, ainsi que son incidence sur le contrat.

Art. 29 Le contrat fixe la rémunération forfaitaire du maître d'œuvre. Cette rémunération décomposée par éléments de mission tient compte :

a) De l'étendue de la mission, appréciée notamment au regard du nombre et du volume des prestations demandées, de l'ampleur des moyens à mettre en œuvre, du mode de dévolution des travaux, des délais impartis et, le cas échéant, du ou des engagements souscrits par le maître d'œuvre de respecter le coût prévisionnel des travaux ;

b) Du degré de complexité de cette mission, apprécié notamment au regard du type et de la technicité de l'ouvrage, de son insertion dans l'environnement, des exigences et contraintes du programme ;

c) Du coût prévisionnel des travaux basé soit sur l'estimation prévisionnelle provisoire des travaux établie par le maître d'œuvre lors des études d'avant-projet sommaire, soit sur l'estimation prévisionnelle définitive des travaux établie lors des études d'avant-projet définitif.

Dans le cas où le coût prévisionnel des travaux n'est pas encore connu au moment de la passation du contrat avec le maître d'œuvre, le montant provisoire de la rémunération de ce dernier est basé sur la partie affectée aux travaux de l'enveloppe financière prévisionnelle fixée par le maître de l'ouvrage.

Son montant définitif est fixé conformément à l'article 30 ci-après.

Art. 30 Le contrat de maîtrise d'œuvre précise, d'une part, les modalités selon lesquelles est arrêté le coût prévisionnel assorti d'un seuil de tolérance, sur lesquels s'engage le maître d'œuvre, et, d'autre part, les conséquences, pour celui-ci, des engagements souscrits.

I. Lorsque la mission confiée au maître d'œuvre comporte l'assistance au maître de l'ouvrage pour la passation du ou des contrats de travaux, le contrat prévoit l'engagement du maître d'œuvre de respecter le coût prévisionnel des travaux arrêté au plus tard avant le lancement de la procédure de passation du ou des contrats de travaux.

Le respect de cet engagement est contrôlé à l'issue de la consultation des entreprises de travaux. En cas de dépassement du seuil de tolérance, le maître de l'ouvrage peut demander au maître d'œuvre d'adapter ses études, sans rémunération supplémentaire.

II. Lorsque la mission confiée au maître d'œuvre comporte en outre la direction de l'exécution du contrat de travaux et l'assistance au maître de l'ouvrage lors des opérations de réception, le contrat prévoit également un engagement du maître d'œuvre de respecter le coût, assorti d'un nouveau seuil de tolérance, qui résulte des contrats de travaux passés par le maître de l'ouvrage.

Le respect de cet engagement est contrôlé après exécution complète des travaux nécessaires à la réalisation de l'ouvrage en tenant compte du coût total définitif des travaux résultant des décomptes finaux et factures des entreprises.

Pour contrôler le respect de l'engagement, le contrat de maîtrise d'œuvre prévoit les modalités de prise en compte des variations des conditions économiques.

En cas de dépassement excédant le seuil de tolérance fixé par le contrat de maîtrise d'œuvre, la rémunération du maître d'œuvre est réduite. Le contrat de maîtrise d'œuvre détermine les modalités de calcul de cette réduction qui ne peut excéder 15 p. 100 de la rémunération du maître d'œuvre correspondant aux éléments de missions postérieurs à l'attribution des contrats de travaux.

III. En cas de modification de programme ou de prestations décidées par le maître de l'ouvrage, le contrat de maîtrise d'œuvre fait l'objet d'un avenant qui arrête le programme modifié et le coût prévisionnel des travaux concernés par cette modification, et adapte en conséquence la rémunération du maître d'œuvre et les modalités de son engagement sur le coût prévisionnel.

Le contrat de maîtrise d'œuvre peut, en outre, prévoir d'autres clauses d'incitation à de meilleurs résultats quantitatifs ou qualitatifs.

Le contrat de maîtrise d'œuvre peut ne pas prévoir les engagements mentionnés aux I et II ci-dessus, s'il est établi que certaines des données techniques nécessaires à la souscription de tels engagements ne pourront être connues au moment où ces engagements devraient être pris.

Art. 31 Lorsque dans le cadre d'un programme de recherche bénéficiant d'une aide financière publique, des ouvrages sont réalisés à titre de recherche d'essais ou d'expérimentation, l'ensemble des dispositions du présent décret est applicable à l'exclusion des articles 15, 16 et 17 relatifs à la mission de base pour les ouvrages de bâtiment. Le contenu de chacun des éléments de mission décrits au chapitre Ier peut comporter des adaptations en fonction de l'objet précis de la recherche, des essais ou de l'expérimentation auquel doit répondre la réalisation de l'ouvrage.

Art. 32 Sont abrogés, à compter de la date d'entrée en vigueur prévue à l'article 33 :

– le deuxième alinéa de l'article 2 du décret no 91-585 du 19 juin 1991 relatif à l'organisation du service d'architecture des bâtiments civils et des palais nationaux ;

– le chapitre IV du titre III du livre IV du code de la construction et de l'habitation (partie Réglementaire) ;

– le décret no 52-752 du 25 juin 1952 relatif aux honoraires et rémunérations perçus par les architectes dirigeant les travaux pour le compte des caisses de mutualité sociale agricole ;

– le décret no 73-207 du 28 février 1973 relatif aux conditions de rémunération des missions d'ingénierie et d'architecture remplies pour le compte des collectivités publiques par des prestataires de droit privé.

Art. 33 Le présent décret entrera en vigueur le premier jour du sixième mois suivant sa publication.

Les contrats de maîtrise d'œuvre conclus avant cette date demeurent régis par les dispositions en vigueur lors de leur conclusion. Les avenants à ces contrats, quelles que soient leurs dates, sont régis par ces mêmes dispositions.

NORMES MINIMALES DE CONFORT ET D'HABITABILITÉ

Décret no 87-149 du 6 mars 1987,

Fixant les conditions minimales de confort et d'habitabilité auxquelles doivent répondre les locaux mis en location.

Art. 1er Les normes mentionnées à l'article 25 de la loi du 23 décembre 1986 susvisée sont les suivantes :

1o Les logements à usage d'habitation ou la partie de locaux à usage mixte professionnel et d'habitation destinée à l'habitation doivent présenter les caractéristiques ci-après :

a) Composition et dimensions :

Un logement comprend au minimum une pièce d'habitation et les pièces de service attenantes suivantes : cuisine ou coin cuisine, salle d'eau et cabinet d'aisances, celui-ci pouvant être situé dans la salle d'eau ; cette pièce d'habitation doit avoir au moins neuf mètres carrés lorsque la cuisine est séparée ou au moins douze mètres carrés lorsqu'il existe un coin cuisine.

La hauteur sous plafond des pièces d'habitation et de la cuisine est égale au moins à deux mètres vingt. Toutefois, celle-ci peut être inférieure à deux mètres vingt, sans être inférieure à deux mètres, à condition que le logement n'ait pas subi de division en hauteur depuis le 1er septembre 1948.

La surface habitable est déterminée conformément à l'article R. 111-2 du code de la construction et de l'habitation.

b) Ouverture et ventilation :

Toute pièce d'habitation est pourvue d'un ouvrant donnant à l'extérieur du bâtiment permettant une aération et un éclairement suffisants et assurant le bon usage du logement et la conservation du bâtiment.

Toute pièce de service est pourvue d'un ouvrant donnant à l'extérieur du bâtiment ou, à défaut, est équipée d'un système d'évacuation débouchant à l'extérieur du bâtiment et assurant le bon usage du logement et la conservation de ce bâtiment.

c) Cuisine ou coin cuisine :

La cuisine ou le coin cuisine est intérieur et comprend un évier avec siphon raccordé à une chute d'eaux usées, sur lequel sont installées l'eau potable froide et l'eau chaude. La cuisine ou le coin cuisine est aménagé de manière à pouvoir recevoir un appareil de cuisson (à gaz ou électrique) ou possède un conduit d'évacuation de fumée en bon état.

d) Salle d'eau et cabinet d'aisances :

La salle d'eau est intérieure au logement, constitue une pièce séparée et comporte une baignoire ou une douche et un lavabo munis de siphons et alimentés en eau chaude et froide.

Le cabinet d'aisances est intérieur au logement, constitue une pièce séparée, à moins qu'il ne fasse partie de la salle d'eau, et est pourvu d'une cuvette à l'anglaise et d'une chasse d'eau. S'il est équipé d'une fosse étanche, la chasse d'eau peut être remplacée par un simple effet d'eau.

Le cabinet d'aisances est séparé de la cuisine et de la pièce où sont pris les repas.

Les sols sont étanches et les parois situées autour de la douche et de la baignoire sont protégées contre les infiltrations.

e) Gaz et électricité :

Le logement est alimenté en électricité, et, le cas échéant, en gaz. Ces alimentations, ainsi que la ventilation des pièces où le gaz est utilisé, répondent aux besoins normaux des usagers ; ces installations doivent assurer la sécurité des utilisateurs.

Les nouvelles installations électriques et les nouvelles alimentations en gaz éventuelles, ainsi que la ventilation des pièces où le gaz est utilisé, sont conformes à la réglementation.

f) Eau :

Les installations d'eau intérieures au logement assurent la permanence de la distribution avec une pression et un débit suffisants.

2o La partie des locaux à usage professionnel ainsi que les locaux professionnels obéissent à la législation en vigueur en matière d'hygiène et de sécurité des travailleurs.

3o Les sols, murs, plafonds des logements ou locaux ci-dessus ne présentent pas d'infiltration ni de remontée d'eau. Les ouvrants sont étanches à l'eau et en bon état de fonctionnement.

4o L'immeuble ne présente pas de défaut d'entretien grave. Le gros œuvre (murs, charpentes, escaliers, planchers, balcons) est en bon état d'entretien.

La couverture, ses raccords et ses accessoires sont étanches.

Art. 2 Les normes mentionnées à l'article 1er du présent décret s'appliquent aux baux conclus en application du deuxième alinéa de l'article 3 de la loi du 1er septembre 1948 susvisée.

Art. 3 Sauf pour les litiges en cours devant les tribunaux, le décret no 78-924 du 22 août 1978 est abrogé.

OFFRE DE LOGEMENTS

Décret no 2005-1243 du 29 septembre 2005,

Instituant un comité interministériel et un délégué interministériel pour le développement de l'offre de logements.

Art. 1er Il est créé un comité interministériel pour le développement de l'offre de logements.

Ce comité est présidé par le Premier ministre ou, par délégation, par le ministre chargé du logement.

Il comprend le ministre chargé du logement, le ministre chargé de l'urbanisme, le ministre de la défense, le ministre chargé de l'économie, le ministre chargé du budget, le ministre de l'intérieur, le ministre chargé de l'aménagement du territoire, le ministre chargé des collectivités territoriales, le ministre de la justice, le ministre chargé de l'écologie et le ministre chargé de l'outre-mer.

Le Premier ministre peut inviter d'autres membres du Gouvernement à participer aux travaux du comité.

Le comité fixe les orientations de la politique gouvernementale en matière de développement de l'offre de logements. Il traite des différents aspects de cette politique, et en particulier de la politique de mobilisation de la ressource foncière.

(Décr. no 2009-1220 du 13 oct. 2009 ; Décr. no 2010-817 du 14 juill. 2010) « Le secrétariat du comité interministériel pour le développement de l'offre de logements est assuré par le délégué interministériel pour l'hébergement et l'accès au logement des personnes sans abri ou mal logées, secrétaire général du comité.

« Le secrétaire général prépare les travaux et délibérations du comité auquel il assiste.

« Il veille à la cohérence entre les orientations définies par le comité et celles qui sont arrêtées en matière de construction et d'urbanisme.

« Il fait réaliser toutes études nécessaires à l'accomplissement de ses missions. »

Art. 2 *Abrogé par Décr. no 2009-1220 du 13 oct. 2009.*

Art. 3 Le *(Décr. no 2009-1220 du 13 oct. 2009)* « secrétaire général » préside un comité des directeurs chargés de la mise en œuvre de la politique gouvernementale en matière de développement de l'offre de logements.

Ce comité, chargé d'assurer la coordination de l'application des décisions du comité interministériel, comprend :

– le *(Décr. nº 2009-1220 du 13 oct. 2009)* « directeur général de l'aménagement, du logement et de la nature » ou son représentant ;

– *(Décr. nº 2009-1220 du 13 oct. 2009)* « le délégué à l'action foncière et immobilière de l'administration centrale du ministère de l'écologie, de l'énergie, du développement durable et de l'aménagement du territoire ou son représentant » ;

– le délégué aux affaires européennes et internationales au ministère de l'emploi, de la cohésion sociale et du logement ou son représentant ;

– le directeur de la mémoire, du patrimoine et des archives du ministère de la défense ou son représentant ;

– le directeur du budget ou son représentant ;

– le *(Décr. nº 2010-291 du 18 mars 2010)* « directeur général du Trésor » ou son représentant ;

– le directeur national d'interventions domaniales ou son représentant ;

– le responsable de la mission interministérielle chargée de la valorisation du patrimoine immobilier de l'État ou son représentant ;

– le *(Décr. nº 2009-1220 du 13 oct. 2009 ; Décr. nº 2009-1549 du 14 déc. 2009, art. 6)* « délégué interministériel à l'aménagement du territoire et à l'attractivité régionale » ;

– le directeur général des collectivités locales ou son représentant ;

– *(Décr. nº 2009-1220 du 13 oct. 2009)* « le délégué général à l'outre-mer ou son représentant » ;

Le *(Décr. nº 2009-1220 du 13 oct. 2009)* « secrétaire général » peut inviter à participer aux travaux du comité les directeurs d'administration centrale ou les dirigeants d'organismes publics intéressés qui ne sont pas mentionnés aux alinéas précédents.

Le comité des directeurs peut se réunir, à l'initiative du *(Décr. nº 2009-1220 du 13 oct. 2009)* « secrétaire général », en formation restreinte aux seuls membres concernés par les questions portées à l'ordre du jour.

Loi nº 2006-872 du 13 juillet 2006,

Portant engagement national pour le logement.

Art. 1er I. – La réalisation de logements sur des biens immeubles *(L. nº 2009-323 du 25 mars 2009, art. 42-I)* « appartenant à l'État, à ses établissements publics, à des sociétés dont il détient la majorité du capital ou cédés par eux » à cet effet présente un caractère d'intérêt national lorsqu'elle contribue à l'atteinte des objectifs fixés par le titre II de la loi nº 2005-32 du 18 janvier 2005 de programmation pour la cohésion sociale, par l'article L. 302-8 du code de la construction et de l'habitation ou par le programme local de l'habitat lorsqu'il existe sur le territoire concerné.

A cet effet, des décrets peuvent, jusqu'au 1er janvier 2010, délimiter des périmètres *(L. nº 2009-323 du 25 mars 2009, art. 42-I)* « , pouvant comprendre des immeubles appartenant à d'autres personnes publiques ou privées lorsque ceux-ci sont indispensables à la réalisation de l'opération, » dans lesquels les opérations mentionnées au premier alinéa ont les effets d'opérations d'intérêt national au sens de l'article L. 121-2 du code de l'urbanisme. Ils tiennent compte de l'économie générale des projets d'aménagement et de développement durable des schémas de cohérence territoriale et, en l'absence de schéma de cohérence territoriale, des plans locaux d'urbanisme déjà approuvés.

Les communes et les établissements publics de coopération intercommunale compétents en matière de plan local d'urbanisme sont consultés sur les projets de décret. Leur avis est réputé favorable s'il n'a pas été émis dans un délai de deux mois suivant la notification du projet.

Ces décrets deviennent caducs à l'expiration d'un délai de dix ans suivant leur publication.

....

Loi no 2009-179 du 17 février 2009,

Art. 7 I. – Un bien immobilier appartenant à l'État ou à ses établissements publics peut faire l'objet du bail emphytéotique prévu à l'article L. 451-1 du code rural et de la pêche maritime *(L. no 2013-61 du 18 janv. 2013, art. 5)* « ou du bail prévu au chapitre Ier du titre V du livre II du code de la construction et de l'habitation » en vue de la réalisation de logements sociaux. Ce bail emphytéotique est dénommé bail emphytéotique administratif.

Un tel bail peut être conclu même si le bien sur lequel il porte, en raison notamment de l'affectation du bien résultant soit du bail ou d'une convention non détachable de ce bail, soit des conditions de la gestion du bien ou du contrôle par la personne publique de cette gestion, constitue une dépendance du domaine public, sous réserve que cette dépendance demeure hors du champ d'application de la contravention de voirie.

(L. no 2013-61 du 18 janv. 2013, art. 5) « Le prix d'un bail conclu par l'État ou l'un de ses établissements publics est fixé par référence à la valeur vénale du bien bénéficiant, le cas échéant, de la décote prévue aux articles L. 3211-7 et L. 3211-13-1 du code général de la propriété des personnes publiques. »

II. – Les baux passés en application du I satisfont aux conditions particulières suivantes :

1o Les droits résultant du bail ne peuvent être cédés, avec l'agrément de la personne publique, qu'à une personne subrogée au preneur dans les droits et obligations découlant de ce bail et, le cas échéant, des conventions non détachables conclues pour la réalisation de l'opération mentionnée au I ;

2o Le droit réel conféré au titulaire du bail de même que les ouvrages dont il est propriétaire sont susceptibles d'hypothèque uniquement pour la garantie des emprunts contractés par le preneur en vue de financer la réalisation ou l'amélioration des ouvrages situés sur le bien loué.

Le contrat constituant l'hypothèque doit, à peine de nullité, être approuvé par la personne publique propriétaire ;

3o Seuls les créanciers hypothécaires peuvent exercer des mesures conservatoires ou des mesures d'exécution sur les droits immobiliers résultant du bail.

La personne publique a la faculté de se substituer au preneur dans la charge des emprunts en résiliant ou en modifiant le bail et, le cas échéant, les conventions non détachables. Elle peut également autoriser la cession conformément au 1o ;

4o Les litiges relatifs à ces baux sont de la compétence des tribunaux administratifs ;

5o Les constructions réalisées dans le cadre de ces baux peuvent donner lieu à la conclusion de contrats de crédit-bail.

III. – Un bien immobilier appartenant à l'État ou à ses établissements publics peut faire l'objet d'un contrat de partenariat défini par l'ordonnance no 2004-559 du 17 juin 2004 en vue de la réalisation de logements sociaux. Un tel contrat peut être conclu même si le bien sur lequel il porte, en raison notamment de l'affectation du bien constitue une dépendance du domaine public sous réserve que cette dépendance demeure hors du champ d'application de la contravention de voirie.

....

OPÉRATIONS IMMOBILIÈRES

Loi no 2001-1168 du 11 décembre 2001,

Portant mesures urgentes de réformes à caractère économique et financier.

Art. 23 I. – Les projets d'opérations immobilières mentionnés au II doivent être précédés, avant toute entente amiable, d'une demande d'avis du directeur des services fiscaux lorsqu'ils sont poursuivis par :

1o Les collectivités territoriales, leurs groupements, leurs établissements publics et leurs concessionnaires ;

2° Les sociétés et organismes dans lesquels les collectivités, personnes ou établissements publics mentionnés au 1° exercent un pouvoir prépondérant de décision ou de gestion, ou détiennent, ensemble ou séparément, la majorité du capital ou des voix dans les organes délibérants, lorsque ces sociétés ou organismes ont pour objet des activités immobilières ou des opérations d'aménagement ;

3° Les organismes dans lesquels les personnes mentionnées aux 1° et 2° exercent un pouvoir prépondérant de décision ou de gestion, ou détiennent, directement ou indirectement, ensemble ou séparément, la majorité du capital ou des voix dans les organes délibérants, lorsque ces organismes ont pour objet des activités immobilières ou des opérations d'aménagement.

II. – Ces projets d'opérations immobilières comprennent :

1° Les baux, accords amiables et conventions quelconques ayant pour objet la prise en location d'immeubles de toute nature d'un loyer annuel, charges comprises, égal ou supérieur à un montant fixé par l'autorité administrative compétente ;

2° Les acquisitions à l'amiable, par adjudication ou par exercice du droit de préemption, d'immeubles, de droits réels immobiliers, de fonds de commerce et de droits sociaux donnant vocation à l'attribution, en pleine propriété, d'immeubles ou de parties d'immeubles, d'une valeur totale égale ou supérieure à un montant fixé par l'autorité administrative compétente, ainsi que les tranches d'acquisition d'un montant inférieur, mais faisant partie d'une opération d'ensemble d'un montant égal ou supérieur ;

3° Les acquisitions poursuivies par voie d'expropriation pour cause d'utilité publique.

III. – Les personnes mentionnées au I délibèrent au vu de l'avis du directeur des services fiscaux. Lorsque le consultant est un concessionnaire, la délibération est prise par l'organe délibérant du concédant.

(Abrogé par L. n° 2011-525 du 17 mai 2011, art. 139-IV) ***« IV. – Un décret en Conseil d'État fixe, en tant que de besoin, les conditions d'application des dispositions figurant aux I, II et III. »***

V. ....

L'art. 23 est abrogé en tant qu'il concerne les collectivités territoriales, leurs groupements et leurs établissements publics depuis le 1er juill. 2006 à l'exception des mots « du directeur des services fiscaux » qui seront abrogés à compter de la publication des dispositions réglementaires du CGPPP (Ord. n° 2006-460 du 21 avr. 2006, art. 7-II, 22° et 8-II).

Les dispositions des I à IV de l'art. 23 de la loi du 11 déc. 2001 susvisée sont applicables à Mayotte (Ord. n° 2008-858 du 28 août 2008, art. 1er, ratifiée par L. n° 2009-594 du 27 mai 2009, art. 66-I).

OUVERTURE AUTOMATIQUE DES PORTES

Loi n° 57-746 du 4 juillet 1957,

Rendant obligatoire l'installation d'un dispositif d'ouverture automatique dans les immeubles affectés à l'habitation (JO 5 juill.).

Art. 1er Dans un délai d'un an à compter de la promulgation de la présente loi, les propriétaires d'immeubles à usage d'habitation situés dans les agglomérations de plus de 500 000 habitants, occupés par plus de deux locataires ou occupants et dont la garde est assurée par un concierge, seront tenus d'installer un dispositif d'ouverture automatique sur la porte commune.

Les propriétaires qui remettront à chaque locataire les clés seront dispensés de cette obligation.

Art. 2 Les frais d'installation du dispositif visé à l'article 1er seront répartis entre les locataires conformément aux dispositions de l'article 38 de la loi n° 48-1360 du

1er septembre 1948. Le propriétaire pourra en assurer le recouvrement, par huitième, tous les trois mois, sur deux ans.

Art. 3 *Périmé.*

PARTICIPATION DES EMPLOYEURS À L'EFFORT DE CONSTRUCTION

1 ASSOCIATIONS DE L'ART. R. 313-9 CCH

Décret no 90-392 du 11 mai 1990,

Relatif aux clauses statutaires types applicables aux associations mentionnées à l'article R. 313-9 (2o, a) du code de la construction et de l'habitation (JO 13 mai).

Art. 1er Les associations mentionnées à l'article R. 313-9 (2o, *a*) du code de la construction et de l'habitation doivent insérer obligatoirement dans leurs statuts les clauses types figurant en annexe au présent décret.

Les statuts comprennent également des clauses portant sur des objets énumérés à ladite annexe et dont la rédaction est laissée à l'initiative de l'association.

Art. 2 Les associations mentionnées à l'article 1er doivent compléter ou modifier leurs statuts afin de les mettre en conformité avec les clauses mentionnées ci-dessus avant le 30 juin 1990.

Art. 3 Conformément aux dispositions des articles R. 313-27, R. 313-28 et R. 313-30 *[abrogé]* du code de la construction et de l'habitation, l'agrément initial et le maintien d'agrément comme organisme collecteur des associations mentionnées à l'article 1er sont subordonnés à la condition que leurs statuts comportent les clauses types annexées au présent décret.

Toutefois, les associations concernées par les dispositions du titre V des clauses types ci-annexées ont jusqu'au 31 décembre 1991 pour se mettre en conformité avec ces dispositions.

Les associations qui décident de fusionner peuvent, pendant une période transitoire de trois ans à compter de la clôture de l'exercice où intervient la fusion, porter le nombre des membres de leur conseil d'administration à trente au plus. En tout état de cause, le conseil d'administration devra comprendre vingt administrateurs désignés par les organisations syndicales d'employeurs et de salariés représentatives au plan national (huit membres désignés par le CNPF, deux par la CGPME, deux pour chacune des organisations syndicales de salariés).

En outre, sauf décision contraire de leur assemblée générale extraordinaire, la composition du conseil d'administration des associations n'est pas modifiée lorsque les statuts de celles-ci prévoient à la date de publication du présent décret une représentation en nombre égal des salariés et des employeurs au sein de leur conseil d'administration ou de leur assemblée générale.

Art. 4 Les statuts ci-annexés doivent prévoir, pour l'exercice des fonctions d'administrateur, une limite d'âge s'appliquant soit à l'ensemble des administrateurs, soit à un pourcentage déterminé d'entre eux.

A défaut de disposition expresse dans les statuts, le nombre des administrateurs ayant dépassé l'âge de soixante-dix ans ne pourra être supérieur au tiers des administrateurs en fonctions.

A défaut de disposition expresse dans les statuts prévoyant une autre procédure, lorsque la limitation statutaire fixée pour l'âge des administrateurs est dépassée, l'administrateur le plus âgé est réputé démissionnaire d'office.

Le président ne peut être âgé de plus de soixante-dix ans. Dans ce cas, il est réputé démissionnaire d'office.

Art. 5 **L'arrêté du 26 janvier 1976 relatif aux statuts des associations de caractère professionnel ou interprofessionnel collectant la participation des employeurs à l'effort de construction est abrogé.**

Les statuts des associations de caractère professionnel ou interprofessionnel collectant la participation des employeurs à l'effort de construction devront être mis en conformité avec les dispositions du Décr. nº 2009-746 du 22 juin 2009, art. 4-I, modifiables par décret, au plus tard le 31 déc. 2009 (Décr. préc., art. 4-II et III).

ANNEXE

Clauses types des associations de caractère professionnel ou interprofessionnel collectant la participation des employeurs à l'effort de construction

TITRE I. CONSTITUTION, COMPOSITION, OBJET, DÉNOMINATION, SIÈGE SOCIAL ET DURÉE DE L'ASSOCIATION

Constitution.

Art. ... Il est formé une association régie par la loi du 1er juillet 1901 modifiée, les articles L. 313-1 à L. 313-17 et R. 313-1 à R. 313-56 du code de la construction et de l'habitation, les décrets relatifs à la participation des employeurs à l'effort de construction, tous textes qui viendraient, le cas échéant, à les modifier, ou les compléter, ainsi que par les présents statuts.

Composition.

Art. ... Sont membres de droit de l'association les organisations d'employeurs et de salariés affiliées aux organisations représentatives au plan national.

Ne peuvent être membres actifs de l'association que des personnes physiques ou morales assujetties à la participation à l'effort de construction ou effectuant un versement volontaire auprès de l'association, des syndicats ou groupements d'employeurs régulièrement constitués, des organisations syndicales affiliées aux confédérations syndicales représentatives à l'échelon national.

Les demandes d'admission sont formulées par écrit. Elles sont acceptées ou refusées par le conseil d'administration qui n'a pas à motiver sa décision.

L'association peut aussi comprendre des membres d'honneur désignés par l'assemblée générale sur proposition du conseil d'administration statuant à la majorité des trois quarts des membres en fonction.

Objet.

Art. ... L'association *(Décr. nº 2009-746 du 22 juin 2009, art. 4)* « a pour objet exclusif de concourir au logement, principalement, des salariés ».

En conséquence, elle peut promouvoir :

— l'information des entreprises et de leurs salariés en matière de logement ;

— la gestion de logements en vue de la location aux salariés ;

— la construction, l'acquisition, l'aménagement ou la remise en état de logements ;

— la réalisation d'équipements sociaux ou d'annexes à usage commun, complémentaires aux opérations ci-dessus ;

— l'acquisition et l'aménagement de terrains destinés exclusivement aux opérations ci-dessus, et toutes opérations prévues par la réglementation en vigueur.

Elle exerce son activité soit selon les règles prévues pour l'emploi des sommes recueillies au sens du code de la construction et de l'habitation, soit par l'intermédiaire de sociétés commerciales dont les dispositions statutaires et les modalités particulières de contrôle et de financement sont décrites au titre V des présents statuts.

L'association ne peut acquérir ou prendre à bail que les immeubles nécessaires à son administration et à la réunion de ses membres ; elle s'oblige à aliéner ceux qui viendraient à lui échoir, notamment par suite de la dissolution d'une société de construction, en vue de réinvestir le produit de ces aliénations conformément à son objet social.

Dénomination.

Art. ...

Siège social.

Art. ... Le siège social de l'association est fixé à... Il ne pourra être transféré hors du département qu'après autorisation de l'Agence nationale pour la Participation des employeurs à l'effort de construction qui en informe les préfets concernés.

Durée.

Art. ...

TITRE II. ADMINISTRATION DE L'ASSOCIATION

SECTION 1. CONVENTIONS

Art. *a*) Toute convention intervenant entre l'association et l'un de ses administrateurs ou une personne assurant un rôle de direction générale doit être soumise à l'autorisation préalable du conseil d'administration.

Il en est de même des conventions auxquelles un administrateur ou une personne assurant un rôle de direction générale est indirectement intéressé ou dans lesquelles il traite avec l'association par personne interposée.

Sont également soumises à autorisation préalable les conventions intervenant entre l'association et toute personne morale ou toute structure juridique avec ou sans personnalité, si l'un des administrateurs ou une personne assurant un rôle de direction générale de l'association est en droit ou en fait propriétaire, associé indéfiniment responsable, gérant, administrateur, directeur général ou membre du directoire ou du conseil de surveillance de cette personne morale ou structure juridique.

Art. *b*) Les dispositions de l'article *a* ne sont pas applicables aux conventions portant sur des opérations courantes et conclues à des conditions normales.

Art. *c*) L'administrateur ou la personne assurant le rôle de direction générale intéressé est tenu d'informer le conseil dès qu'il a connaissance d'une convention à laquelle l'article *a* des présents statuts est applicable. Il ne peut prendre part au vote sur l'autorisation sollicitée.

Le président du conseil d'administration donne avis aux commissaires aux comptes de toutes les conventions autorisées et soumet celles-ci à l'approbation de l'assemblée générale.

Les commissaires aux comptes présentent, sur ces conventions, un rapport spécial à l'assemblée, qui statue sur ce rapport.

L'intéressé ne peut pas prendre part au vote.

Art. *d*) Il est interdit aux administrateurs de contracter, directement ou indirectement, des emprunts auprès de l'association, de se faire consentir par elle un découvert, en compte courant ou autrement, ainsi que de faire cautionner ou avaliser par elle leurs engagements envers les tiers.

La même interdiction s'applique à la personne assurant le rôle de direction générale. Elle s'applique également aux conjoints, ascendants et descendants des personnes visées au présent article ainsi qu'à toute personne interposée.

Cette disposition ne s'applique pas aux prêts accordés dans le cadre du code de la construction. Toutefois, leur octroi est soumis à l'accord du conseil d'administration.

SECTION 2. ASSEMBLÉES GÉNÉRALES

Sous-section 1. Dispositions communes

Composition.

Art. ... L'assemblée générale est composée de l'ensemble des membres de l'association.

Convocations.

Art. ... Initiative :

L'assemblée générale est convoquée par le conseil d'administration. Elle peut être également convoquée par les commissaires aux comptes en cas de carence du conseil d'administration.

Art. ... Forme :

Les convocations sont individuelles.

Le directeur départemental de l'équipement est convoqué. Il peut se faire représenter.

Art. ... Délai :

Les convocations doivent être envoyées au moins quinze jours à l'avance et indiquer l'ordre du jour.

Ordre du jour.

Art. ... L'ordre du jour est fixé par l'auteur de la convocation. L'assemblée générale ne peut pas délibérer sur une question qui ne figurait pas à l'ordre du jour. L'ordre du jour ne peut être modifié en cas de deuxième convocation.

Toutefois, toute proposition signée par au moins 20 p. 100 du nombre total des membres de l'association et déposée au secrétariat au moins huit jours avant la réunion peut être soumise à l'assemblée générale.

Présidence.

Art. ... Les assemblées générales sont présidées par le président du conseil d'administration. A défaut, l'assemblée générale élit elle-même son président.

Feuille de présence.

Art. ... Une feuille de présence est établie. Chaque membre émarge sur la ligne qui porte son nom et indique le nombre de voix dont l peut être titulaire.

Procès-verbal.

Art. ... Le procès-verbal de l'assemblée générale indique la date, le lieu de la réunion, le mode de convocation, l'ordre du jour, le nombre de membres présents et le quorum atteint, les documents et rapports soumis à l'assemblée, un résumé des débats, les textes des résolutions mises aux voix et le résultat des votes.

Il est signé par le président et le secrétaire.

Les délibérations des assemblées et les résolutions prises sont consignées sur un registre spécial tenu au siège social.

Information.

Art. ... Le conseil d'administration doit adresser ou mettre à la disposition de tous les membres de l'association les documents nécessaires pour permettre à ceux-ci de se prononcer sur les questions qui leur sont soumises.

Sous-section 2. Assemblée générale ordinaire

Périodicité.

Art. ... L'assemblée générale ordinaire se réunit au minimum une fois par an, au plus tard dans les six mois de la clôture de l'exercice. Ce délai de six mois peut être prolongé à la demande du président de l'association par ordonnance du président du tribunal de grande instance statuant sur requête.

Quorum.

Art. ... L'assemblée générale ordinaire délibère valablement lorsque le quart des membres de l'association sont présents ou représentés.

Si ce n'est pas le cas, elle est reconvoquée dans les quinze jours suivant la première réunion. Aucune condition de quorum n'est imposée lors de la deuxième réunion.

Majorité.

Art. ... L'assemblée générale ordinaire statue à la majorité des suffrages exprimés des membres présents ou représentés.

Compétence.

Art. ... Lors de l'assemblée générale ordinaire :

Le conseil d'administration expose, dans son rapport moral et son rapport de gestion, l'activité de l'association et, le cas échéant, de ses filiales au cours du dernier exercice écoulé, les résultats de cette activité, les progrès réalisés ou les difficultés rencontrées et les perspectives d'avenir ;

Le conseil d'administration présente les comptes annuels de l'exercice écoulé ;

Les commissaires aux comptes présentent leurs observations sur :

– la situation de l'association ;

– les comptes annuels ;
– l'accomplissement de leur mission.

L'assemblée générale ordinaire discute les comptes. Elle les approuve en donnant quitus aux administrateurs ou les rejette, mettant en cause la responsabilité de ces administrateurs.

Elle nomme les commissaires aux comptes.

Elle élit et révoque les administrateurs non membres de droit.

Elle détermine le montant de la cotisation.

En règle générale, elle se prononce sur les intérêts de l'association et prend toutes décisions autres que celles réservées à l'assemblée générale extraordinaire.

Sous-section 3. Assemblée générale extraordinaire

Voix.

Art. ... Chaque membre de l'association dispose d'une voix à l'assemblée générale extraordinaire.

Quorum.

Art. ... *(Décr. nº 93-750 du 27 mars 1993, art. 5-I)* « L'assemblée générale extraordinaire délibère valablement lorsque le tiers des membres de l'association sont présents, ceux-ci pouvant se faire représenter lorsque l'assemblée est convoquée à seule fin d'apporter aux statuts de l'association les addition et modification imposées par la modification de la réglementation en vigueur. »

Si ce n'est pas le cas, elle est reconvoquée dans les quinze jours suivant la première réunion. Elle délibère valablement quel que soit le nombre des membres présents.

Majorité.

Art. ... L'assemblée générale extraordinaire statue à la majorité des deux tiers des membres présents.

(Décr. nº 93-750 du 27 mars 1993, art. 5-II) « Elle statue à la majorité des deux tiers des membres présents ou représentés lorsqu'elle est convoquée à la seule fin d'apporter aux statuts de l'association les addition et modification imposées par la modification de la réglementation en vigueur. »

Compétence.

Art. ... L'assemblée générale extraordinaire a pour objet :

— d'apporter aux statuts toute addition et modification qui lui paraissent utiles ou qui lui sont imposées par la modification de la réglementation en vigueur ;

— de décider de la fusion avec d'autres organismes soumis à la même réglementation après avoir entendu un rapport sur les modalités de la fusion présenté par le commissaire aux comptes ;

— de décider de la dissolution anticipée de l'association. Pour assurer les opérations de liquidation, elle nomme un ou plusieurs membres de l'association qui seront investis à cet effet de tous pouvoirs nécessaires.

SECTION 3. CONSEIL D'ADMINISTRATION

Composition.

Art. ... L'association est administrée par un conseil d'administration composé de membres qui, représentant ou non des personnes morales, sont obligatoirement des personnes physiques.

La composition du conseil d'administration revêt une des formes *a* ou *b* ou *c* définies ci-dessous en tenant compte des dispositions suivantes :

L'association invite, par lettre recommandée avec accusé de réception, adressée un mois avant l'assemblée générale ordinaire, les organisations syndicales d'employeurs et de salariés à désigner leurs représentants, qui peuvent être remplacés ou révoqués à tout moment par l'organisation qui les a désignés ;

Le pouvoir de procéder à cette désignation peut être délégué à des organisations syndicales d'employeurs et de salariés nationales, régionales ou locales ;

La non-désignation ou le retrait par les organisations syndicales d'employeurs et de salariés de représentants n'affecte pas la validité de la composition ou des délibérations du conseil d'administration ;

La durée du mandat des membres élus est de trois années au plus. Un renouvellement a lieu chaque année par tiers. L'ordre de sortie des premiers membres est déterminé par tirage au sort.

a) Le conseil d'administration est composé de :

— cinq administrateurs désignés par les organisations syndicales d'employeurs (quatre membres désignés par le CNPF ; un par la CGPME) et cinq administrateurs désignés par les organisations syndicales de salariés représentatives au plan national ;

— cinq membres sont élus par l'assemblée générale ordinaire, choisis parmi les membres de l'association ;

b) Le conseil d'administration est composé de vingt membres au plus désignés à parts égales par les organisations syndicales d'employeurs et de salariés, dont au minimum quatre membres désignés par le CNPF, un membre désigné par la CGPME, cinq membres désignés par les cinq organisations syndicales de salariés représentatives au plan national, à raison d'un membre pour chacune d'entre elles.

c) Le conseil d'administration est composé de :

— en tout état de cause, cinq administrateurs désignés par les organisations syndicales d'employeurs (quatre membres désignés par le CNPF ; un par la CGPME) et cinq administrateurs désignés par les organisations syndicales de salariés représentatives au plan national ;

— vingt membres au plus élus par l'assemblée générale ordinaire représentant les entreprises adhérentes. La moitié des sièges de ce collège est réservée à des représentants issus des comités d'entreprise de ces entreprises adhérentes.

Rémunération.

Art. ... Les fonctions des membres du conseil d'administration sont gratuites, mais le conseil pourra décider de rembourser sur justificatifs à ses membres les frais exposés par eux dans l'intérêt et les limites de l'objet de l'association ainsi que les pertes de salaires occasionnelles entraînées par l'exercice de leurs fonctions.

Réunions.

Art. ... Le conseil d'administration se réunit, sur convocation de son président, au moins quatre fois par an. Les convocations sont envoyées aux administrateurs au minimum huit jours avant la date de la réunion.

Le président communique aux administrateurs les documents nécessaires pour permettre à ceux-ci de se prononcer sur les questions qui leur sont soumises.

Le directeur départemental de l'équipement est convoqué à toutes les séances du conseil d'administration, il peut s'y faire représenter.

Art. ... Les membres du conseil d'administration règlent par leurs délibérations les affaires de l'association. Ces délibérations portent notamment et sans possibilité de délégation sur les points suivants :

L'élection du président ;

Les pouvoirs du président ;

Les projets d'ordre du jour des assemblées générales ;

La création éventuelle d'un bureau, et dans ce cas, la nomination de ses membres ;

Les orientations générales de l'association ;

Les principes de la politique d'investissement de l'association dans les opérations locatives ou les prêts ;

La création et le fonctionnement des sociétés filiales ;

La désignation de représentants de l'association dans tous autres organismes ;

L'agrément des adhérents ;

Les conventions soumises à autorisation ;

Les opérations de cession d'actif relatives *(Décr. nº 2009-746 du 22 juin 2009, art. 4)* « aux activités non prévues à la section II du chapitre III du titre Ier du livre III » du code de la construction et de l'habitation.

Un rapport sur l'activité des sociétés filiales, notamment celles prévues par l'article R. 313-33-3 du code de la construction et de l'habitation, ainsi que, le cas échéant, sur l'exécution du mandat de gestion prévu à l'article R. 313-31-1 leur est présenté par le comité financier.

Les rapports d'organismes de contrôle sont portés à leur connaissance ainsi que les réponses apportées. Ils sont informés des affaires contentieuses graves où l'association peut être impliquée compte tenu de sa participation directe ou indirecte.

(Décr. nº 92-54 du 14 janv. 1992, art. 1er) « Les membres du conseil d'administration délibèrent également sur les conditions générales de gestion de la trésorerie de l'association, cette matière pouvant être déléguée au comité financier de ladite association. »

(Décr. nº 93-141 du 29 janv. 1993, art. 1er) « Ils décident en outre la création ou la suppression d'une agence. Un rapport sur le fonctionnement de chaque agence leur est présenté par le comité financier selon un état joint aux comptes annuels ».

Formation des administrateurs.

Art. ... L'association est tenue de financer, dans des limites et conditions fixées par arrêté, les formations relatives à la participation des employeurs à l'effort de construction, sur demande de ses administrateurs désignés ou élus, lorsqu'elles sont dispensées par des organismes habilités.

Pouvoirs.

Art. ... Un contrôle du fonctionnement de l'association peut être effectué sur la demande d'au moins quatre membres du conseil d'administration s'exprimant par lettre auprès du président de l'association et auprès de l'Agence nationale pour la participation des employeurs à l'effort de construction.

Présidence.

Art. ... Le président est élu pour une période maximale de trois ans, éventuellement renouvelable, par le conseil d'administration. Celui-ci peut également élire un ou plusieurs vice-présidents pour la même durée.

Comité financier.

Un comité financier est obligatoirement créé. Il est présidé par le président du conseil d'administration. Il comprend au moins un tiers de représentants des organisations syndicales de salariés et un tiers de représentants des organisations d'employeurs élus par le conseil d'administration sur désignation de chacun des collèges. Il transmet ses avis à tous les administrateurs. Les pouvoirs du comité financier sont fixés par le conseil d'administration.

TITRE III. CONTRÔLE

Art. ... L'assemblée générale ordinaire désigne au moins un commissaire aux comptes et un suppléant choisis sur la liste mentionnée à l'article 219 de la loi nº 66-537 du 24 juillet 1966 modifiée.

TITRE IV. EXERCICE FINANCIER – PATRIMOINE AFFECTÉ

Art. ... L'exercice financier de l'association commence le 1er janvier de chaque année

Art. ... Les sommes recueillies par l'association sous quelque forme que ce soit, au sens de l'article R. 313-25-1 du code de la construction et de l'habitation constituent, sous réserve des prélèvements effectués en application de l'article R. 313-33 du code de la construction et de l'habitation, un patrimoine définitivement affecté, à l'exclusion des sommes qui doivent être réglementairement remboursées.

(Décr. nº 92-54 du 14 janv. 1992, art. 2) « Le montant moyen mensuel, constaté en fin d'exercice, de fonds en attente d'un emploi conforme à la réglementation ne doit pas excéder une fraction des fonds collectés au cours de l'exercice précédent déterminée par décret.

« Les fonds collectés sont constitués des versements effectués par les employeurs en application des articles R. 313-8 à R. 313-11 du code de la construction et de l'habitation, et des remboursements des prêts d'une durée initiale supérieure à trois ans consentis à l'aide de la participation.

« Les sommes restant en attente d'emploi ne peuvent être que soit déposées à vue, soit placées à court terme. »

Art. 3. Les comités interprofessionnels du logement sont tenus d'incorporer les présentes dispositions dans leurs statuts au plus tard le 1er juillet 1992.

TITRE V. RÈGLES RELATIVES AUX SOCIÉTÉS VISÉES À L'ARTICLE R. 313-33-3 DU CODE DE LA CONSTRUCTION ET DE L'HABITATION

Art. ... *(Décr. nº 2009-746 du 22 juin 2009, art. 4)* « Outre les emplois prévus à la section II du chapitre III du titre Ier du livre III » du code de la construction et de l'habitation, l'association ne peut :

1. Souscrire d'autres titres que ceux de sociétés énumérées ci-dessous ;
2. Accorder des prêts qu'à ces mêmes sociétés et pour une durée égale au moins à un an.

Art. ... Les sociétés visées à l'article ci-dessus sont :

— les sociétés d'HLM ;

— les SEM dont les activités sont conformes à celles définies au titre Ier ci-dessus. Les sommes investies dans ces sociétés soit en capital, soit en prêt, doivent être destinées exclusivement à ces activités conformes ;

— les sociétés commerciales dont les dispositions statutaires et les modalités particulières de contrôle et de financement respectent les dispositions ci-après.

Art. ... L'association doit détenir, seule ou avec d'autres collecteurs agréés au moins 66 p. 100 du capital des sociétés commerciales visées à l'article précédent.

L'objet social de ces sociétés est conforme à celui défini au titre Ier ci-dessus.

Art. ... Soit : la moitié au moins des sièges au conseil d'administration doit être réservée à parts égales à des personnes proposées par les organisations syndicales d'employeurs et de salariés.

Soit : la société est administrée par un conseil de surveillance et un directoire. La moitié au moins des sièges au conseil de surveillance doit être réservée à parts égales à des personnes proposées par les organisations syndicales d'employeurs et de salariés.

Art. ... La société doit communiquer à l'association tous éléments d'information permettant de contrôler le respect des dispositions prévues à l'article R. 313-33-3 et aux présents statuts, notamment les documents comptables de la société et de ses filiales.

2 ORGANISMES COLLECTEURS

Décret no 90-101 du 26 janvier 1990,

Relatif aux règles de gestion, de dépréciation et de provisionnement applicables par les organismes collecteurs agréés mentionnés au deuxième alinéa de l'article L. 313-18 du code de la construction et de l'habitation (Décr. no 2010-757 du 6 juill. 2010).

Art. 1er Les clauses types du mandat de gestion prévues au dernier alinéa de l'article R. 313-31-1 sont fixées comme suit :

1o Le mandataire agit au nom et pour le compte du mandant dans la gestion et le recouvrement des créances. Le mandataire s'engage à faire les diligences nécessaires pour recouvrer les sommes dues par les emprunteurs selon les procédures annexées au mandat de gestion. L'abandon des poursuites vis-à-vis d'un emprunteur défaillant ne peut intervenir qu'avec accord du mandant.

2o Le mandant conserve la pleine responsabilité du choix de l'emprunteur, du montant du prêt, de sa durée, de son taux ainsi que des garanties sollicitées.

3o La convention de gestion ne peut avoir pour effet de transférer les risques afférents à l'encours de prêt au mandataire. En conséquence, la créance confiée en gestion reste inscrite au bilan du mandant, assortie éventuellement des provisions nécessaires à la couverture des risques courus sur les prêts à personnes physiques octroyés par le mandataire.

4o Le mandataire ne peut conserver que le temps nécessaire au transfert des fonds au mandant le montant des remboursements en capital ainsi que les intérêts et produits annexes des prêts confiés en gestion.

Le mandataire ne peut avancer de fonds au mandant ni lui permettre de se refinancer. Il ne peut non plus se porter caution du mandant pour la bonne fin des créances gérées.

5o Le mandataire ne peut accorder de nouveaux prêts sur l'encours géré pour le compte du mandant. Le prêt accordé doit être distingué des autres prêts qu'il peut accorder à un même bénéficiaire dans le cadre de son activité propre. Des offres de prêt distinctes doivent notamment être rédigées.

6o La rémunération du mandataire est fixée de manière forfaitaire. En cas de difficultés particulières dans le recouvrement des créances, le mandataire peut demander au mandant la prise en charge des frais supplémentaires dûment constatés.

7° L'éventuel avantage de trésorerie procuré au mandataire par le décalage entre l'encaissement et le décaissement des fonds ainsi que les intérêts et produits annexes des prêts confiés en gestion constituent un élément de rémunération du mandataire.

8° Le mandataire est tenu de rendre compte de sa gestion au mandant au moins une fois par an au conseil d'administration ou au comité financier du CIL mandant, sous des formes définies ci-après.

Art. 2 La fraction visée au 1° de l'article R. 313-31-1 est égale à 4 p. 100.

Art. 3 La fraction visée au dernier alinéa du 1° de l'article R. 313-33-2 est égale à 50 p. 100.

Art. 4 *Abrogé par Décr. n° 2010-757 du 6 juill. 2010.*

Art. 5 Les règles *(Décr. n° 2010-757 du 6 juill. 2010)* « de dépréciation et de provisionnement » nécessaires à la couverture des risques courus sont fixées par l'assemblée générale de l'association *(Décr. n° 2010-757 du 6 juill. 2010)* « en respectant celles fixées par le plan comptable applicable aux organismes collecteurs mentionnés au deuxième alinéa de l'article L. 313-18 du code de la construction et de l'habitation. » Elles ne peuvent en tout état de cause être inférieures aux minima ci-après :

1° Prêts à personnes physiques :

Les prêts, dont les créances échues sont impayées depuis plus de six mois, sont *(Décr. n° 2010-757 du 6 juill. 2010)* « dépréciés » en totalité, à l'exclusion des prêts assortis de garanties *(Décr. n° 2010-757 du 6 juill. 2010)* « qui peuvent effectivement être mises en œuvre. »

(Décr. n° 2005-1695 du 29 déc. 2005, art. 1er ; Décr. n° 2010-757 du 6 juill. 2010) « 2° Titres de participation :

« *a)* Une dépréciation des titres de participation est comptabilisée à concurrence de la différence entre leur valeur comptable au bilan et la valeur de la quote-part de l'association dans les capitaux propres (positifs ou nuls) de la société concernée ;

« *b)* Au cas où la société dans laquelle l'association détient une participation a des capitaux propres négatifs, une provision est constituée à concurrence de la quote-part de l'association dans ces capitaux propres, pour les seules sociétés dans lesquelles la responsabilité de l'association n'est pas limitée au montant de sa participation au capital.

« 3° Créances rattachées à des participations :

« Les créances dont une partie est échue et impayée depuis plus de six mois sont dépréciées de la manière suivante : 100 % de la partie échue et en outre, pour les sociétés dont les capitaux propres sont négatifs, 100 % du capital restant dû exigible à cinq ans. »

4° Prêts aux personnes morales :

Les prêts aux personnes morales dont les créances échues sont impayées depuis plus d'un an sont *(Décr. n° 2010-757 du 6 juill. 2010)* « dépréciés » de la manière suivante :

100 p. 100 des créances échues ;

100 p. 100 du capital restant dû exigible à moins de cinq ans.

Les prêts aux personnes morales dont les créances échues sont impayées depuis plus de six mois et depuis moins d'un an sont *(Décr. n° 2010-757 du 6 juill. 2010)* « dépréciés » de la manière suivante :

50 p. 100 des créances échues ;

50 p. 100 du capital restant dû exigible à moins de cinq ans.

Aucune valeur minimale n'est applicable aux prêts assortis d'une garantie *(Décr. n° 2010-757 du 6 juill. 2010)* « qui peut effectivement être mise en œuvre. »

Les dispositions du Décr. n° 2005-1695 du 29 déc. 2005 s'appliquent aux opérations de clôture des comptes de l'exercice 2005 (Décr. préc., art. 2).

Art. 6 *(Décr. n° 2010-757 du 6 juill. 2010)* Constituées selon les dispositions de l'article 5, les dépréciations et provisions nécessaires à la couverture des risques encourus dans le cadre des emplois définis à la section II du chapitre III du titre Ier du livre III du code de la construction et de l'habitation peuvent être imputées sur les ressources issues de la participation des employeurs à l'effort de construction, selon des modalités et limites fixées par arrêté du ministre chargé du logement, du ministre chargé de l'économie et du ministre chargé du budget.

Sur dérogation du préfet du département du siège social de l'organisme collecteur agréé accordée après avis de l'Agence nationale pour la participation des employeurs à l'effort de construction, les dépréciations et provisions constituées conformément à l'article 5 peuvent être imputées sur les ressources issues de la participation des employeurs à l'effort de construction, au-delà des limites d'imputation fixées par l'arrêté interministériel mentionné au précédent alinéa.

En cas de reprise sur les dépréciations et provisions imputées en tout ou partie sur les ressources de la participation des employeurs à l'effort de construction, le montant de la reprise est réintégré dans ces ressources à concurrence du montant initialement imputé.

Les pertes sur les créances relatives aux emplois définis à la section II du chapitre III du titre Ier du livre III du code de la construction et de l'habitation devenues définitivement irrécouvrables peuvent être imputées sur les ressources issues de la participation des employeurs à l'effort de construction, selon des modalités et limites fixées par arrêté du ministre chargé du logement, du ministre chargé de l'économie et du ministre chargé du budget. Un compte rendu sur le montant et les motifs des pertes concernées est fait au moins deux fois par an à l'organe dirigeant de l'association.

Sur dérogation du préfet du département du siège social de l'organisme collecteur agréé accordée après avis de l'Agence nationale pour la participation des employeurs à l'effort de construction, les pertes sur les créances relatives aux emplois définis à la section II du chapitre III du titre Ier du livre III du code de la construction et de l'habitation devenues définitivement irrécouvrables peuvent être imputées sur les ressources de la participation des employeurs à l'effort de construction, au-delà des limites d'imputation fixées par l'arrêté interministériel mentionné au précédent alinéa.

Art. 6-1 et 7 *Abrogés par Décr. no 2010-757 du 6 juill. 2010.*

PAUVRETÉ ET EXCLUSION

Code de l'action sociale et des familles

PREMIÈRE PARTIE : ***LÉGISLATIVE***

(Ord. no 2000-1249 du 21 déc. 2000, ratifiée par L. no 2002-2 du 2 janv. 2002)

Lutte contre la pauvreté et les exclusions

Art. L. 115-1 La lutte contre *(L. no 2008-1249 du 1er déc. 2008, art. 1er-II, en vigueur le 1er juin 2009)* « la pauvreté et » les exclusions est un impératif national fondé sur le respect de l'égale dignité de tous les êtres humains et une priorité de l'ensemble des politiques publiques de la Nation.

Elle tend à garantir sur l'ensemble du territoire l'accès effectif de tous aux droits fondamentaux dans les domaines de l'emploi, du logement, de la protection de la santé, de la justice, de l'éducation, de la formation et de la culture, de la protection de la famille et de l'enfance.

L'État, les collectivités territoriales, les établissements publics dont les centres communaux et intercommunaux d'action sociale, les organismes de sécurité sociale ainsi que les institutions sociales et médico-sociales poursuivent une politique destinée à connaître, à prévenir et à supprimer toutes les situations pouvant engendrer *(L. no 2008-1249 du 1er déc. 2008, art. 1er-II, en vigueur le 1er juin 2009)* « la pauvreté et les exclusions ».

Ils prennent les dispositions nécessaires pour informer chacun de la nature et de l'étendue de ses droits et pour l'aider, éventuellement par un accompagnement personnalisé, à accomplir les démarches administratives ou sociales nécessaires à leur mise en œuvre dans les délais les plus rapides.

Les entreprises, les organisations professionnelles ou interprofessionnelles, les organisations syndicales de salariés représentatives, les organismes de prévoyance, les groupements régis par le code de la mutualité, les associations qui œuvrent notamment dans le domaine de l'insertion et de la lutte contre les exclusions, les citoyens ainsi que l'ensemble des acteurs de l'économie solidaire et de l'économie sociale concourent à la réalisation de ces objectifs.

L'art. L. 115-1 CASF est l'ancien art. L. 115-2, renuméroté par la L. n° 2008-1249 du 1er déc. 2008, art. 1er-II.

Art. L. 115-2 *(L. n° 2008-1249 du 1er déc. 2008, art. 1er-II, en vigueur le 1er juin 2009)* L'insertion sociale et professionnelle des personnes en difficultés concourt à la réalisation de l'impératif national de lutte contre la pauvreté et les exclusions.

Le revenu de solidarité active, mis en œuvre dans les conditions prévues au chapitre II du titre VI du livre II, complète les revenus du travail ou les supplée pour les foyers dont les membres ne tirent que des ressources limitées de leur travail et des droits qu'ils ont acquis en travaillant ou sont privés d'emploi.

Il garantit à toute personne, qu'elle soit ou non en capacité de travailler, de disposer d'un revenu minimum et de voir ses ressources augmenter quand les revenus qu'elle tire de son travail s'accroissent. Le bénéficiaire du revenu de solidarité active a droit à un accompagnement social et professionnel destiné à faciliter son insertion durable dans l'emploi.

La mise en œuvre du revenu de solidarité active relève de la responsabilité de l'État et des départements. Les autres collectivités territoriales, l'institution mentionnée à l'article L. 5312-1 du code du travail, les maisons de l'emploi ou, à défaut, les personnes morales gestionnaires des plans locaux pluriannuels pour l'insertion et l'emploi, les établissements publics, les organismes de sécurité sociale ainsi que les employeurs y apportent leur concours.

Dans ce cadre, les politiques d'insertion relèvent de la responsabilité des départements.

La définition, la conduite et l'évaluation des politiques mentionnées au présent article sont réalisées selon des modalités qui assurent une participation effective des personnes intéressées.

Art. L. 115-3 *(L. n° 2004-809 du 13 août 2004, art. 65-II-1°)* Dans les conditions fixées par la loi **n° 90-449 du 31 mai 1990** visant à la mise en œuvre du droit au logement *[V. v° Loi « Besson »]*, toute personne ou famille éprouvant des difficultés particulières, au regard notamment de son patrimoine, de l'insuffisance de ses ressources ou de ses conditions d'existence, a droit à une aide de la collectivité pour disposer de la fourniture d'eau, d'énergie et de services téléphoniques dans son logement.

En cas de non-paiement des factures, la fourniture d'énergie, d'eau ainsi que d'un service téléphonique restreint est maintenue jusqu'à ce qu'il ait été statué sur la demande d'aide. Le service téléphonique restreint comporte la possibilité, depuis un poste fixe, de recevoir des appels ainsi que de passer des communications locales et vers les numéros gratuits, et d'urgence.

(L. n° 2006-872 du 13 juill. 2006, art. 75) « Du 1er novembre de chaque année au 15 mars de l'année suivante, les fournisseurs d'électricité, de chaleur, de gaz » *(Abrogé par L. n° 2007-290 du 5 mars 2007, art. 36)* ***« et les distributeurs d'eau »*** *(L. n° 2006-872 du 13 juill. 2006, art. 75)* « ne peuvent procéder, dans une résidence principale, à l'interruption, pour non-paiement des factures, de la fourniture d'électricité, de chaleur ou de gaz » *(Abrogé par L. n° 2007-290 du 5 mars 2007, art. 36)* ***« ou de la distribution d'eau »*** *(L. n° 2006-872 du 13 juill. 2006, art. 75)* « aux personnes ou familles mentionnées au premier alinéa et bénéficiant ou ayant bénéficié, dans les douze derniers mois, d'une décision favorable d'attribution d'une aide du fonds de solidarité pour le logement. Un décret définit les modalités d'application du présent alinéa. » *(L. n° 2007-290 du 5 mars*

2007, art. 36) « Ces dispositions s'appliquent aux distributeurs d'eau pour la distribution d'eau tout au long de l'année. »

(L. nº 2006-872 du 13 juill. 2006, art. 75) « Lorsqu'un consommateur n'a pas procédé au paiement de sa facture, le fournisseur d'électricité, de chaleur, de gaz ou le distributeur d'eau l'avise par courrier du délai et des conditions, définis par décret, dans lesquels la fourniture peut être réduite ou suspendue à défaut de règlement. »

Sous réserve de l'entrée en vigueur des dispositions relevant de la loi de finances, les dispositions issues de la L. nº 2004-809 du 13 août 2004 sont applicables à compter du 1er janv. 2005 (L. préc., art. 199).

V. Circ. nº 2007-33 du 4 mai 2007 relative à l'application des dispositions de la L. nº 2007-290 du 5 mars 2007 instituant le droit opposable au logement et portant diverses mesures relatives à la cohésion sociale (BOMELT nº 2007/10, p. 111).

BIBL. ▶ BRACONNIER, Les arrêtés anti-coupure d'eau : une réponse juridique inadaptée à un problème social réel, *AJDA 2005. 644*.

Art. L. 115-4 *Abrogé par L. nº 2011-525 du 17 mai 2011, art. 69-I-10º.*

Art. L. 115-4-1 *(L. nº 2008-1249 du 1er déc. 2008, art. 1er-II, en vigueur le 1er juin 2009)* Le Gouvernement définit, par période de cinq ans, après la consultation des personnes morales mentionnées au quatrième alinéa de l'article L. 115-2, un objectif quantifié de réduction de la pauvreté, mesurée dans des conditions définies par décret en Conseil d'État. Il transmet au Parlement, chaque année, un rapport sur les conditions de réalisation de cet objectif, ainsi que sur les mesures et les moyens financiers mis en œuvre pour y satisfaire.

Art. L. 115-5 Sauf disposition contraire, les modalités d'application du présent chapitre sont déterminées par décret en Conseil d'État.

V. Décr. nº 99-104 du 12 févr. 1999, portant création d'un comité interministériel de lutte contre les exclusions (JO 19 févr.).

. . . .

Conseil national des politiques de lutte contre la pauvreté et l'exclusion sociale

Art. L. 143-1 Le Conseil national des politiques de lutte contre la pauvreté et l'exclusion sociale est chargé :

— d'animer les réflexions sur la coordination des politiques d'insertion aux plans national et local ;

— de réaliser ou de faire réaliser, notamment par l'Observatoire national de la pauvreté et de l'exclusion sociale, toutes études sur les situations et phénomènes de précarité et d'exclusion sociale ;

— de faire des propositions sur les problèmes posés par la pauvreté.

Le conseil comprend des représentants des assemblées parlementaires, des collectivités territoriales et des autres personnes morales de droit public ou privé concourant à la formation professionnelle, à l'insertion et à la lutte contre la pauvreté et l'exclusion. Sa composition ainsi que les conditions de la désignation, par le Premier ministre, de ses membres et de son président sont fixées par décret en Conseil d'État.

Observatoire national de la pauvreté et de l'exclusion sociale

Art. L. 144-1 L'Observatoire national de la pauvreté et de l'exclusion sociale placé auprès du ministre chargé des affaires sociales est chargé de rassembler, analyser et diffuser les informations et données relatives aux situations de précarité, de pauvreté et d'exclusion sociale ainsi qu'aux politiques menées en ce domaine.

Il fait réaliser des travaux d'études, de recherche et d'évaluation quantitatives et qualitatives en lien étroit avec le Conseil national des politiques de lutte contre la pauvreté et l'exclusion sociale. Ces travaux mentionnent la proportion d'hommes et de femmes respectivement touchés par la pauvreté et l'exclusion. Les administrations de l'État, des collectivités territoriales et des établissements publics sont tenues de communiquer à l'observatoire les éléments qui lui sont nécessaires pour la poursuite de ses buts sous réserve de l'application des dispositions législatives imposant une obligation de secret.

Il contribue au développement de la connaissance et des systèmes d'information dans les domaines mal couverts, en liaison notamment avec les banques de données et organismes régionaux, nationaux et internationaux.

Il élabore chaque année, à destination du Premier ministre et du Parlement, un rapport synthétisant les travaux d'études, de recherche et d'évaluation réalisés aux niveaux national et régionaux. Ce rapport est rendu public.

Un décret en Conseil d'État détermine la composition, les missions et les modalités de fonctionnement de l'observatoire *[V. Décr. nº 99-215 du 22 mars 1999 (JO 23 mars)]*.

Coordination des interventions

Art. L. 145-1 *à* L. 145-4 *Abrogés, à compter du 1er janv. 2005, sous réserve de l'entrée en vigueur des dispositions relevant de la loi de finances, par L. nº 2004-809 du 13 août 2004, art. 49-II et 199.*

Aides générales au logement

Art. L. 261-1 Les dispositions relatives à l'aide personnalisée au logement figurent au titre V du livre III du code de la construction et de l'habitation.

Art. L. 261-2 Les dispositions relatives à l'allocation de logement familiale figurent au titre IV du livre V du code de la sécurité sociale.

Art. L. 261-3 Les dispositions relatives à l'allocation de logement sociale figurent au titre III du livre VIII du code de la sécurité sociale.

Fourniture d'eau et d'énergie

Art. L. 261-4 *Abrogé par L. nº 2004-809 du 13 août 2004, art. 65-II-2º.*

Aide aux organismes logeant à titre temporaire des personnes défavorisées

Art. L. 261-5 Les règles relatives à l'aide aux organismes logeant à titre temporaire des personnes défavorisées sont fixées par les dispositions des articles L. 851-1, L. 851-2 et L. 851-3 du code de la sécurité sociale ci-après reproduites :

Art. L. 851-1 *(L. nº 98-657 du 29 juill. 1998, art. 53-III ; L. nº 2000-614 du 5 juill. 2000, art. 5)* « I. — Les associations à but non lucratif dont l'un des objets est l'insertion ou le logement des personnes défavorisées ainsi que les centres communaux et intercommunaux d'action sociale, qui ont conclu une convention avec l'État bénéficient d'une aide pour loger, à titre transitoire, des personnes défavorisées ; lorsque celles-ci sont étrangères, elles doivent justifier d'une résidence régulière en France. » *(L. nº 2006-872 du 13 juill. 2006, art. 73-VII)* « Cette aide peut être attribuée, pour loger à titre temporaire des personnes défavorisées, aux sociétés de construction dans lesquelles l'État détient la majorité du capital, ainsi qu'aux groupements d'intérêt public ayant pour objet de contribuer au relogement des familles et des personnes visées au deuxième alinéa de l'article 4 de la loi nº 90-449 du 31 mai 1990 visant à la mise en œuvre du droit au logement. L'aide peut également être versée à l'établissement public visé à l'article L. 3414-1 du code de la défense pour l'hébergement des jeunes visés à ce même article, pendant la durée de leur formation. »

(L. nº 91-1406 du 31 déc. 1991, art. 1er-II ; L. nº 98-657 du 29 juill. 1998, art. 53-III) « La convention fixe chaque année le montant de l'aide attribuée à l'organisme qui est déterminé de manière forfaitaire par référence, d'une part, au plafond de loyer retenu pour le calcul de l'allocation de logement définie respectivement par les livres V, VII et VIII du présent code et, d'autre part, aux capacités réelles et prévisionnelles d'hébergement offertes par l'organisme.

« Pour le calcul de l'aide instituée par le présent article, ne sont pas prises en compte les personnes bénéficiant de l'aide sociale prévue à l'article L. 345-1 du code de l'action sociale et les personnes hébergées titulaires des aides prévues aux articles L. 351-1 du code de la construction et de l'habitation et L. 542-1, L. 755-21 et L. 831-1 du présent code. »

(L. nº 2000-614 du 5 juill. 2000, art. 5) « II. — Une aide forfaitaire est versée aux communes ou aux établissements publics de coopération intercommunale qui gèrent une ou plusieurs aires d'accueil de gens du voyage. Elle est également versée aux personnes morales qui gèrent une aire en application d'une convention prévue au II de l'article 2 de la loi nº 2000-614 du 5 juillet 2000 relative à l'accueil et à l'habitat des gens du voyage.

« Une convention passée avec l'État fixe, compte tenu de la capacité effective des aires d'accueil, le montant prévisionnel de l'aide versée annuellement à ces gestionnaires. Cette convention détermine les modalités de calcul du droit d'usage perçu par les gestionnaires des aires d'accueil et définit les conditions de leur gardiennage. »

Art. L. 851-2 *(L. no 91-1406 du 31 déc. 1991, art. 1er-II ; L. no 2000-614 du 5 juill. 2000, art. 5)* Les aides sont liquidées et versées par les caisses d'allocations familiales dans les conditions fixées par une convention nationale conclue entre l'État et la Caisse nationale des allocations familiales.

Art. L. 851-3 *(Ord. no 2005-655 du 8 juin 2005, art. 7)* Le financement des aides prévues au présent titre et des dépenses de gestion qui s'y rapportent est assuré, dans des conditions fixées par voie réglementaire, par une contribution des régimes de prestations familiales mentionnés à l'article L. 241-6 et par une contribution de l'État.

Art. L. 261-6 Sauf disposition contraire, les modalités d'application du présent chapitre sont déterminées par décret en Conseil d'État.

Loi no 83-8 du 7 janvier 1983,

Relative à la répartition des compétences entre les communes, les départements, les régions et l'État (JO 9 janv. ; D. et ALD 1983. 99).

. . . .

TITRE II **Des compétences nouvelles des communes, des départements et des régions**

. . . .

SECTION III ***Du logement***

Art. 76 Les communes, les départements, les régions définissent, dans le cadre de leurs compétences respectives, leurs priorités en matière d'habitat.

Art. 77 Dans le cadre de ses compétences pour promouvoir le développement économique et social et l'aménagement de son territoire, la région définit des priorités en matière d'habitat, après consultation des départements et au vu, le cas échéant, des programmes locaux d'habitat qui lui sont adressés par les communes ou les établissements publics de coopération intercommunale compétents en matière de logement.

Elle peut compléter l'aide de l'État par des subventions, des prêts, des bonifications d'intérêts ou des garanties d'emprunt. Elle peut également, pour faciliter la réalisation des opérations d'habitat à caractère essentiellement social proposées par les collectivités territoriales, accorder des subventions à l'acquisition et à l'aménagement de terrains à bâtir.

La région peut engager, seule ou par voie contractuelle, notamment avec l'État, un programme d'aides destinées à favoriser la qualité de l'habitat, l'amélioration des quartiers et des logements existants, l'équipement de terrains à bâtir, l'innovation, les économies d'énergie et l'utilisation des énergies renouvelables.

Art. 78 Les communes ou les établissements publics de coopération intercommunale peuvent définir un programme local de l'habitat qui détermine leurs opérations prioritaires et notamment les actions en faveur des personnes mal logées ou défavorisées.

Art. 79 *Abrogé par L. no 2004-809 du 13 août 2004, art. 61-XII.*

Art. 80 Les aides de l'État en faveur de l'habitat sont réparties par la loi de finances entre les actions d'intérêt national et les interventions locales.

Dans chaque région, le représentant de l'État répartit les crédits entre les départements en prenant en considération les priorités régionales visées à l'article 77 et après consultation du conseil régional.

Dans chaque département et après avis du conseil général, le représentant de l'État répartit les crédits affectés au département en tenant compte des priorités définies dans

les programmes locaux de l'habitat élaborés par les communes ou leurs groupements et en veillant au respect des objectifs nationaux, notamment pour le logement des personnes mal logées ou défavorisées.

....

Loi no 98-657 du 29 juillet 1998,

D'orientation relative à la lutte contre les exclusions (JO 31 juill.).

V. Circ. no 98-92 du 13 oct. 1998 relative aux dispositions sur le logement contenues dans la loi no 98-657 du 29 juill. 1998 d'orientation relative à la lutte contre les exclusions (BOMELT no 98/20).

V. Circ. no 2005-32 du 11 mai 2005 relative à la prévention des expulsions (BOMELT no 2005/10, p. 182).

V. Circ. DGALN/DHUP du 14 oct. 2008 relative à la prévention des expulsions locatives (BOMELT no 2008/20, p. 64).

Art. 1er *Abrogé par Ord. no 2000-1249 du 21 déc. 2000, art. 4-II-29o. – V. CASF, art. L. 115-2, reprenant les al. 1er à 6, de l'art. 1er.*

....

Art. 31 **Les associations de défense des personnes en situation d'exclusion par le logement sont consultées aux plans national, départemental et local sur les mesures visant à la mise en œuvre du droit au logement.**

Un décret en Conseil d'État détermine les conditions d'application du présent article.

V. Circ. no 98-92 du 13 oct. 1998 relative aux dispositions sur le logement contenues dans la loi no 98-657 du 29 juill. 1998 d'orientation relative à la lutte contre les exclusions (BOMELT no 98/20).

....

Art. 118 **Dans un délai de trois mois à compter de la publication de la présente loi** *[JO 31 juill. 1998]*, **un décret en Conseil d'État précise les modalités selon lesquelles l'instance est engagée sur demande formée au secrétariat-greffe du juge de l'exécution, par lettre recommandée avec demande d'avis de réception ou par déclaration faite ou remise contre récépissé, sans le concours d'un officier ministériel, pour l'exécution des ordonnances et jugements autorisant l'expulsion.**

V. note ss. art. 121.

....

Art. 121 **Une charte pour la prévention de l'expulsion est élaborée dans chaque département avec l'ensemble des partenaires concernés dans un délai de deux ans à compter de la promulgation de la présente loi.**

V. Circ. no 98-92 du 13 oct. 1998 relative aux dispositions sur le logement contenues dans la loi no 98-657 du 29 juill. 1998 d'orientation relative à la lutte contre les exclusions (BOMELT no 98/20) et Circ. du 9 févr. 1999, relative à la prévention des expulsions locatives pour impayés (JO 17 févr.).

....

Art. 158 **Le Gouvernement présentera au Parlement avant le 31 décembre 1998 un rapport sur la situation matérielle des Français de l'étranger confrontés à l'exclusion. Ce rapport sera rendu public.**

Décret no 2004-325 du 8 avril 2004,

Relatif à la tarification spéciale de l'électricité comme produit de première nécessité (JO 10 avr.), mod. par Arr. du 5 août 2008 (JO 14 août) et Arr. du 23 déc. 2010 (JO 31 déc.).

Art. 1er **Le bénéfice de la tarification de l'électricité comme produit de première nécessité, prévue à** *(Décr. no 2012-309 du 6 mars 2012, art. 2)* **« l'article L. 337-3 du code de l'énergie », est ouvert** *(Décr. no 2012-309 du 6 mars 2012, art. 2)* **« , sauf refus**

exprès de leur part, » pour leur résidence principale, aux personnes physiques titulaires d'un contrat de fourniture d'électricité, dont les ressources annuelles du foyer, telles que définies aux articles L. 861-1 et R. 861-2 à R. 861-16 du code de la sécurité sociale, sont inférieures ou égales à un montant fixé à l'annexe au présent décret.

Lorsque plusieurs contrats de fourniture d'électricité sont conclus au sein d'un même foyer, la tarification spéciale prévue à l'alinéa précédent est appliquée à un seul contrat. Dans ce cas, le nombre d'unités de consommation telles que définies au deuxième alinéa de *(Décr. nº 2012-309 du 6 mars 2012, art. 2)* « l'article 2 » du présent décret est calculé en fonction du nombre de personnes composant le foyer.

Art. 2 Pour un bénéficiaire, la tarification de l'électricité comme produit de première nécessité est calculée à partir des tarifs *(Décr. nº 2012-309 du 6 mars 2012, art. 3)* « réglementés » de vente de l'électricité sans effacement ni horosaisonnalité applicables aux clients *(Abrogé par Décr. nº 2012-309 du 6 mars 2012, art. 3)* « *non éligibles* » ayant souscrit la même puissance dans la limite de 9 kVa en appliquant un pourcentage de réduction sur la partie fixe du tarif et sur *(Décr. nº 2012-309 du 6 mars 2012, art. 3)* « la part proportionnelle à l'énergie consommée » dans la limite d'un plafond mensuel de consommation. Ce pourcentage de réduction dépend du nombre d'unités de consommation que compte le foyer.

(Décr. nº 2012-309 du 6 mars 2012, art. 3) « La première ou seule personne du foyer constitue une unité de consommation. Chaque autre personne du foyer constitue une fraction d'unité de consommation égale à la majoration du plafond de ressources prévue à l'article R. 861-3 du code de la sécurité sociale. »

L'annexe au présent décret fixe le plafond mensuel de consommation et les pourcentages de réduction mentionnés au *(Décr. nº 2012-309 du 6 mars 2012, art. 3)* « premier » alinéa. Ils peuvent être adaptés par arrêté des ministres chargés de l'économie, de l'énergie et des affaires sociales après avis de la Commission de régulation de l'énergie. Le montant des ressources annuelles du foyer mentionné à l'article 1er peut être actualisé dans les mêmes conditions.

Art. 3 Le bénéfice de cette tarification ne fait pas obstacle à l'obtention des aides de toute nature prévues par le décret *(Décr. nº 2012-309 du 6 mars 2012, art. 4)* « nº 2008-780 du 13 août 2008 relatif à la procédure applicable en cas d'impayés des factures d'électricité, de gaz, de chaleur et d'eau ».

Art. 4 *(Décr. nº 2012-309 du 6 mars 2012, art. 5)* I. — Les organismes d'assurance maladie communiquent aux fournisseurs proposant la tarification spéciale de l'électricité comme produit de première nécessité ou à un organisme agissant pour leur compte, aux seules fins d'identifier les personnes pouvant bénéficier de cette tarification, les civilités, prénoms, noms, dates de naissance et adresses de leurs ressortissants remplissant la condition de ressources prévue à l'article 1er ainsi que le nombre de personnes du foyer tel que défini à l'article R. 861-2 du code de la sécurité sociale. Ces informations sont communiquées au moins une fois par trimestre. Aucune information transmise par les organismes d'assurance maladie ne peut être conservée pour une durée supérieure à dix-neuf mois.

II. — Ces fournisseurs d'électricité, ou l'organisme agissant pour leur compte, adressent à ceux de leurs clients identifiés à l'aide des informations mentionnées au I une attestation les informant qu'ils remplissent les conditions ouvrant droit au bénéfice de la tarification spéciale de l'électricité et que, sauf refus exprès de leur part dans un délai de quinze jours suivant la date d'envoi de cette attestation, cette tarification leur sera appliquée. L'attestation informe les mêmes clients de la transmission des données ainsi que de leurs droits d'accès et d'opposition conformément à l'article 32 de la loi nº 78-17 du 6 janvier 1978 relative à l'informatique, aux fichiers et aux libertés.

Ces fournisseurs, ou l'organisme agissant pour leur compte, adressent aux bénéficiaires potentiels de leur zone de desserte qu'ils n'identifient pas comme leurs clients une attestation les informant qu'ils remplissent les conditions ouvrant droit au bénéfice de la tarification spéciale et leur indiquant la procédure pour en bénéficier.

Ceux de ces bénéficiaires potentiels qui ont un contrat avec ces fournisseurs communiquent à ceux-ci, ou à l'organisme agissant pour leur compte, au moyen de l'attestation mentionnée à l'alinéa précédent, les références de leur contrat. Cette attestation dûment complétée est conservée sous forme numérisée pour une durée de dix-neuf mois à compter de la date de réception des références contractuelles par le fournisseur d'électricité ou par l'organisme agissant pour son compte désigné par lui.

III. — L'attestation mentionnée au II ou le courrier l'accompagnant précise :

1o Le nombre d'unités de consommation du foyer ;

2o Les conditions à remplir pour bénéficier de la tarification spéciale "produit de première nécessité" et les dispositions prévues à l'article L. 121-89 du code de la consommation ;

3o L'information sur les droits des bénéficiaires potentiels de la tarification spéciale, sur "l'interlocuteur TPN" et sur le "numéro vert TPN" ;

4o L'information sur la transmission des données ainsi que sur les droits d'accès et d'opposition conformément à l'article 32 de la loi no 78-17 du 6 janvier 1978 relative à l'informatique, aux fichiers et aux libertés.

IV. — La tarification spéciale est appliquée par le fournisseur pendant un an à compter de l'expiration du délai de quinze jours prévu au premier alinéa du II, ou, dans le cas prévu au deuxième alinéa du II, à compter de la date de réception, par le fournisseur d'électricité ou par l'organisme agissant pour son compte, des attestations dûment complétées.

Afin de prévenir l'interruption du bénéfice de la tarification spéciale de l'électricité, celle-ci est prolongée pour une période supplémentaire de six mois à compter de la fin de sa durée d'application, sauf si l'interruption résulte de la rupture du contrat de fourniture. Sauf en cas de fraude, elle ne donne lieu en aucun cas à remboursement de la part du bénéficiaire. Dans les trois premiers mois de cette période supplémentaire de six mois, le fournisseur ou l'organisme agissant pour son compte informe le client, qui n'est plus identifié comme bénéficiaire potentiel de la tarification spéciale "produit de première nécessité" aux termes de la procédure décrite ci-dessus *[,]* du fait que ses droits sont prolongés temporairement et de la procédure à suivre pour continuer à bénéficier du tarif de première nécessité au terme de cette période de prolongation. Si les droits à la tarification spéciale sont reconduits pendant la période supplémentaire de six mois, la tarification est appliquée pour un an à compter de la date de renouvellement de ces droits, sans préjudice d'une nouvelle période supplémentaire de six mois.

En cas de résiliation du contrat de fourniture avant le terme d'un an ou de la période de six mois supplémentaires, le fournisseur ou l'organisme agissant pour son compte renvoie à l'intéressé un duplicata de son attestation et un courrier mentionnant la date de début et de fin d'application de la tarification spéciale. Le nouveau fournisseur d'électricité de l'intéressé, s'il délivre l'électricité au tarif spécial "produit de première nécessité", est tenu d'appliquer cette tarification spéciale pour la durée de droits restant, le cas échéant, à courir.

V. — Toutes précautions utiles pour préserver la sécurité et la confidentialité des données sont prises. Les agents ou employés chargés de recueillir et exploiter ces données sont tenus à une obligation de confidentialité.

Les intéressés sont informés de la transmission des données les concernant aux fournisseurs d'électricité ou à un organisme agissant pour le compte de ces derniers ainsi que de leurs droits d'accès, de rectification et d'opposition.

Art. 4-1 *(Décr. no 2012-309 du 6 mars 2012, art. 6)* « Les bénéficiaires de » *(Décr. no 2006-924 du 26 juill. 2006, art. 2)* « la tarification spéciale prévue par le présent décret bénéficient de la gratuité de la mise en service et de l'enregistrement du contrat et d'un abattement de 80 % sur la facturation d'un déplacement en raison d'une interruption de fourniture imputable à un défaut de règlement. »

Art. 5 L'ensemble des coûts du service fourni par les organismes d'assurance maladie au titre de l'application du présent décret leur est remboursé par *(Décr. no 2012-309 du*

6 mars 2012, art. 7) « les fournisseurs d'électricité proposant la tarification spéciale de l'électricité comme produit de première nécessité ».

Art. 6 Les dispositions du présent décret entreront en vigueur le premier jour du neuvième mois suivant sa publication au *Journal officiel* de la République française.

ANNEXE

(Arr. du 21 déc. 2012) « Le montant annuel des ressources du foyer, mentionné au premier alinéa de l'article 1er du présent décret, est celui ouvrant droit à la déduction prévue à l'article L. 863-2 du code de la sécurité sociale. »

Le taux de réduction prévu à l'article 2 du présent décret est défini en fonction du nombre d'unités de consommation de la manière suivante :

Nombre d'unités de consommation	Taux de réduction
1	40 %
1 < UC < 2	50 %
> ou = 2	60 %

Le plafond de consommation prévu à l'article 2 du présent décret est de 100 kWh par mois.

Décret no 2007-1688 du 29 novembre 2007,

Relatif aux plans départementaux d'action pour le logement des personnes défavorisées.

CHAPITRE PREMIER *Procédure d'élaboration du plan*

Art. 1er Le préfet et le président du conseil général sont chargés d'élaborer le plan départemental d'action pour le logement des personnes défavorisées prévu à l'article 2 de la loi du 31 mai 1990 susvisée, et dont la durée ne peut être inférieure à trois ans.

Art. 2 Six mois au moins avant le terme du plan en cours, le préfet et le président du conseil général font connaître par insertion dans au moins un journal local diffusé dans tout le département leur décision d'élaboration d'un nouveau plan. Ils en informent par courrier les communes concernées et les établissements publics de coopération intercommunale ayant prescrit ou approuvé un programme local de l'habitat, ainsi que les autres personnes morales concernées visées à l'article 3 de la loi du 31 mai 1990 susvisée qui avaient été associées à l'élaboration du plan en cours.

Ces collectivités et établissements, ainsi que les autres personnes morales concernées visées à l'article 3 de la loi du 31 mai 1990 susvisée qui en auront fait la demande trois mois au moins avant le terme du plan en cours, et celles que le préfet et le président du conseil général auront désignées, sont associés à l'élaboration du nouveau plan. Le préfet et le président du conseil général fixent par arrêté conjoint la liste des personnes morales associées à l'élaboration du plan. Les modalités de cette association font l'objet d'une information sur le site internet de la préfecture et du conseil général.

Art. 3 Le préfet et le président du conseil général procèdent à l'évaluation du plan en cours, concomitamment à l'élaboration du nouveau plan.

L'évaluation consiste en une estimation des effets du plan sur l'évolution du nombre et de la situation des personnes et familles mentionnées à l'article 1er de la loi du 31 mai 1990 susvisée, et en une appréciation de l'adéquation du plan au regard de ses objectifs.

Art. 4 Le préfet et le président du conseil général soumettent, pour avis, le projet de plan, accompagné de l'évaluation du plan en cours :

— au comité régional de l'habitat ou, dans les départements d'outre-mer, au conseil départemental de l'habitat, visés à l'article L. 364-1 du code de la construction et de l'habitation ;

– au conseil départemental d'insertion ou, dans les départements d'outre-mer, à l'agence d'insertion, visés respectivement aux articles L. 263-2 et L. 522-1 du code de l'action sociale et des familles ;

– à la commission départementale de la cohésion sociale visée à l'article R. 145-4 du code de l'action sociale et des familles.

Ces avis sont rendus dans le délai de deux mois ; à défaut, l'avis est réputé avoir été rendu.

Au vu de ces avis, le nouveau plan est arrêté par le préfet et par le président du conseil général, après délibération de cette assemblée. Le plan est publié par le préfet au recueil des actes administratifs de la préfecture et par le président du conseil général au recueil des actes administratifs du département.

Art. 5 Le nouveau plan est arrêté au plus tard au terme du plan en cours. A défaut, le plan en cours est prorogé jusqu'à ce que soit arrêté le nouveau plan, et au plus pour une durée de douze mois. La décision de prorogation fait l'objet des mesures de publicité prévues à l'article 4.

Art. 6 A l'initiative du préfet et du président du conseil général, le plan en cours peut être révisé, sans que toutefois cette révision puisse avoir pour effet d'augmenter de plus de deux ans la durée initiale du plan.

Le préfet et le président du conseil général décident de la révision du plan, établissent le projet de révision et le soumettent pour avis au comité responsable du plan prévu à l'article 4 de la loi du 31 mai 1990 susvisée.

Le plan révisé est arrêté par le préfet et par le président du conseil général, après délibération de cette assemblée. Le plan révisé fait l'objet des mesures de publicité prévues à l'article 4.

CHAPITRE II *Contenu du plan*

Art. 7 Le plan détermine sa durée de validité, et fixe la composition du comité responsable mentionné à l'article 10.

Art. 8 Le plan procède à l'analyse des besoins, notamment des catégories de personnes suivantes :

– les personnes dépourvues de logement ;

– les personnes menacées d'expulsion ;

– les personnes hébergées ou logées temporairement ;

– les personnes en situation d'habitat indigne ou d'habitat précaire ou occupant des locaux impropres à l'habitation ;

– les personnes en situation de surpeuplement manifeste dans leur logement ;

– les personnes confrontées à un cumul de difficultés mentionnées au premier alinéa de l'article 4 de la loi du 31 mai 1990 susvisée.

Art. 9 I. – Le plan définit les objectifs à atteindre ainsi que les mesures et les actions à mettre en œuvre en vue de la mobilisation et du développement de l'offre de logements et notamment :

– de logements conventionnés ;

– de logements faisant l'objet d'un bail à réhabilitation visé à l'article L. 252-1 du code de la construction et de l'habitation ;

– de résidences sociales visées à l'article L. 302-5 du code de la construction et de l'habitation, y compris de maisons-relais visées à l'article 83 de la loi du 18 janvier 2005 susvisée.

Il détermine les modalités de suivi de l'offre de ces logements.

Le plan définit également les dispositifs de recherche ou d'aide à la recherche de logements.

II. – Le plan précise, à partir de l'évaluation des besoins et dans le respect des règles énoncées à l'article L. 441-1 du code de la construction et de l'habitation, quelles sont les personnes prioritaires pour les attributions de logements sociaux visés au premier alinéa de l'article L. 441-1.

Le droit de réservation des logements dans le département, prévu à l'article L. 441-1 du code précité, est exercé prioritairement au bénéfice des demandeurs reconnus prioritaires par la commission de médiation et auxquels doivent être attribués en urgence un logement en application des dispositions de l'article L. 441-2-3 du même code, puis des personnes visées à l'alinéa précédent.

Le plan précise les conditions dans lesquelles les droits de réservation des autres réservataires contribuent au logement des personnes définies au premier alinéa.

Il détermine, parmi les personnes définies au deuxième alinéa, celles qui peuvent bénéficier des accords collectifs prévus aux articles L. 441-1-1 et L. 441-1-2 du code précité.

Il détermine, parmi les personnes définies au deuxième alinéa, les personnes prioritaires et les critères d'éligibilité pour l'attribution des logements très sociaux mentionnés au II de l'article R. 331-1 du même code.

Il prévoit les modalités de suivi des attributions effectuées dans les logements mentionnés au I de l'article 9.

III. – En matière de prévention des expulsions locatives, le plan définit :

– les objectifs à atteindre en matière de réduction du nombre de commandements de quitter les lieux et du nombre d'expulsions locatives ;

– les actions principales à mener à cette fin, en tenant compte le cas échéant des orientations fixées par la charte pour la prévention des expulsions prévue à l'article 121 de la loi du 29 juillet 1998 susvisée ;

– les modalités du concours du département, des communes et de leurs groupements, des organismes sociaux compétents et des associations spécialisées en vue de la réalisation des enquêtes sociales relatives aux ménages en situation de contentieux locatif.

IV. – En matière de lutte contre l'habitat indigne, le plan définit :

– les objectifs à atteindre en matière de nombre de logements à traiter ;

– les mesures et les actions à mettre en œuvre, notamment les programmes d'intérêt général visés à l'article R. 327-1 du code de la construction et de l'habitation, et les opérations programmées d'amélioration de l'habitat mentionnées à l'article L. 303-1 du même code ;

– les modalités de suivi et d'évaluation de ces mesures et actions ;

– les missions confiées à l'observatoire nominatif des logements indignes et des locaux impropres à l'habitation, prévu à l'article 4 de la loi du 31 mai 1990 susvisée.

V. – Le plan définit les mesures adaptées concernant la contribution du fonds de solidarité pour le logement et, le cas échéant, des fonds locaux à la réalisation des objectifs du plan, en vue notamment de permettre :

– l'accès au logement des personnes visées par le plan, en particulier celles reconnues prioritaires en application de l'article L. 441-2-3 du code de l'habitation et de la construction pour l'attribution en urgence d'un logement, d'une place dans un établissement ou un logement de transition, une résidence sociale, un logement-foyer ou une résidence hôtelière à vocation sociale, et celles bénéficiant des accords collectifs prévus aux articles L. 441-1-1 et L. 441-1-2 du même code ;

– la prévention des expulsions ; à ce titre, le plan définit les modalités d'articulation des actions du fonds de solidarité pour le logement et, le cas échéant des fonds locaux avec l'action de la commission départementale des aides publiques au logement mentionnée à l'article L. 351-14 du code de la construction et de l'habitation, des organismes payeurs des aides personnelles au logement visées aux articles L. 351-1 du même code, L. 831-1 et L. 542-1 du code de la sécurité sociale, et de la commission de surendettement visée à l'article L. 331-1 du code de la consommation, ainsi qu'avec l'action, le cas échéant, de la commission spécialisée de coordination des actions de prévention des expulsions locatives prévue à l'article 4 de la loi du 31 mai 1990 susvisée.

Le plan définit en outre les modalités d'articulation des interventions du fonds de solidarité pour le logement et, le cas échéant, des fonds locaux avec les autres dispositifs du plan, afin que les personnes et familles visées par le plan puissent bénéficier de ces dispositifs lorsqu'une aide du fonds de solidarité pour le logement ou le cas échéant des fonds locaux ne suffit pas à répondre à l'objectif d'accès ou de maintien dans le logement.

CHAPITRE III *Mise en œuvre du plan*

Art. 10 Un comité responsable du plan est chargé de sa mise en œuvre. Il est coprésidé par le préfet et le président du conseil général.

Il comprend au moins :

– un représentant de chaque établissement public de coopération intercommunale ayant conclu, en application de l'article L. 301-5-1 du code de la construction et de l'habitation, une convention avec l'État ;

– un représentant des établissements publics de coopération intercommunale ayant prescrit ou approuvé un programme local de l'habitat ;

– un maire ;

– un représentant des associations dont l'un des objets est l'insertion ou le logement des personnes défavorisées ou la défense des personnes en situation d'exclusion par le logement ;

– un représentant des bailleurs publics ;

– un représentant des bailleurs privés ;

– un représentant des organismes payeurs des aides personnelles au logement ;

– un représentant des organismes collecteurs de la participation des employeurs à l'effort de construction.

Les membres du comité sont désignés par le préfet et le président du conseil général pour la durée du plan par un arrêté commun qui fait l'objet des mesures de publicité prévues à l'article 4.

Le comité responsable peut déléguer tout ou partie de ses compétences prévues à l'article 11 à un comité technique permanent qui lui rend compte. Toutefois, ne peut pas être déléguée la décision de créer la commission spécialisée de coordination des actions de prévention des expulsions locatives, prévue à l'article 4 de la loi du 31 mai 1990 susvisée.

Le comité technique est composé des représentants du comité responsable du plan. Il peut prendre la forme d'un groupement d'intérêt public du domaine de l'action sanitaire et sociale, constitué en application du décret du 7 novembre 1988 susvisé, ayant pour objet la mise en œuvre de tout ou partie des compétences du chapitre Ier de la loi du 31 mai 1990 susvisée. En ce cas, les dispositions prévues à l'article 2 *bis* de ce décret s'appliquent.

Le comité responsable du plan se réunit au moins deux fois par an.

Son secrétariat est assuré par l'État ou le conseil général ou le cas échéant par le groupement d'intérêt public prévu par cet article.

Art. 11 Le comité responsable du plan suit son élaboration, coordonne les instances locales, établit un bilan annuel d'exécution et contribue à l'évaluation du plan en cours. Il propose, le cas échéant, la révision du plan selon les dispositions de l'article 6.

a) En ce qui concerne le suivi des demandes de logement des personnes et familles visées par le plan, il :

– est destinataire d'un bilan trimestriel élaboré par le préfet relatif aux demandes consignées dans le système d'enregistrement départemental prévu à l'article L. 441-2-1 du code de la construction et de l'habitation ;

– est destinataire d'un bilan trimestriel élaboré par le préfet relatif aux ordonnances et jugements d'expulsion transmis au représentant de l'État dans le département, en application de l'article L. 613-2-1 du même code.

b) En ce qui concerne la création et la mobilisation d'une offre supplémentaire et l'utilisation des logements existants, il définit les actions et évalue annuellement l'offre supplémentaire produite par type de logement et par territoire.

c) En ce qui concerne l'amélioration de la coordination des attributions, il :

– est destinataire des conventions prévues à l'article L. 441-1 du code de la construction et de l'habitation, par lesquelles le représentant de l'État délègue aux maires ou à des présidents d'établissements publics de coopération intercommunale compétents en matière d'habitat tout ou partie des réservations de logements dont il dispose, sur le territoire de la commune ou de l'établissement, ainsi que des bilans élaborés par les délégataires sur l'exécution de ces conventions de délégation et donne un avis sur ces bilans ;

– est destinataire d'un bilan annuel élaboré par le préfet des attributions de logements effectuées dans l'exercice de ses droits à réservation au profit des personnes prioritaires, notamment mal logées ou défavorisées, prévus à l'article L. 441-1 du code de la construction et de l'habitation et au profit des demandeurs reconnus prioritaires par la commission de médiation en application de l'article L. 441-2-3 du même code ;

– établit la liste des dispositifs d'accompagnement social mis en œuvre dans le département dont le préfet informe par écrit les personnes auxquelles une proposition de logement ou d'hébergement a été adressée, en application de l'article L. 441-2-3 du code de la construction et de l'habitation, et définit les modalités de mise en œuvre de cette disposition.

d) En ce qui concerne la prévention des expulsions locatives, il :

– est destinataire d'un bilan trimestriel élaboré par le préfet relatif aux assignations aux fins de constat de la résiliation du contrat de location notifiées au représentant de l'État dans le département en application de l'article 24 de la loi du 6 juillet 1989 susvisée ;

– est destinataire d'un bilan trimestriel élaboré par le préfet relatif à la réalisation et à la transmission au juge ainsi qu'aux parties, avant l'audience, des enquêtes sociales relatives aux ménages en situation de contentieux locatif dans les conditions prévues à l'article 114 de la loi du 29 juillet 1998 susvisée ;

– il s'assure du concours du fonds de solidarité pour le logement et, le cas échéant, des fonds locaux, et de celle des dispositifs de recherche de logement prévus à l'article 9-1, en vue du maintien dans le logement et du relogement des personnes menacées d'expulsion.

Il crée, le cas échéant, la commission spécialisée de coordination des actions de prévention des expulsions locatives, prévue à l'article 4 de la loi du 31 mai 1990 susvisée, et évalue son action.

e) En ce qui concerne les besoins en logements et en aides à l'accès au logement des personnes hébergées, il :

– vérifie la cohérence du plan avec les besoins en logement des personnes hébergées dans les établissements ou services relevant du schéma d'organisation sociale et médico-sociale du département, prévu à l'article L. 312-4 du code de l'action sociale et des familles, et notamment dans ceux mentionnés au 8o du I de l'article L. 312-1 du même code ;

– vérifie que les besoins en logement des personnes hébergées sont pris en compte.

f) En ce qui concerne la lutte contre l'habitat indigne, il :

– met en place l'observatoire nominatif des logements indignes et des locaux impropres à l'habitation, prévu à l'article 4 de la loi du 31 mai 1990 susvisée ;

– vérifie la cohérence des actions mises en œuvre pour lutter contre l'habitat indigne avec les objectifs fixés par le plan.

g) En ce qui concerne les mesures adaptées concernant la contribution du fonds de solidarité pour le logement à la réalisation des objectifs du plan, il :

– donne un avis sur les projets de règlement intérieur du fonds de solidarité pour le logement et, le cas échéant, des fonds locaux, ainsi que sur les projets de modification de ces règlements, avant adoption de ces projets par le département ou les communes ou leurs groupements responsables des fonds locaux ;

– émet un avis sur le bilan annuel d'activité du fonds de solidarité pour le logement présenté par le président du conseil général en application de l'article 4 de la loi du 31 mai 1990 susvisée ;

– vérifie que le fonds de solidarité pour le logement et, le cas échéant, les fonds locaux concourent aux objectifs du plan et fait des propositions en la matière.

Sur la base des documents dont il est destinataire, le comité responsable du plan définit les orientations et actions à mener dans chacun de ces domaines et établit un bilan annuel de leur mise en œuvre. Le préfet et le président du conseil général transmettent le bilan annuel d'exécution du plan aux instances mentionnées à l'article 4.

Art. 12 La composition des instances locales prévues à l'article 4 de la loi du 31 mai 1990 susvisée, et désignées par le plan, est arrêtée par arrêté conjoint du préfet et du président du conseil général.

Elles sont présidées par un représentant de l'État ou par un représentant du conseil général ou par un représentant de l'établissement public de coopération intercommunale compétent en matière d'habitat lorsque le périmètre de l'instance locale est celui de l'établissement public et qu'il a conclu une convention de délégation selon les modalités prévues à l'article L. 301-5-1 du code de la construction et de l'habitation.

Outre un représentant de l'État et un représentant du conseil général, elles comprennent les représentants des organismes compétents dans le périmètre de l'instance et notamment :

– le cas échéant, le représentant de l'établissement public de coopération intercommunale ayant conclu, en application de l'article L. 301-5-1 du code de la construction et de l'habitation, une convention avec l'État ;

– au moins un maire ;

– un représentant de chacun des organismes payeurs des aides personnelles au logement ;

– au moins un représentant des associations dont l'un des objets est l insertion ou le logement des personnes défavorisées ou la défense des personnes en situation d'exclusion par le logement ;

– au moins un représentant des bailleurs publics ;

– un représentant des organismes collecteurs de la participation des employeurs à l'effort de construction.

L'instance peut également comprendre le maire de la commune ou son représentant, sur le territoire de laquelle se trouve le logement des ménages concernés.

Les instances locales procèdent sur les territoires concernés à l'identification des besoins des personnes et familles mentionnées à l'article 1er de la loi du 31 mai 1990 susvisée. Elles ont pour objet de permettre sur ces territoires la mise en relation entre les besoins identifiés et l'offre de logements pour les personnes défavorisées visées par le plan.

A cet effet, elles sont destinataires de la liste des demandeurs reconnus prioritaires, en application de l'article L. 441-2-3 du code de la construction et de l'habitation, par la commission de médiation, pour l'attribution en urgence d'un logement, ainsi que de la liste des personnes ou demandeurs pour lesquels doit être prévu ou proposé un accueil dans une structure d'hébergement, un établissement ou un logement de transition, une résidence sociale, un logement-foyer ou une résidence hôtelière à vocation sociale, et elles peuvent se voir confier notamment :

a) Par le préfet ou son délégataire, un rôle de proposition des demandeurs de logement, dans le cadre de l'exercice du droit de réservation des logements dans le département au profit des personnes prioritaires, notamment mal logées ou défavorisées, prévu à l'article L. 441-1 du code de la construction et de l'habitation et au profit des demandeurs reconnus prioritaires, en application de l'article L. 441-2-3 du même code, par la commission de médiation, pour l'attribution en urgence d'un logement *(Décr. no 2011-176 du 15 févr. 2011)* « ainsi qu'un rôle de proposition d'un logement adapté au profit de ces derniers demandeurs » ;

b) Par le comité responsable du plan :

– la mise en œuvre de tout ou partie des actions du plan, y compris, si les règlements intérieurs du fonds de solidarité pour le logement ou, le cas échéant, des fonds locaux le prévoient, la mise en œuvre des actions prévues par le fonds de solidarité ou par les fonds locaux ;

– le suivi des attributions des logements définis à l'article 9-1 et un rôle de proposition auprès des organismes bailleurs dans l'attribution de ces logements ;

– l'élaboration de solutions adaptées aux cas des ménages les plus en difficulté ;

– la mise en œuvre de tout ou partie des missions de la commission spécialisée de coordination des actions de prévention des expulsions locatives, prévue à l'article 4 de la loi du 31 mai 1990 susvisée ;

c) Par le président du conseil général ou le responsable d'un fonds local, l'octroi des aides prévues par le fonds de solidarité pour le logement ou le fonds local ;

d) La mise en œuvre d'actions complémentaires décidées sur le territoire concerné.

Art. 13 En région Île-de-France, la commission du comité régional de l'habitat prévue à l'article 3 de la loi du 31 mai 1990 susvisée assure la coordination et l'harmonisation des plans ainsi que leur évaluation régionale.

Cette commission comprend, outre les membres prévus à ce même article, un représentant de chaque établissement public de coopération intercommunale ayant conclu, en application de l'article L. 301-5-1 du code de la construction et de l'habitation, une convention avec l'État et, au moins, un représentant des associations dont l'un des objets est l'insertion ou le logement des personnes défavorisées ou la défense des personnes en situation d'exclusion par le logement.

Art. 14 Les membres du comité responsable du plan, du comité technique et des instances locales du plan, ainsi que toute personne appelée à assister aux réunions de ces comités et instances et les agents ou employés chargés de recueillir et exploiter les données nominatives relatives aux personnes et familles dont les situations sont examinées par ces instances, sont tenus à une obligation de confidentialité.

CHAPITRE IV *Dispositions finales*

Art. 15 Les plans en cours à la date de publication du présent décret sont, s'il y a lieu, révisés pour être mis en conformité avec ses dispositions, en ce qui concerne notamment les attributions de logement, la prévention des expulsions, la lutte contre l'habitat indigne, les mesures adaptées relatives à la contribution du fonds de solidarité pour le logement aux objectifs du plan ou la territorialisation de la connaissance des besoins et des actions du plan.

....

Décret nº 2008-778 du 13 août 2008,

Relatif à la fourniture de gaz naturel au tarif spécial de solidarité.

Art. 1er Le bénéfice du tarif spécial de solidarité applicable à la fourniture de gaz naturel, prévu *(Décr. nº 2012-309 du 6 mars 2012, art. 9)* « à l'article L. 445-5 du code de l'énergie », est ouvert *(Décr. nº 2012-309 du 6 mars 2012, art. 9)* « sauf refus exprès de leur part » pour leur résidence principale aux personnes ayant droit à la tarification spéciale "produit de première nécessité" en application de l'article 1er du décret du 8 avril 2004 susvisé.

Art. 2 Lorsque le bénéficiaire du tarif spécial de solidarité est détenteur d'un contrat individuel de fourniture de gaz naturel, ce tarif résulte d'une déduction forfaitaire sur le prix de fourniture contractuellement établi entre le client domestique et son fournisseur de gaz naturel. Pour les personnes mentionnées à l'article 6, ce tarif consiste en un versement forfaitaire. Le cas échéant, la déduction et le versement forfaitaires peuvent être cumulés.

La déduction forfaitaire mentionnée au premier alinéa ne doit pas être supérieure au montant total de la facture annuelle de gaz naturel toutes taxes comprises. Elle est établie en fonction de la plage de consommation et du nombre d'unités de consommation que compte le foyer. Le versement forfaitaire mentionné au même alinéa est établi en fonction du nombre d'unités de consommation que compte le foyer.

La première ou seule personne du foyer constitue une unité de consommation. Chaque autre personne du foyer constitue une fraction d'unité de consommation égale à la majoration du plafond de ressources prévue à l'article R. 861-3 du code de la sécurité sociale.

L'annexe au présent décret *[V. JO 14 août 2008 ; annexe mod. par Arr. du 22 déc. 2011, JO 24 déc.]* fixe les montants de la déduction et du versement forfaitaires mentionnés au premier alinéa. Ils peuvent être réévalués dans les limites résultant *(Décr. no 2012-309 du 6 mars 2012, art. 10)* « des dispositions des articles L. 121-35 à L. 121-43 du code de l'énergie » par arrêté des ministres chargés de l'économie, de l'énergie et des affaires sociales après avis de la Commission de régulation de l'énergie.

Art. 3 Le bénéfice de cette tarification ne fait pas obstacle à l'obtention des aides de toute nature prévues par *(Décr. no 2012-309 du 6 mars 2012, art. 11)* « le décret no 2008-780 du 13 août 2008 relatif à la procédure applicable en cas d'impayés des factures d'électricité, de gaz, de chaleur et d'eau ».

Art. 4 *(Décr. no 2012-309 du 6 mars 2012, art. 12)* Les fournisseurs de gaz naturel qui le souhaitent désignent un organisme, chargé d'identifier les ayants droit du tarif spécial de solidarité, qui agit pour leur compte. Cet organisme ne communique aux fournisseurs que les informations qui sont strictement nécessaires à l'identification de leurs clients.

I. — Les organismes d'assurance maladie communiquent à l'organisme agissant pour le compte des fournisseurs de gaz naturel ou, le cas échéant, directement aux fournisseurs de gaz naturel, aux seules fins d'identifier les personnes pouvant bénéficier du tarif spécial de solidarité du gaz naturel, les informations précisées à l'alinéa suivant.

Les informations communiquées par les organismes d'assurance maladie sont la civilité, le prénom, le nom, la date de naissance et l'adresse des personnes mentionnées à l'article 1er du présent décret ainsi que le nombre de personnes composant le foyer tel que défini à l'article R. 861-2 du code de la sécurité sociale. Elles sont communiquées au moins une fois par trimestre. Aucune information transmise par les organismes d'assurance maladie ne peut être conservée pendant une durée supérieure à dix-neuf mois.

II. — Les gestionnaires de réseaux de distribution de gaz naturel communiquent, à l'organisme agissant pour le compte des fournisseurs, au moins toutes les six semaines, les informations nécessaires pour identifier les bénéficiaires potentiels du tarif spécial de solidarité de chaque fournisseur de gaz naturel.

Ces informations sont pour chaque point de comptage et d'estimation (PCE) : la civilité, le prénom et le nom du détenteur du contrat, le numéro et l'adresse du point de comptage et d'estimation, le nom du fournisseur et le code postal, le nom et le code INSEE de la commune.

A partir des informations mentionnées au I et aux alinéas qui précèdent, l'organisme agissant pour le compte des fournisseurs de gaz naturel ou, le cas échéant, le fournisseur de gaz naturel adresse aux clients identifiés comme bénéficiaires potentiels du tarif spécial de solidarité un courrier comportant les références de leur contrat de fourniture et leur point de comptage et d'estimation et indiquant que, sauf refus exprès de leur part dans un délai de quinze jours suivant la date d'envoi de ce courrier, le tarif spécial de solidarité leur sera appliqué. Ce courrier informe les mêmes clients de la transmission des données ainsi que de leurs droits d'accès et d'opposition conformément à l'article 32 de la loi no 78-17 du 6 janvier 1978 relative à l'informatique, aux fichiers et aux libertés.

III. — Pour les immeubles d'habitation chauffés collectivement au gaz naturel, les cocontractants des fournisseurs de la chaufferie communiquent à l'organisme agissant pour le compte de ces fournisseurs ou, le cas échéant, à ces fournisseurs le numéro, l'adresse, le code postal, le nom et le code INSEE de la commune des immeubles concernés, la référence contractuelle et la date de début et de fin d'application des contrats. Ils signalent, le cas échéant, l'existence d'autres sources d'énergie que le gaz naturel pour alimenter la chaufferie collective.

Les fournisseurs de gaz naturel communiquent, le cas échéant, à l'organisme agissant pour leur compte le numéro, l'adresse, le code postal, le nom et le code INSEE de la commune des immeubles d'habitation dont ils fournissent la chaudière, la date de début et de fin d'application des contrats à partir des informations communiquées par leurs cocontractants dans les contrats de fourniture ou dans les demandes d'exonération de taxe intérieure de consommation sur le gaz naturel. Ils signalent, le cas échéant, l'existence d'autres sources d'énergie que le gaz naturel pour alimenter la chaufferie collective.

A partir des informations mentionnées au I, l'organisme agissant pour le compte des fournisseurs de gaz naturel ou, le cas échéant, les fournisseurs de gaz naturel adressent aux personnes identifiées comme bénéficiaires potentiels du tarif spécial de solidarité un courrier comportant les références contractuelles de leur chaufferie collective et indiquant que, sauf refus exprès de leur part dans un délai de quinze jours suivant la date d'envoi de ce courrier, le tarif spécial de solidarité leur sera appliqué. Ce courrier informe les mêmes clients de la transmission des données ainsi que de leurs droits d'accès et d'opposition conformément à l'article 32 de la loi nº 78-17 du 6 janvier 1978 relative à l'informatique, aux fichiers et aux libertés.

IV. – L'organisme agissant pour le compte des fournisseurs de gaz naturel ou, le cas échéant, le fournisseur de gaz naturel adresse aux bénéficiaires potentiels du tarif spécial de solidarité qui n'ont pu être identifiés ni comme disposant d'un contrat individuel de fourniture de gaz naturel, ni comme étant chauffés collectivement au gaz naturel une attestation, accompagnée le cas échéant d'un courrier, qui leur permet de bénéficier du tarif spécial de solidarité et qui les informe :

– de leurs droits au tarif spécial de solidarité ;
– du nombre d'unités de consommation de leur foyer ;
– de l'existence de "l'interlocuteur TSS" et du "numéro vert TSS" ;
– de la transmission des données ainsi que de leurs droits d'accès et d'opposition conformément à l'article 32 de la loi nº 78-17 du 6 janvier 1978 relative à l'informatique, aux fichiers et aux libertés.

Ces personnes renvoient cette attestation à l'organisme agissant pour le compte des fournisseurs de gaz naturel ou, le cas échéant, au fournisseur de gaz naturel, après l'avoir complétée avec les références du contrat de fourniture de gaz naturel, le nom et les coordonnées du fournisseur et, éventuellement dans le cas d'une chaufferie collective, l'indication de l'existence de son alimentation par d'autres sources d'énergie que le gaz naturel. Cette attestation dûment complétée est conservée sous forme numérisée pour une durée de dix-neuf mois à compter de la date de sa réception.

V. – Toutes précautions utiles pour préserver la sécurité et la confidentialité des données sont prises. Les agents ou employés chargés de recueillir et exploiter ces données sont tenus à une obligation de confidentialité.

Les intéressés sont informés de la transmission des données les concernant aux fournisseurs d'électricité ou à un organisme agissant pour leur compte ainsi que de leurs droits d'accès, de rectification et d'opposition.

Art. 5 *(Décr. nº 2012-309 du 6 mars 2012, art. 13)* Le tarif spécial de solidarité est appliqué par le fournisseur de gaz naturel à un détenteur d'un contrat individuel, sous forme d'une déduction qui doit figurer sur la facture avec le libellé correspondant, pour une durée d'un an à compter de la fin du délai de quinze jours mentionné au dernier alinéa du III de l'article 4 ou, le cas échéant, à compter de la réception de l'attestation mentionnée au IV du même article dûment complétée.

Les personnes détentrices d'un contrat individuel de fourniture de gaz naturel remplissant les conditions pour bénéficier du tarif spécial de solidarité bénéficient également de la gratuité de la mise en service et de l'enregistrement de leur contrat ainsi que d'un abattement de 80 % sur la facturation d'un déplacement motivée par une interruption de fourniture imputable à un défaut de règlement.

Art. 5-1 *(Décr. nº 2012-309 du 6 mars 2012, art. 14)* Afin de prévenir l'interruption du bénéfice du tarif spécial de solidarité, celui-ci est prolongé, pour une période supplémentaire de six mois à compter de la fin de sa durée d'application, sauf si cette dernière résulte de la rupture du contrat de fourniture. Sauf en cas de fraude, elle ne donne lieu en aucun cas à remboursement de la part du bénéficiaire. Dans les trois premiers mois de cette période supplémentaire de six mois, le fournisseur ou l'organisme agissant pour son compte informe son client qui n'est plus identifié comme ayant droit au tarif spécial de solidarité aux termes de la procédure décrite ci-dessus du fait que ses droits sont prolongés temporairement et de la procédure à suivre pour continuer à bénéficier du tarif spécial de solidarité au terme de la période complémentaire. Si les droits au tarif spécial de solidarité sont reconduits pendant cette période supplémentaire de six mois, le tarif spécial est appliqué pour un an à compter de la date de renouvellement de ces droits, sans préjudice d'une nouvelle période supplémentaire de six mois.

En cas de résiliation du contrat de fourniture avant le terme d'un an ou de la période de six mois supplémentaires, le fournisseur de gaz naturel adresse au bénéficiaire du tarif spécial de solidarité un duplicata de son attestation et un courrier mentionnant la date de début et de fin des droits à la tarification spéciale de solidarité. Le nouveau fournisseur de l'intéressé est tenu d'appliquer la tarification spéciale de solidarité pour la durée de droits restant, le cas échéant, à courir.

Art. 6 *(Décr. nº 2012-309 du 6 mars 2012, art. 15)* Les personnes mentionnées à l'article 1er et résidant dans un immeuble d'habitation chauffé collectivement au gaz naturel peuvent également bénéficier du tarif spécial de solidarité prévu par le présent décret. Les immeubles d'habitation chauffés par un réseau de chaleur urbain ne sont pas concernés par les dispositions du présent article.

Dans le cas d'un immeuble d'habitation soumis au statut de la copropriété et chauffé collectivement au gaz naturel, les informations mentionnées au dernier alinéa du IV de l'article 4 sont communiquées aux copropriétaires par le syndic de l'immeuble ou tout autre mandataire, dans les appels de provisions sur charges du budget et sous forme d'affichage dans les parties communes de l'immeuble. Cette information est délivrée au titre des missions de gestion courante incluses au forfait du contrat de gestion du syndic ou tout autre mandataire, et ne peut entraîner de majoration de charges, pour les copropriétaires comme pour les locataires.

Le propriétaire d'un ou plusieurs logements situés dans un immeuble d'habitation chauffé collectivement au gaz naturel ou, le cas échéant, son mandataire communique à son ou ses locataires, dans la quittance de loyer, le décompte individuel ou par tout autre moyen les informations mentionnées au dernier alinéa du IV de l'article 4.

En l'absence de refus exprès de la part du bénéficiaire potentiel dans le délai de quinze jours mentionné à l'article 4 ou après réception de l'attestation dûment complétée, l'organisme agissant pour le compte des fournisseurs de gaz naturel ou, le cas échéant, le fournisseur de gaz naturel adresse au demandeur du tarif spécial de solidarité un versement forfaitaire. Dans le cas où la chaufferie collective de l'immeuble est alimentée par plusieurs sources d'énergie, le versement forfaitaire est réduit de moitié.

Le montant annuel auquel a droit un foyer figure en annexe.

Art. 7 *(Décr. nº 2012-309 du 6 mars 2012, art. 16)* L'ensemble des coûts du service fourni par les organismes d'assurance maladie au titre du présent décret leur est remboursé par les fournisseurs de gaz naturel, en application de conventions que ces fournisseurs sont tenus de conclure avec ces organismes dans un délai de douze mois à compter de l'entrée en vigueur du décret nº 2012-309 du 6 mars 2012 relatif à l'automatisation des procédures d'attribution des tarifs sociaux de l'électricité et du gaz naturel. A défaut de conventions, les ministres chargés de l'énergie et de la sécurité sociale arrêtent le montant de ces coûts.

Art. 8 *(Abrogé par Décr. nº 2012-309 du 6 mars 2012, art. 17) Pour l'année 2008 et par dérogation aux dispositions des articles 1er et 4 ci-dessus, le tarif spécial de solidarité s'applique de plein droit, à compter de la date d'entrée en vigueur du présent décret, aux clients bénéficiant à cette date de la tarification spéciale de l'électricité comme produit de première nécessité prévue par le décret du 8 avril 2004 susvisé.*

....

Décret nº 2008-780 du 13 août 2008,

Relatif à la procédure applicable en cas d'impayés des factures d'électricité, de gaz, de chaleur et d'eau.

Art. 1er Lorsqu'un consommateur d'électricité, de gaz, de chaleur ou d'eau n'a pas acquitté sa facture dans un délai de 14 jours après sa date d'émission ou à la date limite de paiement, lorsque cette date est postérieure, son fournisseur l'informe par un premier courrier qu'à défaut de règlement dans un délai supplémentaire de 15 jours sa fourniture pourra être réduite ou suspendue pour l'électricité ou suspendue pour le gaz, la chaleur ou l'eau.

A défaut d'accord entre le consommateur et le fournisseur sur les modalités de paiement dans le délai supplémentaire de 15 jours mentionné à l'alinéa précédent, ce dernier peut procéder à la réduction ou à la coupure et en avise le consommateur au moins 20 jours à l'avance par un second courrier dans lequel il informe ce consommateur que ce dernier peut saisir les services sociaux s'il estime que sa situation relève des dispositions de l'article L. 115-3 du code de l'action sociale et des familles.

Art. 2 Par dérogation aux dispositions de l'article 1er et pour la fourniture de sa résidence principale, lorsqu'un consommateur bénéficie d'un tarif social de la part de son fournisseur, lorsqu'il a déjà reçu une aide d'un fonds de solidarité pour le logement pour régler une facture auprès de ce même fournisseur ou lorsque sa situation relève de celles prévues dans les conventions visées à l'article 7, et qu'il n'a pas acquitté sa facture à l'expiration du premier délai défini au premier alinéa de l'article 1er, son fournisseur l'informe par un premier courrier :

– qu'à défaut de règlement dans un délai supplémentaire de 30 jours sa fourniture pourra être réduite ou suspendue pour l'électricité ou suspendue pour le gaz, la chaleur ou l'eau ;

– qu'il peut saisir les services sociaux du département et les services sociaux communaux afin de permettre l'examen de sa situation. A cette fin, le fournisseur précise dans le courrier qu'il tient à sa disposition les coordonnées des services sociaux du département et, le cas échéant, des services sociaux communaux ;

– que, sauf opposition de sa part et afin de faciliter l'examen de sa situation, le fournisseur transmettra les informations mentionnées à l'alinéa ci-dessous aux services sociaux du département et, le cas échéant, aux services sociaux communaux. Le consommateur bénéficie d'un délai, qui ne peut être inférieur à 8 jours, pour exprimer son opposition à cette transmission d'information.

Lorsque le délai mentionné au quatrième alinéa est écoulé et si le consommateur n'a pas fait connaître son opposition, le fournisseur transmet aux services sociaux du département et, le cas échéant, aux services sociaux communaux les seules données nécessaires à l'appréciation de la situation du consommateur. Il s'agit de ses nom et prénom, de son adresse, de son option tarifaire pour l'électricité, du montant de sa dette en valeur ainsi que de la période de consommation correspondante.

A défaut d'accord entre le consommateur et le fournisseur sur les modalités de paiement dans le délai de 30 jours mentionné au deuxième alinéa et en l'absence d'une demande d'aide déposée auprès du fonds de solidarité pour le logement, le fournisseur peut procéder à la réduction ou à la coupure et en avise le consommateur au moins 20 jours à l'avance par un second courrier.

Pour l'application du présent décret, le terme de « services sociaux communaux » désigne le centre communal ou intercommunal d'action sociale ou, à défaut, le maire de la commune du lieu de résidence du consommateur.

Art. 3 Lorsque le fonds de solidarité pour le logement est saisi d'une demande d'aide relative à une situation d'impayé d'une facture d'électricité, de gaz, de chaleur ou d'eau, il en informe, dans les meilleurs délais, les services sociaux communaux concernés et, s'ils ne le sont déjà, les services sociaux du département et le fournisseur.

A compter de la date de dépôt du dossier, le consommateur bénéficie du maintien de la fourniture d'électricité, de gaz, de chaleur ou d'eau prévue au deuxième alinéa de l'article L. 115-3 du code de l'action sociale et des familles susvisé.

La décision du fonds de solidarité pour le logement accordant ou refusant l'aide est prise après consultation des services sociaux communaux. Elle fait l'objet d'une information du fournisseur. A défaut d'une décision d'aide prise dans un délai de deux mois, le fournisseur peut procéder à la réduction ou à la coupure et en avise par courrier au moins 20 jours à l'avance le consommateur.

Lorsqu'une aide a été attribuée par le fonds de solidarité pour le logement pour couvrir une partie de la dette, le fournisseur propose au consommateur, le cas échéant, des modalités pour le règlement du solde de la dette et en informe le fonds de solidarité pour le logement.

Art. 4 Les notifications aux bénéficiaires d'aides du fonds de solidarité pour le logement ouvrent droit, sur leur présentation aux fournisseurs, au maintien de la fourniture d'électricité, de gaz, de chaleur et d'eau dans les conditions fixées au troisième alinéa de l'article L. 115-3 du code de l'action sociale et des familles.

Art. 5 Pour l'application des dispositions de l'article 4 :

– le fournisseur d'électricité, de gaz ou de chaleur, lorsqu'il adresse aux personnes en situation d'impayé les courriers prévus au second alinéa de l'article 1er, au sixième alinéa de l'article 2 et au troisième alinéa de l'article 3 à une date comprise entre le 1er août et le 15 février de l'année suivante, y précise que ces personnes peuvent bénéficier entre le 1er novembre de chaque année et le 15 mars de l'année suivante du maintien de leur fourniture, sans réduction de puissance pour l'électricité, si elles ont obtenu, dans les douze mois précédant la date limite de paiement de la facture, une aide du fonds de solidarité pour le logement ;

– le fournisseur d'eau, lorsqu'il adresse aux personnes en situation d'impayé les courriers mentionnés à l'alinéa précédent, précise à ces personnes, quelle que soit la date d'expédition de ces courriers, qu'elles peuvent bénéficier du maintien de leur fourniture si elles ont obtenu, dans les douze mois précédant la date limite de paiement de la facture, une aide du fonds de solidarité pour le logement.

Dans ces courriers, le fournisseur d'énergie ou d'eau demande au destinataire de lui communiquer dans un délai de 15 jours la notification prévue à l'article 4. A défaut d'une communication de cette notification ou d'une ampliation de celle-ci fournie par le fonds de solidarité pour le logement, le consommateur est considéré comme n'ayant pas bénéficié d'une aide du fonds de solidarité pour le logement.

Art. 6 Lorsqu'une réduction de fourniture ou une coupure pour impayé a été effectuée et que l'alimentation n'a pas été rétablie dans les 3 jours suivants cette réduction ou cette coupure, le fournisseur en informe immédiatement les services sociaux du département et, le cas échéant, les services sociaux communaux lorsque ces derniers sont cosignataires de la convention mentionnée à l'article 7.

Art. 7 I. – Les communes ou les centres intercommunaux d'action sociale peuvent être partie aux conventions signées, en application de l'article 6-3 de la loi du 31 mai 1990 susvisée, entre le département et les fournisseurs d'énergie ou d'eau. Dans ce cas, les dispositions du II ci-dessous sont applicables aux services sociaux communaux concernés.

II. – Ces conventions précisent les caractéristiques des situations d'impayé qui font l'objet d'une information des services sociaux du département par les fournisseurs en application de l'article 2 avant la mise en œuvre d'une procédure de réduction ou de coupure.

Ces conventions précisent aussi les modalités de l'information par les fournisseurs des services sociaux du département, mentionnée aux articles 2 et 3.

III. – Ces conventions fixent en outre :

– les délais de décision du fonds de solidarité pour le logement en fonction de l'urgence de la situation ;

– les délais d'information du fournisseur par le fonds de solidarité pour le logement mentionnés au premier alinéa de l'article 3 ;

– les modalités de l'échéancier proposé par le fournisseur pour le règlement du solde de la dette du consommateur lorsque le fonds de solidarité a pris en charge une partie de cette dette ;

– les actions, coordonnées entre les parties contractantes, de prévention et d'information sur la maîtrise de la consommation en énergie et en eau, pour les personnes qui bénéficient d'une aide du fonds de solidarité pour le logement ;

– le cas échéant, les procédures communes de contrôle entre le fonds de solidarité pour le logement et les fournisseurs des documents attestant des aides accordées par le fonds de solidarité pour le logement ;

– les modalités de contribution des fournisseurs à l'évaluation des besoins prévue à l'article 4 de la loi du 31 mai 1990 susvisée et aux actions du plan départemental d'action pour le logement des personnes défavorisées dans le domaine de la prévention et du traitement des impayés d'eau et d'énergie ainsi qu'à l'évaluation de ces actions.

Art. 8 Lorsque la facture d'électricité du contrat relatif aux parties communes d'un immeuble n'a pas été acquittée à la date limite de paiement, le fournisseur informe, par courrier, le syndic de l'immeuble qu'à défaut de règlement dans un délai supplémentaire d'un mois sa fourniture pourra être suspendue.

A défaut d'accord entre le syndicat des copropriétaires représenté par le syndic et le fournisseur sur les modalités de paiement dans le délai d'un mois mentionné à l'alinéa précédent, le fournisseur peut procéder à la coupure après apposition d'un nouveau rappel dans les parties communes de l'immeuble.

Ce nouveau rappel est apposé par le gestionnaire de réseau sur la demande du fournisseur. Sa durée d'affichage ne peut être inférieure à un mois. Le rappel précise nécessairement :

– le nouveau délai accordé pour procéder au règlement de la facture en question ;

– les cordonnées de la personne ou du service habilité à recevoir le règlement de la facture ;

– la possibilité, pour les copropriétaires occupants, de saisir les services sociaux s'ils estiment que leur situation relève des dispositions de l'article L. 115-3 du code de l'action sociale et des familles.

Ce délai est porté à deux mois lorsque le syndicat des copropriétaires peut faire valoir auprès du fournisseur la défaillance frauduleuse du syndic ou l'existence d'une procédure de liquidation judiciaire à l'encontre de ce dernier ou lorsque le fonds de solidarité pour le logement a été saisi par l'intermédiaire des services sociaux.

Art. 9 Pour la mise en œuvre des dispositions prévues au deuxième alinéa de l'article 6 de loi du 31 mai 1990 susvisée et lorsque le syndicat des copropriétaires est dans la situation d'impayé mentionnée au premier alinéa de l'article 1er du présent décret, le syndic informe chaque copropriétaire occupant n'ayant pas assumé ses obligations relatives au paiement de ses charges collectives d'eau ou d'énergie de la possibilité de déposer un dossier de demande d'aide auprès du fonds de solidarité pour le logement soit directement, soit par l'intermédiaire des services sociaux.

Dans la lettre recommandée avec demande d'avis de réception valant mise en demeure au copropriétaire occupant d'avoir à acquitter les charges demeurées impayées, le syndic précise qu'il tient à sa disposition les coordonnées des services sociaux et lui indique que, sauf opposition de sa part, dans un délai qui ne peut être inférieur à quinze jours suivant la date de notification, il pourra transmettre aux services sociaux du département et, le cas échéant, aux services sociaux communaux les données suivantes : ses nom et prénom, son adresse ainsi que l'état des soldes débiteurs des comptes individuels, les tantièmes des quotes-parts des copropriétaires concernés, le budget prévisionnel de l'année en cours et le compte de gestion général du dernier exercice clos.

Art. 10 Les dispositions des articles 3 et 4 s'appliquent aux fonds locaux lorsqu'ils ont été créés en application de l'article 7 de la loi du 31 mai 1990 susvisée. Dans ce cas, les conventions mentionnées à l'article 7 du présent décret sont cosignées par les présidents des établissements publics de coopération intercommunale ou les maires responsables des fonds locaux.

Art. 11 Chaque fournisseur d'électricité, de gaz, de chaleur ou d'eau approvisionnant des personnes physiques désigne un correspondant "solidarité-précarité" pour les relations avec les services sociaux du département, les services sociaux communaux ainsi qu'avec les associations de défense d'usagers ou de consommateurs qui en feront la demande.

Le correspondant "solidarité-précarité" tient à la disposition des services sociaux du département et des services sociaux communaux les informations mentionnées au cinquième alinéa de l'article 2 relatives aux clients dont la fourniture est réduite ou suspendue.

Le correspondant "solidarité-précarité" peut être commun à plusieurs départements et à plusieurs fournisseurs.

Art. 12 Toutes précautions utiles pour préserver la sécurité et la confidentialité des données sont prises en particulier à l'occasion de leur transmission.

Les agents ou employés chargés de recueillir et exploiter ces données sont tenus à une obligation de confidentialité.

La durée maximale de conservation des données nominatives de signalement, telles que décrites aux articles 2 et 9, est fixée à quatre mois à compter de leur réception par les destinataires.

Art. 13 Le présent décret entre en vigueur le premier jour du quatrième mois suivant celui de sa publication au *Journal officiel* de la République française *[soit le 1er déc. 2008]*.

Art. 14 Les dispositions des articles 1er, 5, 6 et 11 du présent décret peuvent être modifiées par décret simple.

Art. 15 Le décret no 2005-971 du 10 août 2005 relatif à la procédure applicable en cas d'impayés d'électricité et les articles R. 261-1 et R. 261-2 du code de l'action sociale et des familles sont abrogés à compter de la date d'entrée en vigueur du présent décret.

PRÊTS CONVENTIONNÉS

Décret no 86-172 du 5 février 1986,

Relatif aux prêts conventionnés régis par la section III du titre III du livre III du code de la construction et de l'habitation (JO 7 févr. ; D. et ALD 1986. 243).

Art. 1er L'acquisition de logements existants peut, à titre expérimental dans le territoire de la communauté urbaine de Brest et dans la zone couverte par les départements de Paris et du Val-de-Marne, être financée par les prêts conventionnés prévus à la section III du titre III du livre III du code de la construction et de l'habitation, sous réserve des dispositions spécifiques ci-après.

Art. 2 Peuvent bénéficier des prêts visés à l'article 1er les personnes physiques, âgées de trente-cinq ans au plus ou dont la somme des âges révolus pour un ménage est au plus égale à soixante-dix ans, qui accèdent pour la première fois à la propriété d'un logement destiné à leur résidence principale.

Ces conditions doivent faire l'objet d'une déclaration sur l'honneur de l'accédant figurant dans l'acte de vente et paraphée par lui.

Art. 3 L'attribution des prêts visés à l'article 1er est subordonnée à la condition que le logement soit conforme aux normes de surface et d'habitabilité définies par l'arrêté prévu à l'article R. 331-69 du code de la construction et de l'habitation. Pour les logements construits ou achevés antérieurement au 1er septembre 1948, l'état d'habitabilité est constaté par un huissier.

Lorsque le logement n'est pas conforme aux normes visées à l'alinéa précédent, l'attribution des prêts susvisés est subordonnée à la condition que l'acquéreur prenne l'engagement de réaliser dans un délai de deux ans à compter de la date de signature du contrat de prêt les travaux nécessaires à la mise aux normes du logement.

Art. 4 Pour les opérations prévues dans la zone couverte par les départements de Paris et du Val-de-Marne, les prêts visés ci-dessus ne peuvent être accordés que pour financer l'acquisition des logements existants constituant, au moment de leur vente, la résidence principale du vendeur.

Art. 5 Le prêt accordé est au plus égal à 90 p. 100 du prix du logement majoré, s'il y a lieu, du montant des travaux nécessaires à la mise aux normes prévue à l'article 3.

Le prix ainsi défini ne peut excéder 80 p. 100 du prix défini par mètre carré de surface habitable et fixé par l'arrêté prévu à l'article R. 331-68 du code de la construction et de l'habitation.

Toutefois, pour la communauté urbaine de Brest ce prix ne peut pas excéder 70 p. 100 du prix défini par mètre carré de surface habitable et fixé par l'arrêté susvisé.

Art. 6 Les occupants des logements faisant l'objet des prêts visés à l'article 1er ont droit à l'aide personnalisée au logement dans les conditions fixées par l'article R. 351-2-1 du code de la construction et de l'habitation.

Les mensualités de référence de l'aide personnalisée au logement sont égales à 80 p. 100 du montant des mensualités de référence fixé par l'arrêté prévu à l'article R. 351-20 du code de la construction et de l'habitation.

Toutefois, pour la communauté urbaine de Brest, les mensualités de référence de l'aide personnalisée au logement sont égales à 70 p. 100 du montant des mensualités de référence fixé par l'arrêté susvisé.

Art. 7 L'expérimentation visée à l'article 1er portera sur les acquisitions de logements ayant fait l'objet d'une vente sous condition suspensive ou d'une promesse unilatérale de vente ayant acquis date certaine entre le 1er janvier 1986 et le 31 décembre 1986 et prévoyant la vente dans un délai n'excédant pas trois mois.

PROCÉDURES ET VOIES D'EXÉCUTION

Décret no 92-245 du 17 mars 1992,

Relatif aux compétences des cours administratives d'appel (JO 18 mars).

TITRE PREMIER Dispositions relatives à la compétence des cours administratives d'appel

Art. 1er A compter du 1er septembre 1992, les cours administratives d'appel seront compétentes pour statuer sur les appels formés contre les jugements des tribunaux administratifs rendus sur les recours pour excès de pouvoir dirigés contre les décisions non réglementaires prises en application du code de l'urbanisme, du code de la construction et de l'habitation et du code de l'expropriation pour cause d'utilité publique, ainsi que contre les décisions non réglementaires prises en matière d'impôts et taxes.

. . . .

RAPPORTS LOCATIFS

Loi nº 86-1290 du 23 décembre 1986,

Tendant à favoriser l'investissement locatif, l'accession à la propriété de logements sociaux et le développement de l'offre foncière (JO 24 déc. ; D. et ALD 1987. 26).

CHAPITRE VI *Dispositions relatives aux logements appartenant aux organismes d'habitations à loyer modéré ou gérés par eux*

Art. 36 et 37 *V. CCH, art. L. 441-3, L. 442-1-1 et L. 442-1-2.*

Art. 38 *Dispositions transitoires concernant les loyers pratiqués par les organismes d'HLM.*

Art. 39 et 40 *V. CCH, art. L. 442-5 et L. 442-10.*

CHAPITRE VII *Des procédures de concertation*

Art. 41 Une commission nationale de concertation est instituée auprès du ministre chargé de la construction et de l'habitation. Elle a pour mission, par ses études, avis et propositions, de contribuer à l'amélioration des rapports entre bailleurs et locataires.

Elle comprend notamment des représentants des organisations représentatives au plan national de bailleurs, de locataires et de gestionnaires. Sa composition, le mode de désignation de ses membres, son organisation et ses règles de fonctionnement sont fixés par décret en Conseil d'État. – *V. Décr. nº 88-274 du 18 mars 1988 (D. et ALD 1988. 214 ; JO 25 mars), mod. par Décr. nº 98-735 du 17 août 1998 (JO 22 août),* ***C. baux.***

Art. 41 *bis* *(L. nº 89-462 du 6 juill. 1989, art. 31)* Il est créé, au sein du comité régional de l'habitat prévu à l'article L. 364-1 du code de la construction et de l'habitation, une commission spécialisée des rapports locatifs composée notamment de représentants des organisations représentatives au plan départemental de bailleurs, de locataires et de gestionnaires. – *V. CCH, art. R. 362-2, dernier al.*

Art. 41 *ter* *(L. nº 89-462 du 6 juill. 1989, art. 32)* Des accords collectifs de location peuvent être conclus, *(L. nº 2006-685 du 13 juin 2006, art. 3)* « pour un ou plusieurs secteurs locatifs », au sein de la commission nationale de concertation ou de chaque commission spécialisée des rapports locatifs prévue à l'article 41 *bis* entre une ou plusieurs organisations de bailleurs et de locataires. Les accords ainsi conclus s'imposent aux organisations signataires et aux adhérents de ces organisations.

Les secteurs locatifs sont les suivants :

– logements appartenant ou gérés par les organismes d'habitations à loyer modéré ;

– logements appartenant aux sociétés d'économie mixte, aux sociétés immobilières à participation majoritaire de la Caisse des dépôts et consignations, aux collectivités publiques, aux sociétés filiales d'un organisme collecteur de la contribution des employeurs à l'effort de construction et aux filiales de ces organismes autres que celles mentionnées à l'alinéa ci-dessus ;

(L. nº 2000-1208 du 13 déc. 2000, art. 197) « – logements appartenant aux entreprises d'assurance, aux établissements de crédit et aux filiales de ces organismes et aux personnes morales autres que celles mentionnées aux deux alinéas précédents ;

« – logements appartenant aux bailleurs personnes physiques et aux sociétés civiles immobilières constituées exclusivement entre parents et alliés jusqu'au quatrième degré inclus. »

Ces accords portent notamment sur les suppléments de loyers pour les organismes d'habitations à loyer modéré, la maîtrise de l'évolution des charges récupérables, la grille de vétusté, l'amélioration et l'entretien des logements et des parties communes, les locaux résidentiels à usage commun.

Les accords conclus au sein de la commission nationale de concertation font l'objet de la publication d'un avis au *Journal officiel* de la République française. *(L. nº 2006-685 du 13 juin 2006, art. 3)* « A l'issue d'un délai d'un mois après cette publication et sauf opposition de la majorité des organisations représentatives des bailleurs d'un ou plusieurs secteurs et des organisations représentatives des locataires, ils peuvent être rendus obligatoires, par décret, pour tous les logements des secteurs locatifs concernés. » Le décret peut, après avis motivé de la commission nationale de concertation et sans modifier l'équilibre de l'accord, en distraire certaines clauses.

Art. 42 *(L. nº 89-462 du 6 juill. 1989, art. 33)* « Les bailleurs de logements visés à l'article 41 *ter* peuvent conclure avec une ou plusieurs associations de locataires des accords collectifs locaux portant sur tout ou partie de leur patrimoine. Ces accords portent notamment sur les loyers, les suppléments de loyers pour les organismes d'habitation à loyer modéré, la maîtrise de l'évolution des charges récupérables, la grille de vétusté, l'amélioration et l'entretien des logements et des parties communes, les locaux résidentiels à usage commun. »

(L. nº 2009-323 du 25 mars 2009, art. 13) « Ces accords sont obligatoires sur tout ou partie du patrimoine dès lors qu'ils ont été conclus :

« – soit par une ou plusieurs associations affiliées à une organisation siégeant à la commission nationale de concertation, présentes dans le patrimoine du bailleur,

« – soit par une ou plusieurs associations regroupant au moins 50 % des voix des locataires aux élections au conseil d'administration ou au conseil de surveillance de l'organisme,

« – soit par une ou plusieurs associations regroupant au moins 20 % des locataires concernés par l'accord.

« Ces accords ne sont pas obligatoires s'ils ont été rejetés par écrit par 50 % des locataires concernés, dans un délai de deux mois à compter de leur notification individuelle par le bailleur.

« En l'absence d'accords signés conformément au présent article, les bailleurs peuvent en outre proposer directement aux locataires des accords de même nature. Ces accords sont réputés applicables dès lors qu'ils ont été approuvés, par écrit, par la majorité des locataires concernés par l'accord qui se sont exprimés, dans un délai de deux mois à compter de la réception de la notification individuelle par le bailleur, à condition que 25 % des locataires concernés par l'accord se soient exprimés. A défaut, une nouvelle consultation est alors engagée et l'accord est réputé applicable dès lors qu'il a été approuvé, par écrit, par la majorité des locataires qui se sont exprimés, dans un délai de deux mois à compter de la réception de la nouvelle notification individuelle par le bailleur.

« Dans tous les cas, il n'est attribué qu'une seule voix par logement loué. »

Les accords prévus au présent article peuvent être conclus pour une durée déterminée ou indéterminée. Ils mentionnent les conditions de leur dénonciation, de leur renouvellement ou de leur révision.

Art. 43 *(L. nº 89-462 du 6 juill. 1989, art. 39-I)* « Pour l'application de l'article 41 de la présente loi et de l'article 20 de la loi nº 89-462 du 6 juillet 1989 », la représentativité des organisations de bailleurs, de gestionnaires et de locataires est appréciée d'après les critères suivants :

a) Montant global des cotisations ;

b) Indépendance, expérience et activité de l'organisation dans le domaine du logement ;

c) En outre :

– pour les organisations de bailleurs et de gestionnaires, nombre de leurs adhérents et nombre de logements détenus ou gérés par leurs adhérents ;

– pour les organisations de locataires, nombre et répartition géographique de leurs adhérents.

Art. 44 *(L. nº 2000-1208 du 13 déc. 2000, art. 193-2º)* « Dans un immeuble ou groupe d'immeubles, tout groupement de locataires affilié à une organisation siégeant à la

Commission nationale de concertation ou toute association qui représente au moins 10 % des locataires ou est affiliée à une organisation siégeant à la Commission nationale de concertation désigne » *(L. n° 89-462 du 6 juill. 1989, art. 35-I)* « au bailleur et, le cas échéant, au syndic de copropriété par lettre recommandée avec demande d'avis de réception, le nom de trois au plus de ses représentants choisis parmi les locataires de l'immeuble ou du groupe d'immeubles. » *(L. n° 2000-1208 du 13 déc. 2000, art. 193-2°)* « Les associations ci-dessus désignées doivent œuvrer dans le domaine du logement. Elles doivent être indépendantes de tout parti politique ou organisation philosophique, confessionnelle, ethnique ou raciale. En outre, elles œuvrent dans le secteur locatif social et ne doivent pas poursuivre des intérêts collectifs qui seraient en contradiction avec les objectifs du logement social fixés par le code de la construction et de l'habitation, et notamment par les articles L. 411 et L. 441, ou du droit à la ville tel que défini par la loi n° 91-662 du 13 juillet 1991 d'orientation pour la ville. » — *V. cette loi, App., v° Ville.*

Ces représentants ont accès aux différents documents concernant la détermination et l'évolution des charges locatives. A leur demande, le bailleur ou, s'il y a lieu, l'administrateur de la copropriété les consulte chaque semestre sur les différents aspects de la gestion de l'immeuble ou du groupe d'immeubles.

(L. n° 89-462 du 6 juill. 1989, art. 35-II) « Dans les immeubles soumis au statut de la copropriété, les représentants des associations désignés ci-dessus peuvent assister à l'assemblée générale de copropriété et formuler des observations sur les questions inscrites à l'ordre du jour de l'assemblée générale. Le syndic de la copropriété informe les représentants des associations, par lettre recommandée avec demande d'avis de réception, de la date, de l'heure, du lieu et de l'ordre du jour de l'assemblée générale.

(L. n° 2000-1208 du 13 déc. 2000, art. 193, 2°) « Les décisions prises en assemblée des copropriétaires et relatives à l'entretien de l'immeuble et aux travaux font l'objet d'un procès-verbal abrégé affiché dans les parties communes de l'immeuble. »

Dans chaque bâtiment d'habitation, un panneau d'affichage doit être mis à la disposition des associations *(L. n° 2000-1208 du 13 déc. 2000, art. 193-2°)* « ou groupements de locataires, définis au premier alinéa du présent article, » pour leurs communications portant *(L. n° 2000-1208 du 13 déc. 2000, art. 193, 2°)* « sur le logement, l'habitat et les travaux, » dans un lieu de passage des locataires.

Art. 44 *bis* *(L. n° 2000-1208 du 13 déc. 2000, art. 193-3°)* Les bailleurs des secteurs locatifs mentionnés aux troisième, quatrième et cinquième alinéas de l'article 41 *ter* sont tenus d'élaborer, avec les représentants des associations de locataires présentes dans le patrimoine du bailleur affiliées à une organisation siégeant à la Commission nationale de concertation, les représentants des associations de locataires ayant obtenu 10 % des suffrages exprimés aux dernières élections et les administrateurs élus représentants des locataires, un plan de concertation locative couvrant l'ensemble de leur patrimoine.

Le plan de concertation locative, validé par le conseil d'administration ou le conseil de surveillance du bailleur, définit les modalités pratiques de la concertation applicables aux immeubles ou aux ensembles immobiliers de leur patrimoine. Il précise notamment les règles destinées à formaliser les relations locatives locales, instaure un ou plusieurs conseils de concertation locative dont il peut prévoir la composition et prévoit des moyens matériels et financiers attribués aux représentants des locataires pour exercer leurs fonctions dans ce cadre.

Le plan doit être élaboré dans le délai de neuf mois après publication de la loi n° 2000-1208 du 13 décembre 2000 relative à la solidarité et au renouvellement urbains.

Le plan fait l'objet de bilans et de révisions périodiques, dans les conditions qu'il définit, entre les partenaires visés au premier alinéa ci-dessus.

Dans un délai de trois ans après publication de la loi n° 2000-1208 du 13 décembre 2000 précitée, le Gouvernement présentera un bilan de la mise en œuvre des mesures relatives à la concertation après avis des secteurs concernés de la Commission nationale de concertation.

Art. 44 *ter* *(L. n° 2000-1208 du 13 déc. 2000, art. 193-3°)* Le conseil de concertation locative prévu à l'article 44 *bis* est consulté sur les différents aspects de la gestion de l'immeuble ou des ensembles immobiliers concernés, sur les projets d'amélioration ou de construction-démolition et plus généralement sur toutes mesures touchant aux conditions d'habitat et au cadre de vie des habitants des ensembles concernés.

Il est composé de représentants du bailleur et de représentants des locataires désignés dans les conditions prévues au premier alinéa de l'article 44.

Les membres du conseil de concertation locative peuvent être assistés, dans les conditions fixées par le plan de concertation locative, de toute personne dont la compétence est jugée utile.

Il doit être mis en place au plus tard dans les six mois qui suivent l'élaboration du plan de concertation locative et se réunit au moins une fois par an.

Art. 44 *quater* *(L. n° 2000-1208 du 13 déc. 2000, art. 193-3°)* Préalablement à toute décision d'engager une opération d'amélioration, ayant une incidence sur les loyers ou les charges locatives, ou de construction-démolition, le bailleur mentionné à l'article 44 *bis* est tenu de mener une concertation avec les représentants des locataires désignés dans les conditions prévues au premier alinéa de l'article 44. Lorsque le conseil de concertation locative prévu à l'article 44 *ter* existe, cette concertation est réalisée dans son cadre. A défaut de représentants des locataires dans l'immeuble ou le groupe d'immeubles et en l'absence de conseil de concertation locative, le bailleur doit mener cette concertation avec les locataires réunis à cet effet.

La concertation porte sur la consistance et le coût des travaux, leur répercussion prévisible sur les loyers ou les charges locatives, les modalités de leur réalisation, sur l'opportunité de créer un local collectif résidentiel ainsi que, le cas échéant, sur les conditions de relogement des locataires, notamment pour les opérations de construction-démolition.

Parallèlement, le bailleur informe la commune de ses projets et de l'engagement de la concertation.

Dans le cas d'une opération d'amélioration ou de construction-démolition, le bailleur dresse un bilan de la concertation qui comporte, le cas échéant, l'avis motivé des représentants des locataires. Il en informe les locataires.

Un décret fixe, en tant que de besoin, les conditions d'application des articles 44 *bis*, 44 *ter* et du présent article.

CHAPITRE VIII *Dispositions diverses*

Art. 45 A compter du premier renouvellement ou reconduction suivant la publication de la présente loi *[JO 24 déc.]*, les loyers plafonds prévus par les contrats de location des logements ayant bénéficié de primes ou de prêts spéciaux à la construction du Crédit foncier de France ou de la Caisse centrale de coopération économique sont révisés, par rapport aux loyers plafonds d'origine, par application de l'indice de référence, sans que joue la clause d'atténuation figurant au contrat.

Art. 46 *(L. n° 89-462 du 6 juill. 1989, art. 39-II)* Les dispositions du présent titre sont d'ordre public.

Art. 47 *à* 50 *Abrogés par L. n° 89-462 du 6 juill. 1989, art. 39-III.*

Art. 51 Les contrats de location en cours qui n'ont pas été mis en conformité avec les dispositions de la loi n° 82-526 du 22 juin 1982 précitée, contrairement aux dispositions du troisième alinéa de l'article 71 de cette loi, sont réputés avoir été renouvelés dans les conditions de cet article par périodes de trois années à compter de leur date d'expiration contractuelle lorsqu'il s'agit de contrats de location à durée déterminée et par périodes de trois années à compter du 24 juin 1983 lorsqu'il s'agit de contrats de location à durée indéterminée conclus avant cette date. Ces dispositions ne s'appliquent pas à ceux de ces contrats dont le renouvellement est contesté devant les tribunaux.

Art. 52 Les accords collectifs conclus en application des articles 28, 37 et 61 de la loi n° 82-526 du 22 juin 1982 précitée continuent de produire effet jusqu'à leur terme ou jusqu'à la date d'effet de leur dénonciation par l'une ou l'autre des parties.

Art. 53 Les contrats d'amélioration conclus en application de l'article 59 de la loi nº 82-526 du 22 juin 1982 précitée continuent de produire effet jusqu'au terme des contrats de location auxquels ils ont donné lieu ou peuvent donner lieu.

Art. 54 Les loyers fixés en application des articles 15 et 21 ou *(L. nº 89-462 du 6 juill. 1989, art. 39-I)* « négociés en application des articles 41 *ter* et 42 » ne peuvent ni excéder, pour les logements ayant fait l'objet de conventions passées en application de l'article L. 351-2 du code de la construction et de l'habitation, les loyers plafonds applicables à ces logements ni déroger, pour les logements ayant fait l'objet de primes ou de prêts spéciaux à la construction du Crédit foncier de France ou de la Caisse centrale de coopération économique, aux règles applicables à ces logements.

Les accords conclus en application de l'article 42 ne peuvent conduire à déroger, pour les logements dont le loyer est fixé par application du chapitre III de la loi nº 48-1360 du 1er septembre 1948 précitée, aux règles de fixation de ce loyer ni, pour les logements gérés par les organismes d'habitations à loyer modéré, aux règles de fixation et d'évolution des loyers prévues à l'article L. 442-1 du code de la construction et de l'habitation. – *Comp. L. nº 89-462 du 6 juill. 1989, art. 40-VI, App., vº Rapports locatifs.*

Art. 55 La loi nº 82-526 du 22 juin 1982 précitée est abrogée, à l'exception de ses articles 76, 78, 81 et 82.

Art. 56 L'ordonnance nº 58-1444 du 31 décembre 1958 relative à la levée des scellés apposés lors du décès de l'occupant d'un local est abrogée. – *V. C. pr. civ., art. 1304 et 1316.* – ***C. pr. civ.***

Art. 57 A *(L. nº 89-462 du 6 juill. 1989, art. 36)* Le contrat de location d'un local affecté à un usage exclusivement professionnel est conclu pour une durée au moins égale à six ans. Il est établi par écrit.

Au terme fixé par le contrat et sous réserve des dispositions du troisième alinéa du présent article, le contrat est reconduit tacitement pour la même durée.

Chaque partie peut notifier à l'autre son intention de ne pas renouveler le contrat à l'expiration de celui-ci en respectant un délai de préavis de six mois.

Le locataire peut, à tout moment, notifier au bailleur son intention de quitter les locaux en respectant un délai de préavis de six mois.

Les notifications mentionnées au présent article sont effectuées par lettre recommandée avec demande d'avis de réception ou par acte d'huissier.

(L. nº 2008-776 du 4 août 2008, art. 43-III) « Les parties peuvent déroger au présent article dans les conditions fixées au 7º du I de l'article L. 145-2 du code de commerce. »

BIBL. GÉN. ▸ **Ouvrages** : BEDDELEEM, Guide des baux professionnels, *Ann. loyers mai 2009.* – KENDÉRIAN, L'évolution contemporaine du statut des baux immobiliers d'exploitation, 2003, *Litec, coll. Bibliothèque de droit de l'entreprise.* – CERATI-GAUTHIER, Bail d'immeuble affecté à l'activité de l'entreprise et procédures collectives, *Édilaix, 2009.*

▸ **Articles** : ASSOULINE, *Gaz. Pal. 1998. 2. Doctr. 860.* – CANU, *ibid. 2004. 1. Doctr. 75* (pour le bail économique). – DEBEAURAIN, *Ann. loyers 2008. 32* (mise à disposition des locaux professionnels). – DE LAMAZE, *Gaz. Pal. 2003. 2. Doctr. 2848.* – DE LA VAISSIÈRE, *AJDI 2008. 658* (rapport « Guinchard ») ; *ibid. 2009. 585* (idées de réforme). – GERNEZ-RYSSEN, *JCP N 1991. I. 65.* – KENDÉRIAN, *Gaz. Pal. 2009. 1 Doctr. 765* (bail des locaux professionnels dans les procédures collectives après l'Ord. du 18 déc. 2008). – RACLET, *IRC, janv.-févr. 2009. 22.* – RAFFRAY, *JCP N 1991. I. 269.* – WERTENSCHLAG, *AJDI 2006. 627* (obligations sanitaires du bailleur de locaux commerciaux ou professionnels). – MERCIER, *Loyers et copr. 2009, étude nº 13* (le critère de la jouissance exclusive constitue un obstacle à l'exploitation de la chose louée).

▸ **Loi du 4 août 2008** : ASSOULINE, *Rev. bleue déc. 2009. 32* (un an après la loi). – AUQUE, *JCP 2008. Actu. 567.* – BARBIER, *Gaz. Pal. 2008. 2. Doctr. 2879.* – BLATTER, *AJDI 1998. 261* ; *ibid. 2001. 665* (projet de loi) ; *ibid. 2008. 649.* – BRAULT, *Gaz. Pal. 1997. 2. Doctr. 1605.* – CARTERON et DRONNE, *Rev. bleue, nov. 2008. 4.* – CERATI-GAUTHIER, *Ann. loyers 2008. 1885.* – DE LAGGER, *Rev. loyers 2008. 414.* – DUMORTIER, *Defrénois 2009. 1769.* – J. LAFOND, *JCP N 2008. 1311 ; JCP E 2008. 2391.* – KENFACK, *JCP E 2009. 1041, nº 6.* – MONÉGER, *RTD com. 2008. 501*. – MONÉGER et BRAULT, *Loyers et copr. 2008, étude nº 8.* – RUET, *LPA 2009, nº 50, p. 3.*

Art. 57 *(Abrogé par L. no 89-462 du 6 juill. 1989, art. 37)* ***Les dispositions de l'article L. 631-7 du code de la construction et de l'habitation ne sont pas applicables aux sociétés civiles professionnelles ni aux professionnels libéraux visés à l'article 1er de la loi no 66-879 du 29 novembre 1966 relative aux sociétés civiles professionnelles exerçant en commun leur activité sous quelque forme que ce soit.***

Les bénéficiaires des dispositions abrogées de l'art. 57 ci-dessus sont réputés, à la date de publication de la L. no 89-462 du 6 juill. 1989 [JO 8 juill.], titulaires à titre personnel, pour le local en cause, d'une autorisation d'usage professionnel, à la condition d'en faire la déclaration à la préfecture du lieu du local dans un délai de trois mois à compter de la même date (L. préc., art. 37, al. 2).

....

TITRE II De la cession pour l'accession à la propriété de certains logements sociaux

Art. 61 La section II du chapitre III du titre IV du livre IV du code de la construction et de l'habitation est ainsi rédigée :

[V. CCH, art. L. 443-7 à L. 443-15-5].

Art. 62 Les dispositions de l'article 61 entreront en vigueur à une date fixée par décret en Conseil d'État et au plus tard le 1er juillet 1987. Toutefois, les dispositions du code de la construction et de l'habitation, remplacées par l'article 61, continuent de s'appliquer dans leur rédaction antérieure pour toutes les décisions d'aliénation ayant fait l'objet, à la date d'entrée en vigueur du présent titre, de l'offre de vente prise au vu de la décision d'aliéner prévue par l'article L. 443-9 du code de la construction et de l'habitation dans sa rédaction antérieure à la présente loi.

Art. 63 L'article 26 du décret-loi du 28 février 1852 sur les sociétés de crédit foncier est abrogé.

....

TITRE III Mesures destinées à favoriser le développement de l'offre foncière

....

Art. 73 I ....

II ....

(L. no 2009-928 du 29 juill. 2009, art. 7) « III. – Jusqu'au 31 décembre 2014, par dérogation aux dispositions de l'article L. 3211-1 du code général de la propriété des personnes publiques, les immeubles affectés au ministère de la défense peuvent être remis au service chargé des domaines en vue d'une cession sans que ces immeubles soient reconnus comme définitivement inutiles à l'État. »

Loi no 89-462 du 6 juillet 1989,

Tendant à améliorer les rapports locatifs et portant modification de la loi no 86-1290 du 23 décembre 1986 (JO 8 juill. ; D. et ALD 1989. 227).

....

Art. 40 I. – Les dispositions des articles *(L. no 2000-1208 du 13 déc. 2000, art. 188-4o)* « 8, 10 à 12, 15 à 19, du premier alinéa de l'article 10 », du premier alinéa de l'article 22, des cinq premiers alinéas de l'article 23 ne sont pas applicables aux logements appartenant aux organismes d'habitations à loyer modéré et ne faisant pas l'objet d'une convention passée en application de l'article L. 351-2 du code de la construction et de l'habitation.

(L. no 2009-323 du 25 mars 2009, art. 61-III) « L'article 14 leur est applicable à condition que le bénéficiaire du transfert ou de la continuation du contrat remplisse les conditions d'attribution et que le logement soit adapté à la taille du ménage. Ces deux conditions ne sont pas requises envers le conjoint, le partenaire lié au locataire par un pacte civil de solidarité ou le concubin notoire et, lorsqu'ils vivaient effectivement avec le locataire

depuis plus d'un an, les ascendants, les personnes présentant un handicap au sens de l'article L. 114 du code de l'action sociale et des familles et les personnes de plus de soixante-cinq ans. »

Les dispositions des deuxième et troisième alinéas du paragraphe I de l'article 15 leur sont applicables lorsque le congé émane du locataire.

II. – Les dispositions des articles 3, 8 à 20, du premier alinéa de l'article 22 et de l'article 24 ne sont pas applicables aux logements dont le loyer est fixé en application des dispositions du chapitre III de la loi nº 48-1360 du 1er septembre 1948 *[V. C.* ***baux****]*.

III. – Les dispositions des articles 8, 10 à 12, 15, du paragraphe *e* de l'article 17 et du premier alinéa de l'article 22 ne sont pas applicables aux logements régis par une convention conclue en application de l'article L. 351-2 du code de la construction et de l'habitation.

(L. nº 2009-323 du 25 mars 2009, art. 61-III) « L'article 14 leur est applicable à condition que le bénéficiaire du transfert ou de la continuation du contrat remplisse les conditions d'attribution et que le logement soit adapté à la taille du ménage. Ces deux conditions ne sont pas requises envers le conjoint, le partenaire lié au locataire par un pacte civil de solidarité ou le concubin notoire et, lorsqu'ils vivaient effectivement avec le locataire depuis plus d'un an, les ascendants, les personnes présentant un handicap au sens de l'article L. 114 du code de l'action sociale et des familles et les personnes de plus de soixante-cinq ans.

« Les deuxième et troisième alinéas du I de l'article 15 leur sont applicables lorsque le congé émane du locataire. »

Les dispositions de l'article 16, des paragraphes *a*, *b*, *c* et *d* de l'article 17, des articles 18 *(L. nº 2000-1208 du 13 déc. 2000, art. 188-5º)* « et 19, du premier alinéa de l'article 20, » et des cinq premiers alinéas de l'article 23 ne sont pas applicables aux logements régis par une convention conclue en application de l'article L. 353-14 du code de la construction et de l'habitation.

IV. – Les dispositions des cinq premiers alinéas de l'article 23 ne sont pas applicables aux logements dont les conditions sont réglementées en contrepartie de primes ou prêts spéciaux à la construction consentis par le Crédit foncier de France ou la Caisse centrale de coopération économique.

V. – Les dispositions de l'article 10, de l'article 15 à l'exception des deuxième, troisième et quatrième alinéas du paragraphe I et des paragraphes *b* et *c* de l'article 17 ne sont pas applicables aux logements donnés en location à titre exceptionnel et transitoire par les collectivités locales.

VI. – Les loyers fixés en application de l'article 17 ou négociés en application des articles 41 *ter* et 42 de la loi nº 86-1290 du 23 décembre 1986 *[V. App., vº Rapports locatifs]* ne peuvent ni excéder, pour les logements ayant fait l'objet de conventions passées en application de l'article L. 351-2 du code de la construction et de l'habitation, les loyers plafonds applicables à ces logements, ni déroger, pour les logements ayant fait l'objet de primes ou de prêts spéciaux à la construction du Crédit foncier de France ou de la Caisse centrale de coopération économique, aux règles applicables à ces logements.

Les accords conclus en application des articles 41 *ter* et 42 de la loi nº 86-1290 du 23 décembre 1986 précitée ne peuvent conduire à déroger, pour les logements dont le loyer est fixé en application du chapitre III de la loi nº 48-1360 du 1er septembre 1948 précitée *[V. C.* ***baux****]*, aux règles de fixation de ce loyer ni, pour les logements gérés par les organismes d'habitations à loyer modéré, aux règles de fixation et d'évolution des loyers prévues à l'article L. 442-1 du code de la construction et de l'habitation.

(L. nº 96-609 du 5 juill. 1996) « VII. – A compter du 1er janvier 1997, les dispositions des articles 17 à 20 ne sont pas applicables aux logements auxquels s'appliquent les dispositions de l'article L. 472-1-3 du code de la construction et de l'habitation. »

(L. nº 2004-809 du 13 août 2004, art. 63-III) « Les dispositions des *a*, *b*, *c* et *d* de l'article 17, des articles 18, 19 et du premier alinéa de l'article 20 ne sont pas applicables aux sociétés d'économie mixte pour les logements régis par un cahier des charges en application du chapitre V du titre IV du code de la construction et de l'habitation. »

Sous réserve de l'entrée en vigueur des dispositions relevant de la loi de finances, les dispositions issues de la L. no 2004-809 du 13 août 2004 sont applicables à compter du 1er janv. 2005 (L. préc., art. 199).

Les dispositions issues de l'art. 61-III de la L. no 2009-323 du 25 mars 2009 sont applicables aux contrats en cours. A compter de la publication de la loi précitée, le contrat passé entre un bailleur et un locataire comporte une clause prévoyant l'application des art. L. 442-3-1 à L. 442-4 (L. préc., art. 61-IV).

Art. 41 Pour la période du 13 novembre 1982 au 31 décembre 1986, les services rendus liés à l'usage des différents éléments de la chose louée prévus par l'article L. 442-3 du code de la construction et de l'habitation, dans sa rédaction tirée du paragraphe I de l'article 9 de la loi no 81-1161 du 30 décembre 1981 relative à la modération des loyers, n'incluent pas les dépenses du personnel chargé de l'entretien des parties communes et de l'élimination des rejets. La présente disposition, qui est interprétative, a un caractère d'ordre public.

....

RÉNOVATION URBAINE

Loi no 2003-710 du 1er août 2003,

D'orientation et de programmation pour la ville et la rénovation urbaine.

TITRE PREMIER Politique de la ville et rénovation urbaine

CHAPITRE PREMIER *Réduction des inégalités dans les zones urbaines sensibles*

Art. 1er En vue de réduire les inégalités sociales et les écarts de développement entre les territoires, l'État, les collectivités territoriales et leurs établissements publics respectifs élaborent et mettent en œuvre, par décisions concertées ou par voie de conventions, des programmes d'action dans les zones urbaines sensibles définies au 3 de l'article 42 de la loi no 95-115 du 4 février 1995 d'orientation pour l'aménagement et le développement du territoire. Lors de l'élaboration de ces programmes d'action, sont consultés, à leur demande, un représentant des organismes visés à l'article L. 411-2 du code de la construction et de l'habitation et un représentant des sociétés d'économie mixte intéressées. Les objectifs à atteindre au niveau national sont définis par l'annexe 1 de la présente loi.

Ces programmes d'action qui tiennent compte du programme local de l'habitat s'il existe, fixent, pour chaque zone et sur une période de cinq ans, des objectifs de résultats chiffrés relatifs à la réduction du chômage, au développement économique, à la diversification et à l'amélioration de l'habitat, à la restructuration ou à la réhabilitation des espaces et équipements collectifs, à la restructuration des espaces commerciaux, au renforcement des services publics, à l'amélioration de l'accès au système de santé s'appuyant sur l'hôpital public, à l'amélioration du système d'éducation et de la formation professionnelle, de l'accompagnement social et au rétablissement de la tranquillité et de la sécurité publiques. L'exécution des programmes fait l'objet d'évaluations périodiques sur la base des indicateurs figurant à l'annexe 1 de la présente loi.

Un décret détermine, en tant que de besoin, les modalités d'application du présent article.

Art. 2 Les objectifs de résultats mentionnés à l'article 1er sont déterminés, pour chaque zone urbaine sensible, en concordance avec les objectifs nationaux figurant à l'annexe 1 de la présente loi et tendant à réduire de façon significative les écarts constatés, notamment en matière d'emploi, de développement économique, de formation scolaire, d'accès au système de santé et de sécurité publique, entre les zones urbaines sensibles et l'ensemble du territoire national.

Art. 3 Il est créé, auprès du ministre chargé de la ville, un Observatoire national des zones urbaines sensibles chargé de mesurer l'évolution des inégalités sociales et des écarts de développement dans chacune des zones urbaines sensibles, de suivre la mise en œuvre des politiques publiques conduites en leur faveur, de mesurer les moyens spécifiques mis en œuvre et d'en évaluer les effets par rapport aux objectifs et aux indicateurs de résultats mentionnés à l'annexe 1 de la présente loi. L'État, les collectivités territoriales et leurs établissements publics respectifs lui communiquent les éléments nécessaires à l'accomplissement de sa mission, sous réserve de l'application des dispositions législatives imposant une obligation de secret. – *V. Décr. n° 2011-628 du 1er juin 2011 (même objet).*

. . . .

Art. 5 A compter du 1er janvier suivant la publication de la présente loi, le Gouvernement présente au Parlement, au plus tard à l'ouverture de la session ordinaire, un rapport annuel détaillé sur l'évolution des zones urbaines sensibles et des zones franches urbaines, lequel donne lieu à un débat d'orientation devant chacune des deux assemblées.

CHAPITRE II *Programme national de rénovation urbaine*

Art. 6 Le programme national de rénovation urbaine vise à restructurer, dans un objectif de mixité sociale et de développement durable, les quartiers classés en zone urbaine sensible et, à titre exceptionnel, après avis conforme du maire de la commune ou du président de l'établissement public de coopération intercommunale compétent et accord du ministre chargé de la ville et du ministre chargé du logement, ceux présentant des caractéristiques économiques et sociales analogues.

Il comprend des opérations d'aménagement urbain, la réhabilitation, la résidentialisation, la démolition et la production de logements, la création, la réhabilitation et la démolition d'équipements publics ou collectifs, la réorganisation d'espaces d'activité économique et commerciale, ou tout autre investissement concourant à la rénovation urbaine.

Pour la période *(L. n° 2005-32 du 18 janv. 2005, art. 91-1° ; L. n° 2006-872 du 13 juill. 2006, art. 63, 1°)* « **2004-2013** », il prévoit une *(L. n° 2005-32 du 18 janv. 2005, art. 91-1°)* « offre nouvelle de 250 000 logements locatifs sociaux », soit par la remise sur le marché de logements vacants, soit par la production de nouveaux logements sociaux dans les zones urbaines sensibles ou dans les agglomérations dont elles font partie. Il comprend également, dans les quartiers mentionnés au premier alinéa, la *(L. n° 2005-32 du 18 janv. 2005, art. 91-1°)* « réhabilitation de 400 000 logements locatifs sociaux » et la résidentialisation d'un nombre équivalent de logements sociaux et, en cas de nécessité liée à la vétusté, à l'inadaptation à la demande ou à la mise en œuvre du projet urbain, la *(L. n° 2005-32 du 18 janv. 2005, art. 91-1°)* « démolition de 250 000 logements, cet effort global devant tenir compte des besoins spécifiques des quartiers concernés ».

Art. 7 *(L. n° 2009-323 du 25 mars 2009, art. 7)* Les moyens financiers consacrés à la mise en œuvre du programme national de rénovation urbaine, entre 2004 et 2013, sont fixés à 12 milliards d'euros.

Ces moyens sont affectés à l'Agence nationale pour la rénovation urbaine, créée par l'article 10, à partir des contributions versées, notamment, par l'État et l'Union d'économie sociale du logement mentionnée à l'article L. 313-17 du code de la construction et de l'habitation.

L'État met en place, en complément des moyens mobilisés au titre de l'alinéa précédent, des crédits à hauteur de 350 millions d'euros pour accompagner les projets mis en œuvre dans le cadre du programme national de rénovation urbaine.

V. Circ. 28 mai 2009 relative à la L. n° 2009-323 du 25 mars 2009 - Développement de l'offre de logement (BOMEEDDM n° 2009/12, p. 65).

Art. 8 La Caisse des dépôts et consignations participe au financement du programme national de rénovation urbaine par l'octroi de prêts sur les fonds d'épargne dont elle assure la gestion en application de l'article *(L. nº 2008-776 du 4 août 2008, art. 151-III)* « L. 518-2 » du code monétaire et financier et par la mobilisation de ses ressources propres.

Ces ressources financent des avances aux investisseurs, des prises de participation dans les opérations de rénovation urbaine et des aides à l'ingénierie.

Une convention conclue entre l'État et la Caisse des dépôts et consignations assure la cohérence de ces interventions avec les orientations du programme national de rénovation urbaine et détermine le montant annuel des subventions à verser à l'Agence nationale pour la rénovation urbaine.

Art. 9 Pour assurer la réalisation des investissements engagés dans le cadre du programme national de rénovation urbaine, le coût des opérations à la charge des collectivités, de leurs établissements publics de coopération intercommunale ou de leurs syndicats mixtes peut, après déduction des aides publiques directes ou indirectes, être, le cas échéant, inférieur à 20 % du montant total prévisionnel de la dépense subventionnée.

Loi nº 2005-32 du 18 janvier 2005,

De programmation pour la cohésion sociale.

Art. 87 Compte non tenu du programme national de rénovation urbaine prévu par les articles 6 à 9 de la loi nº 2003-710 du 1er août 2003 d'orientation et de programmation pour la ville et la rénovation urbaine, 500 000 logements locatifs sociaux seront financés, au cours des années 2005 à 2009, selon la programmation suivante :

ANNÉES	2005	2006	2007	2008	2009	TOTAL
Logements financés par des prêts locatifs à usage social et des prêts locatifs aidés d'intégration	58 000	63 000	80 000	100 000	100 000	401000
Dont prêts locatifs aidés d'intégration au moins			20 000	20 000	20 000	
Logements financés par des prêts locatifs sociaux	22 000	27 000	27 000	32 000	32 000	140 000
Logements construits par l'association agréée prévue à l'article *(L. nº 2009-323 du 25 mars 2009, art. 8-VIII)* « L. 313-34 du code de la construction et de l'habitation »	10 000	10 000	10 000	10 000	10 000	50 000
Total	90 000	100 000	117 000	142 000	142 000	591 000

Les crédits alloués par l'État à ce programme et aux autres actions consacrées aux logements locatifs sociaux hors politique de la ville sont ouverts par les lois de finances des années 2005 à 2009 pour les montants suivants :

(En millions d'euros valeur 2004)

ANNÉES	2005	2006	2007	2008	2009	TOTAL
Autorisations d'engagement .	442	482	687	798	798	3 207
Crédits de paiement	465	594	631	703	670	3 063

(L. nº 2006-872 du 13 juill. 2006, art. 108) « Comme en métropole, les départements d'outre-mer sont éligibles à l'ensemble des mesures de soutien et de relance du logement social, à la mise en place du volet logement du plan de cohésion sociale avec notamment la mobilisation de la ligne budgétaire unique. »

(L. nº 2007-290 du 5 mars 2007, art. 23) « II. — Dans les départements d'outre-mer, à Mayotte et à Saint-Pierre-et-Miquelon, 37 500 logements sociaux seront créés au cours des années 2007 à 2009, selon la programmation suivante : »

ANNÉES	2007	2008	2009
Logements locatifs sociaux financés par l'État au titre de l'article R. 372-1 du code de la construction et de l'habitation	5 400	5 400	5 400
Logements en accession très sociale à la propriété	2 000	2 000	2 000
Logements sociaux réhabilités	1 500	1 500	1 500
Logements faisant l'objet d'une amélioration de l'habitat (propriétaires occupants)	2 400	2 400	2 400
Logements financés par des prêts locatifs sociaux prévus au chapitre II du titre VII du livre III du code de la construction et de l'habitation	1 200	1 200	1 200
Totaux	12 500	12 500	12 500

V. Circ. nº 2007-33 du 4 mai 2007 relative à l'application des dispositions de la loi nº 2007-290 du 5 mars 2007 instituant le droit opposable au logement et portant diverses mesures relatives à la cohésion sociale (BOMELT nº 2007/10, p. 111).

CHAPITRE III *Agence nationale pour la rénovation urbaine*

V. Circ. nº 2004-56 du 25 oct. 2004 relative aux aides au logement dans les territoires d'intervention de l'ANRU (BOMELT nº 2004/21, p. 90).

Art. 10 Il est créé un établissement public national à caractère industriel et commercial dénommé « Agence nationale pour la rénovation urbaine ».

Cet établissement a pour mission de contribuer, dans un objectif de mixité sociale et de développement durable, à la réalisation du programme national de rénovation urbaine dans tous les quartiers visés à l'article 6 en accordant des concours financiers aux collectivités territoriales, aux établissements publics de coopération intercommunale compétents et aux organismes publics ou privés qui y conduisent des opérations concourant à la rénovation urbaine, à l'exception des établissements publics nationaux à caractère administratif dont les subventions de l'État constituent la ressource principale. Il passe des conventions pluriannuelles avec les collectivités et organismes destinataires de ces subventions. Son conseil d'administration peut fixer, en fonction du montant des subventions ou du coût de l'opération financée, des seuils au-dessous desquels il n'est pas conclu de convention.

L'Agence nationale pour la rénovation urbaine élabore et adopte, dans les neuf mois suivant sa création, une charte d'insertion qui intègre dans le programme national de rénovation urbaine les exigences d'insertion professionnelle *(L. nº 2006-872 du 13 juill. 2006, art. 105)* « et sociale » des habitants des zones urbaines sensibles.

Les concours financiers de l'agence sont destinés à des opérations d'aménagement urbain, à la réhabilitation, la résidentialisation, la démolition et la construction de nouveaux logements sociaux, à l'acquisition ou la reconversion de logements existants, à la création, la réhabilitation d'équipements publics ou collectifs, à la réorganisation d'espaces d'activité économique et commerciale, à l'ingénierie, à l'assistance à la maîtrise d'ouvrage, au relogement et à la concertation, ou à tout investissement concourant à la rénovation urbaine de tous les quartiers visés à l'article 6.

(L. no 2006-872 du 13 juill. 2006, art. 106) « Pour chaque opération, un accord de gestion urbaine de proximité est signé entre les parties aux conventions visées au deuxième alinéa, les associations de proximité et les services publics de l'État et des collectivités territoriales. »

A titre exceptionnel, après accord du ministre chargé de la ville et du ministre chargé du logement, en l'absence de dispositif local apte à mettre en œuvre tout ou partie des projets de rénovation urbaine, l'agence peut également assurer, à la demande des conseils municipaux ou des organes délibérants des établissements publics de coopération intercommunale compétents, la maîtrise d'ouvrage de tout ou partie de ces projets.

Art. 10-1 *(L. no 2009-323 du 25 mars 2009, art. 26-I)* L'Agence nationale pour la rénovation urbaine contribue à la mise en œuvre du programme national de requalification des quartiers anciens dégradés mentionné à l'article 25 de la loi no 2009-323 du 25 mars 2009 de mobilisation pour le logement et la lutte contre l'exclusion, en accordant des concours financiers aux collectivités territoriales, aux établissements publics de coopération intercommunale compétents et aux organismes publics ou privés qui conduisent les opérations concourant à la réalisation de ce programme. A cet effet, elle passe des conventions pluriannuelles avec les collectivités et organismes destinataires de ces concours. Son conseil d'administration peut fixer, en fonction du montant des concours financiers ou du coût de l'opération financée, des seuils au-dessous desquels il n'est pas conclu de convention.

Loi no 2009-323 du 25 mars 2009,

De mobilisation pour le logement et la lutte contre l'exclusion.

Art. 25 Le programme national de requalification des quartiers anciens dégradés vise à engager les actions nécessaires à une requalification globale de ces quartiers tout en favorisant la mixité sociale, en recherchant un équilibre entre habitat et activités et en améliorant la performance énergétique des bâtiments.

Le programme concerne les quartiers, dont la liste est fixée par décret *[V. Décr. no 2009-1780 du 31 déc. 2009]*, présentant soit une concentration élevée d'habitat indigne et une situation économique et sociale des habitants particulièrement difficile, soit une part élevée d'habitat dégradé vacant et un déséquilibre important entre l'offre et la demande de logements.

Les actions de ce programme peuvent porter notamment sur :

— la revalorisation des îlots d'habitat dégradé par l'acquisition du foncier et sa revente, nu ou bâti ;

— le relogement des habitants, avec pour objectif prioritaire leur maintien au sein du même quartier requalifié ;

— la production de logements locatifs sociaux et de places d'hébergement ainsi que la diversification de l'offre immobilière ;

— la réhabilitation du parc privé existant ;

— l'amélioration de la performance énergétique des bâtiments ;

— la lutte contre l'habitat indigne ;

— l'aménagement des espaces et des équipements publics de proximité ;

— la réorganisation ou la création d'activités économiques et commerciales, de services publics et de services de santé ;

— l'accompagnement social des habitants ;

— la réalisation des études préliminaires et opérations d'ingénierie nécessaires à sa mise en œuvre.

Pour la période 2009-2016, le programme national prévoit la réhabilitation de 60 000 logements privés, dont au moins 20 000 devant faire l'objet d'un conventionnement, et la production de 25 000 logements locatifs sociaux et 5 000 places d'hébergement ou logements de transition.

Un rapport présentant l'état d'avancement et le bilan de la mise en œuvre du programme national de requalification des quartiers anciens dégradés est transmis par le Gouvernement au Parlement avant le 1er octobre de chaque année.

....

Art. 26 II. — Un décret en Conseil d'État fixe les modalités d'utilisation du fonds d'intervention pour les services, l'artisanat et le commerce pour le financement des opérations prévues dans les quartiers éligibles au programme national de requalification des quartiers anciens dégradés.

V. Circ. 28 mai 2009 relative à la L. n° 2009-323 du 25 mars 2009 - Développement de l'offre de logement (BOMEEDDM n° 2009/12, p. 64).

....

Décret n° 2009-720 du 17 juin 2009,

Relatif à la commission du programme national de requalification des quartiers anciens dégradés.

Art. 1er Il est institué auprès du ministre chargé du logement une commission du programme national de requalification des quartiers anciens dégradés.

La commission émet un avis sur l'éligibilité du quartier au programme, son périmètre et les actions proposées. Elle transmet son avis au ministre chargé du logement.

Art. 2 La commission du programme national de requalification des quartiers anciens dégradés comprend les membres suivants :

1° Un député désigné par l'Assemblée nationale ;

Un sénateur désigné par le Sénat ;

2° En qualité de représentants de l'État et de ses établissements publics :

— un représentant du ministre chargé du logement, président de la commission ;

— un représentant du ministre chargé de l'urbanisme ;

— un représentant du ministre chargé de la politique de la ville ;

— un représentant du ministre chargé de l'architecture et du patrimoine ;

— un représentant du ministre chargé du commerce et de l'artisanat ;

— un représentant de l'Agence nationale pour la rénovation urbaine ;

— un représentant de l'Agence nationale de l'habitat ;

3° En qualité de représentants d'organismes intervenant en matière de politique de l'habitat :

— un représentant de la Caisse des dépôts et consignations ;

— deux représentants de l'Union d'économie sociale pour le logement ;

— un représentant de l'Union sociale pour l'habitat ;

— un représentant de la Fédération des entreprises publiques locales ;

4° En qualité de représentants des collectivités locales :

— quatre représentants des maires, dont deux désignés par l'Association des maires de France, un par l'Assemblée des communautés de France et un par l'Association des communautés urbaines de France ;

— un représentant des présidents de conseils généraux désigné par l'Assemblée des départements de France ;

— un représentant des présidents de conseils régionaux désigné par l'Association des régions de France.

Art. 3 Les membres de la commission du programme national de requalification des quartiers anciens dégradés mentionnés aux 2°, 3° et 4° de l'article 2 sont nommés par arrêté du ministre chargé du logement.

La commission peut, sur proposition de son président, s'adjoindre le concours d'experts, qui ne prennent pas part aux délibérations.

La direction générale de l'aménagement, du logement et de la nature assure le secrétariat de la commission.

Décret no 2009-1780 du 31 décembre 2009,

Fixant la liste des quartiers bénéficiaires du programme national de requalification des quartiers anciens dégradés.

Art. 1er Les quartiers bénéficiaires du programme national de requalification des quartiers anciens dégradés mentionné à l'article 25 de la loi du 25 mars 2009 susvisée sont les suivants :

1o Le quartier du centre-ville ancien de la commune d'Annonay (Ardèche) ;

2o Le quartier du centre-ville de la commune d'Aubervilliers (Seine-Saint-Denis) ;

3o Le quartier du centre ancien de la commune de Bastia (Haute-Corse) ;

4o Les quartiers du Petit Bayonne et du Grand Bayonne de la commune de Bayonne (Pyrénées-Atlantiques) ;

5o Le quartier du centre-ville de la commune de Béziers (Hérault) ;

6o Le quartier du cœur de ville de la commune de Bordeaux (Gironde) ;

7o Le quartier de Vauxhall-Fontinettes de la commune de Calais (Pas-de-Calais) ;

8o Le quartier du centre ancien de la commune de Carpentras (Vaucluse) ;

9o Le quartier Porte Caraïbe de la commune de Fort-de-France (Martinique) ;

10o Le quartier du centre ancien de la commune du Havre (Seine-Maritime) ;

11o Le quartier du centre-ville de la commune du Puy-en-Velay (Haute-Loire) ;

12o Le quartier de la route d'Houplines-Octroi des communes d'Armentières et d'Houplines, le quartier Simons de la commune de Lille, le quartier Bayard de la commune de Tourcoing, le quartier du Pile de la commune de Roubaix et le quartier Crétinier de la commune de Wattrelos (Nord) ;

13o Le quartier du centre historique de la commune de Marignane (Bouches-du-Rhône) ;

14o Le quartier du centre historique Cathédrale et Saint-Nicolas de la commune de Meaux (Seine-et-Marne) ;

15o Le quartier Bas-Montreuil et Coutures des communes de Montreuil et de Bagnolet (Seine-Saint-Denis) ;

16o Le quartier Vernier-Thiers de la commune de Nice (Alpes-Maritimes) ;

17o Le quartier de la Gare de la commune de Perpignan (Pyrénées-Orientales) ;

18o Le quartier du centre-ville de la commune de Saint-Denis (Seine-Saint-Denis) ;

19o Le quartier du centre ancien de la commune de Saint-Gilles (Gard) ;

20o Le quartier du Faubourg d'Isle de la commune de Saint-Quentin (Aisne) ;

21o Le quartier du centre ancien de la commune de Sedan (Ardennes) ;

22o Les quartiers Révolution, Île Sud et le Quartier Haut de la commune de Sète (Hérault) ;

23o Le quartier du Bouchon de Champagne de la commune de Troyes (Aube) ;

24o Le quartier du centre ancien de la commune de Valenciennes, le quartier La Croix de la commune d'Anzin, le quartier du centre-ville de la commune de Fresnes-sur-Escaut, le quartier du centre historique de la commune de Condé-sur-l'Escaut et le quartier Le Jard de la commune de Vieux-Condé (Nord) ;

25o Le quartier du centre-ville et du centre ancien de la commune de Villeneuve-Saint-Georges (Val-de-Marne) ;

26o Le quartier du centre ancien de la commune d'Aix-en-Provence (Bouches-du-Rhône) ;

27o Le quartier de la Bastide Saint-Louis de la commune de Carcassonne (Aude) ;

28o Les quartiers du centre-ville et de Châteauneuf de la commune de Châtellerault (Vienne) ;

29o Le quartier du centre-ville d'Elbeuf (Seine-Maritime) ;

30o Le quartier Pasteur de la commune de Juvisy-sur-Orge (Essonne) ;

31o Le quartier du centre historique de la commune de La Seyne-sur-Mer (Var) ;

32o Le quartier Sous-le-Bois des communes de Maubeuge et de Louvroil (Nord) ;

33o Les quartiers Villebourbon et Sapiac Village de la commune de Montauban (Tarn-et-Garonne) ;

34o Le quartier Carmes-Bannier de la commune d'Orléans (Loiret) ;

35o Le quartier du centre ancien de la commune de Rennes (Ille-et-Vilaine) ;

36o Le quartier de La Noue de la commune de Saint-Dizier (Haute-Marne) ;

37o Le quartier Saint-Just-Pareille-Rondet et le quartier Chappe-République-Neyron de la commune de Saint-Étienne (Loire) ;

38o Le quartier Rosiers-Debain de la commune de Saint-Ouen (Seine-Saint-Denis) ;

39o Le quartier de la vallée de la Gère de la commune de Vienne (Isère) ;

40o Le quartier du centre-ville de la commune de Vierzon (Cher).

Pour les quartiers mentionnés du 26o au 40o, les actions du programme national de requalification des quartiers anciens dégradés portent sur la réalisation d'études et sur l'ingénierie.

Art. 2 Les quartiers mentionnés à l'article 1er sont délimités conformément aux plans annexés au présent décret.

Ces plans peuvent être consultés sur le site internet http://www.developpement-durable.gouv.fr. Ils sont tenus à la disposition du public à la direction générale de l'aménagement, de la nature et des paysages (DGALN), située à la Grande Arche, 92055 La Défense Cedex, ainsi qu'auprès des préfectures des départements concernés.

Lorsque la limite d'un quartier correspond à une voie publique, elle est réputée suivre l'axe central de cette voie.

Art. 10-2 *(L. no 2009-323 du 25 mars 2009, art. 26-I)* Les conventions pluriannuelles mentionnées à l'article 10-1 peuvent prévoir, pour conduire les opérations qu'elles comprennent, que la commune ou l'établissement public de coopération intercommunale porteur du projet crée un fonds local de requalification des quartiers anciens dégradés. Ce fonds regroupe les financements du porteur de projet, des collectivités territoriales, de leurs groupements et de leurs établissements publics, de l'Agence nationale pour la rénovation urbaine, de l'Agence nationale de l'habitat et de tout autre organisme public ou privé.

La convention désigne la collectivité territoriale ou l'établissement public de coopération intercommunale compétent en matière de programme local de l'habitat responsable de la gestion comptable et financière du fonds ainsi que de l'instruction et du traitement des demandes et des décisions d'attribution des aides.

La collectivité territoriale ou l'établissement public de coopération intercommunale ainsi désigné peut déléguer, en contrepartie d'une rémunération :

– la gestion comptable et financière de ce fonds à un établissement public créé en application du *a* de l'article L. 321-1 ou de l'article L. 326-1 du code de l'urbanisme ;

– l'instruction et le traitement des demandes d'aides à un organisme privé ou public.

Les modalités de création, de gestion, d'utilisation des crédits de ce fonds ainsi que du contrôle de leur gestion sont fixées par décret en Conseil d'État.

Art. 11 L'Agence nationale pour la rénovation urbaine est administrée par un conseil d'administration composé en nombre égal, d'une part, de représentants de l'État et, d'autre part, de représentants des communes et de leurs établissements publics de coopération intercommunale compétents, des conseils généraux, des conseils régionaux, de l'Union d'économie sociale du logement, de l'Union nationale des fédérations d'organismes d'habitations à loyer modéré, *(L. no 2004-809 du 13 août 2004, art. 62)* « des sociétés d'économie mixte, » de la Caisse des dépôts et consignations et de l'Agence nationale de l'habitat, ainsi que de personnalités qualifiées.

(L. no 2004-809 du 13 août 2004, art. 61-XIV) « Le représentant de l'État dans le département est le délégué territorial de l'Agence nationale pour la rénovation urbaine. » *(L. no 2005-32 du 18 janv. 2005, art. 93-I-1o)* « Le délégué territorial de l'Agence nationale pour la rénovation urbaine peut subdéléguer ses compétences ou sa signature dans des conditions définies par décret. »

(L. nº 2004-809 du 13 août 2004, art. 61-XIV) « En complément des conventions prévues par les articles L. 301-5-1 et L. 301-5-2 du code de la construction et de l'habitation, les communautés urbaines *(L. nº 2010-1563 du 16 déc. 2010, art. 17-VIII)* « , les métropoles », les communautés d'agglomération, les syndicats d'agglomération nouvelle, les communautés de communes et, pour le reste du territoire, les départements peuvent conclure une convention avec l'Agence nationale pour la rénovation urbaine par laquelle celle-ci leur délègue la gestion des concours financiers qu'elle affecte au titre des conventions visées au deuxième alinéa de l'article 10. *(L. nº 2005-32 du 18 janv. 2005, art. 93-I, 2º)* « Cette délégation de gestion des concours financiers peut être subdéléguée à des organismes publics ayant vocation à conduire des projets de rénovation urbaine et dotés d'un comptable public, dans des conditions définies par décret. »

« Le délégué territorial de l'Agence nationale pour la rénovation urbaine signe les conventions prévues au présent article. » *(L. nº 2005-32 du 18 janv. 2005, art. 93-I-3º)* « Le préfet est cosignataire des conventions et de celles » visées au deuxième alinéa de l'article 10. *(L. nº 2005-32 du 18 janv. 2005, art. 93-I-4º)* « Le délégué territorial » en assure la préparation, l'évaluation et le suivi local. »

Sous réserve de l'entrée en vigueur des dispositions relevant de la loi de finances, les dispositions issues de la L. nº 2004-809 du 13 août 2004 sont applicables à compter du 1er janv. 2005 (L. préc., art. 199).

Art. 12 Les recettes de l'Agence nationale pour la rénovation urbaine sont constituées par :

1º Les subventions de l'État ;

(L. nº 2009-323 du 25 mars 2009, art. 8-X) « 2º Les contributions de l'Union d'économie sociale du logement ; »

3º Les subventions de la Caisse des dépôts et consignations ;

(Abrogé par L. nº 2009-323 du 25 mars 2009, art. 5) « ***4º La contribution prévue au dernier alinéa de l'article L. 452-4-1 du code de la construction et de l'habitation ;*** »

5º Le produit des emprunts qu'elle est autorisée à contracter, dans la limite d'un plafond fixé par décret ;

6º La rémunération des prestations de service de l'agence, les produits financiers, les produits de la gestion des biens entrés dans son patrimoine et le produit de la vente des biens et droits mobiliers et immobiliers ;

7º Les dons et legs ;

(L. nº 2010-1657 du 29 déc. 2010, art. 210-VII) « 8º Exceptionnellement, en 2011, 2012 et 2013, une fraction, fixée *(L. nº 2011-1977 du 28 déc. 2011, art. 46-V-F)* « conformément au plafond prévu au I de l'article 46 de la loi nº 2011-1977 du 28 décembre 2011 de finances pour 2012 *[95 000 000 euros]* », du produit de la taxe locale sur les locaux à usage de bureaux, les locaux commerciaux et les locaux de stockage, affecté à l'établissement public "Société du Grand Paris", créé par l'article 7 de la loi nº 2010-597 du 3 juin 2010 relative au Grand Paris *[V. **C. urb.**]*, en application du C du I de l'article 31 de la loi nº 2010-1658 du 29 décembre 2010 de finances rectificative pour 2010. »

....

Loi nº 2003-1312 du 30 décembre 2003,

De finances rectificative pour 2003.

Art. 92 I. — Un prélèvement de 106 millions d'euros est opéré en 2004 sur le Fonds pour le renouvellement urbain géré par la Caisse des dépôts et consignations.

Ce prélèvement est affecté, à raison de 50 millions d'euros, à l'Agence nationale pour la rénovation urbaine et, pour le solde, au budget général de l'État.

II. — Jusqu'à la clôture du Fonds pour le renouvellement urbain et selon des modalités définies par convention entre l'État et la Caisse des dépôts et consignations, les disponibilités nettes de ce fonds, constatées au 31 décembre de chaque année, sont versées au budget général de l'État.

Art. 14 *(L. nº 2005-32 du 18 janv. 2005, art. 93-II)* « Lorsque l'Agence nationale pour la rénovation urbaine finance la construction, l'acquisition, suivie ou non de travaux d'amélioration, de logements locatifs sociaux et la réhabilitation de logements locatifs sociaux existants *(L. nº 2009-323 du 25 mars 2009, art. 46)* « et des structures existantes que sont les structures d'hébergement, les établissements ou logements de transition, les logements-foyers ou les résidences hôtelières à vocation sociale », les subventions qu'elle accorde sont soumises aux mêmes conditions que les aides de l'État, notamment celles prévues au livre III du code de la construction et de l'habitation. Elle peut toutefois, dans des conditions définies par décret en Conseil d'État, majorer les subventions, en modifier l'assiette ou les conditions de versement. Les subventions accordées par l'agence à ce titre sont assimilées, dans les conditions définies par décret en Conseil d'État, aux aides de l'État pour l'octroi des prêts et pour l'application de l'article L. 351-2 du même code. » *– V. Décr. nº 2004-1005 du 24 sept. 2004 (JO 25 sept.), mod. par Décr. nº 2007-559 du 16 avr. 2007 (JO 18 avr.).*

(L. nº 2009-323 du 25 mars 2009, art. 46) « En outre, l'Agence nationale pour la rénovation urbaine peut financer la construction, l'acquisition suivie ou non de travaux d'amélioration ou la réhabilitation de structures d'hébergement, d'établissements ou logements de transition, de logements-foyers ou de résidences hôtelières à vocation sociale, pour les opérations retenues dans le programme national de requalification des quartiers anciens dégradés mentionné à l'article 25 de la loi nº 2009-323 du 25 mars 2009 précitée. »

Les montants, les taux et modalités d'attribution des subventions accordées par l'Agence nationale pour la rénovation urbaine pour d'autres objets que ceux mentionnés au premier alinéa sont fixés par son conseil d'administration dans le cadre des règles et orientations déterminées par l'État.

V. Circ. 28 mai 2009 relative à la L. nº 2009-323 du 25 mars 2009 - Développement de l'offre de logement (BOMEEDDM nº 2009/12, p. 64).

Art. 15 Les communes de moins de 20 000 habitants dont la moitié de la population habite dans une zone urbaine sensible telle que définie par le 3 de l'article 42 de la loi nº 95-115 du 4 février 1995 *[V. App., vº Zones prioritaires d'aménagement du territoire]* d'orientation pour l'aménagement et le développement du territoire sont exclues, à leur demande, du champ d'application des dispositions de la loi nº 2000-614 du 5 juillet 2000 relative à l'accueil et à l'habitat de gens du voyage et notamment de l'obligation prévue à l'article 2 de ladite loi.

. . . .

Art. 17 Un décret en Conseil d'État détermine l'organisation et le fonctionnement de l'Agence nationale pour la rénovation urbaine. Il précise les conditions dans lesquelles cette dernière peut assurer les missions de maîtrise d'ouvrage mentionnées à l'article 10.

Il prévoit les modalités selon lesquelles, pour les ensembles immobiliers comportant des locaux commerciaux, l'Agence nationale pour la rénovation urbaine coordonne ses interventions avec celles de l'Établissement public national pour l'aménagement et la restructuration des espaces commerciaux et artisanaux.

V. Décr. nº 2004-123 du 9 févr. 2004, App., vº Rénovation urbaine.

CHAPITRE IV *Dispositions relatives à la sécurité dans les immeubles collectifs à usage principal d'habitation et aux copropriétés en difficulté*

. . . .

TITRE II Développement économique des quartiers prioritaires

Art. 23 A compter du 1er janvier 2004, sont créées de nouvelles zones franches urbaines dans les communes et quartiers figurant sur la liste arrêtée à l'annexe 2 de la présente loi qui est insérée en I *bis* à l'annexe de la loi nº 96-987 du 14 novembre 1996 relative à la mise en œuvre du pacte de relance pour la ville. *– V. ce texte, App. vº Ville.*

. . . .

TITRE IV Dispositions diverses

CHAPITRE PREMIER *Dispositions relatives à la Caisse de garantie du logement locatif social et aux sociétés anonymes d'habitations à loyer modéré*

Art. 47 VI. – Une convention entre l'État et l'Union des habitations à loyer modéré regroupant les fédérations d'organismes d'habitations à loyer modéré détermine les conditions de partenariat au sein de l'Agence nationale de rénovation urbaine.

....

Art. 50 I. – Dans les sociétés anonymes d'habitations à loyer modéré mentionnées à l'article L. 422-2 du code de la construction et de l'habitation, toute augmentation de capital ou tout transfert d'actions à un tiers non actionnaire de la société intervenant entre la publication de la présente loi *[JO 2 août]* et la date de l'assemblée générale extraordinaire qui met en conformité les statuts de la société avec les dispositions de l'article L. 422-2-1 du même code est soumis à l'autorisation préalable de tout actionnaire détenteur de plus du tiers du capital.

II. – Les augmentations de capital ou les transferts d'actions à un tiers non actionnaire de la société effectués entre le 19 juin 2003 et la publication de la présente loi doivent faire l'objet, dans les trois mois suivant la publication de la présente loi, d'une validation par un actionnaire qui détenait au 31 décembre 2002 plus d'un tiers du capital. A défaut, les personnes titulaires des titres perdent le bénéfice des droits de vote attachés à ces actions. L'actionnaire détenteur au 31 décembre 2002 de plus du tiers du capital n'est pas tenu de motiver son refus de validation.

III. – Les personnes auxquelles est opposé un refus de l'autorisation du transfert d'actions prévue au I ou un refus de la validation de l'augmentation de capital ou du transfert d'actions prévue au II peuvent mettre en demeure l'auteur du refus d'acquérir les actions dans un délai de trois mois ou de les faire acquérir, dans le même délai, par une ou plusieurs personnes qu'il agrée. Le prix de la cession de ces actions ne peut être inférieur à celui de leur acquisition. Si, à l'expiration de ce délai, l'acquisition n'est pas réalisée, l'autorisation ou la validation est considérée comme accordée, sauf prolongation du délai par décision de justice à la demande de l'auteur du refus.

IV. – Pour le calcul du seuil de détention de plus du tiers du capital, sont considérées comme détenues par un seul et même actionnaire les actions que détiennent, d'une part, les collectivités territoriales et les établissements publics de coopération intercommunale, d'autre part, les associations et les organismes à but non lucratif ayant pour objet l'insertion des personnes en difficulté, enfin, les associés de l'Union d'économie sociale du logement mentionnée à l'article L. 313-18 du code de la construction et de l'habitation. Les actionnaires de chacune de ces trois catégories désignent, si besoin est, un mandataire commun pour prendre les décisions incombant à l'actionnaire détenteur de plus d'un tiers du capital.

V. – Les dispositions des I et II ne s'appliquent pas aux transferts d'actions réalisés dans le cadre d'une succession ou d'une liquidation de communauté de biens entre époux ou par cession au profit du conjoint, d'un ascendant ou d'un descendant.

Art. 51 I. – Lorsqu'un actionnaire détient la majorité du capital d'une société anonyme d'habitations à loyer modéré, il informe le préfet de la région où est situé le siège social de cette société, dans un délai de trois mois à compter de la publication de la présente loi et après consultation du conseil d'administration ou du conseil de surveillance, de ses propositions pour la constitution de l'actionnariat de référence au sens de l'article L. 422-2-1 du code de la construction et de l'habitation.

II. – Lorsqu'un actionnaire détient plus d'un tiers du capital d'une société anonyme d'habitations à loyer modéré, calculé sans prendre en compte les actions détenues par des personnes physiques ou des organismes de placement collectif en valeurs mobilières dont la majorité des parts est détenue par des salariés de cette société anonyme d'habitations à loyer modéré, et moins de la majorité du capital, il présente au conseil d'administration ou au conseil de surveillance, dans un délai de six mois à compter de la publication de la présente loi, une proposition visant à la constitution d'un actionnariat de référence. Cette proposition peut comporter, et le cas échéant combiner entre elles, des cessions de parts, une augmentation de capital ou la conclusion d'un pacte avec un ou deux autres actionnaires, dans les conditions prévues au II de l'article L. 422-2-1 du code de la construction et de l'habitation.

Dans le même délai, deux ou trois actionnaires détenant conjointement la majorité du capital peuvent également proposer au conseil d'administration ou au conseil de surveillance la conclusion entre eux d'un tel pacte.

Dans un délai d'un mois à compter du dépôt des propositions mentionnées aux deux alinéas précédents, le conseil d'administration ou le conseil de surveillance informe le préfet de région de l'accord intervenu en son sein ou, à défaut d'accord, lui demande d'intervenir pour faciliter la conclusion d'un tel accord.

Si les négociations ne permettent pas de parvenir à un accord, le ou les projets sont soumis à une instance arbitrale composée de trois personnalités qualifiées, désignées respectivement par le ministre chargé du logement, le président de l'Union nationale regroupant les fédérations d'organismes d'habitations à loyer modéré et l'actionnaire détenant plus du tiers du capital. Cette instance émet, dans un délai de trois mois, une recommandation sur la manière de parvenir à la constitution d'un actionnariat de référence.

III. — Lorsque aucun actionnaire ne détient au moins un tiers du capital, calculé comme au II, deux ou trois actionnaires détenant conjointement la majorité du capital peuvent, dans un délai de six mois à compter de la publication de la présente loi, proposer au conseil d'administration ou au conseil de surveillance la conclusion entre eux d'un tel pacte dans les conditions prévues au II de l'article L. 422-2-1 du code de la construction et de l'habitation.

Dans tous les cas, le conseil d'administration ou le conseil de surveillance, dans un délai d'un an à compter de la publication de la présente loi et après consultation des principaux actionnaires, propose au préfet de région une solution permettant la constitution d'un actionnariat de référence et, à défaut, lui demande d'intervenir pour faciliter la recherche d'une telle solution.

Si les négociations ne permettent pas d'y parvenir, le dossier est soumis au ministre chargé du logement qui émet, dans un délai de trois mois, une recommandation sur la manière de parvenir à la constitution d'un actionnariat de référence.

IV. — Pour l'application des I, II et III, les associés de l'Union d'économie sociale du logement sont considérés comme un seul actionnaire. Il en va de même des organismes à but non lucratif ayant pour objet l'insertion des personnes en difficulté.

V. — A l'issue des procédures décrites aux I, II et III et au plus tard à l'issue d'un délai de deux ans suivant la publication de la présente loi, une assemblée générale extraordinaire est convoquée afin de mettre les statuts de la société anonyme d'habitations à loyer modéré en conformité avec les dispositions de l'article L. 422-2-1 du code de la construction et de l'habitation. Pour cette décision de mise en conformité, les droits de vote attachés aux actions de capital ou de jouissance sont proportionnels à la quotité de capital qu'elles représentent, nonobstant toutes dispositions réglementaires ou statutaires contraires.

Après cette mise en conformité et après nomination, conformément aux nouvelles règles statutaires, des membres du conseil d'administration ou de ceux du conseil de surveillance et du directoire, la société anonyme d'habitations à loyer modéré demande le renouvellement de l'agrément prévu à l'article L. 422-5 du code de la construction et de l'habitation. A défaut de mise en conformité des statuts dans le délai imparti ou si les recommandations mentionnées au II et au III du présent article n'ont pas été suivies, l'agrément peut être retiré. L'autorité administrative prend alors les mesures prévues à l'article L. 422-7 du code de la construction et de l'habitation et, le cas échéant, à l'article L. 422-8 du même code. — *V. Arr. 5 oct. 2004 fixant le contenu du dossier de demande de renouvellement de l'agrément des SA d'HLM (JO 26 oct.).*

VI. — A compter de la publication de la présente loi, les représentants des locataires aux assemblées générales d'actionnaires visés au 3° du I de l'article L. 422-2-1 du code de la construction et de l'habitation dans sa rédaction issue de la présente loi sont les

représentants des locataires élus en application de l'article L. 422-2-1 du même code dans sa rédaction antérieure à l'entrée en vigueur de la loi précitée.

Les élections prévues au 3o du I de l'article L. 422-2-1 du même code dans sa rédaction issue de la présente loi auront lieu, pour la première fois, à l'issue du mandat en cours lors de la publication de la présente loi des représentants des locataires élus en application de l'article L. 422-2-1 du même code dans sa rédaction antérieure à la publication de la loi précitée.

....

Art. 62 *(L. no 2006-872 du 13 juill. 2006, art. 112)* **Le titre Ier est applicable à Mayotte, à l'exception du troisième alinéa de l'article 11, des articles 13, 15 et 16, ainsi que du chapitre IV.**

Pour l'application à Mayotte des dispositions visées au premier alinéa, les mots : « le département » sont remplacés par les mots : *(L. no 2010-1487 du 7 déc. 2010, art. 36)* **« le Département de Mayotte ».**

Pour l'application de l'article 14, les références au code de la construction et de l'habitation sont supprimées.

....

ANNEXE 1

OBJECTIFS ET INDICATEURS DE LA POLITIQUE DE LA VILLE

Introduction

a) Principes généraux

La présente annexe précise, pour chaque politique publique concourant à la politique de la ville, les orientations et les objectifs assignés sur une période de cinq ans. Ils sont précisés au niveau national par une série d'indicateurs et d'éléments d'évaluation qui ont vocation à être transmis à l'Observatoire national des zones urbaines sensibles visé à l'article 3 et à figurer dans le rapport annuel visé à l'article 5.

Ces objectifs sont précisés et complétés à l'occasion de la mise en œuvre locale de la politique de la ville par les différents partenaires qui la conduisent. Le rapprochement et l'analyse croisée des différents indicateurs au niveau de chaque territoire contribuent à l'évaluation de l'efficacité des politiques publiques dont ils font l'objet. Des indicateurs recueillis localement pourront enrichir le système d'observation.

Le suivi de l'évolution de ces indicateurs et des moyens mis en œuvre pour réduire les inégalités constatées dans les zones urbaines sensibles ainsi que l'évaluation des politiques publiques conduites dans ces mêmes territoires sont assurés par un observatoire national qui sera placé sous l'autorité du ministre chargé de la politique de la ville et sous la responsabilité fonctionnelle de l'administration centrale en charge de la politique de la ville.

b) Le financement du programme national de rénovation urbaine

Les ressources destinées au programme national de rénovation urbaine comprennent, notamment, outre les financements mentionnés à l'article 7 et ceux des collectivités territoriales, de leurs groupements et des investisseurs, les contributions suivantes :

- La contribution annuelle de l'Union d'économie sociale du logement, à hauteur de 550 millions d'euros entre 2004 et 2008 ;
- Les contributions de la Caisse des dépôts et consignations ;
- Le cas échéant, les subventions de l'Union européenne, notamment celles relevant de l'objectif 2 et du programme d'initiative communautaire URBAN ;
- Les prêts sur fonds d'épargne consentis par la Caisse des dépôts et consignations. L'enveloppe pour la période 2004-2005 est fixée à 1,6 milliard d'euros sous la forme de prêts de renouvellement urbain. Une convention spécifique précisera l'enveloppe consacrée aux prêts pour la période 2006-2008 ;
- Les contributions de solidarité versées par les organismes d'habitations à loyer modéré cités à l'article L. 452-4-1 du code de la construction et de l'habitation.

1. L'objectif de réduction progressive des écarts constatés avec les autres villes ou quartiers, et de « retour au droit commun »

La politique de la ville se justifie par l'objectif de réduction progressive des écarts constatés avec les autres villes ou quartiers, et de « retour au droit commun ».

Ainsi, chacun des indicateurs mentionnés dans la présente annexe est accompagné de son évaluation pour les zones urbaines dans leur ensemble.

Un ou plusieurs indicateurs globaux permettent d'évaluer la situation socio-économique globale des zones urbaines sensibles (ZUS), ainsi que des zones urbaines dans leur ensemble.

Ces indicateurs figurent dans le rapport au Parlement prévu par l'article 5.

2. Emploi et développement économique : réduire les disparités territoriales et améliorer l'accès à l'emploi

D'après les données des recensements, le taux de chômage a augmenté plus fortement dans les zones urbaines sensibles que dans l'ensemble de la France urbaine, pour atteindre 25,4 %, soit 491 601 chômeurs. Cette moyenne recouvre des écarts considérables entre les ZUS, certaines d'entre elles connaissant un taux de chômage supérieur à 40 %. Par ailleurs, le taux de chômage des jeunes dans l'ensemble des ZUS était en 1999 de 40 %, soit 15 points au-dessus de la moyenne nationale. Le faible niveau de qualification des habitants des ZUS constitue un handicap pour l'accès à l'emploi. En 1999, un habitant sur trois de plus de quinze ans déclarait n'avoir aucun diplôme, soit 1,8 fois plus que la moyenne nationale. Enfin, les données partielles sur la mise en œuvre de la politique de l'emploi en 2000 et 2001 font apparaître globalement un déficit d'accès des publics visés par ces politiques en ZUS par rapport aux mêmes publics résidant dans d'autres territoires.

2.1. Les objectifs

Réduire d'un tiers le nombre de chômeurs dans les ZUS sur une période de cinq ans.

Rapprocher le taux de chômage de l'ensemble de chaque ZUS de celui de l'ensemble de leur agglomération de référence.

Mener des politiques prioritaires de formation professionnelle des habitants des ZUS, en particulier pour les bas niveaux de qualification.

Renforcer les politiques d'insertion par l'emploi des populations à faible qualification et de celles durablement exclues du marché de l'emploi.

2.2. Les indicateurs de résultats

Évolution annuelle du taux de chômage dans l'ensemble des zones urbaines sensibles et dans l'ensemble des agglomérations concernées par la politique de la ville.

Évolution du même taux pour les actifs de faible niveau de formation, et pour les jeunes actifs de moins de vingt-cinq ans dans les ZUS et les agglomérations de référence.

Évolution annuelle du nombre des demandeurs d'emploi de catégorie 1 inscrits à *(L. nº 2008-126 du 13 févr. 2008, art. 14)* « l'institution mentionnée à l'article L. 5312-1 du code du travail » dans les ZUS et des demandeurs d'emploi étrangers résidant en ZUS.

2.3. Les indicateurs de mise en œuvre des dispositifs de la politique d'emploi et de développement économique

2.3.1. Taux de couverture des différents dispositifs d'aide à l'emploi dans les ZUS comparé aux agglomérations :

— aides à l'embauche en entreprise ;

— aides aux emplois des entreprises d'insertion ;

— aides aux emplois d'utilité sociale ;

— stages de formation et d'insertion ;

— contrats en alternance.

2.3.2. Développement économique et emploi dans les ZUS et en particulier dans les zones franches urbaines (ZFU) :

— nombre d'entreprises existantes, créées ou transférées ;

— nombre d'emplois existants, transférés et créés dans les ZFU et nombre d'embauches réalisées par les entreprises implantées dans ces zones de personnes résidant en ZUS ;

— taux de suivi des demandeurs d'emploi en ZUS par le service public de l'emploi ;
— investissements publics réalisés dans chaque ZUS, zone de redynamisation urbaine (ZRU) et ZFU.

3. Améliorer l'habitat et l'environnement urbain

3.1. Les objectifs

Les objectifs visent sur une période de cinq ans :

La réalisation du programme national de rénovation urbaine

Les choix arrêtés pour chacun des sites relèvent des responsabilités locales et la loi n'a pas pour objet de leur assigner des objectifs précis. Le programme national de rénovation urbaine et les moyens arrêtés par la présente loi visent néanmoins à atteindre les objectifs suivants :

• La constitution d'une offre nouvelle de 200 000 logements locatifs sociaux, soit par la remise sur le marché de logements vacants, soit par la construction de nouveaux logements sociaux dont la conception s'écarte résolument des errements du passé. Ces logements seront construits au sein des ZUS ou dans les agglomérations dont elles font partie ; ils viendront en complément des programmes de logements sociaux destinés à l'accroissement du parc hors besoins spécifiques liés à la rénovation urbaine ;

• La réhabilitation ou la restructuration en profondeur de 200 000 logements locatifs sociaux permettant de leur redonner un regain durable d'attractivité ;

• La démolition d'un nombre équivalent de logements locatifs sociaux que la réhabilitation ne permet pas de remettre au niveau de la demande sociale actuelle ou dont la destruction est rendue nécessaire par les besoins de restructuration urbaine ;

• La résidentialisation d'un nombre équivalent de logements locatifs sociaux ;

• La réalisation de travaux de réhabilitation des parties communes des immeubles et des espaces collectifs ;

• L'amélioration de la gestion et de l'entretien courant des espaces urbains inscrite dans des conventions de gestion urbaine de proximité entre les bailleurs sociaux et les villes pour toutes les ZUS de plus de 500 logements, ces conventions pouvant ouvrir droit à une exonération partielle de taxe foncière sur les propriétés bâties ;

• La diversification de l'offre de l'habitat dans les ZUS par le soutien à la construction de logements locatifs à loyers intermédiaires et de logements destinés à l'accession à la propriété ;

• Le soutien aux copropriétés en situation de fragilité financière, l'aide à leur réhabilitation, leur intégration éventuelle dans le parc locatif social lorsque le maintien du régime de copropriété est un obstacle dirimant à leur entretien, leur rachat en vue de démolition dans les cas les plus difficiles ou lorsque ces démolitions sont rendues nécessaires par les projets de restructuration urbaine.

La qualité de la gestion urbaine de proximité

L'objectif est de développer les conventions de gestion urbaine de proximité pour toutes les ZUS de plus de 500 logements ainsi que pour les sites faisant l'objet d'opérations de rénovation urbaine. Dans tous les cas, ces conventions doivent se fonder sur des diagnostics précis, donner lieu à des engagements contractuels clairs, être dotées d'outils de suivi et d'évaluation et associer les habitants à tous les niveaux de mise en œuvre, du diagnostic à l'évaluation.

3.2. Les indicateurs

Nombre annuel de logements sociaux réhabilités dans les ZUS.
Nombre annuel de logements sociaux construits dans les ZUS.
Nombre annuel de logements sociaux démolis dans les ZUS.
Nombre annuel de logements intermédiaires construits dans les ZUS.
Nombre de logements concernés par des transformations d'usage.
Nombre de conventions de gestion urbaine de proximité.
Nombre de logements vacants et évolution.
Taux de rotation dans le logement.
Nombre de logements traités en opérations programmées pour l'amélioration de l'habitat.
Nombre de plans de sauvegarde dans les ZUS.

Nombre de logements sociaux construits dans les communes qui ont moins de 20 % de logements sociaux.

Nombre de logements individuels destinés à l'habitation principale, réalisés ou acquis par des propriétaires et situés dans les ZUS.

4. Santé : développer la prévention et l'accès aux soins

Permettre à chacun d'accéder à une offre de soins de proximité et de qualité, à la fois curative et préventive, est l'ambition de notre système national de santé. En ZUS, celui-ci doit s'adapter pour tenir compte de la spécificité des populations qui y résident et améliorer ainsi sa performance et l'état sanitaire général de la population.

4.1. Les objectifs

4.1.1. Favoriser l'installation des professionnels de la santé.

Compte tenu des carences constatées, il y a lieu de garantir pour chaque ZUS un bon niveau de démographie médicale. Le Gouvernement présentera au Parlement un rapport sur l'état de l'offre médicale et paramédicale en ZUS en un plan quinquennal de résorption des zones déficitaires identifiées.

Ce plan favorisera l'installation de professions médicales et paramédicales et le développement à la fois des maisons de santé et des réseaux de santé publique, tels que définis par l'article L. 6321-1 du code de la santé publique. Les maisons de santé créées répondent au besoin d'une médecine de ville de proximité et permettent d'assurer dans de meilleures conditions la permanence des soins. Elles ont vocation à conduire des actions de prévention sanitaire, en particulier en direction des populations étrangères et des femmes. Le développement de la pédopsychiatrie en ZUS sera encouragé dans ce cadre.

4.1.2. Accompagner les programmes de prévention.

Les programmes régionaux d'accès à la prévention et aux soins (PRAPS) se concrétiseront dans les ZUS grâce à des instances locales de concertation, de déclinaison et d'élaboration de programmes de santé publique, notamment, les ateliers « santé-ville », qui réunissent les acteurs sanitaires et sociaux, les services déconcentrés de l'État, les collectivités territoriales et les associations concernées. Le développement de la médiation dans le domaine de la santé sera encouragé dans ce cadre et dans celui des maisons de santé, notamment par le programme adultes-relais. Pour apprécier les efforts en la matière, les systèmes d'information mis en place pour l'analyse du financement du programme de santé publique et des activités correspondantes permettront de distinguer les ZUS.

4.1.3. Renforcer la santé scolaire.

Une optimisation des ressources médicales et paramédicales au niveau local confortera les efforts entrepris pour renforcer la santé scolaire et développer les programmes de prévention en direction des jeunes. Une attention particulière sera portée à la réalisation des prescriptions de soins à l'issue des bilans de santé.

4.2. Les indicateurs

Démographie médicale et paramédicale

Ratio de praticiens médicaux et paramédicaux pour 5 000 habitants dans les ZUS et nombre d'actes par médecin généraliste.

Nombre de maisons de santé existantes et créées en ZUS.

Nombre de réseaux de santé publique intervenant en ZUS.

Accès aux soins

Ratio entre le nombre de titulaires de la couverture maladie universelle et la population totale.

Nombre de permanences d'accès aux soins de santé en ZUS.

Importance des programmes de santé publique

Part du budget des programmes de santé publique affectée en ZUS.

Santé scolaire

Taux de réalisation des prescriptions de soins à l'issue des bilans de santé scolaire.

5. Améliorer la réussite scolaire

La qualité de l'offre scolaire et éducative est un vecteur essentiel de requalification des territoires urbains en raison de son incidence directe sur les stratégies résidentielles des ménages et de son impact sur la ségrégation territoriale. Elle a une incidence très forte sur la réussite des enfants et des jeunes qui habitent dans ces quartiers.

Les efforts de discrimination positive accomplis depuis plus de vingt ans dans le cadre de l'éducation prioritaire, s'ils ont été importants, n'ont cependant pas permis de réduire notablement les écarts de réussite scolaire entre les établissements situés en ZUS et l'ensemble du territoire national. Si les difficultés scolaires ne sont pas spécifiques aux jeunes résidant en ZUS, elles revêtent un caractère particulièrement aigu dans ces quartiers et plus particulièrement dans les familles qui cumulent des difficultés économiques et sociales.

5.1. Les objectifs

Pour réduire les écarts de niveau entre certains élèves et les autres élèves scolarisés en ZUS et leur garantir une formation adaptée, le système éducatif poursuivra son adaptation et sa coopération avec les collectivités territoriales et autres acteurs locaux. Une démarche de veille éducative, permettant de prévenir les interruptions des parcours éducatifs, sera systématiquement mise en œuvre au plan local.

L'objectif à atteindre d'ici à cinq ans est une augmentation significative de la réussite scolaire dans les établissements des réseaux d'éducation prioritaire et des ZUS pour rapprocher leurs résultats de ceux des autres établissements scolaires.

5.1.1. Poursuivre les efforts en faveur de l'éducation prioritaire.

Il revient aux acteurs locaux de se donner des objectifs précis dans le cadre d'une relance des contrats de réussite et d'élaborer des tableaux de bord avec des indicateurs de moyens et de performances. C'est sur la base du contrat de réussite que seront définis les engagements des autorités académiques. Au sein des réseaux d'éducation prioritaire, la lettre de mission des responsables et des coordonnateurs les mandatera pour assurer l'articulation entre le réseau d'éducation prioritaire et la ville.

5.1.2. Clarifier et simplifier les politiques éducatives.

La multiplicité des cadres de contractualisation, des dispositifs, des échelles d'intervention et des opérateurs n'assure ni la lisibilité ni la cohérence des actions éducatives sur un territoire. Les procédures et cadres contractuels seront simplifiés dès 2004. Ils seront organisés dans un cadre fédérateur regroupant tous les dispositifs existants dans et hors l'école, associant l'ensemble des partenaires concernés qui en détermineront localement les modalités. Ce cadre déterminera les enjeux stratégiques, les objectifs prioritaires et les moyens mobilisés.

5.2. Les indicateurs

5.2.1. Indicateurs nationaux de moyens dans les établissements en ZUS :

— nombre d'enseignants pour cent élèves dans les écoles ;
— nombre moyen d'élèves par structure pédagogique au collège ;
— dotation totale horaire dans les collèges ;
— proportion d'enseignants en poste depuis deux ans ou moins dans le même collège ;
— proportion d'enseignants de moins de trente ans dans les écoles ;
— proportion d'enseignants de moins de trente ans dans les collèges ;
— nombre de classes d'enseignement général de lycées ;
— nombre d'établissements d'enseignement supérieur.

5.2.2. Indicateurs de résultats :

— résultats aux évaluations nationales (considérés dans tous les cas à partir de l'écart aux moyennes nationales) ;
— proportion d'élèves en retard au début du cycle 3 ;
— proportion d'élèves en retard à la fin du cycle 3 ;
— proportion d'élèves en retard de deux ans ou plus en 6e ;
— proportion d'élèves en retard de deux ans ou plus en 3e générale, sauf 3e d'insertion ;
— taux d'accès de 6e en 3e ;

— devenir des élèves de 3e en fin de seconde générale et technologique ;
— devenir des élèves de 3e en fin de seconde professionnelle ;
— résultats au diplôme national du brevet des collèges ;
— taux de réussite aux baccalauréats général, technologique et professionnel ;
— proportion d'élèves boursiers reçus au brevet des collèges ;
— proportion d'élèves boursiers reçus au baccalauréat.

Chaque fois que possible, on retiendra le taux d'évitement à l'entrée en 6e.

6. Sécurité et tranquillité publiques

Les problèmes d'insécurité concernent l'ensemble du territoire national et s'accroissent dans les zones périurbaines. Les actes de délinquance et les atteintes à la tranquillité publique accentuent le sentiment d'abandon de la population des ZUS, souvent fragilisée et exposée à une insécurité économique et sociale. Le déficit de gestion urbaine de proximité, une présence souvent insuffisante des services et équipements publics, la forte visibilité des conflits d'usage des espaces ouverts au public et les tensions de la vie quotidienne entre générations, services publics et usagers confortent le sentiment de relégation et nourrissent le sentiment d'insécurité.

Ainsi, il résulte de l'enquête INSEE « vie de quartier » (avril 2002) que la part des personnes trouvant leur quartier peu sûr est beaucoup plus importante pour les habitants des quartiers de la politique de la ville que pour les autres (habitants en ZUS : 46,4 %, comparé à 7,7 % pour les habitants de zones rurales et agglomérations sans ZUS et 17 % pour les habitants d'agglomérations avec ZUS).

Ces problèmes d'insécurité réduisent l'attractivité de ces territoires et peuvent mettre en péril les programmes de rénovation urbaine qui y sont engagés.

6.1. Les objectifs

L'objectif est de réduire le niveau de délinquance et d'améliorer la tranquillité et la sécurité publiques afin de rétablir le sentiment de sécurité et la qualité de vie dans les quartiers en ZUS. Cela exige de prévenir et de lutter contre la délinquance sous toutes ses formes, mais également d'œuvrer à la cohésion sociale et de garantir l'accès au droit des personnes habitant les territoires urbains qui connaissent aujourd'hui les plus grandes fractures.

Cela implique la mobilisation de tous : l'État, les maires animateurs des politiques locales de prévention et de tranquillité publique mais aussi les représentants des professions, des services et des associations confrontés aux manifestations de la délinquance ou œuvrant dans les domaines de la prévention, de la médiation, de la lutte contre l'exclusion et de l'aide aux victimes.

Plus précisément, il s'agit de poursuivre les objectifs suivants :

6.1.1. Réduire le nombre des infractions portant le plus atteinte au sentiment de sécurité ainsi que celles qui ont des incidences criminogènes à long terme.

Sont notamment concernés :
— les atteintes aux personnes (coups et blessures, menaces et injures) ;
— les atteintes aux biens privés (vols et dégradations de véhicules privés, cambriolages) ;
— les atteintes aux services d'intérêt collectif (obstacles à l'intervention de services de sécurité ou de secours, atteintes aux professionnels de santé, atteintes au fonctionnement de services publics et à leurs agents) ;
— les agressions en milieu scolaire ;
— le trafic de stupéfiants ;
— les mauvais traitements et abandons d'enfants.

6.1.2. Réduire le sentiment d'abandon et contribuer à la paix sociale.

Les actions suivantes peuvent notamment y concourir :
— réduire les nuisances environnementales par des actions de veille, de prévention et de remise en état ;
— améliorer le cadre de vie notamment par le renouvellement urbain après réalisation d'un diagnostic de sécurité en relation avec les forces de police et de gendarmerie ;
— réduire les actes de racisme, les discriminations, notamment dans l'accès aux services publics ;

— valoriser l'image et l'efficacité des services publics et mieux expliquer leur rôle, notamment pour la gendarmerie, la police et la justice ;

— impliquer les habitants des ZUS dans l'élaboration des réponses en matière de tranquillité et de sécurité et leur mise en œuvre ;

— favoriser l'accès au droit.

6.2. Les indicateurs

La construction de ces indicateurs nécessite l'établissement de statistiques pour chaque ZUS par les administrations concernées, en cohérence avec les agrégats réalisés par le dispositif national mis en place par l'Institut des hautes études de la sécurité intérieure à travers l'Observatoire national de la délinquance.

6.2.1. Indicateurs de résultats :

— nombre de crimes et délits (commis dans les zones urbaines sensibles) enregistrés par les services de police et de gendarmerie par catégorie d'infraction (statistiques « état 4001 » - coups et blessures volontaires criminels et délictuels sauf ceux suivis de mort, vols violents sans arme contre des femmes sur voie publique, destructions et dégradations de véhicules privés, cambriolages de locaux d'habitation principale, destructions et dégradations de biens publics, trafic et revente sans usage de stupéfiants, mauvais traitements et abandons d'enfants) ;

— taux d'élucidation (des faits précédents) ;

— nombre d'outrages et violences à agents de la force publique (« état 4001 ») ;

— nombre d'incidents scolaires signalés dans les collèges sur la base des données du système de recensement et de signalement des faits de violence ;

— exploitation de l'enquête annuelle INSEE (enquête permanente sur les conditions de vie des ménages, questions relatives au sentiment de sécurité).

6.2.2. Indicateurs de moyens :

— nombre d'agents d'unités spécialisées (brigade des mineurs et brigade de prévention de la délinquance juvénile) affectés aux circonscriptions comprenant une ZUS ;

— nombre de lieux d'accueil d'aide aux victimes dans les communes comprenant une ZUS ;

— nombre de dispositifs d'accès au droit et à la justice (maisons de la justice et du droit, point d'accès au droit) ;

— nombre de contrats locaux de sécurité et de prévention de la délinquance ;

— nombre d'éducateurs de prévention spécialisée ;

— nombre d'agents de médiation sociale.

7. Mobiliser les services publics

La proximité, la facilité d'accès et la simplicité d'usage des services publics, demandées par les Français, revêtent une importance particulière en ZUS où les services publics constituent un instrument de solidarité et de cohésion nationales. Le niveau et la qualité de leur présence, les conditions d'accès garanties à des publics divers et le soutien apporté à leur personnel constituent les orientations quinquennales qui seront mises en œuvre.

7.1. Les objectifs

7.1.1. Renforcer la présence et l'accessibilité des services publics.

Des schémas locaux des services publics en ZUS seront réalisés. Ils concerneront l'État, les collectivités territoriales et leurs groupements et leurs établissements publics respectifs. Ils viseront à déterminer le niveau d'engagement de chaque service public sur les sites concernés, les seuils minimaux de présence effective de ces services au regard des niveaux constatés au sein de l'agglomération de référence, le calendrier de remise à niveau des effectifs et des moyens humains et les modalités de résorption des vacances de postes constatées. Ils préciseront les modalités d'adaptation des services aux réalités locales et aux attentes des usagers, en particulier en ce qui concerne les horaires d'ouverture des services et la médiation interculturelle. Ils identifieront les équipements d'intérêt local ou départemental pouvant, dans le cadre des opérations de rénovation urbaine, être implantés en ZUS.

Ces schémas comprendront un volet spécifique sur l'accueil et l'orientation des usagers en visant le regroupement des services notamment par la création de maisons des services publics.

7.1.2. Développer les transports publics.

Le service public des transports collectifs est, pour nombre d'habitants des quartiers en difficulté, le moyen principal de déplacement.

Son développement sera favorisé, notamment pour faciliter les déplacements vers les pôles d'emploi, les principaux équipements et services publics, les pôles de commerces et de loisirs et les centres-ville. Les caractéristiques de l'offre de transport devront s'adapter aux nouveaux rythmes urbains et prévenir ou réduire les situations d'exclusion générées par les obstacles à la mobilité.

7.2. Les indicateurs

Les indicateurs de résultats et les indicateurs de moyens sont précisés service public par service public, y compris pour les établissements publics à caractère industriel et commercial et les organismes paritaires. Les indicateurs de moyens suivants sont établis :

— ratios effectifs-population pour les ZUS ;
— taux de vacances de postes ;
— durée moyenne de présence dans le poste ;
— nombre de maisons des services publics.

Décret nº 2004-123 du 9 février 2004,

Relatif à l'Agence nationale pour la rénovation urbaine.

Art. 1er L'établissement public dénommé "Agence nationale pour la rénovation urbaine", créé par l'article 10 de la loi du 1er août 2003 susvisée, est placé sous la tutelle du ministre chargé de la politique de la ville qui fixe les orientations générales de son action.

TITRE PREMIER Organisation administrative

Art. 2 L'Agence nationale pour la rénovation urbaine est administrée par un conseil de *(Décr. nº 2006-718 du 29 juin 2010, art. 1er)* « trente-six membres » qui comprend :

(Décr. nº 2010-718 du 29 juin 2010, art. 1er-II) « 1º Dix-huit représentants de l'État :

« — cinq représentants du ministre chargé de la politique de la ville ;
« — trois représentants du ministre chargé du logement ;
« — un représentant du ministre chargé du budget ;
« — un représentant du ministre chargé de l'économie ;
« — un représentant du ministre de l'intérieur ;
« — un représentant du ministre chargé des collectivités locales ;
« — un représentant du ministre chargé des affaires sociales ;
« — un représentant du ministre chargé du développement durable ;
« — un représentant du ministre chargé de l'outre-mer ;
« — un représentant du ministre chargé de l'urbanisme ;
« — un représentant du ministre chargé de l'éducation nationale ;
« — un représentant du ministre chargé de la culture et de la communication. »

2º Quatre représentants des collectivités locales et de leurs groupements :

— un représentant des maires désigné par l'Association des maires de France ;

— un représentant des présidents d'établissements publics de coopération intercommunale désigné par l'Association des communautés de France ;

— un représentant des présidents de conseils généraux désigné par l'Assemblée des départements de France ;

— un représentant des présidents de conseils régionaux désigné par l'Association des régions de France.

3º *(Décr. nº 2010-718 du 29 juin 2010, art. 1er-III)* « Huit représentants d'organismes intervenant dans la politique du logement social » :

— un représentant de l'Union nationale des fédérations d'organismes d'habitations à loyer modéré ;

– *(Décr. n° 2010-718 du 29 juin 2010, art. 1er-III)* « quatre représentants de l'Union d'économie sociale du logement (Action Logement) » ;

– un représentant de la Caisse des dépôts et consignations ;

– un représentant de l'Agence nationale pour l'amélioration de l'habitat *[;]* *(Décr. n° 2006-1308 du 26 oct. 2006)* « – un représentant de la fédération des sociétés d'économie mixte. »

4° *(Décr. n° 2004-642 du 2 juill. 2004, art. 1er, 1° ; Décr. n° 2006-1308 du 26 oct. 2006 ; Décr. n° 2010-788 du 29 juin 2010, art. 1er-IV)* « six personnalités qualifiées en matière de politique de la ville, qui peuvent être des parlementaires. »

Les membres du conseil d'administration ainsi qu'un nombre égal de suppléants sont nommés pour une durée de cinq ans, renouvelable une fois, par arrêté du ministre qu'ils représentent en ce qui concerne les représentants de l'État et par arrêté du ministre chargé de la politique de la ville pour les autres membres.

La perte de la qualité au titre de laquelle un membre relevant des 2° et 3° a été nommé entraîne sa démission de plein droit du conseil d'administration.

En cas de vacance pour quelque cause que ce soit du siège d'un membre titulaire ou suppléant du conseil d'administration, il est pourvu à son remplacement dans les mêmes conditions, dans un délai de deux mois à compter de cette vacance, pour la durée du mandat restant à courir.

Les membres du conseil d'administration de l'agence en fonction à la date d'entrée en vigueur du Décr. n° 2010-718 du 29 juin 2010 conservent leur mandat jusqu'à son terme dans les conditions prévues à l'art. 2 du Décr. n° 2004-123 du 9 févr. 2004.

Le mandat des membres nommés en application du Décr. n° 2010-718 du 29 juin 2010 prend fin à la même date que le mandat des membres maintenus en fonction en application de l'alinéa précédent (Décr. préc., art. 14).

Art. 3 Le président du conseil d'administration de l'Agence nationale pour la rénovation urbaine est choisi parmi les membres du conseil *(Décr. n° 2004-642 du 2 juill. 2004, art. 1er-2°)* « , le cas échéant parlementaires, » et nommé par décret, sur proposition du ministre chargé de la politique de la ville.

(Décr. n° 2010-718 du 29 juin 2010, art. 2) « Ses fonctions prennent fin au plus tard lorsqu'il atteint l'âge de soixante-huit ans. »

Art. 4 Le conseil d'administration se réunit au moins deux fois par an, sur convocation de son président, qui fixe l'ordre du jour.

Il est réuni de plein droit à la demande écrite d'un tiers de ses membres ou à celle du ministre de tutelle, sur les points de l'ordre du jour déterminés par eux, dans le délai d'un mois suivant la demande.

L'ordre du jour est porté à la connaissance des membres du conseil d'administration au moins dix jours avant la réunion.

Le conseil d'administration ne peut valablement délibérer que si la moitié au moins de ses membres sont présents. Si ce quorum n'est pas atteint, le conseil est convoqué à nouveau sur le même ordre du jour ; il délibère alors quel que soit le nombre des membres présents.

Les délibérations sont prises à la majorité des voix des membres présents. En cas de partage égal des voix, la voix du président est prépondérante.

Le directeur général de l'agence, le membre du corps du contrôle général économique et financier et l'agent comptable assistent aux séances du conseil d'administration avec voix consultative.

Le conseil d'administration entend le ministre de tutelle à sa demande.

Le conseil d'administration ou son président peut également inviter à assister à tout ou partie de ses réunions toute personne qu'il souhaite entendre.

(Décr. n° 2010-718 du 29 juin 2010, art. 3) « Le bureau du conseil d'administration est composé du président de l'agence et de neuf membres du conseil d'administration, à savoir un représentant du ministre chargé de la politique de la ville, du ministre chargé du logement, du ministre chargé du budget et du ministre chargé de l'économie, d'un représentant des collectivités locales et de leurs groupements, de deux représentants de

l'Union d'économie sociale du logement (Action Logement), d'un représentant de l'Union nationale des fédérations d'organismes d'habitations à loyer modéré (Union sociale pour l'habitat) et d'un représentant de la Caisse des dépôts et consignations. Il se réunit à l'initiative du président. Il examine les éléments nécessaires à la préparation du conseil d'administration, notamment les questions financières. En cas de partage égal des voix, celle du président est prépondérante.

« Le directeur général de l'agence, le membre de l'autorité chargée du contrôle économique et financier et l'agent comptable assistent aux séances du bureau avec voix consultative. »

Art. 5 Le conseil d'administration règle par ses délibérations les affaires de l'établissement. Il exerce notamment les attributions suivantes :

1o Il arrête l'organisation générale de l'agence et approuve les conventions nécessaires à son fonctionnement, notamment celles prévues à l'article 14. Il approuve le règlement du personnel et fixe la liste des emplois de direction.

(Décr. no 2010-718 du 29 juin 2010, art. 4) « 2o Il approuve les conventions passées avec la Caisse des dépôts et consignations fixant le montant annuel et les modalités de sa participation au financement du programme national pluriannuel de rénovation urbaine ;

« 2o *bis* Il approuve la convention avec l'Union d'économie sociale du logement (Action Logement) prise en application de l'article L. 313-3 du code de la construction et de l'habitation. »

3o Il vote l'état prévisionnel des recettes et des dépenses, et ses modifications. Il approuve le compte financier et décide de l'affectation des résultats. Il adopte le règlement comptable et financier.

4o Il adopte la charte prévue au troisième alinéa de l'article 10 de la loi du 1er août 2003 susvisée.

5o Il fixe les programmes pluriannuels et annuels d'action de l'agence pour la réalisation des objectifs du programme national de rénovation urbaine.

(Décr. no 2010-718 du 29 juin 2010, art. 4) « 5o ***bis*** Il définit les programmes pluriannuels et annuels d'action de l'agence pour la réalisation des objectifs du programme national de requalification des quartiers anciens dégradés dans le cadre des orientations générales fixées par le ministre chargé du logement.

« 6o Il établit, d'une part, le règlement général de l'agence portant sur le programme national de rénovation urbaine et, d'autre part, le règlement général de l'agence portant sur le programme national de requalification des quartiers anciens dégradés *[V. Arr. 5 août 2010 (JO 4 sept.)]*, arrête son règlement intérieur ainsi que ceux des comités d'engagements relatifs au programme national de rénovation urbaine et au programme national de requalification des quartiers anciens dégradés ;

« 7o Il approuve les conventions pluriannuelles mentionnées au deuxième alinéa de l'article 10 et à l'article 10-1 de la loi du 1er août 2003 susvisée, après avoir recueilli l'avis du comité d'engagement propre au programme concerné, ainsi que les conventions types de délégation de gestion des concours financiers octroyés au titre de ces conventions. »

8o Il se prononce sur les demandes de missions de maîtrise d'ouvrage faites à l'agence et approuve les conventions qui en résultent.

9o Il autorise les emprunts, dans les limites d'un plafond fixé par décret, conformément à l'article 12 de la loi du 1er août 2003 susvisée.

10o Il approuve les transactions.

11o Il délibère sur le rapport annuel d'activité.

Le conseil d'administration peut, dans les conditions qu'il détermine, déléguer au directeur général de l'agence tout ou partie de ses attributions, à l'exception de celles prévues aux 1o, *(Décr. no 2010-718 du 29 juin 2010, art. 4)* « 2o *bis*[,] » 3o, 4o, 5o, *(Décr. no 2010-718 du 29 juin 2010, art. 4)* « 5o *bis*[,] » 6o, 8o, 9o et 11o.

Art. 6 *(Décr. no 2012-1247 du 7 nov. 2012, art. 192)* « Les délibérations portant sur le budget et le compte financier sont exécutoires dans les conditions prévues par le titre III du décret n° 2012-1246 du 7 novembre 2012 relatif à la gestion budgétaire et comptable publique. »

Les délibérations relatives au règlement comptable et financier ne sont exécutoires qu'après approbation du ministre chargé du budget.

Les délibérations relatives aux missions de maîtrise d'ouvrage et aux conventions qui en résultent ne sont exécutoires qu'après approbation du ministre chargé de la politique de la ville et du ministre chargé du logement.

(Décr. n° 2010-718 du 29 juin 2010, art. 5) « Les délibérations relatives à chacun des règlements généraux mentionnés à l'article 7 ne sont exécutoires qu'après la publication de l'arrêté du ministre concerné l'approuvant, qui doit intervenir dans les trois mois suivant sa réception. A défaut, elles deviennent immédiatement exécutoires au terme de ce délai.

« Les délibérations relatives au programme national de requalification des quartiers anciens dégradés sont exécutoires quinze jours après leur réception par le ministre chargé du logement si celui-ci ne s'y est pas opposé. »

Les autres délibérations sont exécutoires quinze jours après leur réception par le ministre chargé de la politique de la ville si celui-ci ne s'y est pas opposé ; elles peuvent néanmoins être immédiatement exécutées, en cas d'urgence déclarée par le conseil d'administration, et après autorisation du ministre de tutelle.

Art. 7 *(Décr. n° 2010-718 du 29 juin 2010, art. 6)* Le règlement général de l'agence relatif au programme national de rénovation urbaine et le règlement général de l'agence relatif au programme national de requalification des quartiers anciens dégradés *[V. Arr. 5 août 2010 (JO 4 sept.)]* définissent les modalités et les conditions d'attribution des concours financiers de l'établissement. Ils portent notamment sur les objets suivants :

– ils précisent, conformément aux dispositions des articles 10, 10-1 et 10-2 de la loi du 1er août 2003 susvisée, la nature des opérations qui peuvent être subventionnées ;

– ils déterminent les conditions de recevabilité des dossiers de demande de subvention ;

– ils indiquent les critères d'appréciation des projets ;

– ils fixent les montants, taux et modalités d'attribution des subventions accordées au titre du dernier alinéa de l'article 14 de la loi du 1er août 2003 susvisée ;

– ils fixent les montants de subvention ou de coût des opérations en dessous desquels l'octroi de subventions ne donne pas lieu à convention pluriannuelle.

Le règlement général de l'agence relatif au programme national de rénovation urbaine est approuvé par arrêté du ministre chargé de la politique de la ville. Le règlement général de l'agence relatif au programme national de requalification des quartiers anciens dégradés est approuvé par arrêté du ministre chargé du logement. – *V. Arr. 5 août 2010 (JO 4 sept.).*

Art. 8 Il est institué au sein de l'agence un comité d'engagement chargé d'examiner les projets de rénovation urbaine présentés en vue de la conclusion de conventions pluriannuelles et de préparer, par ses avis, les décisions du conseil d'administration sur ces conventions.

(Décr. n° 2010-718 du 29 juin 2010, art. 7-I) « Il est présidé par le directeur général de l'agence ou son représentant, conformément à son règlement intérieur, » et composé des membres du conseil d'administration, titulaires ou suppléants, suivants :

– trois représentants du ministre chargé de la politique de la ville ;

– un représentant du ministre chargé du logement ;

– un représentant de l'Union nationale des fédérations d'organismes d'habitations à loyer modéré ;

– deux représentants de l'Union d'économie sociale du logement ;

– un représentant de la Caisse des dépôts et consignations.

Ces membres sont désignés par le ministre ou l'organisme qu'ils représentent. *(Décr. n° 2006-1308 du 26 oct. 2006)* « Ils peuvent se faire remplacer. Toutefois, le comité ne peut valablement se prononcer sur les projets qui lui sont soumis que si les membres titulaires ou suppléants du conseil d'administration constituent la moitié des membres présents. »

Le membre du corps du contrôle général économique et financier et l'agent comptable assistent aux séances avec voix consultative, ainsi que, pour l'examen des projets qui les concernent, le représentant du ministre de l'outre-mer au conseil d'administration de l'agence, le directeur général de la Caisse de garantie du logement locatif social, le directeur général de l'Agence nationale pour l'amélioration de l'habitat, le directeur général de l'Établissement public d'aménagement et de restructuration des espaces commerciaux et artisanaux ou leurs représentants.

(Décr. nº 2010-718 du 29 juin 2010, art. 7-II et III) « Il est également institué au sein de l'agence un comité d'engagement chargé d'examiner les projets de requalification des quartiers anciens dégradés présentés en vue de la conclusion de conventions pluriannuelles et de préparer, par ses avis, les décisions du conseil d'administration sur ces conventions.

« Il est présidé par le directeur général de l'agence ou son représentant, conformément à son règlement intérieur, et composé des représentants suivants :

« – un représentant du ministre chargé du logement ;

« – un représentant du ministre chargé de l'urbanisme ;

« – un représentant du ministre chargé de la politique de la ville ;

« – un représentant du ministre chargé de la culture de la communication ;

« – un représentant de l'Agence nationale de l'habitat ;

« – deux représentants de l'Union d'économie sociale du logement (Action Logement) ;

« – un représentant de l'Union nationale des fédérations d'organismes d'habitations à loyer modéré (Union sociale pour l'habitat) ;

« – un représentant de la Caisse des dépôts et consignations.

« Assistent également, avec voix consultative, le membre de l'autorité chargée du contrôle économique et financier, l'agent comptable, le délégué général pour la coordination de l'hébergement et l'accès au logement des personnes sans abri ou mal logées ou son représentant et, en tant que de besoin, un représentant du ministre chargé de l'économie, un représentant du ministre chargé de l'outre-mer, un représentant du ministre chargé des affaires sociales, un représentant du ministre chargé de la santé, un représentant de la Caisse nationale des allocations familiales et un représentant de l'établissement public d'aménagement et de restructuration des espaces commerciaux et artisanaux.

« Ces membres sont désignés par le ministre ou l'organisme qu'ils représentent.

« Les règlements intérieurs des comités d'engagement des programmes nationaux déterminent les catégories de projets qui sont soumis à leur examen et fixent les modalités de fonctionnement. Les règlements intérieurs propres à ces comités sont adoptés par le conseil d'administration. »

Art. 9 Il est créé, auprès du président du conseil d'administration de l'agence, un comité d'évaluation et de suivi chargé d'apprécier la mise en œuvre du programme national de rénovation urbaine en rendant des avis chaque fois qu'il le juge utile ou à la demande du président du conseil d'administration. *(Décr. nº 2010-718 du 29 juin 2010, art. 8)* « Les travaux d'études du comité s'inscrivent dans l'évaluation de la politique de la ville conduite par l'Observatoire national des zones urbaines sensibles.

« Il est composé, au plus, de quinze personnalités qualifiées, nommées par arrêté du ministre chargé de la politique de la ville pour une durée de trois ans. Son président est nommé par le ministre parmi ces personnalités. Le directeur général de l'agence ou son représentant assiste aux séances du comité avec voix consultative. »

Son fonctionnement est régi par un règlement intérieur qu'il adopte dans les trois mois suivant sa constitution.

Ses avis sont communiqués au conseil d'administration et au directeur général de l'agence, ainsi qu'au ministre de tutelle.

Art. 10 Les membres du conseil d'administration, du comité d'engagement et du comité d'évaluation et de suivi *(Décr. nº 2006-1308 du 26 oct. 2006)* « , ainsi que leurs suppléants ou leurs remplaçants, » exercent leurs fonctions à titre gratuit. Ils peuvent bénéficier, pour leur participation aux séances du conseil ou du comité dont ils sont membres, du remboursement de leurs frais dans les conditions prévues par la réglementation applicable aux fonctionnaires de l'État.

Ils ne peuvent en aucun cas prêter leur concours à l'agence à titre onéreux. Ils déclarent les fonctions qu'ils occupent et les intérêts qu'ils détiennent dans les organismes et sociétés qui bénéficient ou ont vocation à bénéficier des concours financiers accordés par l'agence. Ces déclarations sont faites au membre du corps du contrôle général économique et financier et communiquées au président du conseil d'administration.

Ils ne peuvent prendre part aux délibérations ayant pour objet une affaire à laquelle ils ont un intérêt personnel.

Ils sont tenus de garder une discrétion absolue sur les délibérations auxquelles ils participent.

La même obligation s'impose à toute personne assistant aux séances du conseil d'administration et des comités.

Art. 11 Le directeur général est nommé par décret sur proposition du ministre chargé de la politique de la ville.

Le directeur général assure la gestion de l'agence, il la représente en justice et dans tous les actes de la vie civile. Il est ordonnateur des recettes et des dépenses de l'agence. Il recrute le personnel et a autorité sur lui.

Sur délégation du conseil d'administration et dans les conditions déterminées par celui-ci, il transige et conclut les conventions nécessaires au fonctionnement de l'agence et les conventions pluriannuelles.

(Décr. nº 2010-718 du 29 juin 2010, art. 9) « Il prépare les séances du bureau du conseil d'administration, des comités d'engagement des programmes nationaux et du conseil d'administration. » Il assure l'exécution des délibérations du conseil et lui rend compte, à chaque réunion, de l'activité de l'agence, et notamment des décisions prises sur le fondement des délégations qu'il a reçues.

Il décide de l'attribution des subventions et peut déléguer ce pouvoir aux délégués de l'agence dans le département.

Il ordonne le versement des subventions.

Il peut déléguer sa signature à des agents de l'établissement et aux délégués de l'agence dans le département.

Il établit le rapport annuel d'activité, le soumet pour approbation au conseil d'administration puis le communique au comité d'évaluation et de suivi et au ministre de tutelle.

Art. 12 *(Décr. nº 2006-1308 du 26 oct. 2006)* « Le délégué territorial de l'Agence nationale pour la rénovation urbaine est le représentant de l'État dans le département » *(Décr. nº 2012-509 du 18 avr. 2012, art. 7)* « , notamment dans les conditions fixées à l'article 59-2 et aux deux premiers alinéas de l'article 59-3 du décret nº 2004-374 du 29 avril 2004 modifié relatif aux pouvoirs des préfets, à l'organisation et à l'action de l'État dans les régions et départements. » *(Décr. nº 2010-718 du 29 juin 2010, art. 10)* « Il est l'ordonnateur délégué du directeur général de l'agence pour les programmes d'intervention dévolus à celle-ci.

« Le délégué territorial assure l'instruction des demandes de financement et des dossiers de conventions pluriannuelles des projets de rénovation urbaine ou des projets de requalification des quartiers anciens dégradés et transmet ceux-ci au directeur général pour examen devant le comité d'engagement compétent. »

Sur délégation du directeur général, il signe les conventions pluriannuelles *(Décr. nº 2006-1308 du 26 oct. 2006)* « ainsi que celles prévues au troisième alinéa de l'article 11 de la loi du 1er août 2003 susvisée ».

Sur délégation de pouvoir du directeur général, il attribue les subventions prévues par les conventions pluriannuelles, compte tenu des programmations annuelles qui lui sont notifiées par le directeur général, ainsi que les subventions dont l'octroi ne donne pas lieu à convention, dans la limite des crédits disponibles.

(Décr. nº 2010-718 du 29 juin 2010, art. 10) « Il instruit, conformément au règlement général relatif au programme national de rénovation urbaine et au règlement général

relatif au programme national de requalification des quartiers anciens dégradés, les demandes de versement de subvention formulées par les maîtres d'ouvrage et, à cette fin, contrôle l'exécution des prestations. Il émet, le cas échéant, des ordres de reversement conformément au règlement général de l'agence applicable et selon les modalités prévues par le règlement comptable et financier de celle-ci. »

(Abrogé par Décr. nº 2010-718 du 29 juin 2010, art. 10) ***« Il propose au directeur général le versement de ces subventions et, le cas échéant, dans les cas prévus par le règlement général, leur reversement. »***

Il établit chaque année, à l'attention du directeur général de l'agence, un rapport relatif à l'état d'avancement de chaque convention pluriannuelle signée dans le département.

Le directeur général de l'agence peut nommer, sur proposition du délégué territorial, un ou plusieurs délégués territoriaux adjoints *(Décr. nº 2006-1308 du 26 oct. 2006)* « parmi les personnels de l'État, notamment ceux du ministère de l'équipement, en service dans ce département ».

Le délégué territorial peut déléguer ses pouvoirs et sa signature aux délégués territoriaux adjoints et aux personnels qui apportent leur concours à l'agence *(Abrogé par Décr. nº 2010-718 du 29 juin 2010, art. 12)* ***« en vertu des conventions prévues à l'article 14 ».***

Art. 13 *(Décr. nº 2010-718 du 29 juin 2010, art. 11)* « Le préfet de département est responsable du programme de rénovation urbaine et du programme de requalification des quartiers anciens dégradés dans le département et assure l'évaluation et le suivi local des conventions passées avec les collectivités territoriales, les établissements publics de coopération intercommunale compétents ou les organismes publics et privés qui assurent la maîtrise d'ouvrage d'opérations de rénovation urbaine et d'opérations de requalification de quartiers anciens dégradés.

« En qualité de responsable du programme national de rénovation urbaine et du programme national de requalification des quartiers anciens dégradés dans le département, le préfet : »

— participe avec le maire ou le président de l'établissement public de coopération intercommunale concerné aux comités de pilotage des projets ;

— veille au bon déroulement de la concertation entre les différentes collectivités territoriales, leurs groupements et les bailleurs sociaux. Il veille à l'équité des participations financières proposées pour les projets de rénovation urbaine *(Décr. nº 2010-718 du 29 juin 2010, art. 11)* « et de requalification des quartiers anciens dégradés ;

« — s'assure de la cohérence des projets de rénovation urbaine et de requalification des quartiers anciens dégradés avec l'ensemble des actions mises en œuvre par l'État et par ses partenaires dans le cadre de la politique de la ville et de la politique de l'habitat. »

En outre, il émet un avis sur les projets, notamment sur les aspects liés à l'habitat, l'architecture et l'urbanisme, l'environnement, la mixité sociale, la sécurité, la gestion urbaine de proximité. Il donne également un avis sur l'organisation de la maîtrise d'ouvrage et la compétence des opérateurs.

(Décr. nº 2010-718 du 29 juin 2010, art. 11) « L'évaluation régionale des programmes nationaux est conduite sous la responsabilité du préfet de région, en lien avec l'Observatoire national des zones urbaines sensibles pour le programme national de rénovation urbaine. Le programme d'évaluation et ses résultats sont présentés au comité régional de l'habitat prévu à l'article L. 364-1 du code de la construction et de l'habitation. »

Art. 14 *Abrogé par Décr. nº 2010-718 du 29 juin 2010, art. 12.*

TITRE II Régime financier et comptable

Art. 15 *(Décr. nº 2012-1247 du 7 nov. 2012, art. 192)* « L'agence est soumise aux dispositions des titres Ier et III du décret nº 2012-1246 du 7 novembre 2012 relatif à la gestion budgétaire et comptable publique. » Ce régime est précisé en tant que de besoin par le règlement financier et comptable arrêté par le conseil d'administration.

Des régies de recettes et de dépenses peuvent être créées dans les conditions fixées par le décret du 20 juillet 1992 susvisé.

TITRE III Missions de maîtrise d'ouvrage

Art. 18 Le constat de l'absence de dispositif local apte à assurer la maîtrise d'ouvrage de tout ou partie de projets de rénovation urbaine ne peut intervenir qu'après que la mission de maîtrise d'ouvrage a fait l'objet de la procédure de publicité ou de consultation applicable ou d'une procédure adaptée à ses caractéristiques propres. Le constat est effectué par le conseil municipal ou par l'organe délibérant de l'établissement public de coopération intercommunale.

Le conseil municipal ou l'organe délibérant de l'établissement public de coopération intercommunale sollicite le concours de l'Agence nationale pour la rénovation urbaine en qualité de maître d'ouvrage pour la mission qu'il a définie ; il peut également la solliciter pour mener les études prévues au dernier alinéa de l'article 2 de la loi du 12 juillet 1985 susvisée ou pour intervenir comme conducteur d'opération au sens de l'article 6 de la même loi.

Le conseil d'administration se prononce sur la demande ainsi faite à l'agence. S'il donne son accord, le caractère exécutoire de la délibération est subordonné à son approbation par le ministre chargé de la politique de la ville et le ministre chargé du logement.

Les missions de maîtrise d'ouvrage assurées par l'agence font l'objet de conventions soumises aux dispositions de l'article 5 de la loi du 12 juillet 1985 susvisée. Chaque mission de maîtrise d'ouvrage fait l'objet d'une comptabilité distincte.

TITRE IV Dispositions transitoires

Art. 19 *Abrogé par Décr. nº 2010-718 du 29 juin 2010, art. 13.*

Décret nº 2009-539 du 14 mai 2009,

Relatif aux instances en charge de la politique de la ville.

TITRE PREMIER Du Conseil national des villes

Art. 1er Le Conseil national des villes, placé auprès du Premier ministre, concourt à l'élaboration de la politique de la ville au sens de l'article 1er de la loi du 1er août 2003 susvisée.

Ce conseil peut émettre, à la demande du Premier ministre ou du ministre chargé de la politique de la ville ou de sa propre initiative, toute proposition, avis ou recommandation sur les orientations de cette politique et sur sa mise en œuvre.

Il suit le développement des nouvelles formes de démocratie de proximité et de participation des habitants et peut formuler des propositions dans ce domaine.

Il est consulté sur les projets de loi comportant des dispositions qui concernent directement la politique de la ville.

Il contribue à la définition du cadre et des orientations des relations contractuelles entre l'État et les collectivités territoriales dans le domaine de la politique de la ville.

Pour la réalisation de sa mission, il est tenu informé des activités des services de l'État et agences chargés de la politique de la ville ainsi que de l'action des conseils locaux de sécurité et de prévention de la délinquance et des groupements d'intérêt public créés dans le domaine du développement social urbain.

Il propose des thèmes d'études et de recherches correspondant à son objet et reçoit sur sa demande communication des études et recherches réalisées.

Il est informé des suites données à ses avis et recommandations.

Le ministre chargé de la politique de la ville ou le secrétaire général du comité interministériel des villes lui rend compte après chaque comité des décisions arrêtées.

Le Conseil national des villes établit un rapport public annuel.

Art. 2 Le conseil est présidé par le Premier ministre. Celui-ci désigne deux vice-présidents choisis parmi les élus locaux membres du conseil. En l'absence du Premier ministre, la présidence est assurée alternativement par chacun des vice-présidents.

Le conseil comprend les membres énumérés ci-après, nommés pour trois ans par le Premier ministre, sur proposition du ministre chargé de la politique de la ville :

1o Vingt-cinq élus titulaires de mandats nationaux ou locaux ; les députés et sénateurs sont désignés par leurs assemblées respectives ;

2o Quinze représentants d'associations et d'organismes participant à la mise en œuvre de la politique de la ville, ainsi que de syndicats d'employeurs et de salariés ;

3o Quinze personnalités qualifiées.

Le mandat des membres du conseil prend fin s'ils perdent la qualité au titre de laquelle ils ont été nommés. Les membres qui, pour quelque cause que ce soit, cessent d'appartenir au conseil, sont remplacés pour la durée de leur mandat restant à courir.

Art. 3 Le conseil se réunit sur convocation de son président ou de ses vice-présidents au moins trois fois par an en assemblée plénière. Il délibère sur un ordre du jour arrêté par son président et ses vice-présidents.

Le conseil peut entendre toute personne qu'il juge utile de consulter et inviter à participer à ses travaux des représentants de collectivités territoriales, notamment celles des États membres de l'Union européenne.

Le conseil adopte son règlement intérieur qui précise notamment les modalités de fonctionnement des instances du conseil. Il arrête son programme de travail annuel.

Art. 4 La permanence et la coordination des travaux du conseil sont assurées par un bureau qui comprend, outre le président, les deux vice-présidents et douze membres élus par le conseil, à raison de six parmi les élus titulaires de mandats nationaux ou locaux, trois parmi les représentants des associations, organismes et syndicats, mentionnés au 2o de l'article 2, et trois parmi les personnalités qualifiées.

Le conseil dispose d'un secrétariat mis à sa disposition par le ministre chargé de la politique de la ville.

Il organise les travaux du conseil et de ses instances.

Les membres du conseil et les personnes qui participent à ses groupes de travail bénéficient du remboursement de leurs frais de déplacement dans les conditions prévues par le décret du 3 juillet 2006 susvisé.

TITRE II Du comité interministériel des villes

Art. 5 Le comité interministériel des villes est chargé de définir, animer, coordonner et évaluer les actions de l'État dans le cadre de la politique de la ville, avec le concours du Conseil national des villes.

Art. 6 Le comité interministériel des villes est présidé par le Premier ministre ou, par délégation, par le ministre chargé de la politique de la ville.

Il est composé du ministre et le cas échéant du secrétaire d'État chargés de la politique de la ville, ainsi que des ministres chargés de l'éducation nationale, de l'économie, de l'environnement, de l'équipement, des transports, de l'aménagement du territoire, du logement, de la justice, de la défense, de l'intérieur, des collectivités territoriales, de l'immigration, de l'intégration, du travail, de l'emploi, de la formation professionnelle, de la fonction publique, de la culture, de l'outre-mer, des affaires sociales, de la famille, de la santé, du budget, du commerce et de l'artisanat, de la jeunesse et des sports.

Selon les affaires inscrites à l'ordre du jour, d'autres membres du Gouvernement peuvent être appelés à siéger au comité interministériel.

TITRE III Du secrétariat général du comité interministériel des villes

Art. 7 Il est créé, auprès du Premier ministre, un secrétariat général du comité interministériel des villes.

Il est dirigé par un secrétaire général nommé par décret.

Le secrétaire général prépare les travaux et délibérations du comité interministériel, auquel il assiste et dont il assure le secrétariat permanent.

Le secrétariat général contribue à la conception, à l'élaboration et à la mise en œuvre interministérielles de la politique de la ville.

Il assiste le ministre chargé de la politique de la ville dans l'exercice de ses attributions de tutelle des établissements publics.

Dans le cadre des orientations définies par le comité interministériel, il assure l'évaluation de la politique de la ville. A ce titre, il exerce la fonction de secrétariat permanent de l'Observatoire national des zones urbaines sensibles.

Art. 8 Le secrétariat général est rattaché pour sa gestion au ministère chargé de la politique de la ville.

Le présent art. est entré en vigueur le 1er janv. 2010. Jusqu'à cette date, le secrétariat général du comité interministériel des villes demeurait rattaché pour sa gestion au ministère de l'écologie, de l'énergie, du développement durable et de l'aménagement du territoire (Décr. no 2009-539 du 14 mai 2009, art. 11).

Art. 9 Le secrétaire général réunit, en tant que de besoin, les directeurs d'administration centrale concernés par la politique de la ville, notamment ceux placés sous l'autorité des ministres mentionnés à l'article 6, ou les dirigeants d'organismes publics intéressés.

....

Art. 12 Le décret no 88-1015 du 28 octobre 1988 portant création d'un conseil national et d'un comité interministériel des villes et du développement social urbain et d'une délégation interministérielle à la ville et au développement social urbain est abrogé.

Art. 13 Les dispositions du présent décret peuvent être modifiées par décret.

RÉSIDENCES TEMPORAIRES

Loi no 2009-323 du 25 mars 2009,

De mobilisation pour le logement et la lutte contre l'exclusion.

V. Circ. 26 nov. 2010 relative à l'application de l'art. 101 de la L. no 2009-323 du 25 mars 2009 de mobilisation pour le logement et la lutte contre l'exclusion, visant à assurer, à titre expérimental, la protection et la préservation de locaux vacants par occupation par des résidents temporaires (BOMEDDTL no 2010/23, p. 104).

Art. 101 Il est institué, à titre expérimental, un dispositif visant à assurer la protection et la préservation de locaux vacants par occupation par des résidents temporaires.

Les opérations conduites à ce titre sont soumises à l'agrément de l'État et font l'objet d'une convention entre le propriétaire et un organisme public ou privé qui s'engage à protéger et préserver les locaux qui sont mis à sa disposition et à les rendre au propriétaire libres de toute occupation à l'échéance ou lors de la survenue d'un événement définis par la convention.

L'organisme mentionné au deuxième alinéa peut loger des résidents temporaires dans les locaux mis à sa disposition. Les engagements réciproques de l'organisme et de chaque résident figurent dans un contrat de résidence temporaire, dont la forme et les stipulations sont définies et encadrées par décret.

Le contrat de résidence temporaire est conclu ou renouvelé pour une durée minimale fixée par décret. Il donne lieu au versement par le résident, à l'organisme qui a reçu la disposition des locaux, d'une redevance dont le montant maximal est fixé par décret. La rupture anticipée du contrat par l'organisme précité est soumise à des règles de préavis, de notification et de motivation définies par décret ; cette rupture ne peut être opérée que pour un motif légitime et sérieux, notamment l'inexécution par le résident de l'une des obligations lui incombant ou le terme de la convention mentionnée au deuxième alinéa survenu dans les conditions fixées par le même alinéa. L'arrivée à terme du contrat de résidence temporaire ou sa rupture dans les conditions susmentionnées déchoit le résident de tout titre d'occupation, nonobstant toutes dispositions en vigueur, notamment celles du chapitre III du titre Ier du livre VI du code de la construction et de l'habitation et de la loi no 89-462 du 6 juillet 1989 tendant à améliorer les rapports locatifs et portant modification de la loi no 86-1290 du 23 décembre 1986.

L'agrément de l'État peut être subordonné à des engagements de l'organisme qui a reçu la disposition des locaux quant aux caractéristiques des résidents temporaires.

Les conventions et contrats de résidence temporaire passés en application du présent article ne peuvent porter effet au-delà du 31 décembre 2013. Le présent dispositif expérimental est suivi et évalué par les services de l'État chargés d'agréer les opérations. Un rapport de suivi et d'évaluation est déposé annuellement au Parlement à partir de 2010.

....

Décret no 2009-1681 du 30 décembre 2009,

Relatif à l'occupation de locaux en vue de leur protection et préservation par des résidents temporaires en application de l'article 101 de la loi no 2009-323 du 25 mars 2009 de mobilisation pour le logement et la lutte contre l'exclusion.

Art. 1er La demande de l'agrément prévu par le deuxième alinéa de l'article 101 de la loi du 25 mars 2009 susvisée est présentée par l'organisme intéressé pour chaque opération, au préfet du département sur le territoire duquel sont situés les locaux mis à sa disposition. Constitue une opération la mise à la disposition d'un même organisme d'un ensemble de locaux vacants appartenant à un propriétaire qui font l'objet d'une convention en vue de leur protection et préservation et de leur occupation par des résidents temporaires.

La demande est adressée par pli recommandé avec demande d'avis de réception ou par voie électronique. Elle est accompagnée d'un dossier comportant la convention conclue entre le propriétaire et l'organisme et les documents établissant que les locaux ne présentent aucun risque manifeste pour la sécurité physique et la santé de résidents temporaires et que les conditions de leur occupation ne sont pas de nature à porter atteinte à la dignité et au droit à la vie privée de ces résidents. Un arrêté du ministre chargé du logement précise, en tant que de besoin, la nature des pièces et documents composant le dossier de la demande. – *V. Arr. 12 avr. 2010 (JO 28 avr.).*

L'agrément est délivré pour la période de validité de la convention, y compris après renouvellement, sans pouvoir excéder la date du 31 décembre 2013.

Lorsque l'opération prend fin, pour quelque motif que ce soit, l'organisme en informe sans délai le préfet.

Art. 2 La convention entre le propriétaire des locaux et l'organisme mentionne notamment l'identité des cocontractants, l'adresse de leur siège social ou de leur domicile, la localisation, la consistance et la surface estimée des locaux mis à disposition et les équipements existants ou à installer pour que les locaux puissent être affectés à un usage d'habitation. Elle précise les causes objectives de nature à justifier la résiliation de la convention.

La convention est conclue et, le cas échéant, renouvelée pour une durée minimale de quatre mois.

Art. 3 Le contrat de résidence temporaire est conclu entre l'organisme et le résident sous forme écrite. Il mentionne :

1o Sa date de prise d'effet et sa durée dans la limite du terme de la convention passée entre le propriétaire des locaux et l'organisme ;

2o L'adresse et la désignation des locaux à usage privatif et, le cas échéant, collectif ;

3o Les équipements à usage privatif dont le résident a la jouissance et, le cas échéant, les locaux, équipements et autres accessoires de l'ensemble immobilier qui font l'objet d'un usage collectif ;

4° Le montant mensuel de la redevance, les conditions de sa révision éventuelle et ses modalités de paiement ;

5° S'il y a lieu, le montant du dépôt de garantie, qui ne peut être supérieur à un mois de redevance ;

6° Les obligations respectives de l'organisme et du résident définies aux articles 6 et 7 ;

7° Les causes objectives de nature à justifier la résiliation du contrat telles qu'elles sont précisées dans la convention prévue à l'article 2.

S'il existe un règlement intérieur des locaux, une copie de celui-ci est annexée au contrat et paraphée par le résident.

Un état des lieux occupés à titre privatif, établi contradictoirement et sans frais par les parties lors de l'entrée dans les lieux ou, à défaut, par huissier de justice, à l'initiative de la partie la plus diligente et à frais partagés, est joint au contrat. Un état des lieux est établi selon les mêmes modalités lors de la restitution des locaux.

Art. 4 Le contrat de résidence temporaire est conclu pour une durée au moins égale à trois mois. Il est renouvelé par tacite reconduction sans pouvoir excéder une durée totale de dix-huit mois.

Si l'organisme n'entend pas renouveler le contrat, il en informe le résident, par lettre recommandée avec demande d'avis de réception ou par acte d'huissier, un mois au moins avant l'échéance du terme prévu.

Art. 5 La redevance mensuelle due par le résident temporaire à l'organisme ne peut excéder le montant de 200 euros. Ce montant comprend l'intégralité des charges liées à l'occupation des locaux, notamment celles relatives à l'eau, au gaz, à l'électricité et au chauffage.

La redevance peut faire l'objet d'une révision annuelle, dans la limite du plafond prévu au premier alinéa, en fonction de la moyenne de l'indice des prix à la consommation hors tabac et hors loyers au cours des douze derniers mois.

Art. 6 Le résident, titulaire du contrat de résidence temporaire, s'engage notamment à :

1° Informer l'organisme de tout sinistre, dégradation, intrusion qu'il constate dans les locaux dont il a l'usage, même s'il n'en résulte aucun dommage apparent ;

2° Avertir sans délai l'organisme de toute réparation qui apparaît nécessaire ;

3° Payer la redevance aux termes convenus ;

4° User paisiblement des locaux et équipements mentionnés au contrat ;

5° Répondre des dégradations qui surviennent pendant la durée du contrat dans les locaux privatifs dont il a l'usage, à moins qu'il ne prouve qu'elles ont eu lieu par cas de force majeure, par la faute de l'organisme ou du propriétaire ou par le fait d'un tiers qu'il n'a pas introduit dans les locaux ;

6° Ne pas transformer les locaux et équipements mentionnés au contrat sans l'autorisation préalable et écrite de l'organisme ;

7° S'interdire de céder les droits qu'il tient du contrat et de mettre les locaux mentionnés au contrat à la disposition d'un tiers, sous quelque forme et à quelque titre que ce soit ;

8° Laisser exécuter les travaux d'amélioration des parties collectives ou privatives de l'ensemble immobilier, ainsi que les travaux nécessaires au maintien en état et à l'entretien normal des locaux mentionnés au contrat ;

9° Laisser visiter, selon les modalités prévues par le contrat, les locaux mentionnés au contrat en vue notamment de la réalisation de travaux, de la réhabilitation, de la démolition, de la vente des locaux ou de tout autre événement prévu par le contrat de résidence temporaire ;

10° Respecter le règlement intérieur des locaux mis à disposition s'il en existe un.

Art. 7 L'organisme s'engage envers le résident notamment à :

1° Lui remettre un local en bon état d'usage, ne présentant aucun risque manifeste pour la sécurité physique et la santé et offrant les conditions d'hygiène et de confort exigées pour une affectation à un usage d'habitation ;

2° Lui assurer la jouissance paisible des locaux mentionnés au contrat ;
3° Lui transmettre gratuitement un reçu de la redevance.

Art. 8 Au-delà de la durée initiale de trois mois du contrat de résidence temporaire, lorsque survient une des causes objectives de nature à justifier la résiliation telles que prévues par la convention conclue avec le propriétaire des locaux, l'organisme adresse au résident la décision motivée de résilier le contrat, par lettre recommandée avec demande d'avis de réception ou par acte d'huissier, en respectant un délai de préavis d'un mois. Ce délai court à compter du jour de la réception de la lettre recommandée ou de la signification de l'acte d'huissier.

Pendant le délai de préavis, le résident n'est redevable de la redevance que pour le temps où il a occupé réellement les lieux.

Art. 9 En cas de méconnaissance par le résident de l'une des obligations lui incombant aux termes du contrat, celui-ci peut être résilié par l'organisme dans le respect des formalités et du préavis prévus à l'article 8.

Art. 10 Le résident temporaire peut résilier à tout moment le contrat par lettre recommandée avec demande d'avis de réception, en respectant un délai de préavis de quinze jours.

En cas d'abandon des lieux par le résident temporaire ou de décès de celui-ci, son conjoint, son partenaire lié par un pacte civil de solidarité ou son concubin notoire, s'il réside lui-même dans les locaux, bénéficie du droit d'usage de ceux-ci jusqu'au terme du contrat sous réserve du respect des obligations de tout résident.

Art. 11 La seule circonstance que les locaux font l'objet d'une occupation temporaire en vertu de la convention mentionnée à l'article 2 ne constitue pas un changement de destination de ces locaux au sens de l'article R. 421-17 du code de l'urbanisme.

RISQUES

Code de l'environnement

PREMIÈRE PARTIE : *LÉGISLATIVE*

LIVRE PREMIER Dispositions communes

TITRE II Information et participation des citoyens

CHAPITRE V *Autres modes d'information*

Art. L. 125-5 *(L. n° 2003-699 du 30 juill. 2003, art. 77)* I. – Les acquéreurs ou locataires de biens immobiliers situés dans des zones couvertes par un plan de prévention des risques technologiques ou par un plan de prévention des risques naturels prévisibles, prescrit ou approuvé, ou dans des zones de sismicité définies par décret en Conseil d'État, sont informés par le vendeur ou le bailleur de l'existence des risques visés par ce plan ou ce décret.

(Ord. n° 2005-655 du 8 juin 2005, art. 21) « A cet effet, un état des risques naturels et technologiques est établi à partir des informations mises à disposition par le préfet.

En cas de mise en vente de l'immeuble, l'état est produit dans les conditions et selon les modalités prévues aux articles L. 271-4 et L. 271-5 du code de la construction et de l'habitation. »

II. – *(Ord. nº 2005-655 du 8 juin 2005, art. 21)* « En cas de mise en location de l'immeuble, l'état des risques naturels et technologiques est fourni au nouveau locataire dans les conditions et selon les modalités prévues à l'article 3-1 de la loi nº 89-462 du 6 juillet 1989 tendant à améliorer les rapports locatifs et portant modification de la loi nº 86-1290 du 23 décembre 1986. »

(L. nº 2010-788 du 12 juill. 2010, art. 1er-II) « L'état des risques naturels et technologiques, fourni par le bailleur, est joint aux baux commerciaux mentionnés aux articles L. 145-1 et L. 145-2 du code de commerce. » – *V. **C. baux.***

III. – Le préfet arrête la liste des communes dans lesquelles les dispositions du I et du II sont applicables ainsi que, pour chaque commune concernée, la liste des risques et des documents à prendre en compte.

IV. – Lorsqu'un immeuble bâti a subi un sinistre ayant donné lieu au versement d'une indemnité en application de l'article L. 125-2 ou de l'article L. 128-2 du code des assurances, le vendeur ou le bailleur de l'immeuble est tenu d'informer par écrit l'acquéreur ou le locataire de tout sinistre survenu pendant la période où il a été propriétaire de l'immeuble ou dont il a été lui-même informé en application des présentes dispositions. En cas de vente de l'immeuble, cette information est mentionnée dans l'acte authentique constatant la réalisation de la vente.

V. – En cas de non-respect des dispositions du présent article, l'acquéreur ou le locataire peut poursuivre la résolution du contrat ou demander au juge une diminution du prix.

VI. – Un décret en Conseil d'État fixe les conditions d'application du présent article. – *V. art. R. 125-23 s.*

(L. nº 2012-387 du 22 mars 2012, art. 74) « VII. – Le présent article n'est pas applicable aux conventions mentionnées aux articles L. 323-14 et L. 411-37 du code rural et de la pêche maritime. »

V. Circ. min. équipement du 27 mai 2005 relative à l'information des acquéreurs et des locataires de biens immobiliers sur les risques naturels et technologiques majeurs ; Circ. du 4 juill. 2006 relative à la diffusion des cartes des risques (BOME nº 18/2006).

BIBL. ▶ PALAIS, Risques naturels et technologiques majeurs : encore une obligation légale d'information, *AJDI 2006. 808*. – TRÉBULLE, Informations sur les risques. Débat autour du champ d'application de l'article L. 125-5 C. envir., *RDI 2006. 439*.

Autres mesures de prévention

Art. L. 563-1 Dans les zones particulièrement exposées à un risque sismique ou cyclonique, des règles particulières de construction parasismique ou paracyclonique peuvent être imposées aux équipements, bâtiments et installations.

Si un plan de prévention des risques naturels prévisibles est approuvé dans l'une des zones mentionnées au premier alinéa, il peut éventuellement fixer, en application de l'article L. 562-1, des règles plus *(L. nº 2003-699 du 30 juill. 2003, art. 64)* « adaptées ».

Un décret en Conseil d'État définit les modalités d'application du présent article. – *V. art. R. 563-1 s.*

Art. L. 563-2 Dans les zones de montagne, en l'absence de plan de prévention des risques naturels prévisibles, les documents d'urbanisme ainsi que les projets de travaux, constructions ou installations soumis à une demande d'autorisation ou à une décision de prise en considération tiennent compte des risques naturels spécifiques à ces zones, qu'il s'agisse de risques préexistants connus ou de ceux qui pourraient résulter des modifications de milieu envisagées.

Cette prise en compte s'apprécie en fonction des informations dont peut disposer l'autorité compétente.

Sans préjudice des dispositions des deux alinéas ci-dessus, *(L. n° 2005-157 du 23 févr. 2005, art. 190-V)* « les représentants de l'État visés » à l'article L. 145-11 du code de l'urbanisme pour les unités touristiques nouvelles et *(Ord. n° 2005-1527 du 8 déc. 2005, art. 34-V, en vigueur le 1er oct. 2007)* « aux articles L. 472-1 à L. 472-5 » du même code pour les remontées mécaniques *(L. n° 2005-157 du 23 févr. 2005, art. 190-V)* « tiennent » compte des risques naturels pour la délivrance des autorisations correspondantes.

Les dispositions issues de la L. n° 2005-157 du 23 févr. 2005 entrent en vigueur à une date fixée par décret en Conseil d'État et au plus tard un an après la publication de la présente loi (L. préc., art. 194 ; JO 24 févr.).

Art. L. 563-3 *(L. n° 2003-699 du 30 juill. 2003, art. 42)* I. – Dans les zones exposées au risque d'inondations, le maire, avec l'assistance des services de l'État compétents, procède à l'inventaire des repères de crues existant sur le territoire communal et établit les repères correspondant aux crues historiques, aux nouvelles crues exceptionnelles ou aux submersions marines. La commune ou le groupement de collectivités territoriales compétent matérialisent, entretiennent et protègent ces repères.

II. – Les dispositions de la loi n° 43-374 du 6 juillet 1943 relative à l'exécution des travaux géodésiques et cadastraux et à la conservation des signaux, bornes et repères sont applicables.

III. – Un décret en Conseil d'État fixe les conditions d'application du présent article. *– V. art. R. 563-11 s.*

Art. L. 563-4 *(L. n° 2003-699 du 30 juill. 2003, art. 47)* Les dispositions prévues aux articles L. 54 à L. 56-1 du code des postes et télécommunications s'appliquent également aux radars hydrométéorologiques dont la liste est fixée par arrêté conjoint du ministre chargé des transports et du ministre chargé de l'environnement.

Art. L. 563-5 *(L. n° 2003-699 du 30 juill. 2003, art. 78)* I. – Sur demande des collectivités territoriales ou de leurs groupements motivée par la sécurité des personnes et des biens sur les territoires de leur compétence, l'État et ses établissements publics communiquent à cette seule fin gratuitement à ces collectivités et à leurs groupements les données dont ils disposent. Toutefois, ils peuvent mettre à la charge des demandeurs les frais de reproduction et de transmission de ces données.

II. – Un décret en Conseil d'État précise les modalités de mise en œuvre du présent article. Ce décret précise notamment les informations produites par l'État ou par ses établissements publics qui peuvent être accessibles gratuitement par les collectivités territoriales. *– V. art. R. 563-16 s.*

Art. L. 563-6 *(L. n° 2003-699 du 30 juill. 2003, art. 43)* I. – Les communes ou leurs groupements compétents en matière de documents d'urbanisme élaborent, en tant que de besoin, des cartes délimitant les sites où sont situées des cavités souterraines et des marnières susceptibles de provoquer l'effondrement du sol.

II. – Toute personne qui a connaissance de l'existence d'une cavité souterraine ou d'une marnière dont l'effondrement est susceptible de porter atteinte aux personnes ou aux biens, ou d'un indice susceptible de révéler cette existence, en informe le maire, qui communique, sans délai, au représentant de l'État dans le département et au président du conseil général les éléments dont il dispose à ce sujet.

La diffusion d'informations manifestement erronées, mensongères ou résultant d'une intention dolosive relatives à l'existence d'une cavité souterraine ou d'une marnière est punie d'une amende de 30 000 €.

III. – Le représentant de l'État dans le département publie et met à jour, selon des modalités fixées par décret en Conseil d'État *[V. Décr. n° 2004-554 du 9 juin 2004 (JO 17 juin)]*, la liste des communes pour lesquelles il a été informé par le maire de l'existence d'une cavité souterraine ou d'une marnière et de celles où il existe une présomption réelle et sérieuse de l'existence d'une telle cavité.

DEUXIÈME PARTIE : ***RÉGLEMENTAIRE***

LIVRE PREMIER **Dispositions communes**

TITRE II **Information et participation des citoyens**

CHAPITRE V *Autres modes d'information*

SECTION III *Information des acquéreurs et des locataires de biens immobiliers sur les risques naturels et technologiques majeurs*

BIBL. ▶ HEUGAS-DARRASPEN, Les contrats conclus à compter du 1er juin 2006 par les acquéreurs et locataires de biens immobiliers devront informer des risques naturels et technologiques majeurs, ainsi que des réparations obtenues à ce titre, *RDI 2006. 292*.

Art. R. 125-23 L'obligation d'information prévue au I de l'article L. 125-5 s'applique, dans chacune des communes dont la liste est arrêtée par le préfet en application du III du même article, pour les biens immobiliers situés :

1o Dans le périmètre d'exposition aux risques délimité par un plan de prévention des risques technologiques approuvé ;

2o Dans une zone exposée aux risques délimitée par un plan de prévention des risques naturels prévisibles approuvé ou dont certaines dispositions ont été rendues immédiatement opposables en application de l'article L. 562-2 ;

3o Dans le périmètre mis à l'étude dans le cadre de l'élaboration d'un plan de prévention des risques technologiques ou d'un plan de prévention des risques naturels prévisibles prescrit ;

4o Dans une des *(Décr. no 2010-1254 du 22 oct. 2010, art. 2, en vigueur le 1er mai 2011)* « zones de sismicité 2, 3, 4 ou 5 » mentionnées à l'article 4 du décret no 91-461 du 14 mai 1991 modifié relatif à la prévention du risque sismique *[C. envir., art. R. 563-4]*. – *[Décr. no 2005-134 du 15 févr. 2005, art. 1er]*.

Art. R. 125-24 I. – Pour chacune des communes concernées, le préfet arrête :

1o La liste des risques naturels prévisibles et des risques technologiques auxquels la commune est exposée sur tout ou partie de son territoire ;

2o La liste des documents auxquels le vendeur ou le bailleur peut se référer :

a) Dans les zones couvertes par un plan de prévention des risques technologiques approuvé ainsi que dans les zones couvertes par un plan de prévention des risques naturels prévisibles approuvé ou dont certaines dispositions ont été rendues immédiatement opposables en application de l'article L. 562-2, le ou les documents graphiques ainsi que la note de présentation de ce plan ;

b) Dans les zones couvertes par un plan de prévention des risques technologiques ou par un plan de prévention des risques naturels prévisibles prescrit, les documents d'information élaborés à l'initiative d'une collectivité publique et tenus à la disposition du public, permettant une délimitation et une qualification de phénomènes ;

c) Dans les zones de sismicité mentionnées au 4o de l'article R. 125-23, l'annexe prévue à l'article 4 du décret no 91-461 du 14 mai 1991 modifié relatif à la prévention du risque sismique ;

d) Le cas échéant, le ou les arrêtés portant ou ayant porté reconnaissance de l'état de catastrophe naturelle ou technologique sur le territoire de la commune.

II. – Est annexé à l'arrêté préfectoral prévu au premier alinéa du I un dossier comprenant, pour chaque commune :

1o Un ou plusieurs extraits des documents mentionnés dans la liste établie en application du 2o du I permettant de délimiter les zones de la commune exposées aux risques identifiés ;

2o Une fiche permettant de préciser la nature et, dans la mesure du possible, l'intensité des risques dans chacune des zones définies au 1o.

III. – Les documents et le dossier mentionnés au présent article peuvent être consultés dans les mairies des communes intéressées ainsi qu'à la préfecture et dans les sous-préfectures du département. – *[Décr. no 2005-134 du 15 févr. 2005, art. 2].*

Art. R. 125-25 I. – Le préfet adresse copie des arrêtés prévus à l'article R. 125-24 aux maires des communes intéressées et à la chambre départementale des notaires.

II. – Les arrêtés sont affichés dans les mairies de ces communes et publiés au recueil des actes administratifs de l'État dans le département. Mentions des arrêtés et des modalités de leur consultation sont insérées dans un journal diffusé dans le département.

III. – Les arrêtés sont mis à jour :

1o Lors de l'entrée en vigueur d'un arrêté préfectoral rendant immédiatement opposables certaines dispositions d'un plan de prévention des risques naturels prévisibles, ou approuvant un plan de prévention des risques naturels prévisibles ou un plan de prévention des risques technologiques, ou approuvant la révision d'un de ces plans ;

2o Lorsque des informations nouvelles portées à la connaissance du préfet permettent de modifier l'appréciation de la nature ou de l'intensité des risques auxquels est susceptible de se trouver exposée tout ou partie d'une commune faisant l'objet d'un de ces plans. – *[Décr. no 2005-134 du 15 févr. 2005, art. 3].*

Art. R. 125-26 L'état des risques prévu par le deuxième alinéa du I de l'article L. 125-5 mentionne les risques dont font état les documents et le dossier mentionnés à l'article R. 125-24 et auxquels l'immeuble faisant l'objet de la vente ou de la location est exposé. Cet état est accompagné des extraits de ces documents et dossier permettant de localiser cet immeuble au regard des risques encourus.

L'état des risques est établi par le vendeur ou le bailleur conformément à un modèle défini par arrêté du ministre chargé de la prévention des risques. – *V. Arr. 13 oct. 2005 portant définition du modèle d'imprimé pour l'établissement de l'état des risques naturels et technologiques (JO 18 nov.), mod. par Arr. 13 avr. 2011 (JO 31 mai, en vigueur le 1er mai 2011), téléchargeable sur www.ecologie.gouv.fr, rubrique « risques naturels ».*

Cet état doit être établi moins de six mois avant la date de conclusion du contrat de location écrit, de la promesse de vente ou de l'acte réalisant ou constatant la vente d'un bien immobilier auquel il est annexé. – *[Décr. no 2005-134 du 15 févr. 2005, art. 4].*

BIBL. ▶ Dupie, Le modèle d'imprimé permettant d'établir l'état des risques naturels et technologiques est paru, *Envir. 2006, pratique no 1.*

Art. R. 125-27 Les obligations découlant pour les vendeurs ou les bailleurs des dispositions des I, II et IV de l'article L. 125-5 sont applicables à compter du premier jour du quatrième mois suivant la publication au recueil des actes administratifs dans le département des arrêtés prévus au III du même article, qui devra intervenir dans un délai d'un an à compter du 17 février 2005. – *[Décr. no 2005-134 du 15 févr. 2005, art. 5].*

....

CHAPITRE III *Autres mesures de prévention*

(Décr. no 2007-1467 du 12 oct. 2007)

SECTION I *Prévention du risque sismique*

(Décr. no 2007-1467 du 12 oct. 2007)

Art. R. 563-1 La présente section définit les modalités d'application de l'article L. 563-1, en ce qui concerne les règles particulières de construction parasismique pouvant être imposées aux équipements, bâtiments et installations dans les zones particulièrement exposées à un risque sismique.

Art. R. 563-2 Pour la prise en compte du risque sismique, les bâtiments, les équipements et les installations sont répartis en deux *(Décr. no 2010-1254 du 22 oct. 2010, en vigueur le 1er mai 2011)* « classes *[ancienne rédaction : « catégories »]* », respectivement dites "à risque normal" et "à risque spécial".

Art. R. 563-3 *(Décr. no 2010-1254 du 22 oct. 2010, en vigueur le 1er mai 2011)* I. – La classe dite "à risque normal" comprend les bâtiments, équipements et installations pour lesquels les conséquences d'un séisme demeurent circonscrites à leurs occupants et à leur voisinage immédiat.

II. – Ces bâtiments, équipements et installations sont répartis entre les catégories d'importance suivantes :

1o Catégorie d'importance I : ceux dont la défaillance ne présente qu'un risque minime pour les personnes ou l'activité économique ;

2o Catégorie d'importance II : ceux dont la défaillance présente un risque moyen pour les personnes ;

3o Catégorie d'importance III : ceux dont la défaillance présente un risque élevé pour les personnes et ceux présentant le même risque en raison de leur importance socio-économique ;

4o Catégorie d'importance IV : ceux dont le fonctionnement est primordial pour la sécurité civile, pour la défense ou pour le maintien de l'ordre public.

V. Arr. du 22 oct. 2010 relatif à la classification et aux règles de construction parasismique applicables aux bâtiments de la classe dite "à risque normal", applicable à compter du 1er mai 2011 (JO 24 oct.), mod. par Arr. du 19 juill. 2011 (JO 28 juill.).

V. Arr. du 26 oct. 2011 relatif à la classification et aux règles de construction parasismique applicables aux ponts de la classe dite "à risque normal", en vigueur le 1er janv. 2012 (JO 10 nov.).

Art. R. 563-4 *(Décr. no 2010-1254 du 22 oct. 2010, en vigueur le 1er mai 2011)* I. – Pour l'application des mesures de prévention du risque sismique aux bâtiments, équipements et installations de la classe dite "à risque normal", le territoire national est divisé en cinq zones de sismicité croissante :

1o Zone de sismicité 1 (très faible) ;

2o Zone de sismicité 2 (faible) ;

3o Zone de sismicité 3 (modérée) ;

4o Zone de sismicité 4 (moyenne) ;

5o Zone de sismicité 5 (forte).

II. – La répartition des communes entre ces zones est effectuée par décret. – *V. C. envir., art. D. 563-8-1.* – ***C. envir.***

Art. R. 563-5 *(Décr. no 2010-1254 du 22 oct. 2010, en vigueur le 1er mai 2011)* « I. – Des mesures préventives, notamment des règles de construction, d'aménagement et d'exploitation parasismiques, sont appliquées aux bâtiments, aux équipements et aux installations de la classe dite "à risque normal" situés dans les zones de sismicité 2, 3, 4 et 5, respectivement définies aux articles R. 563-3 et R. 563-4. Des mesures préventives spécifiques doivent en outre être appliquées aux bâtiments, équipements et installations de catégorie IV pour garantir la continuité de leur fonctionnement en cas de séisme. »

II. – Pour l'application de ces mesures, des arrêtés pris, conjointement, par le ministre chargé de la prévention des risques majeurs et les ministres concernés définissent la nature et les caractéristiques des bâtiments, des équipements et des installations, les mesures techniques préventives ainsi que les valeurs caractérisant les actions des séismes à prendre en compte. – *V. Arr. du 22 oct. 2010, en vigueur le 1er mai 2011 (JO 24 oct.), mod. par Arr. du 19 juill. 2011 (JO 28 juill.) ; Arr. du 26 oct. 2011 relatif à la classification et aux règles de construction parasismique applicables aux ponts de la classe dite "à risque normal", en vigueur le 1er janv. 2012 (JO 10 nov.).*

III. – Les dispositions des I et II s'appliquent :

1o Aux équipements, installations et bâtiments nouveaux ;

2o Aux additions aux bâtiments existants par juxtaposition, surélévation ou création de surfaces nouvelles ;

3o Aux modifications importantes des structures des bâtiments existants.

Art. R. 563-6 La *(Décr. no 2010-1254 du 22 oct. 2010, en vigueur le 1er mai 2011)* « classe *[ancienne rédaction : catégorie]* » dite "à risque spécial" comprend les bâtiments, les équipements et les installations pour lesquels les effets sur les personnes, les biens et l'environnement de dommages même mineurs résultant d'un séisme peuvent ne pas être circonscrits au voisinage immédiat desdits bâtiments, équipements et installations.

Art. R. 563-7 Des mesures préventives, notamment des règles de construction, d'aménagement et d'exploitation parasismiques, sont appliquées aux bâtiments, aux équipements et aux installations de la *(Décr. nº 2010-1254 du 22 oct. 2010, en vigueur le 1er mai 2011)* « classe *[ancienne rédaction : catégorie]* » dite “à risque spécial”.

Pour l'application de ces mesures, des arrêtés pris, conjointement, par le ministre chargé de la prévention des risques majeurs et les ministres concernés définissent la nature et les caractéristiques des bâtiments, des équipements et des installations, les mesures techniques préventives ainsi que les valeurs caractérisant les actions des séismes à prendre en compte.

Art. R. 563-8 Lorsqu'il prend en compte un risque sismique, un plan de prévention des risques naturels prévisibles, établi en application des articles L. 562-1 à L. 562-7, peut, compte tenu des valeurs caractérisant les actions de séismes qu'il retient, fixer des règles de construction mieux adaptées à la nature et à la gravité du risque que les règles définies par les articles R. 563-5 et R. 563-7, sous réserve qu'elles garantissent une protection au moins égale à celle qui résulterait de l'application de ces dernières règles.

Ces règles de construction concernent notamment la nature et les caractéristiques des bâtiments, des équipements et des installations ainsi que les mesures techniques préventives spécifiques.

Art. D. 563-8-1 *(Décr. nº 2010-1255 du 22 oct. 2010, en vigueur le 1er mai 2011)* Les communes sont réparties entre les cinq zones de sismicité définies à l'article R. 563-4 conformément à la liste ci-après, arrêtée par référence aux délimitations administratives, issues du code officiel géographique de l'Institut national de la statistique et des études économiques, en vigueur à la date du 1er janvier 2008.

Ain : tout le département *[en]* zone de sismicité modérée, sauf :

– les communes de Massignieu-de-Rives, Murs-et-Gélignieux, Nattages, Parves, Peyrieu : zone de sismicité moyenne ;

– les cantons de Bâgé-le-Châtel, Châtillon-sur-Chalaronne, Miribel, Montrevel-en-Bresse, Pont-de-Vaux, Pont-de-Veyle, Reyrieux, Saint-Trivier-de-Courtes, Saint-Trivier-sur-Moignans, Thoissey, Trévoux, Villars-les-Dombes : zone de sismicité faible ;

– les communes de Buellas, Montcet, Le Montellier, Montluel, Montracol, Le Plantay, Polliat, Saint-André-sur-Vieux-Jonc, Saint-Denis-lès-Bourg, Sainte-Croix, Saint-Rémy, Vandeins : zone de sismicité faible.

Aisne : tout le département *[en]* zone de sismicité très faible, sauf :

– les cantons de La Capelle, Hirson, Le Nouvion-en-Thiérache, Wassigny : zone de sismicité faible ;

– les communes de Aisonville-et-Bernoville, Any-Martin-Rieux, Aubencheul-aux-Bois, Aubenton, Autreppes, Beaume, Beaurevoir, Becquigny, Bellicourt, Besmont, Bohain-en-Vermandois, Bony, La Bouteille, Brancourt-le-Grand, Le Catelet, Estrées, Fresnoy-le-Grand, Gouy, Hargicourt, Iron, Joncourt, Landouzy-la-Ville, Lavaqueresse, Lempire, Lesquielles-Saint-Germain, Leuze, Logny-lès-Aubenton, Malzy, Martigny, Monceau-sur-Oise, Montbrehain, Nauroy, Prémont, Ramicourt, Saint-Algis, Seboncourt, Serain, Vadencourt, Vendhuile, Villers-lès-Guise : zone de sismicité faible.

Allier : tout le département *[en]* zone de sismicité faible, sauf :

– le canton de Gannat : zone de sismicité modérée ;

– les communes de Brugheas, Charroux, Chouvigny, Cognat-Lyonne, Ébreuil, Escurolles, Espinasse-Vozelle, Lalizolle, Mariol, Nades, Naves, Saint-Germain-de-Salles, Serbannes, Sussat, Valignat, Veauce, Vicq : zone de sismicité modérée.

Alpes-de-Haute-Provence : tout le département *[en]* zone de sismicité moyenne, sauf :

– les cantons de Banon, Noyers-sur-Jabron : zone de sismicité modérée ;

– les communes d'Allemagne-en-Provence, Aubenas-les-Alpes, Bras-d'Asse, Le Caire, Le Chaffaut-Saint-Jurson, Châteauredon, Claret, Curbans, Esparron-de-Verdon, Estoublon, Faucon-du-Caire, Lardiers, Limans, Majastres, Melve, Mézel, Mison, Montagnac-

Montpezat, La Motte-du-Caire, Moustiers-Sainte-Marie, Ongles, Oppedette, Puimoisson, Quinson, Riez, Roumoules, Sainte-Croix-à-Lauze, Sainte-Croix-du-Verdon, Saint-Étienne-les-Orgues, Saint-Jeannet, Saint-Julien-d'Asse, Saint-Jurs, Saint-Laurent-du-Verdon, Saint-Martin-de-Brômes, Sigoyer, Thèze, Vachères, Vaumeilh, Venterol : zone de sismicité modérée.

Hautes-Alpes : tout le département *[en]* zone de sismicité moyenne, sauf :

— les cantons de Barcillonnette, Gap-Campagne, Gap-Centre, Gap-Nord-Est, Gap-Nord-Ouest, Gap-Sud-Est, Gap-Sud-Ouest, La Grave, Saint-Étienne-en-Dévoluy, Saint-Firmin, Tallard : zone de sismicité modérée ;

— les communes d'Aspres-sur-Buëch, Bénévent-et-Charbillac, Buissard, Chabottes, Châteauneuf-d'Oze, Les Costes, La Fare-en-Champsaur, Forest-Saint-Julien, Furmeyer, Les Infournas, Laye, Lazer, Monêtier-Allemont, Montmaur, La Motte-en-Champsaur, Le Noyer, Le Poët, Poligny, Ribiers, La Rochette, Saint-Auban-d'Oze, Saint-Bonnet-en-Champsaur, Saint-Eusèbe-en-Champsaur, Saint-Julien-en-Beauchêne, Saint-Julien-en-Champsaur, Saint-Laurent-du-Cros, Saint-Michel-de-Chaillol, Le Saix, Upaix, Ventavon : zone de sismicité modérée ;

— les cantons d'Orpierre, Rosans, Serres : zone de sismicité faible ;

— les communes d'Antonaves, Aspremont, Barret-sur-Méouge, La Beaume, Chabestan, Châteauneuf-de-Chabre, Éourres, Eyguians, La Faurie, La Haute-Beaume, Laragne-Montéglin, Montbrand, Oze, Saint-Pierre-Avez, Saint-Pierre-d'Argençon, Salérans : zone de sismicité faible.

Alpes-Maritimes : tout le département *[en zone de sismicité]* moyenne, sauf :

— les cantons d'Antibes-Biot, Antibes-Centre, Le Bar-sur-Loup, Cannes-Centre, Cannes-Est, Le Cannet, Grasse-Nord, Grasse-Sud, Mougins, Saint-Vallier-de-Thiey, Vallauris-Antibes-Ouest : zone de sismicité modérée ;

— les communes de Cannes, Mandelieu-la-Napoule : zone de sismicité modérée ;

— la commune de Théoule-sur-Mer : zone de sismicité faible.

Ardèche : tout le département *[en]* zone de sismicité faible, sauf :

— les cantons de Bourg-Saint-Andéol, Chomérac, Rochemaure, Saint-Péray, Tournon-sur-Rhône, Vallon-Pont-d'Arc, Villeneuve-de-Berg, Viviers : zone de sismicité modérée ;

— les communes d'Alissas, Andance, Ardoix, Beauchastel, Beaulieu, Boffres, Bogy, Bozas, Champagne, Charmes-sur-Rhône, Charnas, Châteauneuf-de-Vernoux, Chauzon, Colombier-le-Cardinal, Colombier-le-Vieux, Coux, Le Crestet, Davézieux, Dunière-sur-Eyrieux, Félines, Flaviac, Freyssenet, Gilhac-et-Bruzac, Gilhoc-sur-Ormèze, Grospierres, Labeaume, Limony, Lyas, Peaugres, Peyraud, Privas, Quintenas, Rompon, Saint-Alban-Auriolles, Saint-André-de-Cruzières, Saint-Barthélemy-Grozon, Saint-Cierge-la-Serre, Saint-Cyr, Saint-Désirat, Saint-Étienne-de-Valoux, Saint-Fortunat-sur-Eyrieux, Saint-Georges-les-Bains, Saint-Jeure-d'Ay, Saint-Julien-le-Roux, Saint-Laurent-du-Pape, Saint-Paul-le-Jeune, Saint-Priest, Saint-Romain-d'Ay, Saint-Sauveur-de-Cruzières, Saint-Victor, Saint-Vincent-de-Durfort, Serrières, Talencieux, Thorrenc, Vernosc-lès-Annonay, Vernoux-en-Vivarais, Veyras, La Voulte-sur-Rhône : zone de sismicité modérée.

Ardennes : tout le département *[en]* zone de sismicité très faible, sauf :

— les cantons de Charleville-Centre, Charleville-La Houillère, Fumay, Givet, Monthermé, Nouzonville, Renwez, Revin, Rocroi, Signy-le-Petit, Villers-Semeuse : zone de sismicité faible ;

— les communes d'Antheny, Aouste, Belval, Bosseval-et-Briancourt, Bossus-lès-Rumigny, Cernion, Champlin, La Chapelle, Charleville-Mézières, Donchery, L'Échelle, Estrebay, Flaignes-Havys, Fleigneux, Floing, Francheval, Girondelle, Givonne, Glaire, Hannappes, Illy, Marby, Prez, Prix-lès-Mézières, Rouvroy-sur-Audry, Rumigny, Saint-Menges, Sury, Villers-Cernay, Vrigne-aux-Bois, Warcq : zone de sismicité faible.

Ariège : tout le département *[en]* zone de sismicité modérée, sauf :

— les communes d'Antras, Aston, Aulus-les-Bains, Auzat, Ax-les-Thermes, Bethmale, Bonac-Irazein, Les Bordes-sur-Lez, Couflens, Gestiès, L'Hospitalet-près-l'Andorre, Lercoul, Luzenac, Mérens-les-Vals, Orgeix, Orlu, Perles-et-Castelet, Saint-Lary, Savignac-les-Ormeaux, Seix, Sentein, Siguer, Ustou : zone de sismicité moyenne ;

– les cantons de Le Fossat, Pamiers-Est, Pamiers-Ouest, Saverdun : zone de sismicité faible ;

– les communes d'Artix, La Bastide-de-Besplas, La Bastide-de-Bousignac, Belloc, Besset, Les Bordes-sur-Arize, Calzan, Camon, Campagne-sur-Arize, Castex, Cazals-des-Bayles, Coussa, Coutens, Daumazan-sur-Arize, Fabas, Fornex, Lagarde, Lapenne, Loubaut, Malegoude, Manses, Méras, Mérigon, Mirepoix, Montégut-Plantaurel, Montfa, Moulin-Neuf, Rieucros, Rieux-de-Pelleport, Roumengoux, Sabarat, Saint-Bauzeil, Sainte-Croix-Volvestre, Sainte-Foi, Saint-Félix-de-Rieutord, Saint-Félix-de-Tournegat, Saint-Julien-de-Gras-Capou, Saint-Quentin-la-Tour, Teilhet, Thouars-sur-Arize, Tourtrol, Troye-d'Ariège, Vals, Varilhes, Verniolle, Vira, Viviès : zone de sismicité faible.

Aube : tout le département *[en]* zone de sismicité très faible.

Aude : tout le département *[en]* zone de sismicité faible, sauf :

– les cantons d'Alzonne, Carcassonne 2e canton-Nord, Carcassonne 2e canton Sud, Carcassonne 3e canton, Castelnaudary-Nord, Castelnaudary-Sud, Conques-sur-Orbiel, Mas-Cabardès, Saissac, Salles-sur-l'Hers : zone de sismicité très faible ;

– les communes d'Alairac, Arzens, Berriac, Bouilhonnac, Bram, Cabrespine, Carcassonne, Castans, Caunes-Minervois, Citou, Fanjeaux, Fonters-du-Razès, La Force, Laurac, Laure-Minervois, Lavalette, Lespinassière, Molandier, Montréal, Peyrefitte-sur-l'Hers, Peyriac-Minervois, Trausse, Villasavary, Villedubert, Villeneuve-Minervois, Villesiscle : zone de sismicité très faible ;

– les cantons de Axat, Belcaire, Quillan : zone de sismicité modérée ;

– les communes d'Antugnac, Bugarach, Camps-sur-l'Agly, Cassaignes, Chalabre, Couiza, Coustaussa, Cubières-sur-Cinoble, Cucugnan, Duilhac-sous-Peyrepertuse, Festes-et-Saint-André, Fourtou, Montazels, Padern, Paziols, Puivert, Rennes-le-Château, Rennes-les-Bains, Rivel, Rouffiac-des-Corbières, Sainte-Colombe-sur-l'Hers, Saint-Jean-de-Paracol, La Serpent, Serres, Sougraigne, Soulatgé, Tuchan, Villefort : zone de sismicité modérée.

Aveyron : tout le département *[en]* zone de sismicité faible, sauf :

– les cantons de Belmont-sur-Rance, Camarès, Capdenac-Gare, Cornus, Montbazens, Najac, Naucelle, Réquista, Rieupeyroux, Saint-Affrique, Saint-Rome-de-Tarn, Saint-Sernin-sur-Rance, La Salvetat-Peyralès, Villefranche-de-Rouergue, Villeneuve : zone de sismicité très faible ;

– les communes d'Alrance, Anglars-Saint-Félix, Aubin, Auriac-Lagast, Baraqueville, Boisse-Penchot, Boussac, Camboulazet, Cassagnes-Bégonhès, Castanet, Colombiès, La Couvertoirade, Decazeville, Flagnac, Gramond, Livinhac-le-Haut, Pradinas, Rignac, Sainte-Juliette-sur-Viaur, Saint-Parthem, Saint-Santin, Salmiech, Sauveterre-de-Rouergue, Viala-du-Tarn, Villefranche-de-Panat, Viviez : zone de sismicité très faible.

Bouches-du-Rhône : tout le département *[en]* zone de sismicité modérée, sauf :

– les cantons de Lambesc, Pélissanne, Peyrolles-en-Provence, Salon-de-Provence : zone de sismicité moyenne ;

– les communes d'Aix-en-Provence, Alleins, Éguilles, Eyguières, Lamanon, Mallemort, Saint-Marc-Jaumegarde, Sénas, Venelles, Vernègues : zone de sismicité moyenne ;

– les cantons de Allauch, Aubagne, La Ciotat, Port-Saint-Louis-du-Rhône, Roquevaire : zone de sismicité faible ;

– les communes de Arles, Fuveau, Marseille, Mimet, Peynier, Puyloubier, Rousset, Saintes-Maries-de-la-Mer, Trets : zone de sismicité faible.

Calvados : tout le département *[en]* zone de sismicité faible, sauf :

– les cantons de Blangy-le-Château, Cambremer, Douvres-la-Délivrande, Dozulé, Honfleur, Lisieux 1er canton, Lisieux 2e canton, Lisieux 3e canton, Orbec, Pont-l'Évêque, Trouville-sur-Mer : zone de sismicité très faible ;

– les communes d'Amfreville, Auquainville, Les Authieux-Papion, Bavent, Bellou, Bénouville, Biéville-Quétiéville, Bréville-les-Monts, Cabourg, Castillon-en-Auge, Chef-freville-Tonnencourt, Cléville, Colleville-Montgomery, Coupesarte, Courseulles-sur-Mer, Crèvecœur-en-Auge, Escoville, Fervaques, Gonneville-en-Auge, Grandchamp-le-Château, Hérouvillette, Janville, Lécaude, Livarot, Merville-Franceville-Plage, Méry-Corbon, Le Mesnil-Durand, Le Mesnil-Germain, Le Mesnil-Mauger, Monteille, Les Moutiers-Hubert,

Notre-Dame-de-Courson, Notre-Dame-de-Livaye, Ouistreham, Périers-sur-le-Dan, Petiville, Ranville, Saint-Aubin-d'Arquenay, Sainte-Marguerite-des-Loges, Saint-Julien-le-Faucon, Saint-Laurent-du-Mont, Saint-Loup-de-Fribois, Saint-Martin-du-Mesnil-Oury, Saint-Michel-de-Livet, Saint-Ouen-du-Mesnil-Oger, Saint-Ouen-le-Houx, Saint-Pierre-du-Jonquet, Sallenelles, Sannerville, Touffréville, Troarn, Varaville, Vieux-Pont-en-Auge : zone de sismicité très faible.

Cantal : tout le département *[en]* zone de sismicité faible, sauf :

— les cantons de Jussac, Laroquebrou, Maurs, Pleaux : zone de sismicité très faible ;

— les communes d'Arches, Bassignac, Besse, Cayrols, Chalvignac, Champagnac, Drugeac, Freix-Anglards, Jaleyrac, Marcolès, Mauriac, Méallet, Omps, Parlan, Pers, Le Rouget, Roumégoux, Saint-Cernin, Saint-Chamant, Saint-Cirgues-de-Malbert, Saint-Illide, Saint-Mamet-la-Salvetat, Saint-Martin-Valmeroux, Saint-Paul-des-Landes, Saint-Pierre, Saint-Saury, Salins, Sansac-de-Marmiesse, La Ségalassière, Sourniac, Veyrières, Le Vigean, Vitrac, Ytrac : zone de sismicité très faible.

Charente : tout le département *[en]* zone de sismicité faible, sauf :

— les cantons d'Aigre, Cognac-Nord, Gond-Pontouvre, Hiersac, Jarnac, Mansle, Rouillac, Saint-Amant-de-Boixe, Villefagnan : zone de sismicité modérée ;

— les communes des Adjots, Agris, Angeac-Charente, Barro, Beaulieu-sur-Sonnette, Bioussac, Bourg-Charente, Brie, Chassiecq, Châteaubernard, Cognac, Condac, Coulgens, Couture, Fléac, Gensac-la-Pallue, Gondeville, Graves-Saint-Amant, Jauldes, Javrezac, Louzac-Saint-André, Mainxe, Merpins, Mesnac, Mosnac, Nanteuil-en-Vallée, Les Pins, Poursac, La Rochette, Ruelle-sur-Touvre, Ruffec, Saint-Georges, Saint-Gourson, Saint-Laurent-de-Cognac, Saint-Mary, Saint-Même-les-Carrières, Saint-Simeux, Saint-Simon, Saint-Sulpice-de-Ruffec, Segonzac, Taizé-Aizie, Verteuil-sur-Charente, Vibrac, Villegats : zone de sismicité modérée.

Charente-Maritime : tout le département *[en]* zone de sismicité modérée, sauf :

— les cantons d'Archiac, Cozes, Gémozac, Jonzac, Mirambeau, Montendre, Montguyon, Montlieu-la-Garde, Pons, Royan-Est, Royan-Ouest, Saint-Genis-de-Saintonge, Saujon : zone de sismicité faible ;

— les communes de Chermignac, Colombiers, Courcoury, Les Essards, Les Gonds, La Jard, Nieul-lès-Saintes, Pessines, Pont-l'Abbé-d'Arnoult, Préguillac, Sainte-Gemme, Sainte-Radegonde, Saintes, Saint-Georges-des-Coteaux, Saint-Porchaire, Saint-Sulpice-d'Arnoult, Soulignonne, Thénac, Varzay : zone de sismicité faible.

Cher : tout le département *[en]* zone de sismicité très faible, sauf :

— les cantons des Aix-d'Angillon, Baugy, Bourges 1er canton, Bourges 2e canton, Bourges 3e canton, Bourges 4e canton, Bourges 5e canton, Charenton-du-Cher, Chârost, Châteaumeillant, Châteauneuf-sur-Cher, Le Châtelet, Dun-sur-Auron, Graçay, Henrichemont, Levet, Lignières, Lury-sur-Arnon, Mehun-sur-Yèvre, Nérondes, Saint-Amand-Montrond, Saint-Doulchard, Saint-Martin-d'Auxigny, Sancoins, Saulzais-le-Potier, Vierzon 1er canton : zone de sismicité faible ;

— les communes d'Apremont-sur-Allier, Bué, La Chapelle-Hugon, Charentonnay, Chaumoux-Marcilly, Le Chautay, Couy, Crézancy-en-Sancerre, Cuffy, Étréchy, Feux, Gardefort, Garigny, Germigny-l'Exempt, Groises, La Guerche-sur-l'Aubois, Jalognes, Lugny-Champagne, Massay, Menetou-Râtel, Méry-ès-Bois, Méry-sur-Cher, Le Noyer, Précy, Saint-Hilaire-de-Court, Saint-Laurent, Sancergues, Sens-Beaujeu, Sévry, Thénioux, Torteron, Veaugues, Vierzon, Vignoux-sur-Barangeon, Vinon, Vouzeron : zone de sismicité faible.

Corrèze : tout le département *[en]* zone de sismicité très faible.

Côte-d'Or : tout le département *[en]* zone de sismicité très faible, sauf :

— les cantons d'Auxonne, Beaune-Nord, Beaune-Sud, Genlis, Nolay, Nuits-Saint-Georges, Pontailler-sur-Saône, Saint-Jean-de-Losne, Seurre : zone de sismicité faible ;

— les communes d'Antigny-la-Ville, Arc-sur-Tille, Aubaine, Barges, Beaumont-sur-Vingeanne, Belleneuve, Bessey-en-Chaume, Bessey-la-Cour, Bézouotte, Blagny-sur-Vingeanne, Bligny-sur-Ouche, Bressey-sur-Tille, Broindon, Chambolle-Musigny, Champagne-sur-Vingeanne, Champignolles, Charmes, Cheuge, Chevannes, Collonges-lès-Bévy, Corcelles-lès-Cîteaux, Crimolois, Cuiserey, Curtil-Vergy, Cussy-la-Colonne, Écutigny,

Épernay-sous-Gevrey, Fénay, Jancigny, Lacanche, Licey-sur-Vingeanne, Lusigny-sur-Ouche, Maligny, Messanges, Mirebeau-sur-Bèze, Montceau-et-Écharnant, Montigny-Mornay-Villeneuve-sur-Vingeanne, Morey-Saint-Denis, Neuilly-lès-Dijon, Noiron-sous-Gevrey, Oisilly, Pouilly-sur-Vingeanne, Remilly-sur-Tille, Renève, Saint-Philibert, Saint-Pierre-en-Vaux, Saint-Seine-sur-Vingeanne, Saulon-la-Chapelle, Saulon-la-Rue, Saussey, Savolles, Savouges, Segrois, Tanay, Thomirey, Trochères, Vic-des-Prés, Viévy : zone de sismicité faible.

Côtes-d'Armor : tout le département *[en]* zone de sismicité faible.

Creuse : tout le département *[en]* zone de sismicité faible, sauf :

– les communes de Beissat, Clairavaux, La Courtine, Faux-la-Montagne, Féniers, Gentioux-Pigerolles, Gioux, Le Mas-d'Artige, Saint-Martial-le-Vieux, Saint-Oradoux-de-Chirouze, La Villedieu : zone de sismicité très faible.

Dordogne : tout le département *[en]* zone de sismicité très faible, sauf :

– les cantons de Bussière-Badil, Mareuil, Nontron, Saint-Pardoux-la-Rivière, Verteillac : zone de sismicité faible ;

– les communes d'Allemans, Bourg-du-Bost, Cantillac, Celles, Chaleix, Champagnac-de-Belair, Chapdeuil, La Chapelle-Montmoreau, Chassaignes, Chenaud, Comberanche-et-Épeluche, La Coquille, Creyssac, Festalemps, La Gonterie-Boulouneix, Grand-Brassac, Parcoul, Paussac-et-Saint-Vivien, Petit-Bersac, Ponteyraud, Puymangou, Quinsac, Ribérac, La Roche-Chalais, Saint-Antoine-Cumond, Saint-Aulaye, Saint-Jory-de-Chalais, Saint-Julien-de-Bourdeilles, Saint-Just, Saint-Martin-de-Fressengeas, Saint-Pancrace, Saint-Paul-la-Roche, Saint-Pierre-de-Frugie, Saint-Priest-les-Fougères, Saint-Privat-des-Prés, Saint-Vincent-Jalmoutiers, Villars, Villetoureix : zone de sismicité faible.

Doubs : tout le département *[en]* zone de sismicité modérée, sauf :

– les communes d'Abbévillers, Badevel, Dampierre-les-Bois : zone de sismicité moyenne ;

– le canton d'Audeux : zone de sismicité faible ;

– les communes de Bonnay, Châtillon-le-Duc, Chevroz, Cussey-sur-l'Ognon, Devecey, Geneuille, Grandfontaine, Routelle, Saint-Vit, Tallenay, Velesmes-Essarts : zone de sismicité faible.

Drôme : tout le département *[en]* zone de sismicité modérée, sauf :

– les cantons de La Chapelle-en-Vercors, Saint-Jean-en-Royans : zone de sismicité moyenne ;

– les communes de Barbières, La Baume-d'Hostun, Beauregard-Baret, Bésayes, Le Chaffal, Charpey, Châteaudouble, Combovin, Hostun, Jaillans, Omblèze, Peyrus, Plan-de-Baix, Rochefort-Samson, Saint-Andéol, Saint-Julien-en-Quint, Saint-Vincent-la-Commanderie : zone de sismicité moyenne ;

– le canton de Rémuzat : zone de sismicité faible ;

– les communes d'Arpavon, Aulan, Ballons, La Bâtie-des-Fonds, Beaumont-en-Diois, Beaurières, Bellecombe-Tarendol, Bellegarde-en-Diois, Bésignan, Boulc, Charens, Establet, Eygalayes, Izon-la-Bruisse, Jonchères, Laborel, Lachau, Lesches-en-Diois, Luc-en-Diois, Mévouillon, Miscon, Montauban-sur-l'Ouvèze, Montguers, Montlaur-en-Diois, La Motte-Chalancon, Le Poët-en-Percip, Poyols, Les Prés, Rioms, La Roche-sur-le-Buis, La Rochette-du-Buis, Rottier, Saint-Auban-sur-l'Ouvèze, Saint-Dizier-en-Diois, Sainte-Euphémie-sur-Ouvèze, Sainte-Jalle, Saint-Sauveur-Gouvernet, Séderon, Valdrôme, Val-Maravel, Vercoiran, Vers-sur-Méouge, Villebois-les-Pins, Villefranche-le-Château : zone de sismicité faible.

Eure : tout le département *[en]* zone de sismicité très faible.

Eure-et-Loir : tout le département *[en]* zone de sismicité très faible.

Finistère : tout le département *[en]* zone de sismicité faible.

Corse-du-Sud : tout le département *[en]* zone de sismicité très faible.

Haute-Corse : tout le département *[en]* zone de sismicité très faible.

Gard : tout le département *[en]* zone de sismicité faible, sauf :

– le canton d'Aigues-Mortes : zone de sismicité très faible ;

– les communes d'Aimargues, Le Cailar, Saint-Gilles, Vauvert : zone de sismicité très faible ;

– les cantons d'Aramon, Bagnols-sur-Cèze, Barjac, Lussan, Pont-Saint-Esprit, Remoulins, Roquemaure, Uzès, Villeneuve-lès-Avignon : zone de sismicité modérée ;

– les communes de Allègre-les-Fumades, Baron, Beaucaire, Bezouce, Bouquet, Brouzet-lès-Alès, Cabrières, Courry, Jonquières-Saint-Vincent, Lédenon, Les Mages, Meyrannes, Molières-sur-Cèze, Navacelles, Potelières, Poulx, Redessan, Rousson, Saint-Ambroix, Saint-Brès, Saint-Denis, Saint-Gervasy, Saint-Julien-de-Cassagnas, Saint-Just-et-Vacquières, Saint-Victor-de-Malcap, Seynes, Vallabrègues : zone de sismicité modérée.

Haute-Garonne : tout le département *[en]* zone de sismicité très faible, sauf :

– les cantons de Bagnères-de-Luchon, Saint-Béat : zone de sismicité moyenne ;

– les communes d'Antichan-de-Frontignes, Arguenos, Bagiry, Frontignan-de-Comminges, Moncaup, Ore, Saint-Bertrand-de-Comminges, Sengouagnet : zone de sismicité moyenne ;

– les cantons de Montréjeau, Saint-Gaudens : zone de sismicité modérée ;

– les communes d'Arbas, Arbon, Ardiège, Arnaud-Guilhem, Aspet, Aulon, Barbazan, Beauchalot, Belbèze-en-Comminges, Blajan, Cabanac-Cazaux, Cardeilhac, Cassagne, Castagnède, Castelbiague, Castillon-de-Saint-Martory, Cazaunous, Charlas, Chein-Dessus, Cier-de-Rivière, Couret, Encausse-les-Thermes, Escoulis, Estadens, Figarol, Fougaron, Francazal, Galié, Ganties, Génos, Gensac-de-Boulogne, Gourdan-Polignan, Herran, His, Huos, Izaut-de-l'Hôtel, Juzet-d'Izaut, Labroquère, Larroque, Latoue, Lespugue, Lestelle-de-Saint-Martory, Lourde, Luscan, Malvezie, Mane, Marsoulas, Martres-de-Rivière, Mazères-sur-Salat, Milhas, Montastruc-de-Salies, Mont-de-Galié, Montespan, Montgaillard-de-Salies, Montmaurin, Montsaunès, Nizan-Gesse, Payssous, Pointis-de-Rivière, Portet-d'Aspet, Proupiary, Razecueillé, Rouède, Saint-Lary-Boujean, Saint-Loup-en-Comminges, Saint-Martory, Saint-Médard, Saint-Pé-d'Ardet, Saleich, Salies-du-Salat, Saman, Sarrecave, Sarremezan, Sauveterre-de-Comminges, Seilhan, Sepx, Soueich, Touille, Urau, Valcabrère : zone de sismicité modérée ;

– les cantons de Cazères, Le Fousseret, L'Isle-en-Dodon, Montesquieu-Volvestre, Rieux : zone de sismicité faible ;

– les communes d'Alan, Aurignac, Ausseing, Auzas, Bachas, Benque, Bois-de-la-Pierre, Boulogne-sur-Gesse, Boussan, Bouzin, Capens, Carbonne, Cassagnabère-Tournas, Castéra-Vignoles, Cazeneuve-Montaut, Ciadoux, Éoux, Escanecrabe, Esparron, Esperce, Le Fréchet, Gaillac-Toulza, Labastide-Clermont, Laffite-Toupière, Lautignac, Lunax, Mancioux, Marliac, Marquefave, Mondilhan, Monès, Montastruc-Savès, Montgaillard-sur-Save, Montgazin, Montoulieu-Saint-Bernard, Nénigan, Péguilhan, Peyrissas, Peyrouzet, Peyssies, Le Pin-Murelet, Roquefort-sur-Garonne, Saint-André, Saint-Élix-Séglan, Saint-Ferréol, Saint-Pé-Delbosc, Saint-Sulpice-sur-Lèze, Sajas, Samouillan, Savères, Terrebasse : zone de sismicité faible.

Gers : tout le département *[en]* zone de sismicité très faible, sauf :

– les communes de Barcugnan, Beccas, Betplan, Blousson-Sérian, Castex, Cazaux-Villecomtal, Cuélas, Duffort, Estampes, Haget, Laguian-Mazous, Malabat, Manas-Bastanous, Miélan, Montégut-Arros, Sarraguzan, Sembouès, Troncens, Villecomtal-sur-Arros : zone de sismicité modérée ;

– les cantons de Mirande, Montesquiou, Plaisance, Riscle : zone de sismicité faible ;

– les communes d'Aignan, Arblade-le-Haut, Armentieux, Arrouède, Aujan-Mournède, Aussos, Aux-Aussat, Barran, Bellegarde, Betcave-Aguin, Bétous, Bézues-Bajon, Boucagnères, Bouzon-Gellenave, Cabas-Loumassès, Cadeillan, Callian, Castelnavet, Cazaux-d'Anglès, Chélan, Durban, Esclassan-Labastide, Espaon, Faget-Abbatial, Fustérouau, Garravet, Gaujac, Gaujan, Le Houga, Juillac, Labarthe, Ladevèze-Rivière, Ladevèze-Ville, Lalanne-Arqué, Lamaguère, Lanne-Soubiran, Lasseube-Propre, Laveraët, Laymont, Loubédat, Lourties-Monbrun, Loussous-Débat, Lupiac, Luppé-Violles, Magnan, Manent-Montané, Marciac, Margouët-Meymes, Masseube, Meilhan, Mirannes, Monbardon, Moncorneil-Grazan, Monferran-Plavès, Monlaur-Bernet, Monlezun, Monpardiac, Montadet, Montaut, Mont-d'Astarac, Mont-de-Marrast, Montégut-Savès, Monties, Montpézat, Mormès, Nogaro, Orbessan, Ornézan, Pallanne, Panassac, Pellefigue, Perchède, Ponsan-Soubiran, Pouydraguin, Pouy-Loubrin, Puylausic, Ricourt, Sabaillan, Sabazan, Sadeillan, Saint-Arailles, Saint-Arroman, Saint-Blancard, Sainte-Aurence-Cazaux, Sainte-

Dode, Saint-Élix, Saint-Griède, Saint-Jean-le-Comtal, Saint-Justin, Saint-Lizier-du-Planté, Saint-Martin-d'Armagnac, Saint-Pierre-d'Aubézies, Samaran, Sansan, Sarcos, Sarragachies, Sauveterre, Scieurac-et-Flourès, Seissan, Sémézies-Cachan, Sère, Simorre, Sion, Sorbets, Tachoires, Termes-d'Armagnac, Tillac, Tourdun, Tournan, Traversères, Tudelle, Urgosse, Villefranche : zone de sismicité faible.

Gironde : tout le département *[en]* zone de sismicité très faible, sauf :

– les cantons de Bègles, Blanquefort, Blaye, Bordeaux 1er canton, Bordeaux 2e canton, Bordeaux 3e canton, Bordeaux 4e canton, Bordeaux 5e canton, Bordeaux 6e canton, Bordeaux 7e canton, Bordeaux 8e canton, Bourg, Le Bouscat, Carbon-Blanc, Cenon, Créon, Floirac, Fronsac, Guîtres, Libourne, Lormont, Mérignac 1er canton, Pessac 1er canton, Pessac 2e canton, Saint-André-de-Cubzac, Saint-Ciers-sur-Gironde, Saint-Savin, Talence, Villenave-d'Ornon : zone de sismicité faible ;

– les communes d'Abzac, Les Artigues-de-Lussac, Ayguemorte-les-Graves, Baron, Beautiran, Branne, Cadaujac, Camiac-et-Saint-Denis, Camps-sur-l'Isle, Canéjan, Capian, Chamadelle, Coutras, Daignac, Dardenac, Les Églisottes-et-Chalaures, Espiet, Faleyras, Le Fieu, Génissac, Gradignan, Grézillac, Guillac, Le Haillan, Isle-Saint-Georges, Labarde, Langoiran, Léognan, Lugaignac, Lussac, Margaux, Martillac, Mérignac, Montagne, Moulon, Néac, Nérigean, Les Peintures, Petit-Palais-et-Cornemps, Porchères, Saint-Christoly-Médoc, Saint-Christophe-de-Double, Saint-Germain-du-Puch, Saint-Médard-de-Guizières, Saint-Médard-d'Eyrans, Saint-Quentin-de-Baron, Saint-Sauveur-de-Puynormand, Soulac-sur-Mer, Le Taillan-Médoc, Talais, Targon, Tizac-de-Curton, Valeyrac, Le Verdon-sur-Mer : zone de sismicité faible.

Hérault : tout le département *[en]* zone de sismicité faible, sauf :

– les cantons de Bédarieux, Lattes, Lunas, Olargues, Saint-Gervais-sur-Mare, Saint-Pons-de-Thomières, Salvetat-sur-Agout (La) : zone de sismicité très faible ;

– les communes de Babeau-Bouldoux, Le Bosc, Cabrerolles, Candillargues, Cassagnoles, La Caunette, Caussiniojouls, Le Caylar, Celles, Cessenon-sur-Orb, Le Cros, Félines-Minervois, Ferrals-les-Montagnes, Fos, Fozières, La Grande-Motte, Lansargues, Lauroux, La Livinière, Lodève, Marsillargues, Mauguio, Minerve, Olmet-et-Villecun, Pégairolles-de-l'Escalette, Pierrerue, Les Plans, Poujols, Prades-sur-Vernazobre, Le Puech, Les Rives, Roquessels, Saint-Chinian, Saint-Étienne-de-Gourgas, Saint-Félix-de-l'Héras, Saint-Jean-la-Blaquière, Saint-Michel, Saint-Nazaire-de-Ladarez, Saint-Nazaire-de-Pézan, Saint-Pierre-de-la-Fage, Saint-Privat, Siran, Soubès, Soumont, Usclas-du-Bosc : zone de sismicité très faible.

Ille-et-Vilaine : tout le département *[en]* zone de sismicité faible.

Indre : tout le département *[en]* zone de sismicité faible.

Indre-et-Loire : tout le département *[en]* zone de sismicité faible, sauf :

– les cantons d'Amboise, Château-Renault, Neuvy-le-Roi, Vouvray : zone de sismicité très faible ;

– les communes de Beaumont-la-Ronce, Braye-sur-Maulne, Brèches, Cerelles, Charentilly, Château-la-Vallière, Couesmes, Mettray, Neuillé-Pont-Pierre, Rouziers-de-Touraine, Saint-Antoine-du-Rocher, Semblançay, Sonzay, Souvigné, Villiers-au-Bouin : zone de sismicité très faible ;

– les communes d'Abilly, Antogny-le-Tillac, Assay, Barrou, Braslou, Braye-sous-Faye, Champigny-sur-Veude, Chaveignes, Courcoué, Faye-la-Vineuse, Le Grand-Pressigny, La Guerche, Jaulnay, Luzé, Marçay, Marigny-Marmande, Pussigny, Razines, Richelieu : zone de sismicité modérée.

Isère : tout le département *[en]* zone de sismicité modérée, sauf :

– les cantons d'Allevard, Domène, Échirolles-Est, Échirolles-Ouest, Eybens, Fontaine-Sassenage, Fontaine-Seyssinet, Goncelin, Grenoble 1er canton, Grenoble 2e canton, Grenoble 3e canton, Grenoble 4e canton, Grenoble 5e canton, Grenoble 6e canton, Meylan, Pont-en-Royans, Saint-Égrève, Saint-Ismier, Saint-Laurent-du-Pont, Saint-Martin-d'Hères-Nord, Saint-Martin-d'Hères-Sud, Le Touvet, Vif, Villard-de-Lans : zone de sismicité moyenne ;

– les communes de L'Albenc, Beaulieu, Brié-et-Angonnes, La Buisse, Champagnier, Champ-sur-Drac, Chamrousse, Chantesse, Château-Bernard, Cognin-les-Gorges, Coublevie, Jarrie, Malleval, Merlas, Miribel-Lanchâtre, Moirans, Montaud, Montchaboud, Monteynard, Notre-Dame-de-Commiers, Notre-Dame-de-l'Osier, Notre-Dame-de-Mésage, Poliénas, Pommiers-la-Placette, Le Pont-de-Beauvoisin, La Rivière, Romagnieu, Rovon, Saint-Albin-de-Vaulserre, Saint-Andéol, Saint-Aupre, Saint-Bueil, Saint-Étienne-de-Crossey, Saint-Geoire-en-Valdaine, Saint-Georges-de-Commiers, Saint-Gervais, Saint-Hilaire-du-Rosier, Saint-Jean-d'Avelanne, Saint-Jean-de-Moirans, Saint-Julien-de-Raz, Saint-Marcellin, Saint-Martin-de-la-Cluze, Saint-Martin-de-Vaulserre, Saint-Nicolas-de-Macherin, Saint-Pierre-de-Mésage, Saint-Quentin-sur-Isère, Saint-Sauveur, Saint-Vérand, Séchilienne, La Sône, Têche, Tullins, Vaulnaveys-le-Bas, Vaulnaveys-le-Haut, Velanne, Vinay, Vizille, Voiron, Voissant, Voreppe, Vourey : zone de sismicité moyenne.

Jura : tout le département *[en]* zone de sismicité modérée, sauf :

– les cantons de Chemin, Dole-Nord-Est, Dole-Sud-Ouest, Gendrey, Montmirey-le-Château, Rochefort-sur-Nenon : zone de sismicité faible ;

– les communes d'Asnans-Beauvoisin, Augerans, Balaiseaux, Bans, La Barre, Belmont, La Bretenière, Chaînée-des-Coupis, Chapelle-Voland, La Chassagne, Chaussin, Chêne-Bernard, Chêne-Sec, Dampierre, Le Deschaux, Les Deux-Fays, Les Essards-Taignevaux, Étrepigney, Évans, Fraisans, Gatey, Les Hays, La Loye, Monteplain, Neublans-Abergement, Orchamps, Our, Pleure, Plumont, Rahon, Ranchot, Rans, Rye, Saint-Baraing, Salans, Séligney, Sergenaux, Sergenon, Souvans, Tassenières, La Vieille-Loye, Villers-Robert : zone de sismicité faible.

Landes : tout le département *[en]* zone de sismicité très faible, sauf :

– les cantons d'Amou, Peyrehorade, Pouillon, Saint-Martin-de-Seignanx : zone de sismicité modérée ;

– les communes d'Arboucave, Bénesse-lès-Dax, Bénesse-Maremne, Castelner, Cazalis, Clèdes, Clermont, Hagetmau, Heugas, Josse, Labastide-Chalosse, Labenne, Lacajunte, Lacrabe, Lauret, Mant, Miramont-Sensacq, Momuy, Monget, Monségur, Morganx, Orx, Ozourt, Peyre, Philondenx, Pimbo, Poudenx, Puyol-Cazalet, Saint-Cricq-Chalosse, Sainte-Marie-de-Gosse, Saint-Jean-de-Marsacq, Saint-Martin-de-Hinx, Saint-Vincent-de-Tyrosse, Samadet, Saubrigues, Siest : zone de sismicité modérée ;

– les cantons d'Aire-sur-l'Adour, Dax-Nord, Grenade-sur-l'Adour, Mugron, Saint-Sever : zone de sismicité faible ;

– les communes d'Angresse, Aubagnan, Audon, Azur, Bats, Bégaar, Benquet, Bretagne-de-Marsan, Campagne, Candresse, Capbreton, Carcarès-Sainte-Croix, Carcen-Ponson, Cassen, Castelnau-Tursan, Dax, Gamarde-les-Bains, Garrey, Geaune, Gibret, Goos, Gousse, Gouts, Haut-Mauco, Hinx, Hontanx, Horsarrieu, Laluque, Lamothe, Léon, Lesgor, Le Leuy, Louer, Lourquen, Magescq, Mauries, Messanges, Montfort-en-Chalosse, Narrosse, Nousse, Oeyreluy, Onard, Payros-Cazautets, Pécorade, Pontonx-sur-l'Adour, Poyanne, Poyartin, Préchacq-les-Bains, Sainte-Colombe, Saint-Gein, Saint-Geours-d'Auribat, Saint-Geours-de-Maremne, Saint-Jean-de-Lier, Saint-Pandelon, Saubion, Saugnac-et-Cambran, Seignosse, Serres-Gaston, Serreslous-et-Arribans, Seyresse, Soorts-Hossegor, Sorbets, Sort-en-Chalosse, Souprosse, Soustons, Tartas, Tercis-les-Bains, Tosse, Urgons, Vicq-d'Auribat, Vieux-Boucau-les-Bains, Yzosse : zone de sismicité faible.

Loir-et-Cher : tout le département *[en]* zone de sismicité très faible, sauf :

– les communes d'Angé, La Chapelle-Montmartin, Châteauvieux, Châtillon-sur-Cher, Couffy, Faverolles-sur-Cher, Maray, Mareuil-sur-Cher, Meusnes, Noyers-sur-Cher, Pouillé, Saint-Aignan, Saint-Georges-sur-Cher, Saint-Julien-de-Chédon, Saint-Julien-sur-Cher, Saint-Loup, Saint-Romain-sur-Cher, Seigy, Selles-sur-Cher, Thésée : zone de sismicité faible.

Loire : tout le département *[en zone de sismicité]* faible, sauf :

– les communes de Bessey, La Chapelle-Villars, Chavanay, Chuyer, Lupé, Maclas, Malleval, Saint-Michel-sur-Rhône, Saint-Pierre-de-Bœuf, Vérin : zone de sismicité modérée.

Haute-Loire : tout le département *[en]* zone de sismicité faible, sauf :

– les communes d'Auzon, Azérat, Bournoncle-Saint-Pierre, Chambezon, Chassignolles, Cohade, Frugères-les-Mines, Lempdes-sur-Allagnon, Léotoing, Lorlanges, Sainte-Florine, Saint-Géron, Saint-Hilaire, Torsiac, Vergongheon, Vézézoux : zone de sismicité modérée.

Loire-Atlantique : tout le département [en] zone de sismicité modérée, sauf :
– les cantons de Châteaubriant, Derval, Guémené-Penfao, Moisdon-la-Rivière, Nozay, Riaillé, Rougé, Saint-Julien-de-Vouvantes, Saint-Mars-la-Jaille, Saint-Nicolas-de-Redon, Varades : zone de sismicité faible ;
– les communes de Ancenis, Anetz, Blain, Le Gâvre, Guenrouet, Mésanger, Mouzeil, Nort-sur-Erdre, Pouillé-les-Côteaux, Quilly, La Roche-Blanche, Saint-Géréon, Saint-Gildas-des-Bois, Saint-Herblon, Sévérac, Les Touches : zone de sismicité faible.
Loiret : tout le département [en] zone de sismicité très faible.
Lot : tout le département [en] zone de sismicité très faible.
Lot-et-Garonne : tout le département [en] zone de sismicité très faible.
Lozère : tout le département [en] zone de sismicité faible.
Maine-et-Loire : tout le département [en] zone de sismicité faible, sauf :
– les cantons de Beaupréau, Champtoceaux, Chemillé, Cholet 1er canton, Cholet 2e canton, Cholet 3e canton, Montfaucon-Montigné, Montrevault, Vihiers : zone de sismicité modérée ;
– les communes d'Antoigné, Beausse, Botz-en-Mauges, Bourgneuf-en-Mauges, Brigné, Brossay, Champ-sur-Layon, Chanzeaux, La Chapelle-Saint-Florent, Cizay-la-Madeleine, Concourson-sur-Layon, Doué-la-Fontaine, Épieds, Faveraye-Mâchelles, Louresse-Rochemenier, Martigné-Briand, Montreuil-Bellay, Le Puy-Notre-Dame, Rablay-sur-Layon, Saint-Florent-le-Vieil, Saint-Georges-sur-Layon, Saint-Laurent-de-la-Plaine, Saint-Laurent-du-Mottay, Saint-Macaire-du-Bois, Thouarcé, Valanjou, Vaudelnay, Les Verchers-sur-Layon : zone de sismicité modérée.
Manche : tout le département [en] zone de sismicité faible.
Marne : tout le département [en] zone de sismicité très faible.
Haute-Marne : tout le département [en] zone de sismicité très faible[,] sauf :
– le canton de Laferté-sur-Amance : zone de sismicité faible ;
– les communes d'Aigremont, Arbigny-sous-Varennes, Belmont, Bourbonne-les-Bains, Champigny-sous-Varennes, Coiffy-le-Bas, Coiffy-le-Haut, Damrémont, Enfonvelle, Farincourt, Fayl-Billot, Fresnes-sur-Apance, Genevrières, Gilley, Laneuvelle, Melay, Montcharvot, Poinson-lès-Fayl, Pressigny, Rougeux, Saulles, Savigny, Serqueux, Tornay, Valleroy, Voncourt : zone de sismicité faible.
Mayenne : tout le département [en] zone de sismicité faible.
Meurthe-et-Moselle : tout le département [en] zone de sismicité très faible, sauf :
– les communes de Bionville, Raon-lès-Leau : zone de sismicité modérée ;
– le canton de Cirey-sur-Vezouze : zone de sismicité faible ;
– les communes d'Ancerviller, Angomont, Azerailles, Baccarat, Badonviller, Barbas, Bertrichamps, Blâmont, Bréménil, Brouville, Deneuvre, Domèvre-sur-Vezouze, Essey-la-Côte, Fenneviller, Fontenoy-la-Joûte, Frémonville, Gélacourt, Giriviller, Glonville, Gogney, Hablainville, Halloville, Harbouey, Herbéviller, Lachapelle, Magnières, Mattexey, Merviller, Mignéville, Montigny, Montreux, Neufmaisons, Neuviller-lès-Badonviller, Nonhigny, Pettonville, Pexonne, Pierre-Percée, Réclonville, Reherrey, Repaix, Saint-Boingt, Sainte-Pôle, Saint-Maurice-aux-Forges, Saint-Rémy-aux-Bois, Thiaville-sur-Meurthe, Vacqueville, Vallois, Vaxainville, Veney, Vennezey, Verdenal : zone de sismicité faible.
Meuse : tout le département [en] zone de sismicité très faible.
Morbihan : tout le département [en] zone de sismicité faible.
Moselle : tout le département [en] zone de sismicité très faible, sauf :
– les communes d'Abreschviller, Arzviller, Baerenthal, Berling, Bitche, Bourscheid, Brouviller, Dabo, Danne-et-Quatre-Vents, Dannelbourg, Éguelshardt, Garrebourg, Guntzviller, Hangviller, Harreberg, Haselbourg, Henridorff, Hérange, Hommert, Hultehouse, Lutzelbourg, Mittelbronn, Mouterhouse, Phalsbourg, Philippsbourg, Plaine-de-Walsch, Roppeviller, Saint-Jean-Kourtzerode, Saint-Louis, Saint-Quirin, Sturzelbronn, Troisfontaines, Turquestein-Blancrupt, Vescheim, Vilsberg, Walscheid, Waltembourg, Wintersbourg, Zilling : zone de sismicité modérée ;
– les cantons de Rohrbach-lès-Bitche, Volmunster : zone de sismicité faible ;
– les communes d'Aspach, Barchain, Bébing, Berthelming, Bettborn, Bickenholtz, Bliesbruck, Brouderdorff, Buhl-Lorraine, Diane-Capelle, Dolving, Fénétrange, Fleisheim,

Foulcrey, Fraquelfing, Goetzenbruck, Gondrexange, Gosselming, Hanviller, Hartzviller, Haspelschiedt, Hattigny, Haut-Clocher, Hellering-lès-Fénétrange, Héming, Hermelange, Hertzing, Hesse, Hilbesheim, Hommarting, Ibigny, Imling, Kerprich-aux-Bois, Lafrimbolle, Landange, Laneuveville-lès-Lorquin, Langatte, Lemberg, Liederschiedt, Lixheim, Lorquin, Meisenthal, Métairies-Saint-Quirin, Metting, Neufmoulins, Niderhoff, Niderviller, Niederstinzel, Nitting, Oberstinzel, Postroff, Réding, Reyersviller, Richeval, Romelfing, Saint-Georges, Saint-Jean-de-Bassel, Saint-Louis-lès-Bitche, Sarraltroff, Sarrebourg, Schalbach, Schneckenbusch, Schorbach, Vasperviller, Veckersviller, Vieux-Lixheim, Voyer, Wiesviller, Wittring, Woelfling-lès-Sarreguemines, Xouaxange : zone de sismicité faible.

Nièvre : tout le département *[en]* zone de sismicité très faible, sauf :

– les communes d'Azy-le-Vif, Chantenay-Saint-Imbert, Dornes, Fleury-sur-Loire, Gimouille, Langeron, Livry, Lucenay-lès-Aix, Luzy, Magny-Cours, Mars-sur-Allier, Neuville-lès-Decize, Saincaize-Meauce, Saint-Parize-en-Viry, Saint-Parize-le-Châtel, Saint-Pierre-le-Moûtier, Saint-Seine, Tazilly, Ternant, Toury-Lurcy, Toury-sur-Jour, Tresnay : zone de sismicité faible.

Nord : tout le département *[en]* zone de sismicité modérée, sauf :

– les cantons d'Armentières, Bailleul-Nord-Est, Bailleul-Sud-Ouest, Bassée (La), Bergues, Bourbourg, Cassel, Coudekerque-Branche, Cysoing, Douai-Nord, Douai-Nord-Est, Douai-Sud-Ouest, Dunkerque-Est, Dunkerque-Ouest, Grande-Synthe, Gravelines, Haubourdin, Hazebrouck-Nord, Hazebrouck-Sud, Hondschoote, Lannoy, Lille-Centre, Lille-Est, Lille-Nord, Lille-Nord-Est, Lille-Ouest, Lille-Sud, Lille-Sud-Est, Lille-Sud-Ouest, Lomme, Marcq-en-Barœul, Merville, Orchies, Pont-à-Marcq, Quesnoy-sur-Deûle, Roubaix-Centre, Roubaix-Est, Roubaix-Nord, Roubaix-Ouest, Seclin-Nord, Seclin-Sud, Steenvoorde, Tourcoing-Nord, Tourcoing-Nord-Est, Tourcoing-Sud, Villeneuve-d'Ascq-Nord, Villeneuve-d'Ascq-Sud, Wormhout : zone de sismicité faible ;

– les communes d'Anneux, Anor, Arleux, Baives, Banteux, Bantouzelle, Boursies, Bouvignies, Brillon, Brunémont, Bugnicourt, Busigny, Cantin, Clary, Dechy, Dehéries, Doignies, Douai, Écaillon, Élincourt, Erchin, Estrées, Étroeungt, Férin, Féron, Flesquières, Flines-lès-Mortagne, Floyon, Fourmies, Glageon, Goeulzin, Gonnelieu, Gouzeaucourt, Guesnain, Hamel, Honnechy, Honnecourt-sur-Escaut, Larouillies, Lecelles, Lécluse, Lewarde, Loffre, Malincourt, Marchiennes, Maretz, Masny, Maulde, Mazinghien, Mœuvres, Montigny-en-Ostrevent, Mortagne-du-Nord, Moustier-en-Fagne, Ohain, Pecquencourt, Rainsars, Rejet-de-Beaulieu, Ribécourt-la-Tour, Rieulay, Roucourt, Les Rues-des-Vignes, Rumegies, Sains-du-Nord, Saint-Souplet, Sars-et-Rosières, Thun-Saint-Amand, Tilloy-lez-Marchiennes, Trélon, Villers-au-Tertre, Villers-Guislain, Villers-Outréaux, Villers-Plouich, Vred, Wallers-Trélon, Wignehies : zone de sismicité faible.

Oise : tout le département *[en]* zone de sismicité très faible.

Orne : tout le département *[en]* zone de sismicité faible, sauf :

– les cantons d'Aigle-Est (L'), Aigle-Ouest (L'), Longny-au-Perche, Nocé, Rémalard, Theil (Le), Tourouvre : zone de sismicité très faible ;

– les communes d'Anceins, Appenai-sous-Bellême, Les Aspres, Auguaise, Avernes-Saint-Gourgon, Bellême, Bocquencé, Bonnefoi, Bonsmoulins, Le Bosc-Renoult, Brethel, Canapville, La Chapelle-Montligeon, La Chapelle-Souëf, La Chapelle-Viel, Corbon, Courgeon, Couvains, Dame-Marie, Feings, La Ferrière-au-Doyen, La Ferté-Frênel, Gauville, Les Genettes, Glos-la-Ferrière, La Gonfrière, Heugon, Igé, Mauves-sur-Huisne, Le Ménil-Bérard, Monnai, Pouvrai, Saint-Aquilin-de-Corbion, Saint-Aubin-de-Bonneval, Saint-Évroult-Notre-Dame-du-Bois, Saint-Germain-d'Aunay, Saint-Hilaire-sur-Risle, Saint-Mard-de-Réno, Saint-Nicolas-de-Sommaire, Saint-Ouen-de-la-Cour, Le Sap, Sérigny, Soligny-la-Trappe, Villers-en-Ouche, Villiers-sous-Mortagne : zone de sismicité très faible.

Pas-de-Calais : tout le département *[en]* zone de sismicité faible, sauf :

– les cantons d'Auxi-le-Château, Berck, Hesdin, Montreuil, Pas-en-Artois : zone de sismicité très faible ;

– les communes d'Ablainzevelle, Achiet-le-Petit, Aix-en-Issart, Alette, Attin, Auchy-lès-Hesdin, Bailleulmont, Bailleulval, Barly, Bavincourt, Beaudricourt, Beaufort-Blavincourt, Beaurainville, Beauvois, Berlencourt-le-Cauroy, Berles-au-Bois, Beutin, Blangerval-Blangermont, Boisjean, Bréxent-Enocq, Brimeux, Bucquoy, Buire-le-Sec, Buneville, Camiers, Campagne-lès-Hesdin, Canettemont, La Cauchie, Coullemont, Couturelle, Croisette, Dannes, Denier, Douchy-lès-Ayette, Douriez, Écoivres, Estrée, Estréelles, Estrée-Wamin, Étaples, Fillièvres, Flers, Framecourt, Frencq, Fresnoy, Fressin, Galametz, Gouy-en-Artois, Gouy-Saint-André, Grand-Rullecourt, Grévillers, Grigny, Guinecourt, Hautecloque, Héricourt, La Herlière, Herlincourt, Herlin-le-Sec, Hesmond, Houvin-Houvigneul, Humières, Incourt, Inxent, Ivergny, Lebiez, Lefaux, Lespinoy, Liencourt, Ligny-Thilloy, Linzeux, Loison-sur-Créquoise, Longvilliers, Magnicourt-sur-Canche, Maintenay, Marant, Marenla, Maresquel-Ecquemicourt, Maresville, Marles-sur-Canche, Martinpuich, Moncheaux-lès-Frévent, Monchy-au-Bois, Montcavrel, Monts-en-Ternois, Morval, Neulette, Neuville-au-Cornet, Noyelles-lès-Humières, Nuncq-Hautecôte, Œuf-en-Ternois, Offin, Le Parcq, Le Quesnoy-en-Artois, Rebreuve-sur-Canche, Rebreuviette, Recques-sur-Course, Rollancourt, Roussent, Saint-Denœux, Saint-Georges, Saint-Rémy-au-Bois, Le Sars, Sars-le-Bois, Saulchoy, Saulty, Sempy, Séricourt, Sibiville, Sombrin, Le Souich, Sus-Saint-Léger, Le Transloy, Tubersent, Vacqueriette-Erquières, Vieil-Hesdin, Wail, Wamin, Warlencourt-Eaucourt, Warluzel, Willeman : zone de sismicité très faible ;

– les communes de Bourlon, Épinoy, Oisy-le-Verger, Sauchy-Lestrée : zone de sismicité modérée.

Puy-de-Dôme : tout le département *[en]* zone de sismicité modérée, sauf :

– les cantons d'Arlanc, Bourg-Lastic, Herment, Montaigut, Pionsat, Pontaumur, Saint-Anthème, Tauves, Tour-d'Auvergne (La), Viverols : zone de sismicité faible ;

– les communes d'Ambert, Les Ancizes-Comps, Anzat-le-Luguet, Arconsat, Biollet, La Bourboule, Bromont-Lamothe, Chabreloche, Charensat, Cisternes-la-Forêt, Égliseneuve-d'Entraigues, Espinasse, Espinchal, La Forie, Gelles, La Godivelle, La Goutelle, Gouttières, Heume-l'Église, Job, Lachaux, Laqueuille, Marsac-en-Livradois, Menat, Mont-Dore, Montfermy, Murat-le-Quaire, Neuf-Église, Orcival, Perpezat, Rochefort-Montagne, Sainte-Christine, Saint-Jacques-d'Ambur, Saint-Julien-la-Geneste, Saint-Martin-des-Olmes, Saint-Pierre-la-Bourlhonne, Saint-Pierre-Roche, Saint-Priest-des-Champs, Sauret-Besserve, Teilhet, Valcivières : zone de sismicité faible.

Pyrénées-Atlantiques : tout le département *[en]* zone de sismicité moyenne, sauf :

– les cantons d'Anglet-Nord, Anglet-Sud, Arzacq-Arraziguet, Bayonne-Est, Bayonne-Nord, Bayonne-Ouest, Biarritz-Est, Biarritz-Ouest, Bidache, Hendaye, Lembeye, Orthez, Saint-Jean-de-Luz, Saint-Pierre-d'Irube, Salies-de-Béarn, Thèze : zone de sismicité modérée ;

– les communes d'Abère, Abidos, Abitain, Ahetze, Anos, Arbonne, Arcangues, Argagnon, Arnos, Arraute-Charritte, Arthez-de-Béarn, Artix, Athos-Aspis, Baleix, Baliracq-Maumusson, Barinque, Bassussarry, La Bastide-Clairence, Bédeille, Bentayou-Sérée, Bernadets, Biron, Boueilh-Boueilho-Lasque, Bougarber, Bournourt, Briscous, Burgaronne, Burosse-Mendousse, Casteide-Cami, Casteide-Candau, Casteide-Doat, Castéra-Loubix, Castetbon, Castetner, Castetpugon, Castillon (canton d'Arthez-de-Béarn), Caubios-Loos, Cescau, Conchez-de-Béarn, Diusse, Doazon, Escoubès, Gabaston, Garlin, Hagetaubin, Halsou, Higuères-Souye, L'Hôpital-d'Orion, Jatxou, Laà-Mondrans, Labastide-Monréjeau, Labatut, Labeyrie, Lacadée, Lacq, Lamayou, Lespourcy, Lombia, Loubieng, Mascaraàs-Haron, Maslacq, Masparraute, Maure, Mesplède, Momas, Monségur, Mont, Montaner, Mont-Disse, Mouhous, Oraàs, Orègue, Orion, Orriule, Os-Marsillon, Ozenx-Montestrucq, Ponson-Debat-Pouts, Ponson-Dessus, Portiacq-Viellepinte, Portet, Ribarrouy, Riupeyrous, Saint-Armou, Saint-Castin, Saint-Jammes, Saint-Jean-Poudge, Saint-Laurent-Bretagne, Saint-Médard, Saint-Pée-sur-Nivelle, Sare, Sarpourenx, Saubole, Sauvagnon, Sauvelade, Sedze-Maubecq, Sedzère, Serres-Castet, Serres-Sainte-Marie, Tadousse-Ussau, Taron-Sadirac-Viellenave, Urdès, Urost, Urt, Ustaritz, Uzein, Vialer, Viellenave-d'Arthez : zone de sismicité modérée ;

– les communes d'Aubous, Aydie, Moncla : zone de sismicité faible.

Hautes-Pyrénées : tout le département *[en]* zone de sismicité moyenne, sauf :

– les cantons d'Aureilhan, Galan, Pouyastruc, Rabastens-de-Bigorre, Trie-sur-Baïse, Vic-en-Bigorre : zone de sismicité modérée ;

– les communes d'Anères, Angos, Anla, Aries-Espénan, Arné, Aurensan, Aventignan, Barthe, Bazet, Bazordan, Bégole, Bernadets-Dessus, Bertren, Betbèze, Betpouy, Bordères-sur-l'Échez, Bordes, Burg, Caharet, Calavanté, Campistrous, Campuzan, Cantaous, Castelnau-Magnoac, Castéra-Lanusse, Caubous, Caussade-Rivière, Cizos, Clarac, Clarens, Devèze, Escala, Estirac, Gaussan, Gayan, Goudon, Guizerix, Hachan, Hagedet, Izaourt, Lafitole, Lagarde, Lagrange, Lahitte-Toupière, Lalanne, Lanespède, Lannemezan, Laran, Larreule, Larroque, Lascazères, Lassales, Lespouey, Lhez, Lombrès, Loures-Barousse, Lutilhous, Madiran, Mascaras, Maubourguet, Mazères-de-Neste, Monléon-Magnoac, Monlong, Moulédous, Nestier, Organ, Orieux, Oroix, Oursbelille, Ozon, Péré, Peyraube, Peyret-Saint-André, Pinas, Pintac, Pouy, Puntous, Réjaumont, Ricaud, Saint-Laurent-de-Neste, Saint-Paul, Sariac-Magnoac, Sarniguet, Sarp, Sarrouilles, Sauveterre, Séméac, Séron, Sinzos, Sombrun, Soublecause, Tajan, Tarasteix, Tibiran-Jaunac, Tournay, Tuzaguet, Uglas, Vidouze, Vieuzos, Villefranque, Villemur : zone de sismicité modérée ;

– les communes d'Auriébat, Castelnau-Rivière-Basse, Casterets, Hères, Labatut-Rivière, Saint-Lanne, Thermes-Magnoac : zone de sismicité faible.

Pyrénées-Orientales : tout le département *[en]* zone de sismicité modérée, sauf :

– les cantons d'Arles-sur-Tech, Mont-Louis, Olette, Prats-de-Mollo-la-Preste, Saillagouse : zone de sismicité moyenne ;

– les communes de Conat, Nohèdes, Urbanya : zone de sismicité moyenne.

Bas-Rhin : tout le département *[en]* zone de sismicité modérée, sauf :

– le canton de Sarre-Union : zone de sismicité faible ;

– les communes d'Adamswiller, Asswiller, Baerendorf, Berg, Bettwiller, Burbach, Diemeringen, Drulingen, Durstel, Eschwiller, Eywiller, Frohmuhl, Goerlingen, Gungwiller, Hinsbourg, Hirschland, Kirrberg, Mackwiller, Ottwiller, Puberg, Rauwiller, Rexingen, Siewiller, Struth, Thal-Drulingen, Tieffenbach, Volksberg, Waldhambach, Weislingen, Weyer : zone de sismicité faible.

Haut-Rhin : tout le département *[en]* zone de sismicité modérée, sauf :

– les cantons de Ferrette, Hirsingue, Huningue, Sierentz : zone de sismicité moyenne ;

– les communes d'Altenach, Altkirch, Aspach, Ballersdorf, Berentzwiller, Bruebach, Buethwiller, Carspach, Chavannes-sur-l'Étang, Dannemarie, Eglingen, Elbach, Emlingen, Flaxlanden, Franken, Gommersdorf, Hagenbach, Hausgauen, Heidwiller, Heiwiller, Hundsbach, Illfurth, Jettingen, Luemschwiller, Magny, Manspach, Montreux-Jeune, Montreux-Vieux, Obermorschwiller, Retzwiller, Romagny, Saint-Bernard, Schwoben, Spechbach-le-Bas, Tagolsheim, Tagsdorf, Traubach-le-Bas, Valdieu-Lutran, Walheim, Willer, Wittersdorf, Wolfersdorf, Zillisheim : zone de sismicité moyenne.

Rhône : tout le département *[en]* zone de sismicité faible, sauf :

– les cantons de Bron, Décines-Charpieu, Meyzieu, Saint-Fons, Saint-Priest, Saint-Symphorien-d'Ozon, Vénissieux-Nord, Vénissieux-Sud : zone de sismicité modérée ;

– les communes de Ampuis, Condrieu, Échalas, Givors, Les Haies, Irigny, Loire-sur-Rhône, Pierre-Bénite, Saint-Cyr-sur-le-Rhône, Sainte-Colombe, Saint-Romain-en-Gal, Tupin-et-Semons, Vernaison : zone de sismicité modérée.

Haute-Saône : tout le département *[en]* zone de sismicité modérée, sauf :

– les cantons d'Autrey-lès-Gray, Champlitte, Combeaufontaine, Dampierre-sur-Salon, Fresne-Saint-Mamès, Gray, Gy, Jussey, Marnay, Pesmes, Vitrey-sur-Mance : zone de sismicité faible ;

– les communes d'Alaincourt, Ambiévillers, Baulay, Boulot, Boult, Bucey-lès-Traves, Buffignécourt, Bussières, Buthiers, Chantes, Chassey-lès-Scey, Chaux-la-Lotière, Contréglise, Cordonnet, Ferrières-lès-Scey, Hurecourt, Montarlot-lès-Rioz, Montdoré, Montureux-lès-Baulay, Noidans-le-Ferroux, Ovanches, Perrouse, Polaincourt-et-Clairefontaine, Pont-du-Bois, Rupt-sur-Saône, Saponcourt, Scey-sur-Saône-et-Saint-Albin, Selles, Senoncourt, Sorans-lès-Breurey, Traves, Vauvillers, Venisey, Villers-Bouton, Voray-sur-l'Ognon, Vy-le-Ferroux, Vy-lès-Rupt : zone de sismicité faible.

Saône-et-Loire : tout le département *[en]* zone de sismicité faible, sauf :

– le canton de Lucenay-l'Évêque : zone de sismicité très faible ;

– les communes de Brion, La Comelle, La Grande-Verrière, Laizy Monthelon, Saint-Forgeot, Saint-Léger-sous-Beuvray, Saint-Prix, Tavernay : zone de sismicité très faible ;

– les communes de Beaurepaire-en-Bresse, Champagnat, Condal, Cuiseaux, Dommartin-lès-Cuiseaux, Le Fay, Flacey-en-Bresse, Frontenaud, Joudes, Le Miroir, Sagy, Saillenard, Savigny-en-Revermont : zone de sismicité modérée.

Sarthe : tout le département *[en]* zone de sismicité faible, sauf :

– les cantons de Bouloire, Chartre-sur-le-Loir (La), Château-du-Loir, Ferté-Bernard (La), Grand-Lucé (Le), Mayet, Montmirail, Saint-Calais, Tuffé, Vibraye : zone de sismicité très faible ;

– les communes de Bonnétable, Le Breil-sur-Mérize, La Bruère-sur-Loir, Challes, La Chapelle-aux-Choux, Chenu, Connerré, Écommoy, Marigné-Laillé, Nogent-le-Bernard, Nuillé-le-Jalais, Parigné-l'Évêque, Saint-Georges-du-Rosay, Saint-Germain-d'Arcé, Saint-Mars-d'Outillé, Soulitré, Surfonds : zone de sismicité très faible.

Savoie : tout le département *[en]* zone de sismicité moyenne, sauf :

– les cantons d'Aime, Bozel, Saint-Jean-de-Maurienne, Saint-Michel-de-Maurienne : zone de sismicité modérée ;

– les communes d'Aigueblanche, Aussois, Les Avanchers-Valmorel, Le Bois, Bonneval-sur-Arc, La Chambre, Chanaz, Les Chapelles, Les Chavannes-en-Maurienne, Fontaine-le-Puits, Fourneaux, Freney, Hautecour, Lanslevillard, Modane, Montaimont, Montgellafrey, Montvalezan, Motz, Moûtiers, Notre-Dame-du-Cruet, Notre-Dame-du-Pré, Ruffieux, Saint-Alban-des-Villards, Saint-André, Saint-Avre, Saint-Colomban-des-Villards, Sainte-Foy-Tarentaise, Sainte-Marie-de-Cuines, Saint-Étienne-de-Cuines, Saint-François-Longchamp, Saint-Jean-de-Belleville, Saint-Marcel, Saint-Martin-de-Belleville, Saint-Martin-sur-la-Chambre, Saint-Oyen, Salins-les-Thermes, Séez, Serrières-en-Chautagne, Sollières-Sardières, Termignon, Tignes, Val-d'Isère, Villarlurin, Villarodin-Bourget, Villaroger, Vions : zone de sismicité modérée.

Haute-Savoie : tout le département *[en]* zone de sismicité moyenne, sauf :

– les cantons de Frangy, Seyssel : zone de sismicité modérée ;

– les communes d'Andilly, Cernex, Chênex, Chevrier, Crempigny-Bonneguête, Dingy-en-Vuache, Feigères, Jonzier-Épagny, Lornay, Mésigny, Neydens, Présilly, Saint-Julien-en-Genevois, Sallenôves, Savigny, Val-de-Fier, Valleiry, Vers, Versonnex, Viry, Vulbens : zone de sismicité modérée.

Paris : tout le département *[en]* zone de sismicité très faible.

Seine-Maritime : tout le département *[en]* zone de sismicité très faible.

Seine-et-Marne : tout le département *[en]* zone de sismicité très faible.

Yvelines : tout le département *[en]* zone de sismicité très faible.

Deux-Sèvres : tout le département *[en]* zone de sismicité modérée.

Somme : tout le département *[en]* zone de sismicité très faible, sauf :

– les communes d'Aizecourt-le-Bas, Épehy, Équancourt, Étricourt-Manancourt, Fins, Guyencourt-Saulcourt, Heudicourt, Liéramont, Mesnil-en-Arrouaise, Nurlu, Ronssoy, Sorel, Templeux-le-Guérard, Villers-Faucon : zone de sismicité faible.

Tarn : tout le département *[en]* zone de sismicité très faible.

Tarn-et-Garonne : tout le département *[en]* zone de sismicité très faible.

Var : tout le département *[en]* zone de sismicité faible, sauf :

– les cantons d'Aups, Callas, Fayence, Salernes : zone de sismicité modérée ;

– les communes de Bargème, La Bastide, Le Bourguet, Brenon, Châteauvieux, La Martre, Trigance, Vinon-sur-Verdon : zone de sismicité moyenne ;

– les communes des Adrets-de-l'Estérel, Ampus, Artignosc-sur-Verdon, Bagnols-en-Forêt, Comps-sur-Artuby, Draguignan, Flayosc, Ginasservis, Moissac-Bellevue, Montmeyan, Régusse, Rians, La Roque-Esclapon, Saint-Julien : zone de sismicité modérée.

Vaucluse : tout le département *[en zone de sismicité]* modérée, sauf :

– le canton de Pertuis : zone de sismicité moyenne ;

– les communes d'Auribeau, Bonnieux, Buoux, Cadenet, Caseneuve, Castellet, Cucuron, Lauris, Lourmarin, Puget, Puyvert, Saignon, Saint-Martin-de-Castillon, Sivergues, Vaugines, Villelaure : zone de sismicité moyenne.

Vendée : tout le département *[en]* zone de sismicité modérée.

Vienne : tout le département *[en]* zone de sismicité modérée, sauf :

– les cantons d'Availles-Limouzine, Chauvigny, Isle-Jourdain (L'), Lussac-les-Châteaux, Montmorillon, Saint-Savin, Trimouille (La) : zone de sismicité faible ;

– les communes d'Asnois, Brion, La Chapelle-Bâton, Charroux, Chatain, Château-Garnier, Joussé, Payroux, Pleumartin, Port-de-Piles, La Puye, La Roche-Posay, Saint-Romain, Saint-Secondin, Surin, Usson-du-Poitou, Vicq-sur-Gartempe : zone de sismicité faible.

Haute-Vienne : tout le département en zone de sismicité faible, sauf :

– le canton de Saint-Germain-les-Belles : zone de sismicité très faible ;

– les communes de Beaumont-du-Lac, Châteauneuf-la-Forêt, Coussac-Bonneval, La Croisille-sur-Briance, Domps, Eymoutiers, Glandon, Nedde, Neuvic-Entier, Rempnat, Sainte-Anne-Saint-Priest, Saint-Gilles-les-Forêts, Saint-Méard, Saint-Yrieix-la-Perche, Surdoux, Sussac : zone de sismicité très faible.

Vosges : tout le département *[en]* zone de sismicité modérée, sauf :

– les cantons de Bulgnéville, Châtenois, Coussey, Neufchâteau : zone de sismicité très faible ;

– les cantons de Darney, Monthureux-sur-Saône : zone de sismicité faible ;

– les communes d'Ambacourt, Avrainville, Battexey, Baudricourt, Bettoncourt, Biécourt, Blémerey, Blevaincourt, Boulaincourt, Chamagne, Charmes, Chauffecourt, Chef-Haut, Contrexéville, Damblain, Dombasle-en-Xaintois, Domjulien, Domvallier, Florémont, Frenelle-la-Grande, Frenelle-la-Petite, Gemmelaincourt, Gircourt-lès-Viéville, Hergugney, Juvaincourt, Marainville-sur-Madon, Martigny-les-Bains, Mazirot, Ménil-en-Xaintois, Mirecourt, Oëlleville, Offroicourt, Pont-sur-Madon, Poussay, Puzieux, Ramecourt, Remicourt, Repel, Robécourt, Rocourt, Romain-aux-Bois, Rouvres-en-Xaintois, Rozières-sur-Mouzon, Saint-Menge, Saint-Prancher, Savigny, Socourt, They-sous-Montfort, Thiraucourt, Tollaincourt, Totainville, Villotte, Vittel, Viviers-lès-Offroicourt, Vomécourt-sur-Madon, Xaronval : zone de sismicité très faible ;

– les communes des Ableuvenettes, Ahéville, Ainvelle, Anglemont, Avillers, Badménil-aux-Bois, Bainville-aux-Saules, Bazegney, Bazien, Bazoilles-et-Ménil, Begnécourt, Bettegney-Saint-Brice, Bocquegney, Bouxières-aux-Bois, Bouxurulles, Bouzemont, Brantigny, Brû, Bult, Celles-sur-Plaine, Châtel-sur-Moselle, Châtillon-sur-Saône, Circourt, Clézentaine, Damas-aux-Bois, Damas-et-Bettegney, Deinvillers, Derbamont, Dombrot-le-Sec, Domèvre-sous-Montfort, Domèvre-sur-Durbion, Dompaire, Domptail, Doncières, Essegney, Estrennes, Évaux-et-Ménil, Fauconcourt, Fouchécourt, Frain, Frizon, Gelvécourt-et-Adompt, Gigney, Gorhey, Grandrupt-de-Bains, Grignoncourt, Gugney-aux-Aulx, Hadigny-les-Verrières, Hagécourt, Haillainville, Hardancourt, Haréville, Hennecourt, Hymont, Igney, Isches, Jorxey, Lamarche, Langley, Légéville-et-Bonfays, Lignéville, Lironcourt, Madecourt, Madegney, Madonne-et-Lamerey, Marey, Maroncourt, Mattaincourt, Mazeley, Ménarmont, Ménil-sur-Belvitte, Monthureux-le-Sec, Mont-lès-Lamarche, Moriville, Morizécourt, Moyemont, La Neuveville-sous-Montfort, Nomexy, Nossoncourt, Oncourt, Ortoncourt, Pallegney, Portieux, Racécourt, Rambervillers, Rancourt, Raon-l'Étape, Rapey, Regney, Rehaincourt, Remoncourt, Romont, Roville-aux-Chênes, Rozerotte, Rugney, Saint-Benoît-la-Chipotte, Sainte-Barbe, Saint-Genest, Saint-Julien, Saint-Maurice-sur-Mortagne, Saint-Pierremont, Saint-Vallier, Senaide, Serécourt, Serocourt, Les Thons, Thuillières, Tignécourt, Ubexy, Valfroicourt, Valleroy-aux-Saules, Valleroy-le-Sec, Varmonzey, Vaubexy, Vaxoncourt, Velotte-et-Tatignécourt, Villers, Ville-sur-Illon, Vincey, Vioménil, Vomécourt, Vroville, Xaffévillers, Zincourt : zone de sismicité faible.

Yonne : tout le département *[en]* zone de sismicité très faible.

Territoire de Belfort : tout le département *[en]* zone de sismicité modérée, sauf :
– les cantons de Beaucourt, Delle : zone de sismicité moyenne ;
– les communes d'Autrechêne, Boron, Brebotte, Bretagne, Chavanatte, Chavannes-les-Grands, Cunelières, Foussemagne, Froidefontaine, Grandvillars, Grosne, Méziré, Montreux-Château, Morvillars, Novillard, Petit-Croix, Recouvrance, Suarce, Vellescot : zone de sismicité moyenne.
Essonne : tout le département *[en]* zone de sismicité très faible.
Hauts-de-Seine : tout le département *[en]* zone de sismicité très faible.
Seine-Saint-Denis : tout le département *[en]* zone de sismicité très faible.
Val-de-Marne : tout le département *[en]* zone de sismicité très faible.
Val-d'Oise : tout le département *[en]* zone de sismicité très faible.
Guadeloupe : tout le département *[en]* zone de sismicité fort*[e]*.
Martinique : tout le département *[en]* zone de sismicité fort*[e]*.
Guyane : tout le département *[en]* zone de sismicité très faible.
La Réunion : tout le département *[en]* zone de sismicité faible.
Saint-Pierre-et-Miquelon : toute la collectivité *[en]* zone de sismicité très faible.
Mayotte : toute la collectivité *[tout le département]* *[en]* zone de sismicité modérée.
Saint-Martin : toute la collectivité *[en]* zone de sismicité fort*[e]*.

SECTION II *Prévention du risque volcanique*

(Décr. no 2007-1467 du 12 oct. 2007)

Art. D. 563-9 Les communes particulièrement exposées à un risque d'éruption volcanique où sont applicables les dispositions des articles R. 125-9 à R. 125-14 sont celles qui figurent au tableau ci-après.

LISTES DES COMMUNES PARTICULIÈREMENT EXPOSÉES
À UN RISQUE D'ÉRUPTION VOLCANIQUE.
Outre-mer

DÉPARTEMENTS	COMMUNES
La Réunion (volcan du piton de la Fournaise).	Saint-Philippe. Sainte-Rose. Saint-Joseph. Saint-Benoît. La Plaine-des-Palmistes. Le Tampon. Petite-Île. Entre-Deux. Saint-Louis.
La Guadeloupe (volcan de la Soufrière).	Trois-Rivières. Capesterre-Belle-Eau. Ballif. Gourbeyre. Basse-Terre. Saint-Claude. Vieux-Habitants. Goyave. Petit-Bourg. Vieux-Fort. Bouillante.

DÉPARTEMENTS	COMMUNES
La Martinique (volcan de la montagne Pelée).	Grand-Rivière. Basse-Pointe. Le Lorrain. Le Prêcheur. Macouba. L'Ajoupa-Bouillon. Saint-Pierre. Le Morne-Rouge. Le Carbet. Fonds-Saint-Denis. Le Marigot. Le Morne-Vert. Belle-Fontaine. Case-Pilote. Sainte-Marie. La Trinité. Gros-Morne. Saint-Joseph. Schœlcher. Fort-de-France.

SECTION III *Prévention du risque d'effondrement de cavités souterraines ou de marnières*

(Décr. no 2007-1467 du 12 oct. 2007)

Art. R. 563-10 Est puni de l'amende prévue pour les contraventions de la troisième classe le fait, pour toute personne possédant des documents ayant trait à l'existence d'une cavité souterraine ou d'une marnière dont l'effondrement est susceptible de porter atteinte aux personnes ou aux biens, de refuser d'en transmettre copie au maire en méconnaissance des dispositions de l'article L. 563-6.

SECTION IV *Prévention du risque d'inondation*

(Décr. no 2007-1467 du 12 oct. 2007)

Art. R. 563-11 Les zones exposées au risque d'inondation doivent comporter un nombre de repères de crues qui tient compte de la configuration des lieux, de la fréquence et de l'ampleur des inondations et de l'importance de la population fréquentant la zone.

Art. R. 563-12 Les repères de crues sont répartis sur l'ensemble du territoire de la commune exposé aux crues et sont visibles depuis la voie publique. Leur implantation s'effectue prioritairement dans les espaces publics, notamment aux principaux points d'accès des édifices publics fréquentés par la population.

Art. R. 563-13 Sans préjudice des dispositions de la loi no 43-374 du 6 juillet 1943 modifiée relative à l'exécution des travaux géodésiques et cadastraux et à la conservation des signaux, bornes et repères, un arrêté conjoint du ministre chargé de la prévention des risques majeurs et du ministre chargé des collectivités locales fixe les modalités d'information des propriétaires ou gestionnaires d'immeubles concernés par la matérialisation, l'entretien ou la protection des repères de crues.

Art. R. 563-14 Les repères des crues indiquent le niveau atteint par les plus hautes eaux connues. Les repères établis postérieurement au 16 mars 2005 sont conformes au modèle défini par un arrêté conjoint du ministre chargé de la prévention des risques majeurs et du ministre chargé de la sécurité civile. – *V. Arr. 16 mars 2006 (JO 15 avr. et BOME no 18/2006 pour l'annexe).*

Art. R. 563-15 La liste des repères de crues existant sur le territoire de la commune et l'indication de leur implantation ou la carte correspondante sont incluses dans le document d'information communal sur les risques majeurs prévu à l'article R. 125-11.

SECTION V *Communication de données intéressant la sécurité des personnes et des biens*

(Décr. nº 2008-5 du 2 janv. 2008)

Les dispositions du Décr. nº 2008-5 du 2 janv. 2008 sont applicables à Mayotte (Décr. préc., art. 2).

Art. R. 563-16 *(Décr. nº 2008-5 du 2 janv. 2008)* Sans préjudice des dispositions prévues par les articles L. 564-1 à L. 564-3, les collectivités territoriales ou leurs groupements ont gratuitement accès, sur leur demande motivée par la sécurité des personnes et des biens conformément à l'article L. 563-5, aux données dont disposent l'État et ses établissements publics pour mettre en œuvre les mesures de prévention des risques naturels majeurs relevant de leurs compétences.

A cette seule fin, et sous réserve des droits des tiers, sont gratuitement communicables à ces collectivités ou à leurs groupements les données physiques brutes issues de capteurs, à l'exception des données satellitaires, et corrigées des erreurs manifestes recueillies par l'État et ses établissements publics, qui ne leur sont pas déjà accessibles gratuitement et dont l'utilisation leur est nécessaire pour :

1º Élaborer les cartographies informatives et réglementaires des risques naturels majeurs dont la réalisation leur incombe en application du code de l'environnement et du code de l'urbanisme ;

2º Préparer et prendre les mesures de police leur incombant en application du code général des collectivités territoriales, du code de l'environnement et de la loi nº 2004-811 du 13 août 2004 de modernisation de la sécurité civile ;

3º Réaliser les travaux et ouvrages de protection contre les risques dont ils assurent la maîtrise d'ouvrage ;

4º Intégrer la prévention des risques dans leurs projets d'aménagements et d'équipements.

Les dispositions du Décr. nº 2008-5 du 2 janv. 2008 sont applicables à Mayotte (Décr. préc., art. 2).

Art. R. 563-17 *(Décr. nº 2008-5 du 2 janv. 2008)* La demande des collectivités territoriales ou de leurs groupements est adressée, selon les cas, au préfet du département concerné ou au représentant territorialement compétent de l'établissement public.

La demande précise la nature des données sollicitées, celui ou ceux des usages prévus à l'article R. 563-16 qui en motive le besoin et les conditions de leur utilisation.

Cette demande fait l'objet de la part du préfet ou du représentant de l'établissement public qui l'a reçue d'un accusé de réception. Cet accusé de réception précise :

1º La date de réception de la demande ;

2º Si la demande a été adressée à l'autorité compétente ;

3º La désignation et les coordonnées du service chargé de la traiter ;

4º Les délais et voies de recours, si la demande est susceptible de donner lieu à une décision implicite de rejet.

Les dispositions du Décr. nº 2008-5 du 2 janv. 2008 sont applicables à Mayotte (Décr. préc., art. 2).

Art. R. 563-18 *(Décr. nº 2008-5 du 2 janv. 2008)* L'accès des collectivités territoriales ou de leurs groupements aux données mentionnées à l'article R. 563-16 s'exerce, au choix du demandeur et dans la limite des possibilités techniques du service ou de l'établissement concerné :

1º Par consultation gratuite sur place, sauf si la préservation du document ne le permet pas ;

2º Sous réserve que la reproduction ne nuise pas à la conservation du document, par la délivrance d'une copie sur un support identique à celui utilisé par le service ou l'établissement ou compatible avec celui-ci et aux frais du demandeur, sans que ces frais puissent excéder le coût de cette reproduction, dans les conditions prévues à l'article R. 563-19 ;

3o Par courrier électronique et sans frais autres que ceux mentionnés à l'article R. 563-19, lorsque le document est disponible sous forme électronique.

Les dispositions du Décr. no 2008-5 du 2 janv. 2008 sont applicables à Mayotte (Décr. préc., art. 2).

Art. R. 563-19 *(Décr. no 2008-5 du 2 janv. 2008)* A l'occasion de la fourniture des données sollicitées, des frais correspondant au coût de reproduction et, le cas échéant, de transmission de celles-ci peuvent être mis à la charge du demandeur.

Pour le calcul de ces frais sont pris en compte les coûts d'amortissement du matériel utilisé pour la reproduction ou la transmission des données, les coûts de fonctionnement générés pour la reproduction ou la mise à disposition électronique des données, ainsi que les coûts du support fourni au demandeur et le cas échéant de l'affranchissement postal.

La collectivité ou le groupement est avisé du montant total des frais à acquitter dont le paiement préalable peut être exigé.

Les dispositions du Décr. no 2008-5 du 2 janv. 2008 sont applicables à Mayotte (Décr. préc., art. 2).

Art. R. 563-20 *(Décr. no 2008-5 du 2 janv. 2008)* La mise à disposition de données en application de l'article L. 563-5 peut faire l'objet, à l'initiative de l'État ou de l'établissement public fournisseur de ces données, d'une convention avec la collectivité territoriale ou le groupement demandeur.

Cette convention précise les conditions de mise à disposition et d'utilisation des données et rappelle les obligations de confidentialité ou de non-réutilisation auxquelles est tenu la collectivité ou le groupement utilisateur ainsi que la responsabilité incombant à cette collectivité ou ce groupement à l'occasion de litiges ou de préjudices susceptibles d'être générés par l'utilisation des données.

Elle précise également les frais de reproduction et de transmission mis à la charge du demandeur conformément à l'article R. 563-19.

Les dispositions du Décr. no 2008-5 du 2 janv. 2008 sont applicables à Mayotte (Décr. préc., art. 2).

SALUBRITÉ

Code de la santé publique

PREMIÈRE PARTIE : ***LÉGISLATIVE***

(Ord. no 2000-548 du 15 juin 2000)

PREMIÈRE PARTIE **Protection générale de la santé**

LIVRE III **Protection de la santé et environnement**

TITRE III **Prévention des risques sanitaires liés à l'environnement et au travail** *(Ord. no 2005-1087 du 1er sept. 2005, art. 2-I).*

CHAPITRE PREMIER ***Salubrité des immeubles et des agglomérations***

Les dispositions de l'Ord. no 2010-177 du 23 févr. 2010 entrent en vigueur le 25 févr. 2010 (Ord. no 2010-177 du 23 févr. 2010, art. 29-II).

Art. L. 1331-1 Le raccordement des immeubles aux *(L. no 2006-1772 du 30 déc. 2006, art. 46-1o)* « réseaux publics de collecte » disposés pour recevoir les eaux usées domestiques et établis sous la voie publique à laquelle ces immeubles ont accès soit directement, soit par l'intermédiaire de voies privées ou de servitudes de passage, est obligatoire dans le délai de deux ans à compter de la mise en service *(L. nº 2006-1772 du 30 déc. 2006, art. 46-1º)* « du réseau public de collecte ».

Un arrêté interministériel détermine les catégories d'immeubles pour lesquelles un arrêté du maire, approuvé par le représentant de l'État dans le département, peut accorder soit des prolongations de délais qui ne peuvent excéder une durée de dix ans, soit des exonérations de l'obligation prévue au premier alinéa. – *V. Arr. du 19 juill. 1960 (JO 4 août), mod. par Arr. du 28 févr. 1986 (JO 14 mars).*

Il peut être décidé par la commune qu'entre la mise en service *(L. nº 2006-1772 du 30 déc. 2006, art. 46-1º)* « du réseau public de collecte » et le raccordement de l'immeuble ou l'expiration du délai accordé pour le raccordement, elle perçoit auprès des propriétaires des immeubles raccordables une somme équivalente à la redevance instituée en application de l'article *(L. nº 2007-1824 du 25 déc. 2007, art. 71-III)* « L. 2224-12-2 » du code général des collectivités territoriales.

(L. nº 2006-1772 du 30 déc. 2006, art. 46, 2º) « La commune peut fixer des prescriptions techniques pour la réalisation des raccordements des immeubles au réseau public de collecte des eaux usées et des eaux pluviales. »

Art. L. 1331-1-1 *(L. nº 2006-1772 du 30 déc. 2006, art. 46-4º)* I. – Les immeubles non raccordés au réseau public de collecte des eaux usées sont équipés d'une installation d'assainissement non collectif dont le propriétaire *(L. nº 2010-788 du 12 juill. 2010, art. 159-III)* « assure l'entretien régulier et qu'il fait périodiquement vidanger » par une personne agréée par le représentant de l'État dans le département, afin d'en garantir le bon fonctionnement.

Cette obligation ne s'applique ni aux immeubles abandonnés, ni aux immeubles qui, en application de la réglementation, doivent être démolis ou doivent cesser d'être utilisés, ni aux immeubles qui sont raccordés à une installation d'épuration industrielle ou agricole, sous réserve d'une convention entre la commune et le propriétaire définissant les conditions, notamment financières, de raccordement de ces effluents privés.

II. – *(L. nº 2010-788 du 12 juill. 2010, art. 159-III)* « Le propriétaire fait procéder aux travaux prescrits par le document établi à l'issue du contrôle prévu au III de l'article L. 2224-8 du code général des collectivités territoriales, dans un délai de quatre ans suivant la notification de ce document. »

Les modalités d'agrément des personnes qui réalisent les vidanges et prennent en charge le transport et l'élimination des matières extraites, les modalités d'entretien des installations d'assainissement non collectif et les modalités de *(L. nº 2010-788 du 12 juill. 2010, art. 159-III)* « l'exécution de la mission de contrôle ainsi que les critères d'évaluation des dangers pour la santé et des risques de pollution de l'environnement présentés par les installations existantes » sont définies *[définis]* par un arrêté des ministres chargés de l'intérieur, de la santé, de l'environnement et du logement. – *V. Arr. 7 sept. 2009 définissant les modalités d'agrément des personnes réalisant les vidanges et prenant en charge le transport et l'élimination des matières extraites des installations d'assainissement non collectif (JO 9 oct.).*

Art. L. 1331-2 Lors de la construction d'un *(L. nº 2006-1772 du 30 déc. 2006, art. 46-5º)* « nouveau réseau public de collecte » ou de l'incorporation d'un *(L. nº 2006-1772 du 30 déc. 2006, art. 46-5º)* « réseau public de collecte » pluvial à un réseau disposé pour recevoir les eaux usées d'origine domestique, la commune peut exécuter d'office les parties des branchements situées sous la voie publique, jusque et y compris le regard le plus proche des limites du domaine public.

Pour les immeubles édifiés postérieurement à la mise en service *(L. nº 2006-1772 du 30 déc. 2006, art. 46-5º)* « du réseau public de collecte », la commune peut se charger, à la demande des propriétaires, de l'exécution de la partie des branchements mentionnés à l'alinéa précédent.

Ces parties de branchements sont incorporées au réseau public, propriété de la commune qui en assure désormais l'entretien et en contrôle la conformité.

La commune est autorisée à se faire rembourser par les propriétaires intéressés tout ou partie des dépenses entraînées par ces travaux, diminuées des subventions éventuellement obtenues et majorées de 10 % pour frais généraux, suivant des modalités à fixer par délibération du conseil municipal.

Art. L. 1331-3 Dans le cas où le raccordement se fait par l'intermédiaire d'une voie privée, et sans préjudice des dispositions des articles L. 171-12 et L. 171-13 du code de la voirie relatives à l'assainissement d'office et au classement d'office des voies privées de Paris, les dépenses des travaux entrepris par la commune pour l'exécution de la partie publique des branchements, telle qu'elle est définie à l'article L. 1331-2, sont remboursées par les propriétaires, soit de la voie privée, soit des immeubles riverains de cette voie, à raison de l'intérêt de chacun à l'exécution des travaux, dans les conditions fixées au dernier alinéa de l'article L. 1331-2.

Art. L. 1331-4 Les ouvrages nécessaires pour amener les eaux usées à la partie publique du branchement sont à la charge exclusive des propriétaires et doivent être réalisés dans les conditions fixées à l'article L. 1331-1. *(L. n° 2006-1772 du 30 déc. 2006, art. 46-6°)* « Ils doivent être maintenus en bon état de fonctionnement par les propriétaires. La commune en contrôle la qualité d'exécution et peut également contrôler leur maintien en bon état de fonctionnement. »

Art. L. 1331-5 Dès l'établissement du branchement, les fosses et autres installations de même nature sont mises hors d'état de servir ou de créer des nuisances à venir, par les soins et aux frais du propriétaire.

Art. L. 1331-6 Faute par le propriétaire de respecter les obligations édictées aux articles L. 1331-1 *(L. n° 2006-1772 du 30 déc. 2006, art. 46 ; L. n° 2010-788 du 12 juill. 2010, art. 159-III)* , L. 1331-1-1 », L. 1331-4 et L. 1331-5, la commune peut, après mise en demeure, procéder d'office et aux frais de l'intéressé aux travaux indispensables.

Art. L. 1331-7 *(L. n° 2012-354 du 14 mars 2012, art. 30-I)* Les propriétaires des immeubles soumis à l'obligation de raccordement au réseau public de collecte des eaux usées en application de l'article L. 1331-1 peuvent être astreints par la commune, l'établissement public de coopération intercommunale ou le syndicat mixte compétent en matière d'assainissement collectif, pour tenir compte de l'économie par eux réalisée en évitant une installation d'évacuation ou d'épuration individuelle réglementaire ou la mise aux normes d'une telle installation, à verser une participation pour le financement de l'assainissement collectif.

Cette participation s'élève au maximum à 80 % du coût de fourniture et de pose de l'installation mentionnée au premier alinéa du présent article, diminué, le cas échéant, du montant du remboursement dû par le même propriétaire en application de l'article L. 1331-2.

La participation prévue au présent article est exigible à compter de la date du raccordement au réseau public de collecte des eaux usées de l'immeuble, de l'extension de l'immeuble ou de la partie réaménagée de l'immeuble, dès lors que ce raccordement génère des eaux usées supplémentaires.

Une délibération du conseil municipal ou de l'organe délibérant de l'établissement public détermine les modalités de calcul de cette participation.

Cet art. est applicable aux immeubles qui ont été raccordés au réseau public de collecte des eaux usées à compter du 1er juill. 2012. Il ne s'applique pas aux immeubles pour lesquels les propriétaires ont été astreints à verser la participation prévue à l'art. L. 1331-7, dans sa rédaction antérieure à la publication de la L. n° 2012-354 du 14 mars 2012 (L. préc., art. 30-II).

Ancien art. L. 1331-7 *Les propriétaires des immeubles édifiés postérieurement à la mise en service* (L. n° 2006-1772 du 30 déc. 2006, art. 46-8°) *« du réseau public de collecte » auquel ces immeubles doivent être raccordés peuvent être astreints par la commune, pour tenir compte de l'économie par eux réalisée en évitant une installation d'évacuation ou d'épuration individuelle réglementaire, à verser une participation s'élevant au maximum à 80 % du coût de fourniture et de pose d'une telle installation.*

Une délibération du conseil municipal détermine les conditions de perception de cette participation.

Art. L. 1331-7-1 *(L. n° 2011-525 du 17 mai 2011, art. 37-I)* Le propriétaire d'un immeuble ou d'un établissement dont les eaux usées résultent d'utilisations de l'eau assimilables à un usage domestique en application de l'article L. 213-10-2 du code de l'environnement a droit, à sa demande, au raccordement au réseau public de collecte dans la limite des capacités de transport et d'épuration des installations existantes ou en cours de réalisation.

Le propriétaire peut être astreint à verser à la collectivité organisatrice du service ou au groupement auquel elle appartient, dans les conditions fixées par délibération de l'organe délibérant, une participation dont le montant tient compte de l'économie qu'il réalise en évitant le coût d'une installation d'évacuation ou d'épuration individuelle réglementaire.

Cette participation s'ajoute, le cas échéant, aux redevances mentionnées à l'article L. 2224-12-2 du code général des collectivités territoriales et aux sommes pouvant être dues par les intéressés au titre des articles L. 1331-2, L. 1331-3 et L. 1331-6 du présent code.

La collectivité organisatrice du service ou le groupement auquel elle appartient peut fixer des prescriptions techniques applicables au raccordement d'immeubles ou d'établissements mentionnés au premier alinéa du présent article en fonction des risques résultant des activités exercées dans ces immeubles et établissements, ainsi que de la nature des eaux usées qu'ils produisent. Ces prescriptions techniques sont regroupées en annexes au règlement de service d'assainissement qui, par exception aux dispositions de l'article L. 2224-12 du code général des collectivités territoriales, ne sont notifiées qu'aux usagers concernés.

Le propriétaire d'un immeuble ou d'une installation mentionnée au présent art. qui est raccordé au réseau public de collecte sans autorisation à la date d'entrée en vigueur de la L. nº 2011-525 du 17 mai 2011 régularise sa situation en présentant au service d'assainissement chargé de la collecte des eaux usées du lieu d'implantation de l'immeuble ou de l'installation une déclaration justifiant qu'il utilise l'eau dans des conditions assimilables à un usage domestique. En l'absence de déclaration dans l'année suivant la publication de la loi précitée, l'art. L. 1331-8 CSP lui est applicable (L. nº 2011-525 du 17 mai 2011, art. 37-II).

Art. L. 1331-8 Tant que le propriétaire ne s'est pas conformé aux obligations prévues aux articles L. 1331-1 à *(L. nº 2011-525 du 17 mai 2011, art. 37-I)* « L. 1331-7-1 », il est astreint au paiement d'une somme au moins équivalente à la redevance qu'il aurait payée au service public d'assainissement si son immeuble avait été raccordé au réseau ou équipé d'une installation d'assainissement autonome réglementaire, et qui peut être majorée dans une proportion fixée par le conseil municipal dans la limite de 100 %.

Art. L. 1331-9 Les sommes dues par le propriétaire en vertu des articles L. 1331-2, L. 1331-3 *(L. nº 2006-1772 du 30 déc. 2006, art. 46-9º)* « et L. 1331-6 à L. 1331-8 » sont recouvrées comme en matière de contributions directes.

Les réclamations sont présentées et jugées comme en matière de contributions directes.

Art. L. 1331-10 *(L. nº 2006-1772 du 30 déc. 2006, art. 46-10º)* Tout déversement d'eaux usées autres que domestiques dans le réseau public de collecte doit être préalablement autorisé par le maire ou *(L. nº 2010-1563 du 16 déc. 2010, art. 64)* « , lorsque la compétence en matière de collecte à l'endroit du déversement a été transférée à un établissement public de coopération intercommunale ou à un syndicat mixte, par le président de l'établissement public ou du syndicat mixte », après avis délivré par la personne publique en charge du transport et de l'épuration des eaux usées ainsi que du traitement des boues en aval, si cette collectivité est différente. Pour formuler un avis, celle-ci dispose d'un délai de deux mois, prorogé d'un mois si elle sollicite des informations complémentaires. A défaut d'avis rendu dans le délai imparti, celui-ci est réputé favorable.

L'absence de réponse à la demande d'autorisation plus de quatre mois après la date de réception de cette demande vaut rejet de celle-ci.

L'autorisation prévue au premier alinéa fixe notamment sa durée, les caractéristiques que doivent présenter les eaux usées pour être déversées et les conditions de surveillance du déversement.

Toute modification ultérieure dans la nature ou la quantité des eaux usées déversées dans le réseau est autorisée dans les mêmes conditions que celles prévues au premier alinéa.

L'autorisation peut être subordonnée à la participation de l'auteur du déversement aux dépenses d'investissement entraînées par la réception de ces eaux.

Cette participation s'ajoute, le cas échéant, aux redevances mentionnées à l'article L. 2224-12-2 du code général des collectivités territoriales et aux sommes pouvant être dues par les intéressés au titre des articles L. 1331-2, L. 1331-3, L. 1331-6, L. 1331-7 et L. 1331-8 du présent code.

Art. L. 1331-11 *(L. nº 2006-1772 du 30 déc. 2006, art. 46-11º)* Les agents du service d'assainissement ont accès aux propriétés privées :

1º Pour l'application des articles L. 1331-4 et L. 1331-6 ;

(L. nº 2010-788 du 12 juill. 2010, art. 160-II) « 2º Pour procéder à la mission de contrôle des installations d'assainissement non collectif prévue au III de l'article L. 2224-8 du code général des collectivités territoriales ;

« 3º Pour procéder à l'entretien et aux travaux de réhabilitation et de réalisation des installations d'assainissement non collectif en application du même III ; »

(L. nº 2011-525 du 17 mai 2011, art. 37-I) « 4º Pour assurer le contrôle des déversements d'eaux usées autres que domestiques et des utilisations de l'eau assimilables à un usage domestique. »

En cas d'obstacle mis à l'accomplissement des missions visées aux 1º, 2º et 3º du présent article, l'occupant est astreint au paiement de la somme définie à l'article L. 1331-8, dans les conditions prévues par cet article.

Art. L. 1331-11-1 *(L. nº 2006-1772 du 30 déc. 2006, art. 46-12º)* Lors de la vente de tout ou partie d'un immeuble à usage d'habitation non raccordé au réseau public de collecte des eaux usées, le document établi à l'issue du contrôle des installations d'assainissement non collectif effectué dans les conditions prévues au II de l'article L. 1331-1-1 du présent code *(L. nº 2010-788 du 12 juill. 2010, art. 160-III)* « et daté de moins de trois ans au moment de la signature de l'acte de vente » est joint au dossier de diagnostic technique prévu aux articles L. 271-4 et L. 271-5 du code de la construction et de l'habitation.

(L. nº 2010-788 du 12 juill. 2010, art. 160-III) « Si le contrôle des installations d'assainissement non collectif effectué dans les conditions prévues au II de l'article L. 1331-1-1 du présent code est daté de plus de trois ans ou inexistant, sa réalisation est à la charge du vendeur. »

L'art. L. 1331-11-1 issu du 12º de l'art. 46 de la loi du 30 déc. 2006 entre en vigueur le 1er janv. 2011 (L. nº 2006-1772 du 30 déc. 2006, art. 102-V, JO 31 déc., mod. par L. nº 2010-788 du 12 juill. 2010, art. 160-I, JO 13 juill.).

Art. L. 1331-12 Les dispositions des articles L. 1331-1 à L. 1331-11 sont applicables aux collectivités territoriales et à leurs établissements publics soumis à une législation spéciale ayant le même objet.

Toutefois, l'assemblée compétente suivant le cas a pu décider, par délibération intervenue avant le 31 décembre 1958, que ces dispositions n'étaient pas applicables à la collectivité intéressée. Cette décision peut être abrogée à toute époque.

Art. L. 1331-13 *(Ord. nº 2000-914 du 18 sept. 2000, art. 10)* « Dans les communes mentionnées à l'article L. 321-2 du code de l'environnement », les zones d'urbanisation future ne peuvent être urbanisées que sous réserve de l'existence ou du début de réalisation d'un équipement de traitement et d'évacuation des effluents des futurs constructions, installations et aménagements, conformément *(Ord. nº 2000-914 du 18 sept. 2000, art. 10)* « au chapitre Ier du titre Ier du livre II du code de l'environnement ».

A défaut, elles ne peuvent être urbanisées que si le règlement de la zone précise que les autorisations d'occupation du sol ne pourront être délivrées pour les constructions, installations ou aménagements susceptibles d'être à l'origine d'effluents que sous réserve de la mise en place d'un dispositif d'assainissement autonome adapté au milieu et à la quantité des effluents.

Les dispositions des alinéas précédents sont applicables à la délivrance des autorisations relatives à l'ouverture de terrains au camping et au stationnement des caravanes.

Art. L. 1331-14 *Abrogé par L. nº 2006-1772 du 30 déc. 2006, art. 101-I.*

Art. L. 1331-15 Les immeubles et installations existants destinés à un usage autre que l'habitat et qui ne sont pas soumis à autorisation ou à déclaration au titre *(L. nº 2006-1772 du 30 déc. 2006, art. 46, 13º)* « des articles L. 214-1 à L. 214-4, L. 512-1 et L. 512-8 du code de l'environnement » doivent être dotés d'un dispositif de traitement des effluents autres que domestiques, adapté à l'importance et à la nature de l'activité et assurant une protection satisfaisante du milieu naturel.

Art. L. 1331-16 *Abrogé par L. nº 2006-1772 du 30 déc. 2006, art. 101-III, 4º, à compter du 1er janv. 2008.*

Art. L. 1331-17 Lorsque pendant trois années consécutives le nombre des décès dans une commune a dépassé le chiffre de la mortalité moyenne de la France, le *(Ord. nº 2010-177 du 23 févr. 2010, art. 7)* « directeur général de l'agence régionale de santé procède » à une enquête sur les conditions sanitaires de la commune *(Ord. nº 2010-177 du 23 févr. 2010, art. 7)* « et en communique les résultats au représentant de l'État dans le département ».

Si cette enquête établit que l'état sanitaire de la commune nécessite des travaux d'assainissement, notamment qu'elle n'est pas pourvue d'eau potable de bonne qualité ou en quantité suffisante, ou bien que les eaux usées y restent stagnantes, le représentant de l'État dans le département, après une mise en demeure à la commune, non suivie d'effet, invite *(Ord. nº 2004-637 du 1er juill. 2004, art. 23-I)* « la commission départementale compétente en matière d'environnement, de risques sanitaires et technologiques » à délibérer sur l'utilité et la nature des travaux jugés nécessaires. Le maire est mis en demeure de présenter ses observations devant *(Ord. nº 2004-637 du 1er juill. 2004, art. 23-I)* « la commission départementale compétente en matière d'environnement, de risques sanitaires et technologiques ».

En cas d'avis *(Ord. nº 2004-637 du 1er juill. 2004, art. 23-I)* « de la commission départementale compétente en matière d'environnement, de risques sanitaires et technologiques » contraire à l'exécution des travaux ou de réclamation de la part de la commune, le représentant de l'État dans le département transmet la délibération du conseil au ministre chargé de la santé qui, s'il le juge à propos, soumet la question au *(L. nº 2004-806 du 9 août 2004, art. 4-I)* « Haut Conseil de la santé publique ». Celui-ci procède à une enquête dont les résultats sont affichés dans la commune. Sur les avis *(Ord. nº 2004-637 du 1er juill. 2004, art. 23-I)* « de la commission départementale compétente en matière d'environnement, de risques sanitaires et technologiques » et du *(L. nº 2004-806 du 9 août 2004, art. 4-I)* « Haut Conseil de la santé publique », le représentant de l'État dans le département met la commune en demeure de dresser le projet et de procéder aux travaux. Si dans le mois qui suit cette mise en demeure, le conseil municipal ne s'est pas engagé à y déférer, ou si, dans les trois mois, il n'a pris aucune mesure en vue de l'exécution des travaux, un décret en Conseil d'État ordonne ces travaux et détermine les conditions d'exécution.

Le conseil général statue, dans les conditions prévues par les articles L. 3215-1 et L. 3215-2 du code général des collectivités territoriales, sur la participation du département aux dépenses des travaux ci-dessus spécifiés.

L'art. L. 1331-17 est l'ancien art. L. 1331-25 (Ord. nº 2005-1566 du 15 déc. 2005, art. 2-I).

Art. L. 1331-18 à L. 1331-21 *Abrogés par L. nº 2000-1208 du 13 déc. 2000, art. 177-1º.*

Art. L. 1331-22 *(Ord. nº 2005-1566 du 15 déc. 2005, art. 2-II)* Les caves, sous-sols, combles, pièces dépourvues d'ouverture sur l'extérieur et autres locaux par nature impropres à l'habitation ne peuvent être mis à disposition aux fins d'habitation, à titre gratuit ou onéreux. Le *(Ord. nº 2010-177 du 23 févr. 2010, art. 26-13º)* « représentant de l'État dans le département » met en demeure la personne qui a mis les locaux à disposition de faire cesser cette situation dans un délai qu'il fixe. *(L. nº 2009-323 du 25 mars 2009, art. 94-I)* « Il peut prescrire, le cas échéant, toutes mesures nécessaires pour empêcher l'accès ou l'usage des locaux aux fins d'habitation, au fur et à mesure de leur évacuation. Les mêmes mesures peuvent être décidées à tout moment par le maire au nom de l'État. Ces mesures peuvent faire l'objet d'une exécution d'office. »

Les dispositions de l'article L. 521-2 du code de la construction et de l'habitation sont applicables aux locaux visés par la mise en demeure. La personne qui a mis les locaux à disposition est tenue d'assurer le relogement des occupants dans les conditions prévues par l'article L. 521-3-1 du même code ; à défaut, les dispositions de l'article L. 521-3-2 sont applicables.

Art. L. 1331-23 *(Ord. nº 2005-1566 du 15 déc. 2005, art. 2-III)* Des locaux ne peuvent être mis à disposition aux fins d'habitation, à titre gratuit ou onéreux, dans des conditions qui conduisent manifestement à leur suroccupation. Le *(Ord. nº 2010-177 du 23 févr. 2010, art. 26-10º)* « représentant de l'État dans le département » met en demeure la personne qui a mis les locaux à disposition dans de telles conditions de faire cesser cette situation dans un délai qu'il fixe.

Les dispositions de l'article L. 521-2 du code de la construction et de l'habitation sont applicables aux locaux visés par la mise en demeure. La personne qui a mis les locaux à disposition est tenue d'assurer le relogement des occupants affectés par l'exécution de cette mise en demeure dans les conditions prévues au II de l'article L. 521-3-1 du même code ; à défaut, les dispositions de l'article L. 521-3-2 sont applicables.

Art. L. 1331-24 *(Ord. nº 2005-1566 du 15 déc. 2005, art. 2-III)* Lorsque l'utilisation qui est faite de locaux ou installations présente un danger pour la santé ou la sécurité de leurs occupants, le *(Ord. nº 2010-177 du 23 févr. 2010, art. 26, 13º)* « représentant de l'État dans le département », après avis de la commission départementale compétente en matière d'environnement, de risques sanitaires ou technologiques, peut enjoindre à la personne qui a mis ces locaux ou installations à disposition ou à celle qui en a l'usage de rendre leur utilisation conforme aux prescriptions qu'il édicte dans le délai qu'il fixe.

Les dispositions de l'article L. 521-2 du code de la construction et de l'habitation sont applicables aux locaux visés par l'injonction.

Si l'injonction est assortie d'une interdiction temporaire ou définitive d'habiter, la personne ayant mis ces locaux à disposition est tenue d'assurer l'hébergement ou le relogement des occupants dans les conditions prévues par l'article L. 521-3-1 du même code ; à défaut, les dispositions de l'article L. 521-3-2 sont applicables.

S'il n'est pas satisfait à l'injonction dans le délai fixé, le *(Ord. nº 2010-177 du 23 févr. 2010, art. 26-13º)* « représentant de l'État dans le département » prend, aux frais de la personne à laquelle elle a été faite, toutes mesures nécessaires pour ce faire. La créance de la collectivité publique est recouvrée comme en matière de contributions directes.

Art. L. 1331-25 *(Ord. nº 2005-1566 du 15 déc. 2005, art. 2-IV)* A l'intérieur d'un périmètre qu'il définit, le *(Ord. nº 2010-177 du 23 févr. 2010, art. 26-13º)* « représentant de l'État dans le département » peut déclarer l'insalubrité des locaux et installations utilisés aux fins d'habitation, mais impropres à cet objet pour des raisons d'hygiène, de salubrité ou de sécurité.

L'arrêté du *(Ord. nº 2010-177 du 23 févr. 2010, art. 26-13º)* « représentant de l'État dans le département » est pris après avis de la commission départementale compétente en matière d'environnement, de risques sanitaires ou technologiques à laquelle le maire ou, le cas échéant, le président de l'établissement public de coopération intercommunale compétent en matière d'habitat est invité à présenter ses observations, et après délibération du conseil municipal ou, le cas échéant, de l'organe délibérant de l'établissement public.

Cet arrêté vaut interdiction définitive d'habiter et d'utiliser les locaux et installations qu'il désigne.

Les dispositions des I et III de l'article L. 1331-28, des articles L. 1331-28-1 et L. 1331-28-2, du I de l'article L. 1331-29 et de l'article L. 1331-30 sont applicables.

Art. L. 1331-26 *(L. nº 2000-1208 du 13 déc. 2000, art. 168-I)* Lorsqu'un immeuble, bâti ou non, vacant ou non, attenant ou non à la voie publique, un groupe d'immeubles, un îlot ou un groupe d'îlots constitue, soit par lui-même, soit par les conditions dans lesquelles il est occupé ou exploité, un danger pour la santé des occupants ou des voisins, le *(Ord. nº 2010-177 du 23 févr. 2010, art. 26-10º)* « représentant de l'État dans le département », saisi d'un rapport motivé du *(Ord. nº 2010-177 du 23 févr 2010, art. 7)* « directeur général de l'agence régionale de santé » ou, par application du troisième alinéa de l'article L. 1422-1, du directeur du service communal d'hygiène et de santé concluant à l'insalubrité de l'immeuble concerné, invite *(Ord. nº 2004-637 du 1er juill. 2004, art. 23-I)* « la commission départementale compétente en matière d'environnement, de risques sanitaires et technologiques » à donner son avis dans le délai de deux mois :

1º Sur la réalité et les causes de l'insalubrité ;

2º Sur les mesures propres à y remédier.

(Ord. nº 2005-1566 du 15 déc. 2005, art. 2-V) « L'insalubrité d'un bâtiment doit être qualifiée d'irrémédiable lorsqu'il n'existe aucun moyen technique d'y mettre fin, ou lorsque les travaux nécessaires à sa résorption seraient plus coûteux que la reconstruction. »

Le *(Ord. nº 2010-177 du 23 févr. 2010, art. 7)* « directeur général de l'agence régionale de santé » établit le rapport prévu au premier alinéa soit de sa propre initiative, soit sur saisine du maire, du président de l'établissement public de coopération intercommunale compétent en matière de logement et d'urbanisme, soit encore à la demande de tout locataire ou occupant de l'immeuble ou de l'un des immeubles concernés.

Le maire de la commune ou le président de l'établissement public de coopération intercommunale, à l'initiative duquel la procédure a été engagée, doit fournir un plan parcellaire de l'immeuble avec l'indication des noms des propriétaires tels qu'ils figurent au fichier immobilier *(Abrogé par Ord. nº 2010-638 du 10 juin 2010, art. 13-XII, à compter du 1er janv. 2013) « de la conservation des hypothèques »*. Lorsque cette initiative a pour objet de faciliter l'assainissement ou l'aménagement d'un îlot ou d'un groupe d'îlots, le projet d'assainissement ou d'aménagement correspondant est également fourni.

Art. L. 1331-26-1 *(Ord. nº 2005-1566 du 15 déc. 2005, art. 2-VI)* Lorsque le rapport prévu par l'article L. 1331-26 fait apparaître un danger imminent pour la santé ou la sécurité des occupants lié à la situation d'insalubrité de l'immeuble, le *(Ord. nº 2010-177 du 23 févr. 2010, art. 26)* « représentant de l'État dans le département » met en demeure le propriétaire, ou l'exploitant s'il s'agit de locaux d'hébergement, de prendre les mesures propres à faire cesser ce danger dans un délai qu'il fixe. *(L. nº 2009-323 du 25 mars 2009, art. 94-I)* « Il peut prononcer une interdiction temporaire d'habiter.

« Dans ce cas, ou si l'exécution » des mesures prescrites par cette mise en demeure rend les locaux temporairement inhabitables, les dispositions des articles L. 521-1 et suivants du code de la construction et de l'habitation sont applicables.

Le *(Ord. nº 2010-177 du 23 févr. 2010, art. 26-10º)* « représentant de l'État dans le département » procède au constat des mesures prises en exécution de la mise en demeure.

Si les mesures prescrites n'ont pas été exécutées dans le délai imparti, le *(Ord. nº 2010-177 du 23 févr. 2010, art. 26-10º)* « représentant de l'État dans le département » procède à leur exécution d'office.

Si le propriétaire ou l'exploitant, en sus des *(L. nº 2006-872 du 13 juill. 2006, art. 44-II-1º)* « mesures lui ayant été prescrites » pour mettre fin au danger imminent, a réalisé des travaux permettant de mettre fin à toute insalubrité, le *(Ord. nº 2010-177 du 23 févr. 2010, art. 26-10º)* « représentant de l'État dans le département » en prend acte.

Art. L. 1331-27 *(L. nº 2000-1208 13 déc. 2000, art. 169)* Le *(Ord. nº 2010-177 du 23 févr. 2010, art. 26, 10º)* « représentant de l'État dans le département » avise les propriétaires, tels qu'ils figurent au fichier immobilier *(Abrogé par Ord. nº 2010-638 du 10 juin 2010,* *art. 13-XII, à compter du 1er janv. 2013)* « *de la conservation des hypothèques* », au moins trente jours à l'avance de la tenue de la réunion *(Ord. nº 2004-637 du 1er juill. 2004, art. 23-I)* « de la commission départementale compétente en matière d'environnement, de risques sanitaires et technologiques » et de la faculté qu'ils ont de produire dans ce délai leurs observations. Il avise également, dans la mesure où ils sont connus, les titulaires de droits réels immobiliers sur les locaux, les titulaires de parts donnant droit à l'attribution ou à la jouissance en propriété des locaux, les occupants et, en cas d'immeuble d'hébergement, l'exploitant.

A défaut de connaître l'adresse actuelle des personnes mentionnées au premier alinéa ou de pouvoir les identifier, la notification les concernant est valablement effectuée par affichage à la mairie de la commune ou, à Paris, Marseille et Lyon, de l'arrondissement où est situé l'immeuble ainsi que par affichage sur la façade de l'immeuble, au moins trente jours avant la réunion *(Ord. nº 2004-637 du 1er juill. 2004, art. 23-I)* « de la commission départementale compétente en matière d'environnement, de risques sanitaires et technologiques ». Si l'insalubrité ne concerne que les parties communes d'un immeuble en copropriété, l'invitation à la réunion *(Ord. nº 2004-637 du 1er juill. 2004, art. 23-I)* « de la commission départementale compétente en matière d'environnement, de risques sanitaires et technologiques » est valablement faite au seul syndicat des copropriétaires.

Le rapport motivé prévu à l'article L. 1331-26 est tenu à la disposition des intéressés dans les bureaux de la préfecture. Une copie est déposée à la mairie de la commune ou, à Paris, Marseille et Lyon, de l'arrondissement où est situé l'immeuble.

Toute personne justifiant de l'une des qualités mentionnées au premier alinéa est, sur sa demande, entendue par *(Ord. nº 2004-637 du 1er juill. 2004, art. 23-I)* « la commission départementale compétente en matière d'environnement, de risques sanitaires et technologiques » et appelée aux visites et constatations des lieux. Elle peut se faire représenter par un mandataire.

Au cas où *(Ord. nº 2004-637 du 1er juill. 2004, art. 23-I)* « la commission départementale compétente en matière d'environnement, de risques sanitaires et technologiques » émet un avis contraire aux conclusions du rapport motivé prévu à l'article L. 1331-26, le *(Ord. nº 2010-177 du 23 févr. 2010, art. 26)* « représentant de l'État dans le département » peut transmettre le dossier au ministre chargé de la santé. Celui-ci saisit le *(L. nº 2004-806 du 9 août 2004, art. 4-I)* « Haut Conseil de la santé publique » qui émet son avis dans les deux mois de sa saisine, lequel se substitue à celui *(Ord. nº 2004-637 du 1er juill. 2004, art. 23-I)* « de la commission départementale compétente en matière d'environnement, de risques sanitaires et technologiques ».

Art. L. 1331-28 *(Ord. nº 2005-1566 du 15 déc. 2005, art. 2-VII)* I. — Lorsque la commission ou le haut conseil conclut à l'impossibilité de remédier à l'insalubrité, le *(Ord. nº 2010-177 du 23 févr. 2010, art. 26-10º)* « représentant de l'État dans le département » déclare l'immeuble insalubre à titre irrémédiable, prononce l'interdiction définitive d'habiter et *(L. nº 2006-872 du 13 juill. 2006, art. 44-II-2º)* « , le cas échéant, » d'utiliser les lieux et précise, sur avis de la commission, la date d'effet de cette interdiction, qui ne peut être fixée au-delà d'un an. Il peut également ordonner la démolition de l'immeuble.

Le *(Ord. nº 2010-177 du 23 févr. 2010, art. 26-10º)* « représentant de l'État dans le département » prescrit toutes mesures nécessaires pour empêcher l'accès et l'usage de l'immeuble au fur et à mesure de son évacuation. Les mêmes mesures peuvent être décidées à tout moment par le maire au nom de l'État. Ces mesures peuvent faire l'objet d'une exécution d'office.

II. — Lorsque la commission ou le haut conseil conclut à la possibilité de remédier à l'insalubrité, le *(Ord. nº 2010-177 du 23 févr. 2010, art. 26-10º)* « représentant de l'État dans le département » prescrit les mesures adéquates ainsi que le délai imparti pour leur réalisation sur avis de la commission ou du haut conseil et prononce, s'il y a lieu, l'interdiction temporaire d'habiter et *(L. nº 2006-872 du 13 juill. 2006, art. 44-II-2º)* « , le cas échéant, » d'utiliser les lieux.

Ces mesures peuvent comprendre, le cas échéant, les travaux nécessaires pour supprimer le risque d'intoxication par le plomb prévus par l'article L. 1334-2 ainsi que l'installation des éléments d'équipement nécessaires *(L. n° 2009-323 du 25 mars 2009, art. 85)* « à » un local à usage d'habitation, définis par référence aux caractéristiques du logement décent.

La personne tenue d'exécuter ces mesures peut se libérer de son obligation par la conclusion d'un bail à réhabilitation. Elle peut également conclure un bail emphytéotique ou un contrat de vente moyennant paiement d'une rente viagère, à charge pour les preneurs ou débirentiers d'exécuter les travaux prescrits et d'assurer, le cas échéant, l'hébergement des occupants. Les parties peuvent convenir que l'occupant restera dans les lieux lorsqu'il les occupait à la date de l'arrêté d'insalubrité.

III. — Lorsque le *(Ord. n° 2010-177 du 23 févr. 2010, art. 26-10°)* « représentant de l'État dans le département » prononce une interdiction définitive ou temporaire d'habiter ou d'utiliser les lieux, son arrêté précise la date à laquelle le propriétaire ou l'exploitant de locaux d'hébergement doit l'avoir informé de l'offre de relogement ou d'hébergement qu'il a faite pour se conformer à l'obligation prévue par l'article L. 521-1 du code de la construction et de l'habitation.

Art. L. 1331-28-1 *(L. n° 2000-1208 du 13 déc. 2000, art. 172)* Le *(Ord. n° 2010-177 du 23 févr. 2010, art. 26-10°)* « représentant de l'État dans le département » notifie l'arrêté d'insalubrité aux personnes visées au premier alinéa de l'article L. 1331-27. Lorsque les travaux prescrits ne concernent que les parties communes d'un immeuble en copropriété, la notification aux copropriétaires est valablement faite au seul syndicat des copropriétaires qui doit en informer dans les plus brefs délais l'ensemble des copropriétaires.

A défaut de connaître l'adresse actuelle ou de pouvoir identifier les personnes visées au premier alinéa de l'article L. 1331-27, cette notification est valablement effectuée par l'affichage de l'arrêté à la mairie de la commune ou, à Paris, Marseille ou Lyon, de l'arrondissement où est situé l'immeuble ainsi que sur la façade de l'immeuble.

L'arrêté d'insalubrité est transmis au maire de la commune, au président de l'établissement public de coopération intercommunale compétent en matière de logement ou d'urbanisme, au procureur de la République, aux organismes payeurs des allocations de logement et de l'aide personnalisée au logement du lieu de situation de l'immeuble, ainsi qu'aux gestionnaires du fonds de solidarité pour le logement du département.

A la diligence du *(Ord. n° 2010-177 du 23 févr. 2010, art. 26-10°)* « représentant de l'État dans le département » et aux frais du propriétaire, l'arrêté d'insalubrité est publié *(Ord. n° 2010-638 du 10 juin 2010, art. 13-XII, en vigueur le 1er janv. 2013)* « au fichier immobilier *[Ancienne rédaction : à la conservation des hypothèques]* » *(Ord. n° 2005-1566 du 15 déc. 2005, art. 2-VIII)* « ou au livre foncier » dont dépend l'immeuble pour chacun des locaux concernés.

Art. L. 1331-28-2 *(Ord. n° 2005-1566 du 15 déc. 2005, art. 2-IX)* I. — Lorsque les locaux sont frappés d'une interdiction définitive ou temporaire d'habiter ou d'utiliser ou lorsque les travaux nécessaires pour remédier à l'insalubrité les rendent temporairement inhabitables, le propriétaire est tenu d'assurer le relogement ou l'hébergement des occupants dans les conditions prévues par l'article L. 521-3-1 du code de la construction et de l'habitation.

II. — Les contrats à usage d'habitation en cours à la date de l'arrêté d'insalubrité ou à la date de la mise en demeure prévue par l'article L. 1331-26-1 sont soumis aux règles définies à l'article L. 521-2 du code de la construction et de l'habitation.

A compter de la notification de l'arrêté d'insalubrité, les locaux vacants ne peuvent être ni loués ni mis à disposition pour quelque usage que ce soit.

III. — Si, à l'expiration du délai imparti par l'arrêté pour le départ des occupants, les locaux ne sont pas libérés, faute pour le propriétaire ou l'exploitant qui a satisfait à l'obligation de présenter l'offre de relogement prévue par le II de l'article L. 521-3-1 du code de la construction et de l'habitation d'avoir engagé une action aux fins d'expulsion, le *(Ord. n° 2010-177 du 23 févr. 2010, art. 26-10°)* « représentant de l'État dans le département » peut exercer cette action aux frais du propriétaire.

Art. L. 1331-28-3 *(Ord. nº 2005-1566 du 15 déc. 2005, art. 2-IX ; L. nº 2006-872 du 13 juill. 2006, art. 44-II-3º ; Ord. nº 2010-177 du 23 févr. 2010, art. 26-10º)* « L'exécution des mesures destinées à remédier à l'insalubrité ainsi que leur conformité aux prescriptions de l'arrêté pris sur le fondement du II de l'article L. 1331-28 sont constatées par le représentant de l'État dans le département, » qui prononce la mainlevée de l'arrêté d'insalubrité et, le cas échéant, de l'interdiction d'habiter et d'utiliser les lieux.

Lorsque des travaux justifiant la levée de l'interdiction d'habiter et d'utiliser les lieux sont réalisés sur un immeuble dont l'insalubrité avait été déclarée irrémédiable, le *(Ord. nº 2010-177 du 23 févr. 2010, art. 26, 10º)* « représentant de l'État dans le département » prononce par arrêté la fin de l'état d'insalubrité de l'immeuble et la mainlevée de l'interdiction d'habiter et d'utiliser les lieux.

Ces arrêtés sont publiés, à la diligence du propriétaire, *(Ord. nº 2010-638 du 10 juin 2010, art. 13-XII, en vigueur le 1er janv. 2013)* « au fichier immobilier *[Ancienne rédaction : à la conservation des hypothèques]* » ou au livre foncier.

Art. L. 1331-29 *(Ord. nº 2005-1566 du 15 déc. 2005, art. 2-IX)* I. – Si un immeuble a fait l'objet d'une déclaration d'insalubrité irrémédiable, l'autorité administrative peut réaliser d'office les mesures destinées à écarter les dangers immédiats pour la santé et la sécurité des occupants ou des voisins.

Elle peut également faire procéder à la démolition prescrite sur ordonnance du juge statuant en la forme des référés rendue à sa demande.

II. – Si les *(L. nº 2006-872 du 13 juill. 2006, art. 44-II-4º)* « mesures prescrites » par l'arrêté prévu au II de l'article L. 1331-28 pour remédier à l'insalubrité d'un immeuble n'ont pas été *(L. nº 2006-872 du 13 juill. 2006, art. 44-II, 4º)* « exécutées » dans le délai imparti, le propriétaire est mis en demeure dans les conditions prévues par l'article L. 1331-28-1 de les réaliser dans le délai d'un mois. Si cette mise en demeure s'avère infructueuse, *(L. nº 2006-872 du 13 juill. 2006, art. 44-II, 4º)* « les mesures peuvent être exécutées » d'office *(L. nº 2009-323 du 25 mars 2009, art. 85)* « , y compris sur des locaux devenus vacants ».

(L. nº 2006-872 du 13 juill. 2006, art. 44-II-4º) « III. – Si l'inexécution de mesures prescrites portant sur les parties communes d'un immeuble en copropriété résulte de la défaillance de certains copropriétaires, la commune ou l'État peut se substituer à ceux-ci pour les sommes exigibles à la date votée par l'assemblée générale des copropriétaires. La collectivité publique est alors subrogée dans les droits et actions du syndicat à concurrence des sommes qu'elle a versées.

« IV. – Le maire agissant au nom de l'État ou, à défaut, le *(Ord. nº 2010-177 du 23 févr. 2010, art. 26, 10º)* « représentant de l'État dans le département » est l'autorité administrative compétente pour réaliser d'office les mesures prescrites dans les cas visés aux I, II et III. Dans ce cas, la commune assure l'avance des frais si le maire réalise d'office ces mesures. Les créances qui n'ont pu être recouvrées par la commune sont mises à la charge de l'État ou d'une personne publique s'y substituant, alors subrogée dans les obligations et droits de celui-ci. »

Art. L. 1331-30 *(Ord. nº 2005-1566 du 15 déc. 2005, art. 2-IX)* I. – Lorsque l'autorité administrative se substitue au propriétaire défaillant et fait usage des pouvoirs d'exécution d'office qui lui sont reconnus par les articles *(L. nº 2009-323 du 25 mars 2009, art. 94-I)* « L. 1331-22, » L. 1331-24, L. 1331-26-1, L. 1331-28 et L. 1331-29, elle agit en lieu et place des propriétaires, pour leur compte et à leurs frais.

Les dispositions du quatrième alinéa de l'article L. 1334-4 sont applicables.

II. – La créance de la collectivité publique résultant des frais d'exécution d'office, *(Ord. nº 2007-42 du 11 janv. 2007, art. 3-I)* « du paiement des sommes avancées en lieu et place d'un copropriétaire défaillant, » d'expulsion et de publicité ainsi que des frais qui ont, le cas échéant, été exposés pour le relogement ou l'hébergement des occupants est recouvrée comme en matière de contributions directes.

(L. nº 2009-323 du 25 mars 2009, art. 91-II) « Lorsqu'une collectivité publique s'est substituée à certains copropriétaires défaillants, le montant de la créance due par ceux-ci est majoré de celui des intérêts moratoires calculés au taux d'intérêt légal, à compter de

la date de notification par l'autorité administrative de la décision de substitution aux copropriétaires défaillants. »

(Ord. nº 2007-42 du 11 janv. 2007, art. 3-I) « Si l'immeuble relève du statut de la copropriété, le titre de recouvrement est adressé à chaque copropriétaire pour la fraction de créance dont il est redevable. »

Art. L. 1331-31 *(Ord. nº 2005-1566 du 15 déc. 2005, art. 2-IX)* Sont déterminées par décret en Conseil d'État :

1º Les conditions dans lesquelles sont instituées, recouvrées et affectées les sommes mentionnées à l'article L. 1331-8 ;

2º En tant que de besoin, les conditions d'application des articles L. 1331-22 à L. 1331-30.

Art. L. 1331-32 *Abrogé par Ord. nº 2005-1566 du 15 déc. 2005, art. 2.*

CHAPITRE VII *Dispositions pénales*

....

Art. L. 1337-2 *(L. nº 2006-1772 du 30 déc. 2006, art. 46-15º)* Est puni de 10 000 € d'amende le fait de déverser des eaux usées autres que domestiques dans le réseau public de collecte des eaux usées sans l'autorisation visée à l'article L. 1331-10 ou en violation des prescriptions de cette autorisation.

Art. L. 1337-3 *Abrogé par Ord. nº 2005-1566 du 15 déc. 2005.*

Art. L. 1337-4 *(Ord. nº 2005-1566 du 15 déc. 2005, art. 3)* I. – Est puni d'un emprisonnement d'un an et d'une amende de 50 000 € :

– le fait de ne pas déférer à une injonction prise sur le fondement du premier alinéa de l'article L. 1331-24 ;

– le fait de refuser, sans motif légitime et après une mise en demeure, d'exécuter les mesures prescrites en application du II de l'article L. 1331-28.

II. – Est puni de deux ans d'emprisonnement et d'une amende de 75 000 € :

– le fait de ne pas déférer à une mise en demeure du *(Ord. nº 2010-177 du 23 févr. 2010, art. 26-13º)* « représentant de l'État dans le département » prise sur le fondement de l'article L. 1331-23.

III. – Est puni d'un emprisonnement de trois ans et d'une amende de 100 000 € :

– le fait de ne pas déférer, dans le délai fixé, à une mise en demeure du *(Ord. nº 2010-177 du 23 févr. 2010, art. 26-13º)* « représentant de l'État dans le département » prise sur le fondement de l'article L. 1331-22 ;

– le fait, à compter de la notification de la réunion de la commission départementale compétente en matière d'environnement, de risques sanitaires ou technologiques prévue par l'article L. 1331-27 ou à compter de la notification de la mise en demeure lorsque ces locaux sont visés par des mesures prises sur le fondement des articles L. 1331-22, L. 1331-23, L. 1331-24, L. 1331-25 et L. 1331-26-1, de dégrader, détériorer, détruire des locaux ou de les rendre impropres à l'habitation de quelque façon que ce soit dans le but d'en faire partir les occupants ;

– le fait, de mauvaise foi, de ne pas respecter une interdiction d'habiter et le cas échéant d'utiliser des locaux prise en application des articles L. 1331-22, L. 1331-23, L. 1331-24, L. 1331-25 et L. 1331-28 ;

– le fait de remettre à disposition des locaux vacants ayant fait l'objet de mesures prises en application des articles L. 1331-22, L. 1331-23 et L. 1331-24 ou déclarés insalubres en application des articles L. 1331-25 et L. 1331-28.

IV. – Les personnes physiques encourent également les peines complémentaires suivantes :

1º La confiscation du fonds de commerce ou de l'immeuble destiné à l'hébergement des personnes et ayant servi à commettre l'infraction ;

2º L'interdiction pour une durée de cinq ans au plus d'exercer une activité professionnelle ou sociale dès lors que les facilités que procure cette activité ont été sciemment utilisées pour préparer ou commettre l'infraction. Cette interdiction n'est toutefois pas applicable à l'exercice d'un mandat électif ou de responsabilités syndicales.

(L. nº 2009-526 du 12 mai 2009, art. 125-XXI-8º) « V. – Les personnes morales déclarées responsables pénalement, dans les conditions prévues par l'article 121-2 du code pénal *[V. **C. pén.**]*, des infractions définies au présent article encourent, outre l'amende suivant les modalités prévues par l'article 131-38 du code pénal, les peines prévues par les 2º, 4º, 8º et 9º de l'article 131-39 du même code. La confiscation mentionnée au 8º de l'article 131-39 du même code porte sur le fonds de commerce ou l'immeuble destiné à l'hébergement des personnes et ayant servi à commettre l'infraction. »

VI. – Lorsque les poursuites sont engagées à l'encontre d'exploitants de fonds de commerce aux fins d'hébergement, il est fait application des dispositions de l'article L. 651-10 du code de la construction et de l'habitation.

Les dispositions de l'Ord. nº 2010-177 du 23 févr. 2010 entrent en vigueur le 25 févr. 2010 (Ord. nº 2010-177 du 23 févr. 2010, art. 29-II).

DEUXIÈME PARTIE : *RÉGLEMENTAIRE*

(Décr. nº 2003-462 du 21 mai 2003)

LIVRE TROISIÈME **Protection de la santé et environnement**

TITRE III **Prévention des risques sanitaires liés à l'environnement et au travail** *(Décr. nº 2006-676 du 8 juin 2006, art. 2)*.

CHAPITRE PREMIER *Salubrité des immeubles et des agglomérations*

SECTION UNIQUE

Art. R. 1331-1 *(Décr. nº 2006-503 du 2 mai 2006, art. 7)* L'*(Décr. nº 2011-385 du 11 avr. 2011, art. 4)* « Agence nationale de sécurité sanitaire de l'alimentation, de l'environnement et du travail » peut être saisie de tout projet d'assainissement à la demande du préfet. – *[anc. art. R. 1416-3]*.

Art. R. 1331-2 *(Décr. nº 2006-503 du 2 mai 2006, art. 3-II)* Il est interdit d'introduire dans les systèmes de collecte des eaux usées :

a) Directement ou par l'intermédiaire de canalisations d'immeubles, toute matière solide, liquide ou gazeuse susceptible d'être la cause, soit d'un danger pour le personnel d'exploitation ou pour les habitants des immeubles raccordés au système de collecte, soit d'une dégradation des ouvrages d'assainissement et de traitement, soit d'une gêne dans leur fonctionnement ;

b) Des déchets solides, y compris après broyage ;

c) Des eaux de source ou des eaux souterraines, y compris lorsqu'elles ont été utilisées dans des installations de traitement thermique ou des installations de climatisation ;

d) Des eaux de vidange des bassins de natation.

Toutefois, les communes agissant en application de l'article L. 1331-10 peuvent déroger aux *c* et *d* de l'alinéa précédent à condition que les caractéristiques des ouvrages de collecte et de traitement le permettent et que les déversements soient sans influence sur la qualité du milieu récepteur du rejet final. Les dérogations peuvent, en tant que de besoin, être accordées sous réserve de prétraitement avant déversement dans les systèmes de collecte. – *[anc. art. R. 1331-1]*.

V. note ss. art. R. 1331-1.

Art. R. 1331-3 En cas de recours hiérarchique formé devant le ministre chargé de la santé contre les décisions prises par le préfet en application des articles L. 1331-25 et L. 1331-28, le silence gardé pendant plus de quatre mois sur ce recours vaut décision de rejet. – *[anc. art. R. 1331-2]*.

V. note ss. art. R. 1331-1.

Art. R. 1331-4 *(Décr. nº 2006-1359 du 8 nov. 2006, art. 3)* Avant d'ordonner la réparation ou la démolition d'un immeuble insalubre en application de l'article L. 1331-28, le préfet sollicite l'avis de l'architecte des Bâtiments de France dans les cas où cet immeuble est :

1º Soit inscrit au titre des monuments historiques en application de l'article L. 621-25 du code du patrimoine ;

2º Soit situé dans le champ de visibilité d'un immeuble classé ou inscrit au sens de l'article L. 621-2 du même code ;

3º Soit situé dans une zone de protection créée conformément aux articles L. 642-1 et L. 642-2 du même code ;

4º Soit protégé au titre des articles L. 341-1, L. 341-2 ou L. 341-7 du code de l'environnement.

L'avis est réputé émis en l'absence de réponse dans le délai de quinze jours.

Art. R. 1331-5 *(Décr. nº 2006-1359 du 8 nov. 2006, art. 3)* Lorsque les mesures prescrites en application du II de l'article L. 1331-28 concernent des parties communes d'un immeuble en copropriété et n'ont pas été exécutées dans le délai imparti pour leur réalisation, la mise en demeure prévue par le II de l'article L. 1331-29 est adressée au syndicat des copropriétaires, pris en la personne du syndic de copropriété, qui, dans le délai de vingt et un jours à compter de la réception, la transmet à tous les copropriétaires.

Art. R. 1331-6 *(Décr. nº 2006-1359 du 8 nov. 2006, art. 3)* Lorsque l'inexécution des mesures prescrites résulte de la défaillance de certains copropriétaires, le syndic en informe l'auteur de la mise en demeure en lui indiquant les démarches effectuées pour faire réaliser les mesures prescrites et en lui fournissant une attestation de défaillance. *– V. Arr. 3 mai 2007 (JO 12 mai).*

Sont réputés défaillants au sens de l'alinéa précédent les copropriétaires qui, après avoir été mis en demeure de le faire par le syndic, n'ont pas répondu ou n'ont répondu que partiellement aux appels de fonds destinés à financer les mesures prescrites dans le délai de quinze jours à compter de la sommation de payer.

Art. R. 1331-7 *(Décr. nº 2006-1359 du 8 nov. 2006, art. 3)* La commune dispose d'un délai d'un mois pour décider de se substituer aux copropriétaires défaillants. En ce cas, sa décision est notifiée par le maire au syndicat des copropriétaires, pris en la personne du syndic, ainsi qu'aux copropriétaires défaillants, auxquels sont notifiées les sommes versées pour leur compte.

Lorsque tous les copropriétaires sont défaillants, la commune ne peut recourir à la procédure de substitution.

Art. R. 1331-8 *(Décr. nº 2006-1359 du 8 nov. 2006, art. 3)* Lorsque la collectivité publique ou la personne publique a recouvré la totalité de la créance qu'elle détient sur un copropriétaire défaillant auquel elle s'est substituée, elle en informe le syndic de copropriété. A défaut, lorsqu'un lot appartenant à un copropriétaire défaillant fait l'objet d'une mutation, le syndic notifie sans délai cette mutation à la collectivité publique ou à la personne publique afin de lui permettre de faire valoir ses droits auprès du notaire qui en est chargé.

Art. R. 1331-9 *(Décr. nº 2006-1359 du 8 nov. 2006, art. 3)* La créance de la collectivité publique sur les propriétaires ou exploitants née de l'exécution d'office des mesures prescrites en application de l'article L. 1331-28 comprend le coût de l'ensemble des mesures que cette exécution a rendu nécessaires, notamment celui des travaux destinés à assurer la sécurité et la salubrité de l'ouvrage ou celles des bâtiments mitoyens ainsi que les frais exposés par la commune agissant en qualité de maître d'ouvrage public.

Art. R. 1331-10 *(Décr. nº 2006-1359 du 8 nov. 2006, art. 3)* Les notifications et formalités prévues par les articles R. 1331-5, R. 1331-6, R. 1331-7 et R. 1331-8 sont effectuées par lettre remise contre signature.

Art. R. 1331-11 *(Décr. nº 2006-1359 du 8 nov. 2006, art. 3)* Les modalités d'application des articles R. 1331-5, R. 1331-6, R. 1331-7 et R. 1331-9 sont précisées en tant que de besoin par un arrêté conjoint du ministre de la justice, du ministre chargé du logement et du ministre chargé de la santé.

Loi no 70-612 du 10 juillet 1970,

Tendant à faciliter la suppression de l'habitat insalubre.

TITRE II Dispositions relatives à l'expropriation

Art. 13 *(Ord. no 2005-1566 du 15 déc. 2005, art. 10-I)* Peut être poursuivie au profit de l'État, *(L. no 2006-872 du 13 juill. 2006, art. 44-IV-1o)* « d'une société de construction dans laquelle l'État détient la majorité du capital, d'une collectivité territoriale, d'un organisme y ayant vocation » ou d'un concessionnaire d'une opération d'aménagement visé à l'article L. 300-4 du code de l'urbanisme, dans les conditions prévues aux articles 14 à 19, l'expropriation :

– des immeubles déclarés insalubres à titre irrémédiable en application des articles L. 1331-25 et L. 1331-28 du code de la santé publique ;

(L. no 2006-872 du 13 juill. 2006, art. 44-IV, 1o) « – des immeubles à usage total ou partiel d'habitation, ayant fait l'objet d'un arrêté de péril pris en application de l'article L. 511-2 du code de la construction et de l'habitation et assorti d'une ordonnance de démolition ou d'interdiction définitive d'habiter ;

– à titre exceptionnel, des immeubles qui ne sont eux-mêmes ni insalubres, ni impropres à l'habitation, lorsque leur expropriation est indispensable à la démolition d'immeubles insalubres ou d'immeubles menaçant ruine, ainsi que des terrains où sont situés les immeubles déclarés insalubres ou menaçant ruine lorsque leur acquisition est nécessaire à la résorption de l'habitat insalubre, alors même qu'y seraient également implantés des bâtiments non insalubres ou ne menaçant pas ruine. »

Art. 14 *(Ord. no 2005-1566 du 15 déc. 2005, art. 10-II, 1o)* « Par dérogation aux dispositions du code de l'expropriation pour cause d'utilité publique, le préfet, par arrêté :

« Déclare d'utilité publique l'expropriation des immeubles, parties d'immeubles, installations et terrains, après avoir constaté, sauf dans les cas prévus au troisième alinéa de l'article 13, qu'ils ont été déclarés insalubres à titre irrémédiable en application de l'article L. 1331-25 ou de l'article L. 1331-28 du code de la santé publique » *(L. no 2006-872 du 13 juill. 2006, art. 44-IV-2o)* « , ou qui ont fait l'objet d'un arrêté de péril assorti d'une ordonnance de démolition ou d'une interdiction définitive d'habiter pris en application de l'article L. 511-2 du code de la construction et de l'habitation » *[;]*

Indique *(L. no 76-1285 du 31 déc. 1976, art. 83)* « la collectivité publique » *(L. no 2006-872 du 13 juill. 2006, art. 44-IV-2o)* « ou l'organisme » au profit de qui est poursuivie l'expropriation ;

Mentionne les offres de relogement faites obligatoirement aux occupants y compris les propriétaires, qu'il s'agisse d'un relogement durable ou d'un relogement d'attente avant l'offre d'un relogement définitif ;

Déclare cessibles lesdits immeubles bâtis, parties d'immeubles bâtis, installations et terrains visés dans l'arrêté ;

Fixe le montant de l'indemnité provisionnelle allouée aux propriétaires ainsi qu'aux titulaires de baux commerciaux, cette indemnité ne pouvant être inférieure à l'évaluation des domaines ;

Fixe la date à laquelle il pourra être pris possession après paiement ou, en cas d'obstacle au paiement, après consignation de l'indemnité provisionnelle. *(Ord. no 2005-1566 du 15 déc. 2005, art. 10-II-2o)* « Cette date doit être postérieure d'au moins un mois à la publication de l'arrêté déclaratif d'utilité publique, ce délai étant porté à deux mois dans les cas prévus au troisième alinéa de l'article 13 ; »

Fixe le montant de l'indemnité provisionnelle de déménagement pour le cas où celui-ci ne serait pas assuré par les soins de l'administration et, le cas échéant, le montant de l'indemnité de privation de jouissance.

L'arrêté prévu au présent article est publié au recueil des actes administratifs du département et affiché à la mairie du lieu de situation des biens. Il est notifié aux propriétaires *(Ord. nº 2005-1566 du 15 déc. 2005, art. 10-II-3º)* « , aux titulaires de droits réels immobiliers sur les locaux, de parts donnant droit à l'attribution ou à la jouissance en propriété des locaux et, en cas d'immeuble d'hébergement, à l'exploitant ».

Art. 15 Les terrains expropriés en application de l'article 14 peuvent être affectés, à titre précaire, à la construction de logements provisoires et de leurs annexes sans que la durée d'utilisation de ceux-ci puisse excéder huit ans à compter de l'ordonnance d'expropriation.

Art. 16 *Abrogé par Ord. nº 2005-1566 du 15 déc. 2005, art. 10-III.*

Art. 17 Dans le mois qui suit la prise de possession, le préfet est tenu de poursuivre la procédure d'expropriation dans les conditions prévues *(Ord. nº 2005-1566 du 15 déc. 2005, art. 10-IV)* « par le code de l'expropriation pour cause d'utilité publique ».

(L. nº 76-1285 du 31 déc. 1976, art. 83) « L'ordonnance d'expropriation ou la cession amiable consentie après l'intervention de l'arrêté prévu à l'article 14 de la présente loi produit les effets visés » *(Ord. nº 2005-1566 du 15 déc. 2005, art. 10-IV)* « à l'article L. 12-2 du code de l'expropriation pour cause d'utilité publique ».

Art. 18 *(Ord. nº 2005-1566 du 15 déc. 2005, art. 10-V)* L'indemnité d'expropriation est fixée selon la procédure prévue aux articles L. 13-1 à L. 13-12 du code de l'expropriation pour cause d'utilité publique et est calculée conformément aux dispositions des articles L. 13-14 à L. 13-20 du même code.

Toutefois, la valeur des biens est appréciée, compte tenu du caractère impropre à l'habitation des locaux et installations expropriés, à la valeur du terrain nu, déduction faite des frais entraînés par leur démolition.

(L. nº 2006-872 du 13 juill. 2006, art. 44-IV-3º) « Le deuxième alinéa n'est pas applicable au calcul de l'indemnité due aux propriétaires lorsqu'ils occupaient eux-mêmes les immeubles déclarés insalubres ou frappés d'un arrêté de péril au moins deux ans avant la notification de l'arrêté ainsi qu'aux propriétaires pour les immeubles qui ne sont ni insalubres, ni impropres à l'habitation, ni frappés d'un arrêté de péril. »

L'indemnité est réduite du montant des frais de relogement des occupants assuré, lorsque le propriétaire n'y a pas procédé, en application de l'article L. 521-3-2 du code de la construction et de l'habitation.

Aucune indemnisation à titre principal ou accessoire ne peut être accordée en dédommagement de la suppression d'un commerce portant sur l'utilisation comme habitation de terrains ou de locaux impropres à cet usage.

Art. 19 Le refus, par les occupants des locaux ou installations visés à l'arrêté prévu à l'article 14, du relogement qui leur est offert par l'expropriant, dans les conditions prévues *(Ord. nº 2005-1566 du 15 déc. 2005, art. 10-VI)* « à l'article L. 314-2 du code de l'urbanisme », permet leur expulsion sans indemnité.

Art. 20 *(Ord. nº 2012-576 du 26 avr. 2012, art. 9-II)* Pour l'application de la présente loi à Mayotte :

1º Au deuxième alinéa de l'article 13, les mots : "des articles L. 1331-25 et L. 1331-28 du code de la santé publique" sont remplacés par les mots : "de l'article L. 1331-28 du code de la santé publique" ;

2º Au deuxième alinéa de l'article 14, les mots : "de l'article L. 1331-25 ou" sont supprimés ;

3º Jusqu'à l'entrée en vigueur à Mayotte de l'article L. 12-2 du code de l'expropriation pour cause d'utilité publique, au deuxième alinéa de l'article 17 de la présente loi, les mots : “produit les effets visés à l’article L. 12-2 du code de l’expropriation pour cause d’utilité publique” sont remplacés par les dispositions suivantes :

“produit les effets suivants :

“*a)* L’ordonnance d’expropriation éteint, par elle-même et à sa date, tous droits réels ou personnels existant sur les immeubles expropriés ;

“*b)* Il en est de même des cessions amiables consenties après déclaration d’utilité publique et, lorsqu’il en est donné acte par ordonnance du juge de l’expropriation désigné, des cessions amiables antérieures à la déclaration d’utilité publique ;

“*c)* Les inscriptions de privilèges ou d’hypothèques éteints par application des dispositions mentionnées ci-dessus sont périmées à l’expiration d’un délai de six mois à compter du jour de la publication de l’ordonnance d’expropriation devenue irrévocable, de l’acte de cession amiable passé après déclaration d’utilité publique ou de l’ordonnance de donné acte d’une vente antérieure à la déclaration d’utilité publique. Cette péremption ne pourra être constatée à la publicité foncière que sur justification, par tout intéressé, du caractère irrévocable ou définitif des procédures susvisées emportant extinction des droits réels ou personnels existant sur les immeubles expropriés ;

“*d)* Les dispositions du présent article sont applicables aux acquisitions réalisées dans les conditions prévues aux articles L. 123-17 et L. 213-5 du code de l’urbanisme.” ;

4o Jusqu’à l’entrée en vigueur à Mayotte des articles L. 13-1 à L. 13-20 du code de l’expropriation pour cause d’utilité publique, le premier alinéa de l’article 18 de la loi précitée est remplacé par l’alinéa suivant :

“L’indemnité d’expropriation est fixée selon la procédure et calculée conformément aux règles applicables localement.”

Loi no 2009-967 du 3 août 2009,

Relative à la mise en œuvre du Grenelle de l’environnement.

....

TITRE III **Prévention des risques pour l’environnement et la santé, prévention des déchets**

....

CHAPITRE PREMIER *L’environnement et la santé*

....

Art. 40 La lutte contre la pollution de l’air intérieur et extérieur sera renforcée sur la base des polluants visés par l’Organisation mondiale de la santé.

En ce qui concerne l’air extérieur, le plan de réduction des particules appliquera la directive 2008/50/CE du Parlement européen et du Conseil, du 21 mai 2008, concernant la qualité de l’air ambiant et un air pur pour l’Europe, et visera si possible un objectif de 10 microgrammes par mètre cube de particules fines inférieures à 2,5 micromètres. Il pourrait retenir 15 microgrammes par mètre cube comme valeur cible en 2010 et comme valeur limite à partir de 2015. Dans les zones urbaines et dans certains sites en dehors de celles-ci où ces seuils ne sont pas atteignables à ces échéances, une dérogation pourrait permettre d’appliquer les seuils respectivement de 20 et 25 microgrammes par mètre cube.

En ce qui concerne l’air intérieur, il est prévu de soumettre les produits de construction et d’ameublement ainsi que les revêtements muraux et de sol, les peintures et vernis et l’ensemble des produits ayant pour objet ou pour effet d’émettre des substances dans l’air ambiant à un étiquetage obligatoire à partir du 1er janvier 2012, notamment sur leurs émissions et contenus en polluants volatils, et d’interdire dans ces produits les substances classées cancérogènes, mutagènes ou toxiques pour la reproduction de catégories 1 et 2 (CMR 1 et CMR 2) au sens de la réglementation européenne. Dans un délai d’un an à compter de la publication de la présente loi, l'État publiera une étude sur la nécessité d'étendre ces mesures à d'autres catégories de produits de grande consommation susceptibles de polluer l'air intérieur dans les domiciles ou les lieux publics clos, tels que les produits d'entretien ou ayant pour fonction d'émettre des substances volatiles dans l'air ambiant. Des systèmes de mesure et d'information sur la qualité de l'air intérieur seront mis en place dans les établissements recevant des populations vulnérables ou du public.

Enfin, la présence simultanée de polluants et d'allergènes pouvant induire des effets synergiques, la création, dans chaque département, de postes de conseillers en environnement intérieur chargés d'identifier les diverses sources d'allergènes et de polluants au domicile de personnes affectées sera mise à l'étude. *[...]*

Code de l'environnement

PREMIÈRE PARTIE : ***LÉGISLATIVE***

LIVRE DEUXIÈME **Milieux physiques**

TITRE DEUXIÈME **Air et atmosphère**

CHAPITRE PREMIER ***Surveillance de la qualité de l'air et information du public***

SECTION III ***Qualité de l'air intérieur***

(L. nº 2010-788 du 12 juill. 2010, art. 180-I-2º)

Art. L. 221-7 L'État coordonne les travaux d'identification des facteurs de pollution ainsi que l'évaluation des expositions et des risques sanitaires relatifs à la qualité de l'air dans les environnements clos. Il élabore les mesures de prévention et de gestion destinées à réduire l'ampleur et les effets de cette pollution. Il informe le public des connaissances et travaux relatifs à cette pollution.

Art. L. 221-8 Une surveillance de la qualité de l'air intérieur est obligatoire pour le propriétaire ou l'exploitant de certains établissements recevant du public déterminés par décret en Conseil d'État *[V. art. R. 221-30-II]* lorsque la configuration des locaux ou la nature du public le justifie. La mise en œuvre de cette surveillance et la mise à disposition de ses résultats auprès du public sont assurées à leurs frais par les propriétaires ou les exploitants de ces espaces clos qui, lorsqu'ils en sont membres, peuvent notamment s'appuyer sur les organismes agréés prévus à l'article L. 221-3. Ce décret fixe en outre :

1º Les conditions de réalisation de cette surveillance et les conditions auxquelles doivent répondre les personnes et organismes qui sont chargés des mesures de surveillance *[V. art. R. 221-30-III]* ;

2º Les conditions dans lesquelles le représentant de l'État dans le département est tenu informé des résultats *[V. art. R. 221-30-III, R. 221-35 et R. 221-36]* et peut, le cas échéant, prescrire au propriétaire ou à l'exploitant concerné, et à leurs frais, la réalisation des expertises nécessaires à l'identification de la pollution ou à la préconisation de mesures correctives.

La liste des polluants de l'air intérieur qui font l'objet de cette surveillance et les méthodes de prélèvements et d'analyses à employer sont fixées par décret.

Art. L. 221-9 1. Une définition des éco-matériaux est adoptée. Leurs caractéristiques techniques environnementales et sanitaires sont évaluées selon des modalités identiques à celles en vigueur pour les produits revendiquant les mêmes usages.

2. Un cadre de certification des éco-matériaux est mis en place dans les instances existantes habilitées à certifier des produits revendiquant les mêmes usages.

Art. L. 221-10 Les produits de construction et d'ameublement ainsi que les revêtements muraux et de sol, les peintures et vernis qui émettent des substances dans l'air ambiant sont soumis à une obligation d'étiquetage des polluants volatils à partir du 1er janvier 2012.

Un décret en Conseil d'État précise la liste des produits concernés par cet étiquetage. – *V. art. R. 221-22 s.*

DEUXIÈME PARTIE : ***RÉGLEMENTAIRE***

LIVRE DEUXIÈME **Milieux physiques**

TITRE DEUXIÈME **Air et atmosphère**

CHAPITRE PREMIER ***Surveillance de la qualité de l'air et information du public***

SECTION V ***Qualité de l'air intérieur***

(Décr. no 2011-321 du 23 mars 2011, art. 1er, en vigueur le 1er janv. 2012)

Les dispositions du présent décret s'appliquent à compter du 1er janv. 2012. Toutefois, elles s'appliquent à compter du 1er sept. 2013 aux produits mis à disposition sur le marché avant cette date (Décr. no 2011-321 du 23 mars 2011, art. 3, JO 25 mars).

SOUS-SECTION 1 *Étiquetage des produits de construction ou de revêtement de mur ou de sol et des peintures et vernis sur leurs émissions de polluants volatils*

(Décr. no 2011-321 du 23 mars 2011, art. 1er, en vigueur le 1er janv. 2012)

Art. R. 221-22 *(Décr. no 2011-321 du 23 mars 2011, art. 1er, en vigueur le 1er janv. 2012)* Au sens de la présente sous-section, on entend par :

– "produits de construction" : les produits définis au premier alinéa de l'article 1er du décret no 92-647 du 8 juillet 1992 concernant l'aptitude à l'usage des produits de construction ;

– "polluant volatil" : substance susceptible d'avoir des effets nocifs sur la santé humaine et qui se trouve en phase gazeuse dans l'air intérieur dans des conditions normales de température et de pression atmosphérique ;

– "mise à disposition sur le marché" : fourniture d'un produit destiné à être distribué sur le marché dans le cadre d'une activité commerciale à titre onéreux ou gratuit. Ne sont pas mis à disposition sur le marché les produits fabriqués sur chantier ainsi que les produits incorporés directement par le fabricant.

Nouvel art. R. 221-22 (Décr. no 2011-321 du 23 mars 2011, art. 1er, en vigueur le 1er janv. 2012) *Au sens de la présente sous-section, on entend par :*

(Décr. no 2012-1489 du 27 déc. 2012, art. 6-I, en vigueur le 1er juill. 2013) *« – "produits de construction" : les produits définis à l'article 2 du règlement (UE) no 305/2011 du Parlement européen et du Conseil du 9 mars 2011 établissant des conditions harmonisées de commercialisation pour les produits de construction et abrogeant la directive 89/106/CEE du Conseil ; »*

– "polluant volatil" : substance susceptible d'avoir des effets nocifs sur la santé humaine et qui se trouve en phase gazeuse dans l'air intérieur dans des conditions normales de température et de pression atmosphérique ;

– "mise à disposition sur le marché" : fourniture d'un produit destiné à être distribué sur le marché dans le cadre d'une activité commerciale à titre onéreux ou gratuit. Ne sont pas mis à disposition sur le marché les produits fabriqués sur chantier ainsi que les produits incorporés directement par le fabricant.

Art. R. 221-23 *(Décr. no 2011-321 du 23 mars 2011, art. 1er, en vigueur le 1er janv. 2012)* Les dispositions de la présente sous-section s'appliquent aux produits suivants lorsqu'ils sont destinés, exclusivement ou non, à un usage intérieur :

revêtements de sol, mur ou plafond ;

cloisons et faux plafonds ;

produits d'isolation ;

portes et fenêtres ;

produits destinés à la pose ou à la préparation des produits mentionnés au présent article.

Elles ne s'appliquent pas aux produits composés exclusivement de verre non traité ou de métal non traité, ni aux produits de serrure, ferrure ou de visserie.

Art. R. 221-24 *(Décr. nº 2011-321 du 23 mars 2011, art. 1er, en vigueur le 1er janv. 2012)* Les produits mentionnés à l'article R. 221-23 ne peuvent être mis à disposition sur le marché que s'ils sont accompagnés d'une étiquette, placée sur le produit ou son emballage, indiquant les caractéristiques d'émission en polluants volatils du produit une fois incorporé dans l'ouvrage ou appliqué sur une surface.

Les mentions de l'étiquette sont rédigées de manière facilement compréhensible, en langue française et sans autres abréviations que celles prévues par la réglementation ou les conventions internationales. Elles peuvent figurer dans une ou plusieurs autres langues.

Art. R. 221-25 *(Décr. nº 2011-321 du 23 mars 2011, art. 1er, en vigueur le 1er janv. 2012)* Les dispositions de la présente sous-section ne font pas obstacle à la commercialisation des produits légalement fabriqués ou commercialisés dans un autre État membre de l'Union européenne ou en Turquie, ou légalement fabriqués dans un État partie à l'accord instituant l'Espace économique européen, dans la mesure où ceux-ci sont accompagnés d'une information équivalente à celle exigée par le présent décret concernant les caractéristiques d'émissions en polluants volatils du produit une fois incorporé dans l'ouvrage ou appliqué sur une surface.

Art. R. 221-26 *(Décr. nº 2011-321 du 23 mars 2011, art. 1er, en vigueur le 1er janv. 2012)* Un arrêté des ministres chargés de la construction, du logement, de l'environnement, de la santé et de l'industrie précise les modalités de présentation de l'étiquette. Il définit notamment des classes en fonction des niveaux d'émission en polluants volatils du produit. – *V. Arr. du 19 avr. 2011 relatif à l'étiquetage des produits de construction ou de revêtement de mur ou de sol et des peintures et vernis sur leurs émissions de polluants volatils (JO 13 mai), mod. par Arr. du 20 févr. 2012 (JO 26 févr.).*

Art. R. 221-27 *(Décr. nº 2011-321 du 23 mars 2011, art. 1er, en vigueur le 1er janv. 2012)* L'arrêté mentionné à l'article *[R.]* 221-26 établit la liste des polluants volatils devant être pris en compte pour caractériser l'émission du produit.

Cette liste est déterminée, parmi les polluants visés par l'Organisation mondiale de la santé, sur la base de leurs risques de toxicité par inhalation et de leur fréquence d'occurrence dans les bâtiments.

L'arrêté définit pour chaque polluant volatil les seuils correspondants *[correspondant]* à la définition des classes.

Art. R. 221-28 *(Décr. nº 2011-321 du 23 mars 2011, art. 1er, en vigueur le 1er janv. 2012)* La personne physique ou morale responsable de la mise à disposition sur le marché est responsable des informations figurant sur les étiquettes.

Elle tient à la disposition des agents chargés du contrôle une description générale du produit, des méthodes ainsi que les documents par lesquels il justifie les performances déclarées.

SOUS-SECTION 2 *Valeurs-guides pour l'air intérieur*

(Décr. nº 2011-1727 du 2 déc. 2011)

Art. R. 221-29 I. – Les valeurs-guides pour l'air intérieur mentionnées à l'article L. 221-1 sont fixées au tableau annexé au présent article.

II. – Au sens du présent titre, on entend par : "valeur-guide pour l'air intérieur" un niveau de concentration de polluants dans l'air intérieur fixé, pour un espace clos donné, dans le but d'éviter, de prévenir ou de réduire les effets nocifs sur la santé humaine, à atteindre, dans la mesure du possible, dans un délai donné.

Annexe de l'article R. 221-29

SUBSTANCE	CHEMICAL ABSTRACTS Service (CAS)	VALEUR-GUIDE POUR L'AIR INTÉRIEUR	
Formaldéhyde	50-00-0	30 μg/ m³ pour une exposition de longue durée à compter du 1er janvier 2015	10 μg/ m³ pour une exposition de longue durée à compter du 1er janvier 2023
Benzène	71-43-2	5 μg/ m³ pour une exposition de longue durée à compter du 1er janvier 2013	2 μg/ m³ pour une exposition de longue durée à compter du 1er janvier 2016

SOUS-SECTION 3 *Surveillance de la qualité de l'air intérieur dans certains établissements recevant du public*

(Décr. no 2011-1728 du 2 déc. 2011, art. 1er)

Art. R. 221-30 I. — Les propriétaires, ou, si une convention le prévoit, l'exploitant des établissements publics ou privés appartenant à l'une des catégories mentionnées au II sont tenus de faire procéder, à leurs frais, à une surveillance de la qualité de l'air à l'intérieur des locaux de leur établissement. Cette surveillance est à renouveler dans les sept ans suivant la réception des résultats de mesure de la précédente campagne de surveillance, sauf lorsqu'au *[lorsque au]* moins pour un polluant mesuré le résultat des analyses effectuées dépasse les valeurs fixées par le décret prévu au III. Dans ce dernier cas, la surveillance de l'établissement est à renouveler dans un délai de deux ans.

A défaut que le ou les propriétaires mentionnés au présent article aient pu être identifiés, les obligations leur incombant en application des dispositions de la présente sous-section sont à la charge du ou des exploitants des locaux.

II. — Les catégories d'établissements concernées par cette obligation sont les suivantes :

1o Les établissements d'accueil collectif d'enfants de moins de six ans ;

2o Les accueils de loisirs mentionnés au 1o du II de l'article R. 227-1 du code de l'action sociale et des familles ;

3o Les établissements d'enseignement ou de formation professionnelle du premier et du second degré ;

4o Les structures sociales et médico-sociales rattachées aux établissements de santé visés à l'article L. 6111-1 du code de la santé publique, ainsi que les structures de soins de longue durée de ces établissements ;

5o Les établissements mentionnés aux 1o, 2o, 4o, 6o, 7o, 12o du I de l'article L. 312-1 du code de l'action sociale et des familles ;

6o Les établissements pénitentiaires pour mineurs, quartiers des mineurs des maisons d'arrêt ou des établissements pour peines mentionnés à l'article R. 57-9-9 du code de procédure pénale ;

7o Les établissements d'activités physiques et sportives couverts dans lesquels sont pratiquées des activités aquatiques, de baignade ou de natation.

Sont exclus les locaux à pollution spécifique visés à l'article R. 4222-3 du code du travail.

III. — La surveillance de la qualité de l'air intérieur comporte une évaluation des moyens d'aération des bâtiments et une campagne de mesure de polluants.

Pour chaque catégorie d'établissement *[établissements]*, sont fixés par décret :

1o Le contenu de l'évaluation des moyens d'aération et ses modalités de réalisation ;

2o Les valeurs au-delà desquelles des investigations complémentaires doivent être menées par le propriétaire ou, le cas échéant, l'exploitant de l'établissement et au-delà desquelles le préfet du département du lieu d'implantation de l'établissement doit être informé des résultats.

Art. R. 221-31 L'évaluation mentionnée au III de l'article R. 221-30 et les prélèvements et les analyses mentionnés à l'article L. 221-8 sont réalisés par des organismes accrédités répondant aux exigences définies par un arrêté des ministres chargés de l'environnement, de la santé et de la construction. — *V. Arr. du 24 févr. 2012 (JO 13 mars).*

Art. R. 221-32 Le rapport d'évaluation des moyens d'aération des bâtiments est transmis dans un délai de trente jours au propriétaire ou, le cas échéant, à l'exploitant de l'établissement.

Le rapport d'analyse des polluants est transmis dans un délai de soixante jours au propriétaire ou, le cas échéant, à l'exploitant de l'établissement. Ce rapport est assorti d'une information sur les valeurs-guides mentionnées à l'article R. 221-29 et sur les valeurs fixées par le décret prévu au III de l'article R. 221-30.

Art. R. 221-33 Le propriétaire ou, le cas échéant, l'exploitant d'un établissement mentionné à l'article R. 221-30 informe les personnes qui fréquentent l'établissement, dans un délai de trente jours après la réception du dernier document, des résultats de l'évaluation des moyens d'aération et des mesures réalisées à l'intérieur de l établissement, mises en regard des valeurs-guides mentionnées à l'article R. 221-29 et des valeurs fixées par le décret prévu au III de l'article R. 221-30.

Un arrêté des ministres chargés de l'environnement, de la santé et de la construction précise les modalités de diffusion de cette information.

Art. R. 221-34 Les deux derniers rapports d'évaluation des moyens d'aération et d'analyse des mesures de polluants mentionnés à l'article R. 221-32 doivent être conservés par le propriétaire ou, le cas échéant, l'exploitant de l'établissement et tenus à la disposition des agents mentionnés à l'article L. 226-2 du présent code et à l'article L. 1312-1 du code de la santé publique.

Art. R. 221-35 Les organismes accrédités mentionnés à l'article R. 221-31 tiennent à la disposition du préfet du département du lieu d'implantation de l'établissement et de l'agence régionale de santé les résultats des mesures réalisées en application de l'article R. 221-30. Lorsqu'au *[Lorsque au]* moins pour un polluant mesuré le résultat des analyses effectuées dépasse les valeurs fixées par le décret prévu au III de l'article R. 221-30, les organismes ayant effectué les prélèvements informent le préfet du département du lieu d'implantation de l'établissement dans un délai de quizne *[quinze]* jours après réception des résultats d'analyse.

Un arrêté des ministres chargés de l'environnement, de la santé et de la construction précise les modalités d'application de cet article.

Art. R. 221-36 Lorsqu'au *[Lorsque au]*moins pour un polluant mesuré le résultat des analyses effectuées dépasse les valeurs fixées par le décret prévu au III de l'article R. 221-30, le propriétaire ou, le cas échéant, l'exploitant de l'établissement concerné engage à ses frais toute expertise nécessaire pour identifier les causes de présence de pollution dans l'établissement et fournir les éléments nécessaires au choix de mesures correctives pérennes et adaptées à la pollution. Le délai de réalisation de cette expertise est défini par arrêté des ministres chargés de l'environnement, de la santé et de la construction. Dans tous les cas, le préfet du département du lieu d'implantation de l'établissement concerné est informé dans un délai de 15 jours après leur réception par le propriétaire ou, le cas échéant, l'exploitant de l'établissement concerné, des résultats de cette expertise.

En cas de non-réalisation de cette expertise, le préfet peut en prescrire la réalisation aux frais du propriétaire ou, le cas échéant, de l'exploitant.

Art. R. 221-37 La surveillance périodique des établissements visés au II de l'article R. 221-30 est réalisée :

1° Avant le 1er janvier 2015 pour les établissements d'accueil collectif d'enfants de moins de six ans et les écoles maternelles ;

2° Avant le 1er janvier 2018 pour les écoles élémentaires ;

3° Avant le 1er janvier 2020 pour les accueils de loisirs visés au 2° du II de l'article R. 221-30 et les établissements d'enseignement ou de formation professionnelle du second degré ;

4° Avant le 1er janvier 2023 pour les autres établissements.

Pour les établissements ouverts au public après ces dates, la première surveillance périodique devra être effectuée au plus tard au 31 décembre de l'année civile suivant l'ouverture de l'établissement.

Loi no 2011-725 du 23 juin 2011,

Portant dispositions particulières relatives aux quartiers d'habitat informel et à la lutte contre l'habitat indigne dans les départements et régions d'outre-mer.

....

SECTION II *Dispositions particulières relatives à la lutte contre l'habitat indigne dans les départements et régions d'outre-mer*

....

Art. 9 I. – Dans les secteurs d'habitat informel tels que définis au deuxième alinéa du *g* de l'article 4 de la loi no 90-449 du 31 mai 1990 visant à la mise en œuvre du droit au logement *[V. ce texte, App., vo Droit au logement]*, le représentant de l'État dans le département peut, à l'intérieur d'un périmètre qu'il définit et qui fait l'objet d'un projet global d'aménagement et d'assainissement établi par délibération du conseil municipal ou, le cas échéant, de l'organe délibérant de l'établissement public de coopération intercommunale compétent en matière d'habitat, déclarer par arrêté l'insalubrité des locaux, ensembles de locaux, installations ou terrains, utilisés aux fins d'habitation mais impropres à cet objet pour des raisons d'hygiène, de salubrité ou de sécurité.

A l'intérieur du périmètre mentionné au premier alinéa, il peut, dans un délai qu'il fixe, ordonner la démolition et interdire à l'habitation les locaux et installations qu'il a désignés. Il prescrit toutes mesures nécessaires pour en empêcher l'accès et l'usage au fur et à mesure de leur évacuation. Ces mesures peuvent être exécutées d'office après avertissement de la personne à l'origine de l'édification des locaux en cause ou de la personne qui a mis le terrain à disposition aux fins d'habitation. L'avertissement est effectué par affichage sur la façade des bâtiments concernés. Les mêmes mesures peuvent être décidées à tout moment par le maire au nom de l'État et exécutées d'office.

A l'intérieur du même périmètre, il peut également désigner, au vu d'une appréciation sommaire de leur état, les locaux, ensembles de locaux et installations pouvant être conservés ou améliorés. Il peut prescrire les travaux d'amélioration de l'habitat à effectuer dans un délai qu'il fixe, en tenant compte du projet global d'aménagement et d'assainissement mentionné au premier alinéa.

La réalisation des travaux d'amélioration mis à la charge des personnes occupant des locaux à usage d'habitation sans droit ni titre sur le terrain d'assiette, les donnant à bail ou les exploitant n'ouvre aucun droit à leur profit, sous réserve de l'application de l'article 555 du code civil.

II. – L'arrêté du représentant de l'État dans le département est pris sur le rapport de l'agence régionale de santé ou, par application du dernier alinéa de l'article L. 1422-1 du code de la santé publique, du service communal d'hygiène et de santé, après avis de la commission départementale compétente en matière d'environnement, de risques sanitaires et technologiques à laquelle le maire ou, le cas échéant, le président de l'établissement public de coopération intercommunale compétent en matière d'habitat est invité à présenter ses observations et après délibération du conseil municipal ou, le cas échéant, de l'organe délibérant de l'établissement public compétent portant sur le projet d'aménagement et d'assainissement mentionné au premier alinéa du I du présent article.

L'arrêté du représentant de l'État dans le département est affiché à la mairie de la commune et fait l'objet d'une publicité dans au moins un journal diffusé localement. Il est publié au recueil des actes administratifs du département.

III. – Pour les locaux ou terrains donnés à bail et inclus dans le périmètre défini par le représentant de l'État dans le département, les loyers ou toute autre somme versée en contrepartie de l'occupation aux fins d'habitation ne sont plus dus par les occupants à compter du premier jour du mois suivant l'affichage de l'arrêté à la mairie du lieu de situation des biens jusqu'à leur relogement définitif ou l'affichage à la mairie de l'attestation des services sanitaires ou du maire constatant l'exécution des travaux. Le présent alinéa n'est pas applicable aux locaux d'habitation inclus dans le périmètre et donnés à bail ne faisant l'objet d'aucune prescription particulière.

Les locaux et terrains vacants ne peuvent être donnés à bail ni utilisés à quelque usage que ce soit avant la délivrance de l'attestation mentionnée au premier alinéa.

Lorsque l'état des locaux ou la nature des travaux prescrits impose un hébergement temporaire des occupants, celui-ci est assuré par la personne publique à l'initiative du projet d'aménagement et d'assainissement ou par son concessionnaire.

Le relogement des occupants de bonne foi des locaux ou terrains faisant l'objet d'une interdiction définitive d'habiter est à la charge de la personne les ayant donnés à bail. En cas de défaillance de cette personne, le relogement ou l'hébergement d'urgence des occupants est assuré par la personne publique à l'initiative du projet d'aménagement et d'assainissement ou par son concessionnaire. L'offre de relogement peut être constituée par une proposition d'accession sociale à la propriété compatible avec les ressources des occupants.

Lorsque la personne tenue au relogement n'a pas proposé aux occupants, dans le délai fixé par le représentant de l'État dans le département, un relogement dans un logement décent répondant à leurs ressources et à leurs besoins, elle est redevable à la personne publique qui a assuré le relogement ou à son concessionnaire d'une indemnité d'un montant correspondant à six mois du nouveau loyer ou à six fois le coût de l'hébergement de chaque ménage.

IV. — Lorsque la personne tenue d'effectuer les travaux de démolition prescrits par l'arrêté du représentant de l'État dans le département n'y a pas procédé, le représentant de l'État dans le département, ou le maire au nom de l'État, après mise en demeure restée infructueuse, les fait exécuter d'office aux frais de la personne défaillante sur ordonnance du juge statuant en la forme des référés rendue à la demande de l'autorité administrative. Si l'adresse actuelle du propriétaire est inconnue ou si ce dernier ne peut être identifié, la saisine du juge n'est pas requise. Elle n'est pas non plus requise lorsque le propriétaire du terrain a donné son accord à la démolition des locaux en cause.

Lorsque la personne tenue d'effectuer les travaux de réparation prescrits par l'arrêté du représentant de l'État dans le département ne les a pas exécutés dans le délai fixé, l'autorité administrative lui adresse une mise en demeure d'y procéder dans un délai qu'il fixe. Si cette personne donne les lieux à bail, l'autorité administrative peut assortir cette mise en demeure d'une astreinte journalière d'un montant compris entre 30 et 300 € qui court à compter de la réception de la mise en demeure jusqu'à complète exécution des mesures prescrites, attestée par les services sanitaires ou par le maire.

Lors de la liquidation de l'astreinte, le total des sommes demandées ne peut être supérieur au montant prévu au I de l'article 13. L'autorité administrative peut consentir une remise ou un reversement partiel ou total du produit de l'astreinte lorsque les travaux prescrits par l'arrêté ont été exécutés et que le redevable peut justifier qu'il n'a pu respecter le délai imposé pour l'exécution totale de ses obligations.

Si après mise en demeure les travaux n'ont pas été exécutés, l'autorité administrative prononce l'interdiction définitive d'habiter les lieux et ordonne la démolition de la construction concernée et, le cas échéant, la fait exécuter d'office aux frais de la personne défaillante. Si la mise en demeure a été accompagnée d'une astreinte journalière, le montant de celle-ci est inclus dans la créance correspondant aux frais de démolition.

Les premier et quatrième alinéas du présent IV ne font pas obstacle à l'application de l'article L. 1331-29 du code de la santé publique lorsque les locaux déclarés insalubres ont été édifiés par une personne titulaire de droits réels sur le terrain d'assiette.

Le bailleur est tenu d'assurer le relogement des occupants ou d'y contribuer selon les dispositions des deux derniers alinéas du III du présent article. En cas de défaillance du bailleur, le relogement des occupants est assuré selon les dispositions de l'avant-dernier alinéa du même III.

En cas de démolition des locaux à usage d'habitation des occupants à l'origine de leur édification, le relogement de ces personnes est effectué par la personne publique ou le concessionnaire de l'opération d'aménagement ou d'assainissement intéressant le périmètre concerné.

V. – Le recouvrement des créances relatives à la démolition et à l'obligation de relogement est effectué comme en matière de contributions directes.

VI. – Le présent article ne fait pas obstacle à l'application de l'article L. 1331-25 du code de la santé publique.

VII. – Lorsque l'assainissement du périmètre délimité par l'arrêté du représentant de l'État dans le département nécessite l'expropriation des terrains d'assiette des locaux utilisés aux fins d'habitation, celle-ci peut être conduite selon les dispositions des articles 13, 14, 15, 17 et 19 de la loi n° 70-612 du 10 juillet 1970 tendant à faciliter la suppression de l'habitat insalubre *[V. ce texte, App., v° Salubrité]*.

L'indemnité d'expropriation du propriétaire est calculée sur la valeur du terrain sans qu'il soit tenu compte de celle des locaux et installations à usage d'habitation édifiés par des personnes non titulaires de droits réels sur ce terrain.

Art. 10 I. – Lorsque l'état de locaux à usage d'habitation constitue un danger pour la santé ou la sécurité des occupants ou des voisins, le représentant de l'État dans le département, sur rapport motivé de l'agence régionale de santé ou du service communal d'hygiène et de santé par application du dernier alinéa de l'article L. 1422-1 du code de la santé publique, peut mettre en demeure par arrêté la personne qui, sans être titulaire de droits réels immobiliers sur l'immeuble concerné, a mis ces locaux à disposition aux fins d'habitation, à titre gratuit ou onéreux, de prendre les mesures propres à faire cesser ce danger et, le cas échéant, les interdire à l'habitation, dans des délais qu'il fixe.

Il peut ordonner la démolition des locaux si, après évaluation sommaire, des travaux de réparation apparaissent insuffisants pour assurer la salubrité ou la sécurité des occupants ou des voisins.

Il prescrit toutes mesures nécessaires pour empêcher l'accès et l'usage des locaux visés dans l'arrêté, au fur et à mesure de leur évacuation. Ces mesures peuvent être exécutées d'office après avertissement de la personne à l'origine de l'édification des locaux en cause. L'avertissement est effectué par affichage sur la façade du bâtiment concerné. Les mêmes mesures peuvent être décidées à tout moment par le maire au nom de l'État et exécutées d'office.

II. – L'arrêté du représentant de l'État dans le département est pris après avis de la commission départementale compétente en matière d'environnement, de risques sanitaires et technologiques. Le propriétaire du terrain, tel qu'il apparaît au fichier immobilier, la personne qui a mis les locaux concernés à disposition aux fins d'habitation et les occupants sont avisés de la date de réunion de la commission soit personnellement, soit, à défaut de connaître leur adresse actuelle ou de pouvoir les identifier, par affichage à la mairie de la commune ainsi que sur la façade du bâtiment concerné. Les personnes visées au présent alinéa sont entendues, à leur demande, par la commission précitée.

L'arrêté du représentant de l'État dans le département est notifié à la personne qui a mis ces locaux à disposition. Il est également notifié aux propriétaires et titulaires de droits réels tels qu'ils figurent au fichier immobilier ou, à Mayotte, au livre foncier. Il est affiché à la mairie de la commune ainsi que sur la façade du bâtiment concerné. A défaut de connaître l'adresse actuelle des personnes visées ou de pouvoir les identifier, la notification les concernant est valablement effectuée par l'affichage prévu au présent alinéa.

L'arrêté du représentant de l'État dans le département constatant l'exécution des travaux fait l'objet des notifications et mesures de publicité précisées au deuxième alinéa du présent II.

III. – A compter du premier jour du mois suivant les mesures de publicité prévues au deuxième alinéa du II, le loyer ou toute autre somme versée en contrepartie de l'occupation aux fins d'habitation cesse d'être dû jusqu'à l'affichage à la mairie de l'arrêté du représentant de l'État dans le département constatant l'exécution des travaux ou jusqu'au relogement définitif des occupants.

Les quatre derniers alinéas du III de l'article 9 sont applicables.

IV. – Lorsque la personne tenue d'effectuer les travaux de réparation ou de démolition prescrits par le représentant de l'État dans le département en application du I du présent article n'y a pas procédé, il est fait application du IV de l'article 9.

V. – Le V du même article 9 est applicable.

VI. – Le présent article ne fait pas obstacle à l'application des articles L. 1331-22 et suivants du code de la santé publique.

VII. – Lorsque la résorption de l'habitat insalubre ayant fait l'objet d'un arrêté du représentant de l'État dans le département pris en application du I du présent article nécessite l'expropriation du terrain d'assiette, le VII de l'article 9 est applicable.

VIII. – La réalisation des mesures prescrites en application du I du présent article, mises à la charge des personnes qui, sans droit ni titre sur le terrain d'assiette du bâtiment concerné, ont mis ces locaux à disposition aux fins d'habitation, n'ouvre aucun droit à leur profit, sous réserve de l'application de l'article 555 du code civil.

Art. 11 I. – Lorsque des bâtiments ou édifices quelconques édifiés par des personnes non titulaires de droits réels immobiliers sur le terrain d'assiette menacent ruine et pourraient, par leur effondrement, compromettre la sécurité ou lorsque, d'une façon générale, ils n'offrent pas les garanties de solidité nécessaires au maintien de la sécurité publique, le maire peut, après avertissement et sur rapport motivé, mettre en demeure par arrêté la personne qui a édifié ou fait édifier la construction de prendre les mesures propres à faire cesser ce danger dans un délai qu'il fixe. Il peut ordonner la démolition du bâtiment si, après évaluation sommaire, des travaux de réparation apparaissent insuffisants pour assurer la sécurité publique.

Si tout ou partie de ces bâtiments est utilisé aux fins d'habitation ou occupé à d'autres fins, il peut les interdire à l'habitation ou à toute autre utilisation dans un délai qu'il fixe.

Toutefois, si l'état du bâtiment fait courir un péril imminent, le maire ordonne par arrêté les mesures provisoires indispensables pour écarter ce péril et peut notamment faire évacuer les lieux.

Le maire peut prescrire toutes mesures nécessaires pour empêcher l'accès et l'usage des bâtiments visés dans l'arrêté pris en application des premier ou troisième alinéas du présent I, au fur et à mesure de leur évacuation. Ces mesures peuvent être exécutées d'office après avertissement de la personne à l'origine de l'édification de la construction.

L'avertissement prévu aux premier et quatrième alinéas est effectué par affichage sur la façade du bâtiment concerné.

L'arrêté du maire pris en application des premier ou troisième alinéas est notifié à la personne visée au premier alinéa. Il est également notifié aux propriétaires et titulaires de droits réels, tels qu'ils figurent au fichier immobilier ou, à Mayotte, au livre foncier, sauf dans le cas où le terrain appartient à la commune. Il est affiché à la mairie de la commune ainsi que sur la façade du bâtiment concerné. A défaut de connaître l'adresse actuelle de ces personnes ou de pouvoir les identifier, la notification les concernant est valablement effectuée par les affichages prévus au présent alinéa.

Lorsque les travaux de réparation ou de démolition sont exécutés, le maire en prend acte par arrêté. Le sixième alinéa est applicable à cet arrêté.

II. – Lorsque les locaux frappés d'un arrêté de péril du maire sont donnés à bail aux fins d'habitation, le loyer ou toute autre somme versée en contrepartie de l'occupation cesse d'être dû à compter du premier jour du mois qui suit les mesures de publicité prévues au sixième alinéa du I jusqu'à l'affichage de l'arrêté du maire constatant l'exécution des travaux ou jusqu'au relogement définitif des occupants.

La personne qui a mis à disposition tout ou partie des bâtiments à usage d'habitation dont la démolition a été ordonnée par arrêté du maire est tenue d'assurer le relogement des occupants de bonne foi ou de contribuer à son coût dans les conditions prévues au dernier alinéa du III de l'article 9. En cas de défaillance de cette personne, le relogement ou l'hébergement d'urgence des occupants est assuré par le maire.

En cas de démolition des locaux à usage d'habitation des occupants à l'origine de leur édification, le relogement de ces personnes est effectué par le maire.

Les bâtiments vacants frappés d'un arrêté du maire pris en application des premier ou troisième alinéas du I du présent article ne peuvent être donnés à bail, ni utilisés à quelque usage que ce soit avant l'affichage à la mairie de l'arrêté mentionné au dernier alinéa du même I.

Lorsque les bâtiments concernés sont situés dans une opération d'aménagement au sens de l'article L. 300-1 du code de l'urbanisme, la personne publique à l'initiative de l'opération ou son concessionnaire prend les dispositions nécessaires au relogement, temporaire ou définitif, des occupants.

L'offre de relogement peut être constituée par une proposition d'accession sociale à la propriété compatible avec les ressources des occupants.

III. – Lorsque la personne tenue d'effectuer les travaux de démolition prescrits par l'arrêté du maire n'y a pas procédé, le maire, après mise en demeure restée infructueuse, les fait exécuter d'office aux frais de la personne défaillante sur ordonnance du juge statuant en la forme des référés rendue à la demande du maire. Si l'adresse actuelle du propriétaire est inconnue ou si celui-ci ne peut être identifié, la saisine du juge n'est pas requise. Elle n'est pas non plus requise lorsque le propriétaire du terrain a donné son accord à la démolition des locaux en cause.

Lorsque la personne tenue d'effectuer les travaux de réparation prescrits par l'arrêté du maire ne les a pas exécutés dans le délai fixé, le maire lui adresse une mise en demeure d'y procéder dans un délai qu'il fixe.

Lorsque les bâtiments concernés sont à usage principal d'habitation et donnés à bail, le maire peut assortir cette mise en demeure d'une astreinte journalière d'un montant compris entre 30 et 300 € qui court à compter de la réception de la mise en demeure jusqu'à complète exécution des mesures prescrites, attestée par arrêté du maire.

Lors de la liquidation de l'astreinte, le total des sommes demandées ne peut être supérieur au montant prévu au I de l'article 13. Le maire peut consentir une remise ou un reversement partiel ou total du produit de l'astreinte lorsque les travaux prescrits par l'arrêté ont été exécutés et que le redevable peut justifier qu'il n'a pu respecter le délai imposé pour l'exécution totale de ses obligations.

Si après mise en demeure les travaux n'ont pas été exécutés, le maire ordonne la démolition totale ou partielle de la construction concernée et, le cas échéant, la fait exécuter d'office aux frais de la personne défaillante. Si ces locaux sont occupés, la démolition est précédée d'une interdiction définitive d'habiter ou d'utiliser les lieux. Si la mise en demeure a été accompagnée d'une astreinte journalière, le montant de celle-ci est inclus dans le montant de la créance correspondant aux frais de démolition.

IV. – Le recouvrement des créances relatives aux travaux de démolition et au relogement est effectué comme en matière de contributions directes.

V. – Le présent article ne fait pas obstacle à l'application des articles L. 511-1 et suivants du code de la construction et de l'habitation.

VI. – Lorsque la résorption de l'habitat indigne ayant fait l'objet d'un arrêté de péril du maire pris en application du I du présent article nécessite l'expropriation du terrain d'assiette, le VII de l'article 9 est applicable.

VII. – La réalisation des travaux de réparation mis à la charge des personnes qui, sans droit ni titre sur le terrain d'assiette du bâtiment concerné, occupent ou utilisent les locaux en cause n'ouvre aucun droit à leur profit, sous réserve de l'application de l'article 555 du code civil.

Art. 12 Les arrêtés pris en application des articles 9 à 11, lorsqu'ils concernent des locaux à usage d'habitation, sont transmis au procureur de la République ainsi qu'aux caisses d'allocations familiales et de mutualité sociale agricole.

Art. 13 I. – Est puni d'un emprisonnement d'un an et d'une amende de 30 000 € le fait de refuser, sans motif légitime et après une mise en demeure, d'exécuter les mesures prescrites en application du I des articles 9, 10 ou 11.

II. – Est puni d'un emprisonnement de trois ans et d'une amende de 100 000 € le fait :

1° Pour la personne qui a mis à disposition des locaux faisant l'objet d'un arrêté du représentant de l'État dans le département pris en application de l'article 10 ou des locaux frappés d'une interdiction d'habiter et désignés par le représentant de l'État dans le département en application du I de l'article 9, de menacer un occupant, de commettre à son égard tout acte d'intimidation ou de rendre impropres à l'habitation les locaux qu'il occupe, en vue de le contraindre à renoncer aux droits qu'il détient en application des mêmes articles 9 ou 10 ou dans le but de lui faire quitter les locaux ;

2° De mauvaise foi, de ne pas respecter une interdiction d'habiter des locaux prise en application du I des articles 9 ou 10 et le fait de remettre à disposition des locaux vacants déclarés insalubres, contrairement aux dispositions du III des mêmes articles 9 ou 10 ;

3° Pour la personne qui a mis à disposition aux fins d'habitation des bâtiments faisant l'objet d'un arrêté du maire en application du I de l'article 11, de menacer un occupant, de commettre à son égard tout acte d'intimidation ou de rendre impropres à l'habitation les locaux qu'il occupe, en vue de le contraindre à renoncer aux droits qu'il détient en application du même article 11 ou dans le but de lui faire quitter les locaux ;

4° De mauvaise foi, de ne pas respecter une interdiction d'habiter et d'utiliser des locaux prise en application du I de l'article 11 ou une interdiction de les louer ou mettre à disposition prévue par le II du même article 11 ;

5° De percevoir un loyer ou toute autre somme en contrepartie de l'occupation du logement, y compris rétroactivement, en méconnaissance du III des articles 9 ou 10 ou du II de l'article 11 ;

6° De refuser de procéder au relogement de l'occupant, bien qu'étant en mesure de le faire, en méconnaissance du III des articles 9 ou 10 ou du II de l'article 11.

III. – Les personnes physiques encourent également les peines complémentaires suivantes :

1° La confiscation du fonds de commerce ou, le cas échéant, de l'immeuble destiné à l'hébergement des personnes et ayant servi à commettre l'infraction ;

2° L'interdiction pour une durée de cinq ans au plus d'exercer une activité professionnelle ou sociale dès lors que les facilités que procure cette activité ont été sciemment utilisées pour préparer ou commettre l'infraction. Cette interdiction n'est toutefois pas applicable à l'exercice d'un mandat électif ou de responsabilités syndicales.

IV. – Les personnes morales déclarées responsables pénalement, dans les conditions prévues à l'article 121-2 du code pénal, des infractions définies au présent article encourent, outre l'amende suivant les modalités prévues à l'article 131-38, les peines prévues aux 2°, 4°, 8° et 9° de l'article 131-39 du même code.

La confiscation mentionnée au 8° de ce même article porte sur le fonds de commerce ou, le cas échéant, l'immeuble destiné à l'hébergement des personnes et ayant servi à commettre l'infraction.

V. – Lorsque les poursuites sont effectuées à l'encontre d'exploitants de fonds de commerce aux fins d'hébergement, il est fait application de l'article L. 651-10 du code de la construction et de l'habitation.

Art. 14 *(Ord. n° 2012-576 du 26 avr. 2012, art. 15)* « I. – Les articles 9 à 13 s'appliquent en Guadeloupe, en Guyane, en Martinique, à Mayotte, à La Réunion et à Saint-Martin. »

II. – Pour l'application des articles 9 à 13 à Saint-Martin :

1° La référence au représentant de l'État dans le département est remplacée par la référence au représentant de l'État à Saint-Martin ;

2° La référence au maire est remplacée par la référence au président du conseil territorial ;

3° Les références à la commune et au département sont remplacées par la référence à la collectivité ;

4° La référence au conseil municipal est remplacée par la référence au conseil territorial ;

5° La référence à la mairie est remplacée par la référence à l'hôtel de la collectivité.

SATURNISME

Code de la santé publique

PREMIÈRE PARTIE : ***LÉGISLATIVE***

(Ord. n° 2000-548 du 15 juin 2000)

PREMIÈRE PARTIE **Protection générale de la santé**

. . . .

LIVRE III **Protection de la santé et environnement**

. . . .

TITRE III **Prévention des risques sanitaires liés à l'environnement et au travail** *(Ord. n° 2005-1087 du 1er sept. 2005, art. 2-I).*

CHAPITRE IV ***Lutte contre la présence de plomb ou d'amiante et contre les nuisances sonores***

BIBL. GÉN. ► WERTENSCHLAG, *JCP N 1999, n° 7, p. 340.* – DESTAME, *ibid. N 1999, n° 8, p. 383* (formules) ; *ibid. N 1999, n° 26, p. 1045* (présentation), *rect. JCP N 1999, n° 27, p. 1082.* – HINFRAY, *AJDI 1999. 778.*

V. Circ. n° 98-92 du 13 oct. 1998 relative aux dispositions sur le logement contenues dans la loi n° 98-657 du 29 juill. 1998 d'orientation relative à la lutte contre les exclusions (BOMELT n° 98/20). V. aussi Circ. n° 2003-234 du 19 mai 2003 (BOMELT n° 2003/10, p. 64) et Circ. nos 2005-511 et 2005-70 du 16 nov. 2005 relative au suivi et à l'évaluation pour l'année 2004 de la mise en œuvre des mesures de lutte contre le saturnisme prévues aux art. L. 1334-1 à L. 1334-6 CSP (BOMELT n° 2005/24, p. 308). V. enfin Circ. interministérielle n° 2007-321 du 13 août 2007 relative au dispositif de lutte contre le saturnisme infantile (BOMSP n° 2007/9, p. 149).

V. Arr. du 23 janv. 2003 portant création d'un comité technique plomb (JO 4 févr.).

Art. L. 1334-1 *(Ord. n° 2010-177 du 23 févr. 2010, art. 7-18°)* **Le médecin qui dépiste un cas de saturnisme chez une personne mineure doit, après information de la personne exerçant l'autorité parentale, le porter à la connaissance, sous pli confidentiel, du médecin de l'agence régionale de santé désigné par le directeur général de l'agence. Le médecin de l'agence en informe le médecin responsable du service départemental de la protection maternelle et infantile. Par convention entre le directeur général de l'agence régionale de santé et le président du conseil général, le médecin responsable du service départemental de la protection maternelle et infantile peut être chargé de recueillir la déclaration du médecin dépistant.**

Le médecin recevant la déclaration informe le directeur général de l'agence régionale de santé de l'existence d'un cas de saturnisme dans les immeubles ou parties d'immeubles habités ou fréquentés régulièrement par ce mineur. Le directeur général de l'agence en avertit le représentant de l'État dans le département.

Le directeur général de l'agence régionale de santé ou, à la demande du représentant de l'État dans le département, le directeur du service communal d'hygiène et de santé si ce service est compétent en application de l'article L. 1422-1 procède immédiatement à une enquête sur l'environnement du mineur, afin de déterminer l'origine de l'intoxication. Dans le cadre de cette enquête, le directeur général de l'agence régionale de santé ou le directeur du service communal d'hygiène et de santé peut faire réaliser un diagnostic portant sur les revêtements des immeubles ou parties d'immeubles habités ou fréquentés régulièrement par ce mineur. Les résultats de l'enquête sont communiqués au représentant de l'État dans le département ainsi qu'au directeur général de l'agence régionale de santé lorsque cette enquête a été réalisée par le directeur du service communal d'hygiène et de santé.

Dans le cas où l'enquête sur l'environnement du mineur met en évidence la présence d'une source d'exposition au plomb susceptible d'être à l'origine de l'intoxication du mineur, le directeur général de l'agence régionale de santé prend toutes mesures nécessaires à l'information des professionnels de santé concernés et des familles, qu'il incite à adresser leurs enfants mineurs en consultation auprès d'un médecin. Il invite la personne dont dépend la source d'exposition au plomb identifiée par l'enquête à prendre les mesures appropriées pour réduire ce risque.

Lorsqu'un risque d'exposition au plomb pour un mineur est porté à sa connaissance en l'absence de déclaration d'un cas de saturnisme, le représentant de l'État dans le département peut également prescrire au directeur général de l'agence régionale de santé ou au directeur du service communal d'hygiène et de santé de faire réaliser le diagnostic mentionné au troisième alinéa. Le directeur général de l'agence régionale de santé ou le directeur du service communal d'hygiène et de santé peut également faire réaliser ce diagnostic lorsqu'il a été directement informé du risque d'exposition. Les résultats du diagnostic sont communiqués au représentant de l'État dans le département ainsi qu'au directeur général de l'agence régionale de santé lorsque le diagnostic a été réalisé par le directeur du service communal d'hygiène et de santé.

(Abrogé par L. n° 2010-853 du 23 juill. 2010, art. 38-II) ***« Le directeur général de l'agence régionale de santé peut agréer des opérateurs pour réaliser les diagnostics et contrôles prévus au présent chapitre ».***

V. CSP, art. R. 1334-1 à R. 1334-4.

Les dispositions de l'Ord. n° 2010-177 du 23 févr. 2010 entrent en vigueur le 25 févr. 2010 (Ord. n° 2010-177 du 23 févr. 2010, art. 29-II).

Art. L. 1334-1-1 *(L. n° 2011-525 du 17 mai 2011, art. 38-I)* Le diagnostic prévu à l'article L. 1334-1 et le contrôle prévu à l'article L. 1334-3 sont réalisés par des opérateurs répondant aux conditions fixées à l'article L. 271-6 du code de la construction et de l'habitation.

Art. L. 1334-2 *(L. n° 2004-806 du 9 août 2004, art. 73-I)* « Si des revêtements dégradés contenant du plomb à des concentrations supérieures aux seuils définis par arrêté des ministres chargés de la santé et de la construction *[V. Arr. 19 août 2011 relatif au diagnostic du risque d'intoxication par le plomb des peintures (JO 1er sept., rect. JO 17 sept. 2011), en vigueur le 1er janv. 2012]* sont susceptibles d'être à l'origine de l'intoxication du mineur, le représentant de l'État dans le département notifie au propriétaire ou au syndicat des copropriétaires ou à l'exploitant du local d'hébergement son intention de faire exécuter sur l'immeuble incriminé, à leurs frais, pour supprimer le risque constaté, les travaux nécessaires, dont il précise, après avis des services ou de l'opérateur mentionné à l'article L. 1334-4, la nature, le délai dans lesquels ils doivent être réalisés, ainsi que les modalités d'occupation pendant leur durée et, si nécessaire, les exigences en matière d'hébergement. Le délai dans lequel doivent être réalisés les travaux est limité à un mois, sauf au cas où, dans ce même délai, est assuré l'hébergement de tout ou partie des occupants hors des locaux concernés. Le délai de réalisation des travaux est alors porté à trois mois maximum.

« Les travaux nécessaires pour supprimer le risque constaté comprennent, d'une part, les travaux visant les sources de plomb elles-mêmes et, d'autre part, ceux visant à assurer la pérennité de la protection.

« A défaut de connaître l'adresse actuelle du propriétaire, du syndicat des copropriétaires ou de l'exploitant du local d'hébergement ou de pouvoir l'identifier, la notification le concernant est valablement effectuée par affichage à la mairie de la commune ou, à Paris, Marseille et Lyon, de l'arrondissement où est situé l'immeuble, ainsi que par affichage sur la façade de l'immeuble.

« Le représentant de l'État procède de même lorsque le diagnostic mentionné à l'article précédent » *(L. nº 2009-323 du 25 mars 2009, art. 85)* « ou, sous réserve de validation par l'autorité sanitaire, le constat de risque d'exposition au plomb mentionné à l'article L. 1334-5 » met en évidence la présence de revêtements dégradés contenant du plomb à des concentrations supérieures aux seuils définis par arrêté des ministres chargés de la santé et de la construction et constituant un risque d'exposition au plomb pour un mineur. »

Dans le délai de dix jours à compter de la notification de la décision du représentant de l'État dans le département, le propriétaire ou le syndicat des copropriétaires *(L. nº 2004-806 du 9 août 2004, art. 73-II)* « ou l'exploitant du local d'hébergement » peut soit contester la nature des travaux envisagés soit faire connaître au représentant de l'État dans le département son engagement de procéder à ceux-ci *(L. nº 2004-806 du 9 août 2004, art. 73-III)* « dans le délai figurant dans la notification du représentant de l'État. Il précise en outre les conditions dans lesquelles il assurera l'hébergement des occupants, le cas échéant ».

Dans le premier cas, le président du tribunal de grande instance ou son délégué statue en la forme du référé. Sa décision est, de droit, exécutoire à titre provisoire.

A défaut soit de contestation, soit d'engagement du propriétaire ou du syndicat des copropriétaires *(L. nº 2004-806 du 9 août 2004, art. 73-II)* « ou de l'exploitant du local d'hébergement » dans un délai de dix jours à compter de la notification, le représentant de l'État dans le département fait exécuter les travaux nécessaires à leurs frais.

V. Arr. 12 mai 2009 relatif au contrôle des travaux en présence de plomb, réalisés en application de l'art. L. 1334-2 CSP (JO 27 mai).

V. CSP, art. R. 1334-5 à R. 1334-7.

Concernant la possibilité d'obtenir une subvention d'État pour faire réaliser les travaux de suppression du risque d'accessibilité au plomb, V. CCH, art. R. 523-1 et Arr. 18 déc. 1998, modifiant la liste des travaux tendant à faire cesser l'insalubrité et susceptibles de bénéficier d'une subvention de l'État (JO 29 déc.).

Art. L. 1334-3 *(L. nº 2010-853 du 23 juill. 2010, art. 38-II)* « A l'issue des travaux ou au terme du délai indiqué dans la notification de sa décision, le représentant de l'État procède ou fait procéder au contrôle des locaux, afin de vérifier que le risque d'exposition au plomb est supprimé. » *(L. nº 2011-525 du 17 mai 2011, art. 38-I)* « Dans le cas où le représentant de l'État a fait réaliser les travaux nécessaires en application du dernier alinéa de l'article L. 1334-2, ce contrôle est aux frais du propriétaire, du syndicat des copropriétaires ou de l'exploitant du local d'hébergement. » *(L. nº 2004-806 du 9 août 2004, art. 74)* « Ce contrôle peut notamment être confié, en application du troisième alinéa de l'article L. 1422-1, au directeur du service communal d'hygiène et de santé de la commune concernée. »

V. CSP, art. R. 1334-8.

Art. L. 1334-4 *(L. nº 2004-806 du 9 août 2004, art. 75)* Si la réalisation des travaux mentionnés aux articles L. 1334-2 et L. 1334-3 nécessite la libération temporaire des locaux, le propriétaire ou l'exploitant du local d'hébergement est tenu d'assurer l'hébergement des occupants visés à l'article L. 521-1 du code de la construction et de l'habitation. A défaut, et dans les autres cas, le représentant de l'État prend les dispositions nécessaires pour assurer un hébergement provisoire.

Le coût de réalisation des travaux et, le cas échéant, le coût de l'hébergement provisoire des occupants visés à l'alinéa précédent sont mis à la charge du propriétaire ou de l'exploitant du local d'hébergement. La créance est recouvrée comme en matière de contributions directes.

En cas de refus d'accès aux locaux opposé par le locataire ou le propriétaire, le syndicat des copropriétaires ou l'exploitant du local d'hébergement aux personnes chargées de procéder à l'enquête, au diagnostic, au contrôle des lieux ou à la réalisation des travaux, le représentant de l'État dans le département saisit le président du tribunal de grande instance qui, statuant en la forme du référé, fixe les modalités d'entrée dans les lieux.

Lorsque les locaux sont occupés par des personnes entrées par voie de fait ayant fait l'objet d'un jugement d'expulsion devenu définitif et que le propriétaire ou l'exploitant du local d'hébergement s'est vu refuser le concours de la force publique pour que ce jugement soit mis à exécution, le propriétaire ou l'exploitant du local d'hébergement peut demander au tribunal administratif que tout ou partie de la créance dont il est redevable soit mis à la charge de l'État ; cette somme vient en déduction de l'indemnité à laquelle peut prétendre le propriétaire en application de l'article 16 de la loi nº 91-650 du 9 juillet 1991 portant réforme des procédures civiles d'exécution.

Le représentant de l'État dans le département peut agréer des opérateurs *(Abrogé par Ord. nº 2010-177 du 23 févr. 2010, art. 7-20º)* ***« pour réaliser les diagnostics et contrôles prévus au présent chapitre et »*** pour faire réaliser les travaux.

V. CSP, art. R. 1334-9.

Les dispositions de l'Ord. nº 2010-177 du 23 févr. 2010 entrent en vigueur le 25 févr. 2010 (Ord. nº 2010-177 du 23 févr. 2010, art. 29-II).

Art. L. 1334-5 *(L. nº 2004-806 du 9 août 2004, art. 76-II)* Un constat de risque d'exposition au plomb présente un repérage des revêtements contenant du plomb et, le cas échéant, dresse un relevé sommaire des facteurs de dégradation du bâti. Est annexée à ce constat une notice d'information dont le contenu est précisé par arrêté des ministres chargés de la santé et de la construction. — *V. Arr. du 19 août 2011 relatif au constat de risque d'exposition au plomb (JO 1er sept., rect. JO 17 sept. 2011), en vigueur le 1er janv. 2012.*

V. CSP, art. R. 1334-10 et R. 1334-11.

V. Arr. du 25 avr. 2006 relatif au constat de risque d'exposition au plomb (JO 26 avr.), abrogé par Arr. du 19 août 2011 à compter du 1er janv. 2012 (JO 1er sept.).

V. Arr. du 19 août 2011 relatif au diagnostic du risque d'intoxication par le plomb des peintures, en vigueur le 1er janv. 2012 (JO 1er sept., rect. JO 17 sept. 2011), Arr. du 19 août 2011 relatif au constat de risque d'exposition au plomb (JO 1er sept.), en vigueur le 1er janv. 2012.

Art. L. 1334-6 *(Ord. nº 2005-655 du 8 juin 2005, art. 19-II)* Le constat mentionné à l'article L. 1334-5 est produit, lors de la vente de tout ou partie *(L. nº 2006-872 du 13 juill. 2006, art. 79-V)* « d'un immeuble » à usage d'habitation construit avant le 1er janvier 1949, dans les conditions et selon les modalités prévues aux articles L. 271-4 à L. 271-6 du code de la construction et de l'habitation.

Art. L. 1334-7 *(L. nº 2004-806 du 9 août 2004, art. 76-III)* A l'expiration d'un délai de quatre ans à compter de la date d'entrée en vigueur de la loi nº 2004-806 du 9 août 2004 relative à la politique de santé publique, le constat mentionné à l'article L. 1334-5 est annexé à tout nouveau contrat de location d'un immeuble affecté en tout ou partie à l'habitation construit avant le 1er janvier 1949. Si un tel constat établit l'absence de revêtements contenant du plomb ou la présence de revêtements contenant du plomb à des concentrations inférieures aux seuils définis par arrêté des ministres chargés de la santé et de la construction *[V. Arr. 19 août 2011 relatif au constat de risque d'exposition au plomb (JO 1er sept.), en vigueur le 1er janv. 2012]*, il n'y a pas lieu de faire établir un nouveau constat à chaque nouveau contrat de location. Le constat initial sera joint à chaque contrat de location.

Lorsque le contrat de location concerne un logement situé dans un immeuble ou dans un ensemble immobilier relevant des dispositions de la loi no 65-557 du 10 juillet 1965 précitée, ou appartenant à des titulaires de droits réels immobiliers sur les locaux, ou à des titulaires de parts donnant droit ou non à l'attribution ou à la jouissance en propriété des locaux, l'obligation mentionnée au premier alinéa ne vise que les parties privatives dudit immeuble affectées au logement.

L'absence dans le contrat de location du constat susmentionné constitue un manquement aux obligations particulières de sécurité et de prudence susceptible d'engager la responsabilité pénale du bailleur.

Le constat mentionné ci-dessus est à la charge du bailleur, nonobstant toute convention contraire.

Art. L. 1334-8 *(L. no 2004-806 du 9 août 2004, art. 76-III)* Tous travaux portant sur les parties à usage commun d'un immeuble collectif affecté en tout ou partie à l'habitation, construit avant le 1er janvier 1949, et de nature à provoquer une altération substantielle des revêtements, définie par arrêté des ministres chargés de la santé et de la construction, doivent être précédés d'un constat de risque d'exposition au plomb mentionné à l'article L. 1334-5.

Si un tel constat établit l'absence de revêtements contenant du plomb ou la présence de revêtements contenant du plomb à des concentrations inférieures aux seuils définis par arrêté des ministres chargés de la santé et de la construction *[V. Arr. du 19 août 2011 relatif au constat de risque d'exposition au plomb (JO 1er sept.), en vigueur le 1er janv. 2012]*, il n'y a pas lieu de faire établir un nouveau constat à l'occasion de nouveaux travaux sur les mêmes parties.

En tout état de cause, les parties à usage commun d'un immeuble collectif affecté en tout ou partie à l'habitation, construit avant le 1er janvier 1949, devront avoir fait l'objet d'un constat de risque d'exposition au plomb à l'expiration d'un délai de quatre ans à compter de la date d'entrée en vigueur de la loi no 2004-806 du 9 août 2004 relative à la politique de santé publique.

V. Arr. du 12 mai 2009 relatif aux travaux en parties communes nécessitant l'établissement d'un constat de risque d'exposition au plomb (JO 27 mai).

Art. L. 1334-8-1 *(L. no 2009-879 du 21 juill. 2009, art. 104)* Dans les zones délimitées pour la réalisation d'une opération d'amélioration de l'habitat, *(Ord. no 2010-177 du 23 févr. 2010, art. 7, 21o)* « le représentant de l'État dans le département » prescrit aux propriétaires bénéficiant de subventions de travaux pour sortie d'insalubrité la réalisation d'un constat de risque d'exposition au plomb mentionné à l'article L. 1334-5 dans les immeubles affectés à l'usage d'habitation construits avant le 1er janvier 1949.

Les dispositions de l'Ord. no 2010-177 du 23 févr. 2010 entrent en vigueur le 25 févr. 2010 (Ord. no 2010-177 du 23 févr. 2010, art. 29-II).

Art. L. 1334-9 *(L. no 2004-806 du 9 août 2004, art. 76-III)* Si le constat, établi dans les conditions mentionnées aux articles L. 1334-6 à *(L. no 2009-879 du 21 juill. 2009, art. 104)* « L. 1334-8-1 », met en évidence la présence de revêtements dégradés contenant du plomb à des concentrations supérieures aux seuils définis par l'arrêté mentionné à l'article L. 1334-2, le propriétaire ou l'exploitant du local d'hébergement doit en informer les occupants et les personnes amenées à faire des travaux dans l'immeuble ou la partie d'immeuble concerné. Il procède aux travaux appropriés pour supprimer le risque d'exposition au plomb, tout en garantissant la sécurité des occupants. En cas de location, lesdits travaux incombent au propriétaire bailleur. La non-réalisation desdits travaux par le propriétaire bailleur, avant la mise en location du logement, constitue un manquement aux obligations particulières de sécurité et de prudence susceptible d'engager sa responsabilité pénale.

V. CSP, art. R. 1334-12.

Art. L. 1334-10 *(Ord. nº 2010-177 du 23 févr. 2010, art. 7-22º)* « Les constats établis en application des articles L. 1334-8 et L. 1334-8-1 sont communiqués, à leur demande, au représentant de l'État dans le département, au directeur général de l'agence régionale de santé et, dans les communes disposant d'un service communal d'hygiène et de santé mentionné au dernier alinéa de l'article L. 1422-1, au directeur de ce service. »

(L. nº 2004-806 du 9 août 2004, art. 76-III ; L. nº 2009-879 du 21 juill. 2009, art. 104 ; Ord. nº 2010-177 du 23 févr. 2010, art. 7-22º) « Si le constat de risque d'exposition au plomb établi dans les conditions mentionnées aux articles L. 1334-6 à L. 1334-8-1 fait apparaître la présence de facteurs de dégradation précisés par arrêté des ministres chargés de la santé et de la construction, l'auteur du constat transmet immédiatement une copie de ce document au directeur général de l'agence régionale de santé qui en informe le représentant de l'État dans le département. »

Les dispositions de l'Ord. nº 2010-177 du 23 févr. 2010 entrent en vigueur le 25 févr. 2010 (Ord. nº 2010-177 du 23 févr. 2010, art. 29-II).

Art. L. 1334-11 *(L. nº 2004-806 du 9 août 2004, art. 76-III ; Ord. nº 2010-177 du 23 févr. 2010, art. 7-23º)* Sur proposition du directeur général de l'agence régionale de santé ou, par application du troisième alinéa de l'article L. 1422-1, du directeur du service communal d'hygiène et de santé de la commune concernée, le représentant de l'État dans le département peut prescrire toutes mesures conservatoires, y compris l'arrêt du chantier, si des travaux entraînent un risque d'exposition au plomb pour les occupants d'un immeuble ou la population environnante.

Le coût des mesures conservatoires prises est mis à la charge du propriétaire, du syndicat de copropriétaires, ou de l'exploitant du local d'hébergement.

V. CSP, art. R. 1334-13.

Les dispositions de l'Ord. nº 2010-177 du 23 févr. 2010 entrent en vigueur le 25 févr. 2010 (Ord. nº 2010-177 du 23 févr. 2010, art. 29-II).

Art. L. 1334-12 Sont déterminées par décret en Conseil d'État les modalités d'application du présent chapitre, et notamment :

1º Les modalités de transmission des données prévues à l'article L. 1334-1 et en particulier la manière dont l'anonymat est protégé ;

2º Les modalités de détermination du risque *(L. nº 2004-806 du 9 août 2004, art. 77-I-1º)* « d'exposition » au plomb et les conditions auxquelles doivent satisfaire les travaux prescrits pour supprimer *(L. nº 2004-806 du 9 août 2004, art. 77-I-1º)* « ce risque » ;

3º *(L. nº 2004-806 du 9 août 2004, art. 77-I-2º)* « Le contenu et les modalités de réalisation du constat de risque d'exposition au plomb, ainsi que les conditions auxquelles doivent satisfaire leurs auteurs ; »

(L. nº 2004-806 du 9 août 2004, art. 77-II) « 4º Les modalités d'établissement du relevé mentionné à l'article L. 1334-5. »

V. CSP, art. R. 1334-1 à R. 1334-13.

Cet art. est l'ancien art. L. 1334-6 CSP (renumérotation issue de la L. nº 2004-806 du 9 août 2004, art. 76-I).

Art. L. 1334-12-1 *(L. nº 2009-879 du 21 juill. 2009, art. 105)* Les propriétaires, ou à défaut les exploitants, des immeubles bâtis y font rechercher la présence d'amiante ; en cas de présence d'amiante, ils font établir un diagnostic de l'état de conservation de l'amiante dans les matériaux et produits repérés et mettent en œuvre, le cas échéant, les mesures nécessaires pour contrôler et réduire l'exposition.

. . . .

DEUXIÈME PARTIE : ***RÉGLEMENTAIRE***

(Décr. nº 2003-462 du 21 mai 2003)

PREMIÈRE PARTIE **Protection générale de la santé**

....

LIVRE III **Protection de la santé et environnement**

....

TITRE III **Prévention des risques sanitaires liés à l'environnement et au travail** *(Décr. nº 2006-676 du 8 juin 2006, art. 2).*

....

CHAPITRE IV ***Lutte contre la présence de plomb ou d'amiante et contre les nuisances sonores*** *(Décr. nº 2006-1099 du 31 août 2006, art. 1er-I).*

SECTION I ***Lutte contre la présence de plomb***

(Décr. nº 2006-474 du 25 avr. 2006, art. 1er)

SOUS-SECTION 1 *Signalement des cas de saturnisme et des risques d'exposition au plomb des personnes mineures – Prescription et contrôle des travaux*

Art. R. 1334-1 Le signalement des cas de saturnisme dans les conditions prévues à l'article L. 1334-1 est régi par les dispositions des articles R. 3113-4 et R. 3113-5. La fiche de signalement est conforme au modèle défini par arrêté du ministre chargé de la santé.

Art. R. 1334-2 L'enquête environnementale mentionnée à l'article L. 1334-1 vise à rechercher les sources de plomb dans l'environnement du mineur, afin de déterminer l'origine de l'intoxication. Le médecin ayant reçu le signalement d'un cas de saturnisme chez une personne mineure communique au *(Décr. nº 2010-344 du 31 mars 2010, art. 51)* « directeur général de l'agence régionale de santé » les informations nécessaires permettant de procéder à l'enquête environnementale prévue à l'article L. 1334-1.

Art. R. 1334-3 Constitue un risque d'exposition au plomb au sens de l'article L. 1334-1 le fait qu'un immeuble ou partie d'immeuble construit avant le 1er janvier 1949 comporte des revêtements dégradés et qu'il est habité ou fréquenté régulièrement par un mineur. Le signalement du risque d'exposition au plomb pour un mineur est adressé au préfet par tout moyen avec mention de l'adresse de l'immeuble concerné.

Art. R. 1334-4 Le diagnostic mentionné à l'article L. 1334-1 identifie les éléments de construction comportant un revêtement dégradé, précise la concentration en plomb de ces revêtements et la méthode d'analyse utilisée pour la mesurer et décrit l'état de conservation des revêtements contenant du plomb, selon un protocole précisé par un arrêté conjoint des ministres chargés du logement et de la santé. – *V. Arr. du 19 août 2011 relatif au diagnostic du risque d'intoxication par le plomb des peintures (JO 1er sept., rect. JO 17 sept. 2011), en vigueur le 1er janv. 2012.*

V. Arr. du 25 avr. 2006 relatif au diagnostic du risque d'intoxication par le plomb des peintures (JO 26 avr.), abrogé par Arr. du 19 août 2011 à compter du 1er janv. 2012 préc. (JO 1er sept.).

Art. R. 1334-5 Les travaux prévus par l'article L. 1334-2 et L. 1334-9 consistent à mettre en place des matériaux de recouvrement sur les revêtements dégradés contenant du plomb mis en évidence lors du diagnostic et incluent, le cas échéant, le remplacement de certains éléments de construction et les travaux nécessaires pour supprimer les causes immédiates de la dégradation des revêtements.

Les travaux ne doivent pas entraîner de dissémination nuisible de poussières de plomb.

Art. R. 1334-6 Le préfet notifie les conclusions du diagnostic et l'injonction de travaux par lettre recommandée avec demande d'avis de réception au propriétaire ou au syndicat des copropriétaires ou à l'exploitant du local d'hébergement.

Art. R. 1334-7 Lorsque le préfet fait exécuter les travaux en application du dernier alinéa de l'article L. 1334-2, il établit un état des frais de réalisation des travaux et, le cas échéant, de l'hébergement provisoire des occupants. Il émet le titre de perception correspondant revêtu de la formule exécutoire, à l'encontre des personnes mentionnées au deuxième alinéa de l'article L. 1334-2.

Art. R. 1334-8 Les contrôles après travaux prévus à l'article L. 1334-3 comprennent :

1o Une inspection des lieux permettant de vérifier la réalisation des travaux prescrits ;

2o Une analyse des poussières prélevées sur le sol permettant de mesurer le niveau de contamination des locaux.

A l'issue des travaux, la concentration en plomb des poussières au sol, par unité de surface, ne doit pas excéder un seuil défini par arrêté conjoint des ministres chargés du logement et de la santé. Cet arrêté détermine également les modalités de réalisation des contrôles.

V. Arr. du 12 mai 2009 relatif au contrôle des travaux en présence de plomb, réalisés en application de l'art. L. 1334-2 CSP (JO 27 mai).

Art. R. 1334-9 *(Décr. no 2010-344 du 31 mars 2010, art. 51)* L'agrément mentionné au dernier alinéa de l'article L. 1334-1 pour les activités de diagnostic et de contrôle est délivré par le directeur général de l'agence régionale de santé au vu des compétences du demandeur en matière d'utilisation des appareils de mesure du plomb dans les revêtements et de techniques de prélèvement des écailles et poussières. Lorsque l'agrément a pour objet la réalisation de diagnostics, le demandeur doit en outre répondre aux conditions fixées à l'article L. 271-6 du code de la construction et de l'habitation et des textes pris pour son application.

L'agrément mentionné au dernier alinéa de l'article L. 1334-4 pour la réalisation de travaux est délivré par le préfet au vu des compétences du demandeur en matière de réalisation de travaux, de maîtrise d'œuvre ou d'assistance à maîtrise d'ouvrage, de travaux de réhabilitation en présence de peintures contenant du plomb et de conduite de ces mêmes travaux dans des locaux occupés.

SOUS-SECTION 2 *Constat de risque d'exposition au plomb*

Art. R. 1334-10 L'auteur du constat de risque d'exposition au plomb établi en application de l'article L. 1334-5 identifie les éléments comportant un revêtement, précise la concentration en plomb de ces revêtements et la méthode d'analyse utilisée pour la mesurer et décrit l'état de conservation des revêtements contenant du plomb, selon un protocole précisé par un arrêté conjoint des ministres chargés du logement et de la santé *[V. Arr. du 19 août 2011 relatif au constat de risque d'exposition au plomb (JO 1er sept.), en vigueur le 1er janv. 2012]*. Il consigne, le cas échéant, dans le rapport du constat la liste des facteurs de dégradation du bâti mentionnés à l'article L. 1334-5 qu'il a relevés.

Lorsque l'auteur du constat transmet une copie du constat au *(Décr. no 2010-344 du 31 mars 2010, art. 51)* « directeur général de l'agence régionale de santé » en application de l'article L. 1334-10, il en informe le propriétaire, le syndicat des copropriétaires ou l'exploitant du local d'hébergement.

Art. R. 1334-11 *(Décr. no 2006-1114 du 5 sept. 2006, art. 4-II et 6, en vigueur le 1er nov. 2007)* Le constat de risque d'exposition au plomb est dressé par une personne répondant aux conditions de l'article L. 271-6 du code de la construction et de l'habitation.

Pour l'application de l'article L. 1334-7, le constat de risque d'exposition au plomb doit avoir été établi depuis moins de six ans à la date de signature du contrat de location. Sa validité n'est toutefois pas limitée dans le temps si le constat atteste l'absence de revêtements contenant du plomb ou indique une concentration de plomb dans des revêtements inférieure aux seuils définis par l'arrêté prévu par le même article L. 1334-7.

Art. R. 1334-12 L'information des occupants et des personnes amenées à exécuter des travaux prévue par l'article L. 1334-9 est réalisée par la remise d'une copie du constat de risque d'exposition au plomb par le propriétaire ou l'exploitant du local d'hébergement.

Le constat de risque d'exposition au plomb est tenu par le propriétaire ou l'exploitant du local d'hébergement à disposition des agents ou services mentionnés *(Décr. nº 2010-344 du 31 mars 2010, art. 51)* « aux articles L. 1421-1 et L. 1435-7 » ainsi que, le cas échéant, des agents chargés du contrôle de la réglementation du travail et des agents des services de prévention des organismes de sécurité sociale.

SOUS-SECTION 3 *Travaux à risque*

Art. R. 1334-13 Sont présumés à risque au sens de l'article L. 1334-11 les travaux réalisés dans un logement ou immeuble construit avant le 1er janvier 1949, qui sont à l'origine d'émission de poussières et dès lors que les mesures de protection des occupants sont insuffisantes.

La présomption de risque est levée lorsqu'un constat de risque d'exposition au plomb atteste que les revêtements concernés par les travaux ne contiennent pas de plomb à des concentrations supérieures aux seuils définis par l'arrêté mentionné à l'article L. 1334-2 ou lorsqu'une analyse de poussières telle que définie au 2º de l'article R. 1334-8 conclut à une concentration en plomb des poussières au sol n'excédant pas le seuil mentionné dans cet article.

Le préfet établit l'état des dépenses qu'il a engagées au titre des mesures conservatoires mentionnées à l'article L. 1334-11 et émet un titre de perception correspondant revêtu de la formule exécutoire à l'encontre du propriétaire, du syndicat de copropriétaires ou de l'exploitant du local d'hébergement défaillant.

Est considéré, dans le cadre d'une vente des parties privatives d'un immeuble affecté au logement, comme un constat de risque d'exposition au plomb un état des risques d'accessibilité au plomb établi sur ces parties privatives, conformément aux dispositions de l'art. L. 1334-5 dans sa version antérieure à la L. nº 2004-806 du 9 août 2004, sous réserve que la durée de validité de l'état des risques d'accessibilité au plomb n'a pas expiré au jour de la conclusion de la transaction immobilière. — A l'expiration du délai précité, si la conclusion de la transaction immobilière a eu lieu, la vente suivante du bien mentionné à l'alinéa précédent nécessite l'établissement d'un constat de risque d'exposition au plomb (Décr. nº 2006-474 du 25 avr. 2006, art. 2).

SÉCURITÉ

Code de la sécurité intérieure

(Ord. nº 2012-351 du 12 mars 2012)

Les dispositions du CSI issues de l'Ord. nº 2012-351 du 12 mars 2012 sont applicables en Nouvelle-Calédonie, en Polynésie française, dans les îles Wallis-et-Futuna et dans les Terres australes et antarctiques françaises (Ord. préc., art. 21).

LIVRE PREMIER **Principes généraux et organisation de la sécurité intérieure**

TITRE PREMIER **Principes généraux de la sécurité intérieure**

CHAPITRE PREMIER ***Sécurité publique***

Art. L. 111-1 La sécurité est un droit fondamental et l'une des conditions de l'exercice des libertés individuelles et collectives.

L'État a le devoir d'assurer la sécurité en veillant, sur l'ensemble du territoire de la République, à la défense des institutions et des intérêts nationaux, au respect des lois, au maintien de la paix et de l'ordre publics, à la protection des personnes et des biens.

Il associe à la politique de sécurité, dans le cadre de dispositifs locaux dont la structure est définie par voie réglementaire, les collectivités territoriales et les établissements publics de coopération intercommunale ainsi que les représentants des professions, des services et des associations confrontés aux manifestations de la délinquance ou œuvrant dans les domaines de la prévention, de la médiation, de la lutte contre l'exclusion ou de l'aide aux victimes. – *[L. nº 95-73 du 21 janv. 1995, art. 1er].*

....

LIVRE II Ordre et sécurité publics

TITRE VII Gardiennage et surveillance des immeubles

CHAPITRE Ier *Dispositions générales*

BIBL. ▶ Destame, *JCP N 1997. 3958* (commerces et activités : de nouvelles obligations en matière de sécurité) ; *JCP N 1997. 3989* (garages et parcs de stationnement ouverts au public : de nouvelles obligations pour les propriétaires et exploitants). – Meyer, *AJPI 1997. 932* (gardiennage et surveillance des locaux commerciaux et des parcs de stationnement). – Vichrova *IRC sept. 1997. 24* (améliorer la sécurité des parcs de stationnement couverts). – Gareau, *AJDI 2001. 766* (insécurité dans l'habitat urbain : quel rôle pour les propriétaires ?) ; *ibid. 2002. 663* (renouveau de la police locative).

Art. L. 271-1 Les propriétaires, exploitants ou affectataires, selon le cas, d'immeubles à usage d'habitation et de locaux administratifs, professionnels ou commerciaux doivent, lorsque l'importance de ces immeubles ou de ces locaux ou leur situation le justifient, assurer le gardiennage ou la surveillance de ceux-ci et prendre les mesures permettant d'éviter les risques manifestes pour la sécurité et la tranquillité des locaux.

Un décret en Conseil d'État précise les zones dans lesquelles cette obligation s'applique, les caractéristiques des immeubles ou locaux qui y sont assujettis, les mesures de gardiennage ou de surveillance à prendre en fonction de l'usage, de la localisation et de la taille des immeubles ou locaux et les dates auxquelles ces mesures devront au plus tard intervenir.

Les communes ou les établissements publics de coopération intercommunale exerçant la compétence relative aux dispositifs locaux de prévention de la délinquance peuvent contribuer à l'obligation prévue par le présent article lorsque les immeubles ou groupes d'immeubles collectifs à usage d'habitation qui y sont assujettis sont particulièrement exposés à des risques de délinquance et font l'objet de dispositions des contrats locaux de sécurité. – *[CCH, art. L. 127-1].*

Les dispositions du CSI issues de l'Ord. nº 2012-351 du 12 mars 2012 sont applicables en Nouvelle-Calédonie, en Polynésie française, dans les îles Wallis-et-Futuna et dans les Terres australes et antarctiques françaises (Ord. préc., art. 21).

CHAPITRE II *Immeubles d'habitation*

Art. L. 272-1 Les interventions de la police et de la gendarmerie dans les immeubles à usage d'habitation sont régies par le chapitre VI du titre II du livre Ier du code de la construction et de l'habitation.

Les dispositions du CSI issues de l'Ord. nº 2012-351 du 12 mars 2012 sont applicables en Nouvelle-Calédonie, en Polynésie française, dans les îles Wallis-et-Futuna et dans les Terres australes et antarctiques françaises (Ord. préc., art. 21).

....

LIVRE VI Activités privées de sécurité

TITRE PREMIER Activités privées de surveillance et de gardiennage, de transport de fonds et de protection physique des personnes

CHAPITRE IV *Services de sécurité des bailleurs d'immeuble*

SECTION I *Missions*

Art. L. 614-1 Les propriétaires, exploitants ou affectataires d'immeubles ou groupes d'immeubles collectifs à usage d'habitation peuvent constituer une personne morale dont l'objet est l'exercice, pour le compte de ses membres, de l'activité mentionnée au 1° de l'article L. 611-1 dans les conditions prévues par l'article L. 271-1. – *[L. n° 83-629 du 12 juill. 1983, art. 11-5, al. 1er].*

Les dispositions du CSI issues de l'Ord. n° 2012-351 du 12 mars 2012 sont applicables en Nouvelle-Calédonie, en Polynésie française, dans les îles Wallis-et-Futuna et dans les Terres australes et antarctiques françaises (Ord. préc., art. 21).

SECTION II *Recrutement*

Art. L. 614-2 Les personnes qui ont fait l'objet d'une condamnation à une peine correctionnelle ou à une peine criminelle inscrite au bulletin n° 2 du casier judiciaire ou, pour les ressortissants étrangers, dans un document équivalent, ne peuvent exercer les fonctions prévues à l'article L. 614-1. Il en va de même :

1° Si l'agent a fait l'objet d'un arrêté d'expulsion non abrogé ou d'une interdiction du territoire français non entièrement exécutée ;

2° S'il a commis des actes, éventuellement mentionnés dans les traitements automatisés et autorisés de données personnelles gérés par les autorités de police, contraires à l'honneur, à la probité ou aux bonnes mœurs ou de nature à porter atteinte à la sécurité des personnes ou des biens, à la sécurité publique ou à la sûreté de l'État.

L'embauche d'un agent par la personne morale prévue à l'article L. 614-1 est subordonnée à la transmission par le représentant de l'État dans le département de ses observations relatives aux obligations mentionnées aux trois premiers alinéas du présent article. – *[L. n° 83-629 du 12 juill. 1983, art. 11-6].*

Les dispositions du CSI issues de l'Ord. n° 2012-351 du 12 mars 2012 sont applicables en Nouvelle-Calédonie, en Polynésie française, dans les îles Wallis-et-Futuna et dans les Terres australes et antarctiques françaises (Ord. préc., art. 21).

SECTION III *Tenue et carte professionnelle*

Art. L. 614-3 Les agents des personnes morales prévues à l'article L. 614-1 doivent être identifiables. La tenue et la carte professionnelle, dont ils sont obligatoirement porteurs dans l'exercice de leurs fonctions, ne doivent entraîner aucune confusion avec celles des autres agents des services publics, notamment des services de police.

Dans des cas exceptionnels définis par décret en Conseil d'État, ils peuvent être dispensés du port de la tenue. – *[L. n° 83-629 du 12 juill. 1983, art. 11-7].*

Les dispositions du CSI issues de l'Ord. n° 2012-351 du 12 mars 2012 sont applicables en Nouvelle-Calédonie, en Polynésie française, dans les îles Wallis-et-Futuna et dans les Terres australes et antarctiques françaises (Ord. préc., art. 21).

SECTION IV *Port d'armes*

Art. L. 614-4 Les agents de la personne morale mentionnée à l'article L. 614-1 peuvent être nominativement autorisés par le représentant de l'État dans le département, ou, à Paris, par le préfet de police, à porter une arme de sixième catégorie dans l'exercice de leurs missions, lorsque les immeubles ou groupes d'immeubles collectifs à usage d'habitation dans lesquels ils assurent les fonctions de gardiennage ou de surveillance sont particulièrement exposés à des risques d'agression sur les personnes.

Les dispositions du CSI issues de l'Ord. n° 2012-351 du 12 mars 2012 sont applicables en Nouvelle-Calédonie, en Polynésie française, dans les îles Wallis-et-Futuna et dans les Terres australes et antarctiques françaises (Ord. préc., art. 21).

Art. L. 614-5 **Un décret en Conseil d'État précise les types d'armes de sixième catégorie susceptibles d'être autorisés, leurs conditions d'acquisition et de conservation par la personne morale, les modalités selon lesquelles cette dernière les remet à ses agents, les conditions dans lesquelles ces armes sont portées pendant l'exercice des fonctions de gardiennage ou de surveillance et remisées en dehors de l'exercice de ces fonctions, les modalités d'agrément des personnes dispensant la formation à ces agents ainsi que le contenu de cette formation.** – *V. Décr. n° 2011-1918 du 21 déc. 2011.*

Les dispositions du CSI issues de l'Ord. n° 2012-351 du 12 mars 2012 sont applicables en Nouvelle-Calédonie, en Polynésie française, dans les îles Wallis-et-Futuna et dans les Terres australes et antarctiques françaises (Ord. préc., art. 21).

Décret n° 2011-1918 du 21 décembre 2011,

Relatif à l'armement des personnes chargées du gardiennage et de la surveillance de certains immeubles collectifs d'habitation.

Art. 1er La personne morale à laquelle les gestionnaires d'immeubles collectifs d'habitation visés à l'article L. 127-1 du code de la construction et de l'habitation peuvent en confier le gardiennage et la surveillance peut acquérir et détenir des armes définies au paragraphe 2 de la sixième catégorie du B de l'article 2 du décret du 6 mai 1995 susvisé et des bâtons de défense de type "tonfa".

Art. 2 I. — La personne morale mentionnée à l'article 1er justifie de l'existence d'un local, non accessible au public et sécurisé, permettant le dépôt des armes.

II. — Elle tient à jour un registre précisant le nombre et la liste des armes détenues ainsi que la liste des agents autorisés à porter une arme et leurs horaires de travail.

Ce registre est tenu à la disposition des services de la police et de la gendarmerie nationales.

Art. 3 I. — Une formation spécifique préalable à l'autorisation de port d'arme individuel est organisée par la personne morale mentionnée à l'article 1er ou pour son compte dans les conditions fixées par arrêté du ministre de l'intérieur. Cette formation comprend, d'une part, un module théorique sur l'environnement juridique du port d'arme ainsi que sur les règles du code pénal, notamment relatives à la légitime défense *[,]* et, d'autre part, un module pratique relatif au maniement des armes du paragraphe 2 de la sixième catégorie ainsi que des bâtons de défense de type "tonfa".

II. — La formation est sanctionnée par un certificat individuel de réussite délivré aux agents Il est transmis au préfet lors de la demande d'autorisation de port d'arme individuel.

III. — L'arrêté du ministre de l'intérieur prévu au I fixe également les conditions dans lesquelles une formation annuelle pratique est organisée. Cette formation est sanctionnée par un certificat individuel de suivi. – *V. Arr. du 21 déc. 2011 (JO 23 déc.).*

Art. 4 I. — La personne morale mentionnée à l'article 1er présente au préfet du département de son siège et, à Paris, au préfet de police, pour chaque agent nommément désigné, une demande d'autorisation de port d'arme individuel.

Le dossier de demande comporte, outre la copie d'une pièce d'identité en cours de validité, le certificat mentionné au II de l'article 3, la copie de la décision attribuant un numéro de carte professionnelle à l'agent ainsi qu'un certificat médical datant de moins de quinze jours, placé sous pli fermé, attestant que son état de santé physique et psychique n'est pas incompatible avec le port d'une arme.

Ce dossier mentionne également le nombre d'agents dont l'armement a été autorisé ou est envisagé ainsi que le nombre et le type des armes concernées.

II. — L'autorisation est délivrée pour une durée de cinq ans. Elle est refusée ou retirée en l'absence de l'un des éléments prévus au I du présent article et au III de l'article 3.

Le préfet s'assure en outre du respect des obligations prévues à l'article 2.

III. — La personne morale mentionnée à l'article 1er informe, sans délai, le préfet de la cessation des fonctions ayant motivé la délivrance d'une autorisation de port d'arme à l'agent. Le préfet procède au retrait de l'autorisation délivrée.

Art. 5 I. — Tout agent, détenteur d'une autorisation, ne peut porter, dans l'accomplissement de ses missions, que les armes remises par la personne morale mentionnée à l'article 1er. Il ne les porte que le temps strictement nécessaire à l'exercice de sa mission. En dehors du service, les armes sont remisées dans un local sécurisé, dont l'accès est placé sous la surveillance du responsable du groupement ou de toute personne qu'il a désignée à cet effet.

II. — Lors de l'exercice des missions justifiant le port d'arme, l'agent de sécurité porte celle-ci de façon continue et apparente.

SOUS-TRAITANCE

Loi no 75-1334 du 31 décembre 1975,

Relative à la sous-traitance (JO 3 janv. 1976).

BIBL. ► SABLIER, CARO, ABBATUCCI, *Éd. du Moniteur, 4e éd. 1993* (guide de la sous-traitance dans la construction). – ABBATUCCI, *RJ Centre-Ouest* 1994, no 13 (la sous-traitance dans le bâtiment). – FERSTENBERT, *RJ Centre-Ouest* 1994, no 13 (la sous-traitance des marchés publics). – PÉRINET-MARQUET, *RJ Centre-Ouest* 1994, no 13 (la sous-traitance en droit privé). – ABBATUCCI, *RDI* 1995. 247 (solutions apportées dans le contrat type de sous-traitance du BTP aux principaux problèmes que posent les relations de sous-traitance). – MODERNE, La sous-traitance des marchés publics, *Dalloz, 1995.* – PÉRINET-MARQUET, *JCP* 1994. I. 3745 (l'impact de l'art. 14-1 de la loi du 31 déc. 1975 : vers une meilleure sécurité de paiement des sous-traitants).

TITRE PREMIER Dispositions générales

Les titres Ier, II et IV de la loi sont applicables dans la collectivité territoriale de Mayotte (Ord. no 92-254 du 4 mars 1992, art. 1er-3o, JO 20 mars, ratifiée par L. no 92-1441 du 31 déc. 1992, JO 1er janv. 1993).

Art. 1er Au sens de la présente loi, la sous-traitance est l'opération par laquelle un entrepreneur confie par un sous-traité, et sous sa responsabilité, à une autre personne appelée sous-traitant *(L. no 2001-1168 du 11 déc. 2001, art. 6)* **« l'exécution de tout ou partie du contrat d'entreprise ou d'une partie du marché public conclu avec le maître de l'ouvrage. »**

(Abrogé par Ord. no 2010-1307 du 28 oct. 2010, art. 7, à compter du 1er déc. 2010) (L. no 98-69 du 6 févr. 1998, art. 11) ***« Les dispositions de la présente loi sont applicables aux opérations de transport, le donneur d'ordre initial étant assimilé au maître d'ouvrage, et le cocontractant du transporteur sous-traitant qui exécute les opérations de transport étant assimilé à l'entrepreneur principal. »***

Code des transports

Art. L. 1432-13 *(Ord. no 2010-1307 du 28 oct. 2010, en vigueur le 1er déc. 2010)* Les dispositions de la loi no 75-1334 du 31 décembre 1975 relative à la sous-traitance sont applicables aux opérations de transport. Dans ce cas, le donneur d'ordre initial est assimilé au maître d'ouvrage et le transporteur qui fait appel à un transporteur sous-traitant est assimilé à l'entrepreneur principal. — *[L. no 75-1334 du 31 déc. 1975, art. 1er, al. 2].*

Art. 2 Le sous-traitant est considéré comme entrepreneur principal à l'égard de ses propres sous-traitants.

Art. 3 L'entrepreneur qui entend exécuter un contrat ou un marché en recourant à un ou plusieurs sous-traitants doit, au moment de la conclusion et pendant toute la durée du contrat ou du marché, faire accepter chaque sous-traitant et agréer les conditions de paiement de chaque contrat de sous-traitance par le maître de l'ouvrage ; l'entrepreneur principal est tenu de communiquer le ou les contrats de sous-traitance au maître de l'ouvrage lorsque celui-ci en fait la demande.

Lorsque le sous-traitant n'aura pas été accepté ni les conditions de paiement agréées par le maître de l'ouvrage dans les conditions prévues à l'alinéa précédent, l'entrepreneur principal sera néanmoins tenu envers le sous-traitant mais ne pourra invoquer le contrat de sous-traitance à l'encontre du sous-traitant.

TITRE II Du paiement direct

Art. 4 Le présent titre s'applique aux marchés passés par l'État, les collectivités locales, les établissements et entreprises publics.

Art. 5 Sans préjudice de l'acceptation prévue l'article 3, l'entrepreneur principal doit, lors de la soumission, indiquer au maître de l'ouvrage la nature et le montant de chacune des prestations qu'il envisage de sous-traiter *(L. nº 2001-1168 du 11 déc. 2001, art. 7)* « ainsi que les sous-traitants auxquels il envisage de faire appel.

« En cours d'exécution du marché, l'entrepreneur principal peut faire appel à de nouveaux sous-traitants, à la condition de les avoir déclarés préalablement au maître de l'ouvrage. »

Art. 6 Le sous-traitant *(L. nº 2001-1168 du 11 déc. 2001, art. 6)* « direct du titulaire du marché » qui a été accepté et dont les conditions de paiement ont été agréées par le maître de l'ouvrage, est payé directement par lui pour la part du marché dont il assure l'exécution.

Toutefois les dispositions de l'alinéa précédent ne s'appliquent pas lorsque le montant du contrat de sous-traitance est inférieur à un seuil qui, pour l'ensemble des marchés prévus au présent titre, est fixé à 600 € ; ce seuil peut être relevé par décret en Conseil d'État en fonction des variations des circonstances économiques. En deçà de ce seuil, les dispositions du titre III de la présente loi sont applicables. – *En vertu des art. 5 et 19 de l'Ord. nº 2000-916 du 19 sept. 2000 (V. l'avertissement en début de code) à compter du 1er janvier 2002, le montant de 4 000 F, mentionné à l'art. 6 de la L. nº 75-1334 du 31 déc. 1975, est remplacé par le montant de 600 €.*

En ce qui concerne les marchés industriels passés par le ministre de la défense, un seuil différent peut être fixé par décret en Conseil d'État.

Ce paiement est obligatoire même si l'entrepreneur principal est en état de liquidation des biens, de règlement judiciaire *[redressement ou liquidation judiciaires]* ou de suspension provisoire des poursuites.

(L. nº 2001-1168 du 11 déc. 2001, art. 6) « Le sous-traitant qui confie à un autre sous-traitant l'exécution d'une partie du marché dont il est chargé est tenu de lui délivrer une caution ou une délégation de paiement dans les conditions définies à l'article 14. »

Art. 7 Toute renonciation au paiement direct est réputée non écrite.

Art. 8 L'entrepreneur principal dispose d'un délai de quinze jours, comptés à partir de la réception des pièces justificatives servant de base au paiement direct, pour les revêtir de son acceptation ou pour signifier au sous-traitant son refus motivé d'acceptation.

Passé ce délai, l'entrepreneur principal est réputé avoir accepté celles des pièces justificatives ou des parties de pièces justificatives qu'il n'a pas expressément acceptées ou refusées.

Les notifications prévues à l'alinéa 1er sont adressées par lettre recommandée avec accusé de réception.

Art. 9 La part du marché pouvant être nantie par l'entrepreneur principal est limitée à celle qu'il effectue personnellement.

Lorsque l'entrepreneur envisage de sous-traiter une part du marché ayant fait l'objet d'un nantissement, l'acceptation des sous-traitants prévue à l'article 3 de la présente loi est subordonnée à une réduction du nantissement à concurrence de la part que l'entrepreneur se propose de sous-traiter.

Art. 10 Le présent titre s'applique :

Aux marchés sur adjudication ou sur appel d'offres dont les avis ou appels sont lancés plus de trois mois après la publication de la présente loi ;

Aux marchés de gré à gré dont la signature est notifiée plus de six mois après cette même publication.

TITRE III De l'action directe

Art. 11 Le présent titre s'applique à tous les contrats de sous-traitance qui n'entrent pas dans le champ d'application du titre II.

Art. 12 Le sous-traitant a une action directe contre le maître de l'ouvrage si l'entrepreneur principal ne paie pas, un mois après en avoir été mis en demeure, les sommes qui sont dues en vertu du contrat de sous-traitance ; copie de cette mise en demeure est adressée au maître de l'ouvrage.

Toute renonciation à l'action directe est réputée non écrite.

Cette action directe subsiste même si l'entrepreneur principal est en état de liquidation des biens, de règlement judiciaire *[redressement ou liquidation judiciaires]* ou de suspension provisoire des poursuites.

(L. nº 94-475 du 10 juin 1994, art. 5-II) « Les dispositions du deuxième alinéa de l'article 1799-1 du code civil sont applicables au sous-traitant qui remplit les conditions édictées au présent article. »

Art. 13 L'action directe ne peut viser que le paiement correspondant aux prestations prévues par le contrat de sous-traitance et dont le maître de l'ouvrage est effectivement bénéficiaire.

Les obligations du maître de l'ouvrage sont limitées à ce qu'il doit encore à l'entrepreneur principal à la date de la réception de la copie de la mise en demeure prévue à l'article précédent.

Art. 13-1 *(L. nº 81-1 du 2 janv. 1981)* L'entrepreneur principal ne peut céder ou nantir les créances résultant du marché ou du contrat passé avec le maître de l'ouvrage qu'à concurrence des sommes qui lui sont dues au titre des travaux qu'il effectue personnellement.

(L. nº 84-46 du 24 janv. 1984) « Il peut, toutefois, céder ou nantir l'intégralité de ces créances sous réserve d'obtenir, préalablement et par écrit, le cautionnement personnel et solidaire visé à l'article 14 de la présente loi, vis-à-vis des sous-traitants ».

Art. 14 A peine de nullité du sous-traité, les paiements de toutes les sommes dues par l'entrepreneur au sous-traitant, en application de ce sous-traité, sont garantis par une caution personnelle et solidaire obtenue par l'entrepreneur d'un établissement qualifié, agréé dans des conditions fixées par décret. Cependant, la caution n'aura pas lieu d'être fournie si l'entrepreneur délègue le maître de l'ouvrage au sous-traitant dans les termes de l'article 1275 du code civil, à concurrence du montant des prestations exécutées par le sous-traitant.

A titre transitoire, la caution pourra être obtenue d'un établissement figurant sur la liste fixée par le décret pris en application de la loi nº 71-584 du 16 juillet 1971 concernant les retenues de garantie.

Art. 14-1 *(L. nº 86-13 du 6 janv. 1986)* « Pour les contrats de travaux de bâtiment et de travaux publics :

– le maître de l'ouvrage doit, s'il a connaissance de la présence sur le chantier d'un sous-traitant n'ayant pas fait l'objet des obligations définies à l'article 3 *(L. nº 2001-1168 du 11 déc. 2001, art. 6)* « ou à l'article 6, ainsi que celles définies à l'article 5, mettre l'entrepreneur principal ou le sous-traitant en demeure de s'acquitter de ces obligations. Ces dispositions s'appliquent aux marchés publics et privés ; »

– si le sous-traitant accepté, et dont les conditions de paiement ont été agréées par le maître de l'ouvrage dans les conditions définies par décret en Conseil d'état, ne bénéficie pas de la délégation de paiement, le maître de l'ouvrage doit exiger de l'entrepreneur principal qu'il justifie avoir fourni la caution.

Les dispositions ci-dessus concernant le maître de l'ouvrage ne s'appliquent pas à la personne physique construisant un logement pour l'occuper elle-même ou le faire occuper par son conjoint, ses ascendants, ses descendants ou ceux de son conjoint.

(L. nº 2005-845 du 26 juill. 2005, art. 186) « Les dispositions du deuxième alinéa s'appliquent également au contrat de sous-traitance industrielle lorsque le maître de l'ouvrage connaît son existence, nonobstant l'absence du sous-traitant sur le chantier. Les dispositions du troisième alinéa s'appliquent également au contrat de sous-traitance industrielle. » – *Cet al. est entré en vigueur le 1er janv. 2006 (L. nº 2005-845 du 26 juill. 2005, art. 190).*

TITRE IV Dispositions diverses

Art. 15 Sont nuls et de nul effet, quelle qu'en soit la forme, les clauses, stipulations et arrangements qui auraient pour effet de faire échec aux dispositions de la présente loi.

Art. 15-1 *(L. nº 94-638 du 25 juill. 1994, art. 33)* La présente loi est applicable dans la collectivité territoriale de Mayotte. Elle s'applique aux contrats de sous-traitance conclus à partir du premier jour du douzième mois qui suit la publication de la loi nº 94-638 du 25 juillet 1994 tendant à favoriser l'emploi, l'insertion et les activités économiques dans les départements d'outre-mer, à Saint-Pierre-et-Miquelon et à Mayotte.

Pour son application à la collectivité territoriale de Mayotte, il y a lieu de lire au premier alinéa de l'article 4 : « agréé dans les conditions fixées par arrêté du représentant du Gouvernement à Mayotte », au lieu de : « agréé dans des conditions fixées par décret ».

Art. 15-2 *(L. nº 96-609 du 5 juill. 1996, art. 7)* La présente loi est applicable à la collectivité territoriale de Saint-Pierre-et-Miquelon. Elle s'applique aux contrats de sous-traitance conclus à partir du 1er janvier 1997.

Pour son application à la collectivité territoriale de Saint-Pierre-et-Miquelon, il y a lieu de lire, au premier alinéa de l'article 14 : « agréé dans les conditions fixées par arrêté du préfet » au lieu de : « agréé dans des conditions fixées par décret ».

Art. 15-3 *(L. nº 96-609 du 5 juill. 1996, art. 7)* La présente loi, à l'exception du dernier alinéa de l'article 12, est applicable dans les territoires de la Nouvelle-Calédonie et de la Polynésie française sous réserve des dispositions suivantes :

I. – Il y a lieu de lire, au premier alinéa de l'article 14 : « agréé dans les conditions fixées par arrêté du haut-commissaire de la République » au lieu de : « agréé dans des conditions fixées par décret ».

II. – Elle s'applique aux contrats de sous-traitance conclus à partir du 1er janvier 1997.

Art. 15-4 *(Ord. nº 2010-137 du 11 févr. 2010)* La présente loi est applicable, dans les îles Wallis-et-Futuna, aux contrats passés par l'État et ses établissements publics sous réserve des dispositions suivantes :

Au premier alinéa de l'article 14, les mots : "des conditions fixées par décret" sont remplacés par les mots : "des conditions fixées, dans les îles Wallis-et-Futuna, par arrêté de l'administrateur supérieur".

Le présent art. est applicable aux projets de contrats en vue desquels un avis d'appel public à la concurrence est envoyé ou une consultation engagée à compter du 1er août 2010 (Ord. no 2010-137 du 11 févr. 2010, art. 8).

Art. 16 Des décrets en Conseil d'État précisent les conditions d'application de la présente loi.

TERMITES (ET AUTRES INSECTES XYLOPHAGES)

Loi no 99-471 du 8 juin 1999,

Tendant à protéger les acquéreurs et propriétaires d'immeubles contre les termites et autres insectes xylophages.

Art. 1er **Les dispositions de la présente loi définissent les conditions dans lesquelles la prévention et la lutte contre les termites et les autres insectes xylophages sont organisées par les pouvoirs publics en vue de protéger les bâtiments.**

Art. 2 *à* 4 *Abrogés par L. no 2006-872 du 13 juill. 2006, art. 79-VI.*

Art. 5 *V. CCH, art. L. 133-1 à L. 133-3.*

....

Art. 7 *V. CCH, art. L. 112-17 et L. 152-1.*

Art. 8 *et* 9 *Abrogés par L. no 2006-872 du 13 juill. 2006, art. 79-VI.*

Décret no 2000-613 du 3 juillet 2000,

Relatif à la protection des acquéreurs et propriétaires d'immeubles contre les termites.

Ndlr : *Ce Décr. est abrogé et codifié aux art. R. 133-3 à R. 133-7 du CCH (V. ces art.) à compter du 1er nov. 2007 (Décr. no 2006-1114 du 5 sept. 2006, art. 5 et 6).*

Art. 1er *à* 6 *Abrogés par Décr. no 2006-1114 du 5 sept. 2006, art. 5 et 6, à compter du 1er nov. 2007.*

VILLE

1 LOI D'ORIENTATION POUR LA VILLE

Loi no 91-662 du 13 juillet 1991,

D'orientation pour la ville (JO 9 juill. ; D. et ALD 1991. 330).

BIBL. ► AUBY, *JCP 1992. I. 3546.* – BOUYEURE, *Administrer nov. 1991. 10.* – CHARLES, *Administrer nov. 1991. 3.* – FABERON, *Rev. adm. 1991. 510.* – FRÉMONT, *Administrer nov. 1991. 15.* – HUGOT, Le droit de préemption urbain et dans les ZAD après la loi d'orientation pour la ville no 91-662 du 13 juill. 1991, *JCP N 1991. I. 331.* – JACQUOT, *AJDA 1991. 892.* – LUCK, *Rev. huissiers 1992. 128.* – MICHEAU, Doit-on tirer sur l'ambulance ou la loi d'orientation pour la ville a-t-elle les moyens de ses ambitions ?, *Administrer nov. 1991, p. 24.* – MORAND-DEVILLER, L'apport de la loi d'orientation pour la ville, *AJDA 1992. 410.* – ROUQUETTE, *LPA 21 août 1991.* – SESTIER, *ALD 1991. Comm. 143.* – TRONCHON, La loi d'orientation sur la ville, *LPA 24 janv. 1992.* – WERTENSCHLAG, Le troisième volet du statut de l'habitat : la loi du 13 juillet 1991 d'orientation pour la ville, *AJPI 1991. 664.*

TITRE PREMIER Principes généraux

Art. 1er **Afin de mettre en œuvre le droit à la ville, les communes, les autres collectivités territoriales et leurs groupements, l'État et leurs établissements publics assurent à tous les habitants des villes des conditions de vie et d'habitat favorisant la cohésion sociale et de nature à éviter ou à faire disparaître les phénomènes de ségrégation. Cette politique doit permettre d'insérer chaque quartier dans la ville et d'assurer dans chaque agglomération la coexistence des diverses catégories sociales.**

A ces fins, l'État et les autres collectivités publiques doivent, en fonction de leurs compétences, prendre toutes mesures tendant à diversifier dans chaque agglomération, commune ou quartier les types de logement, d'équipements et de services nécessaires :

— au maintien et au développement du commerce et des autres activités économiques de proximité ;

— à la vie collective dans les domaines scolaire, social, sanitaire, sportif, culturel et récréatif ;

— aux transports ;

— à la sécurité des biens et des personnes.

Art. 2 **La politique de la ville est un élément de la politique d'aménagement du territoire.**

Art. 3 **La réalisation de logements sociaux est d'intérêt national.**

Les communes ou leurs groupements doivent, par leur intervention en matière d'action foncière, permettre la réalisation de logements sociaux.

Les collectivités publiques doivent veiller à ce que les restaurations nécessaires des quartiers anciens des villes ne méconnaissent pas les objectifs mentionnés à l'article 1er.

Elles apportent un soin particulier, avec le concours des organismes gestionnaires des logements et de l'État, à la réhabilitation et à la valorisation des quartiers récents dégradés, ainsi qu'à la création ou au développement des relations entre ces quartiers et le reste de la ville.

Art. 4 *(Abrogé par L. no 2000-1208 du 13 déc. 2000, art. 208)* ***Lors de toute action ou opération, au sens de l'article L. 300-1 du code de l'urbanisme, qui, par son ampleur ou par sa nature, modifie substantiellement les conditions de vie des habitants dans les quartiers ou les ensembles immobiliers, le maire organise une concertation préalable. Il en présente le bilan devant le conseil municipal qui en délibère.***

Cette concertation associe notamment les maîtres d'ouvrage concernés ainsi que, à leur demande, les représentants locaux des associations de locataires siégeant au Conseil national de l'habitat.

Les dispositions des alinéas précédents ne s'appliquent pas lorsqu'une procédure de concertation est engagée en application de l'article L. 300-2 du code de l'urbanisme.

Un décret en Conseil d'État détermine, en tant que de besoin, les conditions d'application du présent article.

. . . .

TITRE II De l'équilibre de l'habitat dans les villes et les quartiers

. . . .

Art. 15 **Les programmes locaux de l'habitat, élaborés avant l'entrée en vigueur de la loi no 91-662 du 13 juillet 1991 d'orientation pour la ville, peuvent être transformés en programmes locaux de l'habitat dans des conditions fixées par décret en Conseil d'État.** *– V. Décr. no 92-459 du 22 mai 1992 (JO 23 mai) : CCH, art. R. 302-1 à R. 302-26 et R. 362-2, al. 1er-4.*

L'établissement public de coopération intercommunale ou la commune procède aux adaptations nécessaires du programme en cours.

. . . .

Art. 30 *Abrogé par L. n° 2006-872 du 13 juill. 2006, art. 15-II.*

. . . .

TITRE VI Dispositions diverses

. . . .

Art. 47 Avant l'expiration d'un délai de quatre ans à compter de sa publication, la présente loi fera l'objet d'un rapport d'évaluation par le Gouvernement au Parlement, après avis du *(L. n° 2010-704 du 28 juin 2010, art. 21)* « Conseil économique, social et environnemental *[ancienne rédaction : Conseil économique et social]* ».

Le rapport d'évaluation fera ressortir le bilan économique et social des mesures décidées dans le cadre de la loi, les difficultés rencontrées pour la mise en œuvre et les adaptations souhaitables.

2 PACTE DE RELANCE POUR LA VILLE

Loi n° 96-987 du 14 novembre 1996,

Relative à la mise en œuvre du pacte de relance pour la ville (JO 15 nov.).

TITRE PREMIER Principes généraux

Art. 1er La politique de la ville et du développement social urbain est conduite par l'État et les collectivités territoriales dans le respect de la libre administration de celles-ci, selon les principes de la décentralisation et dans le cadre de la politique d'aménagement du territoire.

Outre les objectifs de diversité de l'habitat et de mixité sociale définis par la loi n° 91-662 du 13 juillet 1991 d'orientation pour la ville *[V. ce texte, ci-dessus]*, elle a pour but de lutter contre les phénomènes d'exclusion dans l'espace urbain et de favoriser l'insertion professionnelle, sociale et culturelle des populations habitant dans des grands ensembles ou des quartiers d'habitat dégradé.

A cette fin, des dispositions dérogatoires du droit commun sont mises en œuvre, dans les conditions prévues par la présente loi, en vue de compenser les handicaps économiques ou sociaux des zones urbaines sensibles, des zones de redynamisation urbaine et des zones franches urbaines.

. . . .

Art. 3 *Abrogé par Ord. n° 2004-637 du 1er juill. 2004, art. 20.*

. . . .

TITRE IV Dispositions relatives à la vie associative

Art. 40 Il peut être institué par convention entre l'État, une ou plusieurs communes ou groupements de communes et, le cas échéant, le département et la région des fonds locaux associatifs destinés à assurer, pour le compte et sous le contrôle des différentes parties à la convention qui en assurent le financement, le paiement des subventions aux associations qui contribuent à la mise en œuvre des actions ou opérations relevant de la politique de la ville et du développement social urbain, notamment dans le cadre des contrats de ville conclus en application des contrats de plan liant l'État et les régions.

Les fonds locaux associatifs sont institués dans le même ressort géographique que les actions ou opérations mentionnées à l'alinéa précédent.

Un décret en Conseil d'État définit les modalités d'application du présent article.

. . . .

TITRE V **Dispositions diverses**

. . . .

Art. 45 *(Abrogé par L. no 2005-32 du 18 janv. 2005, art. 140)* ***A compter de l'entrée en vigueur de la présente loi, le Gouvernement déposera chaque année sur le bureau de chacune des assemblées un rapport sur son application, et notamment sur les effets de la création des zones franches urbaines.***

(L. no 2001-1275 du 28 déc. 2001, art. 17-V) ***« Ce rapport présente, notamment, des estimations de l'évolution du nombre d'emplois et du taux de chômage suscitée par les dispositifs de zones de redynamisation urbaine et de zones franches urbaines, tant à l'intérieur qu'à l'extérieur des zones concernées, et tant pour les résidents que pour les non-résidents de ces zones. »***

V. l'annexe de la L. no 96-987 arrêtant la liste des communes où sont instituées des zones franches urbaines et des quartiers ayant justifié cette création (JO 15 nov.), mod. par L. no 2000-1208 du 13 déc. 2000, art. 92, JO 14 déc.).

V. Circ. no 97-08 du 8 janv. 1997 (Mon. TP 17 janv. 1997, Suppl. textes, p. 250).

ANNEXE 2

1 *BIS* DE L'ANNEXE À LA LOI No 96-987 DU 14 NOVEMBRE 1996 RELATIVE À LA MISE EN ŒUVRE DU PACTE DE RELANCE POUR LA VILLE

(L. no 2003-710 du 1er août 2003)

1 bis — Liste des communes et des quartiers où sont créées des zones franches urbaines à compter du 1er janvier 2004 :

Marseille	Saint-Barthélémy, Le Canet, Delorme-Paternelle
Anzin, Beuvrages, Valenciennes	Secteur intercommunal : Dutemple, Saint-Waast, Chasse royale ; Bleuse-Borne ; Fénélon ; Carpeaux
Saint-Pol-sur-Mer	Quartiers Ouest, Cité Liberté
Stains	Clos Saint-Lazare, Allende
Toulouse	La Reynerie, Bellefontaine, Faourette, Bagatelle, Bordelongue
Aulnay-sous-Bois	La Rose des Vents, Cité Emmaüs, Les Merisiers
Caen	Guerinière, Grâce de Dieu
Vénissieux	Les Minguettes
Villiers-le-Bel	Les Puits, La Marlière, Derrière-les-Murs-de-Monseigneur
Maubeuge, Louvroil	Sous-le-Bois, Douzies, Monplaisir et Épinettes
Béziers	Les Arènes, La Dévèze
Soissons	Presles-Chevreux
La Courneuve	Les 4000
Sevran	Les Beaudottes
Blois	Bégon, Croix-Chevalier
Besançon	Planoise
Rouen	Le Plateau : Châtelet-la-Lombardie, les Sapins, La Grand'Mare
Évreux, Guichainville, Le Vieil-Évreux	La Madeleine, le Long-Buisson
La Chapelle-Saint-Luc, Les Noës-près-Troyes, Troyes, Sainte-Savine	Chantereigne-Montvillers
Woippy, Metz	Saint-Éloi, Pré-Génie
Alençon	Courteille-Perseigne
Vitry-sur-Seine	Grand ensemble Ouest-Est
Strasbourg	Hautepierre

La Rochelle	Mireuil, Laleu, La Pallice, La Rossignolette
Nancy, Vandœuvre-lès-Nancy, Laxou, Maxéville	Haut-du-Lièvre, Nations
Rillieux-La-Pape	Ville nouvelle
Argenteuil	Val-d'Argent
Grenoble	Village olympique, La Villeneuve
Corbeil, Évry	Les Tarterêts, Les Pyramides
Épinay-sur-Seine	Orgemont
Clermont-Ferrand	Croix-de-Neyrat, Quartiers Nord
Sartrouville	Le Plateau, Cité des Indes
Melun	Quartier Nord
Nantes, Saint-Herblain	Bellevue
Le Blanc-Mesnil, Dugny	Quartiers Nord
Trappes	Les Merisiers
Angers	Belle-Beille
Saint-Nazaire	Quartier Ouest : Avalix, La Boulletterie, Tréballe, La Chesnaie
Beauvais	Argentine
Épinay-sous-Sénart	Cinéastes-Plaine
Hénin-Beaumont, Montigny-en-Gohelle, Courrières, Rouvroy, Drocourt, Dourges	ZAC des 2 villes, Quartier du Rotois, Quartier Sud-Ouest (Jean-Macé), Cité de Nouméa

Sur la délimitation des zones franches urbaines créées en application de la L. n° 2003-710 du 1er août 2003, V. Décr. n° 2004-219 du 12 mars 2004 (JO 14 mars), mod. par Décr. n° 2005-557 du 27 mai 2005 (JO 28 mai) et Décr. n° 2007-894 du 15 mai 2007 (JO 16 mai).

ZONES PRIORITAIRES D'AMÉNAGEMENT DU TERRITOIRE

Loi n° 95-115 du 4 février 1995,

D'orientation pour l'aménagement et le développement du territoire (JO 5 févr.).

....

TITRE V **Dispositions spécifiques à certaines parties du territoire**

....

CHAPITRE II *Des zones prioritaires d'aménagement du territoire*

SECTION I *Du développement économique des zones prioritaires*

Art. 42 Des politiques renforcées et différenciées de développement sont mises en œuvre dans les zones caractérisées par des handicaps géographiques, économiques ou sociaux.

(L. n° 99-533 du 25 juin 1999, art. 36-I ; L. n° 2006-1771 du 30 déc. 2006, art. 130-I) « Ces zones comprennent les zones d'aménagement du territoire, les territoires ruraux de développement prioritaire, les zones urbaines sensibles, les bassins d'emploi à redynamiser » *(L. n° 2008-1443 du 30 déc. 2008, art. 34)* « , les zones de restructuration de la défense » *(L. n° 99-533 du 25 juin 1999, art. 36-I ; L. n° 2006-1771 du 30 déc. 2006, art. 130-I)* « et les régions ultrapériphériques françaises. »

1. Les zones d'aménagement du territoire sont caractérisées notamment par leur faible niveau de développement économique et par l'insuffisance du tissu industriel ou tertiaire.

2. Les territoires ruraux de développement prioritaire recouvrent les zones défavorisées caractérisées par leur faible niveau de développement économique.

3. *(L. nº 96-987 du 14 nov. 1996)* « Les zones urbaines sensibles sont caractérisées par la présence de grands ensembles ou de quartiers d'habitat dégradé et par un déséquilibre accentué entre l'habitat et l'emploi. Elles comprennent les zones de redynamisation urbaine et les zones franches urbaines. Dans les départements d'outre-mer et la collectivité territoriale de Mayotte, ces zones sont délimitées en tenant compte des caractéristiques particulières de l'habitat local. La liste des zones urbaines sensibles est fixée par décret. » *(L. nº 2007-1822 du 24 déc. 2007, art. 140)* « Elle fait l'objet d'une actualisation tous les cinq ans. » — *V. Décr. nº 96-1156 du 26 déc. 1996 (JO 28 déc.) complété par Décr. nº 2000-796 du 24 août 2000 (JO 26 août) et mod. par Décr. nº 2001-253 du 26 mars 2001 (JO 27 mars), lui-même mod. par Décr. nº 2001-707 du 31 juill. 2001 (JO 3 août) ; la première actualisation de la liste des zones urbaines sensibles est effectuée en 2009 (L. nº 2007-1822 du 24 déc. 2007, art. 140).*

(L. nº 96-987 du 14 nov. 1996) « A. — Les zones de redynamisation urbaine correspondent à celles des zones urbaines sensibles définies au premier alinéa ci-dessus qui sont confrontées à des difficultés particulières, appréciées en fonction de leur situation dans l'agglomération, de leurs caractéristiques économiques et commerciales et d'un indice synthétique. Celui-ci est établi, dans des conditions fixées par décret, en tenant compte du nombre d'habitants du quartier, du taux de chômage, de la proportion de jeunes de moins de vingt-cinq ans, de la proportion des personnes sorties du système scolaire sans diplôme et du potentiel fiscal des communes intéressées *[V. Décr. nº 96-1159 du 26 déc. 1996 (JO 28 déc.)]*. La liste de ces zones est fixée par décret. — *V. Décr. nº 96-1157 du 26 déc. 1996 (JO 28 déc.), mod. par Décr. nº 2001-254 du 26 mars 2001 (JO 27 mars), lui-même mod. par Décr. nº 2001-708 du 31 juill. 2001 (JO 3 août).*

« Les zones de redynamisation urbaine des communes des départements d'outre-mer et de la collectivité territoriale de Mayotte correspondent à celles des zones urbaines sensibles définies au premier alinéa du présent 3 qui sont confrontées à des difficultés particulières, appréciées en fonction du taux de chômage, du pourcentage de jeunes de moins de vingt-cinq ans et de la porportion de personnes sorties du système scolaire sans diplôme. La liste de ces zones est fixée par décret. — *V. Décr. nº 96-1158 du 26 déc. 1996 (JO 28 déc.).*

« B. — Des zones franches urbaines sont créées dans des quartiers de plus de 10 000 habitants particulièrement défavorisés au regard des critères pris en compte pour la détermination des zones de redynamisation urbaine. La liste de ces zones est annexée à la loi nº 96-987 du 14 novembre 1996 relative à la mise en œuvre du pacte de relance pour la ville *[V. cette annexe, JO 15 nov. — V. aussi App., vº Ville (Pacte de relance), L. nº 2003-710 du 1er août 2003, art. 23, ss. L. nº 96-987 du 14 nov. 1996, art. 45]*. Leur délimitation est opérée par décret en Conseil d'État, en tenant compte des éléments de nature à faciliter l'implantation d'entreprises ou le développement d'activités économiques. — *V. Décr. nº 96-1154 du 26 déc. 1996 (JO 28 déc.), mod. par Décr. nº 97-1323 du 31 déc. 1997 (JO 1er janv. 1998), par Décr. nº 2001-706 du 31 juill. 2001 (JO 3 août), par Décr. nº 2007-894 du 15 mai 2007 (JO 16 mai) et par Décr. nº 2010-25 du 7 janv. 2010 (JO 9 janv.). (L. nº 2003-710 du 1er août 2003, art. 24)* « Cette délimitation pourra prendre en compte des espaces situés à proximité du quartier, si ceux-ci sont de nature à servir le projet de développement d'ensemble dudit quartier. Ces espaces pourront appartenir, le cas échéant, à une ou plusieurs communes voisines qui ne seraient pas mentionnées dans ladite annexe. »

(L. nº 2006-396 du 31 mars 2006, art. 26) « En outre, des zones franches urbaines sont créées à compter du 1er août 2006 dans des quartiers de plus de 8 500 habitants particulièrement défavorisés au regard des critères pris en compte pour la détermination des zones de redynamisation urbaine. La liste de ces zones franches urbaines est arrêtée par décret. Leur délimitation est opérée dans les mêmes conditions qu'au premier alinéa du présent B. » — *La création de ces zones franches urbaines est précédée du dépôt sur le bureau des assemblées d'un rapport comportant la liste des communes et des quartiers dans lesquels la création des*

zones est envisagée et l'évaluation du coût des dépenses budgétaires, fiscales et sociales qui en résulterait (L. nº 2006-396 du 31 mars 2006, art. 27). – V. Décr. nº 2006-930 du 28 juill. 2006 portant création de zones franches urbaines en application de l'art. 26 de la L. nº 2006-396 du 31 mars 2006 pour l'égalité des chances (JO 29 juill.) ; Décr. nº 2006-1623 du 28 juill. 2006 portant délimitation des zones franches urbaines créées en application de l'art. 26 de la loi préc. (JO 20 déc.) et Arr. 14 mars 2007 relatif à la population totale des zones franches urbaines (JO 24 mars).

« Les zones franches urbaines des communes des départements d'outre-mer sont créées dans des quartiers particulièrement défavorisés au regard des critères pris en compte pour la détermination des zones de redynamisation urbaine des communes de ces départements. La liste de ces zones est annexée à la loi nº 96-987 du 14 novembre 1996 précitée. Leur délimitation est fixée par décret en Conseil d'État, en tenant compte des éléments de nature à faciliter l'implantation d'entreprises ou le développement d'activités économiques. » *– V. Décr. nº 96-1155 du 26 déc. 1996 (JO 28 déc.), mod. par Décr. nº 97-1322 du 31 déc. 1997 (JO 1er janv. 1998) et par Décr. nº 2007-895 du 15 mai 2007 (JO 16 mai).*

(L. nº 2006-1771 du 30 déc. 2006, art. 130-I) **« 3 *bis*. Les bassins d'emploi à redynamiser sont reconnus par voie réglementaire parmi les territoires dans lesquels la majorité des actifs résident et travaillent et qui recouvrent en 2006 les zones caractérisées par :**

« 1º Un taux de chômage au 30 juin 2006 supérieur de trois points au taux national ;

« 2º Une variation annuelle moyenne négative de la population entre les deux derniers recensements connus supérieure en valeur absolue à 0,15 % ;

« 3º Une variation annuelle moyenne négative de l'emploi total entre 2000 et 2004 supérieure en valeur absolue à 0,75 %.

« Les références statistiques utilisées pour la détermination de ces bassins d'emploi sont fixées par voie réglementaire. »

(L. nº 2008-1443 du 30 déc. 2008, art. 34) **« 3 *ter*. Les zones de restructuration de la défense se répartissent en deux catégories :**

« 1º Les territoires dans lesquels la majorité des actifs résident et travaillent, incluant une ou plusieurs communes, d'une part, caractérisées par une perte d'au moins cinquante emplois directs du fait de la réorganisation des unités militaires et établissements du ministère de la défense sur le territoire national et, d'autre part, dont le territoire est couvert par un contrat de redynamisation de site de défense. Ces territoires doivent satisfaire à l'un des critères suivants :

« *a)* Un taux de chômage supérieur de trois points à la moyenne nationale ;

« *b)* Une variation annuelle moyenne négative de la population entre les deux derniers recensements connus supérieure en valeur absolue à 0,15 % ; »

(L. nº 2009-1673 du 30 déc. 2009, art. 2) **« *c)* Une variation négative de l'emploi total sur une période de quatre ans supérieure ou égale en valeur absolue à 0,65 % ; »**

(L. nº 2008-1443 du 30 déc. 2008, art. 34) **« *d)* Un rapport entre la perte locale d'emplois directs du fait de la réorganisation des unités militaires sur le territoire national et la population salariée d'au moins 5 %.**

« Les références statistiques utilisées pour la détermination de ces territoires sont fixées par voie réglementaire *[V. Décr. nº 2009-555 du 19 mai 2009, JO 21 mai]* **;**

« 2º Les communes, le cas échéant visées au 1º, caractérisées par une perte d'au moins cinquante emplois directs du fait de la réorganisation des unités militaires et établissements du ministère de la défense sur le territoire national et dont le territoire est couvert par un contrat de redynamisation de site de défense.

« Les contrats de redynamisation de site de défense sont conclus entre, d'une part, l'État et, d'autre part, les communes ou groupements de collectivités territoriales correspondant aux sites les plus affectés par la réorganisation du fait d'une perte nette de nombreux emplois directs et d'une grande fragilité économique et démographique. Ils sont d'une durée de trois ans, reconductible une fois pour deux ans.

« Les zones de restructuration de la défense sont délimitées par un arrêté conjoint des ministres chargés de l'économie, du budget et de l'aménagement du territoire qui détermine, pour chaque zone, celle des années comprises entre 2009 et 2013 au titre de laquelle elle est reconnue. »

(L. nº 99-533 du 25 juin 1999, art. 36-I) « **4. Les régions ultrapériphériques françaises recouvrent les départements d'outre-mer.** »

Dans un délai de six mois à compter de la promulgation de la loi nº 99-533 du 25 juin 1999 (JO 29 juin), le Gouvernement proposera, dans le cadre d'un projet de loi d'orientation pour les départements d'outre-mer, des dispositions visant à l'adapter aux spécificités de chaque département d'outre-mer. Ce projet complétera notamment les mesures prévues par la présente loi en faveur des régions ultrapériphériques françaises en vue de garantir leur développement économique et culturel.

Il contribuera à assurer aux habitants des régions ultrapériphériques françaises des conditions de vie équivalentes à celles ayant cours sur les autres parties du territoire (L. préc., art. 36-II).

....

V. Arr. du 26 févr. 2009 authentifiant les populations des zones urbaines sensibles et des zones franches urbaines (JO 8 mars).

SECTION II *Des mesures spécifiques à certaines zones prioritaires*

Art. 61 *(L. nº 2005-157 du 23 févr. 2005, art. 13)* **Dans les zones de revitalisation rurale mentionnées à l'article 1465 A du code général des impôts, l'État et les collectivités territoriales mettent en œuvre des dispositions visant notamment à :**

– développer les activités économiques,

– assurer un niveau de service de qualité et de proximité,

– améliorer la qualité de l'habitat et l'offre de logement, notamment locatif,

– lutter contre la déprise agricole et forestière et maintenir des paysages ouverts,

– assurer le désenclavement des territoires,

– développer la vie culturelle, familiale et associative,

– valoriser le patrimoine rural,

et d'une façon plus générale à assurer aux habitants de ces zones des conditions de vie équivalentes à celles ayant cours sur les autres parties du territoire

Les zones de revitalisation rurale sont prises en compte dans les schémas de services collectifs et les schémas interrégionaux d'aménagement et de développement prévus par la présente loi ainsi que par les schémas régionaux de développement et d'aménagement prévus à l'article 34 de la loi nº 83-8 du 7 janvier 1983 précitée. Ces zones constituent un territoire de référence pour l'organisation des services rendus aux usagers prévue à l'article 29 de la présente loi.

Art. 62 **Les concours financiers de l'État à la réhabilitation de l'habitat ancien sont attribués par priorité aux communes situées dans les zones de revitalisation rurale, définies à l'article 1465 A du code général des impôts, ayant fait l'acquisition de biens immobliers anciens situés sur leur territoire, en vue de les transformer en logements sociaux à usage locatif.**

....

ANNEXES

ANNEXE 1 (art. L. 215-6)

Statuts de l'Union d'économie sociale pour l'accession à la propriété (UES-AP)

(Décr. nº 2007-1595 du 9 nov. 2007)

Préambule

La Chambre syndicale des sociétés anonymes de crédit immobilier, association régie par la loi du 1er juillet 1901 et par les dispositions des articles L. 422-4-1 du code de la construction et de l'habitation, est issue de la transformation de la Fédération nationale des sociétés de crédit immobilier de France approuvée par délibération du 18 juin 1991 de l'assemblée générale des sociétés anonymes de crédit immobilier et par décret nº 92-341 du 1er avril 1992.

L'ordonnance nº 2006-1048 du 25 août 2006, ratifiée par la loi nº 2006-1615 du 18 décembre 2006, organise, d'une part, la transformation des sociétés anonymes de crédit immobilier (SACI) en sociétés anonymes coopératives d'intérêt collectif pour l'accession (SACICAP), d'autre part, la transformation de la Chambre syndicale des sociétés anonymes de crédit immobilier en Union d'économie sociale pour l'accession à la propriété (UES-AP), régie par le titre II *bis* de la loi nº 47-1775 du 10 septembre 1947 portant statut de la coopération et par les articles L. 215-5, L. 215-6 et L. 215-7 du code de la construction et de l'habitation.

Aux termes de l'assemblée générale extraordinaire du 15 mars 2007, il a été décidé la transformation de la Chambre syndicale des sociétés anonymes de crédit immobilier en Union d'économie sociale pour l'accession à la propriété et l'adoption des présents statuts.

En application du cinquième alinéa de l'article 6 de l'ordonnance nº 2006-1048 précitée, l'UES-AP succède à la Chambre syndicale des sociétés anonymes de crédit immobilier à compter du 1er janvier 2008, dans ses droits et obligations, pour l'exercice des missions définies aux articles L. 215-7 et L. 215-8 du code de la construction et de l'habitation.

Les statuts de l'UES-AP sont approuvés par décret en Conseil d'État.

TITRE Ier Forme, dénomination, objet, durée, siège

Art. 1er *Forme.* En application des dispositions de l'article L. 215-6 du code de la construction et de l'habitation et de l'article 6 de l'ordonnance nº 2006-1048 du 25 août 2006, ratifiée par la loi nº 2006-1615 du 18 décembre 2006, et de l'article 28 *bis* de la loi nº 47-1775 du 10 septembre 1947 portant statut de la coopération, la Chambre syndicale des sociétés anonymes de crédit immobilier, association régie par la loi du 1er juillet 1901, est transformée en Union d'économie sociale, société anonyme coopérative à capital variable.

Elle est régie :

– par les dispositions des articles L. 215-5 à L. 215-7 du code de la construction et de l'habitation ;

– par les dispositions de la loi du 10 septembre 1947 portant statut de la coopération, et plus particulièrement par les dispositions du titre II *bis* ;

– par les dispositions du code civil et du code de commerce, et notamment des articles L. 231-1 à L. 231-8 du code de commerce en ce qui concerne la variabilité de son capital social ;

– et par les présents statuts et son règlement intérieur.

La société ne fait pas appel public à l'épargne.

Art. 2 *Dénomination.* La société prend la dénomination d'« Union d'économie sociale pour l'accession à la propriété (UES-AP) ».

Dans tous les actes, factures, publications et autres documents émanant de la société, la dénomination sociale doit être accompagnée des mots : « société anonyme coopérative à capital variable ».

Art. 3 *Objet.* 1. L'UES-AP a pour objet de représenter les sociétés anonymes coopératives d'intérêt collectif pour l'accession à la propriété pour faire valoir leurs droits et intérêts communs auprès de toute personne ou institution, et notamment auprès des pouvoirs publics.

2. L'UES-AP gère les intérêts communs de ses associés et contribue au développement de leurs activités. Dans ce cadre, elle peut réaliser toutes prestations de service en matière de formation, gestion administrative et financière, et plus généralement toutes activités annexes, connexes ou complémentaires s'y rattachant directement ou indirectement, ainsi que toutes opérations civiles, commerciales, mobilières, immobilières utiles directement ou indirectement à la réalisation de l'objet social ainsi défini.

3. Dans le cadre de ses missions, l'UES-AP passe toute convention avec l'État définissant les objectifs et les conditions d'exercice de l'activité de ces sociétés en faveur de l'accession sociale à la propriété ainsi que les modalités de contrôle nécessaires à la bonne exécution de la convention. L'UES-AP veille à la mise en œuvre de ces conventions.

L'UES-AP veille au respect des dispositions de l'article L. 215-1-2 du code de la construction et de l'habitation par les sociétés anonymes coopératives d'intérêt collectif pour l'accession à la propriété. A ce titre, elle passe toute convention avec l'État définissant les orientations données aux opérations visées à l'article L. 215-1-2 du code précité et les modalités de contrôle du montant et de l'utilisation de la réserve de disponibilités, mentionnée au second alinéa dudit article, constituée par chaque société anonyme coopérative d'intérêt collectif pour l'accession à la propriété.

En considération des intérêts communs qu'elle représente et des objectifs définis dans les conventions avec l'État, l'UES-AP :

– adresse aux sociétés anonymes coopératives d'intérêt collectif pour l'accession à la propriété des recommandations ;

– donne un avis préalable aux prises ou cessions de participations directes ou indirectes par les sociétés anonymes coopératives pour l'accession à la propriété dans des sociétés ; les sociétés anonymes coopératives pour l'accession à la propriété doivent obligatoirement se conformer à cet avis, en application des dispositions de l'article L. 215-7, troisième alinéa, du code de la construction et de l'habitation ;

– émet un avis préalable aux agréments à délivrer par l'autorité administrative, visés aux articles L. 215-2 et L. 215-8 du code de la construction et de l'habitation ;

– peut, en cas de non-respect par une société anonyme coopérative d'intérêt collectif pour l'accession à la propriété des dispositions législatives et réglementaires applicables, des engagements pris dans les conventions passées avec l'État ou des présents statuts et du règlement intérieur, saisir l'autorité administrative en vue de mettre en œuvre les dispositions relatives au contrôle et aux sanctions administratives, telles que prévues par les articles L. 215-9 et L. 215-10 du code de la construction et de l'habitation ;

– émet un avis préalable à toute sanction par l'autorité administrative, conformément aux dispositions de l'article L. 215-10 dudit code ;

– formule auprès de l'autorité administrative des propositions d'attribution des sommes non utilisées, pendant deux exercices successifs, par une société anonyme coopérative d'intérêt collectif pour l'accession à la propriété, en application de l'article L. 215-1-2 du code de la construction et de l'habitation, à une autre société anonyme coopérative d'intérêt collectif pour l'accession à la propriété ;

– formule auprès de l'autorité administrative des propositions d'attribution à une autre société anonyme coopérative d'intérêt collectif pour l'accession à la propriété du boni de liquidation d'une société anonyme coopérative d'intérêt collectif pour l'accession à la propriété en cas de non-obtention ou de perte de l'agrément administratif visé à l'article L. 215-8 du code de la construction et de l'habitation ou en cas de dissolution prononcée par l'autorité administrative, à titre de sanction ;

– émet un avis préalable à l'attribution du boni de liquidation en cas de mise en liquidation amiable d'une société anonyme coopérative d'intérêt collectif pour l'accession à la propriété à une autre société anonyme coopérative d'intérêt collectif pour l'accession à la propriété ;

– remet un rapport annuel à l'autorité administrative sur l'exécution des conventions.

4. Pour la réalisation de son objet, l'UES-AP peut prendre des participations ou constituer toutes sociétés ou groupements. Toutefois, en application des dispositions de l'article L. 215-6 du code de la construction et de l'habitation, l'UES-AP ne peut prendre de participation directement ou indirectement ni dans une société anonyme coopérative d'intérêt collectif pour l'accession à la propriété ni dans une société détenue majoritairement ou de façon conjointe par des sociétés anonymes coopératives d'intérêt collectif pour l'accession à la propriété.

5. Des tiers non associés peuvent bénéficier des services rendus par l'UES-AP. Les opérations effectuées avec des tiers non associés font l'objet d'une comptabilité séparée et ne peuvent excéder le cinquième du chiffre d'affaires.

Art. 4 *Moyens d'action – Règlement intérieur.*

4.1. Moyens d'action

Afin d'exercer les missions prévues à l'article 3 des présents statuts :

– l'UES-AP émet des recommandations aux sociétés anonymes coopératives d'intérêt collectif pour l'accession à la propriété relatives au respect de leur objet social et de leur finalité d'utilité sociale, à la mise en œuvre des conventions visées à l'article 3 et aux conditions dans lesquelles elles prennent ou cèdent des participations directes ou indirectes ;

– l'UES-AP prend toutes décisions d'organisation et de coordination pour l'application des conventions visées à l'article 3 et notamment met en place tout dispositif de répartition des obligations assurant la participation effective de chaque société anonyme coopérative d'intérêt collectif pour l'accession à la propriété à la réalisation de leurs obligations collectives ; ces décisions s'imposent aux associés ayant la qualité de société anonyme coopérative d'intérêt collectif pour l'accession à la propriété ;

– l'UES-AP demande aux associés ayant la qualité de société anonyme coopérative d'intérêt collectif pour l'accession à la propriété de fournir tous documents, renseignements ou justifications nécessaires à l'exercice de ces missions.

Son conseil d'administration propose annuellement à l'assemblée générale le budget de fonctionnement nécessaire à l'accomplissement de ses missions, alimenté par des cotisations qui constituent une charge obligatoire pour les sociétés anonymes coopératives d'intérêt collectif pour l'accession à la propriété.

4.2. Règlement intérieur

Un règlement intérieur, établi par le conseil d'administration et approuvé par l'assemblée générale extraordinaire, définit en tant que de besoin les rapports entre l'UES-AP et les associés. Il précise notamment :

– les modalités de fonctionnement des organes statutaires et détermine les souscriptions supplémentaires au capital en fonction des services sollicités ;

– les conditions de présentation et d'instruction des demandes d'avis conforme préalables aux prises et cessions de participations directes ou indirectes des sociétés anonymes coopératives d'intérêt collectif pour l'accession à la propriété ;

– les modalités selon lesquelles le conseil d'administration émet des recommandations à l'attention des sociétés anonymes coopératives d'intérêt collectif pour l'accession à la propriété ;

– le mode de calcul et de répartition des cotisations au budget de fonctionnement de l'UES-AP à verser par ses associés.

Le règlement intérieur s'impose à l'ensemble des associés dès son adoption par l'assemblée générale extraordinaire.

Art. 5 *Siège social.* Le siège social est fixé à Paris (8e arrondissement), 26-28, rue de Madrid.

Il pourra être transféré à tout autre endroit du département ou d'un département limitrophe par simple décision du conseil d'administration, sous réserve de ratification de cette décision par la prochaine assemblée générale ordinaire des associés.

Art. 6 *Durée.* La durée de la société est fixée à quatre-vingt-dix-neuf ans à compter de son immatriculation au registre du commerce et des sociétés : elle peut être dissoute avant l'échéance du terme ou prorogée au-delà par décision de l'assemblée générale ayant pouvoir de modifier les statuts.

TITRE II Associés, capital social, parts sociales

Art. 7 *Associés.* En application de l'article L. 215-5 du code de la construction et de l'habitation, l'UES-AP doit avoir pour associées :

– toutes les sociétés anonymes coopératives d'intérêt collectif pour l'accession à la propriété visées aux articles L. 215-1 et suivants du code précité ;

– l'Union des fédérations d'organismes d'habitations à loyer modéré.

Elle peut également admettre tout associé, personne physique ou morale, agréé par le conseil d'administration, sous réserve du respect des dispositions du troisième alinéa de l'article L. 215-5 du code de la construction et de l'habitation.

Art. 8 *Apports.* Chaque société anonyme coopérative d'intérêt collectif pour l'accession à la propriété fait apport à la société d'une somme en numéraire de mille euros (1 000 €), correspondant à dix (10) parts souscrites en totalité et intégralement libérées par chaque société.

L'Union des fédérations d'organismes d'habitations à loyer modéré fait apport à la société d'une somme de cent euros (100 €), correspondant à une (1) part souscrite en totalité et intégralement libérée.

Le capital social initial ainsi souscrit et libéré s'élève à la somme globale de, correspondant à XXX parts, ainsi qu'il résulte du certificat du dépositaire établi le ...., laquelle somme a été déposée, pour le compte de la société en formation, à la caisse centrale du Crédit immobilier de France, société anonyme au capital de 117 013 941 €, dont le siège social est situé à Paris (8e arrondissement), 26-28, rue de Madrid, immatriculée au RCS Paris sous le numéro B 339 350 712, le ....

Le récapitulatif des apports en numéraire par chacun des associés est annexé aux présents statuts.

Art. 9 *Capital social.* Le capital social est composé d'actions, dénommées « parts sociales ». Le capital social est variable et intégralement libéré lors de la souscription des parts sociales.

Le capital statutaire est le capital maximum de la société, fixé par l'assemblée générale extraordinaire. Il s'élève à la somme de cent cinquante mille euros (150 000 €).

Le capital social ne peut être inférieur à la moitié du capital minimum fixé pour les sociétés anonymes. En outre, le capital social ne peut être réduit en conséquence de retraits ou d'exclusions d'associés à un montant inférieur au quart du capital le plus élevé depuis l'adoption des présents statuts.

Art. 10 *Montant et forme des parts sociales.* La valeur des parts sociales est uniforme et fixée à cent euros (100 €).

Les parts sociales doivent obligatoirement revêtir la forme nominative. Elles sont inscrites au nom de leur titulaire au siège de l'UES-AP sur un registre avec indication du capital souscrit.

La responsabilité de chaque associé est limitée à la valeur des parts sociales qu'il a souscrites ou acquises. Les parts sociales sont indivisibles, l'UES-AP ne reconnaît qu'un propriétaire pour chacune d'elles.

La cession des titres de capital s'opère, à l'égard de la société et des tiers, par un virement du compte du cédant au compte du cessionnaire sur production d'un ordre de mouvement. Ce mouvement est préalablement inscrit sur un registre coté et paraphé, tenu chronologiquement, dit « registre des mouvements ». La société est tenue de procéder à cette inscription et à ce virement dès réception de l'ordre de mouvement.

Art. 11 *Variabilité du capital – Augmentation – Réduction.* Le capital social peut être augmenté par souscription de parts sociales effectuée par les associés et sous réserve de l'agrément par le conseil d'administration des associés nouveaux.

Par les présents statuts, l'assemblée générale confère au conseil d'administration les pouvoirs nécessaires à l'effet de recueillir les nouvelles souscriptions dans les limites du capital statutaire maximum fixé à l'article 9.

Le conseil d'administration est en outre habilité à constater les retraits et ordonner le remboursement des sommes dues à ce titre, dans les limites prévues par la réglementation et visées à l'article 9.

Pour augmenter le capital social au-delà du montant maximum fixé à l'article 9, des autorisations successives peuvent être données par l'assemblée générale extraordinaire aussi souvent que l'intérêt de la société l'exige, sans qu'il soit nécessaire de laisser s'écouler une année entre chaque assemblée.

Aucune augmentation de capital ne peut être réalisée par incorporation de sommes prélevées sur les réserves.

Art. 12 *Cession des parts sociales.* Les parts sociales détenues par les associés ayant la qualité de société anonyme coopérative d'intérêt collectif pour l'accession à la propriété ne sont cessibles qu'entre sociétés anonymes coopératives d'intérêt collectif pour l'accession à la propriété, étant précisé que le nombre de parts minimum que doit détenir obligatoirement chaque société anonyme coopérative d'intérêt collectif pour l'accession à la propriété est fixé à dix (10).

Les parts détenues par les autres associés sont cessibles. Le décès entraîne la perte de la qualité d'associé, les parts ne sont, en conséquence, pas transmissibles par décès.

Le transfert de parts sociales par les associés n'ayant pas la qualité de société anonyme coopérative d'intérêt collectif pour l'accession à la propriété à un tiers ou entre associés, à quelque titre que ce soit, doit être autorisé par le conseil d'administration, qui n'est pas tenu de faire connaître les motifs de son agrément ou de son refus.

L'agrément de la cession est acquis ou réputé tel en cas de décision favorable notifiée au demandeur par la société ou lorsque la société n'a pas donné de réponse dans un délai de trois mois à compter de la notification de la demande.

En cas de refus d'agrément, le conseil d'administration est tenu, dans un délai de trois mois à compter de son refus, de faire acquérir les parts soit par un associé, soit par une ou plusieurs personnes qu'il aura lui-même proposées ou agréées, à moins que la société ne les annule et ne procède à leur remboursement.

Si, à l'expiration du délai susindiqué, l'achat n'est pas réalisé, l'agrément est considéré comme donné, sauf prorogation du délai par décision de justice à la demande de la société.

TITRE III **Admission, retrait, exclusion, responsabilité des sociétaires**

Art. 13 *Admission.* Toute société anonyme coopérative d'intérêt collectif pour l'accession à la propriété ainsi que l'Union des fédérations d'organismes d'habitations à loyer modéré sont admises de plein droit en qualité d'associé.

Toute autre personne physique ou morale peut être admise comme associé. En demandant son admission, le candidat s'engage à respecter les statuts, le règlement intérieur, les décisions du conseil d'administration.

Toute personne sollicitant son admission, soit par voie de souscription, soit par voie d'acquisition de parts, doit présenter sa demande d'agrément au président du conseil d'administration, qui la transmet pour examen au conseil. Le conseil d'administration n'a pas à motiver sa décision d'agrément ou de refus d'agrément.

Art. 14 *Perte de la qualité d'associé.* La qualité d'associé se perd par l'arrivée de l'un ou l'autre des événements suivants :

– retrait de la qualité d'associé, dans les cas prévus au paragraphe 14.1 ci-après ;
– décès de l'associé, personne physique ;

– cession de parts sociales, cet événement ne pouvant intervenir que pour l'associé n'ayant pas la qualité de société anonyme coopérative d'intérêt collectif pour l'accession à la propriété ;
– de plein droit, dans les conditions fixées au paragraphe 14.2 ci-après ;
– exclusion, dans les conditions fixées au paragraphe 14.3 ci-après.

14.1. Retrait

Associé ayant la qualité de société anonyme coopérative d'intérêt collectif pour l'accession à la propriété :

Aucun associé ayant la qualité de société anonyme coopérative d'intérêt collectif pour l'accession à la propriété ne peut demander son retrait volontaire de l'UES-AP.

Autres associés :

Tout autre associé a le droit de se retirer de l'UES-AP mais à la fin de chaque exercice, en avisant le conseil d'administration de son intention au moyen d'une déclaration, faite et signée par lui, adressée par lettre recommandée avec accusé de réception au moins trois mois à l'avance. Toutefois, le retrait cesse d'être possible si le capital devait être réduit au-dessous du seuil prévu à l'article 9, à moins qu'il ne soit présenté un successeur agréé par le conseil d'administration. A défaut, le retrait serait reporté à la clôture du prochain exercice ou à la date de clôture de l'exercice où le montant du capital le rendra possible. Le retrait est, en outre, subordonné au respect par l'associé de tous les engagements qu'il a souscrits envers l'UES-AP.

14.2. Perte de plein droit de la qualité d'associé

La clôture de la liquidation consécutive à la perte d'agrément administratif d'une société anonyme coopérative d'intérêt collectif pour l'accession à la propriété ou à sa mise en dissolution par décision administrative ou volontaire ou la fusion-absorption d'une société anonyme coopérative d'intérêt collectif par une autre société anonyme coopérative d'intérêt collectif pour l'accession à la propriété entraîne de plein droit la perte de qualité d'associé.

14.3. Exclusion

Un associé autre qu'une société anonyme coopérative d'intérêt collectif pour l'accession à la propriété ou que l'Union des fédérations d'organismes d'HLM peut être exclu par l'assemblée, statuant dans les conditions fixées pour une assemblée générale extraordinaire, s'il commet des manquements graves à ses obligations financières ou morales envers l'UES-AP ou s'il enfreint les dispositions du règlement intérieur et des statuts ou en cas de litige avec l'UES-AP. Une convocation spéciale doit être préalablement adressée à l'intéressé afin qu'il puisse présenter sa défense. L'absence de l'associé lors de l'assemblée est sans effet sur la validité de la délibération de l'assemblée. En cas de décision d'exclusion par l'assemblée, la date d'effet est immédiate.

Art. 15 *Remboursement des parts des anciens associés.* Lors du retrait, de l'exclusion, de perte de plein droit de la qualité d'associé ou du décès d'un associé, la société procède au remboursement des parts sociales à l'associé ou, le cas échéant, à ses héritiers ou à la société absorbante en cas de fusion. L'associé ou ses héritiers ne peuvent, en aucun cas, prétendre à une partie de l'actif social. Si, à la clôture de l'exercice au cours duquel il a quitté la société, l'inventaire fait apparaître des pertes, le remboursement des parts est diminué de la quote-part des pertes accumulées entre la date de clôture de l'exercice de la souscription ou de l'admission et la date de clôture de l'exercice du retrait ou de l'exclusion ou du décès, proportionnellement au nombre de parts que le sociétaire concerné détient dans le capital. En toute hypothèse, le remboursement ne peut excéder le montant nominal des parts. Il intervient au plus tôt dans les trois mois qui suivent le constat de la perte de la qualité par le conseil ou par l'assemblée et au plus tard dans un délai de deux ans. Les remboursements de parts ne peuvent avoir pour effet de réduire le capital à un montant inférieur au montant minimum fixé à l'article 9.

TITRE IV Administration, direction de la société

Art. 16 *Conseil d'administration – Composition.* La société est administrée par un conseil composé de quinze membres au plus, dont douze au moins désignés par les sociétés anonymes coopératives d'intérêt collectif pour l'accession à la propriété et un membre désigné par l'Union des fédérations d'organismes d'habitations à loyer modéré si celle-ci en fait la demande. Le conseil est composé exclusivement de personnes physiques. Pour les administrateurs personnes physiques désignées par les sociétés anonymes coopératives d'intérêt collectif pour l'accession à la propriété, celles-ci doivent avoir la qualité de président, directeur général, directeur général délégué, administrateur, membre de directoire ou de conseil de surveillance de la société anonyme coopérative d'intérêt collectif pour l'accession à la propriété concernée.

Art. 17 *Durée des fonctions.* La durée des fonctions des administrateurs est de six ans. Néanmoins, les premiers administrateurs sont élus pour une durée de trois ans.

Le conseil est renouvelable par moitié tous les trois ans. L'ordre de sortie est déterminé par tirage au sort effectué en séance du conseil. Une fois établi, le renouvellement a lieu par ordre d'ancienneté de nomination. Par exception, les mandats des membres du premier conseil d'administration désignés par l'assemblée générale de transformation viendront à expiration à l'issue du délai de trois ans sans qu'il y ait, dans ce cas, de renouvellement partiel. Les fonctions d'un administrateur prennent fin à l'issue de l'assemblée générale ordinaire statuant sur les comptes de l'exercice écoulé et tenue dans l'année au cours de laquelle expire le mandat.

Les deux tiers des administrateurs doivent avoir moins de 68 ans. Si cette proportion est dépassée, l'administrateur le plus âgé est réputé démissionnaire d'office à l'issue de l'assemblée générale ordinaire la plus proche. En cas de vacance, le conseil peut pourvoir au remplacement du membre manquant et pour le temps qui lui restait à courir. Le choix du conseil doit être soumis à la ratification de la plus prochaine assemblée générale. Si le nombre des administrateurs devient inférieur à trois, les administrateurs restants doivent réunir immédiatement l'assemblée générale en vue de compléter l'effectif du conseil. Les administrateurs sont rééligibles. Ils sont révocables à tout moment par l'assemblée générale, même si cette question ne figure pas à l'ordre du jour.

Art. 18 *Obligations et droits des administrateurs.* Chaque administrateur doit être, pendant toute la durée de ses fonctions, propriétaire au moins d'une part sociale.

Les administrateurs, ainsi que toutes les personnes appelées à assister aux réunions du conseil d'administration, sont tenus à la discrétion à l'égard des informations présentant un caractère confidentiel et données comme telles par le président du conseil d'administration. Chaque administrateur reçoit du président toutes les informations nécessaires à l'accomplissement de sa mission et peut se faire communiquer par le président toutes les informations qu'il estime utiles.

Le conseil d'administration peut autoriser, dans des limites qu'il détermine, le remboursement des frais de voyage et de déplacement et des dépenses engagées par les administrateurs dans l'intérêt de la société.

Art. 19 *Réunion du conseil.* Le conseil d'administration se réunit sur convocation du président ou de l'administrateur délégué dans les fonctions de président aussi souvent que l'intérêt de la société l'exige.

Toutefois, des administrateurs constituant au moins le tiers des membres du conseil d'administration peuvent, en indiquant l'ordre du jour de la séance, demander au président de convoquer le conseil si celui-ci ne s'est pas réuni depuis plus de deux mois.

Le directeur général peut également demander au président de convoquer le conseil d'administration sur un ordre du jour déterminé.

Le président est lié par les demandes qui lui sont adressées en vertu des deux alinéas précédents.

Il est convoqué, par tous moyens, même verbalement.

La présence de la moitié des membres au moins est nécessaire pour la validité de ses délibérations. Les décisions sont prises à la majorité des membres présents ou représentés. En cas de partage, la voix du président est prépondérante.

Tout administrateur peut donner, par lettre ou télégramme ou télécopie, mandat à un autre administrateur de le représenter à une séance du conseil.

Chaque administrateur ne peut disposer, au cours d'une même séance, que d'une seule procuration.

Les délibérations du Conseil sont constatées par des procès-verbaux inscrits sur un registre coté et paraphé, tenu et conservé au siège de la société. Ces procès-verbaux sont signés par le président de séance et par un administrateur. En cas d'empêchement du président de séance, ils sont signés par deux administrateurs au moins.

Les copies ou extraits de procès-verbaux des délibérations sont valablement certifiés par le président du conseil d'administration, le directeur général, l'administrateur délégué temporairement aux fonctions de président, un fondé de pouvoir habilité à cet effet.

Il est suffisamment justifié du nombre des administrateurs en exercice ainsi que de leur présence ou de leur représentation à une séance du conseil par la production d'une copie ou d'un extrait de procès-verbal.

Art. 20 *Pouvoirs du conseil.* Le conseil d'administration détermine les orientations de l'activité de la société et veille à leur mise en œuvre. Sous réserve des pouvoirs expressément attribués aux assemblées d'associés et dans la limite de l'objet social, il se saisit de toute question intéressant la bonne marche de la société et règle par ses délibérations les affaires qui la concernent.

Plus particulièrement et sans que cette liste soit limitative, le conseil :

– prend les décisions nécessaires pour la défense des intérêts communs des associés vis-à-vis de toute personne ou institution, notamment des pouvoirs publics ;

– émet les avis et recommandations visés à l'article 3 des statuts ;

– autorise la signature des conventions avec l'État, après approbation des associés ;

– prépare le règlement intérieur à soumettre à l'approbation de l'assemblée générale ;

– autorise tout appel de fonds auprès des associés ayant la qualité de société anonyme d'intérêt collectif pour l'accession à la propriété nécessaire à l'accomplissement des missions de l'UES-AP ;

– saisit l'autorité administrative pour la mise en œuvre des dispositions relatives au contrôle et aux sanctions administratives, en cas de non-respect par une société anonyme coopérative d'intérêt collectif pour l'accession à la propriété des dispositions législatives et réglementaires applicables, des engagements pris dans les conventions passées avec l'État ou des présents statuts et du règlement intérieur ;

– formule auprès de l'autorité administrative des propositions d'attribution des sommes non utilisées, pendant deux exercices successifs, par une société anonyme coopérative d'intérêt collectif pour l'accession à la propriété, en application de l'article L. 215-1-2 du code de la construction et de l'habitation, à une autre société anonyme coopérative d'intérêt collectif pour l'accession à la propriété ;

– propose l'attribution du boni de liquidation en cas de mise en dissolution prononcée par l'autorité administrative, en application des dispositions des articles L. 215-8 et L. 215-10 du code de la construction et de l'habitation, d'une société anonyme coopérative d'intérêt collectif pour l'accession à la propriété à une autre société anonyme coopérative d'intérêt collectif pour l'accession à la propriété ;

– émet l'avis préalable à l'attribution du boni de liquidation en cas de mise en liquidation amiable d'une société anonyme coopérative d'intérêt collectif pour l'accession à la propriété à une autre société anonyme coopérative d'intérêt collectif pour l'accession à la propriété.

Le conseil d'administration procède aux contrôles et vérifications qu'il juge opportuns. Chaque administrateur reçoit toutes les informations nécessaires à l'accomplissement de sa mission et peut se faire communiquer tous les documents qu'il estime utiles.

Les dispositions des articles L. 225-38 et L. 225-39 du code de commerce relatives aux conventions réglementées ne s'appliquent pas aux conventions conclues entre la société et ses membres lorsqu'elles ont pour objet la mise en œuvre des statuts.

Le conseil peut conférer à un ou plusieurs de ses membres ou à des tiers, associés ou non, tous mandats spéciaux pour un ou plusieurs objets déterminés.

Il peut décider de la création de comités chargés d'étudier les questions que lui-même ou son président soumet, pour avis, à leur examen. Il fixe la composition et les attributions des comités qui exercent leur activité sous sa responsabilité.

Art. 21 *Président – Bureau.* Le conseil d'administration élit parmi ses membres un président, personne physique. Il fixe la durée de ses fonctions, qui ne peut excéder la durée de son mandat d'administrateur. Il est rééligible.

Le président du conseil d'administration organise et dirige les travaux du conseil, dont il rend compte à l'assemblée générale. Il veille au bon fonctionnement des organes de la société et s'assure, en particulier, que les administrateurs sont en mesure de remplir leur mission.

En cas d'empêchement temporaire ou de décès du président, le conseil d'administration peut déléguer un administrateur dans les fonctions de président.

En cas d'empêchement temporaire, cette délégation est donnée pour une durée limitée, elle est révocable. En cas de décès, elle vaut jusqu'à l'élection du nouveau président.

La limite d'âge du président du conseil d'administration est fixée à 68 ans accomplis. Les fonctions de l'intéressé prennent fin à l'issue de la première assemblée générale ordinaire suivant la date de son anniversaire.

Les dispositions de l'alinéa précédent sont applicables à l'administrateur délégué dans les fonctions de président.

Le conseil peut désigner, en outre, chaque année, plusieurs vice-présidents et un secrétaire pris parmi ses membres. Le président, le ou les vice-présidents et le secrétaire constituent le bureau.

Art. 22 *Direction générale – Direction générale déléguée.*

Direction générale

La direction générale de la société est assumée, sous sa responsabilité, soit par le président du conseil d'administration, soit par une autre personne physique nommée par le conseil d'administration et portant le titre de directeur général.

Le conseil d'administration choisit entre les deux modalités d'exercice de la direction générale visées au premier alinéa.

Lorsque la direction générale de la société est assumée par le président du conseil d'administration, les dispositions relatives au directeur général lui sont applicables.

Le directeur général est investi des pouvoirs les plus étendus pour agir en toute circonstance au nom de la société. Il exerce ces pouvoirs dans la limite de l'objet social et sous réserve de ceux que la loi attribue expressément aux assemblées d'associés et au conseil d'administration.

Il représente la société dans ses rapports avec les tiers. La société est engagée même par les actes du directeur général qui ne relèvent pas de l'objet social, à moins qu'elle ne prouve que le tiers savait que l'acte dépassait cet objet ou qu'il ne pouvait l'ignorer compte tenu des circonstances, étant exclu que la seule publication des statuts suffise à constituer cette preuve.

Les dispositions des statuts ou les décisions du conseil d'administration limitant les pouvoirs du directeur général sont inopposables aux tiers.

Le directeur général est nommé pour une durée fixée par le conseil. Ce dernier peut également renouveler le mandat. Il est révocable par le conseil d'administration. Lorsque le directeur général assume les fonctions de président du conseil d'administration, la révocation n'a pas à être motivée.

La limite d'âge du directeur général est fixée à 65 ans. Lorsque le directeur général atteint cet âge, il est réputé démissionnaire d'office avec effet à l'issue de la première assemblée générale ordinaire d'approbation des comptes.

Direction générale déléguée

Sur proposition du directeur général, le conseil d'administration peut nommer une ou plusieurs personnes physiques chargées d'assister le directeur général avec le titre de directeur général délégué.

En accord avec le directeur général, le conseil d'administration détermine l'étendue et la durée des pouvoirs conférés aux directeurs généraux délégués. Les directeurs généraux délégués disposent, à l'égard des tiers, des mêmes pouvoirs que le directeur général.

La limite d'âge d'un directeur général délégué est fixée à 65 ans. Lorsqu'un directeur général délégué atteint cet âge, il est réputé démissionnaire d'office avec effet à l'issue de la première assemblée générale ordinaire d'approbation des comptes.

TITRE V Commissaire aux comptes

Art. 23 *Désignation d'un commissaire au compte.*

Nomination par l'assemblée générale

Le contrôle des comptes de la société est exercé par un ou plusieurs commissaires aux comptes titulaires et par un ou plusieurs commissaires aux comptes suppléants.

Les commissaires aux comptes sont désignés par l'assemblée générale ordinaire pour six exercices. Leurs fonctions expirent après que l'assemblée générale ordinaire a statué sur les comptes du sixième exercice. Leur mandat est renouvelable.

Nomination judiciaire

Dans le cas où il deviendrait nécessaire de procéder à la désignation d'un ou plusieurs commissaires aux comptes et où l'assemblée négligerait de le faire, tout associé peut demander au président du tribunal de commerce, statuant en référé, la désignation d'un commissaire aux comptes dont le mandat prend fin lorsqu'il a été pourvu par l'assemblée générale à la nomination du ou des commissaires.

Art. 24 *Fonctions des commissaires aux comptes.* Les commissaires aux comptes sont investis des fonctions et des pouvoirs que leur confère la loi.

Les commissaires aux comptes sont convoqués à toute assemblée d'associés au plus tard lors de la convocation des associés eux-mêmes. Ils sont convoqués à la réunion du conseil d'administration qui arrête les comptes de l'exercice écoulé et, s'il y a lieu, à toute autre réunion du conseil d'administration en même temps que les administrateurs eux-mêmes.

La convocation des commissaires aux comptes est faite par pli recommandé avec avis de réception.

TITRE VI Assemblées générales

Art. 25 *Assemblées générales – Composition.* Les assemblées de l'UES-AP sont convoquées et délibèrent dans les conditions prévues par la loi et les présents statuts. Elles sont réunies au siège social ou en tout autre lieu précisé dans la lettre de convocation.

L'assemblée générale de la société se compose de tous les associés quel que soit le nombre de leurs parts sociales. Le droit d'assister ou de se faire représenter à l'assemblée est subordonné à l'inscription de l'associé dans les comptes de la société trois jours au moins avant la date de la réunion.

Une personne morale ne peut être représentée que par un mandataire unique.

Chaque associé dispose d'une voix à l'assemblée générale.

Toutefois, en application des dispositions de l'article L. 215-5 du code de la construction et de l'habitation, les sociétés anonymes coopératives d'intérêt collectif pour l'accession à la propriété disposent de 90 % des droits de vote aux assemblées générales, répartis à parts égales entre elles. En conséquence, pour toute assemblée générale, les sociétés anonymes coopératives d'intérêt collectif pour l'accession à la propriété expriment leurs votes selon la règle « une personne, une voix » au sein d'un collège dédié. Les délibérations de ce collège sont prises selon la règle de la majorité requise en fonction de la nature de l'assemblée. Le vote majoritaire ainsi exprimé emporte affectation de la totalité du pourcentage de voix détenu par le collège.

Les autres associés, personnes physiques ou morales, notamment l'Union des fédérations d'organismes d'HLM et les personnes physiques administrateurs, expriment leurs votes selon la règle « une personne, une voix » au sein d'un collège dédié qui dispose de 10 % des droits de vote. Les délibérations de ce collège sont prises selon la règle de la majorité requise en fonction de la nature de l'assemblée. Le vote majoritaire ainsi exprimé emporte affectation de la totalité du pourcentage de voix détenu par le collège.

Chaque associé empêché peut se faire représenter par un autre associé avec un maximum d'un seul pouvoir par personne. Cette limitation ne s'applique pas aux pouvoirs en blanc exercés par le président de l'assemblée.

Tout associé peut voter par correspondance. Tout vote par correspondance parvenu à la société au plus tard trois jours avant l'assemblée est pris en compte. Lors de la réunion de l'assemblée, l'assistance personnelle de l'associé annule toute procuration ou tout vote par correspondance.

Les projets de conventions à passer avec l'État sont obligatoirement soumis, préalablement à leur signature, à l'approbation de l'assemblée générale. Les règles de quorum et de vote des délibérations pour l'approbation de ces conventions sont celles des assemblées générales extraordinaires.

Les associés peuvent également être consultés par écrit sur les avenants aux conventions à passer avec l'État. Le conseil d'administration est habilité à autoriser la signature desdits avenants lorsque plus des deux tiers des sociétés anonymes coopératives d'intérêt collectif pour l'accession à la propriété ont marqué leur accord sur le projet de convention.

Art. 26 *Réunions des assemblées – Convocations.* Le conseil d'administration est tenu de réunir l'assemblée générale ordinaire chaque année dans les six mois suivant la clôture de l'exercice, sous réserve de la prolongation de ce délai, à la demande du conseil d'administration, par ordonnance du président du tribunal de commerce statuant sur requête.

Le conseil d'administration peut, en outre, réunir l'assemblée à toute époque soit sous forme d'assemblée ordinaire réunie extraordinairement, soit sous forme d'assemblée extraordinaire.

Tout intéressé en cas d'urgence et un ou plusieurs associés réunissant au moins le cinquième du capital peuvent demander la convocation de l'assemblée générale et, à défaut pour le conseil d'administration d'y consentir, charger, à leurs frais, l'un d'entre eux de demander au président du tribunal de commerce, statuant en référé, la désignation d'un mandataire chargé de cette convocation.

Les commissaires aux comptes peuvent également convoquer l'assemblée des associés après avoir vainement requis sa convocation du conseil d'administration.

Les convocations sont faites par lettres simples adressées aux associés, avec notamment indication du lieu de la réunion et de l'ordre du jour.

Les délais entre la date de l'envoi des lettres et la date de l'assemblée sont au moins de quinze jours sur première convocation et de six jours sur deuxième convocation. En cas d'ajournement de l'assemblée par décision de justice, le juge peut fixer un délai différent.

Toute assemblée irrégulièrement convoquée peut être annulée. Toutefois, cette nullité ne sera pas invoquée lorsque tous les associés étaient présents, réputés présents ou représentés.

A toute formule de procuration ou de vote par correspondance adressée aux associés doivent être joints les pièces, documents et indications visés par la loi ou les règlements.

Les associés ne peuvent pas participer aux assemblées générales par des moyens de visioconférence ou de télécommunication.

Art. 27 *Bureau.* Toute assemblée générale est présidée par le président du conseil d'administration, à son défaut par l'administrateur désigné par le conseil, à défaut par un membre de l'assemblée désigné par elle.

Le bureau est composé du président et de deux scrutateurs. Sont scrutateurs de l'assemblée deux membres de l'assemblée acceptant cette fonction. Le bureau désigne un secrétaire de séance, qui peut ne pas être associé.

En cas de convocation par les commissaires aux comptes ou par un mandataire de justice, l'assemblée est présidée par celui ou par l'un de ceux qui l'ont convoquée.

A chaque assemblée est tenue une feuille de présence dans les conditions prévues par la loi.

Art. 28 *Assemblée générale ordinaire.* L'assemblée générale ordinaire est valablement constituée lorsque les associés présents, réputés présents ou représentés du collège composé des sociétés anonymes coopératives d'intérêt collectif pour l'accession à la propriété possèdent au moins, sur première convocation, le tiers des droits de vote. Sur deuxième convocation, aucun quorum n'est requis.

Les délibérations sont prises à la majorité des voix dont disposent les associés présents, réputés présents ou représentés.

L'assemblée générale ordinaire exerce les pouvoirs qui lui sont attribués par la loi. Elle approuve le budget annuel de l'UES-AP sur proposition du conseil d'administration.

Elle se prononce sur tous les intérêts de la société et prend toutes décisions autres que celles réservées à l'assemblée générale extraordinaire.

Art. 29 *Assemblée générale extraordinaire.* L'assemblée générale extraordinaire est valablement constituée lorsque les associés présents, réputés présents ou représentés du collège composé des sociétés anonymes coopératives d'intérêt collectif pour l'accession à la propriété possèdent au moins, sur première convocation, le tiers des droits de vote et, sur deuxième convocation, un cinquième des droits de vote.

Les délibérations sont prises à la majorité des deux tiers des voix dont disposent les associés présents, réputés présents ou représentés.

Elle adopte le règlement intérieur et est habilitée à modifier les présents statuts. Les modifications statutaires ne sont exécutoires que sous réserve de leur approbation par décret en Conseil d'État.

Art. 30 *Procès-verbaux des délibérations.* Les délibérations des assemblées générales sont constatées par des procès-verbaux inscrits sur un registre spécial et signés par les membres du bureau.

Les copies ou extraits de ces procès-verbaux, à produire partout où besoin sera, seront signés par le président du conseil d'administration, par le directeur général s'il est administrateur ou par le secrétaire de séance.

TITRE VII Exercice social — Comptes annuels

Art. 31 *Exercice social.* L'exercice social commence le 1er janvier et finit le 31 décembre. Le premier exercice suivant la transformation comprendra le temps écoulé entre la constitution de la présente Union et le 31 décembre 2008.

Art. 32 *Approbation des comptes.* A la clôture de chaque exercice, le conseil d'administration dresse, pour être soumis à l'assemblée générale, l'inventaire et les comptes annuels comprenant le bilan, le compte de résultat et une annexe. Les opérations éventuellement réalisées avec des tiers non associés font l'objet d'une comptabilité séparée, conformément aux dispositions de l'article 19 *ter* de la loi du 10 septembre 1947. Il établit en outre un rapport de gestion qui contient notamment le rapport sur l'exécution des conventions passées avec l'État, en vue de sa transmission à l'autorité administrative.

Dans le mois qui suit leur approbation, les comptes annuels font l'objet d'un dépôt au greffe du tribunal de commerce conformément aux dispositions législatives et réglementaires applicables.

TITRE VIII Résultats, réserves, révision comptable

Art. 33 *Résultats de l'exercice.* Les excédents d'exploitation sont affectés à la réserve légale et à la réserve statutaire. Tant que les diverses réserves totalisées n'atteignent pas le montant du capital social, la dotation aux réserves ne peut être inférieure aux trois vingtièmes des excédents d'exploitation.

En cas d'excédents d'exploitation nets, il peut être attribué par l'assemblée générale ordinaire un intérêt aux parts sociales dont le taux est au plus égal au taux moyen de rendement des obligations des sociétés privées publié par le ministre chargé de l'économie.

Art. 34 *Révision comptable.* Conformément aux dispositions de l'article 19 *quater* de la loi nº 47-1775 du 10 septembre 1947, la société fait procéder périodiquement à l'examen de sa situation financière et de sa gestion.

TITRE IX Dissolution — Liquidation

Art. 35 *Dissolution — Liquidation.* La dissolution anticipée de la société est organisée par l'assemblée générale extraordinaire, dans les termes prévus par une loi qui prononcerait la suppression de l'UES-AP.

TITRE X Transformation de la Chambre syndicale des sociétés anonymes de crédit immobilier en Union d'économie sociale pour l'accession à la propriété

Art. 36 *Adoption des premiers statuts — Immatriculation au greffe du tribunal de commerce.* Le présent projet de statuts de l'UES-AP a été adopté en date du 15 mars 2007 par l'assemblée générale des sociétés anonymes de crédit immobilier, préalablement à leur approbation par décret en Conseil d'État.

Conformément à la loi, la transformation de la Chambre syndicale des SACI en Union d'économie sociale pour l'accession à la propriété sera effective au 1er janvier 2008, sous réserve de l'approbation de ses statuts par décret en Conseil d'État, de leur approbation définitive par les associés et de son immatriculation au registre du commerce et des sociétés.

L'assemblée générale des sociétés anonymes de crédit immobilier a donné mandat à M. Claude Sadoun, président de la Chambre syndicale :

– en vue de réaliser immédiatement, pour le compte de l'Union, les actes et engagements jugés urgents dans l'intérêt social. Ces actes et engagements seront repris par l'Union par le seul fait de son immatriculation au registre du commerce ;

– pour recueillir les souscriptions au capital, appeler la libération des parts sociales et remplir les formalités de publicité prescrites par la loi.

Fait à ...., en .... exemplaires originaux, le ....

ANNEXE 2

Annexe I à la section III du chapitre III du titre Ier du livre III du code de la construction et de l'habitation

Clauses types fixées en application des articles R. 313-31-2 (1o) et R. 313-31-II

(Décr. no 93-750 du 27 mars 1993, Ann.)

Clauses types

Applicables aux sociétés immobilières mentionnées au 2o du I de l'article R. 313-31 et qui ont pris la forme de sociétés anonymes ou de sociétés par actions simplifiées (Décr. no 2003-387 du 17 avr. 2003, art. 2).

A. ***Clauses communes aux sociétés anonymes et aux sociétés par actions simplifiées*** *(Décr. no 2003-387 du 17 avr. 2003, art. 2).*

1. *Capital de la société.* Le capital de la société doit être détenu à plus de 50 p. 100 par un ou plusieurs organismes collecteurs mentionnés aux *a* et *b* du 2o de l'art. R. 313-9 du code de la construction et de l'habitation.

Aucune personne physique chargée à un titre quelconque de l'administration ou de la gestion d'un des organismes mentionnés à l'alinéa précédent ne peut détenir directement ou indirectement plus d'une action de la société.

Le capital de la société doit être immédiatement libéré.

Il ne peut pas être augmenté par incorporation de réserves.

2. *Actions de la société.* Les actions de la société ne permettent pas l'attribution de logements en toute propriété ou en jouissance.

3. *Distribution de dividendes et affectation des résultats.* Le versement annuel des dividendes ne doit pas excéder 6 p. 100 du capital.

Sur décision de chaque organe délibérant du ou des organismes collecteurs mentionnés au premier alinéa de la clause 1 ci-dessus, les bénéfices non distribués sont réinvestis dans des emplois prévus par la réglementation de la participation des employeurs à l'effort de construction. *(Décr. no 2003-387 du 17 avr. 2003, art. 2)* « Les titres éventuellement souscrits ou acquis avec ces bénéfices ne peuvent être que ceux des sociétés mentionnées aux 2o, 2o *bis* et 9o du I de l'article R. 313-31 du code de la construction et de l'habitation. »

4. *Cession des actions.* *(Décr. no 95-551 du 2 mai 1995, art. 1er ; Décr. no 2003-387 du 17 avr. 2003, art. 2)* « Sauf en cas de succession, de liquidation de communauté de biens entre époux ou de cession soit à un conjoint, soit à un ascendant ou à un descendant, la cession à un tiers d'actions doit être autorisée par l'organe délibérant de la société anonyme, ou par l'organisme collecteur président de la société par actions simplifiée lorsque celle-ci comprend plusieurs actionnaires. »

Elle est réalisée en priorité au profit d'un actionnaire existant ou d'un organisme collecteur visé aux *a*, *b*, ou *c* du 2o de l'art. R. 313-9 du code de la construction et de l'habitation, sous réserve des conditions et autorisations prévues par la réglementation en vigueur. A défaut d'accord entre les parties sur le prix de cession, celui-ci est déterminé par un expert désigné soit par les parties, soit, à défaut d'accord entre elles, par ordonnance du tribunal statuant en la forme des référés et sans recours possible. Le prix de la cession ne peut être, en tout état de cause et conformément à l'art. L. 313-28 du code de la construction et de l'habitation, ni supérieur à la valeur de ces actions dans la situation nette de la société, ni supérieur à leur valeur nominale majorée de 50 p. 100.

5. *Cession des logements appartenant à la société.* Toute cession de logements locatifs doit être préalablement autorisée par décision de chaque organe délibérant des organismes collecteurs mentionnés au premier alinéa de la clause 1 ci-dessus.

Sauf autorisation motivée donnée par décision de chacun des organes délibérants visés ci-dessus, elle ne peut être réalisée qu'au profit des locataires, d'une autre société immobilière mentionnée aux 1o et 2o de l'art. R. 313-31-2 du code de la construction et de l'habitation ou d'un organisme collecteur mentionné au *c* du 2o de l'art. R. 313-9 du même code.

L'autorisation mentionnée à l'alinéa précédent est immédiatement transmise au représentant de l'État dans le département d'implantation des logements cédés. Dans le délai d'un mois qui suit la réception de l'autorisation concernée par le représentant de l'État, celui-ci peut demander à chaque organe délibérant des organismes collecteurs mentionnés ci-dessus de procéder à une seconde délibération relative à la cession des logements.

Lorsque cette autorisation est relative à la mise en vente de plus de 50 logements sur le territoire d'une commune, elle est immédiatement transmise, pour son information, au maire de la commune concernée.

Les mêmes dispositions sont applicables aux logements construits en vue de l'accession à la propriété qui ont, faute d'acquéreur, été mis en location et qui font l'objet d'une mise en vente ultérieure.

6. *Dissolution de la société.* En cas de dissolution amiable ou statutaire de la société, l'assemblée générale extraordinaire *(Décr. no 2003-387 du 17 avr. 2003, art. 2)* « de la société anonyme, ou l'assemblée générale des actionnaires de la société par actions simplifiée, » nomme un liquidateur qui doit être agréé par décision de chaque organe délibérant des organismes collecteurs mentionnés au premier alinéa de la clause 1 ci-dessus.

(Décr. no 2003-387 du 17 avr. 2003, art. 2) « Après règlement du passif et remboursement du capital social, le surplus du produit net de la liquidation excédant la moitié du capital social ne peut être dévolu qu'à un organisme mentionné au *a* ou *b* du 2o de l'article R. 313-9 du code de la construction et de l'habitation, lequel doit l'imputer aux sommes recueillies au titre de la participation des employeurs à l'effort de construction. »

B. *Clauses particulières aux sociétés par actions simplifiées*

(Décr. no 2003-387 du 17 avr. 2003, art. 2)

7. *Clause commune à toutes les sociétés par actions simplifiées.* La société par actions simplifiée est présidée par un organisme collecteur mentionné au *a* ou *b* du 2o de l'article R. 313-9 du code de la construction et de l'habitation. Le président dirige la société et la représente à l'égard des tiers. A ce titre, il est investi de tous les pouvoirs nécessaires pour agir au nom de la société dans la limite de son objet social et des pouvoirs expressément dévolus par la loi et les présents statuts à l'actionnaire unique ou aux décisions collectives des actionnaires. Le président peut déléguer, dans les conditions et limites qu'il détermine, ses pouvoirs de direction de la société à un directeur général, personne physique.

8. *Clause particulière aux sociétés par actions simplifiées comprenant plusieurs actionnaires.*

Les opérations ci-après doivent être décidées :

– à la majorité des voix dont disposent les actionnaires présents ou représentés en assemblée générale :

– approbation des comptes annuels ;

– nomination du commissaire aux comptes ;

– au deux tiers des voix dont disposent les actionnaires présents ou représentés en assemblée générale :
– dissolution et liquidation de la société ;
– augmentation et réduction du capital ;
– fusion, scission et apport partiel d'actif ;
– exclusion d'un actionnaire.

9. *Clause particulière aux sociétés par actions simplifiées unipersonnelles.* L'associé unique exerce les pouvoirs qui sont dévolus par la loi à la collectivité des actionnaires lorsque la société comporte plusieurs actionnaires. Il ne peut déléguer ces pouvoirs.

Annexe II à la section III du chapitre III du titre Ier du livre III du code de la construction et de l'habitation

Clauses types fixées en application des articles R. 313-31-2 (2o) et R. 313-31-II

(Décr. no 93-750 du 27 mars 1993, Ann.).

Clauses types

Applicables aux sociétés immobilières mentionnées au 2o du I de l'article R. 313-31 du code de la construction et de l'habitation qui ont pris la forme de sociétés civiles réalisant des opérations à finalité locative prévues à l'article R. 313-17.

1. *Objet de la société.* L'objet exclusif de la société est la réalisation d'opérations à finalité locative prévues au 1er du I et au II de l'art. R. 313-17 du code de la construction et de l'habitation *(Décr. no 2003-387 du 17 avr. 2003, art. 2)* « ainsi que la gestion des logements correspondants ».

2. *Capital de la société.* Le capital de la société doit être détenu à plus de 50 p. 100 par un ou plusieurs organismes collecteurs mentionnés aux *a* et *b* du 2o de l'art. R. 313-9 du code de la construction et de l'habitation.

Aucune personne physique chargée à un titre quelconque de l'administration ou de la gestion d'un des organismes mentionnés à l'alinéa précédent ne peut détenir directement ou indirectement plus d'une part de la société.

Le capital de la société doit être immédiatement libéré.

Il ne peut pas être augmenté par incorporation de réserves.

Les parts de la société ne permettent pas l'attribution de logements en toute propriété ou en jouissance.

3. *Versement de dividendes et affectation des bénéfices.* Le versement annuel des dividendes ne doit pas excéder 6 p. 100 du capital.

Sur décision de chaque organe délibérant du ou des organismes collecteurs détenteurs du capital de la société et mentionnés au premier alinéa de la clause 2 ci-dessus, les bénéfices non distribués sont réinvestis dans des emplois prévus par la réglementation de la participation des employeurs à l'effort de construction.

4. *Cession des parts de la société. (Décr. no 95-551 du 2 mai 1995, art. 2)* « Sauf en cas de succession, de liquidation de communauté de biens entre époux ou de cession soit à un conjoint, soit à un ascendant ou à un descendant, la cession à un tiers de parts doit être autorisée par l'organe délibérant de la société. »

Elle est réalisée en priorité au profit d'un porteur de parts existant ou d'un organisme collecteur visé aux *a*, *b* ou *c* du 2o de l'art. R. 313-9 du code de la construction et de l'habitation, sous réserve des conditions et autorisations prévues par la réglementation en vigueur. A défaut d'accord entre les parties sur le prix de cession, celui-ci est déterminé par un expert désigné, soit par les parties, soit, à défaut d'accord entre elles, par ordonnance du tribunal statuant en la forme de référés et sans recours possible. Le prix de la cession ne peut être, en tout état de cause et conformément à l'art. L. 313-28 du code de la construction et de l'habitation, ni supérieur à la valeur de ces parts dans la situation nette de la société, ni supérieur à leur valeur nominale majorée de 50 p. 100.

Art. 5 *Cession des logements appartenant à la société.* Toute cession de logements locatifs doit être préalablement autorisée par décision de chaque organe délibérant des organismes collecteurs mentionnés au premier alinéa de la clause 2 ci-dessus.

Sauf autorisation motivée donnée par décision de chacun des organes délibérants cités ci-dessus, elle ne peut être réalisée qu'au profit des locataires, d'une autre société immobilière mentionnée aux 1o et 2o de l'art. R. 313-31-2 du code de la construction et de l'habitation ayant pour objet la réalisation d'opérations à finalité locative ou d'un organisme collecteur mentionné au *c* du 2o de l'art. R. 313-9 du même code.

L'autorisation mentionnée à l'alinéa précédent est immédiatement transmise au représentant de l'État dans le département d'implantation des logements cédés. Dans le délai d'un mois qui suit la réception de l'autorisation concernée par le représentant de l'État, celui-ci peut demander à chaque organe délibérant des organismes collecteurs mentionnés ci-dessus de procéder à une seconde délibération relative à la cession des logements.

Lorsque cette autorisation est relative à la mise en vente de plus de 50 logements sur le territoire d'une commune, elle est immédiatement transmise, pour son information, au maire de la commune concernée.

6. *Gérance de la société.* La société est administrée par un gérant. Cette fonction est attribuée à un organisme collecteur visé au *a* ou *b* du 2o de l'art. R. 313-9 du code de la construction et de l'habitation ou déléguée à une autre personne physique ou morale. En cas de délégation, le gérant est nommé par décision conjointe de chaque organe délibérant des organismes collecteurs mentionnés au premier alinéa de la clause 2 ci-dessus. Sa révocation est prononcée dans les mêmes formes

Le gérant rend compte annuellement de sa gestion aux associés par un rapport écrit d'ensemble sur l'activité de la société au cours de l'exercice ou de l'année écoulée, ce rapport comportant l'indication des bénéfices réalisés ou prévisibles et des pertes encourues ou prévues.

7. *Dissolution de la société.* En cas de dissolution amiable ou statutaire de la société, l'assemblée générale extraordinaire nomme un liquidateur qui doit être agréé par décision de chaque organe délibérant des organismes collecteurs mentionnés au premier alinéa de la clause 2 ci-dessus.

(Décr. no 2003-387 du 17 avr. 2003, art. 2) « Après règlement du passif et remboursement du capital social, le surplus du produit net de la liquidation excédant la moitié du capital social ne peut être dévolu qu'à un organisme mentionné au *a* ou *b* du 2o de l'article R. 313-9 du code de la construction et de l'habitation, lequel doit l'imputer aux sommes recueillies au titre de la participation des employeurs à l'effort de construction. »

8. *Commission d'attribution. [Clause à n'insérer dans les statuts que pour les sociétés ayant une partie au moins de leur patrimoine implanté dans de grands ensembles anciennement classés en zone à urbaniser par priorité.]* La société est dotée, en application de l'art. L. 441-1-2 du code de la construction et de l'habitation, d'une commission d'attribution de ses logements locatifs, qui attribue nominativement chacun des logements mis ou remis en location.

Le maire de la commune d'implantation des logements à attribuer, ou son représentant, est membre de droit de cette commission, pour les séances où l'attribution de ces logements est à l'ordre du jour.

Annexe III à la section III du chapitre III du titre Ier du livre III du code de la construction et de l'habitation

Clauses types fixées en application des articles R. 313-31-2 (3o) et R. 313-31-II

(Décr. no 93-750 du 27 mars 1993, Ann.).

Clauses types

Applicables aux sociétés immobilières mentionnées au 2o du I de l'article R. 313-31 du code de la construction et de l'habitation qui ont pris la forme de sociétés civiles réalisant des opérations à finalité d'accession à la propriété prévues à l'article R. 313-16.

1. *Objet de la société.* L'objet exclusif de la société est la réalisation d'opérations à finalité d'accession à la propriété prévues à l'art. R. 313-16 du code de la construction et de l'habitation *(Décr. no 2003-387 du 17 avr. 2003, art. 2)* « ainsi que la gestion des logements correspondants qui, faute d'acquéreur, ont été mis en location ».

2. *Capital de la société.* Le capital de la société doit être détenu à plus de 50 p. 100 par un ou plusieurs organismes collecteurs mentionnés aux *a* et *b* du 2o de l'art. R. 313-9 du code de la construction et de l'habitation.

Aucune personne physique chargée à un titre quelconque de l'administration ou de la gestion d'un des organismes mentionnés à l'alinéa précédent ne peut détenir directement ou indirectement plus d'une part de la société.

Le capital de la société doit être immédiatement libéré.

Il ne peut pas être augmenté par incorporation de réserves.

3. *Versement de dividendes et affectation des bénéfices.* Le versement annuel des dividendes ne doit pas excéder 6 p. 100 du capital.

Sur décision de chaque organe délibérant du ou des organismes collecteurs détenteurs du capital de la société et mentionnés au premier alinéa de la clause 2 ci-dessus, les bénéfices non distribués sont réinvestis dans des emplois prévus par la réglementation de la participation des employeurs à l'effort de construction.

4. *Cession des parts de la société. (Décr. no 95-551 du 2 mai 1995, art. 3)* « Sauf en cas de succession, de liquidation de communauté de biens entre époux ou de cession soit à un conjoint, soit à un ascendant ou à un descendant, la cession à un tiers de parts doit être autorisée par l'organe délibérant de la société ».

Elle est réalisée en priorité au profit d'un porteur de parts existant ou d'un organisme collecteur visé aux *a, b* ou *c* du 2o de l'art. R. 313-9 du code de la construction et de l'habitation, sous réserve des conditions et autorisations prévues par la réglementation en vigueur. A défaut d'accord entre les parties sur le prix de cession, celui-ci est déterminé par un expert désigné soit par les parties, soit, à défaut d'accord entre elles, par ordonnance du tribunal statuant en la forme des référés et sans recours possible. Le prix de la cession ne peut être, en tout état de cause et conformément à l'art. L. 313-28 du code de la construction et de l'habitation, ni supérieur à la valeur de ces parts dans la situation nette de la société, ni supérieur à leur valeur nominale majorée de 50 p. 100.

5. *Cession des logements appartenant à la société.* Dans le cas où des logements construits en vue de la réalisation de l'objet de la société ont, faute d'acquéreur, été mis en location, leur vente ultérieure doit être préalablement autorisée par décision de chaque organe délibérant des organismes collecteurs mentionnés au premier alinéa de la clause 2 ci-dessus.

Sauf autorisation motivée donnée par décision de chacun des organes délibérants visés ci-dessus, elle ne peut être réalisée qu'au profit des locataires, d'une autre société immobilière mentionnée à l'art. R. 313-31-2 du code de la construction et de l'habitation ayant pour objet la réalisation d'opérations à finalité locative ou d'un organisme collecteur mentionné au *c* du 2o de l'art. R. 313-9 du même code.

L'autorisation mentionnée à l'alinéa précédent est immédiatement transmise au représentant de l'État dans le département d'implantation des logements cédés. Dans le délai d'un mois qui suit la réception de l'autorisation concernée par le représentant de l'État, celui-ci peut demander à chaque organe délibérant des organismes collecteurs cités ci-dessus de procéder à une seconde délibération relative à la cession des logements.

Lorsque cette autorisation porte sur la mise en vente de plus de 50 logements sur le territoire d'une commune, elle est immédiatement transmise, pour son information, au maire de la commune concernée.

6. *Dissolution de la société.* En cas de dissolution amiable ou statutaire de la société, l'assemblée générale extraordinaire nomme un liquidateur qui doit être agréé par décision de chaque organe délibérant des organismes collecteurs mentionnés au premier alinéa de la clause 2 ci-dessus.

(Décr. no 2003-387 du 17 avr. 2003, art. 2) « Après règlement du passif et remboursement du capital social, le surplus du produit net de la liquidation excédant la moitié du capital social ne peut être dévolu qu'à un organisme mentionné au *a* ou *b* du 2o de l'article R. 313-9 du code de la construction et de l'habitation, lequel doit l'imputer aux sommes recueillies au titre de la participation des employeurs à l'effort de construction. »

Annexe IV à la section III du chapitre III du titre Ier du livre III du code de la construction et de l'habitation

Clauses types fixées en application des articles R. 313-31-2 (4o) et R. 313-31-II

(Décr. no 93-750 du 27 mars 1993, Ann.).

Clauses types

Applicables aux sociétés immobilières mentionnées au 2o bis du I de l'article R. 313-31 du code de la construction et de l'habitation qui bénéficient de prêts prévus au 2o du I de l'article R. 313-17 du même code, qui ne peuvent réaliser qu'une opération à finalité locative.

1. *Objet de la société.* L'objet exclusif de la société est la réalisation d'une opération à finalité locative prévue au 1o du I de l'art. R. 313-17 du code de la construction et de l'habitation *(Décr. no 2003-387 du 17 avr. 2003, art. 2)* « ainsi que la gestion des logements correspondants ».

Pour la réalisation de cette opération, la société se place sous le contrôle du ou des organismes collecteurs mentionnés au *[aux]* *a* ou *b* du 2o de l'art. R. 313-9 du code de la construction et de l'habitation par l'intermédiaire duquel (desquels) ont été effectuées les souscriptions de parts ou d'actions prévues au *c* de l'art. R. 313-23 du même code

L'(ou les) organisme(s) collecteur(s) peut (peuvent) en conséquence se faire communiquer tous documents d'ordre administratif, juridique, comptable et technique se rattachant à l'opération.

2. *Capital de la société.* Le capital de la société doit être immédiatement libéré.

Il ne peut être augmenté par incorporation de réserves.

Aucune personne physique chargée à un titre quelconque de l'administration ou de la gestion d'un des organismes mentionnés au deuxième alinéa de la clause 1 ci-dessus ne peut détenir directement ou indirectement plus d'une action ou d'une part de la société.

Les parts ou actions de la société ne permettent pas l'attribution de logements en toute propriété ou en jouissance.

3. *Versement de dividendes et affectation des bénéfices.* Le versement annuel des dividendes ne doit pas excéder 6 p. 100 du capital.

Chaque organe délibérant du ou des organismes collecteurs mentionnés au deuxième alinéa de la clause 1 ci-dessus décide de l'affectation des bénéfices de la société. Les bénéfices non distribués ne peuvent être réinvestis que dans des emplois prévus par la réglementation de la participation des employeurs à l'effort de construction.

4. *Cession des logements locatifs appartenant à la société.* Toute cession de logements locatifs doit être préalablement autorisée par décision de l'organe délibérant de la société.

5. *Cession des parts ou actions de la société.* *(Décr. no 95-551 du 2 mai 1995, art. 4)* « Sauf en cas de succession, de liquidation de communauté de biens entre époux ou de cession soit à un conjoint, soit à un ascendant ou à un descendant, la cession à un tiers de parts ou d'actions doit être autorisée par l'organe délibérant de la société ».

6. *Dissolution de la société.* En cas de dissolution amiable ou statutaire de la société, l'assemblée générale extraordinaire nomme un liquidateur qui doit être agréé par décision de chaque organe délibérant des organismes mentionnés au deuxième alinéa de la clause 1 ci-dessus.

(Décr. no 2003-387 du 17 avr. 2003, art. 2) « Après règlement du passif et remboursement du capital social, le surplus du produit net de la liquidation excédant la moitié du capital social ne peut être dévolu qu'à un organisme mentionné au *a* ou *b* du 2o de l'article R. 313-9 du code de la construction et de l'habitation, lequel doit l'imputer aux sommes recueillies au titre de la participation des employeurs à l'effort de construction. »

7. *Commission d'attribution. [Cette clause n'est à insérer dans leurs statuts que par les sociétés de nature civile et dont l'opération est implantée dans de grands ensembles anciennement classés en zone à urbaniser.]* La société est dotée, en application de l'art. L. 441-1-2 du code de la construction et de l'habitation, d'une commission d'attribution de ses logements locatifs, qui attribue nominativement chacun des logements mis ou remis en location.

Le maire de la commune d'implantation des logements à attribuer ou son représentant est membre de droit de cette commission pour les séances où l'attribution de ces logements est à l'ordre du jour.

Annexe V à la section III du chapitre III du titre Ier du livre III du code de la construction et de l'habitation

Clauses types fixées en application des articles R. 313-31-2 (5o) et R. 313-31-II

(Décr. no 93-750 du 27 mars 1993, Ann.).

Clauses types

Applicables aux sociétés immobilières mentionnées au 2o du I de l'article R. 313-31 du code de la construction et de l'habitation qui réalisent des opérations prévues au B de l'article R. 313-18 du même code (SOFAL).

1. *Objet et nature de la société.* L'objet exclusif de la société est l'acquisition en vue de la vente ou de la location de logements existants ainsi qu'éventuellement la gestion temporaire, pour le compte de leurs propriétaires, de tels logements.

La société est une société anonyme administrée par un conseil d'administration ou un conseil de surveillance et un directoire.

2. *Capital de la société.* Le capital de la société doit être détenu à plus de 50 p. 100 par un ou plusieurs organismes collecteurs mentionnés aux *a* et *b* du 2º de l'art. R. 313-9 du code de la construction et de l'habitation.

Aucune personne physique chargée à un titre quelconque de l'administration ou de la gestion d'un des organismes mentionnés à l'alinéa précédent ne peut détenir directement ou indirectement plus d'une action de la société.

Le capital de la société doit être immédiatement libéré.

Il ne peut pas être augmenté par incorporation de réserves.

Les actions de la société ne permettent pas l'attribution de logements en toute propriété ou en jouissance.

3. *Versement de dividendes et affectation des bénéfices.* Le versement annuel des dividendes ne doit pas excéder 6 p. 100 du capital.

Chaque organe délibérant du ou des organismes collecteurs mentionnés au premier alinéa de la clause 2 ci-dessus décide de l'affectation des bénéfices de la société. Les bénéfices non distribués ne peuvent être réinvestis que dans des emplois prévus par la réglementation de la participation des employeurs à l'effort de construction.

4. *Cession des actions. (Décr. nº 95-551 du 2 mai 1995, art. 5)* « Sauf en cas de succession, de liquidation de communauté de biens entre époux ou de cession soit à un conjoint, soit à un ascendant ou à un descendant, la cession à un tiers d'actions doit être autorisée par l'organe délibérant de la société ».

Elle est réalisée en priorité au profit d'un porteur d'actions existant ou d'un organisme collecteur visé aux *a, b* ou *c* du 2º de l'art. R. 313-9 du code de la construction et de l'habitation, sous réserve des conditions et autorisations prévues par la réglementation en vigueur. A défaut d'accord entre les parties sur le prix de cession, celui-ci est déterminé par un expert désigné soit par les parties, soit, à défaut d'accord entre elles, par ordonnance du tribunal statuant en la forme des référés et sans recours possible. Le prix de la cession ne peut être, en tout état de cause et conformément à l'art. L. 313-28 du code de la construction et de l'habitation, ni supérieur à la valeur de ces actions dans la situation nette de la société, ni supérieur à leur valeur nominale majorée de 50 p. 100.

5. *Dissolution de la société.* En cas de dissolution amiable ou statutaire de la société, l'assemblée générale extraordinaire nomme un liquidateur qui doit être agréé par décision de chaque organe délibérant de chacun des organismes mentionnés au deuxième alinéa de la clause 2 ci-dessus.

(Décr. nº 2003-387 du 17 avr. 2003, art. 2) « Après règlement du passif et remboursement du capital social, le surplus du produit net de la liquidation excédant la moitié du capital social ne peut être dévolu qu'à un organisme mentionné au *a* ou *b* du 2º de l'article R. 313-9 du code de la construction et de l'habitation, lequel doit l'imputer aux sommes recueillies au titre de la participation des employeurs à l'effort de construction. »

Annexe VI à la section III du chapitre III du titre Ier du livre III du code de la construction et de l'habitation

Clauses types fixées en application de l'article R. 313-31-2 (6º)

(Décr. nº 93-750 du 27 mars 1993, Ann.).

Clauses types

Applicables aux sociétés immobilières locatives mentionnées à l'article L. 313-27 du code de la construction et de l'habitation.

1. *Objet de la société.* L'objet exclusif de la société est la réalisation d'opérations à finalité locative prévues au 1er du I et au II de l'art. R. 313-17 du code de la construction et de l'habitation *(Décr. nº 2003-387 du 17 avr. 2003, art. 2)* « ainsi que la gestion des logements correspondants. »

2. *Capital de la société.* Aucune personne physique chargée à un titre quelconque de l'administration ou de la gestion d'un organisme collecteur de la participation des employeurs à l'effort de construction ayant souscrit au capital de la société ou acquis des parts ou actions de celle-ci ne peut détenir directement ou indirectement plus d'une part ou action de la société.

Le capital de la société doit être immédiatement libéré.

Il ne peut être augmenté par incorporation de réserves.

3. *Actions ou parts de la société.* Les actions ou parts de la société ne permettent pas l'attribution de logements en toute propriété ou en jouissance.

(Décr. nº 95-551 du 2 mai 1995, art. 6) « Sauf en cas de succession, de liquidation de communauté de biens entre époux ou de cession soit à un conjoint, soit à un ascendant ou à un descendant, la cession à un tiers d'actions ou de parts doit être autorisée par l'organe délibérant de la société ».

Elle est réalisée en priorité au profit d'un porteur de parts ou d'actions existant ou d'un organisme collecteur visé aux *a*, *b* ou *c* du 2º de l'article R. 313-9 du code de la construction et de l'habitation, sous réserve des conditions et autorisations prévues par la réglementation en vigueur. A défaut d'accord entre les parties sur le prix de cession, celui-ci est déterminé par un expert désigné soit par les parties, soit, à défaut d'accord entre elles, par ordonnance du tribunal statuant en la forme des référés et sans recours possible. Le prix de la cession ne peut être, en tout état de cause et conformément à l'article L. 313-28 du code de la construction et de l'habitation, ni supérieur à la valeur de ces parts ou actions dans la situation nette de la société, ni supérieur à la valeur nominale majorée de 50 p. 100.

4. *Versement de dividendes et affectation des bénéfices.* Le versement annuel des dividendes ne doit pas excéder 6 p. 100 du capital.

Les bénéfices non distribués sont réinvestis dans des emplois prévus par la réglementation de la participation des employeurs à l'effort de construction.

5. *Cession des logements appartenant à la société.* La cession des logements locatifs de la société doit être décidée par l'organe délibérant de la société.

Elle ne peut être réalisée qu'au profit des locataires, d'une autre société immobilière mentionnée aux 1º, 2º et 5º de l'article R. 313-31-2 du code de la construction et de l'habitation ayant pour objet la réalisation d'opérations à finalité locative, ou d'un organisme collecteur mentionné au *c* du 2º de l'article R. 313-9 du même code.

Les cessions de logements locatifs décidées en dérogation avec les règles prévues à l'alinéa précédent sont transmises au représentant de l'État dans le département d'implantation des logements cédés. Dans le délai d'un mois qui suit la réception de la décision concernée par le représentant de l'État, celui-ci peut demander à chaque organe délibérant des organismes collecteurs cités ci-dessus de procéder à une seconde délibération relative à la cession des logements.

Lorsque cette autorisation est relative à la mise en vente de plus de 50 logements sur le territoire d'une commune, elle est immédiatement transmise, pour son information, au maire de la commune concernée.

6. *Dissolution de la société. (Décr. nº 2003-387 du 17 avr. 2003, art. 2)* « En cas de dissolution amiable ou statutaire de la société, après règlement du passif et remboursement du capital social, le surplus du produit net de la liquidation excédant la moitié du capital social ne peut être dévolu qu'à un organisme mentionné au *a* ou *b* du 2º de l'article R. 313-9 du code de la construction et de l'habitation, lequel doit l'imputer aux sommes recueillies au titre de la participation des employeurs à l'effort de construction. »

7. *Commission d'attribution. [Cette clause n'est à insérer dans le statut que par les sociétés de nature civile et ayant une partie au moins de leur patrimoine implantée dans de grands ensembles anciennement classés en zone à urbaniser en priorité.]* La société est dotée, en application de l'art. L. 441-1-2 du code de la construction et de l'habitation, d'une commission d'attribution de ses

logements locatifs, qui attribue nominativement chacun des logements mis ou remis en location.

Le maire de la commune d'implantation des logements à attribuer, ou son représentant, est membre de droit de cette commission, pour les séances où l'attribution de ces logements est à l'ordre du jour.

Décret nº 2001-255 du 26 mars 2001,

Relatif aux modalités de conversion à l'euro du capital social des filiales réglementées des collecteurs de la participation des employeurs à l'effort de construction.

Art. 1er Par dérogation à l'interdiction figurant dans la clause type relative au « capital de la société » de chacune des annexes visées à l'article R. 313-31-2 *[abrogé]* du code de la construction et de l'habitation, les sociétés immobilières concernées peuvent, jusqu'au 31 décembre 2001, procéder à une augmentation de leur capital par incorporation de réserves pour les besoins liés à la conversion au centième d'euro supérieur ou à l'euro supérieur de la valeur nominale de leurs titres.

Lorsque la conversion au centième d'euro ou à l'euro de la valeur nominale des titres de ces sociétés immobilières entraîne une augmentation ou une réduction de leur capital supérieure à 5 % de la valeur de ce capital exprimée en francs, la conversion n'est possible que sur autorisation préalable du ministre chargé du logement. Avant de statuer, le ministre chargé du logement consulte l'Agence nationale pour la participation des employeurs à l'effort de construction qui dispose d'un mois pour émettre son avis. Faute d'avoir été donné dans ce délai, l'avis de l'agence nationale est réputé favorable.

ANNEXE 3 (art. R. 318-3)

Normes de surface et d'habitabilité

Applicables aux logements ayant bénéficié pour leur acquisition ou leur construction à titre d'accession à la première propriété d'avances remboursables sans intérêt.

(Décr. nº 2005-69 du 31 janv. 2005).

I. *Normes générales relatives à la sécurité, à la salubrité et à l'équipement de l'immeuble*

1.1. Étanchéité

Les sols, murs, seuils, plafonds sont protégés contre les eaux de ruissellement, les infiltrations et les remontées d'eau.

1.2. Parties communes

Le gros œuvre (murs, charpentes, escaliers, planchers, balcons) est en bon état d'entretien.

La couverture est étanche. Les souches de cheminées, les gouttières, les chéneaux, les descentes d'eau pluviale et les ouvrages accessoires sont en bon état.

Les menuiseries extérieures sont étanches et en bon état.

Les cours et courettes, les accès et les circulations en cave ainsi que les combles sont dégagés et en bon état d'entretien.

1.3. Canalisations

Les canalisations d'eau, les appareils qui leur sont raccordés et les réservoirs sont établis de manière à éviter la pollution du réseau de distribution, notamment par les eaux usées et les eaux-vannes.

Les canalisations d'eau potable desservant les logements assurent la permanence de la distribution avec une pression et un débit suffisants et sont branchées au réseau public de distribution s'il existe ; en cas contraire, elles sont conformes aux règlements sanitaires en vigueur.

II. *Normes relatives à la sécurité, à la salubrité et à l'équipement des logements*

2.1. Normes dimensionnelles

Un logement comprend des pièces principales destinées au séjour et au sommeil, et des pièces de service telles que cuisines, salle d'eau, cabinets d'aisance, buanderie, débarras, séchoirs ainsi que, le cas échéant, des dégagements et des dépendances.

Il comporte au moins une pièce principale et une pièce de service (soit salle d'eau, soit cabinet d'aisance), un coin cuisine pouvant éventuellement être aménagé dans la pièce principale.

La surface habitable d'un logement, définie à l'article R. 111-2 du CCH, est égale ou supérieure à 14 mètres carrés.

La moyenne des surfaces habitables des pièces principales est de 9 mètres carrés au moins ; aucune de ces pièces n'ayant une surface inférieure à 7 mètres carrés.

La hauteur sous-plafond d'une pièce principale est au moins égale à 2,30 mètres pour une surface au moins égale à 7 mètres carrés.

2.2. Ouverture et ventilation

Toutes les pièces principales des logements sont pourvues d'ouvertures donnant à l'air libre.

La ventilation des logements est générale et permanente. Lorsqu'un local, tel que la cuisine, le cabinet d'aisance, la salle d'eau, ne dispose pas de fenêtre, il doit être pourvu d'un système d'évacuation de l'air vicié débouchant à l'extérieur du bâtiment, tel que gaine de ventilation à tirage naturel (verticale) ou mécanique (horizontale ou verticale), complétée éventuellement par des dispositifs de ventilation dans les pièces principales.

2.3. Installation de la cuisine ou du coin cuisine

La pièce à usage de cuisine ou le coin cuisine comporte un évier avec siphon, raccordé à une chute d'eaux usées, sur lequel est installée l'eau potable (chaude et froide).

La pièce à usage de cuisine ou le coin cuisine est aménagé de manière à pouvoir recevoir un appareil de cuisson (à gaz ou électrique) suivant les conditions réglementaires en vigueur ou possède un conduit d'évacuation de fumée en bon état.

2.4. Installation du gaz et de l'électricité

Les canalisations de gaz et la ventilation des pièces où le gaz est utilisé sont conformes aux textes réglementaires en vigueur.

Le logement est pourvu d'une alimentation électrique, conforme aux besoins normaux de l'utilisateur d'un local d'habitation.

2.5. Équipement sanitaire

Tout logement comporte :

– un cabinet d'aisance, avec cuvette à l'anglaise et chasse d'eau ; dans le cas de fosse étanche, la chasse d'eau peut être remplacée par un simple effet d'eau. Toutefois, le WC pourra être situé dans la salle d'eau. Le cabinet d'aisance est séparé de la cuisine et des pièces principales ;

– une salle d'eau avec installation d'une baignoire ou d'une douche et un lavabo alimentés en eau courante chaude et froide.

2.6. Chauffage

Le logement est équipé :

a) D'un chauffage à eau chaude centralisé et, dans le cas d'un chauffage individuel, celui-ci est équipé de dispositifs de régulation, calorifugeage et équilibrage ;

b) Ou, si la solution est adaptée aux caractéristiques thermiques du bâtiment, d'un chauffage électrique avec système de régulation et de programmation muni d'émetteurs fixes, de planchers chauffants, de plafonds rayonnants ou de systèmes à accumulation ;

c) Ou un chauffage par un système thermodynamique ;

d) Ou un équipement de chauffage fonctionnant au bois ou autres biomasses, de classe 1 (norme NF EN 13229 et NF EN 13240), tel qu'un poêle, un foyer fermé, un insert ou une chaudière de classe 2 (norme NF EN 303.5) dont la puissance est inférieure à 300 kW.

ANNEXE 4 (art. R. 321-23)

(Décr. nº 2010-122 du 5 févr. 2010, art. 3)

ANNEXE I (art. R. 321-23)

(Décr. nº 2010-122 du 5 févr. 2010)

Convention type

Applicable au secteur locatif intermédiaire portant sur un logement ne bénéficiant pas de subvention pour travaux.

Convention conclue entre l'ANAH et M. (ou la société) ....
en application des articles L. 321-4 et R. 321-23 du code de la construction et de l'habitation (annexe I relative au conventionnement en secteur locatif intermédiaire) n'ouvrant pas droit au bénéfice de l'aide personnalisée au logement (APL).

L'ANAH, représentée par :

Le délégué de l'agence dans le département : ....

ou

Le président du conseil général ou de l'établissement public de coopération intercommunale, ou son représentant, ayant conclu la convention prévue à l'article L. 321-1-1 du code de la construction et de l'habitation : ....

D'une part, et

Nom, prénom du bailleur : ....

Demeurant : ....

....

Code postal : .... Commune : ....

ou

Raison sociale : ....

Adresse du siège social : ....

....

Code postal : .... Commune : ....

Représentée par : Nom, prénom du représentant légal :

Adresse du représentant légal : ....

Code postal : .... Commune : ....

dénommé (e) ci-après le bailleur,

D'autre part,

Sont convenus de ce qui suit :

I. *Objet et champ d'application de la convention*

La présente convention a pour objet de fixer les droits et les obligations des parties prévus par les articles L. 321-3 à L. 321-12 du code de la construction et de l'habitation (CCH) pour le logement ci-après désigné.

A. – Adresse précise du logement :

Nº : .... Voie : ....

....

Code postal : .... Commune : ....

Bâtiment : .... Escalier : .... Porte : .... Étage : ....

B. – Surface habitable du logement (art. R. 111-2) : .... m².

C. – Surface des annexes entrant dans le calcul de la surface habitable dite « fiscale » définie par l'article R. 321-27 du CCH (la moitié des annexes dans la limite de 8 m²) : .... m².

D. – Surface habitable dite "fiscale" totale du logement (D = B + C) : .... m².

Année d'achèvement du logement ou de l'immeuble : ....

ou à défaut date approximative : ....

E. – Indiquer la référence cadastrale du logement : ....

II. *Prise d'effet, prolongation, résiliation de la convention et information*

Date de prise d'effet de la présente convention :

Durée de la convention : .... (ne peut être inférieure à six ans).

Date d'expiration de la convention : ....

Prolongation de la convention : la prolongation de la convention doit faire l'objet d'un avenant à la convention initiale. Les engagements du bailleur devront être intégrés dans l'avenant.

Résiliation : une convention ne peut être résiliée qu'à titre exceptionnel par l'agence, notamment en cas d'inexécution de ses engagements par le bailleur.

Le bailleur s'engage, dans un délai de quinze jours à compter de la date à laquelle la résiliation est devenue définitive, à en faire notification aux locataires. Lorsque le bailleur a bénéficié d'un avantage fiscal, l'agence informe l'administration compétente.

Information : le propriétaire transmet le document mentionné à l'article R. 321-30 du CCH, établi par l'Agence nationale de l'habitat, à l'autorité compétente en matière fiscale.

III. *Conditions d'occupation du logement et conditions de ressources des locataires*

Conditions d'occupation

Pendant toute la durée de la convention, le bailleur s'engage à louer le logement, ci-dessus désigné, nu à des personnes physiques, à titre de résidence principale et occupé comme tel au moins huit mois par an. La condition de location à des personnes physiques ne s'applique pas lorsque le logement est loué à un organisme public ou privé en vue de sa sous-location, meublée ou non, à des personnes défavorisées ou à des personnes physiques dont la situation nécessite une solution locative de transition, ou pour l'hébergement de ces personnes. Dans ce cas, le loyer du sous-locataire ne doit pas dépasser le montant du loyer principal, il ne doit pas y avoir fourniture de prestation hôtelière ou para-hôtelière et l'occupant du logement doit remplir les conditions de ressources (décret nº 2008-529 du 4 juin 2008, *Journal officiel* du 6 juin 2008). Ce logement ne peut être occupé à titre d'accessoire d'un contrat de travail ou en raison de l'exercice d'une fonction.

Le logement ne peut être loué ou occupé à quelque titre que ce soit par :

– les ascendants ou les descendants du signataire de la convention ;

– ceux de son conjoint, de son concubin ou de son partenaire lié par un pacte civil de solidarité ;

– son conjoint, son concubin ou son partenaire lié par un pacte civil de solidarité ;
– les associés de la société signataire de la convention, leurs conjoints, concubins ou partenaires liés par un pacte civil de solidarité ainsi que leurs ascendants ou descendants ;
– les administrateurs de l'association signataire, leurs conjoints, concubins ou partenaires liés par un pacte civil de solidarité ainsi que leurs ascendants ou descendants.

Conditions de ressources des locataires

Le bailleur s'engage à louer le logement à des ménages dont les revenus, à la date du signature du bail, sont inférieurs aux plafonds de ressources définis à l'article 2 *duodecies* de l'annexe III du code général des impôts (CGI).

Le montant des ressources à prendre en compte pour apprécier la situation de chaque ménage requérant est égal au revenu fiscal de référence de chaque personne composant le ménage, figurant sur les avis d'imposition établis au titre de l'avant-dernière année précédant celle de la signature du contrat de location.

Ces plafonds de ressources sont révisés annuellement au 1er janvier de chaque année en fonction de l'évolution du salaire minimum de croissance visé à l'article L. 141-2 du code du travail. Cette variation est appréciée entre le 1er octobre de l'antépénultième année et le 1er octobre de l'année précédente.

IV. *Contrat de location et information du locataire*

Le bail conclu entre le bailleur et le locataire doit être conforme à la loi no 89-462 du 6 juillet 1989 tendant à améliorer les rapports locatifs, sous réserve des dispositions du chapitre V de la présente convention. Le contrat de location prévoit que le loyer est payé à terme à échoir.

Le bailleur s'engage à ce que le logement loué dans le cadre de la présente convention respecte les caractéristiques de décence qui sont définies dans le décret no 2002-120 du 30 janvier 2002 et qui portent sur les conditions relatives à :
– la sécurité physique et la santé des locataires ;
– les éléments d'équipement et de confort ;
– les normes de surface et de volume.

Lors de la signature du bail, le bailleur s'engage à remettre au locataire une copie de la présente convention, et à informer le locataire de toute modification apportée à la convention ayant des incidences sur leurs relations contractuelles.

Le propriétaire porte sur la quittance le montant du loyer maximum applicable au logement.

Six mois avant son terme, le bailleur informe le locataire de la date d'expiration de la convention.

V. *Montant du loyer maximal et modalités de révision*

Le loyer pratiqué par le bailleur doit être inférieur au loyer plafond maximal qui est fixé au m² de surface fiscale à.... €.

Ce loyer maximum est révisé au 1er janvier de chaque année, à partir de la date de signature de la convention, dans les conditions prévues au deuxième alinéa de l'article 17 *d* de la loi no 89-462 du 6 juillet 1989 modifiée.

VI. *Suivi et contrôles*

Tout changement d'occupation ou d'utilisation du logement ou toute mutation de propriété ainsi que tout changement de domicile du propriétaire bailleur intervenant pendant la période d'application de la convention doit être déclaré par le bailleur à l'agence dans un délai de deux mois suivant l'évènement.

Le bailleur s'engage à fournir à tout moment, à la demande de l'agence, toutes les informations et tous les documents nécessaires au plein exercice du contrôle.

VII. *Sanctions en cas d'inexécution des engagements par le bailleur*

Sanctions

En cas de non-respect par le bailleur des dispositions de la présente convention, l'ANAH peut prononcer des sanctions mentionnées aux articles L. 321-2 et R. 321-30-2 du CCH dans les conditions prévues aux articles R. 321-21 et R. 321-4 du CCH.

Le montant de la sanction pécuniaire prévue à l'article L. 321-2 est fixé compte tenu de la gravité des faits reprochés et de la situation financière de la personne ou de l'organisme intéressé selon un barème fixé par le règlement général de l'agence, sans toutefois pouvoir dépasser la moitié de l'aide accordée ou une somme équivalent à deux ans du loyer maximal prévu par la convention *(hors loyers accessoires et charges récupérables)* en cas de non-respect du loyer maximal et en cas de mutation sans poursuite expresse des engagements relatifs aux conditions d'occupation du logement ou une somme équivalent à neuf mois du loyer maximal prévu par la convention *(hors loyers accessoires et charges récupérables)* lorsque le bailleur n'exécute pas les autres engagements prévus par la convention *(tels que notamment ceux relatifs aux conditions d'occupation des logements, aux plafonds de ressources, à l'information des locataires ou au contrôle de l'ANAH)*, cette dernière somme peut être doublée dans le cas où le bailleur ne respecte pas plusieurs de ses obligations contractuelles pour le même logement.

L'ANAH doit préalablement mettre en demeure le bailleur, par lettre recommandée avec demande d'avis de réception, de satisfaire à son obligation. Ce dernier doit, dans un délai de deux mois, soit formuler ses observations, soit faire connaître son acceptation. Lorsque l'ANAH écarte ces observations, sa décision doit être motivée.

Litiges

En cas de contestation sur la mise en œuvre de la présente convention, le litige est porté devant le tribunal administratif dans le ressort duquel se situe l'immeuble.

Fait en 2 originaux

à ...., le ....

Le bailleur

à ...., le ....

L'ANAH (indiquer la fonction du signataire)

ANNEXE II (art. R. 321-23)

(Décr. nº 2010-122 du 5 févr. 2010)

Convention type

Applicable au secteur locatif social portant sur un logement ne bénéficiant pas de subvention pour travaux.

Convention conclue entre l'ANAH et M. (ou la société) .... en application des articles L. 321-8 et R. 321-23 du code de la construction et de l'habitation (annexe II relative au conventionnement en secteur locatif social) ouvrant droit au bénéfice de l'aide personnalisée au logement (APL).

L'ANAH, représentée par :

Le délégué de l'agence dans le département : ....

ou

Le président du conseil général ou de l'établissement public de coopération intercommunale, ou son représentant, ayant conclu la convention prévue à l'article L. 321-1-1 du code de la construction et de l'habitation : ....

D'une part, et
Nom, prénom du bailleur : ....
Demeurant : ....
....
Code postal : .... Commune : ....
ou
Raison sociale : ....
Adresse du siège social : ....
Code postal : .... Commune : ....
Représentée par : Nom, prénom du représentant légal : ....
Adresse du représentant légal : ....
Code postal : .... Commune : ....
dénommé (e) ci-après le bailleur,
D'autre part,
sont convenus de ce qui suit :

I. *Objet et champ d'application de la convention*

La présente convention a pour objet de fixer les droits et les obligations des parties prévus par les articles L. 321-3 à L. 321-12 du code de la construction et de l'habitation (CCH) pour le logement ci-après désigné.

A.– Adresse précise du logement :
N° : .... Voie : ....
....
Code postal : .... Commune : ....
Bâtiment : .... Escalier : .... Porte : .... Étage : ....
B. – Surface habitable du logement (art. R. 111-2) : .... m²
C. – Surface des annexes entrant dans le calcul de la surface habitable dite « fiscale » définie par l'article R. 321-27 du CCH (la moitié des annexes dans la limite de 8 m²) : .... m².
D. – Surface habitable dite « fiscale » totale du logement (D = B + C) : ...... m².
Année d'achèvement du logement ou de l'immeuble : ....
ou à défaut date approximative : ....
E. – Indiquer la référence cadastrale du logement : ....

II. *Prise d'effet, prolongation, résiliation de la convention et information*

Date de prise d'effet de la présente convention : ....
Durée de la convention : .... (ne peut être inférieure à six ans)
Date d'expiration de la convention : ....

Prolongation de la convention : la prolongation de la convention doit faire l'objet d'un avenant à la convention initiale. Les engagements du bailleur devront être intégrés dans l'avenant.

Résiliation : une convention ne peut être résiliée qu'à titre exceptionnel par l'agence, notamment en cas d'inexécution de ses engagements par le bailleur.

Le bailleur s'engage, dans un délai de quinze jours à compter de la date à laquelle la résiliation est devenue définitive, à en faire notification aux locataires et aux organismes liquidateurs concernés. Lorsque le bailleur a bénéficié d'un avantage fiscal, l'agence informe l'administration compétente.

Information : le propriétaire transmet le document mentionné à l'article R. 321-30 du CCH, établi par l'Agence nationale de l'habitat, à l'autorité compétente en matière fiscale.

III. *Conditions d'occupation du logement et conditions de ressources des locataires*

Conditions d'occupation

Pendant toute la durée de la convention, le bailleur s'engage à louer le logement, ci-dessus désigné, nu à des personnes physiques, à titre de résidence principale et occupé comme tel au moins huit mois par an. La condition de location à des personnes physiques ne s'applique pas lorsque le logement est loué à un organisme public ou privé en vue de sa sous-location, meublée ou non, à des personnes défavorisées ou à des personnes physiques dont la situation nécessite une solution locative de transition, ou pour l'hébergement de ces personnes. Dans ce cas, le loyer du sous-locataire ne doit pas dépasser le montant du loyer principal, il ne doit pas y avoir fourniture de prestation hôtelière ou para-hôtelière et l'occupant du logement doit remplir les conditions de ressources (décret nº 2008-529 du 4 juin 2008, *Journal officiel* du 6 juin 2008). Ce logement ne peut être occupé à titre d'accessoire d'un contrat de travail ou en raison de l'exercice d'une fonction.

Le logement ne peut être loué ou occupé à quelque titre que ce soit par :

– les ascendants ou les descendants du signataire de la convention ;

– ceux de son conjoint, de son concubin ou de son partenaire lié par un pacte civil de solidarité ;

– son conjoint, son concubin ou son partenaire lié par un pacte civil de solidarité ;

– les associés de la société signataire de la convention, leurs conjoints, concubins ou partenaires liés par un pacte civil de solidarité ainsi que leurs ascendants ou descendants ;

– les administrateurs de l'association signataire, leurs conjoints, concubins ou partenaires liés par un pacte civil de solidarité ainsi que leurs ascendants ou descendants.

Conditions de ressources des locataires

Le bailleur s'engage à louer le logement à des ménages dont les revenus, à la date de signature du bail, sont inférieurs aux plafonds de ressources fixés par l'arrêté du 29 juillet 1987 modifié relatif aux plafonds de ressources des bénéficiaires de la législation sur les habitations à loyer modéré et des nouvelles aides de l'État en secteur locatif.

Le montant des ressources à prendre en compte pour apprécier la situation de chaque ménage requérant est égal au revenu fiscal de référence de chaque personne composant le ménage, figurant sur les avis d'imposition établis au titre de l'avant-dernière année précédant celle de la signature du contrat de location.

Ces plafonds sont révisés annuellement au 1er janvier de chaque année en fonction de la variation de l'indice de référence des loyers, mentionné à l'article 17 de la loi nº 89-462 du 6 juillet 1989.

Conditions spécifiques d'attribution pour un logement très social

Lorsque la subvention est accordée pour un logement qualifié de " très social ", le bailleur doit informer le préfet lors de la mise en location ou à chaque remise en location. Dans un délai d'un mois, le préfet ou l'organisme désigné à cette fin lui adresse une liste de candidats. Le bailleur s'engage à choisir son locataire parmi ce (ou ces) candidats. En l'absence de candidat proposé, il peut louer le logement à des personnes de son choix dès lors que leurs revenus n'excèdent pas les plafonds de ressources prévus ci-dessus.

IV. *Contrat de location et information du locataire*

Le bail conclu entre le bailleur et le locataire doit être conforme à la loi nº 89-462 du 6 juillet 1989 tendant à améliorer les rapports locatifs, sous réserve des dispositions du chapitre V de la présente convention. Le contrat de location prévoit que le loyer est payé mensuellement à terme échu.

Le bailleur s'engage à ce que le logement loué dans le cadre de la présente convention respecte les caractéristiques de décence qui sont définies dans le décret nº 2002-120 du 30 janvier 2002 et qui portent sur les conditions relatives à :

– la sécurité physique et la santé des locataires ;

– les éléments d'équipement et de confort ;

– les normes de surface et de volume.

Lors de la signature du bail, le bailleur s'engage à remettre au locataire une copie de la présente convention, et à informer le locataire de toute modification apportée à la convention ayant des incidences sur leurs relations contractuelles.

Le propriétaire porte sur la quittance le montant du loyer maximum applicable au logement.

Six mois avant son terme, le bailleur informe le locataire de la date d'expiration de la convention.

V. *Montant du loyer maximal et modalités de révision*

Le loyer pratiqué par le bailleur ne doit pas excéder le loyer maximal qui est fixé au m ² de surface fiscale à €.

Ce loyer maximum est révisé au 1er janvier de chaque année, à partir de la date de signature de la convention, dans les conditions prévues au deuxième alinéa de l'article 17 d de la loi no 89-462 du 6 juillet 1989 modifiée.

VI. *Suivi et contrôles*

Tout changement d'occupation ou d'utilisation du logement ou toute mutation de propriété ainsi que tout changement de domicile du propriétaire bailleur intervenant pendant la période d'application de la convention doit être déclaré par le bailleur à l'agence dans un délai de deux mois suivant l'évènement.

Le bailleur s'engage à fournir à tout moment, à la demande de l'agence, toutes les informations et tous les documents nécessaires au plein exercice du contrôle.

VII. *Sanctions en cas d'inexécution des engagements par le bailleur*

Sanctions

En cas de non-respect par le bailleur des dispositions de la présente convention, l'ANAH peut prononcer des sanctions mentionnées aux articles L. 321-2 et R. 321-30-2 du CCH dans les conditions prévues aux articles R. 321-21 et R. 321-4 du CCH.

Le montant de la sanction pécuniaire prévue à l'article L. 321-2 est fixé compte tenu de la gravité des faits reprochés et de la situation financière de la personne ou de l'organisme intéressé selon un barème fixé par le règlement général de l'agence, sans toutefois pouvoir dépasser la moitié de l'aide accordée ou une somme équivalent à deux ans du loyer maximal prévu par la convention *(hors loyers accessoires et charges récupérables)* en cas de non respect du loyer maximal et en cas de mutation sans poursuite expresse des engagements relatifs aux conditions d'occupation du logement ou une somme équivalent à neuf mois du loyer maximal prévu par la convention *(hors loyers accessoires et charges récupérables)* lorsque le bailleur n'exécute pas les autres engagements prévus par la convention *(tels que notamment ceux relatifs aux conditions d'occupation des logements, aux plafonds de ressources, à l'information des locataires ou au contrôle de l'ANAH)*, cette dernière somme peut être doublée dans le cas où le bailleur ne respecte pas plusieurs de ses obligations contractuelles pour le même logement.

L'ANAH doit préalablement mettre en demeure le bailleur, par lettre recommandée avec demande d'avis de réception, de satisfaire à son obligation. Ce dernier doit, dans un délai de deux mois, soit formuler ses observations, soit faire connaître son acceptation. Lorsque l'ANAH écarte ces observations, sa décision doit être motivée.

Litiges

En cas de contestation sur la mise en œuvre de la présente convention, le litige est porté devant le tribunal administratif dans le ressort duquel se situe l'immeuble.

Fait en 2 originaux

à ...., le ....

Le bailleur

à ...., le ....

L'ANAH (indiquer la fonction du signataire)

ANNEXE III (art. R. 321-23)

(Décr. n° 2010-122 du 5 févr. 2010)

Convention type

Applicable au secteur locatif intermédiaire et au secteur locatif social portant sur un immeuble ou sur un ou plusieurs logements bénéficiant de subventions pour travaux.

Convention conclue entre l'ANAH et M. (ou la société .... en application des articles L. 321-4 (n'ouvrant pas droit au bénéfice de l'aide personnalisée au logement), L. 321-8 (ouvrant droit au bénéfice de l'aide personnalisée au logement) et R. 321-23 du code de la construction et de l'habitation (annexe III relative au conventionnement avec travaux portant sur un immeuble ou sur un ou plusieurs logements).

L'ANAH, représentée par :

le délégué de l'agence dans le département : ....

ou

Le président du conseil général ou de l'établissement public de coopération intercommunale, ou son représentant, ayant conclu la convention prévue à l'article L. 321-1-1 du code de la construction et de l'habitation : ....

D'une part, et

Nom, prénom du bailleur : ....

Demeurant : ....

Code postal : .... Commune : ....

ou

Raison sociale : ....

Adresse du siège social : ....

Code postal : .... Commune : ....

représentée par : Nom, prénom du représentant légal : ....

Adresse du représentant légal : ....

Code postal : .... Commune : ....

dénommé (e) ci-après, le bailleur,

D'autre part,

sont convenus de ce qui suit :

I. *Objet et champ d'application de la convention*

La présente convention a pour objet de fixer les droits et les obligations des parties prévus par les articles L. 321-3 à L. 321-12 du code de la construction et de l'habitation (CCH) pour les logements désignés dans les annexes de la présente convention. Elle porte sur l'opération décrite dans l'annexe ci-jointe.

Adresse précise de l'immeuble (ou du logement) :

N° : .... Voie : ....

Code postal : .... Commune : ....

Année d'achèvement de l'immeuble : ....

La présente convention ouvre droit à l'aide personnalisée au logement (APL) pour une partie des logements (cocher la case correspondante) :

– oui () nombre de logements concernés : ....

– non ()

II. *Aide(s) accordée(s) par l'ANAH*

Les travaux d'amélioration doivent conduire à mettre a minima les logements en conformité avec les caractéristiques du logement décent définies par le décret n° 2002-120 du 30 janvier 2002 et doivent figurer dans la liste prévue à l'article R. 321-15 du CCH.

Description des travaux d'amélioration :

Le projet d'ensemble porte sur......... logement (s) de l'immeuble désigné au I dont........ fait (font) l'objet de la présente convention.

Les principaux travaux portent sur : ....
....

III. *Prise d'effet, prolongation, résiliation de la convention et information*

Date de prise d'effet : .... (voir annexe).
Durée de la convention : .... ans.
Date d'expiration de la convention : .... (voir annexe).

Prolongation de la convention par le bailleur : la prolongation de la convention par période de trois ans doit faire l'objet d'un avenant à la convention initiale. Les engagements du bailleur devront être intégrés dans l'avenant.

Résiliation : une convention ne peut être résiliée qu'à titre exceptionnel par l'agence, notamment en cas d'inexécution de ses engagements par le bailleur. Dans ce cas, le délégué de l'ANAH ou le président du conseil général ou de l'établissement public de coopération intercommunale, ou son représentant, ayant conclu la convention prévue à l'article L. 321-1-1 du code de la construction et de l'habitation peut prononcer le reversement total ou partiel de toute subvention versée par l'ANAH dans les conditions prévues aux articles R. 321-21 et R. 321-5 du CCH.

Le bailleur s'engage, dans un délai de quinze jours à compter de la date à laquelle la résiliation est devenue définitive, à en faire notification aux locataires et aux organismes liquidateurs concernés (le cas échéant pour les logements bénéficiant de l'aide personnalisée au logement). Lorsque le bailleur a bénéficié d'un avantage fiscal, l'agence informe l'administration compétente.

Information : le propriétaire transmet le document mentionné à l'article R. 321-30 du CCH, établi par l'Agence nationale de l'habitat, à l'autorité compétente en matière fiscale.

IV. *Conditions d'occupation des logements, conditions de ressources des locataires et conditions spécifiques d'attribution*

Conditions d'occupation

Pendant toute la durée de la convention, le bailleur s'engage à louer chaque logement désigné dans les annexes jointes, nu à des personnes physiques, à titre de résidence principale et occupé comme tel au moins huit mois par an. La condition de location à des personnes physiques ne s'applique pas lorsque le logement est loué à un organisme public ou privé en vue de sa sous-location, meublée ou non, à des personnes défavorisées ou à des personnes physiques dont la situation nécessite une solution locative de transition, ou pour l'hébergement de ces personnes. Dans ce cas le loyer du sous-locataire ne doit pas dépasser le montant du loyer principal, il ne doit pas y avoir fourniture de prestation hôtelière ou para-hôtelière et l'occupant du logement doit remplir les conditions de ressources (décret n° 2008-529 du 4 juin 2008, *Journal officiel* du 6 juin 2008).

Le logement ne peut être occupé à titre d'accessoire d'un contrat de travail ou en raison de l'exercice d'une fonction.

Le logement ne peut être loué ou occupé à quelque titre que ce soit par :

– les ascendants ou les descendants du signataire de la convention ;

– ceux de son conjoint, de son concubin ou de son partenaire lié par un pacte civil de solidarité ;

– son conjoint, son concubin ou son partenaire lié par un pacte civil de solidarité ;

– les associés de la société signataire de la convention, leurs conjoints, concubins ou partenaires liés par un pacte civil de solidarité ainsi que leurs ascendants ou descendants ;

– les administrateurs de l'association signataire, leurs conjoints, concubins ou partenaires liés par un pacte civil de solidarité ainsi que leurs ascendants ou descendants.

Conditions de ressources des locataires

Le bailleur s'engage à louer les logements à des ménages dont les revenus, à la date de signature du bail, sont inférieurs à des plafonds de ressources fixés :

– pour les logements soumis aux dispositions de l'article L. 321-4 du code de la construction et de l'habitation n'ouvrant pas droit au bénéfice de l'aide personnalisée au logement (APL), à l'article 2 duodecies de l'annexe III du code général des impôts (CGI). Ces plafonds sont révisés chaque année, au 1er janvier, en fonction de l'évolution annuelle du salaire minimum de croissance. Cette variation est appréciée entre le 1er octobre de l'avant-dernière année et le 1er octobre de l'année précédente ;

– pour les logements soumis aux dispositions de l'article L. 321-8 du code de la construction et de l'habitation ouvrant droit au bénéfice de l'aide personnalisée au logement (APL) par l'arrêté du 29 juillet 1987 modifié, relatif aux plafonds de ressources des bénéficiaires de la législation sur les habitations à loyer modéré et des nouvelles aides de l'État en secteur locatif. Ces plafonds sont révisés annuellement au 1er janvier de chaque année en fonction de la variation de l'indice de référence des loyers, mentionné à l'article 17 de la loi no 89-462 du 6 juillet 1989.

Le montant des ressources à prendre en compte pour apprécier la situation de chaque ménage requérant est égal au revenu fiscal de référence de chaque personne composant le ménage, figurant sur les avis d'imposition établis au titre de l'avant-dernière année précédant celle de la signature du contrat de location.

Institution du droit de réservation (le cas échéant)

.... logement(s) fait (font) l'objet d'un droit de réservation avec droit de suite au profit de l'ANAH pour la durée de la présente convention.

L'ANAH délègue au réservataire délégué désigné ci-dessous la gestion du (des) droit(s) de réservation et le pouvoir de conclure la convention de réservation définie ci-dessous.

Conditions spécifiques d'attribution du (des) logement(s) en cas de réservation

Les modalités d'identification du (des) logement(s) réservé(s) ainsi que les modalités de gestion des droits font l'objet d'une convention de réservation signée entre le propriétaire et le réservataire désigné ci-dessus.

Le bailleur s'engage à produire cette convention dans les délais et conditions prévus au règlement général de l'agence.

Désignation du réservataire délégué

Réservataire délégué :
Raison sociale : ....
Adresse du siège social : ....
Code postal : .... Commune : ....
Représenté par : ....
Nom, prénom du représentant légal : ....
Adresse du représentant légal : ....
....
Code postal : .... Commune : ....

Conditions spécifiques d'attribution pour un logement très social

Lorsque la subvention est accordée pour un logement qualifié de " très social ", le bailleur doit informer le préfet lors de la mise en location ou à chaque remise en location. Dans un délai d'un mois, le préfet ou l'organisme désigné à cette fin par lui lui adresse une liste de candidats. Le bailleur s'engage à choisir son locataire parmi ce (ou ces) candidats. En l'absence de candidat proposé, il peut louer le logement à des personnes de son choix dès lors que leurs revenus n'excèdent pas les plafonds de ressources prévus ci-dessus.

V. *Contrat de location et information du locataire*

Le bail conclu entre le bailleur et le locataire doit être conforme à la loi no 89-462 du 6 juillet 1989 tendant à améliorer les rapports locatifs, sous réserve des dispositions du chapitre VI de la présente convention.

Pour les logements soumis aux dispositions de l'article L. 321-8 du code de la construction et de l'habitation ouvrant droit au bénéfice de l'aide personnalisée au logement (APL), le contrat de location doit prévoir que le loyer est payé mensuellement à terme échu.

Pour les logements soumis aux dispositions de l'article L. 321-4 du code de la construction et de l'habitation n'ouvrant pas droit au bénéfice de l'aide personnalisée au logement (APL), le contrat de location doit prévoir que le loyer est payé mensuellement à terme à échoir.

Le bailleur s'engage à ce que le logement, loué dans le cadre de la présente convention respecte les caractéristiques de décence qui sont définies dans le décret no 2002-120 du 30 janvier 2002 et qui portent sur les conditions relatives à :

– la sécurité physique et la santé des locataires ;
– les éléments d'équipement et de confort ;
– les normes de surface et de volume.

Lors de la signature du bail, le bailleur s'engage à remettre au locataire une copie de la présente convention, et à informer le locataire de toute modification apportée à la convention ayant des incidences sur leurs relations contractuelles. Le bailleur porte sur la quittance le montant du loyer maximum applicable au logement. Six mois avant son terme, il informe le locataire de la date d'expiration de la convention.

VI. *Montant du loyer maximal et modalités de révision*

Le loyer des logements faisant l'objet de cette convention ne peut excéder un loyer maximal qui est fixé au m² de surface fiscale.

Ce loyer maximum est révisé au 1er janvier de chaque année, à partir de la date de signature de la convention, dans les conditions prévues au deuxième alinéa de l'article 17 *d)* de la loi no 89-462 du 6 juillet 1989 modifiée.

Pour les montants des loyers plafonds et pratiqués pour chaque logement : voir annexes jointes.

VII. *Suivi et contrôles*

Tout changement d'occupation ou d'utilisation du logement ou toute mutation de propriété ainsi que tout changement de domicile du propriétaire bailleur intervenant pendant la période d'application de la convention doit être déclaré par le bailleur à l'Agence dans un délai de deux mois suivant l'évènement.

Le bailleur s'engage à fournir à tout moment, à la demande de l'Agence, toutes les informations et tous les documents nécessaires au plein exercice du contrôle.

VIII. *Sanctions en cas d'inexécution des engagements par le bailleur*

Sanctions

En cas de non-respect par le bailleur des dispositions de la présente convention, l'ANAH peut prononcer des sanctions mentionnées aux articles L. 321-2 et R. 321-30-2 du CCH dans les conditions prévues aux articles R. 321-21 et R. 321-5 du CCH.

Le montant de la sanction pécuniaire prévue à l'article L. 321-2 est fixé compte tenu de la gravité des faits reprochés et de la situation financière de la personne ou de l'organisme intéressé selon un barème fixé par le règlement général de l'Agence, sans toutefois pouvoir dépasser la moitié de l'aide accordée ou une somme équivalent à deux ans du loyer maximal prévu par la convention *(hors loyers accessoires et charges récupérables)* en cas de non-respect du loyer maximal et en cas de mutation sans poursuite expresse des engagements relatifs aux conditions d'occupation du logement ou une somme équivalent à neuf mois du loyer maximal prévu par la convention *(hors loyers accessoires et charges récupérables)* lorsque le bailleur n'exécute pas les autres engagements prévus par la convention *(tels que notamment ceux relatifs aux conditions d'occupation des logements, aux plafonds de ressources, à l'information des locataires ou au contrôle de l'ANAH)*, cette dernière somme peut être doublée dans le cas où le bailleur ne respecte pas plusieurs de ses obligations contractuelles pour le même logement.

L'ANAH doit préalablement mettre en demeure le bailleur, par lettre recommandée avec demande d'avis de réception, de satisfaire à son obligation. Ce dernier doit, dans un délai de deux mois, soit formuler ses observations, soit faire connaître son acceptation. Lorsque l'ANAH écarte ces observations, sa décision doit être motivée.

Litiges

En cas de contestation sur la mise en œuvre de la présente convention, le litige est porté devant le tribunal administratif dans le ressort duquel se situe l'immeuble.

Fait en 2 originaux,

à ...., le ....

Le bailleur

à ...., le ....

L'ANAH (indiquer la fonction du signataire)

ANNEXE

I. Logements intermédiaires

1. DÉSIGNATION

N° LOGEMENT	BÂTIMENT	ESCALIER	PORTE	ÉTAGE	ANNÉE d'achèvement	RÉF. de cadastre	DATE D'EFFET de la convention	LOGEMENT réservé

2. SURFACES ET LOYERS

N° LOGEMENT	SURFACE habitable (R. 111-2)	SURFACE des annexes (*)	SURFACE FISCALE totale du logement (**)	DONT NOUVELLE surface suite aux travaux subventionnés par l'ANAH	LOYER MAXIMAL au m² de surface fiscale	LOYER MENSUEL hors charges (***) (à la date de signature du bail)
	1	2	3	4	5	6
TOTAL						

(*) Entrant dans le calcul de la surface habitable dite «fiscale» définie par l'article R. 321-27 (la moitié des annexes dans la limite de 8 m²).

(**) La surface fiscale totale du logement est égale à la surface habitable (1) + la surface des annexes (2).

(***) Le loyer pratiqué par le bailleur doit être inférieur au loyer maximal (5).

II. Logements sociaux ou très sociaux

1. Désignation

Nº LOGEMENT	BÂTIMENT	ESCALIER	PORTE	ÉTAGE	ANNÉE d'achèvement	RÉF. de cadastre	DATE D'EFFET de la convention	LOGEMENT réservé

2. SURFACES ET LOYERS

Nº LOGEMENT	SURFACE habitable (R. 111-2)	SURFACE des annexes (*)	SURFACE FISCALE totale du logement (**)	DONT NOUVELLE surface suite aux travaux subventionnés par l'ANAH	LOYER MAXIMAL au m² de surface fiscale	LOYER MENSUEL hors charges (***) (à la date de signature du bail)
	1	2	3	4	5	6
TOTAL						

(*) Entrant dans le calcul de la surface habitable dite «fiscale» définie par l'article R. 321-27 (la moitié des annexes dans la limite de 8m ²).
(**) La surface fiscale totale du logement est égale à la surface habitable (1) + la surface des annexes (2).
(***) Le loyer pratiqué par le bailleur doit être inférieur au loyer maximal (5).

ANNEXE 5 (art. R. 322-20)

Normes minimales d'habitabilité

I. *Normes générales relatives à la sécurité, à la salubrité et à l'équipement de l'immeuble*

1.1. *Étanchéité.* Les sols, murs, seuils, plafonds sont protégés contre les eaux de ruissellement, les infiltrations et les remontées d'eau.

1.2. *Parties communes.* Le gros œuvre (murs, charpentes, escaliers, planchers, balcons) est en bon état d'entretien.

La couverture est étanche. Les souches de cheminées, les gouttières, les chéneaux, les descentes d'eau pluviale et les ouvrages accessoires sont en bon état.

Les menuiseries extérieures sont étanches et en bon état.

Les cours et courettes, les accès et les circulations en cave ainsi que les combles sont dégagés et en bon état d'entretien.

1.3. *Canalisations.* Les canalisations d'eau, les appareils qui leur sont raccordés et les réservoirs sont établis de manière à éviter la pollution du réseau de distribution, notamment par les eaux usées et les eaux vannes.

Les canalisations d'eau potable desservant les logements assurent la permanence de la distribution avec une pression et un débit suffisants et sont branchées au réseau public de distribution s'il existe ; en cas contraire, elles sont conformes aux règlements sanitaires en vigueur.

II. *Normes relatives à la sécurité, à la salubrité et à l'équipement des logements ou des pièces isolées*

2.1. *Normes dimensionnelles.* Un logement comprend des pièces principales destinées au séjour et au sommeil et des pièces de service telles que cuisines, salles d'eau, cabinets d'aisances, buanderies, débarras, séchoirs ainsi que, le cas échéant, des dégagements et des dépendances.

Il comporte au moins une pièce principale et une pièce de service (soit salle d'eau, soit cabinet d'aisances), un coin-cuisine pouvant éventuellement être aménagé dans la pièce principale.

Un local à usage d'habitation ne comportant pas d'équipement destiné à faire la cuisine est considéré comme une pièce isolée.

La surface habitable d'un logement est égale ou supérieure à 16 mètres carrés, celle d'une pièce isolée à 9 mètres carrés.

La moyenne des surfaces habitables des pièces principales est de 9 mètres carrés au moins ; aucune de ces pièces n'ayant une surface inférieure à 7 mètres carrés.

La surface habitable d'un logement ou d'une pièce est la surface de plancher construit, après déduction des surfaces occupées par les murs, cloisons, marches et cage d'escaliers, gaines, ébrasement de portes et de fenêtres.

La hauteur sous plafond des pièces principales, des pièces isolées et de la cuisine est égale au moins à 2,30 mètres.

2.2. *Ouvertures et ventilation.* Toutes les pièces principales des logements et les pièces isolées sont pourvues d'ouvertures donnant à l'air libre.

La ventilation des logements et des pièces isolées est générale et permanente. Lorsqu'un local, tel que la cuisine, le cabinet d'aisances, la salle d'eau, ne dispose pas de fenêtre, il doit être pourvu d'un système d'évacuation de l'air vicié débouchant à l'extérieur du bâtiment, tel que gaine de ventilation à tirage naturel (verticale) ou mécanique (horizontale ou verticale), complétée éventuellement par des dispositifs de ventilation dans les pièces principales.

2.3. *Installation de la cuisine ou du coin-cuisine.* La pièce à usage de cuisine ou le coin cuisine comporte un évier avec siphon raccordé à une chute d'eaux usées, sur lequel est installée l'eau potable (chaude et froide).

La pièce à usage de cuisine ou le coin-cuisine est aménagé de manière à pouvoir recevoir un appareil de cuisson (à gaz ou électrique) suivant les conditions réglementaires en vigueur ou possède un conduit d'évacuation de fumée en bon état.

2.4. *Installation du gaz et de l'électricité.* Les nouvelles canalisations de gaz et la ventilation des pièces où le gaz est utilisé sont conformes aux textes réglementaires en vigueur.

Le logement ou la pièce isolée est pourvu d'une alimentation électrique conforme aux besoins normaux de l'utilisateur d'un local d'habitation.

2.5. *Équipement sanitaire.* Tout logement comporte :

Un w.-c. intérieur, avec cuvette à l'anglaise et chasse d'eau ; dans le cas de fosse étanche, la chasse d'eau peut être remplacée par un simple effet d'eau.

Dans les logements de plus de deux pièces principales, le w.-c. est séparé de la cuisine et de la pièce où sont pris les repas par un sas.

Une salle d'eau avec installation d'une baignoire ou d'une douche et un lavabo alimentés en eau courante chaude et froide.

Toutefois, les logements d'une ou deux pièces principales pourront ne comporter :
– qu'une pièce où est situé un w.-c. avec cuvette à l'anglaise et chasse d'eau, ne communiquant pas directement avec la cuisine, ainsi qu'un lavabo avec eau chaude et froide ;
ou
– qu'une salle d'eau (ou un coin douche) située dans une pièce de service, le cabinet d'aisances à usage privatif étant situé à l'étage ou à un demi-palier de distance.
La pièce isolée est équipée au minimum d'un lavabo avec eau courante chaude et froide et comporte l'usage d'un cabinet d'aisances collectif, situé à l'étage ou à un demi-palier de distance et desservant au plus cinq chambres.

2.6. *Chauffage.* Les équipements de chauffage, à l'exception de certains appareils dont la conception l'interdit, comportent un dispositif de réglage automatique de température.
Si le logement ou la pièce isolée n'est pas pourvu de chauffage central individuel ou collectif, il doit cependant comporter :
a) Dans les logements de moins de trois pièces principales, un dispositif en sus des appareils nécessaires à la cuisine, choisi parmi les suivants :
– poêle à charbon, mazout ou bois raccordé à un conduit d'évacuation de fumée. Si l'installation existe, son bon état de fonctionnement doit être vérifié ;
– radiateur à gaz fixe avec évacuation des gaz brûlés par ventouse ou raccordement à un conduit d'évacuation des gaz brûlés ;
– un appareil électrique fixe.
b) Dans les logements de trois ou quatre pièces principales, deux dispositifs au moins, si possible du même type.
c) Dans les logements de cinq pièces principales et plus, trois dispositifs au moins, si possible du même type.
La pièce isolée est pourvue de l'un des dispositifs énumérés ci-dessus.
Ces dispositifs permettront d'assurer une température suffisante dans chacune des pièces.

ANNEXE 6 (art. R. 331-65)

Convention type

(Arr. 14 août 2000, JO 8 sept.).
Vu les articles R. 331-63 et suivants du code de la construction et de l'habitation, il a été convenu ce qui suit :

Art. 1er *Habilitation de l'organisme prêteur à consentir des prêts conventionnés.* En application de l'article R. 331-65 du code de la construction et de l'habitation, la présente convention habilite l'organisme prêteur à consentir des prêts conventionnés.

L'organisme prêteur s'engage à consentir des prêts conventionnés dans les conditions prévues par la réglementation en vigueur et par la présente convention.

En ce qui concerne les établissements de crédit organisés en réseau, au sens de la loi bancaire du 24 janvier 1984, la convention d'habitation conclue avec la SGFGAS peut être signée par l'organe central, pour le compte du réseau.

Art. 2 *Objet.* Les prêts conventionnés peuvent être accordés pour financer les opérations visées à l'article R. 331-63 du code de la construction et de l'habitation.

Art. 3 *Bénéficiaires.* Les prêts conventionnés sont consentis aux personnes visées aux articles R. 331-66 et 67 du code de la construction et de l'habitation qui offrent des garanties et une solvabilité suffisantes.

L'organisme prêteur s'engage à proposer en permanence ces prêts aux candidats emprunteurs qui, à la date de leur demande de prêt, remplissent, outre les conditions visées au premier alinéa, celles requises pour bénéficier de l'aide personnalisée au logement (APL) par l'article L. 301 du code de la construction et de l'habitation et les textes pris pour son application.

Art. 4 *Nature, durée et période d'anticipation.* Les prêts conventionnés sont des prêts amortissables en dix ans au minimum et vingt-cinq ans au maximum. Toutefois, lorsqu'ils financent des opérations d'amélioration de logement ces durées sont de cinq ans au minimum et quinze ans au maximum.

Lorsqu'ils sont consentis avant la date d'achèvement des travaux, la période d'amortissement choisie est précédée d'une période d'anticipation. En conséquence, la possibilité d'accorder aux bénéficiaires tout autre crédit d'anticipation des prêts conventionnés est exclue.

Art. 5 *Montant.* Les prêts conventionnés peuvent atteindre au maximum les montants fixés par l'article R. 331-71 du code de la construction et de l'habitation et les textes pris pour son application.

Il ne peut être consenti aucun autre prêt pour la même opération, à l'exception toutefois des prêts d'épargne-logement, des prêts complémentaires aux fonctionnaires, des prêts consentis au titre de la participation des employeurs à l'effort de construction, des prêts consentis par des organismes à caractère exclusivement social ou des crédits à court terme consentis dans l'attente de la vente du précédent logement.

Art. 6 *Financement.* Si les conditions prescrites par la réglementation du marché hypothécaire sont respectées et si l'organisme prêteur est admis à se refinancer sur ce marché, les prêts conventionnés (période d'anticipation comprise) sont éligibles au marché à hauteur du crédit utilisé.

Art. 7 *Conditions de taux d'intérêt et de remboursement.* Les établissements de crédit habilités doivent proposer dans tous les cas au moins un barème de prêt à taux fixe et un barème de prêt à taux révisable. Ces barèmes peuvent être assortis d'annuités constantes, progressives ou indexées.

Les établissements prêteurs ont, en outre, la possibilité de proposer des prêts conventionnés comportant un différé total ou partiel des charges de remboursement (amortissement et/ou intérêts) d'une durée maximale de trois ans (y compris éventuellement la période d'anticipation).

a) Prêts à annuités progressives.

Toutes les formules de prêts à annuités progressives doivent obéir aux trois règles suivantes :

– la progressivité des charges pour une année déterminée ne peut excéder 1,50 % ;

– les intérêts reportés, majorés du capital restant dû, ne peuvent excéder de plus de 12 % le montant du capital emprunté ;

– les intérêts reportés, majorés du capital restant dû, ne peuvent excéder le montant du capital emprunté au-delà des 3/5 de la durée du prêt.

Dans le cas des prêts à taux révisable, les règles ci-dessus ne sont applicables qu'avant la mise en jeu des clauses de révision ;

b) Prêts à annuités indexées.

Pour les prêts à annuités indexées, l'index retenu doit respecter les prescriptions législatives et réglementaires en vigueur résultant notamment de l'article 79 de l'ordonnance n° 58-1374 du 30 décembre 1958 et de la loi n° 66-1010 du 28 décembre 1966.

c) Prêts à taux révisable.

Ils sont consentis aux conditions prévues à l'article R. 331-75 du code de la construction et de l'habitation.

La révisabilité du taux est déclenchée par l'évolution d'un index lié aux sources de financement habituelles des établissements financiers, calculé ou fixé par un organisme officiel et faisant l'objet d'une diffusion régulière et publique.

Ces prêts peuvent être assortis d'une option de taux fixe ou référencé. Au jour de l'offre de prêt, ce taux ne doit pas excéder le taux maximal des prêts conventionnés à taux fixe de même durée.

La mise en jeu éventuelle des clauses de révision du taux ne peut provoquer de variation des charges de remboursement qu'à compter du deuxième anniversaire de la signature du contrat de prêt, et ensuite au plus une fois par an. Toutefois, ces variations du ou des index de référence peuvent entraîner une modification de la décomposition des annuités entre intérêts et amortissement.

Lors de la mise en jeu des clauses de révision, le taux du prêt est majoré ou minoré de la différence de la valeur de l'index en vigueur au jour de la révision et celle de l'index de base.

Les révisions prennent effet à compter de la plus prochaine échéance.

L'application des clauses de révision peut entraîner à titre subsidiaire un allongement ou une réduction de la durée originaire du prêt. Au-delà des durées maximales réglementaires, les prêts perdent leur qualité de prêts conventionnés. En conséquence, ils doivent sortir de l'encours desdits prêts et ne sont plus éligibles à l'APL.

Art. 8 *Réaménagement des prêts.* 1o Les prêts conventionnés à annuités progressives consentis avant le 31 décembre 1984 peuvent, par convention entre les parties, être aménagés et leur durée initiale prolongée :

– jusqu'à vingt-cinq ans au maximum dans le cas d'opérations prévues aux 1o et 3o de l'article R. 331-63 du code de la construction et de l'habitation ;

– jusqu'à quinze ans au maximum dans le cas d'opérations prévues aux 2o et 4o de l'article R. 331-63 du même code.

Cette faculté est subordonnée à la condition que le taux effectif global du prêt initialement fixé ne soit pas augmenté.

2o Les formules de prêts visées au 1o du présent article :

Perdent leur qualité de prêt, conventionné et leur éligibilité à l'APL au-delà des durées fixées au 1o du présent article ;

Peuvent déroger aux règles régissant les formules de prêt à taux progressifs définies au paragraphe 2 de l'article 7 de la présente convention, dans les limites suivantes :

– les intérêts reportés majorés du capital restant dû ne peuvent excéder de plus de 18 % le montant du capital emprunté ;

– les intérêts reportés majorés du capital restant dû ne peuvent excéder le montant du capital emprunté au-delà des 7/10 de la nouvelle durée du prêt.

Ces dispositions sont également applicables, quelles que soient les caractéristiques initiales et la date d'octroi du prêt conventionné, dès lors que le titulaire du prêt bénéficie d'une décision de recevabilité de son dossier pour l'élaboration d'un plan conventionnel et de règlement prévue par la loi no 89-1010 du 31 décembre 1989 relative à la prévention et au règlement des difficultés liées au surendettement des particuliers et des familles, ou, le cas échéant, d'une décision du juge d'instance visant à assurer le redressement judiciaire civil.

Art. 9 *Taux d'intérêt maxima (hors assurance).* Les prêts conventionnés doivent respecter des taux maxima.

Ces taux sont définis par l'addition d'un taux de référence et d'une marge déterminés sur les bases suivantes :

1. Taux de référence.

Le premier taux de référence, calculé et publié par le Crédit foncier à compter de la publication de l'arrêté du 23 juillet 1992, est égal à la moyenne, au deuxième trimestre 1992, arrondie à la deuxième décimale à 0,05 % près, des taux moyens mensuels de rendement sur le marché secondaire des emprunts d'État d'une durée supérieure à sept ans (TME) publiés par la Caisse des dépôts et consignations.

Les taux de référence successifs, calculés et publiés par le Crédit foncier de France, sont calculés et publiés par la SGFGAS à compter de la date de publication de l'arrêté approuvant la convention type.

Chaque mois, la SGFGAS calcule :

– un taux de référence, égal à la moyenne des TME des trois derniers mois ;

– l'écart entre ce taux de référence et le dernier taux publié.

La SGFGAS publie le taux de référence, arrondi à la deuxième décimale à 0,05 % près, chaque fois que la somme des écarts mensuels calculés depuis la dernière publication est supérieure à 0,25 % en valeur absolue.

Le taux de référence publié par la SGFGAS est applicable le premier jour du mois suivant la publication de ce taux.

2. Marge.

La marge est ainsi fixée pour les prêts à taux fixe, qu'ils soient à annuités constantes, progressives ou indexées :

2,30 points pour les prêts d'une durée inférieure ou égale à douze ans ;

2,50 points pour les prêts d'une durée supérieure à douze ans et inférieure ou égale à quinze ans ;

2,65 points pour les prêts d'une durée supérieure à quinze ans et inférieure ou égale à vingt ans ;

2,75 points pour les prêts d'une durée supérieure à vingt ans.

Pour les prêts à taux révisable, la marge ne peut excéder 2,30 points, quelle que soit la durée du prêt.

La marge applicable aux prêts éligibles au FGAS est inférieure de 0,6 point aux marges fixées ci-dessus.

Art. 10 *Remboursements anticipés.* Les titulaires de prêts conventionnés peuvent rembourser ceux-ci par anticipation, en totalité ou en partie, moyennant le respect des préavis contractuels. En cas de remboursements partiels, l'organisme prêteur peut exiger que ces remboursements représentent une somme au moins égale au dixième du capital emprunté. Les remboursements anticipés volontaires prennent effet lors des plus prochaines échéances mensuelles ou trimestrielles.

En cas de remboursement anticipé, le total des intérêts perçus ne peut avoir pour effet de porter, sur la durée courue, le taux de rendement du prêt à taux supérieur au taux moyen prévu par le contrat.

Pour les prêts soumis aux dispositions des lois nº 78-22 du 10 janvier 1978 ou nº 79-596 du 13 juillet 1979, l'organisme prêteur ne peut exiger aucune autre somme des emprunteurs à l'occasion des remboursements intervenant pendant toute la durée des prêts (période d'anticipation incluse), sauf au titre des indemnités fixées par les décrets d'application nº 78-373 du 17 mars 1978 et nº 80-473 du 28 juin 1980, ou qui pourraient être autorisées par des dispositions législatives ou réglementaires d'ordre public.

Les établissements gestionnaires sont tenus d'informer la SGFGAS de l'exigibilité d'un prêt conventionné ou de la vente du logement financé lorsque, lors de l'octroi de ce prêt, un prêt complémentaire aux fonctionnaires a également été consenti.

Art. 11 *Application de la réglementation des prêts conventionnés.* L'organisme prêteur doit insérer dans les contrats de prêts toutes les clauses propres à permettre le contrôle de l'application de la réglementation relative aux prêts conventionnés et, s'il y a lieu, au marché hypothécaire.

Art. 12 *Contrôles.* La SGFGAS est substituée dans les droits et obligations du Crédit foncier de France, y compris sur les prêts accordés antérieurement à la présente convention.

L'organisme prêteur est tenu de répondre à toutes demandes d'information et de communication relatives aux prêts faisant l'objet de la présente convention qui lui seront adressées par la SGFGAS.

La SGFGAS peut effectuer, à son initiative, chez l'organisme prêteur les contrôles visant à s'assurer du respect de la réglementation relative aux prêts conventionnés.

Ces contrôles sont inopinés et contradictoires.

Dans ce but, l'organisme prêteur facilitera tous contrôles sur place (à son siège et dans ses succursales ou agences) d'ordre comptable et administratif.

Art. 13 *Renseignements statistiques.* L'organisme prêteur doit fournir à la SGFGAS, au début de chaque mois ou de chaque trimestre, en fonction de la périodicité retenue par la commission bancaire pour la production de certains documents comptables :

– un état des prêts conventionnés accordés au cours du mois ou du trimestre précédent (en nombre de logements et en montant) ;

– un état des encours desdits prêts, arrêté à la date de la situation comptable du mois ou du trimestre précédent.

Les prêts conventionnés garantis dans le cadre du FGAS, ainsi que ceux dont les titulaires remplissaient à la date de la demande les conditions requises pour bénéficier de l'APL, doivent être distingués des autres prêts conventionnés. Les prêts à taux révisable doivent être isolés à l'intérieur de chacune de ces trois catégories.

Art. 14 *Avis de la SGFGAS.* Des avis de la SGFGAS, spécifiques au régime des prêts conventionnés, préciseront le cas échéant les modalités d'application de la présente convention.

Les modifications qui affecteraient les caractéristiques, les modalités des prêts conventionnés et leurs conditions financières seront également portées à la connaissance de l'organisme prêteur, au moyen d'avis de la SGFGAS.

Art. 15 *Durée de la convention.* La présente convention est conclue pour une durée d'un an renouvelable chaque année et pour la même durée, par tacite reconduction.

Art. 16 *Dénonciation de la convention par l'organisme prêteur.* L'organisme prêteur qui ne désire pas continuer à consentir des prêts conventionnés a la faculté de dénoncer la présente convention :

1° Soit chaque année à compter de la date de signature de cette dernière ;

2° Soit lors des modifications apportées aux conditions de ladite convention.

Cette dénonciation doit être effectuée par lettre adressée à la SGFGAS :

– au cas visé au 1° dans les trois mois précédant la date anniversaire de la signature de la convention ;

– au cas visé au 2° dans les trois mois de la diffusion des avis de la SGFGAS portant modification à ladite convention.

Il est entendu que, nonobstant cette dénonciation, l'organisme prêteur reste tenu de respecter la présente convention pour les opérations en cours.

Art. 17 *Sanctions.* Au cas où les dispositions de la présente convention ne seraient pas respectées, la SGFGAS prendrait les mesures de sauvegarde qui paraîtraient nécessaires et, le cas échéant, retirerait par simple lettre, à l'organisme prêteur, l'habilitation donnée par l'article 1er après accord du directeur du Trésor.

ANNEXE 7

Les dispositions de l'art. 35 de la loi n° 2005-841 du 26 juill. 2005 sont entrées en vigueur à compter du 1er janv. 2006. Elles sont applicables aux contrats en cours à compter de cette date. La valeur de la moyenne sur quatre trimestres de l'indice mesurant le coût de la construction à la date de référence de ces contrats est remplacée par la valeur de l'indice de référence des loyers à cette même date de référence (L. n° 2005-841 du 26 juill. 2005, art. 35-IV, mod. par L. n° 2005-1179 du 30 déc. 2005, art. 163).

Dans les conventions en cours et les conventions types prévues par l'art. L. 351-2 du CCH, toute clause prévoyant que la révision du loyer pratiqué ou du loyer maximum s'opère en fonction des variations de la moyenne sur quatre trimestres de l'indice du coût de la construction publié par l'Institut national de la statistique et des études économiques est remplacée par la clause prévoyant que cette révision s'opère en fonction des variations de l'indice de référence des loyers. Dans les conventions en cours, la valeur de la moyenne sur quatre trimestres de l'indice du coût de la construction à la date de référence est remplacée par la valeur de l'indice national de référence des loyers à cette même date (L. n° 2005-841 du 26 juill. 2005, art. 35-IV).

*Concernant l'IRL, V. **C. Baux**, Baux d'habitation, App., v° Indice de référence des loyers.*

Annexe I à l'article R. 353-1

(Décr. n° 99-864 du 7 oct. 1999 ; Décr. n° 2002-844 du 3 mai 2002 ; Décr. n° 2002-848 du 3 mai 2002 ; Décr. n° 2006-569 du 17 mai 2006)

Convention type

Conclue en application de l'article L. 351-2 (2° ou 3°) du code de la construction et de l'habitation entre l'État et l'organisme d'habitations à loyer modéré.

Convention type conclue entre l'État et *[Nom de la personne physique ou morale identifiée conformément aux dispositions, selon le cas, des articles 5 ou 6 du décret n° 55-22 du 4 janvier 1955 modifié portant réforme de la publicité foncière. — V. **C. civ.**]*

.... en application de l'article L. 351-2 (2° ou 3°) du code de la construction et de l'habitation pour l'opération de ....

Le ministre chargé du logement, agissant au nom de l'État, et représenté par le préfet, ou, lorsqu'un établissement public de coopération intercommunale ou un département a signé une convention mentionnée aux articles L. 301-5-1 et L. 301-5-2, par le président de l'établissement public de coopération intercommunale ou du conseil général,

D'une part,

et *[Nom de la personne physique ou morale identifiée conformément aux dispositions, selon le cas, des articles 5 ou 6 du décret n° 55-22 du 4 janvier 1955 modifié portant réforme de la publicité foncière. — V. **C. civ. ss. art. 2488**]*

, ou ....

et .... représentée par ....

[Si le propriétaire est une personne morale, indiquer le nom de son représentant]

dénommé(e) ci-après, le bailleur,

D'autre part,

sont convenus de ce qui suit :

I. *Dispositions générales*

Art. 1er *Objet de la convention.* **La présente convention a pour objet de fixer les droits et les obligations des parties prévus par les articles L. 353-1 à L. 353-17 du code de la construction et de l'habitation pour l'opération de .... décrite plus précisément dans le document joint à la présente convention.**

La présente convention ouvre, pendant sa durée, le droit à l'aide personnalisée au logement dans les conditions définies par le titre V du livre III du code de la construction et de l'habitation.

Art. 2 *Prise d'effet et date d'expiration de la convention.* La présente convention ainsi que ses avenants éventuels prennent effet à la date de leur signature.

Elle expire le 30 juin ....

A défaut de résiliation expresse notifiée au moins six mois avant cette date, la convention est renouvelée par tacite reconduction par périodes triennales prenant effet à compter de sa date d'expiration.

Aucune résiliation de la part du bénéficiaire ne peut prendre effet avant cette date. Pour prendre effet à cette date, la résiliation doit être notifiée au moins six mois avant la date fixée pour son expiration. Si la résiliation intervient à l'initiative du bailleur, elle est effectuée par acte notarié ou par acte d'huissier de justice et notifiée au préfet, ou, lorsqu'un établissement public de coopération intercommunale ou un département a signé une convention mentionnée aux articles L. 301-5-1 et L. 301-5-2, au président de l'établissement public de coopération intercommunale ou du conseil général, par acte d'huissier de justice ou par décision administrative.

Le remboursement, anticipé ou non, d'un des prêts utilisés pour financer l'opération, d'une subvention ou le reversement du complément d'impôt en application de l'article 284 du code général des impôts, sont sans effet sur la durée de la convention.

Art. 3 *Changement de propriétaire.* La présente convention est jointe à l'acte de mutation. Elle donne lieu à l'inscription hypothécaire prévue à l'article L. 353-3 du code de la construction et de l'habitation.

Art. 4 *Régime des rapports locatifs applicables aux logements conventionnés.* Les logements objets de la présente convention sont soumis aux dispositions de la loi n° 89-462 du 6 juillet 1989 modifiée tendant à améliorer les rapports locatifs, dans les conditions prévues par l'article 40-III *[V. App., v° Rapports locatifs]*, aux dispositions du code de la construction et de l'habitation et aux dispositions de la présente convention.

Art. 5 *Aide personnalisée au logement (APL).* Le bénéfice de l'aide personnalisée au logement est ouvert ou modifié respectivement à compter de la date d'effet de la convention ou de ses avenants conformément aux articles L. 351-3-1 et R. 351-3 du code de la construction et de l'habitation.

Art. 6 *Réservations préfectorales des logements.* Le bailleur s'engage, compte tenu des limites prévues à l'article R. 441-5 du code de la construction et de l'habitation à réserver ...... % des logements faisant l'objet de la présente convention aux personnes et aux familles prioritaires désignées par le préfet ou par son délégataire en application des dispositions de l'article L. 441-1, en tenant compte des besoins appréciés localement et dans les conditions fixées par la convention de réservation relative au contingent du préfet et, le cas échéant, par la convention de délégation du contingent préfectoral prise en application des dispositions de l'article L. 441-1.

Le bailleur s'engage à réserver, au bénéfice des fonctionnaires et agents de l'État, civils et militaires, des logements dans la proportion et selon les modalités définies par le livre IV titre IV, chapitre Ier, section I, du code de la construction et de l'habitation.

Pour répondre à ces obligations, le bailleur s'engage à signaler les logements devenus vacants aux services préfectoraux et, le cas échéant, aux délégataires des droits à réservation du préfet en application de l'article L. 441-1.

II. *Engagements du bailleur à l'égard de l'État relatifs aux conditions de location des logements*

Art. 7 *Mise en gérance des logements.* Si la gestion n'est pas directement assurée par le bailleur, il informe le préfet, et, le cas échéant, le président de l'établissement public de coopération intercommunale ou le président du conseil général partie à la présente convention, les organismes chargés de la liquidation et du paiement de l'aide personnalisée au logement pour le compte de l'État et les locataires de la mise en gérance de l'opération ou de tout changement de gestionnaire.

Art. 8 *Maintien des logements à usage locatif et conditions d'occupation des logements.* Les logements faisant l'objet de la présente convention sont maintenus à usage locatif jusqu'à la date fixée pour l'expiration de cette convention, sous réserve des dispositions de l'article L. 443-10 du code de la construction et de l'habitation.

I. *Conditions de location.* Les logements sont loués nus à des personnes physiques, à titre de résidence principale, et occupés au moins huit mois par an. Ils ne peuvent faire l'objet de location meublée ou de sous-location, sous réserve des conditions prévues par les articles L. 442-8 à L. 442-8-4 du code de la construction et de l'habitation.

II. *Ressources.* Les logements libres de toute occupation sont loués à des familles dont les ressources annuelles n'excèdent pas les plafonds de ressources fixés à l'article R. 441-1 ou prévu au premier alinéa de l'article R. 331-12 du code de la construction et de l'habitation pour l'attribution des logements sociaux.

Toutefois, les logements financés dans les conditions prévues par la section III du chapitre unique du titre III du présent livre peuvent être loués à des personnes dont les ressources annuelles n'excèdent pas le plafond fixé pour l'attribution d'un logement financé à l'aide d'un prêt prévu à l'article R. 331-17 du code de la construction et de l'habitation.

III. *Mixité sociale. a)* Lorsque l'opération a été financée dans les conditions de l'article R. 331-14 autres que celles prévues au II de l'article R. 331-1 et qu'elle bénéficie de subventions prévues aux 2o et 3o de l'article R. 331-15, 30 % au moins de logements, soit .... [Indiquer le plus petit nombre entier permettant de respecter l'engagement de 30 %] logements doivent être occupés par des ménages dont les ressources n'excèdent pas 60 % du plafond de ressources prévu au premier alinéa de l'article R. 331-12 du code de la construction et de l'habitation pour l'attribution des logements sociaux. Toutefois, lorsque l'opération ainsi financée comporte moins de 10 logements, au moins 30 % des logements, soit ... logements (ce nombre s'obtenant en arrondissant à l'unité la plus proche le résultat de l'application du pourcentage), doivent être occupés par des ménages dont les ressources n'excèdent pas le plafond fixé au I du deuxième alinéa de l'article R. 331-12 du code de la construction et de l'habitation pour l'attribution des logements sociaux. Cette obligation n'est pas applicable aux opérations comportant un seul logement.

A l'entrée en service de l'immeuble, eu sus des 30 % de logements ci-dessus mentionnés, l'organisme d'habitations à loyer modéré s'engage, compte tenu de la demande locale, que visent notamment à satisfaire le plan d'action départemental pour le logement des personnes défavorisées, l'accord collectif départemental signé avec l'organisme et les chartes et conférences intercommunales du logement, à louer .... [Indiquer un nombre] autres logements à des ménages dont les ressources n'excèdent pas 60 % du plafond prévu au premier alinéa de l'article R. 331-12 du code de la construction et de l'habitation pour l'attribution des logements sociaux. L'organisme d'habitations à loyer modéré s'engage à fournir au préfet un état à la mise en location, permettant de vérifier que cet engagement d'occupation sociale est respecté.

La vérification de l'engagement d'occupation sociale mentionné au premier alinéa sera effectuée tous les trois ans au vu des résultats de l'enquête prévue à l'article L. 442-5 du code de la construction et de l'habitation. S'il est constaté que cet engagement n'est plus rempli, tous les logements attribués postérieurement à ce constat fait par le préfet du lieu de situation des logements, devront l'être à des ménages dont les ressources n'excèdent pas 60 % du plafond de ressources prévu au premier alinéa de l'article R. 331-12 du code de la construction et de l'habitation pour l'attribution des logements sociaux jusqu'à ce que l'organisme établisse que l'engagement est respecté à nouveau.

A défaut de transmission de l'état ou des résultats de l'enquête, le préfet peut demander à l'organisme de reverser à l'État la subvention reçue, représentant l'avantage supplémentaire obtenu par l'organisme en échange de l'engagement d'occupation sociale susmentionné. L'organisme doit y procéder dans le mois de la notification de la décision prise dans les conditions suivantes : le préfet doit mettre préalablement en demeure, par lettre recommandée avec demande d'avis de réception, l'organisme de satisfaire à son obligation. Ce dernier devra dans le délai de deux mois soit formuler ses observations, soit transmettre l'état ou les résultats de l'enquête. Lorsque le préfet écarte ces observations, sa décision doit être motivée.

S'il est constaté que l'engagement d'occupation sociale susmentionné n'est plus rempli et si les attributions de logements ne sont pas exclusivement faites au profit de ménages dont les ressources n'excèdent pas 60 % du plafond prévu au premier alinéa de l'article R. 331-12 du code de la construction et de l'habitation pour l'attribution des logements sociaux, le préfet peut demander à l'organisme de reverser à l'État la subvention reçue, représentant l'avantage supplémentaire obtenu par l'organisme en échange de l'engagement d'occupation sociale susmentionné. L'organisme doit y procéder dans le mois de la notification de la décision prise dans les conditions suivantes : le préfet doit mettre préalablement en demeure, par lettre recommandée avec demande d'avis de réception, l'organisme de satisfaire à son obligation. Ce dernier devra, dans le délai de deux mois, formuler ses observations. Lorsque le préfet écarte ces observations, sa décision doit être motivée.

b) Lorsque l'opération a été financée dans les conditions de l'article R. 331-14 autres que celles prévues au II de l'article R. 331-1 et bénéficie de subventions prévues au 2º ou 3º de l'article R. 331-15, 10 % des logements de l'opération peuvent être loués à des ménages dont les ressources excèdent les plafonds de ressources prévus au premier alinéa de l'article R. 331-12 du code de la construction et de l'habitation pour l'attribution des logements sociaux, dans la limite de 120 % de ces plafonds. Toutefois, lorsque l'opération ainsi financée comporte moins de 10 logements, 10 % des logements, soit ... logements (ce nombre s'obtenant en arrondissant à l'unité la plus proche le résultat de l'application du pourcentage), peut être loué à des ménages dont les ressources n'excèdent pas les plafonds de ressources fixés au II du deuxième alinéa de l'article R. 331-12 du code de la construction et de l'habitation pour l'attribution des logements sociaux.

IV. *Cas d'une acquisition ou d'une convention sans travaux faisant suite à une nouvelle acquisition lorsque les loyers ne sont pas établis sur la base de la surface corrigée, résultant de l'application du décret nº 48-1366 du 22 novembre 1948 et de l'article 4 du décret nº 60-1063 du 1er octobre 1960.* Il est procédé à un bilan de l'occupation sociale des logements sur la base des éléments recueillis lors de l'enquête prévue à l'article L. 441-9 ou à l'article L. 442-5 et dans des conditions définies par arrêté du ministre chargé du logement.

Art. 9 *Montants des loyers maximum et modalités de révision.* Le montant du loyer maximum mentionné à l'article R. 353-16 est fixé à .... F *[euros]* le m² par .... (mois ou année selon que la superficie est exprimée en surface utile ou en surface corrigée).

Ce montant est majoré de 33 % pour les logements qui ont été attribués dans les conditions du paragraphe III *b* de l'article 8 ci-dessus.

Les annexes qui n'entrent pas dans le calcul de la surface utile peuvent donner lieu à la perception d'un loyer accessoire, dans les conditions définies dans le document intitulé *Composition de l'opération* annexé à la présente convention.

Ces loyers maximums sont révisés chaque année, le 1er juillet, dans les conditions prévues à l'article 17 *d* de la loi nº 89-462 du 6 juillet 1989 modifiée *[C. **baux**]*.

Art. 9 *bis* *Dispositions particulières relatives aux loyers maximums des logements conventionnés lors d'une acquisition, ou d'une convention sans travaux faisant suite à une nouvelle acquisition lorsque les loyers ne sont pas établis sur la base de la surface corrigée, résultant de l'application du décret nº 48-1366 du 22 novembre 1948 et de l'article 4 du décret nº 60-1063 du 1er octobre 1960.* Lorsque l'opération faisant l'objet de la présente convention est une opération d'acquisition, ou n'est pas liée à la réalisation de travaux mais fait suite à une nouvelle acquisition, le loyer maximum applicable à chaque logement occupé par un locataire ou un occupant de bonne foi dont les ressources excèdent les plafonds de ressources prévus à l'article R. 331-12 du code de la construction et de l'habitation pour l'attribution des logements sociaux au moment de l'acquisition, ou qui n'a pas fourni d'informations sur le niveau de ses ressources, est, par dérogation et à titre transitoire, fixé à ... euros par mètre carré de surface utile par mois. Ce loyer maximum est révisé chaque année, le 1er juillet, dans les conditions prévues à l'article 17 *d* de la loi nº 89-462 du 6 juillet 1989 modifiée *[C. **baux**]*. Il ne peut avoir pour effet d'autoriser, au moment de l'entrée en vigueur de la convention, une majoration de plus de 10 % du loyer acquitté par le locataire ou l'occupant de bonne foi, lorsque ce loyer est supérieur à celui fixé à l'article 9 de la présente convention.

Art. 9 *ter* *(Décr. n° 2011-1191 du 26 sept. 2011)* Conformément à l'arrêté préfectoral prévu au 5° de l'article R. 353-16 du code de la construction et de l'habitation, le loyer maximum peut être majoré dans les conditions prévues à ce même article, sans dépasser........ € par mètre carré et par mois.

Cette majoration de loyer s'applique pendant une durée de........ mois et concerne........ mètres carrés de logements. Le nombre de mètres carrés peut varier de plus ou moins 20 %.

Lorsque la majoration de loyer prévue aux alinéas précédents est appliquée, les stipulations du III de l'article 8 de la présente convention ne s'appliquent pas.

Art. 10 *Modalités de fixation et de révision du loyer pratiqué.* Le loyer pratiqué pour chaque logement conventionné dont la valeur est fixée au mètre carré, ne peut excéder le loyer maximum établi dans les conditions ci-dessus.

Dans la limite de ce loyer maximum, le loyer pratiqué :

1° Peut être révisé chaque année le 1er janvier et le 1er juillet en cours de contrat de location.

2° Peut être réévalué dans les conditions prévues par le code de la construction et de l'habitation.

Art. 10 *bis* *Dispositions particulières relatives aux loyers pratiqués des logements conventionnés lors d'une acquisition, ou d'une convention sans travaux faisant suite à une nouvelle acquisition lorsque les loyers ne sont pas établis sur la base de la surface corrigée, résultant de l'application du décret n° 48-1366 du 22 novembre 1948 et de l'article 4 du décret n° 60-1063 du 1er octobre 1960.* Durant le mois qui suit la signature de la convention, le bailleur informe les locataires ou occupants de bonne foi en place à la date de la signature de la convention qu'ils disposent d'un délai de deux mois à compter de la réception de l'information pour présenter leurs justificatifs de revenus dans les conditions prévues pour l'attribution des logements sociaux et que ceux disposant de ressources inférieures aux plafonds prévus à l'article R. 331-12 du code de la construction et de l'habitation pour l'attribution des logements sociaux se verront appliquer, à partir de la réception par l'organisme des justificatifs et au plus tard le quatrième mois suivant la date de signature de la convention ou la date d'achèvement des travaux si celle-ci en prévoit, un nouveau loyer dans la limite du loyer maximum fixé au document prévu par l'article 1er des annexes I et II à l'article R. 353-1. Avant l'application de ce nouveau loyer, le loyer maximum est celui mentionné à l'article 9 *bis*.

Le locataire ou occupant de bonne foi peut également présenter ces justificatifs à tout moment et bénéficier de la même mesure dès le mois qui suit la présentation de ces justificatifs.

Le loyer pratiqué applicable à chaque logement occupé par un locataire ou un occupant de bonne foi dont les ressources excèdent les plafonds de ressources prévus à l'article R. 331-12 du code de la construction et de l'habitation pour l'attribution des logements sociaux au moment de l'acquisition ou qui n'a pas fourni d'informations sur le niveau de ses ressources ne peut excéder le loyer maximum fixé à l'article 9 *bis*.

III. *Engagements du bailleur à l'égard des locataires*

Art. 11 *Établissement d'un bail conforme à la convention.* Le bail doit être conforme à la présente convention. Une copie de la convention est tenue en permanence à la disposition des locataires et de leurs associations qui peuvent en prendre connaissance chez le gardien ou, en l'absence d'un gardien, au siège du bailleur.

Cette information est mentionnée à chaque locataire, ou par affichage de façon très apparente dans les parties communes de l'immeuble.

Le bailleur est tenu de remettre à chaque locataire un décompte de surface corrigée ou de surface utile établi d'après le modèle type annexé à l'article R. 353-19. Dans l'hypothèse où cette surface serait notifiée, le bailleur est tenu de communiquer au locataire un nouveau décompte dans les deux mois précédant son application.

Art. 12 *Travaux.* Pour l'exécution des travaux, le bailleur respecte les dispositions de l'article L. 353-15 du code de la construction et de l'habitation.

Lorsque l'exécution des travaux nécessite l'évacuation temporaire des lieux, l'organisme bailleur doit mettre provisoirement à la disposition du locataire un logement en bon état d'habitation remplissant des conditions d'hygiène normales, correspondant à ses besoins personnels ou familiaux et, le cas échéant, professionnels, ainsi qu'à ses possibilités. Il doit en outre être situé :

Dans le même arrondissement ou les arrondissements limitrophes, ou les communes limitrophes de l'arrondissement où se trouve le local, objet de la reprise, si celui-ci est situé dans une commune divisée en arrondissements ;

Dans le même canton ou dans les cantons limitrophes de ce canton inclus dans la même commune, ou dans les communes limitrophes de ce canton, si la commune est divisée en cantons ;

Dans les autres cas sur le territoire de la même commune ou d'une commune limitrophe, sans pouvoir être éloigné de plus de cinq kilomètres.

Les travaux font l'objet d'une attestation d'exécution conforme établie par le préfet, ou, lorsqu'un établissement public de coopération intercommunale ou un département a signé une convention mentionnée aux articles L. 301-5-1 et L. 301-5-2, par le président de l'établissement public de coopération intercommunale ou du conseil général.

A compter de la date de signature de la convention ou de la date d'achèvement des travaux, le bailleur notifie, par lettre recommandée avec demande d'avis de réception ou par acte extrajudiciaire, aux locataires ou occupants de bonne foi dans les lieux ou réintégrés à la suite d'un relogement temporaire un nouveau loyer qui est applicable de plein droit dès sa notification. A cette notification est joint un décompte de surface corrigée ou de surface utile établi d'après le modèle type annexé à l'article R. 353-19.

Art. 13 *Information des locataires en cas de changement de propriétaire.* En cas de mutation à titre gratuit ou onéreux, et en vue de l'information du préfet, et, le cas échéant, du président de l'établissement public de coopération intercommunale ou du président du conseil général partie à la présente convention, des locataires et des organismes liquidateurs de l'aide personnalisée au logement, le ou les nouveaux propriétaires leur font connaître leur identification dans les conditions conformes soit à l'article 5, soit à l'article 6 du décret nº 55-22 du 4 janvier 1955 modifié, par acte extrajudiciaire, lettre recommandée avec demande d'avis de réception ou remise contre décharge dans un délai d'un mois à compter de ladite mutation.

Art. 14 *Information des locataires en cas de modification ou de résiliation de la convention.* Le bailleur informe les locataires de toute modification apportée à la convention ayant des incidences sur leurs relations contractuelles.

Art. 15 *Maintien dans les lieux et congé donné par le locataire.* Pendant la durée de la convention, le locataire bénéficie du droit au maintien dans les lieux dans les conditions de l'article L. 353-15, dans la mesure où il se conforme aux obligations de l'article 7 de la loi du 6 juillet 1989 *[C. **baux**]*, sauf dénonciation expresse du locataire dans les conditions de l'article 15-I, deuxième et troisième alinéas, de la loi du 6 juillet 1989 précitée et du deuxième alinéa de l'article L. 353-15 du code de la construction et de l'habitation.

Le locataire ou sous-locataire peut donner congé à tout moment. Il est redevable du loyer et des charges pendant la durée effective du délai de préavis, de jour à jour, sauf si le logement se trouve occupé avant la fin du préavis par un autre locataire en accord avec le bailleur.

Art. 16 *Modalités du paiement du loyer.* Le loyer est payé mensuellement à terme échu. Le bailleur indique sur la quittance le montant du loyer principal, du ou des loyers accessoires, des charges locatives et le cas échéant le montant de l'aide personnalisée au logement.

Le bailleur s'engage à porter le montant du loyer maximum sur la quittance.

En application de l'article L. 351-9 du code de la construction et de l'habitation, pour chaque appel de loyer, le bailleur déduit s'il y a lieu le montant de l'aide personnalisée au logement qu'il perçoit pour le compte du locataire du montant du loyer et des dépenses accessoires de logement.

Lorsque l'organisme liquidateur de l'aide personnalisée au logement verse au bailleur des rappels d'aide personnalisée au logement pour le compte de locataires, le bailleur affecte ces sommes au compte de ces derniers. Si après affectation il en résulte un surplus, le bailleur le reverse au locataire dans le délai d'un mois.

En cas de retard du locataire dans le paiement du loyer ou des charges locatives, le bailleur doit prendre toutes dispositions en vue de recouvrer sa créance.

En cas d'impayé constitué au sens de l'article R. 351-30 du code de la construction et de l'habitation, le bailleur doit informer le locataire, lorsqu'il est bénéficiaire de l'aide personnalisée au logement, de la saisine de la section des aides publiques au logement du conseil départemental de l'habitat visée à l'article 19 de la présente convention.

Art. 17 *Dépôt de garantie.* Le dépôt de garantie stipulé le cas échéant par le contrat de location pour garantir l'exécution de ses obligations locatives par le locataire ne peut être supérieur à un mois de loyer en principal.

IV. *Engagements à l'égard des organismes chargés de la liquidation et du paiement de l'APL et à l'égard de la commission départementale des aides publiques au logement*

Art. 18 *Obligations à l'égard des organismes chargés pour le compte de l'État de la liquidation et du paiement de l'aide personnalisée au logement.* 1o Le bailleur renseigne dès l'entrée en vigueur de la convention pour chaque locataire demandeur de l'aide personnalisée au logement, la partie de l'imprimé de demande d'aide personnalisée au logement qui le concerne.

2o Le bailleur fournit aux organismes liquidateurs de l'aide personnalisée au logement au plus tard le 15 mai de chaque année, conformément à l'arrêté du 22 août 1986 modifié relatif à la fixation des justifications nécessaires à l'obtention de l'aide personnalisée au logement et à son renouvellement :

Le montant du loyer applicable à chaque logement concerné par la présente convention, à compter du 1er juillet de la même année, pour permettre le renouvellement des droits à l'aide personnalisée au logement qui a lieu à cette date ;

Un document attestant que tous les bénéficiaires sont à jour de leurs obligations vis-à-vis du bailleur ou, le cas échéant, la liste des bénéficiaires d'aide personnalisée au logement non à jour en certifiant que cette liste est exhaustive. Ce document mentionne également la date à laquelle la commission départementale des aides publiques au logement prévue à l'article R. 351-47 du code de la construction et de l'habitation a été saisie en cas d'impayé constitué au sens de l'article R. 351-30 du même code.

3o En outre, il fait part dans un délai maximum d'un mois aux organismes liquidateurs de l'aide personnalisée au logement des modifications affectant la situation locative du bénéficiaire (notamment colocation, résiliation de bail, décès).

Art. 19 *Obligations à l'égard de la commission départementale des aides publiques au logement (CDAPL).* Le bailleur percevant l'aide personnalisée au logement pour le compte du locataire, en application des articles R. 351-30 et R. 351-64 du code de la construction et de l'habitation, saisit la commission départementale des aides publiques au logement (CDAPL) dès qu'un impayé est constitué au sens de l'article R. 351-30 du code de la construction et de l'habitation, en justifiant des démarches entreprises auprès du locataire défaillant. En outre, il lui communique le montant de l'impayé constitué au moment de la saisine.

Il fournit également à la CDAPL copie du bail lorsque celle-ci le lui demande et l'informe, le cas échéant, lorsqu'une procédure d'expulsion d'un bénéficiaire d'aide personnalisée au logement est engagée par non-paiement du loyer et des charges, au sens de l'article R. 351-30, et dans les conditions prévues par l'article L. 353-15-1.

La CDAPL décide du maintien ou de la suspension de l'aide personnalisée au logement et en informe le bailleur et le bénéficiaire.

V. *Dispositions générales*

Art. 20 *Contrôle.* Afin de permettre à l'État d'assurer le contrôle de l'application de la présente convention, le bailleur fournit à tout moment à la demande du préfet toutes les informations et tous les documents nécessaires au plein exercice de ce contrôle.

Art. 21 *Révision de la convention.* La présente convention pourra être révisée à la demande de l'une ou l'autre des parties par voie d'avenant. Les frais de publication qui en résultent sont pris en charge par la partie qui sollicite la révision.

Art. 22 *Inexécution de la convention par le bailleur.* I. – En application de l'article 284 du code général des impôts, les bailleurs qui ont, au taux réduit de la taxe sur la valeur ajoutée, acquis un logement social ou imposé la livraison à soi-même d'un logement locatif social ou de travaux d'amélioration, de transformation ou d'aménagement portant sur un logement locatif social sont redevables d'un complément de taxe sur la valeur ajoutée égal à la différence entre le taux réduit et le taux normal lorsque les conditions de taxation de vente ou de livraison à soi-même au taux réduit ne sont pas ou plus remplies.

II. – En application de l'article L. 353-2 du code de la construction et de l'habitation, des sanctions administratives peuvent être mises en œuvre.

Lorsqu'un organisme ne respecte pas, pour un ou plusieurs logements, les règles d'attribution et d'affectation prévues au code précité, le préfet peut infliger la sanction pécuniaire prévue à l'article L. 451-2-1 du même code.

Lorsque le bailleur n'exécute pas les engagements prévus par la convention, autres que ceux relatifs aux règles d'attribution et d'affectation, le préfet peut prononcer pour chaque logement la sanction prévue ci-dessous. Le préfet doit mettre préalablement en demeure, par lettre recommandée avec demande d'avis de réception, l'organisme de satisfaire à son obligation. Ce dernier devra dans le délai de deux mois soit formuler ses observations, soit faire connaître son acceptation. Lorsque le préfet écarte ces observations, sa décision doit être motivée.

La sanction est une pénalité dont le montant est égal au maximum à 9 mois de loyer maximum prévu par la convention pour le logement considéré, hors loyers accessoires et charges récupérables. Cette somme peut être doublée dans le cas où le bailleur ne respecte pas plusieurs de ses obligations contractuelles pour un même logement.

Art. 23 *Résiliation par l'État.* En cas d'inexécution par le bailleur de ses engagements prévus par la convention, tels que notamment non-respect du loyer maximum ou en cas de fraude, dissimulation ou fausse déclaration à l'égard des organismes liquidateurs de l'aide personnalisée au logement, le préfet peut procéder à la résiliation de la présente convention. Le préfet doit préalablement mettre en demeure l'organisme par lettre recommandée avec demande d'avis de réception. L'organisme doit dans le délai de deux mois soit satisfaire à ses obligations, soit formuler ses observations.

Lorsque le préfet écarte ces observations, sa décision doit être motivée.

Dans ce cas, il est fait application des dispositions prévues à l'article L. 353-6 du code de la construction et de l'habitation.

Art. 24 *Publication.* La publication de la convention, de sa résiliation et de ses éventuels avenants au fichier immobilier ou de leur inscription au livre foncier incombe au préfet, ou, lorsqu'un établissement public de coopération intercommunale ou un département a signé une convention mentionnée aux articles L. 301-5-1 et L. 301-5-2, au président de l'établissement public de coopération intercommunale ou du conseil général. Les frais de publication sont à la charge de l'organisme.

Le préfet, ou, lorsqu'un établissement public de coopération intercommunale ou un département a signé une convention mentionnée aux articles L. 301-5-1 et L. 301-5-2, le président de l'établissement public de coopération intercommunale ou du conseil général, transmet aux organismes chargés de la liquidation et du paiement de l'aide personnalisée au logement une photocopie de la présente convention, de ses avenants éventuels ainsi que l'état prouvant qu'elle (ou ils) a (ont) bien fait l'objet d'une publication au fichier immobilier (ou d'une inscription au livre foncier).

Fait en quatre originaux à ...., le ....

Le bailleur

Le préfet, le président de l'établissement public de coopération intercommunale ou le président du conseil général[*Le bailleur doit avoir, préalablement à sa signature, paraphé chacune des pages*].

Annexe II à l'art. R. 353-1

Convention type

Conclue en application de l'article L. 351-2 (2° ou 3°) du code de la construction et de l'habitation entre l'état et l'organisme d'habitations à loyer modéré relative à une cité de promotion familiale.

(Décr. n° 85-1231 du 5 nov. 1985)

Le préfet de ....., agissant au nom de l'État, et ....., dénommé ci-après le bailleur, sont convenus de ce qui suit :

Art. 1er. La présente convention a pour objet de fixer les droits et obligations des parties prévus par les art. L. 353-1 à L. 353-17 pour la cité de promotion familiale de ..... financée dans les conditions prévues par l'art. R. 353-2, II, et décrite dans le document joint à la présente convention.

La gestion des logements faisant l'objet de la présente convention est assurée [*Rayer la mention inutile*] :

– par le bailleur lui-même ;

– par ....., signataire de la convention de location en date du ..... conclue avec le bailleur (et mise en conformité avec les dispositions de la présente convention par avenant en date du .....) qui, par la présente convention et pour son exécution, déclare se subroger contractuellement aux droits et obligations du bailleur.

Art. 2. La présente convention prend effet à compter de sa signature. Elle expire le 30 juin .....

Art. 3. Pendant la durée de la présente convention, la totalité des logements du programme est réservée principalement au profit de personnes ou de familles en provenance d'habitat insalubre et dont l'accès en habitat définitif doit en général être envisagé avec une action socio-éducative destinée à favoriser leur insertion sociale et leur promotion.

Une liste de ces personnes ou de ces familles est dressée par le préfet sur proposition des organismes de résorption de l'habitat insalubre.

Peuvent également figurer sur cette liste les personnes ou familles expulsées de leur logement et nécessitant un encadrement socio-éducatif.

Art. 4. Le bailleur s'engage à exercer ou à faire exercer dans la cité de promotion familiale une action socio-éducative destinée à favoriser l'insertion sociale des occupants en habitat définitif.

Art. 5 Le bailleur, après consultation de l'organisme chargé de l'action socio-éducative, établit la liste des familles ou des personnes jugées aptes à quitter la cité de promotion familiale.

Le bailleur s'engage à effectuer dans des délais rapides toutes les démarches nécessaires au relogement des familles ou des personnes figurant sur cette liste dans des logements n'excédant pas les normes fixées pour les nouveaux logements locatifs aidés et correspondant à leurs besoins et à leurs possibilités financières.

Une proposition de relogement est transmise par le bailleur au locataire de la cité de promotion familiale. Cette proposition doit indiquer la localisation, le type du logement, la surface habitable et le montant du loyer et doit porter réservation de ce logement pendant un délai minimal de quinze jours.

Le locataire ne bénéficie plus, en application de l'article 10 (11o) de la loi no 48-1360 du 1er septembre 1948, du droit au maintien dans les lieux après refus de la cinquième offre d'un logement répondant aux conditions définies à l'alinéa 2 du présent article.

Art. 6. *(Décr. no 96-656 du 22 juill. 1996)* « Le prix mensuel du loyer maximum visé au 2o, *b*, et au 3o de l'article R. 353-16 est fixé à .... € le mètre carré et à ..... € le mètre carré pour les logements sur lesquels la convention prévoit de faire porter l'impact du financement très social. »

(Décr. no 95-42 du 11 janv. 1995, art. 2) « Le loyer maximum est révisable chaque année, le 1er juillet, en fonction des variations de la moyenne sur quatre trimestres de l'indice du coût de la construction publié par l'Institut national de la statistique et des études économiques. Cette moyenne est celle de l'indice du coût de la construction à la date de référence et des indices des trois trimestres qui la précèdent. La date de référence de l'indice est celle du quatrième trimestre de l'année précédente ». – *Entrée en vigueur le 1er janv. 1995.*

Dans la limite du loyer maximum et des dispositions prises en application du titre IV de la loi no 82-526 du 22 juin 1982, le loyer pratiqué peut être majoré au plus de ..... p. 100 par an ; les majorations peuvent intervenir le 1er janvier et le 1er juillet de chaque année.

Le nouveau loyer notifié en application de l'art. L. 353-16 peut faire l'objet d'une remise au profit des locataires dans les lieux ; elle est exprimée en un pourcentage du nouveau loyer fixé et révisé dans les conditions mentionnées ci-dessus. Ce pourcentage est identique pour chaque locataire. Il peut être modifié aux dates de révision du loyer ; sa valeur, son évolution et sa date d'extinction sont fixées dans le décompte de surface corrigée *(Décr. no 96-656 du 22 juill. 1996)* « ou de surface utile » prévu par l'art. R. 353-19.

Art. 7. Le bailleur s'engage à demander la révision de la présente convention par avenant lorsque, l'action socio-éducative n'étant plus exercée, le programme conventionné perd la qualification de « cité de promotion familiale ». Cet avenant doit intervenir au plus tard dans un délai de trois mois à compter de la suppression définitive de l'action socio-éducative. Lorsque la gestion est confiée à un organisme, la subrogation contractuelle prévue à l'article 1er prend fin à la date de révision de la convention.

Dans ce cas, la convention révisée doit être conforme à la convention type prévue à l'annexe I de l'article R. 353-1 du code précité.

Art. 8. Les parties s'engagent à respecter les obligations de portée générale reproduites en annexe à la présente convention.

Le bailleur reconnaît avoir pris connaissance de cette annexe et reconnaît qu'une copie lui a été remise.

Document prévu par l'article 1er des annexes I et II à l'article R. 353-I

(Décr. no 99-864 du 7 oct. 1999)

Description de l'opération de ....

1. Désignation du ou des immeubles *[Établie conformément à l'article 7 du décret no 55-22 du 4 janvier 1955 modifié portant réforme de la publicité foncière. – V.* ***C. civ.****]*.

2. Nature de l'opération et financement.

3. Composition de l'opération :

A. — Locaux auxquels s'applique la présente convention

1. Nombre des logements locatifs par type de logement :

1.1. Nombre de logements réservés à des personnes dont les ressources n'excèdent pas 60 % des plafonds de ressources prévus au premier alinéa de l'article R. 331-12 pour l'attribution des logements sociaux (art. 8 de la convention).

1.2. Nombre de logements qu'il est possible d'attribuer à des personnes dont les ressources excèdent les plafonds de ressources prévus au 1er alinéa de l'article R. 331-12 pour l'attribution des logements sociaux, dans la limite de 120 % de ces plafonds (art. 8 de la convention).

2. Surface habitable : ....

3. Surface corrigée : ....

4. Dépendances (nombre et surface) : ....

5. Locaux collectifs résidentiels (nombre et surface) : ....

6. Garages et parkings affectés à ces logements (nombre et différentiation par type) : .....

B. — Locaux auxquels ne s'applique pas la convention

4. Origine des propriétés .... [Établie conformément à l'article 7 du décret no 55-22 du 4 janvier 1955 modifié portant réforme de la publicité foncière. — V. **C. civ.**] :

5. Renseignements administratifs :

5.1. Permis de construire : ....

5.2. Date prévisible ou effective d'achèvement des travaux de construction ou d'amélioration : ....

5.3. Date d'achat : ....

5.4. Modalités de financement.

Financement principal :

— date d'octroi du prêt : ....

— date de transfert du prêt : ....

— numéro du prêt : ....

— durée : ....

Financement complémentaire :

Date d'achèvement de la construction ou certificat de conformité : ....

Fait à .... le ....

Lorsque la convention fixe le loyer maximum de chaque logement en application du 1o et du 2o de l'article R. 353-16, les dispositions du 3 du document prévu par l'article 1er des annexes I et II à l'article R. 353-1 et relatives à la composition de l'opération sont remplacées par les dispositions suivantes :

Composition de l'opération.

Les éléments ci-après sont décrits par immeuble ou programme immobilier :

A. — Locaux auxquels s'applique la présente convention

1. Nombre des logements locatifs par type de logements :

1.1. Nombre de logements réservés à des personnes dont les ressources n'excèdent pas 60 % des plafonds de ressources prévus au premier alinéa de l'article R. 331-12 pour l'attribution des logements sociaux (art. 8 de la convention) : ....

— nombre de logements prévus au premier alinéa du III *a* de l'article 8 ....

— nombre de logements prévus au second alinéa du III *a* de l'article 8 ....

1.2. Nombre de logements qu'il est possible d'attribuer à des personnes dont les ressources excèdent les plafonds de ressources prévus au premier alinéa de l'article R. 331-12 pour l'attribution des logements sociaux, dans la limite de 120 % de ces plafonds (art. 8 de la convention) ....

1 *bis*. Surface utile : ....

2. Surface habitable totale (art. R. 111-2) : ....

3. Surface totale des annexes entrant dans le calcul de la surface utile (art. R. 353-16 [2o]) :

3 *bis*. Liste de ces annexes, conforme à l'arrêté modifié du 9 mai 1995 du ministre du logement pris en application de l'article R. 353-16 : ....

4. Surface utile totale de l'opération (art. R. 353-16 [2o]) : ....

5. Décompte des surfaces et des coefficients propres au logement appliqués pour le calcul du loyer :

DÉSIGNATION des logements	SURFACE habitable (art. R. 111-2)	SURFACE réelle des annexes	SURFACE UTILE (surface habitable augmentée de 50 % de la surface des annexes)	LOYER maximum du logement en francs par mètre carré de surface utile	COEFFICIENT propre au logement	LOYER MAXIMUM du logement (col. 4*, col. 5*, col. 6*)
Col. 1	Col. 2	Col. 3	Col. 4	Col. 5	Col. 6	Col. 7
Total						

* Les majorations prévues au deuxième alinéa de l'article 9 de la convention sont susceptibles de s'appliquer à ces loyers.

6. Nombre et liste des annexes susceptibles de donner lieu à perception d'un loyer accessoire : ....

Ce sont les annexes ou parties d'annexes qui n'entrent pas dans le calcul de la surface utile, soit : les emplacements réservés au stationnement des véhicules, les terrasses, cours et jardins, faisant l'objet d'une jouissance exclusive.

TYPE D'ANNEXE DÉFINIE à l'article R. 353-16, dernier alinéa du 2°	LOYER MAXIMUM conventionné de l'annexe en euros par mois

Au cas où ces annexes ne trouveraient pas preneur auprès des locataires de l'immeuble ou de tout autre immeuble conventionné appartenant au même bailleur ou géré par lui, le bailleur peut louer l'annexe à toute autre personne. Dans ce cas, le loyer maximum fixé par la convention ne lui est pas opposable. Cette faculté n'est utilisable que pour autant qu'aucun locataire du patrimoine appartenant ou géré par le bailleur ne manifeste sa volonté de louer les annexes en cause.

B. — Locaux auxquels ne s'applique pas la présente convention

Locaux commerciaux (nombre) : ....

Bureaux (nombre) : ....

Autres : ....

ANNEXE 8 (art. R. 353-32)

Les dispositions de l'art. 35 de la loi n° 2005-841 du 26 juill. 2005 sont entrées en vigueur à compter du 1er janv. 2006. Elles sont applicables aux contrats en cours à compter de cette date. La valeur de la moyenne sur quatre trimestres de l'indice mesurant le coût de la construction à la date de référence de ces contrats est remplacée par la valeur de l'indice de référence des loyers à cette même date de référence (L. n° 2005-841 du 26 juill. 2005, art. 35-IV, mod. par L. n° 2005-1179 du 30 déc. 2005, art. 163).

Dans les conventions en cours et les conventions types prévues par l'art. L. 351-2 du CCH, toute clause prévoyant que la révision du loyer pratiqué ou du loyer maximum s'opère en fonction des variations de la moyenne sur quatre trimestres de l'indice du coût de la construction publié par l'Institut national de la statistique et des études économiques est remplacée par la clause prévoyant que cette révision s'opère en fonction des variations de l'indice de référence des loyers. Dans les conventions en cours, la valeur de la moyenne sur quatre trimestres de l'indice du coût de la construction à la date de référence est remplacée par la valeur de l'indice national de référence des loyers à cette même date (L. n° 2005-841 du 26 juill. 2005, art. 35-IV).

Concernant l'IRL, V. ***C. Baux****, Baux d'habitation, App., v° Indice de référence des loyers.*

Convention type

Conclue entre l'État et M. (ou la société) .... en application de l'article L. 351-2 (4°) du code de la construction et de l'habitation pour le programme de .... faisant l'objet de travaux d'amélioration achevés postérieurement au 4 janvier 1977, financés sans aide spécifique de l'État ou au moyen d'une subvention de l'agence nationale pour l'amélioration de l'habitat (Décr. n° 80-429 du 16 juin 1980).

Le ministre de l'Environnement et du Cadre de vie, agissant au nom de l'État en tant que ministre chargé de la construction et de l'habitation, représenté par le préfet,
D'une part,
et M. ....
[Personne physique ou morale identifiée conformément aux dispositions, selon le cas, des art. 5 ou 6 du décret n° 55-22 du 4 janv. 1955 modifié portant réforme de la publicité foncière. – V. ***C. civ.****],*
ou
et la société représentée par ....
[Personne physique ou morale identifiée conformément aux dispositions, selon le cas, des art. 5 ou 6 du décret n° 55-22 du 4 janv. 1955 modifié portant réforme de la publicité foncière. – V. ***C. civ.****],*
dénommé(e) ci-après, le bailleur,
D'autre part,
sont convenus de ce qui suit :

I. *Description du programme conventionné*

Art. 1er *Objet de la convention.* **La présente convention a pour objet de fixer les droits et les obligations des parties prévus par les art. L. 353-1 à L. 353-13 pour le programme de** ....
décrit plus précisément dans le document joint à la présente convention et faisant l'objet de travaux d'amélioration financés sans aucune aide spécifique de l'État, ou bénéficiant de subventions octroyées par l'Agence nationale de l'habitat. – *V. Texte du document sous la présente annexe (A).*

Dans le cas où les travaux font l'objet d'une demande d'aide de l'agence, ils seront réalisés sous réserve de l'obtention de cette aide.

La signature de la présente convention ouvre, pendant sa durée, le droit à l'aide personnalisée au logement dans les conditions définies dans le livre III, titre V (1re partie) du code précité.

Art. 2 *Durée de la convention. – V. annexe 6, art. 3.*

II. *Engagements particuliers applicables au présent programme conventionné*

Art. 3 *Réservation à des familles ou à des occupants sortant d'habitat insalubre.* **Le bailleur, compte tenu de l'importance de la liste des prioritaires dressée par les services préfectoraux, s'engage à affecter au fur et à mesure des vacances au minimum .... p. 100 des logements du programme considéré à des familles ou des occupants sortant soit d'habitat insalubre ou surpeuplé, soit d'une cité de transit ou provisoire ou d'un centre d'hébergement.**

Dans l'hypothèse où ce pourcentage n'est pas nul, le bailleur s'engage à signaler aux services préfectoraux les logements devenus vacants.

Cette réservation porte au minimum sur un nombre entier de logements, immédiatement inférieur au chiffre résultant de ce pourcentage. Cette règle s'applique de plein droit à chaque copropriétaire en cas de mise en copropriété du programme faisant l'objet de la présente convention.

Art. 4 *(Décr. nº 95-42 du 11 janv. 1995, art. 2-II) Montant maximum du loyer et modalités de révision. (Décr. nº 2004-1403 du 23 déc. 2004, art. 3)* « Le loyer pratiqué par le bailleur, dont la valeur est fixée par mètre carré de surface habitable, ne doit pas excéder le loyer maximum, qui est fixé à ... € mensuels par mètre carré de surface habitable.

« Cette surface est calculée selon les modalités définies à l'article R. 353-40 du code de la construction et de l'habitation. »

Ce loyer maximum est révisable chaque année, le 1er juillet, en fonction des variations de la moyenne sur quatre trimestres de l'indice du coût de la construction publié par l'Institut national de la statistique et des études économiques. Cette moyenne est celle de l'indice du coût de la construction à la date de référence et des indices des trois trimestres qui la précèdent. La date de référence de l'indice est celle du quatrième trimestre de l'année précédente.

Dans la limite du loyer maximum tel que défini ci-dessus, le loyer pratiqué :

1º Peut être révisé chaque année le 1er juillet au cours de la période triennale en fonction des variations de la moyenne sur quatre trimestres de l'indice du coût de la construction. Cette moyenne est celle de l'indice du coût de la construction à la date de référence et des indices des trois trimestres qui la précèdent. La date de référence de l'indice est celle du quatrième trimestre de l'année précédente.

Au cours de la première période triennale, le montant du loyer applicable chaque 1er juillet peut être fixé dans le bail ; il peut être révisé en fonction des variations de la moyenne sur quatre trimestres de l'indice du coût de la construction, dans les mêmes conditions que celles de l'alinéa précédent.

2º Peut être réajusté à l'expiration de chaque période triennale le 1er juillet suivant la date d'expiration du bail ;

Une information sur le loyer maximum et le loyer pratiqué par type de logement peut être demandée par le locataire à la signature du bail, et à l'expiration de chaque période triennale en cas de réajustement du loyer pratiqué dans la limite du loyer maximum. *— Entrée en vigueur le 1er janv. 1995.*

Art. 5 Par dérogation aux dispositions de l'art. 19 de l'annexe à la présente convention, à titre transitoire et sous réserve de mention expresse dans le bail, le paiement à terme à échoir peut être maintenu temporairement par le bailleur qui s'engage à pratiquer le paiement à terme échu au plus tard le ....

Art. 6 *Reprise pour occupation personnelle.* Par dérogation aux dispositions de l'article 3 de l'annexe à la présente convention relatif aux conditions d'occupation et de peuplement des logements lorsque le propriétaire est une personne physique, il peut occuper les logements vacants à titre personnel ou les faire occuper par son conjoint, ses ascendants ou descendants ou ceux de son conjoint. L'occupation doit être exclusivement à titre de résidence principale et, lorsque le programme bénéficie de subventions octroyées par l'Agence nationale de l'habitat, porte au maximum sur le nombre entier de logements immédiatement inférieur à .... p. 100 du nombre total de logements conventionnés en la possession dudit propriétaire, soit ..... logements.

Si ces logements deviennent à nouveau vacants avant la date d'expiration de la convention, le propriétaire bailleur qui a exercé son droit de reprise s'engage à les relouer dans les conditions définies par la présente convention pour la durée restant à courir ou à les faire occuper dans les conditions définies à l'alinéa 1er ci-dessus.

Si les logements conventionnés font l'objet d'une mise en copropriété, le copropriétaire ne peut les occuper que sous réserve du respect des conditions définies à l'alinéa 1er ci-dessus.

Dans le cas où certains des logements conventionnés feraient l'objet de mutation à titre gratuit ou onéreux, le quota défini ci-dessus serait opposable au propriétaire ; cependant, ce quota n'est pas opposable au propriétaire qui, ancien locataire ou occupant de bonne foi des lieux, acquiert la propriété de son logement dans les conditions définies par le décret nº 77-742 du 30 juin 1977 pris pour l'application de l'article 10 de la loi nº 75-1351 du 31 décembre 1975 modifiée relative à la protection des occupants de locaux à usage d'habitation. *— V. Texte de l'annexe à la présente convention ci-dessous § B.*

Art. 7 Le bailleur s'engage à respecter les dispositions de portée générale reproduites en annexe à la convention type annexée à l'art. R. 353-32 dont il déclare avoir pris connaissance et reconnaît qu'une copie lui a été remise.

A. DOCUMENT PRÉVU PAR L'ARTICLE 1er DES ANNEXES À L'ARTICLE R. 353-32 DU CODE DE LA CONSTRUCTION ET DE L'HABITATION

(Décr. no 80-429 du 16 juin 1980)

Description du programme de ....

1. Désignation du ou des immeubles

[Établie conformément à l'art. 7 du décret no 55-22 du 4 janv. 1955 modifié portant réforme de la publicité foncière]

2. Composition du programme

1. Locaux auxquels s'applique la présente convention :

1.1. Nombre des logements locatifs par type de logements avec numéro des logements.

1.2. Surface habitable après travaux.

1.3. *(Décr. no 2004-1403 du 23 déc. 2004, art. 3)* « Surface habitable telle que définie à l'article R.* 353-40 du code de la construction et de l'habitation. »

1.4. Dépendances (nombre, surface).

1.5. Garages et parkings affectés à ces logements (nombre et différenciation par type).

2. Locaux auxquels ne s'applique pas la convention :

2.1. Locaux commerciaux (nombre).

2.2. Bureaux (nombre).

2.3. Autres.

3. Origine des propriétés

[Établie conformément à l'art. 3 du décret no 55-22 du 4 janv. 1955 modifié précité]

4. Réalisation des travaux d'amélioration

Les travaux d'amélioration doivent conduire à mettre les logements en conformité avec les normes minimales d'habitabilité définies par arrêté du ministre chargé du logement, sauf en cas d'impératifs techniques tenant à la structure de l'immeuble.

4.1. Date d'achèvement de la construction ou certificat de conformité.

4.2. Date à laquelle le bailleur s'engage à réaliser les travaux définis ci-dessus :

ou/et dans le cas d'un programme de travaux prévoyant plusieurs tranches, mention des différentes tranches de travaux et délai prévisible de réalisation :

5. Situation juridique de la commune où est situé le programme

Commune entrant ....

[Rayer la mention inutile] ;

Commune n'entrant pas ....

[Rayer la mention inutile],

dans le champ d'application de la loi no 48-1360 du 1er sept. 1948 modifiée.

Fait à ...., le ....

B. ENGAGEMENTS DE PORTÉE GÉNÉRALE APPLICABLES À TOUT PROGRAMME CONVENTIONNÉ

I. Engagements à l'égard de l'État

Art. 1er *Maintenance des logements à usage locatif.* Les logements faisant l'objet de la présente convention doivent être maintenus à usage locatif dans les conditions conformes à celles fixées par ladite convention jusqu'à la date prévue pour son expiration, sous réserve des dispositions de l'art. 6 de l'annexe à l'art. R. 353-32.

Art. 2 *Obligations du bailleur relatives à la maintenance, l'entretien et la qualité des locaux loués.*

Le bailleur est tenu, en application des art. 606, 1719, 1720 et 1721 C. civ., de maintenir les locaux en bon état d'habitabilité et de faire exécuter toutes les réparations nécessaires qui sont à sa charge.

Il s'engage à tenir à la disposition de l'administration toutes informations sur les interventions d'entretien, de réparations ou d'amélioration faites ou à faire par lui sur l'immeuble.

Art. 3 *Conditions d'occupation et de peuplement des logements.* Les logements soumis à la présente convention doivent être loués nus à des personnes physiques, à titre de résidence principale, et occupés au moins huit mois par an. Ils ne peuvent faire l'objet de sous-location *(Décr. nº 90-635 du 18 juill. 1990, art. 8)* « , sauf au profit de personnes ayant passé avec le locataire un contrat conforme à l'art. 6 de la loi nº 89-475 du 10 juill. 1989 relative à l'accueil par des particuliers à leur domicile, à titre onéreux, de personnes âgées ou handicapées adultes ». Ils doivent répondre aux conditions d'occupation suffisante telles que définies en application de l'art. L. 621-2.

Sous réserve de l'obtention de l'autorisation administrative prévue par l'art. R. 631-4, le bailleur s'engage à ne pas faire obstacle à une utilisation des logements en partie à usage professionnel, dans la mesure où le locataire satisfait aux conditions d'occupation et de peuplement.

Le bailleur doit faciliter, notamment en cas de vacances des logements, les échanges de locaux à l'intérieur de son patrimoine en vue d'une meilleure utilisation familiale.

Pour les locataires dans les lieux à l'entrée en vigueur de la convention, aucun respect de plafond de ressources n'est exigé.

Au fur et à mesure des vacances, les logements sont loués à des familles dont les ressources annuelles n'excèdent pas le plafond déterminé dans les conditions prévues par l'art. R. 331-20.

Art. 4 *Révision.* La présente convention pourra être révisée tous les trois ans à la demande de l'une ou l'autre partie, et notamment à la demande du bailleur en ce qui concerne ses obligations relatives à la réalisation des travaux en cas de refus du nouveau bail par le locataire ou de refus d'octroi de l'aide de l'Agence nationale de l'habitat, dans les conditions prévues à l'art. 1er de l'annexe à l'art. R. 353-32.

Art. 5 *Résiliation.* En cas d'inexécution par le bailleur de ses engagements contractuels, tels que non-respect du loyer maximum ou faute grave à l'égard des organismes liquidateurs de l'aide personnalisée au logement, l'administration, après mise en demeure par lettre recommandée avec avis de réception demeurée sans effet après un délai de deux mois, peut procéder unilatéralement à la résiliation de la présente convention.

Il sera fait application des dispositions prévues à l'art. L. 353-6 par le maintien des locataires dans les lieux, le loyer étant celui fixé par la convention, diminué de l'aide personnalisée au logement prise en charge désormais par le bailleur. Dans ce cas, le document visé à l'art. 21 (al. 2) ou la quittance doit faire apparaître le montant de l'aide personnalisée tel que résultant des calculs des services liquidateurs de l'aide personnalisée au logement.

Le bailleur s'engage, dans un délai de quinze jours à compter de la date à laquelle la résiliation est devenue définitive, à en faire notification aux locataires et aux organismes liquidateurs concernés.

Art. 6 *Sanctions.* En cas de dissimulation ou fraude pour imposer ou tenter d'imposer au locataire un loyer dépassant le prix fixé par la convention, le bailleur sera passible des sanctions pénales prévues à l'art. L. 353-10.

En application de l'art. L. 353-2 dudit code, en cas de non-respect de ses obligations contractuelles telles que dépassement du plafond de ressources fixé pour les nouveaux locataires, insuffisance ou manque d'information à l'égard des locataires ou des organismes chargés de la liquidation de l'aide personnalisée au logement ou non-respect de la réservation définie à l'article 4 de l'annexe à l'art. R. 353-32, et après mise en demeure restée sans effet après un délai de six mois, le bailleur s'engage à verser au Fonds national de l'habitation une somme égale à 5 p. 100 du montant des loyers dus au titre des logements faisant l'objet de la présente convention.

Dans le cas de non-respect du quota pour reprise pour occupation personnelle, le bailleur s'engage à verser au Fonds national de l'habitation une somme correspondant, pour chacun des logements indûment occupés, au loyer maximum dû pour toute la durée de l'infraction.

En cas de défaut de versement de la somme visée aux alinéas 2 et 3 du présent article, leur recouvrement sera opéré dans les conditions prévues par les décrets n° 62-1587 du 29 déc. 1962 et n° 63-608 du 24 juin 1963 modifié.

Art. 7 *Contrôle.* Afin de permettre à l'État d'assurer le contrôle de l'application de la présente convention, le bailleur est tenu de fournir au ministre chargé de la construction et de l'habitation ou à son représentant toutes les informations et tous les documents nécessaires au plein exercice de ce contrôle.

Art. 8 *Publication.* Le préfet s'assure de la publication de la présente convention au fichier immobilier ou de son inscription au livre foncier et en informe les organismes chargés de la liquidation et du paiement de l'aide personnalisée au logement.

II. Engagements à l'égard des locataires

OBLIGATION D'INFORMATION À L'ÉGARD DU LOCATAIRE OU DE L'OCCUPANT

Art. 9 *Exécution des travaux.* Le bailleur, pour la réalisation des travaux définis dans le document prévu par l'article 1er de l'annexe à l'art. R. 353-32, s'engage à informer les locataires ou les occupants et à respecter les droits que ceux-ci tiennent des dispositions législatives ou réglementaires en vigueur.

Lorsque l'exécution des travaux ne nécessite pas le départ des occupants, le bailleur s'engage à se conformer, selon le cas :

Soit aux dispositions de l'art. 14 modifié de la loi du 1er sept. 1948 si les travaux portent sur un logement occupé par un locataire ou un occupant de bonne foi pouvant se prévaloir des dispositions de cette loi ;

Soit aux dispositions de l'art. 2 modifié de la loi n° 67-561 du 12 juill. 1967 relative à l'amélioration de l'habitat quel que soit le régime juridique de la location.

Lorsque l'exécution des travaux nécessite l'évacuation temporaire des lieux, le bailleur s'engage à mettre provisoirement à la disposition du locataire ou de l'occupant un logement au moins équivalant au logement faisant l'objet des travaux ou correspondant à ses besoins et situé dans un périmètre géographique, tel que défini à l'art. 13 *bis* modifié de la loi du 1er sept. 1948.

Art. 10 *Proposition aux locataires dans les lieux d'un bail conforme à la convention.* En application des dispositions de l'art. L. 353-7 à la date d'entrée en vigueur de la présente convention, le bailleur s'engage à proposer au titulaire d'un bail en cours ou à l'occupant de bonne foi pouvant se prévaloir de la loi du 1er sept. 1948 un projet de bail conforme à la présente convention.

A ce projet de bail sont joints une copie de la convention, une notice d'information relative à l'aide personnalisée au logement et les éléments relatifs au barème de cette aide.

Le projet de bail fait l'objet soit d'une notification aux intéressés par lettre recommandée avec demande d'avis de réception, soit d'une remise contre décharge. Il reproduit en caractères très apparents les dispositions de l'art. L. 353-7.

Art. 11 *Prise d'effet du bail conforme à la convention dans le cas où le locataire est titulaire d'un bail en cours.* A compter de la réception du projet de bail, le locataire titulaire d'un bail en cours dispose d'un délai de six mois pour accepter le nouveau bail.

En cas d'acceptation, le locataire est tenu par les clauses de son ancien contrat et, notamment, celle relative au loyer jusqu'à l'entrée en vigueur du nouveau bail. Celui-ci ne prendra effet qu'à compter de la date d'achèvement de l'ensemble des travaux (parties communes, parties privatives) prévus par la présente convention et concernant la tranche dans laquelle est compris son logement. Ceux-ci font l'objet d'une attestation d'exécution conforme, établie par le préfet ou son représentant, et dont une copie est remise contre décharge au locataire.

En cas de refus, les stipulations du bail en cours demeurent en vigueur sous réserve de l'application des dispositions prévues par la loi n° 67-561 du 12 juillet 1967 et, notamment celle relative à l'exécution des travaux qui peut être faite dans les mêmes conditions que les réparations urgentes visées à l'art. 1724 C. civ.

Dans ce dernier cas, le locataire n'a pas droit à l'aide personnalisée au logement et le bailleur est admis à demander une révision de ses engagements contractuels ou le report de leurs effets dans les conditions prévues à l'art. L. 353-7.

Art. 12 *Prise d'effet de la convention pour les logements financés avec des primes et prêts à la construction.* Pour les logements financés en application du livre III, titre Ier du code de la construction et de l'habitation, et qui font l'objet de travaux justifiés par des considérations de sécurité, de salubrité ou de mise aux normes minimales d'habitabilité, conformément à l'art. L. 353-8, les dispositions de la présente convention et notamment celle relative au montant du loyer après travaux tel que fixé dans le projet de bail, s'appliquent de plein droit à compter de la date d'achèvement des travaux (parties communes, parties privatives) prévus par la présente convention et concernant la tranche dans laquelle est compris le logement. Ceux-ci font l'objet d'une attestation d'exécution conforme établie par le préfet ou son représentant et dont une copie est remise contre décharge au locataire.

Le projet de bail, auquel seront joints une copie de la présente convention, une notice d'information relative à l'aide personnalisée au logement et des éléments relatifs au barème de cette aide, doit reproduire en caractères très apparents les dispositions de l'art. L. 353-8.

Il fait l'objet d'une notification aux intéressés par lettre recommandée avec demande d'avis de réception ou d'une remise contre décharge.

Art. 13 *Prise d'effet de la convention pour les logements soumis à la loi du 1er sept. 1948.* L'occupant de bonne foi pouvant se prévaloir des dispositions de la loi no 48-1360 du 1er sept. 1948, dispose du délai de six mois, mentionné à l'article 11, à compter de la réception du projet de bail, pour accepter ce bail conforme à la convention.

Celui-ci, et notamment la clause relative au montant du loyer, n'entre en vigueur qu'à compter de la date d'achèvement des travaux (parties communes, parties privatives) prévus par la présente convention et concernant la tranche dans laquelle est compris le logement concerné.

Les travaux font l'objet d'une attestation d'exécution conforme, établie par le préfet, ou son représentant, et dont une copie est remise contre décharge à l'occupant.

Jusqu'à la date d'achèvement des travaux ainsi constaté, l'occupant de bonne foi continue à occuper les lieux aux conditions de la loi du 1er sept. 1948.

Les dispositions de ladite loi cessent d'être applicables au logement considéré à l'expiration du délai de six mois susvisé ou à la date de signature du bail proposé à l'occupant de bonne foi, sous réserve des dispositions de l'art. L. 353-9 applicables aux personnes âgées dans les conditions précisées à l'art. 14.

Art. 14 Pour les logements régis par les dispositions de la loi du 1er sept. 1948 et faisant l'objet de la présente convention, les dispositions de ladite loi excepté celles relatives au prix du loyer, sont de nouveau applicables à la date d'expiration de la convention ou, en cas de résiliation, à la date prévue pour son expiration, au locataire ou à l'occupant de bonne foi dans les lieux lors de la signature de la convention, à la double condition :

Qu'il soit âgé d'au moins soixante-cinq ans ou d'au moins soixante ans en cas d'inaptitude au travail ou lorsque à cet âge il bénéficie d'une retraite et que ses ressources annuelles n'excèdent pas le montant visé à l'art. 22 *bis* de la loi no 48-1360 du 1er sept. 1948 ;

Que les dispositions de la législation de 1948 soient encore applicables soit au logement, soit au locataire ou occupant en vertu de mesures particulières prises en application de ladite législation.

Le locataire peut continuer à bénéficier de l'aide personnalisée, et le loyer exigible et son mode de révision sont ceux fixés par la convention.

Dans un but d'information du locataire, le projet de bail mentionné à l'article 10 doit reproduire en caractères très apparents le texte de l'art. L. 353-9 du code de la construction et de l'habitation.

Art. 15 *Proposition aux candidats locataires d'un bail conforme à la convention.* Le bailleur doit proposer à tout candidat locataire un projet de bail auquel sont joints une copie de la présente convention et des éléments relatifs au barème de l'aide personnalisée au logement.

Avant la signature du bail, le bailleur adresse au candidat locataire une lettre attestant que le logement fait l'objet d'une convention susceptible d'ouvrir droit à l'aide personnalisée au logement.

Cette lettre doit indiquer, notamment, la référence de la convention (année et numéro), la localisation de l'immeuble ou partie de l'immeuble, le type de logement et le montant du loyer.

Une notice d'information relative à l'aide personnalisée au logement est annexée à cette lettre.

Art. 16 *Information des locataires en cas de changement de propriétaire.* Conformément à l'art. L. 353-4, la convention s'applique de plein droit à tout nouveau propriétaire en cas de mutation à titre gratuit ou onéreux des logements faisant l'objet de cette convention.

En cas de mutation à titre gratuit ou onéreux, et en vue de l'information des locataires et des organismes liquidateurs de l'aide personnalisée au logement, le ou les nouveaux propriétaires leur font connaître leur identification dans les conditions conformes soit à l'art. 5, soit à l'art. 6 du décret no 55-22 du 4 janv. 1955 modifié, par lettre recommandée avec demande d'avis de réception ou remise contre décharge dans un délai d'un mois à compter de ladite mutation.

Art. 17 *Information des locataires en cas de modification de réalisation de la convention ou à la date d'expiration de celle-ci.* Le bailleur s'engage à tenir informés les locataires de toute modification apportée à la convention.

Il s'engage à leur faire connaître les droits que leur confère l'art. L. 353-6 en cas de résiliation à ses torts de la convention.

Il s'engage à les informer des droits que leur confère l'art. L. 353-9 en cas de résiliation de la convention ou à la date prévue pour son expiration.

Conditions de location

Art. 18 *Durée du bail et délai-congé.* Le bail est conclu pour une durée de trois ans. Toutefois, s'il est conclu au cours des trois premières années de la convention, sa durée est limitée à la durée restant à courir jusqu'au 30 juin suivant la troisième année de la date de prise d'effet de la convention.

Pendant la durée de la convention en cours au moment de la conclusion du bail, sous réserve des dispositions de l'article 5 de la convention type annexée à l'art. R. 353-32, il est reconduit tacitement, sauf dénonciation expresse du locataire, pour des périodes également de trois ans, dans la mesure où ce dernier se conforme aux obligations de l'art. 1728 C. civ. rappelées dans le bail.

Au cours de chaque période triennale, le locataire peut résilier le bail à tout moment sous réserve d'un préavis de trois mois, ramené à un mois en cas de changement de résidence pour raisons familiales graves ou raisons professionnelles.

Le congé est donné par lettre recommandée, le préavis partant de la date d'envoi et le cachet de la poste faisant foi. Lorsque le délai de préavis vient à expiration dans le courant du mois, le bail produit effet jusqu'au dernier jour du mois.

En cas de vacance intervenant en cours de période triennale, le nouveau locataire est substitué de plein droit au précédent locataire jusqu'à l'expiration de ladite période. Une information sur les modalités de révision et de réajustement du loyer susceptibles d'intervenir au cours de la période restant à courir doit être donnée au futur locataire.

Art. 19 *Modalités de paiement du loyer.* Le loyer est payé par fraction mensuelle à terme échu.

Le bailleur s'engage à remettre au preneur un document faisant clairement apparaître le montant du loyer, des sommes accessoires, et, en cas de versement de l'aide personnalisée au bailleur, également celui de cette aide.

Il est tenu de remettre sur la demande du locataire, et après paiement intégral du loyer et des sommes accessoires, une quittance ou un reçu des sommes versées.

Art. 20 *Dépôt de garantie.* Le locataire verse, lors de la signature du bail, un cautionnement au plus égal à deux mois de loyer en principal, révisable en fonction de l'évolution du loyer.

Ce cautionnement lui sera restitué dans un délai maximum de trois mois à compter de son départ, déduction faite, le cas échéant, des sommes restant dues au bailleur.

Les réparations locatives concernant les parties privatives des locaux d'habitation auxquelles est tenu le locataire, en application des principes posés par les art. 1754 et 1755 C. civ., sont celles figurant sur la liste établie par l'accord de décembre 1975 de la commission permanente pour l'étude des charges locatives et des rapports entre propriétaires, gestionnaires et usagers créée par arrêté du 13 mai 1974.

Art. 21 *État des lieux.* Un constat de l'état du local, dressé contradictoirement à l'entrée dans les lieux, doit être annexé au bail.

A la sortie, un constat est également établi dans les mêmes conditions.

Art. 22 *Charges locatives.* Les charges récupérables correspondent à des prestations, taxes locatives et fournitures individuelles et doivent être limitativement énumérées dans le bail ; elles sont au plus celles fixées par les accords de la commission permanente.

L'état prévisionnel et l'état définitif des dépenses récupérables doivent être remis chaque année au locataire. Cependant, lorsque l'ensemble des logements conventionnés dépendant du patrimoine d'un même bailleur porte sur moins de cinquante logements, ces documents peuvent être simplement tenus à la disposition permanente des locataires ou de leurs représentants.

Les charges peuvent faire l'objet de provisions et doivent, en ce cas, donner lieu à régularisation annuelle. Les demandes de provisions doivent être justifiées par la communication des résultats antérieurs arrêtés lors de la précédente régularisation annuelle ou par celle des budgets prévisionnels.

Quinze jours avant l'échéance du remboursement ou de la régularisation annuelle des charges, le bailleur en communique le décompte par nature de charges ainsi que le mode de répartition entre tous les locataires de l'immeuble.

Pendant un délai d'un mois à compter de l'envoi de ce décompte, les pièces justificatives sont tenues à la disposition des locataires ou de leurs représentants. Lorsqu'ils en font la demande, toutes explications utiles sur les dépenses de gestion leur sont présentées.

III. Engagements à l'égard des organismes chargés de la liquidation et du paiement de l'APL

Art. 23 *Obligations à l'égard des organismes chargés de la liquidation et du paiement de l'aide personnalisée au logement.* Le bailleur s'engage à l'égard du ou des organismes liquidateurs aux obligations suivantes :

De produire dès l'entrée en vigueur de la présente convention :

Pour les locataires déjà dans les lieux, une attestation sur laquelle doivent figurer, notamment, la référence de la convention (année et numéro), la localisation, le type de logement, la surface habitable, le loyer principal, ainsi que la date de prise d'effet du bail attestée par la photocopie d'attestation d'exécution conforme des travaux établie par le préfet ou son représentant ;

Pour les nouveaux locataires, une attestation précisant la date de prise d'effet de la location et à laquelle est annexée photocopie de la lettre de réservation définie à l'art. 15 ci-dessus ;

De fournir au plus tard le 15 mai de chaque année, le montant du loyer applicable à compter du 1er juillet ;

De signaler immédiatement tout départ de locataire bénéficiant de l'aide personnalisée au logement ;

De fournir annuellement toute justification concernant le paiement du loyer et, en cas de non-paiement de deux échéances consécutives, d'en aviser immédiatement les organismes liquidateurs, ainsi que la commission départementale de l'aide personnalisée au logement en indiquant les démarches entreprises auprès du locataire défaillant ;

D'indiquer toutes modifications dans la composition familiale portées à sa connaissance par le locataire ;

De produire toutes les pièces nécessaires à la mise en place du système de tiers payant, tel que défini par les directives du conseil de gestion du Fonds national de l'habitation, et plus généralement d'établir avec les organismes liquidateurs en tant que de besoin toutes les liaisons nécessaires ;

De faire apparaître sur la quittance toute modification sur le montant de l'aide personnalisée.

ANNEXE 9

Les dispositions de l'art. 35 de la loi no 2005-841 du 26 juill. 2005 sont entrées en vigueur à compter du 1er janv. 2006. Elles sont applicables aux contrats en cours à compter de cette date. La valeur de la moyenne sur quatre trimestres de l'indice mesurant le coût de la construction à la date de référence de ces contrats est remplacée par la valeur de l'indice de référence des loyers à cette même date de référence (L. no 2005-841 du 26 juill. 2005, art. 35-IV, mod. par L. no 2005-1179 du 30 déc. 2005, art. 163).

Dans les conventions en cours et les conventions types prévues par l'art. L. 351-2 du CCH, toute clause prévoyant que la révision du loyer pratiqué ou du loyer maximum s'opère en fonction des variations de la moyenne sur quatre trimestres de l'indice du coût de la construction publié par l'Institut national de la statistique et des études économiques est remplacée par la clause prévoyant que cette révision s'opère en fonction des variations de l'indice de référence des loyers. Dans les conventions en cours, la valeur de la moyenne sur quatre trimestres de l'indice du coût de la construction à la date de référence est remplacée par la valeur de l'indice national de référence des loyers à cette même date (L. no 2005-841 du 26 juill. 2005, art. 35-IV).

Concernant l'IRL, V. ***C. Baux****, Baux d'habitation, App., vo Indice de référence des loyers.*

Annexe à l'article R. 353-59 du code de la construction et de l'habitation

(Décr. no 99-865 du 7 oct. 1999 ; Décr. no 2002-845 du 3 mai 2002 ; Décr. no 2006-569 du 17 mai 2006)

Convention type

Conclue en application de l'article L. 351-2 (2o ou 3o) du code de la construction et de l'habitation entre l'État et la société mixte de construction [La société d'économie mixte de construction ne doit pas avoir demandé l'application de l'article L. 353-18 pour l'opération faisant l'objet de la présente convention].

Convention type conclue entre l'État et ....
[Société d'économie mixte de construction immobilière identifiée conformément aux dispositions de l'article 6 du décret no 55-22 du 4 janvier 1955 modifié portant réforme de la publicité foncière]. **en application de l'article L. 351-2 (2o ou 3o) du code de la construction et de l'habitation pour l'opération de ....**

Le ministre chargé du logement, agissant au nom de l'État, et représenté par le préfet, ou, lorsqu'un établissement public de coopération intercommunale ou un département a signé une convention mentionnée aux articles L. 301-5-1 et L. 301-5-2, par le président de l'établissement public de coopération intercommunale ou du conseil général,

D'une part,

et ....
[Société d'économie mixte de construction immobilière identifiée conformément aux dispositions de l'article 6 du décret no 55-22 du 4 janvier 1955 modifié portant réforme de la publicité foncière], **ou**
....

et .... représenté(e) par ....
[Si le propriétaire est une personne morale, indiquer le nom de son représentant] **dénommé(e) ci-après, le bailleur,**

D'autre part,

Sont convenus de ce qui suit :

I. *Dispositions générales*

Art. 1er *Objet de la convention.* **La présente convention a pour objet de fixer les droits et les obligations des parties prévus par les articles L. 353-1 à L. 353-20, L. 443-15-2 et L. 481-3 du code de la construction et de l'habitation pour l'opération de .... décrite plus précisément dans le document joint à la présente convention.**

La présente convention ouvre, pendant sa durée, le droit à l'aide personnalisée du logement dans les conditions définies par le titre V du livre III du code de la construction et de l'habitation.

Art. 2 *Prise d'effet et date d'expiration de la convention.* La présente convention, ainsi que ses avenants éventuels, prennent effet à la date de leur signature.

Elle expire le 30 juin.

A défaut de résiliation expresse notifiée au moins six mois avant cette date, la convention est renouvelée par tacite reconduction par périodes triennales prenant effet à compter de sa date d'expiration.

Aucune résiliation de la part du bénéficiaire ne peut prendre effet avant cette date. Pour prendre effet à cette date, la résiliation doit être notifiée au moins six mois avant la date fixée pour son expiration. Si la résiliation intervient à l'initiative du bailleur, elle est effectuée par acte notarié ou par acte d'huissier de justice et notifiée au préfet, ou lorsqu'un établissement public de coopération intercommunale ou un département a signé une convention mentionnée aux articles L. 301-5-1 et L. 301-5-2, au président de l'établissement public de coopération intercommunale ou du conseil général, par acte d'huissier de justice.

Le remboursement, anticipé ou non, d'un des prêts utilisés pour financer l'opération, d'une subvention ou le reversement du complément d'impôt en application de l'article 284 du code général des impôts sont sans effet sur la durée de la convention.

Art. 3 *Changement de propriétaire.* La présente convention est jointe à l'acte de mutation. Elle donne lieu à l'inscription hypothécaire prévue à l'article L. 353-3 du code de la construction et de l'habitation.

Art. 4 *Régime des rapports locatifs applicables aux logements conventionnés.* Les logements objets de la présente convention sont soumis aux dispositions de la loi no 89-462 du 6 juillet 1989 modifiée tendant à améliorer les rapports locatifs, dans les conditions prévues par l'article 40-III, aux dispositions du code de la construction et de l'habitation et aux dispositions de la présente convention.

Art. 5 *Aide personnalisée au logement.* Le bénéfice de l'aide personnalisée au logement est ouvert ou modifié respectivement à compter de la date d'effet de la convention ou de ses avenants conformément aux articles L. 351-3-1 et R. 351-3 du code de la construction et de l'habitation.

Art. 6 *Réservations préfectorales des logements.* Le bailleur s'engage, compte tenu des limites prévues à l'article R. 441-5 du code de la construction et de l'habitation, à réserver .... % des logements faisant l'objet de la présente convention aux personnes et aux familles prioritaires désignées par le préfet ou par son délégataire en application des dispositions de l'article L. 441-1, en tenant compte des besoins appréciés localement et dans les conditions fixées par la convention de réservation relative aux contingent du préfet et, le cas échéant, par la convention de délégation du contingent préfectoral prise en application des dispositions de l'article L. 441-1.

Le bailleur s'engage à réserver, au bénéfice des fonctionnaires et agents de l'État, civils et militaires, des logements dans la proportion et selon les modalités définies par le livre IV, titre IV, chapitre Ier, section I, du code de la construction et de l'habitation.

Pour répondre à ces obligations, le bailleur s'engage à signaler les logements devenus vacants aux services préfectoraux et, le cas échéant, aux délégataires des droits à réservation du préfet en application de l'article L. 441-1.

II. *Engagements du bailleur à l'égard de l'État, relatifs aux conditions de location des logements*

Art. 7 *Maintien des logements à usage locatif et conditions d'occupation des logements.* Les logements faisant l'objet de la présente convention sont maintenus à usage locatif jusqu'à la date fixée pour son expiration, sous réserve des dispositions de l'article L. 443-15-2 du code de la construction et de l'habitation.

I. *Conditions de location.* Les logements sont loués nus à des personnes physiques, à titre de résidence principale, et occupés au moins huit mois par an. Ils ne peuvent faire l'objet de sous-location, sous réserve des conditions prévues par l'article L. 353-20 du code de la construction et de l'habitation ainsi qu'au profit de personnes ayant passé avec le locataire un contrat conforme à l'article L. 442-1 du code de l'action sociale et des familles.

II. *Ressources.* Les logements libres de toute occupation sont loués à des familles dont les ressources annuelles n'excèdent pas les plafonds de ressources fixés à l'article R. 441-1 ou prévus au premier alinéa de l'article R. 331-12 du code de la construction et de l'habitation pour l'attribution des logements sociaux.

Les dispositions de l'alinéa ci-dessus ne s'appliquent pas aux logements financés dans les conditions prévues par la section III du chapitre unique du titre III du livre III du code de la construction et de l'habitation.

III. *Mixité sociale. a)* Lorsque l'opération a été financée dans les conditions de l'article R. 331-14 autres que celles prévues au II de l'article R. 331-1 et qu'elle bénéficie de subventions prévues au 2° ou 3° de l'article R. 331-15, 30 % au moins, soit *[Indiquer le plus petit nombre entier permettant de respecter l'engagement de 30 %]* des logements, doivent être occupés par des ménages dont les ressources n'excèdent pas 60 % du plafond prévu au premier alinéa de l'article R. 331-12 du code de la construction et de l'habitation pour l'attribution des logements sociaux. Toutefois, lorsque l'opération ainsi financée comporte moins de 10 logements, au moins 30 % des logements, soit ... logements (ce nombre s'obtenant en arrondissant à l'unité la plus proche le résultat de l'application du pourcentage), doivent être occupés par des ménages dont les ressources n'excèdent pas le plafond fixé au I du deuxième alinéa de l'article R. 331-12 du code de la construction et de l'habitation pour l'attribution des logements sociaux. Cette obligation n'est pas applicable aux opérations comportant un seul logement.

A l'entrée en service de l'immeuble, en sus des 30 % de logements ci-dessus mentionnés, le bailleur s'engage, compte tenu de la demande locale, que visent notamment à satisfaire le plan d'action départemental pour le logement des personnes défavorisées, l'accord collectif départemental signé avec le bailleur et les chartes et conférences intercommunales du logement, à louer *[Indiquer un nombre]* autres logements à des ménages dont les ressources n'excèdent pas 60 % du plafond prévu au premier alinéa de l'article R. 331-12 du code de la construction et de l'habitation pour l'attribution des logements sociaux. Le bailleur s'engage à fournir au préfet un état à la mise en location, permettant de vérifier que cet engagement d'occupation sociale est respecté.

La vérification de l'engagement d'occupation sociale mentionné au premier alinéa sera effectuée tous les trois ans au vu des résultats de l'enquête prévue à l'article L. 442-5 du code de la construction et de l'habitation. S'il est constaté que cet engagement n'est plus rempli, tous les logements attribués postérieurement à ce constat fait par le préfet du lieu de situation des logements devront l'être à des ménages dont les ressources n'excèdent pas 60 % du plafond de ressources prévu au premier alinéa de l'article R. 331-12 du code de la construction et de l'habitation pour l'attribution des logements sociaux jusqu'à ce que le bailleur établisse que l'engagement est respecté à nouveau.

A défaut de transmission de l'état ou des résultats de l'enquête, le préfet peut demander au bailleur de reverser à l'État la subvention reçue, représentant l'avantage supplémentaire obtenu par le bailleur en échange de l'engagement d'occupation sociale susmentionné. Le bailleur doit y procéder dans le mois de la notification de la décision prise dans les conditions suivantes : le préfet doit mettre préalablement en demeure, par lettre recommandée avec demande d'avis de réception, le bailleur de satisfaire à son obligation. Ce dernier devra dans le délai de deux mois soit formuler ses observations, soit transmettre l'état ou les résultats de l'enquête. Lorsque le préfet écarte ces observations, sa décision doit être motivée.

S'il est constaté que l'engagement d'occupation sociale susmentionné n'est plus rempli et si les attributions de logements ne sont pas exclusivement faites au profit de ménages dont les ressources n'excèdent pas 60 % du plafond prévu au premier alinéa de l'article R. 331-12 du code de la construction et de l'habitation pour l'attribution des logements sociaux, le préfet peut demander au bailleur de reverser à l'État la subvention reçue, représentant l'avantage supplémentaire obtenu par le bailleur en échange de l'engagement d'occupation sociale susmentionné. Le bailleur doit y procéder dans le mois de la notification de la décision prise dans les conditions suivantes : le préfet doit mettre préalablement en demeure, par lettre recommandée avec demande d'avis de réception, le bailleur de satisfaire à son obligation. Ce dernier devra dans le délai de deux mois formuler ses observations. Lorsque le préfet écarte ces observations, sa décision doit être motivée.

b) Lorsque l'opération a été financée dans les conditions de l'article R. 331-14 autres que celles prévues au II de l'article R. 331-1 et bénéficie de subventions prévues au 2o ou 3o de l'article R. 331-15, 10 % des logements de l'opération peuvent être loués à des ménages dont les ressources excèdent les plafonds de ressources prévus au premier alinéa de l'article R. 331-12 du code de la construction et de l'habitation pour l'attribution des logements sociaux, dans la limite de 120 % de ces plafonds. Toutefois, lorsque l'opération ainsi financée comporte moins de 10 logements, 10 % des logements, soit ... logements (ce nombre s'obtenant en arrondissant à l'unité la plus proche le résultat de l'application du pourcentage), peut être loué à des ménages dont les ressources n'excèdent pas les plafonds de ressources fixés au II du deuxième alinéa de l'article R. 331-12 du code de la construction et de l'habitation pour l'attribution des logements sociaux.

IV. *Cas d'une acquisition ou d'une convention sans travaux faisant suite à une nouvelle acquisition lorsque les loyers ne sont pas établis sur la base de la surface corrigée, résultant de l'application du décret no 48-1366 du 22 novembre 1948 et de l'article 4 du décret no 60-1063 du 1er octobre 1960.* Il est procédé à un bilan de l'occupation sociale des logements sur la base des éléments recueillis lors de l'enquête prévue à l'article L. 441-9 ou à l'article L. 442-5 et dans des conditions définies par arrêté du ministre chargé du logement.

Art. 8 *Montants des loyers maximum et modalités de révision.* Le montant du loyer maximum mentionné à l'article R. 353-70 est fixé à .... € le mètre carré par .... (mois ou année selon que la superficie est exprimée en surface utile ou en surface corrigée).

Ce montant est majoré de 33 % au plus pour les logements qui ont été attribués dans les conditions du paragraphe III *b* de l'article 7 ci-dessus.

Les annexes qui n'entrent pas dans le calcul de la surface utile peuvent donner lieu à la perception d'un loyer accessoire, dans les conditions définies dans le document intitulé *composition de l'opération* annexé à la présente convention.

Les loyers maximums sont révisés chaque année, le 1er juillet, dans les conditions prévues à l'article 17 *d* de la loi no 89-462 du 6 juillet 1989 modifiée [*C. **baux***].

Art. 8 *bis* *Dispositions particulières relatives aux loyers maximums des logements conventionnés lors d'une acquisition ou d'une convention sans travaux faisant suite à une nouvelle acquisition lorsque les loyers ne sont pas établis sur la base de la surface corrigée, résultant de l'application du décret no 48-1366 du 22 novembre 1948 et de l'article 4 du décret no 60-1063 du 1er octobre 1960.* Lorsque l'opération faisant l'objet de la présente convention est une opération d'acquisition ou n'est pas liée à la réalisation de travaux mais fait suite à une nouvelle acquisition, le loyer maximum applicable à chaque logement occupé par un locataire ou un occupant de bonne foi dont les ressources excèdent les plafonds de ressources prévus à l'article R. 331-12 du code de la construction et de l'habitation pour l'attribution des logements sociaux au moment de l'acquisition ou n'ayant pas fourni d'informations sur le niveau de ces ressources, par dérogation et à titre transitoire, est fixé à ... euros par mètre carré de surface utile par mois. Ce loyer maximum est révisé chaque année, le 1er juillet, dans les conditions prévues à l'article 17 *d* de la loi no 89-462 du 6 juillet 1989 modifiée [*C. **baux***]. Il ne peut avoir pour effet d'autoriser, au moment de l'entrée en vigueur de la convention, une majoration de plus de 10 % du loyer acquitté par le locataire ou l'occupant de bonne foi, lorsque ce loyer est supérieur à celui fixé à l'article 8 de la présente convention.

Art. 9 *Modalités de fixation et de révision du loyer pratiqué.* Dans la limite du loyer maximum établi dans les conditions ci-dessus, le loyer pratiqué pour chaque logement conventionné dont la valeur est fixée au mètre carré, ne peut excéder le loyer maximum défini dans le document *composition de l'opération.*

Dans la limite de ce loyer maximum, le loyer pratiqué :

1o Peut être révisé chaque année le 1er juillet en cours de contrat de location, dans les conditions prévues à l'article 17 *d* de la loi no 89-462 du 6 juillet 1989 modifiée *[C. **baux**]* ;

2o Peut être réévalué à chaque renouvellement du contrat de location selon les modalités définies par l'article 17 *c* de la loi du 6 juillet 1989 modifiée.

Art. 9 *bis* *Dispositions particulières relatives aux loyers pratiqués des logements conventionnés lors d'une acquisition ou d'une convention sans travaux faisant suite à une nouvelle acquisition lorsque les loyers ne sont pas établis sur la base de la surface corrigée, résultant de l'application du décret no 48-1366 du 22 novembre 1948 et de l'article 4 du décret no 60-1063 du 1er octobre 1960.* Durant le mois qui suit la signature de la convention, le bailleur informe les locataires ou occupants de bonne foi en place à la date de signature de la convention qu'ils disposent d'un délai de deux mois à compter de la réception de l'information pour présenter leurs justificatifs de revenus dans les conditions prévues pour l'attribution des logements sociaux et que ceux disposant de ressources inférieures aux plafonds prévus à l'article R. 331-12 du code de la construction et de l'habitation pour l'attribution des logements sociaux se verront appliquer, à partir de la réception par le bailleur des justificatifs et au plus tard le quatrième mois suivant la date de signature de la convention ou la date d'achèvement des travaux si celle-ci en prévoit, un nouveau loyer dans la limite du loyer maximum fixé au document prévu par l'article 1er de l'annexe à l'article R. 353-59. Avant l'application de ce nouveau loyer, le loyer maximum est celui mentionné à l'article 8 *bis.*

Le locataire ou occupant de bonne foi peut également présenter ces justificatifs à tout moment et bénéficier de la même mesure, dès le mois qui suit la présentation de ces justificatifs.

Le loyer pratiqué applicable à chaque logement occupé par un locataire ou un occupant de bonne foi dont les ressources excèdent les plafonds de ressources prévus à l'article R. 331-12 du code de la construction et de l'habitation pour l'attribution des logements sociaux au moment de l'acquisition ou qui n'a pas fourni d'informations sur le niveau de ses ressources ne peut excéder le loyer maximum fixé à l'article 8 *bis.*

9 *ter* *(Décr. no 2011-1191 du 26 sept. 2011)* Conformément à l'arrêté préfectoral prévu à l'article R. 353-70-1 du code de la construction et de l'habitation, le loyer maximum peut être majoré dans les conditions de ce même article sans dépasser........ € par mètre carré et par mois.

Cette majoration de loyer s'applique pendant une durée de........ mois et concerne........ mètres carrés de logements. Le nombre de mètres carrés peut varier de plus ou moins 20 %.

Lorsque la majoration de loyer prévue aux alinéas précédents est appliquée, les stipulations du III de l'article 7 de la présente convention ne s'appliquent pas.

III. *Engagements du bailleur à l'égard des locataires*

Art. 10 *Établissement d'un bail conforme à la convention.* Le bail doit être conforme à la présente convention. Une copie de la convention est tenue en permanence à la disposition des locataires et de leurs associations qui peuvent en prendre connaissance chez le gardien ou, en l'absence d'un gardien, au siège du bailleur. Cette information est mentionnée à chaque locataire ou par affichage de façon très apparente dans les parties communes de l'immeuble.

Le bailleur est tenu de remettre à chaque locataire un décompte de surface utile établi d'après le modèle type annexé à l'article R. 353-19. Dans l'hypothèse où cette surface serait modifiée, le bailleur est tenu de communiquer au locataire un nouveau décompte dans les deux mois précédant son application.

Art. 11 *Travaux.* Pour l'exécution des travaux, le bailleur respecte les dispositions de l'article R. 353-69 du code de la construction et de l'habitation.

Lorsque l'exécution des travaux nécessite l'évacuation temporaire des lieux, le bailleur doit mettre provisoirement à la disposition du locataire un logement en bon état d'habitation remplissant des conditions d'hygiène normales, correspondant à ses besoins personnels ou familiaux et, le cas échéant, professionnels, ainsi qu'à ses possibilités. Il doit en outre être situé :

– dans le même arrondissement ou les arrondissements limitrophes ou les communes limitrophes de l'arrondissement où se trouve le local, objet de la reprise si celui-ci est situé dans une commune divisée en arrondissements ;

– dans le même canton ou dans les cantons limitrophes de ce canton inclus dans la même commune ou dans les communes limitrophes de ce canton si la commune est divisée en cantons ;

– dans les autres cas, sur le territoire de la même commune ou d'une commune limitrophe, sans pouvoir être éloigné de plus de cinq kilomètres.

Art. 12 *Information des locataires en cas de changement de propriétaire.* En cas de mutation à titre gratuit ou onéreux, et en vue de l'information du préfet et, le cas échéant, du président de l'établissement public de coopération intercommunale ou du président du conseil général partie à la présente convention, des locataires et des organismes liquidateurs de l'aide personnalisée au logement, le ou les nouveaux propriétaires leur font connaître leur identification dans les conditions conformes soit à l'article 5, soit à l'article 6 du décret nº 55-22 du 4 janvier 1955 modifié, par acte extrajudiciaire, lettre recommandée avec demande d'avis de réception ou remise contre décharge dans un délai d'un mois à compter de ladite mutation.

Art. 13 *Information des locataires en cas de modification ou de résiliation de la convention.* Le bailleur informe les locataires de toute modification apportée à la convention ayant des incidences sur leurs relations contractuelles.

Art. 14 *Durée du contrat de location et congé donné par le locataire.* Le contrat de location est conclu pour une durée de trois ans.

Pendant la durée de la convention, le contrat de location est reconduit tacitement pour des périodes de trois ans, dans la mesure où le locataire se conforme aux obligations de l'article 7 de la loi du 6 juillet 1989, sauf dénonciation expresse du locataire dans les conditions de l'article 15-1, deuxième et troisième alinéas, de la loi du 6 juillet 1989 précitée et de l'article L. 353-19-1 du code de la construction et de l'habitation.

Le locataire ou sous-locataire peut donner congé à tout moment. Il est redevable du loyer et des charges pendant la durée effective du délai de préavis, de jour à jour, sauf si le logement se trouve occupé avant la fin du préavis par un autre locataire en accord avec le bailleur.

Art. 15 *Modalités du paiement du loyer.* Le loyer est payé mensuellement à terme échu.

Le bailleur précise sur la quittance le montant du loyer principal, du ou des loyers accessoires, des charges locatives et le cas échéant, le montant de l'aide personnalisée au logement.

Le bailleur s'engage à porter le montant du loyer maximum sur la quittance.

En application de l'article L. 351-9 du code de la construction et de l'habitation, pour chaque appel de loyer, le bailleur déduit s'il y a lieu le montant de l'aide personnalisée au logement qu'il perçoit pour le compte du locataire du montant du loyer et des dépenses accessoires de logement.

Lorsque l'organisme liquidateur de l'aide personnalisée au logement verse au bailleur des rappels d'aide personnalisée pour le compte de locataires, le bailleur affecte ces sommes au compte de ces derniers. Si après affectation il en résulte un surplus, le bailleur le reverse au locataire dans le délai d'un mois.

En cas de retard du locataire dans le paiement du loyer et des charges locatives, le bailleur doit prendre toutes dispositions en vue de recouvrer sa créance.

En cas d'impayé constitué au sens de l'article R. 351-30 du code de la construction et de l'habitation, le bailleur doit informer le locataire, lorsqu'il est bénéficiaire de l'aide personnalisée au logement, de la saisine de la section des aides publiques au logement du conseil départemental de l'habitat visée à l'article 18 de la présente convention.

Art. 16 *Dépôt de garantie.* Le dépôt de garantie stipulé le cas échéant par le contrat de location pour garantir l'exécution de ses obligations locatives par le locataire ne peut être supérieur à un mois de loyer en principal.

IV. *Engagements à l'égard des organismes chargés de la liquidation et du paiement de l'aide personnalisée au logement et à l'égard de la commission départementale des aides publiques au logement*

Art. 17 *Obligations à l'égard des organismes chargés pour le compte de l'État de la liquidation et du paiement de l'aide personnalisée au logement.* 1° Le bailleur renseigne dès l'entrée en vigueur de la convention pour chaque locataire demandeur de l'aide personnalisée au logement, la partie de l'imprimé de demande d'aide personnalisée au logement qui le concerne.

2° Le bailleur fournit aux organismes liquidateurs de l'aide personnalisée au logement au plus tard le 15 mai de chaque année, conformément à l'arrêté du 22 août 1986 modifié relatif à la fixation des justifications nécessaires à l'obtention de l'aide personnalisée au logement et à son renouvellement :

– le montant du loyer applicable à chaque logement concerné par la présente convention à compter du 1er juillet de la même année pour permettre le renouvellement des droits à l'aide personnalisée au logement qui a lieu à cette date ;

– un document attestant que tous les bénéficiaires sont à jour de leurs obligations vis-à-vis du bailleur ou, le cas échéant, la liste des bénéficiaires d'aide personnalisée au logement non à jour en certifiant que cette liste est exhaustive. Ce document mentionne également la date à laquelle la commission départementale des aides publiques au logement prévue à l'article R. 351-47 du code de la construction et de l'habitation a été saisie en cas d'impayé constitué au sens de l'article R. 351-30 du même code.

3° En outre, il fait part dans un délai maximum d'un mois aux organismes liquidateurs de l'aide personnalisée au logement des modifications affectant la situation locative du bénéficiaire (notamment colocation, résiliation de bail, décès).

Art. 18 *Obligations à l'égard de la commission départementale des aides publiques au logement (CDAPL).* Le bailleur percevant l'aide personnalisée au logement pour le compte du locataire, en application des articles R. 351-30 et R. 351-64 du code de la construction et de l'habitation, saisit la commission départementale des aides publiques au logement (CDAPL) dès qu'un impayé est constitué au sens de l'article R. 351-30 du code de la construction et de l'habitation, en justifiant des démarches entreprises auprès du locataire défaillant. En outre, il lui communique le montant de l'impayé constitué au moment de la saisine.

Il fournit également à la CDAPL copie du bail lorsque celle-ci le lui demande et l'informe le cas échéant lorsqu'une procédure d'expulsion d'un bénéficiaire d'aide personnalisée au logement est engagée pour non-paiement du loyer et des charges, au sens de l'article R. 351-30, et dans les conditions prévues par l'article L. 353-15-1.

La CDAPL décide du maintien ou de la suspension de l'aide personnalisée au logement et en informe le bailleur et le bénéficiaire.

V. *Dispositions générales*

Art. 19 *Contrôle.* Afin de permettre à l'État d'assurer le contrôle de l'application de la présente convention, le bailleur fournit à tout moment à la demande du préfet toutes les informations et tous les documents nécessaires au plein exercice de ce contrôle.

Art. 20 *Révision de la convention.* La présente convention pourra être révisée à la demande de l'une ou l'autre des parties par voie d'avenant. Les frais de publication qui en résultent sont pris en charge par la partie qui sollicite la révision.

Art. 21 *Inexécution de la convention par le bailleur.* I. – En application de l'article 284 du code général des impôts, les bailleurs qui ont, au taux réduit de la taxe sur la valeur ajoutée, acquis un logement social ou imposé la livraison à soi-même d'un logement locatif social ou de travaux d'amélioration, de transformation ou d'aménagement portant sur un logement locatif social sont redevables d'un complément de taxe sur la valeur ajoutée égal à la différence entre le taux réduit et le taux normal lorsque les conditions de taxation de vente ou de livraison à soi-même au taux réduit ne sont pas ou plus remplies.

II. – En application de l'article L. 353-2 du code de la construction et de l'habitation, des sanctions administratives peuvent être mises en œuvre.

Lorsque le bailleur ne respecte pas, pour un ou plusieurs logements, les règles d'attribution et d'affectation prévues au code précité, le préfet peut infliger la sanction pécuniaire prévue aux articles L. 451-2-1 et L. 481-1-1.

Lorsque le bailleur n'exécute pas les engagements prévus par la convention, autres que ceux relatifs aux règles d'attribution et d'affectation, le préfet peut prononcer pour chaque logement la sanction prévue ci-après. Le préfet doit mettre préalablement en demeure, par lettre recommandée avec demande d'avis de réception, le bailleur de satisfaire à son obligation. Ce dernier devra dans un délai de deux mois soit formuler ses observations, soit faire connaître son acceptation. Lorsque le préfet écarte ces observations, sa décision doit être motivée.

La sanction est une pénalité dont le montant est égal au maximum à 9 mois de loyer maximum prévu par la convention pour le logement considéré, hors loyers accessoires et charges récupérables. Cette somme peut être doublée dans le cas où le bailleur ne respecte pas plusieurs de ses obligations contractuelles pour un même logement.

Art. 22 *Résiliation par l'État.* En cas d'inexécution par le bailleur de ses engagements prévus par la convention, tels que notamment non-respect du loyer maximum ou en cas de fraude, dissimulation ou fausse déclaration à l'égard des organismes liquidateurs de l'aide personnalisée au logement, le préfet peut procéder à la résiliation de la présente convention. Le préfet doit préalablement mettre en demeure le bailleur par lettre recommandée avec demande d'avis de réception. Le bailleur doit dans le délai de deux mois soit satisfaire à ses obligations, soit formuler ses observations. Lorsque le préfet écarte ces observations, sa décision doit être motivée.

Dans ce cas, il est fait application des dispositions prévues à l'article L. 353-6 du code de la construction et de l'habitation.

Art. 23 *Publication.* La publication de la convention, de sa résiliation et de ses éventuels avenants au fichier immobilier ou de leur inscription au livre foncier incombe au préfet, ou, lorsqu'un établissement public de coopération intercommunale ou un département a signé une convention mentionnée aux articles L. 301-5-1 et L. 301-5-2, au président de l'établissement public de coopération intercommunale ou du conseil général. Les frais de publication sont à la charge du bailleur.

Le préfet, ou, lorsqu'un établissement public de coopération intercommunale ou un département a signé une convention mentionnée aux articles L. 301-5-1 et L. 301-5-2, le président de l'établissement public de coopération intercommunale ou du conseil général transmet aux organismes chargés de la liquidation et du paiement de l'aide personnalisée au logement une copie de la présente convention, de ses avenants éventuels ainsi que l'état prouvant qu'elle (ou ils) a (ont) bien fait l'objet d'une publication au fichier immobilier (ou d'une inscription au livre foncier).

Fait en quatre originaux à ...., le ....

Le bailleur

Le préfet, le président de l'établissement public de coopération intercommunale ou le président du conseil général *[Le bailleur doit avoir, préalablement à sa signature, paraphé chacune des pages]*

DOCUMENT PRÉVU PAR L'ARTICLE 1ER DE LA PRÉSENTE CONVENTION

Description de l'opération de ....

1. Désignation du ou des immeubles *[Établie conformément à l'article 7 du décret n° 55-22 du 4 janvier 1955 modifié portant réforme de la publicité foncière].*
2. Nature de l'opération et financement : ....
3. Composition de l'opération.

A. LOCAUX AUXQUELS S'APPLIQUE LA PRÉSENTE CONVENTION

1. Nombre des logements locatifs par type de logement avec numéro des logements :

1.1. Nombre de logements réservés à des personnes dont les ressources n'excèdent pas 60 % des plafonds de ressources prévus au premier alinéa de l'article R. 331-12 pour l'attribution des logements sociaux (art. 7 de la convention).

1.2. Nombre de logements qu'il est possible d'attribuer à des personnes dont les ressources excèdent les plafonds de ressources prévus au premier alinéa de l'article R. 331-12 pour l'attribution des logements sociaux, dans la limite de 120 % de ces plafonds (art. 7 de la convention).

2. Surface habitable : ....

3. Surface corrigée : ....

4. Dépendances (nombre et surface) : ....

5. Locaux collectifs résidentiels (nombre et surface) : ....

6. Garages et parkings affectés à ces logements (nombre et différenciation par type) : .....

B. LOCAUX AUXQUELS NE S'APPLIQUE PAS LA CONVENTION

4. Origine des propriétés (7).

5. Renseignements administratifs.

5.1. Permis de construire :

5.2. Date prévisible ou effective d'achèvement des travaux de construction ou d'amélioration : ....

5.3. Date d'achat :

5.4. Modalités de financement :

Financement principal :

– date d'octroi du prêt : ....

– date de transfert du prêt : ....

– numéro du prêt : ....

– durée : ....

Financement complémentaire :

Date d'achèvement de la construction ou certificat de conformité : ....

Fait à ...., le ....

Lorsque la convention fixe le loyer maximum de chaque logement en application du 1o et du 2o de l'article R. 353-16, les dispositions du 3 du document prévu par l'article 1er à la présente convention et relatives à la composition de l'opération sont remplacées par les dispositions suivantes :

Composition de l'opération.

Les éléments ci-après sont décrits par immeuble ou programme immobilier :

a. Locaux auxquels s'applique la présente convention

1. Nombre des logements locatifs par type de logements avec numéro des logements :

1.1. Nombre de logements réservés à des personnes dont les ressources n'excèdent pas 60 % des plafonds de ressources prévus au premier alinéa de l'article R. 331-12 pour l'attribution des logements sociaux (art. 7 de la convention) : ....

– nombre de logements prévus au premier alinéa du III *a* de l'article 7 ....

– nombre de logements prévus au second alinéa du III *a* de l'article 7 ....

1.2. Nombre de logements qu'il est possible d'attribuer à des personnes dont les ressources excèdent les plafonds de ressources prévus au premier alinéa de l'article R. 331-12 pour l'attribution des logements sociaux, dans la limite de 120 % de ces plafonds (art. 7 de la convention)

1 *bis*. Surface utile : ....

2. Surface habitable totale (art. R. 111-2) : ....

3. Surface totale des annexes entrant dans le calcul de la surface utile (art. R. 353-16 [2o]) : ...

3 *bis*. Liste de ces annexes, conforme à l'arrêté modifié du 9 mai 1995 du ministre du logement pris en application de l'article R. 353-16 : ....

4. Surface totale utile de l'opération (art. R. 353-16 [2o]) : ....

5. Décompte des surfaces et des coefficients propres au logement appliqués pour le calcul du loyer :

DÉSIGNATION des logements	SURFACE habitable (art. R. 111-2)	SURFACE réelle des annexes	SURFACE UTILE (surface habitable augmentée de 50 % de la surface des annexes)	LOYER maximum du logement en € par mètre carré de surface utile	COEFFICIENT propre au logement	LOYER MAXIMUM du logement (col. 4*, col. 5* et col. 6*)
Col. 1	Col. 2	Col. 3	Col. 4	Col. 5	Col. 6	Col. 7
Total						

* Les majorations prévues au deuxième alinéa de l'article 8 de la convention sont susceptibles de s'appliquer à ces loyers.

6. Nombre et liste des annexes susceptibles de donner lieu à perception d'un loyer accessoire : ....

Ce sont les annexes ou parties d'annexes qui n'entrent pas dans le calcul de la surface utile, soit : les emplacements réservés au stationnement des véhicules, les terrasses, cours et jardins, faisant l'objet d'une jouissance exclusive.

TYPE D'ANNEXE DÉFINIE à l'article R. 353-16, dernier alinéa du 2°	LOYER MAXIMUM conventionné de l'annexe en € par mois

Au cas où ces annexes ne trouveraient pas preneur auprès des locataires de l'immeuble ou de tout autre immeuble conventionné appartenant au même bailleur ou géré par lui, le bailleur peut louer l'annexe à toute autre personne. Dans ce cas, le loyer maximum fixé par la convention ne lui est pas opposable. Cette faculté n'est utilisable que pour autant qu'aucun locataire du patrimoine appartenant ou géré par le bailleur ne manifeste sa volonté de louer les annexes en cause.

b. Locaux auxquels ne s'applique pas la présente convention

Locaux commerciaux (nombre) : ....

Bureaux (nombre) : ....

Autres : ....

ANNEXE 10 (art. R. 353-90)

Les dispositions de l'art. 35 de la loi n° 2005-841 du 26 juill. 2005 sont entrées en vigueur à compter du 1er janv. 2006. Elles sont applicables aux contrats en cours à compter de cette date. La valeur de la moyenne sur quatre trimestres de l'indice mesurant le coût de la construction à la date de référence de ces contrats est remplacée par la valeur de l'indice de référence des loyers à cette même date de référence (L. n° 2005-841 du 26 juill. 2005, art. 35-IV, mod. par L. n° 2005-1179 du 30 déc. 2005, art. 163).

Dans les conventions en cours et les conventions types prévues par l'art. L. 351-2 du CCH, toute clause prévoyant que la révision du loyer pratiqué ou du loyer maximum s'opère en fonction des variations de la moyenne sur quatre trimestres de l'indice du coût de la construction publié par l'Institut national de la statistique et des études économiques est remplacée par la clause prévoyant que cette révision s'opère en fonction des variations de l'indice de référence des loyers. Dans les conventions en cours, la valeur de la moyenne sur quatre trimestres de l'indice du coût de la construction à la date de référence est remplacée par la valeur de l'indice national de référence des loyers à cette même date (L. nº 2005-841 du 26 juill. 2005, art. 35-IV).

Concernant l'IRL, V. **C. Baux***, Baux d'habitation, App., vº Indice de référence des loyers.*

Annexe I à l'article R. 353-90

(Décr. nº 2002-846 du 3 mai 2002 ; Décr. nº 2006-569 du 17 mai 2006)

Conventions

Conclues entre l'État et les personnes physiques ou morales autres que les organismes d'HLM et les sociétés d'économie mixte pour la construction ou l'acquisition de logements à usage locatif, en application de l'article L. 351-2 (3º) applicable aux logements faisant l'objet d'une décision favorable prise dans les conditions prévues aux articles R. 331-3 et R. 331-6 du code de la construction et de l'habitation.

Convention type conclue entre l'État et .... *[Nom de la personne physique ou morale identifiée conformément aux dispositions, selon le cas, des articles 5 ou 6 du décret nº 55-22 du 4 janvier 1955 modifié portant réforme de la publicité foncière. – V.* **C. civ.***]* **en application de l'article L. 351-2 (3º) du code de la construction et de l'habitation pour le programme de** ....

Le ministre chargé du logement, agissant au nom de l'État, et représenté par le préfet, ou, lorsqu'un établissement public de coopération intercommunale ou un département a signé une convention mentionnée aux articles L. 301-5-1 et L. 301-5-2, par le président de l'établissement public de coopération intercommunale ou du conseil général

D'une part,

et ....

[Nom de la personne physique ou morale identifiée conformément aux dispositions, selon le cas, des articles 5 ou 6 du décret nº 55-22 du 4 janvier 1955 modifié portant réforme de la publicité foncière. – V. **C. civ.***]*, **ou** ....

et .... **représentée par** ....

[Si le propriétaire est une personne morale, indiquer le nom de son représentant] **dénommé(e) ci-après le bailleur,**

D'autre part,

sont convenus de ce qui suit :

I. *Dispositions générales*

Art. 1er *Objet de la convention.* **1.1. Cas d'une opération de construction de logements bénéficiant du taux de TVA réduit mentionné à l'article 278 *sexies* I du code général des impôts. – *CGI*.**

La présente convention a pour objet de fixer les droits et les obligations des parties prévus par les articles L. 353-1 à L. 353-12 et L. 353-20 du code de la construction et de l'habitation pour le programme de......... décrit plus précisément dans le document joint à la présente convention *[V. Texte du document au JONC 13 juin 1980]*, **faisant l'objet d'une décision favorable prise dans les conditions prévues aux articles R. 331-3 et R. 331-6 du code de la construction et de l'habitation, pour la construction de logements à usage locatif.**

1.2. Cas d'une opération d'acquisition de logements bénéficiant du taux de TVA réduit mentionné au 3 du I de l'article 278 *sexies* du code général des impôts par un bailleur autre qu'un organisme d'habitations à loyer modéré ou par une société d'économie mixte. – *CGI*.

La présente convention a pour objet de fixer les droits et les obligations des parties prévus par les articles L. 353-1 à L. 353-12 et L. 353-20 du code de la construction et de

l'habitation pour le programme de......... décrit plus précisément dans le document joint à la présente convention, ayant fait l'objet d'une décision favorable prise dans les conditions prévues aux articles R. 331-3 et R. 331-6 du code de la construction et de l'habitation.

La présente convention est conclue à l'occasion de l'acquisition d'un ou plusieurs logements construits dans les conditions de l'alinéa ci-dessus et dont la vente est soumise à la TVA dans les conditions de l'article 278 *sexies* I-3 du code général des impôts *[CGI]*. Elle reprend les droits et obligations fixés dans la convention nº .... signée le et publiée le entre et pour le programme de.............................

En particulier, le loyer maximum du ou des logements, révisé dans les conditions de la convention passée avec le précédent propriétaire, est inchangé *[Renseignements à fournir uniquement dans le cas d'une acquisition bénéficiant du taux réduit de TVA]*.

La présente convention ouvre, pendant sa durée, le droit à l'aide personnalisée au logement (APL) dans les conditions définies par le titre V du livre III du code de la construction et de l'habitation (CCH).

1.3. Vente des logements bénéficiant du taux réduit de TVA mentionné au 3 du I de l'article 278 *sexies* du code général des impôts.

Lors de la vente à un bailleur par le constructeur d'un logement bénéficiant du taux réduit de TVA, une nouvelle convention entre l'État et l'acquéreur sera signée, du type de la présente convention. Toutefois, conformément à l'article R. 353-1 du code de la construction et de l'habitation, si cet acquéreur est un organisme d'habitations à loyer modéré, la convention signée sera conforme à l'annexe I à cet article ; conformément à l'article R. 353-59 du code de la construction et de l'habitation si cet acquéreur est une société d'économie mixte, la convention signée sera conforme à l'annexe à cet article.

Art. 2 *Prise d'effet et date d'expiration de la convention.* La présente convention ainsi que ses avenants éventuels prennent effet à la date de leur publication au fichier immobilier (ou de leur inscription au livre foncier).

Elle expire le 30 juin ....

La convention est renouvelée par tacite reconduction par périodes triennales prenant effet à compter de leur date d'expiration, sauf résiliation expresse notifiée six mois avant cette date. La résiliation à l'initiative de l'une des parties est effectuée par acte authentique ou par acte administratif.

Quelle que soit la partie à l'initiative de la résiliation, le préfet, ou, lorsqu'un établissement public de coopération intercommunale ou un département a signé une convention mentionnée aux articles L. 301-5-1 et L. 301-5-2, le président de l'établissement public de coopération intercommunale ou du conseil général, publie la résiliation au fichier immobilier ou l'inscrit au livre foncier, par acte authentique ou administratif. Les frais correspondants sont à la charge du bailleur.

Le remboursement, anticipé ou non, d'un des prêts utilisés pour financer l'opération ainsi que le reversement d'un complément d'impôt en application de l'article 284 (2º et 3º) du code général des impôts *[CGI]* sont sans effet sur la durée de la convention.

Art. 3 *Mutations des logements.* 3.1. Vente des logements bénéficiant du taux réduit de TVA mentionné au 3 du I de l'article 278 *sexies* du code général des impôts. – *CGI*.

Lors de la vente de chaque logement bénéficiant de ce taux réduit de TVA par le constructeur à des bailleurs, une nouvelle convention entre l'État et l'acquéreur sera signée. Corrélativement, un avenant à la présente convention, signée entre le constructeur et l'État, fera sortir de son champ d'application chaque logement vendu. La présente convention cessera de produire ses effets à la suite de la vente du dernier logement, à compter de la publication au fichier immobilier ou l'inscription au livre foncier de la convention signée avec l'acquéreur.

3.2. Autres mutations.

Pour les mutations autres que celles citées au 3.1 du présent article, la présente convention est transférée de plein droit aux propriétaires successifs du ou des logements en application de l'article L. 353-4 du code de la construction et de l'habitation. Un avenant à la convention entérine cette modification.

3.3. Publicité des mutations.

La présente convention est jointe à tout acte de mutation autre que celles citées à l'article 3.1. Elle donne lieu à l'inscription hypothécaire prévue à l'article L. 353-3 du code de la construction et de l'habitation.

Art. 4 *Régime des rapports locatifs applicables aux logements conventionnés.* Les logements objets de la présente convention sont soumis aux dispositions de la loi nº 89-462 du 6 juillet 1989 modifiée tendant à améliorer les rapports locatifs, dans les conditions prévues par l'article 40-III *[V. cet art., App., vº Rapports locatifs]*, et aux dispositions de la présente convention.

Lorsque le logement appartient à l'association foncière mentionnée à l'article *(L. nº 2009-323 du 25 mars 2009, art. 8-VIII)* « L. 313-34 du code de la construction et de l'habitation » ou à l'une de ses filiales, les dispositions de l'article L. 353-15-1 du code de la construction et de l'habitation, relatif à la prévention des expulsions pour les bénéficiaires de l'aide personnalisée au logement, sont applicables.

Art. 5 *Aide personnalisée au logement (APL).* Le bénéfice de l'APL est accordé ou modifié respectivement à compter de la date d'effet de la convention ou de ses avenants conformément aux articles L. 351-3-1 et R. 351-3 du code de la construction et de l'habitation.

II. *Engagements du bailleur à l'égard de l'État relatifs aux conditions de location des logements*

Art. 6 *Mise en gestion des logements.* Si la gestion n'est pas directement assurée par le bailleur, celui-ci la fait assurer par les personnes et dans les conditions définies par l'arrêté du 9 mars 1978 portant agrément des personnes ou organismes habilités à gérer des logements faisant l'objet d'une convention.

Le bailleur informe le préfet, et, le cas échéant, le président de l'établissement public de coopération intercommunale ou le président du conseil général partie à la présente convention, les organismes chargés de la liquidation et du paiement de l'APL pour le compte de l'État et les locataires de la mise en gestion du programme ou de tout changement de gestionnaire.

Art. 7 *Maintien des logements à usage locatif et conditions d'occupation et de peuplement des logements.* Les logements faisant l'objet de la présente convention sont maintenus à usage locatif jusqu'à la date fixée pour son expiration.

Les logements sont loués non meublés à des personnes physiques, à titre de résidence principale, et occupés au moins huit mois par an. Ils ne peuvent faire l'objet de sous-location, sauf dans les conditions prévues par l'article L. 353-20 du code de la construction et de l'habitation ainsi qu'au profit de personnes ayant passé avec le locataire un contrat conforme à l'article L. 442-1 du code de l'action sociale et des familles. Ils ne peuvent être occupés à titre d'accessoire d'un contrat de travail ou en raison de l'exercice d'une fonction.

Ils ne peuvent être loués ou occupés à quelque titre que ce soit ni par les ascendants ou les descendants, ni par ceux du conjoint, ni par le conjoint du signataire de la convention.

Les logements libres de toute occupation sont loués à des familles dont les revenus n'excèdent pas les plafonds de ressources fixés en application de l'article R. 331-12 du code de la construction et de l'habitation.

Lorsque les logements appartiennent à l'association foncière mentionnée à l'article *(L. nº 2009-323 du 25 mars 2009, art. 8-VIII)* « L. 313-34 du code de la construction et de l'habitation » ou à l'une de ses filiales, le bailleur s'engage à louer, lors de la mise en service de l'immeuble :

– logements au moins à des ménages dont les ressources n'excèdent pas 60 % des plafonds fixés pour l'attribution des logements appartenant aux organismes d'habitation à loyer modéré ;

– logements au plus à des ménages dont les ressources excèdent les plafonds fixés pour l'attribution des logements appartenant aux organismes d'habitation à loyer modéré, dans la limite de 130 % de ces plafonds.

Art. 8 *Montants des loyers maximum et modalités de révision.* Le prix mensuel du loyer maximum résulte de l'application des 1° et 2° de l'article R. 353-16. Il est fixé pour chaque logement dans le document intitulé *Composition du programme* annexé à la présente convention.

Lorsque les logements appartiennent à l'association foncière mentionnée à l'article *(L. n° 2009-323 du 25 mars 2009, art. 8-VIII)* « L. 313-34 du code de la construction et de l'habitation » ou à l'une de ses filiales, le loyer maximum est fixé à ...... euros par mètres carrés de surface utile pour les locataires dont les ressources n'excèdent pas 60 % des plafonds fixés pour l'attribution des logements appartenant aux organismes d'habitation à loyer modéré.

Les annexes qui n'entrent pas dans le calcul de la surface utile peuvent donner lieu à la perception d'un loyer accessoire, dans les conditions définies dans le document intitulé *Composition du programme* annexé à la présente convention.

Ces loyers maximums sont révisés chaque année, le 1er juillet, dans les conditions prévues à l'article 17 *d* de la loi n° 89-462 du 6 juillet 1989 modifiée. – *C. baux.*

Art. 9 *Modalités de fixation et de révision du loyer pratiqué.* Dans la limite du loyer maximum établi dans les conditions ci-dessus, le loyer pratiqué pour chaque logement conventionné dont la valeur est fixée au mètre carré de surface utile ne peut excéder le loyer maximum défini dans le document *Composition du programme.*

Dans la limite de ce loyer maximum, le loyer pratiqué :

1° Peut être révisé chaque année le 1er juillet en cours de contrat de location, dans les conditions prévues à l'article 17 *d* de la loi n° 89-462 du 6 juillet 1989 modifiée. – *C. baux.*

2° Peut être réévalué à chaque renouvellement du contrat de location selon les modalités définies par l'article 17 *c* de la loi modifiée du 6 juillet 1989. – *C. baux.*

III. *Engagements du bailleur à l'égard des locataires*

Art. 10 *Établissement d'un bail conforme à la convention.* Le bail conclu sur la base d'un projet du bailleur doit être conforme à la présente convention. Sont joints une copie de la convention ainsi qu'un formulaire de demande d'APL.

Art. 11 *Information des locataires en cas de changement de propriétaire.* En cas de mutation à titre gratuit ou onéreux, et en vue de l'information du préfet, ou, lorsqu'un établissement public de coopération intercommunale ou un département a signé une convention mentionnée aux articles L. 301-5-1 et L. 301-5-2, du président de l'établissement public de coopération intercommunale ou du conseil général, des locataires et des organismes liquidateurs de l'APL, le ou les nouveaux propriétaires leur font connaître leur identification dans les conditions conformes soit à l'article 5, soit à l'article 6 du décret n° 55-22 du 4 janvier 1955 modifié *[C. civ.]*, par lettre recommandée avec demande d'avis de réception ou remise contre décharge dans un délai d'un mois à compter de ladite mutation.

Art. 12 *Information des locataires en cas de modification ou de résiliation de la convention.* Le bailleur informe les locataires de toute modification apportée à la convention ayant des incidences sur leurs relations contractuelles.

Quelle qu'en soit la cause, le bailleur informe le locataire de la date prévue pour l'expiration de la convention. En cas de résiliation de la convention aux torts du bailleur, il s'engage à faire connaître aux locataires la teneur de l'article L. 353-6 du code de la construction et de l'habitation.

Art. 13 *Durée du contrat de location et congé donné par le locataire.* Le contrat de location est conclu pour une durée de trois ans.

Pendant la durée de la convention, le contrat de location est reconduit tacitement pour des périodes de trois ans, dans la mesure où le locataire se conforme aux obligations de l'article 7 de la loi du 6 juillet 1989, sauf dénonciation expresse du locataire dans les conditions de l'article 15-I, deuxième et troisième alinéas, de la loi du 6 juillet 1989 précitée. – *C. baux.*

Six mois avant la date d'expiration de la convention, le bailleur peut proposer au locataire un contrat de location, prenant effet à la date d'expiration de la convention ou à la date d'expiration du bail si cette dernière intervient ultérieurement.

Art. 14 *Modalités du paiement du loyer.* Le loyer est payé mensuellement à terme échu.

Le bailleur précise sur la quittance le montant du loyer principal, du ou des loyers accessoires, des charges locatives et, le cas échéant, le montant de l'APL, si celle-ci est versée directement au bailleur conformément à l'article L. 351-9 du CCH.

En application du même article, pour chaque appel de loyer, le bailleur déduit, s'il y a lieu, le montant de l'APL qu'il perçoit pour le compte du locataire du montant du loyer et des dépenses accessoires de logement.

Lorsque l'organisme liquidateur de l'APL verse au bailleur des rappels d'aide personnalisée pour le compte de locataires, le bailleur affecte ces sommes au compte de ces derniers. Si après affectation il en résulte un surplus, le bailleur le reverse au locataire dans le délai d'un mois.

En cas d'impayé de loyer, le bailleur doit poursuivre le recouvrement de sa créance en notifiant au locataire défaillant par lettre recommandée avec accusé de réception le montant de cette créance. Il doit également informer le locataire, lorsque celui-ci est bénéficiaire d'APL, de la saisine de la section des aides publiques au logement du conseil départemental de l'habitat visée à l'article 17 de la présente convention en cas de non règlement de la dette.

Toutefois, lorsque les logements appartiennent à l'association foncière mentionnée à l'article L. 313-34 ou à l'une de ses filiales, et que le locataire bénéficie de l'aide personnalisée au logement, le bailleur ne peut faire délivrer une assignation aux fins de constat de résiliation du bail avant l'expiration d'un délai de trois mois suivant la saisine de la commission mentionnée à l'article L. 351-14 en vue d'assurer le maintien du versement de l'aide personnalisée au logement, sauf si la décision de cette commission intervient avant l'expiration de ce délai.

Art. 15 *Dépôt de garantie.* Le dépôt de garantie stipulé le cas échéant par le contrat de location pour garantir l'exécution de ses obligations locatives par le locataire ne peut être supérieur à deux mois de loyer en principal.

IV. *Engagements à l'égard des organismes chargés de la liquidation et du paiement de l'APL et à l'égard de la commission départementale des aides publiques au logement*

Art. 16 *Obligations à l'égard des organismes chargés pour le compte de l'État de la liquidation et du paiement de l'APL.* 1° Le bailleur renseigne, dès l'entrée en vigueur de la convention pour chaque locataire demandeur de l'APL, la partie de l'imprimé de demande d'APL qui le concerne.

2° Le bailleur fournit aux organismes liquidateurs de l'APL au plus tard le 15 mai de chaque année, conformément à l'arrêté du 22 août 1986 modifié relatif à la fixation des justifications nécessaires à l'obtention de l'APL et à son renouvellement :

Le montant du loyer applicable à chaque logement concerné par la présente convention à compter du 1er juillet de la même année pour permettre le renouvellement des droits à l'APL qui a lieu à cette date ;

Un document attestant que tous les bénéficiaires sont à jour de leurs obligations vis-à-vis du bailleur ou le cas échéant la liste des bénéficiaires d'APL non à jour en certifiant que cette liste est exhaustive. Ce document mentionne également la date à laquelle la commission départementale des aides publiques au logement prévue à l'article R. 351-47 du CCH a été saisie en cas d'impayé constitué au sens de l'article R. 351-30 du même code.

3° En outre, il fait part dans un délai maximum d'un mois aux organismes liquidateurs de l'APL des modifications affectant la situation locative du bénéficiaire (notamment colocation, résiliation de bail, décès).

Art. 17 *Obligations à l'égard de la commission départementale des aides publiques au logement (CDAPL).* Le bailleur percevant l'APL pour le compte du locataire saisit en application des articles R. 351-30 et R. 351-64 du code de la construction et de l'habitation la commission départementale des aides publiques au logement (CDAPL) dès qu'un impayé de loyer est constitué en justifiant des démarches entreprises auprès du locataire défaillant. En outre, il lui communique le montant de l'impayé constitué au moment de la saisine.

Il fournit également à la CDAPL copie du bail lorsque celle-ci le lui demande et l'informe lorsqu'une procédure d'expulsion d'un bénéficiaire d'APL est engagée pour non-paiement du loyer.

La CDAPL décide du maintien ou de la suspension de l'APL et en informe le bailleur et le bénéficiaire.

V. *Dispositions relatives à l'application des conventions*

Art. 18 *Contrôle.* Afin de permettre à l'État d'assurer le contrôle de l'application de la présente convention, le bailleur fournit à tout moment à la demande du représentant de l'État dans le département toutes les informations et tous les documents nécessaires au plein exercice de ce contrôle.

Art. 19 *Inexécution de la convention par le bailleur.* 1. Reversement de l'avantage fiscal.

Cette mesure est précisée par l'instruction fiscale 8 A-1-97 publiée au *Bulletin officiel des impôts* du 4 mars 1997, relative à la taxe sur la valeur ajoutée applicable à la construction ou à la livraison d'immeubles d'habitation neufs destinés à usage locatif à caractère social :

« Conformément à l'article 284 (2o) du code général des impôts *[CGI]*, les bailleurs qui ont imposé la livraison à soi-même de logements sociaux au taux de 5,5 % sont tenus de verser le complément de TVA résultant de la différence entre le taux réduit et le taux normal lorsque les conditions d'application du taux réduit ne sont pas ou plus remplies.

« De même, en application de l'article 284 (3o) du même code, les bailleurs qui ont acquis un immeuble neuf sous le bénéfice du taux réduit de 5,5 % sont redevables d'un complément de TVA égal à la différence entre le taux réduit et le taux normal lorsque les conditions de taxation de vente au taux réduit ne sont pas ou plus remplies.

« Dans ces deux situations, l'événement qui détermine l'exigibilité du reversement est constitué par la rupture de la convention conclue avec l'État en application de l'article L. 351-2-3o du code de la construction et de l'habitation, c'est-à-dire la cessation d'une affectation réelle à la location à caractère social.

« Cet événement détermine par ailleurs le point de départ de la prescription de l'action de contrôle de l'Administration. »

2. Sanctions administratives.

Ces sanctions ne peuvent être mises en œuvre qu'au-delà de l'expiration du délai de droit de reprise de l'administration fiscale tel que prévu à l'article L. 176 du Livre des procédures fiscales *[LPF]* ou lorsque le reversement de la taxe n'est pas exigible.

En application de l'article L. 353-2 dudit code, en cas d'inexécution par le bailleur de ses engagements prévus par la convention, et après mise en demeure du bailleur restée sans effet après un délai de deux mois, l'autorité administrative prononce, pour chaque logement pour lequel le bailleur n'a pas respecté ses engagements contractuels, l'une des deux sanctions suivantes :

1o Sanction financière : le montant de la pénalité est égal au maximum à neuf mois de loyer maximum prévu par la convention pour le logement considéré, hors loyers accessoires, et charges récupérables lorsque le bailleur attribue un logement locatif, en violation des dispositions de l'article 7 de la présente convention, à une famille dont les revenus excèdent de moins de 10 % les plafonds de ressources fixés en application de l'arrêté du 29 juillet 1987 susvisé. Cette somme est portée au maximum à dix-huit mois de loyer maximum lorsque le bailleur attribue un logement locatif, en violation des dispositions de l'article 7 de la présente convention, à une famille dont les revenus excèdent d'au moins 10 % ces plafonds.

Le montant de la pénalité est égal au maximum à neuf mois de loyer maximum prévu par la convention pour le logement considéré, hors loyers accessoires, et charges récupérables lorsque le bailleur ne respecte pas l'une de ses autres obligations contractuelles. Cette somme peut être doublée dans le cas où le bailleur ne respecte pas plusieurs de ses obligations contractuelles pour un même logement.

2o Résiliation par l'État : en cas d'inexécution par le bailleur de ses engagements prévus par la convention, tels que notamment non-respect du loyer maximum ou fraude, dissimulation, ou fausse déclaration à l'égard des organismes liquidateurs de l'APL, le représentant de l'État dans le département du lieu de situation des logements, après mise en demeure du bailleur par lettre recommandée avec avis de réception demeurée sans effet après un délai de deux mois, peut procéder unilatéralement à la résiliation de la présente convention.

Dans ce cas, il est fait application des dispositions prévues à l'article L. 353-6 du code de la construction et de l'habitation.

Art. 20 La publication de la convention, de ses éventuels avenants et de sa résiliation au fichier immobilier ou leur inscription au livre foncier incombe au préfet, ou, lorsqu'un établissement public de coopération intercommunale ou un département a signé une convention mentionnée aux articles L. 301-5-1 et L. 301-5-2, au président de l'établissement public de coopération intercommunale ou du conseil général. Les frais de publication sont à la charge du bailleur.

Le préfet, ou, lorsqu'un établissement public de coopération intercommunale ou un département a signé une convention mentionnée aux articles L. 301-5-1 et L. 301-5-2, le président de l'établissement public de coopération intercommunale ou du conseil général, transmet aux organismes chargés de la liquidation et du paiement de l'APL une photocopie de la présente convention, de ses avenants éventuels ainsi que l'état prouvant qu'elle ou ils ont bien fait l'objet d'une publication au fichier immobilier (ou d'une inscription au livre foncier).

Art. 21 *Révision de la convention.* La présente convention pourra être révisée tous les trois ans à la demande de l'une ou l'autre des parties par voie d'avenant. Les frais de publication sont pris en charge par la partie qui sollicite la révision.

Fait en quatre originaux à ...., le ....

Le bailleur *[Le bailleur doit avoir, préalablement à sa signature, paraphé chacune des pages]* ***Le préfet, Le président de l'établissement public de coopération intercommunale ou le président du conseil général***

Description du programme de : ....

1. Désignation du ou des immeubles *[Établie conformément à l'article 7 du décret nº 55-22 du 4 janvier 1955 modifié portant réforme de la publicité foncière]* : ....

2. Composition du programme : ....

Les éléments ci-après sont décrits par immeuble ou programme immobilier :

A. – Locaux auxquels s'applique la présente convention :

1. Nombre de logements locatifs par type de logements avec numéro des logements : ..

2. Surface habitable totale (art. R. 111-2) : ....

3. Surface totale des annexes entrant dans le calcul de la surface utile (art. R. 353-16 [2º]) : ....

3 *bis.* Liste de ces annexes, conforme à l'arrêté du 9 mai 1995 modifié du ministre du logement pris en application de l'article R. 353-16 : ....

4. Surface utile totale de l'opération (art. R. 353-16 [2º]) : ....

5. Décompte des surfaces et des coefficients propres au logement appliqués pour le calcul du loyer :

DÉSIGNATION des logements	SURFACE habitable (art. R. 111-2)	SURFACE réelle des annexes	SURFACE UTILE (surface habitable augmentée de 50 % de la surface des annexes)	LOYER MAXIMUM en euros par m² de surface utile	COEFFICIENT propre au logement	LOYER MAXIMUM du logement en euros (col. 4 × col. 5 × col. 6 × (*)
Col. 1	Col. 2	Col. 3	Col. 4	Col. 5	Col. 6	Col. 7
Total						

(*) Les variations prévues à l'article 8 de la convention, selon les ressources des locataires, sont susceptibles de s'appliquer à ces loyers.

6. Nombre et liste des annexes susceptibles de donner lieu à perception d'un loyer accessoire : ....

Ce sont les annexes ou parties d'annexes qui n'entrent pas dans le calcul de la surface utile, soit les emplacements réservés au stationnement des véhicules, les terrasses, cours et jardins faisant l'objet d'une jouissance exclusive :

TYPE D'ANNEXE définie à l'article R. 353-16, dernier alinéa du 2e	LOYER MAXIMUM conventionné de l'annexe en € par mois

Au cas où ces annexes ne trouveraient pas preneur auprès des locataires de l'immeuble ou de tout autre immeuble conventionné appartenant au même bailleur ou géré par lui, le bailleur peut louer l'annexe à toute autre personne. Dans ce cas, le loyer maximum fixé par la convention ne lui est pas opposable. Cette faculté n'est utilisable que pour autant qu'aucun locataire du patrimoine appartenant ou géré par le bailleur ne manifeste sa volonté de louer les annexes en cause.

B. — Locaux auxquels ne s'applique pas la présente convention :

Locaux commerciaux (nombre) : ....

Bureaux (nombre) : ....

Autres : ....

3. Origine des propriétés *[Établie conformément à l'article 7 du décret no 55-22 du 4 janvier 1955 modifié portant réforme de la publicité foncière]* : ....

4. Renseignements administratifs :

4.1. Permis de construire : ....

4.2. Date prévisible ou effective d'achèvement des travaux de construction : ....

4.3. Date d'achat du ou des logements : ....

4.4. Modalités de financement :

— financement principal :

— date d'octroi du prêt : ....

— date de transfert du prêt : ....

— numéro du prêt : ....

— durée : ....

— financement complémentaire : ....

— subventions éventuelles : ....

Annexe II à l'article R. 353-90

(Décr. no 2002-846 du 3 mai 2002 ; Décr. no 2006-569 du 17 mai 2006)

Conventions

Conclues entre l'État et les personnes physiques ou morales autres que les organismes d'HLM et les sociétés d'économie mixte en application de l'article L. 351-2 (2o et 3o), à l'exception de celles relatives aux opérations de construction de logements en vue de leur vente ou d'acquisition, bénéficiant du taux de TVA réduit mentionnés à l'article 278 sexies I (1, 2, 3) du code général des impôts et mentionnées à l'annexe I à l'article R. 353-90.

Convention type conclue entre l'État et ....

[Nom de la personne physique ou morale identifiée conformément aux dispositions, selon le cas, des art. 5 ou 6 du décr. no 55-22 du 4 janv. 1955 modifié portant réforme de la publicité foncière. — **C. civ.***]* en application de l'article L. 351-2 (2o ou 3o) du code de la construction et de l'habitation pour le programme de ....

Le ministre chargé du logement, agissant au nom de l'État, et représenté par le préfet, ou, lorsqu'un établissement public de coopération intercommunale ou un département a signé une convention mentionnée aux articles L. 301-5-1 et L. 301-5-2, par le président de l'établissement public de coopération intercommunale ou du conseil général

D'une part,

et .... ou ....

et .... représentée par ....

[Si le propriétaire est une personne morale, indiquer le nom de son représentant] dénommé(e) ci-après le bailleur,

D'autre part,

sont convenus de ce qui suit :

I. *Dispositions générales*

Art. 1er *Objet de la convention.* La présente convention a pour objet de fixer les droits et les obligations des parties prévues par les articles L. 353-1 à L. 353-12 et L. 353-20 du code de la construction et de l'habitation pour le programme de .... décrit plus précisément dans le document joint à la présente convention, et

1o Financé dans les conditions prévues par le chapitre Ier du titre Ier du présent livre, par le titre II de la loi du 13 juillet 1928 ainsi que par l'article 269 du code de l'urbanisme et de l'habitation *[Rayer la mention inutile ou indiquer les logements concernés par chaque variante]*.

2o Logements définis au II de l'article R. 331-1 et construits, améliorés, acquis, acquis et améliorés par les maîtres d'ouvrage mentionnés au 3o ou 4o de l'article R. 331-14 *[Rayer la mention inutile ou indiquer les logements concernés par chaque variante]* ;

3o Logements ayant bénéficié d'une décision favorable prise dans les conditions prévues aux articles R. 331-3 et R. 331-6 et faisant l'objet de prêts mentionnés à la sous-section 3, section 1 du chapitre unique du titre III du livre troisième pour leur amélioration, leur acquisition ou leur acquisition-amélioration *[Rayer la mention inutile ou indiquer les logements concernés par chaque variante]* ;

4o Logements donnant lieu pour leur amélioration à une subvention de l'État définie par les articles R. 323-1 à R. 323-11 *[Rayer la mention inutile ou indiquer les logements concernés par chaque variante]* ;

5o Logements acquis et améliorés par les collectivités locales ou leurs groupements et bénéficiant des subventions pour réaliser les opérations prévues au 4o de l'article R. 331-14 *[Rayer la mention inutile ou indiquer les logements concernés par chaque variante]* ;

6o Logements appartenant aux bailleurs autres que les sociétés d'économie mixte et mentionnés au 4e alinéa de l'article 41 *ter* de la loi no 86-1290 du 23 décembre 1986 tendant à favoriser l'investissement locatif, l'accession à la propriété de logements sociaux et le développement de l'offre foncière ; – **C. *baux***. *[Rayer la mention inutile ou indiquer les logements concernés par chaque variante]* ;

7o Logements appartenant à l'association foncière mentionnée à l'article *(L. no 2009-323 du 25 mars 2009, art. 8-VIII)* « L. 313-34 du code de la construction et de l'habitation » ou à l'une de ses filiales *[Rayer la mention inutile ou indiquer les logements concernés par chaque variante]* ;

8o Logements satisfaisant aux conditions fixées par l'article L. 351-2-2o *[Rayer la mention inutile ou indiquer les logements concernés par chaque variante]*.

La présente convention ouvre, pendant sa durée, le droit à l'aide personnalisée au logement dans les conditions définies par le titre V du livre III du code de la construction et de l'habitation.

Art. 2 *Prise d'effet et date d'expiration de la convention.* La présente convention ainsi que ses avenants éventuels prennent effet à la date de leur publication au fichier immobilier ou de leur inscription au livre foncier.

Elle expire le 30 juin.

La convention est renouvelée par tacite reconduction par périodes triennales. Elle peut être résiliée par chacune des parties. La résiliation prend effet au terme de la convention initiale ou au terme de chaque période de renouvellement. La résiliation à l'initiative de l'une des parties est notifiée au cocontractant au moins six mois avant la date d'expiration de la convention initiale ou renouvelée par acte authentique (acte notarié ou acte d'huissier de justice) ou par acte administratif.

La dénonciation ou la résiliation est publiée au fichier immobilier ou inscrite au livre foncier par le préfet, ou, lorsqu'un établissement public de coopération intercommunale ou un département a signé une convention mentionnée aux articles L. 301-5-1 et L. 301-5-2, par le président de l'établissement public de coopération intercommunale ou du conseil général, qu'elle soit de son initiative ou qu'elle émane du bailleur. Les frais correspondants sont à la charge du bailleur.

Le remboursement, anticipé ou non, d'un des prêts utilisés pour financer l'opération ainsi qu'une procédure de redressement fiscal sont sans effet sur la durée de la convention.

Art. 3 *Mutations.* La présente convention est transférée de plein droit aux propriétaires successifs du ou des logements en application de l'article L. 353-4 du code de la construction et de l'habitation. Un avenant à la convention entérine cette modification.

La présente convention est jointe à tout acte de mutation. Elle donne lieu à l'inscription hypothécaire prévue à l'article L. 353-3 du code de la construction et de l'habitation.

Art. 4 *Régime des rapports locatifs applicables aux logements conventionnés.* Les logements objets de la présente convention sont soumis aux dispositions de la loi nº 89-462 du 6 juillet 1989 modifiée tendant à améliorer les rapports locatifs, dans les conditions prévues par l'article 40-III [C. ***baux***], et aux dispositions de la présente convention.

Lorsque le logement appartient à l'association foncière mentionnée à l'article *(L. nº 2009-323 du 25 mars 2009, art. 8-VIII)* « L. 313-34 du code de la construction et de l'habitation » ou à l'une de ses filiales, les dispositions de l'article L. 353-15-1 du code de la construction et de l'habitation relatif à la prévention des expulsions pour les bénéficiaires de l'aide personnalisée au logement sont applicables.

Art. 5 *Aide personnalisée au logement.* Le bénéfice de l'aide personnalisée au logement est accordé ou modifié respectivement à compter de la date d'effet de la convention ou de ses avenants, conformément aux articles L. 351-3-1 et R. 351-3 du code de la construction et de l'habitation.

II. *Engagements du bailleur à l'égard de l'État relatifs aux conditions de location des logements*

Art. 6 *Mise en gestion des logements.* Si la gestion n'est pas directement assurée par le bailleur, celui-ci la fait assurer par les personnes et dans les conditions définies par l'arrêté du 9 mars 1978 portant agrément des personnes ou organismes habilités à gérer des logements faisant l'objet d'une convention.

Le bailleur informe le préfet, et, le cas échéant, le président de l'établissement public de coopération intercommunale ou le président du conseil général partie à la présente convention, les organismes chargés de la liquidation et du paiement de l'aide personnalisée au logement pour le compte de l'État et les locataires de la mise en gestion du programme ou de tout changement de gestionnaire.

Art. 7 *Maintien des logements à usage locatif et conditions d'occupation et de peuplement des logements.*

I. Conditions de location

Les logements faisant l'objet de la présente convention sont maintenus à usage locatif jusqu'à la date fixée pour l'expiration de celle-ci.

Les logements sont loués non meublés à des personnes physiques, à titre de résidence principale, et occupés au moins huit mois par an. Ils ne peuvent faire l'objet de sous-location, sauf dans les conditions prévues par l'article L. 353-20 du code de la construction et de l'habitation ainsi qu'au profit de personnes ayant passé avec le locataire un contrat conforme à l'article L. 442-1 du code de l'action sociale et des familles. Ils ne peuvent être occupés à titre d'accessoire d'un contrat de travail ou en raison de l'exercice d'une fonction.

Ils ne peuvent être loués ou occupés à quelque titre que ce soit ni par :

– les ascendants ou les descendants du signataire de la convention ;

– ceux de son conjoint, de son concubin ou de son partenaire lié par un pacte civil de solidarité ;

– son conjoint, son concubin ou son partenaire lié par un pacte civil de solidarité.

II. Ressources

Les logements libres de toute occupation sont attribués à des familles dont les revenus n'excèdent pas les plafonds de ressources prévus à l'article R. 331-12 du code de la construction et de l'habitation pour l'attribution des logements sociaux.

III. Mixité sociale

a) Lorsque l'opération a été financée dans les conditions de l'article R. 331-14 autres que celles prévues au II de l'article R. 331-1 et bénéficie de subventions prévues au 2° ou au 3° de l'article R. 331-15, 30 % au moins des logements de l'opération, soit ... *[Indiquer le plus petit nombre entier permettant de respecter l'engagement de 30 %]* logements, doivent être occupés par des ménages dont les ressources n'excèdent pas le plafond fixé au I du deuxième alinéa de l'article R. 331-12 du code de la construction et de l'habitation pour l'attribution des logements sociaux. A la date de publication de la convention ou à la date d'achèvement des travaux, en sus des 30 % de logements ci-dessus mentionnés, le bailleur s'engage, compte tenu de la demande locale, que vise notamment à satisfaire le plan d'action départemental pour le logement des personnes défavorisées, à louer ... *[Indiquer un nombre]* autres logements à des ménages dont les ressources n'excèdent pas le plafond fixé au I du deuxième alinéa de l'article R. 331-12 du code de la construction et de l'habitation pour l'attribution des logements sociaux. Le bailleur s'engage à fournir au préfet un état à la mise en location permettant de vérifier que cet engagement d'occupation sociale est respecté.

La vérification de l'engagement d'occupation sociale mentionné au premier alinéa sera effectuée tous les trois ans au vu des résultats de l'enquête prévue à l'article L. 442-5 du code de la construction et de l'habitation. S'il est constaté que cet engagement n'est plus rempli, tous les logements attribués postérieurement à ce contrat fait par le préfet du lieu de situation des logements devront l'être à des ménages dont les ressources n'excèdent pas le plafond de ressources prévu au I de l'article R. 331-12 du code de la construction et de l'habitation pour l'attribution des logements sociaux jusqu'à ce que le bailleur établisse que l'engagement est respecté à nouveau.

A défaut de transmission de l'état ou des résultats de l'enquête, le préfet peut demander au bailleur de reverser à l'État la subvention reçue, représentant l'avantage supplémentaire obtenu par le bailleur en échange de l'engagement d'occupation sociale susmentionné. Le bailleur doit y procéder dans le mois de la notification de la décision prise dans les conditions suivantes : le préfet doit mettre préalablement en demeure, par lettre recommandée avec demande d'avis de réception, le bailleur de satisfaire à son obligation. Ce dernier devra dans le délai de deux mois soit formuler ses observations, soit transmettre l'état ou les résultats de l'enquête. Lorsque le préfet écarte les observations du bailleur, sa décision doit être motivée.

S'il est constaté que l'engagement d'occupation sociale susmentionné n'est pas rempli, et si les attributions de logements ne sont pas exclusivement faites au profit de ménages dont les ressources n'excèdent pas le plafond prévu au I de l'article R. 331-12 du code de la construction et de l'habitation pour l'attribution des logements sociaux, le préfet peut demander au bailleur de reverser à l'État la subvention reçue, représentant l'avantage supplémentaire obtenu par le bailleur en échange de l'engagement d'occupation sociale susmentionné. Le bailleur doit y procéder dans le mois de la notification de la décision prise dans les conditions suivantes : le préfet doit mettre préalablement en demeure, par lettre recommandée avec demande d'avis de réception, le bailleur de satisfaire à son obligation. Ce dernier devra dans le délai de deux mois formuler ses observations. Lorsque le préfet écarte ces observations, sa décision doit être motivée.

Toutefois, lorsque l'opération ainsi financée comporte moins de 10 logements, au moins 30 % des logements, soit ... logements (ce nombre s'obtenant en arrondissant à l'unité la plus proche le résultat de l'application du pourcentage), doivent être occupés par des ménages dont les ressources n'excèdent pas le plafond fixé au I du deuxième alinéa de l'article R. 331-12 du code de la construction et de l'habitation pour l'attribution des logements sociaux.

Cette obligation n'est pas applicable aux opérations comportant un seul logement.

b) Lorsque l'opération a été financée dans les conditions de l'article R. 331-14 autres que celles prévues au II de l'article R. 331-1 et bénéficie de subventions prévues au 2o ou 3o de l'article R. 331-15, 10 % au plus des logements de l'opération peuvent être loués à des ménages dont les ressources n'excèdent pas les plafonds de ressources fixés au II du deuxième alinéa de l'article R. 331-12 du code de la construction et de l'habitation pour l'attribution des logements sociaux.

Toutefois, lorsque l'opération ainsi financée comporte moins de 10 logements, 10 % des logements, soit ... logements (ce nombre s'obtenant en arrondissant à l'unité la plus proche le résultat de l'application du pourcentage), peut être loué à des ménages dont les ressources n'excèdent pas les plafonds de ressources fixés au II du deuxième alinéa de l'article R. 331-12 du code de la construction et de l'habitation pour l'attribution des logements.

c) Lorsque les logements appartiennent à l'association foncière mentionnée à l'article *(L. no 2009-323 du 25 mars 2009, art. 8-VIII)* « L. 313-34 du code de la construction et de l'habitation » ou à l'une de ses filiales, le bailleur s'engage à louer, lors de la mise en service de l'immeuble :

– ... *[Indiquer un nombre]* logements au moins à des ménages dont les ressources n'excèdent pas 60 % des plafonds fixés pour l'attribution des logements appartenant aux organismes d'habitation à loyer modéré ;

– ... *[Indiquer un nombre]* logements au plus à des ménages dont les ressources excèdent les plafonds fixés pour l'attribution des logements appartenant aux organismes d'habitation à loyer modéré, dans la limite de 130 % de ces plafonds.

Le bailleur s'engage à attribuer tous les logements proposés à la location conformément à cette répartition.

IV. Cas d'une acquisition ou d'une convention sans travaux faisant suite à une nouvelle acquisition lorsque les loyers ne sont pas établis sur la base de la surface corrigée, résultant de l'application du décret no 48-1366 du 22 novembre 1948 [C. ***baux***] et de l'article 4 du décret no 60-1063 du 1er octobre 1960

Il est procédé, sur la base des éléments recueillis lors de l'enquête prévue à l'article L. 441-9 ou à l'article L. 442-5, à un bilan de l'occupation sociale des logements dans les conditions définies par arrêté du ministre chargé du logement, à l'exception des bailleurs non soumis à l'article L. 442-5.

Art. 8 *Montants des loyers maximum et modalités de révision.* 8.1. Loyer au m2 de surface utile.

Le prix mensuel du loyer maximum résultant de l'application des 1o et 2o de l'article R. 353-16 du code de la construction et de l'habitation est à ... *[A renseigner dans le cas où la convention concerne, pour tout ou partie du programme, des logements financés dans les conditions autres que celles du II de l'article R. 331-1 du code de la construction et de l'habitation (PLA d'intégration)]* € le mètre carré de surface utile.

Le prix mensuel du loyer maximum est fixé à ... € le m2 de surface utile pour les logements financés dans les conditions du II de l'article R. 331-1 du code de la construction et de l'habitation.

Il est fixé pour chaque logement dans le document intitulé « Composition du programme » annexé à la présente convention.

Lorsque les logements ont été financés dans les conditions de l'article R. 311-14 autres que celles prévues au II de l'article R. 331-1 et bénéficient de subventions prévues au 2o ou 3o de l'article R. 331-15, le prix mensuel du loyer maximum par logement, pour les logements attribués dans les conditions du *b* de l'article 7 ci-dessus, peut être majoré de 33 % au plus.

Lorsque les logements appartiennent à l'association foncière mentionnée à l'article *(L. no 2009-323 du 25 mars 2009, art. 8-VIII)* « L. 313-34 du code de la construction et de l'habitation » ou à l'une de ses filiales, le loyer maximum est à ... € par m2 de surface utile pour les locataires dont les ressources n'excèdent pas 60 % des plafonds fixés pour l'attribution des logements appartenant aux organismes d'habitation à loyer modéré.

Les annexes qui n'entrent pas dans le calcul de la surface utile peuvent donner lieu à la perception d'un loyer accessoire, dans les conditions définies dans le document intitulé « Composition du programme » annexé à la présente convention.

Ces loyers maximums sont révisés chaque année, le 1er juillet, dans les conditions prévues à l'article 17 *d* de la loi no 89-462 du 6 juillet 1989 modifiée *[C. **baux**]*.

8.2. Loyer au m² de surface corrigée (opérations déjà conventionnées avant le 1er juillet 1996).

Le loyer maximum des logements pour lesquels une convention a été signée avant le 1er juillet 1996 est fixé au mètre carré de surface corrigée telle qu'elle résulte des dispositions de l'article R. 442-1 du décret no 48-1766 du 22 novembre 1948 modifié et de l'article 4 du décret no 60-1063 du 1er octobre 1960 *[C. **baux**]*.

Par dérogation au 8-1 ci-dessus, la signature d'une nouvelle convention ou d'un avenant portant sur ces logements n'entraîne pas de modification des modalités de fixation de leur loyer.

Le prix annuel du loyer maximum est à ... *[Indiquer un nombre]* € le mètre carré de surface corrigée.

Le prix annuel du loyer maximum est fixé à ... *[Indiquer un nombre]* € le mètre carré de surface corrigée pour les logements financés dans les conditions du II de l'article R. 331-1 du code de la construction et de l'habitation.

Ces loyers maximums sont révisés chaque année, le 1er juillet, dans les conditions prévues à l'article 17 *d* de la loi no 89-462 du 6 juillet 1989 modifiée *[C. **baux**]*.

Art. 8 *bis* *Dispositions particulières relatives aux loyers maximums des logements conventionnés lors d'une acquisition ou d'une convention sans travaux faisant suite à une nouvelle acquisition lorsque les loyers ne sont pas établis sur la base de la surface corrigée, résultant de l'application du décret no 48-1366 du 22 novembre 1948 et de l'article 4 du décret no 60-1063 du 1er octobre 1960.* Lorsque l'opération faisant l'objet de la présente convention est une opération d'acquisition, ou n'est pas liée à la réalisation de travaux mais fait suite à une nouvelle acquisition, le loyer maximum applicable à chaque logement occupé par un locataire ou un occupant de bonne foi dont les ressources excèdent les plafonds de ressources prévus à l'article R 331-12 du code de la construction et de l'habitation pour l'attribution des logements sociaux ou n'ayant pas fourni d'informations sur le niveau de ses ressources à compter de l'acceptation du bail ou de l'achèvement des travaux lorsque la convention en prévoit, par dérogation et à titre transitoire, est fixé à ... € par m² de surface utile par mois. Ce loyer maximum est révisé chaque année, le 1er juillet, dans les conditions prévues à l'article 17 *d* de la loi no 89-462 du 6 juillet 1989 modifiée *[C. **baux**]*. Il ne peut avoir pour effet d'autoriser, au moment de l'entrée en vigueur de la convention, une majoration de plus de 10 % du loyer acquitté par le locataire ou l'occupant de bonne foi, lorsque ce loyer est supérieur à celui fixé à l'article 8 de la présente convention.

Toutefois, lorsque les logements appartiennent à l'association foncière mentionnée à l'article *(L. no 2009-323 du 25 mars 2009, art. 8-VIII)* « L. 313-34 du code de la construction et de l'habitation » ou à l'une de ses filiales, les plafonds à prendre en considération pour l'application du présent article sont ceux définis au premier alinéa de l'article R. 331-12 pour l'attribution des logements sociaux majorés de 30 %.

Art. 9 *Modalités de fixation et de révision du loyer pratiqué.* Dans la limite du loyer maximum établi dans les conditions ci-dessus, le loyer pratiqué, dont la valeur est fixée au mètre carré de surface utile ou de surface corrigée :

1o Peut être révisé chaque année le 1er juillet en cours de contrat de location, dans les conditions prévues à l'article 17 *d* de la loi no 89-462 du 6 juillet 1989 modifiée *[C. **baux**]* ;

2o Peut être réévalué à chaque renouvellement du contrat de location selon les modalités définies par l'article 17 *c* de la loi modifiée du 6 juillet 1989 *[C. **baux**]*.

Art. 9 *bis* *Dispositions particulières relatives aux loyers pratiqués des logements conventionnés lors d'une d'acquisition, ou d'une convention sans travaux faisant suite à une nouvelle acquisition lorsque les loyers ne sont pas établis sur la base de la surface corrigée, résultant de l'application du décret no 48-1366 du 22 novembre 1948 et de l'article 4 du décret no 60-1063 du 1er octobre 1960.* Lors de l'envoi du projet de bail prévu aux articles 10, 11 et 12 de la présente convention le bailleur informe les locataires ou occupants de bonne foi en place au moment de l'acquisition qu'ils disposent également d'un délai de six mois à compter de la réception de l'information pour présenter leurs justificatifs de revenus dans les conditions prévues pour l'attribution des logements sociaux et que ceux disposant de ressources inférieures aux plafonds prévus à l'article R. 331-12 du code de la construction et de l'habitation pour l'attribution des logements sociaux se verront appliquer, à partir de l'entrée en vigueur du nouveau bail dans les conditions de l'article 11 ou 12 de la présente convention un nouveau loyer dans la limite du loyer maximum fixé au document prévu par l'article 1er de la présente convention.

Le locataire ou occupant de bonne foi peut également présenter ces justificatifs, à tout moment et bénéficier de la même mesure, dès le mois qui suit la présentation de ces justificatifs.

Le loyer pratiqué applicable à chaque logement occupé par un locataire ou un occupant de bonne foi dont les ressources excèdent les plafonds de ressources prévus à l'article R. 331-12 du code de la construction et de l'habitation pour l'attribution des logements sociaux au moment de l'acquisition ou qui n'a pas fourni d'informations sur le niveau de ses ressources ne peut excéder le loyer maximum fixé à l'article 8 *bis*.

Toutefois, lorsque les logements appartiennent à l'association foncière mentionnée à l'article *(L. no 2009-323 du 25 mars 2009, art. 8-VIII)* « L. 313-34 du code de la construction et de l'habitation » ou à l'une de ses filiales, les plafonds à prendre en considération pour l'application du présent article sont ceux définis au premier alinéa de l'article R. 331-12 pour l'attribution des logements sociaux majorés de 30 %.

III. *Engagements du bailleur à l'égard des locataires*

Art. 10 *Établissement d'un bail conforme à la convention.* Lorsque, à l'entrée en vigueur de la présente convention, le logement est vacant, le bail conclu doit être conforme à la présente convention. Une copie de la convention ainsi qu'un formulaire de demande d'aide personnalisée au logement y sont annexés.

En application de l'article L. 353-7, lorsque, à la date d'entrée en vigueur de la présente convention prévoyant ou non des travaux, le logement fait l'objet d'un bail en cours de validité ou est occupé par un occupant de bonne foi pouvant se prévaloir des dispositions de la loi no 48-1360 du 1er septembre 1948 modifiée, le bailleur notifie au locataire ou à l'occupant de bonne foi un projet de bail conforme à cette convention qui reproduit en caractères très apparents les dispositions de l'article L. 353-7.

A ce projet de bail sont annexés une copie de la convention, une notice d'information relative à l'aide personnalisée au logement et les éléments relatifs au barème de cette aide.

Aux occupants de bonne foi, il sera concomitamment envoyé une proposition de bail de sortie de la loi no 48-1360 du 1er septembre 1948, en application de l'article 28 de la loi no 86-1290 du 23 décembre 1986. – ***C. baux***.

Art. 11 *Prise d'effet du bail conforme à la convention dans le cas où le locataire est titulaire d'un bail en cours.* Le projet de bail est notifié au locataire par lettre recommandée avec accusé de réception ou par acte extrajudiciaire.

A compter de la date de la première présentation de la lettre recommandée avec accusé de réception ou de celle de l'acte d'huissier de justice, le locataire titulaire d'un bail en cours dispose d'un délai de six mois pour accepter ou refuser le nouveau bail.

a) En cas d'acceptation, le locataire est tenu par les clauses de son ancien contrat et, notamment, celles relatives au loyer, jusqu'à l'entrée en vigueur du nouveau bail.

Celui-ci prend effet, lorsque la convention ne prévoit pas de travaux, à compter de la date de son acceptation par le locataire après publication de la convention au fichier immobilier ou son inscription au livre foncier.

Il prend effet, lorsque la convention prévoit des travaux, à compter de la date d'achèvement de l'ensemble des travaux concernant la tranche dans laquelle est compris le logement.

Ceux-ci font l'objet d'une attestation d'exécution conforme, établie par le préfet, ou, lorsqu'un établissement public de coopération intercommunale ou un département a signé une convention mentionnée aux articles L. 301-5-1 et L. 301-5-2, par le président de l'établissement public de coopération intercommunale ou du conseil général, et dont une copie est remise contre décharge au locataire.

Si le locataire bénéficiait d'un bail régi par la loi de 1948 lors de la signature de la convention, les dispositions de la loi de 1948 qui ont cessé de lui être appliquées pendant la durée de la convention peuvent lui être à nouveau appliquées conformément aux dispositions de l'article L. 353-9 du code de la construction et de l'habitation dans les conditions précisées à l'article 14 ci-après.

b) En cas de refus, les stipulations du bail en cours demeurent en vigueur, sous réserve de l'application des dispositions prévues par la loi nº 67-561 du 12 juillet 1967 [C. ***baux***] et, notamment, celles relatives à l'exécution des travaux qui peut être faite dans les mêmes conditions que les réparations urgentes visées à l'article 1724 du code civil [C. ***baux***].

Le locataire n'a pas droit à l'aide personnalisée au logement et le bailleur est admis à demander une révision de ses engagements contractuels ou le report de leurs effets dans les conditions prévues à l'article L. 353-7 du code de la construction et de l'habitation.

Art. 12 *Prise d'effet du bail conforme à la convention pour les occupants de bonne foi pouvant se prévaloir des dispositions de la loi nº 48-1360 du 1er septembre 1948.* L'occupant de bonne foi pouvant se prévaloir des dispositions de la loi nº 48-1360 du 1er septembre 1948 [C. ***baux***] dispose d'un délai de six mois à compter de la date de la première présentation de la lettre recommandée avec accusé de réception lui notifiant le projet de bail ou de celle de l'acte d'huissier de justice lui notifiant ce projet pour accepter ce bail conforme à la convention.

La présente convention ne prévoyant pas de travaux, le bail entre en vigueur à la date de son acceptation par l'occupant de bonne foi après publication de la convention au fichier immobilier ou son inscription au livre foncier *[Rayer la mention inutile]*.

La présente convention prévoyant des travaux, le bail et, notamment, la clause relative au montant du loyer entre en vigueur à compter de la date d'achèvement des travaux concernant la tranche dans laquelle est compris le logement concerné *[Nom de la personne physique ou morale identifiée conformément aux dispositions, selon le cas, des articles 5 ou 6 du décret nº 55-22 du 4 janvier 1955 modifié portant réforme de la publicité foncière. —* ***C. civ.****]*.

Les travaux font l'objet d'une attestation d'exécution conforme, établie par le préfet, ou, lorsqu'un établissement public de coopération intercommunale ou un département a signé une convention mentionnée aux articles L. 301-5-1 et L. 301-5-2, par le président de l'établissement public de coopération intercommunale ou du conseil général, et dont une copie est remise contre décharge à l'occupant.

Jusqu'à la date d'achèvement des travaux ainsi constaté, l'occupant de bonne foi continue à occuper les lieux aux conditions de la loi du 1er septembre 1948.

Les dispositions de ladite loi cessent d'être applicables au logement considéré à l'expiration du délai de six mois susvisé ou à la date de signature du bail proposé à l'occupant de bonne foi, sous réserve des dispositions de l'article L. 353-9 applicables dans les conditions précisées à l'article 14 ci-après.

Faute d'acceptation du bail par l'occupant de bonne foi pouvant se prévaloir des dispositions de la loi nº 48-1360 du 1er septembre 1948, l'occupant ne bénéficie d'aucun titre d'occupation à l'expiration du délai de six mois susvisé.

Art. 13 *Prise d'effet du bail conforme à la convention pour les logements financés dans les conditions du livre III ou du livre IV du code de la construction et de l'habitation et faisant l'objet de travaux de sécurité, salubrité et de mise aux normes minimales d'habitabilité.* Pour les logements financés en application du livre III du code de la construction et de l'habitation, conformément à l'article L. 353-8 dans le cas où les travaux d'amélioration prévus par la présente convention sont pour tout ou partie justifiés par des considérations de salubrité, de sécurité ou de mise aux normes minimales d'habitabilité, les dispositions de la présente convention et notamment celles relatives au montant du loyer après travaux, tel que fixé dans le projet de bail, s'appliquent de plein droit à compter de la date d'achèvement des travaux concernant la tranche dans laquelle est compris le logement.

Ces travaux font l'objet d'une attestation d'exécution conforme établie par le préfet, ou, lorsqu'un établissement public de coopération intercommunale ou un département a signé une convention mentionnée aux articles L. 301-5-1 et L. 301-5-2, par le président de l'établissement public de coopération intercommunale ou du conseil général et dont une copie est remise contre décharge au locataire.

Le projet de bail, auquel seront annexés une copie de la présente convention, une notice d'information relative à l'aide personnalisée au logement et des éléments relatifs au barème de cette aide, doit reproduire en caractères très apparents les dispositions de l'article L. 353-8 du code de la construction et de l'habitation.

Il fait l'objet d'une notification aux intéressés par lettre recommandée avec demande d'avis de réception ou pour les locataires déjà dans les lieux d'une remise contre décharge.

Art. 14 *Logements antérieurement soumis à la loi du 1er septembre 1948.* Pour les logements régis par les dispositions de la loi du 1er septembre 1948 et faisant l'objet de la présente convention, les dispositions de ladite loi, excepté celles relatives au prix du loyer, sont à nouveau applicables à la date d'expiration de la convention au locataire ou à l'occupant de bonne foi dans les lieux lors de la signature de la convention, à la double condition :

– qu'il soit âgé d'au moins soixante-cinq ans ou d'au moins soixante ans en cas d'inaptitude au travail ou lorsque à cet âge il bénéficie d'une retraite et que ses ressources annuelles n'excèdent pas le montant visé à l'article 22 *bis* de la loi nº 48-1360 du 1er septembre 1948 *[C. **baux**]* ;

– que les dispositions de la législation de 1948 soient encore applicables au logement et au locataire ou occupant en vertu de mesures particulières prises en application de ladite législation.

Le locataire peut continuer à bénéficier de l'aide personnalisée au logement, et le loyer exigible et son mode de révision sont ceux qui étaient fixés par la convention.

Dans un souci d'information du locataire, le bail mentionné à l'article 11 doit reproduire en caractères très apparents le texte de l'article L. 353-9 du code de la construction et de l'habitation.

Art. 15 *Information des locataires en cas de changement de propriétaire.* En cas de mutation à titre gratuit ou onéreux, et en vue de l'information du préfet et, le cas échéant, du président de l'établissement public de coopération intercommunale ou du président du conseil général partie à la présente convention, des locataires et des organismes liquidateurs de l'aide personnalisée au logement, le ou les nouveaux propriétaires leur font connaître leur identification dans les conditions conformes, soit à l'article 5, soit à l'article 6 du décret nº 55-22 du 4 janvier 1955 modifié *[**C. civ.**]*, par lettre recommandée avec demande d'avis de réception ou remise contre décharge dans un délai d'un mois à compter de ladite mutation.

Art. 16 *Information des locataires en cas de modification ou de résiliation de la convention.* Le bailleur informe les locataires de toute modification apportée à la convention ayant des incidences sur leurs relations contractuelles.

Quelle qu'en soit la cause, le bailleur informe le locataire de la date prévue pour l'expiration de la convention. En cas de résiliation de la convention aux torts du bailleur, il s'engage à faire connaître aux locataires la teneur de l'article L. 353-6 du code de la construction et de l'habitation.

Art. 17 *Durée du contrat de location et congé donné par le locataire.* Le contrat de location est conclu pour une durée de trois ans.

Pendant la durée de la convention, le contrat de location est reconduit tacitement pour des périodes de trois ans, dans la mesure où le locataire se conforme aux obligations de l'article 7 de la loi du 6 juillet 1989, sauf résiliation du bail par le locataire dans les conditions de l'article 15-I, deuxième et troisième alinéas de la loi du 6 juillet précitée. – *C. **baux**.*

Art. 18 *Modalités du paiement du loyer.* Le loyer est payé mensuellement à terme échu.

Le bailleur précise sur la quittance le montant du loyer principal, du ou des loyers accessoires, des charges locatives et le cas échéant le montant de l'aide personnalisée au logement, si celle-ci est versée directement au bailleur conformément à l'article L. 351-9 du code de la construction et de l'habitation. La quittance doit comporter le montant du loyer maximum par logement.

En application du même article, pour chaque appel de loyer, le bailleur déduit s'il y a lieu le montant de l'aide personnalisée au logement qu'il perçoit pour le compte du locataire du montant du loyer et des dépenses accessoires de logement.

Lorsque l'organisme liquidateur de l'aide personnalisée au logement verse au bailleur des rappels d'aide personnalisée pour le compte de locataires, le bailleur affecte ces sommes au compte de ces derniers. Si après affectation il en résulte un surplus, le bailleur le reverse au locataire dans le délai d'un mois.

En cas d'impayé de loyer, le bailleur doit poursuivre le recouvrement de sa créance en notifiant au locataire défaillant, par lettre recommandée avec accusé de réception, le montant de cette créance. Il doit également informer le locataire, lorsque celui-ci est bénéficiaire de l'aide personnalisée au logement, de la saisine de la section des aides publiques au logement du conseil départemental de l'habitat visée à l'article 21 de la présente convention en cas de non-règlement de la dette.

Toutefois, lorsque les logements appartiennent à l'association foncière mentionnée à l'article *(L. nº 2009-323 du 25 mars 2009, art. 8-VIII)* « L. 313-34 du code de la construction et de l'habitation » ou à l'une de ses filiales, et que le locataire bénéficie de l'aide personnalisée au logement, le bailleur ne peut faire délivrer une assignation aux fins de constat de résiliation du bail avant l'expiration d'un délai de trois mois suivant la saisine de la commission mentionnée à l'article L. 351-14 en vue d'assurer le maintien du versement de l'aide personnalisée au logement, sauf si la décision de cette commission intervient avant l'expiration de ce délai.

Art. 19 *Dépôt de garantie.* Le dépôt de garantie stipulé, le cas échéant, par le contrat de location pour garantir l'exécution de ses obligations locatives par le locataire ne peut être supérieur à deux mois de loyer en principal.

IV. *Engagements à l'égard des organismes chargés de la liquidation et du paiement de l'aide personnalisée au logement et à l'égard de la commission départementale des aides publiques au logement*

Art. 20 *Obligations à l'égard des organismes chargés pour le compte de l'État de la liquidation et du paiement de l'aide personnalisée au logement.* 1º Le bailleur renseigne, dès l'entrée en vigueur de la convention pour chaque locataire demandeur de l'aide personnalisée au logement, la partie de l'imprimé de demande d'aide personnalisée au logement qui le concerne.

2º Le bailleur fournit aux organismes liquidateurs de l'aide personnalisée au logement au plus tard le 15 mai de chaque année, conformément à l'arrêté du 22 août 1986 modifié relatif à la fixation des justifications nécessaires à l'obtention de l'aide personnalisée au logement et à son renouvellement :

– le montant du loyer applicable à chaque logement concerné par la présente convention à compter du 1er juillet de la même année pour permettre le renouvellement des droits à l'aide personnalisée au logement qui a lieu à cette date ;

– un document attestant que tous les bénéficiaires sont à jour de leurs obligations vis-à-vis du bailleur ou le cas échéant la liste des bénéficiaires d'aide personnalisée au logement non à jour en certifiant que cette liste est exhaustive. Ce document mentionne également la date à laquelle la commission départementale des aides publiques au logement prévue à l'article R. 351-47 du code de la construction et de l'habitation a été saisie en cas d'impayé constitué au sens de l'article R. 351-30 du même code.

3º En outre, il fait part dans un délai maximum d'un mois aux organismes liquidateurs de l'aide personnalisée au logement des modifications affectant la situation locative du bénéficiaire (notamment colocation, résiliation de bail, décès).

Art. 21 *Obligations à l'égard de la commission départementale des aides publiques au logement (CDAPL).* Le bailleur percevant l'aide personnalisée au logement pour le compte du locataire saisit en application des articles R. 351-30 et R. 351-64 du code de la construction et de l'habitation la commission départementale des aides publiques au logement dès qu'un impayé de loyer est constitué en justifiant des démarches entreprises auprès du locataire défaillant. En outre, il lui communique le montant de l'impayé constitué au moment de la saisine.

Il fournit également à la commission départementale des aides publiques au logement une copie du bail lorsque celle-ci le lui demande et l'informe lorsqu'une procédure d'expulsion d'un bénéficiaire d'aide personnalisée au logement est engagée pour non-paiement du loyer.

La commission départementale des aides publiques au logement décide du maintien ou de la suspension de l'aide personnalisée au logement et en informe le bailleur et le bénéficiaire.

V. *Dispositions relatives à l'application de la convention*

Art. 22 *Contrôle.* Afin de permettre à l'État d'assurer le contrôle de l'application de la présente convention, le bailleur fournit à tout moment à la demande du préfet de département toutes les informations et tous les documents nécessaires au plein exercice de ce contrôle.

Art. 23 *Inexécution de la convention par le bailleur.* I. – En application de l'article 284 du code général des impôts, les bailleurs qui ont, au taux réduit de la taxe sur la valeur ajoutée, acquis un logement social ou imposé la livraison à soi-même d'un logement locatif social ou de travaux d'amélioration, de transformation ou d'aménagement portant sur un logement locatif social sont redevables d'un complément de taxe sur la valeur ajoutée égal à la différence entre le taux réduit et le taux normal lorsque les conditions de taxation de vente ou de livraison à soi-même au taux réduit ne sont pas ou plus remplies.

II. – En application de l'article L. 353-2 du code de la construction et de l'habitation, des sanctions administratives peuvent être mises en œuvre.

Lorsque le bailleur ne respecte pas, pour un ou plusieurs logements, les règles d'attribution et d'affectation prévues au code précité, le préfet peut infliger la sanction pécuniaire prévue à l'article L. 451-2-1 du même code.

Lorsque le bailleur n'exécute pas les engagements prévus par la convention, autres que ceux relatifs aux règles d'attribution et d'affectation, le préfet peut prononcer pour chaque logement la sanction prévue ci-après. Le préfet doit mettre préalablement en demeure, par lettre recommandée avec demande d'avis de réception, l'organisme de satisfaire à son obligation. Ce dernier devra dans le délai de deux mois soit formuler ses observations, soit faire connaître son acceptation. Lorsque le préfet écarte ces observations, sa décision doit être motivée.

La sanction est une pénalité dont le montant est égal au maximum à neuf mois de loyer maximum prévu par la convention pour le logement considéré, hors loyers accessoires et charges récupérables. Cette somme peut être doublée dans le cas où le bailleur ne respecte pas plusieurs de ses obligations contractuelles pour un même logement.

Art. 24 *Résiliation par l'État.* En cas d'inexécution par le bailleur de ses engagements prévus par la convention, tels que notamment non-respect du loyer maximum ou en cas de fraude, dissimulation ou fausse déclaration à l'égard des organismes liquidateurs de l'aide personnalisée au logement, le préfet peut procéder à la résiliation de la présente convention. Le préfet doit préalablement mettre en demeure l'organisme par lettre recommandée avec demande d'avis de réception. L'organisme doit, dans le délai de deux mois, soit satisfaire à ses obligations, soit formuler ses observations.

Lorsque le préfet écarte ces observations, sa décision doit être motivée.

Dans ce cas, il est fait application des dispositions prévues à l'article L. 353-6 du code de la construction et de l'habitation.

Art. 25 *Publication.* La publication de la convention, de ses éventuels avenants et de sa résiliation au fichier immobilier ou leur inscription au livre foncier incombe au préfet, ou, lorsqu'un établissement public de coopération intercommunale ou un département a signé une convention mentionnée aux articles L. 301-5-1 et L. 301-5-2, au président de l'établissement public de coopération intercommunale ou du conseil général. Les frais de publication sont à la charge du bailleur.

Le préfet, ou, lorsqu'un établissement public de coopération intercommunale ou un département a signé une convention mentionnée aux articles L. 301-5-1 et L. 301-5-2, le président de l'établissement public de coopération intercommunale ou du conseil général, transmet aux organismes chargés de la liquidation et du paiement de l'aide personnalisée au logement une photocopie de la présente convention, de ses avenants éventuels ainsi que l'état prouvant qu'elle ou ils ont bien fait l'objet d'une publication au fichier immobilier ou d'une inscription au livre foncier.

Art. 26 *Révision de la convention.* La présente convention pourra être révisée tous les trois ans à la demande de l'une ou l'autre des parties par voie d'avenant. Les frais de publication sont pris en charge par la partie qui sollicite la révision.

Fait en 4 originaux à ...., le ....

Le bailleur Le préfet, le président de l'établissement public de coopération intercommunale ou le président du conseil général

[Le bailleur doit avoir, préalablement à sa signature, paraphé chacune des pages]

Description du programme de ....

I. — Désignation du ou des immeubles *[Établie conformément à l'article 7 du décret n° 55-22 du 4 janvier 1955 modifié portant réforme de la publicité foncière. — **C. civ.**]* : ....

II. — Composition du programme quand le loyer est fixé au mètre carré de surface utile *[Selon que le loyer est calculé en surface utile ou en surface corrigée, le II ou le III sera rempli]* :

....

Les éléments ci-après sont décrits par immeuble ou programme immobilier :

....

A. — Locaux auxquels s'applique la présente convention :

1. Nombre des logements locatifs par type de logements avec numéro des logements :

....

1.1. Nombre de logements à attribuer à des personnes dont les ressources n'excèdent pas 60 % des plafonds de ressources prévus au premier alinéa de l'article R. 331-12 pour l'attribution des logements sociaux (art. 7 de la convention) *[Dans le cas où l'opération a été financée à l'aide du PLUS]* ....

1.2. Nombre de logements qu'il est possible d'attribuer à des personnes dont les ressources excèdent les plafonds de ressources prévus au premier alinéa de l'article R. 331-12 pour l'attribution des logements sociaux, dans la limite de 120 % (art. 7 de la convention) ....

1 *bis*. Surface utile, nombre et identification des logements financés dans les conditions du II de l'article R. 331-1 du code de la construction et de l'habitation :

2. Surface habitable totale (art. R. 111-2) : ....

Surface totale des annexes entrant dans le calcul de la surface utile (art. R. 353-16-2°) :

....

3 *bis*. Liste de ces annexes, conforme à l'arrêté modifié du 9 mai 1995 du ministre du logement pris en application de l'article R. 353-16 : ....

4. Surface utile totale de l'opération (art. R. 353-16-2°) :

5. Décompte des surfaces et des coefficients propres au logement appliqués pour le calcul du loyer :

DÉSIGNATION des logements	SURFACE habitable (art. R. 111-2)	SURFACE RÉELLE des annexes	SURFACE UTILE (surface habitable augmentée de 50 % de la surface des annexes)	LOYER MAXIMUM en euros par m² de surface utile (*)	COEFFICIENT propre au logement	LOYER MAXIMUM du logement (col. 4 × col. 5 × col. 6 (*) (**)
Col. 1	Col. 2	Col. 3	Col. 4	Col. 5	Col. 6	Col. 7
Total						

(*) Les variations prévues aux articles 8 et 9 de la convention pour les logements attribués dans les conditions prévues au *c* du III de l'article 7 de la convention selon les ressources des locataires, sont susceptibles de s'appliquer à ces loyers.

(**) Les majorations prévues aux articles 8 et 9 de la convention pour les logements attribués dans les conditions prévues au *b* du III de l'article 7 de la convention sont susceptibles de s'appliquer à ces loyers.

6. Nombre et liste des annexes susceptibles de donner lieu à perception d'un loyer accessoire : ....

Ce sont les annexes ou parties d'annexes qui n'entrent pas dans le calcul de la surface utile, soit : les emplacements réservés au stationnement des véhicules, les terrasses, cours et jardins, faisant l'objet d'une jouissance exclusive.

TYPE D'ANNEXE définie à l'article R. 353-16, dernier alinéa du 2°	LOYER MAXIMUM conventionné de l'annexe en euros par mois

Au cas où ces annexes ne trouveraient pas preneur auprès des locataires de l'immeuble ou de tout autre immeuble conventionné appartenant au même bailleur ou géré par lui, le bailleur peut louer l'annexe à toute autre personne. Dans ce cas, le loyer maximum fixé par la convention ne lui est pas opposable. Cette faculté n'est utilisable que pour autant qu'aucun locataire du patrimoine appartenant ou géré par le bailleur ne manifeste sa volonté de louer les annexes en cause.

B. – Locaux auxquels ne s'applique pas la présente convention :

Locaux commerciaux (nombre) : ....

Bureaux (nombre) : ....

Autres : ....

III. – Composition du programme quand le loyer est fixé au mètre carré de surface corrigée *[Selon que le loyer est calculé en surface utile ou en surface corrigée, le II ou le III sera rempli]*.

Les éléments ci-après sont décrits par immeuble ou programme immobilier :

A. – Locaux auxquels s'applique la présente convention :

1. Nombre de logements locatifs par type de logements avec numéro des logements :

1.1. Nombre de logements réservés à des personnes dont les ressources n'excèdent pas 60 % des plafonds de ressources fixés en application de l'article R. 331-12 pour l'attribution d'un logement HLM (art. 7, III-*a)* de la convention.

1.2. Nombre de logements qu'il est possible d'attribuer à des personnes dont les ressources excèdent les plafonds de ressources fixés en application de l'article R. 331-12 pour l'attribution d'un logement HLM dans la limite de 120 % de ces plafonds (art. 7, III-*b)* de la convention.

2. Surface habitable après travaux : ....

Surface corrigée des logements : ....

Dépendances (nombre et surface) : ....

Garages et parkings affectés à ces logements : ....

Au cas où ces annexes ne trouveraient pas preneur auprès des locataires de l'immeuble ou de tout autre immeuble conventionné appartenant au même bailleur ou géré par lui, le bailleur peut louer l'annexe à toute autre personne. Dans ce cas, le loyer maximum fixé par la convention ne lui est pas opposable. Cette faculté n'est utilisable que pour autant qu'aucun locataire du patrimoine appartenant ou géré ne manifeste sa volonté de louer les annexes en cause.

B. – Locaux auxquels ne s'applique pas la présente convention :

Locaux commerciaux (nombre) : ....

Bureaux (nombre) : ....

Autres : ....

IV. – Origine des propriétés *[Établie conformément à l'article 7 du décret n° 55-22 du 4 janvier 1955 modifié portant réforme de la publicité foncière]*.

V. – Renseignements administratifs

1° Logements financés dans les conditions prévues à l'article 1er (1°) de la présente convention :

1. Date d'achèvement des travaux ou certificat de conformité ;

2. Modalités de financement :

Financement principal :

– date d'octroi du prêt : ....

– numéro du prêt : ....

– durée : ....

Financement complémentaire : ....

Subventions éventuelles : ....

2° Logements financés dans les conditions prévues à l'article 1er, 2°, 3° ou 5° de la présente convention :

1. Date d'acquisition : ....

2. Date prévisible d'achèvement des travaux : ....

3. Modalités de financement :

Financement principal :

– date d'octroi du prêt : ....

– numéro du prêt : ....

– durée : ....

Financement complémentaire : ....

Subventions éventuelles : ....

3° Logements financés dans les conditions prévues à l'article 1er, 4° de la présente convention :

1. Date à laquelle le bailleur s'engage à effectuer les travaux : ....

2. Date prévisible d'achèvement des travaux : ....

3. Modalités de financement :

Financement principal :

– date d'octroi du prêt : ....

– numéro du prêt : ....

– durée : ....

Financement complémentaire : ....

Date d'octroi de la subvention : ....

ANNEXE 11 (art. R. 353-127)

Les dispositions de l'art. 35 de la L. n° 2005-841 du 26 juill. 2005 sont entrées en vigueur à compter du 1er janv. 2006. Elles sont applicables aux contrats en cours à compter de cette date. La valeur de la moyenne sur quatre trimestres de l'indice mesurant le coût de la construction à la date de référence de ces contrats est remplacée par la valeur de l'indice de référence des loyers à cette même date de référence (L. préc., art. 35-IV, mod. par L. n° 2005-1179 du 30 déc. 2005, art. 163).

Dans les conventions en cours et les conventions types prévues par l'art. L. 351-2 du CCH, toute clause prévoyant que la révision du loyer pratiqué ou du loyer maximum s'opère en fonction des variations de la moyenne sur quatre trimestres de l'indice du coût de la construction publié par l'Institut national de la statistique et des études économiques est remplacée par la clause prévoyant que cette révision s'opère en fonction des variations de l'indice de référence des loyers. Dans les conventions en cours, la valeur de la moyenne sur quatre trimestres de l'indice du coût de la construction à la date de référence est remplacée par la valeur de l'indice national de référence des loyers à cette même date (L. n° 2005-841 du 26 juill. 2005, art. 35-IV).

NDLR : *Le mode de calcul de l'IRL a été modifié par la L. n° 2008-111 du 8 févr. 2008 (JO 9 févr.).*

Concernant l'IRL, V. ***C. Baux****, Baux d'habitation, App., v° Indice de référence des loyers.*

Annexe I

Convention

Conclue en application de l'article L. 351-2 (3°) du code de la construction et de l'habitation entre l'État et les personnes morales ou physiques qui bénéficient à titre principal d'un prêt conventionné pour la construction ou l'acquisition de logements non encore mis en service.

Le ministre de l'Environnement et du Cadre de vie, agissant en tant que ministre, chargé de la construction et de l'habitation, représenté par le préfet,

D'une part,
et M. *[Personne physique ou morale identifiée conformément aux dispositions, selon le cas, des art. 5 ou 6 du décret nº 55-22 du 4 janv. 1955 modifié portant réforme de la publicité foncière]*, ou
et la société *[Personne physique ou morale identifiée conformément aux dispositions, selon le cas, des art. 5 ou 6 du décret nº 55-22 du 4 janv. 1955 modifié portant réforme de la publicité foncière]*,
représentée par ....
dénommé(e) ci-après le bailleur,
D'autre part,
sont convenus de ce qui suit :

I. *Description du programme conventionné*

1. *Objet de la convention.* La présente convention a pour objet de fixer les droits et les obligations des parties prévus par les art. L. 353-1 à L. 353-13 du code de la construction et de l'habitation pour le programme de logements neufs de :

Variante nº 1 *[Rayer la mention inutile]* dont la construction est financée au moyen d'un prêt conventionné dans les conditions définies par les art. R. 331-63 à R. 331-77 du code précité.

Variante nº 2 *[Rayer la mention inutile]* dont l'acquisition est financée au moyen d'un prêt conventionné dans les conditions définies par les art. R. 331-63 à R. 331-77 du code précité.

La gestion des logements faisant l'objet de la présente convention est assurée :

Soit par le bailleur lui-même *[Rayer la mention inutile]* ;

Soit par ...... personne ou organisme agréé(e) par arrêté en date du 9 mars 1978 portant agrément des personnes ou organismes habilités à gérer des immeubles faisant l'objet d'une convention régie par les art. L. 353-1 à L. 353-13 du code précité *[Rayer la mention inutile]*.

La signature de la présente convention conditionne, pendant sa durée, l'ouverture du droit à l'aide personnalisée au logement dans les conditions définies dans le livre III, titre V (1re partie) du code précité.

2. *Description du programme.* La présente convention s'applique au programme répondant aux conditions suivantes :

2.1. Désignation du ou des immeubles *[Établie conformément aux dispositions de l'art. 7 du décret modifié nº 55-22 du 4 janv. 1955 précité]*.

2.2. Composition du programme :
Locaux visés par la présente convention :
Nombre de logements locatifs par type de logement, avec numéro des logements ou croquis : ....
Surface habitable et surface corrigée des logements : ....
Dépendances (nombre, surface) : ....
Locaux collectifs résidentiels (nombre, surface) : ....
Garages et parkings affectés à ces logements (nombre et différenciation par type) : ....

Locaux auxquels ne s'applique pas la convention :
Locaux commerciaux (nombre) : ....
Bureaux (nombre) : ....
Autres : ....

2.3. Origine de propriété du terrain d'assise des constructions *[Établie conformément aux dispositions de l'art. 3 du décret modifié nº 55-22 du 4 janv. 1955 précité]*.

2.4. Renseignements administratifs :
Date de délivrance du certificat de conformité : ....
Permis de construire ou déclaration de construction : ....
Date prévisible d'achèvement des travaux de construction : ....
Modalités de financement :
Financement principal :
Numéro du prêt : ....

Date d'octroi du prêt : ....
Durée : ....
Financements complémentaires : ....

Lorsque la convention fixe le loyer maximum de chaque logement en application du 1° et du 2° de l'article R. 353-16, les dispositions de l'annexe n° 1 à l'article R. 353-127 (ANNEXE 11) et relatives à la composition du programme sont remplacées par les dispositions de l'art. 15 du décr. n° 96-656 du 22 juill. 1996, reproduites ss. le document prévu par l'article 1er des annexes I et II à l'art. R. 353-1 (ANNEXE 7).

3. *Durée de la convention. — V. ANNEXE 6, art. 3.*

II. *Engagements particuliers applicables au présent programme conventionné*

4. *Réservation à des familles ou à des occupants sortant d'habitat insalubre - (option).* Le bailleur, compte tenu de l'importance de la liste des prioritaires dressée par les services préfectoraux, s'engage à affecter au fur et à mesure des vacances au minimum .... p. 100 des logements du programme considéré à des famille s ou des occupants sortant soit d'habitat insalubre ou surpeuplé, soit d'une cité de transit ou provisoire ou d'un centre d'hébergement. Dans l'hypothèse où ce pourcentage n'est pas nul, le bailleur s'engage à signaler aux services préfectoraux les logements devenus vacants.

Cette réservation porte au minimum sur un nombre entier de logements immédiatement inférieur au chiffre résultant de ce pourcentage.

Cette règle s'applique de plein droit à chaque copropriétaire en cas de mise en copropriété du programme faisant l'objet de la présente convention.

5. *(Décr. n° 95-42 du 11 janv. 1995, art. 5-II ; Décr. n° 96-656 du 22 juill. 1996) Montant maximum du loyer et modalités de révision.* Le prix mensuel du loyer maximum visé à l'article R. 353-134 est fixé à .... € le mètre carré.

Ce loyer maximum est révisable chaque année, le 1er juillet, en fonction des variations de la moyenne sur quatre trimestres de l'indice du coût de la construction publié par l'Institut national de la statistique et des études économiques. Cette moyenne est celle de l'indice du coût de la construction à la date de référence et des indices des trois trimestres qui la précèdent. La date de réference de l'indice est celle du quatrième trimestre de l'année précédente.

Dans la limite du loyer maximum tel que défini ci-dessus, le loyer pratiqué dont la valeur est fixée au mètre carré de surface corrigée ou de surface utile :

1° Peut être révisé chaque année le 1er juillet au cours de la période triennale en fonction des variations de la moyenne sur quatre trimestres de l'indice du coût de la construction. Cette moyenne est celle de l'indice du coût de la construction à la date de référence et des indices des trois trimestres qui la précèdent. La date de référence de l'indice est celle du quatrième trimestre de l'année précédente.

Au cours de la première période triennale, le montant du loyer applicable chaque 1er juillet peut être fixé dans le contrat de location ; il peut être révisé en fonction des variations de la moyenne sur quatre trimestres de l'indice du coût de la construction dans les mêmes conditions que celles de l'alinéa précédent ;

2° Peut être réajusté à l'expiration de chaque période triennale le 1er juillet suivant la date d'expiration du contrat de location.

Une information sur le loyer maximum et le loyer pratiqué par type de logement peut être demandée par le locataire à la signature du contrat de location et à l'expiration de chaque période triennale en cas de réajustement du loyer pratiqué dans la limite du loyer maximum. — *Entrée en vigueur le 1er janv. 1995.*

6. Le bailleur s'engage à respecter les dispositions de portée générale reproduites en annexe aux conventions types nos 1, 2 ou 3 *[Rayer la mention inutile]* annexées au décret relatif aux logements bénéficiaires de prêts conventionnés.

7. *Sanctions.* En cas de dissimulation ou fraude pour imposer ou tenter d'imposer au locataire un loyer dépassant le prix fixé par la convention, le bailleur sera passible des sanctions pénales prévues à l'article L. 353-10 du code de la construction et de l'habitation.

En application de l'article L. 353-2 dudit code, en cas de non-respect par lui-même ou par son mandataire des obligations relatives aux conditions particulières de réservation au profit des mal-logés ainsi que des obligations relatives à l'information des locataires ou des organismes chargés de la liquidation de l'aide personnalisée au logement et après mise en demeure par lettre recommandée ou acte extrajudiciaire, demeuré sans effet après un délai de six mois, le bailleur s'engage à verser au Fonds national de l'habitation une somme égale à ...... p. 100 du montant des loyers annuels dus pour les logements faisant l'objet de la présente convention.

En cas de défaut de versement de la somme visée à l'alinéa 2 du présent article, leur recouvrement sera opéré dans les conditions prévues par les décrets n° 62-1537 du 29 décembre 1962 et n° 63-308 du 24 juin 1963 modifié.

8. *Contrôle. V. Annexe 6, art. 24.*

9. *Publication. V. Annexe 6, art. 25.*

Annexe II

Convention

Conclue en application de l'article L. 351-2 (3°) du code de la construction et de l'habitation entre l'État et les personnes morales ou physiques qui bénéficient à titre principal d'un prêt conventionné pour l'acquisition et l'amélioration de logements.

(Décr. n° 78-1307 du 29 déc. 1978)

Le ministre de l'Environnement et du Cadre de vie, agissant au nom de l'État en tant que ministre chargé de la construction et de l'habitation, représenté par le préfet, d'une part,

et M. *[Personne physique ou morale identifiée conformément aux dispositions, selon le cas, des articles 5 ou 6 du décret n° 55-22 du 4 janvier 1955 modifié portant réforme de la publicité foncière]*, ou et la société .... *[Personne physique ou morale identifiée conformément aux dispositions, selon le cas, des articles 5 ou 6 du décret n° 55-22 du 4 janvier 1955 modifié portant réforme de la publicité foncière]*
représentée par ....
dénommé(e) ci-après le bailleur, d'autre part,
sont convenus de ce qui suit :

I. *Description du programme conventionné*

1. *Objet de la convention.* La présente convention a pour objet de fixer les droits et les obligations des parties prévues par les articles L. 353-1 à L. 353-13 du code de la construction et de l'habitation pour le programme de .... acquis et améliorés au moyen d'un prêt conventionné dans les conditions prévues par les articles R. 331-63 à R. 331-77 du code précité.

La gestion des logements faisant l'objet de la présente convention est assurée :

Soit par le bailleur lui-même *[Rayer la mention inutile]* ;

Soit par ....
personne ou organisme agréé(e) par arrêté en date du 9 mars 1978 portant agrément des personnes ou organismes habilités à gérer des immeubles faisant l'objet d'une convention régie par les articles L. 353-1 à L. 353-13 du code précité *[Rayer la mention inutile]*.

Les travaux d'amélioration doivent conduire à mettre les logements en conformité totale avec des normes minimales d'habitabilité définies par arrêté du 1er mars 1978, sauf en cas d'impératifs techniques tenant à la structure de l'immeuble.

La signature de la présente convention conditionne, pendant sa durée, l'ouverture du droit à l'aide personnalisée au logement dans les conditions définies dans le livre III, titre V (1re partie) du code précité.

2. *Description du programme.* La présente convention s'applique au programme répondant aux conditions suivantes :

2.1. Désignation du ou des immeubles *[Établie conformément aux dispositions de l'article 7 du décret modifié no 55-22 du 4 janv. 1955 précité]* : ....

2.2. Composition du programme : ....

Le tableau ci-annexé donne la composition du programme avant et après réalisation des travaux.

2.3. Origine de la propriété *[Établie conformément aux dispositions de l'article 3 du décret modifié no 55-22 du 4 janv. 1955 précité]* : ....

2.4. Renseignements administratifs :

Date d'achèvement de la construction ou certificats de conformité : ....

Modalités de financement du programme d'acquisition-amélioration et durée du prêt conventionné : ....

Le bailleur s'engage à réaliser les travaux définis à l'article 1er de la présente convention au plus tard le ....

Les travaux font l'objet d'un programme de réalisation qui se poursuit par tranches pendant .... mois ou année(s) à raison de .... logements par tranche.

Lorsque la convention fixe le loyer maximum de chaque logement en application du 1o et du 2o de l'article R. 353-16, les dispositions de l'annexe no 1 à l'article R. 353-127 (ANNEXE 11) et relatives à la composition du programme sont remplacées par les dispositions de l'art. 15 du décr. no 96-656 du 22 juill. 1996, reproduites ss. le document prévu par l'article 1er des annexes I et II à l'art. R. 353-1 (ANNEXE 7).

3. *Durée de la convention.* La présente convention prend effet à la date de sa publication au fichier immobilier (ou de son inscription au livre foncier).

Elle expire le 30 juin.

Elle est renouvelée par tacite reconduction pour des périodes triennales, sous réserve de dénonciation expresse par l'une ou l'autre des parties.

Si la dénonciation émane du bailleur, elle fait l'objet d'un acte authentique (acte notarié ou par ministère d'huissier de justice) notifié six mois avant l'expiration de la période ; si elle émane de l'État, elle fait l'objet d'un acte administratif, notifié dans le même délai.

II. *Engagements particuliers applicables au présent programme conventionné*

4. *Réservation à des familles ou à des occupants sortant d'habitat insalubre. - (option).* Le bailleur, compte tenu de l'importance de la liste des prioritaires dressée par les services préfectoraux, s'engage à affecter au fur et à mesure des vacances au minimum .... p. 100 des logements du programme considéré à des familles ou des occupantssortant soit d'habitat insalubre ou surpeuplé, soit d'une cité de transit ou provisoire ou d'un centre d'hébergement. Dans l'hypothèse où ce pourcentage n'est pas nul, le bailleur s'engage à signaler aux services préfectoraux les logements devenus vacants.

Cette réservation porte au minimum sur un nombre entier de logements immédiatement inférieur au chiffre résultant de ce pourcentage.

Cette règle s'applique de plein droit à chaque copropriétaire en cas de mise en copropriété du programme faisant l'objet de la présente convention.

5. *(Décr. no 95-42 du 11 janv. 1995, art. 5-II ; Décr. no 96-656 du 22 juill. 1996, art. 12-1) Montant maximum du loyer et modalités de révision.* Le prix mensuel du loyer maximum visé à l'article R. 353-14 est fixé à .... € le mètre carré.

Ce loyer maximum est révisable chaque année, le 1er juillet, en fonction des variations de la moyenne sur quatre trimestres de l'indice du coût de la construction publié par l'Institut national de la statistique et des études économiques. Cette moyenne est celle de l'indice du coût de la construction à la date de référence et des indices des trois trimestres qui la précèdent. La date de référence de l'indice est celle du quatrième trimestre de l'année précédente.

Dans la limite du loyer maximum tel que défini ci-dessus, le loyer pratiqué, dont la valeur est fixée au mètre carré de surface corrigée ou de surface utile :

1o Peut être révisé chaque année le 1er juillet au cours de la période triennale en fonction des variations de la moyenne sur quatre trimestres de l'indice du coût de la construction. Cette moyenne est celle de l'indice du coût de la construction à la date de référence et des indices des trois trimestres qui la précèdent. La date de référence de l'indice est celle du quatrième trimestre de l'année précédente.

Au cours de la première période triennale, le montant du loyer applicable chaque 1er juillet peut être fixé dans le contrat de location ; il peut être révisé en fonction des variations de la moyenne sur quatre trimestres de l'indice du coût de la construction dans les mêmes conditions que celles de l'alinéa précédent ;

2o Peut être réajusté à l'expiration de chaque période triennale le 1er juillet suivant la date d'expiration du contrat de location.

Une information sur le loyer maximum et le loyer pratiqué par type de logement peut être demandée par le locataire à la signature du contrat de location et à l'expiration de chaque période triennale en cas de réajustement du loyer pratiqué dans la limite du loyer maximum. – *Entrée en vigueur le 1er janv. 1995.*

6. Le bailleur s'engage à respecter les dispositions de portée générale reproduites en annexe aux conventions types nos 1, 2 ou 3 *[Rayer la mention inutile]* annexées au décret relatif aux logements bénéficiaires de prêts conventionnés.

7. *Sanctions.* En cas de dissimulation ou fraude, pour imposer ou tenter d'imposer au locataire un loyer dépassant le prix fixé par la convention, le bailleur sera passible des sanctions pénales prévues à l'article L. 353-10 du code de la construction et de l'habitation.

En application de l'article L. 353-2 dudit code, en cas de non-respect par lui-même ou par son mandataire des obligations relatives aux conditions particulières de réservation au profit des mal-logés ainsi que des obligations relatives à l'information des locataires ou des organismes chargés de la liquidation de l'aide personnalisée au logement et après mise en demeure par lettre recommandée ou acte extrajudiciaire, demeuré sans effet après un délai de six mois, le bailleur s'engage à verser au Fonds national de l'habitation une somme égale à .... p. 100 du montant des loyers annuels dus pour les logements faisant l'objet de la présente convention.

En cas de non-versement au Fonds national de l'habitation de la contribution prévue à l'article 7 de la présente convention et après mise en demeure restée sans effet, une somme de .... p. 100 du montant de la contribution est payable par mois de retard.

En cas de défaut de versement des sommes visées aux deuxième et troisième alinéas du présent article, leur recouvrement sera opéré dans les conditions prévues par les décrets no 62-1587 du 29 décembre 1962 et no 63-608 du 24 juin 1963 modifié.

8. *Contrôle.* Afin de permettre à l'État d'assurer le contrôle de l'application de la présente convention, le bailleur est tenu de fournir au ministre chargé de la construction et de l'habitation ou à son représentant, ou aux membres du corps de l'inspection générale de l'équipement, toutes les informations et tous les documents nécessaires au plein exercice de ce contrôle.

9. *Publication.* Le préfet s'assure de la publication de la présente convention au fichier immobilier ou de son inscription au livre foncier et en informe les organismes chargés de la liquidation et du paiement de l'aide personnalisée au logement.

Fait à ...., le ....

ANNEXE DE L'ART. 2 DE L'ANNEXE N° 2 À L'ART. R. 353-127

1° LOCAUX VISÉS PAR LA PRÉSENTE CONVENTION

DÉSIGNATION	COMPOSITION AVANT RÉALISATION DES TRAVAUX		COMPOSITION APRÈS RÉALISATION DES TRAVAUX
	Logements financés conformément au titre II du livre II du CUH	Autres logements (1)	
Nombre de logements locatifs par type de logements			
Numéro des lots ou CF croquis en annexe			
Surface des logements :			
En mètres carrés habitables			
En mètres carrés de surface corrigée			
Montant du loyer :			
En mètres carrés habitables			
En mètres carrés de surface corrigée			
Dépendances :			
Nombre			
Surface			
Locaux collectifs résidentiels :			
Nombre			
Surface			
Garages et parkings :			
Nombre			
Par type			

(1) Dont ceux régis par la loi du 1er sept. 1948 en précisant la catégorie du logement.

2° LOCAUX AUXQUELS NE S'APPLIQUE PAS LA CONVENTION :

Locaux commerciaux (nombre) : ....

Bureaux (nombre) : ....

Autres : ....

Lorsque la convention fixe le loyer maximum de chaque logement en application du 1° et du 2° de l'article R. 353-16, les dispositions de l'annexe n° 2 à l'article R. 353-127 (ANNEXE 11) et relatives à la composition du programme sont remplacées par les dispositions de l'art. 15 du décr. n° 96-656 du 22 juill. 1996, reproduites ss. le document prévu par l'article 1er des annexes I et II à l'art. R. 353-1 (ANNEXE 7).

Annexe III

Convention

Conclue en application de l'art. L. 351-2 (3°) du code de la construction et de l'habitation entre l'État et les personnes morales ou physiques qui bénéficient à titre principal d'un prêt conventionné pour l'amélioration des logements.

(Décr. n° 78-1307 du 29 déc. 1978)

Le ministre de l'Environnement et du Cadre de vie, agissant au nom de l'État en tant que ministre chargé de la construction et de l'habitation, représenté par le préfet d'une part,

et M. ....
[Personne physique ou morale identifiée conformément aux dispositions, selon le cas, des art. 5 ou 6 du décr. n° 55-22 du 4 janv. 1955 modifié portant réforme de la publicité foncière]
ou ....
et la société ....
[Personne physique ou morale identifiée conformément aux dispositions, selon le cas, des art. 5 ou 6 du décr. n° 55-22 du 4 janv. 1955 modifié portant réforme de la publicité foncière]
représentée par ....
dénommé(e) ci-après le bailleur, d'autre part,
sont convenus de ce qui suit :

I. *Description du programme conventionné*

1. *Objet de la convention.* **La présente convention a pour objet de fixer les droits et les obligations des parties prévues par les art. L. 353-1 à L. 353-13 du code de la construction et de l'habitation pour le programme de .... faisant l'objet de travaux d'amélioration financés à titre principal dans les conditions définies par les art. R. 331-63 à R. 331-77 du code précité.**

La gestion des logements faisant l'objet de la présente convention est assurée :

Soit par le bailleur lui-même *[Rayer la mention inutile]* **;**

Soit par ...... personne ou organisme agréé(e) par arrêté en date du 9 mars 1978 portant agrément des personnes ou organismes habilités à gérer des immeubles faisant l'objet d'une convention régie par les art. L. 353-1 à L. 353-13 du code précité *[Rayer la mention inutile]*.

La signature de la présente convention conditionne, pendant sa durée, l'ouverture du droit à l'aide personnalisée au logement dans les conditions définies dans le livre III, titre V (1re partie) du code précité.

2. *Nature des travaux.* **Les travaux d'amélioration doivent conduire à mettre les logements en conformité avec les normes minimales d'habitabilité définies par arrêté du 1er mars 1978, sauf en cas d'impératifs techniques tenant à la structure de l'immeuble.**

Les travaux font l'objet d'un programme de réalisation qui se poursuit par tranches pendant .... mois ou .... année(s) à raison de .... logements par tranche.

3. *Description du programme.* **La présente convention s'applique au programme répondant aux conditions suivantes :**

3.1. Désignation du ou des immeubles *[Établie conformément aux dispositions de l'art. 7 du décret modifié n° 55-22 du 4 janv. 1955 précité]* **:** ....

3.2. Situation juridique de la commune où est situé le programme :
Commune entrant *[Rayer la mention inutile]*.
Commune n'entrant pas *[Rayer la mention inutile]*.
dans le champ d'application de la loi du 1er sept. 1948.

3.3. Composition du programme.

Le tableau ci-annexé donne la composition du programme avant et après réalisation des travaux.

3.4. Origine de propriété *[Établie conformément aux dispositions de l'art. 3 du décret modifié n° 55-22 du 4 janv. 1955 précité]* **:** ....

3.5. Renseignements administratifs :
Date d'achèvement de la construction ou certificat de conformité :
....
Modalités de financement du programme d'amélioration :
Durée du prêt conventionné : ....
Financement complémentaire :

Lorsque la convention fixe le loyer maximum de chaque logement en application du 1° et du 2° de l'article R. 353-16, les dispositions de l'annexe n° 3 à l'article R. 353-127 (ANNEXE 11) et relatives à la composition du programme sont remplacées par les dispositions de l'art. 15 du décr. n° 96-656 du 22 juill. 1996, reproduites ss. le document prévu par l'article 1er des annexes I et II à l'art. R. 353-1 (ANNEXE 7).

4. *Durée de la convention.* **La présente convention prend effet à la date de sa publication au fichier immobilier (ou de son inscription au livre foncier).**

Elle expire le 30 juin.

Elle est renouvelée par tacite reconduction pour des périodes triennales, sous réserve de dénonciation expresse par l'une ou l'autre des parties.

Si la dénonciation émane du bailleur, elle fait l'objet d'un acte authentique (acte notarié ou par ministère d'huissier de justice), notifié six mois avant l'expiration de la période ; si elle émane de l'État, elle fait l'objet d'un acte administratif, notifié dans le même délai.

II. *Engagements particuliers applicables au présent programme conventionné*

5. *Réservation à des familles ou à des occupants sortant d'habitat insalubre - (option).* **Le bailleur, compte tenu de l'importance de la liste des prioritaires dressée par les services préfectoraux, s'engage à affecter au fur et à mesure des vacances au minimum .... p. 100 des logements du programme considéré à des familles ou à de s occupants sortant soit d'habitat insalubre ou surpeuplé, soit d'une cité de transit ou provisoire ou d'un centre d'hébergement. Dans l'hypothèse où ce pourcentage n'est pas nul, le bailleur s'engage à signaler aux services préfectoraux les logements devenus vacants.**

Cette réservation porte au minimum sur un nombre entier de logements immédiatement inférieur au chiffre résultant de ce pourcentage.

Cette règle s'applique de plein droit à chaque copropriétaire en cas de mise en copropriété du programme faisant l'objet de la présente convention.

6. *(Décr. no 95-42 du 11 janv. 1995, art. 5-II) Montant maximum du loyer et modalités de révision.* **Le loyer pratiqué par le bailleur, dont la valeur est fixée par mètre carré de surface corrigée, ne doit pas excéder le loyer maximum qui est fixé à ... € annuels le mètre carré de surface corrigée.**

Cette surface est calculée conformément aux dispositions de l'article R. 442-1 du code de la construction et de l'habitation et de l'article 4 du décret no 60-1063 du 1er octobre 1960. ***NDLR.*** *Depuis le Décr. no 96-656 du 22 juill. 1996 (art. 12), il semblerait qu'il convienne de considérer que les deux alinéas ci-dessus ont été remplacés par les dispositions suivantes : « Le prix mensuel du loyer maximum visé à l'article R. 353-134 est fixé à .... € le mètre carré. ».*

Ce loyer maximum est révisable chaque année, le 1er juillet, en fonction des variations de la moyenne sur quatre trimestres de l'indice du coût de la construction publié par l'Institut national de la statistique et des études économiques. Cette moyenne est celle de l'indice du coût de la construction à la date de référence et des indices des trois trimestres qui la précèdent. La date de référence de l'indice est celle du quatrième trimestre de l'année précédente.

Dans la limite du loyer maximum tel que défini ci-dessus, le loyer pratiqué, dont la valeur est fixée par mètre carré de surface corrigée :

NDLR. *Depuis le Décr. no 96-656 du 22 juill. 1996 (art. 12), il semblerait qu'il convienne de considérer que la phrase ci-dessus a été remplacée par les dispositions suivantes : « Dans la limite du loyer maximum tel que défini ci-dessus, le loyer pratiqué dont la valeur est fixée au mètre carré de surface corrigée ou de surface utile : ».*

1o Peut être révisé chaque année le 1er juillet au cours de la période triennale en fonction des variations de la moyenne sur quatre trimestres de l'indice du coût de la construction. Cette moyenne est celle de l'indice du coût de la construction à la date de référence et des indices des trois trimestres qui la précèdent. La date de référence de l'indice est celle du quatrième trimestre de l'année précédente.

Au cours de la première période triennale, le montant du loyer applicable chaque 1er juillet peut être fixé dans le contrat de location ; il peut être révisé en fonction des variations de la moyenne sur quatre trimestres de l'indice du coût de la construction dans les mêmes conditions que celles de l'alinéa précédent ;

2o Peut être réajusté à l'expiration de chaque période triennale le 1er juillet suivant la date d'expiration du contrat de location.

Une information sur le loyer maximum et le loyer pratiqué par type de logement peut être demandée par le locataire à la signature du contrat de location et à l'expiration de chaque période triennale en cas de réajustement du loyer pratiqué dans la limite du loyer maximum. – *Entrée en vigueur le 1er janv. 1995.*

7. Le bailleur s'engage à respecter les dispositions de portée générale reproduites en annexe aux conventions types nos 1, 2 ou 3 *[Rayer la mention inutile]* annexées au décret relatif aux logements bénéficiaires de prêts conventionnés.

8. *Sanctions.* En cas de dissimulation ou de fraude pour imposer ou tenter d'imposer au locataire un loyer dépassant le prix fixé par la convention, le bailleur sera passible des sanctions pénales prévues à l'art. L. 353-10 du code de la construction et de l'habitation.

En application de l'art. L. 353-2 dudit code, en cas de non-respect par lui-même ou par son mandataire des obligations relatives aux conditions particulières de réservation au profit des mal-logés ainsi que des obligations relatives à l'information des locataires ou des organismes chargés de la liquidation de l'aide personnalisée au logement et après mise en demeure par lettre recommandée ou l'acte extrajudiciaire, demeuré sans effet après un délai de six mois, le bailleur s'engage à verser au Fonds national de l'habitation une somme égale à .... p. 100 du montant des loyers annuels dus pour les logements faisant l'objet de la présente convention.

En cas de défaut de versement de la somme visée à l'alinéa 2 du présent article, leur recouvrement sera opéré dans les conditions prévues par les décrets no 62-1587 du 29 déc. 1962 et no 63-608 du 24 juin 1963 modifié.

9. *Contrôle.* Afin de permettre à l'État d'assurer le contrôle de l'application de la présente convention, le bailleur est tenu de fournir au ministre chargé de la construction et de l'habitation ou à son représentant, ou aux membres du corps de l'inspection générale de l'équipement, toutes les informations et tous les documents nécessaires au plein exercice de ce contrôle.

10. *Publication.* Le préfet s'assure de la publication de la présente convention au fichier immobilier ou de son inscription au livre foncier et en informe les organismes chargés de la liquidation et du paiement de l'aide personnalisée au logement.

Fait à ...., le ....

ANNEXE DE L'ART. 3 DE L'ANNEXE No 3 À L'ART. R. 353-127

1o LOCAUX VISÉS PAR LA PRÉSENTE CONVENTION

DÉSIGNATION	COMPOSITION AVANT RÉALISATION DES TRAVAUX		COMPOSITION APRÈS RÉALISATION DES TRAVAUX
	Logements financés conformément au titre II du livre II du CUH	Autres logements (1)	
Nombre de logements locatifs par type de logements .... Numéro des lots ou CF croquis en annexe .... Surface des logements ; En mètres carrés habitables En mètres carrés de surface corrigée			

DÉSIGNATION	COMPOSITION AVANT RÉALISATION DES TRAVAUX		COMPOSITION APRÈS RÉALISATION DES TRAVAUX
	Logements financés conformément au titre II du livre II du CUH	Autres logements (1)	
Montant du loyer : En mètres carrés habitables En mètres carrés de surface corrigée .... Dépendances : Nombre .... Surface .... Locaux collectifs résidentiels : Nombre .... Surface .... Garages et parkings : Nombre .... Par type			

(1) Dont ceux régis par la loi du 1er sept. 1948 en précisant la catégorie du logement.

2° LOCAUX AUXQUELS NE S'APPLIQUE PAS LA CONVENTION :

Locaux commerciaux (nombre) : ....

Bureaux (nombre) : ....

Autres : ....

ANNEXE

ENGAGEMENTS DE PORTÉE GÉNÉRALE APPLICABLES À TOUT PROGRAMME CONVENTIONNÉ

(Décr. n° 78-1307 du 29 déc. 1978)

I. ENGAGEMENTS À L'ÉGARD DE L'ÉTAT

Art. 1er *Obligations du bailleur relatives à la maintenance, l'entretien et la qualité des locaux loués.* Le bailleur est tenu, en application des art. 606, 1719, 1720 et 1721 C. civ., de maintenir les locaux en bon état d'habitabilité et de faire exécuter toutes les réparations nécessaires qui sont à sa charge.

Variante n° 1 : il s'engage à tenir à la disposition de l'administration toutes informations sur les interventions d'entretien, de réparations ou d'amélioration faites ou à faire par lui sur l'immeuble *[Rayer la mention inutile]*.

Variante n° 2 : il s'engage au plus tard le . à tenir un carnet d'entretien dans lequel seront consignés tous les renseignements sur les interventions d'entretien, de réparation ou d'amélioration faites ou à faire sur l'immeuble *[Rayer la mention inutile]*.

Art. 2 *Conditions d'occupation et de peuplement des logements.* *(Décr. n° 90-635 du 18 juill. 1990, art. 8)* Les logements soumis à la présente convention doivent être loués nus à des personnes physiques, à titre de résidence principale, et occupés au moins huit mois par an. Ils ne peuvent faire l'objet de sous-location sauf au profit de personnes ayant passé avec le locataire un contrat conforme à l'art. 6 de la loi n° 89-475 du 10 juill. 1989 relative à l'accueil par des particuliers à leur domicile, à titre onéreux, de personnes âgées ou handicapées adultes. Ils doivent répondre aux conditions d'occupation suffisante telles que définies en application de l'art. L. 621-2 du code de la construction et de l'habitation.

Sous réserve de l'obtention de l'autorisation administrative prévue par l'art. R. 631-4 du code précité, le bailleur s'engage à ne pas faire obstacle à une utilisation des logements en partie à usage professionnel, dans la mesure où le locataire satisfait aux conditions d'occupation et de peuplement.

Le bailleur s'engage à faciliter, notamment en cas de vacance des logements, les échanges de locaux à l'intérieur de son patrimoine en vue d'une meilleure utilisation familiale.

Art. 3 *Reprise pour occupation personnelle.* Par dérogation aux dispositions de l'art. 2 ci-dessus, lorsque le propriétaire est une personne physique, il peut occuper les logements vacants à titre personnel ou les faire occuper par son conjoint, ses ascendants ou descendants ou ceux de son conjoint. L'occupation doit être exclusivement à titre de résidence principale.

Si ces logements deviennent à nouveau vacants avant la date d'expiration de la convention, le propriétaire bailleur qui a exercé son droit de reprise s'engage à les relouer dans les conditions définies par la présente convention pour la durée restant à courir ou à les faire occuper dans les conditions définies à l'alinéa 1 ci-dessus.

Art. 4 *Mise en gestion du programme.* Lorsque la gestion du programme n'est pas assurée par le bailleur lui-même, celle-ci devra obligatoirement être assurée par les personnes et dans les conditions définies par l'arrêté du 9 mars 1978 précité.

Lorsque le programme compte plus de dix logements et dans le cas où il fait l'objet d'une mise en copropriété, la gestion devra obligatoirement être assurée par les personnes et dans les conditions définies par l'arrêté précité.

Le bailleur s'engage à informer le préfet, les organismes chargés de la liquidation et du paiement de l'aide personnalisée au logement et les locataires de toute mise en gestion du programme ou de tout changement de gestionnaire.

Dans tous les cas, le bailleur s'engage à respecter ou à faire respecter les clauses de la présente convention.

Art. 5 *Révision.* Sous réserve des dispositions de l'article 3 ci-dessus, la présente convention peut être revisée tous les trois ans à la demande de l'une ou l'autre des parties. Les frais de publication sont pris en charge par la partie qui sollicite la révision.

Art. 6 *Résiliation.* En cas d'inexécution par le bailleur de ses engagements contractuels tels que non-respect du loyer maximum ou faute grave à l'égard des organismes liquidateurs de l'aide personnalisée au logement, l'administration, après mise en demeure par lettre recommandée avec avis de réception demeurée sans effet après un délai de deux mois, peut procéder unilatéralement à la résiliation de la présente convention.

Il sera fait application des dispositions prévues à l'art. L. 353-6 du code de la construction et de l'habitation par le maintien des locataires dans les lieux, le loyer étant celui fixé par la convention diminué de l'aide personnalisée au logement prise en charge désormais par le bailleur. Dans ce cas, le document visé à l'art. 19, al. 2, ci-dessous ou la quittance doit faire apparaître le montant de l'aide personnalisée tels que résultant des calculs des services liquidateurs de l'aide personnalisée au logement.

Le bailleur s'engage dans un délai de quinze jours à compter de la date à laquelle la résiliation est devenue définitive à en faire notification aux locataires et aux organismes liquidateurs concernés.

II. ENGAGEMENTS À L'ÉGARD DES LOCATAIRES

Obligation d'information à l'égard du locataire ou de l'occupant

Art. 7 Le bailleur pour la réalisation des travaux définis suivant le cas à l'art. 1er de l'annexe no 2 à l'art. R. 353-127 ou à l'art. 2 de l'annexe no 3 à l'art. R. 353-127 s'engage à informer les locataires ou les occupants à respecter les droits que ceux-ci tiennent des dispositions législatives ou réglementaires en vigueur.

Lorsque l'exécution des travaux ne nécessite pas le départ des occupants, le bailleur s'engage à se conformer, selon le cas :

Soit aux dispositions de l'art. 14, modifié par la loi du 1er sept. 1948, si les travaux portent sur un logement occupé par un locataire ou un occupant de bonne foi pouvant se prévaloir des dispositions de cette loi ;

Soit aux dispositions de l'art. 2 modifié de la loi no 67-561 du 12 juill. 1967 relative à l'amélioration de l'habitat quel que soit le régime juridique de la location.

Lorsque l'exécution des travaux nécessite l'évacuation temporaire des lieux, le bailleur s'engage à mettre provisoirement à la disposition du locataire ou de l'occupant, un logement au moins équivalent au logement faisant l'objet des travaux ou correspondant à ses besoins et situé dans un périmètre géographique tel que défini à l'art. 13 *bis* modifié de la loi du 1er sept. 1948.

Art. 8 En application des dispositions de l'art. L. 353-7 du code de la construction et de l'habitation, à la date d'entrée en vigueur de la présente convention, le bailleur s'engage à proposer au titulaire d'un bail en cours ou à l'occupant de bonne foi pouvant se prévaloir de la loi du 1er sept. 1948, un projet de bail conforme à la présente convention.

A ce projet de bail, sont joints une copie de la convention, une notice d'information relative à l'aide personnalisée au logement et les éléments relatifs au barème de cette aide.

Le projet de bail fait l'objet soit d'une notification aux intéressés par lettre recommandée avec demande d'avis de réception, soit d'une remise contre décharge. Il reproduit en caractères très apparents les dispositions de l'art. L. 353-7 du code précité.

Art. 9 A compter de la réception du projet de bail, le locataire titulaire d'un bail en cours dispose d'un délai de six mois pour accepter le nouveau bail.

En cas d'acceptation, le locataire est tenu par les clauses de son ancien contrat et, notamment, celle relative au loyer, jusqu'à l'entrée en vigueur du nouveau bail. Celui-ci ne prendra effet qu'à compter de la date d'achèvement de l'ensemble des travaux (parties communes, parties privatives) prévus par la présente convention et concernant la tranche dans laquelle est compris son logement. Ceux-ci font l'objet d'une attestation d'exécution conforme, établie par le préfet, ou son représentant, et dont une copie est remise contre décharge au locataire.

En cas de refus, les stipulations du bail en cours demeurent en vigueur, sous réserve de l'application des dispositions prévues par la loi no 67-561 du 12 juill. 1967 et, notamment, celle relative à l'exécution des travaux qui peut être faite dans les mêmes conditions que les réparations urgentes visées à l'art. 1724 code civil.

Dans ce dernier cas, le locataire n'a pas droit à l'aide personnalisée au logement et le bailleur est admis à demander une révision de ses engagements contractuels ou le report de leurs effets dans les conditions prévues à l'art. L. 353-7 code de la construction et de l'habitation.

Art. 10 Pour les logements financés en application du livre III, titre Ier ou du livre IV du code de la construction et de l'habitation et qui font l'objet de travaux justifiés par des considérations de sécurité, de salubrité ou de mise aux normes minimales d'habitabilité, complétés ou non par des travaux d'amélioration de la qualité, conformément à l'art. L. 353-8 du code précité, les dispositions de la présente convention, et notamment celle relative au montant du loyer après travaux tel que fixé dans le projet de bail, s'appliquent de plein droit à compter de la date d'achèvement des travaux (parties communes, parties privatives) prévus par la présente convention et concernant la tranche dans laquelle est compris le logement. Ceux-ci font l'objet d'une attestation d'exécution conforme établie par le préfet ou son représentant et dont une copie est remise contre décharge au locataire.

Le projet de bail, auquel seront joints une copie de la présente convention, une notice d'information relative à l'aide personnalisée au logement et des éléments relatifs au barème de cette aide, doit reproduire en caractères très apparents les dispositions de l'art. L. 353-8 précité.

Il fait l'objet d'une notification aux intéressés par lettre recommandée avec demande d'avis de réception ou pour les locataires déjà dans les lieux d'une remise contre décharge.

Art. 11 L'occupant de bonne foi pouvant se prévaloir des dispositions de la loi no 48-1360 du 1er sept. 1948 dispose du même délai de six mois, à compter de la réception du projet de bail, pour accepter ce bail conforme à la convention.

Celui-ci, et notamment la clause relative au montant du loyer, n'entre en vigueur qu'à compter de la date d'achèvement des travaux (parties communes, parties privatives) prévus par la présente convention et concernant la tranche dans laquelle est compris le logement concerné.

Les travaux font l'objet d'une attestation d'exécution conforme, établie par le préfet ou son représentant, et dont une copie est remise contre décharge à l'occupant.

Jusqu'à la date d'achèvement des travaux ainsi constaté, l'occupant de bonne foi continue à occuper les lieux aux conditions de la loi du 1er sept. 1948.

Les dispositions de ladite loi cessent d'être applicables au logement considéré à l'expiration du délai de six mois susvisé ou à la date de signature du bail proposé à l'occupant de bonne foi, sous réserve des dispositions de l'art. L. 353-9 du code de la construction et de l'habitation applicables aux personnes âgées dans les conditions précisées à l'art. 12 ci-après.

Art. 12 Pour les logements régis par les dispositions de la loi du 1er sept. 1948 et faisant l'objet de la présente convention, les dispositions de ladite loi, excepté celles relatives au prix du loyer, sont à nouveau applicables à la date d'expiration de la convention ou en cas de résiliation à la date prévue pour son expiration au locataire ou à l'occupant de bonne foi dans les lieux lors de la signature de la convention, à la double condition :

Qu'il soit âgé d'au moins soixante-cinq ans ou d'au moins soixante ans en cas d'inaptitude au travail ou lorsqu'à cet âge il bénéficie d'une retraite et que ses ressources annuelles n'excèdent pas le montant visé à l'art. 22 *bis* de la loi no 48-1360 du 1er sept. 1948 ;

Que les dispositions de la législation de 1948 soient encore applicables soit au logement, soit au locataire ou occupant en vertu de mesures particulières prises en application de ladite législation.

Le locataire peut continuer à bénéficier de l'aide personnalisée et le loyer exigible et son mode de révision sont ceux fixés par la convention.

Dans un but d'information du locataire, le projet de bail visé à l'article 8 doit reproduire en caractères très apparents le texte de l'art. L. 353-9 du code de la construction et de l'habitation.

Art. 13 Au moins quinze jours avant la date de signature du bail, le bailleur s'engage à adresser au futur locataire une lettre portant attribution et réservation d'un logement pendant un délai minimum de quinze jours et attestant que le logement fait l'objet d'une convention susceptible d'ouvrir droit à l'aide personnalisée au logement. Dans le cas où le logement est disponible à plus brève échéance ce délai peut être ramené à huit jours francs.

Dans cette lettre doivent figurer, notamment, la référence de la convention (année et numéro), la localisation, le type de logement, la surface habitable et le montant du loyer.

Une notice d'information relative à l'aide personnalisée au logement est annexée à cette lettre.

Le bailleur s'engage à proposer un bail dans les conditions définies à la présente convention.

Art. 14 A la demande de tout locataire, le bailleur s'engage à fournir les formulaires de demande de l'aide personnalisée, ainsi que toutes informations sur les conditions d'obtention de cette aide.

Art. 15 Conformément à l'art. L. 353-4 du code de la construction et de l'habitation, la convention s'applique de plein droit à tout nouveau propriétaire en cas de mutation à titre gratuit ou onéreux des logements faisant l'objet de cette convention.

Art. 16 *Information des locataires en cas de modification, de résiliation de la convention ou à la date d'expiration de celle-ci.* Le bailleur s'engage à tenir informés les locataires de toute modification apportée à la convention.

Il s'engage à leur faire connaître les droits que leur confère l'art. L. 353-6 du code de la construction et de l'habitation, en cas de résiliation à ses torts de la convention.

Il s'engage à les informer des droits que leur confère l'art. L. 353-9 du code de la construction et de l'habitation en cas de résiliation de la convention ou à la date prévue pour son expiration.

Art. 17 *Information des locataires en cas de changement de propriétaire.* En cas de mutation à titre gratuit ou onéreux, et en vue de l'information des locataires et des organismes liquidateurs de l'aide personnalisée au logement, le ou les nouveaux propriétaires leur font connaître leur identification dans les conditions conformes soit à l'art. 5, soit à l'art. 6 du décret no 55-22 du 4 janv. 1955 modifié, par lettre recommandée avec demande d'avis de réception ou remise contre décharge dans un délai d'un mois à compter de ladite mutation.

Conditions de location

Art. 18 *Durée du bail et délai-congé.* Le bail est conclu pour une durée de trois ans. Toutefois, s'il est conclu au cours des trois premières années de la convention, sa durée est limitée à la durée restant à courir jusqu'au 30 juin suivant la troisième année de la date de signature de la convention.

Pendant la durée de la convention en cours au moment de la conclusion du bail, sous réserve des dispositions de l'art. 5 des annexes nos 1 et 2 à l'art. R. 353-127 et l'art. 6 de l'annexe no 3 à l'art. R. 353-127, il est reconduit tacitement, sauf dénonciation expresse du locataire, pour des périodes également de trois ans, dans la mesure où ce dernier se conforme aux obligations de l'art. 1728 du code civil rappelées dans le bail.

Au cours de chaque période triennale, le locataire peut résilier le bail à tout moment, sous réserve d'un préavis de trois mois, ramené à un mois en cas de changement de résidence pour raisons professionnelles ou familiales graves.

Le congé est donné par lettre recommandée, le préavis partant de la date d'envoi et le cachet de la poste faisant foi. Lorsque le délai de préavis vient à expiration dans le courant d'un mois, le bail produit effet jusqu'au dernier jour du mois.

En cas de vacance intervenant en cours de période triennale, le nouveau locataire est substitué de plein droit au précédent locataire jusqu'à l'expiration de ladite période. Une information sur les modalités de révision et de réajustement du loyer susceptibles d'intervenir au cours de la période restant à courir doit être donnée au futur locataire.

Six mois avant la date d'expiration de la convention, le bailleur s'engage à proposer au locataire qui exécute les obligations de l'art. 1728 du code civil un projet de bail prenant effet à ladite date d'expiration, sous réserve qu'une nouvelle convention ne soit pas conclue.

Ce bail, qui fixe le montant du loyer et les conditions de son évolution est conclu pour une durée qui ne peut être inférieure à trois ans ; il est reconduit tacitement d'année en année. Le preneur peut donner congé à tout moment, sous réserve d'un préavis de trois mois donné par lettre recommandée dans les conditions de l'alinéa 4 ci-dessus. Le bailleur ne peut donner congé qu'à l'expiration de la période initiale de trois ans ou par la suite à la fin de chaque année de location.

Art. 19 *Modalités de paiement du loyer.* Le loyer est payé par fraction mensuelle à terme échu.

Le bailleur s'engage à remettre au preneur un document faisant clairement apparaître le montant du loyer, des sommes accessoires et, en cas de versement de l'aide personnalisée au bailleur, également celui de cette aide.

Il est tenu de remettre, sur la demande du preneur et après paiement intégral du loyer et des sommes accessoires, une quittance ou un reçu des sommes versées.

Art. 20 *Dépôt de garantie.* Le locataire verse lors de la signature du bail un cautionnement au plus égal à deux mois de loyer en principal, révisable en fonction de l'évolution du loyer.

Ce cautionnement lui sera restitué dans un délai maximal de trois mois à compter de son départ, déduction faite, le cas échéant, des sommes restant dues au bailleur.

Les réparations locatives concernant les parties privatives des locaux d'habitation auxquelles est tenu le preneur, en application des principes posés par les art. 1754 et 1755 du code civil, sont celles figurant sur la liste établie par l'accord de décembre 1975 de la commission permanente pour l'étude des charges locatives et des rapports entre propriétaires, gestionnaires et usagers créée par arrêté du 13 mai 1974.

Art. 21 *État des lieux.* Un constat de l'état du local, dressé contradictoirement à l'entrée dans les lieux, doit être annexé au bail.

A la sortie, un constat est également établi dans les mêmes conditions.

Art. 22 *Charges locatives.* Les charges récupérables correspondent à des prestations, taxes locatives et fournitures individuelles et doivent être limitativement énumérées dans le bail ; elles sont au plus celles fixées par les accords de la commission permanente.

Les charges peuvent faire l'objet de provisions et doivent, en ce cas, donner lieu à régularisation annuelle. Les demandes de provisions doivent être justifiées par la communication des résultats antérieurs arrêtés lors de la précédente régularisation annuelle ou par celle de budgets prévisionnels.

Quinze jours avant l'échéance du remboursement ou de la régularisation annuelle des charges, le bailleur en communique le décompte, par nature de charges, ainsi que le mode de répartition entre tous les locataires de l'immeuble.

Pendant un délai d'un mois à compter de l'envoi de ce décompte, les pièces justificatives sont tenues à la disposition des locataires ou de leurs représentants. Lorsqu'ils en font la demande, toutes explications utiles sur les dépenses de gestion leur sont présentées.

III. ENGAGEMENTS À L'ÉGARD DES ORGANISMES CHARGÉS DE LA LIQUIDATION ET DU PAIEMENT DE L'APL

Art. 23 *Obligations à l'égard des organismes chargés de la liquidation et du paiement de l'aide personnalisée au logement.* Le bailleur s'engage à l'égard du ou des organismes liquidateurs aux obligations suivantes :

Produire dès l'entrée en vigueur de la présente convention :

Pour les locataires déjà dans les lieux, une attestation sur laquelle doivent figurer, notamment, la référence de la convention (année et numéro), la localisation, le type de logement, la surface habitable, le loyer principal ainsi que la date de prise d'effet du bail attestée par la photocopie d'attestation d'exécution conforme des travaux établie par le préfet ou son représentant ;

Pour les nouveaux locataires, une attestation précisant la date de prise d'effet de la location et à laquelle est annexée photocopie de la lettre de réservation définie à l'art. 13 ci-dessus ;

Fournir, au plus tard le 15 mai de chaque année, le montant du loyer applicable à compter du 1er juillet ;

Signaler immédiatement tout départ de locataire bénéficiant de l'aide personnalisée au logement ;

Fournir annuellement toute justification concernant le paiement du loyer et, en cas de non-paiement de deux échéances consécutives, en aviser immédiatement les organismes liquidateurs ainsi que la commission départementale de l'aide personnalisée au logement en indiquant les démarches entreprises auprès du locataire défaillant ;

Indiquer toutes modifications dans la composition familiale portées à sa connaissance par le locataire ;

Produire toutes les pièces nécessaires à la mise en place du système de tiers payant, tel que défini par les directives du conseil de gestion du Fonds national de l'habitation, et plus généralement établir avec les organismes liquidateurs en tant que de besoin toutes les liaisons nécessaires ;

Faire apparaître sur la quittance toute modification sur le montant de l'aide personnalisée.

ANNEXE 12 (art. R. 353-159-III)

NDLR : *Le mode de calcul de l'IRL a été modifié par la L. no 2008-111 du 8 févr. 2008 (JO 9 févr.).*

Annexe I

Décret no 2011-356 du 30 mars 2011,

Relatif aux conventions conclues en application de l'article L. 351-2 du code de la construction et de l'habitation pour les logements-foyers.

Convention conclue entre l'État, l'organisme propriétaire et l'organisme gestionnaire en application de l'article L. 353-2 du code de la construction et de l'habitation et portant sur les logements-foyers accueillant des personnes âgées ou des personnes handicapées et visés aux articles L. 351-2 et R. 351-55 de ce code et ouvrant droit à l'aide personnalisée au logement.

Entre les soussignés :

Le ministre chargé du logement, agissant au nom de l'État, et représenté par le préfet ou, lorsqu'un établissement public de coopération intercommunale ou un département a signé une convention mentionnée aux articles L. 301-5-1 et L. 301-5-2 du code de la construction et de l'habitation, par le président de l'établissement public de coopération intercommunale ou du conseil général ;

***XX [Organisme d'habitations à loyer modéré, société d'économie mixte ou collectivité territoriale ou autre personne morale propriétaire du logement-foyer]* représenté(e) par M. ...., dénommé(e) ci-après le « propriétaire » ;**

***XX [Organisme agréé gestionnaire du logement-foyer, sauf dans le cas où le propriétaire est gestionnaire direct]* représenté(e) par son président M. ...... , autorisé à cet effet par**

délibération de son conseil d'administration, en date du ...., dénommé ci-après le « gestionnaire », et agissant à ce titre en application de la convention de location conclue avec le propriétaire ;

Vu l'objet du logement-foyer tel que défini en annexe ;

Vu l'autorisation délivrée au gestionnaire par le président du conseil général ou par l'autorité compétente de l'État, au titre de l'article L. 313-3 du code de l'action sociale et des familles, en date du .... ;

[Le cas échéant] Vu la convention de location, jointe à la présente convention, en date du .... conclue entre le propriétaire et le gestionnaire ;

[Le cas échéant] Vu la description du programme et des travaux prévus annexée à la présente convention ;

[Le cas échéant] Vu l'échéancier du programme des travaux joint à la présente convention,

Il a été convenu de ce qui suit :

Art. 1er *Objet de la convention.* La présente convention a pour objet de fixer les droits et obligations des parties prévus par les articles R. 353-154 à R. 353-165 du code de la construction et de l'habitation, pour le logement-foyer de *[nom et adresse de l'établissement]* dont le programme est annexé à la présente convention.

La signature de la présente convention conditionne pendant sa durée l'ouverture du droit à l'aide personnalisée au logement (APL) dans les conditions définies au livre III du titre V du code de la construction et de l'habitation et de ses textes d'application.

Si la présente convention est signée par un établissement public de coopération intercommunale ou un département signataire d'une convention mentionnée aux articles L. 301-5-1 et L. 301-5-2 du code de la construction et de l'habitation, le président de l'établissement public de coopération intercommunale ou le président du conseil général adresse au préfet une copie de la convention ouvrant droit à l'APL.

Les personnes accueillies dans le logement-foyer sont dénommées résidents et entrent dans le champ d'application des articles L. 633-1 à L. 633-3 du code de la construction et de l'habitation.

Art. 2 *Durée de la convention.* La présente convention prend effet à compter de sa signature.

Elle est conclue pour une durée de .... ans dans les limites fixées aux articles R. 353-159 et R. 353-160 du code de la construction et de l'habitation.

Elle expire le 31 décembre ....

A défaut de dénonciation expresse notifiée au moins six mois avant cette date, la convention est renouvelée par tacite reconduction par périodes triennales prenant effet à compter de sa date d'expiration.

Aucune dénonciation décidée par le propriétaire et, s'il y a lieu et d'un commun accord, par le propriétaire et le gestionnaire ne peut prendre effet avant la date d'expiration de la convention. La résiliation doit être notifiée au moins six mois avant cette date par acte notarié ou par acte d'huissier de justice et notifiée au préfet ou, lorsqu'un établissement public de coopération intercommunale ou un département a signé une convention mentionnée aux articles L. 301-5-1 et L. 301-5-2, au président de l'établissement public de coopération intercommunale ou du conseil général.

Le remboursement, anticipé ou non, d'un des prêts utilisés pour financer l'opération, d'une subvention ou le reversement du complément d'impôt en application de l'article 284 du code général des impôts sont sans effet sur la durée de la convention.

Pendant la durée prévue de la convention, le préfet est tenu informé des modifications apportées à la convention de location conclue entre le propriétaire et le gestionnaire du logement-foyer.

Ces modifications ne peuvent conduire à remettre en cause les engagements pris dans la présente convention.

Art. 3 *Obligations respectives du propriétaire et du bailleur relatives à la maintenance et à l'entretien des locaux loués.* Les locaux doivent être maintenus en bon état de fonctionnement au moyen d'une politique de provision pour le financement de travaux d'entretien et de grosses réparations.

Si le propriétaire et le gestionnaire sont deux organismes distincts, les obligations respectives du propriétaire et du gestionnaire relatives à la maintenance et à l'entretien des locaux sont celles définies dans la convention de location.

Dans le cas où le propriétaire est gestionnaire direct, le propriétaire est tenu, en application des articles 606, 1719, 1720 et 1721 du code civil, de maintenir les locaux en bon état d'habitation et de faire exécuter les réparations nécessaires qui sont à sa charge.

Pour permettre le contrôle de l'exécution des obligations définies ci-dessus, le propriétaire s'engage avec le gestionnaire à tenir un carnet d'entretien et de grosses réparations annuel dans lequel seront consignés tous les renseignements sur les interventions d'entretien, de réparation ou d'amélioration faites ou à faire par l'un ou l'autre sur l'immeuble.

Art. 4 *Conditions d'attribution et d'occupation permanente du logement-foyer.* Le gestionnaire s'engage à réserver le logement-foyer :

– soit aux personnes âgées seules ou en ménage dans l'établissement suivant :

[cocher la case prévue selon le type d'établissement retenu] :

☐ Établissement hébergeant des personnes âgées autonomes (EHPA).
☐ Établissement hébergeant des personnes âgées dépendantes (EHPAD).
☐ Unité pour personnes désorientées (unités « Alzheimer », ...).
☐ Petite unité de vie (établissement de moins de 25 places autorisées).
☐ Autres *[préciser]*;

– soit aux personnes handicapées seules ou en ménage dans l'établissement suivant :

[Cocher le type d'établissement retenu] ;

☐ Foyer.
☐ Foyer de vie ou « occupationnel ».
☐ Foyer d'accueil médicalisé.
☐ Autres *[préciser]*.

La part des logements à usage privatif réservés par le préfet est fixée à .... p. 100 du total des locaux à usage privatif du logement-foyer. Ce pourcentage doit tenir compte des besoins recensés par le plan départemental d'action pour le logement des personnes défavorisées (PDALPD). Dans ce cadre, le préfet propose au gestionnaire des candidats pour ces logements qui correspondent au public de l'établissement retenu.

Pour répondre à ces obligations, le gestionnaire s'engage à signaler les logements devenus vacants aux services préfectoraux et, le cas échéant, aux délégataires des droits à réservation du préfet en application de l'article L. 441-1 du code de la construction et de l'habitation *[rayer la mention inutile]* :

— soit dans les conditions du I de l'article R. 331-1 du code de la construction et de l'habitation ;

— soit dans les conditions de l'article R. 331-17 du code de la construction et de l'habitation.

Par ailleurs :

— les modalités de gestion de ces réservations sont les suivantes : ....

— les modalités de choix des personnes accueillies sont les suivantes : ....

Le gestionnaire s'engage à ce qu'au moins 90 % des ménages entrant dans les lieux disposent de ressources annuelles n'excédant pas les plafonds applicables pour l'attribution des logements financés dans les conditions susmentionnées.

Art. 5 *Contrat d'occupation entre le résident et le gestionnaire.* Le gestionnaire s'engage à proposer aux résidents dans les lieux à la date d'entrée en vigueur de la convention, ainsi qu'à tout nouvel entrant dans l'établissement, un contrat d'occupation cosigné avec le résident, établi par écrit en application de l'article L. 633-2 du code de la construction et de l'habitation et conformément aux stipulations de la convention ouvrant droit à l'aide personnalisée au logement. Un règlement intérieur, paraphé par ces mêmes personnes, lui est annexé.

Ce contrat et le contrat de séjour passé en application des articles L. 342-1, L. 342-2 et L. 343-3 du code de l'action sociale et des familles peuvent faire l'objet d'un contrat unique. Les dispositions du contrat de séjour établi en application des articles L. 342-1, L. 342-2 et L. 343-3 du code de l'action sociale et des familles s'appliquent sans préjudice des articles L. 633-1 et suivants du code de la construction et de l'habitation.

Ce contrat ne peut être accessoire à un contrat de travail.

En cas de changement de gestionnaire, de résiliation ou de dénonciation de ladite convention, le contrat est opposable de plein droit à tout nouveau gestionnaire.

Ce contrat est conclu pour une durée d'un mois renouvelable par tacite reconduction à la seule volonté du résident ou, à défaut de son représentant légal, pour des périodes de même durée.

Il précise notamment, en application de l'article L. 633-2 du code de la construction et de l'habitation :

– sa date de prise d'effet et sa durée ;

– la désignation des locaux et, le cas échéant, des meubles et des équipements à usage privatif dont la personne logée a la jouissance ainsi que les espaces collectifs mis à disposition ;

– le montant de la redevance et des prestations telles que définies aux articles 10, 11 et 12 de la présente convention, leurs modalités de calcul et de révision ;

– le cas échéant, le montant du dépôt de garantie tel que défini à l'article 8 de la présente convention ;

– le rappel des conditions spécifiques d'admission du logement-foyer prévues à l'article 4 de la présente convention ;

– les obligations prévues à l'article 1728 du code civil (les locaux loués à usage privatif sont considérés comme le domicile du résident) ;

– ses modalités et conditions de résiliation telles que définies à l'article 6 de la présente convention ;

– les obligations réciproques en cas d'absence prolongée.

La signature du contrat par la ou les personnes cocontractantes logées vaut acceptation du règlement intérieur de l'établissement. Le règlement intérieur est annexé au contrat et paraphé par ces mêmes personnes.

Le résident déjà dans les lieux ou son représentant légal dispose d'un délai d'un mois à compter de la présentation du contrat pour l'accepter ; au terme de ce délai, les dispositions de la présente convention s'appliquent de plein droit, sous réserve des contrats en cours et des dispositions prévues à l'article L. 353-8 du code de la construction et de l'habitation.

Au cours de chaque période mensuelle, le résident ou son représentant légal peut mettre fin à tout moment à son contrat sous réserve d'un préavis de huit jours donné par écrit.

Art. 6 *Résiliation du contrat entre le résident et le gestionnaire.* La résiliation du contrat par le gestionnaire ou le propriétaire ne peut intervenir que dans les cas suivants :

– inexécution par le résident de l'une des obligations lui incombant au regard du contrat d'occupation ou manquement grave ou répété au règlement intérieur. La résiliation du contrat ne prend effet qu'un mois après la date de notification par lettre recommandée avec avis de réception.

Lorsque la résiliation est motivée par un impayé de redevance, le délai de préavis ne débute que lorsque trois termes mensuels consécutifs, tel que prévu à l'article R. 633-3 du code de la construction et de l'habitation, du montant total à acquitter sont totalement impayés ou bien lorsqu'une somme au moins égale à deux fois le montant mensuel du montant à acquitter pour le logement et les charges est due au gestionnaire. Les dispositions des articles 1244 et suivants du code civil s'appliquent. Les effets de la clause résolutoire sont suspendus en cas de délai accordé par le juge judiciaire ;

– le résident cesse de remplir les conditions d'admission mentionnées à l'article 4. Le gestionnaire doit alors informer individuellement le résident concerné par lettre recommandée avec accusé de réception en respectant un préavis de trois mois francs ; à l'issue de ce délai, le contrat est résilié de plein droit lorsqu'une proposition de relogement correspondant aux besoins et aux possibilités du résident lui a été faite ; cette résiliation ne prend effet qu'un mois après la date de notification de la proposition de relogement par lettre recommandée avec avis de réception ;

– cessation totale de l'activité de l'établissement. Le gestionnaire ou, le cas échéant, le propriétaire propose une solution de relogement correspondant aux besoins et aux capacités des résidents qui doivent être prévenus par lettre recommandée avec avis de réception au moins trois mois auparavant ; les conditions d'offre de ces relogements seront déterminées en accord avec le préfet ou son représentant.

En cas d'inoccupation temporaire de son logement du fait de son état de santé justifié par certificat médical, aucune résiliation pour ce motif ne peut intervenir.

Art. 7 *Dispositions spécifiques en cas d'impayés pour un bénéficiaire de l'aide personnalisée au logement (APL).* En application de l'article R. 351-64 du code de la construction et de l'habitation, lorsque le bénéficiaire ne règle pas la part de dépense de logement restant à sa charge, son cas est soumis à l'organisme mentionné à l'article L. 351-14 du code de la construction et de l'habitation et, le cas échéant, à la commission spécialisée de coordination des actions de prévention des expulsions locatives par le gestionnaire percevant l'APL pour son compte.

Le gestionnaire s'engage à poursuivre par tous les moyens le recouvrement de sa créance, dès lors qu'un impayé est constitué au sens de l'article R. 351-64 cité ci-dessus, en lui notifiant, par lettre recommandée avec accusé de réception, le montant de cette créance ainsi que les conditions de résiliation du contrat d'occupation et le risque de suspension du versement de l'APL ; cette suspension ne peut intervenir que sur décision de l'organisme mentionné à l'article L. 351-14 du code de la construction et de l'habitation et après avis de la commission spécialisée de coordination précitée.

Art. 8 *Dépôt de garantie.* Le gestionnaire peut demander au résident un dépôt de garantie qui ne peut être supérieur à un mois de la redevance. Au départ du résident, il est restitué dans un délai maximum de quinze jours à compter de la remise des clefs, déduction faite, le cas échéant, des sommes dues au gestionnaire sous réserve qu'elles soient dûment justifiées. Le montant du dépôt de garantie ne porte pas intérêt au bénéfice du résident. Il ne doit faire l'objet d'aucune révision. A défaut de restitution dans le délai prévu, le solde du dépôt de garantie restant dû au résident, après arrêté des comptes, produit intérêt au taux légal au profit du résident.

En aucun cas il ne peut être demandé une avance sur le paiement des redevances ou des prestations.

Art. 9 *Information des résidents.* Le gestionnaire doit tenir à disposition des résidents toute information sur les prestations de logement ou annexes au logement, ou sur les conditions financières de leur accueil dans le logement-foyer.

La présente convention est tenue à la disposition permanente des résidents du logement-foyer et accessible à tout moment. Cette information est affichée de façon très apparente dans les parties communes du logement-foyer dès la signature de la convention.

Le gestionnaire s'engage à tenir à la disposition des résidents ou des entrants les notices d'information relatives à l'APL.

Art. 10 *Maxima applicables à la part de la redevance assimilable au loyer et aux charges locatives récupérables.* La part de la redevance mensuelle prise en compte pour le calcul de l'aide personnalisée au logement, assimilable au loyer et aux charges locatives récupérables, acquittée par le résident, hors dépenses liées aux prestations définies à l'article 12, ne doit pas excéder un maximum qui est fixé en euros par type de logement et dont le montant est inscrit dans le tableau du III de l'annexe à la présente convention.

Ce maximum applicable à la part de la redevance assimilable au loyer et aux charges locatives récupérables est révisé, en application de l'article L. 353-9-2 du code de la construction et de l'habitation, au 1er janvier de chaque année en fonction de l'indice de référence des loyers (IRL) prévu au *d* de l'article 17 de la loi no 89-462 du 6 juillet 1989 modifiée *[V. C.* ***baux****]*. La date de l'IRL prise en compte pour cette révision est celle du deuxième trimestre de l'année précédente.

La redevance pratiquée peut, dans la limite de la redevance maximum et de l'IRL, être réactualisée au 1er janvier de chaque année, dans les conditions prévues à l'article L. 353-9-3 du code de la construction et de l'habitation.

Cette redevance peut, en outre, dans la limite de la redevance maximum précitée, après que le gestionnaire aura recueilli l'avis du préfet, être réajustée chaque année le 1er janvier en cas d'amélioration notable du service rendu.

Art. 11 *Composition de la part de redevance assimilable au loyer et aux charges locatives et seule prise en compte pour le calcul de l'aide personnalisée au logement.* La part de redevance assimilable au loyer et aux charges locatives et seule prise en compte pour le calcul de l'aide personnalisée au logement est calculée sur la base de deux éléments, dont l'un est équivalant au loyer et l'autre équivalent aux charges locatives récupérables.

I. — En ce qui concerne l'équivalence du loyer, la participation du résident aux charges financières annuelles afférentes à l'immeuble recouvre :

a) Le remboursement :

— des charges afférentes à l'ensemble des dépenses effectuées pour la construction, l'amélioration ou l'acquisition-amélioration du logement-foyer ;

— des frais généraux du propriétaire ;

— des charges de renouvellement des composants immobilisés ;

— du montant de la prime d'assurance de l'immeuble ;

— de la taxe foncière sur les propriétés bâties ;

b) Les frais de fonctionnement relatifs au foyer, à savoir :

— les frais de siège du gestionnaire ;

— les frais fixes de personnel administratif ;

— toutes dépenses de menu entretien au sens des articles 1754 et 1755 du code civil ;

— les charges de gros entretien et frais de personnel et fournitures afférents à ces travaux.

II. — L'élément équivalent aux charges locatives récupérables, sommes accessoires au loyer principal, et pris en compte forfaitairement est exigible en contrepartie des charges dont la liste est énumérée par le décret no 87-713 du 26 août 1987 modifié pris en application de l'article 18 de la loi no 86-1290 du 23 décembre 1986 tendant à favoriser l'investissement locatif, l'accession à la propriété de logements sociaux et le développement de l'offre foncière et fixant la liste des charges récupérables. — *V. C.* ***baux***.

Lorsque les logements sont équipés de compteur individuel eau chaude et eau froide, dont les consommations sont relevables de l'extérieur, les consommations d'eau peuvent n'être prises en charge forfaitairement au titre de l'élément équivalent aux charges locatives récupérables qu'à hauteur de 165 litres par jour et par personne. Au-delà de ce maximum les consommations réelles supplémentaires sont facturées au résident, au titre des prestations par facturation séparée, au prix pratiqué par le fournisseur.

Ces modalités de facturation d'eau, pour être applicables, font l'objet d'une inscription au règlement intérieur de l'établissement et dans le contrat d'occupation.

Art. 12 *Prestations.* Dans les établissements conventionnés au titre de l'aide personnalisée au logement et non habilités à recevoir des bénéficiaires de l'aide sociale visés au 3o de l'article L. 342-1 du code de l'action sociale et des familles, les prestations, hors redevance telle que définie à l'article 11, font l'objet d'un contrat conforme aux articles L. 342-2 et suivant du même code.

L'augmentation annuelle du prix de ces prestations est encadrée par un arrêté du ministre de l'économie et des finances en application de l'article L. 342-3 du même code.

En application de l'article L. 113-3 du code de la consommation, les prix des différentes prestations offertes aux résidents doivent être affichés dans l'établissement.

Les prestations obligatoirement intégrées dans la redevance et non prises en compte pour le calcul de l'APL, et de ce fait non prises en compte au titre des charges récupérables, sont les suivantes :

– ....
– ....
– ....

Les prestations facultatives à la demande du résident facturées séparément sont les suivantes :

– ....
– ....
– ....

Art. 13 *Modalités de paiement de la redevance et des prestations.* La redevance est payée mensuellement à terme échu. Le gestionnaire remet au résident un avis d'échéance faisant clairement apparaître le montant de la redevance, le montant de l'équivalence de loyer et de charges locatives récupérables pris en compte pour le calcul de l'APL, ainsi que le montant de cette aide.

Art. 14 *Conditions d'exécution des travaux et relogement.* En cas de réhabilitation ou d'amélioration, les travaux concernant le logement-foyer sont inscrits au programme annexé à la présente convention. Ils font l'objet d'un programme de réalisation qui se poursuit par .... tranche(s) annuelle(s) pendant ...... mois ou année(s) dont l'échéancier est joint à la présente convention.

Ces travaux doivent conduire à mettre le logement-foyer en conformité totale avec les normes minimales d'habitabilité et les caractéristiques techniques définies par l'arrêté interministériel du 10 juin 1996 *[Arr. abrogé et remplacé par Arr. du 17 oct. 2011, JO 28 déc.]*, sous réserve des impératifs techniques tenant à la structure de l'immeuble, et respecter les dispositions des articles R. 111-18-8, R. 111-18-9 et R. 111-19-8 du code de la construction et de l'habitation.

Le gestionnaire doit informer chaque occupant concerné par tout moyen d'information approprié, un mois au moins avant le début des travaux, de la nature du projet, de la nécessité éventuelle de relogements provisoires ou définitifs et des augmentations prévisionnelles de redevance et, le cas échéant, du montant des prestations.

Lorsque ces travaux nécessitent l'évacuation temporaire ou définitive des résidents, le gestionnaire doit trouver des solutions de relogement. Les modalités de ces relogements seront déterminées en accord avec le préfet ou son représentant. Elles devront, en tout état de cause, être équivalentes à leurs conditions de logement avant travaux. A l'achèvement des travaux, le résident peut demander à réintégrer préférentiellement l'établissement amélioré.

Un mois avant la date d'achèvement des travaux, le gestionnaire notifie, par lettre recommandée avec accusé de réception, aux résidents dans les lieux ou ayant fait l'objet d'un relogement le montant de la nouvelle redevance applicable de plein droit dès l'achèvement des travaux.

Tout programme de travaux de réhabilitation, d'aménagement ou de démolition doit être présenté, pour avis, au conseil de vie sociale tel que prévu à l'article L. 311-6 du code de l'action sociale et des familles.

Art. 15 *Suivi de l'exécution de la convention.* Chaque année, au 15 novembre, le gestionnaire adresse au préfet ou, lorsqu'un établissement public de coopération intercommunale ou un département a signé la convention mentionnée aux articles L. 301-5-1 et L. 301-5-2 du code de la construction et de l'habitation, au président de l'établissement public de coopération intercommunale ou du conseil général les ressources des entrants de l'année précédente, le tableau des redevances pratiquées mentionné à l'article 11 ainsi que la liste et le prix des prestations prévues à l'article 12 de la présente convention, la comptabilité relative au logement-foyer pour l'année précédente, un budget prévisionnel de fonctionnement pour l'année en cours et les éventuels avenants à la convention de location signée entre le propriétaire et le gestionnaire. Le gestionnaire doit être en mesure de justifier au préfet le montant de la redevance et des prestations au vu de ces documents. Il en adresse copie au propriétaire.

Au vu de ces pièces et au regard des engagements pris dans la présente convention, le préfet peut faire des observations à l'adresse du gestionnaire avec copie au propriétaire.

En cas de non-respect de ces engagements, les sanctions prévues à l'article 18 sont mises en œuvre.

Art. 16 *Obligations à l'égard des organismes de la liquidation et du paiement de l'APL.* Dès l'entrée en vigueur de la présente convention ou, au plus tard, à l'appui des premières demandes d'APL, le gestionnaire s'engage à adresser aux organismes payeurs de l'APL une photocopie de la convention, des documents qui y sont visés et de ses annexes, ainsi qu'un tableau faisant apparaître la description des parties privatives par typologie des logements. Toutes les modifications ultérieures apportées ou à apporter à ces documents devront également être transmises à l'organisme payeur.

Avant le 15 novembre de chaque année, le gestionnaire s'engage à adresser aux organismes liquidateurs de l'APL un tableau mentionnant, pour l'année en cours, les redevances pratiquées au 1er juillet, les redevances prévisionnelles totales, le montant de l'équivalence de loyer et de charges par logement correspondant à la liste des locaux d'habitation établie à l'annexe I. Ce tableau est valable pour l'année civile suivante.

Il s'engage à prendre toutes les dispositions nécessaires pour assurer la liaison avec les organismes payeurs afin de faciliter l'établissement et le dépôt des dossiers de demande d'APL. Il s'engage à signaler immédiatement tout départ du résident bénéficiant de l'APL à l'organisme payeur concerné.

Le gestionnaire s'engage à fournir à l'organisme payeur concerné toutes justifications concernant le paiement de la redevance. En cas d'impayé constitué au sens de l'article 7, il en avise immédiatement l'organisme payeur, l'organisme mentionné à l'article L. 351-14 du code de la construction et de l'habitation et, le cas échéant, la commission spécialisée de coordination des actions de prévention des expulsions locatives en indiquant les démarches entreprises auprès du résident défaillant.

Avant le 15 novembre de chaque année, le gestionnaire s'engage à fournir aux organismes liquidateurs la liste des bénéficiaires non à jour de leurs obligations, en indiquant la date à laquelle l'organisme mentionné à l'article L. 351-14 du code de la construction et de l'habitation et la commission spécialisée de coordination des actions de prévention des expulsions locatives ont été saisis et en certifiant que la liste fournie est exhaustive ou que, le cas échéant, tous les bénéficiaires sont à jour.

Art. 17 *Résiliation de la convention.* En cas d'inexécution par le gestionnaire de ses engagements contractuels, l'administration, après mise en demeure par lettre recommandée avec avis de réception demeurée sans effet après un délai de deux mois, peut procéder unilatéralement à la résiliation de la présente convention.

Il sera fait application des dispositions prévues à l'article R. 353-174 du code de la construction et de l'habitation. Pour les occupants dans les lieux à la date à laquelle la résiliation est devenue définitive, la redevance est celle fixée par la convention, diminuée de l'APL, prise en charge désormais par le gestionnaire.

La résiliation par l'État, dans les conditions prévues à l'article L. 353-6, de la convention ouvrant le droit à l'aide personnalisée au logement est, sous réserve du respect par l'occupant des obligations prévues par le contrat de location, sans incidence sur les stipulations de ce contrat. Toutefois, à compter de la date à laquelle la résiliation est devenue définitive, l'aide personnalisée au logement n'est plus versée et la redevance exigible déterminée dans les conditions fixées par la convention est diminuée du montant de l'aide qui aurait été due au contrat des logements, prise en charge par le bailleur.

Cette disposition ne fait pas obstacle à la signature d'une nouvelle convention ouvrant droit à l'aide personnalisée au logement.

Art. 18 *Sanctions.* Des sanctions administratives peuvent être mises en œuvre en application de l'article L. 353-2 du code de la construction et de l'habitation.

En cas de non-respect par le gestionnaire des engagements prévus au titre de la présente convention et après que l'intéressé aura été mis en demeure par lettre recommandée avec avis de réception de présenter dans un délai de deux mois ses observations sur les griefs retenus à son encontre, l'autorité administrative prononce une pénalité pour chaque logement pour lequel ces engagements contractuels n'ont pas été respectés.

Le montant de cette pénalité est égal au maximum à neuf mois de redevance maximum prévue par la convention pour le logement considéré lorsque le gestionnaire ne respecte pas l'une de ses obligations contractuelles. Cette somme peut être doublée dans le cas où plusieurs obligations contractuelles n'ont pas été respectées pour un même logement.

Art. 19 *Contrôle.* Afin de permettre à l'État d'assurer le contrôle de l'application de la présente convention, le gestionnaire et le propriétaire fournissent à la demande du représentant de l'État dans le département toutes les informations et tous les documents nécessaires au plein exercice de ce contrôle.

Art. 20 *Publication.* La publication de la convention, de sa résiliation et de ses éventuels avenants au fichier immobilier ou de leur inscription au livre foncier incombe au préfet ou, lorsqu'un établissement public de coopération intercommunale ou un département a signé une convention mentionnée aux articles L. 301-5-1 et L. 301-5-2 du code de la construction et de l'habitation, au président de l'établissement public de coopération intercommunale ou du conseil général. Les frais de publication sont à la charge de l'organisme.

Le préfet, ou, lorsqu'un établissement public de coopération intercommunale ou un département a signé une convention mentionnée aux articles L. 301-5-1 et L. 301-5-2 du code de la construction et de l'habitation, le président de l'établissement public de coopération intercommunale ou du conseil général, transmet aux organismes chargés de la liquidation et du paiement de l'aide personnalisée au logement une photocopie de la présente convention, de ses avenants éventuels ainsi que l'état prouvant qu'elle (ou ils) a (ont) bien fait l'objet d'une publication au fichier immobilier (ou d'une inscription au livre foncier).

Fait à ...., le ....

Annexe à la convention n° 1 annexée au III de l'article R. 353-159 du code de la construction et de l'habitation ouvrant droit à l'aide personnalisée au logement

Descriptif du programme

I. — Nom et adresse du logement-foyer : ....

II. — Nature du programme conventionné :

[Rayer la mention inutile]

Variante 1 : programme existant dont la construction a été financé*[e]* dans les conditions du 1° de l'article R. 351-56 du code de la construction et de l'habitation.

Variante 2 : programme existant dont l'amélioration ou l'acquisition suivie d'une amélioration est financée dans les conditions prévues au 2° de l'article R. 351-56 du code de la construction et de l'habitation.

Description du programme des travaux :

Variante 3 : programme neuf dont la construction est financée dans les conditions visées au 3° de l'article R. 351-56 du code de la construction et de l'habitation.

III. — Composition du programme :

Surface habitable totale : ....

Locaux auxquels s'applique la présente convention : ....

Surface habitable totale : .... mètres carrés, dont :

Surface habitable totale des parties privatives :

.... mètres carrés ;

Se décomposant comme suit : ....

Nombre total de logements : ....

TYPES DE LOGEMENT (*) (une ligne par logement)	SURFACE HABITABLE par local	NUMÉRO du logement	REDEVANCE MAXIMALE par logement prise en compte pour le calcul de l'APL
Logement T 1			
Logement T 2			
Logement T 3			
Logement T 4			
Logement T 5			
Logement T 6			
Logement T 7			
(*) Normes des typologies définies par l'arrêté du 10 juin 1996.			

Surface totale des locaux à usage collectif : .... mètres carrés de surface habitable :

TYPE DE LOCAL	SURFACE HABITABLE	NOMBRE

Dépendances (nombre et surface) : ....

Garages et/ou parking (nombre) : ....

Locaux auxquels ne s'applique pas la convention *[Exemple : logement de fonction, logement d'accueil temporaire et espaces hors hébergement dédiés aux soins, à de la balnéothérapie...] [:]*

— ....

— ....

— ....

IV. — Renseignements administratifs :

A. — Origine de propriété *[Établie conformément à l'article 3 du décret nº 55-22 du 4 janvier 1955 modifié précité]* : ....

B. — Permis de construire ou déclaration préalable de construction *[selon la nature des travaux]* : ....

C. — Modalités de financement de l'opération *[Renseignements à compléter dès que les décisions de financements sont intervenues]* :

Financement principal : ....

Date d'octroi du prêt : ....

Numéro du prêt : ....

Durée : ....

Financement complémentaire : ....

Date d'achèvement de la construction ou certificat de conformité : ....

D. — Historique des financements publics dont le programme a bénéficié depuis sa construction : ....

Fait à .... le ....

Annexe II

Décret nº 2011-356 du 30 mars 2011,

Relatif aux conventions conclues en application de l'article L. 351-2 du code de la construction et de l'habitation pour les logements-foyers.

Convention conclue entre l'État, l'organisme propriétaire et l'organisme gestionnaire en application de l'article L. 353-2 du code de la construction et de l'habitation et portant

sur les résidences sociales visées aux articles L. 351-2 et R. 351-55 du code de la construction et de l'habitation et ouvrant droit à l'aide personnalisée au logement.

Entre les soussignés :

Le ministre chargé du logement, agissant au nom de l'État, et représenté par le préfet ou, lorsqu'un établissement public de coopération intercommunale ou un département a signé une convention mentionnée aux articles L. 301-5-1 et L. 301-5-2 du code de la construction et de l'habitation, par le président de l'établissement public de coopération intercommunale ou du conseil général ;

XX [Organisme d'habitations à loyer modéré, société d'économie mixte ou collectivité territoriale ou autre personne morale propriétaire du logement-foyer] représenté(e) par M. ...., dénommé(e) ci-après le "propriétaire" ;

XX [Organisme agréé gestionnaire du logement-foyer, sauf dans le cas où le propriétaire est gestionnaire direct] représenté(e) par son président M. ....., autorisé à cet effet par délibération de son conseil d'administration, en date du ...., dénommé ci-après le "gestionnaire", et agissant à ce titre en application de la convention de location conclue avec le propriétaire ;

Vu l'objet de la résidence sociale tel que défini à l'annexe II ;

Vu l'agrément de gestionnaire de résidence sociale prévu à l'article R. 353-165-1 ou l'agrément d'intermédiation locative et de gestion locative sociale mentionné à l'article L. 365-4 et délivré par le préfet du département de *XX* en date du ..... à ..... au gestionnaire pour assurer la gestion de résidences sociales ;

[Le cas échéant] Vu la convention de location, jointe à la présente convention, en date du .... conclue entre le propriétaire et le gestionnaire ;

[Le cas échéant] Vu la description du programme et des travaux prévus annexée à la présente convention (annexe I) ;

[Le cas échéant] Vu l'échéancier du programme des travaux joint à la présente convention,

Il a été convenu ce qui suit :

Art. 1er *Objet de la convention.* La présente convention a pour objet de fixer les droits et obligations des parties prévus par les articles R. 353-154 à R. 353-165 du code de la construction et de l'habitation, pour le logement-foyer de *[nom et adresse de l'établissement]* dont le programme est annexé à la présente convention.

La signature de la présente convention conditionne pendant sa durée l'ouverture du droit à l'aide personnalisée au logement (APL) dans les conditions définies au livre III du titre V du code de la construction et de l'habitation et de ses textes d'application.

Si la présente convention est signée par un établissement public de coopération intercommunale ou un département signataire d'une convention mentionnée aux articles L. 301-5-1 et L. 301-5-2 du code de la construction et de l'habitation, le président de l'établissement public de coopération intercommunale ou le président du conseil général adresse au préfet une copie de la convention ouvrant droit à l'APL.

Les personnes accueillies dans la résidence sociale sont dénommées résidents et entrent dans le champ d'application des articles L. 633-1 à L. 633-5 du code de la construction et de l'habitation.

L'agrément prévu à l'article R. 353-156 du code de la construction et de l'habitation a été délivré par le préfet du département de *XX* en date du ......

Art. 2 *Durée de la convention.* La présente convention prend effet à compter de sa signature.

Elle est conclue pour une durée de .... ans dans les limites fixées aux articles R. 353-159 et R. 353-160 du code de la construction et de l'habitation.

Elle expire le 31 décembre ....

A défaut de dénonciation expresse notifiée au moins six mois avant cette date, la convention est renouvelée par tacite reconduction par périodes triennales prenant effet à compter de sa date d'expiration.

Aucune dénonciation décidée par le propriétaire et, s'il y a lieu et d'un commun accord, par le propriétaire et le gestionnaire ne peut prendre effet avant la date d'expiration de la convention. La résiliation doit être notifiée au moins six mois avant cette date par acte notarié ou par acte d'huissier de justice et notifiée au préfet ou, lorsqu'un établissement public de coopération intercommunale ou un département a signé une convention mentionnée aux articles L. 301-5-1 et L. 301-5-2, au président de l'établissement public de coopération intercommunale ou du conseil général.

Le remboursement, anticipé ou non, d'un des prêts utilisés pour financer l'opération, d'une subvention ou le reversement du complément d'impôt en application de l'article 284 du code général des impôts sont sans effet sur la durée de la convention.

Pendant la durée prévue de la convention, le préfet est tenu informé des modifications apportées à la convention de location conclue entre le propriétaire et le gestionnaire du logement-foyer.

Ces modifications ne peuvent conduire à remettre en cause les engagements pris dans la présente convention.

Art. 3 *Obligations respectives du propriétaire et du bailleur relatives à la maintenance et à l'entretien des locaux loués.* Les locaux doivent être maintenus en bon état de fonctionnement au moyen d'une politique de provision pour le financement de travaux d'entretien et de grosses réparations.

Si le propriétaire et le gestionnaire sont deux organismes distincts, les obligations respectives du propriétaire et du gestionnaire relatives à la maintenance et à l'entretien des locaux sont celles définies dans la convention de location.

Dans le cas où le propriétaire est gestionnaire direct, le propriétaire est tenu, en application des articles 606, 1719, 1720 et 1721 du code civil, de maintenir les locaux en bon état d'habitation et de faire exécuter les réparations nécessaires qui sont à sa charge.

Pour permettre le contrôle de l'exécution des obligations définies ci-dessus, le propriétaire s'engage avec le gestionnaire à tenir un carnet d'entretien et de grosses réparations annuel dans lequel seront consignés tous les renseignements sur les interventions d'entretien, de réparation ou d'amélioration faites ou à faire par l'un ou l'autre sur l'immeuble.

Art. 4 *Conditions d'attribution et d'occupation permanente de la résidence sociale.* Le gestionnaire s'engage à réserver la résidence sociale aux personnes seules ou en ménage dans l'établissement suivant :

[Cocher la case prévue selon le type d'établissement retenu] :

☐ Résidence sociale ordinaire *[accueil de jeunes travailleurs ; de travailleurs migrants ; de personnes éprouvant des difficultés sociales ou économiques particulières au sens de l'article 1er de la loi no 90-449 du 31 mai 1990 visant à la mise en œuvre du droit au logement ainsi que les étudiants en situation de rupture sociale et familiale qui peuvent, à titre exceptionnel, avoir accès à un nombre de places très minoritaires].*

☐ Pension de famille *[accueil sans condition de durée de personnes dont la situation sociale et psychologique ne permet pas leur accès à un logement ordinaire].*

☐ Résidence accueil *[pension de famille pour personnes présentant un handicap psychique].*

La part des locaux à usage privatif réservés par le préfet est fixée à .... p. 100 du total des locaux à usage privatif de la résidence sociale. Ce pourcentage doit tenir compte des besoins recensés par le plan départemental d'action pour le logement des personnes défavorisées. Dans ce cadre, le préfet propose au gestionnaire des candidats pour ces logements.

Pour répondre à ces obligations, le gestionnaire s'engage à signaler les logements devenus vacants aux services préfectoraux et, le cas échéant, aux délégataires des droits à réservation du préfet en application de l'article L. 441-1 du code de la construction et de l'habitation. Dans ce cadre, le préfet propose au gestionnaire des candidats dont les caractéristiques correspondent à celles des publics définis dans le projet social.

Les modalités de gestion de ces réservations sont les suivantes : ....

Les modalités de choix des personnes accueillies sont les suivantes : ....

Le gestionnaire s'engage à ce qu'au moins 75 % des ménages entrant dans les lieux disposent de ressources annuelles n'excédant pas les plafonds applicables pour l'attribution des logements financés dans les conditions du II de l'article R. 331-1 du code de la construction et de l'habitation.

L'annexe II précise ces engagements ainsi que l'ensemble des actions menées au bénéfice des résidents.

Art. 5 *Contrat d'occupation entre le résident et le gestionnaire.* Le gestionnaire s'engage à proposer aux résidents dans les lieux à la date d'entrée en vigueur de la convention ainsi qu'à tout nouvel entrant dans l'établissement un contrat d'occupation cosigné par lui et le résident, établi par écrit en application de l'article L. 633-2 du présent code et conformément aux stipulations de la convention ouvrant droit à l'aide personnalisée au logement. Un règlement intérieur, paraphé par ces mêmes personnes, lui est annexé.

Ce contrat ne peut être accessoire à un contrat de travail.

En cas de changement de gestionnaire, de résiliation ou de dénonciation de ladite convention, le contrat est opposable de plein droit à tout nouveau gestionnaire.

Ce contrat est conclu pour une durée d'un mois renouvelable par tacite reconduction à la seule volonté du résident ou, à défaut, de son représentant légal, pour des périodes de même durée.

Il précise notamment, en application de l'article L. 633-2 du code de la construction et de l'habitation :

– sa date de prise d'effet et sa durée ;

– la désignation des locaux et, le cas échéant, des meubles et des équipements à usage privatif dont la personne logée a la jouissance ainsi que les espaces collectifs mis à sa disposition ;

– le montant de la redevance et des prestations telles que définies aux articles 12 et 13 de la présente convention, leurs modalités de calcul et de révision ;

– le cas échéant, le montant du dépôt de garantie tel que défini à l'article 8 de la présente convention ;

– le rappel des conditions spécifiques d'admission de la résidence sociale prévues à l'article 4 de la présente convention et du projet social annexé à la présente convention ;

– les obligations prévues à l'article 1728 du code civil (les locaux loués à usage privatif sont considérés comme le domicile du résident) ;

– ses modalités et conditions de résiliation telles que définies à l'article 6 de la présente convention ;

– les obligations réciproques en cas d'absence prolongée.

La signature du contrat par la ou les personnes cocontractantes logées vaut acceptation par le résident du règlement intérieur de l'établissement. Le règlement intérieur est annexé au contrat et paraphé par ces mêmes personnes.

Le résident déjà dans les lieux ou son représentant légal dispose d'un délai d'un mois à compter de la présentation du contrat pour l'accepter ; au terme de ce délai, les dispositions de la présente convention s'appliquent de plein droit, sous réserve des contrats en cours et des dispositions prévues à l'article L. 353-8 du code de la construction et de l'habitation.

Au cours de chaque période mensuelle, le résident ou son représentant légal peut mettre fin à tout moment à son contrat sous réserve d'un préavis d'un mois donné par écrit, par dérogation à l'article R. 633-3 du code précité. Toutefois, en cas d'obtention d'un emploi, de mutation, de perte d'emploi ou d'offre d'accès à un logement, ce délai est ramené à huit jours sous réserve de production de justificatifs.

Art. 6 *Résiliation du contrat entre le résident et le gestionnaire.* La résiliation du contrat par le gestionnaire ou le propriétaire ne peut intervenir que dans les cas suivants :

– inexécution par le résident de l'une des obligations lui incombant au regard du contrat d'occupation ou manquement grave ou répété au règlement intérieur. La résiliation du contrat ne prend effet qu'un mois après la date de notification par lettre recommandée avec avis de réception.

Lorsque la résiliation est motivée par un impayé de redevance, le délai de préavis ne débute que lorsque trois termes mensuels consécutifs, tel que prévu à l'article R. 633-3 du code de la construction et de l'habitation, du montant total à acquitter sont totalement impayés ou bien lorsqu'une somme au moins égale à deux fois le montant mensuel du montant à acquitter pour le logement et les charges est due au gestionnaire. Les dispositions des articles 1244 et suivants du code civil s'appliquent. Les effets de la clause résolutoire sont suspendus en cas de délai accordé par le juge judiciaire ;

– le résident cesse de remplir les conditions d'admission mentionnées à l'article 4. Le gestionnaire doit alors informer individuellement le résident concerné par lettre recommandée avec accusé de réception en respectant un préavis de trois mois francs ; à l'issue de ce délai, le contrat est résilié de plein droit lorsqu'une proposition de relogement correspondant aux besoins et aux possibilités du résident lui a été faite ; cette résiliation ne prend effet qu'un mois après la date de notification de la proposition de relogement par lettre recommandée avec avis de réception ;

– cessation totale de l'activité de l'établissement. Le gestionnaire ou, le cas échéant, le propriétaire propose une solution de relogement correspondant aux besoins et aux capacités des résidents qui doivent être prévenus par lettre recommandée avec avis de réception au moins trois mois auparavant ; les conditions d'offre de ces relogements seront déterminées en accord avec le préfet ou son représentant.

En cas d'inoccupation temporaire de son logement du fait de son état de santé justifié par certificat médical, aucune résiliation pour ce motif ne peut intervenir.

Art. 7 *Dispositions spécifiques en cas d'impayés pour un bénéficiaire de l'aide personnalisée au logement (APL).* En application de l'article R. 351-64 du code de la construction et de l'habitation, lorsque le bénéficiaire ne règle pas la part de dépense de logement restant à sa charge, son cas est soumis à l'organisme mentionné à l'article L. 351-14 du code de la construction et de l'habitation et, le cas échéant, à la commission spécialisée de coordination des actions de prévention des expulsions locatives par le gestionnaire percevant l'APL pour son compte.

Le gestionnaire s'engage à poursuivre par tous les moyens le recouvrement de sa créance, dès lors qu'un impayé est constitué au sens de l'article R. 351-64 cité ci-dessus, en lui notifiant, par lettre recommandée avec accusé de réception, le montant de cette créance ainsi que les conditions de résiliation du contrat d'occupation et le risque de suspension du versement de l'APL ; cette suspension ne peut intervenir que sur décision de l'organisme mentionné à l'article L. 351-14 du code de la construction et de l'habitation et après avis de la commission spécialisée de coordination précitée.

Art. 8 *Dépôt de garantie.* Le gestionnaire peut demander au résident un dépôt de garantie qui ne peut être supérieur à un mois de la redevance. Au départ du résident, il est restitué dans un délai maximum de quinze jours à compter de la remise des clefs, déduction faite, le cas échéant, des sommes dues au gestionnaire sous réserve qu'elles soient dûment justifiées. Le montant du dépôt de garantie ne porte pas intérêt au bénéfice du résident. Il ne doit faire l'objet d'aucune révision. A défaut de restitution dans le délai prévu, le solde du dépôt de garantie restant dû au résident, après arrêté des comptes, produit intérêt au taux légal au profit du résident.

En aucun cas, il ne peut être demandé une avance sur le paiement des redevances ou des prestations.

Art. 9 *Information des résidents.* Le gestionnaire doit tenir à disposition des résidents toute information sur les prestations de logement ou annexes au logement, ou sur les conditions financières de leur accueil dans le logement-foyer.

La présente convention est tenue à la disposition permanente des résidents du logement-foyer et accessible à tout moment. Cette information est affichée de façon très apparente, dans les parties communes du logement-foyer dès la signature de la convention.

Le gestionnaire s'engage à tenir à la disposition des résidents ou des entrants les notices d'information relatives à l'APL.

Art. 10 *Maxima applicables à la part de la redevance assimilable au loyer et aux charges locatives récupérables.* La part de la redevance mensuelle prise en compte pour le calcul de l'aide personnalisée au logement, assimilable au loyer et aux charges locatives récupérables, acquittée par le résident, hors dépenses liées aux prestations définies à l'article 12*[,]* ne doit pas excéder un maximum qui est fixé en euros par type de logement et dont le montant est inscrit dans le tableau du III de l'annexe à la présente convention.

Ce maximum applicable à la part de la redevance assimilable au loyer et aux charges locatives récupérables est révisé, en application de l'article L. 353-9-2 du code de la construction et de l'habitation, au 1er janvier de chaque année en fonction de l'indice de référence des loyers (IRL) prévu au *d* de l'article 17 de la loi nº 89-462 du 6 juillet 1989 modifiée *[V. **C. baux**]*. La date de l'IRL prise en compte pour cette révision est celle du deuxième trimestre de l'année précédente.

La redevance pratiquée peut, dans la limite de la redevance maximum et de l'IRL, être réactualisée au 1er janvier de chaque année, dans les conditions prévues à l'article L. 353-9-3 du code de la construction et de l'habitation.

Cette redevance peut, en outre, dans la limite de la redevance maximum précitée, après que le gestionnaire aura recueilli l'avis du préfet, être réajustée chaque année le 1er janvier en cas d'amélioration notable du service rendu.

Art. 11 *Composition de la part de redevance assimilable au loyer et aux charges locatives et seule prise en compte pour le calcul de l'aide personnalisée au logement.* La part de redevance assimilable au loyer et aux charges locatives et seule prise en compte pour le calcul de l'aide personnalisée au logement est calculée sur la base de deux éléments, dont l'un est équivalent au loyer, et l'autre équivalent aux charges locatives récupérables.

I. — En ce qui concerne l'équivalence du loyer, la participation du résident aux charges financières annuelles afférentes à l'immeuble recouvre :

a) Le remboursement :

— des charges afférentes à l'ensemble des dépenses effectuées pour la construction, l'amélioration ou l'acquisition-amélioration du logement-foyer ;

— des frais généraux du propriétaire ;

— des charges de renouvellement des composants immobilisés ;

— du montant de la prime d'assurance de l'immeuble ;

— de la taxe foncière sur les propriétés bâties.

b) Les frais de fonctionnement relatifs au foyer, à savoir :

— les frais de siège du gestionnaire ;

— les frais fixes de personnel administratif ;

— toutes dépenses de menu entretien au sens des articles 1754 et 1755 du code civil ;

— les charges de gros entretien et frais de personnel et fournitures afférents à ces travaux.

II. — L'élément équivalent aux charges locatives récupérables, sommes accessoires au loyer principal, et pris en compte forfaitairement, est exigible en contrepartie des charges dont la liste est énumérée par le décret nº 87-713 du 26 août 1987 pris en application de l'article 18 de la loi nº 86-1290 du 23 décembre 1986 tendant à favoriser l'investissement locatif, l'accession à la propriété de logements sociaux et le développement de l'offre foncière et fixant la liste des charges récupérables modifié *[V. **C. baux**]*.

Lorsque les logements sont équipés de compteur individuel, eau chaude et eau froide, dont les consommations sont relevables de l'extérieur, les consommations d'eau peuvent n'être prises en charge forfaitairement au titre de l'élément équivalent aux charges locatives récupérables qu'à hauteur de 165 litres par jour et par personne. Au-delà de ce maximum, les consommations réelles supplémentaires sont facturées au résident au titre des prestations par facturation séparée, au prix pratiqué par le fournisseur.

Ces modalités de facturation d'eau, pour être applicables, font l'objet d'une inscription au règlement intérieur de l'établissement et dans le contrat d'occupation.

Lorsque ces modalités de facturation des consommations d'eau sont mises en application, la participation aux charges supplémentaires mentionnée à l'article R. 633-9 ne peut être demandée au résident au titre de cette consommation.

Art. 12 *Prestations.* En application des dispositions de l'article L. 113-3 du code de la consommation, les prix des différentes prestations offertes aux résidents doivent être affichés dans l'établissement.

Les prestations obligatoirement intégrées dans la redevance et non prises en compte pour le calcul de l'APL, et de ce fait non prises en compte au titre des charges récupérables, sont les suivantes :

–

–

–

Les prestations facultatives à la demande du résident facturées séparément sont les suivantes :

–

–

Art. 13 *Modalités de paiement de la redevance et des prestations.* La redevance est payée mensuellement à terme échu. Le gestionnaire remet au résident un avis d'échéance faisant clairement apparaître le montant de la redevance, le montant de l'équivalence de loyer et de charges locatives récupérables pris en compte pour le calcul de l'APL ainsi que le montant de cette aide.

Art. 14 *Conditions d'exécution des travaux et relogement.* En cas de réhabilitation ou d'amélioration, les travaux concernant la résidence sociale sont inscrits au programme dans l'annexe I à la présente convention. Ils font l'objet d'un programme de réalisation qui se poursuit par tranches annuelles pendant mois ou années dont l'échéancier est joint à la présente convention.

Ces travaux doivent conduire à mettre la résidence sociale en conformité totale avec les normes minimales d'habitabilité et les caractéristiques techniques définies par l'arrêté interministériel du 10 juin 1996 *[Arr. abrogé et remplacé par Arr. du 17 oct. 2011, JO 28 déc.]*, sous réserve des impératifs techniques tenant à la structure de l'immeuble*[,]* et respecter les dispositions des articles R. 111-18-8, R. 111-18-9 et R. 111-19-8 du code de la construction et de l'habitation.

Le gestionnaire doit informer chaque occupant concerné par tout moyen d'information approprié, un mois au moins avant le début des travaux, de la nature du projet, de la nécessité éventuelle de relogements provisoires ou définitifs et des augmentations prévisionnelles de redevance et, le cas échéant, du montant des prestations.

Lorsque ces travaux nécessitent l'évacuation temporaire ou définitive des résidents, le gestionnaire doit trouver des solutions de relogement. Les modalités de ces relogements seront déterminées en accord avec le préfet ou son représentant. Elles devront, en tout état de cause, être équivalentes à leurs conditions de logement avant travaux. A l'achèvement des travaux, le résident peut demander à réintégrer préférentiellement l'établissement amélioré.

Un mois avant la date d'achèvement des travaux, le gestionnaire notifie, par lettre recommandée avec accusé de réception aux résidents dans les lieux ou ayant fait l'objet d'un relogement, le montant de la nouvelle redevance applicable de plein droit dès l'achèvement des travaux.

Tout programme de travaux de réhabilitation, d'aménagement ou de démolition doit être présenté pour avis au conseil de concertation. Les membres du conseil de concertation sont consultés pour avis préalablement à la réalisation des travaux.

Art. 15 *Suivi de l'exécution de la convention.* Chaque année, au 15 novembre, le gestionnaire adresse au préfet ou, lorsqu'un établissement public de coopération intercommunale ou un département a signé la convention mentionnée aux articles L. 301-5-1 et L. 301-5-2 du code de la construction et de l'habitation, au président de l'établissement public de coopération intercommunale ou au conseil général un bilan d'occupation et d'action sociales, le tableau des redevances pratiquées mentionné à l'article 11 ainsi que la liste et le prix des prestations prévues à l'article 12 de la présente convention, la comptabilité relative à la résidence sociale pour l'année précédente, un budget prévisionnel de fonctionnement pour l'année en cours et les éventuels avenants à la convention de location signée entre le propriétaire et le gestionnaire. Le gestionnaire doit être en mesure de justifier au préfet le montant de la redevance et des prestations au vu de ces documents. Il en adresse copie au propriétaire.

Au vu de ces pièces et au regard des engagements pris dans la présente convention, le préfet peut faire des observations à l'adresse du gestionnaire avec copie au propriétaire. Les membres du conseil de concertation sont consultés pour avis préalablement à la réalisation des travaux.

En cas de non-respect de ces engagements, les sanctions prévues à l'article 18 sont mises en œuvre.

Art. 16 *Obligations à l'égard des organismes de la liquidation et du paiement de l'APL.* Dès l'entrée en vigueur de la présente convention ou, au plus tard, à l'appui des premières demandes d'APL, le gestionnaire s'engage à adresser aux organismes payeurs de l'APL une photocopie de la convention, des documents qui y sont visés et de ses annexes ainsi qu'un tableau faisant apparaître la description des parties privatives par typologie des logements. Toutes les modifications ultérieures apportées ou à apporter à ces documents devront également être transmises à l'organisme payeur.

Avant le 15 novembre de chaque année, le gestionnaire s'engage à adresser aux organismes liquidateurs de l'APL un tableau mentionnant, pour l'année en cours, les redevances pratiquées au 1er juillet, les redevances prévisionnelles totales, le montant de l'équivalence de loyer et de charges par logement correspondant à la liste des locaux d'habitation établie à l'annexe I. Ce tableau est valable pour l'année civile suivante.

Il s'engage à prendre toutes les dispositions nécessaires pour assurer la liaison avec les organismes payeurs afin de faciliter l'établissement et le dépôt des dossiers de demande d'APL. Il s'engage à signaler immédiatement tout départ du résident bénéficiant de l'APL à l'organisme payeur concerné.

Le gestionnaire s'engage à fournir à l'organisme payeur concerné toutes justifications concernant le paiement de la redevance. En cas d'impayé constitué au sens de l'article 7, il en avise immédiatement l'organisme payeur, l'organisme mentionné à l'article L. 351-14 du code de la construction et de l'habitation et, le cas échéant, la commission spécialisée de coordination des actions de prévention des expulsions locatives en indiquant les démarches entreprises auprès du résident défaillant.

Avant le 15 novembre de chaque année, le gestionnaire s'engage à fournir aux organismes liquidateurs la liste des bénéficiaires non à jour de leurs obligations, en indiquant la date à laquelle l'organisme mentionné à l'article L. 351-14 du code de la construction et de l'habitation et la commission spécialisée de coordination des actions de prévention des expulsions locatives ont été saisis et en certifiant que la liste fournie est exhaustive ou que, le cas échéant, tous les bénéficiaires sont à jour.

Art. 17 *Résiliation de la convention.* En cas d'inexécution par le gestionnaire de ses engagements contractuels, l'administration, après mise en demeure par lettre recommandée avec avis de réception demeurée sans effet après un délai de deux mois, peut procéder unilatéralement à la résiliation de la présente convention.

Il sera fait application des dispositions prévues à l'article R. 353-174 du code de la construction et de l'habitation. Pour les occupants dans les lieux à la date à laquelle la résiliation est devenue définitive, la redevance est celle fixée par la convention, diminuée de l'APL, prise en charge désormais par le gestionnaire.

La résiliation par l'État, dans les conditions prévues à l'article L. 353-6, de la convention ouvrant le droit à l'aide personnalisée au logement est, sous réserve du respect par l'occupant des obligations prévues par le contrat de location, sans incidence sur les stipulations de ce contrat. Toutefois, à compter de la date à laquelle la résiliation est devenue définitive, l'aide personnalisée au logement n'est plus versée et la redevance exigible déterminée dans les conditions fixées par la convention est diminuée du montant de l'aide qui aurait été due au contrat des logements, prise en charge par le bailleur.

Cette disposition ne fait pas obstacle à la signature d'une nouvelle convention ouvrant droit à l'aide personnalisée au logement.

Art. 18 *Sanctions.* Des sanctions administratives peuvent être mises en œuvre en application de l'article L. 353-2 du code de la construction et de l'habitation.

En cas de non-respect par le gestionnaire des engagements prévus au titre de la présente convention et après que l'intéressé aura été mis en demeure par lettre recommandée avec avis de réception de présenter dans un délai de deux mois ses observations sur les griefs retenus à son encontre, le préfet peut retirer l'agrément relatif à l'intermédiation et à la gestion locative sociale prévu à l'article L. 365-4 du code de la construction et de l'habitation qui lui a été accordé pour gérer la résidence.

Entre la notification de la décision de retrait d'agrément et la date d'effet de cette décision, un avenant à la présente convention est signé avec un nouveau gestionnaire bénéficiant d'un agrément.

En outre, en cas d'inexécution par le gestionnaire ou le propriétaire des engagements prévus par la convention, et après mise en demeure du gestionnaire ou du propriétaire restée sans effet après un délai de deux mois, l'autorité administrative prononce une pénalité pour chaque logement pour lequel ces engagements contractuels n'ont pas été respectés.

Le montant de cette pénalité est égal au maximum à neuf mois de redevance maximum prévue par la convention pour le logement considéré lorsque le gestionnaire ne respecte pas l'une de ses obligations contractuelles. Cette somme peut être doublée dans le cas où plusieurs obligations contractuelles n'ont pas été respectées pour un même logement.

Art. 19 *Contrôle.* Afin de permettre à l'État d'assurer le contrôle de l'application de la présente convention, le gestionnaire et le propriétaire fournissent à la demande du représentant de l'État dans le département toutes les informations et tous les documents nécessaires au plein exercice de ce contrôle.

Art. 20 *Publication.* La publication de la convention, de sa résiliation et de ses éventuels avenants au fichier immobilier ou de leur inscription au livre foncier incombe au préfet, ou, lorsqu'un établissement public de coopération intercommunale ou un département a signé une convention mentionnée aux articles L. 301-5-1 et L. 301-5-2 du code de la construction et de l'habitation, au président de l'établissement public de coopération intercommunale ou du conseil général. Les frais de publication sont à la charge de l'organisme.

Le préfet, ou, lorsqu'un établissement public de coopération intercommunale ou un département a signé une convention mentionnée aux articles L. 301-5-1 et L. 301-5-2 du code de la construction et de l'habitation, le président de l'établissement public de coopération intercommunale ou du conseil général*[,]* transmet aux organismes chargés de la liquidation et du paiement de l'aide personnalisée au logement une photocopie de la présente convention, de ses avenants éventuels ainsi que l'état prouvant qu'elle (ou ils) a (ont) bien fait l'objet d'une publication au fichier immobilier (ou d'une inscription au livre foncier).

Fait à ...., le ....

Annexe I à la convention n° 2 annexée au III de l'article R. 353-159 du code de la construction et de l'habitation ouvrant droit à l'APL

Descriptif du programme

I. — Nom et adresse de la résidence sociale : ....

II. — Nature du programme conventionné : ....

[Rayer la mention inutile]

Variante 1 : programme existant dont la construction a été financée dans les conditions du 1° de l'article R. 351-56 du code de la construction et de l'habitation.

Variante 2 : programme existant dont l'amélioration ou l'acquisition suivie d'une amélioration est financée dans les conditions prévues au 2° de l'article R. 351-56 du code de la construction et de l'habitation.

Description du programme des travaux :

Variante 3 : programme neuf dont la construction est financée dans les conditions visées au 3° de l'article R. 351-56 du code de la construction et de l'habitation.

III. — Composition du programme :
A. — Surface habitable totale : ....
B. — Locaux auxquels s'applique la présente convention :
1. Surface habitable totale : .... mètres carrés, dont
2. Surface habitable totale des parties privatives :
.... mètres carrés
Se décomposant comme suit : ....
Nombre total de logements :

TYPES DE LOGEMENT (*) (une ligne par logement)	SURFACE HABITABLE par local	NUMÉRO du logement	REDEVANCE MAXIMALE par logement prise en compte pour le calcul de l'APL
Logement T 1			
Logement T 1'			
Logement T 1 *bis*			
Logement T 2			
Logement T 3			
Logement T 4			
Logement T 5			
Logement T 6			
(*) Normes des typologies définies par l'arrêté du 10 juin 1996.			

3. Surface totale des locaux à usage collectif : .... mètres carrés de surface habitable ;
Se décomposant comme suit :

TYPE DE LOCAL	SURFACE HABITABLE	NOMBRE

4. Dépendances (nombre et surface) : ....
5. Garages et/ou parking (nombre) : ....
C. — Locaux auxquels ne s'applique pas la convention *[exemple : logement de fonction, logement d'accueil temporaire...]* :
—
—
—

IV. — Renseignements administratifs :
A. — Origine de propriété *[établie conformément à l'article 3 du décret n° 55-22 du 4 janvier 1955 modifié précité]* : ....
B. — Permis de construire ou déclaration préalable de construction *[selon la nature des travaux]* :
....
C. — Modalités de financement de l'opération *[renseignements à compléter dès que les décisions de financements sont intervenues]* : ....
Financement principal : ....
Date d'octroi du prêt : ....
Numéro du prêt : ....
Durée : ....
Financement complémentaire : ....
Date d'achèvement de la construction ou certificat de conformité : ....
D. — Historique des financements publics dont le programme a bénéficié depuis sa construction : ....
Fait à ...., le ....

Annexe II à la convention n° 2 annexée au III de l'article R. 353-159 du code de la construction et de l'habitation ouvrant droit à l'APL

Projet social

Préciser, parmi les personnes ayant des difficultés particulières d'accès au logement au sens de l'article 1er de la loi n° 90-449 du 31 mai 1990 *[V. App., v° Droit au logement]*, les personnes ou familles qui seront accueillies dans la résidence sociale objet de la présente convention ainsi que les situations particulières auxquelles la résidence a vocation à répondre :

Préciser si des actions spécifiques sont prévues pour le relogement et l'accompagnement social, notamment si la résidence sociale a pour vocation d'accueillir les populations prioritaires au sens de l'article 4 de la loi du 31 mai 1990 :

Conditions spécifiques d'accueil *[s'il y a lieu]* : ....

Conditions d'admission dans la résidence sociale : ....

Durée maximale de l'accueil et conditions de son renouvellement : ....

Modalités d'attribution *[organisme ou instance désignataire, type de public, conditions d'accès]* : ....

Actions à caractère social : ....

Action spécifique pour l'insertion par le logement : ....

Projet de relogement *[s'il y a lieu]* : ....

ANNEXE 13 (art. R. 353-166)

Les dispositions de l'art. 35 de la L. n° 2005-841 du 26 juill. 2005 sont entrées en vigueur à compter du 1er janv. 2006. Elles sont applicables aux contrats en cours à compter de cette date. La valeur de la moyenne sur quatre trimestres de l'indice mesurant le coût de la construction à la date de référence de ces contrats est remplacée par la valeur de l'indice de référence des loyers à cette même date de référence (L. préc., art. 35-IV, mod. par L. n° 2005-1179 du 30 déc. 2005, art. 163).

Dans les conventions en cours et les conventions types prévues par l'art. L. 351-2 du CCH, toute clause prévoyant que la révision du loyer pratiqué ou du loyer maximum s'opère en fonction des variations de la moyenne sur quatre trimestres de l'indice du coût de la construction publié par l'Institut national de la statistique et des études économiques est remplacée par la clause prévoyant que cette révision s'opère en fonction des variations de l'indice de référence des loyers. Dans les conventions en cours, la valeur de la moyenne sur quatre trimestres de l'indice du coût de la construction à la date de référence est remplacée par la valeur de l'indice national de référence des loyers à cette même date (L. n° 2005-841 du 26 juill. 2005, art. 35-IV).

NDLR : *Le mode de calcul de l'IRL a été modifié par la L. n° 2008-111 du 8 févr. 2008 (JO 9 févr.).*

Concernant l'IRL, V. ***C. baux****, Baux d'habitation, App., v° Indice de référence des loyers.*

Convention

Conclue en application des articles L. 351-2 (3°) et R. 353-167 du code de la construction et de l'habitation entre l'État et les personnes physiques bénéficiaires d'un prêt aidé par l'État pour la construction, l'acquisition et l'amélioration des logements en accession à la propriété et mentionnées à l'article R. 331-41 (3°).

(Décr. n° 84-668 du 17 juill. 1984)

Le commissaire de la République de........ agissant au nom de l'État et ....
[Personne physique identifiée conformément aux dispositions de l'art. 5 du décret n° 55-22 du 4 janv. 1955 modifié portant réforme de la publicité foncière]
dénommé ci-après le bailleur sont convenus de ce qui suit :

Art. 1er La présente convention a pour objet de fixer les droits et obligations des parties prévus par les art. L. 353-1 à L. 353-12 du code de la construction et de l'habitation pour le logement financé à l'aide d'un prêt à l'accession à la propriété et situé à ...

La description du logement figure dans le document joint à la présente convention.

Art. 2 La présente convention est conclue pour une durée de neuf ans. Toutefois, elle est prorogée du délai nécessaire pour atteindre le 30 juin, suivant sa date d'expiration.

Elle expire le 30 juin ...

Art. 3 *(Décr. no 95-42 du 11 janv. 1995, art. 6)* Le loyer pratiqué par le bailleur, dont la valeur est fixée par mètre carré de surface habitable *[La surface habitable est déterminée conformément à l'art. R. 111-2 CCH]*, ne doit pas excéder le loyer maximum qui est fixé à ... € annuels le mètre carré.

Cette surface est calculée conformément aux dispositions de l'article R. 111-2 du code de la construction et de l'habitation.

Ce loyer maximum est révisable chaque année, le 1er juillet, en fonction des variations de la moyenne sur quatre trimestres de l'indice du coût de la construction publié par l'Institut national de la statistique et des études économiques. Cette moyenne est celle de l'indice du coût de la construction à la date de référence et des indices des trois trimestres qui la précèdent. La date de référence de l'indice est celle du quatrième trimestre de l'année précédente.

Dans la limite du loyer maximum tel que défini ci-dessus et des dispositions prises en application de la loi no 89-462 du 6 juillet 1989, le loyer pratiqué :

1o Peut être révisé chaque année le 1er juillet au cours de la période triennale en fonction des variations de la moyenne sur quatre trimestres de l'indice du coût de la construction. Cette moyenne est celle de l'indice du coût de la construction à la date de référence et des indices des trois trimestres qui la précèdent. La date de référence de l'indice est celle du quatrième trimestre de l'année précédente ;

2o Peut être réajusté à l'expiration de chaque contrat de location ; ce réajustement est applicable le 1er juillet suivant la date d'expiration du contrat de location. Le bailleur doit informer le locataire de tout réajustement du loyer pratiqué au moins un mois avant la date d'échéance. — *Entrée en vigueur le 1er janv. 1995.*

Art. 4 Les parties s'engagent à respecter les obligations de portée générale reproduites en annexe à la présente convention.

Le bailleur reconnaît avoir pris connaissance de cette annexe et reconnaît qu'une copie lui a été remise.

DOCUMENT PRÉVU À L'ART. 1ER DE L'ANNEXE À L'ART. R. 353-166 DU CODE DE LA CONSTRUCTION ET DE L'HABITATION

(Décr. no 84-668 du 17 juill. 1984)

I. Description du logement :

1. Surface habitable ;
2. Dépendances ;
3. Garage ou parking affecté au logement.

II. Origine de propriété *[Établie conformément à l'art. 3 du décret modifié no 55-22 du 4 janv. 1955]*.

III. Renseignements administratifs :

1. Permis de construire ou déclaration de construction.
2. Modalités de financement *[Renseignements à compléter dès que les décisions définitives de financement sont intervenues]* :

Financement principal :

Date d'octroi du prêt : no du prêt :

Durée :

Financement complémentaire :

Fait à ...., le ....

ENGAGEMENTS DE PORTÉE GÉNÉRALE APPLICABLES AU LOGEMENT

(Décr. no 84-668 du 17 juill. 1984)

1. Le logement conventionné est soumis aux dispositions de la loi no 82-526 du 22 juin 1982 relative aux droits et obligations des locataires et des bailleurs, sous réserve des dispositions de l'art. 75 (3o) de ladite loi.

2. Le logement doit être loué nu à des personnes physiques à titre de résidence principale et occupé au moins huit mois par an. Il ne peut faire l'objet de sous-location *(Décr. nº 90-635 du 18 juill. 1990, art. 8)* « , sauf au profit de personnes ayant passé avec le locataire un contrat conforme à l'article 6 de la loi nº 89-475 du 10 juill. 1989 relative à l'accueil par des particuliers à leur domicile, à titre onéreux, de personnes âgées ou handicapées adultes ».

Le logement est loué à des personnes dont les ressources annuelles n'excèdent pas le plafond déterminé dans les conditions prévues par l'art. R. 331-42 du code de la construction et de l'habitation.

3. La convention se renouvelle pour des périodes triennales, sous réserve de dénonciation par l'une ou l'autre des parties.

Si la dénonciation émane du bailleur, elle fait l'objet d'un acte authentique (acte notarié ou par ministère d'huissier de justice) notifié six mois avant l'expiration de la convention ; si elle émane de l'État, elle fait l'objet d'un acte administratif notifié dans le même délai.

4. Le bailleur qui désire exercer son droit de reprise du logement à la date d'expiration de la convention doit, six mois avant cette date, notifier son intention au locataire par lettre recommandée avec demande d'avis de réception.

5. La présente convention peut être révisée à la demande de l'une ou l'autre des parties. Les frais de publication sont pris en charge par la partie qui sollicite la révision.

6. Lorsque le locataire en fait la demande, le bailleur est tenu de lui remettre une copie de la convention.

7. En cas d'inexécution par le bailleur de ses engagements contractuels tels que non-respect du loyer maximum ou faute grave à l'égard des organismes chargés du paiement de l'aide personnalisée au logement, l'administration, après mise en demeure par lettre recommandée avec demande d'avis de réception demeurée sans effet pendant un délai de deux mois, peut procéder unilatéralement à la résiliation de la présente convention.

Il sera fait application des dispositions prévues à l'article L. 353-6 relatives au maintien des locataires dans les lieux, le loyer étant celui fixé par la convention diminué de l'aide personnalisée au logement désormais prise en charge par le bailleur.

Le bailleur s'engage dans un délai de quinze jours à compter de la date à laquelle la résiliation est devenue définitive à la notifier aux locataires et aux organismes payeurs concernés.

8 En cas de dissimulation ou fraude pour imposer ou tenter d'imposer au locataire un loyer dépassant le prix fixé par la convention, le bailleur sera passible des sanctions pénales prévues à l'art. L. 353-10 du code précité, sans préjudice de l'application de l'art. 70 de la loi nº 82-526 du 22 juin 1982.

9 Afin de permettre à l'État d'assurer le contrôle de l'application de la présente convention, le bailleur est tenu de fournir au commissaire de la République les informations et les documents nécessaires au plein exercice de ce contrôle.

10 Le commissaire de la République s'assure de la publication de la convention au fichier immobilier ou de son inscription au livre foncier.

11. La convention s'applique de plein droit à tout nouveau propriétaire en cas de mutation à titre gratuit ou onéreux des logements conventionnés.

12. Le logement conventionné doit être maintenu à usage locatif pendant la durée de la convention.

Toutefois, en cas de vacance du logement, le bailleur peut occuper le logement ou le faire occuper par son conjoint, ses ascendants, ses descendants ou ceux de son conjoint.

L'occupation doit être exclusivement à titre de résidence principale.

Si le logement devient à nouveau vacant avant la date d'expiration de la convention, le bailleur, qui a exercé son droit de reprise, doit le relouer dans les conditions définies par la convention.

13. Le bailleur s'engage à proposer à tout candidat locataire un contrat de location conforme à la convention, auquel est jointe une notice d'information relative à l'aide personnalisée au logement.

14. Le contrat de location est conclu pour une durée de trois ans. Toutefois, s'il est conclu avant le 30 juin suivant le troisième anniversaire de la prise d'effet de la convention, sa durée est égale à la période restant à courir jusqu'à la date du 30 juin mentionnée ci-dessus.

Pendant la durée de la convention, sous réserve du respect des obligations définies par l'article 18 de la loi no 82-526 du 22 juin 1982, le contrat de location se renouvelle pour des périodes triennales, sauf refus du locataire notifié selon la procédure définie par l'article 15 ci-dessous.

En cas de vacance intervenant au cours du contrat de location, le nouveau locataire est substitué de plein droit à l'ancien locataire.

15. Le locataire peut donner congé à tout moment sous réserve d'un délai de préavis de trois mois, ramené à un mois en cas de changement de résidence pour des raisons familiales graves ou des raisons professionnelles.

Tout congé est donné par lettre recommandée avec demande d'avis de réception, le préavis partant de la date d'envoi et le cachet de la poste faisant foi. Lorsque le délai de préavis vient à expiration dans le courant d'un mois, le contrat de location produit effet jusqu'au dernier jour du mois.

Le locataire est redevable du loyer et des charges pendant le délai de préavis, sauf si le logement est occupé avant la fin du préavis par un autre locataire en accord avec le bailleur.

16. Le loyer est payé par fraction mensuelle à terme échu.

17. Le bailleur peut demander au locataire, lors de la signature du contrat de location, le versement d'un dépôt de garantie qui ne peut être supérieur à deux mois de loyer en principal.

18. Le bailleur est tenu à l'égard des organismes payeurs de l'aide personnalisée au logement (APL) :

De fournir les renseignements prévus par l'imprimé de demande d'APL pour le locataire demandeur de l'aide ;

De signaler immédiatement le départ du locataire bénéficiaire de l'APL.

ANNEXE 14 (art. R. 353-190)

Les dispositions de l'art. 35 de la L. no 2005-841 du 26 juill. 2005 sont entrées en vigueur à compter du 1er janv. 2006. Elles sont applicables aux contrats en cours à compter de cette date. La valeur de la moyenne sur quatre trimestres de l'indice mesurant le coût de la construction à la date de référence de ces contrats est remplacée par la valeur de l'indice de référence des loyers à cette même date de référence (L. préc., art. 35-IV, mod. par L. no 2005-1179 du 30 déc. 2005, art. 163).

Dans les conventions en cours et les conventions types prévues par l'art. L. 351-2 du CCH, toute clause prévoyant que la révision du loyer pratiqué ou du loyer maximum s'opère en fonction des variations de la moyenne sur quatre trimestres de l'indice du coût de la construction publié par l'Institut national de la statistique et des études économiques est remplacée par la clause prévoyant que cette révision s'opère en fonction des variations de l'indice de référence des loyers. Dans les conventions en cours, la valeur de la moyenne sur quatre trimestres de l'indice du coût de la construction à la date de référence est remplacée par la valeur de l'indice national de référence des loyers à cette même date (L. no 2005-841 du 26 juill. 2005, art. 35-IV).

***NDLR :** Le mode de calcul de l'IRL a été modifié par la L. no 2008-111 du 8 févr. 2008 (JO 9 févr.).*

*Concernant l'IRL, V. **C. baux**, Baux d'habitation, App., vo Indice de référence des loyers.*

Convention

Conclue en application de l'art. L. 351-2 (3o) entre l'État et les sociétés d'économie mixte ayant pour objet statutaire la rénovation urbaine et la restauration immobilière dans le cadre des opérations qui leur sont confiées par les collectivités publiques et relatives aux logements construits ou acquis et améliorés au moyen d'aides spécifiques de l'État.

(Décr. no 81-103 du 4 févr. 1981)

(L. no 83-440 du 2 juin 1983, art. 6) Le ministre de l'Environnement et du Cadre de vie, agissant au nom de l'État en tant que ministre chargé de la construction et de l'habitation, représenté par

le représentant de l'État dans le département, d'une part, et la société anonyme d'économie mixte de ..... *[Société anonyme d'économie mixte ayant pour objet statutaire la rénovation urbaine ou la restauration immobilière identifiée conformément aux dispositions de l'art. 6 du décret n° 55-22 du 4 janv. 1955 modifié portant réforme de la publicité foncière]* dénommée ci-après le bailleur, d'autre part, représentée par ..... agissant en vertu d'une délibération du conseil d'administration en date du ..... sont convenus de ce qui suit :

I Description du programme conventionné

Art. 1er *Objet de la convention.* **La présente convention a pour objet de fixer les droits et les obligations des parties prévus par les art. L. 353-1 à L. 353-13 pour le programme de .... décrit plus précisément dans le document joint à la présente convention.**

Variante 1 *[Rayer la mention inutile]* **construit dans les conditions prévues par les art. R. 311-1 à R. 331-31.**

Variante 2 *[Rayer la mention inutile]* **acquis et amélioré au moyen d'aides spécifiques de l'État dans les conditions définies par les art. R. 331-1 à R. 331-31.**

Le présent programme est réalisé en application de la convention en date du .... conclue entre la commune de ...... et la société anonyme d'économie mixte de .... dans le cadre de l'opération d'aménagement urbain de .... qui lui a été confiée par ladite collectivité locale.

Aux termes de cette convention, la commune a donné sa garantie à l'équilibre d'exploitation du présent programme pendant toute la durée d'intervention de la société.

La signature de la présente convention conditionne, pendant sa durée, l'ouverture du droit à l'aide personnalisée au logement dans les conditions définies dans le livre III, titre V.

Art. 2 *Durée de la convention.* **La présente convention prend effet à la date de sa publication au fichier immobilier (ou de son inscription au livre foncier).**

Elle expire le 30 juin.

Elle est renouvelée par tacite reconduction pour des périodes triennales, sous réserve de dénonciation expresse par l'une ou l'autre des parties.

Si la dénonciation émane du bailleur, elle fait l'objet d'un acte authentique (acte notarié ou par ministère d'huissier de justice) notifié six mois avant l'expiration de la période ; si elle émane de l'État, elle fait l'objet d'un acte administratif, notifié dans le même délai.

Art. 3 *Gestion du programme.* **La société d'économie mixte mentionnée au préambule de la présente convention s'engage à ne pas assurer la gestion du programme conventionné au-delà d'un délai de cinq ans à compter de la première mise en service ou de la date d'achèvement des travaux.**

Art. 4 *Transfert du patrimoine.* **Six mois au moins avant l'expiration du délai mentionné à l'article 3 ci-dessus, les parties signataires de la présente convention s'engagent à se réunir pour fixer en commun les modalités du transfert prévu par la convention conclue avec la collectivité locale mentionnée à l'article 1er de l'annexe à l'article R. 353-190.**

II Engagements particuliers applicables au présent programme conventionné

Art. 5 *Réservation à des familles ou à des occupants sortant d'habitat insalubre.* **Le bailleur s'engage à réserver :**

– Lors de la mise en location, ... p. 100 des logements ;

– Chaque année, ... p. 100 des logements devenus vacants, aux personnes et aux familles prioritaires désignées par le préfet.

Pour répondre à cette obligation, le bailleur s'engage à signaler aux services préfectoraux les logements devenus vacants.

Le programme visé par la présente convention ayant pour objet principal le relogement de familles ou de personnes rendu nécessaire par la réalisation de l'opération d'aménagement urbain qui a été confiée par ailleurs aux bailleurs par la commune de ...... les pourcentages mentionnés à l'alinéa 1 ci-dessus ne s'appliqueront pas aux familles ainsi relogées pendant toute la durée de leur occupation.

Dans ce cas et par dérogation à l'article 2 de l'annexe à la présente convention, ces personnes ne sont pas soumises au plafond de ressources prévu par l'art. R. 331-20.

Art. 6 *(Décr. nº 95-42 du 11 janv. 1995, art. 7 ; Décr. nº 96-656 du 22 juill. 1996) Montant maximum du loyer et modalités de révision.* Le prix mensuel du loyer maximum visé à l'article R. 353-72 est fixé à ... € le mètre carré et à ... € le mètre carré pour les logements sur lesquels la convention prévoit de faire porter l'impact du financement très social.

Ce loyer maximum est révisable chaque année, le 1er juillet, en fonction des variations de la moyenne sur quatre trimestres de l'indice du coût de la construction publié par l'Institut national de la statistique et des études économiques. Cette moyenne est celle de l'indice du coût de la construction à la date de référence et des indices des trois trimestres qui la précèdent. La date de référence de l'indice est celle du quatrième trimestre de l'année précédente.

Dans la limite du loyer maximum tel que défini ci-dessus, le loyer pratiqué dont la valeur est fixée au mètre carré de surface corrigée ou de surface utile :

1º Peut être révisé chaque année le 1er juillet au cours de la période triennale en fonction des variations de la moyenne sur quatre trimestres de l'indice du coût de la construction. Cette moyenne est celle de l'indice du coût de la construction à la date de référence et des indices des trois trimestres qui la précèdent. La date de référence de l'indice est celle du quatrième trimestre de l'année précédente.

Au cours de la première période triennale, le montant du loyer applicable chaque 1er juillet peut être fixé dans le contrat de location ; il peut être révisé en fonction des variations de la moyenne sur quatre trimestres de l'indice du coût de la construction dans les mêmes conditions que celles de l'alinéa précédent ;

2º Peut être réajusté à l'expiration de chaque période triennale le 1er juillet suivant la date d'expiration du contrat de location.

Une information sur le loyer maximum et le loyer pratiqué par type de logement peut être demandée par le locataire à la signature du contrat de location et à l'expiration de chaque période triennale en cas de réajustement du loyer pratiqué dans la limite du loyer maximum. – *Entrée en vigueur le 1er janv. 1995.*

Art. 7 *Occupation sociale.* Au moins..... p. 100 des logements faisant l'objet de la présente convention sont occupés par des familles dont les ressources annuelles sont inférieures à ...... fois le salaire minimum interprofessionnel de croissance horaire.

Option :

Le programme visé par la présente convention ayant pour but principal le relogement des personnes dont le logement est compris dans l'opération de .... mentionnée à l'article 1er ci-dessus, la mise en œuvre de ce pourcentage ne s'imposera pas au bailleur sur les logements attribués auxdites personnes, pendant toute la durée de leur occupation.

Art. 8 Le bailleur s'engage à respecter les dispositions de portée générale reproduites en annexe à la convention type annexée à l'art. R. 353-190.

DOCUMENT PRÉVU PAR L'ART. 1ER DE L'ANNEXE À L'ART. R. 353-190

(Décr. nº 81-103 du 4 févr. 1981)

Description du programme de ....

1. Désignation du ou des immeubles *[Établie conformément à l'art. 7 du décret nº 55-22 du 4 janv. 1955 modifié]*.

2. Composition du programme :

2.1. Locaux auxquels s'applique la présente convention :

2.1.1. Nombre de logements locatifs par type de logements avec numéro des logements.

2.1.2. Surface habitable (après travaux dans le cas de la variante 2).

2.1.3. Surface corrigée des logements (information à compléter au plus tard lors de la mise en service) *[Dans le cas de la variante 2 indiquer la surface corrigée des logements après travaux]*.

2.1.4. Dépendances (nombre, surface).

2.1.5. Locaux collectifs résidentiels (nombre, surface).

2.1.6. Garage et parking affectés à ces logements (nombre et différenciation par type).

2.2. Locaux auxquels ne s'applique pas la convention :

2.2.1. Locaux commerciaux (nombre).

2.2.2. Bureaux (nombre).

2.2.3. Autres.

Lorsque la convention fixe le loyer maximum de chaque logement en application du 1o et du 2o de l'article R. 353-16, les dispositions du 2 du document prévu par l'article 1er de l'annexe à l'article R. 353-190 (ANNEXE 15) et relatives à la composition du programme sont remplacées par les dispositions de l'art. 15 du décr. no 96-656 du 22 juill. 1996, reproduites ss. le document prévu par l'article 1er des annexes I et II à l'art. R. 353-1 (ANNEXE 7).

3. Origine de propriété *[Établie conformément aux dispositions de l'art. 3 du décret no 55-22 du 4 janv. 1955 modifié]*.

4. Renseignements administratifs :

Variante no 1. 1. Permis de construire ou déclaration de construction.

2. Date prévisible d'achèvement des travaux de construction.

3. Modalités de financement *[Renseignements à compléter dès que les décisions définitives de financement sont intervenues]* :

3.1. Financement principal ; Date d'octroi du prêt ; Numéro du prêt ; Durée.

3.2. Financements complémentaires.

Variante no 2. Les travaux d'amélioration doivent conduire à mettre les logements en conformité avec les normes minimales d'habitabilité en application de l'art. R. 331-15.

1. Date d'achèvement de la construction ou certificat de conformité.

2. Date à laquelle le bailleur s'engage à réaliser les travaux définis ci-dessus....... ou (et) dans le cas d'un programme de travaux prévoyant plusieurs tranches, mention des différentes tranches de travaux et délai prévisible de réalisation ....

3. Modalités de financement *[Renseignements à compléter dès que les décisions définitives de financement sont intervenues]* :

3.1. Rappel du financement de la construction.

3.2. Financement principal ; Date d'octroi du prêt ; Durée.

3.3. Financements complémentaires.

Fait à .... le ....

ANNEXE À LA CONVENTION TYPE ANNEXÉE À L'ART. R. 353-190

ENGAGEMENTS DE PORTÉE GÉNÉRALE APPLICABLES À TOUT PROGRAMME CONVENTIONNÉ

(Décr. no 81-103 du 4 févr. 1981)

I. ENGAGEMENTS À L'ÉGARD DE L'ÉTAT

Art. 1er *Obligations du bailleur relatives à la maintenance, l'entretien et la qualité des locaux loués.* Le bailleur est tenu, en application des art. 606, 1719, 1720 et 1721 du code civil, de maintenir les locaux en bon état d'habitabilité et de faire exécuter toutes les réparations nécessaires qui sont à sa charge.

Il s'engage au plus tard dès la mise en service des logements ou dès la date d'achèvement des travaux à tenir un carnet d'entretien dans lequel seront consignés tous les renseignements sur les interventions d'entretien, de réparation ou d'amélioration faites ou à faire sur l'immeuble.

Art. 2 *Conditions d'occupation et de peuplement des logements sous réserve de l'option mentionnée à l'art. 5 de l'annexe à l'art. R. 353-190.* *[Sous réserve de l'option mentionnée à l'art. 5 de l'annexe à l'art. R. 353-190] (Décr. no 90-635 du 18 juill. 1990, art. 8)* Les logements soumis à la présente convention doivent être loués nus à des personnes physiques, à titre de résidence principale et occupés au moins huit mois par an. Ils ne peuvent faire l'objet de sous-location sauf au profit de personnes ayant passé avec le locataire un contrat conforme à l'art. 6 de la loi no 89-475 du 10 juill. 1989 relative à l'accueil par des particuliers à leur domicile, à titre onéreux, de personnes âgées ou handicapées adultes. Ils doivent répondre aux conditions d'occupation suffisante telles que définies en application de l'art. R. 441-3.

Lors de la mise en service et au fur et à mesure des vacances, les logements sont loués à des personnes dont les ressources annuelles n'excèdent pas le plafond prévu pour l'entrée dans les logements locatifs sociaux en application de l'art. R. 331-20.

Sous réserve de l'obtention de l'autorisation administrative prévue par l'art. L. 631-7, le bailleur s'engage à ne pas faire obstacle à une utilisation des logements en partie à usage professionnel, dans la mesure où le locataire satisfait aux conditions d'occupation et de peuplement.

Le bailleur s'engage à faciliter, notamment en cas de vacance des logements, les échanges de locaux à l'intérieur de son patrimoine en vue d'une meilleure utilisation familiale.

Art. 3 *Mise en gestion du programme.* Lorsque le bailleur n'assure pas lui-même la gestion du programme conventionné, dans les conditions mentionnées à l'art. 3 de l'annexe à l'art. R. 353-190, il s'engage à donner au gestionnaire un mandat écrit reproduisant l'ensemble des obligations contenues dans la présente convention, et habilitant le gestionnaire à percevoir l'aide personnalisée au logement.

Le bailleur s'engage à informer le préfet, les organismes chargés de la liquidation et du paiement de l'aide personnalisée au logement et les locataires de la mise en gestion du programme ou de tout changement de gestionnaire.

Le bailleur s'engage à respecter ou à faire respecter les clauses de la convention et de la présente annexe.

Art. 4 *Révision.* La présente convention peut être révisée tous les trois ans à la demande de l'une ou l'autre des parties. Les frais de publication sont pris en charge par la partie qui sollicite la révision.

Art. 5 *Résiliation.* En cas d'inexécution par le bailleur de ses engagements contractuels tels que non-respect du loyer minimum ou faute grave à l'égard des organismes liquidateurs de l'aide personnalisée au logement, l'administration, après mise en demeure par lettre recommandée avec avis de réception demeurée sans effet après un délai de deux mois, peut procéder unilatéralement à la résiliation de la présente convention.

Il sera fait application des dispositions prévues à l'art. L. 353-6 par le maintien des locataires dans les lieux, le loyer étant celui fixé par la convention diminué de l'aide personnalisée au logement prise en charge désormais par le bailleur. Dans ce cas, le document visé à l'art. 20, al. 2, ci-dessous ou la quittance doit faire apparaître le montant de l'aide personnalisée tel que résultant des calculs des services liquidateurs de l'aide personnalisée au logement.

Le bailleur s'engage dans un délai de quinze jours à compter de la date à laquelle la résiliation est devenue définitive à en faire notification aux locataires et aux organismes liquidateurs concernés.

Art. 6 *Sanctions.* En application de l'art. L. 353-2, le bailleur s'engage à verser au fonds national de l'habitation une somme égale à 5 p. 100 du montant des loyers annuels dus pour les logements faisant l'objet de la présente convention, en cas de non-respect des obligations relatives, notamment, aux conditions particulières de réservation au profit des mal-logés, aux conditions d'occupation sociale du patrimoine, ainsi que des obligations relatives à l'information des locataires ou des organismes chargés de la liquidation de l'aide personnalisée au logement et après mise en demeure par lettre recommandée demeurée sans effet pendant un délai de six mois. En cas de défaut de versement de cette somme, le recouvrement sera opéré dans les conditions prévues par les décrets n° 62-1587 du 29 déc. 1962 et n° 63-608 du 24 juin 1963 modifié

Art. 7 *Contrôle.* Afin de permettre à l'État d'assurer le contrôle de l'application de la présente convention, le bailleur est tenu de fournir au ministre chargé de la construction et de l'habitation ou à son représentant ou aux membres du corps de l'inspection générale de l'équipement toutes les informations et tous les documents nécessaires au plein exercice de ce contrôle.

Art. 8 *Publication.* Le préfet s'assure de la publication de la présente convention au fichier immobilier ou de son inscription au livre foncier et en informe les organismes chargés de la liquidation et du paiement de l'aide personnalisée au logement.

II. ENGAGEMENTS À L'ÉGARD DES LOCATAIRES

Obligation d'information à l'égard du locataire ou de l'occupant

Art. 9 Le bailleur, pour la réalisation des travaux définis dans le document prévu à l'art. 1er de l'annexe à l'article R. 353-190, s'engage à informer les locataires ou les occupants, à respecter les droits que ceux-ci tiennent des dispositions législatives ou réglementaires en vigueur.

Lorsque l'exécution des travaux ne nécessite pas le départ des occupants, le bailleur s'engage à se conformer, selon le cas :

— Soit aux dispositions de l'art. 14 modifié de la loi du 1er sept. 1948 si les travaux portent sur un logement occupé par un locataire ou un occupant de bonne foi pouvant se prévaloir des dispositions de cette loi ;

— Soit aux dispositions de l'art. 2 modifié de la loi no 67-56 du 12 juill. 1967 relative à l'amélioration de l'habitat quel que soit le régime juridique de la location.

Lorsque l'exécution des travaux nécessite l'évacuation temporaire des lieux, le bailleur s'engage à mettre provisoirement à la disposition du locataire ou de l'occupant un logement au moins équivalent au logement faisant l'objet des travaux ou correspondant à ses besoins et situé dans un périmètre géographique tel que défini à l'art. 13 *bis* modifié de la loi du 1er sept. 1948.

Art. 10 En application des dispositions de l'art. L. 353-7, à la date d'entrée en vigueur de la présente convention, le bailleur s'engage à proposer au titulaire d'un bail en cours ou à l'occupant de bonne foi pouvant se prévaloir de la loi du 1er sept. 1948, un projet de bail conforme à la présente convention.

A ce projet de bail, sont joints une copie de la convention et de la présente annexe, une notice d'information relative à l'aide personnalisée au logement, et les éléments relatifs au barème de cette aide.

Le projet de bail fait l'objet soit d'une notification aux intéressés par lettre recommandée avec demande d'avis de réception soit d'une remise contre décharge. Il reproduit en caractères très apparents les dispositions de l'art. L. 353-7.

Art. 11 A compter de la réception du projet de bail, le locataire titulaire d'un bail en cours dispose d'un délai de six mois pour accepter le nouveau bail.

En cas d'acceptation, le locataire est tenu par les clauses de son ancien contrat, et, notamment, celle relative au loyer, jusqu'à l'entrée en vigueur du nouveau bail. Celui-ci ne prendra effet qu'à compter de la date d'achèvement de l'ensemble des travaux (parties communes, parties privatives) prévus par la présente convention et concernant la tranche dans laquelle est compris son logement. Ceux-ci font l'objet d'une attestation d'exécution conforme, établie par le préfet, ou son représentant, et dont une copie est remise contre décharge au locataire.

En cas de refus, les stipulations du bail en cours demeurent en vigueur, sous réserve de l'application des dispositions prévues par la loi no 67-561 du 12 juill. 1967 et, notamment, celle relative à l'exécution des travaux qui peut être faite dans les mêmes conditions que les réparations urgentes visées à l'art. 1724 du code civil.

Dans ce dernier cas, le locataire n'a pas droit à l'aide personnalisée au logement et le bailleur est admis à demander une révision de ses engagements contractuels ou le report de leurs effets dans les conditions prévues à l'art. L. 353-7.

Art. 12 Pour les logements financés en application de l'art. R. 311-1, al. 2, 3 et 4, de la loi du 21 juill. 1950, de l'art. 269 CCH conformément à l'art. L. 353-8 et dans le cas où ces travaux sont justifiés par des considérations de salubrité, de sécurité ou de mise aux normes minimales d'habitabilité, les dispositions de la présente convention, et notamment celle relative au montant du loyer après travaux tel que fixé dans le projet de bail, s'appliquent de plein droit à compter de la date d'achèvement des travaux (parties communes, parties privatives) prévus par la présente convention et concernant la tranche dans laquelle est compris le logement.

(L. no 83-440 du 2 juin 1983, art. 6) Ces travaux font l'objet d'une attestation d'exécution conforme établie par le représentant de l'État dans le département ou son représentant et dont une copie est remise contre décharge au locataire.

Le projet de bail, auquel seront joints une copie de la présente convention, une notice d'information relative à l'aide personnalisée au logement et des éléments relatifs au barème de cette aide, doit reproduire en caractères très apparents les dispositions de l'art. L. 353-8.

Il fait l'objet d'une notification aux intéressés par lettre recommandée avec demande d'avis de réception ou pour les locataires déjà dans les lieux d'une remise contre décharge.

Art. 13 L'occupant de bonne foi pouvant se prévaloir des dispositions de la loi no 48-1360 du 1er sept. 1948 dispose du même délai de six mois à compter de la réception du projet de bail pour accepter ce bail conforme à la convention.

Celui-ci, et, notamment, la clause relative au montant du loyer, n'entre en vigueur qu'à compter de la date d'achèvement des travaux (parties communes, parties privatives) prévus par la présente convention et concernant la tranche dans laquelle est compris le logement concerné.

(L. nº 83-440 du 2 juin 1983, art. 6) Les travaux font l'objet d'une attestation d'exécution conforme établie par le représentant de l'État dans le département, ou son représentant, et dont une copie est remise contre décharge à l'occupant.

Jusqu'à la date d'achèvement des travaux ainsi constatés, l'occupant de bonne foi continue à occuper les lieux aux conditions de la loi du 1er sept. 1948.

Les dispositions de ladite loi cessent d'être applicables au logement considéré à l'expiration du délai de six mois susvisé ou à la date de signature du bail proposé à l'occupant de bonne foi, sous réserve des dispositions de l'art. L. 353-9 applicables aux personnes âgées dans les conditions précisées à l'art. 14 ci-après.

Art. 14 Pour les logements régis par les dispositions de la loi du 1er sept. 1948 et faisant l'objet de la présente convention, les dispositions de ladite loi, exceptées celles relatives au prix du loyer, sont à nouveau applicables à la date d'expiration de la convention ou, en cas de résiliation à la date prévue pour son expiration, au locataire ou à l'occupant de bonne foi dans les lieux lors de la signature de la convention à la double condition :

– Qu'il soit âgé d'au moins soixante-cinq ans ou d'au moins soixante ans en cas d'inaptitude au travail ou lorsqu'à cet âge il bénéficie d'une retraite et que ses ressources annuelles n'excèdent le montant visé à l'art. 22 *bis* de la loi nº 48-1360 du 1er sept. 1948 ;

– Que les dispositions de la législation de 1948 soient encore applicables soit au logement, soit au locataire ou occupant en vertu de mesures particulières prises en application de ladite législation.

Le locataire peut continuer à bénéficier de l'aide personnalisée, et le loyer exigible et son mode de révision sont ceux fixés par la convention.

Dans un but d'information du locataire, le projet de bail visé à l'art. 10 doit reproduire en caractères très apparents le texte de l'art. L. 353-9 du code de la construction et de l'habitation.

Art. 15 Au moins quinze jours avant la date de signature du bail, le bailleur s'engage à adresser au futur locataire une lettre portant attribution et réservation d'un logement pendant un délai minimum de quinze jours et attestant que le logement fait l'objet d'une convention susceptible d'ouvrir droit à l'aide personnalisée au logement. Dans le cas où le logement est disponible à plus brève échéance, ce délai peut être ramené à huit jours francs.

Dans cette lettre, doivent figurer notamment la référence de la convention (année et numéro), la localisation, le type de logement, la surface habitable et le montant du loyer.

Une notice d'information relative à l'aide personnalisée au logement est annexée à cette lettre.

Le bailleur s'engage à proposer un bail dans les conditions définies à la présente convention.

Art. 16 A la demande de tout locataire, le bailleur s'engage à fournir les formulaires de demande de l'aide personnalisée, ainsi que toutes informations sur les conditions d'obtention de cette aide.

Art. 17 *Information des locataires en cas de changement de propriétaire.* Conformément à l'art. L. 353-4, la convention s'applique de plein droit à tout nouveau propriétaire en cas de mutation à titre gratuit ou onéreux des logements faisant l'objet de cette convention.

En cas de mutation, et en vue de l'information des locataires et des organismes liquidateurs de l'aide personnalisée au logement, le ou les nouveaux propriétaires leur font connaître leur identification dans les conditions conformes soit à l'art. 5, soit à l'art. 6 du décret nº 55-22 du 4 janv. 1955 modifié, par lettre recommandée avec demande d'avis de réception ou remise contre décharge dans un délai d'un mois à compter de ladite mutation.

Art. 18 *Information des locataires en cas de modification, de résiliation de la convention ou à la date d'expiration de celle-ci.* Le bailleur s'engage à tenir informés les locataires de toute modification apportée à la convention.

Il s'engage à leur faire connaître les droits que leur confère l'art. L. 353-6 en cas de résiliation à ses torts de la convention. Il s'engage à les informer des droits que leur confère l'art. L. 353-9 en cas de résiliation de la convention ou à la date prévue pour son expiration.

Conditions de location

Art. 19 *Durée du bail et délai-congé.* Le bail est conclu pour une durée de trois ans. Toutefois, s'il est conclu au cours des trois premières années de la convention, sa durée est limitée à la durée restant à courir jusqu'au 30 juin suivant la troisième année de la date de signature de la convention.

Pendant la durée de la convention en cours au moment de la conclusion du bail, sous réserve des dispositions de l'art. 6 de l'annexe à l'art. R. 353-190, il est reconduit tacitement, sauf dénonciation expresse du locataire, pour des périodes également de trois ans, dans la mesure où ce dernier se conforme aux obligations de l'art. 1728 du code civil rappelées dans le bail.

Au cours de chaque période triennale, le locataire peut résilier le bail à tout moment sous réserve d'un préavis de trois mois, ramené à un mois en cas de changement de résidence pour raisons professionnelles ou familiales graves.

Le congé est donné par lettre recommandée, le préavis partant de la date d'envoi et le cachet de la poste faisant foi. Lorsque le délai de préavis vient à expiration dans le courant d'un mois, le bail produit effet jusqu'au dernier jour du mois.

En cas de vacance intervenant en cours de période triennale, le nouveau locataire est substitué de plein droit au précédent locataire jusqu'à l'expiration de ladite période. Une information sur les modalités de révision et de réajustement du loyer susceptibles d'intervenir au cours de la période restant à courir doit être donnée au futur locataire.

Art. 20 *Modalités de paiement du loyer.* Le loyer est payé par fraction mensuelle à terme échu.

Le bailleur s'engage à remettre au preneur un document faisant clairement apparaître le montant du loyer, des sommes accessoires, et, en cas de versement de l'aide personnalisée au bailleur, également celui de cette aide.

Il est tenu de remettre sur la demande du preneur, et après paiement intégral du loyer et des sommes accessoires, une quittance ou un reçu des sommes versées.

Art. 21 *Dépôt de garantie.* Le locataire verse lors de la signature du bail un cautionnement au plus égal à un mois de loyer en principal, révisable en fonction de l'évolution du loyer.

Ce cautionnement lui sera restitué dans un délai maximum de trois mois à compter de son départ, déduction faite, le cas échéant, des sommes restant dues au bailleur.

Les réparations locatives concernant les parties privatives des locaux d'habitation auxquelles est tenu le preneur, en application des principes posés par les art. 1754 et 1755 du code civil, sont celles figurant sur la liste établie par l'accord de décembre 1975 de la commission permanente pour l'étude des charges locatives et des rapports entre propriétaires, gestionnaires et usagers créée par arrêté du 13 mai 1974.

Art. 22 *État des lieux.* Un constat de l'état du local, dressé contradictoirement à l'entrée dans les lieux, doit être annexé au bail.

A la sortie, un constat est également établi dans les mêmes conditions.

Art. 23 *Charges locatives.* Les charges récupérables correspondent à des prestations, taxes locatives et fournitures individuelles et doivent être limitativement énumérées dans le bail ; elles sont au plus celles fixées par les accords de la commission permanente.

Les charges peuvent faire l'objet de provisions et doivent, en ce cas, donner lieu à régularisation annuelle. Les demandes de provisions doivent être justifiées par la communication des résultats antérieurs arrêtés lors de la précédente régularisation annuelle ou par celle de budgets prévisionnels.

Quinze jours avant l'échéance du remboursement ou de la régularisation annuelle des charges, le bailleur en communique le décompte, par nature de charges ainsi que le mode de répartition entre tous les locataires de l'immeuble.

Pendant un délai d'un mois à compter de l'envoi de ce décompte, les pièces justificatives sont tenues à la disposition des locataires ou de leurs représentants. Lorsqu'ils en font la demande, toutes explications utiles sur les dépenses de gestion leur sont présentées.

III. ENGAGEMENTS À L'ÉGARD DES ORGANISMES CHARGÉS DE LA LIQUIDATION ET DU PAIEMENT DE L'APL

Art. 24 *Obligations à l'égard des organismes chargés de la liquidation et du paiement de l'aide personnalisée au logement.* Le bailleur s'engage à l'égard du ou des organismes liquidateurs aux obligations suivantes :

De produire dès l'entrée en vigueur de la présente convention :

– *(L. nº 83-440 du 2 juin 1983, art. 6)* pour les locataires déjà dans les lieux, une attestation sur laquelle doivent figurer, notamment, la référence de la convention (année et numéro), la localisation, le type de logement, la surface habitable, le loyer principal ainsi que la date de prise d'effet du bail attestée par la photocopie d'attestation d'exécution conforme des travaux établie par le représentant de l'État dans le département ou son représentant ;

– pour les nouveaux locataires, une attestation précisant la date de prise d'effet de la location et à laquelle est annexée photocopie de la lettre de réservation définie à l'art. 15 ;

De fournir au plus tard le 15 mai de chaque année le montant du loyer applicable à compter du 1er juillet ;

De signaler immédiatement tout départ de locataire bénéficiant de l'aide personnalisée au logement ;

De fournir annuellement toute justification concernant le paiement du loyer et, en cas de non-paiement de deux échéances consécutives, d'en aviser immédiatement les organismes liquidateurs, ainsi que la commission départementale de l'aide personnalisée au logement en indiquant les démarches entreprises auprès du locataire défaillant ;

Indiquer toutes modifications dans la composition familiale portées à sa connaissance par le locataire ;

De produire toutes les pièces nécessaires à la mise en place du système de tiers payant, tel que défini par les directives du conseil de gestion du fonds national de l'habitation, et plus généralement d'établir avec les organismes liquidateurs en tant que de besoin toutes les liaisons nécessaires ;

De faire apparaître sur la quittance toute modification sur le montant de l'aide personnalisée.

ANNEXE 15 (art. R. 353-200)

Les dispositions de l'art. 35 de la L. nº 2005-841 du 26 juill. 2005 sont entrées en vigueur à compter du 1er janv. 2006. Elles sont applicables aux contrats en cours à compter de cette date. La valeur de la moyenne sur quatre trimestres de l'indice mesurant le coût de la construction à la date de référence de ces contrats est remplacée par la valeur de l'indice de référence des loyers à cette même date de référence (L. préc., art. 35-IV, mod. par L. nº 2005-1179 du 30 déc. 2005, art. 163).

Dans les conventions en cours et les conventions types prévues par l'art. L. 351-2 du CCH, toute clause prévoyant que la révision du loyer pratiqué ou du loyer maximum s'opère en fonction des variations de la moyenne sur quatre trimestres de l'indice du coût de la construction publié par l'Institut national de la statistique et des études économiques est remplacée par la clause prévoyant que cette révision s'opère en fonction des variations de l'indice de référence des loyers. Dans les conventions en cours, la valeur de la moyenne sur quatre trimestres de l'indice du coût de la construction à la date de référence est remplacée par la valeur de l'indice national de référence des loyers à cette même date (L. nº 2005-841 du 26 juill. 2005, art. 35-IV).

NDLR : *Le mode de calcul de l'IRL a été modifié par la L. nº 2008-111 du 8 févr. 2008 (JO 9 févr.).*

Concernant l'IRL, V. **C. baux**, *Baux d'habitation, App., vº Indice de référence des loyers.*

Convention

Conclue en application des articles L. 351-2 (3º) et R. 353-200 du code de la construction et de l'habitation entre l'État et les bailleurs de logements.

(Décr. nº 83-1001 du 22 nov. 1983)

Le commissaire de la République de ….., agissant au nom de l'État, d'une part, et ….. *[Personne physique ou morale identifiée conformément aux dispositions, selon le cas, des art. 5 et 6 du décret n° 55-22 du 4 janv. 1955 modifié, portant réforme de la publicité foncière]* , dénommé ci-après le bailleur, sont convenus de ce qui suit :

Art. 1er La présente convention a pour objet de fixer les droits et obligations des parties prévus par les art. L. 353-1 à L. 353-17, pour le programme de .... financé au moyen de prêts prévus par la sous-section 4 *bis* de la section II du chapitre Ier du titre III du livre III du code de la construction et de l'habitation et décrit dans le document joint à la présente convention.

Art. 2 La présente convention est conclue pour une durée de neuf ans.

Toutefois, elle est prorogée du délai nécessaire pour atteindre le 30 juin suivant sa date d'expiration.

Elle expire le 30 juin.

Variante 1 (organisme d'habitations à loyer modéré) : elle prend effet à compter de sa signature *[Rayer la variante inutile]*.

Variante 2 (autres cas) : elle prend effet à compter de sa publication au fichier immobilier ou de son inscription au livre foncier *[Rayer la variante inutile]*.

Art. 3 *(Décr. n° 96-656 du 22 juill. 1996)* « Le prix mensuel du loyer maximum visé à l'article R. 353-208 est fixé à ... € le mètre carré. »

(Décr. n° 95-42 du 11 janv. 1995, art. 8) « Le loyer maximum est révisable chaque année, le 1er juillet, en fonction des variations de la moyenne sur quatre trimestres de l'indice du coût de la construction publié par l'Institut national de la statistique et des études économiques. Cette moyenne est celle de l'indice du coût de la construction à la date de référence et des trois trimestres qui la précèdent. La date de référence de l'indice est celle du quatrième trimestre de l'année précédente.

« Dans la limite du loyer maximum et des dispositions prises en application de la loi n° 89-462 du 6 juillet 1989, le loyer pratiqué :

« Variante 1 (organisme d'habitations à loyer modéré) :

« Peut être majoré au plus de .... p. 100 par an ; les majorations peuvent intervenir le 1er janvier et le 1er juillet de chaque année ;

« Variante 2 (autres cas) :

« 1° Peut être révisé, au cours du contrat de location, chaque 1er juillet, en fonction des variations de la moyenne de l'indice du coût de la construction. Cette moyenne est celle de l'indice du coût de la construction à la date de référence et des indices des trois trimestres qui la précèdent. La date de référence de l'indice est celle du quatrième trimestre de l'année précédente ;

« 2° Peut être réajusté à l'expiration de chaque contrat de location le 1er juillet suivant la date d'expiration du contrat de location. Le bailleur doit informer le locataire de tout réajustement du loyer pratiqué au moins un mois avant la date d'échéance. » — *Entrée en vigueur le 1er janv. 1995.*

Art. 4 Les parties s'engagent à respecter les obligations de portée générale reproduites en annexe à la présente convention.

Le bailleur reconnaît avoir pris connaissance de cette annexe et reconnaît qu'une copie lui a été remise.

DOCUMENT PRÉVU PAR L'ART. 1ER DE L'ANNEXE À L'ART. R. 353-200
DU CODE DE LA CONSTRUCTION ET DE L'HABITATION

Description du programme de ....

I. Désignation du ou des immeubles

[Établie conformément à l'art. 7 du décret n° 55-22 du 4 janv. 1955 modifié portant réforme de la publicité foncière] ....

II. Composition du programme

A. — Locaux auxquels s'applique la présente convention :

....

1. Nombre des logements locatifs par type de logements avec numéro des logements : ....
2. Surface habitable : ....
3. Surface corrigée des logements *[Dans le cas où le bailleur est un organisme d'HLM]* : ....
4. Dépendances (nombre et surface) : ....
5. Locaux collectifs résidentiels (nombre et surface) : ....

....

6. Garages et parkings affectés à ces logements (nombre et différenciation par type) : .....

B. — Locaux auxquels ne s'applique pas la convention :

....

Lorsque la convention fixe le loyer maximum de chaque logement en application du 1º et du 2º de l'article R. 353-16, les dispositions du 2 du document prévu par l'article 1er de l'annexe à l'article R. 353-90 (ANNEXE 10) et relatives à la composition du programme sont remplacées par les dispositions de l'art. 15 du décr. nº 96-656 du 22 juill. 1996, reproduites ss. le document prévu par l'article 1er des annexes I et II à l'art. R. 353-1 (ANNEXE 7).

III. Origine de propriété

[Établie conformément à l'art. 3 du décret nº 55-22 du 4 janv. 1955 précité]

....

IV. Renseignements administratifs

....

1. Permis de construire ou déclaration de construction : ....
2. Modalités de financement *[Renseignements à compléter dès que les décisions définitives de financement sont intervenues]* : ....

Financement principal : ....

Date d'octroi du prêt : ....

Numéro du prêt : ....

Durée : ....

Financement complémentaire : ....

Date d'achèvement de la construction ou certificat de conformité :

....

Fait à Paris, le ....

ENGAGEMENTS DE PORTÉE GÉNÉRALE
APPLICABLES À TOUT LOGEMENT CONVENTIONNÉ

Art. 1er. Les logements conventionnés sont soumis aux dispositions de la loi nº 82-526 du 22 juin 1982 relative aux droits et obligations des locataires et des bailleurs, sous réserve des dispositions de l'article 75 (3º) de ladite loi.

Art. 2. Les logements doivent être loués nus, à des personnes physiques, à titre de résidence principale et occupés au moins huit mois par an. Ils ne peuvent faire l'objet de sous-location *(Décr. nº 90-635 du 18 juill. 1990, art. 8)*, « sauf au profit de personnes ayant passe avec le locataire un contrat conforme à l'art. 6 de la loi nº 89-475 du 10 juillet 1989 relative à l'accueil par des particuliers à leur domicile, à titre onéreux, de personnes âgées ou handicapées adultes ».

Les logements sont loués à des personnes dont les ressources annuelles n'excèdent pas le plafond déterminé dans les conditions prévues par l'art. R. 331-42 du code de la construction et de l'habitation.

Art. 3. La convention se renouvelle pour des périodes triennales, sous réserve de dénonciation par l'une ou l'autre des parties.

Si la dénonciation émane du bailleur, elle fait l'objet d'un acte authentique (acte notarié ou par ministère d'huissier de justice) notifié six mois avant l'expiration de la convention ; si elle émane de l'État, elle fait l'objet d'un acte administratif notifié dans le même délai.

Art. 4. La présente convention peut être révisée à la demande de l'une ou l'autre des parties. Les frais de publication sont pris en charge par la partie qui sollicite la révision.

Art. 5 La convention est tenue à la disposition permanente des locataires ou de leurs associations qui peuvent en prendre connaissance chez le gardien ou, en l'absence d'un gardien, au siège du bailleur. Cette information est mentionnée par affichage et de façon très apparente dans les parties communes de l'immeuble.

Le bailleur s'engage à tenir à la disposition des locataires dans les lieux ou des candidats locataires les notices d'information relatives à l'aide personnalisée au logement.

Art. 6. En cas d'inexécution par le bailleur de ses engagements contractuels tels que non-respect du loyer maximum ou faute grave à l'égard des organismes chargés du paiement de l'aide personnalisée au logement, l'administration, après mise en demeure par lettre recommandée avec avis de réception demeurée sans effet pendant un délai de deux mois, peut procéder unilatéralement à la résiliation de la présente convention.

Il sera fait application des dispositions prévues à l'article L. 353-6 relatives au maintien des locataires dans les lieux, le loyer étant celui fixé par la convention diminué de l'aide personnalisée au logement désormais prise en charge par le bailleur.

Le bailleur s'engage dans un délai de quinze jours à compter de la date à laquelle la résiliation est devenue définitive à la notifier aux locataires et aux organismes payeurs concernés.

Art. 7. En cas de dissimulation ou fraude pour imposer ou tenter d'imposer au locataire un loyer dépassant le prix fixé par la convention, le bailleur sera passible des sanctions pénales prévues à l'art. L. 353-10 du code précité, sans préjudice de l'application de l'art. 70 de la loi n° 82-526 du 22 juin 1982.

Art. 8. Afin de permettre à l'État d'assurer le contrôle de l'application de la présente convention, le bailleur est tenu de fournir au commissaire de la République les informations et les documents nécessaires au plein exercice de ce contrôle.

Art. 9. Le commissaire de la République s'assure de la publication de la convention au fichier immobilier ou de son inscription au livre foncier.

Art. 10. La convention s'applique de plein droit à tout nouveau propriétaire en cas de mutation à titre gratuit ou onéreux des logements conventionnés.

Art. 11. Les logements conventionnés doivent être maintenus à usage locatif pendant la durée de la convention.

Lorsqu'un logement est vendu au locataire, ce dernier peut occuper le logement à titre personnel ou le faire occuper par son conjoint, ses ascendants ou descendants ou ceux de son conjoint. L'occupation doit être exclusivement à titre de résidence principale.

Si le logement devient vacant avant la date d'expiration de la convention, le bailleur s'engage à le relouer dans les conditions définies par la convention. Toutefois, lorsque le bailleur est une personne physique, il peut l'occuper ou le faire occuper dans les conditions définies au précédent alinéa.

Art. 12. Le bailleur s'engage à proposer à tout candidat locataire un contrat de location conforme à la convention, auquel est jointe une notice d'information relative à l'aide personnalisée au logement.

Art. 13. Lorsque le bailleur est un organisme d'habitations à loyer modéré, les dispositions de l'article L. 353-15 du code de la construction et de l'habitation sont applicables aux locataires.

Art. 14. Lorsque le bailleur est une personne physique ou une personne morale autre qu'un organisme d'habitations à loyer modéré, le contrat de location est conclu pour une durée de trois ans. Toutefois, s'il est conclu avant le 30 juin suivant le troisième anniversaire de la prise d'effet de la convention, sa durée est égale à la période restant à courir jusqu'à la date du 30 juin mentionnée ci-dessus.

Pendant la durée de la convention, sous réserve du respect des obligations définies par l'art. 18 de la loi n° 82-526 du 22 juin 1982, le contrat de location se renouvelle pour des périodes triennales, sauf refus du locataire notifié selon la procédure définie par l'article 15 ci-dessous.

En cas de vacance intervenant au cours du contrat de location, le nouveau locataire est substitué de plein droit à l'ancien locataire.

Art. 15. Le locataire peut donner congé à tout moment sous réserve d'un délai de préavis de trois mois, ramené à un mois en cas de changement de résidence pour des raisons familiales graves ou des raisons professionnelles.

Tout congé est donné par lettre recommandée avec demande d'avis de réception, le préavis partant de la date d'envoi et le cachet de la poste faisant foi. Lorsque le délai de préavis vient à expiration dans le courant d'un mois, le contrat de location produit effet jusqu'au dernier jour du mois.

Le locataire est redevable du loyer et des charges pendant le délai de préavis, sauf si le logement est occupé avant la fin du préavis par un autre locataire en accord avec le bailleur.

Art. 16. Le loyer est payé par fraction mensuelle à terme échu.

En cas de versement de l'aide personnalisée au logement en tiers payant, le montant de cette aide doit figurer sur la quittance.

Art. 17. Le bailleur peut demander au locataire, lors de la signature du contrat de location, le versement d'un dépôt de garantie qui ne peut être supérieur à deux mois de loyer en principal.

Art. 18. Le bailleur est tenu à l'égard des organismes payeurs de l'aide personnalisée au logement (APL) :

De fournir les renseignements prévus par l'imprimé de demande d'APL pour chaque locataire demandeur de l'aide ;

De signaler immédiatement tout départ de locataire bénéficiaire de l'APL.

Si l'APL est versée en tiers payant, le bailleur doit en outre *[Si la convention porte sur moins de dix logements, le bailleur doit, s'il souhaite le versement en tiers payant, le faire connaître à l'organisme payeur ; à défaut, l'APL est versée directement au locataire]* :

Établir les liaisons nécessaires avec les organismes payeurs en vue de passer un accord définissant les conditions de versement de l'APL ;

Saisir le cas échéant l'instance départementale chargée d'examiner les cas dans lesquels les bénéficiaires de l'APL ne règlent pas la dépense de logement restant à leur charge.

ANNEXE 16 (art. R.* 366-1)

Clauses à insérer dans les statuts de l'Association nationale pour l'information sur le logement

(Décr. nº 2007-1576 du 6 nov. 2007)

Constitution.

Il est constitué entre les personnes qui adhèrent aux présents statuts une association déclarée régie par :

– la loi du 1er juillet 1901 modifiée relative au contrat d'association et son décret d'application du 16 août 1901 modifié ;

– l'article L. 366-1 du code de la construction et de l'habitation et ses textes d'application.

Dénomination.

L'association a pour dénomination : « Association nationale pour l'information sur le logement ». Elle peut également être désignée sous le sigle « ANIL ».

Objet.

L'association a pour objet de définir et mettre en œuvre l'ensemble des moyens et méthodes permettant l'information complète, neutre et gratuite du public en matière de logement et d'habitat.

Pour réaliser son objet, l'association anime et coordonne le réseau des associations départementales d'information sur le logement (ADIL). Elle favorise la création de nouvelles ADIL dans les départements qui n'en sont pas pourvus et apporte un soutien technique au renforcement, au développement et à la qualité du réseau.

Elle réalise les outils documentaires et informatiques destinés à l'information des associations départementales et à celle du public ; elle diffuse au sein du réseau les expériences menées par les associations départementales et leurs résultats ; elle organise des stages de formation des personnels.

Elle recueille les informations sur la demande exprimée par le public qui lui sont transmises par les associations départementales. Elle procède à leur traitement et restitue les analyses issues de ce traitement à l'ensemble du réseau.

L'association a aussi vocation à entreprendre toutes études, recherches, actions de formation et démarches prospectives suscitées par ses interventions et qui lui apparaissent nécessaires à l'intérêt public dans le domaine du logement et de l'habitat. Elle communique à ses membres ses analyses issues de l'activité du réseau des associations départementales et les résultats des études réalisées à son initiative. Elle peut faire des propositions de nature à mieux orienter les politiques publiques en matière de logement et d'habitat.

L'association donne son avis au ministre chargé du logement sur les décisions d'agrément des associations départementales d'information sur le logement, après avoir réuni la commission d'agrément. Elle informe le réseau des associations départementales et ses partenaires locaux publics et privés sur la procédure d'agrément ministériel prévue à l'article L. 366-1 du code de la construction et de l'habitation. Elle apporte son conseil et son appui aux associations départementales sur toute question liée à la procédure d'agrément ministériel.

Composition.

L'association est composée de membres de droit et de membres adhérents.

Sont membres de droit :

– le ministre chargé du logement ;

– l'Assemblée des départements de France ;

– l'Association des maires de France.

Sont membres adhérents :

– les associations départementales d'information sur le logement ayant fait l'objet de l'agrément ministériel prévu à l'article L. 366-1 du code de la construction et de l'habitation ;

– des établissements publics nationaux ou des organismes à vocation nationale intervenant dans le domaine du logement ou de l'habitat.

La qualité de membre de droit peut également être conférée, à sa demande, à toute association nationale d'élus territoriaux, ou à toute instance à laquelle est affiliée un organisme membre des associations départementales d'information sur le logement.

Peuvent être membres adhérents, après décision du conseil d'administration, des personnes morales légalement constituées dont l'action revêt un caractère national ayant manifesté leur intérêt pour l'action de l'association.

Direction.

La fonction de directeur de l'association nationale est exclusive de toute fonction rémunérée à caractère permanent dans les organismes et associations membres de l'association. Cette restriction ne s'applique pas à la publication d'ouvrages ou aux activités d'enseignement.

Personnel.

Le personnel de l'association nationale est salarié de l'association.

Commission pour l'agrément.

Le conseil d'administration désigne parmi ses membres les représentants siégeant au sein de la commission pour l'agrément des associations départementales d'information sur le logement, en respectant la proportionnalité de la représentation entre membres de droit et membres adhérents. Le président de la commission pour l'agrément est nommé par le conseil d'administration parmi les représentants de la commission pour l'agrément. La commission pour l'agrément est renouvelée tous les trois ans. Une association départementale représentée à la commission pour l'agrément ne peut siéger lors de la séance au cours de laquelle cette commission examine la situation de cette association départementale.

Fusion-modification.

L'association ne peut fusionner avec une association dont l'objet n'entre pas dans le champ de compétence défini par l'article L. 366-1 du code de la construction et de l'habitation ni adopter de modification de son objet social qui ne serait pas conforme aux dispositions de cet article.

ANNEXE 17 (art. R.* 366-5)

Clauses à insérer dans les statuts des associations départementales d'information sur le logement

(*Décr. n° 2007-1576 du 6 nov. 2007*)

Constitution.

Il est constitué entre les personnes qui adhèrent aux présents statuts une association déclarée régie par :

– la loi du 1er juillet 1901 modifiée relative au contrat d'association et son décret d'application du 16 août 1901 modifié ;

– l'article L. 366-1 du code de la construction et de l'habitation et ses textes d'application.

Dénomination.

L'association a pour dénomination : association départementale d'information sur le logement de (nom du département). Elle peut être désignée sous le sigle ADIL ou par la dénomination « agence départementale d'information sur le logement ».

Objet.

L'association a pour objet d'informer le public sur toute question touchant au logement et à l'habitat. Cette information, qui repose sur une compétence juridique et financière confirmée, doit être complète, neutre, personnalisée et gratuite. Elle peut, lorsque la situation locale le permet, s'accompagner d'une information sur des offres de terrains et de logements disponibles. Elle vise à favoriser le bon déroulement des projets d'accession à la propriété des ménages et permettre aux usagers, en particulier aux personnes défavorisées, de disposer de tous les éléments permettant l'exercice d'un choix véritable et indépendant. Le contact direct avec le public est privilégié dans la mesure du possible.

L'action de l'association auprès du public exclut tout acte administratif, commercial ou contentieux.

L'association a également vocation à assurer au bénéfice de ses membres des actions de conseil et d'expertise juridique ou économique et à entreprendre toutes études, recherches ou démarches prospectives liées à son domaine d'activité. Elle peut faire des propositions qui lui paraissent de nature à orienter les politiques publiques en matière de logement et d'habitat. Elle transmet ses propositions à l'Association nationale pour l'information sur le logement.

L'association contribue à la collecte et à l'exploitation des données de l'ensemble du réseau des associations départementales, coordonnées par l'Association nationale pour l'information sur le logement :

– elle analyse les informations issues de la demande exprimée par le public et assure la diffusion de ses analyses à l'ensemble de ses membres, à l'Association nationale pour l'information sur le logement et au ministère chargé du logement ;

– elle enrichit les données nationales du réseau des associations départementales de ses expériences, propositions, analyses et études.

Composition.

L'association est composée de membres de droit et de membres adhérents.

Sont membres de droit :
– le département concerné ;
– l'État : le préfet ou son représentant et le directeur départemental de l'équipement ou son représentant, le directeur départemental de l'équipement pouvant représenter le préfet ;
– l'Association départementale des maires de France.

Les membres adhérents sont des personnes morales légalement constituées intervenant dans le domaine du logement ou de l'habitat dans le département concerné.

La qualité de membre de droit peut également être conférée, à sa demande, à toute association départementale d'élus territoriaux.

Peuvent être membres adhérents, après décision du conseil d'administration :
– des collectivités territoriales autres que le conseil général ;
– des établissements publics de coopération intercommunale (EPCI) ;
– des personnes morales légalement constituées ayant manifesté leur intérêt pour l'action de l'association.

Direction.

La fonction de directeur de l'association départementale est exclusive de toute fonction rémunérée à caractère permanent dans les organismes et associations membres de l'association. Cette restriction ne s'applique pas à la publication d'ouvrages ou aux activités d'enseignement.

Personnel.

Le personnel de l'association départementale est salarié de l'association.

Identité graphique.

L'association départementale appose sur ses supports (papier, panneaux, enseignes) le logotype et le sigle commun au réseau des associations départementales d'information sur le logement, conformément à la charte d'identité graphique.

Identification.

Pour son activité, l'association départementale dispose de coordonnées téléphoniques et électroniques propres.

Fusion-modification.

L'association ne peut fusionner avec une association dont l'objet n'entre pas dans le champ de compétence défini par l'article L. 366-1 du code de la construction et de l'habitation, ni adopter de modification de son objet social qui ne serait pas conforme aux dispositions de cet article.

ANNEXE 18 (art. *R. 422-1)

Statuts types

Des sociétés anonymes d'habitations à loyer modéré.

Mod. par Décr. nº 91-385 du 23 avr. 1991 [Ann. I, mod. par Décr. nº 92-726 du 29 juill. 1992], Décr. nº 93-747 du 27 mars 1993, art. 1er et Ann. I et mod. par Décr. nº 2004-641 du 1er juill. 2004, art. 10.

Les sociétés anonymes d'HLM doivent mettre leurs statuts en conformité avec les clauses annexées au CCH dans leur version résultant du décret nº 93-747 du 27 mars 1993, au plus tard le 31 déc. 1993 (Décr. nº 93-747 du 27 mars 1993, art. 3).

Par dérogation au second alinéa de l'art. R. 422-1, la mise en conformité des statuts des sociétés anonymes d'habitations à loyer modéré avec les clauses types 6, 7, 9, 16 et 17 dans leur rédaction issue du décret nº 2004-641 du 1er juill. 2004 doit être faite par l'assemblée générale extraordinaire prévue au V de l'article 51 de la loi nº 2003-710 du 1er août 2003 [V. App., vº Rénovation urbaine] (Décr. nº 2004-641 du 1er juill. 2004, art. 11-II).

(Décr. nº 91-385 du 23 avr. 1991)

1. Forme

(Décr. n° 2004-641 du 1er juill. 2004, art. 10-I)

Il est formé, entre les propriétaires des actions créées ci-après et de toutes celles qui le seraient ultérieurement, une société anonyme d'habitations à loyer modéré régie par les lois et règlements en vigueur, notamment par les dispositions du livre IV du code de la construction et de l'habitation ainsi que par les dispositions non contraires du code civil, du code de commerce et du décret n° 67-236 du 23 mars 1967 sur les sociétés commerciales.

Les dispositions issues du Décr. n° 2004-641 du 1er juill. 2004 peuvent être modifiées par décret en Conseil d'État (Décr. n° 2004-641 préc., art. 13).

2. Dénomination

La dénomination de la société est : .... société anonyme d'habitations à loyer modéré.

3. Objet social

(Décr. n° 2004-641 du 1er juill. 2004, art. 10-I)

La société a pour objet :

1. En vue principalement de la location, de construire, d'acquérir, d'améliorer, d'aménager, d'assainir, de réparer et de gérer, dans les conditions prévues par les livres III et IV du code de la construction et de l'habitation, des habitations collectives ou individuelles avec leurs jardins, dépendances ou annexes et, éventuellement, lorsque ces habitations forment un ensemble, des locaux à usage commun ou des installations nécessaires à la vie économique et sociale de cet ensemble ;

2. De gérer les immeubles appartenant à d'autres organismes d'habitations à loyer modéré ;

3. De gérer les immeubles à usage principal d'habitation appartenant à l'État, à une collectivité territoriale ou à un groupement de collectivités territoriales, à une société d'économie mixte de construction et de gestion de logements sociaux, à des organismes à but non lucratif, à l'association agréée mentionnée à l'article L. 313-34 ou aux sociétés civiles immobilières dont les parts sont détenues à au moins 99 % par cette association ;

4. De réaliser des missions d'accompagnement social destinées aux populations logées dans le patrimoine qu'elle gère ou, à titre de prestataire de services, pour les populations logées dans le patrimoine géré par d'autres organismes de logement social ;

5. De réaliser pour son compte ou pour le compte de tiers, avec l'accord de la ou des collectivités ou établissements publics intéressés, toutes les interventions foncières, les actions ou opérations d'aménagement, y compris les lotissements, prévues par le code de l'urbanisme et le code de la construction et de l'habitation, sans que les dispositions de l'article L. 443-14 de ce dernier code soient applicables aux cessions d'immeubles rendues nécessaires par ces réalisations ;

6. En complément de son activité locative, de réaliser ou d'acquérir et d'améliorer des logements en vue de leur vente à des personnes physiques à titre de résidences principales, soit lorsqu'une offre satisfaisante de ces logements n'est pas assurée dans un îlot, un quartier ou une commune, soit à la demande de la collectivité territoriale dans le cadre d'une action ou d'une opération d'aménagement ou de la mise en œuvre des objectifs de renouvellement urbain et de mixité sociale prévus dans les contrats de ville. Ces logements sont destinés à des personnes physiques dont les ressources n'excèdent pas les plafonds fixés en application de l'article R. 443-34 du code de la construction et de l'habitation. Les prix de vente de ces immeubles respectent les maxima fixés en application du même article ;

7. D'assister, à titre de prestataire de services, des personnes physiques et des sociétés coopératives de construction ou sociétés civiles immobilières ayant pour objet la réalisation d'immeubles à usage d'habitation ou à usage professionnel et d'habitation destinés à des accédants dont les ressources n'excèdent pas les plafonds fixés en application de l'article R. 443-34 du code de la construction et de l'habitation ;

(Décr. nº 2005-1416 du 16 nov. 2005, art. 2, 2º) « 8. Après avoir souscrit ou acquis des parts d'une société civile immobilière ayant pour objet la réalisation d'immeubles à usage d'habitation ou à usage professionnel et d'habitation destinés à des accédants dont les ressources n'excèdent pas les plafonds fixés en application de l'article R. 443-34 du code de la construction et de l'habitation, d'être syndic de copropriété ou d'exercer les fonctions d'administrateur de biens de ces immeubles ; »

9. De construire, acquérir, réaliser des travaux, gérer des immeubles à usage d'habitation ou à usage professionnel et d'habitation en vue de leur location-accession ;

10. De réaliser, pour le compte d'associations ou d'organismes agréés dans le domaine du logement social, des prestations de services pour des opérations ou des actions de nature à favoriser l'insertion sociale des personnes et la mixité urbaine et sociale des villes et des quartiers ;

11. De réaliser pour le compte d'autres organismes d'habitations à loyer modéré des prestations de services pour des missions entrant dans l'objet social et la compétence territoriale desdits organismes et de la société ;

(Décr. nº 2007-1840 du 24 déc. 2007) « 12. D'être syndic de copropriété et administrateur de biens d'immeubles bâtis, construits ou acquis soit par elle, soit par un autre organisme d'habitations à loyer modéré, une collectivité territoriale, une société d'économie mixte ou un organisme sans but lucratif, l'association mentionnée à l'article *(L. nº 2009-323 du 25 mars 2009, art. 8-VIII)* « L. 313-34 du code de la construction et de l'habitation » précitée*[précité]* ou une des sociétés civiles immobilières dont les parts sont détenues à au moins 99 % par cette association ;

« 13. De vendre des ouvrages de bâtiment aux organismes visés à l'article L. 411-2 du code de la construction et de l'habitation et aux sociétés d'économie mixte ou de les acquérir auprès d'eux, par contrat de vente d'immeuble à construire prévu aux articles L. 261-1 et suivants du même code ;

« 14. De construire ou d'acquérir, d'aménager, d'entretenir, de gérer ou de donner en gestion à des personnes physiques ou morales des résidences hôtelières à vocation sociale prévues à l'article L. 631-11 du code de la construction et de l'habitation ; »

15. D'acquérir des hôtels, meublés ou non, destinés à l'hébergement temporaire de personnes en difficulté et les donner en location à des organismes agréés par le préfet du département du lieu de situation de ces hôtels ;

16. D'intervenir comme prestataire de services de sociétés d'économie mixte pour la réalisation d'opérations d'aménagement, après y avoir été spécialement agréée dans les conditions de l'article R. 422-4 du code de la construction et de l'habitation ;

17. Avec l'accord du maire de la commune d'implantation et celui du préfet donnés dans les conditions fixées à l'article R. 442-23 du code de la construction et de l'habitation, de gérer, en qualité d'administrateur de biens, des logements situés dans des copropriétés connaissant des difficultés importantes de fonctionnement ou être syndic de ces copropriétés ;

(Décr. nº 2007-1840 du 24 déc. 2007) « 18. Dans les copropriétés mentionnées au 17º ci-dessus qui font l'objet d'un plan de sauvegarde en application de l'article L. 615-1 du code de la construction et de l'habitation ou d'une opération programmée d'amélioration de l'habitat prévue à l'article L. 303-1 du même code et dédiée aux copropriétés dégradées, d'acquérir des lots en vue de leur revente, d'y effectuer tous travaux et de les louer provisoirement. Les *(Décr. nº 2008-566 du 18 juin 2008)* « dispositions du 3º de l'article R. 421-2 » du même code sont applicables aux conditions de revente et de location de ces lots ; »

(Décr. nº 2005-1416 du 16 nov. 2005, art. 2-3º) « 19. De réaliser des prestations de services pour le compte de syndicats de copropriétaires d'immeubles faisant l'objet d'un plan de sauvegarde en application de l'article L. 615-1 du code de la construction et de l'habitation ;

« 20. Avec l'accord du maire de la commune d'implantation, d'être syndic de copropriétés situées dans le périmètre d'une opération programmée d'amélioration de l'habitat mentionnée à l'article L. 303-1 du code de la construction et de l'habitation et qui satisfont aux caractéristiques de décence mentionnées à l'article L. 442-11 ;

« 21. De réaliser des prestations de services pour le compte de syndicats de copropriétaires d'immeubles situés dans le périmètre d'une opération programmée d'amélioration de l'habitat mentionnée à l'article L. 303-1 du code de la construction et de l'habitation ;

« 22. Avec l'accord du maire de la commune d'implantation, de gérer, en qualité d'administrateurs de biens et dans les conditions fixées par l'article L. 442-11 du code de la construction et de l'habitation, des logements situés dans le périmètre d'une opération programmée d'amélioration de l'habitat mentionnée à l'article L. 303-1 du même code ;

« 23. Avec l'accord du maire de la commune d'implantation, de gérer, en qualité d'administrateurs de biens et dans les conditions fixées par l'article L. 442-11 du code de la construction et de l'habitation, des logements appartenant à des personnes privées et vacants depuis plus d'un an ; »

24. De réaliser des hébergements de loisirs à vocation sociale dans les conditions prévues aux *(Décr. no 2008-566 du 18 juin 2008)* « articles L. 421-3 (6o) et R. 421-2 (2o) du code de la construction et de l'habitation » ;

25. De se voir confier par convention la réalisation d'une opération de restructuration urbaine qui peut comprendre toutes opérations ou actions ou tous aménagements ou équipements de nature à favoriser une politique de développement social urbain telle que définie à l'article 1er de la loi no 96-987 du 14 novembre 1996 relative à la mise en œuvre du pacte de relance pour la ville. La convention peut inclure des actions d'insertion professionnelle et sociale en faveur des habitants des grands ensembles ou des quartiers d'habitat dégradé mentionnés au 3 de l'article 42 de la loi no 95-115 du 4 février 1995 d'orientation pour l'aménagement et le développement du territoire ;

26. De prendre à bail des logements vacants pour les donner en sous-location à des personnes physiques dans les conditions fixées par les articles L. 444-1 et suivants du code de la construction et de l'habitation ;

27. De réaliser en vue de leur vente, dans les conditions prévues aux articles L. 261-1 à L. 261-22 du code de la construction et de l'habitation, à l'association agréée mentionnée à l'article L. 313-34 ou aux sociétés civiles immobilières dont les parts sont détenues à 99 % au moins par cette association, des immeubles à usage principal d'habitation destinés à la location ;

28. De participer, en application de l'article L. 424-2 du code de la construction et de l'habitation, à des actions de développement à caractère social d'intérêt direct pour les habitants des quartiers d'habitat social, dans le cadre des contrats de ville conclus en application de l'article 27 de la loi no 99-533 du 25 juin 1999 d'orientation pour l'aménagement et le développement durable du territoire ;

29. De réaliser des opérations de conception, réalisation, entretien ou maintenance d'équipements hospitaliers ou médico-sociaux pour les besoins d'un établissement public de santé dans les conditions fixées par l'article L. 6148-7 du code de la santé publique ;

(Décr. no 2007-1840 du 24 déc. 2007) « 30. De réaliser en vue de leur vente, dans les conditions prévues à l'article L. 261-3 du code de la construction et de l'habitation, pour le compte de personnes publiques ou privées, des immeubles à usage principal d'habitation dont elle peut provisoirement détenir l'usufruit selon les modalités définies aux articles L. 253-1 à L. 253-5 du même code ;

« 31. D'assurer la gérance des sociétés civiles immobilières d'accession progressive à la propriété régies par les articles L. 443-6-2 et suivants du code de la construction et de l'habitation ;

« 32. De réaliser des travaux, d'acquérir, de construire et de gérer des immeubles à usage d'habitation au profit des fonctionnaires de la police et de la gendarmerie nationales, des services départementaux d'incendie et de secours ou des services pénitentiaires, ainsi que les locaux accessoires à ces immeubles et les locaux nécessaires au fonctionnement des gendarmeries ; »

33. De réaliser des prestations de services pour le compte de l'association agréée mentionnée à l'article L. 313-34 ou des sociétés civiles immobilières dont les parts sont détenues à 99 % au moins par cette association ;

34. D'être syndic de copropriété dans le cas prévu à l'article L. 443-15 du code de la construction et de l'habitation ;

35. De réaliser toutes opérations pour lesquelles les sociétés anonymes d'habitations à loyer modéré sont ou seront habilitées par les textes législatifs s'y rapportant. – *Le point*

16 de la clause type 3 de l'annexe à l'article R. 422-1, dans sa rédaction en vigueur à la date de publication du présent décret [V. ci-dessous], cesse d'être applicable au plus tard le (Décr. n° 2005-1416 du 16 nov. 2005, art. 6) « le 31 décembre 2006 » (Décr. n° 2004-641 du 1er juill. 2004, art. 11-IV).Les dispositions issues du Décr. n° 2004-641 du 1er juill. 2004 peuvent être modifiées par décret en Conseil d'État (Décr. préc., art. 13).

Les points 15 à 29 et 33 à 35 sont anciennement les points 12 à 26 et 27 à 29 (Décr. n° 2007-1840 du 24 déc. 2007, art. 2-I).

4. Compétence territoriale. – Siège social

L'activité de la société s'exerce sur le territoire de la région où est situé son siège social. Elle peut également intervenir sur le territoire des départements limitrophes à cette région, après accord de la commune d'implantation de l'opération. *(Abrogé par Décr. n° 2004-641 du 1er juill. 2004, art. 10-III)* ***« Pour les sociétés agréées en application du deuxième alinéa de l'art. R. 422-16 CCH, le premier alinéa de la clause type 5 est remplacé par les dispositions suivantes : « L'activité de la société s'exerce sur les territoires suivants : ... »***

Par décision prise dans les conditions prévues par le code de la construction et de l'habitation, le ministre chargé du logement peut étendre la compétence territoriale de la société.

Le siège social de la société est fixé à : ....

Il pourra être transféré à l'intérieur de la région ou des régions où s'exerce la compétence de la société.

Les dispositions issues du Décret n° 2004-641 du 1er juill. 2004 peuvent être modifiées par décret en Conseil d'État (Décr., art. 13).

5. Composition et modification du capital social

(Décr. n° 93-747 du 27 mars 1993, Ann. I)

Le capital social de la société est composé de .... actions nominatives *(Décr. n° 2004-641 du 1er juill. 2004, art. 10-IV)* **« de .... € » chacune, entièrement libérées.**

Toute augmentation du capital social de la société nécessite l'accord du préfet du département où est situé le siège social de la société.

Après acquittement des charges de toute nature, y compris tous amortissements et provisions, ainsi que le prélèvement au profit du fonds de réserve légale ou d'autres réserves dont la constitution est imposée par la réglementation propre aux sociétés anonymes d'habitations à loyer modéré et la répartition éventuelle de dividendes dans les conditions définies à la clause 12 des présents statuts, le surplus éventuel forme une réserve spéciale destinée à assurer le développement de l'activité de la société et à parer aux éventualités.

Conformément à l'art. L. 423-5 du code de la construction et de l'habitation et sous réserve des exceptions prévues par cet article, les réserves, les bénéfices ou les primes d'émission ne peuvent être incorporés au capital.

Les réductions de capital doivent être effectuées dans le respect des dispositions de l'art. L. 423-5 du code de la construction et de l'habitation.

La société ne peut procéder à l'amortissement de son capital.

Les dispositions issues du Décret n° 2004-641 du 1er juill. 2004 peuvent être modifiées par décret en Conseil d'État (Décr. préc., art. 13).

6. Cession d'actions

(Décr. n° 2004-641 du 1er juill. 2004, art. 10-V)

1. Le prix de cession des actions ne peut dépasser celui qui est fixé en application de l'article L. 423-4 du code de la construction et de l'habitation, sauf dérogation accordée dans les conditions prévues par cet article ;

2. Chaque communauté de communes de plus de 50 000 habitants comprenant au moins une commune de plus de 15 000 habitants, communauté urbaine, communauté d'agglomération, syndicat d'agglomération nouvelle, département ou région sur le territoire duquel ou de laquelle la société possède des logements ou des logements-foyers,

lorsqu'il ou elle n'est pas actionnaire de la société, est en droit d'acquérir une action de l'actionnaire de référence. L'acquisition se fait au prix symbolique de dix centimes d'euro.

La cession est consentie par l'actionnaire de référence ou l'un quelconque des actionnaires le constituant dans les quinze jours de la demande faite par l'établissement public, le département ou la région au président du conseil d'administration ou du conseil de surveillance de la société ;

3. Tout représentant des locataires qui n'est pas actionnaire acquiert une action de l'actionnaire de référence. Dans les huit jours suivant la proclamation du résultat des élections ou de la cessation des fonctions en cours de mandat du représentant des locataires auquel il succède, l'acquisition de cette action lui est proposée au prix symbolique de dix centimes d'euro par l'actionnaire de référence ou l'un des actionnaires qui le constituent ;

4. Sauf en cas de cession mentionnée au 2 ou au 3, ainsi qu'en cas de succession, de liquidation de communauté de biens entre époux, ou de cession soit à un conjoint, soit à un ascendant ou à un descendant, le transfert d'actions à un tiers non actionnaire de la société, à quelque titre que ce soit, doit être autorisé par le conseil (d'administration) (de surveillance) *[Rayer la mention inutile]* qui n'est pas tenu de faire connaître les motifs de son agrément ou de son refus.

Le refus d'agrément peut résulter soit d'une décision expresse, soit d'un défaut de réponse dans un délai de trois mois à compter de la date de réception de la demande.

En cas de refus d'agrément, (le conseil d'administration) (le directoire) *[Rayer la mention inutile]* est tenu, dans un délai de trois mois à compter de son refus, de faire acquérir les actions soit par un actionnaire, soit par une ou plusieurs personnes qu'il aura lui-même désignée(s) ou agréée(s). Dans ce cas, le prix ne peut être inférieur à celui de la cession non autorisée. Si, à l'expiration du délai susmentionné, l'achat n'est pas réalisé, l'agrément est considéré comme donné, sauf prolongation de ce délai par décision de justice à la demande de la société ;

5. Tout actionnaire mentionné au 4° du I de l'article L. 422-2-1 du code de la construction et de l'habitation qui entend céder tout ou partie de ses actions peut demander leur rachat, à un prix qu'il propose et qui est au plus égal à celui résultant de l'application de l'article L. 423-4 du même code, par l'actionnaire de référence ou l'un des actionnaires qui le constituent. Celui-ci, à défaut de faire acquérir les actions soit par un autre actionnaire soit par une ou plusieurs personnes qu'il aura désignée(s), est tenu d'acquérir lui-même les actions, dans le délai de trois mois à compter de la réception de la demande.

A défaut d'accord amiable sur le prix des actions à l'expiration du délai de trois mois mentionné à l'alinéa précédent, le juge fixe ce prix et prononce si nécessaire le transfert de propriété.

Les dispositions issues du décret n° 2004-641 du 1er juill. 2004 peuvent être modifiées par décret en Conseil d'État (Décr. préc., art. 13).

7. Conseil d'administration

(Décr. n° 2004-641 du 1er juill. 2004, art. 10-VI)

[La société devra opter pour l'une de ces deux versions]

Version applicable aux sociétés dotées d'un conseil d'administration

La société est administrée par un conseil d'administration, dans les conditions prévues à la sous-section 1 de la section 2 du chapitre V du titre II du livre II du code de commerce. Le conseil d'administration comprend trois administrateurs nommés sur proposition des établissements publics et collectivités territoriales mentionnés au 2° du I de l'article L. 422-2-1 du code de la construction et de l'habitation. Les trois actionnaires représentant les locataires et élus par ces derniers dans les conditions fixées au 3° du I du même article sont administrateurs.

Version applicable aux sociétés dotées d'un conseil de surveillance et d'un directoire

La société est administrée par un conseil de surveillance et un directoire, dans les conditions prévues à la sous-section 2 de la section 2 du chapitre V du titre II du livre II du code de commerce. Le conseil de surveillance comprend trois membres nommés

sur proposition des établissements publics et collectivités territoriales mentionnés au 2° du I de l'article L. 422-2-1 du code de la construction et de l'habitation. Les trois actionnaires représentant les locataires et élus par ces derniers dans les conditions fixées au 3° du I du même article sont membres du conseil de surveillance.

Les dispositions issues du décret n° 2004-641 du 1er juill. 2004 peuvent être modifiées par décret en Conseil d'État (Décr., art. 13).

8. Situation des administrateurs et membres du conseil de surveillance

(Décr. n° 2004-641 du 1er juill. 2004, art. 10-VII)

Le mandat des membres du conseil d'administration ou du conseil de surveillance est exercé à titre gratuit dans les conditions prévues à l'article *(Décr. n° 2008-566 du 18 juin 2008)* **« R. 421-10 du code de la construction et de l'habitation ». Il en est de même des fonctions de direction générale ou de direction générale déléguée exercées par le président du conseil d'administration ou par tout administrateur.**

Les dispositions issues du décret n° 2004-641 du 1er juill. 2004 peuvent être modifiées par décret en Conseil d'État (Décr. préc., art. 13).

9. Participation aux assemblées et répartition des voix

(Décr. n° 2004-641 du 1er juill. 2004, art. 10-VIII)

Dans les assemblées générales de la société, le nombre total des voix dont disposent les actionnaires est égal à dix fois le nombre des actions de la société, soit .... voix *[A compléter par la société]*.

Un actionnaire dispose dans les assemblées générales d'un nombre de voix déterminé conformément à l'article R. 422-1-1 du code de la construction et de l'habitation.

Sous réserve du dernier alinéa du III de cet article, le nombre de voix attribuées à la catégorie des communautés de communes de plus de 50 000 habitants comprenant au moins une commune de plus de 15 000 habitants, communautés urbaines, communautés d'agglomération, syndicats d'agglomération nouvelle, départements et régions sur le territoire desquels la société possède des logements et logements-foyers et qui n'ont pas la qualité d'actionnaire de référence, est fixé à .... *[A compléter par la société. La somme des nombres de voix attribuées à ces deux catégories doit être égale au tiers des voix plus une, arrondi le cas échéant à l'entier supérieur]*.

Sous la même réserve, le nombre de voix attribuées à la catégorie des représentants des locataires est fixé à .... *[A compléter par la société. La somme des nombres de voix attribuées à ces deux catégories doit être égale au tiers des voix plus une, arrondi le cas échéant à l'entier supérieur]*.

Le droit de participer à une assemblée générale est subordonné à l'inscription de l'actionnaire dans les comptes de titres nominatifs tenus par la société au plus tard cinq jours avant la date de cette assemblée.

Les dispositions issues du décret n° 2004-641 du 1er juill. 2004 peuvent être modifiées par décret en Conseil d'État (Décr., art. 13).

10. Année sociale

L'année sociale de la société débute le 1er janvier et finit le 31 décembre.

11. Avances

(Décr. n° 2004-641 du 1er juill. 2004, art. 10-IX)

La société ne peut consentir des avances à une société d'habitations à loyer modéré que si elle en détient au moins 5 % du capital et après y avoir été autorisée par le ministre chargé de l'économie et le ministre chargé du logement. Ces avances sont rémunérées sans que le taux appliqué puisse excéder le taux d'intérêt servi au détenteur d'un premier livret de caisse d'épargne, majoré de 1,5 point.

Les dispositions de la clause 11 figurant à l'annexe 14 seront modifiées dans les conditions prévues à l'art. 2 du Décr. n° 97-34 du 15 janv. 1997 [reproduit ci-dessus, Avertissement] (Décr. n° 2004-641 du 1er juill. 2004, art. 13).

12. Résultat de l'exercice

Lorsque la société a réalisé un bénéfice distribuable au sens de *(Décr. n° 2004-641 du 1er juill. 2004, art. 10-X)* **« l'article L. 232-11 du code de commerce », il ne peut être distribué un dividende supérieur à un pourcentage de la valeur nominale des actions égal ou inférieur au taux d'intérêt servi au détenteur d'un premier livret d'une caisse d'épargne au 31 décembre de l'année précédente, majoré de 1,5 point.**

Les dispositions issues du décret n° 2004-641 du 1er juill. 2004 peuvent être modifiées par décret en Conseil d'État (Décr. préc., art. 13).

13. Attribution de l'actif

Lors de l'expiration de la société, ou en cas de dissolution anticipée, l'assemblée générale ordinaire appelée à statuer sur la liquidation ne pourra, après paiement du passif et remboursement du capital, attribuer la portion d'actif qui excéderait la moitié du capital social que dans les conditions prévues par le code de la construction et de l'habitation.

14. Transmission des statuts

Les statuts de la société sont transmis au préfet du département du siège de la société après chaque modification.

15. Commission d'attribution

(Décr. n° 92-726 du 29 juill. 1992, Ann.)

La (ou les) commission(s) d'attribution des logements prévue(s) en application de *(Décr. n° 2004-641 du 1er juill. 2004, art. 10-XI)* **« l'article L. 441-2 » du code de la construction et de l'habitation est (sont) constituée(s) et fonctionne(nt) conformément aux articles R. 422-2 et** *(Décr. n° 2004-641 du 1er juill. 2004, art. 10-XI)* **« R. 441-9 » du même code.**

Les dispositions issues du décret n° 2004-641 du 1er juill. 2004 peuvent être modifiées par décret en Conseil d'État (Décr., art. 13).

16. Représentation des locataires

(Décr. n° 2004-641 du 1er juill. 2004, art. 10-XII)

La représentation des locataires aux assemblées générales et au conseil (d'administration) (de surveillance) *[Rayer la mention inutile]* **de la société est assurée dans les conditions définies aux articles L. 422-2-1, R. 422-1-1 et R. 422-2-1 du code de la construction et de l'habitation.**

Les dispositions issues du décret n° 2004-641 du 1er juill. 2004 peuvent être modifiées par décret en Conseil d'État (Décr., art. 13).

17. Pacte d'actionnaire

(Décr. n° 2004-641 du 1er juill. 2004, art. 10-XIII)

Tout pacte d'actionnaire ayant pour effet de constituer l'actionnaire de référence au sens de l'article L. 422-2-1 du code de la construction et de l'habitation est, dès sa conclusion, communiqué par le représentant légal de la société à chacun des actionnaires ainsi qu'au préfet de la région dans laquelle celle-ci a son siège. Il en est de même des avenants à ce pacte.

Les actionnaires et le préfet sont informés dans les mêmes formes de la rupture du pacte et de toute modification de la composition du capital ayant un effet sur l'actionnaire de référence.

Ces dispositions peuvent être modifiées par décret en Conseil d'État (Décr. n° 2004-641 du 1er juill. 2004, art. 13).

ANNEXE 19 (art. *R. 422-6)

Statuts types

Des sociétés anonymes coopératives de production d'habitations à loyer modéré.

(Décr. nº 93-749 du 27 mars 1993)

1. Forme *[Les sociétés anonymes coopératives de production d'HLM doivent mettre leurs statuts en conformité avec les clauses annexées au CCH dans leur version résultant du décret nº 93-749 du 27 mars 1993 au plus tard le 30 juin 1994 (Décr. nº 93-749 du 27 mars 1993, art. 8)]*
(Décr. nº 2004-1087 du 14 oct. 2004, art. 10-I)

Il est formé entre les propriétaires des parts sociales créées ci-après et de toutes celles qui le seraient ultérieurement une société anonyme coopérative de production d'habitations à loyer modéré, société à capital variable régie par les dispositions du livre IV du code de la construction et de l'habitation, ainsi que les dispositions non contraires de la loi nº 47-1775 du 10 septembre 1947 modifiée portant statut de la coopération, du code civil et du code de commerce, notamment des articles L. 231-1 à L. 231-8, et celles du décret nº 67-236 du 23 mars 1967 modifié sur les sociétés commerciales.

2. Dénomination

La dénomination de la société est : .... société anonyme coopérative de production d'habitations à loyer modéré, société à capital variable.

3. Objet social

(Décr. nº 2004-1087 du 14 oct. 2004, art. 10-II)

La société a pour objet :
1º D'assister, à titre de prestataire de services, des personnes physiques et des sociétés de construction constituées en application du titre Ier du livre II du code de la construction et de l'habitation, pour la réalisation et la gestion d'immeubles d'habitation ou à usage professionnel et d'habitation ou destinés à cet usage en accession à la propriété ainsi que pour la réalisation de travaux portant sur des immeubles existants et destinés à un usage d'habitation ou à un usage professionnel et d'habitation ;
2º De réaliser ou d'acquérir et d'améliorer, soit en qualité de maître d'ouvrage, soit par l'intermédiaire de sociétés civiles de construction mentionnées au précédent alinéa, en vue de leur vente à des personnes physiques, à titre de résidence principale, et de gérer, notamment en qualité de syndic, des immeubles à usage d'habitation ou à usage professionnel et d'habitation respectant les prix de vente maxima fixés en application du III de l'article R. 443-34 du code précité.
3º En vue de leur location-accession dans les conditions fixées par la loi nº 84-595 du 12 juillet 1984 modifiée définissant la location-accession à la propriété immobilière, de construire, acquérir, réaliser des travaux et gérer des immeubles à usage d'habitation ou à usage professionnel et d'habitation respectant les prix de vente maxima fixés en application du III de l'article R. 443-34 du code de la construction et de l'habitation ;
4º De réaliser des hébergements de loisirs à vocation sociale selon les modalités prévues *(Décr. nº 2008-566 du 18 juin 2008)* **« au 6º de l'article L. 421-3 » du code de la construction et de l'habitation ;**
5º D'acquérir des hôtels, meublés ou non, destinés à l'hébergement temporaire des personnes en difficulté et les donner en location à des organismes agréés par le préfet de département du lieu de situation de ces hôtels ;
(Décr. nº 2007-1840 du 24 déc. 2007) **« 6º De construire ou d'acquérir, d'aménager, d'entretenir, de gérer ou de donner en gestion à des personnes physiques ou morales des résidences hôtelières à vocation sociale prévues à l'article L. 631-11 du code de la construction et de l'habitation ;**

« 7º D'assurer la gérance des sociétés civiles immobilières d'accession progressive à la propriété régies par les articles L. 443-6-2 et suivants ;

« 8º De vendre des ouvrages de bâtiment aux organismes visés à l'article L. 411-2 du code de la construction et de l'habitation et aux sociétés d'économie mixte ou de les acquérir auprès d'eux, par contrat de vente d'immeuble à construire prévu aux articles L. 261-1 et suivants du même code ; »

9º En vue de leur location, de construire, acquérir, améliorer, aménager, assainir, réparer et gérer, dans les conditions prévues par les livres III et IV du code de la construction et de l'habitation, des habitations collectives ou individuelles avec leurs jardins, dépendances ou annexes et, éventuellement, lorsque ces habitations forment un ensemble, des locaux à usage commun ou des installations nécessaires à la vie économique et sociale de cet ensemble ;

10º De gérer les immeubles à usage principal d'habitation appartenant à d'autres organismes d'habitations à loyer modéré ;

11º De gérer les immeubles à usage principal d'habitation appartenant à l'État, à une collectivité territoriale ou à un groupement de collectivités territoriales, à une société d'économie mixte de construction et de gestion de logements sociaux, à des organismes à but non lucratif, à l'association agréée mentionnée à l'article L. 313-34 ou aux sociétés civiles immobilières dont les parts sont détenues à 99 % au moins par cette association ;

(Décr. nº 2007-1840 du 24 déc. 2007) « 12º D'être syndic de copropriété et administrateur de biens d'immeubles bâtis, construits ou acquis soit par elle, soit par un autre organisme d'habitations à loyer modéré, une collectivité territoriale, une société d'économie mixte ou un organisme sans but lucratif, l'association mentionnée à l'article *(L. nº 2009-323 du 25 mars 2009, art. 8-VIII)* « L. 313-34 du code de la construction et de l'habitation » précitée *[précité]* ou une des sociétés civiles immobilières dont les parts sont détenues à au moins 99 % par cette association ; »

13º De réaliser des lotissements ;

14º De réaliser, pour son compte en vertu d'une convention passée avec une collectivité territoriale ou un établissement public de coopération intercommunale compétent en matière d'aménagement, les actions ou opérations d'aménagement définies par le code de l'urbanisme ;

(Décr. nº 2007-1840 du 24 déc. 2007) « 15º De réaliser les actions ou opérations d'aménagement définies par le code de l'urbanisme pour le compte de tiers. Dans ce cas, les dispositions des articles L. 443-14 et L. 451-5 du code de la construction et de l'habitation ne sont pas applicables aux cessions d'immeubles rendues nécessaires par la réalisation de ces actions ou opérations ; »

16º De réaliser des prestations de services pour le compte d'associations ou d'organismes œuvrant dans le domaine du logement ou de personnes physiques ;

17º Avec l'accord du maire de la commune d'implantation et celui du préfet donnés dans les conditions fixées à l'article R. 442-23 du code de la construction et de l'habitation, de gérer, en qualité d'administrateur de biens, des logements situés dans des copropriétés connaissant des difficultés importantes de fonctionnement ou être syndic de ces copropriétés ;

18º D'acquérir des lots dans des copropriétés *(Décr. nº 2005-1416 du 16 nov. 2005, art. 3-1º ; Décr. nº 2007-1840 du 24 déc. 2007)* « mentionnées au 17º » ci-dessus qui font l'objet d'un plan de sauvegarde en application de l'article L. 615-1 du code de la construction et de l'habitation *(Décr. nº 2007-1840 du 24 déc. 2007)* « ou d'une opération programmée d'amélioration de l'habitat prévue à l'article L. 303-1 de ce code et dédiée aux copropriétés dégradées ». La revente de ces lots n'est pas soumise aux dispositions du chapitre III du titre IV du livre IV de ce code mais requiert l'avis préalable du service des domaines. La location des lots en attente de leur revente est, par dérogation aux dispositions du titre IV du livre IV du même code, soumise aux règles mentionnées à l'article 40 de la loi nº 89-462 du 6 juillet 1989 *[V. cet art., App., vº Rapports locatifs]* tendant à améliorer les rapports locatifs et portant modification de la loi nº 86-1290 du 23 décembre 1986. Toutefois, la fixation du loyer ne peut excéder les plafonds de loyers fixés en application du troisième alinéa du *g* du 1º du I de l'article 31 du code général des impôts. En outre, les dispositions du I et du II de l'article 15 de la loi du 6 juillet 1989 sont applicables aux contrats de location qui prennent fin au plus tard à la revente des lots, lorsque le congé émane du bailleur ;

(Décr. n° 2005-1416 du 16 nov. 2005, art. 3, 3°) « 19° De réaliser des prestations de services pour le compte de syndicats de copropriétaires d'immeubles faisant l'objet d'un plan de sauvegarde en application de l'article L. 615-1 du code de la construction et de l'habitation ;

« 20° Avec l'accord du maire de la commune d'implantation, d'être syndic de copropriétés situées dans le périmètre d'une opération programmée d'amélioration de l'habitat mentionnée à l'article L. 303-1 du code de la construction et de l'habitation et qui satisfont aux caractéristiques de décence mentionnées à l'article L. 442-11 ;

« 21° De réaliser des prestations de services pour le compte de syndicats de copropriétaires d'immeubles situés dans le périmètre d'une opération programmée d'amélioration de l'habitat mentionnée à l'article L. 303-1 du code de la construction et de l'habitation ;

« 22° Avec l'accord du maire de la commune d'implantation, de gérer, en qualité d'administrateurs de biens et dans les conditions fixées par l'article L. 442-11 du code de la construction et de l'habitation, des logements situés dans le périmètre d'une opération programmée d'amélioration de l'habitat mentionnée à l'article L. 303-1 du même code ;

« 23° Avec l'accord du maire de la commune d'implantation, de gérer, en qualité d'administrateurs de biens et dans les conditions fixées par l'article L. 442-11 du code de la construction et de l'habitation, des logements appartenant à des personnes privées et vacants depuis plus d'un an ; »

(Décr. n° 2007-1840 du 24 déc. 2007) « 24° De réaliser des travaux, d'acquérir, de construire et de gérer des immeubles à usage d'habitation au profit des fonctionnaires de la police et de la gendarmerie nationales, des services départementaux d'incendie et de secours ou des services pénitentiaires, ainsi que les locaux accessoires à ces immeubles et les locaux nécessaires au fonctionnement des gendarmeries ; »

25° De réaliser pour le compte d'autres organismes d'habitations à loyer modéré des prestations de services pour des missions entrant dans l'objet social et la compétence territoriale desdits organismes et de la société ;

26° De réaliser des missions d'accompagnement social destinées aux populations logées dans le patrimoine dont elle assure la gestion ou pour les populations logées dans le patrimoine d'autres organismes d'habitations à loyer modéré ;

27° D'être syndic de copropriété dans le cas prévu à l'article L. 443-15 du code de la construction et de l'habitation ;

28° De prendre à bail des logements vacants pour les donner en sous-location à des personnes physiques dans les conditions fixées par les articles L. 444-1 et suivants du code de la construction et de l'habitation ;

29° D'acquérir et d'aménager des terrains destinés à être cédés aux associés et de contracter des emprunts pour l'acquisition et l'aménagement de terrains qu'elle pourra ultérieurement céder à ces personnes ;

30° De réaliser en vue de leur vente, dans les conditions prévues aux articles L. 261-1 à L. 261-22 du code de la construction et de l'habitation, à l'association agréée mentionnée à l'article L. 313-34, ou des sociétés civiles immobilières dont les parts sont détenues à 99 % au moins par cette association, des immeubles à usage principal d'habitation destinés à la location ;

31° De réaliser des prestations de services pour le compte de l'association agréée mentionnée à l'article *(L. n° 2009-323 du 25 mars 2009, art. 8-VIII)* « L. 313-34 du code de la construction et de l'habitation » précitée *[précité]*, ou des sociétés civiles immobilières dont les parts sont détenues à 99 % au moins par cette association ;

(Décr. n° 2007-1840 du 24 déc. 2007) « 32° De réaliser en vue de leur vente, dans les conditions prévues à l'article L. 261-3 du code de la construction et de l'habitation, pour le compte de personnes publiques ou privées, des immeubles à usage principal d'habitation dont elle peut provisoirement détenir l'usufruit selon les modalités définies aux articles L. 253-1 à L. 253-5 du même code ; »

33º De réaliser toutes opérations pour lesquelles les sociétés anonymes coopératives de production d'habitations à loyer modéré sont ou seront habilitées par les textes législatifs s'y rapportant.

Les points 9 à 23, 25 à 31 et 33 sont anciennement les points 6 à 20, 22 à 28 et 29 (Décr. nº 2007-1840 du 24 déc. 2007, art. 3).

4. Compétence territoriale. – Siège social

L'activité de la société s'exerce sur le territoire de la région où est situé son siège social. Elle peut également intervenir sur le territoire des départements limitrophes à cette région, après accord de la commune d'implantation de l'opération.

Par décision prise dans les conditions prévues par le code de la construction et de l'habitation, le ministre chargé du logement peut étendre la compétence territoriale de la société.

Le siège social de la société est fixé à : ....

5. Capital social

Le capital est variable, et entièrement libéré lors de la souscription de parts.

Le capital statutaire est fixé à la somme de .... *(Décr. nº 2004-1087 du 14 oct. 2004, art. 10-III)* « **euros** ».

Il ne peut être inférieur à celui exigé par la loi du 10 sept. 1947 précitée (art. 27 et 27 *bis*), ni supérieur au plafond d'émission fixé par l'assemblée générale extraordinaire.

Les personnes physiques ou morales ayant vocation à avoir recours aux services de la société ou dont la société utilise le travail, qui doivent détenir, en application de l'article 3 *bis* de la loi nº 47-1775 du 10 sept. 1947 précitée, selon le cas, au moins 65 ou au moins 51 p. 100 des droits de vote aux assemblées générales de la société, ne peuvent être que les suivantes :

(Décr. nº 2004-1087 du 14 oct. 2004, art. 10-III) « **– les personnes physiques ayant recours aux services de la société ;**

« **– les accédants à la propriété qui acquièrent leur logement auprès d'une société constituée en application du titre Ier du livre II du code de la construction et de l'habitation ;** »

– les sociétés civiles coopératives de construction ;

– les employés de la société.

La société admet comme associés dans la limite de ... p. 100 du capital effectif, d'autres personnes morales et physiques qui entendent contribuer à la réalisation des objectifs de la coopérative.

Ces associés ne peuvent en aucun cas détenir ensemble plus de 35 p. 100 ou 49 p. 100 selon le cas du total des droits de vote. Ces associés disposent ensemble d'un nombre de voix proportionnel au capital qu'ils détiennent. Ils répartissent ces voix entre eux au prorata de la part de chacun dans ce capital détenu.

Lorsqu'au nombre de ces associés figurent des sociétés coopératives ou des organismes d'habitations à loyer modéré, la limite ci-dessus est portée à 49 p. 100 sans que les droits de vote de ceux de ces associés qui ne sont ni des sociétés coopératives ni des organismes d'habitations à loyer modéré puissent excéder la limite de 35 p. 100.

Lorsque la part de capital que détiennent les associés définis au quatrième alinéa de la présente clause dépasse, selon le cas, 35 p. 100 ou 49 p. 100 du total des droits de vote, le nombre de voix attribué à chacun d'eux est réduit à due proportion.

Les réductions de capital effectuées dans les cas prévus au dernier alinéa de l'art. L. 423-5 du code de la construction et de l'habitation ne peuvent être réalisées que dans le respect des conditions fixées par cet article.

La société ne peut procéder à l'amortissement de son capital.

6. Retraits – Exclusions

(Décr. nº 2005-1416 du 16 nov. 2005, art. 3-II) « **Le capital peut être réduit par suite de reprises d'apports consécutives au départ ou à l'exclusion d'associés. Le retrait ou l'exclusion d'associés ne peut avoir pour effet de réduire le capital effectif ni à un montant inférieur au minimum légal, ni en dessous de .... % du capital le plus élevé de la société**

depuis sa constitution. Il ne peut en outre avoir pour effet de réduire le nombre des associés à moins de sept.

Le retrait d'associés n'ayant pas recours aux services de la société ou dont la société n'utilise pas le travail ne peut être réalisé qu'à l'issue d'un délai d'un an après que le conseil d'administration de la société en a été informé par pli recommandé avec avis de réception.

L'exclusion d'associés ne peut être prononcée que par décision d'assemblée générale prise dans les conditions de quorum et de majorité d'une assemblée générale extraordinaire.

L'exclusion est notifiée à l'intéressé par la société, par pli recommandé avec demande d'avis de réception ; il dispose d'un délai de six mois à compter de cette notification pour céder ses parts sociales dans les conditions fixées par la clause 7 des présents statuts.

Les associés démissionnaires ou exclus restent tenus pendant cinq années envers les sociétaires et envers les tiers de toutes les obligations existant au jour de leur retrait ou de leur exclusion. »

7. Cession de parts sociales

(Décr. nº 2004-1087 du 14 oct. 2004, art. 10-IV)

Le prix de cession des parts sociales ne peut dépasser celui qui est fixé en application de l'article L. 423-4 du code de la construction et de l'habitation, sauf dérogation accordée dans les conditions prévues par cet article.

Sauf en cas de succession, de liquidation de communauté de biens entre époux ou de cession soit à un conjoint, soit à un ascendant ou à un descendant, le transfert de parts sociales à un tiers, à quelque titre que ce soit, doit être autorisé par (le conseil d'administration) (le conseil de surveillance) *[rayer la mention inutile]* **qui n'est pas tenu de faire connaître les motifs de son agrément ou de son refus.**

Le refus d'agrément peut résulter soit d'une décision expresse, soit d'un défaut de réponse dans un délai de trois mois à compter de la date de réception de la demande.

En cas de refus d'agrément, (le conseil d'administration) (le directoire) *[rayer la mention inutile]* **est tenu, dans un délai de trois mois à compter de son refus, de faire acquérir les parts sociales par une ou plusieurs personnes qu'il aura lui-même désignées. En ce cas, le prix ne peut être inférieur à celui de la cession non autorisée.**

Si, à l'expiration du délai sus-indiqué, l'achat n'est pas réalisé, l'agrément est considéré comme donné, sauf prorogation du délai par décision de justice à la demande de la société.

8. Organes dirigeants de la société

(Décr. nº 2004-1087 du 14 oct. 2004, art. 10-V)

Version applicable aux sociétés dotées d'un conseil d'administration *[La société devra opter pour l'une de ces deux versions]* **:**

La société est administrée par un conseil d'administration.

Lorsque la société exerce une activité de gestion locative telle que prévue à l'article L. 422-3 du code de la construction et de l'habitation, le conseil d'administration comprend au moins un représentant des coopérateurs locataires désigné par l'assemblée générale. La perte de la qualité de locataire met un terme au mandat de l'administrateur nommé en cette qualité.

Version applicable aux sociétés dotées d'un directoire et d'un conseil de surveillance *[La société devra opter pour l'une de ces deux versions]* **:**

La société est administrée par un directoire et un conseil de surveillance.

Lorsque la société exerce une activité de gestion locative telle que prévue à l'article L. 422-3 du code de la construction et de l'habitation, le conseil de surveillance comprend au moins un représentant des coopérateurs locataires désigné par l'assemblée générale. La perte de la qualité de locataire met un terme au mandat de membre du conseil de surveillance nommé en cette qualité.

9. Situation des administrateurs et membres du conseil de surveillance

(*Décr. n° 2002-1158 du 13 sept. 2002, art. 7-II*)

Le mandat des membres du conseil d'administration ou du conseil de surveillance est exercé à titre gratuit dans les conditions prévues à l'article (*Décr. n° 2008-566 du 18 juin 2008*) **« R. 421-10 ».**

10. Expression des voix aux assemblées

(*Décr. n° 2005-1416 du 16 nov. 2005, art. 3-III*) **Chaque associé mentionné au quatrième alinéa de la clause 5 ne dispose pour lui-même que d'une seule voix, quel que soit le nombre des parts sociales qu'il détient. Il ne peut exprimer, lorsqu'il agit en qualité de mandataire d'autres associés, plus de dix voix dans les assemblées, la sienne comprise.**

Les associés mentionnés aux cinquième et huitième alinéas de la clause 5 disposent de droits de vote correspondant au nombre des actions qu'ils détiennent, dans les limites et proportions précisées par ladite clause 5.

11. Année sociale

L'année sociale de la société débute le 1er janvier et finit le 31 décembre.

12. Commission d'attribution

(*Décr. n° 2005-1416 du 16 nov. 2005, art. 3-IV*)

La ou les commissions d'attribution des logements locatifs prévues en application de l'article L. 441-2 du code de la construction et de l'habitation sont constituées et fonctionnent conformément à l'article R. 441-9 du même code.

13. Documents transmis à l'administration

Dans le mois suivant celui au cours duquel s'est tenue l'assemblée générale réunie en application (*Décr. n° 2004-1087 du 14 oct. 2004, art. 10-VI*) **« de l'article L. 225-100 du code de commerce », la société adresse au préfet du département de son siège, à la Caisse des dépôts et consignations et au ministre chargé du logement l'ensemble des documents comptables et les rapports présentés à l'assemblée générale** (*Abrogé par Décr. n° 2005-1416 du 16 nov. 2005, art. 3-V*) ***« des actionnaires »*, ainsi que le compte rendu de celle-ci.**

En cas de report de l'assemblée générale des (*Abrogé par Décr. n° 2005-1416 du 16 nov. 2005, art. 3-V*) ***« des actionnaires »*, la décision de justice accordant un délai supplémentaire doit être adressée dans les mêmes conditions.**

14. Résultats de l'exercice

Lorsque la société a réalisé un bénéfice distribuable au sens (*Décr. n° 2004-1087 du 14 oct. 2004, art. 10-VII*) **« de l'article L. 232-12 du code de commerce », il peut être distribué un dividende correspondant à un pourcentage de capital social égal ou inférieur au taux défini à l'art. 14 de la loi du 10 sept. 1947 précitée, sans que ce pourcentage puisse être supérieur au taux d'intérêt servi au détenteur d'un premier livret de caisse d'épargne au 31 décembre de l'année précédente, majoré de 1,5 point.**

15. Réserves

Conformément à l'art. L. 423-5 du code de la construction et de l'habitation, et sous réserve des exceptions prévues par cet article, les réserves, les bénéfices ou les primes d'émission ne peuvent être incorporés au capital.

Après acquittement des charges de toute nature, y compris tous amortissements et provisions, ainsi que le prélèvement au profit du fonds de réserve légale ou d'autres réserves, dont la constitution est imposée par la réglementation spécifique aux sociétés coopératives d'HLM, et la répartition éventuelle de dividendes dans les conditions définies à la clause 14 des présents statuts, le surplus éventuel forme une réserve spéciale destinée à assurer le développement de l'activité de la société et à parer aux éventualités.

Des transferts de réserves peuvent être réalisés par la société dans les conditions définies à l'art. L. 422-13 du code de la construction et de l'habitation.

16. Attribution de l'actif

Lors de l'expiration de la société, ou en cas de dissolution anticipée, l'assemblée générale ordinaire appelée à statuer sur la liquidation ne pourra, après paiement du passif et remboursement du capital, attribuer la portion d'actif qui excéderait la moitié du capital social que dans les conditions prévues par le code de la construction et de l'habitation.

17. Transmission des statuts

Les statuts de la société sont transmis au préfet du département du siège de la société après chaque modification.

18. Révision coopérative *(Décr. nº 2005-1416 du 16 nov. 2005, art. 3-VI).*

La société fait procéder périodiquement à l'examen analytique de sa situation financière et de sa gestion, conformément à l'article L. 422-3 du code de la construction et de l'habitation.

19. Commission d'attribution *(Abrogé par Décr. nº 2005-1416 du 16 nov. 2005, art. 3-VII).*

ANNEXE 20 (art. R. 422-7)

Clauses types

Des statuts des sociétés anonymes coopératives d'intérêt collectif d'habitations à loyer modéré.

(Décr. nº 2004-1087 du 14 oct. 2004, art. 11)

Les clauses types des statuts des sociétés anonymes coopératives d'intérêt collectif d'habitations à loyer modéré sont identiques à celles des statuts des sociétés anonymes coopératives de production d'habitations à loyer modéré, à l'exception des clauses suivantes :

1. Forme

(Décr. nº 2005-1416 du 16 nov. 2005, art. 5)

Il est formé, entre les propriétaires des parts sociales créées ci-après et de toutes celles qui le seraient ultérieurement, une société anonyme coopérative d'intérêt collectif d'habitations à loyer modéré, société à capital variable régie par les dispositions du livre IV du code de la construction et de l'habitation, ainsi que par les dispositions non contraires de la loi nº 47-1775 du 10 septembre 1947 modifiée portant statut de la coopération, du code civil et du code de commerce, notamment des articles L. 231-1 à L. 231-8, et par celles du décret nº 67-236 du 23 mars 1967 modifié sur les sociétés commerciales et du décret nº 2002-241 du 21 février 2002 relatif à la société coopérative d'intérêt collectif.

2. Dénomination

La dénomination de la société est :

....

société anonyme coopérative d'intérêt collectif d'habitations à loyer modéré, société à capital variable.

....

5. Capital social

Le capital est variable et entièrement libéré lors de la souscription de parts sociales.

Le capital statutaire est fixé à la somme de ... euros. Il ne peut être inférieur à celui exigé par la loi du 10 septembre 1947 précitée (articles 27 et 27 *bis*), ni supérieur au plafond d'émission fixé par l'assemblée générale extraordinaire.

Les associés sont répartis entre, au moins, les trois catégories d'associés suivantes :
– les salariés de la coopérative regroupant les salariés de la société et les fonds communs de placement de valeurs mobilières qui leur sont réservés ;
– les personnes bénéficiant habituellement à titre gratuit ou onéreux des activités de la coopérative, regroupant notamment les personnes physiques ayant recours aux services de la société dans le cadre des activités qu'elle exerce en application de la clause type 3 « Objet social », les sociétés civiles de construction, les sociétés de construction constituées en application du titre I du livre II du code de la construction et de l'habitation, ainsi que, sur leur demande, les accédants à la propriété qui acquièrent leur logement auprès d'une société de construction constituée, en application des dispositions précitées, sous l'égide de la société ;
– les collectivités publiques et leurs groupements.

Les réductions de capital effectuées dans les cas prévus au dernier alinéa de l'article L. 423-5 du code de la construction et de l'habitation doivent être réalisées dans le respect des conditions fixées par cet article.

La société ne peut procéder à l'amortissement de son capital.

6. Retraits. — Exclusions

Le capital peut être réduit par suite de reprises d'apports consécutives au départ ou à l'exclusion d'associés. Le retrait ou l'exclusion d'associés ne peut avoir pour effet de réduire le capital effectif ni à un montant inférieur au minimum légal, ni en dessous du seuil fixé à l'article 13 de la loi du 10 septembre 1947 précitée. Il ne peut en outre avoir pour effet de réduire le nombre des associés à moins de 7.

Le retrait d'associés n'ayant pas recours aux services de la société ou dont la société n'utilise pas le travail ne peut être réalisé qu'à l'issue d'un délai d'un an après que (le conseil d'administration) (le conseil de surveillance) de la société en ait été informé par pli recommandé avec avis de réception.

L'exclusion d'associés ne peut être prononcée que par une décision d'assemblée générale prise dans les conditions de quorum et de majorité d'une assemblée générale extraordinaire.

L'exclusion est notifiée à l'intéressé par la société, par pli recommandé avec demande d'avis de réception ; il dispose d'un délai de six mois à compter de cette notification pour céder ses parts sociales dans les conditions fixées par la clause 7 des présents statuts.

Les associés démissionnaires ou exclus restent tenus pendant cinq années envers les sociétaires et envers les tiers de toutes les obligations existant au jour de leur retrait ou de leur exclusion.

....

9. Situation des administrateurs et membres du conseil de surveillance

Le mandat des membres du conseil d'administration ou du conseil de surveillance est exercé à titre gratuit dans les conditions prévues à l'article *(Décr. n° 2008-566 du 18 juin 2008)* « R. 421-10 » du code de la construction et de l'habitation. Toutefois, tout associé salarié de la société peut être nommé en qualité de membre du conseil d'administration ou du conseil de surveillance sans perdre le bénéfice de son contrat de travail.

10. Expression des voix aux assemblées

A chaque catégorie d'associés correspond un même collège d'associés. Les associés d'un même collège peuvent être répartis en sections délibérant séparément.

Aux assemblées générales, le droit de vote s'exprime par l'intermédiaire des délégués des collèges dans les conditions prévues à l'article 19 *octies* de la loi du 10 septembre 1947 précitée.

Le nombre de voix attribuées à chaque collège est fixé dans les conditions suivantes :
– collège des salariés : ... *[A compléter par la société]* ;
– collège des personnes bénéficiant habituellement à titre gratuit ou onéreux des activités de la coopérative : ... *[A compléter par la société]* ;
– collège des collectivités publiques et leurs groupements : ... *[A compléter par la société]* ;

— collège ... : *[A compléter par la société].*
Le collège des salariés ne peut détenir plus de 15 % des droits de vote.

....

15. Réserves

Conformément à l'article L. 423-5 du code de la construction et de l'habitation et sous réserve des exceptions prévues par cet article, les réserves, les bénéfices ou les primes d'émission ne peuvent être incorporés au capital.

Après acquittement des charges de toute nature, y compris tous amortissements et provisions, ainsi que le prélèvement au profit du fonds de réserve légale ou d'autres réserves, dont la constitution est imposée par la réglementation propre aux sociétés coopératives d'HLM, et la répartition éventuelle de dividendes dans les conditions définies à la clause 14 des présents statuts, le surplus éventuel forme une réserve spéciale destinée à assurer le développement de l'activité de la société et à parer aux éventualités.

16. Attribution de l'actif

Lors de l'expiration de la société, ou en cas de dissolution anticipée, l'assemblée générale ordinaire appelée à statuer sur la liquidation décidera, après extinction du passif et remboursement du capital effectivement versé, d'attribuer l'actif net subsistant soit à d'autres coopératives ou unions de coopératives, soit à des œuvres d'intérêt général ou professionnel.

ANNEXE 21 (art. *R. 422-37)

Statuts types

Des sociétés anonymes coopératives d'habitations à loyer modéré pour les opérations de location-attribution.

(Décr. nº 93-749 du 27 mars 1993)

1. Forme

Il est formé entre les souscripteurs des actions émises dans les conditions prévues ci-après une société anonyme coopérative de location-attribution d'habitations à loyer modéré.

(Décr. nº 2004-1087 du 14 oct. 2004, art. 12-I) « Cette société est constituée sous la forme de société anonyme coopérative à capital variable, régie par les dispositions du livre IV du code de la construction et de l'habitation ainsi que par les dispositions non contraires de la loi nº 47-1775 du 10 septembre 1947 modifiée portant statut de la coopération, du code civil et du code de commerce, notamment des articles L. 231-1 à L. 231-8 de ce même code, et par celles du décret nº 67-236 du 23 mars 1967 modifié sur les sociétés commerciales. »

2. Dénomination

La dénomination de la société est : .... société coopérative d'habitations à loyer modéré de location-attribution (société coopérative à capital variable).

3. ***Objet social***

La société a pour objet, conformément à l'art. R. 422-34, d'assurer la gestion des immeubles construits au profit de ses membres, jusqu'au terme des contrats qu'elle a conclus pour la réalisation desdits immeubles.

Elle peut, d'une façon générale, effectuer toutes opérations utiles à la réalisation de son objet social, ou pour lesquelles elle est ou sera habilitée par les textes législatifs ou réglementaires s'y rapportant.

4. Compétence territoriale – Siège social

L'activité de la société est limitée aux opérations ayant trait aux immeubles situés sur le territoire de :

....

Le siège social de la société est fixé à :

....

5. Capital social

Le capital social est variable.

Le capital initial à souscrire est fixé à la somme de .... *(Décr. nº 2004-1087 du 14 oct. 2004, art. 12-II)* « euros ».

Il est divisé en .... actions de chacune .... *(Décr. nº 2004-1087 du 14 oct. 2004, art. 12-II)* « euros ».

Les associés qui n'utilisent pas les services de la société ne peuvent détenir plus de 35 p. 100 du total des droits de vote. Ces associés disposent ensemble d'un nombre de voix proportionnel au capital qu'ils détiennent. Ils répartissent ces voix entre eux au prorata de la part de chacun dans ce capital détenu.

Lorsque au nombre de ces associés figurent des sociétés coopératives ou des organismes d'habitations à loyer modéré, la limite ci-dessus est portée à 49 p. 100 sans que les droits de vote de ceux de ces associés qui ne sont ni des sociétés coopératives ni des organismes d'habitations à loyer modéré puissent excéder la limite de 35 p. 100.

Lorsque la part de capital que détiennent les associés définis au quatrième alinéa de la présente clause dépasse, selon le cas, 35 p. 100 ou 49 p. 100 du total des droits de vote, le nombre de voix attribué à chacun d'eux est réduit à due proportion.

Les réductions de capital effectuées dans les cas prévus au dernier alinéa de l'art. L. 423-5 du code de la construction et de l'habitation ne peuvent être réalisées que dans le respect des conditions fixées par cet article.

La société ne peut procéder à l'amortissement de son capital.

6. Cession d'actions

Le prix de cession des actions ne peut dépasser celui fixé pour les sociétés d'habitations à loyer modéré en application de l'art. L. 423-4 du code de la construction et de l'habitation, sauf dérogation accordée dans les conditions prévues par cet article.

Sauf en cas de succession, de liquidation de communauté de biens entre époux ou de cession soit à un conjoint, soit à un ascendant ou un descendant, le transfert d'actions à un tiers, à quelque titre que ce soit, doit être autorisé par le conseil d'administration qui n'est pas tenu de faire connaître les motifs de son agrément ou de son refus.

En cas de refus d'agrément, le conseil d'administration est tenu, dans un délai de trois mois à compter de son refus, de faire acquérir les actions par une ou plusieurs personnes qu'il aura lui-même désignées. En ce cas, le prix ne peut être inférieur à celui de la cession non autorisée.

Si, à l'expiration du délai sus-indiqué, l'achat n'est pas réalisé, l'agrément est considéré comme donné, sauf prorogation du délai par décision de justice à la demande de la société.

La cession d'actions par un actionnaire comporte obligatoirement cession des droits qu'il tient du contrat de location-attribution.

7. Conseil d'administration

La société est administrée par un conseil d'administration.

Les membres du conseil d'administration, même ceux qui exercent les fonctions de directeur général de la société, exercent leurs fonctions à titre gratuit *(Décr. nº 2004-1087 du 14 oct. 2004, art. 12-III ; Décr. nº 2008-566 du 18 juin 2008)* « dans les conditions prévues à l'article R. 421-10 du code de la construction et de l'habitation ».

8. Retraits et exclusions – Résiliation du contrat de location-attribution

L'actionnaire titulaire d'un contrat de location-attribution ne peut se retirer qu'après agrément du conseil d'administration.

Le retrait ou l'exclusion d'un actionnaire titulaire d'un contrat de location-attribution entraîne la résiliation de ce contrat.

Les actionnaires ou associés démissionnaires ou exclus restent tenus pendant cinq années envers les sociétaires et envers les tiers de toutes les obligations existant au jour de leur retrait ou de leur exclusion.

9. Expression des voix aux assemblées

Un associé coopérateur ne dispose par lui-même que d'une voix quel que soit le nombre de parts qu'il détient ; il ne peut exprimer, lorsqu'il agit en qualité de mandataire d'autres actionnaires, plus de dix voix dans les assemblées, la sienne comprise.

Les voix des actionnaires de la société mentionnés aux alinéas 3 à 5 de la clause 5 des présents statuts sont exprimées dans les limites et proportions prévues à cet alinéa.

10. Année sociale

L'année sociale de la société débute le 1er janvier et finit le 31 décembre.

11. Unions coopératives – Assemblées primaires

Nota. – La clause 11 est obligatoire pour les sociétés qui ont constitué des unions coopératives.

Les actionnaires membres d'une union coopérative constituée conformément à l'art. R. 422-22 du code de la construction et de l'habitation sont représentés par des délégués désignés en assemblée primaire et ne peuvent assister aux assemblées générales. Chaque délégué dispose d'un nombre de voix égal au quotient obtenu en divisant le nombre des actionnaires membres de l'unité coopérative par le nombre des délégués désignés pour représenter l'unité.

Lorsqu'il existe une unité coopérative, l'assemblée générale de la société est précédée par une assemblée primaire.

Les assemblées primaires ont pour objet l'information des sociétaires qui les composent, la discussion des questions qui sont portées à l'ordre du jour par le conseil d'administration et qui comprennent notamment l'examen des comptes de gestion et des charges de l'unité coopérative, et l'élection de délégués chargés de représenter l'unité coopérative à l'assemblée générale. Le nombre des délégués de l'unité coopérative, qui ne peut être inférieur à trois, doit être proportionnel au nombre des actionnaires présents ou représentés à l'assemblée primaire, à raison d'un délégué au maximum pour dix actionnaires. Les proportions doivent être les mêmes pour l'ensemble des unités coopératives d'une même société.

Les délégués de l'unité coopérative sont élus pour un an, au scrutin secret lorsque le conseil d'administration le décide, ou lorsque ce mode de scrutin est demandé par un ou plusieurs actionnaires. Les assemblées primaires ne peuvent prendre aucune décision autre que la désignation de ces délégués.

Les actionnaires sont réunis en assemblée primaire à l'initiative du conseil d'administration au moins une fois par an et au minimum un mois avant la réunion de l'assemblée générale ordinaire.

Les convocations et l'ordre du jour de la réunion sont portés à la connaissance des actionnaires soit par voie d'affichage, soit par lettres individuelles au moins quinze jours avant la date fixée pour la réunion. La date de convocation peut être différente pour chaque unité coopérative.

Les assemblées primaires se tiennent en présence d'au moins un administrateur ou d'un délégué désigné par le conseil d'administration.

Les fonctions de scrutateur sont remplies par deux actionnaires désignés par l'assemblée primaire. Le bureau ainsi composé désigne le secrétaire, qui peut ne pas être un actionnaire.

Tout actionnaire membre régulier de l'unité coopérative a le droit d'assister ou de se faire représenter à l'assemblée primaire.

L'actionnaire empêché peut donner mandat de le représenter à l'assemblée primaire. Le mandataire doit être un autre actionnaire de l'unité coopérative ou le conjoint du mandant. Le conjoint du mandant ne peut représenter que celui-ci. L'actionnaire mandaté ne peut disposer que de dix voix, la sienne comprise.

Les mandats sont annexés au procès-verbal de l'assemblée primaire.

Aucune condition de quorum n'est requise pour la tenue des assemblées primaires. Celles-ci délibèrent valablement, quel que soit le nombre des actionnaires présents ou représentés.

La désignation des délégués à l'assemblée générale est acquise à la majorité simple.

12. Documents transmis à l'administration

Dans le mois suivant celui au cours duquel s'est tenue l'assemblée génerale réunie en application *(Décr. nº 2004-1087 du 14 oct. 2004, art. 12-IV)* « de l'article L. 225-100 du code de commerce », la société adresse au préfet du département de son siège, à la Caisse des dépôts et consignations et au ministre chargé du logement l'ensemble des documents comptables et les rapports présentés à l'assemblée générale des actionnaires, ainsi que le compte rendu de celle-ci.

En cas de report de l'assemblée générale des actionnaires, la décision de justice accordant un délai supplémentaire doit être adressée dans les mêmes conditions.

13. Résultats de l'exercice

Lorsque la société a réalisé un bénéfice distribuable au sens *(Décr. nº 2004-1087 du 14 oct. 2004, art. 12-V)* « de l'article L. 232-12 du code de commerce », il peut être distribué un dividende correspondant à un pourcentage de capital social égal ou inférieur au taux défini à l'art. 14 de la loi du 10 sept. 1947 précitée, sans que ce pourcentage puisse être supérieur au taux d'intérêt servi au détenteur d'un premier livret de caisse d'épargne au 31 décembre de l'année précédente, majoré de 1,5 point.

14. Réserves

Conformément à l'art. L. 423-5 du code de la construction et de l'habitation, et sous réserve des exceptions prévues par cet article, les réserves, les bénéfices ou les primes d'émission ne peuvent être incorporés au capital.

Après acquittement des charges de toute nature, y compris tous amortissements et provisions, ainsi que le prélèvement au profit du fonds de réserve légale ou des autres réserves dont la constitution est imposée par la réglementation spécifique aux sociétés coopératives d'HLM et la répartition éventuelle de dividendes dans les conditions définies à la clause 13 des présents statuts, le surplus éventuel forme une réserve spéciale destinée à assurer le développement de l'activité de la société et à parer aux éventualités.

Des transferts de réserves peuvent être réalisés par la société dans les conditions définies à l'art. L. 422-13 du code de la construction et de l'habitation.

15. Attribution de l'actif

Lors de l'expiration de la société, ou en cas de dissolution anticipée, l'assemblée générale ordinaire appelée à statuer sur la liquidation ne pourra, après paiement du passif et remboursement du capital, attribuer la portion d'actif excédant la moitié du capital social que dans les conditions prévues par le code de la construction et de l'habitation.

16. Transmission des statuts

Les statuts de la société sont transmis au préfet du département du siege de la société après chaque modification.

ANNEXE 22

Annexe à l'article R. 423-85 du code de la construction et de l'habitation

Clauses types

Des statuts des sociétés anonymes de coordination d'organismes d'habitations à loyer modéré.

(Décr. n° 2004-943 du 2 sept. 2004, art. 5)

1. Forme

Il est formé, entre les organismes d'habitations à loyer modéré propriétaires des actions créées ci-après et de toutes celles qui le seraient ultérieurement, une société anonyme régie par les lois et règlements en vigueur, notamment par les dispositions des articles L. 422-5 à L. 422-11, L. 423-1-1 à L. 423-1-3 et R. 423-85 à R. 423-92 du code de la construction et de l'habitation ainsi que par les dispositions non contraires du code civil, du code de commerce et du décret n° 67-236 du 23 mars 1967 modifié sur les sociétés commerciales.

2. Dénomination

La dénomination de la société est : (nom de la société), société anonyme de coordination d'organismes d'habitations à loyer modéré.

3. Objet social

Dans le cadre de projets que ses actionnaires mènent en commun, la société a pour objet :

1° D'assister, comme prestataire de services, ses actionnaires organismes d'habitations à loyer modéré dans toutes interventions de ces derniers sur des immeubles qui leur appartiennent ou qu'ils gèrent ;

2° De gérer des immeubles appartenant à ses actionnaires organismes d'habitations à loyer modéré ;

3° De gérer, dans les périmètres où ses actionnaires mettent en œuvre des projets communs, des immeubles appartenant à d'autres organismes d'habitations à loyer modéré et de gérer des immeubles à usage principal d'habitation appartenant à l'État, aux collectivités territoriales ou à leurs groupements, à des sociétés d'économie mixte de construction et de gestion de logements locatifs sociaux, à des organismes à but non lucratif, à l'association agréée mentionnée à l'article L. 313-34 ou aux sociétés civiles immobilières dont les parts sont détenues à au moins 99 % par cette association ;

4° De réaliser, pour le compte de ses actionnaires et dans le cadre d'une convention passée par la société avec la ou les collectivités territoriales ou le ou les établissements publics de coopération intercommunale compétents sur le ou les périmètres où sont conduits des projets en commun, toutes les interventions foncières, les actions ou opérations d'aménagement prévues par le code de l'urbanisme et le code de la construction et de l'habitation. Les dispositions de l'article L. 443-14 de ce dernier code ne sont pas applicables aux cessions d'immeubles rendues nécessaires par ces réalisations ;

5° Dans le cadre de projets que ses actionnaires mènent en commun, d'exercer les compétences suivantes (...)

La clause prévue au 5° ne peut être insérée dans les statuts que lorsque la société a été spécialement agréée dans les conditions fixées à l'article R. 423-87 du code de la construction et de l'habitation. — Ne mentionner que celles des compétences énumérées aux (Décr. n° 2005-1416 du 16 nov. 2005, art. 4) « alinéas quatrième et suivants » de l'article L. 422-2 du code de la construction et de l'habitation et qui sont communes aux organismes publics et aux sociétés anonymes d'habitations à loyer modéré pour l'exercice desquelles la société a été spécialement agréée.

4. Compétence territoriale — Siège social

L'activité de la société s'exerce dans le territoire délimité par la décision ministérielle portant agrément de la société en application de l'article R. 423-86 du code de la construction et de l'habitation.

Le siège social de la société est fixé à ....

Il pourra être transféré à l'intérieur du territoire où s'exerce l'activité de la société.

5. Composition du capital social

Le capital social de la société est composé de ... actions nominatives de ... euro(s) chacune, entièrement libérées et détenues exclusivement par des organismes d'habitations à loyer modéré.

6. Cession d'actions

Le transfert d'actions à toute personne autre qu'un organisme d'habitations à loyer modéré est prohibé.

Le transfert d'actions à un organisme d'habitation à loyer modéré non actionnaire de la société, à quelque titre que ce soit, doit être autorisé par le conseil (d'administration) (de surveillance) *[Préciser la mention utile]* qui n'est pas tenu de faire connaître les motifs de son agrément ou de son refus.

Le refus d'agrément peut résulter soit d'une décision expresse, soit d'un défaut de réponse dans un délai de trois mois à compter de la date de réception de la demande.

En cas de refus d'agrément, (le conseil d'administration) (le directoire) *[Préciser la mention utile]* est tenu, dans un délai de trois mois à compter de son refus, de faire acquérir les actions par un ou des organismes d'habitation à loyer modéré qu'il aura lui-même désigné(s). Dans ce cas, le prix ne peut être inférieur à celui de la cession non autorisée. Si, à l'expiration du délai susmentionné, l'achat n'est pas réalisé, l'agrément est considéré comme accordé, sauf prolongation de ce délai par décision de justice à la demande de la société.

Version applicable aux sociétés dotées d'un conseil d'administration *[La société devra opter pour l'une de ces deux versions]* :

7. Conseil d'administration

La société est administrée par un conseil d'administration constitué conformément aux dispositions de l'article L. 423-1-2 du code de la construction et de l'habitation et à celles non contraires de la sous-section 1 de la section 2 du chapitre V du titre II du livre II du code de commerce.

Lorsque la société gère des logements appartenant à ses actionnaires, le conseil d'administration est complété, conformément aux dispositions de l'article L. 423-1-3 du code de la construction et de l'habitation, par trois administrateurs représentants les locataires et élus par ces derniers dans les conditions fixées à l'article R. 423-89 ou désignés dans les conditions de l'article R. 423-90 du même code. A cet effet, l'effectif du conseil d'administration peut excéder de deux unités le nombre maximum prévu à l'article L. 225-17 du code de commerce.

Version applicable aux sociétés dotées d'un conseil de surveillance et d'un directoire *[La société devra opter pour l'une de ces deux versions]* :

7. Conseil de surveillance et directoire

La société est administrée par un conseil de surveillance et un directoire constitués conformément aux dispositions de l'article L. 423-1-2 du code de la construction et de l'habitation et à celles non contraires de la sous-section 2 de la section 2 du chapitre V du titre II du livre II du code de commerce.

Lorsque la société gère des logements appartenant à ses actionnaires, le conseil de surveillance est complété, conformément aux dispositions de l'article L. 423-1-3 du code de la construction et de l'habitation, par trois membres représentants les locataires et élus par ces derniers dans les conditions fixées à l'article R. 423-89 ou désignés dans les conditions de l'article R. 423-90 du même code. A cet effet, l'effectif du conseil de

surveillance peut excéder de deux le nombre maximum prévu à l'article L. 225-69 du code de commerce.

8. Commission d'attribution

Lorsque la société gère des logements appartenant à ses actionnaires, la commission d'attribution de ces logements est constituée et fonctionne conformément aux dispositions de l'article R. 423-91 du code de la construction et de l'habitation.

9. Année sociale

L'année sociale de la société commence le 1er janvier et finit le 31 décembre.

10. Attribution de l'actif

Lors de l'expiration de la société ou en cas de dissolution anticipée, l'assemblée générale ordinaire appelée à statuer sur la liquidation ne pourra, après paiement du passif et remboursement du capital, attribuer la portion d'actif qui excéderait la moitié du capital social que dans les conditions prévues par les articles L. 422-11 et R. 423-88 du code de la construction et de l'habitation.

11. Transmission des statuts

Les statuts de la société sont transmis au préfet du département du siège de la société après chaque modification.

Les dispositions issues du Décr. nº 2004-943 du 2 sept. 2004 peuvent être modifiées par décret en Conseil d'État (Décr. nº 2004-943 du 2 sept. 2004, art. 14).

ANNEXE 23 (art. R. 442-7)

DATES des paiements	COEFFICIENTS de réévaluation
1971 et ultérieurement	1
1970	1,059
1969	1,089
1968	1,151
1967	1,204
1966	1,224
1965	1,255
1964	1,325
1963	1,415
1962	1,552
1961	1,632
1960	1,661
1959	1,666
1958	1,706

DATES des paiements	COEFFICIENTS de réévaluation
1957	1,869
1956	2,032
1955	2,288
1954	2,386
1953	2,411
1952	2,420
1951	2,420
1950	3,063
1949	3,507
1948	4,164

ANNEXE 24 (art. R. 443-9-4)

Clauses types

Des statuts des sociétés civiles immobilières d'accession progressive à la propriété instituées en application de l'article L. 443-6-2.

(Décr. nº 2009-98 du 26 janv. 2009)

Société civile immobilière d'accession progressive à la propriété régie par les articles L. 443-6-2 et suivants du code de la construction et de l'habitation « dénomination sociale de la société »

Les soussignés :

Monsieur/Madame ....

(état civil complet : nom, prénoms, domicile, profession, date et lieu de naissance), ci-après désigné « l'associé personne physique » ;

Monsieur/Madame ....

(état civil complet : nom, prénoms, domicile, date et lieu de naissance), ci-après désigné « l'associé personne physique » ;

L'organisme d'HLM (ou la société d'économie mixte pour les logements à usage locatif leur appartenant et ouvrant droit à l'aide personnalisée au logement, en application des 2º et 3º de l'article L. 351-2 du code de la construction et de l'habitation) *(forme, dénomination, capital social, adresse du siège, numéro RCS)* représenté par M. ....,

(qualité) nommé à ces fonctions par ....

(date et nature de la délibération) régulièrement publiée au RCS de .... *(lieu)*, le .... *(date)*,

ci-après désigné « l'organisme d'HLM » (ou « la SEM »),

ont établi, ainsi qu'il suit, les statuts de la société devant exister entre eux.

Préambule

Afin de permettre aux ménages dont les ressources sont inférieures au plafond applicable aux locataires d'habitation à loyer modéré d'accéder à la propriété de leur logement, la loi du 13 juillet 2006 portant engagement national pour le logement a mis en place une formule de vente en société civile immobilière (SCI). La propriété du logement est transférée lorsque le locataire a acquis la totalité des parts sociales attachées au lot représentatif de son logement. Cette formule permet aux bénéficiaires de réaliser leur acquisition au rythme qui leur convient. S'ils le souhaitent, les ménages peuvent interrompre leur acquisition à tout moment et rester locataires de leur logement en continuant de bénéficier du statut HLM (ou de locataires de SEM pour les logements à usage locatif leur appartenant et ouvrant droit à l'aide personnalisée au logement, en application des 2° et 3° de l'article L. 351-2 du code de la construction et de l'habitation), et en récupérant le capital qu'ils ont investi.

Les organismes d'HLM (ou les SEM) conseillent et accompagnent tout au long de leur projet les locataires qui s'engagent dans cette démarche d'acquisition. Ils les informent des charges dues au titre du contrat de location établi entre eux et la SCI, de celles découlant du statut de la copropriété des immeubles bâtis pour la quote-part qui revient à la SCI ainsi que de celles relatives aux frais liés à la dissolution de la société et au transfert de patrimoine qui en résulte. La présente société est créée dans le cadre de ces dispositions et régie à ce titre par les articles L. 443-6-2 à L. 443-6-12 et R. 443-9-1 à R. 443-9-4 du code de la construction et de l'habitation (CCH) et des articles 1844-1 et suivants du code civil.

TITRE PREMIER La société

Art. 1er *Objet.* La société de forme civile a pour objet :

a) Selon les termes de l'article L. 443-6-2 du CCH, la détention, la gestion et l'entretien d'un ou de plusieurs immeubles apportés par l'organisme d'HLM (ou par la SEM) à la société en vue de leur division en fractions destinées à être louées à des personnes physiques dont les ressources ne dépassent pas, à leur entrée dans les lieux, les plafonds fixés en application de l'article L. 441-1 du CCH et à être éventuellement attribuées en propriété aux associés ;

b) Plus généralement, la réalisation de toutes opérations utiles à cet objet, pourvu que ces opérations n'affectent pas le caractère civil de la société.

Les associés s'engagent à maintenir le patrimoine social en bon état et à réaliser les travaux nécessaires à sa préservation. Dans le cas où les logements apportés font partie d'un immeuble sous statut de la copropriété régie par la loi du 10 juillet 1965, les associés s'engagent, d'une part, à faire face, pour la quote-part qui revient à la société, à l'ensemble des dépenses nécessaires à la préservation et au bon entretien de l'immeuble et de ses parties communes et, d'autre part, à payer les charges de la copropriété pour la quote-part incombant à la société.

Sont joints aux présents statuts l'état descriptif du patrimoine social et, s'il y a lieu, le règlement de copropriété.

Art. 2 *Dénomination.* La société prend la dénomination suivante : .... *(indiquer le nom de la SCI et adresse de l'immeuble)*. Tous les actes ou documents émanant de la société et destinés aux tiers mentionnent cette dénomination, précédée ou suivie des mots « Société civile immobilière », assortie du montant du capital social, de l'adresse du siège social et du numéro d'immatriculation au registre du commerce et des sociétés.

Art. 3 *Durée.* La société est constituée pour une durée de .... ans *(dans la limite de vingt-cinq ans fixée à l'article L. 443-6-10 du CCH)*, sauf prorogation ou dissolution anticipée.

Le point de départ de ce délai est la date de l'immatriculation au registre du commerce et des sociétés du greffe du tribunal dans le ressort duquel est situé son siège.

Au moins un an avant la date d'expiration de la société, l'assemblée générale des associés décide, à la majorité de ses membres représentant au moins les deux tiers des voix, de proroger la durée de la société dans la mesure où cela est nécessaire aux associés personnes physiques pour achever d'acquérir l'ensemble des parts représentatives de leur logement. A défaut d'une convocation de l'assemblée générale, tout associé peut solliciter, par voie de requête auprès du président du tribunal de grande instance compétent, la désignation d'un mandataire de justice chargé de procéder à cette convocation.

Art. 4 *Siège social.* Le siège social de la société civile immobilière est situé à *(adresse complète : utiliser celle de l'organisme d'HLM ou de la SEM, associé gérant)*.

Ce siège ne peut être transféré que sur décision unanime des associés. Toutefois, le transfert du siège dans une commune dépendant du même tribunal de grande instance peut être décidé par la gérance seule qui, dans ce cas, procède à la modification des statuts en conséquence.

TITRE II Les apports et le capital

Art. 5 *Apports.* Les apports des associés sont les suivants :

Apports en numéraire :

a) M./Mme ....

(désignation) apporte à la société une somme en numéraire de : .... €.

b) M./Mme ....

(désignation) apporte à la société une somme en numéraire de : .... €.

c) L'organisme d'HLM (ou la SEM) ....

(désignation) apporte à la société une somme en numéraire de : .... €.

Total : .... €.

Ladite somme a été versée sur le compte ouvert au nom de la société en formation auprès de ....

(désignation de l'organisme bancaire), ainsi que les associés le reconnaissent.

M./Mme ....

déclare que les sommes ainsi apportées proviennent de deniers qui lui sont propres comme provenant .... *(indiquer l'origine des fonds)*.

Ou, en cas d'apport en numéraire de fonds de communauté :

M./Mme ....

déclare effectuer l'apport en numéraire indiqué plus haut avec des fonds provenant de revenus ou de biens communs. Par lettre recommandée avec demande d'avis de réception en date du , dont l'original est annexé à l'un des originaux des présentes, le conjoint a déclaré :

– être dûment informé de l'apport devant être effectué par son époux ou son épouse, avec des deniers communs ;

– reconnaître, en tant que de besoin, le caractère de bien commun aux parts qui seront reçues en contrepartie de cet apport ;

– renoncer à devenir personnellement associé de la société.

ou, en cas de coapporteurs non mariés :

M. et Mme déclarent effectuer conjointement l'apport en numéraire inscrit ci-dessus et recevoir en indivision les parts sociales correspondantes. Ils désignent M./Mme ... comme mandataire unique vis-à-vis de la société.

Apport en nature :

L'organisme d'HLM (ou la SEM) apporte à la société, sous les garanties ordinaires de droit et de fait, un immeuble situé à et évalué à la somme de € *(préciser désignation, contenance, pleine propriété, évaluation du service des domaines, charges et conditions particulières, publicité foncière, origine de propriété...)*.

Art. 6 *Capital et parts sociales.* Le capital social est fixé à la somme totale de ..... € se décomposant comme suit :

a) Apport en numéraire de M./Mme ...., pour une somme de .... € ;

b) Apport en numéraire de M./Mme ...., pour une somme de .... € ;

c) Apport en numéraire de l'organisme d'HLM (ou la SEM) , pour une somme de . € ;

d) Apport en nature de l'organisme d'HLM (ou la SEM) évalué à la somme de €.

Total : .... €.

Le capital social est divisé en .... parts sociales de .... euros chacune, numérotées de 1 à ....
Ces parts sont attribuées aux associés en rémunération de leurs apports respectifs. L'ensemble des parts est divisé en lots représentatifs de chaque logement de la manière suivante :

– lot n° 1 : les parts numérotées de 1 à .....(x) représentent le logement .... ;
– lot n° 2 : les parts numérotées de (x+1) à .. (y) représentent le logement .. ;
– lot n° 3 : les parts numérotées de (y+1) à ... (z) représentent le logement ...

Il est attribué à :

M./Mme	les parts numérotées de 1	à	soit	parts
M./Mme	les parts numérotées de	à	soit	parts
L'organisme d'HLM (ou la SEM)	les parts numérotées de	à	soit	parts
Total : .... parts.				

Art. 7 *Augmentation et réduction du capital.* Le capital social pourra être augmenté, en une ou plusieurs fois par décision de l'assemblée générale extraordinaire, en cas de modification de la consistance de l'immeuble. L'augmentation est réalisée par apports nouveaux en numéraire ou en nature. Les apports nouveaux en numéraire peuvent être libérés par compensation avec des créances liquides et exigibles sur la société. L'augmentation ne peut avoir lieu que par création de parts nouvelles.

Art. 8 *Représentation des parts.* Les parts sociales ne peuvent être représentées par des titres négociables.

Chaque part représente une fraction du capital social. En cas d'indivision, les indivisaires seront tenus de se faire représenter auprès de la société par un mandataire unique. En cas de désaccord, le mandataire sera désigné en justice à la demande du plus diligent.

La propriété des parts de la société ne peut être démembrée. Les parts ne peuvent être détenues par les associés qu'en pleine propriété.

TITRE III **Droits et obligations des associés**

Art. 9 *Droits des associés.* Les droits de chaque associé dans la société résultent des présents statuts ou des actes modificatifs ultérieurs et des cessions de parts sociales. Une copie ou un extrait de ces actes, certifié par l'associé gérant, est délivré à chacun des associés sur sa demande et à ses frais.

1. Rapports locatifs à compter de la constitution de la SCI.

L'associé locataire de la société civile immobilière d'accession progressive à la propriété bénéficie d'un bail soumis au régime applicable aux locataires d'organisme d'habitation à loyer modéré (ou, en cas de gérance par une SEM, soumis aux règles applicables aux logements des SEM mentionnés à l'article L. 472-1-7 ou à l'article L. 481-6).

2. Droit de retrait.

Sans préjudice du droit de conserver le statut de locataire HLM (ou de locataire de SEM) ou de la garantie de rachat mentionnée à l'article 20, tout associé peut se retirer de la société.

L'associé qui souhaite se retirer en informe l'associé gérant par lettre recommandée avec demande d'avis de réception. Si une part est en indivision, le droit de retrait ne peut être demandé qu'avec le consentement de tous les indivisaires.

3. Droit de conserver le statut de locataire.

Conformément à l'article L. 443-6-5 du code de la construction et de l'habitation, l'associé personne physique peut revendre ses parts à l'organisme d'HLM (ou à la SEM) tout en restant locataire de la présente société ou, en cas de dissolution de celle-ci, de l'organisme d'HLM (ou de la SEM). Cette faculté est ouverte à l'associé personne physique à tout moment et quel que soit le montant de ses ressources à la date de la demande.

La demande de rachat des parts est adressée par lettre recommandée avec accusé de réception à l'organisme d'HLM (ou à la SEM). Celui-ci procède alors dans les trois mois au rachat des parts de l'associé dans les conditions prévues à l'article 20.

4. Droit sur les bénéfices, les réserves et le boni de liquidation.

Outre le droit au remboursement du capital non encore amorti qu'elle représente, chaque part sociale donne droit à une part des bénéfices, des réserves et du boni de liquidation, proportionnelle à la quotité du capital qu'elle représente.

5. Droit d'intervention dans la vie sociale.

Tout associé a le droit de participer et de voter au sein des instances décisionnelles. Lorsqu'une part sociale est détenue en indivision, tous les indivisaires ont le droit d'assister aux assemblées générales même si l'un seulement d'entre eux détient le droit de vote en qualité de mandataire.

Les droits de vote sont répartis entre les associés selon les modalités suivantes :

a) L'organisme d'HLM (ou la SEM) dispose de .... droits de vote (sans que le rapport entre ce nombre et le nombre total des droits de vote répartis entre tous les associés soit inférieur à 30 % et supérieur à 49 %) ;

b) Chaque associé personne physique dispose de .... droits de vote, indépendamment du nombre de parts qu'il a acquises (sans que le rapport entre le total des droits de vote des associés personnes physiques et le nombre total des droits de vote répartis entre tous les associés soit supérieur à 70 % et inférieur à 51 %).

Art. 10 *Obligations des associés.* 1. Obligations générales.

La propriété d'une part emporte de plein droit adhésion aux statuts et aux décisions régulièrement prises par les associés et l'associé gérant.

Tout associé personne physique a l'obligation de répondre aux appels de fonds régulièrement lancés par l'associé gérant.

Les obligations attachées aux parts les suivent dans quelque main qu'elles passent.

2. Obligations particulières de l'associé personne physique.

a) Occupation à titre de résidence principale :

L'associé personne physique est locataire du logement apporté à la société par l'organisme d'HLM (ou par la SEM). Il est tenu d'occuper personnellement, à titre de résidence principale, le logement apporté à la société. Est considéré comme résidence principale le logement occupé au moins huit mois par an. L'associé personne physique ne peut sous-louer le logement qu'avec l'accord de l'associé gérant et, dans ce cas, à la condition qu'il le conserve comme sa résidence principale.

b) Responsabilité de l'associé personne physique :

Conformément à l'article L. 443-6-7 du code de la construction et de l'habitation et par dérogation aux dispositions de l'article 1857 du code civil, la responsabilité de l'associé personne physique pour les dettes sociales à l'égard des tiers est limitée à proportion des parts attachées à un lot qu'il a acquises.

3. Obligations particulières de l'organisme d'HLM (ou de la SEM).

L'organisme d'HLM (ou la SEM), associé gérant de la société, a un devoir général d'information et de conseil à l'égard de l'associé personne physique.

Si l'associé personne physique a des impayés de loyer ou de charges ou de toute autre dette vis-à-vis de la présente société, l'associé gérant l'informe, par écrit et au plus tard dans un délai de deux mois après le premier impayé, de la faculté qu'il a de demander la mise en jeu de la garantie de rachat de tout ou partie de ses parts sociales. Le même courrier comporte la citation de l'article L. 443-6-5 du code de la construction et de l'habitation qui prévoit que l'associé personne physique ne peut acquérir de nouvelles parts sociales tant qu'il se trouve en situation d'impayé en sa qualité soit d'associé, soit de locataire de la société civile immobilière.

L'organisme d'HLM (ou la SEM) veille à ce que sa propre situation financière lui permette de faire face à tout moment à la mise en jeu par les associés personnes physiques de la garantie de rachat de leurs parts. Il mentionne dans ses documents comptables, au titre des engagements hors bilan, le montant total des sommes susceptibles d'être mobilisées pour la garantie de rachat.

TITRE IV La gestion de la société

Art. 11 *Administration de la société.* 1. Gérance et cessation des fonctions du gérant.

Conformément aux dispositions de l'article L. 443-6-3 du code de la construction et de l'habitation, l'organisme d'HLM (ou la SEM) qui apporte le ou les immeubles à la société assure la gérance *(: ...., ici présent et qui déclare accepter ces fonctions...).*

Toutefois, en cas de défaillance de l'associé gérant, tout associé peut demander au président du tribunal statuant sur requête la désignation d'un administrateur provisoire.

A la demande de tout associé, l'associé gérant peut être révoqué par les tribunaux pour cause légitime. La révocation de l'associé gérant entraîne la dissolution de la société, sauf reprise, dans les trois mois de la révocation, des droits et obligations de l'associé gérant par un autre organisme HLM ou une autre SEM.

2. Pouvoirs de l'associé gérant.

Dans les rapports entre associés, l'associé gérant peut accomplir tous les actes de gestion requis dans l'intérêt social. Dans les rapports avec les tiers, l'associé gérant engage la société par les actes entrant dans l'objet social.

3. Rémunération de l'associé gérant.

En rémunération de ses fonctions, l'associé gérant perçoit des honoraires égaux à .... % HT du loyer annuel quittancé par la société.

4. Responsabilité de l'associé gérant.

L'associé gérant est responsable individuellement envers la société et envers les tiers soit des infractions aux lois et règlements, soit de la violation des statuts, soit des fautes commises dans sa gestion. Les dirigeants de l'organisme d'HLM (ou de la SEM), associé gérant de la société, sont soumis aux mêmes conditions et obligations et encourent les mêmes responsabilités civiles et pénales que s'ils étaient gérants en leur nom propre, sans préjudice de la responsabilité solidaire de la personne morale qu'ils dirigent.

5. Action sociale en responsabilité contre l'associé gérant.

Indépendamment des actions qu'il peut engager pour obtenir réparation de tout préjudice subi personnellement, l'associé personne physique peut intenter l'action sociale en responsabilité contre l'associé gérant visant à obtenir réparation de tout préjudice subi par la société. En cas de condamnation du gérant, les dommages-intérêts accordés dans le cadre d'une action sociale sont attribués à la société.

Aucune décision de l'assemblée des associés ne peut avoir pour effet d'éteindre toute action en responsabilité contre l'associé gérant pour la faute commise dans l'accomplissement de son mandat.

Art. 12 *Décisions collectives.* Les décisions collectives des associés ont notamment pour objet d'approuver les comptes sociaux, d'autoriser le cas échéant tout acte excédant les pouvoirs de la gérance et de modifier les statuts de cette société.

Les décisions collectives sont prises par l'assemblée générale des associés. Toutefois, pour les décisions ordinaires autres que celles mentionnées au premier alinéa du point 3 ci-dessous, la gérance peut recourir à une consultation écrite dans les conditions et selon les modalités prévues par le point 4 ci-après.

Les décisions collectives des associés sont constatées dans des procès-verbaux établis et signés par l'associé gérant puis consignés dans un registre tenu par ce dernier. Pour les décisions collectives adoptées par voie de consultation écrite, le procès-verbal mentionne l'existence de la consultation écrite et comporte en annexe la réponse de chaque associé.

1. Décisions collectives ordinaires.

Les décisions collectives ordinaires sont essentiellement des décisions de gestion. Elles sont adoptées par les associés représentant plus de la moitié du capital social.

2. Décisions collectives extraordinaires.

Les décisions collectives extraordinaires ont pour objet les modifications des statuts. Elles ne sont valablement prises qu'à la majorité des membres associés représentant au moins les deux tiers des voix. Les modifications des statuts ne peuvent déroger aux articles L. 443-6-2 à L. 443-6-11 et R. 443-9-1 à R. 443-9-3 du code de la construction et de l'habitation.

3. Assemblée générale.

Chaque année, dans les six mois suivant la clôture des comptes de l'exercice, l'assemblée générale des associés est réunie pour délibérer sur le rapport d'activité de la gérance, l'approbation des comptes sociaux, l'affectation des résultats et le quitus de l'associé gérant.

Les réunions de l'assemblée générale se tiennent à ......*(préciser le lieu)*.

La gérance convoque l'assemblée générale par lettre recommandée avec avis de réception adressée à chaque associé à son dernier domicile connu au moins quinze jours avant la date de la réunion. La lettre de convocation est accompagnée des projets de résolutions assortis de leur rapport et des documents nécessaires à l'information des associés.

Si le quorum n'est pas atteint, une nouvelle assemblée générale est convoquée sur le même ordre du jour et les décisions peuvent y être prises sans quorum.

4. Consultation écrite.

Lorsqu'elle décide de recourir à une consultation écrite, la gérance envoie à chaque associé, à son dernier domicile connu, par lettre recommandée avec avis de réception, les projets de résolutions assortis de leur rapport et des documents nécessaires à l'information des associés. Chaque associé retourne, dans le délai fixé par la gérance, un exemplaire daté et signé de chaque résolution en indiquant pour chacune d'elle "adoptée" ou "rejetée". A défaut de ces mentions, ou en l'absence de réponse dans le délai prévu, l'associé est réputé s'être abstenu. Chaque associé dispose d'un délai maximal de quinze jours, à compter de la date de première présentation de l'envoi des documents nécessaires à son information, pour émettre son vote.

Art. 13 *Droit de communication et questions écrites.* Les associés ont le droit de consulter auprès de l'associé gérant, au moins une fois l'an, les livres et documents sociaux et d'en prendre copie. Ils peuvent se faire assister d'un expert.

Chaque associé peut poser à l'associé gérant, par lettre recommandée avec demande d'avis de réception, toutes questions écrites concernant la gestion de la société. L'associé gérant y répond dans le délai d'un mois à compter de la réception de la lettre.

Art. 14 *Exercice social.* Chaque exercice social commence le 1er janvier et finit le 31 décembre de chaque année. Exceptionnellement, le premier exercice social commence à compter de l'immatriculation de cette société au registre du commerce et des sociétés et finit le 31 décembre de l'année d'immatriculation.

Art. 15 *Comptes sociaux.* Conformément à l'article 1856 du code civil, l'associé gérant doit, au moins une fois dans l'année, rendre compte de sa gestion aux associés. A cet effet, il établit un rapport écrit sur l'activité de la société au cours de l'année écoulée comportant l'indication des bénéfices réalisés ou prévisibles et des pertes encourues ou prévues.

Provision pour travaux de gros entretien.

Une provision pour travaux de gros entretien est constituée et dotée chaque année dès le premier exercice social. Lorsque le premier exercice social porte sur une partie seulement de l'année civile, la dotation de cette année est calculée *pro rata temporis*.

Amortissement de l'immeuble :

Une dotation annuelle aux amortissements est constituée chaque année dès le premier exercice social. Elle a pour objet, conformément aux règles de la comptabilité générale, de couvrir la dépréciation des actifs détenus par la société. L'immeuble apporté à la société est amorti de façon linéaire à un taux annuel qui ne peut être inférieur à 1 % de la valeur d'apport de l'immeuble.

Bénéfices :

Les produits nets de l'exercice, déduction faite des charges, des amortissements et des provisions constituent les bénéfices nets. Les associés peuvent décider soit de distribuer les bénéfices, soit de les mettre en réserve, soit de les porter sur le compte "report à nouveau ". Les bénéfices distribués aux associés le sont sous forme de dividendes proportionnels au nombre de parts appartenant à chacun d'eux.

En cas de distribution des bénéfices avec une trésorerie insuffisante, il sera créé au profit des associés des comptes courants créditeurs rémunérés aux conditions fixées par l'article 16.

Pertes :

Les pertes, s'il en existe, sont supportées par chacun des associés proportionnellement au nombre de parts leur appartenant, sous réserve des dispositions de l'article L. 443-6-7, alinéa 3, du code de la construction et de l'habitation, qui prévoit que la responsabilité de l'associé personne physique est limitée à proportion des parts sociales attachées à un lot qu'il a acquises.

Art. 16 *Compte courant.* Chaque associé personne physique peut faire des avances en compte courant à la société avec le consentement de la gérance. Les avances en compte courant sont consenties pour une durée déterminée ou indéterminée. Dans ce dernier cas et dans le cas d'un remboursement avant terme, une demande de remboursement, total ou partiel, du compte courant est soumise à un délai de préavis de trois mois, sauf règle contraire adoptée par décision collective ordinaire des associés.

Quelle qu'en soit la durée, les avances en compte courant sont rémunérées au taux du livret A en vigueur au cours de la période correspondante.

TITRE V La détention, la cession des parts sociales et la garantie de rachat

Art. 17 *Conditions de détention des parts sociales.* Conformément à l'article L. 443-6-3 du code de la construction et de l'habitation, les parts sociales ne peuvent être détenues que par l'organisme d'HLM (ou par la SEM) apporteur de l'immeuble et les associés personnes physiques, locataires des logements qu'ils occupent personnellement à titre de résidence principale.

Art. 18 *Cession des parts sociales.* L'associé personne physique peut céder ses parts sociales, à titre gratuit, à son conjoint ou à l'un de ses ascendants ou de ses descendants ou à son partenaire lié par un pacte civil de solidarité ou, à titre onéreux, à toute personne, à condition que le cessionnaire devienne locataire du logement et l'occupe à titre de résidence principale et qu'il ne dispose pas à l'entrée dans les lieux de ressources supérieures au plafond fixé en application de l'article L. 441-1 du code de la construction et de l'habitation.

Toute cession ou tout échange de parts est constaté par écrit soit par acte sous seing privé enregistré, soit par acte notarié.

Les cessions et échanges de parts sociales sont opposables à la société après demande, par lettre recommandée avec accusé de réception, de leur inscription sur un registre tenu à cet effet par l'associé gérant.

Pour être opposables aux tiers, ces cessions et échanges doivent faire l'objet d'un dépôt au greffe du tribunal, dans lequel la société est enregistrée au registre du commerce et des sociétés, de deux originaux de l'acte sous seing privé ou de deux copies authentiques de l'acte notarié. A défaut, le cédant est réputé, vis-à-vis des tiers, avoir conservé sa qualité d'associé et reste tenu à leur égard de toutes les obligations attachées à cette qualité.

Art. 19 *Cession par l'associé gérant de parts sociales aux autres associés.* L'associé personne physique a la faculté d'acquérir des parts sociales détenues par l'associé gérant soit sur sa demande, soit sur proposition de l'associé gérant. L'associé gérant propose à chaque associé personne physique d'acquérir une ou plusieurs parts au moins une fois par an, lors de la convocation de l'assemblée générale ou à l'occasion d'une consultation écrite prévue à l'article 12. La proposition précise le prix et les frais d'acquisition à la charge de l'acquéreur et est accompagnée d'un formulaire de demande d'acquisition de parts.

A défaut de réponse dans un délai d'un mois, l'associé personne physique est réputé renoncer à l'acquisition de parts.

Les parts sociales sont cédées à l'associé personne physique pour leur valeur nominale. Cette valeur n'est soumise à aucune indexation ni réévaluation. L'associé gérant accomplit les formalités nécessaires au transfert de propriété. Les frais de cession, notamment les droits d'enregistrement, sont à la charge de l'associé personne physique acquéreur des parts.

La faculté d'acquérir des parts sociales détenues par l'associé gérant est suspendue tant que l'associé est débiteur vis-à-vis de la société ou de l'organisme d'HLM (ou de la SEM), notamment en cas d'impayés de loyer ou de charges.

Art. 20 *Engagement de rachat.* L'associé personne physique peut demander à tout moment le rachat de ses parts sociales par l'organisme d'HLM (ou par la SEM), associé gérant. Le rachat porte, à sa convenance, sur une partie ou la totalité de ses parts, sans toutefois que le nombre de parts rachetées puisse être inférieur à lors de chaque transaction, ce seuil étant déterminé compte tenu des frais à supporter par l'associé gérant.

La demande, adressée à l'associé gérant par lettre recommandée avec demande d'avis de réception, indique le nombre de parts sociales dont l'associé souhaite le rachat. L'associé gérant ne peut refuser celui-ci.

Les parts sont rachetées pour leur valeur nominale sans indexation ni révision.

L'associé gérant effectue le paiement de la valeur garantie dans un délai maximal de trois mois à compter de la première présentation de la lettre de demande de rachat. Il prend en charge l'accomplissement des formalités et le paiement des frais liés à la transaction.

Pour le paiement du prix des parts qu'il rachète, l'associé gérant peut effectuer une compensation avec les dettes de l'associé personne physique afférentes à ses obligations d'associé.

Art. 21 *Décès d'un associé.* Lorsqu'un associé personne physique décède, ses parts sociales sont maintenues en indivision jusqu'à leur dévolution à ses héritiers et légataires. Les dividendes éventuels sont portés en compte courant d'associé.

Les héritiers ou les légataires auxquels seront dévolues les parts peuvent :

– soit être associés à la condition d'occuper le logement à titre de résidence principale ;

– soit demander immédiatement le rachat des parts sociales dans les conditions fixées à l'article 20 ;

– soit céder les parts sociales dans les conditions prévues à l'article 18.

Art. 22 *Nantissement des parts sociales.* Le nantissement des parts sociales par les associés personnes physiques est soumis à l'agrément de l'associé gérant.

A l'effet d'obtenir cet agrément, l'associé personne physique notifie à l'associé gérant, sous forme de lettre recommandée avec demande d'avis de réception, sous forme d'acte extrajudiciaire ou par remise au siège de la société contre récépissé, le projet de nantissement, le nombre de parts à nantir, les nom, prénom, nationalité, profession et domicile ou siège social du créancier, la nature et le montant de la dette faisant l'objet de la garantie.

L'associé gérant notifie au demandeur sa décision motivée, par lettre recommandée avec demande d'avis de réception ou remise en main propre contre récépissé, dans un délai de deux mois à compter de la réception de la demande. A défaut d'une réponse dans ce délai, l'agrément est réputé acquis.

Art. 23 *Cautionnement des associés.* La société ne peut pas se porter caution pour ses associés.

TITRE VI Attribution en propriété des logements

Art. 24 *Accession à la propriété des logements.* Lorsqu'il a acquis la totalité des parts sociales du lot représentatif du logement qu'il occupe, l'associé personne physique bénéficie, s'il a satisfait à toutes les obligations auxquelles il est tenu envers la société, de l'attribution en propriété de ce logement. L'attribution en propriété du logement a pour conséquence le retrait de l'associé personne physique de la société.

L'attribution en propriété du logement et le retrait de la société sont constatés par un même acte authentique signé par l'associé personne physique et par un représentant de l'associé gérant. Cet acte entraîne de plein droit l'annulation des parts du lot représentatif du logement attribué, la réduction corrélative du capital social, les modifications des statuts rendues nécessaires par le retrait. L'associé gérant procède immédiatement aux opérations de régularisation rendues nécessaires par l'acte.

Le lot ainsi acquis est soumis au régime de la copropriété défini par la loi nº 65-557 du 10 juillet 1965. Son propriétaire reçoit en main propre de l'organisme d'HLM (ou de la SEM) le règlement de copropriété.

Par dérogation aux articles L. 353-4 et L. 353-5 du code de la construction et de l'habitation, la convention mentionnée à l'article L. 353-2 de ce même code cesse d'être opposable à la personne physique qui a acquis le logement qu'elle occupe et aux propriétaires successifs du logement.

TITRE VII Dissolution de la société

Art. 25 *Dissolution de la société.* 1. Les causes de dissolution de la société.

La société prend fin :

a) A l'échéance du terme fixé par les présents statuts ou par la décision de prorogation ;

b) Lorsque tous les logements ont été attribués en propriété aux associés personnes physiques ;

c) Lorsque l'assemblée générale extraordinaire statuant à la majorité des membres associés représentant au moins les deux tiers des voix en a décidé ;

d) Lorsque l'associé gérant a fait l'objet d'une révocation sans avoir été remplacé, dans les trois mois de cette révocation, par un organisme d'HLM ou une SEM (article 11) ;

e) Lorsque tous les associés personnes physiques sont revenus au statut de locataires d'HLM (ou de SEM pour les logements mentionnés à l'article L. 472-1-7 ou à l'article L. 481-6).

La dissolution qui résulte de l'attribution en propriété de tous les logements aux associés personnes physiques doit intervenir dans un délai de trois mois à compter de l'attribution en propriété du dernier logement.

2. Procédure de liquidation.

La dissolution entraîne la liquidation de la société. Celle-ci n'a d'effet à l'égard des tiers qu'après sa publication dans un journal d'annonces légales. La personnalité morale de la société subsiste pour les besoins de la liquidation jusqu'à la publication de la clôture de celle-ci. La mention « Société en liquidation » et le nom du ou des liquidateurs figurent sur tous actes et documents émanant de la société et destinés aux tiers.

Les opérations de liquidation sont assurées par l'associé gérant en exercice. Elles peuvent être assurées par un ou plusieurs liquidateurs désignés à cet effet. Dans le cas mentionné au *d* du 1 ci-dessus, elles sont assurées par le ou les liquidateurs désignés par le tribunal.

Le liquidateur ou, s'ils sont plusieurs, chacun d'entre eux représente la société. Il a les pouvoirs les plus étendus pour réaliser l'actif et acquitter le passif. Le produit net de la liquidation, après l'extinction du passif et des charges sociales et le remboursement aux associés du montant nominal non amorti de leurs parts sociales, est partagé entre les associés proportionnellement au nombre de leurs parts.

TITRE VIII Dispositions diverses

Art. 26 *Régime applicable avant l'immatriculation de la société.* La société ne jouira de la personnalité morale qu'à compter de son immatriculation au registre du commerce et des sociétés. Jusqu'à cette date, les rapports entre associés sont régis par les présents statuts et par les principes généraux du droit applicables aux contrats et obligations. Toutefois, tant que la société n'est pas immatriculée, tout acte ayant pour objet ou pour effet de modifier le contenu de ces statuts doit être soumis à l'accord unanime des associés.

Les associés personnes physiques donnent tous pouvoirs à l'associé gérant à l'effet de procéder ou de faire procéder à l'immatriculation de la société et d'accomplir, avant l'immatriculation de la société, tous les actes de gestion et de prendre tout engagement entrant dans l'objet social. L'immatriculation de la société entraînera reprise de ces actes, qui seront réputés avoir été souscrits dès l'origine par elle.

Art. 27 *Contestations.* Toute contestation qui pourrait s'élever pendant la durée de la société ou lors de la liquidation entre les associés, relativement aux affaires sociales, sera soumise au tribunal de grande instance compétent.

ANNEXE 25 (art. *R. 443-11)

Normes minimales d'habitabilité des logements vendus en application de l'article *R. 443-11

(Décr. nº 87-477 du 1er juill. 1987)

Les logements situés dans les immeubles collectifs ou les maisons individuelles *[Est considéré comme maison individuelle le bâtiment d'habitation comportant un accès direct vers l'extérieur et ne comprenant qu'un seul logement]* doivent, avant la signature de l'acte de vente, présenter les caractéristiques ci-après :

1. *Caractéristiques communes*

1.1. *Gros œuvre*

Le gros œuvre (murs, charpente, escaliers, planchers, balcons) ne présente pas de défaut d'entretien grave.

1.2. *Étanchéité*

La couverture, ses raccords et ses accessoires sont étanches.

Les sols, murs, seuils et plafonds sont protégés contre les eaux de ruissellement, les infiltrations et les remontées d'eau.

Les ouvrants sont étanches à l'eau et en bon état de fonctionnement.

1.3. *Équipement*

1.3.1. Canalisations d'eau

Les canalisations d'eau, les appareils qui leur sont raccordés et les réservoirs sont établis de manière à assurer la permanence de l'adduction et de l'évacuation et à éviter la pollution du réseau de distribution, notamment par les eaux usées et les eaux-vannes.

Les canalisations d'eau potable desservant les logements assurent la distribution avec une pression et un débit suffisants et sont branchées au réseau public de distribution, s'il existe. Elles sont conformes aux règlements sanitaires en vigueur.

1.3.2. Installations de gaz et d'électricité

Le logement est alimenté en électricité et, le cas échéant, en gaz. Ces alimentations, ainsi que la ventilation des pièces où le gaz est utilisé, répondent aux besoins normaux des usagers ; ces installations doivent assurer la sécurité des utilisateurs.

Les nouvelles installations électriques et les nouvelles alimentations en gaz éventuelles, ainsi que la ventilation des pièces où le gaz est utilisé, sont conformes à la réglementation.

1.3.3. Installation de la cuisine ou du coin cuisine

La cuisine ou le coin-cuisine est intérieur et comprend un évier avec siphon raccordé à une chute d'eaux usées sur lequel sont installées l'eau potable froide et l'eau chaude. La cuisine ou le coin-cuisine est aménagé de manière à pouvoir recevoir un appareil de cuisson à gaz ou électrique ou possède un conduit d'évacuation de fumée en bon état.

1.3.4. Ouverture et ventilation

Toute pièce d'habitation est pourvue d'un ouvrant donnant à l'air libre permettant une aération et un éclairement suffisants et assurant le bon usage du logement et la conservation du bâtiment.

Toute pièce de service (telle que la cuisine, le cabinet d'aisances ou la salle d'eau) est pourvue d'un ouvrant donnant à l'extérieur ou, à défaut, est équipée d'un système de ventilation débouchant à l'extérieur du bâtiment et assurant le bon usage du logement et la conservation de ce bâtiment.

1.3.5. Équipement sanitaire

S'il existe un cabinet d'aisances intérieur, il est séparé de la cuisine et de la pièce où sont pris les repas.

2. *Caractéristiques spécifiques aux logements situés dans des immeubles collectifs*

En outre, ces logements doivent présenter les caractéristiques suivantes :

2.1. *Équipement sanitaire*

La salle d'eau est intérieure et comporte une baignoire ou une douche et un lavabo munis de siphons et alimentés en eau chaude et froide.

Le cabinet d'aisances est intérieur et pourvu d'une cuvette à l'anglaise et d'une chasse d'eau. S'il est équipé d'une fosse étanche, la chasse d'eau peut être remplacée par un simple effet d'eau.

Le cabinet d'aisances est séparé de la cuisine et de la pièce où sont pris les repas.

Les planchers sont étanches et les parois situées autour de la douche et de la baignoire sont protégées contre les infiltrations.

2.2. *Chauffage*

Les équipements de chauffage collectif (chaudière du chauffage central collectif notamment), lorsqu'il en existe, sont en bon état d'entretien et de fonctionnement. Ils permettent d'assurer une température suffisante dans chacune des pièces.

2.3. *Parties communes de l'immeuble collectif*

Les parties communes sont en bon état d'entretien. En particulier, l'ascenseur, lorsqu'il existe, est en bon état d'entretien et de fonctionnement.

ANNEXE 26 (art. R. 443-24)

DATES de la réception provisoire de l'immeuble	COEFFICIENTS de réévaluation
1971 et ultérieurement	1
1970	1,050
1969	1,070
1968	1,130
1967	1,170
1966	1,175
1965	1,190
1964	1,250

DATES de la réception provisoire de l'immeuble	COEFFICIENTS de réévaluation
1963	1,320
1962	1,450
1961	1,480
1960	1,500
1959	1,500
1958	1,510
1957	1,650
1956	1,810
1955	2,060
1954	2,150
1953	2,150
1952	2,200
1951	2,200
1950	2,930

ANNEXE 27 (art. R. 443-25)

DATES des paiements	COEFFICIENTS de réévaluation
1971 et ultérieurement	1
1970	1,059
1969	1,089
1968	1,151
1967	1,204
1966	1,224
1965	1,255
1964	1,325
1963	1,415
1962	1,552
1961	1,632
1960	1,661
1959	1,666
1958	1,706
1957	1,869
1956	2,032

DATES des paiements	COEFFICIENTS de réévaluation
1955	2,288
1954	2,386
1953	2,411
1952	2,420
1951	2,420
1950	3,068
1949	3,507
1948	4,164

ANNEXE 28

Annexe au chapitre III du titre V du livre IV du code de la construction et de l'habitation

Clauses types

De la convention de garantie fixées en application de l'article R. 453-8.

(Décr. nº 2003-537 du 20 juin 2003)

TITRE PREMIER Encours de production en accession à la propriété et fonds propres venant en couverture de l'activité de vente

Art. 1er *Encours de production en accession à la propriété, déclaration d'encours.* Pour obtenir la garantie prévue au deuxième alinéa de l'article L. 453-1 du code de la construction et de l'habitation, l'organisme d'habitations à loyer modéré déclare un encours maximum prévisionnel de production en accession « A » relatif à l'activité de vente définie au premier alinéa de l'article précité, estimé par lui en fonction d'éléments déterminables.

Art. 2 *Fonds propres venant en couverture de l'activité de vente, déclaration des fonds propres.* Simultanément à la déclaration prévue à la clause type 1, l'organisme déclare le montant des fonds propres venant en couverture de l'activité de vente garantie par la société de garantie, soit « B ». Le montant des fonds propres « B » doit être au moins égal à 20 % de l'encours maximum prévisionnel de production en accession « A ».

La société de garantie s'assure de la compatibilité du montant des fonds propres « B » et de l'encours « A » au vu de l'analyse de la situation financière de l'organisme, qui lui est transmise par les experts mandatés par elle ou tout moyen prévu dans la convention de garantie. Cette analyse est annexée à la convention de garantie.

Art. 3 *Actualisation des déclarations relatives aux opérations et aux fonds propres.* L'organisme procède chaque année à une déclaration actualisée des montants « A » et « B » mentionnés aux clauses types 1 et 2. Les déclarations de l'organisme et les pièces jointes sont annexées à la convention de garantie ou aux avenants.

TITRE II Suivi de l'activité de vente

Art. 4 *Identification de l'activité de vente dans les comptes de l'organisme.* L'organisme d'habitations à loyer modéré indique dans l'état prévu par les instructions comptables prises en application de l'article L. 423-3 du code précité, les produits et charges provenant de l'activité de vente garantie par la société. Il tient un état consolidé de cette activité et communique chaque année le compte de résultat et le bilan de chacune des sociétés civiles lorsqu'il en est créé.

Au titre du rapport de gestion, lors de l'arrêté des comptes annuels, les dirigeants rendent compte à l'organe délibérant de l'activité de vente et, le cas échéant, du résultat du budget annexe de l'organisme en comptabilité publique ayant opté pour une telle création.

Lorsqu'ils choisissent de présenter un rapport particulier sur l'activité de vente, le commissaire aux comptes présente, au même organe délibérant, un rapport particulier exposant ses observations sur la sincérité des informations données dans le rapport susmentionné des dirigeants. Lorsque l'organisme a opté pour la création d'un budget annexe et que l'ordonnateur lui en fait la demande, le comptable public présente ses observations sur le rapport des dirigeants.

Art. 5 *Périodicité du suivi de l'activité de vente, déclarations d'opérations.* L'organisme transmet à la société de garantie, selon une périodicité au moins trimestrielle, un tableau de bord de suivi de cette activité et déclare les opérations entrant dans l'encours de production en accession « A ».

Le tableau, conforme au modèle établi par la société de garantie, comprend les informations communiquées dans les déclarations mentionnées aux clauses types 1 et 2 et au minimum par opération : sa désignation et sa nature, son prix de revient, son état de commercialisation et son état d'avancement.

Art. 6 *Vérifications et modifications des conditions d'engagement de la société de garantie.* Sur la base des déclarations de l'organisme mentionnées aux clauses types 1 à 5 et des informations comptables et financières, la société de garantie vérifie que l'activité de vente de l'organisme reste compatible avec la limite de l'encours maximum prévisionnel « A » ainsi qu'avec le montant des fonds propres « B ».

A défaut, la société de garantie peut mettre en œuvre, en cours de convention, une ou plusieurs des dispositions suivantes :

– majorer la cotisation de garantie dans la limite de 80 % de son montant ;

– modifier le seuil de versement déclenchant l'intervention en garantie prévue au titre III ;

– refuser sa garantie pour toute opération nouvelle après dépassement du montant « A » tant que l'organisme n'aura pas régularisé le montant des fonds propres « B » ;

– fixer des conditions plus restrictives à l'engagement d'activité nouvelle.

Les modifications apportées à l'engagement de la société aux premier, second et troisième tirets sont notifiées dans les formes imparties à l'organisme. La modification prévue au quatrième tiret fait l'objet d'un avenant à la convention de garantie.

TITRE III Octroi et mise en jeu de la garantie

Art. 7 *Conditions d'octroi.* Sauf disposition contraire de la convention de garantie, la garantie est accordée à compter de la date d'envoi par la société de garantie de la convention ou de l'avenant signé par les parties.

Tout refus d'octroi de la garantie est motivé et doit intervenir au plus tard dans les deux mois à compter de la date de réception de la demande dans les formes imparties.

Art. 8 *Seuil de versement, mise en jeu de la garantie.* Lorsque la perte financière du fait de l'activité de vente dépasse 50 % des fonds propres « B », venant en couverture de l'encours maximum prévisionnel de production en accession « A », la garantie de la société est mise en jeu. Le seuil de 50 % constitue une franchise absolue, en deçà de laquelle la société de garantie ne peut être appelée à couvrir la perte.

La perte est appréciée, lors de l'arrêté des comptes annuels, en fonction du résultat cumulé des cinq derniers exercices comptables relatifs à l'activité de vente susmentionnée. Les fonds propres « B » pris en compte sont les fonds propres moyens « B » sur les cinq dernières années.

Art. 9 *Mode de saisine de la société de garantie.* Dès lors que la perte est constatée dans les conditions prévues à la clause type 8, la garantie est mise en jeu soit à l'initiative de la société de garantie, soit à la demande de l'organisme.

La décision de couverture ou de refus de couverture de la perte financière est notifiée à l'organisme dans un délai fixé dans la convention de garantie. Tout refus de couverture est motivé.

Mise en jeu de la garantie sur demande préalable de l'organisme

La demande est présentée sur décision de l'organe dirigeant juridiquement compétent au sens du code de la construction et de l'habitation de l'organisme dans le délai et selon les modalités fixés dans la convention de garantie.

L'organisme joint, dans les délais impartis, une analyse financière des experts mandatés par la société de garantie ainsi que le rapport particulier prévu à la clause type 4 s'il est établi.

Mise en jeu de la garantie sans demande préalable de l'organisme

Lorsque la société de garantie estime qu'il y a carence de l'organisme dans la mise en jeu de la garantie, elle fait une proposition à l'organisme dans le délai et selon les modalités fixés dans la convention de garantie.

L'organisme fournit à la société de garantie toute information complémentaire, ainsi qu'une analyse financière des experts mandatés par la société de garantie dans les délais impartis.

TITRE IV Environnement juridique

Art. 10 *Durée de la convention et de la garantie, modification de la convention.* I. – Sans préjudice des dispositions de la clause type 6, les conditions d'engagement de la société sont révisables chaque année à la date anniversaire de la convention :

– lorsque l'organisme demande à modifier l'encours maximum prévisionnel de production en accession « A » relatif à l'activité de vente mentionnée au premier alinéa de l'article L. 453-1 précité ;

– lorsque des pertes sont apparues au compte de résultat, au titre de l'année correspondante, du fait de l'activité de vente susmentionnée ;

– lorsque la société justifie d'un motif légitime et sérieux au regard des obligations notamment prudentielles lui incombant.

Par dérogation au premier alinéa, les conditions d'engagement de la société sont révisables lorsque, pour un motif légitime et sérieux, l'organisme demande, en cours d'exercice, à modifier l'encours maximum prévisionnel de production en accession « A ».

La révision des conditions d'engagement de la société est constatée dans un avenant.

II. – Le bénéfice de la garantie est acquis jusqu'à la sortie du stock du dernier lot garanti.

III. – Un organisme met fin à la convention de garantie lorsqu'il cesse toute activité de vente, mentionnée au I, avec un préavis d'un mois qui ne peut intervenir qu'après la sortie du stock du dernier lot garanti.

Art. 11 *Confidentialité.* La société de garantie, ses membres et tout expert mandaté par la société ont une obligation de confidentialité et de secret professionnel pour toutes les informations qu'ils seront amenés à détenir sur les organismes, leurs filiales et leur activité, dans l'exercice de leurs fonctions.

ANNEXE 29

Annexe I à l'article 1er du décret no 85-1232 du 5 novembre 1985

Convention

Conclue en application de l'article L. 351-2 (2o ou 3o) du code de la construction et de l'habitation entre l'État et l'organisme d'habitations à loyer modéré ayant signé avec l'État un contrat-cadre définissant une nouvelle politique des loyers.

Le préfet de ...., agissant au nom de l'État, d'une part, et ...., dénommé ci-après le bailleur, sont convenus de ce qui suit :

Art. 1er *(Décr. no 99-864 du 7 oct. 1999, art. 5-I)* **« La présente convention a pour objet de fixer les droits et obligations des parties prévus par les articles L. 353-1 à L. 353-17 du code de la construction et de l'habitation, pour le programme décrit dans le document joint à la présente convention. »** – *V. ci-dessous.*

La présente convention s'intègre dans le dispositif général de politique des loyers définie par le contrat-cadre conclu entre l'État et le bailleur en date du ....

Art. 2 *Durée de la convention. (Décr. no 2002-844 du 3 mai 2002, art. 2)* **« I. – » La présente convention prend effet à compter de sa signature. Elle expire le 30 juin.**

(Décr. no 2002-844 du 3 mai 2002, art. 2) **« II. – En cas d'une acquisition ou d'une convention sans travaux faisant suite à une nouvelle acquisition lorsque les loyers ne sont pas établis sur la base de la surface corrigée, résultant de l'application du décret no 48-1366 du 22 novembre 1948 et de l'article 4 du décret no 60-1063 du 1er octobre 1960, il est procédé à un bilan de l'occupation sociale des logements sur la base des éléments recueillis lors de l'enquête prévue à l'article L. 441-9 ou à l'article L. 442-5 et dans des conditions définies par arrêté du ministre chargé du logement. »**

Art. 3 **Le bailleur s'engage à réserver ..... p. 100 des logements faisant l'objet de la présente convention aux personnes et aux familles prioritaires désignées par le préfet.**

Pour répondre à cette obligation, le bailleur s'engage à signaler aux services préfectoraux les logements devenus vacants *[Variante : pour les logements réservés conformément à la convention conclue en application de l'art. R. 314-4, les dispositions du présent article sont suspendues pendant toute la durée de cette réservation]*.

Art. 4 *(Décr. no 96-656 du 22 juill. 1996)* **« Le prix mensuel du loyer maximum visé au 2o, *b*, de l'article R. 353-16, et à l'article 4 du décret no 85-1232 du 5 novembre 1985 est fixé à ... € le mètre carré et à ... € le mètre carré pour les logements sur lesquels la convention prévoit de faire porter l'impact du financement très social. »**

(Décr. no 2002-844 du 3 mai 2002, art. 3) **« Le loyer maximum est révisé chaque année, le 1er juillet, dans les conditions prévues à l'article 17 *d* de la loi no 89-462 du 6 juillet 1989 modifiée »** *[C. **baux**]*.

Dans la limite du loyer maximum et des dispositions prises en application du titre IV de la loi no 82-526 du 22 juin 1982, le loyer pratiqué peut être majoré au plus de .... p. 100 par an ; les majorations peuvent intervenir le 1er janvier et le 1er juillet de chaque année.

Le nouveau loyer notifié en application de l'art. L. 353-16 peut faire l'objet d'une remise au profit des locataires dans les lieux ; elle est exprimée en un pourcentage du nouveau loyer fixé et révisé dans les conditions mentionnées ci-dessus. Ce pourcentage est identique pour chaque locataire. Il peut être modifié aux dates de révision du loyer ; sa valeur, son évolution et sa date d'extinction sont fixées dans le décompte de surface corrigée *(Décr.*

no 96-656 du 22 juill. 1996) « ou de surface utile » joint en annexe à l'art. 5 du décret no 85-1232 du 5 nov. 1985 relatif aux conventions conclues, en application de l'art. L. 351-2 du code de la construction et de l'habitation, entre l'État et les organismes d'habitations à loyer modéré signataires d'un contrat-cadre ayant pour objet la définition d'une nouvelle politique des loyers.

Art. 5 Les parties s'engagent à respecter les obligations de portée générale jointes à la convention type annexée à l'art. R. 353-1.

Le bailleur reconnaît avoir pris connaissance de cette annexe et reconnaît qu'une copie lui a été remise.

Art. 6 *(Décr. no 99-864 du 7 oct. 1999, art. 5-II)* Dispositions spécifiques pour les opérations financées à l'aide du prêt locatif à usage social :

1. *Mixité sociale*

a) Lorsque l'opération a été financée dans les conditions de l'article R. 331-14 *(Décr. no 2002-844 du 3 mai 2002, art. 4)* « autres que celles prévues au II de l'article R. 331-1 » et qu'elle bénéficie de subventions prévues au 2o ou au 3o de l'article R. 331-15, 30 % au moins de logements, soit .... *[Indiquer le plus petit nombre entier permettant de respecter l'engagement de 30 %]* logements doivent être occupés par des ménages dont les ressources n'excèdent pas 60 % du plafond de ressources prévu au premier alinéa de l'article R. 331-12 du code de la construction et de l'habitation pour l'attribution des logements sociaux. *(Décr. no 2002-844 du 3 mai 2002, art. 4)* « Toutefois, lorsque l'opération ainsi financée comporte moins de 10 logements, au moins 30 % de ceux-ci, soit ... logements (ce nombre s'obtenant en arrondissant à l'unité la plus proche le résultat de l'application du pourcentage), doivent être occupés par des ménages dont les ressources n'excèdent pas le plafond fixé au I du deuxième alinéa de l'article R. 331-12 du code de la construction et de l'habitation pour l'attribution des logements sociaux. Cette obligation n'est pas applicable aux opérations comportant un seul logement. »

A l'entrée en service de l'immeuble, en sus des 30 % de logements ci-dessus mentionnés, l'organisme d'habitations à loyer modéré s'engage, compte tenu de la demande locale, que visent notamment à satisfaire le plan d'action départemental pour le logement des personnes défavorisées, l'accord collectif départemental signé avec l'organisme et les chartes et conférences intercommunales du logement, à louer .... *[Indiquer un nombre]* autres logements à des ménages dont les ressources n'excèdent pas 60 % du plafond prévu au premier alinéa de l'article R. 331-12 du code de la construction et de l'habitation pour l'attribution des logements sociaux. L'organisme d'habitations à loyer modéré s'engage à fournir au préfet un état à la mise en location, permettant de vérifier que cet engagement d'occupation sociale est respecté.

La vérification de l'engagement d'occupation sociale mentionné au premier alinéa sera effectuée tous les trois ans au vu des résultats de l'enquête prévue à l'article L. 442-5 du code de la construction et de l'habitation. S'il est constaté que cet engagement n'est plus rempli, tous les logements attribués postérieurement à ce constat fait par le préfet du lieu de situation des logements, devront l'être à des ménages dont les ressources n'excèdent pas 60 % du plafond de ressources prévu au premier alinéa de l'article R. 331-12 du code de la construction et de l'habitation pour l'attribution des logements sociaux jusqu'à ce que l'organisme établisse que l'engagement est respecté à nouveau.

A défaut de transmission de l'état ou des résultats de l'enquête, le préfet peut demander à l'organisme de reverser à l'État la subvention reçue, représentant l'avantage supplémentaire obtenu par l'organisme en échange de l'engagement d'occupation sociale susmentionné. L'organisme doit y procéder dans le mois de la notification de la décision prise dans les conditions suivantes : le préfet doit mettre préalablement en demeure, par lettre recommandée avec demande d'avis de réception, l'organisme de satisfaire à son obligation. Ce dernier devra dans le délai de deux mois soit formuler ses observations, soit transmettre l'état, ou les résultats de l'enquête. Lorsque le préfet écarte ces observations, sa décision doit être motivée.

S'il est constaté que l'engagement d'occupation sociale susmentionné n'est plus rempli et si les attributions de logements ne sont pas exclusivement faites au profit de ménages dont les ressources n'excèdent pas 60 % du plafond prévu au premier alinéa de l'article R. 331-12 du code de la construction et de l'habitation pour l'attribution des logements sociaux, le préfet peut demander à l'organisme de reverser à l'État la subvention reçue, représentant l'avantage supplémentaire obtenu par l'organisme en échange de l'engagement d'occupation sociale susmentionné. L'organisme doit y procéder dans le mois de la notification de la décision prise dans les conditions suivantes : le préfet doit mettre préalablement en demeure, par lettre recommandée avec demande d'avis de réception, l'organisme de satisfaire à son obligation. Ce dernier devra, dans le délai de deux mois, formuler ses observations. Lorsque le préfet écarte ces observations, sa décision doit être motivée.

b) Lorsque l'opération a été financée dans les conditions de l'article R. 331-14 *(Décr. n° 2002-844 du 3 mai 2002, art. 4)* « autres que celles prévues au II de l'article R. 331-1 » et bénéficie de subventions prévues au 2° ou au 3° de l'article R. 331-15, 10 % des logements de l'opération peuvent être loués à des ménages dont les ressources excèdent les plafonds de ressources prévus au premier alinéa de l'article R. 331-12 du code de la construction et de l'habitation pour l'attribution des logements sociaux, dans la limite de 120 % de ces plafonds. *(Décr. n° 2002-844 du 3 mai 2002, art. 4)* « Toutefois, lorsque l'opération ainsi financée comporte moins de 10 logements, 10 % de ceux-ci, soit ... logements (ce nombre s'obtenant en arrondissant à l'unité la plus proche le résultat de l'application du pourcentage), peut être loué à des ménages dont les ressources n'excèdent pas les plafonds de ressources fixés au II du deuxième alinéa de l'article R. 331-12 du code de la construction et de l'habitation pour l'attribution des logements sociaux. »

2. *Montants des loyers maximum et modalités de révision*

Le montant du loyer maximum mentionné à l'article R. 353-16 est fixé à .... € le m^2 par .... (mois ou année selon que la superficie est exprimée en surface utile ou en surface corrigée).

Ce montant est majoré de 33 % pour les logements qui ont été attribués dans les conditions du dernier alinéa du 1 ci-dessus.

Les annexes qui n'entrent pas dans le calcul de la surface utile peuvent donner lieu à la perception d'un loyer accessoire, dans les conditions définies dans le document intitulé *Composition de l'opération* annexé à la présente convention.

(Décr. n° 2002-844 du 3 mai 2002, art. 4) « Ces loyers maximums sont révisés chaque année, le 1er juillet, dans les conditions prévues à l'article 17 *d* de la loi n° 89-462 du 6 juillet 1989 modifiée » [*C. **baux***].

3. *Document prévu par l'article 1er de la convention*

Lorsque l'opération a été financée dans les conditions de l'article R. 331-14 *(Décr. n° 2002-844 du 3 mai 2002, art. 4)* « autres que celles prévues au II de l'article R. 331-1 » et bénéficie de subventions prévues au 2° ou au 3° de l'article R. 331-15, le document prévu par l'article 1er de la présente annexe I à l'article 1er du décret n° 85-1232 du 5 novembre 1985 est celui prévu par l'annexe I à l'article R. 353-1 du code de la construction et de l'habitation [*V. Annexe 7*].

DOCUMENT PRÉVU PAR L'ARTICLE 1ER DE LA CONVENTION

Description du programme de ....

I. — Désignation du ou des immeubles [*Établie conformément à l'art. 7 du décret n° 55-22 du 4 janv. 1955 modifié portant réforme de la publicité foncière*].

II. — Nature de l'opération :

Variante 1 [*Rayer les variantes et versions inutiles*] : programme financé dans les conditions prévues par l'article R. 353-2 (II, 1°) du code de la construction et de l'habitation.

Variante 2 [*Rayer les variantes et versions inutiles*] : programme construit [*Rayer les variantes et versions inutiles*], acquis et amélioré [*Rayer les variantes et versions inutiles*] ou cédé à bail emphytéotique ou à construction et amélioré [*Rayer les variantes et versions inutiles*] au moyen d'un prêt prévu par les sections I et IV du chapitre unique du titre III du livre III du code de la construction et de l'habitation.

Variante 3 *[Rayer les variantes et versions inutiles]* : programme construit *[Rayer les variantes et versions inutiles]*, acquis et amélioré *[Rayer les variantes et versions inutiles]*, amélioré *[Rayer les variantes et versions inutiles]* au moyen d'un prêt conventionné prévu par la section III du chapitre unique du titre III du livre III du code de la construction et de l'habitation.

Variante 4 *[Rayer les variantes et versions inutiles]* : programme amélioré au moyen d'une subvention de l'État prévue par la section I du chapitre III du titre II du livre III du code de la construction et de l'habitation.

III. — Composition du programme.

A. — Locaux auxquels s'applique la présente convention :

1. Nombre des logements locatifs par type de logements avec numéro des logements : ....

2. Surface habitable : ....
3. Surface corrigée des logements : ....
4. Dépendances (nombre et surface) : ....
5. Locaux collectifs résidentiels (nombre et surface) : ....
6. Garages et parkings affectés à ces logements (nombre et différenciation par type) : ....

B. — Locaux auxquels ne s'applique pas la convention : ....

IV. — Origine de propriété *[Établie conformément à l'art. 7 du décret nº 55-22 du 4 janv. 1955 modifié précité]*.

V. — Renseignements administratifs.

1. Permis de construire ou déclaration de construction.
2. Modalités de financement *[Renseignements à compléter dès que les décisions de financement sont intervenues]*.

Financement principal : ....
Date d'octroi du prêt : ....
Numéro du prêt : ....
Durée : ....
Financement complémentaire : ....
Date d'achèvement de la construction ou certificat de conformité : ....
Fait à ...., le ....

Art. 7 *(Décr. nº 2002-844 du 3 mai 2002, art. 5) Dispositions particulières relatives aux loyers maxima et pratiqués des logements conventionnés lors d'une acquisition, ou d'une convention sans travaux faisant suite à une nouvelle acquisition lorsque les loyers ne sont pas établis sur la base de la surface corrigée, résultant de l'application du décret nº 48-1366 du 22 novembre 1948 et de l'article 4 du décret nº 60-1063 du 1er octobre 1960.* **Durant le mois qui suit la signature de la convention, le bailleur informe les locataires ou occupants de bonne foi en place à la date de la signature de la convention qu'ils disposent d'un délai de deux mois à compter de la réception de l'information pour présenter leurs justificatifs de revenus dans les conditions prévues pour l'attribution des logements sociaux et que ceux disposant de ressources inférieures aux plafonds prévus à l'article R. 331-12 du code de la construction et de l'habitation pour l'attribution des logements sociaux se verront appliquer, à partir de la réception par l'organisme des justificatifs et au plus tard le quatrième mois suivant la date de signature de la convention ou la date d'achèvement des travaux si celle-ci en prévoit, un nouveau loyer dans la limite du loyer maximum fixé au document prévu par l'article 1er des annexes I et II à l'article R. 353-1. Avant l'application de ce nouveau loyer, le loyer maximum est le loyer maximum fixé ci-dessous par dérogation et à titre transitoire.**

Le locataire ou occupant de bonne foi peut également présenter ces justificatifs, à tout moment, et bénéficier de la même mesure, dès le mois qui suit la présentation de ces justificatifs.

Le loyer maximum applicable à chaque logement occupé par un locataire ou un occupant de bonne foi dont les ressources excèdent les plafonds de ressources prévus à

l'article R. 331-12 du code de la construction et de l'habitation pour l'attribution des logements sociaux à la date de la signature de la convention, ou qui n'a pas fourni d'informations sur le niveau de ses ressources est, par dérogation et à titre transitoire, fixé à .... euros par mètre carré de surface utile par mois. Ce loyer maximum est révisé chaque année, le 1er juillet, dans les conditions prévues à l'article 17 *d* de la loi no 89-462 du 6 juillet 1989 modifiée *[V. cette loi, App., vo Rapports locatifs]*. **Il ne peut avoir pour effet d'autoriser, au moment de l'entrée en vigueur de la convention, une majoration de plus de 10 % du loyer acquitté par le locataire ou l'occupant de bonne foi, lorsque ce loyer est supérieur à celui fixé à l'article 4 ou à l'article 6 de la présente convention.**

Le loyer pratiqué applicable à chaque logement occupé par un locataire ou un occupant de bonne foi dont les ressources excèdent les plafonds de ressources prévus à l'article R. 331-12 du code de la construction et de l'habitation pour l'attribution des logements sociaux au moment de l'acquisition ou qui n'a pas fourni d'informations sur le niveau de ses ressources ne peut excéder ce loyer maximum.

DÉSIGNATION des logements	SURFACE habitable (art. R. 111-2)	SURFACE réelle des annexes (2o de l'article R. 353-16)	SURFACE UTILE (surface habitable augmentée de 50 % de la surface des annexes) (2o de l'article R. 353-16)	COEFFICIENT propre au logement (2o de l'article R. 353-16)	BASE DE CALCUL DU LOYER (col. 4 x col. 5)	LOYER MAXIMUM du logement (col. 6 x €/m²)
Col. 1	Col. 2	Col. 3	Col. 4	Col. 5	Col. 6	Col. 7
Total						

TYPE D'ANNEXE définie à l'article R. 353-16, dernier alinéa du 2o	LOYER MAXIMUM CONVENTIONNÉ DE L'ANNEXE en € par mois

En application de l'art. 15 du Décr. no 96-656 du 22 juill. 1996, lorsque la convention fixe le loyer maximum de chaque logement en application du 1o et du 2o de l'art. R. 353-16, les dispositions du III du document prévu par l'art. 1er de l'annexe I à l'art. 1er du Décr. no 85-1232 du 5 nov. 1985 [Annexe 30] et relatives à la composition du programme sont remplacées par les dispositions suivantes :

Composition du programme :

Les éléments ci-après sont décrits par immeuble ou programme immobilier :

A. — Locaux auxquels s'applique la présente convention :

1. Nombre des logements locatifs par type de logements avec numéro des logements ;

1 bis. Surface utile, nombre et identification des logements sur lesquels est répercuté l'impact du financement très social quand il en existe ;

2. Surface habitable totale (art. R. 111-2) ;

3. Surface totale des annexes entrant dans le calcul de la surface utile (art. R. 353-16 [2o]) ;

3 bis. Liste de ces annexes, conforme à l'arrêté du ministre du logement pris en application de l'article R. 353-16 ;

4. Surface utile totale de l'opération (art. R. 353-16 [2o]) ;

5. Décompte des surfaces et des coefficients propres au logement appliqués pour le calcul du loyer :

6. Nombre et liste des annexes susceptibles de donner lieu à perception d'un loyer accessoire (art. R. 353-16, dernier alinéa du 2o).

Ce sont les annexes ou parties d'annexes qui n'entrent pas dans le calcul de la surface utile, soit : les emplacements réservés au stationnement des véhicules, les terrasses, cours et jardins, faisant l'objet d'une jouissance exclusive.

Au cas où ces annexes ne trouveraient pas preneur auprès des locataires de l'immeuble ou de tout autre immeuble conventionné appartenant au même bailleur ou géré par lui, le bailleur peut louer l'annexe à toute autre personne. Dans ce cas, le loyer maximum fixé par la convention ne lui est pas opposable. Cette faculté n'est utilisable que pour autant qu'aucun locataire du patrimoine appartenant ou géré par le bailleur ne manifeste sa volonté de louer les annexes en cause.

B. — Locaux auxquels ne s'applique pas la présente convention :

— locaux commerciaux (nombre) ;

— bureaux (nombre) ;

— autres.

Annexe II à l'article 5 du décret no 85-1232 du 5 novembre 1985

Modèle de décompte de surface corrigée

Situation de l'immeuble : ....
....
Numéro du logement porté dans la convention : ....
Numéro de la convention : ....
Année de la convention : ....
Nom du bailleur et lieu du siège social : ....
....

[V. modèle de décompte au JO 24 nov. 1985, p. 13654 s.]

TABLES

TABLE CHRONOLOGIQUE

Avant la table chronologique proprement dite, on trouvera ci-dessous une liste, classée par ordre alphabétique, des différents codes reproduits en extraits dans le code de la construction et de l'habitation.

Code de l'action sociale et des familles

– Art. L. 115-1 à L. 115-5 *(Lutte contre la pauvreté et les exclusions)*.
– Art. L. 143-1 *(Conseil national des politiques de lutte contre la pauvreté et l'exclusion)*.
– Art. L. 144-1 *(Observatoire national)*.
– Art. L. 261-5 et L. 261-6 *(Aides aux organismes logeant à titre temporaire des personnes défavorisées)*, **p. 1493**.

Code des assurances

– Art. L. 113-11, L. 122-9 *(Détecteurs de fumée normalisés)*.
– Art. L. 431-14 et R. 431-48 à R. 431-59 *(Fonds de compensation des risques de l'assurance de la construction)*, **p. 1318**.
– Art. L. 243-9, R. 243-1 à R. 243-3, A. 243-1 *(Assurance des travaux de construction)*, **p. 1320**.
– Art. R. 332-3-4, R. 426-1 à R. 426-11 *(Fonds de garantie universelle des risques locatifs)*.
– Art. L. 431-14, R. 431-48 à R. 431-59 *(Fonds de compensation des risques de l'assurance de la construction)*, **p. 1318**.

Code civil

– Art. 1589-1, ss. CCH, art. L. 271-2.
– Art. 1792-4-2, 1792-4-3, ss. CCH, art. L. 111-20.
– Art. 2489, V. Avertissement, **p. VII**.

Code de commerce

– Art. L. 225-43, ss. CCH, art. L. 313-1.

Code de la consommation

– Art. L. 121-60 à L. 121-79-5, **p. 1436**.
– Art. L. 312-1 à L. 312-36 *(Contrat principal)*, art. L. 313-1 à L. 313-17 *(Dispositions communes)*, art. R. 312-1 à R. 312-4 *(Crédit immobilier)*, art. R. 313-1 à R. 313-5, R. 313-10, R. 313-11, D. 313-6 à D. 313-9 *(Taux d'intérêt)*, **p. 1385**.
– Art. L. 314-1 à L. 314-20, R. 314-1 à R. 314-2 *(Prêt viager hypothécaire)*, **p. 1381**.

Code de l'énergie

– Art. L. 231-1 à L. 231-4 *(Performance énergétique)*, **p. 1419**.
– Art. L. 241-1, ss. CCH, art. L. 131-1.
– Art. L. 241-2, ss. CCH, art. L. 131-2.
– Art. L. 241-9, ss. CCH, art. L. 131-3.

Code de l'environnement

– Art. L. 125-5 *(Risques)*, R. 125-23 à R. 125-27 *(Modes d'information)*, **p. 1554**.
– Art. L. 131-3 à L. 131-7 *(Agence de l'environnement et la maîtrise de l'énergie)*, **p. 1406**, art. R. 131-1 à R. 131-26, **p. 1407**.
– Art. L. 221-7 à L. 221-10, R. 221-22 à R. 221-37 *(Qualité de l'air intérieur)*, **p. 1591**.
– Art. L. 224-1 et L. 224-2 *(Pollution)*, **p. 1421**.
– Art. L. 563-1 à L. 563-6, R. 563-1 à R. 563-20 *(Risques)*, **p. 1552**.

Code de justice administrative

– Art. L. 311-4, ss. CCH, art. L. 313-13.
– Art. L. 778-1, R. 778-1 à R. 778-8 *(Contentieux du droit au logement)*, **p. 1401**.

Code monétaire et financier

– Art. L. 313-2 et L. 313-3 *(Taux d'usure)* ss. CCH, art. L. 313-6.

Code des postes et des communications électroniques

– Art. L. 3 et L. 5-10 *(Accès aux boîtes aux lettres particulières)* ss. CCH, art. L. 111-6-3.

Code des procédures civiles d'exécution

– Art. L. 411-1 à L. 412-8 (*Expulsion*), **p. 592**.

Code de la santé publique

– Art. L. 1331-1 à L. 1331-32, R. 1331-1 à R. 1331-11-1 *(Salubrité des immeubles et des agglomérations)*, **p. 1574**.
– Art. L. 1334-1 à L. 1334-12 et R. 1334-1 à R. 1334-13 *(Lutte contre la présence de plomb)*, **p. 1602**.
– Art. L. 1334-12-1 à L. 1334-17, R. 1334-14 à R. 1334-29-9 *(Flocages, calorifugeages et faux plafonds)*, et R. 1336-2 à R. 1336-5 *(Exposition à l'amiante dans les immeubles bâtis)*, **p. 1293**.
– Art. L. 1337-2, L. 1337-4, R. 1337-2 à R. 1337-5 *(Dispositions pénales)*, **p. 1585**.

Code du tourisme

– Art. L. 211-24 ss. CCH, art. L. 121-60.

Code des transports (sous-traitance)

– Art. L. 1432-13 ss. L. nº 75-1334 du 31 déc. 1975, art. 1er, **p. 1614**.

1957	4 juill.	Loi nº 57-746. Rendant obligatoire l'installation d'un dispositif d'ouverture automatique dans les immeubles affectés à l'habitation, App., vº *Ouverture automatique des portes*, **p. 1480**.
1962	12 mars	Décret nº 62-273. CPCE (première partie : Législative). – Art. L. 3 et L. 5-10. V. ss. CCH, art. L. 111-6-3.
1966	2 juill.	Loi nº 66-457. Installation d'antennes réceptrices de radiodiffusion, App., vº *Antennes et câbles (Droit à l'antenne et au très haut débit)*, **p. 1307**.
1967	22 déc.	Décret nº 67-1171. Conditions d'application de la loi nº 66-457 du 2 juill. 1966, App., vº *Antennes et câbles (Droit à l'antenne et au très haut débit)*, **p. 1311**.
1970	10 juill.	Loi nº 70-612. Tendant à faciliter la suppression de l'habitat insalubre, App., vº *Salubrité*, **p. 1588**.
1971	16 juill.	Loi nº 71-579. Diverses opérations de construction. – Art. 30 *bis*. V. ss. L. nº 84-595 du 12 juill. 1984, art. 8, App., vº *Location-Accession*, **p. 1452**.
1975	31 déc.	Loi nº 75-1334. Sous-traitance, App., vº *Sous-traitance*, **p. 1614**.

1976	25 août	Arrêté. Répartition des frais d'eau chaude dans les immeubles collectifs. – V. ss. CCH, art. R. 131-10, **p. 734**.
1976	31 déc.	Loi nº 76-1285. Réforme de l'urbanisme. – V. L. nº 70-612 du 10 juill. 1970, art. 14 et 17, App., vº *Salubrité*, **p. 1588**.
1978	3 juill.	Décret nº 78-777. Modifiant et complétant le code de la construction et de l'habitation. – V. CCH, art. R. 351-2, R. 351-16 *bis*, R. 351-29.
1978	29 nov.	Décret nº 78-1132 modifiant le code de la construction et de l'habitation (partie réglementaire) en ce qui concerne les règles générales de construction. – V. CCH, art. *R. 111-11, *R. 111-13, *R. 111-14-1.
1978	7 déc.	Décret nº 78-1146. Agrément des contrôleurs techniques et contrôle technique obligatoire prévus aux art. L. 111-25 et L. 111-26 CCH, tels qu'ils résultent de la loi nº 78-12 du 4 janvier 1978 relative à la responsabilité et à l'assurance dans le domaine de la construction. – V. CCH, art. R. 111-29 à R. 111-42.
1978	29 déc.	Décret nº 78-1307. Complétant le code de la construction et de l'habitation. – V. CCH, art. R. 353-126 à R. 353-152.
1979	3 janv.	Loi nº 79-17. Portant diverses dispositions relatives aux loyers et aux sociétés immobilières conventionnées et modifiant le code de la construction et de l'habitation. – V. CCH, art. L. 251-5, L. 251-8, L. 353-14 à L. 353-18.
1979	7 mars	Décret nº 79-197. Modifiant le code de la construction et de l'habitation et relatif aux organismes d'habitations à loyers modérés. – V. CCH, art. *R. 422-3, R.* 422-7, *R. 422-8, *R. 422-8-1, *R. 422-21.
1979	11 avr.	Décret nº 79-296. Complétant le code de la construction et de l'habitation. – V. CCH, art. R. 351-55 à R. 351-57.
1979	11 avr.	Décret nº 79-297. Complétant le code de la construction et de l'habitation. – V. CCH, art. R. 353-154 à R. 353-165.
1979	11 avr.	Décret nº 79-298. Complétant le code de la construction et de l'habitation. – V. CCH, art. R. 351-58 à R. 351-66.
1979	7 juin	Décret nº 79-444. Complétant le code de la construction et de l'habitation. – V. CCH, art. R. 353-18 et R. 353-19.
1979	20 juin	Décret nº 79-493. Modifiant les art. R. 331-32, R. 331-48 et R. 331-54. – V. CCH, art. R. 331-32, R. 331-48, R. 331-54.
1979	30 juin	Décret nº 79-571. Modifiant le code de la construction et de l'habitation. – V. CCH, art. R. 351-2, R. 351-3.
1979	13 juill.	Loi nº 79-596. Information et protection des emprunteurs dans le domaine immobilier. – Art. 39. – V. CCH, art. L. 261-11 et L. 261-15.
1979	22 août	Décret nº 79-712. Révision du code de la construction et de l'habitation et abrogeant les art. **R. 443-34 à **R. 443-45 CCH. – V. CCH, art. R. 443-35 à R. 443-45.
1979	17 oct.	Décret nº 79-904. Mise à jour du code de la construction et de l'habitation. – V. CCH, art. L. 210-1 et L. 211-1.

1979	17 oct.	Décret nº 79-909. Modifiant l'art. R. 331-58 CCH. - V. CCH, art. R. 331-58.
1979	22 oct.	Décret nº 79-907. Limitation de la température de chauffage. - V. CCH, art. *R. 131-20.
1979	8 nov.	Décret nº 79-953. Modifiant les art. R. 351-13, R. 351-14 et R. 351-29. - V. CCH, art. R. 351-13, R. 351-14, R. 351-29.
1979	20 nov.	Décret nº 79-976. Suppression de l'insalubrité par travaux. - V. CCH, art. R. 523-1 à R. 523-13.
1979	24 déc.	Décret nº 79-1209. Modification de l'art. R. 331-76. - V. CCH, art. R. 331-76.
1979	31 déc.	Décret nº 79-1232. Répartition des frais de chauffage dans les immeubles collectifs. - Art. 1er. - V. CCH, art. R. 131-8.
1980	4 janv.	Loi nº 80-1. Modifiant certaines dispositions du code de la construction et de l'habitation. - V. CCH, art. L. 613-1, L. 613-2, L. 641-11, L. 661-1, L. 661-2.
1980	9 janv.	Décret nº 80-19. Modifiant les art. R. 331-1, R. 331-19 et R. 331-26 CCH. - V. CCH, art. R. 331-1, R. 331-19, R. 331-26.
1980	22 janv.	Décret nº 80-132. Modifiant l'art. R. 331-53. - V. CCH, art. R. 331-53.
1980	5 mars	Décret nº 80-190. Participation des employeurs à l'effort de construction. - V. CCH, art. R. 313-9, R. 313-23, R. 313-25, R. 313-28.
1980	22 avr.	Décret nº 80-301. Modifiant et complétant le code de la construction et de l'habitation et les art. 6 et 7 du décret nº 72-1237 du 29 déc. 1972 en vue d'habiliter des entreprises d'assurance à se porter caution pour les opérations de construction. - V. CCH, art. *R. 213-6, *R. 213-7, *R. 222-8, *R. 222-9, *R. 222-11, R. 231-11, *R. 261-17.
1980	2 juin	Décret nº 80-391. Modifiant le code de la construction et de l'habitation. - V. CCH, art. R. 351-13, R. 351-14, R. 351-27, R. 351-29.
1980	16 juin	Décret nº 80-429. Conventions conclues entre l'État et les bailleurs de logement en application de l'art. L. 351-2 (4º) relatif à des logements faisant l'objet de travaux d'amélioration. - V. CCH, art. R. 353-39, R. 353-41, R. 353-42.
1980	26 juin	Décret nº 80-517. Modifiant le décret nº 75-126 du 5 mars 1975 portant application du titre II de la loi nº 71-579 du 16 juill. 1971 aux sociétés constituées avant le 31 déc. 1972 en vue de l'attribution d'immeubles aux associés par fractions divises, et le code de la construction et de l'habitation. - V. CCH, art. *R. 212-17.
1980	4 juill.	Loi nº 80-502. D'orientation agricole. - Art. 75. - V. CCH, art. L. 112-16.
1980	4 août	Décret nº 80-637. Modifiant le code de la construction et de l'habitation (partie réglementaire) en vue de rendre accessibles et adaptables aux personnes handicapées à mobilité réduite les bâtiments d'habitation collectifs neufs et les logements qu'ils contiennent. - V. CCH, art. R. 111-18, R. 111-18-1 à R. 111-18-3.

1980	16 déc.	Décret n° 80-1031. Épargne-logement. – V. CCH, art. *R. 315-23, *R. 315-31, *R. 315-40, R. 315-41-1, *R. 315-44 à *R. 315-68.
1981	2 janv.	Loi n° 81-1. Facilitant le crédit aux entreprises. – V. L. n° 75-1334 du 31 déc. 1975, art. 13-1, App., v° *Sous-traitance*, **p. 1616**.
1981	4 févr.	Décret n° 81-103. Conventions conclues entre l'État et les sociétés d'économie mixte ayant pour objet statutaire la rénovation urbaine et la restauration immobilière. – V. CCH, art. R. 353-189 à R. 353-199.
1981	20 févr.	Décret n° 81-166. Modifiant l'intitulé de la section I du chapitre Ier du titre III du livre IV (deuxième partie) du code de la construction et de l'habitation et des art. R. 431-1 et R. 431-2. – V. CCH, art. R. 431-1, R. 431-2.
1981	12 mai	Décret n° 81-540. Application des art. 2 et 4 à 7 de la loi n° 81-64 du 28 janv. 1981 relative au travail à temps partiel. – V. CCH, art. R. 313-1.
1981	29 juin	Décret n° 81-677. Modifiant le code de la construction et de l'habitation. – V. CCH, art. R. 351-1-1, R. 351-2, R. 351-5, R. 351-10, R. 351-17 et R. 351-17-1, R. 351-20-1.
1981	21 juill.	Décret n° 81-717. Agrément donné aux sociétés anonymes d'habitations à loyer modéré pour la réalisation d'opérations d'aménagement et modification des art. R. 422-4 et R. 422-5. – V. CCH, art. *R. 422-4, *R. 422-5.
1981	30 déc.	Loi n° 81-1160. De finances pour 1982. – Art. 115. – V. CCH, art. L. 432-5, L. 472-1-1, L. 472-2.
1981	30 déc.	Loi n° 81-1161. Modération des loyers. – Art. 9. – V. CCH, art. L. 353-15, L. 442-3.
1981	31 déc.	Décret n° 81-1231. Modification des art. R. 331-37 et R. 331-56. – V. CCH, art. R. 331-37, R. 331-56.
1982	26 janv.	Décret n° 82-90. Prêts conventionnés et modifiant les art. R. 331-63, R. 331-66. – V. CCH, art. R. 331-63, R. 331-66.
1982	22 juin	Loi n° 82-526. Droits et obligations des locataires et des bailleurs. – Art. 80. – V. CCH, art. L. 442-8-3.
1982	13 août	Décret n° 82-715. Modification du code de la construction et de l'habitation. – V. CCH, art. R. 351-7-1, R. 351-21-1 et R. 351-62-1.
1982	15 oct.	Décret n° 82-884. Modification de l'art. R. 431-31. – V. CCH, art. R. 431-31.
1982	9 nov.	Décret n° 82-955. Pris en application de l'art. L. 442-3 CCH et fixant la liste des charges récupérables. – V. App., v° *Charges récupérables*, **p. 1332**.
1982	30 déc.	Décret n° 82-1224. Caractéristiques des prêts aidés par l'État pour la construction, l'acquisition et l'amélioration des logements en accession à la propriété à compter du 1er janvier 1983. – Art. 1er. – V. ss. CCH, art. R. 331-54.

1983	7 janv.	Loi n° 83-8. Répartition de compétences entre les communes, les départements, les régions et l'État. – Art. 76, 77, 78 et 80. – V. App., v° *Pauvreté et exclusion*, **p. 1494**.
1983	7 mars	Décret n° 83-176. Pris pour l'application en matière d'aide personnalisée au logement des dispositions de l'art. 28 de la loi n° 83-25 du 19 janv. 1983 portant diverses mesures relatives à la sécurité sociale et modifiant le code de la construction et de l'habitation. – V. CCH, art. R. 351-4, R. 351-10 et R. 351-11, [*R. 351-15*], R. 351-16, R. 351-17-1.
1983	7 avr.	Décret n° 83-292. Modification des dispositions relatives au préfinancement définies aux art. R. 331-57 à R. 331-59 CCH. – V. CCH, art. R. 331-57 à R. 331-59.
1983	2 juin	Loi n° 83-440. Donnant force de loi à la première partie (législative) du code de la construction et de l'habitation et modifiant certaines dispositions de ce code : – V. CCH, art. L. 242-3, L. 251-9, L. 301-4, L. 301-5, L. 312-3, L. 312-4-1, L. 312-5, L. 312-5-2, L. 312-6, L. 315-5, L. 315-7, L. 315-8 à L. 315-18, L. 315-19, L. 315-27, L. 315-29, L. 315-30, L. 315-32, L. 353-15, L. 371-3, L. 431-4, L. 431-5, L. 432-1, L. 442-3, L. 442-7, L. 443-9, L. 461-1, L. 461-2, L. 511-2, L. 621-3, L. 621-4, L. 651-6. – Art. 6, V. Avertissement, **p. VII**.
1983	8 juin	Décret n° 83-465. Conseil national de l'habitat. – V. CCH, art. R. 361-1 à R. 361-20.
1983	11 juin	Décret n° 83-488. Modification du code de la construction et de l'habitation en ce qui concerne l'épargne-logement. – V. CCH, art. *R. 315-32, *R. 315-40, R. 315-40-1.
1983	14 juin	Décret n° 83-510. Modification de l'art. R. 111-4 CCH. – V. CCH, art. *R. 111-4.
1983	5 juill.	Décret n° 83-594. Conditions d'octroi de prêts aidés par l'État pour la construction, l'acquisition et l'amélioration des logements en accession à la propriété. – V. CCH, art. R. 331-41, R. 331-47, R. 331-59-1 à R. 331-59-7.
1983	5 juill.	Décret n° 83-595. Prêts conventionnés et modifiant l'art. R. 331-63 CCH. – V. CCH, art. R. 331-63.
1983	5 juill.	Décret n° 83-596. Travaux d'économies d'énergie et financés par prêt conventionné. – V. CCH, art. R. 331-63, R. 331-66.
1983	20 juill.	Loi n° 83-657. Développement de certaines activités d'économie sociale. – Art. 64 à 66. – V. CCH, art. L. 422-3-1, L. 422-14, L. 422-15.
1983	5 août	Décret n° 83-754. Organismes privés d'habitations à loyer modéré. – V. CCH, art. *R. 422-2, R. 422-14, *R. 422-38.
1983	3 oct.	Décret n° 83-907. Modification des art. R. 322-15, R. 323-6, R. 323-7, R. 331-14 du code de la construction et de l'habitation. – V. CCH, art. R. 322-15, R. 323-6, R. 323-7, R. 331-14.

1983	2 nov.	Loi nº 83-953. Vente des logements appartenant à des organismes d'habitations à loyer modéré. – V. CCH, art. L. 423-1 à L. 423-8, L. 443-7 à L. 443-15-2.
1983	22 nov.	Décret nº 83-1001. Conventions conclues en application de l'art. L. 351-2 (3º) entre l'État et les personnes physiques ou morales bénéficiaires de prêts prévus par la sous-section 4 *bis*, section II, chapitre Ier, titre III, livre III. – V. CCH, art. R. 353-200 à R. 353-214.
1983	6 déc.	Décret nº 83-1041. Modification de l'art. R. 331-53 CCH. – V. CCH, art. R. 331-53.
1984	4 janv.	Décret nº 84-12. Complétant le code de la construction et de l'habitation. – V. CCH, art. R. 351-1.
1984	24 janv.	Loi nº 84-46. Activité et contrôle des établissements de crédit. Art. 94-VIII. – V. CCH, art. L. 312-2, L. 422-5, L. 423-3, L. 451-1.
1984	25 janv.	Décret nº 84-68. Modification des art. *R. 111-2 et *R. 111-10 CCH en ce qui concerne la surface habitable et les ouvertures sur l'extérieur des pièces principales des logements. – V. CCH, art. *R. 111-2, *R. 111-10.
1984	26 janv.	Loi nº 84-46. Activité et contrôle des établissements de crédit. – V. L. nº 75-1334 du 31 déc. 1975, art. 13-1, App., vº *Sous-traitance*, **p. 1616**.
1984	27 avr.	Décret nº 84-316. Caractéristiques des prêts aidés par l'État pour la construction de logements en accession à la propriété. – V. CCH, art. R. 331-54, R. 331-54-1.
1984	27 avr.	Décret nº 84-317. Prêts conventionnés et modifiant les art. R. 331-64 et R. 331-67 CCH. – V. CCH, art. R. 331-64, R. 331-67.
1984	12 juill.	Loi nº 84-595. Définissant la location-accession à la propriété, App., vº *Location-Accession*, **p. 1450** : – V. CCH, art. L. 351-2, L. 351-3. – Art. 38. – V. L. nº 71-579 du 16 juill. 1971, art. 30 *bis*, ss. L. nº 84-595 du 12 juill. 1984, art. 8, App., vº *Location-Accession*, **p. 1373**.
1984	13 juill.	Loi nº 84-601. Révision du prix des contrats de construction d'une maison individuelle et de vente d'immeuble à construire. – V. CCH, art. L. 261-11-1.
1984	17 juill.	Décret nº 84-668. Conventions conclues en application de l'article L. 351-2 (3º) entre l'État et les personnes physiques mentionnées à l'article R. 331-41 (3º). – V. CCH, art. R. 353-166 à R. 353-178.
1984	17 juill.	Décret nº 84-703. Prêt conventionné pour les travaux d'agrandissement de logements existants. – V. CCH, art. R. 331-63 (1c).
1984	6 août	Décret nº 84-755. Modification de l'art. R. 331-53 CCH. – V. CCH, art. R. 331-53.
1984	16 août	Décret nº 84-786. Attribution des prêts aidés par l'État. – V. CCH, R. 331-4, R. 331-37, R. 331-43, R. 331-48, R. 331-56, R. 331-59.
1984	25 oct.	Décret nº 84-949. Participation des employeurs à l'effort de construction. – V. CCH, art. R. 313-9, R. 313-38, R. 313-39.

1984	25 oct.	Décret nº 84-950. Prêts aidés en accession à la propriété et modifiant les articles R. 331-53, R. 331-56 et R. 331-59 CCH. – V. CCH, art. R. 331-32, R. 331-53, R. 331-56, R. 331-59.
1984	25 oct.	Décret nº 84-951. Financement de la construction ou de l'acquisition suivie de l'amélioration de logements locatifs. – V. CCH, art. R. 331-78 à R. 331-81, R. 331-83, R. 331-84.
1984	4 déc.	Décret nº 84-1081. Conditions d'octroi des prêts aidés par l'État pour les opérations de location-accession à la propriété immobilière. – V. CCH, art. R. 331-59-8 à R. 331-59-17.
1984	21 déc.	Décret nº 84-1160. Conditions d'octroi de l'aide personnalisée au logement pour les opérations de location-accession à la propriété immobilière financées à l'aide de prêts aidés à l'accession à la propriété. – V. CCH, art. R. 351-1, R. 351-2-1, R. 351-16 *bis*, R. 351-21, R. 351-27, R. 351-28.
1985	8 mars	Décret nº 85-325. Prêts conventionnés et modifiant les art. R. 331-63, R. 331-64, R. 331-66, R. 331-69 et 331-76 CCH. – V. CCH, art. R. 331-63, R. 331-64, R. 331-66.
1985	16 avr.	Décret nº 85-434. Conditions d'octroi des prêts conventionnés pour les opérations de location-accession à la propriété immobilière. – V. CCH, art. R. 323-12, R. 323-20, R. 323-21 à R. 323-30, R. 331-76-1 à R. 331-76-5.
1985	16 avr.	Décret nº 85-435. Attribution de subventions pour certains travaux d'amélioration de l'habitat. – V. CCH, art. R. 323-20, R. 323-21 à R. 323-30.
1985	15 mai	Décret nº 85-534. Application de l'art. 15 de la loi nº 84-595 du 12 juill. 1984 définissant la location-accession à la propriété immobilière. – V. App., vº *Location-Accession*, **p. 1458**.
1985	21 mai	Loi nº 85-536. Aménagement d'aides au logement. – V. CCH, art. L. 315-1, L. 315-2.
1985	5 juin	Décret nº 85-592. Primes de l'État pour l'amélioration de l'habitat autre que locatif. – V. CCH, art. R. 322-7, R. 322-13, R. 322-16.
1985	26 juin	Décret nº 85-638. Épargne-logement. – V. CCH, art. *R. 315-8, *R. 315-11, *R. 315-13, *R. 315-35.
1985	26 juin	Arrêté. Modalités de délivrance de l'agrément des organismes visés à l'article 17 de la loi nº 84-595 du 12 juillet 1984 définissant la location-accession à la propriété immobilière. – V. App., vº *Location-Accession*, **p. 1458**.
1985	11 juill.	Loi nº 85-695. Dispositions d'ordre économique et financier. – Art. 21. – V. CCH, art. L. 431-1, L. 431-3, L. 431-6, L. 432-6, L. 451-3 à L. 451-5, L. 472-1-1.
1985	12 juill.	Loi nº 85-704. Maîtrise d'ouvrage publique et à ses rapports avec la maîtrise d'œuvre privée. – V. App., vº *Maîtrise d'ouvrage publique*, **p. 1462**.

1985	18 juill.	Loi nº 85-729. Définition et mise en œuvre de principes d'aménagement. – Art. 29 à 31 et 33. – V. CCH, art. L. 152-1, L. 411-1, L. 422-2, L. 422-3.
1985	29 juill.	Décret nº 85-828. Révision du prix du contrat de vente d'immeuble à construire. – V. CCH, art. *R. 261-15, *R. 261-26.
1985	29 juill.	Décret nº 85-829. Portant application des art. L. 231-1-1 et L. 231-1-2 du CCH et relatif à la révision du prix du contrat de construction d'une maison individuelle. – V. CCH, art. R. 231-4, R. 231-5.
1985	31 juill.	Arrêté. Indemnités pouvant être allouées aux administrateurs des OPHLM. – V. ss. CCH, art. R. 421-56.
1985	7 août	Décret nº 85-839. Prêts aidés en accession à la propriété et modifiant l'art. R. 331-53 CCH. – V. CCH, art. mod.
1985	30 août	Décret nº 85-932. Complétant et modifiant le code de la construction et de l'habitation. – V. CCH, art. R. 351-2-1, R. 351-5, R. 351-6, R. 351-7, R. 351-10, R. 351-12, R. 351-13, R. 351-14, R. 351-16 *bis*, R. 351-19, R. 351-21, R. 351-61, R. 351-62.
1985	30 août	Décret nº 85-933. Caractéristiques des prêts conventionnés des banques et établissements financiers, pour la construction, l'acquisition et l'amélioration des logements. – V. CCH, art. R. 331-75.
1985	5 sept.	Décret nº 85-943. Modification du code de la construction et de l'habitation pour l'application de l'art. 30 *bis* de la loi nº 71-579 du 16 juill. 1971 relative à diverses opérations de construction. – V. CCH, art. R. 210-1, R. 213-17-1 à R. 213-17-3.
1985	12 sept.	Décret nº 85-977. Modification du code de la construction et de l'habitation. – V. CCH, art. R. 351-56.
1985	19 sept.	Décret nº 85-1004. Abrogation des art. *R. 311-16, R. 322-12, *R. 331-12 et *R. 331-45 du CCH et modification de l'art. *R. 311-58 de ce code. – V. CCH, art. *R. 311-16, R. 322-12, R. 331-12, R. 331-45.
1985	5 nov.	Décret nº 85-1232. Conventions conclues, en application de l'article L. 351-2 entre l'État et les organismes d'habitations à loyer modéré signataires d'un contrat-cadre ayant pour objet la définition d'une nouvelle politique des loyers. – V. ss. CCH, art. L. 351-2.
1985	30 déc.	Décret nº 85-1449. Organisation et fonctionnement de la caisse de garantie du logement social. – V. CCH, art. R. 431-30 à R. 431-38.
1986	6 janv.	Loi nº 86-13. Diverses simplifications administratives en matière d'urbanisme et diverses dispositions concernant le bâtiment. – V. L. nº 75-1334 du 31 déc. 1975, art. 14-1. – V. App., vº *Sous-traitance*, **p. 1617**.
1986	6 janv.	Loi nº 86-18. Sociétés d'attribution d'immeubles en jouissance à temps partagé, App., vº *Jouissance d'immeuble à temps partagé*, **p. 1441**. – V. CCH, art. L. 241-3.
1986	21 janv.	Décret nº 86-108. Participation des employeurs à l'effort de construction. – V. CCH, art. R. 313-9, R. 313-34, R. 313-35.

1986	30 janv.	Décret nº 86-165. Portant application de l'art. L. 422-3-1 CCH et relatif à la garantie des sociétés anonymes coopératives de production d'habitations à loyer modéré pour l'acquisition des locaux non vendus. – V. CCH, art. R. 422-3-1 à R. 422-3-4 [devenus R. 422-9-2 à R. 422-9-5].
1986	5 févr.	Décret nº 86-172. Prêts conventionnés régis par la section III du titre III du livre III du code de la construction et de l'habitation, – V. App., vº *Prêts conventionnés,* **p. 1511**.
1986	10 mars	Décret nº 86-341. Modification du code de la construction et de l'habitation. – V. CCH, art. *R. 111-16, *R. 111-16-1.
1986	20 août	Décret nº 86-974. Subvention de l'État en application de l'art. L. 351-2 (3º). – V. CCH, art. R. 323-1, R. 323-3, R. 323-6, R. 323-7.
1986	22 août	Décret nº 86-982. Complétant et modifiant le code de la construction et de l'habitation. – V. CCH, art. R. 351-7-2, R. 351-9, R. 351-21, R. 351-30, R. 351-37, R. 351-48, R. 351-49, R. 351-52, R. 351-64.
1986	30 sept.	Loi nº 86-1067. Liberté de communication : – Art. 86. – V. CCH, art. L. 112-12. – Art. 34 et 34-1, **p. 1314**.
1986	23 déc.	Loi nº 86-1290. Tendant à favoriser l'investissement locatif, l'accession à la propriété de logements sociaux et le développement de l'offre foncière : – Art. 36 et 74 à 80. – V. CCH, art. L. 411-1, L. 422-5, L. 431-1, L. 442-1-1, L. 442-1-2, L. 442-5, L. 442-10. – Art. 41 à 57 A, 61 à 63 et 73-III. – V. App., vº *Rapports locatifs,* **p. 1518** ; CCH, art. L. 443-7 à L. 443-15-5.
1986	30 déc.	Décret nº 86-1364. Prêts conventionnés. – V. CCH, art. R. 331-63, R. 331-66.
1987	6 mars	Décret nº 87-149. Conditions minimales de confort et d'habitabilité auxquelles doivent répondre les locaux mis en location. – V. App., vº *Normes minimales de confort et d'habitabilité,* **p. 1476**.
1987	1er juill.	Décret nº 87-477. Cessions, transformations d'usage et démolitions d'éléments du patrimoine immobilier des organismes d'habitations à loyer modéré. – V. ss. CCH, art. L. 443-15-5, art. R. 443-10 à R. 443-17.
1987	20 juill.	Décret nº 87-562. Prêts aidés par l'État pour la construction de logements en accession à la propriété. – V. CCH, art. R. 331-54-1.
1987	14 août	Décret nº 87-669. Modifiant et complétant le code de la construction et de l'habitation. – V. CCH, art. R. 351-7-1, R. 351-19, R. 351-21-2, R. 351-21-3, R. 351-23, R. 351-61.
1987	24 déc.	Décret nº 87-1112. Subventions et prêts pour la construction, l'acquisition et l'amélioration de logements locatifs aidés. – V. CCH, art. R. 331-1 à R. 331-16, R. 331-25, R. 331-28.
1987	24 déc.	Décret nº 87-1113. Subventions à l'amélioration des logements locatifs sociaux. – V. CCH, art. R. 323-1 à R. 323-12.

1987	31 déc.	Loi nº 87-1128. Modification de l'art. L. 313-1 CCH et création de l'Agence nationale pour la participation des employeurs à l'effort de construction. – V. CCH, art. L. 313-8, L. 313-10 à L. 313-17.
1988	29 févr.	Décret nº 88-199. Titres de préfet et de sous-préfet. – Art. 1er. – V. Avertissement, **p. VII**.
1988	28 mars	Décret nº 88-313. Organisation et fonctionnement de l'Agence nationale pour la participation des employeurs à l'effort de construction. – V. CCH, art. R. 313-21, R. 313-22, R. 313-27 à R. 313-30, R. 313-35.
1988	5 avr.	Décret nº 88-319. Modification des art. R. 111-6 et R. 111-7 relatifs aux équipements et aux caractéristiques thermiques des bâtiments d'habitation. – V. CCH, ancien art. R. 111-6.
1988	12 avr.	Décret nº 88-355. Modification des art. R. 131-15 à R. 131-17 CCH relatifs aux caractéristiques thermiques des bâtiments et de leurs équipements. – V. CCH, art. R. 131-15 à R. 131-17.
1988	3 mai	Décret nº 88-516. Modifiant et complétant le code de la construction et de l'habitation. – V. CCH, art. R. 351-6, R. 351-10.
1988	10 oct.	Décret nº 88-966. Aide personnalisée au logement. – V. CCH, art. R. 351-1, R. 351-13, R. 351-19, R. 351-23, R. 351-61, R. 351-62-1.
1988	1er déc.	Loi nº 88-1090. Modification de la loi nº 85-704 du 12 juill. 1985. – V. L. mod., art. 1er, 10, 11, 12 à 16 et 18, App., vº *Maîtrise d'ouvrage publique*, **p. 1462**.
1988	14 déc.	Décret nº 88-1118. Conditions particulières d'attribution de l'aide personnalisée au logement. – V. CCH, art. R. 351-14.
1989	13 janv.	Loi nº 89-18. Diverses mesures d'ordre social. – V. CCH, art. L. 442-10.
1989	23 juin	Loi nº 89-421. Information et protection des consommateurs ainsi que diverses pratiques commerciales. – V. CCH, art. L. 125-2 à L. 125-5, L. 152-1.
1989	6 juill.	Loi nº 89-462. Tendant à améliorer les rapports locatifs et portant modification de la loi nº 86-1290 du 23 déc. 1986 : – Art. 40 et 41. – V. App., vº *Rapports locatifs* **p. 1518**. – V. L. nº 86-1290 du 23 déc. 1986, art. 41 *bis*, 41 *ter*, 42 à 44, 46 à 50, 54, 57 A, 57, App., vº *Rapports locatifs*, **p. 1513**.
1989	10 juill.	Loi nº 89-475. Accueil par des particuliers, à leur domicile, à titre onéreux, de personnes âgées ou handicapées adultes. – V. CCH, art. L. 351-15.
1989	26 sept.	Décret nº 89-700. Garanties du contrat de construction d'une maison individuelle. – V. CCH, art. R. 231-6, R. 231-8, R. 231-10, R. 231-11.
1989	15 nov.	Décret nº 89-843. Modification du code de la construction et de l'habitation. – V. CCH, art. R. 351-7-1, R. 351-18, R. 351-19, R. 351-61.

1989	22 déc.	Décret nº 89-992. Modification du décret nº 85-1459 du 30 déc. 1985 relatif aux contributions des régimes de prestations familiales et du Fonds national d'aide au logement au Fonds national de l'habitation. – V. texte modifié ss. CCH, art. R. 351-44.
1989	29 déc.	Décret nº 89-989. Peines d'amende applicables à certaines contraventions de police. – V. CCH, art. R. 152-1 à R. 152-6.
1989	31 déc.	Loi nº 89-1014. Portant adaptation du code des assurances à l'ouverture du marché européen. – V. C. assur., art. L. 431-14, App., vº *Assurances*, **p. 1316**.
1990	26 janv.	Décret nº 90-101. Modalités d'application et d'entrée en vigueur du décret nº 90-100 du 26 janv. 1990 modifiant le code de la construction et de l'habitation et relatif aux règles de gestion des organismes collecteurs mentionnés à l'art. R. 313-9 (2º, *a*) du même code et relatif aux règles de provisions applicables à ces organismes. – V. App., vº *Participation des employeurs à l'effort de construction*, **p. 1488**.
1990	16 févr.	Décret nº 90-150. Prêts aidés par l'État pour la construction, l'acquisition et l'amélioration des logements en accession à la propriété. – V. CCH, art. R. 331-53, R. 331-53-1, R. 331-59-6.
1990	16 févr.	Décret nº 90-151. Subventions et prêts pour la construction, l'acquisition et l'amélioration des logements locatifs aidés. – V. CCH, art. R. 331-8, R. 331-12, R. 331-14.
1990	16 févr.	Décret nº 90-152. Subventions à l'amélioration des logements locatifs sociaux. – V. CCH, art. R. 323-1.
1990	11 mai	Décret nº 90-392. Clauses statutaires types applicables aux associations mentionnées à l'art. R. 313-9 (2º, *a*). – V. App., vº *Participation des employeurs à l'effort de construction*, **p. 1481**.
1990	31 mai	Loi nº 90-449. Visant à la mise en œuvre du droit au logement. – Art. 1er à 8 et 28. – V. App., vº *Droit au logement*, **p. 1390**. – V. CCH, art. L. 252-1 à L. 252-4, L. 351-2, L. 353-19, L. 442-10, L. 481-3, L. 613-1, L. 613-3.
1990	5 juill.	Décret nº 90-567. Portes automatiques de garage. – V. CCH, art. *R. 125-3-1 à R. 125-5.
1990	18 juill.	Décret nº 90-635 modifiant le code de la construction et de l'habitation en vue de l'application de la loi nº 89-475 du 10 juill. 1989 relative à l'accueil par des particuliers, à leur domicile, à titre onéreux, de personnes âgées ou handicapées adultes. – V. CCH, art. R. 322-16 *bis*, R. 331-35, R. 331-41 *bis*, R. 331-66, R. 331-70, R. 351-17, R. 351-27, R. 353-37, R. 353-96, R. 353-131, R. 353-168, R. 353-202.
1990	28 sept.	Décret nº 90-880. Modification du code de la construction et de l'habitation. – V. CCH, art. R. 351-5, R. 351-8, R. 351-13-1, R. 351-27, R. 351-30, R. 351-31, R. 351-46, R. 351-48, R. 351-64.
1990	1er oct.	Décret nº 90-906. Modification du code de la construction et de l'habitation. – V. CCH, art. R. 351-58, R. 351-60, R. 351-61-1, R. 351-62-1 et R. 351-62-2.

1990	19 déc.	Loi n° 90-1129. Contrat de construction d'une maison individuelle. – V. CCH, art. L. 111-18, L. 230-1 à L. 232-2, L. 241-1, L. 241-3, L. 241-8, L. 241-9, L. 242-2, L. 281-1.
1990	29 déc.	Loi n° 90-1170. Réglementation des télécommunications. – Art. 25. – V. L. n° 66-457 du 2 juill. 1966, art. 2, App., v° *Antennes et câbles (droit à l'antenne et au très haut débit)*, **p. 1310**.
1991	29 janv.	Décret n° 91-114. Prêts aidés par l'État pour la construction, l'acquisition et l'amélioration des logements en accession à la propriété. – V. CCH, art. R. 331-54.
1991	12 févr.	Décret n° 91-162. Conseils départementaux de l'habitat dans les départements d'outre-mer. – V. CCH, art. R. 371-1 à R. 371-7.
1991	23 avr.	Décret n° 91-385. Portant application de la loi n° 86-1290 du 23 déc. 1986 et modifiant le code de la construction et de l'habitation. – V. CCH, art. *R. 422-1, *R. 422-2, R. 422-3, *R. 422-8-1, R. 422-16, R. 422-31, R. 422-32, R. 422-33, *R. 422-37, *R. 422-38, R. 423-75, *R. 441-32 à *R. 441-38.
1991	10 mai	Décret n° 91-452. Prêts aidés par l'État pour la construction, l'acquisition et l'amélioration des logements en accession à la propriété. – V. CCH, art. R. 331-47.
1991	15 mai	Loi n° 91-457. Sociétés anonymes de crédit immobilier. – V. CCH, art. L. 351-2, L. 422-11, L. 451-1.
1991	13 juill.	Loi n° 91-662. Orientation pour la ville, App., v° *Ville, (loi d'orientation pour la ville)*, **p. 1618** : – Art. 1er à 4, 15 et 47. – V. App., v° *Ville (loi d'orientation pour la ville)*, **p. 1619**. – Art. 12 à 14, 21 et 41. – V. CCH, art. L. 302-1 à L. 302-3, L. 312-5-1, L. 303-1, L. 422-5-1, L. 422-6 et L. 422-8. – Art. 18 et 19. – V. L. n° 85-704 du 12 juill. 1985, art. 1er, App., v° *Maîtrise d'ouvrage publique*, **p. 1462**.
1991	13 juill.	Loi n° 91-663. Diverses mesures destinées à favoriser l'accessibilité aux personnes handicapées des locaux d'habitation, des lieux de travail et des installations recevant du public. – V. CCH, art. L. 111-8-3 à L. 111-8-4, L. 125-2 et L. 301-6.
1991	30 sept.	Décret n° 91-999. Répartition des frais de chauffage dans les immeubles collectifs. – V. CCH, art. R. 131-2 à R. 131-7
1991	30 sept.	Arrêté. Répartition des frais de chauffage dans les immeubles collectifs. – V. App., v° *Énergie (chauffage)*, **p. 1414**.
1991	30 sept.	Décret n° 91-1017. Prêts aidés par l'État pour la construction, l'acquisition et l'amélioration des logements en accession à la propriété. – V. CCH, art. R. 331-40 et R. 331-41.
1991	25 oct.	Décret n° 91-1111. Prêts conventionnés. – V. CCH, art. R. 331-63, R. 331-66, R. 331-67, R. 331-76, R. 331-76-1, R. 331-76-2 et R. 331-76-3.
1991	30 oct.	Décret n° 91-1136. Subventions à l'amélioration des logements locatifs sociaux. – V. CCH, art. R. 323-6.

1991	18 nov.	Décret nº 91-1178. Aide personnalisée au logement. – V. CCH, art. et R. 351-8.
1991	27 nov.	Décret nº 91-1201. Application de la loi nº 90-1129 du 19 déc. 1990 relative au contrat de construction d'une maison individuelle. – V. CCH, art. R. 231-1 à R. 231-13, R. 232-1 à R. 232-7 (et Annexe).
1991	27 nov.	Décret nº 91-1202. Seuil minimum des pénalités forfaitaires applicables au contrat de construction d'une maison individuelle. – V. CCH, art. R. 231-14 et R. 232-7.
1991	27 nov.	Arrêté. Fixant la notice descriptive prévue par les art. R. 231-4 et R. 232-4. – V. App., vº *Maison individuelle (notice descriptive)*, **p. 1460.**
1992	14 janv.	Décret nº 92-54. Clauses types des organismes collecteurs mentionnés à l'art. R. 313-9 (2º, *a*). – V. Décr. nº 90-392 du 11 mai 1990 (Annexe), App., vº *Participation des employeurs à l'effort de construction*, **p. 1482.**
1992	16 mars	Décret nº 92-240. Participation des employeurs à l'effort de construction. – V. CCH, art. R. 313-9, R. 313-23, R. 313-28, R. 313-34, R. 313-37 et R. 313-42.
1992	17 mars	Décret nº 92-245. Compétences des cours administratives d'appel. – Art. 1er. – V. App., vº *Procédures et voies d'exécution*, **p. 1512.**
1992	1er avr.	Décret nº 92-358. Plans d'épargne-logement. – V. CCH, art. *R. 315-2 à *R. 315-4, *R. 315-7, *R. 315-8, *R. 315-11, *R. 315-12, *R. 315-16, *R. 315-27, *R. 315-28, *R. 315-29.
1992	22 mai	Décret nº 92-459. Application des art. 13 et 15 de la loi d'orientation pour la ville (nº 91-662 du 13 juill. 1991) relatifs aux programmes locaux de l'habitat. – V. CCH, art. R. 302-2 à R. 302-4, R. 302-6 à R. 302-10, R. 302-13.
1992	15 juin	Décret nº 92-529. Application de la loi nº 91-457 du 15 mai 1991 relative aux sociétés anonymes de crédit immobilier et modifiant le livre IV du code de la construction et de l'habitation. – V. CCH, art. R. 362-2, R. 422-15, R. 423-68, R. 423-75 et R. 423-75-1.
1992	13 juill.	Loi nº 92-643. Modernisation des entreprises coopératives. – V. CCH, art. L. 422-3, L. 422-12 à L. 422-14, L. 443-6.
1992	13 juill.	Loi nº 92-653. Installation de réseaux de distribution par câble de services de radiodiffusion sonore et de télévision. – V. L. nº 66-457 du 2 juill. 1966, art. 1er, App., vº *Antennes et câble (droit à l'antenne et au très haut débit)*, **p. 1307.**
1992	16 juill.	Loi nº 92-665. Adaptation au marché unique européen de la législation applicable en matière d'assurance et de crédit. – V. CCH, art. L. 443-2, L. 443-3 et L. 443-17.
1992	29 juill.	Décret nº 92-726. Application des art. 37, 38 et 41 de la loi d'orientation pour la ville (nº 91-662 du 13 juill. 1991). – V. CCH, art. *R. 422-1, R. 422-2, *R. 422-4, R. 422-9-1, R. 481-1, R. 481-2.
1992	28 sept.	Décret nº 92-1048. Aide personnalisée au logement. – V. CCH, art. R. 351-1, R. 351-13, R. 351-30, R. 351-37, R. 351-64.

1992	16 déc.	Loi nº 92-1336. Entrée en vigueur du Nouveau Code pénal et à la modification de certaines dispositions de droit pénal et de procédure pénale rendue nécessaire par cette entrée en vigueur : – Art. 148 à 152 et 373. – V. CCH, art. L. 152-10, L. 261-2, L. 311-6, L. 651-1 et ss. L. 651-1. – Art. 322. – V. L. nº 86-18 du 6 janv. 1986, art. 22, App., vº *Jouissance d'immeuble à temps partagé*, **p. 1446**.
1992	30 déc.	Loi nº 92-1376. De finances pour 1993. – Art. 125. – V. CCH, art. L. 312-1.
1992	31 déc.	Loi nº 92-1444. Lutte contre le bruit. – Art. 14. – V. CCH, art. L. 111-11, L. 111-11-1 et L. 111-11-2.
1993	4 janv.	Loi nº 93-1. Portant diverses dispositions relatives aux DOM, aux TOM et à Mayotte et Saint-Pierre-et-Miquelon. – V. L. nº 66-457 du 2 juill. 1966, art. 7, App., vº *Antennes et câble (droit à l'antenne et au très haut débit)*, **p. 1311**.
1993	13 janv.	Décret nº 93-47. Modification du décret nº 85-1459 du 30 déc. 1985 modifié relatif aux contributions des régimes de prestations familiales et du Fonds national d'aide au logement au Fonds national de l'habitation. – V. ss. CCH, art. R. 351-44.
1993	20 janv.	Décret nº 93-98. Subventions à l'amélioration des logements locatifs sociaux. – V. CCH, art. R. 323-6.
1993	29 janv.	Loi nº 93-122. Prévention de la corruption et transparence de la vie économique et des procédures publiques. – V. CCH, L. 423-4 et L. 423-5.
1993	29 janv.	Décret nº 93-141. Clauses statutaires types applicables aux associations mentionnées à l'art. R. 313-9 (2º, *a*). – V. Annexe au décret nº 90-392 du 11 mai 1990, App., vº *Participation des employeurs à l'effort de construction*, **p. 1482**.
1993	18 mars	Décret. Modalités d'octroi de la garantie de l'État au titre du Fonds de garantie de l'accession sociale de la propriété et modifiant la section 3 du titre III du livre III du code de la construction et de l'habitation relative aux prêts conventionnés. – V. CCH, art. R. 312-3-1 à R. 312-3-3, R. 331-63, R. 331-64, R. 331-66, R. 331-67, R. 331-71, R. 331-74, R. 331-76.
1993	26 mars	Décret nº 93-613. Modification de l'art. R 111-14. – V. CCH, art. *R. 111-14.
1993	27 mars	Décret nº 93-533. Modification du décret nº 67-1171 du 22 déc. 1967 fixant les conditions d'application de la loi nº 66-457 du 2 juill. 1966 modifiée relative à l'installation d'antennes réceptrices de radiodiffusion. – V. Décr. nº 67-1171 du 22 déc. 1967, art. 1er et 2, App., vº *Antennes et câble (droit à l'antenne et au très haut débit)*, **p. 1311**.
1993	27 mars	Décret nº 93-590. Épargne-logement. – V. CCH, art. *R. 315-12, *R. 315-27.
1993	27 mars	Décret nº 93-619. Modalités de gestion des prêts contractés par les organismes d'HLM. – V. CCH, art. R. 431-63.

1993	27 mars	Décret nº 93-746. Application de l'art. L. 433-1. – V. CCH, art. R. 433-20 à R. 433-48, R. 481-3.
1993	27 mars	Décret nº 93-747. Application des art. L. 423-4 et L. 423-5 aux sociétés anonymes d'HLM et aux sociétés anonymes de crédit immobilier. – V. CCH, art. *R. 422-1, R. 422-14 et R. 423-75.
1993	27 mars	Décret nº 93-748. Modification du chapitre III du titre Ier du livre III du code de la construction et de l'habitation (partie réglementaire). – V. CCH, art. R. 313-9, R. 313-21, R. 313-22, R. 313-34.
1993	27 mars	Décret nº 93-749. Application de la loi nº 92-643 du 13 juill. 1992 modifiant la loi nº 47-1775 du 10 sept. 1947 portant statut de la coopération et modifiant le code de la construction et de l'habitation : – V. CCH, art. *R. 422-6, *R. 422-8, *R. 422-9, *R. 422-37, R. 422-3-1 à R. 422-3-4, R.* 422-7 à R. 422-7-2, R. 422-9-2 à R. 422-9-5. – V. Annexe 22, **p. 1790**.
1993	27 mars	Décret nº 93-750. Application de l'art. L. 313-1-3 relatif aux clauses types des sociétés immobilières dont 50 % au moins du capital ont été souscrits ou acquis au titre de la participation des employeurs à l'effort de construction. – V. Annexe au Décr. nº 90-392 du 11 mai 1990, App., vº *Participation des employeurs à l'effort de construction*, **p. 1482**.
1993	29 mars	Décret nº 93-726. Réforme du code pénal (dernière partie : Décret en Conseil d'État). – V. CCH, art. R. 152-1 à R. 152-6.
1993	19 juill.	Loi nº 93-913. Reportant l'entrée en vigueur du Nouveau Code pénal. – V. ss. CCH, art. L. 651-1.
1993	24 août	Loi nº 93-1027. Maîtrise de l'immigration et conditions d'entrée, d'accueil et de séjour des étrangers en France. – Art. 40. – V. CCH, art. L. 351-2-1.
1993	1er sept.	Décret nº 93-1053. Prêts aidés à l'accession à la propriété. – V. ss. CCH, art. R. 331-31.
1993	28 oct.	Décret nº 93-1215. Création d'une commission consultative dans chaque chambre de commerce et d'industrie habilitée à collecter la participation des employeurs à l'effort de construction. – V. CCH, art. R. 313-34-1.
1993	29 nov.	Décret nº 93-1268. Missions de maîtrise d'œuvre confiées par des maîtres d'ouvrage publics à des prestataires de droit privé : – V. App., vº *Maîtrise d'ouvrage publique*, **p. 1468**. – V. CCH, art. R. 434-1 à R. 434-8.
1994	4 janv.	Loi nº 94-5. Transposition des directives nos 92-49 et 92-96 des 18 juin et 10 nov. 1992 du Conseil des Communautés européennes. – V. C. assur., art. L. 242-1, ss. CCH, art. L. 111-30.
1994	26 janv.	Décret nº 94-86. Accessibilité aux personnes handicapées des locaux d'habitation, des établissements et installations recevant du public. – V. CCH, art. R. 111-18-4, R. 111-19 à R. 111-19-11.
1994	9 févr.	Loi nº 94-112. Diverses dispositions en matière d'urbanisme et de construction. – Art. 6-V et 22-II et III. – V. CCH, art. L. 442-1-2 et ss. cet art.

1994	11 févr.	Décret nº 94-123. Épargne-logement. - V. CCH, art. *R. 315-16.
1994	4 mars	Décret nº 94-205. Sortie du statut coopératif des sociétés anonymes coopératives de production d'habitations à loyer modéré et des sociétés anonymes coopératives d'habitations à loyer modéré de location-attribution. - V. CCH, art. R. 422-9-6 et R. 422-36-1.
1994	10 juin	Loi nº 94-475. Sous-traitance et marchés. - V. L. nº 75-1334 du 31 déc. 1975, art. 12, App., vº *Sous-traitance*, **p. 1616**.
1994	30 juin	Décret nº 94-549. Subventions de l'État pour la construction, l'acquisition et l'amélioration de logements locatifs aidés mentionnés aux art. R. 331-1 à R. 331-16. - V. CCH, art. R. 331-15.
1994	21 juill.	Loi nº 94-624. Habitat : - Art. 1er à 9. - V. CCH, art. L. 351-14, L. 422-2, L. 422-3, L. 422-5, L. 432-2, L. 443-7, L. 443-8, L. 443-9, L. 443-10, L. 443-11, L. 443-13, L. 443-15-2, L. 351-2-2. - Art. 18. - V. ss. CCH, art. L. 351-2.
1994	25 juill.	Loi nº 94-629. Relative à la famille. - Art. 43-III. - V. CCH, art. L. 351-11.
1994	25 juill.	Loi nº 94-638. Tendant à favoriser l'emploi, l'insertion et les activités économiques dans les départements d'outre-mer, à Saint-Pierre-et-Miquelon et à Mayotte : - Art. 33. - V. L. nº 75-1334 du 31 déc. 1975, art. 15-1, App., vº *Sous-traitance*, **p. 1617**. - Art. 39 et 41. - V. CCH, art. L. 443-15-2 et L. 661-1.
1994	19 sept.	Décret nº 94-817. Conditions d'attribution de l'aide personnalisée au logement. - V. CCH, art. R. 351-13, R. 351-14.
1994	4 nov.	Décret nº 94-977. Subventions à l'amélioration des logements locatifs sociaux mentionnés aux art. R. 223-1 à R. 223-12. - V. CCH, art. R. 323-7.
1994	23 nov.	Décret nº 94-1018. Aide personnalisée au logement. - V. CCH, art. R. 351-7-1 et R. 351-22.
1994	23 déc.	Décret nº 94-1129. Conventions passées entre l'État, l'organisme propriétaire et l'organisme gestionnaire pour les logements-foyers dénommés « résidences sociales ». - V. CCH, art. R. 353-165 à R. 353-165-12.
1994	23 déc.	Décret nº 94-1130. Logements-foyers dénommés « residences sociales ». - V. CCH, art. R. 351-55.
1994	29 déc.	Loi nº 94-1162. De finances pour 1995. - Art. 93. - V. CCH, art. L. 351-3-1.
1995	5 janv.	Décret nº 95-37. Affectation temporaire à l'habitation de locaux affectés à un autre usage. - V. CCH, art. R. 631-6 à R. 631-8.
1995	9 janv.	Décret nº 95-20. Application de l'art. L. 111-11-1 (caractéristiques acoustiques de certains bâtiments autres que d'habitation et de leurs équipements). - V. CCH, art. R. 111-23-1 à R. 111-23-3.

1995	9 janv.	Décret nº 95-21. Classement des infrastructures de transports terrestres. – V. CCH, art. R. 111-4-1.
1995	11 janv.	Décret nº 95-42. Indexation des loyers et des logements conventionnés en application de l'art. L. 351-2 : – V. CCH, art. R. 353-1, R. 353-32, R. 353-59, R. 353-41, R. 353-127, R. 353-135, R. 353-166, R. 353-190 et R. 353-200. – V. Annexe 7 ; Annexe 8 ; Annexe 11 ; Annexe 14 ; Annexe 15 ; Annexe 16, **p. 1672**.
1995	21 janv.	Loi nº 95-73. Orientation et de programmation relative à la sécurité : – Art. 12. – V. CCH, art. L. 126-1 et L. 127-1.
1995	21 janv.	Loi nº 95-74. Diversité de l'habitat. – V. CCH, art. L. 301-3-1.
1995	4 févr.	Loi nº 95-115. D'orientation pour l'aménagement et le développement du territoire. – Art. 42, 61 et 62. – V. App., vº *Zones prioritaires d'aménagement du territoire*, **p. 1622**.
1995	4 févr.	Loi nº 95-116. Diverses dispositions d'ordre social. – Art. 103 et 108. – V. CCH, art. L. 422-14 et L. 432-2.
1995	8 févr.	Loi nº 95-127. Marchés publics et délégations de services publics. – Art. 11-VIII. – V. CCH, art. L. 451-5.
1995	19 avr.	Décret nº 95-496. Logements-foyers gérés directement par les organismes d'habitations à loyer modéré et vente de logements par ces mêmes organismes. – V. CCH, art. *R. 443-13-1.
1995	27 avr.	Décret nº 95-476. Conditions d'éligibilité au fonds de garantie de l'accession sociale à la propriété des prêts bancaires conventionnés accordés dans les départements d'outre-mer. – V. CCH, art. R. 312-3-1 et R. 312-3-2.
1995	2 mai	Décret nº 95-551. Clauses types des sociétés immobilières dont 50 % au moins du capital ont été souscrits au titre de la participation des employeurs à l'effort de construction. – V. Annexe 2, **p. 1642**.
1995	5 mai	Décret nº 95-637. Subventions et prêts pour la construction, l'acquisition et l'amélioration des logements locatifs aidés. – V. CCH, art. R. 331-9, R. 331-10, R. 331-11, R. 331-15, R. 331-24 et R. 331-25.
1995	6 mai	Décret nº 95-638. Section des aides publiques au logement du conseil départemental de l'habitat. – V. CCH, art. R. 351-37, R. 351-47 à R. 351-53.
1995	9 mai	Décret nº 95-676. Application de la loi nº 95-74 du 21 janv. 1995 relative à la diversité de l'habitat. – V. CCH, art. R. 302-8 et R. 302-10.
1995	9 mai	Décret nº 95-707. Modification de la définition des sommes recueillies par les organismes collecteurs de la participation des employeurs à l'effort de construction mentionnée à l'art. R. 313-9, 2º, *b*, *c* et *d*. – V. CCH, art. R. 313-25.
1995	9 mai	Décret nº 95-708. Conventions conclues entre l'État et les organismes d'habitations à loyer modéré. – V. CCH, art. R. 353-16, R. 353-17 et R. 353-19.

1995	9 mai	Décret nº 95-709. Aide personnalisée au logement - V. CCH, art. R. 351-1, R. 351-2-1, R. 351-3, R. 351-4-1, R. 351-7-1, R. 351-34, R. 351-35, R. 351-38, R. 351-39, R. 351-42, R. 351-59, R. 351-61-1 et R. 351-62-1.
1995	9 mai	Arrêté. Pris en application des art. R. 353-16 et R. 331-10 du code de la construction et de l'habitation. - V. ss. CCH, art. R. 331-10.
1995	29 sept.	Décret nº 95-1064. Création d'une aide de l'État à l'accession à la propriété pour l'acquisition d'une résidence principale. - V. CCH, art. R. 312-3-1, R. 317-1 à R. 317-6, R. 317-8 à R. 317-17.
1995	5 oct.	Décret nº 95-1089. Plans de prévention des risques naturels prévisibles. - V. CCH, art. R. 126-1.
1995	31 oct.	Décret nº 95-1144. Prêts aidés par l'État pour la construction, l'acquisition et l'amélioration des logements en accession à la propriété. - V. CCH, art. R. 317-2, R. 331-61-1 et R. 331-61-2
1996	24 janv.	Décret nº 95-55. Subventions et prêts pour la construction, l'acquisition et l'amélioration des logements locatifs aidés. - V. ss. CCH, art. R. 331-19 et R. 331-24.
1996	4 mars	Loi nº 96-162. Supplément de loyer solidarité. - V. CCH, art. L. 441-3, L. 442-1-2, ss. CCH, art. L. 442-10, L. 441-4 à L. 441-15, L. 442-5.
1996	26 mars	Loi nº 96-241. Diverses dispositions relatives au concours de l'État aux collectivités territoriales et aux mécanismes de solidarité financière entre les collectivités territoriales. - Art. 9. - V. ss. CCH, art. L. 301-3-1.
1996	12 avr.	Loi nº 96-314. Diverses dispositions d'ordre économique et financier. - V. CCH, art. L. 315-2, ss. L. 315-7, L. 316-3 et L. 316-4.
1996	25 avr.	Décret nº 96-355. Supplément de loyer de solidarité. - V. CCH, art. R. 441-19 à R. 441-20 et *R. 441-23 s., R. 472-1, R. 481-4.
1996	10 mai	Arrêté. Modification de l'Arr. du 9 mai 1995 pris en application des art. R. 353-16 et R. 331-10. - V. Arr. du 9 mai 1995 ss. CCH, art. R. 331-10.
1996	21 mai	Décret nº 96-431. Aménagement du régime des plans d'épargne-logement. - V. ss. CCH, art. L. 315-7.
1996	2 juill.	Loi nº 96-597. De modernisation des activités financières. - V. CCH, art. L. 422-5, L. 423-3.
1996	5 juill.	Loi nº 96-609. Dispositions diverses relatives à l'outre-mer : - Art. 37-IV. - V. L. nº 86-18 du 6 janv. 1986, art. 36, App., vº *Jouissance d'immeuble à temps partagé*, **p. 1449**. - Art. 55. - V. ss. CCH, art. L. 312-1. - Art. 64-I. - V. CCH, art. L. 472-1-3.

1996	22 juill.	Décret nº 96-656. Modification du code de la construction et de l'habitation en ce qui concerne les conventions conclues entre l'État et les bailleurs de logements : – Art. 1er. – V. Décr. nº 97-56 du 21 janv. 1997, ss. CCH, art. R. 353-19. – Art. 2-II et 2-III. – V. Décr. nº 85-1232 du 5 nov. 1985, art. 4 et 5, ss. CCH, art. L. 351-2. – Art. 2-IV et 2-V. – V. Annexe 30, **p. 1813**. – Art. 4. – V. Annexe 7, **p. 1672**. – Art. 8. – V. Annexe 15, **p. 1759**. – Art. 11 et 13. – V. CCH, art. R. 353-134 et R. 353-135, R. 353-208 et R. 353-209. – Art. 12. – V. Annexe 11, **p. 1722**. – Art. 14. – V. Annexe 16, **p. 1767**. – Art. 15. – V. Annexe 9 ; Annexe 11 ; Annexe 15 ; Annexe 16 ; Annexe 30, **p. 1692**.
1996	2 oct.	Décret nº 96-860. Subventions et prêts pour la construction des logements locatifs sociaux. – V. CCH, art. R. 331-6, R. 331-14, R. 331-15.
1996	14 nov.	Loi nº 96-987. Pacte de relance pour la ville : – V. CCH, art. L. 301-3-1, L. 302-10, L. 422-2, L. 615-1 à L. 615-5, L. 631-10. – Art. 1er, 40 et 45. – V. App., vº *Ville*, **p. 1620**. – Art. 2. – V. L. nº 95-115 du 4 févr. 1995, art. 42, App., vº *Zones prioritaires d'aménagement du territoire*, **p. 1622**.
1996	26 déc.	Décret nº 96-1162. Soumission à autorisation de certaines opérations financières réalisées avec des fonds provenant de la participation des employeurs à l'effort de construction. – Art. 1er. – V. ss. CCH, art. R. 313-9.
1996	26 déc.	Décret nº 96-1163. Collecte de renseignements statistiques sur l'occupation des logements sociaux et son évolution. – V. CCH, art. *R. 442-13, *R. 442-14, R. 472-2.
1996	30 déc.	Loi nº 96-1181. De finances pour 1997. – V. CCH, art. L. 351-2 et L. 351-3.
1996	30 déc.	Loi nº 96-1237. Union d'économie sociale du logement. – V. CCH, art. L. 313-17, L. 313-18, L. 313-24, L. 313-28 à L. 313-33.
1997	15 janv.	Décret nº 97-34. Déconcentration des décisions administratives individuelles. – V. Décr. nº 97-34 du 15 janv. 1997, art. 1er à 3, Avertissement, **p. VIII**.
1997	20 janv.	Décret nº 97-62. Modification des caractéristiques financières de l'avance aidée par l'État pour la construction, l'acquisition et l'amélioration de logements en accession à la propriété. – V. CCH, art. R. 317-8.
1997	21 janv.	Décret nº 97-56. Conventions conclues entre l'État et les bailleurs (décompte de surface utile). – V. ss. CCH, art. R. 353-19.

1997	30 janv.	Décret nº 97-78. Ressources prises en considération pour le calcul de l'aide personnalisée au logement. – V. CCH, art. R. 351-5.
1997	30 janv.	Décret nº 97-79. Ressources prises en considération pour le calcul de l'aide personnalisée au logement. – V. CCH, art. R. 351-5, R. 351-7, R. 351-7-2, R. 351-19, R. 351-21, R. 351-61 à R. 351-62-1.
1997	11 févr.	Décret nº 97-122. Modalités d'application du plan de sauvegarde d'ensembles d'habitat privé (pacte de relance pour la ville). – V. CCH, art. R. 615-1 à R. 615-5.
1997	28 mars	Décret nº 97-289. Calcul de l'aide personnalisée au logement. – V. CCH, art. R. 351-5, R. 351-17-2, R. 351-17-3, R. 351-18 à R. 351-20, R. 351-21, R. 351-21-1, R. 351-21-3, R. 351-21-4, R. 351-22-1, R. 351-61, R. 351-61-1.
1997	29 avr.	Décret nº 97-431. Création d'une aide de l'État pour l'accession à la propriété d'une résidence principale dans les départements d'outre-mer. – V. CCH, art. R. 317-18 à R. 317-24.
1997	9 mai	Décret nº 97-463. Modification de la L. d'orientation nº 92-125 du 6 févr. 1992 relative à l'administration territoriale de la République et le Décr. nº 92-604 du 1er juill. 1992 portant charte de la déconcentration. – V. Décr. nº 97-34 du 15 janv. 1997, Avertissement, **p. VIII**.
1997	23 mai	Décret nº 97-532. Définition de la superficie privative d'un lot de copropriété : – V. CCH, art. *R. 111-2. – Art. 3. – V. ss. CCH, art. *R. 111-2.
1997	28 mai	Décret nº 97-535. Conventions conclues entre l'État et les personnes physiques ou morales autres que les organismes d'HLM et les sociétés d'économie mixte en application de l'art. L. 351-2 : – V. CCH, art. R. 353-89 à R. 353-96, R. 353-98 à R. 353-103. – V. Annexe 10, **p. 1701**.
1997	28 mai	Décret nº 97-575. Subventions et prêts pour la construction, l'acquisition et l'amélioration des logements locatifs aidés. – V. CCH, art. R. 331-15.
1997	24 juill.	Arrêté. Modification de l'arrêté du 9 mai 1995 pris en application des art. R. 331-16 et R. 331-10 CCH. – V. Arr. du 9 mai 1995, ss. CCH, art. R. 331-10.
1997	30 oct.	Décret nº 97-1000. Avance aidée par l'État pour l'acquisition d'une résidence principale. – V. CCH, art. R. 317-1, R. 317-3, R. 317-5 et R. 317-6.
1997	19 déc.	Décret nº 97-1205. Modification du Décr. nº 97-34 du 15 janv. 1997 relatif à la déconcentration des décisions administratives individuelles. – V. Décr. nº 97-34 du 15 janv. 1997, Avertissement, **p. VIII**.
1997	29 déc.	Décret nº 97-1262. Subventions à l'amélioration des logements locatifs sociaux. – V. CCH, art. R. 323-5 et R. 323-7

1998	6 févr.	Loi nº 98-69. Profession de transporteur routier. – Art. 11. – V. L. nº 75-1334 du 31 déc. 1975, art. 1er, App., vº *Sous-traitance*, **p. 1614**.
1998	19 févr.	Loi nº 98-87. Permettant aux organismes HLM d'intervenir sur le parc locatif privé en prenant à bail des logements vacants pour les donner en sous-location. – V. CCH, art. L. 353-9-1, L. 422-2, L. 444-1 à L. 444-6.
1998	19 mars	Décret nº 98-192. Modification de l'art. R. 331-54-2. – V. CCH, art. R. 331-54-2.
1998	25 mars	Arrêté. Fixant les loyers plafonds prévus à l'art. L. 444-5 CCH. – V. ss. CCH, art. L. 444-6.
1998	30 avr.	Décret nº 98-331. Nature des travaux d'amélioration, de transformation ou d'aménagement de logements locatifs sociaux soumis au taux réduit de taxe à la valeur ajoutée. – V. CCH, art. R. 326-1 à R. 326-5.
1998	24 juin	Ordonnance nº 98-521. Règles acoustiques et thermiques dans les départements d'outre-mer, règles de sécurité et d'accessibilité des bâtiments dans la collectivité territoriale de Saint-Pierre-et-Miquelon, régime de l'épargne-logement en Nouvelle-Calédonie et en Polynésie française. – V. CCH, art. L. 161-1, L. 315-3 et L. 531-2.
1998	2 juill.	Loi nº 98-546. Diverses dispositions d'ordre économique et financier : – Art. 1er-IV, 11, 55 à 57. – V. CCH, art. L. 313-5, L. 422-3, L. 422-5-1, L. 422-14, L. 422-15, L. 631-7-3. – Art. 43. – L. nº 96-609 du 5 juill. 1996, art. 55, ss. CCH, art. L. 312-1.
1998	8 juill.	Loi nº 98-566. Transposition de la directive 94/47/CE du Parlement européen et du Conseil du 26 oct. 1994. Protection des acquéreurs d'un droit d'utilisation à temps partiel de biens immobiliers. – Art. 1er. – V. C. consom., art. L. 121-60 à L. 121-76, App., vº *Jouissance d'immeuble à temps partagé (contrat de jouissance d'immeuble à temps partagé)*, **p. 1436**.
1998	29 juill.	Loi nº 98-657. D'orientation relative à la lutte contre les exclusions : – Art. 31, 118, 121 et 158. – V. App., vº *Pauvreté et exclusion*, **p. 1495**. – Art. 32 à 36. – V. L. nº 90-449 du 31 mai 1990, art. 3 à 6, App., vº *Droit au logement*, **p. 1390**. – Art. 41, 44, 47, 52, 54 à 56, 58 à 61, 108, 115-1, 117-II, 119, 122, 124-IV, 125-I et 126. – V. CCH, art. L. 302-1, L. 351-3-1, L. 353-15, L. 353-15-1, L. 353-19, L. 353-19-1, L. 353-20, L. 411, L. 422-2, L. 422-2-1, L. 422-3, L. 441 à L. 441-2-6, L. 441-9, L. 442-4-1, L. 442-4-2, L. 442-6-1 à L. 442-6-4, L. 442-8-2, L. 442-10, L. 472-1-2, L. 472-1-4, L. 613-1, L. 613-2-1, L. 613-6, L. 616, L. 632-1 à L. 632-3, L. 642-1 à L. 642-28 et L. 651-10. – Art. 113. – V. C. consom., ss. CCH, art. L. 313-6.
1998	2 sept.	Ordonnance nº 98-774. Extension et adaptation aux départements, collectivités territoriales et territoires d'outre-mer de dispositions concernant le droit civil, le droit commercial et certaines activités libérales. – Art. 5-I et 17. – V. CCH, art. L. 662-1 et L. 662-2.

1998	2 sept.	Décret nº 98-796. Prêts à taux préférentiel et révisable pour la construction, l'acquisition et l'amélioration des logements locatifs. - V. CCH, art. R. 331-78 et R. 331-82.
1998	13 nov.	Décret nº 98-1028. Supplément de loyer de solidarité. - V. CCH, art. *R. 441-20 à *R. 441-21.
1998	21 déc.	Décret nº 98-1175. Concours financier de l'État pour la suppression de l'insalubrité par travaux. - V. CCH, art. R. 523-1.
1998	30 déc.	Loi nº 98-1266. De finances pour 1999 : - Art. 56-I et II. - V. ss. CCH, art. L. 313-18. - Art 56-III. - V. L. nº 96-1237 du 30 déc. 1996, art. 9, ss. CCH, art. L. 313-25.
1999	19 mars	Loi nº 99-209. Organique relative à la Nouvelle-Calédonie. - Art. 222-IV. - V. Avertissement, **p. VIII**.
1999	19 mars	Loi nº 99-210. Nouvelle-Calédonie. - Art. 29. - V. Avertissement, **p. IX**.
1999	24 mars	Décret nº 99-236. Composition du Conseil national de l'habitat et des conseils départementaux de l'habitat. - Art. 1er. - V. CCH, art. R. 361-4.
1999	29 avr.	Décret nº 99-340. Réquisition avec attributaire. - V. CCH, art. R.* 642-1 à R. 642-10.
1999	29 avr.	Décret nº 99-341. Plafonds de ressources pour l'attribution des logements réquisitionnés et prix de base des loyers des locaux réquisitionnés. - V. CCH, art. R. 642-11.
1999	8 juin	Loi nº 99-471. Tendant à protéger les acquéreurs et propriétaires d'immeubles contre les termites et autres insectes xylophages : - Art. 1er, **p. 1618**. - Art. 5 et 7. - V. CCH, art. L. 112-17, L. 133-1 à L. 133-3 et L. 152-1.
1999	16 juin	Décret nº 99-153. Modification de la partie réglementaire du code de la consommation. - Art. 5. - V. C. consom., art. R. 312-3, App., vº *Crédit immobilier*, **p. 1385**.
1999	25 juin	Loi nº 99-532. Épargne et sécurité financière : - Art. 97 et 115. - V. C. consom., art. L. 312-14-1 et L. 312-21, App., vº *Crédit immobilier*, **p. 1349**. - Art. 111. - V. CCH, art. L. 311-9.
1999	25 juin	Loi nº 99-533. D'orientation pour l'aménagement et le développement durable du territoire et portant modification de la loi nº 95-115 du 4 févr. 1995 d'orientation pour l'aménagement et le développement du territoire : - Art. 3. - V. Avertissement, **p. IX**. - Art. 36-I. - V. L. nº 95-115 du 4 févr. 1995, art. 42, App., vº *Zones prioritaires d'aménagement du territoire*, **p. 1622**.
1999	28 juin	Décret nº 99-541. Modification du code de la construction et de l'habitation et relatif à l'aide personnalisée au logement. - V. CCH, art. R. 351-7, R. 351-7-2 et R. 351-21-2.
1999	1er sept.	Décret nº 99-748. Modernisation des conditions de gestion des prêts aidés. - V. CCH, art. R. 331-31-1, R. 331-13 et R. 331-54-3.

1999	14 sept.	Décret nº 99-794. Subventions et prêts pour la construction, l'acquisition et l'amélioration des logements locatifs aidés. – V. CCH, art. R. 331-14 et R. 331-15.
1999	16 sept.	Décret nº 99-815. Modalités de recouvrement des indus d'aide personnalisée au logement par les organismes payeurs. – V. CCH, art. R. 351-28-1 et R. 351-28-2.
1999	22 sept.	Décret nº 99-836. Régime des attributions de logements locatifs sociaux. – V. CCH, art. *R. 422-2, R. 422-9-1, R. 441-1-1, R. 441-4, R. 441-10 à R. 441-11, R. 472-1, R. 481-1.
1999	7 oct.	Décret nº 99-864. Conventions conclues entre l'État et les organismes d'HLM : – Art. 1er à 3. – V. CCH, art. R. 353-1 à R. 353-15, R. 353-20 à R. 353-22 et R. 353-23 à R. 353-25. – Art. 4. – V. Décr. nº 85-1232 du 5 nov. 1985, art. 2, ss. CCH, art. L. 351-2. – Art. 5. – V. Annexe 30, **p. 1813**. – Art. 6 et Annexes. – V. Annexe 7, **p. 1672**.
1999	7 oct.	Décret nº 99-865. Conventions conclues entre l'État et les SEM de construction immobilière ne demandant pas à bénéficier des dispositions de l'art. L. 353-18 : – Art. 1er et 2. – V. CCH, art. R. 353-58 à R. 353-88. – Art. 3 et Annexe. – V. Annexe 9, **p. 1692**.
1999	27 oct.	Décret nº 99-918. Conseil d'administration de la Caisse de garantie du logement social. – V. CCH, art. R. 431-33.
1999	14 déc.	Décret nº 99-1050. Diligences du ministère public en cas de poursuite des infractions sanctionnées de la peine complémentaire de confiscation du fonds de commerce. – V. CCH, art. R. 651-2.
1999	29 déc.	Décret nº 99-1159. Composition des conseils départementaux de l'habitat dans les départements d'outre-mer. – V. CCH, art. R. 371-4.
1999	30 déc.	Loi nº 99-1173. De finances rectificative pour 1999. – Art. 50-I. – V. CCH, art. L. 351-2-1.
2000	8 févr.	Décret nº 2000-104. Attribution de prêts et subventions pour la construction, l'acquisition et l'amélioration de logements existants et la réalisation ou l'amélioration des logements locatifs sociaux. – V. CCH, art. R. 317-1, R. 322-2 *bis*, R. 323-7, R. 331-1, R. 331-5, R. 331-12, R. 331-14, R. 331-15 et R. 317-1.
2000	12 avr.	Loi nº 2000-321. Droits des citoyens dans leurs relations avec les administrations. – Art. 10. – V. ss. CCH, art. R. 331-13.
2000	4 mai	Ordonnance nº 2000-387. Partie législative du code de justice administrative. – V. CJA, art. L. 311-4 ss. CCH, art. L. 313-13.
2000	9 mai	Décret nº 2000-395. Aide personnalisée au logement. – V. CCH, art. R. 351-8.

2000	15 juin	Ordonnance nº 2000-548. Partie législative du code de la santé publique. – V. CSP, art. L. 1331-1 à L. 1331-32, L. 1337-4, App., vº *Salubrité*, **p. 1574** ; art. L. 1334-1 à L. 1334-13, App., vº *Saturnisme*, **p. 1293**.
2000	16 juin	Décret nº 2000-547. Application des art. 94 et 95 du code minier. – Art. 4. – V. CCH, art. R. 126-1.
2000	28 juin	Décret nº 2000-598. Travaux d'amélioration de transformation, d'aménagement ou d'entretien de logements locatifs sociaux. – Art. 2. – V. CCH, art. R. 326-1 à R. 326-5.
2000	3 juill.	Décret nº 2000-613. Protection des acquéreurs et propriétaires d'immeubles contre les termites. – Art. 5. – V. CCH, art. R. 133-1 et R. 133-2.
2000	5 juill.	Loi nº 2000-614. Accueil et habitat des gens du voyage : – Art. 1er et 10-I. – V. App., vº *Gens du voyage*, **p. 1429**. – Art. 5. – V. CASF, art. L. 261-5, App., vº *Pauvreté et exclusion*, **p. 1493**. – Art. 10-II. – V. L. nº 90-449 du 31 mai 1990, art. 28, App., vº *Droit au logement (loi Besson)*, **p. 1396**.
2000	5 juill.	Décret nº 2000-616. Attribution de subventions pour la réalisation ou l'amélioration des logements locatifs en région Île-de-France. – V. CCH, art. R. 381-1 à R. 381-6.
2000	7 juill.	Décret nº 2000-635. Aide personnalisée au logement. – V. CCH, art. R. 351-1, R. 351-4, R. 351-7-1, R. 351-16, R. 351-29.
2000	13 juill.	Loi nº 2000-656. De finances rectificative pour 2000 – Art. 39-I. – V. CCH, art. L. 351-3.
2000	27 juill.	Décret nº 2000-711. Prêts conventionnés. – Art. 1er. – V. CCH, art. R. 331-65 et R. 331-74.
2000	14 août	Arrêté. Prêts conventionnés. – V. Annexe 6, **p. 1667**.
2000	13 sept.	Décret nº 2000-892. Prévention du risque sismique. – Art. 2. – V. CCH, art. R. 112-1.
2000	18 sept.	Ordonnance nº 2000-914. Partie législative du code de l'environnement : – V. C. envir. art. L. 131-3 à L. 131-7, App., vº *Énergie (agence de l'environnement et de la maîtrise de l'énergie)*, **p. 1406**, art. L. 224-1 et L. 224-2, App., vº *Énergie (pollution)*, **p. 1421**. – Art. 10. – V. CSP, art. L. 1331-13, App., vº *Salubrité*, **p. 1578**. – Art. 13. – V. C. envir., art. L. 224-2, App., vº *Énergie (pollution)*, **p. 1422**.
2000	29 nov.	Décret nº 2000-1153. Caractéristiques thermiques de constructions. – V. CCH, art. R. 111-6, *R. 111-7 et R. 131-3.

2000	13 déc.	Loi nº 2000-1208. Solidarité et renouvellement urbains : – Art. 38, 55, 58, 59, 60, 61, 65 à 67, 69, 72, 74-I, 82, 140-I à 140-III, 140-V, 143, 144, 145, 149, 152 à 155, 157 à 161, 162-III à 162-VI, 163 à 165, 167-II, 167-III, 179 à 182-I, 185, 194 et 201. – V. ss. CCH, art. L. 111-2, L. 111-6-2, L. 222-2, L. 222-6, L. 271-1, L. 271-2, L. 301-1, L. 301-2, L. 301-4, L. 302-1, L. 302-5, L. 302-9-2, L. 321-2, L. 322-1 à L. 322-3, L. 351-2, L. 351-3-1, L. 351-9, L. 353-7, L. 353-19-2, L. 366-1, L. 411-1 à L. 411-8, L. 422-2 à L. 422-3-2, L. 422-7 à L. 422-8-1, L. 423-13, L. 424-2, L. 431-1, L. 431-4, L. 441-1 à L. 441-2-1, L. 442-6, L. 442-9, L. 443-7, L. 443-11, L. 451-1 à L. 451-2-1, L. 451-4, L. 452-1 à L. 452-7, L. 453-1 à L. 453-3, L. 472-1-2, L. 472-1-5, L. 511-1-1, L. 511-5, L. 521-1, L. 521-2 à L. 521-4, L. 615-1, L. 615-2, L. 633-1 à L. 633-5. – Art. 72. – V. C. civ., art. 1589-1, ss. CCH, art. L. 271-2. – Art. 84 et 140-IV. – V. L. nº 90-449 du 31 mai 1990, art. 6, App., vº *Droit au logement (loi Besson)*, **p. 1393**. – Art. 93, 191 et 200. – V. App., vº *Loi SRU*, **p. 1459**. – Art. 163. – V. ss. CCH, art. L. 452-2. – Art. 168-I, 169, 170, 172, 173-II, 175, 177-1º. – V. CSP, art. L. 1331-17 à L. 1331-21, L. 1331-26, L. 1331-27, L. 1331-28-1, L. 1331-31, L. 1331-32, App., vº *Salubrité*, **p. 1581**. – Art. 188. – V. L. nº 89-462 du 6 juill. 1989, art. 40, App., vº *Rapports locatifs*, **p. 1518**. – Art. 193 et 197. – V. L. nº 86-1290 du 23 déc. 1986, art. 41 *ter*, 44, 44 *bis*, 44 *ter* et 44 *quater*, App., vº *Rapports locatifs*, **p. 1514**. – Art. 208. – V. L. nº 91-662 du 13 juill. 1991, art. 4, App., vº *Ville (loi d'orientation pour la ville)*, **p. 1619**.
2000	13 déc.	Décret nº 2000-1227. Extension à la Polynésie française de dispositions relatives aux ventes d'immeubles à construire. – V. CCH, art. R. 662-1.
2000	14 déc.	Ordonnance nº 2000-1223. Partie législative du code monétaire et financier. – V. C. mon. fin., art. L. 313-2 et L. 313-3, ss. CCH, art. L. 313-6.
2000	21 déc.	Ordonnance nº 2000-1249. Partie législative du code de l'action sociale et des familles : – V. CASF, art. L. 115-1 à L. 115-5, L. 143-1, L. 144-1 et L. 261-1, L. 261-2, L. 261-3, L. 261-5 et L. 261-6, App., vº *Pauvreté et exclusion*, **p. 1490**. – Art. 4-II, 29º et 5-II, 8º. – V. L. nº 98-657 du 29 juill. 1998, art. 1er, App., vº *Pauvreté et exclusion*, **p. 1495**.
2000	26 déc.	Décret nº 2000-1273. Calcul de l'aide personnalisée. – V. CCH, art. R. 351-17-4 et R. 351-17-5.
2000	26 déc.	Décret nº 2000-1338. Avance aidée par l'État pour l'acquisition d'une résidence principale. – V. CCH, art. R. 317-8.
2000	30 déc.	Loi nº 2000-1352. De finances pour 2001. – Art. 26. – V. ss. CCH, art. L. 313-18.

2000	30 déc.	Loi nº 2000-1353. De finances rectificative pour 2000. – Art. 40. – V. CCH, art. L. 452-4, L. 452-7 et ss. CCH, art. L. 452-6.
2001	2 mars	Décret nº 2001-201. Subventions et prêts pour la construction, l'acquisition et l'amélioration de logements locatifs aidés dans les départements d'outre-mer. – V. CCH, art. R. 372-1 à R. 372-19.
2001	6 mars	Décret nº 2001-207. Attribution de prêts pour la construction, l'acquisition et l'amélioration de logements locatifs aidés. – V. CCH, art. R. 331-17 à R. 331-23.
2001	6 mars	Décret nº 2001-208. Attribution de prêts pour la réalisation ou l'amélioration des logements locatifs intermédiaires – V. CCH, art. R. 381-6 et R. 391-1 à R. 391-9.
2001	26 mars	Décret nº 2001-255. Modalités de conversion à l'euro du capital social des filiales réglementées des collecteurs de la participation des employeurs à l'effort de construction. – V. Annexe 2, **p. 1642**.
2001	12 avr.	Décret nº 2001-316. Inventaire annuel des logements locatifs sociaux. – Art. 1er. – V. CCH, art. R. 302-14 et R. 302-15.
2001	18 avr.	Décret nº 2001-336. Subventions à l'amélioration des logements locatifs sociaux et aux subventions et prêts pour la construction, l'acquisition et l'amélioration des logements locatifs. – V. CCH, art. R. 323-1, R. 323-4, R. 323-7, R. 331-1, R. 331-6, R. 331-8, R. 331-12, R. 331-15 et R. 331-24.
2001	20 avr.	Décret nº 2001-351. Agence nationale pour l'amélioration de l'habitat : – Art. 1er, 3, 4. – V. CCH, art. R. 321-3, R. 321-6 à R. 321-7, R. 321-9 et R. 321-12 à R. 321-15, R. 321-17, R. 321-18 et R. 321-22, R. 322-17, R. 322-18 à R. 322-37, *R. 324-1 à *R. 324-19.
2001	27 juin	Décret nº 2001-560. Prêts aidés par l'État pour la construction de logements en accession à la propriété. – Art. 1er. – V. CCH, art. R. 331-54-1 *bis*.
2001	11 juill.	Loi nº 2001-616. Mayotte. – V. Avertissement, **p. IX**
2001	17 juill.	Loi nº 2001-624. Dispositions d'ordre social, éducatif et culturel. – Art. 20 – V. L. nº 66-457 du 2 juill. 1966, art 1er, App., vº *Antennes et câbles (droit à l'antenne et très haut débit)*, **p. 1307**.
2001	18 juill.	Décret nº 2001-645. Conseil supérieur des habitations à loyer modéré. – V. CCH, art. R.* 461-1 à R.* 461-3.
2001	20 juill.	Décret nº 2001-655. Caisse de garantie du logement locatif social. – V. CCH, art. R. 431-30 à R. 431-38 et R. 452-1 à R. 452-28.
2001	3 sept.	Arrêté. Adaptation de la valeur en euros de certains montants exprimés en francs. – Art. 3-XXIII. – V. Arr. 1er avr. 1992, art. 1er, ss. CCH, art. R. 315-3.
2001	18 sept.	Décret nº 2001-861. Adaptation de la valeur en euros de certains montants exprimés en francs. – Art. 1er. – V. CCH, art. R. 323-6.

2001	4 oct.	Décret nº 2001-911. Prêts conventionnés des établissements de crédit pour la construction, l'acquisition et l'amélioration de logements. – V. CCH, art. R. 331-63, R. 331-66, R. 331-68 à R. 331-73, R. 331-75, R. 331-76, R. 331-76-4, R. 331-76-6 et R. 331-76-7.
2001	25 oct.	Décret nº 2001-972. Aide pour l'accession à la propriété à la suite de la catastrophe survenue à Toulouse le 21 septembre 2001. – V. ss. CCH, art. R. 317-2.
2001	5 nov.	Décret nº 2001-1037. Aide personnalisée au logement. – V. CCH, art. R. 351-7, R. 351-11, R. 351-17-4, R. 351-21, R. 351-22-2, R. 351-25, R. 351-28-1, R. 351-29, R. 351-48, R. 351-60, R. 351-62, R. 351-62-1, R. 351-66.
2001	15 nov.	Loi nº 2001-1062. Sécurité quotidienne. – Art. 51 et 52. – V. CCH, art. L. 126-1 à L. 127-1.
2001	11 déc.	Loi nº 2001-1168. Mesures urgentes de réformes à caractère économique et financier : – Art. 6 et 7. – V. L. nº 75-1334 du 31 déc. 1975, art. 1er, 5, 6 et 14-1, App., vº *Sous-traitance*, **p. 1614**. – Art. 23. – V. App., vº *Opérations immobilières*, **p. 1479**. – Art. 24. – V. CCH, art. L. 302-9-1.
2001	11 déc.	Décret nº 2001-1183. Conseils départementaux de l'habitat dans les départements d'outre-mer. – V. CCH, art. R. 371-3, R. 371-7 à R. 371-9.
2001	13 déc.	Décret nº 2001-1194. Dépenses exposées pour la réalisation de logements locatifs sociaux, déductibles du prélèvement opéré sur les ressources fiscales des communes. – Art. 1er. – V. CCH, art. R. 302-16 à 302-19.
2001	21 déc.	Loi nº 2001-1247. Visant à accorder une priorité dans l'attribution des logements sociaux aux personnes en situation de handicap ou aux familles ayant à leur charge une personne en situation de handicap. – V. CCH, art. L. 111-7.
2001	27 déc.	Décret nº 2001-1322. Subventions de l'État pour l'amélioration de logements. – V. CCH, art. R. 323-13 à R. 323-21.
2001	28 déc.	Loi nº 2001-1275. De finances pour 2002 : – Art. 17-V. – V. L. nº 96-987 du 14 nov. 1996, art. 45, App., vº *Ville (pacte de relance pour la ville)*, **p. 1621**. – Art. 26. – V. ss. CCH, art. L. 313-18. – Art. 74. – V. CCH, art. L. 313-4.
2001	28 déc.	Décret nº 2001-1361. Obligations de gardiennage ou de surveillance de certains immeubles d'habitation. – V. CCH, art. R.* 127-1 à R.* 127-3, *R. 152-7.
2002	17 janv.	Loi nº 2002-73. Modernisation sociale. – Art. 159 et 165 à 167. – V. CCH, art. L. 271-3, L. 353-20, L. 411-3, L. 442-5 et L. 442-8-3-1.
2002	20 févr.	Décret nº 2002-244. Extension du contrôle technique obligatoire dans certaines constructions. – V. CCH, art. R. 111-38.
2002	27 févr.	Loi nº 2002-276. Démocratie de proximité. – Art. 39. – V. CCH, art. L. 631-9.

2002	20 mars	Décret nº 2002-399. Aide personnalisée au logement. – V. CCH, art. R. 351-7.
2002	22 mars	Décret nº 2002-392. Contrôle des organismes exerçant une activité de construction ou de gestion de logements sociaux. – V. CCH, art. R. 331-27 et *R. 451-1 à R.* 451-10.
2002	3 mai	Décret nº 2002-814. Délais faisant naître une décision implicite de rejet. – V. CCH, art. **R. 122-16 et *R. 123-43.
2002	3 mai	Décret nº 2002-824. Pris pour l'application de l'article 52 de la loi nº 2001-1062 du 15 novembre 2001 relative à la sécurité quotidienne. – V. CCH, art. R.* 127-4, R.* 127-5 à R.* 127-7, *R. 152-7, *R. 152-8.
2002	3 mai	Décret nº 2002-840. Modification de l'article R. 353-16 CCH. – V. CCH, art. R. 353-16.
2002	3 mai	Décret nº 2002-844. Conventions conclues entre l'État et les organismes d'habitations à loyer modéré et celles du Décr. nº 85-1232 du 5 nov. 1985 en application de l'art. L. 351-2 CCH entre l'État et les organismes d'habitations à loyer modéré signataires d'un contrat-cadre ayant pour objet la définition d'une nouvelle politique des loyers : – V. CCH, art. R. 353-4 et R. 353-5. – V. Annexes 7 et 30, **p. 1672**.
2002	3 mai	Décret nº 2002-845. Conventions conclues entre l'État et les sociétés d'économie mixte de construction immobilière ne demandant pas à bénéficier des dispositions de l'article L. 353-18. – V. CCH, art. R. 353-61, R. 353-71, R. 353-72 et Annexe 9.
2002	3 mai	Décret nº 2002-846. Conventions conclues entre l'État et les personnes physiques ou morales autres que les organismes d'HLM et les sociétés d'économie mixte. – Art. 2. – V. CCH, art. R. 353-90, R. 353-92, R. 353-93-1, R. 353-96, R. 353-97, R. 353-102 et Annexe 10.
2002	3 mai	Décret nº 2002-847. Conditions de vente de logements par les organismes d'habitation à loyer modéré. – V. CCH, art. R. 443-34.
2002	3 mai	Décret nº 2002-848. Attribution de prêts et subventions pour la construction, l'acquisition ou l'amélioration de logements en accession à la propriété ou de logements locatifs sociaux. – V. CCH, art. R. 317-5, R. 317-7, R. 323-3, R. 323-7, R. 331-24, R. 353-11, Annexe 7.
2002	3 mai	Décret nº 2002-849. Subventions et prêts pour la construction, l'acquisition et l'amélioration des logements locatifs. – V. CCH, art. R. 331-20.
2002	9 juill.	Décret nº 2002-995. Application des articles L. 411-3 et L. 411-4 CCH. – V. CCH, art. R.* 491-1 à R.* 491-6.
2002	2 sept.	Décret nº 2002-1120. Cotisation perçue au titre de la participation des employeurs à l'effort de construction. – V. CCH, art. *R. 313-3, *R. 313-5 et R. 313-6.
2002	2 sept.	Décret nº 2002-1121. Déclaration des employeurs au titre de la participation à l'effort de construction. – V. CCH, art. R. 313-4.

2002	13 sept.	Décret nº 2002-1158. Représentation des locataires aux conseils d'administration des organismes d'habitations à loyer modéré et des sociétés d'économie mixte gérant des logements sociaux et indemnisation des administrateurs. – V. CCH, art. R. 422-2-1, R.* 481-6, Annexe 20.
2002	19 sept.	Décret nº 2002-1189. Mesures de tutelle applicables aux organismes d'habitations à loyer modéré. – V. CCH, art. R. 362-2, R. 422-2-1, R. 422-15 et R. 422-17.
2002	19 déc.	Ordonnance nº 2002-1476. Extension et adaptation de dispositions de droit civil à Mayotte. – V. C. civ., art. 2489, Avertissement, **p. VII**.
2002	23 déc.	Décret nº 2002-1537. Aide personnalisée au logement. – Art. 1er et 3. – V. CCH, art. R. 351-17-4, R. 351-19, R. 351-21, R. 351-61, R. 351-61-1, R. 351-62 et R. 351-62-1.
2002	30 déc.	Loi nº 2002-1575. De finances pour 2003. – Art. 39 et 80. – V. CCH, L. 315-4 et ss. CCH, art. L. 453-3.
2003	3 janv.	Loi nº 2003-9. Sécurité des piscines. – V. CCH, art. L. 128-1 à L. 128-3 et L. 152-12.
2003	8 janv.	Arrêté. Modification de l'arrêté du 25 mars 1998 fixant les loyers plafonds prévus à l'art. L. 444-5. – V. Arr. du 25 mars 1998, ss. CCH, art. L. 444-6.
2003	24 févr.	Décret nº 2003-154. Gérance d'immeubles par des organismes d'habitation à loyer modéré ou pour leur compte. – Art. 1er et 2. – V. CCH, art. R. 442-4, R. 442-5.
2003	18 mars	Loi nº 2003-239. Sécurité intérieure : – Art. 54. – V. L. nº 2000-614 du 5 juill. 2000, art. 1er-II, App., vº *Gens du voyage*, **p. 1429**. – Art. 61 et 70. – V. CCH, art. L. 123-4 et L. 126-2.
2003	1er avr.	Décret nº 2003-319. Intervention des organismes d'habitations à loyer modéré dans les coproriétés faisant l'objet d'un plan de sauvegarde. – V. Annexe 19 (art. R. 422-6), **p. 1782**.
2003	17 avr.	Décret nº 2003-386. Modification des art. R. 313-25 et R. 313-25-1 CCH. – V. CCH, art. R. 313-25.
2003	17 avr.	Décret nº 2003-387. Modification de l'article R. 313-31-2 et les clauses types des sociétés immobilières dont 50 % au moins du capital ont été souscrits ou acquis au titre de la participation des employeurs à l'effort de construction. – V. CCH, art. R. 313-31-2 et l'Annexe 2, **p. 1642**.
2003	18 avr.	Décret nº 2003-370. Prime d'épargne de l'État afférente aux plans d'épargne logement. – V. CCH, art. * R. 315-40.
2003	28 avr.	Décret nº 2003-408. Individualisation des contrats de fourniture d'eau. – V. App., vº *Énergie (eau, individualisation des contrats de fournitures)*, **p. 1417**.
2003	7 mai	Décret nº 2003-424. Conseil d'administration de la caisse de garantie du logement locatif social. – V. CCH, art. R. 452-5.

2003	21 mai	Décret nº 2003-462. Dispositions réglementaires des parties I, II et III du code de la santé publique, **p. 1293**.
2003	20 juin	Décret nº 2003-537. Convention de garantie des organismes d'habitations à loyer modéré mentionnée à l'article L. 453-1. – V. CCH, art. R. 453-1 s. et Annexe 29, **p. 1813**.
2003	2 juill.	Loi nº 2003-590. Urbanisme et habitat : – Art. 72, 78 à 81, 85 à 88 et 90. – V. CCH, art. L. 111-26, L. 112-16, L. 125-1, L. 125-2-1 à L. 125-2-4, L. 131-7, L. 152-1, L. 411-4, L. 422-2, L. 422-3, L. 423-1-1 à L. 423-1-3, L. 442-9, L. 451-1-1 et L. 451-2. – Art. 94. – V. L. nº 2000-321 du 12 avr. 2000, art. 10, ss. CCH, art. R. 331-13.
2003	21 juill.	Loi nº 2003-660. De programme pour l'outre-mer : – Art. 45. – V. CCH, art. L. 472-1-6. – Art. 61. – V. Avertissement, **p. X**.
2003	30 juill.	Loi nº 2003-699. Prévention des risques technologiques et naturels et réparation des dommages. – Art. 77. – V. C. envir., art. L. 125-5, App., vº *Risques*, **p. 1551**.
2003	1er août	Loi nº 2003-706. Sécurité financière : – Art. 30-A-VIII. – V. C. assur., art. L. 242-1, ss. CCH, art. L. 111-30. – Art. 46-V. – V. Avertissement, **p. X**. – Art. 87. – V. C. consom., art. L. 312-4, App., vº *Crédit immobilier*, **p. 1342**.
2003	1er août	Loi nº 2003-710. D'orientation et de programmation pour la ville et la rénovation urbaine : – Art. 1er à 3, 5 à 12, 14, 15, 17, 23, 47-VI, 50 et 51, App., vº *Rénovation urbaine*, **p. 1520**. – Art. 18, 47-I à 47-V, 48, 49, 53, 58, 59. – V. CCH, art. L. 129-1 à L. 129-7, L. 302-7, L. 411-2, L. 422-2-1, L. 423-1-3, L. 422-3-2, L. 422-12, L. 441-2, L. 452-1 à L. 452-2-1, L. 452-4 et L. 452-4-1. – Art. 24. – V. L. nº 95-115 du 4 févr. 1995, art. 42, App., vº *Zones prioritaires d'aménagement du territoire*, **p. 1622**. – Annexe I, **p. 1532**. – Annexe II. – V. L. nº 96-987 du 14 nov. 1996, ss. art. 45, App., vº *Ville (pacte de relance pour la ville)*, **p. 1621**.
2003	1er août	Loi nº 2003-721. Initiative économique : – Art. 7, 31 et 57. – V. CCH, art. L. 241-9, L. 315-1, L. 315-2 et L. 631-7-3. – Art. 32-I. – V. C. consom., art. L. 313-3, App., vº *Crédit immobilier*, **p. 1369**. – Art. 57. – V. CCH, art. L. 241-9.
2003	25 août	Décret nº 2003-806. Prêts conventionnés octroyés par les établissements de crédit dans les départements d'outre-mer et garantis par le fonds de garantie pour l'accession sociale à la propriété. – V. CCH, art. R. 312-3-1, R. 317-24, R. 331-77 à R. 331-77-2.

2003	22 déc.	Décret nº 2003-1245. Subventions et prêts pour la construction, l'acquisition et l'amélioration de logements locatifs aidés dans les départements d'outre-mer. - V. CCH, art. R. 372-1.
2003	30 déc.	Loi nº 2003-1311. De finances pour 2004. - Art. 96-II. - V. CCH, art. L. 411-2.
2003	30 déc.	Loi nº 2003-1312. De finances rectificative pour 2003 : - Art. 92. - V. L. nº 2003-710 du 1er août 2003, art. 12, App., vº *Rénovation urbaine*, **p. 1528**. - Art. 99. - V. CCH, art. L. 452-4.
2003	31 déc.	Décret nº 2003-1389. Sécurité des piscines. - V. CCH, art. R. 128-1 à R. 128-4.
2003	31 déc.	Décret nº 2003-1391. Conditions de contrôle de l'octroi de l'avance aidée par l'État pour la construction, l'acquisition et l'amélioration de logements en accession à la propriété. - V. CCH, art. R. 317-17.
2004	2 janv.	Loi nº 2004-1. Accueil et protection de l'enfance. - Art. 19. - V. CCH, art. L. 128-2.
2004	9 févr.	Décret nº 2004-123. Agence nationale pour la rénovation urbaine. - V. App., vº *Rénovation urbaine*, **p. 1539**.
2004	27 févr.	Loi organique nº 2004-192. Statut d'autonomie de la Polynésie française. - Art. 51, V. Avertissement, **p. X**.
2004	27 févr.	Loi nº 2004-193. Complétant le statut d'autonomie de la Polynésie française. - Art. 28, V. Avertissement, **p. XI**.
2004	19 mars	Décret nº 2004-246. Conventions de réservation de logements au profit des agents de l'État. - V. CCH, art. R. 314-4 à R. 314-6, R. 314-8 à R. 314-15 et R. 314-16.
2004	26 mars	Décret nº 2004-286. Conditions d'octroi des prêts conventionnés pour des opérations de location-accession à la propriété immobilière. - V. CCH, art. R. 331-76, R. 331-76-5-1 à R. 331-76-5-4, R. 351-2-1.
2004	7 juin	Décret nº 2004-409. Sécurité des piscines. - V. CCH, art. R. 128-2, R. 128-4 et Annexe, **p. 727**.
2004	17 juin	Ordonnance nº 2004-566. Modification de la loi nº 85-704 du 12 juillet 1985 relative à la maîtrise d'ouvrage publique et à ses rapports avec la maîtrise d'œuvre privée. - V. L. nº 85-704 du 12 juill. 1985, art. 2, 4, 5 et 6, App., vº *Maîtrise d'ouvrage publique*, **p. 1463**.
2004	28 juin	Décret nº 2004-628. Application de l'article 116 de la loi de finances pour 2004 (nº 2003-1311 du 30 décembre 2003) et relatif aux conditions de dérogation à l'obligation de dépôt auprès de l'État des fonds des collectivités territoriales et de leurs établissements publics. - Art. 3. - V. CCH, art. *R. 423-14.
2004	30 juin	Décret nº 2004-640. Cotisation additionnelle à la caisse de garantie du logement locatif social. - V. CCH, art. R. 452-25-1.

2004	1er juill.	Ordonnance nº 2004-632. Associations syndicales de propriétaires : – Art. 61-I. – V. L. nº 84-595 du 12 juill. 1984, art. 33, App., vº *Location-accession*, **p. 1457**. – Art. 61-II. – V. CCH, art. L. 214-5.
2004	1er juill.	Ordonnance nº 2004-637. Simplification de la composition et du fonctionnement des commissions administratives et à la réduction de leur nombre : – Art. 20. – V. L. nº 96-987 du 14 nov. 1996, art. 3, App., vº *Ville (pacte de relance de la ville)*, **p. 1620**. – Art. 23-I. – V. CSP, art. L. 1331-17, L. 1331-26, L. 1331-27, App., vº *Salubrité*, **p. 1579**.
2004	1er juill.	Décret nº 2004-641. Sociétés anonymes d'habitations à loyer modéré. – V. CCH, art. R. 422-1 (Annexe 19), *R. 422-1-1 et *R. 422-1-2, R. 422-2-1, R. 422-16, R. 422-16-1, R. 423-73, R. 423-75, R. 481-6.
2004	2 juill.	Décret nº 2004-642. Agence nationale pour la rénovation urbaine. – V. Décr. nº 2004-123 du 9 févr. 2004, art. 2, 3 et 19, App., vº *Rénovation urbaine*, **p. 1539**.
2004	15 juill.	Décret nº 2004-705. Aide personnalisée au logement. – V. CCH, art. R. 351-12 et R. 351-13.
2004	9 août	Loi nº 2004-804. Soutien à la consommation et à l'investissement. – Art. 9-VIII. – V. L. nº 84-595 du 12 juill. 1984, art. 11, App., vº *Salubrité*, **p. 1453**.
2004	9 août	Loi nº 2004-806. Politique de santé publique : – Art. 4-I. – V. CSP, art. L. 1331-17 et L. 1331-27, App., vº *Salubrité*, **p. 1579**. – Art. 72 à 77. – V. CSP, art. L. 1334-1 à L. 1334-5 et L. 1334-7 à L. 1334-12, App., vº *Saturnisme*, **p. 1602**.
2004	13 août	Loi nº 2004-809. Libertés et responsabilités locales : – Art. 60 à 61-IV, 61-VI à 61-X, 61-XIII, 63-I. – V. CCH, art. L. 301-3, L. 301-5-1 à L. 301-5-4, L. 302-1, L. 302-4, L. 303-1, L. 312-2-1, L. 364-1, L. 441-1, L. 445-1 à L. 445-7. – Art. 61-XI. – V. Avertissement, **p. XI**. – Art. 61-XII. – V. L. nº 83-8 du 7 janv. 1983, art. 79, App., vº *Pauvreté et exclusion*, **p. 1494**. – Art. 61-XIV et 62. – V. L. nº 2003-710 du 1er août 2003, art. 11, App., vº *Rénovation urbaine*, **p. 1527**. – Art. 63-III. – V. L. nº 89-462 du 6 juill. 1989, art. 40, App., vº *Rapports locatifs*, **p. 1518**. – Art. 65-I et 65-IV. – V. L. nº 90-449 du 31 mai 1990, art. 1er à 4 et 6 à 8, App., vº *Droit au logement (loi Besson)*, **p. 1390**. – Art. 65-II. – V. CASF, art. L. 115-3 et L. 261-4, App., vº *Pauvreté et exclusion*, **p. 1491**. – Art. 74. – V. App., vº *Libertés et responsabilité locales*, **p. 1449**. – Art. 100. – V. L. nº 2000-1208 du 13 déc. 2000, art. 38, ss. CCH, art. L. 111-2.

2004	2 sept.	Décret nº 2004-933. Vente d'immeuble en l'état futur d'achèvement par les organismes d'HLM. – Art. 1er-I et II. – V. CCH, art. *R. 261-19 et R.* 261-24-1.
2004	2 sept.	Ordonnance nº 2004-937. Extension à Mayotte du régime de l'épargne-logement. – V. CCH, art. L. 371-4.
2004	2 sept.	Décret nº 2004-943. Organismes d'HLM et sociétés de coordination d'organismes d'HLM. – V. CCH, art. R. 423-75-1, R.* 423-85 à R.* 423-92, R. 422-2-1, *R. 422-20 et annexe 23.
2004	3 sept.	Décret nº 2004-940. Fonds d'aménagement urbain. – V. CCH, art. R. 302-16 et R. 302-20 à R. 302-24.
2004	9 sept.	Décret nº 2004-964. Sécurité des ascenseurs. – V. CCH, art. R. 125-1 à R. 125-2-8, R. 152-1, *R. 152-3 à R.* 152-10, R. 161-2.
2004	14 oct.	Décret nº 2004-1087. Sociétés anonymes coopératives de production d'habitations à loyer modéré et aux sociétés anonymes coopératives d'intérêt collectif d'habitations à loyer modéré : – V. CCH, art.*R. 422-6, R.* 422-7, R. 422-7-3 et R. 422-7-4, *R. 422-8-1, *R. 422-9, R. 422-9-1, R. 423-75, R. 423-75-1. – V. Annexes 20, 21 et 22, **p. 1782**.
2004	27 oct.	Décret nº 2004-1141. Sécurité incendie de certains établissements recevant du public. – V. CCH, art. *R. 123-14, *R. 123-45.
2004	23 nov.	Décret nº 2004-1251. Caisse de garantie du logement locatif social. – V. CCH, art. R. 452-5, R. 452-10, R. 452-12, R. 452-14, R. 452-16, R. 452-16-1, R. 452-17 à R. 452-17-2, R. 452-18 à R. 452-20 et R. 452-27.
2004	26 nov.	Décret nº 2004-1275. Conditions de vente de logements HLM. – V. CCH, art. R. 443-34.
2004	26 nov.	Décret nº 2004-1276. Convention de garantie des organismes d'HLM mentionnée à l'art. L. 453-1. – V. CCH, art. R. 453-2.
2004	9 déc.	Loi nº 2004-1343. Simplification du droit : – Art. 9-II. – V. L. nº 85-704 du 12 juill. 1985, art. 11-1 et 20, App., vº *Maîtrise d'ouvrage publique*, **p. 1466**. – Art. 39 et 41-II. – V. CCH, art. L. 134-1 à L. 134-5, L. 231-13.
2004	23 déc.	Décret nº 2004-1403. Calcul des loyers des logements conventionnés (art. L. 351-2, 4º). – V. CCH, art. R. 353-34, R. 353-40, R. 353-41 et Annexe 8, **p. 1683**.
2004	23 déc.	Décret nº 2004-1413. Prévention du risque sismique. – V. CCH, art. R. 112-1.
2004	23 déc.	Décret nº 2004-1442. Sécurité des immeubles collectifs à usage principal d'habitation. – V. CCH, art. R. 129-1 à R. 129-3.
2004	30 déc.	Loi nº 2004-1484. De finances pour 2005. – Art. 135. – V. CCH, art. L. 452-6.
2005	4 janv.	Décret nº 2005-3. Plans de prévention des risques naturels prévisibles. – Art. 9. – V. CCH, art. R. 126-1.

2005	18 janv.	Loi nº 2005-32. Programmation de cohésion sociale : - Art. 81, 83, 107, 135-II et 151. - V. App., vº *Cohésion sociale*, **p. 1337**. - Art. 84 à 86, 89, 90 98, 101 à 105, 115, 117-1 à 117-II, 123, 142-III. - V. CCH, art. L. 261-10, L. 301-3, L. 353-15-2, L. 353-19, L. 422-2, L. 422-3, L. 423-1-1, L. 441-2, L. 441-3, L. 442-6-5, L. 442-11, L. 443-11, L. 472-1-2, L. 632-1, L. 662-1. - Art. 87, 91 et 93. - V. L. nº 2003-710 du 1er août 2003, 6, 7, ss. 9, 11 et 14, App., vº *Rénovation urbaine*, **p. 1521**. - Art. 102. - V. L. nº 84-595 du 12 juill. 1984, art. 5, 9, 11, 24, 27-1, 41, App., vº *Location-accession*, **p. 1451**. - Art. 140. - V. L. nº 96-987 du 14 nov. 1996, art. 45, App., vº *Ville (pacte de relance de la ville)*, **p. 1621**.
2005	31 janv.	Décret nº 2005-69. Avances remboursables sans intérêt pour l'acquisition ou la construction de logements en accession à la propriété. - V. CCH, art. R. 318-1 à R. 318-23 et Annexe 3, **p. 1651**.
2005	31 janv.	Décret nº 2005-70. Avance aidée par l'État pour la construction, l'acquisition et l'amélioration de logements en accession à la propriété. - V. CCH, art. R. 312-3-1, R. 317-25, R. 331-72, R. 331-76-5-1.
2005	11 févr.	Loi nº 2005-102. Égalité des droits et des chances, participation et citoyenneté des personnes handicapées : - Art. 41 à 43, 45, 49, 93. - V. CCH, art. L. 111-7 à L. 111-7-4, L. 111-8-3-1, L. 111-26, L. 123-2, L. 152-1 à L. 152-4, L. 161-2, L. 302-1, L. 302-5. - Art. 50. - V. App., vº *Handicapés*, **p. 1435**.
2005	23 févr.	Loi nº 2005-157. Développement des territoires ruraux : - Art. 2-II et 13. - V. L. nº 95-115 du 4 févr. 1995, art. 42 et 61, App., vº *Zones prioritaires d'aménagement du territoire*, **p. 1622**. - Art. 192. - V. CCH, art. L. 353-19-2.
2005	23 févr.	Loi nº 2005-158. Reconnaissance de la Nation et contribution nationale en faveur des Français rapatriés. - Art. 3. - V. CCH, art. L. 302-5.
2005	2 mars	Décret nº 2005-212. Fonds de solidarité pour le logement : - Art. 1er à 11. - V. App., vº *Droit au logement (loi Besson)*, **p. 1397**. - Art. 12. - V. Décr. nº 2007-1688 du 29 nov. 2007, art. 1er à 15, App., vº *Pauvreté et exclusion*, **p. 1398**.
2005	23 mars	Décret nº 2005-260. Comité régional de l'habitat. - V. CCH, art. R. 351-30, R. 351-47, R. 351-48 à R. 351-52, R. 351-64, R. 362-1 à R. 362-12, R. 432-3, R. 441-1-1 et *R. 443-4.
2005	1er avr.	Décret nº 2005-308. Attribution de prêts et subventions pour la construction, l'acquisition, la réhabilitation de logements. - V. CCH, art. R. 323-12-1, R. 331-24, R. 381-7 et R. 381-8.
2005	4 avr.	Décret nº 2005-317. Programmes locaux de l'habitat. - V. CCH, art. R. 302-1 à R. 302-19.

2005	12 avr.	Décret n° 2005-350. Attribution de prêts pour la construction, l'acquisition et l'amélioration des logements locatifs aidés dans les départements d'outre-mer. – V. CCH, art. R. 372-20 à R. 372-24.
2005	12 avr.	Arrêté portant sur certains paramètres relatifs aux autres prêts locatifs sociaux applicables dans les départements d'outre-mer. – V. ss. CCH, art. R. 372-21.
2005	3 mai	Décret n° 2005-416. Conditions d'attribution des aides à la construction, à l'acquisition et à la réhabilitation de logements. – V. CCH, art. R. 321-2, R. 321-3, R. 321-8, R. 321-10, R. 321-10-1, R. 321-14, R. 321-18 et R. 321-21-1, R. 323-7-1, R. 331-15-1, R. 331-24-1, R. 441-1-2.
2005	20 mai	Loi n° 2005-516. Régulation des activités postales : – Art. 1er-6° et 5-II. – V. CPCE, art. L. 3 et L. 5-10, ss. CCH, art. L. 111-6-3. – Art. 5-III. – V. CCH, art. L. 111-6-3, L. 315-3.
2005	27 mai	Décret n° 2005-588. Aide personnalisée au logement. – V. CCH, art. R. 351-30, R. 351-30-1, R. 351-47, R. 351-31, R. 351-47 à R. 351-52 et R. 351-64.
2005	6 juin	Ordonnance n° 2005-649. Marchés passés par certaines personnes publiques ou privées non soumises au code des marchés publics. – Art. 41. – V. CCH, art. L. 433-1.
2005	8 juin	Ordonnance n° 2005-655. Logement et construction : – Art. 7. – V. CASF, art. L. 261-5, App., v° *Pauvreté et exclusion*, **p. 1493**. – Art. 9 à 18, 24 à 29 – V. CCH, L. 133-4 à L. 133-6, L. 134-1, L. 134-3, L. 134-6, L. 271-1 à L. 271-6, L. 321-1-1, L. 321-3 à L. 321-12, L. 351-2, L. 351-3, L. 351-6 à L. 351-8, L. 353-2, L. 361-1, L. 362-1, L. 362-2, L. 363-1, L. 631-7 à L. 631-8. – Art. 19. – V. CSP, art. L. 1334-5, L. 1334-6 et L. 1334-7, App., v° *Saturnisme*, **p. 1605**. – Art. 20. – V. CSP, art. L. 1334-13, App., v° *Amiante*, **p. 1293**. – Art. 21. – V. C. envir., art. L. 125-5, App., v° *Risques*, **p. 1551**.
2005	8 juin	Ordonnance n° 2005-658. Obligation d'assurance dans le domaine de la construction et géomètres experts. – Art. 4. – V. CCH, art. L. 111-15, L. 111-16, L. 111-23, L. 111-24, L. 111-28 à L. 111-30 et L. 111-32-1.
2005	27 juin	Loi n° 2005-706. Assistants maternels et assistants familiaux. – Art. 15. – V. CCH, art. L. 441-1.
2005	1er juill.	Décret n° 2005-741. Contrôle et recouvrement des cotisations versées à la caisse de garantie du logement locatif social. – V. CCH, art. R. 452-25-2 à R. 452-25-7.
2005	13 juill.	Loi n° 2005-781. De programme fixant les orientations de la politique énergétique. – V. CCH, art. L. 111-9 à L. 111-10-1, L. 152-1, L. 152-4 et C. envir., art. L. 224-1 et L. 224-2, App., v° *Énergie (pollution)*, **p. 1421**.

2005	26 juill.	Loi n° 2005-841. Développement des services à la personne et cohésion sociale. - V. ss. CCH, art. L. 351-2, art. L. 632-1 et Annexes 7 à 16, **p. 1672**.
2005	26 juill.	Loi n° 2005-845. Sauvegarde des entreprises. - Art. 186. - V. L. n° 75-1334 du 31 déc. 1975, art. 14-1, App., v° *Sous-traitance*, **p. 1617**.
2005	28 juill.	Ordonnance n° 2005-856. Simplification du régime des libéralités consenties aux associations, fondations et congrégations, de certaines déclarations administratives incombant aux associations et modification des obligations des associations et fondations relatives à leurs comptes annuels. - V. L. n° 2000-321 du 12 avr. 2000, art. 10, ss. CCH, art. R. 331-13.
2005	28 juill.	Ordonnance n° 2005-870. Adaptation de diverses dispositions relatives à la propriété immobilière à Mayotte. - Art. 9. - V. L. n° 84-595 du 12 juill. 1984, art. 45, App., v° *Location-accession*, **p. 1458**.
2005	2 août	Loi n° 2005-882. En faveur des petites et moyennes entreprises. - Art. 7. - V. C. consom., art. L. 313-3, App., v° *Crédit immobilier*, **p. 1369**.
2005	2 août	Ordonnance n° 2005-895. Relevant certains seuils de prélèvements obligatoires et tendant à favoriser l'exercice d'une activité salariée dans des secteurs professionnels connaissant des difficultés de recrutement. - V. ss. CCH, art. L. 313-17.
2005	2 août	Décret n° 2005-935. Partie réglementaire du code de l'environnement. - V. CCH, art. R. 125-23 s., R. 131-2 à R. 131-26.
2005	23 août	Décret n° 2005-1005. Extension du contrôle technique obligatoire à certaines constructions exposées à un risque sismique. - V. CCH, art. R. 111-38.
2005	25 août	Décret n° 2005-1030. Attribution de prêts et de subventions pour la construction, l'acquisition et la réhabilitation de logements. - V. CCH, art. R. 323-2, R. 323-5, R. 331-6, R. 331-19 et R. 331-26.
2005	29 août	Décret n° 2005-1053. Exclusion de la prime de retour à l'emploi du montant des ressources prises en compte pour le calcul des prestations familiales, des allocations logement et de certains minima sociaux. - V. CCH, art. R. 351-5.
2005	30 août	Décret n° 2005-1068. Régulation des activités postales. - V. CCH, art. **R. 315-69 et R. 331-65.
2005	29 sept.	Décret n° 2005-1243. Instituant un comité interministériel et un délégué interministériel pour le développement de l'offre de logements. - V. App., v° *Offre de logement*, **p. 1477**.
2005	21 oct.	Arrêté. Modification de l'annexe I à l'art. A. 243-1 du code des assurances. - V. C. assur., art. A. 243-1, App., v° *Assurance*, **p. 1320**.
2005	27 oct.	Décret n° 2005-1373. Dispositions concernant l'attribution de prêts et subventions pour la construction, l'acquisition, la réhabilitation de logements locatifs sociaux dans les départements d'outre-mer. - V. CCH, art. R. 323-22, R. 372-4-1 et R. 372-12.

2005	16 nov.	Décret nº 2005-1416. Organismes privés d'habitations à loyer modéré et sociétés anonymes de coordination d'organismes d'habitations à loyer modéré : – V. CCH, art. R.* 422-1-1. – V. Annexe 19, 20, 21 et 23, **p. 1774**.
2005	22 nov.	Décret nº 2005-1439. Commissions d'attribution des logements locatifs sociaux et aux organismes d'habitations à loyer modéré. – V. CCH, art. R. 423-75-1, R.* 423-91, R. 441-9, R. 442-4 et R. 442-5, R. 443-34.
2005	25 nov.	Décret nº 2005-1449. Agence nationale pour l'amélioration de l'habitat. – V. CCH, art. R. 302-20 à R. 302-24, R. 321-2, R. 321-9, R. 321-12, R. 321-15, R. 321-17, R. 321-18 et R. 327-1.
2005	29 nov.	Décret nº 2005-1473. Prêts locatifs sociaux. – V. CCH, art. R. 331-19.
2005	2 déc.	Décret nº 2005-1487. Conditions d'octroi des prêts conventionnés pour des opérations de location-accession à la propriété immobilière. – V. CCH, art. R. 331-76-5-1.
2005	8 déc.	Ordonnance nº 2005-1527. Permis de construire et aux autorisations d'urbanisme. – Art. 23 à 27 et 30. – V. CCH, art. L. 111-1, L. 111-3, L. 111-8 à L. 111-8-2, L. 122-1 et L. 122-2, L. 123-1, L. 151-1, L. 152-4, L. 443-15-1, L. 631-8.
2005	15 déc.	Ordonnance nº 2005-1566. Lutte contre l'habitat insalubre ou dangereux : – Art. 2, 3. – V. CSP, art. L. 1331-17, L. 1331-22 à L. 1331-26-1, L. 1331-28 à L. 1331-32, L. 1337-4, App., vº *Salubrité*, **p. 1579**. – Art. 4 à 9, 11, 13. – V. CCH, art. L. 111-6-1, L. 353-15, L. 511-1, L. 511-1-1, L. 511-2, L. 511-3, L. 511-5, L. 511-6, L. 521-1 à L. 521-4, L. 651-10. – Art. 10. – V. L. nº 70-612 du 10 juill. 1970, art. 13, 14, 16 à 19, App., vº *Salubrité*, **p. 1588**.
2005	19 déc.	Loi nº 2005-1579. De financement de la sécurité sociale pour 2006. – Art. 23-III et 92-VI. – V. CCH, art. L. 351-7, L. 351-13.
2005	29 déc.	Décret nº 2005-1695. Modification du décret nº 90-101 du 26 janv. 1990 relatif aux modalités d'application et d'entrée en vigueur du décret nº 96-100 du 26 janv. 1990 relatif aux règles de gestion des organismes collecteurs. – V. Décr. nº 90-101 du 26 janv. 1990, art. 5, App., vº *Participation des employeurs à l'effort de construction (organismes collecteurs)*, **p. 1488**.
2005	30 déc.	Loi nº 2005-1719. De finances pour 2006. – V. CCH, art. L. 312-1, L. 315-5 et L. nº 2005-841 du 26 juill. 2005, art. 35, ss. CCH, art. L. 351-2.
2005	30 déc.	Loi nº 2005-1720. De finances rectificative pour 2005. – V. ss. CCH, art. L. 411-2, L. 451-3 et L. 453-1.
2005	30 déc.	Décret nº 2005-1733. Fonds national d'aide au logement. – V. CCH, art. R. 351-4-1, R. 351-33, R. 351-34, R. 351-36, R. 351-37, R. 351-40, R. 351-42 à R. 351-45, R. 351-63, R. 353-48, R. 353-101 et R. 353-145.

2005	30 déc.	Décret nº 2005-1742. Fixant les règles applicables aux marchés passés par les pouvoirs adjudicateurs mentionnés à l'article 3 de l'ordonnance nº 2005-649 du 6 juin 2005 relative aux marchés passés par certaines personnes publiques ou privées non soumises au code des marchés publics. – V. CCH, art. *R. 433-1 à R. 433-19.
2005	30 déc.	Décret nº 2005-1788. Conseil départemental de l'habitat dans les DOM. – V. CCH, art. R. 371-1, R. 371-1-1, R. 371-3 à R. 371-6, R. 371-8 à R. 371-10.
2006	31 janv.	Décret nº 2006-93. Avances remboursables sans intérêt pour l'acquisition ou la construction de logements en accession à la propriété. – V. CCH, art. R. 318-4.
2006	10 févr.	Décret nº 2006-165. Communications radioélectriques des services de secours en opération dans les ouvrages routiers, ferroviaires ou fluviaux ou dans certaines catégories d'établissements recevant du public. – V. CCH, art. *R. 123-11 et ss. cet art.
2006	23 mars	Ordonnance nº 2006-346. Sûretés : – V. C. consom., art. L. 313-10-1, L. 313-14 à L. 313-14-2 et L. 314-1 à L. 314-20, App., vº *Crédit immobilier*, **p. 1377**.
2006	31 mars	Loi nº 2006-396. Égalité des chances. – Art. 26 et 27. – V. L. nº 95-115 du 4 févr. 1995, art. 42, App., vº *Zones prioritaires d'aménagement du territoire*, **p. 1622**.
2006	21 avr.	Ordonnance nº 2006-460. Partie législative du code général de la propriété des personnes publiques. – V. CCH, art. L. 443-12 et L. 451-5.
2006	21 avr.	Ordonnance nº 2006-461. Saisie immobilière. – V. C. mon. fin., art. L. 313-3, ss. C. consom., art. L. 313-6, App., vº *Crédit immobilier*, **p. 1373**.
2006	25 avr.	Décret nº 2006-474. Lutte contre le saturnisme. – V. CSP, art. R. 1334-1 à R. 1334-13, App., vº *Saturnisme*, **p. 1608**.
2006	2 mai	Décret nº 2006-503. Collecte et traitement des eaux usées mentionnées aux art. L. 2224-8 et L. 2224-10 du CGCT. – V. CSP, art. R. 1331-1 à R. 1331-2, App., vº *Salubrité*, **p. 1586**.
2006	17 mai	Décret nº 2006-555. Accessibilité des établissements recevant du public, des installations ouvertes au public et des bâtiments d'habitation. – V. CCH, art. *R. 111-5, R. 111-18 à R. 111-18-11, R. 111-19 à R. 111-19-12.
2006	17 mai	Décret nº 2006-569. Conventions conclues en application de l'article L. 351-2. – V. CCH, art. R. 353-4, R. 353-5, R. 353-20, R. 353-21, R. 353-61, R. 353-72, R. 353-92, R. 353-102, Annexes 7, 9 et 10 **p. 1672**.
2006	23 mai	Décret nº 2006-591. Protection des bâtiments contre les termites et autres insectes xylophages. – V. CCH, art. R. 112-2 à R. 112-4.
2006	7 juin	Décret nº 2006-665. Réduction du nombre et simplification de la composition de diverses commissions administratives. – V. CCH, art. **R. 122-4, R. 122-12, **R. 122-13, *R. 123-31, R. 313-21.

2006	13 juin	Loi n° 2006-685. Droit de préemption et protection des locataires en cas de vente d'un immeuble. – Art. 3. – V. L. n° 86-1290 du 23 déc. 1986, art. 41 *ter*, App., v° *Rapports locatifs*, **p. 1513**.
2006	27 juin	Décret n° 2006-750. Installation des portes automatiques de garage dans les bâtiments d'habitation. – V. CCH, art. *R. 125-3-1 à *R. 125-4.
2006	13 juill.	Loi n° 2006-872. Engagement national pour le logement : – Art. 1er. – V. App., v° *Offre de logements*, **p. 1478**. – Art. 3, 6, 15, 29 à 32, 34, 38, 42 à 44, 50, 54 à 59, 61, 64, 65, 68 à 74, 79, 80, 88, 96, 101, 109.59. – V. CCH, art. L. 111-6-1, L. 111-6-2-1 à L. 111-6-2-3, L. 112-18, L. 112-19, L. 125-2-3, L. 129-1 à L. 129-4, L. 133-5, L. 134-6, L. 134-7, L. 241-3, L. 251-1, L. 251-6, L. 253-1 à L. 253-8, L. 261-17 à L. 263-3, L. 271-1, L. 271-3 à L. 271-6, L. 302-1, L. 302-5, L. 302-7 à L. 302-12, L. 313-4, L. 313-31, L. 313-32-1, L. 321-1, L. 321-2, L. 321-4, L. 321-8, L. 321-11, L. 351-2, L. 353-14, L. 411-2 à L. 411-5-1, L. 422-2, L. 422-3, L. 423-10 à L. 423-11-3, L. 441 à L. 441-1-2, L. 441-1-4 à L. 441-1-6, L. 441-2, L. 441-2-3, L. 441-2-5, L. 441-3 à L. 441-9, L. 441-12, L. 441-14, L. 442-3, L. 442-5, L. 442-6, L. 443-6-2 à L. 443-6-13, L. 443-7-1, L. 443-12, L. 443-12-1, L. 443-15, L. 443-15-1 à L. 443-15-2-1, L. 443-15-7, L. 444-2, L. 445-8, L. 452-1, L. 452-2-1, L. 452-3, L. 452-4-1, L. 453-1, L. 472-1-2, L. 472-1-7, L. 511-2, L. 521-2, L. 521-3-2, L. 631-7, L. 631-11, L. 633-1, L. 633-4, L. 633-5, L. 641-1, L. 651-2 et L. 651-3, L. 662-1 ; L. n° 91-662 du 13 juill. 1991, art. 30, App., v° *Ville*, **p. 1620**. – Art. 37. – V. Avertissement, **p. XI**. – Art. 44. – V. CSP, art. L. 1331-26-1, L. 1331-28, L. 1331-28-3 et L. 1331-29, App., v° *Salubrité*, **p. 1581** ; L. n° 70-612 du 10 juill. 1970, art. 13, 14, 18, App., v° *Salubrité*, **p. 1588**. – Art. 60. – V. L. n° 90-449 du 31 mai 1990, art. 3 et 4, App., v° *Droit au logement (loi Besson)*, **p. 1390**. – Art. 63, 105, 106, 108, 112. – V. L. n° 2003-710 du 1er août 2003, art. 6, 10 et 62, App., v° *Rénovation urbaine*, **p. 1521** ; L. n° 2005-32 du 18 janv. 2005, art. 87, ss. L. n° 2003-710 du 1er août 2003, art. 9, App., v° *Rénovation urbaine*, **p. 1522**. – Art. 71. – V. L. n° 96-162 du 4 mars 1996, art. 11 et 13, ss. CCH, art. L. 441-15. – Art. 75. – V. CASF, art. L. 115-3, App., v° *Pauvreté et exclusion*, **p. 1491**. – Art. 79. – V. CSP, art. L. 1334-6, App., v° *Saturnisme*, **p. 1605** ; L. n° 99-471 du 8 juin 1999, art. 2 à 4, 8 et 9, App., v° *Termites (et autres insectes xylophages)*, **p. 1618**.
2006	18 juill.	Décret n° 2006-890. Attribution de prêts pour la construction, l'acquisition et l'amélioration de logements locatifs aidés. – V. CCH, art. R. 331-18.
2006	1er août	Décret n° 2006-975. Code des marchés publics. – V. CCH, art. R. 433-4.

2006	25 août	Ordonnance nº 2006-1048. Sociétés anonymes coopératives d'intérêt collectif pour l'accession à la propriété. - V. CCH, art. L. 215-1 à L. 215-10, L. 312-2, L. 411-2, L. 422-4 à L. 422-7, L. 422-9, L. 422-11, L. 423-3 et L. 423-4, L. 423-9, L. 451-1.
2006	30 août	Décret nº 2006-1090. Changements d'usage des locaux d'habitation. - V. CCH, art. R. 631-5.
2006	5 sept.	Décret nº 2006-1114. Diagnostics techniques immobiliers : - Art. 1er à 3. - V. CCH, art. R. 133-1, R. 133-3 à R. 133-7, R. 271-1 à R. 271-4, R. 281-1. - Art. 4. - CSP, art. R. 1334-11, App., vº *Saturnisme*, **p. 1607**.
2006	5 sept.	Décret nº 2006-1115. Application de l'article 16 de la loi nº 2005-516 du 20 mai 2005 relative à la régulation des activités postales. - Art. 1er. - V. CCH, art. *R. 222-10.
2006	14 sept.	Décret nº 2006-1147. Diagnostic de performance énergétique et état de l'installation intérieure de gaz dans certains bâtiments. - V. CCH, art. R. 134-1 à R. 134-9.
2006	29 sept.	Décret nº 2006-1200. Conventions conclues par l'Agence nationale de l'habitat en application des articles L. 321-4 et L. 321-8. - V. CCH, art. R. 321-23, R. 321-26 à R. 321-29, R. 321-31 à R. 321-36.
2006	26 oct.	Décret nº 2006-1308. Modification de certaines dispositions du décret nº 2004-123 du 9 févr. 2004 relatif à l'Agence nationale pour la rénovation urbaine. - V. Décr. nº 2004-123 du 9 févr. 2004, art. 2 et 12, App., vº *Rénovation urbaine*, **p. 1539**.
2006	8 nov.	Décret nº 2006-1359. Lutte contre l'habitat insalubre ou dangereux et sécurité des immeubles collectifs d'habitation : - V. CCH, art. R. 129-2 à R. 129-11, R. 511-1 à R. 511-12. - V. CSP, art. R. 1331-2 à R. 1331-11, App., vº *Salubrité*, **p. 1586**.
2006	30 nov.	Décret nº 2006-1502. Attributions du Conseil national de l'habitat. - V. CCH, art. R. 361-2.
2006	4 déc.	Décret nº 2006-1522. Prêts pour la construction, l'acquisition et l'amélioration de logements locatifs. - V. CCH, art. R. 331-20.
2006	6 déc.	Décret nº 2006-1540. Application de l'art. L. 314-10 du code de la consommation relatif au remboursement anticipé des prêts viagers hypothécaires. - V. C. consom., art. R. 314-1 et R. 314-2, App., vº *Crédit immobilier*, **p. 1388**.
2006	8 déc.	Décret nº 2006-1562. Caisse de garantie du logement locatif social. - V. CCH, art. R. 452-10, R. 452-12, R. 452-17.
2006	18 déc.	Loi nº 2006-1615. Ratification de l'ordonnance nº 2006-1048 du 25 août 2006 relative aux sociétés anonymes coopératives d'intérêt collectif pour l'accession à la propriété. - V. CCH, art. L. 215-1 à L. 215-1-2, L. 215-3 à L. 215-5, L. 215-7 à L. 215-10.
2006	21 déc.	Décret nº 2006-1652. Prix de base des loyers des logements réquisitionnés. - V. CCH, art. R. 642-12.

2006	21 déc.	Décret nº 2006-1653. Durées de validité des documents constituant le dossier de diagnostic technique. – V. CCH, art. R. 133-8, R. 134-4-1, R. 134-8-1, R. 271-5.
2006	21 déc.	Loi nº 2006-1666. De finances pour 2007. – V. CCH, art. L. 351-6.
2006	22 déc.	Décret nº 2006-1675. Répartition des missions d'expertise du Conseil supérieur d'hygiène publique de France entre le Haut Conseil de la santé publique et les agences de sécurité sanitaire. – V. CSP, art. R. 1331-1 à R. 1331-3, App., vº *Salubrité*, **p. 1586**.
2006	23 déc.	Décret nº 2006-1717. Avances remboursables sans intérêt pour l'acquisition ou la construction de logements en accession à la propriété. – V. CCH, art. R. 318-24 à R. 318-27.
2006	23 déc.	Décret nº 2006-1767. Subventions et prêts pour la construction, l'acquisition et l'amélioration de logements locatifs aidés dans les départements d'outre-mer. – V. CCH, art. R. 372-2 à R. 372-18.
2006	23 déc.	Décret nº 2006-1787. Majoration des avances remboursables sans intérêt pour l'acquisition ou la construction de logements en accession à la propriété. – V. CCH, art. R. 318-7, *R. 318-10 et *R. 318-10-1, R. 318-12.
2006	23 déc.	Décret nº 2006-1790. Avances remboursables sans intérêt pour l'acquisition ou la construction de logements en accession à la propriété. – V. CCH, art. R. 318-28 à R. 318-33.
2006	23 déc.	Décret nº 2006-1792. Transfert des compétences de la direction générale des impôts à la direction générale de la comptabilité publique en matière domaniale. – V. CCH, art. R.* 451-10.
2006	30 déc.	Loi nº 2006-1771. De finances rectificative pour 2006 : – Art. 72-II, 143. – V. CCH, art. L. 312-1, L. 321-1-1. – Art. 130-I. – V. L. nº 95-115 du 4 févr. 1995, art. 42, App., vº *Zones prioritaire d'aménagement du territoire*, **p. 1622**.
2006	30 déc.	Loi nº 2006-1772. Eau et milieux aquatiques : – Art. 47, 59. – V. CCH, art. L. 135-1, L. 152-1, L. 152-4, L. 271-4 et L. 271-5. – Art. 46, 67. – V. CSP, art. L. 1331-1 à L. 1331-2, L. 1331-4, L. 1331-6 et L. 1331-7, L. 1331-9 et L. 1331-10, L. 1331-11-1, L. 1331-15, L. 1337-2, App., vº *Salubrité*, **p. 1574**. – Art. 60 et 61. – V. L. nº 2000-1208 du 13 déc. 2000, art. 93, App., vº *Énergie (eau individualisation des contrats de fourniture)*, **p. 1459**.
2007	5 janv.	Décret nº 2007-16. Attribution de prêts et subventions pour la construction, l'acquisition et l'amélioration de logements locatifs. – V. CCH, art. R. 331-14.
2007	5 janv.	Décret nº 2007-18. Application de l'ordonnance nº 2005-1527 du 8 déc. 2005 relative au permis de construire et aux autorisations d'urbanisme. – V. CCH, art. R. 111-4-1, R. 111-21 et R. 111-21-1, R. 111-23-3, *R. 123-35, **R. 251-2, *R. 311-17, R. 331-7, R. 331-47, R. 331-57, R. 372-8, *R. 443-10, *R. 443-16.

2007	11 janv.	Ordonnance n° 2007-42. Recouvrement des créances de l'État et des communes résultant de mesures de lutte contre l'habitat insalubre ou dangereux : – V. CCH, art. L. 511-4, L. 541-1 à L. 541-6. – V. CSP, art. L. 1331-30, App., v° *Salubrité*, **p. 1584**.
2007	26 janv.	Décret n° 2007-104. Conditions d'octroi des prêts conventionnés pour des opérations de location-accession. – V. CCH, art. R. 331-76-5-3.
2007	1er févr.	Ordonnance n° 2007-137. Offices publics de l'habitat. – V. CCH, art. L. 411-2, L. 421-1 à L. 421-24, L. 423-1, L. 444-1, L. 616.
2007	1er févr.	Décret 2007-139. Modification du Décr. n° 97-34 du 15 janv. 1997 relatif à la déconcentration des décisions administratives individuelles. – V. Décr. n° 97-34 du 15 janv. 1997, Avertissement, **p. VIII**.
2007	15 févr.	Décret n° 2007-204. Modification du code de la construction et de l'habitation. – V. CCH, art. R. 312-3-1 à R. 312-3-3.
2007	21 févr.	Loi n° 2007-224. Dispositions statutaires et institutionnelles relatives à l'outre-mer. – V. L. n° 85-704 du 12 juill. 1985, art. 29, App., v° *Maîtrise d'ouvrage publique*, **p. 1468**.
2007	5 mars	Loi n° 2007-290. Instituant le droit au logement opposable et portant diverses mesures en faveur de la cohésion sociale : – Art. 1er, 11, 15, 16, 25 à 31, 40, 41, 50. – V. CCH, art. L. 129-4, L. 251-6, L. 300-1, L. 302-5, L. 313-26-1, L. 351-3, L. 353-15-1, L. 411-2, L. 421-3, L. 421-12, L. 422-2, L. 441-2-3 à L. 441-2-3-2, L. 442-6-1, L. 443-11, L. 632-1, L. 633-4. – Art. 12 et 13. – V. App., v° *Droit au logement (droit au logement opposable)*, **p. 1403**. – Art. 20. – V. L. n° 2005-32 du 18 janv. 2005, art. 81, 83, App., v° *Cohésion sociale*, **p. 1337** ; L. n° 2005-32 du 18 janv. 2005, art. 87, ss. L. n° 2003-710 du 1er août 2003, art. 9, App., v° *Rénovation urbaine*, **p. 1522**. – Art. 36. – V. CASF, art. L. 115-3, App., v° *Pauvreté et exclusion*, **p. 1491**.
2007	5 mars	Décret n° 2007-295. Instituant le comité de suivi de la mise en œuvre du droit au logement opposable. – V. App., v° *Droit au logement (droit au logement opposable)*, **p. 1404**.
2007	5 mars	Loi n° 2007-297. Prévention de la délinquance. – V. CCH, art. L. 126-3, L. 127-1, L. 129-4, L. 129-5.
2007	5 mars	Loi n° 2007-309. Modernisation de la diffusion audiovisuelle et télévision du futur : – V. CCH, art. L. 111-5-1. – V. L. n° 86-1067 du 5 mars 2007, art. 34-1, App., v° *Antennes et câbles (liberté de communication)*, **p. 1315**.
2007	8 mars	Décret n° 2007-316. Conventions globales de patrimoine des organismes d'habitations à loyer modéré. – V. CCH, art. R. 353-16, R.* 445-3 à R.* 445-16, R.* 472-3, R.* 481-5-1.

2007	19 mars	Décret nº 2007-363. Études de faisabilité des approvisionnements en énergie, caractéristiques thermiques et performance énergétique des bâtiments existants et affichage du diagnostic de performance énergétique. - V. CCH, art. R. 111-22 à R. 111-22-2, R. 131-25 à R. 131-30, R. 134-4-1.
2007	25 mars	Décret nº 2007-428. Information en cas de non-renouvellement de convention. - V. CCH, art. R. 411-2.
2007	27 mars	Décret nº 2007-464. Avances remboursables sans intérêt pour l'acquisition ou la construction de logements en accession à la propriété. - V. CCH, art. R. 318-29, R. 318-31 à R. 318-33.
2007	10 avr.	Décret nº 2007-535. Avances remboursables sans intérêt pour l'acquisition ou la construction de logements en accession à la propriété. - V. CCH, art. R. 318-4 et R. 318-25.
2007	9 mai	Décret nº 2007-743. Dispositions particulières à certaines agglomérations en matière de logement locatifs sociaux. - V. CCH, art. R. 302-16-1 à R. 302-18, R. 302-25, R. 302-26 et R. 318-25.
2007	10 mai	Décret nº 2007-796. Comptage de la fourniture d'eau froide dans les immeubles à usage principal d'habitation. - V. CCH, art. R. 135-1.
2007	15 mai	Décret nº 2007-891. Application de l'article 101 de la loi nº 2006-872 du 13 juill. 2006 portant engagement national pour le logement, abrogation de diverses mesures devenues sans objet. - V. CCH, art. R. 313-35, R. 313-43, R. 313-45, *R. 313-46 à R. 313-53, *R. 313-55 et *R. 313-56.
2007	15 mai	Décret nº 2007-892. Résidences hôtelières à vocation sociale. - V. CCH, art. R.* 451-7, *R. 631-9 à *R. 631-27.
2007	15 mai	Décret nº 2007-896. Attribution de prêts pour la construction, l'acquisition et l'amélioration de logements locatifs. - V. CCH, art. R. 331-17.
2007	15 mai	Décret nº 2007-897. Conditions de financement des opérations réalisées dans le cadre d'une convention d'usufruit. - V. CCH, art. R. 252-1 et R. 252-2.
2007	3 août	Décret nº 2007-1177. Application de l'article L. 111-3-1 du code de l'urbanisme relatif aux études de sécurité publique. - V. CCH, art. *R. 123-45.
2007	10 août	Loi nº 2007-1199. Libertés et responsabilités des universités. - V. CCH, art. L. 353-21.
2007	11 sept.	Décret nº 2007-1327. Sécurité et accessibilité des établissements recevant du public et des immeubles de grande hauteur. - V. CCH, art. R. 111-18-3, R. 111-18-7, R. 111-18-10, R. 111-19-6, R. 111-19-10, R. 111-19-13 à R. 111-19-30, R. 111-38, R. 122-11-1 à R. 122-11-6, R. 123-22, R. 511-2-1.

2007	13 sept.	Décret nº 2007-1354. Composition du comité de suivi de la mise en œuvre du droit au logement opposable et modification du décret nº 2007-295 du 5 mars 2007 instituant le comité de suivi de la mise en œuvre du droit au logement opposable. – V. Décr. nº 2007-295 du 13 sept. 2007, art. 2 et 3, App., vº *Droit au logement (droit au logement opposable)*, **p. 1404**.
2007	12 oct.	Décret nº 2007-1464. Opérations d'accession à la propriété réalisées par les organismes d'habitations à loyer modéré. – V. CCH, art. R. 443-34.
2007	6 nov.	Décret nº 2007-1576. Organismes d'information sur le logement. – V. CCH, art. R.* 366-1 à R.* 366-8, Annexes 17 et 18, **p. 1099**.
2007	8 nov.	Décret nº 2007-1589. Aide personnalisée au logement. – V. CCH, art. R. 351-5, R. 351-7, *R. 315-8.
2007	9 nov.	Décret nº 2007-1595. Sociétés anonymes coopératives d'intérêt collectif pour l'accession à la propriété. : – V. CCH, art. R. 215-1 à R. 215-4, R. 313-34, R. 422-10 à R. 422-15, R. 423-1, R. 423-68, R. 423-72, R. 423-74, R. 423-75-1, R. 423-78, R.* 461-2. – V. Annexe 1, **p. 1629**.
2007	23 nov.	Décret nº 2007-1660. Logements-foyers. – V. CCH, art. R. 633-1 à R. 633-9.
2007	28 nov.	Décret nº 2007-1677. Attribution des logements locatifs sociaux, droit au logement opposable. – V. CCH, art. R. 362-2, R. 371-1-1, R.* 423-91, R. 441-2-4, R.* 441-3, R.* 441-6 à R. 441-9, R.* 441-12 à R.* 441-18-1.
2007	29 nov.	Décret nº 2007-1688. Plans départementaux d'action pour le logement des personnes défavorisées. – V. App., vº *Pauvreté et exclusion*, **p. 1498**.
2007	29 nov.	Décret nº 2007-1689. Cotisation additionnelle à la caisse de garantie du logement locatif social. – V. CCH, art. R. 452-25-1.
2007	7 déc.	Décret nº 2007-1727. Extension du contrôle technique obligatoire à certaines constructions exposées à un risque sismique. – V. CCH, art. R. 111-38.
2007	19 déc.	Loi nº 2007-1786. De financement de la sécurité sociale pour 2008. – V. CCH, art. L. 351-2-1, L. 351-12, ss. art. L. 351-1.
2007	20 déc.	Décret nº 2007-1803. Conditions d'actualisation des redevances des accédants à la propriété ayant conclu un contrat de location-accession dans le cadre d'opérations financées par des prêts conventionnés pour la location-accession. – V. CCH, art. R. 331-76-5-1.
2007	24 déc.	Loi nº 2007-1822. De finances pour 2008 : – Art. 47-IV. – V. C. envir., art. L. 131-6, App., vº *Énergie (Agence de l'environnement et de la maîtrise de l'énergie)*, **p. 1406** – Art. 137. – V. CCH, art. L. 441-2-3-3. – Art. 140. – V. L. nº 95-115 du 4 févr. 1995, art. 42 App., vº *Zones prioritaires d'aménagement du territoire*, **p. 1622**.

2007	24 déc.	Décret nº 2007-1840. Portant diverses dispositions relatives au logement social : – V. ss. CCH, art. L. 421-12 et L. 421-24, art. R. 443-12-1, R*. 422-9, R. 422-9-2 à R. 422-9-5. – V. Annexes 19 et 20, **p. 1774**.
2007	25 déc.	Loi nº 2007-1824. De finances rectificative pour 2007 : – V. CCH, art. L. 452-4 à L. 452-6 et ss. L. 313-1 ; CSP, art. L. 1331-1, App. vº Salubrité, **p. 1574**. – Art. 85. – V. App., vº *Garantie des risques locatifs (garantie de l'État)*, **p. 1423**.
2007	26 déc.	Décret nº 2007-1941. Convention de garantie des organismes d'habitation à loyer modéré. – V. CCH, art. R. 453-7.
2008	3 janv.	Loi nº 2008-3. Développement de la concurrence au service des consommateurs. – V. C. consom., art. L. 312-8 et L. 312-14-2, App., vº *Crédit immobilier*, **p. 1343**.
2008	8 janv.	Décret nº 2008-29. Attribution de prêts pour la construction, l'acquisition et l'amélioration de logements locatifs. – V. CCH, art. R. 331-18.
2008	16 janv.	Décret nº 2008-55. Opérations d'accession à la propriété réalisées par les organismes d'habitations à loyer modéré. – V. CCH, art. R.* 443-2, R. *481-7.
2008	8 févr.	Loi nº 2008-111. Pour le pouvoir d'achat. – V. L. nº 84-595 du 12 juill. 1984, art. 7, App., vº *Location-accession*, **p. 1452**.
2008	13 févr.	Loi nº 2008-126 Réforme de l'organisation du service public de l'emploi. – V. L. nº 2003-710 du 1er août 2003, art. 62, App., vº *Rénovation urbaine*, **p. 1532**.
2008	21 févr.	Décret nº 2008-166. Fixant le taux de l'intérêt légal pour l'année 2008. – V. C. mon. fin., art. L. 313-2 ss. C. consom., art. L. 313-6, App., vº *Crédit immobilier*, **p. 1372**.
2008	26 févr.	Décret nº 2008-187. Commission spécialisée de coordination des actions de prévention des expulsions locatives. – V. App., vº *Droit au logement (loi Besson)*, **p. 1398**.
2008	28 mars	Décret nº 2008-291. Modification du décret nº 2004-964 du 9 sept. 2004 relatif à la sécurité des ascenseurs. – V. CCH, art. R. 125-1-2 et Décr. nº 2004-964 du 9 sept. 2004, art. 4, ss. CCH, art. R. 125-2-6.
2008	22 avr.	Décret nº 2008-384. État de l'installation intérieure d'électricité dans les immeubles à usage d'habitation. – V. CCH, art. R.* 134-10 à R.* 134-13.
2008	7 mai	Décr. nº 2008-449. Calcul du taux effectif global pour les avances réalisées dans le cadre d'un contrat d'affacturage. – V. C. consom., art. R. 313-1-1, App., vº *Crédit immobilier*, **p. 1421**.
2008	15 mai	Décret nº 2008-461. Diagnostic de performance énergétique lors des mises en location de bâtiments à usage principal d'habitation. – V. CCH, art. R. 131-30, R. 134-1, R. 134-4-1 à R. 134-4-3.

2008	30 mai	Ordonnance nº 2008-507. Transposition de la directive 2005/36/CE du Parlement européen et du Conseil du 7 septembre 2005 relative à la reconnaissance des qualifications professionnelles. – V. CCH, art. L. 111-25.
2008	17 juin	Loi nº 2008-561. Réforme de la prescription en matière civile. – V. CCH, art. L. 111-12, L. 111-24, L. 111-33 et L. 631-7-1.
2008	18 juin	Décret nº 2008-566. Administration des offices publics de l'habitat : – V. CCH, art. R. 314-19, R. 331-14, R. 361-4, *R. 421-1 à *R. 421-22, *R. 423-84, R. 431-4, **R. 431-15, *R. 432-1, *R. 432-2, R. 433-4, R. 441-9, R.* 442-23, R.* 461-2. – V. Annexes 19 à 22, **p. 1774**.
2008	18 juin	Décret nº 2008-567. Composition du comité de suivi de la mise en œuvre du droit au logement opposable et modification du décret nº 2007-295 du 5 mars 2007 instituant le comité de suivi de la mise en œuvre du droit au logement opposable. – V. Décr. nº 2007-295 du 5 mars 2007, art. 2 et 3, App., vº *Droit au logement (droit au logement opposable)*, **p. 1404**.
2008	26 juin	Décret nº 2008-608. Aide personnalisée au logement. – V. CCH, art. R. 351-4 à R. 351-7, R. 351-7-2, R. 351-14, R. 351-28-1, R. 351-28-2, R. 351-33, R. 351-60.
2008	1er juill.	Décret nº 2008-648. Régime budgétaire et comptable des offices publics de l'habitat. – V. CCH, art.*R. 423-2 à *R. 423-28.
2008	25 juill.	Décret nº 2008-734. Modification du décret nº 2007-454 du 27 mars 2007 relatif aux avances remboursables sans intérêt pour l'acquisition ou la construction de logements en accession à la propriété. – V. CCH, art. R. 318-31.
2008	28 juill.	Loi nº 2008-735. Contrats de partenariat. – V CCH, art. L. 422-2.
2008	1er août	Loi nº 2008-757. Responsabilité environnementale et diverses dispositions d'adaptation au droit communautaire dans le domaine de l'environnement. – V. C. envir., art. L. 224-1 et L. 224-2, App., vº *Énergie (pollution)*, **p. 1421**.
2008	4 août	Loi nº 2008-776. Modernisation de l'économie : – Art. 13-I, VIII et IX, 109-VII, 151-III. – V. CCH, art. L. 111-5-1, L. 301-5-1, L. 301-5-2, L. 443-11, L. 631-7 à L. 631-7-5, L. 631-9. – Art. 43. – V. L. nº 86-1290 du 23 déc. 1986, art. 57 A, App., vº *Rapports locatifs*, **p. 1517**. – Art. 71-II et 81-V. – V. C. consom., art. L. 313-5 et L. 313-10, App., vº *Crédit immobilier*, **p. 1371**. – Art. 109-II. – V. L. nº 66-457 du 2 juill. 1966, art. 1er, App., vº *Antennes et câbles (droit à l'antenne et au très haut débit)*, **p. 1307**. – Art. 151-III. – V. L. nº 2003-710 du 1er août 2003, art. 8, App., vº *Rénovation urbaine*, **p. 1521**.
2008	13 août	Décret nº 2008-778. Fourniture de gaz naturel au tarif spécial de solidarité. – Art. 1er à 3. – V. App., vº *Pauvreté et exclusion*, **p. 1504**.

2008	13 août	Décret nº 2008-780. Procédure applicable en cas d'impayés des factures d'électricité, de gaz, de chaleur et d'eau. – V. App., vº *Pauvreté et exclusion*, **p. 1507**.
2008	21 août	Décret nº 2008-825. Supplément de loyer de solidarité. – V. CCH, art. *R. 441-20 à *R. 441-26, R. 441-31, *R. 442-13 et *R. 442-14, R. 481-5.
2008	8 sept.	Décret nº 2008-908. Conditions de permanence de la résidence des bénéficiaires du droit à un logement décent et indépendant. – V. CCH, art. R. 300-1 et R. 300-2.
2008	29 sept.	Décret nº 2008-1010. Organisation du service public de l'emploi. – V. CCH, art. R. 318-7, *R. 442-13, *R. 442-14, R.* 443-2.
2008	27 oct.	Décret nº 2008-1093. Classification des postes et barèmes de rémunération de base des personnels employés par les offices publics de l'habitat et ne relevant pas de la fonction publique territoriale. – V. CCH, art. *R. 421-6.
2008	13 nov.	Décret nº 2008-1175. Durées de validité des documents constituant le dossier de diagnostic technique. – V. CCH, art. R. 271-5.
2008	27 nov.	Décret nº 2008-1227. Contentieux du droit au logement opposable : – V. CCH, art. *R. 441-18-2 et R.* 441-18-3. – V. CJA, art. R. 778-1 à R. 778-7, App., vº *Droit au logement (droit au logement opposable)*, **p. 1401**.
2008	27 nov.	Décret nº 2008-1231. Prévention des intoxications par le monoxyde de carbone. – V. CCH, art. R. 131-31 à R. 131-37, R.* 152-11.
2008	28 nov.	Décret nº 2008-1237. Prorogation du mandat des membres du conseil d'administration de l'Agence nationale de l'habitat. – V. ss. CCH, art. R. 321-4.
2008	1er déc.	Loi nº 2008-1249. Généralisation du revenu de solidarité active et réforme des politiques d'insertion : – V. CCH, art. L. 351-10. – V. CASF, art. L. 115-1 à L. 115-4-1, App., vº *Pauvreté et exclusion*, **p. 1490**.
2008	16 déc.	Décret nº 2008-1338. Vente d'immeubles à rénover. – V. CCH, art. R.* 262-1 à R.* 262-15.
2008	17 déc.	Loi nº 2008-1330. De financement de la sécurité sociale pour 2009. – V. CCH, art. L. 351-11.
2008	19 déc.	Loi nº 2008-1350. Législation funéraire. – V. CCH, art. L. 511-4-1.
2008	19 déc.	Décret nº 2008-1365. Avances remboursables sans intérêt pour l'acquisition ou la construction de logements en accession à la propriété. – V. CCH, art. R. 318-9, *R. 318-10, R. 318-12, R. 318-15.
2008	19 déc.	Décret nº 2008-1366. Avances remboursables sans intérêt pour l'acquisition ou la construction de logements en accession à la propriété. – V. CCH, art. R. 318-30, R. 318-32, R. 318-33.
2008	19 déc.	Décret nº 2008-1371. Application de l'article L. 271-1. – V. CCH, art. D. 271-6 et D. 271-7.

2008	19 déc.	Décret nº 2008-1411. Modification des décrets nºs 82-955 du 9 novembre 1982 et 87-713 du 26 août 1987 fixant la liste des charges récupérables des locaux d'habitation. – V. Décr. nº 82-955 du 9 nov. 1982, art. 2, App., vº *Charges récupérables*, **p. 1332**.
2008	22 déc.	Décret nº 2008-1466. Portant diverses dispositions relatives aux contrats d'assurance de constructions à usage autre que l'habitation. – V. C. assur., art. R. 243-1 à R. 243-3, App., vº *Assurance*, **p. 1317**.
2008	22 déc.	Décret nº 2008-1530. Calcul de l'aide personnalisée au logement, et au Fonds national d'aide au logement. – V. CCH, art. R. 351-7-2, R. 351-34, R. 351-38, R. 351-42, R. 351-43 à R. 351-45.
2008	27 déc.	Loi nº 2008-1425. De finances pour 2009 : – Art. 29-VII. – V. C. envir., art. L. 131-5-1, App., vº *Énergie (agence de l'environnement et de la maîtrise de l'énergie)*, **p. 1406**. – Art. 191. – V. CCH, art. L. 351-3.
2008	30 déc.	Loi nº 2008-1443. De finances rectificative pour 2008 : – Art. 34. – V. L. nº 95-115 du 4 févr. 1995, art. 42, App., vº *Zones prioritaires d'aménagement du territoire*, **p. 1622**. – Art. 149. – V. ss. CCH, art. L. 301-5-1.
2008	30 déc.	Décret nº 2008-1531. Présidence du conseil d'administration de l'Agence nationale de l'habitat. – V. CCH, art. R. 321-4.
2009	7 janv.	Décret nº 2009-14. Rapporteur public des juridictions administratives et déroulement de l'audience devant ces juridictions. – V. CJA, art. R. 778-4, App., vº *Droit au logement (droit au logement opposable)*, **p. 1402**.
2009	15 janv.	Décret nº 2009-52. Installation de lignes de communications électroniques à très haut débit en fibre optique dans les bâtiments neufs. – V. CCH, art. R. 111-1, *R. 111-1-1, R. 111-6, *R. 111-14, **R. 122-2, R. 131-15.
2009	26 janv.	Décret nº 2009-98. Statuts des sociétés civiles immobilières d'accession progressive à la propriété créées par l'article L. 443-6-2 du code de la construction et de l'habitation. – V. CCH, art. R.* 443-9-1 à R. 443-9-4, R.* 472-2-1, R.* 481-8 ; Annexe 25, **p. 1797**.
2009	30 janv.	Décret nº 2009-100. Subventions et prêts pour la construction, l'acquisition et l'amélioration de logements locatifs aidés dans les départements d'outre-mer. – V. CCH, art. R. 372-9, R. 372-11, R. 372-14 à R. 372-16.
2009	17 févr.	Loi nº 2009-179. Accélération des programmes de construction et d'investissement publics et privés : – Art. 4, 5. – V. CCH, art. L. 301-5-1, L. 301-5-2, L 433-2. – Art. 6. – L. nº 2008-776 du 4 août 2008, art. 13-X, ss. CCH, art. L. 631-7. – Art. 7. – V. App., vº *Offre de logement*, **p. 1479**.
2009	18 févr.	Décret nº 2009-192. Attribution de prêts pour la construction, l'acquisition et l'amélioration de logements locatifs dans les départements d'outre-mer. – V. CCH, art. R. 372-21 et R. 372-23.

2009	20 mars	Décret nº 2009-314. Conditions de financement des opérations réalisées dans le cadre d'une convention d'usufruit. – V. CCH, art. R. 252-1.
2009	25 mars	Loi nº 2009-323. Mobilisation pour le logement et la lutte contre l'exclusion : – Art. 1er à 3, 5, 8 à 12, 14 à 16, 21, 23, 26, 28, 43, 57, 61, 62, 64, 65, 69, 70, 75 à 77, 79 à 83, 86, 90 à 94, 96 à 99, 104, 109, 112, 113, 117 à 120. – V. CCH, art. L. 111-6-1, L. 123-3, L. 125-2-4, L. 129-2 à L. 129-4, L. 129-6, L. 132-3, L. 215-1-1, L. 252-1, L. 261-5, L. 261-7, L. 290-1, L. 290-2, L. 301-5-1, L. 302-1 à L. 302-4-1, L. 302-9-1-1, L. 302-11, L. 313-1 à L. 313-17, L. 313-19 à L. 313-23, L. 313-25, L. 313-26-2, L. 313-31, L. 313-32-1, L. 313-33 à L. 313-36, L. 321-1, L. 321-1-2, L. 321-1-3, L. 321-4, L. 321-5, L. 321-10, L. 321-10-1, L. 321-11-1, L. 353-9-2, L. 353-15, L. 353-20, L. 353-21, L. 365-1 à L. 365-7, L. 411-2, L. 411-9, L. 411-10, L. 421-1 à L. 422-3, L. 441-1 à L. 441-4, L. 441-12, L. 442-3 à L. 442-4, L. 442-5-1, L. 442-6, L. 442-8 à L. 442-9, L. 442-12, L. 443-7, L. 443-7-1, L. 443-11, L. 443-12-1, L. 443-15, L. 443-15-6, L. 444-5 à L. 444-9, L. 445-1 à L. 445-4, L. 445-7, L. 451-1, L. 452-1, L. 452-4, L. 452-4-1, L. 472-1-8, L. 481-1 à L. 481-7, L. 482-1 à L. 482-4, L. 511-2, L. 511-4, L. 521-2, L. 521-3-3, L. 521-3-4, L. 522-1, L. 613-1, L. 613-2, L. 615-6 à L. 615-8, L. 631-11, L. 632-1, L. 632-3, L. 633-1, L. 642-3, L. 651-10. – Art. 5, 7, 8, 25, 46. – V. L. nº 2003-710 du 1er août 2003, art. 7, 10-1, 12, 14, App., vº *Rénovation urbaine*, **p. 1521**. – Art. 8. – V. C. com., art. L. 225-43, ss. CCH, art. L. 313-1 ; L. nº 2007-1824 du 25 déc. 2007, art. 85, App., vº *Garantie des risques locatifs (garantie de l'État)*, **p. 1423** ; Annexes nºs 10, 19 et 20, **p. 1701**. – Art. 13. – V. L. nº 86-1290 du 23 déc. 1986, art. 42, App., vº *Rapports locatifs*, **p. 1514**. – Art. 42. – V. L. nº 2006-872 du 13 juill. 2006, art. 1er, App., vº *Offre de logement*, **p. 1478**. – Art. 59, 69, 74, 84, 95. – V. L. nº 90-449 du 31 mai 1990, art. 2 et 4, App., vº *Droit au logement (loi Besson)*, **p. 1390**. – Art. 61. – V. L. nº 89-462 du 6 juill. 1989, art. 40, App., vº *Rapports locatifs*, **p. 1518**. – Art. 65. – V. ss. CCH, art. L. 351-2. – Art. 85, 91, 94. – V. CSP, art. L. 1331-22, L. 1331-26-1, L. 1331-28 à L. 1331-30, App., vº *Salubrité*, **p. 1582** ; art. L. 1334-2, App., vº *Saturnisme*, **p. 1603**. – Art. 101. – V. App., vº *Résidences temporaires*, **p. 1548**. – Art. 110. – V. ss. CCH, art. L. 411-2 et ss. L. nº 85-704 du 12 juill. 1985, art. 7, App., vº *Maîtrise d'ouvrage publique*, **p. 1465**. – Art. 111. – V. L. nº 85-704 du 12 juill. 1985, art. 1er, App., vº *Maîtrise d'ouvrage publique*, **p. 1462**. – Art. 118. – V. Ord. nº 2007-137 du 1er févr. 2007, art. 8 à 10, ss. CCH, art. L. 421-24.

2009	30 mars	Décret nº 2009-344. Avances remboursables sans intérêt destinées au financement de travaux de rénovation afin d'améliorer la performance énergétique des logements anciens. - V. CCH, art. R. 318-7, R. 318-11, R. 318-16, *R. 319-1 à *R. 319-15.
2009	30 mars	Décret nº 2009-346. Avances remboursables sans intérêt destinées au financement de travaux de rénovation afin d'améliorer la performance énergétique des logements anciens. - V. CCH, art. R. 312-3-1, R. 319-16 à R. 319-22, R. 331-72.
2009	7 avr.	Décret nº 2009-392. Prêt social de location-accession. - V. CCH, art. R. 331-76-5-1.
2009	10 avr.	Décret nº 2009-400. Modification du décret nº 2008-1227 du 27 nov. 2008 relatif au contentieux du droit au logement opposable : - V. CCH, art. R. 441-16-1, R. 441-18. - V. CJA, art. R. 778-1, R. 778-7, App., vº *Droit au logement (droit au logement opposable)*, **p. 1401**.
2009	17 avr.	Décret nº 2009-424. Dispositions particulières relatives aux caractéristiques thermiques, énergétiques, acoustiques et d'aération des bâtiments d'habitation dans les départements de la Guadeloupe, de la Guyane, de la Martinique et de La Réunion. - V. CCH, art. *R. 162-1 à *R. 162-4.
2009	20 avr.	Loi nº 2009-431. De finances rectificative pour 2009. - V. CCH, art. L. 421-12, L. 452-1-1, L. 452-3.
2009	30 avr.	Décret nº 2009-500. Accessibilité des établissements recevant du public et des bâtiments à usage d'Habitation. - V. CCH, art. R. 111-18-3, R. 111-18-7, R. 111-19-9.
2009	12 mai	Loi nº 2009-526. De simplification et de clarification du droit et d'allégement des procédures : - Art. 11, 80, 122, 123, 125. - V. CCH, art. L. 101-1, L. 111-11, L. 111-12, L. 111-24, L. 111-28, L. 111-33, L. 111-41, L. 152-4, L. 152-11, L. 152-12, L. 311-13, L. 351-13, L. 353-10, L. 441-10, L. 442-5, L. 511-6, L. 521-4, L. 642-28, L. 261-22, R.* 262-5. - Art. 80. - V. L. nº 95-115 du 4 févr. 1995, art. 42, App., vº *Zones prioritaires d'aménagement du territoire*, **p. 1622**. - Art. 125. - V. CSP, art. L. 1337-4, App., vº *Salubrité*, **p. 1585**.
2009	14 mai	Ordonnance nº 2009-537. Portant extension et adaptation à Mayotte, dans les îles Wallis-et-Futuna, en Polynésie française, dans les Terres australes et antarctiques françaises et en Nouvelle-Calédonie de diverses dispositions de nature législative. - V. CCH, art. L. 291-1 et L. 291-2.
2009	14 mai	Décret nº 2009-539. Instances en charge de la politique de la ville. - V. App., vº *Rénovation urbaine*, **p. 1546**.
2009	27 mai	Loi nº 2009-594. Développement économique des outre-mer. - V. CCH, art. L. 371-5, L. 472-1-9.

2009	28 mai	Décret n° 2009-603. Agence de l'environnement et maîtrise de l'énergie. – V. C. envir., art. R. 131-1 à R. 131-4, R. 131-6, R. 131-9 à R. 131-11, R. 131-15 à R. 131-20, App., v° *Énergie (agence de l'environnement et de la maîtrise de l'énergie)*, **p. 1407**.
2009	12 juin	Décret n° 2009-681. Activité de contrôle technique de la construction, pris pour l'application de l'article L. 111-25. – V. CCH, art. R.* 111-29-1, R.* 111-30 à R.* 111-32-3, R.* 111-33-1, R. 111-34.
2009	17 juin	Décret n° 2009-720. Commission du programme national de requalification des quartiers anciens dégradés. – V. ss. L. n° 2003-710 du 1er août 2003, art. 10-1, App., v° *Rénovation urbaine*, **p. 1525**.
2009	18 juin	Loi n° 2009-715. Organe central des caisses d'épargne et des banques populaires. – V. CCH, art. R. 361-14.
2009	18 juin	Décret n° 2009-716. Traitements automatisés de données à caractère personnel accompagnant la mise en œuvre du revenu de solidarité active et portant diverses mesures de coordination. – V. CCH, art. *R. 442-13.
2009	22 juin	Décret n° 2009-746. Emplois de la participation des employeurs à l'effort de construction pris pour l'application de l'article L. 313-3 : – V. CCH, art. R. 313-4, R. 313-10, R. 313-11, R. 313-12 à R. 313-20-3, R. 313-34, R. 313-35, R. 313-36, R. 313-37. – V. Décr. n° 90-392 du 11 mai 1990, art. 5, App., v° *Participation des employeurs à l'effort de construction (association de l'art. R. 313-9 CCH)*, **p. 1482**.
2009	15 juill.	Ordonnance n° 2009-864. Contrats de concession de travaux publics. – V. CCH, art. L. 313-33 et L. 313-34.
2009	15 juill.	Ordonnance n° 2009-866. Conditions régissant la fourniture de services de paiement et portant création des établissements de paiement. – V. C. consom., art. L. 313-10, App., v° *Crédit immobilier*, **p. 1375**.
2009	21 juill.	Loi n° 2009-879. Réforme de l'hôpital et relative aux patients, à la santé et aux territoires. – V. CSP, art. L. 1334-8-1 à L. 1334-10, L. 1334-12-1, L. 1334-14 à L. 1334-17, App., v° *Saturnisme*, **p. 1606**.
2009	21 juill.	Décret n° 2009-881. Recouvrement des indus de prestations familiales, d'allocations aux adultes handicapés et d'aides personnelles au logement. – V. CCH, art. R. 351-28-1, R. 351-28-2 et R. 351-29.
2009	22 juill.	Loi n° 2009-888. Développement et modernisation des services touristiques : – Art. 1er. – V. C. tourisme, art. L. 211-24, ss. C. consom., art. L. 121-60, App., v° *Jouissance d'immeuble à temps partagé (contrat de jouissance d'immeubles à temps partagé)*, **p. 1436**. – Art. 32. – V. L. n° 86-18 du 6 janv. 1986, art. 5, 13 et 19, App., v° *Jouissance d'immeuble à temps partagé (sociétés d'attribution d'immeubles en jouissance à temps partagé)*, **p. 1442** ; C. consom., art. L. 121-60 à L. 121-79-5, App., v° *Jouissance d'immeuble à temps partagé (contrat de jouissance d'immeubles à temps partagé)*, **p. 1436**.

2009	29 juill.	Loi nº 2009-928. Programmation militaire pour les années 2009 à 2014 et portant diverses dispositions concernant la défense. – V. L. nº 86-1290 du 23 déc. 1986, art. 73, App., vº *Rapports locatifs*, **p. 1518**.
2009	29 juill.	Décret nº 2009-930. Application de l'art. 62 de la loi nº 2009-323 du 25 mars 2009 de mobilisation pour le logement et la lutte contre l'exclusion. – V. CCH, art. R. 441-20-1.
2009	3 août	Loi nº 2009-967. De programmation relative à la mise en œuvre du Grenelle de l'environnement : – Art. 1er à 6. – V. App., vº *Grenelle de l'environnement*, **p. 1430**. – Art. 18 et 56. – V. App., vº *Énergie (économies)*, **p. 1419**. – Art. 40. – V. App., vº *Salubrité*, **p. 1590**.
2009	20 août	Décret nº 2009-984. Pris en application des articles L. 442-3-1 et L. 482-1 et relatif à la perte d'autonomie physique et psychique. – V. CCH, art. R. 442-3-1, R. 481-9.
2009	4 sept.	Décret nº 2009-1090. Agence nationale de l'habitat. – V. CCH, art. R. 321-10 à R. 321-12, R. 321-17, R. 321-18, R. 321-22.
2009	16 sept.	Décret nº 2009-1119. Conditions d'évacuation dans les établissements recevant du public et aux dispositions de sécurité relatives aux immeubles de grande hauteur. – V. CCH, art. *R. 111-1-1, R. 111-19-29, **R. 122-2, **R. 122-3, R.* 122-5 à **R. 122-11, R.* 123-3, *R. 123-4, *R. 123-7, *R. 123-14, R. 123-22, *R. 123-43, *R. 123-48, *R. 123-51.
2009	22 sept.	Décret nº 2009-1141. Pris pour l'application des articles L. 442-3-1, L. 442-3-2, L. 482-1 et L. 482-2 et relatif à l'aide à la mobilité dans le parc. Social. – V. CCH, art. R. 442-3-2 et R.* 481-10.
2009	29 sept.	Décret nº 2009-1154. Création d'un label « haute performance énergétique rénovation » pour certains bâtiments existants. – V. CCH, art. R.* 131-28-1.
2009	12 oct.	Décret nº 2009-1218. Directeurs généraux des offices publics de l'habitat. – V. CCH, art. *R. 421-5, *R. 421-16, R. 421-19 à R. 421-20-6, *R. 423-12.
2009	26 oct.	Décret nº 2009-1293. Financement des résidences hôtelières à vocation sociale et création d'établissements d'hébergement. – V. CCH, art. R. 331-85 à R. 331-110.
2009	27 oct.	Décret nº 2009-1296. Majoration des avances remboursables sans intérêt pour l'acquisition ou la construction de logements neufs en accession à la propriété répondant à un niveau élevé de performance énergétique. – V. CCH, art. *R. 318-10.
2009	27 oct.	Décret nº 2009-1297. Majoration des avances remboursables sans intérêt pour l'acquisition ou la construction de logements neufs en accession à la propriété répondant à un niveau élevé de performance énergétique. – V. CCH, art. R. 318-30, R. 318-32 à R. 318-34.
2009	19 nov.	Arrêté. Actualisation des clauses-types en matière d'assurance-construction. – V. C. assur., art. A. 243-1, App., vº *Assurance*, **p. 1320**.

2009	23 nov.	Décret nº 2009-1438. Contribution du locataire au partage des économies de charges issues des travaux d'économie d'énergie réalisés par un bailleur social. – V. CCH, art. R.* 442-24 à R.* 442-30, R.* 481-12.
2009	2 déc.	Décret nº 2009-1485. Répertoire des logements locatifs des bailleurs sociaux. – V. CCH, art. R. 411-3 à R. 411-5.
2009	3 déc.	Décret nº 2009-1486. Conventions d'utilité sociale des organismes d'habitations à loyer modéré. – V. CCH, art. R. 353-16, R.** 445-1 à R.* 445-3, R.* 445-5 à R.* 445-7, R.* 445-9, R.* 445-11, R. 445-16.
2009	8 déc.	Décret nº 2009-1517. Zones géographiques mentionnées à l'article L. 442-3-3. – V. CCH, art. R.* 442-3-3 et R.* 481-11.
2009	14 déc.	Décret nº 2009-1549. Création de la délégation interministérielle à l'aménagement du territoire et à l'attractivité régionale. – V. Décr. nº 2005-1243 du 29 sept. 2005, art. 3, App., vº *Offre de logement*, **p. 1477**.
2009	23 déc.	Décret nº 2009-1620. Fixant les règles de gestion et de fonctionnement du fonds de garantie universelle des risques locatifs : – V. CCH, art. R. 313-63. – V. C. assur., art. R. 332-3-4, R. 426-1 à R. 426-11, App., vº *Garantie des risques locatifs (gestion et fonctionnement)*, **p. 1425**.
2009	23 déc.	Décret nº 2009-1621. Fixant le cahier des charges prévues au *g* de l'article L. 313-3 au titre de la garantie universelle des risques locatifs. – V. CCH, art. L. 313-3.
2009	23 déc.	Décret nº 2009-1623. Garantie de l'État au titre de la garantie universelle des risques locatifs pris en application de l'art. 85 de la loi nº 2007-1824 du 25 déc. 2007 de finances rectificative pour 2007. – V. App., vº *Garantie des risques locatifs (garantie de l'État)*, **p. 1423**.
2009	24 déc.	Décret nº 2009-1624. Financement des opérations de résorption de l'habitat insalubre irrémédiable ou dangereux par l'Agence nationale de l'habitat. – V. CCH, art. D.* 522-1 à D.* 522-5.
2009	24 déc.	Décret nº 2009-1625. Agence nationale de l'habitat. – V. CCH, art. R. 321-1 à R. 321-3, R. 321-4 à R. 321-7, R. 321-9 à R. 321-22, R. 327-1, R. 351-56, R. 362-1 et R. 362-2, R. 522-4, R. 522-6 et R. 522-7, R. 523-1 à R. 523-3.
2009	24 déc.	Décret nº 2009-1626. Agence nationale de l'habitat. – V. ss. CCH, art. L. 321-1.
2009	24 déc.	Loi nº 2009-1646. De financement de la sécurité sociale pour 2010 : – Art. 88, 93 et 97. – V. CCH, art. L. 351-11 et L. 351-12. – Art. 89. – V. L. nº 2007-1786 du 19 déc. 2007, art. 110-I, ss. CCH, art. L. 351-1.
2009	30 déc.	Loi nº 2009-1673. De finances pour 2010. – Art. 2. – V. CCH, art. L. 302-7 ; L. nº 95-115 du 4 févr. 1995, art. 42, App., vº *Zones prioritaires d'aménagement du territoire*, **p. 1622**.
2009	30 déc.	Décret nº 2009-1679. Programmes locaux de l'habitat. – V. CCH, art. R. 302-1 à R. 302-1-3, R. 302-9, R. 302-10, R. 302-13-1.

2009	30 déc.	Décret nº 2009-1680. Prélèvement prévu à l'article L. 423-14 et à la transmission dématérialisée des comptes annuels des organismes d'habitations à loyer modéré. – V. CCH, art. *R. 423-24, *R. 423-28, R. 423-78, R. 452-10, R. 452-25, R. 452-25-2, R. 452-25-3, R. 452-25-6, R. 452-25-7.
2009	30 déc.	Décret nº 2009-1681. Occupation de locaux en vue de leur protection et préservation par des résidents temporaires en application de l'art. 101 de la loi nº 2009-323 du 25 mars 2009 de mobilisation pour le logement et la lutte contre l'exclusion. – V. Décr. préc., art. 1er à 11, App., vº *Résidences temporaires*, **p. 1549**.
2009	30 déc.	Décret nº 2009-1682. Supplément de loyer de solidarité. – V. CCH, art. R.* 441-21-1, *R. 441-23, R.* 445-2, R.* 445-14, R. 445-15, R. 472-1, R. 481-4.
2009	30 déc.	Décret nº 2009-1684. Agréments des organismes exerçant des activités en faveur du logement et de l'hébergement des personnes défavorisées. – V. CCH, art. R. 302-25, R. 323-1, R. 331-14, R. 362-2, R. 365-1 à R. 365-8, R. 381-5, R. 441-9 à R. 441-9-3, R.* 441-13, R.* 441-13-1, R. 623-1 à R.623-7.
2009	30 déc.	Décret nº 2009-1686. Pris pour l'application des art. L. 442-9, L. 443-11 et L. 443-15-6. – V. CCH, art. D. 442-15 à D. 442-22, D. 442-20, D. 442-21, *R. 443-12 à R. 443-13, R. 443-18 à R. 443-22, R. 481-8-1, R. 481-8-2, R. 491-5.
2009	30 déc.	Décret nº 2009-1687. Portant dispositions relatives aux mandats de gérance de logements sociaux. – V. CCH, art. D. 442-20, D. 481-5-2 à D. 481-5-8.
2009	30 déc.	Décret nº 2009-1688. Aide personnalisée au logement et modification du code de la construction et de l'habitation. – V. CCH, art. R. 351-5, R. 351-7, R. 351-7-1, R. 351-10, R. 351-13 à R. 351-14-1, R. 351-17-4, R. 351-42 à R. 351-45, R. 351-63.
2009	31 déc.	Décret nº 2009-1691. Avances remboursables sans intérêt pour l'acquisition ou la construction de logements en accession à la propriété. – V. CCH, art. R. 318-30, R. 318-32 et R. 318-33.
2009	31 déc.	Décret nº 2009-1780. Fixant la liste des quartiers bénéficiaires du programme national de requalification des quartiers anciens dégradés. – V. ss. L. nº 2003-710 du 1er août 2003, art. 10-1, App., vº *Rénovation urbaine*, **p. 1526**.
2010	13 janv.	Décret nº 2010-48. Durée maximale des prêts locatifs sociaux. – V. CCH, art. R. 331-19, R. 331-20, R. 353-4, R. 353-61, R. 353-92.
2010	15 janv.	Décret nº 2010-58. Fixant les modalités d'application de l'article 199 *undecies* C du code général des impôts relatifs aux investissements réalisés dans le secteur locatif social outre-mer. – V. CCH, art. R. 472-4.
2010	21 janv.	Ordonnance nº 2010-76. Portant fusion des autorités d'agrément et de contrôle de la banque et de l'assurance. – V. CCH, art. L. 215-9, R. 452-1 et R. 452-26.

2010	25 janv.	Décret nº 2010-95. Administration centrale des ministères chargés des affaires sociales et création d'une direction générale de la cohésion sociale. – V. CCH, art. R.* 461-2.
2010	5 févr.	Décret nº 2010-122. Conventions portant sur un immeuble ou un logement conclues par l'Agence nationale de l'habitat en application des articles L. 321-4 et L. 321-8. – V. CCH, art. R. 321-24, R. 321-25, R. 321-29 à R. 321-30-1, R. 321-32 ; Annexe 4, **p. 1653**.
2010	9 févr.	Loi nº 2010-123. Entreprise publique La Poste et activités postales. – CPCE, art. L. 3 ss. CCH, art. L. 111-6-3.
2010	11 févr.	Ordonnance nº 2010-137. Portant adaptation du droit des contrats relevant de la commande publique passés par l'État et ses établissements publics en Nouvelle-Calédonie, en Polynésie française et dans les îles Wallis-et-Futuna. – V. L. nº 75-1334 du 31 déc. 1975, art. 15-4, App., vº *Sous-traitance*, **p. 1617**.
2010	22 févr.	Décret nº 2010-164. Compétences et fonctionnement des juridictions administratives. – V. CJA, art. R. 778-5 et R. 778-8, App., vº *Droit au logement (droit au logement opposable)*, **p. 1402**.
2010	23 févr.	Ordonnance nº 2010-177. Coordination avec la loi nº 2009-879 du 21 juillet 2009 portant réforme de l'hôpital et relatives aux patients, à la santé et aux territoires. – V. CSP, art. L. 1331-22 à L. 1331-29, App., vº *Salubrité*, **p. 1579** ; art. L. 1334-1 et L. 1334-2, L. 1334-4, L. 1334-8-1, L. 1334-10, L. 1334-11, L. 1334-13, L. 1334-14, L. 1334-17, L. 1337-4, App., vº *Saturnisme*, **p. 1579**.
2010	2 mars	Loi nº 2010-201. Renforçant la lutte contre les violences de groupes et la protection des personnes chargées d'une mission de service public : – V. CCH, art. L. 126-3.
2010	9 mars	Loi nº 2010-238. Visant à rendre obligatoire l'installation de détecteurs de fumée dans tous les lieux d'habitation : – V. CCH, art. L. 129-8 et L. 129-9. – V. C. assur., art. L. 113-11 et L. 122-9 ss. CCH, art. L. 129-9.
2010	11 mars	Décret nº 2010-255. Modalités de détermination du nombre de places d'hébergement à atteindre par les communes et dispositif de veille sociale. – V. CCH, art. R. 302-20.
2010	18 mars	Décret nº 2010-291. Modification du décret nº 2004-1203 du 15 novembre 2004 portant création d'une direction générale du Trésor et de la politique économique au ministère de l'économie, des finances et de l'industrie. – V. Décr. nº 2005-1243 du 29 sept. 2005, art. 3, App., vº *Offre de logements*, **p. 1477**.
2010	31 mars	Décret nº 2010-344. Conséquences, au niveau réglementaire, de l'intervention de la loi nº 2009-879 du 21 juill. 2009 portant réforme de l'hôpital et relative aux patients, à la santé et aux territoires. – V. CSP, art. R. 1334-2, R. 1334-9, R. 1334-10, R. 1334-12, App., vº *Saturnisme*, **p. 1608**.

2010	13 avr.	Décret nº 2010-368. Portant diverses dispositions relatives aux installations classées pour la protection de l'environnement et fixant la procédure d'enregistrement applicable à certaines de ces installations. – V. CCH, art. *R. 123-9.
2010	22 avr.	Décret nº 2010-398. Droit au logement opposable. – V. CCH, art. R. 365-1, R.* 441-3, R.* 441-13 à R.* 441-14-1, R. 441-18, R.* 441-18-4 et R.* 441-18-5.
2010	27 avr.	Ordonnance nº 2010-420. Adaptation de dispositions résultant de la fusion de la direction générale des impôts et de la direction générale de la comptabilité publique. – V. CCH, art. L. 316-3.
2010	29 avr.	Décret nº 2010-431. Procédure d'enregistrement des demandes de logement locatif social. – V. CCH, art. R. 441-2-1 à R. 441-2-8.
2010	3 juin	Loi nº 2010-597. Grand Paris. – Art. 23 et 24. – V. CCH, art. L. 302-13.
2010	10 juin	Ordonnance nº 2010-638. Suppression du régime des conservateurs des hypothèques. – Art. 13. – V. CCH, art. L. 129-1, L. 424-1, L. 511-1-1, L. 511-2, L. 541-2, L. 541-3 ; CSP, art. L. 1331-26, L. 1331-27, L. 1331-28-1, L. 1331-28-3, App., vº *Salubrité*, **p. 1581** ; L. nº 84-595 du 12 juill. 1984, art. 4, App., vº *Location-accession*, **p. 1451**.
2010	18 juin	Décret nº 2010-671 du 18 juin 2010. Signature électronique et numérique en matière pénale et modifiant certaines dispositions de droit pénal et de procédure pénale. – V. CCH R. 133-2, R. 152-2, R.* 152-9, R.* 152-10.
2010	29 juin	Décret nº 2010-718. Modification du décret nº 2004-123 du 9 févr. 2004 relatif à l'Agence nationale pour la rénovation urbaine. – V. Décr. nº 2004-123 du 9 févr. 2004, art. 2 à 9, 11 à 14 et 19, App., vº *Rénovation urbaine*, **p. 1539**.
2010	1er juill.	Loi nº 2010-737. Réforme du crédit à la consommation. – Art. 6-III, 12 et 22-II. – V. C. consom., art. L. 312-8, L. 312-9, L. 313-1, L. 313-3, L. 313-11, L. 313-14 à L. 313-17, App., vº *Crédit immobilier*, **p. 1343**.
2010	6 juill.	Décret nº 2010-757. Modification du décret nº 90-101 du 26 janv. 1990 relatif aux modalités d'application et d'entrée en vigueur du décret nº 90-100 du 26 janv. 1990 modifiant le code de la construction et de l'habitation et relatif aux règles de gestion des organismes collecteurs mentionnés à l'article R. 313-9 (2º, *a*) du même code et relatif aux règles de provisions applicables à ces organismes. – V. Décr. nº 90-101 du 26 janv. 1990, art. 4 à 7, App., vº *Participation des employeurs à l'efforts de construction (organismes collecteurs)*, **p. 1489**.
2010	9 juill.	Loi nº 2010-769. Violences faites spécifiquement aux femmes, aux violences au sein des couples et aux incidences de ces dernières sur les enfants : – Art. 18. – V. CCH, art. L. 441-1. – L. nº 90-449 du 31 mai 1990, art. 4 et 5, App., vº *Droit au logement (loi Besson)*, **p. 1390**. – Art. 22. – V. CCH, art. L. 441-1.

2010	12 juill.	Loi nº 2010-788. Portant engagement national pour l'environnement : - Art. 1er à 3, 9, 17, 57, 160, 190. - V. CCH, art. L. 111-5-2, L. 111-5-3, L. 111-9, L. 111-9-1, L. 111-10, L. 111-10-1, L. 111-10-2, L. 111-10-3, L. 111-10-4, L. 111-11, L. 134-1, L. 134-2, L. 134-3, L. 134-3-1, L. 134-4, L. 134-4-1, L. 134-4-2, L. 134-4-3, L. 142-1, L. 152-1, L. 152-4, L. 271-4, L. 271-6 ; C. envir., art. L. 125-5, App., vº *Risques*, **p. 1551**. - Art. 11. - V. L. nº 90-449 du 31 mai 1990, art. 2 et 4, App., vº *Droit au logement (loi Besson)*, **p. 1390**. - Art. 74. - V. L. nº 85-704 du 12 juill. 1985, art. 18, App., vº *Maîtrise d'ouvrage publique*, **p. 1467**. - Art. 79. - V. C. envir., art. L. 224-1, App., vº *Énergie (pollution)*, **p. 1421**. - Art. 159, 160. - V. CSP, art. L. 1331-1-1 et L. 1331-6, L. 1331-11 et L. 1331-11-1, App., vº *Salubrité*, **p. 1575**. - Art. 180. - V. C. envir., art. L. 221-7 à L. 221-10, App., vº *Salubrité*, **p. 1591**.
2010	14 juill.	Décret nº 2010-817. Délégué interministériel pour l'hébergement et l'accès au logement des personnes sans abri ou mal logées. - V. Décr. préc., art. 1er à 3, App., vº *Droit au logement*, **p. 1400** ; Décr. nº 2005-1243 du 29 sept. 2005, art. 1er, App., vº *Droit au logement*, **p. 1477**.
2010	23 juill.	Loi nº 2010-853. Réseaux consulaires, commerce, artisanat et services : - Art. 8 et 40, V. Avertissement, **p. V**. - Art. 38-II et III. - V. CSP, art. L. 1334-1, L. 1334-1-1, L. 1334-3, L. 1334-4 et L. 1334-12,, App., vº *Saturnisme*, **p. 1602**.
2010	26 juill.	Décret nº 2010-876. Modification des plafonds de montant du Pass-foncier. - V. CCH, art. R. 313-20-1.
2010	3 août	Décret nº 2010-912. Avances remboursables sans intérêts pour l'acquisition ou la construction de logements en accession à la propriété. - V. CCH, art. R. 318-3, R. 318-5, *R. 318-10, R. 318-11.
2010	3 août	Décret nº 2010-913. Prêts conventionnés des établissements de crédit pour la construction, l'acquisition et l'amélioration de logements. - V. CCH, art. R. 331-69.
2010	30 août	Décret nº 2010-1004. Seuil déterminant le régime applicable aux opérations de regroupement de crédits. - V. C. consom., art. R. 313-11, App., vº *Crédit immobilier*, **p. 1388**.
2010	23 sept.	Décret nº 2010-1112. Agrément prévu au X de l'article 199 *septvicies* du code général des impôts.Art. 9 - V. CCH, art. R. 362-2.
2010	27 sept.	Décret nº 2010-1128. Ventes d'immeubles à construire ou à rénover. - Art. 9. - V. CCH, art. R.* 261-18, R.* 261-18-1, R.* 262-10.
2010	11 oct.	Décret nº 2010-1200. Application de l'art. L. 271-6 du code de la construction et de l'habitation. - V. CCH, art. R. 271-1, R. 271-3, R. 271-4.

2010	20 oct.	Décret n° 2010-1233. Sanctions pécuniaires applicables à l'encontre des bénéficiaires des aides de l'Agence nationale de l'habitat ayant contrevenu aux règles de l'agence ou aux conventions conclues. – V. CCH, art. R. 321-22-1 à R. 321-22-4, R. 321-30-2.
2010	22 oct.	Décret n° 2010-1254. Prévention du risque sismique : – Art. 1er. – V. C. envir., art. R. 563-2 à R. 563-7, App., v° *Risques*, **p. 1555**. – Art. 2. – V. C. envir., art. R. 125-23, App., v° *Risques*, **p. 1554**. – Art. 3. – V. CCH, art. R. 111-38.
2010	22 oct.	Décret n° 2010-1255. Délimitation des zones de sismicité du territoire français. – V. C. envir., art. D. 563-8-1, App., v° *Risques*, **p. 1557**.
2010	26 oct.	Décret n° 2010-1269. Caractéristiques thermiques et performance énergétique des constructions. – V. CCH, art. R. 111-20.
2010	27 oct.	Décret n° 2010-1275. Droit au logement opposable : – Art. 1er et 2. – V. CCH, art. R. 441-15, R. 441-16-1. – Art. 3. – V. Décr. n° 2007-295 du 5 mars 2007, art. 1er, 2 et 6, App., v° *Droit au logement*, **p. 1404**.
2010	28 oct.	Ordonnance n° 2010-1307. Partie législative du code des transports. – V. C. transp., art. L. 1432-13 ss. L. n° 75-1334 du 31 déc. 1975, art. 1er, App., v° *Sous-traitance*, **p. 1614**.
2010	2 nov.	Décret n° 2010-1315. Extension à Mayotte de dispositions du code de la construction et de l'habitation relatives aux prêts et subventions pour la construction, l'acquisition et l'amélioration des logements locatifs aidés. – Art. 1er, **p. 1104**.
2010	9 nov.	Décret n° 2010-1351. Subvention pour surcharge foncière. – V. CCH, art. R. 372-14.
2010	12 nov.	Décret n° 2010-1392. Conditions d'attribution et de renouvellement du contrat de location prévu à l'article L. 442-8-4. – V. CCH, art. *R. 441-1, R.* 442-3-4, R.* 481-13.
2010	7 déc.	Loi n° 2010-1487. Département de Mayotte. – V. Décr. n° 2010-1315 du 2 nov. 2010, **p. 1104** ; L. n° 85-704 du 12 juill. 1985, art. 29-1, App., v° *Maîtrise d'ouvrage publique*, **p. 1468** ; L. n° 2003-710 du 1er août 2003, art. 62, App., v° *Rénovation urbaine*, **p. 1532**.
2010	7 déc.	Loi n° 2010-1488. Nouvelle organisation du marché de l'électricité : – Art. 4. – V. L. n° 90-449 du 31 mai 1990, art. 3, 6-1 et 6-3, App., v° *Droit au logement*, **p. 1390**. – Art. 27. – V. CCH, art. L. 442-3.
2010	15 déc.	Décret n° 2010-1564. Conditions d'examen périodique contradictoire de la situation des sous-locataires. – V. CCH, art. R. 442-4-1.
2010	16 déc.	Loi n° 2010-1563. Réforme des collectivités territoriales : – Art. 17. – V. CCH, art. L. 301-3, L. 302-1, L. 302-5, L. 302-7, L. 302-8, L. 422-2-1 ; L. n° 2003-710 du 1er août 2003, art. 11, App., v° *Rénovation urbaine*, **p. 1527**. – Art. 64. – V. CSP, art. L. 1331-10, App., v° *Salubrité*, **p. 1577**.

2010	20 déc.	Loi nº 2010-1594. Financement de la sécurité sociale pour 2011. – Art. 103. – V. CCH, art. L. 351-3-1.
2010	22 déc.	Loi nº 2010-1609. Exécution des décisions de justice, conditions d'exercice de certaines professions réglementées et experts judiciaires : – Art. 3. – V. CCH, art. L. 111-6-6.
2010	23 déc.	Décret nº 2010-1617. Règles d'organisation et de fonctionnement de l'Agence nationale pour la participation des employeurs à l'effort de construction. – V. CCH, art. R. 313-35-1 à R. 313-35-10.
2010	28 déc.	Décret nº 2010-1662. Mention du classement énergétique des bâtiments dans les annonces immobilières. – V. CCH, art. *R. 134-5-1 à *R. 134-5-4.
2010	29 déc.	Loi nº 2010-1657. De finances pour 2011 : – Art. 90. – V. CCH, art. L. 31-10-1 à L. 31-10-14. – Art. 154. – V. C. envir., art. L. 131-5-1, App., vº *Énergie*, **p. 1406**. – Art. 210. – V. CCH, art. L. 353-9-3, L. 423-14, L. 445-1, L. 452-1, L. 452-1-1, L. 452-4-1 ; L. préc., ss. CCH, art. L. 442-1 ; L. nº 2009-323 du 25 mars 2009, art. 5, ss. CCH, L. 452-4-1 ; L. nº 2003-710 du 1er août 2003, art. 12, App., vº *Rénovation urbaine*, **p. 1528**.
2010	29 déc.	Loi nº 2010-1658. De finances rectificative pour 2010. – Art. 26. – V. CCH, art. L. 315-1, L. 315-2 et L. 315-4.
2010	30 déc.	Décret nº 2010-1704. Prêts ne portant pas intérêt consentis pour financer la primo-accession à la propriété. – V. CCH, art. R. 31-10-1 à R. 31-10-12, R. 304-1, R. 312-3-1, R. 331-72, R. 331-76-5-1.
2011	10 janv.	Décret nº 2011-36. Installation de détecteurs de fumée dans tous les lieux d'habitation. – V. CCH, art. R. 129-12 à R. 129-15.
2011	20 janv.	Ordonnance nº 2011-91. Codification de la partie législative du code minier : – Art. 3. – V. CCH, art. R. 126-1. – Art. 5. – V. CCH, art. L. 112-5 à L. 112-6-1.
2011	24 janv.	Décret nº 2011-99. Recouvrement des indus de prestations à caractère social ou familial et d'aides personnelles au logement. – V. CCH, art. R. 351-22.
2011	28 janv.	Décret nº 2011-121. Opérations funéraires. – Art. 57. – V. CCH, art. D. 511-13 à D. 511-13-5.
2011	1er févr.	Décret nº 2011-135. Modalités de calcul du taux effectif global. – V. C. consom., art. R. 313-1, R. 313-2, App., vº *Crédit immobilier*, **p. 1385**.
2011	7 févr.	Loi nº 2011-156. Solidarité dans les domaines de l'alimentation en eau et de l'assainissement. – V. L. nº 90-449 du 31 mai 1990, art. 6-2, App., vº *Droit au logement*, **p. 1395**.
2011	15 févr.	Décret nº 2011-176. Procédure d'attribution des logements sociaux et droit au logement opposable. – V. CCH, art. R.* 441-3, R.* 441-3-1, R.* 441-5, R. 441-9, R.* 441-12, R.* 441-13, R.* 441-16-2 à R.* 441-16-4, R. 441-18, R.* 441-18-2 ; Décr. nº 2007-1688 du 29 nov. 2007, art. 12, App., vº *Pauvreté et exclusion*, **p. 1503**.

2011	25 févr.	Décret nº 2011-209. Comptes et plans d'épargne-logement. – V. CCH, art. *R. 315-9, *R. 315-34, R.* 315-39, *R. 315-40 et R. 315-43.
2011	4 mars	Décret nº 2011-242. Fixation en application de l'article L. 445-4 du code de la construction et de l'habitation de la part minimum et de la part maximum des ressources pour la modulation à titre expérimental des loyers. – V. CCH, art. R. 445-11-1.
2011	14 mars	Loi nº 2011-267. Orientation et programmation pour la performance de la sécurité intérieure : – Art. 23. – V. CCH, art. L. 126-1-1. – Art. 124. – V. CCH, art. L. 542-1 à L. 542-4.
2011	23 mars	Décret nº 2011-321. Étiquetage des produits de construction ou de revêtement de mur ou de sol et des peintures et vernis sur leurs émissions de polluants volatils. – V. C. envir., art. R. 221-22 à R. 221-28, App., vº *Salubrité*, **p. 1592**.
2011	30 mars	Décret nº 2011-356. Conventions conclues en application de l'article L. 351-2 du code de la construction et de l'habitation pour les logements-foyers. – V. CCH, art. R. 353-154 à R. 353-165 et Annexe 12, **p. 1737**.
2011	13 avr.	Décret nº 2011-413. Durée de validité du diagnostic de performance énergétique. – V. CCH, art. R. 134-4-2, R. 134-4-3, R. 271-5.
2011	9 mai	Ordonnance nº 2011-504. Codification de la partie législative du code de l'énergie. – V. CCH, art. L. 131-1 à L. 131-4, L. 131-6, R. 111-21, R. 111-22-1 ; C. énergie, art.L. 231-1 à L. 231-4, App., vº *Énergie (Économies)*, **p. 1419** ; C. énergie, art. L. 121-34, App., vº *Énergie (Gaz)*, **p. 1418**.
2011	17 mai	Loi nº 2011-525. Simplification et amélioration de la qualité du droit : – Art. 22. – V. CCH, art. L. 261-11 ; C. consom., art. L. 312-15, App., vº *Crédit immobilier*, **p. 1350**. – Art. 37. – V. CSP, art. L. 1331-7-1, L. 1331-8, L. 1331-11, App., vº *Salubrité*, **p. 1576**. – Art. 38. – V. CSP, art. L. 1334-1, L. 1334-3, App., vº *Saturnisme*, **p. 1602**. – Art. 67. – V. C. consom., art. L. 313-6, App., vº *Crédit immobilier*, **p. 1372**. – Art. 69. – V. CASF, art. L. 115-4, App., vº *Pauvreté et exclusion*, **p. 1492**. – Art. 94. – V. CCH, art. L. 302-9-1-1. – Art. 125. – V. CCH, art. L. 133-1 et L. 133-2. – Art. 126. – V. CCH, art. L. 321-9. – Art. 127. – V. CCH, art. L. 445-1. – Art. 128. – V. CCH, art. L. 423-15. – Art. 129. – V. CCH, art. L. 443-12 et L. 451-5. – Art. 130. – V. CCH, art. L. 423-6 et L. 423-16. – Art. 132. – V. CCH, art. L. 421-26. – Art. 133. – V. CCH, art. L. 422-13.

		– Art. 142. – V. L. n° 86-1067 du 30 sept. 1986, art. 34, App., v° *Antennes et câble*, **p. 1314**. – Art. 160. – V. CCH, art. L. 152-3, L. 313-30, L. 351-13. – Art. 177. – V. CCH, art. L. 241-8. – Art. 180. – V. CCH, art. L. 311-14, L. 313-13, L. 315-19 à L. 315-32 et L. 522-1.
2011	18 mai	Décret n° 2011-544. Attestations de prise en compte de la réglementation thermique et de réalisation d'une étude de faisabilité relative aux approvisionnements en énergie pour les bâtiments neufs ou les parties nouvelles de bâtiments. – V. CCH, art. R. 111-20-1 à R. 111-20-5.
2011	19 mai	Décret n° 2011-550. Vente d'immeubles à construire. – V. CCH, art. R.* 261-24.
2011	27 mai	Ordonnance n° 2011-592. Modification du régime d'épargne-logement en Polynésie française et en Nouvelle-Calédonie. – Art. 1er à 3. – V. ss. CCH, art. L. 315-3.
2011	30 mai	Décret n° 2011-604. Attestation de prise en compte de la réglementation acoustique à établir à l'achèvement des travaux de bâtiments d'habitation neufs. – V. CCH, art. R. 111-4-2 à R. 111-4-5.
2011	31 mai	Décret n° 2011-610. Diagnostic portant sur la gestion des déchets issus de la démolition de catégories de bâtiments. – V. CCH, art. R. 111-43 à R. 111-49.
2011	31 mai	Décret n° 2011-612. Prêts conventionnés des établissements de crédit pour la construction, l'acquisition et l'amélioration de logements. – V. CCH, art. R. 331-63, R. 331-65, R. 331-66, R. 331-70.
2011	1er juin	Décret n° 2011-624. Conditions d'actualisation des plafonds de ressources des bénéficiaires de la législation sur les habitations à loyer modéré et des nouvelles aides de l'État en secteur locatif. – V. CCH, art. *R. 441-1.
2011	3 juin	Décret n° 2011-629. Protection de la population contre les risques sanitaires liés à une exposition à l'amiante dans les immeubles bâtis. – V. CCH, art. R. 271-2-1 ; CSP, art. R. 1334-14 à R. 1334-29-9, R. 1337-2 à R. 1337-5, App., v° *Amiante*, **p. 1294**.
2011	14 juin	Décret n° 2011-666. Centre scientifique et technique du bâtiment. – V. CCH, art. R. 142-1 à R. 142-14.
2011	23 juin	Loi n° 2011-725. Dispositions particulières relatives aux quartiers d'habitat informel et à la lutte contre l'habitat indigne dans les départements et régions d'outre-mer. – Art. 9 à 14, App., v° *Habitat informel*, **p. 1596** ; L. n° 90-449 du 31 mai 1990, art. 4, App., v° *Droit au logement*, **p. 1390**.
2011	5 juill.	Décret n° 2011-807. Transmission des diagnostics de performance énergétique à l'Agence de l'environnement et de la maîtrise de l'énergie. – V. CCH, art. R.* 134-5-5, R.* 134-5-6 et R. 271-4.

2011	25 juill.	Décret nº 2011-873. Installations dédiées à la recharge des véhicules électriques ou hybrides rechargeables dans les bâtiments et infrastructures pour le stationnement sécurisé des vélos. - V. CCH, art. R. 111-14-2 à R. 111-14-5, R. 136-1 nouv. à R. 136-4 nouv
2011	28 juill.	Loi nº 2011-901. Amélioration du fonctionnement des maisons départementales des personnes handicapées et diverses dispositions relatives à la politique du handicap. - V. CCH, art. L 111-7-1.
2011	29 juill.	Loi nº 2011-900. De finances rectificative pour 2011 : - Art. 60-I. - V. CCH, art. L. 300-2, L. 441-2-3-1, L. 452-1. - Art. 60-II. - V. ss. CCH, art. L. 441-2-3-1. - Art. 61. - V. CCH, art. L. 452-2-1 et L. 452-3.
2011	1er août	Décret nº 2011-922. Application de l'ordonnance nº 2011-915 du 1er août 2011 relative aux organismes de placement collectif en valeurs mobilières et à la modernisation du cadre juridique de la gestion d'actifs. - Art. 22. - V. C. assur., art. R. 426-5, App., vº *Garantie des risques locatifs*, **p. 1427**.
2011	16 août	Décret nº 2011-967. Prêt social de location-accession. - V. CCH, art. R. 331-76-5-1, R. 353-2, R. 353-59, R. 353-90.
2011	26 août	Décret nº 2011-1025. Gestion du fonds prévu à l'article L. 452-1-1 et mise en œuvre du prélèvement prévu à l'article L. 423-14. - V. CCH, art. R. 452-10, R. 452-12, R. 452-14, R. 452-24-1 R. 452-25-1, R. 452-29 à R. 452-36.
2011	22 sept.	Décret nº 2011-1151. Modalités de déclaration des avances en compte courant prévues à l'article L. 423-15 et des prêts participatifs prévus à l'article L. 423-16. - V. CCH, art. R. 423-1-1 à R. 423-1-3.
2011	26 sept.	Décret nº 2011-1191. Conventions conclues en application de l'article L. 351-2. - V. CCH, art. R. 353-16, R. 353-70-1, R. 331-12, Annexe 7, **p. 1672**, et Annexe 9, **p. 1692**.
2011	28 sept.	Décret nº 2011-1201. Conventions d'utilité sociale "accession" des organismes d'habitations à loyer modéré. - V. CCH, art. R. 445-15 à R. 445-23.
2011	2 déc.	Décret nº 2011-1727. Valeurs-guides pour l'air intérieur pour le formaldéhyde et le benzène. - V. C. envir., art. R. 221-29, App., vº *Salubrité*, **p. 1593**.
2011	2 déc.	Décret nº 2011-1728. Surveillance de la qualité de l'air intérieur dans certains établissements recevant du public. - V. C. envir., art. R. 221-30 à R. 221-37, App., vº *Salubrité*, **p. 1594**.
2011	14 déc.	Décret nº 2011-1874. Modification de l'article R. 111-14. - V. CCH, art. *R. 111-14.
2011	19 déc.	Ordonnance nº 2011-1895. Partie législative du code des procédures civiles d'exécution : - Art. 1er. - V. C. pr. exéc., art. L. 411-1 à L. 412-8, App., vº *Procédures et voies d'exécution*, **p. 592**. - Art. 3. - V. CCH, art. L. 613-1, L. 661-2.

2011	21 déc.	Décret nº 2011-1918. Armement des personnes chargées du gardiennage et de la surveillance de certains immeubles collectifs d'habitation. – V. CCH, art. 1er à 5, App., vº *Sécurité*, **p. 1613**.
2011	22 déc.	Ordonnance nº 2011-1916. Corrections à apporter au régime des autorisations d'urbanisme. – V. CCH, art. L. 111-8.
2011	28 déc.	Loi nº 2011-1977. De finances pour 2012 : – Art. 46-V-A. – V. C. envir., art. L. 131-5-1, App., vº *Énergie*, **p. 1406**. – Art. 46-F. – V. L. nº 2003-710 du 1er août 2003, art. 12, App., vº *Rénovation urbaine*, App., vº *Énergie*, **p. 1528**. – Art. 86-I. – V. CCH, art. L. 31-10-2 à L. 31-10-4, L. 31-10-9 et L. 31-10-12.
2011	28 déc.	Loi nº 2011-1978. De finances rectificative pour 2011. – Art. 80. – V. L. nº 2008-776 du 4 août 2008, art. 13-X, ss. CCH, art. L. 631-7.
2011	29 déc.	Décret nº 2011-2036. Application de l'article 55 de la loi nº 2010-1658 du 29 décembre 2010 de finances rectificative pour 2010 et relative aux modalités de recouvrement des produits locaux. – V. CCH, art. *R. 423-21 et D. 442-20.
2011	29 déc.	Décret nº 2011-2054. Application de l'ordonnance nº 2011-1539 du 16 novembre 2011 relative à la définition des surfaces de plancher prises en compte dans le droit de l'urbanisme. – Art. 5. – V. CCH, art. R. 111-18-9 et R. 131-26.
2011	30 déc.	Décret nº 2011-2057. Modification de la procédure d'enregistrement des demandes de logement locatif social. – V. CCH, art. R. 441-2-1, R. 441-2-5 à R. 441-2-7.
2011	30 déc.	Décret nº 2011-2058. Contenu de l'annexe environnementale mentionnée à l'article L. 125-9 du code de l'environnement. – V. CCH, art. R. 136-1 nouv. à R. 136-3 nouv.
2011	30 déc.	Décret nº 2011-2059. Prêts ne portant pas intérêt consentis pour financer la primo-accession à la propriété. – V. CCH, art. R. 31-10-2, R. 31-10-3-1, R. 31-10-6, R. 31-10-9, R. 31-10-11.
2012	4 janv.	Décret nº 2012-12. Conventions d'utilité sociale des organismes d'habitations à loyer modéré pour les logements-foyers : – Art. 1er et 2. – V. CCH, art. R.* 445-2, R.* 445-24 à R.* 445-34. – Art. 3 et 4. – V. CCH, art. R.* 445-24.
2012	5 janv.	Ordonnance nº 2012-11. Clarification et simplification des procédures d'élaboration, de modification et de révision des documents d'urbanisme. – V. CCH, art. L. 302-2.
2012	27 janv.	Décret nº 2012-111. Obligation de réalisation d'un audit énergétique pour les bâtiments à usage principal d'habitation en copropriété de cinquante lots ou plus et à la réglementation thermique des bâtiments neufs. – V. CCH, art. R. 111-20-4, R. 134-14 à R. 134-18 ; Décr. nº 2010-1269 du 26 oct. 2010, art. 2, ss. CCH, art. R. 111-20 ; Décr. nº 2011-544 du 18 mai 2011, art. 4, ss. CCH, art. R. 111-20-1.

2012	27 janv.	Décret n° 2012-112. Modification du décret n° 96-926 du 17 octobre 1996 relatif à la vidéoprotection pris pour l'application des article 10 et 10-1 de la loi n° 95-73 du 21 janvier 1995 et portant application de l'article L. 126-1-1 du code de la construction et de l'habitation. - V. CCH, art. R.* 127-8, R.* 161-3, R.* 161-4.
2012	28 févr.	Décret n° 2012-274. Corrections à apporter au régime des autorisations d'urbanisme. - Art. 8. - V. CCH, art. R. 111-19-5, R. 111-20-1 et R. 111-20-2.
2012	6 mars	Décret n° 2012-309. Automatisation des procédures d'attribution des tarifs sociaux de l'électricité et du gaz naturel - Art. 1er à 7. - V. Décr. n° 2004-325 du 8 avr. 2004, art. 1er à 5, App., v° *Pauvreté et exclusion*, **p. 1495**. - Art. 8 à 17. - V. Décr. n° 2008-778 du 13 août 2008, art. 1er à 8, App., v° *Pauvreté et exclusion*, **p. 1504**.
2012	12 mars	Ordonnance n° 2012-351. Partie législative du code de la sécurité intérieure. - Art. 19. - V. CCH, art. L. 127-1.
2012	12 mars	Décret n° 2012-352. Emplois de la participation des employeurs à l'effort de construction. - V. CCH, art. R. 313-13, R. 313-14, R. 313-15, R. 313-18-1, R. 313-19-1 à R. 313-19-3, R. 313-19-8, R. 313-20-1, R. 313-20-2.
2012	22 mars	Loi n° 2012-387. Simplification du droit et allégement des démarches administratives : - Art. 34. - V. CCH, art. L. 313-1. - Art. 74. - V. C. envir., art. L. 125-5, App., v° *Risques*, **p. 1551**. - Art. 109. - V. CCH, art. L. 411-3, L. 411-4, L. 443-7, L. 443-11, L. 443-13, L. 443-15-2, L. 443-15-6. - Art. 110. - V. CCH, art. L. 290-2. - Art. 121. - V. CCH, art. L. 111-3-1.
2012	23 mars	Décret n° 2012-394. Classement des réseaux de chaleur et de froid. - V. CCH, art. R. 111-22-1, R. 131-27.
2012	23 mars	Décret n° 2012-415. Fonds national d'accompagnement vers et dans le logement prévu à l'article L. 300-2. - V. CCH, art. R. 300-2-1, R. 300-2-2, R. 452-37 ; CJA, art. R. 778-8, App., v° *Droit au logement*, **p. 1403**.
2012	13 avr.	Décret n° 2012-490. Attestation à établir à l'achèvement des travaux de réhabilitation thermique de bâtiments existants et soumis à autorisation de construire. - Art. 1, 3 (note). - V. CCH, art. R. 131-28-2 à R. 131-28-6.
2012	19 avr.	Décret n° 2012-517. Annexe environnementale mentionnée à l'article L. 125-9 du code de l'environnement. - Art. 1er. - V. CCH, art. R. 137-1 à R.137-3.
2012	19 avr.	Décret n° 2012-518. Label « bâtiment biosourcé ». - V. CCH, art. R. 111-22-3.
2012	23 avr.	Décret n° 2012-545. Répartition des frais de chauffage dans les immeubles collectifs. - Art. 2. - V. CCH, art. R.* 131-2 à R.* 131-7.

2012	26 avr.	Ordonnance nº 2012-576. Extension et adaptation à Mayotte du code de la construction et de l'habitation ainsi que de diverses lois relatives au logement : – Art. 2. – V. CCH, art. L. 111-8-4, L. 112-17, L. 161-1, L. 161-3. – Art. 3. – V. CCH, art. L. 281-1, L. 281-2. – Art. 4. – V. CCH, art. L. 301-3, L. 301-5-3, L. 302-9-2, L. 364-1, L. 371-1, L. 371-2, L. 371-4. – Art. 5. – V. CCH, art. L. 472-1, L. 472-1-2 à L. 472-1-4, L. 472-1-6 à L. 472-1-8, L. 472-2, L. 472-3. – Art. 6. – V. CCH, art. L. 531-1 à L. 531-3. – Art. 7. – V. CCH, art. L. 661-1, L. 661-3. – Art. 9. – V. L. nº 70-612 du 10 juill. 1970, art. 20, App., vº *Salubrité*, **p. 1589**. – Art. 10. – V. L. nº 84-595 du 12 juillet 1984, art. 45, App., vº *Location-accession*, **p. 1458**. – Art. 12. – V. L. nº 90-449 du 31 mai 1990, art. 4, 7-1, App., vº *Droit au logement*, **p. 1390**. – Art. 15. – V. L. nº 2011-725 du 23 juin 2011, art. 14, App., vº *Salubrité*, **p. 1601**.
2012	7 mai	Décret nº 2012-674. Entretien et contrôle technique des ascenseurs. – V. CCH, art. R. 125-1, R. 125-2-1, R. 125-2-1-1, R. 125-2-5, R. 125-2-6, R. 125-2-8, R. 152-1.
2012	7 mai	Décret nº 2012-718. Enregistrement des demandes et compte rendu des attributions de logements locatifs sociaux. – V. CCH, art. R. 441-2-9, R.* 441-5, R. 441-12 (nouveau).
2012	7 mai	Décret nº 2012-719. Avances remboursables sans intérêts destinées au financement de travaux de rénovation afin d'améliorer la performance énergétique des logements anciens. – V. CCH, art. *R. 319-8, *R. 319-10.
2012	7 mai	Décret nº 2012-720. Avances remboursables sans intérêts destinées au financement de travaux de rénovation afin d'améliorer la performance énergétique des logements anciens. – V. CCH, art. R. 319-22.
2012	9 mai	Décret nº 2012-721. Diverses dispositions relatives à la participation des employeurs à l'effort de construction pris en application de l'article L. 313-36 du CCH : – Art. 1. – V. CCH, art. R. 313-1 à R. 313-9. – Art. 2. – V. CCH, art. R. 313-21 à R. 313-29-8. – Art. 3. – V. CCH, art. R. 313-36 à R. 313-41. – Art. 4. – V. CCH, art. R. 313-42 à R. 313-45. – Art. 6. – V. CCH, art. *R. 311-52, *R. 311-58, R. 331-20, R. 372-23, *R. 631-25, *R. 631-27, R. 321-4 à R. 321-17-1.
2012	16 août	Loi nº 2012-958. De finances rectificative pour 2012. – Art. 19. – V. CCH, art. L. 31-10-2.
2012	2 oct.	Décret nº 2012-1118. Modification des articles R. 411-3 à R. 411-5 du CCH relatifs au répertoire des logements locatifs des bailleurs sociaux. – V. CCH, art. R. 411-3 à R. 411-5.

2012	23 oct.	Décret nº 2012-1208. Application de l'article L. 300-1 du CCH et modification des articles R. 300-1, R. 300-2. - V. CCH, art. R. 300-1, R. 300-2.
2012	7 nov.	Décret nº 2012-1247. Adaptation de divers textes aux nouvelles règles de la gestion budgétaire et comptable publique : - Art. 6, 27. - V. CCH, art. R. 142-9, R. 142-12, R. 142-14, R. 321-6, R. 321-8, *R. 423-19, R. 441-28, R. 452-12, R. 452-21, R. 452-23. - Art. 31. - V. C. envir., art. R. 131-10, R. 131-21, App., vº *Énergie*, **p. 1410**. - Art. 192. - V. Décr. nº 2004-123 du 9 févr. 2004, art. 6 , 15, App., vº *Rénovation urbaine*, **p. 1541**.
2012	20 nov.	Loi nº 2012-1270. Régulation économique outre-mer et diverses dispositions relatives à l'outre-mer. - Art. 30-IV. - V. CCH, art. L. 161-3, L. 371-4, L. 472-3.
2012	3 déc.	Décret nº 2012-1342. Diagnostic de performance énergétique pour les bâtiments équipés d'une installation collective de chauffage ou de refroidissement et travaux d'économies d'énergie dans les immeubles en copropriété. - V. CCH, art. R. 134-4-3, R. 138-1 à R. 138-3, R. 142-9.
2012	17 déc.	Loi nº 2012-1404. Financement de la sécurité sociale pour 2013. - Art. 3-IV. - V. CCH, art. L. 351-7.
2012	21 déc.	Arrêté. Modification de l'annexe au décret nº 2004-325 du 8 avril 2004 modifié relative à la tarification spéciale de l'électricité comme produit de première nécessité. - V. Annexe au Décr. nº 2004-325 du 8 avr. 2004, App., vº *Pauvreté et exclusion*, **p. 1495**.
2012	26 déc.	Décret nº 2012-1462. Application de l'ordonnance nº 2010-638 du 10 juin 2010 portant suppression du régime des conservateurs des hypothèques et pour l'adaptation de la publicité foncière : - Art. 35-IV. - V. CCH, art. R. 129-2, *R. 212-2, R. 353-159. - Art. 37-IX. - V. Décr. nº 2006-1359 du 8 nov. 2006, art. 7, ss. CCH, art. L. 511-2.
2012	26 déc.	Décret nº 2012-1463. Application de l'ordonnance nº 2010-638 du 10 juin 2010 portant suppression du régime des conservateurs des hypothèques et pour l'adaptation de la publicité foncière. - Art. 2-I. - V. CCH, art. R. 353-5, R. 353-72, R. 353-102.
2012	27 déc.	Décret nº 2012-1489. Exécution du règlement (UE) nº 305/2011 du Parlement européen et du Conseil du 9 mars 2011 établissant des conditions harmonisées de commercialisation pour les produits de construction et abrogeant la directive 89/106/CEE du Conseil. - Art. 6-I. - V. C. envir., art. R. 221-22, App., vº *Salubrité*, **p. 1592**.
2012	28 déc.	Décret nº 2012-1530. Caractéristiques thermiques et performance énergétique des constructions de bâtiments : - Art. 1. - V. CCH, art. R. 111-20-6. - Art. 2. - V. ss. CCH, art. R. 111-20-1, **p. 671**.

2012	29 déc.	Loi nº 2012-1509. De finances pour 2013 : – Art. 35-III-1º. – V. C. envir., art. L. 131-5-1, App., vº *Énergie*, **p. 1406**. – Art. 105. – V. CCH, art. L. 300-2.
2012	29 déc.	Loi nº 2012-1510. De finances rectificative pour 2012 : – Art. 16-I. – V. CCH, art. L. 31-10-3, L. 31-10-9, L. 31-10-11, L. 31-10-12. – Art. 70-II. – V. CCH, art. L. 452-1-1, L. 452-4-1.
2012	29 déc.	Décret nº 2012-1531. Prêts ne portant pas intérêt consentis pour financer la primo-accession à la propriété. – Art. 1. – V. CCH, art. R. 31-10-3-1, R. 31-10-3-2, R. 31-10-9, R. 31-10-11.
2013	18 janv.	Loi nº 2013-61. Mobilisation du foncier public en faveur du logement et renforcement des obligations de production de logement social : – Art. 5. – V. L. nº 2009-179 du 17 févr. 2009, art. 7, App., vº *Offre de logements*, **p. 1479**. – Art. 7. – V. CCH, art. L. 642-1. – Art. 8. – V. CCH, art. L. 642-10, L. 642-12. – Art. 9. – V. CCH, art. L. 443-7. – Art. 10. – V. CCH, art. L. 302-5. – Art. 11. – V. CCH, art. L. 302-5. – Art. 12. – V. CCH, art. L. 302-9-1-2. – Art. 13. – V. CCH, art. L. 302-6. – Art. 14. – V. CCH, art. L. 302-7. – Art. 15. – V. CCH, art. L. 302-8. – Art. 16. – V. CCH, art. L. 302-9-1. – Art. 18. – V. CCH, art. L. 302-9-1-1. – Art. 19. – V. CCH, art. L. 302-9-3, L. 302-9-4. – Art. 26 et 27. – V. ss. CCH, art. L. 302-7.

TABLE ALPHABÉTIQUE

NOTA. Les nombres renvoient aux articles du code de la construction et de l'habitation, non aux pages. Les nombres précédés du mot « art. » renvoient aux articles d'un texte autre que le code proprement dit. Quand il est renvoyé à une page, le nombre est précédé de la lettre « p. ». Les caractères italiques indiquent un mot de renvoi. Ceux de ces mots qui sont en caractères gras et précédés d'une flèche rouge renvoient à un autre mot en caractères gras de la table ; les autres, en caractères maigres et sans flèche rouge, renvoient à une autre subdivision du même mot en caractères gras. Il est rappelé qu'un tableau explicatif des abréviations utilisées figure au début de l'ouvrage (pages V et suivantes).

A

C

I

J

L

M

O

P

R

S

Z

Photocomposition :
Maury-Imprimeur S.A. – 45330 Malesherbes

Achevé d'imprimer sur les presses de
L.E.G.O. S.p.A.
Italie
Dépôt légal : mars 2013
712291 –OSB- 40 g – MAU – (HCH)
Imprimé en Italie